Kurt Hutten

Seher Grübler Enthusiasten

Das Buch der traditionellen Sekten
und religiösen Sonderbewegungen

Quell Verlag Stuttgart

Redaktionell bearbeitet von der Evangelischen Zentralstelle für Weltanschauungsfragen der EKD

1. Auflage 1950
2. Auflage 1950
3., überarbeitete und erweiterte Auflage 1953
4. Auflage 1954
5., erneut überarbeitete und erweiterte Auflage 1958
6., auf den neuesten Stand gebrachte Auflage 1960
7., geringfügig veränderte Auflage 1961
8., veränderte und neu überarbeitete Auflage 1962
9., geringfügig veränderte Auflage 1964
10., völlig überarbeitete und erweiterte Auflage 1966
11., erneut überarbeitete und erweiterte Auflage 1968
12. Auflage: vollständig revidierte und wesentlich erweiterte Neuausgabe 1982
13. Auflage 1984 (Nachdruck der 12. Auflage)
14. Auflage 1989

ISBN 3-7918-2130-X

Einbandgestaltung: Heinz Simon, Quell Verlag
Satz: Fotosatz Schmidt, Weinstadt
Druck: Ara-Druck, Stuttgart

Inhalt

Zur Neuausgabe

Als 1960 die Evangelische Zentralstelle für Weltanschauungsfragen (EZW) entstand, wurde Kirchenrat D. Dr. Kurt Hutten, der Autor des vorliegenden Werkes, ihr erster Leiter. »Seher, Grübler, Enthusiasten« lag damals schon in der 5. Auflage vor. Hutten brachte also eine reiche Erfahrung in der Beschäftigung mit Sekten und Sondergemeinschaften in die neu errichtete Stelle ein. Spätere Auflagen seines Werkes standen in engstem Zusammenhang mit seiner Arbeit in der EZW, die auch im »Materialdienst« ihren Niederschlag gefunden hat. So lag es nahe, daß der Quell Verlag und die Familie Hutten sich nach dem Tod des Autors am 16. August 1979 entschlossen, die künftige Betreuung des Werkes der EZW anzuvertrauen; dies bedeutete, zunächst das nachgelassene Manuskript – die fast abgeschlossene Neufassung für die 12. Auflage – in der vom Autor vorgesehenen Form druckfertig zu machen.

Dr. Hans-Diether Reimer, der zuständige Referent der EZW und selbst ein ausgewiesener Kenner der Materie, wurde mit dieser Aufgabe betraut und hat sie, den Intentionen des Autors treu, zum Abschluß gebracht. Jetzt kann dieses »klassische Buch der Sekten« einer Öffentlichkeit übergeben werden, die mehr denn je auf verläßliche Information und Orientierung über das allzu reiche Angebot auf dem religiösen Markt angewiesen ist.

Kurt Hutten hat sein Werk in kirchlicher und seelsorgerlicher Verantwortung verfaßt. Was nun in die Hände des Lesers gelangt, ist nicht die Meinung eines Privatgelehrten, sondern die Einsicht und Stellungnahme eines Mannes der Kirche zu jenen religiösen Gruppen, die sich im Umkreis der Kirche und nicht immer ohne deren eigenes Verschulden gebildet haben. Um so wichtiger erscheint es, daß sich der Autor bei dieser Aufgabe nie als Vertreter kirchlicher Machtinteressen verstanden hat und nicht der Versuchung zu unkontrollierter Polemik erlegen ist.

Die Evangelische Zentralstelle für Weltanschauungsfragen fühlt sich in zweifacher Weise dem Vermächtnis Kurt Huttens verpflichtet: in der Betreuung seines Werkes und in der Treue gegenüber der Haltung und dem Geist, die ihn in seiner Arbeit auf dem Feld kirchlicher Apologetik geleitet haben. Gewiß hat sich die religiöse Lage in den letzten Jahren verändert. In Gestalt der sogenannten Jugendreligionen sind neuartige Gruppierungen aufgetaucht, die sich nach ihrer Herkunft, ihrer Organisationsform und ihrem Arbeitsstil von den älteren Sondergemeinschaften deutlich unterscheiden. Durch sie ist die Kirche vor neue Herausforderungen und in eine schärfere Auseinandersetzung gestellt. Aber auch in dieser veränderten Lage bleibt Huttens Wirken für die EZW ein Vorbild.

Reinhart Hummel
Evangelische Zentralstelle für Weltanschauungsfragen
der Evangelischen Kirche in Deutschland

Vorwort

Es werden wohl wenige Leser, die dieses Werk zur Hand nehmen, ein ihnen gänzlich unbekanntes Buch vor sich haben. Seit 30 Jahren ist der »Hutten« zu einem Begriff geworden, der für das deutsche Standardwerk im Bereich der »Sektenkunde« steht. Das gilt ohne Einschränkung auch für diese zwölfte, vom Verfasser selbst noch völlig neubearbeitete Auflage; kein vergleichbares Buch bietet eine so umfassende und zugleich gründliche Darstellung.

Das Werk »Seher, Grübler, Enthusiasten« hat seine charakteristische Eigenart gewonnen vor allem durch die innere Einstellung Kurt Huttens den andersgläubigen Menschen und Gruppen gegenüber. Es ist ja ganz und gar sein persönliches Werk und spiegelt durch die zwölf Auflagen hindurch auch deutlich die Entwicklung des Autors in seiner apologetischen Auseinandersetzung wider. Zwei Wesenszüge seien besonders herausgestellt:

Kurt Hutten war kein Universitätslehrer, daher hatte er nie die Absicht gehabt, eine »Sektenkunde« im streng wissenschaftlichen Sinn zu verfassen. Vielmehr war er als württembergischer Pressepfarrer auf die Begegnung hin orientiert, wie sie in der Kirche vor Ort, aber auch im Leben der Menschen untereinander geschieht. Das hat dem Werk seine unvergleichliche Lebendigkeit gegeben: Nicht strenge Sachlichkeit, nicht das Nachzeichnen des historischen Gerüstes bestimmen es. Hier wird vielmehr lebendige Geschichte vermittelt, sowohl als (oft sehr eigenartige) Glaubensgeschichte wie auch als Geschichte der religiösen Sozialisation und gesellschaftlichen Auseinandersetzung. Hutten hatte gewiß auch den Ehrgeiz, sorgfältiger zu arbeiten als seine Vorgänger und eine Darstellung zu geben, die von allen Seiten akzeptiert werden kann. Und es war für ihn wohl eine schmerzliche Erkenntnis, daß letzteres nicht möglich ist. »Ich bin mir bewußt«, schrieb er im Sommer 1958 im Vorwort zur 5. Auflage, »daß das Ideal einer absoluten Gültigkeit ... nicht erreicht werden kann, denn die (verschiedenen) Gemeinschaften und Lehren liegen ja nicht in einer windstillen Zone, sondern in einem Feld, auf dem die gegensätzlichen Auffassungen und Interessen widereinander streiten«, wodurch »auch die Tatsachenbilder gefärbt« werden. Andererseits gewinnt die Arbeit Huttens gerade dadurch die erwähnte Lebendigkeit, daß in ihr und hinter ihr ein Autor sichtbar wird, der vom Gegenstand seiner Forschung selbst angerührt ist und der innerlich mitzuvollziehen versucht, was jene Menschen und Gruppen erleben. Er fühlt sich von ihnen und ihrem Glauben persönlich angefragt und dazu herausgefordert, selbst Stellung zu beziehen.

Damit ist der andere, nicht minder wichtige Charakterzug angesprochen. Kurt Hutten ging an sein Werk als ein persönlich Betroffener. Er hatte während der Zeit des NS-Regimes und in der Gefangenschaft nach dem Zweiten Weltkrieg erlebt, wie stark gerade in Zeiten der Verfolgung und Bedrängnis glaubende Menschen zusammengehören. Und er hatte Mitglieder außerkirchlicher Gemeinschaften erlebt, deren Glaubens- und Lebenszeugnis ihn tief beeindruckten. Von diesen Erlebnissen gezeichnet, machte er sich an die Arbeit. Sein Bemühen war bestimmt von dem Verlangen nach einer gerechten Haltung, in der sowohl das ungeschmälerte Evangelium zur Geltung kommt, das er in reformatorischer Sicht vor allem in dem »allein aus Gnaden« und »allein im Glauben« bestimmt sah, wie auch die christliche Liebe dem Nächsten gegenüber. Er versuchte, Fehlentscheidungen zu markieren und menschliche Eigenwilligkeit beim Namen zu nennen. Aber er tat dies – stellvertretend für die Kirche – stets in bescheidener und selbstkritischer Weise. Hiervon sollen einige Passagen aus den Vorworten, die Hutten zur ersten und achten Auflage geschrieben hat, Zeugnis ablegen.

Als Kurt Hutten 1949 vom Quell Verlag in Stuttgart gebeten wurde, das 1932 erschienene »kleine Sektenbüchlein« von Paul Scheurlen zu überarbeiten, wurde ihm klar, daß das so nicht möglich war: »Inzwischen sind Welten aufgestanden und zerbrochen. Das gilt nicht nur für den politischen Bereich. Auch auf dem Gebiet des religiösen Lebens bedeuten diese Jahre einen tiefen Einschnitt.« – »Unsere Kirche ist in den letzten Jahrzehnten durch schwere äußere und innere Anfechtungen geführt worden. Sie haben die Schwachheit und geistliche Not enthüllt, unter der sie leidet. Wer diese Anfechtungen wachen Herzens miterlebt und erlitten hat, der ist sehr demütig geworden. Ihm ist eine gewisse Sicherheit gründlich zerbrochen, die in wohlfundierten Zeiten in Ansehung der Kirche, ihrer Position und ihres Lebens geherrscht haben mochte. Er weiß, wie wenig sie in ihrer irdischen Gestalt gegen Irrtum, Glaubensarmut und Verführung gefeit ist. Er weiß um alle die Unzulänglichkeiten, die in ihrer Verkündigung und im Leben ihrer Gemeinden herrschen. Deshalb ist es ihm vergangen, sich von vornherein geringschätzig über Sektengemeinschaften auszulassen.

Sodann: Es besteht eine gewisse untergründige Beziehung zwischen der Kirche und den in ihrem Umkreis lebenden Sekten. Da sind, wenn man die Predigt der Kirche neben die Fülle des Gottesworts stellt, mancherlei Lücken, die nicht ausgefüllt werden. Da gibt es deshalb auch geistlichen Hunger, der nicht gestillt wird. Da gibt es Gemeinden, die nicht lebendig genug sind, um die Sehnsucht nach brüderlicher Gemeinschaft zu erfüllen. Und nun haben sich außerhalb der Kirche die ›Sekten‹ gebildet! Wie, haben sie am Ende nicht von Gott ein Amt bekommen? Das Amt nämlich, auf diese Lücken hinzuweisen, Mahner der Kirche zu sein – Alarmzeichen, die von ihr gehört werden müssen. Gewiß, es sind meist sehr fragwürdige Lehren, die von den Sekten vorgetragen werden...

So entschieden von der Schrift her das Nein gegen alle schriftwidrigen Lehren und Motive gesprochen werden muß, so darf dieses Nein nicht das Letzte und Einzige sein. Wir müssen auf das Amt achten, das Gott auch den Sekten gegeben hat. Wir müssen den Anruf hören, der, sei's auch in verschrobenen Worten, aus ihren Reihen laut wird. Dieser Anruf muß aufgenommen werden – nicht um den Sekten den Wind aus den Segeln zu nehmen, sondern um Verkündigung und Leben der Kirche in die Fülle des Worts zu führen. Es geht also letztlich bei der Auseinandersetzung mit diesen Gemeinschaften nicht nur um Selbstrechtfertigung und Widerlegung der andern, sondern um die eigene Gewissenserforschung vor Gott. Aus denen, welche die Sekten nach ihrem Wahrheitsausweis fragen, müssen solche werden, die sich selbst von Gott fragen lassen. Und nur wenn die Kirche sich unter Gottes Frage stellt, hat sie das Recht, auch die Sekten zu fragen. Nur dann wird ihre Auseinandersetzung mit den Sekten wahrhaft fruchtbar sein.«

Im Vorwort zur 8. Auflage 1962 wird das Problem der Einschätzung der »Sekten« und des Umgangs mit ihnen nochmals grundsätzlich aufgegriffen. Es heißt da:
»Gelegentlich wurde ich von dem Leiter dieser oder jener Gemeinschaft gebeten, ich möge sie aus dem Buch herausnehmen, da sie keine Sekte sei. Auch wenn ich solche Wünsche nicht erfüllen konnte, habe ich für das dahinterstehende Motiv volles Verständnis. Das Wort ›Sekte‹ ist ja kein sachlich-neutraler Begriff wie etwa ›Pferd‹ oder ›Stein‹, sondern es birgt geschichtliche Belastungen in sich – Belastungen, an denen nicht nur die Sekten, sondern auch die Kirchen ein gerütteltes Maß Schuld tragen. Diese haben auf die Frage, wie sie sich zu den dissentierenden Minderheiten in ihrer Umgebung verhalten sollen, sehr oft keine Antwort gefunden, die dem Evangelium gemäß war. Die Sektenverfolgungen, die mit Beginn der konstantinischen Ära einsetzten, gehören zu den düsteren Kapiteln der Kirchengeschichte. Und es ist eine Erbschaft jener anderthalb Jahrtausende, daß dem Wort ›Sekte‹ auch heute noch ein diffamierender Klang anhaftet. Es wäre das beste, man würde dieses Wort durch einen anderen Begriff ersetzen, der keine geschichtliche Hypothek mit sich schleppt. Aber bis jetzt hat sich ein solcher Ersatz noch nicht gefunden.
... Um so nötiger ist es, daß die tief eingewurzelten Emotionen und Vorurteile abgebaut werden, die das Verhältnis zwischen Kirchenchristen und Sektenangehörigen vergiften. Diese Aufgabe ist beiden Seiten gestellt. Und sie verlangt von beiden Seiten eine große Arbeit. Bei den Sekten gehört dazu vor allem die Bereitschaft zur Selbstkritik. Diese Bereitschaft fordert, daß man nicht nur in seine eigenen Heilslehren und Sendungsansprüche versponnen ist, sondern auch auf die Fragen und Einwände des andern hört. Das wiederum setzt voraus, daß man den andern ernst nimmt und seine Argumente nicht von vornherein mit dem Pauschalurteil abtut, er sei wie alle Andersgläubigen ein Abgefallener oder gar ein Werkzeug teuflischer Geister und könne deshalb auch nur falsche oder teuflische Gedanken denken. Wer solchermaßen jede Kritik abschneidet und sich jedem Gespräch entzieht, wählt zwar einen bequemen Weg, nimmt aber auf die Dauer Schaden an seiner Seele. Denn er beraubt sich der Möglichkeit zur Befruchtung. Er verscheucht die heilsame Unruhe. Er verliert die innere Lebendigkeit. Er endet in einer monologischen Öde. Er wird auch religiös unglaubwürdig. Hier liegt ein wesentlicher Grund, weshalb so manche Sektengemeinschaft nach einem verheißungsvollen Aufbruch und einer kurzen Blütezeit plötzlich wieder zu verkümmern beginnt oder nur noch Menschen anzuziehen vermag, die primitive Erwartungen mitbringen und sich mit primitiven Antworten begnügen. Es läge also auch im Interesse der Sekten selbst, wenn sie sich den Fragen stellten, die von der Kirche her an sie gerichtet werden. Und sie könnten damit, daß sie die Kirche als Gesprächspartner anerkennen, einen wesentlichen Beitrag zur Entspannung liefern. Wo man sich nicht in monotonen Verdammungsurteilen ergeht, sondern mit dem andern spricht, da ändert sich das geistige Klima.
Was die Mitglieder der Kirche betrifft, so bitte ich sie, die folgenden Sätze zu bedenken, die aus den Erfahrungen eines vieljährigen Umgangs mit Sektenangehörigen erwachsen sind: Die Menschen, die einer Sekte anhängen, sind nicht schlechter als andere Menschen. Die Motive, die sie zu einer Sekte treiben, sind

nicht unehrenhaft. In der Intensität ihres Glaubenslebens, in ihrer Überzeugungstreue, Bekenntnisfreudigkeit und Opferbereitschaft übertreffen sie den Durchschnitt der Kirchenglieder weit. Das Recht, die Kirche zu kritisieren, können sie genauso beanspruchen, wie die Kirche von dem Recht zur Kritik an den Sekten Gebrauch macht. Ihre Kritik an Verkündigung und Leben der Kirche soll nicht Reaktionen der Bitterkeit auslösen, sondern zur Selbstprüfung veranlassen. Die Gegensätze im Bereich der Wahrheitsfrage sollen stehen bleiben und ausgetragen werden, aber sie sollen nicht auf das Gebiet der menschlichen Beziehungen und Werturteile übergreifen. Es gehört zur Eigenart der christlichen Wahrheit, daß ihre Beweiskraft von der Liebe abhängt, die sie zu erwecken vermag. Ein wesentlicher Bestandteil dieser Liebe ist die Gerechtigkeit in der Beurteilung anderer Lehren. Wer einem Sektengläubigen unsachlich und feindselig begegnet, ist kein Zeuge der Wahrheit, sondern diskreditiert sie. In dem Groll, den die Sekten gegen die Kirchen hegen, hallen Anklagen über eine Schuld nach, die sich durch Jahrhunderte angehäuft hat und die bis heute noch nicht bereinigt ist. Ihre Bereinigung ist so nötig wie die Ordnung anderer unaufgeräumter Bezirke der christlichen Vergangenheit – etwa des Verhältnisses der Christen zu den Juden oder des Verhältnisses zwischen den Konfessionen. Diese Arbeit ist den Kirchen als solchen aufgetragen, aber das Umdenken, das sie fordert, muß in den Herzen der einzelnen Christen vollzogen werden. Daß das geschieht, ist sehr wichtig; denn es besteht eine enge Beziehung zwischen dem Ausmaß dieses Vollzugs und der Glaubwürdigkeit der kirchlichen Verkündigung.«
Obwohl diese Sätze vor zwanzig Jahren niedergeschrieben wurden, verdienen sie es, auch der 12. Auflage von Huttens Werk vorangestellt zu werden.

Bei dieser letzten Bearbeitung seines Buches hat der Verfasser viele Stücke neu formuliert. Eine Reihe von Gruppen wurde erstmals von ihm behandelt, vor allem im Bereich der »neuen Offenbarungen«. Wenn hier – und auch in einigen anderen Fällen – manche sehr kleine Gruppen oder Kreise um Einzelpersonen relativ ausführlich behandelt sind, so war der Autor dabei von zwei Gesichtspunkten geleitet: Er wollte den gegenwärtigen Bestand an (außerkirchlichen) religiös-weltanschaulichen Gruppierungen in Deutschland darbieten und nahm sie auf, weil er befürchtete, daß solche Kleinstgruppen sonst überhaupt nicht erfaßt werden. Zum anderen standen für ihn diese Gruppen und Zirkel paradigmatisch für bestimmte Denk- und Glaubensrichtungen, die jederzeit in anderem Gewande wieder in Erscheinung treten können. – Vor allem aber hat Kurt Hutten im Rahmen des sechsten Teiles – »Die Geheimnisse hinter dem Vorhang« – drei größere Teile neu aufgenommen: Spiritismus, christlich-spiritualistische Vereinigungen und UFO-Bewegung. Bei diesen weltanschaulichen Richtungen wird die Verbindung religiöser Phänomene mit dem herrschenden säkularistischen Weltbild deutlich.
Bei der Vorbereitung für den Druck dieser Ausgabe letzter Hand sollten speziell die jüngsten Entwicklungen und neuere Informationen berücksichtigt werden. In diesem Zusammenhang waren in wenigen Fällen Kürzungen oder leichte Umarbeitungen nötig. Einige Umstellungen gegenüber früheren Ausgaben sollten das

Werk übersichtlicher machen. Neu zusammengestellt ist das Literaturverzeichnis Das von Ingrid Reimer erarbeitete Register versucht, Zusammenhänge sichtbar zu machen, und will damit vor allem dem forschenden Leser eine Hilfe sein. Ihr und allen anderen Mitarbeitern und Helfern sei an dieser Stelle herzlich gedankt.

Möge das Buch seinen Lesern über wichtige Einzelinformationen hinaus den vielschichtigen Bereich des Glaubens und Denkens außerhalb der kirchlichen Tradition nahebringen, dadurch ihr Verständnis öffnen und ihren Gesichtskreis erweitern, zugleich aber zur Klärung der eigenen Position und damit zur Orientierung und Urteilsbildung beitragen.

Hans-Diether Reimer

Erster Teil
Von dannen er wiederkommen wird...

In diesem Kapitel sind die *apokalyptischen Gemeinschaften* vereinigt. Es ist die zahlenmäßig stärkste Gruppe. Dazu muß bedacht werden, daß auch die Gemeinschaften der anderen Gruppen vielfach endzeitlich ausgerichtet sind. Wenn sie nicht ebenfalls in dieses Kapitel hereingenommen wurden, so geschah dies lediglich deshalb, weil bei ihnen der Schwerpunkt nicht allein in der eschatologischen Ausrichtung liegt. Aber das Gesamtbild der außerkirchlichen Gemeinschaften zeigt, welch ungeheure Bedeutung dem Motiv einer akuten Enderwartung in ihrem Glaubensleben zukommt. Das ist nicht von ungefähr. Es deutet darauf hin, daß auf diesem Gebiet bei den Kirchen ein Defizit besteht. Sie können auf die Frage, was in der Zukunft zu erwarten sei, nicht mehr die Antwort geben, die in der apostolischen Zeit gegeben worden war. Sie mußten nach einer anderen Antwort suchen. Und seit einigen Jahrhunderten wurde diese Antwort immer dünner und verlegener. Hier eine kurze Übersicht über die *Geschichte der christlichen Hoffnung*.
Zwei Sätze seien vorangestellt: Die Hoffnung ist ein unentbehrliches Lebenselement des Menschen, der Gesellschaft und jeder politischen, sozialen und religiösen Bewegung; Hoffnungslosigkeit lähmt den Lebenswillen und ist Vorstufe des Todes. Es gibt eine vertikale und eine horizontale Hoffnung; die vertikale richtet sich auf das Jenseits, die horizontale auf die Zukunft.

1. In der *urchristlichen Verkündigung* waren beide Hoffnungstypen zusammengeschmolzen: Die Zukunftserwartung richtete sich auf die baldige Wiederkunft des Herrn, der die jetzige Welt samt den sie beherrschenden Mächten der Sünde und des Todes besiegen und beenden wird. Aber die neue Welt ist nicht die Verlängerung und Verbesserung der alten Welt, sondern sie ist das Reich Gottes, ist der Einbruch jenseitiger Mächte in die Erdenwelt, symbolisiert durch die Herabkunft des himmlischen Jerusalem.
Das *Ausbleiben der Parusie* zwang zu tiefen Eingriffen in die urchristliche Hoffnung: Die Vertikale und die Horizontale traten auseinander und wurden selbständig.
Die um 135 n. Chr. entstandene Petrus-Apokalypse handelte nicht mehr von der Zukunftserwartung, sondern bot eine ausgedehnte Schilderung des Jenseits und der Schicksale der Seelen im Himmel und in der Hölle. Zusammen mit anderen ähnlichen Schriften nährte sie die vertikale Hoffnung auf das *Leben nach dem Tod* mit farbenreichen Jenseitsbildern.
Die horizontale Hoffnung, die durch das Ausbleiben der Parusie obdachlos geworden war, wurde von Augustin wieder in den Glauben eingebaut, indem er sie mit der Kirche verknüpfte: Sie ist das Tausendjährige Reich, das mit Christus angebrochen ist. Sie ist die *Civitas Dei*, in deren Hierarchie und Sakramenten Christus gegenwärtig ist und die im Kampf gegen die *Civitas Diaboli* das Reich Gottes über den Völkern des Erdkreises errichten wird.

Beide Hoffnungen waren tragende Pfeiler der christlichen Frömmigkeit durch viele Jahrhunderte und entbanden mächtige Kräfte, die den Werdegang der abendländischen Geschichte und Kultur maßgeblich bestimmten – eineinhalb Jahrtausende lang und darüber hinaus. Aber sie blieben nicht von der Krise verschont. Die *Krise der horizontalen Hoffnung* begann, als Verderbnisse der Kirche seit dem 12. Jahrhundert ihren Anspruch, die *Civitas Dei* zu sein, in Frage stellten, und sie erreichte ihren Höhepunkt, als die Einheit der Kirche in den Stürmen der Reformation zerbrach.

Die *Krise der vertikalen Hoffnung* setzte mit voller Wucht in der Aufklärungszeit ein, als die Jenseitsorientierung ihre Anziehungskraft verlor, weil sich das Lebensgefühl dem Diesseits zuwandte; auch büßte sie ihre Glaubwürdigkeit ein, weil ihre Grundvorstellungen von den drei Stockwerken – Himmel, Erde, Hölle – sich nicht mehr mit dem neuen Weltbild vereinbaren ließen.

Aber das elementare Bedürfnis nach einer Hoffnung blieb. Es suchte seine Erfüllung außerhalb der kirchlichen Tradition. Die vertikale Hoffnung fand ihre Antwort in den mannigfachen Überweltlehren, die von Mystikern und Sehern verkündigt und seit 1848 zuerst von der spiritistischen Bewegung, dann von den Theosophen, Anthroposophen, Rosenkreuzern, Kosmosophen, Ufologen und unzähligen anderen Gruppen systematisch entwickelt und weltweit verbreitet wurden.

Die *horizontale Hoffnung* träumte von einem Zukunftsparadies, das der Mensch mit seinen wissenschaftlichen und technischen Leistungen in einem unaufhaltsamen Fortschritt verwirklichen wird, oder sie artikulierte sich in den politisch-sozialen Ideologien, die zur Revolution riefen, um eine neue Welt der Freiheit, Gerechtigkeit und des Friedens zu erzwingen.

Den Kirchen ist es nicht gelungen, die biblische Hoffnungsbotschaft so zu erneuern, daß sie ihre Substanz bewahrte, ihre tragende, tröstende, beflügelnde und sinngebende Kraft behielt und zugleich für den Menschen der modernen Welt glaubwürdig blieb. Dieses Mißlingen ist nicht auf eine geistliche Trägheit der Kirchen zurückzuführen, sondern auf die schweren, teilweise unüberwindlichen Hindernisse, die der Lösung dieser Aufgabe im Weg stehen.

Die Folge war, daß das ganze Feld der Hoffnung für die Kirchen zu einem Feld der Verlegenheit wurde. Die biblische Zukunftserwartung vom Antichristen, der Wiederkunft Christi und der Errichtung des Tausendjährigen Reichs wurde umgedeutet oder vertrocknete zu einem dürren Paragraphen, mit dem die Lehrbücher der Dogmatik abschlossen. Und die Aussagen über das, was nach dem Tode kommt, wurden dürftig, dünn und phrasenhaft oder verstummten ganz.

2. Wenn man bedenkt, welche Rolle die Hoffnung in jedem Bereich des menschlichen Daseins spielt, dann kann man den Ernst der geistlichen Krise ermessen, in die das kirchliche Christentum der Neuzeit stürzen mußte, weil seine Hoffnungsbotschaft unsicher wurde oder ausblutete. Das von den Kirchen geräumte Gelände wurde von anderen Hoffnungsbotschaften besetzt.

Zu diesen anderen Botschaften gehören nicht nur die im säkularistischen Bereich entstandenen Zukunftshoffnungen, sondern auch die *apokalyptischen Erwartungen*, die abseits der offiziellen Kirchen von mancherlei Randgruppen vertreten werden. Sie wurden lebendig, als sich Zweifel an der Identität von Kirche und Gottesreich einstellten: für die, die diese Identität bestritten, wurde das Tausendjährige Reich wieder Gegenstand der Zukunftserwartung (s. u.). Zugleich damit bemächtigten sie sich auch aller übrigen Teile des apokalyptischen Programms der Bibel von den endzeitlichen Vorzeichen und den zwei Zeugen bis zur Parusie und zur Schlacht von Harmagedon.

Immer, wenn gesellschaftliche Entartungen, kirchliche Skandalzustände, Seuchen, Kriegs- und Naturkatastrophen eintraten, suchten von Angst und Verzweiflung aufgescheuchte Gemüter Trost in apokalyptischen Hoffnungen. Diese Apokalyptik war in ihrer Weise ein *Protest* gegen die etablierten Mächte und Institutionen, die diese Zeitnöte verschuldet hatten. Zu ihnen gehörte vorab die Kirche. So trugen die apokalyptischen Erwartungen seit ihrem Wiederauflodern im 13. Jahrhundert einen antikirchlichen Akzent, und es gelang nur stückweise, ihnen in der Kirche eine Heimstatt zu verschaffen.

Die apokalyptische Erwartung ist seither nie wieder erloschen. In Epochen, die von schweren Geschichtstumulten heimgesucht wurden, ließ die Zukunftsangst sie mächtig aufflammen – so in den kirchlichen und sozialen Krisen des ausgehenden Mittelalters, in den Jahrhunderten der Reformation und Gegenreformation, im Zeitalter der Französischen Revolution und in unserem 20. Jahrhundert mit seinen Weltkriegen, revolutionären Umstürzen, Massengreueln und düsteren gesellschaftlichen und ökologischen Perspektiven. In Zeiten relativer Ordnung und Ruhe schrumpfte sie und wurde nur von kleinen Gemeinschaften gehütet.

So zahlreich diese Erwartungen sind, so bunt sind sie auch in ihrem Inhalt. Jeweils die Färbung ihrer Zeit und deren geistiger und geschichtlicher Situation annehmend, deuten sie auf Grund der biblischen Prophezeiungen Vergangenheit, Gegenwart und Zukunft von ihrem Standort aus und sehen die apokalyptischen Gestalten des Antichrists, der zwei Zeugen, der großen Hure usw. in diesen und jenen geschichtlichen Persönlichkeiten und Organisationen verkörpert. Aber so verschieden sie in diesen Deutungen sind – in einer Aussage stimmen sie überein: Das Ende kommt bald! Oft wurde auf den verschiedensten Wegen der Termin der Wiederkunft errechnet. Am bekanntesten sind die Berechnungen Joachims von Fiore, der das Jahr 1260 als das Jahr der anbrechenden Geistkirche bestimmte, und Joh. Albrecht Bengels, der für 1836 die Endereignisse erhoffte. Wenn solchermaßen Termine festgestellt wurden, lagen diese immer in einer erreichbaren zeitlichen Nähe des Prophezeienden. Eine lebendige Enderwartung kann nur in der Form der Naherwartung existieren. Nur dann ist sie »aktuell«[1]. Ein Prophet, der

[1] Eine von mir aufgestellte Tabelle umfaßt 175 Fälle von Enderwartungen, die sich über alle Jahrhunderte erstrecken. Sie sind bei weitem nicht vollzählig. Unter ihnen befinden sich nur neun Prophezeiungen, welche die Endereignisse in eine Ferne von mehr als 100 Jahren rücken. Von den restlichen 166 Prophezeiungen verzichten die meisten auf eine genaue Bezeichnung des Datums und begnügen sich mit der Aussage: Das Ende steht nahe bevor! Immerhin haben sich 36 Prophezeiungen aufgrund dieses oder jenes Berechnungssystems auf ein bestimmtes Jahr oder gar auf einen Tag festgelegt, an dem der große Weltumbruch eintreten soll. Unter den Urhebern solcher Berechnungen finden sich nicht nur obskure Winkelpropheten, sondern auch ernsthafte Theologen, so außer Joachim von Fiore und Bengel auch Männer wie Nikolaus von Kues (1401–1464), Andreas Osiander (1489–1542), Johann Heinrich Alstedt (1588–1638).

verkündigte, daß die Wiederkunft im Jahre 2500 erfolgen werde, könnte mit dieser Botschaft seine Zeitgenossen nicht erregen; denn jene Zeit läge außerhalb ihres Lebenshorizontes. Zur Enderwartung gehört also das »Bald«. Das gab ihr immer die Wucht und die Gespanntheit. Unter der Gewißheit des nahen Endes wurde die Sehnsucht nach der Gemeinschaft mit Christus glühender. Die Frage, ob man ein »hochzeitliches Gewand« trage, gewann einen tiefen Ernst. Das angespannte Ausschauen auf die Zeichen der Zeit trieb die Gläubigen als Wächter auf die Zinnen. Der missionarische Eifer wurde neu entzündet. Inmitten einer erschütterten Welt, in Armut, Verzweiflung und Verfolgung half die Hoffnung dem Glaubenden, getrost und freudig zu bleiben.
Andererseits zeigt die Geschichte der Apokalyptik, daß die Enderwartung immer auch ein Gelände war, auf dem Spekulationssucht und Unnüchternheit ebenso üppig wucherten wie Pseudoprophetentum, Fanatismus und eine Glaubenshaltung, die aus Torschlußpanik oder verkapptem Geltungsbedürfnis, nicht aber aus Buße und Sehnsucht nach dem Herrn gewachsen war. Und immer folgte der hochgespannten Erwartung die tiefe Enttäuschung und Verbitterung, weil die lautstark und felsenfest prophezeiten Ereignisse ausblieben. So ist es kein Wunder, wenn die Kirchen es ablehnten, sich mit den apokalyptischen Prophezeiungen und Berechnungen zu identifizieren. Sie taten und tun es nicht aus Unglauben, wie ihnen oft vorgeworfen wird, sondern aus ihrer geschichtlichen Erfahrung und der seelsorgerlichen Verantwortung für ihre Glieder.

3. Dies gilt besonders für ein Teilstück der biblischen Prophetie, die *Verheißung eines zukünftigen Tausendjährigen Reichs.* Sie bildet in mehreren Gemeinschaften, die im folgenden dargestellt sind, das beherrschende Thema. Auch in zahlreichen anderen Gemeinschaften wird der *Chiliasmus* vertreten. Er ist uralt. Er ist aus jener Sehnsucht nach dem Goldenen Zeitalter erwachsen, die nicht nur im christlichen Bereich, sondern allgemein in der Menschenwelt zu allen Zeiten lebendig war. Die Hoffnung auf eine Welt des Friedens und des Heils zog sich auch durch das Alte Testament hindurch, belebte die messianischen Erwartungen und nährte in der spätjüdischen Apokalyptik üppige Träume von einem kommenden Paradies. Die syrische Baruch-Apokalypse schilderte (29, 5–8), daß die Erde dann ihre Frucht zehntausendfältig geben wird; an einem Weinstock werden tausend Ranken hängen, eine Ranke wird tausend Trauben, eine Traube tausend Beeren tragen, und eine Beere wird ein Kor (364 Liter) Wein bringen. Die Sibyllinen malten ein Bild von wogendem Korn, brechend vollen Bäumen, Wein, Öl, Honig, süßen Milchquellen, ungezählten Viehherden, fetten Triften und reichen Städten. Nach Henoch (10, 17) werden die Gerechten bis zu tausend Kinder zeugen. Nach anderen Schriften werden Krankheit, Haß und Streit verschwinden; die Heilsgenossen werden zu Engeln verklärt werden und wie Sterne leuchten; sie werden tausend Jahre alt werden und sanft sterben. Zu diesen sinnlichen Schönheiten der Zukunftswelt gesellten sich religiöse und ethische Motive: Sie wird gut und rein sein; die Herzen werden erneuert, die Mächte des Bösen gebrochen werden. Gott wird unter den Menschen wohnen und seinen Geist über sie ausgießen, so daß ein frommes und ihm wohlgefälliges Menschengeschlecht heranwächst.
In dieser Verschränkung der religiös-ethischen und der sinnlichen Motive ging

die *chiliastische Hoffnung* dann in die *christliche Eschatologie* ein. Bei Jesus fand allerdings das sinnliche Element keinen Raum in seiner Verkündigung des Reiches Gottes. Auch in der einzigen Stelle, die den Chiliasmus direkt erwähnt (Offb. 20, 1–6), ist es nicht vertreten. Aber schon bald danach drang es in die christlichen Zukunftsvorstellungen ein und wurde sogar Jesus selbst in den Mund gelegt; man ließ ihn die Aussagen der Baruch-Apokalypse in einer noch gesteigerten Form wiederholen. Solche Unterschiebungen und überhaupt die einseitige Hervorkehrung der sinnlichen Üppigkeit des zukünftigen Heilsreichs forderten die Abwehr heraus. Unter den Kirchenvätern gab es eine lebhafte Debatte über den Chiliasmus. Das Ergebnis war, daß er in kein kirchliches Bekenntnis Aufnahme fand. Seit AUGUSTIN wurde die Vorstellung vom Tausendjährigen Reich – wie schon erwähnt – verkirchlicht und verwandelte sich damit von einer unerfüllten Zukunftsverheißung zu einer bereits in der Erfüllung begriffenen Wirklichkeit. Das begann sich erst seit dem Ende des 12. Jahrhunderts zu ändern. Die tausend Jahre waren abgelaufen, die Welt hatte sich nicht verbessert, und die Kirche war in Verderbnisse aller Art verstrickt. Ihr innerer Verfall scheuchte die Wachen und Frommen so auf, daß nun die Idee des »Antichrists«, die zuvor auf Nero, Domitian, Mohammed und die Sarazenen bezogen worden war, mit den Päpsten verbunden wurde. Der Chiliasmus trat jetzt in einen Gegensatz zur Kirche und wurde separatistisch. Sehr bald trat er auch in Gegensatz zu den politischen Mächten und gesellschaftlichen Ordnungen und wurde revolutionär.

JOACHIM VON FIORE (ca. 1130–1202) baute ihn in eine neue Zukunftserwartung ein. Er war der Schöpfer einer bis heute nachwirkenden Konzeption von Gottes Heilsgeschichte, die in einer großen Geschichtsschau den Weltlauf in drei Stufen gliederte: das Zeitalter des Vaters, in dem das Gesetz herrscht; das Zeitalter des Sohnes, in dem die Priester das Wort führen; das Zeitalter des Heiligen Geistes, das 1260 nach furchtbaren Strafgerichten hereinbrechen und die Geisteskirche mit der Predigt des »ewigen Evangeliums« hervorbringen wird.

Diese Konzeption Joachims kehrte fortan in allerlei Abwandlungen in den verschiedensten Bereichen bis zu den verweltlichten eschatologischen Systemen des 20. Jahrhunderts wieder. Die religiösen und sozialen Unruhen des ausgehenden Mittelalters und der Reformationszeit waren durchweg chiliastisch durchtränkt; in den Bauernkriegen wurde der Chiliasmus militant; in Münster wollte man 1534 das Königreich Zion mit Waffengewalt errichten. Seit der Aufklärung verfiel der Chiliasmus der *Säkularisierung.* Nun sättigte er sich mit der Fortschrittsidee, lieferte der Französischen Revolution ihre enthusiastischen Erwartungen, paarte sich mit den naturwissenschaftlich-technischen Paradiesesträumen und versah die sozialistischen und nationalistischen Bewegungen der letzten hundert Jahre mit dem Bewußtsein einer endgeschichtlichen Sendung und einem fast religiösen Pathos.

Die *Reformation* hatte, durch schlimme Erfahrungen abgeschreckt, den Chiliasmus verworfen, sofern er das Irdische betonte (Augsburger Bekenntnis, Art. 17). Im *Pietismus* flammte er wieder auf und wurde theologisch rehabilitiert. Freilich trug er hier, von einzelnen Verirrungen abgesehen, ein geistliches Gewand, und Männer wie COCCEJUS und JOHANN ALBRECHT BENGEL bürgerten ihn als einen wichtigen Bestandteil der christlichen Zukunftserwartung in den Kreisen der

»Stillen im Lande« ein. Man kann nicht behaupten, daß er hier Schaden angerichtet habe. Im Gegenteil, er hat die Zukunftshoffnung erwärmt und durchblutet, hat sie konkretisiert und farbiger gemacht und mit alledem zu ihrer Belebung beigetragen. Er erwies sich außerdem als eine tröstende Gegenkraft gegen eine Welt- und Geschichtsverzweiflung, die keinen Ausweg mehr aus Niedergang und Untergang sieht, und schuf eine Basis für die Hoffnung, daß die Menschheitsgeschichte einmal nicht sinnlos in einem jähen Bruch abreißt, sondern in einem verklärten Abschluß endet, der zugleich Zwischenstück und Überleitung zu einem neuen Himmel und einer neuen Erde ist.

Vorausgesetzt, daß die Erwartung eines Tausendjährigen Reichs auf Erden von der Mitte der Heiligen Schrift her ihre Beleuchtung und Begrenzung empfängt und daß dieses Reich streng von dem Gekreuzigten und Auferstandenen her gesehen wird, sollte man sie theologisch nicht verfemen. Sie ist biblisch bezeugt, und es tut not, sie in ihrer legitimen Gestalt wieder für das christliche Glaubensleben zu gewinnen. Nicht nur sie – auch alle anderen Inhalte der biblischen Eschatologie warten darauf, in ihrem Aussagegehalt wiedergewonnen und so entfaltet zu werden, daß sie Orientierung und Zuversicht geben im Angesicht drohenden Weltunheils, Antwort geben auf die Fragen nach dem Sinn der Geschichte und des Lebens und daß sie über die Grenzen der menschlichen und menschheitlichen Existenz hinausweisen auf das große Ziel, das der Schöpfer verfolgt, seit er den Kosmos und die Erde schuf. Die Christenheit aller Konfessionen muß wieder eine volle und lebendige Hoffnung gewinnen, die ebenso die Horizontale wie die Vertikale umgreift. Denn Kirchen ohne Hoffnung werden allzu leicht zu hoffnungslosen Kirchen.

Die katholisch-apostolischen Gemeinden

Der Ruf der Endzeit

Die Ursprünge der katholisch-apostolischen Gemeinden liegen in einer Epoche, die durch die Französische Revolution und die von ihr ausgelösten Umbrüche und Kriege tief aufgewühlt war. Vielerorts kam es zu einer religiösen Neubelebung. *Erweckungsbewegungen* entstanden und *Endzeiterwartungen* gingen um. Auch in England und Schottland bildeten sich Kreise, die sich der Erforschung der prophetischen Botschaft der Bibel widmeten. Einer dieser Kreise sammelte sich seit 1826 in Albury Park, dem Landsitz des Londoner Bankiers Henry Drummond (1786–1860). Er war ein feingebildeter, tiefreligiöser Mann, der als Parlamentssprecher hohes Ansehen genoß. Auf ausgedehnten Auslandsreisen hatte er Einblick in den betrüblichen Zustand der Christenheit gewonnen und zusammen mit dem anglikanischen Geistlichen James Haldane Stewart die »Continental Society« gegründet, die Mission innerhalb der christlichen Länder treiben sollte; 1819–1834 sandte sie viele Missionare aus, u.a. Johann Gerhard Oncken (1800–1884), der ab 1823 von Hamburg aus arbeitete und dort die erste Sonntagsschule in Deutschland gründete. Von den 44 Teilnehmern des *Albury-Kreises* bestand mehr als die Hälfte aus Geistlichen verschiedener Kirchen. Sie hatten eines gemeinsam: Sie alle litten unter der geistlichen Armut der Christenheit und waren sich klar, daß sie in diesem Zustand keinesfalls für die Begegnung mit dem wiederkommenden Herrn bereit sei, daß aber ihre Erneuerung nicht durch Menschen erfolgen, sondern allein von Gott ausgehen könne.

In jenen Jahren war es in *Westschottland* durch die Verkündigung einiger Geistlicher, die das strenge Prädestinationsdogma der schottischen Nationalkirche sprengte, zu einer Erweckung gekommen. Schon um 1820 hatte J. H. Stewart in verschiedenen Broschüren zum Gebet um die Ausgießung des Heiligen Geistes aufgerufen. Die Schriften fanden weite Verbreitung. Seit 1828 kam es in Gebetsversammlungen zu Heilungen, Weissagungen und Zungenreden. Prophetien verkündigten die nahe Wiederkunft Christi, der ein mächtiges Heilswerk vorangehen werde, um die Kirche vorzubereiten.
Auch in *England* zeigten sich ähnliche Erscheinungen. In London hatte der hochbegabte, fromme Edward Irving (geb. 4. August 1792), seit 1822 Pfarrer der schottischen Gemeinde, als feuriger Erweckungsprediger einen ungeheuren Zulauf. Er veranstaltete Gebetsversammlungen und ließ ab Herbst 1831 Träger von »Geistesgaben« auch in den Sonntagsgottesdiensten zu Wort kommen. Das Weissagen und Zungenreden in seiner Kirche erregte großes Aufsehen. In der Presse wurde dagegen polemisiert, und das Presbyterium enthob ihn 1832 seines Amtes, weil er mit der Zulassung der Weissagungen im Gottesdienst gegen die Kirchenordnung verstoßen habe. Er sammelte seine Gemeinde in einem eigenen Lokal. Auch andere Londoner Geistliche wie der Ire Nicholas Armstrong und Henry Owen wurden in den gleichen Jahren diszipliniert, weil durch ihre Verkündigung Geistesgaben lebendig wurden. Ihre Anhänger schlossen sich ebenfalls in freien Gemeinden zusammen.
Der Albury-Kreis beschäftigte sich 1830 mit den schottischen Ereignissen. Ein Mitglied, der Londoner Rechtsanwalt John Bate Cardale, veröffentlichte in der seit 1829 bestehenden Quartalsschrift des Kreises *»The Morning Watch«* einen sehr positiven Bericht über seine Erfahrungen: »Man erkennt an diesen Menschen, daß sie unter einer übernatürlichen Führung stehen, ob sie nun unbekannte Laute von sich geben oder geisterfüllt in ihrer eigenen Sprache reden. Ihr Benehmen und Reden unterscheidet sich, allgemein gesprochen, von ihrem normalen Verhalten. Es scheint, als würden ihre Organe von einer übernatürlichen Macht benützt, und sie selbst erklären, daß es der Heilige Geist sei.« Dabei sind sie »völlig frei von jeglichem Fanatismus oder Enthusiasmus«, vertreten keine fanatische Theologie und »sind alles andere als Sektierer«. Auch Cardales junge Frau, in ihrem Wesen allem Enthusiastischen abgeneigt, »sprach sehr feierlich drei Sätze in einer unbekannten Sprache und fügte dann drei englische Sätze als Übersetzung hinzu«. Einige Mitglieder des Albury-Kreises meinten, daß die Nachrichten aus Westschottland auf

ein göttliches Werk hinzuweisen scheinen, und Drummond regte an, die von der Kirche ausgestoßenen Geistlichen zu unterstützen. Er und Cardale riefen ihrerseits Gebetsversammlungen ins Leben.
Die verschiedenen *Freigemeinden in London* entstammten der anglikanischen und presbyterianischen Kirche sowie independenter Gemeinden. Sie richteten sich in ihrem weiteren Aufbau nach den Weissagungen in ihrer Mitte, die u. a. geboten, in London sieben »unterschiedene Gemeinden« unter sieben »Engeln« oder Bischöfen aufzubauen (seit 1833). Diese sollten »dem Herrn einen Mittelpunkt und eine Stätte Seiner Offenbarungen ... liefern, den Aposteln und Mitarbeitern zu einem Modell des überall gültigen göttlichen Bauplanes dienen und der Christenheit durch heilige Ordnung und katholische Fürbitte ein Schutz und Schirm wider den Feind und Verstörer sein«[2]. Die junge Bewegung sollte sich also nicht von den bestehenden Kirchen abspalten, sondern eine gesamtchristliche Erneuerungsaufgabe wahrnehmen.

Von Anfang an war ein Geist der Besonnenheit und der Ordnung lebendig, dem es weitgehend gelang, die Gefahr schwärmerischer Ausuferungen abzuwehren. Es gab viel Weissagung in den Versammlungen. In den prophetischen Äußerungen wurde immer wieder in unmittelbarer Anrede einzelnen Teilnehmern gesagt, daß sie zu hohen und heiligen Berufen bestimmt seien. Einige wurden ausdrücklich als *»Apostel«* bezeichnet. Der erste, dem dies widerfuhr, war Cardale am 31. Oktober und 7. November 1832. Auf prophetische Anweisung begab er sich nach Albury, wo er am 24. Dezember 1832 »unter dem Antrieb übernatürlicher Kraft, die plötzlich über ihn kam«, den jungen Schotten William R. Caird zum »Evangelisten« und zwei Tage später Henry Drummond zum »Engel« der Gemeinde Albury ordinierte[3]. Irving wurde im April 1833 zum »Engel« seiner Gemeinde berufen und später auch als »Prophet« für Schottland bezeichnet; aber auf der Reise dorthin starb er schon am 8. Dezember 1834 in Glasgow. In den Jahren 1833 und 1834 wurden fünf Männer als »Apostel« bezeichnet, darunter Drummond, Nicholas Armstrong, der Jurist Francis Valentine Woodhouse und das Parlamentsmitglied Spencer Perceval. Um die Zwölfzahl voll zu erreichen, wurde Cardale durch das Wort der Prophetie aufgefordert, mit dem Propheten Taplin die Gemeinden zu besuchen – 1835 bestanden außer den sieben Londoner Gemeinden weitere 17 in England. Im Verlauf dieser Reise wurden sechs weitere Männer als Apostel berufen, als letzter Duncan Mackenzie, früher Diakon der schottischen Nationalkirche.
Am 14. Juli 1835 wurden die Zwölf in London feierlich in ihren gesamtkirchlichen Dienst eingesetzt. Man verstand das neue Werk als Wiederaufnahme und Wiederherstellung des alten Werks, wie es die Apostel der Urkirche hinterlassen hatten. Dazu gehörte die Vereinigung der getrennten Teile der zerspaltenen Kirche; erst wenn dies gelungen sei, könne die volle apostolische Leitung angenommen und ausgeübt werden. Als Amtsträger durfte nur ordiniert werden, wer von einem

[2] Ernst Adolf Roßteuscher, Der Aufbau der Kirche Christi auf den ursprünglichen Grundlagen, S. 385
[3] F. V. Woodhouse, Erzählungen von den Begebenheiten betr. die Lage und Aussichten der ganzen christlichen Kirche, S. 17

Propheten berufen worden war; andererseits behielten sich aber die Apostel vor, die Berufenen vor der Ordination auf ihre Brauchbarkeit für das priesterliche Amt zu prüfen. Überhaupt wurden die Autoritäten und Funktionen des apostolischen und des prophetischen Amts sorgfältig gegeneinander abgegrenzt, um Verwirrungen zu vermeiden. So hatten die Apostel die Lehre der Gemeinschaft festzustellen und über sie zu wachen. Aufgabe der Propheten war es, ein Licht auf die Teile der Schrift zu werfen, die geistliche Geheimnisse in symbolischer Form enthalten. Aber die Deutung und Anwendung dieses Lichts blieb den Aposteln allein vorbehalten. Trotzdem kam es später immer wieder zu Spannungen und Konflikten, da beide, Apostel wie Propheten, sich auf göttliche Bevollmächtigung berufen konnten.

Aufbau der Gemeinden unter Aposteln

Die zwölf Apostel nahmen in Albury ihren Wohnsitz. Hier lebten sie zwei Jahre in gemeinsamer Betrachtung der Schrift; sieben Propheten standen ihnen zur Seite. Sie verfaßten Ende 1835 zwei Zeugnisschriften: eine an die Bischöfe und Geistlichen der Vereinigten Kirche von England und Irland und eine an den König von England und seinen Geheimen Rat. Am 15. Juli 1836 erklärte ein Wort der Prophetie, der Herr wolle unter die Apostel, die »Fürsten der Stämme Israels«, die Last der ganzen Christenheit verteilen. Jeder Apostel wurde für einen »Stamm« besonders abgeordnet – nicht als seinen künftigen Herrschaftsbereich, sondern als sein Wirkungsgebiet: u. a. Cardale für England (Juda), Drummond für Schottland und die protestantische Schweiz (Benjamin), Mackenzie für Schweden (Gad), Perceval für Italien (Manasse), Woodhouse für Süddeutschland und Österreich (Ruben), Thomas Carlyle für Norddeutschland (Simeon), William Dow für Rußland, Finnland und Baltikum (Dan) und Armstrong für Irland, Griechenland und den Orient (Sebulon). Sie sollten zunächst als Lernende und Beobachtende ausziehen, um die religiösen Zustände ihrer Gebiete zu erforschen, die Sitten, Kult- und Lehrformen kennenzulernen, das Gute daraus zu sammeln und Wege zu prüfen, wie sie ihre Botschaft ausrichten könnten. Der Ertrag ihrer Reisen sollte dann nach ihrer Rückkehr dem Apostelkollegium vorgelegt und gesichtet werden, damit alles Gute der ganzen Christenheit in der Anbetung verwendet werden könne.

Bevor die Apostel sich 1837 auf den Weg machten, verfaßten sie eine große Zeugnisschrift »An die Patriarchen, Erzbischöfe und Bischöfe und die anderen Vorsteher der Kirche Christi in allen Landen und an die Kaiser, Könige und anderen Regenten über die getauften Völker«. Die ernste und würdige Schrift wies auf die nahende Endzeit und die Verderbnis der Christenheit hin: Schwinden der geistlichen Ehrfurcht, Verachtung und Leugnung der göttlichen Wahrheit, unverhüllte Absicht der Ungläubigen, »auf den Trümmern des christlichen Glaubens unter dem Namen der Freiheit das neue Zeitalter einer atheistischen Anarchie aufzurichten«. In einem eindringlichen Appell wurden die Regierenden beschworen, das Zeugnis der Apostel nicht zu überhören. Die Kirche bedarf einer Reform durch ihren Herrn, denn sie ist die letzte Zuflucht und Bergungsstätte. Ihre Sakramente müssen wieder belebt werden. Aber das kann nur durch Wiederherstellung der von Gott bevollmächtigten *Ämter* geschehen. Das Apostelamt muß erneuert werden. Es ist das Organ zur Mitteilung des Heiligen Geistes und die Quelle der Lehre. »Apostel, und nur Apostel, kennt die Schrift als das Zentrum der Autorität, der Lehre, der Einheit für die ganze sichtbare Kirche Christi auf Erden.« Schon hat sich Christus aufgemacht, seine Kirche wieder aufzubauen. Der Heilige Geist hat zwölf Männer als Apostel bezeichnet, damit durch ihren Dienst alle Heiligen Gottes gesammelt, gereinigt und zum Tempel des Heiligen Geistes erbaut werden. Dieses große »Testimonium« wurde 1838 zuerst dem Papst, zu Händen des Kardinals Lord Acton in London, dann dem österreichischen Kaiser, zu Händen des Staatskanzlers Fürst Metternich in Wien, überreicht; der König von Frankreich konnte es wegen einer Hoftrauer nicht entgegennehmen. Diese drei galten als die, wenn auch usurpatorischen, Repräsentanten Christi, der römischen Universalmonarchie und der vom souveränen Volkswillen abhängigen Regierungsgewalt. Danach erhielten die Oberhäupter aller Kirchen und christlichen Länder die Zeugnisschrift. Die Apostel besuchten, je von einem Mitarbeiter begleitet, die ihnen zugewiesenen Gebiete und kamen an Weihnachten 1838 wieder in Albury zusammen.

Nun sollte ihre eigentliche Aufgabe beginnen: *die Wiederherstellung der kirchlichen Einheit und die Zubereitung auf die Wiederkunft.* Als Glaubensgrundlage erkannten sie die Heilige Schrift sowie das Apostolische, das Nicänische und das Athanasianische Glaubensbekenntnis als treuen Ausdruck biblischer Lehre an. Sie beschränkten sich also auf die Bekenntnisse der alten Christenheit vor ihrer Spaltung. Sie konnten die konfessionellen Zerteilungen nicht rückgängig machen, aber sie wollten sie gleichsam überwölben durch ein *Kirchenverständnis*, das sich auf das allen Konfessionen Gemeinsame beschränkte. Der »Katechismus« von 1854 formulierte: »Die Kirche ist die Versammlung aller, die an den Herrn Jesum Christum glauben und nach seinem Gebote getauft sind. Sie ist die Haushaltung Gottes, der Leib Christi, der Tempel des Heiligen Geistes.« Diese Sicht sollte es ermöglichen, alle Kirchen in ihren Ämtern und Sakramenten anzuerkennen, sollte aber zugleich jeder Selbstverabsolutierung einer Einzelkonfession widerstehen, indem die bestehenden Kirchen als »Kirchenabteilungen« oder »Teil-Kirchen« in den Leib Christi eingeordnet werden.

Der Leib Christi bedarf des vierfachen *Amtes*, das zum Dienst an allen Gliedern eingesetzt wurde. Und er bedarf des *Kultus*, der in den katholisch-apostolischen Gemeinden eine besondere Bedeutung gewann. »Hier ging es um die Anbetung Gottes und das Handeln Gottes an den Gläubigen durch die Ämter.« Seit 1840 befaßten sich die Apostel mit dem *Ausbau der vier Ämter* nach Eph. 4, 11: Apostel, Propheten, Evangelisten und Hirten. Sie entwarfen folgende Ordnung: Die vom Heiligen Geist bezeichneten und von Christus unmittelbar bevollmächtigten *Apostel* üben die Fürsorge über die Gesamtkirche und die Aufsicht über die Engel und werden dabei von ausgewählten Propheten, Evangelisten und Hirten mit gesamtkirchlichem Auftrag unterstützt. Dazu kommen weitere priesterliche Ämter: Engel oder Bischof, Presbyter oder Ältester und Diakon. Der »Engel« ist das Oberhaupt der Einzelgemeinde und führt die Aufsicht über die Priester und Diakone. Die sechs »regierenden Ältesten« haben mit dem Engel Anteil am Regiment über die Gemeinde und bilden zusammen mit ihm die siebenfache Ältestenschaft. Die Priester verwalten Gottes Wort und die Sakramente und üben Seelsorge. Die »Diakone« haben ihre Aufgaben in gottesdienstlicher Assistenz und Liebesarbeit. Gleichzeitig wandten sich die Apostel der *gottesdienstlichen Ordnung* zu. Sie gaben 1842 Rituale für eine Reihe von Gottesdiensten, für Taufe und Eucharistie heraus. Mitte und Fundament der gesamten Anbetung ist die Eucharistie, von der gelehrt wird, daß Leib und Blut Christi in diesem Sakrament wahrhaftig und wirklich gegenwärtig sind und von den Gläubigen geistlich genossen werden. Im Gegensatz zur Abendmahlslehre der Reformation wird am Opfergedanken festgehalten, der in der katholischen Messe das Kernstück bildet. Im katholisch-apostolischen Verständnis ist die Eucharistie das große Lob- und Dankopfer zum Gedächtnis des Opfers auf Golgatha, wodurch an dem himmlischen Opferdienst Christi in sakramentaler Weise Anteil genommen wird.

Neben den Sakramenten, den sonntäglichen Gottesdiensten, den täglichen Morgen- und Abenddiensten stehen zahlreiche liturgisch durchgebildete Sonderfeiern bis hin zu den Einweihungen des Altars, kirchlicher Geräte und Gewänder sowie des Salböls. Neben den allgemeinen christlichen Festen des Kirchenjahrs werden noch der 14. Juli als Tag der Aussonderung der Apostel in London 1835, der 29. September zum Gedächtnis der heiligen Engel und der 1. November zum Gedächtnis aller Heiligen gefeiert. Hier überall hatten die Apostel liturgische Kostbarkeiten aus allen Teilen der Christenheit zusammengetragen und zu einer Einheit verbunden. Mit dem umfangreichen Werk *»Die Liturgie sowie die anderen Gottesdienste der Kirche«* hatten sie ein Instrument geschaffen, mit dem gewissermaßen im innersten, gottesdienstlichen Bereich die zerspaltenen Kirchen vereinigt werden sollten.

Der *Zehnte* und seine gewissenhafte Entrichtung wird als Gottes Gebot betrachtet; aus ihm empfangen die Priester ihren Unterhalt. Dieser wird nicht als »Gehalt« betrachtet, sondern als eine »unverdiente Gabe des Herrn, die es ihnen möglich machen soll, frei von aller irdischen Arbeit sich ganz dem Amte des Herrn zum Besten seiner Kirche zu widmen«.

Im Jahr 1847 wurde die *Versiegelung* eingeführt. Den Hintergrund dieser Maßnahme bildete eine kritische Phase, in die das Werk geraten war. 1838 hatte ein Wort der Prophetie die Sieben Gemeinden in London, Vertreter der gesamten Kirche, als »Zion« und ihren Rat als das »Herz Zions« bezeichnet, während die Apostel das »Haupt Zions« bilden und als Exekutive die Beschlüsse des Rats durchführen sollten. Die Apostel aber waren der Auffassung, daß der Rat der Sieben Gemeinden nur eine beratende Aufgabe habe.

Dieser Konflikt zwischen Apostelamt und Prophetenamt war so tiefgehend, daß Cardale, der »Pfeiler der Apostel«, seine Apostelbrüder aus ihren jeweiligen Gebieten nach Albury zurückrief. Dort befaßten sie sich Juli/August 1840 mit dem Problem und lösten den Konflikt dadurch, daß sie die Konzilien der Sieben Gemeinden suspendierten (sie haben seitdem in der bisherigen Form nicht wieder stattgefunden), die gemeinsamen Gottesdienste einstellten (erst 1847 wiederaufgenommen), auf apostolische Mitarbeiter aus den Sieben Gemeinden verzichteten und die prophetischen Äußerungen unterbanden, »solange die gegenwärtige Lage andauere« (1842 wieder aufgehoben)[4]. Diese drastischen Maßnahmen wurden zwar einstimmig beschlossen, aber Apostel Mackenzie war nicht bereit, bei der Durchführung dieses Beschlusses mitzuwirken. Er verließ die Versammlung und kehrte bis zu seinem Tod nicht mehr nach Albury zurück. Trotzdem betrachtete er sich auch weiterhin als zum »Apostel« berufen; er wollte sich lediglich keine Apostelaufgaben anmaßen, weil ihm die schon vor 1835 verheißene Fülle des Heiligen Geistes fehle. Später zog sich auch der Apostel Henry Dalton, der ein Geistlicher der Kirche von England war, zeitweilig aus den Apostelversammlungen zurück, nahm aber nach Beendigung seines offiziellen Kirchendienstes um 1860 wieder an ihnen teil.

Wie an der Spitze, so gab es in den 40er Jahren (also bereits zehn Jahre nach Beginn des Werkes) auch in den Gemeinden Nöte. Berichte mehrerer Engel sprachen von einem drohenden geistlichen Stillstand. Kleinere Gemeinden wurden aufgelöst, und die Gemeindeglieder den alten Kirchen übergeben. In einigen Schriften wurden die Jahre 1840 bis 1847 als *geistliche Krisenzeit* bezeichnet. Cardale beriet 1847 mit den verbliebenen neun Aposteln über eine Abhilfe. Dabei erinnerten sie sich eines vor 15 Jahren gesprochenen Wortes von Drummond: »Bist du nicht ein Apostel? So spende denn den Heiligen Geist!« Es bezog sich auf die biblischen Berichte, daß einst Gläubige bei der Handauflegung der Apostel den Heiligen Geist empfingen. Der Apostelkreis beschloß, diese Handlung nun einzuführen. Es wurde dabei vorsichtig und schrittweise vorgegangen. Bei der Handauflegung verwandte man heiliges Salböl, das alljährlich am Pfinstmontag in der Kapelle der Apostel feierlich geweiht wurde.

Mit der Versiegelung, die nach Thiersch eine »Bestätigung der Taufgnade und Versicherung der Innewohnung des Heiligen Geistes« ist, wird nicht nur »die Kraft für das Heranwachsen zum geistlichen Mannesalter« verliehen, sie ist auch ein »Angeld der kommenden Herrlichkeit« (Born).

Es geschah noch mancherlei im Aufbau der Gemeinden und in der Verzweigung der Ämter. Die Apostel stellten sich apostolische Gehilfen oder Koadjutoren an die Seite. Für vorübergehende Bevollmächtigungen standen apostolische Delegaten zur Verfügung. Jeder Apostel hatte, wie erwähnt, Propheten, Evangelisten und Hirten als Mitarbeiter. Für jeden Apostelbezirk wurden Engel-Evangelisten berufen; Erzengel in der Allgemeinen Kirche, also mit gesamtkirchlichem Wirkungsbereich, standen neben Erzengeln, die besonders hervorragende Gemeinden leiteten, usw.

Stille Gemeinde der Hoffenden

Die Gemeinschaft wollte mit der Ausgestaltung ihrer Liturgie und ihrer Ämter und mit ihren Lehrgrundlagen das Modell einer geeinten Christenheit schaffen. Aber eine Vereinigung wurde nicht erreicht. Es wiederholte sich, was so oft schon

[4] Karl Born, Das Werk des Herrn unter Aposteln, S. 35

geschehen war: Die Spaltung der Christenheit wurde nicht überwunden, dafür entstand eine weitere Gemeinschaft. Zwar schieden die von den Aposteln Gewonnenen nicht von selbst aus den Kirchen aus, sondern wurden eher durch den kirchlichen Widerstand hinausgedrängt. Aber das Ergebnis war eben doch, daß besondere Gemeinden mit eigenen Gottesdiensten entstanden.

In *Deutschland* hatte schon 1842 der damalige Privatdozent in Erlangen HEINRICH W. J. THIERSCH (1817–1885) Verbindung mit den Evangelisten William Caird und Charles Böhm. Als Professor der Theologie in Marburg schloß er sich dann 1847 zusammen mit dem Privatdozenten ERNST ADOLF ROSSTEUSCHER der Bewegung an. Am 17. Oktober 1847 nahm der Apostel Carlyle erste Versiegelungen in Frankfurt a. M. vor und gründete 1848 eine Gemeinde in Berlin. Einige Pfarrer wurden gewonnen, darunter die Berliner Pastoren Koeppen und Carl Rothe, der später Bischof der dortigen Gemeinde wurde. Auch Johann Christoph Blumhardt (1805–1880) stand den Katholisch-Apostolischen zeitweilig nahe.

1855 zählte man in Norddeutschland 1004 Versiegelte, 1876 in Preußen 24 Gemeinden mit 3079 Mitgliedern. Auf katholischer Seite wurde besonders Augsburg ein Stützpunkt der Bewegung. Der Pfarrer in Oberroth, JOHANN E. G. LUTZ, hatte seit 1828 mit seinen Predigten eine Erweckung hervorgerufen, und es gab, ähnlich wie in Schottland, Weissagungen von der nahen Wiederkunft und von Aposteln und Propheten und neuer Geistesausgießung. Lutz trat in Verbindung mit dem Evangelisten Caird, reiste nach London, war von dem dort Gesehenen überzeugt und gewann auch fünf andere katholische Geistliche, darunter den Domvikar Philipp Jakob Spindler. Sie alle und 400 Laien wurden 1856 vom Bischof von Augsburg exkommuniziert. Ihre gemeinsame Bitte »An die hohe Kammer der Abgeordneten in Bayern Schutz gegen Verfolgung und religiöse Freiheit betreffend« und mancherlei Verteidigungsschriften von Lutz und Spindler nützten nichts.

In der Hauptsache beschränkte sich die Verbreitung auf protestantische Gebiete, besonders in England, Schottland und Deutschland. Auch im Baltikum, in Petersburg und unter den Wolgadeutschen entstanden Gemeinden; sie fielen dem Bolschewismus zum Opfer. Außerhalb Europas bestehen Gemeinden in den Vereinigten Staaten, in Kanada, Südafrika, Australien und Neuseeland.

Das Ziel aller Gottesdienste und alles Wirkens der Ämter war, »daß wir und alle Christen in der Heiligkeit vollendet und in Einem Leibe vorbereitet werden auf die Erscheinung unseres Herrn Jesu Christi, wenn er nun vom Himmel geoffenbart werden wird in gleicher Weise, wie er aufgefahren ist« (Katechismus Art. 63). Aber die sehnsüchtige Erwartung des Herrn mußte sich gedulden. 1855 starben die ersten Apostel; 1877 entschlief Cardale, und von 1879 an war nur noch ein Apostel am Leben. Die Gestorbenen wurden nicht ersetzt. 1901 starb auch der letzte Apostel, Woodhouse, im Alter von 96 Jahren. Damit mußte nach der katholisch-apostolischen Lehre der Strom des Heiligen Geistes, soweit er durch das geordnete Amt floß, versiegen. Die Weihe neuer Priester hörte auf, die Schar der noch vorhandenen lichtete sich. Versiegelungen konnten nicht mehr vorgenommen werden. Auch andere große Teile der Liturgie waren mit dem Aussterben der Apostel nicht mehr vollziehbar.

Heute leben die Gemeinden zurückgezogen und pflegen ein inniges gottesdienstliches Leben. Sie sind über die ganze Welt zerstreut. Ein Gesamtzusammenschluß besteht nicht. Jede Gemeinde ist selbständig. Alle schrumpfen. Anfang des 20. Jahrhunderts bestanden etwa tausend Gemeinden mit ungefähr 200000 Seelen. Die meisten erloschen, andere schmolzen zu kleinen Gemeinschaften zusammen. Wo sich Gemeinden auflösten, übergaben sie ihre Gotteshäuser einer der bestehenden Kirchen. Die Hauptkirche am Gordon Square in London wurde 1963 an die Church of England verpachtet. Der letzte Priester, Dr. W. Maynard Davson in London-Paddington, entschlief am 16. Februar 1971 im Alter von 95 Jahren. Im Juli 1972 starb der letzte Diakon, C. W. Leacock, in Sydney. Es gibt nun keine ordinierten Diener mehr. Nur Unterdiakone sind noch vorhanden. Aber weil sie als Laien gelten, können sie nicht mehr die Eucharistie austeilen, und das Tabernakel ist leer. So halten sie in den priesterlos gewordenen Gemeinden noch die möglichen Dienste: Litanei, Gebetsversammlungen, Vormittags- und Nachmittagsgebete nach der Liturgie und Lesungen aus der katholisch-apostolischen Predigt- und Homilie-Literatur. Für den Empfang der Sakramente sind die Gläubigen auf die Kirchen angewiesen. Nach Unterlagen von 1972 gibt es in der Bundesrepublik noch etwa 60, in der DDR 40 Gemeinden, in denen noch einigermaßen regelmäßig in mehr oder weniger großen Zeitabständen Gottesdienste gehalten werden.

Kennzeichnend für die *innere Haltung der katholisch-apostolischen Gemeinden* ist ein Doppeltes.

Einmal: Sie wissen sich als eine wartende Gemeinschaft. Die Hoffnung auf den wiederkommenden Herrn ist in ihnen lebendig wie je. Sie hat sich, so hochgespannt sie war, immer in biblischer Zucht gehalten. Es gab keine Terminberechnungen[5] und daher auch keine Enttäuschungen über das bisherige Ausbleiben der Parusie. Sie wurden nicht irre oder lahm in ihrer Hoffnung, auch nicht, als die Apostel nacheinander starben und die Gemeinden verwaisten. Seit 1901, nach dem Tod des letzten Apostels, soll nach einer Weissagung die Zeit nach der Lösung des siebenten Siegels, die Stille im Himmel (d.h. in der Kirche) bei einer halben Stunde (Offb. 8, 1), angebrochen sein. Die wartende Gemeinde wird in ihrem Dahinschwinden als »Johanneswerk« gedeutet: Wie Johannes der Wegbereiter der ersten Ankunft des Herrn war, so dient sie der Vorbereitung der zweiten

[5] Hier müssen frühere Darstellungen von Riemer, Wurm und Scheurlen berichtigt werden, wonach die Katholisch-Apostolischen die verschiedensten Termine für die Wiederkunft Christi genannt haben sollen. Nach Riemer sollen es die Jahre 1835, 1838, 1842 und 1845, nach Scheurlen außerdem der Juli 1855, nach Wurm 1866 und der 14. Juli 1877 gewesen sein. In den mir zugänglichen katholisch-apostolischen Quellen sind nirgends solche Termine angegeben. Maßgebend für ihre Haltung war vielmehr, was Cardale 1855 in einem Brief schrieb: »Wir sagen nicht, daß diese herrliche Begebenheit (die Wiederkunft) in diesem oder dem nächsten Jahr eintreffen wird. Wir sagen nicht, daß Gott einem Menschen eine persönliche Gewißheit gegeben hat, daß er nicht durch den Tod hindurchgehen wird. Aber mit dem heiligen Apostel (Paulus) und der Kirche schauen wir seit 1800 Jahren danach aus und erwarten jeden Augenblick die Wiederkunft unseres hochgelobten Heilandes, die Auferstehung unserer entschlafenen Väter und Brüder und unsere eigene Versammlung zu dem Herrn. Edward Irwing hegte auch nicht die Vorstellung, daß das Kommen des Herrn auf einen bestimmten Tag zu erwarten sei. Und ich weiß, daß er nach dem August 1832, als ich ihn kennenlernte, wiederholt seine Gemeinde vor diesem Irrtum warnte.«

Ankunft; wie Johannes liegt sie jetzt gebunden im Gefängnis und muß »abnehmen«, ja verschwinden, weil ihr Auftrag beendet ist und ein anderer »zunehmen« muß.

Sodann: Die katholisch-apostolischen Gemeinden wissen sich der gesamten Kirche aller Bekenntnisse zugeordnet. Der Gedanke der Einheit der Kirche, dem ihre Apostel dienen wollten, hat seine verpflichtende Geltung behalten. Sie nehmen diese Einheit der Kirche in ihre Mitverantwortung hinein. Sie verstehen ihre Liturgie nicht als eine Sonderordnung ihrer Gottesdienste, die sie von den Gottesdiensten anderer Bekenntnisse unterscheiden soll, sondern als ein Muster, das der gesamten Kirche gegeben ist, um sie über die Trennung hinweg zu verbinden. Sie verstanden auch nie ihre eigene Gemeinschaft als die exklusive Heilsgemeinde der Endzeit. Im Rückblick auf den Tod des Apostels Woodhouse schrieb Erzengel Ludwig Albrecht (bekannt als Übersetzer des Neuen Testaments): Die Gemeinden »können und wollen in ihrer Lage nichts tun. Doch harren sie darauf, daß Gott etwas tue, nicht allein für sie, sondern für sein ganzes getauftes Volk. Denn nur mit der ganzen Kirche, nicht getrennt von ihr, können sie bei Christi Wiederkunft vor Gottes Angesicht dargestellt werden.«[6] Die katholisch-apostolischen Christen kapseln sich deshalb auch nicht gegen die bestehenden Kirchen ab. An Orten, wo keine katholisch-apostolischen Gottesdienste stattfinden, nehmen sie am gottesdienstlichen Leben der landeskirchlichen Gemeinde teil und stellen sich dienend und opfernd in ihre Mitte.

Der Bruch von 1863 und die »Hersteld Apostolische Zendingkerk«

Die englischen Apostel hatten die nahe Wiederkunft Christi erwartet. Zugleich hatten sie im großen Testimonium erklärt, daß das Apostelamt »eine dauernde Ordnung, ein beständiges Amt sein soll«. Entsprechend bekräftigte im Jahr 1850 der Apostel Carlyle: »Das Werk der Apostel ist nicht allein auch jetzt noch notwendig, sondern es ist ausdrücklich dazu gesetzt, fortzudauern, bis ein bestimmtes Ziel erreicht ist.«[7] Die Möglichkeit, daß einer von ihnen sterben könnte, wurde nicht erwogen. Rückblickend sagte John Cardale in einer Versammlung der Sieben Gemeinden in London am 30. Januar 1855: »Manche hatten gedacht, und ich bekenne, selbst zu ihnen gehört zu haben, daß die zum Apostelamt Berufenen, wenn sie treu blieben, nicht sterben würden, bis sie des Herrn Gäste in das himmlische Erbe geführt hätten. Wir haben uns geirrt.«[8]

Wenige Tage zuvor waren kurz hintereinander die Apostel Mackenzie und Carlyle verstorben. Was sollte nun geschehen? Konnte eine Wiederauffüllung der Zwölfzahl vorgenommen werden? Darüber berieten die Apostel am 26. Juni 1855. Sie kamen zu einem negativen Entscheid. In einem Rundschreiben gaben sie bekannt, »daß für einen solchen Schritt keine Ermächtigung in der heiligen Schrift gegeben ist, daß das Beispiel des Judas, der durch Übertretung fiel, hierher nicht

[6] Roßteuscher a. a. O. S. 299
[7] Carlyle, Das apostolische Amt 1850, S. 38
[8] Ludwig Albrecht, Das apostolische Werk des Endes, S. 58

paßt; daß sie also nicht gutheißen, auch nicht selbst ergreifen können die Initiative eines Versuchs zur Ausfüllung der Stelle eines berufenen und ausgesonderten Apostels, der durch den Tod hinweggenommen wurde; daß sie also diese Sache dem Herrn ganz anheimstellen und sich damit begnügen müssen, mit desto größerem Fleiß zu arbeiten, damit sie vor Ihm am Tage Seiner Erscheinung als treue Knechte anerkannt werden mögen«[9].
Das war für die Gemeinden nicht einfach. Denn es bedeutete, daß auf jede Maßnahme zur Erhaltung des Apostelamts verzichtet wurde. Dadurch hatte die Gemeinschaft sich selbst das Urteil über ihre Weiterexistenz gesprochen. Worte der Weissagung stärkten sie mit der Zusicherung, daß es bis zur Wiederkunft nur noch »eine kleine Weile« dauern werde. Nun zeigten andere Weissagungen an, daß das jetzige Werk nur einen provisorischen Charakter habe und daß ihm »eine weitere Stufe von Gottes Werk« folgen werde. Dabei wurde an das Auftreten der 70 Jünger (Lukas 10) gedacht, die von Gott aus der gesamten Christenheit berufen werden: Sie sollten die große Ernte sammeln und ihr Werk »sollte selbständig und wieder die ganze Kirche umfassend sein«[10].
Nicht alle waren bereit, diesen Weg zu gehen. Sie glaubten, daß etwas geschehen müsse, um das Apostelamt zu erhalten. Sie gerieten damit in einen Gegensatz zu der Entscheidung von 1855, der zum Bruch führen mußte. Treibende Kraft dieser Gruppe war HEINRICH GEYER (geb. 27. März 1818 als Sohn eines Schuhmachermeisters in Hardegsen bei Göttingen); er war Lehrer, gründete eine Rettungsanstalt für verwahrloste Kinder und wurde deshalb mehrmals vom König in Hannover empfangen. Aber er verlor sein Amt, als er sich den Katholisch-Apostolischen anschloß, und siedelte 1850 nach Berlin über. Hier wurde er mit dem Priesteramt betraut und 1852 durch den englischen Propheten Edward Oliver Taplin in Albury zum Propheten berufen, einige Monate später zum Engel-Propheten erhoben und dem Apostel für Norddeutschland beigeordnet.

Während einer *Prophetenkonferenz* vom 28. Mai bis 9. Juni 1860 in Albury wurde Geyer, als er Offb. 2, 1–7 vorlas, bei V. 5a (»Gedenke, wovon du gefallen bist und tue Buße und tue die ersten Werke ...«) zu der Weissagung getrieben: »Sehne dich nach den Aposteln, welche deine Stühle verlassen haben! Der Herr gibt dir zwei Apostel auf die leeren Stühle zum Unterpfand, daß er auch die übrigen noch besetzen wird, daß eure Schultern nicht zerbrechen, nämlich: Charles Böhm und William Caird als Apostel, denn sie sind als treue Mitarbeiter erfunden worden.« Die Apostel schlossen sofort die Versammlung und zogen sich zur Beratung zurück. Am nächsten Tag fiel ihr Urteil negativ aus. Geyer versicherte dem Apostel Woodhouse: »Ich weiß nur, daß dieses Wort vom Heiligen Geist war.« Aber dieser beschied ihm: »Die Apostel verwerfen diese und jede andere Rufung von Aposteln, weil die jetzigen Apostel ausreichen werden bis zur Wiederkunft.«[11] Die Apostel hatten also kraft ihrer göttlichen Bevollmächtigung ein Prophetenwort abgewiesen, das nach Geyers Auffassung ebenfalls göttliche Autorität bean-

[9] F. V. Woodhouse, Belehrung über die Frage nach der Möglichkeit einer Berufung neuer Apostel und über die Hoffnung auf eine Errettung der Erstlinge vor der großen Trübsal, S. 3 f.
[10] R. F. Edel, Auf dem Weg zur Vollendung der Kirche Jesu Christi, S. 220 ff.
[11] Karl Weinmann, 100 Jahre Neuapostolische Kirche, S. 81 ff.

sprüchte. Geyer fand sich damit nicht ab, zumal nach seinem Bericht alle Propheten in Albury sich über die Apostelberufungen gefreut hatten. Auf der Heimreise besuchte er den Vorsteher der dem Berliner Engel Carl Rothe unterstellten Gemeinde Hamburg, FRIEDRICH WILHELM SCHWARZ (geb. 11. April 1815 in Sardschau bei Danzig als Sohn eines Bauern, gelernter Schneider), und erzählte ihm von dem Vorgefallenen. Der riet ihm, stille zu sein und sich dem Apostelbeschluß zu fügen. Geyer tat's nicht. Er begleitete zwar Woodhouse weiterhin auf seinen Besuchsreisen, berief auch viele Amtsträger, suchte aber doch in Berlin heimlich Gemeindeglieder für seinen Gedanken zu interessieren, daß im Schlußwerk Gottes immer 12 Apostel im Amt sein müssen und daß darum jede durch Tod freiwerdende Apostelstelle sofort neu zu besetzen sei. Vermutlich berief er sogar einige Männer zum Apostelamt, aber sie wollten nicht.

Mehr Glück hatte er, als er im Oktober 1862 mit Woodhouse nach Königsberg reiste, wo Eduard Schwarz, ein Bruder des Hamburger Gemeindevorstehers, als Engel für die dortige Gemeinde eingeführt werden sollte. Am Abend des 10. Oktober sprach er mit dem Ältesten RUDOLF ROSOCHACKY, bei dem er übernachtete, über den Zustand der Gemeinden, und der Geist des Herrn lag, so berichtete er selbst, »so schwer auf mir, daß ich körperlich fast erdrückt wurde. Da, mit einem Mal, beim Abendgebet, welches Rosochacky und ich um Mitternacht miteinander hielten, kam der Geist Gottes mit Kraft über mich und rief den mitanwesenden Diener Rosochacky zum Amte eines Apostels.« Dieser, ein angesehener Maurermeister, nahm die Berufung an. Er sollte nach dem göttlichen Wort ruhig die Zeit abwarten, bis »Gott ihn vor großer Versammlung vieler Zeugen bestätigen würde, denn eine neue Reihe der Zwölfzahl solle mit ihm beginnen«[12].

Im Zusammenhang mit einem schweren Konflikt zwischen Geyer und dem Engel Rothe wurde der Vorfall bekannt: Durch eine Weissagung Geyers in einem Gottesdienst am 23. November 1862 klang seine Auffassung durch, daß die Gemeinde der Erstlinge erst nach dem Erscheinen des Antichrists entrückt werde. Da die Apostel eine umgekehrte Reihenfolge lehrten, verlangte Rothe einen Widerruf von ihm. Er weigerte sich und wurde noch im November 1862 von Rothe amtsentsetzt und ausgeschlossen wegen Verachtung der Autorität seines Engels und der Weigerung, aus dessen Mund die Lehre der Apostel zu empfangen. Mit Brief vom 31. Dezember 1862 und tags darauf mündlich wurde ihm die apostolische Bestätigung dieses Urteils eröffnet.

Dieser Konflikt veranlaßte Geyer, jenem Kreis der Amtsträger, der seine Auffassung von der notwendigen Fortdauer des Apostelamts teilte, von der Berufung Rosochackys Kenntnis zu geben. Aber nur bei Schwarz fand er ein zustimmendes Echo. Er lud Geyer und Rosochacky nach Hamburg ein, ließ sie am 4. Januar 1863 in der Versammlung über das Königsberger Ereignis berichten und fragte die Gemeinde, ob sie Rosochacky als Apostel annehmen will. Alle außer fünf bejahten. Das geschah hinter dem Rücken des Apostels Woodhouse. Dieser wurde erst nachträglich durch Schwarz unterrichtet. Am 9. Januar teilte Rosochacky Rothe mit, daß er von der Hamburger Gemeinde als Apostel bestätigt worden sei, dem bisherigen Ältesten Schwarz als »selbständigem Engel« ihre Leitung über-

[12] a.a.O. S. 85

tragen und auch über die Zehnten und Opfer verfügt habe. Rothe eilte nach Hamburg, durfte aber nicht zur Gemeinde sprechen und entschied in einem Schreiben vom 11. Januar 1863 »als der von den rechtmäßigen Aposteln beauftragte Engel der Gemeinde zu Hamburg, daß alle jene von einem falschen Apostel vorgenommenen Handlungen völlig nichtig und ungültig sind«. Rosochacky konnte den *Bruch mit den englischen Aposteln* nicht verwinden. Am 17. Januar 1863 verurteilte er in einem Brief an Schwarz die Entscheidung der Hamburger Gemeinde vom 4. Januar als »Empörung gegen die ihr von Gott gegebene Ordnung«; er bekannte, daß er seine Berufung nicht mehr als göttlich betrachte und forderte Schwarz auf: »Kehre um! Stelle alle Gottesdienste ein, zeige, daß Du ein wahrer Diener Gottes bist.«[13] Rosochacky wurde rehabilitiert. Schwarz reiste am 26. Januar nach Berlin. Aber seine Verhandlungen mit Rothe und Thiersch waren ergebnislos, weil er sich weigerte, die Hamburger Ereignisse als »Teufelswerk« zu verwerfen. Am 27. Januar wurden die bereits von Rothe über Schwarz und Geyer verhängten *Amtsenthebungen und Exkommunikationen* von Apostel Woodhouse bestätigt. Damit war das *Schisma* vollzogen. Fortan gab es neben den der englischen Bewegung treu verbleibenden katholisch-apostolischen Gemeinden einen apostolischen Zweig – der sich dann bald weiter verzweigte –, in dem neue Apostel die Leitung übernahmen.

Am 12. April 1863 erfolgte die Rufung des Hamburger Priesters Carl W. L. Preuss (1827–1878, Tischlermeister) zum Apostel von Norddeutschland durch einen Diakon; sie wurde nachher durch Geyer bestätigt. Am 27. Mai 1863 wurde auch Schwarz durch Geyer und »durch den Mund vieler weissagender Personen« zum Apostel gerufen. Im September wurden ihm durch Weissagung die *Niederlande* als Arbeitsgebiet zugeteilt.
Erst mühselig mußte er sich in Amsterdam eine Gemeinde sammeln. Ende 1864 konnte er die ersten Versiegelungen vornehmen. Allmählich vergrößerte sich der Kreis; Amtsträger im vierfachen Amt wurden berufen, sieben meist kleinere Gemeinden gegründet. Städte, in denen schon katholisch-apostolische Gemeinden oder Gruppen waren, mied er aus Respekt vor der Mutterkirche. Er hielt sich nach wie vor an die katholisch-apostolischen Lehren, verzichtete aber unter dem Einfluß der calvinistischen Umwelt auf die äußeren Formen der katholisch-apostolischen Liturgie und die kultischen Gewänder, wobei er sich auf die vor 1840–42 verbindlich vorgeschriebene Gottesdienstordnung berief. Schwarz nannte sein Verkündigungswerk »Apostolische Zending«; daraus erwuchs schon früh die Bezeichnung *»Hersteld Apostolische Zendingkerk«* (Wiederhergestellte Apostolische Sendungskirche). Erst 1893 ließ er sie und ihr Verwaltungsorgan »Die Apostolische Kasse« bei der Krone der Niederlande amtlich registrieren.
Mit den deutschen Aposteln Preuß und (seit 1872) Menkhoff lebte er in friedlicher Nachbarschaft. Da sich hier jedoch bald eine zentralistische Tendenz durchsetzte, die dann zu einem »Stammapostolat« führte und damit die Entwicklung zur »Neuapostolischen Kirche« einleitete (siehe S. 470ff.), wurde das Verhältnis allmählich gespannt. Als Schwarz am 6. Dezember 1895 starb, suchte der deutsche

[13] a.a.O. S. 342ff.

Apostel Fritz Krebs die holländischen Gemeinden unter seine Botmäßigkeit zu bringen, was zu bitterem Streit führte. Die »Hersteld Apostolische Zendingkerk« wahrte ihre Selbständigkeit, wurde jedoch durch die Ereignisse sehr geschwächt. Im neuen Jahrhundert festigte sie sich wieder und baute sich sogar international aus: 1928 wurde A. J. Korff zum Apostel für Deutschland berufen; weitere Apostel wurden 1936 für Südafrika, nach dem Zweiten Weltkrieg auch für Österreich (1961) und für England, Dänemark und Australien (1968) eingesetzt.
Aber 1969/70 kam es erneut zu *Spaltungen*, die mancherlei Ursachen hatten: Es ging um den Ausbau des vierfachen Amtes und um die Befugnisse der Propheten und Apostel. Bestimmte Kreise forderten darüber hinaus eine radikale Buße: Bei kritischer Prüfung der Geschichte der katholisch-apostolischen Bewegung und der Ereignisse von 1863 hatten sie erkannt, daß geistliche Sünden schon früh zu Irrwegen geführt und dann auch die Spaltungen verursacht hatten. – Im Gefolge der Auseinandersetzungen wurde die Zendingkerk in mehrere Gruppen zerrissen. Der verbliebene Rest mit dem Apostel D. W. Ossebaar hat nur noch in Arnhem eine größere Gemeinde und pflegt, von Worten der Weissagung geleitet, lose Kontakte zu Pfingstgemeinschaften, darunter der »Apostolischen Kirche – Urchristliche Mission«. Eine andere Gruppe unter dem Apostel Jasper Schaap und dem Propheten H. M. van Bemmel trennte sich im Jahre 1969 von der bisherigen Gemeinschaft und betrachtet sich selbst als die wahre Zendingkerk, hat auch deren Namen beibehalten, gewann aber kein eigenes Profil. Eine dritte Gruppe hat sich im Geiste wieder mit dem verwaisten, aber reinen Altar der im Jahre 1835 ausgesonderten zwölf britischen Apostel vereinigt und bekennt die Spaltung von 1863 als ihre grobe Sünde. Die betreffenden Diener und Gemeindeglieder blieben, so lange es ging, bei ihrer alten Gemeinschaft und wurden wegen ihres bußfertigen Bekenntnisses vielfach verworfen. Sie reagierten darauf aber nicht mit dem »Geist der Spaltung« und versammeln sich in Buße und Hoffnung zu täglichen Gebeten. Wieder andere haben sich enttäuscht von allen zurückgezogen oder sich einer Kirche angeschlossen. Die Zendingkerk ist in ihrer Zersplitterung zahlenmäßig bedeutungslos geworden, ist aber wichtig als Entwicklungsphase in der Gesamtgeschichte des apostolischen Werks.

Die Siebenten-Tags-Adventisten

»Ich glaube, daß der zweite Advent Christi nahe ist.«

Die Vorgeschichte, die zur Gründung der »Gemeinschaft der Siebenten-Tags-Adventisten« (STA) führte, verlief in zwei Akten. Der erste Akt (bis 1844) stand im Zeichen einer hoch aufflammenden Wiederkunftserwartung, um die sich große Scharen in inbrünstigem Glauben sammelten. Der zweite Akt war durch das Bemühen gekennzeichnet, die Trümmer der zerbrochenen Parusiehoffnung

zu retten. Die führende Gestalt des ersten Aktes war William Miller, die des zweiten Aktes Ellen Gould White.
William Miller wurde am 25. Februar 1782 als ältester Sohn eines mit 16 Kindern gesegneten frommen Farmerehepaars in Pittsfield (Mass.) geboren. Sein Vater war im Unabhängigkeitskrieg 1775–1783 Captain gewesen und wurde dann Farmer in Low Hampton (N. Y.). William bekam nur eine kümmerliche Schulausbildung und wurde von seiner Mutter im Lesen und Schreiben unterrichtet. Er war sehr lernbegierig, las viel und interessierte sich besonders für Geschichte. 1804 heiratete er Lucy Smith und zog nach Poultney (Vermont). Wegen seiner Bildung gewann er hohes Ansehen, wurde Friedensrichter und 1809–1811 Sheriff. Er nahm am Krieg gegen England 1812–1815 teil, bewährte sich und wurde 1815 als Captain aus der Armee entlassen. Danach ließ er sich als Farmer in Low Hampton nieder.

Wie in Europa, so wurde auch in Amerika die damalige geistige Landschaft weitgehend vom *Rationalismus* beherrscht. Ein Historiker der Episkopalkirche nannte die Jahre zwischen den zwei Kriegen die »Periode der tiefsten Ebbe im Leben der amerikanischen Christenheit«. Der Deismus war populär, und im ganzen Land blühten die Jakobinerbünde und »Gesellschaften der Erleuchteten«, die sich die Aufgabe stellten, das Christentum lächerlich zu machen und das »Zeitalter der Vernunft« heraufzuführen. Die presbyterianische Generalsynode klagte 1798: »Mit Schmerz und tiefer Besorgnis sehen wir, wie sich unter unseren Mitbürgern eine allgemeine Gleichgültigkeit gegenüber den Grundsätzen und Praktiken der Religion ausbreitet und man die Gesetze und Institutionen der Kirche verachtet, der Unglaube herrscht und die Entfremdung geht so weit, daß viele Menschen sich dem Atheismus zuneigen.«[14] Auch William Miller wandte sich dem Rationalismus zu. In Poultney las er die Werke des englischen Philosophen David Hume (1711–1776), des französischen Aufklärers Voltaire (1694–1778) und des amerikanischen Politikers und Rationalisten Thomas Paine (1737–1809). Sie beeindruckten ihn, und er wurde Deist.
Aber auf die Dauer befriedigten ihn die hier gebotenen Antworten auf die großen Lebensfragen nicht. So blieb er ein Suchender. Öfters ging er auch in die Baptistenkirche, an der sein Onkel als Prediger wirkte. Wenn dieser in anderen Gemeinden Dienst hatte, vertrat er ihn als Lektor. Als er eine Predigt über Jesaja 53, das Leiden des Sohnes Gottes, vorlas, erfolgte in ihm ein Durchbruch: »Gott öffnete mir die Augen durch seinen Heiligen Geist. Ich sah Jesus als einen Freund, als meine einzige Hilfe.«[15] Das war im Jahr 1816. Nun wurde er Mitglied der Baptistengemeinde. Seine einstigen freigeistigen Freunde wandten sich gegen ihn. Um ihren Einwänden begegnen zu können, betrieb Miller zwei Jahre lang ein intensives *Studium der Bibel, besonders der Weissagungen.* Dabei verzichtete er bewußt auf alle Kommentare und benutzte nur die Konkordanz, denn er wollte die Wahrheit ohne vorgefaßte Meinungen kennenlernen; die Schrift sollte sich durch sich selbst auslegen. Das Ergebnis seines Studiums, 1818 in zwölf Punkten von ihm zusam-

[14] Zitiert aus: William W. Sweet, Der Weg des Glaubens in den USA, Hamburg o.J., S. 223 f.
[15] Sylvester Bliss, Memoirs of William Miller, Boston 1853, S. 14

mengefaßt, war überraschend. Er kam nämlich zu der »feierlichen Schlußfolgerung, daß in etwa 25 Jahren von jener Zeit (1818) an unser gesamter gegenwärtiger Zustand abgeschlossen« sein werde.
Um das zu verstehen, muß man wissen, daß in jenen Jahrzehnten der politischen und geistigen Umbrüche Weltenderwartungen nicht nur in Europa, sondern auch unter den amerikanischen Christen umliefen. Man sah in diesen Ereignissen endzeitliche Zeichen. Dazu kamen allerlei unheimliche Naturvorgänge, in denen man Hinweise auf das nahe Weltende witterte. Da waren das Erdbeben von Lissabon 1755, die Aufhebung des Jesuitenordens 1773, der »Dunkle Tag« infolge Verfinsterung von Sonne und Mond in den USA am 19. Mai 1780[16], die Französische Revolution 1789, die Gefangennahme von Papst Pius VI. 1798, riesige Sternschnuppenfälle 1799 und 1833.

Die Frage, wann das Ende komme, bewegte viele. Miller entnahm aus Dan. 8, 14 die Zahl der »2300 Abende und Morgen«, die er mit 2300 »prophetischen Tagen« oder Erdenjahren gleichsetzte, so daß diese Stelle den Sinn bekam: Nach 2300 Jahren wird das Heiligtum wieder geweiht werden. Aber von wann an sind diese Jahre zu zählen? Antwort: Die 2300 Jahre beginnen gleichzeitig mit den 70 Wochen = 490 Jahren Dan. 9, 24. Diese laufen von 457 v. Chr. an – damals befahl Artaxerxes die Rückkehr der Juden aus der Gefangenschaft, und der Wiederaufbau Jerusalems begann; sie endeten im Jahr 33 n. Chr., in dem das Versöhnungswerk am Kreuz vollbracht wurde. Die 2300 Jahre laufen also im Jahr 1843 aus. Da wird mit der Wiederkunft Christi das »Heiligtum gereinigt« werden, d.h. die Gottlosen werden vernichtet und die Gläubigen von aller Sündhaftigkeit befreit werden, und Christus wird seine Königsherrschaft errichten.
Dieses Ergebnis war mit Hilfe von etlichen Tüfteleien zustande gekommen, wie dies auch sonst bei apokalyptischen Terminberechnungen aus biblischen Texten zu geschehen pflegt. Miller gab sich denn auch nicht mit diesem einzigen Beweis zufrieden, sondern suchte und fand eine Reihe weiterer prophetischer Daten, die das Jahr 1843 bestätigten. Er verwendete vier weitere Jahre für die sorgfältige Überprüfung seiner Resultate und schrieb dann am 22. September 1822 sein »Kompendium des Glaubens«, eine Sammlung von 20 Glaubensartikeln. Die Artikel 15 und 16 lauteten: »Ich glaube, daß der zweite Advent Christi nahe ist, daß er gewissermaßen vor der Tür steht, daß er innerhalb von 21 Jahren, in oder vor dem Jahr 1843, erfolgt. Ich glaube, daß, ehe Jesus in Herrlichkeit kommt, sämtliche sektiererische Glaubensbekenntnisse erschüttert und die Anhänger der verschiedenen Sekten in alle vier Winde zerstreut werden und daß niemand bestehen kann, er sei denn auf das Wort Gottes gegründet.«
Diese Entdeckung behielt er lange für sich. Bei befreundeten Geistlichen, denen er sie mitteilte, fand er keine Zustimmung. Aber wenn sie zutraf, dann mußten die

[16] Noch heute wird dieser »Dunkle Tag« als ein übernatürliches Ereignis angesehen. Vermutlich war nach dem »Diary« des Präsidenten des Yale-College 1778 bis 1795, Ezra Stiles, also eines Zeitgenossen, ein riesiger Waldbrand die Ursache der Verfinsterung. Die Dürre begünstigte den Brand, und ein aufkommender Sprühregen verstärkte den schwarzen Qualm, so daß ein Teil von Connecticut für einige Stunden verfinstert wurde.

Menschen angesichts der bevorstehenden Ereignisse gewarnt werden – und er war gewiß, daß sie zutraf. Unter Anrufung Gottes entschloß er sich: »Ich muß mich aufmachen und es der Welt mitteilen.« Prompt erhielt er eine Einladung von einer kleinen Baptistengemeinde, einen Gottesdienst zu halten. Das war bisher noch nie geschehen. So kam es, daß Miller im August 1831 in einer Predigt über Dan. 7 erstmals öffentlich von dem *Zweiten Kommen Christi* sprach. Die Gemeinde horchte auf, wollte noch mehr wissen und bat ihn, länger zu bleiben. Er blieb eine ganze Woche und predigte. Die Kunde davon verbreitete sich, und die Einladungen nahmen zu.
Damit begann eine Zeit rastloser, immer mehr sich weitender öffentlicher Wirksamkeit, bei der er trotz schwankender Gesundheit eine bewundernswerte Energie entwickelte. Nachdem er die Farm an seinen Sohn abgegeben hatte, widmete er sich seit 1834 mit ungeteilter Kraft dem Predigt- und Reisedienst. Bis zum Jahr 1844 hielt er fast 4000 Predigten. Die Leute strömten in Massen herbei, um seine erregende Botschaft zu hören. Zu den Zeltversammlungen, die sich seit 1842 einbürgerten, fanden sich gelegentlich 10000 und mehr Menschen ein. Seine Reden übten durch ihren Ernst eine mächtige Wirkung aus. Es kam eine *Buß- und Erwekkungsbewegung* in Gang.

Schon früh und mit einer für die damaligen Verhältnisse erstaunlichen Geschicklichkeit wurde auch das *gedruckte Wort* in den Dienst der Bewegung gestellt. Miller veröffentlichte 1833 den 64seitigen Traktat »Beweise aus der Schrift und der Geschichte für die Wiederkunft Christi im Jahre 1843 und für seine persönliche Herrschaft während der 1000 Jahre«, drei Jahre danach das umfangreichere Buch »Beweise der Schrift und Geschichte für das zweite Kommen Christi im Jahre 1843, dargelegt in einer Vortragsreise«. Tatkräftige Mitarbeiter stellten sich an seine Seite: Der Methodistenpfarrer Dr. Josiah Litch (geb. 1809 in Higham/Mass.) unterstützte ihn publizistisch und organisatorisch und wurde 1841 hauptamtlicher »general agent« der Bewegung. Der Presbyterianerpfarrer Charles Fitch (geb. 1805 in Hampton/Conn.) wirkte seit 1841 als Bußprediger und seit Anfang 1843 als Herausgeber der Wochenschrift »The Second Advent of Christ« für die Bewegung. Der hochbegabte Pastor in Boston Joshua V. Himes (geb. 1805 in Rhode Island), der Miller 1839 kennenlernte, eröffnete 1840 mit der Halbmonatsschrift »Signs of the Times« ein rasch wachsendes publizistisches Werk der Bewegung (mit Verlag und Druckerei). Je näher das Jahr 1843 heranrückte, desto mehr Zeitschriften wurden gegründet; sie erschienen zwar oft nur kurze Zeit, erreichten aber teilweise hohe Auflagen – so 1842 »The Midnight Cry« (Himes) als Tageszeitung in New York mit einer Auflage von 10000 Stück, 1843 »The Trumpet of Alarm« in Philadelphia. Titel wie »Die warnende Stimme«, »Stadtwächters Warnruf«, »Die große Wende«, »Posaune des Jubeljahrs«, »Der letzte Ruf«, »Das Ende der Welt« waren kennzeichnend für den Inhalt dieser Blätter, deren Liste über 30 Organe umfaßte. Dazu kam eine Flut von Traktaten, Flugblättern, Handzetteln bis hin zu prophetischen Briefklebemarken. »Das Land war buchstäblich mit ihrer gedruckten Botschaft bedeckt.«[17]

[17] LeRoy Edwin Froom, The Prophetic Faith of Our Fathers. Bd. IV, S. 771

Von 1840 an wurden in kurzen Abständen insgesamt 16 *Generalkonferenzen* veranstaltet. Die Teilnehmer stammten aus allen Denominationen. Gemeinsam war ihnen die Erwartung der nahen Wiederkunft, doch keineswegs immer der Glaube an die Terminberechnung Millers. Einig waren sie sich auch in der Überzeugung, daß die biblische Parusiehoffnung wieder in allen Kirchen gepredigt und mit dem Ruf zur Buße und Bekehrung verbunden werden muß. Sie darf kein Anlaß zu Parteiungen und sektiererischen Entwicklungen sein; die Glaubenswahrheiten der Kirchen und ihre gottesdienstlichen Einrichtungen dürfen nicht in Frage gestellt werden. An der alleinigen Bindung an die Heilige Schrift wurde streng festgehalten. Vor Unnüchternheiten, Visionen, Träumen und anderen außerbiblischen Offenbarungen, die sich im Stadium glühender Erwartungen immer zu häufen pflegen, wurde entschieden gewarnt.

In diesen Konferenzen profilierte und festigte sich die Bewegung. Seit 1841 bildete sich auch eine lockere Organisation unter Miller als Vorsitzendem einer 12köpfigen Leitung. Mit der Zeit hatten sich 1200–1500 Redner in den Dienst der Bewegung gestellt. Millionen wurden angesprochen. »Buchstäblich wurde die Nation erschüttert.«[18] Über die Zahl der Anhänger Millers gehen die Schätzungen weit auseinander. Die einen nennen 50000–100000, andere 200000, ja 1 Million. Etwa 200 Prediger verschiedener Denominationen bekannten sich zu seiner Botschaft. Auch ins Ausland drang sie. In England erschienen zwei adventistische Zeitschriften, und selbst in Australien wurde die nahe Wiederkunft gepredigt.

Zu den *Kirchen* wurde ein friedliches Verhältnis angestrebt. Miller selbst erhielt 1833 von zwei Baptistengemeinden einen Predigerschein und 1835 einen weiteren, unterzeichnet von 25 Baptistenpredigern und 17 Geistlichen anderer Denominationen. Nach ihrem Selbstverständnis hatte seine Bewegung einen Auftrag an die gesamte Christenheit: ihr die Botschaft von der nahen Wiederkunft zu verkündigen. In der Parusieerwartung, so glaubte sie, sei sogar die Grundlage für eine Vereinigung der getrennten Kirchen gegeben. In den Generalkonferenzen wie auch in vielen sonstigen Versammlungen feierten die Angehörigen der verschiedenen Denominationen gemeinsam das Abendmahl, und für die Veranstaltungen wurden bereitwillig kirchliche Räume zur Verfügung gestellt.

Aber freilich, die Hoffnung, daß sich die Kirchen der Parusiehoffnung öffnen würden, trog, und besonders die Fixierung auf das immer näher heranrückende Jahr 1843 stieß auf *wachsenden Widerspruch*. 1842 kam es zu ersten Konflikten. Da und dort wurden Gotteshäuser für Versammlungen verweigert. Hatten die ersten Generalkonferenzen 1840/41 noch ausdrücklich zur Eintracht mit den Kirchen gemahnt, so sprach die 8. Generalkonferenz 1842 vom »Vorhandensein weit ausgedehnter politischer und kirchlicher Mächte der Bosheit bis zur Wiederkunft Christi, bei der sie vernichtet werden«. Die Auseinandersetzung verschärfte sich; den Kirchen wurde – mit einigem Recht – vorgeworfen, daß sie verweltlicht und einem rationalistischen Denken verfallen seien, das von zukünftiger Weltbekehrung und Weltfrieden träume. Die Kirchen reagierten mit Gegenvorträgen und polemischen Artikeln in ihren Blättern. Miller-Anhänger wurden ausgeschlos-

[18] a.a.O. S. 771

sen, Prediger entlassen. Es kam zu Beschimpfungen und Verleumdungen, so etwa: »Millerismus ist eine Lüge, durch Fälschung aufrecht erhalten, es ist eine Ägyptische Finsternis«, und Himes veröffentlichte solche Kostproben kommentarlos in »Signs of the Times« in einer besonderen »Lügenspalte«. *Der Konflikt führte 1843 zum Bruch.* Die letzte Generalkonferenz am 1. Mai 1843 identifizierte den »Menschen der Sünde« mit dem Papst und bezeichnete die Protestanten als Töchter des »Menschen der Sünde«. Und 1844 wurde in Wort und Schrift proklamiert: »Babylon ist gefallen!«

Inzwischen war das Jahr der großen Ereignisse angebrochen. An Neujahr 1843 vergewisserte Miller seine Anhänger, daß nun das letzte Jahr der Herrschaft Satans auf Erden bevorstehe, und mahnte sie zu Wachsamkeit und Treue. Zwischen dem 21. März 1843 und dem 21. März 1844 sollte die Parusie stattfinden. Die Aktivität der Redner wuchs wie auch der Zulauf zu ihren Versammlungen. Die Gläubigen bereinigten ihre äußeren und inneren Verhältnisse; viele verschenkten ihr Hab und Gut, um unbeschwert dem Herrn entgegengehen zu können. Einige außerordentliche Sonnenzeichen steigerten die Gewißheit. Aber der 21. März 1844 verging, und nichts war geschehen. Die Enttäuschung war groß, bitter bei vielen die Not. Manche wandten sich ab. Miller selbst verzichtete auf weitere Berechnungen, blieb aber gewiß, daß Christus täglich zu erwarten sei. Auch die Mehrzahl seiner Anhänger hielt daran fest. Aber die Frage blieb, warum die Parusie nicht in der errechneten Zeit erfolgt sei.

Samuel S. Snow (1806–1870), früher aktiver Freidenker, dann bekehrt und hervorragender Redner der Millerbewegung[19], gab die Antwort. Schon im Mai 1843 hatte er erklärt, daß Christus erst am *22. Oktober 1844* wiederkommen werde. Das fand nun auf einer Lagerversammlung in Exeter am 12. August 1844 allgemeine Zustimmung. Auch eine Begründung fehlte nicht: der Wiederaufbau Jerusalems habe nicht schon im Frühling, sondern erst im Herbst, nach Esras Ankunft aus Babylon (Esra 7, 9), begonnen. Deshalb werde auch die Wiederkunft des Herrn erst ein halbes Jahr später, also am 22. Oktober 1844, erfolgen. In die gleiche Richtung wies Matth. 25, 5f.: »Der Bräutigam verzog« bis zur Mitternacht, kam also einen halben Tag später; dieser halbe Tag aber bedeutet ein halbes Erdenjahr. Erneut flammten die Hoffnungen auf; auch Miller wurde davon wieder ergriffen. Ein Teil der Gläubigen ließ die Feldfrüchte verkommen; Kaufleute schlossen ihre Läden »wegen der Wiederkunft des Königs der Könige«, Arbeiter verließen ihre Arbeitsstellen, viele verschenkten ihren Besitz an Arme und warteten, unberührt vom Spott der Umwelt, auf das große Ereignis.

Am 22. Oktober 1844 sammelten sich die Gläubigen in ihren Versammlungsräumen und Wohnungen, sangen und beteten und warteten, teilweise vom Spott und Lärm der Ungläubigen bedrängt, still auf das große Ereignis. Aber wieder blieb es

[19] Später erwies er sich als ein Mann mit wirren, ja größenwahnsinnigen Ideen. Er trennte sich von der Millerbewegung, gab das Blatt »Halljahr Richtmaß« heraus und tat der Welt kund, daß er der Elia sei, der dem wiederkommenden Christus vorangeht. Er bezeichnete sich als »ersten Minister des Königs Jesus« und als »Sondergesandten und Generalbevollmächtigten von Jesus Christus«: »Als sein erster Minister verlange ich von allen Königen, Präsidenten, Obrigkeiten und Herrschern, bürgerlich und kirchlich, völlige Übergabe aller Macht und Autorität in meine Hände im Namen Jesu« (1848).

aus. Wieder kam die bittere Enttäuschung. Joshua Himes gab ein Bild von der Niedergeschlagenheit: »Ich verließ die Versammlung und weinte wie ein Kind. Die Zeit war vergangen, und der ersehnte Herr war nicht gekommen. Wir mußten sagen wie einst Maria Magdalena: Sie haben meinen Herrn weggenommen, und ich weiß nicht, wo sie ihn hingelegt haben.«

Neue Prophetien zur Rettung der alten

Die führenden Männer waren verstört, die Gläubigen verwirrt und vom hämischen Hohn der Gegner überschüttet, die ihren billigen Triumph genossen. Die ganze mächtige Bewegung, in der sich so viel heilige Inbrunst, Gewißheit und Opfersinn zusammengeballt hatte, schien über Nacht zur Konkursmasse geworden zu sein. Die »Millerbewegung« war zu Ende. Miller selbst blieb der Naherwartung treu, warnte vor neuen Datenerrechnungen und mahnte zur Geduld, Bußfertigkeit und gegenseitigen Stärkung. Von seiner Baptistenkirche wurde er ausgeschlossen. Ein paar Jahre lang hielt er in Verbindung mit Himes noch Vorträge. 1848 verlor er seine Sehkraft und am 20. Dezember 1849 starb er.
In seiner Anhängerschaft hatte sich inzwischen vieles verändert. Um dem Verfall und der Verführung durch Irr- und Wirrgeister zu wehren, die sich in ihrer Mitte regten, sammelten sich Ende April 1845 etwa 60 leitende Männer, darunter auch noch Miller, zu einer *Konferenz in Albany* (N. Y.). Sie einigten sich auf ein Zehn-Punkte-Programm: Die Verkündigung soll fortgesetzt, Unnüchternheit abgewiesen, die Wiederkunftserwartung hochgehalten werden. Aber das Jahr 1844 als Datum erfüllter Prophetie wurde aufgegeben. Diese ersatzlose Streichung wurde jedoch nicht lange durchgehalten. Bald meldeten sich Stimmen, die neue Wiederkunftstermine setzten. Darüber entstand Zwist, und der Albany-Kreis zerbrach schließlich in zwei Gruppen:
Die eine, die *»Advent Christians«,* behauptete, daß Miller sich um 10 Jahre verrechnet habe und die Parusie erst 1854 stattfinde. Außerdem verwarf sie die Lehre von der Unsterblichkeit der Seele und der ewigen Verdammnis und verfocht stattdessen die Auffassung, daß nur die Gläubigen bei der Auferstehung mit dem ewigen Leben beschenkt werden. Als das Jahr 1854 wieder eine Enttäuschung wurde, kam es zum endgültigen Bruch: Die *Advent Christians* organisierten sich 1860 als *»Advent Christian Church«,* die noch heute besteht (1980 in Nordamerika: 381 Gemeinden mit ca. 31 000 Gliedern), während die *»Evangelical Adventists«,* die die Hauptgruppe der Miller-Anhänger bildeten, sich schon 1858 zur *»American Millennial Association«* zusammengefunden hatten. Diese bestand jedoch nur etwa fünfzig Jahre lang.

Abseits und unabhängig von der Albany-Konferenz ging eine kleine Minderheit ihren eigenen Weg, der schließlich zur Entstehung der größten Nachfolgegruppe, der *»Gemeinschaft der Siebenten-Tags-Adventisten« (STA)* führte. An der Entwicklung ihrer Lehre waren maßgebend beteiligt: Joseph Bates (1792–1872, Schiffskapitän), der nach einer Phase religiöser Gleichgültigkeit eine Bekehrung erlebte, sich taufen ließ, 1839 zur Millerbewegung stieß und sich unter Opfern an Hab und

Gut als Prediger völlig in ihren Dienst stellte; Hiram Edson (1806–1882, Farmer); O. L. R. Crosier (1812–1913, Herausgeber von »The Day-Dawn«)[20]; Joshua V. Himes und vor allem das Ehepaar James und Ellen G. White, geb. Harmon: er ein kraftvoller Prediger und kluger Organisator der STA-Bewegung, sie die maßgebliche Prophetin und geistliche Führerin.
James White (1821–1881) war noch im Studium begriffen, als er durch seine Mutter von der Botschaft Millers hörte. Nach langem Sträuben bekannte er sich 1842 zu ihr und verkündete sie mit großem Erfolg. Nach dem Ausbleiben der Parusie 1844 zog er im Land umher, um die Millerkreise zu stärken. Dabei lernte er 1845 die siebzehnjährige Ellen Gould Harmon (1827–1915) kennen. Diese war Zwillingskind eines kinderreichen, aber armen Hutmachers in Gorham, Maine. Die Familie gehörte der Methodistenkirche an. Im Alter von neun Jahren durch einen Steinwurf schwer verletzt, wurde Ellen jahrelang von Ohnmachtsanfällen heimgesucht und mußte auch den Schulbesuch einstellen. 1840 hörte die Familie Harmon in Portland die Vorträge William Millers und schloß sich der Bewegung an. Zwei Jahre darauf wurde Ellen durch die Taufe Mitglied der Methodistenkirche; aber diese schloß schon 1843 die ganze Familie wegen ihrer Hinwendung zu Miller aus. Unter der »Enttäuschung« von 1844 litt das leicht erregbare Mädchen tief und erforschte leidenschaftlich die Gründe für das Ausbleiben der Parusie.
Der mit diesen Personen verbundene Kreis hielt im Unterschied zur Albany-Konferenz an dem 22. Oktober 1844 als einem prophetischen Termin fest. Denn es schien ihm undenkbar, daß Millers biblische Berechnung fehlerhaft und unzulässig, die dadurch ausgelöste Erweckungsbewegung ein Hereinfall gewesen sein sollte. Aber nachdem die mit dem Wiederkunftstermin verknüpfte Erwartung zu einem Scherbenhaufen geworden war, konnte man ihn nur retten, wenn man ihn mit einem anderen Unterbau und Inhalt versah. Das geschah denn auch. Dabei wurden einzelne Scherben aufgegriffen und mit anderen Elementen zu einem neuen Lehrgebäude verbunden. Es war ein mühseliges, mitunter auch verquältes Unternehmen. Hier die einzelnen Etappen:

1. Schon in der Frühe des 23. Oktober 1844 geschah etwas Wesentliches: Nach durchwachter Nacht auf der Farm von Hiram Edson betete eine kleine Gruppe um himmlisches Licht in ihrer Enttäuschung. Danach ging Edson mit einem Begleiter auf ein großes Feld und hatte hier eine Vision: Der Himmel schien vor ihm geöffnet und er sah, daß der Hohepriester Christus, anstatt am Ende der 2300 Jahre »aus dem Allerheiligsten auf die Erde zu kommen, zum ersten Mal das Allerheiligste im Himmel betrat. Dort im Allerheiligsten hatte er eine Aufgabe durchzuführen, ehe er auf diese Erde zurückkommen konnte.«[21] Hier wurde ein Weg gezeigt, den für Miller so wichtig gewordenen Text Dan. 8, 14 von der *Reinigung des Heiligtums* nach 2300 Abenden und Morgen neu zu interpretieren. Einige Mitglieder des Kreises erforschten nun die Schriftaussagen über den alttestamentlichen Heiligtumsdienst und über den himmlischen Versöhnungsdienst Christi. Einer von ihnen, Crosier, faßte 1846 die Ergebnisse zusammen: Es gibt

[20] Er wandte sich 1848 wieder von den STA ab und wurde Prediger der Advent Christian Church.
[21] Francis D. Nichol, The Midnight Cry, Washington 1844, S. 478

zwei Heiligtümer, das irdische und das himmlische. Und wie der jüdische Tempel, so hat auch das himmlische Heiligtum zwei Abteilungen; Hebr. 6, 19f. bezieht sich auf das Heilige, Hebr. 9, 3 auf das Allerheiligste. In der ersten Abteilung geschieht die Vergebung, in der zweiten die Tilgung der Sünden. Hat dieser zweifache Dienst gleichzeitig begonnen? Nein. In teilweise verzwickten Überlegungen wurde unter Benützung schwieriger Texte aus dem Hebräerbrief dargetan, daß der Vergebungsdienst nach der Himmelfahrt begann: damals betrat Christus als Hoherpriester mit seinem Opferblut das himmlische Heiligtum (Hebr. 9, 11 ff.). Diese Sündenvergebung wird seither allen Gläubigen zuteil. Aber Vergebung ist noch nicht Tilgung! Sie kann Christus erst vornehmen, nachdem er auch die »himmlischen Dinge« gereinigt hat (Hebr. 9, 23). Im Jahr 1844 betrat der Hohepriester Christus das Allerheiligste. Seine Wiederkunft auf Erden wird erst später erfolgen. Damit war der Parusiehoffnung wieder eine Zukunftsperspektive gegeben worden.

2. Um sie verwerten zu können, mußte noch ein anderes Relikt aus der Miller-Epoche umgewandelt werden: die Lehre von der *»verschlossenen Tür«*. Im Sommer 1844 hatte Snow unter Hinweis auf das Gleichnis von den zehn Jungfrauen den »Mitternachtsruf« erhoben, daß mit dem Ende der 2300 Jahre die Tür verschlossen werde (Matth. 25, 10). Wer sich also bis zum 22. Oktober 1844 nicht für die Begegnung mit dem Bräutigam gerüstet habe, stehe vor einer verschlossenen Gnadentür. Diese ultimative Botschaft wirkte in der damaligen Atmosphäre als ein weiterer mächtiger Ansporn für die Erweckungsprediger und ihre Zuhörer. Die Albany-Gruppe hatte keine Mühe, sich von dieser Lehre zu lösen. Da die Parusie nicht erfolgt war, lief auch die Gnadenzeit noch weiter. Schwieriger war es für die Gruppe, die am 22. Oktober 1844 festhielt. Zunächst war sie gewiß, daß die Wiederkunft dicht bevorstehe. Es wurden auch einige Termine genannt: James White sprach vom Oktober 1845, Hiram Edson vom Oktober 1849, Bates vom Oktober 1851. Aber diese Daten galten nie als verbindlich, und es erwies sich, daß die bisherige »Shut-Door-Lehre« revidiert werden mußte, da sonst den neubekehrten Seelen kein Heil mehr verheißen werden konnte. Die Revision bestand darin, daß das Bild von der »verschlossenen Tür« aus dem Gleichnis von den zehn Jungfrauen herausgelöst und in die neue Lehre vom himmlischen Heiligtum eingetragen wurde. Aus der Tür des Hochzeitssaals wurde nun die Tür, die vom Heiligen ins Allerheiligste führt (Hebr. 9, 2f.), und sie wurde von Christus nicht verschlossen, um die törichten Jungfrauen zu strafen, sondern um das Allerheiligste zu betreten und hier sein letztes hohepriesterliches Werk vorzunehmen. Diese sinnverändernde »Transplantation« war natürlich ein höchst fragwürdiges Unternehmen. Aber sie entsprach der Lehrentwicklung nach 1844 und wurde akzeptiert, zumal E. G. White eine sie bestätigende Vision hatte.

3. Aber worin bestand nun die Tätigkeit des Hohenpriesters Christus im Allerheiligsten, und wovon muße er seit 1844 die »himmlischen Dinge« reinigen? Die Antwort gab Joseph Bates mit der *Sabbatlehre*. Bei ihr handelt es sich nicht um etwas ganz Neues. Schon 1532 hatten die böhmischen Wiedertäufer in ihrem Glau-

bensbekenntnis den Sonntag als »des Papstes Erfindung« verworfen. 1617 entstand in London durch John Trask eine erste Gemeinde der »Seventh Day Baptists«. 1664 kamen diese »Siebenten-Tags-Baptisten« nach Amerika und bildeten 1671 die erste Gemeinde in Newport, Rhode Island. (Sie zählen heute in den USA etwa 60 Gemeinden mit 5200 Seelen.) 1844 hatte ein Mitglied dieser Gemeinschaft, Frau Rachel Preston, ihre Tochter in dem kleinen Ort Washington, New Hampshire, besucht, die Adventistin war. Unter ihrem Einfluß gingen alle 40 Glieder der nahen Adventistengemeinde samt ihrem Prediger Frederick Wheeler dazu über, den Sabbat zu halten. Im darauffolgenden Jahr veröffentlichte ein anderer Adventprediger, T. M. Preble, eine Schrift über den Sabbat, in der er die Sonntagsfeier mit einem antichristlichen Vorzeichen versah: Sie sei eine Erfüllung von Dan. 7, 25, wo vom willkürlichen Ändern der Festzeiten die Rede ist. Joseph Bates griff in seiner Schrift »Der siebente Tag, Sabbat, ein ewiges Zeichen« vom August 1846 diese Gedanken auf und entwickelte hier schon die ganze Lehre über die ewige Gültigkeit und den Rang des Sabbatgebots, wie sie dann von der STA-Gemeinschaft übernommen wurde. E. G. White gab ihr mit einem Gesicht vom 3. April 1847 eine göttliche Bestätigung: Sie sah im Allerheiligsten eine goldene Lade mit den Zehn Geboten auf zwei steinernen Tafeln. »Die vier auf der ersten Tafel leuchteten heller; aber das vierte, das Sabbatgebot, trat besonders hervor, denn es sollte dem heiligen Namen Gottes zu Ehren gehalten werden. Ein leuchtender Ring umgab das Gebot.« »Ich sah, daß Gott den Sabbat nicht verändert hat, da er nie verändert. Aber das Papsttum hat ihn vom siebenten auf den ersten Tag verändert, denn es änderte Zeit und Gesetz.« »Ich sah, daß der heilige Sabbat die trennende Mauer zwischen dem wahren Israel Gottes und den Ungläubigen ist und sein wird, und daß der Sabbat die große Frage ist, welche die Herzen von Gottes lieben, wartenden Heiligen vereinigen wird.«[22]

Mit diesem Gesicht wurde der Sabbat zum Zentralgebot Gottes erhoben. E. G. White bezeichnete ihn als »das wichtigste Gebot im Dekalog« und die »unveränderliche Richtschnur der Heiligkeit, Gerechtigkeit und Güte«. Das Papsttum habe ihn unter die Füße getreten, und »das ganze Volk ist dem Tier nachgefolgt, und jede Woche berauben sie Gott seiner heiligen Zeit«[23]. Die »Namenskirche« ist schwerster Sünde verfallen. Nun wird auch klar, was der Hohepriester Christus nach seinem Eintritt ins Allerheiligste tut: er hat seit dem 22. Oktober 1844 das »Untersuchungsgericht« (Dan. 7, 9–14; 1. Petr. 4, 17) gegen die Sünden der Erde eingeleitet; unter diesen Sünden ist die schlimmste der Sabbatfrevel, dessen Träger die Kirchen sind. Wenn das Untersuchungsgericht abgeschlossen ist, wird der Herr zum »Vollstreckungsgericht« auf die Erde kommen.

Das Lehrstück vom Sabbat bildete die Krone im adventistischen Lehrgebäude. Hatte das erste Lehrstück das Jahr 1844 als prophetisches Datum gerettet und die Parusiehoffnung von neuem entzündet, das zweite die Fortführung der missionarischen Tätigkeit ermöglicht, so verlieh das dritte Lehrstück der jungen Gemeinschaft das Unterscheidungsmerkmal, die Bestätigung ihres Gehorsams und damit ihren endzeitlichen Weltauftrag. Es wurde in der Folgezeit eine ganze *Sabbat-*

[22] E. G. White, Erfahrungen und Gesichte, Hamburg 1919, 5. Aufl., S. 24

[23] a.a.O. S. 56f.

Theologie entwickelt, die mit einem großen Aufwand von Scharfsinn begründet und verteidigt wurde. Sie hat in ihrer ursprünglichen, von E. G. White bestimmten Form folgende Thesen: Das dritte (nach biblischer Zählung vierte) Gebot fordert nicht allgemein die Heiligung des »Feiertags«, sondern spricht konkret vom »Sabbat«. Die Sabbatfeier ist schon im Schöpfungsbericht angeordnet, also lange vor der Sinaigesetzgebung, und gilt wie das Ehegesetz für das ganze Menschengeschlecht. Im Dekalog wurde das Sabbatgebot durch besondere Zusätze (2. Mose 20, 10f.) unterstrichen und aus allen anderen Geboten herausgehoben. In den Schriften des Alten Testaments ist es wieder und wieder eingeschärft, seine Übertretung mit schwersten Strafen bedroht worden (so 2. Mose 31, 14; 4. Mose 15, 32–36). Auch im Neuen Testament wurde es nicht abgeschafft oder in Frage gestellt, und die Texte, die einen Übergang der apostolischen Gemeinden vom Sabbat zum Herrntag oder ersten Wochentag andeuten, sind nicht beweiskräftig[24]. Da Jesus nicht gekommen ist, das Gesetz aufzulösen, sondern zu erfüllen, ist der Sabbat auch für das Volk des Neuen Bundes verpflichtend. Denn Christus hat als der Logos die Welt geschaffen (Joh. 1, 1ff.; vgl. Kol. 1, 16; Hebr. 1, 2; auch 1. Kor. 8, 6). Er war der Engel Gottes, der auf dem Sinai mit Mose redete und mit den Zehn Geboten auch das Sabbatgebot gab. Darum ist der Sabbat das »ewige Zeichen der Schöpfungs- und Erlösungsmacht Christi« und das »Siegel des lebendigen Gottes«[25].

Die *Kirche* aber hat – nach adventistischer Meinung – durch die Einführung des Sonntags in aller Form das Kernstück des heiligen Gottesgesetzes für ungültig erklärt und mit dieser Änderung von »Zeit und Gesetz« (Dan. 7, 25) ein Zeichen des Abfalls aufgerichtet. Da nach Jak. 2, 10 die Zehn Gebote eine Einheit bilden, hat sich, wer gegen *ein* Gebot verstößt, der Übertretung *aller* Gebote schuldig gemacht. Die Übertretung des Gesetzes bringt nach Jes. 24, 5f. den Fluch und die Vernichtung über das Land. Der Frevel am Sabbat wiegt deshalb besonders schwer, weil mit dem Sonntag als dem Tag des Sonnengotts ein heidnischer Feiertag an seine Stelle gesetzt wurde: In dem Streben, Christentum und Heidentum zu verschmelzen, erließ Konstantin am 3. März 321 das erste Sonntagsgesetz, und die Päpste sorgten für die Einführung in der Kirche. Sie maßten sich damit die Vollmacht an, Gottes Ordnungen zu ändern. Sie verführten die Christenheit zur Anbetung des Tiers. Darum sitzt auf dem päpstlichen Stuhl der Antichrist[26]. Da die Reformation den Sonntag beibehalten hat, blieben die ihr entsprungenen Kirchen ebenfalls in der antichristlichen Gefolgschaft. Waren die Kirchen schon in ih-

[24] Das sind vor allem Apg. 20, 7; 1. Kor. 16, 2; Offb. 1. 10. Zu Apg. 20, 7 wird erklärt, es habe sich bei der Zusammenkunft der Jünger »am ersten Tag der Woche« um eine Nachtversammlung gehandelt, die bereits aus dem »ersten Tag« herausfiel, weil die Tage nach damaliger Zählung schon mit dem Sonnenuntergang, nicht erst um Mitternacht endeten.

[25] Gemeindehandbuch der STA, S. 37

[26] Man bedient sich dabei folgender Beweisführung, um das Papsttum mit der Zahl 666 als der Zahl des Antichrists (Offb. 13, 17f.) in Verbindung zu bringen: Der offizielle Titel des Papstes laute »Vicarius filii Dei«, d. h. Statthalter des Sohnes Gottes. Stellt man die Zahlenwerte derjenigen Buchstaben dieses Titels zusammen, die römischen Ziffern entsprechen, dann ergibt sich folgendes: V = 5; 6 mal I = 6; U = 5; C = 100; L = 50; D = 500. Die Summe beträgt 666. (Vgl. L. R. Conradi, Die Geschichte des Sabbats, S. 684f.).

rer bisherigen Geschichte immer wieder ein Feld der Siege Satans gewesen, so wurden sie durch die Verkündigung der STA endgültig verstockt. E. G. White äußerte sich in Worten der absoluten und kollektiven Verdammung über sie: »Satan hat von den Kirchen als einem Ganzen vollen Besitz genommen.« »Ich sah große Bosheit und Niederträchtigkeit in den Kirchen; aber trotzdem bekannten ihre Glieder, Christen zu sein. Ihr Bekenntnis, ihre Gebete und Ermahnungen sind dem Herrn ein Greuel.« »Mir wurde der Stolz der Namenskirchen gezeigt. Gott kommt bei ihnen nicht in Betracht. Ihre fleischlichen Sinne sind nur auf sich selbst gerichtet, sie schmücken ihren armen, sterblichen Leib und blicken dann mit Zufriedenheit und Wohlgefallen auf sich; aber Jesus und die Engel blicken in Schmerz auf sie herab.«[27] Die Kluft zwischen den STA und den Kirchen ist unüberbrückbar: hier die Anbeter Gottes, dort die Anbeter des Tiers und Träger des Malzeichens. In der jetzigen Endzeit aber ist die »Zeit der Unwissenheit« (Apg. 17, 30) dahin. Nun zerteilen sich am Sabbatgebot die Lager des wiederkommenden Herrn und des Antichrists. Darum müssen religiöse Körperschaften, die den Sonntag feiern, verlassen werden: sie sind Babel, und hier gilt die Weisung Offb. 18, 4: »Gehet aus von ihr, mein Volk, daß ihr nicht teilhaftig werdet ihrer Sünden!«

Die dreifache Engelsbotschaft

Die ganze bisherige Geschichte und Lehrentwicklung der STA wurde von E. G. White durch die Deutung der dreifachen Engelsbotschaft Offb. 14, 6–12 biblisch legitimiert. Sie bildet das Fundament für das Selbstverständnis und Sendungsbewußtsein der STA. Das ihr zukommende Gewicht bezeichnete E. G. White mit folgenden Sätzen: »Ich sah eine Schar, die fest und gerüstet auf der Hut stand und denjenigen, welche den gegründeten Glauben der Gemeinschaft ins Wanken bringen wollten, keinen Vorschub leistete. Gott schaute mit Wohlgefallen auf sie herab. Es wurden mir drei Stufen gezeigt – die erste, zweite und dritte Engelsbotschaft. Mein begleitender Engel sagte: ›Wehe dem, der auch nur das Geringste an diesen Botschaften ändert. Das richtige Verständnis dieser Botschaften ist von größter Wichtigkeit. Das Schicksal von Seelen hängt von der Art und Weise ab, wie sie angenommen werden.‹«[28]

Die *erste Engelsbotschaft* (V. 6f.), die Ankündigung des endzeitlichen Gerichts, hat nach E. G. White mit dem Auftreten William Millers begonnen. Falsche Hirten widersprachen dieser Verkündigung, da nach der Schrift niemand Tag noch Stunde wisse. Es trat eine erste Scheidung ein. Die wahren Gläubigen machten sich bereit für den Herrn, die »ungeheiligten Hirten« predigten sanfte Dinge. Aber auch die wahren Gläubigen wurden von Gott geprüft. »Seine Hand bedeckte einen Fehler in der Berechnung der prophetischen Perioden.«[29] Er wollte,

[27] E. G. White, Erfahrungen und Gesichte, S. 266–268
[28] a. a. O. S. 250f.
[29] a. a. O. S. 226

daß sein Volk eine Enttäuschung erlebe. Viele wurden entmutigt und gingen zurück.

Die *zweite Engelsbotschaft* (V. 8) gebietet die Trennung der wartenden Gläubigen von den Kirchen. Diese Botschaft begann 1844/45. Neben dem »Babylon ist gefallen« erscholl der Mitternachtsruf an die Gemeinde: »Siehe, der Bräutigam kommt! Gehet aus, ihm entgegen!« Diese Botschaft rührte die Herzen Tausender, aber wieder wurden sie geprüft. Leitende Männer sahen nicht, daß Jesus 1844 das Allerheiligste betrat, um es zu reinigen, sondern waren in dem Wahn verfangen, er müsse die Erde durch Feuer reinigen. »Er sandte seine Engel«, um sie aufzuklären, aber »ihre Enttäuschung hatte ihren Glauben gedämpft«. Auch William Miller war unter ihnen. Er kam unter die Macht Satans. Aber weil er nur ein Opfer der Verführung war, »bewachen Engel Gottes den kostbaren Staub dieses Knechtes Gottes, und er wird bei dem Schall der letzten Posaune hervorkommen«[30].

Die *dritte Engelsbotschaft* (V. 9–12) richtet die Gedanken auf das Allerheiligste. Das Volk Gottes erhielt »Licht über den Sabbat« und sah seine Enttäuschung geklärt. Es erkannte, daß das Sabbatgebot mit Füßen getreten wird, und erhob seine Stimme, um die feierliche Warnung zu verkündigen. Die Endzeitgemeinde hat nun den Auftrag, der Welt zu sagen, daß die Sonntagsfeier das Malzeichen ist.

Die dreifache Engelsbotschaft, von der E. G. White schrieb, sie sei ihr »als ein Anker für Gottes Volk dargestellt« worden[31], ist also ein Rückblick auf die Geschichte der STA-Bewegung, der nachträglich aus dem Schriftwort die Parusiehoffnung von 1844 bestätigt, die Lehre vom Allerheiligsten bekräftigt und der STA-Gemeinschaft ihren einzigartigen endzeitlichen Auftrag gibt. Offb. 14, 12 bezieht sich auf die Kennzeichnung dieser adventistischen Endzeitgemeinde: Sie besteht aus den Heiligen, »die da halten die Gebote Gottes und den Glauben an Jesum«. Da sie im Gegensatz zu den Kirchen das *ganze* Gesetz halten, tragen sie nicht das Malzeichen des Tiers, sondern das Siegel Gottes auf der Stirn. Sie sind die Herausgerufenen und Abgesonderten. Sie bilden das Volk Gottes der letzten Tage. Sie sind die 144000 Auserwählten, wobei beachtet werden muß, daß die Adventgemeinschaft nicht als solche korporativ mit den 144000 identisch sein will, da in ihrer Mitte auch solche sein mögen, welche die Kennzeichen von Offb. 14, 12 nicht erfüllen. Aber sie ist der Welt zur Wächterin und Lichtträgerin gesetzt. Denn ihr ist die letzte Warnung an eine zugrunde gehende Welt anvertraut worden. Darum versteht sie sich nicht als eine Religionsgemeinschaft neben anderen, sondern als eine von Gott ins Leben gerufene Bewegung mit einem universalen Auftrag. Sie muß ihr Zeugnis noch in der restlichen Zeit, bevor Christus zum »Vollstreckungsgericht« auf die Erde kommt, der ganzen Welt bekanntmachen (Apg. 17, 30f.). Der Schwerpunkt ihres Wirkens liegt also in der missionarischen Verkündigung.

Wenn die dritte Botschaft vollendet ist, hört die Gnadenzeit auf, und es beginnen die *apokalyptischen Drangsale*. Sie bilden den dramatischen Abschluß der Mensch-

[30] a.a.O. S. 250
[31] a.a.O. S. 249

heitsgeschichte und stehen im Zeichen des Kampfes zwischen Christus und Satan. Das Tier mit den zwei Hörnern (Offb. 13, 11) wird die Sonntagsfeier zum Prüfstein des Gehorsams gegen die antichristliche Macht machen. Gott wiederum verkündigt denen, die das Tier und sein Bild anbeten, schreckliche Strafen. Dieses zweihörnige Tier aber sind die Vereinigten Staaten von Amerika. Einst das Land der Religionsfreiheit, werden sie sich mit dem Papsttum vereinigen, die Gewissen bedrücken und den Sonntagszwang einführen. Diesem Beispiel wird sich die ganze Welt anschließen. Wer am Sabbat festhält, wird verfolgt und mit schwersten Strafen bedroht. Wer aber den Sabbat preisgibt, steht unter dem Zorn Gottes. So spitzen sich die Entscheidungen messerscharf zu: Menschengesetz oder Gottesgesetz! Eine mächtige Bewegung, welche die ganze Welt erleuchtet (Offb. 18 und Verheißung des Spätregens), wird allen Christen Klarheit über die Gültigkeit des Gesetzes Gottes einschließlich des Sabbatgebots geben. Das furchtlose Zeugnis der Adventisten wird diese Klarheit fördern, und die Gläubigen in den verschiedenen Kirchen und Gemeinschaften werden sich auf Grund dieses Zeugnisses in großen Scharen der Adventbewegung anschließen. Damit endet die Gnadenzeit. Nun wird der Satan noch einmal mit aller Macht gegen die kleine Schar der Gläubigen anlaufen. Er wird selbst in der Maske Christi auf Erden erscheinen, Wunder tun und die Sonntagsfeier bestätigen. Aber Gott wird die Seinen in dieser »Zeit der Trübsal und Angst« in Schutz nehmen. Sie werden die Lügengestalt des Satans durchschauen und in den anhebenden sieben Plagen von den Engeln behütet werden, daß sie in den Gefängnissen und Schlupfwinkeln nicht verderben und daß die gegen sie erhobenen Schwerter machtlos wie Strohhalme niederfallen werden.

Zwischen der sechsten und siebenten Plage erfolgt dann die Wiederkunft Christi. Zuvor werden alle, die im Glauben an die dritte Engelsbotschaft verstorben sind, auferweckt, um zusammen mit den lebenden Gesetzestreuen den Friedensbund Gottes zu vernehmen. Auch die heftigsten Widersacher der Gehorsamen werden auferweckt, damit sie Christus sehen und Zeugen der den Gehorsamen verliehenen Ehrungen sein müssen (Dan. 12, 1 f.). Am Himmel aber erscheint eine Hand, welche die zwei Gesetzestafeln hält. Die Verführten werden sich gegen ihre Verführer wenden, und überall herrscht Streit und Blutvergießen. Die Ungehorsamen werden alle in der siebenten Plage umkommen. Die Heiligen seit Adam werden auferweckt, die lebenden Gerechten verwandelt und beide in den Himmel entrückt, um am Hochzeitsmahl des Lammes teilzunehmen und mit Christus 1000 Jahre lang zu regieren. Aber der Gedanke eines *irdischen Tausendjährigen Reichs* wird von den Adventisten abgelehnt. Nur der Satan wird mit seinen bösen Engeln auf der entvölkerten, verwüsteten Erde hausen. Die Heiligen aber werden während der 1000 Jahre das Gericht über die Gottlosen halten. Deren Auferwekkung am Ende der 1000 Jahre wird den Satan zu neuem Kampf ermutigen. Aber zugleich kommt der Herr wieder mit seinen Heiligen inmitten des neuen, himmlischen Jerusalem. Die Gottlosen werden vertilgt, und der Satan wird nach schweren Qualen vernichtet. Die Erde aber wird zur paradiesischen Schönheit und Reinheit erneuert, um fortan der Ort der ewigen Seligkeit für Gottes Volk zu sein.

Ordnung und Leben der Gemeinde

Die Lehre der STA war in einem kleinen Kreis entwickelt worden. Etwa um 1849 war dieser Prozeß abgeschlossen. Nun galt es, auf dieser Basis die vielen verstreuten Adventgläubigen zu sammeln. Unter großen Opfern wurde eine eigene *Presse* als wichtiges Hilfsmittel geschaffen. Im Juli 1849 begann James White, ermutigt durch ein Gesicht seiner Frau, mit der Herausgabe der Zeitschrift *»The Present Truth«*, in der er die »gegenwärtige Wahrheit« vom Sabbat, vom himmlischen Heiligtum, von der »verschlossenen Tür« und der dreifachen Engelsbotschaft darlegte. 1850 folgten *»Second Advent Review and Sabbath Herald«* und 1852 *»Youths's Instructor«*. Eine eigene Druckerei mit Verlag in Rochester, seit 1855 in Battle Creek, ermöglichte neben der Herausgabe der Zeitschriften auch die Herstellung und Verbreitung von Broschüren.
Bisher hatte man sich mit Besuchsreisen und Konferenzen begnügt und eine festere *Organisation* für unnötig oder bedenklich gehalten. Aber allmählich wuchs die Einsicht, daß sie unentbehrlich sei. E. G. White veröffentlichte 1853 ein Gesicht: »Der Herr hat mir gezeigt, daß die Gemeindeordnung zu sehr gefürchtet und vernachlässigt worden ist. Äußerlichkeiten sollten vermieden, aber deshalb die Ordnung nicht vernachlässigt werden. Im Himmel herrscht Ordnung.«[32] Im gleichen Jahr behandelte James White in einer Artikelreihe Notwendigkeit und Grundriß einer Gemeindeordnung. Die vertrauenswürdigen Prediger bekamen Ausweise. Bis 1858 hatten fast alle Gemeinden gewählte Diakone und Älteste. Auch die Abwehr falscher Lehre und die Wahrnehmung gemeinsamer Aufgaben machten eine übergemeindliche Organisation erforderlich. 1860 einigte man sich auf die Selbstbezeichnung *»Seventh Day Adventists«*: Adventisten vom siebenten Tage – d.h. diejenigen Adventisten, die den Sabbat feiern. Zugleich gründete man eine Verlagsgesellschaft, an die James White den bisher ihm gehörenden Verlag mit Druckerei übergeben konnte. 1861/62 wurde in Michigan eine Konferenz aus Vertretern aller Gemeinden dieser Region ins Leben gerufen und mit gewissen Verwaltungsbefugnissen ausgestattet. Rasch entstanden weitere Regionalkonferenzen, und vom 20. bis 24. Mai 1863 tagte erstmals die Generalkonferenz in Battle Creek. Sie nahm eine Verfassung an, bestimmte die Kompetenzen der Leitung und legte mit alledem das bis heute gültige Fundament der STA-Gemeinschaft, die damals 125 Gemeinden mit 3500 Seelen zählte. Zugleich gab sie ihr den Auftrag, die Botschaft von der baldigen Wiederkunft in der Heimat und auf den Missionsfeldern zu verkündigen, die Gläubigen zu christlichem Wandel, brüderlicher Liebe und missionarischer Arbeit zu erziehen und die Bereitschaft für den wiederkommenden Herrn in ihnen wachzuhalten. – Ihre Glaubensauffassung hat die STA-Gemeinschaft in 22 Glaubensgrundsätzen zum Ausdruck gebracht, die im Jahr 1980 neu gefaßt wurden[33].

An der Spitze des Gesamtwerks steht die *Generalkonferenz* als die Weltarbeitsgemeinschaft aller Verbände. Ihr Sitz ist Washington. Sie hat die Aufgabe, die ad-

[32] a. a. O. S. 89
[33] Siehe »Materialdienst aus der EZW« 1981, S. 266 ff.

ventistische Verkündigung in der ganzen Welt zu sichern und die Einheit der Gemeinden in Lehre und Arbeit zu wahren. Das Gesamtwerk ist in zwölf »Divisionen« gegliedert, die geographisch zusammenhängende Verbände und Missionsfelder umfassen. Die Gemeinden einer Provinz oder eines Landesteils (durchschnittlich 50 bis 60) schließen sich zur »Vereinigung« zusammen, mehrere Vereinigungen zum »Verband«.

Das 1932 von der Generalkonferenz eingeführte, durch Beschluß von 1948 völlig neu bearbeitete »Gemeindehandbuch« gibt umfangreiche Richtlinien für *Organisation, Ämter, Gottesdienste und Leben der Gemeinde*. Danach haben »nur die wahrhaft Bekehrten« ihren Platz in der Gemeinde. Der Aufnahme muß die Taufe vorangehen. Die *Taufe* ist eine »Bedingung« Gottes für den Eingang in sein Reich. Sie ist, ähnlich wie bei Zwingli, kein Gnadenmittel Gottes, sondern ein Bekenntnisakt des Menschen. »Durch ihren Vollzug bestätigen wir öffentlich unseren Glauben an seine (Gottes) errettende Gnade und geben zu erkennen, daß wir der Sünde und der Welt entsagen wollen.«[34] In der Taufe schließt somit nicht Gott einen Bund mit dem Menschen, sondern der Täufling »hat einen Bund mit Gott gemacht«.[35] Die Taufbewerber bedürfen einer gründlichen Vorbereitung und werden einer Prüfung unterworfen. Bei der durch Untertauchen vollzogenen Taufe legen sie ein Gelübde ab und erklären öffentlich, »daß sie den Dienst Satans verlassen haben und Glieder der königlichen Familie, Kinder des himmlischen Königs geworden sind«[36]. Bei dieser Auffassung ist es folgerichtig, daß bei Neueintretenden, die in einer Kirche getauft worden sind, die Taufe wiederholt wird und daß dies auf besonderen Wunsch ebenfalls geschehen kann bei STA-Mitgliedern, die nach einer Periode der Verirrung oder Gleichgültigkeit wieder zum Glauben und zur Gemeinde zurückkehren.

Der von der Gemeinde jeweils für ein Jahr gewählte Älteste (Wiederwahl üblich) steht unter dem Gemeindeprediger. Dieser wird von der Vereinigung berufen. In seiner Abwesenheit hält der Älteste die Gottesdienste. Den Diakonen obliegt die Sorge für das Gemeindeeigentum und die Hilfe bei Taufe und Abendmahl, besonders aber die Betreuung der Kranken und Armen. In diesen Dienst teilen sich auch die Diakoninnen. Dazu kommt eine große Zahl weiterer Ämter – das »Gemeindehandbuch« zählt annähernd 40 auf –, die im Dienst der Gemeindeverwaltung, der gottesdienstlichen Veranstaltungen, der Jugend-, Liebes- und Missionsarbeit stehen. Sie bewirken, daß eine voll ausgebaute Gemeinde ausgezeichnet durchorganisiert ist und daß zugleich ein beträchtlicher Teil der Glieder mit einem Amt beauftragt ist.

Eine hervorragende Bedeutung wird dem *Missionsdienst* zuerkannt (s. u.). Die Entrichtung des *Zehnten* wird als göttliches Gebot betrachtet. Lohn- und Gehaltsempfänger sollen ihr gesamtes, Geschäftsleute ihr Nettoeinkommen verzehnten. Der Ertrag fließt nicht in die Kasse der Gemeinde, sondern in die der Vereinigung, die 10 Prozent an die Organisationen auf höherer Ebene abzweigt und den übri-

[34] Gemeindehandbuch, S. 39
[35] E. G. White, Zeugnisse, Bd. I, S. 191
[36] ebd.

gen Teil für die bescheidenen Gehälter der Prediger, für Verwaltung, Mission und Unterstützung der Gemeinden verwendet.
Der *Sabbatgottesdienst* verläuft nach einer einfachen liturgischen Ordnung, in deren Mittelpunkt die Predigt steht. Wöchentlich findet eine Gebetsversammlung statt, bei der nach Schriftbetrachtung oder Lektüre einiger Kapitel aus den »Zeugnissen« Gebete und Erfahrungsberichte der Teilnehmer folgen. Die Sabbatschule versammelt die »lernende Gemeinde«, um sie planmäßig mit der Schrift vertraut zu machen; sie sollte von jedem Gemeindeglied besucht werden. Auch die Jugendgruppen der »Adventwacht« (für Jugendliche) und der »Adventjungwacht« (für Kinder) kommen wöchentlich zusammen.
Im Verständnis des *Abendmahls* folgen die STA der reformierten Lehre. Es wird vierteljährlich mit ungesäuertem Brot und alkoholfreiem Wein gefeiert. Ihm geht die *Fußwaschung* voraus. Diese gilt als heilige Handlung, bei der sich die Teilnehmer, nach Geschlechtern getrennt, je paarweise die Füße waschen und anschließend den Bruderkuß austauschen. Wie die Fußwaschung der Jünger soll diese »demütigende Zeremonie« an Jesu Lehren der Demut und des Dienstes erinnern.
Für die *Sabbatfeier* gab E. G. White verbindliche Vorschriften. »Es mißfällt Gott, wenn Sabbathalter einen großen Teil des Sabbats verschlafen. Sie entehren damit den Schöpfer.«[37] Selbstverständlich ist weltliche Arbeit, vor allem Erwerbsarbeit, verboten. Auch Kochen soll vermieden werden. Die Speise soll einfacher sein als an den Werktagen. Zeitungslektüre und Gespräche über weltliche Dinge sind zu unterlassen. Streitigkeiten in Familie und Gemeinde sind beizulegen. Der Geist beschäftige sich mit geistlichen Dingen, also mit Andacht und Bibelstudium. Vergnügungen sind streng verpönt. Neben heilsamer Ruhe widme man sich »heiligen Werken«, vor allem der Hilfe für Kranke und Leidende. Eine nur teilweise Befolgung des Sabbatgebots wird von Gott nicht angenommen: »Der Sabbat wird der große Prüfstein der Treue sein, denn er ist der besonders bekämpfte Punkt der Wahrheit.«[38] Wer ihn aber heiligt, wird tiefes Glück empfinden, geistlichen Segen empfangen und eine ewige Heimat finden.

E. G. White forderte in ihren Schriften unablässig ein Leben des Gehorsams. »Wir als ein Volk glauben, mehr Wahrheit zu besitzen als irgendein anderes Volk auf Erden, deshalb sollte auch unser Leben und Charakter in Übereinstimmung mit solchem Glauben sein.«[39] Sie wandte sich gegen Laxheit der Lebensführung und gegen Verweltlichung und forderte eine vollständige Erneuerung durch den Heiligen Geist. Sie warnte vor falscher Sicherheit: wenn die Gemeinde weltförmig wird, wird ihre Strafe größer sein als die der Unbußfertigen, die draußen stehen. So sind die adventistischen Gemeinden durch einen frommen Gehorsamseifer geprägt. Die ganze *Lebensführung* soll einfach sein. Die Mitglieder sollen die Grundsätze der Selbstverleugnung, Sparsamkeit und Schlichtheit in allen Lebensbereichen befolgen. Schmuck wie Halsketten, Ohrringe, Armreife, sollen nicht getragen, Uhren, Broschen, Manschettenknöpfe und Krawattennadeln nach den

[37] a.a.O. Bd. I, S. 266
[38] E. G. White, Der große Kampf, S. 606
[39] E. G. White, Zeugnisse, Bd. V, S. 100

Grundsätzen der Schlichtheit gewählt werden[40]. Wenn Gemeindeglieder sich lehrmäßigen Widerspruch, offene Übertretung der Zehn Gebote, liederliche Lebensführung, ostentative Verletzung der Enthaltsamkeitsanweisungen, Ungehorsam gegen die Gemeindeleitung u. a. zuschulden kommen lassen, wird nach Matth. 18, 15–18 verfahren. Sind die Bemühungen erfolglos, dann stimmt die Gemeinde ab, ob die *Gemeindezucht* verhängt werden soll. Diese besteht in einem befristeten Entzug der kirchlichen Ehrenrechte (Recht auf ein Amt, aktives und passives Wahlrecht). Wer hartnäckig ist oder durch offenkundige Verletzung des Gesetzes Gottes dem Werk öffentliche Schande bereitet, kann ausgeschlossen werden. Ehescheidung ist nur bei Ehebruch erlaubt. Der schuldige Teil wird unter Gemeindezucht gestellt und darf sich nicht wieder verheiraten, solange der unschuldige Teil noch lebt, unverheiratet bleibt und ein reines Leben führt.

Ein wichtiger Arbeitszweig der Gemeinschaft gilt der *Gesundheitspflege* und der *Lebensreform*. Hier haben Joshua Himes und Joseph Bates wichtige Vorarbeit geleistet. Ersterer war ein Vorkämpfer gegen Alkoholismus und Sklaverei und für die Friedensbewegung. Bates hatte schon als junger Schiffskapitän 1820–1828, wohl unter dem Einfluß von Sylvester Graham (1794–1891), dem Wegbereiter der Lebensreform in Amerika, auf Alkohol und Tabak verzichtet, nach seiner Bekehrung einen Enthaltsamkeitsverein gegründet und auch auf seinem Schiff Alkoholgetränke verboten. Vor allem durch ihn fanden die lebensreformerischen Grundsätze Eingang in die junge STA-Gemeinschaft, und E. G. White bestätigte sie. In einem Gesicht empfing sie 1863 grundlegende Belehrungen über eine gesunde Lebensweise. Nach einem zweiten Gesicht an Weihnachten 1865 schrieb sie: »Es wurde mir gezeigt, daß die Gesundheitsreform ein Teil der dritten Engelsbotschaft und so eng mit ihr verbunden ist wie der Arm mit dem Körper«, denn es bestehe eine enge Wechselwirkung zwischen Religion und Gesundheit. Weitere einschlägige Visionen folgten, die zur Herstellung gesunder Nahrungsmittel und zum Bau eines Sanatoriums aufforderten. Damit war der Grundstein für ein Werk gelegt, das weit über die Adventgemeinschaft hinaus richtungsweisend und segensreich wurde. Innerhalb der modernen Lebensreformbewegung – durch Jean Jacques Rousseau (1712–1778) angeregt und durch Männer wie Jean Antoine Gleïzès (1773–1843), Eduard Baltzer (1814–1887) und Gustav v. Struve (1805–1870) mit einer der Aufklärung entstammenden freigeistigen Denkweise verbunden – bilden die Adventisten die einzige geschlossene Gruppe, die ihre Reformbestrebungen christlich motivierte. Das erste Sanatorium wurde 1866 in Battle Creek errichtet. Viele weitere kamen im Lauf der Jahre hinzu. *»Gesundkostwerke«* entstanden, die schmackhafte Rohkostnahrung produzierten entsprechend E. G. Whites Grundsatz: »Getreide, Obst, Nüsse und Gemüse bilden die Kost, die unser Schöpfer für uns ersehen hat. Möglichst einfach und natürlich zubereitet, sind diese Nahrungsmittel die gesündesten und nahrhaftesten.« Den Predigern riet sie, sich auch mit den Grundlehren der Anatomie, Physiologie und Ernährung bekannt zu machen. Weit über den Kreis der Gemeinden hinaus wird für eine Lebensreform mit vegetarischer Rohkost, Verzicht auf Alkohol und Nikotin, Pflege der Reinlichkeit und Hygiene geworben.

[40] Adventecho 14, 15. 7. 1973

Eine *»International Temperance Association«* treibt nicht allein gezielte Arbeit unter einzelnen, sondern wirkt auch auf die öffentliche Meinung ein, sucht Einfluß auf die Gesetzgebung zu gewinnen und widmet sich auch sonstigen sozialhygienischen Aufgaben. In der Bundesrepublik wird diese Arbeit vom *»Deutschen Verein für Gesundheitspflege e. V.«* durchgeführt. »Wir sollten an der Spitze aller Enthaltsamkeitsbewegungen stehen«, hatte E. G. White gesagt. Eigene Zeitschriften für Lebensreform werden in hohen Auflagen verbreitet. Adventistische Anregungen, besonders der 1954 von der Weltarbeitsgemeinschaft hergestellte Film *»Einer von 20000«*, gaben den Anstoß dazu, daß die englische Regierung 1956 und die amerikanische Regierung 1962 Untersuchungen über die Gefahren des Rauchens veranlaßten, deren Ergebnisse – »Smoking and Health« und »Terry-Report« (1964) – in der ganzen Welt Aufsehen erregten und zur Grundlage für gesetzliche und andere Maßnahmen wurden. Seit 1962 führt das Gesundheitswerk der STA einen Fünftageplan *»Frei vom Rauchen«* in vielen Ländern mit Erfolg durch.

Vom Winkel in die weite Welt

1. Von Anfang an war der *Missionseifer* ein hervorstechender Zug der Adventisten. Er führte sie aus dem Winkel in die weite Welt. Schon 1859 wurde in Battle Creek die Gründung einer Missionsgesellschaft beschlossen und vorgeschlagen, daß jedes Mitglied an jedem Sabbat einen bestimmten Betrag zurücklegen soll. Wenn auf diese Weise jährlich 20000 Dollar zusammenkämen, könne man 10000 Dollar zur Verbreitung von Druckschriften und 10000 Dollar zur Entsendung und Unterhaltung von 30 Missionaren verwenden. 1874 ging der erste Missionar, J. N. Andrews, nach Europa. Von 1901 bis 1960 sind 9150 Missionare in alle Welt gesandt worden.
Das Missionswerk wird auf eine vielfältige Weise und unter *Verwendung aller publizistischen Mittel* betrieben. Auch hier wirkte Ellen G. White bahnbrechend. Sie regte 1879 die Buchevangelisation als »eine Missionsarbeit ersten Rangs« an. 1936 wurde das Rundfunkwerk *»Voice of Prophecy«* gegründet; später kam ein Fernsehprogramm hinzu. Heute werden wöchentlich 3700 Rundfunk- und 285 Fernsehsendungen ausgestrahlt. Der deutsche Zweig der adventistischen Radiomission heißt *»Stimme der Hoffnung«* (gegr. 1948). Für interessierte Hörer wurde 1942 eine Bibelkorrespondenzschule eingerichtet. Seit 1885 werden die in der Sabbatschule gesammelten Gaben für das Missionswerk verwendet. Eine Reihe besonderer Sabbate ist der Pflege und Förderung der Mission gewidmet. Alljährlich wird der »Große Missionsmonat« begangen.

2. Das *Ergebnis dieser Anstrengungen* ist imponierend. Einige Zahlen mögen das beleuchten: Aus den 3500 Mitgliedern im Jahr 1863 wurden 75767 um die Jahrhundertwende, 185450 im Jahr 1920, 504752 nach weiteren 20 Jahren, und 1955 wurde die Millionengrenze überschritten. Ende 1980 zählten die STA 3480500 getaufte Glieder in der ganzen Welt. Sie arbeiten in 190 Ländern und in 567 Sprachen. Gewaltig sind die von ihnen aufgebrachten Geldmittel: allein an Zehnten gingen 1980 rund 900 Millionen Mark ein. Der weitaus größte Teil wird von den

nordamerikanischen Adventisten aufgebracht; doch stellen die USA nicht mehr die größte Zahl der Adventisten. Das stärkste Wachstum verzeichnet man heute in der Dritten Welt: in Lateinamerika, Afrika und Asien. Auch in Australien sind die STA stark vertreten. So verschiebt sich das Verhältnis immer mehr (1980 lebten nur mehr 17,3% aller STA in Nordamerika).
Das *Erziehungswerk* der STA umfaßte 1980 insgesamt 3886 Grundschulen, 715 Mittlere und Höhere Schulen, einschließlich Colleges, 3 Universitäten und 2 Medizinische Hochschulen. Im Dienst der *Gesundheitspflege* stehen 142 Krankenhäuser und Sanatorien, dazu 251 Kliniken und Sanitätsstationen mit 1686 Ärzten und 40900 Pflegekräften, sowie 32 Krankenpflegeschulen. In 28 Lebensmittelfabriken wird gesunde Kost hergestellt.
Das *Adventwohlfahrtswerk* betreute im gleichen Jahr mit 10726 Wohlfahrtsgruppen und Helferkreisen über 9 Millionen Notleidende. Gegenwärtig werden auch etwa 60000 Blinde in 88 Ländern betreut. Zentrum im deutschsprachigen Raum ist der *»Blindendienst Basel«*.

3. In *Deutschland* wurden am 8. Januar 1876 erstmals acht Personen in Solingen durch den Schweizer Prediger Jacques Erzberger getauft. Aber das war mehr ein Zufallsereignis und bedeutete noch nicht den Beginn einer Missionstätigkeit. Im Mai 1887 kam Ellen G. White nach Deutschland, und 1888 wurde mit der Schriftenkolportage begonnen. Im gleichen Jahr bewilligte die Generalkonferenz Mittel und Missionare für eine tatkräftige Arbeit in Deutschland, und 1889 trafen mehrere Missionare in Hamburg ein. Sie gewannen eine Gemeinde mit 25 Seelen. Hamburg blieb bis heute der Vorort der deutschen Adventgemeinschaft. Hier wurde 1895 ein Verlag gegründet. 1891 wurde Deutschland als selbständiges Missionsfeld organisiert. 1901 bildeten die deutschen Adventisten die *»Deutsche Unionskonferenz«* mit 2387 Mitgliedern. Ende 1913 waren es 14263 und 25 Jahre später 36820 Mitglieder. In der nationalsozialistischen Zeit konnten die Adventisten weiterarbeiten, allerdings unter wachsenden Einschränkungen. Infolge der gespannten Devisenverhältnisse mußten sie ihre ausländischen Missionsgebiete abgeben. Unter der nationalsozialistischen Parole »Reinigung von jüdischem Geist« mußten Ausdrücke wie Sabbat, Sabbatschule usw. geändert werden. Im Zweiten Weltkrieg wurden 454 Kapellen und Gemeindesäle und das Hamburger Verlagshaus zerstört oder schwer beschädigt. Sie sind inzwischen wiederhergestellt und vermehrt worden. Die Gesamtzahl der Mitglieder stieg nach 1945 langsam auf ca. 40000 in beiden Teilen Deutschlands an und blieb fortan in einem leichten Auf und Ab stationär. 1980 lebten 25500 STA in der Bundesrepublik und 10500 in der DDR.
Das deutsche Werk gliedert sich in den *Westdeutschen* und *Süddeutschen Verband* (Sitz in Hannover bzw. Stuttgart) und den Verband in der DDR mit der Bezeichnung *»Gemeinschaft der STA in der DDR«* (Sitz in Berlin-Ost). Sie gehören zur »Euro-Afrika-Division« mit Sitz in Bern. Neben dem »Advent-Verlag« in Hamburg (dem 1955 der »Saatkorn-Verlag« beigestellt wurde) entstand 1900 in *Friedensau* bei Magdeburg zunächst ein ärztliches Missionswerk; schon 1901 wurde ein Sanatorium eröffnet und die *»Friedensauer Schwesternschaft«* (jetzt Berlin) gegründet. Zusammen mit einem Altersheim, dem Predigerseminar und gewerbli-

chen Betrieben liegt hier das Zentrum der STA in der DDR. Ein zweites Seminar zur Ausbildung von Predigern wurde auf der *Marienhöhe* bei Darmstadt errichtet. Hier befindet sich auch ein staatlich anerkanntes Gymnasium mit Internat.
Den lebensreformerischen Bestrebungen dienen der »*Deutsche Verein für Gesundheitspflege*« und das »*De-Vau-Ge-Gesundkostwerk*«, früher Hamburg, seit 1976 Lüneburg. Das vorzüglich redigierte Gemeindeblatt »*Adventecho*« (mit Vorläufer ab 1895) erscheint halbmonatlich in Hamburg in ca. 10000 Exemplaren. Das Missionsblatt »*Stimme der Hoffnung*« wird monatlich in über 100000 Exemplaren verteilt. Unter dem Titel »*Die Bibel spricht*« sind weitere öffentliche Verkündigungsaufgaben zusammengefaßt.

War Ellen G. White eine Prophetin?

1. *Ohne Zweifel war E. G. White eine außerordentliche Frau.* Ohne sie hätte die Geschichte der STA-Gemeinschaft einen anderen Verlauf genommen, wäre vielleicht schon früh wieder zu Ende gekommen. Mit ihrer Führungsgabe und der Fülle ihrer Visionen und literarischen Erzeugnisse prägte sie das Gesicht der jungen Bewegung und stärkte sie in allen Anfechtungen. Mit einem strategischen Weitblick und einem feinen Spürsinn für das, was zur Entfaltung der Gemeinschaft nötig war, wies sie ihr Schritt um Schritt den Weg und stellte ihr fruchtbare Aufgaben. In Krisen bewies sie Zielsicherheit und einen Willen von imponierender Kraft. Und vor allem, sie hauchte der Gemeinschaft das hohe Selbstbewußtsein und den Geist eines unablässigen, opferfreudigen Missionseifers ein. Unermüdlich reiste sie durchs Land, besuchte die Gemeinden, sprach in den Versammlungen, schrieb Artikel und Bücher. 1885 unternahm sie eine Europareise und blieb zwei Jahre hier. 1891–1900 weilte sie in Australien, um dort das Werk aufzubauen.
In der Gemeinschaft hatte sie kein Amt inne, leitete auch nie einen offiziellen Gemeindegottesdienst. Wenn sie trotzdem höchste Autorität gewann und besondere Verehrung genoß, dann verdankte sie das ihren visionären Botschaften, aber auch der Kraft ihres Glaubens und ihrer geistigen und organisatorischen Leistung.
Sie selbst betrachtete sich als *Gottesbotin mit prophetischem Auftrag* und beanspruchte für sich eine entsprechende Autorität: »Wenn ich euch ein Zeugnis der Warnung und Zurechtweisung sende, dann erklären viele von euch, das sei bloß die Meinung von Schw. White. Dadurch habt ihr den Geist Gottes beleidigt. Ihr wißt, daß der Herr sich durch den Geist der Weissagung geoffenbart hat. Vergangenheit, Gegenwart und Zukunft habe ich schauen dürfen.«[41] Die vom Widerspruchsgeist erfüllte Gemeinde in Battle Creek warnte sie: »Wenn ihr versucht, nach eurem Gutdünken Gottes Rat beiseitezuschieben, wenn ihr das Vertrauen des Volkes Gottes zu den von ihm gesandten Zeugnissen abzuschwächen sucht, so empört ihr euch wider Gott.«[42] Die STA-Gemeinschaft erkannte ihre Prophetenwürde an. Ihre »Testimonies« bekamen als »Schlußstein an einem Gewölbe«[43]

[41] E. G. White, a. a. O. Bd V, S. 64
[42] a. a. O. Bd. V, S. 680
[43] Review and Herald, 14. 8. 1883

fast kanonischen Rang. Man rühmte, daß sie vollständiger und zeitgemäßer seien als die Bibel.

2. *War E. G. White eine Prophetin?* Dieser Anspruch blieb in den Reihen der Adventisten selbst nicht unbestritten und gab Anlaß zu mancherlei Abspaltungen. Auch heute ist die Diskussion darüber nicht zur Ruhe gekommen. Ihr erstes Gesicht hatte die damalige Ellen G. Harmon am 22. Dezember 1844, genau zwei Monate nach dem fatalen 22. Oktober. Und sie bestätigte dadurch die Unentwegten, die an Millers Datum festhielten. Auch in ihren nächsten Gesichten finden sich Gedanken, denen sie in ihrer Umgebung begegnete. Die Visionen als Echo – man kann dieses Abstammungsverhältnis in einer Reihe von Fällen nachweisen. So war ihr Gesicht vom 15. Februar 1846 ein Widerhall der Erklärung Crosiers vom 7. Februar über den Beginn der Reinigung des himmlischen Heiligtums 1844. Im November 1846 bestätigte sie visionär astronomische Einzelheiten aus der Schrift »Himmelsöffnung« von Bates[44], im August 1846 seine Sabbatschrift vom gleichen Monat.
Daß man den Gesichten des jungen Mädchens so große Aufmerksamkeit schenkte, ist begreiflich. Sie erschienen als göttliche Bekräftigungen von Lehren, die den Ausweg aus der Krise zeigten, und alle Umstände sprachen dafür, daß die Visionen aus der himmlischen Welt stammten. Loughborough schildert das junge Mädchen als »klein und schwächlich, der Gesellschaft ungewohnt und von Natur aus so schüchtern und zurückgezogen, daß es für sie peinlich war, Fremden zu begegnen«. Aber ein Wort des Engels in ihrem zweiten Gesicht Ende 1844: »Mache andern bekannt, was ich dir geoffenbart habe«, habe sie genötigt, ihre Visionen andern mitzuteilen[45]. Diese nahmen schon formal eine übernatürliche Autorität in Anspruch. Denn sie wimmelten von Sätzen wie: »Gott hat mir gezeigt«, »Der Herr gab mir ein Gesicht« u.ä. Dazu kamen die äußeren Begleiterscheinungen. Bei den unzähligen visionären Zuständen, die sie hatte und die bis zu vier Stunden dauerten, pflegte sie dreimal »Glory« zu rufen und ging dann, von übernatürlicher Kraft erfüllt, mit anmutigen Bewegungen umher. »Ihr Haupt ist erhoben, und sie sieht nach oben, aber nicht mit einem starren Blick ins Leere, sondern mit einem angenehmen Ausdruck, von ihrem normalen Aussehen nur insofern abweichend, als sie aufmerksam auf einen entfernten Gegenstand zu schauen scheint. Sie atmet nicht, aber ihr Puls schlägt regelmäßig. Ihre Gesichtszüge sind angenehm und ihre Farbe dieselbe wie im natürlichen Zustand.«[46]
Die Visionen überfielen sie, während sie betete, schrieb, predigte, oder auch in der Form von Traumgesichten. Ihre Inhalte bezogen sich auf Vergangenheit und Zukunft, auf den Herzenszustand von Menschen, auf Fragen der Schriftauslegung,

[44] Bates hatte u.a. in diesem 8 Monate zuvor erschienenen Buch behauptet, daß sich unter dem Jakobsstab im Orion eine Himmelsöffnung befinde, die so groß sei, daß die himmlische Stadt Zion mit ihren Ausmaßen von 2400 km im Quadrat sich durch sie auf die Erde herabsenken könne, und daß der Planet Jupiter 4, Saturn 8 und Uranus 6 Monde habe. Das alles erwies sich als wissenschaftlich unhaltbar. Aber dadurch, daß E. G. White mit der Versicherung, nie etwas über Sterne gelesen zu haben, die Angaben von Bates visionär wiederholte, gewann sie ihn, so daß er hinfort an ihre prophetische Gabe glaubte. Vgl. dazu Conradi in »Wahrheit, Licht, Leben«, Hamburg April 1937.

[45] Loughborough, Entstehung und Fortschritt, Hamburg 1897, S. 99

[46] a.a.O. S. 93f.

auf praktische Aufgaben der Adventbewegung u. a. m. Sie wurde zur Prophetin, die aus ihren Visionen konkrete Entscheidungen fällte, Zurechtweisungen erteilte, neue Aufgaben wies.

3. *Es gab aber auch Widerspruch gegen ihre Visionen.* Als im April 1846 das erste Gesicht in 250 Exemplaren an Bekannte geschickt wurde, fand es keine einhellige Zustimmung. Einer der Empfänger sprach von »religiösen Traumzuständen«. Am 30. Mai 1847 veröffentlichte James White in der Schrift »A Word to the Little Flock« (»Ein Wort an die kleine Herde«) neben verschiedenen eigenen Aufsätzen die ersten Gesichte seiner Frau. Sie spiegelten den Stand der Lehrdiskussion, die sich vor und auch nach 1847 noch immer im Fluß befand. Die Folge war, daß die Gesichte in einem Teil ihrer Aussagen später überholt waren.
Es kam auch vor, daß E. G. White Erkenntnisse, die sie durch Gesichte erhalten hatte, später ebenfalls durch Gesichte wieder verwarf. Eine 1863 unter Berufung auf 5. Mose 22, 5 als Greuel bezeichnete Reformkleidung mit kurzem Rock und langen Bauschhosen wurde, mit längerem Rock, später unter Berufung auf 4. Mose 15, 38–41 den Adventistinnen zur Pflicht gemacht, damit sie sich dadurch als »Volk des Eigentums« unterscheiden. Da diese Kleidung nicht einschlug, sondern in der Öffentlichkeit belächelt wurde, hob E. G. White sie mit einem Gesicht vom 3. Januar 1875 wieder auf. In ähnlicher Weise widerrief sie die visionär erteilte Erlaubnis des Genusses von Schweinefleisch vom 21. Oktober 1858 und ersetzte sie durch ein Verbot.
Bei der Untersuchung ihrer Schriften kam Ludwig R. Conradi zu dem Ergebnis, daß diese nicht nur visionäre Quellen hatten[47], sondern daß »das Abschreiben aus den Werken anderer« eine bedeutende Rolle spielte[48]. Schon die Siebzehnjährige nährte ihre Phantasie an 4. Esra. Dann benützte sie das »Buch Jaschar«, das Produkt eines Phantasten, der das Jos. 10, 13 und 2. Sam. 1, 18 erwähnte, aber längst verlorengegangene »Buch der Redlichen« neu konstruierte und durch den New Yorker Verleger R. Gould 1840 verbreiten ließ. Aus ihm übernahm sie in »Patriarchen und Propheten« ganze Zitate, darunter auch die Mär von der Vermischung der Menschen mit Tieren. Aus dem Werk »Leben und Episteln des Apostels Paulus« von Conybeare und Howson nahm sie etwa 200 Zitate, teilweise ganze Abschnitte, in ihr »Leben Pauli« (1883) auf.

4. *E. G. White selbst war von dem höheren Ursprung ihrer Kundgaben überzeugt.* Darum beanspruchen sie Autorität. Sie referierte ein Wort des Herrn, das an sie erging: »Wer die Zeugnisse, die ich dir gegeben habe, verachtet und verwirft, hat nicht nur dich, sondern mich, deinen Herrn, verachtet.«[49] Sie war zwar gewiß, daß ihre Zeugnisse mit der Heiligen Schrift übereinstimmen, erkannte aber im Zweifelsfall die Überordnung der Bibel an: »Wenn die Zeugnisse nicht in Übereinstimmung mit dem Worte Gottes sind, so verwerft sie.«[50] Entsprechend be-

[47] E. G. White selbst behauptet dies: »Ich schreibe nicht einen Aufsatz für die Zeitschrift, worin ich nur meine eigenen Ideen ausdrücke; sie sind das, was mir Gott im Gesicht eröffnet hat – die köstlichen Lichtstrahlen, die von seinem Throne leuchten.« (Zeugnisse V, S. 67).
[48] L. R. Conradi, »Ist Frau E. G. White die Prophetin der Endgemeinde?«, S. 49
[49] E. G. White, Zeugnisse Bd. V, S. 668
[50] a. a. O. Bd. V, S. 691

zeichnen die »Glaubensgrundsätze« der STA die Schrift als »die einzige untrügliche Richtschnur des Glaubens und Handelns«[51], und die deutsche Leitung der STA erklärte 1932, daß »die Schriften, die durch den Geist der Weissagung gegeben sind, nicht als unfehlbare Richtschnur in Glaubenslehren oder als Zusatz zur Heiligen Schrift dienen, sondern zur geistlichen Erbauung und Belebung«. Tatsächlich operieren die STA zur Begründung ihrer Sonderlehren durchweg mit Schriftbeweisen, nicht mit den Kundgaben von E. G. White. Aber diese Kundgaben haben wesentlichen Einfluß auf die Auslegung einzelner Schrifttexte und spielen nach wie vor eine maßgebende Rolle für das Leben und Denken der STA.

Sabbat gegen Sonntag

Mit ihrer Anerkennung der Heiligen Schrift als der alleinigen Richtschnur des Glaubens steht die STA-Gemeinschaft auf dem Boden der *Reformation*. Auch zur Rechtfertigungslehre bekennt sie sich. In der Schriftauslegung neigt sie dem Fundamentalismus zu; viele Adventisten halten z. B. unter Verwerfung der Evolutionslehre an der Weltschöpfung in sechs 24-Stunden-Tagen fest[52]. Wo liegt dann der Punkt, der zur Trennung führte und sie aufrecht erhält? Nicht in der Parusie und nicht einmal in der Wiedereinführung des Sabbats, sondern einzig darin, daß das Nebeneinander von Sabbat und Sonntag in ein Gegeneinander verwandelt und dieses Gegeneinander zum Dualismus Gott – Satan hochgesteigert wurde. Die Konsequenz war die Zerreißung der Christenheit in solche, die den Sabbat heiligen und damit Gott die Ehre geben, und in solche, die mit der Sonntagsfeier dem heidnischen Sonnengott, d. h. dem Satan, huldigen. Die einen sind die zum Heil Erwählten, die anderen die Verworfenen.

Das ist eine harte Lehre. Die Sabbatfrage war und ist denn auch der eigentliche Streitpunkt zwischen der Adventgemeinschaft und den Kirchen. Letztere erheben u. a. folgende *Einwände gegen die Verabsolutierung des Sabbatgebots:*
Die Behauptung, daß *das Sabbatgebot das höchste aller Gebote* sei, läßt sich durch keine Schriftaussage begründen. Auf die Frage nach dem höchsten Gebot hat Jesus nicht den Sabbat genannt, sondern das Gebot der Gottes- und der Nächstenliebe (Matth. 22, 35–40). Es trifft auch nicht zu, daß im Alten Testament nur die Übertretung des Sabbatgebots mit schwersten Strafen belegt wurde. Die Todesstrafe war auch für Vergehen gegen andere Gebote vorgesehen, so für Mörder (4. Mose 35, 16–21), für Verführer zum Götzendienst (5. Mose 13, 7ff.; 17, 1–7), für Hurerei, Vergewaltigung und Ehebruch (5. Mose 22, 20ff.).
Die Behauptung, daß der Sabbat genauso wie die Ehe ein *Urgebot Gottes* für die ganze Menschheit gewesen sei, wäre nur haltbar, wenn er auch den nichtisraelitischen Völkern bezeugt und ins Gewissen gelegt worden wäre. Das ist aber nicht der Fall. Soweit die Siebentagewoche eingeführt wurde, stammte sie aus der Auf-

[51] Gemeindehandbuch, S. 15
[52] So H. G. Coffin, Professor für Biologie an der adventistischen Andrews University, in seinem Buch »Creation – Accident or Design?« 1969 (Schöpfung – Zufall oder Plan?)

gliederung des Mondlaufs in seine vier Phasen. Aber viele Völker hatten andere Zeitabschnitte, so die Ägypter und Athener die Dekade, die Römer den achttägigen Rhythmus. Und wo die Siebentagewoche galt, war es keineswegs so, daß jeweils ein Tag oder gar der siebente Tag als Feiertag begangen wurde. Dieser Brauch war nur im Volk Israel bekannt.

Das hebräische Wort »Sabbat« heißt schlicht *»Ruhetag«*. Deshalb ist die Lutherübersetzung »Du sollst den Feiertag heiligen« sprachlich richtig. Nach dem dritten Gebot soll sechs Arbeitstagen ein Ruhetag folgen. Die Adventisten wenden dagegen ein, daß das Wort »Sabbat« im dritten Gebot als Eigenname zu verstehen und auf den siebenten Wochentag zu beziehen sei. Mit dieser Deutung aber rückt der Sabbat in die dichteste Nähe von zwei altbabylonischen Feiertagen: dem »Schapattu«, d.h. »Tag der Beruhigung des Herzens« der erzürnten Götter, und dem »Schapatti-Tag«, d.h. Tag des Vollmonds in der Monatsmitte. Der biblische Sabbat, als Eigenname verstanden, wäre also heidnischer Abkunft, ein für die Adventisten selbst unvollziehbarer Gedanke.

Wie kam es in der Alten Kirche zur *Einführung der Sonntagsfeier?* Geschah dies aus Protest gegen den jüdischen Sabbat? Waren gar heidnische Einflüsse dabei im Spiel? War es also ein »Abfall« der Kirche vom Gesetz Gottes? Diese Fragen können nur durch Erhellung der geschichtlichen Tatbestände und Motive beantwortet werden. Es ergibt sich dabei folgender Befund:

Jesus hat weder direkt noch indirekt gesagt, daß die Feier des 7. Wochentags heilsnotwendig sei. Er hat weder die Sabbathalter selig gepriesen (Matth. 5, 3–12), noch hat er bei der Gegenüberstellung der alten und der neuen Gebote (Matth. 5, 19–48) das Sabbatgebot genannt, obwohl es infolge seiner damaligen Entstellung reformbedürftig war. Er hätte es nennen müssen, wenn es ihm ebenso im Mittelpunkt gestanden hätte wie den Adventisten. Mehr noch: Jesus hat die Sabbatbestimmungen bewußt verletzt. Er hat Kranke am Sabbat geheilt, und es handelte sich dabei durchweg um chronisch Leidende und nicht um solche, die sich in einer akuten Lebensgefahr befanden und einer sofortigen Hilfe bedurften: einen Mann mit einer verdorrten Hand Mark. 3, 1, eine verkrümmte Frau Luk. 13, 11, einen Wassersüchtigen Luk. 14, 2, einen seit 38 Jahren Kranken Joh. 5, 15, einen Blindgeborenen Joh. 9, 1 ff. Es wäre nichts an ihnen versäumt worden, wenn Jesus mit Rücksicht auf den Sabbat ihre Heilung um einen Tag verschoben hätte. Daß er das nicht tat, mußte als eine Provokation wirken und wurde von den Gesetzesfrommen auch als solche empfunden. Diese Provokation war eine verhüllte Verkündigung seines messianischen Anspruchs[53]:

»Des Menschen Sohn ist ein Herr auch über den Sabbat« (Mark. 2, 28). Die Verletzung des Sabbatgesetzes löste den Konflikt aus, der mit der Kreuzigung endete (Mark. 3, 6; Joh. 5, 18; 7, 25).

Darum ist es begreiflich, daß für die Christen der Sabbat zum Problem wurde und daß schon sehr früh eine allmähliche Loslösung von ihm erfolgte. Die *Urgemeinde* beachtete vermutlich das Sabbatgesetz noch; es wird wenigstens nicht von einer

[53] Willy Rordorf (Professor für Alte Kirchengeschichte und Patristik in Neuchâtel): Der Sonntag – Geschichte des Ruhe- und Gottesdiensttages im ältesten Christentum, Zürich 1962, S. 70

Verfolgung wegen Verstoßes gegen dieses Gesetz berichtet. Aber am Sabbatgottesdienst in der Synagoge konnte sie nicht mehr teilnehmen. Sie hielt ihre eigenen Versammlungen. An welchem Wochentag? Die Feier des *Brotbrechens,* die im Mittelpunkt dieser Versammlungen stand, gibt die Antwort. Sie hat ihre Wurzel in dem gemeinsamen Mahl mit dem Herrn am Abend des Auferstehungstages (Luk. 24, 13ff.; Apg. 10, 41). Sie war Fortsetzung der Tischgemeinschaft mit dem Herrn, entsprach in ihrem Rahmen und ihrem Ablauf (1. Kor. 11, 25) den gemeinsamen Mahlzeiten der Jünger mit ihm vor seinem Tod und nach seiner Auferstehung (Mark. 14, 22ff.; Luk. 24, 30) und bekam schon früh die Bezeichnung »Herrnmahl« (1. Kor. 11, 20). Da die Auferstehung am Tag nach dem Sabbat stattfand (Mark. 16, 1ff.), wurde auch das Herrnmahl an diesem Tag gefeiert[54]. Von daher rührt der Name »Herrntag«, den er später erhielt (Offb. 1, 10). Zugegeben, in dieser Beweiskette fehlen einige Glieder. Wer sie aus diesem Grund ablehnt, ist gehalten, eine besser begründete Antwort darauf zu geben, weshalb *der erste Wochentag bereits in der apostolischen Zeit gefeiert* wurde: der erste Nachweis der christlichen Sonntagsfeier (1. Kor. 16, 1ff.) stammt aus dem Jahr 55/56. Und wer die Auffassung vertritt, daß auch die Apostel und die frühe Christenheit das Sabbatgesetz als ein zentrales Gebot Gottes angesehen haben, muß eine Erklärung dafür finden, weshalb die Apostel nirgendwo den heidenchristlichen Gemeinden die Sabbatfeier geboten – auf dem Apostelkonzil (Apg. 15) wurde bei der Frage, ob und wieweit das jüdische Gesetz für die Heidenchristen verpflichtend gemacht werden soll, das Sabbatgebot überhaupt nicht erwähnt. Alle Zeugnisse weisen darauf hin, daß die Loslösung vom Sabbat bereits in der judenchristlichen Gemeinde begann, daß die heidenchristlichen Gemeinden von vornherein nicht auf den Sabbat verpflichtet wurden und daß der Herrntag sich unter gelegentlichen Konflikten (Gal. 4, 8ff., Kol. 2, 8ff.) und Rückfällen (Brief des Ignatius an die Magnesier 9, 1–3) endgültig einbürgerte. Plinius erwähnt in einem Brief an den Kaiser Trajan vom Jahr 112, daß die Christen am ersten Wochentag Gottesdienst hielten.

Die *Bezeichnung »Sonntag«* für den »Herrntag« taucht erst später auf. Justin sprach um 150 in seiner Apologie an den Kaiser Antoninus Pius vom »sogenannten Sonntag«. Die Übernahme dieser Bezeichnung war für die Christen mit keiner besonderen Schwierigkeit verbunden. Es gab innere Beziehungen zwischen »Herrntag« und »Sonntag«, Christus und Sonne, die im Schriftzeugnis ihren Sitz haben: Man zog die Parallele zwischen dem ersten Tag der Woche und dem ersten Schöpfungstag[55], oder zwischen dem Untergang der Sonne und der Höllenfahrt Christi. Jedenfalls, als Konstantin am 3. März 321 bestimmte: »Alle Richter, die Bevölkerung der Städte und die gesamte Erwerbstätigkeit sollen am verehrungswürdigen Tag der Sonne ruhen«, entstanden daraus für die Christen keinerlei

[54] Apg. 20, 7 zeigt, daß die Feier des Brotbrechens am ersten Wochentag bereits eine Gewohnheit geworden war. Aus Apg. 2, 46 darf nicht geschlossen werden, daß das Brotbrechen der Urgemeinde täglich stattfand; das »täglich« bezieht sich zunächst auf das Zusammensein im Tempel und muß nicht auch das Brotbrechen einschließen; es wäre ja auch schwer vorstellbar, daß eine große Gemeinde – nach Apg. 2, 41 schon am Pfingsttag 3000 Gläubige – täglich zum Brotbrechen zusammenkam.

[55] So Justin: »Am Sonntag kommen wir alle deswegen zusammen, weil das der erste Tag ist, an dem Gott die Finsternis und die Materie wendete und die Welt erschuf« (Apol. 67, 7).

Probleme. Das einzig Neue für sie war, daß der Sonntag, der bisher – als Herrntag – ein Tag der gottesdienstlichen Versammlung, aber nicht der Arbeitsruhe gewesen war, nunmehr von der Arbeit befreit wurde. Daß Konstantin einen der sieben mit den Planetennamen bezeichneten Wochentage zum gemeinsamen Feiertag für das ganze Imperium bestimmte, hatte politische und soziale Gründe. Daß er den ersten Wochentag dafür wählte, geschah rein aus Zweckmäßigkeit, da an diesem Tag sowieso schon ein Großteil der Bevölkerung Feiern veranstaltete, nämlich die Christen und die Anhänger des Mithraskults.

Daß für die Kirche die Wahl des Sonntags *keinen Bezug auf den Sonnengott* hatte, ergibt sich schon vom Sprachlichen her. Im gesamten romanischen Sprachraum lebte dieser Tag als der »Herrntag« fort, nachdem schon Kaiser Theodosius I. (379–395) den »Sonntag« durch den »Herrntag« (dominicus dies) ersetzt hatte: domenica (ital.), domingo (span.), dimanche (franz.). Für die Christenheit waren die heidnischen Götter entmachtet, und der erste Wochentag erinnerte sie nicht an den Sonnengott, sondern an die Auferstehung des Herrn. Hieronymus (etwa 340–420), der gelehrteste aller lateinischen Kirchenväter, schrieb (zum 118. Psalm): Wenn der Tag der Auferstehung »von den Heiden der Tag der Sonne genannt wird, so nehmen wir diese Bezeichnung gern hin; heute (Ostersonntag) ist nämlich das Licht der Welt, heute ist die Sonne der Gerechtigkeit aufgegangen«. Für E. G. White aber war der Hinweis auf die Auferstehung nur ein raffiniertes Lockmittel des Satans, um die Christenheit zur Abschaffung des Sabbats zu verführen: »Satan führte ihnen die glorreiche Auferstehung Jesu vor und sagte ihnen, daß der Herr durch sein Auferstehen am ersten Tag der Woche den Sabbat von dem siebenten Tag der Woche auf den ersten verlegt habe.«[56]

Die *Reformation* lehnte eine Rückkehr zum Sabbat ab. Die Augsburger Konfession erklärte (XXVIII): »Die Heilige Schrift hat den Sabbat abgetan und lehret, daß alle Zeremonien des alten Gesetzes nach Eröffnung des Evangeliums mögen (d. h. können) nachgelassen werden.« Im Großen Katechismus sagte Luther: »Dieses Gebot geht nach dem groben Verstand uns Christen nichts an; denn es ist ein ganz äußerliches Ding, wie andere Satzungen des Alten Testaments an bestimmte Weise, Person, Zeit und Stätte gebunden, welche nun durch Christum alle freigelassen sind.« Der Inhalt des dritten Gebots, das Heiligen eines Tags der Woche, »ist nicht also an Zeit gebunden wie bei den Juden, daß es eben müsse dieser oder jener Tag sein; denn es ist keiner an sich selbst besser denn der andere; sondern sollte wohl täglich geschehen, aber weil es der Haufe nicht erwarten kann, muß man ja zum wenigsten einen Tag in der Woche dazu aussondern. Weil aber von altersher der Sonntag dazu bestellt ist, soll man's auch dabei bleiben lassen, auf daß es in einträchtiger Ordnung gehe und niemand durch unnötige Neuerung eine Unordnung mache.«

Hier wird also die Festsetzung des gemeinsamen wöchentlichen Feiertags als eine bloße Angelegenheit der öffentlichen Ordnung angesehen, der Sabbat zum überholten alttestamentlichen Zeremonialwesen gerechnet und die Sonntagsfeier aus Gründen der Tradition und der Zweckmäßigkeit empfohlen. Die STA dagegen

[56] E. G. White, Erfahrungen und Gesichte, S. 206

verteufelten die Sonntagsfeier und verliehen dem Sabbat den Rang eines göttlichen Urgebots, an dem die Vorentscheidung über das Heil fällt. Der Gegensatz ist klar. Aber geht es dabei nicht um kleinliche Fragen, die von einem eifernden und zugleich kniffligen Denken hochgespielt wurden? Das ist in der Tat der Eindruck, der sich bei oberflächlicher Betrachtung bietet. Aber eine genauere Prüfung ergibt ein anderes Bild. Die Sabbatlehre kann von der STA-Gemeinschaft schlechterdings nicht aufgegeben werden; ein Verzicht auf sie bedeutete den Verlust jenes Eigenguts, das sie aus allen christlichen Kirchen heraushebt; die dreifache Engelsbotschaft fiele dahin und damit das Selbstverständnis und der endzeitliche Sendungsauftrag der STA. Daß im übrigen die Sabbatlehre eine so scharfe antikirchliche Zuspitzung erhielt, ist nicht zuletzt von den Kirchen selbst verschuldet worden. Ihre vielfach häßliche Polemik gegen die Millerbewegung legte den Grund für einen *Feindschaftskomplex*, der nicht nur zur äußeren Trennung, sondern auch zur religiösen Verwerfung führte.

Feindschaften und Verhärtungen dieser Art pflegen langlebig zu sein. Erst um die Mitte des 20. Jahrhunderts wurden gewisse Lockerungen sichtbar. In der Sabbatlehre wurde eine *Milderung* vorgenommen. Nach »*Questions on Doctrine*«, einem 1958 von der STA-Zentrale in Washington veröffentlichten Kommentar zu Lehrfragen, wird die Nichtbeachtung des Sabbats nur dem zur Schuld, der die Botschaft vom Sabbat vernommen und eingesehen hat, aber nicht befolgt: »Wir erklären, daß der Sabbat während des Mittelalters kein Prüfstein war, auch nicht während der Zeit der Reformation im 16. Jahrhundert, noch in den Tagen Wesleys. Aber in diesen ›letzten Tagen‹, wenn, wie wir glauben, alle Wahrheit vor der Wiederkunft Christi wiederhergestellt und den Menschen die Botschaft vom Sabbat des vierten Gebots unter göttlicher Leitung verkündigt wird, entsteht bei all denen, die das Licht empfangen und deren Richtigkeit erkennen, eine moralische Verantwortlichkeit zum Gehorsam. Gewiß wird Gott keinen Menschen verantwortlich halten für Wahrheiten, von denen er nichts gehört und die er noch nicht erkannt hat.«[57]

Weitere Konzessionen können nicht erwartet und verlangt werden. Der Gegensatz Sabbat–Sonntag bleibt für die STA eingefroren. Die Kirchen müssen sich damit abfinden. Sie spielen nicht ihrerseits den Sonntag gegen den Sabbat aus, sondern haben die Freiheit, die Sabbatfeier der STA als eine Gewissensentscheidung zu respektieren. Darüber hinaus verdient angesichts der Zerstörung des Sonntags in der säkularistischen Gesellschaft der Ernst, mit dem die Adventisten den Sabbat »heiligen«, allen Respekt. Er mahnt die Glieder der Kirchen, den Sonntag als den »Tag des Herrn« und nicht nur als Tag der Erholung und des Vergnügens zu begehen.

Freilich sind in dieses adventistische Eigengut Probleme eingebettet, mit denen sich nicht die anderen Kirchen, sondern die STA selbst auseinanderzusetzen haben. Um das Wichtigste zu nennen: Dieses Eigengut ist in der Glut einer *hochgespannten Parusieerwartung* entstanden, von ihr motiviert und belebt worden. Nun warten die STA von Generation zu Generation auf die Wiederkunft. Aber sie blieb aus. Es wiederholt sich bei ihnen, was schon in der jungen Christenheit geschehen

[57] Questions on Doctrine, S. 177f.

war. In der nachapostolischen Zeit führte die *Parusieverzögerung* zum damals viel beklagten »Erkalten der ersten Liebe«. Der Herr verzog, und die Braut wartete vergeblich auf den Bräutigam, und die Spannung klang ab, und die Gemeinden mußten sich in der Welt, die nicht vergehen wollte, einrichten und heimisch machen und Kompromisse schließen und ihre Hoffnung revidieren. Aus der wandernden Pilgerschar wurde die organisierte Kirche. Es war ein zwangsläufiger Prozeß. Kann die Adventgemeinschaft sich ihm entziehen? Kann sie die Glut der Enderwartung konservieren? Wenn aber diese große Hoffnung ermüdet und verkrustet, dann verlieren auch die daraus erwachsenen Lehren und sonstigen Konsequenzen ihre Motivkraft. Ursprünglich freudig bejaht und mit Leben erfüllt, drohen sie auf die Stufe unfroher Gesetzlichkeit herabzusinken. Dieser Gefahr zu wehren, fordert viel Kraft und seelsorgerliches Bemühen. Die schrecklichen Geschichtskatastrophen des 20. Jahrhunderts erleichterten es den Adventisten, die Enderwartung wach zu halten. Aber sie konnten es nicht verhindern, daß aus der flüssigen Endzeitbewegung eine fest organisierte Kirche mit eschatologischem Lehrakzent wurde, die sich notwendig in der Welt und der Gesellschaft etablierte und teilweise auch sich in sie integrierte[58].

Es gibt in den STA-Gemeinden nicht nur eine ernste, mit dem Pietismus verwandte Frömmigkeit, die eine persönliche Gemeinschaft mit Jesus und die Nachfolge betont. Es wirken bei ihnen auch Antriebe, die sich gegen eine sektiererische Schwarzweißmalerei wehren: hier die eigene Gemeinschaft als die einzige auserwählte Gemeinde Gottes, dort die andern Gemeinschaften und Kirchen als die Verworfenen. Man hält zwar an der dreifachen Engelsbotschaft fest und sieht in den um sie gesammelten Gläubigen das Endzeitvolk Gottes. Aber man läßt sich durch diesen Schluß nicht zur Sicherheit verführen. Es erheben sich immer wieder Stimmen, die erklären, daß auch dieses Endzeitvolk von geistlichen Gefahren bedroht ist. Sie verweisen auf die Gefahr der Selbstzufriedenheit und Selbstsicherheit. Sie warnen vor geistlichem Hochmut, vor Rechthaberei und Lieblosigkeit gegenüber Andersgläubigen. Sie sagen, daß auch der vollkommenste Sabbatgehorsam im Jüngsten Gericht nichts nütze, wenn die Liebe fehlt. So ist eine heilsame innere Unruhe vorhanden. Man ist auch im Urteil über die Kirche vielfach milder geworden. In den »Questions on Doctrine« wird sie nicht mehr summarisch als »Babel« und Herrschaftsbezirk des Satans verdammt, sondern es wird zugestanden, daß auch in ihrer Mitte fromme Christen sind, die »unzweifelhaft gerettet sind«. Und es wird andererseits betont, daß die STA in der Jetztzeit, solange der Antichrist noch nicht erschienen ist und die endgültige Entscheidung und Scheidung in der christlichen Welt herbeigeführt hat, zwar einen missionarischen Auftrag von Gott empfangen haben, aber nicht für sich in Anspruch nehmen, »die einzigen treuen Christen in der Welt zu sein oder gar die einzigen, die errettet werden«[59].
So gibt es unter den STA denn auch ein gewisses ökumenisches Bewußtsein. Es

[58] Christian D. Schmidt, ein früherer Adventist, hat in seiner Schrift »Zeit des Gerichts oder Gericht der Zeit?«, Frankfurt 1972, u. a. auf die damit verbundenen Auswirkungen hingewiesen.
[59] Questions on Doctrine, S. 186ff.

zeigt sich u. a. darin, daß in den STA-Zeitschriften der Blick über den Zaun zu den andern Kirchen geworfen und sachgerecht über sie berichtet wird. Seit 1965 kamen *Gespräche mit dem Ökumenischen Rat der Kirchen* in Gang. Veranlaßt durch die Initiative des jungen STA-Theologen Dr. B. B. Beach, hatten sie zunächst einen eher privaten Charakter. Vertreter der Ökumene trafen sich alljährlich einmal in Genf oder einem nahen adventistischen Seminar mit Dr. Beach und anderen persönlich interessierten Adventisten. Erst spät erhielten diese insofern eine etwas »offiziellere« Position, als ihre Teilnahme von den für sie zuständigen Stellen gebilligt und auch finanziert wurde. Aber die Generalkonferenz entsandte nie Vertreter zu den Gesprächen. Eine Einigung kam erwartungsgemäß nicht zustande. Beide Seiten bekannten sich zwar zum reformatorischen Schriftprinzip *»sola scriptura«*, in der Auslegung der apokalyptischen Texte aber und ihrer Anwendung auf zeitgeschichtliche Ereignisse gingen die Auffassungen zwangsläufig weit auseinander. Aber die 1971 beendeten Gespräche haben auf anderen Gebieten Früchte gezeitigt: Seit 1968 ist die Generalkonferenz der STA bei den jährlichen Zusammenkünften der *»Sekretariate der konfessionellen Weltbünde«* vertreten. Ein Adventist wurde zum Mitglied der Kommission für Glaube und Kirchenverfassung ernannt. STA-Vertreter nehmen als Beobachter an Zusammenkünften des Ökumenischen Rats und der Vollversammlung teil. Auch auf nationaler Ebene kamen Kontakte zustande. Mit alledem sind Ansätze gegeben, die zu einer praktischen Zusammenarbeit auf vielen Gebieten führen können.

Adventistische Nebenzweige

Die Gemeinschaft der STA bildet nur einen Teil, allerdings den weitaus größten und bedeutendsten der gesamten Adventsfamilie, die ihren Ursprung in der Millerbewegung hat. Es haben sich im Laufe der Zeit viele Gruppen gebildet, die, gemessen an der Größe und Bedeutung der STA-Gemeinschaft, lediglich adventistische Nebenzweige darstellen. Im folgenden sollen einige, die auch in Deutschland ihre Wirksamkeit entfaltet haben, dargestellt werden.

L. R. Conradi und die Autonomen Gemeinden

LUDWIG RICHARD CONRADI, am 20. März 1856 in Karlsruhe geboren, ursprünglich Katholik, wollte nach dem frühen Tod seines Vaters Bierbrauer werden und ging nach harter Lehrlingszeit in die USA. Dort kam er mit Adventisten in Berührung, ließ sich 1878 taufen und studierte dann auf der STA-Hochschule in Battle Creek. Nach Abschluß seiner Studien wurde er 1886 nach Europa entsandt, wo er in der Schweiz und in Skandinavien mit großem Erfolg arbeitete. Wegen seiner selb-

ständigen Schriftdeutung kam er 1898 in Konflikt mit Auslegungen von E. G. White. Aber wegen seines erfolgreichen Wirkens – er entwickelte sich zum fruchtbarsten Schriftsteller der STA-Gemeinschaft, der auch über ein erstaunliches theologisches und kirchengeschichtliches Wissen verfügte – wurde er 1899 zum *Vorsitzenden der Europäischen Division* ernannt. 1908 behielt er dieses Amt bei, nachdem ihm versichert worden war, daß E. G. White nicht die maßgebende Auslegerin der Schrift sei.
Während des Ersten Weltkriegs fand und sammelte er in London, wo er im Auftrag der STA-Leitung kirchengeschichtliche Studien trieb, eine Fülle von Beweisen dafür, daß es schon lange vor Miller eine Endzeitverkündigung gab und daß sie in der Reformation eine machtvolle Bedeutung hatte. Dann fand er 1926 in New York die Urausgabe von E. G. Whites Gesichten aus dem Jahre 1847. Er verglich sie mit der Neuauflage von 1851 und entdeckte mancherlei Auslassungen. Dies veranlaßte ihn zu einer *kritischen Überprüfung* der gesamten Geschichte nach 1844. Das Ergebnis war, daß für ihn die Autorität von E. G. White als Prophetin zerbrach. Die durch ihre Visionen verkündigten oder bestätigten Grundlehren der STA fielen dahin. Er teilte dem literarischen Ausschuß des Advent-Verlags in Hamburg seine Entdeckung der Differenzen zwischen den beiden Auflagen von 1847 und 1851 mit. Die Folge war sein Sturz. Er wurde 1931 wegen »Abkehr von den Grundsätzen unserer Gemeinschaft« pensioniert. Die Schriftleitung des »Herold« wurde ihm entzogen, und bald wurde ihm auch der Predigerschein abgenommen, weil er E. G. White nicht als Prophetin anerkenne und die Lehre vom Eintritt Christi ins Allerheiligste 1844 ablehne. Er verzichtete 1932 auf seine Pension, trennte sich von den STA und schloß sich den Siebenten-Tags-Baptisten an, die er in eben dieser Zeit kennengelernt hatte[60].
Zusammen mit ihm schieden sich mehrere tausend Adventisten in aller Welt, darunter über 600 in Deutschland, von den STA. Conradi gründete 1933 in Hamburg das Monatsblatt *»Wahrheit, Licht, Leben«* und führte hier und in zahlreichen Broschüren und Flugschriften die Auseinandersetzung bis zu seinem Tod am 16. September 1939 weiter.
Es entstanden *»Autonome Gemeinden«*, so in Erfurt, Dortmund, Bernburg. In Polen entstand 1933/34 ein »Verband der Autonomen Gemeinden der STA« mit 29 Gemeinden. Auch in der Tschechoslowakei bildeten sich neun Autonome Gemeinden. Die Gemeinden in Polen und der Tschechoslowakei gaben sich 1936 den Namen *»Vereinigte Evangelische Christen des Siebenten Tags«*, verbanden sich mit adventistischen Splittergruppen im Ausland und formulierten ein Glaubens-

[60] Diese Darstellung stützt sich auf Mitteilungen von Conradi und seinen Anhängern. Es muß hier aber ausdrücklich vermerkt werden, daß die Berichte, die der Vorsteher der Mitteleuropäischen Division der STA, W. Müller, mir gab, wesentlich davon abweichen. Danach habe die Auseinandersetzung um Conradi keinen dramatischen Verlauf genommen und auch keine weiteren Kreise gezogen. Nach einigen Lehrgesprächen, die nicht zur Bereinigung der Auffassungsgegensätze führten, sei er in den Ruhestand versetzt worden, wie das ja auch in der Kirche bei einem dissentierenden Amtsträger üblich sei. Conradi habe sich schon früher und hinter dem Rücken der STA mit den Siebenten-Tags-Baptisten in Verbindung gesetzt. Den Predigerschein habe er 1932 von sich aus zurückgegeben und für den Verzicht auf seine Pension habe er eine Abfindung erhalten. Nur zwei Adventistenprediger seien den gleichen Weg gegangen wie er.

bekenntnis mit 24 Punkten, die u. a. den Sabbat, Zehnten, reine Ernährung, Erwachsenentaufe, Abendmahl mit Fußwaschung, kongregationalistische Verfassung enthielten und betonten, daß Christus sich schon bei der Himmelfahrt, nicht erst 1844 ins Allerheiligste begeben habe und dem Gläubigen deshalb der unmittelbare Zugang zum Gnadenstuhl offen stehe. Diese Autonomen führten eine außerordentlich scharfe Polemik gegen die STA, besonders gegen E. G. White[61], die dem dritten Gebot den Charakter eines abgöttischen Sakraments gegeben habe; das sei »eine schreckliche Lästerung und ein neues Malzeichen des Tieres, nur viel schlauer berechnet und verkleidet als das falsche Gebot von der Sonntagsheiligung«[62].

Die Spuren der Autonomen Gemeinden haben sich verloren. Auch in Deutschland ist nichts mehr übrig geblieben. Einer der Gründe mag in dem bald erfolgten Tod Conradis zu sehen sein, der als geistiger Führer unersetzlich war. Ein anderer Grund ist darin zu suchen, daß das ganze Klima der damaligen nationalsozialistischen Diktatur für Auseinandersetzungen und Neubildungen ungünstig war. Im Gefolge des Zweiten Weltkriegs wurden die Autonomen Gemeinden in Polen und der Tschechoslowakei, die wesentlich deutschsprachig waren, umgesiedelt, vertrieben und zerrissen.

Die Spaltung 1914 und die Reformationsbewegung

1. Im Ersten Weltkrieg kam es unter den deutschen Adventisten zu einer Spaltung. Den Anlaß gab eine verschiedene Beantwortung der Frage, wie man es als Adventist mit dem Krieg und mit dem Sabbatgebot im Krieg zu halten habe. Die offizielle Entscheidung erlaubte den Soldatendienst und das Kriegführen am Sabbat. In einem Rundbrief vom 2. August 1914 bat G. Dail die STA-Glieder, daß sie sich in dieser schweren Zeit als treue, gehorsame und dienstbereite Untertanen zeigen und, soweit sie zum Soldatendienst einberufen werden, ihre militärische Pflicht »freudig und von Herzen erfüllen« sollen. »Aus Jos. 6 ersehen wir, daß die Kinder Gottes von den Kriegswaffen Gebrauch gemacht und auch am Sabbat den Kriegsdienst erfüllt haben.«[63]

Dieser Standpunkt wurde auch von anderen führenden Männern vertreten[64],

[61] In einem Flugblatt war zu lesen: »Weißt du schon, daß sonderbarerweise der volle Name der Frau E. G. White, wenn er in römischen Zahlen gerechnet wird, die Zahl 666 bzw. die Zahl des falschen Propheten aus Offb. 13 ergibt?« [E (0) L (50) L (50) E (0) N (0) G (0) O (0) V (5) L (50) D (500) V (5) V (5) H (0) I (1) T (0) E (0) = 666.]

[62] Advent-Beobachter 1934, Nr. 6

[63] Dieser Rundbrief wurde von den amerikanischen STA mißbilligt. Der Vertreter der Generalkonferenz, A. G. Daniells, sagte rückblickend: »Wir hätten eine solche Erklärung nicht abgegeben, wir hätten sie nicht verbreitet, aber wir wollen jetzt während des Krieges nicht die Hand gegen die Brüder erheben, die in Bedrängnis und Not geraten sind; wir wollen für diese Brüder beten, und wenn der Sturm vorüber ist, dann laßt uns zusammenkommen und diese Angelegenheit ruhig besprechen, laßt uns aber alle Spaltungen und jeden Bruch vermeiden.« (zitiert aus »Geschichte und Lehre der 1914 in Deutschland entstandenen Reformationsbewegung der STA« von G. W. Mandemaker).

[64] In einem Schreiben vom 14. August 1914 an das Kriegsministerium in Berlin erklärte der Vorsteher der Ostdeutschen Union, A. F. Schuberth, die Adventisten fühlten sich trotz ihres grundsätzlichen Bekenntnisses zur Sabbatheiligung »doch in dieser gegenwärtigen, ernsten Kriegszeit dazu verpflich-

stieß aber auf Widerspruch in den Gemeinden. Er ist begreiflich, wenn man bedenkt, daß für viele gläubige Adventisten der Ausbruch des Ersten Weltkriegs ein apokalyptisches Signal von höchstem Rang darstellte, daß dieser Krieg also in ihren Augen kein »gewöhnlicher« Krieg war und darum von der STA-Leitung auch nicht nur mit einem Appell an Militärpflicht und Patriotismus der Glieder hätte beantwortet werden dürfen. Manche der Widersprechenden wurden ausgeschlossen, andere traten aus; von den damals rund 17000 deutschen Adventisten trennten sich in den beiden ersten Kriegsjahren etwa 500.

Unter den Protestlern wurde die *apokalyptische Naherwartung von Visionären genährt.* Einer von ihnen, J. Wieck, der wegen Militärdienstverweigerung im Gefängnis saß, hatte Gesichte und veröffentlichte Anfang 1915 die Schrift »Das Zeugnis der letzten Gemeinde«, in der er die STA als »Babel« bezeichnete und verkündigte, daß die Gnadenzeit im Herbst 1915 ablaufe. Ein weiterer Visionär, Ewald Herms, prophezeite in der Schrift »Der laute Ruf an die Letzte Gemeinde« dasselbe. In einem »Weckruf für die letzte Gemeinde« erklärte A. Stobbe, daß »der Zorn Gottes (sieben Plagen) direkt vor der Tür steht«. Ein gemeinsam von den Oppositionellen im Juli 1915 herausgegebenes Flugblatt »Die letzte Gnadenbotschaft an eine gefallene Welt«, von dem 100000 Exemplare verbreitet wurden, prophezeite aufgrund von Dan. 11, 45, daß die Türken aus Konstantinopel fliehen müssen und ihr Hauptquartier nach Jerusalem verlegen werden; diese Ereignisse »zeigen uns, daß das Kommen Christi unmittelbar bevorsteht«. Das Jahr 1915 verstrich ohne Harmagedon. Die Prophezeiungen gingen weiter. Die Prophetin Gertrud Kersting, die sich gern mit E. G. White verglich – »Ich sah auch, daß meine Gesichte wie Schw. White ihre waren« –, verkündigte aufgrund einer Offenbarung vom 2. Juni 1917, daß nach zwei bis drei Monaten »die große Verfolgung losgeht für Gottes Volk«.

Die Leitung der STA lehnte diese Unnüchternheiten ab. Sie wurde dafür unter den Anhang der großen Hure eingereiht. Der Bruch war unvermeidlich. Die Protestler hatten allerhand lokale Wortführer, aber keine leitende Gestalt von Format. So blieben sie im Grund führungslos, und die *Bewegung zerkrümelte sich in kleine Grüppchen.* Um einige von ihnen zu nennen: In Hannover tat sich ein *»Missionsverlag für Glaubens- und Gewissensfreiheit«* auf. In Stuttgart-Bad Cannstatt produzierte die *»Freiwillige Volksmission Zion«* unter A. Stenzel eine Reihe »Mitternachtsrufe« und erklärte in einem »Offenen Sendschreiben an alle STA« 1919, daß es zwei Antichriste gebe: das Papsttum und E. G. White. In Hamburg bildete sich eine *»Mission der STA, Erweckungs- und Reformationsbewegung«,* gab in Auseinandersetzung mit der Muttergemeinschaft »der reinen, lauteren Bibelwahrheit die Ehre« und zankte sich mit dem Kreis von Hannover, dessen radikalem Vegetarismus sie

tet, für die Verteidigung des Vaterlands einzustehen und auch am Sonnabend (Sabbat) unter diesen Umständen die Waffen zu führen«. Diese Entscheidung wurde von dem Vorsteher der Europäischen Abteilung, L. R. Conradi, und von dem Vorsteher der Sächsischen Vereinigung, P. Drinhaus, am 5. März 1915 in einem Schreiben an das Generalkommando des 7. Armeekorps in Dresden bekräftigt: Die Leitung der Adventistengemeinschaft habe bei Kriegsausbruch »aus eigenem Antrieb« ihren militärpflichtigen Gliedern geraten, »in Anbetracht der gegenwärtigen Notlage des Vaterlandes ihren staatsbürgerlichen Pflichten laut der Heiligen Schrift auch am Sonnabend (Sabbat) treulich nachzukommen«.

entgegenhielt, daß der Täufer sich von Heuschrecken genährt habe. Eine *»Freie STA-Organisation«* unter »Bibelarbeiter« Paul Lange in Hohenstein-Ernsthal führte einen Vielfrontenkrieg mit allerlei Adventistengruppen, beteuerte, daß sie die »reine, nüchterne Lehre« besitze, und warb Kolporteure gegen Provision. In Sebnitz/Sachsen leitete R. Mende die *»Internationale Missions-Vereinigung der STA vom III. Teil«* mit dem Monatsblatt »Wachruf«. In Hamburg gab die *»STA-Erweckungsbewegung«* unter C. Jaacks das Monatsblatt »Der fünfte und letzte Kämpfer in der Adventbotschaft« heraus und formulierte in 23 Punkten ein bunt durcheinandergewürfeltes Glaubensbekenntnis. Die »Laubhüttenbewegung« (s. u.) zerspaltete sich in die *»Missionsvereinigung der STA (Laubhüttenbewegung Sach. 14, 16–19)«* und die *»Laubhütten-Reformationsbewegung Sach. 14, 16–19; Hes. 5, 4«* unter R. M. Krüger, Berlin, der sich mit verbissener Liebe in die apokalyptische Bedeutung des Laubhüttenfestes hineinwühlte. Eine *»Adventmission«* in Saarbrücken mit einem nach Bedarf erscheinenden »Missionsboten« – eine *»Missionsvereinigung der STA«* in Schlesien mit apokalyptischen Traktaten – ein *»Missionsverlag Licht und Recht«* in Godesberg mit P. J. Balbierers Blatt »Licht und Recht« – Flugschriften, Broschüren, Erklärungen der Johannesoffenbarung durch alle möglichen Propheten, die sich wichtig gebärdeten, Visionen berichteten, bunte apokalyptische Berechnungen, Zeitdeutungen, Zukunftsgemälde anboten, herüber und hinüber stritten: kurz und gut, ein verworrener Tumult war ausgebrochen.

2. Die einzige Vereinigung, die lebenskräftiger war als diese Winkelgemeinschaften, war die *Reformationsbewegung*. Sie entstand aus kleinen Gruppen, die sich zusammenfanden und im Herbst 1915 eine überregionale Gemeinschaft bildeten. Sie berief »Arbeiter« und »Älteste«, hielt eigene Gottesdienste und gab Sabbatschullektionen und ein eigenes Blatt heraus[65]. Zuerst nannte sie sich *»Internationale Missionsgesellschaft der STA, Alte, seit 1844 stehengebliebene Richtung«* und wollte damit zum Ausdruck bringen, daß die STA-Gemeinschaft ihre ursprünglichen Grundlagen verlassen habe. Als sie 1919 Verbindung mit Gleichgesinnten auf dem Balkan gewann, beschloß sie die Gründung einer »Generalkonferenz«. Im gleichen Jahr erfolgte die Eintragung der Deutschen Union ins Vereinsregister Frankfurt/M. Jedoch änderte sie 1925 den Namen in *»Gemeinschaft der STA Reformationsbewegung«*. Im Juli 1920 fanden Verhandlungen zwischen Vertretern der Muttergemeinschaft und den Reformern statt, die jedoch scheiterten.
Damals zählte die Reformationsbewegung etwa 1200 Mitglieder, hauptsächlich in Deutschland, Holland, der Schweiz und auf dem Balkan. 1928 waren es etwa 4000, davon 1250 in Deutschland. 1925 gab sich die Generalkonferenz in Gotha ein *gemeinsames Bekenntnis*. Diese »Glaubensgrundsätze der Gemeinschaft der STA Reformationsbewegung und ihre Gemeindeordnung« haben einen kanoni-

[65] Trotz all meiner Bemühungen war es mir nicht gelungen, von den deutschen Vertretern der »Reformationsbewegung« einigermaßen befriedigende Auskünfte über Geschichte und Lehren zu erhalten. Um so dankbarer bin ich Herrn Mag. theol. Gerard M. Mandemaker, der mir seine bei der Andrews University eingereichte wissenschaftliche Arbeit über die »Reformationsbewegung« freundlich zur Verfügung stellte. Von ihr mache ich in der folgenden Darstellung reichlichen Gebrauch, zumal sie aus der gründlichen Kenntnis von Quellen herausgewachsen ist, die längst verschüttet sind.

schen Rang, und jede Übersetzung in eine andere Sprache muß autorisiert werden. Es wird ein entschiedener Pazifismus vertreten und »sittliche Reinheit« gefordert, damit nicht der Gläubigen »körperliche und geistige Kräfte auf dem Altar der Leidenschaft und niederen fleischlichen Lüste geopfert werden«[66]. Die Nahrungsvorschriften werden verschärft und zur Pflicht gemacht[67].
Aus den Ratschlägen von E. G. White werden bindende Vorschriften gemacht; ja, ihre Schriften werden ranggleich neben die Bibel gestellt. G. W. Mandemaker urteilt mit Recht: »Die ›Reformationsbewegung‹ ist nie eine Erweckungsbewegung gewesen oder geworden. Ihre Bestrebungen gelten bis heute der Konservierung und Überspitzung überlieferter Grundsätze. Die dogmatisch fixierte Wahrheit ist das Kriterium... Werden diese Glaubenssätze übertreten, dann ist das ›Abfall‹.« Weil am Anfang der ganzen Bewegung nur Anklagen gegen andere standen, aber keine Buße über sich selbst, mußte sie auch fortan von der Polemik, der Selbstgerechtigkeit und dem Auserwähltheitsanspruch leben. Kein Wunder, daß die Reformationsbewegung mehr abweisende als anziehende Züge bekam.
Gewiß, sie hat sich trotz geringer Mitgliederzahl und sehr beschränkter Geldmittel mit großem Eifer bemüht, Mission zu treiben, vor allem unter den STA-Gliedern, und hat sich in anderen Kontinenten festgesetzt, um den Nachweis zu erbringen, daß sie der »Laute Ruf« der Endzeit sei. Aber entsprach sie dem Bild, das E. G. White von der endzeitlichen Erweckungsbewegung zeichnete: »Wenn diese Reformationsbewegung beginnt, wird der Geist des Gebets von jedem Gläubigen Besitz ergreifen und den Geist der Uneinigkeit und des Streits aus der Gemeinde verbannen«[68]?

Dieser »Geist der Uneinigkeit und des Streits« bestimmt die ganze Geschichte der Reformationsbewegung. Es ist eine *Geschichte der Spaltungen*. Und die Spaltungen hatten ihre Wurzel nicht in Lehrdifferenzen, sondern in Streitigkeiten um personelle und organisatorische Fragen und waren von allerhand Unrat und Unflat begleitet.
Schon im Dezember 1920 fing's an. Damals trennten sich E. Dörschler und O. Schallge von der Reformationsbewegung, weil die Generalkonferenz nicht Dörschler, sondern den Ältesten L. Vermeulen zum Leiter des Holländischen Feldes wählte. Dörschler ging heim und gründete eine eigene Reformationsbewegung in Holland. *Nächste Spaltung 1924:* Der Vorsteher des Norddeutschen Feldes, der Hamburger Goldwarenhändler Ph. Waldschmidt, beschuldigte die Leitung des Betrugs und der Unterschlagung. Eine »unparteiische Untersuchungskommission« bestätigte in ihrem Befund diese Anklage, aber die Leitung akzeptierte ihn nicht. Daraufhin trennte sich das Norddeutsche Feld von der Bewegung. *Dritte Spaltung 1929:* Der Vorsteher der Deutschen Union W. Richter wandte sich gegen Mißstände innerhalb der Leitung und gegen den Machtmiß-

[66] Die Glaubensgrundsätze, S. 10
[67] Verboten sind: »Fleisch, Fisch, tierische Fette, alkohol- und kokainhaltige Getränke, scharfe Gewürze, übelriechender, verdorbener Käse, Bohnenkaffee, schwarzer Tee, schwer verdauliche Gebäcke, Tabak, Opium, Morphium usw. Wir verwerfen gifthaltige Medizinen gemäß der ›Zeugnisse‹ und sind gegen jede Impfung.«
[68] E. G. White, Zeugnisse, Bd. VIII, S. 251

brauch einzelner. Er wurde ausgeschlossen. Mit ihm gingen etwa 200 Glieder, vornehmlich im Saarland und in Frankreich. Er wurde 1937 nach Dörschlers Tod nach Holland eingeladen, und beide Spaltungsgemeinschaften vereinigten sich. Aber die Fusion hielt nicht lange, und 1945 kehrte Richter nach Deutschland und in die STA-Gemeinschaft zurück. *Vierte Spaltung 1934:* Die Generalkonferenz wählte O. Welp, seit 1920 Präsident der Reformationsbewegung, nicht mehr in dieses Amt, sondern übertrug ihm nur noch den Posten des Schatzmeisters. Als er seiner Empörung Luft machte, wurde ihm auch das Schatzmeisteramt entzogen, und später wurde er sogar in Gemeindezucht genommen. Während des Zweiten Weltkriegs hatte er eine eigene Gruppe in Holland und wanderte 1945 in die Vereinigten Staaten aus.
Am 29. April 1936 wurde die Reformationsbewegung im Deutschen Reich verboten und aufgelöst. Etwa 20 Mitglieder, darunter zwei Vereinigungsvorsteher, starben im KZ. Aber schon die erste Generalkonferenz nach dem Krieg, im Juli 1948 in Den Haag, gab Anlaß zu neuem Hader. So beschloß man die Verlegung ihres Sitzes in die USA. Man kaufte ein Haus in Sacramento (Kalif.) und ließ die Bewegung am 8. April 1949 unter dem Namen *»Seventh Day Adventist Reform Movement«* offiziell eintragen. Aber auch die Gruppe Dörschler-Welp verlegte ihren Sitz nach Sacramento unter dem Namen *»International Missionary Society S. D. A. Reform Movement«*. Um die Verwirrung noch zu steigern, reisten Dörschler und Welp 1950 nach Europa, um Gleichgesinnte ausfindig zu machen, richteten an die Reformisten in der ganzen Welt Briefe über die Verdorbenheit ihrer führenden Männer und forderten sie in Broschüren zur Trennung auf.

Der Gipfel der Konfusion wurde auf der *Generalkonferenz in Woudschoten nahe Zeist im Mai 1951* erreicht. Nachdem man sich 13 Tage lang um bloße Verfahrensfragen gestritten hatte, verließ D. Nicolici, der Sekretär der Generalkonferenz, mit seinen Freunden den Tagungsraum und nahm vorsorglich auch die Protokollbücher und alle amtlichen Dokumente mit. Im Nebenhaus konstituierten sie sich als die »eigentliche Generalkonferenz«, während die zurückgebliebenen 14 Konferenzmitglieder die Tagung dann in Utrecht fortsetzten. Damit war eine *weitere Spaltung* perfekt. Von den 6100 Gliedern der Reformationsbewegung bekannten sich etwa 2900 besonders in Südamerika und den Balkanstaaten zu Nicolici und 3200 vor allem in Europa zum Präsidenten der Generalkonferenz, Karl Kozel. Beide warfen sich gegenseitig Irrlehren verschiedener Art vor. Da Nicolici im Besitz der amtlichen Dokumente war, konnte er für seine Gemeinschaft auch die offizielle Bezeichnung beanspruchen (abgekürzt: die »Bewegung«). Die Kozel-Gruppe war also namenlos geworden. Deshalb reiste Kozel mit zwei Begleitern 1952 in die USA, um die Herausgabe der Papiere gerichtlich zu erzwingen. Aber im letzten Augenblick zog er seine Klage zurück und vereinbarte einen Monat später mit der zuvor befehdeten Welp-Dörschler-Gruppe, deren Titel *»Internationale Missionsgesellschaft der STA Reformationsbewegung«* zu übernehmen (abgekürzt: »Missionsgesellschaft«).
Beide Bewegungen bemühten sich um internationale Verbreitung. So unterhält die »Missionsgesellschaft«, die heute ihren Sitz in Mosbach/Baden hat, eine Zentrale für Afrika in Johannesburg, hat auch kleine Gemeinden in Lateinamerika,

Australien und auf den Philippinen. In der Bundesrepublik leben 450 Glieder in 22 kleinen Gemeinden. Die »Bewegung« mit Sitz in Sacramento dagegen hat Schwerpunkte in Südamerika, den Balkanländern und durch den Übertritt einer früheren STA-Gemeindegruppe 1958 auch auf den Philippinen, während sie in Deutschland nur einen kleinen Anhang hat: etwa 200 Mitglieder, die sich in kleinen Gruppen treffen.

Missionsvereinigung der Siebenten-Tags-Adventisten
(Laubhüttenbewegung Sach. 14, 16–19)

Unter den Protestgruppen der Reformationsbewegung von 1914/15 machte man sich angesichts der durch den Kriegsausbruch eingeleiteten Endereignisse Gedanken über die nahe bevorstehende Ausgießung des Heiligen Geistes. Man zog Parallelen zwischen der eigenen »Reformation« und der Reformation Esras (Neh. 8 und 9), bei der das Laubhüttenfest eine große Rolle gespielt hatte. Man erkannte das Prophetenwort Sach. 14, 16–19 als wegweisende Gottesstimme für diese letzte Zeit vor dem »Spätregen« und gab ihm folgende Einzeldeutung: Sach. 14, 12 spricht in alttestamentlicher Prophetensprache von der Plage, wie sie auch in Offb. 16, 1 f. und 10f. für die Zorngerichte am Ende der Welt vorausverkündigt ist. Der Sach. 14, 17 erwähnte »Regen« ist der »Spätregen« (im Unterschied vom »Frühregen« an Pfingsten), d. h. die Ausgießung des Heiligen Geistes in der Endzeit. »Jerusalem« stellt das wahre Volk Gottes dar. Alle aber, die dem »abgewichenen Adventvolk« angehören, sind in die Klasse derer zu rechnen, die »wider Jerusalem zogen« (Sach. 14, 16). Über diese »wird's nicht regnen«, d. h. sie werden des Spätregens nicht teilhaftig werden. Die »Übriggebliebenen« aber werden das Laubhüttenfest feiern und den Spätregen empfangen, durch dessen Ausgießung schließlich die Seelenernte eingebracht wird.

In einem Gesicht sah Gertrud Kersting am 18. August 1916, daß nun das *Laubhüttenfest* abgehalten werden muß, und zwar in der Nähe von Kassel. Am 7. September 1916 sah sie, daß »uns Gott den Spätregen nicht gegeben hatte, weil wir das Laubhüttenfest nicht gefeiert hatten«[69]. Dann lud sie alle Aufrichtigen, »wo sie sich befinden, sei es in der alten Gemeinde oder in der Bewegung«, zu einem Treffen am Montag, 9. Oktober 1916 in Kassel ein, um »zu der erwählten Stätte« zu gehen und das Laubhüttenfest zu feiern und dann von Gott den »Spätregen« zu empfangen. Viele kamen angereist. Aber statt des geistlichen Spätregens von Gott schüttete graues Gewölk Wasserregen vom Himmel, und schon am nächsten Tag reiste die Hälfte wieder ab, und nach einer Woche waren nur noch acht übrig.

Die Laubhüttenfrage trug viel Unruhe in die junge Reformationsbewegung. Auf drei Konferenzen und zwei Predigerversammlungen wurde sie behandelt. Die Mehrheit lehnte die neuen Auffassungen ab; neun Prediger und etwa ein Drittel der Glieder wurden ausgeschlossen. Diese gründeten die *»Laubhüttenbewegung«*, die sich 1920 erneut spaltete: in die »Laubhütten-Reformationsbewegung« unter Richard Krüger in Berlin, die nicht mehr besteht, und die »Missionsvereinigung

[69] G. Kersting, Zeugnisse für Adventisten vom 7. Tage. Lippstadt 1916, S. 4

der STA (Laubhüttenbewegung Sach. 14, 16–19)« unter OLGA und GRETHE DÖHRING in Löwen (Schlesien). Diese sieht in den alttestamentlichen Festen »vorbildliche« Hinweise auf spätere heilsgeschichtliche Erfüllungen.

Der israelitische Festkalender enthielt drei Frühlingsfeste: Das Passahfest erfüllte sich im »Gegenbild« auf Golgatha (1. Kor. 5, 7), die »Erstlingsgarbe« (im Fest der süßen Brote) an Ostern (1. Kor. 15, 20. 23) und das Frühlingserntedankfest an Pfingsten. Und wie steht es mit den drei Herbstfesten? Der Posaunentag (3. Mose 23, 23–25; 4. Mose 29, 1–6) wurde gegenbildlich erfüllt durch die Verkündigung der »dreifachen Engelsbotschaft« gemäß Offb. 14, 6–12 (Joel 2, 1). Er nahm seinen Anfang mit der Gerichtsverkündigung (Offb. 14, 6) durch die Adventbewegung. Der Versöhnungstag war das »Schattenbild« der nach Ablauf der 2300 Jahre (Dan. 8, 14) seit 1844 stattfindenden Reinigung des himmlischen Heiligtums. Nun bleibt noch das Laubhüttenfest (3. Mose 23, 34). Es hat einen dreifachen Charakter: zum ersten erinnert es an den Auszug aus Ägypten und weist hin auf das Ausziehen aus dem geistlichen Ägypten, auf eine wahre Befreiung aus der Sündenknechtschaft durch Christus. Dieses Gedächtnis geistlicher Befreiung findet nach göttlicher Weisung in der Zeit der Vorbereitung auf den Spätregen durch ein jährliches Lob- und Dankfest seinen besonderen Ausdruck (Sach. 14, 16–19). Sodann weist das Laubhüttenfest als Herbsterntedankfest auf den großen Tag der Schlußernte hin. Schließlich war es das freudige Bewußtsein der Vergebung der Sünden nach dem eben beendigten Versöhnungstag und strahlt hinüber zum Anbruch der ewigen Freude. So ist also dieses Fest in seiner gegenbildlichen Gestalt mit aktuellen Endhoffnungen beladen. Es steht im Zentrum des jetzigen, letzten Zeitabschnitts.

Über das Ausbleiben des Spätregens 1916 in Kassel war man natürlich enttäuscht. Später erkannte man, daß die Laubhüttenbewegung nur »das Ausgehen, dem Spätregen entgegen« ist. Ihr ist also Warten und Bereitschaft geboten. Das Halten des Laubhüttenfestes fordert den völligen Auszug aus »Ägyptens Sündenknechtschaft«, d. h. den Bruch mit dem alten Menschen. »Als Mahner, als Ansporn, als ein der Gefahr entsprechendes Hilfsmittel hat uns Gott das Laubhüttenfest für die letzte Warte- und Vorbereitungszeit gegeben.«[70]

Die Vereinigung ist eine »Laiengemeinde«, die heute nur noch etwa 30 feste Mitglieder hat. Zentrum ist Hennef a. d. Sieg. In ihrer »Gemeindeordnung« wird als *»Bekenntnis«* formuliert: »Wir glauben an die nahe bevorstehende Wiederkunft Christi und beobachten ein jährliches Lob- und Dankfest als Gedächtnis der geistlichen Segnungen Gottes, wie wir es durch die Stimme des Propheten Sacharja (Sach. 14, 16–19) als Gebot für die letzte Wartezeit erkennen durften. Wir sehen es vom Evangelium her als verbindlich an, uns allezeit nach dem Vorbilde Christi auszustrecken und im Sinne der Bergpredigt, die auch die Feindesliebe einschließt, zu handeln. Dies schließt ein, daß wir aus Gewissensgründen von jedweder Teilnahme an Handlungen, welche die Anwendung von Gewalt und Blutvergießen im Gefolge haben oder diese ermöglichen, Abstand nehmen.«
Die Betreuung der Glieder und Interessierten erfolgt vorwiegend durch Rundschreiben mit Anleitungen für das persönliche Schriftstudium. Darüber hinaus will die Gemeinschaft ihr Zeugnis an die STA-Gemeinschaft richten und die Umwelt auf die nahe Wiederkunft Christi und die Unveränderlichkeit der Zehn Gebote hinweisen.

[70] Das Geheimnis der Erlösung, (1928) 1949, S. 54

Missionsgemeinschaft vereinigter Adventchristen vom siebenten Tag

Der Gründer der Missionsgemeinschaft, Dr. Eberhard Vorndran, wurde am 21. Juli 1917 in Judenbach, Kr. Sonneberg in Thüringen, geboren, studierte Rechtswissenschaft, war Offizier im Zweiten Weltkrieg und trat nach seiner Entlassung aus der amerikanischen Kriegsgefangenschaft 1946 der Gemeinschaft der Siebenten-Tags-Adventisten bei. Er wirkte 1948–1951 als Heimvorsteher am Missionsseminar Marienhöhe bei Darmstadt, ließ sich gleichzeitig als Prediger ausbilden und war als solcher 1952–1964 in den Bezirken Heidelberg, München und Offenburg tätig. Seine Kritik der Lehrentwicklung und verschiedener Maßnahmen der STA-Leitung führte zu einem Konflikt mit ihr. Er trat aus und wirkte fortan als freier Prediger und Evangelist. Aus dieser Tätigkeit erwuchs die *Missionsgemeinschaft vereinigter Adventchristen vom siebenten Tag*. Sie hatte 1974 etwa hundert aktive Glieder in kleinen Gruppen in München, Wien, Straßburg und Althütte/Württ. (*»Missionshaus Hahnenhof«*). Heute ist sie ein in Backnang eingetragener Verein.

Ihre Aufgabe sah die Gemeinschaft darin, die irregeführten Glieder der Adventgemeinde »von dem falschen Einfluß ihrer selbstherrlichen Leiter zu befreien«, die das zunehmende Licht der Adventbotschaft bisher zurückgewiesen und so die Wiederkunft Christi hinausgeschoben haben. So formulierte es Dr. Vorndran in einem Brief vom 16. Oktober 1974 an den Verfasser. Sie ist entstanden »aus dem Protest gegen die nachweislichen Lehrverfälschungen der adventistischen Vorsteher« z.B. »betreffs der Leibesnatur Jesu« (Vorndran bekämpft die Lehre vom »sündlosen Fleisch Jesu«) und der »biblischen Vollendungslehre«. Auch war Vorndran zu der Überzeugung gekommen, daß es nicht möglich sei, die Botschaft von der Gerechtigkeit durch Glauben innerhalb der »Gemeinschaft der STA« angemessen zu verkündigen.
Deshalb betrachtete es die Missionsgemeinschaft »als eine ihrer Hauptaufgaben, diese Botschaft nunmehr außerhalb der Adventgemeinde zu verbreiten, damit auf diesem Wege die Adventgläubigen unterrichtet werden«. Und weiter: Die führenden Männer der Gemeinschaft der STA haben vor allem auch »in einer schriftwidrigen Vorgesetztenhierarchie und Gewissensherrschaft über Prediger und Gemeinden seit dem Ersten Weltkrieg in sträflicher Anpassung an die weltliche Kriegsführung das bis dorthin hochgehaltene Zehn-Gebote-Gesetz in zwei Punkten – nämlich ›Du sollst nicht töten‹ und ›Gedenke des Sabbattages, daß du ihn heiligest...‹ – aufgelöst...«
Scharfer Widerspruch wird auch gegen die veränderte Stellung der STA-Leitung zu den Kirchen erhoben. Die mannigfachen Verbindungen, Lehrgespräche und Arbeitsgemeinschaften werden als eine Verletzung der »altadventistischen« Lehre und Einstellung betrachtet, wonach die Kirchen allesamt »Babylon« sind. In »Questions on Doctrine« wird der Begriff »Babylon« auf das Papsttum und solche Personengruppen eingeschränkt, die »sich an die unchristlichen Lehren, Praktiken und Verfahrensweisen der Papstkirche halten und sie verteidigen«. Damit habe, schreibt Dr. Vorndran, »die Generalkonferenz der STA in einer beträchtlichen Verschleierungstaktik und Verleugnung der Wahrheit die Grenzen ›Baby-

lons‹ verändert und die befreundeten (evangelischen) Kirchen davon ausgenommen«[71].

Das alles sei besonders alarmierend, weil jetzt die »letzte Weltgeschichtsminute« angebrochen ist. Während die STA zwar von der Nähe der Parusie überzeugt sind, sich aber konkreter Aussagen über die apokalyptischen Ereignisse enthalten, sieht Dr. Vorndran, wie sich im Rahmen der angekündigten letzten Gottesgerichte die große, endzeitliche Kriegskatastrophe abzeichnet. Sie wird durch den Anmarsch der »Könige vom Aufgang der Sonne« (Offb. 16, 12 ff.) mit Rotchina an der Spitze ausgelöst – sie sind das dritte »Wehe« und Strafwerkzeug Gottes gegen die abtrünnige Christenheit nach dem ersten »Wehe« der Araberkriege zur Zeit Mohammeds und der Türkenkriege im zweiten »Wehe«. Die Rotchinesen haben ihre Augen nach Afrika gerichtet, weil es Nahrung und neuen Lebensraum für ihre überquellenden Menschenmassen bieten kann. Unter rücksichtslosem Einsatz ihres militärischen Potentials werden sie den Durchmarsch durch Rußland erzwingen und sich dann südwärts nach Kleinasien wenden. Der Einmarsch in die Türkei und die drohende Abschneidung der arabischen Ölfelder werden die NATO zum Eingreifen zwingen. Die beiden Völkerheere stoßen in Harmagedon aufeinander, wo »Gott das völlige Endgericht an der tiefgesunkenen Menschheit und Christenheit ausführt und ein plötzliches Verderben über die empörerische, geboteverwerfende Menschheitsrasse bringt«[72].

Das alles ist jetzt schon in Sicht. Die Gnaden- und Bekehrungszeit geht rasch zu Ende. Aber die STA-Leitung kann die damit verbundenen Aufgaben nicht erfüllen. Darum werden alle treuen Adventisten von der Missionsgemeinschaft aufgerufen, sich jetzt kurz vor dem schrecklichen Tag des Herrn ihr als »dem für diese Zeit in Mal. 3, 23 f. angekündigten dritten Eliawerk anzuschließen«[73]. Die solchermaßen in der Adventwahrheit wiedervereinigte Weltmissionsgemeinschaft der treuen Gebote- und Sabbathalter wird dann im »Lauten Ruf« (Offb. 18, 4) ein letztes großes Bekehrungswerk zur Sammlung aller gottesfürchtigen Jesusnachfolger einleiten und dem wiederkommenden Herrn eine vollendete Brautgemeinde zuführen.

Die Missionsgemeinschaft will also keine eigenständige Absplitterung von der STA-Gemeinschaft sein, sondern eine »Erweckungs- und Sammlungsbewegung im Adventvolk«. Doch kann von einer »Bewegung« keine Rede sein. Sie wirkt durch kleine Schriften, die im »Adventruf-Verlag« in Kallenberg-Althütte erscheinen und an einzelne Interessenten versandt werden. In Althütte scheint gegenwärtig auch die einzige kleine Gemeinde zu bestehen. Dr. Vorndran hat sich zurückgezogen. Er soll noch eine kleine Gruppe gleichen Namens in München um sich haben.

[71] »Elia-Ruf« Nr. 2 vom 1. 11. 1964
[72] »Alarmsignale aus dem Fernen und Nahen Osten«
[73] »Elia-Ruf« Nr. 1

Die »Brinsmead-Bewegung«

1. Da die Siebenten-Tags-Adventisten in der Sabbatheiligung, aber auch in der Befolgung weiterer Gebote, die sich auf Ernährung und Lebensführung beziehen, den entscheidenden Unterschied zwischen dem gesetzesgehorsamen Endzeitvolk Gottes und den »Kirchen Babylons« sehen, droht ihnen immer wieder die Gefahr, einer einseitigen Gesetzesfrömmigkeit zu verfallen: Man ist bemüht, die Forderungen Gottes zu erfüllen, und achtet mehr auf das, was der Mensch zu tun hat, als auf das, was durch Christus für ihn getan wurde. Die Folge der Gesetzlichkeit ist immer geistliche Verödung und Selbstgerechtigkeit.
Solche Entwicklungen riefen Unruhe und die Sehnsucht nach innerer Erweckung in den STA-Gemeinden hervor. Dies fand erstmals seinen Ausdruck, als auf der Generalkonferenz in Minneapolis 1888 die beiden Prediger E. J. Waggoner und A. T. Jones ihre »Botschaft der Gerechtigkeit durch den Glauben« vorlegten, die Christi Erlösungswerk ganz in die Mitte stellte. Die Generalkonferenz hat diese Botschaft nicht in dem erhofften Umfang angenommen. So ging die Unruhe weiter. Der langjährige Vorsteher der Generalkonferenz A. G. Daniells bekannte sich zu der »sehr klaren Erweckungsbotschaft« von 1888 in seinem Büchlein »Christus unsere Gerechtigkeit« (1924). Damit sprach er erneut jenes Thema an, das vielen Adventisten dazu verhalf, sich von einer gesetzlichen und perfektionistischen Haltung zu befreien. Auf der Generalkonferenz 1950 setzten sich dann die beiden Missionare R. J. Wieland und D. K. Short erneut für die Botschaft von 1888 ein, die sie allerdings mit der Forderung einer strikten Ablehnung aller anderen *»Kirchen Babylons«* verbanden. In einer 243 Schreibmaschinenseiten umfassenden Arbeit mit dem Titel »1888 Re-Examined« (1888 neu überprüft), deren Inhalt sie in 16 Punkten zusammenfaßten, legten sie 1951 ihre Auffassung der Generalkonferenz vor. Beide Schriften wurden nicht angenommen, und diese Ablehnung wurde 1958 wiederholt. Trotzdem ließ der Älteste A. L. Hudson das Dokument drucken und in den amerikanischen Gemeinden verbreiten[74].
In Australien entstand eine Strömung, die diese Gedanken besonders aufnahm. Sie wurde durch Robert D. Brinsmead ausgelöst. Er ist als Farmersohn am 9. September 1933 geboren worden. Seine Eltern waren Angehörige der STA, gingen einige Jahre nach seiner Geburt zur Reformationsbewegung (siehe S. 66ff.) und kehrten 1943 wieder in die STA-Gemeinschaft zurück. Robert ließ sich 1953 taufen und besuchte 1955–1958 das Australasiatische Missionsseminar Cooranbond. In dieser Zeit stieß er auf die Bücher von A. T. Jones (The Consecrated Way to Christian Perfection) und E. J. Waggoner (Bible Studies on the Book of Romans) und war von ihnen tief beeindruckt. In zwei kleinen Schriften unterzog er die

[74] Die Generalkonferenz hatte sich weder 1888 noch 1950/58 dem Thema »Gerechtigkeit aus Glauben« völlig verschlossen. Aber sie war gewillt, diese Botschaft auf ihre Weise zu erarbeiten. Somit kann man bei den STA einen mehr offiziellen Trend, die Gesetzlichkeit in der Gemeinschaft zu überwinden und die biblisch-reformatorische Überzeugung von der Glaubensgerechtigkeit zu festigen, unterscheiden von mehr inoffiziellen Strömungen an der Basis, die dieses Anliegen mit manchen besonderen Überzeugungen und Tendenzen verbinden, zuweilen auch einen stark oppositionellen Charakter annehmen. Heute spielt – nicht ohne den Einfluß mehrerer »Außenseiter« – die biblische Gnaden- und Rechtfertigungslehre eine große Rolle in der adventistischen Theologie. (Anm. der Red.)

STA-Leitung einer scharfen Kritik und erklärte in einer dritten Schrift »The Vision by Hiddekel« (1957), daß die STA-Gemeinschaft vom päpstlichen Babylon beherrscht werde; aber in ihrer Mitte werde sich eine Schar Getreuer erheben und eine »reine Gemeinde« bilden. Auf seiner Farm verkündigte er seine Botschaft in eigenen Zeltversammlungen, zu denen er die Adventgläubigen einlud. Mahnungen seines Vorstehers fruchteten nichts, und 1958 wurde er aus dem Missionsseminar ausgeschlossen. Zusammen mit seinem Bruder John setzte er die Tätigkeit unter den Adventisten fort, missionierte auch in der Reformationsbewegung und gewann hier und dort Anhänger. Ende 1960 wurde er wegen seiner Sonderlehren und -versammlungen unter Gemeindezucht gestellt. Daraufhin reiste er mit seinem Bruder nach Nordamerika und Kanada, wo sie für ihre Botschaft ein weites Gehör fanden. Eine Aussprache mit einem Sonderausschuß der Generalkonferenz endete negativ. Am 8. Juli 1961 wurde Robert D. Brinsmead aus seiner Heimatgemeinde ausgeschlossen.

In einem Artikel, den das deutsche STA-Gemeindeblatt »Adventbote« 3/1970 brachte, wird dies folgendermaßen begründet: »Die von Brinsmead vertretenen Lehren gründen sich auf eine extreme Auslegung orthodoxer adventistischer Lehrmeinungen... Der Lehre vom Heiligtum z. B. wird derart große Aufmerksamkeit erwiesen, daß andere entscheidende Glaubensanliegen vernachlässigt und damit eine gefährliche Akzentverlagerung bewirkt wird... Die verführerische Lehre, daß absolute Vollkommenheit zu erlangen sei,... wird von Brinsmead befürwortet, obwohl sie sich als unrealistisch erwiesen hat... Es ist inzwischen immer deutlicher geworden, daß die Förderer jener Bewegung sich selbst für die Gemeinde der Übrigen halten und die Siebenten-Tags-Adventisten mit ihren Leitern schlechthin zu jenen zählen, die auf dem Wege nach Babylon sind.« – »An ihren Früchten sollt ihr sie erkennen (Matth. 7, 20). Wenn wir mit diesem Maßstab diese ›Erweckungsbotschaft‹ prüfen, verurteilt sie sich selbst. Durch sie ist nirgends eine Gemeinde treuer... STA entstanden; sie hat vielmehr an vielen Orten die Gemeinde gespalten und deren Glieder verwirrt...«

2. In seinem Verständnis von Gesetz und Evangelium, Rechtfertigung und Heiligung hat Brinsmead eine *Entwicklung* durchgemacht. In der ersten Phase (in den 60er Jahren) betonte er – aufgrund der reformatorischen Lehre von der Sündhaftigkeit des Menschen (Ur- bzw. Erbsünde) –, daß eine gegenwärtige Erfahrung sündloser Vollkommenheit, wie sie der Populäradventismus anstrebte, nicht möglich sei. (Ellen G. White hatte die Vorstellung von einer jederzeit möglichen Vollkommenheit des Charakters vermittelt, ohne daß damit die ererbten, mit der gefallenen menschlichen Natur verbundenen sündhaften Neigungen als überwindbar betrachtet wurden.) Doch behielt Brinsmead das Ideal eines sündlosen Zustandes der Endzeitgemeinde bei, nur daß er die Verwirklichung dieses Ideals einem zukünftigen Wirken des Heiligen Geistes (»Spätregen«) zuschrieb. Dies war eine (an Wesleys »zweiten Segen« erinnernde) Konzeption christlicher Vollkommenheit, die zwei sehr wirksame Elemente in sich barg: die gottgewirkte Beseitigung der Ursündhaftigkeit des Menschen und die neuentfachte Erwartung der baldigen Wiederkunft des Herrn (eschatologischer Perfektionismus, von Brinsmead als *»Reinigung des Heiligtums«* identifiziert)[75]. So bereiteten sich die

[75] Dargestellt nach einem Brief von Rolf J. Pöhler (14. 10. 1981), einem mit der Materie vorzüglich vertrauten Adventprediger.

Brinsmead-Kreise in den 60er Jahren intensiv auf den Empfang des Spätregens vor, damit die Wiederkunft Christi nicht durch ihre mangelnde Bereitschaft hinausgezogen werde.
Doch im Herbst 1969 teilte ihnen Brinsmead mit: »Ich glaube, daß meine Aufgabe erfüllt ist, und ich werde mich in die Stille zurückziehen.«
1971 versammelten sich dann über 300 australische Gläubige zu einem dreiwöchigen Bibelkurs unter seiner Leitung und bekamen hier so viel »neues Licht«, daß sie das Gefühl hatten, als hätte ihnen der Herr »in seiner Gnade ein zweites Minneapolis geschenkt«[76]. Brinsmead faßte seine geänderte Lehre in der Schrift »Eine Revision der Erweckungsbotschaft« (1972) zusammen. Darin verwarf er seine frühere Auffassung, daß die Gläubigen die Vollkommenheit erlangen können: Sie werden immer nur begnadigte Sünder sein; je näher sie zu Christus kommen, desto sündiger und unvollkommener sehen sie sich. Brinsmead war mehr und mehr zu Luther hingeführt worden. Besonders Luthers Kommentar zum Galaterbrief hatte ihn tief beeindruckt: er lernte nun »radikal denken« über Sünde und Gnade und Rechtfertigung. Und er erkannte: was für den einzelnen gilt, das gilt auch für die ganze Endzeitgemeinde. »Wenn der einzelne Gläubige *›simul justus et peccator‹* ist, dann ist die Gemeinde der Gläubigen auch *›simul justus et peccator‹*.«[77] Den Stand der Buße können die Gläubigen nie hinter sich lassen, und »es ist ein schrecklicher Irrtum«, zu glauben, daß die Rechtfertigung nur den christlichen Anfang bilde und dann durch die höheren Stufen des völligen Gehorsams und der Geistesfülle überboten werde. »Sie begannen mit Buße und enden mit großer Buße.« Was Luther hierüber sagt, illustriert er so: »Ich werde meinen Erlöser am Ende genauso nötig haben wie am Anfang.«[78]
3. Bei alledem handelt es sich um genuin reformatorisches Lehrgut. Von spezifisch *adventistischen Gedanken* ist darin nichts mehr zu finden, sieht man von der Parusieerwartung ab. Wo ist die Sabbatlehre geblieben? Brinsmead erwähnte das Sabbatgebot eine lange Zeit nur nebenbei. Noch in seinem aufsehenerregenden Buch »Judge by the Gospel« (Das Evangelium richtet den Adventismus), das 1980 erschien, sprach er den Sabbat nicht eigentlich an. Erst Juni 1981 lieferte er in seiner Zeitschrift »Verdict« (vor 1979 »Present Truth«) eine fundierte Kritik der adventistischen Sabbattheologie. An der STA-Lehre kritisierte er, daß sie »in bezug auf die Sünde äußerst schwach« sei. Sie verstehe sie nur als gesetzwidrige Handlung und habe die reformatorische Erkenntnis mißachtet, daß die Sünde »mehr ein Zustand als eine Tat ist« und daß wir »für unsere sündhafte Natur vom Gesetz verdammt sind, noch ehe wir eine sündhafte Tat begangen haben«[79]. Darum versäumten die adventistischen Väter die Tiefe und Radikalität der reformatorischen Fragestellung und waren »fast alle erbärmliche Erklärer der Rechtfertigungslehre«. Sie verwarfen eben alle Lehren der Kirchen, weil sie pauschal zu »Babylon« gerechnet wurden, statt diese Lehren einzeln auf ihre biblische Richtigkeit zu prüfen. »Aus diesem Grund wuchs die Adventbewegung ohne die starken Wurzeln

[76] Dieser Bibelkurs wurde in der Schrift »Rechtfertigung durch den Glauben« (4 Hefte) dargeboten.
[77] Brinsmead, Eine Revision der Erweckungsbotschaft, Bd. II, S. 32
[78] a. a. O. Bd. I, S. 37
[79] a. a. O. Bd. II, S. 2f.

der Vergangenheit und ohne eine richtige Bewertung der historischen Theologie heran.«[80]

Trotzdem und obwohl er aus der STA-Gemeinschaft ausgeschlossen wurde, hält Brinsmead sich nach wie vor für einen Adventisten und mahnt seine Anhänger unter den STA, in ihren Gemeinden zu bleiben. Er beruft sich gegen seine adventistischen Kritiker auf E. G. White, reklamiert sie für seine Glaubensauffassungen und sieht durch den *echten Adventismus* die reformatorischen Wahrheiten reiner und folgerichtiger vertreten als durch die Reformatoren selbst. Denn die Grundlage des Adventismus ist die Gewißheit: »Der Tempel ist im Himmel«, und der sündige, verlorene Mensch hat alles vom Himmel zu erwarten: »Rechtfertigende Gerechtigkeit ist im Himmel. Unsterblichkeit ist im Himmel. Ewige Sicherheit ist im Tempel Gottes. Vollkommenheit ist in Christus. Und zuletzt, aber nicht als letztes: das Tausendjährige Reich ist im Himmel.« Der Adventismus hat die reformatorische Wahrheit nicht bestritten oder entstellt, lehrt Brinsmead, sondern vertieft und gereinigt. Darum soll er nicht einen »judaisierenden Beitrag zur Rechtfertigungslehre« liefern, vielmehr ist seine Mission, »diese Wahrheit höher zu heben, höher als alle protestantischen Verteidiger es tun. Gott ruft sein Volk auf, die vordersten Kämpfer der paulinischen Botschaft zu werden. Die Evangelischen müssen aufgewühlt und erschreckt werden, wenn die Siebenten-Tags-Adventisten sie weit übertreffen in der Erhöhung der Reformationswahrheit.«[81]

Nun dürfte den STA-Theologen der Nachweis nicht schwer fallen, daß Brinsmead zu Unrecht E. G. White für seine Lehre beansprucht. Soviel er sie zitieren mag, so kann er damit nicht verhüllen, daß er kräftige Veränderungen vorgenommen hat. Der Weg, den er mit seinen Anhängern einschlug, führte denn auch *aus der STA-Glaubenswelt heraus und in den Protestantismus hinein*. Jene 300 australischen Gläubigen, die sich 1971 zu einem Bibelkurs zusammengefunden hatten, entdeckten bei ihrer Schriftbetrachtung, daß die Erweckungsbotschaft nicht nur den adventistischen Gemeinden verkündigt werden soll, sondern den *Gliedern aller Kirchen und Gemeinschaften*. In einem Brief teilte Brinsmead seinen Anhängern über diese Vorgänge in Australien mit: »Die Erweckung ist nun mündig geworden.« Der bisherige Zeitabschnitt der »Inner-Gemeinde-Tätigkeit« diente der Heranreifung für den eigentlichen Auftrag. Um ihn durchführen zu können, müssen die Schriften von E. G. White zurücktreten. »Das Evangelium muß nun direkt aus dem Neuen Testament vorgetragen werden. Wir schätzen den Geist der Weissagung (d.h. E. G. White) mehr denn je zu unserer eigenen Erbauung und Glaubensstärkung; aber wenn wir Menschen begegnen, die nicht unseres Glaubens sind, müssen wir die Wahrheit aus der Schrift beweisen können.«[82]

Man begann in den Großstädten Australiens mit öffentlichen Versammlungen, in denen die Besucher die Möglichkeit der freien Aussprache hatten. Man lud auch protestantische Geistliche ein, als Gastredner zu sprechen. Man sammelte die Anschriften der Interessierten und versah diese mit Literatur. Die Schriften über die Rechtfertigung durch den Glauben stießen auf zustimmendes Interesse der Geist-

[80] a.a.O. Bd. II, S. 12
[81] a.a.O. Bd. I, S. 46f.
[82] Zehn Jahre Erweckungsbotschaft, S. 25f.

lichen. Fast zur gleichen Zeit wie in Australien setzte sich auch in anderen Ländern die Überzeugung durch, daß die Arbeit nicht mehr auf die STA-Gemeinschaft beschränkt werden darf. Der Tätigkeitskreis weitete sich. Die Zeitschrift »Present Truth«, die an 40000 Adventgläubige geschickt worden war, wurde ein Jahr danach an 500000 Bezieher versandt, davon fast 95% Nichtadventisten. Zahlreiche anerkennende Zuschriften aus den verschiedensten Denominationen waren die Folge. Das wiederholte sich entsprechend bei der seit 1972 erscheinenden deutschen Zeitschrift *»Wahrheit für Heute«*.
4. Die Brinsmead-Kreise stellen sich auf den Boden reformatorischer Lehre. Aber sie stehen *dem heutigen Protestantismus kritisch gegenüber*. Die Krankheit, die den Protestantismus befallen hat, ist der *»Subjektivismus«*, die Brinsmead als eine Glaubenshaltung versteht, die sich nicht mit der »objektiven Rechtfertigung« zufrieden gibt, sondern sie durch eigene Aktivität ergänzt und bestätigt. Diesem »subjektiven« Element wurde in der katholischen Kirche Tür und Tor geöffnet mit der Lehre von der »Einflößung der heiligenden Gnade«, die den Gläubigen umwandelt, also in ihrer Wirkung erfahrbar ist. Auch in den evangelischen Kirchen hielt der Subjektivismus bald seinen Einzug. War schon beim Pietismus die Tendenz zu einer »übertriebenen Betonung der Erfahrung« sichtbar, so entwickelte John Wesley die Lehre von der völligen Heiligung durch die »zweite Segnung«, und im Methodismus verlor die Glaubensgerechtigkeit ihre Vorrangstellung zugunsten der Heiligung. In den großen amerikanischen Erweckungsbewegungen des 18. und 19. Jahrhunderts wurden vielfach die Geistesgaben überbewertet, und die Pfingstbewegung war »das unvermeidbare Endergebnis der subjektiven Erweckungen«. Sie setzte sich in der charismatischen Bewegung fort, die sich »in beispielloser Weise in den Kirchen der Vereinigten Staaten« austobte und seit 1967 auch auf die katholische Kirche übergriff.
Da alle diese Bewegungen weltweit verbreitet sind und die protestantischen Kirchen mit dem Zerbröckeln ihres Widerstands gegen die Pfingstbewegung ihre Dekadenz erweisen, kann man sagen, daß sich in der Christenheit heute eine grundlegende Umgruppierung vollzieht. »Auf der einen Seite werden sich die Katholiken, Pseudoprotestanten und Pfingstler vereinigen in einer großen Bewegung zur ›Bekehrung‹ der ganzen Welt. Diese Bewegung ist in Off. 13 beschrieben. Auf der anderen Seite wird es eine Bewegung zur Wiederherstellung des ewigen Evangeliums in seiner ursprünglichen Reinheit und Kraft geben. Diese Bewegung ist in Offb. 14 beschrieben.«[83] Offb. 13 handelt vom Antichrist und seinem Propheten, Offb. 14, 1–5 von den 144000 und vom nahen Gericht. Die Anhänger des Subjektivismus, und das ist die Masse der Christen, bilden also das Lager des Antichrists. Auf der anderen Seite stehen die »144000, die hatten seinen Namen und den Namen seines Vaters geschrieben an ihre Stirn«. Sie verkünden das »ewige Evangelium« (14, 6) von der »objektiven Rechtfertigung«. Die Brinsmead-Bewegung ist die Verkünderin von »Gottes letzter Botschaft«, die eine neue Reformation einleiten soll, »um die wahre Gemeinde Jesu aufzuwecken und ihrem Endziel entgegenzuführen«.[84]

[83] Wahrheit für Heute 3, 1973, S. 2 und 20ff.
[84] Wahrheit für Heute 4, 1973, S. 4

Jehovas Zeugen

Ein Kaufmann wurde Prediger

Schon als Fünfzehnjähriger war CHARLES TAZE RUSSELL in Old Allegheny (heute ein Teil Pittsburghs) ein wohlhabender Junge. Am 16. Februar 1852 geboren, war er mit 11 Jahren in das von seinem Vater betriebene Kleidergeschäft eingetreten und wurde Teilhaber an einer zunehmenden Kette von Herrenmodegeschäften. Aber er sah sein Lebensziel nicht im weiteren geschäftlichen Aufstieg. In der Seele des jungen Menschen war ein starkes religiöses Interesse lebendig. Als Presbyterianer erzogen, schloß er sich der Kongregationalistenkirche an, weil sie liberaler war. Aber die dort vertretene Lehre von der Prädestination und der ewigen Qual in einer buchstäblichen Feuer- und Schwefelhölle bereitete ihm schwere Not. Er wollte den dadurch geweckten Angstgefühlen entrinnen. So trennte er sich 1869 von der Kirche und ging unter die Zweifler. Aber die Angst blieb. Mit der bloßen Absage an die Bibel war es offenbar nicht getan. Was er brauchte, war vielmehr eine »homöopathische« Kur: Aus der gleichen Bibel, auf die sich die Verfechter der Prädestination und der ewigen Qual beriefen, mußte eine Gegenlehre fließen, die ihnen mit der gleichen Autorität entgegentrat.

Damit war der weitere Weg Russells bestimmt. Es begann damit, daß er 1870 mit den *Second Adventists*, einer kleinen adventistischen Splittergruppe, in Berührung kam. Hier wurde sein Glaube an die göttliche Inspiration der Bibel wieder hergestellt. Von den Second Adventists übernahm er auch die Überzeugung, daß der Weltuntergang dicht bevorstehe: Aufgrund biblischer Berechnungen hatten sie für die Jahreswende 1872/73 das Ende der 6000 Jahre seit der Schöpfung ermittelt und, als das erwartete Ereignis ausblieb, für 1874 den Weltbrand und die Wiederkunft Christi angenommen. Als auch das fehlging, trennte sich Russell von ihnen und studierte mit 5 weiteren Personen systematisch die Bibel. Er hielt am Jahr 1874 fest, verwarf aber die Ansicht, daß Christus leibhaftig wiederkomme; vielmehr machte er sich die Auffassung zu eigen, daß Christus nun unsichtbar gegenwärtig sei. Er hatte diesen Gedanken der Zeitschrift *»The Herald of the Morning«* entnommen, wo zu lesen war, daß diese unsichtbare Gegenwart (»parousia« als »Gegenwart« übersetzt) im Jahr 1874 begonnen habe.

Diese Zeitschrift wurde von N. H. BARBOUR redigiert, der einen Kreis ehemaliger Second Adventists in Rochester leitete. 1876 wurde Russell zum »Pastor« seines inzwischen auf 30 Personen angewachsenen Bibelstudienkreises gewählt. Im gleichen Jahr bekam er Kontakt zu Barbour. Sie entdeckten ihre Gemeinsamkeiten, vereinigten ihre Kreise, und Russell wurde Mitredakteur des Blatts. Er kaufte eine kleine Druckerei in Rochester und brachte 1877 gemeinsam mit Barbour das Buch *»Three Worlds or Plan of Redemption«* (»Drei Welten oder Plan der Erlösung«) heraus. Es enthielt bereits die auch späterhin von Russell beibehaltene Konzeption, daß die unsichtbare Gegenwart Christi im Herbst 1874 begonnen habe, daß die anschließende Gerichtszeit von 40 Jahren mit der Aufrichtung des Königreichs Gottes 1914 enden werde und daß zwischendurch 1878, d.h. dreieinhalb

Jahre nach 1874, die lebenden Heiligen »plötzlich durch Wunderwirkung leiblich entrückt werden«[85]. Da 1878 keiner von den »Heiligen« zu Christus hinweggenommen wurde, nahm Russell eine Korrektur vor. Er prophezeite für die folgenden Jahre noch weiteres, u. a. daß ab Oktober 1881 niemand mehr in die Gruppe der 144000 (Offb. 14, 1.3) aufgenommen werde und daß die Zeit bis 1914 alle bisherigen Geschichtsepochen an Friedlosigkeit durch soziale Krisen und imperialistische Kriege übertreffen werde.
Mit der Schrift »Plan der Erlösung« hatte Russell eine Art Gegenlehre entwickelt, mit der er seine Ängste abwehrte und die er in seinen späteren Schriften noch weiter ausbaute. Zum ersten entnahm er der Bibel, daß die Seele sterblich sei. Wenn es aber kein Fortleben nach dem Tod gibt, kann es auch *keine Hölle*, also auch keine ewige Qual geben. Der biblische Nachweis, daß keine Hölle existiert, erschien Russell besonders wichtig. Er wollte auch seine Mitmenschen von diesem Alpdruck befreien. Deshalb steuerte er für die Verbreitung seines Büchleins *»Was sagt die Heilige Schrift über die Hölle?«* 40000 Dollar bei; es erreichte denn auch eine besonders hohe Auflage. Weiter: Beim Tod versinkt die Seele in den Zustand des »Vergessenseins«, d.h. in den Scheol. Wird sie darin bleiben? Nein. Hier setzt Russells Lehre von den *drei Zeitaltern* an. Das erste währte von der Schöpfung bis zur Sintflut und stand unter der Verwaltung der Engel. Weil sie versagten, kam der zweite Zeitabschnitt unter die Herrschaft des Satans. Aber während dieser »gegenwärtigen argen Welt« bereitete Gott die künftige Heilszeit durch fortschreitende Offenbarung vor, die in der Fleischwerdung Christi gipfelte. Dieser war in seiner vorweltlichen Existenz der Erzengel Michael, entäußerte sich seiner göttlichen Natur und nahm den Kreuzestod auf sich. Mit seinem unschuldig vergossenen Blut als Lösegeld erwarb er von Gott das Recht, die Seelen aus der Bewußtlosigkeit zu erwecken. Das wird im dritten Zeitabschnitt geschehen, der jetzt begonnen hat. Da steht für alle Wiedererweckten ein »Hochweg der Heiligung« (Jes. 35, 8) bereit, der es ihnen ermöglicht, durch Buße und Gehorsam das ewige Heil zu gewinnen. Nur die wenigen rabiat Verstockten werden durch den zweiten Tod endgültig, aber sanft ausgelöscht. Insgesamt also war es eine ungemein frohe Botschaft, die Russell für die Toten wie für die gegenwärtige Generation zu verkündigen hatte.

Schon 1878 entzweite Russell sich mit Barbour, weil dieser unter den Einfluß der liberalen Bibelkritik geriet und leugnete, daß der Tod Christi der »Loskaufpreis« sei. Russell gründete 1879 eine eigene Zeitschrift *»Zion's Watch Tower and Herald of Christ's Presence«* mit einer Auflage von 6000 Stück, die den »Haushalt des Glaubens« für die Endzeit wecken sollte; von 1892 an erschien sie zweimal im Monat. Er ließ sich 1879 in Pittsburgh endgültig nieder und heiratete seine Mitarbeiterin Maria Francis Ackley. Doch aus der »Hilfsredakteurin« wurde allmählich seine literarische Nebenbuhlerin. Russell berichtete selbst, sie sei vom Ehrgeiz getrieben worden und 1896 zu dem Schluß gekommen, daß der letzte Teil von Matth. 24, 45–51 »nicht nur eine Warnung sei, sondern auch tatsächlich in Erfüllung gehen werde – er bedeutete, daß ihr Mann diese Beschreibung erfüllen

[85] Wachtturm 1916, S. 133 f.

und sie infolgedessen seine Stelle einnehmen würde«[86]. Als sie 1897 eine Hautflechte bekam, pflegte er sie zwar aufopfernd, deutete aber die Krankheit als »eine Züchtigung des Herrn«. 1903 trennte er sich endgültig von ihr. Sie eröffnete dann einen häßlichen Verleumdungsfeldzug gegen ihn, und 1906 wurde die kinderlos gebliebene Ehe geschieden[87]. Der Prozeß erregte Aufsehen, und viele Anhänger Russells wandten sich irritiert von ihm ab. Gleichzeitig erlitt er noch einen anderen Rückschlag: Ursprünglich hatte er gelehrt, daß das Kreuzesopfer Christi der ganzen Menschenwelt zugute kommt; um 1906 schränkte er diesen Kreis auf jene ein, die Christus aus Juden und den Nationen herausgerufen hat. Dieses »neue Licht« führte zu einer ersten Abspaltung, aus der die »New Covenant Fellowship« hervorging.
Anfangs hatte Russell seine Vorträge auch in Kirchen halten können. Aber es kam bald zu Konflikten und Streitgesprächen, und 1881 erklärte er, daß der unsichtbar gegenwärtige Christus *die »nominelle Kirche« im Jahre 1878 verworfen* habe; darum habe er sich frei gefühlt, seit 1878 »Gottes Kinder aus den Namenkirchen« herauszurufen. Er sammelte die Leser des »Wachtturm« in eigenen Vereinigungen, die sich *»Ekklesia«* nannten. Für sie wurde ein Gesangbuch »Brautlieder« verfaßt. Das Abendmahl wurde als nur einmal im Jahr am Passahtag zu veranstaltende Feier eingeführt. Die »Ekklesias« waren unter selbstgewählten »Ältesten« nur lose miteinander verbunden und sahen eine ihrer Aufgaben darin, die Traktate Russells zu verbreiten. Um dieser Tätigkeit ein festeres Fundament zu geben, wurde 1881 in Pittsburgh die *»Zion's Watch Tower Tract Society«* gegründet und der Mitarbeiterstab des Verlagswerks in der »Bethel«-Familie vereinigt. Im gleichen Jahr verfaßte Russell umfangreiche Flugschriften: »Tabernacle Teaching« (»Stiftshütten-Lehren«) und »Food for Thinking Christians« (»Speise für denkende Christen«), die in Massen verbreitet wurden. Zugleich begann er, »Prediger« zu werben; sie sollten als hauptamtliche Kolporteure die Traktate und Bücher sowie Wachtturm-Abonnements, die ihnen kostenlos zur Verfügung gestellt wurden, verkaufen und von dem Erlös ihren Lebensunterhalt bestreiten. Bis 1888 waren 50 vollamtliche und einige hundert nebenamtliche Kolporteure gewonnen, und bald schon wurden Schulungskurse für sie eingerichtet. Seit 1897 wurden von Pittsburgh aus »Pilgrime« zum Besuch der Ekklesias ausgesandt, um eine engere Verbindung zwischen ihnen und der Zentrale zu pflegen.

1882 verkaufte Russell seine Anteile am väterlichen Geschäft um über 250000 Dollar und verwendete dieses für die damalige Zeit riesige Vermögen zur Finanzierung seines Verkündigungswerks. Er selbst wurde vollamtlicher Prediger, der

[86] Wachtturm 1907, S. 52

[87] Das ist der Sachverhalt in der Darstellung Russells und der hauseigenen Zeugen-Jehovas-Historiker. Aus der Sicht der Ehefrau ergibt sich ein anderes Bild. Sie warf ihm Eitelkeit, Egoismus, Herrschsucht und kompromittierendes Verhalten gegenüber anderen Frauen vor. Das Gericht bestätigte ihre Anklage auf »seelische Grausamkeit« und entschied zu ihren Gunsten. Aber sachkundige Beurteiler halten diesen Gerichtsspruch für einseitig. Der eigentliche Grund für das Scheitern der Ehe war wohl nicht eine »Schuld« des einen oder anderen Gatten, sondern lag darin, daß es sich bei beiden um ausgeprägte Persönlichkeiten handelte, deren Zusammenleben offenbar unmöglich war (so A. Rogerson, Viele von uns werden niemals sterben, S. 38).

bescheiden lebte und rastlos reiste. 1884 wurde dann die Gründung von 1881 in eine gesetzlich eingetragene Aktiengesellschaft umgewandelt: Jeder Interessent konnte für 10 Dollar ein Stimmrecht kaufen. Russell besaß an seinem Lebensende mit 25 000 etwa den sechsten Teil aller Stimmen. Da das Bibelhaus in Pittsburgh für das wachsende Publikationswerk allmählich zu eng wurde, kaufte man 1909 in Brooklyn bei New York zwei Gebäude für Büro, Druckerei und Unterkunft von über 30 Büroangestellten. Als gesetzlichen Träger dieses Unternehmens gründete man die »People's Pulpit Association« (»Volkskanzel-Vereinigung«), die 1939 den Namen *»Watch Tower Bible and Tract Society Inc. of New York«* bekam. Nun kam zum »Wachtturm« noch ein Monatsblatt hinzu: erst »Volkskanzel«, dann »Jedermanns Blatt«, schließlich »Der Schriftforscher«. Nachdem schon 1881 zwei Vertreter mit einer Fracht von 165 000 Flugschriften nach England gekommen waren, wurde im Jahr 1900 in London ein Zweigbüro und 1914 eine eigenständige *»International Bible Students Association«* gegründet (deutsch: »Internationale Vereinigung Ernster Bibelforscher«). 1903 begann die Werbetätigkeit in Deutschland und Australien.

Der Strom der Traktate wuchs von Jahr zu Jahr. Zugleich wurde in diesen Jahren vor dem prophetisch so bedeutsamen Datum 1914 die Propaganda auch in jeder anderen Weise forciert. Russell sandte jede Woche seine »Predigten« an annähernd 3000 Zeitungen in Amerika und Europa, machte 1911/12 eine Weltreise, reiste in den Vereinigten Staaten mit Sonderzügen und großem Geleit durch alle Großstädte und kam jedes Jahr auch nach Europa. Die Zahl der hauptamtlichen Prediger wurde vermehrt. Eine pausenlose Versammlungswelle überschwemmte Stadt und Land; allein 1911 wurden 12113 Versammlungen abgehalten. Insgesamt soll Russell 1,6 Millionen Kilometer gereist sein, 30000 Predigten gehalten und Schriften im Umfang von 50000 Druckseiten verfaßt haben. 1912/14 wurde mit einem Aufwand von über 250000 Dollar ein riesiges *»Foto-Drama der Schöpfung«* hergestellt. In mehr als 500 kunstvollen Lichtbildern, synchronisiert mit Musik- und Vortragsplatten, zeigte es in vier je zweistündigen Vorführungen die Entwicklung der Erde von ihrem gasartigen Zustand bis zum messianischen Friedensreich. Es erreichte Millionen Zuschauer.

Russells Hauptwerk waren die sechsbändigen *»Schriftstudien«*, die bis zu seinem Tod in 16 Millionen Exemplaren verbreitet waren. Er behauptete, daß durch ihn »der lang verlorene Schlüssel zur Schrifterkenntnis wieder gefunden« worden sei, der »dem gläubigen Volke Zutritt zu dem verborgenen Geheimnis« gebe. Im »Wachtturm« vom 15. September 1910 erklärte er selbst, seine »Schriftstudien« seien unumgänglich zum Verständnis der Schrift: Wenn jemand die »Schriftstudien«, nachdem er sie zehn Jahre lang gelesen hat und mit ihnen vertraut geworden ist, weglegt und ignoriert und nur zur Bibel greift, »so wird er – das zeigt unsere Erfahrung –, auch wenn er die Bibel zehn Jahre lang verstanden hätte, binnen zwei Jahren in die Finsternis gehen. Wenn er andererseits nur die Schriftstudien mit ihren Bibelzitaten gelesen hat und keine Seite der Bibel, so würde er am Ende von zwei Jahren noch im Lichte sein, da er das Licht der Schrift besäße.«

Alles in allem, Russell vollbrachte eine gewaltige Leistung – als Bibelforscher, Schriftsteller, Redner, Trommler, auch als Organisator. Er machte seine Botschaft weit in der Welt bekannt und erwarb sich unter seinen Anhängern höchste

Autorität. Freilich, gemessen am Aufwand war der zahlenmäßige Ertrag einer jahrzehntelangen Werbekampagne gering: etwa 21 000 Anhänger in weit gestreuten kleinen Gruppen. Aber das lag nicht an ihm, sondern am damaligen Zeitgeist. Die Epoche seiner Tätigkeit stand in den USA wie in der ganzen abendländischen Welt im Zeichen einer stürmischen Entwicklung auf allen Gebieten: der Naturwissenschaften, der Technik und der Wirtschaft. Es gab keine ernsten Krisen, der Wohlstand wuchs, und ein selbstsicherer Fortschrittsglaube träumte von einer paradiesischen Zukunft, nicht aber von katastrophenhaften Zusammenbrüchen und Untergängen, wie sie Russell prophezeite.

Von den Ernsten Bibelforschern zu den Zeugen Jehovas

Für 1914 hatte Russell den Anbruch des Tausendjährigen Reichs prophezeit. Aber stattdessen brach der Erste Weltkrieg aus. Das war eine böse Enttäuschung. Im Vorwort der letzten Ausgabe seines Buchs »*Dein Königreich komme*« räumte er ein: »Offenbar ist die ›Tür‹ noch nicht geschlossen«, und: »Wir geben zu, daß die Wiederherstellung Israels nicht so schnell vor sich gegangen ist, wie wir vermutet haben.« Sieben Jahre zuvor hatte er versichert, daß seine ganze Chronologie zu einem »unreparierbaren Wrack« würde, wenn die vorausgesagten Ereignisse nicht einträten[88]. Aber daran wollte er sich nun nicht mehr erinnern. Er wurde zwar kleinlauter, gab »Fehler« zu, aber an seinen Prophezeiungen hielt er fest und suchte sie durch kleine Flickereien zu retten. Mitten in diesen Bemühungen starb er am 31. Oktober 1916 auf der Heimreise von einer Vortragstour.
Er hinterließ ein schwieriges Erbe. Die Enderwartung, auf die er alles gesetzt hatte, war grausam widerlegt. Ein Ersatz oder Ausweg war nicht vorhanden. Die Anhänger waren führungslos, ratlos. Dem »Pastor« Russell hatte ihre grenzenlose Verehrung gegolten. Als ein Mann, der freiwillig auf eine geschäftliche Karriere verzichtet, sein ganzes Vermögen und seine ganze Kraft in sein Werk hineingeopfert und ihnen als Ertrag seiner Bibelforschung eine leuchtende Hoffnung geschenkt hatte, war er ihr geistlicher Führer und Vater geworden. Neben ihm hatte sich keiner seiner Mitarbeiter so profiliert, daß er in die Lücke treten konnte. Wie sollte es weitergehen?
In seinem *Testament* vom 29. Juni 1907 hatte Russell unzureichende Bestimmungen über seine Nachfolge getroffen. Es gab zwar schon ein siebenköpfiges Direktorium der *Wachtturm-Gesellschaft* (WTG); aber welche Befugnisse es nach seinem Tod haben sollte, hatte er nicht geregelt. Außerdem hatte er die Einsetzung eines fünfköpfigen Herausgeberkomitees angeordnet, ohne dessen mehrheitliche Zustimmung kein Artikel im »Wachtturm« erscheinen sollte. Sein Aktienanteil an der WTG sollte fünf bevollmächtigten Frauen übergeben werden. Aber das ganze Konzept scheiterte rasch. Von den fünf Mitgliedern, die Russell für das Herausgeberkomitee vorgesehen hatte, lehnten zwei ab, weil ihnen das mit diesem Amt verbundene Leben in der »Bethel«-Familie mit freiem Unterhalt und Taschengeld nicht zusagte. Wer war befugt, die leergewordenen Posten zu besetzen? Und

[88] Wachtturm 1. 10. 1907

wenn ein Mitglied des Direktoriums ausschied: wer war befugt, den Nachfolger zu wählen oder zu ernennen? Hier konnte nur juristischer Rat helfen, und diesen konnte nur der Jurist F. J. Rutherford geben, der von Russell zum stellvertretenden Mitglied des Herausgeberkomitees bestimmt worden war.

Die Lösung trug denn auch seine Handschrift. Das Direktorium als einzige intakte Leitungsinstanz besetzte die zwei Plätze im Herausgeberkomitee. Es annullierte auch das Stimmrecht für die 25 000 Aktien, das bei Wahlen und sonstigen Entscheidungen der WTG ein beträchtliches Gewicht gehabt hätte, denn mit Russells Tod »erloschen nach dem Gesetz natürlich seine Stimmen mit ihm«[89]. Mit alledem hatte das Direktorium der WTG Leitungsbefugnisse an sich genommen, und am 6. Januar 1917 wählte es Joseph Franklin Rutherford einstimmig zum Nachfolger Russells. Dieser, geboren am 8. November 1869 als Sohn eines baptistischen Farmers in Booneville/Mo., war ein vielbegehrter Rechtsanwalt, später Sonderrichter im 14. Gerichtsbezirk von Missouri. Das erklärt den Titel »Richter«, mit dem ihn seine Anhänger anredeten.

Schon 1894 mit den Wachtturm-Leuten bekannt geworden, ließ er sich 1906 taufen, predigte, vertrat Russell in Gerichtsfällen und wurde bald auch Rechtsberater der WTG. Mit seiner Wahl wurde ein Mann an ihre Spitze gestellt, der über große juristische Fähigkeiten, organisatorische Begabung und unerschöpfliche Energie verfügte, willensstark, zielbewußt und ein vorzüglicher Taktiker war und für die gemeinsame Sache volle Hingabe leistete und forderte. Eine Führernatur also. Daß die WTG die Enttäuschung von 1914 überlebte, sich neu formierte und zu einer Bewegung von vielbewunderter Dynamik wurde, hat sie ihm zu verdanken. Aber die Züge, die Russell zu einer Vatergestalt werden ließen, fehlten ihm. Er verbarg sein eigentlich Menschliches hinter der Kulisse von Klugheit, Energie und rastloser Geschäftigkeit. Man weiß nicht, welche Motive ihn bewegten, als er sich den Ernsten Bibelforschern anschloß. Man weiß nicht einmal, ob er Weib und Kind hatte. Der Jurist dominierte auch im Bereich des Glaubens und verwandelte die Heilsgeschichte Gottes in einen Strafprozeß mit allem Zubehör vom Verbrechen Luzifers über die Gegenmaßnahmen Jehovas bis zum Schlußdrama mit Amnestieangebot, Bewährungsfrist, Henkeraktion und Rehabilitierung der Bewährten. Man sucht bei Rutherford vergeblich nach Anzeichen echten religiösen Glaubens. Andererseits ging er für das, was er lehrte, auch ins Gefängnis. In seinen Beziehungen zu den Menschen fehlte ihm die Wärme des Herzens. Er war kontaktarm und stand als Akademiker einige Stufen höher als seine meist einfältig-biederen Glaubensgenossen. Diese drängte er in die Rolle gehorsamer Funktionäre. Seine andersgläubigen Gegner überschüttete er mit einer Polemik, die hemmungslos und oft ungerecht war. Seine internen Widersacher schaltete er durch kalte juristische Manipulationen aus.

So zog mit dem neuen Mann ein neuer Geist, ein anderer Stil und auch eine andere Lehre in die WTG ein. Rutherford dachte nicht von ferne daran, Russells Gestalt und Werk gewissermaßen unter Denkmalschutz zu stellen und sein geistiges Erbe unversehrt zu bewahren. Er wollte eine neue Entwicklung einleiten und nicht nur Nachlaßverwalter sein.

[89] Jehovas Zeugen in Gottes Vorhaben, S. 64

Damit stieß er auf heftigen Widerspruch einer Opposition, die in Russell nach wie vor die höchste und endgültige Lehrautorität sah. Ihr wichtigster Mann war P. S. L. JOHNSON, der früher lutherischer Pastor gewesen war, sich 1903 den Ernsten Bibelforschern angeschlossen hatte und als einer ihrer besten Redner galt. Von einem beträchtlichen Sendungsbewußtsein erfüllt, rechnete er insgeheim damit, Russells Nachfolger zu werden. Dieser hatte ihn noch vor seinem Tod zur Überprüfung der Zweiggruppen in Europa nach England geschickt, und Rutherford hatte ihn angesichts der kriegsbedingten Schwierigkeiten mit besonderen Vollmachten versehen. Er verstand, von diesen Vollmachten Gebrauch zu machen. Rutherford wurde mißtrauisch, erteilte ihm ein Tätigkeitsverbot und forderte ihn in zahllosen Telegrammen zur Rückkehr auf. Johnson bestritt ihm die Befugnis dazu und betrieb die Verselbständigung der englischen Bibelforscher unter seiner Führung. Als er schließlich doch zurückkehrte, gewann er vier von den sieben Mitgliedern des Direktoriums für den Kampf gegen Rutherfords Streben nach der Alleinherrschaft in der WTG.

Inzwischen hatte Rutherford zwei Mitarbeiter, George H. Fisher und C. J. Woodworth, mit der *Herausgabe eines 7. Bandes der »Schriftstudien«* beauftragt. Er sollte angeblich Russells literarischen Nachlaß enthalten. Aber die Kenner von Russells Schriften entdeckten rasch, daß dieses Buch unter falscher Flagge lief. Es enthielt zwar Texte von Russell, aber die Bearbeiter hatten sie durch ihr eigenes Geistesgut verfremdet. Da gab es neue Prophezeiungen und Endzeittermine, eine oft lächerlich wirkende allegorische Bibelauslegung[90] und eine zügellose Polemik gegen die Kirchen[91], wie sie so Russell fremd war. Vor allem aber sollte Russells Position als bleibende Lehrautorität zerstört werden. Das Buch legte ihm selbst in den Mund, daß mit dem »treuen und klugen Knecht« von Matth. 24, 45 nicht er und überhaupt keine Einzelperson, sondern eine Klasse gemeint sei, nämlich die Leitung der Traktatgesellschaft. Die Verfasser scheuten sich nicht einmal, Russell bei seiner Prophezeiung für das Jahr 1914/15 als Sprachrohr des Satans erscheinen zu lassen: »Ohne Zweifel glaubte Satan, daß das Tausendjährige Königreich im Jahr 1915 aufgerichtet werden sollte«[92]. Sie verfuhren also reichlich skrupellos mit ihm, und man kann schwerlich daran glauben, daß sie das ohne Einverständnis mit Rutherford taten. Die Gleichsetzung des »treuen und klugen Knechts« mit einer Klasse legte den Grund für die kommende autoritäre Führung, ausgeübt von einem kleinen Kollektiv leitender Männer unter der Regie Rutherfords.
Am 17. Juli 1917 wurde der VII. Band *»The Finished Mystery«* als »hinterlassenes Werk« Russells freigegeben. Ein Sturm der Entrüstung brach los. Die vier Direktoren richteten schwere Angriffe gegen Rutherford. Sie warfen ihm vor, daß er den größten Teil der Lehren Russells verworfen habe und durch seine eigenen Ideen ersetze, »die vielfach unbiblisch, radikal und extrem sind«[93]. Rutherford holte zum Gegenschlag aus. Er nützte einen kleinen Formfehler bei der Ernen-

[90] So beschreibe Offb. 2, 3–6 »einen des Nachts fahrenden hellerleuchteten Eisenbahnzug (und nicht, wie etliche annehmen, ein Automobil)« (Bd. VII, S. 106f.). Offb. 8, 9 beziehe sich auf Heinrich VIII., der die englische Kirche vom päpstlichen Joch befreite.

[91] Noch 45 Jahre später wurde gerühmt, daß mit der Veröffentlichung des VII. Bandes »die ›Hinrichtung‹ der neuzeitlichen Baalspropheten der Christenheit« stattgefunden habe (in dem WTG-Buch »Dein Name werde geheiligt« 1963, S. 298f.).

[92] Schriftstudien, Bd. VII, S. 164

[93] Die Lehren der Zeugen Jehovas im Lichte der Bibel, hrsg. von der »Laymen's Home Missionary Movement«, S. 9

nung der vier Meuterer aus, entließ sie und ersetzte sie durch vier seiner Anhänger. Er beherrschte nun das Direktorium wie das Herausgeberkomitee, verfügte damit über die Geldmittel und die Publikationen der Gesellschaft und konnte die Mitglieder in seinem Sinn beeinflussen. Die *Opposition* leistete Widerstand, wodurch weltweit Versammlungen gespalten wurden, aber den Schalthebel der Macht bekam sie nicht in die Hand; und bald schon zeigte sich, daß sie nicht einig war. Immerhin, die WTG erlitt einen kräftigen Aderlaß. Etwa 4000 Mitglieder schieden aus. Diese Gruppe spaltete sich dann weiter[94]. Die meisten Neubildungen kümmerten jedoch dahin. Nur zwei erwiesen sich als lebensfähig: die *»Laien-Heim-Missionsbewegung«* (siehe S. 135f.) und die *»Tagesanbruch Bibelstudien-Vereinigung«* (siehe S. 136ff.). In der Schweiz schuf der führende Bibelforscher F. L. Alexandre Freytag eine Neugründung: das *»Menschenfreundliche Werk«* (siehe S. 140ff.), und in Deutschland entstand 1931 die *»Freie Bibelgemeinde«* (siehe S. 138f.)[95].

Der Bruch, den Rutherford mit der Vergangenheit vornahm, zeichnete sich besonders in folgenden Punkten ab: Er erhob die Anhängerschaft der WTG, die bei Russell lediglich die Rolle einer Hilfstruppe zur Propagierung seiner Lehren und Schriften gespielt hatte, zur *endzeitlichen Heilsgemeinde*. Dieses neue Selbstverständnis führte dazu, daß die Organisation, die bisher unter den verschiedensten Namen gelaufen war (Russelliten, Millenniumstagesanbruchsleute, Ernste Bibelforscher), auf dem Kongreß von Columbus (Ohio) 1931 den Namen *»Jehovas Zeugen«* (nach Jes. 43, 10–12) annahm und ihn später durch die Bezeichnungen »Theokratische Organisation« und (1953) »Neue-Welt-Gesellschaft« ergänzte. Die darin ausgesprochene Selbstverabsolutierung war mit einer *schroffen Verwerfung aller anderen christlichen Gemeinschaften* verbunden. Zu Russells Zeiten war die Bezeichnung *»Bibelforscher«* eingeführt worden als Ausweis dafür, daß man eine überdenominationelle Bewegung sein wolle. Es wurde betont, »daß wir nicht sektiererisch sind – daß wir alle als Brüder und Glieder der Kirche, der Kirche Christi, der Kirche Gottes anerkennen, welche die volle Weihung zur Selbstaufopferung beweisen und in den Fußstapfen unseres Erlösers nachfolgen«[96]. Ru-

[94] Die Selbstzerspaltung beschränkte sich nicht auf die USA, sondern griff auch auf andere Länder über. F. A. Freytag, einstiger Leiter des Genfer Zweigbüros, sprach von zwanzig Spaltungsgruppen; Dietrich Hellmund (»Geschichte der Zeugen Jehovas«) rechnet mit wesentlich mehr.

[95] Bei den Vertretern der WTG zitterte der Groll über die ungetreuen »gesalbten Zeugen« noch lange nach: sie seien »in die Gefangenschaft des Weltsystems des neuzeitlichen Babylons« geraten und würden diese Freveltat mit der ewigen Vernichtung büßen; sie »werden keinen Platz in der himmlischen Stadt haben, sondern werden nach ihrem Tode für immer tot und ihr Gedächtnis wird vergessen sein« (Wachtturm 1. 10. 1950). Sie sind mit dem »bösen Knecht« (Matth. 24, 28–51) identisch und werden wie dieser von Christus mit der »größten Strenge« behandelt und aus dem Hause gejagt. »Sie haben sich wie Judas Ischariot, der den Herrn Jesus Christus verriet, ebenfalls des Verrats an ihren treuen christlichen Brüdern schuldig gemacht. Sie werden ebensowenig auferstehen wie Judas« (Wachtturm 15. 5. 1965). Seit 1918 führt Christus »Krieg gegen diejenigen in der allgemeinen Versammlung seines gesalbten Überrests, die irgendwelche sektiererischen Neigungen zeigen. Dieses Sektierertum ist aus den Reihen des gesalbten Überrests der Zeugen Jehovas entfernt worden« und dieses Unkraut wird mit Babylon wie in einem Feuerofen vernichtet werden. (»Dann ist das Geheimnis Gottes vollendet« 1970, S. 158)

[96] Wachtturm 1910, S. 128

therford machte Schluß mit solchen gesamtkirchlichen Gefühlen. Er zerriß das Band. So bekam die Organisation die typischen Züge der Sekte.
In ähnlicher Weise änderte sich die *Stellung zu den Juden.* Russell hatte zwischen gläubigen und ungläubigen Juden unterschieden und erklärt, daß Gott seine Verheißungen an den gläubigen Juden erfüllen werde, ohne daß diese erst zum Christentum bekehrt werden müssen. Er wertete die zionistische Bewegung als ein deutliches Zeichen der Endzeit, weilte 1891 und 1909 im Heiligen Land und mühte sich um einen engen Kontakt mit den Juden. Rutherford setzte diese Linie zunächst fort. Aber von 1931 an machte er auch gegenüber den Juden Ernst mit dem Anspruch, daß die Zeugen Jehovas die exklusive Heilsgemeinde Gottes seien. In seinem Buch *»Rechtfertigung«* (1932) erklärte er, daß sich die »zionistischen« Verheißungen Hes. 38 f. und Sach. 8, 23 nicht auf die Juden der Gegenwart beziehen, und stellte zwei Jahre später fest, daß die Juden nicht mehr das Bundesvolk Gottes seien; seit 1918 sei diese Würde auf die Zeugen Jehovas übergegangen. Fortan »bekam die Literatur der Zeugen einen antizionistischen Ton«[97].
Folgenschwer war auch die Auffassung, daß in Gestalt der »Neuen-Welt-Gesellschaft« das zukünftige Königreich Gottes schon in die jetzige Welt der Nationen und Staaten hereinrage. Sie ist also nicht nur eine religiöse Vereinigung, sondern eine *neue Nation.* »Nach den Wehen des Weibes Zion (1914–18) wurde auf einen Schlag eine heilige Nation geboren.«[98] Sie tritt als die Nation Gottes in Konkurrenz zu den untergehenden Nationen, die unter der Herrschaft des Satans stehen. Die Folge dieser Selbstdeutung war, daß die Zeugen Jehovas nunmehr auch jede Vaterlandsliebe verwarfen und den Staat mit einem negativen Vorzeichen versahen. Schon zuvor war es zu einem *schweren Konflikt mit dem Staat* gekommen: Als die Vereinigten Staaten am 6. April 1917 Deutschland den Krieg erklärten, verweigerten viele Bibelforscher den Wehrdienst und wurden verhaftet. Die Büroräume in Brooklyn wurden durchsucht, Schriften konfisziert, und im März 1918 löste das Gerücht, eine Funkstation in den Brooklyner Gebäuden sei zum Verkehr mit den Deutschen benützt worden, weitere Verhaftungen aus. Am 8. Mai wurden auch Rutherford und sieben weitere führende Männer verhaftet und nach 15tägigem Prozeß am 22. Juli zu 20 Jahren Gefängnis verurteilt, denn »die religiöse Propaganda dieser Menschen richtet mehr Schaden an als eine Division deutscher Soldaten«[99]. Aber schon im März 1919 wurden sie gegen Bürgschaft entlassen und im Appellationsverfahren im Mai 1920 freigesprochen.

Auf der ersten großen Versammlung, die unter dem Regime Rutherfords 1919 in Cedar Point (Ohio) stattfand, wurden die Konsequenzen aus der Lehrumbildung gezogen und der Grundstein für den Aufbau einer neuen Organisation gelegt. Der Kurs wurde nun kompromißlos. Die Regierungen wurden nicht mehr als die nach Röm. 13, 1 von Gott verordneten Obrigkeiten anerkannt. Die Weihnachtsfeier und der Gebrauch des Kreuzessymbols wurden abgeschafft. Fortan wollte

[97] Yona Malachy, Jehova's Witnesses and their Attitude toward Judaism and the Idea of the Return to Zion, veröffentlicht im Herzl Year Book, Bd. V, 1963, S. 200
[98] Neue Himmel und eine neue Erde, 1955, S. 229
[99] So Richter Howe nach A. H. Macmillan, Faith on the March 1957, S. 99

man sich nicht mehr durch politische Zugeständnisse und falsche Religion beflekken. Eine neue Zeitschrift, *»The Golden Age«* (1946 umbenannt in *»Erwachet!«*), wurde 1919 herausgebracht. Sie sollte »mehr die irdischen Hoffnungen und Herrlichkeiten des messianischen Königreiches einem weiteren Kreis der Menschheit in gemeinverständlicher Art und Weise deutlich machen«[100]. Die publizistische Arbeit wurde streng von der Zentrale aus gelenkt. 1920 erschien ein erstes Buch von Rutherford. Ihm sollten noch viele folgen. Er verfaßte 18 Bände mit durchschnittlich 350 Seiten und 32 Traktate mit je 64 Seiten und besprach Schallplatten, die vor Millionen Zuhörern abgespielt wurden. »Seine Bücher sind eine seltsame Mischung aus Beschimpfungen, Bibelauslegungen und dogmatischer Prosa« und im ganzen »schlechter als die von Pastor Russell«[101]. Seit 1926 wurde die Verbreitung der *»Schriftstudien«* Russells eingestellt. Mit der Begründung: »Das Licht wird immer heller«, wurde er als überholt abgetan, und seinen unentwegten Verehrern wurde bedeutet, daß nicht er, sondern die Wachtturm-Gesellschaft die einzige Autorität als »Jehovas Werkzeug« sei.

Der demokratische Aufbau der Organisation wich einer *autoritären Führung*. Um den Einfluß der Zentrale zu verstärken, wurden 1921 *»Organisations-Anweisungen«* veröffentlicht. Die Leiter der örtlichen Versammlungen (d.h. der früheren »Ekklesias«) wurden nicht mehr von den Mitgliedern gewählt, sondern von oben bestellt und beaufsichtigt[102]. Die bisherige kongregationalistische Verfassung wich der »theokratischen« Ordnung, bei der die Versammlungen ihrer Selbständigkeit beraubt wurden. Hand in Hand damit ging eine Aktivierung der Mitglieder. Hatte Russell hauptamtliche Kolporteure für den Vertrieb des Schrifttums angestellt, so hämmerte Rutherford seit 1922 den Anhängern ein, daß *jeder* zum »Felddienst« verpflichtet sei. Für diese »Verkündiger« wurden von der Leitung laufend Dienstanweisungen in dem Monatsblatt *»Bulletins«* herausgegeben.

Der inneren Festigung und geistigen Lenkung dienten die *großen Kongresse*, die Rutherford zu einer jährlich wiederkehrenden Institution ausbaute. Hier werden die Teilnehmer mit den Erkenntnissen, Parolen und Entschlüssen der Zentrale bekannt gemacht und für den Verkündigerdienst beschwingt; sie bilden zugleich die Kulisse für Resolutionen und Proklamationen, die an die Feinde Jehovas und seiner Organisation gerichtet werden. Mit den eindrucksvollen Zahlen der Teilnehmer, mit ihrer vorbildlichen Disziplin und dem exakt funktionierenden Apparat für ihre Versorgung bilden die Kongresse zugleich eine werbewirksame Repräsentation des Werkes vor der Öffentlichkeit. Im Laufe der Zeit wurde das Kongreßwesen immer mehr entwickelt und variiert: die »Weltkongresse« wurden zu Wanderveranstaltungen umgestaltet, die von Kontinent zu Kontinent zogen, alle mit dem gleichen Programm und Thema. Dazu kamen kleinere Kongresse auf der Ebene der Länder und Bezirke. Es gibt keine Glaubensgemeinschaft, die so kongreßreich ist wie die Zeugen Jehovas.

[100] Wachtturm 1919, S. 195 a

[101] A. Rogerson, Viele von uns werden niemals sterben, S. 69

[102] In den Anordnungen Rutherfords für Deutschland und die Schweiz 1920 hieß es z. B. vom Versammlungsleiter (wie übrigens auch vom Leiter des Zweigbüros): »Er wird vom Präsidenten der Gesellschaft ernannt und behält seine Stellung, solange es diesem gefällt.« (Wachtturm 1921, S. 14–16)

Der Aufbau der autoritären Organisation fand seinen Abschluß mit der 1938 von den Versammlungen angenommenen Resolution, »daß *›die Gesellschaft‹ der sichtbare Vertreter des Herrn auf Erden* ist. Daher stellen wir das Gesuch, daß ›die Gesellschaft‹ unsere Gruppe für den Dienst organisiere und deren verschiedene Diener bestelle.«[103] Fortan besaß die WTG-Zentrale eine unbeschränkte Leitungsvollmacht. In einem geschichtlichen Rückblick wurde zu diesem Vorgang geschrieben: »Vorbei waren die Tage der Abstimmung, des demokratischen Wählens und der Debatten. Der König, Jesus Christus, war nun am Kopfe seiner irdischen Organisation, und er war es, der die Ernennungen leitete und die Leitungsgewalt der Versammlungen des Volkes Jehovas innehatte.«[104]
Am 8. Januar 1942 starb Rutherford. Sein Nachfolger wurde Nathan Homer Knorr (geb. 23. April 1905 in Bethlehem, Pennsylvania), der 1921 von der Reformierten Kirche zu den Zeugen Jehovas übergetreten war und seither in ihrer Zentrale arbeitete. Er setzte die Tradition seines Vorgängers fort, arbeitete unermüdlich an der Verbesserung der Organisation und der Propaganda und reiste kreuz und quer durch die Welt. Literarisch war er jedoch nicht so fruchtbar wie Rutherford.

Das Gesamtwerk der Zeugen Jehovas setzt sich aus drei eingetragenen gesetzlichen Körperschaften zusammen, die durch den gemeinsamen Präsidenten verbunden sind, aber verschiedene Tätigkeitsfelder haben: 1. *Watch Tower Bible and Tract Society of Pennsylvania*, 2. *Watch Tower Bible and Tract Society of New York* und 3. *International Bible Students Association*. Die erstgenannte Organisation ist von vorrangiger Bedeutung, zumal sie die Fortsetzung der von Russell 1881 gegründeten WTG ist. 1971 wurde eine *»Leitende Körperschaft«* mit damals elf Mitgliedern neu gebildet und an die Spitze des Gesamtwerks gestellt. Sie entspreche der »leitenden Körperschaft« der biblischen Urgemeinde, so wurde gesagt. Ihre Mitglieder seien »gesalbte Erben Gottes« und gehörten zur Klasse des »treuen und verständigen Sklaven« (Matth. 24, 45). Ihre Amtszeit währt lebenslänglich. Obwohl sie zugleich Mitglieder der WTG sind, werden sie nicht von dieser in die Leitende Körperschaft gewählt; letztere ergänzt sich vielmehr selbst, denn sie stellt die göttlich bevollmächtigte *geistliche* Führung der Zeugen Jehovas dar, unabhängig von der WTG als juristischer Körperschaft.
Diese WTG von Pennsylvanien ist praktisch das ausführende Organ der Leitenden Körperschaft. Sie ist nach ihrer Satzung von 1944 das »gesetzliche weltweite Verwaltungsorgan« und hat die Aufgabe, den Verkündigungsdienst auf vielerlei Weise zu fördern: durch Druck und Verbreitung von Bibeln und Schriften, durch die Ausbildung, Ernennung, Aussendung und den Unterhalt von Vertretern, Lehrern und Missionaren, durch Gründung von Bibelschulen und Unterrichtsklassen, Bereitstellung der erforderlichen Räume für Versammlungen und Wohnungen, durch Benutzung oder den Betrieb von Radiosendern. Die Mitglieder der WTG – ihre Zahl soll 500 nicht übersteigen – wählen den siebenköpfigen Vorstand für jeweils drei Jahre. Der Vorstand wiederum wählt die Mitglieder der Ge-

[103] Jehovas Zeugen in Gottes Vorhaben, S. 148f.
[104] Wachtturm 1. 8. 1955

sellschaft. Die breite Masse der Zeugen Jehovas hat also auf die Wahl der WTG-Leitung ebenso wenig Einfluß wie die Leitende Körperschaft.
Die WTG gliedert sich in »Zweige«, die ganze Länder umfassen. Die Zweige sind in »Bezirke«, diese in »Kreise« mit zehn bis fünfzehn »Versammlungen« aufgeteilt. An ihrer Spitze steht jeweils ein Zweig-, Bezirks- oder Kreisaufseher. Bis 1971 wurden sie nicht als »Aufseher«, sondern als »Diener« bezeichnet; die Änderung brachte zum Ausdruck, daß sie jeweils übergeordnete Autoritätsträger sind. Ebenfalls 1971 wurde auf der unteren Ebene das *Ältestenamt* wieder eingeführt. Aber das bedeutete keine Rückkehr zu der demokratischen Ordnung, wie sie in den »Ekklesias« zu Russells Zeiten bestanden hatte. Denn die Wahl der Ältesten erfolgt nicht mehr durch die Versammlungen, sondern sie haben lediglich jedes Jahr um den 1. September der WTG »eine Liste von älteren, reiferen Brüdern als Empfehlung für die Einsetzung zu Ältesten zu senden«. Sie haben also nur ein Vorschlagsrecht. Außerdem ist die Amtszeit der Ältesten auf ein Jahr, ihre Dienstaufgabe auf eine helfende Tätigkeit beschränkt: Wenn Menschen mit verschiedenen Lebensanschauungen aus »dem Weltreich der falschen Religion fliehen und in Jehovas theokratischer Organisation Zuflucht suchen«, dann werden naturgemäß »Probleme in einer Versammlung entstehen« – Spannungen unter den Amtsträgern und zwischen ihnen und den Mitgliedern, Streitigkeiten und Gruppenbildungen innerhalb der Versammlung, Ermüdung, Aufsässigkeit, unmoralischer Lebenswandel einzelner Mitglieder. Um Schwierigkeiten dieser Art sollen sich die Ältesten kümmern. Sie sollen »ein Beispiel geben, indem sie Liebe zu anderen in der Versammlung offenbaren«[105]. Sie sollen also Konflikte ausräumen. Vermutlich wurde das Ältestenamt besonders angesichts der Krise eingeführt, die durch die Prophezeiung in bezug auf das Jahr 1975 ausgelöst wurde.
Die WTG-Führung hat also sämtliche Vollmachten, die *Organisation auf allen Ebenen zu leiten und zu überwachen.* Ihre Bevollmächtigten, die »Diener für die Brüder«, besuchen regelmäßig die Versammlungen und prüfen die Verkündigerberichte, Nachbesuchskarteien, Konten, Literaturabrechnungen usw. Von den Verkündigern wird erwartet, daß sie jeden Monat auf vorgedrucktem Formular über ihre Tätigkeit (Stundenzahl, Zeitschriftenverkauf, Hausbesuche, Heimbibelstudien) berichten. Im Interesse der »Gemeindezucht« ist jedem Zeugen die Pflicht auferlegt, dem zuständigen Funktionär Meldung zu machen, sobald er erfährt, daß ein anderer Zeuge oder ein Familienglied desselben etwa eine nicht legale Liebschaft hat[106].
Die gesamte WTG-Organisation ist demnach ein vielgliedriger Apparat in der Hand einer autoritären Führung, von der die Lehrentscheidungen ausgehen, von der Direktiven ausgegeben, die organisatorischen und personellen Maßnahmen getroffen, die Ordnungen bestimmt werden. Die unteren Instanzen haben keinen Spielraum zu eigenem Handeln. Eine freie Aussprache innerhalb der Versammlungen zwecks kritischer Prüfung und Meinungsbildung gibt es nicht. Auch alle Veröffentlichungen mit Ausnahme der Vortragsanzeigen müssen der Leitung zur Genehmigung vorgelegt werden. Am 1. September 1958 wurden umfangreiche

[105] Jahrbuch 1972, S. 22
[106] Wachtturm 15. 6. 1958

»Richtlinien für die Zweigbüros« in Kraft gesetzt, die dafür sorgen, daß »die verschiedenen Abteilungen in diesen Zweigstellen alle nach erprobten, erfolgreichen Methoden einheitlich funktionieren«[107].

Die beträchtlichen Kosten für hauptamtliche Mitarbeiter, Schriftenproduktion, Reisen, Beschaffung von Räumen usw. werden durch Spenden aufgebracht. Zu diesem Zweck stehen in den Versammlungssälen Spendekästen. Außerdem verpflichten sich die Zeugen im Rahmen der alljährlichen *»Gute Hoffnung«-Aktion* zu regelmäßigen Monatsbeiträgen, die allerdings jederzeit widerrufen werden können und auch nicht angemahnt werden. Im übrigen ist dafür gesorgt, daß die eingehenden Gelder so wirksam wie möglich verwendet werden. So sind die Personalausgaben denkbar niedrig. Die hauptamtlichen Mitarbeiter in den Bethel-Heimen, Druckereien und Farmen bekommen freie Station und ein Taschengeld (1970 waren es 14 Dollar monatlich). Die Schriften können deshalb billig produziert werden, und das Heer der Zeugen Jehovas stellt eine weltweite Vertriebsorganisation dar, die fast kostenlos für den Absatz sorgt. Jeder Zeuge muß die von ihm zum Verkauf übernommenen Schriften zunächst einmal selbst erwerben. Der niedrige Preis der Schriften hält auch seine Provision außerordentlich niedrig. Oft verschenken die Zeugen die von ihnen gekauften Bücher. Entsprechend hoch ist der Gewinn aus dem Literaturvertrieb – er betrug z. B. 1966 über 31 Millionen DM –, und er dient dem immer weiteren Ausbau des Propagandaapparats.

Der Kampf zwischen Jehova und Satan

1. Wie schon erwähnt, suchte Charles T. Russell in der Bibel eine Hilfe, die ihn von der Angst vor der ewigen Verdammnis freimachen konnte. Sie bot sich ihm in der Entdeckung, daß es keine Hölle gebe und daß die verworrene, böse Geschichte der abtrünnigen Menschheit jetzt durch das Tausendjährige Reich abgelöst werde. Auch für die weitere Lehrentwicklung der Zeugen Jehovas blieb dieses Motiv maßgebend. In ihrem Brennpunkt steht ein handfestes irdisches Glück von endloser Dauer in einer paradiesischen Welt. Die ganze Welt- und Heilsgeschichte ist nichts anderes als der mit allerlei Komplikationen und Konflikten belastete Weg vom verlorenen Paradies Adams und Evas zum wiedergewonnenen Paradies des irdischen »Königreichs Gottes«.

Aber dieser Weg ist zugleich in ein übergeordnetes Drama eingebettet. Es steht unter dem Thema *»Die Rechtfertigung Gottes«* und hob mit der Schöpfung an. Jehova schuf die Erde, damit das Menschengeschlecht im Gehorsam gegen seine Gebote ein paradiesisches Leben führen sollte. Die Erschaffung des ersten Menschenpaares geschah im Herbst 4025 v. Chr. *Luzifer*, einer der Cherubim, bekam die Schirmherrschaft über das junge Menschengeschlecht. Aber er erwies sich als ein ungetreuer Sachwalter Jehovas. Er rebellierte. Er wollte Gott gleich werden. Das gelang ihm zwar nicht, denn seiner Rebellion folgte Jehovas Gericht auf dem

[107] Jehovas Zeugen in Gottes Vorhaben, S. 286

Fuß; er entzog Luzifer, dem nunmehrigen Satan, sein Amt[108] und verurteilte ihn zur schließlichen Vernichtung. Aber immerhin, er mußte den Abgefallenen 6000 Jahre lang gewähren und sich auf der Erde austoben lassen. Warum? Durch seinen Ungehorsam hatte Luzifer »eine Streitfrage aufgeworfen hinsichtlich der Obergewalt Gottes«. Er hatte gewissermaßen unter den Augen der Menschen Jehovas Prestige angetastet. Also mußte Jehova sich rechtfertigen; er mußte in Auseinandersetzung und Sieg über den Satan vor aller Welt erweisen, daß er der Souverän ist.

Die Walstatt, auf der dieser Kampf durchgeführt und entschieden werden mußte, ist die Erde, und die Menschen sind seine Zuschauer, Objekte und Mitakteure. Beide, Jehova und Satan, traten fortan in der Menschenwelt einander gegenüber, sammelten ihre ergebenen Anhänger, richteten ihre Machtbereiche auf. Zunächst hatte Luzifer einen Vorsprung: Der Sündenfall Evas weitete sich aus. Adam befand sich nämlich nach ihrer Verführung in einer schwierigen Lage: Sollte er Gott gehorchen? Dann mußte er sich von Eva trennen und konnte also Gottes Befehl, die Erde zu bevölkern, nicht ausführen. Oder sollte er von der verbotenen Frucht essen? Er entschied sich für das letztere. Damit verlor er das Recht auf Leben: Der Mensch »hat« keine Seele, sondern »ist« eine Seele. Sie ist sterblich (Hes. 18, 20 u. a.), und es besteht darin kein Unterschied zwischen Mensch und Tier (4. Mose 31, 28). Beim Tod versinkt sie in die tiefe Bewußtlosigkeit. Es gibt also kein Weiterleben in einer jenseitigen Welt[109].

Mit Macht richtete Luzifer sein Reich in dieser Welt auf. Er wurde der Gott aller Völker. Er gründete die Staaten, die kommerziellen Organisationen und – die Religionen und Kirchen, um mit ihrer Hilfe seine Herrschaft auszuüben. Die »Religionisten« beten in Wahrheit nicht Gott an, sondern stehen im Dienst des Satans. Das gilt noch mehr von den Priestern und Theologen und vollends vom Papst. Die organisierte Religion, die »große Hure«, ist der allerschlimmste Teil im staatlichen Regierungssystem. Die Kirchen verfolgen zusammen mit ihren politischen und kommerziellen Bundesgenossen, die alle drei in der Zahl 666 vorgebildet sind, die Zeugen Jehovas und verführen die Völker. So steht die Welt unter einer geistigen und politischen Diktatur des Satans.

2. Aber auch Jehova schritt nach dem Sündenfall zu planmäßigen Gegenaktionen. Er übernahm die Gewalt über den Garten Eden. Abel wurde der erste Zeuge Jehovas. Ihm folgten weitere bis Mose. Von nun an begab sich Jehova von der Ebene der Einzelzeugen auf die Volksebene; er erkaufte sich im Jahr 1513 v. Chr. Israel zu seinem Volk und gab ihm eine theokratische Regierung. Aber wegen der Untreue der Könige Judas entzog er 606 v. Chr. (Beginn der Babylonischen Gefangenschaft) dieser »theokratischen Vorbildregierung« die Macht. Mit der Unterwerfung der Juden unter die Heiden begannen nun die »bestimmten Zeiten

108 Jehovas Scheidebrief sei Hes. 28, 16–19 wiedergegeben.

109 Die biblische Seelenlehre ist freilich keineswegs so eindeutig, wie das Russell und seine Nachfolger wahrhaben wollen. Mit Texten wie Matth. 10, 28; Luk. 16, 19ff.; 23, 43; Phil. 1, 23 haben die Zeugen Jehovas deshalb beträchtliche Schwierigkeiten.

der Nationen«, die 2520 Jahre dauern und im Zeichen der gottlosen »Nationen« stehen[110].

Den mächtigsten Gegenschlag gegen den Satan führte Jehova mit der *Sendung Jesu Christi*. Dieser ist nicht die zweite Person der Trinität, ist nicht gottgleich. In seiner vormenschlichen Existenz war er von Jehova als ein mächtiges Geistgeschöpf mit dem Namen »Michael«[111] beim Uranfang der Welt erschaffen worden. Als er dann Mensch wurde, »entäußerte« er sich seiner himmlischen Herrlichkeit und war nun kein mächtiger Geist mehr, auch kein Gottmensch, sondern ein echter Mensch. Er bewies durch sein Leben, daß er vollkommen war und den Versuchungen des Satans widerstand. Während der erste Adam durch seinen Ungehorsam das Recht auf Leben verlor, verdiente es Jesus Christus als der »zweite Adam« durch seinen Gehorsam. Darum wurde er von Jehova auferweckt und »besaß nun dieses Recht als ein kostbares Gut, das den Kaufpreis oder das Lösegeld darstellte« (Rutherford). Genauer: Mit seinem Tod am Kreuz wurde ihm sein Recht auf ein vollkommenes menschliches Leben entrissen und mit der Auferweckung wieder zurückgegeben, aber er machte davon für sich keinen Gebrauch, sondern blieb im Geistleben. Deshalb konnte er dieses Recht auf Adams Nachkommen übertragen, die ohne Lebensrecht geboren wurden. Er erwarb damit den Verstorbenen die Möglichkeit, im zukünftigen Tausendjährigen Reich ins Leben zurückzukehren, um sich noch einmal für Gott und damit für das künftige Paradies auf Erden entscheiden zu können. Daß sie diese zweite Chance bekommen, entspricht auch einem Gebot der Gerechtigkeit, denn die Menschen haben so unter der Herrschaft des Satans und seiner Knechte gestanden, daß sie Gottes Willen nicht erkennen und befolgen konnten.

3. Jesu Königreichsbotschaft wurde bald verdunkelt und verdorben. Schon mit dem Tod des Evangelisten Johannes 100 n. Chr. setzte der *Abfall* ein, als die ersten Spaltungen sichtbar wurden. Er erreichte einen Höhepunkt im Jahr 325, als Kaiser Konstantin den Gegner der Trinitätslehre Arius verdammte und verbannte. Auch der *Heilige Geist* ist so wenig wie Christus eine eigenpersönliche Gottheit, sondern die von Jehova ausgehende Energie, durch die er seine Vorsätze ausführt. Die *Kirche* hat die Irrlehre von einer aus drei Personen bestehenden Gottheit zum Dogma erhoben und ihr noch die Lehre von der Unsterblichkeit der Seele hinzugefügt, mit der sie die Menschen ängstigen konnte, da sie die Drohung mit ewigen Höl-

[110] Vgl. Luk. 21, 24. Die Zahl der 2520 Jahre hatte man von Russell übernommen: Mit dem Fall Jerusalems 606 v. Chr. habe Gottes Königtum geendet und »die ganze Erde wurde den Heiden überlassen«, schrieb Russell in »Three Worlds or Plan of Redemption«; diese Zeit sollte 2520 Jahre dauern, also 1874 enden. Daß Russell auf die Zahl 2520 kam, hatte er seiner Unkenntnis der hebräischen Sprache zu verdanken. Er hatte in seiner englischen Bibel aus 3. Mose 26, 18 und 24 entnommen, daß Israel im Fall seines Ungehorsams »seven times« gezüchtigt wird, und hatte das mit »sieben Zeiten« übersetzt, während der hebräische Urtext eindeutig von einer »siebenfach« verstärkten Strafe spricht. Russell machte dann aus den »Zeiten« Jahre mit abgerundeten 360 prophetischen »Tagen«, die er wiederum für Sonnenjahre setzte, und kam so auf 2520 Jahre. – Falsch ist auch sein Ausgangsdatum 606 v. Chr., denn der Fall Jerusalems geschah nicht 606, sondern 587 v. Chr.

[111] Auch hier wurde Russell ein Opfer seiner Unkenntnis des Hebräischen: In der englischen Sprache lautet die Übersetzung von »Michael«: »Who is like God«, und Russell folgerte: Michael-Jesus ist gleich einem Gott, d. h. einem mit besonderer Machtfülle ausgestatteten Geschöpf. Das hebräische Wort dagegen ist eine Frage: »Wer ist gleich Gott?«

lenqualen ermöglichte. Die Bibel aber lag in der toten lateinischen Sprache begraben, und ein »System der Priesterherrschaft heidnischen Ursprungs« hielt seinen Einzug in der Kirche.

Es ist ein langes Sündenregister, das die Zeugen den Kirchen aller Schattierungen, am meisten der römischen Kirche, vorwerfen: daß sie die heidnische Transsubstantiationslehre vertreten, biblisch nicht gebotene Feste wie Weihnachten feiern, aus den heidnischen Kulten noch andere Symbole übernommen haben, z. B. das Kreuzeszeichen (Christus starb in Wirklichkeit an einem Pfahl), den Fisch, die Osterbrötchen, den Heiligenschein; daß sie nach Macht streben, in ihrer Mitte eine stolze Hierarchie errichtet haben, Titel und Ehren vergeben, Prunk und Pomp entfalten, mit den Staaten Bündnisse schließen, die Geschäfte der politischen und kommerziellen Mächte besorgen, den Militärdienst unterstützen, sich an politischen Händeln beteiligen, mit ihren Geselligkeitsveranstaltungen und Finanzierungskünsten der Verweltlichung verfallen sind, das Bibelwort durch eine liberale Bibelkritik entleeren oder mit modernen Philosophien wie der Entwicklungslehre vermischen. Kurzum, die Christenheit bildet den verdorbensten und gefährlichsten Teil der »falschen Religion«, die alle Religionen der Welt umfaßt und nach Offb. 17, 5 »Babylon die Große« heißt[112].
Gewiß, es fehlte nicht an Versuchen, diese Satansherrschaft in der Christenheit zu brechen. Die Waldenser, Wyclifiten, Luther waren Leuchtzeichen in der Nacht. Aber sie wurden blutig unterdrückt und fanden auch nicht zur vollen Wahrheit hindurch. So konnte sich die Predigt und das Werk Christi nicht in den Kirchen fortsetzen. Aber trotzdem ging die von ihm gegründete »Körperschaft geistgezeugter Nachfolger« nicht unter. Ihre Geschichte verlief außerhalb der Kirchen, allermeist im Untergrund. Sie begann mit dem Pfingstfest 33 und endet mit dem Anbruch des Königreichs Gottes. Die Mitgliederzahl dieser »Heiligtumsklasse« wird beim Kommen Christi genau 144 000 betragen.
Mit Russell begann die endzeitliche Epoche. Die verschüttete Wahrheit wurde wieder ausgegraben. Der Plan Gottes mit der Schöpfung wurde enthüllt, der Machtbereich des Satans entlarvt. Es wurde verkündigt, daß die jetzige, alte Welt rasch vergeht und der Anbruch der Königsherrschaft Gottes nahe bevorsteht. Zugleich hat Jehova für diesen letzten Geschichtsakt seine Zeugen gesammelt und eine sichtbare Theokratische Organisation geschaffen. Sie ist seine Endzeitpartne-

112 Die Christenheit erscheint in den Publikationen der WTG als der Bösewicht schlechthin, der an allen Übeln, Kriegen und Bosheiten der Geschichte und Gegenwart schuldig ist. Irgendeine, sei's auch nur versteckt angedeutete, freundliche Äußerung sucht man vergeblich in ihrer Literatur. Zu den heutigen Früchten der »Christenheit« gehören vor allem auch »die weitverbreiteten Verbrechen und Gewalttaten, die politische Korruption und allgemeine Habsucht, die Rauschgiftsucht und die lockere Moral« (Erwachet! 22. 9. 1971). In dem Buch »Die Nationen sollen erkennen, daß ich Jehova bin« (1972) finden sich in bezug auf Kirchen und Christenheit Beschimpfungen, für die mit Vorliebe Begriffe und Bilder aus dem Bereich der Prostitution verwendet werden; Prostituierte, mistige Götzen, berüchtigt, ehebrecherisch, unsittlich (243); Verbrecher (244); verliebt in Prostituierte, deren Glieder denen von Eseln gleichen und deren Same in Strömen kommt wie der von Pferden (247); schamlose Straßendirne, Gimpelfänger (251); Weib der Zügellosigkeit (261); verbrauchte alte Hure (264); sie handelt »gleich einer berufsmäßigen Hure... Schau nur, wie sie sich wäscht, um jeden anstößigen Geruch zu entfernen«, und sie ist wie ein »Bordell«, gefüllt von einer sorglosen Menge, »die sich sinnlichen Vergnügungen hingibt« (260).

rin, durch die er in der Schlußphase der alten Welt mit den Nationen und Religionen handelt und nach dem Anbruch seiner Königsherrschaft das paradiesische Leben auf Erden aufbaut.

Endzeitberechnungen mit Pannen

Aber wann tritt nun dieses große Ereignis ein? Hier muß auf Russell zurückgegriffen werden, der für alle Berechnungen der Zeugen Jehovas die Grundlage schuf. Er war überzeugt, daß die Bibel eine welt- und heilsgeschichtliche Zeittafel enthält, deren Daten sich über den ganzen Zeitraum von der Schöpfung bis zum Anbruch des Tausendjährigen Reichs erstrecken.

Jehova hat eine merkwürdige Eigenschaft: Er ist selbst ein Rechner. Er hat sozusagen einen Terminkalender entworfen, in den er schon bei Beginn seiner Weltregierung alle seine zukünftigen Taten mit genauen Jahresdaten eingetragen hat. »Gott ist der große Zeiteinhalter, der Eine, der die Zeiten und Zeitabschnitte bestimmt und die Dinge genau zur programmäßigen Zeit eintreten läßt.«[113] Nun hat er aber die Ziffern seines Terminkalenders hier und da in der Heiligen Schrift verstreut und verhüllt mitgeteilt. Da er dabei allerlei Kniffe angewendet hat, um den Bibelforschern die Aufdeckung seiner Pläne zu erschweren[114], müssen diese mit Schläue und detektivischem Scharfsinn die Daten aufspüren, indem sie den verborgenen Sinn einzelner Bibelstellen enthüllen und diese miteinander kombinieren.

Was ist das Ergebnis der »ernsten Bibelforschung«, welche die WTG-Leiter nach dieser Richtung betrieben? Es müssen drei verschiedene Berechnungssysteme unterschieden werden, die einander ablösten, weil die Ergebnisse jeweils durch den eigenwilligen Lauf der Geschichte über den Haufen geworfen wurden.

1. Nach Russell fand die Erschaffung des ersten Menschenpaares genau im Jahre 4128, der Sündenfall 4126 v. Chr. statt. Die Gesamtdauer der Welt beträgt 7000 Jahre, wovon 1000 Jahre auf das zukünftige Königreich Gottes entfallen (Millennium). Es bleiben also 6000 Jahre für die »Zeit der Sündenherrschaft«. Rechnet man sie von 4126 v. Chr., dann kommt man auf das Jahr 1874 n. Chr. Mit diesem Jahr war also die Sündenzeit zu Ende und die Wiederkunft Christi fällig. Er ist freilich nicht schon leibhaftig auf die Erde gekommen, sondern weilt seit Oktober 1874 unsichtbar als Geistwesen in den oberen Lufträumen. Nun muß man von seiner Ankunft nicht mehr im Futurum reden; sie ist real erfolgt, also perfekt[115]. Freilich, ganz so schnell geht es nicht. Zunächst wartete Christus 3½ Jahre, um

[113] Wachtturm 1. 10. 1951

[114] So bemerkt Russell zu Dan. 11, 29f., es handle sich hier um einen »Zwischensatz, der zu dem Zweck eingeschoben ist, um durch Unterbrechung des Fortgangs der Erzählung die Bedeutung derselben zeitweilig zu verbergen« (Dein Königreich komme, 1891, S. 30).

[115] A. a. O. S. 122 schrieb Russell: »Der Herr ist wahrlich gegenwärtig! Und die Zeit zur Aufrichtung seines Königreichs und für die Erhöhung und Verherrlichung seiner treuen Braut ist vorhanden. Die Tage des Wartens auf seine Gegenwart sind jetzt vorbei, und das lang vorhergesagte Glück der Wartenden ist uns zuteil geworden.«

erst im April 1878 »in Wirklichkeit das königliche Amt, Gewalt usw. an sich zu nehmen«[116]. Er erweckte die Apostel und Märtyrer, d. h. die »kleine Herde«, und diese befindet sich seitdem ebenfalls im Himmelsraum, um Christus zu begegnen; alle »Geweihten« aber, die fortan sterben, werden sofort in herrliche Geistwesen verwandelt und zu ihm entrückt. 1878 wurden sodann die Kirchen von aller Gnade abgeschnitten, die Gotteskinder aus ihnen herausgerufen, die Herausgabe des »Wachtturm« vorbereitet und für Israel das Ende seiner Blindheit herbeigeführt. Aber das eigentliche große Ereignis ist immer noch nicht da. Von 1874 an wird es noch 40 Jahre dauern, bis der »glorreiche Millenniumstag« herbeigeführt ist. Diese 40 Jahre sind die Zeit der »Ernte«, d.h. der Prüfung, Abrechnung und Lohnausteilung. Das Jahr 1914 aber bildet den endgültigen Schlußpunkt der bisherigen Geschichte und bringt den Anbruch des Königreichs Gottes. – So weit Russell.

2. Daß im Jahr 1914 das Königreich Gottes ausblieb, war natürlich eine Enttäuschung. Nun aber verlief dieses Jahr nicht ereignislos, sondern brachte einen Weltkrieg, der sich mit einem endzeitlichen Akzent versehen ließ. Die Aussagen in Russells »Schriftstudien« über 1914 wurden in späteren Ausgaben korrigiert, ohne daß die Leser darüber informiert wurden[117]. In einem Vortrag *»Die Welt ist am Ende – Millionen jetzt Lebender werden nie sterben«*, den Rutherford am 24. Februar 1918 in Los Angeles hielt und der dann in erweiterter Form gedruckt und massenhaft verbreitet wurde, legte er eine eigene Berechnung vor. Um zu einem neuen Enddatum zu gelangen, ging er von 3. Mose 25, 1–12 aus: Jehova befahl dem Mose, das Sabbatjahr einzurichten. Dies geschah im Jahr des israelitischen Einzugs in Kanaan, das Rutherford auf 1575 v. Chr. festsetzte. Dann sollte jedes 50. Jahr ein Jubeljahr sein. Nach Jer. 25, 11 und 2. Chron. 36, 17–21 sollen im ganzen 70 Jubeljahre eingehalten werden. Die Gesamtzahl von 70 mal 50 = 3500 Jahren ist vom Jahr 1575 an zu zählen, geht also im Herbst 1925 zu Ende. »Wir können vertrauensvoll erwarten, daß mit 1925 die Rückkehr Abrahams, Isaaks, Jakobs und der glaubenstreuen Propheten des Alten Bundes eintreten wird.«[118] Als entgegen dieser Verheißung die Erzväter beharrlich ausblieben, behalf sich der Prophet Rutherford mit dem harmlosen Wörtchen »bald« und hoffte »zuversichtlich, daß kein weiteres Jahrhundert dahingehen wird«. In San Diego in Kalifornien wurde ein *»Beth-Sarim«*, ein »Haus der Fürsten«, errichtet und öffentlich Abraham, Isaak, Jakob, David und »anderen Gerechten der alten Zeit« zugeschrieben, damit sie nach ihrer Wiedererweckung hier ihren Sitz nehmen und die sichtbare Regierung im Tausendjährigen Reich ausüben können. Bis zur Inbesitznahme durch die künftigen Eigentümer sollte es als Heim dienen, »wo der Präsi-

[116] a. a. O. S. 219

[117] An mehreren Beispielen wies Dietrich Hellmund in seiner Dissertation »Geschichte der Zeugen Jehovas« nach, daß die WTG diese Aussagen »im Wortlaut abgeändert, gelegentlich in ihr Gegenteil verkehrt« hat. Vor allem ließ man Russell in dem ihm unterschobenen Band VII der »Schriftstudien« prophezeien, daß 1914 nicht das Gottesreich, sondern die Zerstörung beginnen werde, die in mehreren Etappen ablaufe.

[118] Millionen jetzt lebender..., S. 70

dent und seine Büromitarbeiter der Strenge des Winters entgehen können«[119]. In einem Rückblick 30 Jahre später aber wurde erklärt, die erwarteten Ereignisse seien nur deshalb 1925 ausgeblieben, weil die Zeugen noch viel Arbeit in der Alten Welt zu tun hatten, um »denen zu helfen, die immer noch herausgesammelt werden sollten«[120].

3. Die Terminkalender von Russell und Rutherford wurden samt ihren Herleitungen 1925 en bloc außer Kraft gesetzt, denn nun wollte man keinerlei Berechnungen mehr anstellen. Nur das Jahr 1914 hielt man fest und deutete den *Ausbruch des Ersten Weltkrieges als erstrangiges eschatologisches Ereignis:* Der »Wachtturm« veröffentlichte die »großartige Offenbarung«, daß um den 1. Oktober 1914 herum Christus als König der neuen Welt auf den Thron gestiegen ist und eine Schlacht gegen die satanischen Mächte eröffnet hat, die sich zu diesem Zeitpunkt ebenfalls noch im Himmel aufhielten. Die Schlacht im Himmel währte dreieinhalb Jahre lang und endete damit, daß der Satan samt seinen Engeln aus dem Himmel geworfen wurde und auf die Erde stürzte. Darüber ergrimmt, sammelte er fortan die Nationen, um auf der Erde den Krieg gegen Christus weiterzuführen. Deshalb sind die Jahre seit 1918 durch Kriege, Verführungen und viel Leid gekennzeichnet[121].

Das Jahr 1914 brachte nicht nur die himmlische Thronbesteigung Christi, sondern eröffnete auch die eigentliche Geschichte der sichtbaren Theokratischen Organisation auf Erden. Um sie als erfüllte Weissagung deuten zu können, bediente man sich wieder der 1260 und 1290 und 1335 Tage, die schon Russell benützt hatte. Da laufen zunächst von 1914 an die 1260 Tage bis 1918: Der Teufel konnte auf Erden ein Ersatzkönigreich aufrichten. (Daß er schon während der ganzen vorhergegangenen »bestimmten Zeiten der Nationen« 2520 Jahre lang auf Erden geherrscht hatte, also nicht eigens mehr ein Königreich aufrichten mußte, wird großzügig übersehen.) Es gelang ihm, unter den Zeugen eine schwere Krise mit Verwirrungen, Spaltungen und Abfall hervorzurufen. Aber da griff Jehova ein und eröffnete damit zugleich die zweite Periode der 1290 Tage. Beginnend im Januar 1919 mit der Gründung des Völkerbundes als der »Aufrichtung des Greuels«, d.h. des teuflischen Ersatzkönigreichs, dauerte sie bis September 1922. Sie umfaßt die Reorganisierung der Zeugen Jehovas und die öffentliche Verurteilung des Völkerbundes durch den zweiten Kongreß der Zeugen in Cedar Point im September 1922. Die dritte Periode der 1335 Tage endete dann im Mai 1926, wo auf dem Londoner Kongreß der Zeugen »mit vielen kirchlichen und falschen religiösen Ideen« aufgeräumt und dem Völkerbund von neuem ein mächtiger Schlag versetzt wurde. Um eine weitere Etappe der theokratischen Geschichte als Erfüllung biblischer Prophetie nachweisen zu können, griff man nach den 2300 Abenden und Morgen von Dan. 8, 13 f. Diese 2300 Tage begannen am 1. Juni 1938: Damals veröffentlichte der »Wachtturm« den ersten Teil eines Aufsatzes *»Organisation«*, in dem die theokratischen Forderungen an die Zeugen Jehovas deutlicher dargelegt wurden. Und sie endeten am 8. Oktober 1944: an diesem Tag wurde der Entschluß der Vereinigten Staaten, Englands, der Sowjetunion und Chinas bekanntgegeben, eine internationale Sicherheitsorganisation zu schaffen und damit

[119] Das gab Anlaß zu Kritik innerhalb und zu Gelächter außerhalb der WTG. Das Haus wurde 1948 wieder verkauft, und die Lokalzeitung »San Diego Union« spottete, daß »Daniel und die anderen bei ihrem Eintreffen nun selbst für ihre Unterkunft sorgen müßten«.

[120] Wachtturm 1. 8. 1955

[121] Wachtturm 1925, S. 115–122, 147–152

den Keim der Vereinten Nationen zu legen, der »Achten Weltmacht« aus dem Abgrund. Parallel zu diesem Vorgang im Lager des Satans geschah ein gewichtiges Ereignis in der Organisation Jehovas: Vom 30. September bis 2. Oktober 1944 beschloß eine außerordentliche Dienst- und Geschäftsversammlung der WTG eine Statutenänderung. Sie bestimmte, daß der Name »Jehova« in die Statuten aufgenommen, die Mitglieder der WTG auf 500 beschränkt und diese »aufgrund ihrer Beteiligung am Dienste Jehovas« ausgewählt werden sollen.

»Der Wachtturm« veröffentlichte am 15. Oktober 1944 den Aufsatz *»Zum Schlußwerk organisiert«*. Damit war am Ende der 2300 Tage die Theokratische Organisation vollendet; die Herrschaft Jehovas ist seit dem Herbst 1944 »in hervorragendem Maß« in der WTG aufgerichtet. (Wachtturm 15. 3. 1972)

4. Nachdem Rutherford 1938 auf einem großen Kongreß in London versichert hatte, daß Harmagedon ganz dicht bevorstehe, ohne aber ein Jahresdatum zu nennen, stellte die WTG 1943 in dem Buch *»Die Wahrheit wird euch frei machen«* doch wieder eine Berechnung an: Adam wurde 4028 v. Chr. erschaffen, und »wir sind daher nahe am Ende einer 6000jährigen Menschheitsgeschichte«, nämlich 1972. Aber das war nur eine halbherzige Prophezeiung, die rasch wieder in der Versenkung verschwand. Man begnügte sich in der Folgezeit mit der allgemeinen Auskunft, es sei jetzt die »Zeit des Gesegnetseins« für die Zeugen Jehovas, und suchte mit düsteren Zeitdeutungen und der Parole: »Harmagedon steht vor der Tür!« den apokalyptischen Alarm als Dauerzustand aufrecht zu erhalten. 1962 wurde im »Wachtturm« (S. 477) abermals gewarnt, darüber nachzugrübeln, in welchem Jahr Harmagedon kommt, und für solche Fragen Zeit zu verschwenden, »auf die uns Jehova bis jetzt noch keine Antwort gegeben hat«.

Aber wenige Jahre später änderte sich dies. Die statistischen Leistungs- und Zuwachszahlen zeigten seit 1960 deutlich, daß der Eifer der Zeugen erlahmte. Das war offensichtlich der Hauptgrund, weshalb die WTG-Leitung im Sommer 1966 in dem Buch *»Ewiges Leben – in der Freiheit der Söhne Gottes«* (Erstauflage: 2 Millionen) einen neuen Endzeittermin bekannt gab: das Jahr 1975. Die Errechnung entsprach jener, die Russell für 1874 angewandt hatte, nur daß Adam und Eva nun um 102 Jahre jünger gemacht wurden, indem man ihre Erschaffung auf 4026 v. Chr. ansetzt: damit begann die 6000jährige Menschheitsgeschichte, und sie läuft im Herbst 1975 aus. Aber durch die früheren Falschprophezeiungen gewitzigt, versah die Leitung die bis 1975 erwarteten Ereignisse vorsorglich mit einem Fragezeichen: »Es könnte das bedeuten. Doch wir sagen das nicht. Alle Dinge sind bei Gott möglich. Doch wir sagen das nicht.«[122] Der Grund dieser Zaghaftigkeit liegt auf der Hand: einerseits mußte man den Zeugen wieder ein festes Enddatum geben, weil das apokalyptische Heute für ihre Hoffnung und ihren Diensteifer und damit für das Gedeihen der WTG lebensnotwendig ist. Andererseits mußte man sich vorsorglich Rückzugswege offenhalten, falls 1975 nichts passiert.

Die Prophezeiung für 1975 wurde von den Zeugen »mit Begeisterung entgegengenommen«. Die Wachstumskurve stieg wieder. Aber daß sie die damit verbundenen Vorbehalte nicht beachteten, mußte die WTG-Leitung mit Sorge erfüllen.

[122] Wachtturm 1. 1. 1967

Sie drückte deshalb auf die Bremse. Schon von Anfang an hatte sie ein 17jähriges »Interregnum«, einen »Harmagedon-Nebel«, also eine Übergangszeit bis 1992 eingeplant und das Jahr 1996/97 als Ausweichdatum für 1975 genannt. Aber je näher 1975 heranrückte, desto schweigsamer wurde sie. Der deutsche Zweigdiener Konrad Franke, der in seinen Reden das Jahr 1975 als endgültiges und unumstößliches Ende der jetzigen Weltzeit bezeichnet hatte, wurde am 1. Oktober 1969 seines Amtes enthoben und durch den Amerikaner Richard E. Kelsey ersetzt. Andere wiederum warfen der Leitung vor, daß sie mit ihrer Terminierung erneut eine Blamage wie 1914 und 1925 heraufbeschwöre, und aus Protest verließen 1972 etwa 300 Mitarbeiter das Bethel-Heim in Brooklyn. Die Leitende Körperschaft bemühte sich, ihre Prophezeiung möglichst herunterzuspielen und zu verdrängen. So hieß es dann im Sommer 1975 aus berufenem Munde: »Nach der biblischen Chronologie, die wir haben, enden 6000 Jahre Menschheitsgeschichte am Freitag, den 5. September mit Sonnenuntergang. Das bedeutet, daß mit diesem Zeitpunkt das Millennium... beginnt.« Doch »bedeutet das *nicht*, daß damit der siebte Ruhetag Jehovas, der Sabbattag seiner Schöpfung, beginnt. So können wir denn auch nicht sagen, daß diese Dinge während des Monats September zu Ende gehen und daß wir dann in das siebte Jahrtausend des großen Ruhetages Gottes eingehen und daß wir dann zur Ruhe gelangen von all unserer Mühe... Wir müssen abwarten und sehen, wann nun das Millennium... beginnen wird.«[123]

Das Zukunftsparadies hinter dem Blutstrom

Ob 1975 oder 1996 – daß die Schlußereignisse dicht bevorstehen, wird von der Leitenden Körperschaft ebenso versichert, wie das schon vor hundert Jahren Russell getan hatte. Sie bestehen aus einer fürchterlichen und einer herrlichen Phase, und beide haben einen zentralen Rang in der Motivwelt und Verkündigung der Zeugen Jehovas.

1. Die fürchterliche Phase ist mit der *Endschlacht von Harmagedon* verknüpft (vgl. Offb. 16, 14 u. 16). »Alle Nationen sind nun auf dem Marsch nach Harmagedon.« In ihrem Kampf gegen Gott mögen sie sich noch so sehr rüsten und sich in der Organisation der Vereinten Nationen verbünden, es nützt nichts. »Da – krach – kommt der frontale Zusammenstoß!« Gott zermalmt alle Gegner, und der Sturmwind seines Zorns wird ihre pulverisierten Überreste wegfegen[124].

Diese »gewaltige Schlachtung« wird in blutrünstigen Bildern geschildert. Da setzen sich »Jehovas Hinrichtungsheere« in Bewegung. Er gibt das Zeichen, »und mit jauchzenden Rufen stürzen sich Jesus Christus und der Trupp seiner Keltertreter in den Weintrog«, um den gewaltigen »Weinstock der Erde« und seine hoch aufgehäufte Last schlechter Früchte zu zerstampfen, »und die Pferde, die unter dem Befehl Christi stehen, und seine himmlischen Truppen werden direkt waten, ja fast schwimmen im Blut«. Da wird »der blutschuldigen Welt das Leben herausgepreßt«, und das Blut der geschlagenen Nationen wird in Strömen

[123] Vizepräsident F. W. Franz auf dem ZJ-Kongreß in Gelsenkirchen
[124] Wenn alle Nationen frontal mit Gott zusammenstoßen. 1971, S. 27f.

fließen. Es gibt keinen Ort, wo man Zuflucht vor der »Weinkelter-Behandlung« finden und dem »Zerstampftwerden« entgehen kann. Wann Harmagedon kommt, ist Jehovas »militärisches Geheimnis«. Aber er wird als ein genialer General die Feinde ausmanövrieren und so vollständig vernichten, daß er als der größte Feldherr aller Zeiten im Universum gerechtfertigt dasteht. Die kosmischen Kräfte erschüttern die Erde in ihren Grundfesten. Zu Überschwemmungen kommen tobende Stürme, vielleicht auch Schauerregen von geschmolzenen Meteoren und elektrische Stürme. Vielleicht wird auch die Atomenergie in einem Maß entfesselt, daß die Atom- und Wasserstoffbomben dagegen nur Feuerwerksschwärmer sind. Hatte Jehova einst die pharaonischen Streitkräfte wie Ratten ertränkt, so wird sich das in Harmagedon in weltweitem Ausmaß wiederholen. (Wachtturm 15. 3. 1956)

In den WTG-Publikationen 1972 wurde die neue Erkenntnis mitgeteilt, daß die *Endschlacht aus zwei Akten bestehe,* die sich über eine Reihe von Jahren erstrecken. Zuerst kommt das *»Weltreich der falschen Religion«* an die Reihe. Als Vernichtungswerkzeug bedient sich Jehova der politischen Organisationen, besonders der anglo-amerikanischen Weltmacht. Die Vernichtung der Anhänger der falschen Religion geschieht in der Schlacht am Euphrat, und Gott selbst »leitet ihre Hinrichtung«[125]. Aber dann werden sich die *politischen Organisationen* auch gegen die Zeugen Jehovas wenden, und sie werden von den himmlischen Heerscharen zermalmt werden. Das ist der zweite Akt: *die Schlacht von Harmagedon.* Die Leichenfelder werden für aasfressende Vögel »ein Fest sein« und für Gott das »große Abendessen«[126]. Niemand wird der Hinrichtung entrinnen. Restlos vertilgt wird die *Klasse der »Böcke«* – das sind alle Menschen der Erde, die nicht zur »gesegneten Klasse der Schafe«, d.h. der Zeugen Jehovas, gehören, die deren Lehren zwar vernommen, aber nicht angenommen haben. Auch minderjährige Kinder von Eltern der »Bock«-Klasse und die andersgläubigen Ehepartner von Zeugen Jehovas, die sich »trotz des guten Beispiels ihres gläubigen Gefährten« nicht bekehren ließen; und natürlich auch die Anhänger von abgespaltenen Glaubensgemeinschaften, die »untreu und zu Verrätern wurden«, werden von der »göttlichen Hinrichtung« erfaßt. Und diese gewaltigen Massen der »Bock«-Klasse werden im Gegensatz zu den früheren Generationen, die der Botschaft von Jehova Gott noch nicht treu sein und sie deshalb auch nicht verwerfen konnten, »nie von den Toten auferweckt werden, denn sie kommen in den ›zweiten Tod‹«. Von der Wiedererweckung ausgeschlossen sind auch diejenigen, die in den früheren Vernichtungsgerichten Jehovas – etwa bei der Sintflut oder in Sodom und Gomorrha – umkamen oder unter Jesu Weherufe über die galiläischen Städte fielen[127].

[125] Wachtturm 1. 9. 1972, S. 518

[126] Wachtturm 15. 6. 1967

[127] Wachtturm 1. 6. 1965 – In letzter Zeit treten solche Greuelschilderungen zurück. Eher spricht man nun von einer dem allgemeinen Wohl dienenden Säuberungsaktion. So wurde etwa in dem Pressematerial, das von der Nachrichtenabteilung des WTG-Kongresses in München am 25. 7. 1973 ausgegeben wurde, versichert, daß in dem bevorstehenden Krieg Gottes »keine unschuldigen und gerechten Menschen getötet werden. Der Krieg, den Gott führen wird, wirkt sich für alle gerechtigkeitsliebenden Menschen zum Guten aus. In diesem Krieg werden nur die in Gottes Augen Bösen umkommen. Welcher gerechtigkeitsliebende Mensch wollte dagegen Einspruch erheben? Gott wird diesen Krieg führen, um die Erde vor dem Verderben zu bewahren und damit die Menschen in Frieden und Glück darauf leben können. Ein Arzt mag, um das Leben eines Patienten zu retten, ein wertvolles Organ entfernen müssen, weil es von Krebs befallen ist, aber der Patient wird ihm dankbar sein,

Der Paukenschlag von Harmagedon bildet den Abschluß jenes Dramas, das mit dem Sündenfall begann und dessen Thema die »Rechtfertigung Gottes« ist. Nun ist die »Streitfrage« beantwortet, die das Universum 6000 Jahre lang in Atem hielt: ob Jehova oder der Satan der Herr ist. Der Satan ist gebunden, sein Anhang zerschmettert, der Name Jehovas glänzend gerechtfertigt.

2. Von den wenigen noch lebenden 144000 »Geweihten« abgesehen, die zum *himmlischen* Teil des Königreichs Gottes gehören und, zu Engeln verklärt, mit Christus regieren, wird dann die Schar der treuen Zeugen auf der *erneuerten Erde* leben. Zunächst werden sie eine *gewaltige Wiederherstellungsarbeit* zu leisten haben. Deshalb wird Mädchen empfohlen, jetzt schon Zusatzkurse in allgemeiner Hauswirtschaft oder den häuslichen Künsten zu besuchen. Junge Männer sollen technische Kenntnisse erwerben, denn »die Werke der Ingenieurkunst und die Landwirtschaftsprojekte werden zu jener Zeit von gewaltigem Ausmaß sein«[128]. Es müssen Wohnungen, Nahrung und Kleidung für die Milliarden beschafft werden, die seit der Schöpfung gestorben sind und nun aus den Gräbern erweckt werden.

»Mit vollkommenen Radiostationen« werden die Angelegenheiten der ganzen Erde geleitet. In ihr zu leben, wird eine Lust sein. Denn da gibt es keine Polizei, keine Zollschranken, keine Grundstücksagenten und habsüchtigen Landbarone, keine Bodenspekulationen, keine Kriege mehr. Christus verfügt über das Land und verteilt es unter die Siedler. Die Tierwelt hat Frieden untereinander und mit den Menschen. Ein »Gesundheitsprogramm« wird es den Menschen gestatten, »bei vollkommenem körperlichem und geistigem Wohlbefinden auf einer Erde ewig zu leben, wo jede Spur von Krankheit und Altersschwäche fehlt«[129]. Das Land wird nicht mehr durch Erosionen und Bodenmüdigkeit verwüstet[130]. Alleen und Autostraßen ziehen sich von Meer zu Meer. Alte werden wieder jung. Leichenbegängnisse werden »aufhören, die Leichenbestatter werden sich nach einem weniger traurigen Beruf umsehen müssen, und die düsteren Leichenwagen werden zu Wagen der Freude und Bequemlichkeit umgebaut werden«[131].

Die Probleme einer *Bevölkerungsexplosion im Tausendjährigen Reich* konnten von der Theokratischen Leitung gelöst werden. Die Frage war: Können die wieder zum Leben erweckten Toten – es handelt sich immerhin um 14, vielleicht gar 24 Milliarden – untergebracht und ernährt werden? Ja. Denn der Unterschied gegenüber den früheren Zuständen der Erde wird so groß sein wie der Unterschied zwischen einem Müllhaufen und einem Park von paradiesischer Schönheit[132]. Die

wenn ihm die Operation gelingt. So werden die Menschen auch Gott, der alle Unterdrückung und Ungerechtigkeit von der Erde beseitigen wird, wegen dieser gerechten Tat dankbar sein, weil dadurch schließlich gerechte, friedliche Zustände herbeigeführt werden.«

128 Wachtturm 1. 4. 1950

129 Wachtturm 15. 7. 1951

130 Vgl. Wachtturm 1. 12. 1948; 15. 7. 1951; 1. 10. 1951; Broschüre »Die Sanftmütigen ererben die Erde«, S. 28

131 Rutherford in »Die Harfe Gottes – Überzeugender Beweis, daß Millionen jetzt Lebender niemals sterben werden«, 1921, S. 354

132 Wenn alle Nationen frontal mit Gott zusammenstoßen, 1971, S. 9

Landfläche umfaßt 149 Millionen qkm, so daß jedem einzelnen mehr als 60 Ar zur Verfügung stehen. Ein Bruchteil davon genügt zu seiner Ernährung. »Das übrige Land könnte für andere Zwecke benützt werden: für Sport- und Spielplätze sowie als Hort für Tiere und Pflanzen.« Und damit die 14 oder 24 Milliarden sich nicht fortzeugend vermehren, wird Jehova ihnen die Fähigkeit der Fortpflanzung entziehen. »Aus Gottes Wort geht allerdings nicht genau hervor, wann und wie das geschehen wird.« Aber Jehova wird dafür sorgen, daß alle »genügend Lebensraum haben, und das Dasein wird für sie eine Wonne sein«[133].
Diese Milliardenmassen müssen auch *belehrt und erzogen* werden, damit sie die ihnen eingeräumte Bewährungszeit im Tausendjährigen Reich bestehen können. Auch dieses Problem wird gelöst: Legt man eine Zahl von 20 Milliarden zugrunde und setzt voraus, daß sie nur sukzessive auferweckt werden, dann werden, verteilt auf 1000 Jahre, in jedem Jahr 20 Millionen, täglich 55000 Auferweckungen stattfinden. Die Zahl der Lehrkräfte ist zunächst vergleichsweise nur klein. Aber wenn sie jährlich durch Bekehrungen auch nur um drei Prozent wächst, dann verdoppelt sie sich alle 24 Jahre, und sie wird in arithmetischer Progression schon nach 256 Jahren zu einem Milliardenheer anschwellen. Die 20 Milliarden »könnten also in weniger als 400 Jahren auferweckt werden. Es stünden genügend Hilfskräfte für die Unterweisung und Schulung aller zur Verfügung.«[134]
Erweisen sich die nun Lebenden als gehorsam, vor allem in der letzten Drangsal, wenn der Satan am Schluß der 1000 Jahre noch einmal kurz losgelassen wird, dann winkt ihnen das *»ewige Leben in menschlicher Vollkommenheit auf der paradiesischen Erde«*[135]. Diejenigen, die sich hartnäckig einer Besserung widersetzen, werden »von Jesus Christus, dem Richter, hingerichtet werden, da sie keiner weiteren Gelegenheit, Leben zu erlangen, mehr würdig sind«[136].

Die Theokratische Organisation

1. Inmitten der Welt der Religionen und Konfessionen ist die Theokratische Organisation der Zeugen Jehovas einzigartig in ihrer Würde, ihrem Auftrag und ihrer Verheißung. Ihre Würde rührt daher, daß sie kein Menschenwerk, sondern Jehovas eigene Schöpfung ist. Sie ist der *sichtbare irdische Teil von »Gottes Weib«*, nämlich der »unsichtbaren, universellen Organisation«, die aus 144000 Gliedern besteht und das himmlische Jerusalem darstellt. Sie ist also die aus dem Himmel in die Erde hereinragende Verlängerung einer Organisation, die im denkbar intimsten Verhältnis zu Jehova steht: im Verhältnis des Weibes zum Mann. Diese »Hauptorganisation« erstreckt sich über das ganze lebende Universum, und Christus ist ihr Haupt. Ihr irdisch-sichtbarer Teil reicht bis zum Beginn der Menschengeschichte zurück. Alle erlauchten Gestalten der Bibel von Abel über Mose und die Patriarchen bis zu den Richtern und Propheten waren vorchristliche »Zeugen«. Christus hat ihnen erstmals eine Organisation mit Anweisungen und

[133] Erwachet! 8. 4. 1971
[134] Wachtturm 1. 12. 1967
[135] Wachtturm 15. 11. 1948
[136] Wachtturm 15. 7. 1960

Musterrichtlinien gegeben. Die Selbstbezeichnung »Theokratische Organisation« besagt, daß in ihrer Mitte nicht Menschenwille und -weisheit das Wort haben, sondern daß sie unter der vollkommenen Herrschaft Gottes steht und daß sein Wille bei ihr ohne Nebengeräusche verkündigt wird und Gehorsam findet. Darum ist sie frei von Irrtum, zielklar, unbestechlich, kompromißlos.
Die Theokratische Organisation steht *im Zentrum der Endereignisse.* Sie ist Jehovas irdischer Sturmbock gegen die Gewalt des Satans. Durch ihre Manifeste, an Völker und Regierungen gerichtet, verkündigt er seinen Willen und seine Entscheidungen. Alle Revolutionen, Krisen und Kriege sind letztlich Anschläge gegen sie. Alles Geschehen unserer Jahrzehnte kreist um ein einziges Generalthema: Diese Organisation muß vernichtet werden! Aber das läßt Jehova nicht zu. Er hat sie unter seinen Schutz genommen. Wehe, wer sich an ihr vergreift! Ihre Feinde sind seine Feinde. Wird sie angetastet, dann ist es, als würde die zarte Pupille seines Auges angetastet. Die »Religionsgeistlichkeit« hat während des Ersten Weltkrieges gegen die Zeugen gefrevelt; dafür hat Jehova sie verflucht und zu einem schimpflichen Tod verurteilt. Hitler hat sie blutig verfolgt; dafür hat Jehova ihn samt seinem Anhang vernichtet. Und den anderen Feinden geht es nicht besser.
Die Theokratische Organisation ist die ausschließliche Trägerin der Heilsverheißungen Gottes, das gegenbildliche Israel, das glückliche Volk Jehovas, wohnend im Sonnenschein seiner Gunst. Die größte Verheißung, die ihr eignet, ist Jehovas Zusicherung, daß sie durch den Blutstrom von Harmagedon hindurchgerettet wird und dazu bestimmt ist, eine hervorragende Rolle im Königreich Gottes zu spielen. Darum kann sie als die *»Neue-Welt-Gesellschaft«* mit der in allen Variationen wiederholten Einladung locken: »Denke an Lots Weib. Bring dich in Sicherheit!«[137] »Behaltet stets im Sinn, daß es nur *einen* Ort der Sicherheit gibt, nämlich in oder unter der Theokratischen Organisation Jehovas!«[138] Sie ist die Heilsgemeinde, der Bergungsort der Endzeit, und es gilt hier streng der Satz: *Extra ecclesiam nulla salus* – wer sich den Zeugen nicht anschließt, wird umkommen!

2. Dem Selbstverständnis der Theokratischen Organisation entspringt die *absolute Autorität,* die der Leitung – früher dem Direktorium der WTG, seit 1971 der Leitenden Körperschaft – zukommt. Sie bezeichnet sich als den »Mitteilungs- und Verbindungskanal« Jehovas und versorgt die Glieder mit »geistiger Speise«. Durch diesen Kanal teilt Jehova seiner Organisation auch besondere Offenbarungen mit.

Sie pflegen sich immer dann einzustellen, wenn irgendwelche Schwierigkeiten behoben werden müssen. (Vgl. die »großartige Offenbarung« von 1925.) Durch eine »blitzende Wahrheit« wurde 1935 eine solche Schwierigkeit beseitigt: Nach Russell sollte mit dem Ende des Evangeliumszeitalters 1918 »der schmale Weg zur Unsterblichkeit geschlossen« werden, weil nun die »Brautklasse« besetzt war. Da die Zeugen Jehovas nun bei ihrer Werbung nichts Attraktives mehr anbieten konnten, wurde zunächst den 1918–1922 beigetretenen Anhängern als der »Mardochai-Naomi-Klasse«, dann auch den 1922–1929 gekommenen Mitgliedern der »Ruth-Esther-Klasse« ein Sitz in den Reihen der 144 000 zugesichert.

[137] Wachtturm 15. 1. 1957
[138] Wachtturm 1. 8. 1948

Aber was konnte man der großen, nach 1929 eingetretenen Klasse der »Jonadabe« noch verheißen?
Aus dieser Verlegenheit half die Offenbarung von 1935: Sie knüpfte an die von Russell hinterlassene Behauptung an, daß es neben den 144000 »Geweihten« noch eine *»zweite Klasse Geretteter«* gebe (Schriftstudien VI, S. 91), bestehend aus Christen, deren Gehorsam durch Kompromisse mit der Welt beeinträchtigt war und die sich deshalb während des Millenniums durch Züchtigung läutern lassen müssen und auch danach nur eine »niedrigere Stufe« als die 144000 erlangen werden. Die Offenbarung von 1935 sprach nun von einer *»großen Volksmenge«* (Offb. 7, 9–17), deren Glieder zu Aufbaudiensten im irdischen Königreich Gottes berufen sind.
Als 1938 die demokratische durch die theokratische Ordnung abgelöst wurde, bedurfte die Leitung für das Ausbildungswerk möglichst vieler junger Leute, die ledig und mobil waren. Deshalb gab Rutherford am 10. September 1938 in zwei Reden *»Schau den Tatsachen ins Auge«* und *»Füllet die Erde«*, die an 50 gleichzeitig stattfindende Kongresse in aller Welt durch Fernsprechleitungen übermittelt wurden, den jungen Leuten den Rat, vor dem nahe bevorstehenden Harmagedon nicht zu heiraten und ihre Zeit bis zum Anbruch des Tausendjährigen Reichs lieber dem theokratischen Dienst zu widmen. Als dann das Missionswerk im Ausland erfolgreich angelaufen war, wurden diese Reden zu den Akten gelegt, und es wurde massenhaft geheiratet (vgl. W. J. Schnell, Falsche Zeugen stehen wider mich, S. 142f.).
Als 1942 unter dem Eindruck der Kriegsereignisse die Rede umging, man könne mit der Propaganda aufhören, weil Harmagedon dicht bevorstehe, setzte Jehova durch einen Wachtturm-Artikel »seine Diener in der ganzen Welt in Kenntnis«, daß weiter geworben werden muß. – Als mit den Jahren die Schar der privilegierten »Überrest-Glieder« dahinstarb und immer mehr Angehörige der »großen Volksmenge« oder »anderen Schafe« die Reihen der Funktionäre füllten, von denen sich nicht wenige in schweren Verfolgungen bewährt hatten, konnte man diese nicht mehr damit abspeisen, daß sie im Tausendjährigen Reich nur das gewöhnliche Untertanenvolk unter der Regierung Christi und der 144000 bilden werden. Deshalb wurde 1950 auf dem Weltkongreß in New York als neue Offenbarung Jehovas bekanntgegeben, daß »sich heute Abend hier, in unserer Mitte, eine Anzahl der voraussichtlichen Fürsten der neuen Erde befinden«. Nach dem Kongreßbericht gab »ein gewaltig anhaltender Applaus und Jubel dem Redner die Gewißheit, daß die Zuhörer im Augenblick nichts anderes mehr interessierte als dieses«. (Jehovas Zeugen in Gottes Vorhaben, S. 252)

Aus dem Anspruch der Leitung, der göttliche »Mitteilungs- und Verbindungskanal« zu sein, werden verschiedene Konsequenzen gezogen.
Einmal: Es gibt *für den einzelnen Menschen keine Möglichkeit, mit Gott unmittelbar in Verbindung zu treten.* Gott handelt »nicht mit Einzelnen. Er handelt mit einer Organisation, mit seiner Theokratischen Organisation, und er handelt nur mit denjenigen Personen, die sich innerhalb oder unter dieser Organisation befinden.«[139] Ein Austritt aus der Theokratischen Organisation bedeutet folglich auch die Trennung von Gott, die Rückkehr unter die Herrschaft des Satans, und muß mit dem Verlust des ewigen Lebens bezahlt werden.
Weiter: Die Glieder der Organisation sind freiwillige »Sklaven Jehovas«, haben den von der Leitung ausgehenden Lehren und Anordnungen unbedingt zu gehorchen, denn diese entsprechen der Heiligen Schrift bzw. dem Willen Jehovas. *Christi Befehle erreichen die gesamte Zeugenschar durch die Leitende Körperschaft!* Wer ihn

[139] Wachtturm 1. 4. 1948

als das Haupt anerkennen will, muß »der Organisation gehorchen, die Christus persönlich leitet. Zu tun, was die Organisation sagt, bedeutet soviel wie das zu tun, was er sagt. Der Organisation zu widerstehen, bedeutet, ihm zu widerstehen.«[140] Ja, Kritik an ihr ist Lästerung, denn sie bedeutet, »Schmähungen über Jehova Gott, Christus Jesus und unsere Mutter bringen«.[141]
Opposition gegen die Leitung ist gar ein lebensgefährliches Unterfangen. Denn »diesen theokratischen Obrigkeiten ist große Macht zu Strafsanktionen anvertraut. Sie haben die Macht, das Gericht an allen Gegnern zu vollziehen ... Wahrlich, als Untergeordneter unter Gottes theokratische Organisation gebracht zu werden, bedeutet ein äußerst ernstes Verhältnis. Nie darf vergessen werden, daß Übeltun, grobe Untreue und Widerstand gegen Gottes theokratische Regierungsobrigkeiten furchtbare Folgen nach sich ziehen.«[142]
Endlich: Als »Offenbarungs- und Verbindungskanal« Jehovas hat die theokratische Leitung das *Monopol des Prophezeiens*. Wehe, wenn ein Zeuge auf eigene Faust prophezeit! Dann ist er ein »falscher Prophet«. Und wenn er seine eigenen Prophezeiungen gar noch anderen mitteilt, wird ihm mit der furchtbarsten Strafe gedroht. »Beim theokratischen Volk Israel der alten Zeit wurden solche falschen Propheten vor Zeugen verhört, bloßgestellt und zu Tode gesteinigt (vgl. 5. Mose 13, 1–11). Heute können die Zeugen keine Todesstrafe an einem ›unloyalen Propheten‹ vornehmen, aber sie müssen ihn ›an Herz und Geist schmerzlich verwunden‹, und für seine Eltern muß er als ›geistig tot‹ gelten.«[143]

Die »Sklaven Jehovas«

Wer in die Theokratische Organisation eintritt, liefert sich einer Macht aus, die ihn unter eine totale Vormundschaft stellt. Die Leitung gibt ihm die verbindlichen Richtlinien für sein Denken und Urteilen, bestimmt seine Lebensgestaltung über weite Strecken, verfügt über seine Zeit und Kraft außerhalb des Berufs. Es wird also ein hohes Opfer von ihm verlangt. Wie wird er dafür bereit gemacht? Männer, die lange Jahre den Zeugen Jehovas angehörten und sich nach schweren inneren Kämpfen wieder von ihnen lösten, sprechen von einer Prozedur der »Gehirnwäsche«[144]. Aber das ist ein Urteil aus nachträglicher kritischer Distanz. Für die meisten ist der Vorbereitungsweg unproblematisch.
1. Die Grundmotive, mit denen gearbeitet wird, sind Angst und Hoffnung. Schon beim ersten Besuch wird der Kandidat gelockt mit »ewigem Leben in Glück und Friede und Freiheit auf einer von allem Bösen gereinigten paradiesischen Erde«. Zeigt er dafür Interesse, so erfolgt ein *»Nachbesuch«* mit 15-Minuten-Predigt, in der auf die Schrecken der nahen Schlacht von Harmagedon und die einzige Rettungsmöglichkeit durch Anschluß an die Theokratische Organisation

[140] Zum Gehorsam gegenüber der Organisation gehört auch, daß man eine etwaige Zuchtmaßnahme der Leitung »demütig annimmt, als komme sie von Jehova selbst« (Wachtturm 1. 7. 1959).
[141] Wachtturm 1. 7. 1957
[142] Wachtturm 15. 8. 1952. Natürlich handelt es sich hier nicht um weltliche »Strafaktionen«.
[143] Wachtturm 15. 12. 1961
[144] so W. J. Schnell a. a. O., S. 124 ff. H.-J. Twisselmann, Vom »Zeugen Jehovas« zum Zeugen Jesu Christi, S. 19

hingewiesen wird. Die nächste Etappe ist die Beteiligung an einem *»Heimbibelstudium«*. Hier beginnt für ihn das Stadium des Lernens. Er hat sich ein von der Organisation herausgegebenes Buch genau einzuprägen und den »Wachtturm« zu abonnieren; im Frage- und Antwortspiel wird ihm allmählich der alte Glaube madig gemacht und die neue Lehre eingeimpft. Dann wird er dem *Bezirksstudium* unter einem »Studienleiter« zugeführt, wo das bisher Gelernte vertieft und erweitert wird. Nun wird er als »Mensch guten Willens« in den *»Königreichssaal«,* die Versammlungsstätte der Zeugen Jehovas, eingeladen; er wird begrüßt und umhegt wie ein alter Freund, der endlich heimgekommen ist. Es wird ihm gesagt, er sei jetzt nicht mehr draußen, sondern bereits ein »Fremder innerhalb der Tore«, aber seine sichere Rettung in der kommenden Vernichtungsschlacht hänge davon ab, daß er in enger Verbindung mit der Organisation bleibe und nach ihren Weisungen denke und handle. Schließlich wird er in die *»Dienstversammlung«* mitgenommen, in der er regelrecht zum »Verkündiger« geschult wird, um dann einen erprobten Zeugen beim »Felddienst« zu begleiten und zu sehen, wie dieser es macht.

2. Den Abschluß bildet die *Taufe.* Sie ist »ein Schritt, den man mit der Übersiedlung in ein anderes Land vergleichen könnte«. Die diesen Schritt tun, »lösen sich von dem gegenwärtigen alten System der Dinge mit seinen Bindungen und Treueverhältnissen und verbinden sich mit den Menschen, die zu der geistigen Nation gehören«[145]. Die Taufe ist kein Sakrament, sondern ein »Einführungsritus«, mit dem der Zeuge seine Hingabe an Jehovas Willen bekundet, in das »Bürgerrecht der neuen Welt« aufgenommen und zum »Prediger« ordiniert wird. Der *Taufakt* geschieht ganz formlos. Der Täufling wird mit auf der Brust gekreuzten Händen nach rückwärts untergetaucht. Die zwei Fragen, die er mit einem Ja zu beantworten hat, haben folgenden Wortlaut: »1. Hast du dich vor Jehova Gott als Sünder erkannt, der der Rettung bedarf, und hast du ihm gegenüber anerkannt, daß diese Rettung von ihm, dem Vater, und durch seinen Sohn Christus Jesus kommt? 2. Hast du dich auf Grund dieses Glaubens an Gott und an seine Vorkehrung zur Rettung rückhaltlos Gott hingegeben, um von nun an seinen Willen zu tun, so wie er ihn dir durch Christus Jesus und die Bibel unter der Erleuchtung des Heiligen Geistes offenbart?« Der Zeuge darf im Zeitpunkt seiner Taufe kein unsittliches Leben führen oder Handlungen begehen, die zum Gemeinschaftsentzug führen würden. Waren diese Voraussetzungen nicht gegeben oder erfolgt später ein Rückfall, dann muß die Taufe wiederholt werden.

Das *Abendmahl* wird nur einmal jährlich gefeiert: am 14. Nisan nach Sonnenuntergang. Es ist ebenfalls kein Sakrament, sondern ein reines *Gedächtnismahl* zur Erinnerung an den Tod Jesu. Die Spendeformel betont denn auch das »bedeutet« statt des »ist«. Wie bei der Taufe liegt auch beim Abendmahl der sinngebende Schwerpunkt auf dem Entschluß und Gelöbnis des Teilnehmers, nur daß dieses Gelöbnis gegenüber dem Taufgelöbnis eine Steigerung enthält. Wer nämlich am Abendmahl teilnimmt, muß Gott dienen wie Jesus und sein Leben als Opfer in Jehovas Dienst darbringen und verbrauchen. Er muß Sonderpflichten übernehmen. Deshalb nimmt nur ein kleiner Teil der Zeugen beim Gedächtnismahl von den

[145] Wachtturm 15. 7. 1969

»Symbolen«, Brot und Wein. Das Mahl ist nur für die Glieder der »königlichen Priesterschaft« bestimmt, die im kommenden Gottesreich mit Christus im Himmel regieren werden; also für die 144 000 »Geweihten«. Alle übrigen, die nur den irdischen Teil des Tausendjährigen Reiches bevölkern werden, wohnen zusammen mit den zahlreich eingeladenen Interessenten dem Gedächtnismahl bloß als Zuschauer bei. 1980 nahmen etwas über 9000 »Überrestglieder« der 144 000 »Geweihten« am Gedächtnismahl aktiv teil und 5 726 656 »andere Schafe« und Interessierte schauten zu.

3. Mit dem zweiten Satz des Taufgelöbnisses verspricht der Zeuge seine *»rückhaltlose« Hingabe an die Theokratische Organisation.* Sie nimmt tiefe Eingriffe in seine persönliche Existenz vor. Das geschieht auf drei Ebenen:

a) Der Zeuge hat sich *von der Welt der »politischen, religiösen und kommerziellen Mächte« zu trennen,* denn sie ist der Herrschaftsbereich des Satans. Er respektiert zwar die Verfassung, zahlt seine Steuern, erfüllt seine Pflicht im Beruf. Aber er beteiligt sich nicht an politischen Parteien, sozialen Reformen, Wohltätigkeitsunternehmungen usw. An den Schicksalen und Sorgen seines Staates nimmt er keinen Anteil. Darum lehnt er (in den USA) den Fahnengruß ab, enthält sich des aktiven und passiven Wahlrechts und verweigert den Militärdienst und auch jeden zivilen Ersatzdienst. Er tut das nicht auf Grund einer pazifistischen Gesinnung, sondern seiner inneren Loslösung von Nation und Staat. Er ist ja schon Bürger einer anderen, neuen Welt; die jetzige Welt mit ihren Ideologien, Fronten und Machtblöcken geht ihn nichts mehr an. Röm. 13, 1 ff. wurde von 1928 an entsprechend umgedeutet: unter der »Obrigkeit«, der die Christen Gehorsam schulden, seien nicht die staatlichen Regierungen zu verstehen, sondern Gott und Christus[146]. Aber wachsende Schwierigkeiten auf den Arbeitsfeldern mochten dazu beigetragen haben, daß 1962 ebenso überzeugend aus der Bibel das Gegenteil bewiesen wurde, nämlich daß die in Röm. 13 erwähnten »obrigkeitlichen Gewalten die politischen Herrscher der Welt sind«. Auch aus anderen Schrifttexten (1. Petr. 2, 3–17; Tit. 3, 1) wurde gefolgert, daß die Regierung eine Ordnungsfunktion wahrnimmt. Es wurde anerkannt, daß sie Übeltäter straft, gute Taten fördert, sogar die Christen beschützt. Darum ist es »Gottes Wille«, daß die Zeugen sich in allen Dingen, die nicht gegen Gottes Gesetz verstoßen, den Behörden unterordnen. »Wir müssen ihnen die Ehre erweisen, die ihnen in ihrer Stellung als Vertreter der Untertanen ihres Volkes zukommt.«[147] Mit diesen neuen Wertungen und Weisungen wollte die Leitung der Theokratischen Organisation den Verdacht entkräften, daß sie ihre Anhänger zur Opposition und Rebellion gegen den Staat aufhetze. Aber der Grundsatz der politischen Distanz und Abstinenz blieb nach wie vor in Kraft.

b) Auch die *Beziehungen des Zeugen zu den Mitmenschen* verändern sich. Seine einzige Heimat ist nunmehr die Theokratische Organisation. Die Draußenstehenden sind als die »Ungläubigen« nur noch Missionsobjekte, nicht mehr Partner geselligen Verkehrs. Darum ist die Beteiligung an Parties, Betriebsfeiern, Kegelklubs, Sportvereinen usw. zu vermeiden. Zu kirchlichen Bestattungen Verwandter soll

[146] Wachtturm 15. 1. 1951
[147] Wachtturm 1. 9. 1967; 1. 1. 1963

ein Zeuge nur gehen, wenn er nicht anders kann und ohne sich »an einer mit der falschen Religion verbundenen Handlung zu beteiligen«[148].
Seine *Familie* soll der Zeuge in eine kleine »Versammlung« mit »theokratischem Familien-Zeitplan« verwandeln. *Kinder* haben »schon lange vor der Kindergartenzeit die schützenden Grundsätze der biblischen Lehre« kennenzulernen und sind regelmäßig in die Versammlung mitzunehmen, »ob sie es wollen oder nicht«; ihr gutes Benehmen dort hat man notfalls dadurch zu erzwingen, daß man ihnen »die Hosen strammzieht«[149]. Sind sie ehereif, dann haben die Eltern dafür zu sorgen, daß sie keinen »Ungläubigen« heiraten. Wählen die Eltern ihnen aber einen Ehepartner aus, der nicht zu den Zeugen Jehovas gehört, dann haben die Kinder das Recht, ihnen den Gehorsam zu verweigern. Wenn sie aber ihrerseits entgegen dem Gebot der Eltern einen ungläubigen Partner heiraten, dann werden die Eltern niemals ihre Zustimmung dazu geben, auch nicht an der Trauung teilnehmen. In der Mischehe hat der Zeuge sich um die Bekehrung des »ungläubigen« Teils zu mühen. Da nach der Lehre der Theokratischen Organisation der ungläubige Gatte der »göttlichen Hinrichtung« verfällt, falls er unbekehrt in die Schlacht von Harmagedon gerät[150], hat der »theokratische« Partner vermehrten Anlaß, ihn mit allem Nachdruck zu bearbeiten. Bleibt die Mühe umsonst, dann hat er »nicht ohne weiteres die Freiheit«, den Gatten zu verlassen; »wenn aber der Ungläubige sich anschickt, wegzugehen, so laßt ihn gehen; ein Bruder oder eine Schwester ist unter solchen Umständen nicht gebunden«[151]. Die Glaubensgegensätze in Mischehen mit Zeugen Jehovas bilden eine Quelle schwerster Konflikte, die zu viel Leid und häufig zur Scheidung führen.
c) Vom Zeugen wird erwartet, daß er die *sittlichen Grundgebote* erfüllt, sich untadelig verhält und von den »abscheulichen Lebensgewohnheiten der Welt« Abstand nimmt. Dazu gehört, daß er dem Vergnügungsleben fernbleibt und nicht mit unehrbarem, ausschweifendem Wesen die Ehre der Theokratischen Organisation befleckt. Er darf auch nicht rauchen, weil der Satan den Tabak »dazu benutzt, Menschengeschöpfe zu demoralisieren, besonders in der Zeit des Endes«[152]. Darüber hinaus wird ihm von der Leitung ein ganzes *Netzwerk von scharfsinnig ausgetüftelten Gesetzen* übergeworfen. Wohl am entscheidendsten ist das alttestamentliche *Verbot, Blut zu verzehren.* Der Zeuge darf Fleisch nur verspeisen, wenn das Tier bei der Schlachtung ausgeblutet ist; wurde ein Tier durch Schuß oder durch Ersticken getötet, so darf er kein Fleisch von ihm genießen. Das Verbot erstreckt sich auch auf Konserven, Wurstwaren, Backwaren, Pillen und Stärkungsmittel, denen Blut oder Blutextrakt beigemischt ist[153]. *Bluttransfusion* wird ebenso wie

[148] Wachtturm 15. 6. 1970
[149] Wachtturm 15. 3. 1960
[150] Nur wenn er schon vorher stirbt, kann er beim Anbruch des Tausendjährigen Reichs wieder zum Leben erweckt werden, und der »theokratische« Ehepartner wird sich dann mit besonderem Eifer seiner Erziehung widmen (Wachtturm 15. 5. und 1. 6. 1965).
[151] Wachtturm 15. 1. 1961
[152] Wachtturm 1. 6. 1950
[153] Es kam sogar vor, daß eine Zeugin Jehovas ausgeschlossen wurde, weil sie ihren Hühnern ein Futter gegeben hatte, das Teile einer Blutsubstanz enthielt (Günther Pape, Die Wahrheit über Zeugen Jehovas, S. 41).

Transplantation als »Kannibalismus« bezeichnet; denn »Bluttransfusion ist dasselbe wie intravenöse Ernährung; es bedeutet Ernährung mit Blut«.[154]

Das Verbot des Blutverzehrs wird mit 1. Mose 9, 3f.; 3. Mose 3, 17; 17, 13f.; 1. Sam. 14, 32f.; Apg. 15, 28f. begründet. Dabei wird freilich folgendes übersehen: Im Hintergrund dieses Verbots stand der Glaube, daß die Tierseele im Blut lokalisiert sei, daß also der Genuß von Tierblut eine Einverleibung der Tierseele bewirke. Außerdem wurde im Opferkult das Tier stellvertretend für den sündigen Menschen dargebracht, und darum hatte das Blut des Opfertieres eine sakrale Bedeutung. Diese Motive und Gesichtspunkte sind längst gegenstandslos geworden. Wenn das Verbot des Blutgenusses der heidenchristlichen Gemeinde in Antiochien auferlegt wurde (Apg. 15, 29), dann geschah dies, um eine Störung ihrer Gemeinschaft mit den Judenchristen zu beseitigen, die sich an das alttestamentliche Gesetz gebunden fühlten. Das Verbot wurde aber nicht allgemein in den apostolischen Gemeinden eingeführt. Paulus hat es nie erwähnt, und in Kol. 2, 16 wurden alle Speisegebote des Alten Testaments aufgehoben. Die Leitung der Theokratischen Organisation aber wiederholt mechanisch eine längst sinnlos gewordene Vorschrift. Es gibt nicht wenige Fälle, in denen Zeugen mit Gewalt zu lebensrettenden Bluttransfusionen gezwungen werden mußten oder lieber starben, als sie an sich geschehen zu lassen.

d) Um die Theokratische Organisation rein zu erhalten, wird eine *strenge Gemeindezucht* geübt. Leichtere Vergehen sollen durch ein persönliches Gespräch beseitigt werden. Mißlingt das, so können »reife Diener Gottes« hinzugezogen werden. Hat auch dies keinen Erfolg oder handelt es sich um eine sehr ernste Sünde – fortgesetztes Lügen, Stehlen, unehrliches Geschäftsgebaren, sexuelle Vergehen –, dann muß der Fall vor die Versammlung gebracht werden.
Bereut der Missetäter, dann kann er »unverdiente Güte« von ihr empfangen. Die Versammlung kann ihm eine »Bewährungsfrist« auferlegen, während der er unter Beobachtung steht und dem Aufseher einen monatlichen Bericht über seinen Wandel zu erstatten hat.
Verharrt er aber in seinen Sünden oder macht er sich der Verbreitung falscher Lehren oder der Rebellion gegen die Theokratische Organisation schuldig, dann wird ihm die *Gemeinschaft entzogen*[155]. Das bedeutet die »Absonderung sowohl von Gottes sichtbarer Organisation auf Erden wie auch von Jehova und seiner Gunst. Der Gemeinschaftsentzug, den die Versammlung ausführt, bestätigt nur, was bereits im Himmel stattgefunden hat.« Der Ausgestoßene wird boykottiert: kein Zeuge darf ihm die Hand reichen, ihn grüßen, mit ihm sprechen, seinen Besuch empfangen. An der öffentlichen Versammlung der Zeugen darf er zwar teilnehmen, aber er muß wie Luft behandelt werden. Hat ein Zeuge mit ihm einen gemeinsamen Arbeitsplatz, darf er nur das technisch Notwendige mit ihm sprechen, und u. U. soll er lieber den Arbeitsplatz wechseln. Ist der Ausgestoßene mit einem Zeugen verheiratet, dann sind zwar die bestehenden Familienbande aufrechtzuerhalten und die üblichen Haushaltsarbeiten weiterzuführen, aber die geistige Gemeinschaft hat aufgehört. Glaubensgespräche, gemeinsames Familienbibelstu-

[154] Wachtturm 1. 11. 1957

[155] Seit 1952 wurde der Gemeinschaftsentzug mit Strenge durchgeführt. »Von da an konnten die einzelnen Christen ihren Wandel nicht mehr als persönliche Sache betrachten« (O. Sadlack in »Christliche Warte« 1971, 5).

dium und Tischgebet finden nicht mehr in seiner Gegenwart statt[156]. Ist der Ausgestoßene mit einem Zeugen verlobt, so hat dieser die Verlobung aufzulösen; heiratet er ihn trotzdem, so kann auch ihm die Gemeinschaft entzogen werden. Der weitere Verwandtenkreis hat den Kontakt mit dem Ausgestoßenen auf die Erledigung absolut notwendiger Geschäfte zu beschränken. Beachtet ein Zeuge den Gemeinschaftsentzug nicht und setzt den Umgang mit der »abgeschnittenen Person« fort, dann kann auch er »von Jehovas Gunst und Gottes Organisation abgeschnitten werden«. Wenn der Ausgestoßene bereut, kann er im Lauf der Zeit Vergebung empfangen und wieder aufgenommen werden, aber ein Aufsichtsamt wird er nie erhalten können[157].

Ständig im Dienst

Zu den Dienstaufgaben der Zeugen Jehovas gehört die lebenslange *Teilnahme an der Schulung*. Ihr dienen fünf Abende in jeder Woche, die mit Veranstaltungen verschiedener Art besetzt sind: Wachtturm-Studium; öffentlicher Vortrag eines Versammlungsältesten oder eines reisenden WTG-Vertreters; Predigtdienstversammlung mit kurzen Vorträgen, Demonstrationen und Diskussionen; Theokratische Predigtdienstschule zur Einübung im Sprechen und in der Gesprächsführung; Versammlungsbuchstudium, d. h. gemeinsame Lektüre der WTG-Bücher. Der Besuch der »Dienstversammlungen« ist Pflicht. Damit sie einheitlich verlaufen, wird seit 1956 ein monatliches Dienstblatt *»Königreichsdienst«* herausgegeben, das genaue Richtlinien für die Versammlungen enthält. So ist die Schulung streng an die von der Zentrale ausgegebenen Schriften und Normen gebunden. Selbständiges Bibelstudium ohne Anleitung durch »Bibelkenner« und außerhalb der »kostenlosen Bibelstudiengruppen der Zeugen Jehovas« ist nicht erwünscht.[158] Der Gebrauch von Bibelkommentaren, die nicht von der Organisation stammen, ist verboten. Die dem zuwiderhandeln, mißachten »das Licht, das ihnen durch Gottes Kanal mit Bezug auf sein Wort zugeht«[159]. Das Schulungsprogramm schließt auch den Pflichtbesuch der Kreis- und Bezirksversammlungen und der Kongresse ein.

Für die Schulung hat die WTG einen großen Apparat geschaffen. Dazu gehören die Broschüren und Zeitschriften, die Fragebüchlein, die als *»Anleitung für die Studierenden«* dienen, und die verschiedenen Lehrbücher. Dazu kommen Redepläne als Unterlagen für die Vorträge, Frage- und Antwort-Modelle als Anleitung für Werbegespräche. Weiter gehört dazu die persönliche Beratung und Förderung: die Bezirksdiener haben nach dem 1953 in Gang gesetzten *»Von-Haus-zu-Haus-Schulungsprogramm«* die Kreisdiener zwei Wochen lang zu begleiten, den Grad ih-

156 Ein ehemaliger Zeuge erzählte, wie sich nach seinem Austritt die Familie von ihm schied: »Ich muß getrennt in einem Zimmer meiner Wohnung leben. Ich werde verachtet und kann trotzdem nicht die Scheidung beantragen«. (St. Katharinen-Bote 8, 1. 8. 1960)

157 Wachtturm 1. 9. und 15. 9. 1963

158 Wachtturm 1. 4. 1961. Schon 1923 wurde gewarnt: »Satan hat manche verführt, daß sie glaubten, daß ihnen selbst das Vorrecht einer Privatauslegung der Schrift anvertraut sei.« (Wachtturm 1923, S. 52 ff.)

159 Wachtturm 1. 7. 1957

rer Tüchtigkeit zu prüfen und ihnen Rat zu erteilen; die Kreisdiener wiederum haben »reife« Verkündiger auszuwählen, damit sie mit »neuen und unerfahrenen Verkündigern arbeiten«[160]. Die Versammlungsdiener sollen eine besondere Schulung in der sogenannten *»Königreichsdienstschule«* durchlaufen, die seit 1959 auf der *»Königreichsfarm«* bei New York eingerichtet ist und jeden Monat vier Parallelkurse durchführt. Schon 1943 wurde die *Wachtturm-Bibelschule Gilead* als »Predigtdienstschule für höhere Ausbildung« eröffnet (seit 1961 in Brooklyn), die in jährlich zwei Kursen jeweils rund 100 hauptamtliche *»Vollzeitverkündiger«* ausbildet. Sie werden als Missionare und höhere Funktionäre (Zweig- oder Kreisdiener) in aller Herren Länder verschickt. Das Ziel der Schulung besteht darin, die Zeugen für den *Verkündigerdienst* zuzurüsten. Die Verkündigung des Königreiches ist das erste und höchste Gebot für den Zeugen. Darum ist es begreiflich, daß die Organisation sich den Namen »Jehovas Zeugen« beilegte. Daß sie sich nicht allgemein als »Zeugen Gottes« bezeichnet, sondern den Eigennamen »Jehova« gebraucht, hat noch seinen besonderen Sinn: Die Christenheit hat diesen Namen vergessen und abgeschafft und hat damit das zweite Gebot übertreten. Den Zeugen aber ist er 1925 als der Name geoffenbart worden, mit dem Gott angesprochen sein will und der in der ganzen Welt kundgemacht werden soll. Das gehört als ein Sonderkapitel zu dem Thema der »Rechtfertigung Gottes«. Damit, daß die Zeugen nun eben Zeugen »Jehovas« sind, heben sie sich aus der Reihe der sonstigen christlichen Missionare, Pfarrer, Evangelisten usw. heraus. Sie erweisen sich als die eigentlichen und einzig legitimen Boten Gottes.

Das Wort »Jehova« kommt in der Bibel überhaupt nicht vor. Das Alte Testament kennt lediglich ein Wort aus den Konsonanten »Jhvh«, das wohl als »Jahveh« zu lesen war und »der Seiende« bedeutete (2. Mose 3, 14). Da die Juden diesen Gottesnamen nicht aussprechen wollten, lasen sie an den entsprechenden Stellen »Adonai« (Herr). Das Wort »Jehova« kam erst um 1100 n. Chr. zustande, und zwar dadurch, daß die Vokale »o« und »a« aus dem »Adonai« in die Konsonanten »Jhvh« eingeschoben wurden. Der Beichtvater des Papstes Leo X., Petrus Galatinus, war der erste, der im Jahr 1518 »Jehova« als göttlichen Eigennamen verteidigte. Im Neuen Testament findet sich ein »Jhvh« überhaupt nicht. Jesus gebrauchte den Begriff »kyrios«, d. h. der Herr (z. B. Luk. 4, 18 f.). Daß das Neue Testament das Wort »Jehova« nicht verwendet, paßt natürlich nicht in das Konzept der Theokratischen Organisation. Sie greift deshalb zu der Ausrede, daß am Urtext des Neuen Testaments »unnötige Änderungen vorgenommen worden sind.« (Erwachet! 22. 3. 1957)

Das Zeugnis muß vor jedem Menschen und bei jeder Gelegenheit ausgerichtet werden, auch zur Unzeit, auch vor Cäsaren und Diktatoren; denn jeder Mensch muß noch vor Harmagedon den Willen Jehovas vernehmen und vor die Entscheidung gestellt werden. Der Zeuge verpflichtet sich als »Verkündiger« zu monatlich 15–20 oder noch mehr »Felddienststunden«, oder er wird, noch besser, ein »Pionier«, der mindestens 100 »Felddienststunden« im Monat leistet. Wer keinen »Felddienst« tut, verscherzt sich auch die Anwartschaft auf das Tausendjährige Reich. Wer lässig wird in seinem Zeugendienst, gefährdet diese Anwartschaft. Wer eifrig ist oder gar »Pionier« und »Vollzeitdiener« wird, darf ein führendes Amt im Königreich Gottes erwarten.

[160] Jehovas Zeugen in Gottes Vorhaben, S. 271

Das Gebot der Verkündigung hat einen totalen Charakter. Seine Zeit ist dem Zeugen gegeben, damit er Felddienst tue. Geld ist dem Zeugen gegeben, damit er es für Bücher und Zeitschriften und Werbereisen verwende. Kinder sind den Eltern gegeben, damit sie in den Zeugendienst eingeführt werden. Die Zeugen müssen 3-, 5-, 8- und 10- bis 15-Minuten-Predigten für ihre Hausbesuche ausarbeiten, Gesprächsführung erlernen, Zeitschriften und Broschüren in Häusern und Straßen anbieten, regelmäßige »Heimbibelstudien« mit Interessierten führen, die Werbeversammlungen vorbereiten, die jährlichen »Predigtdienstwochen« mit ihrer verstärkten Schulung mitmachen. *Es gibt keine freie Zeit mehr für ihn.* Er ist ein Schwerstarbeiter. Am Feierabend muß er die »Dienstversammlungen« besuchen, am Wochenende »Felddienst« tun, im Urlaub sich als »Ferienpionier« betätigen. Und wenn er durch Alter oder Krankheit ans Zimmer gefesselt ist, kann er immer noch einen brieflichen oder telephonischen Predigtdienst tun. Klagen über übermäßige Beanspruchung werden von der WTG mit dem Argument zurückgewiesen, sie sei ein Schutz, denn »wir haben dann keine Zeit für weltliche Interessen, die unsere Zeit und Aufmerksamkeit beanspruchen möchten«[161].
Die lokalen *»Versammlungen«* sind keine Gemeinden im üblichen Sinn. Hier werden auch keine Gottesdienste gehalten, die den Charakter einer Feier mit Lob und Dank und Anbetung tragen und ihre Mitte im Sakrament finden. In den Versammlungen wird das 1966 eingeführte Liederbuch *»Singt und spielt dabei Jehova in euren Herzen«* verwendet. Es ist das siebte in der Geschichte der WTG und löste die *»Lieder zum Preise Jehovas«* (1950) ab, da »das ständig zunehmende Licht zur Erkenntnis neuer Wahrheiten und wichtiger Gedanken zu einem klaren Verständnis und zu einem Wechsel hinsichtlich der Betonung gewisser Dinge« führte[162]. Alle Texte und Melodien »babylonischen Ursprungs« wurden beseitigt und durch Erzeugnisse theokratischer Dichter und Komponisten ersetzt, deren Namen nicht genannt werden. Die 119 Lieder sind ungegliedert aneinander gereiht und geben das spezifische Lehrgut der Zeugen in simplen Reimen wieder[163]. Hauptthema der Lieder ist die Ermunterung zum Verkündigerdienst. Die Versammlungen haben denn auch viel mit kommunistischen Agitations- und Propaganda-Trupps gemeinsam: Es sind Werbe- und Propagandagruppen, die zusam-

[161] Wachtturm 15. 1. 1967 – Diese Überforderung ist einer der Gründe, die viele der Zeugen zur Trennung von der WTG veranlaßten. Für die fünf Jahre 1962–1966 errechnete der »Wachtturm« (1. 6. 1967) 100000 Personen, die »aufgehört haben zu predigen«. Einige Jahre später (Wachtturm 1. 8. 1970) wurde mitgeteilt, daß »in den letzten 20 Jahren etwa 200000 Personen ihren Glauben an Jehova verloren haben«. In der Bundesrepublik und in Westberlin wurde die Zahl der Untätiggewordenen oder Ausgeschiedenen 1976 auf 2000, 1977 auf etwa 5500 geschätzt.

[162] Wachtturm 1. 8. 1967

[163] Einige beliebig herausgegriffene Beispiele: »Sei loyal zu deinem Bruder, / hilf dem Neuen immer gern. / Mit dem Schwachen zu studieren/ hilf ihm, Felddienst zu vermehrn. / So wie im Familienkreise, zeigen wir Loyalität; / nie mißtrauen wir einander, jeder treu zum Bruder steht« (Nr. 65). – Oder: »Liebe zeigt, wer wirklich ist / durch und durch ein echter Christ.« Beginn der nächsten Strophe: »Grundsatzliebe ist ja echt, gilt für alle, Herr und Knecht; ist so reich an Heilsamkeit, / segnet uns zu jeder Zeit« (Nr. 108). – Beginn des nächsten Lieds: »Wie schimpfen Menschen heute doch / auf Gottes Namen noch und noch! / Man spricht von Schwäche, Grausamkeit. / ›Es gibt kein' Gott‹, der Tor gar schreit«. – Es muß freilich bei dieser Verseschmiederei bedacht werden, daß es sich um wortgetreue Übersetzungen der englischen Texte handelt, die etwas flüssiger, wenn auch nicht gehaltvoller sein mögen.

menkommen, um sich schulen und anfeuern zu lassen, Dienstanweisungen in Empfang zu nehmen und ihre Werbemethoden zu verbessern. Streng genommen bestehen die Versammlungen aus lauter »Predigern«; denn eine passive Mitgliedschaft gibt es nicht. Die »Zeugen« rechnen sich zwar aus, daß auf jedes aktive Mitglied einige *Anhänger* kommen, die den »Wachtturm« lesen, die Veranstaltungen besuchen und sich den hier verkündigten Lehren zugewandt haben. Aber ein solches Anhängerverhältnis wird höchstens als ein Vorstadium gewertet. Wer aus seinem Glauben keine Konsequenzen zieht und nicht »Prediger« wird – etwa weil er aus Trägheit oder Weltlust oder Verantwortungsscheu die Verpflichtungen nicht übernehmen will –, der ist ein Kompromißler, und es wird ihm übel ergehen. Sein Leben »wird spätestens in Harmagedon enden, und zwar wird er als verurteilter Sünder sterben, der kein Recht auf Leben und auch keine Hoffnung auf eine Auferstehung hat«[164].

Die apokalyptischen »Heuschrecken«

1. Die Theokratische Organisation gleicht einer *riesigen Propagandamaschine,* die so konstruiert ist, daß alle Energien einheitlich und rationell auf die »Verkündigung« konzentriert sind. Ein Rad greift ins andere, und alle Räder sind durch Transmissionen mit der Spitze verbunden, so daß sie sich drehen, wie die Spitze es will. Es ist dafür gesorgt, daß der ganze Apparat wie am Schnürchen läuft und Störungen schon im Keim entdeckt und getilgt werden. Die WTG verglich einmal ihre Organisation mit einer Fabrik: Christus ist der »universelle Produktionsleiter Jehovas« und gestaltet die Organisation so, daß sie »produktiv« sein kann und »reibungslos funktioniert«. Die einzelnen Zeugen sind »Arbeiter« dieses Betriebs; Jehova ist ihr »Arbeitgeber«, Christus ihr »Oberaufseher«, und »alle bemühen sich vereint um die Produktion«[165].
In der *Ausnützung der technischen Propagandamittel* erweisen sich die Zeugen Jehovas als Meister, die von vielen anderen Gemeinschaften nachgeahmt, aber von keiner übertroffen wurden. Ihre publizistische Massenwerbung erreichte von Jahr zu Jahr neue Superlative. Die Proklamation ihres Kongresses von Cedar Point 1922 wurde in 35 Millionen Exemplaren verbreitet, die von Los Angeles 1923 in 45 Millionen, die von Indianapolis 1925 und von London 1926 in je 50 Millionen. Broschüren wie *»Des Volkes Freund«* (1928), *»Das Königreich – die Hoffnung der Welt«* (1931), *»Rutherford enthüllte die fünfte Kolonne«* (1941) erreichten Auflagen von 5 bis 5,5 Millionen, Knorrs Schrift *»Christenheit oder Christentum? – Was ist ›das Licht der Welt‹?«* (1955) gar eine solche von 21 Millionen in 30 Sprachen. Die Schriften Rutherfords waren 1932 bereits in 120 Millionen Exemplaren verbreitet. Die Glaubenslehre *»Die Wahrheit, die zu ewigem Leben führt«* (1968) wurde in 81 Sprachen übersetzt und 1974 mit einer Auflagenhöhe von 63 Millionen als »das am weitesten verbreitete Buch der Welt nach der Bibel« gepriesen. Riesen-

[164] Wachtturm 1. 9. 1956
[165] Wachtturm 1. 3. 1957

haft ist die Verbreitung der Zeitschriften. Der *»Wachtturm«* wurde 1980 in 106 Sprachen, *»Erwachet!«* in 34 Sprachen herausgebracht. Die Auflagenhöhe betrug im ersten Fall 8,8 Millionen, im letzten 7,6 Millionen; das sind insgesamt über 400 Millionen Exemplare. Dazu kamen noch fast 40 Millionen Bücher und Broschüren und über 200 Millionen weitere Zeitschriften. Die Druckerei in Brooklyn, die 1920 in alten Fabrikräumen mit 280 qm Fläche ihre Arbeit begann, dehnte sich in 50 Jahren durch den Bau vielstöckiger Häuser auf 61 500 qm aus. Sie ist mit allen modernen technischen Einrichtungen für Druck, Buchbinderei, Verpackung und Versand ausgerüstet. Druckfarben, Reinigungsmittel, Klebstoffe und Möbel werden selbst hergestellt, die Lebensmittel für die Mitarbeiter auf eigenen Farmen mit 850 ha Land erzeugt. Außer in Brooklyn besitzt die WTG über 30 teilweise sehr leistungsfähige Druckereien in anderen Ländern.
Von 1931 an war auch die Propaganda durch den *Rundfunk* betrieben worden. 1933 wurden über 408 Sender 23 783 Bibelvorträge verbreitet. Aber »infolge katholischer Gegenwirkungen« verschlossen sich die Sender mehr und mehr diesen Vorträgen. Darum wurde das Rundfunkwerk 1937 eingestellt und bis heute nicht wieder aufgegriffen. An seine Stelle trat die seit 1933 forcierte Werbung mit *Schallplatten und Tonwagen*. Man spielte die Platten auf den Schwellen der Häuser ab, und 1938 waren 430000 Platten mit über 90 Bibelvorträgen im Betrieb, die mehr als 13 Millionen Hörer erreicht haben sollen. Unter N. H. Knorr gewann das persönliche Zeugnis durch die Verkündiger den Vorrang auch vor der Schallplattenpredigt. Filmstreifen wie *»Die Neue-Welt-Gesellschaft in Tätigkeit«* und *»Eine ›ewige Botschaft‹ geht rund um die Welt«* wurden vielen Millionen Menschen vorgeführt.

2. Der Riesenaufwand an menschlicher Kraft und technischen Mitteln zeitigte imponierende Erfolge. Sie lassen sich an den *Statistiken der Zentrale* ablesen. 1918 war die Schar der Aktivisten noch winzig klein: man zählte 3868, von denen 2784 auf England und 743 auf die USA entfielen, während der kleine Rest sich auf 10 weitere Länder verteilte. In den folgenden Jahren mobilisierte Rutherford die Verkündiger mit dem Ergebnis, daß ihre Zahl bis 1928 auf 23 988 in 31 Ländern stieg; damals stand Deutschland mit 9755 Verkündigern an der Spitze vor den amerikanischen (6040) und den englischen (4959). In der nächsten Dekade erfolgte eine Verdoppelung auf 47 143 Verkündiger in 52 Ländern; nun hatten die Zeugen der USA (25 516) die Spitze übernommen, die sie bis heute hielten. Den Durchstoß in die Breite erreichte die Organisation in der Zeit von 1939 bis 1948: In diesen Jahren verfünffachte sich das Verkündigerheer auf 230532 in 95 Ländern; der eigentliche Grund lag darin, daß der Zweite Weltkrieg ein apokalyptisches Klima schuf, das viele Herzen den Prophezeiungen der Zeugen erschloß, und daß sie dank ihrer todesmutigen Standhaftigkeit in den Diktaturen Bewunderung und Glaubwürdigkeit genossen. Fortan konnten sie mit einer fast maschinenhaften Regelmäßigkeit von Jahr zu Jahr höhere Zahlen melden: an Verkündigern, an Felddienststunden, Bibelstudien, verbreiteter Literatur. Immer neue Gebiete wurden erschlossen. In Ländern, wo keine oder nur eine Handvoll Verkündiger tätig waren, schwollen sie in den 24 Jahren von 1949 bis 1973 auf Tausende an – so in Japan von 9 auf 16 360, in Chile von 0 auf 8991, in Kamerun von 0 auf 8623, in

Costa Rica von 0 auf 3253, in Kolumbien von 97 auf 9685, in Brasilien von 1775 auf 72835, in Italien von 329 auf 28720. Alle 7–8 Jahre sollte sich nach dem Plan der Leitung die Verkündigerzahl verdoppeln, und 10% der Verkündiger sollten Pioniere werden. Dieses Ziel wurde, wenigstens was die Verkündigerzahl betrifft, bis 1957 erreicht, oft überboten. Für 1980 verzeichnete die Statistik insgesamt 2272278 Verkündiger; in 205 Ländern gab es 43181 Versammlungen. Am stärksten vertreten waren die Zeugen Jehovas in den USA (1980: 565309); dann folgen Brasilien (113737) und die Bundesrepublik Deutschland mit West-Berlin (104708), danach Mexiko, Nigeria und Italien. Bis 1976 hatte die zweite Stelle die Bundesrepublik Deutschland eingenommen.

3. Nach *Deutschland* kam Russell auf seiner Auslandsreise 1891, die ihn in verschiedene Länder Europas führte. Er entdeckte hier jedoch keine besonderen Missionschancen. Immerhin wurden einige Bücher ins Deutsche übersetzt und von deutschamerikanischen Bibelforschern an Verwandte und Bekannte in ihrem Heimatland gesandt. 1897 erschien erstmals *»Zions Wacht-Turm und Verkünder der Gegenwart Christi«* in deutscher Ausgabe und wurde seit 1904 auch in Deutschland gedruckt. Der Deutschamerikaner Otto Kötitz, der diese Ausgabe bearbeitete, wurde 1903 nach Deutschland geschickt und ließ sich in Elberfeld nieder. Vereinzelt entstanden kleine Versammlungen, so in Tailfingen, Wermelskirchen und Dresden. Bis 1905 waren 1000 Wachtturm-Bezieher gewonnen. 1909, 1910 und 1911 kam Russell, 1913 Rutherford nach Deutschland; ihre Vorträge waren stark besucht. Im Ersten Weltkrieg leisteten viele Anhänger Russells ihren Militärdienst, manche verweigerten ihn und kamen ins Gefängnis. Staatliche Stellen wurden auf die Russelliten aufmerksam und warfen ihnen vor, daß sie mit amerikanischem Geld arbeiten, den Siegeswillen untergraben, vor der Zeichnung von Kriegsanleihen warnen und Kirche und Staatsordnung bekämpfen.
Die Wirren nach Russells Tod lösten auch in Europa *interne Konflikte* aus. Als es 1920 zum offenen Bruch mit Alexandre Freytag kam, der das Büro für das französisch-belgische Werk in Genf leitete, trennte sich sein beträchtlicher Anhang von den Ernsten Bibelforschern (siehe S. 141). Rutherford löste das Büro auf und errichtete stattdessen ein »Büro für Mitteleuropa« in Bern unter dem einstigen Methodistenprediger Conrad Binkele als »Hauptleiter«; es war zuständig für Deutschland, Schweiz, Frankreich, Belgien, Niederlande, Österreich und Italien. Der ehemalige Werftarbeiter Paul Balzereit aus Kiel wurde daraufhin zum »lokalen Leiter« für Deutschland mit Sitz in Barmen bestellt. Von nun an wurde eine organisierte Propaganda mit Vorträgen und Schriften betrieben. Besonders zugkräftig war das *»Foto-Drama der Schöpfung«*, das an vielen Orten vorgeführt wurde. 1922 besuchten 70000 Personen in 121 deutschen Städten Rutherfords Vortrag *»Millionen jetzt Lebender werden niemals sterben«*, und in Leipzig fand ein erster deutscher Kongreß statt. (Hier erklärte Rutherford, daß das Völkerschlachtdenkmal nicht, wie manche Glaubensgenossen meinten, der »Malstein des Herrn« Jes. 19, 19 sei, sondern das Werk des Teufels.) Die Mitgliederzahl in Deutschland, die nach 1918 beträchtlich gesunken war, stieg bis 1923 wieder auf 3642. Das Werk hatte sich konsolidiert und eingewurzelt. 1923 wurde in Magdeburg eine eigene Druckerei eingerichtet und rasch vergrößert. 1926 wurde auch

das Büro dorthin verlegt. Der scharf antikirchliche Kurs, der von Rutherford befohlen war, führte zu ersten Konflikten und zahlreichen Prozessen wegen »unbefugten Hausierens«. Aber die Anhängerschaft nahm zu; 1933 gab es etwa 35 000 Zeugen in Deutschland.
Die schrecklichen Verfolgungen der kommenden Jahre konnten die Zeugen in den Untergrund treiben, aber nicht ausrotten, und im August 1947 wurden bereits wieder 36 526 Verkündiger in den 4 Besatzungszonen gezählt. In Wiesbaden-Dotzheim entstand 1946 eine neue Zentrale, und von 1947 bis 1980 stieg in der Bundesrepublik die Verkündigerzahl von 20 811 auf 96 112, zuzüglich 4978 in Westberlin, und insgesamt 3032 Pioniere.
Ein willkommenes Betätigungsfeld bieten die Millionen *Gastarbeiter,* zumal sie vielfach aus Ländern kommen, in denen die Arbeit der Zeugen verboten oder sehr erschwert ist. Eine erste griechische Versammlung entstand 1962 in München, und 1973 gab es bereits 1560 griechische Verkündiger in der Bundesrepublik. Bis 1973 waren 660 spanische und 1000 italienische Verkündiger mit 45 Vollzeitdienern gewonnen. Auch türkische und jugoslawische Gruppen entstanden.
Einige frühere Versammlungsdiener, so Hans-Jürgen Twisselmann, Günther Pape und zeitweilig auch Ilias Papailias aus Athen, treiben eine wirksame Aufklärungsarbeit unter den Zeugen, gewannen auch Abgesprungene als Helfer und bemühen sich, irregewordenen Zeugen Rat und eine geistliche Gemeinschaft zu geben, etwa durch den *»Zurück zu Christus«-Bruderdienst* in Elmshorn.

Konflikte und Verfolgungen

Die Geschichte der Zeugen Jehovas wurde seit Beginn der Ära Rutherford konfliktreich, gelegentlich blutig. Das ist nicht verwunderlich. Eine Glaubensgemeinschaft, die im Namen und Auftrag Gottes feierlich und fanatisch einen pauschalen Kalten Krieg gegen alle Traditionen und Institutionen der Menschheit führt, indem sie die Religionen und Kirchen, die politischen Mächte, die Wirtschaft, die hergebrachten Kulturen und Zivilisationen samt ihren Werten, Ordnungen und Leitungen dem Reich des Satans zuweist und ihre bevorstehende Vernichtung ankündigt, muß rundum als eine Provokation wirken und entsprechende Reaktionen auslösen.

1. Von 1928 an kam es in den *Vereinigten Staaten* zu vielen Zwischenfällen, Schlägereien und Verhaftungen (1149 allein im Jahr 1936). Deshalb wurde in Brooklyn eine Rechtsabteilung errichtet und eine Anleitung für das *»Vorgehen vor Gericht«* herausgegeben. Um örtlichen Verboten oder Unterdrückungen entgegenzuwirken, organisierten sich 1933 in den USA 12 600 Verkündiger als »Heuschrecken« in 78 »Divisionen«, d. h. Autokolonnen zu je 10 bis 200 Wagen, die sich in einem strategischen Einsatz auf die jeweils bedrohten Städte stürzten und durch ihre große Zahl die Verhaftungsaktionen sinnlos machten. Wegen ihrer Weigerung, die Fahne zu grüßen, kam es zu einem Prozeß, in dem das Oberste Bundesgericht 1940 gegen die Zeugen entschied; dieses Urteil wurde aber 1943 wieder aufgehoben. 1940–1944 wurden Jehovas Zeugen etwa 2500mal vom Mob angegriffen.

»Sie wurden geschlagen, geteert und gefedert, verstümmelt, kastriert, und einige wurden sogar getötet.«[166] Im Zweiten Weltkrieg wurden in England 1593 Zeugen wegen Kriegsdienstverweigerung zu Gefängnisstrafen verurteilt.

2. In den Jahren 1933–1945 wurden die Zeugen erstmals mit einer totalitären Diktatur konfrontiert – im *Deutschen Reich*. Hier ging es für sie auf Leben und Tod. Den Auftakt bildeten eine ergebnislose Durchsuchung des Magdeburger Zweigbüros im April 1933 sowie länderweise Tätigkeitsverbote und zahlreiche Verhaftungen. Ein kurzfristig einberufener Kongreß am 25. Juni 1933 in Berlin nahm einen von Rutherford und Balzereit ausgearbeiteten Protest gegen diese Eingriffe an, der allen hohen Regierungsbeamten zugeleitet wurde. Viele Zeugen empfanden ihn als lendenlahm. Aber die Leitung hoffte noch auf eine Verständigung und betonte in einem Begleitschreiben an Hitler: »Das Brooklyner Präsidium der WTG ist und war seit jeher in hervorragendem Maße deutschfreundlich. Aus diesem Grunde wurden im Jahr 1918 der Präsident der Gesellschaft und die sieben Glieder des Direktoriums in Amerika zu 80 Jahren Zuchthaus verurteilt, weil der Präsident sich weigerte, zwei von ihnen in Amerika geleitete Zeitschriften zur Kriegspropaganda gegen Deutschland zu gebrauchen.«[167]
Hitler ließ das kalt; im Gegenteil, die Protestaktion gab vielmehr das Signal zur Verfolgung. Am 28. Juni 1933 wurde das Zweigbüro beschlagnahmt, und der Zweigdiener Paul Balzereit floh in die Tschechoslowakei. Das Büro mußte zwar als Eigentum einer amerikanischen Gesellschaft auf Intervention von Washington am 7. Oktober wieder an die WTG zurückgegeben werden, blieb aber für jegliche Tätigkeit gesperrt. Berufstätige Zeugen, die eine Beteiligung an Wahlen, eine Mitgliedschaft in der Deutschen Arbeitsfront, den »Deutschen Gruß« u.a.m. verweigerten, wurden entlassen. Viele zogen sich verschüchtert zurück. Andere entschieden sich im Widerstreit zwischen WTG und staatlichen Anordnungen für letztere, unter ihnen Paul Balzereit, der im Dezember 1935 in Halle zu zweieinhalb Jahren Gefängnis verurteilt und nach Strafverbüßung ins KZ Sachsenhausen gebracht wurde, wo er sich von der WTG lossagte und nach einem Jahr entlassen wurde.

Rutherford veranstaltete vom 7. bis 9. September 1934 einen Kongreß in Basel, an dem fast 1000 deutsche Zeugen teilnahmen. Eine *Erklärung »an die Reichsregierung«*, die am 7. Oktober Hitler zugeschickt wurde, versicherte ihm, daß »wir um jeden Preis Gottes Gebote befolgen, daß wir uns versammeln werden, um sein Wort zu erforschen, und daß wir ihn anbeten und ihm dienen werden, wie er geboten hat. Wenn Ihre Regierung oder Ihre Regierungsbeamten uns Gewalt antun, weil wir Gott gehorchen, so wird unser Blut auf Ihrem Haupte sein und Sie werden Gott, dem Allmächtigen, Rechenschaft ablegen müssen.« Das war eine würdige Sprache. Wie hart die dahinterstehende Entschlossenheit war, zeigte sich in den folgenden Jahren. Hitler wurde mit Telegrammen überschüttet: »Hören Sie auf, Jehovas Zeugen weiter zu verfolgen, sonst wird Gott Sie und Ihre nationale

[166] A. Rogerson, Viele von uns werden niemals sterben, S. 79
[167] Jahrbuch der Zeugen Jehovas 1974, S. 111

Partei vernichten.« Die Folge war ein Wutausbruch Hitlers: »Diese Brut wird aus Deutschland ausgerottet werden.«[168]

Verboten und geächtet, organisierten die Zeugen eine *Untergrundtätigkeit*. Etwa Zehntausend sollen daran beteiligt gewesen sein. Sie sammelten sich in kleinen Kreisen, brachten Literatur vom benachbarten Ausland heimlich über die Grenze und vervielfältigten den »Wachtturm«. Das Land wurde in 12 Bezirke eingeteilt. Die »Bezirksdienstleiter« hatten die kleinen Gruppen zu besuchen, zu stärken und mit Literatur zu versorgen. Versammlungen wurden heimlich oder getarnt durchgeführt. Auf der anderen Seite bildete auch die *Gestapo* ein »Sonderkommando«, das Funktionären, Mitgliedern und Sympathisanten nachspürte, sie beschattete, Wohnungen durchsuchte und zuschlug, wo sich Gelegenheit bot. Die *Propaganda* verteufelte sie als Werkzeuge des Judentums und des Kommunismus. Hans J. v. Freyenwald erbrachte in seiner Schrift *»Die Zeugen Jehovas«* (1936) den Nachweis, daß das politische Ziel der WTG die Errichtung eines jüdischen Weltstaats ist, daß sie marxistische Lehren vertritt und daß solche Länder, in denen sie freundlich behandelt wird – USA, Mexiko, Spanien, Frankreich, Schweiz, Tschechoslowakei –, unter freimaurerischem Einfluß stehen.

Auch die *Justiz* fiel in diesen Chorus ein: In einem Überblick über die Strafrechtspflege 1936 stellte Ministerialdirektor Dr. Crohne vom Reichsjustizministerium in der *»Deutschen Justiz«* fest, man habe die WTG zunächst als eine harmlose Gesellschaft religiöser Wirrköpfe betrachtet, aber nun erkannt, daß sie »immer mehr ein Sammelbecken staatsfeindlicher Elemente bildet und bald zu einer getarnten Abzweigung des Kommunismus sich entwickeln wird«.

Die Verfolgung der Zeugen Jehovas wurde zunächst noch verhältnismäßig geordnet durchgeführt: mit Gerichtsprozessen und Gefängnisstrafen. Aber im Mai 1937 ordnete die Gestapo an, daß die Zeugen schon auf bloßen Verdacht hin und ohne richterlichen Haftbefehl festgenommen und *ins KZ gebracht* werden sollen. Im April 1939 wurde verfügt, daß sie nur dann aus dem KZ entlassen werden dürfen, wenn sie sich in einer schriftlichen Erklärung von ihrer Organisation lossagen.

Die Behandlung in den KZ war bestialisch, der pädagogische »Erfolg« minimal. Die Zeugen blieben in der Regel unbeugsam, trotzten Verlockungen und Drohungen, nahmen ohne Murren Schikanen, Foltern und Tod auf sich, waren fleißig in der Arbeit, halfen einander, pflegten ihr gemeinsames Glaubensgut und gewannen dafür auch andere Lagerhäftlinge. Im KZ Sachsenhausen, so erzählte MARTIN NIEMÖLLER, holte die SS eine Zeitlang bei jedem Morgenappell einen Zeugen Jehovas heraus und fragte ihn, ob er jetzt bereit sei, Wehrdienst zu leisten. Verneinte er, so wurde er vor versammelter Mannschaft gehenkt. Alle verneinten, ohne Ausnahme.

In seinen Lebenserinnerungen *»Kommandant in Auschwitz«* (Stuttgart 1958, S. 33 f.) berichtete RUDOLF HÖSS: »Die Bibelforscher in ihrem Glauben zu erschüttern, war gänzlich unmöglich.« Prügelstrafen ließen sie »mit einer Inbrunst über sich ergehen, daß man beinahe annehmen konnte, sie seien pervers veranlagt«. Einige wegen Wehrdienstverweigerung zum Tod Verurteilte liefen »beinahe im Trab« zu ihrer Exekution und warteten mit verklärtem Gesicht auf die Kugel. »Alle, die dies Sterben sahen, waren ergriffen, selbst das Exekutions-Kommando war benommen.« – Die Kommunistin MARGARETE BUBER-NEUMANN, die zeitweilig Blockälteste des mit Zeuginnen Jehovas belegten Blocks 3 im KZ Ravens-

[168] a. a. O. S. 132 ff.

brück war, bezeichnete ihn als »Musterblock«, der sich durch Sauberkeit und vorbildliches Benehmen der Bewohnerinnen auszeichnete (»Als Gefangene bei Stalin und Hitler«, S. 244 ff.). Auch bei der SS waren sie die »gesuchtesten und am meisten begehrten Arbeiterinnen«. Sie waren ehrlich und zuverlässig und machten nie Fluchtversuche, so daß man sie ohne Bewachung durch das Lagertor zur Arbeit gehen lassen konnte. Eines Tages, so berichtet sie, wurden hundert asoziale Frauen in ihren Block verlegt, um ihnen das Leben schwer zu machen und sie zu denunzieren, wenn sie Bibelforschung trieben. Aber die Zeuginnen nahmen sich ihrer liebevoll an, halfen ihnen, gaben ihnen von ihren Essensportionen ab – mit dem Ergebnis, daß Freundschaften entstanden, eine um die andere »bekehrt« wurde und die hundert Frauen schleunigst wieder herausgenommen werden mußten.

Auf die menschlichen Werte der Zeugen wurde auch der Reichsführer SS Heinrich Himmler durch seinen Leibarzt Kersten aufmerksam gemacht. In einem Schreiben an die SS-Führer Pohl und Müller bestaunte er sie als »unerhört fanatische, opferbereite und willige Menschen. Könnte man ihren Fanatismus für Deutschland einspannen oder insgesamt für die Nation im Kriege einen derartigen Fanatismus beim Volk erzeugen, so wären wir noch stärker, als wir heute sind.« Der hohe »Nutzwert« der Zeugen war entdeckt. Von 1942/43 an wurden sie besser behandelt und ernährt und für allerlei Arbeiten außerhalb der KZ eingesetzt. In einer Denkschrift empfahl Himmler sogar, in den KZ durch besondere Prüfungskommissionen Zeugen auszuwählen zur Ansiedlung am zukünftigen »Ostwall«, um mit ihnen »das russische Volk durch Verbreitung der Bibelforscherlehre pazifizieren« zu können. Denn sie haben »für uns unerhört positive Eigenschaften«: Sie sind schärfstens gegen den Krieg, die Juden, die katholische Kirche und den Papst; sie sind ausgezeichnete Viehzüchter und Landarbeiter und streben nicht nach Reichtum und Wohlstand, weil ihnen das für das ewige Leben schadet. Eine ideale Religion also, um die Unterworfenen nach den Wünschen des Eroberers umzuerziehen[169].

Die *Bilanz der Verfolgung:* 1687 Zeugen verloren ihre Stellung, 284 ihr Geschäft, 735 ihre Wohnung; 860 Kinder wurden ihren Eltern weggenommen; 6019 wurden verhaftet und zu insgesamt 13 924 Jahren Gefängnis verurteilt; ins KZ wurden rund 2000 gebracht; in der Haft starben 635; 253 wurden zum Tod verurteilt und 203 hingerichtet[170]. Einem übermächtigen Feind wehrlos ausgeliefert, hatte der harte Kern der Zeugen sich nicht gebeugt, sondern das Leiden auf sich genommen und dadurch die Waffen des Gegners stumpf gemacht und die Bewunderung der Mitwelt gewonnen[171].

[169] a. a. O. S. 196 ff.

[170] a. a. O. S. 212. Nach 1945 waren zum Teil wesentlich höhere Zahlen genannt worden.

[171] Wenn manche führende Männer umfielen, dann waren dies Einzelfälle, die das Gesamtbild einer todesmutigen Standfestigkeit nicht trüben. Hier ist neben Paul Balzereit auch sein Nachfolger, der Konzertpianist und Kapellmeister Erich Frost zu erwähnen. Er wurde wiederholt verhaftet und schließlich ins KZ gebracht. Als er 1961 im »Wachtturm« u. a. berichtete, daß er am 21. März 1937 von der Gestapo schwer mißhandelt worden sei, aber nichts verraten habe, zitierte der »Spiegel« Vernehmungsprotokolle, aus denen sich ergab, daß er in sieben Verhören detailliert die Tätigkeit seiner Organisation geschildert und zwei Treffpunkte seiner Funktionäre und acht Namen von Bezirksdienstleitern verraten hatte (Wachtturm 1. 7. 1961; Spiegel 19. 7. 1961). Er verlor schon 1955 sein Amt als Zweigdiener, 1964 seinen Posten als Redakteur der deutschen Wachtturm-Ausgabe und starb 1968. Sein Fall wurde in der ganzen WTG-Literatur verschwiegen.

3. Nach Kriegsende wurden die überlebenden Zeugen von ihren amerikanischen Glaubensbrüdern reichlich mit CARE-Paketen, Kleidungsstücken und 1,5 Millionen WTG-Büchern bedacht. Sie konnten auch in der *sowjetisch besetzten Zone* zunächst frei arbeiten. Das Zweigbüro in Magdeburg wurde zurückgegeben. Aber als in WTG-Zeitschriften Ausführungen veröffentlicht wurden, die von den Sowjets als »politische Hetze« aufgefaßt werden mußten[172], gab es rasch wachsende Schwierigkeiten. In der Presse wurden heftige Angriffe gegen sie gerichtet. Ein Theaterstück *»Zeuge Kretschmar«* von Otto Müller prangerte die »unterirdische Wühlarbeit der Zeugen Jehovas gegen die demokratische Staatsordnung« an. Unterschriftensammlungen und Betriebe forderten das Verbot der »staatsfeindlichen Sekte«. Da und dort wurden Versammlungen verboten, Schriften beschlagnahmt, einzelne Verhaftungen vorgenommen. Der 1948 in Leipzig geplante Kongreß wurde nicht genehmigt und mußte nach Westberlin verlegt werden. Als er im Juli 1949 ebenfalls nach Westberlin auswich, wurden die bereits bezahlten Sonderzüge kurz vor der Abfahrt abgesagt. Trotzdem kamen 18000 Teilnehmer. Sie protestierten in einer Resolution gegen die Verbote und Einschränkungen in Sachsen, gegen Polizeiaktionen im Kreis Bautzen und gegen »die von intoleranten fanatisierten Gegnern entfachte politische und religiöse Hetze, die sich nicht scheut, den Spuren einer vergangenen Schmutzpresse nach Art eines ›Stürmer‹ und eines ›Schwarzen Korps‹ zu folgen«. Der Zweigdiener Erich Frost forderte heraus: »Ist der Bolschewismus schöner als andere Systeme? Glaubt die SED, daß das, was Hitler begonnen hat, von ihr vollendet werden müsse? Wir fürchten die SED ebenso wenig, wie wir die Nazis gefürchtet haben.«[173] Am 10. Juli 1950 beschwerten sich »sämtliche Gemeinden von Zeugen Jehovas in der DDR« in einer *Petition an die Regierung* über eine durch »die fanatische Geistlichkeit und intolerante SED-Funktionäre« inszenierte Zweckpropaganda, die Verweigerung von Schulräumen und öffentlichen Sälen, Verbote von Bibelstudien in Privatwohnungen, Auflösung von Versammlungen, Beschlagnahme von WTG-Literatur, Entlassung von Zeugen Jehovas aus ihren Stellungen. »Sollten solche Vorkommnisse seitens einer intoleranten Geistlichkeit und extremer politischer Funktionäre weiterhin zugelassen werden, ohne dagegen Maßnahmen zu ergreifen, so wird die unausbleibliche Folge dieser verabscheuungswürdigen Vorkommnisse die sein, daß der gesetzwidrige Haß gegen Jehovas Zeugen weiter gefördert und zu einer lodernden Flamme der offenen Verfolgung derselben angefacht wird, nur weil sie sich weigern, ihren Glauben aufzugeben. Wir haben keine Furcht vor tyrannischen Menschen, die sich uns entgegenstellen, und wir schrecken nicht davor zurück, für die Wahrheit auch als Märtyrer und treue Nachfolger Christi einzustehen.«[174]

[172] In »Erwachet!« vom 22. 12. 1947 wurde z. B. berichtet, die breite Volksmasse in der Sowjetzone fühle sich »nicht viel freier als zur Nazizeit. Eine weitgehende Kontrolle wird auf allen Gebieten ausgeübt und die angewandten Methoden ähneln oft den nazistischen. Die Meinung ist vorherrschend, daß die Russen unbedingt verschwinden müssen, weil es so lange keine wirklich freiheitliche Entwicklung gibt.«

[173] Jahrbuch 1974, S. 224

[174] Manfred Gebhard, Die Zeugen Jehovas, eine Dokumentation über die WTG, S. 242f.

Am 30./31. September 1950 wurde das Zweigbüro in Magdeburg geschlossen und die *Tätigkeit der Zeugen Jehovas verboten*, da sie »den Namen einer Religionsgemeinschaft fortgesetzt für verfassungswidrige Zwecke mißbrauchen« und »illegales Schriftenmaterial« verbreitet haben. War ihnen in der Hitlerzeit vorgeworfen worden, daß sie Kumpane der Freimaurer, Juden und Kommunisten seien, so wurde nun »bewiesen«, daß sie als Helfershelfer des amerikanischen Imperialismus mit dem State Department in Washington zusammenarbeiten und unter religiösem Deckmantel Feindschaft gegen die sozialistische Gesellschaftsordnung schüren. Es wurde u. a. behauptet, daß bei Haussuchungen »faschistische Literatur und beträchtliche Lager von Lebensmitteln und Gebrauchsgütern amerikanischer Herkunft gefunden wurden, mit denen die Zeugen Jehovas für politische Zwecke des amerikanischen Imperialismus geködert wurden«[175]. Das Landgericht Halle wollte in einem Prozeß gegen sieben Zeugen nachgewiesen haben, daß von ihnen im amerikanischen Auftrag Aufzeichnungen aus Industriebetrieben an die WTG-Zentrale in Brooklyn geliefert worden seien. Bis 1961 wurden 2891 Zeugen zu insgesamt 12013 Jahren Haft verurteilt. Manche von ihnen hatten während des Dritten Reichs viele Jahre im KZ verbracht und wurden nach einer kurzen Zeit der Freiheit in die Gefängnisse des Arbeiter- und Bauernstaats eingekerkert. In der Haft starben fünfzig infolge Mißhandlungen, Krankheit, Unterernährung und hohen Alters. Von den andern Gefangenen wurden die Zeugen streng isoliert. Jahrelang wurden ihnen alle Erleichterungen der Haft – Lektüre, Schachspiel, Besuch von Filmvorführungen – versagt. Als 1956 politische Gefangene fast aller Kategorien vorzeitig entlassen wurden, blieben die Zeugen ausgenommen. Die Zahl der Verkündiger sank 1950/51 von 21048 auf 17256 und nahm in den nächsten Jahren noch weiter ab, da viele nach Westberlin oder in die Bundesrepublik flohen. Andere wandten sich von den Zeugen Jehovas ab. Teilweise sammelten sie sich in eigenen Gemeinschaften. So in dem biblizistischen *»Bund Freier Christengemeinden«*, von Alfred Diener nach 1945 gegründet, und in der *»Vereinigung Freistehender Christen«*, die vom ehemaligen Zweigdiener Paul Balzereit ins Leben gerufen wurde und vornehmlich in Sachsen verbreitet ist. Sie steht der *»Tagesanbruch Bibelstudien-Vereinigung«* nahe (siehe S. 136ff.). Der Versuch politischer Stellen, die Zeugen mit vervielfältigten Rundbriefen, die angeblich von verhafteten Glaubensgenossen stammten, und mit einem kommunistisch redigierten »Wachtturm« irre zu machen, schlug fehl. Wirksamer war die Aufklärungstätigkeit der *»Studiengruppe Christliche Verantwortung«*, 1959 von Willy Müller in Gera gegründet; er war als Zeuge Jehovas selbst viele Jahre im Gefängnis gewesen. Sie verlegte nach seinem Tod 1973 ihren Sitz nach Ostberlin. Ihr Organ *»Christliche Verantwortung«* erscheint in unregelmäßiger Folge.
Bis zum Berliner Mauerbau 1961 waren die Zeugen in der DDR von dem in Westberlin eingerichteten Ostbüro geleitet, geschult und mit Literatur versehen worden. Danach wurden sie »auf anderen Wegen mit der notwendigen geistigen Speise versorgt«[176]. Nun ging auch die Zahl der Verhaftungen und Verurteilungen zurück. Seit 1970 werden Zeugen Jehovas, wenn sie bei einer Versammlung

[175] Berliner Zeitung 5. 9. 1950
[176] Jahrbuch 1974, S. 229

oder beim Verkündigerdienst ertappt werden, nur noch wegen »Erregung öffentlichen Ärgernisses« mit hohen Geldstrafen belegt.

4. Die WTG hat aus ihrer antikommunistischen Einstellung nie einen Hehl gemacht. Schon 1879 wurde der Kommunismus in »Zions Wachtturm« verurteilt. Dabei blieb es. »Der Kommunismus wurde mittels verderbter Religion und erbarmungsloser Politik durch Satan, den Teufel, erzeugt, genährt und zur Reife gebracht.«[177] Die kommunistischen Staaten ergriffen denn auch durchweg scharfe Maßnahmen gegen die Zeugen Jehovas. In der *Sowjetunion* wurden sie zu Tausenden in Zwangsarbeitslager deportiert und die örtlichen Gruppen durch Verhaftung der Leiter zeitweilig desorganisiert. Aber sie sammelten sich immer wieder und schufen neue Veröffentlichungszentren. 1951 wurden 7000 Zeugen lebenslänglich nach Sibirien verbannt. Sie setzten in den Gefängnissen und Lagern ihre Predigt fort; selbst in Workuta wurde die Arbeit »von Haus zu Haus« unternommen und eine regelmäßige Versammlungstätigkeit begonnen. Aufgrund der unliebsamen Erfahrung, daß sie auch andere Häftlinge »ansteckten«, wurden sie später in einem einzigen Lager konzentriert. Am 1. März 1957 sandte die WTG-Leitung eine Petition von 199 Bezirksversammlungen der ganzen Welt an die Sowjetregierung, in der beteuert wurde, daß die Zeugen politisch völlig neutral und abstinent sind, nicht stehlen und nicht trinken, sich auch niemals an Sabotagehandlungen beteiligen. Darum verdienen sie es nicht, eingesperrt, deportiert und in Straflager gebracht zu werden... Die Petition fand kein Gehör.
In *China* waren die Zeugen Jehovas immer nur eine verschwindend kleine Gruppe geblieben, obwohl Russell 1912 in Schanghai Vorträge gehalten hatte und in der Folgezeit Kolporteure aus England, Australien und Japan ins Land gekommen waren.
In *Kuba* wurde den Zeugen jede Werbetätigkeit verboten, da sie gegen die Gesetze gerichtet sei. Wer beim Predigen ertappt wird, wird eingesperrt. 1969 wurde die WTG-Druckerei beschlagnahmt.
In der *Tschechoslowakei* wurde 1948 der ganze Leitungsstab verhaftet und zu zwei Jahren Arbeitslager verurteilt. Aber die 1209 Zeugen von 1948 hatten sich bis 1950 trotzdem auf 2882 vermehrt. 1950–52 erfolgten weitere 800–900 Verhaftungen, vielfach wegen Militärdienstverweigerung. In *Ungarn* wurden 1950 die leitenden Männer eingekerkert, 1951 folgten Massenverhaftungen, und 1952 wurden etwa 500 Zeugen in Arbeitslagern festgehalten.
In *Polen* erfolgte nach anfänglichen Einschränkungen 1950 der große Schlag mit der Verhaftung von 6000 der insgesamt 18 000 Zeugen und dem Verbot der Organisation. Die Regierung Gomulka brachte 1956 Erleichterungen, aber eine Legalisierung scheiterte daran, daß die Zeugen hartnäckig an ihren Grundsätzen (Wehrdienstverweigerung u. ä.) festhielten.
In *Rumänien* wurde das Zweigbüro 1949 geschlossen, der Führungskreis 1950 zu langjähriger Zwangsarbeit verurteilt. Nur in *Jugoslawien* sind die Zeugen Jehovas staatlich anerkannt und »erfreuen sich eines gewissen Maßes von Freiheit«. In *Bulgarien* dagegen ist es für sie »sehr schwer zu predigen«, und in *Albanien* leiden

[177] Wachtturm 1. 6. 1952

sie »unter großen Schwierigkeiten«[178]. Wie in der DDR, so besserte sich allmählich auch in den meisten dieser Länder die Lage, und die Zeugen konnten – obgleich offiziell verboten – unter starken Erschwerungen ihre Tätigkeit fortsetzen. Die WTG ihrerseits erkannte an, daß auch die atheistischen Regierungen von Gott zugelassen worden sind: »Sie hätten keine Gewalt, wenn Gott sie ihnen nicht gewähren würde.« Darum haben auch sie den Anspruch auf Gehorsam Röm. 13, 1 ff.[179].

5. Auch in der *nichtkommunistischen Welt* gab es immer wieder Schwierigkeiten. Die Prozesse wegen Verweigerung des Wehr- und Wehrersatzdienstes und der Bluttransfusion reißen auch in freiheitlich-demokratischen Ländern nicht ab. In autoritär regierten Staaten kommt es oft zu schweren Konflikten. Aus der *Dominikanischen Republik* wurden 1950 die amerikanischen Missionare ausgewiesen. In *Spanien* erregen die Zeugen vor allem Anstoß, weil sie das gesetzliche Verbot der religiösen Proselytenmacherei mißachten und den Wehrdienst verweigern. Jahrelang wurden die Verweigerer ins Gefängnis geworfen und nach der Entlassung erneut einberufen und bei Verweigerung wiederum verurteilt. Erst 1973 wurde eine Änderung dieser Praxis ins Auge gefaßt. Trotz vieler Behinderungen und Bestrafungen stieg ihre Zahl in Spanien 1951–1973 von 121 auf 18398, bis 1980 auf 43276. Ähnlich waren die Schwierigkeiten und auch die Zunahme in *Portugal* (1973: 9894; 1980: 21117). Im Juni 1966 wurden in einem Massenprozeß in Lissabon 49 Zeugen zu Gefängnisstrafen wegen »Ungehorsams allgemeiner Art gegenüber den Gesetzen der Nation« verurteilt. In der Kolonie Mozambique erhielten sie Tätigkeitsverbot. In *Griechenland* wurde ihnen 1968 von der Staatskirche der Charakter einer »bekannten Religionsgemeinschaft« abgesprochen. Ein im Auftrag des Primas Hieronymos ausgearbeitetes Gutachten des Kirchenrechtlers Konstantin Mouratidis bezeichnete sie 1968 als »politische, antinationale, antireligiöse und antichristliche Verschwörung«.
Schwere Unterdrückungen, die sich teilweise bis zu blutigen Verfolgungen steigerten, widerfuhren den Zeugen Jehovas in *einigen Gebieten Afrikas*. Die WTG war daran nicht schuldlos. In der Zeit, in der diese Länder noch europäische Kolonien waren, wurde ihre Diffamierung der politischen Mächte und der Kirchen gierig von den freiheitsdurstigen Afrikanern aufgenommen. Sie sahen in den Zeugen ihre Bundesgenossen und identifizierten sich mit ihnen. Es gab eine Zeit, in der »52% der Führer von Njassaland und Nordrhodesien Pro-Zeugen Jehovas waren, die in ihren Krals die Zeugen Jehovas auf jede Weise unterstützten«[180]. Im Kupfergürtel kam es zu Streiks und Unordnung, und die ausländischen WTG-Missionare wurden von den Kolonialbehörden mit Ausweisung bedroht, was ihr Ansehen bei den Befreiungsbewegungen noch erhöhte. Die WTG träumte schon davon, daß »ganze neue Nationen Zeugen Jehovas werden«. Aber nachdem die

178 Jahrbuch 1969
179 Wachtturm 22. 8. 1969. – In der Statistik werden diese Gebiete nicht mehr gesondert aufgezählt, sondern nur summarische Zahlen genannt. 1957 gab es in den Verbotsländern 3091 Versammlungen und 80884 Verkündiger; 1980 waren es 3896 Versammlungen und 221271 Verkündiger.
180 William J. Schnell in einem Offenen Brief an die Zeugen Jehovas (1968)

Kolonialgebiete ihre Selbständigkeit gewonnen hatten, wurde die WTG-Literatur zum »Anklagegegenstand«. Denn in ihr waren ja nicht nur die weißen Imperialisten, sondern alle staatlichen Gewalten als Teufelsorganisationen deklariert worden, also auch die afrikanischen Regierungen. Die Bekanntgabe der Neueinschätzung des Staats durch die WTG im Jahre 1963 erfolgte zu spät und war allzu undeutlich, da sie nicht mit einer ausdrücklichen Verwerfung der bisherigen Lehre verbunden war und da von den Zeugen Jehovas auch weiterhin strenge politische Abstinenz gefordert wurde. So wurden über Nacht die WTG-Missionare und ihr Anhang aus Verbündeten zu Staatsfeinden.
In einigen Ländern wurden sie verboten, so in *Tansania.* In *Äthiopien* wurden schon 1957 die ausländischen Missionare ausgewiesen. Am schlimmsten erging es den Zeugen in *Malawi.* Mit ihrer Weigerung, die Mitgliedskarte der Malawi Congress Party zu kaufen, verletzten sie das hochempfindliche Nationalgefühl des jungen Staates. Die Antworten waren immer neue Verfolgungswellen. Bei der ersten 1964 wurden 1081 Wohnstätten und über 100 Königreichssäle zerstört, die Ernte der Felder vernichtet. Bei der zweiten, ausgelöst durch das Verbot der WTG als »ungesetzliche Vereinigung« am 23. Oktober 1967, wurden 1095 Häuser und 115 Königreichssäle niedergebrannt, Tausende verprügelt, über 1000 Frauen vergewaltigt, und 10000 von den damals 18000 Zeugen flohen nach Sambia. Die dritte Verfolgungswelle begann, als die Malawi Congress Party in einer Resolution 1972 behauptete, die Zeugen »behinderten die politische und wirtschaftliche Entwicklung Malawis«, und forderten, daß die im Staatsdienst, im Handel und der Industrie angestellten Zeugen entlassen, Selbständige boykottiert und in den Dörfern Wohnende vertrieben werden. Die Schändungen, Folterungen, Verjagungen, Zerstörung mehrerer tausend Wohnstätten führten zu einer Massenflucht nach Mozambique, wo in zehn Lagern über 36000 gesammelt wurden. Als aber diese portugiesische Kolonie 1975 selbständig wurde, sorgte die herrschende Frelimo-Partei für ihre zwangsweise Abschiebung zurück nach Malawi. Hier wurden sie mit neuen Quälereien empfangen. 4000 flohen nach Sambia und wurden zurückgeschickt. Im Oktober 1975 ordnete die Regierung von Malawi an, daß die Zeugen in Lagern konzentriert werden, aber ohne ihre Kinder. »In einigen Gebieten sind die Zeugen nur im Busch und im Urwald sicher, wo buchstäblich Tiere und keine tierischen Menschen leben.«[181]
Auch in *Sambia* kam es 1968/69 zu Gewalttätigkeiten, bei denen die Häuser und der Besitz von mehr als tausend Zeugen zerstört wurden, und 1969 wurde ihnen jede Tätigkeit außerhalb der Königreichssäle verboten. In *Madagaskar* wurden 1970 die ausländischen Missionare ausgewiesen und die Organisation wegen »staatsfeindlicher Tätigkeit« aufgelöst. In *Kamerun* wurde das Zweigbüro der WTG beschlagnahmt und das Werk verboten. Auch *Kenia* erließ 1973 ein Verbot, da die Zeugen »Panikmache unter religiösen Vorwänden« betreiben.
Das *Verbreitungsgebiet des Islam* war für die Zeugen Jehovas von jeher ein harter Boden. Sie fanden kaum einen Zugang, und der Erfolg ihrer Werbearbeit war minimal. Staatliche Maßnahmen wurden gegen sie in *Syrien* getroffen, weil sie angeblich mit dem Zionismus eng verbunden seien. In *Libyen* ist ihre Tätigkeit ver-

[181] Erwachet! 8. 2. 1976

boten, wird aber von ihnen »mit entsprechenden Vorsichtsmaßnahmen« fortgeführt. In der *Türkei* wurde die in Artikel 19 der Verfassung garantierte Religionsfreiheit für die Zeugen Jehovas eingeschränkt: sie dürfen sich nicht frei versammeln und fallen unter die Bestimmung von Artikel 143, der es türkischen Staatsbürgern verbietet, sich ohne behördliche Genehmigung einer ausländischen Körperschaft anzuschließen. Im Frühjahr 1974 forderte die »Konferenz der moslemischen Weltorganisationen«, daß alle Staaten im Bereich des Islam die Tätigkeit der Zeugen Jehovas verbieten.

6. Woran liegt es, daß die Zeugen Jehovas so viel Widerspruch und Konflikte auslösen? Die WTG sieht die Ursache darin, daß sie kompromißlos den biblischen Geboten gehorchen und darum die Feindschaft der vom Satan beherrschten »Welt« auf sich ziehen, während die Kirchen längst ihren Frieden mit ihr gemacht haben, ja selbst ein Teil von ihr geworden sind. Die Verfolgungen beweisen also, daß die Zeugen die einzigen wahren Christen sind. Aber stimmt das? Nirgendwo in der Bibel ist z. B. der Fahnengruß verboten; erst die WTG-Leitung hat aus ihm ein Stück Götzendienst gemacht. Dasselbe gilt für den Dienst des Christen im Bereich der Politik und der Gesellschaft. Der Gehorsam der Zeugen gilt nicht den biblischen Geboten an sich, sondern ihrer Interpretation durch die WTG; und daß sie diese nach Bedarf verändern kann, hat sie bei der Auslegung von Röm. 13 bewiesen.
Die Konflikte, die die WTG durch ihre Lehren entzündet, sind ihr offensichtlich nicht unwillkommen. Denn sie erregen die Aufmerksamkeit der Welt. William J. Schnell, der seit 1927 an leitender Stelle der WTG tätig war, zuletzt als Zonendiener im amerikanischen Mittelwesten, bis er sich 1953 trennte, berichtet in seinem Buch *»Dreißig Jahre Sklave des Wachtturms«* (S. 96ff.), daß die Leitung der WTG sich schon am Anfang der 30er Jahre »einer neuen sensationellen« Werbemethode bediente: »Um die Aufmerksamkeit der Mitmenschen zu wecken, mußte man mit Hilfe von Büchern und Broschüren eine Art Kriegszustand schaffen und dabei den Eindruck hervorrufen, als werde man verfolgt.« Durch Mißachtung gesetzlicher Vorschriften drängten die Kolporteure die Behörden zu Verboten, übertraten diese, um verhaftet zu werden, und »provozierten die Gerichte durch ihre Unverfrorenheit, daß diese nicht anders konnten, als ihnen die ersehnte Märtyrerkrone in Form von Geldbußen und Gefängnisstrafen aufzusetzen«. Die Schlagzeilen in der Presse waren eine »billige und ausgezeichnete Reklame«, und der Nimbus der Märtyrerschaft »hatte großen Werbewert und brachte uns manche Sympathien ein«.
Der deutsche Jurist Erwin Fischer, bekannt geworden durch seine Publikationen über das Verhältnis von Staat und Kirche, zitierte in einem Aufsatz *»Die Religionsfreiheit und die Zeugen Jehovas«*[182] Charley P. Curtis jr., der in einer Studie über den Supreme Court das Verhalten der Zeugen bei Gerichtsverfahren wegen Verweigerung des Fahnengrußes beschrieb: Sie sind »darauf aus, sich zu Märtyrern zu machen. Vielleicht kann das Märtyrertum schon an sich als Religion betrachtet werden. Die Zeugen sahen ganz danach aus, als ob sie enttäuscht wären, wenn sie

[182] Vorgänge 1968, S. 5

nicht zum Flaggengruß herangezogen und nicht verhaftet würden.« Das gleiche Motiv ist nach Erwin Fischers Überzeugung auch bei der Wehrersatzdienstverweigerung wirksam: »Offenbar kommt es der Organisation der Zeugen Jehovas in dem hartnäckigen Widerstand gegen den Ersatzdienst darauf an, Märtyrer zu machen.«
Also: Martyrium ist werbewirksam, darum muß man Konflikte und Verfolgungen provozieren! Diese Vermutung ist nicht ganz abwegig. Es ist aber fraglich, ob sie durchweg zutrifft. Der Zusammenstoß mit der Hitlerdiktatur dürfte wohl kaum von der WTG-Leitung gewünscht oder gar absichtlich herbeigeführt worden sein. Auf jeden Fall aber muß man dem einzelnen Zeugen zuerkennen, daß er Gefängnis, KZ und Tod aus Gehorsam gegen die Lehren der theokratischen Führung auf sich nahm und nicht weil er damit Reklame für die WTG machen wollte.

Die »ernste Bibelforschung« der Wachtturm-Gesellschaft

Man kann den Zeugen Jehovas eine gewisse Bewunderung nicht versagen. Sie führen im allgemeinen ein untadeliges bürgerliches Leben. In der Berufsarbeit sind sie fleißig und pflichtbewußt. Sie sind ruhige Staatsbürger und ehrliche Steuerzahler. An der Jagd nach dem Mammon beteiligen sie sich so wenig wie an weltlichen Vergnügungen. Besonders wo sie in verwahrloster Umgebung leben, bieten sie das Bild heilen Menschentums[183]. Ihre Disziplin bei den Kongressen wird hoch gerühmt. An Opferfreudigkeit sind sie jeder anderen Glaubensgemeinschaft ebenbürtig. In ihrem »Predigtdienst« stehen sie an der Spitze. Was sie aber aus allen christlichen Kirchen und Vereinigungen unserer Zeit heraushebt, das ist die schlechterdings nicht zu brechende Entschlossenheit eines großen Teils ihrer Mitglieder, die von ihnen geglaubten Lehren in jeder Lage und Gefahr zu verkündigen. Werden sie verboten, wirken sie im Untergrund weiter. Werden sie verhaftet, werben sie im Gefängnis oder KZ neue Anhänger. Angebote, durch Abfall die Freiheit oder das Leben zu erkaufen, verschmähen sie, und viele tausend opferten um ihres Glaubens willen ihr Eigentum, ihre Heimat, ihre Gesundheit, ihr Leben. Das ist etwas Großes, Leuchtendes. Es verdient hohen Respekt. Zugleich regt es zu der Frage an, aus welchen Quellen die Zeugen diese Kraft schöpfen. Wir haben sie im vorausgegangenen Abschnitt bereits kennengelernt. Es ist zunächst und vor allem die gewisse Hoffnung, daß in Bälde diese Weltzeit zu Ende ist und das Königreich Gottes anbricht; darum ist die Gegenwart samt ihren Verfolgungen und Leiden nur eine kurze Episode, die nicht mehr ernst genommen zu werden verdient. Es ist weiter die Überzeugung, daß man als aktiver »Prediger« zum Bürger dieses bevorstehenden Reichs auserkoren ist und daß man das Ziel bald

[183] Ein New Yorker Slumbewohner schrieb an die Frankfurter Rundschau (21. 1. 1965): »Es ist besonders in dieser unter schweren Verbrechen leidenden Weltstadt gut, sie in der Nähe wohnen zu haben. Es sind nämlich die freundlichen, friedlichen und ordentlichen Familien, die wir kennen. Ja, ich muß es leider zugeben, es sind die einzigen Familien in unserem Wohnviertel, die ein christliches Leben zeigen.«

und sicher erreichen wird, auch wenn die letzte kleine Wegstrecke durch Gefängnisse oder den Tod führen sollte. Es ist schließlich die Angst, bei Abfall oder Umfall noch in letzter Stunde das Bürgerrecht im Tausendjährigen Reich zu verlieren und in Harmagedon vernichtet zu werden. Kurz, es ist die Verflechtung der Erwartung des nahen Erdenparadieses mit dem persönlichen Heilsschicksal, aus der alles fließt: ihr oft als Aufdringlichkeit empfundener Aktivismus in der Werbung, ihr Fanatismus in der Verfechtung des Glaubens, ihr Heroismus in der Verfolgung.

Die Zeugen Jehovas wollen ihr ganzes System aus der Schrift geschöpft haben. Sie rühmen sich, daß sie für ihre Lehren allein die Schrift maßgebend sein lassen. Um das zu unterstreichen, bezeichneten sie sich ursprünglich als *»Ernste Bibelforscher«*. Wie aber erklärt es sich, daß sie bei ihrer »Bibelforschung« zu ganz anderen Ergebnissen kamen als die Kirchen, die sich ja ebenfalls allein auf die Schrift berufen? Der Grund liegt darin, daß sie von der Schrift in einer völlig anderen Weise Gebrauch machen. Sie haben ihre eigenen Methoden entwickelt, nach denen sie ihre Botschaft aus der Bibel schöpfen. Es handelt sich im wesentlichen um vier Wege.

1. *Der Rösselsprung.* Nach dem gesamtkirchlichen Verständnis ist die Schrift als Ganzes Gottes Offenbarung. Aber dieses Offenbarungswerk ist in eine lange Geschichte mit ihren Entwicklungen, Rückfällen, Einschnitten und dramatischen Gipfeln verflochten. Das spiegelt sich auch in der Offenbarung wider. Sie schritt mit der Geschichte fort. Sie wird deshalb nur dann richtig begriffen, wenn sie ebenfalls als ein geschichtliches Handeln Gottes verstanden wird. Das Alte Testament wurde durch das Neue Testament überhöht, erfüllt und in manchen Teilen (z.B. Kultgesetze) auch außer Kraft gesetzt. Die einzelnen Stücke der Bibel stehen nicht gleichrangig nebeneinander. Ihr Gewicht bemißt sich nach ihrem Abstand bzw. ihrer Nähe zu Christus und seiner zentralen Wahrheit. Diese verschiedene Bewertung ist nicht willkürlich. Jesus selbst stellte dem alttestamentlichen Gesetz seine Gebote entgegen (Matth. 5, 21–48; 22, 34–40). Paulus setzte dem Testament vom Sinai das Testament der Freiheit, des himmlischen Jerusalems entgegen (Gal. 4, 21 ff.).

Die Zeugen Jehovas kennen dieses Schriftverständnis, das an Christus orientiert ist, nicht. Allerdings, auch sie haben ein Zentrum, auf das sie alles beziehen. Es ist bei ihnen der auf das Tausendjährige Reich zuführende Geschichtsplan. Um ihn aus der Schrift zu erheben, verwenden sie alle ihnen wichtig erscheinenden biblischen Stücke, wo immer diese stehen. Für sie ist die Bibel eine einzige glatte Fläche; alles ist gleichermaßen »inspiriert«, also ist alles gleichwertig. Das Neue Testament stellt keine fortschreitende Offenbarung gegenüber dem Alten Testament dar. Weil sie die gesamte Offenbarung eingeebnet haben, können die Zeugen die Schrift ohne Beschwernis in ihre Einzelbestandteile auflösen, wie Kinder ihre aus dem Baukasten errichteten Bauten wieder zerlegen können. Für sie hat jedes Bauklötzchen, d.h. jeder Bibelvers, grundsätzlich die gleiche Dignität; die Generalformel »von Gott inspiriert« ist der große Gleichmacher. So können die Zeugen Jehovas die Bibel als ein Feld für Rösselsprungrätsel betrachten; sie können ihre Linien kreuz und quer durch die ganze Schriftmasse der Bibel ziehen, fröhlich im Zickzack kombinieren und die abenteuerlichsten Beziehungen herstellen. Beispiele solcher Behandlung haben wir in dem Abschnitt über die Terminberechnungen kennengelernt.

2. *Die Vorschattung.* Dieser Begriff wird im Schrifttum der WTG viel gebraucht. Was damit gemeint ist, läßt sich durch folgendes Bild verdeutlichen: In einem finsteren Zimmer steht eine brennende Kerze auf einem Tisch; ein Stück weit entfernt vor ihr steht ein Topf. Die Kerze wirft den Schatten des Topfes auf den Tisch. Sähe man nur den Schatten, sonst nichts, dann könnte man von dem Schatten auf das Vorhandensein des Gegenstandes schließen, von dem er herrührt. Auf die Bibel übertragen: Das Kerzenlicht ist Jehovas Prophezeiung und Geschichtsplan; der Schatten ist der ganze Bestand an Gestalten und Ereignissen, von denen die Bibel berichtet. Was ist nun der »Topf«? Nichts anderes als die Geschehnisse, Figuren und Mächte der Endzeit, also der gegenwärtigen Welt! Man muß die Erzählungen der Bibel als vorausgeworfene Abschattung später eintretender Ereignisse mit Erfüllungscharakter betrachten. Tut man dies, dann kann man aus jenen einstigen Begebenheiten und Gestalten »prophetische« Schlüsse auf den Ablauf der gegenwärtigen Endzeit ziehen.
Von dieser Vorschattungstheorie machen die WTG-Lehrer regen Gebrauch. Dabei unterscheiden sie zwischen dem »Vorbild« oder »Schatten« des biblischen Berichts und dem »Gegenbild« der späteren Erfüllung. Je und je gibt es zwei »Gegenbilder« oder Erfüllungen: in der Zeit Jesu und in der jetzigen Endzeit. Ein paar Beispiele mögen dies veranschaulichen. In dem Bericht von Noah und der Arche 1. Mose 6–8 ist Noah das »Vorbild« oder der »Schatten« und Jesus das »Gegenbild«. Der Arche entspricht als Gegenbild das von Christus errichtete »neue System der Dinge«, das mit der Theokratischen Organisation von heute gleichzusetzen ist und Schutz gegen die Sintflut, d. h. Harmagedon, gewährt. Das Gegenbild von Noahs Weib ist die »Braut Christi« oder die »kleine Herde« der 144000 Geweihten. Den drei Söhnen Noahs und ihren Frauen entspricht die »große Volksmenge« oder die Klasse der »andern Schafe«, die den irdischen Teil des Tausendjährigen Reichs bevölkern werden[184].
Solchermaßen werden hunderterlei »Vorschattungen« entdeckt: Abraham stellt Jehova dar, Isaak, Melchisedek, Mose und David schatten Christus vor. Ägypten ist das »Vorbild« von Satans Welt, Kanaan vom Tausendjährigen Reich, Babylon von der Organisation Satans. Die Vernichtung der Kirchen ist durch die Sinflut vorgeschattet; Elia und Johannes als die »zwei Zeugen« schatten das Werk der Bibelforscher 1879–1918 vor. Die Ausgießung des Heiligen Geistes an Pfingsten ist die erste Erfüllung von Joel 3, 1–4 und zugleich die Vorschattung des Wiederaufbaus, den die Theokratische Organisation nach der Krise des Ersten Weltkriegs erlebte. Nebukadnezar ist das »Vorbild« des Satans, Belsazar die Vorschattung der religiösen, politischen und kommerziellen Mächte, Daniel die der Zeugen Jehovas usw.

[184] Wachtturm 15. 1. 1952

Hiob 40, 15–41, 25 schildert nach den »Schriftstudien« Bd. VII (106f.), »in prophetischen Worten die Errungenschaften heutiger Zeiten: die Dampfmaschine«. Deshalb muß die Schilderung des mythischen Untieres Behemoth, 40, 15–17, lauten: »Sieh doch einen mit großer Hitze (der feststehenden Dampfmaschine), den ich mit dir gemacht habe; er wird Futter verzehren (Torf, Holz, Kohle) wie das Vieh. Siehe doch, seine Kraft ist in seinen Lenden (Kesselplatten) und seine Stärke innerhalb der in einem Kreis gebogenen Teile (Kesselwände) seines Bauches. Sein Schwanz (Schornstein gegenüber dem Futterende, Brennmaterial) wird aufrecht stehen wie eine Zeder«. 40, 25–28: »Du wirst den Leviathan (die Lokomotive) mit dem Angelhaken (automatische Kupplung) ausdehnen, verlängern oder mit einer Schlinge (Kuppelbolzen), mit der du seine Zunge (Kuppelverbindungen) sich senken lassen wirst. Willst du nicht einen Ring (Kolben) in seine Nase (Zylinder) legen oder seine Kinnbacken (Zylinderenden) mit einem Stabe (Zylinderstange) durchbohren? Wird er viel Flehens an dich richten (entgleisen)? Oder wird er dir sanfte Worte geben (wenn er einen schrillen Ton mit der Dampfpfeife von sich gibt)? Wird er einen Bund mit dir machen, daß du ihn zum ewigen Knechte nehmest (ohne Reparaturen)?« In dieser drolligen Weise ging die »prophetische« Deutung weiter. Das war 1917. In den 40er Jahren wurde Hiob 40 wieder aufgegriffen. Nun schattete der Behemoth nicht mehr die feststehende Dampfmaschine, sondern Jehovas Organisation vor und der Leviathan »versinnbildlicht die unsichtbare und sichtbare Organisation Satans«. (Die Neue Welt, S. 314–316.)
Ebenfalls in den »Schriftstudien« Bd. VII (S. 152) wurde 1. Mose 15, 9 zu einem Hinweis auf das Jahr 1925: Die fünf Tiere, die Abraham opfern sollte, waren zusammen elf Jahre alt; das sind elf prophetische Jahre, also 11 mal 360 = 3960 Kalenderjahre. Da das Opfer im Jahr 2035 v. Chr. stattfand, enden die 3960 Kalenderjahre 1925, wo »er (Christus) das Reich empfangen würde«.
Die zehn Plagen 2. Mose 7ff. sind ein »prophetisches Vorbild«, das »in unserer Zeit ein Gegenbild hat«: Mose = Theokratische Organisation, Aaron = »Überrest« der 144000, Pharao = Satan, Pharaos Zauberpriester = die religiösen Führer. Die »gegenbildlichen« Plagen bestehen aus Taten, mit denen die Zeugen Jehovas die heutige Welt quälen. So stellen z. B. die Frösche der 2. Plage den »Sittenverfall der Welt« dar, den die Zeugen bloßstellen; die Viehpest der 5. Plage schattet ihre Aufrufe zum Verlassen der Satansorganisation vor, die schwarzen Blattern der 6. Plage ihre Bloßstellung des Völkerbunds und der UN, der Hagel der 7. Plage ihre »harten, wie Hammerschläge wirkenden biblischen Wahrheiten«; und selbstverständlich ist das Rote Meer Harmagedon, wo der Satan und sein Anhang untergehen und die Zeugen herrlich gerettet werden.

3. *Die Parallelisierung* ist eng verwandt mit der Vorschattung. Die Zeugen Jehovas verkörpern nach ihrem Selbstverständnis die Organisation der gehorsamen Knechte Gottes, während alle anderen zur Organisation des Satans gehören. Auf diese einfache Weise haben sie das Problem des großen Weltdualismus: Gott und Satan, Gut und Böse, gelöst. Auch in der Bibel ist von diesem Dualismus die Rede. Was liegt näher, als daß die Zeugen alle biblischen Gestalten, die gehorsam und fromm sind, mit ihrer Theokratischen Organisation identifizieren, alle verstockten Sünder und Empörer mit den Kirchen gleichsetzen. Auf diese Weise lassen sich viele biblische Texte in Bestätigungen der Zeugen und Verurteilungen der Kirchen umwandeln. So repräsentieren die Zeugen die »Simson-Klasse«, und die Abenteuer Simsons kehren in ihrer Geschichte wieder: Der junge brüllende Löwe, den Simson in Stücke zerriß (Richter 14, 5f.), ist der Protestantismus, über den Russell in einer Disputation mit dem Pittsburgher Pfarrer Dr. E. L. Eaton einen »entscheidenden Sieg« errang. Der Honig des Bienenschwarms im Löwenkadaver, an dem sich Simson labte, bedeutet, daß für die Simson-Klasse der Ge-

danke, den protestantischen Löwen erschlagen zu können, »bis auf heute wie eine süße Stärkung gewesen« ist. Die Schwänze der 300 Füchse, die Simson anzündete (Richter 15, 4f.), sind »Millionen feurige Traktate, Broschüren und Bücher«, mit denen der »geistige« Nahrungsvorrat der Kirchen »sozusagen in Brand gesteckt« wurde. Der Eselskinnbacken, mit dem der ergrimmte Simson 1000 Philister erschlug (Richter 15, 15), ist das Mundwerk der Zeugen Jehovas, »die ihre ›Kinnbacken‹ demütig gebrauchen, um die Vertreter der falschen Religion bloßzustellen und die Sanftmütigen zu trösten«[185].

Kennzeichnend ist die Behandlung, die dem Gleichnis vom reichen Mann und dem armen Lazarus, Luk. 16, 19ff., widerfährt. Die Höllenqual, von der es spricht, war immer ein Stein des Anstoßes und wurde deshalb durch eine »symbolische« Deutung aus der Welt geschafft. Etwa so: Das Gleichnis stellt das Schicksal von zwei verschiedenen Menschenklassen dar. »Lazarus« repräsentierte zu Jesu Zeiten das arme Volk, die »Bettlerklasse«, während unter dem »reichen Mann« die jüdischen Religionsgeistlichen und ihre Führer zu verstehen sind. Laut Gleichnis starb die »Lazarusklasse«. Das bedeutet: Das arme Volk nahm Jesu Botschaft an, wurde Nachfolger des Messias, »starb« damit dem mosaischen Gesetz, mußte nicht mehr untertänig beim »reichen Mann« betteln, sondern wurde an den Busenplatz bei Abraham, d. h. bei Jehova, getragen. Auch die Klasse des »reichen Mannes« starb; als der Täufer mit seiner Bußpredigt begann, verlor sie ihre bisherigen Privilegien, und als Christus sich von ihr weg- und den Zöllnern zuwandte, »starb« sie hinsichtlich des Vorrechts, mit ihm als dem verheißenen Samen Abrahams verbunden zu sein. Zu dieser Auslegung ziehen nun die Zeugen die Parallelen für heute: Die Geistlichkeit als die Klasse des »reichen Mannes« ist 1919 gestorben, als ihr mitgeteilt wurde, daß sie außerhalb der »Königreichsvorrechte« stehe, und die Qual, die sie in der Hölle erleidet, besteht darin, daß sie die Tätigkeit der Zeugen Jehovas betrachten muß, die ihr die Vernichtung ankündigen (Wachtturm 15. 4. und 1. 5. 1951). Nach einer späteren Auslegung versinnbildlicht in der Bibel der Tod »eine große Veränderung im Leben oder in der Handlungsweise eines Menschen«. Die Lazarus-Klasse »starb«, als Jesus Christus sie »geistig ernährte und diese dadurch in die Gunst des größeren Abraham, Jehovas Gottes, gelangte«. Der Reiche, d. h. die Führer der falschen Religion, »starben... im Hinblick auf Gottes Gunst«. Sie litten Pein, als »die Nachfolger Christi nach Pfingsten kraftvoll ihre bösen Werke bloßstellten«. Die Hauptsache: »Dieses Gleichnis lehrt somit nicht, daß es Tote gibt, die in einer buchstäblichen Feuerhölle gepeinigt werden.«

4. *Die neue Bibelübersetzung*. Unter den drei bisher genannten Methoden ist keine einzige, die sich um den schlichten Inhalt und Sinn der Schrift bemüht. So gelang es, die Bibel schließlich in eine Reklameschrift für die Theokratische Organisation zu verwandeln. Um dieses Werk zu vollenden, wurde noch ein vierter Weg eingeschlagen: die Neuübersetzung der Bibel ins Englische. Die Übersetzung des Neuen Testaments wurde 1950, die Gesamtübersetzung 1961 herausgebracht. Die deutsche *»Neue-Welt-Übersetzung der Heiligen Schrift«* erschien 1972 in einer Auflage von 1 Million; 1974 wurde bereits die 2. Million aufgelegt. Die *»Neue-Welt-Bibel«* zeugt von viel Sorgfalt, Fleiß und Scharfsinn der Übersetzer. Sie bemühten sich, den Urtext »so buchstäblich wie möglich wiederzugeben«. Trotzdem entstand nicht eine allgemein gültige Übersetzung, sondern nur eine Sektenbibel. Ein Mangel liegt schon darin, daß der Übersetzung des Neuen Testaments

[185] Wachtturm 15. 5. 1967

der Text von Westcott und Hort zugrunde gelegt wurde, der vom Jahr 1881 stammt und die vielen späteren Handschriftenfunde nicht berücksichtigt. Der Hauptschaden aber ist, daß die Übersetzer die ganze von den Zeugen geprägte und mit bestimmten Lehrgehalten versehene Begriffswelt in den Schrifttext eintrugen. So führten sie, im Widerspruch zum griechischen Urtext, an 237 Stellen den Namen Jehova in das Neue Testament ein, nämlich überall da, wo keine zwingenden Gründe bestehen, das Wort »kyrios« auf Christus zu beziehen (etwa Phil. 2, 11). Weiter wurde durch willkürliche Übersetzungen dafür gesorgt, daß alle Elemente der Trinitätslehre aus dem Text getilgt wurden[186]. Der umfassende Versöhnungswille Gottes wurde durch die Lehre verdrängt, daß nur die – vergleichsweise winzige – Schar der Theokratischen Organisation gerettet wird[187]. Das Wort »parusia« kann sowohl »Ankunft« als »Gegenwart« bedeuten; in der Neuen-Welt-Bibel aber wird es grundsätzlich mit »Gegenwart« übersetzt, auch wo das ganz sinnwidrig ist (z.B. 2. Petr. 3, 4 und 12). Statt »Kreuz« steht »Pfahl«[188], »aion« wird mit »System der Dinge« übersetzt, »Heiden« durch »Nationen« ersetzt. Außerdem wird der ganze Organisationsbetrieb der Zeugen in den Schrifttext hineingelegt. Die Neue-Welt-Übersetzung kennt nicht mehr die »Gemeinde«, sondern die »Organisation«, nicht mehr die »Verkündigung« oder »Predigt«, sondern die »Unterweisung« oder »Schulung«. So lesen die Zeugen aus Mark. 2, 1 heraus, »wie Jesus Heimbibelstudien durchführte und Unterweisungsstunden gab«[189]. Eph. 4, 12: »daß die Heiligen zugerüstet würden zum Werke des Dienstes« wird »die Schulung der Heiligen für das Dienstwerk«.

Die Schriftforscher der WTG lassen sich bei ihrer Übersetzungs- und Auslegungstätigkeit gewiß nicht von der puren Lust an Verdrehungen und Verfälschungen leiten. Man kann ihnen zugestehen, daß sie ihren Aufgaben mit Ernst und Überzeugung nachgehen. Aber sie stehen dabei unter einem Zwang: Sie

[186] So sucht die Neue-Welt-Bibel *Christus* herabzustufen, wenn sie Joh. 1, 1 f. übersetzt: »Im Anfang war das WORT, und das WORT war bei GOTT, und das WORT war ein Gott. Dieser war im Anfang bei GOTT.« (Man beachte die Groß- und Kleinschreibung von »Gott«.) Oder Hebr. 12, 2: »Während wir unseren Blick auf Jesus, den Hauptvermittler (Chief Agent) und Vervollkommner unseres Glaubens gerichtet halten« (statt: »aufsehen auf Jesus, den Anfänger und Vollender des Glaubens«). Aus dem Heilsruf »Hosianna« (Matth. 21, 9) wird ein sinnloses »Rette, bitte«. Aus dem »*Geist*« als dem persönlich verstandenen Heiligen Geist wird eine unpersönliche Kraft; so lautet 1. Tim. 4, 1 in der Neuen-Welt-Übersetzung: »Die inspirierte Äußerung aber sagt ausdrücklich...« (statt: »Der Geist sagt deutlich...«). Das Segenswort 2. Kor. 13, 13 wird so übersetzt: »Die unverdiente Güte des Herrn Jesus Christus und die Liebe Gottes und der Anteil am heiligen Geiste sei mit euch allen« (statt: »... und die Gemeinschaft des Heiligen Geistes«). Eine unpersönliche Kraft kann man nicht »belügen«. Deshalb wird Apg. 5, 3 abgeändert in: »... dem heiligen Geist gegenüber ein falsches Spiel treiben« (statt: »den heiligen Geist belügen«).

[187] Aus Matth. 28, 19: »Gehet hin und machet zu Jüngern alle Völker« wird in der Neuen-Welt-Übersetzung: »Geht daher hin und machet Jünger aus Menschen aller Nationen.« Joh. 12, 32: »Wenn ich erhöht werde von der Erde, so will ich alle zu mir ziehen« wird verändert in: »Dennoch werde ich, wenn ich von der Erde erhöht bin, Menschen von allen Arten zu mir ziehen.« Entsprechend heißt es statt »Welcher will, daß allen Menschen geholfen werde« in 1. Tim. 2, 4: »dessen Wille es ist, daß alle Arten von Menschen gerettet werden«.

[188] Aus »Wir aber predigen den gekreuzigten Christus« (1. Kor. 1, 23) wird: »Wir aber predigen Christus am Pfahl«; der Ruf »Laß ihn kreuzigen« (Matth. 27, 22) wird verwandelt in: »An den Pfahl mit ihm!«

[189] Wachtturm 15. 4. 1950

müssen die Bibel in Deckung bringen mit den Lehren der WTG und ihren jeweiligen Situationen, Problemen und Notwendigkeiten, und sie müssen darum die Schrifttexte jeweilig so zusammensetzen, ändern oder deuten, daß sie die Entscheidungen der WTG-Leitung »prophetisch« bestätigen. Am meisten Not bereiten ihnen dabei solche Texte, die von der allerbarmenden Liebe des Vaters handeln. Sie haben keinen Raum im Lehrsystem der WTG und müssen deshalb ignoriert oder völlig verfremdet werden. Ein Beispiel bietet die *Auslegung des Gleichnisses vom verlorenen Sohn,* Luk. 15, 11–32. Nach der WTG-Lehre bezieht es sich lediglich auf interne Vorgänge in der Theokratischen Organisation: Der jüngere Sohn repräsentiert den Teil der »anderen Schafe«, der sich enttäuscht wieder der Welt zugewandt hat, hier in die große, besonders seit 1918 herrschende Hungersnot der Christenheit geriet, in seinem Elend von der »unter den ergebenen Dienern Jehovas herrschenden Wohlfahrt« vernahm und wieder heimkehrte in die Theokratische Organisation. Der ältere Sohn, der grollte, weil er sich vom Vater ungerecht behandelt fühlte, repräsentiert ebenfalls nur einen Teil der »kleinen Herde«, nämlich die, »die eine ähnliche Haltung einnehmen wie dieser Sohn«. Die anderen haben die Heimkehrer willkommen geheißen und ihnen nach 10jähriger Probezeit auch wieder Aufträge und Ämter gegeben. Sie haben damit nach dem Vorbild des Vaters gehandelt, der den jüngeren Sohn von ferne sah, »und es jammerte ihn, lief und fiel ihm um den Hals und küßte ihn«[190]. Das wirkt natürlich sehr verkrampft, doch macht es deutlich, wie schwer sich die WTG-Schriftdeuter tun, sperrige Bibeltexte ihrer Lehrschablone einzugliedern. Sie haben den einzigartigen Aussagegehalt des Gleichnisses, das man mit Recht als Herzstück der Frohen Botschaft Jesu bezeichnet, völlig gestrichen und durch ein belangloses Stückchen Vereinsgeschichte ersetzt.

Hier zeigt sich der schlechthin *unüberbrückbare Gegensatz,* der zwischen den Kirchen aller Konfessionen und den Zeugen Jehovas besteht. Er kehrt in allen Einzelbereichen wieder. So im *Gottesbild:* Auch die WTG verkündigt die Liebe Gottes; aber sie reserviert sie für die treuen Zeugen und überantwortet alle anderen seinem Zorn. Ihr Schrifttum ist voller Anklagen und Gerichtsdrohungen, die im Namen Jehovas gegen die politischen, kommerziellen und religiösen Organisationen geschleudert werden. Aber was man vergeblich sucht, ist ein ebensolcher Bußruf, gerichtet an die Zeugen Jehovas selbst. Und vollends vergeblich sucht man eine Andeutung der Möglichkeit, daß Gott in seinem Begnaden und Verwerfen nicht an menschliche Ansprüche und Berechnungen gebunden ist, sondern daß er in seiner souveränen Freiheit auch »auserwählte Völker« verstoßen und verstoßene Völker annehmen kann. Im Alten Testament wird diese alle Selbstsicherheit erschütternde Möglichkeit sehr deutlich gesehen (z. B. Am. 9, 7; Jes. 5, 1–7; Jer. 18, 1–10; Jona 3 f.). Die Zeugen Jehovas sehen sie nicht. Das verschließt ihnen die Erkenntnis der eigenen Verlorenheit und verführt sie zu jener Illusion, die Gottes Verheißungen für die Zeugen beschlagnahmt, Gottes Gerichte über alle anderen verhängt und die Weltgeschichte für diese in einer Katastrophe, für die Zeugen dagegen in einem »happy end« auslaufen läßt.

Von dieser Position aus ist ihnen auch der Zugang zur biblischen *Botschaft vom*

[190] Wachtturm 1. 10. und 1. 11. 1965

Kreuz versperrt. Für sie ist im Grund Jesu Passion mit dem formelhaft gebrauchten Begriff »Loskaufopfer« erschöpft. Im Schriftzeugnis bedeutet das Geschehen auf Golgatha unendlich viel mehr. Es bedeutet zum Beispiel dies, daß hier ein Gericht Gottes über den Menschen ergangen ist. Dieses Gericht ist nicht auf eine bestimmte Zeit oder Menschengruppe beschränkt. Es ist eine Botschaft, die das Menschentum aller Jahrhunderte und Kategorien angreift und bis in die Wurzel seiner Gottesfeindschaft enthüllt. Darum ist es schlechterdings unmöglich, außerhalb und abseits von Golgatha eine christliche Existenz zu begründen. Sie ist nur »unter dem Kreuz« möglich – nicht als menschliche, sondern als göttliche Möglichkeit, als das gnädige Handeln Gottes, durch das der Mensch in seiner Schuld entlarvt, in seinem sündigen Wesen zerbrochen und zu einem neuen Leben geboren wird. Die WTG-Lehrer haben Golgatha seiner angreifenden Mächtigkeit beraubt und haben es zu einer isolierten und im Grund harmlosen Episode in ihrem Geschichtsdrama gemacht. Damit, daß Christus sein »Loskaufopfer« erbrachte, ist das Kreuz erledigt. Es war eine Etappe auf dem Weg zum Ziel. Mehr nicht. Die ganze weitere Geschichtsstrecke bis zum Anbruch des Königreichs Gottes verläuft ohne den Gekreuzigten.

Was haben die Zeugen aus *Christus* gemacht? Daß sie der Trinitätslehre widersprechen und Christus als das erste Geschöpf Jehovas bezeichnen, ist nicht nur die Folgerung eines rationalistischen Denkens, welches die Aussage »Ein Gott in drei Personen« nicht mehr als Ausdruck eines Geheimnisses begreifen kann, sondern sie mit dem Hinweis auf ihre logische Widersprüchlichkeit ablehnt. Dahinter steht vielmehr ein tieferes Motiv. Es geht um die Abwertung Christi. Die Zeugen wissen mit seiner Gestalt und Sendung nichts Rechtes anzufangen. Er paßt nicht in ihr System. Sein Bußruf, sein Wort von Gnade und Vergebung, seine Einladung an die Zöllner und Sünder, seine Liebe, die das Verlorene sucht – das alles wirkt in diesem System wie ein Fremdkörper. Darum ist es dahingefallen oder verkümmert und verflacht worden. Christus ist zu einer Randfigur im Drama der »Rechtfertigung Gottes« geworden. Seine Rolle ist, abgesehen von dem »Loskaufopfer«, darauf beschränkt, daß er ein vorbildlicher Zeuge Jehovas gewesen ist, der sich bei der Taufe im Jordan Gott hingegeben, danach ein »Predigtwerk« begonnen, Gottes Gebote verkündigt, Jünger »geschult«, die Theokratische Organisation gegründet und mit Richtlinien versorgt hat – aber darin wurde er eigentlich von Russell weit übertrumpft –, daß er 1914 den Thron im Himmel bestiegen hat, bald als Henker im Blutmeer von Harmagedon waten und danach das Königreich Gottes regieren wird. Das ist alles. Irgend eine Bedeutung als gegenwärtiger Heiland und Erlöser hat er nicht.

Daß in den mannigfachen Selbstbezeichnungen, die von der WTG im Lauf ihrer Geschichte gewählt wurden, das Wort »Christus« oder »christlich« fehlt, mag Zufall sein, aber es hat einen tieferen Sinn. Ihre Lehre ist in ihrem Ansatz und ihren Entfaltungen durch einen versteinerten Radikalismus geprägt. Er verhilft den ihm Verfallenen zu einem hohen Selbst- und Sendungsbewußtsein, beflügelt sie zur strengen Disziplinierung ihres persönlichen Lebens, zu staunenswerten Leistungen in der Missionstätigkeit und zu mutigem Bekenntnis an jedem Ort und gegenüber jedermann und macht sie immun gegen verführerische Einflüsse der Umwelt und unbeugsam in der Verfolgung. Aber für diese Vorzüge mußte ein hoher Preis bezahlt werden: Der lebensvolle Reichtum der Bibel wurde durch ein ebenso monotones wie geistig steriles Lehrsystem ersetzt; die Grundelemente der Botschaft Christi wurden unterdrückt, er selbst aus der Mitte des Glaubens verdrängt; die Bereitschaft zum Dialog mit der Christenheit und zur positiv-kritischen Wirksamkeit in Staat und Gesellschaft wird den Gläubigen ausgeredet, und sie werden dazu erzogen, in einer trotzig-selbstbewußten Abkapselung auf den Tag X zu hoffen, an dem außer den treuen Zeugen alles vernichtet wird.

Im Schatten des Wachtturm – Freie Bibelforschergemeinschaften

Die Gruppen, die sich 1916/17 in der durch die Wahl und das Vorgehen Rutherfords ausgelösten Krise von den Ernsten Bibelforschern abspalteten (siehe S. 87), wollten das Lehrgut Russells bewahren. Dabei wurden Unterschiede sichtbar: Die Konservativen übernahmen es ohne Abstriche und Änderungen. Andere gingen freier mit ihm um. Diese *freien Bibelforscher* waren in kleinen Splittern in Amerika und Europa vertreten, fanden sich in nationalen Verbindungen zusammen und sammelten sich um eigene Zeitschriften, so in Nordamerika und England um *»The Herald of Christ's Kingdom«* und *»Watcher of the Morning«*. Ein Zusammenschluß der nationalen Vereinigungen auf übernationaler Ebene kam nicht zustande. Die nationalen Gemeinschaften tragen auch keine einheitliche Bezeichnung.

Die Laien-Heim Missionsbewegung

Der führende Kopf der Opposition gegen Rutherford im Jahr 1917 war PAUL S. L. JOHNSON (siehe S. 86). Aber schon 1918 zeigten sich Gegensätze zwischen ihm und den vier von Rutherford abgesetzten Mitgliedern des WTG-Direktoriums. Er trennte sich mit seinem Anhang und errichtete 1918 ein eigenes Hauptbüro in Philadelphia, Pa. Das war der Anfang des *»Laymen's Home Missionary Movement«*. Er leitete es bis zu seinem Tod 1950 als der »Sendbote« und »der Erde großer Hoherpriester« und fügte zu den sechsbändigen Schriftstudien Russells noch 17 Bände eigener Schriftstudien hinzu. Sein Nachfolger wurde RAYMOND G. JOLLY, der die Zentrale später nach Chester Springs verlegte. Die Zeitschrift *»The Present Truth and Herald of Christ's Epiphany«* erscheint auch in einer französischen, dänischen und polnischen Ausgabe. Nach dem Stand von Ende 1973 hatte sie 7100 Be-

zieher. Im Gedächtnismahl-Bericht 1973 wurden 221 Versammlungen und 4310 Glieder genannt. Die weitverstreuten Gläubigen in 14 Ländern (darunter neben Nordamerika England, Frankreich, Schweiz, Polen, Skandinavien, Kamerun und besonders Nigeria) wurden von 9 Pilgrims, 81 Hilfspilgrims und 65 Evangelisten betreut. Während in Polen Gemeinden in Warschau, Posen, Kattowitz und Breslau bestehen, hat der deutsche Zweig, einst von Heinrich M. Coordes ins Leben gerufen, seit 1969 keine Leitung mehr, und der Epiphania-Verlag in Helmstedt, der neben Traktaten die Zeitschrift *»Gegenwärtige Wahrheit«* (nach 2. Petr. 1, 12) verbreitete, hat seine Tätigkeit eingestellt. Da und dort wird noch in kleinen Kreisen das Gedächtnismahl gefeiert.
Die Laien-Heim Missionsbewegung hält an der Lehre Russells fest, daß Christus im Jahr 1874 unsichtbar wiedergekommen ist, und sieht dies durch zahlreiche »Zeichen der Zeit« bestätigt.
Die Gemeinschaft nannte sich einst auch »Epiphania-Bewegung«, da sie ein Zusammenschluß aller sein will, welche »die Erscheinung des Herrn liebhaben« (2. Tim. 4, 8). Eigentümlich ist ihre Aufgliederung der Menschen in eine Anzahl *»Klassen«*, je nach dem Grad der Weihung und dem Zeitpunkt, an dem sie berufen wurden. An der Spitze steht die »kleine Herde«; sie ist mit P. S. L. Johnson abgeschlossen. Dann folgt die »große Schar«, aus solchen bestehend, die vor 1914 »geweiht« (Röm. 12, 1; Kol. 1, 24) und durch Umstände zum Überwinden gedrängt wurden. Weitere »Klassen« sind die alttestamentlichen Würdigen, die jugendlichen Würdigen, Israel, die Nationen sowie bekehrte, früher gefallene Engel. Diese Klassen stellen gewisse Stufen in der künftigen Berufung dar. Aber ihnen allen ist das Heil angeboten, denn Christus hat es für Adam und sein ganzes Geschlecht erwirkt. Im Tausendjährigen Reich werden alle Menschen, auch die nicht auserwählten, vom Heiligen Geist erfaßt, gefördert und »für eine Weile geheiligt« (Jes. 45, 22f.). Wer aber trotzdem wieder abfällt, wird den zweiten Tod sterben.

Tagesanbruch Bibelstudien-Vereinigung

Aus Protest gegen die Entmündigung der Versammlungen durch Rutherfords zentralistisch-autoritäre Maßnahmen und gegen seine Abweichungen von Russells Lehren trennte sich 1929 die Pittsburgher Bibelforscher-Versammlung, die in Russells alter »Bibelhaus-Kapelle« zusammenkam, von der Leitung in Brooklyn. Auf einer »Wiedervereinigungstagung« gab sie das Signal zur Zusammenführung der zerstreuten Russelliten. Eine weitere unabhängige Versammlung in Brooklyn begann 1930 über einen lokalen Sender mit dem sogenannten »Frank und Ernst«-Radioprogramm, das unter ehemaligen Bibelforschern die Nachfrage nach Russell-Schriften weckte, so daß alte Traktate neu gedruckt werden mußten. Auf der zweiten »Wiedervereinigungstagung« 1931 wurden die Aktivitäten von Pittsburgh und Brooklyn koordiniert und alle Russell-Gruppen zu einer lockeren Vereinigung zusammengeschlossen.
Das war der Beginn der *»Dawn Bible Student Association«*. Sie gründete den Dawn-Verlag, der seit 1933 die Monatsschrift *»The Dawn«* (deutsch: »Der Tages-

anbruch«) herausgibt. Sie erscheint in englischer, französischer, deutscher, griechischer und italienischer Sprache. Die Radio-Sendungen wurden nach einer mehrjährigen, durch Geldmangel erzwungenen Pause 1940 wieder aufgenommen. Ein dreiköpfiger Ausschuß, der alljährlich neu zu wählen ist, leitet die Zentrale, den Verlag und die Rundfunkarbeit. Die einzelnen Versammlungen sind selbständig, wählen ihre Ältesten selbst und entscheiden auch selbst über ihre Tätigkeit. Vor allem durch die »Frank und Ernst«-Sendungen, die über mehr als 300 Radiostationen ausgestrahlt werden, gewann das Werk Anhänger in der ganzen Welt. Die Mitgliederzahl wird auf 20000–30000 geschätzt. Außer in New Jersey befinden sich Geschäftsstellen in England, Deutschland, Frankreich, Italien, Griechenland, Australien und Neuseeland.

In *Deutschland* wurde die Tagesanbruch Bibelstudien-Vereinigung in der Hitlerzeit verboten und viele Mitglieder wurden ins KZ geworfen. In der DDR ist sie bis jetzt verboten. Das heute in Freiburg i. B. befindliche Büro versorgt etwa 600 Anhänger mit Literatur und stellt den Gruppen »Pilgerbrüder« zur Verfügung, die sie besuchen und Bibelstudien mit ihnen durchführen. Die Mitgliedschaft ist völlig frei von Verpflichtungen, Mitgliederverzeichnisse werden nicht geführt. Es wird auch kein Kirchenaustritt gefordert, weil die äußere Zugehörigkeit für unwichtig gehalten wird, und in der Tat kommt ein Austritt auch nur selten vor. Die Kindertaufe gilt als unbiblisch, weil die Taufe nach Röm. 6 ein Begraben des Willens in den Tod Christi ist, also das Erwachsensein voraussetzt. Aber die Wiedertaufe durch Untertauchen wird der Gewissensentscheidung des einzelnen überlassen. Das Abendmahl wird nicht als Sakrament, sondern als »Gedächtnismahl« alljährlich am 14. Nisan gefeiert.

Dagegen findet das Liebesmahl mit Brotbrechen des öfteren statt; es dient der Pflege der Gemeinschaft und steht in der Regel auch im Mittelpunkt eines Kongresses.

Lehrmäßig steht die Tagesanbruch Bibelstudien-Vereinigung auf dem Boden Russells. Seine »Schriftstudien« enthalten als eine Art Bekenntnisschriften die »gegenwärtige Wahrheit«. Sein Zeitplan wurde übernommen, aber mit dem Unterschied, daß 1914 nicht als Termin der endgültigen Vernichtung der Satansherrschaft, sondern als Beginn der großen endzeitlichen Umwälzung zu verstehen ist. Trinität und Fortleben nach dem Tod werden verneint. Die »Kirche« ist nicht mit dem verfaßten Kirchentum gleichzusetzen, sondern sie umfaßt die »Geweihten«, die an das Lösegeld-Opfer Christi glauben und sich völlig für Gott und ein Leben des Gehorsams entschieden haben. Diese Kirche wurde während des Evangeliums-Zeitalters gesammelt und wird in der Zeit des Millenniums der »Zusammenkunftsort zwischen Gott und den Menschen« sein. Der Anbruch des Tausendjährigen Reiches steht nahe bevor. So ist die gegenwärtige Aufgabe der Kirche »die Vollendung der Heiligen für das zukünftige Werk des Dienstes; die Entfaltung aller Gnadengaben in ihrer Mitte; die Vorbereitung ihrer Glieder darauf, die Könige und Priester im nächsten Zeitalter zu sein«.

Neben der Kirche als dem kleinen Kreis derer, die auf Grund ihrer Weihung zu einem Amt im Tausendjährigen Reich berufen sind, steht die Welt. Auch sie darf eine Hoffnung haben, denn im Tausendjährigen Reich wird alles wiederhergestellt, was durch Adam verloren wurde. Wer sich willig und gehorsam durch

Christus und seine verherrlichte Kirche zu dieser Wiederherstellung erziehen läßt, wird als Bürger in Christi irdischem Königreich des Friedens ewig leben; die willentlich Gottlosen aber werden ausgerottet werden.

Die Freie Bibelgemeinde

Die Freie Bibelgemeinde in Deutschland kam zustande, als am 23. Dezember 1931 fast die ganze Versammlung der Zeugen Jehovas in Kirchlengern bei Herford, insgesamt 152 Mitglieder, unter der Führung von Wilhelm Trippler aus Protest gegen Rutherfords autoritären Zentralismus austrat und sich als *»Versammlung freier Bibelforscher«* selbständig machte. Gleichgesinnte Kreise aus anderen Teilen Deutschlands schlossen sich ihr an. 1933 wurde sie verboten. Trippler rief die kleine Gemeinschaft 1945 wieder ins Leben und stellte Verbindungen mit Glaubensverwandten in Amerika, England, Holland und der Schweiz her. 1947 wurde ein »Brüderrat« mit der Leitung beauftragt, 1948 die Selbstbezeichnung *»Freie Bibelgemeinde«* angenommen. Sie kennt weder »Mitglieder« und Mitgliederbeiträge noch hauptamtliche Prediger. Die einzelnen »Versammlungen« sind selbständig und wählen ihre Redner zu ehrenamtlichem Dienst. Die etwa eintausend Gläubigen sind zum großen Teil weit verstreut und werden von reisenden Brüdern bedient und durch die *»Christliche Warte«* zusammengehalten. Dazu kommen Ältestenkonferenzen und jährliche Pfingstversammlungen im eigenen Versammlungshaus in Kirchlengern.

Die Freie Bibelgemeinde erhebt *keinen Absolutheitsanspruch und verpflichtet niemand auf bestimmte Glaubensartikel.* Als einzige Lehrautorität gilt die Bibel und als deren Mitte das Erlösungswerk Jesu Christi. Von Russell wurden die wesentlichen Punkte seines »Göttlichen Plans der Zeitalter« übernommen, aber alle endzeitlichen Berechnungen ausgeklammert. Die Freie Bibelgemeinde lehnt wie er die Lehre von der ewigen Qual ab, vertritt die Auffassung, daß die Seele stirbt und daß erst nach Christi Wiederkunft eine Wiedererweckung stattfindet, und lehrt ein irdisches Heil in einem paradiesischen Tausendjährigen Reich. Sie hält allein die Erwachsenentaufe für schriftgemäß. Das Abendmahl gilt als ein Mahl für solche, die sich des Glaubens an die Tilgung ihrer Sündenschuld durch Christi Blut erfreuen und gelobt haben, den Leidenskelch mit dem Meister zu trinken (Mark. 10, 38).

Der ganze Heilsmythus, den die Zeugen Jehovas um ihre Theokratische Organisation gesponnen haben, wird abgelehnt. Kennzeichnend für den Standort der Freien Bibelgemeinde sind folgende Sätze Otto Sadlacks: »Mit der Organisation der Zeugen Jehovas verbindet uns nichts.« »Wir dürfen von uns niemals überheblich denken.« »Der Exklusivitätsstandpunkt ›nur wir!‹ (sind das Volk des Herrn oder haben die – volle – Wahrheit) entspringt geistlichem Hochmut.« »Wir dürfen die Bruderschaft nicht von einer völligen Übereinstimmung in Fragen der Schrifterkenntnis, auch nicht von der Zugehörigkeit zu ›uns‹ abhängig machen.«[191]

[191] Christliche Warte 1971, Nr. 5 und 6

Ein Kirchenaustritt wird von den Mitgliedern der Freien Bibelgemeinde nicht gefordert; diese Frage wird vielmehr der Verantwortung des einzelnen überlassen. Es wird auch keine Wiedertaufe verlangt; sie erfolgt nur auf Wunsch und auch nur dann, wenn die Diener der Versammlung die Überzeugung gewonnen haben, daß der Betreffende die volle Erkenntnis über die Taufe in den Tod Christi (vgl. Röm. 6, 3–11) gewonnen hat. In der Freien Bibelgemeinde wird ein auf strengen Biblizismus gegründetes persönliches Glaubensleben gepflegt. Man ist allen Lehrstreitigkeiten abhold, weil sie zu einer geistlichen Lähmung führen. Lehrdifferenzen soll nur eine sekundäre Bedeutung zugemessen werden; über dem Dogma steht die Kindschaft.

Bis zum Kommen Jesu gab es nur eine »irdische Berufung« für die Gläubigen, d.h. die vorchristlichen Frommen sind für das irdische Paradies im zukünftigen Reich bestimmt. Seit Christus, genauer seit Pfingsten, hat das »Auserwählungszeitalter« begonnen, das bis zur Wiederkunft Christi währt. Da wird »die aus der Welt herausgerufene Gemeinde« gesammelt. Sie besteht nicht aus irgendeiner nominellen Kirche, bildet auch keine Organisation, sondern ist über die ganze Christenheit verstreut. Ihre Glieder halten sich von Weltgeist und Weltlust fern, haben die Gesinnung ihres Hauptes und richten sich nicht nach Menschen, sondern allein nach Christus. Durch Trübsale und Leiden werden sie für ihre »himmlische Berufung« zubereitet: sie werden die Werkzeuge sein, die Gott »für die weltweite Aufgabe in Seinem künftigen Reiche braucht«[192]. Für diesen Dienst ist nur eine »kleine Herde« nötig. Ihre noch lebenden Glieder werden bei der nahen Wiederkunft zur Hochzeit des Lammes entrückt. Dann wird Christus mit ihnen die widergöttlichen Mächte auf der Erde zerschmettern, sich dem bedrängten Volk Israel und danach der ganzen Welt in seiner Macht und Herrlichkeit offenbaren, den Satan für tausend Jahre gefangensetzen und »im Vollzug dieser Generalliquidation aller bösen Gewalten im Himmel und auf Erden« sein Reich aufrichten. Während seiner tausendjährigen Herrschaft werden erst die alttestamentlichen Heiligen, dann alle Toten auferweckt. Israel wird von seiner Blindheit befreit und zu einem »Kanal des Segens« werden. Alle Menschen werden durch Erleuchtung zur Erkenntnis Gottes und der Wahrheit gelangen und die Fähigkeit erlangen, den von Gott geforderten vollkommenen Gehorsam zu leisten. Wenn am Ende der tausend Jahre der Satan kurze Zeit frei wird, wird sich im entscheidenden Schlußgericht erweisen, wer auf Gottes Seite steht. Die sich vom Satan verführen lassen, werden im zweiten Tod ausgelöscht. Die anderen aber – es sind »die Vielen« – werden Gottes Angebot des Lebens annehmen, und sie werden sein Volk sein auf einer neuen Erde[193]. Mit dem Ende der Tausendjahrherrschaft Christi geht die Geschichte der Welt dann in die Äonen ungetrübter Freude und Wonne, in die Ewigkeiten ohne Sünde, Leid, Tränen, Not und Tod über.

[192] O. Sadlack, Was wollen und was glauben wir? S. 15
[193] a.a.O., S. 16ff.

Menschenfreundliches Werk – Kirche des Reiches Gottes

Er zog aus, um den Tod zu besiegen

Der Frage, wie das menschliche Leben vom Schicksal des Todes befreit werden kann, galt alles Sehnen und Suchen von F. L. Alexandre Freytag. Am 18. Oktober 1870 in Baden (Schweiz) geboren, erlebte er schon als Knabe, wie ein Spielkamerad an Nervenfieber starb. Die Übermacht des Todes und die Ohnmacht der ärztlichen Kunst beeindruckten ihn tief. Im Religionsunterricht gewann er eine innige Beziehung zu der »sanften und freundlichen« Gestalt Jesu und glaubte, daß die Menschen nicht mehr leiden und sterben müssen, wenn sie auch so freundlich sind wie Christus. Aber wieder begegnete ihm im Jünglingsalter der Tod: sein Vater starb. »Kann man den Tod nicht verhüten?« fragte er sich am Totenbett des Vaters.

Diese Frage wurde nun die Leitlinie seines Forschens. Er heiratete, fand aber bei seiner Frau kein Verständnis für seine Bestrebungen. Er las allerlei Bücher, aber sie befriedigten ihn nicht. Er versuchte es mit der Bibel, und sein Denken konzentrierte sich auf den Satz: »Der Tod ist der Sünde Sold.« Wie, wenn man die Sünde meidet und alle Vorschriften Christi befolgt? Dann ist die eigentliche Todesursache beseitigt. Freytag mühte sich mit großem Ernst um die Nachfolge, sprach über seine Gedanken in christlichen Kreisen, fand aber wenig Zustimmung. Er selbst spürte, wie aus seinem Leben des Gehorsams ein großer Segen und Schutz erwuchs. Aber wieder folgte eine herbe Enttäuschung: eines seiner Kinder starb. Bald darauf wurde er selbst lebensgefährlich krank. Der Arzt konnte ihm nicht helfen. Da behandelte er sich selbst; er nahm kleine Sitzbäder, und das Fieber sank. Als er damit noch eine vorteilhafte Ernährung verband, wurde er in kurzer Zeit völlig gesund.

Auch fernerhin machte er sich daran, die Grundsätze Christi so genau wie möglich zu befolgen. Er zerfiel mit den Mitgliedern der Kirche und fing an, einige Freunde um sich zu scharen. Schwere Anfechtungen kamen über ihn, da sich zu seiner zarten Gesundheit finanzielle Sorgen, Abweisung durch seine Nachbarn und Gegensätze in der eigenen Familie gesellten. Er schloß sich 1898 den Ernsten Bibelforschern an und leitete später deren Büro in Genf.

Was ihn zu ihnen hinzog, war die Aussicht, daß die Angehörigen des nahen Tausendjährigen Reiches ewig leben würden. Aber 1916 begann er, in öffentlichen Aufsätzen Kritik an ihnen zu üben, weil sie »das göttliche Programm nicht befolgten«. Er warf ihnen vor, daß sie nicht die richtige Haltung einnehmen, die angesichts des Weltendes gefordert ist: zu viel Theorie und zu wenig Änderung des Charakters; auch Bereitschaft zu Kompromissen mit der Welt (z. B. Inanspruchnahme weltlicher Gerichte) und »Reklame durch die Zeitberechnung« standen auf seiner Beschwerdeliste. Ihr großer Fehler war, »daß man glauben ließ, daß diejenigen, welche ihre Lehren und die Unterweisungen der Schriftstudien (Russells) annehmen und erkennen, Auserwählte sein würden, daß sie im Lesen dieser

Werke nur auszuharren brauchten, und daß die in diesen Büchern enthaltene Wahrheit sie vollständig heiligen würde.«[194] Aber um ein Jünger Christi zu werden, genügt nicht das Lesen, sondern man muß auf sein ganzes Eigenwesen verzichten und sich selbst opfern. Als Freytag 1920 die »*Botschaft an Laodizea*« gegen die Zeugen Jehovas veröffentlichte, kam es zum Bruch. Die Zeugen »gebrauchten die Obrigkeit des Fürsten dieser Welt, um zu suchen, mich zu vernichten«[195], d. h. sie bedienten sich des Gerichts gegen Freytag.

Während dieser Streitigkeiten schrieb Freytag innerhalb von sechs Wochen »*Die göttliche Offenbarung*« (1920); hier gab er unter Aufteilung der Zeit nach Christus in sieben Perioden entsprechend den sieben Sendschreiben (Offb. 2 f.) eine Geschichte der »Kleinen Herde«, d. h. der wahren Kirche der 144000. 1922 veröffentlichte er die umfangreichere und auch thematisch weitergefaßte »*Botschaft an die Menschheit*«, die das »Weltallgesetz« und die Folgen des Ungehorsams gegen dieses Gesetz sowie die Zustände im kommenden »Reich Gottes auf Erden« beschrieb. In diesem Buch beantwortete er die Frage nach dem Grund von Krankheit, Alter und Tod. Der 1933 erschienene dritte Band, »*Das ewige Leben*«, gab dazu die positive Ergänzung, indem er ausführte, welche Wege beschritten werden müssen, um das Leben zu verlängern oder gar unbegrenzt zu machen.
Freytag selbst erprobte die von ihm entdeckten Grundsätze. Das wurde ihm nicht leicht gemacht. Zwar arbeiteten seine Tochter und zwei seiner Söhne in dem sich ausbreitenden Werk mit. Aber als plötzlich sein jüngster Sohn im Alter von 16 Jahren starb, verloren die beiden anderen den Glauben an seine Botschaft. Ihn selbst machte dieser Tod nicht irre. Er befolgte um so entschlossener die Lebensregeln, durch die der Tod überwunden werden sollte. Er fühlte sich, wie er schrieb, um 20 Jahre jünger und hoffte beweisen zu können, »daß durch eine treu befolgte Lebensführung die Menschen es zur vollständigen Lebensfähigkeit auf Erden bringen können«[196].
Seine Bücher wurden viel gelesen. Sie wurden in verschiedene Sprachen übersetzt und erreichten hohe Auflagen. Es bildeten sich wachsende Anhängerkreise. Als Mittelpunkt der Gemeinschaft wurde das *Philanthropische Werk* in Cartigny bei Genf gegründet. Die Verbreitung erstreckte sich hauptsächlich auf die Schweiz, Frankreich, Deutschland und Österreich. Beachtliche Kreise entstanden auch in Belgien, Italien, in mehreren afrikanischen Staaten und in Mexiko; verstreute Gruppen finden sich in Nordamerika und Brasilien.
In *Deutschland* wurde das »*Menschenfreundliche Werk – Kirche des Reiches Gottes*« (hier »Menschenfreundliche Gesellschaft ›Der Engel des Herrn‹« genannt) am 13. Januar 1934 als »kulturbolschewistische Vereinigung« für ganz Preußen verboten, wobei unsinnige Verleumdungen die Grundlage bildeten. Es kam auch zu einigen Gerichtsprozessen gegen Anhänger der Gemeinschaft. Seit 1945 ist sie wieder tätig. Alljährlich finden in Stuttgart zwei Hauptversammlungen statt, die von Tausenden, auch aus dem Ausland, besucht werden. In der Bundesrepublik

194 Die göttliche Offenbarung, S. 200
195 Das ewige Leben, S. 83
196 a. a. O. S. 89

gibt es etwa 70 »Gruppen«. Mitgliederzahlen sind nicht bekannt, da keine Statistiken geführt werden. Der »*Anzeiger des Reiches der Gerechtigkeit*« erscheint in sieben Sprachen und in einer seit vielen Jahren gleichbleibenden Auflage von 120000 Exemplaren.

Freytag starb am 31. Januar 1947. Sein Tod galt als freiwilliges Sühnopfer, wie es alle Glieder der »Kleinen Herde« darbringen. Er hatte zweifellos ein reiches und frommes Innenleben. Sein Denken besaß einen Zug zur universalen Weite. Er verfügte über Originalität und schöpferische Kraft. Die Energie und unbeugsame Entschlossenheit, mit der er die von ihm erkannte Wahrheit in Leben umsetzte, läßt auf eine starke Willenskraft schließen. Ein ernstes sittliches Streben verband sich mit einem Glaubensleben, das zwar eigenwillig und einseitig orientiert, aber auch voll Überzeugungskraft und Wärme war. Dazu besaß er ein hochgespanntes Sendungsbewußtsein. Er nannte sich den »Sendboten«, und im Gesangbuch der »Menschenfreundlichen Versammlung«, das nur aus Liedern von ihm besteht, kommen Strophen vor, die ihn als »teuren Sendboten, Hirte voller Gnade« apostrophieren. Seine »Botschaft an die Menschheit« gilt als »das Gedenkbuch« (Mal. 3, 16), und er rühmte sie als »wertvollen Band«, ja als das »wichtigste Werk, das auf Erden existiert«; denn sie sei »die Botschaft des ewigen Lebens«[197]. Sie sei ihm von Gott geoffenbart worden, »ein vom Geiste Gottes eingegebenes Zeugnis«[198], und enthalte das »segenbringende Licht« für die arme, sterbende Menschheit. Wer die »Botschaft an die Menschheit« nebensächlich behandelt, entfernt sich von der Quelle des Lebens. Die Veröffentlichung dieses Buches ist geradezu ein endzeitliches Ereignis: Dadurch wurde das Reich des Satans enthüllt und gerichtet[199]. Darum soll man es als das kostbarste Geschenk den Kindern geben und ihnen empfehlen, »es mit Ehrfurcht und großer Aufmerksamkeit zu lesen«[200]. Die Schriften Freytags haben denn auch für seine Anhänger den Rang höchster Autorität. Die »Botschaft an die Menschheit« zeichnet sich, so wird gerühmt, vor der Bibel dadurch aus, daß sie »viel deutlicher ist und keine Zweideutigkeit aufkommen läßt«[201]. Darum ermöglicht sie auch das richtige Verständnis der Heiligen Schrift und bildet den Wegweiser für ihre Auslegung.

Das Weltallgesetz und der Sündenfall

Freytag war also ausgezogen, ein Mittel gegen den Tod zu finden. Auf seiner Suche befragte er die Bibel. Er befragte auch Bücher der verschiedensten Wissensgebiete. Der Ertrag seines Forschens wurde von ihm als Material für ein Gedankengebäude verwendet, das er nach einer respektablen Konzeption schuf. Ein Teil entstammt den Lehren Russells. Dazu gehört der Anfang und das Ende der Menschengeschichte, also die Vorstellung von Paradies und Sündenfall und von dem

[197] Botschaft an die Menschheit, S. 63
[198] a. a. O. S. 261
[199] a. a. O. S. 325
[200] a. a. O. S. 329
[201] Anzeiger des Reiches der Gerechtigkeit 1952, 6

kommenden Gottesreich auf Erden. Auch nach Freytags Auffassung ist es Gottes Ziel, die Menschen zu einem ewigen Glück auf einer erneuerten Erde zu führen. Sie hatten dieses Glück schon einmal im Paradies, verloren es aber durch den Sündenfall. Und als das Unglück geschehen war, leitete Gott die entsprechenden Maßnahmen ein, um den Schaden wieder zu heilen.
Aber nun führt Freytag einen neuen Gedanken ein, der eine zentrale Bedeutung für sein ganzes System hat: es ist die Idee vom »*Weltallgesetz*« Gottes. Was besagt sie? Gott ist die Liebe. Diese Charaktereigenschaft bestimmt auch die ganze Struktur der Schöpfung. Hier ist ein Glied für das andere da. Jedes dient dem Wohlergehen des anderen und empfängt seinerseits von der Liebesharmonie des Ganzen sein eigenes Leben. So sind alle Teile der Schöpfung auf den gegenseitigen selbstlosen Dienst angewiesen. Das gilt in der Welt der Sonnen und Planeten. Die Sonne weckt durch ihre Strahlen das Leben auf der Erde und nährt es. Meere und Festland, Tierwelt und Pflanzenwelt sind alle einander zugeordnet in nützlichem Dienst. Der menschliche Leib ist ein Mikrokosmos, in dem die Glieder zu einem wunderbaren Ganzen zusammengefügt sind; die Lunge hilft ihm zum Atmen, das Herz treibt den Blutkreislauf, der Mund zerkaut die Speisen, der Magen verdaut sie und führt dem ganzen Leib Kraft zu. Eine Gemeinschaft gegenseitigen Dienens auf höherer Ebene ist die Familie, dann die Nation.
Das Weltallgesetz besagt: Die *Grundordnung der Schöpfung ist der Altruismus*. Wäre dieses Gesetz eingehalten worden, dann bestünde das Paradies heute noch und wäre von glücklichen Menschen bevölkert, die nie sterben müßten. Denn das war Gottes Gedanke bei der Erschaffung der Erde: Er stattete sie als Heimat für Menschen und Tiere prächtig und üppig aus, damit sie für den ganzen Kosmos eine »Versuchsstation« werde, in der alles friedlich zusammenlebt und die Menschen durch Glauben und Gehorsam den herrlichen Charakter Gottes erkennen.
Aber nun geschah die große Störung. *Luzifer*, den Gott als schützenden Cherub über die Erde gesetzt hatte, konnte dem Wunsch nicht widerstehen, Gott gleich zu sein und ein Reich für sich selbst zu gründen. Das war ein eigennütziges Motiv und bedeutete einen Bruch des Weltallgesetzes. Er verführte auch Engel und Menschen, wenigstens Eva, während Adam nur deshalb mitmachte, weil er sich von seiner Gattin nicht trennen wollte. Diese Störung der altruistischen Harmonie rächte sich furchtbar. Luzifer wurde zum Satan, die gefallenen Engel zu Dämonen, die Menschen zu Knechten des Egoismus. Damit aber betraten sie die Straße des Elends. Aus Habgier fällten sie die Riesenbäume des Paradieses in Mesopotamien. Die Folge war die Sintflut. Nach der Sintflut änderte sich das Klima; Frost und Hitze und alle Unbilden des Wetters brachen über die Menschen herein. Zugleich gerieten sie auch unter sich in Streit. Vom Egoismus beherrscht, suchten sie einander zu unterwerfen. Das mit dem Sündenfall geborene Reich des Satans, bestehend aus den in der Luftschicht rund um die Erde eingekerkerten Dämonen und der Menschenwelt, brach die Erde aus der Harmonie des vom Weltallgesetz regierten Universums heraus und verwüstete sie.
Am schlimmsten aber war der Keimschaden, den die menschliche Seele erlitt. Der Mensch hat neben den bekannten fünf Sinnen noch einen sechsten Sinn. Dieser war ursprünglich gewissermaßen das Empfangsorgan, das offene Tor für die göttlichen Eindrücke. Er gestattete ihm die Fühlungnahme mit dem Geist Gottes

und empfing dadurch das »*Lebensfluidum*«. Dieses ist eine Kraft, die von Gott in das Weltall ausgeströmt wird und auch die Lebewesen ernährt und erhält. Wenn aber der sechste Sinn nicht mehr vom Weltallgesetz beherrscht ist, dann verschließt er sich gegen die göttlichen Einflüsse. Der Sündenfall führte dazu, daß der Mensch vom Lebensfluidum abgeschnitten wurde. Dadurch verlor er die Lebensfähigkeit. Seine Lebensdauer verkürzte sich immer mehr – von 900 auf 100 und noch weniger Jahre.

Die Ursache des Todes liegt in der Seele. Mit dem Abfall vom Gesetz des Altruismus brach die Unordnung in sie ein. An Stelle der Nächstenliebe, Sanftmut, Reinheit und anderer »zärtlicher» Empfindungen machten sich Zorn, Feindschaft, Eifersucht, Gelüste, Haß, Unzucht usw. in ihr breit. Das aber sind todbringende Prinzipien. Denn es besteht ein intimer Zusammenhang zwischen Leib und Seele. Jede seelische Empfindung erzeugt eine Nervenspannung. Jeder Gedanke wirkt aufs Blut und führt chemische Veränderungen in ihm herbei, die auf den ganzen Organismus übergreifen. Aus den Nervenspannungen, die durch Sorge, Furcht, Zorn usw. hervorgerufen werden, entstehen allerlei Leiden wie Krebs, Gewächse, Rheumatismus, Gallensteine, Nierengries. Alkohol und Tabak, Ausschweifungen und falsche Ernährung tragen das Ihre dazu bei, den Organismus zu zerstören. Dazu kommt, daß die Menschen die Erde entstellt und ruiniert haben. Die Luft ist von Staub, Rauch und Gasen verunreinigt, und das Gift dringt mit dem Atem in den Körper ein.

Das alles ist die Folge des Ungehorsams gegen das Weltallgesetz. Er führt in einer unerbittlichen Konsequenz zur Verderbnis der Seele, zur Untergrabung der Gesundheit, zur Feindschaft unter den Menschen, zur Verheerung der Natur, kurz: zu Leiden, Krankheit, Alter und Tod. Diese Folgeerscheinungen sind nicht eine Strafe Gottes! Gott ist von lauter zärtlicher Liebe erfüllt; er kann nicht zornig sein, richten und verderben. Das Leid, das die Menschen erleben, haben sie sich selbst zugefügt. Es gibt ein »*Gesetz der Gleichwertigkeiten*«, das besagt: Gleiches wird mit Gleichem erwidert. Wer dem Weltallgesetz gehorcht und Altruismus übt, wird Glück und Liebe empfangen. Wer dem Weltallgesetz zuwiderhandelt, wird die bitteren Folgen tragen müssen, die er durch sein Handeln automatisch auslöst. Alle guten Werke, die der Mensch unterläßt, haben als »Gleichwertigkeit« die Ungewißheit, den Mangel an Glauben und folglich Unruhe zur Folge. Alle egoistischen, hochmütigen, feindseligen Empfindungen führen zu Furcht, Sorge, Haß. So ist der ungehorsame Mensch dauernd den negativen Wirkungen des Weltallgesetzes ausgeliefert, durch die er langsam oder rasch zugrunde gerichtet wird.

Diese Vergehen gegen das Weltallgesetz summieren sich auf der höheren Ebene des Gemeinschaftslebens und bewirken hier gesteigerte Verhängnisse. Der Egoismus führt in Staat und Wirtschaft zu gegenseitiger Ausbeutung, Unterdrükkung, Haß und Krieg. Ebenso wie diese Bereiche sind die Religionen und Kirchen Domänen des Satans. Sie vertreten die Irrlehre, daß der Mensch eine unsterbliche Seele habe und daß Gott zürne und strafe, daß man ihn also fürchten müsse. Sie sind dem Staat hörig und segnen die Waffen im Gegensatz zu dem Liebesgebot Christi. Überhaupt leben sie das gar nicht, was Jesus empfiehlt. Selbstsüchtig trachten sie nach Macht und bekämpfen einander. Mit ihrer Lehre von der ewigen

Höllenqual haben sie nur die Bosheit gefördert, mit der Prädestinationslehre einen Gott voll Haß und Bosheit verkündigt. Die drei großen christlichen Konfessionen sind symbolisiert durch die Menschenzahl 6 und stellen mit 666 die Chiffre der untreuen Christenheit dar. Sie bedeuten Babylon, Verwirrung, und werden von Dämonen regiert.

Das Programm der Wiederherstellung

Aber der Satan soll nicht triumphieren. Gott hat in seinem Liebesratschluß ein großes »Programm« der Wiederherstellung vorbereitet. Er sandte Sendboten, um seine Botschaft an die Menschheit zu übermitteln: Noah, Abraham, Mose. Sie kamen immer, um eine »Zeitverwaltung« abzuschließen und eine neue zu eröffnen. Durch Mose berief Gott ein Volk und gab ihm sein Gesetz. Aber Israel wich fortwährend vom guten Weg ab. Da sandte Gott schließlich seinen Sohn als den »hervorragenden Sendboten«. *Jesus* brachte die richtige Lebensordnung wieder, wie sie dem Weltallgesetz entspricht. Er wurde zum Urbild des neuen Menschen, der das kommende Reich Gottes bevölkern soll. Er sandte Jünger aus, um den Menschen die Botschaft vom wahren Leben nach der Ordnung des Weltallgesetzes und die damit verbundene Verheißung vom Sieg über den Tod und von der Wiederherstellung der Erde zu verkündigen. Er bildete aus den Jüngern die ersten Anfänge der »Königlichen Priesterschaft« oder der »Kleinen Herde«. Er ging ans Kreuz und bezahlte mit seinem Blut das »Lösegeld« zur Versöhnung der Menschen. Das bedeutet, daß die Toten nicht im Tod verbleiben, sondern bei der Einführung des Reiches Gottes zu neuem Leben auferweckt werden und nun dem Weltallgesetz gehorchen lernen können.

Mit der Erscheinung Christi trat das Wiederherstellungswerk Gottes in ein neues Stadium. Der Epoche der Patriarchen von Noah bis Jakob und der Epoche des Gesetzesbunds während der israelitischen Geschichte folgte nun die Epoche des Neuen Bundes oder das *»Evangeliumszeitalter«*. Es dauert 2000 Jahre. Denn »jeder Tag, den der Herr im Grab verblieb, stellt 1000 Jahre dar; jetzt kommen wir ungefähr an den dritten Tag, an welchem der Christus sich kundtun soll«[202]. Womit sind diese 2000 Jahre ausgefüllt? Was geschah in dieser Zeit zur Förderung des Wiederherstellungswerks? Im Grunde nichts. Oder wenigstens fast nichts. Diese zwei Jahrtausende hatten lediglich den Sinn, den Großteil der 144000 wahren Christen zu sammeln. Die vielen Millionen anderer Christenmenschen aber, die in dieser Zeit gelebt und geglaubt haben, gehörten der *babylonischen Kirchenorganisation* an. Das Kirchentum wird von Freytag summarisch als abgefallen bezeichnet. Mit einer großen Geste verweist er es in die Gefolgschaft des Antichristen: Die Papstkirche ist die Hure, und die protestantischen Kirchen sind die Töchter der Hure. Die 144000 aber sind die *»Kleine Herde«* nach Luk. 12, 32, die eigentliche und einzige Kirche. Diese Kirche war immer im Untergrund. Aber sie umfaßt das Eigentumsvolk Gottes, ist die Braut oder der Leib Christi, die zweite Eva. Um sie zu sammeln, ließ Christus den »Hohen Ruf« erschallen. Er galt den Men-

[202] Das ewige Leben, S. 231

schen, die bereit waren, ihm nachzufolgen und ihr Leben nach seinem Vorbild zu opfern. Wer der »Kleinen Herde« angehören will, muß sich ihm rückhaltlos weihen. »Der wahre Jünger verzichtet auf sich selbst, auf die Erde und auf die freie Verfügung seiner ganzen Person; er verzichtet selbst auf sein eigenes Leben (vgl. Lukas 14, 33), um ein lebendiges, heiliges und Gott wohlgefälliges Schlachtopfer zu sein.«[203] Die Glieder der »Kleinen Herde« bringen sich also selbst zum Opfer wie Christus. Ihre Opfer sind Parallelen zu Golgatha. Als solche sind sie Beiträge zum »Lösegeld«. Im Grund bilden Jesu Opfer und ihr Opfer eine Einheit. »Das Opfer Jesu und die Opferung der Glieder seines Leibes bilden das Opfer des ganzen Christus. Indem Jesus seine Jünger als Glieder seines Leibes annimmt, als ein Teil von ihm, ruft dieses Blut Barmherzigkeit zugunsten der Sünder.«[204] Die Glieder der »Kleinen Herde« werden also zu Miterlösern; durch ihr Opfer wird ihr Leben zu einem Teil des Heilswerks Christi. Freilich, viele von denen, die den »Hohen Ruf« hörten, erlahmten wieder. Sie hielten ihre Weihegelübde der freiwilligen Selbstopferung nicht. Das Gelübde konnten sie aber nicht mehr lösen. So wurden sie dem Satan ausgeliefert zur Vernichtung des Fleisches. Nun sterben sie zwar auch ab. Aber dieses Absterben geschieht nicht freiwillig wie bei den Gliedern der »Kleinen Herde«, sondern durch Zwang und darum unter viel Kummer. Diese Muß-Märtyrer bilden die *»große Schar«* (vgl. Offb. 7, 9). Auch ihnen winkt schließlich noch das Licht: Unter Gottes Zwang werden sie zu Überwindern und werden vor seinem Thron stehen.

Die Geschichte von Christus bis zur Gegenwart, also das Evangeliumszeitalter, besteht aus *sieben* Perioden, die in den sieben Sendschreiben Offb. 2 f. beschrieben sind. Durch diese sieben Perioden sickerte als dünnes Rinnsal das Leben der »Kleinen Herde«, immer wieder bedroht und verfolgt, und rauschte der mächtige Strom der antichristlichen Kirche. In jeder Periode stellten sich die Anfechtungen der »Kleinen Herde« und die satanischen Gebärden des Kirchentums wieder an-

[203] Die göttliche Offenbarung, S. 42

[204] a. a. O. S. 189. – Ein solcher Gedanke ist freilich nirgendwo im Schriftzeugnis klar ausgesprochen, auch nicht in Kol. 1, 24: Das dort erwähnte Leiden des Paulus »für euch« hat mit dem erlösenden Sühnopfer Christi nichts zu tun, sondern bezieht sich ebenso wie Eph. 3, 1 auf die geistliche Frucht, die aus dem Leiden des Apostels im Dienst für die Gemeinde erwächst. Um einen biblischen Beweis für das Sühnopfer der Kleinen Herde zu erbringen, mußte dann auch ein gewundener Weg eingeschlagen werden. Er verläuft über folgende Stationen: Nach Röm. 12, 1 sollen die Gläubigen ihre Leiber zum Opfer begeben. Die das tun, bilden nun den Leib Christi, der in 1. Kor. 12, 13 erwähnt ist. Nach Hebr. 2, 14 f. opfert Christus als der ewige Hohepriester sein Leben, um die zu erlösen, die durch Todesfurcht der Knechtschaft verfallen waren. In dieses Erlösungsopfer ist auch die Kleine Herde eingeschlossen, da sie ja ein Teil des Leibes Christi ist. Nach Offb. 6, 10 f. wirkt sich der Loskauf aller Menschen aus der Gewalt des Todes erst aus, wenn die Vollzahl der Kleinen Herde erreicht ist. Dann findet die Hochzeit des Lammes statt und Gott richtet sein Reich auf (Offb. 19, 6 f.). Das ist der Abend des Versöhnungstages, an dem es licht sein wird. Am Morgen des alttestamentlichen Versöhnungstages wurde der Stier geopfert als Sühnopfer für Aaron und sein Haus (3. Mose 16, 6) – das versinnbildlicht das Opfer Christi. Am Abend wurde der Bock als Sühnopfer des Volkes geschlachtet (3. Mose 16, 15) – das versinnbildlicht das Opfer der Kleinen Herde. Beides Blut wurde ins Allerheiligste getragen, und der Hohepriester nahm die Versöhnung vor. Und wie er sich am Abend in prächtiger Amtstracht dem Volk zeigte, so wird der verherrlichte Christus nach dem »Abendopfer« der Kleinen Herde den Nationen geoffenbart (Offb. 19, 6–16), und die durch das »Lösegeld« vom Tod Losgekauften werden mit Jubelgesängen nach Zion zurückkehren (Jes. 35, 10).

ders dar. Jede Periode hat verschiedene geographische Schwerpunkte. Jede hat ihren Engel oder Sendboten, der ihr eine besondere Botschaft zu bringen hat; sie sind die sieben Sterne in der Hand des Herrn (Offb. 1, 16). Die *erste Periode* (Ephesus) dauerte von der Kreuzigung Jesu 33 bis 73, umfaßte also die Zeit des Urchristentums; ihre Schauplätze waren Palästina und Kleinasien, ihr Sendbote Paulus. Die *zweite Periode* (Smyrna) 73–325 bildete den Zeitraum der römischen Christenverfolgungen mit dem Schwerpunkt Griechenland–Balkan und dem Apostel Johannes als Sendboten. Die *dritte Periode* (Pergamus) 325–1160 war durch die Errichtung des Satansthrons in Rom gekennzeichnet; der Schauplatz war Italien; ihr Sendbote Arius »widerstand energisch der in der falschen Kirche immer dichter werdenden Finsternis«, da er in Christus nur das erste Geschöpf und den Bevollmächtigten Gottes sah[205]. Die *vierte Periode* (Thyatira) 1160–1378 war durch die Armenbewegung (Waldenser) und die Irrlehre der Albigenser bestimmt; ihr Sendbote war Petrus Waldus; der Schwerpunkt lag in Frankreich. Er verlegte sich in der *fünften Periode* (Sardes) 1378–1518 nach England mit Wyclif als Sendboten. Die *sechste Periode* (Philadelphia) 1518–1830 umfaßte die Epoche der großen Reformationen mit dem Zentrum in Mitteleuropa; ihr Sendbote war Luther. Aber die Kirche von Philadelphia war nicht mit den Reformationsbestrebungen identisch, sondern bestand nur wie in allen Epochen aus einer Handvoll Geweihter.

Die *siebente Periode* (Laodizea) 1830 bis in die Gegenwart begann mit William Millers Wiederkunftsbotschaft. Die Adventisten waren zunächst die zehn Jungfrauen, die z. T. einschliefen, als der Bräutigam verzog. Da erscholl durch Russell 1874 das »Geschrei um Mitternacht«. Die Adventisten haben mit der Leugnung des Fortlebens nach dem Tod, Russell mit der Bekämpfung der Dreieinigkeitslehre viel Wahrheitslicht gebracht. Aber die Adventisten wurden mit ihrem Sabbat und Zehnten dem jüdischen Gesetz hörig, und die Bibelforscher wurden durch die Berechnung von falschen Wiederkunftsterminen irregeführt. Darum gleichen sie den fünf törichten Jungfrauen. Und die fünf klugen? Sie gehören zum Kreis des siebenten Sendboten.

Dieser Sendbote der Periode von Laodizea aber ist F. A. Freytag selbst. Als Engel der letzten Epoche hat er einen endzeitlichen Auftrag (Mal. 3, 1). Er hat das Werk der Ernte durchzuführen, das seit der Verwerfung der Ernsten Bibelforscher 1918 begonnen hat[206]. Dieses Werk besteht in der Sammlung der Menschen, die sich der Einführung des Reiches Gottes auf Erden widmen wollen. Freytag ist der »treue und gute Diener« (Matth. 24, 25), vom Allerhöchsten seinem Volk erweckt. Er brachte als der »Prophet am Ende der Zeiten« der Welt mit seinen Schriften »unberechenbare Reichtümer«. Sein Buch »Botschaft an die Menschheit« ist »das Be-

[205] Die göttliche Offenbarung, S. 102

[206] Die Chronologie der sieben Perioden ist keine originale Schöpfung Freytags, sondern wurde von ihm aus dem Russell zugeschriebenen Band VII der »Schriftstudien« übernommen. Aber er nahm eine bezeichnende Änderung vor: Band VIII ließ »Philadelphia« nicht 1830, sondern 1874 enden; dann folgt »Laodizea« mit Russell als »Sendboten« und endet 1918 mit dem Anbruch des Tausendjährigen Reichs. Freytag aber läßt »Laodizea« schon 1830 beginnen, bringt damit die Ernsten Bibelforscher um ihren eschatologischen Akzent und bezeichnet das Jahr 1918 »prophetisch« als ein Gerichtsjahr über die Ernsten Bibelforscher: Sie wurden von Gott verworfen, um nun dem siebenten und letzten »Sendboten« Freytag Platz zu machen!

glaubigungsschreiben, das den Sendboten des Allmächtigen beim Volke Gottes legitimiert. Dieser letztere kommt, um die Zeitverwaltung der Wiederherstellung aller Dinge zu eröffnen«[207]. Dieser siebente Sendbote überragt also bei weitem seine Vorgänger. In mancher Hinsicht ist sein Auftrag sogar gewichtiger als das Werk Christi. Dieser war zwar Gottes Sohn, verkündigte die dem Weltallgesetz entsprechende Botschaft von der vollkommenen Liebe und brachte am Kreuz ein Loskaufopfer. Aber auch Freytag hat als Glied der »Kleinen Herde« sich geopfert und die dem Weltallgesetz entspringenden Gebote waren schon lange vor Christus durch Mose bekannt gemacht worden, und im Grund eröffnete Christus mit dem »Evangeliumszeitalter« nur eine ziemlich bedeutungslose Zwischenepoche, denn mit der Sammlung der 144 000 sind ja diese 2000 Jahre nicht gerechtfertigt. Der Sendbote Freytag aber präzisiert die teils zu allgemeine, teils verwischte und entstellte Lehre Christi. Er trifft konkrete Maßnahmen zur endgültigen Einführung des Gottesreichs. Er ist der Führer der Endzeit und damit der Vollender aller vorausgegangenen Jahrtausende seit dem Sündenfall.

Die Glaubensfamilie

Jetzt ist also der Abschluß, die Periode der Erfüllung gekommen. Die Zahl der 144 000 wird nun voll erreicht durch die noch lebenden Glieder der *»Kleinen Herde«*. Sie ist dafür vorbereitet und bestimmt, im Reich Gottes die Menschen zu erziehen. Die große Umwälzung wird durch die Schriften des Sendboten eingeleitet. Durch sie wird die Lage der Welt geklärt, das aus den politischen und religiösen Mächten bestehende Babylon entlarvt und ein aufrichtiges Volk erweckt, das die Einführung des Reiches der Gerechtigkeit auf Erden verlangt. Dieses Volk bildet eine weitere Gruppe: es ist die *»Armee des Allmächtigen«* oder »die große Schar« nach Offb. 7, 9. Sie hat im kommenden Reich Gottes einen anderen Auftrag als die 144 000 der »Kleinen Herde«. Letztere werden Mitarbeiter Christi sein. In der ersten Auferstehung umgewandelt, gehen sie zum Allerhöchsten in die Herrlichkeit und empfangen von ihm wegen des Adels ihrer Gesinnung die Würde von Königen und Priestern. »Alles ist ihnen unterworfen in den Himmeln und auf Erden. Sie sind die glänzende und herrliche Krone Jehovas.«[208] Sie besitzen dann die göttliche Natur, die göttliche Allweisheit und Allmacht. Ihre Aufgabe wird vor allem die Wiederherstellung der Menschheit sein. Sie werden die Toten auferwecken und sittlich erneuern. Sie werden aber auch noch andere Welten schaffen und können unzähligen Wesen das Leben geben. Die »Armee des Allmächtigen« dagegen hat an der *Einführung des Gottesreichs auf Erden* zu arbeiten und wird in diesem einmal den Grundstock bilden. Sie ist die Vorhut der neuen Menschheit. Während die »Kleine Herde« aus solchen besteht, die sich wie Christus als Opfer darbringen, verpflichten sich die Angehörigen der »Armee des Allmächtigen«, nach dem Weltallgesetz zu leben. Wer dies tut, dem ist vom

[207] Das ewige Leben, S. 231 f.
[208] Botschaft an die Menschheit, S. 214

Sendboten verheißen, daß er nicht mehr sterben, sondern lebend die Schwelle des kommenden Reiches Gottes überschreiten wird.

Die Glieder der *»Kleinen Herde«* schließen mit Gott den »Bund über Opfer«. Unter »Opfer« ist die völlige Hingabe im Sinn des Altruismus zu verstehen, z.B. Verzicht auf die Rückzahlung von Schulden und Verwendung solcher Guthaben zugunsten anderer, in Lücken einspringen, ein wenig vom eigenen Leben lassen, »um den Gleichwert aufzubringen, der den Nächsten deckt und befreit«; mit einem Wort: »beständig mit unserem teuren Erlöser ein Sühnopfer sein«[209]. In ihrem *»täglichen Weihegelübde«* heißt es: »Ich gelobe Dir, alle Tage auf die freie Verfügung meiner selbst zu verzichten, ich will mich bemühen und bestrebt sein, nicht an mich noch an das Irdische zu denken, damit Dein Geist der Gnade und der selbstlosen Liebe mich fähig und würdig mache, mein Leben für meine geliebten Geschwister niederzulegen. Ich verspreche Dir, geliebter Vater, Deinen herrlichen Geist in meinem Herzen wirken zu lassen und ihn nicht zu betrüben, sondern mit Freuden alle Prüfungen anzunehmen, die Du mir in Deiner Weisheit zu geben für gut hältst, wohl wissend, daß alle Deine Wege liebreich und herrlich sind. Ich will mich bis zum Tode Deiner göttlichen Vorsehung anvertrauen, und ich werde darnach trachten, mit der ganzen Kraft meiner Seele Deinen heiligen Namen zu verherrlichen durch die Treue zu meinem Opferbunde, den ich mit Dir bei der Taufe in unserem teuren Erlöser gemacht habe. Alle meine Freude, mein ganzes Glück sei stets das Reich des Sohnes Deiner Liebe, für welches ich mit Christus leiden und sterben will, um auch mit ihm verherrlicht zu werden.«

Die *Taufe* ist der Aufnahmeakt in die »Kleine Herde«. Sie ist kein Sakrament, sondern eine Bekenntnishandlung des Täuflings, mit der er gelobt, in Christus sterben und sich täglich zum Opfer darbringen zu wollen. Sie wird durch völliges Untertauchen vorgenommen. Eine einheitliche Tauformel gibt es nicht. Den Angehörigen der »Kleinen Herde« ist beim *Passahmahl* der Kelch vorbehalten. Es findet alljährlich an Karfreitag statt und dient der Erneuerung der Gelübde. Der Kelch ist das »Leben des Christus« und setzt voraus, daß man vorher den buchstäblichen Kelch trinkt, also an Christi Leiden teil hat.

Die *»Armee des Allmächtigen«* schließt mit Gott den »Bund über die Verfassung des Reiches der Gerechtigkeit und über das Weltallgesetz«. In dem dabei abzulegenden Gelübde heißt es: »Ich wünsche ein irdischer Sohn Gottes zu sein, und hierzu will ich meinem Vater, dem herrlichen Erlöser, und meiner Mutter, dem Neuen Jerusalem, folgsam sein. Ich wünsche dem Weltallgesetz und der heiligen Verfassung des Reiches Gottes auf Erden untertan zu sein. Feierlich verzichte ich auf meine alte Gesinnung, um die herrliche Gesinnung zu erwerben, die vom göttlichen Gesetz ausströmt.«[210] Die diesen Bund schließen, werden zu Gliedern der Göttlichen Familie, deren Vater Christus und deren Mutter die »Kleine Herde« ist. Beim Passahmahl steht ihnen nur das »Brot des Lebens« zu.

Der wichtigste Teil ihres *täglichen Bundesgelübdes* lautet: »Nimm an unser Bundes-

[209] Anzeiger des Reiches der Gerechtigkeit 1952, 2
[210] Das ewige Leben, S. 281

gelübde, das wir aufrichtig zu erfüllen wünschen. Wir wollen der Verfassung des gesegneten Reiches unseres geliebten Erlösers treu sein, treu Deinem Liebesgesetz, das wir achten als den Ausdruck Deines heiligen Willens. Wir wollen untertan sein, wir wollen dem Christus gehorchen und uns bemühen, Deinen heiligen Willen in unseren Herzen wirken zu lassen. Wir wollen Dein Gesetz lieben und völlig auf Deine Gnade hoffen durch das Erlösungsblut des Christus und durch Deinen heiligen Geist. Wir wollen Deinen heiligen Geist in unseren Herzen wirken lassen, bis Dein wunderbares Gesetz in unsere Seelen eingeprägt sei und diese unsere Seelen Deinen heiligen Willen widerstrahlen durch unsere Gedanken, durch unsere Worte und unsere Taten.«

Beide Gruppen haben ihre besonderen *Gedenktage*, die festlich begangen werden. Der 18. Oktober ist der »geistige Geburtstag« der »Kleinen Herde«, der 18. April der Tag der »Armee des Allmächtigen«, der 1938 zum ersten Mal gefeiert wurde. Damals hatte Freytag in Winterthur die deutschsprachigen und in Lausanne die französischsprechenden Anhänger aufgerufen, durch die feierliche Ablegung des Bundesgelübdes Mitglieder der Armee des Allmächtigen zu werden; über 2000 waren diesem Ruf gefolgt.

Ein weiterer Kreis sind die »Freunde der Armee des Allmächtigen«, denen das »Programm Gottes betreffs Wiederherstellung der Erde« eine unerschütterliche Gewißheit ist. Alle zusammen bilden die von Ältesten (Gemeindevorstehern) und Evangelisten (Reisepredigern) betreute *»Glaubensfamilie«*. Ihr Auftrag in der Welt wird wie folgt beschrieben: »Der Allerhöchste will uns verwenden, um alle Menschen glücklich zu machen, damit es eines Tages auf der Erde nur noch Aufschwünge der Freude und unendlichen Glücks gibt. Durch die Kenntnis Seiner Wege legte Er alle Elemente des Glücks in unsere Hände, damit wir sie der seufzenden Menschheit reichlich überbringen. Hierzu müssen wir diese Elemente des Glücks zuerst uns zu eigen gemacht haben, damit wir die Menschheit von der Glückseligkeit des Reiches Gottes überzeugen können durch die Freude, die unser Antlitz ausstrahlt, über unsere Lippen kommt und in unseren Augen leuchtet. Das erfordert eine völlige Änderung des Charakters.« Eine glückliche Herzensverfassung muß verwirklicht werden. »Es ist die harmonische Ausgeglichenheit unserer Gedanken, Worte und Taten, die auf gesegnete, edle, tugendhafte, hochherzige, göttliche Eindrücke ausgerichtet sind, von denen wir uns durchdringen lassen und die wir in unserer Umgebung weiterzustrahlen uns bemühen durch entsprechende Gedanken, Worte und Taten.«[211]

Die örtlichen Gemeinden sammeln sich jeden Morgen zum *»Himmelstau«*; so heißen die täglichen Andachten für die Gemeinde, bei denen aus dem gleichnamigen Buch Freytags Bibelabschnitte mit seinen Kommentaren vorgelesen werden. Auf den »Himmelstau« ist auch das Gesangbuch mit seinen 372 *»Liedern des Sendboten«* abgestimmt. Außerdem finden nach Freytags Anordnung viermal wöchentlich Versammlungen statt. Eigens ist darüber zu wachen, daß sie keinen kultischen Charakter annehmen, sondern »eine Begegnung von Personen seien, die wünschen, wahre Kinder Gottes zu sein, voller Ehrerbietung und Würde«[212]. In der

[211] Anzeiger des Reiches der Gerechtigkeit 1974, 14
[212] a.a.O. 1953, 5

Versammlung am Sonntagmorgen werden die Gelübde vorgelesen, und in einem zweiten Teil, welcher der Änderung des Charakters dienen soll, Fragen der Heiligung behandelt. Da können die Teilnehmer ihre persönlichen Erfahrungen bezeugen. Der Leiter der Versammlung ermutigt die Gestrauchelten mit Wohlwollen und Liebe. Am Sonntagabend wird gemeinsam die *»Zeitung für Alle«* gelesen, die in jeder Nummer ein konkretes Heiligungsprogramm für die kommende Woche enthält[213], und die Teilnehmer geben kurze Kommentare dazu. Am Montagabend ist Gebetsversammlung. Der Donnerstagabend ist für die Lektüre der Schriften Freytags bestimmt, der Zeugnisse der Teilnehmer folgen. Am Sonntagnachmittag können auch gesellige Familienversammlungen mit Gedankenaustausch über die Hoffnung auf das Gottesreich stattfinden.

Versuchsstationen – Drangsale – Reich Gottes

Das ursprüngliche Motiv, das Freytag bei seinem Suchen leitete, war, wie bereits dargestellt, die *Überwindung des Todes.* Freytag hat eine doppelte Antwort gefunden. Die eine stammt aus einer naturphilosophischen Theorie vom Weltallgesetz. Die Übertretung dieses Gesetzes führt zum Tod. Also muß auch das Umgekehrte gelten: Wer im Sinn des Altruismus lebt, wird nicht sterben. Hingabe an den andern, Nächstenliebe, Demut, Geduld, Freundlichkeit sind Quellen des Lebens. Man muß sich von allen egoistischen Bindungen befreien. Das wirkt sich von innen nach außen, vom seelischen auf den körperlichen Bereich aus. Zunächst empfindet man ein tiefes inneres Glück. Die seelischen Empfindungen werden rein. Der sechste Sinn öffnet sich dem göttlichen Geist. Der Mensch wird vom Lebensfluidum genährt. Die Gesundung der Seele greift auch auf den Leib über. Wenn die zerstörenden Einflüsse von Traurigkeit, Enttäuschung, Aufregung, Eifersucht, Zorn und Streit ersetzt werden durch die Einflüsse der Freude, Ruhe, Sanftmut, Ergebenheit, Hoffnung, dann wird der Mensch wieder wie neugeboren. Schmerzen und Krankheiten weichen. Das Gesetz des Alterns verliert seine Herrschaft.

Zu diesen seelischen Einflüssen müssen noch zwei andere Faktoren hinzukommen: eine tiefe Atmung in reiner, sauerstoffreicher Luft und eine zweckentsprechende Ernährung. Sie soll vegetarisch sein; neben möglichst einfach zubereitetem Gemüse und Brot sind Früchte als Zwischennahrung zwischen den drei täglichen Mahlzeiten besonders wertvoll. Während des Essens ist jedes Trinken zu

[213] Es besteht jeweils aus sechs »Fragen zur Änderung des Charakters«. Ein Beispiel: »1. Konnten wir die Ansprüche des alten Menschen beherrschen, für das Wohl bestehen und stets Reaktionen, Worte und Taten vom Reich Gottes haben? 2. Wie bestanden wir die Erprobungen auf Aufrichtigkeit, Glauben, Vergebung, Verzicht und selbstlose Bruderliebe? 3. Welche Fortschritte machten wir in der Demut, Gelindigkeit, Eiferglut, in der Würde und im Adel des Hauses Gottes? 4. Konnten wir jeden Geist der Unabhängigkeit beherrschen, Kritik überwinden und unserer Umgebung Segenseindrücke bringen? 5. Erhielten wir uns auf dem Berg Zion und im Geist der Wachsamkeit, durch welchen wir eine wohltuende, ermutigende und erbauende Kraft sein konnten? 6. Konnten wir jeden Gedanken des Hochmuts und der Selbstgefälligkeit zähmen und in der Güte und Geduld vorwärts kommen sowie zur Einheit und zum Segen beitragen?« (Zeitung für Alle 1974, 36)

vermeiden, damit die Nahrung gründlich eingespeichelt werden kann. Zwei Stunden vor dem Abendessen und eine bis zwei Stunden vor dem Frühstück, das aus Getreideflocken, Butter, Pflanzen, Früchten und Brot besteht, soll zur Anregung der Nieren frisches Wasser getrunken werden.
Wer diese Gebote befolgt, hat den Weg zum Leben eingeschlagen. Das will nicht heißen, daß er auf einen Schlag vollständig dem Machtbereich des Todes entnommen ist. Der Mensch ist ja in eine verdorbene Umwelt eingebettet, und zahllose Fäden verbinden ihn mit ihr. Er kann sich nicht so von ihr abkapseln, daß er gegen Zersetzungselemente, die in ihr wirken, geschützt ist (z. B. die verpestete Luft der Industriegegenden, die wirtschaftlichen und beruflichen Zwangsläufigkeiten). Auch wird er in seinem Bemühen um Charakteränderung immer wieder Niederlagen erleiden. So läßt sich das hohe Ziel eines todlosen Lebens nur schrittweise erreichen. Zunächst wird es gelingen, die Lebensdauer erheblich zu steigern – auf 200 und 500 Jahre – und die Anfälligkeit für Krankheiten zu beseitigen. Und für manchen ist das Endziel der völligen Überwindung des Todes schon in Sicht. »Eine Anzahl Personen hat bereits begonnen und ist versichert, daß sie durch die völlige Treue zu den gegebenen Unterweisungen nicht in das Grab hinabmüssen.«[214] Soweit sie aber trotzdem sterben, hat ihr Tod seinen Stachel verloren, denn er ist zu einem Teil des »Lösegelds« geworden.
Die zweite Antwort, die Freytag auf seine Frage nach der Überwindung des Todes fand, entnahm er dem eschatologischen Programm der Ernsten Bibelforscher. Nur geht Freytag noch einen Schritt weiter: Dieses kommende Reich Gottes wird nicht schlagartig nach der Schlacht von Harmagedon errichtet; *vielmehr ist heute die Zeit gekommen, in der das Reich Gottes eingeführt wird.* Dieses »Heute« ist der eigentliche Kern von Freytags Frohbotschaft. Es ist die Quelle der begeisterten Freude und Hochstimmung, die seine Anhänger erfüllt. Die Menschen müssen nicht mehr erst auf ein Zukunftsereignis warten, dessen Termin ungewiß ist. Sie stehen mitten in der Erfüllung. Die gesamte bisherige Weltgeschichte ist jetzt an ihrem Ende angekommen. Freytag vergleicht sie mit einer langen Wanderung durch einen engen, finsteren Tunnel. Nun ist der Ausgang erreicht, und »jetzt haben die Menschen eine wunderbare Aussicht auf die Herrlichkeit der Neuen Erde vor sich, die von einer strahlenden Sonne beschienen ist«[215]. Der Anbruch des Neuen Reiches wurde damit eingeleitet, daß der Sendbote die Gesetze und Lebensordnungen desselben verkündigte. Wo immer sie befolgt werden, da wird das Reich Wirklichkeit auf Erden. Die »Armee des Allmächtigen« besteht erst aus einigen tausend Mitgliedern. Aber sie wird wachsen und Millionen zählen. Diese werden durch ihren Gehorsam gegen das Weltallgesetz überall Keimzellen des Gottesreichs schaffen.

Freytag hat »*Versuchsstationen*« gegründet, in denen seine Lehre erprobt und ihre Wahrheit bewiesen werden soll. Sie sind gewissermaßen Modelle des Gottesreichs. Eine erste Station »*Neue Erde*« wurde 1925 auf einem 60 ha großen Landgut in den Basses Alpes eingerichtet; ihre Lebensmittelproduktion soll Bedürfti-

[214] Anzeiger des Reiches der Gerechtigkeit 1972, 8
[215] Botschaft an die Menschheit, S. 6

gen zugute kommen. Bis 1963 kamen 9 Versuchsstationen in Frankreich, Belgien, Deutschland, Österreich, Mexiko und der Schweiz hinzu (Vaucluse, Methamis, Marnand, Wart, Draveil, Waldeck im Taunus und Sternberg in Franken, Rixensart und Almoloya). Sie haben verschiedene Aufgaben. Eine »Versöhnungsstation« soll Kranke dadurch heilen, daß ihre Gesinnung mit dem Weltallgesetz versöhnt und ihnen eine Nahrung nach den Vorschriften Freytags gegeben wird. Eine andere Station soll als »Erziehungshaus« Kinder aufnehmen, um sie ganz im Sinn des Weltallgesetzes zu erziehen. In einer landwirtschaftlichen Station, wo kein Kunstdünger oder sonstige chemische Mittel verwendet werden, soll die Fruchtbarkeit sich in wenigen Jahren vervielfacht haben. »Dies ist also ein praktischer Beweis, daß die Menschen im Überfluß wären, wenn sie das Weltallgesetz leben würden. Die Menschen könnten wie Brüder jeder für das Wohl seines Nächsten leben; dann würde man kein Geld brauchen, denn in unsern Stationen hat keiner Geld, und jeder lebt glücklich.«[216]

So wird das Reich Gottes in den Versuchsstationen und Gemeinden des »Menschenfreundlichen Werks« wenigstens in Anfängen schon heute eingeführt. Von dem Eifer der Mitglieder hängt das Tempo dieses Prozesses ab. Der weitere *Ablauf der Endereignisse* sieht in Freytags Vorstellung so aus: Einerseits wächst die Armee des Allmächtigen und die »Glaubensfamilie« durch die Verbreitung der Bücher des Sendboten und die Werbung der Anhänger rasch an. So werden immer mehr Keimzellen des Reiches Gottes entstehen, die unter dem Segen Gottes florieren und darum eine große Anziehungskraft ausstrahlen. In der gleichen Zeit werden die letzten Glieder der »Kleinen Herde« durch die Übernahme des Weihegelübdes die Zahl der 144 000 voll erreichen. Dann kommt es zu einer *Drangsal* in der Welt, die den Übergang zur allgemeinen Einführung des Reiches Gottes bildet. Die Krisenzustände in Staaten und Kirchen und im gesamten Bereich der Natur nehmen überhand[217]. Es ist das eine kontrastierende Parallelbewegung zu dem allmählichen Bau des Gottesreichs durch die »Glaubensfamilie«.

Eine dramatische Vernichtungsschlacht von Harmagedon, die von den Zeugen Jehovas als Finale der gegenwärtigen Geschichte so blutrünstig ausgemalt wird, kennt Freytag nicht. Weil bei ihm der Übergang von der Jetztzeit zum Reich Gottes mehr auf organische Weise und durch menschliche Selbsthilfe als durch einen geschichtlichen Bruch und ein Eingreifen Christi geschieht, bleibt für Harmagedon nicht mehr viel Raum übrig; der Orkan der großen Drangsal hat sich in Freytags System zu einer steifen Brise verringert. Im Grund geht es in dieser letzten Zeit nicht anders zu als in einem Staat, der vor dem politischen Bankrott steht und sich durch eine normale Revolution eine neue Verfassung gibt. Freytags Wahrheiten wirken wie ein Lauffeuer, werden zum öffentlichen Gespräch, kommen in die

[216] Das ewige Leben, S. 91

[217] Dazu werden nicht nur Kriege, Wirtschaftskrisen, soziale Nöte, Glaubensabfall usw. gerechnet, sondern auch z. B. die Verbreitung der Maul- und Klauenseuche, die von der »beständiger und schlimmer werdenden Übertretung des Weltallgesetzes« herrührte (Anzeiger 1952, 3), und überhaupt alle Erscheinungen des Niedergangs und der Entartung im Natur- und Menschenleben. Andererseits aber registrieren die »Menschenfreunde« auch aufmerksam alle Vorgänge in der Natur, die eine Steigerung der Fruchtbarkeit erhoffen lassen, etwa Pressemeldungen über eine zunehmende Erwärmung der Erde. Man sieht darin verheißungsvolle Anfänge der Wiederherstellung des irdischen Paradieses.

Zeitungen; die »Partei für die Aufrichtung des Reiches der Gerechtigkeit« wächst rapid. Große politische Versammlungen finden statt. Für die »Armee des Allmächtigen« wird kraftvoll geworben. Die Opposition der »religiösen, geizigen und selbstsüchtigen Leute« wird aus dem Feld geschlagen und flieht. Es fließt kein Blut dabei; alles geschieht allein durch das Schwert des Geistes. Ist die Partei in einem Land stark genug, dann wird durch Volksbeschluß das Weltallgesetz angenommen[218].
Zur gleichen Zeit, in der auf solche Weise das Reich Gottes auf der Erde eingeführt wird, werden die letzten Glieder der »Kleinen Herde« dem Herrn in die Luft entgegengerückt, wobei die ganze Erde erzittert. Dann werden *die Toten auferweckt*. Geschlecht um Geschlecht, die zuletzt Gestorbenen zuerst, wird aus den Gräbern gerufen. Wie träumend gehen sie in die bereitgestellten Siedlungen, sehen ihre Verwandten wieder. Nun haben sie die Gelegenheit, endgültig im Leben zu bleiben. Denn die Glieder der »Kleinen Herde« nehmen sich ihrer an, um sie mit Geduld, Barmherzigkeit und Liebe zum Gehorsam gegen das Weltallgesetz zu erziehen. Wer im Bösen verharren will, wird nicht zu einer Änderung gezwungen. Aber dank dem Gesetz der Gleichwertigkeiten verfällt er der Selbstzerstörung: das ist der zweite Tod, aus dem es keine Wiederkehr mehr gibt. Alle anderen werden dem Volk der Neuen Erde angehören, und Freytag hat durch mehrfache Multiplikation der Zahl 144 bzw. 144000 errechnet, daß dieses Volk 20736000000 Angehörige zählen wird[219].

Für das Reich Gottes hat Freytag eine *»heilige Verfassung«* geschrieben, die in vielen Artikeln und Paragraphen Aufbau und Lebensordnung genau regelt[220]. Ein großes Aufforstungsprogramm wird in Angriff genommen. Dadurch wird sich

[218] Der Vollständigkeit halber sei darauf aufmerksam gemacht, daß die von der Menschenfreundlichen Gesellschaft herausgegebene Lehrdarstellung »Das Licht in der Finsternis« ein wesentlich schlimmeres Bild von den Endereignissen gibt. Da wird von »entsetzlichen Katastrophen« geredet, in denen sich die schweren Verletzungen des Weltallgesetzes nach dem Gesetz der Gleichwertigkeiten geballt über den Nationen entladen. Schauplatz dieses Harmagedon ist nicht nur Palästina, sondern die ganze Erde. Es ist auch nicht eine Schlacht des himmlischen Heeres unter Christi Führung gegen die Scharen des Antichrists, sondern »die Menschen strafen sich einfach selber«: Die Gewalttätigen rotten sich gegenseitig aus und sorgen damit selbst dafür, daß alle die hinweggefegt werden, »die der Einführung des Reiches Gottes hartnäckig widerstehen«. Es ist also eine unbeabsichtigte und schreckliche Selbstreinigung der Menschheit. Ist sie beendet, dann werden die letzten Glieder der Kleinen Herde, unterstützt von der Armee des Allmächtigen, die bescheidene Zahl der Entronnenen über den Plan Gottes unterrichten und den Grund legen für die Einführung des Reiches Gottes auf der neuen Erde.

[219] Die göttliche Offenbarung, S. 156

[220] Vgl. Botschaft an die Menschheit, S. 183 ff. Danach soll jede Familie aus sieben bis zehn Personen bestehen und ein Grundstück von etwa 58000 qm nach dem Weltallgesetz bewirtschaften, ein geräumiges, gesundes Haus mit Stall haben und ihr Getreide an die Kolonie abliefern. Diese besteht aus 100 Familien, hat Handwerker, Verwaltungsbeamte und Gemeinschaftseinrichtungen. Zehn Kolonien bilden eine Gegend, zehn Gegenden eine Region unter Führung eines Propheten, zehn Regionen ein Land mit einem »Diener des Allmächtigen« an der Spitze und dem »Anzeiger des Reiches der Gerechtigkeit« als Amtsblatt. Aus fünf Ländern ist die Nation zusammengesetzt, die einem Richter untersteht und an ihrem Verwaltungssitz eine Papierfabrik und eine Druckerei für das Zeitungsorgan der Nation »Der Engel des Herrn« hat. Der Zusammenschluß aller Nationen endlich bildet die »Versammlung des Allerhöchsten«; an ihrer Spitze steht der »Hirte der Völker«, welcher den Christus vertritt.

das Klima ändern. Alle biologischen Verhältnisse werden gesunden. Die Natur wird fruchtbar, das Leben angenehm. Auf einem Bild zeichnete Freytag eine hübsche Villa, in einem schattigen Park gelegen, mit rebenumranktem Gartenhaus: »Als Geschenk werden Sie eine so schöne Wohnung erhalten, wenn Sie den Bund schließen mit dem Allewigen. Dieselbe wird Ihnen in Ewigkeit gegeben, wenn Sie treu das Universalgesetz leben.«[221] Ebenso skizzierte er den Plan einer Kolonie, die am Ufer eines Sees liegt: »Sie wird von einem Fluß durchschlängelt, in welchen sich mehrere Bächlein ergießen. Am Rande dieses Flusses befinden sich Bäume.«[222]

Für das leibliche Wohl ist also gesorgt. Es gibt »keine Angst, keine Furcht, keine Sorgen, keine Krankheiten, keinen Tod mehr«. Die Neue Erde ist frei von Kriegen und sozialen Gegensätzen, religiösen Entzweiungen und Rassenunterschieden. Die Menschen sind einander wahre Brüder geworden. Sie leben in Glückseligkeit und gehen von Freude zu Freude. Sie sehen in die Tiefen der Schöpfung, gewinnen Einblicke in alle physischen Gesetze und sind im Besitz aller ihrer Fähigkeiten. Über der Neuen Erde aber wölbt sich der Neue Himmel als der geistige Teil des Reiches Gottes, der aus Christus und der »Kleinen Herde« besteht.

Einige Anfragen

In diesem Ausblick findet Freytags Botschaft ihren Abschluß. Er hat die Frage nach der Beseitigung des Todes beantwortet und in Verbindung damit die großen Welt- und Daseinsprobleme zu lösen versucht. Er stellt dabei seine Anhänger in die weiten Horizonte von Kosmos, Erdenwelt und Menschheitsgeschichte, lehrt sie die Schöpfung dankbar und ehrfürchtig betrachten und schärft ihren Blick für die Schäden, die durch eigensüchtige Eingriffe des Menschen angerichtet werden. In einer Zeit, in der noch niemand etwas von den tödlichen Folgen der Umweltzerstörung und des Raubbaus wußte, wies er in prophetischen Warnrufen darauf hin, daß die Natur dem Menschen nicht zur habsüchtigen Ausbeutung, sondern zur liebenden Pflege übergeben ist. Seine Antworten auf die großen Daseinsrätsel sind einfach, klar und folgerichtig. Gottes Weisheit und Liebe manifestiert sich im Weltallgesetz, seine Gerechtigkeit im Gesetz der Gleichwertigkeiten. Beide Gesetze sind unverbrüchlich, regieren die Welt, sind göttlich und gut, siegen deshalb über Unordnung und Bosheit und ermöglichen mit der Hilfe Christi die Wiederherstellung des beschädigten Erdenparadieses. Die Welt, wie sie war und bald wieder sein wird, ist ein prächtiger Garten. Die häßliche Störung der letzten Jahrtausende ist Schuld des gefallenen Menschen und wird schwinden, wenn er dem Weltallgesetz wieder gehorcht. Freytag hat ein überaus harmonisches Weltbild entworfen. Es befriedigt die Vernunft und das Gemüt, stillt die Sehnsucht nach Ordnung und Gerechtigkeit und verkündet die Nähe einer leuchtenden Zukunft. Freilich, eine genauere Prüfung ergibt, daß diese Harmonie mit mancherlei Problemen belastet ist. Hier einige Fragen:

221 Botschaft an die Menschheit, S. 269
222 a.a.O. S. 195

1. Stimmt es, daß die Schöpfung durchweg vom Weltallgesetz des gegenseitigen selbstlosen Dienstes regiert wird? Das Leben in der Pflanzen- und Tierwelt zeugt nicht nur von solchem liebenden Füreinander, sondern noch viel mehr von erbarmungslosem Daseinskampf voller Angst, Schmerz und Vernichtung; der Stärkere lebt vom Tod des Schwächeren und wehrt sich, eine Beute des noch Stärkeren zu werden.

2. Ist der Daseinskampf und das Leiden in der Biowelt immer vom Menschen verursacht worden, der sie nach dem Sündenfall in egoistischer Besessenheit ausgebeutet und aus dem Gleichgewicht gebracht hat? Nun, für die ökologischen Verwüstungen in der heutigen Welt kann man gewiß weithin den Menschen verantwortlich machen. Aber wenn vor 125 Millionen Jahren Tierarten wie die Saurier ausstarben, in den verschiedenen Eiszeiten ganze Pflanzen- und Tierwelten untergingen und grünes Land zu Sandwüsten vertrocknete, dann mögen daran Polverschiebungen, Veränderungen der Sonneneinstrahlung, Hebungen und Senkungen der Erdkruste beteiligt gewesen sein, aber niemals der Mensch, der damals noch nicht oder noch kaum in Erscheinung getreten war. Auch bei verheerenden Stürmen, Überschwemmungen, Dürren, Erdbeben, Seuchen läßt sich keine oder nur vereinzelte menschliche Schuld nachweisen.

3. Ist das »Seufzen der Kreatur« wirklich eine direkte Folge des Sündenfalls? Dann müßte nach dem Gesetz der Gleichwertigkeiten die ganze Tierwelt aktiv am Sündenfall beteiligt gewesen sein und das Weltallgesetz verletzt haben. Davon weiß der biblische Bericht nichts. Zwar trat die Schlange als Versucherin auf. Aber sie repräsentierte nicht »das« Reich der Tiere; der Fluch traf denn auch nur sie allein (1. Mose 3, 14f.).

4. Geht es an, den Egoismus als den alleinigen Quell aller Bosheiten, Übel und Leiden zu brandmarken? Hat er nicht auch eine andere, positive Funktion zu erfüllen? Der Wille zur Selbsterhaltung ist lebensnotwendig. In der Bedrohung durch Krankheiten, Schicksale und Mächte der Umwelt bewahrt er vor schwächlicher Kapitulation. Im Leben der Gesellschaft ist er der Vater des Wettbewerbs und damit der Entfaltung der Kräfte und der schöpferischen Leistungen. Ohne seine Spannkraft erlahmte der Lebenstrieb. Und wirkt er nicht selbst noch in der Sehnsucht der Anhänger Freytags, das zukünftige Reich der Herrlichkeit zu erleben? Kurz, läßt sich alles, was das Kennzeichen »Egoismus« trägt, über einen Kamm scheren? Oder muß man nicht zwischen einem nach Gottes Schöpfungsordnung berechtigten und notwendigen Egoismus (vgl. Jesu Wort: »Du sollst deinen Nächsten lieben *wie dich selbst*«, Matth. 22, 39) und einem Egoismus unterscheiden, der sich wider Gottes Anspruch und Gebot erhebt?

5. Das Gesetz der Gleichwertigkeiten befriedigt zutiefst das menschliche Gerechtigkeitsempfinden. Aber setzt es nicht voraus, daß der Missetäter sofort hier und jetzt oder mindestens innerhalb seiner Lebenszeit die Folgen seiner Mißachtung des Weltallgesetzes erleidet? Wenn er stirbt, muß die Bilanz von Schuld und Schmerz, Gehorsam und Glück auf Heller und Pfennig ausgeglichen sein. Aber es dürfte nur wenige Menschenleben geben, für die das zutrifft. Dem Psalmwort: »Der Herr kennt den Weg der Gerechten; aber des Gottlosen Weg vergeht«

(Ps. 1, 6) widersprach die entgegengesetzte Erfahrung, die in Psalm 73, 13–15 so ausgedrückt wird: »Siehe, das sind die Gottlosen; die sind glückselig in der Welt und werden reich. Soll's denn umsonst sein, daß mein Herz unsträflich lebt und ich meine Hände in Unschuld wasche, und bin geplagt täglich und meine Strafe ist alle Morgen da?«

6. Wenn das Gesetz der Gleichwertigkeiten schon zur Erhellung der individuellen Lebensschicksale nicht genügt, dann reicht es vollends nicht zu, die großen Abläufe der Völkerschicksale zu erklären. Das Wort: »Die Weltgeschichte ist das Weltgericht« klingt tröstlich, und es findet auch oft seine Bestätigung. Aber es gibt Nachtseiten der Geschichte, die jeder Erklärung nach dem Gesetz der Gleichwertigkeiten spotten. Man denke etwa an den Hexenwahn und seine Millionen unschuldiger Opfer. Oder an die Indianerstämme, die von den weißen Eroberern verjagt, verscheucht und ins Elend getrieben wurden. Oder an die Millionen Juden, die in Auschwitz, Treblinka und anderen Vernichtungslagern vergast wurden. Oder an ... Die Beispiele ließen sich beliebig vermehren – aus jedem Jahrhundert. Leiden ohne Schuld. Schuld ohne Sühne. Die Geschichte ist zutiefst tragisch.

7. Diese Unstimmigkeit will Freytag mit der Lehre vom »Lösegeld« aus der Welt schaffen: Durch Christi Sühnetod wurde allen Toten eine Wiedererweckung erwirkt, und in diesem zweiten Leben kann dann die Bilanz ausgeglichen werden. Das Geschenk der Wiedererweckung wird rückwirkend allen Geschlechtern zuteil, versichert Freytag. Gut. Aber die Generationen, die vor Christus lebten, wußten noch nichts davon, daß ihnen in einem zweiten Leben Gerechtigkeit widerfahren wird. Sie wurden also von der vollen Wucht schuldlos erlittenen Unrechts getroffen und fuhren trostlos oder verbittert in die Grube. Waren sie nicht gegenüber den nachchristlichen Geschlechtern schwer benachteiligt? Sind sie nicht von Gott ungerecht behandelt worden?

8. Das Theodizeeproblem, das die Frommen des Alten Testaments quälte, wurde durch den Glauben an die Gerechtigkeit Gottes nicht gelöst, sondern erst geschaffen. Es entstand, weil gerade die widersprüchlichen Lebensschicksale diesen Glauben erschütterten. Das war die Ursache schwerer Anfechtungen, die im Buch Hiob und in vielen Teilen der Bibel ihren Niederschlag fanden und nie in der Geschichte der christlichen Frömmigkeit zur Ruhe kamen bis zum heutigen Tag. Die daraus entsprungenen Antworten mögen im einzelnen voneinander verschieden sein, aber das Gesetz der Gleichwertigkeiten haben sie alle hinter sich gelassen.

9. Gott ist die Liebe. Freytag ist peinlich darauf bedacht, dieses Bild von allen Flecken frei zu halten. Darum darf Gott niemals in der Rolle des Zornigen, Richtenden, Strafenden erscheinen. Darum trennte er die Gerechtigkeit vom Gottesbild ab und verwandelte sie in ein eigenständiges Gesetz der Gleichwertigkeiten. Wenn in den Schriftzeugnissen nicht ein Gesetz der Gleichwertigkeiten, sondern ausdrücklich Gott selbst als der genannt wird, der den Schuldigen mit Krankheit schlägt, ferne Kriegsheere zur Züchtigung seines Volkes ruft, die Missetaten der Väter bis ins dritte und vierte Glied heimsucht, dann entledigt man sich solcher Texte mit der fatalen Ausrede, »daß die alten Texte, sei es im Hebräischen wie im

Griechischen, sich äußerst schwierig genau übersetzen lassen. Dabei hat die persönliche Auffassung der Übersetzer sehr oft ungewollt zahlreiche Ausdrücke entstellt wiedergegeben.« Gott habe zwar den Schreibern die volle Wahrheit gebracht, »aber selbige waren allesamt unvollkommene Wesen und stammten aus der entarteten Menschheit«[223]. Aber so einfach lassen sich die Aussagen der Schrift über Gottes Drohungen, Strafen und Gerichte nicht »berichtigen«! Es geht ja nicht nur um einzelne, vielleicht falsch übersetzte Begriffe, sondern um ganze Erzählungen, Kapitel und Bücher, um weitgespannte Sinnzusammenhänge also, die, angefangen mit der Austreibung aus dem Paradies, die Gerichte Gottes zum Thema haben.

Aber läßt sich eine solche *Trennung der Funktionen durchführen?* Entweder nämlich ist das Gesetz der Gleichwertigkeiten ein Gesetz Gottes – und Freytag betont das immer wieder –, dann ist es mit seinem Willen identisch; dann ist er also mit den Gerichten und Vergeltungsstrafen einverstanden, und sie gehören zu seinem Wollen und Wirken, auch wenn er sie nur gewissermaßen mit der linken Hand vornimmt. Oder er entließ dieses Gesetz in die Selbständigkeit, so daß es zu einem automatisch ablaufenden und reagierenden Mechanismus wurde; dann würde dies bedeuten, daß er den »unpopulären« Teil seiner Weltregierung auf ein blind funktionierendes Gesetz abschob, um sich ein Alibi zu verschaffen. So oder so, die Folgen dieser Aufspaltung Gottes sind gefährlich: das Bild des Vaters, der reine Liebe und Güte ist, wird im einen Fall fragwürdig; im anderen Fall verliert Gott seine souveräne Freiheit, auch außerhalb seines Gesetzes mit den Menschen zu handeln und in ihr Schicksal einzugreifen.
Eine weitere Folge: Wie das Gesetz der Gleichwertigkeiten den Missetäter mit Übeln heimsucht, so muß es folgerichtig den, der dem Weltallgesetz gehorcht, mit Wohltaten segnen. Damit aber wird die Botschaft von der Liebe Gottes eingeschränkt, da diese Wohltaten dem Menschen nicht als unverdiente Geschenke der göttlichen Liebe zuteil werden, sondern als Früchte seines Gehorsams, auf die er nach dem Gesetz der Gleichwertigkeiten einen Anspruch hat. Hier kann es streng genommen keine »Gnade Gottes« geben; denn sie erbarmt sich ohne jede Gegenleistung des Verlorenen und vergibt dem Sünder (vgl. Ps. 103, 8–13). Nach dem Schriftzeugnis ist sie ein völlig freies Handeln Gottes am Menschen (Röm. 9, 15), das spontan und an keine Bedingungen gebunden seinem Urwillen entspringt (2. Mose 34, 6f.).
Schließlich: Führt die Übertragung wichtiger Handlungsbereiche Gottes auf ein Gesetz nicht notwendig zur Verarmung und Verflachung des Gottesbilds? Wo der dunkle Hintergrund wegfällt, verlieren auch die hellen Züge ihren Glanz. Wo die Kontraste beseitigt werden, da erlahmt auch die Lebendigkeit. Wer aus dem Horizont des Glaubens den *deus absconditus*, den verborgenen Gott streicht, der zornig ist, straft, verstockt, in dessen Hände zu fallen schrecklich ist (Hebr. 10, 31), für den wird auch die Liebe Gottes aus einer wunderbaren, unglaublichen und erlösenden Botschaft zu einer feststehenden und nie in Frage gestellten Tatsache, die allzu leicht auf die Ebene der Selbstverständlichkeiten absinken kann.

[223] Das Licht in der Finsternis, S. 36

10. Die von Freytag verkündigten Lehren stellen Anforderungen an den Gläubigen, die auf hohem ethischen Niveau stehen. Sie sind beschwingt durch die Gewißheit, daß jetzt die Zeit gekommen ist, in der das Reich Gottes auf Erden aufgerichtet wird. Diese Hoffnung gibt dem Leben der Gläubigen eine innere Hochspannung und eine hochzeitliche Stimmung und befähigt sie zum Sieg über egoistische Motive und zu einer freudigen Bruderliebe. Aber eine solche Hochspannung läßt sich nicht konservieren. Was dann, wenn die Jahre vergehen und wenn im Kleinkram des Alltags mit der Hoffnung auch der Elan schwindet? Dann wird der Gehorsam gegen das Weltallgesetz zu einer Last, die den Menschen überfordert, selbst wenn er guten Willens ist.

In den *Versuchsstationen* haben sich Gläubige gesammelt, die entschlossen sind, ihr gemeinsames Leben auf der Grundlage des Altruismus aufzubauen. Sie stellen also eine Elite der Entschiedenen dar. In seiner »Abgekürzten Chronik« weiß der »Anzeiger des Reiches Gottes« viel von Fortschritten und innerem Wachstum auf den Versuchsstationen zu berichten. Aber auch Gegenteiliges gibt es: In den Versuchsstationen finden sich Unzufriedene, die klagen und kritisieren; die Disziplin läßt zu wünschen übrig; wir haben es »mit einem grausamen Widerstand des Widersachers zu tun, der durch alle erdenklichen Mittel auf eines abzielt: die gegenwärtige Beweisführung vom wahren Reiche Gottes zum Scheitern zu bringen«[224]. So hieß es 1952. Und acht Jahre später: »Bis jetzt fehlt es den Stationen recht oft an ganz entschlossenen Herzen und an kräftigen Armen, die sich freudig in den Dienst der Gemeinschaft stellen.« Einige sind zwar eifrig am Werk ihrer Charakteränderung; »da sie aber in der Minderheit sind und die anderen das Programm nicht genügend zu Herzen nehmen, ist das Ergebnis nur ein kleiner Durchschnitt«.[225] Wiederum 11 Jahre später wurde auf der Jahresversammlung in Turin geklagt, daß die Versuchsstationen, obwohl sie schon lange bestehen, ihr Ziel noch nicht erreichen konnten. Warum nicht? »Weil wir beständig vom Geist des Widersachers beeinflußt wurden.« Man sollte Gottes Programm in die Tat umsetzen. »So sollte man unter uns, in den Gruppen und besonders auf den Stationen nie mehr irgend ein böses Wort hören. Es sollte dort keine schlechte Stimmung mehr geben. Man sollte glücklich sein, seinen Bruder, seine Schwester, seinen Nächsten zu ertragen, zu ihren Gunsten zu verzichten, ihre Mängel auszugleichen.« Dann entstünde eine »wunderbare Disziplin und vollkommene Harmonie, die sich als das Offenbarwerden der Söhne Gottes kundtun würde. Wir sind sehr weit entfernt von diesem Offenbarwerden«. Und der Grund? Weil man »noch nicht hinreichend wünscht, das Böse in sich dadurch zu überwinden, daß man das Gute lebt«.

Das ist richtig. Paulus hat diesen Sachverhalt in Röm. 7, 14–25 beschrieben und vertieft. Er weiß keinen menschlichen Ausweg. »Ich elender Mensch! Wer wird mich erlösen von dem Leibe dieses Todes?« Und seine Antwort: »Ich danke Gott durch Jesum Christum, unsern Herrn.« Die Menschenfreunde geben eine andere Antwort: »Es handelt sich also jetzt darum, einen gewollten, bewußten, ausharr-

[224] Anzeiger des Reiches der Gerechtigkeit 1952, 24
[225] a.a.O. 1961, 2

renden und entschiedenen Angriffskampf gegen das Böse ins Auge zu fassen.«[226] Hier also ein hohes, edles Ideal und der immer neue Appell an des Menschen Kraft und Willen, es zu verwirklichen. Dort der befreiende und verwandelnde Glaube an den Erlöser, der durch die Vergebung Dankbarkeit und Liebe weckt und damit den Keim eines neuen Lebens legt.

Die französischen Menschenfreunde – Les Amis de l'Homme

1. Der junge Lehrer JOSEPH BERNARD SAYERCE, ein katholischer Baske (geb. 1912 in Ahetze), lernte 1933 in Lyon den »Sendboten« F. L. A. Freytag kennen und setzte sich alsbald mit ganzer Kraft für seine Sache ein. Als Frankreich 1940 von den Deutschen besetzt, der Landesälteste des »Menschenfreundlichen Werks« ausgewiesen und dieses verboten wurde, fuhr er unermüdlich durch das Land, besuchte die Gläubigen und ermutigte sie, sich trotz des Verbots ungetarnt zu versammeln. Seine tapfere Entschiedenheit imponierte auch der Gestapo, so daß sie ihn gewähren ließ. Fortan wurde er die Seele des Werks in Frankreich und brachte es zu hoher Blüte: die Zahl der »Versammlungen« stieg von 100 im Jahr 1939 auf 900 im Jahr 1945. Freytag bezeichnete ihn als seinen »geistlichen Sohn« und schrieb in einem Brief vom 2. Mai 1945: »Ihn habe ich eingesetzt, mich zu vertreten.«

Nachdem im August 1946 ein Kongreß in Paris 14 000 Besucher angezogen hatte, war für August 1947 ein weiterer Kongreß vorgesehen worden. Aber Freytag starb im Januar 1947, und drei Monate später sagte eine Konferenz der führenden Amtsträger den Kongreß ab. Als nun Sayerce die Vorbereitungsarbeiten fortsetzte, warfen sie ihm in Rundschreiben vor, er wolle die Leitung des Werks an sich ziehen, und warnten vor dem Besuch des Kongresses. Er fand trotzdem statt, da sich die französischen Menschenfreunde fast geschlossen hinter Sayerce stellten. Damit begann die Eigenständigkeit der *»Eglise du Royaume de Dieu«*. Sie gewann auch in Belgien, Deutschland und Österreich Anhang und schuf sich eine Zentrale in Paris (seit 1963 Bordeaux) mit eigener Druckerei in Toulouse.

Obwohl zunächst keine sachlichen Gegensätze, sondern bloße Rivalitäten zur Spaltung geführt hatten, hat das französische Werk rasch eigene Züge bekommen. Das hängt einmal mit der Führung zusammen: Die Leitung in Cartigny konnte das durch Freytags Tod entstandene Vakuum nicht ausfüllen. Sie begnügte sich damit, sein Erbe zu verwalten, aber neue und vorwärtstreibende Impulse gingen nicht von ihr aus. Anders bei den Amis de l'Homme: hier hatte sich

[226] a. a. O. 1971, 16

Sayerce durch seine Tätigkeit und seine Berufung zum Stellvertreter des »Sendboten« eine hohe Autorität erworben. Nun trat auch eine Frau an seine Seite, die Hugenottin LYDIE SARTRE. Sie wurde am 10. April 1898 als Tochter eines Dorfschneiders in Ollières-sur-Eyrieux, Dep. Ardèche (Cevennen) geboren, arbeitete in der Seidenfabrik des Dorfes und war mit ihrer Familie seit 1919 Anhängerin von Freytag. Ein Jahr danach begann sie, seine Botschaft von Tür zu Tür in Städten und Dörfern Frankreichs zu verkündigen: erst im Raum von Lyon, dann in Paris und Nordfrankreich und schließlich wieder in den Cevennen. Sie reiste ohne Geld und organisatorischen Rückhalt, ganz auf sich selbst gestellt, eine selbstlose Wanderpredigerin. Von diesem Dienst her gewann sie ihr späteres Ansehen. 1950, so wird berichtet, erhielt sie »die Mission, die Menschenfreunde zu führen«, und wurde von da an *»Chère Maman«* genannt. In diesem Titel drückte sich die spontane Anerkennung ihres mütterlichen Wesens aus. Fortan bestimmte sie maßgeblich die Entwicklung der *»Amis de l'Homme«*, wie sich die französischen Menschenfreunde nun nannten. Die Autorität, die beide besaßen, wuchs alsbald in die religiöse Dimension hinein: Sayerce als der »Fidèle Berger« (der Treue Hirte) und Lydie als die »Chère Maman« bildeten zusammen die »Eltern«, die von Gott eingesetzt waren, um »die ganze Menschheit ... der Befreiung entgegenzuführen«[227]. Mit ihnen »sind die Grundsteine des Reiches Gottes für immer gelegt worden«[228]. Sie sind zur Führung und Erlösung der Welt in der jetzigen Endzeit berufen. Damit nehmen sie heute als die sichtbaren Repräsentanten Gottes Heilsfunktionen Christi wahr: als »die Verwahrer des heiligen Erbes des Lösegeldes Christi« sind sie »in unseren Tagen die Quellen des Lebens«[229] und »das Licht der Welt«[230]. »Einst sprach Er durch Seinen Sohn, heute durch die Eltern.«[231] Darum sind sie der »Heilskanal« und die Mittler zwischen Gott und den Menschen. Um mit seinen Sorgen zum König des Universums zu gelangen, »muß man über die Eltern gehen, die der Herr gegeben hat«[232]. Ihnen müssen sich die »Kinder« in »ungetrübter Intimität« anvertrauen, »um nicht in die Grube zu fahren«. Von der »Chère Maman« werden sie mit mütterlicher Liebe umhüllt. Hat jemand gesündigt, dann schreibt er ihr, und alles wird von ihr in Ordnung gebracht. Denn durch das Amt der Eltern wird »die göttliche Vergebung großmütig allen empfindsamen Herzen gewährt«, und sie rufen den Menschen zu: »Ihr, die ihr mühselig und beladen seid, kommt zu euren neuen Eltern, die euch liebkosen und im Herzen tragen werden. Kommt, und ihr werdet getröstet und gestärkt!«[233]
Als Bernard Sayerce am 23. Juli 1963 durch einen plötzlichen Tod weggerissen wurde, konzentrierte Lydie Sartre, nunmehrige Präsidentin des Werks, die religiöse Funktion der »Eltern« auf sich allein. Sie galt als die bevollmächtigte irdische Vertreterin des Himmels, in der sich Gottes endzeitliche Aufträge und Verheißungen verkörpert haben. Mit ihrer Autorität als die Auserwählte Gottes

[227] Das Reich der Gerechtigkeit und Wahrheit 1960, 11
[228] Freundschaft 1965, 12
[229] Das Reich der Gerechtigkeit und Wahrheit 1960, 14
[230] a. a. O. 1960, 3
[231] a. a. O. 1960, 4
[232] a. a. O. 1959, 32
[233] a. a. O. 1961, 44

wurde sie eine *ins Weibliche umgesetzte Heilandsgestalt*, die alle Mühseligen zu sich einlädt, über allen Gliedern der Familie ihre Hand hält und sie mahnt: »Wenn man seine Maman im Herzen hat, ist man nie allein, ist man nicht mehr verwaist. Wenn euch das Böse für einen Augenblick erreicht, müßt ihr euch sagen: ›Du bist nicht in Begleitung deiner Maman; wenn du mit ihr wärest, würdest du nicht davon berührt worden sein‹. Wenn das Menschliche in euch stärker ist als das Göttliche, sagt zu euch: ›Du hast deine Maman losgelassen‹.«[234] In einer Rede, die sie am 18. Oktober 1966 in Bordeaux hielt, sagte sie Worte wie: »Wir haben die Gewißheit, daß die mit eurer Maman verbundenen ›Söhne‹ nicht ins Grab hinuntersteigen werden.« »Eure Maman stellt die Gattin des Lammes dar. Was tut die Gattin? Sie öffnet ihrer Familie das Kapital des Gatten. Ihr habt einen reichen Vater, der auch euch reich machen will. Sagt euch, wenn euer Herz euch verurteilt: ›Mein Vater ist groß: und ich habe eine Maman, die groß ist‹.«[235] Sie ist »das Symbol der neuen Mutter der Menschheit, welche sie trösten, ihre Wunden heilen und in ihre Erbschaft einsetzen wird«[236].

Diese und ähnliche Sätze dürfen nicht als Zeugnisse einer verstiegenen Selbsteinschätzung verstanden werden, sondern wollen ihren Dienst beschreiben: Sie wollte im Vollsinn »Mutter« sein, die ihren Kindern Wärme, Zuflucht, Trost, Geborgenheit, Zuversicht gibt und ihnen den Weg aus Angst, Neid und Selbstsucht zum wahren Leben der Liebe und Freude zeigt. Lydie Sartre hat diese Mission nicht nur proklamiert, sondern auch in die Tat umgesetzt. Von edler Gesinnung und mit einem Herz voll Liebeskraft und -phantasie ausgestattet, verzehrte sie sich im rastlosen Dienst an den Menschen. Sie war eine leuchtende Frauengestalt und genoß weit über ihren Kreis hinaus Ansehen und Verehrung.

Als sich seit 1967 die Beschwerden des Alters bemerkbar machten, berief sie am 23. Februar 1969 Joseph Neyrand als ihren »Sohn« und »Ältesten Bruder der Familie« zu ihrem Nachfolger. Sie verhieß ihm eine hohe Sendung: »Dieser Sohn veranlaßt den Beginn einer neuen Geschichte, der des Reiches Gottes, welches vor 2000 Jahren von Christus verkündet wurde.«[237] Der Herr hat diesen »Sohn des Lichts« vorbereitet, und morgen wird ihn »die Menschheit anerkennen«[238]. Joseph Neyrand wurde am 11. Juli 1927 in Saint-Chamond (Loire) als Kind wohlhabender katholischer Eltern geboren und hatte die Offizierslaufbahn eingeschlagen. Als Pionierleutnant in Marokko begegnete er im Herbst 1950 den Amis de l'Homme und lernte auf einem Kongreß in Rabat auch die »Eltern« kennen. Er wurde »vom Glauben unserer Chère Maman gerührt und mußte zugeben, nicht seinesgleichen gefunden zu haben«[239]. Fortan setzte er sich für dieses Werk ein und nahm 1958 seinen Abschied vom Militärdienst. Nach dem Tod von Bernard Sayerce 1963 mühte er sich, Lydie Sartre nach Kräften zu entlasten, und erklärte am Osterfest 1967 vor der Familie: »Ich verpflichte mich, ein wahrer Sohn für unsere Maman zu werden. Ich weiß, daß es schwierig ist, aber auch, daß mit dem

234 Freundschaft 1965, 4
235 a.a.O. 1966, 2
236 Reich der Gerechtigkeit und Wahrheit 1972, 15
237 a.a.O. 1973, 8
238 a.a.O. 1974, 15
239 a.a.O. 1973, 20

Herrn alles möglich ist.«[240] Seine Einsetzung als »erstgeborener Sohn« wurde von der »Familie« mit überschwenglicher Freude aufgenommen. Als Lydie Sartre am 11. März 1972 in Saint-Germain starb, übernahm er die Leitung und führte neun Jahre lang das Werk in ihrem Geist kraftvoll fort. Er starb am 10. August 1981.

2. Was unterscheidet die Amis de l'Homme von der Kirche des Reiches Gottes? Beide haben das geistige Erbe F. L. Alexandre Freytags übernommen. Aber die »Eltern« haben es anders praktiziert. Ein Unterschied liegt schon darin, daß die Kirche des Reiches Gottes Mitglieder der »Kleinen Herde« und Angehörige der »Armee des Allmächtigen« kennt und den beiden Gruppen eine jeweils eigene Würde, Aufgabe und Funktion im anbrechenden Reich Gottes zuschreibt. Diese Klassifizierung hängt eng mit dem Weltallgesetz und dem Ausmaß seiner Befolgung durch die Gläubigen zusammen. Bei den Amis de l'Homme ist all dies nicht zu finden. Der Begriff »Weltallgesetz« ist aus ihrem Vokabular verschwunden und »Versuchsstationen« haben sie nicht errichtet. Wohl aber ist die Sache erhalten geblieben und zwar so, daß alles ins Positive und Praktische gewandelt ist. Das zeigt sich u. a. darin, daß sie sich nicht von den Kirchen distanzieren oder sie gar wegwerfend als »Hure« bezeichnen, wie das Freytag tat. Sie stellen der falschen Kirche nicht die wahre »Kirche des Reiches Gottes« gegenüber, haben diesen anfänglich noch geführten Namen bald abgelegt und wollen nur noch »Freunde des Menschen« sein. Jeder kann ihnen angehören, gleich welcher Konfession oder Weltanschauung. »Wir sind eine Familie ohne Begrenzungen und Aushängeschild.«[241] In ihrer Mitte gibt es keinen Streit um religiöse Wahrheitslehren; auch hat die Gemeinschaft keine Glaubensartikel aufgestellt. Maßgebend für sie ist allein die Liebesgesinnung, die alle bejahen können. »Christus hat sein Leben dahingegeben, damit der Mensch eines Tages seine Bestimmung, d. h. das Leben wieder finde. Der Mensch ist auf dieser Erde ein zum Tode Verurteilter; aber er soll frei und glücklich werden und eines Tages das Leben erhalten. Wir sind nicht in einem religiösen Kontext; man ist Menschenfreund, wenn man seinen Nächsten liebt. So gibt es Katholiken, welche Menschenfreunde sind, desgleichen Ungläubige, wenn sie Gutes um sich herum tun und die Gerechtigkeit auf Erden wollen. Wir haben keinen sektiererischen Geist, wir wollen alle Menschen guten Willens versammeln, und solche gibt es überall.«[242]
Auch darin haben sich die Amis de l'Homme über F. A. Freytag hinaus entwikkelt, daß sie sich nicht in Schilderungen des Unheils ergehen, das der Egoismus anrichtet, sondern sich schlicht ans Werk machen, dieses Unheil zu heilen. Politisch halten sie sich zurück, meiden aber jedes abwertende Urteil. Den Krieg verwerfen sie, sind aber keine Wehrdienstverweigerer. Werden sie einberufen, dann vertrauen sie auf Gott, daß sie dort, wo sie hingestellt werden, »nie Böses tun, sondern im Gegenteil Frieden stiften, die Geister besänftigen und Gutes tun können, selbst in einer Armee«[243]. Kurz, sie wollen die befreiende Macht, die von der

240 a. a. O. 1969, 17/18
241 a. a. O. 1973, 20
242 a. a. O. 1974, 14
243 a. a. O. 1973, 20

schenkenden Liebe ausgeht, in sich selbst erfahren und auch andere Menschen erfahren lassen, um ihnen ebenfalls zur Befreiung zu helfen.
Das ist der Auftrag der *Familie*. In den »Eltern« wurde das »erste Menschenpaar« wieder hergestellt. Die Chère Maman ist »für uns der letzte Apostel, sie erfüllt das Werk Christi und öffnet für die Menschheit die Zeit des Gottesreichs«[244]. Der Sohn wurde nicht von Menschen berufen, sondern ist ein »Geschenk des Himmels« und »veranlaßt den Beginn einer neuen Geschichte, der des Reiches Gottes, welches vor 2000 Jahren von Christus verkündet wurde«[245]. Die Familie als die Herdstätte der erlösenden Macht der Liebe ist »eine Kraft, die wie ein Pfeil am Horizont dieser Welt der Finsternis emporsteigt«[246]. Und sie hat einen *gewaltigen Auftrag in der Menschheit zu erfüllen*. Er besteht darin, sie durch die Macht der selbstlosen Liebe aus ihrer egoistischen Versklavung zu lösen, sie in eine einzige große Familie zu verwandeln und damit das Reich Gottes auf Erden zu errichten. Hatte Freytag als der Programmatiker den Weg zu diesem Ziel gewiesen und damit die »Vorbereitungszeit« eröffnet, so hat mit den »Eltern« die zweite Stufe, die »Tatzeit«, begonnen. Die Cartigny-Gruppe aber trat nicht in diese »Tatzeit« ein, sondern blieb stecken. Sie begnügte sich damit, die Gläubigen zu einem altruistischen Leben anzuhalten und in den Versuchsstationen ein solches Leben vorzuführen. Die »Eltern« aber haben die »Familie« für die Aufgabe zubereitet und eingesetzt, durch ihre Aktivität das Reich Gottes einzuführen[247].

3. Man kann in der Tätigkeit der Amis de l'Homme zwei Phasen unterscheiden. Die erste stand im Zeichen des *»Sozialen Dienstes«*, den Lydie Sartre ab 1950 als das eigentliche Lebens- und Wirkungsfeld der Familie aufbaute. Er läuft noch heute weiter, steht jedoch nicht mehr im Zentrum des Werkes. In vielen Städten Frankreichs wurden gut ausgestattete Werkstätten eingerichtet, in denen die Amis de l'Homme fleißig arbeiten und aus zentral eingekauften Rohstoffen Wäsche und Kleidungsstücke herstellen. Auf zwei eigenen Gütern in Südfrankreich erzeugen sie Lebensmittel. Die Produkte sowie Hausrat aller Art werden im Hauptmagazin in Bordeaux gesammelt und von hier aus mit eigenen Lastwagen überallhin gebracht, wo Not herrscht. Der »Soziale Dienst« ist also ein Liebeswerk. Aber er ist mehr als eine der üblichen karitativen Einrichtungen. In ihm haben sich vielmehr die ganzen Grundsätze und Hoffnungen der Amis de l'Homme kristallisiert. Da

244 Aus einem Brief von Josef Neyrand vom 31. 8. 1974 an den Verfasser. In ihm heißt es weiter: »Lydie Sartre hat uns gesagt, daß das ganze Kapital Christi sich von da an (gemeint ist der Tod von Bernhard Sayerce 1963) in einer Maman konzentriere, die ein Sinnbild der Gemahlin Christi ist. Wenn wir von einer Maman, Mutter, sprechen, dann sprechen wir auch von Bernhard Sayerce, von Alexandre Freytag und von allen Aposteln und Jüngern, die seit dem Kommen Christi aufeinandergefolgt sind.«

245 Reich der Gerechtigkeit und Wahrheit 1973, 8

246 a.a.O. 1961, 44

247 Der Unterschied zeigte sich sehr deutlich bei der Überschwemmungskatastrophe von Fréjus, die im Dezember 1959 durch einen Dammbruch verursacht wurde. Die Cartigny-Gruppe vermerkte in ihrem »Anzeiger des Reiches der Gerechtigkeit« (1960, 2) »sehr beglückt«, daß alle Glaubensgeschwister im Katastrophengebiet bewahrt blieben, weil sie wegen ihres Lebens in der Wahrheit von Gott geschützt wurden. Die Amis de l'Homme aber reagierten mit sofortiger Hilfe und sandten vier Lastwagen mit Gaben nach Fréjus.

ist einmal die erlösende Wirkung des Gebots des Altruismus: Damit, daß die Menschenfreunde hier ihre selbstlose Liebe durch Geben und Helfen betätigen, erfahren sie in sich selbst das Glück und den Segen des Gebens. Die irdischen Güter sind kein Besitz, den man eigensüchtig zu wahren und zu mehren hat, sondern Geschenke des Allmächtigen, dazu bestimmt, sie an Unglückliche weiterzugeben, um sie glücklich zu machen. »Ich habe gelernt, mehr Freude am Geben als am Erhalten zu haben.«... »Die Menschen können sich nur Gutes tun, indem sie ihrem Nächsten Gutes tun.«[248] »Indem man gibt, bereichert man sich.« »Je mehr man gibt, desto mehr kann man geben.«[249]
Da ist des weiteren die Gewißheit: Dieser Liebesdienst, nicht mit Überlegenheitsgefühl oder Selbstreklame, sondern »mit der Demut und Würde eines Gotteskindes und auch mit viel Liebe und Mitleid für die im Unglück befindliche Menschheit getan«, wird durch sich selbst auf die Menschen wirken. Diese horchen auf, und sie glauben der Botschaft, die nicht mit Worten, sondern mit Taten gepredigt wird[250]. So wird der »Soziale Dienst« ihnen den Appetit auf das Reich geben. Unsere Kinder müssen so strahlend sein, daß man sie überall fragt: »Wie kommt es, daß Sie so leuchtend sind?«, und daß man ihnen nachläuft, um sich nach dem Grund ihres Glücks zu erkundigen[251]. Mit ihrer Liebe und ihrem gütigen Wesen werden sie die Tränen des Menschengeschlechts trocknen. Die Menschen werden, angesteckt von dem strahlenden Wesen der Menschenfreunde, sich selbst zu einem altruistischen Leben erlösen lassen, um dessen Glück zu empfangen.
So formt sich allmählich das Antlitz der »neuen Menschheit«, die das *Volk des Reiches Gottes* bilden wird. Ihren Anfang nimmt diese weltweite Verwandlung in Frankreich; es ist das »Thyatira« der Endzeit. Schon ist der Augenblick nahe, wo man in Frankreich sagen wird: »Nur die Menschenfreunde können uns aus dem Wirrwarr herausführen«, und diese bereiten sich auf das ihrer wartende Amt vor. Von Frankreich wird die Kraft der altruistischen Liebe in andere Länder übergreifen. Sie wird lautlos das »Babylon« der alten, von egoistischen Gesetzen beherrschten Welt unterwandern. »Die Gotteskinder sind moderne Eroberer ohne Gewehre und Kanonen.«[252] Die Menschen werden aus dem Lager des Teufels in das Lager Gottes überlaufen, und »eines Tages wird niemand mehr beim Teufel sein; alle werden beim Herrn sein«[253]. In der Übergangszeit werden die Menschenfreunde von den ratlosen Staaten immer mehr zur Hilfe herangeholt werden. Man wird ihnen Ministerämter übertragen, und sie können Gesetze erlassen, die von der göttlichen Weisheit diktiert sind. »Im Glauben können wir bereits diese Eroberung des ganzen Planeten erleben.«[254] Da werden dann die Nationen nicht von herrschsüchtigen Diktatoren regiert werden, sondern von »wahren,

248 Reich der Gerechtigkeit und Wahrheit 1961, 51
249 a.a.O. 1959, 44
250 Die französische Presse schenkt denn auch der Tätigkeit der Amis de l'Homme viel Raum und verbreitet zahlreiche rühmende Berichte. Auch bei den Wohlfahrtsverbänden findet der Soziale Dienst hohe Anerkennung. Lydie Sartre wurde 1969 mit dem Nationalen Verdienstorden ausgezeichnet.
251 Reich der Gerechtigkeit und Wahrheit 1960, 12
252 a.a.O. 1961, 52
253 a.a.O. 1959, 25
254 a.a.O. 1959, 30

freundlichen, liebreichen, idealistischen Dienern«, die mit Liebe die Völker leiten und sie dadurch zur Liebe befreien.
Die zweite Phase begann 1969. Jetzt bildete sich neben dem Sozialen Dienst ein neuer Schwerpunkt: die *Rückkehr zur Scholle* mit dem Ziel, »in einem kleinen Winkel eine neue Welt zu errichten, wo die Grundsätze der Freundschaft und Brüderlichkeit ihren ursprünglichen Wert wiederfinden«[255]. Schon 1961 hatte Lydie Sartre von den Eheleuten Espagnol ihren Hof Grange Neuve mit 17 ha Land in Villeneuve-sur-Lot (Südfrankreich) geschenkt bekommen. Sie kaufte dann etwa zwanzig weitere Höfe, insgesamt 300 ha im Tal von Saint-Germain zwischen Villeneuve-sur-Lot und Frespech, wo die Bauern von Armut und Hoffnungslosigkeit bedrängt waren. Es entstand um den zentralen Ulmenhof eine Siedlung mit etwa hundert meist jugendlichen Mitgliedern der Familie aus den verschiedensten sozialen Schichten und Berufen. Sie haben ihre bisherige bürgerliche Existenz aufgegeben und sind »für das glorreichste, sicherste Abenteuer ausgezogen« und errichten »ein Paradies inmitten der feindlichen, neidischen Hölle der Menschen, in dem alles geteilt wird, wo die Überfülle unendlich und vor allem die Freundschaft der hauptsächliche Wert ist«[256].
Der *Kern der Familie* ist wie Neyrand selbst ledig und heiratet nicht, denn »es wird von uns verlangt, freiwillig für die anderen verfügbar zu sein«[257]. Zwar wird den jungen Gliedern die Heirat nicht verboten, aber auch nicht empfohlen, eher abgeraten; denn die Zeit des »Wachset und mehret euch« ist vorbei, und die Liebe zwischen Mann und Frau ist »begrenzt«; die Menschenfreunde verlegen sie auf die »höhere, göttliche Ebene«, »die fordert, alle Männer und Frauen auf dieselbe Weise zu lieben. So wird man zu Brüdern und zu Schwestern« und gründet eine Familie im mehr geistigen Sinn[258]. Die Glieder leben in Gütergemeinschaft, verwenden das modernste Arbeitsgerät, gehen äußerst pfleglich mit dem Boden, den Tieren und Gebäuden um; sie arbeiten nicht für Lohn, sondern legen die Einnahmen zusammen und bezahlen daraus ihre Bedürfnisse.
Die Familie beschränkt sich aber nicht auf den äußeren und inneren Ausbau ihrer eigenen Siedlung, sondern sie nimmt sich auch hilfreich der Bauern in der Nachbarschaft an, so daß sich deren anfängliches Mißtrauen rasch in Freundschaft verwandelte. Sie renovierten Gebäude, erbauten neue, erstellten Festsäle, verbesserten Wege und Zufahrten. Sie arbeiteten an der Rettung des mittelalterlichen Dorfes Frespech mit seinem zerfallenen 500jährigen Herrensitz. Durch Entvölkerung und Resignation schien es dem Untergang geweiht; nur noch 190 Bewohner zählte es. Die Amis de l'Homme restaurierten Burg und Wälle, ermöglichten den Bau einer Bürgermeisterei, belebten Landwirtschaft und Handwerk, betrieben Elektrifizierung und den Bau sanitärer Anlagen, schufen eine neue Siedlung, sorgten für Zuwanderung und erfüllten die Einwohnerschaft mit einem frischen Geist. Ebenso weckten sie den Weiler Crousat zu neuem Leben.
Seit März 1971 stellten sie ihren *Dienst an den Bauern* auf eine breitere Basis: Sie

[255] J. Neyrand a. a. O. 1972, 4
[256] J. Neyrand a. a. O. 1970, 26
[257] a. a. O. 1973, 20
[258] a. a. O. 1974, 14

vergaben hochwertige Agrarmaschinen an Gruppen von jeweils acht Landwirten zur gemeinsamen Benützung und verpflichteten sie zu keiner Gegenleistung, sondern zur Hilfe untereinander mit dem Ziel, »ein Klima der Freundschaft und Brüderlichkeit zu schaffen«[259]. Durch diese Schenkaktion soll der Geist des Zusammenlebens geändert, die Genossenschaften in Beistandsgemeinschaften verwandelt werden. Die Menschenfreunde vertrauen dabei auf die menschliche Natur: »Wir säen ein Ideal, und wenn es das Herz rührt, hat dieses freiwillig das Bedürfnis des Gebens. Und dann empfängt man umso mehr, je mehr man gibt.«[260] Es soll also eine Kettenreaktion des Guten ausgelöst werden. Die Schenkaktion sprach sich herum, und es wurden auch Bauern aus zahlreichen anderen Departements einbezogen. Innerhalb von fünf Jahren wurden mehr als 600 Maschinen aller Art verschenkt. Die Anfang 1973 begonnene *Landwohnhilfe* soll dem bäuerlichen Nachwuchs bessere Lebensbedingungen schaffen, um sie in der ländlichen Heimat zu halten. Das Echo aller dieser Tätigkeiten war breit und tief. Als die Amis de l'Homme anläßlich der Verschenkung der 500. Agrarmaschine zu einer öffentlichen Diskussionsversammlung am 28. November 1973 einluden, füllte sich das Stadion von Agen mit mehr als 2000 Bauern und Bürgermeistern, und die Zeitung »Sud-Ouest« bemerkte tags darauf: »Die Gewerkschaftsversammlungen vereinigen nur einige 100 Personen. Diese umfangreiche Teilnahme ist also für sich allein schon ein Ereignis, sogar eine Art Phänomen.« – Das ganze große Werk im Lot-et-Garonne wird nicht nur von den Siedlungsbewohnern, sondern von der ganzen Familie in Frankreich, Deutschland und Österreich getragen, sei es, daß die Glieder es mit Geldgaben unterstützen oder sich eine Zeitlang freimachen, um selbst mit Hand anzulegen.

4. Durch diesen Widerhall sehen sich die Menschenfreunde in ihren Prinzipien bestätigt. Sie verbinden denn auch mit ihrer Wirksamkeit im Lot-et-Garonne hochgesetzte Hoffnungen: In der Ferne sieht man ein ländliches Paradies. »Wir denken, daß eines Tages alle Welt zur Scholle zurückkehren wird, wie die Menschenfreunde taten, und es wird für alle zu essen geben. Das ist unsere Richtlinie, und wir wissen, daß die Erde wieder schöner wird und die Brüderlichkeit auf ihr erstehen wird.«[261] Eine Endzeitkatastrophe ist nicht zu erwarten; zwar werden harte Erschütterungen kommen, aber sie bilden den Übergang zu einer besseren Welt. Für sie haben die Menschenfreunde bereits den Grund gelegt. Mit dem Hinfall des Eigennutzes stürzen viele Denkweisen zusammen. Wenn sich das Herz ändert, ändert sich alles darum herum. Die Menschenfreunde werden der Menschheit das Werk des Heils bringen »ganz einfach, indem sie die Lebensbasis offenbaren, welche alle bestehenden Strukturen umstürzen wird«[262]. »Das Tal von Saint Germain ist ein Eckchen Erde, von dem der Allerhöchste die Verdammung genommen« hat. Hier ist die Wiege des Reiches Gottes. »Die dort leben, kennen die Begriffe Reichtum und Armut nicht mehr, sie sind gleich, und es ermangelt ihnen an nichts. Wir glauben fest, daß sich diese Welt unaufhörlich aus-

[259] Reich der Gerechtigkeit und Wahrheit 1974, Sondernummer August
[260] J. Neyrand a. a. O. 1973, 15
[261] a. a. O. 1974, 1
[262] a. a. O. 1974, 2

dehnen wird, bis sie die ganze Erde bedeckt.«[263] Dann wird die Menschheit nicht mehr in Nationen, Rassen und Klassen zerfallen, sondern zu einer einzigen Familie zusammenwachsen, in der alle allen dienen. »Das Geld wird durch Freundschaft ersetzt werden.« Jeder wird »gratis arbeiten«. Er wird auch alles »gratis erhalten, doch wird von ihm verlangt werden, seinen Nächsten zu lieben, ihn nicht zu beneiden, nur das Nötige zu wünschen. Das tun wir bei uns, und es bringt einen erstaunlichen Reichtum hervor; und wenn man zahlreich sein wird, wird ungeheurer Überfluß herrschen.« Wenn es kein Geld mehr gibt, gibt es auch keinen Kapitalismus, keine Grundbesitzer und Habenichtse mehr. Die Liebe wird »als Taschengeld dienen. Es wird kein Schaden mehr angerichtet werden, jeder wird für das Wohl seines Nächsten bestehen. Das ist keine Utopie. Schon sind solche Werte inmitten der Menschenfreunde im Umlauf.«[264] Aber mit der Abschaffung des Geldes soll keine Zwangsenteignung verbunden werden. Wer sich nicht »auf eine Idealbasis stellen« will, für den werden die anderen eben nicht mehr arbeiten. Wenn z. B. ein Großgrundbesitzer jemanden finden will, der ihm hilft, dann muß er als »Lohn« seinen Boden hergeben. »Man wird niemand zwingen, denn wir sind nicht gewalttätig.«[265]

Alle diese Entwicklungen werden sich bald vollziehen; denn die gegenwärtige Krise schafft unerträgliche Zustände, und der Weg der Menschenfreunde ist die einzige rettende Alternative. Wenn aber das Ziel erreicht und die Erde zum Reich Gottes geworden ist, dann werden die Toten wieder aus dem Schlaf erwachen. »Der Tod ist ein Schlaf, und auf die Stimme des Menschensohnes werden sich die Gräber auftun.«[266]

5. Die Amis de l'Homme haben sich ein hohes Ziel gesetzt. Sie wollen das Reich Gottes auf Erden beginnen und haben verstanden, daß es nicht nur mit Predigten, auch nicht mit Organisationen, finanziellen Mitteln, Ideologien oder gar mit dem Schwert ausgebreitet werden kann, sondern allein mit der Macht jener Liebe, die das Herz trifft, weil sie selbstlos ist. Sie haben damit ein Kernstück der Botschaft Jesu begriffen und verwirklicht, das von den Kirchen oft schrecklich mißachtet wurde. Darum sind sie liebenswert. Mehr noch: Sie sind ein Vorbild in der schlichten Nachfolge Jesu und in ihrem ganzen Unternehmen: mitten in einer Welt, die von politischen, gesellschaftlichen, wirtschaftlichen, ökologischen Krisen geschüttelt wird, von Haß und Geiselmorden und Bombenexplosionen widerhallt und in ihren Konflikten zu ersticken droht, haben sie eine Oase des Friedens und der Liebe geschaffen, in der nicht das Gesetz des Dschungels, sondern der Geist Jesu herrscht, und haben diese Oase nicht zu einem buen retiro für Weltflüchtlinge, sondern zu einem Kraftzentrum gemacht, das von Leben sprüht und den in ihm wirkenden Geist hinausschenkt, damit er die Menschen, die draußen in der Finsternis und Kälte wohnen, mit seiner liebenden Wärme beglücke und befreie. Es wird nützlich sein, daran zu erinnern, daß die Amis de l'Homme nach ihrem Stammbaum die Enkel der Ernsten Bibelforscher Russells, die Neffen von

[263] a. a. O. 1971,14
[264] a. a. O. 1973,24
[265] a. a. O. 1974,14
[266] a. a. O. 1973,20

Rutherfords Zeugen Jehovas und die Brüder der Kirche des Reiches Gottes Freytags sind: Sie sind wahrlich der edelste Trieb an diesem Baum.
Freilich, daß durch Jesu Wesen und Wirken die Herzen nicht nur verwandelt und befreit, sondern auch verhärtet und verstockt wurden und daß er nach wenigen Jahren der Verkündigung ans Kreuz geschlagen wurde, das scheint die Menschenfreunde bei ihren hochgespannten Erwartungen nicht nachdenklich zu stimmen. Sie gehen ganz offensichtlich von einem optimistischen Menschenbild aus, das in der harten Wirklichkeit leider keine Bestätigung findet. Die neutestamentliche Zukunftserwartung kennt deshalb keine allmähliche Heilung der Menschenwelt durch die ansteckende Kraft der Liebe, sondern sieht die Geschichte enden in der Machtergreifung durch den Antichrist. Wenn er dann vernichtet wird, dann ist das nicht mehr Schlußteil der Menschheitsgeschichte, sondern schon Auftakt zur Errichtung des (eschatologischen) Gottesreichs auf Erden, denn dieser Sieg wird durch Christus und sein »Heer im Himmel« errungen (Offb. 19, 11 ff.) und nicht durch Menschen. Aber man sollte es den Amis de l'Homme nicht verübeln, daß sie dieses düstere Zukunftsbild der Bibel unbeachtet lassen. Es könnte ihre Zuversicht lähmen und den Antrieb zur tätigen Menschenliebe schwächen, und das wäre ein Verlust für die vielen, die diese Liebe geben und empfangen.

Die Weltweite Kirche Gottes

Vom Zeitungswerber zum Glaubenswerber

Der Gründer dieser Gemeinschaft, HERBERT W. ARMSTRONG, ist 1893 in Des Moines (Iowa) geboren und aufgewachsen. Er wurde in der Gesellschaft der Freunde (Quäker) erzogen, gab aber als 18jähriger alle religiösen Interessen auf und setzte sich das Ziel, ein erfolgreicher Geschäftsmann zu werden. Er entschied sich nach gründlicher Selbstanalyse für den Beruf eines *Reklamefachmanns*. Bei einer großen Zeitung entwarf und verkaufte er ein Jahr lang Annoncen. Dann suchte er eine Anstellung in einem großen Zeitschriftenverlag. Da dort kein Platz frei war, engagierte er sich selbst, indem er als »Ideenmensch« für eine Zeitschrift reiste, warb und Artikel schrieb. Im Alter von 23 Jahren wurde er Vertreter für eine Reihe von weitverbreiteten Zeitschriften und hatte sein Büro in Chikago. Er verheiratete sich zwei Jahre später, und der glücklichen Ehe entsprangen vier Kinder. Seine berufliche Tätigkeit gedieh und brachte ihm ein hohes Einkommen. »Aber als ich 30 Jahre alt war, nahm mir Gott mein Geschäft, schlug mich finanziell gesehen zu Boden und vernichtete meinen Götzen des Geldverdienens und geschäftlichen Ansehens.«[267] In den nächsten sieben Jahren fing er dreimal ein neues Geschäft an und scheiterte jedesmal.

[267] Aus einem Rundschreiben H. W. Armstrongs, ohne Datum

In dieser Zeit der Mißerfolge wurde eine *innere Wende* in ihm vorbereitet. Die Ursache war seine Frau Loma. Schon früher hatte sie eine Vision empfangen, in der ihr gesagt wurde, daß ihr Mann von Gott zu seinem Werk berufen werde. Dann redete ihr eine Nachbarin ein, daß Gott die Feier des Sabbats geboten habe. Als ihr dies Ende 1926 durch eine Offenbarung bestätigt wurde, schloß sie sich der adventistischen Splittergemeinschaft *»Church of God (Oregon)«* an und hielt fortan den Sabbat. Ihr Mann war damit nicht einverstanden. Er reagierte heftig auf diesen »religiösen Fanatismus«, und die Ehe war gefährdet. Da er seine Frau weder mit Vernunftgründen noch mit Drohungen von ihrer Überzeugung abbringen konnte, griff er zur Bibel und studierte sie intensiv sechs Monate lang. Sie sollte ihm Beweise liefern, daß das Halten des Sabbats purer Unsinn sei. Aber sie überzeugte ihn von dem genauen Gegenteil: daß Christus den Sabbat hielt; daß Christus unveränderlich ist und daß das Sabbatgebot darum auch heute gilt; daß die Bibel die Gebrauchsanweisung Gottes für die Menschheit ist; daß der Mensch, der Gottes Wahrheit erkannt hat, seine eigenen Werte und Wege aufgeben muß. Armstrong zog daraus die Konsequenzen. Das Jahr 1927 wurde zum Wendepunkt seines Lebens: Er ließ sich taufen und »durch den Empfang des heiligen Geistes Gottes« gelangte er zu einer völlig neuen Ansicht. So wie Jesus »die Jünger vor 1900 Jahren *persönlich* unterrichtete, so unterrichtete er mich durch das geschriebene Wort«[268]. Er studierte naturwissenschaftliche Werke und fand »vollständige Beweise« dafür, daß es einen Gott gibt. Er forschte in der Schrift und fand die »positive Bestätigung« dafür, daß sie das inspirierte Wort Gottes, absolute Wahrheit und höchste Autorität ist. Er erkundete vor allem den Geschichtsplan Gottes und die Frage nach der wahren Kirche, nach der Zukunft der Welt und der Wiederkunft Christi, und es wurden ihm die diesbezüglichen Schriftwahrheiten »geoffenbart«. Diese Schriftforschung dauerte dreieinhalb Jahre. Seine Erkenntnisse gewann er, wie er beteuerte, nicht durch das Studium von Bibelkommentaren und sonstigen theologischen Lehrbüchern, sondern empfing sie unmittelbar von Gott. In bewußter Anlehnung an Gal. 2, 15 ff. schrieb er: »Dann, als es Gott gefiel, der mich durch Seine Gnade berufen hat, mir Seinen Sohn zu offenbaren, damit ich Ihn der Welt predige, da habe ich mich nicht mit Fleisch und Blut besprochen, ich bin auch nicht zu irgendwelchen Sekten und Konfessionen oder zu Theologen gegangen, sondern ich wandte mich direkt an das Wort Gottes, und zwar auf meinen Knien.«[269]

Die »Church of God (Oregon)« interessierte sich für ihn. Er wurde eingeladen, in ihren Gemeinden zu sprechen, und erzielte Ende 1930 die ersten Bekehrungen. Im Juni 1931 wurde er *ordiniert* und war für ein Wochengehalt von drei Dollar tätig. Aber schon 1933 kam es zum Bruch. Er protestierte gegen Bestrebungen, die Gemeinden in einem »menschlichen Verwaltungssystem« unter einem Finanzausschuß zu organisieren, und die führenden Amtsträger protestierten gegen ihn, weil er neue Lehren aufbringe. Wegen seiner eigenwilligen Taufpraxis vor ein Ultimatum gestellt, trennte er sich mit einigen Gesinnungsfreunden von der »Church of God«. »Die Kirche, der ich damals angehörte, wird in Offb. 3, 1–6

[268] Rundschreiben vom 25. 6. 1963
[269] Rundbrief 1967

beschrieben«, erklärte er rückblickend[270]. Er beschloß, fortan unabhängig von Menschen zu arbeiten. Dabei bediente er sich eines ganz modernen Stils, den er als Reklamefachmann kennengelernt hatte. Statt durch Hausbesuche oder Winkelversammlungen mühselig Anhänger zu werben, benützte er die Massenmedien. 1933 hielt er in Eugene (Oregon) im kleinen Kreis Vorträge über die Grundregeln für ein erfolgreiches Leben. Die positive Resonanz ermutigte ihn, im kleinen Lokalsender von Eugene Sendezeiten zu kaufen, eine halbe Stunde wöchentlich für 2,5 Dollar. Am 6. Januar 1934 eröffnete er sein *Radioprogramm »The World Tomorrow«* (Die Welt von morgen) und ergänzte es mit der Zeitschrift *»The Plain Truth«*, die erstmals im Februar 1933 erschien, auf Matrizen geschrieben und auf einem alten Kopierapparat abgezogen. In den Sendungen machte er Reklame für die Zeitschrift und bot sie kostenlos an, da der Bezugspreis »bereits bezahlt« sei. Die Mittel brachte sein kleiner Freundeskreis auf.

Das war der Anfang. Ihm folgte ein Aufstieg, der seinesgleichen sucht. Sobald es die Mittel Armstrong erlaubten, erwarb er auch in mexikanischen Radiostationen Sendezeiten um billiges Geld und sendete über sie seine Botschaften in die USA hinein. Er fand Anklang, und die Anhängerschaft wuchs, und die Geldspenden nahmen zu. Er kaufte immer mehr Sendezeiten von amerikanischen Stationen; 1953 konnte er durch Funk fast ganz Nordamerika erreichen. Und jeder, der Interesse zeigte, wurde kostenlos mit der Zeitschrift, mit Broschüren und mit einem Bibel-Fernlehrgang beliefert.
Im gleichen Jahr 1953 griff Armstrong nach *Europa* hinüber. Er fing mit englischen Sendungen über Radio Luxemburg an. Dann kaufte er Sendezeiten bei Radio Monte Carlo, fügte französische, spanische, russische und seit Anfang 1960 deutsche Sendungen hinzu. Auch auf andere Kontinente wurde das Radiowerk ausgedehnt. Und in den USA wurden seit August 1972 eigene *Fernsehsendungen* ausgestrahlt. Hatte Armstrong 1966 die wöchentliche Hörerzahl seiner 46 Sendereihen in aller Welt auf 30 Millionen geschätzt, so errechnete er 1973 für die über rund 400 Radiostationen verbreiteten Sendungen 100 Millionen Hörer wöchentlich. Ebenso rapide stieg die Auflage der Zeitschrift *»The Plain Truth«*. 1967 erreichte sie eine Million und gewann in den nächsten fünf Jahren noch eine Million hinzu. Aus dem armseligen Matrizenblättchen ist längst ein in Grafik, Druck und Papier erstklassiges Magazin geworden. Die deutsche Ausgabe *»Die Reine Wahrheit«* erschien erstmals 1961, erhielt 1971 den Titel *»Klar und Wahr«* und wurde in 100000 Exemplaren verbreitet. Seit 1969/70 trat die religiöse Thematik zurück und wurde durch Aufsätze zeitkritischer, politischer, ethischer und populärwissenschaftlicher Art ersetzt, mit denen man einen noch größeren Leserkreis ansprechen konnte. Den biblischen Themen widmete sich dafür die 1969 neu herausgegebene Zeitschrift *»Tomorrow's World«*, deren Auflage bis 1972 von 250000 auf 803 000 stieg; die deutsche Ausgabe *»Die guten Nachrichten über die Morgige Welt«* kam nur einige Monate im Jahr 1972 heraus. Denn im Juli 1972 wurde die Zeitschrift mit *»The Plain Truth«* verschmolzen, die im Juni 1973 ihre bisherige Höchstauflage von 2 168 400 Stück erreichte. Sie erscheint in englischer, französischer,

[270] ebd.

spanischer, deutscher und niederländischer Sprache und hat Büros in Auckland (Neuseeland), Bonn, Burleigh Heads (Australien), Genf, Johannesburg, Manila (Philippinen), Mexico City, San Juan (Puerto Rico), St. Albans (England), Utrecht und Vancouver. Seit 1975 erscheint *»Die Gute Nachricht«*, die auch internere Berichte über das Werk enthält. Dazu kommt eine Flut von Broschüren und ein »internationaler Kursus zum Verständnis der Bibel«, d.h. ein Bibel-Fernlehrgang, der 1972 von über 130000 Interessenten bezogen wurde. Nimmt man alles zusammen, dann muß man staunend feststellen: Innerhalb von 40 Jahren hat Armstrong aus dem Nichts heraus ein publizistisches Werk geschaffen, das sich neben den säkularen Giganten der Medienwelt sehen lassen kann – er erreicht damit »etwa 150 Millionen Familien« in allen Kontinenten[271]. Das Gesamtwerk nehme, so wurde erklärt, jährlich um dreißig Prozent zu. »Es gibt kein zweites Werk auf Erden, das diesem Werk gleicht!« triumphierte Armstrongs Sohn Garner Ted[272].

Aber das ist noch nicht alles. Schon 1947 verfügte Armstrong über die nötigen Mittel, um in Pasadena, Kalifornien, eine komfortable Zentrale mit College zu errichten. Dieses *»Ambassador College«* (ambassador = Botschafter, nach 2. Kor. 5, 20) erweiterte er 1949 und 1956 durch Zukauf benachbarter Grundstücke, versah es mit Sportanlagen, Rundfunk- und Fernsehstudio und einer großen Druckerei. Die modernen Gebäude sind in eine gepflegte Parklandschaft mit Wasserläufen, Teichen, Springbrunnen und Gartenanlagen eingebettet. 1960 entstand ein weiteres »Ambassador College« auf einem 73 ha großen Gelände in St. Albans, nahe London, und 1964 folgte ein drittes bei Big Sandy in Texas mit einer 1700 ha großen Farm. Die Studienfächer der Colleges sind bunt gemischt. Sie umfassen u.a. Rhetorik, Philosophie, Journalismus, Fremdsprachen, Lebensprinzipien, Geschichte, Landwirtschaft, internationale Beziehungen, gesunde Ernährung, Hauswirtschaft, Geologie, Biologie, Kirchengeschichte, Wirtschaft. Die Colleges wollen den Studenten – ihre Zahl ist auf je 700 beschränkt – »die in ihrer bisherigen Ausbildung fehlende Wissensdimension vermitteln«, nämlich das Wissen über den eigentlichen Sinn des Lebens und die Grundregeln richtiger Lebensweise. Sie betonen nicht nur die Wichtigkeit der Charakterentwicklung, sondern halten auch »das höchste akademische Niveau aufrecht«. Die Studenten sind denn auch »erfrischend anders« als an den anderen Universitäten. Da gibt es »keine Hippies, keine langhaarigen femininen Studenten oder maskulinen Studentinnen, keine schamlos kurzen Röcke und auch kein Rauchen. Aber die Studenten werden Sie herzlich begrüßen, und sie strahlen vor Lebensglück und Gesundheit.«[273] Während auf den Farmen neue Methoden der Ertragsverbesserung und Bodenmelioration erforscht und erprobt werden und ein Fernsehsender errichtet werden soll, ist Pasadena das Zentrum der Schriften- und Zeitschriftenproduktion und des Radiowerks und beteiligt sich auch an archäologischen Forschungen an der Südwand des Tempelbergs in Jerusalem. Außerdem haben die Colleges die Aufgabe, »wahre Diener für das wachsende Werk Gottes auszubilden«. An akademi-

[271] Was ist Ambassador College? S. 61
[272] Die guten Nachrichten über die Morgige Welt, Juni 1972
[273] Rundbrief vom Februar 1969

schen Graden werden der Bakkalaureus und der Magister der philosophischen Fakultät sowie der Doktor der Philosophie, Erziehungswissenschaft und Theologie verliehen. Eine Unternehmung, die so ungestüm wächst, braucht viel Geld. *Wie werden die Colleges, die Druckschriften, die Radiosendungen finanziert?* Grundsätzlich werden keine Mitgliederbeiträge erhoben und auch keine Bezugsgebühren verlangt. Das Evangelium sei kostenlos und dürfe nicht wie eine Handelsware vertrieben werden, aber Gott erwarte von seinem Volk den Zehnten und freiwillige Opfer. »Möchten Sie uns mit der Verbreitung des wahren Evangeliums helfen, dann schicken Sie einfach Geld, Schecks oder Postanweisungen.« Wer wenigstens zweimal in sechs Monaten Opfergaben schickt, gilt als einer, der »das Herz im Werk Gottes hat«, und wird auf die »Mitarbeiterliste« gesetzt.

Das Werk hatte seine rapide Entwicklung nicht nur dem Talent und den Erfahrungen des Reklamefachmanns Armstrong zu verdanken. Es war auch nicht so, daß lediglich eine Schicksalslaune – die geschäftlichen Mißerfolge und der eheliche Konflikt – ihn veranlaßten, umzusatteln und Bibelstudent, Prediger und Gründer einer Glaubensgemeinschaft zu werden. Zweifellos hatte er nach Jahren der religiösen Gleichgültigkeit 1927 eine *echte innere Umkehr* erlebt. Die bedingungslose Übergabe an Gott sei für ihn »ein sehr schmerzhafter Prozeß« gewesen, schreibt er. »Aber Gott hat mich demütig gemacht. Er hatte mich zur Reue und zum Glauben gebracht. Und er hatte meinen Verstand für Seine Wahrheit durch die freie Gabe Seines heiligen Geistes geöffnet.«[274] Mit dem Bekehrungserlebnis verband sich zugleich ein *ausgeprägtes Sendungsbewußtsein*. Es war ihm klar, daß er ein von Gott Auserwählter sei. Gott hatte seine bestimmten Absichten, als er ihn zwang, die Bibel zu studieren, Prediger zu werden, ein neues Werk anzufangen. »Gott brachte Sein Endzeitwerk durch mich in Gang.« Und wiederum: »Nein, Menschen haben mich nicht belehrt. Was ich predige, kommt von Gott. Kein Mensch, sondern Gott hat mich unterrichtet! Ich spreche nicht zu Ihnen mit der Autorität der Menschen oder irgendwelcher politisch organisierter Kirchen, sondern im Namen und mit der Autorität Jesu Christi, des lebendigen Oberhaupts der wahren Kirche Gottes!«[275] Das sind große Worte. Einen Beweis für seine Erwählung sieht Armstrong in Entsprechungen zwischen dem Werk der Apostel und seinem eigenen Werk. Jesus begann im Jahr 27 zu predigen. Seine Jünger verkündigten das Evangelium vom Juni 31 an. Paulus konnte 19 Jahre später erstmals in Europa predigen. – Genau 1900 Jahre nach dem ersten Auftreten Jesu, im Jahr 1927, »fing Christus an, mich diese gleiche Botschaft zu lehren«. Und wie die Apostel im Juni 31 »ordiniert« wurden, so wurde auch Armstrong im Juni 1931 ordiniert. Im Jahr 1934 begann er dann die Verkündigung über die Massenmedien, und 19 Jahre später öffnete sich ihm Europa[276].

Es war wohl sein durch die bisherigen Erfolge beflügeltes Sendungsbewußtsein, das Armstrong dazu trieb, seit 1969 *große Weltreisen* mit dem collegeeigenen Düsenklipper zu unternehmen. Seine Besuche galten nicht den Völkern oder christlichen Gemeinden, sondern den Spitzen der Politik, Wirtschaft, Wissenschaft und

[274] Die Reine Wahrheit 1964,3

[275] a. a. O. 1964,11

[276] Die Zahl 19 spielt bei Armstrong eine besondere Rolle (s. u. S. 181)

Gesellschaft. Sein publizistisches Imperium öffnete ihm die Tür zu Staatspräsidenten und Regierungschefs, Generalgouverneuren, Gelehrten und Geschäftsleuten. Der indische Staatspräsident Giri empfing ihn ebenso wie der israelische Staatspräsident Katzir und der libanesische Präsident Suleiman Franjieh. Er konferierte mit dem chilenischen Präsidenten Allende drei Wochen vor seinem Sturz und Tod. Der König von Afghanistan lud ihn zu einem Besuch ein, und mit dem Kaiser Haile Selassie tauschte er Geschenke und teilte ihm aus der Kenntnis seiner Ahnenreihe mit, daß auch er »direkt vom altisraelitischen König Salomo abstamme«[277]. Er sprach mit dem japanischen Ministerpräsidenten Eisaku Sato über die Unruhen an den Universitäten und den Frieden im »Ambassador College« und erhielt den »Orden des Heiligen Schatzes 2. Klasse«. Und als er den Internationalen Gerichtshof in Den Haag besuchte, wurde ihm zu Ehren ein Bankett gegeben. Unterwegs auf seinen Reisen wurde ihm sogar eine diplomatische Aufgabe zuteil: »Der Regierungschef eines Staats bat mich vertraulich, zu tun, was ich könnte, um das Oberhaupt eines anderen Staates zur Verbesserung der diplomatischen Beziehungen zwischen den beiden Ländern zu bewegen.«[278] Ein bedeutender Mann also, der bei den Großen der Welt bekannt und angesehen ist. Aber warum unternimmt er diese Reisen? Sammelt er Informationen über die Weltlage? Oder will er seine Botschaft verbreiten? Für sein Werk werben? Die Staatsmänner politisch beeinflussen? Erlauchte Beziehungen anknüpfen? Seinen eigenen Nimbus erhöhen? Vielleicht von allem etwas. Mit Stolz resümierte er: »In vielen Hauptstädten der Welt werde ich als ein Botschafter des Weltfriedens empfangen.«[279] Aber nun zu seiner Botschaft:

Bibel gegen Darwin

Armstrong betont, daß er keiner Denomination angehöre und von niemandem abhängig sei. Darum hält er sich für unvoreingenommen und kreditwürdig. Frei von kirchlichen Traditionen und theologischen Einflüssen verkündige er die gleiche Botschaft, die Christus der Welt brachte. Diese Botschaft enthalte nicht nur die Heilsgeschichte, sondern sei darüber hinaus ein *allgemeiner Wegweiser für das Leben* und erteile z. B. Ratschläge für Kopfschmerzen, Krebs, Rheumatismus, für einen bekömmlichen Speisezettel (nach 3. Mose 11 und 5. Mose 14), für das Verhalten in der Ehe, für die Kindererziehung, für Erfolg im Berufs- und Geschäftsleben. Kurz, sie ist »die einzig zuverlässige und zulässige Quelle des Wissens, das Sie haben müssen, um ein glückliches, gesundes und reiches Leben zu führen«[280]. Und nicht nur das: sie ist auch ein Werk von höchstem naturwissenschaftlichem Rang. Denn der Leser wird hier von Gott über Fragen der Kosmologie, der Botanik, Zoologie, Astronomie und Archäologie aufgeklärt, und durch die Ergebnisse der modernen Naturforschung können die biblischen Mitteilungen nur bestätigt, niemals in Frage gestellt werden. Denn die Bibel ist bis zum letzten Wort

[277] Klar und Wahr, Dezember 1973
[278] Die Reine Wahrheit 1971, 1/2 und 3
[279] Klar und Wahr, April 1974
[280] Die Reine Wahrheit 1963,2

inspiriert und darum wahr. »Wenn auch nur ein Wort des inspirierten Textes der Bibel unwahr ist, dann wird damit die ganze Bibel hinfällig, und die ganze christliche Lehre bricht wie ein Kartenhaus zusammen.«[281]

Armstrong ist also ein *entschlossener Fundamentalist*. Darum ist er ein grimmiger Gegner jeder wissenschaftlichen Forschung oder Erkenntnis, die sich nicht mit der Bibel deckt, insbesondere der darwinistischen Entwicklungslehre, und er geht scharf ins Gericht mit einer theologischen Bibelkritik, welche die Wunderberichte und alle unbequemen Texte streicht, umdeutet oder als Mythen erklärt. Beide haben, so schreibt er, ihren Ursprung im Deutschland der Aufklärungszeit und haben sich von hier aus über die ganze christliche Welt verbreitet, haben die Hochschulen, Schulen und Kanzeln erobert und vergiften die Jugend von der Grundschule bis zur Universität. Dahinter steckt eine »diabolische Meisterverschwörung«, deren Ziel es ist, den Menschen »die Doktrinen des Fürsten dieser Welt« aufzuzwingen und sie in die Nacht des Agnostizismus und Atheismus zu stürzen.

Dieser Seelenverwüstung muß entgegengetreten werden. Die »reine Wahrheit« der Bibel muß wieder voll aufleuchten. Von den Theologen wurde sie verfälscht oder verdünnt. Aber die Bibel ist Gottes Wort, und darum ist sie unantastbar und in allen Teilen klar, und es gilt nur, sie »sich selbst auslegen« zu lassen. Es wurden zu diesem Behuf »Zwölf Regeln« aufgestellt, nach denen der Bibelleser verfahren soll. Und die Lehrer des Ambassador College helfen ihm, die »reine Wahrheit« der Bibel zu erheben und die Irrlehren der Bibelkritiker und Evolutionisten abzuwehren.

Es wird dafür ein großer wissenschaftlicher Apparat benützt und viel Scharfsinn, auch viel Rabulistik aufgewandt. Ein Musterbeispiel ist die Art, wie der biblische Schöpfungsbericht gegen den Darwinismus verteidigt wird. Der Hebel wird bei 1. Mose 1, 2 angesetzt: »Die Erde war wüst und leer.« Dieser Satz, so wird erklärt, kann sich nicht auf den Urzustand vor der Schöpfung beziehen, denn nach 1. Kor. 14, 33 ist Gott kein Gott der Unordnung, und nach Hiob 38, 4–7 haben die Engel vor Freude gejauchzt, als er die Erde erschuf. Folglich muß die Schöpfung ursprünglich vollkommen gewesen sein. Aber wie reimt sich damit das »wüst und leer« zusammen? Ganz einfach: Jenes Sätzlein ist korrekturbedürftig: statt »war« muß es »ward« heißen. Die Schöpfung war zuerst vollkommen und »ward« erst später »wüst und leer«. 1. Mose 1, 1 handelt von der vollkommenen, 1, 2 von der wüstgewordenen Schöpfung. Zwischen Vers 1 und 2 ist also etwas passiert: Vor Milliarden Jahren schuf Gott das Universum mit seinen Trillionen Sonnen und auch Heere von Engeln, die darin wohnen sollten. Den Erzengel *Luzifer* machte er zum Herrscher über die Erde mit dem Thronsitz in Eden. Aber nach Jes. 14, 13 f., Offb. 12, 4 und Hiob 4, 18 verlockte dieser ein Drittel der ihm unterstellten Engel zum Aufruhr gegen Gott und griff nach Judas 6 den Himmel an, erlitt aber nach 2. Petr. 3, 4 und Jes. 14, 15 eine katastrophale Niederlage. Die Folge war seine Verwandlung in Satan, und zugleich wurde aus der vollkommenen Schöpfung ein wüstes Tohuwabohu.

Erst nach dieser Zerstörung begann die in 1. Mose 1, 3 ff. beschriebene Schöp-

[281] a.a.O. 1964,1

fung. Aber sie war eigentlich keine »Schöpfung«, sondern eher eine *Neuordnung der Welt*. Sie erfolgte in 6 buchstäblichen, 24stündigen Tagen vor 6000 Jahren. Im Rahmen dieser 6 Tage schuf Gott die heutige Pflanzen- und Tierwelt und schließlich den Menschen. Damit ist die Entwicklungslehre abgewiesen, die von einer allmählichen Differenzierung und Höherentwicklung der organischen Welt im Verlauf riesiger Zeiträume spricht. Gewiß, auch Armstrong erkennt an, daß die Welt und mit ihr die Erde seit Milliarden Jahren bestehen. Aber weder vor noch nach der zweiten Schöpfung fand eine Entwicklung statt. Alle Tier- und Pflanzenarten wurden vielmehr original und direkt von Gott erschaffen.
Auch in der ursprünglichen Welt gab es Lebewesen: Reptilien, Dinosaurier usw. Sie wurden während der Luzifer-Katastrophe vernichtet. Die Pflanzen und Tiere, die Gott danach schuf, waren auf den Menschen zugeschnitten, sie sollten ihm das Leben ermöglichen. »Ohne die Säugetiere könnte der Mensch nicht leben. In der Welt vor Adam, in der Welt Luzifers, gab es keine Säugetiere.«[282] Sie sind also ebenfalls, genau wie der Mensch, 6000 Jahre alt. Und wie steht's mit den Vorläufern des heutigen Menschen, des homo sapiens? Da wurden doch Schädel und andere Knochen von Menschenwesen ausgegraben – in der Gegend von Heidelberg, im Neandertal bei Düsseldorf, in Transvaal, in Ostjava, bei Peking –, die mehr Ähnlichkeit mit Menschenaffen als mit Menschen haben und vor ein paar hunderttausend oder gar Millionen Jahren gelebt haben müssen! Nein, das stimmt nicht, sagt Armstrong. Diese Neandertaler waren keine Vorläufer des heutigen Menschen, sondern »heruntergekommene Stämme«. Von ihrem Geschick berichtet Hiob 30, 1–8: Sie »stammen von den zivilisierten Menschen niedriger Geburt und degenerierter Bräuche ab. Sie wurden im Altertum aus dem Mittleren Osten hinweggetrieben« und wurden dann »in den tropischen Urwäldern in den letzten Jahrhunderten entdeckt«[283].
Wie erklären sich aber die Fossilien verschiedenster Lebewesen und die Sedimentgesteine, in die sie eingebettet sind? Für den Geologen sind sie Beweisstücke früheren Lebens, und er schließt aus ihnen einen planetarischen Entwicklungskalender, der mit Epochen der Lebensentwicklung von jeweils vielen Millionen Jahren rechnet. Armstrong hält eine andere Erklärung bereit. Für ihn sind sie Beweisstücke der Sintflut. »Im Sedimentgestein hat Gott einen erstaunlichen Beweis dafür, daß sich eine Flut zutrug, bis auf die heutige Zeit erhalten.«[284] Als die Erdrinde von gewaltigen Wasserfontänen aufgerissen wurde und Wolkenbrüche vom Himmel herabstürzten, wälzten sich riesige Sturzwellen über die ganze Erde. Die ganze Tierwelt wurde vernichtet. Tote Tiere und losgerissene Pflanzen wurden in Wasserstrudeln zusammengesaugt, und als sich die Fluten beruhigten, setzten sie sich mit dem Schlamm und Sand in klar erkennbaren Schichten, eine über der anderen, in schneller Reihenfolge ab. Nur dadurch, daß sie sofort von der Luft abgeschlossen wurden, konnten sie versteinern. Im anderen Fall wären sie verwest. Allein die Tiere, die Noah in seine Arche aufgenommen hatte (der Umfang der Arche wird genau berechnet: 189 m lang, 31,5 m breit, 18,9 m hoch, 3 Decks und

[282] a. a. O. 1964, 3
[283] a. a. O. 1964, 8
[284] a. a. O. 1965, 3

39137 Bruttoregistertonnen), überlebten die Sintflut und pflanzten sich fort. Und soweit sich unter den Fossilien Überreste von Säugetieren befinden, die es heute nicht mehr gibt, handelt es sich um Tierarten, die entweder von Noah nicht in die Arche aufgenommen wurden oder die sich den neuen klimatischen Verhältnissen nach der Sintflut nicht anpassen konnten und ausstarben. Aber sie hätten doch nicht versteinern, sondern verwesen müssen, da ja nach der Flut die Möglichkeit einer raschen Abschließung von der Luft nicht mehr gegeben war! Das ist nur einer der vielen Einwände, die gegen die ganze Konzeption von der zweifachen Schöpfung und Vernichtung erhoben werden müssen. Aber darauf soll hier nicht weiter eingegangen werden. Die Armstrongschen Gedanken zum Schöpfungsbericht wurden lediglich wiedergegeben, weil sie für seinen Schriftgebrauch und seine apologetischen Methoden und Ziele kennzeichnend sind. In den »*Zwölf Regeln zum Studium der Bibel*« wird u. a. gefordert: »Vergewissern Sie sich, daß Sie den Text der Bibel genauso lesen, wie er geschrieben steht.« Aber geschieht das, wenn zwischen zwei Sätze wie 1. Mose 1, 1 und 1, 2 ein ganzer Roman eingeschoben wird, ohne daß der Text auch nur den geringsten Anlaß dazu gibt? Weiter wird gefordert: »Ein einzelner Vers oder ein einzelner Gedanke darf nie aus seinem Zusammenhang gerissen werden.«[285] Aber wird nicht genau das getan, wenn einzelne Textfetzen aus weit voneinander entfernten Teilen der Bibel – aus Jesaja und Hiob und Johannesoffenbarung und 2. Petrusbrief – herausgeholt und miteinander kombiniert werden, um die Zweimaligkeit der Schöpfung zu »beweisen«? In Wirklichkeit ist sie nirgendwo in der Bibel ausgesprochen; sie ist eine reine Erfindung und Hilfskonstruktion, um nachweisen zu können, daß die Bibel ein unfehlbares naturwissenschaftliches Lehrbuch ist. Aber die Bibel hat einen solchen Anspruch gar nicht erhoben[286].

Die Hurenkirche und die wahre Kirche

Im Stall von Bethlehem begegneten sich zum erstenmal die wahre Kirche Gottes und die Hurenkirche. Die wahre Kirche repräsentierte sich in dem *Kind in der Krippe*, die Hurenkirche in den *Weisen aus dem Morgenlande*, die vor dem Kind niederknieten. Den Ursprung der Hurenkirche zu enthüllen, hatte sich Armstrongs Schüler Dr. Hermann L. Höh vorgenommen. Diese morgenländischen Weisen, so behauptet er, waren heidnische Zauberer und die größten religiösen Führer des Nahen Ostens, und sie hatten die Idee, zwecks Einführung einer universalen Religion die Verehrung Jesu ihrer heidnischen Religion einzuverleiben. Deshalb waren sie nach Bethlehem gereist, und es waren ihrer nicht nur drei, sondern »nach der griechischen Geschichte« zwölf weise Männer, ein Gegenstück also zu den zwölf Aposteln Jesu.
In der nächsten Generation fiel die Führung der zwölf Magier auf den *Zauberer Simon* (Apg. 8, 9ff.). Er war »der oberste Priester der babylonischen Mysterien« und Repräsentant des religiösen Schmelzkessels Samaria, in dem bereits die Reli-

[285] a. a. O. 1965, 3
[286] Eine Besonderheit bei Armstrong ist auch seine Lehre über die zehn verlorenen Stämme Israels, die im Exkurs S. 192ff. näher ausgeführt ist.

gionen Babylons mit den halbheidnischen Religionen des zerfallenen Hauses Israel und mit vielen jüdischen Bräuchen vermischt waren. Als Simon im Jahr 33 sah, wie Gott durch Philippus Wunder wirkte, wollte er diese Kraft ebenfalls besitzen. Deshalb ließ er sich taufen. Später sah er, daß die Apostel durch Handauflegung den Heiligen Geist an Menschen austeilen konnten, und wollte von Petrus die gleiche Macht samt dem Apostelamt kaufen. Von diesem ausgestoßen und verflucht, beschloß er, sich selbst in ein solches Amt einzusetzen. Er proklamierte, daß Christus nunmehr in ihm wohne. In Wirklichkeit wohnte Satan in ihm. Er ernannte sich zum »anderen Jesus«, sprach sich das Amt des höchsten Apostels Petrus zu, wählte weitere Apostel – es sind die in 2. Kor. 11, 4 erwähnten »falschen Apostel« – und sandte sie in die Welt hinaus. Sie gewannen Anhang wie die wahren Apostel und gründeten Gemeinden wie diese, und fortan gab es zwei Religionen, die sich »christlich« nannten: die Kirche Gottes und die Kirche des Teufels. Im Jahr 42 kam Simon Magus nach Rom, bezeichnete sich dort als »Peter«, d.h. auf hebräisch und babylonisch »Eröffner« oder »Enthüller« von Geheimnissen, führte dem Volk etliche Wunder vor und behauptete, er könne sich selbst begraben und am dritten Tag wieder auferstehen. Er tat's, ließ sich an einem Freitag begraben und war am Sonntagmorgen verschwunden, und das wurde dann laut Höh »der Ursprung der Karfreitag-Ostersonntag-Tradition«. Im Jahr 67 fand er durch Nero den Tod wie der echte Petrus, und seine Gebeine wurden in Rom begraben und liegen heute noch in dem angeblichen Grab Petri unter der Peterskirche.

In der von ihm gegründeten Hurenkirche wurden viele *Fälschungen* vorgenommen. Die Geburt Jesu wurde auf den 25. Dezember gelegt, das Fest des Mithraskults; die Kreuzigung wurde auf einen Freitag, die Auferstehung auf einen Sonntag verlegt, während Jesus in Wirklichkeit am Mittwoch, 25. April 31, um 15 Uhr starb und drei Tage später, am Samstag oder Sabbat vormittags auferstand. Das Passahfest wurde durch das Osterfest ersetzt, benannt nach der Baals-Gemahlin Ostara oder Ishtar-Astarte, »deren Anbetung der Allmächtige in der Bibel als die gräßlichste aller heidnischen Götzenanbetung verurteilt«[287]. Da auch Pfingsten falsch datiert wurde, sind sämtliche geschichtlichen Meilensteine des Wirkens Jesu von der Hurenkirche verrückt worden. Immer mehr heidnische Elemente wurden von ihr übernommen. Plato und andere heidnische Philosophen verfremdeten die Theologie.

In der Zeit des Kaisers *Konstantin* bestanden zwei große christliche Lager: das römische Christentum, das auf Simon Magus zurückging, und das griechische Christentum, das ihm widersprach. Konstantin wurde »das aktive Haupt des verfälschten ›Christentums‹ Simon Magus'« und erhob es zur Staatsreligion. Er wollte die Einheitskirche und zwang den griechischen Christen das römische Christentum auf. Das Konzil von Nicäa 325 »erkannte Christus in der Person des Simon Magus an«[288] und erhob die von diesem verkündigte Trinitätslehre zum Dogma. Die sichtbaren Nachfolger des Simon waren die Päpste. Sie beanspruchten die Herrschaft wie über die Kirche, so über alle Völker der Welt.

[287] Armstrong, Der Ursprung des Osterfestes, S. 3
[288] Die Reine Wahrheit 1964,6 und 8

Auch die von der Papstkirche abgespaltenen Konfessionen und Denominationen blieben Bestandteile der Hurenkirche, denn sie sind »alle vereint in den heidnischen Hauptlehren und Hauptfesten«. Die Reformatoren kehrten nicht zur Schriftwahrheit zurück, sondern begnügten sich mit Reparaturen der verderbten katholischen Kirche. *Luther* wurde populär, weil er die päpstliche Finanzpolitik angriff. Er buhlte um die Gunst der Fürsten, legte die Bibel eigenwillig aus und eröffnete mit der üblen Rechtfertigungslehre »einen Weg zur Umgehung der Anforderungen des geistigen Gesetzes Gottes«[289]. Kein Wunder, daß in der protestantischen Gesellschaft der Sittenzerfall weiterging. Luthers Reformation war also alles andere als ein Werk des Heiligen Geistes. Aber auch die anderen Reformatoren waren nicht besser. *Zwingli* liebäugelte mit den Weisen der Antike und mischte sich in die Politik ein. *Calvin* vertrat den »schrecklichen Gedanken« der Prädestination und errichtete in Genf eine Theokratie, die dem katholischen Modell überraschend ähnlich war. Kurz, die protestantischen Kirchen sind »die ›Hurentöchter‹ des heidnisch gewordenen, abtrünnigen Roms«[290].

In den Publikationen des Armstrong-Kreises nahm die *Polemik gegen die Kirchen* viele Jahre lang einen breiten Raum ein und trat erst in den späten 60er Jahren zurück. Jede Gelegenheit wurde benützt, sie zu kritisieren und zu diskreditieren. Sie werden pauschal und total verdammt[291].

Da sich die wahre Kirche Gottes allein um Armstrong sammelt, muß er nicht nur die großen Konfessionen, sondern auch alle *außerkirchlichen Glaubensgemeinschaften* dem Lager des Satans zurechnen. So wird z. B. gegen die Adventisten, die Zeugen Jehovas und die Pfingstbewegung eine scharfe Klinge geführt. Der Pfingstbewegung wird bescheinigt, ihre traurigste Frucht bestehe darin, »daß Satan durch sie viele verleitet hat, dauernd nach sinnlichen Gefühlen und nach Erregungen des Fleisches zu lüsten, und sie dabei glauben läßt, sie empfingen ›Segnungen‹ von Gott«![292] Armstrong betont, er habe entgegen den von den Zeugen Jehovas ausgestreuten Gerüchten nie dieser Sekte angehört oder ihre Versammlungen besucht. Zwar habe er etliche ihrer Schriften gelesen und sich gefreut, daß sie gewisse Wahrheiten anerkennen, aber »Gott hatte mir diese Wahrheiten schon lange, bevor ich die Schriften gelesen habe, offenbart«[293]. Nichts von dem, was er glaube und lehre, habe er von den Zeugen Jehovas oder den Adventisten gelernt. Die von E. G. White »erdachten« Lehrsätze vom himmlischen »Heiligtum« und vom »Untersuchungsgericht« seien »eine Gotteslästerung, eine Verunglimpfung des Thrones Gottes«[294], und ihr Buch »Der große Kampf« sei »betrügerisch«, weil es behaupte, daß das Tausendjährige Reich nicht auf Erden, sondern im Himmel sein werde[295].

Zwei Jahre vor der Hurenkirche, nämlich am Montag, dem 18. Juni 31, wurde die *wahre Kirche Gottes* gegründet. Sie ist »die Vereinigung von Menschen, die aus den

289 Roderick C. Meredith, Die Wahrheit über die Reformation IV, S. 7

290 a. a. O. XI, S. 8

291 Hier lassen sich bemerkenswerte Entsprechungen zu Argumentationen der Zeugen Jehovas feststellen.

292 Die Reine Wahrheit 1964,10

293 a. a. O. 1964,11

294 a. a. O. 1964,4

295 a. a. O. 1963,9

Systemen dieser jetzigen Welt herausgerufen sind, sich völlig der Herrschaft Gottes unterworfen haben und, durch den Empfang des Heiligen Geistes, gezeugte Söhne Gottes geworden sind«[296]. Sie ist nicht organisiert, hat nichts mit den Konfessionen und Denominationen zu tun, sondern lebt verstreut, und man kann ihr auch nicht beitreten – »nur Gott kann den Menschen hinein tun«.
In der Kirchengeschichte figuriert sie als die »kleine Herde«, die von der falschen, mächtigen Kirche verfolgt wird. In den sieben Sendschreiben Offb. 2f. ist ihre Geschichte beschrieben. *»Ephesus«* verkörpert die apostolische Kirche, die in zwei Zyklen von 19 Jahren von 31 bis zur Flucht der »Stammkirche« aus Jerusalem 69 währte. Ihre Glieder wurden nun durch das ganze römische Imperium verstreut, und *»Smyrna«* beschreibt ihre Verfolgung durch die »Schule des Satans« und das römische Reich in über 400 Jahren. *»Pergamon«* schildert ihre Tragödie im oströmischen Reich: Konstantin von Manales sammelte um 650 die zerstreuten Gläubigen in Kappadozien und Armenien und bildete Evangelisten aus, die Zehntausende bekehrten. Er wurde 684 gesteinigt. Seine Anhänger, von den Gegnern als »Paulizianer« bezeichnet, predigten das Evangelium vom Reich, tauften durch Untertauchen, legten die Hände zum Empfang des Heiligen Geistes auf, feierten das Passah, den Sabbat und das Fest der ungesäuerten Brote. Aber der Teufel verführte sie zu götzendienerischen Festen, besonders zum Epiphaniasfest, und zu politischen Händeln. Sie verbündeten sich mit benachbarten Arabern, wurden verraten und abgeschlachtet – 100000 Menschen starben. Die Entkommenen zogen nach Südosteuropa, nannten sich »Bogumilen« und evangelisierten im Alpenraum. Damit begann die Epoche von *» Thyatira«*. Die Treuen der wahren Kirche Gottes sammelten sich in den Reihen der Katharer, der Albigenser, der Waldenser. Aber unter letzteren gab es falsche Lehrer, die sich auf Kompromisse mit Rom und auf politische Tätigkeiten einließen, weshalb sie 300 Jahre später bis auf wenige vernichtet wurden.
Durch den deutschen Waldenserprediger Walter Lollard wurde die Wahrheit 1315 nach England gebracht, womit die Epoche von *»Sardes«* begann. Die Lollarden wußten Bescheid über die heidnische Herkunft der katholischen Feiertage und über den Unterschied zwischen Sabbat und Sonntag[297]. Sie wurden über mancherlei Umwege und Umbildungen die Vorläufer Armstrongs: 1650 gründeten sie »Gemeinden Gottes«, die sich auch in Amerika ausbreiteten. Sie wurden aber schwach, wandten sich von der Wahrheit ab und nahmen die Selbstbezeichnung »Siebenten-Tags-Baptisten« an. Nur wenige blieben treu, und sie bekamen Zufluß von Adventisten, die nach dem Ausbleiben der Parusie 1844 enttäuscht waren. Aber später unterlagen sie der Versuchung, die wahre Kirche Gottes zu organisieren. Darum schied Armstrong aus, und damit begann das Zeitalter von *Philadelphia*. Mit ihm ist die »Kirche Gottes« heute in Aktion getreten. Und wie die Geschichte der ersten Kirche in zwei Zyklen verlief, »so hat Gott auch heute kurz

[296] Hermann L. Höh, Die 2000jährige Geschichte der Kirche Gottes, S. 2
[297] Hier dürfte Meredith aus trügerischen Quellen oder der eigenen Phantasie geschöpft haben. Ein Walter Lollard ist in der Kirchengeschichte nicht bekannt. »Lollarden« wird verschieden gedeutet: als Unkrautsäemänner oder – wahrscheinlicher – als Fortbildung von Lullen = Murmeln. Der Name wurde zuerst von den Alexianern und Begarden des 13./14. Jahrhunderts gebraucht und später als Bezeichnung für die Laienprediger Wyclifs verwendet.

nach der Rückkehr Jesu Christi Seiner Kirche – dieser Kirche – genau zwei 19jährige Fristen gesetzt, in denen der Welt das Evangelium zu bringen ist«[298].
Die Zahl 19 sieht Armstrong in einem kosmischen Bezug; denn nur einmal innerhalb von 19 Jahren stehen Sonne, Erde und Mond in gleicher Konjunktion zueinander. Deshalb bilden die 19 Jahre einen vollständigen »Zeitzyklus«. 19 Jahre nachdem die Jünger Jesu anfingen, das Evangelium zu verkündigen, konnte Paulus erstmals in Europa predigen; und weitere 19 Jahre später wurden alle Stimmen der wahren Apostel zum Schweigen gebracht. Entsprechend begann die Kirche Gottes 1934 – genau 100 »Zeitzyklen« danach – mit der Verkündigung durch die Massenmedien, und 19 Jahre später mit der Verbreitung ihrer Botschaft in Europa. 1972 sollte dann das Ausbreitungswerk abgeschlossen sein.
Wie aber steht's mit *»Laodizea«?* Mit diesem Namen, so wird geantwortet, sei kein eigenes Zeitalter verbunden, sondern »ein weiteres, gesondertes Missionswerk«, das in der Endzeit entstehen soll. Ihm gehören Menschen an, die vom Geist gezeugt waren, dann aber lau wurden. Es ist also ein Konkurrenzunternehmen und Abfallprodukt der Kirche Gottes, vor dem gewarnt werden muß.

Um Armstrong sammelt sich die *wahre und einzige Kirche Gottes* – »alle anderen sind satanische Nachahmungen und Fälschungen«![299] Nur sie wurde von Christus gegründet. Nur Armstrong und seine Mitarbeiter wurden von Gott erwählt und verkünden die »reine Wahrheit«. Nur diese Kirche hält die Gebote und Gesetze und folgt in allen Dingen dem Beispiel Christi. Sie beweist das u. a. durch folgendes: Sie benennt sich nicht nach menschlichen Gründern oder Systemen, sondern nach Gott[300] und wurde deshalb unter dem Namen *»The Worldwide Church of God«* als religiöse Körperschaft in Kalifornien eingetragen; sie lehnt jede Form der kirchlichen Organisation ab; sie richtet sich in ihren Lehren und Geboten allein nach der Schrift; sie verwirft deshalb unbiblische Lehren wie das Trinitätsdogma und die Unsterblichkeit der Seele; sie verwirft auch alle kirchlichen Feiertage und feiert den Sabbat; und sie verwirft die Besprengung von Säuglingen. Die wahre Kirche Gottes mischt sich nicht in weltliche Politik; sie verkündigt das Kommen Christi als König auf der Erde; sie ist eine »kleine Herde«, verfolgt und verachtet; sie hat bekehrte, geweihte, vollausgebildete und ordinierte Diener.

Die Glieder der Kirche Gottes sind aus der gegenwärtigen Welt herausgerufen. Gott allein kann sie in seine Kirche aufnehmen. Voraussetzung der Aufnahme ist die Buße: man muß seine Sünden bereuen, sich von seinen ehemaligen Wegen völlig abwenden und sein künftiges Leben von Gott regieren lassen. Nur dann wird man von seiner Schuld befreit und durch das Opfer Christi mit Gott ausgesöhnt. Nach solcher Buße muß man getauft werden, und zwar »von einem Diener der wahren Kirche Gottes«.
Die *Taufe* ist nicht trinitarisch, sondern erfolgt auf den Namen Jesu. Sie wird

[298] Hermann L. Höh, Die 2000jährige Geschichte der Kirche Gottes, S. 17
[299] Die Reine Wahrheit 1962,3
[300] »An zwölf Stellen des Neuen Testaments wird der Name der Kirche als ›die Gemeinde Gottes‹ angeführt.« (Die Reine Wahrheit 1964,5)

durch Untertauchen vollzogen. »Der reuevolle Gläubige muß mit *viel* Wasser getauft werden; eine Handvoll oder der Inhalt einer Schale reicht nicht aus.«[301] Statt der kirchlichen *Feiertage* werden nach dem israelitischen Festkalender Pfingsten, das Posaunenfest, Versöhnungsfest und Laubhüttenfest gefeiert. In den College-Gemeinschaften und internen Versammlungen wird das Passahfest am 14. Nisan ohne sakramentalen Gehalt begangen. Eine Abendmahlsfeier kennt man nicht. Dagegen gibt es eine Handauflegung zur Krankenheilung: es ist eine *Salbung mit Öl*, die von Armstrong persönlich vorgenommen wird; an entfernt Wohnende werden von ihm geweihte Tücher mit Salböl verschickt, die sofort nach der Auflegung zu verbrennen sind.

Von den Gläubigen wird eine *Lebensweise* erwartet, die auf dem Grundgebot der Liebe beruht. Eine solche Lebensweise, »bei der das aufrichtige Interesse am Wohlergehen des Nächsten genauso groß ist wie das Interesse für die eigenen Belange« und das »Prinzip des Nehmens« durch das »Prinzip des Gebens« abgelöst ist, »zahlt sich für die Menschen der Kirche Gottes in Freude, Glück und einem erfüllten Leben aus«[302]. Der Gehorsam gegen Gott erfordert vor allem auch ein Ernstnehmen des sechsten Gebots. Das schließt eine patriarchalische Familienordnung ein. Der Mann hat eine »gottgegebene Machtstellung« und muß von ihr Gebrauch machen. Aber »viele ›Männer‹ unserer Zeit sind keine Männer, sondern Waschlappen«. Der Platz der Frau ist die Familie und der Haushalt; wenn sie aber »stattdessen berufstätig ist, so nennt Gott das Gotteslästerung«[303]. Scharfe Ablehnung trifft die »neue Moral«, also vorehelichen Verkehr, Partnertausch und die »widerwärtigste, ekelerregendste Unmoral« der Homosexualität[304]. Aber auch Ehescheidung und Wiederheirat hat Gott »*nie* legalisiert und auch bis heute nicht erlaubt«[305]. Für Ehe und Kindererziehung und rechte Lebensführung werden viele Einzelratschläge erteilt. Sie wollen zu einem erfolgreichen und glücklichen Leben verhelfen. Aufregend sind sie nicht. Neu auch nicht. Von den Ratschlägen der »Briefkastentanten« aus der Zeit der »Gartenlaube« unterscheiden sie sich nur dadurch, daß die »fehlende Dimension« eingefügt ist.

Da eine feste Organisation abgelehnt wird, sammeln sich die *Mitglieder* – ihre Zahl wurde 1973 mit »rund 75000« angegeben – nur in losen Gemeinden, und es fehlt auch ein Gemeindeleben nach Art kirchlicher Gemeinden. Im deutschsprachigen Raum wurde man von England aus seit dem Sommer 1962 aktiv. Für 1977 wurden 17 Gemeinden mit über 500 Besuchern genannt, die sich teils zweiwöchentlich, teils vierwöchentlich zu Versammlungen treffen: Hamburg, Hannover, Berlin, Düsseldorf, Bonn, Frankfurt, Mannheim, Stuttgart, Nürnberg, München, Basel, Bern, Zürich, Salzburg, Graz und Wien, dazu kommen sieben Mitglieder in der DDR.

Die größte und im Grund einzige Aufgabe der Kirche Gottes ist heute die weltweite Predigt. Sie muß die Massen erreichen. Darum kann sie sich nicht mit

301 Die guten Nachrichten über die Morgige Welt 1972,5
302 Was ist die Weltweite Kirche Gottes? S. 6ff.
303 Die Reine Wahrheit 1967,2
304 a.a.O. 1965,12
305 a.a.O. 1965,2

Hausbesuchen oder Einzelarbeit begnügen, sondern muß Presse und Funk benützen. Das ist teuer, aber Gott hat »vorgesorgt, um Sein mächtiges Priestertum zu finanzieren, indem Er das gleiche System anwendet, welches schon von Anfang an besteht: das System des Zehnten«[306]. Das *Thema des Zehnten* wird häufig und eindringlich behandelt. Den Lesern und Hörern wird klargemacht: Gott hat ein Anrecht auf allen menschlichen Besitz, aber er ist großzügig und hat »für Seinen eigenen Bedarf ein kleines, winziges Zehntel von dem, was auf Seiner Erde und durch Seine Kraft und Energie hergestellt wird, reserviert«[307]. Die 10% sind an Gottes Priesterschaft abzuführen – es ist die von Christus wieder eingesetzte Melchisedek-Priesterschaft, verkörpert in Armstrong und seinen Mitarbeitern. Sie sind von Gott selbst berufen, und er hat es sich zur Pflicht gemacht, für sie zu sorgen und sein Werk zu finanzieren. Wer die 10% bezahlt, trägt damit die Hypothek Gottes ab und wird nun rechtmäßiger Besitzer der übrigen 90% seines Einkommens. Wer aber den Zehnten verweigert, macht sich des Diebstahls an Gottes Eigentum schuldig und wird die Folgen tragen müssen. Und wie die Weigerung sich rächt, so lohnt sich die Zahlung. Man macht sich damit Gott zum Partner, und er ist der Lenker aller Geschicke und hat »ein verbindliches Versprechen gemacht«, daß er die Zehntenzahler »mit irdischen materiellen Gütern segnen wird«. Wenn Sie den Zehnten zahlen, »dann wird es Ihnen viel leichter fallen, Ihre Schulden zu begleichen, eine Stellung zu finden oder das zum Leben Notwendige zu beschaffen«[308]. Das gilt ausnahmslos für alle, die den Zehnten geben, auch für Nichtchristen. »Ein Nichtchrist, der an Gott den Zehnten zahlt, der Ihm zusteht, erhält auch automatisch finanzielle Segnungen, weil er ein Gesetz befolgt, das zu materiellem Wohlstand führt – ein Gesetz, das vor Verschuldung schützt. So einfach ist das«![309] Daß Gott sein Versprechen erfüllt, beweisen die Lebenserfahrungen vieler Zehntenzahler, darunter der zwei Multimillionäre Rockefeller und Colgate, die »ihren gewaltigen Reichtum diesem göttlichen Versprechen« zuschrieben[310].

Hier zeigt sich ein bemerkenswerter Einschlag *utilitaristischen Denkens* in Armstrongs Entwurf. Der Gehorsam des Christen ist rentabel. Er fordert zwar Verzicht und Opfer, aber das ist nur die Durchgangsstation zum Wohlstand. Und wer den Zehnten bezahlt hat, der kann und soll seinen Wohlstand auch mit gutem Gewissen genießen. Ist Gott etwa ein Feind des Komforts, der Schönheit, der Lebensfreude, der körperlichen Genüsse? O nein, er ist kein widerliches Ungeheuer, das dem Menschen alle Freuden des irdischen Lebens vorenthalten möchte. Er will nur, daß man mit ihnen – mit der sexuellen Liebe, mit Tanz, Film, Karten-

[306] a. a. O. 1961,3
[307] a. a. O. 1961,1
[308] Klar und Wahr 1973,4
[309] Die Reine Wahrheit 1967,4
[310] a. a. O. 1963,2. Daß die beiden ihren Zehnten nicht an Armstrongs »Kirche Gottes« abführten, sondern kulturelle und philanthropische Werke unterstützten oder gar mit Stiftungen an Baptisten und andere Denominationen »das Werk des Teufels« finanzierten, wird allerdings verschwiegen. Mit gutem Grund. Denn daraus, daß ihre Zehntzahlung trotzdem gesegnet wurde, muß geschlossen werden, daß entweder Gott auch die Überweisung von Geld an die Kasse des Teufels billigt und lohnt oder daß die Denominationen außerhalb der »Kirche Gottes« nicht zur Teufelskirche gehören.

spiel, Alkohol – in der rechten Weise umgeht. Deshalb hat er seine Gebote geoffenbart, und es liegt im Interesse des Menschen, sie zu befolgen. Denn sie sind keine Last, sondern eine Hilfe, und »die Bibel ist die Gebrauchsanweisung für Frieden, Glückseligkeit, Wohlstand, Sicherheit und Fröhlichkeit«[311]. Und genauso wie Jesus und Paulus »predigen auch wir heute das Evangelium des Friedens, der Harmonie, der Glückseligkeit und eines reichen, wohlhabenden Lebens«![312]

Nur eben, die 10% müssen bezahlt werden. Das ist natürlich kein Gesetz; niemand zwingt den Menschen. Wer die 10% nicht entrichten will, mag's lassen: er schadet damit nur sich selbst. Die Zehntengelder sind für Gott bestimmt und auf die Konten der »Weltweiten Kirche Gottes« einzuzahlen. Im Jahr 1962 wurden allein in den USA 9,5 Millionen Dollar bezahlt. Und da das Werk jährlich um 30% wächst, steigen auch die Zehnteneingänge. 1973 wurden bereits 56 Millionen Dollar vereinnahmt, und rund 250000 von den mehr als 150 Millionen Lesern und Hörern der Botschaften Armstrongs zahlten den Zehnten. Sie werden als »Mitarbeiter im wichtigsten Werk auf Erden« mit den Rundbriefen beliefert.

Der apokalyptische Knall

Die 6000 Jahre der Satansherrschaft sind abgelaufen. Das Philadelphia-Zeitalter der Kirche Gottes sollte 1972 enden. Was wird danach sein? Die Bibel gibt darüber genaue Auskunft. Ein Drittel ihres Inhalts besteht aus Prophezeiungen. Von ihnen sind 10% bereits »haargenau eingetroffen«. Die restlichen 90% werden sich genauso erfüllen. Die biblische Prophetie ist absolut zuverlässig. Denn »Jesus Christus – als Nachrichtensprecher, der über zukünftige Weltereignisse kommentierte – war Seiner Zeit um etwa 2000 Jahre voraus«[313]. Und Johannes konnte prophezeien, weil er einst im Geiste »rund 1900 Jahre in die Zukunft versetzt« worden war[314]. Wer den Schlüssel zur Offenbarung hat, kann ihre Prophezeiungen deuten. Armstrong besitzt ihn. »Durch die Prophezeiungen und die Kenntnis der Affären in dieser Welt kann ich sehen, was kommen wird.«[315] Und wie jede apokalyptische Gemeinschaft sich für das auserwählte und bevollmächtigte Werkzeug Gottes in der Endzeit hält, so erhebt auch der Armstrong-Kreis diesen Anspruch: »Gott der Allmächtige hat es uns übertragen, diese achtlose Welt vor ihrem bevorstehenden Untergang zu warnen.«[316]

Das Thema der *bevorstehenden Ereignisse* wurde in den 60er Jahren häufig und eifrig abgehandelt. Dabei spielten Elemente der Zehn-Stämme-Lehre (siehe S. 192) eine beträchtliche Rolle. Die letzten Jahre dieser Weltzeit sind erfüllt von dramati-

[311] a.a.O. 1964,10
[312] a.a.O. 1965,7
[313] a.a.O. 1964,11
[314] Armstrong, Der Schlüssel zum Buch der Offenbarung, S. 2
[315] Die Reine Wahrheit 1964,2
[316] Rundschreiben von Erhard Klammer, ohne Datum

schen Geschehnissen, die in einem apokalyptischen Knall enden. Im einzelnen wurde prophezeit: *England und die USA* haben nichts Gutes zu erwarten. Sie befinden sich in einer totalen Krise: ihre politische Macht schwindet; ihr Wohlstand weicht der Verschuldung; ihr Handel schrumpft; in der Kontrolle der Weltfinanzen werden sie von europäischen Staatsbanken abgelöst. Das englische Empire wird ausgelaugt und zerfällt. Dürre, Überschwemmungen und andere Wetterkatastrophen häufen sich. Schlimmer noch ist die innere Verrottung, die sich nicht nur auf die Angelsachsen beschränkt, sondern auch die kontinentaleuropäischen Völker zersetzt. Da ist die wachsende Sexualisierung, die Woge von Schmutzschriften, die Verführung der Jugend, die Krise der Ehen, die Zunahme der Homosexualität. Drogen und Medikamente zerrütten die körperliche Gesundheit. Geisteskrankheiten greifen um sich. Rassengegensätze hetzen die Menschen gegeneinander, Verbrechen nehmen gewaltig überhand, wilde Ausbrüche von Haß und Gewalttätigkeiten häufen sich. Kurz, es bietet sich das Bild einer »verkommenen, auf den Kopf gestellten, sündenkranken, verbrecherischen, haßerfüllten Zivilisation«[317]. Das alles sind die Folgen der Gottlosigkeit – »Israel« hat Gottes Wege und Gesetze verlassen und muß nun seine Strafen erleiden.
Während die Angelsachsen politisch und wirtschaftlich herunterkommen, steigt in Europa ein neuer Mächteblock empor. Es ist das wiedererstandene *römische Reich*. Nach Offb. 13, 3 soll Rom »tödlich wund«, aber immer wieder heil werden und nach seinem im Jahr 476 erfolgten Fall siebenmal wieder erstehen und zehn Staaten umfassen (Offb. 17, 8–14). Bis jetzt erstand es sechsmal: unter Justinian, Karl dem Großen, Otto I., Karl V., Napoleon I. und Mussolini. Die 7. Wiedererstehung, von Hitler begonnen, wird »aus den zerbombten Ruinen des besiegten Nazitums« erfolgen[318]. »Gott hat das deutsche Volk zu einem besonderen Zweck berufen«, und darum wird es »aus der Asche der Zerstörung aufstehen und zu einer erstrangigen Weltmacht werden«.[319] Als das »moderne Assyrien« und der »König des Nordens« wird Deutschland einen Staatenbund führen, der hauptsächlich aus »weißen, heidnischen Nationen in Europa«, aber auch einigen »wankelmütigen israelitischen Völkern« besteht[320]. Die Europäische Gemeinschaft mit ihrem riesigen Wirtschaftspotential und ihrer wachsenden politischen und militärischen Macht ist die erste Stufe des Zusammenschlusses von 10 Nationen zu den Vereinigten Staaten von Europa. Sie sind das wiedererrichtete römische Reich oder das apokalyptische »Tier«. Gleichzeitig vollzieht sich ein kirchlicher Zusammenschluß. Den von Rom und der Ökumene ausgehenden Bestrebungen nach Wiedervereinigung wird eine Einheitsreligion unter dem Papst entspringen. Ein großer religiöser Führer wird erscheinen und Wunder wirken und dadurch höchste Autorität erlangen. Die Einheitskirche, die »große Hure« (Offb. 17, 1), wird mit den »Königen« des römischen Reichs Unzucht treiben und auf dem »Tier« reiten, d.h. die Vereinigten Staaten von Europa beherrschen, und »ganz Europa wird fanatisch religiös werden«[321].

317 Die Reine Wahrheit 1965,1
318 Armstrong, Der Schlüssel zum Buch der Offenbarung, S. 6
319 Die Reine Wahrheit 1962,3
320 a.a.O. 1963,12
321 a.a.O. 1965,8

Ein weiterer gewaltiger *Mächteblock im Osten* ist in Hes. 38 prophezeit. Mit »Magog« (V. 2) sind die Mongolen inklusive Chinesen gemeint. »Oberster Fürst« heißt eigentlich im Urtext »Fürst von Rosch«, und das deutet auf Rußland. »Mesech« und »Thubal« bezeichnen Moskau und Tobolsk. Mit den Völkern »Kusch« und »Put« (V. 5f.) sind Indien und Pakistan gemeint, mit »Gomer« die Bewohner von Kambodscha, die ihrerseits mit den Siamesen, Birmanen, Indonesiern, Koreanern und Japanern verwandt sind. Hinter »Thogarma« verbergen sich die Tungusen in Sibirien. »Die Bibel prophezeit also eine riesenhafte Allianz morgenländischer Völker in dieser Endzeit – und zwar aus Rußland, China, Korea, Japan und ganz Südostasien zusammengestellt!«[322]
Die Konfliktstoffe werden sich in der ganzen Welt ballen. Durch Bevölkerungsexplosionen und Wetterkatastrophen wird der Hunger rapide ansteigen, und nach Joel 1, 10 und Hes. 5, 11 wird in der »Trockenperiode der frühen 1970er Jahre« ein Drittel aller Angelsachsen verhungern[323]. Seuchen werden die Völker heimsuchen. Erdbeben, Vulkanausbrüche, Wirbelstürme werden die Hauptstädte verwüsten. Die Rassengegensätze werden sich zu Rassenkriegen ausweiten. Vergeblich wird sich die UNO um den Frieden bemühen. Die drei Machtblöcke werden übereinander herfallen. Das römische Reich wird die angelsächsischen Völker angreifen, Atombomben auf ihre Großstädte werfen und ihre Länder erobern. Die überlebenden Briten und Amerikaner »werden in die Sklaverei geschickt werden – eine Sklaverei hinter den Stacheldrahtreihen von Konzentrationslagern«[324]. In Jerusalem wird der Tempel wieder aufgebaut werden[325], und »dann kommt der dritte Weltkrieg und damit die Besetzung Palästinas und Jerusalems« durch das »Tier«[326]. Ein Mensch, »der heute lebt« und »sich zu einem hohen Amt aufschwingen wird« und »vielleicht jetzt schon von Satan persönlich besessen ist«, wird in den Tempel Gottes eindringen, seinen Thron drinnen etablieren und den Anspruch erheben, selber Gott zu sein[327]. Die Wahrheit Gottes wird zu Boden getrampelt, die Gläubigen werden verfolgt werden. Aber es gibt einen sicheren Ort, und wer sich treu an der Verbreitung von Gottes Werk beteiligt, wird in der Drangsalszeit »zu einem Ort der Zuflucht genommen« werden[328].
Während die europäische Armee in Palästina steht, wird die Sowjetunion das katholisch-faschistische Europa angreifen und zerstören. Schon auf die Kunde von der bevorstehenden russischen Invasion werden der europäische Diktator und sein »falscher Prophet« hastig ihr Hauptquartier nach Palästina verlegen. Die

322 a. a. O. 1963,5
323 a. a. O. 1964,7
324 a. a. O. 1963,12
325 Eine ungewollte Frucht dieser Prophezeiung des Tempelwiederaufbaus war der Anschlag des 28jährigen australischen Schafscherers Denis Michael Rohan auf die Al-Aqsa-Moschee in Jerusalem am 21. August 1969, bei dem der Südflügel durch Brand beschädigt und unersetzliche Kunstwerke vernichtet wurden. Der einfältige Wirrkopf hatte seine »extrem religiösen Überzeugungen« aus dem Schrifttum H. W. Armstrongs bezogen. Im Gerichtsprozeß sagten Zeugen aus, er habe ihnen erklärt, daß »in diesem oder im nächsten Jahr« der Tempelberg für den dritten Tempel frei sein werde; »der Tempelplatz muß gesäubert werden, damit der Messias wiederkommen kann!«
326 Die Reine Wahrheit 1964,4
327 a. a. O. 1965,1
328 a. a. O. 1961,5

zwei Zeugen werden, mit übernatürlichen Kräften ausgestattet, die Welt vor dem nahenden Unheil warnen und nach dreieinhalb Jahren getötet werden. Dann aber wird Christus am »Tag des Herrn« mit seinem Engelheer kommen, um die Herrschaft über die Welt zu übernehmen. Die Armeen des »Tiers« werden sich bei Harmagedon sammeln und Christi Engelheer in der Nähe von Jerusalem angreifen und dabei vernichtet werden. Nun wird die »babylonische Zivilisation« verschwinden. Die Hurenkirche und alle irdischen Mächte werden untergehen. Ein schreckliches Erdbeben wird die Erde aufwühlen und neue Berge, Seen, Täler und Flüsse entstehen lassen.

Das alles hätte bis 1972 passieren müssen, wenn Armstrongs 19-Jahres-Rechnung gestimmt hätte. Daß es nicht eintrat, nahm er offenbar gleichmütig zur Kenntnis. Im Frühjahr 1972 versicherte er: »Die Welt von morgen wird noch in dieser Generation anbrechen.«[329] Die Katastrophe bleibt ihr nicht erspart. Denn unaufhaltsam geht die Menschheit ihrem Ende entgegen, weil sie ihre selbstsüchtige Einstellung nicht ändert. Aber »die Bibel zeigt, daß es Hoffnung für die Menschheit gibt! Gott, der Allmächtige, hat versprochen, in das Weltgeschehen einzugreifen. Er wird dem Menschen nicht gestatten, alles Leben auf diesem Planeten auszulöschen«, sondern wird Christus noch einmal senden, um »uns vor uns selbst zu retten«[330]. Die 1973 erschienene Broschüre *»Das Buch der Offenbarung«* eröffnete dem Leser, »welche großen Weltereignisse als Nächstes zu erwarten sind«, verzichtete aber auf Wiederholung oder auch nur Korrektur der früheren Voraussagen. Ganz sicher ist lediglich, daß das Ende kommt und daß es »wahrscheinlich noch zu Ihren Lebzeiten geschehen wird«.
Dann beginnt das *Tausendjährige Reich*. Da erblüht auch den Völkern Ephraim und Manasse wieder ein neues, nunmehr endgültiges Glück. Die überlebenden Angelsachsen werden »sich Gott in herzzerbrechender Bekehrung zuwenden«, und Christus wird sie aus der Gefangenschaft befreien. Er wird sie »zusammen mit den übrigen aus Israel und allen heidnischen Nationen und Völkern segnen, bis die ganze Erde zu einem Paradies des Friedens, des Wohlstands und des Verständnisses unter allen Nationen wird«[331]. Er wird die Rassen auseinandertrennen und dadurch die Rassenkonflikte beenden. Er wird die Landwirtschaft reformieren, das Wetter wieder in Ordnung bringen, die Mehrzahl der Menschen zu Landbesitzern und damit zu Selbstversorgern machen, und alle Menschen werden wohlgenährt sein. »Die Wildnis soll wie die Rose blühen, die Blinden werden sehen und die Lahmen werden gehen«, denn Christus wird die Kranken genauso wie vor 1900 Jahren heilen[332]. Aber wichtiger als die Schaffung des äußeren Para-

329 Die guten Nachrichten über die Morgige Welt 1972, Mai
330 Fernlehrgang, Lektion 1
331 Die Reine Wahrheit 1963,9
332 a. a. O. 1961,5. Ein farbiges Gemälde von der Pracht und Perfektion des Zukunftsreichs entwarf eine 1968 veröffentlichte Phantasiezeitung »Neue-Welt-Nachrichten« Nr. 250 vom 7. September 6004, d. h. 4 Jahre nach Errichtung des Tausendjährigen Reichs. Da wird berichtet, wie Christus umjubelt wurde, als er in einer Riesenversammlung in Jerusalem mit dröhnender Stimme eine »Ansprache über die allgemeine Weltlage« hielt, und eine Million Engel sangen Lobgesänge, als er sich auf seinen Thron setzte. Rückblickend wird erzählt, daß 200 Millionen Soldaten des Antichrists beim Angriff

dieses wird die Bekehrung der Menschen sein, welche die endzeitlichen Kriege und Schlachten überstanden haben. Das Millennium wird die *erste große Rettungsaktion Gottes* sein. Er wird allen Ernstes anfangen, die Menschen zu erlösen. Wer sich ein neues Herz und einen neuen Geist geben läßt, wird in ein unsterbliches Geisteswesen verwandelt. Eine Weile wird Christus die Völker mit Zwang regieren, bis sie friedlich werden und Gottes Wege, Religion, soziale Reformen, Wirtschafts-, Industrie- und Handelssysteme annehmen. Bei dieser Erziehungsarbeit werden viele Helfer benötigt. Deshalb werden gleich zu Beginn die »gerechten Toten«, die Glieder der Kirche Gottes waren, auferstehen und als Könige oder Priester amtieren. Ebenso werden die lebenden Glieder der Kirche Gottes entsprechend ihren Verdiensten und Fähigkeiten mit einem Amt belohnt werden. Schon jetzt »schult« Christus durch seine Kirche »individuelle Menschen, die willig sind, um sie für diese Ämter zu qualifizieren«[333]. Durch das Studium des Bibel-Fernlehrgangs bereitet man sich »auf eine Position im kommenden Weltreich Gottes« vor[334]. Die Angehörigen der Kirche Gottes werden einmal »über eine, fünf, zehn oder gar hundert Städte regieren«[335]. Großartige Aussichten winken ihnen: »Jesus verspricht eine sehr geschäftige Ewigkeit! Er verspricht Herrschaft über diese Welt. Er garantiert uns eine aktive, konstruktive, interessante, fesselnde, sprühende, zufriedene und wahrhaft glückliche Ewigkeit, gefüllt mit verantwortungsvoller Arbeit.«[336]

Die Milliarden Menschen aber, die vor Christus gelebt oder im christlichen Zeitalter »nur einen sehr geringen Anteil an Religion genommen« haben, werden erst in der Endphase des Millenniums ins Leben zurückgerufen. Sie werden die Objekte der *zweiten, noch viel umfassenderen Rettungsaktion Gottes* sein, die 100 Jahre dauern wird. Armstrong sieht sie in 3. Mose 23, 34–36 erwähnt und behauptet, der dort genannte »achte Tag« repräsentiere »die Zeitspanne der 100 Jahre, des Gerichts vor dem großen, weißen Thron, wenn die große Mehrheit auferstehen wird und ihre erste Gelegenheit bekommt, um von ihren Sünden errettet zu werden«[337]. Nur die schlechten, bösen Toten, die in ihrer Lebenszeit die Botschaft der

auf Jerusalem durch Hagel, Feuer und Schwefel vom Himmel vernichtet wurden und daß das »gewaltige Beerdigungsprojekt« am 6. September 6004 beendet wurde. Die Inder haben keine heiligen Kühe mehr, sondern genießen jetzt »ein Steak à la Jerusalem mit dem gleichen Appetit wie andere Völker«. Nationen und Städte wurden umbenannt. Paris heißt jetzt »Wahrheitsstadt«, Rom »Treuetal«, Schweinfurt »Gnadenberg«, Bonn »Reue«. Eine von allen heidnischen Ausdrücken gereinigte Weltsprache wird eingeführt, das Rheinland aufgeforstet. Israeli und Araber feiern gemeinsam das Posaunenfest in Jerusalem, Universitäten führen »Umlernkurse« zur Befreiung der Wissenschaftler von ihren einstigen Irrtümern durch, und der Wetterbericht kündet Regen in der Sahara und Sonnenschein in Sibirien an. Rekordernten wachsen, atomgetriebene Maschinen kultivieren unerschlossene Gebiete, und eine »Super-Autobahn« verbindet Berlin mit Jerusalem und Kairo. Die Prediger der einstigen Konfessionen sind arbeitslos geworden, empfinden »eine tiefe Abscheu vor ihrer tragischen Vergangenheit« und drängen in die Landwirtschaft. Bei Daressalam wurde ein Zoo errichtet, in dem die Tiere ohne Trennwände friedlich zusammenleben, und auch das Leben der Menschen in Familie und Gesellschaft ist voller Harmonie.

333 Die Reine Wahrheit 1962,5
334 a. a. O. 1962,6
335 a. a. O. 1964,10
336 a. a. O. 1962,5
337 a. a. O. 1963,1

Kirche Gottes vernommen und bewußt zurückgewiesen hatten, werden von jeder Auferstehung ausgeschlossen sein. Alle anderen haben die Chance, die Unsterblichkeit zu erlangen und in Gottes Familie aufgenommen zu werden.

Ein Koloß auf schwachen Füßen

Armstrongs religiöse Welt strotzt von abenteuerlichen Vorstellungen. Seine Behauptung, daß er sie nicht durch Menschen, sondern »direkt, auf den Knien, von Gott« empfangen habe, kann man ihm nicht abnehmen. Denn es lassen sich viele sehr menschliche Quellen nachweisen, aus denen er geschöpft hat. Und um sie als Früchte ihres Schriftstudiums vorlegen zu können, gingen er und seine Ambassador-Mitarbeiter mit den biblischen Texten in einer Weise um, wie sie sich ein College, das Anspruch auf Wissenschaftlichkeit erhebt, nicht erlauben dürfte.
Einige Beispiele wurden schon erwähnt; hier weitere: Wer war Hiob, und wann ist das Buch Hiob entstanden? Die Forschung weiß es nicht. Sie kann den Verfasser nicht ausmachen und vermutet eine Entstehungszeit irgendwann zwischen dem 7. und dem 2. vorchristlichen Jahrhundert. Aber Dr. Höh hat das Rätsel gelöst: Hiob ist identisch mit dem Ägypterkönig Cheops (1726–1663), der die Große Pyramide baute! Und Cheops war zugleich Zeitgenosse Josephs! Die Beweiswege, die Dr. Höh einschlug, sind genauso märchenhaft wie seine Behauptung, in Hiob 38, 4–6 sei auf den Pyramidenbau Bezug genommen worden, und Hiob-Cheops sei mit dem Jasub, Isaschars Sohn (1. Chron. 7, 1), personengleich und ein Neffe Josephs gewesen, und er habe seine Pyramide erbaut als ein Denkmal, das an die Leistungen seines Onkels Joseph für Ägypten erinnern sollte[338].
Oder: Von Hosea wird das Schicksal der Angelsachsen »in den nächsten Jahren genau vorausgesagt«; in Hos. 5, 9 ist z. B. prophezeit, daß alle Briten in Gefangenschaft abgeführt werden, während in Hos. 5, 11–15 enthüllt wird, daß England heute unter hohen Steuern und Ungerechtigkeiten leidet. Aus Jer. 30, 10–13. 17 kann der »prophetische« Exeget außerdem schließen, daß England und die USA »nach und nach aus dem Welthandel hinausgedrängt werden«; aber während des Millenniums werde es ihnen wieder »sehr wohl ergehen«[339]. Aus Dan. 2 wird die Gründung der Europäischen Gemeinschaft, aus Matth. 24, 21f. die Weltraumfahrt herausgelesen. Bei Dan. 11 springt der Exeget hurtig durch die Jahrtausende: hatte V. 38f. noch von Kaiser Justinian und seinen Nachfolgern gehandelt, so läßt V. 40 schon Mussolini auf der geschichtlichen Bühne aufmarschieren und beschreibt seinen Krieg gegen Abessinien 1935[340]. Auch bei der Deutung von Micha 5 macht der Exeget einen gewaltigen Weitsprung: 5, 1–5 bezieht sich auf den verheißenen Messias, während 5, 6–14 plötzlich und ohne Voranmeldung 2000 Jahre überspringt und »eine Prophezeiung für die Israeliten der Jetztzeit« enthält, die von Macht, Sünde und Fall Englands handelt[341]. Apoka-

[338] a. a. O. 1965,4
[339] a. a. O. 1963,9
[340] a. a. O. 1962,10; 1962,5; 1965,5
[341] a. a. O. 1963,7

lyptische Figuren wie der Nord- und der Südkönig in Dan. 11 werden zu Wechselbälgern gemacht. Als der »König des Südens« wird dem Leser erst die Vereinigte Arabische Republik vorgestellt, »die mehr und mehr nordafrikanische und mohammedanische Nationen in ihren afro-arabischen Machtblock bringt«; der »König des Nordens« ist »ein neugerüstetes Deutschland, das die 10 Nationen Europas führt«[342]. Ein paar Monate später wird dem verdutzten Leser erklärt, der König des Südens könne nicht Ägypten sein, denn »heutzutage ist Ägypten eine Republik«, sondern es müsse Äthiopien sein; folgerichtig mußte auch der König des Nordens ummaskiert werden in das faschistische Italien[343]. Die Beispiele dieser Art ließen sich vermehren. Sie zeigen, daß der Armstrong-Kreis nicht seriös mit den Bibeltexten umgeht.

Noch etwas anderes fällt auf: Armstrong legt großes Gewicht auf Themen, die am Rand der biblischen Botschaft stehen oder überhaupt nichts mit ihr zu tun haben. Hier wird breit ausgemalt und phantasiereich fabuliert. Was dagegen über das zentrale Thema, nämlich über die Frage nach dem Heil und dem rechten Gehorsam gesagt wird, ist merkwürdig hölzern, konventionell und formelhaft. Es werden eben unermüdlich die Standardforderungen rekapituliert: Reue, Umkehr, Taufe, Annahme der biblischen »Gebrauchsanweisungen«. Auf ihre geistliche Substanz gesehen, steht die Weltweite Kirche Gottes auf schwachen Füßen. Ihr kometenhafter Aufstieg zu einem Koloß, der die ganze Welt umspannt, bildet dazu einen eigenartigen Kontrast. Aber auch dieser Koloß steht auf schwachen Füßen.

Zunächst einmal: Die riesigen publizistischen Aktivitäten und die drei Colleges stehen und fallen mit den *Zehntzahlungen*. Es müssen also wirksame Motive gefunden werden, um möglichst viele Menschen dafür zu gewinnen. Solche Motive hat Armstrong zentral in seine Botschaft eingebettet. Das eine ist der Gedankenkomplex: Weil alles, was der Mensch besitzt, Gott gehört, hat dieser ein Anrecht auf zehn Prozent und wird jeden Zehntzahler mit irdischen Gütern segnen. Das andere ist die apokalyptische Verheißung: Wer Glied der Weltweiten Kirche Gottes wird, kann auf einen Führungsposten im Tausendjährigen Reich rechnen. Es werden also sehr habhafte Antriebe mobilisiert, und der Trick, die Weltweite Kirche Gottes mit der wahren unsichtbaren Kirche Gottes zu identifizieren, lenkt die Zehntgelder in die Kassen Armstrongs. Die Appelle und Verheißungen sind massiv. Aber sie konnten nur einen kleinen Bruchteil der Angesprochenen zur Zehntenzahlung bewegen. 95% der Empfänger von »Klar und Wahr« zahlen nichts. Immerhin, die 5% zahlen Millionen Jahr für Jahr, und teilweise konnte sogar der dreifache Zehnt von den Gläubigen herausgeholt werden. Wird der Geldstrom anhalten? Das hängt davon ab, wie lange die Motive ihre Kraft behalten. Die Lokkung mit dem Tausendjährigen Reich wird durch das Ausbleiben der bisher angekündigten Endereignisse nicht glaubwürdiger. Und viele Zehntzahler werden erfahren müssen, daß Gott sich nicht, wie verheißen, als ihr »Finanzpartner« erweist. Kurz, die Motive dürften auf die Dauer nicht wirksam sein.

[342] a.a.O. 1965,1
[343] a.a.O. 1965,1 und 5

Es wird denn auch sichtlich nach einer solideren Grundlage gesucht. Es wird gesagt, die Kirche Armstrongs habe einen *»Bildungsauftrag«*, der weltweit durch die Colleges und die Medien wahrgenommen wird. »Es handelt sich hierbei tatsächlich um eine erzieherische Botschaft über die Lebensweise, nach der man im Reich Gottes leben wird, über den Weg, der zu Erfolg, Frieden, Glück, zu einem erfüllten, freudigen und reichen Leben führt.« Es geht um »die Kenntnis der wahren Werte in einer Welt, die den falschen Werten nachjagt, nämlich das Wissen darüber, was der Mensch ist, warum er ist und wie er seine Bestimmung erreichen kann«[344]. Hier wird in der Tat eine Arbeit geleistet, die alle Anerkennung verdient. Armstrong liefert sicher vielen innerlich halt- und orientierungslos gewordenen Menschen eine wertvolle Hilfe. Aber den gleichen Dienst tun auch die Kirchen und viele Persönlichkeiten, die im öffentlichen Leben stehen, in Schulen und Universitäten und in den Massenmedien tätig sind. Weil aber Armstrong betont, »wir haben nicht mehr viel Zeit« bis zum Zerbrechen dieser Welt, kann er auch seine Bildungsarbeit nur als kurzes Provisorium mit entsprechend begrenztem Wert ansehen. Sichtbare Wirkungen auf das Wohlbefinden der Menschheit und den Weltlauf hat sie nicht. Kann sie also die verblassenden Motive für die Zehntzahlung ersetzen?

Es gibt denn auch Anzeichen, daß das Werk seinen *Gipfel* überschritten hat. Die Auflage von *»Klar und Wahr«* sank vom Oktober 1973 bis Juli 1974 um 500000. Für 13 Jahre kam das Werk zum Stillstand – es wuchs nicht weiter in diesen Jahren, so wird 1981 resumiert[345]. In der Zentrale zu Pasadena kam es Ende 1973 zu einer *»Revolution«*, die zur fristlosen Entlassung von 20 ordinierten Mitgliedern führte. Einer von ihnen, Alfred Carrozzo, ein vormals führender Mann der Weltweiten Kirche, verfaßte ein umfangreiches Schriftstück, das an mehrere tausend Mitarbeiter versandt wurde. Da wurden vor allem das dreifache Zehntsystem, der freizügige Umgang mit den Spendengeldern und die aufwendigen Bauten des Ambassador College kritisiert. In einem Papier, das Armstrong überreicht wurde – Titel: »Alles über die Führungsspitze des Hauptquartiers, was Sie immer schon wußten, aber sich nicht zu sagen trauten« –, wurde der »Playboy-Stil« angeprangert: »Sie erhalten die größten Gehälter und fahren die schönsten Leihwagen zu lächerlich niedrigen Gebühren. Sie wohnen in finanziell geförderten Wohnungen – einige in 300000-Dollar-Häusern. Für ihre aufgeblasenen Gehälter leisten die meisten nur wenig tatsächliche Arbeit.« Sie reisen viel und tagen viel, und »man hört die Klage, daß sie nie opfern. Stattdessen warten sie auf die Jagdzeit in Colorado, aufs Golfspielen in Australien und auf die Skisaison in Squaw Valley.«[346]
Die Krise erreichte 1978 ihren höchsten Punkt. Sie führte dazu, daß Armstrongs Sohn Garner Ted und andere Mitglieder aus der Kirche ausgeschlossen wurden. Die Ausgeschlossenen bildeten daraufhin eine eigene Gemeinschaft: *»Church of God, International«* mit Sitz in Tyler, Texas. Garner Ted Armstrong war bereits Mitte der 50er Jahre zum Vizepräsidenten des Werkes ernannt worden mit der

[344] Was ist die Weltweite Kirche Gottes? S. 16f.
[345] Die Gute Nachricht 1981,2
[346] Zitiert aus: Christianity Today, 15. 3. 1974

Aufgabe, die Radio-Mission auszubauen. Fast 15 Jahre lang hatte er sich völlig den Vorstellungen des Vaters angepaßt. Doch seit 1969 war es immer wieder zu schweren Auseinandersetzungen zwischen Vater und Sohn gekommen. Gründe dafür waren verschiedene selbständige Handlungsweisen des Sohnes oder seine liberaleren Auffassungen, etwa in der Frage der Zehntforderung. Aus der Sicht des Vaters erhielt diese Auseinandersetzung folgende Interpretation: 35 Jahre lang sei das »Werk Gottes« unaufhörlich gewachsen. »Aber dann machte ich den Fehler – nicht wissend, daß es ein Fehler war –, zuzulassen, daß ein mit Autorität versehenes Amt zwischen mich und die Predigerschaft und Gemeinde geschaltet wurde. Während der ersten 35 Jahre dieses Werkes war ich unter Christus der einzige Mensch in oberster Führungsposition ... Es war mir nicht klar, daß ein zwischen mich und die Gemeinde geschalteter Autoritätsposten im Widerspruch zu Gottes Form menschlicher Organisation stand.«[347]
Bei solch absolutem Autoritätsanspruch muß man sich fragen: wie wird es weitergehen? 1981 wurde Armstrong 88 Jahre alt. Noch ist seine Vitalität und Schaffenskraft ungemindert. Und seit 1980 geht es in der Gesamtarbeit wieder aufwärts. Doch was wird sein, wenn Armstrong nicht mehr lebt? Wird das Werk mit ihm zerfallen?

I. Exkurs: Wo sind die zehn verlorenen Stämme Israels?

Herbert W. Armstrong, der Begründer der *»Weltweiten Kirche Gottes«*, ist Verfechter einer bestimmten Theorie, nach der die »zehn verlorenen Stämme Israels« sich in den europäischen bzw. angelsächsischen Völkern fortgesetzt haben. Sie taucht in mehr oder weniger abgewandelter Form auch in der Lehre der Mormonen (S. 433 ff.) oder bei den Keller-Anhängern (S. 221 ff.) auf. In Deutschland setzt sich vor allem Fritz Braun[348] tatkräftig für die Botschaft vom Fortbestehen der zehn Stämme ein. In London besteht eine *»British-Israel World Federation«*, von der aus diese Theorie propagiert wird. Was besagt sie im einzelnen?

[347] Sonderausgabe der Guten Nachricht, Juni 1978

[348] Fritz Braun, geb. 1904, hat 1955 den »Missionsbund Wortgemeinde« (Missionshaus Rauschenberg) gegründet und sammelte vor allem mit seiner Zeitschrift »Rauschenberger Blätter« (bis 1980) und seiner Vortragstätigkeit einen kleinen Anhängerkeis um sich. Vom Pietismus herkommend ist er ein ebenso kompromißloser wie geistvoller Verfechter der Verbalinspiration. Im Mittelpunkt steht sein Anliegen, das Geschehen der Zeit im Licht des prophetischen Wortes der Bibel zu deuten. In den beiden Büchern »Das dreistöckige Weltall der Bibel« und »Das Weltbild der Bibel – Dreht sich die Erde um die Sonne? Oder hat das Wort Gottes recht?« (1949), vertritt er die Hohlwelttheorie: Die Erde ist eine hohle Kugel, in deren Mitte die »Himmelshohlkugel« schwebt. Er steht in Verbindung mit der 1952 gegründeten »Gesellschaft für Erd-Weltforschung«, die sich ebenfalls für das von Amerika herübergekommene »Weltbild des inneren Kosmos« einsetzt.

1. »Im 9. Jahr Hoseas gewann der König von Assyrien Samaria und führte Israel weg nach Assyrien und setzte sie nach Halah und an den Habor, an das Wasser Gosan und in die Städte der Meder« (2. Kön. 17, 6). Das war im Jahr 722. Damit verschwanden die zehn Stämme des Nordreiches Israel aus der Geschichte des Heiligen Landes. Wo sind sie geblieben? Gingen sie im Lauf der Jahrhunderte in den Völkerschaften unter, in die sie als dünne Diaspora hineingestreut wurden? Aber nein, das *kann* nicht sein! Sie sind ja doch Nachkommen Abrahams, mit dem Gott einen »ewigen Bund« geschlossen und dessen Samen er eine große Zukunft verheißen hat (1. Mose 17, 1–11; 12, 1–3). Er hat diese Verheißung dem Jakob erneuert (1. Mose 28, 14; 35, 9–12). Und er hat versprochen, daß die verschleppten Stämme wieder heimgeholt werden (z. B. Jer. 16, 15; Hes. 37, 21 f.) und daß er mit ihnen und mit dem Haus Juda einen »neuen Bund« machen wird (Jer. 31, 31–34). Es ist also ein göttliches Postulat, daß die zehn verlorenen Stämme irgendwo leben müssen und daß sie heute größer und mächtiger sind als einst. Wo leben sie?

Diese Frage beschäftigte immer wieder Juden und Christen. Man vermutete, daß sie irgendwo in Asien oder Afrika ein verborgenes Leben führen, aber eines Tages wieder auftauchen werden. Der spanische Mönch DIEGO DE LANDA, der im 16. Jahrhundert nach Amerika kam, Bischof von Yucatán wurde und sich mit der Kultur der Mayas beschäftigte, schrieb in seiner um 1570 entstandenen Schrift *»Relacion de las Cosas de Yucatán«*: »Einige der alten Leute von Yucatán berichten, daß sie von ihren Vorfahren gehört hätten, das Land sei von Menschen besiedelt worden, die aus dem Osten kamen und die Gott errettet habe, indem er ihnen zwölf Wege durch das Meer eröffnete. Sollte dies der Wahrheit entsprechen, folgt daraus zwingend, daß *die Indianer Abkömmlinge der Juden* sind.« Obwohl diese Folgerung keineswegs »zwingend« war, machten auch andere sie sich zu eigen. Der Abenteurer Aaron Levi erzählte dem Rabbi Manasseh ben Israel in Amsterdam, er habe eine Bruderschaft jüdischer Indianer in Peru besucht, die Nachkommen des Stammes Ruben seien. Der Rabbi war beeindruckt und veröffentlichte diese Geschichte in einem Buch *»Die Hoffnung Israels«*. Der englische Lord-Protector Oliver Cromwell (1599–1658) hörte davon, lud Manasseh zu einem Besuch ein, und im Gefolge der zwischen ihnen entstandenen Freundschaft erlaubte er wieder die Einwanderung von Juden nach England.

Die Mythe von der Übersiedlung der zehn Stämme nach Amerika blieb zwei Jahrhunderte lang lebendig. Dann wurde sie durch eine andere abgelöst, deren Urheber RICHARD BROTHERS (1757–1824) war. Er bezeichnete sich selbst als »Neffen Gottes« und »Prinz der Hebräer und Beherrscher der Welt« und wünschte die Abdankung von König Georg III., damit er die Regentschaft übernehmen könne. Aber obwohl er in eine Irrenanstalt eingeliefert wurde, erwies sich die von ihm gegründete *British-Israel-Bewegung* als lebenskräftig bis zum heutigen Tag. Wie schon der Name sagt, behauptet sie, daß zwischen Israel und den Briten eine Identität bestehe und daß letzteren darum die biblischen Verheißungen gelten[349]. Das

[349] Ein Zeitgenosse von Brothers, Francis Wilford, englischer Offizier in Indien, entwickelte 1805 eine Variante: Die britischen Inseln seien ein Überrest des versunkenen Kontinents Atlantis, und die Ereignisse des Alten Testaments hätten sich hier und nicht in Palästina abgespielt. Er berief sich auf

erweckt unwillkürlich den Verdacht, daß es sich um einen Ausfluß englischen Selbstbewußtseins handle. Allerdings werden von den Anhängern dieser Lehre auch die anderen weißen Völker in die Nachkommenschaft der zehn Stämme einbezogen. Aber der Kern der Bevölkerungen von England und Nordamerika besteht aus den Nachkommen von Ephraim und Manasse, und sie sind nach 1. Mose 48 die Träger des »Hauptsegens«. Ihnen ist verheißen, daß sie größer werden als die anderen Stämme, und vor ihnen werden ihre Brüder niederfallen (1. Mose 37, 9f.; 50, 18). Einen Hinweis auf die Verwandtschaft von Ephraim und Briten findet Theodore Fitch[350] z.B. in Richter 12, 5f.: die Ephraimiter konnten so wenig wie die Briten ein »h« sprechen. Die Bewegung fand denn auch hauptsächlich in der angelsächsischen Welt Anhänger. Sie verbreitete sich später auch in Skandinavien, Holland und Deutschland. Am weitesten wurden die Vorstellungen der British-Israel-Bewegung durch Herbert W. Armstrongs Publikationen verbreitet.

2. Warum strebten die Israeliten aus Assyrien gerade nach England? Auch diese Frage wird in der Bibel beantwortet: Nach Jer. 3, 11f.; 31, 9. 18; Ps. 89, 6. 26 liegt das Land, in dem sie eine ruhige Bleibe finden werden, im Nordwesten auf einer Insel; nordwestlich von Jerusalem aber liegt die Insel England, und der Weg dorthin führt durch Europa. Unter Zuhilfenahme von biblischen Hinweisen, Zitaten griechischer und römischer Geschichtsschreiber, sprachlichen Vergleichen, alten Chroniken, Sagen und Handschriften, neuerdings auch von Daten der Großen Pyramide von Gizeh[351] wird versucht, die *Wanderungszüge der zehn Stämme* zu rekonstruieren. Hier ein Überblick[352]: Herodot berichtet vom Volk der Skythen, das um 600 v. Chr. aus dem assyrischen Raum nach Europa gekommen sei und sich in dem Land nördlich vom Schwarzen Meer niedergelassen habe. Das seien, so wird erklärt, die Israeliten gewesen, und in ihrer neuen Heimat hätten sie sich »Isaaksöhne« genannt – diese Bezeichnung sei auf alten Grabsteinen mit hebräischen Inschriften gefunden worden, die man im Schwarzmeergebiet ausgegraben habe. Ihr Herrschaftsbereich habe sich bis über die Karpaten hinaus erstreckt. Ein Teil wohnte in Thrazien und wurde von Herodot Getae genannt. Sie schufen zusammen mit andern Skythenstämmen das Reich der Goten. Ein anderer Zweig, die Massageten, ließ sich an der Nordostküste des Kaspischen Meers nieder. Ihm entsprangen die Angeln, die sich dann auf ihrem Weg nach Nordwesten durch Europa mit den »Saxons« d.h. Isaaksöhnen vermischten. Ihnen verwandt sind die Bewohner Jütlands, die Juten oder Juden, die als erste nach England kamen und die Südküste besiedelten. Der Stamm Simeon war 722 nicht deportiert worden,

Sanskritschriften, die seine indischen Freunde entsprechend gefälscht hatten. Als er merkte, daß er zum Narren gehalten worden war, stoppte er die Veröffentlichung seiner Arbeit.

350 Fitch, Are all white men Israelites?, S. 36

351 Sie gilt als der »Malstein« (Jes. 19, 19f.) und Christus in der Gestalt Melchisedeks als ihr Erbauer, der in sie die Geschichte Israels, ihre Vergangenheit und ihre Zukunft, hineingeschrieben hat.

352 Es handelt sich bei diesem Überblick um den Versuch einer Zusammenordnung der Aussagen, die ich bei den verschiedenen Autoren vorfand. Da zwischen ihnen nicht wenige Verschiedenheiten und Gegensätzlichkeiten bestehen, war eine völlige Harmonisierung unmöglich. Historiker und Sprachwissenschaftler werden natürlich vieles finden, was ihre Kritik herausfordert.

weil die Assyrer ihn nicht fanden. Er ging aber freiwillig auf die Wanderschaft durch Kleinasien und über den Bosporus nach Europa. Die Nachkommen dieser »Simeni« waren die Cimbern, denen wiederum die Kelten entstammten. Die Griechen sind Abkömmlinge von Teilen Dans, die sich schon beim Auszug aus Ägypten von Israel getrennt hatten: die »Danaer«. Sie waren Seefahrer, gründeten viele Kolonien im Mittelmeerraum und kamen nach Spanien und bis nach Irland. Diese frühen Israeliten haben auch Italien besiedelt und Rom gegründet.

Teile der zehn Stämme schlugen den Weg nach Spanien ein, um von da über Gallien nach England zu kommen. Überall, wo sie weilten, gaben sie nach Jer. 31, 21 Ländern, Städten, Flüssen usw. ihre *Namen*. In Spanien erinnern der Ebro und die Iberer an die Hebräer; der Name Saragossa, der Stadt im Ebrotal, bedeutet »die Burg von Serah« (1. Mose 38, 30). Besonders fleißig in der Hinterlassung seines Namens auf den Wanderwegen war der Stamm Dan. Ein Teil von ihm segelte durch das Mittelmeer nach Irland und hinterließ im östlichen Teil Namen wie Dardanellen und Mazedonien, in Spanien »Medina« und »Sidonia«, in Irland die zahlreichen Ortsbezeichnungen, welche die Silben »dan«, »dun«, »din« und »don« enthalten. Der andere Teil weilte im Westen des Schwarzen Meeres (Erinnerungsnamen: Don, Donau, Dnjestr) und zog dann in nordwestlicher Richtung (Dänemark, Danzig, Skandinavien, Dünkirchen) über England (Dunbar, Edinburgh, London) nach Irland. Die Iren wurden bis ins 4. Jahrhundert Skoten genannt, Abkömmlinge der Skythen wie die Schotten. An die Kelten, die sich vor 500 v.Chr. von Süddeutschland aus weit über Europa und bis nach Kleinasien verbreiteten, erinnern ebenso die Galater in Kleinasien wie Galicien in Spanien und Galizien in Polen. Aus »Sebulon« wurden die Schwaben. Im Heimatgebiet dieses Stammes lag Kapernaum, der Wohnsitz Jesu und damit des Lichts (Matth. 4, 13–16): »Man könnte das vielleicht auch auf den Pietismus deuten, der ja bei den Schwaben besonders stark Wurzel gefaßt hat.«[353] Isaschar sitzt in Finnland, im Baltikum und Polen, Ruben in Frankreich und Weißrußland, Simeon in Wales usw. So Theodore Fitch. Andere verteilen die Stämme anders[354]. Aber darin besteht Einigkeit, daß Ephraim und Manasse sich seit 448 v.Chr. in England ansiedelten. Sie nannten es »Britannien«, und dieses Wort ist zusammengesetzt aus *»b'rith-ain-annia«*, zu deutsch: Bund-Mann-Land-Schiffe. Und »British« = *»b'rith ish«* bedeutet, daß das britische Volk der (auserwählte) »Mann des Bundes« (Gottes) ist.

Doch sind die Engländer und die sonstigen weißen Völker Europas nach Fritz Braun nicht durchweg Nachkommen Israels: Schon vor der Einwanderung der zehn Stämme war Europa von Nachkommen Japhets bewohnt, während Israel das »Auswahlvolk« aus Sem ist. Aber die zehn Stämme brachten eine höhere Kultur und Gotteserkenntnis mit und wurden deshalb die Staatengründer und Herrscher in Europa. Heute sind sie und die Nachkommen Japhets durcheinander gemischt, und »wir können wohl so unterscheiden, daß die Menschen mit gewecktem geistlichem, weltanschaulichem und religiösem Interesse und Verständnis, sei es negativ oder positiv zu Christus, Israeliten sein werden in Europa und Ame-

[353] Fritz Braun, Wir aus Israel!, S. 24f.

[354] Sogar die Japaner sollen Nachkommen eingewanderter Israeliten sein.

rika«, während die anderen, denen die geistige und geistliche Lebendigkeit abgeht, Japhetiten sind[355]. Aus den Nachfahren der zehn Stämme wurden die »Nationen«, die auch die Beschneidung als »Zeichen des Bundes« (1. Mose 17, 10f.) aufgegeben haben.

3. Nachdem Ruben sein Erstgeburtsrecht verloren hatte, wurde Juda das »Fürstentum« und Joseph die »Erstgeburt« gegeben (1. Chron. 5, 1f.). »Joseph«: das sind seine Söhne Ephraim und Manasse (1. Mose 48, 5), und die »Erstgeburt« bedeutet die große Vermehrung. Das Haus David aber aus dem Stamm Juda soll Träger des Königtums sein und ununterbrochen regieren bis zur Wiederkunft Christi, der ebenfalls dem Geschlecht Davids entstammt. Aber nun schien die Eroberung Jerusalems und die Babylonische Gefangenschaft 587 v. Chr. alles zunichte zu machen. Der letzte König Zedekia erlitt ein grausames Schicksal: Vor seinen Augen wurden seine Söhne umgebracht, dann wurde er geblendet und in Ketten nach Babylon geführt. Bedeutete das nicht das Ende der Königsherrschaft von Davids Geschlecht? Ausgeschlossen. Denn Gott hatte David verheißen, daß sein Samen nach ihm herrschen soll: »ich will den Stuhl deines Königreichs bestätigen ewiglich« (2. Sam. 7, 12f.; Ps. 89, 36–38). Es war der Auftrag Jeremias, daß nach dem Ende Zedekias Davids Königshaus fortgepflanzt wurde. Schon vor seiner Geburt war er zum Propheten für die »Nationen« berufen worden (Jer. 1, 5, 10). Er wurde von einem jüdischen Heerhaufen samt Zedekias zwei überlebenden Töchtern und seinem Schreiber Baruch nach Ägypten geschleppt (Jer. 43, 1–7), wollte aber dort nicht bleiben, weil er kommendes Unheil sah. Wo ging er hin? Nach alten irischen Chroniken kam er auf einem danaitischen Schiff nach Irland und brachte die Prinzessin Tamar Tephi, Baruch, eine große Truhe, eine Fahne und den Stein Jakobs (1. Mose 28, 10–19) mit. Die Truhe war vielleicht die Bundeslade. Der Stein, ein roter Sandstein, war von Israel immer mitgeführt worden als Zeugnis der göttlichen Verheißung. Aus ihm hatte Mose in der Wüste Wasser geschlagen (2. Mose 17, 6; 4. Mose 20, 7f.). Er bekam im Tempel Salomos seinen Platz (2. Kön. 23, 3; 11, 14), und die Könige wurden auf ihm gekrönt. Die Iren nannten ihn Lia Fail, d. h. Wunderstein. Der kleinen Reisegesellschaft waren sie nicht fremd, da Irland bereits von Teilen der zehn Stämme besiedelt war. Tamar Tephi heiratete den irischen König Heremon, einen Nachkommen Serahs, während sie ein Abkömmling von dessen Zwillingsbruder Perez (1. Mose 38, 29f.) war. Seither besteht das *Irisch-Schottisch-Englische Königshaus als Fortsetzung des Königtums Davids,* und im Buckinghampalast befindet sich eine Ahnentafel, welche die Abstammung des englischen und vieler europäischer Königshäuser von diesem ersten Königspaar nachweist. Der Stein Jakobs aber wurde wieder Krönungsstein, erst für die irischen, dann für die schottischen, seit 1296 für die englischen Könige und befindet sich in der Westminster-Abtei. Die Ver-

355 Fritz Braun, Wir aus Israel!, S. 56f. – Ein völlig anderes Bild vom Verbleib der zehn Stämme leitet Karl Neumann in Wuppertal-Barmen aus biblischen Texten ab: Die einstigen Stämme haben sich geschlossen angesiedelt und zwar nach Jes. 11, 11; Hes. 48 und Obadja: Ruben in Assyrien, Dan im Irak, Naphtali im Iran, Asser in Syrien und der Türkei, Gad in Ägypten, Sebulon in Oberägypten, Ephraim in Abessinien, Simeon in Mazedonien, Isaschar in Sparta und Manasse in Albanien, Korsika und Süditalien. Europa kommt als Verbreitungsgebiet der zehn Stämme also nur am Rande, England überhaupt nicht vor.

heißung von Ps. 89, 36f. hat sich erfüllt, und wenn Christus wiederkommt, um sich auf Davids Thron zu setzen, »wird er einen lebenden, bestehenden Thron übernehmen, nicht einen, der aufgehört hat, zu bestehen«[356].
Angesichts dieser engen blutsmäßigen Verbindung von Israel und England lag es nahe, daß auch *Jesus Beziehungen zu England* hatte. Darüber weiß die Holländerin Helene W. van Woelderen aufgrund ihrer Nachforschungen vieles zu berichten: Joseph von Arimathia war Jesu Großonkel und Bruder oder Schwager seiner Großmutter Anna. Als Zinnhändler unterhielt er geschäftliche Verbindungen mit den Zinnminen in Cornwall. Nach britischer Überlieferung war er nach dem frühen Tod von Marias Mann Joseph der Vormund Jesu. Dieser Joseph war wie Maria von königlichem Blut. Als Kind mit Maria und dann als junger Mann begleitete Jesus seinen Großonkel nach Cornwall. In Avalon, heute: Glastonbury, einem Städtchen in der Nähe von Bristol, soll er Schiffe repariert und später eine Hütte nach dem Modell der Stiftshütte – nach einer andern Überlieferung nach dem Modell der Arche Noahs – aus einem Weidenrutengeflecht gebaut haben. Er weilte lange Zeit in England, denn er wurde von den britischen Druiden unterrichtet. Und Rev. R. W. Morgan will in seinem Buch *»St. Paul in Britain«* nachgewiesen haben, daß er sogar Universitäten und Gelehrte in Südwestengland besucht hat. Morgan hält es damit für teilweise geklärt, wo und wie Jesus die Zeit zwischen seinem 12. und 30. Lebensjahr verbracht hat. Daß er sich zu den zehn Stämmen gesandt wußte, ergibt sich aus Matth. 10, 5f.; 15, 24; Joh. 10, 16; 11, 52. Seine Jünger waren außer Judas keine Juden, sondern Galiläer, d.h. Nachkommen Benjamins. Er hatte die Absicht, »wegzugehen und die zehn verstreuten Stämme zu lehren«[357]. Sein Tod machte diesen Plan zunichte. Joseph von Arimathia war ein heimlicher Jünger Jesu. Nach der Steinigung des Stephanus wurde er mit anderen Christen, darunter Lazarus, Martha und Maria Magdalena, verbannt und in ein Schiff ohne Segel und Ruder gesetzt. Vom Sturm getrieben, strandete es in Marseille. Er zog mit 12 Gefährten durch Frankreich und landete im Jahr 37 bei Wirhalhill. Der Apostel Philippus berief ihn zum Missionar Britanniens. Auf einem 490 ha großen Gelände in Avalon, das ihm der König Arviragus geschenkt hatte, gründete er die erste christliche Siedlung in England. Sie hatte in verkleinertem Maßstab die symbolischen Maße des in Offb. 21, 16 beschriebenen neuen Jerusalem. Auch Simon der Zelot kam 41 n. Chr. als Missionar nach Avalon. Und der in Röm. 16, 10 erwähnte Aristobulus, Ratgeber des Königs Bran in Wales, wurde von Paulus zum »Alt-Missionar für die Briten« eingesetzt. Brans Sohn Caradoc bekannte sich als erster britischer König zum christlichen Glauben. Er soll sogar ein Urenkel von Jesu Großmutter Anna gewesen sein.
Einen weiteren Beitrag für den Nachweis der großen Rolle, die Britannien in der frühchristlichen Zeit gespielt hat, liefert Herbert W. Armstrong: Petrus weilte nach einem zwölfjährigen Aufenthalt in Palästina besonders lang in England, wo er viele bekehrte. Unter Nero wurde er nach Rom gebracht und hingerichtet. Seine und des Paulus Gebeine wurden im Jahr 656 von Papst Vitalian an den Britenkönig Oswy gesandt. Schon 100 Jahre zuvor hatte Konstantin von Lyon alle

[356] Die Reine Wahrheit 1962,3
[357] Th. Fitch, Are all white men Israelites?, S. 25

Gebeine der Apostel und Märtyrer Galliens ausgegraben und in St. Albans in England beigesetzt. Auch Jakobus, des Alphäus Sohn, reiste nach dem Tod des Stephanus nach Irland und England. Und natürlich darf auch Paulus nicht fehlen: nach Theodoret brachte er das Heil »zu den Inseln, die im Meer liegen«[358]. Man sieht, es werden viele Fäden gewoben, die Israel, Jesus und die Apostel mit Britannien verbinden sollen. Das Material, aus dem sie bestehen, ist zwar sehr fragwürdig – lokale Sagen, unauffindbare Aufzeichnungen, angebliche »Überlieferungen«, alte Malereien, eigene Schlüsse und Vermutungen. Um so zahlreicher müssen dann aber die Fäden sein, um die Tragfähigkeit des daraus gewobenen Gespinstes beweisen zu können.

4. Weit geringerer Aufmerksamkeit erfreuen sich bei den angelsächsischen Vertretern der British-Israel-Bewegung die Stämme, die sich *auf dem europäischen Festland* niedergelassen haben. Entsprechend dürftig sind die Auskünfte über sie: Von ihnen stammt der Name des Kontinents; denn »Europa« kommt von »eref« und bedeutet »Abend-Land«. Die Verwandtschaft der europäischen Sprachen mit dem Hebräischen wird behauptet, aber nicht bewiesen. Daß Jesus sich zu den zehn Stämmen gesandt wußte, wird aus Matth. 10, 5f.; 15, 24; Joh. 10, 16; 11, 52 entnommen. Seine Jünger waren außer Judas keine Juden, sondern Galiläer, d.h. Nachkommen Benjamins. Von den Aposteln wurden die zehn Stämme zu ihrem eigentlichen Wirkungsfeld erkoren. Der Brief des Jakobus ist an sie gerichtet, und er selbst predigte den Skythen im Schwarzmeergebiet. Simon der Zelot wirkte unter den Stämmen, die sich in Mauretanien und Nordafrika niedergelassen haben. Den Parthern, die ebenfalls den zehn Stämmen zugerechnet werden, widmeten sich Thomas, Bartholomäus und Matthäus in ihren Wohngebieten in Nordwestindien, Armenien, Assyrien und Mesopotamien. Matthäus predigte außerdem in Mazedonien und Dazien, dem Sitz der Normannen, die später nach Frankreich und England wanderten. Johannes endlich nahm Jesu Mutter Maria nach Gallien mit und weilte dort in seinen frühen Jahren. Und nach Apg. 9, 15 war auch Paulus beauftragt, den verlorenen Stämmen zu predigen, und er verkündigte ihnen, daß auch sie »Bürger mit den Heiligen und Gottes Hausgenossen« sind (Eph. 2, 19).

Die »Nationen« wuchsen und gediehen und wurden fruchtbar und mächtig, allen voran der Hauptsegensträger England-Ephraim, dessen Herrschaft sich weltweit erstreckte, und Nordamerika-Manasse, das sich zu einem Giganten der Macht und des Wohlstands entwickelte. An ihnen erfüllte sich Moses Segen (5. Mose 33, 13–17). »Gibt es vielleicht noch jemanden, der einen überzeugenderen Beweis für die göttliche Eingebung der Heiligen Schrift« haben will?[359] Man fragt

358 Die Reine Wahrheit 1965,6

359 a. a. O. 1962,4 – Es muß hier ausdrücklich vermerkt werden, daß diese Vorzugsstellung von England und Amerika vor allem von den angelsächsischen Vertretern der Zehn-Stämme-Lehre hervorgehoben wird. Bei den kontinentalen Anhängern findet sie eine geringere, teilweise auch kritische Beachtung. F. Braun: »Zweifellos hat vor allem die British-Israel-Bewegung noch viel Fleischliches und zeigt irdische Orientierung in ihrer Betonung der Abstammung vor allem des britischen Volkes und Imperiums von Israel. Wir beschränken die zehn Stämme nicht nur auf England und Amerika und sehen die ganze Sache nicht so politisch-irdisch-national, wie die British-Israel-Bewegung.« (S. 9)

sich, welche Rolle in der British-Israel-Perspektive die anderen Völker der Welt spielen. Die Chinesen etwa oder die Japaner, die Inder, die Völker Schwarzafrikas. Sind sie nur Stiefkinder, dazu verurteilt, von den Brosamen zu leben, die von der Herrenvölker Tische fallen? Aber wie ließe sich das mit der Gerechtigkeit und Liebe Gottes vereinbaren, dessen Geschöpfe sie doch auch sind! Welche Segnungen also hat er ihnen zugedacht? Diese Frage bleibt offen. Auch andere Fragen bleiben unbeantwortet. Und daß sich die British-Israel-Idee, wenn sie nicht streng geistlich verstanden wird, unter Berufung auf Texte wie 5. Mose 12, 2f. und Jes. 60, 12 in handfeste politische Herrschaftsansprüche und Rassendiskriminierung umsetzen läßt, liegt auf der Hand.

5. Es bleibt noch eine letzte Frage: Was ergibt sich aus dieser Botschaft für das *Verhältnis der zehn Stämme zu den Juden und zum Staat Israel?* Grundsätzlich gehören sie alle zusammen. Zeitweilig waren sie getrennt. Aber den zehn Stämmen ist verheißen, daß sie wieder in die Heimat zurückkehren und mit ihren Brüdern vereinigt werden (Hes. 37, 21 f.). Legt es sich also für sie nicht nahe, wieder nach Israel einzuwandern? Hier wird gleich eine gewichtige Einschränkung vorgenommen: Das zukünftige Reich Israel wird von solchen gebildet, die Gott mit reinem Wasser besprengt und mit einem neuen Herzen und einem neuen Geist beschenkt hat (Hes. 36, 24–28). Das bedeutet, daß »nur diejenigen, die wahrhaft durch eine Geburt aus Wasser und Geist zum Neuen Bund hinzugekommen sind, auch das Erbe Abrahams erlangen« werden[360]. Alle nichtbekehrten Angehörigen der »Nationen« werden das Reich Israel nicht ererben, sondern hinausgestoßen in die Wüste. Für eine Einwanderung nach Israel kommen also nur gläubige Christen in Betracht. Wenn dies geschieht, wird sich Luk. 15 erfüllen: Der verlorene Sohn kehrt aus der Fremde ins Vaterhaus heim und findet dort seinen älteren Bruder wieder. Aber dieser ältere Bruder, d. h. die Juden, die 1948 den Staat Israel gründeten, waren und sind doch gar nicht bekehrt! Warum hat Gott ihnen die Wiedererrichtung von Israel erlaubt? Antwort: »Eigentlich« gehört ihnen das Land nicht, »weil sie nicht bereit sind, in den Neuen Bund einzutreten«[361]. Daraus werden verschiedene Konsequenzen gezogen. Die einen sehen im Staat Israel eine illegitime Konkurrenz gegen England. Die British-Israel-Gläubigen in Norwegen warnten denn auch ihre Regierung, den neugebildeten Staat Israel anzuerkennen, weil England das wahre Israel sei und Palästina besitzen sollte, nicht aber die Zionisten, die als die »Juden der satanischen Synagoge der Offenbarung« anzusehen seien. Das ist ein böses Urteil. Es gibt denn auch eine Richtung, die den Juden alles andere als freundlich gesinnt ist. Da wird ihnen vorgehalten, daß Jesus von dem Juden Judas verraten wurde, daß die Juden ihn verwarfen und sich verstockten. Darum wurde ihnen das Reich Gottes weggenommen und einem anderen Volk gegeben (Matth. 21, 43), den zehn Stämmen: sie haben Christus angenommen, und Gott hat mit ihnen den Neuen Bund geschlossen. Eine solche Denkweise gleitet allzu leicht in eine »christlich« begründete Judenfeindschaft und eine pharisäerhafte geistlich-politische Selbstgefälligkeit ab.

[360] J. H. Menges, Zehn-Stämme-Lehre, Neu-Zionismus und Großisrael, S. 32
[361] a. a. O., S. 33

Dieser Gefahr begegnet FRITZ BRAUN: Er betont, daß die Spaltung von Israel und Juda nach dem Tod Salomos nicht nur von den Menschen verschuldet, sondern von Gott gewollt war. Warum? Weil nach dem »göttlichen Wachstumsgesetz« die Spaltung sein mußte, damit nach tödlicher Fremdheit und Entzweiung aus der Wiedervereinigung eine »höhere Einheit« entstehen könne. So betrachtet, kann es einen »christlichen« Antisemitismus schlechterdings nicht geben. Über Juda kam als Folge der Spaltung das Gericht der Blindheit (Röm. 11, 25). Die »Nationen« aber verloren mit ihrer Trennung von David auch die Messiashoffnung Israels und verfielen dem Dämonendienst. Sie wurden damit reif für Gottes Gnadenoffenbarung durch Christus und nahmen den Neuen Bund an. In der Endzeit, wenn die Zeit der Nationen abgelaufen ist (Luk. 21, 24), wird das Verstockungsgericht über die Juden aufgehoben, und in Eph. 2 teilt Paulus mit, »wie die Wiedervereinigung der seit langem getrennten Teile Israels über das Kreuz erfolgt«[362]. Das wiederhergestellte Haus Israel wird zur Erkenntnis seiner selbst erwachen und wird auch den anderen Völkern der Welt zum Segen werden und sie zu Christus führen. Diejenigen Gläubigen aus Juda und Israel aber, die nicht nur mit Wasser, sondern mit heiligem Geist und mit Feuer getauft sind, vereinigen sich in der »Gemeinde, da nicht mehr ist Jude noch Grieche«; sie haben eine himmlische Berufung.

Für die nahe Zukunft werden Ereignisse erwartet, die zur *endgültigen Wiederherstellung des Reiches Israel* führen werden. Theodore Fitch rechnet mit einem dritten Weltkrieg: er wird im Kampf gegen das gottlose Rußland die Europäer, Engländer und Amerikaner unter einer gemeinsamen Regierung vereinigen, und sie werden siegen. Zugleich wird sie diese Konfrontation mit einer satanischen Macht zur Buße und Umkehr und zur Übernahme der ihnen aufgetragenen Bestimmung zwingen. »Denn wir sind dazu ausersehen, diese Welt in Gerechtigkeit zu regieren tausend Generationen lang.« Jerusalem aber wird die Welthauptstadt dieses Gottesreichs auf Erden sein[363]. Andere Vorstellungen von den apokalyptischen Ereignissen hat Herbert W. Armstrong entwickelt (S. 184ff.).
Daß *Juden und Israelis* heute der Zehnstämme-Lehre ablehnend gegenüberstehen, ist begreiflich. Denn sie bestreitet ihren Anspruch, die alleinigen Repräsentanten des Volkes Israel zu sein. Und sie macht die Wirksamkeit des Alten Bundes für die Juden und Israeli von ihrem Beitritt zum Neuen Bund abhängig. Demgegenüber machen sie geltend, daß die Bevölkerung des Staats Israel nicht nur aus den Nachkommen Judas, sondern aus Angehörigen sämtlicher Stämme besteht. Der Professor der Inneren Medizin an der Hebräischen Universität, DR. J. J. GROEN, glaubte das auch wissenschaftlich nachgewiesen zu haben: Gewisse erbliche Krankheiten sind nur bei den Israeli zu finden, und zwar die eine Gruppe dieser Krankheiten nur bei den Jiddisch sprechenden Ashkenazim, also den Nachkommen Judas, die andere Gruppe nur bei den Spanisch sprechenden Sefardim. Die letzteren aber sind Nachkommen der zehn Stämme, die teils nach Assyrien deportiert wurden und sich teils in Persien, Kurdistan und den Mittelmeerländern aus-

[362] F. Braun, Wir aus Israel!, S. 63
[363] a.a.O. S. 46

gebreitet haben. Aus allen diesen Gebieten kehrten sie nach Palästina zurück. Es kann also angenommen werden, daß »alle zwölf Stämme oder wenigstens Vertreter aller zwölf Stämme schon in Israel sind«[364].
Vermerkt sei noch, daß die zwei *Samaritanergemeinden,* zusammen 460 Seelen, die heute als Überrest der einstigen Bewohner Samariens in Sichem und Holon leben und sich von den Israeli streng getrennt halten, da sie nur die fünf Mosebücher als heilige Schrift anerkennen, den Anspruch erheben, als die einzigen Nachkommen der zehn Stämme das wahre Israel zu sein.

Die Branham-Bewegung

Der Mann der Wunder und Zeichen

Schon als William Marron Branham am 6. April 1909 in Berksville (Kentucky) als Sohn eines armen Waldarbeiters geboren wurde, soll sich ein Wunder ereignet haben: Ein Foto, das zufällig gemacht wurde, zeigte, so berichtete er später, das Geburtszimmer »von einem feurigen Licht durchwogt, das damals alle erschütterte«[365]. Seine Eltern zogen bald in die Nähe von Jeffersonville (Indiana), und hier wuchs er auf. Sein Lebensweg war von Zeichen und Wundern begleitet, wie sie in dieser Fülle und Mannigfaltigkeit wohl bei keiner anderen Gestalt unseres Jahrhunderts bekannt sind. Er selbst erlebte und deutete sie als Kundgebungen Gottes und himmlischer Mächte. Andere führten sie auf magnetopathisch-hellseherische Kräfte oder eine okkulte Belastung Branhams zurück[366]. Eine kritisch-nüchterne Biographie Branhams, die Tatsachen von Legenden, Suggestionen von Wirklichkeiten scheidet, gibt es nicht. Es muß also dahingestellt bleiben, wie weit die beiden gegensätzlichen Deutungen zutreffen. Die folgende Beschreibung gibt Branham so wieder, wie er sich selbst sah und wie er im Gedächtnis seiner Anhänger fortlebt.
Schon mit 18 Monaten will er Gesichte gehabt haben. Als Siebenjähriger saß er unter einem Baum und hörte plötzlich ein starkes Rauschen vom Wipfel her, ohne daß sich ein Blatt bewegt hätte, und er vernahm eine Stimme aus dem Baum: »Trinke nie Alkohol! Rauche nicht! Beflecke dich nicht mit Frauen! Denn wenn du älter wirst, wirst du ein großes Werk verrichten!« Nach seiner Schulentlassung sagte ihm eine Astrologin: »Weißt du, daß du unter einem besonderen Stern geboren bist und ein Stern dir immer nachfolgt? Du bist einmal für Großes bestimmt!« Dieser begleitende Stern wurde später immer wieder von ihm selbst und von anderen wahrgenommen und einmal sogar während einer Taufe in einem Fluß von »etwa 1000 Personen gesehen« und fotografisch festgehalten. Branhams Schritte

364 Kontakt mit Israel 1966,18
365 Die letzte Posaune, Karlsruhe, 1. 6. 1956
366 So wies Pfarrer Dr. Kurt Koch (Deutsches Pfarrerblatt 1. 7. 1956) darauf hin, daß Branhams Vater Schnapsbrenner, seine Familie wahrsagehörig gewesen sei.

wurden sorgfältig von höheren Mächten überwacht. Als er erstmals einen Schnaps vorgesetzt bekam, vernahm er wieder das Rauschen, und er ließ das Glas fallen. Rauschen warnte ihn auch, als ihm eine Zigarette angeboten wurde.
Branhams Eltern waren unkirchlich. Auch er kümmerte sich trotz seiner merkwürdigen Erlebnisse nicht um religiöse Dinge. Als Neunzehnjähriger wurde er schwer krank. Auf dem Krankenbett hörte er wieder das Rauschen, und eine Stimme warf ihm vor: »Ich rief dich, aber du wolltest nicht folgen!« Von nun an begann er Gott zu suchen. Er wurde Baptist, wurde offenbar ohne Ausbildung ordiniert, wirkte als Erweckungsprediger und heiratete ein deutsches Mädchen. Dann wurde er mit Pfingstkreisen bekannt, erlebte mit seiner Frau die Geistestaufe und wollte Pfingstprediger werden. Aber er wurde wieder schwankend und ging zu den Baptisten zurück. In den folgenden fünf »trostlosen Jahren« wurde er dafür bestraft: Seine Gemeinde erlahmte und »Gott schlug furchtbar zu« – Frau und Kind, Vater und Bruder starben. Branham griff zur Pistole, lud sie, drückte ab, aber sie ging nicht los. Gott wollte seinen Selbstmord nicht.
Das war um 1937. Er heiratete später wieder und bekam Kinder. Vermutlich wirkte er nun als Pfingstprediger. Seine Predigten müssen ungemein wirkungsvoll gewesen sein; schon beim Lesen der gedruckten Texte spürt man etwas von der angreifenden, ja bannenden Kraft, die von diesen Predigten ausging. Dazu kamen vielerlei übernatürliche Vorgänge, die mit seinem Auftreten verbunden waren und ihn als einen Mann mit besonderen Vollmachten auswiesen. So sollen sich in Südafrika zwei Holländer über ihn unterhalten haben. Der eine zweifelte und hielt ihn für einen Hypnotiseur; plötzlich schien es, als bekäme er einen Herzanfall, und auf seinem Hemd war ein versengter Fleck in Form einer Hand abgezeichnet. Ein Prediger in Chikago fragte Branham, ob er sich nicht verstelle oder Gedankenleserei betreibe; als er ihn an der Hand faßte, wurde er augenblicklich mit Blindheit geschlagen[367]. Branham erzählte von einem Engel, der ihn immer begleite und ihm Wege weise oder verbiete. Er konnte Namen und Herkunft, Schicksale und Sünden völlig unbekannter Menschen enthüllen. Viele mirakelhafte Begebenheiten ereigneten sich[368]. Dazu kamen Massenheilungen, die sich in seinen Versammlungen ereigneten. Kein Wunder, daß er überall, wo er auftrat, einen riesigen Zulauf hatte. Hingebende Glaubensbereitschaft wogte ihm entgegen, und viele bezeugten ihre Bekehrung.
Am 7. Mai 1946 empfing er seine himmlische Berufung und Bevollmächtigung als *Heilungsprediger*. Diese Tätigkeit führte ihn durch die ganze Welt und bildete

[367] Mehr Licht, Hamburg, 14. Jg., 17; 16. Jg., 11

[368] So betete er bei einer Abendveranstaltung in einer großen Stadt für einen Knaben mit verkrüppelten Füßen. Während des Gebets wurde ein grelles Licht auf ihn gerichtet. »Als ich die Augen öffnete«, berichtete Branham, »gewahrte ich mit Entsetzen vor mir den strahlenden Stern! Vor Schreck ließ ich den Knaben fallen, oder sprang er von meinem Arm herunter – ich weiß es nicht –, jedenfalls war jeder Nerv in mir gelähmt. In diesem Augenblick, als der Knabe den Boden berührte, wurden seine Füße normal und er konnte zum ersten Mal in seinem Leben richtig gehen. Die Zuhörerschar war entsetzt und in Aufruhr! Die Mutter fiel in Ohnmacht. Ein junges Mädchen am Klavier hielt seine Hände hoch, weinte und schrie und rannte ungefähr 15 m vom Klavier weg. Das Unglaublichste aber, was Hunderte bestätigen können, war, daß das Klavier das Lied zu Ende spielte und keine Note dabei ausgelassen wurde. Über 100 Menschen bekehrten sich an diesem Abend.« (Mehr Licht, 13. Jg., 4)

den Höhepunkt seiner öffentlichen Wirksamkeit. 1962 bekam er von oben den Auftrag, »nicht mehr als Evangelist zu reisen, sondern alles zu lehren, was die Gemeinde betrifft«. Fortan wurde er ein *Verkündiger der Endzeit*. Die Endzeiterwartung hatte ihn schon lange umgetrieben. Es war ihm auch kundgetan worden, daß ihm eine besondere Rolle in der Endzeit übertragen sei. Schon im Juni 1933 sahen bei einer Taufe im Ohio 4000 Menschen, wie eine Feuersäule durch die Wolken brach und über Branham stehen blieb. Und eine Stimme erscholl: »Wie Johannes dem ersten Kommen des Herrn vorausgesandt wurde, so wirst du mit einer Botschaft dem zweiten Kommen des Herrn vorausgesandt.«[369] In einem Gesicht wollte er die »zwei Zeugen« von Offb. 11 gesehen und den Auftrag erhalten haben, sie für ihren Dienst vorzubereiten; der eine lebe in Amerika, der andere in Europa.

Anfang 1963 siedelte Branham auf göttliche Weisung von Jeffersonville nach Tucson (Arizona) über. Eines Tages ging er mit zwei Brüdern ins Gebirge, ließ sie dann zurück und ging in die Einsamkeit. Plötzlich kam ein gewaltiger Sturm, riß Gestein aus den Felsen und warf Bäume um, und ein Donner erschütterte das Land. Dann kam die Stille, und dort oben, wo Branham allein war, »hing eine enorme Wolke, wie ein mächtiges großes Licht«. Aus diesem Licht traten sieben starke Engel hervor, verschwanden wieder, und aus der Wolke sprach die Stimme zu Branham: »Gehe gen Osten, woher du gekommen bist, denn die Zeit, die sieben Siegel zu öffnen, ist gekommen.«[370]

Branhams Predigten befaßten sich mit dem apokalyptischen Zeit- und Entwicklungsplan Gottes und sind in dem Buch *»Darlegung der sieben Gemeinde-Zeitalter«* gesammelt. Oft kündigte er an, daß die Zeit der Erweckung für Amerika vorbei sei und das Gericht hereinbrechen werde. Seine letzte Weissagung beschrieb den Untergang der Westküste von San Franzisko bis zum Golf von Kalifornien; sie wird durch ein Erdbeben abgespalten und vom Meer verschlungen, und eine Flutwelle wird ins Land hereinbrechen bis in die Ebene Arizonas, und Millionen werden auf einen Schlag umkommen. In seiner letzten Predigt am 12. Dezember 1965 deutete er an, daß er in Kürze durch einen Autounfall sterben werde, und verabschiedete sich »mit gebrochenem Herzen« von der Gemeinde. Er ging heim, bestellte sein Haus, und am 19. Dezember rasten vier betrunkene junge Männer aus Mexiko frontal mit ihrem Auto in seinen Wagen. Er und seine Frau und seine jüngste Tochter wurden schwer verletzt. Am 24. Dezember 1965 starb er.

Die sieben Gemeinde-Zeitalter

In seiner *»Darlegung der sieben Gemeinde-Zeitalter«* gab Branham einen weiten Überblick über die Unheilsgeschichte der Menschen und die Heilsgeschichte Gottes. Beide begannen im *Paradies*. Aus 1. Mose 4, 1 f. schloß Branham, daß Kain und Abel Zwillinge waren, aber aus zwei verschiedenen Zeugungsakten stammten. Eva »hatte zuerst das Verhältnis mit der Schlange, wodurch sie

[369] E. Frank, Das Wort Gottes bleibt in Ewigkeit
[370] ebd.

schwanger wurde, und dann ein zweites Verhältnis mit Adam, wodurch sie ebenfalls schwanger wurde«[371]. Die Schlange war damals eine »aufrecht gehende Kreatur«, und der Satan benützte sie, um seinen Samen in die Menschheit zu bringen. So war Kain der Sohn der Schlange, Abel der Sohn Adams. Fortan zogen sich zweierlei Samenströme durch die Menschheit. Auch der Same der Schlange gebärdete sich religiös. Aber es war die Religion der Verführung und des Abfalls. Immer wieder sandte Gott Propheten, um sein Volk zu warnen und auf den rechten Weg zu bringen. Dann wurde der Zeitabschnitt des Gesetzes durch den Zeitabschnitt der Gnade abgelöst. War Adam der erste »gesprochene Wort-Same Gottes« gewesen, so *Jesus* der zweite. Adam sollte durch Eva einen weiteren Sohn Gottes hervorbringen; aber durch ihr Verhältnis mit der Schlange verursachte sie den Tod. Auch Jesus erhielt eine Braut. Das geschah an Pfingsten. Die Gemeinde war rein und frisch. Sie blieb eine Weile abgesondert und unbefleckt. Aber dann wurde sie »durch das Hineinkommen des antichristlichen Geistes verunreinigt«[372]. Von nun an standen sich die *»geliebte Braut Christi«* und das *»gefallene Weib«*, der wahre und der falsche Weinstock gegenüber. Der Gegensatz zwischen ihnen bestimmt die Kirchengeschichte bis zur Wiederkunft Christi. Sie verläuft über sieben Stufen oder »Gemeinde-Zeitalter«, die in Offb. 2 und 3 vorgezeichnet sind. In jedes Zeitalter hat Gott einen *»Botschafter«* gesandt. Diese offenbaren sein Wort für jedes Zeitalter und rufen seine Auserwählten aus der Welt heraus.
Die Übersicht über die Dauer und Gestalt der sieben Zeitalter will Branham nach dem Studium einiger Kirchengeschichtswerke durch Inspiration erhalten haben; außerdem sei sie durch »den Engel des Herrn« bestätigt worden[373]. Das Gemeinde-Zeitalter von *Ephesus* begann im Jahr 53 und dauerte bis 113, und sein Botschafter war Paulus. Die Gläubigen waren »wirkliche Christen«; sie gehörten Jesus allein, und er wandelte durch ihre Mitte und nichts trat zwischen ihn und sie. Sie standen unter der Leitung und Kontrolle des Geistes. Aber schon in dieses Zeitalter wurde der schrecklichste Giftkeim eingepflanzt, der dann wachsen und die ganze Christenheit verderben sollte: das *nikolaitische Wesen* und die geistliche Korruption Bileams. »Nikolait« bedeutet »Überwindung der Laien« durch Aufrichtung einer Autorität. Aus unscheinbaren Anfängen entwickelte sich eine Priesterschaft, die immer höhere Ämter mit immer gewaltigeren Vollmachten schuf und die Laien entmündigte, indem sie die Mittlerschaft Christi durch ihre eigene Mittlerschaft verdrängte. Sie trennte das Volk von Gott und pflanzte mit der Organisation der Kirche den »falschen Weinstock«. Sie verlegte Jesu Geburtstag vom April auf den 25. Dezember, verwandelte das Fest der Astarte in die Osterfeier, baute Altäre und Statuen, legte den Menschen unbiblische Satzungen auf und machte »die römisch-katholische Kirche zur größten spiritistischen Kirche der

[371] Darlegung der sieben Gemeinde-Zeitalter, S. 103
[372] a. a. O., S. 397
[373] In einer Predigt, die Branham am 16. Januar 1963 in Mesa/Arizona hielt, erzählte er, daß er »unter der Inspiration, die Gott mir gab«, in einer Versammlung von 300–400 Menschen die sieben Zeitalter auf einer Tafel aufzeichnete. Und dann kam »der Engel des Herrn« als Licht in den Raum herunter und zeichnete die sieben Gemeinde-Zeitalter selbst auf der Wand auf, und »wir alle standen da und sahen zu«, und die Aufzeichnungen deckten sich mit denen Branhams und hängen heute noch an der Wand. (Der Endzeit-Botschafter, S. 7)

Welt«[374]. Dies und noch vieles andere Unheil entwickelte sich in den folgenden Zeitaltern. Das Gemeinde-Zeitalter von *Smyrna* (103 bis 312) hatte Irenäus als Botschafter. »Er war grundsätzlich gegen jede Form von Organisation« und lehnte das Trinitätsdogma ab[375]. Aber immer mehr heidnische Elemente strömten ein, und die Nikolaiten organisierten sich öffentlich; die erste Gemeinde in Rom hatte »bereits die Wahrheit Gottes in Lüge verwandelt«, und eine feste Hierarchie hatte sich gebildet[376]. Im Zeitalter von *Pergamon*, 312–606, wucherte der *Geist Bileams*. Dieser Hellseher und Wahrsager war religiös und wußte, wie man sich Gott nahte; er prophezeite die herrliche Zukunft Israels (4. Mose 22–24). Der Geist Gottes offenbarte sich also durch ihn. Aber »niemals hatte er den Heiligen Geist«[377]. Er vermietete seine Sehergabe zum eigenen Nutzen und war »ein Bischof in der falschen Gruppe«[378]. Pergamon war der Sitz des Satans, und der Polytheismus von Babylon zog offiziell in der Gestalt der zum Dogma erhobenen Dreieinigkeitslehre in die Kirche ein. Außerdem wurden durch Konstantin »Staat und Kirche verheiratet«, Politik und Religion vermischt, Satan endgültig als Gott in der Kirche etabliert[379], und Augustin rechtfertigte aus der Bibel die Verfolgung der wahren Gemeinde durch den »falschen Weinstock«. Der Antichrist ließ sich in Rom nieder. Im längsten Zeitalter, *Thyatira* (606–1520), erfolgte die »endgültige Korruption«. »Thyatira« bedeutet »herrschendes Weib«. Es war die Zeit, in der die Hure Könige und Fürsten unterwarf, die Inquisition schuf, Simonie trieb. In dieser »langen Nacht« blieb eine kleine Herde mit der Wahrheit erhalten, und der schottische Missionar Columban war ihr Botschafter. Er und seine Mitarbeiter »blieben frei von staatlicher Hilfe, mischten sich nicht in die Politik und, statt andere Religionen anzugreifen, lehrten sie einfach die Wahrheit«[380]. Der Botschafter von *Sardes* (1520–1750) war Martin Luther. Er war ein Reformer und ein »feiner Lehrer« und stellte die Rechtfertigung durch den Glauben gegen die Werkheiligkeit. Aber er vermochte nicht, die Gemeinde in die vollkommene Wahrheit zurückzuführen. Zudem ließ er sich politisch verstricken und hielt den Bund von Staat und Kirche ebenso aufrecht wie die Herrschaft kirchlicher Ämter über die Gemeinde. Lehrstreitigkeiten führten zu Zerspaltungen, und die Denominationen organisierten sich »genau wie die Hure«[381]. Der Botschafter von *Philadelphia* (1750–1906), John Wesley, gründete das Heil nicht auf die rechte dogmatische Lehre, sondern auf das Ausleben der Wahrheit. Er hatte auch keinen Gefallen an Organisationen. Die durch ihn bewirkte Erweckung bewahrte England vor der Revolution in Frankreich, und eine große Zahl einzigartiger Prediger erstand in diesem Zeitalter. Aber die Methodisten wurden dann zu einer Denomination. »Sie ist reich, ja, sehr reich. Aber das Leben und die Kraft, die John Wesley hatte, sind nicht da«.[382]

374 Gemeinde-Zeitalter, S. 219
375 a.a.O. S. 114f.
376 a.a.O. S. 125
377 a.a.O. S. 175
378 a.a.O. S. 217
379 a.a.O. S. 203
380 a.a.O. S. 233
381 a.a.O. S. 274
382 a.a.O. S. 311

Nun ist seit 1906 das *Laodizea-Zeitalter* angebrochen. Laodizea war eine reiche Stadt. Auch die Kirchen dieses Zeitalters sind reich[383]. Ihre Anbetung ist »schön und formell, aber kalt und tot«[384]. Die Menschen der letzten Zeit glühen nicht mehr, sondern sind lauwarm geworden. Das gilt auch für die Baptisten und Methodisten und selbst für die *Pfingstleute*. Sie waren »die letzte Bewegung Gottes durch den Geist«[385]; sie empfingen Offenbarungen, Zungenrede und Weissagen, verließen die toten Kirchen und beteten Gott in Heimen und alten Häusern an. Aber nicht lange, dann hatten auch sie genug Geld und bauten schöne Kirchen und ließen uniformierte Chöre singen. Sie stellten die Lehre auf, daß die Zungen der Beweis der Geistestaufe seien, und gründeten darauf eine Organisation und unterstellten sie der Leitung durch Menschen. Sie hielten sich für »die Elite Gottes«, haben sich aber genauso vermischt wie die alten Kirchen und haben sich genauso zerteilt wie sie, und ihre Gemeinden sind genauso kraftlos wie die der Kirchen. »Sie sprechen von dem Beweis des Heiligen Geistes, doch sie vergessen, daß auch der Teufel in Zungen reden kann. Die schlimmste Verwirrung Babels ist in ihrer Mitte, und sie nennen es den Geist Gottes.«[386] »Gleich Bileam haben sie alle ihre Programme, machen ihren Appell um das Geld, betätigen Gaben, aber verleugnen das Wort.«[387]

Die Kirchen haben einen großen Eifer während dieses Zeitalters. Aber sie eifern nicht um Christus, sondern um ihre Lehrsätze und Organisationen. Jede von ihnen beansprucht für sich den Schlüssel zum Heil. Aber in Wirklichkeit geht es ihnen ums Geld. Sie tun »im Namen Jesu« große Dinge und halten große Versammlungen, »und sie machen nur Geld damit und bauen Gebäude und Ausbildungsstätten, alles hängt zusammen mit einem materiellen Konzept«[388]. Sie besitzen Wertpapiere, Fabriken, Ölquellen, Versicherungsgesellschaften, Radio- und Fernsehprogramme, und ihre Mitgliederzahl erhöht sich wie ihr Geld. »Wißt ihr, daß die Religion in heutiger Zeit als das größte Geschäft bekannt ist?«[389] Alle Ämter und Dienste werden bezahlt, und die Prediger sind in der Schlinge ihrer Gehälter und Pensionen.

Darum hat Christus sie alle verlassen. Er ist nicht mehr in ihrer Mitte, sondern steht draußen vor der Tür und klopft an (Offb. 3, 20). Das Licht, das bei Beginn des Zeitalters vorhanden war, hörte plötzlich auf, und die Erweckung ist vorbei. Amerika hatte 1957 seine letzte Chance gehabt. Die totale Finsternis brach herein, als Papst Paul VI. ins Heilige Land pilgerte. Diese erste Reise eines Papstes nach Jerusalem war tief bedeutsam: er trug den Namen des ersten Botschafters Paulus, und die Zahl »6« ist die Zahl des Menschen, die zu 666 verdreifacht den Antichrist symbolisiert.

383 Wie grotesk Branhams Vorstellungen vom Reichtum der Kirchen sind, zeigt seine Bemerkung: »Die Kirche hat solch einen phänomenalen Reichtum, daß sie zu jeder gegebenen Zeit in der Lage ist, das ganze Welthandelssystem zu übernehmen.« (a. a. O. S. 379)

384 a. a. O. S. 344

385 a. a. O. S. 89

386 a. a. O. S. 133

387 a. a. O. S. 411

388 a. a. O. S. 334

389 a. a. O. S. 368

Der Botschafter der Endzeit

Wie wird's weitergehen? Das Nikolaitentum wird sich vollenden. Alle organisierten Kirchen werden sich in einem weltweiten ökumenischen Konzil vereinigen, vielleicht um den Kommunismus einzudämmen. Auch die Kirche Roms wird mitmachen. »Ihr fester Entschluß ist, die Auserwählten Gottes zu töten.«[390] Rom hat fast den ganzen Goldvorrat »sichergestellt«, und die Juden haben die Wertpapiere; »zur rechten Zeit« wird die Hure das gegenwärtige Geldsystem zerstören, das Papiergeld entwerten und die Juden »in die Falle« locken, damit sie sich der Kirchenallianz anschließen, und »die Hure wird die ganze Welt übernehmen«[391]. Die vereinten Kirchen werden »einen lebendigen Antichristen als das Haupt ihrer Organisation hinstellen«[392]. Nur wer das Malzeichen an Hand und Stirn annimmt, wird die Predigterlaubnis erhalten. Es wird viele Mitläufer unter den Predigern geben. Die wahren Gläubigen aber sollen »für immer ausradiert« werden.

Auch dieses letzte Gemeinde-Zeitalter hat seinen *Botschafter*. Er ist in Mal. 3, 23 f. angekündigt. Er wird ein Prophet sein wie Elia und wird weissagen und Visionen haben, die immer dem Wort gemäß sind und sich immer erfüllen werden. Er wird die *ganze* Bibel lehren und den »Samen der Schlange« entlarven und den Spätregen vorbereiten. Er steht höher als die Botschafter der früheren Zeitalter. Denn sie markierten nur ihre jeweilige Epoche, er aber ist für die Endzeit gesandt. So ist er das Pendant zu Paulus, und wie Johannes der Täufer der erste, so ist dieser Botschafter der zweite Vorläufer des wiederkommenden Christus. Er wird ohne Bindung an eine Kirche auftreten und wird wegen seiner Strafpredigten gegen die sittenlose Weiblichkeit nicht populär sein. Die Denominationen werden ihn hassen, und auch einige »wahre Prediger« werden ihn mißverstehen, aber die Auserwählten werden sich von ihm für die Entrückung zubereiten lassen. Sein Dienst wird »durch große und wunderbare Offenbarungen bestätigt«[393] werden, und er wird alle Pfingstprediger »in Kraft, Zeichen und wahrer Offenbarung« übertreffen[394]. Ja, er wird eine solche göttliche Kraft haben, daß es »welche geben wird, die annehmen, daß er der Herr Jesus sei«[395]. Er wird die Geheimnisse Gottes im laodizeischen Zeitalter offenbaren und die Braut aufrufen, sich abzusondern. Seine Botschaft wird von der Welt abgelehnt werden. Aber wenn es aussieht, als wäre der Botschafter völlig besiegt und als stünde keine andere Tür mehr offen, dann tritt Gott hervor. Dann ist das Ende da und die Entrückung der Brautgemeinde und die erste Auferstehung. Die jetzige Welt wird zerstört, und das Tausendjährige Reich wird folgen. Es wird mit der zweiten Auferstehung zum allgemeinen Weltgericht enden; da werden auch alle Anhänger des Weltkirchensystems und die Bileamsleute vernichtet werden.

[390] a.a.O. S. 256
[391] a.a.O. S. 337
[392] a.a.O. S. 317
[393] a.a.O. S. 349
[394] a.a.O. S. 412
[395] a.a.O. S. 352

Wann endet das laodizeische Zeitalter? Branham weiß dies genau zu sagen. »Als ein Knecht Gottes, der ungezählte Visionen hatte, von denen auch nicht eine versagte, laßt mich voraussagen (nicht weissagen), daß *dieses Zeitalter bis 1977 zu Ende gegangen sein wird«*. Er »sah« an einem Sonntagmorgen im Juni 1933 in sieben Visionen den ganzen Ablauf: Mussolinis Krieg mit Abessinien; Hitlers Diktatur und den Zweiten Weltkrieg; die Verschlingung des Faschismus und Nationalsozialismus durch den Kommunismus; den Siegeszug der Wissenschaft und Technik; die Emanzipation und Verderbnis der Frauen; die Machtergreifung der katholischen Kirche in Amerika. »In der siebten und letzten Vision hörte ich eine furchtbare Explosion. Als ich mich umwandte, sah ich nur Trümmer, Krater und Rauch über ganz Amerika.«[396] Schließlich sah er einen Kalender, der seine Blätter von selbst immer weiter aufschlug und dann auf dem Jahr 1977 stehen blieb.
Es war im Jahr 1933, als er das »sah«. 30 Jahre später erklärte er, er halte »als ein Mann, der das Wort Gottes, verbunden mit göttlicher Inspiration, kennt«, daran fest, daß 1977 »alle weltlichen Systeme beendet sein werden und das Tausendjährige Reich beginnt«[397]. Und nun wird die Frage wichtig: *Wer ist der Botschafter des letzten Zeitalters?* Schon zu seinen Lebzeiten wurden Stimmen laut, daß er, *Branham*, dieser Botschafter, der Endzeitprophet, der zweite Elia und Vorläufer des wiederkommenden Christus sei. Solche Vermutungen wurden von Branham nicht bestätigt, aber auch nicht abgewiesen[398]. Daß er insgeheim von seiner besonderen Sendung überzeugt war, läßt sich aus seinen zahlreichen Hinweisen auf seine Zeichen und Wunder, die Fülle der ihm zuteil gewordenen Offenbarungen und Visionen, seine prophetische Gabe und seine Bekehrungserfolge schließen. In einer seiner letzten Predigten, am 6. Dezember 1965, stellte er Betrachtungen über seinen Namen an: Mit »ham« hört er auf wie der Name des großen Erwekkungspredigers Billy Graham und wie – Abraham! Aber Graham hat nur 6 Buchstaben, während Branham und Abraham jeweils 7 Buchstaben haben. »Ihr sagt: Ein Name bedeutet gar nichts! Laßt euch das von niemandem einreden!« Wie Abraham einst der Botschafter Gottes in Sodom gewesen war, so sah Branham sich als den endzeitlichen Botschafter Gottes in die Welt gesandt. Seine Predigten strahlten einen Anspruch auf göttliche Vollmacht aus. Wenige Monate vor seinem Tod rief er seinen Zuhörern zu: »Ich werde eines Tages, wenn der Herr auf Erden mit mir fertig ist, gehen. Schätzt diese Botschaft, greift zurück zu ihr und hört auf meine Stimme und was ich euch sage. Wenn Er mich vor Seinem Kommen hinwegnimmt, dann erinnert euch: Ich habe in dem Namen und durch das Wort des Herrn gesprochen!«[399]

[396] a. a. O. S. 344 f.

[397] a. a. O. S. 346. – Später wurde erklärt, Branham habe nicht behauptet, daß das Ende des laodizeischen Zeitalters 1977 zugleich der Beginn des Tausendjährigen Reiches sei. Ewald Frank zitierte aus einer Predigt Branhams, daß zwar das Laodizea-Zeitalter bis 1977 zu Ende gehen werde, aber »das zweite Kommen Christi und die Entrückung könnten jederzeit stattfinden. Ich kann es um ein Jahr verfehlen, um 20 oder 100 Jahre. Ich weiß es nicht, ich sage es nur voraus.« (Rundbrief März 1972)

[398] »Viele von euch glauben mir, daß ich ein Prophet Gottes bin. *Ich* sage nicht, daß ich einer bin, *ihr* sagt es. Ihr wißt genau so gut wie ich, daß die Visionen, die Gott mir gab, niemals gefehlt haben.« (a. a. O. S. 176)

[399] Predigt am 25. 7. 1965 in Jeffersonville: »Die Gesalbten der Endzeit«, S. 20

Nach seinem *jähen Tod* rechneten seine Anhänger damit, daß er wieder auferstehen werde. Deshalb warteten sie mit der endgültigen Beisetzung noch drei Monate lang. Dann erwarteten sie, daß er im Juli 1969, dreieinhalb Jahre nach seinem Tod, auferstehen und in einem Zelt 40 Tage lang Kranke heilen werde. Da Branham zuletzt geweissagt hatte, daß ein Teil der Westküste Amerikas durch ein Erdbeben ins Meer gerissen und eine Flutwelle bis nach Arizona hereinbrechen werde, machten sich Hunderte auf und flohen in sichere Landstriche. Sein Ende erhöhte seinen Nimbus. Seine unzähligen Zeichen, Wunder und in Erfüllung gegangenen Prophezeiungen galten als unwiderlegliche Beweise für seine endzeitliche Sendung und für die Wahrheit seiner Botschaft. So entstanden Gemeinden, die Branham folgten (in Lateinamerika sollen es über 300 größere Gemeinden sein), die sich zum Teil als der »wahre Weinstock« verstanden und absonderten.

Eine deutsche Branham-Gemeinde

Auch in Europa kam es zu Separationen. Hier ist es besonders der Prediger Ewald Frank, Gründer und Leiter der *»Freien Volksmission«* in Krefeld, der sich bis heute mit ganzer Kraft für die Botschaft Branhams einsetzt. Am 24. Dezember 1933 als Sohn eines Landwirts in der Nähe von Danzig geboren, erlebte er mit 17 Jahren seine Bekehrung und ließ sich von einem Baptistenprediger nochmals taufen. Der gelernte Polsterer und Dekorateur kam dann in Verbindung mit Pfingstgläubigen und empfing in Hamburg die »Geistestaufe«. Seine Verkündigungstätigkeit begann er mit Bibelstunden im Bekanntenkreis. Dann wurde er Reiseprediger, vorwiegend in Pfingstgemeinden, ohne aber einer Gemeinschaft beizutreten, und folgte 1956 einer amerikanischen Einladung zu einem zweijährigen Predigerkurs. Bereits 1955 hatte er Branham kennengelernt, als dieser in Karlsruhe Evangelisationsversammlungen hielt. »Schon damals erkannte ich, daß dieser Bruder einen außergewöhnlichen Dienst hatte.« Tief beeindruckt von den Heilungswundern, befaßte sich Frank mit Branhams Botschaft, prüfte sie an der Schrift und überzeugte sich, daß sie »das geoffenbarte Wort für diese Zeit« sei. Ein kleiner Anhängerkreis kam mit ihm in Krefeld jeden zweiten Tag zusammen, um Branhams Predigten zu hören und zu beten. Daraus entwickelte sich eine »biblische Gemeinde« mit regelmäßigen Gottesdiensten und Ältesten, die Seelsorge, Abendmahl, Taufen, Beerdigungen usw. vornehmen. Sie wuchs, und an Ostern 1974 konnte die *»Freie Volksmission«* ein eigenes Versammlungshaus einweihen mit 700 Sitzplätzen und einem großen Taufbecken; ein Jugendraum bietet weitere 300 Sitzplätze. Auch können hier Franks Predigten auf Tonband aufgenommen werden; in einem Regieraum spricht er weitere Predigten, die dann über Radio Luxemburg gesendet werden, und im Untergeschoß ist die Versandstelle für Literatur und Tonbänder.

Aus einigen besonderen Erlebnissen leitete Frank seine *himmlische Bevollmächtigung* ab: Am Morgen des 2. April 1962 vernahm er die Stimme des Herrn – »sie war wie eine kräftige Männerstimme« –: »Mein Knecht, deine Zeit für diese Stadt ist bald um, ich werde dich in andere Städte senden, mein Wort zu verkündigen.« Danach sah er sich außerhalb seines Leibes, ungefähr 3 m entfernt, und sah, wie er

dort seinen Mund öffnete und antwortete: »Herr, sie werden nicht auf mich hören, sie haben alles in Hülle und Fülle und leben in Saus und Braus.« Die Stimme des Herrn: »Mein Knecht, die Zeit kommt, wo sie auf dich hören werden; sorget euch ein mit Speise, denn es kommt eine große Hungersnot, dann sollst du mitten unter dem Volke stehen und die Speise austeilen.« Verschiedene Lebensmittel wurden namentlich genannt, die er einlagern sollte. Aber konnte das wörtlich verstanden werden? Frank flog im Spätherbst 1962 in die USA, um darüber mit Branham zu sprechen. Aber noch bevor er ihm seine Fragen vorlegen konnte, wiederholte Branham wortwörtlich, was die Stimme des Herrn am 2. April zu Frank gesprochen hatte. Und er fuhr fort: Es wird eine geistliche Hungersnot kommen und »die Speise, die ihr einlagern sollt, ist das von Gott geoffenbarte Wort für diese Zeit. Die Predigten sind auf den Tonbändern festgehalten ... Wartet mit der Austeilung der Speise, bis ihr den Rest empfangt, der dazu gehört.«[400] Es stellte sich heraus, daß Branham am 1. April 1962 in seiner Predigt in Jeffersonville von einem Traumgesicht über die Einlagerung der Speise berichtet hatte. »Wenn man den Zeitunterschied von Amerika zu Europa in Betracht zieht, so war es fast auf die Minute derselbe Zeitpunkt, als der Herr zu mir sprach.«
Ewald Frank weiß sich also »nicht von Branham, sondern von Gott dem Herrn selbst mit hörbarer Stimme am 2. April 1962 berufen und beauftragt«; Branham hat ihm lediglich diese göttliche Berufung am 3. Dezember 1962 bestätigt. Diese Bestätigung sieht Frank durch ein anderes Erlebnis bekräftigt, in dem »der Herr mir das gold-gelbe Weizenfeld und den neuen Mähdrescher zeigte und mich beauftragte, die Ernte einzubringen«. Damals wußte er noch nichts von gleichartigen Äußerungen Branhams: in vier Reden, die dieser 1964 und 1965 hielt, sprach er vom »Kommen des Mähdreschers«, um den Weizen heimzuholen[401]. Frank betonte, daß er nicht nur Branhams Predigten zu übersetzen habe, sondern seine Botschaft als das geoffenbarte Wort für die Endzeit weltweit verkündigen müsse. Er wartete mit der »Austeilung der Speise« bis zum Tod Branhams. Dann, in der Versammlung am Altjahrabend 1965, »redete der Herr in besonderer Weise durch prophetische Offenbarung« zu den 70 Teilnehmern, und im April 1966 begann Frank mit der Verbreitung der Botschaft. Er betrieb dies mit großer Energie, richtete eine kleine Druckerei ein und gab vor allem die auf Tonbändern festgehaltenen Predigten Branhams in laufend erscheinenden Heften heraus. Dazu einen unregelmäßigen »Rundbrief« (1974 Auflage: 10000 Exemplare). Bald erwarb er Sendezeiten bei Radio Luxemburg und 1974 auch in Kanada (für englisch-sprachige Sendungen). Dazu evangelisierte er im deutschen Sprachraum und in den USA, kam 1973 auch nach Polen und in die Tschechoslowakei, unternahm 1974 eine Missionsreise nach Indien, Indonesien und den Philippinen und hatte bis 1975 in 50 Ländern gesprochen. »Es ist nicht übertrieben, wenn wir sagen, daß nicht nur Tausende, sondern Zehntausende dem Zeugnis Gottes in dieser Zeit Glauben schenken.«[402] Mitte der siebziger Jahre scheint der Höhepunkt seines Wirkens ge-

[400] Rundbrief März 1974
[401] Rundbrief März 1975
[402] Rundbrief März 1974

legen zu haben. Später kam es zu innergemeindlichen Auseinandersetzungen, zu denen Frank selbst Anlaß gab, und eine Gruppe spaltete sich ab.
Außer in Krefeld rief Frank noch keine weitere *»biblische Gemeinde«* ins Leben. »Noch habe ich nicht die Weisung, Gemeinden zu gründen oder Älteste einzusetzen.« Wo aber solche Gemeinden entstehen sollten, dürfen sie keine Organisationen »mit menschlichen Auslegungen und Dogmen« sein – das wäre ein Rückfall ins Nikolaitentum –, sondern müssen allein der Leitung des Heiligen Geistes unterstehen und die fünf Ämter (Eph. 4, 11) in ihrer Mitte haben, deren Träger von Gott berufen sind. Aus der Verkündigung darf keinesfalls eine neue Glaubensrichtung hervorgehen, sondern »die universelle Gemeinde Jesu Christi, die entrückt wird«[403]. Die Gläubigen bilden Gebetskreise und kommen zu Glaubenskonferenzen und »Europa-Treffen« zusammen.

Großer Wert wird auf eine *»biblische Taufe«* allein auf den Namen Jesu gelegt, was Wiedertaufe einschließt. Dieses Verständnis hängt mit der *Verwerfung der Trinitätslehre* zusammen. Die drei Namen Vater, Sohn und Heiliger Geist bezeichnen nach Branhams Auffassung nicht Personen, sondern lediglich Tätigkeiten des *einen* Gottes: als Vater war er über uns, als Sohn war er unter uns, durch den Heiligen Geist ist er in uns. Im Taufbefehl Matth. 28, 19 wird deshalb auch ausdrücklich die Einzahl gebraucht: Taufet sie auf *den* Namen des Vaters und des Sohnes und des Heiligen Geistes! »Dieser eine Name ist Jesus, Immanuel, Gott mit uns. Und aus diesem Grunde wurde seit Pfingsten auf den Namen des Herrn Jesus Christus getauft.«[404] Als biblische Belegstellen werden Apg. 2, 38; 8, 16; 19, 5 genannt.
Die Zugehörigkeit zur *Brautgemeinde* schließt die Mitgliedschaft in einer Kirche aus. »Wer zur Gemeinde Christi gehört, kann unmöglich zugleich zur Ökumene gehören. Da sich alle Kirchen und Freikirchen darin vereinigen, ist der Kirchenaustritt keine Empfehlung mehr, sondern eine göttliche Aufforderung.«[405] Aber auch eine (Doppel-)mitgliedschaft in einer Pfingstgemeinde ist unmöglich, und da Frank besonders unter Pfingstgläubigen Gehör fand, wurde dort geklagt: »Die Reihen der Geschwister lichten sich, und sie bleiben nicht mehr auf der Bibel stehen, sondern auf der Lehre von Branham.«[406]
Es kam zu scharfen *Kontroversen zwischen Pfingstpredigern und Frank*. Der ehemalige Pfarrer Christian Seiss kritisierte in einem Gutachten über die *»Irrlehre Branhams«*[407] vor allem seine Ablehnung der Dreieinigkeitslehre und der trinitarischen Tauftormel, sah in seinem Bericht von Eva, Kain und Abel eine »schwere Geschichtsfälschung«, wandte sich gegen Branhams Erhöhung zum wiedergekommenen Elia und sprach von »spiritistischen Kräften« bei ihm und seinen Anhängern. Erwin Müller, Karlsruhe, einst Initiator der Branham-Evangelisation in Deutschland, bezweifelte, daß die Ausführungen über die sieben Gemeinde-Zeitalter überhaupt von Branham stammen: »In Karlsruhe war die Verkündigung an-

[403] Rundbrief September 1972
[404] E. Frank, Das Wort Gottes bleibt in Ewigkeit, Nr. 7
[405] Rundbrief Dezember 1974
[406] Mitternachtsruf 176 (Heimwärts-Mission), Februar/März 1966
[407] Chr. Seiss, Die Versuchung der Gemeinde – Stellungnahme zu Themen Branhams, 1968

ders.« Andere kritisierten die Visionen Branhams oder wandten sich gegen die »Branham-Eiferer«, die das Heil von dem Glauben an ihn abhängig machen. Frank schlug grimmig und massiv zurück: Die Pfingstprediger seien »die Schriftgelehrten heutiger Zeit«, die »den äußeren Anschein der Gottseligkeit wahren«, aber die Kraft Gottes leugnen; keiner von ihnen habe wie Branham Tote auferweckt, Blinde und Taubstumme geheilt; darum falle nun bei ihnen die Maske, und »der Neid, die Eifersucht und jede Art von Verleumdung bricht bei ihnen durch«[408].

Bald aber sahen sich Frank und die Branham-Anhänger mit Vertretern einer anderen Botschaft konfrontiert, die ebenso in die Branham-Bewegung einbrachen, wie diese in die Pfingstgemeinden eingebrochen waren, und die eine noch höhere Sendung als Branham beanspruchten.

Der Menschensohn Lawrie

Johannes der Täufer verstand sich als Vorläufer des Messias: »Der nach mir kommt, ist stärker als ich« (Matth. 3, 11 f.). Dann begegnete ihm Jesus und er erkannte, daß Jesus dieser Stärkere war (Matth. 3, 14; Joh. 1, 29 ff.). Später wurde er von Zweifeln heimgesucht, denn es gab Lehrgegensätze zwischen ihnen (Mark. 2, 18–22). Nach seinem Tod sammelten sich seine Anhänger in eigenen Kreisen. – Auch William Branham verstand sich als Vorläufer des in Bälde wiederkommenden Christus. Nach seinem Tod trat einer auf, der sich von ihm hatte taufen lassen, so wie Jesus von Johannes getauft worden war, und er verkündigte, daß in ihm der *Menschensohn* erschienen sei. Damit stand vor den Branham-Anhängern dieselbe Frage, die einstmals Johannes den Täufer bewegt hatte: »Bist du, der da kommen soll, oder sollen wir eines anderen warten?« (Matth. 11, 3).

»Die größte, mächtigste und erhabenste Gestalt der ganzen Menschheitsgeschichte«, R. PAULASEER LAWRIE, wurde am 24. Februar 1921 in Munnar, Südindien, geboren[409]. Seine Familie führt ihren Stammbaum auf Davids Sohn Nathan zurück, dessen Nachfahren einst von Babylonien nach Südindien ausgewandert sein sollen. Der Urgroßvater sah in einer Vision den Gekreuzigten und wurde Christ. Der Großvater betrieb eine Bäckerei in Nagercoil und unterrichtete Missionare in der Tamilsprache. Sein Vater war eine Weile Lehrer an einem Polytechnischen College und Mitglied der Heilsarmee. Der Name »Paulaseer«, völlig unüblich in Indien, war von seiner Mutter bestimmt worden, ohne daß sie ahnte, wie bedeutungsvoll er werden würde: »Paul – a – seer« = Paul, ein Seher.

Das Kind wurde in der anglikanischen Kirche getauft. Bald danach siedelten die Eltern nach Ceylon über. Hier verbrachte Lawrie seine ersten Lebensjahre. Als sich noch zwei Brüder einstellten, zog die Mutter mit den Kindern nach Nazareth

[408] E. Frank, Das Wort Gottes bleibt in Ewigkeit, Nr. 4 und 5

[409] L. D. Dale, The Lightning from the East, S. 13. Auf diese Biographie gründet sich die folgende Darstellung von Lawries Lebensgang, da andere, vor allem kritische, Quellen nicht vorhanden sind. Dale (geb. 1894) ist ein wohlhabender amerikanischer Geschäftsmann in Troy, der 1958 ein Anhänger Branhams wurde, 1967 und 1969 Lawrie begegnete und seither eng mit ihm verbunden ist.

im Tirunelveli-Distrikt (Südindien). Der junge Lawrie war ein Schlingel, verübte mit seinen Kameraden allerhand nicht immer harmlose Streiche, klaute seinen Mitschülern Süßigkeiten und belegte Brote. Aber zutiefst war er gottesfürchtig, sang auch im Kirchenchor und betätigte sich in einem kirchlichen Musikzug als Trommler. Aber seit er einmal in Nazareth mit seinen Kameraden in der Kirche Eichhörnchenfallen stellte und dafür auf Weisung des Pastors von den Dorfbewohnern Prügel bekam, lehnte er sich gegen jeden kirchlichen Autoritätsanspruch auf. Im übrigen war er ein begabter Schüler, durchlief auch die höhere Schule und studierte an mehreren Colleges, legte aber keine Abschlußprüfung ab. Während des Zweiten Weltkriegs begeisterte er sich für die indische Freiheitsbewegung unter Gandhi und organisierte einen Studentenstreik an seinem St. Xavier's College in Palayamkottai. Um der Verhaftung zu entgehen, floh er im Oktober 1942 nach Colombo (Ceylon). Er arbeitete erst als Stenograph, seit 1943 als Sekretär bei einem ausländischen Firmenverband.

Die Jahre in Ceylon wurden religiös entscheidend für ihn. Seine Begeisterung für Gandhi erlosch, und am Kommunismus, dessen soziales Programm ihn interessierte, stieß ihn der Atheismus ab. Dafür beschäftigte er sich mit der Bhagavadgita, dem Koran, dem Buddhismus, Schriften von Ramakrishna und Vivekananda und trieb Yoga. Er las auch die Bibel, aber an Christus glaubte er nicht. Als ihn eines Abends der Pastor Arulanandham besuchte: »Freund Paulaseer, bist du gerettet?«, wies er ihm die Tür. Aber der kam unverdrossen wieder, und Lawrie begann ihn gern zu haben. Wichtig wurde für ihn folgendes Erlebnis: Auf dem Weg zu einer nächtlichen Gebetsversammlung stahl er Orangen aus dem Garten des Superintendenten und begann sie während der Versammlung zu essen. Da unterbrach der Prediger seine Ansprache und erklärte, die Kraft Gottes sei nicht da und es müsse Sünde unter den Teilnehmern sein; er »sehe« Kugeln, die Früchten ähnlich seien . . ., ob es nicht Orangen seien? Lawrie gestand und war tief beeindruckt: Gott hatte ihm seine Macht gezeigt. Als er die Bibel mit bebendem Herzen las, wurden seine Augen geöffnet und er erkannte in Christus den Erlöser. Unter einem Teestrauch bekannte er Arulanandham seine Sünden. »Unmittelbar danach sah er Jesus am Kreuz, und ein strahlendes Licht kam in sein Herz, und seine Sünden waren vergeben. Die Nasenbeschwerden, die ihn lange geplagt hatten, waren geheilt.«[410] Das war am 2. Juni 1943.

Der junge Mann mit seinem stämmigen, durchtrainierten Körper war ein leidenschaftlicher Fußballspieler und gehörte zur Elite unter den Kickern Ceylons. Er spielte auch nach seiner Bekehrung weiter. Auch sein hitziges Temperament blieb ihm erhalten, und als eines Tages jemand seinen Vater beleidigte, verprügelte er ihn so, daß er einen Schlüsselbeinbruch erlitt. Er wurde verhaftet und eines Mordversuchs bezichtigt, aber er betete, und das Gericht legte den Fall zu den Akten. In vier Träumen wurde ihm seine zukünftige Frau gezeigt. Am 6. Oktober 1946 entschloß er sich, dem Herrn völligen Gehorsam zu leisten und »sah« ein starkes Licht um sich.

Das Fußballspiel gab er auf, nachdem er ein Bein gebrochen hatte. Ein erster Sohn wurde ihm geboren. Doch mit neun Monaten erkrankte er schwer. Die Eltern ge-

[410] a. a. O. S. 19

lobten, daß sie ihr Leben dem Werk Gottes in Indien weihen werden, wenn er das Kind heile. Am nächsten Tag war es gesund. Lawrie kündigte seinen einkömmlichen Posten in Colombo und kehrte 1949 nach Indien zurück. Unterwegs sah er im Zug ein besessenes Mädchen und trieb den Geist »im Namen Jesu Christi« aus. Lawrie nahm nun eine Stellung am amerikanischen Christlichen Hospital in Vellore an; seine Frau arbeitete ebenfalls dort als Diätschwester. Seine freie Zeit widmete er der Verkündigung. In der Nacht des 30. März 1952 empfing er die Geistestaufe. Als er seiner Mutter und seinen Geschwistern die Hand auflegte, wurden auch sie geistesgetauft. 1953 besuchte er die Versammlungen Branhams in Bombay. Wie dieser empfing er auch die Gabe zu heilen, Geister auszutreiben, Wunder zu tun und den Heiligen Geist zu spenden. Infolge Überarbeitung erkrankte er lebensgefährlich an Diphterie, wurde aber wunderbar geheilt und gab am 15. Oktober 1953 seinen Hospitalposten auf. Seine Frau tat desgleichen. Beim Abschied sprach Gott zu ihm: »Heute bin ich dein Vater geworden, und du bist mein Sohn.« (2. Sam. 7, 14) Aber die Eltern warfen ihn und seine Frau hinaus, als sie ihnen mitteilten, daß sie ihre Stellungen verlassen hätten. Sie bezogen mit ihren drei Kindern eine primitive kleine Wohnung und warteten auf Weisungen des Herrn. Eines Tages hatten sie nichts mehr zu essen und hungerten 14 Tage lang. Dann vernahmen sie in der Nacht, wie ihr dreijähriger Sohn im Schlaf mit einer Baritonstimme in englischer Sprache sang: »Jesus enttäuscht uns nie. Himmel und Erde werden vergehen, aber Jesus enttäuscht uns nie.« »Von dem Tage an wurden wir vollkommen abhängig von Gott.«[411] Und der sorgte für sie. Am nächsten Morgen ging seine Frau ohne Geld auf den Markt, und unterwegs wurde sie von einer anderen Frau angehalten: »Ich hörte eine Stimme, dir dieses Geld zu geben.«[412]

Nach zwei Jahren des Wartens wurde Lawrie eingeladen, in einer Kirche zu sprechen. Er tat es, aber die meisten der 25 Zuhörer schliefen ein. Das änderte sich, als er eine von den Ärzten aufgegebene Frau und einen jungen Mann heilte. Nun begann seine *Laufbahn als Evangelist und Wunderheiler*. Er sprach in mehreren Städten Südindiens, unternahm zwei Missionsreisen nach Ceylon 1955 und 1956, predigte in methodistischen, pfingstlerischen und anglikanischen Kirchen, heilte Kranke und Besessene, und viele bekehrten sich, auch viele Nichtchristen. Der Bischof der Kirche von Südindien in Madras bestätigte ihm 1958 in einem Empfehlungsschreiben »eine ausgezeichnete Arbeit in und um Nagercoil«.
Diese Tätigkeit wurde durch zwei Träume unterbrochen, in denen seiner Frau kundgetan wurde, daß Gott ihn in die weite Welt senden werde. Er war zunächst skeptisch: »Wie kann ein Mensch ohne einen Pfennig Geld in die Welt hinausgehen?« Aber er bekam bald Antwort. Der Ökumenische St. Lukas-Orden für Krankenseelsorge lud ihn zu einer Internationalen Konferenz für Glaubensheilungen nach Glasgow ein, und der Direktor des Christlichen Hospitals in Vellore verhalf ihm zu Paß und Flugschein. Damit begann seine *erste Weltreise*. Nach der Konferenz weilte er je einige Wochen in London und Holland und fuhr dann nach

[411] Lawrie in einer kleinen Flugschrift
[412] L. D. Dale, The Lightning from the East, S. 23

Amerika. Er lernte Vertreter der *»Assemblies of God«* und berühmte Heilungsprediger wie Oral Roberts, Tommy Hicks, Tommy L. Osborn, Gordon Lindsay kennen, nahm an Konferenzen teil, sprach in Kirchen verschiedener Denominationen, band sich aber an keine und bekam die Mittel für seine weiteren Reisen von gastfreundlichen Menschen oder auch durch wunderbare Fügungen[413].
In Florida gebot ihm Gott: »Geh und sieh meinen Propheten William Branham, bevor du nach Indien zurückkehrst!« Ein Autobesitzer, den er von einem Schulterkrampf befreite, nahm ihn nach Jeffersonville mit. Als er, ein Unbekannter, zu der Versammlung von etwa 500 Leuten kam und wartete, erschien Branham und rief: »Lawrie, komm her!« Er ging zum Podium und Branham sagte: »Ich will mit dir sprechen.« Sie sprachen dann über viele Fragen, und Branham lud ihn ein, sich am nächsten Tag – es war der Ostersonntag 1960 – taufen zu lassen. Er war zunächst verwirrt, da er ja schon getauft war, aber dann gab ihm eine innere Stimme Klarheit und Branham taufte ihn und prophezeite: »Mein Sohn, ich sende dich als einen außergewöhnlichen Mann. Viele werden durch dich zu den Füßen Jesu kommen. Geh heim. Bleib nicht hier. Große Zeichen und Wunder werden dir folgen. So spricht der Herr.«[414] Merkwürdigerweise entwickelte sich aus dieser Begegnung keine engere Verbindung zwischen Branham und Lawrie. Jeder ging seinen Weg für sich weiter. Seitens der Lawrie-Anhänger wird das so erklärt: Branham erkannte Lawrie als den Menschensohn, aber er gab es nicht bekannt, denn der Menschensohn sollte kommen wie »ein Dieb in der Nacht«. Vor seinem Abflug sprach Jesus zu Lawrie: »Du wirst meine Wiederkunft in dieser Generation sehen!«[415] Im Juli 1960 kam er nach Indien zurück.
Wie er auf seiner Weltreise jeder denominationellen Bindung hatte entgehen können, so wurde er nun auch aus der Kirche von Südindien herausgeholt, in deren Rahmen er bisher gearbeitet hatte. Der Bischof untersagte in einem Rundschreiben vom 6. Oktober 1962 allen Amtsträgern die Zusammenarbeit mit Lawrie, da er pfingstlerische Auffassungen vertrete, Wiedertaufen vornehme und mit der Sammlung einer eigenen Anhängerschaft die Kirche spalte. Lawrie setzte als freier Prediger seine Versammlungen fort. Er heilte Lepra, Krebs, Lähmungen, Schlangenbisse, trieb aus tausenden Besessenen die Geister aus, säuberte Spukhäuser, erweckte ein dreieinhalbjähriges Mädchen, dann eine junge Frau, dann noch ein Kind vom Tode. Die Massen, die ihn hören wollten, schwollen an. Als er 1961 in Madras evangelisierte, entstand ein Erweckungsfeuer, das Hunderttausende ergriff. Alle Hindernisse und Gefahren wurden wunderbar beseitigt[416].

[413] In Glasgow kam eines Nachts ein Mann in sein Hotelzimmer: Gott habe ihm in einem Traum geboten, Lawrie zwei Pfund zu geben. Genau so viel kostete am nächsten Morgen die Fahrkarte nach London. Vor seiner Reise von Holland nach Amerika »erhielt er einen Brief von einem Herrn am Persischen Golf; eingeschlossen war das Geld für den Fahrschein.« (a. a. O. S. 43) – Unterwegs zur Westküste bliesen ihm zwei bemalte Mädchen im Hotel ihren Zigarettenrauch ins Gesicht und gaben ihm, als er sich als indischer Evangelist auf dem Heimweg zu erkennen gab, 200 Dollar. Ein alter Herr gab ihm später den gleichen Betrag. Als er den Flugschein lösen wollte, sagte ein Mann, der dicht bei ihm stand: »Ich will ihn bezahlen!«

[414] a. a. O. S. 45

[415] a. a. O. S. 47

[416] Einige Berichte: Unterwegs zu einer Versammlung erlitt er einen Unfall und brach ein Bein; er betete und nach zwei Ruhestunden war er gesund. In einer kleinen Stadt veranlaßten seine Gegner, daß ne-

Schon 1956 dachte Lawrie daran, einen Ashram zu errichten. 1962 kaufte er mit finanzieller Hilfe von Angehörigen und Freunden ein 22 ha großes Gelände, vier Meilen von dem Städtchen Mukkudal entfernt; später kamen noch weitere 4 ha hinzu. Hier entstand der *Manujothi Ashram*, d. h. »Das göttliche Licht für die ganze Menschheit«. Er sollte eine Stätte des Gebets und der Meditation sein, aber er sollte auch der Zurüstung von Menschen dienen, damit sie die Botschaft Christi in die Dörfer hinaustragen können und Kranke heilen und Geister austreiben. 1964 wurde der Ashram bezogen und in den folgenden Jahren ausgebaut, das Land in einen fruchtbaren Garten verwandelt und das Wasser für die Bewohner und zur Berieselung der Felder aus erbohrten Brunnen gewonnen. 1965 begann Lawrie mit mehrtägigen Lagerversammlungen im Ashram. An ihnen nahmen Gäste aus ganz Indien teil. Zu den ersten ausländischen Besuchern gehörten der schweizerische Pfingstprediger Otto Bueß und Ewald Frank. 1966/67 evangelisierte Lawrie in Nordindien, und seine Frau »sah« in einer Vision, daß Ewald Frank ihn nach Deutschland rief. Das geschah, und ab 30. April 1967 sprach er in rund 40 Städten des deutschen Sprachraums. Nach kurzem Aufenthalt in England reiste er in die USA und bekam Verbindung zu vielen Anhängern Branhams, durfte aber nicht in dem Tabernakel in Jefferson sprechen, in dem er 1960 getauft worden war. Danach evangelisierte er in einer Anzahl lateinamerikanischer Länder und kehrte dann heim.

Im Juni 1969 besuchte Lawrie die USA zum dritten Mal. Er hatte die Gewißheit, daß das »Zeitalter der Braut« schon gekommen ist und daß Gott den Auserwählten mit Seinem Glanz überkleiden wird. Aber bei manchem seiner Freunde unter den Branham-Anhängern stieß er auf Zurückhaltung: sie wollten nur die Tonbänder Branhams hören, nichts sonst. Inzwischen waren genau dreieinhalb Jahre seit dessen Tod vergangen. Und nun setzte ein Prozeß ein, der mit der *Inkarnierung des Menschensohns* in Lawrie endete: Als Lawrie am 18. Juni 1969 in Troy, Ohio, in einer kleinen Versammlung sprach, sah ein ungläubiger Besucher, Clarence Holsinger, plötzlich rötlich-orangene Flammen aus seinen Augen schießen, und er sah, wie Lawrie verschwand und an seiner Stelle eine Lichtgestalt stand, blendender als Sonnenlicht. Und sie sagte zu Holsinger: »Ich erlaube dir nicht, deinen Kopf zu drehen, bis du mich als deinen Heiland angenommen hast!« Und sein Hals war steif, bis er sich bekehrt hatte, und er ließ sich von Lawrie taufen, wurde vom Heiligen Geist erfüllt, von einem Tumor geheilt und gab das Rauchen auf. Als Lawrie später in Tucson in Branhams Tabernakel predigte, brach ein Donner los und ein Licht traf den Platz, auf dem er stand. Fortan wiederholten sich Donner und Blitz, wo immer er auftrat. Er fuhr dann nach Kanada. Unterwegs gewahrten er und seine Begleiter auf beiden Seiten der Straße 200 m hohe Säulen aus wirbelndem Staub – »der Herr besuchte uns im Wirbelwind« – und an

ben dem Versammlungsplatz unter freiem Himmel ein lautstarker Zirkus sein Zelt aufbaute; in der Nacht riß ein Zyklon das Zelt nieder. In einem Dorf warf ein Feind einen Stein nach ihm; er prallte an einer unsichtbaren Wand ab und fiel zu Boden. Am 10. Februar 1964 erlitt er einen Herzanfall und wurde bewußtlos; er verschmähte ärztliche Hilfe, reiste weiter und sprach in der 80 Meilen entfernten Versammlung. Ein von Kommunisten gedungener Mann sollte ihn im Schlafwagen ermorden; aber in dem Augenblick, als er in seine Kabine eindrang, kam ein von einem kleinen Mädchen aufgescheuchter Major dazu und überwältigte ihn.

einer Raststätte einen wunderbaren Regenbogen. Auf dem Rückweg besuchte ihn der Herr »auf eine besondere Weise und sagte ihm, daß Er, bevor ein Mensch auf dem Mond landet, zur Erde herniederkommen wird, um Seine Braut zu sich zu nehmen«. Er gebot Lawrie, nach Chikago zu fahren, dort drei Tage zu bleiben und im Life Tabernacle zu predigen und dann unmittelbar nach Indien zurückzukehren.

Von diesem Augenblick an bedeckten ihn schwarze Wolken und begleiteten ihn überall, und wo er haltmachte, ließen sie Regen fallen, bis er weiterfuhr. Alle diese Naturerscheinungen gelten als Zeichen göttlicher Gegenwart: Der Regenbogen bezieht sich auf 1. Mose 9, 14. 16 und bezeugt den neuen Bundesschluß Gottes mit der Welt; die Lichterscheinungen und die Wolken weisen auf Jes. 4,5 und »Regenbogen, Blitze, Donner, Wolken, all das sind die Herrlichkeit des Vaters – dies ist ein Zeichen, daß der Vater uns nahe ist«, Off. 4,5[417]. Dann kam der 20. Juli 1969 – es war der Tag, an dem Branhams Anhänger dreieinhalb Jahre nach seinem Tod die Auferstehung erwarteten, und es war der *Tag der ersten Mondlandung*. Lawrie berichtet: »Bei der Mondlandung hatte ich ein kleines Fernsehgerät vor mir stehen. Ein Stunde, bevor der Mann den Mond betrat, konnte ich wie angekündigt den Himmel offen sehen, und eine ungeheure Kraft kam in mein Herz.« Er fühlte in sich zwei Personen: Jesus Christus und sich selbst, und sie verschmolzen miteinander in der mächtigen Gegenwart der Kraft Gottes, und der Herr eröffnete Lawrie die verborgenen Geheimnisse für die Endzeit. Dann sagte die Seite Jesu mit Ehrfurcht gebietender Stimme: »Ich bin die Auferstehung.« Die Seite Lawries respondierte: »Ich bin das Leben.« Die Seite Jesu fuhr fort: »Wer an mich glaubt, wird leben, ob er gleich stürbe.« Die Seite Lawries endete: »Wer da lebt und glaubt an mich, der wird nimmermehr sterben.« Als Lawrie aus dieser wunderbaren Vereinigung erwachte, donnerte er: »Ich werde nicht sterben.«[418] Von nun an war er der »Menschensohn«, und das wurde damit begründet, daß Jesus von seiner Wiederkunft immer als vom Erscheinen des »Menschensohns« gesprochen habe[419].
In den wenigen Tagen, die Lawrie noch in Chikago verbrachte, rissen die Gewitterstürme nicht ab, und die Stadt wurde von den schwersten Regengüssen seit Menschengedenken heimgesucht. Auf dem Rückflug war die Wolke überall bei ihm, in Rom und Griechenland so gut wie in Tel Aviv und Madras. Daheim traf er einige Leute, die bereits von oben vernommen hatten, daß Christus am Tag der Mondlandung wiedergekommen sei. Zusammen mit zwei Ehepaaren und drei Männern machte Lawrie einen Bund mit Gott und gelobte ihm völlige Übergabe, um für die Entrückung bereit zu sein. Danach gewahrten sie einen Regenbogen

[417] Lawrie in: Wer sind Mose und Elia?, S. 132
[418] L. D. Dale, The Lightning from the East, S. 75 f.
[419] a. a. O. S. 98. – Das ist insofern richtig, als Jesus in den Synoptikern, wenn er von seiner Wiederkunft sprach, den Begriff »Menschensohn« verwendete. Aber es finden sich auch andere Menschensohn-Worte, in denen jeder Bezug auf die Wiederkunft fehlt und deutlich der gegenwärtige Jesus gemeint ist, etwa Matth. 8, 20; 11, 19; Mark. 2, 10.28; 10, 45; Luk. 19, 10. In den paulinischen Briefen findet sich das Wort »Menschensohn« überhaupt nicht, sondern es wird von der Wiederkunft des »Herrn« oder Jesu Christi gesprochen.

rund um den Mond. Die Naturerscheinungen setzten sich fort: eine ständige Wolke in einer Ecke seiner Wohnung; Blitze ohne Donner; Donner ohne Wolken; bei einem Taufgottesdienst ein großer Lichtball über Lawries Kopf usw.
Seine Söhne gaben ihr Studium auf und schlossen sich ihm an. Besucher aus dem Ausland stellten sich ein. Im März 1971 erkundete Manfred Mengel in Marburg den Ashram und schrieb Briefe an Glaubensfreunde: »Alle, die wollen, können kommen. Wir sind bereit!« Und sie kamen. Ende Juni 1971 flog eine Anzahl Deutsche, Schweizer, Amerikaner und Kanadier nach Indien. Sie hatten ihre Berufe aufgegeben, ihren Besitz verkauft und übergaben den Erlös Lawrie. Ihre Abreise war vielfach heimlich ohne Abschied von den Angehörigen erfolgt. Auch zahlreiche Inder stellten sich im Ashram ein. Sie alle, darunter einige über 80jährige, waren unaufgefordert gekommen, nur »gedrängt durch den Geist Gottes«, durch Träume, Visionen usw. »Viele von ihnen kannten Lawrie überhaupt nicht, sondern sahen Visionen von Jesus in der Gestalt Lawries.«[420] Sie bilden die *»Brautgemeinde«*, deren Mitglieder den *»Neuen Bund-Vertrag«* unterzeichnet haben. Er hat folgenden Wortlaut:

Ich X. Y. aus Z. nehme von nun an den Herrn Jesus Christus an, um Sein Eigentum zu sein. Ich verspreche, Ihn als meinen Ehegatten zu empfangen und gebe mich selbst Ihm hin, unwürdig, Sein Gatte zu werden. Ich erbitte von Ihm in dieser Hochzeit des Geistes mit Geist, daß ich dieselbe Gesinnung wie Er haben möge: bescheiden, arm, nichts aus mir selbst und vereint mit Gottes Willen ...
So wie ich bitte, Sein Ehegatte zu sein, nehme ich als mein Hochzeitsteil an, die Versuchungen, Betrübnis, Leiden und Verachtung, welche Ihm zufielen, indem ich mich selbst als tot Ihm gegenüber betrachte und vollständig zu dem unvergänglichen Wort Gottes zurückkehre – der heiligen Bibel – und zu der Herrlichkeit, die den Sieg und das Königreich begleiten ...
Ich glaube, daß der Herr Jesus Christus in diese Welt herniedergekommen ist, in Wolkensäulen, flammenden Augen und der Stimme der Donner vom Osten. Ich verspreche, daß ich irgendwelchem Druck standhalten will, den diese Welt und der Antichrist über mich bringen könnte, weil ich gewiß glaube, daß der Herr Jesus Christus, der heruntergekommen ist, um mich zu empfangen, mich überwinden lassen wird und mir Unsterblichkeit geben wird, ohne den Tod zu schmecken.
Ich halte alles in dieser Welt für Kot und will alles verlassen und bereit sein mit der Hilfe Gottes, mit Ihm in Kürze davonzugehen.
(Nur für Frauen: Ich verspreche, daß ich, wie im Worte Gottes geschrieben ist, nicht predigen werde, Schmuck, Hosen oder Männerkleidung trage, oder mein Haar kurz schneide, sondern es wachsen lasse.)
Ich verspreche auch, daß ich mich nicht mit Leuten verbinden werde, die irgendeiner Denomination angehören oder mit einem denominationellen Geist besessen sind, und die nicht selbständig auf Gottes Wort stehen. Ich betrachte die heilige Bibel als letzte Autorität und nicht die Bücher des »Gesprochenen Wortes« (gemeint sind die Schriften Branhams) oder irgendwelche anderen Bücher.
Ich glaube mit meinem ganzen Herzen, daß Bruder William Marron Branham ein wirklicher Prophet Gottes war und ein Vorläufer dieses Dienstes, der jetzt in vollem Gange ist, um die Braut von dieser Erde vor dem Einsetzen der Trübsal hinwegzunehmen. Nun, damit, daß ich diese letzte Gemeinschaft annehme, verspreche ich, daß ich nicht mehr an irgend ei-

[420] a.a. O. S. 124

ner Abendmahlsfeier teilnehme von irgendwelchen Gruppen oder Denominationen, seitdem ich in den Neuen Braut-Bund eingetreten bin, der mich frei macht von aller Knechtschaft. O! Tod, wo ist dein Stachel? O! Grab, wo ist dein Sieg?
Dies gelobt am Worte Gottes: X. Y. am ... (Tag) in der Gegenwart Gottes.

Die Gläubigen sprechen Lawrie als »Menschensohn« an, und er selbst führt den Beinamen »Muthukrishna« = »Perlengott«, d.h. ein Gott, der sich zuletzt offenbart. Da Christus nun inmitten der Braut ist, ist außer der Abendmahlsfeier auch die Taufe hinfällig geworden. Der Ashram ist das *»Neue Jerusalem«*. Die Bewohner sind einfach, aber für indische Verhältnisse gut untergebracht und ernährt. Sie füllen ihre Tage mit Andachten, Bibelstunden und Studium der Botschaften Lawries. Seine Ansprachen sind lebendig und temperamentvoll; sie mahnen und ermutigen die Braut, in den endzeitlichen Anfeindungen durchzuhalten; sie bestätigen ihre Einzigartigkeit. »Ihr seid jetzt mit Gott verheiratet. Wir sind jetzt an einem Punkt angelangt, wo wir nicht mehr getrennt werden können.«[421] Es fehlt auch nicht an Ausfällen gegen die Christenheit mit schlimmen Pauschalurteilen: »Das Christentum ist fundamental verkehrt«, weil die Christen »nicht beim Wort Gottes geblieben sind und somit Jesus Christus hassen«. »Denominationen werden Sklaven des Teufels.« »Heute ein Christ zu sein, bedeutet, vom Wort weg zu sein.«[422] Sehr schlecht kommt die Theologie weg, nicht nur der Kirchen, sondern auch der Pfingstbewegung: Als Lawrie die Bibelschule der *»Assemblies of God«* in Bangalore besuchte, konnte er »Gott lachen hören«, und er gebot ihm: »Du hast hier nichts zu suchen. Renne weg, nach Hause! Noch heute nimm den Zug. Wenn du es versäumst, werde ich deine Familie bestrafen, Frau und Kinder!«[423]
Zunächst hatte die Brautgemeinde ihre *Entrückung* am 21. Januar 1973 erwartet – dreieinhalb Jahre nach der »Wiederkunft Christi« in Lawrie. Sie blieb aus, aber dafür geschah anderes: Die Sammlung der »Braut« wurde zu diesem Termin abgeschlossen; sie sollte 700 Mitglieder haben, denn das war die »vom Propheten Branham vorausgesagte Zahl der zur Entrückung gelangenden Brautglieder«[424]. Sie heiligen sich nun und bereiten sich »auf die Verwandlung ihrer physischen Körper in unsterbliche Körper vor«. Ebenfalls am 21. Januar 1973 hat Lawrie die *»zwei Zeugen«* eingesetzt: Lee Reichle (geb. 1939) in Texarkana für Amerika, das heutige »Babylon«, und Manfred Mengel in Marburg für Europa, den Sitz des Antichrists, des Papstes. Mengel, geb. am 28. Februar 1939, kaufmännischer Angestellter, war 1969 durch Ewald Frank erst mit Branhams Botschaft, später auch mit Lawrie bekannt geworden und hatte dann fast zwei Jahre lang in seinem Ashram geweilt. Die zwei Zeugen haben »der Welt das Herniedersteigen Gottes zu bezeugen und das Gericht anzukündigen«. Sie sind die zwei Ölbäume von Sach. 4. Sie unterrichten die Gläubigen über den weiteren Gang der Endereignisse und beraten sie in den bevorstehenden Katastrophen. Nur durch sie können Gottes Pläne und Geheimnisse in Erfahrung gebracht werden, denn »nur sie stehen in direkter Verbindung mit unserem Gott Jesus Christus durch Seinen Sohn Lawrie

421 Lawrie, Wer sind Mose und Elia?, S. 20
422 a.a.O. S. 96, 148, 114
423 a.a.O. S. 99
424 Rundbrief 1973 von Manfred Mengel

von Nazareth«[425]. Im Frühjahr 1974 stellten sie sich den Behörden in Jerusalem vor; denn wie vor 2000 Jahren das Evangelium zu den Heiden ging, weil die Juden Christus zurückgewiesen hatten, so geht jetzt die Gnade Gottes wieder zum Volk Israel zurück, weil die Christen den wiedergekommenen Christus zurückgewiesen haben.

Die Tätigkeit der zwei Zeugen soll nach Offb. 11, 3 1260 Tage lang dauern; »in der Mitte des Jahres 1976« sollten sie getötet werden. Schon 1975 sollte das Gericht Gottes in schrecklichem Ausmaß über die Welt hereinbrechen: Hunger, Aufruhr, Kriege, Haß gegen die Braut. Der Tod der zwei Zeugen ist zugleich der Anfang der großen Plagen (Offb. 11). Sie werden sechs Monate dauern, und die ganze Menschheit wird umkommen.

Und die Gläubigen? Es werden drei Gruppen unterschieden: 1. *Die Braut* in Südindien sollte völlig unversehrt bleiben, weil schon 1975 »dort die Verwandlung der irdischen Körper in unvergängliche himmlische Körper in Realität stattfindet« und ihre Entrückung zusammen mit Lawrie noch im gleichen Jahr erwartet wurde. 2. Die 144000 des *»geistigen Israel«*, die Angehörige der zwölf Stämme sind und zur gegebenen Zeit die Botschaft Lawries noch verstehen werden, sollten, soweit sie noch nicht in Israel leben, dorthin als dem »einzigsten Platz der Sicherheit während der Zerstörung des Weltsystems« gebracht werden. 3. Der *»Überrest«*, bestehend aus gottesfürchtigen Menschen, die erst nach der »Verherrlichung« Lawries und seiner Braut an seine Botschaft glauben, wird zumindest vorübergehend Zuflucht in Plätzen der Sicherheit finden – Tucson in Amerika und ein noch nicht bestimmter Ort in Europa –, wo sie vor den letzten großen Gerichten Gottes verschont werden. Nur diese drei Gruppen werden überdauern. Die sonstigen gläubigen Menschen haben wenigstens das Privileg, den Märtyrertod zu erleiden, was ihnen nachher angerechnet wird. »Für alle anderen sehen die Zukunftsaussichten noch schlechter aus.« 1977 sollte die große Wende kommen: Israel, von aller Welt verlassen, wird am Ende seiner Kraft sein. Aber nun »wird Gott selbst eingreifen und sich Seiner Verheißungen für dieses Volk erinnern«. Lawrie wird mit der Braut »in verherrlichtem Leib auf den Ölberg in Israel kommen, um dort das Tausendjährige Reich aufzurichten«[426].

Aber das Jahr 1977 brachte keine apokalyptischen Ereignisse. In seiner Ansprache beim Mitternachts-Gottesdienst am 31. Dezember 1978/1. Januar 1979 sagte Lawrie: »Wir alle haben erwartet, daß 1977 sich etwas ereignen werde, und viele waren enttäuscht, daß nichts geschah. Doch wir können nicht sagen, daß *nichts* geschah 1977. Br. Branham hatte gesagt, 1977 werde ein Wandel in der Weltordnung stattfinden. Und wir finden, daß alles in einem Wandel begriffen ist. Seit 1977 kommen Fluten, Tod und alles ...« – Die Aussagen Lawries sind ebenso nichtssagend wie jene der Zeugen Jehovas, wenn wieder ein apokalyptischer Termin verstrichen ist. Das Leben im Manujothi Ashram geht einfach weiter, und die Gläubigen werden erneut zum strikten Wort-Glauben und Gehorsam aufgefordert. Ja: »Unser Werk in Indien ist immer noch im Vormarsch«, so wird be-

[425] Rundbrief Anfang 1975 von Manfred Mengel
[426] ebd.

hauptet[427]. Aber kaum einer glaubt dies noch. Die westlichen Mitglieder der Brautgemeinde in Indien sind wieder nach Hause zurückgekehrt, da ihr Visum nicht verlängert wurde. Der Dienst der beiden Endzeitzeugen lief sang- und klanglos aus. An ihrer Stelle wurden zunächst andere Mitglieder tätig und verteilten auch in der Bundesrepublik Schriften. In letzter Zeit ist es um die Gruppe jedoch still geworden.

Die Keller-Gemeinschaft

Der Deutsch-Schweizer Johannes Emil Keller (geb. 30. April 1879 in Oberendingen, Kt. Aargau), ursprünglich Katholik, wanderte in jungen Jahren nach Amerika aus und empfing hier durch John Alexander Dowie (1848–1907), der als Wunderheiler und »Prophet Elias« 1896 die »Christian Catholic Church« gründete und 1901 eine eigene Kolonie »Zion« bei Chicago errichtete, entscheidende Eindrücke. Außerdem empfing er wichtige Anregungen von der British-Israel-Bewegung[428]. 1907 ließ er sich in Berlin nieder und gab durch einen eigenen Verlag zahlreiche Schriften, meist kleine Broschüren, und die Monatsschrift *»Weg zur Wahrheit«* heraus. Seine Hauptwirksamkeit fiel in die Zeit um den Ersten Weltkrieg. Er vertrat einen strengen Biblizismus, der mit der Bindung an den Buchstaben auch starke spekulative Elemente verknüpfte und darum leicht unnüchtern wurde. Die ernste Forderung eines Lebens der Heiligung und der persönlichen Gemeinschaft mit Christus war mit der Erwartung des nahen Endes verbunden. Durch seine Vorträge und Schriften sammelte er Kreise um sich. Am 16. November 1953 starb er.

Die beiden entscheidenden Faktoren in dem Bild, das Keller von Gottes Plan in der Weltgeschichte und von der kommenden Heilszeit entwarf, sind Israel als das auserwählte Volk und die in Nebukadnezars Traum von den vier Weltreichen (Dan. 2) gegebene Deutung des Geschichtsverlaufs bis zum Anbruch des Tausendjährigen Reichs. Die von diesen beiden Punkten ausgehenden Linien laufen nebeneinander und verschlingen sich miteinander, um sich erst in der Endzeit wieder zu lösen.

Die Tatsache der *Erwählung Israels* bedeutet, daß nach allen Verwerfungen die zwölf Stämme dieses Volkes von dem wiederkommenden Christus benützt werden, um das »Gottesreich Israel«, das Tausendjährige Reich, herbeizuführen. Wohlgemerkt: die *zwölf* Stämme Israels! Also nicht nur die zwei Stämme Juda und Benjamin, die nach der Zerstörung des Nordreichs übriggeblieben waren. Keller ist überzeugt, daß die zehn Stämme nicht untergegangen sind. Im Gegen-

[427] Königreichs-Nachrichten Nr. 1, 1. Dezember 1979
[428] Vgl. Exkurs »Die zehn Stämme«, S. 192ff.

teil, sie haben sich erhalten und vermehrt; er schätzt ihre Zahl in der Gegenwart auf 200–300 Millionen Menschen. Sie sind unter anderen Völkernamen wieder in die Geschichte eingetreten. Davon später.

Die *vier Weltreiche* füllen die Zeit von Nebukadnezar bis zur Parusie aus. Sie stehen, wenn auch in verschiedener Schärfe, im Kampf gegen das Gottesreich. Das erste Weltreich ist Assur-Babel, es endete mit Belsazar. Dann folgte das medopersische Weltreich mit Cyrus, unter dem der Tempel in Jerusalem wiederhergestellt wurde. Den letzten König, Darius, besiegte Alexander, der dann das griechische Weltreich gründete. Dieses wurde durch das römische Weltreich abgelöst, das bis an das Ende dieses Zeitalters dauert. In Offb. 13, 1 f. wird es als Tier mit sieben Häuptern und zehn Hörnern geschildert. Dieses vierte Weltreich ist das wichtigste und interessanteste, weil in seine Zeit die Entstehung der christlichen Gemeinde fällt.
Hier erhebt sich die Frage: In welchem Verhältnis steht diese christliche Gemeinde zu dem Zwölf-Stämme-Volk Israel? Keller antwortet: Ein großer Teil der Gemeinde, und zwar gerade die angeblichen »Heidenchristen«, besteht in Wahrheit aus Angehörigen Israels, deren ursprüngliche nationale Spuren so verwischt wurden, daß sie sich später zu den übrigen Völkern rechneten. Schon an Pfingsten waren in Jerusalem die Vertreter der zehn Stämme mit anwesend. Da die zehn Stämme nicht an der Kreuzigung Jesu beteiligt waren, wurden sie auch nicht von dem Fluch getroffen, der durch die Worte der Juden ausgelöst wurde: »Sein Blut komme über uns und unsere Kinder.« (Matth. 27, 25) Darum stehen sie unter allen Völkern dem Evangelium am nächsten.
Die Zeit des vierten Weltreichs ist bezeichnet durch den Kampf zwischen Christus und seiner Gemeinde mit dem Satan als dem Herrscher dieses Weltreichs. Dieser Kampf wird erst mit der Wiederkunft enden. Er wäre schon früher entschieden gewesen, wenn die Gemeinde die erste Liebe bewahrt hätte; denn dann wäre ihr das volle Heil zugefallen. Zu diesem vollen Heil aber gehört – und das ist nun ein besonders wichtiger Gedanke Kellers – nicht nur Vergebung der Sünden, Gerechtigkeit und Gotteskindschaft, sondern auch *ewiges Leben durch die »Leibesverwandlung«*. Wäre die Gemeinde in der ersten Liebe geblieben, dann hätte sie vom Baum des Lebens, der im Paradies Gottes steht, essen dürfen. Keller beruft sich dafür auf Offb. 2, 7. Wer in aller Inbrunst des Glaubens mit Christus verbunden ist, über den hat der Tod keine Macht, weil der Geist, der Jesus von den Toten auferweckt hat, »auch in diesem unserm sterblichen Leib alle Zerstörungs-, Krankheits- und Todesmächte besiegt, und so endlich dieser sterbliche Leib durch kindlichen Glaubensgehorsam an die ganze Erlösung zur Verwandlung zubereitet wird (Röm. 8, 10. 11)«[429]. Aber der ersten Gemeinde, der »Gemeinde zu Ephesus« (Offb. 2, 1–7), mußte vorgeworfen werden, daß sie ihre erste Liebe verlassen habe. Damit war die Möglichkeit ein für allemal vorbei, für den natürlichen Leib einen Sieg über den Tod zu erlangen.
Die Periode von Ephesus endete im Jahr 100 n. Chr. In den folgenden Epochen wurde die christliche Gemeinde immer ärmer und geistlich schwächer. Die Ge-

[429] J. E. Keller, Gottes Hilfe in der Not, S. 28

meinde von Smyrna (100–300) geriet in schwere Verfolgungen; aber sie konnte das volle Heil nicht mehr im Glauben fassen und realisieren, sondern nur noch Treue bis in den Tod üben und auf die Krone des Lebens in der ersten Auferstehung hoffen. Der Gemeinde zu Pergamus (300–500) mangelte der feste Glaube an die Auferstehung. Es wurde vielmehr der Lehre Bileams gehuldigt, der einst zu Götzendienst und Hurerei verführt und um irdischen Lohnes willen seine Auferstehungshoffnung aufgegeben hatte.

Nachdem schon in der Periode von Pergamon die Staatsmacht christlich geworden war, fand nun in der folgenden Periode von Thyatira, die von 500 bis zur Wiederkunft dauert, eine enge Verflechtung der Gemeinde und der Staatsgewalt statt, die bezeichnend für das vierte Weltreich ist. Die Entwicklung dieses Weltreichs ist in Offb. 13, 1–3 und 17, 7–13 geschildert. Die sieben Häupter sind: Westrom, Ostrom, Spanien, das Frankenreich und das Römische Reich Deutscher Nation. Nach ihm als dem fünften Haupt kommt ein Einschnitt (Offb. 17, 10). Kennzeichnend für die ersten fünf Häupter war, daß keines von ihnen allein die Weltherrschaft ausgeübt hatte; es standen vielmehr immer mehrere von ihnen zugleich nebeneinander und teilten sich in die Weltmacht. Dies wurde beim sechsten Haupt anders: Nach der Besiegung von Kaiser Napoleon I. stieg England mit seiner Kolonialmacht auf, und die ersten fünf Häupter waren alle gefallen. Aber die alleinige Macht des sechsten Hauptes dauert nicht an, weil für eine kleine Zeit das siebente Haupt dazukommt. Dieses ist das Deutsche Kaiserreich, das im Ersten Weltkrieg für eine kurze Weile aller Welt als erste Macht der Erde vor Augen stand. In diese Zeit fiel das Öffnen des Buchs mit den sieben Siegeln (Offb. 5).

Aber noch einmal zurück in die ersten Zeiten des vierten Weltreichs. Dieses Weltreich ist nachchristlich. Es besteht also aus zwei Elementen: aus dem Geist des Satans und der christlichen Gemeinde. Das wird mit dem Hinweis Dan. 2, 33 angedeutet, daß die Füße des »Bildes« teils aus Eisen, teils aus Ton waren. Der Ton ist das »Volk Gottes«, also Israel. Es teilte sich mit dem römischen »Eisenvolk« in die Herrschaft des vierten Weltreichs. Das war aber nur möglich, wenn sich das Volk Gottes innerhalb der Grenzen dieses Weltreichs befand, und zwar nicht nur in kleinen, verstreuten Teilen, sondern es mußten bereits ganze Volksstämme von Israel im römischen Reich vorhanden sein. »Wir irren also kaum, wenn wir unter den germanischen Völkern den größten Teil des nationalen Volkes Gottes, die für verschollen gehaltenen zehn Stämme des Nordreichs Israel, sehen.«[430] Die zehn Stämme waren nach Medien verpflanzt worden. Dieses Land ist aber auch die Urheimat der Germanen. Sie sind also verwandelte Israeliten. Auf dem See- und Landweg sind sie von Kleinasien, Persien und Indien nach Europa gewandert. Die Deutschen haben sich dann auch mit der Reformation als das Volk Gottes geoffenbart. Sie sind also ein Teil des Heilsvolks neben den Juden. »Ohne Deutschland keine Reformation, ohne Reformation in der Hauptsache unter den Germanenvölkern keine Ausbreitung des Wortes Gottes, und ohne Gottes Volk keine Rettung der Welt.«[431]

[430] J. E. Keller, Das Reich Gottes, S. 205
[431] a. a. O. S. 234

Dieses inzwischen christlich gewordene »Volk Gottes« schloß also einen Bund mit dem römischen »Eisenvolk«. Durch diesen Bund ist die Periode von Thyatira gekennzeichnet. Nachdem seit Ephesus der Glaubensverlust immer stärker geworden war, erfolgte nun der Griff der Gemeinde nach der Macht über alle Völker, und das Verlangen nach der ewigen Herrschaft Gottes verschwand völlig. Es entstand ein »christliches« Lehrsystem, das fortan alle Christenverfolgungen veranlaßte, und eine widergöttliche, herrschsüchtige Gemeindeform, die in der Heiligen Schrift »Babylon« genannt wird. Sie ist symbolisiert in Isebel, der großen Hure, die an den vielen Wassern sitzt und mit den Königen der Erde buhlt. Die Hure ist das päpstliche Rom.
Aber in der Zeit des größten Abfalls Thyatiras griff Gott ein. Er gab der Welt neues Licht über die Heilswahrheiten des Evangeliums, und es entstand die Gemeinde zu Sardes. Sardes ist die Reformationsgemeinde. Während die früheren Gemeinden einander ablösten, besteht Thyatira auch nach dem Erscheinen von Sardes fort. Ja, mit seinem Lügen- und Irrtumsgeist steckte es Sardes an. Darum konnte Sardes von Gott nicht zur Aufrichtung seiner ewigen Reichsherrschaft gebraucht werden, und die Hure übt ihren Einfluß immer noch aus.
In der jetzigen Zeit sind zu Thyatira und Sardes noch Laodizea und Philadelphia hinzugekommen. Damit steht die Wiederkunft Christi bevor. Denn der Engel der Gemeinde von Laodizea entwickelt sich zum Antichrist, der die ewige Satansherrschaft errichten will, während dem Engel von Philadelphia gesagt wird: »Du hast mein Wort behalten und hast meinen Namen nicht verleugnet.« (Offb. 3, 8) Unter diesem Wort ist die Botschaft von der ganzen Erlösung zu verstehen. Sie war in der Epoche von Ephesus verlorengegangen. Jetzt aber ist der Engel zu Philadelphia da, und ihm wurde das Wort wieder so vermittelt, daß er es bewahren konnte. Damit gilt auch, daß der Herr vor der Tür steht (Matth. 24, 32), und das bedeutet sein Kommen innerhalb der gegenwärtigen Generation. Die Schlußperiode begann, als der Engel zu Philadelphia die Erkenntnis des Worts erlangte. Nun fing die Öffnung der sieben Siegel (Offb. 5, 1 f.) und nach der Öffnung des siebenten Siegels das Posaunen der ersten sechs Engel (Offb. 8 f.) an. In diese Posaunenzeit fiel auch die Bewährung des Engels zu Philadelphia. Der erste Engel posaunte vor 1914, der zweite und dritte während des Weltkriegs 1914–18, der vierte und fünfte in den Nachkriegsjahren. Der sechste hat bereits mit dem Posaunen begonnen; und in dieser Zeit, die dreieinhalb Jahre dauert, kommt der Herr. Es handelt sich nicht um eine persönlich-leibhafte Parusie; sie erfolgt vielmehr in der Vollendung der Gemeinde zu Philadelphia, deren Engel die Erkenntnis des Wortes in der Zeit der sechs Posaunen zu bewähren hatte.

Wer ist dieser *Engel zu Philadelphia*? Obwohl Keller es nicht direkt ausspricht, muß aus allen Andeutungen seiner Schriften geschlossen werden, daß er selbst es ist. Gott hatte in jeder Zeit immer einen einzelnen und einzigen Propheten, dem er seinen Willen und Ratschluß enthüllte. Es gehört zu seiner Ordnung, daß er »immer für eine besondere Aufgabe auch *ein* besonderes Werkzeug hat«[432]. Und die Gläubigen können sich in der jeweiligen Epoche nur dann dem Willen Gottes ge-

[432] J. E. Keller, Wann kommt der Herr?, S. 17

mäß entwickeln, wenn sie die Offenbarung anerkennen, die Gott dem Propheten gab. Die sieben Engel der sieben Gemeinden sind Werkzeuge; sie gaben jeder Gemeindezeit ihr Gepräge. Dem Engel von Philadelphia aber verhieß der Herr sein Kommen. Das ist jetzt die entscheidende Botschaft, die geglaubt werden muß. Aus dem Glauben wächst dann die Bereitschaft für den Herrn und die erste Liebe. Wenn aber ein Gläubiger die treue Gehorsamsstellung für das Kommen Christi hat, dann will er auch nach der göttlichen Ordnung leben. Er wird sich nicht mit der bloßen Glaubensgerechtigkeit begnügen, wie sie in der Reformation verkündigt wurde, sondern sich bemühen, durch sein Tun und ein tägliches »Sich-Töten« selig zu werden. Er wird sich beständig an den Herrn anklammern und demütig die ganze Erlösungswahrheit im Auge behalten. Er gehört damit zum »Allerheiligsten, an dem sich die Herrlichkeit Gottes, die Leibesverwandlung, erfüllt«[433]. Das sind die 144 000 oder die Braut des Lammes oder das neue Jerusalem.

Die Glieder dieser *Brautgemeinde* bleiben inmitten der apokalyptischen Schrecken bewahrt; der Herr wird seine Engel zu ihrem Schutz aufbieten. Als Frucht und Lohn ihrer Treue aber ist ihnen verheißen, daß sie ihm in die Luft entgegengerückt und beim Schall der letzten Posaune verwandelt werden. Das Auferstehungsleben Jesu wird ihre sterblichen Leiber so erfüllen, daß Krieg, Hunger und Pest an ihnen wirkungslos abprallen. Entscheidend ist nur, daß man die ganze Erlösung, auch die Erlösung des Leibes, im Glauben gegen alle satanischen Anläufe kindlich festhält. Dann muß man den Tod nicht schmecken. Wenn für die Gläubigen »früher Sterben ihr Gewinn war, so ist nun die Verwandlung ihnen zur Ehre«[434]. Wenn aber ein Gläubiger jetzt vor der Wiederkunft stirbt, dann liegt der Grund nicht in Alter oder Krankheit, sondern darin, daß er »nicht zu den Kindern Gottes gehört, die der Heilige Geist für das Kommen des Herrn zubereiten kann«[435]. Keller gibt zu, daß dieser Gedanke »eine gewisse Härte« darstellt; aber er hält an ihm fest. Ebenso betont er, daß der Engel zu Philadelphia »seine Stellung so lange behalten muß, bis der Herr kommt«[436]. Später hat er eine Revision vorgenommen, die im Blick auf seinen eigenen Tod wichtig wurde: er rechnete mit der Möglichkeit, daß auch wahre Gläubige vor der Wiederkunft sterben, und nannte sie, die sich im Dienst für die Gemeinde verzehren, nach Phil. 2, 17 »Trankopfer«.

Kellers Schriftauslegung ist ebenso eigenwillig und konstruiert wie weithin sein Bild von den Geschichtsepochen, vom vierten Weltreich und von den zehn verlorenen Stämmen Israels. Eine Folge dieser eigenwilligen Schriftauslegung war es auch, daß er die Leibesverwandlung gewissermaßen zur Krone der Erlösungsgaben Christi machte. Es muß allerdings anerkannt werden, daß er die Aussicht auf diese Verwandlung des Leibes nicht zu billigem Preis verteilte; die Bedingungen sind schwer. Auch den seelsorgerlichen Ernst und die persönliche Frömmigkeit kann man Keller nicht absprechen.

Die Anhängerkreise Kellers – in der DDR wurden sie 1950 verboten – führen ein

[433] J. E. Keller, Das Reich Gottes, S. 110
[434] J. E. Keller, Gottes Hilfe in der Not, S. 28
[435] J. E. Keller, Wann kommt der Herr?, S. 20
[436] a. a. O. S. 21

stilles, abgesondertes Leben. Sie haben keine Verfassung, Organisation oder hauptamtlichen Prediger. Kirchenaustritt wird nicht gefordert. Vor den staatlichen Behörden führen sie die Bezeichnung *»Freie Christliche Gemeinschaft«*, gebrauchen sie aber für sich selbst so wenig wie den Namen »Keller-Gemeinschaft«. Die Taufe wird als Bekenntnisakt des Menschen zum Erlösungswerk Christi verstanden und durch Untertauchen vollzogen, wobei nicht einmal eine Taufformel gesprochen wird. Auch beim Abendmahl, das als Gedächtnismahl gefeiert wird, fehlen die Einsetzungsworte. Die Gottesdienste sind betont unliturgisch, und die Verkündigung wird von den Schriften Kellers gespeist.

Die Judenchristliche Gemeinde

Das Judentum in der christlichen Eschatologie

Das jüdische Volk bildete immer eine Hauptfigur der christlichen Eschatologie. Seine Auserwähltheit setzte sich auch in diesen Bezirk hinein fort, und zwar gemäß den biblischen Linien mit den beiden Polen: als Volk des Segens und als Volk des Fluchs. Einerseits ist es das Volk der Patriarchen und Propheten und Jesu Christi, das Eigentumsvolk Gottes. In seiner Mitte und durch seine Geschichte hat er sich geoffenbart, und ihm hat er seine Verheißungen gegeben, die darin gipfeln, daß der Zion die Mitte der Welt, der Ort der Anbetung für alle Völker sein werde. Andererseits wurde inmitten dieses Volkes der Sohn Gottes verstoßen und ans Kreuz geschlagen. Und während die Heidenwelt sich seiner Botschaft öffnete, zeigte es sich verschlossen und verstockt, und seine schweren Schicksale seit Golgatha, beginnend mit der Zerstörung Jerusalems und der Zerstreuung der Juden in alle Welt, galten der Christenheit als Beweis dafür, daß es infolge dieser Tat unter dem Fluch Gottes steht. Wie lange? Für immer? Nein, da waren die alttestamentlichen Verheißungen, die immer noch galten, auch wenn sie ausgesetzt waren. Da war die große Zukunftsschau des Paulus in Röm. 9–11, die Israels Auserwähltheit bestätigte und in dem »Geheimnis« gipfelte, daß die Blindheit dieses Volkes nur so lange dauern werde, »bis die Fülle der Heiden eingegangen ist« (Röm. 11, 25f.).
Diese Spannung von Segen und Fluch, die nach Paulus letztlich nicht in menschlicher Leistung oder Schuld, sondern in der Souveränität des heiligen und das Heil verwirklichenden Gottes wurzelt (Röm. 11, 11–15), bestimmte auch die Rolle, die das jüdische Volk in der christlichen Eschatologie spielte. Dabei zeigt ein Blick in die Geschichte dieser Eschatologie, daß die Akzente in den verschiedenen Zeiten verschieden lagen. Nachdem zunächst die Antichristerwartung mit Nero bzw. nach seinem Tod mit der Gestalt des Nero redivivus verbunden worden war, setzte sich später, auf Grund von 2. Thess. 2, 3f. und älteren Traditionen,

die Anschauung durch, daß der Antichrist in Jerusalem den Thron besteigen werde. Hippolyt (nach 200) verband den Antichrist noch enger mit dem Judentum, indem er lehrte: Er ist die teuflische Nachäffung Christi; er tut Wunder wie dieser, sendet in alle Welt Apostel aus wie dieser, stammt aus der Beschneidung wie dieser und ist ein Löwe wie dieser; folglich muß er nach 5. Mose 33, 22 aus dem Stamm Dan kommen.
Dieser Gedanke pflanzte sich fort und kehrte, phantasiereich ausgemalt, in den mittelalterlichen Antichristvorstellungen häufig wieder. Luther bereitete ihm im Raum der evangelischen Kirche ein Ende. Er bezeichnete die Meinung, daß der Antichrist aus dem Judentum komme, als lauter Narrenwerk: der rechte Antichrist sei schon am Tag, und er sei kein Jude, sondern der römische Papst, in zweiter Linie auch der Türke. In seiner hochgespannten Erwartung, daß die Juden das neu ans Licht gebrachte Wort Gottes annehmen und sich bekehren werden, wurde Luther allerdings enttäuscht. Der Pietismus erinnerte sich schon in seiner Frühzeit wieder des paulinischen »Geheimnisses«, daß am Ende der Zeiten »das ganze Israel selig werde«, und da man von der Gewißheit der nahen Wiederkunft erfüllt war, wurde dem Judentum ein großes missionarisches Interesse zugewandt. Schon Johannes Coccejus (1603 bis 1669), der mit seiner Geschichtstheologie den Pietismus stark beeinflußt hat, war von einem brennenden Eifer für die Judenbekehrung beseelt: Aus der jetzigen Bekehrung einzelner Juden wird in der nahe bevorstehenden großen Missionszeit die Wiederannahme ganz Israels werden; dann sollen die Juden bei der Heilung der Kirche und der Zerstörung der Feinde Christi zu Führern der ganzen Welt werden. Dieses eschatologische Motiv stand seitdem immer, mehr oder weniger betont, hinter der christlichen Judenmission. Sie sah ihr Ziel darin, die bekehrten Juden in die bestehenden christlichen Gemeinden und Kirchen einzugliedern.

Unabhängig von ihr und mit anderen Motiven und Zielsetzungen arbeiteten einzelne christusgläubige Juden: sie wirkten unter ihren Volksgenossen, weil sie in Christus den Erlöser gefunden hatten, aber sie wollten nicht die bekehrten Juden in eine christliche Kirche, sondern Christus in das jüdische Volk einverleiben, um es von innen her umzugestalten. Sie erstrebten also die *Gründung eigener judenchristlicher Gemeinden*, in denen die jüdischen Traditionen beibehalten und verchristlicht, nicht abgeschafft werden sollten. In diesem Sinn war erstmals der aus Rußland stammende Jude Jechiel Lichtenstein tätig, der um 1850 Christ wurde und später als Dozent am Leipziger Institutum Judaicum wirkte. Sein Schwager Josef Rabinowitsch in Kischinew (1837–1899) erlebte auf dem Ölberg 1882 seine Bekehrung und gründete nach seiner Rückkehr eine judenchristliche Gemeinde, die 1884 als *»Kirche der Israeliten des Neuen Bundes«* staatlich anerkannt wurde. Nach seinem Tod siechte sie dahin, wurde aber von Leo Averbuch nach dem Ersten Weltkrieg zu neuem Leben erweckt. Auch der polnische Jude Theodor Lucki sammelte in Stanislaw eine Anhängerschar, die sich ebenso zum talmudischen Gesetz wie zur Messianität Jesu bekannte. In London schuf der anglikanische Geistliche Dr. Paul Levertoff eine hebräisch-christliche Liturgie, die vom Bischof genehmigt und bis zum Zweiten Weltkrieg in einer Londoner Kirche gefeiert wurde.

In jüngerer Zeit sind unter christusgläubigen Juden in den USA und auch in Israel entsprechende Bestrebungen hervorgetreten. Diese *»Messianischen Juden«* erkennen Jesus als den Messias an. Zugleich halten sie an ihrer jüdischen Identität fest und fühlen sich nicht den kirchlichen Traditionen verpflichtet.

Abram Poljak

In der von ABRAM POLJAK gegründeten Judenchristlichen Gemeinde wurde der eschatologische Heilsakzent der frühen kirchlichen Judenmission mit der von Lichtenstein und Rabinowitsch vertretenen Linie vereinigt. Poljak wurde am 10. März 1900 in Mohilev (Rußland) geboren. Sein Großvater war Rabbiner. Schon als fünfjähriges Kind erlebte er in Jekaterinoslaw die Schrecken eines Pogroms. Seine Eltern siedelten einige Wochen darauf nach Deutschland über. Auch hier begegnete er in der Schule dem Judenhaß. Andererseits begann er, durch Tolstoi angeregt, das Matthäusevangelium zu lesen, und war von der Bergpredigt tief ergriffen. Später las er Martin Buber und christliche Mystiker und fand Anschluß an einen christlichen Kreis, wo ihn ein Schriftsteller und ein Ministerialdirektor entscheidend beeinflußten. Als er mit voller Klarheit begriff, daß Jesus ein Jude und der König der Juden war, zerbrach seine letzte Barrikade, sein jüdischer Wille. »Mein Christentum war bis dahin tolstojanisches Erlebnis, jetzt wurde es jüdisches.«[437]

Daß er nun als Bekenner Christi nicht zur Kirche fand, dafür sorgten einige »kriegsbegeisterte Pastoren«, die er kennenlernte. Er machte einen Unterschied zwischen jüdischem und nichtjüdischem Christentum und hoffte auf eine jüdische Kirche. Beruflich war er als Journalist tätig, leitete bis 1930 eine kleine Tageszeitung in Mitteldeutschland und wurde dann freier Journalist. Ostern 1933 wurde er von der Gestapo verhaftet, aber nach acht Tagen wieder entlassen. Das war eine wunderbare Rettung, und es wurde ihm erstmals klar, daß Gott eine besondere Aufgabe für ihn habe. Er floh ins Ausland und kam nach einem Aufenthalt in Paris, wo er sich von einem Baptistenprediger taufen ließ, und in der Schweiz 1935 nach Palästina. Dort wurde ihm seine »judenchristliche Aufgabe« klar. Sie überkam ihn wie ein innerer Zwang. Zusammen mit zwei Freunden gründete er die *»Judenchristliche Union«* und gab eine *»Judenchristliche Pressekorrespondenz«* heraus. Ein Versuch, auch in Wien die Union ins Leben zu rufen, scheiterte 1936 an einem Verbot der Regierung. Dagegen konnte er Anfang 1937 in der Schweiz eine *»Internationale Vereinigung für Judenchristliche Siedlung in Palästina«* gründen. Im Herbst 1937 entstand in London eine Gruppe der »Judenchristlichen Union«. Ende 1938 wurde eine englische Zeitschrift *»Die Judenchristliche Gemeinde«* gegründet. Kämpfe mit äußeren und inneren Gegnern veranlaßten aber Poljak, sowohl die schweizerische »Internationale Vereinigung« als die Londoner »Union« aufzulösen und das Ganze auf der Grundlage eines *»Gebetsbundes der Judenchristlichen Union«* neu aufzubauen. Seine Internierung in England und Kanada brachte einen Stillstand. Als er 1944 freigelassen wurde, begann er in London mit der Her-

[437] Judenchristliche Gemeinde 246, Juni 1957

ausgabe eines monatlichen »*Rundbriefs*«, und am 16. Juni konnte in Whitechapel ein erster Gottesdienst der Judenchristlichen Gemeinde gehalten werden. Sie wurde im Sommer 1945 in England durch die Aufnahme von Heidenchristen erweitert, und ein äußerer Kreis wurde unter der Bezeichnung »*Jerusalem-Gemeinschaft*« geschaffen.

Die programmatische Grundlage dieses Werks ist in der »*Ordnung der Judenchristlichen Gemeinde*« enthalten. Hier werden als Punkte des Glaubens bezeichnet: »a) daß Jesus von Nazareth der menschgewordene Sohn Gottes, der verheißene Messias ist; b) daß die Bibel – Altes und Neues Testament – das offenbarte Wort Gottes ist; c) daß es keine andere Erlösung des Menschen gibt als durch das Blut Christi und keine andere Erlösung der Welt aus ihrer geistigen, politischen und sozialen Not als durch die Wiederkehr Christi und die Aufrichtung Seines Reiches; d) daß die Wiederkehr Christi nahe ist.« Während damit allgemein-christliche Gedanken ausgesprochen sind, wird die eigene Aufgabe und Sendung der Judenchristlichen Gemeinde in folgender Weise beschrieben: Das jüdische Volk spielt im Heilsplan Gottes eine besondere Rolle. Aber durch die Verwerfung Christi hat es sich außerhalb seiner Berufung gestellt, ein »Königreich von Priestern« zu werden. Seine Leiden waren eine Folge des Ungehorsams. Sie werden bis zur Wiederkunft Christi fortdauern. Aber danach wird sich seine Not in Freude verwandeln, und die Juden werden als Gesandte Christi die Heilbringer für alle Völker sein. Jetzt steht die Welt auf der Schwelle dieses großen Umbruchs. Hier wurzelt auch der Auftrag der Judenchristlichen Gemeinde. Sie will, »auf dem Boden des geschichtlichen Judentums stehend, Christus, dem Haupt der Kirche und König der Juden, dienen«. Sie ist »der Vorläufer der Bekehrung Israels als Volk, der Herold des wiederkommenden Königs der Juden«, dessen nahe Wiederkunft sie zu verkündigen hat. »Dieser Aufgabe versucht sie gerecht zu werden a) durch Buße für die Sünden des jüdischen Volkes, b) durch Gebet, daß es zum Lichte Christi kommen möge, c) durch Predigt in Wort, Schrift, Tat und Lebensführung in der Erwartung, daß der Herr durch mitfolgende Zeichen bestätigen wird, was von Ihm ist, d) durch Bildung neuer Formen des Gottesdienstes und Schaffung von Siedlungen in Palästina und anderen Ländern, um ihren Gliedern die Möglichkeit zu geben, im Geiste Christi in wahrer Gemeinschaft zu leben.«
Im Juni 1946 entstand auch in *Jerusalem* eine Judenchristliche Gemeinde durch Pauline Rose, ein Mitglied des Londoner Kreises. Sie sollte nicht missionieren, sondern lediglich durch ihr Dasein bezeugen, daß die Zeit der Erfüllung bevorstehe und daß dann Christus an dem ganzen jüdischen Volk die biblischen Heilsverheißungen verwirklichen werde. Ihre Gottesdienste waren denen der Synagoge angepaßt. An der Beschneidung wird festgehalten. Die Judenchristliche Gemeinde war sehr klein; mit ihren 18–20 Mitgliedern fiel sie selbst unter dem zahlenmäßig bescheidenen Judenchristentum im Staat Israel nicht ins Gewicht. Daran änderte auch nichts, daß 1953 in Haifa eine zweite Messianische Gemeinde mit 10–15 Mitgliedern unter Leitung von Daniel Zion entstand. Auch Poljak, der sich zwischen 1947 und 1950 längere Zeit in Palästina aufhielt, konnte die Judenchristliche Gemeinde nicht aus ihrem Mauerblümchendasein herausführen. Er entwickelte große Pläne: Einrichtung und Vervollkommnung einer christlichen

Synagoge in Jerusalem für alle christusgläubigen Juden; Ausbau eines Zentrums auf dem Ölberg als Stätte immerwährenden Gebets für die Wiederkunft Christi; Schaffung eines jüdisch-arabischen Gebets- und Friedensbundes mit einer zweisprachigen Zeitschrift; Errichtung einer judenchristlichen Schule und Hochschule und Aufbau eines Verlags. Alles scheiterte. Eine Ende 1950 von etwa 60 Judenchristen gegründete *»Union Messianischer Juden«* zerbrach an ihrer inneren Uneinigkeit und mußte am 21. November 1951 wieder aufgelöst werden.

Mit um so größerer Energie betrieb Poljak seine *Tätigkeit in Europa*. Hier hatte er sich mit der kirchlichen Judenmission verfeindet. Schon in seinem Buch »Judenchristen im Heiligen Land« (1936) hatte er sie kritisiert. Während des Zweiten Weltkriegs bezeichnete er sie zusammen mit der kirchlichen Emigrantenfürsorge als den »verlängerten Arm Hitlers«; da sie die judenchristlichen Flüchtlinge so lange in der Schweiz durch Almosen hinhalten wolle, bis Hitler komme und sie fange. Er sprach von einem »Mißbrauch des Namens Christi durch entartete Juden und die bezahlte Judenmission«, den er als Jude und Christ nicht dulden werde. Nun veranstaltete er am 8. April 1951 in Basel eine Konferenz, deren Aufgabe die Einigung der Judenchristen in der Schweiz und der Friedensschluß mit der Judenmission sein sollte. Keines der beiden Ziele wurde erreicht. Dagegen gelang Poljak in Basel der »Durchbruch in der heidenchristlichen Welt«. Zunächst bildete er im Mai 1951 in Straßburg ein Komitee für Frankreich. Aber während die Anhängerschaft dort wie auch in England und anderen Staaten nur bescheiden blieb, fand er ein unerwartetes Echo, als er Anfang Juni 1951 nach *Deutschland* kam. Seine Versammlungen, besonders in Süddeutschland, aber auch in Berlin und im Nordwesten, wurden von Tausenden besucht. Was sie anzog, war seine Kombination von judenchristlicher Gemeinde und endzeitlicher Schau; unter dem Eindruck der Zeitereignisse waren sie überzeugt, daß die Gründung der Judenchristlichen Gemeinde in Jerusalem ein eschatologisches Signal sei. Poljak blieb fortan in Deutschland. Er ließ sich in Neckargemünd nieder und gründete hier 1951 den Patmos-Verlag.
Die zweite Basler Konferenz gab 1952 der Bewegung den Namen »Judenchristliche Reichsbruderschaft« und bildete einen Ältestenrat aus Vertretern der Kreise in England, Frankreich, Deutschland und der Schweiz. Im Sommer 1954 erfolgte die Umbenennung in *»Reichsbruderschaft Jesu Christi«*. Sie will einen neuen Menschen- und Glaubenstyp sammeln: den auf das Reich ausgerichteten Christen. Ihre Aufgabe sieht sie in der Vorbereitung des Tausendjährigen Reichs; ihre Glieder haben als »Wächter auf den Mauern Jerusalems« (Jes. 62, 6) die Botschaft vom Reich in alle Welt zu tragen. Sie gliedert sich in Gebetskreise. 1953 und 1954 wurden internationale Konferenzen in Stuttgart gehalten, an denen je 4000 Anhänger teilnahmen. Fortan verzichtete man auf solche Großkundgebungen, und die Bewegung zog sich mehr in die Stille zurück. Sie hatte sich allerlei unnüchterner Elemente – Poljak sprach von »Sektierern, Schwärmern, Geschäftemachern und Geisteskranken« – zu erwehren und in dem inzwischen ausgebrochenen Konflikt mit der Kirche um eine innere Klärung und Festigung zu ringen. Poljak selbst verzog nach Möttlingen und gründete dort 1955 die *»Patmossiedlung«*, die mit ihren sechs Häusern auch für Vorträge, Bibelkurse und Jahreskonferenzen dient. An

weiteren Zentren entstanden: 1955 »Tenuta Crespera« in Breganzona-Lugano (1980 aufgelöst) und 1960 »Espérance« auf einem Gut in der Nähe von Valence/Südfrankreich (bis 1974).

Zwei Heilslinien in der Bibel?

Poljaks Botschaft ist von zwei Grundgedanken bestimmt. Einmal: Die Endzeit ist angebrochen; damit leben alle biblischen Verheißungen für das Volk Israel wieder auf und stehen vor ihrer Erfüllung. Er unterscheidet drei Zeitperioden seit Christus. Mit Golgatha begann die »Gnadenzeit«. Sie wurde 1914 durch die »Gerichtszeit« abgelöst. Ihr folgte die »Reichszeit«. Poljak hatte auch Terminberechnungen angestellt, in denen die Jahre 1954 als Beginn des dritten Weltkrieges und 1994 als Zeitpunkt der Aufrichtung des Messianischen Reichs eine besondere Rolle spielten. Diese Zeitmarkierungen verschwanden nach 1954; geblieben ist die Erwartung der bevorstehenden Endzeitereignisse.

Wesentlich für die Zukunftserwartung Poljaks ist die *Aufteilung der christlichen Gemeinde in zwei Gruppen*, denen ein verschiedenes Schicksal bevorsteht. Die heidenchristliche Gemeinde wird vor oder während der großen Trübsal entrückt. Dagegen bleibt die judenchristliche Gemeinde auf Erden; denn sie ist der Vortrupp des jüdischen Volks, an dem nach seiner Bekehrung die Verheißung erfüllt werden wird, das Heilsvolk der Welt zu sein. Der 1948 gegründete Staat Israel ist freilich noch nicht das Modell oder Fundament des Messianischen Reiches, sondern nur sein Vorläufer. Er ist »auf heiligem Boden ein unheiliges Getto«, beginnt demokratisch und wird totalitär enden; aber er bildet die Brücke ins Reich Israel. Er wird in neuen Kriegen mit den Arabern zunächst siegen und eine hohe Blüte erleben, aber im letzten Krieg zerstört werden. Dann kommt es zur Erfüllung des letzten Fluchworts von 5. Mose 28, 68, zur Wegführung Israels nach Ägypten. Aber am Ende der letzten Gettostation wartet die Freiheit, die vollkommene Erlösung. In der Verfolgung durch den Antichrist wird nach Sach. 13, 8f. das zweite Drittel umkommen, nachdem schon der Verfolgung durch Hitler ein Drittel zum Opfer gefallen ist. Das letzte Drittel aber wird von Christus bekehrt werden, wenn er nun bei seiner zweiten Wiederkunft allen sichtbar auf Erden erscheint und das *Messianische Reich* aufrichtet. Dann wird sich Theodor Herzls Traum von der aristokratischen Republik erfüllen. Aus ihr wird ein Königreich von Priestern werden. Das Getto wird aufhören. Alle Völker werden sich um den Thron Davids scharen, der in Jerusalem wieder errichtet wird. »Dann wird die Zeit der Knechtschaft und des Kriegs ihr Ende erreicht haben – für Israel und für alle Welt – und die Zeit der Freiheit und des Friedens wird beginnen – das Tausendjährige Reich.«[438]

An den Endereignissen sind also nur noch die antichristlichen Weltmächte und die ebenfalls für Christus noch blinden Juden beteiligt – und in ihrer Mitte die Judenchristliche Gemeinde. Weil sie der einzige, wenn auch winzig kleine Teil des jüdischen Volkes ist, der an Christus glaubt, hat sie eine besondere endzeitliche Be-

[438] a. a. O. Februar 1951

deutung. Sie »ist aus der Ewigkeit und für die Ewigkeit, das erlösende Finale der unvergänglichen Symphonie des jüdischen Geistes, die Einleitung des letzten und ewigen Kapitels des Judentums und der Geistesgeschichte der Menschheit«[439].
Mit seiner Zweiteilung der Christenheit knüpfte Poljak an Anschauungen an, die schon von John N. Darby (S. 287ff.) und in Deutschland von dem badischen Pfarrer THEODOR BÖHMERLE (1860–1927) vertreten wurden. Dieser unterschied zwischen zwei »Heilsökonomien«, nämlich dem irdischen »Königreich Christi«, das nur die Juden angeht, und der aus Heidenchristen bestehenden »Gemeine« der Wiedergeborenen. Die beiden Gemeinden haben nach Poljak nicht nur in der Endzeit ein verschiedenes Schicksal. Auch die Linien, die auf ihre zwei Endpunkte zuführen, sind verschieden. Der Weg der heidenchristlichen Gemeinde begann mit Golgatha, führte durch die Gnaden- und Gerichtszeit und endet mit der Entrückung. Der Weg der judenchristlichen Gemeinde begann schon mit der Erwählung Israels zum Bundesvolk Gottes.
Nach Golgatha folgte eine Zeit der Verwerfung, die jetzt zu Ende geht. Die Gründung des Staats Israel bedeutet auch in ihrer Geschichte eine Wende: War bis zu diesem Zeitpunkt der Anschluß der getauften Juden an die heidenchristlichen Kirchen auf Grund von Apg. 15 geboten, so ist von nun an die Gründung einer eigenen judenchristlichen Gemeinde eine klare biblische Notwendigkeit. Nach der Entrückung der heidenchristlichen Gemeinde trägt sie als die Vertreterin Israels die Verheißungen, die diesem gegeben wurden, und diese Verheißungen münden im Messianischen Reich. So ist die heidenchristliche Gemeinde die »Leibesgemeinde« Christi, die judenchristliche dagegen die »Reichsgemeinde«. Sie bildet die Anfänge der 144000 von Offb. 7, 1–8 und 14, 1–5. Sie hat einen besonderen Auftrag, der nur in Jerusalem ausgeführt werden kann. Sie wird nach dem Ende dieser Weltzeit auf Erden ihre Aufgabe im Messianischen Königreich erfüllen. Aus ihrer Mitte werden auch einmal die zwei Zeugen Offb. 11, 3 kommen.
Weil beide Gemeinden verschiedene Endschicksale und Aufträge haben, wurden sie von Gott auch verschieden erzogen und zubereitet. Sie sind miteinander in Christus verbunden. Aber die judenchristliche Reichsgemeinde kann niemals vom jüdischen Volk getrennt werden, um in der allgemeinen Christenheit aufzugehen. Sie würde sich ja damit von dem ganzen heilsgeschichtlichen Komplex lösen, dessen Träger dieses Volk ist. Sie ist vielmehr dadurch, daß sie aus Juden besteht und zugleich die Israel zuteil gewordenen Verheißungen in Christus erfüllt sieht, die Vorhut, der Herold und Wegbereiter des jüdischen Volkes. Jetzt hat sie Jesus zum König der Juden proklamiert; dereinst werden alle Juden sich zu ihm bekennen. Jetzt hat der verdorrte Feigenbaum (Matth. 21, 18f.) in dem Zweig der Judenchristlichen Gemeinde zu grünen begonnen; dereinst wird der ganze Feigenbaum aus der Verdorrung erwachen.

Aus diesen Gedankengängen ergeben sich zwei Folgerungen. Die eine bezieht sich auf die Stellung der christlichen Juden zur heidenchristlichen Kirche. Sie können ihr nicht angehören. Treten sie ihr bei, dann scheiden sie sich von ihrem Volk – nicht nur als einer nationalen Gemeinschaft, sondern als dem Objekt des göttli-

[439] Poljak in einem Artikel: Die Proklamation, 1936

chen Bundesschlusses. Sie sind dann nicht mehr »Judenchristen«, sondern nur noch »Protestanten, Katholiken usw. jüdischer Abstammung«. Der christliche Jude gehört in die Judenchristliche Gemeinde als die Reichsgemeinde. Hier lag der eigentliche Grund des Konflikts zwischen Poljak und der christlichen Judenmission wie auch der Internationalen Judenchristlichen Allianz. Er warf ihnen vor, daß sie die gewonnenen Juden in die kirchliche Gemeinschaft eingliedern; darum stehe ihre ganze Arbeit unter einem falschen Vorzeichen[440]. Nur »die Judenchristliche Bewegung – das Israel und die Kirche der Zukunft – trägt die höchsten Verheißungen, die Gott in der Bibel niedergelegt hat«.
Die Auseinandersetzung zwischen Poljak und den judenchristlichen Organisationen nahm sehr scharfe Formen an und riß einen tiefen Graben auf. Die Internationale Judenchristliche Allianz und das International Committee on the Christian Approach to the Jews, die Dachorganisation der Judenmission, erteilten ihm eine Absage. Sie hielten ihm entgegen, daß er das Evangelium judaisiere: mit der Beschneidung, der Aufstellung der Thorarolle im Gottesdienstraum, den heilsgeschichtlichen Anschauungen.
Die andere Folgerung greift noch tiefer. Aus der Unterscheidung von zwei Gemeinden, der Leibesgemeinde und der Reichsgemeinde, ergibt sich die Annahme von *zwei verschiedenen Heilslinien* in der Heiligen Schrift. Das führt zu einer Zerreißung der Schrift. Ein Teil ist nur für die Reichsgemeinde, ein anderer nur für die Leibesgemeinde bestimmt. Zu den für die Reichsgemeinde geschriebenen Teilen rechnete Poljak die drei ersten Evangelien, die Apostelgeschichte, den Jakobus-, den Hebräerbrief und die zwei Petrusbriefe, während die Johannesschriften und die Paulusbriefe der Leibesgemeinde gelten. Damit aber wird die Einheit des Wortes Gottes und der Christenheit an der Wurzel getroffen.

An diesem Punkt setzte denn auch der Widerspruch der Kirche ein: Die Schrift kennt keine Reichsgemeinde und Leibesgemeinde als zwei verschiedene Größen, sondern nur *einen* Leib Christi (Eph. 4, 4ff.). Nach Jesu Wort in Matth. 21, 43 wird den Juden das Königreich Gottes genommen und einem anderen Volk gegeben; dieses andere Volk ist »das Volk aus den Völkern« (Apg. 15, 14), d.h. die Gemeinde Jesu. Nach Gal. 3, 28; 5, 6; Eph. 2, 10–12 ist diese Gemeinde eine Vereinigung von Juden- und Heidenchristen, und Paulus bezeichnet sogar Gal. 3, 7 die gläubig gewordenen Heiden als »Abrahams Kinder«. Poljaks Versuch, aus der Schrift eine besondere Heilslinie herauszulesen, die allein für die Juden gilt, ist nur möglich, wenn er die Erscheinung Christi eliminiert. Denn durch ihn wurde das alttestamentliche Gesetz samt Kultus und Tempel überwunden und die alttestamentlichen Verheißungen erfüllt: Er ist der Messias! Die alttestamentliche Hoffnung auf ein irdisches Messiasreich mit Jerusalem als Mittelpunkt entschränkte er: »Mein Reich ist nicht von dieser Welt« (Joh. 18, 36). Dieses Reich ist nicht einem national begrenzten Bundesvolk zugewiesen, sondern umfaßt alle, die in Christus

[440] Die Judenchristliche Allianz will alle Juden zusammenfassen, die den Weg zu Christus gefunden haben, und »tritt, vom Lande Israel abgesehen, wo auf jüdischem Siedlungsgebiet eine Kirche mit judenchristlicher Mehrheit entstehen kann, für völliges Aufgehen der Judenchristen in der christlichen Kirche ein«. (Der Zeuge 1953,10)

gläubig geworden sind und im Gehorsam leben (Röm. 14, 17; Eph. 5, 5). Das irdische Jerusalem als Hauptstadt eines irdischen Israel hat in der neutestamentlichen Zukunftsschau keinen Heilsakzent mehr. Im Gegenteil, dieses Jerusalem wird als »Sodom und Ägypten« bezeichnet, und hier werden die zwei Zeugen durch das Tier aus dem Abgrund getötet (Offb. 11, 7f.). Das neue Jerusalem aber, das die Hütte Gottes auf einer neuen Erde beherbergt, steht in keiner Kontinuität zum irdischen Jerusalem, sondern wird »aus dem Himmel herabfahren« (Offb. 21, 2).

Besonders die württembergische Landeskirche wurde in die Auseinandersetzung mit Poljak hineingezogen. Er verwies seine Gegner, darunter in hohem Ansehen stehende Führer der Kirche und der Gemeinschaften, kurzerhand in das Lager des Antichrists und verkündigte in einer Massenversammlung in Stuttgart-Plieningen am 13. Januar 1952 das Gericht Gottes über sie[441]. Doch Poljak vermied den Bruch und stellte die Polemik gegen die Kirche zurück. Sein Verhältnis zu ihr blieb schwankend. – Am Karfreitag 1960 erlitt er einen Schlaganfall, von dem er sich nicht wieder erholte. Trotzdem verfolgte er mit zäher Energie den Plan, für die kleine »Messianische Gemeinde Israels« ein Siedlungsgelände zu erwerben. Da er mit der dichten Nähe des dritten Weltkriegs und der Endereignisse rechnete, verlieh er dieser Aufgabe eine große Dringlichkeit. Aber am 28. Oktober 1963 setzte der Tod allen seinen Planungen ein Ende. In Möttlingen wurde er zur letzten Ruhe gebettet. Die Leitung der Judenchristlichen Gemeinde übernahm ALBERT VON SPRINGER.

Der heutige Stand

Ihren Schwerpunkt hat die Bewegung heute in Süddeutschland. Das kam auch darin zum Ausdruck, daß die Generalversammlung des 1955 gegründeten *»Missions-Vereins Patmos«*, der den engeren Kreis der deutschen Anhänger umfaßte, am 6. Oktober 1968 die Umbenennung in *»Judenchristliche Gemeinde Möttlingen«* beschloß[442]. Noch heute trifft man sich in Möttlingen alle 14 Tage sonntags zum Anhören von Vorträgen (zum Teil Tonbänder von Poljak oder von Springer);

[441] Diese Versammlung war nach Poljaks Auffassung »das erste öffentliche Gerichtszeichen Gottes gegen die Führung der Evangelischen Kirche Württembergs und darüber hinaus der gesamtdeutschen Kirche«; die Axt sei bereits an ihre Wurzel gelegt (Judenchristliche Gemeinde, Nr. 183). Im Hintergrund dieser Haltung stand Poljaks Überzeugung, daß seine Judenchristliche Gemeinde Gottes besonderes Werk sei: Folglich ist der Kampf, den sie führt, Gottes Kampf. Folglich sind diejenigen Christen, die aus einem anderen Schriftverständnis heraus seine Gedankengänge ablehnen, Gottes Feinde. »Gott trennt jetzt die Lager: das eine zum Gericht, das andere zur Gnade.« (Judenchristliche Gemeinde, Nr. 192, Dezember 1952) Die Reichsbruderschaft »ist Gottes letzter Einsatz vor Harmagedon«, und am Ende dieser Zeit werden sich nur noch zwei Fahnen gegenüberstehen: die Fahne des Judenkönigs und die Fahne des Antichrists. »Und wer sich nicht zur Judenchristlichen Gemeinde und der Reichsbruderschaft, die das Kreuz im Davidstern tragen, bekennt, wird beim Antichrist enden.« (Judenchristliche Gemeinde, Nr. 200, August 1953)

[442] Schon einige Monate zuvor war den Anhängern der Kirchenaustritt nahegelegt worden, da »die modernen deutschen Theologen Wegbereiter für den Antichristen« seien und die endzeitlichen Ereignisse sich schnell entwickeln (Judenchristliche Gemeinde 379/380, Juli/August 1968). Ein Jahr später wurde bekanntgegeben, daß »mehrere unserer Freunde den Rat befolgt« hätten.

wenn Albert von Springer selbst anwesend ist, versammeln sich mehrere hundert in dem kleinen Barackensaal. Ein weiterer Kreis besteht im Ruhrgebiet mit etwa 100–120 Anhängern. Der Berliner Kreis hat sich aufgelöst. Eine feste Judenchristliche Gemeinde hat sich in Nordfrankreich gebildet. Unabhängig von der Möttlinger Organisation besteht in England eine *»Jewish Christian Comunity«*, die ebenfalls auf die Aktivität Poljaks zurückgeht.
Im wesentlichen werden die Anhänger durch die monatlich erscheinende Zeitschrift *»Judenchristliche Gemeinde«* zusammengehalten, die im *»Patmos-Verlag«* in Möttlingen erscheint. Sie enthält vor allem Biblisch-Prophetisches und Endzeitliches, Informationen über das heutige Geschehen in Israel, und immer auch Beiträge von Abram Poljak. Die deutsche Ausgabe hat etwa 3000 Abonnenten, eine französische Übersetzung noch einmal knapp 1000.
Zu Israel werden enge Kontakte gepflegt, vor allem durch Albert von Springer, der selbst dort einen Wohnsitz hat. Seit 1980 unterstützen die Anhänger der Judenchristlichen Gemeinde eine 1972 von israelitischen kinderreichen Familien gegründete Selbsthilfeorganisation mit Namen *»Zahavi«*.
Ihren eigentlichen Schwung hatte die Bewegung jedoch schon in den späten 50er Jahren verloren. Sie erhebt den Anspruch, eine »prophetische Bewegung« zu sein. Aber aus der »Bewegung« ist im Laufe der Jahre ein enger Kreis geworden, der sich im Zustand der Stagnation befindet, und aus der »Prophetie« eine Sammlung von apokalyptischen Klischees. Das Lebendigste ist der bibelfeste Christusglaube und das teilnehmende Interesse für Israel, dessen Kampf als endzeitliches Ereignis ersten Ranges gewertet wird.

Verwandte Vereinigungen

Poljaks Auffassungen von der Stellung und Sendung der Judenchristlichen Gemeinde werden, mit einigen Abweichungen, auch von dem *»Freundeskreis der Karmel-Seemannskirche in Haifa«* geteilt. Diese Seemannskirche geht auf den Norweger Per Faye-Hansen zurück. Er war erstmals 1938 nach Haifa gekommen und gründete 1945 das Karmel-Institut in Oslo. Es sollte ein geistliches Band zwischen Skandinaviern und Juden knüpfen. Als er nach dem Zweiten Weltkrieg ein früheres deutsches Gemeindehaus in Haifa erwerben konnte, wurde es dorthin verlegt. Weitere Seemannsheime konnte er später in Asdod und in Jerusalem eröffnen. Die führenden Männer des Freundeskreises sind außer Per Faye-Hansen der hebräische Pastor Moshe Immanuel Ben-Maeir in Haifa und Friedrich Brode in Kiel. Der Kreis sammelt sich in regelmäßigen Bibelstudien- und Arbeitskonferenzen. Er unterscheidet scharf zwischen den »hebräischen Christen« und den »messianischen Juden«. Erstere sind »Christen jüdischen Bluts«, die Mitglieder der heidenchristlichen Kirchen wurden und durch Assimilation dem jüdischen Volk verlorengehen. Die letzteren bekennen ihre Gliedschaft am Judentum als dem auserwählten Volk, sammeln sich in Israel und wollen »das Israel des Endes in die Berufung bringen«. »Eure Errettung kommt nicht durch eine Union mit den ›hebräischen Christen‹ ... Eure Errettung kommt von den messianischen Juden«, schreibt Moshe I. Ben-Maeir und folgert für die Heidenchristen, sie müßten den gleichen Weg einschlagen, zu dem sich Ruth, die Heidin, gegenüber der Jüdin Naomi bekannte: »Wo du hingehst, da will auch ich hingehen. Wo du bleibst, da bleibe ich auch. Dein Volk ist mein Volk, und dein Gott ist mein Gott.«[443] Die Gründung des Staats Israel am 15. Mai 1948 und die »Befreiung« Jerusalems am 7. Juni 1967 gelten als Daten von endgeschichtlichem Rang, und es wird erwartet, daß Israel als das Bundesvolk Gottes in der jetzt angebrochenen Endzeit einen großen Missionsauftrag erfüllen wird. Für die Völker und die Kirchen aber gibt es als einzige Rettung im kommenden Gericht nur den Kontakt mit Israel.

Der Arbeitskreis »Kirche und Judentum« der Vereinigten Evang.-Luth. Kirche Deutschlands stellte in einem Gutachten 1969 fest, daß der Freundeskreis die zentrale Bedeutung der Person Jesu verkenne: an seine Stelle trete bei ihm Israel. Dieser Begriff »Israel« sei zudem vielschichtig, und es werde nicht klargestellt, was der Freundeskreis unter ihm verstehe. Schließlich: Wenn Israel der endzeitliche Missionsauftrag zukommt, habe die Christenheit kein Zeugnis mehr auszurichten und könne nur noch zuschauen, was in und mit Israel im Rahmen der endzeitlichen Ereignisse geschieht. Damit aber sei das neutestamentliche Verständis von »Kirche« aufgegeben. Schlußfolgerung: »Eine Unterstützung des Unternehmens in irgend einer Form kann nicht befürwortet werden«. (Friede über Israel, Zeitschrift für Kirche und Judentum 1973, 5). In seiner Antwort erklärte Fr. Brode, das Gutachten sei »geprägt von der christologischen, einseitig-kirchlichen Einstellung«, orientiere sich nur noch am Neuen Testament, trenne Jesus und seine judenchristliche Gemeinde von Israel und bestimme Pfingsten zum Geburtstag der Kirche. »Dabei war Pfingsten ein jüdisches Fest, an dem Gott seinen Geist auf die Erstlinge Israels ausgoß. Jesus Christus ist auch kein Stifter einer Religion, sondern war der Retter seines Volkes Israel (Matth. 1, 21; Luk. 2, 11), zu dem er kam, um die Bündnisse zu erfüllen, von denen die Propheten geweissagt haben.« (Kontakt mit Israel 29, 1969)

Ebenfalls in der Nachbarschaft Poljaks ist die *»Bruderschaft Salem«* entstanden. Ihr Gründer, GOTTFRIED MÜLLER, geb. 1915, einer altpietistischen Familie Württembergs entstammend, bereiste seit 1935 zu Studienzwecken den Nahen Osten, wurde im Zweiten Weltkrieg wegen seiner Landes- und Sprachkenntnisse von der deutschen Wehrmacht in Dienst genommen und sprang mit dem Fallschirm über Kurdistan ab, um die Kurden zum Aufstand gegen England zu bewegen. Er wurde 1941 gefangengenommen und in Kairo von einem Kriegsgericht zum Tod verurteilt, aber später begnadigt. Daraus entsprang sein Entschluß, sich »mehr um die zu kümmern, denen es ganz dreckig geht und denen keiner mehr helfen kann oder will, so wie mir in Kairo«. Nach Württemberg zurückgekehrt, wurde er Poljaks eifrigster Anhänger, übernahm 1951 die Leitung des Stuttgarter Kreises der »Judenchristlichen Reichsbruderschaft« und wurde Geschäftsführer des Patmos-Verlags. 1953 trat er aus der Kirche aus. 1954 trennte er sich auch von Poljak, um fortan seine eigenen Pläne zu verwirklichen. Zunächst wurde er Verkaufsleiter bei Siemens. 1957 gründete er die Bruderschaft Salem e.V. mit dem Organ *»Salem-Post«* (1958), seit 1973 *»Salem-Zeitung«* (vierteljährlich). Sie bezeichnet sich als das »Endzeit-Missionswerk«, das »in klarem Auftrag Gottes durch Gottfried Müller gegründet« wurde. Nach ihrer Satzung ist sie »innerlich verbunden mit der internationalen judenchristlichen Reichsbruderschaft«. Sie bekennt sich

443 Kontakt mit Israel 15, 1966

zu einem fundamentalistischen Schriftverständnis und ist überzeugt, daß die jetzige Generation »die sichtbare Wiederkehr Jesus des Christus = Messias erleben wird«. Da das Volk Israel Gottes auserwähltes Volk ist, haben wir »diesem Volke Gottes unsere Liebe in besonderem Maße entgegenzubringen«. Die Mitglieder der Bruderschaft sollen ihre Mitmenschen mit dem, was sie glauben, bekannt machen, als Menschen des Friedens und der Liebe das kommende Reich des Friedens vorbereiten und notleidenden Menschen, besonders Angehörigen des jüdischen Volkes, helfen.

Die Wirksamkeit der Bruderschaft entfaltete sich hauptsächlich auf karitativem Gebiet. In der Stuttgarter Altstadt wurde 1957 eine SOS-Hilfsstelle eröffnet, dann eine Baracke als Übernachtungsheim für Gestrandete, Heimatlose, Dirnen u.ä. Weitere folgten. »Bruder Müller« mühte sich, den Übernachtungsgästen zu Arbeit, Seßhaftigkeit und einem geordneten Leben zu verhelfen und sie dafür zu gewinnen, daß sie ihrerseits wieder solchen helfen, die der Hilfe bedürfen. Um solche Hilfswilligen zu sammeln, gründete er 1959 die *»Werkschaft der Armen e. V.«*, die er aber bald in *»Werkschaft der Nächstenliebe«* umbenannte. Sie wollte ein Netz von SOS-Hilfsstellen der Bruderschaft in der ganzen Bundesrepublik schaffen mit eigenen Siedlungshöfen, Werkstätten, Gärtnereien, Altenheimen u.a. 1958 eröffnete Müller in einer Baracke in Stuttgart das *»Theater der Altstadt«*, um den Herumtreibern dieses Viertels eine bessere geistige Kost zu bieten. Seine Werke und Pläne wurden von der Presse gepriesen, fanden auch finanzielle Unterstützung durch Behörden, Firmen und einen Spenderkreis von etwa 2000 Mitgliedern (1958)[444]. Er konnte eine Reihe von Wohnheimen in Stuttgart, Berlin und München und ein Kinderheim im Schloß Dambach bei Dinkelsbühl errichten. Seine lebhafte Phantasie ersann immer neue Projekte. So entstanden etwa das *»Haus der Nationen«* in Baden-Baden zur Pflege der Freundschaft mit Israel und die *»Deutsche Nothelferei«*. Er plante die Schaffung von *»Biologischen Siedlungen«* mit Kinder-, Alten-, Tier- und Kurheimen und von *»Lindenhöfen«* als Heimat für sozial und moralisch besonders Gefährdete, einer *»Pilgerbank«* für Israelreisende, die Errichtung von Herbergen in Jerusalem und Haifa. 1964 siedelte er »auf göttliche Weisung hin« nach München über und nahm neue Projekte in Angriff. Er veranstaltete *»Büßer-Reisen«* nach Israel – »Auf dem Berg Zion ist der Segen Gottes und damit die Vergebung stationiert, die es zu holen gilt«[445] –, plante ein Lungensanatorium in Galiläa, errichtete einen Stützpunkt in Lahore (Pakistan), plante den Aufbau von *»Salem-Hilfsstellen samt Wohnheimen«* in mehreren Städten entlang der rotchinesischen Grenze, eröffnete in Neukeferloh bei München ein Säuglingsheim, in Seehausen am Staffelsee ein Altenheim.

Ende 1968 gründete Müller in Frankfurt die *»Bruderschaft Salem GmbH«* (heutiger Sitz in Stadtsteinach), die Trägerin der karitativen Unternehmungen ist und der die *»Bruderschaft Salem e. V.«* in München ihre Mitgliedsbeiträge für diese Zwecke zur Verfügung stellt. Immer neue Einrichtungen entstanden: eine »Salem-Bio-

[444] Für 1981 wurden über 100000 »fördernde Mitglieder« angegeben, das sind Spender, die mindestens 12,– DM jährlich geben.
[445] Salem-Post 15, Frühjahr 1964

Hotel- und Gaststätten GmbH« mit dem Kurhaus Bischofsgrün, eine »Salem-Bio-Bau- und Wohnungsgesellschaft mbH«, eine »Salemverwaltungsgesellschaft und Co. Beteiligungs-KG«. Müller schloß sich keinem der großen Wohlfahrtsverbände an. Er blieb ein Einzelgänger. Wegen des Mißverhältnisses zwischen seinen hochfliegenden Plänen und seinen finanziellen Möglichkeiten mußte vieles auf dem Papier bleiben. Die Art seiner Spendenwerbung stieß auf Kritik, bereits begonnene Unternehmungen mußten wieder aufgegeben werden.

Heute liegt der Schwerpunkt der Aktivitäten bei den *Kinderdörfern:* »Kinder- und Jugendwerk Salem«. Müller hatte »alle 100 km« entlang der Grenze zur DDR die Errichtung einer Salem-Siedlung angestrebt. 1968 entstand ein erstes Kinderdorf in Stadtsteinach/Frankenwald mit 60 ha Land und 1000 Obstbäumen, das bis zu 150 eltern- und heimatlose Kinder aufnehmen kann, 1973 ein zweites in Höchheim/Unterfranken mit biologischem Landwirtschaftsbetrieb, ein weiteres in Kovahl bei Lüneburg. Grundprinzip der Siedlungen ist die Großfamilie: bis zu acht Kinder leben jeweils in einer Familiengruppe zusammen, auch Großeltern (Altersheim) sind in die Dorfgemeinschaft einbezogen. Die Häuser wurden in biologischer Bauweise (Ton-Ziegel und überwiegend Holz) zum Teil neu errichtet. Mit der Ernährung auf vegetarisch-lebensreformerischer Grundlage wird ein überdurchschnittlich guter Gesundheitszustand der Kinder erzielt. In Stadtsteinach wurde auch ein Salem-Gästehaus errichtet, das »Bio-Kurwochen mit Vollwertkost« bietet. Auch in anderen Ländern wollte Müller mit seiner Kinderdorf-Idee Fuß fassen: in England, Nordirland, Griechenland. 1981 gab es nur noch in den USA drei Niederlassungen. In Israel versucht man neu anzufangen, nachdem die Zweigorganisation »Mosdoth Shalem« nicht weiter bestehen konnte. Vor allem unter den Flüchtlingskindern in Uganda begann man zu wirken und will auch dort eine Salem-Siedlung aufbauen. In der Schweiz wurde 1977 der Verein »Pro Salem« ins Leben gerufen. Die Erziehungsmethoden an den Salem-Heimen blieben in Deutschland nicht unumstritten; die Behörden mußten einschreiten, weil die Heime nicht den gesetzlichen Anforderungen genügten.

Ein anderer bis heute bestehender Arbeitszweig hat den Kampf gegen Tierversuche aufgenommen. 1974 gründete Müller in München eine »Wissenschaftliche Dokumentationszentrale Alternativen zum Tierversuch« *(Salem-DAT)*. Heute wird in dem »Salem-Forschungs-Institut für Alternativen zum Tierversuch« in München wissenschaftlich an diesen Problemen gearbeitet.

Alle Gründungen Müllers stehen unter einem apokalyptischen Motiv: »Wir bauen Archen, Bergungsorte. Wer bei uns ist, ist in Sicherheit.« Schreckliche Zeiten stehen bevor, und die Menschen müssen das wissen, »damit sie am Bau der Arche mithelfen und sich in letzter Minute in Sicherheit bringen können«[446]. Später hob er mehr auf die ökologische Krise ab: »Der Zerfall dieser Welt geht unaufhaltsam weiter. Die meisten Menschen nehmen diesen Ablauf kaum mehr wahr.« Salem aber ist ein Fels inmitten des bevorstehenden Sturms und »eine Arche, die einlädt, das alte Leben zu überwinden, das neue Leben zu verwirklichen«[447]. Hier entstehen Modelle, die dann für das Neue Zeitalter bereitstehen.

[446] a. a. O. Januar 1959

[447] Das Salem-Werk 1974, S. 35

Die Philadelphia-Bewegung

Im Vorfeld der Wiederkunft Christi

1. Die Philadelphia-Bewegung ist wesentlich das Werk von CHRISTIAN RÖCKLE in Leonberg. Geboren am 6. Februar 1883 in Eltingen (Württ.), absolvierte er nach seiner Schulentlassung 1897–1899 eine Sattlerlehre und empfing nach seinen autobiographischen Notizen 1901 die göttliche Berufung, das Evangelium zu verkündigen. Ihr folgte im März 1905 die Geistestaufe, die aber nicht wie bei den Pfingstlern mit der Zungenrede verbunden war, sondern ihm die Gabe der Rede und der Weissagung vermittelte und sein Wesen wandelte. 1903 war er in das Basler Missionshaus eingetreten. 1909–1911 wirkte er als Missionar an der Goldküste und mußte dann wegen einer schweren Erkrankung nach Deutschland zurückkehren. Der Kriegsausbruch 1914 verhinderte eine zweite Ausreise. 1919–1943 arbeitete er im Dienst des Altpietistischen Gemeinschaftsverbands. Seit 1940 wurde er auch von der württembergischen Landeskirche als Stellvertreter für Pfarrer verwendet, die zum Kriegsdienst einberufen waren. Diese Tätigkeit endete nach dem Krieg.
Schon im Mai 1902 hatte er eine »Offenbarung« bekommen, daß er »vor der Wiederkunft Jesu noch eine Aufgabe bekommen werde in der alten Christenheit«. Genau 40 Jahre später erhielt er die »Botschaft von oben«, daß seine Lebensaufgabe jetzt erst anfange, nämlich die Zubereitung der Gemeinde auf die Wiederkunft Christi. Zu diesem Zweck müsse er die völlige Übergabe an Jesus predigen. In den folgenden Monaten bekam er dann »vom Herrn selbst Unterricht darüber, wie Er Seine Gemeinde haben will, wenn Er kommt, und was Er unter der völligen Übergabe versteht«[448]. Dieser Belehrung folgte der Auftrag, die empfangenen Wahrheiten niederzuschreiben. Diese Schrift »Die Vollendung der Philadelphia-Gemeinde der Endzeit und ihre Entrückung« fand rasch eine starke Verbreitung. Der Vorbereitung auf seinen neuen Auftrag diente auch ein Traumgesicht von einer Kartoffelstaude, die allmählich verdorrt: »Wie die Kartoffeln in aller Verborgenheit im Boden weiterwachsen, ohne daß man von ihrem Wachstum etwas sieht, während das äußere Kraut immer mehr abstirbt, so wird auch deine Ausrüstung und Vollmacht in aller Verborgenheit wachsen, während das äußere Ansehen immer mehr abnimmt.«[449] Diese Ausrüstung und Vollmacht wurde ihm durch ein dreifaches Wunder angezeigt, das er 1941 als Pfarrverweser in Archshofen erlebte: in zehntägigem Abstand sei, so erzählte er, bei frischen Hemden, die er über Nacht unter das Kopfkissen gelegt hatte, um sie am nächsten Morgen anzuziehen, der rechte Ärmel bis zum Ellenbogen vollständig durchnäßt worden, obwohl kein Wasser in der Nähe war. Von nun an habe ihn das Schreiben keine Anstrengung mehr gekostet, denn mit diesem Wunderzeichen habe er die Befähigung dazu bekommen, da »die Nässe an dem rechten Hemdärmel die

[448] Philadelphia-Briefe 99/100, 1957
[449] Bericht über die Allianzkonferenz der Philadelphia-Gemeinde 1946, S. 37

Vollmacht des Geistes zum Schreiben dieser Schriften darstellt, denn Wasser ist nach Jes. 44, 3 und Joh. 7, 37–39 und Offb. 22, 7 ein Sinnbild des Heiligen Geistes«[450].

Diese Erlebnisse gaben dem Leben Röckles eine neue Zielrichtung und standen am Anfang der Philadelphia-Bewegung, die sich nach dem Zweiten Weltkrieg von Leonberg aus entwickelte. Seit 1946 werden dort jeden Sommer *»Philadelphia-Konferenzen«* gehalten, die noch immer bis zu 700 Teilnehmer haben. 1947 wurden laufende Bibelkurse eingerichtet, in der Regel einmal monatlich, die das geistliche Leben fördern wollen. Die seit 1948 herausgegebenen *»Philadelphia-Briefe«* (Auflage 1981: 4000) dienen der Pflege eines durch die Endzeiterwartung bestimmten Glaubenslebens. Etwa 30 Hauskreise und Versammlungen werden von Leonberg aus betreut. Im Lauf der Jahre entstanden zahlreiche Baulichkeiten, so in Leonberg das jetzige Altenheim »Friedensheim« und ein weiterer Komplex von drei Bauwerken, die den Verlag, einen Versammlungssaal und ein Bibel- und Erholungsheim umschließen, ein Altenheim in Ditzingen, ein Zwölf-Familien-Wohnhaus in Eltingen und ein Kinderheim in Murrhardt. Eigentümer der Grundstücke und Träger des Werks ist der 1945 gegründete *»Philadelphia-Verein«*, an dessen Spitze ein Bruderrat steht. Die sozialen Einrichtungen sind dem Diakonischen Werk angeschlossen. Schon 1924 hatte Röckle den *»Christlichen Notbund«* zur gegenseitigen Hilfe (Vorläufer der 1929 von ihm gegründeten *»Leonberger Bausparkasse«*) ins Leben gerufen – er wollte damit ein Beispiel geben, daß auch das Geldwesen unter die Herrschaft Jesu kommen sollte. Rund 70 Mitarbeiter stehen heute im Dienst des vielgliedrigen Werks, das in seiner äußeren und inneren Gestalt entscheidend von Röckle bis zu seinem Tod am 16. August 1966 geprägt wurde. Er war sich seines göttlichen Auftrags bewußt, verband damit aber keine prophetischen Allüren. Im Gegensatz zu so manchen Starevangelisten duldete er nicht, daß man ihn beweihräucherte, in den Vordergrund schob und seine »Erfolge« ausposaunte. Er hielt auch zurück mit Berichten über seine Heilungen; denn solche Berichte könnten »zur Verherrlichung der Werkzeuge dienen«, und die Gabe, Wunder zu tun, sei noch kein Beweis für die göttliche Gesinnung des Wundertäters. Im Grund war er eine nüchterne Natur und legte das Schwergewicht ganz auf die Nachfolge und die Heiligung.

2. »Die Philadelphia-Gemeinde ist keine Sekte, sie bildet auch keinen organisierten Gemeinschaftsverband, sondern findet sich in allen Kirchen und Gemeinschaften. Jeder schließe sich der Gemeinschaft an, von der er glaubt, daß sie ihn am inneren Menschen am meisten fördern kann.« Diesen Grundsatz einer überdenominationellen Stellung hat Röckle von Anfang an betont. Die Philadelphia-Bewegung hält Verbindung mit allen Kreisen innerhalb und außerhalb der Kirche, die endzeitlich ausgerichtet sind. Von Anfang an hat Röckle auch die Angehörigen der Pfingstbewegung zu den Philadelphia-Konferenzen eingeladen. Aber er bewahrte sich insofern eine freie Stellung gegenüber den Pfingstgemeinschaften, als er sich mit großer Bestimmtheit gegen eine Überbewertung des Zungenredens wendete, Unnüchternheiten freimütig kritisierte und eine eigene Auffas-

[450] Röckle, Der neue Tempel der Gemeinde, S. 5

sung von der Geistestaufe vertrat, die sich stark von der Pfingstlehre unterscheidet: nicht die Zungenrede, sondern die »vollkommene Liebe aus einem reinen Herzen« ist der einzige untrügliche Beweis für den Empfang der Geistestaufe. Die Sündlosigkeit wird nicht gelehrt. Aber wer in Christus lebt und bleibt, kann nicht mehr bewußt sündigen, und wenn er sündigt, dann wird »die getrübte Verbindung mit seinem Herrn schnellstens wieder hergestellt«[451]. Auf Wunsch wird mit den Kranken gebetet, aber Röckle betonte im Unterschied zu pfingstlerischen Heilungsevangelisten, daß Gott nicht nach einer Schablone heilt; er kann sich auch äußerer Mittel, etwa der Heilkräuter, bedienen, um dem Glauben eine Stütze zu geben.

3. Zwischen Röckle und der Leitung der *pietistischen Gemeinschaften* ist es nach 1945 zu einem tiefen Bruch gekommen. Der Gnadauer Verband machte unter anderem gegen ihn geltend, daß er sich vom Wort löse und dafür menschliche Meinungen setze, von eigenen Erfahrungen lebe und die Gemeinde zerreiße. Röckle seinerseits fuhr grobes Geschütz auf: Im Gnadauer Verband habe nicht der Heilige Geist, sondern »ein Lügengeist aus dem Abgrund« die Herrschaft. Er führte den Widerspruch seiner Gegner mit Vorliebe darauf zurück, daß sie »entweder irgendwie Dreck am Stecken haben, oder aber mit der Sünde noch liebäugeln und sie entschuldigen oder beschönigen«[452]. Daß diese Art der Polemik zu einer bitteren persönlichen Fehde führen mußte, ist begreiflich. Der Verband der Reichsgottesarbeiter schloß Röckle aus.
Zur Klärung des *Verhältnisses zwischen Philadelphia-Gemeinde und württembergischer Landeskirche* kam es 1952 zu einer Aussprache, die aber nicht zum Einverständnis führte. Es ging vor allem um die Frage der Wiedertaufe und der Bildung besonderer Philadelphia-Gemeinschaften. Röckle selbst war überzeugt, daß die Großtaufe bzw. Glaubenstaufe die biblisch richtige Taufe sei, und ließ sich 1946 wiedertaufen. Er gab aber der Tauffrage nur eine untergeordnete Bedeutung. Und die Gründung von Philadelphia-Gemeinschaften sei nur dann erfolgt, wenn die Philadelphia-Bewegung keinen Eingang in eine schon bestehende Gemeinschaft gefunden habe. Röckle forderte aber die Anhänger der Bewegung nicht auf, sich von der Kirche zu trennen. Warum? Er erinnerte daran, daß er in der methodistischen Sonntagsschule erweckt worden sei und durch einen landeskirchlichen Pfarrer den entscheidenden Anstoß zur Wiedergeburt erhalten habe. Darum: »Daß ich heute sowohl von den Methodisten als auch von der Kirche weithin abgelehnt werde, kann meine Stellung zu beiden nicht erschüttern. Sie mögen mich hassen, aber ich liebe sie trotzdem, denn ich verdanke beiden das Größte und Beste, was ein Mensch auf dieser Welt finden kann.«[453]

[451] Philadelphia-Briefe 91/92, 1957
[452] Röckle, Die Zukunft von Philadelphia und Laodizea, S. 13
[453] Philadelphia-Briefe 75/76, 1955

Die Brautgemeinde »ohne Flecken und Runzel«

1. Die letzte Zeit vor der Wiederkunft Christi ist jetzt da. Die Weltkriege haben Gottes Gerichte eingeleitet. Diese werden sich zu furchtbaren Drangsalen steigern. Aber noch hat Gott eine Gnadenzeit geschenkt, um weitere wiedergeborene Christen reif für die Entrückung zu machen. Diese *Gnadenzeit ist kurz;* die Parusie wird in dichter Nähe erwartet. Auf der Jahreskonferenz 1957 glaubte man zu sehen, »daß alle Zeichen der Zeit auf die nahe bevorstehende Wiederkunft des Herrn hindeuten und wir darum mit der Möglichkeit rechnen müssen, daß die hinter uns liegende Konferenz die letzte gewesen ist«[454]. In der Gnadenzeit bereiten Scharen von Propheten und apostolische, mit Wunderkräften ausgestattete Männer die Brautgemeinde zu. Dann erscheint der Antichrist, tötet die »zwei Zeugen« und holt zum vernichtenden Schlag gegen die Brautgemeinde aus. Aber bevor er sein Vorhaben ausführen kann, wird sie *entrückt;* um so mehr wird die zurückgebliebene Christenheit heimgesucht. Der Antichrist macht sich zum Oberhaupt der Kirche. Die ihm widerstrebende Gemeinde flieht an den Bergungsort in Palästina und der angrenzenden Wüste, wo sie von Gott wunderbar ernährt und geschützt wird. Die in der Kirche verbliebenen Christen aber haben die ganze Wut des Antichrists zu ertragen, bis dessen Weltreich durch innere Unordnung zerbrochen wird. In seinem Grimm ruft er die Völker des Ostens herbei und zieht gegen die in Palästina gesammelte Gemeinde. In der Schlacht von Harmagedon wird er durch Christus vernichtet. In dem nun kommenden Tausendjährigen Reich wird das Volk Gottes, das zum Bergungsort geflohen war, das Stammvolk für die Mission bilden. Die entrückte Brautgemeinde aber wird zusammen mit Christus in diesem Reich regieren.

2. Aus dem vorstehenden Aufriß der Endereignisse ergibt sich, daß der Christenheit drei verschiedenartige Schicksale bevorstehen. Die einen werden entrückt, die anderen fliehen an den Bergungsort, und die übrigen müssen die antichristlichen Drangsale erleiden. Die Christenheit besteht also aus drei Klassen; diese sind durch die verschiedenen Grade ihrer geistlichen Vollkommenheit voneinander getrennt. Röckle sah sich als der endzeitliche Prophet bevollmächtigt, diese *»Dreiteilung des Tempels«* zu verkündigen und die geistlichen Merkmale der drei Klassen festzustellen. Entsprechend der Teilung des alttestamentlichen Tempels in Vorhof, Heiligtum und Allerheiligstes gibt es: 1. Vorhofchristen, d.h. den ordentlichen Durchschnitt derer, die in den Himmel kommen wollen und deshalb fleißig in die Kirche gehen und anständig leben, aber nicht bekehrt sind oder nach einer erfolgten Bekehrung wieder in das alte Leben zurückfielen. 2. Die Angehörigen des Heiligtums, d.h. die Wiedergeborenen, die mit Gott versöhnt, aber nicht vollständig geheiligt und ganz vom Heiligen Geist erfüllt sind, sondern noch unter der Herrschaft der seelischen Triebe stehen. 3. Die Glieder des Allerheiligsten oder der Philadelphia-Gemeinde im Sinn von Offb. 3, 7–13, d.h. diejenigen Bekehrten, die eine völlige Übergabe an den Herrn vollzogen haben und nun ununterbrochen von oben her geleitet werden; sie haben die »Salbung« (1. Joh. 2, 27)

[454] a.a.O. 101/102, 1957

empfangen und sind Hohepriester und Mitregenten Jesu im Tausendjährigen Reich.
Röckle sah seinen besonderen Auftrag darin, dieser dritten Gruppe zu dienen. Sie bedarf einer anderen Verkündigung als die sonstigen Christen. »So wie beim Evangelisten in der Botschaft an die Welt Buße und Bekehrung, Sünde und Gnade im Mittelpunkt stehen, so muß jetzt bei der Verkündigung an die Gläubigen die völlige Erlösung durch die Leibesverwandlung und Entrückung im Mittelpunkt der Verkündigung stehen.«[455] Der Leitgedanke lautete: »Der Herr will am Ende eine Gemeinde haben, die herrlich sei, die nicht habe einen Flecken oder Runzel oder des etwas, sondern daß sie heilig sei und unsträflich (Eph. 5).«[456] Wer gehört zu dieser Gemeinde? Röckle hat die ihm geoffenbarten Weisungen für die Gläubigen in *»zwölf Merkmalen als Prüfstein völliger Übergabe«* niedergelegt. Sie wollen nicht als Gesetz verstanden sein, sondern als Spiegelbild, das dem Gläubigen zeigt, wovon er noch erlöst werden muß, wenn er für die Entrückung reif werden will. Diese zwölf Merkmale, die teils sehr allgemein gehalten, teils sachlich nicht klar untereinander geschieden sind, betreffen unter anderem: Sieg über die Sünde; Bruch mit jeder erkannten Sünde; Zurückerstattung von unrecht erworbenem Gut; Abgabe des Zehnten; Einigkeit im Geist; Bemühung um die Geistesgaben; Bereitschaft zum Märtyrertum; Befreiung von leiblichen Gebundenheiten (Essen und Trinken). Sie beanspruchen die Qualität einer göttlichen Offenbarung. Deshalb sind sie unverrückbar; es darf nichts hinzugetan und nichts hinweggenommen werden. Röckle bekam an einem Karfreitag vor Beginn des Gottesdienstes plötzlich die Botschaft: »Mit der Aufstellung der zwölf Punkte hast du nach Offb. 11, 1 im Tempel Gottes das Allerheiligste abgemessen.«[457] Da aber nach Offb. 11, 1 Johannes mit der Abmessung des Tempels beauftragt ist, legte sich Röckle der Gedanke nahe, »daß Johannes es war, der mir jene Schrift diktiert hat, denn irgend jemand muß sie mir diktiert haben«[458]. Hier wird deutlich, daß sich Röckle als Organ des Heiligen Geistes und Offenbarungsträger ansah. 1956 schrieb er, er sei »in den letzten Jahren gar nicht mehr nachgekommen«, alle ihm geschenkten Offenbarungen niederzuschreiben[459]. Diese beschränkten sich auch nicht auf eine bloße Ausdeutung der Schrift, sondern ergänzten sie. Die Notwendigkeit solcher Ergänzungen begründete er damit, daß die endzeitlichen Offenbarungen (z. B. Dreiteilung des Tempels) der neutestamentlichen Gemeinde noch vorenthalten werden mußten, weil damals noch keine Endzeit war.
Als äußeres Zeichen seiner prophetischen Bevollmächtigung empfing er im Frühjahr 1944 die Versiegelung, d. h. ein zeitweise für jedermann sichtbares Zeichen an der Stirn, und die Erklärung des Herrn, »daß dieses Siegel zunächst nur mir zu meiner persönlichen Beglaubigung und Gewißheit gegeben worden sei als sichtbares Zeichen meiner göttlichen Sendung für Gläubige und aufrichtige Zweifler, um sie von meiner göttlichen Sendung zu überzeugen und gewiß zu machen«[460].

[455] Röckle, Die Vollendung der Philadelphia-Gemeinde der Endzeit und ihre Entrückung, S. 2
[456] Philadelphia-Briefe 79/80, 1956
[457] Röckle, Der neue Tempel der Gemeinde, S. 8
[458] a. a. O. S. 11
[459] Philadelphia-Briefe 85/86, 1956
[460] Röckle, Der neue Tempel der Gemeinde, S. 51 f.

3. Die Philadelphia-Bewegung ist *nicht selbst mit der Entrückungsgemeinde identisch*. Röckle wußte, daß man keine Organisation schaffen kann, die sich mit der »Brautgemeinde« deckt. Auch aus dem Namen »Philadelphia« wollte er keine selbstsicheren Schlüsse gezogen wissen: dieser Name soll keinen »Besitz«, sondern ein Ziel und ein Programm bezeichnen. »Wir betonen deshalb immer wieder, wir sind keine Philadelphia-Christen, sondern haben das Ziel, solche zu werden.«[461] Die Philadelphia-Bewegung will nur ein Sammelort sein für solche, die danach streben, an der Entrückung teilhaben zu dürfen, aber keine feste Vereinigung, die ihre Glieder den Kirchen und Gemeinschaftsverbänden entzieht. »Wir würden dadurch nur ein kleines Babel neben dem großen bauen, aus dem wir dann auch einmal herausmüßten.«[462]
Das schließt aber nicht aus, daß der Philadelphia-Bewegung ein besonderes *Sendungsbewußtsein* eigen ist: Mit ihr hat, nach dem ersten Durchbruch Christi in der Reformation und dem zweiten Durchbruch zur Gemeinschaftsbewegung vor 200 Jahren, der dritte Durchbruch eingesetzt, der über ein mißverstandenes *»sola fide«* und eine einmalige Bekehrung hinaus auf die völlige Hingabe zum Heiligungs- und Überwinderleben drängt. Dies ist kein Menschenwerk, sondern das von Christus gewollte »Geschrei« zur Mitternacht, das anzeigt, daß der Bräutigam zur Heimholung seiner Gemeinde kommt. Die Philadelphia-Bewegung hat nicht nur einen priesterlichen, sondern in erster Linie einen prophetischen Dienst. Sie hat sämtliche echten Geistesgaben in ihrer Mitte, besonders die Gabe der Weissagung. Diese äußert sich in der Zukunftsprophetie, aber auch in der Aufdeckung der Sünde – in der eigenen Mitte und bei den Gegnern. Darum befindet sich die Philadelphia-Bewegung immer in einem Prozeß der Selbstreinigung; wer dem Satan verfällt, kann in ihr nicht existieren und wandert von selbst wieder ab. Ihre Glieder lassen sich von der Wahrheit richten und geben ihr ganzes Eigenleben in den Tod. Das Kennzeichen der Gegner aber ist »durchweg Mangel an Aufrichtigkeit. Die Betreffenden fühlten sich von irgendeinem Punkt betroffen, haben aber nicht die aufrichtige Demut aufgebracht, sich unter die erkannte Wahrheit zu beugen und ihr Leben vor Gott und Menschen in Ordnung zu bringen, und darum müssen sie sich dagegen auflehnen.«[463] Röckle selbst wußte sich beauftragt und bevollmächtigt, die Sünden aufzudecken und zu bestrafen. Wenn er in seiner Auseinandersetzung mit der Kirche einen scharfen Ton anschlug, dann rechtfertigte er dies damit, daß er sein Amt in Parallele zu dem Johannes des Täufers setzte. Weil die Philadelphia-Bewegung als eine *Buß- und Heiligungsbewegung* der letzten Stunde von oben stammt und Christus eine reine Braut zuführen will, wird es ihren Gegnern genauso ergehen wie einst den Gegnern des Täufers: diese lehnten folgerichtig auch die Botschaft Jesu ab und wurden aus dem Reich Gottes ausgeschlossen.

4. Röckle und seine Mitarbeiter wandten sich mit ganzer Kraft der Aufgabe zu, die Gläubigen zu einem Leben der völligen Hingabe und der Vorbereitung auf das

[461] Philadelphia-Briefe 1, 1948
[462] Röckle, Der neue Tempel der Gemeinde, S. 6
[463] Philadelphia-Briefe 43/44, 1953

Kommen Jesu zu führen. Jede der jährlichen Philadelphia-Konferenzen steht unter dem Thema: *»Die Wiederkunft Jesu und unsere Zubereitung«*. Bibelkurse, Evangelisationen, Freizeiten, Bezirkskonferenzen und anderes dienen dem gleichen Ziel. Doch ging es durch manche Enttäuschungen; sie zeigten, wie schwer sich die Brautgemeinde »ohne Flecken und Runzel« verwirklichen läßt. Gerade im engeren Kreis der Mitarbeiter kam es zu harten Auseinandersetzungen. Eigenmächtige Geister und Sondergänger brachten Unruhe und störten die Einheit. Immer neue Scheidungen wurden nötig.

So wurde 1954 der Schweizer Pfingstprediger Otto Bueß, der lange Jahre eine bedeutende Rolle gespielt hatte, aus dem Mitarbeiterkreis ausgeschieden. Im gleichen Jahr folgte die Auseinandersetzung mit dem Pfingstprediger Paul Mink, der einst bei den Konferenzen als Wiedertäufer gewirkt hatte. 1956 mußte Röckle Frau Hanna Faiß, die als »Sonnenweib« auftrat, bescheinigen, daß sie »unter satanischem Einfluß« stehe und von einem »hochmütigen Lügengeist« umgetrieben sei. Wie von ihr trennte er sich auch von Hans Härer, der ihr als einer der »zwei Zeugen« (Offb. 11, 3) anhing und noch 1955 in den Philadelphia-Briefen (67/68) die radikale Forderung »einer klaren Scheidung des ›Vorhofes‹ vom ›Heiligtum‹, aber auch einer ebenso klaren Trennung zwischen ›Heiligtum‹ und ›Allerheiligstem‹« erhoben hatte. Am Schluß der Philadelphia-Konferenz 1957 mußte der Leiter feststellen, es seien »die Gegensätze in den Auffassungen der mitwirkenden Brüder und die dadurch entstehenden Spannungen noch niemals so groß gewesen wie in diesem Jahr«. Und: »Die traurige Tatsache, daß gerade die Geistgetauften und Geistbegabten unter den Gotteskindern am weitesten von der Einigkeit im Geist entfernt sind, redet eine deutliche Sprache.« (Philadelphia-Briefe 101/102, 1957)

Wie konnte man weiterkommen? Röckle suchte zu helfen, indem er von einem Erlebnis im Jahre 1942 berichtete, in dem er einen »gründlichen Zerbruch des eigenen Wesens durch die vollkommene Offenbarung des Heiligen Geistes« erfuhr. Dieser *Zerbruch* muß bei jedem geschehen. Man muß sich auch von seinem frommen, ja, seinem »heiligen« Ich erlösen lassen, um ins »Allerheiligste der ewigen Liebe« durchzubrechen. Dann ist die bisher so bitter entbehrte Einigkeit gewonnen: »Gotteskinder, die sich haben zerbrechen lassen und dadurch zerschlagenen Geistes und demütigen Herzens geworden sind, können auch trotz ihrer Verschiedenheit in innigster Liebesgemeinschaft miteinander leben.« Aber dieser Zerbruch ist noch ganz selten und nur dann möglich, wenn Gott »auf eine übernatürliche Weise« eingreift. »Bis jetzt hat sich der Herr erst in ganz wenigen Geschwistern mit einer solchen Kraft und Klarheit offenbaren können, wie das für unsere Zubereitung auf den Tag der ersten Auferstehung nötig ist.«[464]

Mit Röckles Tod hat die Philadelphia-Bewegung ihre charismatische Führergestalt verloren. Die Zeit des Aufbruchs und der dramatischen Auseinandersetzungen ist längst vorbei. Doch Röckles Erbe ist unter den Anhängern lebendig geblieben. Die Hoffnung auf die Wiederkunft des Herrn prägt den einzelnen in seinem Bemühen um ein geheiligtes Leben; sie wurde zugleich fruchtbar im diakonischen Dienst der tätigen Liebe.

[464] a. a. O. 101/102, 1957

II. Exkurs: Die Entrückungslehre

Die Lehre von der Brautgemeinde und ihrer Entrückung vor der großen Trübsal wird nicht nur von der Philadelphia-Bewegung vertreten. Nicht wenige der in diesem Buch dargestellten Glaubensgemeinschaften haben sie sich in mancherlei Abwandlungen zu eigen gemacht, und im Zusammenhang mit 1. Thess. 4, 14–17 wird sie zuweilen auch in unserer Kirche angesprochen. Deshalb soll sie hier ausführlicher entfaltet werden.
Erstmals fand die Lehre von der Entrückung der Brautgemeinde durch John Nelson Darby (S. 287ff.) eine stärkere Verbreitung. Darby glaubte, den prophetischen Schriften der Bibel entnehmen zu können, daß für Israel und für die wahre Gemeinde Christi verschiedene endzeitliche Schicksale und Verheißungen vorgesehen sind: Für Israel werden die irdischen Verheißungen des Alten Testaments eine irdische Erfüllung finden; die Gemeinde Christi dagegen ist »in ihrer Berufung und ihrem Verhältnis zu Christus wesenhaft himmlisch und hat keinen Teil am Verlauf irdischer Geschehnisse«. In der Endzeit erfüllen sich zuerst die himmlischen Verheißungen für die Glieder der *wahren Kirche:* Wenn die Vollzahl der Heiligen aus den heidnischen Nationen versammelt ist, erfolgt die erste Auferstehung. Sie gilt nur den Gläubigen unter den Toten. »Beim Kommen Christi werden sie auferstehen ... durch Seinen Geist, der in ihnen wohnt. Das ist die Auferstehung – nicht zum Gericht, sondern zum Leben.« Dieses »Kommen« Christi erfolgt nicht auf der Erde, sondern im Luftraum, und dorthin werden die Auferweckten zusammen mit den lebenden Heiligen »hingerückt werden in den Wolken, dem Herrn entgegen in der Luft« (1. Thess. 4, 17). Die Hochzeit der Braut mit dem Lamm schließt die Heilsgeschichte der wahren Kirche ab.
Im Mittelpunkt der weiteren Endereignisse steht *Israel*. Christus und seine verherrlichte Gemeinde führen gegen Satan und seinen Anhang einen Kampf, der damit endet, daß der Himmel von allen gefallenen Wesen gereinigt und der Satan auf die Erde geworfen wird. Zornentbrannt läßt er mit Hilfe des Antichrists die »große Trübsal« über die Menschheit hereinbrechen. Wie die abgefallene Kirche, so reiht sich auch die große Mehrheit der Juden in die antichristliche Gefolgschaft ein. Aber wie nicht alle Kirchenglieder dem Antichrist folgen, so widersteht ihm auch von den Juden ein gläubiger Rest von 144000, der sehnsüchtig auf die Ankunft des Messias harrt. Auf diesen Rest gründet Christus sein irdisches Königreich, wenn er bei seiner Wiederkunft die siebenjährige Herrschaft des Antichrists beendet und Satan gebunden hat. Nun erfolgt die Auferstehung aller Toten. Christus hält Gericht über die Weltkirche, reinigt das Land zwischen Nil und Euphrat von allem Widergöttlichen und gibt sich den Juden als ihren Messias zu erkennen. Nicht nur die 144000, sondern alle Juden werden ihn anerkennen und ihm dienen. In Jerusalem wird der Thron Davids wieder aufgerichtet, und von ihm aus wird Christus das Tausendjährige Friedensreich regieren. In diesem Reich werden sich alle Verheißungen des Alten Testaments für Israel erfüllen.

Diese Lehren von den zwei Heilslehren der Bibel, von der Aufteilung der apokalyptischen Ereignisse auf die Träger der beiden Heilsverheißungen und von der

Entrückung der Brautgemeinde werfen eine Anzahl von Fragen auf, die einer Klärung bedürfen.

1. *Welches ist der Sinn und die Stellung der Entrückungslehre im Zeugnis der Heiligen Schrift?* Die Gemeinde in Thessalonich war angesichts der Wiederkunftserwartung von einer Frage gequält. Da war die Verheißung, daß der Herr nahe sei und daß keiner der jetzt lebenden Gläubigen mehr den Tod erfahren werde. Nun starben aber Gemeindeglieder, bevor der Herr gekommen war. Was wird mit diesen Entschlafenen geschehen? Sollen sie der Freude verlustig gehen, an der Herrlichkeit des wiederkommenden Herrn teilhaben zu dürfen? Darauf antwortet Paulus: Nein, sie werden keinen Nachteil gegenüber den Lebenden haben. Wenn die Posaune erschallt und der Herr vom Himmel kommt, werden sie als erste auferstehen und zusammen mit den lebenden Gläubigen auf Wolken in die Luft entrückt werden. Paulus schreibt dies »als ein Wort des Herrn« (1. Thess. 4, 15). In den Evangelien finden wir diese Vorstellung nicht. Deshalb wird vermutet, daß er sie durch eine Offenbarung empfangen hat, ähnlich anderen ihm zuteil gewordenen Offenbarungen (Apg. 9, 4ff.; 13, 2; 18, 9; 16, 9f.; 2. Kor. 12, 9).
Die Vertreter der Entrückungslehre[465] versuchen, diese auch aus den Evangelien herauszulesen und Jesus selbst in den Mund zu legen: Er habe verschiedene Aussagen über die Endereignisse vorgebracht, die nicht recht übereinstimmen; nach den einen werden sie durch Vorzeichen eingeleitet werden, nach den anderen treten sie plötzlich und unerwartet ein. Daraus wird geschlossen, daß Jesus von einer *zweifachen Wiederkunft* gesprochen habe. Die erste erfolge ohne Vorzeichen und gelte nur der Brautgemeinde und ihrer Entrückung; auf diese Ereignisse beziehen sich Luk. 17, 26–37 (Matth. 24, 40f.); 18, 7f.; 21, 36; Matth. 25, 1–13 (besonders V. 10); 2. Kor. 5, 4; Hebr. 9, 28; Offb. 3, 10. Nach der Entrückung, die einen zeitweiligen Schreck unter den Zurückbleibenden hervorrufe, leben Welt und Christenheit weiter, bis die durch Vorzeichen angekündigte zweite Wiederkunft Christi erfolge. Sie werde Luk. 21, 25–27; Matth. 25, 31ff.; 2. Thess. 1, 7. 10; Offb. 1, 7; 19, 11–16 geschildert und gelte der ganzen Menschheit, dem Gericht über sie und der Aufrichtung des Reiches Gottes auf Erden.
Diese Auslegung ist sehr fragwürdig. Warum haben die Evangelisten, wenn Jesus von einer zweimaligen Wiederkunft sprach, diese nicht scharf auseinandergehalten, sondern im Gegenteil so durcheinandergemischt, daß in Luk. 21 ohne jeden Übergang und ohne besondere Kennzeichnung an V. 5–35, wo von der zweiten Wiederkunft die Rede sein soll, V. 36 angehängt wird, der plötzlich die erste Wiederkunft zum Gegenstand hat? Warum wird nirgends in den Evangelien ausdrücklich von zwei Wiederkunftsereignissen, sondern immer nur von einem einmaligen Kommen des Herrn geredet?

2. Die Vertreter der Entrückungslehre gehen davon aus, daß nur eine Minderheit der Christen, die Brautgemeinde, zur Entrückung kommt. Das setzt also voraus, daß es *in der Christenheit verschiedene Klassen* gibt. Darby und andere haben sie in

[465] Zum Beispiel K. Huhn, Die Entrückung Henochs – ein Vorbild auf die Entrückung der Gemeinde; und: Die Entrückung der Gemeinde und der Tag des Herrn

zwei, Röckle in drei Gruppen geteilt. Das Neue Testament kennt weder das eine noch das andere. Diese zwei bzw. drei Klassen sollen verschiedenen apokalyptischen Schicksalen entgegengehen. Die einen werden entrückt, die anderen geborgen, die dritten gequält. Wie ist das nun: Gehören alle drei Gruppen zum »Leib Christi«? Wenn ja, wie kann dann ihre unterschiedliche Behandlung begründet werden? Und wie können die vor der Verfolgung Geretteten sich ihres Glücks freuen, während gleichzeitig andere Glieder desselben Leibes von Angst und Todesnot heimgesucht werden? Oder sollte hier nicht mehr gelten: »So ein Glied leidet, so leiden alle Glieder mit« (1. Kor. 12, 26)? Oder besteht der Leib Christi nur aus den Gliedern des »Allerheiligsten« und vielleicht auch noch des »Heiligtums«? Aber wohin gehören dann die »Vorhofchristen«? Wenn sie nicht mehr zum Leib Christi gerechnet werden, dann stehen sie überhaupt außerhalb der Gemeinde und können auch nicht mehr als »Vorhofchristen« bezeichnet werden. Und weiter: Den Entrückten bleiben alle endzeitlichen Drangsale erspart. Sie kommen nicht mehr in eine Lage, in der sie ein Bekenntnis ihres Glaubens inmitten der verfolgten Gemeinde abzulegen haben. Für diese Aufgabe sind nur die »Vorhofchristen« ausersehen, während die anderen von einem sicheren Ort aus zusehen können, wie ihre auf der Erde zurückgebliebenen Brüder und Schwestern vom Antichrist gehetzt werden. Welch unmögliche Vorstellung ist das! Die Glieder des »Allerheiligsten« werden sie, sofern sie wahrhaft Jünger Jesu sind, entrüstet zurückweisen. Sie kennen keine Vorzugsbehandlung, sondern die Solidarität der Liebe, des Bekenntnisses und des Leidens. Und Jesus kennt auch keine Vorzugsbehandlung. Er versprach den Zwölfen keine Kronen und Thronsessel im Himmel, wohl aber den Leidenskelch und die Bluttaufe (Matth. 20, 20ff.). Und er ließ sie nicht im unklaren, daß die Nachfolge mit dem Kreuz verbunden ist.

3. Die *Motive*, die hinter der Aufteilung der Christenheit in verschiedene Klassen stehen, sind deutlich. Aus den kleinen Gemeinden der apostolischen Zeit sind große Kirchen geworden. Diese Kirchen beherbergten je länger, je mehr Halbchristen und Namenchristen. Sie deckten sich bei weitem nicht mehr mit der Gemeinde der Gläubigen. Um diese nun vom großen Haufen zu unterscheiden, legte es sich nahe, gewisse Merkmale aufzustellen, die als Kennzeichen der wahren Gemeinde dienen sollten. Mit Hilfe dieser Kriterien konnte der einzelne Christ sich selbst prüfen, ob er der wahren Gemeinde angehört. Und zugleich konnte man versuchen, eine solche Gemeinde sichtbar zu sammeln. Von hier aus war es dann kein großer Schritt mehr, diese Auswahlgemeinde mit der »Brautgemeinde« zu identifizieren, die in der Endzeit eine Sonderbehandlung durch Christus erfahren wird.

Das alles ist psychologisch gut begreiflich. Nur eben, die Lehre von der Braut als der vollkommenen Gemeinde Christi, die zur Entrückung bestimmt ist und dadurch vor der antichristlichen Verfolgung bewahrt bleibt, kommt im Neuen Testament nicht vor. In Offb. 12, 17 heißt es ausdrücklich, daß der Drache hinging, zu streiten mit denen, »die da Gottes Gebote halten und haben das Zeugnis Jesu Christi«, und die von ihnen sterben, werden selig gepriesen (Offb. 14, 13). Auch die treuen Jünger Jesu sind also vom Martyrium nicht ausgenommen. Von der »Braut des Lammes« wird nur ein einziges Mal gesprochen (Offb. 21, 2.9); aber da handelt es sich nicht um eine irdische Gemeinde, sondern um das »neue Jerusalem«, das vom Himmel herabfährt. Das Bild vom Bräutigam und der Braut wird zwar von Jesus im Gleichnis von den zehn Jungfrauen im Blick auf seine Wiederkunft gebraucht (Matth. 25, 1 ff.); aber von einer Entrückung ist hier nicht die Rede. Und in der Textstelle, die von der Entrückung handelt (1. Thess. 4, 17f.), weist Paulus mit keinem Wort daraufhin, daß nur eine Auswahl an ihr teilnehmen wird, sondern er sagt ganz allgemein: »Wir, die wir leben und übrig bleiben, werden hingerückt werden in den Wolken«; ähnlich 1. Kor. 15, 52: »... wir werden aber alle verwandelt werden«. Wiederum, wo von der Gemeinde »ohne Flecken oder Runzel« gesprochen wird (Eph. 5, 27), fehlt jeder Hinweis auf ihre Entrükkung. Es müssen also mehrere und verschiedenartige Bibelstellen miteinander kombiniert werden, um die Lehre von der »Braut« zu erhalten, die um ihrer Vollkommenheit willen zur Entrückung kommt.

So ist es verständlich, daß die *Entrückungslehre in keinem kirchlichen Glaubensbekenntnis* einen Platz gefunden hat. Und es besteht Einvernehmen in der ganzen Christenheit, daß die Gemeinde »ohne Flecken oder Runzel« nur als die »unsichtbare Kirche« vorhanden ist und sich weder aufbauen noch abgrenzen oder darstellen läßt.

Die Urchristen-(Christadelphian-)Gemeinden

Der Name *»Christadelphian«* (= Brüder Christi) – so die weltweite Benennung – bezieht sich auf Hebr. 2, 11 (»Er schämt sich nicht, sie Brüder zu heißen«) und will zum Ausdruck bringen, daß die Mitglieder dieser Gemeinschaft sich »darüber freuen, durch den Glauben an Christus Kinder Gottes zu sein«. Darüber hinaus wollen sie *»Urchristen«* sein – so die Bezeichnung in Deutschland – das heißt, sie wollen das ursprüngliche, unverfälschte Evangelium darbieten.

Die Urchristen (Christadelphians) sind aus der Bewegung von Thomas und Alexander Campbell (S. 282) hervorgegangen. Dieser streng biblizistischen Bewegung hatte sich der englische Arzt Dr. John Thomas (1805–1871) angeschlossen, der 1830 in die USA kam. Im Verlauf seiner Bibelstudien kam er zu radikaleren Ergebnissen als die beiden Campbells: er glaubte, tiefe Gegensätze zwischen Bibel und reformatorischer Lehre entdeckt zu haben. So trennte er sich von seinen bisherigen Freunden, gab seine ärztliche Praxis auf und widmete sich ganz der Verbreitung seiner Lehren in Amerika und Europa. In beiden Kontinenten gründete er seit 1844 kleine Kreise, sogenannte »ecclesias«. Nach dem Stand von 1981 gab es Gemeinden in etwa einhundert Städten Nordamerikas und achtzig Städten Australiens. Die Christadelphians sind vertreten in 9 Ländern Mittel- und Südamerikas, in 6 Ländern Afrikas mit Schwerpunkt in Südafrika, in 6 fernöstlichen Ländern, sowie in 12 Ländern Europas. Hier liegt der Schwerpunkt in England,

wo es Gemeinden in etwa dreihundert Städten gibt. Da die Christadelphians keine zentrale Organisation haben, existiert keine Statistik und auch keine Schätzung über die Gesamtzahl der Gemeindeangehörigen. Eine weltweite rege Missionstätigkeit geht besonders von England und Australien aus. Für Europa ist die *»Christadelphian Bible Mission«* in England zuständig.
Die ersten Urchristen-(Christadelphian-)Gemeinden in *Deutschland* begründete zu Beginn unseres Jahrhunderts Albert Maier aus Reutlingen zunächst im württembergischen Raum. Er hatte die Gemeinschaft in den Vereinigten Staaten kennengelernt und übersetzte viele ihrer Bücher und Schriften ins Deutsche. In Berlin gründete Ludwig Kupfer zusammen mit Dr. Ludwig von Gerdtell eine Gemeinde, die nicht mehr besteht. Ein weiteres Zentrum entstand in Bonn-Siegburg in den 30er Jahren durch Joseph Schwan. Die dortige Gemeinde mit etwa 40 Mitgliedern ist heute in mehreren Städten verteilt: Remscheid, Mönchengladbach-Rheydt, Oberhausen, Siegburg. In Esslingen-Wäldenbronn konnte Mitte der 70er Jahre ein neues Gemeindehaus errichtet werden, das die Mitglieder im Großraum Stuttgart sammelt und ein vielseitiges Gemeindeleben ermöglicht. Insgesamt zählte man 1981 in der Bundesrepublik 144 getaufte Mitglieder.
Die *Versammlungsordnung* ist in allen Gemeinden der Welt einheitlich. Sie finden sich jede Woche zum Bibelstudium zusammen. Die getauften Glieder versammeln sich jeden Sonntag zum Gedächtnismahl. Eine weit verbreitete Selbstverständlichkeit ist unter den Christadelphians, daß sie nach dem Leseplan *»Forschet täglich in der Schrift«* jeden Tag in der Bibel lesen. Auf diese Weise lesen sie »das Alte Testament einmal, das Neue Testament zweimal im Jahr durch«. Jede Gemeinde ist selbständig. Eine übergeordnete Organisation besteht nicht. Verbindungsmittel sind Taufzeugnis, gemeinsamer Bibelleseplan, die Zeitschriften und eigene Literatur, der gegenseitige Besuch, der Austausch der »sprechenden Brüder«, Konferenzen, Bibelstudien-Freizeiten und gemeinsame Ferien. Als »Fremdlinge und Gäste in dieser Weltzeit« (Hebr. 11, 13; 1. Petr. 2, 11) beteiligen sie sich nicht am politischen Leben, üben Wahlenthaltung und lehnen den Militärdienst ab, wobei sie allerdings den zivilen Ersatzdienst bejahen. Sie sehen sich als »Bürger eines kommenden Reiches«.

Die Bezeichnung »Urchristen« soll besagen: Die Kirchen haben »das ursprüngliche Evangelium bis zur Unkenntlichkeit verschüttet«, und zwar dadurch, daß etwa vom Jahr 70 an *das Evangelium von der Messianität Jesu bei seinem Übergang aus dem jüdischen in den hellenistischen Bereich verfälscht* wurde. Jesu Gestalt und Botschaft wurde aus der abrahamisch-mosaischen Geisteswelt herausgelöst und nach den hellenistischen Vorstellungen umgeprägt. Das ist der von Jesus vorausgesagte »Abfall«: sämtliche Kirchen sind »eine geradlinige Fortsetzung des Platonismus, der Mysterienreligiosität, der Stoa und des Philonismus« und haben damit seit fast 2000 Jahren der Menschheit Steine statt Brot gereicht[466]. Zu diesen Verfälschungen gehören die Trinitätslehre und die Ersetzung des verheißenen Gottesreichs auf Erden durch eine himmlische Seligkeit. Der Glaube an eine Unsterblichkeit der Seele ist »Unsinn«: infolge von Adams Ungehorsam ist der Mensch ganz,

[466] Prüfet Alles 1961,1

nach Leib und Seele, dem Tod verfallen und wird bis zum Tag des Gerichts im Totenreich ruhen, um nach der Wiedererweckung den endgültigen Tod oder durch Verwandlung des sterblichen Leibes in einen geistigen Leib ewiges Leben zu empfangen. Dementsprechend gibt es keine Hölle als Strafort; der Gedanke einer ewigen Pein ist eine »greuliche Lehre«. Alle diese Überfremdungen müssen wieder beseitigt werden. Das wahre »urchristliche« Evangelium kann nur erfaßt werden, wenn man es streng als Verlängerung des Alten Testaments begreift und von dorther deutet.

Als zentrale Botschaft des Alten Testaments gilt den »Urchristen« die *Erwählung Abrahams* und die ihm gegebene Verheißung, daß aus seinem Samen ein großes Volk wachse und dieses Volk allen Völkern zum Segen werde. Diese Verheißung wird nie aufgehoben. Aber sie ging in der Zeit des Alten Testaments noch nicht in Erfüllung. Erst mit *Christus* begann sie sich zu verwirklichen. Er kam, um als der Messias den Grund für das kommende Reich zu legen. Er ist »Gottes Sohn, nicht Gott, der Sohn«. Er ist nicht ein präexistenter Teil Gottes, der Fleisch wurde, und nicht die zweite Person der Trinität, sondern der Nachkomme Abrahams und Davids, der, weil »durch Gottes Geist gezeugt«, die »Offenbarung Gottes im Fleisch« ist. Er ist »die Verwirklichung des Planes (logos) Gottes«[467].

Mit der freiwilligen Übernahme des schändlichen Kreuzestods opferte er auch den letzten Rest seines Eigenwillens, so daß es nichts mehr gab, was ihn von seinem Vater trennte. Zugleich nahm er den Fluch des Gesetzes auf sich, ohne schuldig zu sein. Damit löste er das »Problem der Versöhnung«: Wie kann Gott gerecht sein und doch sündigen Menschen Leben und Rechtschaffenheit geben? Der biblische Gedanke von Sühnetod und stellvertretendem Opfer, der diese Frage beantwortet, wird von den »Urchristen« nicht aufgenommen. Sie sagen: »Wenn Christus unsere Schulden bezahlt hat, dann sind uns unsere Schulden nicht vergeben ... Die *Vergebung* der Sünden aber ist das entscheidende Element des göttlichen Vorhabens mit den Menschen.« Jesus wird als »Mittelpunkt des Glaubens« gesehen, nicht als Ersatzopfer nach dem Prinzip der Stellvertretung[468]. Übrigens widerspricht die Ausklammerung des *Sühnegedankens* aus der Kreuzesbotschaft der Absicht der Urchristen, das Evangelium von allen hellenistischen Elementen zu reinigen. Denn die Lehre von der Versöhnung durch das »Blut des Lammes« ist nicht hellenistischen Ursprungs, sondern hat ihre Wurzel im alttestamentlichen Kult. Der Hebräerbrief (9, 12 ff. 24 ff.) greift diese Vorstellungen auf und wendet sie auf das Kreuzesopfer Christi an: Er ging als der ewige Hohepriester in das Allerheiligste ein, um mit seinem eigenen Blut die Sühne für alle Zeit zu schaffen. Bei der Auferstehung und Himmelfahrt wird die Körperlichkeit Christi betont. »Ich glaube, daß Jesus zum ewigen Leben im Diesseits fleischhaft auferweckt worden ist. Ich glaube, daß seinem Fleischleibe jede Krankheits-, Alterns- und Todesmöglichkeit genommen worden ist. Ich glaube, daß Jesus mit diesem vollendeten Fleischleibe in den Sternenhimmel aufgefahren ist.«[469]

467 »Gott ist Einer«; »In Gottes Gestalt«, in: Prüfet Alles, 1980/6. »Der Messias in der Verheißung«, in: Prüfet Alles, 1980/4

468 »Das Blut Jesu Christi«, in: Prüfet Alles, 1979/4 bis 1980/4

469 L. von Gerdtell, Die Hauptartikel des modernen Urchristentums, Art. 12

In der *Taufe* wird der Gläubige »in den errettenden Namen Jesu getauft«. Er bekennt: »Ich glaube an die frohe Botschaft vom kommenden Königreich Gottes auf Erden. Ich glaube, daß Jesus der Sohn Gottes und der von den Propheten verheißene Messias ist, durch welchen Gott Himmel und Erden vollenden wird, ... und ich bin bereit, ihm in allen Stücken Gehorsam und Treue zu bewahren.«[470] Durch die Taufe wird der Gläubige Glied des Leibes Christi und bekommt Anteil an den Gnadengaben, die er durch seinen vollkommenen Gehorsam erwirkt hat. Worin bestehen sie? Einmal darin, daß die Sünden des bisherigen Lebens getilgt werden – das geschieht symbolisch durch Untertauchen im Wasser als ein Begraben des alten Menschen. Sodann darin, daß man durch die Taufe auf Jesus als den Messias Glied des Messianischen Reichs wird, das Gott dem Samen Abrahams verheißen hat. »Eine Taufe, der die Erkenntnis, daß Jesus der Messias ist, fehlt und die nicht in den Namen Jesu erfolgt, genügt nicht!«[471] Weitere Voraussetzung für die Gültigkeit der Taufe ist der Entschluß des Täuflings, »das Bundesverhältnis mit Gott und Christus in der Taufe eingehen zu wollen«[472]. Damit, daß er dieses »verantwortliche Bundesverhältnis« abschließt, verpflichtet er sich, fortan im Gehorsam zu wandeln.
Aber ist mit der Taufe die Macht des »alten Adam« so gebrochen, daß ein sündloser Gehorsam möglich ist? Darüber finden sich in den Schriften der Urchristen relativ wenig Angaben. Sie geben zu, daß die »adamitische Natur« weiterlebt: »Wir müssen mit ihr ringen, bis wir sterben. Am Tag der Auferstehung bei Christi Wiederkunft werden wir – so Gott will – einen Leib erhalten, dem Sünde und Tod nicht mehr anhaften.«[473] Diejenigen, die jetzt schon Jesus als ihrem König gehorchen, sind das gleiche, was Israel früher gewesen war, nämlich »das auserwählte Geschlecht, das königliche Priestertum, das Volk des Eigentums« (1. Petr. 2, 9). Sie sind Bürger des kommenden Messianischen Reichs. Auch die Juden können diese Bürgerschaft erwerben, aber sie müssen den gleichen Weg des Glaubens, der Taufe und des Gehorsams gehen wie die Heiden.

Aber wo ist dieses *Messianische Reich?* Christus hat es nicht als ein Reich im Himmel verheißen, sondern als ein »göttlich-politisches Reich« auf Erden, das nach gewaltsamer Zerstörung der menschlichen Staaten durch den Messias errichtet wird. Diese Verheißung ist bis heute nicht erfüllt. Deshalb ist *Jesu sichtbare und leibhaftige Wiederkunft* nötig. Sie steht nahe bevor, denn die in der Bibel genannten »Vorzeichen« sind eingetreten, insbesondere die Heimkehr Israels aus der Zerstreuung. Bei seiner Parusie wird Christus mit den himmlischen Heerscharen zunächst zum Berg Sinai kommen. Dann wird er alle Toten, die in einem Bundesverhältnis zu ihm stehen, auferwecken – das ist die in Offb. 21, 2. 10 genannte Herabkunft des »himmlischen Jerusalem« – und mit seinen lebenden Jüngern auf dem Luftweg zu sich nach dem Sinai entrücken, um mit dieser Brautgemeinde die Hochzeit des Lammes zu feiern und sie mit Unsterblichkeit zu überkleiden. Danach zieht er mit den Seinen ins Land Israel, rettet es aus der Macht der versam-

470 Taufzeugnis (Faltblatt), 1981 in Gebrauch
471 Anleitung zum Verstehen der Bibel, 12. Brief
472 Wahrheit, wie sie die Bibel lehrt, S. 92
473 Anleitung zum Verstehen der Bibel, 12. Brief

melten Heiden und reinigt das Land von ihnen. »Dann erst kann unter seiner Führung der neue Tempel gebaut und das Land den Stämmen zugeteilt werden.«[474] Als König Israels wird Jesus in Jerusalem den Thron seines Vaters David errichten und in einer tausendjährigen Regierungszeit vollkommenen Frieden und Wohlstand auf der ganzen Erde schaffen. Alle Menschen werden über Gottes Wahrheit und Ordnung unterrichtet. Am Ende der 1000 Jahre wird den Völkern Freiheit gegeben, in der sie sich bewähren sollen. Aber die Folge wird eine große Empörung sein. Sie wird mit der Vernichtung der Aufrührer enden. Nun folgt die Auferstehung aller Toten und das allgemeine Weltgericht, in dem die Gottlosen dem endgültigen Tod verfallen, während die Gehorsamen die vollendete Erde als ewige Heimat besitzen. In diesen endzeitlichen Vorstellungen der »Urchristen« fehlen die Gestalten des Satans und des Antichrists. Der Grund liegt darin, daß der *Widersacher Gottes* für sie nicht ein übernatürliches Wesen ist, sondern das sündige Verlangen im Fleisch, ein Sammelbegriff also für das egoistische Streben des Menschen, das der Zielrichtung Gottes entgegengesetzt ist[475].

Das Grundanliegen der Urchristen, ein Bild von der ursprünglichen Gestalt und Verkündigung Jesu zu gewinnen, ist durchaus zu bejahen. Dieser Aufgabe gilt seit 200 Jahren das Bemühen unzähliger Forscher, seit Gotthold Ephraim Lessing 1774–1778 die Wolfenbütteler Fragmente veröffentlichte. Doch alle Bilder, die da entstanden, waren in Wirklichkeit Wunschbilder derer, die sie entwarfen: Die Rationalisten schilderten Jesus als Moralprediger, die Idealisten als Inbegriff der Humanität, die Sozialisten als Freund der Armen und sozialen Reformer usw. Auch die Urchristen müssen sich fragen lassen, wie weit bei ihren Gedankengängen und Argumentationen ein Wunschbild wirksam ist, welches das Ergebnis ihrer Bemühungen um das wahre Urchristentum bestimmt.

Die Tempelgesellschaft

Der Gründer des »Deutschen Tempels« Christoph Hoffmann wurde am 2. Dezember 1815 in Leonberg als Sohn des Amtsbürgermeisters und Notars Gottlieb Wilhelm Hoffmann geboren, auf dessen Rat der württembergische König Wilhelm I. die nahegelegene Siedlung Korntal als freie Gemeinde ins Leben rief. Sie sollte die mit der damaligen rationalistisch beherrschten Landeskirche zerfallenen Pietisten, die zugleich von dem durch Joh. Albr. Bengel für das Jahr 1836 errechneten Anbruch der Endereignisse mächtig bewegt waren, von der Auswanderung nach einem Bergungsort – in Rußland oder Amerika oder Palästina – zurückhalten. Die geistige Atmosphäre des jungen Christoph war also durch apokalypti-

[474] Prüfet Alles, 1959/3
[475] Siehe: Der große Widersacher und seine Überwindung, 1981

sche Erwartungen und eine Distanz gegen die Kirche bestimmt. Der kluge, auch dichterisch begabte Student der Theologie wurde Stiftsrepetent in Tübingen, lehnte aber den Eintritt in den Kirchendienst ab und tat sich 1837 mit seinen zwei Schwägern Philipp und Immanuel Paulus zusammen, um das von ihnen errichtete Knabeninstitut »Salon« bei Ludwigsburg zu leiten.
Das Jahr 1836 war inzwischen vergangen. Die erwarteten Ereignisse waren ausgeblieben. Aber Christoph Hoffmann pflegte die apokalyptische Erwartung weiter. Er beobachtete mit Eifer die politischen Geschehnisse und suchte sie im Licht der biblischen Weissagung zu deuten. Zugleich beteiligte er sich an den geistigen Auseinandersetzungen seiner Zeit. Der Salon wurde das Zentrum einer regen literarischen und auch politischen Tätigkeit. In der seit 1845 erscheinenden *»Süddeutschen Warte«* führten Hoffmann und seine Freunde heftige Kämpfe mit dem Hegelianismus und vertraten ihre zeitkritischen Gedanken mit großer Schärfe. Der Kirche wurde vorgeworfen, sie habe durch eine falsche Vergeistigung des Christentums und die Pflege einer verinnerlichten, individualistischen Frömmigkeit den Blick auf die biblischen Verheißungen verdeckt. Diese beziehen sich auf die Erde und nicht auf das Jenseits. Heute gilt es, den *»Tempel«* in dem Land zu bauen, das dem Volk Gottes durch die Verheißung gegeben ist, und dieser Tempelbau ist »seinem Wesen nach die Wiederherstellung des Menschen zu der verlorenen Herrlichkeit«. Das schließt auch die Gesundung der äußeren Verhältnisse ein. »Das Volk Gottes ist das Gegenmittel gegen das Elend und die Armut unserer Zeit.«

Im Jahr 1848 – damals wurde Christoph Hoffmann gegen David Friedrich Strauß ins Frankfurter Parlament gewählt – entwickelte er sein Programm in der Schrift *»Stimmen der Weissagung über Babel und das Volk Gottes«*. Er bezeichnete die politischen und kirchlichen Zustände als Babel, von dem das Volk Gottes sich scheiden muß, um den Tempel zu bauen (Eph. 2, 19–22). In ihm, dem Reich Gottes auf Erden, werden sich die Verheißungen auf allen Gebieten der Gesundheit, Fruchtbarkeit, Wirtschaft und Politik verwirklichen, und »der herrschende Volksgeist in diesem Volke wird der heilige Geist Gottes sein«. 1849 verband sich Hoffmann mit dem Kaufmann Georg David Hardegg, geb. am 2. April 1812 als Sohn eines Gastwirts in Eglosheim nahe Ludwigsburg. Der begeisterte junge Kämpfer für eine »deutsche Republik« war 1833 wegen Beteiligung an einem Umsturzplan zu einer langjährigen Gefängnisstrafe verurteilt worden. Nach ihrer Verbüßung wurde er 1840 des Landes verwiesen. Nach seiner Rückkehr 1844 eröffnete er in Ludwigsburg eine Lederhandlung. Mit Christoph Hoffmann fand er sich zusammen in dem Plan, alle wahren Christen als das neue Israel »nach Jerusalem zu führen, um dort einen Gottesstaat zu errichten, wie er in den Propheten verheißen sei«. Der Dritte im Bunde war Christoph Paulus, geb. als Pfarrerssohn am 1. Mai 1811 in Ostelsheim, Kreis Calw, und nach Abschluß seines Studiums in der württembergischen Bergbauverwaltung tätig. Er beschäftigte sich in seinen Schriften »Blicke in die Weissagung der Offenbarung Johannis« und »Der Ratschluß Gottes, oder Gegenwart und Zukunft nach den Gesichten der Offenbarung Johannis« ebenfalls stark mit apokalyptischen Erwartungen.
Ein 1854 gebildeter »Ausschuß für die Sammlung des Volkes Gottes in Jerusalem«

arbeitete alsbald einen »Entwurf der Verfassung des Volkes Gottes« aus, der alles regelte vom Gottesdienst und Landbesitz bis zur Armenfürsorge und Abwehr des Wuchergeistes. Zur vorläufigen Sammlung des Volkes Gottes wurde 1856 der nahe bei Backnang gelegene Kirschenhardthof für 40000 Gulden gekauft. Die Bestrebungen des Kreises und seine besonders von Hardegg genährten Endprophezeiungen, die mehr Wahrsagerei als Prophetie waren[476], stießen überall auf Ablehnung. Der Pietismus trennte sich von ihm. Wichern und Blumhardt warnten. Korntal versagte Christoph Hoffmann das Aufenthaltsrecht. Die Kirche schloß ihn und seine Anhänger 1859 aus.

Im Jahre 1861 wurde dann von 64 Männern der *»Deutsche Tempel«* gegründet: »Angesichts der allgemeinen Zerrüttung der Menschen, die ihre Ursache darin hat, daß keine der bestehenden Kirchen die Herstellung des Menschen zum Tempel Gottes und die Herstellung des Heiligtums für alle Völker zu Jerusalem anstrebt, erklären wir Unterzeichnete unsere Lossagung von Babylon, d. h. von den bestehenden Kirchen und Sekten, und verbinden uns zur Herstellung des ›deutschen Tempels‹, zur Ausführung des Gesetzes, des Evangeliums und der Weissagung.« Hoffmann wurde Bischof; zwölf Männer bildeten einen Ältestenrat; eine »Prophetenschule« wurde gegründet zur Ausbildung von Ältesten und Evangelisten. Utopischen Vorstellungen nachjagend, mischten sich Hoffmann und Hardegg in die große Politik; sie entwarfen außenpolitische Richtlinien für die Regierungen, suchten Verbindungen mit den Berühmtheiten der Zeit anzuknüpfen – mit dem Vorsitzenden des Deutschen Nationalvereins, Rudolf von Bennigsen, mit Bischof Ketteler, mit Garibaldi, mit dem Leiter der deutsch-katholischen Bewegung Johannes Ronge, mit dem Gründer des Roten Kreuzes Henri Dunant –, luden 1864 die Kirchen und Sekten Deutschlands zu einer Völkersynode ein, richteten Denkschriften an die Regierungen Österreichs und der USA und an die Deutsche Bundesversammlung mit der Bitte, sie möchten die Sammlung des Volkes Gottes in Jerusalem fördern. Überall fanden sie taube Ohren. Inzwischen war durch die Tätigkeit der Reiseältesten und Evangelisten die Mitgliederzahl des Tempels auf 3000 gestiegen.

Nachdem schon 1858 eine Kommission, darunter Hoffmann und Hardegg, zur Erforschung der Verhältnisse nach Jaffa gereist und 1867 erste Templergruppen auf eigene Faust zur Errichtung landwirtschaftlicher Siedlungen ins *Heilige Land* gekommen waren, begannen Hoffmann und Hardegg 1868 mit der *Gründung von Niederlassungen* in Haifa und Jaffa. In den folgenden Jahren zogen rund 750 Templer nach Palästina, das damals unter türkischer Herrschaft stand. Von 1877 an kam

[476] Hardegg veröffentlichte im Januar 1861 in der »Süddeutschen Warte« die Weissagung, daß die Italiener 1861 die Deutschen in einen Krieg verwickeln, die Franzosen sich 1862 einmischen, das Papsttum 1863 französisch wird. Die Deutschen, unter Preußen geeinigt, werden fromm und interessieren sich für die orientalische Frage; 1864 findet die neue Konfession des Tempels Eingang bei ihnen, und 1865–1868 errichten sie in Jerusalem den Tempel. Durch das Erscheinen Christi wird 1869 das Tier und der falsche Prophet weggeräumt und das Tausendjährige Reich aufgerichtet. Als nichts von alledem eintraf, veröffentlichte Hardegg neue Prophezeiungen. 1864: Bis zur Wiederkunft Christi wird es keine 10 Jahre mehr dauern. 1872: Die Zusammenkunft der drei Kaiser von Deutschland, Österreich-Ungarn und Rußland in Berlin »ruft die Ahnung wach, daß es Harmagedon entgegengeht«. 1873: Das Tausendjährige Reich wird 1882 anbrechen. 1878: »Daß der Herr im Kommen ist, wird angesichts des greuelvollen russisch-türkischen Kriegs niemand leugnen können.«

die Einwanderung fast ganz zum Stillstand. Es war also nur eine kleine Schar, die in dem fernen Land eng zusammenhalten mußte, wollte sie nicht untergehen. Die Siedler behielten auch in der neuen Heimat ihre alte Staatsangehörigkeit bei. Es entstanden Kolonien in Sarona, Jerusalem, Beirut, Nazareth, Tiberias u. a. Sie hatten mit unsäglichen Schwierigkeiten zu kämpfen. Mit ihrer arabischen Umwelt, fremd in Sprache, Religion und Kultur, konnten sie kaum Kontakt gewinnen. Sie stand ihnen vielfach feindselig gegenüber. Von der ottomanischen Regierung hatten die deutschen Templer Mißtrauen und Schikanen, aber keine Förderung zu erwarten. Ihr einziger Rückhalt war das Deutsche Reich, und der war, auch nach dem Besuch von Kaiser Wilhelm II. im Jahr 1898, schwach und zweifelhaft. Für den Aufbau der Kolonien standen ihnen außer den eigenen beschränkten Mitteln keine Unterstützungsgelder zur Verfügung. Viele Jahre lang führten die Siedler ein hartes und entbehrungsreiches Leben. Aber mit zähem Fleiß überwanden sie alle Nöte und Schwierigkeiten, brachten Landwirtschaft und Gewerbe zur Blüte, bauten eine Straße von Jaffa nach Jerusalem und schufen auch hervorragende kulturelle und soziale Einrichtungen.

Doch die mit dem »Bau des Tempels« verknüpften Träume erfüllten sich nicht. Meinungsverschiedenheiten zwischen Hoffmann und Hardegg führten 1874 zum Austritt Hardeggs. Er gründete 1878 den *»Tempelverein«*, der nach seinem Tod 1879 rasch an Bedeutung verlor. Hoffmann, seit 1874 alleiniger Leiter, wandte sich mehr und mehr einem – einst von ihm bekämpften – *rationalistischen Christentum* zu. In drei Sendschreiben bezeichnete er 1877 die Dogmen und Sakramente als unchristliche Spekulationen, die für die Tempelgesellschaft unverbindlich seien. Die einstige Absicht, mit dem Tempel eine Keimzelle des bevorstehenden Gottesreichs auf Erden zu schaffen, verwandelte sich in das Bemühen, in begrenztem Rahmen eine allseitig geordnete und heile menschliche Gemeinschaft zu bilden. Hier hat die Tempelgesellschaft Vorbildliches geleistet. Aber die Veränderungen in der Glaubenssubstanz führten zu Trennungen. Wegen Hoffmanns Ablehnung der Dreieinigkeits- und der Rechtfertigungslehre schieden sich 1878 die Evangelisten M. Blaich und Joh. Seitz und gründeten den *evang. Reichsbrüderbund*. Die Verbindung mit Palästina wurde bewahrt, ebenso die Hoffnung auf die nahe Wiederkunft Christi; in Erwartung der Gabe der Krankenheilung gründete man Erholungsheime in Bahnau, Limbach und Teichwolframsdorf.

Mit unermüdlicher Energie betrieb Hoffmann den Aufbau der Kolonie und sorgte vor allem für ein ausgezeichnetes Schulwesen. Nach seinem Tod 1885 wurde Christoph Paulus sein Nachfolger, nach dessen Tod 1890 Christoph Hoffmanns gleichnamiger ältester Sohn. Damals führten Maßnahmen, die zur finanziellen Ordnung und zur Schaffung eines eigenen Tempelvermögens nötig waren, zu Trennungen und zur Bildung »freier Tempelgemeinden«, die sich aber 1897 wieder der Zentralleitung unterstellten. 1902/05 entstanden weitere große Kolonien: Wilhelma bei Lydda, Bethlehem und, als kirchliche Siedlung, Waldheim bei Bethlehem für Familien, die von der Tempelgesellschaft zur preußischen Landeskirche übergetreten waren.

Der Erste Weltkrieg brachte über die zahlenmäßig immer klein gebliebene Gruppe (1884: 1300; 1901: 1400) schwere Nöte. Englische Truppen besetzten 1917 die deutschen Siedlungen und 850 Bewohner wurden in Ägypten interniert;

1920 konnten sie zurückkehren. Palästina wurde 1923 britisches Mandatsgebiet. In dieser Zeit bis zum Zweiten Weltkrieg erlangten die Siedlungen ihre höchste wirtschaftliche Blüte. In den arabisch-jüdischen Auseinandersetzungen verhielten sich die Templer streng neutral. Aber der Zweite Weltkrieg führte ihr Ende herbei. 1939 wurden sie als deutsche Staatsangehörige zunächst in ihren landwirtschaftlichen Siedlungen interniert. 1941 wurden 700 Templer in Internierungslager nach Australien gebracht. Hier erwarben sie sich das Vertrauen der Behörden, so daß sie nach Kriegsende bleiben und kleine Gemeinden bei Melbourne, Sydney und in Südaustralien gründen konnten. Die in den palästinensischen Siedlungen verbliebenen 300 Templer wurden 1945 zu ihrer Sicherheit von den Engländern nach Zypern verbracht und kehrten von da an zumeist nach Deutschland zurück. Der Staat Israel zog den ganzen Besitz der Templer auf seinem Gebiet ein und gewährte 1962 eine Entschädigung von 54 Millionen Mark.
Heute leben etwa 600 Templer in der Bundesrepublik und 1300 in Australien. In Stuttgart-Degerloch konnten sie 1967 ein Gemeindezentrum einweihen, das neben 11 Wohnungen einen Gemeinschaftsraum und einen Saal mit 180 Plätzen für Gottesdienste, Vorträge und gesellige Zusammenkünfte umfaßt. Hier ist auch der Sitz der deutschen Gebietsleitung. Ein Besuchsdienst pflegt die Verbindung mit den oft weit entfernt lebenden einzelnen Mitgliedern; in einigen Städten bestehen kleine Kreise, die in Privatwohnungen zusammenkommen. Die monatlich erscheinende kleine Zeitschrift *»Die Warte des Tempels«* mit Gemeindebeilage stellt ein zusätzliches Band unter den Templern dar.

Manche Punkte der *Verfassung* von 1935 sind durch die seitherigen Ereignisse außer Kraft gesetzt worden. Ihre Aufgabe sieht die Tempelgesellschaft »in der Schaffung und Ausbreitung christlicher Gemeinschaft, in der Erziehung und Förderung ihrer Mitglieder zu solcher Gemeinschaft, in der Arbeit an dem von Jesus Christus begonnenen Werk der Aufrichtung des Reiches Gottes auf Erden«. Ein formuliertes Bekenntnis wird abgelehnt; von den Mitgliedern wird nur die Bereitschaft verlangt, den Aufgaben der Tempelgesellschaft zu dienen. Aber es finden sich andererseits Ausführungen in der Verfassung, die gewisse *Grundlinien der Lehre* festlegen. So wird erklärt, das Achten auf die Stimme Gottes sei der wahre Gottesdienst, und dieser Wille Gottes offenbare sich im Gewissen, in des Menschen gottsuchendem Sehnen und im ewig flutenden Werden und Vergehen. Weiter: »Dogmen und Sakramente als Gnadenmittel zur Erlangung der Seligkeit« kennt die Tempelgesellschaft nicht. Die in diesem Sinn gedeuteten Sakramente gelten sogar als Haupthindernis für das richtige Verständnis des Reiches Gottes. An die Stelle der *Taufe* tritt die »Darstellung« der Kinder; das *Abendmahl* wird nicht mehr gefeiert. Auch sonst hat ein Abbau biblischer Glaubensgehalte stattgefunden. Gott gilt als das reine Wesen alles Seienden, das Welt-Ich. Aus dem *Christusbild* sind Präexistenz, Empfängnis durch den Heiligen Geist und Jungfrauengeburt getilgt, und der Begriff »Sohn Gottes« wird verstanden als Ausdruck des Willens Gottes in menschlicher Gestalt. Die Deutung des Kreuzestodes als Sühnetod wird abgelehnt und empfohlen, die »Erlösung« in dem Evangelium der Liebe und Vergebungsbereitschaft zu sehen. Um so stärker wird der Gedanke des *Gottesreichs auf Erden* und der tätige Dienst an ihm betont, wobei »Gottesreich« definiert wird als Vervollkommnung der Menschen und Zustände aus der Liebesgesinnung Jesu heraus. »Der Tempel verlangt von seinen Mitgliedern nicht den historischen Glauben an die Echtheit der biblischen Bücher, noch an die geschichtliche Wahrheit der im Evangelium berichteten Tatsachen, wohl aber den Glauben an die ewige Wahrheit der biblischen Weissagung (vom kommenden Gottesreich) und des Evangeliums (von der Liebe Gottes), und den Willen, die Ideale der Weissagung nach dem Muster des im Evangelium geschilderten Christus zu verwirklichen. Jeder wirkliche Fortschritt und jedes Forschen und Streben nach gründlicher Erkenntnis oder nach wirklicher Verbesserung ist mit dem Glauben des Tempels vereinbar und verwandt.«[477]

In ihrer religiösen Auffassung stehen die Templer auf dem *linken Flügel des theologischen Liberalismus*. Der Tempelvorsteher CHRISTIAN ROHRER (1911–1934), ein hochgebildeter Mann und Ehrensenator der Universität Tübingen, pflegte enge Beziehungen zu den amerikanischen und englischen Unitariern und vertrat die Tempelgesellschaft auf den Kongressen für Freies Christentum und religiösen Fortschritt 1913 in Paris und 1927 in Prag. Nach dem Zweiten Weltkrieg entstanden nachbarschaftliche Beziehungen zu verschiedenen freichristlichen Vereinigungen. Die *»Volkskirchenbewegung Freie Christen«* in Württemberg beschloß 1970 den korporativen Beitritt zum Freundeskreis der Tempelgesellschaft und pflegt im *»Degerlocher Arbeitskreis«* eine enge Arbeitsgemeinschaft mit ihr. 1976 trat die *»Tempelgesellschaft in Deutschland«* dem »Bund für freies Christentum« bei.

Organisatorisch ist die heutige Tempelgesellschaft in zwei selbständige »Gebiete« aufgeteilt: Deutschland und Australien. Diese haben einen von beiden Gebietsversammlungen gewählten gemeinsamen »Tempelvorsteher«. Die Gebietsleiter und deren Mitarbeiter werden jeweils von den Gemeindegliedern gewählt. Innerhalb eines Wohnbereiches sind die Templer in »Gemeinden« mit einer gewählten Gemeindeleitung zusammengefaßt. Die lokalen Angelegenheiten werden hier autonom entschieden. Der Vorsteher, die Gebietsleiter, Gemeindevorsteher und Ältesten leiten die Gottesdienste, gottesdienstlichen Feiern und Besprechungsstunden. Sie haben sich um die Erziehung und Unterrichtung der Jugend (Kinderlehre, Konfirmationsunterricht, Religionsunterricht nach der Konfirmation) zu kümmern, sowie für Pflanzung und Erhaltung von Gottesfurcht, Anstand und Sittlichkeit, für Seelsorge und die Betreuung von Witwen, Waisen, Kranken und Hilfsbedürftigen zu sorgen. Mitglied wird man ohne besondere Zeremonien, nur durch unterschriftliche Erklärung, in der man sich aus Überzeugung zu den Zielen der Tempelgesellschaft bekennt und sich zu würdiger Lebensführung, zur Teilnahme am Gesellschafts- und Gemeindeleben sowie zur Entrichtung des Jahresbeitrags verpflichtet. Ein Austritt aus der Kirche wird von den Mitgliedern nicht gefordert.

[477] Chr. Hoffmann in: Okzident und Orient, S. 15 f.

Emma Berger und der »Kibbuz Beth-El«

In Korntal bei Stuttgart gründete Schwester EMMA BERGER (geb. um 1920 in Gerstetten bei Heidenheim/Württ.) im Jahr 1958 das »Glaubenshaus ›Bethanien‹«. Sie war in der methodistischen Diakonissenanstalt »Bethesda« in Wuppertal-Elberfeld zur Krankenschwester ausgebildet worden, mußte jedoch nach 13 Jahren mit schweren Röntgenstrahlen-Schäden den Dienst aufgeben. Sie erlebte 1951 eine Glaubensheilung und wußte sich nun von Christus berufen, Kranke durch Handauflegung zu heilen und in den Versammlungen auch andere Charismen zur Wirkung kommen zu lassen. Ein beträchtlicher Anhängerkreis sammelte sich um sie, und ihre Bibelkurse erfreuten sich regen Zuspruchs. (Ihre Ausbildung hatte Emma Berger im Diakonissenmutterhaus Aidlingen bei Stuttgart empfangen.) Mit dem Glaubenshaus »Bethanien« entstand dann eine eigene Gemeinschaft. Eine hochgespannte Erwartung der nahen Wiederkunft Christi und der Entrükkung der Brautgemeinde ließen den Blick der Gemeinschaft auf das Heilige Land richten als den Zufluchtsort in der apokalyptischen Drangsal. Zugleich fühlte sich die Gruppe mit dem heutigen Israel innerlich verbunden und bewies dies durch jährliche hohe Spenden für Erziehungsinstitutionen der Jugend-Alijah. Das führte zu einer Einladung einiger Vertreter des Glaubenshauses nach Israel. Sie kauften 1963 in Sichron Yaakov bei Haifa ein kleines Anwesen, das als Unterkunft für weitere Besucher Israels dienen sollte. Aber dabei blieb es nicht. Im Blick auf die Endzeit und die beharrliche Ablehnung des Kreuzesopfers Christi durch Israel hielt man den Versöhnungsdienst (2. Kor. 5, 18 ff.) für dringend notwendig, und die Glaubenshausgemeinde wollte ihn stellvertretend für Israel übernehmen. Zu diesem Zweck bedurfte sie aber einer Niederlassung im Land. Nacheinander wurden in Sichron Yaakov und dem benachbarten Dorf Binjaminah Häuser, Bauland und Plantagen gekauft, woraus sich eine Art Kibbuz entwickelte, »Beth-El Society«, das zu einem expansiven und autarken Wirtschaftsunternehmen wurde. Regelmäßig kommen noch heute etwa 50–70 Personen für jeweils vier Wochen in die Niederlassung, um für Israel zu beten, sich in Gottes Wort zu vertiefen, auf den Plantagen zu arbeiten und segnend durch das Land zu gehen. Die Aufkäufe und die Tätigkeiten der Deutschen schafften böses Blut unter den Einheimischen. Gerichtliche Klagen wurden angestrengt. Aber das oberste Gericht entschied 1972 zugunsten der Korntaler. Der Verdacht, sie wollten die Landnahme der Tempelgesellschaft wiederholen oder christliche Mission unter den Israeli treiben, wurde ausgeräumt. Die Niederlassung übernahm die landesübliche Rechtsform als »Kibbuz Beth-El«. Für die Glaubenshausgemeinde ist der Kibbuz zum Zentrum der endzeitlichen Sehnsucht geworden.

Zweiter Teil
Der Schritt über die Rechtfertigung hinaus

Die Reformation hatte folgende grundsätzliche Feststellungen über die Lage des Menschen vor Gott und die Möglichkeit seines Heils getroffen: Der Mensch ist gefallen. Dieser Fall war radikal. Seine Folge war die totale Sündhaftigkeit und Verlorenheit des Menschen. Diesem ist es unmöglich, durch eigene Bemühungen vor Gott gerecht zu werden; alle Werkgerechtigkeit ist nur fromme Sünde. Es gäbe ewig kein Heil für ihn, wenn nicht Gott selbst in seiner unergründlichen Liebe die Brücke gebaut, seinen Sohn gesandt und durch ihn die Botschaft von der Gnade verkündigt, auf Golgatha besiegelt und in der Auferstehung Jesu Christi bestätigt hätte. Damit hat er dem Menschen die Tür zum Heil geöffnet.

Der Mensch, der im Glauben die Gnadenzusage Gottes angenommen hat, befindet sich in einem doppelten Stand: Er ist ein von Gott Gerechtfertigter, d. h. einer, der von Gott aus unverdienter Gnade so angesehen wird, als wäre er gerecht. Aber er bleibt andererseits ein Sünder, der täglich und stündlich in seinem Denken und Handeln und bis in die feinsten Verästelungen seiner Seele hinein Gottes Gebote übertritt. Beides: das Gerechtsein aus Gnade und das Sündersein, ist volle Wirklichkeit. Beides steht in einer bleibenden Spannung zueinander. Aus dieser Spannung ergeben sich die Grundlinien der reformatorischen Frömmigkeit: die Haltung der Buße, die um die eigene Unwürdigkeit weiß, unter ihr leidet und ständig um einen besseren Gehorsam ringt; und der tröstende und gewisse Glaube an die Vergebung, der wider die Anklagen des Gewissens streitet und seine Gründe allein aus der durch Christus verkündigten Liebe Gottes nimmt.

Die Rechtfertigung des Sünders beschränkt sich nach der Meinung der Reformatoren nicht auf eine Art gerichtlichen Freispruchs des Menschen durch Gott. Sie ist vielmehr ein sehr tiefer und umwälzender Eingriff Gottes in das menschliche Leben. In dem vergebenden Wort, das der in seinem Gewissen erschrockene Mensch vernimmt, begegnet er der unbegreiflichen Liebe Gottes, wird von ihr erfaßt und erfährt ihre verwandelnde Kraft. Damit ändert sich seine Lage grundsätzlich: Nun ist er nicht mehr ein Verlorener, sondern Gottes Kind. Nun lebt er nicht mehr in der Angst oder im Trotz, sondern im Dank und in der Liebe. Nun wirken diese Kräfte, fließen aus den im Glauben aufgenommenen Gnadenverheißungen Gottes in sein tägliches Leben hinein und tragen hier Früchte der Heiligung. Die Rechtfertigung bedeutet den Anbruch eines Morgens, der in einen neuen Tag hineinführt. Dieser Tag steht im Zeichen des Worts: »Darum, ist jemand in Christus, so ist er eine neue Kreatur; das Alte ist vergangen, siehe, es ist alles neu geworden« (2. Kor. 5, 17). Der Weg in diesen Tag hinein kann lang und mit Rückschlägen verbunden sein. Aber der Gläubige darf es in Demut und Dankbarkeit erfahren, daß ein neues Leben in ihm Wirklichkeit geworden ist, das ihm Gott geschenkt hat und das Früchte der Heiligung hervorbringt.

Freilich, Luther hat hier immer scharf betont: Diese Früchte der Heiligung sind keine »guten Werke«, mit denen der Mensch seine Seligkeit »verdienen« oder irgendwie einen Anspruch vor Gott erwerben könnte. Sie sind überhaupt nicht menschliches »Verdienst« und Ausweis höherer Würdigkeit, sondern sind durch und durch Wirkungen der Gnade, also Geschenk.

Darum kann dieses neue Leben, das in ihm anhebt, nicht das Fundament sein, auf das er seine Heilsgewißheit stützt. Im letzten hat der Mensch diese Gewißheit überhaupt nicht in sich selbst, sondern allein im Wort. Er kann sich nicht auf seine frommen Erlebnisse und guten Werke, auf besondere Führungen und Erleuchtungen berufen; er kann sich überhaupt auf nichts stützen, was innerhalb seines menschlichen Erfahrungsbereichs liegt. Der Grund für seine Heilsgewißheit liegt schlechterdings jenseits seines Mühens und Strebens; er liegt in dem unbegreiflichen Liebesratschluß Gottes, der durchgeführt wird aus reiner Gnade, d. h. ohne daß der Mensch ihn durch sein Verhalten auslösen, hindern oder ändern könnte. Hier endet alles Fragen im undurchdringlichen Geheimnis der souveränen Heiligkeit Gottes, der erwählt und verwirft und dessen Erwählen und Verwerfen *vor* allem menschlichen Tun und Frommsein steht.

Dieser Lehre der Reformation haftet ein Ärgernis an. Sie spricht dem Menschen die Kraft, ja selbst die Initiative ab, sein Heil selbst zu bewirken. Sie verurteilt ihn also an einem entscheidenden Punkt zur Ohnmacht. Gewiß, das ist auf der einen Seite auch ein großer Trost, auf den Luther immer wieder gepocht hat: Wie elend und verzweifelt müßte ich sein, wenn mein Heil von dem abhinge, was ich armer, sündiger Mensch leisten kann! Aber andererseits ist es dann wieder die Not, daß der Mensch nichts dazutun kann. Da sind keine Erlebnisse und Erfolge, die ihm unwiderleglich bezeugen, daß er unter der Gnade steht. Da sind keine guten Werke, die ihm einen Anspruch auf das Heil geben. Da ist alles in der Unanschaulichkeit, nur Glaube, nicht Wissen; da ist nichts, was im eigenen Leben greifbar wäre als ein ihm gewordener Beweis des ihm von Gott zugesprochenen Heils.

Aus diesen Hintergründen sind immer wieder Bewegungen erwachsen, die aus der Zwielichtslage des Gerechtfertigten herausführen und ihn aus der Spannung zwischen Sündenwirklichkeit und Gnadengerechtigkeit befreien wollen. Die eine Bewegung erstrebt die *christliche Vollkommenheit* nach dem Wort Jesu: »Darum sollt ihr vollkommen sein, gleichwie euer Vater im Himmel vollkommen ist« (Matth. 5, 48). Man kann dabei zwei Leitziele unterscheiden: die Vollkommenheit des Gläubigen und die vollkommene Gemeinde. Die Stationen des Weges zur *Vollkommenheit des Gläubigen* sind: Bekehrung und Wiedergeburt, völlige Hingabe an Christus und Sieg über die Sünde. Natürlich kann eine Gemeinde, die aus vollkommenen Gliedern besteht, auch als eine vollkommene Gemeinde bezeichnet werden. Aber es gibt Gemeinschaften, denen das nicht genügt. Nach ihrer Auffassung ist eine Gemeinde erst dann vollkommen, wenn sie sich in ihren Lebensordnungen, Ämtern, Gottesdiensten genau nach den biblischen Anweisungen richtet und damit das Ideal der *urchristlichen Gemeinde* verwirklicht[1].

[1] In der folgenden Darstellung sind die einzelnen Gemeinschaften entsprechend eingeordnet. Außerdem sei darauf hingewiesen, daß es außer den hier genannten Gemeinschaften noch weitere gibt, die das gleiche Ziel der Vollkommenheit verfolgen, aber in anderen Zusammenhängen behandelt sind. Dazu gehören vor allem die apokalyptisch orientierten Gemeinschaften, die angesichts der dicht bevorstehenden Parusie sich bemühen, den 144 000 Auserwählten oder der zur Entrückung bestimmten »Brautgemeinde« anzugehören.

Einen anderen Weg, über den Stand der Rechtfertigung hinaus zu gelangen, weist die *Pfingstbewegung*. Ihre geschichtlichen Wurzeln liegen in der amerikanischen Heiligungsbewegung; sie kann insofern als deren Verlängerung angesehen werden, als sie die hier betonten Heilsstufen Rechtfertigung und Heiligung um die »Geistestaufe« als dritte Stufe erweitert. Das mächtige Erlebnis des Geistwirkens und der damit verbundene Empfang der »Geistesgaben« tragen für den Gläubigen die Beweiskraft in sich, daß Gott ihm seine Gnade zugewendet hat. – Es muß aber gleich hinzugefügt werden, daß dies nicht das einzige Motiv war, das sich in der Pfingstbewegung auswirkte und sie zu einem der lebendigsten und kraftvollsten Zweige der Christenheit im 20. Jahrhundert werden ließ.

Der vollkommene Gläubige

Der Evangelische Brüderverein

In einem abgelegenen Seitentälchen des Emmentals wurde 1868 FRITZ BERGER als Sohn eines ebenso armen wie kinderreichen Elternpaars geboren. Nach entbehrungsreicher Schulzeit erlernte er die Wagnerei und heiratete eine arme Dienstmagd. Er arbeitete um kargen Lohn, und sie taglöhnerte. In die Kirche ging er fleißig, aber es war ein Gewohnheitschristentum. Trotzdem beunruhigte es ihn, daß er dem Trinken, Rauchen und Spielen verfallen war. An einem späten Abend im Jahr 1899 dachte er im Wirtshaus: »Wenn es möglich ist, daß ein Mensch selig wird auf Erden, so will ich es jetzt werden. Von nun an will ich der Bibel glauben, was sie befiehlt, und lassen, was sie zu lassen heißt.« Dann hörte er eine Stimme, die ihm befahl, dem *Blauen Kreuz* beizutreten. Er tat dies, brach mit seinem bisherigen Wesen, ging in die »Stunde« und führte ein ernstes Leben der Heiligung. Drei Jahre später hatte er ein weiteres Erlebnis, das ihn über die Bekehrung hinausführte – er machte Ernst mit Röm. 6, 1: »Haltet euch dafür, daß ihr der Sünde gestorben seid.« Er vernahm eine deutliche Stimme: »Dir sind deine Sünden vergeben.« Ein warmer Strom durchfloß ihn: »Ich bekam das Zeugnis ins Herz, daß ich jetzt ein Gotteskind sei.«[2]
Inzwischen hatte er beim Blaukreuzverein in seinem Geburtsort Dürrgraben Gebetsstunden eingeführt, war auch Leiter des Vereins geworden und wurde 1907 zum »Agenten« des Blauen Kreuzes des Kantons Bern gewählt. Daneben hielt er Evangelisationswochen. Aber wegen seiner religiösen Einstellung kam es zu einem Zerwürfnis mit der Leitung des Blauen Kreuzes. Er schied mit seinen Anhängern aus und gründete 1909 den »Verein des freien Blauen Kreuzes«; dieser wurde 1914 in *»Evangelischer Brüderverein«* umbenannt.
Berger war als Leiter eines wachsenden Werkes unermüdlich tätig. Äußerlich

[2] F. Berger, Von der überschwenglichen Gnade Gottes in meinem Leben, 4. Auflage 1951, S. 43.

blieb sein Leben arm, mit viel Sorgen erfüllt. Aber es war reich an geistlichen Erfahrungen und Reifungen, inneren Stimmen und wunderbaren Gottesführungen. Seine Evangelisationstätigkeit, bei der er sich über die Kirchen sehr kritisch äußerte, weckte viel Feindschaft gegen ihn. Oft wurde er angegriffen, gelegentlich mißhandelt oder gar mit dem Tode bedroht. Er wehrte sich nicht, sondern suchte nach der neutestamentlichen Regel mit seinen Gegnern zu verfahren. Seine Lebenserinnerungen zeigen ihn als einen wachen Geist, der eine entschiedene Schriftgläubigkeit in ein Leben der Selbstzucht, des innigen Gottvertrauens und regen Gebets umsetzte und die Gabe der eindringlichen Verkündigung und seelsorgerlichen Kraft besaß. Er hatte die geistliche Führung des Evang. Brüdervereins bis an sein Lebensende in der Hand – er starb am 1. März 1950 in Brenzikofen – und prägte ihm sein Wesen auf.
Das Werk war bis zu diesem Zeitpunkt aus bescheidenen Anfängen zu einer umfangreichen Vereinigung herangewachsen. 1979 umfaßte es dann rund 180 Versammlungen in der Schweiz mit zahlreichen eigenen Vereinshäusern[3]. Schon früh fand Fritz Berger auch in Südwestdeutschland Anhänger. Bis 1979 stieg hier die Zahl der Versammlungsorte auf etwa 50. In Enzklösterle (Schwarzwald) entstand ein Erholungsheim mit Versammlungssaal. Nach 1950 begann der Evangelische Brüderverein eine eigene Missionstätigkeit unter den Papua in Neuguinea; 1974 konnte dort ein einheimischer Evangelischer Brüderverein gegründet werden. Auch in einigen Dörfern Österreichs, in England und Australien sind missionarische Bemühungen zu verzeichnen. Die Gesamtleitung liegt in den Händen des »Brüderrats« mit rund 180 und des »Komitees« mit 13 Mitgliedern. Seit 1979 steht Fritz Pulver dem Evangelischen Brüderverein vor. Die einzelnen Gemeinden (Versammlungen) werden von Gemeindeältesten geleitet.

Im Jahr 1960 kam es zu einer *Spaltung,* die zur Bildung von sieben eigenen Versammlungen in der Schweiz und einigen weiteren in der Bundesrepublik Deutschland führte. Dies hatte folgenden Grund: Im Evangelischen Brüderverein wurden keine Taufen vorgenommen, vielmehr begnügte man sich mit der Kindersegnung. Nun hatte offenbar eine Anzahl Brüder Verbindung mit Pfingstgemeinden bekommen und die dort geübte »biblische Taufe« kennengelernt. Sie ließen sich von einem deutschen Pfingstprediger taufen und erlebten auch die »Geistestaufe«. Darüber kam es zum Bruch. Vier Jahre später jedoch (1964) begann auch der Evangelische Brüderverein, die Erwachsenentaufe bei solchen vorzunehmen, die es wünschen.
Eine weitere Spaltung erfolgte 1967: Einige Brüderratsmitglieder und Evangelisten der Schweiz unter Führung von Peter Zürcher forderten eine neue Gemeindeordnung mit mehr Autonomie für die örtlichen Versammlungen, die Anerkennung des Evangeliums als Maßstab in den Fällen, wo die eigene Tradition etwas anderes lehrt, ferner die Öffnung des Brüdervereins zu anderen biblischen Gemeinschaften und zur Evangelischen Allianz hin. Schließlich betonten sie, daß auch der wiedergeborene Christ noch der Sündenvergebung durch Gott bedürfe.

[3] In Steffisburg wurde ein Vereinshaus mit großer Festhalle für 3000 Personen erbaut. In Wydibühl befindet sich ein Schriftenverlag.

Als sie mit diesen Forderungen innerhalb des Brüdervereins auf Ablehnung stießen, trennten sie sich und gründeten die »*Vereinigung freier Missionsgemeinden*«. Zu ihr gehören heute über 50 Versammlungen in der Schweiz.

Der Evangelische Brüderverein hat sich von der Kirche distanziert. Das hatte verschiedene Gründe. Berger hatte wohl manche ungute Erfahrungen mit den Pfarrern gemacht, die er kennenlernte. Schon von Anfang an war er von kirchlichen Vertretern mehr oder weniger schroff abgelehnt worden, und man kann durchaus nicht sagen, daß diese Ablehnung in jedem Fall verdient war. Jedenfalls verfestigte sich dadurch in ihm ein negatives Bild von der Kirche. In seiner Vorstellung sind die Pfarrer weltselig und richten sich in ihrem eigenen Verhalten nicht nach den Forderungen der Schrift; die »Reformpfarrer« und die »Freisinnigen« machen Abstriche vom Wort Gottes; daß sie »Studierte« sind, ist für ihn ein Grund zum Mißtrauen. »Der Heiland hat die Apostel gesucht und berufen; er ging nicht in die Hochschule, um sie zu holen.«[4] Die Kirche erträgt Pfarrer, auch wenn sie »gegen Gottes Wort reden«. Sie erträgt auch Gemeindeglieder, die nur dem Namen nach Christen sind. »Zur Landeskirche werden alle gezählt, sobald sie getauft und konfirmiert sind. Aber ein ganz kleiner Teil sitzt am Sonntag in der Kirche, den größeren Teil kann man im Wirtshaus, am Spieltisch, in den Kinos und Theatern, auf den Sportplätzen usw. suchen.«[5]

Aber auch abgesehen von dieser Kritik bestand ein tiefer sachlicher Gegensatz zwischen der Verkündigung der Kirche und Bergers Lehre. Das Zentrum dieses Gegensatzes kann man in Luthers Formel sehen: »simul justus et peccator« – der Gerechtfertigte hat von Gott Vergebung und Gerechtigkeit empfangen, aber die Verführungsmacht der Sünde ist nicht tot in ihm; er bleibt in der Anfechtung, und das treibt ihn täglich in die Buße und in die Bitte um Vergebung. Dieses »*Armsündertum*« lehnte Berger ab. Leute, die behaupten, man müsse ein Sünder bleiben, nannte er »Heilsverächter, Christusverächter«. Nach seiner Auffassung gibt es eine wirkliche Freiheit von der Sünde und ein »reines Herz«. Luther sprach vom »Noch nicht« und vom »Werden« des Christen: »Das christliche Leben ist nicht ein Frommsein, sondern ein Frommwerden, nicht Gesundsein, sondern Gesundwerden, nicht Sein, sondern ein Werden, nicht Ruhe, sondern eine Übung. Wir sind's noch nicht, wir werden aber. Es ist noch nicht getan und geschehen, es ist aber der Weg.«[6] Berger aber setzt dagegen: »Selig die Leute, die aus dem ›Haben‹ und ›Sind‹ in der Bibel *nicht* ein ›Werden‹ machen, sondern glauben, wie die Schrift sagt!«[7]

Der Christ, der mit der Schrift Ernst macht, wird aus der Anfechtung durch die Sünde hinausgeführt. Wie geschieht das? Berger verwirft den Weg des gesetzlichen Perfektionismus, also den Versuch, durch ein unablässiges Heiligungsstreben die Macht der Sünde zu brechen. Er beruft sich vielmehr auf alle Schriftstellen, in denen davon geredet wird, daß der Glaube der Sieg ist, daß der aus Gott Geborene der Sünde gestorben und von ihr frei geworden ist, ein Reiner, Heili-

4 a.a.O. S. 150

5 a.a.O. S. 298

6 Grund und Ursache aller Artikel D. Martin Luthers, so durch die römische Bulle unrechtlich verdammt sind. WA, Bd. 7, S. 336

7 F. Berger, a.a.O. S. 218

ger. Er verweist auf die Erlösungstat Christi: Dadurch ist die Sündenschuld bezahlt, und die Sünden sind »rückwärts und vorwärts« getilgt. Man muß diese Gabe Christi nur annehmen. Das geschieht dadurch, daß man sich in eine Lebensgemeinschaft mit Christus begibt, mit ihm gekreuzigt und begraben wird und wieder aufersteht. Dann erfährt man über die bloße Rechtfertigung hinaus eine Wiedergeburt. Berger hat in seinen Anfangszeiten die oft mit dem Vollkommenheitsstreben verbundene Gesetzlichkeit vermieden. Er dachte zunächst im wesentlichen paulinisch[8]. »Gerade, wo es scheint, man lebe in der Sünde, da gilt es, das gute Bekenntnis zu bekennen und es zu sagen: Mit Christus gestorben, gekreuzigt, begraben. Er hat unsere Sünde selbst hinaufgetragen an seinem Leib auf das Holz; dort oben sind sie.«[9] In der Folgezeit hat Berger jedoch das neue Vertrauen nicht durchgehalten. Er begann, die Wiedergeburt über die Bekehrung hinauszuheben und nach *besonderen* Früchten der Wiedergeburt zu fragen. Damit aber war auch schon der Gesetzlichkeit das Tor geöffnet.
Die von Berger vertretene Vollkommenheitslehre stellt sich etwa so dar: »Wenn der Heiland in einem Menschen geboren wird, dann verschwindet alles Unreine; alle Finsternis weicht, wenn das Licht erscheint. Man ist göttlicher Natur teilhaftig geworden, und nun wohnt der Herr Jesus in einem feinen und guten Herzen.«[10] Dann wird man ein Vollkommener. Gewiß, der Wiedergeborene mag noch » von einem Fehler übereilt« werden (Gal. 6, 1); aber daraus entspringt keine Krise in seinem Verhältnis zu Gott, denn die Versöhnung ist vollzogen und muß darum nicht immer neu erbeten werden. Die Vergebung ist für den Wiedergeborenen kein eigentlicher Gegenstand der Bitte mehr. Es erhob sich deshalb die Frage, ob die fünfte Bitte des Vaterunsers nicht ausgeschieden werden soll. Berger hat das nicht getan. Aber er hat aus dieser Bitte, da sie ja bereits erfüllt ist, einen Dank gemacht. »Ich brauche nicht um Vergebung zu bitten – nicht deswegen, weil ich keinen Fehler mache, sondern weil die Schuld bezahlt ist und ich das glaube. Darum kann ich für die Vergebung danken.«[11] Dem Sinn der fünften Bitte wird diese Deutung freilich ebensowenig gerecht wie ihrem Wortlaut.

Die Gemeinschaft Evangelisch Taufgesinnter

Die Gemeinschaft Evangelisch Taufgesinnter – auch Fröhlichianer oder zuweilen Nazarener genannt[12] – hat ihren Namen von Samuel Heinrich Fröhlich (1803–1857) aus Brugg/Kanton Aargau, der 1831 als Vikar in Leutwil wegen seiner mit scharf antikirchlicher Spitze versehenen Erweckungspredigten abgesetzt wurde. Er fuhr mit seiner Tätigkeit fort und sammelte an verschiedenen Orten

[8] Dies zeigt die kritische Arbeit von Alfred Güdel, Fritz Berger und der Evangelische Brüderverein, Bern/Frankfurt 1980.
[9] »Friedensbotschaft für Kinder Gottes ...« (Monatsschrift), 1927, Heft 2
[10] F. Berger, Von der überschwenglichen Gnade Gottes ..., S. 220
[11] a.a.O. S. 228
[12] Nicht zu verwechseln mit der aus den Vereinigten Staaten kommenden »Kirche des Nazareners« (Church of the Nazarene); vgl. K. Hutten, Seher, Grübler, Enthusiasten, 11. Aufl., S. 459ff., und der von Johann J. Wirz gegründeten Nazarener-Gemeine; vgl. Hutten a.a.O. S. 444ff.

der Schweiz eigene Gemeinden. In Langnau im Emmental schloß sich ihm ein großer Teil der dortigen Alttäufer-Gemeinde (Mennoniten) mit ihrem Leiter Christian Gerber an, denn Fröhlich betonte wie diese die Erwachsenentaufe. Doch gab es keine weiteren Kontakte mehr zwischen den »Alttäufern« und den »Neutäufern«.
Die Bewegung bekam besonders in Hauptwyl/Kanton Thurgau seit 1833 einen Mittelpunkt. Die Kantonsregierung wies Fröhlich aus, aber die Bewegung erhielt sich, besonders unter der Handwerkerbevölkerung, und griff auch in das Elsaß über, zumal seit Fröhlich Anfang der vierziger Jahre nach Straßburg übergesiedelt war und die Pietisten im benachbarten Illkirch für sich gewonnen hatte. Auch im westlichen Teil Süddeutschlands fand er Anhänger. Durch die in der Schweiz tätigen und dann nach Ungarn zurückkehrenden Brüder Hencsey wurden die Gedanken Fröhlichs 1840 auch dorthin übertragen und besonders durch den Evangelisten Stephan Kalmar (gest. 1863) ausgebreitet. Auch in Rumänien bildeten sich Gemeinden. Durch Auswanderung nach Amerika entstanden um 1850 Gemeinden im Mittleren Westen; 1971 zählte hier die »Apostolic Christian Church (Nazarean)« 41 Gemeinden mit 1900 Seelen.
Nach der Lehre der Evangelisch Taufgesinnten besteht die Gemeinde (der Leib Christi) nur aus Bekehrten und Wiedergeborenen. Es wird strenge Gemeindezucht geübt. Nach der Wiedergeburt, die ein zeitlich bestimmbares Ereignis ist, wird die Glaubenstaufe durch Untertauchen vorgenommen. Aufgabe der Mitglieder ist es, Jesus ähnlicher zu werden. In ihrer strengen Bindung an die Schrift haben sie sich auch biblische Gebräuche wie Bruderkuß und Wahl durch das Los zu eigen gemacht. Schwören wird abgelehnt. Den Mitgliedern wird nahegelegt, den Wehrdienst als Sanitäter zu leisten.
Um die Jahrhundertwende war die Gemeinschaft von einer Spaltung heimgesucht worden. Strenge Gesetzeseiferer forderten eine konsequente Absonderung von der Welt. Sie stellten u.a. Kleidervorschriften auf und verboten das Hochschulstudium. Die Auseinandersetzung über diese Fragen führte zur Trennung der »Unvertragsamen«. Sie halten auch heute noch eigene Versammlungen ab, aber ihre Zahl ist auf einige hundert zusammengeschrumpft.
Die vergleichsweise freiere Richtung der »Neutäufer« hat sich wesentlich stärker verbreitet. Die Gesamtzahl der Mitglieder wird gegenwärtig in beiden Teilen der Welt auf 15000 bis 20000 geschätzt (Stand 1980). In Süddeutschland gibt es ca. 30 kleine Gemeinden; in der Schweiz sind es 26 Gemeinden mit etwa 2500 Seelen. In Österreich zählt man fünf, in Frankreich sieben Gemeinden. Eine übergemeindliche Organisation besteht nicht; die Verbindung zwischen den Gemeinden halten Älteste und Lehrbrüder aufrecht. 1974 kamen die »Neutäufer« erstmals auch wieder mit den »Alttäufern« zusammen und feierten einen gemeinsamen Feldgottesdienst.

Die Smithianer

Die Bezeichnung *»Smithianer«* oder *»Freunde Smith's«* ist nur ein Hilfsbegriff für eine in Norwegen entstandene Gemeinschaft, die offiziell keinen Namen führt. In Deutschland werden ihre Anhänger auch *»Norweger«* genannt. Der Begründer,

der Oberkanonier der Marine Johan Oskar Smith (geb. 11. Oktober 1871 in Fredrikstad, gest. 1. Mai 1943 in Horten) wurde im Jahr 1901 vom Heiligen Geist erfüllt und begann alsbald, davon Zeugnis zu geben. Ihm traten 1905 sein Bruder Aksel Smith und 1908 Elias Aslaksen (geb. 19. April 1888) zur Seite, der die Bewegung bis zu seinem Tod am 10. Mai 1976 durch eine reiche literarische Tätigkeit befruchtete. Allmählich bildeten sich kleine Kreise, die sich um die 1912 gegründete Zeitschrift »Skjulte Skatter« sammelten. Sie wollen keine organisierte Glaubensgemeinschaft sein und lehnen deshalb jede Bezeichnung ab, die den Anschein erwecken könnte, als wären sie eine Denomination wie andere auch. Sie führen auch keine Mitgliederlisten. Ja, sie wollen überhaupt nichts mit den Kirchen und Gemeinschaften zu tun haben, denn diese »stehen nicht allein in dem Namen Jesu«, sondern haben menschliche Organisationen gebildet, und diese Organisationen sind lediglich »Parteien«, die nach Macht streben, gegeneinander konkurrieren und ihre ganze Arbeit nicht im Namen Jesu, sondern in ihrem eigenen Namen tun. Von ihnen wollen sich die Smithianer grundsätzlich unterscheiden und glauben damit den Weg Jesu zu gehen: »Jesus blieb außerhalb des damals üblichen Gottesdienstes. So ist es auch heute mit allen Dienern des Herrn. Sie bleiben auch außerhalb des gegenwärtig üblichen Gottesdienstes.«[13]
Daß ein solches »Außerhalb-Bleiben« nicht zu einer überdenominationellen Gemeinschaft aller ernsthaften Nachfolger Jesu, sondern lediglich zur Bildung einer neuen »Partei« führt und damit die Zahl der Spaltungen vermehrt, ist ein kirchengeschichtliches Gesetz, dem sich auch die Smithianer nicht entziehen konnten. Sie haben ihre eigenen Gemeinden gegründet, die unter der Leitung von Ältesten stehen. Jede Gemeinde ist selbständig; eine zentrale Leitung besteht nicht. Von Norwegen aus haben sie auch in anderen Ländern Fuß gefaßt, so in den Niederlanden, Deutschland, Schweiz und Österreich. In den letzten Jahren entstanden Gemeinden in Belgien und Frankreich sowie in Kanada, den Vereinigten Staaten, Südafrika und Australien. Auch in Polen, Rumänien, der Tschechoslowakei und sogar in der Türkei, in Indien, Japan, Südkorea, Kamerun, Brasilien und Chile konnten die Smithianer Anhänger gewinnen. Sie sammeln sich in der alljährlichen »Sommerkonferenz« in Brunstad (Norwegen) und in Länderkonferenzen. Bei den Konferenzen in Deutschland und der Schweiz kommen mehr als 600 Gläubige zusammen. In Hessenhöfe bei Ulm wurde eine Konferenzstätte mit Raum für etwa 1000 Menschen und moderner Übersetzungsanlage errichtet. Die deutsche Monatsschrift *»Das Leben«* ist zum größten Teil mit Beiträgen norwegischer Autoren gefüllt.

Ausgangspunkt des Glaubens der Smithianer ist die Überzeugung, daß der Mensch durch und durch verdorben und unverbesserlich ist. Wie kann er trotzdem von seiner Sündhaftigkeit frei werden? Die zentrale Antwort lautet: Er muß *mit Christus gekreuzigt* werden (Gal. 2, 19f.). Er darf also »nicht bloß unten am Kreuz stehen bleiben«, sondern muß »oben am Kreuz sein«. Unten am Kreuz kann man nur Vergebung erlangen und sündigt weiter; aber den »Sieg über die Sünde« erlangt man erst oben. »Unten am Fuß des Kreuzes können alle mögli-

[13] Das Leben 1961, Nr. 5

chen Leute stehen. Oben am Kreuz aber hängen nur diejenigen, die ihr eigenes Leben bis in den Tod hassen und Gott von ganzem Herzen lieben.«[14] Zum Zeichen dieser Kreuzigung lassen sich die Smithianer taufen und schließen damit »den Bund eines guten Gewissens mit Gott«, nämlich einen Vertrag, in dem sie sich verpflichten, alle Tage ihres Lebens ihr Fleisch mit seinen Gelüsten gekreuzigt zu halten[15]. Sie sterben ihrem Ich und damit auch ihren Sünden ab, soweit sie diese erkannt haben. Die Verführungsmacht der Sünde besteht darin, daß der Satan den Menschen vorgaukelt, er habe ihnen etwas Großes und Wertvolles anzubieten. Sie verliert ihre Anziehungskraft, sobald man durchschaut hat, daß das Angebot des Satans »ein großes Minus, ein ewiger Verlust« ist. Je mehr man sich vom Licht des Wortes Gottes leiten läßt, desto mehr Sünden können erkannt und abgetan werden. So vollzieht sich eine fortschreitende innere Verwandlung: es ist ein Aufgeben des Eigenen, ein »zunehmendes Teilhaftwerden göttlicher Natur«[16].
Für diesen Weg der Überwindung und Heiligung gibt das Schrifttum der Smithianer viele seelsorgerliche Ratschläge: wie man die Anfechtungen des Bösen abweisen kann; wie man Trübsale als Gottes weise Erziehungsmittel aufnehmen und fruchtbar werden lassen soll; wie man sich in Familie, Gemeinde und Umwelt als Christ bewähren kann[17]. Wer beharrlich mit Christus gekreuzigt bleibt, der erreicht das Ziel, Christi Vorbild in sich selbst zu verwirklichen und *vollkommen zu werden wie er*. Das ist nicht unmöglich: »Wenn Jesus unser Vorläufer geworden ist, dann bezeugt er ja, daß das, was er erreicht hat, auch wir erreichen können.« Er ist der Erstgeborene. »Also sind auch wir durch Jesu Werk dazu geboren worden, seine Mitbrüder mit demselben Recht und derselben Herrlichkeit zu werden.« Wer jede Versuchung besteht und sie als »Gelegenheit zu einem neuen Sieg« nützt, dem ist »unter allen Verhältnissen des Lebens Seligkeit garantiert«[18]. Er bekommt bei der Auferstehung oder bei der Wiederkunft Christi einen Herrlichkeitsleib. Diese *Wiederkunft* steht nahe bevor. Von den Drangsalen der Endzeit werden nur die Gottlosen getroffen werden. Die aber ein »ganzherziges Leben in Christus« geführt haben, werden entrückt, um der Hochzeit im Himmel und einem tausendjährigen Leben in der Herrlichkeit der heiligen Stadt auf der neuen Erde entgegenzugehen.
Christus wendet nicht jedem, der sich zu ihm bekennt, gleichermaßen seine Liebe zu. Die Mitglieder der »Braut« liebt er mehr als die anderen. Sie haben es auch verdient. Denn sie sehnen sich, alle Gebote Gottes zu erfüllen. Den anderen aber – und damit sind die *Kirchenchristen* gemeint – sind diese Gebote lästig. Darum stimmen sie freudig denen zu, die behaupten, daß Christus sie durch seine stell-

[14] Elias Aslaksen, Ich bin mit Christus gekreuzigt, S. 8
[15] a.a.O. S. 17
[16] Das Leben 1961, Nr. 1
[17] Man huldigt dabei nicht einem asketischen Radikalismus. So wird die Auffassung abgelehnt, daß der eheliche Geschlechtsverkehr etwas Unreines und Gemeines sei oder nur zum Zweck der Zeugung stattfinden dürfe. Vielmehr sei »das eheliche Zusammenleben in sich selbst rein«. Aber gewollte Kinderbeschränkung ist nicht erlaubt, Scheidung nur bei Untreue und Wiederverheiratung erst nach dem Tod des geschiedenen Teils. (E. Aslaksen, Verlobung, Ehe, Scheidung, S. 3)
[18] Das Leben 1961, Nr. 2

vertretende Erfüllung der Gebote aus der »Knechtschaft« des Gesetzes befreit habe. Sie reden zwar vom Willen Gottes, tun ihn aber nicht und haben neben dem Herrn noch andere Dinge lieb. »Beinahe die ganze sogenannte Christenheit hat Jesu Dienergesinnung und Dienerleben umgangen«[19], und die kirchliche Lehre, daß es einem Menschen unmöglich sei, Gottes Gebot zu halten, hat ihr den Freibrief dazu gegeben.

Aber diese Lehre ist ein Verhängnis. In ihrem Gefolge entstehen nicht lebendige Gemeinden, sondern Gemeinden der Toten und Ungerechten. Man macht ihnen das trügerische Angebot der Sündenvergebung, und die »falschen Propheten« rufen ihnen beruhigend zu: »Ihr seid alle geliebte Kinder Gottes. Christus hat alles getan, wir sollen nichts tun. Ein wenig Unrecht hier, ein wenig Lauheit dort usw. spielt keine Rolle; denn ›unter dem Blut‹ sind wir alle sicher. Halleluja! Laßt uns singen und froh sein; denn der Herr ist mit uns.«[20] Dabei verschweigen die Kirchen, daß Sündigenmüssen und Sündenvergebung kein Dauerzustand im Leben des wahren Christen sein können. Die Sündenvergebung erstreckt sich vielmehr lediglich auf die Zeit, da er ohne Gott gelebt hat; aber nach seiner Bekehrung hat er die Kraft empfangen, über die Sünde zu herrschen. Wenn Paulus sich als den »Vornehmsten« unter den Sündern bezeichnete (1. Tim. 1, 15), dann bezog er dies nur auf seine Vergangenheit, als er Christus verfolgte; sein Urteil über den Stand, den er nach seiner Bekehrung erreichte, hat er in 2. Tim. 4, 7f. ausgesprochen: jetzt ist ihm die Krone der Gerechtigkeit beigelegt, »und zwar nicht weil Gott ihm gnädig war, sondern der gerechte Richter sollte sie ihm geben, weil er einen guten Kampf gekämpft und den Lauf vollendet hatte«[21]. Man berufe sich auch nicht auf den Schächer am Kreuz als einen Zeugen der Vergebungsgnade. Er ist nur »ein Vorbild des *Anfangs* unserer Bekehrung« – jeder muß wie er mit der Bitte um Vergebung der Sünden anfangen –, aber nicht für unser Weiterschreiten[22].

Mit ihrer falschen Lehre von Sündenzwang und Sündenvergebung machen die allermeisten Kirchen und Denominationen ihre Glieder zu bloßen Namenchristen. Dazu kommt, neben vielem anderen, die »widerchristliche Zerspaltung der Christenheit«. So bleibt nur die Mahnung des Paulus: »Diese meide!«, denn ein »derartiges Christentum ist in der Bibel ›die Hure‹ genannt«[23]. Die wahre Gemeinde muß außerhalb der Kirchen erbaut werden. Sie allein wird den Leib Christi bilden, weil sie aus Gläubigen besteht, die die Sünde überwunden haben.

[19] E. Aslaksen, Jesu Christi Braut, S. 10
[20] Das Leben 1961, Nr. 3
[21] Sigurd Bratlie, Die Gnade in Jesum Christum
[22] E. Aslaksen, Ich bin mit Christus gekreuzigt, S. 11
[23] Das Leben 1961, Nr. 7

Die Jünger Jesu

Auch diese Gemeinschaft hat keinen festen Namen. Es werden verschiedene Bezeichnungen für sie gebraucht: »Jünger Jesu« oder »Christen« oder »Freunde« oder auch »Namenlose« (»namenlose, nichtorganisierte, selbständige evangelische Religionsgemeinschaft«). In der angelsächsischen Welt werden sie »Two by Twos« genannt. Ihr Ursprung ist unklar. Prediger der Jünger Jesu waren schon im 19. Jahrhundert in England, Schottland und Irland tätig, und von da hat sich wohl das Werk in der Welt verbreitet. Unter denen, die es nach Deutschland brachten, war der Schotte James Jardine, der 1911/12 herüberkam und zusammen mit dem Deutschen Otto Schmid als Evangelist wirkte; eine erste Gemeindegruppe entstand in Lustnau bei Tübingen. Dann bildeten sich in fast allen Teilen Deutschlands, aber auch in Österreich, Jugoslawien und anderen Ländern Anhängerkreise. Sie versammeln sich im Haus eines Glaubensgenossen zu Gottesdiensten. Briefkorrespondenz und Jahresversammlungen an verschiedenen Orten während der Sommermonate halten die weit verstreuten Gruppen zusammen. Öffentlich treten sie nicht hervor. Darum bleibt ihre Existenz und Tätigkeit meist verborgen. 1942 von der Gestapo aufgelöst und verboten, setzten sie nach 1945 ihre Arbeit wieder fort. Heute bestehen in der Bundesrepublik etwa 100 kleine Gruppen, in der DDR etwa 40. Im Bundesgebiet sind rund 20 Missionare und 25 Predigerinnen tätig; ihre Zahl wechselt, da immer auch deutsche Mitarbeiter in andere Länder gehen, um dort zu wirken.
Junge Menschen, die zur Predigttätigkeit entschlossen sind, werden nach sorgfältiger Auswahl und einer Zeit der Bewährung in der Gemeinde von den älteren Brüdern für ihre Arbeit angeleitet. Jeweils ein jüngerer geht mit einem älteren und erfahrenen Bruder durchs Land, um das Evangelium zu verkündigen. Es wird von den Predigern volle Hingabe und selbstloser Dienst erwartet. Keiner darf etwas für sich selbst suchen, sondern soll im Geist Christi für das Heil der Menschen und die Sache Gottes tätig sein. Wer versagt, scheidet aus. Ein Gehalt bekommen die Missionare nicht; sie werden von den Mitgliedern der Gemeinden versorgt. Diese werden von Älteren oder Ältesten geleitet, die auch Anfänger oder Suchende in die Schriftwahrheit einführen. Die Missionare sind nach ihrem eigentlichen Wesen Wanderprediger, widmen sich aber auch, soweit es ihre Zeit erlaubt, den Gemeinden. In den Versammlungen wird Wert auf Zeugnisse der Gläubigen gelegt. Ein Gesangbuch »Alte und neue geistliche Lieder« enthält 195 Liedtexte (ohne Melodien und auch ohne Verfasserangaben). Ein guter Teil davon entstammt der eigenen Gemeinschaft, nur wenige wurden aus dem evangelischen Gesangbuch übernommen. In den Liedern nehmen Weltentsagung und Jenseitsseligkeit einen breiten Raum ein; hinter den allgemeinen Themen des persönlichen Glaubenslebens treten die christlichen Feste und Heilstatsachen, auf die sie hinweisen, völlig zurück.
In der Lehre kehren die Grundgedanken der Heiligungsbewegung wieder: Wiedergeburt, Erwachsenentaufe, Heiligung und weitgehende Sündenfreiheit. Das Abendmahl wird als Gedächtnismahl gefeiert; dabei erinnern sich die Teilnehmer daran, was der Herr für sie tat und was sie ihm dadurch schuldig sind. Eine organisierte Kirche wird abgelehnt, aber die Polemik gegen die Kirche steht nicht im

Vordergrund. Die von den Wanderpredigern Gewonnenen werden aufgefordert, aus der Kirche auszutreten, sich taufen zu lassen und Glieder der Jünger Jesu zu werden, da nur sie die wahre Gemeinde seien. Weil die Missionare ihre Werbetätigkeit nicht auf Ungläubige und Fernstehende konzentrieren, sondern sich mit Vorliebe an gläubige Christen wenden, werden sie von kirchlicher Seite begreiflicherweise als Schmarotzer empfunden.

Die Christliche Gemeinschaft »Hirt und Herde«

Als Kind einer Weberfamilie von bescheidenem Wohlstand wurde August Hermann Hain am 27. September 1848 in Werda bei Falkenstein im Vogtland geboren. Er übersiedelte um 1870 mit seinen Eltern und Geschwistern in das Städtchen Meerane, wo die Weberei in jener Zeit vom handwerklichen Hausbetrieb zum Fabrikbetrieb mit mechanischen Webstühlen überging. Er wurde Fabrikweber und gesellte sich damit dem wachsenden Heer der »Proletarier« zu, das sich durch einen tiefen Gegensatz vom konservativ-monarchischen Staat, der Kirche und dem Besitzbürgertum geschieden wußte. Er lernte die Sorgen und Nöte der Arbeiter aus eigener Erfahrung kennen, schloß sich aber der sozialistischen Bewegung nicht an, die damals in seinem Wahlkreis durch August Bebel vertreten wurde. Sein innerer Weg war nicht für den politischen Kampf, sondern für etwas anderes bestimmt: »Ich habe mich viel mit meinem lieben Gott unterhalten, schon als Kind.« Nach Teilnahme am Krieg 1870/71 heiratete er 1873 Ida Caroline Hupfer aus Pausa (Vogtland). Der Ehe entsprossen zehn Kinder, von denen drei schon in den ersten Lebensjahren starben. Die Kinder wurden zwar alle getauft und konfirmiert, aber ein echtes Verhältnis zur Kirche bestand nicht. Deren Amtsträger in Meerane hatten kein einfühlendes und aktives Verständnis für die Existenznöte der Arbeiter.

Nach dem Tod seiner Frau im Jahr 1900 schloß Hain 1901 eine zweite Ehe mit Clementine Adeline Ettner aus Ortmannsdorf. Diesmal ohne kirchliche Trauung. Denn inzwischen hatte er seine *Berufung* erlebt. Schon 1889, als er seinen Schwager Spranger besuchte, der Spiritist war, vernahm er unterwegs dreimal laut die Stimme »nach Zwickau!« Spranger und er folgten diesem Ruf und begaben sich zunächst nach Marienthal, einem Vorort von Zwickau, wo einige Gesinnungsgenossen Sprangers wohnten. Von hier gingen insgesamt 17 Männer nach Zwickau und drangen, von einer unsichtbaren Hand geführt, unbehelligt in das stark bewachte Amtsgerichtsgefängnis ein, wo sie auf einem Korridor das Lied »Jesu, geh voran« sangen. Sie wurden vernommen und gaben an, Hain habe sie hergeführt. Dieser diktierte dem Protokollanten den Auftrag seiner göttlichen Sendung. Das Dokument kam leider nach 25 Jahren zur Makulatur, ist also nicht mehr vorhanden.

1894 offenbarte sich Hain erneut, diesmal nicht vor einer staatlichen Behörde, sondern in einem Kreis gläubiger Menschen um den ehemaligen Bergarbeiter Anton Gläser in Reinsdorf. Schon einige Monate zuvor hatte dieser in dem von ihm geleiteten spiritistischen Kreis auf die unmittelbar bevorstehende Parusie des Herrn hingewiesen. Die Gläubigen bereiteten sich darauf vor. Und nachdem Glä-

ser in einer Versammlung gesagt hatte: »Wenn wir wieder zusammenkommen, wird der Herr und Heiland unter uns sein«, war das nächste Mal sein Haus überfüllt. Als Gast war auch Hain anwesend. In seiner Ansprache erklärte Gläser: »Und nun ist der Herr und Heiland unter uns.« Darauf trat Hain hervor: »Ich bin es.« Sein Freund, der Fabrikweber FROHWALD GÄRTNER, berichtete als Augenzeuge, daß eines der Medien, die danach sprachen, nicht wieder aus dem Trance-Zustand zurückkehrte. Man versuchte, es durch Gebet, Handauflegen und spirituelle Übungen herauszuholen. Aber vergeblich, es blieb leblos und verfiel zusehends. Man wollte schon einen Arzt holen, da trat Hain an das Medium heran und sprach laut: »Erwache!« Sofort kehrten Leben und volles Bewußtsein zurück.
Diese zweite Offenbarung Hains war die Geburtsstunde der *»Christlichen Gemeinschaft ›Hirt und Herde‹*[24]. Nur wenige der Anwesenden, darunter Gärtner, schlossen sich ihr an; mit ihnen hielt Hain Bibelstunden in Privatwohnungen. Seine Redeweise war schlicht und überzeugend. »Er vermochte durch sein Wort, seine Gebärde und sein Einfühlen befreiend, helfend und wandelnd auf den ihn voll Vertrauen suchenden und bittenden Menschen einzuwirken.«[25] Er hatte sich ihnen als ein Bevollmächtigter Gottes ausgewiesen, und sie sahen in ihm leibhaftig die Liebe Gottes. Sie prägte sein Wort und Werk und sein Verhalten. Sie nannten ihn den »Lieben Vater«, der immer für sie da war.
Nun mag dies ein verklärtes Bild von Hain sein. Denn im *Streit mit der Kirche,* der 1913 ausbrach, ließ er sich, vielleicht durch unsachliche Vorwürfe gereizt, zu demagogischen Ausfällen hinreißen. In einer Bibelstunde in Blankenhain äußerte sich Hain schroff kirchenfeindlich[26], und dies führte zu einer kleinen Gefängnisstrafe wegen Religionsvergehens. Seine Anhänger standen um so fester zu ihm. Daß auf Anstoß von kirchlicher Seite das Generalkommando in Leipzig 1916 jede Tätigkeit der »Herde« im Königreich Sachsen »aus Gründen der Staatssicherheit« verbot, verhärtete ihre Ablehnung der Kirche. Als die »Herde« mit ihren Versammlungen in das benachbarte Sachsen-Altenburg auswich, wurde sie 1917 auch dort verboten. Trotzdem nahm sie weiter zu und kam auf etwa 1000 Mitglieder im Jahr 1918.
Nach Kriegsende entfiel das Verbot. Von 1919 bis 1927 erlebte die »Herde« ihre Blütezeit. Ihr Hauptverbreitungsgebiet blieb Sachsen; bei der Volkszählung 1925 bekannten sich 2096 Personen zu ihr. Weitere rund 1000 Anhänger gab es in Thü-

[24] Diese Selbstbezeichnung entstammt Joh. 10, 16, aber der Gründer A. H. Hain wurde nie als »Hirt« angesprochen.

[25] Nach Dr. Lothar Koch, Jena. Dieser ist langjähriges Mitglied von »Hirt und Herde« und hat durch seine erläuternden und berichtigenden Anmerkungen bei der Abfassung dieses Kapitels sehr geholfen.

[26] Er stellte im Rahmen einer Auslegung von Matth. 23–25 an seine Anhänger Fragen wie: »Wer ist die schmutzige Schüssel?« – worauf die »Herde« antwortete: »Die Kirche«. Weiter fragte er: »Wer ist der Unrat in der Kirche? – Wer sind die Volksverführer? – Wer sind die Schwangeren und Säuger? – Wer ist das Aas? – Wer ist das Geschlecht, das nicht vergeht? – Wer ist der Himmel, der vergeht? – Wer schlägt seine Mitknechte und ißt und trinkt mit den Trunkenen?« Die »Herde« antwortete jedesmal im Chor: »Die Priester, die Geistlichen.« Es kam zu erregten Auseinandersetzungen mit dem anwesenden Pfarrer und zum Abbruch der Versammlungen. Vgl. Joachim Jentzsch, Die Christliche Gemeinschaft »Hirt und Herde«. Ein Beitrag zur Sektenkunde. Diss. Leipzig 1956.

ringen und in den angrenzenden Gebieten Nordbayerns und der Tschechoslowakei. Sie veranstalteten große Treffen, z. B. in Plauen, mit regelmäßig 1000 Teilnehmern, benützten die Presse zu Einladungen und Stellungnahmen und stellten in Plauen bei den Kommunalwahlen zwischen 1924 und 1929 eigene Kandidaten auf. 1921 traten Hain und Gärtner aus der Kirche aus, und fortan war die Aufnahme in die »Herde« in der Regel mit dem Kirchenaustritt verbunden.
Am 29. Juli 1927 starb Hain in Meerane und wurde in Zwickau eingeäschert. Damit endete die Wachstumsperiode der »Herde«. 1933 wurde sie erneut verboten – mit der Begründung, sie sei eine sozialistisch-kommunistisch-religiöse Sekte. Nach 1945 konnte sie ihre öffentliche Tätigkeit wieder aufnehmen, jetzt unter der Leitung des »Vorstehers« Karl Hermann Hain (1902–1978), Sohn Hains aus zweiter Ehe. 1948 versammelten sich 3000–4000 Glieder zum Gedenken an den 100. Geburtstag des »Lieben Vaters« in Leipzig. Am 3. April 1951 erhielt die Gemeinschaft die staatliche Anerkennung in der DDR. Die Kirchenfeindlichkeit hat sich seit der nationalsozialistischen Zeit gemildert.

Nach den »Satzungen und allgemeinen Bestimmungen« steht an der Spitze der Hauptgemeinschaft »Hirt und Herde« mit Sitz in Meerane bei Zwickau der »Vorsteher«, heute Günter Hain. Er ist Lehrinstanz und hat Aufsichts- und Visitationsrechte. Die unterste Einheit ist die Zweiggemeinschaft; jede wird als »Herde« bezeichnet. Mehrere »Herden« sind zu einem »Bezirk« zusammengeschlossen. In der DDR bestehen 11 Bezirke (9 in Sachsen und 2 in Thüringen), in der Bundesrepublik ein Bezirk in Rehau in Oberfranken. Der »Bezirksleiter« setzt für jede »Herde« einen »Lehrer« ein; er prüft die Schriftauslegung der Lehrer und ruft sie zu einer Art Konvent zusammen. Die Lehrer können ebenso wie die Bezirksleiter auch Frauen sein. Sie sollen regelmäßig Stunden halten, ohne Lohn oder besondere Ehren zu empfangen. Die schulpflichtigen Kinder werden in biblischer Geschichte unterrichtet. Neben dem Lehrer steht ein »Leiter« für Musik, die eifrig gepflegt wird. Eine »Mitgliedschaft« im üblichen Sinn kennt »Hirt und Herde« nicht. Jeder ist willkommen, der willens ist, seinen Lebenswandel in christlicher Weise zu führen. Die Angehörigen der Gemeinschaft reden sich mit »Bruder« und »Schwester« an, sagen »Du« zueinander und grüßen sich mit »Friede sei mit dir!« Allwöchentlich finden *Bibelstunden* statt. Charakteristisch für diese Zusammenkünfte ist ein entspanntes, geselliges Klima, eine reiche musikalische Ausstattung (Orchestermusik, Chöre, Soli und gemeinsamer Gesang aus dem »Reichsliederbuch«) und eine schlichte, lehrhafte Schriftauslegung. Nach Art einer Bibelstunde wird auch die *»Schulentlassungsfeier«* durchgeführt, bei der die Kinder nach vollendetem 14. Lebensjahr in den Kreis der erwachsenen Glaubensgeschwister aufgenommen werden. Sie wird in einer zentralen Veranstaltung vom »Vorsteher« selbst gehalten; ein Gelöbnis wie bei der kirchlichen Konfirmation wird nicht verlangt. Auch die *Hochzeit* wird in den Rahmen der Bibelstunde einbezogen: Man gedenkt des Paares, das besondere Plätze vor der Versammlung einnimmt und den Text der Bibelstunde wählen darf. Im übrigen trifft man sich nicht nur in der Bibelstunde, sondern auch sonst, so daß die »Herde« den Charakter einer großen Familie hat. Man veranstaltet gemeinsame Ausflüge und besucht dabei gern einzelne Geschwister. Man hilft sich gegenseitig, sucht die Kranken auf und praktiziert die brüderliche Gemeinschaft auf allerlei Weise. In der Umwelt wollen die Glieder durch ihren Wandel wirken. Eine größere missionarische Tätigkeit haben sie auch nach der wieder gewonnenen Freiheit nicht entfaltet; die Zahl von rund 5000 Anhängern bleibt konstant.

Der *»Liebe Vater«* wird von der Gemeinschaft als eine von Gott gesandte und mit seinem Geist erfüllte Gestalt in die Heilsgeschichte eingeordnet. Dies führte offensichtlich zu einer Reihe von Mißverständnissen auf seiten der Kirchen. Man warf der Gemeinschaft vor, daß sie in Hain eine Inkarnation Gottes sehe und ihn damit Christus gleichstelle. Das trifft in dieser vereinfachenden Form nicht zu. Es wird durchaus gelehrt, daß die (mit der Geburt verbundene) göttliche Inkarnation in Jesus Christus einmalig sei. Hain dagegen gehöre zu jenen Männern der Heilsgeschichte, die alle tausend Jahre von Gott zu Gefäßen seiner geistigen Einwohnung erwählt würden: Mit Adam habe Gott selbst gesprochen. Dem Abraham sei er als König Melchisedek begegnet. Zum Führer seines Volkes habe er Moses erweckt. Zu Israel habe Elia, der größte der Propheten, gesprochen. Jesus Christus erfülle als Gottes Sohn alle Verheißungen des Alten Bundes. »Und im Fleisch August Hermann Hains wirkte erneut der Geist göttlicher Liebe und redete mit uns wie ein Vater zu seinen Kindern.« Für seine Anhänger ist Hain also der neuzeitliche Repräsentant Gottes auf Erden. Zwar kam sein Charisma dem von Jesus Christus nahe oder gar gleich, aber eine »göttliche Inkarnation« war er nicht. »Seine Allwissenheit, die Weisheit seiner Rede und seine Herzensgüte ließen uns aber zu ihm als einem Vater aufschauen.« (Dr. L. Koch)

Die Aufgabe Hains, wie die der anderen Gottgesandten vor ihm auch, bestand darin, den Menschen Gottes Forderung des guten Wandels ins Gedächtnis zu rufen und sie vor religiösen Irrwegen zu warnen. So wandte sich Christus vor allem gegen die falschen Zeremonien wie Sabbatgesetze, Fasten und Opfer und forderte den Gehorsam gegen die Zehn Gebote, gipfelnd im Liebesgebot, und er selbst lebte diesen Gehorsam beispielhaft vor. Mit seinem Kampf gegen die Zeremonien erzürnte er die Priesterschaft, und sie brachte ihn ans Kreuz. Sein Tod auf Golgatha war »die höchste Stufe des Gehorsams«. Er ist durch seinen Gehorsam zum »Vorwandler« geworden. Auch Hain wandte sich gegen die Zeremonien und gegen den kirchlichen Anspruch, stellvertretend durch priesterliche Absolution Sünden vergeben zu können. Er forderte den bedingungslosen Gehorsam gegen die Gebote – nicht mehr wie im Alten Testament aus Furcht, sondern aus Liebe zu Gott. Und er verkündigte, daß der Mensch, wenn er nur wolle, zu diesem Gehorsam fähig sei; daß er sündenfrei werden und Vollkommenheit erreichen könne; und daß er als Lohn für seinen Wandel das Heil empfange.

In diesem Punkt tritt die Gemeinschaft in direkten Gegensatz zur evangelischen Kirche: Die Rechtfertigungslehre »untergräbt mit der biblisch keineswegs belegbaren Lehre von der radikalen Sündhaftigkeit des Menschen den Christus-Standpunkt. Gegen diesen in der Confessio Augustana verankerten Grundsatz erheben wir ein Veto und wissen uns hierbei durchaus im Widerspruch zu den Bekenntnisschriften der Evangelisch-Lutherischen Kirche.« (Dr. L. Koch) – Und doch hat Luthers »verlorener und verdammter Mensch« das Gesamtzeugnis der Bibel zur Grundlage: von 1. Mose 6, 5 über Matth. 12, 1 ff. bis zu Röm. 1–3. Daher gilt, besonders für die reformatorischen Kirchen, das »allein aus Gnaden«. Die Erfahrung menschlicher Ohnmacht (vgl. Röm. 7, 14–25) scheint jedoch Hain und seinen Anhängern fremd geblieben zu sein. In ihrem Gesichtsfeld stehen nur die Gebote, Mahnungen, Warnungen und Bußrufe der Bibel, und sie folgern daraus, daß der Mensch sich in der Nachfolge Christi von der Sündenmacht befreien und den Stand der Gotteskindschaft erreichen kann und muß. In ihrer Satzung heißt es: »Wer unrecht tut und sündigt, der reinige sich durch seinen Wandel, daß er auferstehe von den geistig Toten oder wiedergeboren werde. Dies zu erbringen, heißt, die letzte Sünde ablegen und im Gebot Gott als den liebenden Vater über alles lieben; desgleichen auch seinen Nächsten wie sich selber, damit ihm Vergebung zuteil wird.« Einer Erlösung durch Christi Opfertod (Matth. 26, 26–28; Mark. 10, 45; Eph. 1, 7; 1. Joh. 1, 7; Offb. 5, 9 u. a.) bedarf es nicht. »Christi Leiden war nicht stellvertretend, sondern für uns beispielgebend, seine Kreuzigung nicht Sühnetod für jeden Sünder, der an ihn glaubt, sondern höchster Gehorsamsbeweis, den Gott erst recht von uns Sündern fordert.« (Dr. L. Koch) – Folgerichtig wird die Predigt von der Vergebung der Sünden als »falsche Glaubenszucht« zurückgewiesen, weil sie den Menschen der Gehorsamspflicht enthebe.

Der Mensch besteht aus Geist, Seele und Leib: der Geist ist Sitz des göttlichen Willens, des Guten; die Seele ist Träger des menschlichen Willens, dem Bösen gern zugeneigt; der Leib ist der Schauplatz, der die Regungen der miteinander ringenden Willensrichtungen sichtbar macht. Die Seele ist durch ihr vorheriges Leben »irgendwo« schon geprägt, wenn sie in das Erdendasein eintritt[27]. Sie empfängt nun auf Erden den Geist als »Vorausgeschenk Gottes« und wird dadurch zu einer wissenden Seele. Nach dem Tod des Leibes empfangen Geist und Seele je nach dem im Erdenleben erlangten Vollkommenheitsgrad eine neue Einkleidung in Gottes Reich. Eine materielle Wiederverkörperung widerfährt nur der unbußfertigen Seele als ein ihr von Gott angebotener Weg zur Läuterung. Am Ende wird einmal jedes von Gott geschaffene Leben in sein Reich zurückfinden.

Die Gemeinschaft Hirt und Herde ist nach § 1 ihrer Satzung eine »Vereinigung von Personen, die sich zur Aufgabe gemacht hat, die Menschen ohne Zeremonien durch die lutherische Bibel auf den richtigen Weg zu Gott zu führen«. Sie will in ihrem Gesamtwesen wie im Leben der einzelnen Glieder verwirklichen, was Hain von Gott verkündigt hat. Streng verboten ist die Teilnahme an allen Vergnügungen und weltlichem Wesen wie Tanz, Kino, Theater, Mode, der Genuß von Tabak und auch von Alkohol, soweit das bei Versammlungen in Gasthäusern möglich ist. Auf dem Gebiet der geschlechtlichen Liebe bestehen sehr eng gezogene Regulierungen. Eine merkwürdige Deutung des Sündenfalls spielt da herein: Dieser bestand nicht im Essen der verbotenen Frucht (1. Mose 3, 6), sondern in Adams und Evas »eigenwilliger, zunächst von Gott verwehrter ehelicher Ge-

[27] Über dieses vorherige Leben der Seelen, ihre Herkunft und ihren Entwicklungsgang bis zur Menschwerdung ist im Schrifttum über »Hirt und Herde« nichts zu finden. Aber die Aussagen von Hain zu diesem Thema sollen (nach Mitteilung von Dr. Koch) grundsätzlich mit Lorbers Neuoffenbarungen über Luzifers Fall und seine Folgen übereinstimmen. Hain seien aber diese Neuoffenbarungen unbekannt gewesen.

meinschaft, die die Geburt Kains zur Folge hatte« (Dr.L. Koch). Darum ist jede Verletzung des 6. Gebots eine schwere Sünde. Geschlechtsverkehr darf nur innerhalb der Ehe geübt werden und auch da bloß zum Zweck der Kinderzeugung – Matth. 5, 28 verbietet den Geschlechtsakt zur sexuellen Lustbefriedigung. Die Erotik hat zwar in der Ehe einen legitimen Platz, aber auch da soll sie sich sublimieren zur geistigen Liebe, die Mann und Frau vor dem himmlischen Vater als Bruder und Schwester für ewig vereint.

Im Unterschied zu den Kirchen kennt die »Herde« keine Sakramente – sie gehören zu den »Zeremonien«. Unter »*Taufe*« versteht man aufgrund von Eph. 5, 26 das Hören des Wortes Gottes, also nicht einen einzelnen Akt, sondern die im Wandel sichtbar werdende Erkenntnis der Forderung Gottes. In der Satzung heißt es: »Die Erkenntnis ist die Taufe, die dem Geiste ewiglich verbleibt.« Christus selbst hat nicht mit Wasser getauft (Joh. 4, 2), sondern »mit dem heiligen Geist und mit Feuer« (Matth. 3, 11). Entsprechend wird der Missionsbefehl Matth. 28, 19 verstanden: Erzählet allen Völkern vom Vater und dem Sohn und dem Heiligen Geist und lehret sie halten alles, was ich euch geboten habe. Auch das *Abendmahl* wurde von Jesus nicht als Sakrament »eingesetzt«. Wer ein solches sichtbares Zeichen zur Stützung seines Glaubens braucht, mag es pflegen. Aber notwendig ist eine solche Zeremonie nicht, zumal die in den Einsetzungsworten ausgesprochene Sündenvergebung abgelehnt wird. Wichtig ist allein die geistige Einheit des Menschen mit Gott, und diese communio kann auch durch ein schweigendes Sichversenken erreicht werden. Das *Gebet* wird nur im Kämmerlein gepflegt als Gespräch des Herzens mit Gott, als Dankgebet, als Hilfe in Anfechtung. Auch als Bittgebet, aber »der im Glauben gereifte und dem Ziel der Gotteskindschaft schon nahe gekommene Mensch enthält sich ganz von selbst des Bittgebetes, denn sein Wille hat sich dem Willen Gottes untergeordnet: Nicht mein, sondern dein Wille geschehe!« (Dr. L. Koch) Öffentliche gemeinsame Gebete in der Versammlung werden nicht gesprochen, weil das Gebet nur jeweils dem einzelnen die Verbindung mit Gott bringt. Die *Beerdigung* schließlich ist nicht wie in den Kirchen eine gottesdienstliche Feier. Sie ist aber auch nicht, wie der »Herde« oft nachgesagt wird, ein liebloses Einscharren. Die »Herde« beruft sich auf Matth. 8, 22 und versteht unter den hier genannten »Toten« die geistig Toten, d. h. Menschen, die an kein Weiterleben nach dem Tod glauben: für sie mag es am Platz sein, einen Verstorbenen durch eine Feier zu ehren. Die »Herde« aber weiß die Seele des Abgeschiedenen in Gottes Hand und beschränkt ihre Aufgabe darauf, den Leichnam ordnungsgemäß der Erde zurückzugeben und die Hinterbliebenen zu trösten und im Glauben zu stärken.

Die vollkommene Gemeinde

Die Gemeinde Gottes

John Winebrenner, seit 1820 Pfarrer der Deutschen Reformierten Kirche in Harrisburg, Pasadena, hatte mit seinem überdenominationellen Denken, seinem Drängen auf Bekehrung und seinem Erweckungseifer Widerspruch erregt und wurde ausgeschlossen. Er gründete 1830 die *»Churches of God in North America«* (General Eldership). Nach ihren Grundsätzen dürfen nur wirklich Gläubige als Gemeindeglieder aufgenommen und zum Abendmahl zugelassen werden. Die Gemeinde soll weder Gesetz noch Glaubensbekenntnis haben, sondern die Schrift als die einzige Norm für Glauben und Wandel betrachten. Die Taufe wird durch Untertauchen vollzogen; als religiöse Verordnung wird die Fußwaschung geübt. Die geistliche Leitung wird von der »Generalältestenschaft« wahrgenommen, die alle drei Jahre zusammentritt. Die Gemeinschaft, die ihre Zentrale in Harrisburg hat, zählte im Jahr 1961 weltweit 376 Gemeinden mit fast 37000 Seelen. (Gegenwärtig werden keine statistischen Angaben gemacht.)
In einer Versammlung, die wahrscheinlich ein Anhänger Winebrenners hielt, erlebte 1865 der Landschullehrer Daniel Sidney Warner (1842–1895) seine Bekehrung. Er widmete sich dann intensiv dem Bibelstudium und dem Gebet und studierte am Oberlin College, Ohio. Von der »General Eldership of the Churches of God in North America« erhielt er 1867 die Erlaubnis zum Predigen und wirkte in einer »Gemeinde Gottes« in Nebraska. In dieser Zeit lernte er die Heiligungsbewegung kennen. Er machte sich ihre Lehre von der Vollkommenheit zu eigen und verkündigte sie. Das führte zum Konflikt mit seiner Gemeinschaft. Sie entzog ihm 1878 die Predigtvollmacht. Um die gleiche Zeit hatte sich eine Gruppe Gleichgesinnter von ihr gelöst und sich als »North Indiana Eldership« konstituiert. Sie berief Warner 1878 zum Mitherausgeber ihrer Zeitschrift »The Herald of Gospel Freedom«. 1880 übernahm er diese ganz und vereinigte sie 1881 mit dem Blatt »The Pilgrim« unter dem Titel *»The Gospel Trumpet«*. Im gleichen Jahr löste er sich bereits wieder von seiner neuen Gemeinschaft. Er war nämlich zu der von ihm als göttliche Erleuchtung empfundenen Erkenntnis gelangt, daß die neutestamentliche Gemeinschaft der Gläubigen keine organisierte Körperschaft, sondern eine Bruderschaft war, daß im Neuen Testament zwischen sichtbarer und unsichtbarer Kirche nicht unterschieden wurde, ja daß die Kirche als Bruderschaft überhaupt nicht organisierbar ist. Die Gemeinde muß darum wieder ihren Charakter als offene Bruderschaft zurückerhalten, die von Glaubensschranken und organisatorischen Beschränkungen frei ist. Um eine solche offene, unorganisierte Bruderschaft aller Christen in der ganzen Welt im Rahmen eines »Church of God Reformation Movement« zu verwirklichen, begann er mit einigen Evangelisten – meist Farmern und Landarbeitern –, ganz frei und von freiwilligen Gaben lebend zu predigen. Hier und dort entstanden »Missionary Homes« als Wohnungen für die Evangelisten. Zur Ausbildung von Predigern wurde das »Trumpet Home« errichtet, aus dem später ein College und ein Theologisches Seminar in Anderson,

Indiana, erwuchsen. Dort befinden sich heute auch die Zentralen des Frauenmissionswerkes, des Weltmissionsdienstes, für christliche Erziehung, für Gemeindeausbreitung, die Radiomission, eine große Versammlungshalle und das Verlagshaus »Gospel Trumpet«. Die einzelnen Gemeinden, in der *»Church of God (Anderson)«* zusammengeschlossen, sind selbständig, aber die Konferenz der Prediger spielte von Anfang an eine verbindende Rolle, ebenso die jährliche »Lagerversammlung« der Gemeinden (erstmals 1892).

Allmählich wandelten sich die freien Evangelisten in besoldete Prediger um. Auch sonst ist eine gewisse organisatorische Verfestigung eingetreten. Damit verlor die Gemeinschaft freilich auch ein Stück ihres ursprünglichen Charakters als offene Bruderschaft. Die »Gospel Trumpet Company« untersteht der »General Ministerial Assembly« und versorgt nicht nur die Gemeinden mit Literatur, sondern stellt auch Mittel für viele andere Aufgaben zur Verfügung. Nach dem Jahrbuch der Gemeinde Gottes wurden 1969 insgesamt 3270 Ortsgemeinden und 3776 Prediger und Missionare gezählt; davon entfielen auf die USA und Kanada allein 2309 Gemeinden (1980 ebensoviel). Die Gesamtmitgliederzahl wurde auf 300000 geschätzt, wovon etwa die Hälfte auf die USA entfiel. Die amerikanischen Gemeinden unterhalten außer dem theologischen Seminar zwei geisteswissenschaftliche Hochschulen und ein Bibel-College. Über mehr als 300 Radiostationen wird ein wöchentliches Programm »The Christian Brotherhood Hour« in englischer und spanischer Sprache ausgestrahlt. Mit der Mission wurde 1897 in Indien begonnen. Jetzt gibt es Gemeinden Gottes oder Missionsstationen in Mittel- und Südamerika, auf den Westindischen Inseln, in Australien und zahlreichen asiatischen Ländern. Alle Gemeinden sind selbständig. Eine zentrale Organisation oder Leitung gibt es nicht.
Warner, ein Sproß des Pennsylvania-Deutschtums, predigte wie viele seiner Mitarbeiter nicht nur englisch, sondern auch deutsch. Seit 1895 erschien eine deutsche Ausgabe von »Gospel Trumpet«. 1901 kam der Farmer und Prediger George Vielguth nach *Deutschland.* Er hielt Versammlungen in Hamburg und fand vor allem in Essen Eingang. Auch in anderen Städten des Ruhrgebietes bildeten sich kleine Kreise. 1907 wurde in Essen ein Missionsheim errichtet. Weitere amerikanische Prediger kamen herüber und trugen die Arbeit in andere Gebiete Deutschlands (Kassel, Treysa, Ost- und Westpreußen) und nach Ost- und Südosteuropa bis zum Kaukasus. Es entstanden Gemeinden in 11 europäischen Ländern.

Über die Schicksale der etwa 100 Gemeinden in den kommunistischen Ländern ist kaum etwas bekannt. In Ungarn waren vor dem Ersten Weltkrieg 20 Gemeinden entstanden. Durch die Pfingstbewegung ergaben sich im Jahre 1925 Spaltungen, und von 1925 bis 1935 hatten sie unter Verfolgungen zu leiden. Die wenigen ungarischen Gemeinden, die sich gehalten hatten, bekamen 1942 ein Gottesdienstverbot. Weitere Verluste brachte die Aussiedlung der Deutschen nach dem Zweiten Weltkrieg. Seit 1947 wurden die Reste wieder gesammelt und gefestigt und weitere kleinere Ortsgemeinden gegründet. Die Gemeinde Gottes in Bulgarien, die seit 1918 besteht, wurde von der Außenwelt abgeschnürt und hatte schließlich auch keinen Prediger mehr. Ein deutscher Prediger, der 1968 drei Gemeinden besuchte, konnte dann drei bulgarische Prediger ordinieren, von denen einer, Peter Martscheff, die größte Gemeinde Gottes in Plovdiv betreut und zugleich Vorsteher des ganzen Werks im Land ist.

Seit 1922 wurde die *»Evangeliums-Posaune«* in Deutschland gedruckt, 1923 das Missionsheim von Essen nach Kassel verlegt und 1924 der Verlagsverein *»Missionszentrale der Gemeinde Gottes e. V.«* gegründet. Eine Bibelschule, 1932 in Kassel ins Leben gerufen, wurde nach dem Zweiten Weltkrieg nach *Fritzlar* verlegt. Sie bildet unter der Aufsicht der Gesamtpredigerschaft Diakone und Gemeindehelfer in zweijährigen und Prediger in vierjährigen Kursen aus und ist als Fach- bzw. Höhere Fachschule staatlich anerkannt. In den letzten Jahren wurde sie durchschnittlich von 26 Schülern besucht. Im Rahmen des »Sozialdienstes« der Gemeinde Gottes werden neben dem 1968 eröffneten Alten- und Pflegeheim in Gudensberg noch zwei Jugend- und Freizeitzentren in Bad Segeberg und Hemmelzen unterhalten. In der Bundesrepublik gibt es 48 Gemeinden, hauptsächlich im Ruhrgebiet, in Niedersachsen, Hamburg und Hessen. Sie werden von rund 40 Predigern betreut.

Am Ursprung der Gemeinde Gottes stand das Leiden unter der Zerklüftung des Protestantismus und ihren Folgeerscheinungen der Rivalitäten, Rechthabereien, Egoismen und Horizontverengungen. Diese Zerrissenheit erschien D. S. Warner und seinen Freunden als die schlimmste Sünde des Protestantismus. Sie waren überzeugt, daß man die ersehnte Einheit nur durch eine radikale Reformation erreichen kann. Sie besteht nach Warner darin, daß man »aus der ganzen Landschaft der Denominationen auswandert«, sich von allen »menschlichen Glaubenssätzen und Parteinahmen« freimacht und sich ausschließlich dem Aufbau der *»apostolischen Gemeinde des lebendigen Gottes«* widmet. Folgerichtig vermieden die Gründer der Gemeinde Gottes jeden Versuch einer Lehrformulierung, da er einen Rückfall ins denominationelle Wesen bedeuten würde. Die Gemeinde war für sie eine göttliche Einrichtung, deren alleiniger Regent der Heilige Geist ist; menschliche Satzungen, Dogmen und Organisationsformen könnten dieses ihr Wesen nur verfälschen.

Fragt man sie nach ihren *Lehrgrundlagen,* antworten sie: »Die ganze Bibel.« Aber die Bibel von den fünf Büchern Mose bis zur Offenbarung enthält so verschiedenartige Texte, daß man zu einer Auswahl, mindestens zur Unterscheidung zwischen Hauptsächlichem und Nebensächlichem gezwungen ist. Diesem Zwang folgte auch die Gemeinde Gottes. Was ihr an der biblischen Botschaft als Wichtigstes erschien, zeigt eine aus 13 Punkten bestehende Zusammenfassung der *Glaubenslehren der Gemeinde Gottes,* in der es in Punkt 5–7 über den Heilsweg heißt: »Wir glauben, daß jeder Mensch durch eine echte Bekehrung in Reue und Buße sich zu Gott wenden muß, um auf diese Weise das Heil in persönlichem Glauben zu ergreifen. Dann ist er wiedergeboren und ein Kind Gottes. – Wir glauben, daß die Wiedergeburt, die der Heilige Geist wirkt, die erste grundlegende Erfahrung ist, durch die wir Kinder Gottes werden. Gott hat aber noch eine zweite Erfahrung für seine Kinder bereitet, nämlich unsere Heiligung, den Empfang seines guten Heiligen Geistes, den die Welt nicht empfangen kann, sondern nur die Kinder Gottes. – Wir glauben an ein volles Heil, eine völlige Erlösung und daß diese Erfahrung, die uns zu einer neuen Kreatur macht, uns befähigt, durch die Kraft des Blutes Christi ein Siegesleben über die Sünde zu führen. Wir können durch die

Gnade in der Gnade stehen und ein heiliges, Gott wohlgefälliges Leben führen, obgleich wir fehlerhafte Menschen bleiben, die auch als Gotteskinder zur Sünde versucht werden und der Ermahnung bedürfen.«[28]

Diese wiedergeborenen und zum vollen Heil gelangten Gläubigen bilden die »Braut Christi«, die »Gemeinde Gottes«[29]. Über sie heißt es in Punkt 9 der zusammengefaßten Glaubenslehren: »Wir glauben, daß es unmöglich ist, durch eine menschliche Organisation die Gemeinde Gottes darzustellen. Die Gemeinde ist ein Organismus, zu dem der Herr die Tür ist und in den er selbst die Glieder einfügt. Die Gemeinde ist keine Organisation, der man sich anschließen kann.« Sie steht jenseits aller organisierten Kirchen, ist die Herde Christi, der Wohnort des Herrn und wird ohne menschliche Zwischenschaltung nur durch den Heiligen Geist geführt. Es gibt darum auch keine Mitgliederaufnahme und Mitgliederlisten. Alle Wiedergeborenen gehören ihr an. Wer nicht wiedergeboren ist, kann auch nicht Mitglied der »Gemeinde Gottes« sein; der Wiedergeborene aber ist es automatisch. »Der Herr selbst führt das Verzeichnis der Namen der Gemeindeglieder« in dem Buch des Lebens.

Aber nun ist diese Gemeinde zunächst etwas Unsichtbares, eine unbekannte Schar von wahrhaft Gläubigen, die über alle Kirchen verstreut sind, einander nicht kennen und nur Gott bekannt sind. Wie kann ihre Einheit und Gemeinschaft verwirklicht werden? Anfangs hatte man gehofft, daß alle aufrichtigen Christen ihre Denominationen verlassen und sich in der »Gemeinde Gottes« sammeln werden[30]. Aber diese Hoffnung erfüllte sich nicht. Man mußte sich damit abfinden, daß nach wie vor aufrichtige Christen in den Denominationen sind und bleiben, und so begann man, eine Verbindung mit ihnen zu suchen. Die Generalversammlung der amerikanischen Gemeinde Gottes beschloß 1965 die Bildung eines *Ausschusses für christliche Einheit,* der nach Möglichkeiten einer engeren Gemeinschaft und Zusammenarbeit mit anderen Gläubigenkreisen suchen sollte – nicht um sie zum Anschluß an die »Gemeinde Gottes« zu gewinnen, sondern um die geistliche Einheit mit ihnen zu verwirklichen. »Diese Einheit kommt nicht dadurch zustande«, schrieb Dr. Milburn H. Miller, »daß wir die anderen auffordern, zu uns zu kommen, sondern dadurch, daß wir sie auffordern, mit uns zu Christus zu kommen.« Denn »christliche Einheit« ist »Einssein in Christus, eine gemeinsame geistliche Zugehörigkeit zu ihm«. Der Weg zu dieser Einheit führt nicht über Kontakte mit den Kirchenorganisationen oder die Mitgliedschaft im Weltrat der Kirchen: »Das widerspräche grundsätzlich unserer Überzeugung, daß die Gemeinde Gottes keine ›Kirche‹ oder ›Freikirche‹ im konfessionalistischen Sinn ist, sondern vielmehr eine Reformationsbewegung innerhalb des Volkes Gottes.« Darum der Rat von Dr. Miller: »Prediger und Ortsgemeinden der ›Gemeinde Gottes‹ sollten nach Wegen suchen, wie sie mit anderen Christen und christlichen Gemeinschaf-

[28] Evangeliums-Posaune 1976, Nr. 7

[29] Die biblische Bezeichnung »ekklesia tou theou« ist sehr häufig, etwa: Apg. 20, 28; 1. Kor. 1, 1f.; 10, 32; 11, 16; 15, 9; Gal. 1, 13; 1. Thess. 2, 14; 2. Thess. 1, 4; 1. Tim. 3, 5. 15

[30] In der Evangeliums-Posaune 1953, Nr. 5, wird es nicht gebilligt, »daß Kinder Gottes Mitglieder bleiben in Kirchen und Gemeinschaften, die sich selbst regieren und nicht vom Haupt regieren lassen«. Denn »Gemeinde Gottes« sei eine Eigentumsbezeichnung genau wie »Kind Gottes«. Darum: »Sind wir Kinder Gottes, dann sollen wir auch zur Gemeinde Gottes gehören.«

ten zusammenarbeiten können, ... um praktische christliche Einheit zu demonstrieren. Dies darf jedoch niemals auf Kosten der Wahrheit oder der Eigenständigkeit geschehen.«

Die Gemeinde Gottes will, wie Dr. Miller betont, bei der Zusammenarbeit mit anderen Christen und christlichen Gemeinschaften ihre Identität wahren. Das ist ihr gutes Recht. Das gleiche Recht können auch ihre Gesprächspartner aus anderen Denominationen für sich beanspruchen. Aber hier entstehen Schwierigkeiten, die von den Gründern der Gemeinde Gottes offensichtlich nicht gesehen, mindestens nicht ernst genug genommen wurden. Die Gemeinde Gottes beteuert zwar, daß sie kein formuliertes und verbindliches Glaubensbekenntnis habe, sondern sich auf die Bibel allein gründe. Aber tatsächlich wurzelt sie in den Lehrtraditionen der reformierten Kirche und der Heiligungsbewegung. Sie vertritt damit eine Glaubensauffassung, die von anderen Christen nicht geteilt wird. Um ein Beispiel zu nennen: Ein lutherischer Christ könnte der Lehre von der »zweiten Segnung« nicht zustimmen; denn sie ist nach seinem Schriftverständnis biblisch nicht bestätigt. Er müßte auch die Ersetzung der zwei »Sakramente« Taufe und Abendmahl durch drei »Verordnungen« ablehnen und könnte sich dafür ebenfalls auf die Bibel berufen[31]. Eine innerste Glaubensgemeinschaft wäre also nicht vorhanden, und ein überzeugter lutherischer Christ könnte in der Gemeinde Gottes keine geistliche Heimat finden. Dasselbe gilt auch für die Angehörigen anderer Denominationen. Jede hat ihre eigene Geschichte und Tradition, stellt einen eigenen lebendigen Organismus dar, und ihre Glieder sind in ihrem Glaubensleben durch sie geprägt. Es wäre nicht gut, sie ihrer geistlichen Heimat zu entfremden, und es entstünde auf diesem Weg auch keine christliche Einheit.

Aber abgesehen davon: Die Vielzahl der Denominationen muß nicht notwendig ein Übel sein. Sie ist es nur dann, wenn sie sich gegeneinander isolieren oder einander gar als Irrlehrer und Abgefallene betrachten. Diese Situation gab es noch vor 100 Jahren und motivierte damals die Gründer der Gemeinde Gottes. Inzwischen hat sich ein ökumenisches Denken Bahn gebrochen und hat die Gemeinsamkeiten entdecken, die Unterschiede verstehen, die Vielzahl als Ausdruck der Fülle des von Christus geweckten Lebens begreifen gelehrt. Aus dem Gegeneinander ist allmählich ein Zueinander geworden. Auf allen Ebenen haben sich die Kirchen zu fruchtbaren Gesprächen, Beratungen, gegenseitigem Helfen und gemeinsamem Handeln zusammengefunden. Die Gemeinde Gottes hat in Deutschland wie in der Welt bisher eine Beteiligung daran abgelehnt und sich darauf beschränkt, nur Verbindungen mit »gläubigen« Kirchengliedern oder Gemeindegruppen aufzunehmen, etwa durch Mitarbeit bei Veranstaltungen der »Evangelischen Allianz«. Das Ergebnis dieses Bemühens war, am ursprünglichen Fernziel gemessen, mehr als bescheiden. Und weil sich die Gemeinde Gottes weigerte, mit den verfaßten Kirchen zusammenzuarbeiten und notgedrungen auch bei sich selbst ein Mindestmaß an Organisation nicht vermeiden konnte, nährte sie den Verdacht, daß sie eine eigene Glaubensgemeinschaft außerhalb der Kirchen ist. Es wäre für sie gut, wenn sie dem veränderten Klima zwischen den Konfessionen

[31] Die von der Gemeinde Gottes geübten drei »Verordnungen Jesu« – der Begriff »Sakrament« wird gemieden – sind Erwachsenentaufe (durch Untertauchen), Abendmahl und Fußwaschung.

und Denominationen Rechnung trüge und ihre bisherigen Grundsätze entsprechend revidierte.

Die Gemeinden Christi

Einen anderen Weg, die biblisch legitime Gemeinde zu gewinnen, schlagen die *»Gemeinden Christi«* ein. Auch sie sind amerikanischer Herkunft und entstanden aus zwei Wurzeln. Die eine war die Erweckungsbewegung, die um 1800 Kentucky, Tennessee und andere Staaten des Ostens ergriff. Einer ihrer führenden Männer, der presbyterianische Pfarrer BARTON W. STONE hatte sich schon immer durch das calvinistische Prädestinationsdogma belastet gefühlt. Nun fand er die Gemeinschaft mit vier anderen Pfarrern, die mit ihm in der Erweckung eng zusammenarbeiteten und die gleichen Bedenken hatten. Sie lehrten die allumfassende Sünderliebe Gottes. Darüber entstand 1803 ein Konflikt mit der Presbyterianischen Kirche, das sogenannte *»Neue-Licht-Schisma«*. Sie wurden ihrer Ämter enthoben und gründeten, als sich weitere Pfarrer ihnen anschlossen, ein neues Presbyterium. Da sie aber nicht eine eigene Denomination schaffen wollten, erklärten sie in einer »Apologie«, alle konfessionellen Bekenntnisse seien abzulehnen und nur die Bibel könne das allumschließende Band bilden. Auf dieser Grundlage wollten sie fortan der Einheit der Christenheit dienen. Sie nannten ihre Gemeinschaft einfach und allgemein *»Christian Church«* und lehnten für sie alle nicht auf der Schrift beruhenden Organisationsformen ab. Da sie bei der Taufe das Untertauchen als schriftgemäße Form erkannten, fanden sie starken Zulauf von baptistischer Seite.

Eine ähnliche Bewegung entstand unabhängig davon in West-Pennsylvanien und Virginia unter Führung des 1807 aus Irland eingewanderten Presbyterianerpfarrers THOMAS CAMPBELL und seines Sohnes ALEXANDER. Hier entzündete sich der Konflikt an dem von der Presbyterianischen Kirche erlassenen Verbot der Abendmahlsgemeinschaft mit anderen christlichen Gruppen. Thomas Campbell fügte sich nicht und bekannte, daß er sich von den engen Glaubensbekenntnissen und theologischen Formeln distanziere und allein die Heilige Schrift als Grundlage der christlichen Gemeinschaft anerkenne. Er hielt eigene Versammlungen ab, aus denen zunächst die »Christliche Vereinigung von Washington« und 1811 die »Bush-Run-Kirche« hervorging. Sie richtete sich nach der von Thomas Campbell geprägten Parole: »Wo die Schrift redet, reden auch wir; wo sie schweigt, schweigen auch wir.« Eine 1809 angenommene *»Erklärung und Denkschrift«* wurde die wichtigste Urkunde in der Geschichte der jungen Gemeinschaft.

Auch sie vertrat die Erwachsenentaufe durch Untertauchen; deshalb wurde sie von der Baptistenunion von Redstone eingeladen, sich ihr anzuschließen. Sie machte den Baptisten klar, daß sie durchaus nicht in allen Punkten mit ihnen einig sei, vereinigte sich aber trotzdem 1813 mit ihnen. Thomas Campbell gewann viele von ihnen für seine besonderen Ansichten, und sie schlossen sich zu einer »Reformpartei« zusammen, die sich für eine »Wiederherstellung der ursprünglichen alten Ordnung« einsetzte. 1826 begann sie sich von den Baptistengemeinden abzusondern und eigene Gemeinschaften zu bilden; allein in Kentucky trennten

sich über 10000 Baptisten und gründeten »Jünger-Gemeinden«. Um 1827 kamen Anhänger Campbells mit Anhängern Stones in Berührung. Sie entdeckten ihre Gemeinsamkeiten und schlossen sich 1832 zu einer Union zusammen. Die neue Gemeinschaft der *»Disciples of Christ«* wuchs zu einer großen Denomination heran, die 1966 in 8081 Gemeinden 1918471 Seelen zählte.
Aber schon von Anfang an gab es in ihren Reihen Auseinandersetzungen über verschiedene Fragen, auf die man vergeblich eine eindeutige Antwort in der Bibel suchte: Offene oder geschlossene Abendmahlsfeiern – Gebrauch des Titels »Reverend« – Aufstellung von Orgeln in den Kirchen – Gründung von Missions- und anderen Gesellschaften. Über den zwei letztgenannten Punkten kam es zu einer Abspaltung. Seit 1859 entbrannte der »Orgelstreit« (vorher gab es noch kaum Orgeln). »Kein Bestandteil des Gemeindegottesdienstes ist rechtmäßig, der nicht ausdrücklich im Neuen Testament angeordnet ist. Instrumentalmusik ist nicht angeordnet. Darum ist sie auch nicht rechtmäßig.« Diesen Standpunkt vertraten die Orgel-Gegner. Sie bildeten getrennte Gemeinden und begannen sich im Lauf der Zeit als *»Gemeinden Christi«* zu bezeichnen (Churches of Christ).
Die Trennung war 1906 so weit fortgeschritten, daß die »Gemeinden Christi« bei dem in diesem Jahr erstmals durchgeführten US-Census als eigene Denomination behandelt wurden. Sie sind überwiegend in der ländlichen Bevölkerung beheimatet; ihr Bollwerk ist der Süden. Sie lehnen kirchliche Vereinigungen und Organisationen jeder Art ab, weil darüber nichts in der Bibel stehe. Sie treiben zwar Liebesarbeit, aber diese darf nicht organisiert sein. Sie treiben auch Mission in fremden Ländern, aber es darf dafür keine Missionsgesellschaft gebildet werden. Wenn jemand sich als Missionar betätigen will, muß er eben eine »Gemeinde Christi« finden, die ihn unterstützt. Wenn sie ihre Hilfe einstellt, muß er heimreisen oder eine andere Patronatsgemeinde ausfindig machen. Die Prediger werden nicht ordiniert und werden durch Gemeindewahl bestellt. Jeder, der predigen will, kann es tun, falls er gewählt wird. Es gibt keine Konferenzen, Presbyterien, Synoden, und man wacht eifersüchtig darüber, daß sich auch nicht die geringsten Ansätze einer Organisation bilden können.
Die Gemeinden Christi haben sich längst weltweit verbreitet (1980 etwa 3 Millionen Mitglieder). Sie sind in Italien und Polen ebenso vertreten wie in Ghana und Nigeria, in Indien, Brasilien und Australien. Nach *Deutschland* entsandte 1947 die Gemeinde Christi in Lubbock, Texas, einen Prediger. Andere Gemeinden taten das gleiche. 1958 wurden schon 24 Gemeinden Christi in der Bundesrepublik gezählt. Heute sind es rund 30 Gemeinden mit etwa 1500 Seelen, in Österreich und der Schweiz je 5 Gemeinden. Anfang der siebziger Jahre entstand eine kleine »Bibelschule Heidelberg« als »Zweigstelle« der George Pepperdine University in Los Angeles. Eine gemeinsame Zentrale, Leitung oder Literatur haben die Gemeinden Christi in Deutschland so wenig wie in den USA. Örtliche Gemeinden geben eigene Gemeindeblätter heraus. Dazu kommen Zeitschriften, die von einzelnen Evangelisten oder Verlagsvereinen verbreitet werden: *»Der Christ im 20. Jahrhundert«* in Hamburg, *»Christsein heute«* in Braunschweig, *»Das feste Fundament«* in Wien. Seit 1965 werden über Radio Luxemburg unter dem Namen »Es grüßen die Gemeinden Christi« Ansprachen des Münchener Evangelisten Gottfried Reichel ausgestrahlt, die auch durch eine »Tonbandmission« weitergegeben werden.

Die Gemeinden Christi haben *kein formuliertes Glaubensbekenntnis.* Maßgebend ist allein die Schrift, wie sie sich der fortschreitenden Erkenntnis der Gläubigen erschließt. Die Zeitschrift »Der Christ im 20. Jahrhundert« betont denn auch in jeder Ausgabe, daß sie kein offizielles Organ einer Glaubensgemeinschaft sei, sondern »das Werk konfessionell ungebundener Christen. Die einzelnen Artikel sind Ausdruck persönlicher Überzeugung und erheben Anspruch auf Glaubensverbindlichkeit nur insoweit, als der prüfende Leser darin an Hand der Heiligen Schrift den Willen Gottes erkennt.« Hier aber erhebt sich die Frage: Wird der »prüfende Leser« nicht überfordert? Wird sein Urteil nicht letztlich von seinen mehr oder weniger vollständigen Bibelkenntnissen, seinem persönlichen Standpunkt und seinen vorgegebenen Motiven und Bedürfnissen abhängen? Droht also nicht ein Pluralismus der Schrifterkenntnisse, der die Bildung einer »Gemeinde Christi« außerordentlich erschwert oder unmöglich macht? Immerhin, die Gemeinden Christi haben insofern eine Vorentscheidung getroffen, als sie grundsätzlich die Rechtfertigungslehre der Reformation als gültige Schriftwahrheit anerkennen, wenngleich einige Abstriche und Einschränkungen vorgenommen werden, z. B. die Ablehnung der Erbsünde unter Berufung auf Pred. 12, 7, eine etwas andere Zuordnung von Glauben und Werken u. a. m.
Größer ist der Unterschied in der *Lehre von der Gemeinde.* Luther unterschied scharf zwischen der sichtbaren und der unsichtbaren Kirche und sah nur in letzterer die wahre Gemeinde Christi. Darum waren für ihn die äußeren Ordnungen der sichtbaren Kirche von sekundärer Bedeutung und konnten nach sachlichen Bedürfnissen und Zweckmäßigkeiten festgesetzt werden. Für die Gemeinden Christi dagegen gilt es als zentraler Punkt des Gehorsams, daß auch die äußeren Ordnungen bis in die letzten Einzelheiten schriftgemäß bleiben. Da die Gesetze des Alten Testaments nur für die Juden bestimmt und mit dem Tod Christi aufgehoben wurden, wird allein das Neue Testament als Grundlage für die Ordnung von Gottesdienst und Gemeinde anerkannt. Diese Grundlage aber ist absolut bindend. Es darf nichts weggetan, geändert oder hinzugefügt werden. Das aber haben die *Kirchen* getan. Darum sind sie »unschriftgemäße Organisationen«. Es wird ihnen noch vieles andere vorgeworfen: Ihre Dogmen und Gesetze sind menschlichen Ursprungs; sie haben die geoffenbarten Wahrheiten vernachlässigt, verwässert, durch Irrlehren verdrängt, neben die göttliche Autorität menschliche Autoritäten gesetzt (Papsttum), Kompromisse mit der Welt geschlossen, sind zu »Massenkirchen« geworden u. a. m. Darum wurden sie von Spaltungen heimgesucht. Um diese Fehlentwicklungen zu beseitigen und die zerrissene Christenheit zu einigen, ist es »erforderlich, daß alle trennenden menschlichen Dogmen, Titel, Ämter, Sakramente und Organisationen wirklich aufgegeben werden und wir in allen Glaubensfragen zum Vorbild des Neuen Testaments zurückkehren und es konsequent befolgen«[32].
Im einzelnen ergeben sich aus dem Neuen Testament folgende »Ordnungen«: Die *Taufe* »besteht aus dem Untertauchen eines bußfertigen Gläubigen in Wasser zur Vergebung der Sünden und als Eintrittsakt in das Reich Gottes«. Die Kindertaufe ist nicht göttlicher Herkunft und ohne jede Bedeutung, da die Taufe »kein ›Sa-

[32] Der Christ im 20. Jahrhundert 1976, Nr. 1

krament‹ mit mystischer Wirkung ist, das unabhängig von der Einstellung des Empfangenden eine besondere Gnade Gottes spendet«[33]. Selbstverständlich wird auch die Konfirmation verworfen. Das Christfest wird um seiner auf heidnische Wurzeln zurückgehenden Datierung willen (Wintersonnenwende) nicht als religiöses Fest der Geburt Christi, sondern nur als Familienfest begangen. Ebenso werden Ostern, Himmelfahrt und Pfingsten nicht als besondere Festtage gefeiert, da sie in der Schrift nicht als solche eingesetzt und geboten wurden.
Der einzige biblisch befohlene Tag der Anbetung ist vielmehr der Herrntag am ersten Tag der Woche; der Sabbat war nur für die Juden bestimmt. Der Gottesdienst ist regelmäßig mit dem *Abendmahl* verbunden. Letzteres wird als einfaches Gedächtnismahl verstanden; jede Art von Wandlung der Elemente wird abgelehnt: »Brot bleibt einfach Brot und Wein einfach Wein. Das Wort ›ist‹ in Matth. 26, 26 hat den Sinn von ›bedeutet, stellt dar, versinnbildlicht‹.«[34] In den Gottesdiensten darf nur Vokal-, keine Instrumentalmusik verwendet werden. Letztere »ist eines der vielen Dinge, die im Lauf der Jahrhunderte von Menschen der schlichten Anbetung der neutestamentlichen Gemeinde hinzugefügt wurden«[35]. Ein kleines Liederbuch »Geistliche Lieder« enthält zahlreiche Choräle aus dem evangelischen Gesangbuch.

Die *Gemeinde* hat eine theokratische oder »bibliokratische« Verfassung. Ihre Ämter sind: Bischöfe oder Älteste, die über die Lehre und Disziplin wachen und in allen Gemeindeangelegenheiten entscheiden; Diakone oder Diener, die den Ältesten untergeordnet sind und sich um Armenfürsorge und materielle Belange kümmern; Prediger oder Evangelisten, die von den Gemeinden bestellt werden. Der Zehnte ist, weil Teil des alttestamentlichen Gesetzes, nicht mehr bindend. Weil die »Gemeinde Christi« in allem einen »unbedingten Gehorsam gegen den Willen Gottes« für sich in Anspruch nimmt, ist sie nach ihrem Selbstverständnis das Gegenteil einer Sekte, nämlich eine Vereinigungsbewegung und zugleich die wahre, biblisch legitime christliche Gemeinschaft. Denn sie will »die Angelegenheiten (des Glaubens) genau so wieder aufnehmen, wie die Apostel sie belasssen haben, damit wir so, freigemacht von den mannigfachen Verwirrungen der zwischenliegenden Zeitläufte, nachweislich auf demselben Standpunkt stehen, den die Gemeinde zu Anfang einnahm.«[36] Dabei ist richtig, daß man die Gemeinden Christi schwerlich als »Sekte« bezeichnen kann. Sie vertreten vielmehr einen radikalen Protestantismus. Auch verkündigen sie keine unbiblischen Sonderlehren. Allerdings gibt gerade ihr extrem biblizistisches Prinzip Anlaß zu einigen Fragen:

[33] Hauptlehren der Heiligen Schrift, Lektion 14
[34] a. a. O. Lektion 20
[35] Ebd. In der »Wahrheit«, einem kleinen hektographierten Gemeindeblatt für Stuttgart, wird das noch deutlicher ausgesprochen: »Gott hat uns *nicht* überlassen, die Art von Musik auszuwählen, die uns am besten paßt. Er hat uns genau angegeben, was wir tun sollen. Wenn er deshalb befohlen hat, daß wir singen sollen, so ist jede andere Art von Musik eben nicht erlaubt. Darin zeigen wir, ob wir glauben. Wir können nicht ein Instrument im Gottesdienst benützen und dennoch sagen, daß wir im Glauben wandeln.«
[36] Einleitung zu Thomas Campbells 13 Grundsätzen

Wo wird im Neuen Testament ausdrücklich bestimmt, daß die Ämter, Ordnungen und gottesdienstlichen Formen der apostolischen Gemeinden für alle Zeit unveränderlich sind? Auf welche Weise wird es begründet, daß ihre Beachtung oder Nichtbeachtung darüber entscheidet, ob eine Gemeinde sich als »Gemeinde Christi« fühlen darf oder zu den Ungehorsamen zählt?
Sind kirchliche Glaubensbekenntnisse grundsätzlich zu verwerfen, auch wenn sie in ihrer Schriftgemäßheit ausgewiesen sind und als zusammenfassende Formulierungen biblischer Wahrheiten, als Leitlinien für den Glauben und als Abgrenzung gegen Irrlehren notwendig gebraucht werden?
Ist es möglich und erlaubt, die 19 Jahrhunderte der Kirchengeschichte zu ignorieren und generell als Fehlentwicklung abzutun? Oder zeugt diese Geschichte nicht in allen Epochen und über alle menschlichen Irrungen und Verderbnisse hinweg auch von den Eingriffen und Siegen des Heiligen Geistes?
Waren die Kirchenspaltungen nur Fluch und Frucht menschlicher Bosheit? Oder war in ihnen nicht auch immer wieder der Geist der Wahrheit am Werk? Sind die durch Spaltungen entstandenen Konfessionen und Kirchen nur als Werke der Sünde und des Ungehorsams gegen Joh. 17, 21 zu betrachten? Oder haben sie nicht ein legitimes Daseinsrecht, weil und sofern sie, jede auf ihre Weise, den unerschöpflichen Reichtum und die Vielschichtigkeit der biblischen Wahrheit darstellen und zum Leben bringen?
Wird also der durch Spaltungen zerrissene Leib Christi nur dadurch wiederhergestellt, daß die Kirchen sich samt ihrem jeweiligen Eigengut in eine Unzahl von selbständigen Ortsgemeinden auflösen? Oder ist es nicht der biblisch gebotene Weg, sie in einer ökumenischen Gemeinschaft zusammenzuschließen, in der sie mit ihren Gaben und Kräften einander brüderlich dienen?
Wo wird im Neuen Testament der freiwillige Zusammenschluß der Ortsgemeinden in regionalen und überregionalen Kirchen verboten? Wo wird es verboten, daß die in einer Kirche vereinigten Gemeinden gemeinsame Werke der Mission, der Jugendarbeit usw. unterhalten? Die Gemeinden Christi antworten: Das Neue Testament hat es nicht verboten, aber auch nicht angeordnet, und wir halten uns allein an das, was angeordnet ist. Die Schrift kennt keine Kirchenorganisation, keine Synode, keine Orgel, kein gemeinsames Glaubensbekenntnis usw. Deshalb kennen wir es auch nicht.
Die Ordnungen der apostolischen Gemeinden im ersten Jahrhundert n. Chr. sollen also wie Konserven ins 20. Jahrhundert hereingetragen und wieder in Kraft gesetzt werden. Er wird nicht bedacht, daß die apostolischen Gemeinden die nahe bevorstehende Wiederkunft Christi erwartet und mit einer längeren Zukunft nicht mehr gerechnet haben; daß für sie deshalb alles, ihr eigenes Dasein wie ihre Umwelt, nur als etwas Vorläufiges galt; daß es damals nur eine bescheidene Zahl christlicher Gemeinden gab und der Gedanke einer weltweiten Verbreitung im Lauf der Jahrtausende für die Apostel wie für die Gläubigen absolut unvorstellbar war. Als die Parusie ausblieb, die Erwartung erlahmte, die Gemeinden sich in der Welt auf die Dauer einrichten mußten, ihre Zahl wuchs, gnostische Lehren verführerisch in sie hereinwucherten, sahen sie sich vor eine neue Situation gestellt. Die Auseinandersetzung mit ihr führte zur Entstehung der frühen »katholischen Kirche« – dieser Name wurde erstmals von Ignatius von Antiochien in seinem

Brief an die Gemeinde in Smyrna (zwischen 110–117) verwendet. Hinter dieser Entwicklung stand nicht menschliche Willkür, sondern geschichtlicher Zwang. Freilich waren die Amtsträger, die daran beteiligt waren, Kinder ihrer Zeit und keine allwissenden Wunderkinder. Sie mochten Fehler begangen haben. Aber sie haben das Ihre dazu beigetragen, daß der Christusglaube nicht vom religiösen Dschungel der damaligen Jahrhunderte verschlungen wurde. Man kann es den Vätern der Gemeinden Christi abnehmen, daß sie unter der Zerklüftung der Christenheit litten und sie ernstlich zu überwinden suchten. Aber der Weg, den sie einschlugen, ist ungangbar. Denn er fordert eine Verleugnung der christlichen Geschichte. Und diese Geschichte war nicht nur Tummelplatz menschlicher Machtgier oder Borniertheit, sondern immer auch eine Geschichte der Christenheit mit ihrem Herrn.

Die Ravenschen Brüder

Die Ravenschen Brüder sind Nachkömmlinge der von JOHN NELSON DARBY maßgeblich geprägten »Brüderbewegung«, auch »Darbysten« oder »Plymouth-Brüder« genannt. Darby ist am 18. November 1800 in Westminster als Kind wohlhabender Eltern geboren. Er studierte zuerst Rechtswissenschaft in Dublin. Aber eine innere Krise veranlaßte ihn, auf einen juristischen Beruf zu verzichten und Theologie zu studieren. Er erlebte eine religiöse Erweckung und wurde 1826 zum Priester der anglikanischen Kirche ordiniert. Er führte ein asketisches Leben und übernahm eine Diasporagemeinde, der er mit großer Aufopferung diente. Ein Unfall warf ihn Ende 1827 aufs Krankenlager, und hier erlebte er bei intensivem Bibelstudium eine zweite Bekehrung. Hatte ihn die erste »6 oder 7 Jahre unter der Zuchtrute des Gesetzes zubringen lassen«, so gab ihm bei der zweiten Bekehrung Gott zu verstehen, daß er »in Christus war, vereint mit Ihm durch den Heiligen Geist«. Er kam mit einem Kreis frommer Männer in Dublin in Verbindung und lernte hier den Zahnarzt A. N. Groves kennen, der wie viele anglo-irischen Protestanten unter der Zersplitterung der Christenheit litt, auf der Suche nach der »wahren« Kirche und christlichen Einheit war und an die Nähe der Endzeit glaubte. Aus der Bibel gewann er die Überzeugung, daß allein das allgemeine Priestertum schriftgemäß sei. Darby entwickelte ähnliche Gedanken und im November 1829 versammelte er sich mit einigen »Brüdern« in Dublin, um gemeinsam das Brot zu brechen.

Das war die Geburtsstunde der *Brüderbewegung*. Bald griff sie nach England über, wo in Plymouth die erste und bedeutendste Gemeinde enstand, die für die nächsten 40 Jahre zum Zentrum der ganzen Bewegung wurde. 1834 trennte sich Darby von der anglikanischen Kirche, die ihm mit ihrer hierarchischen Verfassung, ihrem ordinierten Klerus, ihrem Parochialsystem und ihren weltlichen Verflechtungen als Babel erschien. Ihr und allen Kirchentümern stellte er die Gemeinschaft wahrer Christen gegenüber, die auf der Verheißung ruht: »Wo zwei oder drei versammelt sind in meinem Namen, da bin ich mitten unter ihnen« (Matth. 18, 20). Sie kennt keine menschlichen Organisationsformen, keinen geistlichen Stand, keine gewählten Amtsträger, keine Mitgliederlisten. Ihr Leben wird allein vom

Heiligen Geist geleitet, der sich an den Buchstaben der Schrift gebunden hat. Die Christliche Versammlung repräsentiert die wahre Kirche und hat die Aufgabe, alle Kinder Gottes durch »Absonderung« aus den »Systemen« auf dem Boden der Einheit zu versammeln. Wenn nach der ersten Auferstehung die Vollzahl der Heiligen erreicht ist, wird diese wahre Kirche als Braut Christi in den Himmel entrückt, während die »Weltkirche« unter Führung des Antichrists offen gegen alles Göttliche rebelliert und von dem wiederkommenden Christus gerichtet wird.

Aber bald wurde die Brüderbewegung selbst von einer folgenschweren *Spaltung* betroffen. Dabei ging es nicht um Fragen des Glaubens, sondern der Gemeindeordnung: Darby warf dem Mitbegründer der Brüderbewegung, Benjamin Wills Newton, in Plymouth vor: daß er als Leiter der Gottesdienste etwas überhöht vor der Versammlung saß; daß er gelegentlich Brüder, die nicht redegewandt waren, in der Versammlung unterbrach und zum Schweigen brachte; daß sich im Lauf der Zeit ein begrenzter Kreis von Brüdern in den Predigtdienst teilte und die anderen nicht zu Wort kamen. In alledem sah Darby einen Verstoß gegen das allgemeine Priestertum, ja ein Wiederaufblühen des Klerikalismus, und er erklärte, daß man Gott als Souverän der Versammlung durch organisatorische Maßnahmen abgesetzt habe. Er trennte sich mit 70 gleichgesinnten Brüdern von Newton und gründete 1845 eine zweite Versammlung in Plymouth.
Die Auseinandersetzung ging mit unerbittlicher Schärfe weiter, besonders nachdem er Newton der Irrlehre über das Leiden Christi überführt zu haben glaubte. Sein nächster Gegner war Georg Müller (1805–1898), ein Deutscher, der in Halle Theologie studiert hatte und nach dem Erlebnis seiner Bekehrung nach England gekommen war, um in den Dienst einer Londoner Missionsgesellschaft zu treten. Aber er nahm davon Abstand, als er mit der Brüderbewegung bekannt wurde. In Bristol baute er die *Bethesdagemeinde* auf und machte sich einen Namen als der »Waisenhausvater von Bristol«, weil er mehrere Waisenhäuser errichtete; außerdem gründete er Tages- und Sonntagsschulen und eine Bibel- und Traktatdruckerei. Weil er in seine Bethesdagemeinde auch Anhänger Newtons aufnahm, entflammte der Streit mit Darby, der zur Exkommunikation der ganzen Gemeinde führte: In seinem *»Bethesda-Rundschreiben« 1848* warnte er alle Gemeinden, Mitglieder von Bethesda aufzunehmen. »Diejenigen, die Personen von Bethesda aufnehmen, identifizieren sich dadurch mit dem Bösen, denn die Gemeinschaft, die so handelt, ist als ganze verantwortlich für das Böse, das sie zuläßt.« Die Folge war, daß die Brüderbewegung sich in Anhänger Darbys, die *»exklusiven Brüder«,* und in Anhänger Müllers, die *»offenen Brüder«,* spaltete. Während die letzteren jeden ohne Ansehen seiner kirchlichen Zugehörigkeit, der »gesund im Glauben und gottselig im Wandel« war, zur Gemeinschaft zuließen, verschlossen sich die »Exklusiven« sowohl den »Offenen« gegenüber wie auch den Gliedern anderer Kirchen.

Darby machte viele Missions- und Besuchsreisen, nicht nur in England und Irland und auf dem europäischen Kontinent, sondern auch in Kanada, den Vereinigten Staaten und Neuseeland. Durch seine Wirksamkeit bekam die Brüderbewegung ein internationales Ausmaß. In Deutschland fanden die »Exklusiven« 1847 Eingang; die erste *»Christliche Versammlung«* entstand in Düsseldorf. Einen starken Auftrieb erhielten sie, als 1854 der Lehrer Carl Brockhaus (1822–1899) in Elberfeld sich mit Darby verband. Er gründete einen Verlag und brachte neben evangelistischer Literatur die »urtextgetreu« übersetzte »Elberfelder Bibel« heraus. Die »Offenen Brüder« kamen erst später nach Deutschland: 1887 bildete sich durch Jean Leonhardt in Bad Homburg v. d. H. eine erste Gruppe. Die »Christliche Versammlung« wurde 1937 verboten. Ihre Mitglieder vereinigten sich zunächst 1937 im »Bund freikirchlicher Christen« (BfC), dann 1941 mit den Baptisten im »Bund Evangelisch-Freikirchlicher Gemeinden«; nach 1945 kehrte ein Teil von ihnen wieder zur »Christlichen Versammlung« zurück. Die »Offenen Brüder« und ein Teil der ehemals »exklusiven« Brüder fanden sich 1949 im »Freien Brüderkreis« zusammen. Insgesamt zählt die Brüderbewegung weltweit etwa 480000 Mitglieder und Freunde, in Deutschland 80000.

Zurück zu Darby: Am Ende seines Lebens und besonders nach seinem Tod am 29. April 1882 wurden die »Exklusiven« in England von einer Reihe von *Spaltungen* heimgesucht – bis 1908 waren es insgesamt acht, von denen nur eine, die Ramsgate-Trennung 1881, im Jahr 1928 wieder aufgehoben wurde. Die Ursache dieser Spaltungen lag, wie schon die Bethesda-Trennung zeigte, in Darbys Auffassung von der wahren christlichen Versammlung: Ihre Mitglieder können nur bekehrte Christen sein, die sich radikal von der »Welt« und dem weltlichen Treiben der Kirchen und Denominationen absondern; und sie selbst müssen sich in ihren Ordnungen strikt nach den biblischen Vorschriften richten. Daß für Darby und seine Anhänger schon durch ein kleines Podest für den Leiter der Versammlung das allgemeine Priestertum verletzt war, mag vielen als Ausfluß kleinlichen Denkens erscheinen. Aber für Darby und die Brüder waren Äußerlichkeiten immer auch zugleich Ausdruck von »Innerlichkeiten«, und darum war ein Podest nicht nur ein nützliches Möbel, sondern die erste Stufe einer geistlichen Rangerhöhung. Und auch alle anderen Äußerlichkeiten bekamen ein entsprechendes Gewicht, sei es im Gemeinschaftsleben und in den Gottesdiensten der Versammlung oder im Verhalten der Mitglieder zur »Welt«. Darby forderte absolute Reinheit der Versammlung, und jeder Verstoß dagegen mußte zur »Trennung«, das heißt Exkommunikation, führen, und jede Exkommunikation, von einer Versammlung beschlossen, mußte nach dem Bethesda-Rundschreiben von allen anderen Versammlungen anerkannt werden. Wenn aber eine Versammlung anderer Meinung war, wurde auch sie exkommuniziert. Nun sind über äußerliche Dinge auch unter ernsten Christen verschiedene Auffassungen möglich. Aber Adiaphora oder die Unterscheidung zwischen Hauptsächlichem und Nebensächlichem, wie sie in den Kirchen üblich ist, kannte Darby nicht. Für ihn war jede Abweichung von der Lebensordnung der vom Heiligen Geist geleiteten Versammlung ein Defekt des Glaubens, ja ein Einbruch des Bösen.

Aber was bedeutete und forderte konkret die Absonderung von der Welt und ihrem Treiben? Was ist die Welt? Wo fängt sie an? Wie verläuft die Grenze, die der Gläubige nicht überschreiten darf? Für Darby galt es als selbstverständlich, daß Tanzveranstaltungen und Theater gemieden und politische Abstinenz geübt wurden, daß man z. B. nicht wählte und einem Patriotismus nicht huldigte. Aber genügte das? Das Leben des Menschen ist ja tausendfältig in die sich immer mehr differenzierende »Welt« hineinverwoben. Viele Fragen traten auf: Muß der Gläubige nicht zahlreiche Berufe und ganze Berufsgruppen meiden, z. B. Industrien und Gewerbezweige, die mit ihren Produkten und Tätigkeiten dem Komfort, der Unterhaltung, dem Vergnügen, der Touristik, der Kosmetik u. a. m. dienen? Wie muß er sich gegenüber seiner Frau verhalten, wenn sie sich weigert, der Versammlung beizutreten? Darf er Mitglied von sportlichen, beruflichen, wissenschaftlichen, karitativen u. a. Vereinigungen werden? Dürfen seine Kinder mit ihren »ungläubigen« Schulkameraden spielen? Dürfen sie an Universitäten studieren? Muß jeder gesellige Verkehr mit Außenstehenden abgebrochen werden? Bis zu welcher Grenze darf der Gläubige von den technischen Errungenschaften, etwa vom Auto, Gebrauch machen? Muß er sich nicht streng den Massenmedien – Zeitungen, Radio, Fernsehen – verschließen, die ihm »Weltlichkeit« in massiver Weise ins Haus bringen? Diese und andere Fragen konnten verschieden beantwortet werden. Und sie wurden verschieden beantwortet. So war es kein Wunder, daß die »exklusiven Brüder« Spaltungen erlitten, als sie mit dem Tod Darbys die führende Autorität verloren, die alles zusammenhielt.

Die meisten dieser Trennungen blieben auf die englischsprechenden Länder beschränkt. Nur eine wirkte auch nach Deutschland herüber. Sie war durch F. E. Raven ausgelöst worden, der der Versammlung in Greenwich angehörte. Zu Spekulationen und Haarspaltereien neigend, vertrat er eine monophysitische Christologie, indem er bestritt, daß Jesus Christus wahrer Gott und wahrer Mensch in einer Person war. Er sei nicht wirklich Mensch geworden, sondern habe nur den menschlichen »Fleisch-und-Blut-Zustand« angenommen. In seiner Person sei er also Gott, in seinem Zustand Mensch gewesen. Wegen dieser These und wegen der daraus abgeleiteten Konsequenzen wurde er von einem Teil der englischen Brüder und 1890 auch von den Brüdergruppen in Frankreich, Deutschland und der Schweiz abgelehnt. Es kam zum Streit und schließlich zum Bruch. In den englischsprechenden Ländern schloß sich ein Teil der Versammlungen Raven an, in Deutschland jedoch nur etwa 40 Versammlungen, z. B. in Wermelskirchen, Wuppertal, Solingen, Düsseldorf, Gummersbach; die wichtigste deutsche Versammlung besteht heute in Endbach, Kr. Biedenkopf.
Die Versammlungen der Ravenschen Richtung waren seit 1930 von James Taylor geleitet worden, der erst in Irland lebte, dann in die USA übersiedelte und eine Kette von Herrenkonfektionsgeschäften aufbaute. Er stand in hohem Ansehen bei seinen Brüdern. Als er 1953 in New York starb, ging nicht nur das Geschäftsunternehmen, sondern auch die Leitung der 700 Versammlungen in England, Australien, Deutschland und anderwärts auf seinen Sohn James Taylor (geb. 1902) über.
Seit 1960 erlebten auch die Ravenschen Versammlungen interne Trennungen, die ihre Ursache weniger in theologischen Streitfragen hatten, als vielmehr um die Frage kreisten, wieweit bzw. wie konsequent der »Weg der Absonderung« zu gehen sei. Das Prinzip der Absonderung von allem Übel war einst von Darby vorgegeben worden. Es wurde von Raven, Stoney, J. Taylor sen. und jun. – den »von Gott gegebenen Dienern der Versammlung« – bis in die 70er Jahre fortlau-

fend weiter präzisiert und konsequent zur Anwendung gebracht. Gerade unter J. Taylor jun. kam es in größerem Maß zu Auseinandersetzungen mit anderen Brüdern, wobei es bezeichnend ist, daß die Ausgetretenen und Ausgeschlossenen ihre Erfahrungen mit den ehemaligen Mitbrüdern oft überzeichnen.

So kam z. B. eine Liste von 40 Lehr- und Verfassungspunkten zustande, die häufig gegen die Ravenschen Brüder zitiert wird und die angeblich von James Taylor jun. als Richtschnur für das Verhalten zusammengestellt wurde. Diese *40 Punkte* befaßten sich mit der Ordnung des Brotbrechens und anderen internen Dingen und sie enthielten einschneidende Bestimmungen über die Behandlung Ungläubiger und Abtrünniger. Dabei gehen sie von der Weisung aus: »Ziehet nicht am fremden Joch mit den Ungläubigen« (2. Kor. 6, 14) und leiten daraus radikale Forderungen ab. So lautet etwa Punkt 12: »Alle Personen, Gläubige und andere, die außerhalb dieser Gemeinschaft stehen, müssen als unrein und als Gefäße zur Unehre angesehen werden; man darf nicht mit solchen essen, selbst wenn sie die nächsten Verwandten sind.« Wenn in einer Familie die Kinder der Versammlung angehören, die Eltern sich von ihr getrennt haben, dürfen die Kinder »ihren Eltern nicht mehr unterwürfig sein, sie sollen sie verachten, ja sogar hassen«. Gegen die Umwelt wurde eine hohe Trennungswand aufgerichtet. Kinder von Gliedern der Versammlung dürfen sich nicht unter andere Kinder mischen und nicht mit ihnen spielen. Ledige Brüder und Schwestern dürfen nicht außerhalb des Hauses wohnen. – Diese Beispiele mögen genügen.
Die 40-Punkte-Liste ist offenbar von *ehemaligen* Raven-Anhängern zusammengestellt, kann also nicht als typisch für die Ravenschen Brüder und ihre Praxis angesehen werden. Lediglich einzelne Punkte werden von ihnen als »bedingt richtig« eingestuft und anerkannt. Ähnliches gilt für Mißstände, wie z. B. erzwungene Ehescheidungen, Kinderverstoßungen, Existenzschwierigkeiten wegen Berufsverboten und ähnliches, die häufig aufgrund einseitiger Polemik aus den 40 Punkten abgeleitet wurden.

Aufgrund der verschiedenen Spaltungen innerhalb der Ravenschen Brüder sind heute folgende Versammlungen dieser Richtung auch in der Bundesrepublik vertreten:
Die seit 1960 mit G. Cowell ausgetretenen Versammlungen bilden wohl den kleinsten Teil der Ravenschen Bewegung. In der Bundesrepublik bestehen etwa 10 sehr kleine Versammlungen.
Eine etwas größere Gruppe hatte sich dann 1970 von J. Taylor jun. getrennt. Davon gibt es in der BRD nur einige kleine Versammlungen. 1972 kam es innerhalb dieser Gruppe erneut zu einer Trennung.
Ein Teil der Versammlungen halten bis heute an J. Taylor jun. fest. Sie haben in der Bundesrepublik 7 größere Versammlungen (50–100 Personen), in Frankreich 20, in England 110. Weltweit dürften sie etwa 40000 Mitglieder umfassen.

Der Kreis um Willy Cordier

Der Exportkaufmann Willy Cordier (geb. 1913 in Straßburg) trat nach Rückkehr aus sechs Jahren Krieg und Gefangenschaft als Sekretär in den Dienst des CVJM in Pforzheim. Seine kritische Einstellung zu Kirche und Pietismus wurde, auch unter dem zeitweiligen Einfluß des perfektionistischen Evangelisten Otto Becker, immer schroffer. Im Hintergrund seiner Kritik stand ein düsterer Rigorismus, dessen Züge er auch in das Bild Gottes und Christi eintrug. Im Dezember 1948

trat er aus der Kirche aus. Als er daraufhin seine CVJM-Arbeit aufgeben mußte, bildete er mit seinen Anhängern aus Pforzheim und Umgebung einen eigenen Kreis. Es waren vor allem junge Leute, die er mit seinen drastischen Bildern von der Fäulnis der bürgerlichen Gesellschaft und der Kirche beeindruckte.
In hektographierten Briefen und kleinen Druckschriften – »Offenes Wort«, »An die Menschen unserer Tage!«, »Wächterrufe!«, »Halt«, »An junge Menschen«, »Babylon«, »Der lebendige Stein«, »Letzte Stunde« – wurde den Kirchen vorgeworfen, sie seien von Christus abgefallen. Dieser habe keine Sakramente gestiftet, keine Kultfeiern veranstaltet oder Mitgliederlisten geführt. Die Kirchen aber trieben fromme Schaumschlägerei zur Befriedigung der religiösen Bedürfnisse. Sie seien »des Teufels Gebärmaschine«. Mit Säuglingstaufe, Religionsunterricht und Konfirmation vergewaltigen sie die Willensfreiheit und machen die jungen Menschen zu Lügnern und Heuchlern. Die Botschaft Jesu haben sie umgefälscht in einen schönen Zierat mit stimmungsvollen Festen. Sie betrügen dadurch die Gläubigen um den Ernst der Entscheidung und machen aus Jesus einen Lückenbüßer, Zauberonkel und Moralapostel. Sie haben die radikale Nachfolge verraten und durch eine »Religion« ersetzt, die dem Fleisch dient. Ihre Pfarrer seien »religiöse Lügenprediger« und führen mit schönklingenden, glatten Worten die Gläubigen in die Hände des Menschenmörders. Die pietistischen Gemeinschaften seien »übersatt an toten Erkenntnissen und voller Gefühlsduselei« und hätten »mehr Glühwein genossen als die Menschen der Landeskirche«. Die »christliche« Gesellschaft jage unter einem religiösen Deckmantel nach Geld und Ehre, Bequemlichkeit und Komfort. Kurz, die ganze Christenheit und alle Kirchen seien zu »Babylon« geworden und dem Gericht Gottes verfallen. Wer mit Jesu Forderungen Ernst machen wolle, müsse sich von ihnen und der Welt radikal scheiden.
Diese Scheidung vollzogen die Anhänger Cordiers nicht nur durch den Austritt aus der Kirche, sondern auch dadurch, daß sie gut bezahlte Facharbeiterstellen aufgaben und sich als Hilfsarbeiter, Bauernknechte und -mägde verdingten. Zu den weltlichen Fesseln, die aus Glaubensgehorsam zerbrochen werden mußten, gehörte auch die Bindung an die Familie. Das vierte Gebot wurde um der Nachfolge willen außer Kraft gesetzt, Eltern und Geschwister wurden wie Fremde behandelt. Die Anhänger wurden angewiesen, auf persönlichen Besitz zugunsten der Gemeinschaft zu verzichten, ihre Löhne in eine gemeinsame Kasse abzuliefern, Erbschaften zu verweigern, mit allen Konzessionen an die Welt und ihre Werte und Verführungen Schluß zu machen.
Die letzte Konsequenz zog der Kreis um Cordier schließlich durch die *Auswanderung aus Deutschland*. Auf Grund eines 1953 mit der englischen Falkland-Company abgeschlossenen Arbeitsvertrags reisten die Anhänger gruppenweise und ohne sich von den Angehörigen zu verabschieden, in den folgenden Jahren zu den Falkland-Inseln, wo sie sich unter primitiven Verhältnissen im Straßenbau betätigten. Da aber Cordier die dortige anglikanische Kirche ebenso angriff, wie er die deutschen Kirchen befehdet hatte, wurde er ausgewiesen. Mit den Geldern der Gemeinschaft kaufte er eine große Farm in Patagonien am Fuß der Anden (Paso Flores). Hier fand 1958 sein Kreis, der aus 120–130 Personen bestand, eine endgültige Bleibe.
Die Farm, bei der Übernahme verkommen und verfallen, war nach wenigen Jah-

ren in ein blühendes Land verwandelt, eine Oase in der Wüste. Und 1965 waren schon drei landwirtschaftliche Güter in Betrieb. Das zeugt von dem Fleiß und der Sparsamkeit der Siedler. Und als sie Überschüsse erzielten, verteilten sie diese nicht unter sich, sondern ließen sie den Armen in der Umgebung zugute kommen. Sie helfen den Indios mit Kleidung und Schuhen, nehmen Indio-Waisenkinder auf und sind außerdem weit bekannt und gesucht, weil sie sich – als alte Pforzheimer – auf die Reparatur von Uhren verstehen. Die Männer betreiben Viehzucht, arbeiten auf dem Feld, in der Mühle und den Werkstätten, die Frauen in Küche, Bäckerei, Nähstube und Waschküche. Es ist eine Art christlicher Kommune, deren Leben nach strengen Regeln geordnet ist. Die Geburtstage müssen vergessen werden. Die Kinder sind von ihren Eltern getrennt. Die Briefe, soweit sie noch an die Angehörigen in die alte Heimat gerichtet werden, sind ohne persönliche Wärme. Nicht selten war den Eltern in kalten Worten mitgeteilt worden, daß jede Verbindung mit ihnen abgebrochen werde. In hektographierten Schreiben an einzelne Persönlichkeiten der Kirche in Deutschland wurde die Kritik an Kirche und christlicher Gesellschaft fortgesetzt und das kommende Zorngericht Gottes über die Völker, insbesondere über »das Greuel-Deutschland mit seinem seelischen Riesen-Lügenbetrieb« angekündigt.

In dieser mit leidenschaftlicher Beredsamkeit vorgetragenen Gerichtspredigt erschöpft sich die geistliche Wirksamkeit des Cordier-Kreises. Er ist eine Frucht der inneren Erschütterung, die durch das Erlebnis des Dritten Reichs und des Zusammenbruchs und durch das Ausbleiben einer »deutschen Buße« in der Nachkriegszeit ausgelöst wurde. Er hat aus diesem Erschrecken die Konsequenzen gezogen und die Radikalität des biblischen Bußrufes aufgenommen. Aber er hat die Radikalität der Liebe Gottes, wie sie z. B. in den Gleichnissen Lukas 15 ausgesprochen ist, nicht begriffen und die Einladung Jesu an die »Mühseligen und Beladenen« aus seiner Verkündigung ausgeklammert. So entstand eine *Botschaft der Gnadenlosigkeit,* die sich in monotonen Verdammungsurteilen ergeht und sich damit weit von dem Evangelium Jesu entfernt hat. Es war darum nur konsequent, daß der Weg dieses Kreises in der Selbstisolierung endete. Es ist verständlich, daß ein Teil der Kommune das geistige Klima, das diesen stacheligen Separatismus schuf, nicht ertrug. Nach Mitteilungen aus Argentinien haben sich Angehörige der jungen Generation mit den Alten zerstritten und voneinander getrennt: Die Jungen blieben in Paso Flores, die Alten mit Cordier siedelten nach El Bolson um.

Vollkommenheit ist Gnadengeschenk

Sieg über die Sünde durch »völlige Übergabe«?

Nach Auffassung der ersten Gruppe der in diesem Kapitel dargestellten Glaubensgemeinschaften kann das hohe Ziel: »Ihr sollt vollkommen sein, wie auch euer Vater vollkommen ist« (Matth. 5, 48), vom Gläubigen erreicht werden,

wenn er sich von Christus so ergreifen läßt, daß er nicht nur von seiner Schuld vor Gott erlöst, sondern auch von der Macht und Herrschaft der in ihm wohnenden Sünde wirklich und sichtbar befreit wird. Nun kann er ein wirklich Gehorsamer werden – gewiß nicht durch eigene Anstrengungen, aber durch die Kraft des Heiligen Geistes, der in ihm wirkt, nachdem er die Übergabe an Jesus vollzogen hat. Immerhin, durch einen klaren und endgültigen Entschluß muß er die Abkehr von der Welt und die Bekehrung zu Jesus vollziehen. Dann kann er mit der Hilfe des Heiligen Geistes und durch stete eigene Wachsamkeit das Auftreten der Sünde, nicht nur der groben, sondern auch der feinen, mit wachsendem Erfolg verhindern.
Die Rechtfertigung ist nach dieser Auffassung auch notwendig. Hier wird dem Menschen die Vergebung aller seiner Sünden aus Gnade zugesagt. Aber an sie schließt sich nun als zweite Stufe die *Heiligung* an. Sie führt über Röm. 7, 24 f. hinaus zu Röm. 8, 2 und zu der Verheißung: »Die Sünde soll nicht mehr über euch herrschen« (Röm. 6, 14). Dieses Weiterschreiten zur vollen Überwindung der Sündenmacht ist notwendig, nicht nur um das Ziel der völligen Nachfolge Jesu zu erreichen, sondern auch um eine feste Heilsgewißheit zu gewinnen. Der Gläubige, der bei der Rechtfertigung stehen bleibt, ist immer wieder ein Fallender, muß immer wieder um Vergebung bitten, unter seiner Schwachheit leiden, mit der Anfechtung seines Gewissens ringen. Sein Heilsglaube ist vom Zweifel gefährdet. Diese Bedrohung muß überwunden werden. Sie wird durch eine völlige Übergabe an Jesus überwunden, der nicht nur unsere Gerechtigkeit, sondern auch unsere Heiligung sein will.

Über das Heiligungsgeschehen selbst wird verschieden gelehrt. Die einen sagen, es sei »nicht eine allmähliche Genesung, die als Belohnung auf die genaue Befolgung unzähliger Gesundheitsregeln folgt, sondern eine augenblickliche Heilung, welche das Geschenk eines liebenden Heilands ist«[37]. Die anderen betonen, daß die Neigung zur Sünde immer bleibe und nur durch eine immer fester werdende Verbundenheit mit Christus überwunden werden könne. Aber gemeinsam ist beiden die Forderung einer *»völligen Übergabe an den Herrn«*, die als eine Art zweite Bekehrung erscheint, nur daß sie auf einer höheren Stufe erfolgt als die erste Bekehrung bei der Rechtfertigung. »Die Übergabe, von der wir sprechen, ist etwas unsagbar Ernstes. Sie bezeichnet einen Wendepunkt im Leben eines Menschen. Wenn ich mich völlig hingebe, dann liefere ich mein Ich, Geist, Seele und Leib, völlig an Gott aus. Ich liege wie ein Opfer auf dem Altar, und dann fällt das Feuer Gottes auf den Altar, um das Böse zu verbrennen und das Opfer zu reinigen. Nach solch einem Erlebnis ist der Mensch nicht mehr das, was er vordem war.«[38] Entscheidend ist nur, daß diese Übergabe ein bleibender Zustand ist, eine dauernde Richtung des Herzens, die von Glauben und Vertrauen und Dank bestimmt wird. Die Übergabe kann nicht verhindern, daß die Seele von Versuchungen angegriffen wird; aber diese werden besiegt; und wenn der Gläubige fällt, dann nur deshalb, weil er dem Herrn nicht völlig vertraute.

[37] G. H. C. Macgregor, Wie der Herr zur Heiligung führt, Bethel 1948, S. 33
[38] a. a. O. S. 36

Es fanden und finden sich Stimmen, die versichern, daß der Mensch auf diesem Weg den Stand des »*Nichtsündigens*« erreichen könne. So redete der 1899 aus seinem Pfarramt geschiedene und dann als freier Evangelist tätige Pastor Jonathan Paul in seiner Zeitschrift »*Heiligung*« von dem völligen Sieg über die Sünde durch ein rein passiv gedachtes »Bleiben in Jesu«, das der restlosen Übergabe folgt. Er stellte 1904 in dieser Zeitschrift die Frage, ob er es Jesus zutraue, daß er sein neuer Adam in voller Wirklichkeit sein werde, so völlig, daß er, Paul, fortan, von Jesus belebt, nicht mehr sündigen werde. »Und dann ertönte in meinem Innern die Stimme des Glaubens: ›Jesus wird!‹« »Alle meine bisherigen Anschauungen lagen damit auf einmal zertrümmert; denn zugleich mit diesem Glauben an meinen neuen Adam sah und fühlte ich mich von jedem Hang der Sünde erlöst.« Seit jenem Erlebnis seien zwar allerlei Proben an ihn herangetreten. Aber dank der ständigen Gegenwart des Heilands »hat keine Befleckung weder durch Gedanken noch durch Hinreißung des Temperamentes seitdem bei mir stattgefunden; es ist weder bei Tag noch bei Nacht etwas Störendes zwischen den Herrn und mich getreten.«[39]
Die große Mehrheit redet von der bleibenden Versuchlichkeit, vom Sieg nur über »erkannte« Sünden, auch von je und je sich ereignenden Niederlagen. Aber es ist ein dauerndes Wachsen in die Vollkommenheit. Und da dieses Wachsen verbunden ist mit einer ununterbrochenen Gemeinschaft mit Christus, einem Erfülltsein mit dem Heiligen Geist, und daraus sich ein »wunderbarer Strom von Licht und Freude« in die Seele ergießt, erfährt man die Seligkeit der Gotteskindschaft. Die Gewißheit des Heils ist aus der Zone der Anfechtung gerückt; sie ist zum festen, erfahrenen Besitz geworden.

Fürwahr, der Hochweg des Christenmenschen, der weit über die Ebene der bloßen Rechtfertigung hinausführt! Allerdings wurde er von keinem der Reformatoren gelehrt. Für Luther ist die Rechtfertigung das höchste Gnadengeschenk, das er nicht überboten wissen wollte, und er hat von sich selbst mit beredten Worten bezeugt, daß er kein Heiliger oder Vollkommener sei. »Mit dem Glauben an Vergebung der Sünde ist's eben, als wenn jemand mit einer geladenen Büchse auf dich zielte und jetzt auf dich abschießen wollte, und du solltest dennoch glauben und sagen, es sei nichts. Item, ich fühle noch täglich, daß mir's fehlt an Gottesfurcht, am Glauben; ich trage einen faulen Schelm am Halse, den alten Adam, der mir nichts Gutes predigt; ich liebe Gott nicht von ganzem Herzen und meinen Nächsten nicht wie mich selbst, und bin also voller Sünde: und soll dennoch glauben, daß keine Sünde da sei. Da muß ich bekennen, daß mir's schwer sei, diesen Artikel zu glauben.«[40] So nimmt denn auch die Anfechtung des Gewissens als dunkler Untergrund bei Luther einen großen Raum ein. Sie hat eine wichtige Bedeutung: sie hält in der Demut; sie treibt den Gläubigen immer neu zu ernsterem Gehorsam; sie lehrt aufs Wort achten und Gottes Verheißungen ernst nehmen. Aber über-

[39] Paul unterschied allerdings zwischen »Sündlosigkeit« als einem Zustand, der das Sündigen zur Unmöglichkeit macht, und dem »Nichtsündigen«, mit dem immer noch die Möglichkeit der Sünde verbunden sei. Die Sündlosigkeit werde der Mensch bei seinem Leibesleben nicht erlangen.

[40] Predigt über Phil. 1, 3–11

wunden wird sie nicht von der Seite der Heiligung her, sondern durch die von Christus verkündigte und verbürgte *Gewißheit der Vergebung.* Die Sünde wird vergeben, nicht ausgerottet. Sie bleibt, aber sie wird nicht angerechnet. »Sie bleibt!« So war Luther also nur ein Halbchrist? Einer, der »die völlige Übergabe an den Herrn« nicht vollzog? Warum hat er der Rechtfertigung nicht als zweite, höhere und erfüllende Stufe die Heiligung angeschlossen?

1. Es ist nicht erlaubt, Rechtfertigung und Heiligung auseinanderzureißen in zwei je besondere Heilsstufen. Beide bilden eine Einheit, eine einzige, lebendige Bewegung. Die Rechtfertigung ist wie ein Brennpunkt. Hier fließt alles zusammen, was der Mensch von Gott empfängt: Zusage der Vergebung, Gewißheit des Heils, Liebe und Frieden. Und von hier strahlt alles aus, was diese Gabe Gottes im Menschen wirkt: Dank und Anbetung, tiefere Erkenntnis der Sünden und Buße, sich umsetzend in besseren Gehorsam und ein stetes Ringen um Zucht und Heiligung. Es gibt *keine Rechtfertigung ohne Heiligung.* »Wer anfängt zu glauben und will nicht immer zunehmen und wachsen, dem wird die Gnade genommen« (Luther).
Aber Rechtfertigung und Heiligung können auch nicht so voneinander unterschieden werden, daß man sagt: Die Rechtfertigung ist die Tat Gottes am Menschen, die Heiligung die Tat des Menschen, der mit seinen Willensanstrengungen und seinem Gehorsam Gottes Gnadentat beantwortet. Vielmehr sind beide, Rechtfertigung und Heiligung, Gottes Gaben. Und am Menschen liegt es, diese Gaben im Glauben anzunehmen. »Rechtfertigung« heißt: Gott hat uns gerecht gesprochen. Christus ist um unserer Sünden willen gestorben – stellvertretend für uns; und er ist vom Tod auferstanden. Darum sind auch wir der Sünde gestorben und zu neuem Leben begnadigt. Dies ist Gottes unumstößlich gültiges Urteil. In diesem Urteil kommt seine Gnade zum Ausdruck. Und nun: Laufe nicht an diesem Urteil Gottes vorbei, als gälte es dir nicht, sondern beziehe es getrost und kühn auf dich – glaube! Nimm beides als volle Tatsache hin: daß du in Christus der Sünde gestorben bist und daß du neues Leben bekommen hast. Beides ist nicht eigene menschliche Leistung, sondern Gottes Gabe. Und diese Gabe will im Glauben angenommen *und realisiert* sein.
So sind also Rechtfertigung und Heiligung nicht zwei verschiedene Heilsstufen, die der Christ nacheinander zu durchlaufen hat; und Paulus ist mißverstanden, wenn man das 8. Kapitel des Römerbriefes so deutet, als ob hier der Mensch gezeichnet würde, der »nach« seiner Bekehrung in den Stand der vollen Heiligung eingerückt ist.

Man muß sich den Hintergrund dieses Kapitels klarmachen, um es verstehen zu können: Paulus hat Röm. 6 vom stellvertretenden Sterben Jesu gesprochen, durch das auch unsere Sünden in den Tod gegeben wurden. Diese Feststellung mündet in den Ruf: Nehmet nun dieses stellvertretende Sterben im Glauben an! »Also auch ihr, haltet euch dafür, daß ihr der Sünde gestorben seid« (6, 11). In Röm. 7 begründet er, weshalb es für den Menschen unmöglich ist, durch eigene Kraft das Gesetz zu erfüllen und ein Gerechter zu werden. »Denn ich weiß, daß in mir, das ist in meinem Fleische, wohnt nichts Gutes. Wollen habe ich wohl, aber vollbringen das Gute finde ich nicht« (7, 18). Es geht also nicht mit Idealismus und gutem Willen. Es gibt nur die Möglichkeit, die mit Jesu Tod und Auferstehung gewirkten

Gnadengaben Gottes im Glauben anzunehmen. Das ist das Ergebnis der in Röm. 7 angestellten Überlegungen.
Und Röm. 8? Hier wird wieder an Röm. 6 angeknüpft: Gott hat sein Wort über uns ausgesprochen, das uns zugleich richtet und vergibt, tötet und lebendig macht. Sowohl das Vergebungswort wie auch das neue Leben will im Glauben ergriffen sein. Wird es angenommen, dann geschieht etwas im Menschen: Gott gibt ihm Kraft und den Geist, der das neue Leben in ihm schafft. Er ist »Sünder in Wirklichkeit, gerecht aber in Hoffnung« (Luther). Dieses neue Leben tritt nicht mit einem Schlag an die Stelle des alten. Der Mensch bleibt Fleisch und Geist zugleich bis zum Tod. Aber das neue Leben ist Wirklichkeit. Und es ist die höhere Wirklichkeit, weil es *Gottes* Gabe und Wirkung ist. Das alte Leben der Knechtschaft unter der Sünde ist »gegenwärtige Vergangenheit«. Es ist noch da; aber es ist auch nicht mehr da für den Glauben, der auf die von Gott bereitete Wirklichkeit des neuen Lebens sieht, sie annimmt und sie fort und fort als umwandelnde Kraft schaffen läßt. Der Schwerpunkt ist verlegt. Das Leben dessen, der mit Christus gestorben und auferstanden ist, steht unter einem neuen Zeichen: Er lebt nicht mehr, »als ob« die Sünde über ihn herrschte, sondern »als ob« Gott ihn freigemacht hätte. Und dieses zweite »als ob« darf er im Glauben als festen Tatbestand ansehen und sich danach richten. Dieser Tatbestand wird sich dann auch im Leben des Glaubenden auswirken.

Das Thema von Röm. 8 ist also nicht: Der Gerechtfertigte ersteigt die höhere Stufe der Heiligung. Es wird vielmehr gezeigt, wie das von Gott bereitete neue Leben vom Glauben angenommen und zur Dominante im Dasein des Christen wird. Daß dieses neue Leben den Gläubigen über den Stand der Rechtfertigung erhöhte, ist nicht die Meinung des Paulus. Das wird schon durch Stellen wie Phil. 3, 12–14 widerlegt, wo deutlich gesagt wird, daß der Gläubige einerseits ein Fertiger, aber andererseits auch ein Strebender ist: Er *ist* von Christus *ergriffen;* aber er hat nicht die Vollkommenheit, sondern *jagt* ihr nach. Es gibt eine »vollendete« Erlösung, die Gott in seiner Gnade dem Menschen bereitet hat. Aber es gibt keinen »vollendeten« Christen, der das Heiligkeitsziel ganz erreicht hätte. Im Glauben ist ihm alles geschenkt; aber solange er in seinem Erdenleben ist, ist er immer unterwegs – ein Ringender und Strebender, der stets von der vergebenden Gnade Gottes lebt.

2. Das Motiv der Glaubensgemeinschaften, die Rechtfertigung und Heiligung voneinander zu trennen, ist verständlich: Der Gläubige soll seine Heilsgewißheit dadurch sichern, daß er die ihm in der Rechtfertigung von Gott zugesagte Erlösung in seinem Leben realisiert – durch die völlige Übergabe, die damit verbundenen inneren Erlebnisse und die daraus folgende Vollkommenheit des Christenlebens.
Wenn Luther diesen Weg ablehnte, hat ihn ein sehr ernstes Anliegen geleitet: Als einer, der in seinem Gewissen die furchtbare Macht der Sünde und die radikale Verlorenheit des Menschen (auch und gerade des frommen Menschen) erfahren hatte, fand er keinen anderen Trost als *allein die Verheißung der Gnade Gottes,* felsenfest gemacht durch das Wort der Schrift und den Kreuzestod des Sohnes. Auf diese Verheißung konnte er bauen; sie war nicht mehr Menschenwerk und -meinung, sondern Gottes Zusage, trotz der Sünde und der Versklavung des Menschen unter sie gegeben und aufrechterhalten. Das ist das eigentliche und tröstende Wunder der Gnade, daß sie eine »Trotzdem«-Gnade ist. War nicht Gott

angefochten durch der Menschen Empörung – am furchtbarsten, als sie den Sohn ans Kreuz schlugen? Und trotzdem hat er sein Gnadenwort verkündigt und hat das Kreuz in ein Zeichen der Vergebung verwandelt! So groß, so grenzenlos ist die Gnade! Es ist des Menschen einziges Heil, daß er ihrer teilhaftig wird. Und es ist sein einziger Ruhm und Grund seiner Gewißheit in allen Anfechtungen, daß er »trotz« seiner Niederlagen auf Gottes Gnadenzusage vertrauen kann. Sie bleibt ein »Trotzdem« auf jeder, auch auf der höchsten Stufe der Heiligung; und sie wäre kein »Trotzdem« mehr, wenn sie denen nicht zuteil würde, die als »Gerechtfertigte« immer wieder fallen und Niederlagen erleiden. Eine Gnade, die den Charakter des »Trotzdem« verloren hat, ist nicht mehr die Gnade des Neuen Testaments. Jesus hat die Geschichte vom verlorenen Sohn nicht mit einer Fortsetzung versehen, in der er zeigte, wie der Heimgekehrte nach seiner Aufnahme durch den Vater (d. h. nach der Rechtfertigung) nun erst in einem zweiten Akt der »völligen Übergabe« die eigentliche Gotteskindschaft gewann.

Das Operieren mit der *»völligen Übergabe«* birgt eine schwere Gefahr in sich. Der mit der »Übergabe« verbundene Willensakt kann in eine menschliche Leistung umgefälscht werden. Damit aber wird die Gnadenbotschaft verdunkelt und der Werkfrömmigkeit eine Tür geöffnet. Man kommt unter das »Gesetz der Werke«, von dem Luther sagt, daß es notwendigerweise aufbläht und dem Selbstruhm aufhilft. Der Leistungsfromme steht in der schweren Versuchung, auf seine Tat oder seine Vollkommenheit zu pochen, sie zur Grundlage von Sicherheitsansprüchen zu machen. Damit aber fällt er aus der einzigen Haltung heraus, die dem Menschen vor Gott gebührt: der völligen und demütigen Abhängigkeit, die ganz von ihm lebt, alles von ihm empfängt, alles ihm zutraut und eben damit ihm die Ehre gibt. Wer auf eigene Leistungen deutet, raubt Gott die Ehre. Denn nun ist Gott nicht mehr der Souverän, von dessen Barmherzigkeit der Mensch täglich gehalten wird. Wehe wenn aus dem »Trachten« nach Gerechtigkeit ein »Haben« der Gerechtigkeit wird! Dann tritt an die Stelle des Rühmens Gottes der Selbstruhm. Damit aber wird ein heimlicher Abfall von Gott vollzogen, der im Zeichen der frommen Hybris steht. »Der Teufel, der Tausendkünstler, stellt uns mit einer erstaunlichen Verschlagenheit nach«, bemerkt Luther zu Röm. 3, 28. Einer seiner Wege ist der: Er verführt die Christen »zu Überspanntheiten und zu absonderlicher Sektiererei, daß sie als Leute von höherer Heiligkeit, wie wenn sie die Gerechtigkeit schon erlangt hätten, zwar nicht lau werden, aber mit einem glühenden Eifer zu Werke gehen, von der Mitwelt abgesondert, auf die sie in wegwerfendem Hochmut verächtlich heruntersehen«. Hier ist nicht mehr der demütige Glaube, sondern ein frommer Hochmut, die superbia, am Werk. Er will das Stadium des Bettlers überwinden. Damit aber zerstört er das Verhältnis zwischen Gott und Mensch. Denn nur der Bettler ehrt Gott, indem er sich ganz auf ihn gewiesen sieht.

Wer den Stand der Rechtfertigung überwinden will, der stellt sich nicht mehr unter das Kreuzesgericht. »Daher besteht das ganze geistliche Leben des neuen Volkes, des glaubenden Volkes, des geistlichen Volkes darin, daß es mit dem Seufzen des Herzens, mit dem Schrei der Tat, mit dem Mühen des Leibes immer nur dies eine fordert, erbittet und erfleht, es möge immerdar bis zum Tode gerechtfertigt werden, niemals stehen bleiben, es möge niemals ein Schon-ergriffen-Haben kennen, wirklich kein Werk dafür ansehen, daß damit endgültig die Gerechtigkeit erlangt sei, sondern auf sie warten, als die sozusagen immer noch draußen weilt, während es selbst noch immerdar in Sünden lebe und liege.«[41]

3. Was ist überhaupt *»Heiligung« nach dem Zeugnis der Schrift?* Ist es der Versuch des gläubigen Menschen, durch eigene Bemühung und mit Hilfe des Heiligen Geistes seine Heiligkeit zu verwirklichen und ein vollkommener Erfüller der Gebote zu werden? Diese Auffassung ist in der Schrift abgewiesen – in der Auseinandersetzung Jesu mit den Pharisäern. Gewiß, das Heiligungsstreben der Pharisäer unterschied sich in wichtigen Punkten von den Gedanken der Heiligungsgruppen: Sie kannten weder Rechtfertigung noch Gnadenhilfe des Heiligen Geistes noch die innige Gemeinschaft mit Jesus. Aber beiden gemeinsam ist die Ausrichtung und Sinngebung der Heiligung: Es geht beiden um die Vollendung der eigenen Person. Die Schrift aber stellt die Heiligung in einen größeren Zusammenhang und unter einen höheren Gesichtspunkt: Heiligung ist Gottesdienst. Es geht bei der Heiligung nicht eigentlich um den Menschen, sondern um Gott – darum, daß der Mensch ihn durch seinen Gehorsam preise und seine Herrlichkeit verkündige (Röm. 12, 1; 1. Kor. 6, 19f.). In der Rechtfertigung erweist sich Gottes Herrlichkeit darin, daß er den Menschen mit seiner vergebenden und heilenden Gnade umfaßt und zu seinem Kind macht, das ihm »glaubt«, d.h. ihm ganz vertraut und sich ganz auf ihn wirft und solchermaßen bestätigt, daß Gott der Herr ist. Und die mit der Rechtfertigung verbundene Heiligung ist nichts anderes als die im Alltag immer neu durch den Gehorsam des Kindes vollzogene Bestätigung, daß Gott der Herr ist. Sie ist der dem Gerechtfertigten gegebene Weg, den Namen Gottes zu heiligen und seinen Ruhm in der Welt zu verkündigen.

Diese strenge Ausrichtung des Gerechtfertigten auf Gott, dem allein er alles verdankt und dem er dafür mit seinen unvollkommenen Kräften zum Dank in Liebe dient, verhindert es auch, daß er Vergleiche mit anderen Christen anstellt oder gar sich für etwas Besseres hält, weil er bei ihnen Mängel entdeckt zu haben glaubt. Eine solche Versuchung tritt sofort auf, wenn man die Heiligung als eine höhere Stufe von der Rechtfertigung unterscheidet. Dann werden die anderen als Angehörige einer unteren Klasse, etwa als bloße »Vorhofchristen«, eingestuft. Dann wird die Warnung Jesu Matth. 20, 1–16 nicht beachtet und geistlicher Hochmut stellt sich ein. In der ersten Versammlung in Oxford am 29. August 1874 sagte R. Pearsall Smith: »Bist du dem Stand eines schuldigen Sünders schon entronnen? Danke Gott dafür. Aber hast du dich ebenso geschieden von jenem alten Pharisäer, deinem früheren, selbstgerechten Selbst? Wir sind alle geborene und erzogene Pharisäer, und es ist weit schwerer, von dem Pharisäer loszuwerden, als von dem schuldigen Sünder.«

Die vollkommene Gemeinde läßt sich nicht »herstellen«

Manche Glaubensgemeinschaften, die das Vollkommenheitsziel verfolgen, bringen das schon in ihren Selbstbezeichnungen zum Ausdruck: »Gemeinde Christi« – »Wahre Christen« – »Jünger Jesu«. Sie sind davon überzeugt, daß ihre Gemein-

[41] Luther, Römerbriefvorlesung

schaft wenigstens einigermaßen identisch ist mit dem »Leib Christi« – und zwar dank der religiös-sittlichen Beschaffenheit ihrer Mitglieder. Diese haben sich ja sichtlich bekehrt; sie haben sich Christus übergeben; sie haben ihre Gemeinschaft ganz nach den neutestamentlichen Regeln geordnet; sie richten sich in ihrem Glauben nicht nach den Lehrmeinungen und Dogmen, die im Verlauf der Kirchengeschichte »hinzugekommen« sind, sondern allein nach der Schrift. *Der Zusammenschluß von vollkommenen Christen unter einer biblisch vollkommenen Lehre und Ordnung ergibt eine vollkommene Gemeinde.* Das ist eine einleuchtende Gedankenkette. Aber sie ist in ihrem Grundsatz und in allen ihren Stücken *unbiblisch.*

1. Das Neue Testament kennt keinen »perfekten« Christen. Die hier geschilderten Gläubigen haben alle ihre Fehler. Das einzige, was sie auszeichnet, ist dies, daß sie sich in einem blind vertrauenden Glauben an Jesus hängen, weil sie ihrer Verlorenheit innegeworden sind. Er heilt sie, indem er ihre Sünde vergibt, und ruft sie in seine Nachfolge. Aber diese Nachfolger sündigen wieder und wieder: Die Jünger erlagen der Eifersucht oder dem Ehrgeiz oder der Lohnsucht; sie verließen ihren Herrn in Gethsemane; Petrus verleugnete ihn; Thomas wurde vom Zweifel überwältigt. Nein, sündlos waren sie nicht. Sie haben dies auch nie von sich behauptet, auch Paulus nicht. Sie wußten, was »Nachfolge« bedeutet, und sie machten Ernst damit, bei sich selbst und in ihrer Predigt. Aber sie verloren keinen Augenblick das klare Wissen, daß sie allein aus der Vergebung leben.

2. Auch die *neutestamentlichen Gemeinden* waren nicht vollkommen. Die Gemeindebriefe der Apostel enthüllen allerlei schlimme Zustände. Dennoch spricht Paulus von den »Heiligen in Achaja« (2. Kor. 1, 1), den »Heiligen« zu Jerusalem, Ephesus, Kolossä (Röm. 15, 26; Eph. 1, 1; Kol. 1, 2). Wieso heilig? Nicht deshalb, weil sie sich selbst durch stetes Mühen zum Stand der Heiligkeit emporgearbeitet und die Weisungen Jesu vollkommen in ihrem Gemeindeleben verwirklicht haben, sondern weil *Gott* sie in seiner Gnade »geheiligt«, d. h. reingewaschen hat. Diese Gemeinden setzten sich nicht aus Sündlosen zusammen. Wenn Paulus sie als »Heilige« ansprach, dann war dies ein Gnadentitel, kein Leistungsausweis.

Die »wahren Gemeinden Jesu« unserer Tage fühlen sich gegenüber den Kirchen als elitäre Leistungsgemeinden: Sie haben eine Auswahl von Bekehrten gesammelt. Darum »besitzen« sie das gute Gewissen, denn sie können sich sagen: Wir bestehen aus lauter Gliedern, die sich völlig dem Herrn übergeben haben. Sie sind dem Irrtum entronnen, haben die Zone der Anfechtung durchschritten, sind stark geworden und schimmern von frommer Entschiedenheit. Es ist alles in Ordnung – die »perfekte« Gemeinde! Braucht sie überhaupt noch Vergebung? Wohl, Christus hatte einst den Bekehrten in ihrer Schwachheit aufgeholfen und sie das Gehen gelehrt; aber nun können sie selbst gehen. Sie haben seine Gebote: nach ihnen richten sie sich. Sie haben die Frucht seines Kreuzestods: die haben sie sich angeeignet. Und nun sind sie stark geworden und haben das Ziel erreicht. Hier steht die Gemeinde der Heiligen, die makellose Braut Christi – lauter Bekehrte, gläubig Getaufte, Sieger über die Sünde!

Aber die *Kirche* (oder Gemeinde Christi) ist kein Zusammenschluß von Elitechristen und sie steht und fällt auch nicht mit der religiös-sittlichen Qualität ihrer

Glieder. Nach dem reformatorischen Zeugnis ist »Kirche« vielmehr dort, wo das Wort rein verkündigt und die Sakramente recht verwaltet werden. Denn in Wort und Sakrament ist Christus gegenwärtig. In ihm tritt er unter die Menschen, spricht zu ihnen und teilt sich ihnen mit. Der Heilige Geist weckt den Glauben in den Herzen. Er schafft die Gemeinde. Sie entsteht also von oben her. Natürlich sind Menschen an diesem Werk beteiligt. Aber sie haben nur die Funktion des Werkzeugs. Der Schöpfer und Erhalter der Kirche ist jenseits der menschlichen Ebene. Sie lebt und besteht nicht aus sich selbst. Es wiederholt sich in ihrer Existenz, was auch für den einzelnen Christen gilt: Sie ist völlig und pausenlos auf das Empfangen des Heiligen Geistes angewiesen.

Nun kann man natürlich die Kirche bzw. Gemeinde auch nach ihrem *religiös-sittlichen Zustand* beurteilen. Man wird dann allerlei Schäden, Verirrungen und geistliche Armut feststellen müssen. Die Sicht von diesem Standort aus ist berechtigt und nötig. Sie treibt in die Buße, und wehe einer Kirche oder Gemeinschaft, die sich so satt fühlte, daß sie keinen Bußruf mehr gegen sich selbst richtet! Sie muß sich wieder und wieder von ihrem Herrn in Frage stellen lassen. Sie muß wissen: Ich und alle meine Glieder sind ganz auf ihn geworfen. Was wir sind, sind wir allein durch ihn. Unser Sein ist Gnade, unser Singen und Beten und Verkündigen und Lieben ist Gnade. Und wenn wir in der Bedrängnis vor den Machthabern der Welt ein Zeugnis ablegen, in der Verfolgung widerstehen, in der Verwirrung und Verführung ein klärendes und wegweisendes Wort sprechen dürfen, so ist das alles Gnade.

Von sich aus ist die Kirche nicht heilig. Diesen Anspruch erhebt sie nicht; aber auch Christus stellt ihn nicht an sie. Er begnadet sie. Er heiligt sie. Das soll kein Ruhepolster sein: Christus kann eine Kirche als irdische Institution auch fallen lassen. Das deutlichste Zeichen dieses Fallenlassens ist es, wenn der Bußruf in ihrer Mitte verstummt. Dann fühlt sie sich stark, prunkt mit Zahlen und Leistungen, greift nach irdischen Machtpositionen, wird weltförmig in ihrem Denken und Streben, reich an Ansehen und Einfluß, aber verlassen von ihrem Herrn. Aber gibt es eine solche selbstzufriedene Kirche in unserer Zeit?

3. Am sichtbarsten bricht der Gegensatz in der *Tauffrage* auf. Die Auseinandersetzung geht nicht um die Kindertaufe als solche. Die Kirche macht kein Dogma daraus, daß die Taufe nur an Kindern vollzogen werden darf. Die Auseinandersetzung geht vielmehr um die *Wiedertaufe*. Die Kirche muß die Taufwiederholung unter allen Umständen verwerfen. Mit ihr wird ja ausgesprochen: Die erste Taufe war wertlos und ungültig. Warum? Weil der Getaufte noch ein unmündiges Kind war und keine eigene Entscheidung treffen konnte, die Taufe aber eine Bekehrung voraussetzt.

Mit diesem Gedankengang wird im Grund die *Taufe als Sakrament* geleugnet. Der Sinn des Sakraments ist: Gott schließt von sich aus mit dem Täufling einen Bund. Gott ist also der handelnde Herr, der Täufling das Objekt, an dem Gott handelt. Gott ist der Aktive, der Täufling der Passive. An ihm geschieht etwas von Gott her. Das Taufsakrament ist der stärkste Ausdruck der zuvorkommenden Gnade Gottes und spricht damit eine Grundwahrheit der Bibel aus. »Lasset uns lieben; *denn er hat uns zuerst geliebt*« (1. Joh. 4, 19). Am Anfang steht Gottes Liebe. Das gilt für die ganze Heilsgeschichte. Sein Heilswerk ist nicht die Antwort auf eine Bitte der Menschen; er kam in die Welt ohne deren Ruf, ja gegen deren Ablehnung (Joh. 1, 11). Er schloß durch Mose mit dem Volk Israel nicht deshalb einen Bund, weil dieses besonders würdig und reif dafür gewesen wäre oder ihn begehrt hätte. Er sandte die Propheten und zuletzt seinen Sohn, obwohl sie auf Widerspruch stießen (Matth. 21, 33 ff.). Er hat das Kreuzesgeschehen aus einem Verbrechen, das die Menschen an Christus begingen, in seiner unbegreiflichen Liebe zu einem Erlösungsgeschehen umgewandelt (Röm. 8. 32). Immer ist er der Suchende. Die Menschen laufen ihm nicht entgegen; er kommt zu ihnen. So ist auch der Bund, den er mit dem Täufling schließt, ausschließlich sein Werk. Er gibt ihm die Zusage, daß er ihm ein gnädiger Gott sein wolle. Er gibt diese Zusage, ohne daß der Mensch zuvor eine Leistung vollbracht oder einen bestimmten inneren Zustand erreicht haben müßte. In der Taufe an unmündigen Kindern, wie sie in den meisten Kirchen geübt wird, wird sinnfällig, daß *vor* allem menschlichen Laufen und Wollen Gottes Erbarmen steht.

Hinter der Glaubens- und Bekehrtentaufe und vollends hinter der Wiedertaufe aber steht ein anderes Verständnis der Taufe. Sie ist nicht mehr allein ein Handeln Gottes am Menschen, sondern der Mensch wird zu einem Partner Gottes; seine *eigene Entscheidung wird eine unentbehrliche Komponente des Taufgeschehens*. Die Taufe wird mit Bedingungen verknüpft: der Täufling muß eine bestimmte religiöse Qualität erreicht haben, damit die Taufe gültig sei. Hier wird die zuvorkommende Gnade Gottes gestrichen, das Wesen seiner Liebe und seines Bundesschlusses verkannt. Sobald die Taufe aber irgendwie mit der religiösen »Kondition« des Täuflings verkoppelt wird, gerät sie selbst ins Wanken; denn sie wird dann in das Auf und Ab des menschlichen Innenlebens hineingezogen. Sie ist nicht mehr krisenfest. Auf den Höhen, wenn der Fromme sich auf Grund seiner inneren Erfahrungen des Heils gewiß fühlt, bedarf er ihrer nicht; und in den Tiefen, wenn er durch die Nacht des Zweifels und der Angst geführt wird, kann sie ihm nicht helfen, weil er sie in ihrer Gültigkeit von seiner religiösen Seelenverfassung abhängig gemacht hat.

Der Täufling, der aufgrund seiner Bekehrung die Wiedertaufe begehrt, tut das in der Absicht, in vollem Bewußtsein und mit festem Willensentschluß, den Bund mit Gott zu schließen. Für ihn ist die Taufe eher ein frommer *Bekenntnisakt* als ein Gnadenakt Gottes. Aber auch der entschieden Bekehrte ist nicht gegen innere Krisen gefeit. Er kann die »erste Liebe« nach der Taufwiederholung verlieren. Sein Gelöbnis der völligen Übergabe an den Herrn kann im zerreibenden Alltag mit seinen Versuchungen und Abstumpfungen zerbrechen. Was dann? Die Wiedertaufe sollte ihm Gewißheit geben, weil er an der Gültigkeit seiner als Kind empfangenen Taufe zweifelte. Aber nun enthüllt sie sich als Scheingewißheit. Denn die Taufgnade wurde auf das fromme Bewußtsein als zweiten Pfeiler gegründet und dieser Pfeiler ist brüchig.

4. In dem Bestreben (z. B. der »Gemeinden Christi«), die christliche Gemeinde allein nach den biblischen Weisungen aufzubauen und sie in allen Einzelheiten an diese zu binden, kommen zwei wesentliche Motive zur Geltung. Das eine ist das Motiv des Gehorsams: Die biblischen Vorschriften sollen radikal ernst genom-

men werden. Das andere ist das Motiv der christlichen Einheit: Nur auf dieser Grundlage der gemeinsamen Bindung an die Schrift allein können die getrennten Kirchen zusammengeführt werden. Beide Motive sind berechtigt. Was aber ist aus solchen Versuchen geworden? Äußerlich gesehen eine neue Sondergemeinschaft, die wider alle anderen Gemeinschaften recht behalten will. Auf die Sache gesehen eine Kirche, deren Vollkommenheit in ihrer Korrektheit besteht. Und doch wird sie immer wieder von inneren Konflikten heimgesucht. »Anti-Brüder«, vor allem eigenwillige und übergesetzliche Prediger, bilden »Anti-Gemeinden«, weil sie gewisse organisatorische Formen für schriftwidrig halten oder weil sie sich uneinig sind, ob beim Abendmahl ein Kelch oder mehrere zu verwenden sind.

Worin liegt der Fehler? Darin, daß man das Neue Testament mit einem Statut verwechselt. Nun wird aus dem reichen, vollen Gotteswort plötzlich eine Sammlung von dürren Paragraphen. »Nur das Wort Gottes ist unsere Autorität.« Gut und richtig! Aber dieses Wort ist Botschaft und Zuspruch, nicht reglementierendes Gesetz; und auch noch seine Anweisungen sind Ausstrahlungen des Zuspruchs und erhalten von dorther ihren Sinn und ihren Ort.

Der Schriftgehorsam sucht die Mitte und Hauptsache der Schrift auf, um dann von dieser Mitte her auch die peripheren Fragen der Ordnung zu beantworten. Die Buchstabensklaverei nivelliert die Schrift, indem sie deren Aussagen über periphere Dinge mit dem gleichen Akzent versieht wie die zentrale Botschaft und ihnen damit einen schriftwidrigen Rang gibt. Die bloße Korrektheit der Ordnungen genügt nicht, um Leben zu wecken. Dazu bedarf es des Heiligen Geistes. Ohne ihn wäre auch eine hundertprozentig biblische Gemeinde- und Gottesdienstordnung nichts als ein leerer Apparat. Daß aber eine solche Ordnung die Voraussetzung bildet, damit der Heilige Geist sich mitteilen kann, steht nirgends in der Schrift geschrieben.

Die Pfingstbewegung

Die Ursprünge

Unter der Sammelbezeichnung »Pfingstbewegung« wird eine Anzahl von Kirchen und Gemeinschaften zusammengefaßt, deren gemeinsames Kennzeichen die Sehnsucht nach dem außerordentlichen Erlebnis des *Heiligen Geistes* ist, gipfelnd in der *»Geistestaufe«*. Es ist also der Drang, die Grenzen einer bisweilen allzu nüchternen Glaubensfrömmigkeit zu überwinden und im Erfülltsein mit dem Heiligen Geist die Gegenwart und Kraft des Göttlichen unmittelbar zu erfahren – ein Geschehnis, das mit enthusiastischen Erscheinungen, vor allem mit dem *Zungenreden,* verbunden zu sein pflegt.

Derartige Äußerungen der Frömmigkeit gibt es in allen Religionen. Auch in der Geschichte des Christentums gab es sie immer wieder. Man denke an die Anfangsgeschichte der Quäker; oder an die Inspirationsbewegung, die am Anfang des 18. Jahrhunderts unter den protestantischen Camisarden in Südfrankreich entstand und von hier aus auch auf England, Holland und Deutschland übersprang; oder an die »Geistestaufe« der Herrnhuter 1727; oder an die Erweckungsversammlungen Wesleys, besonders in Bristol, mit ihren Szenen enthusiastischer Ergriffenheit; oder an die erste Große Erweckung, die 1734 in Northampton, Massachusetts, unter Jonathan Edwards und George Whitefield begann.
Aber hier überall handelte es sich um sporadische Erscheinungen; das Aufbranden des Enthusiasmus währte eine Zeitlang und ebbte dann wieder ab. In der Pfingstbewegung dagegen wird diese Art der Frömmigkeit bewußt gepflegt und die Geistestaufe als Hochziel christlichen Glaubenslebens gepriesen und angestrebt. Mit der Umwandlung des spontanen Enthusiasmus in eine reguläre Geisterfahrung, die jedem Gläubigen zuteil werden kann, wurde ein neues Element in die Lehre und Frömmigkeit der Reformationskirchen eingebracht, das auch zur Bildung eigener Glaubensgemeinschaften führte.
Die Pfingstbewegung hatte ihren Ursprung in der amerikanischen *Heiligungsbewegung* (Holiness Movement). In der 1879 gegründeten *»Iowa Holiness Association«* begann 1890 der baptistische Prediger B. H. Irwin, als dritte Erfahrung nach Bekehrung und Heiligung die »Taufe mit dem Heiligen Geist und Feuer« zu verkündigen, und hielt landauf, landab stark besuchte Versammlungen. Als 1895 die älteren Führer der Heiligungsbewegung die »Dritte-Segen-Häresie« verwarfen, gründete Irwin die »Iowa Fire-Baptized Holiness Association«. Im Jahr 1900 entstand durch den methodistischen Prediger A. B. Crumpler eine ähnliche Gemeinschaft. Beide vereinigten sich 1911 zur *»Pentecostal Holiness Church«*. Schon 1886 war unter der Leitung der Baptistenprediger Richard G. Spurling, Vater und Sohn, das *»Latter Rain Movement«* (dt.: Spätregenbewegung, nach Jak. 5, 7f.) entstanden, d.h. die Bewegung um die endzeitliche Ausgießung des Heiligen Geistes (Joel 3; Apg. 2, 16–18). 1892 empfingen Teilnehmer einer Versammlung in Liberty, Tennessee, die Geistestaufe und sprachen in Zungen. Es kam zum Bruch mit der Baptistenkirche. Im nahen Camp Creek, wohin die Gruppe durch den Methodistenprediger W. F. Bryant eingeladen wurde, ereigneten sich weitere Geistestaufen. Im Anschluß daran wurde die »Holiness Church« gegründet. A. J. Tomlinson übernahm 1903 die Leitung dieser Kirche, die 1907 ihren Namen in *»Church of God«* änderte[42].
Die eigentliche Pfingstbewegung wurde in der kleinen Bibelschule in Topeka, Kansas, entfacht, die von Charles F. Parham geleitet wurde. In ihr ereigneten sich im Jahr 1901 Geistestaufen mit Zungenreden, und die dadurch ausgelöste Bewegung fand Eingang in den Heiligungsgemeinschaften in Kansas und Missouri. In Houston, Kansas, wurde 1905 W.J. Seymour – »ein farbiger Mann, sehr einfach, voll Geistes und demütig« (Frank Bartleman) – von ihr ergriffen. Neeley

[42] Die pfingstlerische »Church of God« (Gemeinde Gottes) ist zu unterscheiden von der ebenfalls aus der Heiligungsbewegung stammenden, nicht pfingstlerischen »Church of God« mit Zentrum in Anderson, Indiana, siehe S. 277ff.

Terry, Predigerin einer Heiligungsgemeinde in Los Angeles, lud ihn zu Evangelisationsversammlungen ein. Weil er dort mit seinen Predigten auf Widerspruch stieß, hielt er Versammlungen in Privathäusern. Mit seiner kleinen Gemeinde aus Farbigen und Weißen betete er täglich um die »Mitteilung der Kraft aus der Höhe«. Dann, am 9. April 1906, ereignete sich die erste Geistesausgießung in einem Gebetskreis in der Bonnie Brae Street. In den folgenden Tagen zog er in eine frühere Methodistenkirche in der *Azusa Street* um, und hier wiederholten sich die Geistesausgießungen in einer rasch wachsenden Gemeinde. Es gab Zungenreden, Prophetien, Wunder. Die Gebetsversammlungen wurden drei Jahre lang gehalten. Die Nachricht von diesen Begebenheiten verbreitete sich, unterstützt von sensationellen Zeitungsreportagen, rasch im In- und Ausland. Es war, als wäre ein Funke in dürres Holz gefallen. Viele kamen angereist, empfingen ebenfalls die Geistestaufe und trugen das Feuer weiter. Eine Versammlung in Chicago wurde zum Herd pfingstlicher Bewegungen unter Amerikanern italienischer und schwedischer Herkunft. Von einem weiteren Zentrum in Pennsylvanien strahlte die Erweckung 1907 in den Osten und Mittleren Westen aus und ergriff auch das Moody-Institut[43]. Lokale Pfingst-Kreise entstanden in unübersehbarer Zahl. Sie hielten sich selbständig oder schlossen sich mit anderen in lockerer Weise zusammen.

Geistesfeuer in der ganzen Welt

Die Flamme der pfingstlichen Erweckung lief mit einer ungeheuren Geschwindigkeit über den ganzen Erdball – so rasch, daß man manchmal im Zweifel sein kann, ob die Pfingsterscheinungen in anderen Ländern Wirkungen amerikanischer Einflüsse oder selbständige Bewegungen waren, die in einer geheimnisvollen Gleichzeitigkeit aufbrachen. Es schien jedenfalls, als wäre eine Stunde gekommen, in der »die Zeit erfüllt« war. Binnen weniger Jahre hatte die Pfingstbewegung auf allen Kontinenten Fuß gefaßt. Und im Verlauf von 70 Jahren hat sie sich zu einem wichtigen Teil der Weltchristenheit entwickelt. Mit ihrer geistlichen Dynamik und ihrem stürmischen Wachstum stellt sie ein in der Kirchengeschichte der letzten vierhundert Jahre einzigartiges Phänomen dar.
Getragen wird sie von der spontanen Aktivität der *Laien*. Die Bekehrten und Geistgetauften werden alsbald zu Evangelisten in ihrer Umwelt, und ihre Bibelschulen bilden Tausende von Evangelisten und Missionaren aus, die in alle Länder der Erde reisen, um ihnen die Pfingstbotschaft zu bringen. Von außen gesehen bietet sich das Gesamtbild einer fast unübersehbaren Zahl von Gemeinschaften aller Größen – von lokalen Winkelgemeinden bis zu großen Pfingstkirchen mit weltumspannenden Missionswerken.
Unter älteren Gemeinschaften, in denen im Lauf der Jahre eine gewisse Abklärung erfolgt und eine organisatorische Festigung eingetreten ist, ist der Zug zur Koope-

[43] Twight Lyman Moody (1837–1899) war der bedeutendste amerikanische Erweckungsprediger des 19. Jahrhunderts. Er gründete 1889 das Bibelinstitut in Chikago zur Heranbildung geschulter Kräfte für die Reichgottesarbeit.

ration mit anderen gleichartigen Gemeinschaften unverkennbar. Eine Frucht dieser Bestrebungen sind die *Weltpfingstkonferenzen* (siehe S. 323). An ihnen beteiligen sich alle größeren Pfingstkirchen. Der folgende Überblick beschränkt sich auf eine Auswahl[44]:

1. *Nordamerika.* Die *»Pentecostal Holiness Church«,* die ihr Zentrum in Oklahoma hat, zählte 1979 in 3165 Gemeinden 520000 Glieder mit 2500 Predigern; durch ihre Missionstätigkeit in 22 Ländern entstanden etwa 800 weitere Gemeinden mit über 50000 Seelen.
Eine Anzahl einzelner Pfingstgemeinden, die durch die Azusa Street entstanden waren, schloß sich 1914 in den *»Assemblies of God«* (dt.: Versammlungen Gottes) zusammen; das Zentrum liegt in Springfield, Missouri. Daraus erwuchs die größte Pfingstkirche der USA. Sie zählte 1979 hier 932000 Glieder in 9400 Gemeinden mit 14400 Predigern. Mehr als 1000 Missionare wirkten in 95 überseeischen Ländern, und die Missionsgemeinden umfaßten über 4 Millionen Seelen. In Springfield wurde 1955 das *»Evangel College«* eröffnet mit einem breit gefächerten Lehrangebot auf vielen Gebieten der Kunst und Wissenschaft. Der Predigerausbildung dienen außer dem *»Central Bible Institute«* in den USA 7 und in den Missionsgebieten 80 Bibelschulen. Das *»Gospel Publishing House«* in Springfield gibt 7 Zeitschriften heraus; eine davon, die Wochenschrift *»Pentecostal Evangel«,* wurde 1913 als das älteste amerikanische Pfingstblatt gegründet und erreichte 60 Jahre später über 221000 Bezieher. Die 1946 ins Leben gerufene Radio-Mission *»Revivaltime«* strahlte in den siebziger Jahren ihre Programme über 860 Sender im In- und Ausland aus und erreichte allwöchentlich 6 Millionen Hörer. 1975 wurde in Brüssel das *»International Correspondence Institute«* eröffnet. Es erarbeitet Materialien für Fernunterricht, Bibelkurse, Aus- und Fortbildung von Predigern, Evangelisten und Mitarbeitern und versendet sie in 30 Sprachen an Verteilerstellen in 75 Ländern.
Aus der Tätigkeit des Predigers David Wilkerson unter den entwurzelten Jugendlichen in New York[45] erwuchs seit 1960 die *»Teen Challenge«*-Arbeit[46]. Sie wendet sich besonders an die drogenabhängige Jugend – in Straßenevangelisation, Teestuben, Jesus-Festivals, persönlichen Gesprächen in Krankenhäusern und Gefängnissen – und müht sich um ihre Rehabilitation. Für ihre Heilung in den Rehabilitationszentren dient neben einer straffen Hausordnung »die Therapie des Heiligen Geistes«; denn »für uns ist die Rauschmittelabhängigkeit letzten Endes ein geistliches Problem, das man nur durch die Kraft Gottes ganz zu lösen ver-

[44] Vorsorglich sei bemerkt, daß die Mitgliederzahlen vielfach mit Vorbehalt zu betrachten sind. Nur ein Teil der Pfingstgemeinschaften führt Mitgliederlisten, die eine genaue Statistik ermöglichen. Andere begnügen sich mit Schätzungen. Wieder andere legen ihren Angaben den mehr oder weniger stark fluktuierenden Besuch ihrer Versammlungen zugrunde. Kinder werden im allgemeinen nicht mitgezählt.

[45] Von dieser Arbeit berichtet Wilkerson in seinem Buch »Das Kreuz und die Messerhelden«, das ebenso wie ein danach gedrehter Film internationale Verbreitung fand. Der von ihm bekehrte Bandenführer Nicky Cruz wurde Prediger. Er bereiste viele Länder, auch Deutschland, und bot in stark besuchten Jugendversammlungen ein packendes Zeugnis von seiner Lebensgeschichte.

[46] »Teen Challenge« kann übersetzt werden mit »Herausforderung an Jugendliche«.

mag« (Wilkerson). »Teen Challenge« unterhält etwa 70 Zentren in der Welt. Die größte Kirche von farbigen Pfingstgläubigen ist die *»Church of God in Christ«*. Sie verdankt ihre Entstehung hauptsächlich dem schwarzen Heiligungsprediger CHARLES H. MASON, der nach einem Besuch der Azusa Street seine Gemeinde für die Pfingstbotschaft gewann. 1970 zählte diese Kirche 4100 Gemeinden und 413 000 Glieder.

Die auf R. G. Spurling zurückgehende *»Church of God«* (siehe S. 304) verlegte 1907 ihren Sitz nach Cleveland, Tennessee. Da ihr auf Lebenszeit gewählter Generalaufseher A. J. TOMLINSON ein Führungsmonopol bis hin zur Finanzverwaltung für sich beanspruchte, kam es zu Konflikten, die mit seinem Ausschluß endeten. Er gründete mit seinen Anhängern die *»Church of God of Prophecy«* (1975: 65 800 Mitglieder). Nach seinem Tod im Jahr 1943 aber stieß sein von ihm zum Nachfolger bestimmter Sohn HOMER A. TOMLINSON auf Widerspruch, woraus eine weitere Pfingstgemeinschaft entstand: die *»Church of God, World Headquarters«* (Queens Village, New York) mit ihm selbst als Bischof und Generalaufseher. 1966 zählte sie 73 868 Seelen in 1921 Gemeinden.

Die »Church of God (Cleveland)« erholte sich nach der Trennung von Tomlinson rasch. Sie entwickelte eine intensive Evangelisations-, Jugend- und Bildungsarbeit. Ihre Missionare sind in 100 Ländern tätig. Ihr Radioprogramm *» Vorwärts im Glauben«* wird über 350 Sender in aller Welt ausgestrahlt. 1976 zählte sie weltweit etwa 11000 Gemeinden mit 828 643 Gliedern. Sie unterhält über 40 Bibelschulen und in Cleveland ein Predigerseminar und das Lee College mit annähernd 1200 Studenten.

Unter den nicht wenigen Frauen, die in der Pfingstbewegung eine bedeutende Rolle spielten, ist AIMEE SEMPLE MCPHERSON HUTTON (geb. 1890 in Kanada) die bekannteste. Als 17jährige wurde sie von dem Baptistenprediger Robert Semple bekehrt und heiratete ihn später. Aber er starb bald. Durch göttliche Offenbarung zur Predigerin berufen, unternahm sie große Reisen, u. a. nach England, Australien und China. Sie hielt hinreißende Predigten, sprach in Zungen, nahm Glaubensheilungen vor, war eine Wohltäterin der Armen, beteuerte, daß sie unter der unmittelbaren Führung Gottes stehe, und verband mit alledem ihren persönlichen Charme. Kein Wunder, daß ihre Anhängerschaft rasch wuchs und ihr blind ergeben war. Auch verschiedene Affären – eine zweite und dritte Ehe, die bald wieder geschieden wurde, mancherlei Seitensprünge sowie »Familienstreitigkeiten, Prozesse, angebliche Kindesentführung« usw.[47] – konnten sie nicht irre machen. Ja, Aimee beschrieb selbst ihre Liebesaffären und ihre göttlichen Führungen in einer Artikelserie, die sie in einer auflagestarken Tageszeitung veröffentlichte. 1921 begann sie mit dem Bau des berühmten Angelus-Tempels mit 5500 Sitzplätzen und 1927 gründete sie die *»International Church of the Four Square Gospel«*[48]. Ihr Tod im Jahr 1944 tat dem Wachstum der Kirche keinen Abbruch: 1965 umfaßte sie in den USA schon 800 und auf den Missionsfeldern in 27 Ländern 1400 Gemeinden. 1979

[47] Elmer T. Clark, The Small Sects in America, S. 115f.

[48] »Four Square«, d. h. vier Ecken, will die vier Eckpfeiler des Evangeliums bezeichnen: Bekehrung, Gebetsheilung, Geistestaufe mit Zungenrede und Wiederkunft Christi mit Aufrichtung des Tausendjährigen Reichs.

waren in den USA in 846 Gemeinden 377000 Mitglieder zusammengefaßt, die von 3000 Predigern betreut wurden.

Die 1935 aus der Vereinigung von zwei Pfingstgemeinschaften hervorgegangenen *»Open Bible Standard Churches«* mit Sitz in Des Moines, Iowa, umfaßten 1972 in den USA 300, in Übersee 160 Gemeinden mit 700 Predigern, einem Bibelinstitut und 2 Bibel-Colleges. Die 1959 von einer ehemaligen Baptistengruppe ins Leben gerufene *»Pentecostal Free Will Baptist Church«* mit Sitz in Dunn, Northcarolina, wuchs in 15 Jahren auf 385 Gemeinden mit 15000 Seelen und 225 Predigern. Weitere Pfingstkirchen sind teilweise durch die rassische oder nationale Zusammengehörigkeit ihrer Glieder bestimmt; so bestehen aus Farbigen die *»Apostolic Overcoming Holy Church of God«* (1975: 300 Gemeinden, 75000 Mitglieder), die *»National David Spiritual Temple of Christ Church Union«* (1975: 66 Gemeinden, 40815 Mitglieder), die *»Pentecostal Assemblies of the World«* (550 Gemeinden, 45000 Mitglieder) und die *»United Holy Church of America«* (470 Gemeinden, 30000 Mitglieder), während die 20000 Mitglieder der *»Christian Church of North America«* (151 Gemeinden) italienischer Herkunft sind. Daneben bestehen noch zahlreiche kleine Gemeinschaften – Walter J. Hollenweger zählt insgesamt »ungefähr 200 Pfingstdenominationen«. Die Gesamtmitgliederzahl der organisierten Pfingstgemeinschaften in den USA wurde Mitte der 70er Jahre auf 2650000 geschätzt, in Kanada auf 220000. In der seit 1948 bestehenden *»Pentecostal Fellowship of North America«* sind 20 Pfingstkirchen in den USA und Kanada (mit 1750000 Mitgliedern) zusammengeschlossen.

Schon früh entstanden in den amerikanischen Pfingstgruppen verschiedene Richtungen. Die »Azusa-Street-Mission« vertrat, wesentlich durch die von den Heiligungsgemeinschaften kommenden Mitglieder bestimmt, den *dreistufigen Heilsweg:* nach der Bekehrung folgt die Heiligung und dann als drittes Werk der Gnade Gottes die Geistestaufe. Dagegen ließ der Evangelist W. H. Durham unter baptistischem Einfluß Bekehrung und Heiligung zusammenfallen und verstand die Heiligung als einen das ganze Leben durchziehenden Prozeß, in dessen Verlauf sich die Geistestaufe als »zweiter Segen« ereignet. Er wurde wegen dieser Lehre von Seymour ausgeschlossen. Die »Church of God« und andere von der Heiligungsbewegung herkommende Pfingstgemeinschaften lehren den dreistufigen, die meisten, besonders die »Assemblies of God«, den *zweistufigen Heilsweg.*
Eine andere Differenz entstand durch die *»Jesus only«-Bewegung:* Einige Gläubige entdeckten, daß in der Apostelgeschichte immer »auf den Namen Jesu« getauft wurde. Daraus wurde gefolgert, daß Jesus der Name für Gott den Vater, den Sohn und den Heiligen Geist sei, daß die Taufe auf ihn allein die richtige Ausführung des Taufbefehls von Matth. 28, 19 darstelle und daß die trinitarisch getauften Prediger weniger Vollmacht hätten. Viele unterzogen sich deshalb noch zusätzlich der »Jesus only«-Taufe. Die »Assemblies of God« lehnten 1915 diese Lehre ab. Andere Gemeinschaften hielten an ihr fest. Die verschiedenen Richtungen wurden von Amerika aus auch in die Pfingstgemeinschaften anderer Länder übertragen.

2. *Lateinamerika.* Hier fand die Pfingstbotschaft ein besonders starkes Gehör: nicht in der etablierten Schicht der spanisch-portugiesischen Nachkommen – für sie blieb der katholische Glaube eine feste Tradition – und auch nicht unter den Einwanderern aus protestantischen Ländern – sie sammelten sich in ihren hergebrachten Kirchen ohne missionarische Ausstrahlung –, sondern in den Bevölke-

rungsgruppen, die im Gefolge der industriellen Entwicklung und der damit verbundenen Landflucht die Städte füllten und zu einem großen Teil Opfer der Armut und inneren Wurzellosigkeit waren. Heute bilden die Pfingstgläubigen die weitaus größte Gruppe der nichtkatholischen Christen in diesen Ländern.

Allein die von den Missionaren der »Assemblies of God« ins Leben gerufenen Gemeinschaften wuchsen in den Jahren 1970 bis 1975 von 15077 Gemeinden und Außenstationen auf 19302 mit 15850 (11575) Predigern, 2462125 (1799329) getauften Mitgliedern und 1027646 (746395) Anhängern. Die Zahl ihrer Bibelschulen stieg von 39 auf 74, ihrer Besucher von 1793 auf 3444. »Die Pfingstkirchen sind die stärkste evangelistische Kraft« in Lateinamerika (World Pentecost 1977, 2). Auch andere Pfingstkirchen in Nordamerika und Europa sandten Missionare nach Lateinamerika und trugen mit dazu bei, daß sich zahlreiche selbständige Einzelgemeinschaften verschiedener Art und Größe bildeten.
In *Mexiko* umfassen die sechs Pfingstgemeinschaften zusammen 285000 Mitglieder (alle statistischen Angaben beziehen sich, wenn nicht anders vermerkt, auf das Jahr 1975). Allein die »Assemblies of God« haben für ihre 584 Gemeinden 6 Bibelschulen errichtet. In *Venezuela* entsprangen bis 1974 aus ihrer Tätigkeit 213 Gemeinden mit über 11000 Gliedern, 147 Predigern und einem Zentralbibelinstitut. *Bolivien,* wo seit 1950 die Pfingstbotschaft verkündigt wird, zählt 222 Gemeinden mit 10400 Seelen und 166 Predigern. Die drei Pfingstgemeinschaften in *Columbien* umfassen 29000, die zwei in *Peru* 31000, zwei in *Puerto Rico* 57000, zwei in *Trinidad* 6000 Seelen. In *Guatemala* bestehen vier Pfingstgemeinschaften mit 54000 Gliedern, in *El Salvador* zwei mit 36000, in *Honduras* zwei mit annähernd 12000, in *Jamaica* zwei mit 83000, in *Panama* eine mit 18000 und auf *Haiti* vier mit 106000 Seelen. In *Uruguay* wurde 1946 eine erste Gemeinde in Montevideo gegründet; knapp 30 Jahre später wirkten 8 Missionare und 75 einheimische Prediger in 161 Gemeinden und Außenstationen mit über 5000 Mitgliedern. Die sieben Pfingstgemeinschaften in *Argentinien* entstanden teils durch die Tätigkeit der »Church of God« und der »Assemblies of God«, teils durch Evangelisten aus Kanada, Chile und Brasilien, teils als Zusammenschlüsse sprachengleicher Einwanderergruppen. Ihnen gehören über 130000 Gläubige an. Dazu kommen zahlreiche unabhängige Gemeinden. Dagegen konnten in *Paraguay* nur 23 Gemeinden und Außenstationen sowie eine Bibelschule ins Leben gerufen werden, weil die sozialen und politischen Verhältnisse des Landes große Schwierigkeiten bereiteten.

Noch schwieriger ist die Lage in *Kuba:* Nach dem Sieg der Revolution 1959 wurden den Pfingstgemeinden etwa 55 Versammlungshäuser weggenommen. Die Bibelschule wurde geschlossen, die Verbreitung von Literatur und Evangelisationen verboten. Die zwei Gemeinschaften mit 28000 Seelen wurden von den ausländischen Pfingstkirchen abgeschnitten und stehen unter ständiger Kontrolle. Starke Resonanz fand die Pfingstbotschaft in *Chile.* Im gleichen Jahr 1909, in dem in den Versammlungen des Methodistenpredigers WILLIS C. HOOVER in Valparaiso Hunderte von Gläubigen die Geistestaufe erlebten, gründete er auch in Santiago eine Pfingstgemeinde. Die *»Iglesia Metodista Pentecostal«* wuchs bis 1974 auf 650000 Glieder an. Weitere Pfingstgemeinschaften kamen hinzu. Die Gesamtzahl der Pfingstgläubigen in Chile wird auf 1 Million geschätzt, das sind etwa 10% der Bevölkerung.

Zahlenmäßig an der Spitze aller Länder stehen die Pfingstkirchen in *Brasilien.* Der baptistische Schwede DANIEL BERG, der 1909 die Geistestaufe erlebt hatte, begann zusammen mit seinem Freund GUNNAR VINGREN im Jahr 1910 in der Baptistenkapelle in Belém mit Gebetsstunden. Einige Besucher fingen an, in Zungen zu reden, und missionierten in ihrer Umgebung. Darauf wurden sie von ihrem Baptistenprediger ausgewiesen und versammelten sich in einem anderen Raum. Sie machten Hausbesuche und beteten für die Kranken. Alsbald wurde von Hei-

lungswundern berichtet und von wunderbaren Gebetserhörungen in Gefahr und Armut. Es ereigneten sich viele Geistestaufen in den Versammlungen. Die Bewegung wuchs. Missionare der »Assemblies of God« kamen ins Land. Prediger einer amerikanischen evangelikalen Kirche in Brasilien verbanden sich mit ihnen. Schriftenmission und Rundfunksendungen verbreiteten die Pfingstbotschaft. Innerhalb von 25 Jahren hatte sie jeden Staat des riesigen Landes erreicht. In zahlreichen Bibelschulen wurden einheimische Prediger und Evangelisten ausgebildet. Sie trugen wesentlich dazu bei, daß die Pfingstkirchen ein bodenständiges Gepräge erhielten und in der Bevölkerung Fuß faßten. Die größten sind die *»Assembléias de Deus«* mit 1,9 Millionen, die *»Igreja Evangélica Pentecostal ›Brasil para Cristo‹«* mit 0,9 Millionen und die durch die Tätigkeit des Italo-Amerikaners Luigi Françesco seit 1910 entstandene, streng fundamentalistische *»Congregação Christa«* mit 2500 Gemeinden und 500 000 Gliedern. Dazu kommen kleinere Gemeinschaften und viele unabhängige Gemeinden. Die Gesamtmitgliederzahl in Brasilien wurde 1975 auf 6 Millionen geschätzt[49].
Damit übertrafen die Pfingstgemeinschaften die Lutheraner, Presbyterianer und Baptisten (insgesamt 5 Millionen Mitglieder). Während diese – wie auch die Katholiken – vor allem in den bürgerlichen Schichten beheimatet sind, haben die Pfingstgemeinschaften in den Elendsvierteln der Großstädte Fuß fassen können, die auch die Domänen des heidnischen Umbanda- und des Macumba-Kults sind. Hier kümmern sich die Gemeinden in vielfältiger Weise um die Förderung ihrer Glieder: mit Bildungsprogrammen, Sprachkursen, Büchereien, Kinderhorten, Altenheimen und Hilfskassen für Kranke, Wöchnerinnen und Hinterbliebene. In der Auseinandersetzung mit dem Glauben vieler Brasilianer an magischen Zauber, Geister und Dämonen sind sie erfolgreicher als die traditionellen Kirchen, weil sie ihm gewissermaßen mit homöopathischen Mitteln entgegentreten können: »Während die Protestanten diesen Aberglauben aus mehr oder weniger rationalistischen oder dogmatischen Gründen ablehnen, scheinen die Pfingstler wegen ihres Glaubens an die Existenz von Dämonen usw. mitten in der Auseinandersetzung mit der Welt der Magier und des Geisterglaubens zu stehen. Aber sie bekämpfen die Geister mit dem Geist«, indem sie in den Gottesdiensten für die Kranken beten und Teufelsaustreibungen vornehmen, und dieser Umgang mit den Geistern führt »zu einer Art Entmythologisierung ihrer Macht«[50].

3. *Europa:* Eine wichtige Vorbereitung für die Pfingstmission in Europa war die *Erweckung in Wales,* die manche pfingstlichen Züge aufwies und durch die allein vom Frühjahr 1904 bis Herbst 1905 über 100 000 Menschen bekehrt wurden. Besucher vom Kontinent kehrten tief beeindruckt zurück und mühten sich auch in ihrer Heimat um eine solche Erweckung.

[49] Die Schätzungen über die Gesamtzahl der Pfingstgläubigen in Lateinamerika gehen auseinander. Walter J. Hollenweger, einer der besten Kenner des Weltpfingstlertums, bezifferte sie auf über 7 Millionen, meinte aber, man müsse diese Zahl mindestens verdoppeln, wenn man die »Anhängerschaft« hinzurechnet, nämlich die Familienangehörigen der Mitglieder, die nicht regelmäßigen Besucher der Pfingstgottesdienste und die Teilnehmer an der Sonntagsschule.

[50] Key Yuasa, Notizen zu einer Dissertation über die brasilianische Pfingstbewegung, zitiert aus Walter J. Hollenweger, Enthusiastisches Christentum, S. 103

Durch den methodistischen Leiter der Stadtmission in Christiania (Oslo), THOMAS BALL BARRATT, der bei einem Amerika-Besuch am 7. Oktober 1906 in New York die Geistestaufe empfing, kam die Pfingstbewegung zunächst nach *Norwegen* und durch den anglikanischen Pfarrer A. A. BODDY nach *England*. 1925 entstanden die *»Assemblies of God in Great Britain and Ireland«* als Zusammenschluß der »Pentecostal Missionary Union« und der »Federation of Full Gospel, Pentecostal, and Church of God Meetings«. Sie sind mit 534 Gemeinden und 66000 Gliedern (Stand von 1975) die größte Pfingstgemeinschaft des Landes. Ihre bedeutendste Persönlichkeit war DONALD GEE (1891–1966), der während der Erwekkung in Wales 1905 bekehrt wurde, 1912 die Pfingstbewegung kennenlernte und die Geistestaufe empfing. Er wurde Vorsitzender der »Assemblies of God«, dann Leiter ihrer Bibelschule in Kenley bis 1964 und gab die von der Weltpfingstkonferenz in Zürich 1947 beschlossene Zeitschrift *»Pentecost«* heraus. Mit ihr und seinen weit verbreiteten Aufsätzen und Schriften und seinen Vortragsreisen wurde er zu einem Lehrer der Weltpfingstbewegung, der auch in den Kirchen aufmerksames Gehör fand. Bei aller Festigkeit seines Bekenntnisses zur Lehre von der Geistestaufe mit Zungenreden zeigte er ein positives Verständnis für die ökumenische Bewegung und kritisierte bedenkliche Ausartungen in der Pfingstbewegung.
Die »Elim Four Square Gospel Alliance« wurde 1915 von dem walisischen Evangelisten GEORGE JEFFREYS gegründet. Sie zählte 1970 etwa 44000 Mitglieder. Zu ihr gehört das »Internationale Bibel-Institut« in Burgess Hill. Sie benannte sich 1966 um in *»Elim Pentecostal Church«* (Sitz in Cheltenham). – Die 1916 gegründete *»Apostolic Church«* mit Sitz und Bibelschule in Penygroes (Wales) geht auf die Erweckung in Wales zurück. Die Brüder DANIEL und JONES WILLIAMS, zwei Bergarbeiter, bekamen durch Prophetien seit 1910 nicht nur die Mahnung, die Ämter und Gaben der neutestamentlichen Gemeinden wieder herzustellen, sondern sie empfingen auch persönlich ihre Berufung zum Apostel bzw. Propheten. Weitere Berufungen folgten.
Unabhängig von der »Apostolic Church« in Wales haben sich auch in Schottland, England und Irland ähnliche Gemeinschaften gebildet, die sich 1922 zu gemeinsamer Missionsarbeit zusammenfanden. Durch ihre Missionare entstanden in mehreren europäischen Ländern und in Afrika weitere Zweige der Apostolic Church, die organisatorisch selbständig, aber geistlich miteinander eng verbunden sind. Schon bald übertraf ihre Mitgliederzahl die der Mutterkirche (rund 7000) weit. 1979 zählten sie weltweit über 300000 getaufte Mitglieder, davon 250000 in Nigeria.
Zu nennen sind ferner die »Pentecostal Holiness Church in Britain« und die »New Testament Church of God«. Die englischen Pfingstkirchen sind seit 1950 in der *»British Pentecostal Fellowship«* zusammengeschlossen, die 1970 etwa 125000 Seelen umfaßte.

In *Norwegen* entstand 1908 durch das Wirken des schon erwähnten THOMAS BALL BARRATT (1862–1940) die erste Pfingstgemeinde in Christiania (Oslo). Er dachte nicht an die Gründung einer neuen Glaubensgemeinschaft, sondern erhoffte eine Geistesausgießung, die alle Kirchen erfassen sollte. Aber schon nach wenigen Jahren mehrte sich der kirchliche Widerstand und nötigte die Pfingstgläubigen zu einem eigenen Zusammenschluß; Barratt selbst verließ 1916 die methodistische Kirche und wirkte fortan als Pastor der Filadelfia-Gemeinde in Oslo. Sie ist mit etwa 3000 Seelen die größte unter den 300 Pfingstgemeinden Norwegens, die 1970 rund 40000 Mitglieder zählten und somit die größte freikirchliche Gruppe im Land sind.

In *Schweden* wurde die 1906/1907 beginnende Pfingstbewegung durch Besuche von Barratt gefördert. Als sich in den baptistischen und methodistischen Gemeinden, die sich ihr zunächst geöffnet hatten, zunehmender Widerspruch regte, gründeten 29 pfingstgläubige Baptisten 1910 eine eigene Gemeinde in der Filadelfia-Halle in Stockholm und beriefen Lewi Pethrus zu ihrem Prediger. Dieser, am 11. März 1884 als Kind einer armen baptistischen Arbeiterfamilie geboren, wurde mit 18 Jahren Evangelist und 1906 Prediger in Lidköping. Als er 1907 Barratt in Christiania besuchte, empfing er die Geistestaufe. Er übernahm das Predigeramt in Stockholm. Hier lud er auch Nichtbaptisten zum Abendmahl ein. Deshalb wurde er mit seiner Gemeinde 1913 aus der Baptistenkirche ausgeschlossen. Daraufhin trennten sich zahlreiche andere Baptistengemeinden ebenfalls von ihrer Kirche.

Daß die Filadelfia-Gemeinde in Stockholm in 60 Jahren auf 7000 Seelen anwuchs und zum Zentrum der schwedischen Pfingstbewegung wurde, verdankte sie Lewi Pethrus, der in einzigartiger Weise geistliche Vollmacht und Weisheit mit einem praktischen Sinn verband. Besonders fruchtbar war seine publizistische Tätigkeit. Schon 1912 gründete er einen Buchverlag, 1916 die Wochenschrift »Evangelii Härold«, 1945 die Tageszeitung »Dagen«, deren Chefredakteur er selbst war. Er schrieb über 50 Bücher. Dazu kamen der »Christliche Buchring« und das Schallplattenunternehmen »Herold des Heims«. Und als der schwedische Rundfunk seinen Wunsch nach mehr christlichen Sendungen nicht erfüllte, rief er 1955 die *»International Broadcasting Radio Association«* (IBRA) ins Leben, die ihre Programme 1974 über Radio Transworld (Portugal) in 51 Sprachen und 36 Ländern ausstrahlte. Die »Lewi Pethrus Stiftung für philanthropische Wirksamkeit« kümmert sich um Alkoholiker und Drogensüchtige und deren Familien und unterhält Heime für die Rehabilitation. Zu seinem 90. Geburtstag sammelten die Schweden 3 Millionen Kronen für die Stiftung. Zur lutherischen Kirche hielt er gute Nachbarschaft. »Ich persönlich bin mit dem lutherischen Erzbischof befreundet, sämtliche Kanzeln Schwedens stehen mir offen.« Bei der Weltpfingstbewegung stand er in höchstem Ansehen. 1974, wenige Monate nach seinem 90. Geburtstag, starb er. Das Volk feierte ihn als einen der Großen der Nation und stellte ihn neben Nathan Söderblom und Erzbischof Olof Sundby; man nannte ihn eine »wirkliche Führergestalt großen Maßes«.

Neben der Filadelfia-Gemeinde bildete die Smyrna-Gemeinde in Göteborg einen weiteren Schwerpunkt. Die über 550 Pfingstgemeinden mit etwa 95000 Gliedern (Stand von 1979) sind selbständig und tragen gemeinsam eine Bibelvolkshochschule auf Schloß Kaggeholm und eine umfangreiche Mission (ca. 900 Missionare auf allen Kontinenten). Diese ist in 31 Ländern tätig, unterrichtet in ihren Schulen 130000 Kinder und betreibt zwei Lehrerbildungsanstalten in Zaire und Burundi, mehrere Gewerbeschulen, eine Blindenschule und Waisen- und Kinderheime.

Barratt kam 1911 auch nach *Finnland,* wo er stark besuchte Versammlungen hielt. Seine Zeitschrift erschien 1912 in finnischer Ausgabe. Von der Baptistenkirche spaltete sich ein Pfingstlerflügel ab. In den späteren Jahren übten L. Pethrus und Donald Gee einen großen Einfluß aus. 1979 gab es etwa 70000 Pfingstler in Finnland. Sie gründeten eine Bibelschule in Hämeenlinna und ein großes Verlagshaus. Ihr Missionswerk ist mit 200 Missionaren in 18 Ländern tätig.
In *Dänemark* entstanden Pfingstgemeinden zunächst durch den Einfluß des Hamburger Strandmissionars Emil Meyer. 1924 faßte die Apostolische Kirche von England her Fuß und gewann beträchtlich an Boden (1980: 50 Gemeinden und 60 Außenstationen mit ca. 2500 Mitgliedern). Diese *»Apostolske Kirke«* gründete 1940 in Kolding eine Bibelschule und erbaute 1955 dort ein großes Missionshaus, den »Glaubenstempel«. Ebenfalls in Kolding konnte sie 1967 eine Versammlungshalle mit 2500 Plätzen einweihen. In Kopenhagen und vielen anderen Städten wurden Kirchen erbaut oder erworben. Eine Volkshochschule in Mariager untersteht der *Elim-Gemeinde* in Kopenhagen. Beide Gemeinschaften zusammen zählen 3800 Glieder.

In *Belgien* besteht je eine wallonische und eine flämische Pfingstgemeinschaft mit zusammen 6500 Mitgliedern. – Die 35000 Pfingstgläubigen in *Frankreich* gehören größtenteils den *»Assemblées de Dieu«* an. Nur etwa 5000 entfallen auf die bald nach dem Zweiten Weltkrieg von England her gegründete »Eglise Apostolique« und die »Fédération des Assemblées de Réveil«. Frankreich war auch das Ursprungsland der Zigeunermission: der Pfingstprediger Clement De Cossec startete sie 1952 mit großem Erfolg. Er sah in den Zigeunern »Angehörige des Volkes von Israel«, die nach dem babylonischen Exil nicht wieder in die Heimat zurückgekehrt waren – also als Nachkommen der verlorenen zehn Stämme Israels –, und besuchte sie in vielen Ländern. Überall fand er »die Türen weit offen«. So entstand die *»Internationale Zigeunermission«,* die in der Hauptsache von Zigeunerpredigern getragen wird. Gläubige Zigeuner aus Frankreich und Belgien riefen 1967 auch den »Deutschen Zweig« ins Leben (Leitung: Gerhard Heinzmann). Weitere Gruppen bekehrter Zigeuner bildeten sich in Holland, Spanien, Portugal, Italien, Griechenland und selbst in Südamerika und Indien. 1974 zählte die Zigeunermission in Frankreich 14000, in ganz Europa 50000 Getaufte.
In *Spanien* entstand 1923 eine erste Gemeinde in Gijon durch schwedische Pfingstmissionare. Seit 1932 kamen weitere Missionare ins Land. Aber der Bürgerkrieg und danach staatliche Beschränkungen und Kontrollen lähmten die Arbeit. Erst mit der Verkündigung der Religionsfreiheit 1967 konnten wieder ausländische Prediger einreisen. Seither entstanden weitere kleine Gemeinden mit zusammen 1000 Seelen. In Madrid wurde eine Bibelschule errichtet, in Lérida ein Altenheim und auf Mallorca ein Kinderheim. – Besser gedieh die Pfingstmission in *Portugal.* Hier zählen die »Assembléias de Deus«, in denen sich ab 1933 die durch ausländische Missionare seit 1924 entstandenen Einzelgemeinden zusammenschlossen, 30 Gemeinden mit rund 10000 Seelen. Sie haben 200 Sonntagsschulen, ein Bibelinstitut und eine eigene Zeitschrift; sie unterhalten auch zwei Altenheime und ein Waisenhaus. Ihre Missionare gewannen auf den Azoren und in den damaligen portugiesischen Besitzungen Angola, Mozambique und Timor 10000 See-

len. – Die »Assemblee di Dia« in *Italien* mußten sich viele Jahre lang (seit 1925) heimlich versammeln. Erst seit 1954 können sie in voller Freiheit arbeiten. 1979 zählten sie rund 80000 Mitglieder. In Rom wurde 1954 eine Bibelschule eröffnet. Kleinere Pfingstgemeinschaften sind die »Chiesa Evangelica Internazionale«, die »Chiesa Apostolica« und andere, die insgesamt über 40000 Mitglieder haben. – Klein sind auch die Pfingstgemeinschaften in *Griechenland:* »Assemblies of God« (etwa 1000 Mitglieder) und »Ekklesia Theou Pentekostis« (400 Mitglieder).

In den *Niederlanden* umfaßt die »Broederschaft van Pinkstergemeenten« 50–60 Gemeinden mit 10000 Gliedern und (seit 1975) einer Bibelschule in Scheveningen. Insgesamt bezeichnen sich in den Niederlanden etwa 30000 Gläubige als »Pfingstler«. 1954 entstand die Bewegung *»Stromen van Kracht«*, d.h. »Ströme der Kraft«. Ihr Gründer, der Pfarrerssohn und Künstler KAREL HOEKENDIJK in Baarn, war durch eine Glaubensheilung von einem schweren Herzleiden befreit worden und widmete sein Leben fortan der Verkündigung des »vollen Evangeliums«. Aus kleinen Anfängen wuchs rasch ein Evangelisationswerk, das auch im Ausland tätig ist, so in der Schweiz, in Süditalien, Indien und mehreren afrikanischen und lateinamerikanischen Ländern. Gemeinden will Karel Hoekendijk nicht gründen. Die rund 30 Evangelisten und Missionare, die mit ihm zusammenarbeiten, sind lediglich durch die Botschaft »Ströme der Kraft« mit ihm verbunden, bleiben aber im übrigen selbständig. Kennzeichnend für diese Botschaft ist, wie schon der Name andeutet, daß der Geistgetaufte nicht nur die eine oder die andere Geistesgabe empfangen soll, etwa die Gabe der Weissagung oder der Heilung, sondern: »Der volle Reichtum aller neun Gaben ist für jeden Gläubigen, der danach strebt«[51], und der Heilige Geist bestimmt, welche dieser Gaben der Gläubige jeweils in der Versammlung betätigen soll.

In der *Schweiz* legte Barratt 1908 mit Versammlungen in Zürich den Grund für die *»Schweizerische Pfingstmission«*. Sie umfaßte 1977 rund 100 Gemeinden mit 3654 Gliedern und 30 Predigern. In vier Ländern waren 26 Missionare tätig. Sie besitzt ein Tagungs- und Erholungszentrum in Emmetten, das auch eine Bibelschule beherbergt.

Die *»Gemeinde für Urchristentum«* führt ihre Gründung auf den deutschen Pfarrer CHR. DROLLINGER zurück, der in der Schweiz seinen Ruhestand verbrachte und 1927 eine Bibelwoche hielt. Daraus erwuchs eine kleine Gemeinde. Zu ihr stieß 1937 eine Gruppe um den methodistischen Laienprediger JOHANN WIDMER in Signau, der wegen seiner Glaubensheilungen, Prophezeiungen und exorzistischen Handlungen Widerspruch in seiner Kirche erregt hatte. Ein wichtiger Gewinn war für sie ROBERT WILLENEGGER (1912–1975), der Pfarrer der bernischen Landeskirche war und sich unter dem Einfluß des neuenburgischen Pfarrers Fritz de Rougemont wiedertaufen ließ. 1942 schied er aus dem kirchlichen Dienst aus. Er war Vorsteher der Gemeinde bis 1969, regte 1958 den Kauf des Parkhotels Gunten am Thunersee an und leitete die dort eingerichtete Bibelschule. Auch de Rougemont schloß sich 1956 der Gemeinde an. Die Gemeinschaft, der heute 70 Gemein-

[51] Elisabeth Hoekendijk – La Rivière, Leben und Überfluß, S. 11

den mit 2000 Gliedern angehören, unterhält Missionare in Frankreich und in Übersee.
Aus der Wirksamkeit des Berliner Pfarrers B. Schilling und seines schwedischen Schwiegersohns G. Steen entstand 1927 in St. Gallen die *»Freie Christengemeinde«*. Daraus wurden inzwischen 27 selbständige Gemeinden mit etwa 1000 Seelen und einem Zentrum in Ebnat-Kappel. Die drei Gemeinschaften schufen sich 1961 als Organ für engere Zusammenarbeit die »Einheitskonferenz« und gaben seit 1969 die Monatsschrift »Wort + Geist« heraus, die 1972 mit deutschen Pfingstzeitschriften zusammengelegt wurde. 1973 schlossen sie sich im *»Bund Pfingstlicher Freikirchen der Schweiz«* (BPF) zusammen. Die Pfingstmission und die Gemeinde für Urchristentum teilen sich außerdem je hälftig in die Bibelschule in Gunten.
In der französischen Schweiz sammelten sich die Pfingstgläubigen in der »Eglise Evangélique de Réveil« (Genf), die 10 Gemeinden mit rund 1000 Gliedern zählt. Noch einige kleine Gemeinschaften eingerechnet, gibt es in der Schweiz gegenwärtig rund 10000 Pfingstgläubige.

Auch in fast allen *kommunistischen Ländern* Europas bestehen Pfingstgemeinschaften:
In *Ungarn* umfaßt die größte Pfingstgemeinschaft, die ihre Zentrale in Budapest hat, 190 Gemeinden mit 5000 Seelen. Die Urchristliche Kirche, die zur Familie der »Apostolic Church« gehört, zählt etwa 3000 Mitglieder. Einen ähnlichen Umfang hat eine weitere Pfingstgemeinschaft.
In *Jugoslawien* konnte die mit den »Assemblies of God« verbundene Pfingstgemeinschaft (70 Gemeinden mit 3500 Gliedern) 1972 eine mit Hilfe amerikanischer, deutscher und skandinavischer Gemeinschaften erbaute Bibelschule in Zagreb eröffnen, um den drückenden Predigermangel zu beheben. Zwei weitere Pfingstgemeinschaften, von denen eine die »Jesus-only«-Lehre vertritt, zählen je 2000 Mitglieder.
Nach *Bulgarien* brachte I. E. Voronaeff (s. u.) die Pfingstbotschaft. Durch ihn entstand 1920 die erste Gemeinde in Varna. Trotz seines nur kurzen Aufenthalts im Land konnte der Pfingstglaube Fuß fassen, und in den folgenden Jahrzehnten bildeten sich zahlreiche Gemeinden. Nach dem Zweiten Weltkrieg kam es zu Verfolgungen[52]. Trotzdem ging das Leben der Gemeinden weiter, auch unter bedrückenden Verhältnissen. 1975 zählten die rund 160 Gemeinden etwa 10000 Gläubige mit 60 vollamtlichen Predigern.
In *Rumänien* geht die Pfingstgemeinschaft auf einen leidgeprüften Dorfbewohner in der Nähe von Arad, G. Bradin, zurück. Er hatte in einem Brief aus den USA

[52] 1949 wurde der Leiter der Pfingstgemeinden, Georgi Tschernoff, im sog. »Pastorenprozeß« in Sofia zu lebenslänglichem Gefängnis verurteilt. In diesem Prozeß standen 15 Geistliche, darunter die Leiter der baptistischen, kongregationalistischen und methodistischen Kirche, unter der Anklage, sie hätten gegen gute Dollars wiederholt durch ausländische Diplomaten eine Intervention westlicher Mächte in die innenpolitischen Angelegenheiten Bulgariens angeregt. Der Prozeß war gut vorbereitet; die Angeklagten überboten sich an Geständnissen und stimmten Lobeshymnen auf die kommunistische Gesellschaftsordnung an. Auch sonst lief alles wie am Schnürchen. Nur fehlte der ganzen Veranstaltung die Glaubwürdigkeit.

von der dortigen Pfingstbewegung vernommen, konnte auch eine Broschüre über die Geistestaufe lesen und bat in einem Schreiben nach Cleveland um nähere Auskunft. Der ausgewanderte Rumäne P. Budean gab sie ihm, und im September 1922 hielt Bradin die erste Versammlung. Das war der Keim der rumänischen Pfingstgemeinschaft. Die Behörden machten ihr von Anfang an das Leben schwer. Sie erhielt keine staatliche Anerkennung, Gläubige wurden zu Geld- und Gefängnisstrafen verurteilt, gelegentlich barbarisch mißhandelt. Am schlimmsten war es von 1940 bis 1944 unter der Regierung Antonescu: Die Kerkerstrafen nahmen zu, die Versammlungen mußten heimlich bei Nacht oder in den Wäldern gehalten werden. Aber als diese Bedrängnis mit dem Sturz Antonescus endete, war die Zahl der Pfingstgläubigen auf fast 20000 gestiegen. 1950 wurde die *»Apostolische Pfingstkirche Gottes«* staatlich anerkannt. Bis 1972 war die Zahl der Glieder auf 120000 in etwa 1500 Gemeinden angestiegen. 1976 wurde in Bukarest ein Pfingstliches Theologisches Seminar eröffnet. Hier werden Studenten, die Hochschulreife haben, in vierjährigem Studium zu Pastoren ausgebildet.

Nach *Polen* kam die Pfingstbotschaft von Deutschland aus und fand die ersten Anhänger 1908 in pietistischen Kreisen der Lutherischen Kirche Schlesiens. Zwischen den beiden Weltkriegen entstanden durch die Missionstätigkeit polnischer Rückwanderer aus Amerika Gemeinden in Mittel- und Ostpolen. Nach dem Zweiten Weltkrieg schlossen sich die Pfingstgemeinden mit verschiedenen kleinen Freikirchen in der »Vereinigten Evangelischen Kirche« zusammen. Die Zahl der Pfingstgläubigen wurde 1970 auf 3300 geschätzt. Ihr Predigernachwuchs wird an der Christlichen Theologischen Akademie in Warschau ausgebildet, an der alle evangelischen Kirchen beteiligt sind.

Die Pfingstbewegung in der *Sowjetunion* geht schon auf die Jahre nach dem Ersten Weltkrieg zurück. Von zwei Predigern, die die Pfingstbewegung in Helsinki kennengelernt hatten, wurden vor allem in den baltischen Ländern Gemeinden gegründet.

Der eigentliche Vater der Pfingstbewegung war IVAN EFIMOVITSCH VORONAEFF (geb. 1886). Als 22jähriger bekehrte er sich und wurde Baptistenprediger. Wegen der Verfolgung der Protestanten durch die Orthodoxe Kirche emigrierte er 1911 in die USA. Ein amerikanischer Prediger machte ihn mit der Pfingstlehre bekannt. Aus Baptisten gründete er darauf 1919 in New York die erste russische Pfingstgemeinde. Nach einem Aufenthalt in Bulgarien, wo er 18 Gemeinden ins Leben rief, kehrte er 1921 nach Rußland zurück und gewann zahlreiche Baptisten und Evangeliumschristen in der Ukraine für die Pfingstbotschaft. Die 1924 gegründete *»Union der Christen evangelischen Glaubens (Pfingstkirche)«* umfaßte 350 Gemeinden. 1930 wurde die ukrainische Pfingstbewegung verboten. Voronaeff wurde mit vielen Predigern verhaftet und in ein sibirisches Konzentrationslager gebracht. Auch seine Frau Katherina kam 1933 dorthin. Nach kurzer Freiheit 1935/36 wurden beide erneut für einige Jahre nach Sibirien verbannt. Ein Antrag Voronaeffs, in die USA ausreisen zu dürfen, führte 1940 wieder zu seiner Verhaftung. Seine Frau suchte vergeblich nach ihm und mußte eine vieljährige Kerkerhaft erdulden, bis sie 1953 auf persönliches Ersuchen Eisenhowers ausreisen durfte. Von ihrem Mann wurde nichts mehr gehört.

Inzwischen hatte Pastor I. K. Panko, der die von den »Assemblies of God« 1928

gegründete Danziger Bibelschule besucht hatte, auch in Weißrußland Pfingstgemeinden gegründet. Trotz zeitweise schwerster Verfolgung wuchs die Zahl der Pfingstgläubigen wie auch der Evangeliumschristen. Letztere verbanden sich 1944 mit den Baptisten in der *»All-Union der Evangeliumschristen/Baptisten«*. Der All-Unionsrat forderte auch die Pfingstgemeinden zum Beitritt auf. Aber weil ihnen die Zungenrede im öffentlichen Gottesdienst und die Fußwaschung untersagt und ihr Wunsch, Sonntagsschulen einzurichten und Freiversammlungen zu halten, unter behördlichem Druck abgelehnt wurde, schlossen sich nur 40% der Gemeinden dem All-Unionsrat an, und auch von ihnen trennten sich viele in den nächsten Jahren wieder. Diese »unregistrierten«, also illegalen Pfingstgemeinden müssen unter schweren Bedingungen ihrem Glauben gemäß leben.
In der Öffentlichkeit werden Greuelberichte über sie verbreitet: daß sie blinde Fanatiker und Feinde der Gesellschaft sind, Spionagetätigkeit treiben, mit endlosen Gebetsstunden ihre Gesundheit untergraben, ihre Kinder mit Prügeln zum Glauben zwingen, ihre Familien entzweien usw. In den Gerichtsprozessen bekunden »Sachverständige« eine oft groteske Unkenntnis der Motive und Äußerungen pfingstlerischen Glaubens[53]. Doch die Unterdrückung konnte nicht verhindern, daß sowohl die mit dem All-Unionsrat verbundene wie auch die illegale Pfingstbewegung »unerwartet rasch zunimmt«[54]. Statistiken gibt es nicht. Die Schätzungen gehen weit auseinander: zwischen 300000 und einigen Millionen; Hollenweger nennt 700000 Pfingstgläubige. An der Weltpfingstkonferenz in London 1976 konnten 20 Delegierte aus den kommunistischen Ländern teilnehmen, darunter sechs aus der Sowjetunion.
Seit 1966 besteht die *»Europäische Pfingst-Arbeitsgemeinschaft«,* die regelmäßige Tagungen hält, um auf dem Boden eines gemeinsamen pfingstlichen Zeugnisses die Gemeinschaft über die nationalen Grenzen hinweg zu pflegen und Fragen von gemeinsamem Interesse zu behandeln. Sie wurde 1967 durch die *»Pfingst-Europa-Konferenz«* ergänzt, die nicht eine Arbeitstagung, sondern eine große europäische Glaubenskonferenz ist und alle drei Jahre stattfindet. Die Gesamtzahl der Pfingstgläubigen in Europa wurde 1979 auf 1,7 Millionen geschätzt.

4. *Afrika.* Ein Wegbereiter der Pfingstbotschaft in *Südafrika* war der in Aberdeen (Schottland) aufgewachsene holländische Pfarrer Andrew Murray (1828–1917), der sich die Lehre der Heiligungsbewegung zu eigen machte und nach seiner Ordination 1848 in Südafrika wirkte. 1862 wurde er Moderator der dortigen reformierten Kirche, war 28 Jahre lang Leiter der Heiligungsbewegung in Südafrika und erlebte die Geistestaufe, die er deutlich von der Wiedergeburt unterschied und als »Mitteilung von Kraft« und Krönung des ausharrenden Gebetslebens bezeich-

[53] So wurden im Mai 1969 in der usbekischen Stadt Angren 8 volksdeutsche Pfingstgläubige zu 2–5 Jahren Freiheitsstrafe verurteilt. Die Grundlage bildeten gerichtsmedizinische Gutachten, die ihnen nach einem Bericht der »Prawda Wostoka« (Taschkent) »fanatische Zeremonien« vorwarfen. Zu diesen gehören der heilige Gruß, die Fußwaschung, das Brotbrechen, die Wassertaufe und das fremdsprachige Gespräch mit Gott (Zungenreden): durch sie werde die Verbreitung ansteckender Krankheiten gefördert und die Psyche schädlich beeinflußt.

[54] W. J. Hollenweger, Enthusiastisches Christentum, S. 314

nete. 1904 kam ein Missionar der amerikanischen »Christian Catholic Church« des JOHN ALEXANDER DOWIE nach Johannesburg und gründete hier eine Kirche gleichen Namens. 1908 stießen drei Pfingstmissionare zu dieser Kirche, die sich inzwischen in »Apostolic Faith Church in Zion« umbenannt hatte. Der größere Teil der Mitglieder wandte sich den drei Pfingstmissionaren zu, und 1910 entstand als erste Pfingstkirche des Landes die *»Apostolic Faith Mission«*. Ihr und der Kirche Dowies wiederum entsprangen seit 1915 Hunderte von unabhängigen Bantukirchen durch afrikanische Prediger, die sich selbständig gemacht hatten. Die »Apostolic Faith Mission« verbreitete sich besonders unter den Buren und zählt heute 100000 Mitglieder. 1914 nahmen die *»Assemblies of God«* südafrikanische Missionsgemeinden in ihre Vereinigung auf. Sie konnten sich dann 1932 als eigene Kirche konstituieren. 1961 mußte sie sich im Zug der rassenpolitischen Entwicklung jedoch in drei selbständige Abteilungen der Weißen, Farbigen und Inder aufgliedern. Sie umfaßt 80000 Seelen. Die größte Pfingstgemeinschaft sind die *»Full Gospel Churches of God of Southern Africa«* mit 141000 Seelen. Der »Pentecostal Holiness Church« gehören 14000 Glieder an. Auf die Tätigkeit von Missionaren der dänischen Apostolischen Kirche geht die »Apostolic Church, Bantu Section«, mit einigen tausend Gliedern zurück.

Im Protest gegen die Pfingstkirchen, denen sie Verweltlichung vorwarfen, entstanden die *»Spade Reën Gemeentes van Suid-Africa«*. Ihre Gründerin MARA FRASER (1889–1972) hatte eine bewegte Jugendzeit hinter sich mit mehreren Bekehrungen und Rückfällen, bis sie 1920 einen neuen Lebensabschnitt begann. Sie verkaufte ihren Schmuck zugunsten der Armen, führte ein inniges Gebetsleben, bereinigte ihre Sünden aus der Vergangenheit, trennte sich von der anglikanischen Kirche und schloß sich mit ihrem Mann der »Apostolic Faith Mission« an. Als eine Gabenträgerin von hohen Graden – mit ekstatischen Verzückungen, Entrükkungen, Zungenreden, Visionen, Offenbarungen, wunderhaften Enthüllungen, Gesichten und Heilungen – geriet sie in Konflikt mit ihrer Gemeinschaft, der sie vorwarf, daß in ihrer Mitte das Feuer des Heiligen Geistes durch menschliche Veranstaltungen gedämpft werde. Auf Grund einer Offenbarung, daß der Herr »ein Werk gründen werde, wo die Gaben des Heiligen Geistes zur vollen Wirksamkeit kommen würden«[55], sammelte sie sich mit zehn weiteren Frauen im März 1927 im Saal der Pfingstgemeinde in Benoni täglich zu inbrünstigem Gebet. Es gab Gesichte, prophetische Botschaften, verzückte Tänze und stundenlanges »Geisteslachen«, und nach neun Monaten – Dauer der Schwangerschaft! – empfing Mara Fraser in der Entrückung die Mitteilung des Heiligen Geistes, jetzt sei »ein männlicher Sohn geboren«, eben die *»Spätregen-Mission«*. In dieser »Heilig-Geist-Bewegung« sollte der Geist allein alles ordnen, die Evangelisten, Ältesten usw. aussondern, alle neun Geistesgaben zur vollen Auswirkung bringen und »eine Gemeinde nach dem Wohlgefallen Gottes« schaffen. Es kam zum Bruch mit der »Apostolic Faith Mission«, und die kleine Spätregengemeinde errichtete ihr erstes Glaubenshaus »Jathniel« in Benoni. Bis 1952 entstanden sieben Glaubenshäuser in Südafrika und eines in Apeldoorn (Niederlande).

[55] M. Fraser, Persönliche Erfahrungen über das Glaubensleben und die verschiedenen Wirkungen des Heiligen Geistes, S. 15.

Später kam die »Spätregen-Mission« auch nach *Deutschland,* wo vier »Glaubenshäuser« entstanden: in Beilstein und Beihingen in Württemberg, in Nammen bei Minden/Westf. und in Radenbeck bei Lüneburg. Besonders das Glaubenshaus »Libanon« in Beilstein blühte auf (heute fast 200 Mitglieder). 1960 wurde dort eine Halle mit 1000 Plätzen gebaut, um die Besucher der Konferenzen zu fassen. Die Bewohner dieser Glaubenshäuser haben ihren Besitz und meist auch ihren Beruf aufgegeben und leben nach den vom Heiligen Geist gebotenen Hausregeln: regelmäßig wiederkehrende Gebetsstunden ab vier Uhr morgens, ein von der Hausgemeinschaft durchgeführtes ununterbrochenes »Kettengebet« bei Tag und Nacht im Gebetszimmer, Stillezeiten und Verbot von Scherzen und eitlem Geschwätz. Je nach ihren Fähigkeiten sind die Bewohner in Bau-, Haus-, Landwirtschaftsarbeiten oder in der Krankenbetreuung tätig. In allen Entscheidungen und Ordnungen darf nur die Weisung des Heiligen Geistes gelten, der sich durch Botschaften u. ä. äußert. Er legte durch ein Gesicht im August 1927 auch die Kleidertracht der Frauen fest (blauer Baumwoll- oder Leinenstoff, hochgeschlossen, mit Kragen und langen Ärmeln, schwarze Schuhe und Strümpfe, am Sonntag ein weißes Gewand). Er sorgt durch seine Organe, die *»Propheten«,* dafür, daß sich in den Gemeinden keine Sünden breit machen können. Sie offenbaren in Gebetsversammlungen verborgene Sünden. Da der Heilige Geist durch sie spricht, wird ihnen bedingungslos gehorcht. Um die Gemeinde von Sünden frei zu halten, werden die Gläubigen von Zeit zu Zeit »durchgebetet«: Die durchzubetende Person kniet in einem leeren Raum, der »Prophet« hinter ihr; nach allerlei Geräusch und Geflüster kommen Zungen und Weissagungen, durch die der »Prophet« alle Sünden bis in die Jugendzeit aufdeckt. Hat der Durchgebetete seine Sünden »ausbekannt«, dann folgt die Heiligsprechung. Sie ist mit der Verpflichtung verbunden, sich streng von der Welt getrennt zu halten. Denn diese Welt ist ein Tummelplatz böser Geister.

Seit 1931 bekam die Gemeinschaft durch den Heiligen Geist Belehrungen über die »anklebenden Mächte«, die überall ihr Unwesen treiben: es sind teuflische Mächte, die in unreinen Menschen wohnen und sich dann an alle von diesen berührten Gegenstände ankleben – an Waren, Geldstücke, Briefe, die Schalterbank der Post, Sitzplätze im Bus, Büro, Schulgebäude usw. Hier warten sie auf die Gelegenheit, andere Menschen zu infizieren, die mit diesen Gegenständen in Berührung kommen. Darum müssen alle Gegenstände, die man berührt oder kauft, selbst neue Bibeln, zuvor durch das »Blut Jesu« gründlich gereinigt werden.

Jeder Gang in die Welt, sei es in die Fabrik oder das Kaufgeschäft oder die Schule, kann zu Ansteckungen führen. Deshalb soll sich ein Mann, der von seinem Tagewerk heimkommt, vor der Haustür »unter das Blut« bringen oder von seiner Frau durch Handauflegung »reingebetet« werden. Auch tagsüber soll man zur Abwehr der in die leblosen Dinge hineingekrochenen Teufelsgeister mehrmals das Blut Jesu über sich selbst, Seele, Ohren, Augen und alle Glieder und über die Umgebung bringen. Im Glaubenshaus, so heißt es im Rundbrief der Spätregen-Gemeinden von November 1959, gehen täglich zwei oder drei Bewohner durch die Räume und über das Grundstück und beten um die Besprengung mit dem Blut Jesu gegen die »bösen Geister«. »Dann können wir zum mindesten in unserem Haus in einer reinen Atmosphäre bleiben und allerlei Angriffe des Satans ausschalten.«

Durch das Blut Jesu kann der Bauer Seuchen und Hagel abwehren, der Autofahrer seinen Wagen vor Zusammenstößen und Pannen schützen, der Berufstätige sich vor Unglücksfäl-

len bewahren. Wenn man feindliche Personen mit dem Blut Jesu »umzingelt«, wird ihre Streitsucht gebannt. Personen, die den Heiligen Geist lästern, werden zu »Lästerbrunnen« und verunreinigen alle, die mit ihnen in Verbindung kommen. Andere, die »aus der reinen, unverfälschten Leitung des Heiligen Geistes herausgehen«, kommen unter »Schleier« des Satans, und selbst Menschen, die es gut meinen, aber einer organisierten Kirche oder Gemeinschaft angehören, sind verschleiert und werfen ihrerseits wieder Schleier über die Gläubigen. Aller dieser Bedrohungen muß man sich durch das Blut Jesu erwehren.
In den »durch den Heiligen Geist gegebenen« Gebeten der Spätregen-Gemeinden heißt es z. B.: »Um die Lästerbrunnen stelle eine Blutmauer.« – »Vater, schicke bitte einen Machtengel mit einem zweischneidigen Schwert, der alle mir genannten Gedankendrähte und Netze durchhaut, damit meine Gebete zu Deinem Gnadenthron aufsteigen können.« – »Verweigere alle Gebete von Personen, die umschleiert und angesteckt sind vom falschen Frieden oder anderen Fürsten der Ungerechtigkeit.« – »Lösche alle unerwünschten Bilder und Erinnerungen aus meinem Gemüt. Auch wollest Du mein Bildnis auslöschen in unerwünschten Personen.« – »Schließe die Brunnen der Unterminierungen von Haß, Giftigkeit, Eifersucht, Antichristgeist, Diebgeistern, Zaubermächten und Heiratsteufeln.«
Es ist begreiflich, daß angesichts solcher Praktiken und magisch-dämonologischer Vorstellungen die anderen Pfingstgemeinschaften diese »Heilig-Geist-Bewegung« entschieden ablehnen: »Zweifellos ist die Spätregenbewegung unter die Sekten zu rechnen.« (Ludwig Eisenlöffel, Die Spätregenbewegung »Benoni« aus Süd-Afrika und die Bibel, 1960)

Die Pfingstgemeinden in *Rhodesien* mit ihren 10000 Mitgliedern sind eine Frucht der Arbeit von Missionaren der »Pentecostal Assemblies of Canada«. Hier und in Namibia, Sambia, Malawi, Lesotho, Swaziland und Botswana ist auch die »Apostolic Faith Mission« tätig. Sie unterhält zahlreiche soziale Einrichtungen für Waisen, Alte, Witwen, Lehrlinge und vier Colleges für die Predigerausbildung sowie einen Verlag. Ihr gehören in diesen Ländern über 100000 Seelen an. – In *Nigeria* begann die englische »Apostolic Church« 1931 mit ihrer Mission; 1972 gehörten 250000 Gläubige ihren Gemeinden an. Eine weitere Pfingstkirche gründeten die »Assemblies of God« mit inzwischen 27000 Gliedern. – *Ghana,* wo die Pfingstmission 1937 begann, verzeichnete nach über 30 Jahren 323 Gemeinden mit 15000 Angehörigen. Der »Church of God of Pentecost« gehören 25000 Seelen an. – In *Tansania* entstanden durch amerikanische Missionare zwei Pfingstkirchen mit 10000 bzw. 25000, in *Uganda* eine mit 10000 Seelen. – Nach *Malawi* brachten Eingeborene die Pfingstbotschaft aus Tansania und Südafrika, wo sie als »Gastarbeiter« gewesen waren. Diese ersten Gemeinden wurden seit 1944 von den »Assemblies of God« weiter betreut, die eine organisierte Missionstätigkeit mit Druckerei und Ausbildungszentrum für einheimische Mitarbeiter eröffneten. 25 Jahre später zählte die junge Kirche 35 Gemeinden mit 67 Mitarbeitern und stand unter inländischer Leitung. – In der *Zentralafrikanischen Republik* entstanden durch skandinavische und schweizerische Missionare Kirchen mit 30000 bzw. 6400 Seelen. – Auch im *Kongo* (Kinshasa) sind Pfingstmissionare verschiedener Herkunft tätig; die aus ihrer Tätigkeit hervorgegangenen vier Gemeinschaften zählen etwa 200000 Glieder. – Der durch die Mission der »Assemblies of God« entstandenen Pfingstgemeinschaft in *Kenya* gehören 100000 Seelen in über 700 Gemeinden an. Sie ist selbständig, unterhält rund 100 Primar- und 4 Sekundarschulen, und ihr Verlag mit Druckerei ist das größte christliche Verlagshaus in Afrika. Ihr »Bible College« hat zwischen 1949 und 1972 über 400 Prediger und

Mitarbeiter ausgebildet. – In *Ägypten* riefen die »Assemblies of God« eine Gemeinschaft mit 15 000, die »Church of God (Cleveland)« eine weitere mit 5000 Gliedern ins Leben.

5. *Asien und Australien.* In *Indien* zeigten sich schon 1906 in der Missionsschule in Arangabad und dann 1907 im Liebeswerk der Waisenmutter Pandita Ramabai pfingstliche Erscheinungen. 1908 kamen dann amerikanische Missionare ins Land. Aus ihrer Arbeit erwuchs die »Indian Pentecostal Church of God«, mit fast 900 Gemeinden die größte Pfingstkirche Indiens. Durch Missionare anderer amerikanischer Pfingstkirchen entstanden vier weitere Gemeinschaften. Insgesamt wird die Zahl der Pfingstgläubigen auf über 100 000 geschätzt. – In *Indonesien* begannen amerikanische Pfingstmissionare 1921 mit der Arbeit; zuerst entstanden Gemeinden in Bali, dann auf Java, seit 1930 auch auf Sumatra, Borneo, Celebes und den Molukken. In Surabaya wurde 1936 eine Bibelschule eröffnet. In den fünfziger Jahren kam es zu Spaltungen, denen zahlreiche selbständige Gemeinschaften entsprangen. Die Ursache dafür liegt zu einem guten Teil auch darin, daß Indonesien aus vielen Inseln des Malaiischen Archipels besteht. Die Mitgliederzahlen der einzelnen Gemeinschaften sind sehr verschieden – sie reichen von 2000 bis zu 500 000. Insgesamt gibt es 1 Million Pfingstgläubige[56]. Eine von diesen Pfingstgemeinschaften Indonesiens, die der aus Südrußland stammende und nach einem Medizinstudium in St. Chrischona (Schweiz) theologisch ausgebildete Missionar JOHANN THIESSEN (1869–1953) gegründet hat, ist mit dem Christlichen Gemeinschaftsverband Mülheim/Ruhr eng verbunden.
Einen starken Aufschwung hat die Pfingstbewegung in *Südkorea* zu verzeichnen: 1973 wurde ihre Mitgliederzahl mit 100 000 angegeben, aber hinzugefügt, daß von den 4 Millionen Christen des Landes 1 Million »geistgetauft« seien. Besonders hervorzuheben ist die Tätigkeit des Predigers YONGGI CHO in Seoul. Seine dortige Pfingstgemeinde zählte 1958 einige Dutzend Mitglieder in den Slums, 1962 war sie auf 500, 1975 auf 40 000, 1980 auf 100 000 angewachsen. Sie mußte ihre Kirche immer wieder vergrößern, erbaute ein zehnstöckiges »Welt-Missions-Zentrum« und entsandte viele Missionare, meist in asiatische Länder. – In *Japan* zählen die durch amerikanische Missionare entstandenen »Assemblies of God« 103 Gemeinden mit 11 000 Seelen und ein »Central Bible Institute« in Tokio. Einige genuin japanische Pfingstgemeinschaften haben zusammen 62 000 Glieder.
In *China* sind zwei einheimische Pfingstgemeinschaften entstanden: Die von Ching Tien Ying 1921 gegründete *»Jesus-Familie«,* die in der Folgezeit auf über

[56] Im Gefolge der politischen Erschütterungen, 1965 ausgelöst durch den Kampf gegen die Kommunisten, kam es zu Erweckungsbewegungen, von deren Verlauf und Ertrag in überschwenglichen Worten berichtet wurde. Der indonesische Pfingstführer P. Ishak Lew sprach von einer »Massenbewegung zum Kreuz hin« und schätzte die Gesamtzahl der Pfingstgläubigen auf 6 Millionen. Dem widersprach M. C. Griffiths von der »Überseeischen Missionsgemeinschaft« in der Zeitschrift »Ostasiens Millionen« (1970, Nr. 2): »In manchen Gegenden gilt die Taufe als der beste Beweis dafür, daß man mit dem Kommunismus nichts zu tun hat. Wenn sich ganze Familien oder gar ganze Dörfer angeblich zu Christus wenden und gar alles gezählt wird, vom Säugling bis zum Greis, dann wäre es geradezu leichtfertig, wollte man annehmen, alle hätten eine wirklich persönliche Erfahrung mit Jesus gehabt.«

100 »Familien« anwuchs, pflegte ein intensives geistliches Leben in Abkehr von der Welt und in einem engen familiären Zusammenschluß der Mitglieder mit Gütergemeinschaft. Die *»Kleine Herde«* entstand als eine evangelistische Bewegung und gewann eine beträchtliche Stärke; allein in der Provinz Chekiang zählte sie im Zeitpunkt der kommunistischen Machtübernahme 362 Gottesdienststätten und 39000 Mitglieder. Beide Gemeinschaften konnten sich unter dem kommunistischen Regime einige Jahre selbständig halten, wurden aber dann der Patriotischen Drei-Selbst-Bewegung eingegliedert[57].

Die drei durch amerikanische Pfingstkirchen auf den *Philippinen* ins Leben gerufenen Gemeinschaften zählen 59000, die zwei in *Taiwan* 31000 Seelen. – In *Thailand* arbeiten etwa 80 Pfingstmissionare, vor allem aus Skandinavien und Kanada. Sie errichteten eine Bibelschule. Die Gemeinden umfassen etwa 1000 Gläubige. – Auf Missionare der »Assemblies of God« geht die Pfingstgemeinschaft auf den *Fidschi-Inseln* seit 1926 zurück; sie steht unter eingeborener Leitung, hat eine Bibelschule und sendet seit 1966 Missionare zu benachbarten Inseln. – In *Australien* ist die Pfingstbewegung mit einigen 1000 Gläubigen nur schwach vertreten.

Im Verbreitungsgebiet des Islam konnte die Pfingstmission nur da und dort Fuß fassen: Im *Iran* entstanden bis 1970 durch die »Assemblies of God« 11 Gemeinden mit 14 eingeborenen Predigern und 691 Gliedern. An der Iranischen Bibelschule konnten 1969 die ersten Studenten ihre Abschlußprüfung machen. – Die von den »Assemblies of God« in den zwanziger Jahren im *Libanon* begonnene Mission blieb in den Anfängen stecken. Erst als seit 1965 Radiosendungen möglich wurden, konnten Tausende durch die »Way of Life«-Korrespondenzschule erfaßt werden. Von den 3000 Bekehrten waren 70% Muslime. In Beirut wurde eine Bibelschule eröffnet. Auch eine Blindenschule entstand, die im Bürgerkrieg schwere Schäden erlitt.

6. Die *Gesamtzahl der Pfingstgläubigen* kann naturgemäß nur geschätzt werden. Nach J. W. Hollenweger lag sie 1974 zwischen 15 und 35 Millionen. Nach Schätzungen von 1980 beträgt sie über 50 Millionen. »Die Pfingstbewegung ist die am schnellsten wachsende religiöse Gruppe der Welt.«[58] Keine traditionelle Kirche würde es wagen, heute noch so riesige Gotteshäuser zu bauen, wie dies bei manchen Pfingstgemeinschaften geschieht: In Seoul entstand die »Full Gospel Central Church« mit 10000 Plätzen, in Santiago eine »Kathedrale« der »Methodist Pentecostal Church« für 15000, in Recife (Brasilien) ein Versammlungshaus für 12000, in São Paulo eines für 25000 Besucher.

[57] Diese Bewegung geht auf ein Manifest vom August 1950 zurück, in dem sich die chinesischen Kirchenführer und Theologen auf die drei Selbst: »Selbstausbreitung, Selbsterhaltung, Selbstverwaltung« und damit auf die Absage an alle ausländischen Missionare verpflichteten. Ein weiteres Manifest vom April 1951 enthielt ihre Zustimmung zur Übereignung alles Missionseigentums an den Staat, das Bekenntnis zur Politik der Regierung, zur Weltfriedensbewegung und zur Bodenreform sowie die Bereitschaft, die Gemeindeglieder der politischen Schulung zuzuführen bis hin zu »Anklageversammlungen«, durch die »alle imperialistischen Bindungen aufgedeckt und die Seelen aller Christen für die neuen Ideen gesäubert« werden sollten.

[58] World Pentecost 1977, Nr. 2

Eine erste *Weltpfingstkonferenz* fand 1947 in Zürich statt; Gemeinschaften aus 23 Nationen waren vertreten. An ihrem Zustandekommen war DAVID DU PLESSIS, ursprünglich Prediger der südafrikanischen »Apostolic Faith Mission«, maßgeblich beteiligt. Viele Jahre lang war er Generalsekretär der Weltpfingstkonferenz. In Zürich war man sich darin einig, daß jede Mitgliedsgemeinschaft die unantastbare Freiheit haben soll, ihr Leben selbst zu ordnen. Unter Beachtung dieser Grenze suchte man die geistliche Verbundenheit zu fördern und Möglichkeiten der Zusammenarbeit zu erkunden. So regte die Konferenz in Zürich an, daß die Pfingstgemeinschaften innerhalb des gleichen Landes oder Kontinents sich zu Arbeitsgemeinschaften zusammenschließen; außerdem beschloß sie die Herausgabe der Zeitschrift »Pentecost« (ab 1971: *»World Pentecost«*).
Die zweite Konferenz in Paris 1949 schlug Zusammenarbeit in den Missionsgebieten vor, um Überschneidungen zu vermeiden, und beschloß die Berufung eines Sekretärs, der zusammen mit einem Beraterkomitee die alle drei Jahre zu haltenden Weltkonferenzen vorbereiten und »den Interessen der Gemeinschaft während und zwischen solchen Konferenzen dienen soll«. Die kommenden Welttagungen fanden in den verschiedensten Ländern statt, und die Zahl der Teilnehmer wuchs. Sie haben die teilnehmenden Gemeinschaften einander näher gebracht, das Bewußtsein der weltweiten Zusammengehörigkeit geweckt und dieser Zusammengehörigkeit durch Einsetzung gemeinsamer Arbeitskreise Ausdruck verliehen.

Die Pfingstbewegung in Deutschland

Die Geschichte der Pfingstbewegung in Deutschland war von Anfang an dadurch bestimmt, daß sie hier nicht, wie in den anderen europäischen Ländern, die Kirche als Gegenüber hatte, sondern die Ende des 19. Jahrhunderts entstandene Gemeinschaftsbewegung (Gnadauer Verband). In dieser gewann sie die ersten Anhänger; aus dieser erstanden ihre Wortführer; aus ihr erhob sich zugleich der schärfste Widerspruch. So kam es zu einer schmerzlichen Entzweiung einstiger Brüder, die sich nicht ohne bittere Enttäuschung und harte Urteile vollzog. Die Wunden, die diese Trennung riß, sind bis heute noch nicht vernarbt.
So begann es: Die Kunde von der *Erweckung in Wales* (siehe S. 310) fand in gläubigen Kreisen ein starkes Echo und stärkte die Hoffnung, daß etwas Ähnliches auch in Deutschland geschehe. Manche reisten nach Wales und kehrten tief beeindruckt zurück. Die beiden Mülheimer Pastoren Girkon und ERNST MODERSOHN (1870–1948) veranstalteten im Frühjahr 1905 eine Evangelistation mit Pastor JONATHAN PAUL (1853–1931). Daraus und aus einer anschließenden Zeltmission erwuchs eine Erweckung, die im Oktober 1905 zur Gründung einer »Christlichen Gemeinschaft« führte. Auch in anderen Teilen Deutschlands kam es zu Erwekkungen, so in Blankenburg (Thür.), wo der amerikanische Evangelist R. A. TORREY sprach. Ihm ging es nicht nur um die Bekehrung, sondern um die Geistestaufe: »Es ist *eine* Sache, wiedergeboren zu sein durch den Heiligen Geist; es ist eine andere Sache, die noch hinzukommen muß, getauft zu sein mit dem Heiligen Geist.« In Blankenburg wurde, wie der Evangelist HEINRICH DALLMEYER berichte-

te[59], »die Geistestaufe nicht allein gepredigt, sondern es ging auch dort schon genügend warm her, um sie zu empfangen.« Der schlesische Evangelist EUGEN EDEL (1872–1951) empfing sie mit einigen anderen. Der Redakteur des Allianzblattes veröffentlichte eine Broschüre »Hunger nach Pfingsten«. Modersohn bezeichnete die Blankenburger Konferenz als den »Hufschlag des weißen Pferdes« (Offb. 6, 2). Die Sehnsucht nach den geistlichen Gaben war auch das Thema der *»Brieger Woche«,* die im Mai 1905 in dem von Eugen Edel geleiteten »Pilgerheim« in Brieg stattfand. Als Ende 1906 Th. B. Barratt die Pfingstbotschaft nach Norwegen brachte, reiste Pastor Jonathan Paul im Frühjahr 1907 nach Christiania (Oslo) und fand in den dortigen Pfingstversammlungen »den Zug der Liebe zu Jesus und die Sehnsucht nach tiefer Erfüllung von ihm«. »Ich empfing jedoch in Norwegen nichts Neues.«

Im Juni 1907 kam auch der Leiter der Strandmission in Hamburg, EMIL MEYER, nach Christiania. Auf seine Veranlassung schickte Barratt die zwei norwegischen Pfingstlerinnen Agnes Telle und Dagmar Gregersen nach Hamburg. In der Begegnung mit ihnen kam der Evangelist Heinrich Dallmeyer »unter den Geist«, ohne allerdings die Zungenrede oder sonst eine Geistesgabe zu bekommen. Er hielt in Hamburg Versammlungen, in denen die Norwegerinnen in Zungen redeten. »Schon damals gab es wilde Szenen.«[60] Dann nahm er sie nach *Kassel* mit, wo er im Juli 1907 eine Evangelisation hielt. Den Teilnehmern, Mitgliedern der verschiedenen Gemeinschaftskreise, wurde von ihm der Empfang eines »reinen Herzens« und der »Fülle des Geistes« verheißen. Einige Wochen später wurden ähnliche Versammlungen auch in Großalmerode (Hessen) gehalten. An beiden Orten wurde in Zungen geredet. Und es gab auch befremdliche Erscheinungen. Über sie wurde verschieden berichtet. Ein Teilnehmer in Kassel, Otto Kaiser, wußte viel von der geistlichen Vollmacht der Zeugnisse, von der Ergriffenheit der Zuhörer und der zunehmenden Zahl der Geistestaufen zu erzählen[61]. Aber dann entstand ein »ziemliches Durcheinander«, weil die vielen Gabenträger singend, betend, weissagend zu Wort kamen. Manche »lagen lang hingestreckt im Saal, und einige fielen sogar auf den Rücken, manchmal in einer recht zweifelhaften Lage«. Der Lärm lockte Neugierige heran. Zeitungsreporter schrieben darüber und lockten noch mehr Leute herbei. Sie verstopften die Straßen zum Versammlungslokal, die Polizei mußte eingreifen, und »je bewegter die Versammlungen im Saal wurden, um so lauter grölten die Menschen auf den Straßen«. Während bei O. Kaiser das Befremdliche mehr eine Randerscheinung im Verlauf der späteren Versammlungen war, wußten andere Drastischeres zu berichten:

Männer und Frauen wälzten sich unter Stöhnen, Zuckungen, Krämpfen und Hallelujageschrei auf dem Boden. Auf dem Gipfelpunkt der Erregung setzte das Zungenreden ein. Der »Geist« entlarvte geheime Sünden von Teilnehmern. Er erklärte, der ganze Saal sei voll von Dieben. »Ich werde noch mehr offenbar machen; ich werde noch schärfer schneiden; ich werde eure Sünde an eure Stirn schreiben; ich werde Namen nennen.« Ein Zungenredner brüllte: »Betet mich an!

[59] Heinrich Dallmeyer, Die Zungenbewegung, S. 15
[60] a.a.O. S. 40
[61] Otto Kaiser, Erlebnisse und Erfahrungen mit der Pfingstbewegung, 1948, S. 8ff.

Ich bin Gott!« Einer schrie unentwegt: »Raus!« Andere stießen Laute aus, die den »Tönen einer gezogenen Säge« glichen. Ein Gemeinschaftsleiter machte Luftsprünge. Ein Pastor wand sich einer Schlange gleich zwischen den Stühlen hindurch.

Wer dies las, mußte den Eindruck gewinnen, als wären die Veranstaltungen in abstoßende Besessenentumulte ausgeartet. Auf die dringende Bitte der Polizei beendete Dallmeyer die Evangelisation vorzeitig nach vierwöchiger Dauer. Die beiden Norwegerinnen, die gegen die Unnüchternheiten aufgetreten und schließlich den Versammlungen ferngeblieben waren, folgten einer Einladung nach Zürich. Später reisten sie nach Indien weiter. Über ihre dortige Tätigkeit schrieb der norwegische Missionssekretär Tollevsen am 10. Mai 1963: »In all diesen Jahren sind die beiden während ihrer ganzen Lebenszeit im Missionsdienst in Indien tätig gewesen und haben jetzt die 80-Jahr-Grenze überschritten. Sie sind noch immer brennend für Gott.«

Die Kasseler Evangelisation war nicht von Pfingstkreisen, sondern vom Gnadauer Verband veranstaltet worden, dem Heinrich Dallmeyer angehörte. Und daß sie so ausartete, war wesentlich seinem Versagen zuzuschreiben. Die Pfingstgemeinschaften lassen deshalb mit einigem Recht die Geschichte der deutschen Pfingstbewegung nicht mit Kassel 1907, sondern erst ein Jahr später beginnen. Die führenden Männer des Gnadauer Verbands waren durch die Kasseler Ereignisse und die oft aufgebauschten Zeitungsberichte schockiert. Entsprechend reagierten sie. Elias Schrenk sprach in einer Broschüre »Die Kasseler Bewegung« im Herbst 1907 von einem »Mischgeist«, der wirksam geworden sei. Schon am 7. Juli 1907 hatte der Evangelist Johannes Seitz vom »Reichsbrüderbund« in einem Brief nach Los Angeles geschrieben: »Verzückungen, Offenbarungen, Erscheinungen sind bei uns so billig wie Brombeeren.« Er selbst habe eine Periode durchgemacht, in der er mit einigen seiner Brüder die herrlichsten Erscheinungen und Offenbarungen hatte; »aber Gott gab immer Gnade durchzuschauen, daß es Blendwerke des Teufels waren«. August Dallmeyer erklärte bald nach Kassel: »Überall, wo die Bewegung hinkommt und kein göttliches Gegengewicht findet, gibt es Verwüstung.«[62] Im Oktober 1907 erklärte er öffentlich, »daß der treibende Geist in der Los-Angeles-Bewegung nicht der Geist Gottes, sondern ein Lügengeist ist«[63]. Dieses summarische Urteil stieß auf Widerspruch: Pastor Paul hielt daran fest, daß die Geistestaufe ein Werk des Heiligen Geistes sei, und fing selbst am 15. September 1907 in Liebenzell an, in Zungen zu reden. Auch für die Anhänger der Pfingstbotschaft wurde Kassel zu einem Signal, das vor Unnüchternheiten warnte und zur Wachsamkeit und Unterscheidung der Geister aufforderte. Man suchte den Riß in der Gemeinschaftsbewegung zu kitten. Im Dezember 1907 versammelten sich die führenden Männer in Barmen. Sie einigten sich auf eine Erklärung, in der die »ernste Tatsache« festgestellt wurde, daß in Kassel und anderwärts Gläubige »ein Zungenreden und Weissagen bekommen haben, das nicht vom Heiligen Geist war« und daß es »in einem erschreckend hohen Maß an der

[62] Paul Fleisch, Die Pfingstbewegung in Deutschland, S. 63
[63] a.a.O. S. 92

Prüfung des Geistes nach den klaren Richtlinien des Wortes Gottes und an der Fähigkeit, von vornherein die Geister zu unterscheiden, gefehlt hat«. Allen Gemeinschaftsgliedern wurde dringend geraten, »sich eine heilige Zurückhaltung aufzuerlegen mit Wachen und Beten. Was uns not tut, sind nicht sensationelle Erfahrungen und Erscheinungen, sondern fleißiges Forschen in der Schrift mit Ausdauer, Hingabe und nüchternem Sinn und ein heiliger Wandel in der Furcht Gottes.« Es wurde beschlossen, die Erörterungen in den Gemeinschaftsblättern für ein Jahr einzustellen und nach einiger Zeit wieder zusammenzukommen.
Aber auch nach diesem Moratorium erwies es sich als unmöglich, die Gegensätze zu überwinden. Im Dezember 1908 versammelten sich Anhänger der Pfingstrichtung, auch solche aus England, Norwegen (Barrat), Schweden, den Niederlanden und der Schweiz, im Haus der Hamburger Strandmission. In ihrem Auftrag gab Pastor Paul die Zeitschrift *»Pfingstgrüße«* heraus. In der ersten Nummer vom Februar 1909 führte er die »mannigfaltigen Formen von Fanatismus und spiritistischen Ausschreitungen«, die an der Pfingstbewegung kritisiert wurden, auf die geistige Atmosphäre von Los Angeles zurück, »einer Stadt, welche durch die Lehrer falscher Religionen und die vielen spiritistischen Medien, die dort sind, ein Stelldichein für böse Geister geworden ist«. Es wurde beteuert, daß keinesfalls »nur diejenigen den Heiligen Geist empfangen haben, welche zum Zungenreden gelangt sind. Ebenso ist uns das Zungenreden an sich kein Beweis dafür, daß jemand mit dem Heiligen Geist erfüllt ist.« Die Hauptsache sei vielmehr die Frucht des Geistes (Gal. 5, 22). »Wo sich dieselbe findet, da hat der Geist Gottes im Herzen Wohnung gemacht.« Man versuchte dementsprechend, die außerordentlichen Erscheinungen zurückzudrängen und sprach von einer »gereinigten Bewegung«. Mit der *Hamburger Konferenz* ist »die Deutsche Pfingstbewegung recht eigentlich ins Leben getreten«[64]. Ab Juli 1909 wurden in *Mülheim* mehrtägige Konferenzen abgehalten. Da gab es »Geistesausgießungen« und Krankenheilungen und jubelnde Gebete, und die Zahl der Teilnehmer aus ganz Deutschland wuchs; bei der zweiten Konferenz Ende September 1909 waren es schon 2500 – »eine Zahl, wie sie wohl noch auf keiner deutschen Gemeinschafts- oder Allianzkonferenz bisher erreicht sein dürfte«, hieß es in den »Pfingstgrüßen«. Die Besorgnis in den Gemeinschaftskreisen nahm zu: »Können wir eigentlich länger zusehen, wie Brüder in immer weiterem Umfang sich in die Zungenbewegung hineinziehen lassen?« wurde der Vorsitzende des Gnadauer Verbands, Walter Michaelis, gefragt. Nach einigen Vorgesprächen versammelten sich etwa 60 leitende Männer aus der Gemeinschaftsbewegung und den Freikirchen zu einer Allianzsitzung in Berlin und erhoben in der *»Berliner Erklärung«* vom 15. September 1909 »warnend ihre Stimme gegen die sog. Pfingstbewegung«: sie ist »nicht von oben, sondern von unten; sie hat viele Erscheinungen mit dem Spiritismus gemein. Es wirken in ihr Dämonen, welche, vom Satan mit List geleitet, Lüge und Wahrheit vermengen, um die Kinder Gottes zu verführen.« In den Versammlungen treten häßliche Erscheinungen auf wie Hinstürzen, Gesichtszuckungen, Zittern, Schreien, widerliches, lautes Lachen. »Wir lassen es dahingestellt, wie viel davon dämonisch, wie viel hysterisch oder seelisch ist – gottgewirkt sind solche Erscheinun-

[64] Christian Krust, 50 Jahre Deutsche Pfingstbewegung, S. 65

gen nicht.« Die Weissagungen sind teils widersprüchlich, bringen da und dort Brüder in ihre Abhängigkeit und gleichen in der Art ihrer Übermittlung den Botschaften spiritistischer Medien. Die von Pastor Paul vertretene »Irrlehre, daß das Herz in sich einen Zustand der Sündlosigkeit erreichen könne[65], hat schon viele Kinder Gottes unter den Fluch der Unaufrichtigkeit gegenüber der Sünde gebracht« und zur Selbsttäuschung verführt. Darum kann er als Führer und Lehrer in der Gemeinde Jesu nicht mehr anerkannt werden. Abschließend wird erklärt: »Wir glauben, daß es nur ein Pfingsten gegeben hat, Apg. 2 . . . Wir erwarten nicht ein neues Pfingsten; wir warten auf den wiederkommenden Herrn.« Darum: »Haltet euch von dieser Bewegung fern! Wer aber von euch unter die Macht dieses Geistes geraten ist, der sage sich los und bitte Gott um Vergebung und Befreiung.«[66]

Diese Absage war wohl die schärfste Verurteilung, die der Pfingstbewegung aus dem Kreis der Kirchen und Gemeinschaften je widerfahren ist. Alle »pfingstfreundlichen« Glieder wurden aus dem Gnadauer Verband ausgeschlossen. – In mehreren Kundgebungen antworteten die Pfingstgläubigen auf die Berliner Erklärung: Zuerst die 2. Mülheimer Konferenz am 29. September 1909; dann 32 Vetreter der Pfingstbewegung, die sich am 18. Dezember 1910 in Vandsburg versammelten. Diese und andere Antworten mühten sich um Verständigung. Sie klärten Mißverständnisse, rückten irrige Vorstellungen zurecht und gaben eigene Fehler zu. Die 2. Mülheimer Konferenz bekannte, »daß selbstverständlich auch in dieser Bewegung sich nicht nur Göttliches, sondern auch Seelisches bzw. Menschliches und u. U. auch Dämonisches geltend macht. Es ist das eine Erscheinung, die wir bei jeder Erweckung finden.«[67] Auch die *Vandsburger Erklärung* übte Selbstkritik: Teuren Kindern Gottes sei die Innewohnung des Heiligen Geistes abgesprochen worden, weil sie nicht die Gabe des Zungenredens empfangen hätten. Gabenträger hätten sich überhoben und sich als »Christen erster Klasse« gebärdet, hätten sich von anderen nichts mehr sagen lassen, »in Parteigeist auf geistliche Gaben hinzuwirken gesucht«, sich dabei auch Unlauterkeiten und grobe

[65] Jonathan Paul war ein führender Mann der deutschen Gemeinschaftsbewegung. Er hatte 1902 zusammen mit Jakob Vetter die Deutsche Zeltmission gegründet und gab das Blatt »Heiligung« heraus. Hier setzte er sich für ein entschiedeneres Heiligungsverständnis ein: »Die Regungen des Sündengesetzes, die mich noch je und je hinnahmen, sind der Gnade gewichen. . . Der sündliche Hang ist von mir gewichen. . . ich bin der göttlichen Natur teilhaftig geworden.« Das konnte leicht so gedeutet werden, als wollte Paul lehren, daß der Gläubige in einem ständigen Streben nach Heiligung den Stand der Sündlosigkeit erreichen kann. Aber gegen diesen Vorwurf in der Berliner Erklärung verwahrte er sich: es müsse unterschieden werden zwischen »Nichtsündigen« und »Sündlosigkeit«. Letzteres sei ein Zustand, der das Sündigen zur Unmöglichkeit macht. Aber in einen solchen Zustand werde der Gläubige durch die Erlösung nicht versetzt; die Möglichkeit und Fähigkeit zum Sündigen bleibe vielmehr auch für den Erlösten bestehen. »Er ist also nicht vermöge seiner Natur sündlos, sondern er ist durch das Leben in Christo vom Gesetz der Sünde befreit, und dies alles hat er nur, sofern er in Christus lebt und bleibt.«

[66] Johannes Seitz, einer der Väter der Berliner Erklärung, schrieb später über die Pfingstbewegung, daß sie »direkt aus dem Abgrund« kommt und »als solche der purste Höllenbetrug und Teufelszauber ist, der je die Gemeinde Gottes heimgesucht und hier und da verwüstet hat«. (Ein klärendes Wort gegen Pastor Pauls Schrift »Zur Dämonenfrage«, 2. Auflage Berlin 1962, S. 21 und 14).

[67] C. Krust, a. a. O. S. 73

Verkehrtheiten zuschulden kommen lassen und die vorgekommenen Fehler nicht genügend anerkannt oder gar beschönigt. »Solche Vorkommnisse sind uns ein tiefer Schmerz, und wir bekennen unsere Mitschuld daran.« Die Vandsburger Erklärung enthielt auch einige lehrmäßige Korrekturen: Als »Geistgetaufte« seien nicht nur die Zungenredner anzusehen, sondern »alle wahren Kinder Gottes, die in den Tod Jesu eingegangen sind und sein Leben durch den Heiligen Geist empfangen haben«. Für die Stellung zu Gott seien nicht die Geistesgaben, sondern Leben und Wandel im Geist entscheidend. Im Vordergrund dürfen nicht die Gaben stehen, sondern die Verherrlichung Jesu. Die Überbetonung der Geistesgaben störe die Einigkeit mit dem ganzen Volk Gottes.

Die Gnadauer bemängelten an dieser Erklärung, daß sie zwar allerlei Sünden bekenne, aber sich nicht vom Fundament der Pfingstbewegung lossage: von der Irrlehre der Sündlosigkeit. Darum sei sie nur eine »Scheinbuße«. Der Bruch war endgültig. Auch der »Jugendbund für entschiedenes Christentum« und das »Blaue Kreuz« distanzierten sich von der Pfingstbewegung. Ebenso wandte sich ein Teil der »Neutralen«, die bisher eine Vermittlerrolle gespielt hatten, gegen sie. Die Pfingstkreise mußten sich nun selbständig konstituieren. Im Januar 1911 beschlossen in Berlin etwa 60 Vetrauensmänner aus allen Teilen Deutschlands die Einsetzung eines »Hauptbrüdertags«, der herausfinden sollte, auf welche Weise man »Übelstände am besten beseitigen und das vorhandene göttliche Leben in gesunder biblischer Bahn erhalten und pflegen« könne. Die Leitung lag fortan in den Händen von Jonathan Paul, Eugen Edel und Emil Humburg. Die Geschichte der »Deutschen Pfingstbewegung«[68] verlief zunächst noch ziemlich bewegt. Allerlei konsequente Enthusiasten, die jeder Art von Organisation widerstrebten, Einzelgänger und Wirrköpfe machten ihr das Leben schwer. Ein Reinigungsprozeß war nötig und führte zu vielen Ausschlüssen. Auch Emil Meyer, der seine Strandmission bis an den Rand des finanziellen Bankrotts gebracht hatte, wurde 1912 ausgeschlossen und machte in einem eigenen Kreis weiter (gestorben 1950). Es fehlte auch nicht an sonstigen Rückschlägen, so durch mißlungene Versuche von Totenerweckungen in Mülheim und Kattowitz, und an Sondergründungen, etwa in Breslau.

Aber im ganzen stand die Entwicklung im Zeichen eines *abklingenden Enthusiasmus*. Die Wege der Deutschen Pfingstbewegung waren anders als die der sonstigen Pfingstgemeinschaften, vor allem der amerikanischen. Man hat die Erfahrungen und Enttäuschungen mit dem Menschenherzen, das trotz Geistestaufe die Vollkommenheit nicht erreichte, ernster genommen. So wurde man in der Heiligungslehre nüchterner. Das Wort vom »reinen Herzen« wich den Parolen »Buße« und »völliges Zerbrechen«[69].

[68] So war die erste Selbstbezeichnung der Mülheimer. 1938 mußte man sich in »Christlicher Gemeinschaftsverband Mülheim/Ruhr« umbenennen, weil nach einem Bescheid des Reichskirchenministers Kerrl »allein die Partei das Recht hat, sich als Bewegung zu bezeichnen«.

[69] Der Unterschied gegenüber der amerikanischen Pfingstfrömmigkeit wird in einer Äußerung aus Amerika wie folgt gekennzeichnet: »Also hier: Freude, Freude in dem Herrn; Händeklatschen, wehende Taschentücher, gegenseitiges Schütteln der Hände, Lachen, Jauchzen, jedermann ist vergnügt und glücklich. Nicht viel göttliche Traurigkeit, nicht viel Buße oder daß man sich demütigte, nur Sieg, Freude, Glück und Herrlichkeit. Ihr in Deutschland geht, so scheint es, ins andere Extrem: Im-

Namentlich unter dem Einfluß von Carl Octavius Voget (1879–1936) wurde eine quietistische Haltung gefördert. Im Gegensatz zu anderen Pfingstkreisen forderte der Mülheimer Verband nicht die Glaubens- oder Wiedertaufe, sondern ließ in der Tauffrage Freiheit: Über das Wesen der Taufe sei zwar volle biblische Klarheit gegeben, dagegen keine direkte Anweisung über ihren äußeren Vollzug, »auch keine Altersangaben und diesbezügliche Einschränkungen«[70]. Nicht unwesentlich wurde der Mülheimer Verband in seiner inneren Entwicklung durch die Sehnsucht nach Wiedervereinigung mit den Gemeinschaftsverbänden bestimmt. Das veranlaßte ihn zu einer steten Rücksichtnahme auf die dort geäußerten Warnungen und verstärkte den auf Mäßigung bedachten Kurs.
Allerdings, alle Bemühungen, das Verdikt der Berliner Erklärung aufzuheben und den Bruch zu heilen, schlugen fehl. Der *Gnadauer Vorstand* lehnte 1919 erneut ab: »An eine eingetretene Ernüchterung kann erst dann geglaubt werden, wenn auf jener Seite der Begriff der Sünde und der Verantwortung für die eigene Sünde in biblischer Tiefe erfaßt wird und wenn dem in der Bewegung herrrschenden Geist der Stimmen, Offenbarungen und Botschaften, die sich sehr oft als falsch erwiesen haben, von Grund aus Absage gegeben wird.«[71] Im Frühjahr 1924 warnte der Gnadauer Vorstand von neuem, mit Gliedern der Zungenbewegung in Verbindung zu treten: »Wir leugnen nicht, daß sich in der Zungenbewegung lautere und aufrichtige Kinder Gottes befinden, die durch die bewahrende Gnade den eigentlichen Geist der Bewegung mit seinen Gaben nicht erhalten haben. Am Geist der Bewegung selbst aber ändert die Mitgliedschaft solcher Geschwister nichts. Auch kann niemand der Zungenbewegung dauernd angehören, ohne Schaden zu nehmen.«[72]
Als nach Jonathan Pauls Tod – er starb am 25. April 1931 – Emil Humburg 1934 erneut bat, der Gnadauer Verband möge mit den Mülheimern Hand in Hand gehen, wurde die Ablehnung wiederholt. Nach 1945 widersprach der Gnadauer Vorstand dem Bemühen heimatvertriebener Pfingstler um Anschluß und stellte fest, daß die Berliner Erklärung immer noch »vollinhaltlich zu Recht besteht«. Emil Humburg klagte nach einem Briefwechsel mit dem Vorsitzenden des Gnadauer Verbands, D. Walter Michaelis: »Wir stehen wieder vor der alten, furchtbaren Forderung: die uns vom Herrn geschenkten Segnungen dem Satan zuschreiben zu sollen.«[73] In einem Wort vom Februar 1956 bekräftigte der Gnadauer Vorstand noch einmal seine Ablehnung aller schwärmerischen Erscheinungen. Aber nun unterschied er zwischen der Pfingstbewegung älterer und neuerer Art und bat die Mülheimer, jener Richtung der Stockholmer Weltpfingstkonferenz weiter zu folgen, »die die Schrift als alleinige Quelle und Norm christlichen Lehrens und Lebens stärker anzuerkennen scheint, von der Überbewertung und ekstatischer

mer im Staub und in der Asche. Ihr klagt beständig über eure eigene unwürdige und untüchtige Verfassung. Eure Hauptbotschaft lautet: Tut Buße! Man hat den Eindruck, als ob bei euch die Siegesnote in eben demselben Maße fehle wie hier der Geist der Buße.« (zitiert nach Paul Fleisch, Die Pfingstbewegung in Deutschland, S. 312f.)

70 Heilszeugnisse 1953, Nr. 4
71 Philadelphia 1919, Nr. 12
72 Gnadauer Gemeinschaftsblatt, März 1924
73 C. Krust, a. a. O. S. 172

Erregungen abzugehen, unter klarem Abrücken von allem Schwarmgeist die stärkende und zurechthelfende Gemeinschaft aller Kinder Gottes auf dem Boden des göttlichen Wortes ernstlich zu suchen und zu pflegen«[74].

Der Hauptvorstand der Deutschen Evangelischen Allianz hatte 1973 eine Zusammenarbeit mit Pfingstgemeinden auf örtlicher Ebene mit gewissen Einschränkungen empfohlen. Aber 1975 entschied auch er, »daß sowohl auf örtlicher als auch auf überregionaler Ebene eine Zusammenarbeit mit Vertretern von Gruppen unmöglich sei, die über das biblische Zeugnis hinaus Sondererkenntnisse mit persönlichen Geisterfahrungen als heilsnotwendig oder als Voraussetzung für den vollen Segen des Evangeliums verkünden oder fordern«[75]. Daß der Mülheimer Gemeinschaftsverband und andere Pfingstgemeinschaften sich mit dieser Charakterisierung gründlich verkannt fühlten, ist verständlich. Seitdem ist jedoch eine weitere vorsichtige Annäherung zu registrieren.

Der Ausgang des Zweiten Weltkriegs zog den Mülheimer Gemeinschaftsverband stark in Mitleidenschaft. Kerngebiete in Schlesien, Ostpreußen und Pommern gingen verloren. Für die DDR mußte ein besonderer »Christlicher Gemeinschaftsverband der deutschen Pfingstbewegung« mit Sitz in Erfurt gegründet werden. Dieser kam jedoch mit dem Verbot der Pfingstbewegung im Mai 1951 zur Auflösung. Die Mitglieder schlossen sich Landes- und Freikirchen an, vor allem dem »Bund Evangelisch-Freikirchlicher Gemeinden in der DDR« (Baptisten).

Der Mülheimer Gemeinschaftsverband zählt heute in der Bundesrepublik rund 12000 Seelen in etwa 60 Gemeinden und 180 Außenstationen. Sie sind in Bezirken, diese in Bünden zusammengefaßt. Die Leiter der Bünde bilden den Ältestenrat, der die anfallenden Leitungsaufgaben berät. Die höchste geistliche Instanz ist der »Hauptbrüdertag«, der auch den Vorsitzenden oder Präses (z.Zt. Pastor Dr. Wolfgang Meissner) wählt. Die Prediger werden von den Gemeinden angestellt und bezahlt. Für ihre Ausbildung wurde 1969 das Seminar *»Brüderhaus Darmstadt«* eingerichtet, dessen Aufgaben heute das *»Bibelseminar Niedenstein«* übernommen hat. Es bietet sieben aufeinanderfolgende Kurse von jeweils 14tägiger Dauer an. In Verbindung mit anderen Kursen kann auf diesem Weg ein Laienprediger in den hauptamtlichen Dienst übernommen werden. Viele Prediger besuchen aber eine andere Bibelschule, manche absolvieren ein Hochschulstudium. Zusammen mit dem nachfolgenden praktischen Dienst dauert die Ausbildung bis zur Ordination sieben Jahre.

Von den Mitgliedern wird kein Kirchenaustritt verlangt. Der Gemeinschaftsverband will mit allen Kirchen und christlichen Kreisen Frieden halten. Er teilt auch die antiökumenische Einstellung anderer Pfingstkreise nicht. 1970 wurde er einstimmig von der »Arbeitsgemeinschaft Christlicher Kirchen in Deutschland« als Gastmitglied aufgenommen, nachdem zwei vorausgegangene theologische Gespräche mit ihm bewiesen hatten, daß keine Bedenken gegen eine solche Mitgliedschaft bestehen[76]. Der Gemeinschaftsverband steht in der Tat von allen

[74] Flugfeuer fremden Geistes, S. 51
[75] Idea, Nr. 54 vom 18. 12. 1975
[76] 1980 wurde der Verband auch als Gast in die »Vereinigung Evangelischer Freikirchen« aufgenommen.

Pfingstgemeinschaften den Grundlehren der Reformation am nächsten. Zugleich hat er das pietistische Erbe des Gnadauer Verbands bewahrt. Die typischen Äußerungen der Pfingstfrömmigkeit wie Zungenreden, Weissagen u. a. treten nur selten hervor. An den Weltpfingstkonferenzen nahm er seit 1958 nicht mehr teil; erst 1976 entsandte er wieder zwei Delegierte als Beobachter zur 11. Weltpfingstkonferenz nach London. Diese stellten anerkennend fest: »Die theologischen Aussagen ließen extreme Formulierungen vermissen. Auch wenn man gesucht hätte, wäre es Kritikern schwer gefallen, Äußerungen zu entdecken, die über die Schrift hinausgegangen wären.«[77]

Neben dem Mülheimer Verband entwickelten sich zahlreiche weitere Pfingstgemeinschaften. Eine ganze Schar von *»Christen-Gemeinden-Elim«* entstand durch den Evangelisten Heinrich Vietheer (geb. am 27. Januar 1883 in Uetersen/Holstein). Als Gemeinschaftsprediger schloß er sich den Mülheimern an und empfing die Geistestaufe, trennte sich aber 1912 wieder von ihnen. Nach dem Ersten Weltkrieg arbeitete er im Dienst des märkischen Bruderrats der Gemeinschaftsbewegung und gründete 1922 die *»Zeltmission Berlin-Lichterfelde e. V.«*. Weil in seinem Zelt »Zungengeist wirksam« war, kam es 1924 in Hamburg zum Bruch mit der Allianz. Da auch eine Arbeit im Dienst der Methodisten mit dem Bruch endete, betrieb er fortan als unabhängiger Evangelist die Gründung eigener Gemeinden. Die erste *»Christen-Gemeinde Elim«* entstand 1926 in Hamburg. Weitere Gemeinden erwuchsen aus seiner Evangelisationstätigkeit vor allem in Sachsen und Ostpreußen, aber auch in Schlesien, Thüringen und im Umkreis von Hamburg. Mittelpunkt der ganzen Elim-Arbeit wurde Lauter im Erzgebirge, wo sich Vietheer niederließ und 1932 eine Bibelschule gründete. Die Gemeinden wurden der Zeltmission Berlin-Lichterfelde angeschlossen und von einem Bruderrat geleitet. Um in der nationalsozialistischen Zeit einem Verbot zu entgehen, erfolgte 1938 die Auflösung der Elim-Gemeinschaft und der Anschluß an die Baptisten. Etwa 5000 Mitglieder nahmen diesen Anschluß vor; die kleinen Gruppen gingen in der Folgezeit in den Baptistengemeinden auf, nur die großen Gemeinden konnten ihre Geschlossenheit und Eigenart erhalten. So bis heute die *»Pfingstgemeinde in Hamburg e. V.«* mit der Zeitschrift »Sieg des Kreuzes« (seit 1950). Sie zählte 1976 etwa 800 Glieder. Verbindungen bestehen zur Pfingstgemeinde in Kirchheim/Teck (Württ.) und in die Schweiz (»Missionswerk ›Stimme des Glaubens‹«).

Die meisten Elim-Gemeinden verbanden sich 1947/1954 mit einer Reihe freier Pfingstgemeinden in der *»Arbeitsgemeinschaft der Christengemeinden Deutschlands e. V.«* (ACD). 1980 gehörten ihr 267 »Gemeinden« und »Versammlungen« (d. h. Filialgemeinden) mit etwa 14000 Mitgliedern an. Sie ist kongregationalistisch verfaßt und steht den »Assemblies of God« (siehe S. 306 u. ö.) nahe. Mit deren Hilfe konnte sie 1951 in Stuttgart eine Bibelschule gründen, die 1954 unter dem Namen *»Bibelschule Beröa«* in Erzhausen bei Darmstadt ihren Sitz fand und als Theologisches Seminar (mit diakonischem Zweig) vom hessischen Kultusminister als Höhere Fachschule staatlich anerkannt wurde. Ein Freundeskreis unterstützt sie finanziell und brachte z. B. 1976 mit 160000 DM Spenden etwa ein Drit-

[77] Heilszeugnisse 1976, Nr. 11

tel des Etats auf. Die durchschnittlich 70 Seminaristen, darunter auch Gäste aus anderen Pfingstgemeinschaften und aus dem Ausland, werden in dreijährigen Kursen ausgebildet. In den ersten 25 Jahren durchliefen fast 700 junge Männer und Mädchen aus 22 Ländern das Seminar. – Der neunköpfige Vorstand der Arbeitsgemeinschaft und die regelmäßigen Brüderkonferenzen suchen durch gewisse Empfehlungen und Abgrenzungen behutsam eine gemeinsame Substanz der zusammengeschlossenen Gemeinden zu schaffen. In Erzhausen befindet sich auch der *»Leuchter-Verlag«*, der sich mit seinen Zeitschriften – vor allem *»Der Leuchter«* (seit 1950), der 1972 zusammen mit anderen Pfingstzeitschriften in *»Wort + Geist«* aufging – und einem umfangreichen Schrifttum zum führenden Pfingstverlag im deutschen Sprachraum entwickelt hat. Außerdem betreibt die Arbeitsgemeinschaft ein Jugendwerk, die Gefangenen-Mission *»Licht im Dunkel«*, die »Pionier-Mission (evangelistischer Dienst in Deutschland)« mit der Zeitschrift *»Evangelium für alle«*, die Ost-Mission »Aktionskomitee für verfolgte Christen« (AVC) mit der Zeitschrift *»Verfolgte Brüder«* sowie ein Sozialwerk mit rund 20 Altenheimen, Rehabilitationszentren und Freizeitwerken, darunter das große Erholungszentrum »Norddeich« an der Nordsee mit 300 Betten und das Freizeitwerk Schloß Naumburg bei Erbstadt/Hessen. Auch die deutsche Zigeunermission (vgl. S. 313) ist mit ihr verbunden. Da viele der Gemeinden für ihre Zusammenkünfte noch auf Schulen oder Gaststätten angewiesen waren, wurde 1964 eine Kirchenbaukasse gegründet; sie hilft bauwilligen Gemeinden mit Krediten aus Geldern, die von bankmäßig verzinsten Einlagen der Gläubigen gespeist werden. 1952 übernahm die Arbeitsgemeinschaft die *»Velberter Mission«*[78]. Die ACD ist nicht nur an der Weltpfingstkonferenz und der Pfingst-Europa-Konferenz beteiligt, sondern gehört seit 1975 auch der »Arbeitsgemeinschaft Christlicher Kirchen in Deutschland« als Gastmitglied an. In verschiedenen Orten ist sie auch mit der Evangelischen Allianz verbunden. Sie pflegt enge Kontakte zu zahlreichen anderen Pfingstgemeinschaften in Deutschland und der Schweiz und war 1979 maßgeblich an der Gründung eines *»Forums Freikirchlicher Pfingstgemeinden in Deutschland«* (FFP) beteiligt. Auch steht sie in Gesprächsverbindung mit der innerkirchlichen charismatischen Bewegung (siehe S. 359ff.). Mit der Vielfalt und dem Umfang ihrer Aktivitäten steht die ACD an der Spitze aller deutschsprachigen Pfingstgemeinschaften.

In Berlin rief 1934 der ehemalige sozialdemokratische Journalist Karl Fix (geb. am 14. 8. 1897 in Kupferzell, Württ.) das Werk der *»Volksmission entschiedener Christen«* ins Leben, das trotz mancherlei Bedrängnis Außenstationen und Zweigversammlungen hin und her in Groß-Berlin unterhielt. Vor allem aber gewann es viele Freunde durch eine tatkräftige Schriftenmission (bis 1977 verbreitete die »Traktatmission für deutschsprachige Länder« über 10 Millionen Traktate). Schon 1945 baute Fix nach seiner Entlassung aus der Kriegsgefangenschaft in

[78] Die Wurzeln der »Velberter Mission« reichen bis in das Jahr 1908 zurück, wo die heute noch lebendige »Christliche Gemeinschaft Velbert«, die älteste Pfingstgemeinde innerhalb der ACD, entstand. Von Velbert zog 1910 der erste deutsche Pfingstmissionar nach China. 1978 waren 25 Missionare in Afrika, Südamerika und Indien tätig.

Stuttgart eine neue Arbeit auf: mit Freiversammlungen, mit Traktaten des »Karl Fix-Verlags« (seit 1946) und mit dem »Christophoruszelt« (seit 1950). Mit dem schweizerischen Pfingstprediger und Leiter des »Harfe-Verlags« in Aarburg, Hans Lack, wurde 1949 die »Deutsch-schweizerische Arbeitsgemeinschaft für Volksmission« gegründet und 1951 wurde das Missionswerk unter dem Namen »Volksmission entschiedener Christen e. V.« in das Stuttgarter Vereinsregister eingetragen. In Stuttgart-Zuffenhausen wurde 1957 ein zentrales Missionsheim bezogen, in Leutenbach, Kr. Waiblingen, 1964 das Alters- und Erholungsheim »Haus Elim« eröffnet.

Karl Fix starb 1969. Die Gemeinschaft, die heute etwa 2000 Mitglieder in 90 Gemeinden, vorrangig in Süddeutschland, der Schweiz und in Berlin zählt, unterhält in Zusammenarbeit mit den kanadischen »Assemblies of God« eine Mission in Kenya mit elf Missionaren. Eine Arbeit, die 1965 in Uganda begonnen wurde, fiel dem Missionsverbot Idi Amins zum Opfer. Die Glaubenssätze der Gemeinschaft enthalten u. a. die Glaubenstaufe, die Geistestaufe und die »göttliche Heilung« von Krankheit. Kirchenaustritt wird nicht gefordert, findet aber nicht selten statt, da ihre Gemeinden als »biblische Gemeinden« von den kirchlichen Gemeinden deutlich unterschieden sein wollen. Die Leitung liegt in der Hand eines elfköpfigen Vorstands. An manchen Orten besteht Zusammenarbeit mit der Allianz.

Nach dem Zweiten Weltkrieg sammelten sich aus Rumänien ausgesiedelte Pfingstgemeinden in der »Freien Volksmission« unter Leitung des aus Wolhynien stammenden Predigers Gerhard Krüger. Sie hielt sich selbständig, da von ihr jede Allianz mit Landeskirchen und mit Gemeinschaften, die solche Allianz pflegen oder anstreben, abgelehnt wird, wenn sie auf Kosten der erkannten Wahrheit geht. Sie benannte sich 1958 um in *»Christliches Missionsunternehmen Gerhard Krüger«* mit Sitz in Aachen und der Monatsschrift *»Glaube, Hoffnung, Liebe«* (seit 1948). Sie gehört zu den kleinsten Pfingstgemeinschaften, unterhält aber zehn Missionare in Brasilien und unterstützt weitere Missionsarbeiten in Polen, Lateinamerika und Indien.

Ein weiteres Missionsunternehmen rief Friedrich Schönemann (1921–1967) ins Leben. Ursprünglich württembergischer Pfarrer, wurde er 1958 aus dem Dienst entlassen, weil er entgegen einem Verbot der Kirchenleitung als Redner in Pfingstversammlungen auftrat. Fortan betätigte er sich als selbständiger Prediger in »überkonfessionellen Veranstaltungen«, gründete 1960 die Zeitschrift *»Das volle Heil«* und nahm 1961 eine Radioarbeit *»Stimme des Glaubens«* auf, für die er Sendezeiten bei Radio Luxemburg kaufte. Aus seiner Arbeit erwuchs die »Vereinigung für Evangelisation und Erweckung«, später umbenannt in *»Missionswerk ›Stimme des Glaubens‹«*, mit Sitz in Konstanz und Kreuzlingen. Es verbreitete nach Schönemanns Tod weiterhin Schallplatten und Tonbänder mit seinen Radiobotschaften.

Ende 1946 wurde in Duisburg die *»Bruderschaft: Der König kommt!«* von Hermann Kocks gegründet. Dieser war zuvor Prediger des Mülheimer Gemeinschaftsverbandes und hatte dort hartnäckig seinen Lieblingsgedanken verfochten, daß zum prophetischen Dienst besondere Prophetenschulen eingerichtet werden müßten – Pastor Jonathan Paul nannte ihn einen »liebenswürdigen Sektierer, der sich nicht

zurechtbringen läßt«[79]. Nach ihren Satzungen verstand sich die Gruppe als »eine Gemeinschaft von Brüdern und Schwestern, die die Wiederkunft des Herrn Jesu Christi in frohem Glauben und lebendiger Hoffnung erwarten«. Ihr Gemeinschaftsleben war apokalyptisch-enthusiastisch bestimmt: Die Endzeit steht im Zeichen des »Spätregens« und fordert die völlige Durchheiligung. Nur der Geistesgetaufte kann Glied am Leib Christi sein. Die Bruderschaft ist als Endzeitgemeinde berufen, mit Christus die kommende Friedensherrschaft auf Erden anzutreten. Jede Gemeinde der im Raum von Duisburg, Hamborn, Essen, Osnabrück verbreiteten Bruderschaft wurde von einem durch den Herrn gesetzten »Engel« geleitet. Die alljährlichen Oster- und Herbsttagungen waren reich an Zungenreden, Visionen, Weissagungen und geistlichen Schauen. Eine seit Jahren bestehende Zusammenarbeit mit der Philadelphia-Bewegung führte dazu, daß die Gemeinschaft 1960 ihr Organ »Dein König kommt« mit den »Philadelphia-Briefen« von Chr. Röckle vereinigte. Der auf sie entfallende Teil wird von W. Pauls redigiert. Völlig aufgegangen in der Philadelphia-Bewegung ist die Bruderschaft nicht; sie beteiligt sich an der alljährlichen Philadelphia-Konferenz in Leonberg, hält aber auch eine eigene Osterkonferenz in Duisburg.
Der frühere Lehrer Paul Mink (geb. 1903 in Reichenbach, Odenwald), der vom »Jugendbund für Entschiedenes Christentum« herkam, erlebte 1935 die Geistestaufe und gab 1946 seinen Lehrerberuf auf. Er schuf in Hirzenhain (Oberhessen) eine Missionszentrale mit Schriftenversand. Die Anhänger sind im *»Missionsbund zur Ausbreitung urchristlichen Evangeliums«* gesammelt, der etwa ein Dutzend Gemeinden vor allem in Hessen umfaßt. Nach dem Tod des Gründers 1976 übernahm sein Sohn Paul-Gerhard die Leitung. Zum »urchristlichen Evangelium« gehört, daß die der nahen Wiederkunft vorausgehende Entrückung als die »herrlichste Tatsache unseres neutestamentlichen Hoffnungsguts« betrachtet wird. An der Entrückung nimmt nur teil, wer vom Heiligen Geist erfüllt ist. Die Gemeinde muß unter der Pflege des vierfachen Amts (Eph. 4, 11) stehen. Nur Wiedergeborene werden durch Großtaufe in sie aufgenommen und zum Abendmahl zugelassen.
Zunächst mit der »Volksmission entschiedener Christen« verbunden, trennte sich Paula Gassner 1951 von ihr wegen Spannungen, die mit 1. Kor. 14, 34 f. in Zusammenhang standen, und bildete als eigene Gemeinschaft die *»Biblische Glaubensgemeinde«* in Stuttgart-Bad Cannstatt, die 1965 ein stattliches »Missionshaus« eröffnete. – Der von Paula Gassner zu Beginn der fünfziger Jahre nach Deutschland eingeladene Evangelist Hans Waldvogel aus New York gründete im Lauf seiner jahrelangen Wirksamkeit nicht nur einige Pfingstgemeinden in Württemberg und Westfalen, sondern erweckte auch die Hamburger Elim-Gemeinde zu neuem Leben.

Der deutsche Zweig der »Church of God (Cleveland)« ist die *»Gemeinde Gottes«* mit Sitz in Urbach/Württ. Ihr Gründer Hermann Lauster, als Bauernsohn in Stuttgart-Münster 1901 geboren, bekehrte sich während seiner Berufsausbildung auf der Landwirtschaftsschule und wanderte aus seiner von Arbeitslosigkeit und

[79] Ernst Giese, P. Jonathan Paul, Leben und Werk, S. 280

Inflation heimgesuchten Heimat nach Amerika aus. Hier konnte er sich dank seiner Tüchtigkeit eine gute Existenz schaffen. Er fand Verbindung mit der »Church of God«, erlebte die Geistestaufe und kehrte, einem inneren Ruf zum missionarischen Dienst in Deutschland folgend, 1936 zurück. Seine Tätigkeit brachte ihn in Konflikt mit dem Hitlerregime. Für kurze Zeit kam er auch ins KZ, weil er entgegen der Weisung der Gestapo seine Missionsarbeit nicht einstellte. Nach 1945 setzte er sie mit aller Kraft fort, und 1949 wurde die »Gemeinde Gottes e. V.« gegründet. Als er am 9. September 1964 starb, hatte sie schon eine stattliche Größe erreicht. 1980 zählte sie 1500 Mitglieder mit mehr als 60 Gottesdienstorten hauptsächlich in Württemberg. Sie wird von einem sechsköpfigen Vorstand geleitet. Zu ihrer Öffentlichkeitsarbeit gehört neben einigen Zeitschriften (u. a. *»Stimme der Wahrheit«*) auch eine Radiomission über IBRA und Radio Luxemburg[80]. In Rudersberg bei Schorndorf/Württ. befindet sich das »Europäische Bibelseminar der Gemeinde Gottes«. Es ist staatlich anerkannt als Fachschule und bildet Pastoren und Missionare in dreijährigen, Katecheten oder Jugendleiter und Gemeindehelfer in zweijährigen Kursen aus. Die Teilnehmer sind international gemischt: 1977 stammten 25 aus Deutschland und 15 aus 7 anderen Ländern Europas. Eine eigene Missionsarbeit unterhält die Gemeinde Gottes nicht; ihre Missionare werden vom Weltmissionskomitee der »Church of God« ausgesandt.
Durch englische und dänische Pastoren fand die aus der Erweckung in Wales 1905 hervorgegangene »Apostolic Church« seit 1946 in der Bundesrepublik Eingang, zunächst in Berlin, wo sich 1949 eine erste Gemeinde bildete. Weitere Gemeinden entstanden dann in Hamburg, Braunschweig, Uelzen, Mülheim, Memmingen und Siegen. 1953 konstituierte sich die *»Apostolische Kirche«* und wurde, zur Unterscheidung von Glaubensgemeinschaften mit ähnlichem Namen, mit dem Zusatz *»Urchristliche Mission«* versehen. Sie wird von einem achtköpfigen Landesrat geleitet, dessen erster Vorsitzender Pastor ERWIN MATTHIA (1900–1974) war. Mittelpunkt wurde 1960 das »Christliche Missionshaus Hebron« in Memmingen mit Verlag und Tagungsheim. 1973 wurde die Zentrale nach Siegen verlegt. Heute zählt die Gemeinschaft etwa 500 Mitglieder.

Die Glaubenssätze der Apostolischen Kirche betonen neben der Geistestaufe vor allem »die Leitung der Gemeinde durch Apostel, Propheten, Evangelisten, Hirten, Lehrer, Älteste und Diakone«. Hier liegt die Besonderheit, durch die sich die Apostolische Kirche von den anderen Pfingstgemeinschaften unterscheidet. Nach ihrer Überzeugung hat Gott in den letzten Jahrhunderten immer neue biblische Wahrheiten erschlossen: die Rechtfertigung durch den Glauben in der Reformation, die Heiligung durch den Methodismus, die Erwachsenentaufe durch den Baptismus, die Geistestaufe durch die Pfingstbewegung. Nun hat er der Apostolischen Kirche ein Licht über eine letzte Wahrheit gegeben: Organisation und Ämter der Gemeinde sind nicht bloß eine Sache der Zweckmäßigkeit, sondern bilden »einen Teil des Planes Gottes mit der Gemeinde« und haben sich nach dem Muster

[80] Welche Summen dafür aufgebracht werden müssen, wird an folgenden Zahlen deutlich: 1977 kostete eine viertelstündige Sendung über Radio Luxemburg zu einer höchst ungünstigen Sendezeit (Mittelwelle 5.00–5.15 Uhr und Kurzwelle 23.00–23.15 Uhr) 810,– DM.

des Neuen Testaments zu richten.[81] Die urchristlichen Gemeinden waren je von einer Ältestenschaft geleitet und durch die Dienste der Apostel und Propheten miteinander verbunden. Die Apostel bewahrten sie vor falschen Lehren, klärten strittige Fragen und hielten sie in Einigkeit und Gemeinschaft. Die Gemeinde der Endzeit muß wieder wie die Urgemeinde ein Organismus, der Leib Christi, werden. Er gibt ihr auch die Diener: die Ältesten, welche die einzelnen Ortsgemeinden leiten und von Diakonen und Diakonissen unterstützt werden, und die »apostolische Gruppe, die sich für die geistliche Betreuung der Gemeinden verantwortlich weiß«. Zu ihrem Aufgabenfeld gehören Ordinationen, Einsetzung von Ältesten, Durchführung von Konferenzen, Bibelwochen, Evangelisationen und übergemeindlicher Jugendarbeit, sowie die Pflege der Verbindung zu anderen Kirchen und Gemeinschaften. Zugleich nimmt sie als »Rat« der Kirche die Verantwortung für Verwaltung und Finanzen wahr. Die Apostel leiten jeweils den Gemeindeverband eines Gebiets. Der Prophet ist »ein Mensch, der Gottes Gedanken offenbart, indem er in enger Verbindung mit Gott steht«[82]; Propheten nehmen an den Sitzungen der leitenden Körperschaften, an Brüdertagungen und Rüstzeiten u. ä. teil und geben Weissagungen, »wenn der Herr sprechen will«. Die Gemeinden der Apostolischen Kirche beanspruchen nicht, allein und exklusiv der Leib Christi zu sein. Dieser ist vielmehr weltweit und hat Glieder in allen Denominationen. Aber die Apostolische Kirche hat eine Mission unter der ganzen Christenheit: sie mit ihrer Schau des Leibes Christi und den zu ihm gehörenden Gaben und Diensten bekannt zu machen. Und sie ist bereit, »örtlich und überörtlich mit allen Christen und allen christlichen Gruppierungen zusammenzuarbeiten, die sich auf das am Kreuz vollbrachte Erlösungswerk Jesu Christi gründen«[83].

Durch den Prediger Erwin Müller entstand in den späten fünfziger Jahren eine *»Gemeinschaft Entschiedener Christen«* mit Sitz in Karlsruhe und einer Anzahl Außengemeinden vor allem im Schwarzwald. Ihre spätere Umbenennung in *»Missionswerk ›Der Weg zur Freude‹«* macht deutlich, daß sie ihren Schwerpunkt in missionarischen und evangelistischen Diensten sieht. Ihre Monatsschrift *»Der Weg zur Freude«* (früher: »Die letzte Posaune«) mit einer Auflage von 20000 Exemplaren wird in alle Welt versandt. Alljährlich werden Evangelisationsfeldzüge im In- und Ausland durchgeführt. Radiomission wird über Radio Luxemburg und kanadische Sender betrieben und seit 1967 ein eigener Missionar in Südafrika unterhalten.

Die *»Deutsche Straßenmission e. V.«* mit Sitz in Kehl konzentriert sich ebenfalls ganz auf Gewinnung von Mitgliedern. Ihr Gründer Johannes Oppermann wurde 1930 in Hidas (Ungarn) geboren, flüchtete 1944 mit seinen Angehörigen nach Deutschland, hatte eine harte Jugendzeit und begann mit 18 Jahren ein unstetes Leben, das ihn nach Brüssel, Paris und anderen Städten Frankreichs führte. Er trieb sich in zwielichtiger Gesellschaft herum, hatte oft mit der Polizei zu tun und kam seelisch und körperlich herunter. Ende 1953 kehrte er ins Elternhaus zurück

[81] J. McGee in Urchristliche Botschaft, 1961, Nr. 1ff.
[82] D. P. Williams ebd. Nr. 8
[83] Aus einer »Selbstdarstellung« der Apostolischen Kirche, 1977

und mühte sich vergeblich, ein neues Leben zu führen. Aber dann »geschah ein Wunder«: Ein Arbeitsfreund lud ihn in ein Evangeliumszelt in Bad Cannstatt ein, und hier erlebte er seine Bekehrung. »Jesus nahm Besitz von meinem Leben, und die Ketten fielen.« Er gab gestohlenes Gut zurück, bereinigte seine Vergangenheit und widmete sich fortan der Aufgabe, Menschen zu Christus zu führen. Er hält Freiversammlungen in Deutschland, der Schweiz und Frankreich, bildet aber keine eigenen Gemeinden, sondern überläßt den örtlichen Pfingstgemeinden die Nacharbeit.

Die *»Odenwälder Heidenmission«* mit Sitz in Fürth-Erlenbach (Odenwald) wurde 1964 von Peter Asmuss u. a. ins Leben gerufen und war zunächst in Nigeria tätig, wo sie zahlreiche einheimische Evangelisten unterstützte und ein Waisenhaus errichtete. Die Tätigkeit weitete sich dann in Verbindung mit »Réalités de la foi« rasch aus: 1975 waren sechs Missionare der beiden Gruppen in Ghana, Nigeria, auf Martinique und den Philippinen tätig; dazu kamen etwa 120 einheimische Pastoren und Evangelisten mit 180 Gemeinden und Außenstellen, zwei Missionsschulen und zwei Kinderheime.

Der am Ende der fünfziger Jahre von Katharina Loos gegründete Missionsbund *»Sonnenstrahlen nach Osten«* in Bietigheim-Bissingen (Württ.) will Menschen in den kommunistischen Ländern, die seelisch in Not geraten sind, »wieder aufrichten und sie zum Glauben hinführen«. Seine Bibel- und Traktatmission wendet sich vor allem an Christen in Ungarn. – Die *»Teen Challenge«*-Arbeit der »Assemblies of God« (siehe S. 306) hat in Deutschland ihren Hauptsitz seit 1973 in München-Solln. Vorstand ist Harold D. Schmitt. Ihre vier Rehabilitationszentren in Berlin, München, Obervilslern bei Landshut und Metzdorf bei Öhringen sind dem Diakonischen Werk der jeweiligen evangelischen Landeskirche angeschlossen. Dazu kommt die Teestubenarbeit in verschiedenen Städten.

Im Zuge eines weltweiten Neuaufbruchs pfingstlerisch-charismatischer Frömmigkeit kam es seit Anfang der siebziger Jahre auch in der Bundesrepublik Deutschland zu Aktivitäten neuer pfingsterlischer Organisationen. Eine Bewegung besonderer Art stellen dabei die *»Geschäftsleute des vollen Evangeliums«* dar, die bewußt keine eigenen Gemeinden bilden wollen. Als eine Vereinigung von Laien (meist Angehörige des amerikanischen Wirtschaftslebens) wurde sie von dem Armenier Demos Shakarian (geb. 1913) gegründet[84]. Dieser wuchs in Los Angeles in einer armenischen Pfingstgemeinde auf und erlebte 1926 selbst die Geistestaufe. In seiner beruflichen Tätigkeit – er wurde Leiter eines großen Milchproduktegeschäfts in Los Angeles – machte er die Erfahrung, daß Gott dann Erfolg schenkt, wenn man sich ihm ganz hingibt. Seit 1940 organisierte er große Evangelisationsfeldzüge für Heilungsevangelisten. Dabei wurde ihm klar, »wie

[84] Shakarians Vorfahren gehörten einer presbyterianischen Gemeinde in Kara-Kalla im osmanischen Teil Armeniens an, die schon um 1850 eine »Erweckung durch den Heiligen Geist« erlebt hatte. Ein 11jähriger russischer Knabe empfing 1855 prophetische Visionen und kündigte eine Christenverfolgung durch die Türken an, der man nur durch die Flucht in ein Land jenseits des Ozeans entgehen könne. Als er dann 1900 verkündigte, die große Verfolgung stehe nahe bevor, wanderte die Familie Shakarian zusammen mit anderen nach den USA aus und entging so den Türkenmassakern von 1914/15.

mächtig die an das volle Evangelium gläubigen Geschäftsleute für Gott wirken können, wenn sie zusammenarbeiten«. 1953 rief er die *»Full Gospel Business Men's Fellowship International«* (FGBMFI) ins Leben. Sie will keine eigenen Gemeinden gründen, sondern als »nebenkirchliche Vereinigung« ein »helfender Arm der bestehenden Gemeinden« sein. Sie betont zwar ihre überkonfessionelle Haltung und erwartet von ihren Mitgliedern, daß sie ihren Kirchen treu bleiben, aber ihr »Lehrmäßiger Rahmen« enthält neben dem Bekenntnis zur göttlichen Heilung auch das Bekenntnis zur Geistestaufe als ein »von der Wiedergeburt zu unterscheidendes Erlebnis, begleitet durch das äußere Zeichen des Betens in anderen Sprachen«. Ihre Mitglieder sammeln sich in »Chapters«, die nicht in kirchlichen Räumen, sondern »in der gelösten Atmosphäre eines Restaurants oder Hotels« zusammenkommen und bei einem festlichen Essen singen, Zeugnisse über ihre christlichen Erfahrungen im Geschäftsleben geben und Vorträge hören. Wer Mitglied werden will, muß eine bewußte Heilserfahrung nachweisen und das *»doctrinal statement«* unterschreiben. Es betont den Glauben an die Bibel als das inspirierte Wort Gottes und den unfehlbaren Maßstab des Glaubens und Verhaltens. In Art. 7 des zehnteiligen Glaubensbekenntnisses heißt es: Wir glauben an die göttliche Heilung durch den Glauben und daß Heilung auch in der Versöhnung (durch Christus) mit eingeschlossen ist. Art. 8 hält den Glauben an die Geistestaufe mit begleitender Zungenrede fest. Zu den »geistlichen Prinzipien der Chapterpräsidenten« gehört, daß jedes Vorstandsmitglied die Geistestaufe empfangen hat, daß in den Versammlungen negative Bemerkungen über Kirchen, Konfessionen und Einzelpersonen sowie doktrinäre Streitfragen streng zu vermeiden, dafür positive Glaubenswahrheiten zu betonen sind und daß am Ende jedes Treffens zur Lebensübergabe an Jesus, zum Beten um die Geistestaufe und die Glaubensheilung aufgefordert wird. 1978 wurde die Zahl der »Chapters« mit rund 2000 in der ganzen Welt angegeben. Die von den über 700000 Teilnehmern aufgebrachten Gelder werden für Radio- und Fernsehprogramme, für die 1953 gegründete Zeitschrift »Full Gospel Men's Voice«, heute *»Voice«,* für die Förderung der charismatischen Bewegung usw. verwendet.

Bereits 1957 kam die Bewegung in die Bundesrepublik: Der Zürcher Jurist DR. ADOLF GUGGENBÜHL gründete eine »Internationale überkonfessionelle Vereinigung der an das volle Evangelium gläubigen Geschäftsleute«, die sich jedoch sehr bald in ihrem Frömmigkeitsstil mehr der europäischen Mentalität anpaßte; das heißt, typisch pfingstlerische Formen wurden vermieden, die Betonung der Geistestaufe zurückgenommen. Deshalb kam es 1963 zur Trennung von der amerikanischen Mutterorganisation. Unter dem neuen Namen *»Internationale Vereinigung Christlicher Geschäftsleute« (IVCG)* entstand eine Organisation, die sich deutlich von den pfingstlerischen »Geschäftsleuten des vollen Evangeliums« unterscheidet. Sie ist geprägt von einem evangelikal-erwecklichen Christentum und sieht es als ihr vorrangiges Ziel, Fernstehende zu Jesus zu führen.
Die IVCG war 1981 in etwa 25 Städten der Bundesrepublik und 15 Städten der Schweiz und Österreichs vertreten. Im französischen Sprachgebiet entstand die »Association de Chrétiens Témoins dans leur Entreprise« (ACTE) unter Leitung von Dr. Philippe Gold in Genf. Auch in Südafrika und anderen außereuropäischen Ländern hat die IVCG zu arbeiten begonnen. Unter dem Motto »Bleibe in deiner Kirche, komme mit Gott in Ordnung und hilf anderen, mit Gott versöhnt zu werden«, will sie Geschäftsleute »durch den Geist Christi und praktizierte Nächstenliebe« zusammenschließen und denen, »die von den traditionellen

Kirchen und Gemeinschaft nicht mehr erreicht werden, echtes Christentum vermitteln«. Ihre gehaltvolle Monatsschrift *»Geschäftsmann und Christ«* (seit 1960) hat über 10000 Bezieher. Bei den regelmäßigen Banketten und Frühstücks-Treffen in Hotels werden Vorträge gehalten über Themen wie: Biblischer Glaube und Naturwissenschaft, Probleme im Berufsleben des Unternehmers oder Managers, Zeugnisse christlicher Geschäftsleute über ihren inneren Weg und ihre Erfahrungen als Christen im Berufsleben. Theologische Streitfragen und moderne theologische Lehrmeinungen sind ebenso ausgeklammert wie die Glaubensunterschiede zwischen den Denominationen. Im Mittelpunkt stehen die »Fragen, die vor Gott für unser Christsein entscheidend sind«. Alles in allem ist diese Vereinigung zu einer wertvollen und tatkräftigen Repräsentation eines an Christus gebundenen Glaubens und Lebens in der Welt der Wirtschaft und Wissenschaft geworden.

Die amerikanische Full-Gospel-Vereinigung hat ihre eigentliche Wirksamkeit im deutschsprachigen Raum dann in den frühen siebziger Jahren entfaltet. Die *»Geschäftsleute des vollen Evangeliums Internationale Vereinigung«* (GdvEIV) konnten sich in kurzer Zeit stark verbreiten; 1981 hatten sie bereits etwa 50 »Chapters« in der Bundesrepublik, 10 in der Schweiz und 2 in Österreich. Die deutschsprachige *»Stimme«* (Zweimonatsschrift) erscheint seit 1975 in gedruckter Form.
Ebenfalls in den neupfingstlerischen Raum einzureihen ist Volkard Spitzer mit seinen großangelegten evangelistischen Veranstaltungen und seiner dynamischen Gemeindearbeit in Berlin. Er ist 1943 in Göppingen als Sohn methodistischer Eltern geboren, lernte bald die Pfingstbotschaft kennen und erlebte 1961 die Geistestaufe, danach besuchte er eine Zeitlang die von Donald Gee geleitete Bibelschule in Kenley, England. 1964 stieß er durch eine besondere Fügung in Stuttgart mit dem amerikanischen Pfingstprediger Harold Hermann, einem ehemaligen Hollywood-Kameramann, zusammen. Der sagte zu ihm: »Du suchst Arbeit? Dann bist du der Mann. Die Gemeinde in Berlin hat darum gebetet, daß ein junger Mann zu ihr komme und die Leitung übernehme.« Diese *»Christliche Missionsgemeinschaft Berlin«* war in den fünfziger Jahren aus einer längeren Evangelisationstätigkeit Hermanns erwachsen; aber im Laufe der Jahre kümmerte sie dahin und zählte schließlich nur noch 80 meist ältere Mitglieder. Spitzer ging nach Berlin und neben seinem Dienst in der Gemeinde begann er 1971 – im Zusammenhang mit der *Jesus-People-Bewegung* – die Arbeit an der drogengefährdeten Jugend. Eines entwickelte sich aus dem anderen: Jugendmeetings, One-Way-Teestube, große Gottesdienste im »Jesus-Center« am Berliner Nollendorfplatz, die Jesus-People-Zeitung »One Way« (1971–1980), ein Rehabilitationszentrum, evangelistische Einsätze innerhalb und außerhalb Berlins. Die dadurch Gewonnenen bedurften einer Heimat in einer geordneten Glaubensgemeinschaft.
Hier wurde für Spitzer eine Begegnung mit dem koreanischen Prediger Yonggi Cho 1973 entscheidend. Von ihm übernahm er das Prinzip der »Zellenbildung« und der Einordnung der Zellen in die repräsentative Gesamtgemeinde. Es wurden »Haus-Bibelkreise« gebildet, in denen Bibelarbeit getrieben wird und intensive Seelsorge geschieht. Bis 1978 entstanden 38 solcher Bibelkreise mit jeweils ca. zwölf meist jugendlichen Teilnehmern. Das Ziel ist, sie auch zu evangelistischen Teams auszubilden. Ein weiteres Ziel ist die Errichtung eines Gemeindezentrums, das 2000 Personen Platz bietet für Gottesdienste, Versammlungen, Bibelunterricht, musische und sportliche Betätigung. Der durch alle diese Tätigkeiten

erfaßte Kreis reicht weit über das »Christliche Zentrum Berlin« (CZB – so der Name der Gemeinschaft seit 1978) hinaus. Längst hat Spitzer auch Verbindung mit neupfingstlerischen Gruppen und Gemeinschaften – besonders mit den »Geschäftsleuten des vollen Evangeliums« – und charismatischen Gruppen in den Kirchen aufgenommen und veranstaltet in Berlin »ökumenisch-charismatische Treffen« (seit 1976), »Charismatische Kongresse« (1979 und 1980) und evangelistische »Bekenntnistage« (1981 im Berliner Olympiastadion).

Damit sei der Überblick über die Pfingstbewegung in der Bundesrepublik Deutschland abgeschlossen. Er ist nicht vollständig. Vor allem wurden neupfingstliche Strömungen, die erst in letzterer Zeit bei uns wirksam wurden, nur teilweise berücksichtigt. Auch gibt es im Bereich der Pfingstbewegung immer wieder Veränderungen, so daß in einem Jahrzehnt die Szene anders aussehen dürfte als jetzt. Über die *Gesamtzahl der Pfingstgläubigen in der Bundesrepublik* gibt es keine Statistik. Ein gründlicher Kenner, Pastor Ludwig Eisenlöffel in Erzhausen, schätzt rund 45000 »Zugehörige«, also Mitglieder samt ihren Familien. »Zählt man einen gewöhnlich existierenden Freundeskreis der Gemeinden hinzu, so mag sich eine Zahl von rd. 65–70000 ergeben.«[85] Die Pfingstgläubigen in der DDR sind hier nicht eingerechnet, da dort das Verbot von 1951 immer noch in Kraft ist. – Die Zahl der deutschen Pfingstgläubigen ist vergleichsweise bescheiden und sie verteilt sich auf viele Gruppen und Organisationen. Was sie aber an Werken und Diensten verschiedenster Art hervorbringt und trägt, ist des Staunens wert.

Die Pfingstfrömmigkeit

1. Die Pfingstbewegung ist keine »Konfession« mit einem gemeinsamen Glaubensbekenntnis nach Art der großen Kirchen. Man kann eher von gemeinsamen Grundmotiven reden, die in den Pfingstgemeinschaften in mannigfachen Variationen zur Geltung kommen. Eines dieser Motive wurde bereits erwähnt: die Sehnsucht nach dem »dritten Segen«. Um ein anderes Motiv zu verstehen, das eine immer größere Rolle in der Pfingstbewegung spielte, muß man die Zeitverhältnisse beachten, auf deren Hintergrund sie entstand: die amerikanischen Kirchen im letzten Viertel des 19. Jahrhunderts. Sie waren durch den vordringenden *Darwinismus* tief aufgewühlt und entzweit. Die liberalen Gruppen mühten sich um den Nachweis, daß die Entwicklungslehre nicht unbedingt im Widerspruch zum Glauben stehen müsse. Die streng gläubigen Christen dagegen sahen nur ein Entweder-Oder: Entweder ist der biblische Schöpfungsbericht wahr oder der Darwinismus. Gilt aber der Darwinismus, dann ist Gott entthront, unnötig, durch ein Naturgesetz ersetzt. Der Kampf zwischen beiden Richtungen wurde auch auf der politischen Ebene ausgetragen und währte viele Jahrzehnte lang. Er ist sogar in jüngster Zeit wieder ganz neu aufgebrochen. In den Jahren zwischen 1870 und 1880 entstanden verschiedene Bibelkonferenzen, die dem Eindringen

[85] Aus einer Mitteilung von Pastor Eisenlöffel vom März 1978

der Entwicklungslehre in die kirchliche Verkündigung entgegentraten. Sie waren die Geburtsstätte des *Fundamentalismus*. In dem umfangreichen Werk »*The Fundamentals: A Testimony to the Truth*« (1910) wurden fünf »Grundwahrheiten« herausgestellt: Jungfrauengeburt Christi, leibliche Auferstehung Christi, Unfehlbarkeit der Heiligen Schrift auf allen Gebieten, das stellvertretende Leiden Christi als Voraussetzung für die Erlösung, die bevorstehende leibliche Wiederkunft Christi.

Der Fundamentalismus verbreitete sich international und führte zur Bildung zahlreicher innerkirchlicher Sondergruppen und Absplitterungen, die im August 1948 das »*International Council of Christian Churches*« (ICCC) als Konkurrenz zum Ökumenischen Rat gründeten. Der erste Punkt seiner lehrmäßigen Grundlage ist »die völlige göttliche Inspiration der Schrift in den Ursprachen, ihre folgerichtige Irrtumslosigkeit und Unfehlbarkeit und, als Gottes Wort, ihre höchste und letzte Autorität in Sachen des Glaubens und des Lebens«. Damit hatte sich der Fundamentalismus nicht allein gegen jegliche Bibelkritik, sondern auch gegen alle der Bibel widersprechenden Ergebnisse der naturwissenschaftlichen Forschung und gegen den ganzen »Zeitgeist« der Moderne abgesichert. Er hatte das biblische Weltbild zementiert, die wissenschaftlichen Erkenntnisse als bloße Menschenweisheit disqualifiziert, jeden Dialog abgelehnt und so den christlichen Glauben eingeigelt. Die Bindung an den Bibelbuchstaben wurde zur Richtlinie des wahren Glaubens erhoben.

Die Pfingstgemeinschaften teilen grundsätzlich die fundamentalistische Position. Sie verwerfen die theologische Bibelkritik, die, wie sie ihr vorwerfen, mit dieser oder jener Begründung biblische Stücke und ganze Bücher abwertet und als menschliches und zeitgeschichtlich bedingtes Produkt versteht, die Widersprüche feststellt, bei den biblischen Texten echte und unechte Teile unterscheidet und mit alledem den Glauben an die Wahrheit und Autorität der Bibel verunsichert. Sie wollen sich nicht mit einem biblischen Rest begnügen, der nach der Filterung durch Vernunft und Wissenschaft noch übrig bleibt.

Sie bekennen sich zum »*vollen Evangelium*« ohne jede Abstriche und Konzessionen. Aber während die »Fundamentalisten« die Lehre von der Verbalinspiration heranziehen – jedes Wort wurde den biblischen Schreibern vom Heiligen Geist diktiert –, und damit der Bibel eine unantastbare göttliche Autorität zuerkennen, gehen die Pfingstler einen anderen Weg: Wer vom Heiligen Geist erfüllt wird, der bekommt »erleuchtete Augen« und vermag Gott recht zu erkennen, während der natürliche Mensch an seine »menschliche Weisheit« gebunden ist und keinen Zugang zur »verborgenen Weisheit« Gottes hat (Eph. 1, 17ff.; 1. Kor. 2, 6ff.). Der geisterfüllte Gläubige bedarf keiner verstandesmäßigen Argumentationshilfe (wie es im Grunde auch die Lehre von der Verbalinspiration ist), sondern der Heilige Geist erschließt ihm die Fülle der biblischen Wahrheit und läßt sie ihn *erfahren*. Und was man selbst erfährt, ist gewiß und wahr und über jeden kritischen Einwand erhaben.

In unserer Zeit, der Zeit der »letzten Tage« vor der Wiederkunft Christi, ist nun die *zweite Ausgießung des Heiligen Geistes* geschehen (Apg. 2, 17ff.). Der Geist selbst rief die Pfingstbewegung ins Leben, ist in ihr gegenwärtig, wirkt in ihren Gemeinden wieder Zeichen und Wunder, wie in den apostolischen Gemeinden, bekehrt Ungläubige, erweckt Gleichgültige und Verstockte und macht sie zu Jüngern Jesu.

2. Das Schlüsselerlebnis des Pfingstgläubigen ist die *Geistestaufe*. Zum Beweis dafür, daß auch das Neue Testament sie kannte, werden Texte genannt wie: Matth. 3, 11; Joh. 1, 33; Apg. 1, 5; 2, 1 ff.; 4, 31; 9, 17. Außerdem werden Texte herangezogen, die von einer »Geistessalbung« handeln: Luk. 4, 18; Apg. 10, 38; 2. Kor. 1, 31; 1. Joh. 2, 20. 27. Sie wird von denen, die sie empfangen, als ein wunderbares Erfülltwerden durch den Heiligen Geist erlebt. Es wird betont, daß sie nichts mit Ekstase oder Trance oder einem überschwappenden Emotionalismus oder einer Eruption des Unterbewußtseins zu tun habe. In der vom Hauptbrüdertag des Christlichen Gemeinschaftsverbands Mülheim 1917 herausgegebenen Schrift *»Unsere Ziele und Richtlinien für die Erbauung und Vollendung des Leibes Christi«* wird sie so beschrieben: »Ein neues Subjekt, eine andere Person zieht bei uns ein, macht Wohnung in uns, nimmt Besitz von uns, um uns von nun an fort und fort zu erleuchten, zu lehren, zu leiten und zu regieren. Es handelt sich also um ein Verhältnis von Person zu Person, nicht um das Eingießen einer himmlischen Kraft oder Heiligkeit.«

In diesem Erlebnis fühlt sich der Gläubige als Objekt der göttlichen Macht, die ihn ergreift: »Es ist Gott selbst, der herabkommt, das irdene Gefäß zu füllen; es ist das Unendliche, welches das Endliche umfängt. Kein Wunder, daß das Kind Gottes nicht nur geistlich, sondern gewöhnlich auch leiblich überwältigt wird, wenn dies geschieht[86]: Der Geistgetaufte weint und singt, taumelt wie ein Trunkener, zittert an allen Gliedern und wird von einer ungewohnten Kraft erfaßt. Er empfindet ein totales Ergriffen- oder Erfülltwerden, so daß er das Zeitgefühl verliert, entzückt und verzückt wird, den Überschwang seines Herzens nicht mehr in normale Worte fassen kann – denn auch sein übliches Ausdrucksvermögen wird gesprengt – und in »Zungen«, manchmal in fremden Sprachen spricht. Zum Zungenreden gesellt sich nicht selten der Zungengesang und das heilige Lachen (nach Ps. 126, 1–3). So etwa wird die Geistestaufe – entsprechend den Erlebnissen am Anfang der Pfingstbewegung – vorgestellt, erwartet und auch meist erfahren. Andere sprechen von einem »nüchternen und klaren Erlebnis« einer Begegnung mit dem verherrlichten Christus, die tiefe Freude vermittelt[87].

Alle Selbstzeugnisse stimmen darin überein, daß *eine fremde Macht den Gläubigen überwältigt*. Pfarrer Martin Gensichen in Breslau wollte im Juli 1909 nach einem monatelangen intensiven Gebetsleben auf den Knien Jesu Erlösungstat preisen. Aber »die gewohnten Lob- und Dankesworte schienen gänzlich unzureichend. In dieser auch physisch empfundenen Notlage kam mir der Heilige Geist zu Hilfe. Er ›fiel auf mich herab‹, ergriff Besitz von meiner Zunge, und plötzlich öffnete sich mein Mund. Ein Strom unbekannter, ganz neuer, nie gedachter Laute flutete heraus in einer vollkommenen Zungensprache, als wenn ich fließend Mexikanisch oder Koreanisch reden könnte, ohne ein einziges Wort in seiner Bedeutung zu verstehen.« Nachher erfüllte ihn »ein unfaßbares Staunen, daß so etwas Herrli-

[86] Donald Gee, Pfingsten, S. 11

[87] So Dr. F. P. Möller in einem Vortrag in der Bibelschule »Beröa«

ches in dieser öden Welt möglich sei«, und eine unbeschreibliche himmlische Freude[88]. Die dänische Opernsängerin Anna Larsson-Björner besuchte die Versammlungen Barratts und war tief beeindruckt. Nach einem Gespräch mit ihm knieten sie zum Gebet nieder, und »einen Augenblick später fiel der Heilige Geist auf mich in wunderbarer Weise. Mein ganzer Leib bebte; es war, wie wenn Feuerwogen durch mich hindurchgingen. Immer und immer wieder erlebte ich solche Durchströmung, so daß mein ganzes Wesen wie in Licht gebadet war.«[89] Pastor Paul berichtete, daß eine fremde Kraft an seinem Unterkiefer gearbeitet habe, so daß sich Zunge und Lippen aus der Befehlsgewalt des eigenen Bewußtseins lösten und Laute hervorbrachten, die aus anderen Quellen stammten. Er war bei vollem Bewußtsein, vermochte aber nicht zu beten, weil seine deutschen Worte nicht in die Mundstellung hineinpaßten. Es war ihm, als bildete sich in seiner Lunge ein Organ, das die in die Mundstellung passenden Worte hervorbrachte. Zugleich wurde sein Leib von einer großen Kraft geschüttelt, aber nicht unangenehm oder schmerzhaft; er »bebte unter der Macht und Majestät des Herrn«. Die Sprachen wechselten und mit ihnen die Mundstellung. Das Lied »Laßt mich gehn« lautete in der Zungensprache von Paul so: »Schua ea, schua ea, o tschi biro ti ra pea akki lungo ta ri fungo u li bara ti ra tungo latschi ti tu ta.«

Nun fällt aber dem Wiedergeborenen die Geistestaufe nicht von selbst in den Schoß. Er muß danach »trachten« (1. Kor. 14, 12). Dazu gehört, daß er gewisse *Bedingungen* erfüllt, um den Empfang der Geistestaufe zu ermöglichen. Über die Art und Zahl dieser Bedingungen wird verschieden gelehrt. Donald Gee nennt drei Punkte: Übergabe als unbedingte Unterwerfung unter den Willen Gottes, die eine vollkommene Willigkeit im Menschen schafft, irgendwelche Gaben zu empfangen, die der Herr für ihn wünscht; Gebet als ernstliches und tiefes Verlangen nach den Gaben; Glaube als Einstimmung der Seele und des Willens auf das ersehnte Ereignis[90].

Werner Skibstedt spricht von sieben Bedingungen: Anbetung, froher Glaube, gespannte Erwartung, Lob- und Danksagung, unbedingter Gehorsam, Eintracht, Ausdauer. Zu dem letzten Punkt schreibt er: »Wer eine biblische Geistestaufe erleben will, muß dabei bleiben, sie unentwegt und angespannt zu suchen, bis das Feuer fällt. Er darf nicht irgendwelche andere, untergeordnete Dinge dazwischenkommen lassen, die nur dieses Verlangen töten und die Seele auf ein falsches Geleise bringen.«[91] Manche Erweckungsprediger aber züchten solche ekstatischen Zustände und haben eine regelrechte »revival technique« entwickelt, um eine verdichtete Versammlungs-Atmosphäre herbeizuführen und die Erwartungen zur Höchstspannung anzustauen, die sich dann in explosionsartigen Ausbrüchen entlädt.

[88] Karl Ecke, Der Durchbruch des Urchristentums seit Luther, S. 137f.

[89] Mehr Licht 38. Jg., Nr. 14

[90] D. Gee, Über die geistlichen Gaben, S. 53 ff.

[91] Werner Skibstedt, Die Geistestaufe im Lichte der Bibel, S. 104 ff. Er glaubt diese sieben Bedingungen aus dem Verhalten der Jünger in den zehn Tagen zwischen Himmelfahrt und Pfingsten herauslesen und daraus folgern zu können, daß sie »für alle Zeiten bindend sind«; im einzelnen bezieht er sich auf Luk. 24, 52f.; Apg. 1, 14; 2, 1

In nüchternen Pfingstkreisen wird gesehen, daß solche »Bedingungen« gefährliche Wirkungen haben können. Denn sie können den, der seine Geistestaufe erstrebt, in seelische Krämpfe und Exaltationen hineintreiben. Wenn aber Gläubige die Geistestaufe dadurch erringen wollen, daß sie »sich in seelisch erregtes Treiben versteigen, in lautes und noch lauteres Rufen, Schreien, Weinkrämpfe und dergleichen, dann ist das ein bedauerliches und widerliches Zerrbild von dem, was Gott meint.«[92]

3. Als Ausweis der empfangenen Geistestaufe gilt die *Zungenrede* (Glossolalie). Den Begriff »Geistestaufe« hatte schon der Erweckungsprediger CHARLES G. FINNEY (1792–1875) gebraucht: »Da strömte plötzlich der Geist Gottes auf mich nieder und überflutete mich ganz und gar nach Geist, Seele und Leib, ohne daß ich je von einer Geistestaufe gehört« hatte. Aber er verband sie nie mit der Zungenrede. Das geschah erst durch CHARLES F. PARHAM (siehe S. 304), der im Jahr 1900 mit seinen Schülern der Bibelschule in Topeka die biblischen Berichte über Geistestaufen studierte und zu dem Ergebnis kam, »daß der biblische Beweis für die Taufe mit dem Heiligen Geist das Reden in Zungen sei«. Entsprechend erklärte W. J. SEYMOUR, ein Schüler Parhams: »Wer nicht in Zungen redet, ist nicht mit dem Heiligen Geist getauft.« Diese Lehre wurde mit wenigen Ausnahmen von der Pfingstbewegung übernommen[93].
Nach EUGEN EDEL soll dabei »der Verstand des Redenden in seiner Selbständigkeit ausgeschaltet werden, und das wird er allerdings. Damit ist die Gewähr für relativ unvermischte Geistesdarbietung vorhanden, die freilich nicht die (geistliche) Prüfung nach 1. Thess. 5, 19–21 ausschließt.«[94] DONALD GEE dagegen meint, daß hier wie bei allen Geistesgaben immer auch die menschliche Seite, die Persönlichkeit des Gabenträgers, mitbeteiligt sei. Er definiert die Zungenrede als »die Kraft der Äußerungen in unbekannten Sprachen, gewissen Gliedern in der Gemeinde durch den Geist Gottes gegeben und geeignet zur Auslegung (Übersetzung) durch eine gleichermaßen übernatürliche Gabe, damit diese Äußerungen dadurch der Versammlung verständlich werden«[95]. Biblische Belegstellen für die Zungenrede sind Mark. 16, 17; Apg. 2; 10, 44–46; 19, 1–6; 1. Kor. 14; indirekt sieht man sie bezeugt in Apg. 8, 14–19; 11, 15–17; 15, 8f.
Eine große Rolle spielte zeitweise das Sprechen in fremden *Sprachen*. Bei einem bestimmten Fall von Glossolalie wollte ein anwesender Universitätsprofesssor festgestellt haben, daß in reinstem Arabisch gesprochen wurde. Ein norwegischer Indienmissionar vernahm während seines Heimaturlaubs die Zungenrede eines Geschäftsmanns und erkannte darin einen indischen Dialekt. Eine Frau sprach auf

[92] Heilszeugnisse 1953, Nr. 5
[93] Eine dieser Ausnahmen bildet der Christliche Gemeinschaftsverband Mülheim/Ruhr. Er sieht als das eigentliche Zeichen der Geistestaufe nicht die Zungenrede, sondern die Nächstenliebe. Entsprechend versteht er unter »Geistestaufe das gleiche, was andere Gruppen der Christenheit ›zum lebendigen Glauben kommen‹, Bekehrung, Wiedergeburt oder ›Salbung von oben‹ nennen«. (Heilszeugnisse 1967, Nr. 9).
[94] Eugen Edel, Der Kampf um die Pfingstbewegung, S. 45
[95] D. Gee, Über die geistlichen Gaben, S. 39

dem Sterbebett hebräisch, eine andere aramäisch. Amerikanerinnen sprachen deutsch oder indisch oder armenisch oder lateinisch oder chinesisch. Hoffnungsfrohe Kreise glaubten schon, durch die Zungenrede die Sprachenfrage bei der Heidenmission gelöst zu haben, mußten dann aber in der Praxis schwere Enttäuschungen erleben.

Daß es Zungenreden in fremden Sprachen auch heute noch gibt, beweist Ralph W. Harris (»Assemblies of God«) in seinem Buch »*Spoken by the Spirit*« (1973; deutsche Ausgabe: »*Wenn der Geist redet – Glossolalie als Botschaft für Menschen des 20. Jahrhunderts*«; Leuchter Verlag Erzhausen). Es enthält »mehr als 75 dokumentierte Berichte von ›anderen Zungen‹ – von Arabisch bis Zulu«. Ähnliche Sprachphänomene werden übrigens auch aus spiritistischen Séancen berichtet. So teilte Wilhelm Otto Roesermüller (Nürnberg) mit, daß durch ein Medium, von Beruf Mechaniker, ein Geist chinesisch sprach, ein Sinologe habe vollkommene Korrektheit festgestellt. Sogar ein seit 2400 Jahren fehlerhaft überlieferter Satz in den Werken des Konfuzius sei durch den Geist berichtigt worden. Durch dasselbe Medium haben andere Geister in Arabisch, Persisch, Portugiesisch, Französisch und Italienisch gesprochen. Eberhard Maria Körner erzählt in seinem Buch »*Wege zum Licht*« (1962, S. 24 f.), daß durch ein weibliches Medium, das kaum seine Muttersprache beherrschte, »eine Ansprache in tadellosem Altgriechisch« kam. Hier ist einer der nicht wenigen Punkte, in denen zwischen Pfingstbewegung und *Spiritismus* eine Ähnlichkeit der Erscheinungen zutage tritt und zugleich der tiefe Gegensatz bei der Deutung dieser Erscheinungen offenkundig wird: Für den Pfingstgläubigen ist das »Sprachenwunder« eine Wirkung des Heiligen Geistes (Apg. 2, 5 ff.), also himmlischer Herkunft und damit Beweis für das erlösende Wirken Gottes am Gläubigen; für den Spiritisten ist das mediale Reden in fremden Sprachen eine Wirkung abgeschiedener Geister und ein Beweis für die Wahrheit der spiritistischen Grundlehre von der Realität der Geisterwelt.

Es wird unterschieden zwischen der Zungenrede, die während des Erlebnisses der Geistestaufe erfahren wird, und der voll entwickelten Zungenrede, die als bleibende Gabe für einen regelrechten Dienst in der Gemeinde empfangen wird. Auf letztere soll sich 1. Kor. 12, 30 beziehen. Die *Auslegung* ist eine besondere Geistesgabe. Bei ihr handelt es sich nicht um »Übersetzung«, sondern der Ausleger empfängt den Inhalt der Zungenrede durch eine feste Konzentration auf den Herrn. »Es wird wahrscheinlich ein augenblicklicher Anklang auf die Zungenrede im Geist desjenigen Gläubigen empfunden, den der Herr für die Auslegung gebrauchen will.«[96]

Der *Inhalt der Zungenreden* ist in der Pfingstliteratur vielfach publiziert worden. Man könnte ganze Bücher damit füllen. Thematisch gliedert er sich in Weissagungen (über die Entrückung, die Wiederkunft des Herrn usw.), Verheißungen für die Brautgemeinde und die sie erwartenden Segnungen, und in Mahnungen und Warnungen hinsichtlich des geistlichen Stands der Versammlung. In Stil und Diktion gleichen sie evangelistischen Ansprachen und schließen sich auch eng an das dort gebräuchliche Vokabular an. Was sie von diesen äußerlich unterscheidet, ist lediglich das Subjekt: Christus selbst spricht. Aber er spricht hier nicht wie in den Evangelien, sondern wie der Erweckungsprediger einer Pfingstgemeinschaft.

Ist die Geistestaufe »heilsnotwendig«? Die Antworten sind nicht einheitlich. Die

[96] a.a.O. S. 41 f.

einen beharren darauf, daß erst die Geistestaufe den Zugang zum *vollen* Heil erschließt. Andere halten daran fest, daß das Heil allein an die Rechtfertigung durch den Glauben gebunden ist. Wieder andere, die dies bejahen, fügen hinzu: »Das Heil, das Gott uns anbietet, annehmen und die Geistestaufe, die Gott uns ebenfalls anbietet, ablehnen oder vernachässigen, ist ein schwerer Fehler, der die Würde des himmlischen Vaters verletzt.«[97] Für sie alle ist die Geistestaufe hoch wichtig; denn sie läßt den Gläubigen die Kraft und Herrlichkeit des Heiligen Geistes erleben, festigt seinen Glauben an die Wahrheit des biblischen Worts, stärkt die Gewißheit seiner Berufung, erweckt in ihm den Drang zum Zeugnis und rüstet ihn aus mit den Geistesgaben »zum Nutzen der Gemeinde« (1. Kor. 12, 4–10).

4. In den *Gottesdiensten* und Gebetsstunden, besonders aber in den Evangelisationsversammlungen eines vollmächtigen Erweckungspredigers, der unter »Geistessalbung« steht, ist für den Teilnehmer die Realität des Heiligen Geistes nicht mehr bloß eine dogmatische These, sondern er spürt seine Gegenwart und ist Zeuge seiner Demonstrationen. Da gibt es nicht, wie in den kirchlichen Gottesdiensten, einen nach liturgischer Ordnung geregelten Ablauf mit durchformulierten Gebeten, Predigt über festgesetzte Schrifttexte, Gemeindegesang am Anfang, in der Mitte und am Schluß, alles wohl abgewogen – und deshalb auch von der Gefahr der Langeweile bedroht. Die *Pfingstversammlungen,* soweit sie noch einen ursprünglichen Charakter haben, sind voller Spontaneität. Da gibt es das freie Gebet, in das die persönlichen Anliegen der Gläubigen einbezogen sind. Da ist die Predigt nicht nur »Ansprache«, sondern eher »Zwiesprache« mit den Teilnehmern und, soweit es dem Prediger gegeben ist, Verkündigung aus der Kraft des Geistes. Da gibt es Amen- und Hallelujarufe, Seufzen, Bekehrungen, Zungenreden, Weissagungen, Heilungen[98].
Wunder und Zeichen begleiten den Weg der Pfingstgläubigen. Himmlische Mächte treten in ihr Leben, sind ihnen nahe und führen sie auf wunderbare Weise. Sie wissen von Begegnungen mit Engeln, aber auch mit Christus selbst zu berichten und erleben die Gegenwart Gottes als ein großes Licht oder als eine den ganzen Raum füllende Herrlichkeit[99]. Durch solche Erfahrungen sehen die Pfingstgläubigen

[97] Aus einer Lehrzusammenfassung der Assembléias de Deùs, zitiert aus W. J. Hollenweger, Enthusiastisches Christentum, S. 88

[98] Von den Versammlungen der amerikanischen Evangelistin Margarete B. Woodworth-Etter berichtete z. B. der »Times Herald« in Dallas am 17. September 1912: »Am Sonntag wurden etwa 20 Personen wie einst Saulus von Tarsus von einer unwiderstehlichen Macht zu Boden geworfen. Sie blieben mehrere Stunden liegen, erlebten in dieser Zeit Visionen vom Himmel und von Jesus und erhoben sich dann mit strahlenden Gesichtern, das Herz voll überströmender Gottesliebe. Diese Macht war noch die ganze Woche am Werk. Sünder sowohl in der Nähe wie im weiteren Umkreis wurden erfaßt und zu Boden geworfen. Hunderte von Seelen wurden vom Heiligen Geist erfüllt, wie einst an Pfingsten.«

[99] So sah der amerikanische Atomphysiker Jerome Stowell nach seiner Bekehrung und Geistestaufe auf der Fahrt zu seinem Arbeitsplatz am 14. Juli 1953 plötzlich einen Feuerball, der direkt vom Himmel auf ihn zukam. Und er vernahm eine Stimme: »Ich habe dich schon dreimal gerufen, ganz in Gottes Dienst zu treten. Du hast dich aber stets geweigert. Jetzt bin ich von Gott dem Allmächtigen gesandt, dich in Seinen Dienst einzusetzen und dich für das Priestertum nach der Ordnung Melchisedeks zu weihen« (Mehr Licht 29. Jg., Nr. 6). Bei Begegnungen mit Christus entwickeln sich manchmal lange Gespräche, in denen Jesus Botschaften an die Welt oder an seine auserwählte Gemeinde oder persönli-

sich nicht nur in ihrer persönlichen Heilsgewißheit bestätigt; die Erfahrungen dienen ihnen vielmehr auch als wichtige missionarische Argumente, insofern sie Ungläubigen und Zweiflern den Beweis für die Wahrheit der biblischen Botschaft liefern. In der vom Mülheimer Verband herausgegebenen Schrift »Was ist die Pfingstbewegung?« (S. 8) heißt es: »Wir sind der Überzeugung, daß für Millionen von modern denkenden Menschen in den hohen und niederen Klassen unseres Volkes auf keinem anderen Weg die Rückkehr zum Bibelglauben geschaffen werden wird als durch neue Wunder, verbunden mit einer apostolisch-kräftigen und klaren Verkündigung des Evangeliums von einem vollen Heil, einer Erlösung für Geist, Seele und Leib.« In Randgruppen der Pfingstbewegung kann der Glaube jedoch zu einem *Wunderglauben*, ja zu einer überreizten *Wundersucht* werden, die sich in wilden Phantastereien entlädt und von besonnenen Pfingstpredigern entschieden zurückgewiesen wird[100].

Zu den »neuen Wundern« gehört vor allem die *Heilung durch Gebet.* Mit ihr wurde besonders in der Frühzeit der Pfingstbewegung so fest gerechnet, daß z. B. die Church of God (Cleveland) ausdrücklich die Hilfe von Arzt und Medizin ablehnte: »Wir sollen Jesus allein als Arzt nehmen.« Damals gab es da und dort Massenheilungen, wie sie Mary B. Woodworth-Etter von ihrer Tätigkeit in der Stadt Moline drastisch beschrieb: »Am Ende der Versammlungen umdrängte das Podium eine Menge von Blinden, Hinkenden, Tauben, Stummen, Lahmen, Schwindsüchtigen, Krebskranken, überhaupt Menschen mit allen Krankheiten, für die es kein Hilfsmittel mehr gab; sie alle warfen sich zu den Füßen Jesu. Wie einst, als sie versuchten, sich Petrus zu nähern, so daß auch nur sein Schatten sie berührte (Apg. 5, 15), so versuchten sie es jetzt, mich zu erreichen durch die Menge der Anwesenden. Einer nach dem anderen wurden sie geheilt, und oft standen nach kaum einer Stunde alle gesund vor mir, überströmend vor Freude und Dankbarkeit. Die Zuschauer sahen die Kröpfe und Krebsgeschwülste verschwinden unter ihren Augen. Kinder, die noch nie einen Schritt getan, marschierten, die Tauben hörten, die Stummen redeten.«[101] Solche spektakulären Versammlungen finden heute in den Pfingstkirchen kaum mehr statt, eher im Rahmen von Heilungsevangelisationen besonderer Heilungsprediger (siehe hierzu auch S. 365ff.).
Das bedeutet aber nicht, daß die Praxis der Gebetsheilungen aus dem Leben der Pfingstgemeinden verschwunden ist. Sie wird nach wie vor geglaubt und geübt,

che Weisungen und Verheißungen an seinen Gesprächspartner gibt. Kenneth E. Hagin: »Ich stand beim Herrn Jesus. Er sprach fast eine Stunde mit mir. Es war alles so deutlich, als ob jemand leibhaftig neben mir stünde.« (Mitternachtsruf, Nr. 137)

[100] So wollten nach einem Bericht im »Mitternachtsruf« (Nr. 191) in einer Versammlung in Philadelphia viele der 4000 Besucher »Heerscharen von Engeln über der Plattform« gesehen haben. Und sie sahen Jesus »zwischen den Sitzreihen in den Hobelspänen auf- und abwandeln!« Die Hobelspäne galten ihnen nun als Wunderspäne, und eine Frau legte einige davon »einer an Krebs sterbenden Frau auf, und sie war am Morgen gesund«. Daraufhin wurden 10 Körbe mit den heilkräftigen Hobelspänen gefüllt, um sie an die Hörer ihrer Radiosendungen zu schicken, und als der Prediger seine Hände auf die Späne legte, jubelten die Versammelten, denn sie sahen, daß Jesus »ebenfalls seine Hände auf die 10 Körbe legte«.

[101] M. B. Woodworth-Etter, Das sind die Zeichen!, S. 31 f.

und mancher spätere Pfingstprediger erlebte seine Heilung als einen Ruf, sich ganz in den Dienst Christi zu stellen. Je und je erstehen auch Evangelisten, die für den Heilungsdienst besonders begnadet sind. So die Bürgermeisterstochter und baptistische Predigerin KATHRYN KUHLMAN (gest. am 2. Februar 1976 in Tulsa), die für ihre Versammlungen immer die größten Säle mieten mußte und wöchentlich im Fernsehen sprach. Sie gründete die »Kathryn Kuhlman Foundation« in Pittsburgh mit der Aufgabe der Mission, der Rehabilitierung Drogenabhängiger und der Ausbildung Behinderter. Ihre Bücher fanden weite Verbreitung[102].

Die *Weissagung* geschieht in verschiedenen Formen – als Vision, Traumgesicht oder geistliche Schau. Sie wird auf Eingebung des Heiligen Geistes zurückgeführt. Paulus unterstellte sie trotzdem dem kritischen Urteil der Gemeinde (1. Kor. 14, 29). Das ist sehr nötig, denn unter den Weissagungen finden sich vielfach inhaltsarme Klischees, und die Bilder sind manchmal peinlich geschmacklos. Andere wiederum nehmen die Form sehr konkreter Zukunftsvoraussagen an, z. B. von Todesfällen und anderen Ereignissen in der Gemeinde, oder sie geben finanzielle u. ä. Anweisungen, die sich nachher als falsch erweisen. Die älteren Pfingstgemeinschaften rückten mit Recht von den Vorhersagen ab und beschränkten die Weissagung auf erbauliche und seelsorgerliche Themen. Sie sind damit inhaltlich an die Seite der Ansprachen der Prediger getreten – als Echo, Ergänzung oder Bestätigung –, und es fällt ihnen schwer, ihre himmlische Herkunft durch besondere geistliche Qualität oder Vollmacht glaubhaft zu machen.

5. Ein wichtiges Element der Pfingstfrömmigkeit war von Anfang an die *Erwartung der nahen Wiederkunft* Christi. Sie erfüllt die Herzen mit heiliger Sehnsucht und tröstet sie über Mühseligkeiten und Leid hinweg. Sie mahnt zu steter Wachheit, Bereitschaft und Treue. Sie motiviert Hingabe und Opfersinn. Sei treibt die Gläubigen zu einer kraftgeladenen missionarischen Aktivität. Sie kann auch, wie dies bei jeder Naherwartung möglich ist, ein Stadium fiebernder Hochspannung durchlaufen[103] und überall Vorzeichen einer unmittelbar bevorstehenden Endkatastrophe wittern. So entdeckt sie etwa »prophetische« Hinweise auf einer sowjet-

[102] In deutscher Sprache vor allem: Ich glaube an Wunder; Bei Gott ist nichts unmöglich; dazu die Biographie von Jamie Buckingham, Kathryn Kuhlman – ihr Leben und Wirken, dt. 1979.

[103] Als Beispiel diene eine geistliche Schau, die ein Mitglied der »Bruderschaft: Der König kommt!« am 1. Mai 1950 empfing: »Achtung! Achtung! Hier spricht der Welt-Sender ›Zion‹! Angeschlossen sind sämtliche Sender der Erde mit ihren Bildstrahlern. Halleluja! Ehre sei dem Lamm! Sondermeldung vom König aller Könige Jesus Christus! Der Engel, der vor Gott steht, der den Schlüssel und Vollmacht über den Abgrund hat, ergriff soeben den Drachen, die alte Schlange, und band ihn mit Ketten der Finsternis und des Zornes Gottes für tausend Jahre in den Abgrund. Alle Reiche der Erde stehen ab sofort unter der absoluten Macht und souveränen Herrschaft Immanuels, des Königs aller Könige, des auferstandenen Menschensohns Jesus Christus, und unter der gerechten Verwaltung seiner Priester und Könige.« Aus den Lautsprechern erschallt urgewaltiges Orgelspiel, die Menschen sinken überwältigt auf Straßen und Plätzen nieder, umarmen sich weinend, und aller Haß, alle Ungerechtigkeit ist mit einem Schlag dahin. – Oder es wird in der gleichen Bruderschaft mitgeteilt: Die Geistesgetauften werden jetzt in ihre Reichsämter im Tausendjährigen Reich völlig eingeweiht. »Wenn dir in nächster Zeit Menschen begegnen, die weder an der Stirn noch an der Hand das Malzeichen tragen, dann bücke dich vor ihnen, denn du stehst vor Königen des morgigen Friedensreiches, sie tragen auch dein Heil in ihrer Hand!«

russischen Briefmarke zum zehnjährigen Bestehen einer roten Kavallerietruppe, die vier Reiter zeigt, wie sie von Norden nach Süden über die Karte der Sowjetunion galoppieren (sie »symbolisieren die vier Reiter der Offenbarung«!). Oder in wunderbaren Wolkenbildern, die eine apokalyptische Erscheinung darstellen[104]. Da wird auch von gespenstischen Begegungen erzählt. In Hamburg wollte ein Christ einen Mann in der Bahn getroffen haben, der an seiner Mütze als Abzeichen eine Weltkugel mit der Zahl 666 trug und auf Befragen zugab, daß er der Antichrist sei. Auch geschehe es, daß Autos, in denen Gläubige fahren und miteinander über das Kommen Jesu sprechen, unterwegs von einem Mann angehalten werden; er mischt sich während der Weiterfahrt in das Gespräch, sagt, daß der Herr sehr nahe sei, und verschwindet plötzlich wieder aus dem fahrenden Auto. Die Einrichtung von elektronischen Datenbanken weise auf kommendes Unheil: »Wenn dieses System in die falschen Hände kommt – und es kommt nach der Bibel (Offb. 13, 16f.) in die falschen Hände –, dann wird es zweifellos um Leben und Tod gehen.« Auch die geplante Einführung einer einheitlichen europäischen Währung bereitet den Weg für den Antichrist; denn sie wird »das Auftreten eines übergeordneten, gemeinsamen Herrschers, wie er uns in der Offenbarung klar gezeigt wird, ohne Zweifel sehr begünstigen«[105].

Visionen zeigen den *Ablauf der kommenden Ereignisse:* Verfolgungen, Verführungen, Kriege und Grausamkeiten, aber auch die besondere Rolle der Pfingstgläubigen in der Endzeit. So »sah« der Evangelist Burton Ellis christusfeindliche Mächte, die sich mit flammenden Augen wie wilde Tiere auf die Gläubigen stürzen; das Chaos bricht herein, und überall ertönen Klagen und Hilfeschreie. Aber mitten in diesen Tumulten entstehen überall auf der Erde große Evangelisationszelte voller Menschen: es sind geistliche Zentren, in denen mit dem Heiligen Geist erfüllte Männer mit einer besonderen Botschaft bereitstehen, um die Volksmengen aus Gericht und Blutvergießen heraus zu Christus zu führen. Kenneth E. Hagin »sah« marschierende Soldaten, weinende Frauen, ausgebrannte Hochhäuser einer Großstadt. Er vernahm die Verheißung Jesu, daß alle Geistesgaben wieder in Erscheinung treten und die Gemeinden »noch größere Taten vollbringen werden als in der Urchristenheit«. Heilungen und Wunder werden geschehen. Jesus sagt durch den Visionär: »Ich spreche jetzt zum letzten Male die Warnung aus an die Bewohner Amerikas und rufe sie zur Buße, ehe das große Gericht naht; denn Ich will Mein Volk hinwegnehmen von der Erde, bevor die Vernichtung einsetzt
Dieses »Volk«, dem die Entrückung verheißen wird, besteht aus den Gläubigen,

[104] So vertrieb der Philadelphia-Verlag von Chr. Röckle ein Postkarten-Foto, das von Ausflüglern im Sommer 1948 im Gotthard-Massiv aufgenommen wurde und ein Wolkenbild zeigte, »in dem ein Menschengesicht zu sehen ist und das ohne Zweifel ein Zeichen des bald wiederkommenden Herrn ist. Luk. 21, 11; Offb. 1, 7« (Philadelphia-Briefe, September/Oktober 1951). In amerikanischen Blättern wurde ein ähnliches Bild veröffentlicht. Es sollte von einem amerikanischen Flieger während eines Luftkampfes in Korea aufgenommen worden sein und zeigte eine aus dunklen Wolken gebildete Christusgestalt, deren Hände zu einer Friedensgebärde ausgestreckt waren. Aber ein ganz ähnliches Bild war schon 1944 von einem Fototechniker der amerikanischen Luftwaffe angefertigt worden – er hatte das Christusbild in eine Luftkampfszene hineinkopiert!

[105] Die Wahrheit 1970, Nr. 6 und 7/8

[106] Mitternachtsruf, Nr. 137

die der satanischen Verführung widerstanden haben und sich durch die geisterfüllten Prediger der Endzeit erwecken ließen. Die unvorbereiteten Christen aber und die Namenchristen werden Schreckliches erleiden.

Neben apokalyptischen Visionen werden auch zahlreiche visionäre Erlebnisse anderer Art berichtet. Da erzählt die Evangelistin Edith Evelyn McKeay von einer *Himmelsreise* während des Gebets: Jesus stand vor ihr und ihre Seele stieg gemeinsam mit ihm in Serpentinen zum Himmel empor. Im dritten Himmel wurde sie durch ein Perlentor zur Stadt Gottes geführt, und Jesus saß auf einem hohen Stuhl aus reinem Gold, und er goß Öl auf sie und weihte sie für den Dienst, der leidenden Menschheit Hilfe zu bringen.
Betty Baxter betete auf dem Krankenlager, Jesus möge sie heimholen. Gleich wurde es dunkel um sie, und eine Eiseskälte kam über ihren Leib, und sie trat in das Todestal. Aber dann wurde es licht, und eine starke Hand ergriff sie – es war die durchbohrte Hand Jesu. Bald standen sie vor einem breiten Fluß, hinter dem sich eine paradiesisch schöne Landschaft dehnte. Dort stand eine Schar jugendlich schöner Menschen, die durch Christi Blut erkauft waren und Herrlichkeitslieder sangen. Sie wartete mit Ungeduld darauf, den Fluß überqueren zu können. Aber da sagte Jesus zu ihr, ihre Zeit sei noch nicht gekommen. »Kehre zurück auf die Erde und antworte auf den Ruf, den du einst als neunjähriges Mädchen bekamst!«
Die Evangelistin Lura Johnson-Grubb berichtete, wie sie nach monatelangem Krankenlager in die himmlische Sphäre entrückt wurde und durch ein Perlentor die Gottesstadt betrat. Weißgewandete Heilige, darunter einige ihrer liebsten Angehörigen, zogen in weihevoller Andacht zum Thron Gottes. Sie waren barfuß und trippelten federleicht die Stufen hinauf, »schwebend in der Grazie göttlicher Freiheit im Takt der Marschmelodie der Musik«, um dann auf der anderen Seite wieder herabzusteigen und in der Ferne zu verschwinden. Plötzlich sah sie sich wieder in ihre Stube zurückversetzt und war bei vollem Bewußtsein. »Ich fühlte, daß ich starb.« Das Dach des Hauses verschwand, und sie sah die Himmel, erfüllt mit Myriaden von Wesen. Einige kamen zu ihr, und sie schloß sich ihnen an, um zur Gottesstadt aufzufahren. Aber es wurde ihr bedeutet: »Noch darfst du nicht gehen, der Herr hat noch eine Arbeit für dich! Er schickt dich zur Erde zurück, um die Menschen zu mahnen, daß sie sich eilends bereitmachen auf die Wiederkunft Jesu!«
Diesen verschiedenen Visionen liegt deutlich ein gemeinsames Modell zugrunde, das den biblischen Berichten über die Endzeit und das himmlische Jerusalem entstammt. Aber auch *Reisen in die Hölle* kommen vor. Da werden schreiende Seelen von Gehilfen des Teufels ins Feuermeer gestoßen, und es riecht nach Schwefel. Der Pianist und spätere Evangelist Lorne E. Fox gewahrte auf einem schwarzen Thron den Satan in schwarzer Bekleidung, und seine Augen sprühten Haß. »Es ist meine Wollust«, sagte er, »Menschen leiden zu sehen! Ich trinke in Gedanken ihr Blut, wenn ich sehe, wie sie blutend darniederliegen. Meine Zeit ist wieder einmal da, in der ich die ganze Erde mit Unglück schlagen kann.« In anderen Teilen der Hölle tanzten die Paare pausenlos und waren zu Tode erschöpft, durften aber nicht aufhören. Und andere Seelen beteiligten sich an Glücksspielen, aber jeder Edelstein, jede Goldmünze, die sie gewannen, brachte den Händen Brand- und Schnittwunden bei.

Manche Evangelisten und Gemeinschaften haben sehr konkrete Vorstellungen von Art, Zahl und Treiben der *Dämonen* entwickelt. Sich ihrer zu erwehren, ist z. B. ein wichtiger Teil in der Glaubenspraxis der Spätregengemeinden (S. 318 ff.). Nach dem amerikanischen Evangelisten A. A. Allen können die bösen Geister in Menschen und Tiere einfahren, die Körper der Besessenen peinigen, verkrümmen, blind, taub und stumm machen, grauen Star, Krebs und Kröpfe hervorrufen. »Dämonen können dich dazu bewegen, daß du nackt umhergehst oder daß du Kleider trägst, welche den Boden fegen. Dämonen können einen

Dieb oder Räuber aus dir machen. Die Dämonen bringen einige Menschen dazu, Selbstmord zu begehen.«[107] Im Rahmen seiner Evangelisationen veranstaltete er »Befreiungsnächte« für Bedrückte, Gebundene, Besessene und Lebensmüde und betete mit ihnen, damit sie von ihren Sündenlasten und satanischen Bindungen frei werden. Andere nehmen Teufelsaustreibungen vor. Der Ritus besteht aus Gebet, Handauflegung und dem Aussprechen exorzistischer Befehle unter Anrufung des Bluts Jesu. Oft werden aus einem Besessenen ganze Scharen von Dämonen ausgetrieben, und dabei kommt es nicht selten zu Wortgefechten und dramatischem Ringen, begleitet von konvulsivischen Zuckungen, Verrenkungen, Würgen, Speien, wildem Schreien und Keuchen des Besessenen. Freilich, solche drastischen Praktiken kommen nur vereinzelt vor und sind keinesfalls typisch für die Pfingstfrömmigkeit.

Zusammenfassend kann man sagen: Für die Pfingstgläubigen ist die biblische Welt mit ihren Zeichen und Wundern, Engeln und Dämonen, Himmel und Hölle usw. nicht mehr etwas Fremdes, Unglaubwürdiges, das dem rationalistischen Säuberungsprozeß zum Opfer gefallen ist, weil es nicht in das Weltbild des wissenschaftlich aufgeklärten Menschen paßt. Für ihn ist sie Wahrheit, denn er hat sie selbst erfahren – in den Versammlungen, in den Zeugnissen anderer Gläubiger oder in seinem eigenen Leben. In den Pfingstgemeinden ist alles wieder so, wie es einst in den apostolischen Gemeinden gewesen war. Sind sie nicht die wahre Gemeinde Jesu in der Endzeit? Was aber sind dann die Kirchen?

Der Standort der Pfingstbewegung

Der Siegeszug der Pfingstbewegung in der modernen Welt ist ein geistesgeschichtliches Phänomen. Woher kommt dies? Donald Gee[108] äußerte einmal, daß der mit den Geistesgaben verbundene »Eindruck des *Übernatürlichen*« die Kraft besitze, die Massen zu ergreifen, und er fuhr dann fort: »Ein indirektes Zeugnis für die Notwendigkeit und den Wert des lebendigen Zeugnisses des Übernatürlichen in der christlichen Erfahrung wird durch das phänomenale und bedauerliche Anwachsen spiritistischer Versammlungen geliefert. Sie gedeihen teilweise, weil sie ein Element ersetzen, welches den Kirchen fehlt, nämlich das Übernatürliche.« Damit hat Gee einen entscheidenden Punkt genannt. *Die Pfingstbewegung ist, geistesgeschichtlich gesehen, eine Reaktions- und Protestbewegung,* genau wie der Spiritismus, der um 1850 als organisierte Bewegung in den USA entstand und sich dann mit einer unheimlichen Geschwindigkeit über die ganze Erde verbreitete. In einer Welt, die durch die triumphalen Erfolge der naturwissenschaftlichen Forschung und der Technik rationalisiert, entgöttert und geheimnislos geworden war, fror das Gemüt und der Glaube fühlte sich unbehaust.
Spiritismus und Pfingstbewegung waren die Antwort auf einen seelischen Hunger. Aber beide gingen verschiedene Wege, um den Menschen aus seiner metaphysi-

[107] Das volle Heil, September 1962
[108] D. Gee, Über die geistlichen Gaben, S. 77

schen Verlassenheit herauszuholen. Der Spiritismus will mit Paraphänomenen, Demonstrationen und medialen Kundgaben die Realität einer *übersinnlichen Welt* beweisen und erhebt, da diese Fakten nachprüfbar seien, Anspruch auf wissenschaftliche Gültigkeit. Der Pfingstglaube demonstriert die Realität der himmlischen bzw. geistlichen *Mächte*, indem er die Menschen zu Zeugen von übernatürlichen Erscheinungen macht, von Visionen, Christusbegegnungen, Heilungen, Entrückungen und allerlei sonstigen wunderhaften Vorgängen. Während die jenseitige Welt des Spiritismus genauso wie die diesseitige Welt dem Gesetz der Kausalität und der Evolution folgt, in einer rational einsichtigen Weise aufgebaut ist und im Grund lediglich eine ins Grenzenlose verlaufende Ausweitung, Überhöhung und Steigerung der diesseitigen Welt darstellt, geht es dem Pfingstglauben um die Rehabilitierung und Reaktualisierung der biblischen Welt samt Himmel und Hölle, Engeln und Dämonen, Wundern und Zeichen.
Die weltanschaulich-religiösen Vorstellungen des Spiritismus sind mit säkularistischen Denkelementen gesättigt; der Pfingstglaube dagegen nährt sich aus biblischen Elementen. So besteht trotz der Gemeinsamkeit ihres Grundmotivs und Ausgangspunkts zwischen beiden ein *abgründiger Gegensatz*. Dieser wurde von beiden Seiten klar erkannt: Von spiritistischer Seite wurden die Erweckungsversammlungen von Pfingstpredigern als Tummelplatz fanatischer, dogmengebundener Geister gebrandmarkt, während Pfingstprediger den »Okkultismus« pauschal als Teufelswerk verurteilten, und unter den christlichen Kampfschriften gegen ihn sind diejenigen von Vertretern der Pfingstbewegung die schärfsten[109]. In der Anfangszeit wurde die Pfingstfrömmigkeit von ihren kirchlichen Gegnern häufig mit dem Spiritismus in einen allzu engen Zusammenhang gebracht. Das mag damals angesichts der Ratlosigkeit über die Pfingstphänomene verständlich gewesen sein. Wer jedoch heute beide in eins setzt, wie das immer noch geschieht, verrät nur seine völlige Unkenntnis.

In ihrem *Selbstverständnis* will die Pfingstbewegung mehr sein als nur eine geistesgeschichtlich zu begreifende Reaktionserscheinung. Sie bezeichnet das, was in ihrer Mitte aufgebrochen ist, als »Spätregen« und als Erfüllung von Joel 3, 1–4. Sie beansprucht damit also, ein *heilsgeschichtliches Ereignis* zu sein, nämlich eine letzte Kundgebung Gottes in der Endzeit. »In der Pfingstbewegung ist allen Völkern eine letzte, große Gnadenstunde angebrochen, ehe die Nacht kommt, da niemand mehr wirken kann.«[110] Sie beansprucht damit eine Sendung an die ganze Christenheit, an die ganze Welt. Bedeutung und Inhalt dieser Sendung kommen darin zum Ausdruck, daß die Bewegung den Begriff *»Pfingsten«* für sich gebraucht. Damit will sie nicht nur an das Wiederauftreten des Zungenredens erinnern, sondern etwas viel Umfassenderes aussprechen: Das Pfingstereignis von Apg. 2 als ganzes findet in ihr seine Wiederholung. Das erste Pfingsten war der vom Heiligen Geist bewirkte Aufbruch der Jüngerschar in die Welt, die Grundlegung der Gemeinde Christi; das zweite Pfingsten ist der Aufbruch der geisterfüllten Gemeinde zur endzeitlichen Vollendung. Diese Gemeinde wendet sich gleicherma-

[109] Ein Beispiel ist »Der Agent des Satans« von Mike Warnke, Leuchter-Verlag Erzhausen
[110] Leonhard Steiner, Mit folgenden Zeichen, S. 187

ßen an die Kirche wie an die Welt: an die Kirche, um sie aus ihrer Erstarrung und geistlichen Verarmung herauszureißen; an die Welt, um ihr ein letztes Zeugnis zu bringen – nicht mehr mit dem verbrauchten Vokabular der bisherigen Predigtsprache, sondern mit den Krafttaten des Heiligen Geistes.

Wenn die Pfingstbewegung mit diesem Sendungsauftrag recht hatte und wenn sie fähig war, ihn auszuführen, dann war mit den Ereignissen in der Azusa Street 1906 eine Stunde Gottes angebrochen, dann erhob sich da eine Bewegung, die den Kirchen ein neues, aus dem Geist gezeugtes Leben bringen wollte. Daß sie solchen Lebens bedurften und immer neu bedürfen, ist keine Frage. Welch einen Dienst konnte ihnen eine Bewegung leisten, die als ein Feuerbrand in ihre vielfach lauwarm gewordenen Gemeinden einbricht; die ihre verkrusteten Formen und Traditionen wieder in ursprüngliches Leben zurückverwandelt; die sie über ihre frommen und zugleich oft so schablonenhaften Erbaulichkeiten und über die Versteinerungen ihrer Bekenntnisse hinausführt in die Fülle der biblischen Wahrheit; die sie aufstört, soweit sie in einem »geistlichen Besitzstand« satt geworden sind, sich in einem selbstsicheren Konfessionalismus beruhigt und in einem Scheinfrieden mit der Welt ihre vermeintliche Geborgenheit gefunden haben!

Vieles, vieles hatte eine solche Bewegung des Heiligen Geistes zu tun. Sie hatte menschliche Lieblingsmeinungen – theologische, liturgische, politisch-sozialreformerische, volksmissionarische usw. – zu erschüttern und den Blick auf das Zentrale zu lenken. Sie hatte den halbherzigen Christen und dem Kompromißlertum eine christliche Existenz des radikalen Gehorsams vorzuleben. Sie hatte die allzu verbürgerlichten christlichen Gemeinden an ihre Fremdlingschaft in dieser Welt zu erinnern und ihnen zu zeigen, was es bedeutet, Gemeinde Jesu Christi zu sein. Sie hatte ihnen den Geist des Angriffs, des Opfers, des Bekennermuts einzuhauchen, damit sie wieder das »Salz der Erde« sein konnten. Sie hatte ihnen den Zugang zu erschließen für alles das, was sie an Wahrheiten der biblischen Offenbarung und an den verheißenen Gaben des Heiligen Geistes hatten verkümmern lassen. Je und je sind der Christenheit Menschen geschenkt worden, die ihr solchen Dienst leisteten, und die Geschichte zeigt, welche Wirkungen von ihnen ausgingen. Was mußte es bedeuten, wenn nun nicht nur einzelne Menschen, sondern eine ganze Bewegung in der Glut des Heiligen Geistes aufbrach!

Die führenden Männer der Pfingstbewegung hatten, daran besteht kein Zweifel, ursprünglich nicht im Sinn, eine neue Organisation oder Kirche zu gründen und das Vielerlei der Denominationen zu vermehren. Sie hofften vielmehr, daß die vom Heiligen Geist entzündete Bewegung der *ganzen Christenheit* diene. Aber schon früh erfolgte eine Einengung. Ein Pfingstprediger, der die Geschehnisse in der Azusa Street miterlebte, Frank Bartleman[111], erzählt, der Heilige Geist sei so mächtig gewesen, daß der fleischliche, menschliche Geist sofort als ein fremder Eindringling empfunden und erkannt wurde. Aber »Azusa begann auch früh in ihrer Geschichte, sich am Herrn zu verfehlen«. Die Verfehlung bestand darin, daß man sich organisierte. Bartleman empfing eine Offenbarung, die vor diesem Weg warnte. Denn »Gott brauchte eine Erweckungsgesellschaft, einen Kanal, durch

[111] Frank Bartleman, How Pentecost came to Los Angeles, 1925

welchen Er die Welt evangelisieren könnte zum Segen des ganzen Volkes und aller Gläubigen. Natürlich könnte er dieses nicht mit einer sektiererischen Partei ausführen.« Aber Bartlemans Warnung wurde nicht gehört. Schon am nächsten Tag fand er »in der Azusa-Straße ein Aushängeschild, auf dem stand: ›Apostolische Glaubensmission‹. Und der Herr sprach zu mir: ›Das ist, was ich dir sagte.‹ Sie hatten es getan. Sicher kann ein Parteigeist kein ›Pfingsten‹ sein. In einem echten Pfingsten gibt es keine Trennungen. Einen besonderen Gemeindeleib zu bilden, zeigt unsern Mangel als Gottes Volk an.« Von diesem Zeitpunkt an gab es Unruhe und Trennungen. »Wir waren berufen worden, zu segnen und dem ganzen Leib Christi allenthalben zu dienen.« Nun aber »war das Werk eine Erweckungspartei und eine Kirche mehr geworden im Verein mit den anderen Kirchen und Sekten in der Stadt. Kein Wunder, daß die Opposition der Kirchen ständig zunahm.«

Daß es zu Trennungen kam, war auch eine Schuld der Kirchen. Sie konnten für den Pfingstglauben und seine Äußerungen kein Verständnis aufbringen. Vorgänge wie Geistestaufen und Zungenreden waren für sie etwas Fremdes; einer stark intellektuell geprägten Religiosität erschienen sie als ein Rückfall ins Primitive oder eine psychische Abnormität. Nachrichten von Glaubensheilungen oder Begegnungen mit Christus oder mit Engeln stießen auf Skepsis. Berichte von mirakelhaften Begebenheiten erregten Verwunderung. Pfingstliche Erweckungsversammlungen wurden als Seelenmassage gewertet. Dazu kamen noch allerlei Lehren, die theologisch äußerst bedenklich erschienen. Dies mußte dazu führen, daß die Kirchen von Anfang an den Pfingstgläubigen kritisch bis negativ gegenüberstanden und daß deren Versuche, in den Gemeinden Zeugnis von ihren geistlichen Erfahrungen abzulegen, auf Ablehnung stießen. Diese Ablehnung fanden sie nicht nur bei den Liberalen, sondern gerade auch bei den Fundamentalisten, weil sie nicht nur wie diese an das »Übernatürliche in der Vergangenheit«, sondern auch an das »Übernatürliche in der Gegenwart« glaubten. Die »World Christian Fundamentals Association« verwarf in einem Beschluß 1928 in Chicago jede Verbindung mit den »Zungenrednern«.
All dies nötigte die Pfingstkreise dazu, sich selbständig zu machen und eigene Gemeinden zu bilden. Vielleicht wäre diese Separation vermieden worden, wenn man auf beiden Seiten mehr Geduld füreinander aufgebracht und versucht hätte, durch Gespräche einen Klärungsprozeß in Gang zu bringen, in dessen Verlauf Vorurteile beseitigt und fragwürdige Lehren korrigiert worden wären. Aber in einer Phase, in der die Kirchenleute ihrer Sache noch sicher waren und die Pfingstkreise sich in einem stürmischen Aufbruch befanden, war diese Geduld nicht vorhanden.

In der Folgezeit gab es viel Streit und Auseinandersetzung, bei dem auch die Pfingstgläubigen heftige Töne anschlugen: Die Kirchen insgesamt haben sich dem Wirken des Heiligen Geistes verschlossen und sind zu geistverlassenen Organisationen geworden; ihre Apparatur wird von beamteten Pfarrern in Gang gehalten, die ein kraftloses rationalistisches Christentum verkündigen. Die Gotteshäuser sind leer geworden, weil die meisten Kirchenglieder nur nominelle Christen sind oder einen dünnen, blutlosen »Kopfglauben« haben. Aber dank ihrer

Versippung mit dem Staat und der Gesellschaft halten sie sich am Leben, obwohl sie geistlich tot sind. Nachdem sie von Christus abgefallen sind, öffneten sie sich dem Zeitgeist und allen möglichen trüben Mächten und Verirrungen und haben sich damit für die böse Rolle vorbereitet, die sie in der Endzeit spielen werden.

Der weltbekannte amerikanische Pfingstevangelist DAVID WILKERSON sah in einer Vision am 6. April 1973 den kommenden Zusammenschluß der liberalen Protestanten mit der Papstkirche. Diese »Super-Weltkirche« wird die stärkste politische Macht der Erde sein und großzügig den Namen Jesu verwenden, aber den Antichrist unterstützen. Vom Satan eingesetzte Leute werden sie führen. Sie werden Homosexuelle einladen, ihre Mitglieder zu werden und »ihre Homo-Praktiken weiterzuführen als ein gegebenes Werk Gottes«. Nackttänze werden als künftige Form des Gottesdienstes gelten. Kirchliche Komitees werden die Existenz des Satans bestreiten, und okkulte Praktiken wie Horoskop und Kartenlegen werden im Gottesdienst Verwendung finden. Neben dieser teuflischen Kirche wird sich aus Gläubigen aller Denominationen die wahre Kirche bilden, die verfolgt und in den Untergrund getrieben wird, aber mit dem Heiligen Geist erfüllt ist, übernatürliche Kräfte empfängt und die Botschaft Christi in aller Welt verkündigt (vgl. D. Wilkersons kleine Broschüre »Die Zukunft«).

Nun ist diese pauschale Verurteilung der Kirchen seitens der Pfingstbewegung ebenso wenig stichhaltig wie umgekehrt die Behauptung aus kirchlichen Kreisen, die Pfingstbewegung sei dämonischen Ursprungs. Das wird auch zunehmend erkannt. So mehren sich etwa seit dem Ende des Zweiten Weltkrieges die Anzeichen, die auf eine *Milderung der Gegensätze* hindeuten, auf beiden Seiten. Das hat verschiedene Gründe. Die tiefgreifenden Veränderungen in allen Bereichen des modernen geistigen Lebens und die schweren Geschichtskatastrophen, die zum Zusammenbruch altüberkommener Normen und Wertsysteme, in zahlreichen Ländern sogar zur Verdrängung der Kirchen aus Gesellschaft und Staat und zu blutigen Verfolgungen führten, lösten bei den Kirchen und Gemeinschaften Prozesse der kritischen Selbstprüfung und des Umdenkens aus.
Parallel damit wuchs auch die Offenheit für andere Formen des Christseins, wie sie in der ökumenischen Bewegung und in der Annäherung der Konfessionen sichtbar wurde. Den Pfingstgemeinschaften ihrerseits blieb die bittere Erfahrung nicht erspart, daß sich im Lauf der Jahrzehnte die Glut der Anfangszeit abkühlte[112] und daß sie zwangsläufig einen Prozeß der Verkirchlichung durchmachen mußten mit Einführung von Ordnungen für Gottesdienst und Kasualien, Einsetzung hauptamtlicher, besoldeter Amtsträger, die in Bibelschulen ausgebildet werden, und organisierter Regelung und Finanzierung des Gemeindelebens und aller Aktivitäten. Diese Verkirchlichung und mancherlei bedrückende Erfahrungen in den eigenen Reihen – wie Enttäuschungen mit Gabenträgern, Erkalten der ersten Liebe, Einbruch der »Weltlichkeit« in die Gemeinden, Entzweiungen und Spal-

[112] So klagte ein Pfingstgläubiger, daß »kaum noch von geistlichen Gaben in den Gemeinden die Rede ist«. Und er fragte: »Wo wird überhaupt in den Zusammenkünften dem Wirken des Geistes Raum gegeben? Vielerorts ist es doch so, daß der Prediger die Stunden für sich in Anspruch nimmt. Er bestimmt das Anfangslied, er bestimmt, wie viele Gebete gesprochen werden, er hat die Predigt fertig, er hat das Schlußlied und sagt auch das Amen... Wo kann da noch von einer Geistesgemeinde oder Pfingstgemeinde die Rede sein?« (Der Leuchter 1969, Nr. 8)

tungen – mahnten zu einer bescheideneren Selbsteinschätzung und weckten ein gewisses Verständnis für die Mängel und Nöte der traditionellen Kirchen. Bei den Kirchen wiederum wurden viele anfängliche Vorurteile gegen die Pfingstbewegung entkräftet und wichen einer staunenden Anerkennung ihrer geistlichen Lebendigkeit, ihrer evangelistischen und missionarischen Leistungen und ihrer Fähigkeit, soziale Gruppen zu gewinnen, die den Kirchen verschlossen zu sein scheinen, auch den Entrechteten und Elenden eine Heimat in ihrer Mitte zu schaffen, in deren Wärme sie sich geborgen fühlten.

Selbst das *Zungenreden* erfuhr eine kirchliche Rehabilitierung: Ein Ausschuß der »United Presbyterian Church« legte nach zweijähriger Vorarbeit 1970 ein umfangreiches Dokument *»Das Werk des Heiligen Geistes«* vor, das von der Generalversammlung angenommen wurde. Darin werden die Ergebnisse psychologischer Veröffentlichungen über die Pfingstgläubigen zusammengefaßt: »Wenn wir die Gewißheit hätten, daß ein großer Teil derselben aus neurotischen, hysterischen, halluzinierenden Menschen besteht, hätten wir die Sache zu den Akten gelegt. Aber manche Experten behaupten sogar, daß Pfingstgläubige einen höheren Prozentsatz an stabilen, höchst fähigen Mitgliedern haben als andere religiöse Gruppen.« Der Südafrikaner L. M. Vivier van Eetveldt, selbst Mitglied der »Apostolic Faith Mission«, untersuchte in seiner medizinisch-psychiatrischen Dissertation das Zungenreden. Er schrieb, daß er zwei Arten von Zungenrede beobachtet habe: 1. als »Folge von Massenhysterie und anderen psycho-pathologischen Stimulantien« und 2. als Begleiterscheinung von stiller Betrachtung, Meditation und Hingabe[113]. Er beschränkte sich auf die zweite Art. Um zu prüfen, ob bei den Zungenrednern dieser Kategorie eine andere Persönlichkeitsart zum Vorschein kommt als bei anderen Christen, zog er zum Vergleich zwei weitere Testgruppen heran: Reformierte, die das Zungenreden ablehnen, und Evangelikale, die daran glauben, es aber nicht praktizieren. Ergebnis: Die Zungenredner leiden nicht stärker unter Depressionen als diese; sie sind weniger suggerierbar als die zwei anderen Gruppen; sie kommen im Durchschnitt aus schwierigeren Familien als diese; sie sind mehr an Gefühlen interessiert als an Gedanken oder Tätigkeiten und haben eine größere Bereitschaft zu Bescheidenheit und Selbstbeschränkung. Mediale Tendenzen wurden bei ihnen nicht gefunden, auch kein Hinweis darauf, daß »Zungenrede ein Phänomen von Bewußtseinsspaltung darstellt«. Das Zungenreden übt eine kathartische, d.h. reinigende Wirkung aus und kann eine Zunahme von Reife, Gefühlsreichtum und Verständnistiefe herbeiführen. Zusammengefaßt: Bei den Zungenrednern handelt es sich »um durchaus normale Leute, die keineswegs neurotische Symptome aufweisen«. Und: »Es scheint kein Zweifel darüber zu bestehen, daß der religiöse Gebrauch des Zungenredens zur Erhebung, Adelung, Heiligung, Erbauung, Ermahnung und Tröstung dient.«[114]

Die Zungenrede als solche sollte also kein Streitobjekt für die Kirchen sein. Die »United Presbyterian Church« zog denn auch den Schluß, daß man füreinander offen sein soll. *Die Echtheit einer religiösen Erfahrung muß sich an ihrer Übereinstimmung mit dem Sinn und Geist Jesu erweisen.* Das heißt: Führt die Konsequenz einer

[113] Die Pfingstkirchen, hrsg. von Walter J. Hollenweger, 1971, S. 183 ff.

[114] a.a.O. S. 203

angeblichen Begegnung mit dem Heiligen Geist zu Spaltung, Selbstgerechtigkeit, Feindseligkeit, übertriebenen Ansprüchen von Erkenntnis und Vollmacht, dann ist sie fragwürdig. Entspringen daraus aber »neue Dimensionen des Glaubens, der Freude und des Segens für andere, dann muß man folgern, daß es der Herr gewirkt hat«. Wenn ein Geistgetaufter das Empfinden hat, ein besserer Christ zu sein, dann »bedenke, daß das nicht heißt, du seist nun besser als andere Christen, sondern du bist, vielleicht, ein besserer Christ, als du es zuvor warst«. Kurz, die Echtheit der Geistestaufe und der Geistesgaben erweist sich an den *Geistesfrüchten* (Gal. 5, 22). Das wurde von kirchlicher Seite immer wieder betont und findet auch in den meisten Pfingstkreisen Zustimmung: »Wir wissen, daß das Reden in neuen Zungen das erste Zeichen der Taufe im Heiligen Geist ist. Aber es kann niemals der endgültige Beweis sein. Das endgültige Zeichen und der wirkliche Beweis sind schließlich die Herausgestaltung des Bildes Christi und seiner Gesinnung in uns.«[115]

Dagegen stößt der Satz, daß der Empfang des Heiligen Geistes und der Geistesgaben an die *Geistestaufe* gebunden sei, auf Widerspruch der Kirchen. Es wird darauf hingewiesen, daß sich in der Apostelgeschichte zwar Beschreibungen von Geistestaufen finden, daß aber weder hier noch sonst im Neuen Testament eine Lehre über die Geistestaufe entwickelt worden ist. Außerdem wird immer wieder deutlich gemacht, daß das *ganze Glaubensleben* des Christen von Anfang an eine Wirkung des Heiligen Geistes ist: Ohne ihn kann niemand Jesus einen Herrn heißen (1. Kor. 12, 3). Er erschließt dem Glaubenden die Wahrheit Gottes (1. Kor. 2, 6 ff.). Er ist die Kraft der Heiligung (1. Kor. 6, 11; 2. Thess. 2, 13). Er macht den Hoffenden gewiß und ist Unterpfand der Vollendung (Röm. 8, 23; 2. Kor. 5, 5). Er wirkt das alles im Gläubigen, ohne daß dieser eine Geistestaufe erfahren müßte. Von besonnenen Pfingstgläubigen wird denn auch nur noch davon gesprochen, daß die Geistestaufe einen »zusätzlichen« Segen vermittle, zu dem die Geistesgaben gehören. Ein Blick in die Kirchengeschichte zeigt freilich, daß es immer Menschen gab, denen die Gaben der Weisheit, der Erkenntnis, der bergeversetzenden Glaubenskraft, der Heilung zu eigen waren – ohne vorausgegangene Geistestaufe. In einem Punkt dagegen haben die Pfingstgläubigen recht: Die Mahnung des Paulus, die Gemeinde in Korinth möge nach den Geistesgaben trachten und darauf bedacht sein, eine reiche Fülle davon zu haben (1. Kor. 14, 1. 12), wurde in den Kirchen vernachlässigt, vielfach vergessen.

In den *Botschaften der Weltpfingstkonferenzen* fand der Wunsch nach einem positiven Verhältnis zu den Kirchen wiederholt Ausdruck. Die Londoner Weltkonferenz von 1952 veröffentlichte eine Broschüre, in der u. a. Donald Gee auf den *»Beitrag der Pfingstbewegung an die allgemeine Kirche«* verwies und erklärte, der Hauptteil der Pfingstbewegung erkenne mit Freude die Gnade Gottes in allen, die zum Glauben an Christus gekommen sind und sich zu ihm bekehrt haben. Die Pfingstgemeinden möchten mit ihren »Schwesterkirchen« in ein Verhältnis des Austausches, des gegenseitigen Lehrens und Lernens treten. Sie möchten »einen Beitrag von ewigem Wert für den ganzen Leib Christi« geben, wie auch die andern Denominatio-

[115] Vortrag von Dr. F. P. Möller in der Bibelschule »Beröa«, Erzhausen.

nen einen solchen Beitrag zum Leben und Wirken der Kirche in ihrer Gesamtheit geliefert haben. »Nach nahezu einem halben Jahrhundert des Mißverstehens und der Verkennung, woran sie sich nicht für ganz unschuldig halten, bieten die Pfingstgemeinden der ganzen christlichen Kirche in dieser ernsten Stunde ihrer Geschichte die brüderliche Hand der Gemeinschaft an.«[116]

Die Weltpfingstkonferenz in Stockholm 1955 machte sich in ihrer Botschaft diesen Standpunkt zu eigen: »Die Konferenz notiert mit Zufriedenheit die größere Gemeinschaft, die die Pfingstgemeinden jetzt mit anderen Christen haben, die ebenfalls den Herrn Jesus in Wahrheit und Aufrichtigkeit lieben, und wir wollen diese Gemeinschaft schätzen und pflegen. Wir haben die Zuversicht, daß auch wir zum Leibe Christi etwas besonders Wertvolles beitragen können, wenn wir in der bestimmten Botschaft, die uns vom Heiligen Geist anvertraut ist, treu verbleiben.«[117]

Die Weltpfingstkonferenz von Jerusalem 1961 ließ dann jedoch eine Zwiespältigkeit offenbar werden. Der Generalsuperintendent der »Assemblies of God«, Thomas Zimmermann, erklärte: »Wir bleiben innerlich und in der Lehre meilenweit von der Kirche entfernt.« In der »Botschaft« der Konferenz findet sich kein positives Wort über die Kirchen, sondern nur die Kritik, daß »die Christen das Evangelium nicht in seiner ganzen Fülle verkündet haben«[118]. Die Leitung der »Assemblies of God« forderte dementsprechend 1962 die Prediger und Gemeinden auf, sich an keiner ökumenischen Tätigkeit zu beteiligen.

Auf der anderen Seite wurden 1961 erstmals zwei kleinere Pfingstgemeinschaften, die »Pfingstkirche von Chile« und die »Pfingstkirchliche Mission (Chile)«, vom Weltrat der Kirchen als Mitgliedskirchen aufgenommen. David Du Plessis führte viele Gespräche mit Kirchenführern und dem Vatikan, wurde zum 2. Vatikanischen Konzil eingeladen und nahm an den Vollversammlungen des Weltrats der Kirchen teil. Im Oktober 1966 fand in Gunten am Thuner See auf Einladung des Ökumenischen Rats erstmals ein Treffen mit Vertretern von Pfingstgemeinschaften aus acht europäischen Ländern statt. Das Gespräch führte zwar zu keiner Verständigung, endete aber mit dem Wunsch nach Fortsetzung. Vor der Vollversammlung des Ökumenischen Rats 1968 in Uppsala setzte sich der Leiter des »Christlichen Gemeinschaftsverbands Mülheim/Ruhr«, Christian Krust, für eine Annäherung von Pfingstbewegung und Ökumene ein: Der ersteren könnte dadurch aus einer »bisher bestehenden gewissen Isolierung« herausgeholfen und die letztere zur Anerkennung der Wirksamkeit des Heiligen Geistes und der Charismen in der Gemeinde Christi angeregt werden. Der Hauptbrüdertag des Christlichen Gemeinschaftsverbands beschloß: »Wo und wann wir von seiten der Ökumene gebeten werden, auf die eine oder andere Weise unser Zeugnis zu geben, sind wir dazu bereit.«

In Uppsala weilte als Beobachter auch P. Manuel De Mello, Leiter der Pfingstkirche »Brasil para Cristo«. Sein Eindruck: »Obschon wir im Zeitalter der Düsen-

[116] L. Steiner, Mit folgenden Zeichen, S. 132

[117] Leuchter 1955, Nr. 7

[118] Die Folge dieser Haltung war, daß Leonhard Steiner, führender Mann der Schweizerischen Pfingstmission, aus dem Beraterkomitee der Weltpfingstkonferenz austrat.

flugzeuge leben, fährt der Ökumenische Rat in bezug auf sein Gottesdienstleben noch mit dem Fahrrad. Hingegen tut er ein gewaltiges Werk auf dem Gebiet der sozialen Aktion, ein Werk, das wir mit allen unseren Gottesdiensten nicht vollbringen können.« Seine Kirche beschloß dann auch den Beitritt zum Ökumenischen Rat – »nicht um religiöse Orientierung zu erhalten, sondern wegen dessen sozialer Mission in der heutigen Welt«.
Der ebenfalls als Besucher anwesende Chilene P. Alfredo Ramirez von der »Iglesia Metodista Pentecostal« erforschte in Uppsala, »was es mit der häufig so maßlos formulierten Kritik an dem Ökumenischen Rat der Kirchen auf sich hat«, die in dem Verdacht gipfle, daß er sich in der Endzeit mit Rom zusammentue, um im Dienst des Antichrists die wahren Gläubigen zu verfolgen. Er kam nach Hause mit der Überzeugung, »daß diese Gerüchte nicht stimmen«, zumal der Ökumenische Rat unter guter Führung stehe, »in Verantwortung vor dem Herrn« handle und überdies keinerlei Herrschaftsbefugnisse über die Mitgliedskirchen habe und übe. Er bat seine Amtsbrüder, daß sie »darüber nachdenken und zu den notwendigen Schlußfolgerungen darüber kommen mögen, was es mit dieser christlichen Organisation auf sich hat«.
Die Bereitschaft zur Zusammenarbeit wächst also. Auch länderweise kam es zu einem nachbarschaftlichen Verhältnis mit den protestantischen Kirchen, so in den USA, in Schweden und Deutschland. Mit dem römischen »Sekretariat zur Förderung christlicher Einheit« wurde ein Dialog begonnen, der ab 1972 in zwei Abschnitten von je fünf Jahren durchgeführt wurde.

Die »charismatische Bewegung«

Inmitten der traditionellen Kirchen entstand 1961 eine Bewegung, die viele Gemeinsamkeiten mit der Pfingstbewegung hat, sich aber im kirchlichen Raum eigenständig entwickelte: die *charismatische Erneuerungsbewegung*. Ihr Ursprung liegt in Kalifornien. Ein junges Ehepaar, Mitglied einer Gemeinde der Episkopalkirche in Van Nuys, das wenig kirchliches Interesse zeigte, beteiligte sich plötzlich rege am Gemeindeleben. Das fiel dem Pfarrer auf, und auf Befragen erklärten ihm die beiden, daß sie eine Erfahrung mit dem Heiligen Geist gemacht haben: Als sie an einer Allianzversammlung teilnahmen, redeten sie in Zungen. Er berichtete dem Hauptpfarrer der Gemeinde, Dennis J. Bennett, davon. Beide besuchten das junge Paar des öfteren, und von Zeit zu Zeit kamen auch einige Gemeindeglieder mit. Sie lasen zusammen die Bibel und beteten. Eines Tages machte auch Bennett die »Geisterfahrung« – man gebraucht hier lieber diesen Begriff statt »Geistestaufe« – und redete in Zungen. Vielen Gemeindegliedern widerfuhr in der Folgezeit dasselbe, unter ihnen auch Jean Stone, der Gattin eines Direktors der Lockheed-Werke. Sie machte ihr Heim zu einem Treffpunkt für Angehörige der gehobenen Gesellschaft, die sich nach der »Geisterfahrung« sehnten, und hielt Vorträge über diese Erfahrung vor Pfingstlern und Nichtpfingstlern. Vielen wurde sie unter ihrer Handauflegung zuteil. Bis Oktober des folgenden Jahres hatten schon über 2000 Glieder der Episkopalkirche charismatische Erfahrungen gemacht. Die charismatischen Gebetsgruppen, »Holy Spirit Fellowships« genannt, breiteten sich

aus; nach 10 Jahren waren es bereits 500. Die Bewegung griff auch auf andere Denominationen über – auf Lutheraner, Presbyterianer, Baptisten, Methodisten u. a. 1974 nahmen 10000 Gläubige an einer lutherischen Konferenz über den Heiligen Geist in Minneapolis teil, und ein neunköpfiger Ausschuß unter Leitung von Pastor LARRY CHRISTENSON wurde beauftragt, die charismatische Bewegung in den verschiedenen lutherischen Kirchen zu koordinieren.
Die Kirchenleitungen standen der Bewegung erst abwartend, gelegentlich mißtrauisch und ablehnend, dann wohlwollend gegenüber[119]. Der Erzbischof von Canterbury, Michael Ramsay, ermutigte in New York 1974 die Episkopalkirche, sich der charismatischen Erneuerung zu öffnen, und bekräftigte damit einen Hirtenbrief der Bischöfe dieser Kirche von 1971. Die Konferenz für charismatische Erneuerung 1977 in Kansas City wurde von mehr als 50000 Teilnehmern besucht; dabei wurde bemerkt, daß die Bewegung eine »mächtige Stimme im amerikanischen Leben« geworden sei.

Auf starke Aufgeschlossenheit stieß sie in *Südafrika*. Zentren wurden hier das anglikanische St. Pauls College und die Rhodes University, an der presbyterianische, kongregationalistische und methodistische Pastoren ausgebildet werden. Der anglikanische Bischof B. E. Burnett empfing 1973 die »Gabe des Sprachenredens«. Auch im europäischen Protestantismus entstanden ähnliche Aufbrüche. Initiator in *England* war der anglikanische Pfarrer MICHAEL HARPER. Er sehnte sich nach der »Erfahrung der neutestamentlichen Christen«, und seine Gebete wurden erhört: »Ich erfuhr, was es heißt, mit der Fülle Gottes erfüllt zu sein.« Er betete auch mit anderen, mit Männern und Frauen, Geistlichen und Missionaren, und »einer nach dem anderen wurde so mit dem Geist erfüllt«. Daraus erwuchs der *»Fountain Trust«*, der unter Harpers Leitung die charismatische Bewegung in England bis 1980 trug. – In *Irland* fand die Bewegung besonders bei Katholiken (s. u.) und Anglikanern Eingang. 1978 bestanden etwa 200 »charismatische Zellen«. Ein »Charismatischer Kongreß« 1977 wurde von 5000 Katholiken und 1000 Protestanten besucht; und an der internationalen »Konferenz für charismatische Erneuerung« im Juni 1978 in Dublin beteiligten sich 18 Bischöfe und 20000 Gläubige aus 60 Ländern – es war die größte religiöse Veranstaltung in Irland seit dem »Eucharistischen Weltkongreß« von 1932.

Nach *Deutschland* brachte Pfarrer ARNOLD BITTLINGER, damals Leiter des Volksmissionarischen Amts der Pfälzischen Landeskirche, die charismatische Bewegung, nachdem er sie 1962 bei einer Studienreise in amerikanischen lutherischen Gemeinden kennengelernt hatte. Nach seiner Rückkehr entdeckte er zu seiner Überraschung, »daß auch in Deutschland innerhalb unserer Landeskirchen einer Reihe von Pfarrern und Gemeindegliedern Geistesgaben neu geschenkt wurden. Diese Menschen reden nicht darüber aus Furcht, als ›Pfingstler‹ verschrien zu werden.« Sie gehörten verschiedenen Gruppen an, so dem Marburger Kreis, der

[119] Dazu hatten auch manche Untersuchungsbefunde beigetragen. So berichtete Larry Christenson, daß 32 Charismatiker in seiner Gemeinde zweimal im Auftrag der Kirche von einem Psychiater und einem Psychotherapeuten untersucht worden seien. Diese haben »festgestellt, daß die Leute mehr intellektuelle Prägung haben, mehr in dieser Richtung veranlagt sind, Leute, die z. T. an der Universität ausgebildet worden sind, vernünftige Leute, und an verantwortlichen Stellen in verschiedenen Berufen stehen«. Das Lutherische Medizin-Zentrum in Brooklyn beauftragte einen Psychiater, einen Psychologen und einen Linguisten, alle drei zugleich Pfarrer, mit psychologischen und sprachlichen Studien über das Phänomen der Zungenrede. Auch sie fielen positiv aus.

baptistischen Rufer-Arbeit, der Studentenmission (SMD). Bei einer Zusammenkunft in Enkenbach bei Kaiserslautern im August 1963 berichtete Larry Christenson den etwa 80 Teilnehmern – Theologen, Psychologen, Ärzten, Leuten aus der Wirtschaft – von der Bewegung des Zungenredens in den USA. Erst zurückhaltend und kritisch, überzeugten sie sich und kamen im Gebet oder unter Handauflegung auch zu persönlichen Erfahrungen. Sie trugen diese Erfahrungen in ihre Kreise und Gemeinden, und hin und her kam es zur Bildung von charismatischen Gruppen, insgesamt etwa 150. Schloß Craheim bei Schweinfurt, das 1968 zu einem »Ökumenischen Lebenszentrum für die Einheit der Christen« wurde, diente etwa zehn Jahre lang zugleich auch als Kommunikations- und Informationszentrum für die charismatischen Gruppen in der Bundesrepublik und Europa. 1976 wurde in Würzburg ein Koordinierungsausschuß für die »Charismatische Gemeinde-Erneuerung in der evangelischen Kirche« (BRD) gebildet; er steht seit 1978 unter der Leitung von Pastor Wolfram Kopfermann, Hamburg.
In den sechziger Jahren kam es auch in der DDR an mehreren Orten zu geistlichen Erfahrungen und Aufbrüchen (Bräunsdorf in Sachsen, das Schniewindhaus in Schönebeck-Salzelmen bei Magdeburg, das Rüstzeitenheim in Slate/Mecklenburg). In den siebziger Jahren entstand dann – vor allem auch im Rahmen des »Volksmissionskreises Sachsen« – eine starke Erweckungsbewegung charismatischer Art, die vor allem auch die Jugend ergriff (Großhartmanndorf bei Freiberg, Karl-Marx-Stadt, Leipzig, Dresden). Bedingt durch die besonderen Verhältnisse in der DDR konnten hier pfingstlerische und neupfingstlerische Gruppen aus anderen Ländern kaum wirksam werden; der gesamte Aufbruch verblieb im wesentlichen im Bereich der Evangelischen Kirche, die sich dann auch intensiv mit der Bewegung befaßt und auseinandergesetzt hat[120].

Auf der 5. *Vollversammlung des Ökumenischen Rats in Nairobi 1975* bildete die charismatische Erneuerung ein wichtiges Thema, das schon in der Vorbereitungsschrift angeschnitten wurde: »Die Kirche ist ein Beisammensein, bei dem gemeinsam die Unmittelbarkeit des Geistes erfahren wird, eine befreiende und verwandelnde Erfahrung, die ein neues Reich des Daseins eröffnet, ›das Leben im Geist‹, gekennzeichnet durch Freude, Freiheit und Liebe. In ihr findet man die Erwartung von Wundern (Sprachenreden, Heilungen, Prophetie) und die die Gemeinschaft betreffenden Merkmale der Solidarität (gegenseitige Hilfe, Sorge für die Bedürftigen).« 1978 wurde Pfarrer Arnold Bittlinger vom Ökumenischen Rat zum Berater in Fragen der charismatischen Bewegung berufen und übernahm eine Gemeindepfarrstelle in Oberhallau (Schweiz).
Eine erstaunliche Aufnahmebereitschaft fand die charismatische Bewegung in der *katholischen Kirche*, gerade auch im Klerus und in der Hierarchie. Es begann an der katholischen Duquesne-Universität (Pittsburgh): Die Professoren Ralph Martin und Bill Storey führten im Herbst 1966 ernste Gespräche miteinander über ihr christliches Leben. Von zwei Büchern waren sie besonders beeindruckt: *»Das Kreuz und die Messerhelden«* von David Wilkerson und *»Sie sprechen mit anderen*

120 Berichte der Theologischen Studienabteilung beim Bund der Evangelischen Kirchen in der DDR, 1978–1980

Zungen« von John Sherrill. Einige wunderbare Gebetserhörungen kamen hinzu. So schlossen sie sich einem interkonfessionellen Gebetskreis an, der die Geisterfahrung kannte, und sie machten diese Erfahrung ebenfalls. Rasch bildeten sich weitere Gruppen an anderen Universitäten und weit darüber hinaus in Gemeinden, unter Priestern und Ordensleuten. 1972 gab es bereits 539 Gruppen, und 1975 wurde die Zahl der Anhänger auf 600 000 geschätzt. In ihren Versammlungen sind Prophetie, Zungenrede, Geisterunterscheidung, Heilungsgabe keine Seltenheit. Zugleich empfinden die Anhänger eine Belebung ihres Engagements für die Kirche und den katholischen Glauben. So wollen sie auch keine Sonderkreise am Rand der Kirchengemeinden bilden, sondern sehen ihren Auftrag – ebenso wie die evangelischen Kreise – in der »charismatischen Erneuerung« *der* Kirche. Die *amerikanische Bischofskonferenz* erklärte in einem Gutachten 1969, »daß vom Standpunkt der Theologie aus die Bewegung legitime Gründe für ihre Existenz besitzt. Sie hat eine starke biblische Grundlage . . . Es gibt viele Anzeichen dafür, daß die Teilnahme an charismatischen Gebetsgruppen zu einem besseren Verstehen der Aufgabe des Christen in der Kirche führt.«
In vielen Ländern entstanden katholische charismatische Gruppen. Nach Frankreich kam die Bewegung 1971 durch einige Jesuiten und Dominikaner – die Emanuel-Gruppe in Paris wuchs in zwei Jahren von 10 auf über 1000 Mitglieder. Dann entstanden Gruppen in Belgien, den Niederlanden, Deutschland, der Schweiz, Italien und in den lateinamerikanischen Ländern. Sie sammelten sich im Petersdom zum charismatischen Gottesdienst, in dem Kardinal Suenens, Primas von Belgien, mit 700 Priestern und Bischöfen die Eucharistie feierte. Paul VI. begrüßte sie: »Wie sollte diese ›geistliche Erneuerung‹ nicht eine Chance für die Kirche und die Welt sein? Und sollten wir in diesem Fall nicht alle Mittel ergreifen, daß sie es bleibe? Diese Mittel wird der Heilige Geist euch zeigen, gemäß der Weisheit derer, die Er selber zu Hirten bestellt hat, um die Kirche Gottes zu weiden.« Die Aufgabe des kirchlichen Amtes sei, nicht nur »den Geist nicht auszulöschen«, sondern auch die »Unterscheidung der Geister« zu üben. Der Papst nannte drei Kriterien für die Beurteilung der Geistesgaben: Sie dürfen der authentischen Glaubenslehre nicht widersprechen; ihre Bedeutung bemißt sich nach ihrer Funktion für das Wohl der gesamten Gemeinde; die Liebe muß präsent sein und sich in Taten der Caritas auswirken. Ferner forderte Paul VI. zur regelmäßigen Feier der Eucharistie und zur Teilnahme am Bußsakrament auf.
Damit erhielten die katholischen Charismatiker ihre Legitimation und ihren Auftrag: Sie sollen in der Bindung an die katholische Glaubenslehre und an das Hirtenamt der kirchlichen Erneuerung aus den Gaben und Kräften des Heiligen Geistes dienen. Sie bilden keine abgesonderte Vereinigung. Ihr Lebensraum ist die Kirche. (Die Gebetsgruppen einer Diözese sollen zwei »Diözesansprecher« – einen Priester und einen Laien – benennen, die den Kontakt zum Bischof halten.) Und ihre Geisterfahrung ist völlig in die Glaubenslehre eingebunden.

So heißt es etwa: Im Sakrament der Taufe wird der Heilige Geist empfangen; das Firmsakrament ist »die geschichtliche Fortdauer der ersten Pfingsterfahrung« und enthält die Aufforderung, sich dem Wirken des Geistes zu öffnen. Die »Geisttaufe« ist eine Erneuerung des Firmsakraments und damit »die Nachholung der für die Taufe vorausgesetzten persönlichen Umkehr«; sie ist in der Regel nicht verbunden mit der Bitte um die Sprachengabe, wohl aber ermöglicht sie dem Gläubigen, in die »Geistesgaben hineinzuwachsen« (Prof. Dr. H. Mühlen). Die Erfahrung der Kraft des Heiligen Geistes ist von Person zu Person verschieden. Sie kann als ein äußerlich sichtbares Ergriffenwerden von Frieden, Freude und Liebe zu Gott und den Menschen (Zungenrede) erlebt werden, kann sich aber auch ganz in der Tiefe der Seele und unbewußt abspielen, so daß der Gläubige erst allmählich der entscheidenden Änderung seines Lebens inne wird. Die Charismen sind als »die Befähigung zum Dienst am Glauben anderer und damit zum gemeinsamen Priestertum« zu verstehen; das Grundcharisma ist die Liebe (Röm. 5, 5). Sie sind kein Zeichen besonderer Erwählung, sondern Gabe als Aufgabe für die Gemeinde. Die Charismen, auch die »leuchtenderen« wie Prophetie, Heilungsgabe, Sprachengebet, gehören eigentlich zum Alltag einer lebendigen Gemeinde. Elemente der charismatischen Gebetstreffen sind freies Gebet, Schriftlesung, Gesang, Zeugnisse von der Geisterfahrung im persönlichen Leben und das Wirksamwerden verschiedener Charismen. Vielfach wird die Eucharistie gefeiert. Als Früchte der charismatischen Erneuerung gelten: Liebe zum Gebet im täglichen Leben und in den wöchentlichen Gebetstreffen; Hunger nach dem Wort Gottes und tägliche Schriftlesung; Wertschätzung der Sakramente; vertieftes Gefühl der Zugehörigkeit zur Kirche.

Auch die *evangelischen Charismatiker* betonen die enge Bindung an die Kirche, mögen die einzelnen Gruppen ihre Gebetsgottesdienste unter Leitung des Pfarrers in der Kirche halten oder sich in Privathäusern versammeln. Auf einer Tagung in Würzburg 1976 wurden *»theologische Leitlinien«* erarbeitet, in denen es u. a. heißt: In jedem Christen, der durch Glauben und Taufe wiedergeboren ist, wohnt der Heilige Geist und »will bei ihm sichtbar werden zur Erbauung der Gemeinde und zum Dienst in der Welt«. Die Charismen werden in der Abhängigkeit von Christus nach dem Maß des Glaubens und als Verwirklichung der Liebe in der Gemeinschaft der Glaubenden entfaltet und ausgeübt. »Jede Rangordnung der Charismen ist undenkbar. So gelten z. B. bei Paulus Ehe und Ehelosigkeit, Prophetie und Diakonie, Sprachengabe und Kassenverwaltung in gleichem Maße als Charismen.« Wichtig ist der Satz: »Alle Charismen sind Zeichen der erneuerten Schöpfung, nicht ein ›übernatürliches‹ Geschehen.« Ihre Ausübung ist legitimiert durch »ihre Funktion für den Aufbau des Reiches Gottes«. Im charismatisch gestalteten Gottesdienst wird der einzelne durchlässig für das, was Gott an und durch uns tun will. Im Mittelpunkt des gottesdienstlichen Lebens steht das Abendmahl. »Charismatische Erfahrungen werden gegeben, wo Menschen ihre Hilflosigkeit und Leere vor Gott eingestehen und darum alles von Gott und seiner konkreten Weisung und Gabe erwarten.« Durch die charismatische Erneuerung »wird eine Volkskirche in Frage gestellt, die durch die Passivität und Gleichgültigkeit der meisten ihrer Glieder bestimmt ist«; aber sie steht »in der Mitte der Kirche und in der Kontinuität ihrer Lehrtradition« und sucht den Dialog mit allen theologischen Richtungen, die zur Erneuerung der Kirche beitragen[121].

Wie stehen die *Pfingstler* selbst zu dem charismatischen Aufbruch in den Kirchen? Das Echo war verschieden: Staunen darüber, daß eine solche Bewegung ausgerechnet in scheinbar so erstarrten Kirchen, wie denen der Episkopalisten und Lutheraner, entstehen konnte[122], mischte sich mit einer gewissen Genugtuung, weil durch diesen Aufbruch die Pfingstler inmitten der Kirchen endlich bestätigt wor-

[121] Deutsches Pfarrerblatt 1976, Nr. 12
[122] Wort + Geist 1977, Nr. 5

den seien. Andere äußerten vorbehaltlose Freude über die wesensverwandte Bewegung, oder aber sie vermerkten kritisch, daß verschiedene Äußerungen des Heiligen Geistes bei den kirchlich-charismatischen Versammlungen fehlen würden.

Die deutschsprachigen Pfingstgemeinschaften haben seit 1975 mehrere halboffizielle Gespräche mit leitenden Vertretern der innerkirchlichen charismatischen Erneuerung geführt. In einer sorgfältig erarbeiteten »Stellungnahme« von 1979 sind einige kritische Bemerkungen festgehalten, zum Beispiel hinsichtlich der »Tendenz, persönliche Geisterfahrung mit kirchlicher Terminologie zu beschreiben und innerhalb einer bestimmten theologischen Tradition zu interpretieren«. Auch fällt den Pfingstlern auf, daß für die kirchlich-charismatischen Kreise der Unterschied zwischen der »herausgerufenen Gemeinde«, die das Neue Testament anspricht, und den »historisch gewachsenen volkskirchlichen Systemen« ganz selbstverständlich gegeben ist und sie nicht mehr wahrnehmen, daß die eine Form der Gemeinde oder Kirche die jeweils andere in Frage stellt. »Wo geistliches Leben – auch verbunden mit geistlichen Gaben – aufbricht, sollte es nach unserer Erkenntnis zur Bildung neutestamentlicher Gemeinden führen«, heißt es in der Stellungnahme. Und »aufgrund historischer Tatsachen« wird die Befürchtung ausgesprochen, daß der »charismatische Aufbruch der Gegenwart innerhalb der volkskirchlichen Strukturen in seiner dynamischen Wirkung eingeengt wird, weil sich dort bisher in der Regel die Institutionen und ein formalistisch ausgeübtes Amt gegen das Charisma durchgesetzt haben«.

Die *Gemeinsamkeiten* der charismatischen Erneuerungsbewegung und der Pfingstbewegung sind offenkundig: Beide kennen das Erfülltwerden mit dem Heiligen Geist und erleben es in gleicher Weise. Es bildet für beide den Quell intensiven Gebetslebens, geistlicher Erneuerung und des Empfangs der Geistesgaben. Aber die oben erwähnten theologischen Leitlinien zeigen auch die *Unterschiede.* Sie treten an zwei Punkten besonders deutlich hervor: Die »Geisterfahrung« hat für den Charismatiker einen anderen Stellenwert als für den Pfingstgläubigen die »Geistestaufe«. Und: Der Charismatiker hält sich zu seiner angestammten Kirche und sieht seinen Auftrag darin, für ihre geistliche Erneuerung zu wirken, während der Pfingstgläubige als biblisch legitime Kirche nur die wahre Gemeinde Jesu anerkennt, die aus wiedergeborenen und geistgetauften Gliedern besteht und durch den Heiligen Geist aufgebaut und sichtbar dargestellt wird.
Diese Unterschiede rühren davon her, daß die Pfingstbewegung in einem anderen Mutterboden wurzelt als die charismatische Bewegung. Bei der ersteren ist dies die amerikanische Erweckungs- und Heiligungsbewegung, bei den »Charismatikern« ist es die Tradition der eigenen Kirche – trotz der »geistlichen« Kritik, die an ihr geübt wird. Die Botschaft der Pfingstgläubigen verheißt die Taufe mit dem Heiligen Geist als den dritten Segen nach der Bekehrung und Heiligung; für viele Pfingstgemeinschaften gehört sie zum »Soll« des christlichen Glaubensstandes. Nach den Würzburger »Leitlinien« dagegen werden Geisterfahrungen Menschen gegeben, die »ihre Hilflosigkeit und Leere vor Gott eingestehen« und alles von ihm erwarten. Sie sind hier also nicht eine dritte Stufe des christlichen Höhenwegs, sondern werden dem Gläubigen zuteil, der durch die Erkenntnis seiner Gebundenheiten und Niederlagen und seines Versagens auf einem Nullpunkt angekommen ist und nichts mehr vorzuweisen hat. Diese Erkenntnis stand am Anfang der Reformation: »Wir sind Bettler, das ist wahr« (Luther).

Hier wird der andere Kontext deutlich, in dem die Geisterfahrung der »Charismatiker« steht. Sie ist nicht, wie die Geistestaufe der Pfingstgläubigen, die Zielstation eines sehnsüchtigen Strebens, sondern ein reines, oft unverhofftes Geschenk der Gnade Gottes. Der Beschenkte wird dadurch nicht aus seinem Stand des gerechtfertigten Sünders in einen höheren Stand emporgehoben. Er bleibt ein Bettler. Aber die Geisterfahrung wird für ihn zur Quelle eines freudigen Glaubens, eines vertieften Gebetslebens und Schriftstudiums und einer neuen Liebe zur Kirche.

Es wird kaum zu erwarten sein, daß die charismatische Bewegung einmal mit der Pfingstbewegung zusammenfließt. Das wäre auch nicht sinnvoll. Die charismatische Bewegung innerhalb der Kirchen hat einen wichtigen Auftrag zu erfüllen, denn sie kann mit ihrem Zeugnis von der Kraft und Gegenwart des Heiligen Geistes und von den Charismen mehr Aufmerksamkeit und Gehör in Kirche und Gemeinden finden als die Pfingstbewegung, die außerhalb der Kirche steht. Da sie andererseits hinsichtlich der Erfahrungen eng mit den Pfingstlern verbunden ist, kann sie bei ihnen mehr als andere »Kirchenchristen« Verständnis wecken für die reformatorische Botschaft vom Kreuz und von der zentralen Bedeutung der Rechtfertigung sola gratia. So kann sie die auf beiden Seiten im Gang befindlichen Bemühungen um ein besseres Zueinander fördern. Das Ziel wäre, daß die Pfingstgläubigen und die Kirchenchristen einander in ihrem Anderssein nicht nur tolerieren, sondern als biblisch legitime Möglichkeiten des Christseins anerkennen und so etwas von der Weite und Vielfalt der Kirche Christi erfassen.

Anhang: Die Heilungsbewegung

Die Gabe der Heilung war in der Pfingstbewegung von Anfang an vorhanden und wurde eifrig gepflegt. Aber sie war und ist hier immer nur eine unter den anderen Gaben. Nun hat sich gewissermaßen aus der Pfingstbewegung heraus in den Jahren nach dem Zweiten Weltkrieg eine Bewegung entfaltet, bei der die *Heilung beherrschend in den Vordergrund* trat. In dieser »Heilungsbewegung« ist der Zielpunkt der Verkündigung des »vollen Evangeliums« nicht mehr, die Gläubigen zur Geistestaufe hinzuführen, sondern die Kranken zu heilen, damit die Versammelten Zeugen der wunderbaren Machtdemonstration Gottes werden und zum Glauben kommen.

Massenbekehrung durch Heilungswunder

Ausgangsort der Heilungsbewegung waren die Vereinigten Staaten, die ihr auch durchaus das Gepräge gegeben haben. Dort wurden etwa in dem Jahrzehnt zwischen 1940 und 1950 zahlreiche Pfingstevangelisten für den besonderen Dienst der Heilung erweckt und begabt. Die wichtigsten Namen sind: Oral Roberts,

Tommy Hicks, Gordon Lindsay, William Branham, Tommy L. Osborn, Harvey McAlister, Louise Nankivell, das Ehepaar Dale und Barbara Hanson, Paul Cain, A. Allen, A. C. Valdez, Jack Coe, Mildred Wicks, David Nunn, O. L. Jaggers, Alton L. Hayes, Albert Gilbert, Lester Sumrall, Richard Vinyard, Raymond T. Richey, Sam Todd, F. F. Bothworth. Jeder von ihnen erfuhr eine besondere Berufung und Bevollmächtigung. Im allgemeinen verlief dieses Initiationserlebnis nach einem einheitlichen Muster: Der Evangelist wurde schwer oder gar unheilbar krank, erfuhr eine wunderbare Heilung meist mit Handauflegung – und empfing in einer Vision oder Audition unmittelbar von Gott den Auftrag und die Gabe der Heilung[123]. Einige dieser Heilungsevangelisten gewannen Weltruf. Sie reisten rastlos durch die Länder und veranstalteten monatelang »Evangelisationskampagnen« oder »Heilungsfeldzüge«.

Tommy Hicks, der »feurige Erwecker« (geb. 1908, Sohn eines Farmers in Texas, als Baptist bekehrt, nach empfangener Geistestaufe Pfingstprediger seit 1929), bekam bei einer schweren Erkrankung im Jahr 1949 die Gewißheit, daß er sein Leben und somit seine Gesundheit von Gott »beanspruchen« könne. Er ließ sich einfach aus dem Bett rollen und wartete auf das Eingreifen Gottes. Dieser griff nach 25 Minuten ein: »Mein Sohn, ich liebe dich und vertraue dir!« Er rührte ihn an, heilte ihn und gab ihm die Vollmacht, auch anderen Menschen zur Freiheit von Sünde und Krankheit zu helfen. Ein Höhepunkt seiner Wirksamkeit war die 62tägige Evangelisation in Buenos Aires 1954, wo er 3,5 Millionen Menschen bekehrt haben will. 1955 konnte er sogar in die Sowjetunion einreisen und 28 Tage evangelisieren. Danach vernahm er Gottes Stimme: »Ich habe dir Finnland als Erbe gegeben.« Er sprach in Helsinki vor Massenversammlungen mit bis zu 50000 Teilnehmern. 1956 kam er wieder nach Finnland, und »buchstäblich die ganze Nation geriet in Bewegung«. Auch in Zürich und Karlsruhe evangelisierte er wiederholt.

Hicks wurde allerdings von William Branham (siehe S. 201 ff.) noch übertroffen. Nach dem Berufungserlebnis als Heilungsprediger im Jahr 1946 empfing dieser die Fähigkeit, ins Herz der Menschen zu blicken und ihre Vergangenheit zu schauen. Seine Person und seine ganze Tätigkeit war von Sensationen umwittert, die ihm den Ruf eines mit übernatürlichen Kräften begabten Mannes verliehen, wodurch seine Anziehungskraft mächtig verstärkt wurde. Seine Versammlungen

123 So lauteten die Berufungsworte Gottes bei David Nunn: »Mache dich auf und gehe von Stadt zu Stadt, heile die Kranken und predige, das Reich Gottes sei nahe herbeigekommen.« (Mehr Licht, 15. Jg., 14); bei Albert Gilbert: »Ich gebe dir die Gabe der Krankenheilung! Sei stark! Ich habe mein Wort in deinen Mund gelegt!« (Mehr Licht, 17. Jg., 16); bei Oral Roberts: »Von jetzt an sollst du meine Kraft in deiner rechten Hand spüren. Du sollst das Dasein von Dämonen feststellen können. Ich werde dir ihre Namen und Anzahl nennen. Du sollst meine Kraft empfangen, damit sie ausgetrieben werden!« (Mehr Licht, 17. Jg., 20) William Branham empfing durch einen weißgewandeten Engel des Herrn im Mai 1946 nach Mitternacht in einer verlassenen Waldhütte die Botschaft, daß Gott ihn »gesandt hat, den Völkern der Welt eine Gabe göttlicher Heilung zu bringen. Wenn du aufrichtig sein wirst und die Leute dazu bringen kannst, dir zu glauben, soll deinem Gebet nichts widerstehen können, nicht einmal der Krebs«. (Otto Witt, William Branham, Prophet oder Wahrsager? S. 19f.)

waren von Zehntausenden und Hunderttausenden besucht, ob er in den USA oder in Mexiko, in Finnland, Südafrika oder Indien auftrat. Riesig sind in den Berichten auch die Zahlen der Geheilten. So sollen in einer Versammlung von 100000 Menschen in Durban (Südafrika) auf einmal 25000 geheilt worden sein. Nicht selten bekehrten sich 3000 bis 5000 Menschen bei einer einzigen Versammlung. Auch andere Evangelisten wie Jack Coe, McAlister, James Dunn meldeten Riesenzahlen an Hörern, Bekehrten und Geheilten.
Den Berichten über die Heilungsversammlungen waren oft lange *Kataloge von Krankheiten* beigefügt, die unter dem Wort des Evangelisten weichen mußten. Ein solcher Katalog lautet etwa: »Im Namen Jesu Christi, des Sohnes des lebendigen Gottes, erlebten die Heilung: Blinde, Lahme, Taube, Stumme, Stotterer, Krebs- und Tbc-Kranke; ebenso wurden gesund: Darm-, Magen-, Augen-, Gehirn-, Herz-, Nervenkranke. Viele, die mit Arthritis deformans, Muskelschwund, Anämie, Leukämie, Kropf und vielen anderen Krankheiten behaftet waren, rühmen den himmlischen Vater für ihre augenblickliche Gesundung. Ja, selbst verkrümmte Rücken wurden gerade, verklumpte Gliedmaßen normalisierten sich. Ob die Krankheiten akut oder chronisch waren, das spielte keine Rolle.«[124] Selbst von Totenerweckungen wurde berichtet, so durch Branham und James Dunn.

Oral Roberts, Spezialist für Dämonenaustreibungen, nahm sich vor, 10 Millionen Menschen zu bekehren, und wollte in fünf Jahren, bis zum Sommer 1959, bereits fünf Millionen für Gott gewonnen haben. Er evangelisierte mit Filmen, Traktaten, Büchern und seiner Zeitschrift »Abundant Life«, reiste mit kompletter Zeltausrüstung auf sieben Lastwagen mit Anhängern durch die USA und mietete Sendezeiten in über 750 amerikanischen Radio- und Fernsehstationen[125]. Alle Heilungen, die sich in seinen Versammlungen ereigneten und ihm bekannt wurden, ließ er ärztlich überprüfen. Ein herausragendes Werk war die Errichtung der »Oral Roberts University« in Tulsa (Oklahoma), wo auch die »Oral Roberts Evangelistic Association« ihren Sitz hat. Diese mit einem Aufwand von 50 Millionen Dollar erbaute Lehrstätte ist die »größte auf das Wort Gottes gegründete Universität«; sie ist mit allen modernen technischen Mitteln ausgerüstet und bietet Platz für 3000 Studenten. Nach ihrer Satzung müssen alle Dozenten »einen Doktorhut oder einen ihm entsprechenden Titel haben und gleichzeitig mit dem

[124] Fröhliche Nachrichten 15. 12. 1953. Hier auch einige Zitate aus Briefen Geheilter, wie sie in endlosen Abwandlungen immer wieder veröffentlicht werden: »Das Bein, das 4½ cm kürzer war, wuchs in Sekunden 3 cm vor unsern Augen.« – Unterleibskrebs: »Sofort trat eine Besserung ein. Eine neue Operation brauchte nicht mehr vorgenommen zu werden.« – »Er hat mich geheilt von der unheilbaren Krankheit: Spingomyelin.« – »Spinale Kinderlähmung und an beiden Knien Arthritis deformans schweren Grades. Jetzt geht's mir gut.« – »Seit 17 Jahren habe ich die Brille getragen und immer stärkere Gläser gebraucht. Nun kann ich wieder einwandfrei ohne Brille lesen.«

[125] Aufgrund einer göttlichen Offenbarung weissagte Oral Roberts eine bevorstehende Ära von Wundern mit Massenheilungen, weil jetzt der Wunsch zum Übernatürlichen seinen Höhepunkt erreicht habe. »Die Zeit wird kommen, wo eine Zuhörerschaft in der Schnelligkeit einer Sekunde auf übernatürliche Weise geheilt und befreit werden wird. Ich glaube, daß das der Grund ist, warum ich immer wieder dazu gedrängt werde, die Evangelisationsfeldzüge durch das Fernsehen übertragen zu lassen. Auf diese Weise können 10 Millionen Menschen, die das Fernsehen eingeschaltet haben und an die Gotteswunder glauben, geheilt werden.« (Mehr Licht, 18. Jg., 10)

Heiligen Geist getauft sein«. Eine mit der Universität verbundene Schule für Evangelisation soll jährlich 5000 Pfarrer, Evangelisten und Missionare aus aller Welt zu Seminarwochen einladen.
In der Zeitschrift *»The Voice of Healing«* mit einer Auflage von 500000 Exemplaren erhielt die Heilungsbewegung ein wirkungsvolles publizistisches Mittel (gegr. 1948 in Dallas, Texas). Sie entstand durch die Initiative des Geschäftsmanns Jack Moore und der Pfingstprediger Gordon Lindsay und William Branham. In den folgenden Jahren wurden Pläne für einen Erweckungsfeldzug ausgearbeitet, der eine Milliarde Menschen zu Christus führen sollte. GORDON LINDSAY erklärte: »Die Organisation umfangreicher Heilungs- und Heiligungsversammlungen ist nötig in allen Ländern. Rundfunkübertragungen von Predigten über nationale und internationale Sender müssen stattfinden ... Arbeiter, ausgerüstet mit der Vollkraft des Geistes müssen ausgesandt werden zur Verkündigung des vollen Heils.«[126] Unter Lindsays Leitung wurde dann 1957 als Frucht dieser Pläne der *»Kreuzzug zur Gewinnung der Nationen«* (Winning the Nations Crusade) ins Leben gerufen. Er wollte Gruppen von Evangelisten zu den verschiedenen Nationen aussenden und durch 100 Radiosendungen täglich über zahlreiche Stationen in Lateinamerika den größeren Teil der dortigen Bevölkerung erreichen. Aber bald wurde es wieder stumm um diesen »Kreuzzug«. Lindsay kam zu der Erkenntnis, daß die Zeit der »Massenevangelisation« vorüber ist, und wandte sich anderen Aufgaben zu: Sammlung der Neubekehrten in Gemeinden, Schriftenmission und Durchführung biblischer Fernlehrgänge. Er gründete 1958 das Blatt »World Wide Revival«, das später in »Christ for the Nations« umbenannt wurde. Ein weiterer Schwerpunkt war der *»Kreuzzug für das Heilige Land«* mit einem Evangelisationsteam unter Leitung von Shlomo Hizak, einem früheren Angehörigen der Leibgarde von David Ben Gurion; dieses unterhält ein Büro in Jerusalem, das große Mengen »Messianischer Bücher« verbreitet.

TOMMY L. OSBORN – 1925 geboren, mit 12 Jahren bekehrt, mit 18 Jahren verheiratet, mit 20 Jahren Prediger, mit 21 Jahren Missionar in Indien, mit 23 Jahren reisender Massenevangelist – hatte 1953 eine »Vision«, die ihn beauftragte, einheimische Missionare in Gebiete auszusenden, die noch von keinem Missionar betreten worden waren. Er gründete die »Association for Native Evangelism«, die Prediger ausbilden, aussenden und unterstützen sollte. In den zwanzig Jahren bis 1973 wurden nach seinen Angaben 47000 unerreichte Gebiete evangelisiert, alljährlich 70000 bis 80000 Bekehrungen erzielt und ständig 2500 einheimische Evangelisten finanziell unterstützt, bis sie »selbstopfernde Gemeinden« ins Leben gerufen haben, die sie tragen können. Um die Kunde von Osborns erfolgreichen Evangelisationen weit zu verbreiten und die erforderlichen Gelder durch Spendenaufrufe zu beschaffen, wurde die *»T. L. Osborn Evangelisationsgesellschaft«* gegründet. Ihre Zeitschrift »Faith Digest« – im deutschen Sprachraum »Glaubenszeuge« – wird in vielen hunderttausend Exemplaren kostenlos verbreitet. Jede Ausgabe berichtet von triumphalen Erfolgen, oft in geradezu abgeschmackter

[126] Mehr Licht 17. Jg., Nr. 5

Art: »Wunder aller Art geschehen häufig, Tote sind auferstanden – während Totengräber am Werk und Beerdigungen im Gange waren«![127] Osborn selbst ist der »Berührungspunkt«, durch den Gott den Kontakt mit den Heilungssuchenden herstellt. Eine Blinde, die sein Hosenbein ergriff, wurde auf der Stelle sehend; ein alter Krüppel, dem er seinen Mantel zuwarf, begann zu hüpfen; ein Tbc-kranker Prediger, der einen von ihm geschenkten Bleistift in der Tasche trug, war am nächsten Tag gesund; ein verkrüppeltes Mädchen, dem er sein Taschentuch gab, wurde geheilt.

Osborn hat Vorkehrungen dafür getroffen, daß diese wunderbaren Ereignisse beliebig reproduziert werden können. Seine Ansprachen werden auf Tonband aufgenommen, und durch eine eigene »Wunderfilm-Abteilung« werden Filmstreifen gedreht. Schriften und Tonbänder wurden in über hundert Sprachen übersetzt; alles ist auf Massenproduktion abgestellt. »Automobilausrüstungen« – bestehend aus je einem Lieferwagen mit Projektor, Generator, Wunderfilmen, Lingua-Tonbandgerät, Predigt-Tonbändern und Traktaten – übernehmen die Verkündigung der Botschaft Osborns. Er nannte diese motorisierten Kombinationen verschiedenartiger Verkündigungsautomaten zutreffend »geistliche Mähdrescher« und rühmte den enormen Fortschritt: »Was der Mähdrescher im Vergleich zur Sichel war, wurden die EMEs (Evangelisations-Mobil-Einheiten), verglichen mit traditionellen Missionsmethoden.« Es sollen damit denn auch fantastische Erfolge erzielt worden sein, sei es in Indonesien, Vietnam, in Nigeria, Kenya, Columbien, Mombassa, Laos, Thailand oder anderen Ländern.

Der staunende Leser dieser Sieges- und Wundernachrichten kommt zu dem Schluß, daß Osborns Massenevangelisationsmethode unglaublich wirkungsvoll ist und darum jede Unterstützung verdient. Und der »Glaubenszeuge« muntert ihn unentwegt auf: »Stifte Traktate, Tonbänder und Filme, die für Dich zu den Verlorenen predigen! Stifte auch in Deinem Testament für diesen Dienst der Evangelisation!«[128] Mit Geldstiftungen kann man seine Missionsverpflichtungen erfüllen. Hier ist die Evangelisation weithin zur technischen Apparatur geworden: Osborn füllt die Tonbänder, Filme, Traktate, Bücher mit seinen Ansprachen; die Anhänger finanzieren es mit genormten Spenden; die Missionare fahren mit ihren »geistlichen Mähdreschern« an Ort und Stelle und drücken auf den Knopf des Ton- und Filmautomaten, und die Bekehrungsarbeit nimmt ihren Gang.

Um den Spender zu reichlichen Gaben zu bewegen, entwickelte Osborn noch ein besonderes System. Er nannte es den *»Bund der Fülle«:* Wenn ein Spender mit seinen Gaben den Kauf von Traktaten usw. ermöglicht, wird er zu einem »Seelen-

[127] Glaubenszeuge, August/September 1974

[128] Das wird dann in einer Art »Preisliste« mundgerecht gemacht. Etwa: 20 Traktate in japanischer Sprache kosten nur den Preis einer Briefmarke. Für 10 DM können 100 Exemplare eines Buchs von Osborn gedruckt oder 2 »Tonband-Missionare« in fremde Länder gesandt werden. Für 50 DM kann man 5000 Seelen durch Schriften erreichen. Für 100 DM monatlich kann man einen Eingeborenen als seinen »Missionar-Stellvertreter« unterhalten oder 15 Predigttonbänder in 15 Sprachen herstellen oder 10000 Traktate drucken. Mit 500 DM kann man 50000 Seelen durch Schriften erreichen oder 75 Tonbänder produzieren oder einen »Wunderfilm« als »Ersatzmissionar« zu den Heiden schicken: »Eine Kopie kann eine ganze Nation ändern!«

gewinner« und für Gott zum Partner des »Bundes der Fülle«. Er selbst wird aus der »Fülle Gottes« reich beschenkt: »Geld in das Werk Gottes zu säen, bedeutet, es vermehrt zurückzubekommen.« Er empfängt drei Bundessegnungen: 1. Seinem »dringendsten Anliegen« wird Gott »durch Wunder erhörten Gebets« begegnen. 2. Durch die Evangelisation werden Seelen errettet. 3. Gott schenkt ihm Wohlstand[129]. Der Kontakt mit dem Spender wird fleißig gepflegt. Alljährlich erhält er einen »Segens-Paß« mit vorgedruckten Blättern für jeden Monat, die er ausgefüllt mit dem Gebetsanliegen und der »Saatgabe, so viel wie möglich«, zurückschickt. Und das Ehepaar Osborn wird damit in die »Gebetskammer« gehen und »Fürbitte für dich tun, bis Gott bezeugt, daß dein Joch gebrochen ist«. Daß diese Fürbitte wirkt, erfährt der Spender aus Leserzuschriften im »Glaubenszeugen«: »Erbschaft gemacht« – »460 Dollar und Gehaltserhöhung« – »Von Leukämie geheilt« – »Haus und Auto und mehr Geld« – »Von Krebs geheilt« – »Der Herr schenkte uns das Auto, das wir so dringend brauchen.«[130]

Der Refrain der Werbeschriften Osborns ist immer der gleiche: Wer ihm Geld schickt, macht ein gutes Geschäft; Spenden sind hochrentable Anlagen, denn Gott selbst zahlt zurück. Daß dieser Appell an das Profitdenken vom biblischen Denken weit entfernt ist, scheint Osborn nicht zu beschweren. Sein Werk bietet insgesamt das fatale Bild eines Großbetriebes, der mit seinen mannigfachen Apparaturen Bekehrungen am laufenden Band produziert und die Betriebskosten durch die von einem ausgekochten Werbemanager konzipierte *Vermarktung religiöser Motive* hereinholt. Dieses System mag eine Weile funktionieren. Aber dann nützt es sich ab. Die Kritik wuchs besonders in der Pfingstbewegung. Schon 1965 wurde dort erklärt: »Die Tätigkeit des Evangelisten Osborn wird immer mehr von allen Pfingstgemeinden Nordamerikas, Englands und auf dem europäischen Kontinent abgelehnt.«[131]

[129] Glaubenszeuge, Juni 1974 und Februar/März 1975

[130] Osborn scheint bei der Wahl seiner Mittel keine Grenze zu kennen. Zum Beispiel schickt er dem Spender einen Traktat, der in Afrika verteilt werden soll, und rät ihm: Lege ihn über Nacht unter dein Kopfkissen und bitte Gott, er möge durch diesen Traktat »zumindest eine Seele retten«; dann sende ihn zurück! Und Osborn verspricht, den Traktat auf den »Gebetsaltar« zu legen und drei Tage und drei Nächte lang auf den Knien für den Spender und für Afrika zu beten und: »es ist Gottes Garantie, alle deine Bedürfnisse auszufüllen!« Oder Osborn schickt eine rote Karte: sie symbolisiert das Blut 2. Mose 12, 13 und das Blut Jesu. Sie soll erst über der Haustür befestigt und dann mit dem Namen des Spenders versehen und mit seiner »Erstlingsgabe« zurückgeschickt werden; dann legt sie Osborn auf seinen Gebetsaltar und schickt sie danach wieder zurück, damit der Empfänger sie über seiner Haustür befestige: fortan wird Gott ihn und die Seinen unter seinen besonderen Schutz stellen. Ein anderes Mal ist es ein Stückchen Stoff, das, mit »Saatgeld« versehen, von Osborn ebenso behandelt wird und das genauso wunderträchtig ist wie das Schweißtüchlein Apg. 19, 12. Eine Gipfelleistung an Geschmacklosigkeit vollbrachte Osborn mit einem quadratischen Holzstückchen, das er im November 1976 versandte: es stammte angeblich von einer alten Plattform, auf der Osborn bei einer Versammlung gestanden hatte und auf der während seines Heilungsdienstes viele Wunder geschehen seien: auf ihr sei auch die Leiche eines von einem Baum gestürzten Zuhörers zwei Stunden lang gelegen und dann »von den Toten auferweckt« worden. Da ihm Gott eröffnet habe, »daß die gleiche Kraft, die auf der Plattform ruhte, auch auf jedem Partner ruht«, schickte er jedem Spender ein Holzstückchen: »Verschenke oder verliere es nicht, sondern bewahre es sicher auf, denn es ist nur für dich persönlich bestimmt und kann nicht ersetzt werden!« (Vergleiche der Holzstückchen ergaben, daß sie von verschiedener Herkunft waren und nicht von einem einzigen Brett stammen konnten.)

[131] »Die Verheißung des Vaters« (Schweizerische Pfingstmission), August 1965

Das Grundmuster der Heilungsevangelisation

Die Lehre und Praxis der amerikanischen Heilungsprediger kann in folgendem Aufriß zusammengefaßt werden:

Das »volle Heil«, das den Gläubigen verheißen ist, schließt auch körperliche Gesundheit ein. *Krankheit ist nicht von Gott,* sondern etwas Widergöttliches. Es ist Gottes Wille, daß der Mensch vollkommen gesund sei. »Gott selbst kann uns nicht krank machen, denn er ist ein ganz und gar guter Gott.«[132] Die Krankheiten sind Folgen der Sünde. Sie kommen alle vom Teufel, sind »dämonische Mächte«. Gern werden sie als Wirkungen böser Geister gedeutet, die in den Körper einziehen. So spricht Branham von einem blinden oder tauben »Krankheitsgeist« oder von einem bösen Geist des Krebses, der sich in die Gewebezellen hineinsetzt und zu wuchern anfängt.

Weil die Krankheit eine Frucht der Sünde ist, ist sie in erster Linie als ein *Problem des Glaubenslebens,* nicht als Objekt der Medizin und ärztlichen Behandlung zu betrachten. Die Krankheit bzw. der Krankheitsgeist kann nur durch den Glauben ausgetrieben werden. Der Glaube an Christus hat die Macht dazu. Denn er kann sich auf eine große Tatsache stützen: »Golgatha ist unsere Befreiungsproklamation von allem, was außerhalb des Willens Gottes liegt.«[133] Der Gekreuzigte trug unsere Krankheit und lud auf sich unsere Schmerzen; durch seine Wunden sind wir geheilt (Jes. 53, 4f.). Wer das bekennt, dem kann keine Krankheit standhalten. Er braucht nicht erst um Heilung zu betteln, sondern nur von Gottes Angebot Gebrauch zu machen. »Gott wartet nur darauf, daß du das annimmst, was er dir längst zugedacht hat.«[134]

Jede Krankheit wird so zu einer *Bewährungsprobe des Glaubens.* Er wird mit der Frage, ob er die Verheißungen Gottes ernst nimmt und auf sie alles wagt, auf seine Echtheit geprüft. Ein Glaube, der sich mit der Krankheit abfindet, ist schwach und lahm, denn er verläßt sich nicht auf Gottes Zusage; er kapituliert, weil er Gott nichts zutraut. »Ziehst du es vor, deinen schlechten Gesundheitszustand zu akzeptieren, dann machst du das Wort Gottes zunichte.«[135] Der Glaube muß in Besitz nehmen, was Gott ihm gegeben hat, und ist aufgerufen, an der Krankheit ein Exempel zu statuieren. Er empfängt die Heilung genauso wie die Vergebung der Sünden. Er muß mitten in der Krankheit felsenfest davon überzeugt sein, daß Gott die Gesundheit bereits hergestellt hat, und muß auf diese Überzeugung hin alle Brücken hinter sich abbrechen. Er muß die Gesundheit gleichsam im voraus in Besitz nehmen und die Krankheit als nicht mehr existent betrachten, selbst wenn ihre Symptome nicht gleich verschwinden. »Es kommt alles darauf an, was du anschaust. Schau nicht auf deinen Zustand, sondern schau auf Jesus, der die Verheißung gegeben hat.«[136]

Die *wichtigste Aufgabe des Heilungsevangelisten* besteht darin, den Kranken zu dem

[132] Hicks in: Die letzte Posaune 1. 4. 1956
[133] F. F. Bosworth in: Die letzte Posaune 1. 3. 1958
[134] Hicks in: Die letzte Posaune 1. 8. 1956
[135] F. F. Bosworth in: Die letzte Posaune 1. 3. 1958
[136] Branham in: Die letzte Posaune 1. 2. 1956

erforderlichen bedingungslosen Glauben hinzuführen. Er muß ihm die felsenfeste Gewißheit verschaffen, daß er ein »Recht auf Gesundheit« hat und daß Christus mit seiner Liebe und Wundermacht gegenwärtig ist und ihn *jetzt* heilen will. Deshalb verbindet er in seiner Verkündigung dreierlei: einen Indikativ, einen Konditionalis und einen Imperativ in immer neuen Mischungen und Variationen miteinander. Der Indikativ lautet: »Christus will dich heilen!« Der Konditionalis: »... wenn du dich ihm rückhaltlos gläubig hingibst.« Der Imperativ: »Darum lasse alle Zweifel fahren, glaube und nimm die Heilung an!« Er ruft dem Kranken zu: »Gott *hat* schon Heilung für dich vorgesehen. Jeder einzelne von euch, der krank ist, *ist* in den Augen Gottes schon geheilt.«[137] »Du siehst nicht mehr dein Leiden oder deine verkrüppelten Arme, sondern du siehst den, der die Verheißung gegeben hat. Die Krankheitssymptome sind die größten Hindernisse, die Gott im Wege stehen, wenn er mit Kranken wirken will.«[138] »Gott sagt: Ich heile dich jetzt. Aber er kann es nicht, wenn du es nicht glaubst.«[139] Der Glaube an die Heilung bekommt geradezu den gleichen Rang und den gleichen Entscheidungscharakter wie das sola fide der Rechtfertigung: »Der Kranke muß glauben, daß er infolge der geöffneten Gefängnistür frei ist, und muß entsprechend handeln. Wenn der Glaube keine entsprechenden Handlungen aufweist, dann ist er nach der Aussage des Wortes Gottes ebenso tot wie ein Leib ohne Geist.«[140] Der Heilungsprediger arbeitet also bewußt oder unbewußt mit *suggestiven Mitteln,* um den Kranken von den letzten Zweifeln und Hemmungen zu befreien und in den unbedingten Glauben hineinzusteigern. Er erzählt Beispiele von wunderbaren Heilungen. Er läßt Geheilte vor die Versammlung treten, die ein Zeugnis von ihrem Erleben geben. Er weckt die Aktivität der Teilnehmer, indem er sie zu spontanen Bekenntnissen anfeuert. Er ist bemüht, eine faszinierende und zugleich enthemmende Atmosphäre zu schaffen – durch Musik, Chöre und Lieder, durch Halleluja-Rufe, durch Erzielung erster, gewissermaßen »ansteckend« wirkender Heilungen, durch Dramatisierung des ganzen Ablaufes der Versammlung, die nun zu einem wechselseitigen Geschehen zwischen Evangelist und der Schar der Teilnehmer wird, zu einem Ineinander von Ruf und Echo[141].

[137] Branham in: Die letzte Posaune 1. 12. 1955

[138] Branham in: Die letzte Posaune 1. 2. 1956

[139] Hicks in: Die letzte Posaune 1. 7. 1956

[140] F. F. Bosworth in: Die letzte Posaune 1. 3. 1957

[141] Als Beispiel seien Teile einer Predigt zitiert, die Osborn in einer Massenversammlung in Accra (Ghana) über das »Massenwunder« in der Bibel hielt: Gott ist es gleich, ob er 10 oder 10000 gleichzeitig heilt. Sein Wille ist, alle jetzt hier Versammelten zu heilen. Blickt auf Golgatha! »Ihr Blinden! Ihr Kranken! Während ihr auf Jesus blickt, werdet ihr jetzt geheilt werden. Während ihr auf Ihn seht, werdet ihr geheilt. Du brauchst nicht zu warten, bis du an der Reihe bist. Blicke jetzt auf Ihn! Es ist Sein Wille, jetzt ein Massenwunder zu vollbringen! Mein Freund, Jesus nahm deinen Platz ein. Glaube nur! Er trug deine Krankheit, und durch Seine Wunden bist du geheilt – jetzt! Wo ist deine Krankheit? Der Teufel sagt: ›Sie ist in deinem Körper.‹ Die Bibel sagt: ›Sie wurde auf Jesus gelegt.‹ Wo sind deine Schmerzen? Der Teufel sagt, daß du sie noch hast. Die Bibel sagt: ›Jesus trug sie.‹ Wenn Jesus deine Schmerzen schon getragen hat, dann brauchst du sie selbst nicht auch noch zu tragen. Sei jetzt gesund! Während ich predige, sei gesund! Deine Krankheit ist tot! Das Massenwunder ist im Gang. Jesus vollbringt es, während ich predige. Durch Seine Wunden bist du geheilt!« In dieser eindringlichen Monotonie ging es weiter. Die Massen unterbrachen ihn wieder und wieder mit Jubelgeschrei und Händeklatschen. Ein Gelähmter sprang auf und konnte gehen, eine Blinde rief, daß

Um dem Glauben eine *sichtbare Autorität* zu geben, an der er sich festklammern und hochranken kann, verweist der Evangelist auf sein wunderbares Berufungserlebnis, durch das er die Heilungsgabe empfangen hat. Er betont zwar, daß er nur Werkzeug sei. Aber er läßt es zu, daß durch eine in Superlativen schwelgende Reklame seine Person mit einem Nimbus umgeben und in den Mittelpunkt gestellt wird. Oder er macht gar, wie Branham, darauf aufmerksam, daß er jetzt in der Heilungsstunde unter die »Salbung des Heiligen Geistes« komme, also von einer Gotteskraft erfüllt sei, der kein Krankheitsgeist widerstehen könne. Er erscheint nun vor den Menschen als der auserwählte *Vermittler Gottes,* der Kanal seiner Kraft, die Stimme seines Willens, die dem Kranken persönlich und in höchster Autorität verkündigt, daß ihn Gott hier und jetzt heilt. Um auch diese Heilung in sinnenfälliger Weise zu vollziehen, benützt der Evangelist das Mittel der Handauflegung oder des Gebets oder des Befehls. In Massenversammlungen, wo solche Einzelbehandlung unmöglich ist, läßt er »Gebetsketten« bilden oder fordert die Kranken auf, ihre Hände auf den kranken Körperteil zu legen, oder er ruft die verschiedenen Krankheitskategorien gesondert auf, etwa alle Krebskranken, alle Zuckerkranken usw., um für sie zu beten.

Damit, daß der Evangelist für sich in Anspruch nimmt, zwar nicht Besitzer, wohl aber Organ göttlicher Heilungskräfte zu sein, schafft er eine Einbruchstelle für magische Vorstellungen, die sich zu *magischen Praktiken* verdichten. Dabei wird an einzelne biblische Vorkommnisse angeknüpft, die in der Schrift allerdings mitgeteilt, aber keineswegs zur Nachahmung empfohlen sind. So predigte Hicks in Buenos Aires über den Schatten des Petrus (Apg. 5, 15), ging durch die Reihen der Kranken und erklärte: »Wenn mein Schatten über euch geht, dann steht auf von eurer Bahre, springt heraus aus eurem Bett, laßt eure Krücken fahren!« Die Leute taten dies und »waren geheilt in Jesus Christus«[142].

Eine große Rolle spielen die *»Gebetstüchlein«* (Apg. 19, 11 f.), die in Mengen dem Heilungsevangelisten zugesandt werden, damit er sie durch sein Gebet mit Heilungskraft erfülle. Branham etwa betete: »Herr, heile jeden einzelnen, auf den diese Tüchlein gelegt werden«[143], und das Branham-Komitee sandte solchen, die sich hilfesuchend an ihn gewandt hatten, ein »Schweißtüchlein«, über dem er gebetet hatte; es seien dadurch »schon viele Kranke gesund geworden«. McAlister betete 1951 in Hongkong einmal über 15000 Taschentüchern. Oral Roberts unternimmt Fernheilungen durch den Rundfunk: »Ihr, die ihr krank seid und mich hört, ganz gleich, welcher Art die Krankheit ist, legt eure Hände auf euer Radio und glaubt Gott, so werdet ihr geheilt sein!«

sie sehen könne. Immer mehr faszinierte Menschen bezeugten ihre Heilung, bestätigten damit die beschwörenden Sätze des Evangelisten und steigerten den Taumel der Massen zu einem Orkan, als dieser mit den Worten schloß: »Wirf die Krankheit ab als etwas, das kein Recht an dich hat! Sage dem Teufel ›Ich werde sie nicht länger tragen!‹ Widerstehet dem Teufel, so flieht er von euch. Alle, die auf Jesus sehen, haben das Leben. Durch Seine Wunden bist du geheilt. Durch Sein Leiden bist du jetzt gesund gemacht! Glaube nur! Nimm Gottes Wort jetzt für dich in Anspruch! Handle auf Sein Wort hin! Ich befehle dir im Namen Jesu, gesund zu sein!« (Wahrheit 1957, Nr. 7)

[142] Die letzte Posaune 1. 5. 1957

[143] Die letzte Posaune 1. 5. 1956

Wer *Heilung empfangen* hat, darf in diesem Ereignis ein Zeichen sehen, daß Gott sich ihm gnädig zugewandt hat. Die Heilung beschränkt sich nicht nur auf den Leib; sie hätte ja gar nicht erfolgen können, wenn nicht der Glaube vorhanden gewesen wäre. So umgreift sie den ganzen Menschen. Er hat das »volle Heil« empfangen. Aber das ist nur als ein Initiativvorgang zu betrachten: der Geheilte ist nun in Pflicht genommen. Er muß fortan ein Leben des Gehorsams führen. Wer wieder einem weltlich-sündigen Treiben Konzessionen macht, fällt aus seinem Heilsstand und verliert auch seine Gesundheit wieder.
Nicht alle Kranken werden geheilt. Warum nicht? Diese Frage schafft eine schwere Verlegenheit. Der Evangelist kann nicht antworten: Gott wollte nicht heilen – damit würde er der Grundthese widersprechen, daß jeder Mensch nach Gottes Willen gesund sein soll. Er kann auch nicht antworten: Die Krankheit ist nicht nur ein Übel, sondern zugleich ein notwendiges Mittel im Erziehungsplan Gottes – damit würde er der weiteren Grundthese widersprechen, daß die Krankheit eine Wirkung des Teufels sei. Er kann endlich nicht antworten: Ich, der Evangelist, habe versagt; ich habe den Willen Gottes verkannt und den Kranken getäuscht – damit würde er seine eigene Autorität und »Kreditwürdigkeit« untergraben. So bleibt nur noch die Auskunft: *Der Kranke ist schuldig!* Sein Glaube war nicht stark genug, er hat sein Verhältnis zu Gott nicht geordnet, er war nicht gehorsam, darum hat Gott sich ihm verschlossen. Darüber hinaus gibt es kein Wort des Trostes, das der Evangelist dem ungeheilt Gebliebenen geben könnte. Dieser muß zu seiner Verzweiflung über den Mißerfolg noch die zusätzliche Angst auf sich nehmen, ein von Gott Verworfener zu sein.

Die Zeugen der Heilung haben die Macht und die Taten des lebendigen Gottes und des auferstandenen Christus gesehen. Die Wunder sollen für sie zu Wegbereitern des Glaubens werden. Die Heilungsversammlungen werden als die *wirksamsten Missions- und Bekehrungsmittel* angesehen, durch die unwissende Heiden ebenso wie kalt gewordene Christen überwältigt werden. Betreibt man die Heilungsevangelisation mit einer großen Zahl von vollmächtigen Evangelisten und mit einer großzügigen, alle Hilfsmittel der Massenwerbung und Massenwirkung benützenden Strategie, dann kann sie ein Weg zur Christianisierung der Welt sein.

Die Heilungsbewegung in Deutschland

Die beschriebenen Lehren und Methoden der amerikanischen Heilungsevangelisten konnten sich in den europäischen Ländern nicht einbürgern; das geistige Klima war hier anders – kühler und kritischer.
Der führende Heilungsevangelist im deutschen Sprachgebiet war der Rasierklingenfabrikant Hermann Zaiss in Solingen-Ohligs, ein originaler Kopf und geistlich vollmächtiger Mann. Am 3. September 1889 in Untertürkheim bei Stuttgart geboren, wurde er durch den christlichen Schmied Christian Stürmer – »Halleluja-Schmied« genannt – schon im Knabenalter bekehrt. Vor dem Ersten Weltkrieg war er als Basler Missionskaufmann an der Goldküste tätig und entwickelte bereits damals einen starken Drang zum Evangelisieren. In der englischen Kriegsge-

fangenschaft, wie schon zuvor, erlebte er wunderbare Heilungen und evangelisierte unter den Mitgefangenen. Nach der Rückkehr in die Heimat schlug er einen eigenartigen Weg ein. Nach seinem eigenen Bericht beging er damals einen großen Fehler: »Ich schaute auf Brüder und Schwestern. Da sah ich Fehler, nichts als Fehler, frommes Gerede und Getue. Das stieß mich so sehr ab, daß ich bewußt von Gott fortging. Ich hatte mir vorgenommen, 20 Jahre lang nicht mehr zu beten, keine Bibel zu lesen, mich von jeder Gemeinschaft fern zu halten. Das habe ich durchgeführt. Ich sagte zu Gott: ›Wenn du lebst und ein Interesse an mir hast und deine Liebe zu mir so groß ist, dann hole mich nach 20 Jahren wieder.‹« Das war 1924. Ein Jahr zuvor war, durch Verschulden seiner Frau, seine Ehe geschieden worden. Er fing dann ein Rasierklingengeschäft an, das er zu hohem Ansehen brachte, und schloß 1932 eine zweite Ehe. Als am 22. Juli 1944 die 20 Jahre um waren, kniete er mit seiner Frau in der zerbombten Kirche von Ohligs nieder: »Herr, wenn du uns wieder haben willst, hier sind wir!« Daraufhin erhielt er von Gott »einen klaren Auftrag, das Evangelium Jesu Christi radikal ohne irgendeine Bindung an irgendeinen Menschen, eine Kirche oder eine Gemeinschaft zu verkündigen«.

Er begann sogleich mit einem Hauskreis, der sich in seiner Wohnung versammelte. Bald mußte ein Versammlungsraum gemietet werden. Dann benötigte man eine große Holzbaracke, die später noch ausgebaut werden mußte. Hier fanden jeden Dienstag Versammlungen für »Mühselige und Beladene« statt. Seine Redeweise, die ebenso »saftig schwäbisch« wie zentral biblisch, kraftvoll und anpakkend war, zog die Menschen in Scharen an. Er nahm alle von Christus verheißenen Gaben und Vollmachten ernst und betete in seinen Versammlungen regelmäßig mit den Kranken. Zunächst kam es zu Einzelheilungen. Dann ereigneten sich während einer Evangelisation plötzlich Massenheilungen. Das erregte Aufsehen und verstärkte den Zulauf. Aus allen Teilen Deutschlands, auch aus dem Ausland, reisten Menschen nach Ohligs. Bald wurde Zaiss zum rastlosen Wanderprediger, der in vielen Städten der Bundesrepublik sprach. Sein Dienst führte ihn auch ins Ausland: nach Holland, Dänemark, Österreich, Frankreich und in die Schweiz, selbst nach Kanada und Indien. Aber über viele Jahre hielt er regelmäßig jede Woche Gottesdienste in Düsseldorf, Essen, Köln, Schwelm und Wuppertal. Seine Verkündigung hatte andere Schwerpunkte und wies eine größere Tiefe auf als die der amerikanischen Heilungsevangelisten. Das Thema »Heilung« stand bei ihm nie so im Mittelpunkt wie bei ihnen. Er betonte die Wahrheiten der Reformation mit großer Eindringlichkeit und warnte vor Unnüchternheiten und schwärmerischen Auswüchsen.

Ursprünglich wollte Zaiss keine eigenen Gemeinden gründen, sondern lediglich die Menschen zu Christus führen. Aber es ergab sich, daß die Besucher seiner Versammlungen zusammenbleiben wollten und lose Kreise bildeten. Sie waren die Keimzelle einer Glaubensgemeinschaft, der Hermann Zaiss den Namen *»Gemeinde der Christen ›Ecclesia‹«* gab. Sie vertritt nach ihrer Satzung »ein ganzes, totales Evangelium, frei von starren Formen«. Sie ist »gewiß, daß Christus den ganzen Menschen nach Leib, Seele und Geist auf Golgatha erlöst hat. Durch Männer voll des Heiligen Geistes in Wahrheit und Kraft verkündigt, ist das Evangelium von mitfolgenden Zeichen und Wundern begleitet.«

Vor der *Taufe* »in des Herrn Tod« legt der Täufling im Angesicht der Gemeinde ein Zeugnis ab. »Von diesem Zeugnis hängt es ab, ob er zugelassen wird oder ob er mit einer Zurückstellung rechnen muß.« Die Kindertaufe wird verworfen, denn »Buße und Glauben können auf Grund des Wortes Gottes einer Taufe nicht folgen, sondern müssen die Voraussetzung sein«. Zum *Abendmahl* wird jeder zugelassen, der von ganzem Herzen an Jesus Christus glaubt.

Die Evangelisationstätigkeit von Hermann Zaiss gewann immer mehr an Breite. Im Jahr 1956 wollte er 700 000 bis 1 000 000 Menschen mit seinen Versammlungen erreicht haben. Die »Ecclesia« wuchs von 28 Ortsgemeinden 1951 auf über 300 im Jahr 1958 an. Zur Rüstung der fast 200 »dienenden Brüder« sowie zur Abhaltung von Bibelkursen und Konferenzen wurde in Ohligs aus freien Opfergaben eine große Versammlungsstätte gebaut, die 1958 eingeweiht wurde und bis zu 1200 Menschen aufnehmen kann.
Da wurde Hermann Zaiss am 14. November 1958 durch einen Verkehrsunfall jäh aus dem Leben gerissen. Das bedeutete einen tiefen Einschnitt in der Geschichte der »Ecclesia«. Zwar führte ein Vorstand, dem auch seine Frau CLARA ZAISS angehört, das Evangelisationswerk weiter. Aber das einzigartige Charisma von Hermann Zaiss ließ sich nicht ersetzen. Den überwiegend evangelistisch ausgerichteten Anfangsjahren folgte nun die Zeit des inneren *Gemeindeaufbaus*. Dabei suchte man die Kontinuität zu wahren, so gut es ging. Das geistliche Erbe von Hermann Zaiss wird lebendig erhalten. Seine Ansprachen werden in Schriften und Tonbändern verbreitet. Sein einstiger Heilungsdienst wird in anderer Weise fortgeführt: In den *»Fröhlichen Nachrichten«* wird regelmäßig eine »Beterliste« veröffentlicht; sie nennt für jeden Tag eines Monats die Namen von Männern und Frauen – manchmal sind es bis zu 50 –, die den Kranken mit ihrer Fürbitte beistehen.[144]
Trotz dieser großen Veränderungen ist es gelungen, die Gemeinden geistlich zu festigen. Jede der heute rund 120 Ortsgemeinden ist selbständig und wird durch einen »Ältesten« geleitet. Mitgliederlisten werden nicht geführt, auch keine Mitgliederbeiträge erhoben, sondern die Aufwendungen aus den Opfern der Gläubigen bestritten. Die Dienste werden überwiegend nebenberuflich besorgt. Nur einige hauptamtliche Mitarbeiter stehen im Dienst des Gesamtwerks. Die Ortsgemeinden sind in Bezirke zusammengefaßt. Die Bezirksältesten bilden gemeinsam den Gesamtvorstand der Gemeinschaft. Ein »arbeitender Vorstand« als kontinuierliches Leitungsorgan mit exekutiven Befugnissen wird von ihm bestätigt. Die Ortsgemeinden führen eifrig Evangelisationen durch. In verschiedenen Städten besitzen sie eigene Gemeindehäuser, dazu kommen Erholungsheime in Wiehl-Bielstein (Westfalen) und in Schömberg (Schwarzwald).

Eine eigenwillige und in manchem fragwürdige Heilungsevangelisation begann RICHARD SCHLEY. Geboren 1935 in Luckenwalde, Mark Brandenburg, kam er 1948 nach Hannover und arbeitete hier als Tischler. Nach einem Verkehrsunfall (1955)

[144] Daß das kein vollständiger Ersatz für den Heilungsdienst von Hermann Zaiss sein konnte, ist klar. Im März 1974 beklagte denn auch Clara Zaiss, daß seit dem Tod ihres Mannes von dem Strom der Glaubensheilungen »nur noch ein Rinnsal« übrig geblieben sei.

und einem Nervenzusammenbruch (1957) habe er – seiner eigenen Aussage zufolge – einen »religiösen Tick« bekommen. Er beschloß, »sich nur noch dem Evangelium zu widmen«. Auf eigene Faust begann er eine evangelistische Tätigkeit und gründete eine *»Mission für die Armen Indiens«,* für die er um Spenden bat. Eine Weile evangelisierte er in England und heiratete auch dort. 1960 reiste er als Dolmetscher mit Osborn durch Deutschland; dabei gewann er Einblick in dessen Umgang mit den Spendengeldern und erwies sich als gelehriger Schüler. In der Zeitschrift *»Mehr Licht«* erzählte er von seinen ungeheuren Evangelisationserfolgen und Heilungswundern – 1962 in Jugoslawien, dann in Nigeria, Indien, auf den Philippinen – und der Strom der Spenden schwoll an. Er richtete sich ein Fotostudio in Hannover ein, stiftete 1964 für ein kleines indisches Waisenhaus 40000 DM, reiste mehrere Male in den Fernen Osten und berichtete in seinem Blättchen *»Wagnis«* und in Rundbriefen Ergreifendes von seinen Reisestrapazen, Leiden, Lebensbedrohungen, aber auch von den vielen tausend Heiden, die sich hungernd nach dem Evangelium ausstreckten, bekehrt und geheilt wurden. Er unterrichtete seine staunenden Leser: »Allein schon durch das Lesen meiner Schriften wurden viele Personen geheilt.« Eine dieser Schriften: *»Du säest Glauben und erntest Wunder«* (1967) fand weite Verbreitung. Schon früh erweckte sein Geschäftsgebaren Verdacht bei den Behörden, und nach langwierigen Ermittlungen eröffnete das Landgericht Hannover im Oktober 1974 den Prozeß gegen ihn, weil von der errechneten Spendensumme von 1040000 DM die Verwendung von 830000 DM nicht nachgewiesen werden konnte. Schley gab sich entrüstet und erklärte, daß seine erste Frau, von der er sich 1966 geschieden hatte, alle Ausgabenbelege vernichtet habe; er fühlte sich als Märtyrer: »Seit fünf Jahren werde ich verhört und in die Mangel genommen. Wenn nicht Christus in mir wohnen würde, ich wäre schon längst verzweifelt und hätte mir wahrscheinlich das Leben genommen«, klagte er in einem Rundschreiben. 1976 wurde er zu zwei Jahren Haft mit Bewährung und 6400 DM Buße verurteilt; er beteuerte, fortan fleißig, strebsam und gesetzestreu sein Brot verdienen zu wollen.

Lothar Hoffmann hatte, nachdem ihm in Visionen gezeigt worden war, daß in der jetzigen apokalyptischen Weltstunde das Evangelisieren die wichtigste Aufgabe sei, unter großen persönlichen Opfern den *»Christlichen Erweckungs-Verlag«* in Berlin gegründet. Er hatte »Großes mit Gott erlebt« und daraufhin 1963 sein juristisches Studium aufgegeben. 1967 übernahm er die Bezieherliste der 1964 eingestellten Zeitschrift *»Mehr Licht«* (1927 von Albert Goetz in Hamburg gegründet) und bot den Lesern unter der Überschrift *»Göttliches Licht und Erweckung«* laufend »Aufklärungsschriften über Gegenwartsfragen im Lichte der Bibel nebst Erweckungsberichten aus aller Welt« an. Letztere übernahm er zusammen mit weiteren Beiträgen vor allem aus »The Voice of Healing« (siehe S. 368). Er wandte sich bald prophetisch-apokalyptischen Themen zu: Es werden hier Visionen von den endzeitlichen Schrecken mitgeteilt, vom Treiben der Dämonen und vom Gericht über die Kirchen, die reich an Geld, aber arm an Geist sind; und es werden die Alarmsignale der bevorstehenden Endkatastrophe verzeichnet, wie Ölkrise und Vormarsch des Islam gegen das Christentum, Umweltzerstörung und weltweite Hungergefahr. Schon im Jahr 1955 will L. Hoffmann in seiner ersten Vision die Zerstörung Berlins in einem Feuersturm gesehen haben: Der dritte Weltkrieg droht, und »Gott wird Rußland und China als Zuchtrute für die westliche Welt benutzen«. Jetzt ist es »eine Sekunde vor zwölf Uhr«. Also höchste Gefahr. Aber sie kann noch abgewendet oder wenigstens aufgeschoben werden. »Das einzige Mittel ist..., ein Fasten und Beten auszurufen und zu suchen nach dem Geist des lebendigen Gottes.«[145]

Hoffmann ruft die Gläubigen auf, einen »Gebets- und Glaubensbund mit Gott« zu schließen und sich in die »Schar der Beter und Faster« einzureihen, die sich zum täglichen Gebet für eine Erweckung in aller Welt vor der Wiederkunft Christi verpflichtet. Wenn diese »Welt-Gebets-Armee« groß genug geworden ist, werden die Eisberge des Unglaubens schmelzen, und »das Morgenrot der Welterlösung wird am Himmel erscheinen«[146]. Aber bis jetzt ist diese »Armee« ein kleines Häuflein geblieben, und sein Aufruf, einen »Segensbund mit Gott durch Glaubens-Saat« zu schließen – eine Kopie von Osborns »Bund der Fülle« (S. 369f.) –, um mit Hilfe der »Glaubens-Saat«-Gelder seine Schriftenmission verstärken zu können, fand nur ein dürftiges Echo.

Außer Hermann Zaiss hat Europa keinen weiteren Heilungsevangelisten von Format hervorgebracht. Um so größer war der Anreiz für amerikanische Heilungsprediger, hier zu evangelisieren. Vor allem Branham und Hicks kamen zu Evangelisationen nach Deutschland und in die Schweiz. T. L. Osborn unternahm 1960 einen »Feldzug« durch eine Anzahl österreichischer und deutscher Städte. Aber sie alle konnten nur anfangs durch die sensationelle Art der Reklame und ihres Auftretens größere Besuchermengen anlocken, verloren bald ihre Zugkraft und blieben schließlich aus. Wohl liefen noch weiterhin immer wieder Berichte über »Blitzsiege für Christus« durch die abendländische Christenheit; sie wurden mit der Kunde verbunden, daß diese Heilungsevangelisten wahrhaft vollmächtige Gottesmänner sind; daß ihrem Wort keine Krankheit widerstehen kann; daß sie mit der Demonstration der Wundertaten Gottes auf einen Schlag Tausende und Abertausende bekehren können; daß sie die Weltmissionare der Zukunft sind, die alles in den Schatten stellen, was die bisherige Mission erreichte. Aber das war ein Wunschtraum. Er ging von den amerikanischen Evangelisten aus, nicht von den europäischen.

Inzwischen ist die *Blütezeit der Heilungsevangelisation vorbei.* Sie endete, als die »großen« Evangelisten der vierziger und fünfziger Jahre alt wurden und ausschieden oder starben. Einen ebenbürtigen Nachwuchs hatten sie nicht. Dazu kam, daß auch die Kunde von bitteren Enttäuschungen Heilungsuchender sich herumsprach und ernüchternd wirkte. Leonhard Steiner von der Schweizerischen Pfingstmission stellte fest, daß bei den großen Heilungskampagnen stets nur ein

[145] Deutsche Jesus-Zeitung, Dezember 1977, S. 18. – Diese Kombination von Fasten und Beten ist eine Besonderheit, durch die sich Hoffmann von allen anderen Pfingst- und Heilungsgemeinschaften unterscheidet. Er stützt sich dabei vor allem auf das Buch »Atomkraft von Gott durch Fasten und Gebet«, das der Amerikaner Franklin Hall 1946 veröffentlichte und das bekannte Heilungsevangelisten wie William Branham, Oral Roberts, William Freeman, Dale Hanson, Paul Cain und Tommy Osborn stark beeindruckte.

[146] Deutsche Jesus-Zeitung, Dezember 1977, S. 32

»verschwindend kleiner Teil der Kranken geheilt worden ist«; daß die größte Zahl von Heilungen dort erreicht wurde, wo man auf Neuland arbeitete, also in Missionsgebieten, daß aber bei späteren Wiederholungen am gleichen Ort »die Kundgebungen der heilenden Kraft Gottes stark hinter dem ersten Male zurückblieben«[147]. Es wurde offenkundig, daß die überschwenglichen Berichte von den Siegesfeldzügen der Phantasie entsprungen waren. Hätten sie gestimmt, dann hätten in den betroffenen Ländern die christlichen Gemeinden und Kirchen um Millionen wachsen müssen. Gewiß, es hat Massenversammlungen und begeisterten Jubel gegeben. Aber mit Bekehrung und Nachfolge hat das nichts zu tun. Von den Tommy-Hicks-Versammlungen 1954 in Buenos Aires war eine »übergroße Anzahl« von Wundern berichtet worden, und der Triumph Christi schien wie eine Woge durch ganz Argentinien zu rauschen. Aber in Wahrheit waren diese Wunderheilungen, wie Missionar Alexander R. Hay elf Jahre später feststellte, nur momentane Euphorien, welche die Leidenden in ihrer Ekstase erlebten. Nachher waren sie wieder krank wie zuvor; das sprach sich herum, und »das Ergebnis war vermehrter Widerstand gegen das Evangelium und eine Verhärtung der Herzen vieler Menschen. In unserem Heim in Buenos Aires bekamen wir die feindselige Reaktion der Bevölkerung zu spüren. Unsere Arbeit ist von da an schwerer geworden.«[148]
Nach einer Umfrage der württembergischen Kirchenleitung kam von 90 bis 100 Kranken, die eine Heilungsversammlung besucht hatten, etwa ein Drittel mit gewissen Erleichterungen und auch wirklichen Heilungen zurück: je und dann einmal ein Geheilter oder Gebesserter in demütiger Dankbarkeit; je und dann einmal ein hochmütiger »Geheilter«; da und dort ein Nichtgeheilter, der sein Los aus der Hand Gottes nimmt und trägt; und viele scheu verschwiegene Fälle, wo Nichtgeheilte am Boden liegen und in absoluten Zweifel gestürzt sind.

Es war der Grundfehler der amerikanischen Heilungsevangelisten, die Wunderheilung als Missionsmittel zu gebrauchen. Jesus hat das abgelehnt. Es geschah sogar, daß er Geheilten verbot, anderen davon zu erzählen (Matth. 8, 4; 9, 30), und daß er die Zeichenforderung der Pharisäer und Sadduzäer abwies (Matth. 16, 1 ff.). Einen wundersüchtigen Glauben hat er nie gefördert. Und dem Glauben, der Beweise verlangt, stellte er die Seligpreisung derer entgegen, die »nicht sehen und doch glauben« (Joh. 20, 29). *Die Heilungen, mit denen man in Massenversammlungen Bekehrungen erzielen will, sind zu Schauwundern verfälscht.* Das führte zu weiteren unheilvollen Verfälschungen, worunter der Erfolgszwang zu nennen ist, unter den die Heilungsevangelisten gerieten, und die lautstarke Reklame, zu der die Einladung an die »Mühseligen und Beladenen« entartet ist. In bemerkenswertem Kontrast hierzu steht eine Überlieferung aus der frühen Kirche: Nach Jak. 5, 14–16 soll der Kranke die Ältesten der Gemeinde zu sich rufen, daß sie mit ihm beten und ihn mit Öl salben. Das ist ein Akt in Stille und demütiger Nüchternheit. Mit den Prozeduren der Massenheilungsevangelisten hat er nichts zu tun.

[147] Der Leuchter, Oktober 1957
[148] Das Wort der Wahrheit (Monatsblatt der Bibelschule Beatenberg) 1965, Nr. 7/8

Dritter Teil
Der Ruf nach Heilung des Lebens

Das religiöse Leben beschränkt sich nicht auf das Verhältnis des Menschen zu Gott. In seinen entfalteten Formen zeigen sich Triebkräfte, die nach allen Richtungen ausstrahlen. Das alttestamentliche Gesetz enthielt ebenso wie der Koran Ordnungen des sittlichen und sozialen Lebens, wirtschaftliche und gesundheitliche Richtlinien und umspannte in seinen späteren Fortbildungen den gesamten menschlichen Daseinsbereich überhaupt. Das Christentum hat ein ähnliches System einer ganzheitlichen Lebensordnung besonders im Katholizismus entwikkelt. Jede dieser Religionen hat eine der Welt zugewandte Seite: Sie wollen in diese Welt eingreifen, sie ändern und in eine Ordnung bringen, die dem geoffenbarten Willen Gottes entspricht. Wenn Gottes Gebote befolgt werden, dann weichen die Nöte und Gegensätze, unter denen die Menschen leiden, und das Leben wird in einer Welt der Harmonie wahrhaft glücklich sein. So bergen diese Religionen eine Verheißung in sich; sie wollen Wege zeigen, die zur Erlösung führen – nicht nur für die Seele in ihrem Verhältnis zu Gott, sondern auch in der Menschen Erdendasein und Umwelt. Diese Verheißungen wurden immer wieder zu den Quellen von *Reformbewegungen,* die aus dem eigentlichen religiösen Bereich hinausgriffen und die göttlichen Gebote in soziale, politische, wirtschaftliche usw. Programme umsetzten.

Diese vom Glauben gespeisten Reformbewegungen sind gut und heilvoll, wenn das religiöse Zentrum in ihnen lebendig und unverkümmert bleibt. Es gehört zur Aktivität des Glaubens, daß er sich nicht in das Kämmerlein zurückzieht und das private Zwiegespräch der Seele mit Gott pflegt, sondern sich der Welt zuwendet, um Salz und Licht in ihr zu werden. Die Welt liegt im argen. Sie leidet unter tausend Nöten. Sie bedarf der *Heilung.* Die Heilung kann nur von Gott und vom Gehorsam gegen seine Gebote kommen. Also muß der Glaube mit diesen Geboten Ernst machen. Er muß die Welt nach ihnen reformieren. Diese Reformbewegungen haben etwa in der Geschichte des christlichen Abendlandes unendlich viel zur Gesittung der Völker, zur Hebung ihrer geistigen Kultur, zur Erweckung einer sozialen Verantwortlichkeit beigetragen. Es braucht nur daran erinnert zu werden, was das Abendland zum Beispiel dem neutestamentlichen Liebesgebot zu verdanken hat.

Die in diesem Kapitel zusammengestellten Gemeinschaften und Bewegungen unterscheiden sich in ihren Ausgangspunkten und Wegen sehr stark voneinander. Was sie dennoch miteinander verbindet, ist der Versuch, auf die menschliche Sehnsucht nach einer vollen Erlösung der Existenz eine Antwort zu geben, die sich nicht auf den geistlichen Bereich beschränkt, sondern diese Erlösung auch sichtbar realisieren will. Ihr Ziel ist eine tatsächliche Heilung der menschlichen Verhältnisse. Dabei richtet sich der Blick das eine Mal vor allem auf den Einzelnen und die ihn bedrängenden Gefährdungen durch Sünde, Krankheit und Tod, während ein andermal die Neuordnung des Zusammenlebens der Menschen und Völker in die Programmatik einbezogen ist. Gemeinsam ist, daß hier Antworten auf den Ruf nach Wiederherstellung des gestörten Seins gegeben werden und daß der Schwerpunkt der Verkündigung auf diesen Antworten liegt.

Diese Gemeinschaften greifen in ihrer Zielsetzung Elemente auf, die auch in den Kirchen gepflegt werden. Aber sie weisen ihnen einen anderen, höheren Rang zu. Auch das kirchliche Christentum kennt zum Beispiel Bemühungen um eine christliche Politik, eine christliche Lösung der sozialen Not und der internationalen Fragen usw. Aber immer schwingt dabei das Wissen mit, daß der Mensch letztlich nicht stark genug ist, um aus eigener Kraft die Welt aus ihrer Unordnung zu erlösen. Er selbst ist ja in diese Unordnung einbezogen und ihre Wurzeln liegen nicht an der Oberfläche, sondern in der Tiefe. Deshalb richtet sich die Sehnsucht des Glaubens auf das Ende und empfängt aus der biblischen Verheißung die Hoffnung, daß Gott, wenn die Stunde gekommen ist, die Mächte der Finsternis vernichten und einen neuen Himmel und eine neue Erde schaffen wird.

Während das kirchliche Christentum also die volle Aufhebung der menschlichen Existenznot erst von einem Eingreifen des wiederkommenden Christus am Ende dieses Äons erwartet, leben die in diesem Kapitel dargestellten Gemeinschaften von der Überzeugung, daß der Mensch selbst die intakte Welt wiederherstellen kann, wenn er die dargebotenen Ratschläge befolgt. Sie setzen also ein *optimistisches Welt- und Menschenbild* voraus. Darin liegt der eigentliche Unterschied, durch den sie von der Kirche – und, wie wir meinen, von der biblischen Botschaft – getrennt sind. Die Erlösungsfrage ist von ihnen nicht ernst genug gestellt, weil sie die Not des Menschen, d. h. die Sünde, nicht in ihrer ganzen Tiefe sehen. Aber auf der anderen Seite muß auch beachtet werden, daß sie mit großer Kraft ein Motiv vertreten, das, wenn auch in einer anderen Rangordnung, von den Kirchen nicht vernachlässigt werden darf. Jesus ist nicht nur gekommen, um einzelne Seelen zu retten. Er ist das Heil der *Welt*. Seine Botschaft und seine lebendige Kraft wirken Heilung auf allen Gebieten des Lebens und in allen Beziehungen der Menschen. Er ist Sieger über Krankheiten und Kriege, Siechtum und Klassengegensätze. Das »Reich Gottes« ist die wiederhergestellte Schöpfung, die aus dem Fall in den Gehorsam zurückgefunden hat und mit diesem Zurückfinden auch gesund wird. Gewiß, das wird erst am Ende der Zeiten volle Wirklichkeit werden. Aber seit Christi Erscheinen ist es im Anbruch. Und die Gemeinde ist das Werkzeug, das sich brauchen lassen muß, um die Königsherrschaft Gottes zu verkündigen und ihr den Weg zu bereiten.

Die Christliche Wissenschaft (Christian Science)

Mary Baker Eddy und ihre »Entdeckung«

Die Gründerin der Christlichen Wissenschaft ist die Amerikanerin MARY BAKER EDDY. Als sechstes Kind eines Farmers am 16. Juli 1821 in Bow (New Hampshire) geboren, lernte sie als Kind leicht, wurde mit zwölf Jahren in die Kongregationalisten-Kirche aufgenommen, der auch ihre Eltern angehörten, empfand aber starke Unruhe über die Lehre von der doppelten Vorherbestimmung. Sie blieb in dieser Kirche bis zur Gründung ihrer eigenen Glaubensgemeinschaft. Sie war zart und sehr sensibel und wurde vielfach von nervösen Störungen heimgesucht. Jahrelang konnte sie die Dorfschule nicht besuchen und mußte zu Hause unterrichtet werden. Die ganze Familie sorgte sich um sie. Ihre Leiden waren offensichtlich in hohem Maß psychogen. Das Grunderlebnis der Kränklichkeit und das Verlangen nach Gesundheit prägten schon von früh an ihre Lebenseinstellung.
Das hübsche Mädchen heiratete 1843 den Bauunternehmer George Washington Glover, der aber schon nach einem Jahr am Gelben Fieber starb. Wenige Monate danach schenkte die Witwe einem Sohn das Leben. Er mußte einer alten Kinderfrau zur Pflege übergeben werden, weil ihr nervöses Leiden verstärkt ausbrach und sich bis zu Lähmungserscheinungen steigerte. 1853 schloß sie mit dem Zahnarzt Patterson eine zweite Ehe. Diese war jedoch von Anfang an unglücklich und endete mit der Scheidung. Trotz vieler ärztlicher Bemühungen und Kuren wurde ihr Gesundheitszustand immer schlechter. Da suchte sie in ihrer verzweifelten Bedrängnis als letzte Rettung den Heilpraktiker PHINEAS PARKHURST QUIMBY (1802–1866) auf. Dieser kam vom »Mesmerismus«[1] her, hatte sich aber 1847 von ihm wieder abgewandt und eine eigene Heilmethode entwickelt, die er seit 1852 mit zunehmendem Erfolg ausübte. Von Beruf Uhrmacher, hatte Quimby bei der Veranstaltung eines umherreisenden mesmeristischen Hypnotiseurs, der einen jungen Burschen in Tiefschlaf versetzte und dabei steif wie ein Brett machte, die Macht der Suggestion kennengelernt. Er fragte sich: »Wenn man rein geistig solche Dinge im Körper stattfinden lassen kann, was mag man alsdann wohl rein geistig außerdem noch mit dem Körper anfangen können?« Und er antwortete: »Alles! Einfach alles!« Er experimentierte sieben Jahre lang, gelangte dabei zu immer neuen Erkenntnissen und entdeckte schließlich folgendes Grundgesetz: Krankheit ist kein rein körperliches Übel, auch keine »Strafe Gottes«, sondern das natürliche Ergebnis einer falschen Denkweise, die auf Ängsten, Sorgen, Kümmernissen und anderen negativen Gemütserregungen beruht. Dahinter steht eine Täuschung des Menschen über Wirklichkeit und Schein in der Welt. Nur das Ewige und Vollkommene ist wirklich, während das Unvollkommene, Leid und Schmerz eine Illusion ist. Alle Krankheiten werden durch falsche Annahmen (opinions, beliefs)

[1] Unter »Mesmerismus« ist die von Franz Anton Mesmer (1734–1815) entwickelte Lehre und Praxis des »Animalischen Magnetismus« zu verstehen, wobei ein »Magnetiseur« einen Patienten durch seine magnetische Ausstrahlung (positiv) beeinflußt, bzw. ein Medium in den »mesmeristischen Zustand« (hypnotischer Schlaf) versetzt.

und Furcht bewirkt und müssen deshalb auch auf mentalem Wege geheilt werden. Da unsichtbare magnetische Strömungen von Mensch zu Mensch gehen, kann der Heiler den eigenen Glauben auf den Kranken übertragen. Dieser Glaube wirkt Wunder. Von ihm hängt auch ab, ob eine Arznei hilft oder wirkungslos bleibt. Darum braucht der Kranke vor allem ein »neues Denken«, das durch und durch im Zeichen des gewissen Vertrauens steht und jede Angst und Mutlosigkeit ausschließt.

Die *Heilung* bestand bei Quimby in einem dreiteiligen Prozeß: 1. Die Beschwerden des Kranken werden in einer »mental diagnosis« vom Heiler unmittelbar nachempfunden. 2. Er gibt dann dem Kranken eine »Erklärung der Wahrheit«, d.h. er übermittelt ihm eine bestimmte Deutung von Gesundheit (als Wahrheit) und Krankheit (als »Irrtum«). Und er schließt 3. die Behandlung ab durch eine mentale Kommunikation, in der er schweigend die Krankheit des Patienten übernimmt und umgekehrt ihm seine eigene Gesundheitsgewißheit übermittelt. Zweifellos kann eine solche Behandlung nur dann erfolgreich sein, wenn der Heiler eine starke Suggestionskraft ausstrahlt. Quimby hatte sie. Auch Mary fand bei ihm Hilfe. Fortan verehrte sie ihn schwärmerisch und sah ihr höchstes Ziel darin, seine »Wissenschaft des Lebens und der Harmonie« zu verstehen und die geistige Heilung selbst zu praktizieren. In der Tat, Quimby hatte ihr ein völlig neues Verständnis eröffnet, das sie bald weiter ausbaute. Schon am 16. Januar 1866 jedoch starb der Meister, und sie stand wieder allein da.

Zwei Wochen später, am 1. Februar 1866, glitt sie in Lynn auf vereister Straße aus und wurde bewußtlos aufgehoben. Am 14. Februar schrieb sie an Quimbys bedeutendsten Schüler, Julius Dresser: Nach ihrem Erwachen aus der Bewußtlosigkeit sei sie wieder der hilflose Krüppel gewesen, der sie war, bevor sie zu Quimby kam. Der Arzt habe ihr keine Aussicht auf Gesundung gegeben. Aber nach zwei Tagen sei sie *allein* vom Bett aufgestanden, und sie *wolle* gehen. Doch sie sei von Furcht erfüllt, und eben darin würden ihre Freunde die Ursache ihres Rückgratleidens sehen. Ob Dresser sie von dieser Furcht befreien könne? »Ich glaube, Sie können es. Ich schreibe das in der Überzeugung: Ich denke, ich könnte einem anderen in meiner Lage auch helfen.«[2] Aber Dresser lehnte die Behandlung ab. So mußte sie die von Quimby erlernte »Heilung durch den Geist« an sich selbst erproben. Und sie wurde gesund. Dies geschah wohl nicht so plötzlich und wunderbar, wie sie es 30 Jahre später dargestellt hat[3], aber doch ohne fremde Hilfe: durch eigenes »Verständnis« und eigene »Demonstration«. Diese Erfahrung war von entscheidender Bedeutung für sie. Sie gewann dadurch Selbstvertrauen und die Gewißheit, daß sie selbst in der Lage sei, die *Wissenschaft vom geistigen Heilen* zu praktizieren und deren Richtigkeit zu beweisen. Und vor allem, sie verarbeitete diese Erfahrung zu einem eigenen weltanschaulichen Entwurf, den sie später »Christian Science« nannte.

Schon im Frühjahr 1867 wollte Mary Baker eine eigene Heilpraxis beginnen und

[2] Horatio W. Dresser, History of the New Thought Movement, 1916, S. 110

[3] In den »Miscellaneous Writings« (1897), S. 24, schrieb sie: »Am dritten Tag danach verlangte ich meine Bibel und öffnete sie bei Matth. 9, 2 (Heilung des Gichtbrüchigen). Als ich las, dämmerte die heilende Wahrheit in mir auf; und der Erfolg war, daß ich aufstand, mich ankleidete und danach in besserer Gesundheit war als zuvor.«

1868 hatte sie ihre Gedanken in einem Manuskript zusammengefaßt. Aber sie fand dafür keinen Verleger in Boston. Im Sommer 1870 eröffnete sie dann zusammen mit einem jungen Mann namens Richard Kennedy die erste mentale Heilpraxis in Lynn, Massachusetts. Kennedy behandelte die Kranken mit großem Erfolg, und Mary Baker unterrichtete die Interessierten in der »Wissenschaft« dieses Heilens, damals noch »Moral Science« genannt. Das währte jedoch nur zwei Jahre. Nach der Trennung von Kennedy, seit Sommer 1872, arbeitete sie unter schwierigsten Verhältnissen und harten Entbehrungen an ihrem großen Lehrbuch der Christlichen Wissenschaft: *»Science and Health – Wissenschaft und Gesundheit mit Schlüssel zur Heiligen Schrift«,* das 1875 erstmals erschien[4]. Dieses Buch, bei dem sie »nur der Schreiber war, der die himmlischen Harmonien in göttlicher Metaphysik wiedergab«[5], gilt als unfehlbare Interpretation der Bibel. In jeder Sonntagsfeier wird in einer »Erklärenden Bemerkung« festgestellt: »Die kanonischen Schriften (der Bibel) bilden zusammen mit dem Worte unseres Lehrbuchs eine von der Wahrheit ungetrennte Predigt, die durch keine menschliche Hypothese verfälscht und begrenzt wird und göttlich autorisiert ist.« Die Autorin selbst urteilte über ihr Buch: »Jahrhunderte werden vergehen, ehe die Erklärung der unerschöpflichen Grundgedanken von ›Wissenschaft und Gesundheit‹ genügend verstanden wird, um ganz bewiesen zu werden. Der Lehrer selbst sollte dauernd in diesem Lehrbuch forschen und sein eigenes Denken und sein menschliches Leben an diesem offenen Quell der Wahrheit und Liebe vergeistigen.«[6] Nach ihrem Testament darf nichts an ihm geändert und die deutsche Übersetzung, zu der sie noch in ihrem Todesjahr die Erlaubnis gab, nicht ohne Beifügung des englischen Textes gedruckt werden. Das gilt auch für alle weiteren Übersetzungen[7].

In das Jahr der Veröffentlichung dieses Buches fällt auch der Versuch einer Gemeindebildung. Diese gelang jedoch erst 1876 als »Christian Scientists Association« mit sechs Mitgliedern. Unter ihnen war ASA GILBERT EDDY, damals etwa 45 Jahre alt, ein früherer Weber, später Nähmaschinenagent und dann Schüler von Mary Baker. Mit ihm ließ sie sich am 1. Januar 1877 trauen; die Ehe stand im Zeichen der Harmonie und enger Zusammenarbeit. 1879 erfolgte in Boston die Gründung der *»Church of Christ, Scientist«,* 1881 dann Mrs. Eddy's Ordination zum Pastor an dieser Kirche und im gleichen Jahr die staatliche Genehmigung einer Lehranstalt für mentale Heilkunde, des »Massachusetts Metaphysical College«, dessen einzige Dozentin Mrs. Eddy war. Die Lehranstalt wurde 1889 auf der Höhe ihrer Blüte wieder geschlossen, nachdem über 4000 Schüler dort unterrichtet worden waren. Es gab zu dieser Zeit in allen größeren Städten des Landes christlich-wissenschaftliche Lehrinstitute.

Mrs. Eddy hatte mancherlei Widrigkeiten zu bestehen. Es gab Prozesse. Die kon-

[4] Seitdem erfuhr das Buch sieben Revisionen und unzählige Änderungen. Die heute maßgebliche Ausgabe stammt von 1910.

[5] The First Church of Christ, Scientist, and Miscellany, 1913, S. 115

[6] Rückblick und Einblick, S. 84

[7] Hinter diesen strengen Bestimmungen stand die durch bittere Erfahrungen begründete Sorge, die Lehre der Christlichen Wissenschaft könnte durch spiritistische, mesmeristische und andere Einflüsse verändert und verfälscht werden.

kurrierende »Mind Cure« (vgl. S. 406) zog um 1880 in Boston viele Schüler von Mrs. Eddy zu sich herüber. 1882 starb ihr Mann. Aber sie behauptete sich zäh in allen Schwierigkeiten, und nie zweifelte sie an Wert und Bedeutung ihrer Lehre. Für die Unterrichtung ihrer Schüler forderte sie als Honorar die damals unglaublich hohe Summe von 100, später 300 Dollar, während sie den Kurs von anfangs zwölf Lektionen auf sieben herabsetzte. »Ich bitte alle Unparteiischen, meine treuen Schüler zu fragen, ob sie 300 Dollar als wirklichen Gegenwert ansehen für meinen Unterricht an zwölf halben Tagen oder auch nur in einer halb so langen Zeit«, rechtfertigte sie sich in ihrer Autobiographie[8]. 1886 gründete sie die »National Christian Scientists Association«, die jedoch 1892 wieder aufgelöst wurde.

In diesen Jahren war das Werk überhaupt in eine Krise geraten. Die souveräne Art, in der Mrs. Eddy die Kirche leitete, und ihr Anspruch auf Unfehlbarkeit weckten Widerspruch. Sie antwortete darauf mit einer radikalen Maßnahme: 1889–92 löste sie alle bestehenden Organisationen auf und zog sich nach Concord, New Hampshire, zurück. 1892 gründete sie dann *»The First Church of Christ, Scientist«* in Boston, der sich auf juristisch genau festgelegte Weise »Zweigkirchen« anschließen konnten[9]. 1895 wurde in Boston ein prächtiges Kirchengebäude eingeweiht, 1906 kam ein riesiger Tempel mit 4000 Sitzplätzen hinzu. Seit 1898 entwickelte die Bostoner »Mutterkirche« eine Verlagsgesellschaft, einen Unterrichtsrat, einen Ausschuß für Vortragsarbeit, ein Komitee für Veröffentlichungen. Mrs. Eddy, die sich ganz aus der Öffentlichkeit zurückgezogen hatte, leitete die Kirche aus der Ferne – durch schriftliche Weisungen, Privataudienzen und durch ihr »Kirchenhandbuch«, das immer wieder erweitert wurde.

Eine beachtliche Initiative entfaltete sie auf *publizistischem Gebiet.* Neben drei Zeitschriften gründete sie 1908 die Tageszeitung *»The Christian Science Monitor«*, die wegen der Zuverlässigkeit ihrer Berichterstattung, der Sauberkeit ihres Inhalts und der Sorgfalt in der Deutung der Zeitereignisse einen internationalen Ruf erlangt und mehr journalistische und literarische Preise gewonnen hat als jede andere Zeitung der Welt. In der ersten Ausgabe schrieb Mrs. Eddy: »Das Ziel des Monitor ist, keinem Menschen zu schaden, sondern die ganze Menschheit zu segnen.« Nach den von ihr erteilten Richtlinien will das Blatt »reinigende Gedanken« verbreiten. Darum macht es humanitäre Taten bekannt, die dem sozialen Aufbau und dem Frieden dienen, vermeidet Skandalberichte und Artikel, die Mißtrauen und Feindschaft nähren, und tut Verbrechen, Unglücksfälle u. ä. mit ein paar Zeilen ab. Berichte über medizinisch-pharmazeutische Erfindungen sind in ihm ebensowenig zu finden wie das Wort »Tod« oder die Nennung der Todesursache bei Nachrufen.

Wenige Jahre nach der Gründung dieses Blattes starb Mrs. Eddy am 3. Dezember 1910 in Boston, wohin sie 1908 wieder zurückgekehrt war. »Starb« sie? Für die Christian Science gibt es kein Sterben. Mrs. Eddy hatte ein anderes Wort geprägt: »to pass on« (weitergehen). In den letzten 21 Jahren ihres Lebens, in denen sie sich

[8] Rückblick und Einblick, S. 50

[9] Um die einzigartige Stellung der Bostoner Kirche zu markieren, bestimmte Mrs. Eddy, daß sie »Die Mutterkirche« (The Mother Church) heißen solle: mit großgeschriebenem Artikel.

ganz zurückgezogen hatte, war sie in den Augen ihrer Anhänger zu einer legendären Gestalt geworden. Sie feiern sie noch heute als die größte Frau der Geschichte. Ihre 18000 Briefe wurden mit liebevoller Pietät gesammelt, konserviert und in vielen Prachtbänden zusammengefaßt.

Die Christliche Wissenschaft hat eine *weite Ausdehnung* erfahren. In 57 Ländern zählte sie 1978 ca. 3000 Kirchen und Vereinigungen. Der Schwerpunkt liegt nach wie vor in Nordamerika. Die Mutterkirche unterhält zwei Sanatorien für Heilung und Studium in Chestnut Hill, Massachusetts, und San Francisco sowie ein Altenheim in Concord, New Hampshire. Zahlreiche weitere Altenheime und Heime für Heilung und Studium entstanden in freier Initiative von Christlichen Wissenschaftern in allen Teilen der Welt. In allen Bundesstaaten der USA ist die Heilung durch Gebet (im allgemeinen und durch Christian Science im besonderen) gesetzlich anerkannt. Eine wachsende Zahl von Versicherungsgesellschaften erkennt ebenfalls das christlich-wissenschaftliche Heilen an. In verschiedenen Staaten der USA und in Großbritannien haben die »Ausüber« (Practitioner, vgl. unten S. 392) das gesetzliche Recht, Bescheinigungen für solche auszustellen, die wegen Krankheit von der Arbeit fernbleiben müssen.
Das Hauptwerk von Mary Baker Eddy ist in 12 Sprachen übersetzt: Dänisch, Deutsch, Französisch, Griechisch, Holländisch, Italienisch, Norwegisch, Polnisch, Portugiesisch, Russisch, Schwedisch und Spanisch. Die Rundfunkarbeit war zeitweilig sehr intensiviert worden – 1968 wurde die Sendung *»Wie Christian Science heilt«* wöchentlich über 1037 Sender ausgestrahlt. Im Bereich von Universitäten und Colleges bestehen 548 Christian Science-Organisationen. Für die Unterweisung der Jugend vom 4. bis zum 20. Lebensjahr wurden Sonntagsschulen eingerichtet. Ansonsten sammelt sich die Jugend in den Jugendforen, die in zahlreichen Gemeinden bestehen, bei Jugendfahrten, Freizeiten, regionalen und internationalen Jugendtreffen und Sommerlagern. Die Zahl der offiziell anerkannten »Ausüber« betrug 1978 insgesamt rund 5000. In 20 europäischen Ländern bestehen annähernd 600 Zweigorganisationen.
In *Deutschland* war Frau Günther-Peterson in Hannover 1896 die erste bevollmächtigte »Ausüberin der Christian Science«; sie durfte seit 1899 als autorisierte Lehrerin auch selbst »Ausüber« ausbilden. Die ersten regelmäßigen Sonntagsfeiern fanden 1898 in Dresden statt. Im gleichen Jahr entstand in Hannover die erste deutsche Zweigkirche. Seit 1903 erscheint in Boston die deutschsprachige Monatsschrift *»Der Herold der Christlichen Wissenschaft«*. 1940 gab es 40 Kirchen und 48 Vereinigungen in Deutschland. Aber im Juli 1941 wurden sie verboten und aufgelöst. In der DDR erfolgte im März 1951 ein erneutes Verbot, weil ihre Tätigkeit nicht mit dem (aus der nationalsozialistischen Zeit stammenden) Heilpraktikergesetz vereinbar sei, das die berufliche Ausübung der Heilkunde ohne Bestallung untersagt. In der Bundesrepublik und Westberlin bestanden 1978 insgesamt 110 Zweigorganisationen. In Bayern, Baden-Württemberg, Berlin, Hamburg und Niedersachsen ist die Christliche Wissenschaft als Körperschaft des öffentlichen Rechts anerkannt.

An Orten mit mehreren Zweigkirchen der Christian Science werden diese als »Erste, Zweite usw. Kirche Christi, Wissenschafter« gezählt. Eine Zweigkirche kann nur gegründet werden, wenn mindestens 16 gesinnungstreue Christliche Wissenschafter vorhanden sind; von ihnen müssen mindestens vier der Bostoner Mutterkirche angehören, und einer von ihnen muß ein eingetragener ausübender Vertreter (Heiler) sein. Wer Mitglied einer Kirche der Christlichen Wissenschaft werden will, muß in seinem Aufnahmegesuch bestätigen, daß er sich von jeder anderen Kirchengemeinschaft »vollständig losgesagt« hat. Die Mitglieder dürfen Gegner nicht schmähen und sollen keine einschlägigen Schriften kaufen oder verbreiten, die den Lehren der Christlichen Wissenschaft nicht entsprechen. Jede Kirche muß ein »Lesezimmer« unterhalten, in dem neben der Bibel nur die Schriften von Mary Baker Eddy und die Veröffentlichungen des Verlags der Christlichen Wissenschaft in Boston ausgelegt werden dürfen. An der Spitze der Mutterkirche wie auch jeder Zweigkirche steht ein fünfköpfiger »Vorstand« mit einem »Präsidenten«. In der Mutterkirche ist dieser »Board of Directors« eine völlig autonome, kontinuierliche Körperschaft, die sich selbst ergänzt. Es ist Vorsorge getroffen, daß die Lehre der Gründerin vor jeder Veränderung oder Weiterentwicklung bewahrt wird. Alle Redner der Christian Science und ihre Vorträge müssen vom Vortragsausschuß autorisiert sein. Diskussionen über Mrs. Eddy's Werk gibt es so wenig wie Kommentare dazu.

Die *Sonntagsfeiern,* die im »Kirchenhandbuch« genau festgelegt und in der ganzen Welt gleich sind, atmen den Geist puritanischer Einfachheit. Sie bestehen im wesentlichen aus Lektionen aus Bibel und »Lehrbuch«, die unter bestimmten, halbjährlich sich wiederholenden Themen stehen und im *»Christian Science Quarterly«* (Vierteljahrheft) enthalten sind. Hier fungieren die »Leser«, die Mitglieder der Mutterkirche sein müssen und die während ihrer dreijährigen Amtsdauer täglich über die Lektion des bevorstehenden Sonntags meditieren und sich ihrer Aufgabe ganz hingeben müssen, »damit der mentale Einfluß, der von ihnen ausgeht, Gesundheit und Heiligkeit fördere«[10]. Freie Predigten gibt es nicht. Den Lesern ist verboten, irgendwelche erklärende Bemerkungen über die Lektionen zu machen. Ein Bibelvers als »Goldener Text«, ein längerer Bibelabschnitt im »abwechselnden Lesen« zwischen Leser und Gemeinde, »Stilles Gebet« und daran anschließend das »Vaterunser« mit seiner »geistigen Auslegung« von Mrs. Eddy und schließlich »die wissenschaftliche Erklärung des Seins«[11] mit der entsprechenden Schriftstelle 1. Joh. 3, 1–3, dazu Solo- und Gemeindegesang, Orgel- und Klaviermusik ergänzen die Lektionspredigt. Neben den Sonntagsfeiern gibt es die *Versammlungen am Mittwochabend,* die eine etwas einfachere Ordnung haben und in denen auch Zeugnisse über Heilungen oder andere Erfahrungen in der Christlichen Wissenschaft abgegeben werden.

Am ersten Sonntag jedes Monats wird auch die »Richtschnur für Beweggründe und Handlungen« verlesen, welche die Mitglieder ermahnt, daß weder Feindseligkeit noch rein persönliche Zuneigung, sondern allein die göttliche Liebe An-

[10] Kirchenhandbuch, S. 31

[11] Sie lautet: »Es ist kein Leben, keine Wahrheit, keine Intelligenz und keine Substanz in der Materie. Alles ist unendliches Gemüt und Seine unendliche Offenbarwerdung, denn Gott ist Alles-in-allem. Geist ist unsterbliche Wahrheit, Materie ist sterblicher Irrtum. Geist ist das Wirkliche und Ewige, Materie ist das Unwirkliche und Zeitliche. Geist ist Gott, und der Mensch ist Sein Bild und Gleichnis. Folglich ist der Mensch nicht materiell; er ist geistig.« (Wissenschaft und Gesundheit, S. 468)

trieb zu ihren Handlungen sein soll. »Ein Christlicher Wissenschafter spiegelt die holde Anmut der Liebe wider in der Zurechtweisung der Sünde, in wahrer Brüderlichkeit, Barmherzigkeit und Versöhnlichkeit. Die Mitglieder dieser Kirche sollen täglich wachen und beten, um von allem Übel erlöst zu werden, vom irrigen Prophezeien, Richten, Verurteilen, Ratgeben, Beeinflussen oder Beeinflußtwerden.«[12]

Erlösung von Sünde, Krankheit und Tod

Für den Außenstehenden ist die Lehre der Christian Science schwer verständlich. Das hat verschiedene Gründe. Mrs. Eddy arbeitet mit abstrakten Begriffen, deren Sinngehalt schwer zu entziffern oder mehrdeutig und mißverständlich ist. Sie verwendet diese Begriffe, die dem Bereich der Philosophie, nicht der Bibel entstammen, zur Erklärung biblischer Texte und Sachverhalte und kommt dabei zu ungewohnten Aussagen. Ihr Hauptwerk ist auch kein systematisch aufgebautes Lehrbuch mit logisch und sachlich fortschreitender Entfaltung der Gedanken und es bedürfte, um für den nicht sachkundigen Leser klar verständlich zu sein, über weite Strecken selbst einer Interpretation oder mindestens kommentierender Erläuterungen. Aber solche finden sich nicht, dürfen auch nicht eingefügt werden. Da es nach Mrs. Eddy's Anweisung das einzige »Lehrbuch« der Christian Science zu bleiben hat, können auch keine anderen Lehrbücher herausgebracht werden, in denen die christlich-wissenschaftliche Gedankenwelt allgemein verständlich dargestellt wird.
Nach Mrs. Eddy's Lehre vermag die im Christentum geoffenbarte Gotteserkenntnis das Menschengeschlecht nicht nur von Sünde, sondern auch von Krankheit und Tod sowie allen Übeln des Fleisches zu befreien. Die Ursache des Bösen in der Welt ist in einer verkehrten Grundeinstellung des Menschen zu suchen, nämlich in einem *falschen Wirklichkeitsbegriff:* Der Mensch sieht das sinnlich Sichtbare und Greifbare für allein wirklich an und schreibt somit dem Üblen dieselbe Realität zu wie dem Guten und Vollkommenen. Das ist falsch, und Mrs. Eddy stellt dagegen die vier *»fundamentalen Sätze der göttlichen Metaphysik«:* »1. Gott ist Alles-in-allem. 2. Gott ist gut. Das Gute ist Geist (Mind). 3. Da Gott, Geist, alles ist, ist nichts Materie. 4. Leben, Gott, das allmächtige Gute, leugnet Tod, Böses (Übles), Sünde, Krankheit; Krankheit, Sünde, Böses, Tod leugnet das Gute, den allmächtigen Gott, Leben.«[13] Krankheit, Sünde, das Böse und der Tod sind daher unwirklich. Sie können nicht aus Gott stammen; Gott hat sie nicht geschaffen. Für den Theomonismus Mrs. Eddy's sind sie reine Negation, die »scheinbare Abwesenheit des göttlichen Guten«. Wirklich ist allein Gott. Er ist »der große ICH BIN; der All-Wissende, All-Sehende, All-Wirkende, All-Weise, All-Liebende und Ewige; Gemüt; Seele; Geist; Leben; Wahrheit; Liebe; alle Substanz; Intelligenz«[14]. Außer ihm gibt es kein wirkliches Sein, kein Leben, keine Intelligenz,

[12] Kirchenhandbuch, S. 40
[13] Wissenschaft und Gesundheit, S. 113
[14] a.a.O. S. 587

keine Substanz. Die Materie ist nicht Geist, hat also auch nicht teil an Gottes Wirklichkeit. Der Mensch ist als Gottes »Bild und Gleichnis« (1. Mose 1, 27) in seinem Wesen *Geist.* Und die Welt ist die geistige Manifestation der göttlichen Fülle und als solche ohne Anfang und Ende.
Zwar verführen die fünf körperlichen Sinne zu der Annahme, daß das Materielle seine eigene Realität und Mächtigkeit habe. Aber »der Augenschein der Sinne ist falsch«[15]. Soweit die Wissenschaften, wie die Naturwissenschaft oder die Medizin, auf der Annahme wirklicher Materie fußen und sie für die Ursache und den Träger des Lebens ansehen, sind ihre Schlußfolgerungen ebenso falsch. »In der menschlichen Philosophie kommen 99 Teile Irrtum auf ein Hundertstel Wahrheit – ein bedenklicher Trank für das Menschengeschlecht.«[16] Ein göttliches Wissen um die alleinige Wirklichkeit des Geistes muß an ihre Stelle treten. »Gott ist alles«, und »Gott ist Geist«. Der »geistige Sinn« widerlegt daher das Zeugnis der körperlichen Sinne, und sein Zeugnis ist wahr, denn in der Bibel heißt es: »Es bleibe vielmehr also, daß Gott sei wahrhaftig und alle Menschen Lügner« (Röm. 3, 4). Leben, Kraft, Gesundheit hängen nicht von der Materie ab und können daher auch nicht von ihr zerstört werden. Sie sind Ausstrahlungen Gottes, die der Mensch bewußt widerspiegeln muß.
Die Seele des Menschen ist nicht eine eigene, isolierte Wesenheit innerhalb des sterblichen Körpers. Es gibt nur *eine* Seele: Gott, und diese ist unendlich. Die menschliche Seele ist die individuelle »Widerspiegelung« der göttlichen Seele. So ist der Mensch seinem innersten und eigentlichen Wesen nach ewiger Ausdruck des göttlichen »unsterblichen Gemüts«[17] und folglich weder sterblich noch in irgendeiner Weise unvollkommen. Denn alles, was er hat, hat er von Gott. Er wurde nie geschaffen, sondern »er besteht zugleich mit Gott und ist gleich ewig mit Ihm«[18]. Auf diese *vollkommene, unzerstörte Einheit des Menschen mit Gott* kommt Mrs. Eddy alles an. Der Mensch hat also weder seine Eigenschaft als Bild Gottes noch seine Souveränität in irgendeiner Hinsicht jemals verloren. Dieser *wahre* Mensch hat Gott niemals vergessen und ist nie von ihm abgefallen.
Woher aber kommt das Übel in der Welt, das Böse und die Sünde? Alles Unvollkommene ist nach der Lehre Mrs. Eddy's *»sterblicher Irrtum«,* ein falsches Bewußtsein, die Illusion des »menschlichen« oder »sterblichen Gemüts« (mortal mind). »Das sterbliche Dasein ist ein Traum von Sünde, Krankheit und Tod.«[19] Die weitere Frage aber, woher nun plötzlich dieser falsche Geist gekommen sei, wenn Gott ihn nicht geschaffen hat und Gottes Geist allen Raum erfüllt – diese Frage ist unbeantwortbar. Denn der »Irrtum« wie auch der »sterbliche Geist« sind beide *Lüge* (Hinweis auf Joh. 8, 44); als Lüge aber können sie in Wahrheit keinen Ursprung haben: Wenn die Allheit des Guten erkannt sein wird, dann wird auch die Nichtsheit des irrenden Geistes offenbar werden.
Das Bewußtsein des Üblen und die materielle Auffassung der Dinge bezeichnet

[15] Vermischte Schriften, S. 65
[16] Nein und Ja, S. 21
[17] »Gemüt« ist die offizielle deutsche Übersetzung für »Mind«. Diesen Begriff verwendet Mrs. Eddy – noch häufiger als »Spirit« – als Gottes-Synonym.
[18] Nein und Ja, S. 25
[19] Wissenschaft und Gesundheit, S. 188

Mrs. Eddy zuweilen auch als »*Adamstraum*«[20]. Sie bezieht sich dabei auf 1. Mose 2, 6: »Aber ein Nebel ging auf von der Erde...« (Nebel: Verschleierung des wahren Bewußtseins), und verbindet dies mit V. 21: In dem »tiefen Schlaf«, in den der Mensch vor der Erschaffung des Weibes fiel, vergaß er Gott und verfiel der Täuschung, daß Leben und Geist von der Materie ausgingen. Dieser Adamstraum war »der Vater aller menschlichen Disharmonie«[21]. Seither lebt der Mensch unter »leidenden, sündigen, sterblichen Annahmen«. Weil er die Materie und mit ihr auch Krankheit und Tod für wirklich hält, muß er selbst dem Bösen und der Sünde verfallen. Denn er nimmt ihren Anspruch ernst und haucht ihnen damit Leben und Kraft ein.

Es kommt also für den Menschen alles darauf an, daß er den Bann der Scheinwirklichkeit bricht, dem er sich ausgeliefert hat. Er muß sich von den Täuschungen des Adamstraumes freimachen und vom Irrtum zur Wahrheit, zur »Wirklichkeit des Seins«, durchdringen. Sein Denken muß sich über die körperliche Persönlichkeit zu des Menschen geistiger Wesensart in Gott emporheben und damit auch alle Kategorien des Materiellen, Begrenzten und Vergänglichen ablegen. »Lerne dies, o Sterblicher, und suche ernstlich den geistigen Stand des Menschen, der außerhalb aller materiellen Selbstheit liegt.«[22]

Wer erkannt hat, daß Gott Alles-in-allem, daß Er die alleinige Wirklichkeit ist, der leugnet die Machtberechtigung des Irrtums und der Sünde und untergräbt damit die Pseudokraft ihres Anspruchs. Er wird inne, daß zwischen seinem Geist und dem unsterblichen Geist, Gott, eine substantielle Verbundenheit besteht, daß er also im Grunde körperlos, sündlos und todlos ist. Wenn der Mensch das »versteht« (understand), wenn es ihm gelingt, sich in radikaler Wendung darauf einzustellen, daß nur Gott, das Gute, Wirklichkeit ist, dann wird er frei von den ihn bedrängenden Übeln. Es kann dann eine »mentale Gärung« in ihm einsetzen, in deren Verlauf die sterblichen Irrtümer vergehen und der wahren wissenschaftlichen Erkenntnis Platz machen. Seine eigene körperliche Persönlichkeit beschwert ihn nicht mehr. Es verlangt ihn nicht mehr danach, an sie zu denken. Ganz von selbst fallen dann die Annahmen der Krankheit, der Sünde und des Todes von ihm ab.

Die *Sünde* ist nach dem Verständnis von Mrs. Eddy ebenso wie die Krankheit Irrtum, nämlich die falsche Annahme, daß im Bösen und in den »Sinnen« echte Freude zu finden sei. Durch Leiden wird dem Menschen die Falschheit dieser Auffassung bewußt, und er erkennt in der »Wissenschaft«, daß nur im Geist wahre, ewige Freude gegeben ist. Dies veranlaßt ihn, von der Sünde zu lassen. »Ein durch die Christliche Wissenschaft geheilter Mensch ist nicht nur von seiner Krankheit geheilt, sondern er ist sittlich und geistig gehoben.«[23]

Die *Krankheit* ist sonach nicht mit Arzneien, sondern allein im Gemüt zu bekämpfen. Eine falsche Vorstellung vom Menschen läßt uns leiden. Die Menschen sind krank, weil sie sich für krank halten; sie sterben, weil sie den Tod für ein Verhängnis halten, dem man nicht entfliehen könne. So kann allein eine völlige Abwendung von diesen Irrtümern uns wirklich heilen. Eine Heilung durch äußere Mittel

[20] a. a. O. S. 556
[21] a. a. O. S. 306f.
[22] Wissenschaft und Gesundheit, S. 476
[23] Rückblick und Einblick, S. 34

würde bedeuten, *eine* Annahme an die Stelle der anderen zu setzen, hieße also, »den Teufel mit Beelzebub austreiben«. Nur wer wirklich erkannt hat, daß die Materie über den Menschen nicht zu bestimmen hat, hat die Gesundheit, sein »göttliches Erbteil«, gefunden.

Jesus Christus war der erste Mensch, der diese »Wissenschaft« in ihrer reinsten Gestalt verkündigt und praktiziert hat. Er war »der wissenschaftlichste Mensch, der je auf Erden gewandelt ist; er tauchte unter die materielle Oberfläche der Dinge und fand die geistige Ursache«[24]. Er wußte, daß Krankheit und Tod nur irrtümliche Annahmen, aber keine Wirklichkeiten sind. Er ist auf dem Meer gewandelt, um die Macht des Geistes über alle physischen Bedingungen und Gesetze zu zeigen. Sein klares, geistiges Verständnis von der alleinigen Wirklichkeit der göttlichen Kraft und der Wesenheit des Menschen als Gottes Gleichnis oder Idee löste augenblicklich jeden Sinn für Übel im Bewußtsein derer auf, die mit ihm in Berührung kamen, so daß der Kranke sich seiner gottgegebenen Gesundheit bewußt werden, sein Bett nehmen und heimgehen konnte.
Im allgemeinen unterscheidet Mrs. Eddy streng zwischen Jesus und Christus: »Christus« ist die »Wahrheit«, die kommt, um Krankheit und Sünde durch die Christliche Wissenschaft zu heilen; »Jesus« ist der Name des Menschen, der mehr als alle anderen den »Christus« vergegenwärtigt hat, indem er die Kranken und Sünder heilte und die Macht des Todes zerbrach. »Jesus« ist die menschliche Person, und Christus ist die göttliche Idee[25]. Jesus ist auferstanden, um die Machtlosigkeit des Todes über den Menschen Gottes und damit seine tatsächliche Unwirklichkeit zu beweisen. Er lehrte und demonstrierte des Menschen Einssein mit Gott und ist das große Vorbild in der Überwindung des Irrtums.
Mit aller Bestimmtheit lehnte Mrs. Eddy die im Neuen Testament ausgesprochene und in der Mitte der kirchlichen Verkündigung stehende Botschaft vom *stellvertretenden Leiden und Sterben Christi* ab. »Die Sühne Christi versöhnt den Menschen mit Gott, nicht Gott mit dem Menschen.«[26] Die Hilfe Jesu für die Menschen bestand darin, daß er ihnen ein wahres Verständnis der ewigen göttlichen »Liebe« gab, das sie von der Bindung an Materie, Sünde und Tod freimacht: Die Versöhnung ist die »Veranschaulichung von des Menschen Einheit mit Gott«. Die *Erlösung* besteht also in der Überwindung des Irrtums. Jesus hat dem Menschen den Weg gezeigt, der zum Heil führt; gehen muß dieser ihn selbst, denn im Erkennen gibt es keine Stellvertretung. Der Mensch, der das Ziel im gegenwärtigen Leben nicht erreicht, muß nach dem »Wechsel, der Tod genannt wird«, auf einer anderen Daseinsebene zum vollen Verständnis heranreifen. Der *Tod* selbst kann ihm das Leben nicht geben, denn erst, wer den Glauben an den Tod abgelegt hat, lebt bewußt und wirklich im ewigen Leben. So lehrt Mrs. Eddy die geradlinige Entwicklung des Menschen zur Vollkommenheit.
Jesus Christus hat seine Jünger das *Prinzip des Heilens* gelehrt; aber eine bestimmte Regel hinterließ er nicht. Doch hat er ihnen den *»Tröster«* verheißen, den »Geist

[24] Wissenschaft und Gesundheit, S. 313
[25] a. a. O. S. 473
[26] a. a. O. S. 18

der Wahrheit«, der sie alles lehren wird (Joh. 14, 16f. 26). Damit ist die Christliche Wissenschaft gemeint[27]. Diese ist das zweite Erscheinen des Christus[28]. Mrs. Eddy hat die wissenschaftliche Regel wiederentdeckt. Die ersten Christen waren Heiler. Aber es ist das große Verhängnis der Kirche gewesen, daß sie dieses Element des Christentums verlorengehen ließ und Jesu Verheißung in Mark. 16, 17f. nicht ernst nahm. Die Christliche Wissenschaft will den von der Kirche fallengelassenen Auftrag ausführen und dem Menschen den Weg des umfassenden Heilens zeigen.

Das ist an sich die Aufgabe jedes Christlichen Wissenschafters; denn jeder, der sich die Lehren von Mrs. Eddy zu eigen gemacht hat, wird sie im Krankheitsfall auch praktizieren. Aber weil es Unterschiede in der Erkenntnis und in der Kraft ihrer Realisierung gibt, hat Mrs. Eddy den berufsmäßigen Heilerstand der *»Ausüber«* (Practitioner) geschaffen. Sie müssen einen 14tägigen Kurs bei einem anerkannten »Lehrer« der Christlichen Wissenschaft absolvieren, Mitglieder der Mutterkirche in Boston werden und eine erste, von ihr überprüfte Bewährungszeit bestanden haben. Ihre Tätigkeit ist »sowohl ein geistliches Amt wie ein Beruf«. Aber sie sind nicht kirchlich angestellt wie die Pfarrer und werden auch nicht von ihrer Gemeinde bezahlt, sondern müssen sich ihren Lebensunterhalt selbst mit ihrer Heilertätigkeit verdienen. Ihre Patienten entrichten an sie dasselbe Honorar wie an einen Arzt oder Psychiater. Die »Ausüber« müssen sich streng an das Lehrbuch »Wissenschaft und Gesundheit« halten; sie müssen in sich selbst die Heilung vom Irrtum vorgenommen haben. Ihnen wird im »Kirchenhandbuch« geboten, daß sie wohlwollend, versöhnlich, langmütig sein und Böses mit Gutem überwinden sollen. Ihre Namen und Anschriften werden im *»Christian Science Journal«* bzw. im *»Herold der Christlichen Wissenschaft«* veröffentlicht, was bedeutet, daß sie ihren Erfolg im Heilen bewiesen haben und die Christliche Wissenschaft »demonstrieren«.

Eine Hauptaufgabe der »Ausüber« besteht darin, die Furcht des Kranken zu zerstören. Sie sollen deshalb alles vermeiden, was den Patienten ängstlich machen oder seelisch belasten könnte. Vielmehr muß ihre Praxis mit dem Grundton »Fürchtet euch nicht!« beginnen und dem Patienten stillschweigend die Gewißheit einflößen, daß er von Krankheit und Gefahr frei ist. Je mehr er von der Furcht befreit wird, desto mehr weicht die Krankheit. Bei Knochenbrüchen kann der Christliche Wissenschafter einen Arzt holen, »bis das fortschreitende Zeitalter die Wirksamkeit und die Herrschaft des Geistes zugibt«. Aber vielfach verlassen sie sich auch dann ausschließlich auf die mentale Heilung. Eine gleichzeitige Behandlung durch einen Ausüber und einen Arzt wird für unmöglich gehalten, weil beide von völlig entgegengesetzten Auffassungen ausgehen.

Der Erfolg der Christlichen Wissenschaft im Vergleich zu anderen Heilmethoden wird als »ungewöhnlich gut« bezeichnet. Wenn die Heilung ausbleibt, wird die Ursache unter Berufung auf Matth. 17, 19–21 im Glaubensmangel gesucht: »Gott – das göttliche Prinzip – versagt ganz gewiß nie; doch unser Verständnis

[27] Wissenschaft und Gesundheit, S. 55
[28] Vermischte Schriften, S. 163

von Ihm mag uns manchmal im Stich lassen.«[29] Und wenn der Kranke auf dem Sterbebett liegt? Dann muß der »Traum des Todes« durch Gemüt besiegt werden, so daß der Sterbende aus seiner materiellen Erklärung: »Ich bin tot«, erwacht, um den Posaunenruf der Wahrheit zu vernehmen: »Es gibt keinen Tod ... Leben ist wirklich, und der Tod ist eine Illusion.«[30]
Die Christliche Wissenschaft nimmt sich nicht nur der Krankheit an, wenn auch dieser Sektor besonders stark in den Vordergrund getreten ist; sie will vielmehr den Menschen auch von aller Not und allen Schwierigkeiten des täglichen Lebens befreien, selbstverständlich auch von der *Sünde,* wie Mrs. Eddy ausdrücklich betont. Ja, das Heilen von Sünden kann »zuweilen schwerer sein als das Heilen von Krankheiten, weil die Sterblichen wohl gerne sündigen, aber nicht gerne krank sind«[31].

In der Christlichen Wissenschaft wird das *Gebet* sehr betont. Es ist meditative Vergegenwärtigung der »Wahrheit des Seins«, Einsinken in Gottes allgegenwärtige Liebe, um den eigenen Willen mit Gott in Einklang zu bringen. Für Bittgebete ist kaum Raum, denn »das Gebet kann weder Gott ändern noch Seine Pläne in sterbliche Verfahren bringen«, und es besteht auch keine Notwendigkeit für sie, denn Gott ist Liebe und spendet auch ohne Bittgebet alles Gute[32]. Das *Herrngebet* lautet in der von Mrs. Eddy durch kommentierende Zusätze erweiterten Form[33]:

»Laßt mich an dieser Stelle das darbieten, was ich für die geistige Bedeutung des Gebets des Herrn halte:
Unser Vater, der Du bist im Himmel.
Unser Vater-Mutter Gott, all-harmonisch.
Geheiligt werde Dein Name.
Einzig Anbetungswürdiger.
Dein Reich komme.
Dein Reich ist gekommen; Du bist immergegenwärtig.
Dein Wille geschehe wie im Himmel, also auch auf Erden.
Befähige uns zu wissen, daß Gott – wie im Himmel, also auch auf Erden – allmächtig, allerhaben ist.
Unser täglich Brot gib uns heute.
Gib uns Gnade für heute; speise die darbende Liebe.
Und vergib uns unsere Schuld, wie wir vergeben unsern Schuldigern.
Und Liebe spiegelt sich in Liebe wider.
Und führe uns nicht in Versuchung, sondern erlöse uns von dem Übel.
Und Gott führt uns nicht in Versuchung, sondern erlöst uns von Sünde, Krankheit und Tod.

[29] Fragen und Antworten, S. 14. Beglaubigte Heilungszeugnisse werden regelmäßig in den Christian Science-Zeitschriften veröffentlicht. In dem Buch »Ein Jahrhundert christlich-wissenschaftlichen Heilens« (1969) wurden typische Heilungen gesammelt.
[30] Wissenschaft und Gesundheit, S. 428
[31] Anfangsgründe der göttlichen Wissenschaft, S. 2f.
[32] Wissenschaft und Gesundheit, S. 2
[33] a.a.O. S. 16f.

Denn Dein ist das Reich und die Kraft und die Herrlichkeit in Ewigkeit.
Denn Gott ist unendlich, alle Kraft, alles Leben, alle Wahrheit, alle Liebe, über allem und Alles.«

Die Christian Science kennt *kein Sakrament*. Denn für Mrs. Eddy ist es ausgeschlossen, daß sich der Geist mit etwas Materiellem verbinde. Es liegt nicht am Wasser oder an Brot und Wein, auch nicht am »Blut Christi«, sondern es kommt allein auf die geistige Einheit mit Gott an, und diese zu verwirklichen ist jederzeit möglich – dazu braucht es keine bestimmten rituellen Handlungen. Zwar findet zweimal im Jahr eine sogenannte »Kommunions-Feier« (nicht Eucharistie!) statt, in der diese geistige Einheit des Menschen mit Gott (communio) in besonderer Weise meditativ erlebt wird (schweigendes Sich-Versenken), doch trägt diese keinerlei sakramentalen Charakter. Nach seiner »geistigen Bedeutung« ist das »Brot« die bewußt gewordene und verstandene Wahrheit, der »Wein« ist »die Inspiration der Liebe«, und die »Taufe« ist die stete »Reinigung von allem Irrtum«[34].
Im Rahmen der Kommunionsfeiern werden auch die *Glaubenssätze der Mutterkirche* verlesen. Sie haben folgenden Wortlaut: »1. Als Anhänger der Wahrheit haben wir das inspirierte Wort der Bibel zu unserm geeigneten Führer zum ewigen Leben erwählt. 2. Wir bekennen und verehren *einen* allerhabenen und unendlichen Gott. Wir bekennen Seinen Sohn, *einen* Christus; den Heiligen Geist oder göttlichen Tröster; und den zu Gottes Bild und Gleichnis geschaffenen Menschen. 3. Wir bekennen Gottes Vergebung der Sünde in der Zerstörung der Sünde und in dem geistigen Verständnis, welches das Böse als unwirklich austreibt. Aber die Annahme der Sünde wird so lange bestraft, wie die Annahme währt. 4. Wir bekennen Jesu Sühnopfer als die Augenscheinlichkeit der göttlichen, wirksamen Liebe, die des Menschen Einheit mit Gott durch Christus Jesus, den Wegweiser, entfaltet; und wir bekennen, daß der Mensch durch Christus erlöst wird, durch Wahrheit, Leben und Liebe, wie dies der galiläische Prophet im Heilen der Kranken und im Überwinden von Sünde und Tod demonstrierte. 5. Wir bekennen, daß die Kreuzigung Jesu und seine Auferstehung dazu dienten, den Glauben zu dem Verständnis vom ewigen Leben zu erheben, ja, von der Allheit der Seele, des Geistes, und der Nichtsheit der Materie. 6. Und wir geloben feierlich, zu wachen und zu beten, daß das Gemüt in uns sei, das auch in Christus Jesus war; anderen zu tun, was wir wollen, daß sie uns tun sollen, und barmherzig, gerecht und rein zu sein.«
Diese Glaubensgrundsätze enthalten zwar ein Bekenntnis zur Trinität, zum Kreuz und zur Erlösung durch Christus. Aber sie sind *aus einer anderen Wurzel erwachsen als die kirchlichen Bekenntnisse*. Um das an zwei Punkten deutlich zu machen: Nach der Lehre der Christlichen Wissenschaft ist »kein Leben, keine Wahrheit, keine Intelligenz und keine Substanz in der Materie«; sie ist nicht real, sondern »sterblicher Irrtum«, also eine menschliche Täuschung. Nach dem biblischen Schöpfungsbericht dagegen ist sie kein Trug, sondern Gottes Werk: er schuf »Himmel und Erde«, Land und Meer, Pflanzen- und Tierwelt; und er beurteilte diese ganze ma-

[34] a.a.O. S. 35

terielle Welt nicht negativ, sondern er »sah an alles, was er gemacht hatte; und siehe da, es war sehr gut« (1. Mose 1, 31). Daraus ergeben sich tiefgreifende Konsequenzen – nicht nur für die Wertung der Körperlichkeit, die Beurteilung der Krankheit, die Art der Heilbehandlung, sondern für die ganze Anthropologie, den ethischen Bereich, bis hin zur Eschatologie mit ihrer Verheißung des wiederhergestellten Paradieses.
Sodann: Nach der Christian Science ist das Böse »an sich« etwas Unwirkliches, nur »die Abwesenheit des Guten«, und sein Ursprung liegt in einem »sterblichen Irrtum«, der durch den ihm verfallenen Menschen erst Macht bekommt und durch die Beseitigung dieses Irrtums seine Macht verliert. Deshalb wird in der christlich-wissenschaftlichen Erweiterung des Vaterunsers die fünfte Bitte durch den Zusatz »Und Gott führt uns nicht in Versuchung« kurzerhand für gegenstandslos erklärt. Keine Kirche könnte eine solche Korrektur am Herrngebet vornehmen. Denn nach der kirchlichen Lehre ist das Böse die reale Gegenmacht des Guten, zurückgehend auf die Verführung durch den Widersacher Gottes. Er hat im Menschen den hybriden Drang geweckt, zu sein wie Gott (1. Mose 3, 5), der ihn in die Trotzposition der Selbst-Herrlichkeit und des aufsässigen Ungehorsams gegen Gottes Gebote treibt. Dementsprechend ist auch das Verständnis vom Wesen der Sünde anders als in der Christlichen Wissenschaft. Und das wiederum führt zu einem grundverschiedenen Verständnis der ganzen christlichen Erlösungsbotschaft von der Sendung und dem Werk Christi bis zum apokalyptischen Aufruhr der antichristlichen Mächte und ihrer Vernichtung durch den wiederkommenden Herrn. Diese Hinweise mögen zur Genüge deutlich machen, daß die Christian Science das Schriftzeugnis in zentralen Punkten anders versteht als die Kirchen.

Andere Zweige der Christlichen Wissenschaft

1. Eine deutsche Lehrerin, Marie Schön (1857–1941), die seit 1892 an der Universität in Minnesota als Sprachlehrerin tätig war, erkrankte 1894 hoffnungslos an Unterleibstyphus und erlebte eine Heilung durch die Christliche Wissenschaft. Fortan befaßte sie sich mit dieser Lehre sehr intensiv, lehnte aber ein Angebot ab, dem engeren Mitarbeiterkreis von Mary Baker Eddy beizutreten. 1899 gründete sie die »First Church of Christ, Scientist, Hannover« als Zweig der Mutterkirche. Bald aber kam es zu Spannungen mit Boston, weil Mrs. Eddy sich anfänglich weigerte, ihr Buch »Wissenschaft und Gesundheit« ins Deutsche übersetzen zu lassen, und weil Marie Schön ihrerseits die Veränderungen kritisierte, die in den späteren Ausgaben des Lehrbuchs vorgenommen worden waren und durch welche die Lehre der Christlichen Wissenschaft entstellt worden sei.
Marie Schön siedelte 1904 nach Berlin über und setzte hier ihre Arbeit selbständig fort, indem sie die *»Deutsche Vereinigung Christlicher Wissenschafter«* gründete (seit 1945: »Christlich-wissenschafliche Bewegung deutschen Zweigs«). 1923 wurde

sie von einer Theologiestudentin auf die Schriften des Frankfurter Arztes und Magnetismusforschers Johann Karl Passavant (1790–1857) aufmerksam gemacht. Fortan trat für sie Passavant zusammen mit Fichtes »Anweisung zum seligen Leben« an die Stelle von »Wissenschaft und Gesundheit«. Neben ihrem Publikationsorgan »Deutsches Monatsheft der Christlichen Wissenschaft« veröffentlichte sie 1934 das Buch »Das Unbedingte«, dem Passavants Schriften zugrunde gelegt waren, und »Briefe aus der Praxis«. Damit wurde deutlich, daß sie sich von der Christian Science abgelöst hatte. Sie bestritt Mrs. Eddy's Originalität: Die Lektüre der Quimby-Manuskripte habe sie, so erklärte sie in »Das Unbedingte«, davon überzeugt, daß Mrs. Eddy's Lehrbuch »bestenfalls nur ein Überbau auf die in diesen ›Manuskripten‹ niedergelegte Lehre des Verfassers und deren Nutzanwendung« sein könne. Darum sei Mrs. Eddy's Behauptung: »Keine menschliche Zunge hat mich die Wissenschaft gelehrt, die in diesem Buch ›Wissenschaft und Gesundheit‹ enthalten ist«, einer »unbegreiflichen Selbsttäuschung entsprungen«[35].

Marie Schön hat das Denken von Mrs. Eddy weitergeführt. Das Böse und Sterbliche ist für sie Ausdruck eines Mangels an rechter Gotteserkenntnis, der Niederschlag gottfernen Denkens und Lebens der Menschen. Folgerichtig wird es überwunden, wenn der Mensch eine Umkehr vornimmt. Sie besteht darin, daß er sein Trachten ganz auf Gott richtet. Dieses Trachten erschöpft sich nicht nur in einem religiösen Akt, etwa in einer mystischen Versenkung, sondern schließt auch in sich, daß man das als wahr Erkannte im Leben zur Geltung bringt und aus der Liebe zu Gott handelt. Nach dem Gesetz von Ursache und Wirkung folgt einer inneren Gesundung auch die äußere Genesung. Ist jemand krank, soll er nicht gegen seine Krankheit ankämpfen, und sei es auch nur durch ihre gedankliche Verneinung. Er soll sich überhaupt nicht mit der Krankheit beschäftigen, sondern in die Urgründe des Seins einkehren, in die alleinige Wirklichkeit und All-Liebe Gottes. Er soll innewerden, daß sein Dasein von Gottes Liebe und Kraft durchwaltet wird und als Ausfluß des göttlichen Lebens über Raum und Zeit erhaben und unantastbar ist. Mit solcher Einkehr legt er den Grund zum Recht-Denken, und ihm entspringt alles Heilsein: das der Seele, des Lebens und aller äußeren Verhältnisse.

In der nationalsozialistischen Zeit wurde die Vereinigung verboten. 1945 wurde sie von Bruno Falkenberg in Berlin wieder gesammelt und nach seinem Tod 1959 von seiner Frau Frieda fortgeführt. Aber sie hatte keine rechte Lebenskraft mehr. Ihre Mitgliederzahl ging zurück, und 1975 bestand die Vereinigung nur noch aus einer Handvoll Anhänger, die keine regelmäßigen Gottesdienste und Versammlungen mehr veranstalten.

2. Unabhängig von Boston entstanden auch in der *Schweiz* kleine Kreise christlicher Wissenschafter. Sie führen in ihrem Stammbaum neben Mrs. Eddy auch Johann Gottlieb Fichte, Karl Passavant, P. P. Quimby, K. F. Th. Schneider und Marie Schön an. Passavant habe Fichtes »Wissenschaftslehre« mit der Lehre über

[35] Zitiert aus: Verbandsblatt des Schweizerischen Landesverbands freier Christlicher Wissenschafter, August 1973

die Nutzanwendung gegenüber der Natur verbunden und diese Synthese »Christliche Wissenschaft« genannt. In einem Brief vom 26. Mai 1840 habe er die Gründung einer christlich-wissenschaftlichen Organisation vorgeschlagen, und 1850 habe K. F. Th. Schneider in Berlin die früheste deutsche Zeitschrift für christliche Wissenschaft und christliches Leben herausgebracht. Vermutlich sei der Ausdruck »christliche Wissenschaft« durch deutsche Auswanderer nach Amerika gebracht worden; Quimby habe ihn im Februar 1863 erstmals gebraucht, und Mrs. Eddy habe ihn von ihm übernommen.
Eine erste kleine Gruppe der freien Christlichen Wissenschafter entstand 1907 in Zürich. Weitere folgten 1913 in St. Gallen und 1927 in Schaffhausen. Durch Dr. Karl Sprenger (1884–1963) wurden sie dann zusammengeführt. Dieser setzte sich in Schaffhausen in Vorträgen und einer Anzahl Veröffentlichungen für die Christliche Wissenschaft ein. Auf seine Initiative hin schlossen sich 1933 die bestehenden Kreise im *»Schweizerischen Landesverband freier Christlicher Wissenschafter«* zusammen, dessen »ruhender Mittelpunkt« Dr. Sprenger bis zu seinem Tod war. Nun ist der Landesverband, weil es an jugendlichem Nachwuchs fehlt, von Überalterung und Rückgang bedroht. Es bestehen auch keine örtlichen Kreise mehr. Das Präsidium liegt in der Hand von Emilia Ricklin in Bern.

3. Eine wesentlich stärkere Bedeutung erlangte die Bewegung, die von John W. Doorly ins Leben gerufen wurde. Der am 18. Mai 1878 in Westindien geborene Engländer hatte sich als junger Mann in Amerika der Christian Science zugewandt. Mit 24 Jahren gab er seinen bürgerlichen Beruf auf, um sich ihr ganz zu widmen. 1907 erschien sein Name erstmals in der Liste der »Ausüber«. Mit 31 Jahren wurde er der damals jüngste Lehrer der Christian Science. 1914 zum »Lektor« berufen, hielt er 15 Jahre lang Vorträge in allen Teilen der Welt und wurde für 1918 sogar zum Präsidenten der Mutterkirche gewählt, obwohl er sich mittlerweile in England niedergelassen hatte. Die Wahl zum Ersten Lektor in der Mutterkirche lehnte er 1926 jedoch ab und gab 1928 auch sein Lektorenamt auf. Nach seiner erfolgreichen Laufbahn wollte er nun tiefer in die Lehren Mrs. Eddy's eindringen: »Im Jahr 1929 erlangte ich die Gewißheit, daß ich der Christlichen Wissenschaft am besten dienen könne, wenn ich meine Zeit ausschließlich einem tieferen und umfassenderen Studium der Bibel und der Schriften unserer Führerin widme. Ich war mir sicher, daß dies der rechte Weg zu einem besseren Heilen war.« »Ich war überzeugt, daß wir die Christliche Wissenschaft nicht demonstrieren können, ehe wir sie vernünftig und wissenschaftlich verstanden haben.«[36] Dann erst sei die Gefahr beseitigt, daß die Christlichen Wissenschafter nur »Glaubensanhänger« werden statt »wissenschaftliche Denker und Beweisführer«. Er wollte nachweisen, daß Mrs. Eddy's Lehrbuch das »wissenschaftlichste Buch der Welt« und die Christian Science »das wissenschaftlichste System« ist, das die Welt bisher gesehen hat[37]. Um dieses Ziel zu erreichen, entwickelte er Gedankengänge, denen der nicht damit Vertraute nur schwer zu folgen vermag. Einige Grundzüge sollen im folgenden nachgezeichnet werden:

[36] A Statement by John W. Doorly, London 1945, S. 1
[37] a. a. O. S. 9 und 33

Wissenschaft ist für Doorly nicht die Kenntnis vieler unverbundener Einzeltatsachen, sondern die Zurückführung dieser Einzeltatsachen auf Gesetze und ihre Einordnung in ein System. Wenn man die wenigen Gesetze und Grundtatsachen dieses Systems kennt, kann man alle seine Einzelheiten verstehen und in unbegrenzter Mannigfaltigkeit miteinander kombinieren. Diesen Wissenschaftsbegriff wandte Doorly auch auf die Christian Science an: Ihr Forschungsobjekt ist Gott, das unendliche All, und sie will dieses unendliche Ganze erklären. Dieses Ziel kann man nicht erreichen, wenn man das unendliche All Stück um Stück in seinen Einzelheiten erforscht. Darum unterzog sich Mrs. Eddy »der gewaltigen Aufgabe, den Unendlichen (Gott) durch metaphysische Wissenschaft zu definieren«[38]. Sie war dazu durch »göttliche Offenbarung befähigt«; ihr Lehrbuch aber war die Frucht dieser Offenbarung und hat darum in Doorlys Augen den Rang einer inspirierten Schrift. In ihm definierte Mrs. Eddy Gott durch seine grundlegenden Wesenszüge: Gemüt, Geist, Seele, Prinzip, Leben, Wahrheit, Liebe. Da diese Begriffe im menschlichen Gebrauch mehrdeutig sind, gilt es, ihre »göttliche Bedeutung« herauszufinden. Sie sind *Synonyme*, denn sie beziehen sich alle auf den einen absoluten Gott; aber sie sind nicht beliebig austauschbar, sondern haben bei aller Gemeinsamkeit je ihren besonderen Aussagegehalt. Durch ein gründliches Studium des Lehrbuchs kann man diese Besonderheiten herausarbeiten: Man suche bei jedem Synonym, z. B. Gemüt (Mind), alle Stellen des Lehrbuchs auf, wo dieses Wort gebraucht wird, und erkunde seinen genauen Sinn, indem man bei jeder dieser Textstellen fragt: Was ist Gemüt? Was tut Gemüt? Was hat Gemüt? Wie ist Gemüt zu interpretieren? Aus den Antworten ergeben sich die dem Synonym zugehörigen *»Ideen«*, etwa: Macht, Geist, Tätigkeit, Intelligenz, Schöpfer, Ursache, Ursprung. In der Zusammenschau der Ideen bekommt dann der Begriff »göttliches Gemüt« einen sehr bestimmten Aussagegehalt, der, von allen menschlichen Auffassungen gereinigt, »Gott auf eine ganz spezifische Weise charakterisiert«.

Da die Ideen Wesensteile der göttlichen Synonyme sind, eignet ihnen ebenfalls göttliche Qualität. Wie die Synonyme, so spiegelt jede Idee sowohl das Ganze Gottes als auch jede andere Idee auf ihre besondere Weise wieder. Kombiniert man sie mit den Synonymen, dann ergeben sich daraus jeweils verschiedene Wahrheiten. Als Beispiel diene die Idee »Kraft«: »Kraft des Gemüts« sagt etwas anderes aus als »Kraft des Lebens« oder »Kraft der Wahrheit«.

Mrs. Eddy gebrauchte in ihrem Lehrbuch diese Verbindungen auf ganz spezifische Art und Weise, und man muß sie genau beachten, wenn man das Lehrbuch richtig verstehen will. Man kann die Ideen in unendliche Beziehungen zueinander bringen und gewinnt so eine Vorstellung von der Fülle Gottes und einen Einblick in die unendliche Wahrheit des Seins. Wohlgemerkt, man gewinnt das als Frucht wissenschaftlicher Forschung! Es sind also nicht bloß Aussagen des Glaubens, sondern gesicherte Erkenntnisse. Man kann und soll sie sich aneignen und sie als Maßstab für das tägliche Leben benützen.

[38] Max Kappeler, Warum muß die Christliche Wissenschaft als eine Wissenschaft studiert werden?, S. 13 f. In dieser Schrift bemüht sich der Verfasser, Doorlys Lehre möglichst allgemeinverständlich zu beschreiben. Sie liegt deshalb auch der weiteren Darstellung zugrunde.

Tut man das, dann wird man nicht nur vom Irrtum, sondern auch vom *Bösen* frei. Denn man kann das Böse mit Hilfe der Christlichen Wissenschaft analysieren und auflösen. Seine zahllosen Erscheinungsformen lassen sich auf sieben Grundübel zurückführen, die das Gegenteil der sieben Synonyme sind, aber als »Abwesenheit des Guten« lediglich auf irrigen »Annahmen« beruhen. So steht z. B. dem göttlichen Synonym »Geist« die Annahme von Fleisch und Dualität gegenüber, dem Synonym »Seele« die Annahme vom Zeugnis der fünf körperlichen Sinne sowie von Sünde, dem Synonym »Leben« die Annahme von Tod, dem Synonym »Wahrheit« die Annahme von Irrtum und Krankheit, dem Synonym »Liebe« die Annahme von Furcht und Haß. Man kann also jede Manifestation des Bösen als Gegenteil eines oder mehrerer göttlicher Synonyme analysieren und als bloße Annahme entlarven. Und indem das Bewußtsein sich die alleinige Wirklichkeit Gottes vergegenwärtigt, ist das Böse zunichte gemacht. Es ist die Aufgabe des Christlichen Wissenschafters, »ein neues Bewußtsein, ein göttlich wissenschaftliches Bewußtsein« zu gewinnen, das von den Ideen der göttlichen Synonyme durchdrungen ist.

Die göttlichen Synonyme haben vier »Wirkungsweisen«: *das Wort,* d. h. die Offenbarung der sieben Synonyme; *Christus,* d. h. deren Übersetzung in das menschliche Bewußtsein; *Christentum,* d. h. die Demonstration ihres lebendigen Wesens im Heilen von Sünde und Krankheit; *christliche Wissenschaft,* d. h. ihr Verständnis als eines geistig-wissenschaftlichen Ganzen. Diesen Wirkungsweisen entsprechen die vier Ebenen der Wissenschaft: Wissenschaft an sich, göttliche Wissenschaft, absolute christliche Wissenschaft und christliche Wissenschaft. Zusammen mit den Synonymen und Ideen bilden sie das System der göttlichen Metaphysik. Mit diesem System läßt sich nicht nur der Aufbau des Lehrbuchs entschlüsseln, sondern auch die *Bibel* als zusammenhängendes Ganzes, als geordnete geistige Ideengeschichte völlig neu interpretieren. Mehr noch: Es läßt sich auch als Schlüssel zur Erklärung des göttlichen Seins verwenden: »da diese göttlichen Gesetzmäßigkeiten überall wirken, im Himmel wie auf Erden, im Göttlich-Absoluten wie auch im Menschlichen, muß eine fundamentale Übersetzbarkeit von Gott bis zum Punkt aller menschlichen Anliegen bestehen«[39].

Da wartete also ein ungeheures Feld auf Bearbeitung! Doorly ging zunächst daran, die *» Wissenschaft der Bibel «* aufzuzeigen, indem er den Raster der Grundkategorien über jedes biblische Buch legte und nachwies, daß ihm ein geordneter Aufbau geistiger Ideengeschichte zugrunde liegt. Ein kleiner Arbeitskreis, der 1938–1940 einmal wöchentlich zusammenkam, arbeitete das Lehrbuch durch. Doorlys Schüler bezogen später weitere Gebiete in ihre Forschungen ein. Ein Teil der Ergebnisse wurde in seinem ersten Buch *» The Pure Science of Christian Science «* (1946) veröffentlicht.

Der Leitung in Boston jedoch scheint seit 1942 diese Beschäftigung Doorlys, die frei und unabhängig von ihr durchgeführt wurde und auf bisher nicht beschrittene Wege führte, bedenklich geworden zu sein. Nachdem er 1943 aus seiner Londoner Kirche exkommuniziert worden war, wurde ihm 1944 vom Direktorium der

[39] Aus einem Schreiben von Dr. Max Kappeler an die Evangelische Zentralstelle für Weltanschauungsfragen, 1971

Mutterkirche die Lehrberechtigung entzogen. 1946 wurde er auch aus der Liste der »Ausüber« gestrichen und aus der Mutterkirche ausgeschlossen. Als Begründung wurde genannt, er habe unautorisierte Christian-Science-Literatur verbreitet, allzu häufig Zusammenkünfte mit einer auserwählten Schar von Schülern veranstaltet und Schüler anderer Lehrer versammelt und unterrichtet. Eine kritische Stellungnahme des Direktoriums zu Doorlys Untersuchungen selbst ist nicht bekannt geworden. Jedenfalls beteuern seine Freunde, daß er sich streng an das Lehrbuch gehalten, nichts hinzugefügt und nichts weggestrichen habe.

Nach seinem Ausschluß setzte Doorly seine Tätigkeit als freier Christlicher Wissenschafter mit großer Energie fort. Er veranstaltete stark besuchte Versammlungen, Vorlesungsreihen und vierzehntägige »Sommerschulen« und veröffentlichte seine Vorträge in Büchern und Broschüren mit insgesamt 5000 Druckseiten. 1947 erschien die Zweimonatszeitschrift »Metaphysical Notes« für die Schüler der Christlichen Wissenschaft (bis 1951). Schon 1946 hatte er den Verlag »The Foundation Book Company« in London gegründet, der seit 1951 die Monatszeitschrift »Ideas for Today« für Nicht-Christliche Wissenschafter herausgibt.

Am 22. Mai 1950 starb Doorly. Er hinterließ keine organisierte Glaubensgemeinschaft – das war nie sein Ziel gewesen –, wohl aber Anhänger in England, USA, Kanada, Australien, Holland, Deutschland, Schweiz und eine große Zahl von tüchtigen Mitarbeitern und Schülern, die sich von Boston getrennt hatten und nun Doorlys geistiges Erbe weiter entfalteten. Ihre Publikationen sind bis 1975 auf 100 englische und über 30 deutsche Titel angewachsen.

Wohl der wichtigste unter Doorlys Schülern ist der schweizerische Volkswirtschaftler Dr. Max Kappeler (geb. 1910). Er hatte in seiner Jugend die christlich-wissenschaftliche Sonntagsschule besucht, war aber nicht befriedigt, weil sie die Christliche Wissenschaft als Religion darlegte, während er schon damals ahnte, daß es sich dabei um eine Wissenschaft handeln müsse. Während seines volkswirtschaftlichen Studiums in Zürich und London erwachte in ihm ein tieferes Interesse am Lehrbuch von Mrs. Eddy. Nach seiner Promotion zum Dr. rer. pol. in Zürich 1938 lernte er Doorly kennen, schloß sich ihm an und wurde auch Mitglied von dessen Arbeitskreis. Da er in seinem Buch *»Christliche Regierung – ihre wissenschaftliche Entfaltung«* für Doorly eingetreten war und nachgewiesen hatte, daß die rein menschliche Auslegung des Kirchenhandbuchs der Mutterkirche sowohl dem Geist und Buchstaben des Lehrbuchs als auch der geistigen Auslegung des Kirchenhandbuchs selbst widerspricht, wurde er 1946 von seiner Züricher Zweigkirche ausgeschlossen. Von da an gab er zusammen mit drei Mitarbeiterinnen regelmäßig Unterricht. 1948 gab er seine Berufstätigkeit als Direktor verschiedener Firmen und Verwaltungsratsmitglied auf, um sich ganz der Forschung und Lehrtätigkeit zu widmen.

Anhand der göttlichen Synonyme oder Grundkategorien des Seins entdeckte Kappeler, daß das Lehrbuch nicht nur eine Sammlung metaphysischer Behauptungen und Aphorismen ist, wie ihm oft vorgeworfen wird, sondern eine straffe Struktur besitzt, in die sich die Themen jedes Kapitels und die Ordnung von Kapitel zu Kapitel sinnvoll eingliedern. Er sprach darüber hinaus von einem »Seins-Modell«, das die christlich-wissenschaftlichen Grundkategorien und ihre Beziehungen untereinander umfaßt; es steht in Analogie zur »göttlichen Kybernetik«, d.h. es erklärt »das unendliche eine Sein als ein sich selbstorganisierendes System«. Die Aufgabe des Christlichen Wissenschafters ist es demnach, »seine Bewußtseinsstruktur mit der Seinsstruktur in Übereinstimmung zu bringen«. Kappelers Arbeiten gelten: 1. dem historischen Textvergleich der verschiedenen Lehrbuchausgaben auf Grund von Strukturanalysen; 2. der Erforschung der geistig-wissenschaftlichen Gesetze, die von Mrs. Eddy im Lehrbuch zwar erwähnt, aber nie ausdrücklich formuliert worden sind; 3. der Frage einer neuen Wissenschaftlichkeit, in der die Christliche Wissenschaft durch ihre Verbindung von christlichen und wissenschaftlichen Aspekten die Grundwissenschaft unserer Zeit ist und eine Integration aller Wissenschaften ermöglicht; und 4. einer »Psychologie des Geistes«, die durch ein neues Begriffs- und Bezugssystem die Bewußtseinsbildung im christlich-wissenschaftlichen Sinn ermöglicht und so neue Methoden für die Heilarbeit liefert.

1951 gründete Kappeler in Zürich die »Schule für Metaphysik«, 1975 das »Kappeler-Institut für die Wissenschaft des Seins«. In einigen Städten der Schweiz und in Berlin bildeten sich Anhängergruppen. Die Ergebnisse seiner Forschungen legte Dr. Kappeler in zahlreichen Schriften nieder und verbreitet sie in vielen Vorträgen. In der Schweiz, Deutschland, England und in den USA hält er regelmäßige Kurse, Seminare und Sommerschulen.

Weitere Vereinigungen für geistige Heilung

Unity School of Christianity

In der Unity sind Anstöße der Christian Science und der New Thought-Bewegung (siehe S. 406ff.) aufgenommen und eigenständig weitergebildet worden. Auch sie verdankt ihre Entstehung einem Heilungserlebnis. Das junge amerikanische Maklerehepaar Charles Fillmore (geb. 22. August 1854) und Myrtle (geb. 6. August 1845), das sich 1881 verheiratete, war stark interessiert an weltanschaulichen und religiösen Fragen und lernte vielerlei Wahrheitslehren kennen.

Beide waren leidend. Charles hatte sich als Knabe beim Schlittschuhlaufen die Hüfte verrenkt. Zahlreiche Ärzte bemühten sich um ihn, machten das Übel aber nur noch schlimmer, so daß die Kapsel des Hüftknochens zerstört, das Bein bewegungslos wurde. Myrtle hatte eine Anlage zur Tuberkulose und erkrankte einige Jahre nach der Hochzeit so schwer, daß die Ärzte ratlos wurden. In dieser Zeit träumte Charles, eine Stimme habe ihn gerufen: »Folge mir!« und habe ihm gesagt, daß er in Kansas City »ein Werk zu vollbringen« habe und dabei die Hilfe der unsichtbaren Macht empfangen werde.

In den gleichen Tagen des Frühjahrs 1886 kam ein Dr. E. B. Weeks nach Kansas City, um Vorträge über New Thought-Themen zu halten. Er war ein Vertreter des »Illinois Metaphysical College« in Chicago, gegründet von Emma Curtis-

HOPKINS, die einst das »Christian Science Journal« herausgegeben, sich dann aber sachlicher Differenzen wegen von Mary Baker Eddy getrennt hatte. Das Ehepaar Fillmore besuchte einen der Vorträge, und Myrtle nahm daraus das Wort mit: »Ich bin ein Kind Gottes und kann deshalb keine Krankheit erben.« Dieser Satz verwandelte sie. Sie wurde innerhalb von zwei Jahren völlig gesund. Auch bei Charles trat eine Besserung ein. Das sprach sich herum. Viele Kranke kamen zu ihnen, um sich Rat zu holen. So entschlossen sie sich 1889, ihr Leben ganz dem Werk des Lehrens und Heilens zu widmen. Ein verkrüppelter Nachbar, eine asthmatische Negerin und ein Knabe mit Star in beiden Augen waren die ersten Patienten, die geheilt wurden.
Aus kleinsten Anfängen wuchs eine große Bewegung. Hier die wichtigsten Daten: Schon 1889 gründete Charles die Zeitschrift »Modern Thought«. 1891 wurde die *»Society of Silent Unity«* mit der Zeitschrift »Unity« ins Leben gerufen. Sie war eine Gebetsgemeinschaft und behielt diesen Charakter bei: In der Zentrale wird ein immerwährender Gebetsdienst geleistet, und in der ganzen Welt werden in »schweigender Seelengemeinschaft« die von der Zentrale in jedem Monat herausgebrachten zwei »Class Thoughts«, d.h. Bejahungen und Gebete, meditiert. Sie beziehen sich auf Heilung, Überwindung von Problemen aller Art und ein erfolgreiches Leben. Eine weitere Aufgabe der »Silent Unity« ist die individuelle Beantwortung der einlaufenden Bitten um Hilfe. So bildet sie den innersten Kern des Heilungswerks. Dieses geschieht auf der Basis freiwilliger Gaben.
In einem Übereinkommen vom 7. Dezember 1892 hatten die Fillmores gelobt, daß der »Geist der Wahrheit uns als Äquivalent für unsere Hingabe den Frieden des Gemüts, die Gesundheit des Körpers, Weisheit, Verständnis, Liebe, Leben und reichliche Versorgung mit allen notwendigen Dingen zum Ausgleich jeglichen Mangels geben soll, ohne daß wir jedoch eines dieser Dinge als unseren Lebenszweck betrachten«[40]. 1903 entstand die *»Unity Society of Practical Christianity«* als eine regional begrenzte erzieherische Institution. Die 1910 gegründete Einrichtung der *»Silent-70«* hat die Aufgabe, Unity-Literatur kostenlos an jeden zu schikken, der sie wünscht. 1914 wurde der Verlag »Unity Tract Society« in *»Unity School of Christianity«* umbenannt und der »Society of Silent Unity« einverleibt. Die aktivste literarische Mitarbeiterin war seit 1892 die New Yorker Ärztin H. EMILY CADY; ihr Buch »Wahrheitslehre«, aus einem 1894 entworfenen Lehrkurs erwachsen, wurde in neun Sprachen übersetzt und erreichte eine Gesamtauflage von einer Million Exemplaren. Auch Charles Fillmore faßte zwölf metaphysische Lektionen in dem Buch »Christliches Heilen« zusammen, das 1909 erschien und seither viele Auflagen erlebte. Ebenfalls 1909 wurde mit der Gründung der *»Unity Correspondence School«* der Fernunterricht begonnen. Eine ganze Reihe weiterer Zeitschriften entstand, so »You«, »Daily Word«, »The Good Business«. 1920 wurde die *»Unity-Farm«* in der Umgebung von Kansas City bezogen – hier entstand nun das vielgliedrige Zentrum der Unity – und 1924 wurde der Sender WOQ erworben.
Am 6. Oktober 1931 ging Myrtle Fillmore auf »die unsichtbare Seite des Lebens«. Charles heiratete 1933 seine Privatsekretärin Cora G. Dedrick. Er schien nicht zu

[40] D. Freeman, Der Haushalt des Glaubens, S. 117

altern und lebte bis zuletzt in der Hoffnung, daß er den Tod überwinden und daß sein Körper »von dem eines alten Mannes in den eines jungen verwandelt« werde[41]. Am 5. Juli 1948 starb er im Alter von 94 Jahren. Seither liegt die Leitung bei einem Kreis von acht Personen, unter denen sich einige Nachkommen des Gründers befinden.

Da in den zahlreichen Gruppen, die sich um das Unity-Schrifttum lernend und lehrend gesammelt hatten, eine lehrmäßige Verwilderung drohte, gründeten Unity-Lehrer 1925 die »Unity Annual Conference«, die sich auf eine Reihe von Regeln verpflichtete; aus ihr entstand die *»Unity Ministers Association«*. Sie überprüft den Nachwuchs für die leitenden und lehrenden Ämter und gibt alljährlich die Richtlinien für die Arbeit der örtlichen *»Unity-Centers«* heraus. Das Arbeitsprogramm dieser Centers umfaßt Gottesdienste am Sonntag, Klassenunterricht an den Werktagen und Heilungsversammlungen am Mittwochabend. Den Anhängern wird vegetarische Lebensweise empfohlen, aber nicht zur Pflicht gemacht.

Von der Zentrale in Unity-Village wurden Anfang der siebziger Jahre acht Zeitschriften, sieben englische und eine spanische, in alle Welt geschickt, monatlich 2,5 Millionen Exemplare, dazu jährlich 2 Millionen Bücher, Broschüren und andere Drucksachen in zwölf Sprachen. Über 70 Rundfunk- und 68 Fernsehstationen in Amerika, Australien und Neuseeland wird die Unity-Botschaft ausgestrahlt. Die »Silent Unity« bearbeitet die mehr als 600000 Gesuche, die jährlich einlaufen. Unity-Literatur wird kostenlos an etwa 10000 Institute in vielen Ländern versandt: Bibliotheken, Krankenhäuser, Alters-, Waisen- und Blindenheime, Leprakolonien, militärische Ausbildungslager und Gefängnisse.

In *Deutschland* begann der Heilbrunnen-Verlag in Heilbronn in den zwanziger Jahren mit dem Vertrieb von Unity-Schriften. Seit 1951 erschien die Monatsschrift »Das tägliche Wort«, seit 1954 die deutsche Ausgabe von »Unity«. Zur Betreuung der Leserkreise und als Informations- und Kontaktstelle gründeten Käthe und Ernst Blenkner in Bad Godesberg die »Deutsche Unity-Gesellschaft für praktisches Christentum«. Sie umfaßte Unity-Studien-Gruppen in 10 deutschen und 5 schweizerischen Städten. Aber Blenkner war kein ausgebildeter Lehrer der »Unity-School«. Ein solcher kam dann in der Person des aus Ostpreußen stammenden Dr. phil. Helmut Steiner. Er war »ordinierter Lehrer und Lektor« und ließ sich 1963 in Zürich und ein Jahr danach in Berlin nieder mit dem Auftrag, als »erster Leiter des Unity-Lehramtes in Deutschland, Schweiz und Österreich« Unity-Zentren zu bilden. Er gründete die »Unity e. V. – Lehrinstitut für positive Lebensgestaltung in Berlin« und gab seit 1964 die Monatsschrift »Berliner Unity-Strahlen – Mitteilungen an die Freunde und Förderer des Unity-Lehramtes für Deutschland, Österreich und die Schweiz« heraus. Sie wurde 1966 abgelöst durch die »Quellen der Wahrheit«. Steiner hielt weitum Vorträge, begeisterte die Teilnehmer seiner Freizeiten und Meditationskurse und aktivierte die »Unity«-Gruppen neu. Aber die Zentrale hatte es versäumt, die Zuständigkeiten zwischen ihm und Blenkner zu regeln. So mußten Schwierigkeiten entstehen. Um sie auszuräumen, wandelte Blenkner 1968 die »Deutsche Unity-Gesellschaft« um in »Unity Europa e. V.«, die auch Unity Berlin, Schweiz und Österreich umfassen

[41] a. a. O. S. 206

sollte. Aber kurz darauf trennte sich Dr. Steiner von Unity und führte als Privatmann in Freudenstadt »Kurse für Lebensfreude« durch. Schon 1971 starb er. Unity Schweiz und Österreich machten sich selbständig und »Unity Europa« wurde wieder aufgelöst. Demselben Schicksal verfiel auch das Berliner »Lehrinstitut«. Das Unity-Lehramt wurde dann zunächst kommissarisch von Peter Wenzel, einem jungen Versicherungskaufmann, der mit Dr. Steiner befreundet war, wahrgenommen. Er wurde Leiter der »Berliner Unity-Freunde« und wurde, nachdem er in der amerikanischen Unity-Zentrale Fortbildungskurse absolviert hatte, zum »Unity-Minister« ordiniert. Heute ist er der autorisierte Unity-Lehrer im deutschen Sprachraum und betreut die »Unity-Studiengruppen«[42]. Das Unity-Schrifttum wird seit 1969 vom Verlag Helmut Theodor Frick, Pforzheim, verbreitet (Zeitschrift »JA«.), der vor allem Karl Otto Schmidt (siehe S. 407ff.) zur Mitarbeit gewinnen konnte. Dieser war bis 1966 Schriftleiter der neugeistigen »Weißen Fahne« gewesen und hatte dann eine Arbeitsverbindung mit Unity aufgenommen. Von 1969 an redigierte er die Zeitschrift »Unity«, die er mit Zustimmung der Zentrale in das Organ »JA« umwandelte. Es bringt nicht nur amerikanische Unity-Artikel, sondern läßt auch andere Strömungen zu Wort kommen.

Die Unity ist *überkonfessionell*. »Unity« bedeutet »Einssein« mit Gott. »Unity« will zugleich besagen, daß in dieser Lehre das Beste aus allen Religionen vereint ist und daß Leute jeden Glaubens sie annehmen und anwenden können. Die Unity »ist nie daran interessiert gewesen, Glaubensbekenntnisse und Dogmen aufzustellen, sondern den verschiedenen menschlichen Notlagen gerecht zu werden«[43]. Sie verlangt auch keinen Kirchenaustritt. Wenn trotzdem manche Mitglieder die angestammte Kirche verlassen, dann deshalb, weil sie spüren, daß eben doch *grundlegende Unterschiede des Glaubens* vorhanden sind. Der Gott der Unity ist, wie bei der Christian Science, die wahre und einzige Wirklichkeit, die Summe alles Guten und aller Liebe; allem Üblen, Bösen und Negativen dagegen kommt keine reale Existenz zu – sie sind nur die »scheinbare Abwesenheit« des Guten. In jedem Menschen wohnt das Gute, denn Gott ist allgegenwärtig. Darum soll man sich täglich Zeit zur inneren Einkehr nehmen, um den »Vater in sich« aufzusuchen. Gott sieht immer nur Gutes für den Menschen vor und sucht seinen Geist und Körper zu erneuern und zu heilen und seine Angelegenheiten aller Art in Ordnung zu bringen. Es kommt nur darauf an, daß der Mensch sich richtig zu Gott einstellt. Das bedeutet z. B. im Krankheitsfall, daß man nicht beten soll: »Gott, heile mich, wenn es Dein Wille ist«, sondern: »Gott ist meine Gesundheit.« Das ist zwar kein Gebet, sondern eine Feststellung, und diese Feststellung steht in einem Widerspruch zum Krankheitszustand. Aber sie ist trotzdem richtig, denn das von Gott geschaffene wirkliche Selbst des Menschen ist immer gesund, und es gilt nur, sich dieses seines wahren Seins zu erinnern und durch Bejahung des Guten und Ver-

[42] Unity-Deutschland umfaßte 1981 insgesamt 17 Studiengruppen, Unity-Österreich 4 und Unity-Schweiz 6 »Kontaktstellen«.

[43] James Dillet Freeman, Was ist Unity?, S. 6f. – Charles Fillmore hat sich, 30 Jahre lang von seinen Schülern gedrängt, dazu bewegen lassen, ein »Unity Statement of Faith« zu formulieren, aber er bemerkte ausdrücklich dazu, »daß wir durch dieses versuchsweise aufgezeichnete Bekenntnis unseres Glaubens in keiner Weise gebunden sind« (a. a. O. S. 8).

neinung des Bösen und jeder unerwünschten Sachlage die Übel zu überwinden. Den Gedanken wird dann auch die Wirkung folgen, denn das Äußere ist immer die Auswirkung innerer Einstellungen und Vorgänge.
Die *»Bejahung«* spielt denn auch eine zentrale Rolle in der Unity. Sie ist eine Art Parole, die im Gebet intensiv meditiert wird, bis der Mensch sich in sie verwandelt, sie in sich verwirklicht hat. Das *Gebet* ist nicht ein Hilferuf zu Gott, um ihn zu einem Eingreifen, einer Willensänderung zu bewegen. Das wäre sinnlos, denn Gott ist kein willkürliches Wesen, sondern Gesetz und darum unveränderlich; außerdem ist ein Hilferuf unnötig, weil Gottes Wille sowieso immer nur das Gute ist. In der Gebetstechnik der Fillmores, die sie die »Stille« nannten, tritt die Bejahung an die Stelle der Bitte: der Beter soll nicht an seine Probleme denken, sondern an Gott, dessen Weisheit, Liebe und Macht jedes Problem lösen kann. Er soll sich in die Bejahung versenken. Dann werden seine Sorgen wesenlos, sein falsches Denken schwindet und seine negativen Gemütszustände lösen sich auf; damit aber fallen die Hindernisse dahin, die dem Wirken Gottes entgegenstehen. Nun kann der Mensch glücklich werden.

Die erste Bejahung war das Wort, das Myrtle Fillmore traf und heilte: »Ich bin ein Kind Gottes und erbe deshalb keine Krankheit.« Es wurden und werden von der Unity unzählige Bejahungen ausgegeben. Etwa: »Es gibt nichts im ganzen Universum für mich zu fürchten, denn Er ist größer, Er, der in mir ist als der, der in der Welt ist, und ich bin ein strahlendes, allweises, alliebendes Kind Gottes.« (J. D. Freeman, Der Haushalt des Glaubens, S. 187) Oder: »Der Christus in mir macht mich jetzt von allen Begrenzungen frei. Ich bin die Auferstehung und das Leben.« (Unity, Mai 1965) Hat man ein schwaches Herz, dann soll man folgende Bejahung sprechen: »Gesegnet ist mein Herz. Die reine Liebe und das Leben Gottes durchpulsen es in vollkommenem Rhythmus und in göttlicher Ordnung. Es ist geläutert von allem Mißverstehen, Unharmonie, Unreinheit und Leiden. Es ist frei, vertrauend und unbeschwert. Seine Tätigkeit ist wohlgeregelt und harmonisch. Seine Vollkommenheit ist hergestellt. Ich ruhe in der Gewißheit, daß Jesus Christus immer mit mir ist. Sein Frieden und sein Glaube umschließen mich. Mein Herz ist unerschrocken und fürchtet sich nicht. Es ist in Seiner Liebe vollkommen.« (Unity, August 1955) Dem Erkälteten wird empfohlen, sich flach auf den Rücken zu legen, Gemüt und Körper zu entspannen, sich von allem Negativen zu befreien. Ist jede Spannung gewichen, »dann segne nacheinander deine Nase, deine Kehle, deinen Magen, deinen Unterleib, deinen Rücken, deine Knie und deine Füße, dann sprich: ›Die ausgleichende, heilende, harmonisierende Kraft des Heiligen Geistes wirkt jetzt in dir, und du bist heil und gesund.‹ Führe das so lange durch, bist du das sanfte Strömen des Lebens in deinem Körper spürst. Dann wird die Erkältung verschwinden.« (Unity, September 1955)

Der Schwerpunkt des *Bibelverständnisses* liegt ganz in der praktischen Lebenshilfe. Die Bibel will nicht als Fundgrube religiöser Lehren benützt werden. Ihre Geschichten stellen vielmehr allgemeine menschliche Eigenschaften und Zustände dar, und man soll sie so lesen, daß man sie mit seinen eigenen Schwierigkeiten, Interessen und Bedürfnissen in Verbindung bringt. Dann erkennt man, daß wie damals so auch heute starke Kräfte im Leben des Menschen am Werk sind, um das Gute und Rechte herbeizuführen; man wird dadurch im Glauben gestärkt und zu einem Leben in Übereinstimmung mit Gottes Gesetzen ermutigt.
Jesus wollte den Weg zum vollen Lebensglück freimachen. Es wird zwischen »Jesus« und »Christus« unterschieden. Jesus war ein »Mann von Fleisch und Blut«

und der »Meister«, der durch sein Vorbild und seine Wahrheitslehren den Menschen den Weg wies. »Christus« dagegen ist das göttliche »Selbst«, das in Jesus und jedem Menschen ist. Jesus Christus ist »Gott in der Verkörperung«, das göttliche »Selbst« ist in ihm vollkommen verwirklicht. Der *Mensch* ist bestrebt, Christus gleich zu werden. Aber der Abstand zu ihm ist mehr oder weniger groß. Um ihn zu überwinden und das vollkommene »Christus-Bewußtsein« zu erreichen, genügt ein Erdenleben nicht; deshalb ist eine *Wiederverkörperung* notwendig. Nach Charles Fillmore ist das Erdenleben nur eine Etappe auf dem Weg zur »Christwerdung«, und das übermächtige Verlangen der Seele, »das Gewollte, das Unvollendete, das Nochnichtgehabte in einem neuen Leibe zu verwirklichen«, treibt sie zu neuer Geburt. Erst wenn der Mensch »zur geistigen Höhe Christi aufgestiegen« ist, hört dieser Drang auf. Der Reinkarnationsgedanke wird jedoch von Unity weder dogmatisiert noch zur Grundlage für Spekulationen gemacht.
Da Sünde und Schuld keine religiösen Wirklichkeiten sind und das Böse durch das gläubige Bejahen des Vollkommenen von selbst seine Macht und Existenz verliert, kann Unity mit dem *Kreuzestod Jesu* und seiner biblischen Deutung als Sühnetod und Erlösungsgeschehen nichts anfangen. Desgleichen wird der ganze Komplex um Buße, Leiden, Opfer abgelehnt. Wahre Religion soll nicht sorgenvoll, sondern freudig sein. Die Fillmores verwarfen denn auch das Kreuz als Sinnbild für Unity und wählten stattdessen den Globus des Geistes[44].

Die Neugeist-Bewegung (New Thought)

Phineas Parkhurst Quimby (siehe S. 382f.) war der geistige Vater auch der amerikanischen New Thought-Bewegung. Er selbst hatte keine eigene Schule gegründet, aber er wirkte als ein großer Anreger fort. In der Folgezeit entstanden zahlreiche Vereinigungen, die seine Grundgedanken aufgriffen, so »Mind Cure«, »Higher Thought«, »Divine Science«, »Science of Mind«, »Church of Truth«, »Religious Science Churches«. Auch der von Quimby geheilte Pfarrer Warren Felt Evans der Swedenborgschen »Church of the New Jerusalem« nahm sein geistiges Erbe auf. Männer wie Ralph Waldo Trine, Prentice Mulford, Horatio W. Dresser, Orison Swett Marden entwickelten daraus eine umfassende Weltanschauung, für die sich die Bezeichnung *»New Thought«* durchsetzte. Ihre Anhänger versammelten sich erstmals 1894 in San Franzisko. Bald verbreitete sich die Lehre auch im Ausland, und 1903 fand in Chikago die erste internationale New Thought-Versammlung statt. 1908 entstand die amerikanische »National New Thought Alliance«, 1914 die *»International New Thought Alliance«*. Als »gemeinnützige, überkonfessionelle, tatreligiöse Dachorganisation« umfaßte sie in den

[44] Folgerichtig wurde in der Berliner Unity der Brauch eingeführt, an Karfreitag in der Kongreßhalle eine »Blumenfeier« zu veranstalten: Ein aus Nelken bestehendes Kreuz soll »die wahre Osterbotschaft ewigen Lebens« ausstrahlen und jedem Besucher wurde eine Nelke aus diesem Kreuz mit einem besonderen Segensspruch überreicht. In einem Aufruf wurde erklärt, die Auferstehung sei »der größte Beitrag Jesu Christi zur Befreiung der Menschheit und nicht die Kreuzigung« – diese sei nur das unumgängliche Mittel gewesen, »um der Welt den Sieg über den Tod zu demonstrieren und um ihr den Beweis zu erbringen, daß das Leben unauslöschlich ist« (Quellen der Wahrheit, 1966, S. 2).

sechziger Jahren rund 400 geistige und religiöse Gemeinschaften, Kirchen und Vereinigungen mit vielen Millionen Anhängern in allen, auch nichtchristlichen Kulturländern. Allein in den USA wurden zeitweise 15–20 Millionen Menschen von New Thought in seinen verschiedenen Varianten beeinflußt.

In *Japan* gewann die Neugeist-Bewegung besonders viele Anhänger. Ihr Herold ist Dr. MASAHARU TANIGUCHI (geb. 1893), der nach langem Studium von Religionen, philosophischen, ethischen und sozialen Systemen zur Erkenntnis der befreienden Wahrheit erwachte: »Materie ist Trug. Der Körper ist nur ein Schatten. Alle äußeren Erscheinungen sind nur Spiegelbilder des inneren Seins. Wirklich ist nur Gott und seine Offenbarung. Der Mensch ist ein Kind Gottes – kein vergängliches stoffliches Wesen, sondern ein vollkommenes geistiges Wesen. Seine Umwelt ist Spiegelbild und Ergebnis seiner inneren Einstellung.« Er veröffentlichte 20 Bände mit einer Gesamtauflage von 8 Millionen Exemplaren. Die 1930 von ihm gegründete Bewegung mit dem Namen »Seicho-No-Ie« (d. h. Heimstatt unendlichen Lebens) zählt über 3 Millionen Mitglieder.

Die Vorläuferin des *deutschen Neugeist-Bunds* war die von Dr. VICTOR SCHWEIZER, einem Pfarrersohn, 1919 gegen den Materialismus ins Leben gerufene »Biosophische Bewegung«, die auf dem Boden des Deutschen Idealismus und der christlichen Mystik stand. Er wandelte den von ihm geleiteten *»Baum-Verlag«* in Pfullingen/Württ., der sich ursprünglich dem parapsychologischen Schrifttum gewidmet hatte, in einen »Kampfverlag gegen Materialismus und Ungeist und für innere Einkehr und Vergeistigung« um. Im Jahr 1923 verband sich sein Kreis zusammen mit einer Reihe verwandter Gemeinschaften – dem »Bund christlicher Mystiker«, dem »Sufi-Orden«, der »Gesellschaft für deutsche Geistes- und Lebens-Erneuerung«, dem Bund »Die Burg« u. a. – mit der New Thought-Bewegung und nahm den Namen *»Neugeist-Bund«* an. Die erstmals 1923 erschienene Monatsschrift *»Die weiße Fahne«* und das neugeistige Schrifttum wurden seit 1924 von KARL OTTO SCHMIDT aus Reutlingen (1904-1977) betreut. Dieser wurde bereits 1925 Generalsekretär des Neugeist-Bundes und war bis 1969 Distriktspräsident der »International New Thought Alliance« für Deutschland, Österreich und die Schweiz. Seit seiner Kindheit unter einem Gehörschaden leidend, verblieb ihm das gedruckte Wort als einziges Mittel, seinen Dienst als »Lebensberater« auszuüben. Ein Mann mit wachem Geist, weitem Horizont und dem Gespür für das Wesentliche, entwickelte er sich zu einem ungemein fruchtbaren Schriftsteller, dessen mehr als 80 »Lebensbücher« bis 1977 eine Gesamtauflage von über 2 Millionen erreichten und teilweise auch in andere Sprachen (z. B. Französisch, Holländisch, Englisch, Japanisch, Spanisch, Schwedisch) übersetzt wurden.
Der Neugeist-Bund versteht sich als eine »gemeinnützige, überkonfessionelle geistig-religiöse Arbeitsgemeinschaft« und erstrebt die Erneuerung und Heilung des Lebens auf der Grundlage neugeistigen Denkens.

Bestimmend sind folgende *Grundsätze:*
»Wir bejahen die Freiheit der Seele hinsichtlich der Entscheidung wie des Glaubens und wünschen diese Freiheit nicht durch die Festlegung bestimmter Glaubenssätze zu begrenzen. Das Wesen von Neugeist ist Wahrheit, und jedes Wesen möge der Wahrheit Treue erweisen, die es als solche erkannt hat. Die Fenster seiner Seele sollten stets für höhere Erkenntnisse offen sein und sein Geist aufnahmebereit für jede neue Erleuchtung.
Wir bejahen das Gute. Es ist das Höchste, Allumfassende und Ewige. Der Mensch ist nach

dem Urbild des Guten geschaffen; Übel und Leiden sind nur notwendende Auswirkungen, die eintreten, wenn seine Gedanken nicht das volle Licht seines Urbildes widerspiegeln.
Wir bejahen Gesundheit als des Menschen göttliches Erbe. Der Körper des Menschen ist sein heiliger Tempel. Jede seiner Tätigkeiten, jede seiner Zellen ist voller Weisheit und wird vom Geiste geformt und beherrscht, überwacht und erneuert. Heilung aus dem Geiste war bei allen Völkern und zu allen Zeiten bekannt. Heute ist sie ein Teil der Wissenschaft und Kunst, das Leben der Fülle zu leben.
Wir bejahen die göttliche Fürsorge. Wer Gott und den Menschen in voller Erkenntnis des Gesetzes des Ausgleichs dient, wird nie Mangel leiden. In uns sind unausgeschöpfte Quellen der Kraft und der Fülle. Wer aus der Ganzheit seines Wesens lebt und in seinem Denken und Tun die Fülle bejaht, wird Fülle ernten. Wer sich selbst hingibt, stets in höchster Bewußtheit handelt und im Vertrauen auf die Hilfe von innen, der beherrscht das Gesetz des Erfolges.
Wir bejahen die Lehre Christi, daß das Reich Gottes inwendig in uns ist; daß wir und der Vater eins sind; daß wir nicht richten, sondern einander lieben sollen; daß wir die Kranken heilen und Böses mit Gutem vergelten sollen; daß wir den anderen dienen und helfen sollen und daß wir vollkommen sein sollen, wie Gott vollkommen ist. Das sind keine bloßen Ideale, sondern lebenspraktische, täglich zu betätigende und sich auswirkende Grundsätze.
Wir bejahen die neugeistige Erkenntnis Gottes als allumfassender Liebe, Wahrheit und Freude, in und aus der wir leben und sind. Wir bejahen, daß sein Geist unser Geist ist und daß unserer Einheit mit ihm bewußt sein heißt, daß wir Liebe, Wahrheit, Frieden, Gesundheit und Fülle nicht nur in unserem Leben verwirklichen, sondern diese Früchte des Geistes auch andern schenken.
Wir bejahen all dies nicht als bloßes Bekenntnis, sondern durch die Tat, nicht an einem Tage der Woche, sondern jede Stunde und jede Minute jedes Tages, im Schlafen wie im Wachen – nicht im Dienste an einigen wenigen, sondern in jenem Geiste der Hilfsbereitschaft, der in wahrer Demokratie alle Wesen umfaßt – und nicht in Worten allein, sondern in den innersten Gedanken unseres Herzens, die sich in lebendigen Taten offenbaren.
Wir bejahen den Himmel als hier und jetzt gegenwärtig, das ewige Leben im lebendigen Bewußtsein unserer Unsterblichkeit, die Gemeinschaft unseres Geistes mit allen Geistern im Universum der Gedanken, die Bedeutungslosigkeit alles Negativen einschließlich des Todes, die Mannigfaltigkeit in der Einheit, aus der jede individuelle Verkörperung des Einen Lebens hervorgeht, und das lebendige Erwachen des Innengottes in jeder Seele, mit dem sich ein neuer Himmel und eine neue Erde für uns auftut.
Wir bejahen die Geistigkeit des Alls wie die Geistigkeit unseres eigenen Wesens. Dies ist die Christus-Botschaft an das zwanzigste Jahrhundert, und es ist weniger eine Botschaft der Worte als der Taten. Um sie zu erfüllen, wollen wir rein, ehrlich und treu sein und nach den Goldenen Regeln Christi leben, wie sie in den Evangelien verkündet sind. Wir haben heute die Möglichkeit, eine wirkliche Christus-Bewegung zu bilden. Bauen wir unser Haus auf diesem Felsen, dann wird alles unserem Besten dienen. Dies ist die Vision und Mission Neugeists.«

Der Neugeist-Bund erlebte seine Blütezeit in den zwanziger und frühen dreißiger Jahren. Er zählte etwa 100000 Freunde in über 3000 Arbeitskreisen, als er 1935 verboten und 1941 auch sein Schrifttum beschlagnahmt wurde. Dr. Schweizer starb kurz nach seiner Verhaftung am 15. November 1935 unter nicht geklärten Umständen, und K. O. Schmidt erhielt Schreibverbot. 1949 konnte die Arbeit unter dem Inhaber des Baum-Verlags in Pfullingen, Hans v. Kothen, wieder aufgenommen werden. In etwa zwei Dutzend Städten der Bundesrepublik entstanden wieder Neugeistkreise und -zirkel.
Der Schriftsteller Felix Riemkasten (1894–1969) gründete 1953 die erste deutsche

Hatha-Yoga-Schule in Friedenweiler (Schwarzwald) und setzte sich als offizieller Mitarbeiter für die Sache des Neugeist-Bundes ein. Der Baum-Verlag verbreitete neben dem umfangreichen Neugeist-Schrifttum auch Literatur verwandter Autoren, und seine weitgespannte Thematik umfaßte nicht nur Lebensreform, geistiges Training, Mystik und fernöstliche Weisheit, sondern auch esoterische Astrologie, okkulte und apokalyptische Bereiche. Das Prana-Haus in Pfullingen vertrieb Tabletten, Öle, Salben, Lebenselixiere auf naturheilkundlicher Grundlage. Aber trotz vieler Bemühungen kümmerte der Neugeist-Bund dahin; es fehlte ihm die Jugend. Die Krise trat zutage, als K. O. Schmidt 1966 die Schriftleitung der »Weißen Fahne« niederlegte, weil er mit der stärkeren Hinwendung des Baum-Verlags zur esoterischen, okkulten und fernöstlichen Gedankenwelt nicht einverstanden war; 1967 schied er auch aus dem Neugeist-Bund aus. Als Hans v. Kothen 1969 starb, fand sich kein Nachfolger mehr für die Leitung des Bundes und Verlages. Letzterer wurde aufgelöst. Die »Weiße Fahne« stellte Ende 1970 ihr Erscheinen ein. Als ihre »offizielle Nachfolgerin« nahm sich die Monatsschrift »Esotera« in Freiburg des Neugeist-Erbes an. 1975 zeigten nur noch fünf Neugeist-Kreise in der »Esotera« ihre Veranstaltungen an.

Die Mazdaznan-Bewegung

». . . die Wüsten in ein Paradies zu verwandeln«

»Mazdaznan« (sprich: Masdásdnan mit weichem »s«) ist ein Wort der (altiranischen) Zendsprache: Ma = gut oder Gott; zda = Gedanke; znan (gekürzt aus jasnan) = meisterhaft; das Ganze bedeutet »Meister des Gottgedankens« oder »Der gute Gedanke, der alle Dinge zum Besten meistert«. Mazdaznan will also eine Wegweisung sein, die von Gott stammt und alles Notvolle, Ungeordnete zu einem guten, hohen Ziel führt – die Schlüsselwahrheit, *der »Meistergedanke«, der den Aufstieg in der Menschheitsgeschichte leitet und fördert.* Dieser »Meistergedanke« beansprucht, über allen Religionen und philosophischen Weisheiten zu stehen und älter zu sein als sie. Die Mazdaznan-Bewegung entstand zu Beginn unseres Jahrhunderts; sie greift auf die Weisheitslehren Zarathustras zurück.
Am Anfang, so wird gelehrt, schuf die Gottheit, der »Yehi«, je ein erstes Menschenpaar von den verschiedenen Menschenrassen, und um 12000 v. Chr. erkor er die weiße Rasse zu seinem auserwählten Volk. Vor über 9000 Jahren wurde einem königlichen Paar, das seine Heimat verlassen hatte, um im Hindukusch eine neue, edlere Rasse zu gründen, eine »vorgeburtlich erzogene« Tochter *Ainyahita* geschenkt. Sie war tugendreich, schön und genial, konnte das »Offene Buch der Natur« lesen und führte Gespräche mit Gott. Sie wurde die Stammutter der *arischen Rasse,* und ihre Zeugnisse bildeten den Kern des Zend-Avesta. Um 6870 erhielt nämlich ein *»Zarathustra«*, d.h. oberster Priester, den Auftrag, in Auswertung der »Perlen« von Ainyahita den Monotheismus zu verkündigen und die

Menschen anzuweisen, »die Erde anzubauen und die Wüsten in ein Paradies zu verwandeln, in dem Gott und Mensch wieder Hand in Hand wandeln können«[45]. Das ist das Leitmotiv von Mazdaznan. Es ist das aus Uroffenbarung entsprungene und zu einem großen System entfaltete Wissen von dem Ursprung der Welt, der Stufenfolge ihres Aufstiegs, den göttlichen Gesetzen ihrer Entwicklung, den daraus sich ergebenden Geboten für das menschliche Verhalten, dem Ende und Ziel der Geschichte. Der Mensch steht im Mittelpunkt der Erdenwelt. In seiner Macht liegt es, sie in ein Jammertal oder in ein Paradies zu verwandeln. Will er das Paradies schaffen, dann muß er die im Zend-Avesta verkündigten Gottesgesetze befolgen. Diese Verkündigung blieb der Menschheit nicht immer rein erhalten. Rassische Vermischung, priesterliche Herrschsucht und andere Ursachen führten immer wieder Zeiten der Verdunkelung und des Verfalls herauf. So mußten nach Zarathustra andere Propheten kommen, die diese *arische Urlehre* erneuerten. Dem ersten Zarathustra folgten weitere – unter ihnen auch der geschichtliche aus dem 6. vorchristlichen Jahrhundert –, die sie wieder verkündeten. Aber auch Moses nahm sie auf, der in der ägyptischen Weisheit erzogen und von dem medischen Hohepriester Jethro in der iranischen Lehre ausgebildet wurde, ferner Buddha, Jesus, Mohammed.

Durch Alexander den Großen wurde ein Exemplar des Zend-Avesta nach Athen gebracht. Es wirkte von da an maßgeblich auf die griechische Philosophie ein und gab den Anstoß zu einer neuen Richtung, die im Neuplatonismus und in der Gnosis ihren Ausdruck fand.

Auch Jesus stand in der Tradition der alten Zarathustra-Weisheit. Doch seine Botschaft wurde alsbald durch Paulus schwer verdorben. *Paulus,* dessen Kampf dem griechischen Geist und der Vernunft galt, war kein gesunder Mann. Er litt an Epilepsie und hatte ein überreiztes Gehirn, und »diese krankhaften Auswüchse gaben uns die christliche Religionsform«. Statt der Lehre Jesu predigte er eine mit dem jüdischen »Blut-Aberglauben« verbundene Lehre über Jesus, wonach der vom Himmel herabgekommene Sohn Gottes für unsere Sünden gekreuzigt wurde. »Damit brachte er das Chaos in die Welt, den Seelenzauber, der bis heute erhalten blieb.« Er war überdies »der Wegbereiter der Dogmatik und der Inquisition«[46]. So ging die Lehre Jesu im kirchlich-dogmatischen Christentum unter. Die unverfälschten koptischen, maronitischen und Johanniter-Evangelien wurden von der römischen Kirche verdrängt. Erst wollte diese die Klöster bestechen, welche die alten Handschriften besaßen. Das mißlang; aber ihr Geheimdienst erlangte Einlaß in die Schriftenräume und benutzte unbewachte Augenblicke, »um Rasuren an

[45] Es sei ausdrücklich vermerkt, daß es sich hier um einen Mazdaznan-Mythus handelt. Tatsächlich war »Zarathustra« keine Amtsbezeichnung, sondern der Eigenname einer historischen Persönlichkeit und bedeutete vermutlich »der mit den goldfarbenen Kamelen« (Walther Hinz, Zarathustra, Stuttgart 1961, S. 28). Der Träger dieses Namens lebte etwa 630–553 v. Chr. Seine Lehren verbreitete er nur mündlich. Ihre schriftliche Fixierung im Avesta erfolgte wahrscheinlich erst in den Jahrzehnten vor 50 n. Chr. Das Avesta wurde in der Zeit 242–272 erneut schriftlich festgelegt. Von dem unter dem Sassaniden Shapur II. (309–379) endgültig herausgebildeten Kanon ist nur ein Bruchteil erhalten geblieben. Und nur ein Teil dieses Reststücks, die sogenannten »Gathas« oder »Gesänge« mit insgesamt 859 Zeilen, geht unmittelbar auf den Propheten zurück. Er gibt einen Einblick in seine Verkündigung, aber die Übersetzung und Deutung der Texte stellt die Forscher vor große Schwierigkeiten.

[46] Universal Religion Mazdaznan, S. 49ff.

den wichtigsten Textstellen vorzunehmen«. Und die Kirche schrie in die Welt hinaus, »daß in Anbetracht der vorgenommenen Rasuren die Texte Fälschungen erlitten haben müßten«, also unglaubwürdig seien[47]. Seit dem Konzil von Nicäa triumphierte die Kirche mit ihrer durch Paulus verdorbenen Lehre über die arischen Wahrheiten des Urchristentums.

Erst im 18. Jahrhundert tauchte die arische Urlehre in den Reihen der Freimaurerei wieder auf. Der junge Antéquil Duperron, der sich 1754 als Soldat anwerben ließ, fand das Zend-Avesta bei den Parsen in Surat (Indien) und brachte es 1761 nach Europa. Er veröffentlichte dann 1771 sein Hauptwerk »Zend-Avesta ouvrage de Zoroaster«, das 1776–78 ins Deutsche übersetzt wurde.

Aber erst Dr. Otoman Zar-Adusht Ha'nish war der eigentliche Bote des Zend-Avesta in der westlichen Welt und zugleich Begründer der Mazdaznan-Bewegung. Sein Vater war russischer Botschafter, seine Mutter eine Deutsche. Er wurde am 19. Dezember 1844 in Teheran geboren. Von schwächlicher Konstitution und von den Ärzten wegen eines Herzleidens aufgegeben, wurde er von den Eltern einem zarathustrischen Orden in den Ghin-Ghan-Bergen (Tibet) anvertraut, der ein unübertroffenes Heilsystem besaß. Er gesundete rasch und entwikkelte sich zu einem klugen, eifrigen Schüler des Ordens. Nach 25 Jahren wurde er durch das Los bestimmt, die empfangenen Lehren zum Nutzen der Menschheit zu verbreiten; er reiste durch viele Länder und ließ sich schließlich 1900 in Chikago nieder[48]. Dort begann er mit der öffentlichen Lehrtätigkeit. In 21 Bänden entfaltete er die Mazdaznan-Gedanken auf allen Gebieten und förderte ihre internationale Verbreitung auch durch zahlreiche Vortragsreisen, bei denen er im Ornat eines zarathustrischen Priesters auftrat. Bei seinen Anhängern erwarb er sich höchste Autorität: er gilt als »Meister« wie Jesus, ein neuer »Zarathustra«, die »menschgewordene Erscheinung der Lebenslehre und Weltanschauung der Zu-

[47] Bambino Bezzari, S. 22. Bei der Zarathustra-Feier am 19. September 1935 wurde behauptet: »Die koptischen Kirchen sind im Besitz der Evangelien-Urtexte. Seit 1500 Jahren versuchte Rom diese Urtexte in ihren Besitz zu bekommen, um sie zu vernichten, aus Furcht vor der Veröffentlichung. Äthiopien hat den einzigen handschriftlichen Urtext.« Der Vatikan habe deshalb Mussolini geschmeichelt, um diese Texte mit Gewalt in die Hand zu bekommen (Universal Religion Mazdaznan, S. 56).

[48] Die Mitteilungen über den Lebenslauf von O. Z. A. Ha'nish sind spärlich und lückenhaft. Sie sagen z. B. nichts darüber, wo und was er studiert und über welches Thema er seine Dissertation geschrieben hat. Daß das nicht während seines 25jährigen Aufenthalts bei dem zarathustrischen Orden in Tibet geschehen sein konnte, ist klar; denn Universitätsstudium und Doktorgrad waren damals westliche Besonderheiten. Mariell Wehrli-Frey bezeichnete ihn in ihrem Werk »Jesât Nassar« als »Friedensfürst, Rab Magi des Tempels El-Karman in Zentralasien«. Sein Geburtsort liege »im Iran«, und einen Teil seiner Jugend habe er in Teheran verbracht. »Seine Abstammung war königlich und fürstlich.« Sein Familienname lautete »Sarmatian de Caspianya«, und die Sarmaten waren ein »arischer Stamm der Slawen«. Sein Ordensname Ha'nish bedeutete »der Reine«. Das alles klingt fabulös. An die Stelle biographischer Daten treten abenteuerliche Behauptungen, die sich jeder Nachprüfung entziehen. Der Verdacht legt sich nahe, daß Ha'nish sich absichtlich mit einem Schleier des Geheimnisvollen umgeben hat, wie er ja auch in seiner Lehre gern mit geheimen Schriften argumentierte, die keinem seiner Leser oder Kritiker zugänglich waren. Darum ist die Frage berechtigt, ob die von ihm verbreiteten Angaben über seinen Lebenslauf stimmen. Nach anderen Quellen hatte er den schlichten bürgerlichen Namen Otto Hanisch, wurde 1844 in Posen geboren, war Schriftsetzer und wanderte in die USA aus. Wie er zu seinen Mazdaznan-Lehren gekommen ist, geht aus diesen Quellen freilich nicht hervor.

kunft«[49]. 1917 gründete er die *»Reorganized Mazdaznan Temple Association of Associates of God«* in Kalifornien. Sie wurde die Trägerin der Weltbewegung. Im Statut sicherte Ha'nish sich und seinen Nachfolgern, den »Elektoren«, die absolute Autorität. Sie haben die unbeschränkte Vollmacht über alle aus der Mazdaznan-Botschaft hervorgegangenen Institutionen, seien sie weltlich, dinglich, spirituell, himmlisch oder irgendeiner anderen Art. Sie ernennen den fünfköpfigen Rat der Vertrauten, der aber keinerlei Leitungsbefugnis hat, und verteilen oder entziehen Ämter, Lizenzen, Grade, Lehrbefugnisse und Titel.
Die Mitglieder werden in *Mazdaznan-Logen* gesammelt. Sie teilen sich in drei Grade mit zunehmender Verantwortung. Die Glieder des ersten Grads bilden den Kern des Bundes und geloben bei einer Priesterweihe, gehorsam gegen Gott und treu dem Bund zu sein, den Frieden über alles zu stellen und den Bund nach allen ihren Kräften zu fördern. An Feiern gibt es u.a. den zarathustrischen Ehesegen, die Einsegnung der Kinder, das »Gehen durch die Wasser«[50], die »Feier des Linsengerichts« – ein Mahl mit vorausgehender Andacht – und das Liebesmahl, das mit Brot und Wein als den Symbolen reiner Ernährung begangen wird. Für die Glieder werden Vortrags- und Übungsabende, Lehrwochen, Atem- und andere Übungen veranstaltet. Alljährlich versammeln sie sich zur Sommer-Gahanbar (»Gahanbar« = Konferenz).

Daß die Mazdaznan-Botschaft auch außerhalb der USA bekannt gemacht wurde, ist ein wesentlicher Verdienst von MAUD MEACHAM. Als Kind einer Quäkerfamilie 1879 in Seattle geboren, studierte sie Medizin und heiratete den französischen Kanadier Clarence Gasque. Der Mazdaznan-Lehre hing sie schon als Mädchen an und stellte sich seit 1924 ganz in ihren Dienst. Damals gab ihr Ha'nish den Titel *»Mutter Superior Gloria«* und beauftragte sie, »die Welt zu bereisen und die Mazdaznan-Botschaft in allen Ländern zu verkündigen«. Sie verwendete ihre großen Besitztümer für vielfältige Unterstützung des Werks, richtete viele Schulen ein, finanzierte Übersetzungen und Neuauflagen von Ha'nish-Schriften, veranstaltete große Versammlungen und verbrachte acht Jahre in Indien, um die dortigen Parsen an die Lehren Zarathustras zu erinnern. Sie gründete die Frauenföderation, einen besonders blühenden Zweig der Mazdaznan-Bewegung, und bewährte sich in den Notzeiten des Kriegs als großzügige Helferin und Wohltäterin. Am 23. Dezember 1959 starb sie. Ha'nish selbst war schon am 29. Februar 1936 gestorben. Sein Nachfolger als »Elektor« wurde Emanuel O. Bachmann. Dieser übertrug 1965 sein Amt an Henry L. Sorge, der schon bisher in den europäischen

[49] Gotthilf Rümelin, Der Große Morgen: »Wir haben noch keinen gesehen, der das Ideal des Schöpferischen, der Vollkommenheit und Allseitigkeit als Priester, als Philosoph, als Naturkundiger, als Arzt, als Musiker, als Mensch so verkörpert wie er.« (S. 200) Otmar Böhm in seiner Gedenkschrift »Dem Meister« (1944): »Diese ›vergessenen, längst bekannten Gottgedanken‹ als Rettung vor dem Abgrund der in Irrsinn geratenen Menschheit des Abendlandes wieder zu bringen, war der seit Urzeit verheißene ›dritte Sohn Zarathustras‹ bestimmt, der Mann, der unter uns gewandelt ist – und ›wir haben ihn nicht erkannt, aber nun wurden unsere Augen geöffnet, und wir erkannten ihn‹ (ad Luk. 24, 16 und 31).«

[50] G. Rümelin beschreibt diese Zeremonie als eine große Prüfung, bei der Ha'nish jedem Teilnehmer das Innerste aufdeckte (a.a.O. S. 200f.).

Gruppen als »Elektor« gegolten hatte und Bevollmächtigter für das Gesamtwerk war.
Im *deutschen Sprachgebiet* fand die Mazdaznan-Bewegung seit 1907 Eingang. Hier war der Schweizer DAVID AMMANN, geb. 1855 in Honore (Indien), mit seiner Frau Frieda die treibende Kraft. Als Farmer bei Los Angeles waren sie mit Ha'nish in Berührung gekommen. Dieser heilte ihre Tochter. Ammann wurde »Botschafter« der Mazdaznan-Bewegung in Deutschland, Österreich und der Schweiz. 1911 und dann wieder seit 1923 kam Ha'nish selbst herüber und gab mit seinen Vorträgen der Bewegung einen starken Auftrieb. In allen großen Städten entstanden Logen. Aber 1914 wurde Ammann, der in Leipzig wohnte, aus Sachsen ausgewiesen, weil die Mazdaznan-Lehre »zu gesundheitsschädlichen Handlungen« verleite und unkritische Gemüter verwirre. Er siedelte auf den Herrliberg am Züricher See über, wo 1915 die Mazdaznan-Siedlung Aryana mit einer Internationalen Mazdaznan-Schule eröffnet wurde. Seine Ausweisung wurde 1921 aufgehoben, aber er starb schon im Februar 1923. Die Leitung übernahm dann »Mutter Frieda«. Die Aryana verlor infolge innerer Zwistigkeiten mehr und mehr den Charakter einer Mazdaznan-Siedlung. Im August 1935 wurde der »Deutsche Mazdaznan-Bund« wegen pazifistischer Bestrebungen verboten. Dieses Verbot blieb in der DDR auch nach 1945 bestehen.
In der Bundesrepublik wurde die Arbeit wieder aufgenommen, getragen von der *»Deutschen Mazdaznan-Bewegung«*. Da ihr Präsident, Dr. Otto Rauth, Leipzig, wegen der Zonenteilung an der Amtsausübung verhindert war (er starb 1967), wurde 1952 ein zwölfköpfiger Vorstand mit seiner Stellvertretung beauftragt. Mazdaznan-Vereinigungen bestehen in etwa zwei Dutzend Städten der Bundesrepublik. Dazu kommen Jugendgruppen und die Mazdaznan-Frauenföderation. In Hinterzarten (Schwarzwald) wurde 1960 ein Mazdaznan-Heim, in Bringhausen am Edersee 1962 eine *»Neuzeitliche Diät- und Lebensschule«* eröffnet. In der Schweiz gründete MARIELL WEHRLI-FREY (geb. 17. März 1901), die auch als Verfasserin mehrerer Bücher hervorgetreten ist, 1967 die *Aryana-Akademie* in Oberehrendingen, Kanton Aargau, mit der Aufgabe, »die Universalreligion auf zarathustrischer Grundlage, in der reinen und ursprünglichen Form nach den großen Religionsträgern, vor allem Ainyahita, Zarathustra und Jesus, zu studieren, zu verbreiten und wirksam zu machen« (Statuten). Der Akademie sind ein Archiv, ein Studienzentrum und der *Mano-Verlag* angeschlossen.

Die Botschaft der himmlischen Mächte

Mazdaznan will eine Anweisung zum Heil sein – für den einzelnen und für die ganze Welt. Um das Heilsprogramm zu verstehen, muß zunächst der Rahmen aufgezeigt werden, in den es eingefügt ist: Alles Werden im Weltall ist die Folge unabänderlicher Gesetzmäßigkeit; alles Geschehen dient der Förderung der Schöpfung. Diese hat sich in großen Stufen aufwärts entwickelt: vom Ätherreich zum Stein-, dann zum Pflanzen- und zum Tierreich. Während diese Reiche ihre endgültige Gestalt erreicht haben, ist das Menschenreich noch nicht fertig. Der Mensch hat die ihm innewohnenden Möglichkeiten noch nicht verwirklicht.

Diese Selbstverwirklichung geschieht im Raum und Rahmen der *Rassen*. Seit dem Anfang des Menschengeschlechts gab es sechs Rassen: die schwarze, braune, olivenfarbene (mit Atlantis untergegangen), graurote (Hindus und Indianer), gelbe und weiße Rasse. An der weißen haftet das besondere Interesse von Mazdaznan. Denn diese kaukasische oder *arische Rasse* ist die höchstentwickelte und trägt unbegrenzte Möglichkeiten in sich, während die Entwicklungsfähigkeit der anderen Rassen erschöpft ist. Die Arier teilten sich in drei Gruppen: die *Avesta-Arier* Irans, die *Veda-Arier* Indiens und, von den Avesta-Ariern abgezweigt, die *Semiten*. Führend unter ihnen sind die Iranier. Sie sind »das Volk des Lichtes« und Iran ist »der Urgrund, die Erde, der Baum des Lebens«[51]. Die Geschichte der semitischen Abzweigung war folgende: Um 5421 v. Chr. arbeitete sich ein kleines arisches Volk auf dem fruchtbaren Schwemmland in Südbabylonien empor und überflügelte die anderen Völker ringsum. Das kleine, gesegnete Land nannte man *»Paradies«*. Sein erster unbeschränkter Herrscher war *Adam*. Eine benachbarte Fürstin gelüstete nach dem Land, und sie wußte wie eine Schlange das Vertrauen Evas zu erschleichen. Sie erfuhr von dieser die schwache Seite von Adams Besitzrecht und eignete sich das Land an. So mußte das erste Menschenpaar des neuen Stammes der Semiten in einen sauren »Apfel« beißen: es verlor das Land. Die Erinnerung daran hat in den Semiten den Trieb lebendig gehalten, sich zu rächen und wieder Besitz und Macht zu erwerben. Die Sendung der Juden ist es, die getrennten indischen und iranischen Arier zusammenzubringen – eine Aufgabe, die jetzt ihrer Erfüllung entgegengeht. Schon Christus hatte sie erwähnt, als er von den »anderen Schafen« sprach – das ist das arische Blut in Indien, das gereinigt und erlöst werden muß –, die mit den Ariern des Westens zu *einer* Herde unter *einem* Hirten vereinigt werden müssen.

Nach der Offenbarung Zarathustras muß sich die weiße Rasse als das auserwählte Volk streng vor *Entartung durch Blutmischung* hüten. Solche Vermischungen ereigneten sich jedoch immer wieder und führten zum Zerfall auch im Bereich des Geistes, der Kultur und Religion. Aber durch Geschichtskatastrophen wurde das verdorbene Blut wieder gereinigt: so die Semiten durch die Sintflut, die Juden durch die Babylonische Gefangenschaft. Doch immer noch tragen die arischen Völker unreines, niederes Blut in sich. Auch ihre Religionen weisen nicht mehr die Reinheit der arischen Urreligion auf, sondern sind entartet und verfolgen selbstsüchtige Zwecke. Der Gegenwart ist die große Aufgabe gestellt, die weiße Rasse von fremdem Blut zu reinigen und aus ihrer Zertrennung zusammenzuführen. Daran hängt das Heil der Welt. Denn allein die Arier können das ersehnte Friedensreich errichten. Darum gilt es, durch zielbewußte Eugenik die Rasse zu heben, die religiösen Urwahrheiten der Arier wiederzugewinnen, die geistigen Anlagen des Menschen zu entfalten, seinen Forschungstrieb anzuspornen. »Viel wichtiger, als die Rätsel des Jenseits zu lösen, ist es, die Rasse zu heben und die Aufgaben des täglichen Lebens hier auf dieser Erde, namentlich auf dem Gebiet der Technik und der Naturwissenschaften, richtig und zweckentsprechend zu lösen.«[52] Das Kasten- und Klassenwesen muß beseitigt werden, der nationale Ego-

[51] Universal Religion Mazdaznan, S. 72f.

[52] Mazdaznan-Rassenlehre, S. 79

ismus der arischen Völker muß dem Bewußtsein ihrer rassischen Verwandtschaft weichen. Der Völkerbund als politische Einigung muß durch eine alle Völker verbindende Weltreligion vertieft werden zu einem »geistigen Religionsbund, in dem alle Religionsbekenntnisse in der der ganzen Menschheit gemeinsamen Urreligion ein gemeinsames Band, einen Ausgleich finden«[53].

Die *Mazdaznan-Rassenlehre* ist nicht mit einer imperialistischen oder gar antisemitischen Tendenz, sondern mit *pazifistischen Gedanken* verbunden. Die Weltführung der arischen Rasse soll durch ihre geistig-kulturelle Leistung und nicht durch Krieg erreicht werden. Sie soll auch nicht der Unterdrückung der anderen, sondern der Errichtung eines Friedensreichs für alle dienen. Die Mazdaznan-Bewegung beschloß in diesem Sinne 1915 in San Franzisko die allgemeine Verbreitung des Friedensgedankens und die Gründung eines aus den zwölf Stämmen der arischen Rasse bestehenden Völkerbundes. Im gleichen Jahr wurde der Internationale Frauen-Friedensbund gegründet, um die Frau für den Friedensgedanken zu gewinnen.

Für die Zukunft erwartet man die Wiedervereinigung der Avesta- und der Veda-Arier. Die drei arischen Grundstämme der *Angeln* (zu denen z. B. auch Deutsche, Iren, Wenden, Ukrainer, arische Hindus gehören), Lateiner (u. a. Armenier, Araber, Juden, Türken umfassend) und Slawen (z. B. Österreicher, Finnen, Kalmücken, Zigeuner) werden sich unter Bewahrung ihrer besonderen Gaben und geführt von den Angeln zu einer großen »Friedensrasse« zusammenschließen und das Friedensreich schaffen. Diese Rasse wird sich in Europa und Nordamerika konzentrieren, und auch die arische Diaspora Asiens wird dorthin übersiedeln. Dann hat sich Jesu Bitte erfüllt: »Dein Reich komme!« Dieses Reich Gottes auf Erden, das *Tausendjährige Friedensreich,* wird von einem 24köpfigen »Rat der Ältesten« geleitet werden, wie es Johannes, der Verfasser der Offenbarung, »einer der eifrigsten Verfechter der Völkerfriedens- oder evangelisch-demokratischen Bewegung«[54], voraussah.

Den *Wendepunkt zu einer neuen Stufe* in der Entwicklung der Menschheit erwartete Ha'nish für das Jahr 1960. Da werde der Mensch von der »Stufe der Gottes-Kindschaft« weiterschreiten zum Mannesalter eines »vollbewußten Mitschöpfertums«. Besondere Hoffnungen setzte er auf den Erfindungsgeist des »Teutonenstamms«, d. h. der deutschsprachigen Völker. Der Wendepunkt 1960 wurde freilich nicht sichtbar. Die Mazdaznan-Anhänger sind heute nicht mehr so optimistisch. Sie rechnen mit einer weiteren Verderbnis der Nationen. Aber wenn sie »den höchsten Gipfel überschritten hat, wird die Zerstörung eintreten, und man wird nach Mazdaznan fragen«. Und Zend-Avesta ist »die Zukunft und die Erlösung aus dem Unverstand der heutigen Zeit«[55]. Hat die arische Rasse ihr Ziel erreicht, dann wird sich aus ihr wieder eine höhere Stufe entwickeln, die *»helle oder durchsichtige Rasse.* Das ist das große Ziel der weißen Rasse, und darin besteht ihre Erlösung.«[56] Aber dieses Ziel liegt noch in weiter Ferne. Wir stehen heute erst im zweiten der vier »3½jährigen Abschnitte der Offenbarung«.

[53] a. a. O. S. 94
[54] a. a. O. S. 87
[55] Universal Religion Mazdaznan, S. 74
[56] Mazdaznan-Rassenlehre, S. 95

Die Selbsterlösung

In diesen großen Entwicklungsprozeß ist auch der einzelne hineingestellt und hat den Auftrag, an seiner Förderung mitzuwirken. Aber er kann nicht warten, bis das Fernziel verwirklicht ist. Er muß die Möglichkeit haben, im Bereich seiner individuellen Existenz zum Heil zu gelangen. Mazdaznan zeigt ihm den Weg. »Der Mensch kann durch eine äußerlich und innerlich reine Lebensweise zu einer Selbsterlösung gelangen. Individuelle Bemühung und Anstrengung führen langsam zum Ablassen von Begierden und Leidenschaften. Durch dieses Kämpfen und Ringen erwerben wir immer größere Reinheit, und die Gnade Gottes kommt uns entgegen ›wie der Vater dem verlorenen Sohn‹. So ist die Arbeit an uns selbst für die Erlösung entscheidend. Durch die selbsterworbene Reinheit soll der Mensch zu einem Instrument werden, auf welchem der göttliche Spieler wirksam werden kann. Der Mensch als Tempel Gottes – als Behausung –, in der Gott Wohnung nehmen kann.«[57]

Was muß der Mensch tun, um dieses Ziel zu erreichen? Zunächst soll er nach *Selbsterkenntnis* streben. Ein Buch »Selbstdiagnostik« gibt Anleitung dazu. Er muß sich unter strenge Bewachung und Beobachtung nehmen. Das Studium seiner Schädel- und Körperformen erklärt ihm sein eigenes Wesen, sein Temperament, seine Neigungen. Dann hat er die in ihm liegenden Möglichkeiten in die Tat umzusetzen. Er steht zwischen Gott und Natur, Geist und Materie und kann entweder über seinen ererbten Zustand höher steigen oder tiefer sinken als das Tier. Für alles trägt er selbst die Verantwortung. Er muß sein eigener Führer und Hüter sein. Selbsterkenntnis bringt Selbstbeherrschung und Selbstvertrauen. Er muß seinen Körper pflegen und gesund bewahren, denn dieser besitzt alle Eigenschaften und Anlagen zu einem vollkommenen Leben. Er muß sich im Einklang mit den Gesetzen und der Ordnung der Natur halten. Er muß die in ihm verborgenen Kräfte üben, um zu wachsen und zu reifen. Denn es ist sein Auftrag, sich selbst zu verwirklichen, d. h. das zu werden, was er im Geist schon ist. Dazu gehört, daß er auch geistig selbständig wird und dem Gesetz folgt, das in ihm angelegt ist. Er muß sich seine eigenen Gedanken über Gott und Welt machen und im Denken, Reden und Handeln nur seinem eigenen Gewissen verantwortlich sein. Aus allen seinen Schicksalen muß er zu sich selbst finden, die eigene Mitte entdecken und den inneren Halt in sich selbst suchen lernen. Dabei bleibt die Herzensstimme sein bester Berater.

Über das *Ausmaß der menschlichen Selbstentwicklung* dachte Ha'nish ungeheuer optimistisch. In diesem Optimismus liegt es begründet, daß er die Begriffe »Selbstentwicklung« und »Selbsterlösung« in synonymem Sinn gebrauchte. Der Mensch in seinem heutigen Zustand ist erst ein Zwerg seiner selbst. Seine geistigen Kräfte liegen zum allergrößten Teil noch brach. Selbst bei Geistesriesen ist nur ein kleiner Teil der Gehirnzellen tätig, während die anderen schlafen, so daß die entsprechenden Fähigkeiten sich nicht entfalten können. Darum muß man sich mühen, sie zu erwecken. »Jedesmal, wenn eine Zelle sich eröffnet, aktiv wird, kommt uns das Gefühl der Freudigkeit, der Glückseligkeit, der Zufrieden-

[57] Mazdaznan-Mitteilungen, April 1957

heit, und der ganze Körper scheint uns illuminiert, durchstrahlt zu sein; das sind die 144 000 Ausstrahlungen, die sich in unserm Wesen ihren korrespondierenden Lauf suchen. Sobald die Korrespondenz gefunden ist, gehen uns Offenbarungen auf gleich einer Lotosblume.«[58]

Die Selbstentwicklung ist also ein *psychophysischer Prozeß*. Ihre Grundlage ist allseitige Körperpflege. »Je mehr wir unser Herz reinigen, unser Gehirn entwickeln und unseren Körper veredeln, um so mehr kann die Weltenseele uns inspirieren, und um so mehr können wir diese Inspiration durch Wort und Tat offenbaren.«[59] Die entscheidende Rolle spielen dabei die »bewußte Atmung« und die Ernährung und in Verbindung damit allerlei Waschungen und Übungen zur »Belebung, Dynamisierung, Vibrierung und Erleuchtung« – Entspannungs-, Harmonie-, Drüsenübungen; denn »jeder seelischen Reinigung muß eine körperliche vorangehen«[60]. Der Mensch hat zwei Zentren des Lebens. Sie liegen im Lungengewebe und im Herzen. Das Herz bringt das Geistesleben, die Lungen fördern das Naturleben. Beide sind innig miteinander verbunden und ergänzen sich gegenseitig. Der Bewegung von innen nach außen, von der Lunge zum Herzen, muß eine Bewegung von außen nach innen parallel laufen.

Das geschieht durch die *Atmung*. Vielfältig sind die Atemanweisungen. Ein Beispiel: »Widme jeden Tag einige Minuten der Regulierung deines Atemrhythmus. Entleere deine Lunge jede Stunde einmal oder alle zwei Stunden während der Arbeit.« In besonderen »Atem-Lektionen« gab Ha'nish Beiträge zu einer »rhythmischen Atemkultur« mit ihren sieben Atem-Übungen. Da ist etwa die Mazdaznan-Yima-Übung: Man entspanne den ganzen Körper und sei gelassen, wölbe die Brust hoch heraus, lege die Zunge flach auf den Mundboden, richte die Augen entspannt auf einen matten Punkt in Augenhöhe. Dann leere man die Lungen langsam, stetig und ohne Verkrampfung, bis es nicht mehr weiter geht, halte danach mit aller Bewegung an, auch im »Gesinn«, und zähle innerlich bis 18, später bis 27, 36, oder denke ein Gebet. Schließlich atme man wieder ein durch die Nase, tief aufschluchzend. Dann wiederhole man sofort die Übung drei- bis fünfmal. »Wer körperlich arbeitet, sollte regelmäßig und religiös ein Gebet von der Länge des Vaterunsers in einer Ausatmung sprechen, und zwar dreimal hintereinander alle drei Stunden des Tages, oder sobald sich Ermüdungserscheinungen zeigen.«[61] Die einzelnen Atemübungen haben verschiedene Wirkungen. So hilft die Yima-Übung bei körperlichem Unwohlsein, Niedergeschlagenheit, Enttäuschung, Gereiztheit und Gedankenleere, während die Airyama-Übung geistig leistungsfähig macht. Atemübungen kombiniert mit Naturheilmitteln und Diät sind auch wirksame Hilfen gegen Krankheiten bis hin zum Krebs.

Aber bedeutungsvoller ist die Ausstrahlung des *bewußten Atmens* auf den Geist. Dafür werden zwei Erklärungen gegeben. Eine physische: Die Elemente der eingeatmeten Luft werden »konvertiert und investiert, bis daß unser Drüsensystem aufnahmefähig wird«. Aus dem Assimilationsprozeß entwickelt sich Ätherstoff

[58] Ha'nish, nach G. Rümelin, Der Große Morgen, S. 358
[59] G. Rümelin, a. a. O. S. 327
[60] Ha'nish in: Mazdaznan-Mitteilungen, Dezember 1957
[61] Ha'nish in: Die erste Atem-Lektion

als Elektrismus und Magnetismus, und es kommt im weiteren Verlauf des Prozesses zu Polarisationen, welche die untätigen Zellen der grauen Gehirnmasse aktivieren. Daneben steht eine metaphysische Erklärung: »Mit jedem Atemzug, den wir bewußt durch unsere Nüstern ziehen, wird der Odem Gottes selbst angezogen. Es ist der Äther, durch den der Mensch mit dem Himmel verbunden ist!«[62]
Das rechte Atmen hat weitreichende geistige Wirkungen. Zunächst: Neben den bisher bekannten sieben Sinnen Gesicht, Gehör, Geruch, Geschmack, Gefühl, Tastsinn und Intuition werden fünf weitere »mittelbare« Sinne erweckt, nämlich Gedankenübertragung, Fernwirkung, geistige Unterscheidungsgabe, Klarsehen und Verwirklichungsgabe. Sodann: Der charakterliche Zustand wird verändert und veredelt. Der Spießbürger wird weltmännisch, der Unduldsame duldsam, der Schwarzseher hoffnungsvoll, der religiöse Enthusiast mäßigt sich, und der Materialist kehrt zu den Grundsätzen des Lebens zurück. Auf diesem Weg wird die Atemkultur auch zum Mittel, durch das die sozialen und politischen Fragen gelöst werden. Denn zwischen Atemführung und Gedankenbildung besteht ein enger Zusammenhang. Ohne Atempflege gibt es keinen Weltfrieden. Durch sie entstehen die reinen Herzen und die friedlichen, harmonischen Gedanken, die Voraussetzungen für einen dauernden Weltfrieden sind.
Die Führung in der künftigen Weltordnung wird dem Volk gehören, das sich »den befreienden, erlösenden individuellen Atem« zu eigen macht. Ja, das Atmen hat auch eine Heilswirkung. Man nimmt den ätherischen Urgrund des Lebens, »Galama« in sich auf. »Wer durch Atemschulung, verbunden mit der Macht des Gedankens, vorankommt, der wird mit der Zeit dahin kommen, die Herzensstimme zu vernehmen«, in der Gott so zu ihm spricht, wie es gerade für ihn richtig ist, und er wird also seine eigenen »Offenbarungen« empfangen[63].
Zur Atempflege tritt die *Ernährung*. Beide zusammen ergeben die »Wiedergeburt aus Wasser (Stoff) und Geist (Atem)«. Allgemein bindende Vorschriften gibt es nicht. Jeder muß sich nach seinen individuellen Notwendigkeiten richten. Streng verpönt sind Rausch- und Reizgifte aller Art. Grundsätzlich wird die vegetarische Nahrung mit dominierender Rohkost gefordert; denn nur die grünen Pflanzenteile, Früchte und Getreidekörner liefern die nötigen Lebensstoffe, niemals aber das Fleisch geschlachteter Tiere, das bereits ein Endstoff, aber kein Wirkstoff mehr ist. Von größter Wichtigkeit ist auch die richtige Zusammenstellung der Speisen. Die verschiedenen Temperamente verlangen verschiedene Ernährung. In laufend veröffentlichten Rezepten und in Kochbüchern wird eine Fülle von Speisevorschlägen angeboten. Es besteht auch eine enge Zusammenarbeit mit allen Kreisen, die sich für die Lebensreform einsetzen: Vegetarierbünde, Vereinigungen für naturgemäße Lebensweise, Kongreß der Ideale.
Ein besonderes Kapitel der Eugenik bildet die Ordnung des Sexuallebens (»Wiedergeburt«) und die Zeugung vollkommener Nachkommen durch die *vorgeburtliche Erziehung des Kindes*. In der werdenden Mutter konzentrieren sich die Kräfte des Alls auf das neue Leben, das sie im Schoß trägt. Sie hat die Macht, diese Kräfte durch gute Gedanken, Worte und Werke zu lenken und die göttlichen Grundge-

[62] Mazdaznan-Mitteilungen, Dezember 1956
[63] a. a. O. Oktober 1957

setze in ihrem Kind zu inkarnieren. Negative Gedanken der Mutter hemmen alles edle Wachstum und verwandeln sich beim Kind in leidenschaftliches Triebleben; positive Gedanken und geistige Sammlung auf ein hohes Ziel werden zum Segen für das Kind. »Darum hat das Wünschen, das ganze Denken, Fühlen und Wollen der Mutter in dieser Zeit den größten Einfluß auf das Kind, ja, es ist als vorgeburtliche Erziehung wichtiger als alle spätere Erziehungskunst und alle äußeren Bildungsfaktoren nach der Geburt.«[64] Eine Mutter, die während der Schwangerschaft auf Gesundheitspflege bedacht ist, stattet auch das Kind mit regem Interesse und entsprechender Begabung für Hygiene und Heilkunde aus. Sehnt sie sich nach Wohlstand und regt sie fleißig die Hände, dann empfängt das Kind praktische Begabung. Wünscht sie sich ein Kind mit Frohsinn und künstlerischer Fähigkeit und pflanzt diesen Wunsch mit Liedern, Gebeten und religiösen Übungen dem Embryo ein, dann wird das Kind so, wie sie es wollte. In die Hand der Frauen ist es also gelegt, eine neue Zeit, das Paradies der Menschheit zu schaffen; von ihnen hängt die Zukunft der Welt ab.
Die *Seele* stammt aus dem Reich des Lichts und hat volle Freiheit, ob sie sich auf der Erde verkörpern will oder nicht. Die Seelen, die sich verkörpern, sollen alles Niedere in Höheres, allen Kampf in Frieden, alle Unordnung in Ordnung umwandeln. Sie haben einen Bund mit Gott geschlossen, daß sie nicht erlahmen wollen, bis das Reich Gottes auf Erden hergestellt ist. Und Gott steht ihnen seinerseits auf ihrem Weg zur Selbstverwirklichung bei. Seine Hilfe besteht darin, daß er ihnen durch seine Natur- und Entwicklungsgesetze die Richtung für ihren Lauf vorgeschrieben hat. Deshalb kann der Mensch, auch wenn er verblendet ist, nicht auf die Dauer irregehen. Stemmt er sich in seiner Freiheit gegen Gottes Gesetz, dann muß er eben Umwege machen, unter Umständen sich wieder verkörpern, bittere Erfahrungen sammeln, bis er endlich doch den rechten Weg findet. Das Gesetz der Entwicklung ist unumstößlich, und die »einzige Sünde ist die Unkenntnis der göttlichen Gesetze« (Ha'nish). Aus dauernder Übertretung entsteht das Leid, das den Menschen unter Schmerzen auf seinen Weg zwingt. Je besser er seine Entwicklungsmöglichkeiten und die ihm vorgeschriebenen Gesetze kennt und befolgt, desto rascher wird er aufsteigen. Am Ende werden alle Ungläubigen einmal Gläubige werden, und alles Dunkle wird dem Licht weichen müssen. In der überirdischen Welt kann die Seele zum Engel und noch höher aufsteigen, je nach der Reinheit, die sie auf ihrer langen Wanderung gewonnen hat. Das aber ist die »Erlösung«: daß die Seele sich selbst verwirklicht und das wird, was als Möglichkeit in ihr angelegt war.

Yessu und das Christentum

Weder Mose noch Christus waren Verkündiger originaler Glaubenswahrheiten. Sie standen vielmehr im Gefolge Zarathustras und erneuerten die uralte arische Lehre. Ihr geistiges Erbe wurde freilich von der Nachwelt verfälscht. Darum gilt der Grundsatz: »Mazdaznan anerkennt selbstverständlich in der Bibel nur die Mit-

[64] a.a.O. 1955

teilungen, die sich auf die Lehre Zarathustras, auf den Zend-Avesta beziehen.«[65] Ha'nish zeichnete denn auch in seinem Buch »Yehoshua« ein Bild von Jesus, das mit den Evangelienberichten nichts mehr zu tun hat. Er will zu seiner Darstellung auch außerkanonische Evangelien – die der Kopten, Johanniter, Maroniten und sonstige Überlieferungen – herangezogen haben. Yessu, wie er ihn nennt, verdankte seine Geburt und Sendung dem geheimen Plan des »Ordens der Mächtigen«, der *Essener,* deren Zentrum Nazareth war und deren Regeln mit den Grundlehren der Zoroastrier übereinstimmten. Dieser Orden, der mit der persisch-zarathustrischen Philosophie vertraut war, wollte das unter die Herrschaft eines genußsüchtigen Adels und einer herrschsüchtigen, in Buchstabendienst und Sophisterei erstarrten Priesterkaste geratene jüdische Volk aus seinem sozialen, gesundheitlichen und geistigen Zerfall retten. Zu diesem Zweck plante er die »Einführung einer neuen Religionsepoche«. Deren Träger sollten Yeouan (der biblische Täufer Johannes) und der Nasiräer Yessu werden. Der Beauftragte des Ordens war Eliye-Eli von Kharmel, ein berühmter Lehrer und weitläufiger Verwandter von Elisabeth und *Miryam*[66]. Letztere war vom 14. Lebensjahr an fünf Jahre lang im Tempeldienst ausgebildet worden, und nun, da sie zu einer schönen Jungfrau von vollkommenem Ebenmaß und hohem Verstand herangewachsen war, eröffnete ihr Eli den Plan, daß sie die Mutter des »Verheißenen« werden sollte. Sie fügte sich allen seinen Anordnungen einer vorgeburtlichen Erziehung. Miryams Onkel und Vormund Yusef, ein feingebildeter und angesehener Holzbildhauer, war ebenfalls Ordensmitglied und nahm auf Elis Weisung das schwangere Mädchen zur Frau.

Am 23. Mai des Jahres 749 nach der Gründung Roms wurde Yessu geboren[67]. Schon mit fünf Jahren bekam er essenische Lehrer. Mit zehn Jahren besaß er eine fertige Bildung und lieferte auch als Holzbildhauer kunstvolle Arbeiten. Mit 13 Jahren wurde er im Tempel feierlich in die Liste der »Auserwählten Israels« aufgenommen und beantwortete spielend die schwierigsten Fragen, die ihm die Gelehrten vorlegten. In den folgenden Jahren weitete er seinen Geisteshorizont immer mehr aus – durch das Leben in Nazareth, das ein Verkehrsmittelpunkt und ein Zentrum von Kunst und Wissenschaft war, und durch Studien in Alexandrien, Griechenland und Indien. Er wurde dann Oberrabbi in Nazareth. Der Sanhedrin gab ihm, »entzückt von seinen außergewöhnlichen Fähigkeiten«, Sitz und Stimme in seinem Kreis.

Aber nun kam die Verwicklung: Der Hohepriester *Kaiaphas,* ein herrschsüchtiger Ränkeschmied, wollte sich seiner als Werkzeug bedienen, um die römische Herrschaft abzuwerfen und die Herrschaft der Priester aufzurichten. Aber Yessu wi-

[65] Universal Religion Mazdaznan, S. 35. Im Bedarfsfall werden biblische Texte auch so zurecht gemacht, daß sie zur Lehre Zarathustras passen. So gab Ha'nish Matth. 5, 8 folgenden Wortlaut: »Selig sind, die reinen Blutes sind; sie werden Gott schauen.«

[66] Einige Wendungen in dem Buch »Yehoshua« legen die Vermutung nahe, daß Ha'nish in diesem Eliye-Eli auch den Erzeuger der beiden Kinder Yeouan und Yessu sah; da Mazdaznan jedes übernatürlich-wunderhafte Geschehen streng ablehnt, wäre ja auch der Gedanke einer jungfräulichen Geburt untragbar.

[67] Deshalb gilt für die Mazdaznan-Anhänger der 23. Mai als der Geburtstag des Jesus, der »das Chrystosprinzip« offenbarte, und der 25. Dezember als der Geburtstag »des universellen Chrystos, oder die Wiedergeburt des Lichtes« (Mazdaznan-Nachrichten, Dezember 1974).

derstand seinen bis zur offenen Nötigung gesteigerten Verlockungen, denn ihn hatte das »schmachvolle Los der geknechteten Massen« ergriffen, und er wollte »die unteren, bedrückten Schichten befreien« und auf eine höhere Stufe heben. Deshalb ging er ins Volk, gab Ratschläge zur Gesundheitspflege, heilte unter Verwendung seiner in Ägypten und Indien erworbenen Heilkenntnisse, beriet Rechtsgelehrte, Erzieher, Geistliche, Naturforscher und unterwies die Leute in der wahren Lebenskunst, damit sie »durch persönliche Vervollkommnung, durch Selbstbewußtsein und Selbständigkeit die einzig richtige Lösung in all den verwirrenden Fragen des täglichen Kampfes ums Dasein finden könnten«[68]. Diese Tätigkeit brachte ihn in Konflikt mit der verknöcherten Priesterschaft, denn seine Lehre bedeutete einen Bruch mit den hergebrachten Anschauungen und Sitten. Kaiaphas, dessen Enttäuschung sich in Rachgier verwandelt hatte, nützte den Konflikt aus. Ein ungewollter Helfer seiner Anschläge wurde *Yudas*, ein Mann aus gutem Haus und einer der eifrigsten unter Yessus Jüngern. Er war überzeugt, daß Yessu der Messias sei und sich auf einen irdischen Thron erheben werde. Weil dieser dazu keine Anstalten machte, suchte ihm Yudas die gewünschte Rolle aufzudrängen. Er arrangierte einen festlichen Einzug in Jerusalem und half mit, daß die Verhaftungsaktion zustande kam, damit Yessu, zum Äußersten getrieben, sich endlich als Messias enthülle. Als er gewahrte, daß dieser sich nicht wehrte, war er entsetzt und stürzte sich voll Verzweiflung und Selbstanklage nach der Kreuzigung Yessus zu Tode.

Pilatus tat sein Möglichstes, um das von den Priestern geforderte Todesurteil zu verhindern. Er ließ Yessu auch nur leicht zum Schein geißeln. Aber schließlich konnte er die Kreuzigung nicht mehr weiter hinausschieben. Um die Körperkraft des Gekreuzigten durch Anregungsmittel zu erhalten, reichten ihm seine Freunde Ysop, »ein Mittel, welches einen totenähnlichen Zustand verursachte«[69]. Außerdem ließ Pilatus zwei Verbrecher mitkreuzigen, um die Aufmerksamkeit des Pöbels von Yessu abzulenken. So wurde alles nur Erdenkliche für ihn getan. Und es war auch nicht umsonst, denn während Yessu noch lebend am Kreuz hing, lief bei Pilatus ein Befehl des Kaisers Tiberius ein, den Yessus mächtige Freunde erwirkt hatten, daß dieser auf freien Fuß gesetzt werden solle. Unverzüglich wurde er abgenommen, durch Freunde des »Inneren Kreises« in das Privatgrab Josefs von Arimathia gebracht und wiederbelebt. Er erholte sich rasch. Mit dem leeren Grab wurde durch einige Tricks der Anschein erweckt, als wäre Yessu von den Toten auferstanden. In Wahrheit wurde er durch einen geheimen Gang fortgebracht. Seinen intimsten Freunden erklärte er, für die Welt wolle er tot bleiben, und die Jünger und sonstigen Genossen sollten sich mit der einzigen Botschaft begnügen: »Er lebt!« Um den Spionen der Priester zu entgehen, ließ er sich im Osten des Jordans nieder, in Beth-Yeshimoth, dem einsamen, abgelegenen Sitz des Ordens. Bevor er sich zurückzog, empfahl er seinen Jüngern noch einmal die besondere Pflege des Atems als Mittel zur Heilung von Sünden und Krankheiten (Joh. 20, 22f.). »Von den Behörden verstoßen, vom Volke verraten, betrachtete er seine Aufgabe als vollendet. Er kam zu der Einsicht, daß das Aufopfern der Person

[68] Yehoshua, S. 50
[69] a.a.O. S. 67

für die Allgemeinheit ein Fehlgriff war. Jede Erlösung ist Arbeit des einzelnen, und es muß daher jedem einzelnen selbst überlassen werden, seine eigene Erlösung zu vollbringen.« Die »Ungerechten« aber mißdeuteten seinen Tod und machten eine »Sühne« daraus, durch die auch sie Vergebung erlangen könnten. Einige Jahre nach seiner »Auferstehung« gewahrte er, daß andere seinen Platz eingenommen hatten und daß er entbehrlich geworden war. Er starb schließlich mit der Erkenntnis, daß »jeder Mensch sein eigenes Schicksal meistern lernen müsse, um sein Lebensrätsel in seiner eigenen Weise zu lösen«[70].

III. Exkurs: Ist Jesus am Kreuz gestorben?

Soweit das Jesusbild, wie es Ha'nish aus alten verschollenen Schriften gewonnen haben will[71]. Auffallend ist, daß es trotz dieser Herkunft Züge trägt, die sehr an die *Aufklärungszeit* erinnern. So werden auch bei Ha'nish alle Wunder als natürliche Vorgänge erklärt. Auf der Hochzeit von Kana z. B. verwandelte Jesus nicht Wasser in Wein, sondern er ließ »den betrunkenen Gästen, die immer noch mehr Wein verlangten, frisches, kühles Quellwasser eingießen, das sie ernüchterte und erfrischte«[72]. Der Glaube an seine Himmelfahrt entstand dadurch, daß es auf einem hohen Berg zu einem Nebeleffekt kam, der Jesus vor den Augen seiner Jünger verhüllte. In Emmaus spricht der wiederbelebte Jesus in einer großen Rede ganz im Stil des 19. Jahrhunderts von der »Erkenntnis der Naturkräfte und ihrer Wirkungsweise«, vom »Fortschritt« und von der leidigen »Blindheit gegen die eigenen Entwicklungsmöglichkeiten«, von der Erlösung der »Rasse«, von der Rückführung der Menschen zum »Urgrund ihres Wesens« und vom »Retter, der die starren Glaubensketten brechen und die, die ehrlichen Herzens sind, von der Knechtschaft des Aberglaubens befreien wird«[73]. Die Überzeugung, daß Jesus mit dem Essenerorden in Zusammenhang stehe, geisterte ebenfalls im 18. und 19. Jahrhundert durch viele Köpfe: dieser sei ein mächtiger Geheimorden gewesen, der über alle möglichen geheimen Weisheiten, Pläne, Beziehungen und Kräfte verfügte[74].

Auch die Behauptung, daß *Jesus nicht am Kreuz gestorben* sei, wurde schon in der Zeit der Aufklärung vertreten, erstmals wohl von Karl Friedrich Bahrdt

[70] a. a. O. S. 79

[71] Ha'nishs »Yehoshua« wurde später noch ausgeweitet durch das umfangreiche Werk »Jesât Nassar, genannt Jesus Christus«, das von der Schweizerin Mariell Wehrli-Frey in seinem ersten Teil 1961, vollständig 1965 im Drei-Eichen-Verlag München herausgegeben wurde. In ihm sind verarbeitet: Das Buch »Yehoshua« von Ha'nish; das noch ältere Buch »Das Leben Jesu« von David Ammann, das ebenfalls mit »Enthüllungen nach bisher unbekannten orientalischen Quellen« aufwartet; schließlich noch »Quellen, Überlieferungen und Legenden des Morgenlandes«, die von den »Forschern« A. F. Mamreova, Peter und B. A. F. Mamreova aufgezeichnet worden sind.

[72] O. Rauth, Die Ur-Religion, S. 189

[73] Yehoshua, S. 136 ff.

[74] Die Handschriftenfunde am Toten Meer, die seit 1947 in der Umgebung von Chirbet Qumran gemacht wurden, haben diesen Vorstellungen den Boden entzogen.

(1741–1792). In seinem achtbändigen Werk »Ausführung und Plan des Zwecks Jesu« (1784/85) berichtete er, daß der allgegenwärtige Essenerorden schon über dem Kind Jesus seine Hand gehalten habe: Es lernte Sokrates, Plato und Schriften über den »Internationalismus« kennen, und durchreisende Orientalen aller alten Kulturen hinterließen ihm ihre Weisheitslehren, Heilmittel und Rezepte. Jesus wurde vornehmstes Glied des Ordens, und die Brüder des höchsten, Dritten Grads dienten ihm mit gehorsamer Hingabe. Die Kreuzigung wurde von ihm selbst geplant, um die Weltbeherrschungssucht der Masse für alle Zeit am Kreuz sterben zu lassen. Mit Hilfe eines essenischen Ärztestabs überstand er die Kreuzigung und kam in der Grabeshöhle bald wieder zu Kräften. Danach leitete er von der Zentralhöhle der Essenischen Mutterloge aus die Verbreitung des Christentums.

Der Pfarrer und Schriftsteller Karl Heinrich Georg Venturini aus Braunschweig (1768–1849) schrieb in seinem mehrbändigen Werk »Natürliche Geschichte des großen Propheten von Nazareth« (seit 1800) eine romanhaft ausgeschmückte Leben-Jesu-Darstellung, die viele Auflagen erlebte und Vorbild für weitere Leben-Jesu-Bücher wurde. Auch er ließ Jesus als Mitglied und Werkzeug des essenischen Geheimbunds auftreten, der dann auch für seine »Auferstehung« auf natürliche Weise sorgte. – Eine 1849 in Leipzig erschienene Schrift »Wichtige historische Enthüllung über die wirkliche Todesart Jesu nach einem alten, zu Alexandrien gefundenen Manuskripte von einem Zeitgenossen Jesu aus dem heiligen Orden der Essäer. Aus einer lateinischen Abschrift des Originals übersetzt«, vertrat ebenfalls die Behauptung, daß Jesus nur scheintot gewesen sei. 1928 wiederholte Werner Hegemann die Scheintodtheorie in seinem Buch »Der gerettete Christus«. Dann bemühte sich der englische Historiker und Romancier Robert von Ranke-Graves (geb. 1895 in Wimbledon), Urenkel Leopold von Rankes, die Vorstellung vom Kreuzestod zu widerlegen. In dem umfangreichen Werk »The Nazarene Gospel Restored« (1953) suchte er zusammen mit dem jüdischen Forscher Joshua Podro das nazarenische Urevangelium zu rekonstruieren und zeichnete Jesus als einen Nationaljuden, der sich nur zum jüdischen Volk gesandt wußte und den unmittelbar bevorstehenden Anbruch der messianischen Zeit erwartete. Die Römer trugen die Hauptschuld an seiner Kreuzigung; sie führte aber nicht zum Tod. Denn wegen des Sabbats wurde Jesus vorzeitig vom Kreuz abgenommen, und darum lassen sich auch die Auferstehung und die späteren »Erscheinungen« Jesu natürlich erklären.

Ein gewisses Aufsehen erregte Hans Naber (geb. am 23. November 1921 in Stuttgart). Er wollte in der Zeit zwischen dem 16. und 23. Februar 1947 in sieben vollkommen schlaflosen Tagen und Nächten »wie in einem Film« die Ereignisse von Golgatha an seinen Augen vorüberziehen gesehen und schließlich mit Jesus Christus »von Angesicht zu Angesicht« gesprochen haben. Er habe ihm eine Offenbarung »ganz langsam mit steigendem und sinkendem Tonfall« diktiert und darin den »Christen aller Welt« bekannt gegeben, daß er am Kreuz »den Weltgeist besiegt« habe. Dieser wollte ihn am Kreuz töten, aber »ich bin nicht am Kreuz gestorben«; denn die Lanze traf sein Herz nicht, und sein Körper wurde »wie leblos, aber nicht tot« in das Felsengrab gelegt; am dritten Tag erwachte er aus der Bewußtlosigkeit. Nach dieser Vereitelung seiner Anschläge kann der Weltgeist nicht mehr gegen ihn aufstehen. »Ich habe das Tier und seinen Propheten, meine großen Widersacher, in die Hölle der ewigen Verdammnis hinabgestürzt«, und nun wird sein Reich auf Erden errichtet – unter Aufhebung aller bisherigen Grenzen, Parteien, Regierungen, Besitztümer, Gesetze und Geldwerte. »In meinem Reich gilt nur mein Gesetz.«

Naber gab nach diesem Erlebnis sofort seinen bisherigen Schwarzhandel mit Fotoapparaten, Zigaretten, Schnaps und Kaffee auf und übernahm eine seriöse Tätigkeit als Außendienstleiter einer chemischen Fabrik in Stuttgart. Vor allem aber sollte alle Welt wissen, was er erlebt hatte. Als Katholik benachrichtigte er zuerst den Bischof von Rottenburg. Als er am 24. November 1948 Bilder vom *Turiner Grabtuch* sah, stellte er fest, daß es mit den Gesichtszügen des ihm erschienenen Jesus genau übereinstimmte. Unter dem Namen Kurt Berna trieb er fortan eine rührige Propaganda für seine Erkenntnisse. Er erwartete davon eine Versöhnung von Christen und Juden; denn »es gibt keine Tötungsschuld der Juden an Jesus mehr!«[75] Sein Buch »Das fünfte Evangelium – Der Tatsachenbericht nach zwei Jahrtausenden« (1954) schickte er an Pius XII. Im Jahr 1956 gründete er den »Deutschland-Konvent für das Linnen« mit der Aufgabe, das Turiner Grabtuch »mit allen modernen wissenschaftlichen Methoden zu erforschen und die Erkenntnisse der Öffentlichkeit bekannt zu machen«. Naber baute einen eigenen Pressedienst auf, gründete einen Verlag, brachte 1960 einige »Illustrierte Sonderausgaben« heraus, die aber eine Flut von Protesten auslösten; er richtete Schreiben an die Kirchenführer aller Konfessionen und plante einen Spielfilm über »Das Linnen«, der aus Geldmangel nicht gedreht werden konnte – das Filmmanuskript erschien 1957 als Buch.

Im Mittelpunkt der Auseinandersetzung mit der katholischen Kirche stand die Echtheit des Turiner Grabtuchs: es beweise, daß der Körper des Gekreuzigten im medizinischen Sinne nicht tot war; denn es weise Spuren von Blutungen auf, woraus geschlossen werden müsse, daß das Herz bei der Kreuzabnahme noch tätig gewesen war und frisches Blut aus den Wunden fließen ließ. Am 26. Februar 1959 bat Naber Johannes XXIII. um Herausgabe von nur 300 Gramm des Grabtuchs in schmalen Streifen, damit es chemisch, mikroskopisch und mit Röntgen- und anderen Strahlen untersucht werden könne. Das Gesuch wurde abgelehnt. Naber suchte alle möglichen Argumente und Dokumente zusammen – von dem angeblichen (in Wirklichkeit jedoch gefälschten) Brief eines Konsuls Lentulus an den Kaiser Tiberius, der von dem die Kreuzigung überlebenden Jesus handelte, bis zu ärztlichen Gutachten und päpstlichen Urteilen über die Echtheit des Linnens, die freilich nicht einhellig waren. Überzeugen konnte er nicht[76].

Naber siedelte 1963 nach Vaduz um, verwandelte seinen Deutschland-Konvent in

[75] Illustrierte Sonderausgabe 1960, Nr. 1

[76] Eine letzte Untersuchung nahm der Züricher Naturwissenschaftler und Mikrospurenforscher Max Frei vor. Er analysierte versteinerte Staubteilchen, die er im November 1973 den beiden unteren Ekken des Grabtuchs entnommen hatte, und kam zu folgendem Schluß: »Ich weiß nicht, ob in diesem Linnen die Leiche Jesu Christi eingewickelt war und ob es sich um das gleiche Linnen handelt, von dem im Evangelium die Rede ist. Ich kann jedoch mit Sicherheit behaupten, daß dieses Gewebe aus der Zeit Christi stammt und daß es in Palästina, in Frankreich und schließlich in Italien der freien Luft ausgesetzt war.«

eine »Internationale kulturelle Stiftung für das Heilige Linnen Jesu«, dessen einziges Mitglied und Präsident er selbst war, und warb um Geldgeber für eine Stiftungsanleihe von 500000 Schweizer Franken mit 12% Zins, um den »bedeutsamen Sprung nach Amerika« unternehmen zu können. 1965 erschien sein Buch von 1954 in erweiterter Fassung unter dem Autorennamen John Reban mit einem neuen Titel: »Criminal-Report über Jesus Christus. Tatsachen über Jesus Christus, die mehr als 1900 Jahre unbekannt waren«; als Herausgeber zeichnete neben der Internationalen Stiftung auch der Mano-Verlag für Mazdaznan-Schriften in der Schweiz. Sendungsbewußt und mittellos zugleich, suchte sich Naber offensichtlich auf unerlaubte Weise die nötigen Gelder zur Durchführung seines Auftrags zu verschaffen. Jedenfalls wurde er im Juli 1971 in Stuttgart wegen Darlehensschwindeleien, durch welche elf Geldgeber um 270000 DM geschädigt worden waren, zu zwei Jahren Freiheitsstrafe mit Bewährung verurteilt. Das Gericht bezeichnete ihn als einen zwiespältigen Menschen – »von seiner Idee geradezu besessen« und zugleich gerissener Geschäftsmann –, den man nicht als ausgesprochen skrupellosen Betrüger abstempeln könne. Zu einer ähnlichen gerichtlichen Auseinandersetzung kam es 1976. Naber hatte in einer großangelegten Werbeaktion sein nun erweitertes Buch unter dem neuen Titel »Christus wurde lebendig begraben« durch teure Großanzeigen in zahlreichen Zeitungen bekannt zu machen versucht und sich damit in große Schulden gestürzt. 1980 tauchte eine Zeitung mit dem Titel »Sonder-Nachrichten« auf, herausgegeben von einer »World Excellent Jesus Church« (WEJC), die letztlich wohl auch auf Nabers Initiative zurückging. Auf immer neuen Wegen versucht er also, seine Ideen in die Öffentlichkeit zu bringen.

Wenn Jesus am Kreuz nicht gestorben ist, dann erhebt sich die Frage: Was tat er danach? Er stand ja im besten Mannesalter, und es war undenkbar, daß er das Leben eines Ruheständlers führte oder daß er von einem Versteck aus weiter wirkte und von dieser »Untergrund«-Tätigkeit der Nachwelt nichts überliefert wurde. Die Verfechter der Überlebenstheorie pflegen denn auch die Frage nach dem Inhalt von Jesu zweiter Lebenshälfte nicht oder sehr einsilbig zu beantworten. Es gibt nur eine Stimme, die Genaueres zu erzählen weiß, was Jesus nachher tat und wann und wo er starb und begraben wurde. Aber sie kommt nicht aus Palästina und Umgebung, sondern aus dem *Islam.* Als Religion der »Werkgerechtigkeit« konnte dieser sich mit der Vorstellung eines stellvertretenden Erlösungstodes Christi nicht befreunden. Da ein gerechter Prophet nicht unschuldig den Tod erleiden kann, hat Gott nach der Lehre des *Koran* dafür gesorgt, daß Jesus noch lebend vom Kreuz abgenommen wurde: »Und um ihres Unglaubens willen und wegen ihrer Rede – einer schweren Verleumdung gegen Maria: Wir haben den Messias, Jesus, Sohn der Maria, den Gesandten Gottes getötet; während sie ihn doch weder erschlugen noch den Kreuzestod erleiden ließen. Sondern er erschien ihnen nur gleich (einem Gekreuzigten); und jene, die in dieser Sache uneins sind, sind wahrlich im Zweifel darüber. Sie haben keine bestimmte Kunde davon, sondern folgen bloß einer Vermutung; und sie haben darüber keine Gewißheit. Vielmehr hat ihm Gott einen Ehrenplatz bei sich eingeräumt.«[77] Das klingt reichlich

[77] Koran, Al-Nisa 157/158–160

gewunden. Die islamische Orthodoxie konkretisierte denn auch diese Ausführungen: Jesus wurde von Gott direkt in den Himmel aufgenommen, nachdem die von ihm mit Blindheit geschlagenen Juden ein Scheinbild an seiner Stelle gekreuzigt hatten. Manche moslemische Mystiker vertraten die Auffassung, daß in Wirklichkeit Judas ans Kreuz geschlagen worden sei.
Diese Behauptung fand auch Eingang in das *»Evangelium des Barnabas«,* das nichts mit dem Barnabasbrief aus dem zweiten Jahrhundert oder mit den Barnabasakten aus dem fünften Jahrhundert zu tun hat, sondern erst im späten 16. Jahrhundert entstanden ist. Verfasser war vermutlich ein Fra Marino, der Mustafa de Aranda hieß und zu den Morisken gehörte, das sind Islamgläubige, die nach dem Zusammenbruch der arabischen Herrschaft in Spanien zurückblieben und sich der Verfolgung durch die Inquisition (1575–1610) dadurch entzogen, daß sie sich taufen ließen. Seine Rache an der Kirche bestand darin, daß er ein angeblich »originales« Evangelium herstellte, in dem Jesus in einen Moslem verwandelt wurde: Er fastete und betete wie ein Moslem und lehrte die Gesetze; aber sein Auftrag war auf Israel beschränkt, während Mohammeds Mission allen Völkern gilt. Die Irrlehre von seiner Gottessohnschaft wurde von Paulus verbreitet. Und die Lüge von seinem Kreuzestod wird bestehen bleiben »bis zur Ankunft Mohammeds, des Boten Gottes, der diese Täuschung entlarven wird«, heißt es im 220. Kapitel. Dieses »Evangelium« tauchte später auch vereinzelt im nördlichen Europa auf, fand aber keine sonderliche Beachtung.

Der Gründer der Ahmadiyya-Bewegung, Mirza Ghulam Ahmad (1835–1908), der sich als den Verheißenen Messias der Christen und die Inkarnation Krishnas und Mohammeds proklamierte, griff in seiner Schrift »Masih Hindustan mein« (1899, Masih = Messias) die islamische Tradition auf, veränderte sie aber beträchtlich: Jesus wurde nicht in den Himmel aufgenommen, sondern lebte weiter. Zusammen mit seiner Mutter Maria verließ er seine Heimat und wanderte predigend durch Persien und Afghanistan nach *Kaschmir.* Maria starb unterwegs, und ihr Grab ist in dem Städtchen Murree, 50 Kilometer nordöstlich von Rawalpindi am Südhang des Himalaya, heute noch zu sehen. Jesus fand in Kaschmir mehr Gehör als bei den Juden. Er ließ sich hier nieder, erfreute sich höchsten Ansehens, starb schließlich eines natürlichen Todes im gesegneten Alter von 120 Jahren und wurde in Srinagar beigesetzt. Dort in der Khaniyarstraße ist sein Grab »Rauzabal«.[78]
Angeregt durch diese Schrift, befaßten sich auch andere Ahmadiyya-Autoren mit dem Thema. Mufti Muhammad Sadiq von Shahpur versuchte in seinem »Qabri-Masih« (1936) nachzuweisen, daß das »Land der Verheißung«, das Mose suchte,

[78] Was den Kaschmirern recht ist, das ist den Japanern billig: Nicht nur in Srinagar, sondern auch in Japan ist ein Grab Jesu. Es befindet sich auf einem Hügel bei dem kleinen Dorf Herai im Nordosten Japans und ist mit einem schlichten Holzkreuz geziert. In dem Issohara-Schrein der Provinzstadt Ibaraki wurde 1931 ein Dokument gefunden, das viel Japanisches von Jesus zu berichten weiß: Ein Tenno, der große Weltreisen unternahm, sei in Wirklichkeit sein Vater gewesen. Und Jesus habe zweimal über Alaska und Sibirien sein »Vater«land besucht. Auf Golgatha sei nicht er, sondern sein »jüngerer Bruder« Iskiri gekreuzigt worden. Er selbst habe sich dann endgültig in Japan niedergelassen, das Mädchen Jumiko geheiratet, drei Töchter gezeugt und ein hohes Alter erreicht. Daß auch sonst eine enge Beziehung zwischen Israel und Japan bestehe, hatte schon 1879 der Engländer

nicht Kanaan, sondern Kaschmir war. In Palästina, so argumentierte er, ließen sich nur die Hebräer nieder. Die Kinder Israel dagegen zogen mit Mose weiter, erreichten Kaschmir und besiedelten das Land. Alle Beschreibungen, die in der Bibel von dem »Land der Verheißung« gegeben werden, treffen auf Kaschmir zu, nicht auf Palästina: 5. Mose 3, 27; 4, 41. 49; 11, 21; 1. Chron. 4, 40. Auch Ortsnamen wie Beth-peor 5. Mose 3, 39 und Heshbon (4. Mose 21, 25; Richt. 11, 26), der Berg Pisgah (4. Mose 21, 20; 23, 14 u. a.) und das Land der Moabiter (5. Mose 34, 5f.) sind in Kaschmir vertreten. Selbst den Berg Nebo gibt es hier; auf ihm wurde Mose begraben (entgegen 5. Mose 34, 6), und sein Grab ist durch eine alte Steintafel markiert, die zwischen zwei Baumstämmen in den Boden gerammt ist.

KHWAJA NAZIR AHMAD faßte die Thesen seiner beiden Vorgänger in dem monumentalen Werk »Jesus in Heaven on Earth« (1951), d. h. in Kaschmir, zusammen und untermauerte sie mit einer reichhaltigen Dokumentation und Bibliographie. Weitere Bücher, so »Asrar-i-Kashmir« (1957) von Dr. AZIZ AHMAD QUERESHI, »Where did Jesus die?« von dem früheren Londoner Imam MAULANA JALAL-UD-DIN SHAMS (1959), und »Christ in Kashmir« von Kashmiri Aziz (1975) brachten nichts Neues, sondern begnügten sich mit Wiederholungen. In einer Reihe von Kleinschriften verbreitete die Ahmadiyya-Bewegung die Behauptung von Jesu Leben und Wirken in Kaschmir.

DR. MOHAMMAD YASIN, früher Mitglied des Instituts für Islamistik an der McGill Universität in Montreal, bescheinigte in seiner Schrift »Rauzabal and other Mysteries of Kashmir« (Srinagar 1972) allen diesen Autoren, daß sie »harte geschichtliche Fakten« mit ihren religiösen Vorurteilen vermischen und darum von den Wissenschaftlern nicht ernst genommen werden. Maulana, als »großer Gelehrter des Islams« und »Kenner des Christentums« gerühmt, hatte offen das eigentliche Ziel dieser Schriften genannt: »Wenn es erwiesen ist, daß er nicht am Kreuz starb, noch daß er von den Toten wieder auferstand, dann fällt das ganze Gebäude des Christentums zusammen.«[79] Mit solchen Vorurteilen will Dr. Yasin nichts zu tun haben, sondern als unvoreingenommener Forscher den Nachweis erbringen, daß Jesus sein Werk und Leben in Kaschmir beendet hat. Aber auch er muß sich mit der dubiosen Verwertung einiger Bibelstellen behelfen, aus denen er folgert, daß Jesus nicht am Kreuz gestorben ist (z. B. Hebr. 5, 7; Matth. 27, 46. 64; Mark. 15, 43; Luk. 23, 51; Joh. 19, 31f. 38; 20, 19f. 25. 27) und auszuwandern gedachte (Matth. 23, 37–39; Joh. 7, 35; 8, 21; 13, 33). Aber alle diese Texte können nur mit exegetischer Schinderei und eigenen Zutaten den ihnen zugedachten Zweck erfüllen[80].

N. McLeod in seiner »Alten Geschichte von Japan« nachzuweisen versucht. Dr. Jenichiro Oyabe lieferte in dem Buch »Herkunft Japans und der Japaner« den Beweis, daß die Wurzeln des japanischen Volks im alten Israel zu suchen seien. Im Jahr 216 n. Chr. seien, so ergänzte der Bischof Juji Nakada in »Japan in der Bibel« (1941), 100 000 Menschen von Vorderasien her in Japan eingewandert – Nachkommen der zehn Stämme. Zahlreiche Japaner, die diese Ansicht teilten, bekannten sich zum Judentum. (Vgl. dazu auch die Ausführungen über die British-Israel-Bewegung S. 192 ff.)

[79] Ahmadiyya-Zeitschrift »Der Islam« 1969, Nr. 5

[80] Jesu Himmelfahrt z. B. wird von Yasin ähnlich wie von Ha'nish erklärt: Wenn Jesus um sein Leben bangte, pflegte er sich im Gebirge zu verbergen (Beweis: Joh. 6, 15. 20; 10, 39f.; Luk. 6, 12). Bevor

Den Beweis, daß Jesus im Alter von 13 Jahren Jerusalem verließ und viele Jahre in Persien und Indien weilte, folglich auch die Geographie und Reisewege anderer Länder kannte, holte Yasin aus dem Buch »The Life of Saint Issa« (New York 1890) von NIKOLE NOTOWITSCH[81]. Da berichtet Notowitsch von seiner Reise nach Indien 1887, um »die großartige geheimnisvolle Archäologie« kennenzulernen. In dem Lamaistenkloster Himis – es liegt nahe bei Leh, der Hauptstadt der Kaschmir einverleibten tibetanischen Landschaft Ladakh – konnte er eine Schrift in der Palisprache lesen, die von Jesu Aufenthalt in Indien erzählt[82]. Ihren Inhalt gab er in seinem Reisebericht wieder. Daß Jesus nach seiner Kreuzigung Palästina verließ, bewies Yasin aus islamischen Schriften wie Kanz-ul-Ummal und Rauzat-us-Safa. Der erste islamische Geschichtsschreiber von Kaschmir, Mulla Nadiri[83], habe berichtet, daß Hazrat Yuz Asaf, d. h. Jesus, während der Herrschaft von Radscha Gopadatta (etwa 49–109) vom Heiligen Land in das heilige Tal kam und hier seine Prophetenwürde verkündigte. Damals habe der Perser Sulaiman, der Risse in der Kuppel des Tempels von Shankracharya zu reparieren hatte, auf einen Stein des Treppengeländers geschrieben: »In dieser Zeit verkündigte Yuz Asaf seine Prophetenwürde«, und auf einem anderen Stein habe er vermerkt, daß Yuz Asaf Prophet der Kinder Israel war. Schließlich beruft sich Dr. Yasin auf das Sanskritbuch Bhavishya Maha Purana aus dem Jahr 115. Hier werde erzählt, daß im Jahr 78 Radscha Shalewahin einen Gipfel des Himalaya bestieg und in den Bergen einen ehrwürdigen Mann in weißen Gewändern sitzen sah. Er fragte ihn, wer er sei. Prompt kam die Antwort, er sei »der Sohn Gottes und geboren von einer Jungfrau. Ich bin der Verkünder der Mlachha-Religion.« Im Mlachhaland sei er wegen des Zerfalls von Glauben und Tradition als Messias erschienen. »Durch mein Werk litten die Schuldigen und die Gottlosen Pein, und auch ich litt Pein durch ihre Hände«, und seine Religion sei Liebe, Wahrheit und Reinheit des Herzens.

Das also sind die Beweise Yasins. Es ist nicht gerade eine reiche Ausbeute seiner Forschungen. Und sie ist teils nutzlos, teils fragwürdig. Auch hat Dr. Yasin von seinen Quellen keinen seriösen Gebrauch gemacht. So beruft er sich auf Nikole Notowitsch und die von ihm gefundene Handschrift in der tibetanischen Klosterbibliothek, um daraus zu beweisen, daß der junge Jesus in Indien geweilt hatte. Aber er verschweigt, daß dieselbe Handschrift ausdrücklich auch den Tod Jesu bezeugt. Die Handschrift paßt auch sonst nicht zu Yasins Konstruktion. Denn sie erzählt, daß Jesus von seinem 13. bis zu seinem 29. Lebensjahr in Indien weilte.

er das Land verließ, nahm er Abschied von seinen Jüngern und bestieg den Ölberg. Da »sanken schwere Wolken herab, wie das oft in gebirgigen Gegenden geschieht, und ihr Nebel verhüllte ihn.« Als er wieder wich, war Jesus schon hinter dem Gipfel verschwunden. (Yasin, Mysteries of Kashmir, S. 9) Nach Joh. 21, 1 f. (!) habe er dann in Nachtwanderungen Nazareth und den See von Tiberias erreicht.

[81] Deutsch: »Die Lücke im Leben Jesu«, 1894

[82] Nach einer Mitteilung von Fred C. Siebeck (Stuttgarter Zeitung 6. 3. 1976), der 1975 das Kloster besuchte – er nannte es »Hemisgompa« – soll Notowitsch die Handschrift nicht entliehen, sondern »entführt« haben; in der Bibliothek ist sie jedenfalls nicht mehr vorhanden.

[83] Wann er lebte und schrieb, wird von Yasin nicht mitgeteilt. Aber da Kaschmir erst im 14. Jahrhundert mit dem Islam bekannt und erst 1586 von Großmogul Akbar erobert wurde, liegen weit mehr als 1000 Jahre zwischen dem Geschichtswerk Nadiris und dem Ereignis, von dem es berichtet.

Jesus verließ 13jährig seine Heimat, weil er der Bedrängnis durch Väter heiratsfähiger Töchter entrinnen wollte; er reiste mit Kaufleuten nach Indien, um »sich zu vervollkommnen im göttlichen Wort und zu forschen in den Gesetzen des großen Buddhas«. (Notowitsch, Die Lücke im Leben Jesu, S. 104). Er weilte in den heiligen Städten, besuchte auch das Heiligtum, das Krishnas Asche aufbewahrt, studierte die Veden und andere heilige Schriften und lernte es, mit Gebeten zu heilen und Geister auszutreiben. Die Lehren der hinduistischen Religionen nahm er freilich nicht an, sondern hielt an seiner eigenen Gotteserkenntnis fest. Das Volk liebte ihn, aber mit den zwei höheren Kasten geriet er in Konflikt, weil er die Kastenschranken durchbrach. Er verzog sich in das Land der »Gautamiden« und lernte hier den Buddhismus kennen.

Im Alter von 26 Jahren wandte er sich wieder westwärts auf den Heimweg. Aber immer wieder machte er Halt und »predigte verschiedenen Völkern über die höchste Vollkommenheit des Menschen«. Er pries die Nächstenliebe als das sicherste Mittel, »um sich selbst allerschnellstens aufzulösen im Ewigen Geist«. Dieser sei wie ein Vater und richte die Abgeschiedenen gemäß seinen »barmherzigen Gesetzen; niemals wird er sein Kind erniedrigen, daß er dessen Seele in den Körper eines Tieres einwandern läßt als in einen Reinigungsort« (a.a.O. S. 109f.). Wegen seiner Predigt gegen die Anbetung sichtbarer Götter und gegen den Kreislauf der Wiedergeburten fiel ihm überall das Volk zu und zerschlug seine Götzen und die Priester flohen. Sein Ruf ging ihm voraus, als er nach Persien kam, und die dortigen Priester wollten ihn töten. Aber Gott schützte ihn und 29jährig kam er in seine Heimat zurück. Sein Volk war von den »Heiden« grausam unterdrückt und entmutigt. Er richtete seine Landsleute auf und sagte ihnen, sie sollen einander helfen und lieben, damit sie »am Tage des letzten Gerichts« rein und gerecht seien. Sie liefen ihm scharenweise zu. Aber Pilatus hatte den Verdacht, er hetze das Volk auf und spreche von einer baldigen Befreiung. Er beauftragte die jüdische Geistlichkeit mit der Untersuchung. Nach einem Verhör lehnte sie ab, ihn zu verurteilen, »denn er tat niemand ein Leid«. Pilatus sorgte dann für falsche Zeugen und fällte unter dem Widerspruch der Geistlichen das Todesurteil und ließ ihn zusammen mit zwei Straßenräubern kreuzigen. Bei Sonnenuntergang verlor er das Bewußtsein, und »die Seele des Gerechten trennte sich von seinem Leibe, um zu verschwinden in der Gottheit«; sein Leib aber wurde von seinen Verwandten nahe der Hinrichtungsstätte begraben (a.a.O. S. 136).

Die These vom Überleben der Kreuzigung wird also durch Notowitsch und seine Handschrift nicht bestätigt, sondern widerlegt. Und das angebliche *Grab in Srinagar?* Es gleicht einem kleinen Wohnhaus: einstockig, drei hohe Bogenfenster auf der schmalen und fünf auf der breiten Seite, also geräumig genug, um eine ganze Familie zu beherbergen. Tatsächlich wurde aber dort das Grab des kaum bekannten islamischen Heiligen *Yuz-Asaf* gefunden. Mirza Ghulam Ahmad änderte diesen Namen in »Yasu Asaf« und behauptete, daß damit Jesus gemeint sei. Die Stadtverwaltung und der Fremdenverkehrsverein von Srinagar hatten wohl ihre Gründe, weshalb sie nie versuchten, das Grab zu einer lukrativen Wallfahrtsstätte für westliche Pilger und Touristen zu machen. In ihren Reiseführern erzählen sie nur von der Schah-Hamadan-Moschee und der großen Jama-Masjid-Moschee und von der Hazratbal-Moschee, in der ein Haar Mohammeds aufbewahrt und verehrt wird. Vom Grab Jesu schweigen sie, und es wurde auch nicht für eine von westlichen Besuchern gewünschte Untersuchung freigegeben.

In den siebziger Jahren fiel die Jesusgeschichte von Kaschmir und Srinagar in die Hände westlicher Reporter, und sie arbeiteten sie zur Illustrierten-Story auf – mit Sensationseffekt und ohne Sachkunde. Auch der Erfolgsschriftsteller Erich von

Däniken nahm sie ernst, wenn auch mit einigen Vorbehalten; er urteilte: »... mir scheint das alles ein bißchen zu viel, um darüber hinweglächeln zu können«. Schließlich wurde die Geschichte von dem unbekannten Verfasser des *»Talmud Immanuel«* aufgegriffen, das beansprucht, ein originales Evangelium des Judas Ischarioth zu sein. Es wurde erstmals 1975 in der Schweiz in Umlauf gesetzt, besteht aus verballhornten Evangelientexten und Eigengewächs und ist eine Mischung von Wissenschaftsgläubigkeit, Freidenkerei und Okkultelementen mit einer scharfen Prise Kirchenhaß.

Dieses »Evangelium« soll von einem griechisch-katholischen Geistlichen 1963 gefunden worden sein, als er 5 Kilometer südlich von Jerusalem spazieren ging, stolperte, in einen 2 Meter tiefen Felsspalt fiel und ihn als die einstige Grabesgruft Jesu erkannte. Er buddelte, stieß auf eine 80 × 120 Zentimeter große Schieferplatte und fand darunter ein Paket grobfaseriger Blätter, die mit aramäischen Buchstaben beschrieben waren. Der 25jährige Schweizer EDUARD MEIER, der damals in Israel weilte, lernte zufällig in Isa-Kashid den Priester kennen, und der zeigte ihm seinen Fund. Im Lauf der Jahre übersetzte der Priester den Text ins Deutsche, und 1974 erhielt Meier einen Teil zugestellt: 36 Kapitel. Der Rest sei verschollen, und die Originalschrift aus der Gruft »leider« nicht mehr greifbar, weil sie irgendwann und irgendwo während der kriegerischen Wirren verbrannt worden sei.

Das »Evangelium« aber ist mit Bestimmtheit nicht vor 1900 Jahren von einem Jünger Jesu, sondern in der Gegenwart von einem Mitteleuropäer geschrieben worden. Hier einiges zu seiner Kennzeichnung: Adams Eltern waren der Planetarier Semjasa und ein irdisches Weib. Joseph stammte in direkter Linie von Adam ab. Maria wiederum wurde »von einem fernen Nachfahren des Himmelssohnes Rasiel« geschwängert. In den Adern Jesu floß also ein doppelter Schuß Planetarierblut, und darum war er so intelligent. Er wurde dann eigens noch von Planetariern unterwiesen. Dann fing er an zu predigen: »Tut Buße und kehret euch der Wahrheit und dem Wissen zu, denn sie allein bringen das Leben« (Kap. 4, 54). In der Bergpredigt pries er die Naturerkenntnis, schalt den Aberglauben und rief zum Gehorsam gegen die Naturgesetze. Das Vaterunser geriet zu einer dümmlichen Selbstanbetung: »Mein Geist, der du bist in allen. Dein Name sei geheiligt. Dein Reich inkarniere sich in mir« usw. (G, 12–16). Ein anderer Text war Epikur nachempfunden: »Sorget euch um das Wissen eures Geistes und um das, was ihr essen und trinken werdet, und sorget euch um euren Leib, was ihr anziehen werdet. Denn ist nicht der Geist, das Leben und der Leib mehr als alle Schätze der Welt?« (6, 30f.) Unermüdlich warb Jesus für Volksbildung und »predigte das Geheimnis der Schöpfung und der Gesetze der Natur, so der Geist zur Allmacht gelange« (9, 39f.). Für die Zukunft sah er Übles voraus. Als Saulus zu ihm kam und seine Lehre kritisierte, taufte er ihn flugs in »Paulus« um: »Deine Rede wird irre sein; und die Welt in allen Winden wird in Knechtschaft ihr verfallen und der irren Lehre frönen, daß... man mich nennen wird den Jesus Christus, was da heißt der Gesalbte.« Dann jagte er den Paulus in spe mit einem Stecken davon. Der aber tat sich mit dem geldgierigen Pharisäersohn Juda Iharioth (zu unterscheiden von dem treuen Jünger Judas Ischarioth!) zusammen, der Jesus für 30 Silberlinge verriet. Vor dem Abschiedsessen sagte er seinen Jüngern, er werde mit ihnen nicht mehr Brot und Wein einnehmen bis an den Tag, »wenn ich aus dem Halbtode auferstanden bin, so ich dann drei Tage und drei Nächte im Grab gelegen habe«. Seine

Abendmahlsworte waren eine Umschreibung von »Guten Appetit!« und »Prosit!«: »Nehmet und esset; der Leib bedarf der Nahrung in Not und Trauer also.« »Trinket alle daraus; die Kehle dürstet auch dann, so ein Tag voller Regen ist und kalt« (27, 40–42). Vor dem hohepriesterlichen Gericht entwickelt er dann seine Lehre, daß Gott und die Himmelssöhne auch Menschen seien, nur eben von anderen Sternen und darum mächtiger als die irdischen, und sie seien mit ihren »metallenen Maschinen« auf der Erde gelandet und hätten sie unterworfen, und Gott sei in Wahrheit nur der »oberste Kaiser« der Erde und auch nur ein Kind der Schöpfung. Das reichte zum Todesurteil. Dem Pilatus teilte dann Jesus Biographisches mit: er habe viel gelernt, sei viel gereist, habe lange Jahre sich in Indien von den »großen Gurus« unterweisen lassen und werde wieder mit seinem Jünger Thomas dorthin zurückkehren. Seinen Peinigern aber kündigte er an, daß sie in 500 Jahren dafür büßen werden: Ein falscher Prophet – »sein Name wird sein Mohammed« (30, 14) – wird eine neue Irrlehre und einen neuen Kult bringen und sie verfolgen. Am Kreuz versank er nach drei Stunden »im Halbschlaf, so sie dachten, er sei tot« (30, 44f.). Als sein Freund Joseph von Arimathia sah, daß er »nur im Halbtode war«, holte er ihn herunter, trug ihn zu seinem Grab und eilte in die Stadt, um Heilmittel zu besorgen. Mit Freunden aus »Indienland« kam er zurück und pflegte Jesus in der Felsenkammer, und nach drei Tagen war er »wieder bei guter Kraft«. Er besuchte dann seine Jünger, befahl ihnen Stillschweigen und versammelte sie zuletzt in Galiläa. In seiner Abschiedsrede rekapitulierte er noch einmal seine Lehre und kündigte an, daß er noch in vielen Ländern seine Weisheit bekannt geben werde. Nach längeren Aufenthalten in Damaskus, am Schwarzen Meer und in Ephesus schloß er sich mit Thomas, Judas Ischarioth und seiner Mutter Maria einer Karawane nach Indien an. Maria starb in Westpakistan. In Indien wurde er als weiser Mann verehrt und in Srinagar begraben. Judas Ischarioth aber zeichnete als Chronist Jesu Leben und Lehre auf, und sein Sohn brachte die Dokumente nach Palästina und deponierte sie im kurzfristigen Grab Jesu, wohl wissend, daß ein stolpernder Priester sie 1800 Jahre später entdecken wird.

Dieses Elaborat mit der Mär von Jesu Halbtod am Kreuz und seinem happy end in Kaschmir ist ein sinnloses Produkt. Doch war der Verfasser im Unterschied zu anderen Kreuzesbestreitern wenigstens konsequent. Er hatte erkannt, daß es nicht genügt, die Passionsgeschichte zu verfälschen. Denn sie bildet eine Einheit mit der Verkündigung Jesu. Wer das Kreuz leugnet, muß auch eine andere Verkündigung erfinden. Und da beides mit der Person Jesu steht und fällt, muß auch diese gegen eine andere Figur ausgewechselt werden. Unter den Vorgängern des »Judas Ischarioth« versuchte das nur Ha'nish. Aber aus seinem Yessu wurde nur ein wohlgeratener Essenerfunktionär. Das Format eines Religionsstifters hatte er nicht, und ein Historiker hätte den Auftritt dieses Yessu bestenfalls mit einer Fußnote gewürdigt.

Vierter Teil
Unter den Fittichen des vollmächtigen Amtes

»Kleines scheues Mädchen, 26 Jahre, blond, sucht starke Schultern.« Heiratsanzeigen dieser Art kann man immer wieder in den Tageszeitungen lesen. Hinter ihnen steckt ein Urbedürfnis, das jedem Menschen eigen ist. Es ist die Sehnsucht nach einer tragenden Macht, die ihm Zuflucht und Geborgenheit inmitten der Fährnisse des Lebens gewährt. Und es ist die Sehnsucht nach einer Autorität, die mehr weiß und mehr vermag als er selbst und deren Führung und Weisung er sich voll anvertrauen kann. Diese Sehnsucht äußert sich im Verhältnis des Kindes zu den Eltern, des Schülers zum Meister, in dem Einfluß von Gelehrten, Philosophen, Dichtern, Staatsführern usw. Besteht diese Sehnsucht schon auf den Gebieten des täglichen Lebens, der Politik, der moralischen Entscheidungen, so wird ihr Ruf besonders dringend im religiösen Bereich. Denn hier betritt der Mensch das Land der großen Rätsel und geheimnisvollen Mächte. Sie begegnen ihm, fordern ihn, stellen ihn in Frage. Er empfindet sich als ein Ausgelieferter und spürt, daß in dieser Begegnung Entscheidungen über Leben und Tod fallen. Hier ist ihm darum nicht mehr mit Antworten und Weisungen gedient, die nur unverbindlich oder wahrscheinlich sind. Er braucht etwas Sicheres und Vollmächtiges, das allen Anfechtungen von Zweifel und Gewissensnot, Sinnlosigkeit des Schicksals und Seelenqual des Sterbens gewachsen ist. Wo ist diese Vollmacht? Wo ist diese sichere Führung?

Eine Antwort darauf gibt die römisch-katholische Kirche. Sie bildet mit ihrem hierarchisch-sakramentalen Aufbau, der bis in den Himmel reicht, ein Angebot zur Stillung dieser menschlichen Ursehnsucht; in seiner Weisheit, Großartigkeit und Fülle hat es in der Menschheitsgeschichte nicht seinesgleichen. Da im Raum des Protestantismus dieses katholische Angebot fehlt und der Gläubige stattdessen auf das »sola fide, sola gratia, sola scriptura« verwiesen wird, sind hier immer wieder Gemeinschaften entstanden, die auf ihre Weise die Sehnsucht nach einer tragenden und bergenden Autorität zu befriedigen suchen. Heute sind es vor allem die apostolischen Gemeinschaften und die Mormonen, die eine solche Autorität anbieten. Beide erheben den Anspruch, in ihrer Mitte das absolute *Amt* zu haben, dem sich der Gläubige unbedingt anvertrauen könne. Denn dieses Amt sei aus der Ewigkeit selbst gestiftet und mit höchsten Vollmachten ausgestattet worden. An seinem Ursprung steht also ein wunderhafter Eingriff Gottes bzw. des Heiligen Geistes. Darum ist dieses Amt der Kanal für eine erlösende Kraft; es repräsentiert die göttliche Vollmacht in greifbarer und lebendiger Form. Im Amt haben die Gläubigen den Quell des Heils, des Trosts, der Führung und der nicht abreißenden Offenbarung in ihrer Mitte. Sie sind mit ihren Fragen, Zweifeln und Ängsten nicht auf sich selbst zurückgeworfen. Sie sind nicht allein gelassen, wenn sie vor Gott stehen. Sie sind auch nicht auf die jahrtausendealten Schriften der Bibel angewiesen. Sie müssen nicht mühsam den Sinn dieser Schriften entziffern und eine Brücke von ihnen ins eigene Leben hinein schlagen. Im Amtsträger spricht die göttliche Autorität unmittelbar zu ihnen und ist mit sakramentalen Mitteln um ihr Heil besorgt. Damit ist das Wort: »Wer unter dem Schirm des Höchsten sitzt und unter dem Schatten des Allmächtigen bleibt...« (Ps. 91, 1) für sie in Erfüllung gegangen: Mit dem Amt ragt aus der oberen Welt eine Instanz in ihre Welt hinein, der sie sich blind überlassen können.

Das ist eine Botschaft, die sicher von vielen als eine Befreiung empfunden wird. Denn sie bietet Sicherheit und Frieden. Aber es erheben sich auch schwere Fragen. Etwa: Ist dieses Amt wirklich so felsenfest gegründet und jeder Fragwürdigkeit entnommen? Und ist der Inhaber des Amts geistesmächtig genug, um die ihm übertragene göttliche Autorität wahrnehmen zu können? Eigentlich ist ein solches Amt nicht auf den Menschen zugeschnitten, sondern fordert einen Übermenschen. Menschen sind stets des Irrtums fähig. Wie, wenn der Amtsinhaber in seinen Offenbarungen und Heilsverkündigungen irrt? Oder wenn er die mit seinem Amt verbundene Macht über Seelen mißbraucht? Schließlich erhebt sich die Frage: Ist ein solches Amt mit solchen Vollmachten überhaupt von Christus eingesetzt worden? Oder steht es nicht im Widerspruch zum Sinn und Geist der Schrift?

Diese Fragen werden jedem begegnen, der sich mit der Geschichte und den Lehren der Mormonen und der apostolischen Christen beschäftigt. Aber auch wer von der Schriftwidrigkeit ihrer Amtsauffassungen überzeugt ist, sollte sich damit nicht zufriedengeben. Denn es gibt auch ein biblisch legitimes Amt. Es ist in den Kirchen der Reformation weithin in Verfall geraten. Was bedeuten die Worte vom Binden und Lösen, von den Schlüsseln, vom Weiden der Schafe usw.? Die Beantwortung dieser Fragen ist eine Aufgabe, die der theologischen und praktischen Bewältigung harrt.

Das Mormonentum

Goldene Platten und eine Prophetenbrille

Am 23. Dezember 1805 wurde in Sharon (Vermont) Joseph Smith als viertes von zehn Kindern der armen Farmersleute Joseph und Lucy Smith geboren. In Manchester (New York), wohin seine Eltern später umsiedelten, verbrachte er den größten Teil seiner Jugend. Sein Schulunterricht war spärlich. Während die Eltern der Presbyterianerkirche zuneigten, hielt er sich von jeder Bindung an eine kirchliche Gemeinschaft zurück, weil die vielen Lehrgegensätze ihn verwirrten. Wo ist die Wahrheit? In seiner Not kam ihm Jak. 1, 5 unter die Augen: »Wenn aber jemandem unter euch Weisheit mangelt, der bitte Gott, der da gern gibt jedermann und allen mit Güte begegnet, so wird ihm gegeben werden.« Er wollte Gott um die hier verheißene Weisheit bitten und begab sich im Frühjahr 1820 in den Wald, kniete nieder und betete. Dabei habe er sich, so erzählte er[1], plötzlich von einer

[1] Köstliche Perle, S. 55–57

Macht übermannt gefühlt, und die dichte Finsternis eines unsichtbaren Feindes umschloß ihn. Aber »gerade in diesem Augenblick großer Angst sah ich unmittelbar über meinem Haupt eine Lichtsäule, heller als der Glanz der Sonne, allmählich auf mich herabkommen, bis sie auf mir ruhte«. Er sah zwei Gestalten von unbeschreiblichem Glanz über sich in der Luft stehen. »Eine von ihnen sprach zu mir, mich beim Namen nennend, und sagte, auf die andere deutend: Dies ist mein geliebter Sohn, höre ihn!« Er fragte, welcher Gemeinschaft er sich anschließen soll, und erhielt die Antwort: Keiner, denn sie sind alle im Irrtum.
Dieses erste visionäre Erlebnis bildete den Anfang einer nicht abreißenden Kette wunderhafter Begebenheiten. In der Nacht des 21. September 1823 erschien ihm ein Engel im Zimmer und stellte sich als *Moroni,* ein Bote Gottes, vor. Er sagte, Gott habe mit ihm, Joseph, ein großes Werk vor, und sein Name werde »bei allen Völkern, Geschlechtern und Sprachen für gut oder böse gelten«. Dann sprach er von einem *auf goldenen Platten geschriebenen Buch,* das zusammen mit alten Geschichtsberichten »die Fülle des ewigen Evangeliums« (Offb. 14, 6) enthalte, und Gott habe Joseph für die Übersetzung dieses Buches vorbereitet. Die Weissagung von Jes. 11 über die Wiederherstellung des zerstreuten Volkes Israel und die Herrschaft der Gerechtigkeit auf Erden werde sich bald erfüllen.

Die Besuche Moronis wiederholten sich. Joseph ging zu dem *Hügel Cumorah,* der ihm im Gesicht gezeigt worden war: hier sollten die goldenen Platten vergraben liegen[2]. Er forschte nach und legte einen steinernen Kasten frei, der die Platten enthielt und dazu eine »Prophetenbrille« in Gestalt von zwei Steinen in silbernem Bogen, die »Urim und Thummim« (vgl. 2. Mose 28, 30), mit deren Hilfe die Schriftzeichen auf den Platten gelesen werden konnten. Moroni verbot ihm aber, den Fund vor Ablauf von vier Jahren an sich zu nehmen. Bei jedem seiner weiteren Besuche unterrichtete er ihn noch gründlicher über die ihm bevorstehenden Aufgaben. Dann, am 22. September 1827, wurden ihm die Platten übergeben, damit er sie übersetze. Sie waren etwa 18 cm breit und 20 cm lang, sehr dünn und ergaben aufeinandergelegt ein etwa 15 cm dickes Goldbuch.
Smith zog nach Harmony (Pennsylvanien), wo er geheiratet hatte, und widmete sich der Übersetzung. Sie konnte nur durch ein Wunder zustande kommen. Denn er beherrschte keine fremden Sprachen; er kannte nicht einmal die Schriftzeichen, die »altägyptischer Art« gewesen sein sollen. Aber mit Hilfe der »Prophetenbrille« las er sie und sagte dann seinem Schreibgehilfen die entsprechenden englischen Sätze vor. Es ging dabei nicht ohne Unfall ab. Sein erster Gehilfe, der Farmer Martin Harris, der aufgrund eines geoffenbarten Befehls 3000 Dollar für den Druck gab, entwendete ihm 116 Seiten der Übersetzung[3], und Gott entzog dem

[2] Der Hügel Cumorah liegt einige Kilometer von Josephs Elternhaus entfernt; er wurde 1927 von den Mormonen erworben und zu einer viel besuchten Pilgerstätte mit den alljährlichen »Cumorah-Festspielen« ausgebaut.

[3] Siehe History of the Church, Bd. I, S. 20ff.; Lehre und Bündnisse, Abschnitt 3 und 10. – M. Harris war dazu von solchen angestiftet worden, die Smiths Erzählungen keinen Glauben schenkten und ihn nun aufs Eis locken wollten: Smith mußte ja nun, so dachten sie, die 116 Seiten noch einmal übersetzen, und sie konnten dann bei einem Vergleich mit dem entwendeten Exemplar feststellen, ob es sich tatsächlich um die Übersetzung eines vorliegenden Textes oder nur um ein aus der Phantasie entsprungenes Diktat handelte. Aber Smiths himmlischer Ratgeber machte ihnen einen Strich durch die

Propheten wegen seiner Fahrlässigkeit eine Zeitlang die Übersetzungsgabe und die Platten. Smith gab dann seine weiteren Diktate dem Lehrer Oliver Cowdery. Als er 1829 fertig war, mußte er die Platten dem Engel wieder zurückgeben. Das Buch Mormon wurde 1830 veröffentlicht. Es umfaßt über 500 Seiten und ist in 15 Bücher eingeteilt, z.B. 1. bis 4. Buch Nephi, Buch Jakob, Enos, Jarom, Omni usw. Es erzählt die Geschichte der Völker, die Amerika seit dem Turmbau von Babel in mehreren Wellen besiedelt haben sollen. Die ersten waren die Jarediten, die nach dem Turmbau auf ihr Flehen von dem Fluch Gottes bewahrt blieben. Sie hielten sich vom Götzendienst frei, bauten unter Jareds Führung acht Schiffe und landeten nach einer Fahrt von 344 Tagen an der amerikanischen Küste, um in dem ihnen von Gott verheißenen Land zu siedeln. Aber im Lauf der Zeit spalteten sie sich und gingen in einem mörderischen Bruderkampf zugrunde. Der letzte Akt der Vernichtung geschah um 590 v. Chr. in der Nähe des Hügels Cumorah. Ihr letzter Prophet, Ether, zeichnete ihre Geschichte auf 24 goldenen Platten auf und vergrub sie. Sie wurden im Jahr 122 v. Chr. von einer Expedition der Nephiten gefunden und ihr Inhalt von dem Propheten Mormon in verkürzter Form als Buch Ether dem Buch Mormon beigegeben.
Inzwischen waren also schon wieder andere Einwanderer übers Meer gekommen. Es waren Angehörige des Stammes Manasse, die unter Führung des Propheten Lehi um 600 v. Chr. aus Jerusalem über Indien und den Pazifik nach Amerika fuhren. Sie wuchsen und wurden ein zahlreiches Volk. Aber dann zerfielen auch sie in zwei Teile. Die einen folgten dem Nephi, die andern Laman, beides Söhne Lehis. Die *Nephiten* waren fromm und schufen eine blühende Kultur, von der heute noch Ruinen in Süd- und Mittelamerika zeugen. Sie dehnten sich auch im südlichen, mittleren und östlichen Teil der heutigen Vereinigten Staaten aus. Die *Lamaniten* aber waren gottlos, brachten es deshalb auch zu nichts, sondern wurden Wilde und bekamen eine dunkle Hautfarbe; ihre Abkömmlinge sind die Indianer. Beide Völker führten Krieg miteinander, der zur Ausrottung der Nephiten führte. Die letzte Schlacht fand um 400 n. Chr. statt, seltsamerweise ebenfalls in der Nähe des Hügels Cumorah. Aber zuvor war Jesus nach seiner Auferstehung den Nephiten erschienen. Er gab ihnen Richtlinien für die Gründung einer Kirche. Dann fuhr er gen Himmel. Die Berichte von diesen und anderen Begebenheiten wurden auf goldenen Platten aufgezeichnet und von dem Propheten Mormon seinem Sohn Moroni übergeben, der später die Engelwürde erlangte. Auch er verbarg die Platten im Hügel Cumorah und übergab diese später dem Farmersohn Joseph Smith zwecks Übersetzung und Veröffentlichung.

Das *Buch Mormon* will eine Offenbarungsquelle von hohem Rang sein, da es, eingeflochten in die geschichtlichen Berichte, zahlreiche Lehren aus ältester Zeit und vor allem die Verkündigung Jesu in seinen amerikanischen Tagen enthalte[4]. Aber

Rechnung. Smith wurde nämlich von oben angewiesen, die 116 Seiten nicht ein zweites Mal zu übersetzen, denn »siehe, sie werden es veröffentlichen, und Satan wird die Herzen der Menschen verhärten und sie zum Zorn gegen dich aufreizen, daß sie meinen Worten nicht glauben werden«. Der Inhalt des entwendeten Berichts sei in umfangreicher Form auf anderen Goldplatten zu finden; sie solle er übersetzen.

[4] Siehe hierzu die kritische Beurteilung S. 33 ff.

es kamen noch weitere heilige Schriften hinzu; denn Joseph Smith empfing viele himmlische Besuche, Offenbarungen und Bevollmächtigungen. Nachdem er schon 1820 im Wald das sonst keinem Sterblichen zuteil gewordene Vorrecht erhalten hatte, Gott selbst und seinen erhöhten Sohn zu sehen, sah er 1832 zusammen mit seinem Mitarbeiter Sidney Rigdon Christus erneut und 1836 zusammen mit Oliver Cowdery ein drittes Mal. Außerdem erschienen ihm Johannes der Täufer, Petrus, Jakobus, der Jünger Johannes. Auch Mose und Elia stellten sich ein. Kurz, der Himmel hatte sich weit über Joseph aufgetan. Die neuen Offenbarungen wurden gesammelt und 1835 unter dem Titel *»Lehre und Bündnisse«* als weitere heilige Schrift angenommen. Dazu kam 1880 *»Die köstliche Perle«;* diese enthält außer autobiographischen Aufzeichnungen von Joseph Smith ein »Buch Moses« und ein »Buch Abraham«, das von Abraham während seines ägyptischen Aufenthalts (1. Mose 12, 10ff.) geschrieben, von den Mormonen in Ägypten gefunden und dann durch Joseph Smith aus »gewissen alten Papyrusrollen« übersetzt worden sein soll.

Geschichte und Gestalt der Mormonenkirche von Utah

Am 6. April 1830 wurde die neue Kirche als Körperschaft mit sechs Personen in Fayette (New York) gegründet; die Zahl der Anhänger war um ein Mehrfaches größer. Der ursprüngliche Name *»Die Kirche Jesu Christi«* wurde durch Offenbarung am 26. April 1838 mit dem Zusatz *»der Heiligen der Letzten Tage«* versehen. Die ersten Jahrzehnte ihrer Geschichte standen im Zeichen bewegter Kämpfe und entbehrungsreicher Wanderungen. 1831 wurde die junge Gemeinschaft in Kirtland (Ohio) ansässig und baute 1833–1836 einen Tempel. Auch in Independence (Missouri) entstand 1831 ein Mittelpunkt. Blutige Verfolgungen zwangen die Mormonen zur Flucht aus dem Staat Missouri. In Nauvoo (Illinois) schufen sie dann seit 1839 eine rasch wachsende Stadt mit eigener Miliz. Joseph Smith, der Bürgermeister dieser Stadt war, wurde 1844 von seinen Anhängern sogar als Kandidat für die Präsidentschaft der USA nominiert. Eine Universität wurde geplant und 1841–1845 ein Tempel gebaut. Aber inzwischen hatten innere Auseinandersetzungen den äußeren Anfeindungen neue Nahrung gegeben. Die von einer Splittergruppe herausgegebene Zeitung »Nauvoo Expositor« veröffentlichte »Enthüllungen«, in denen angebliche polygamistische Praktiken der Mormonen eine große Rolle spielten. Der Stadtrat verbot das Blatt am 10. Juni 1844. Joseph Smith ließ in seiner Eigenschaft als Bürgermeister Druckstöcke und Presse zerstören. Der Gouverneur sah darin eine gesetzwidrige Handlung. Smith und einige andere wurden ins Gefängnis nach Carthago (Illinois) gebracht. Am 27. Juni 1844 stürmte ein Haufen Männer mit geschwärzten Gesichtern das Gebäude und schoß Smith und seinen Bruder Hyrum nieder. Der Tempel von Nauvoo fiel 1848 einer Brandstiftung zum Opfer[5]. Das Bild des Toten verklärte sich: PARLEY P. PRATT, Mitglied des Rats der zwölf Apostel, schilderte Joseph Smith als einen Mann von

[5] Erst 1970 wurde mit einem teilweisen Wiederaufbau begonnen, aber nicht mehr als Tempel, sondern als Museum und Informationszentrum.

hohem und kräftigem Wuchs, blond und blauäugig, edel und kühn. »Vor seinem Tadel fürchtete man sich; seine Güte war so groß wie das Meer, seine Intelligenz universal und seine Sprache von einer ihm eigenen Beredsamkeit« – kurz, ein Mann von höchsten Qualitäten und der einzigartigen Sendung würdig, für die ihn der Himmel ausersehen hatte.

Für die führerlos gewordene Gemeinschaft brach nun eine Zeit der Verwirrung an. Die inneren Auseinandersetzungen gingen weiter. Der Vorsitzende des Zwölf-Apostel-Gremiums, BRIGHAM YOUNG, ein Glaser und Maler aus Vermont (geb. 1801), spielte sich nach vorne. Unter seinem Einfluß brach ein Teil der Mormonen, um weiteren Verfolgungen zu entgehen, im Februar 1846 in den menschenleeren Westen auf, während die anderen, darunter auch die Familie von Joseph Smith, in Nauvoo zurückblieben. Nach einem berühmt gewordenen Zug durch wilde Gebiete kamen sie, eine Schar von 15 000 Mormonen, unter furchtbaren, standhaft ertragenen Strapazen am 24. Juli 1847 in der weiten Ebene des Großen Salzsees an. Einige Monate später wurde Brigham Young zum ersten Präsidenten der Kirche gewählt. Die Siedler schufen mit Bienenfleiß aus dem trostlosen Land ein Paradies der Schönheit und Fruchtbarkeit. Es war eine der bedeutendsten Pioniertaten, welche die amerikanische Siedlungsgeschichte aufzuweisen hat. Als das Land 1848 von Mexiko an die USA abgetreten wurde, gründeten die Mormonen das »Deseret-Territorium«, das 1877, beim Tod von Brigham Young, 360 Gemeinden mit 140000 Einwohnern zählte. Es wurde 1896 als Bundesstaat »Utah« in die Vereinigten Staaten aufgenommen.
Brigham Young, ein sehr selbstbewußter Führer, bestimmte den inneren Weg der jungen Glaubensgemeinschaft. Von seinen Gegnern wird er bis heute schroff bekämpft und abgelehnt. Sie machen ihn für eine Reihe verderblicher Lehren und Taten verantwortlich. Zu diesen rechnen sie seinen Entschluß, das Land zu verlassen, um weiteren Verfolgungen zu entgehen. Sie sehen darin einen Akt des Ungehorsams, denn nach einer von Joseph Smith 1831 gegebenen Offenbarung sollte Missouri das Land »zur Sammlung der Heiligen« und Independence die »Stadt Zion« mit dem Tempel sein, für den bereits der Bauplatz festgelegt war[6]. Auch sonst war die Mormonenkirche in jener Zeit alles andere als stabil. Das galt selbst für ihre Führung.

Von den durch Joseph Smith bestimmten Mitgliedern des Rates der zwölf Apostel wurden Oliver Cowdery wegen Verleumdung, Betrugs und Verachtung der Kirche, Lyman E. Johnson wegen Abfalls abgesetzt und exkommuniziert; Luke S. Johnson wegen zeitweiligen Abfalls degradiert; William E. McLellin wurde ausgeschlossen, suchte eine eigene Kirche zu gründen und begehrte vom Sheriff die Erlaubnis, den im Gefängnis sitzenden Joseph Smith auspeitschen zu dürfen; John F. Boynton verließ die Kirche; William Smith, Bruder des Propheten, ging eigennützig mit Kirchengeldern um und wurde 1845 abgesetzt und exkommuniziert; Thomas B. Marsh verkam in einem Vagabundenleben, und Parley P. Pratt wurde, als er die ungeschiedene Frau eines Nichtmormonen, die sich in ihn verliebt hatte, als zweite Gattin nahm, von dem verlassenen Ehemann 1856 umgebracht (vgl. Reiner Kallus, Die Mormonen, S. 98ff.).

[6] Lehre und Bündnisse, Abschnitt 57, 1–4

Die *Mehrehe* trug viel Unruhe und Verwirrung in die Kirche. Wer hat sie eingeführt? Hier gehen die Antworten weit auseinander. Nach der einen Auffassung war Joseph Smith der Urheber: er soll seit 1841 mit verschiedenen Mädchen intimen Verkehr gehabt und dann, als es darüber zu Unruhen unter seinen Gläubigen kam, 1843 eine Offenbarung empfangen haben, nach der Gott die Mehrehe erlaubt habe. Sie wurde später auch in das Buch »Lehre und Bündnisse« eingefügt[7]. Zunächst wurde sie nur Eingeweihten zugänglich gemacht, und in Nauvoo wurde das »Endowment-House« errichtet, in dem die Nebenehen geschlossen wurden.

Nach der anderen Auffassung hatte ein einflußreicher Mormone, Dr. John Cook Bennett, der von seiner Familie getrennt lebte und seine weitschweifigen Aufsätze in »Times and Seasons« mit »Joab, General in Israel« unterzeichnete, eine Anzahl Frauen verführt und ihnen dabei eingeredet, daß Gott die Mehrehe billige und daß auch alle Führer der Kirche insgeheim dieses »secret wife system« lehren und praktizieren. Joseph Smith bezeichnete ihn 1842 öffentlich als Betrüger und Ehebrecher und wandte sich auch später wiederholt gegen polygamistische Bestrebungen. Es wird bestritten, daß er selbst mit mehreren Frauen verheiratet gewesen sei. Einige Frauen behaupteten dies nach seinem Tod; aber als im Rahmen eines Gerichtsprozesses 1894 zwei der angeblichen »Gattinnen« verhört wurden, stellte das Gericht fest, »daß sie über ihre Verbindung mit Joseph Smith ein falsches Zeugnis gegeben haben«[8]. Ebenso wird bestritten, daß Joseph Smith die Offenbarung über die Vielehe empfangen habe: unter seinen Handschriften sei sie nicht zu finden, und zudem widerspreche sie anderen Offenbarungen in »Lehre und Bündnisse«, welche klar die Einehe fordern. So hieß es in der Ausgabe 1835: »Da dieser Kirche Christi das Verbrechen der Unzucht und Polygamie vorgeworfen wurde, bekennen wir unseren Glauben, daß ein Mann nur eine Frau haben soll und eine Frau nur einen Mann; nur der Tod gibt den Ehegatten die Freiheit zur Wiederverheiratung.« Dieser Text wurde 1876 aus dem Buch herausgenommen und durch einen Text ersetzt, der die Polygamie bejaht.

Der eigentliche Initiator der Mehrehe war nach dieser Auffassung Brigham Young. Seit 1852 wurde sie offiziell als eine Lehre Christi proklamiert. In ihrem Hintergrund stand nicht eine Sucht nach sexuellen Ausschweifungen[9], sondern ein religiöses Motiv. Young erklärte, daß nur solche Männer Götter werden kön-

[7] In dieser Offenbarung wurde zunächst Smith's Ehefrau Emma angewiesen, alle Frauen aufzunehmen, »die meinem Diener Joseph gegeben wurden und die tugendhaft und rein vor mir sind«, und ihm fernerhin die Treue zu halten. Dann heißt es weiter: »Wenn ein Mann eine Jungfrau heiratet und wünscht noch eine andere zu heiraten, und die erste gibt ihre Einwilligung dazu, und wenn er auch die zweite heiratet und sie sind Jungfrauen und haben keinem anderen Mann ein Gelübde gegeben, dann ist er gerechtfertigt. Er kann keinen Ehebruch begehen, denn sie sind ihm gegeben. Mit dem, was ihm gehört und keinem anderen, kann er keinen Ehebruch begehen. Und wenn ihm durch dieses Gesetz zehn Jungfrauen gegeben werden, so kann er keinen Ehebruch begehen, denn sie gehören ihm und sind ihm gegeben; deshalb ist er gerechtfertigt.« (Lehre und Bündnisse, Abschnitt 132, 52–54, 61 f.)

[8] Russel F. Ralston, Fundamental Differences, S. 145

[9] Sexkult in den Beziehungen zwischen dem Mann und seinen Frauen war verpönt; der Beischlaf sollte nur einmal in vier Wochen stattfinden und nach Eintritt der Schwangerschaft aufhören. Das Familienleben wurde durch die 27 Bestimmungen der »Rules of Family Conduct« von Orson Pratt in einem Geist der Selbstzucht, Weisheit und nachsichtigen Güte geordnet.

nen, »die in Vielehe leben«[10]. Er nannte die Vielehe »eine der besten Lehren, die je einem Volk gegeben wurden«[11], und erklärte am 28. Oktober 1865: »Sie ist kein Lehrpunkt, der aufgegeben werden kann.« »Die Polygamie wurde von Gott geoffenbart oder das ganze Gebäude ihres (der Mormonen) Glaubens ist falsch. Von ihnen den Verzicht auf ein solches Glaubensstück verlangen, kommt der Forderung gleich, daß sie ihren ganzen Glauben aufgeben, ihr Priestertum als Lüge, ihre Verordnungen als Täuschung und alles, wofür sie sich geplagt, gelebt, geblutet und gehofft haben, als einen elenden Bankrott und eine Verwüstung des Lebens eingestehen.«[12] Als nur 4–5% der Mormonen Mehrehen schlossen, drohte er den Widerstrebenden mit göttlichen Strafen. Er selbst hatte 28 Frauen, von denen bei seinem Tod noch 17 lebten, und 56 Kinder.

Wegen der Polygamie und seinem Drängen auf politische Unabhängigkeit des Staates »Deseret« geriet Brigham Young in Konflikte mit der amerikanischen Regierung, in deren Verlauf er gelegentlich verhaftet und als Gouverneur abgesetzt wurde. Ein neuer Gouverneur rückte 1857 mit 2500 Soldaten an, konnte sich aber nicht durchsetzen, und ein Haufe Mormonen unter dem Bischof J. D. Lee metzelte im gleichen Jahr 150 nichtmormonische Auswanderer bei Mountain Meadows nieder. Als 1862 die Mehrehe verboten und unter Strafe gestellt wurde, kritisierte die Mormonenkirche dies als Eingriff in die Religionsfreiheit.

Auch JOHN TAYLOR, der nach Brighams Tod 1877 erster Präsident wurde, bezeichnete die Vielehe als einen zentralen Lehrpunkt, und die jungen Frauen der Kirche erklärten in einer Darlegung: »Wir wurden gelehrt und glauben gewissenhaft, daß die Mehrehe ebensogut ein Teil unserer Religion ist wie Glauben, Buße und Taufe.«[13] Der Apostel WILFORD WOODRUFF statuierte 1879, daß man in dieser Sache Gott mehr gehorchen müsse als den Menschen, und prophezeite den Untergang der USA, wenn sie auf dem Verbot beharren. Der Staat erkannte dann 1887 den Mormonen das Wahlrecht ab und beschlagnahmte ihren Kirchenbesitz. Erst als der Oberste Gerichtshof das Verbot der Vielehe als verfassungsgemäß bezeichnete, verkündigte Woodruff, der inzwischen Präsident der Kirche geworden war, am 24. September 1890 »in feierlichster Form«, daß die Mormonen die Vielehe weder lehren noch jemandem erlauben, eine solche zu schließen. »Ich erkläre hiermit meine Absicht, mich diesen Gesetzen zu fügen und bei den Mitgliedern der Kirche, deren Präsident ich bin, meinen Einfluß geltend zu machen, daß sie es auch tun.«[14] Es ist aber bemerkenswert, daß er den Gläubigen nur den »Rat« gab, keine gesetzlich verbotene Ehe zu schließen, daß er die Vielehe nicht ausdrücklich als moralisch verwerflich bezeichnete und auch nicht die Streichung des Mehrehekapitels 132 in »Lehre und Bündnisse« veranlaßte. In einer anschließenden Predigt erklärte er: »Ich habe meine Pflicht getan, und die Nation, von der wir einen Teil bilden, muß verantwortlich sein für das, was hinsichtlich dieses Gesetzes getan worden ist.« Man beugte sich nur dem äußeren Zwang. Dabei ist es bis heute geblieben. Alvin R. Dyer, Mitglied der Ersten Präsidentschaft, stellte klipp

[10] Journal of Discourses 11, S. 268 f.

[11] The Latter Day Saints' Millennial Star, Bd. 15, S. 31 f.

[12] a. a. O. Bd. 27, S. 673

[13] B. H. Roberts, Life of John Taylor, S. 357 f., zitiert nach Ralston, Fundamental Differences, S. 96

[14] Lehre und Bündnisse, Deutsche Ausgabe 1980, S. 258 f.

und klar fest: »Als ein Volk haben wir niemals diesen Grundsatz der Vielehe oder die Ewigkeit des Ehebündnisses abgeleugnet und wir werden es niemals tun.«[15]

Es gab denn auch nicht wenige Mormonen, die weiterhin die Mehrehe praktizierten. Sie wurden und werden von der Kirche ausgeschlossen. Ihre Zahl wird auf 37000 geschätzt. (Nach anderen Schätzungen sind es 50000; Einar Anderson, »Ich war ein Mormone«, spricht gar von 70000.) Von einem Mann, der sich mit einer oder mehreren »Plural-Frauen« in einer »Himmlischen Ehe« verbinden will – das kann natürlich keine standesamtliche Eheschließung sein – wird erwartet, daß er fähig und willens ist, sie mit ihren Kindern zu ernähren. Je nach seiner Finanzkraft lebt er mit seiner Großfamilie unter einem Dach mit eigenem Schlafzimmer für jede Frau, oder er stellt jeder ein eigenes Häuschen zur Verfügung. Geschlechtsverkehr findet nur statt, wenn die Frau den Zeitpunkt für richtig hält, wieder ein Kind zu bekommen. Gemeinsam ist ihnen das Ideal, viele Kinder zu haben.
Die polygamen Mormonen finden sich vor allem in Utah, Arizona, Idaho und Nevada, aber auch in Mexiko und Kanada, und haben sich in etwa 80 kleinen Gemeinschaften zusammengeschlossen. Die wichtigsten sind die Johnson-Gruppe, die Allred-Gruppe, die »Davis County Coop« und die »Church of the First Born of the Fullness of Time«. Die meisten leben als kleine Farmer auf dem Land, aber es gibt auch wohlhabende Firmeninhaber und Akademiker unter ihnen. Als ein Zentrum wird das Städtchen Short Creek am Grand Canyon (Arizona) genannt; 1975 lebten hier 65 Männer mit 140 Frauen und insgesamt 550 Kindern. Von Zeit zu Zeit wurden Razzien veranstaltet, und manchmal kam es zu Massenverhaftungen. Aber in der letzteren Zeit hat sich die Lage geändert. Dazu mag auch die »sexuelle Revolution« der sechziger Jahre und die damit verbundene sexualethische Liberalisierung beigetragen haben. Jedenfalls, die Behörden pflegen beide Augen zuzudrücken; im Staat Utah z. B. fand seit 1969 kein Polygamistenprozeß mehr statt.

Nach dem offiziellen Verzicht auf die Mehrehe wurde das neue Gemeinwesen 1896 als *Staat Utah* mit eigenen Gesetzen zugelassen. Die Heiligen gaben ihm das Gepräge ihres Glaubens und ihres Fleißes. Utah wurde das Zentrum, und die Hauptstadt Salt Lake City (insgesamt 600000 Einwohner, davon 60% Mormonen) der Wallfahrtsort für die in der Welt zerstreuten Glaubensgenossen. Hier steht der 1853–1893 erbaute sechstürmige Tempel aus weißem Granit. Ein weiteres mächtiges Gebäude ist die 2500 Personen fassende »Versammlungshalle«. Die Gottesdienste werden im Tabernakel gehalten, einem schildkrötenförmigen Holzbau, der wie der Tempel in Jerusalem ohne Nägel und Eisen errichtet wurde. Er hat eine Riesenorgel von fast 8000 Pfeifen und eine ausgezeichnete Akustik. Der seit 1847 bestehende *Tabernakelchor* ist zu einem der berühmtesten Chöre der Welt geworden. Er gliedert sich in einen je vierstimmigen Männer- und Frauenchor und verfügt über ein unerhört großes Repertoire.
Die Kirche hat sich mittlerweile zu einer äußerlich und innerlich fest gefügten Gemeinschaft entwickelt. Daß ihr das gelang, ist eine bewundernswerte Leistung. Sie nimmt vielfältige Aufgaben wahr. In allen Gemeinden bestehen *Frauenhilfsvereinigungen,* die Liebesgaben sammeln und verteilen, die Bedürftigen besuchen, in Krankheitsfällen hilfreich einspringen und in jeder Notlage Trost und Unterstützung gewähren. Jeder erste Sonntag des Monats ist Fasttag; die Opfer, die an diesem Tag eingesammelt werden und dem Gegenwert der ausfallenden Mahlzeiten entsprechen sollen, werden unter die würdigen Armen der Gemeinden verteilt.

[15] Alvin R. Dyer, The Fallacy, 1964, S. 106

Der *Zehnte* wurde durch eine Offenbarung vom Jahr 1838 geboten; er ist für die Dienste der Kirche bestimmt. Das Zehntengesetz gilt aber nur als eine vorläufige, niedere Ordnung, die mit der fortschreitenden Reife der Kirche durch die »Ordnung Enochs« abgelöst werden soll. Diese sieht vor, daß der, der daran teilnimmt, seinen Besitz dem Herrn weiht, der Kirche einen Kaufbrief über sein Eigentum gibt und von dieser gemäß seinen Fähigkeiten zum Verwalter über einen Teil des Kircheneigentums gesetzt wird[16]. 1936 wurde ein »Kirchlicher Wohlfahrtsplan« verkündigt, dessen Ziel es ist, allen notleidenden Mitgliedern zu helfen, damit sie von öffentlichen Unterstützungen unabhängig werden, und zugleich Fleiß, Sparsamkeit und Selbstachtung zu fördern. 1976 wurden 110300 Personen unterstützt. Ein reges Leben herrscht auch in den verschiedenen Jugendorganisationen. Dazu kommen kircheneigene Schulen, Colleges und Universitäten und Seminare für kirchliche Fortbildung mit insgesamt 384000 Schülern, Studenten und Kursteilnehmern (Stand 1981).
Die Kirche pflegt einen lebendigen, weil religiös untermauerten *Familiensinn,* verpflichtet ihre Glieder auf geschlechtliche Reinheit und gibt ihnen *Nahrungsvorschriften,* die aufgrund einer »Offenbarung« von Joseph Smith 1833 den Genuß von Alkohol, Tabak und »heißen Getränken« (Kaffee, Tee) verbieten und eine vorwiegend vegetarische Kost fordern[17]. Die Jugend wird dazu angehalten und erzogen, ein ehrbares und hochanständiges Leben zu führen, solide und fleißig im Beruf zu sein, durch ihre Arbeit sich und die Familie zu unterhalten und niemandem zur Last zu fallen, unverschuldet in Not geratenen Menschen zu helfen, allen Schmutz zu meiden und zu bekämpfen, unter sich und in ihrem Vaterland für eine saubere Welt zu sorgen und gute Staatsbürger zu sein. Der Sonntag wird als der »christliche Sabbat« anerkannt. Unter dem mosaischen Gesetz war der siebente Wochentag zum heiligen Tag bestimmt; aber eine besondere Offenbarung, die am 7. August 1831, einem Sonntag, empfangen wurde, bezeichnete den Herrntag als Feiertag.

Mission

Im Verlauf ihrer Geschichte haben sich die Mormonen über die ganze Erde verbreitet. Ihre Zahl nahm stetig und immer rascher zu. Aus dem kleinen Häuflein von 1830 wurden bis 1850 schon 60000 Mitglieder. 1900 waren es 236000. 1947

[16] Die Kirche verfügt auch über umfangreichen eigenen Besitz an Grund und Boden, sie hat Hotels und kontrolliert eine Tageszeitung, eine Radiostation, einige Banken und Versicherungsgesellschaften usw. Sie ist finanziell an dem großen Handelsunternehmen »Zion's Cooperative Mercantile Institution« beteiligt und besitzt Mühlen und in Florida eine riesige Viehfarm.

[17] Im einzelnen besagt jenes »Wort der Weisheit« u. a.: »Starke Getränke sind nicht für den Bauch, sondern zum Waschen eures Körpers. Auch Tabak ist nicht für den Körper, auch nicht für den Bauch, denn er ist nicht gut für den Menschen, sondern er ist ein Kraut für Quetschungen und alles kranke Vieh und soll mit Verstand und Geschicklichkeit gebraucht werden.« Und weiter: »Heiße Getränke sind weder für den Körper noch für den Bauch.« Fleisch soll sparsam genossen werden, möglichst nur im Winter und bei Hungersnot. Hauptnahrungsmittel dagegen sollen Getreide, Früchte und Gemüse sein. »Alle Heiligen, die sich der Worte erinnern, sie befolgen und im Gehorsam zu den Geboten wandeln, werden Gesundheit empfangen in ihren Nabel und Mark in ihre Knochen« (Lehre und Bündnisse, Abschnitt 89)

wurde die erste Million erreicht, 117 Jahre nach der Gründung. Die zweite Million registrierte man bereits nach weiteren 16 Jahren, die dritte nach neun Jahren; 1977 war die vierte Million und 1981 die fünfte Million erreicht[18]. Um die kirchliche Verwaltung und Betreuung der Mitglieder zu erleichtern, ist die Kirche in »Pfähle« (nach Jes. 33, 20 und 54, 2), diese wiederum in »Wards« oder Gemeinden eingeteilt. Darüber hinaus hat die Kirche in 54 Ländern »Missionen«.
Die missionarische Aktivität der Mormonen war von jeher groß. Nach dem Zweiten Weltkrieg wurde sie noch gesteigert. Beträchtliche Geldmittel wurden eingesetzt, um in den Missionsgebieten Versammlungshäuser und andere Bauten zu errichten. Im Rahmen des »größten Bauprogramms der Kirche seit Beginn ihres Bestehens« waren 1960 rund 800 Versammlungshäuser im Bau oder geplant. Für Europa wurde die Erstellung von 300 Versammlungshäusern in Aussicht genommen. Die Zahl der Tempelbauten hielt mit der Mitgliederzunahme Schritt: 1981 verfügte die Kirche über 20 »arbeitende« Tempel; weitere 14 Tempel sind im Bau oder geplant, einer davon im Raum Frankfurt.
Große Mittel werden für die Rundfunk- und Fernseharbeit aufgewendet. Die Kirche wurde Eigentümerin oder Teilhaberin von 20 amerikanischen Sendestationen, und der Erwerb von fünf der sieben Radiolizenzen der amerikanischen Bundesnachrichtenkommission ermöglicht es ihr, die Sitzungen der Generalkonferenzen über diese fünf Stationen in mehr als 100 Länder der Erde in vier Sprachen zu übertragen und wöchentlich 30 Programme in Englisch und Spanisch zu verbreiten. Unter den jungen Mormonen ist es üblich, daß sie für einige Jahre ihre Berufsarbeit aufgeben und mit ihrem ersparten Geld oder mit Unterstützung ihrer Angehörigen auf ein Missionsfeld gehen. Die in fremde Länder ausreisenden Missionare erhalten in Provo eine sprachliche Ausbildung. 1961 wurde ein »Drei-Punkte-Programm« verkündigt: »1. Jedes Mitglied der Kirche ein Missionar. 2. Jeder junge Mann in der Kirche erfüllt eine Vollzeitmission. 3. Jede Heirat wird eine Tempel-Trauung.« Jedes junge Mädchen soll von seinem Freund verlangen, daß er eine Mission erfüllt. Jeder Missionar soll im Lauf eines Jahres eine Bekehrung erzielen. Der Präsident David O. McKay gab dem Sendungsbewußtsein der Kirche Ausdruck: »Ob die Welt es glaubt oder nicht: Die Macht, diese Erde zu verwandeln und den Frieden zu verwirklichen, liegt bei der Kirche Jesu Christi der Heiligen der Letzten Tage.«[19]
1981 waren über 30000 Missionare, meist zwischen 19 und 21 Jahre alt, tätig. Nach den »Richtlinien für die Arbeit der Pfahlmissionare« sollen sie so viel Zeit und Kraft wie möglich der Bekehrung widmen. Zu ihren Diensten gehört das Gehen von Tür zu Tür, das Abhalten von Heimabenden mit Außenstehenden, der Kontakt mit Familien, in denen nur ein Teil den Mormonen angehört, und die Begleitung von »Untersuchern«, d.h. Interessierten, zu den Gemeindeversammlungen. Sie sollen würdig sein und ein gewinnendes Wesen haben und im Monat mindestens 40 Stunden der Missionsarbeit widmen. Zur Straffung der missiona-

[18] Diese Beschleunigung des Wachstumstempos veranlaßte den Präsidenten der Mormonenkirche, Spencer W. Kimball, zu der frohen Erwartung: »Wenn die Mitglieder der Kirche im Bereich ihrer Gemeinden wirklich missionieren, könnte die Anzahl der Bekehrten ins Astronomische wachsen und so den Zeitpunkt der Wiederkunft Christi schneller herbeiführen.« (Stern 4. April 1977)

[19] Aus einer Ansprache vor den Missionaren der Nordelbischen Mission. Stern 1961, Nr. 5

rischen Arbeit wurden die Missionsfelder in der ganzen Welt in 12 Gebiete eingeteilt und jedes Gebiet einem Mitglied des »Rates der Zwölfe« unterstellt. Die Leiter haben ihren Wohnsitz in Salt Lake City und bilden zusammen den »Reisenden Vorstehenden Hohen Rat«, der die Aufgabe hat, »im Namen des Herrn unter der Leitung der Präsidentschaft der Kirche gemäß der Einrichtung des Himmels zu amten, die Kirche aufzubauen und alle ihre Angelegenheiten unter allen Völkern zu ordnen, zuerst bei den Nichtjuden und dann bei den Juden«[20]. Lehrausstellungen, Lehrfilme, »Besucherzentren« mit Bildmaterial und Missionaren sollen die Seelengewinnung fördern.

Eines der Missionsfelder ist *Deutschland*. Schon 1843 wurde durch einen deutschen Amerikafahrer, der drüben zu einem Anhänger Smiths geworden war, eine Gemeinde in Darmstadt gegründet. Da er aber 1844 wieder nach Amerika zurückkehrte, blieb alles liegen. 1851 kamen George P. Dykes und John Taylor ins Land und begannen eine methodische Missionsarbeit mit Schwerpunkt in Hamburg. Hier entstand 1851 eine erste Gemeinde mit zwölf Seelen. Polizeiliche Eingriffe erschwerten die Arbeit; Versammlungen wurden verboten, Traktate beschlagnahmt, Missionare festgenommen. Die Mormonenlehre fand wenig Anklang. »Die Deutschen«, so schrieb der Mormone C. W. Wilcken (Stern 1969, Nr. 3), »sagen, sie seien zu gescheit, um an Engelserscheinungen zu glauben und daran, daß der Mensch in der heutigen Zeit noch Offenbarungen empfängt. Als ich in Holstein missionierte, sagte man mir, ich könnte diesen Unsinn wohl den Indianern erzählen, aber nicht einem aufgeklärten Volk. Sie lachten darüber.« Das Buch Mormon erschien 1852 in deutscher Sprache. 1853 waren 128 Personen gewonnen worden. 50 von ihnen übersiedelten nach Utah. 1855 wurde der Dresdener Oberlehrer Karl G. Maeser getauft, der später einen wichtigen Beitrag zur Geistesgeschichte der Mormonenkirche leistete. Er wurde Hauslehrer der Kinder von Brigham Young, 1867–1870 Leiter der Mission in Deutschland und der Schweiz, dann Gründer der ersten Kirchenuniversität in Provo und 1888 bis zu seinem Tod 1901 Leiter des gesamten Kirchenschulwesens. Während seines Wirkens in Deutschland gründete er eine Zeitschrift »Darsteller«, seit 1869 *»Der Stern«*. Sie ist heute noch das Organ der deutschsprachigen Mormonen. In der Schweiz wurde 1850, in Österreich 1883 mit der Mission begonnen. Heute gibt es Mormonenmissionen mit Sitz in Düsseldorf, Frankfurt, Hamburg, München, ferner in Genf, Zürich und Wien.

Die polizeilichen Behinderungen hörten in Deutschland erst nach einem Besuch des Präsidenten der Utah-Kirche Joseph F. Smith 1906 auf, und in den folgenden Jahren wurden über 2500 Mitglieder gewonnen. Nach einem Rückschlag während des Ersten Weltkriegs begann eine »glückliche Zeit«; bis 1925 war die Zahl der Mormonen im deutschen Sprachgebiet auf über 11 000 gestiegen. Während der nationalsozialistischen Herrschaft wurde die Mormonenmission in Deutschland zwar nicht verboten, doch drastisch beschränkt. Es kam zu Beschlagnahmungen von Büchern und Schriften und zu Verhaftungen wegen angeblichen Landesverrats. Bei Kriegsausbruch wurden alle ausländischen Missionare zu-

[20] Stern 1965, Nr. 8

rückgeholt. Um so mehr Mittel und Missionskräfte wurden dann nach 1945 von Amerika herübergeschickt. Die Mission stabilisierte sich so weit, daß 1961 die ersten drei »Pfähle« in der Bundesrepublik gegründet werden konnten: Berlin, Stuttgart und Hamburg. Ebenso wurde ein »Nordschweizer Pfahl« in Zürich gebildet. Seither kamen weitere hinzu: Dortmund, Düsseldorf, Frankfurt/M., Hannover, ein »Soldatenpfahl« in Stuttgart und ein »Pfahl« in München, zu dem auch drei österreichische Gemeinden gehören. Die Gesamtzahl der Mormonen im deutschen Sprachraum betrug 1981 etwa 40000; davon entfielen rund 26000 auf die Bundesrepublik und Westberlin, 5000 auf die DDR, der Rest auf die Schweiz und Österreich. Fast 20000 deutschsprachige Mormonen sind seit 1945 nach Utah ausgewandert.

Der Fortschrittsweg der Geister

Die Bibel wird von der Mormonenkirche als das »hervorragendste« ihrer Lehrbücher anerkannt, aber mit dem Vorbehalt versehen, daß sie durch menschliche Unfähigkeit falsch übersetzt sei. Damit haben sich die Mormonen die Bewegungsfreiheit für eine eigene Deutung geschaffen, die schon darum nötig ist, weil die Bibel mit den anderen heiligen Schriften der Mormonen harmonisiert werden muß.

Als bevollmächtigte Zusammenstellung ihrer Hauptlehren wurden am 1. März 1841 folgende *13 Glaubensartikel Joseph Smiths* angenommen:

1. Wir glauben an Gott, den Ewigen Vater, und an Seinen Sohn Jesus Christus und an den Heiligen Geist.
2. Wir glauben, daß alle Menschen für ihre eigenen Sünden gestraft werden und nicht für Adams Übertretung.
3. Wir glauben, daß durch das Sühnopfer Christi die ganze Menschheit selig werden kann durch Befolgung der Gesetze und Verordnungen des Evangeliums.
4. Wir glauben, daß die ersten Grundsätze und Verordnungen des Evangeliums sind: 1) Glaube an den Herrn Jesus Christus, 2) Umkehr, 3) Taufe durch Untertauchen zur Vergebung der Sünden, 4) das Auflegen der Hände für die Gabe des Heiligen Geistes.
5. Wir glauben, daß ein Mann von Gott berufen sein muß durch Offenbarung und durch das Auflegen der Hände derer, welche die Vollmacht dazu haben, das Evangelium zu predigen und in dessen Verordnungen zu amtieren.
6. Wir glauben an die gleiche Organisation, die in der ursprünglichen Kirche bestand, nämlich: Apostel, Propheten, Hirten, Lehrer, Evangelisten usw.
7. Wir glauben an die Gabe der Zungen, Prophezeiung, Offenbarung, Gesichte, Heilung, Auslegung der Zungen usw.
8. Wir glauben an die Bibel als das Wort Gottes, soweit sie richtig übersetzt ist; wir glauben auch an das Buch Mormon als das Wort Gottes.
9. Wir glauben alles, was Gott geoffenbart hat, alles, was Er jetzt offenbart, und wir glauben, daß Er noch viele große und wichtige Dinge offenbaren wird in bezug auf das Reich Gottes.
10. Wir glauben an die buchstäbliche Sammlung Israels und an die Wiederherstel-

lung der zehn Stämme; daß Zion auf diesem (dem amerikanischen) Kontinent aufgebaut werden, daß Christus persönlich auf der Erde regieren und daß die Erde erneuert werden und ihre paradiesische Herrlichkeit erhalten wird.
11. Wir erheben Anspruch auf das Recht, den allmächtigen Gott zu verehren nach den Eingebungen unsres Gewissens und lassen allen Menschen dasselbe Recht, mögen sie verehren, wie, wo oder was sie wollen.
12. Wir glauben daran, Königen, Präsidenten, Herrschern und Magistraten untertänig zu sein, den Gesetzen zu gehorchen, sie zu ehren und zu unterstützen.
13. Wir glauben daran, ehrlich, getreu, keusch, wohltätig und tugendhaft zu sein und allen Menschen Gutes zu tun; in der Tat können wir sagen, daß wir der Ermahnung Pauli folgen: »Wir glauben alles, wir hoffen alles«; wir haben vieles ertragen und hoffen, fähig zu sein, alles zu ertragen. Wo etwas Tugendhaftes, Liebenswürdiges oder von gutem Ruf oder Lobenswertes ist, trachten wir nach diesen Dingen.

Diese Sätze mochten dem Glaubensstand des Jahres 1841 entsprochen haben, die heutigen Lehren der Mormonen sind von ihnen jedoch weder genau noch vollständig wiedergegeben. Brigham Young hat Fortbildungen und auch Änderungen veranlaßt, die von der Utah-Kirche nach Art. 9 als Fortgang der göttlichen Offenbarung anerkannt wurden. Der folgende Überblick beschränkt sich also nicht auf Lehraussagen im Buch Mormon und Joseph Smith's Offenbarungen, sondern schließt auch die weiteren Elemente ein, die durch Brigham Young hinzugefügt wurden.

Das *Weltbild der Mormonen* ist durch einen strahlenden Optimismus gekennzeichnet. Man kann ihre Lehre eine Religion zur Beglückung der Menschen nennen. Joseph Smith hat das Leitmotiv genannt: »Glücklich zu sein, ist der Zweck und die Bestimmung unseres Daseins; und wenn wir den Weg verfolgen, der dahin führt, werden wir auch das Ziel erreichen.« Die Mormonenkirche sieht ihren Auftrag darin, dem zeitlichen und ewigen Glück ihrer Glieder zu dienen. Die Grundlage des Optimismus ist das *Gesetz des Fortschritts,* das die treibende Kraft im ganzen Weltall bildet. Alles entwickelt sich. Und alles entwickelt sich nach oben, zu immer größerer Vollkommenheit. Das gilt für den Menschen. Das gilt sogar für *Gott.* Er war nicht immer so mächtig und weise wie jetzt. Er war einst, wie wir Menschen heute sind. Aber war er dann auch ein Sünder gewesen? War er der Krankheit, dem Altern und dem Tod unterworfen gewesen? Und wenn ja, durch welche Macht wurde er daraus erlöst? Das sind fatale Fragen, die unausweichlich sind, wenn man das Gesetz des Fortschritts auch auf Gott ausdehnt. Die Mormonentheologen wichen ihnen aus. Sie beschieden sich mit der Feststellung, daß Gott »durch immerwährenden Fortschritt von der Menschlichkeit zum Gottsein« gelangte[21].

Auch andere vernunftbegabte Wesen haben sich zu hoher Vollkommenheit entwickelt. Darum gibt es *neben Gott noch viele Götter.* Auch sie schreiten fort. Zwischen ihnen und dem Vater Gott besteht lediglich ein Gradunterschied. Mehr noch: Gott und die Götter und andere hohe Geistwesen wie die Engel sind grund-

[21] Millennial Star XIV, S. 386

sätzlich nichts anderes als die Menschen. »Der Vater hat einen Körper von Fleisch und Bein, so fühlbar wie der des Menschen; der Sohn desgleichen; aber der Heilige Geist hat nicht einen Körper von Fleisch und Bein, sondern ist eine Person aus Geist. Wäre es nicht so, so könnte der Heilige Geist nicht in uns wohnen.«[22] Weil Gott Vater und alle anderen Götter Körper von Fleisch und Bein haben, haben sie auch körperliche Bedürfnisse. Das war jedenfalls die Auffassung von ORSON PRATT, Mitglied des ersten von Joseph Smith bestimmten Apostelkollegiums und als »ein Apostel Paulus für dieses Zeitalter« gefeiert. Er zog daraus die Konsequenzen und lehrte, daß die Götter auch Speisen zu sich nehmen, und zwar »himmlische Gemüse und Früchte«, und daß diese sich durch die Verdauung in eine »geistliche« Flüssigkeit verwandeln, die ihre Leiber vor Verfall und Tod bewahrt. Desgleichen haben sie Frauen, und jeder Gott zeugt mit seinen Frauen unzählige Söhne und Töchter, und wenn der Lebensraum für die Kinderheere zu knapp wird, »organisiert er in Verbindung mit seinen Söhnen eine neue Welt« als Heimstatt[23].

Da Gott Vater infolge seiner Körperlichkeit räumlich beschränkt ist, dient ihm der Heilige Geist als Sendbote, der ihm den Charakter der Allgegenwart und der Allmacht verleiht. Gott ist ferner allwissend, weil er durch Vermittlung seiner Engel und helfenden Diener in fortwährender Verbindung mit allen Teilen der Welt steht. Er ist wohlwollend, gütig, liebreich und zärtlich, hat Geduld mit den Schwachheiten seiner Kinder und ist barmherzig im Gericht. Über die Grundsätze der Wahrheit und Reinheit wacht er eifersüchtig und zeigt Festigkeit im Bestrafen des Unrechts.

Gott schuf die Welt. Dieses »schuf« bedeutet nicht, daß er sie aus dem Nichts hervorgebracht habe. Denn der Stoff ist ewig. Er hat vielmehr die Welt »zusammengestellt« und dem geformten Stoff das ebenfalls ewige, also nicht erschaffene Leben eingehaucht. Das Wort »Schöpfer« ist demnach im Sinn von »Organisator« zu verstehen. Nun gebraucht das Alte Testament zwei Namen für Gott: »Elohim« und »Jehova«. Die Mormonen behaupten, daß es sich dabei um zwei verschiedene Persönlichkeiten handle. Elohim ist Gott, der Organisator des Himmels und der Erde. Er hat alle Geister des Menschengeschlechts im buchstäblichen Sinn erzeugt, ist also ihr Vater. Er hat auch Jehova erzeugt. Dieser war Elohims Baumeister beim Schöpfungswerk. Und dieser Jehova ist kein anderer als Jesus Christus. Elohim ist der buchstäbliche Vater Christi, auch seines Körpers, der am Kreuz starb und danach wieder auferstand[24].

Wozu erzeugte Gott den *Menschen?* Die Antwort ist in dem folgenden Kernsatz gegeben: »Wie der Mensch ist, war Gott einst; wie Gott ist, kann der Mensch einst werden.«[25] Er ist also ein »Gott im Keimzustand«. Und er hat für seine Zukunft frohe Aussichten. Er befindet sich auf einer Fortschrittsbahn, die ihn immer wei-

[22] Lehre und Bündnisse, Abschnitt 130, 22

[23] Orson Pratt, The Seer (Monatsschrift 1853/54), S. 37

[24] Orson Pratt a. a. O. S. 172: »Wir haben nun klar gezeigt, daß Gott der Vater eine Mehrzahl von Frauen hatte, von denen eine oder mehrere in der Ewigkeit waren, mit denen er unsere Geister ebenso wie den Geist Jesu, Seines Erstgeborenen, zeugte, und eine auf der Erde, mit der er die Hütte Jesu zeugte als Seines einzig Gezeugten in dieser Welt.«

[25] N. B. Lundwall, The Vision or the Degree of Glory; Salt Lake City 1945, S. 151

ter nach oben führen wird, wenn er sich entsprechende Mühe gibt. Vor seiner Geburt gehörte er dem überirdischen Geisterreich an und bemühte sich dort um den Fortschritt. Aber es kam die Zeit, in der dort nichts mehr zu lernen war. Das überirdische Geisterreich ist sozusagen die Elementarschule; nach ihrer Absolvierung war die Versetzung in eine andere Schule nötig, um weitere Fortschritte machen zu können. Gott hat eine solche andere Schule für die Geister errichtet. Er entwarf den *Großen Plan,* der vorsah, daß jeder Geist in seinen »zweiten Zustand« (auf der Erde) eintreten kann, um »näher mit dem groben Stoff zum Zweck zukünftiger Macht und daraus folgender Freude bekannt zu werden«[26]. Vor allem bedurften die Geister einer Erkenntnis von Gut und Böse und mußten deshalb mit Mächten in Berührung gebracht werden, die diese Gegensätze repräsentierten. Denn sie sollten aus freiem Willen das Gute wählen können, um dadurch eine vermehrte Freiheit zu erlangen. Aber während im Himmel diese Vorschläge besprochen wurden, trachtete *Luzifer* danach, den freien Willen der Menschen zu zerstören. Dieser Engel des Lichts war von selbstsüchtigem Ehrgeiz getrieben und erstrebte die Macht und Herrlichkeit des Vaters. Deshalb stellte er in dem himmlischen Konzilium den Antrag, die ganze Menschheit durch Zwang zu erlösen. Sein Vorschlag wurde abgelehnt. Wutentbrannt empörte er sich gegen Elohim und Jehova und zog den dritten Teil der Himmelsscharen in seinen gottlosen Bund. Sie wurden aus dem Himmel ausgestoßen und versuchen seitdem als der Teufel und seine Engel die Menschenseelen in den Zustand der Finsternis, in dem sie sich selbst befinden, hinabzuziehen. Aber sie können nur versuchen, nicht zwingen; die Willensfreiheit der Menschen bleibt erhalten.

Nach dieser himmlischen Episode schuf Gott den Menschen nach seinem Ebenbild und richtete ihm auf der westlichen Halbkugel eine auserlesene Gegend voller Naturschönheiten als Wohnplatz ein. Michael nahm als erster Menschengestalt an und wurde *Adam.* Dieser nimmt in der Heilsgeschichte der Mormonen einen hohen Rang ein. Brigham Young vertrat sogar die Auffassung, daß Adam der Gott dieser Erde sei: »Als unser Vater Adam in den Garten Eden kam, erschien er mit einem himmlischen Leib und brachte Eva, eines seiner Weiber, mit. Er half diese Erde schaffen und organisieren ... Er ist unser Vater und unser Gott und der einzige Gott, mit dem wir zu tun haben.«[27] Andere bekräftigten dies und bezeichneten Adam als den leiblichen »Vater unseres älteren Bruder Jesu Christi«[28]. Aber es erhob sich Widerspruch, und die Adam-Gott-These wurde nicht in die Glaubenslehre der Kirche aufgenommen. Die Heilsbedeutung Adams wurde dadurch nicht gemindert. Denn als der erste Mensch besitzt er das Erstgeburtsrecht; er ist der Vater der ganzen Menschheit und hält den Schlüssel zur Erlösung seiner Nachkommen in der Hand. Dieser Schlüssel besteht in der priesterlichen Vollmacht, auf Erden zu siegeln und diese Siegelung auch im Himmel wirksam werden zu lassen. Er ist also, unter der Leitung Christi, der Ahnherr der Erlösung[29].

Doch das alles konnte erst durch den *Sündenfall* in Kraft gesetzt werden. Er war

[26] Widtsoe, Eine vernunftgemäße Theologie, S. 110f.

[27] Predigt vom 9. April 1852. Millennial Star, November 1853

[28] Edward Tullidge, The Women of Mormondom, S. 179

[29] Buch Mormon: Mose 6, 59–68

notwendig, damit die Menschen in die Schule der Sterblichkeit kommen und die Macht des Bösen erfahren und überwinden könnten. Um ihn zu ermöglichen, stellte Gott Adam und Eva vor ein Gesetz. Das wichtigste Gebot war: »Seid fruchtbar und mehret euch und füllet die Erde und machet sie euch untertan.« Das zweite war das Verbot, von dem Baum der Erkenntnis des Guten und Bösen zu essen. Nun versuchte Luzifer-Satan Eva, und sie aß von dem Baum. Sie redete Adam zu, ebenfalls zu essen. Dadurch geriet er in eine schwierige Lage: Eva hatte gesündigt und war sterblich geworden, während er noch sündlos und unsterblich war; in dieser ungleichen Situation hätten sie das Gebot, sich zu vermehren, nicht erfüllen können. Da das aber das erste und höhere Gebot war, entschloß sich Adam »mit Überlegung und Weisheit« und »mit Verständnis für das Wesen seiner Tat«, ebenfalls von dem Baum zu essen[30]. So wurde die Fortpflanzung und Vermehrung der Menschheit gesichert, und das Buch Mormon rühmt Adams Tat mit den Worten: »Adam fiel, daß Menschen würden, und die Menschen sind, daß sie Freude haben können.«[31] Aber nun war noch eine weitere Klippe zu überwinden. In dem Garten Eden stand ein Baum, dessen Frucht allen das Leben sicherte. Solange Adam und Eva in unschuldiger Unsterblichkeit lebten, war ihnen dieser Baum nicht verboten. Nach ihrem Fall aber durften sie nicht mehr davon essen; denn sonst hätten sie »ewig gelebt und keine Frist zur Buße gehabt«[32]. Sie wären ohne Buße und Versöhnung sogleich wieder unsterblich geworden, und der große Erlösungsplan wäre gescheitert. Darum wurden sie aus dem Garten entfernt und kamen in ein unfruchtbares, kahles Land. Hier wurden sie zur Arbeit »im Schweiße des Angesichts« als dem Motor des Fortschritts genötigt. Die Vertreibung aus dem Paradies war also nicht eine Strafe, sondern eine notwendige Härte, die zum Besten der Menschen dienen sollte. Gott erklärte denn auch dem ersten Menschenpaar seinen Erlösungsplan: Er habe Jehova-Christus zum Vermittler für alle Menschen eingesetzt und ein Bündnis mit ihm geschlossen, wonach dieser sich verpflichtete, die Sünden der Welt auszusöhnen. Nun wurden Adam und Eva ihres Falles erst recht froh. Er hatte ihnen Fruchtbarkeit und Erkenntnis von Gut und Böse gebracht, und am Ende winkte ihnen wieder Versöhnung und Unsterblichkeit[33].

Man kann füglich fragen, ob der Sündenfall wirklich ein »Sündenfall« war. Im Grund war er eine Veranstaltung Gottes, um die irdische Schule für die Geister möglichst zweckentsprechend und wirksam einzurichten. Die Übertretung des Verbots, vom Baum der Erkenntnis zu essen, war nicht Ungehorsam, sondern das von Gott vorausgewußte Hineingehen in eine Falle, die er im Interesse der Zukunft der Menschen gestellt hatte. Adam und Eva sind also entlastet. Die

[30] James E. Talmage, Die Glaubensartikel, S. 74

[31] 2. Nephi 2, 25

[32] Alma 42, 3–5

[33] Bemerkenswert ist der Jubel Adams und Evas nach dem Sündenfall und ihrer Aufklärung über den Erlösungsplan. Adam sprach: »Gepriesen sei der Name meines Gottes, denn wegen meiner Übertretung sind meine Augen geöffnet worden; und ich werde in diesem Leben Freude haben und Gott wieder im Fleisch schauen.« Auch Eva wurde froh und sagte: »Wäre es nicht unserer Übertretungen wegen, so hätten wir nie Samen gehabt, hätten nie Gutes und Böses gekannt und die Freude unserer Erlösung und das ewige Leben, das Gott allen Gehorsamen gibt.« (Köstliche Perle, Mose 5, 10f.)

Menschheit muß ihnen sogar dankbar sein. Der Sündenfall ist auch nicht der Ursprung der Erbsünde. Eine solche gibt es nicht. Die Sünde, wie sie die Mormonen verstehen, entwickelt sich erst am Verhalten der Menschen gegenüber dem Großen Plan Gottes. Sie ist »Empörung gegen die Grundsätze des Fortschritts«[34], das Einschlagen von Wegen, die abwärts führen. Die ganze Ethik entwickelt sich aus diesem Grundsatz: Was nach oben führt und dem Fortschritt der inkarnierten Geister dient, ist gut; was sie erniedrigt, ist böse. Einen besonderen Rang aber hat das *Gebot der ehelichen Fruchtbarkeit;* denn die Zeugung von Kindern bildet sozusagen das Tor, durch das die Geister ins Erdenleben eintreten können. Wer kinderlos bleibt, entzieht sich dem Dienst, den er den zur Verkörperung drängenden Angehörigen der Geisterwelt leisten sollte. Darum gilt die kinderreiche Ehe als Ideal, die Forderung einer asketischen Ehelosigkeit dagegen als eine abscheuliche Lehre. Von hier aus mag es zu erklären sein, daß Orson Hyde, bis zu seinem Tod 1878 Apostel der Mormonenkirche, die Überzeugung vertrat, *Jesus sei verheiratet gewesen:* er war der Bräutigam auf der Hochzeit zu Kana und er war mit drei Frauen verheiratet, nämlich mit Maria und Martha und der anderen Maria. Auch hatte er Kinder von ihnen; aber deren Geschick war tragisch: sie hatten keinen Vater, der sie im Gedächtnis behielt, sondern wurden vergessen, und niemand erkannte in ihnen die Nachkommen Jesu[35]. Auch Orson Pratt versuchte nachzuweisen, daß Jesus in Mehrehe lebte[36]. Diese Auffassung wurde von der Mormonenkirche nicht angenommen, aber auch der Widerspruch zwischen ihrer Ehe- und Fruchtbarkeitsforderung und Jesu Ehe- und Kinderlosigkeit konnte nicht ausgeräumt werden.

Nach dem vorherbestimmten Plan Gottes kam *Christus* auf die Erde, um sein Erlösungswerk zu vollbringen. Als der »erstgeborene« Sohn Elohims ist er der »ältere Bruder aller Menschenkinder«. Er gab den Menschen durch das Evangelium den vollständigen Plan für das Leben, so daß sie nun über ihr Woher und Wozu, ihre Zukunft und ihre Aufgaben Bescheid wissen. Das Sühnopfer, für das er sich einst im großen Rat im Himmel selbst angeboten hatte, brachte er dar, um den Willen des Vaters zu tun, und aus Liebe zu den Menschen, um deren Wohlfahrt er sich angenommen hatte. Er, das einzige sündenfreie Wesen der Erde, nahm die Sünden der Menschheit auf sich und erlitt stellvertretend ihre Strafen. Gott aber nahm das Opfer Christi an. Es kommt allen Nachkommen Adams zugute, also auch den Ungläubigen und den Heiden. Sie werden dadurch von der Sterblichkeit als einer Folge des Falls erlöst; sie leben nach ihrem irdischen Tod weiter. Neben dieser allgemeinen Wirkung des Sühnopfers steht die individuelle; sie besteht darin, daß jeder durch Christi Vermittlung von den Folgen seiner persönlichen Sünden losgesprochen werden kann. Aber die Voraussetzung dafür ist, daß er sich selbst anstrengt. Diese Anstrengung muß sich im Glauben, in der Buße und in Werken der Rechtschaffenheit zeigen.

Zu den zahlreichen Eigentümlichkeiten der Mormonenlehre gehört die Versicherung, daß Jesus nach seinem Wirken in Galiläa und Judäa ein zweites Mal in

[34] James E. Talmage, Die Glaubensartikel, S. 66
[35] Journal of Discourses II, 81, 82, 210
[36] The Seer, Oktober 1853, S. 159f.

Amerika aufgetreten sei, um unter den »anderen Schafen« (Joh. 10, 16) ein paralleles Werk zu tun. Schon als er auf Golgatha gekreuzigt wurde, brachen schreckliche Stürme über Amerika herein, von Gewittern und Erdbeben begleitet. Berge wurden gespalten und viele Städte durch Erdbeben, Feuer und Überschwemmungen zerstört. Nach einem dreistündigen Wüten der Elemente fiel eine dichte Finsternis auf das Land. Sie dauerte drei Tage lang. Durch diese Naturkatastrophe wurden die Bösen vernichtet, welche die prophetischen Warnungen und Bußrufe verspottet hatten. Dann durchbrach eine Stimme die Dunkelheit und verkündigte, daß die Übriggebliebenen rechtschaffener gewesen seien als die Umgekommenen und deshalb jetzt Gelegenheit zur Umkehr haben. Nach diesem Vorspiel besuchte Christus kurz nach seiner Auferstehung das Volk im Westen, die Nephiten. Er verkündigte ihnen das Evangelium, berief zwölf Jünger, setzte Taufe und Abendmahl ein und gründete eine Kirche. Seine Belehrungen deckten sich mit denen, die er im Osten gegeben hatte, überboten diese aber vielfach durch größere Ausführlichkeit.

Die wiederhergestellte Kirche

Die Kirche, die Christus einst gründete, war mit vielen Ämtern ausgestattet: Apostel, Propheten, Evangelisten, Hirten, Hohepriester, Siebziger, Älteste, Bischöfe, Priester, Lehrer und Diener. Die Träger dieser Ämter erhielten abgestufte göttliche Vollmachten, die sie durch Ordinierung auf ihre Nachfolger übertragen konnten. Wie der Ämterapparat, so waren auch die gottesdienstlichen Ordnungen genau festgesetzt. Das Ganze war dazu bestimmt und mit allen nötigen Einrichtungen versehen, um den Menschen Handreichung zu geben, damit sie während ihres Erdenlebens das Pensum erfüllen und die Herrlichkeit erlangen können.

Aber die abendländische Kirche fiel ab. Das begann schon im ersten Jahrhundert. Seit Konstantin wurde sie weltlich gesinnt, und die Inhaber der Kirchenämter wurden machtgierig und nach Pomp lüstern. Das Wesen des Priestertums wurde entstellt, Taufe und Abendmahl geändert, der Gottesdienst zu einer öffentlichen Schaustellung gemacht. Die neutestamentlichen Ämter schaffte man ab, verlor damit auch deren Vollmachten und die Geistesgaben der Weissagung, Heilung, Zungenrede usw. und führte allerlei Irrlehren ein. Zu diesen gehören z. B. die Lehre von einer ewigen Seligkeit bzw. Verdammnis gemäß dem Zustand, in dem sich die Seele zur Zeit des Todes befindet; die Lehre von der Prädestination; die Meinung, daß die Zeit der Offenbarungen Gottes seit Christus aufgehört habe; die Lehren von der Transsubstantiation und von der Rechtfertigung allein durch den Glauben.

Die Kirchen änderten immer wieder ihre Verfassungen, erfüllten sich mit dem Geist der Unduldsamkeit und verübten wüste Greueltaten bei der Verfolgung Andersgläubiger. Das Volk aber geriet in einen Zustand geistlicher Finsternis, und die Fenster des Himmels blieben ihm verschlossen. Gott erkannte keine der bestehenden Kirchen mehr als seine an; tatsächlich wurde die »Kirche« von der Erde vertrieben, und was da ist, sind durchweg nur »Sekten«.

Diesen Abfall sah Gott von Anfang an voraus, und Bibel und Buch Mormon sind voll prophetischer Warnungen und Vorankündigungen (z. B. Jes. 24, 5; Jer. 2, 13; 2. Thess. 2, 3 f.). In seiner Barmherzigkeit sorgte Gott in den »letzten Tagen« für die *Wiederherstellung seiner Kirche*. Sein Prophet Joseph Smith empfing am 15. Mai 1829 zusammen mit Oliver Cowdery durch Johannes den Täufer das Aaronische und im Juni durch Petrus, Jakobus und Johannes das Melchisedekische Priestertum. Weitere Vollmachten empfingen sie 1836 nach der Fertigstellung des Tempels in Kirtland: Elias übertrug ihnen »die Schlüsselgewalt der celestialen Ehe«, Moses »die Schlüssel zur Sammlung der 12 Stämme« und abermals Elias die Vollmacht der »Arbeit für die Verstorbenen«, um denen, die vor der Wiederherstellung der Kirche gelebt hatten, »die Tür zur Erlösung zu öffnen«[37]. Kraft der solchermaßen direkt aus dem Himmel herniedergeflossenen Vollmachten konnte die Kirche in ihrer früheren Vollkommenheit von neuem organisiert werden. Sie darf sich rühmen, die wahre Verfassung und das Priestertum des Allmächtigen zu besitzen. Damit besitzt sie den Zugang zu allen Heilskräften und Geistesgaben und kann ihr Amt unter den Menschen wieder in alter Kraft ausüben.

Von den *zwei Ordnungen des Priestertums* ist das Aaronische die niedrigere: sie wurde im Alten Testament durch die Leviten gebildet. Dieses Priestertum umschließt die Ämter des Dieners (Diakon), Lehrers und Priesters. Der Amtskreis umfaßt die Besorgung der äußeren Dinge des Gemeindelebens, Besuchsdienst, Unterweisung, Aufsicht über den Wandel der Gemeindeglieder und, soweit es sich um Priester handelt, Predigt, Taufe und Abendmahl. Das Melchisedekische Priestertum hat neben der Aufsicht über alle Ämter in der Kirche vor allem die Schlüssel zu allen geistlichen Segnungen. Die Ältesten können konfirmieren und den Heiligen Geist spenden. Die Siebziger sind reisende Älteste, besonders Missionare. Des Hohenpriesters eigentliche Berufung ist die des »ständigen Vorsitzes und Dienstes«. Die Patriarchen oder Evangelisten haben den Auftrag, die Kirche zu segnen. Die Apostel sind besondere Zeugen Christi in der ganzen Welt und haben die Vollmacht, Missionsgemeinden aufzubauen und mit den erforderlichen Ämtern zu versehen.

Die Amtsträger sind auf jeder Stufe unter sich organisiert. Ihre Präsidentschaften werden von den leitenden Autoritäten vorgeschlagen. An der Spitze der Kirche steht der aus den Mitgliedern der Hohenpriesterschaft durch göttliche Anordnung bestimmte Präsident oder Vorstehende Hohepriester. Er ist berufen, »ein Seher, Offenbarer, Übersetzer und Prophet zu sein, im Besitz aller Gaben Gottes, die er dem Haupte der Kirche verleiht«[38]. Er ist Mose vergleichbar, der in Israel als Mund Gottes diente. In seinem Amt wird er von zwei, seit 1965 vier Hohenpriestern unterstützt, die zusammen mit ihm den »Rat der Präsidentschaft der Kirche« bilden. Unter seiner Leitung ist der aus zwölf Aposteln zusammengesetzte »Reisende Vorstehende Hohe Rat« oder »Rat der Zwölf« in allen Teilen der Welt tätig. Zu diesen beiden Spitzenkollegien kommen als weitere »Generalautoritäten« mit gesamtkirchlichen, aber sorgfältig abgegrenzten Befugnissen der Präsidierende Rat der Siebziger und die Präsidierende Bischofschaft.

[37] Jerry C. Roundy, Stern 1974, Nr. 6
[38] Lehre und Bündnisse, Abschnitt 107

Alles in allem, es ist eine vielstufige Hierarchie, die außerdem horizontal und vertikal, lokal, regional und überregional durchorganisiert ist. Jeder »Ward« hat z. B. sein reich besetztes Priestertum mit drei Hohenpriestern, von denen einer zum Bischof ordiniert ist und die Aufsicht über die Kollegien der Priester, Lehrer und Diener seines »Wards« führt. Der »Pfahl« wird von einer aus drei Hohenpriestern zusammengesetzten »Pfahlpräsidentschaft« geleitet, der in richterlichen Obliegenheiten der Ständige Hohe Rat, mit zwölf Hohenpriestern besetzt, zur Seite steht. Rechnet man alles zusammen, dann ergibt sich ein Riesenheer von Priestern. In dieser Beziehung übertreffen die Mormonen alle Kirchen oder sonstigen christlichen Gemeinschaften. Ende 1980 zählten sie 514000 Träger des Aaronischen Priestertums und 569000 Träger des Melchisedekischen Priestertums.

Das *Priestertum* vermittelt die Verbindung zwischen Gott und Mensch. Es hat den Schlüssel, der einst Adam gegeben worden war. Es ist ein Uramt, ohne Anfang, und auch Gott wäre »niemals ohne das Priestertum zu der hohen Ehre erhoben worden, der Vater von Geistern zu werden«[39]. Es besitzt die Vollmacht, im Namen des Herrn zu handeln, und »Gott anerkennt, ehrt und achtet solche Handlungen, als wären sie seine eigenen«[40]. Außerhalb und ohne das Priestertum sind dem Menschen die Heilskräfte nicht zugänglich. Eine Taufe z. B. mag völlig korrekt vorgenommen worden sein, aber sie ist ohne Wert und Wirkung, wenn der Täufer nicht die priesterliche Vollmacht hatte. Das Priestertum bildet auch die Voraussetzung dafür, daß die Kirche laufend weitere Offenbarungen empfängt[41] und die Geistesgaben fließen. Es ist also die schlechthin unentbehrliche Heilsinstanz, »nur wenn Männer und Frauen lernen, die Rolle des Priestertums in ihrem Leben zu akzeptieren, können die ewigen Segnungen ihnen zufließen«[42]. Jeder männliche Mormone kann Priestertumsträger werden; ja, er muß es werden, denn er kann »ohne das Priestertum nicht erhöht werden«[43]. Und er muß Träger des Melchisedekischen Priestertums werden, wenn er in die oberste Abteilung der himmlischen Herrlichkeit gelangen will. Freilich, für die Zulassung zum Priestertum wurde eine schwerwiegende Einschränkung gemacht: *Neger blieben ausgeschlossen*. Denn ihre schwarze Hautfarbe ist nicht nur ein natürliches Rassenmerkmal, sondern ein Makel, der mit einer früheren Schuld zusammenhängt. Von den zwei Dritteln der präexistenten Geister, die der Verführung Luzifers widerstanden hatten, bekannten sich nicht alle mit der gleichen Entschiedenheit zu Jehova-Christus. »Diejenigen, die weniger entschieden waren und denen deshalb

[39] Orson Pratt, The Seer, S. 150f.

[40] Stern 1965, Nr. 11

[41] Die Offenbarungstätigkeit ist aber allein dem Präsidenten der Kirche vorbehalten. »Dies soll ein Gesetz für euch sein, damit ihr nicht die Lehre irgendeines Menschen, der zu euch kommt, als Offenbarungen und Gebote nehmt« (Lehre und Bündnisse, Abschnitt 43, 3.5.6). Diese Beschränkung auf den höchsten Amtsträger ist also eine Schutzmaßnahme gegen wilde Offenbarungssucht. Sie bedeutet aber zugleich, daß ihm, wenn er seine Offenbarungsfunktion wahrnimmt, eine unbedingte Autorität zukommt und daß eine Weiterentwicklung der Lehre allein in seiner Hand liegt.

[42] Stern 1965, Nr. 6

[43] Joseph Fielding Smith, Stern 1966, Nr. 8

gewisse geistliche Beschränkungen auferlegt wurden, sind uns im irdischen Leben als Neger bekannt. Solche Geister sind durch das Geschlecht Kains auf die Erde gekommen.«[44] Nicht mit den Negern gleichzusetzen sind die *Indianer.* Sie sind Nachkommen der Lamaniten (vgl. S. 435). Sie sind »von königlichem Geblüt«, denn zu ihren Vorfahren gehören Abraham, Isaak, Joseph und Samuel: darum stehen im Buch Mormon »große Verheißungen für die Lamaniten«. Auch die Polynesier gehören zu ihnen. Sie sind Nachkommen des verschollenen Lamaniten-Patriarchen Hagoth und wenn sie den Mormonenglauben annehmen, werden sie dereinst wieder »weiß und lieblich« werden. Die Mormonen treiben denn auch unter ihnen und den Indianern eine eifrige Mission. In ihren Wohngebieten sind 36 Missionen tätig; 60 »Pfähle« mit hohem Lamanitenanteil sind entstanden, und die mormonischen Lehranstalten werden von 10–15 000 lamanitischen Schülern und Studenten besucht.

Mit der Ausschließung Schwarzer vom Priestertum bekam die Mormonenkirche wachsende Schwierigkeiten von seiten der antirassistischen Bewegung. Auch in den eigenen Reihen erhob sich Widerspruch. Prof. J. D. Williams von der Utah-Universität kritisierte die »unchristliche und theologisch falsche« Lehre, daß Neger nicht zum Priestertum zugelassen sind[45]. Der Mormonenpriester Douglas A. Wallace, Rechtsanwalt in Portland, ordinierte 1976 einen 22jährigen Neger zum Priesteramtsträger. Diese Ordination wurde von der Kirchenleitung annulliert, er selbst aus der Kirche ausgeschlossen, weil ein »göttliches Gebot« die Zulassung Schwarzer zum Priestertum verbiete. Darauf verklagte Wallace die Kirche auf 200 000 Dollar Schadenersatz und erklärte, er werde »bis zum Letzten« gegen diese Rassendiskriminierung vorgehen. Da die Mormonen auch in Afrika Mission treiben, forderten amerikanische Antirassisten die afrikanischen Regierungen auf, in ihren Ländern diese Mission zu verbieten. Die Leitung der Kirche hielt beharrlich an ihrem Standpunkt fest, denn sie war gebunden: Ihre Lehre von den Negern ging auf eine göttliche Offenbarung zurück, und wie kann man Gott veranlassen, sein eigenes Wort zu widerrufen? Präsident David O. McKay jedenfalls erklärte in den sechziger Jahren, er sehe keine Möglichkeit einer neuen Offenbarung zur Korrektur der alten. Im Januar 1970 bekräftigte die Leitung die Nichtzulassung von Negern zum Priesteramt. Die Gründe dafür kenne allein Gott und »er hat sie die Menschen nicht in vollem Umfang wissen lassen«. Aber vorsorglich wurde hinzugefügt, es könne sein, daß Gott es später einmal zulasse, Neger in den Dienst zu stellen. 1978 war es dann so weit. Der Präsident Spencer W. Kimball empfing »nach langem Gebet um göttliche Führung« die Offenbarung, daß auch Farbige zu Priestern ordiniert werden können. Damit wurde nach der Aufhebung der Mehrehe zum zweiten Mal eine himmlische Offenbarung außer Kraft gesetzt. Der erste Farbige, der ordiniert wurde, war der 26jährige Telefonmonteur Josef Freeman.

Wie die dunkle Haut die Folge einer vorgeburtlichen Belastung ist, so läßt sich aus der Zugehörigkeit zu den Mormonen auf eine besondere Bewährung in der Präexistenz zurückschließen. Von den Mormonen könne »füglich gesagt werden,

[44] Mormon Doctrine 476f., zitiert nach Ralston, Fundamental Differences, S. 233f.

[45] Time 14. 4. 1967

daß sie in ihrem vorirdischen Dasein geprüfte und erprobte Geister waren. Manche nahmen dort wichtige Führerstellungen ein.« Deshalb wurden sie auch besonders großer Verantwortlichkeiten in ihrem jetzigen Erdenleben würdig befunden. Sie wurden dafür eigens in der Geisterwelt geschult und wurden nach den Worten des Präsidenten Wilford Woodruff seit 6000 Jahren im Jenseits zurückgehalten, um jetzt in den »letzten Tagen« der Menschheitsgeschichte geboren zu werden und das Reich Gottes auf Erden zu organisieren. Vollends die Mormonenpriester können »auf eine edle Abstammung zurückblicken«. Ihr Leben kann bis zu den Patriarchen und Propheten des alten Israel zurückverfolgt werden. Sie haben Könige und Gesetzgeber und große, edle Richter aus vielen Nationen zu ihren Vorfahren. »Sie brauchen sich niemals ihrer irdischen Eltern zu schämen, denn in ihren Adern fließt das beste Blut des Landes.«[46]

Die Gläubigen müssen die vier »Gesetze des Evangeliums« erfüllen: Glaube, Buße, Taufe und Handauflegung. Der *Glaube* darf nicht in einem bloßen Fürwahrhalten stecken bleiben. Er ist das volle Vertrauen und die feste Zuversicht zu dem Dasein, den Absichten und Worten Gottes und muß vom Gehorsam begleitet sein. Die *Buße* als göttliche Trauer über die Sünde und als ernster Entschluß, von ihr zu lassen, folgt dem Glauben auf dem Fuß. Unter gewissen Bedingungen ist sie auch im Jenseits noch möglich, aber dort wesentlich erschwert. Während es sich bei diesen zwei ersten Gesetzen um Akte handelt, die der Gläubige aus eigener Kraft vorzunehmen hat, ist er bei den nächsten auf die Priesterschaft angewiesen. Die *Wassertaufe,* die durch Untertauchen vorgenommen wird, ist »das Zeichen des Bündnisses, das der bußfertige Sünder mit seinem Schöpfer eingeht, wobei jener gelobt, fortan zu versuchen, die Gebote Gottes zu halten«[47]. Sie wurde schon bei der Vertreibung aus dem Paradies eingesetzt und an Adam vollzogen. Ihr besonderer Zweck ist die Vergebung der Sünden und die Aufnahme in die Kirche Christi. Da sie Glauben und Buße voraussetzt, kann sie nicht an Säuglingen vorgenommen werden; die Säuglingstaufe gilt als ein Frevel vor Gott. Nach einer besonderen Offenbarung können Jugendliche vom achten Lebensjahr an rechtmäßig getauft werden. Auch die Taufformel wurde im April 1830 geoffenbart: »Beauftragt von Jesus Christus, taufe ich dich im Namen des Vaters und des Sohnes und des Heiligen Geistes.« Eine Taufwiederholung ist möglich, wenn ein aus der Kirche Ausgetretener oder Ausgeschlossener reumütig zurückkehrt; sie ist nötig bei der Aufnahme von Gliedern anderer Kirchen.

Das *Abendmahl* darf nur an Würdige ausgeteilt werden, und die Priester sind für die Beachtung dieses Gebots Christi verantwortlich. Da nach einer Offenbarung, die Joseph Smith empfangen hat, auch andere Elemente gebraucht werden können, verwenden die Mormonen Wasser statt Wein. Seiner inhaltlichen Bedeutung nach ist das Abendmahl ein Mittel zur Erneuerung der Bündnisse, die der Mensch mit Gott gemacht hat, und zur Anerkennung der gegenseitigen Gemeinschaft und der Mitgliedschaft in der Kirche. Mit einer Sündenvergebung hat das Abendmahl nichts zu tun.

Viel wichtiger ist die *Handauflegung.* Durch sie wird der Heilige Geist gespendet –

[46] Stern 1963, Nr. 8
[47] James E. Talmage, Die Glaubensartikel, S. 131

zunächst an die Priester in der Ordination, dann durch das Melchisedekische Priestertum an die Glieder der Kirche in der Konfirmation. Diese mit der Konfirmation verbundene Geistesmitteilung dient der Erleuchtung, Reinigung und Heiligung. Es sind damit aber auch besondere Gaben verliehen wie Zungenrede, Teufelsaustreibung, Heilung, Prophezeiung. Denn der Heilige Geist ist ein mit göttlichen Kräften ausgestattetes persönliches Wesen, das nicht nur die Naturkräfte beherrscht, sondern auch auf bewußte Lebewesen wirkt. Wo er einem Menschen verliehen wird, da entfaltet er dessen Verstand und Gefühl, belebt und veredelt seine Empfindungen, Freuden und Neigungen, flößt Tugenden aller Art ein, entwickelt Schönheit der Person und Gestalt und führt zu Kraft und Gesundheit. Die Geistesgabe der Heilung hat sich in der den Ältesten zustehenden Vollmacht der Krankensegnung niedergeschlagen; sie besteht in der Salbung mit geweihtem Öl, der die Handauflegung folgt.

Eine letzte priesterliche Vollmacht ist die *Siegelung*. In ihrem Hintergrund steht die Auffassung, daß die *Ehe* nach Gottes Willen einen ewigen Bund darstellt, der mit dem Tod nicht enden soll. Sie braucht auch nicht zu enden, da die Abgeschiedenen in körperlicher Form weiterleben. Damit sie aber für alle Zeiten fortbestehe, bedarf sie der Siegelung. Diese muß im Tempel vorgenommen werden und ist solchen Gliedern der Kirche vorbehalten, die sich als würdig erweisen. Durch die Siegelung wird die irdische Ehe zur »Himmlischen Ehe«. Die nichtgesiegelten Ehen dagegen hören mit dem Tod auf. Die Partner können im Jenseits nicht wieder heiraten, sondern sind zu dienenden Engeln, also für untergeordnete Posten, bestimmt.

Siegelungen können nur im *Tempel* vorgenommen werden. Ein »Tempel« ist nicht nur eine Kirche oder ein Versammlungshaus, sondern »eine dem Herrn durch Einweihung besonders bereitete und von ihm anerkannte Stätte für das Vollziehen der dem Heiligen Priestertum zustehenden Verordnungen«[48]. Nichtmormonen haben keinen Zutritt, und auch Mormonen werden nur zugelassen, wenn sie einen »Empfehlungsschein« von der Heimatgemeinde mitbringen, der ihre Würdigkeit bestätigt. Das hat seinen besonderen Grund: In den Tempeln werden auch Handlungen vollzogen, die in enger Verbindung mit den Jenseitsvorstellungen der Mormonen stehen und streng geheim gehalten werden müssen. Sie gehen auf Brigham Young zurück. Er führte 1853 besondere Verordnungen ein, die nach dem Tod einen ungehinderten Zugang zum Vater sichern sollen. Nachdem man sich besonderen Waschungen und Salbungen unterzogen und eine Tempelrobe angelegt hat[49], empfängt man einen aus der Bibel entnommenen »neuen Namen«, der geheim gehalten werden muß: es ist der Name, unter dem man nach dem Tod im Jenseits erkannt wird. Weiter wird man über besondere Zeichen, Schlüsselworte und Arten des Händedrucks unterrichtet, die beim Gang durch einen Vorhang wiederzugeben sind; sie sind wichtig beim Passieren der

[48] a.a.O. S. 165

[49] Nach dem Bericht eines früheren Mormonenpriesters über eine Ehesiegelung besteht die Tempelrobe, die »Garments«, aus Unterhemd und langer Unterhose – in beide sind am rechten Knie bzw. an den Brustwarzen kleine Löcher geschnitten als Zeichen der Demut und der Fruchtbarkeit – und darüber ein weißes Hemd und ein wallendes hemdartiges Kleid, das bis zum Boden reicht; der Mann trägt außerdem eine weiße Mütze.

Engel, die im Jenseits als Schildwachen am Weg stehen. Die Priester sind durch schwere Eide zur Geheimniswahrung verpflichtet, etwa: »Wir geloben feierlich und verpflichten uns, niemals irgendeines von den Geheimnissen dieses Priestertums samt Namen, Zeichen, Handgriff oder Strafandrohung, die damit verbunden sind, zu verraten. Verstoßen wir dagegen, dann möge uns die Brust geöffnet und das Herz und alle Lebensorgane herausgerissen und den Vögeln unter dem Himmel und den Tieren auf dem Felde zum Fraß gegeben werden.«[50]
Eine Menge von Zeremonien wurde zum Vollzug der Verordnungen entwickelt, und die zahlreichen Spezialräume (für Waschungen und Salbungen, stellvertretende Totentaufen, Siegelungen u. a. m.) unterstreichen die Rolle, die der Tempel im Glaubensleben der Mormonen spielt: er ist die Vermittlungsstelle für alle Begabungen, die der Mensch braucht, um die ewige Herrlichkeit zu gewinnen.

Woher stammt dieses Tempelzeremoniell? Eine Auskunft mag das Freimaurerlexikon von Lenhoff/Possner, 1932, Sp. 1063/4 geben. Hier heißt es unter dem Stichwort »Mormonen«: »Unter den führenden Anhängern des neuen Evangeliums war eine ganze Anzahl Freimaurer, unter ihnen Brigham Young und Hyrum Smith, der Bruder des ›Propheten‹, die in der Nauvoo Lodge emsige Tätigkeit entfalteten. Bei der Einsetzungsfeier wurde auch der ›Prophet‹ selbst vom Großmeister aufgenommen.« Aber im Oktober 1844 wurden die Bauhütten der Mormonen von der Großloge als Winkellogen erklärt, weil die Mormonenkirche »sich für die Kulthandlung bei der Aufnahme in die Sekte eine ganze Reihe freimaurerischer Symbole angeeignet habe« und in den Tempelzeremonien »viel aus der freimaurerischen Ritualistik zu finden sei«.

Nach dem Großen Plan sollen alle Geister erlöst werden. Nun gibt es aber unermeßliche Totenscharen, die in einer Zeit der Finsternis auf Erden gelebt und darum keine Gelegenheit gehabt haben, von den Segnungen der Kirche Gebrauch zu machen. Es ist ein wichtiger Dienst der Kinder an ihren Vorfahren, sich stellvertretend für sie taufen, die Hände auflegen und Tempelverordnungen vollziehen zu lassen. Sie können auf diese Weise »bis zu einem gewissen Grade Erlöser im Hause ihrer Väter werden«[51]. Um dieses *Werk für die Toten* zu vollbringen, müssen die Namen der Abgeschiedenen bis in die fernste Vergangenheit erfaßt und einzeln den Tempelhandlungen zugrunde gelegt werden. Dieser gewaltigen Aufgabe widmet sich die 1894 gegründete *Genealogische Gesellschaft.* Mit Bienenfleiß sammelt sie alle Urkunden, die genealogischen Wert haben. Die Sammlung umfaßte 1911 schon fast 2000 Bände; bis 1977 wuchs sie auf 949 000 Mikrofilmrollen von je 30 m Länge, die dem Inhalt von 4 517 000 Büchern mit je 300 Seiten entsprechen. An der Arbeit der Genealogischen Gesellschaft sind die Mormonen vor allem ihrer Vorfahren wegen interessiert, die sie auf diese Weise erlösen wollen. Aber sie ist inzwischen weit darüber hinausgewachsen. Jetzt treibt sie ihre Sammelarbeit in 36 Ländern, verfügt über 80 Zweigbibliotheken und lichtet mit 80 Mikrokameras die Urkunden ab. Für das Zentralarchiv wurde in der Umgebung von Salt Lake City ein Gewölbe mit 6 Lagerräumen und insgesamt 23 000 qm Flä-

[50] Diese und andere Eidesformeln wurden in »Salt Lake Tribune« vom 12. Februar 1906 aufgrund gerichtlicher Zeugenaussagen veröffentlicht. Nach Russell F. Ralston (Fundamental Differences, S. 221 f.) haben sie später vielleicht gewisse Änderungen erfahren.
[51] James E. Talmage, Die Glaubensartikel, S. 163

che unter einer mehr als 1000 m dicken Granitdecke der Rocky Mountains geschaffen. Hier sind die Filmnegative absolut sicher untergebracht – gegen Erdbeben, Feuer, Überschwemmungen und sonstige Naturkatastrophen. Im Fall einer Atomexplosion schließen sich die Luftventile sofort und verhindern das Eindringen radioaktiver Stoffe. Vorsorglich wurden in der Schlucht weitere Flächen erworben, die bei Bedarf für ein halbes Dutzend ähnlicher Felsenbunker reichen. Das Zentralarchiv ist die größte genealogische Bibliothek der Welt. Das bewundernswerte Werk genießt denn auch bei den einschlägigen Forschern einen hohen Ruf und steht jedem Interessenten zur Verfügung. Als die Gesellschaft 1969 anläßlich ihres 75jährigen Bestehens in Salt Lake City einen Urkunden-Weltkongreß veranstaltete, kamen mehr als 10000 Historiker, Genealogen, Bibliothekare, Archivare, Computer- und Filmfachleute aus vielen Ländern bis zum Generaldirektor der Moskauer Archive und zum islamischen Ägyptologen aus Kairo. Die Genealogische Gesellschaft bot an, ganze Stadtarchive kostenlos auf Mikrofilm zu nehmen und einzulagern. Davon machten manche Archivleitungen, auch in Deutschland, gern Gebrauch, zumal die Erfahrungen des Zweiten Weltkriegs die bisher üblichen Sicherungsmaßnahmen hatten fragwürdig werden lassen.

Die Zukunft der Herrlichkeiten

Das Reich Gottes hat nach der Überzeugung der Mormonen vielerlei Stufen der Erhöhung. Schon Joseph Smith hatte die Offenbarung empfangen, daß Gott viele Welten geschaffen und bevölkert hat und daß »deren Einwohner daher auf Gott hin geborene Söhne und Töchter sind«[52]. Diese Vorstellung wurde dann besonders durch Brigham Young weiter entwickelt und das »Universum als der Ort einer bis ins Göttliche hinein sich steigernden Erhöhung des Menschlichen verstanden«[53]. Die Sternenwelt ist also in den göttlichen Heilsplan einbezogen. Sie ist dazu bestimmt und vorbereitet, Wohnort der Abgeschiedenen zu werden, wo sie zu immer höheren Stufen der Herrlichkeit aufsteigen können. Die Hauptstufen sind: die Unterirdische Herrlichkeit für solche, die das Zeugnis Jesu nicht annahmen, aber den Heiligen Geist nicht verleugneten; die Irdische Herrlichkeit für die, welche ehrlich, aber »nicht tapfer im Zeugnis Jesu« waren; die Himmlische Herrlichkeit für die, die das Zeugnis Christi annahmen, alle Gesetze und Verordnungen des Evangeliums befolgten und Böses durch gottselige Werke überwanden. Diese werden Priester des Allerhöchsten und Könige mit himmlischen Leibern. Sie werden sein von Ewigkeit zu Ewigkeit... Sie werden Götter sein, denn sie haben alle Macht, und die Engel sind ihnen untertan.«[54] Aber auch die Unterirdische Herrlichkeit »übersteigt alle Begriffe«[55]. Die Insassen dieser Stufe haben, wie auch die Angehörigen der anderen Herrlichkeiten, die Möglichkeit, sich gemäß dem Fortschrittsprinzip innerhalb ihrer Hauptstufe höherzuarbeiten. Schlimmer

[52] Lehre und Bündnisse 76, Abschnitt 24
[53] Ernst Benz, Kosmische Bruderschaft, S. 117
[54] Lehre und Bündnisse, Abschnitt 132, 20
[55] a. a. O. Abschnitt 76, 89f.

ist dagegen das Schicksal einer Klasse von Geistern, die aus abgefallenen Mormonen besteht. Ihre Sünde ist mit dem Verrat Luzifers vergleichbar, und es wartet ihrer die ewige Strafe. Andererseits wird aber auch gesagt, daß der zweite Tod über sie Macht habe.

Die *Zukunftsereignisse* treten dann ein, wenn die von Gott für die Verkörperung auf Erden vorgesehene Zahl der Geister erreicht ist. Der Mittelpunkt des Endgeschehens wird Amerika sein. Hier wird das Volk Israel durch die Heiligen der Letzten Tage gesammelt, damit es sich auf das Ende dieser Welt vorbereite. Dieses Volk Israel ist aber nicht mit den Juden identisch! Infolge seiner Zerstreuung hatte es sich vielmehr mit allen Völkern der Erde vermischt; deshalb ist jede Nation an dem Bundesvolk Gottes beteiligt, und die »Heiligen der Letzten Tage« sind mit diesem Bundesvolk gleichzusetzen. Der Wiederkunft werden schwere Naturkatastrophen vorausgehen, aber in dem amerikanischen Zion in Independence wird Sicherheit sein. Dann erscheint Christus persönlich, von den Scharen der Gerechten begleitet. Die noch lebenden Heiligen werden verwandelt und zu ihm aufgehoben, um danach mit ihm wieder herabzusteigen und an seiner Herrlichkeit auf Erden teilzunehmen. Es findet eine Vereinigung mit der irdischen Kirche Jesu Christi statt. Satan wird gebunden. An der ersten Auferstehung nimmt die »Gemeinde der Gerechten« teil; zu ihr gehören außer den Gesetzestreuen auch unschuldig gestorbene Kinder und Gerechte aus den heidnischen Völkern. Die Auferstehung geschieht dadurch, daß die Geister aus dem Paradies wieder mit den Körpern in den Gräbern vereinigt werden. Christus wird in Zion inmitten seiner Heiligen wohnen und das *Tausendjährige Reich* regieren. Es umfaßt auch die ehrbaren und rechtschaffenen Menschen, die der Mormonenkirche nicht angehören, und gewährt ihnen Schutz und Bürgerrecht. Dieses Reich wird einen Zustand des Friedens und ungewöhnlicher Segnungen bringen. Sünde und Tod werden zwar nicht völlig ausgeschaltet sein; aber die Menschen werden leben, bis sie im Alter in einem Augenblick in den Zustand der Unsterblichkeit verwandelt werden. Sterbliche und unsterbliche Wesen werden die Erde bewohnen. Die Mormonen aber werden das stellvertretende Werk für die Toten fortführen. Die Erde wird während der tausend Jahre einen Erneuerungsprozeß durchmachen, der sich als Verjüngung und Verklärung beschreiben läßt und einer Auferstehung vergleichbar ist; schließlich wird sie wie ein Kristall aussehen. Reiche Ernten werden wachsen, und die Tiere werden ihre Wildheit verlieren.
Nach Ablauf der tausend Jahre folgen der Endkampf mit dem Satan und die Zerstörung seiner Macht, die zweite Auferstehung und das Jüngste Gericht. Auf der erneuerten Erde werden alle die Geister leben, die den höchsten Grad der Vollkommenheit erreicht haben. Die weniger Fortgeschrittenen werden auf anderen Planeten wohnen. Und was dann? Darüber vermögen die Heiligen der Letzten Tage nur noch auszusagen, daß auch diese Zukunft *im Zeichen des ewigen Fortschritts* stehen wird. Denn Gott selbst ist ein Wesen, dessen Vollkommenheit im ewigen Fortschritt besteht. Und die Menschen dürfen auf dem gleichen Weg wie er dem gleichen Ziel zustreben. »Ungeachtet des Widerspruchs der Sekten und angesichts des Vorwurfes der Gotteslästerung verkündet die Kirche die ewige Wahrheit: Wie der Mensch jetzt ist, war einst Gott; und wie Gott jetzt ist, kann der

Mensch einst werden.«[56] Der Fortschrittsgedanke mündet also in ein Finale, in dem die Apokatastasis zu einer Apotheosis des Menschen gesteigert ist. Und die Verdammten? Es sind ihrer nur wenige, so daß dadurch die Lehre von der endlichen Erlösung aller Menschen keine Einbuße erleidet. Ihre Zahl ist so klein, daß »sie an den Fingern einer Hand aufgezählt werden können.«[57]

Was steckt hinter dem Buch Mormon?

1. Die Frage nach der *Echtheit des Buchs Mormon* war immer heiß umstritten. Die Mormonen wenden allen Spürsinn auf, um Stützen für die Echtheit zu entdecken und die Gegeneinwände zu entkräften. Es geht hier unter anderem um die Frage, ob sich der Bericht des Buchs Mormon von der *Besiedlung Amerikas* durch vorderasiatische und israelitische Stämme mit den Ergebnissen der Forschung deckt. Das ist nicht der Fall. Trotz intensiver wissenschaftlicher Untersuchungen konnte das Dunkel, das über der Frühzeit Amerikas liegt, bis jetzt noch nicht aufgehellt werden. Die einzelnen Auffassungen gehen weit auseinander.

Nach dem Wiener Prähistoriker Robert Heine-Geldern sind die eigentlichen Schöpfer der mittel- und südamerikanischen Kulturen aus Südostasien eingewandert. Der Erlanger Linguist Prof. Karl Bouda glaubte eine Verwandtschaft zwischen den Sprachen der alten Inkas und der nordasiatischen Tungusen feststellen zu können. Andere Forscher wiederum nehmen eine östliche Beeinflussung Amerikas an.
Otto Muck vertrat auf Grund zahlreicher Gemeinsamkeiten zwischen der Maya-Kultur und der Welt auf der Ostseite des Atlantik (Ackerbaumethoden, religiöse Kulte und Kultbauten, Astronomie, Kalender, Sagen wie Sündenfall, Turmbau von Babel, Sintflut) die Auffassung, daß einst eine riesige Insel »Atlantis« existierte und als »das urzeitliche Kulturzentrum des atlantischen Raums« seine Einflüsse nach Ost und West ausstrahlte, bis sie etwa 8500 v. Chr. durch den Einschlag eines Planetoiden vernichtet wurde (vgl. Otto Muck, Atlantis – Die Welt vor der Sintflut, 1956).
Diese Theorie wird von dem französischen Sprachforscher Marcel F. Homet unterstützt, der prähistorische Spuren im Amazonasgebiet erkundete und zu dem Schluß kam, daß vor 8000–10000 Jahren in Südamerika hohe Kulturen bestanden, die mit Kulturen im vorkeltischen Europa und in Nordafrika eng verwandt waren; beide hatten ihre Wiege in Atlantis.
Pierre Honoré (Ich fand den weißen Gott, 1961) schloß aus rassenkundlichen Beobachtungen, Mythen, Bauformen, Steinritzungen u. a. m. auf eine enge Beziehung zwischen den alten indianischen Kulturen Südamerikas und der antiken Welt des Mittelmeers, besonders Kretas.
Der italienische Sprachenspezialist und Entzifferer der etruskischen Sprache Mario Gattoni Celli behauptete, daß die etruskischen Symbole des Todes und des Jenseits fast in der gleichen Gestalt in Guayana anzutreffen seien; nach seiner Theorie überquerten Etrusker im 10. vorchristlichen Jahrhundert den Atlantik und verpflanzten ihre religiösen Praktiken, Texte und Kultsymbole auf guayanischen Boden.
Prof. Cyrus H. Gordon von der Brandeis-Universität dagegen behauptete einen kulturellen Einfluß der Phönizier und stützte sich auf die angeblich phönizische Inschrift, die ein 1871 in

[56] James E. Talmage, Die Glaubensartikel, S. 449
[57] Charles S. Braden, They also believe, S. 448

Paraiba (Brasilien) gefundener und inzwischen wieder verschwundener Stein trug. In ihr wird mitgeteilt, daß die Verfasser der Inschrift sich im 19. Jahr der Regierung Hirams (970–936) mit einer Flotte auf die Reise begaben, »um in entlegenen, gebirgigen und dürren Ländern Faktoreien zu gründen«. Sie segelten zwei Jahre lang an der Küste Afrikas entlang und wurden dann durch einen Sturm von den anderen Schiffen getrennt und weit fortgerissen. »So kamen sie, 12 Männer und 3 Frauen, an diesen fremden Strand.« Gordon kombinierte diese Angaben mit einer Bemerkung des griechischen Geschichtsschreibers Herodot im 5. Jahrhundert, daß eine phönizische Flotte im Auftrag des ägyptischen Pharaos Necho II. Afrika umschifft hat. Also mußte sie in den Atlantik gelangt sein und an den südamerikanischen Strand getrieben worden sein.
Der Harvard-Professor Barry Fell wiederum hatte Ähnlichkeiten zwischen Inschriften in der Kordillerenhöhle Casa Pintada (Mittelchile) aus dem Jahr 246 v. Chr. und Inschriften in Libyen festgestellt. Der Verfasser der chilenischen Inschrift, Kommandant einer Flotte, beanspruchte danach »dieses Land für den König von Ägypten, für seine Königin und ihren ehrenwerten Sohn. Umfassend 4000 Meilen, steil, gebirgig, mächtig sich in die Höhe erhebend.«
Thor Heyerdahl (u. a. »Zwischen den Kontinenten«) vertrat die These, daß nahöstliche Seefahrer schon vor Jahrtausenden den Atlantik überquert und kulturelles Erbe aus Ägypten und Mesopotamien zu den Mayas, Azteken und Tolteken gebracht haben: Pyramiden, Mumifizierung, Schädelbohren, Sonnenverehrung, Binsenboote, Vogelmenschengottheiten u. a. m.
Auch der Engländer Nigel Davies (»Bevor Columbus kam«) hielt angesichts der Hochseetüchtigkeit ägyptischer und phönizischer Schiffe solche Fahrten für möglich, wertete aber etwaige Landungen als Zufallsberührungen, die keine tiefgreifende Spuren hinterlassen konnten. Er setzte der Auffassung der »Diffusionisten«, daß alle höheren Kulturen eine gemeinsame Wiege im Mittelmeerraum haben, die *These der »Isolationisten«* entgegen, wonach sich die altamerikanischen Kulturen ohne wesentlichen Einfluß von außen entwickelt haben. Eine Reihe amerikanischer Forscher folgerten nach Peter Baumann (»Valdivia«) aus zahlreichen Funden in der Gegend von Valdivia und archäologischen Hinweisen, daß die Anfänge dieser Kulturen an der Küste von Ekuador um 7000 v. Chr. zu suchen seien: »Alles in allem ist die erste Zivilisation der Neuen Welt nicht sehr weit entfernt vom Beginn der Zivilisation anderswo in der Welt.«

Auf die Frage nach der Herkunft der alten amerikanischen Bewohner und Kulturen werden also sehr verschiedene Antworten gegeben. Aber keine deckt sich mit dem Bericht des Buchs Mormon. Er kommt schon deshalb nicht als ernsthafte Hypothese in Betracht, weil die Sprachen, religiösen Vorstellungen und Bräuche der alten Indianer keinerlei Verwandtschaft mit denen der Hebräer haben.
Auch die *Zeittafel der Geschichte Amerikas* läßt sich nicht mit den Daten des Buchs Mormon vereinigen. Helmut de Terra[58] datiert die früh- bis mittelarchaische Kultur im Hochtal von Mexiko auf etwa 1400 v. Chr., die spätarchaische Periode auf 500 v. Chr., die klassische Kultur von Teotihuacan und Monte Alban auf die Zeit vom Beginn der christlichen Zeitrechnung bis 900 n. Chr., die Tolteken auf 900–1150 und das Reich der Azteken auf 1180–1520. Das älteste Zeugnis der Maya-Kultur in Mittelamerika stammt aus dem Jahr 162 n. Chr. Der Blütezeit des Alten Reichs (317–987) und des durch die Tolteken geprägten Neuen Reichs folgte der Niedergang, der durch das Eindringen der Spanier vollendet wurde.

[58] Helmut de Terra, Urmensch und Mammut, Alte Kulturen im Boden Mittelamerikas, 1954

Der Beginn des Inka-Reichs, das sich von Peru aus über den ganzen Westteil Südamerikas von Ekuador bis Nordchile erstreckte, wird auf 1200 n. Chr. angesetzt. Es fiel ebenfalls den Spaniern unter Pizarro zum Opfer.

Diese Geschichte Amerikas kennt keine Kultur der Nephiten, weiß nichts von Lamaniten zu berichten, und die zwei Schlachten beim Hügel Cumorah sind nirgends in ihren Annalen verzeichnet. Die einzigen Ausgrabungsfunde, die diese Ereignisse nachweisen sollen, die Goldenen Platten, will Joseph Smith wieder weggebracht haben, so daß jede wissenschaftliche Nachprüfung unmöglich ist. Angesichts dieses Tatbestandes ist es schwer, die Berichte des Buchs Mormon für bare Münze zu nehmen.

Und die Geschichte von einem zweiten Auftreten Christi in Amerika? Ein solches bedeutsames Ereignis hätte irgendeinen literarischen Niederschlag finden oder sonstige Spuren hinterlassen müssen; aber es läßt sich nichts Derartiges feststellen[59]. Die Abteilung für amerikanische Ethnologie der staatlichen Smithsonian Institution in Washington hat denn auch den Anspruch des Buchs Mormon auf Historizität ausdrücklich zurückgewiesen: »Es gibt nichts, was zeigt, daß die Indianer jüdischer Abstammung seien. Überall in der Welt haben primitive Völker mit den alten Hebräern gemeinsame Züge. Diese Tatsache hat in der Vergangenheit zu vielen Vergleichen zwischen Indianerstämmen und Juden geführt.«[60]

Die Behauptung, daß die Indianer israelitische Nachkommen seien, wurde in der Zeit, in der das Buch Mormon erschien, auch von anderen vertreten, so von Ethan Smith in »View of the Hebrews or the Tribes of Israel in America« 1825 und von Josiah Priest in »American Antiquities« 1833. Im Hintergrund dieser Abstammungstheorie stand die British-Israel-Bewegung (S. 192 ff.) und das Bestreben, die junge amerikanische Nation, die eben erst im Unabhängigkeitskrieg ihre Selbständigkeit erlangt hatte, in die Reihe der alten Völker zu rücken, sie in eine ehrwürdige Ahnenkette und Tradition einzugliedern und auf diese Weise ihr Sendungsbewußtsein zu begründen, das dann in der Erhebung des amerikanischen »Way of Life« zu einer weltmissionarischen Idee gipfelte.

Im Buch Mormon wurde die Theorie von der israelitischen Herkunft der amerikanischen Ureinwohner aufgegriffen und zu einer *Geschichtskonstruktion* ausgeweitet, welche der Weltsendung Amerikas zugleich einen religiösen Charakter gab. Diese Konstruktion besteht aus folgenden Hauptpunkten: Das Volk Israel zerfällt in zwei Teile – den palästinischen und den amerikanischen Zweig. Darum ist auch Amerika ein Träger der Heilsgeschichte. Das wird dadurch bestätigt, daß es eine eigene amerikanische Bibel besitzt und daß Christus hier genauso erschie-

[59] Eine solche Spur darf keinesfalls in der Legende vom »weißen Gott« gesehen werden, die in der Überlieferung aller alten Kulturvölker der Neuen Welt bis heute lebendig geblieben ist. Die Namen dieser »weißen Götter« sind verschieden – »Bochica« bei den Chibcha, »Kukulkan« bei den Maya, »Quetzalcoatl« bei den Azteken und Tolteken –, aber gemeinsam ist den Legenden die Vorstellung, sie seien auf großen, flinken Schiffen über das Meer gekommen und seien blond, blauäugig und weißhäutig gewesen. Darin spiegeln sich Erinnerungen an die Führer von angelandeten Seefahrern aus anderen Kontinenten. Daß diese Legenden mit einem Erscheinen des auferstandenen Christus in Amerika nichts zu tun haben, beweist schon der Name »Quetzalcoatl«; bei ihm handelt es sich um eine historische Persönlichkeit, den 5. Toltekenkönig, der 947–999 lebte.

[60] Chief Sterling von der Smithsonian-Institution 1938, zitiert nach Reiner Kallus, Die Mormonen, S. 53

nen ist und eine Kirche gegründet hat wie in Palästina. Nach dem Bericht des Buchs Mormon haben sowohl die europäischen Heiden als auch die amerikanischen Nachkommen der Israeliten das Evangelium in reiner Gestalt empfangen. Aber durch die Europäer erfolgte dann »die Gründung einer großen und abscheulichen Kirche, welche die abscheulichste von allen Kirchen ist«[61], der römischen. Auch die Reformation hat nur ein verkürztes und entartetes Evangelium übernommen. Allerdings war auch die »Kirche Christi« in Amerika dem Zerfall preisgegeben und ging schließlich um 400 n. Chr. unter. Aber das ihr anvertraute reine und volle Evangelium wurde durch Joseph Smith auf wunderbare Weise wieder entdeckt, und es wurde die echte und ursprüngliche Kirche wieder errichtet. Das ist das eigentliche Heilsfaktum, das die heutige Weltsendung Amerikas begründet.

Und dieser Kontinent soll durch die Europäer besiedelt und christianisiert worden sein? Keineswegs, sondern seine Urbevölkerung geht auf Israel zurück, und das von den Europäern herübergebrachte Christentum war eine verdorbene Religion. Aber daß sie Amerika »entdeckten«, hat trotzdem einen göttlichen Sinn. Denn damit kamen sie in Berührung mit der wiederhergestellten Kirche Christi. Und das Ziel dieser Begegnung ist, die Völker Europas aus der Knechtschaft ihrer Kirchen zu befreien. Die europäische christliche Mission, die zur Errichtung von Pseudokirchen in Amerika geführt hat, wird also abgelöst durch eine amerikanische Gegenmission unter den Europäern, die von der wahren »Kirche Christi« getragen wird, um ihnen wieder den Zugang zum vollen Evangelium zu erschließen. Das Buch Mormon stellt mit dieser Konstruktion »die kühnste Geschichtsfälschung der Neuzeit«[62] dar, dazu bestimmt, die heilsgeschichtliche Weltsendung Amerikas und insonderheit der Mormonenkirche zu begründen.

2. Zahlreiche Tatbestände beweisen, daß das Buch Mormon eine junge Schöpfung ist. So läßt sich ohne Mühe feststellen, daß viele Einzelstücke genau den *gleichen Wortlaut haben wie die Paralleltexte in der englischen King-James-Bibel*. Diese ist im Jahr 1611 erschienen. Also konnte das Buch Mormon erst nach dieser Zeit entstanden sein. Wann? Verschiedene Elemente verraten deutlich ihre Herkunft aus der amerikanischen Erweckungsbewegung im Anfang des 19. Jahrhunderts, so die Auffassung von Taufe und Abendmahl.

Dasselbe gilt von der Selbstbezeichnung »Kirche Jesu Christi«. Namen wie »Kirche Gottes«, »Kirche Christi«, »Jünger Christi« sind in jenen Jahrzehnten gern für neu entstehende Erweckungsgemeinschaften gewählt worden[63]. In diesen Namengebungen spiegelt sich der Protest gegen die denominationelle Zerteilung und der Wille, über die von Menschen geschaffenen oder gar nach Menschen genannten Spaltungskirchen – römische, anglikanische, lutherische Kirche usw. – hinweg zur ursprünglichen Einheit in Christus zurückzukehren. Genau das glei-

[61] 1. Nephi 13, 26

[62] Peter Meinhold, Die Anfänge des amerikanischen Geschichtsbewußtseins, S. 83

[63] So »United Brethren in Christ« 1808, »Disciples of Christ« 1825, »Churches of God« von Joh. Winebrenner 1830, »Church of God, New Dunkers« 1848

che Motiv wird im Buch Mormon Christus selbst in den Mund gelegt: »Und wie kann es meine Kirche sein, wenn sie nicht nach meinem Namen genannt wird? Denn wenn eine Kirche nach Moses' Namen genannt würde, dann wäre sie Moses' Kirche; oder wenn sie nach eines Menschen Namen genannt würde, dann wäre sie eines Menschen Kirche. Wenn sie aber nach meinem Namen genannt wird, dann ist sie meine Kirche.« (3. Nephi 27, 8)
Das Buch Mormon ist also keinesfalls in den biblischen Zeiträumen entstanden, sondern stellt eine künstliche Neuschöpfung dar. Der Verfasser mühte sich zwar, in seiner Sprache den Stil der Bibel nachzuahmen. Aber es gelang ihm nur schlecht. Es war ihm genug, biblische Wendungen zu gebrauchen. Damit war er am Ende seiner Kunst. An die Stelle der präzisen Diktion in den Evangelien, wo jeder Satz, jedes Wort bedeutungsschwer ist, trat bei ihm ein Wortreichtum, der in ermüdenden Wiederholungen weniges sagt[64].
Noch deutlicher verrät sich der Verfasser durch allerlei *geschichtlich unmögliche Wendungen*. So redet er z. B. davon, daß die Amalekiter »Synagogen« hatten oder daß es lange vor dem Kommen Christi eine »Kirche« gab. Aber die Amalekiter hatten nie Synagogen; solche gab es erst im Spätjudentum. Und ebensowenig gab es vor Christus eine »Kirche«. Dieses Wort stammt ja wie »Synagoge« aus dem Griechischen, bedeutet in seiner ursprünglichen Form »dem Herrn gehörig« und setzt also das Erscheinen des Herrn voraus. Das zweite Nephi-Buch soll in der Zeit 559 bis 545 v. Chr. entstanden sein, spricht aber in Kap. 31, 6. 8 bereits davon, daß bei der Taufe »der Heilige Geist in Gestalt einer Taube« auf das »Lamm Gottes« herabkam; in 2. Nephi 33, 6 ist vom »versöhnenden Blut Christi« die Rede; in 2. Nephi 29, 3 wird der Begriff »Bibel« gebraucht, der erst 1000 Jahre später eingeführt wurde.

3. Damit sind wir an dem Punkt angelangt, an dem wir die Frage nach der *Person des Verfassers* stellen können. Einar Anderson bringt in seinem Buch »Ich war ein Mormone« (S. 22f.) eine Zusammenfassung der bisherigen Nachforschungen aus der Feder eines A. T. Schroeder, Rechtsanwalt in Salt Lake City. Der Artikel war von der Salt-Lake-Predigervereinigung publiziert worden. Danach zeichnet sich folgendes Bild des Geschehens ab[65]:
Ein Geistlicher der Presbyterianer, Solomon Spaulding, verfaßte im Ruhestand zwischen 1812 und 1816 einen Roman, dessen Thema der israelitische Ursprung der Indianer war. Der Roman hatte im ersten Entwurf die Form einer Übersetzung alter historischer Schriften, die in einer Steintruhe entdeckt worden sein sollen. In einem zweiten Entwurf datierte Spaulding die Erzählung noch weiter zurück und verwendete einen altertümelnden Stil, um das Alter der Schriften glaubhafter zu machen. Vermutlich kam ihm im Zusammenhang mit dieser Zurückverlegung auch der Einfall, die Pergamentrolle, auf welcher die alte Historie aufgezeichnet war, durch goldene Platten zu ersetzen. Er übergab dann den revidierten Text einem Verleger. Hier wurde er gestohlen. Aufgrund gewisser Anzeichen

[64] Mark Twain nannte das Buch Mormon wegen seiner Langweiligkeit »gedrucktes Chloroform«.
[65] Siehe auch W. L. Cowdrey, H. A. Davis und D. R. Scales, Who Really Wrote the Book of Mormon? Santa Ana/California 1977

verdächtigte Spaulding den jungen Verlagsangestellten Sidney Rigdon als Dieb. In der Tat hatte dieser nach Spauldings Tod und lang vor der Entstehung der Mormonenkirche ein solches Manuskript in seinem Besitz und gab auch unumwunden zu, daß es von Spaulding stamme. Nun wurde er durch Parley P. Pratt mit Joseph Smith bekannt gemacht. Ihren Gesprächen entsprang der Plan einer Religionsstiftung. Smith wurde die Rolle eines Propheten der »letzten Tage« und des Entdeckers, Übersetzers und Eigentümers des Buchs Mormon zugedacht. Das Buch Mormon aber geht auf jenen revidierten Roman Spauldings zurück. Diese Vorgeschichte des Buchs Mormon wurde durch zahlreiche Beweisstücke belegt: Da sind die beschworenen Aussagen der Ehefrau und der Tochter von Spaulding, seiner Nachbarn und Freunde, daß die geschichtlichen Teile in seinem Roman und im Buch Mormon miteinander identisch seien. Da ist weiter die Tatsache, daß viele Namen von Personen, Orten und Stämmen sowohl bei Spaulding als im Buch Mormon vertreten sind – Namen, die teils aus der Bibel stammen, teils nur Kennern der amerikanischen Vorgeschichte bekannt waren, zu denen auch Spaulding gehörte, oder die von Spaulding selbst geprägt wurden. Zu diesem gemeinsamen Bestand gehören Namen wie Nephi, Lehi, Mormon, Lamaniten, Amliciten, Zarahemla.
Die Mormonen wehrten sich mit dem Hinweis, daß das Manuskript Spauldings im Jahr 1884 durch einen »glücklichen Zufall« wieder entdeckt worden sei, und eine Überprüfung durch den Präsidenten James H. Fairchild vom Oberlin-College in Ohio habe keinerlei Identität mit dem Buch Mormon ergeben. Aber dieser Einwand verfängt nicht, denn bei jenem wiederentdeckten Manuskript handelt es sich um den ersten Romanentwurf Spauldings, nicht um den revidierten Text. Von einem Teil des letzteren konnten sich in jüngster Zeit drei junge Amerikaner Fotokopien beschaffen und legten sie zusammen mit Schriftproben Spauldings drei angesehenen Handschriftenexperten vor, ohne sie über die Hintergründe der erbetenen Untersuchung zu unterrichten. In ihren Gutachten stellten zwei eindeutig fest, daß beide Schriftproben vom gleichen Verfasser stammen müssen; nur einer schwankte.

Auch die Herkunft des *»Buchs Abraham«,* Bestandteil von »Die köstliche Perle«, wurde aufgehellt. Die Originalpapyri dieses Buchs waren viele Jahre verschwunden, und man glaubte, sie seien durch einen Brand in Chicago zerstört worden. Aber die drei jungen Amerikaner fanden sie samt den handschriftlichen Vermerken von Joseph Smith im Metropolitan Museum und übergaben sie der Leitung der Mormonenkirche. Diese sah hier eine ausgezeichnete Gelegenheit, die Qualitäten Joseph Smiths als Übersetzer des ägyptischen Textes zu beweisen, und beauftragte den Ägyptologen Prof. Dee Jay Nelson, der selbst Mormone war, mit der Übersetzung. Er »entdeckte bald, daß es sich bei dem Material um gewöhnliche Begräbnispapyri handelte, nämlich um das ägyptische ›Buch der Atemzüge‹« (einer Kurzfassung des früheren »Buchs der Toten«), das etwa aus der Zeit um 100 v. Chr. stammte. Um sicher zu gehen, legte Prof. Nelson die Papyri drei weiteren Ägyptologen vor, die seinen Befund voll bestätigten. Daraufhin erklärte er 1975 seinen Austritt aus der Mormonenkirche.
Für die Mormonen ist naturgemäß die Echtheit ihrer heiligen Schriften von ent-

scheidender Bedeutung. In einer offiziellen Erklärung vom Jahr 1938 heißt es: »Wenn es nicht wahr ist, dann ist das gesamte Gebilde des Mormonismus auf einer falschen Grundlage aufgebaut.« Es ist sonach anzunehmen, daß die Leitung der Mormonenkirche alles unternehmen wird, um die Befunde der Quellenforschung zu entkräften.

So heißt es in einer Presseerklärung des Öffentlichkeitsbeauftragten der Mormonenkirche in Deutschland vom 23. August 1978 im Hinblick auf die Arbeit von Cowdery, Davis und Scales: »Bedauerlicherweise wurden hier Untersuchungen herangezogen, denen... der wissenschaftliche Boden entzogen ist.« Der »Historiker der Kirche, Prof. Dr. Leonard Arrington, widerlegte in einer bereits am 28. Juni 1977 veröffentlichten Erklärung die unhaltbaren Anschuldigungen im einzelnen«. Professor Arrington argumentierte, daß es »einfach widersinnig« sei, anzunehmen, daß zwölf Seiten aus dem Manuskript Spauldings 14 Jahre nach dessen Abfassung »über eine große Entfernung hinweg« zu Joseph Smith gelangt seien und daß dieser, »während er das Buch Mormon diktierte, diese zwölf Seiten mitten in seiner Erzählung in das von ihm begründete Manuskript einschob, und schließlich, daß diese zwölf Seiten hinsichtlich ihrer Größe und Papierqualität genau den Manuskriptblättern davor und danach entsprechen; ferner daß die Tinte, der Stil und der Inhalt der zwölf Seiten genau dem entsprechen, was (J. Smith) vorher und nachher diktierte«. Zudem soll die Handschrift der fraglichen zwölf Seiten des Buches Mormon »unzweifelhaft dieselbe« sein wie die Handschrift einer Offenbarung, die 1831 empfangen und niedergeschrieben wurde. »Solomon Spaulding, der 1816 starb, konnte diese doch wohl nicht geschrieben haben.«

Von einer eindeutigen Klärung des Fragenkomplexes kann noch nicht die Rede sein; zumindest sind in den deutschen Raum noch zu wenig Unterlagen gelangt. Die Mormonenkirche wird durch kritische Untersuchungen ihrer Quellen auch kaum ins Wanken geraten, da ihre Gläubigen nicht willig sind, sich dem Zweifel zu öffnen. Zu viel Erhebendes hat ihre Religion anzubieten. Sie ist mit ihrer starken Hervorkehrung des optimistischen Elements, gipfelnd in der Verheißung, daß der Mensch einst werden kann, »wie Gott jetzt ist«, eine Religion der Freude, die gute und wertvolle Antriebe auslösen kann. Sie gibt dem Gläubigen mit ihren Offenbarungen, priesterlichen Vollmachten, Tempelverordnungen und Geboten ein sicheres Geleit auf seinem Fortschrittsweg und vergewissert ihn, daß sein Erdendasein nur die Vorstufe für einen weiteren Aufstieg von Herrlichkeit zu Herrlichkeit ist. Sie bettet sein äußeres und inneres Leben in eine Ordnung, in der er sich behütet und wohl fühlen kann. Sie hat denn auch eine starke Präge- und Bindekraft ausgestrahlt. Die Mormonen haben in ihrem Wohlfahrtsplan, ihrem regen Gemeinschaftssinn, dem Fleiß und wohlgeordneten, sauberen Leben ihrer Mitglieder ein eindrucksvolles Denkmal der Antriebe errichtet, die in ihrer Religion wirken. Sie haben von Anfang an Schulen und Bildungsanstalten aller Art gegründet und übertreffen darin alle Gemeinschaften gleicher Größe in den USA. Die Zahl der mormonischen Universitätsstudenten ist fast doppelt so groß wie der Durchschnitt. Die Geburtsrate liegt bei ihnen um ein Drittel höher als der Durchschnitt, dagegen die Sterblichkeit fast um die Hälfte geringer. Auch werden sie als die gesündeste Bevölkerungsgruppe in den Vereinigten Staaten gerühmt.

Andere Zweige des Mormonentums

Nach dem Tod von Joseph Smith wurden die Mormonen von verschiedenen Trennungen heimgesucht. Brigham Young stieß mit seinem Zug nach Utah und der Einführung der Vielehe auf erbitterten Widerstand.
Ein Teil der Protestgruppen wurde seit 1851 von Jason W. Briggs und Cenas H. Gurley gesammelt und schloß sich am 12. Juni 1852 zur *»Reorganisierten Kirche Jesu Christi der Heiligen der Letzten Tage«* zusammen. Mit dem Zusatz »Reorganisiert« sollte ausgedrückt werden, daß diese Kirche die alten Lehrgrundlagen von Joseph Smith wiederhergestellt hat[66] und daß sie die wahre Nachfolgerin der ursprünglichen Kirche von 1830 bis 1844 sei. Joseph Smith's ältester gleichnamiger Sohn, der ebenso wie seine Mutter und seine Geschwister in Nauvoo geblieben war und sich weder der Utah-Kirche noch sonst einer Mormonengruppe angeschlossen hatte, folgte einem Ruf der Reorganisierten Kirche und trat 1860 als »Prophet, Seher der Kirche, Offenbarer Jesu Christi und als Nachfolger seines Vaters« an ihre Spitze. Er starb 1914. Seine Nachfahren in direkter Folge Frederick M. Smith (Präsident 1915–1946), Israel A. Smith (1946–1958), W. Wallace Smith (1958–1978) und Wallace Bunnell Smith (geb. 1929) folgten ihm im Amt gemäß der göttlichen Verheißung, daß die Gabe der prophetischen Führung auf die Nachkommen von Joseph Smith übergehen und daß durch ihn und seinen Samen das Menschengeschlecht gesegnet werde.
Die Reorganisierte Kirche erkennt als Glaubensgrundlage die Bibel, das Buch Mormon und »Lehre und Bündnisse« an. Nicht »Die köstliche Perle«. Auch bestehen im Text von »Lehre und Bündnisse« erhebliche Unterschiede gegenüber der maßgeblichen Ausgabe der Utah-Kirche: Die von dieser vorgenommenen Veränderungen[67] wurden rückgängig gemacht und das Offenbarungswerk von Joseph Smith durch die Aufnahme von Offenbarungen seines Sohnes und dessen weiteren Nachkommen als der »gesetzmäßig berufenen und ordinierten Propheten« weitergeführt. Aber nur solche Offenbarungen werden aufgenommen, die von allgemeiner Bedeutung für die Kirche sind. Darum werden sie zuerst den leitenden Kollegien der Kirche vorgelegt und dann durch allgemeine Zustimmung der Kirchenglieder als glaubwürdig anerkannt.
Die Reorganisierten Mormonen bezeichnen sich als »Wiederherstellungskirche«, womit sie der Utah-Kirche das Recht bestreiten, dieses Prädikat für sich in Anspruch zu nehmen. Zwischen beiden bestehen denn auch Gegensätze, die sich im

[66] In einem Prozeß über den »Tempelgrundstücksfall« vor dem Bezirksgericht für den West-Distrikt von Missouri bestätigte der Richter John F. Philips am 16. März 1894 ausdrücklich, ihre Glaubenssätze seien »bei einigen Abweichungen im sprachlichen Ausdruck im wesentlichen nichts anderes als eine Wiedergabe derer der Kirche, wie sie von 1830 bis 1844 bestanden hat«. Das war schon 1880 in einer Gerichtsentscheidung der Zivilkammer in Lake County (Ohio) bekräftigt und der Utah-Kirche bescheinigt worden, daß sie »sich in der Sache weit von Bekenntnis, Lehre, Satzungen und Bräuchen der besagten ursprünglichen Kirche Jesu Christi der Heiligen der Letzten Tage entfernt« hat durch die Lehren von der himmlischen Heirat, der Polygamie und der Adam-Gott-Verehrung.

[67] Es wird ihr u. a. vorgeworfen, daß schon »wenige Wochen nach dem Tod des Propheten« acht Dokumente verschiedener Herkunft »ohne vorherige Genehmigung durch das Kirchenvolk« hereingenommen und 1876 nocheinmal 26 »angebliche Offenbarungen« hinzugetan wurden.

Lauf der Zeit immer mehr vertieft haben. Die Reorganisierte Kirche verwirft Lehren, die zum Fundamentalbestand der Utah-Kirche gehören: Während nach dieser Gott ein weit über den Menschen hinaus entwickeltes Wesen ist und der Mensch als ein »Gott im Keimzustand« diesen Aufstieg noch vor sich hat, bekennt die Reorganisierte Kirche in ihren »Aussagen zum Glauben«: »Wir glauben an Gott, den ewigen Vater, Quelle und Mittelpunkt aller Liebe, allen Lebens und aller Wahrheit, der allmächtig, unendlich und unveränderlich ist, in dem und durch den alles existiert und sein Wesen hat.«[68] Die mormonischen Lehren von der Bedeutung *Adams* und der Heilswichtigkeit des Sündenfalls kommen bei ihr nicht vor. Sie hat zwar die gleichen *priesterlichen Ämter* wie die Utah-Kirche, schränkt aber ihre Dienste und Aufgaben erheblich ein. Zu den Aufgaben des Aaronischen Priestertums gehören Predigt, Lehre, Seelsorge und Ausführung der Weihehandlung, während dem Melchisedekischen Priestertum die »präsidierende Funktion« in den kirchlichen Vereinigungen auf allen Ebenen anbefohlen ist. Die Siegelung der Ehen verwirft sie ebenso wie den Erlöserdienst an den Heeren der Toten und die ganzen damit verbundenen Tempelhandlungen – sie hat deshalb auch *keine Tempel* und hat nie solche erbaut[69].

Die Abwertung der *Neger* wird entschieden abgelehnt: Joseph Smith habe zwar als Kind seiner Zeit zuerst solchen Auffassungen gehuldigt, aber »als seine prophetische Einsicht sich erweiterte, wurden freie Negermitglieder ordiniert«, und 1844 verteidigte er die totale Abschaffung der Sklaverei. »Negerälteste amtierten in der ursprünglichen Kirche unter seiner prophetischen Präsidentschaft«[70], und in der Reorganisierten Kirche sind die Mitglieder aller Rassen völlig gleichgestellt. Schließlich teilt sie auch nicht das schroffe Verdammungsurteil, das die Utah-Mormonen über die europäischen *Kirchen* aussprechen. Zwar hat sie mancherlei an ihnen zu kritisieren, besonders an der mittelalterlichen Kirche; aber es wäre »falsch zu behaupten, daß die Kirche zu irgend einer Zeit vollkommen schlecht war«. Und es wäre für die Reorganisierte Kirche »die größte Gefährdung«, wenn sie sich für die alleinige Kirche Jesu Christi hielte. Sehr früh wurde sie »angewiesen, gegen keine Kirche zu streiten, außer der Kirche des Teufels«[71].

Die Reorganisierte Kirche teilt zwar mit der Utah-Kirche die Bindung an die drei heiligen Schriften, aber sie hat alle die Glaubenslehren abgewiesen, die der *Bibel* widersprechen. Diese ist für sie unstreitig die höchste Autorität, und die beiden anderen Schriften werden herangezogen, soweit sie die biblischen Glaubensaussagen bestätigen oder bereichern. Während die Utah-Kirche ausgesprochen konservativ ist, will die Reorganisierte Kirche keine »erstarrte Form« verteidigen, sondern bemüht sich, »den Willen Gottes inmitten jeder Generation zu verstehen und zu interpretieren«. Das bedeutet für sie nicht, sich dem jeweiligen Zeitgeist anzupassen. Christus ist und bleibt für sie »die konkrete Offenbarung der Wahr-

[68] Christlicher Glaube aus der Sicht der Wiederherstellungskirche, S. 9

[69] Zu den »esoterischen Praktiken« in den Mormonentempeln erklärte die Reorganisierte Kirche bereits am 9. April 1886, »daß wir keine anderen Gotteshäuser kennen als die, in denen Gott verehrt wird, und auch keine andere Begabung als die durch den Heiligen Geist in der Art, wie sie die ersten Heiligen zu Pfingsten erlebten« (Buch der Lehre und Bündnisse 1976, S. 463).

[70] John W. Bradley in der Flugschrift »Rasse und Vollmacht«

[71] Christlicher Glaube aus der Sicht der Wiederherstellungskirche, S. 121 ff.

heit schlechthin«[72]. Aber diese Wahrheit in jeder Generation zu verdeutlichen, zu praktizieren und auszustrahlen, dazu bedarf es einer *»prophetischen Kirche«*. Der prophetische Dienst der Reorganisierten Kirche besteht darin, »das Wort Fleisch werden zu lassen«, so daß »die Welt in der Kirche sehen kann, was es bedeutet, nach der Absicht Gottes zu leben«[73]. Gott hat den Menschen seine Schöpfung anvertraut, und sie sind ihm verantwortlich dafür, daß sie dieses Gut recht verwalten, die Schöpfung also nicht ausbeuten und nicht mißbrauchen, sondern pflegen und entfalten und in der menschlichen Gesellschaft die sozialen, rassischen und politischen Gegensätze überwinden. Den Gläubigen aber, die den Ruf zur Jüngerschaft angenommen haben, ist »eine besondere Art des Verwalteramts« übertragen als »schöpferische Mitarbeiter Gottes«: »Sie sind aktiv damit beschäftigt, den Armen Hoffnung, den Blinden Licht und den Verletzten und Unterdrückten Heilung zu bringen« und in der Gesellschaft dahin zu wirken, daß die Ursachen von Unwissenheit, Haß und Furcht beseitigt werden. Da aber der einzelne nur wenig Einfluß ausüben kann, erstrebt die Kirche die Entwicklung von *»Signal-Gemeinschaften«*, die durch die Eigenart ihres Lebensstils der Welt das Evangelium übermitteln. Jeder »Stützpunkt«, d.h. Zusammenschluß von Kirchenmitgliedern in einem geographischen Gebiet, soll eine »Signal-Gemeinschaft« sein, die inmitten ihrer Umwelt das Wort Gottes in prophetischer Weise zu leben versucht. Die Kirche als ganze aber ist *»Zion«* im Sinn von Jes. 2, 2f., wohin viele Völker nach der Verheißung ratsuchend gehen werden. »Als Mittelpunkt der zionistischen Entwicklung ist durch göttliche Leitung Independence, Miss., bestimmt worden.« Aber um einem Mißverständnis vorzubeugen: »Zion« hat nicht seinen Sitz in dieser Stadt. Es ist überhaupt nicht lokalisierbar, sondern ist »der Weg, auf dem die Fleischwerdung (des Wortes Gottes) durch den Körper der Kirche in der Welt Ausdruck finden soll«[74]. Die Reorganisierte Kirche hat es also unternommen, das Wort Jesu: »Ihr seid das Licht der Welt« in die Tat umzusetzen.
Zu den Diensten des Priestertums zählt neben Predigt, Lehre und Leitung auch die Ausführung der *Weihehandlungen* oder Sakramente. Sie sind Mittel und Wege Gottes, »seine Gnade beständig in das Leben der Menschen zu ihrer Neubelebung und Erlösung einzubringen«[75]. Zu ihnen gehören neben Taufe und Abendmahl auch das Auflegen der Hände zur Konfirmation, zur Ordination, zur Salbung der Kranken, zur Segnung der Kinder (durch die Ältesten) und Jugendlichen und Erwachsenen (durch einen Patriarchen) und die Eheschließung. In den Weihehandlungen wird die Liebe Gottes sinnfällig dargestellt und erlebbar. In ihrem Mittelpunkt steht der Bund zwischen Gott und Mensch, in dem Gott dem Bußfertigen mit Vergebung begegnet und den Versöhnten auch zur Versöhnung mit den Menschen bereit macht, also sein Leben verwandelt. So sind sie »Momente der Konfrontation, die uns unsere Trennung vor Augen führen, Vereinigung ausdrücken und uns zu intensiverem Leben freisetzen«[76].

[72] a.a.O. Vorwort
[73] a.a.O. S. 164
[74] a.a.O. S. 169
[75] a.a.O. S. 180
[76] a.a.O. S. 186

Ein Vergleich mit der Utah-Kirche zeigt, daß die Reorganisierte Kirche sich trotz gemeinsamer heiliger Schriften in allen Bereichen von ihr unterscheidet: in ihrer äußeren Gestalt, ihrem gottesdienstlichen Leben und ihrer Glaubenslehre. Sie hat sich zu einer lebenskräftigen Gemeinschaft entwickelt, die aus kleinsten Anfängen rasch aufblühte. Im Jahr 1877 besuchte Joseph Smith (Sohn) *Independence* und fand hier eine kleine Mormonengemeinde vor. Sie wuchs in den folgenden Jahren an, und 1882 wurde erstmals in dieser Stadt die Generalkonferenz der Kirche gehalten. Aber erst 1920 wurde der zentrale Sitz der Kirche hierher verlegt. Heute gibt es in Independence über 30 Gemeinden mit 25000 Mitgliedern. Hier ist auch der Verlag der Kirche, das »Herald Publishing House«, das Literatur in 7 Sprachen herausgibt und auch einen Tonbandkassetten-Dienst aufgebaut hat. Dazu kommt ein großes Auditorium, ein Hospital mit Schwesternschule und ein Altenheim. In Lamoni (Iowa) unterhält die Kirche eine eigene Bildungsanstalt, das »Graceland College«, mit etwa 1400 Studenten. Die Seelenzahl der Reorganisierten Kirche wuchs von 343 im Jahr 1860 auf 10000 im Jahr 1880 und auf 217000 im Jahr 1977. Seit 1863 schon begann man mit der Missionsarbeit, und organisierte Gemeinden befinden sich jetzt in 32 Ländern aller Kontinente. Das Priestertum zählt rund 17000 Mitglieder.

In *Deutschland* wurde 1874 mit der Missionsarbeit begonnen; es bestehen 14 Versammlungsplätze, u. a. in Berlin, Augsburg, Offenbach, Stuttgart, Bonn, Braunschweig, Hamburg, Springe und Hannover; dort befindet sich seit 1959 auch der Hauptsitz der Kirchenverwaltung. In Homberg-Hülsa bei Kassel entsteht ein kleines Freizeit- und Ferienheim. Die organisatorische Selbständigkeit der Kirche in der DDR wurde seit 1. Januar 1977 formell vollzogen. –

Ein weiterer Nebenzweig des Mormonentums geht auf Sidney Rigdon zurück. Er war ein durch göttliche Offenbarung berufener »Ratgeber« von Joseph Smith gewesen und erhob nun nach dessen Tod Führungsansprüche. Als er damit nicht durchdrang, gründete er 1845 eine eigene Organisation in Pittsburgh. Sie wäre zerfallen, wenn nicht WILLIAM BICKERTON, der durch Rigdon bekehrt worden war, das Heft in die Hand genommen hätte. Er rief 1862 die *»Church of Jesus Christ« (Bickertonites)* ins Leben, die ihren Sitz in Monongahela (Pennsylvanien) hat und 2500 Seelen in 38 Gemeinden zählt. Eine erstaunliche Leistung der kleinen Gemeinschaft ist, daß sie das Buch Mormon ins Italienische übersetzte und unter den italienischen Einwanderern Mission trieb.

Ein erst im Februar 1844 getaufter Mormone, JAMES J. STRANG, gewann einen starken Anhang, zumal er beachtliche Führerqualitäten aufwies und behauptete, er sei in der Todesstunde Joseph Smith's durch einen Engel ordiniert worden. Er sammelte die *»Strangiten«* auf der Beaver-Insel im Michigan-See. Seine Herrscherallüren verführten ihn dazu, sich 1850 als »König James« krönen zu lassen, aber sechs Jahre später erlag er einem Mordanschlag seiner zahlreichen Feinde. Die Strangiten sind heute fast ausgestorben.

Einige Kuriositäten bietet die Geschichte der *»Church of Christ, Temple Lot«:* Granville Hedrick, der kurz vor dem Tod Joseph Smith's Mormone geworden war, hielt mit einigen Glaubensgenossen Gebetsversammlungen in seinem Haus. Dieser Kreis lehnte die Utah-Kirche schroff ab. So entstand eine eigene Gemeinschaft mit Hedrick als präsidierendem Hohenpriester. Ein Apostel aus Joseph

Smith's Tagen, der bei ihm Zuflucht fand, ordinierte ihn und einige andere 1863 zu Aposteln; zwei Monate danach wurde er zum ersten Präsidenten, Propheten, Seher, Offenbarer und Übersetzer der »Church of Christ« erhoben. Die Gemeinschaft blieb klein, aber 1867 gelang ihr ein besonderer Streich: sie siedelte nach Independence über und sicherte sich durch Kauf den Platz, der nach der Offenbarung 1831 für den Tempelbau bestimmt worden war. An diesem Besitz hält sie bis heute unentwegt fest. Sie ging durch Armut, Not und innere Spaltungen und schrumpfte zeitweise zu einer Handvoll Mitglieder zusammen, aber »nie wurde sie wankend in ihrer Überzeugung, daß es ihr gottgegebenes Privileg ist, diesen Platz festzuhalten, bis die Zeit für den Bau des Tempels kommt«[77]. 1956 zählte sie 3000 Mitglieder in 12 Gemeinden, die von dem »Rat der zwölf Apostel« in Independence geleitet werden.

Die Neuapostolische Kirche

Aus Vollmacht wurde Machtfülle

Die Neuapostolische Kirche hat die gleiche Geburtsgeschichte wie die »Hersteld Apostolische Zendingkerk« (S. 34ff.), nämlich die Herkunft von der katholisch-apostolischen Bewegung[78]. Ihre Anfänge waren eng mit Hamburg verknüpft, wohin Heinrich Geyer (1818–1896) nach seiner Exkommunikation durch den Apostel F. V. Woodhouse 1863 übergesiedelt war und wo er nun neben dem Gemeindevorsteher Friedrich Wilhelm Schwarz (1815–1895) als Priester und Prophet wirkte. Er war ein umtriebiger Mann. Von seiner prophetischen Vollmacht, Apostel zu berufen, machte er fleißig Gebrauch. Nachdem er 1863 Schwarz zum Apostel für den Stamm »Juda« = Niederlande gerufen und Carl W. L. Preuss als Apostel für »Ephraim« = Norddeutschland bestätigt hatte, rief er in einem einzigen Gottesdienst am 30. Oktober 1864 gleich vier weitere Apostel: Ludwig Bösecke (1821–1886; Schuhmacher aus Schwedt) sollte in Breslau »das Tor« setzen für Schlesien, Lausitz, Böhmen, Mähren und Polen; Leonhard Hohl (1822–1887; Schlosser aus Weikersheim/Württ.) sollte in Süddeutschland wirken; Heinrich Ferdinand Hoppe (geb. 1830 in Hamburg, Korbmacher) sollte in den USA tätig sein; Peter W. L. Stechmann (geb. 1837 in Hamburg-Steinwerder,

[77] Inez Smith Davis, The Story of the Church, S. 435

[78] *Gewöhnlich werden die apostolischen Gemeinschaften im geschichtlichen Zusammenhang behandelt. Der Verfasser hatte jedoch erkannt, daß die Endzeitthematik in der Neuapostolischen Kirche nicht mehr bestimmend war, und hat diese deshalb zunächst unter das Thema »Die Sehnsucht nach Geborgenheit« gestellt (1. Auflage). Auch gewann er immer stärker den Eindruck, daß sich mit der Ausbildung des Stammapostelamts in der Neuapostolischen Kirche eine auf eine Einzelperson zugeschnittene autoritäre Struktur entwickelt hatte, die den übrigen apostolischen Gemeinschaften (auch jenen, die sich von der Neuapostolischen Kirche wieder gelöst haben) fremd ist. Deshalb behandelte er sie in den späteren Auflagen zusammen mit den Mormonen unter dem Thema »Unter den Fittichen des vollmächtigen Amtes«. (d. Red.)*

Steinkohlenmakler) bekam Ungarn als Arbeitsfeld zugeteilt. Sie alle hatten der katholisch-apostolischen Gemeinde in Hamburg angehört. Preuß behielt seinen Wohnsitz in Hamburg und sammelte 1865 in Schladen (Harz) »unter Lärm, Hohn und Spott, sowie unter Steinhagel« eine erste kleine Filialgemeinde. Bösecke blieb bis 1872 bei ihm und ging dann nach Schlesien, wo er Gemeinden in Schönau und Hirschberg gründete; auch in Berlin rief er eine Gemeinde ins Leben, während er in Breslau nicht Fuß fassen konnte. Hohl betätigte sich zunächst ergebnislos von Weikersheim aus, zog 1881 nach Gießen und 1885 nach Frankfurt und trieb zusammen mit dem Evangelisten Gustav Ruff, einem Maschineningenieur aus Tübingen, in Hessen eine erfolgreichere Arbeit. Hoppe reiste 1872 nach New York und sammelte hier neuapostolische Einwanderer, kam aber finanziell auf keinen grünen Zweig und wurde abtrünnig. Stechmann war von einem starken Zeugnisdrang beseelt, konnte aber mangels Sprachkenntnissen in Ungarn nichts ausrichten.

Über den holländischen Stamm »Juda« unter Schwarz wurde an anderer Stelle berichtet (S. 34f.). Von Amsterdam her entstand in Bielefeld eine Filialgemeinde. Bielefeld wurde Sitz des Apostels Wilhelm Menkhoff, eines früheren Missionars und Pfarrers einer freien Gemeinde, den Schwarz gewonnen und 1868 zum Evangelisten, 1872 zum Apostel des Stamms »Isaschar« eingesetzt hatte. Die deutsche Gemeinschaft nannte sich *»Allgemeine christliche apostolische Mission«* – erst 1907 wurde die Bezeichnung »Neuapostolische Gemeinde«, 1921 dann »Neuapostolische Kirche« eingeführt. Ihre »Statuten« verrieten noch eine starke Nähe zur traditionellen Kirche.

Die »Mission« wollte lediglich Seelen für Christus gewinnen und zur wahren Nachfolge führen. Ihre Mitglieder sollten deshalb auch nicht am Besuch der kirchlichen Gottesdienste gehindert, sondern im Gegenteil zur fleißigen Beteiligung und zur Liebe gegenüber ihren Seelsorgern angehalten werden. Eigene Gottesdienste sollten nur außerhalb der kirchlichen Gottesdienstzeit stattfinden. »Die Stellung, welche diese Missionstätigkeit innerhalb der christlichen Kirche gegenüber den Konfessionen und Geistlichen einnimmt, ist demnach eine entschieden freundliche, helfende, dienende, keineswegs aber eine hemmende und störende.«[79] Dem Konfirmandenunterricht wurde der Lutherische Katechismus zugrunde gelegt.

In der jungen Gemeinschaft wurde Heinrich Geyer mehr und mehr als ein Störenfried empfunden. Finanzielle Gründe – »er war ewig in Geldnöten« – und Geltungsbedürfnis trieben ihn, heimlich hinter dem Rücken seines Apostels Preuß zu intrigieren und einen eigenen Anhang zu werben[80]. Auch Lehrunterschiede schufen eine Spannung zwischen ihm und Preuß, so etwa seine Behauptung, daß alle Gläubigen das »Sonnenweib« von Offb. 12 darstellen und einmal vor dem »Drachen« nach Brasilien fliehen müssen.

Zum offenen Konflikt kam es, als Apostel Preuß am 25. Juli 1878 starb. Schon vier Monate zuvor hatte Geyer in dessen Abwesenheit während einer privaten Zusammenkunft den Hamburger Kohlenhändler Johannes F. L. Güldner zum

[79] Aus den »Statuten«, zitiert nach Karl Schmidt, Jenseits der Kirchenmauern, S. 92
[80] K. Weinmann, 100 Jahre Neuapostolische Kirche, S. 140

Apostel gerufen. Preuß verweigerte die Anerkennung und berief noch auf dem Totenbett den Ältesten Wichmann zu seinem Nachfolger, konnte aber nichts gegen Geyer unternehmen, »denn das Prophetenwort galt in der Weissagung damals als das Wort des Herrn«[81]. Nach seinem Tod rief denn auch Geyer im Gottesdienst am 4. August 1878 erneut Güldner zum Apostel und Nachfolger von Preuß. Dagegen protestierte der größte Teil der Hamburger Gemeinde, und Wichmann trat zum Altar und setzte Geyer kurzerhand ab. Ein »schlimmer Tumult« entstand, und eine Inflation von Apostelrufungen setzte ein: Wichmanns Frau rief ihn, unterstützt von seinem Sohn, durch »Weissagung« zum Apostel. Ein Dienstmädchen rief ebenfalls durch »Weissagung« seinen Dienstherrn zum Apostel. Andere weissagende Personen erkoren noch einen Vierten zum Apostel. Das Ganze war ein skandalöser Mißbrauch der Weissagungsgabe mit der Folge, daß keiner der Anwärterrivalen sich durchsetzen konnte, Geyer von Wichmann hinausgewiesen wurde und mit seinem Anhang unter Mitnahme ihrer Gewänder und verschiedener Utensilien das Gottesdienstlokal verließ. Ein Nachfolger für Preuß wurde nicht bestimmt (dies geschah erst 1880, siehe S. 474), und die Hamburger Gemeinde unterstellte sich aufgrund einer Weissagung dem Apostel Menkhoff. Sie erlitt durch Geyers Auszug schwere Verluste. Dieser gründete in Hamburg eine eigene Gemeinde unter dem Namen *»Apostolische Mission«,* baute eine Kapelle und »diente« zusammen mit Güldner auch den Gemeinden in Schlesien. Aber seine Gemeinschaft blieb ohne Bedeutung und siechte nach seinem Tod 1896 dahin; die Kapelle in Hamburg wurde am Ende des Ersten Weltkriegs geschlossen, weil die Gemeinde sich aufgelöst hatte[82].

Der *Dienst des Propheten* hatte in der Geschichte der apostolischen Bewegung eine zwiespältige Rolle gespielt. Einerseits wäre es ohne das »prophetische Wort« überhaupt nicht zur Errichtung des Apostelamtes gekommen (siehe S. 24ff.); auch war nach katholisch-apostolischer Tradition die einzelne Rufung zum Apostel ohne Prophet nicht möglich. Darüber hinaus befruchteten die Propheten den Aufbau und das Leben der Gemeinden in vielfältiger Weise. Aber das Auftreten Geyers machte auch deutlich, welche Schwierigkeiten selbstbewußt agierende Propheten hervorrufen konnten. Sie waren die Repräsentanten der charismatisch-geistlichen Vollmacht, die Apostel die Träger der göttlich autorisierten Amtsvollmacht. Eine klare Abgrenzung und harmonische Zuordnung der beiden Vollmachten war unmöglich; jeder Konflikt zwischen ihnen mußte zu einer Krise führen. Der Gefahrenherd konnte nur dann ausgeräumt werden, wenn entweder der Prophet der Vormundschaft des Apostels oder der Apostel dem Wort des Propheten unterstellt wurde. Aber das hätte hier wie dort zu einer Lähmung geführt.

Dieses Problem war ein Unruhefaktor in der katholisch-apostolischen Geschichte

[81] a. a. O. S. 138

[82] Ob damit auch die ganze »Apostolische Mission« erloschen ist, läßt sich nicht klären. Nach K. Weinmann ist sie verschwunden. Nach anderen Berichten fand sie 1925 Verbindung mit der »Vereinigung vom gemeinsamen Leben«, die dem 1906 gegründeten »Schweizerischen Diakonieverein« entsprang und ein Glied der »Neuen Deutschen Christentumsgesellschaft« (Sitz Badenweiler) ist. Nach neuesten Mitteilungen besteht die Gemeinschaft Geyers als »Allgemeine Christlich-Apostolische Mission« immer noch und verfügte um 1970 über einen Priester in Hamburg und einen Engel in Bochum-Weitmar; ihre Glieder gehören meist der Landeskirche an.

gewesen und kehrte auch in der neuapostolischen Gemeinschaft wieder. Hier um so mehr, als mannigfache Erscheinungen wie z. B. der erwähnte Gottesdienst von 1878 erkennen ließen, daß das *charismatisch-prophetische Element der Verwilderung verfiel,* weil Weissager und Propheten es in den Dienst eigener Interessen, Einfälle und Parteiungen stellten oder in Zuchtlosigkeit ausarten ließen. In einer kleinen Schrift gab eine kluge, kritische Frau, die von dem Apostel Hohl gewonnen worden war, sich später aber ernüchtert wieder abwandte, ein Bild von dem Leben der Gemeinden um 1894 in Hessen: In den Gottesdiensten ging es sehr lebhaft zu. »Weissagung auf Weissagung ertönte; der Saal zitterte zuweilen unter dem Schütteln, Stampfen, Zucken und Zittern der ›begabten Glieder‹.« Der Prophet »zottelte und zappelte und wurde wie von einer unsichtbaren Macht vom Stuhl in die Höhe geschleudert« und »schrie mächtige Worte in die Versammlung hinein«. War er nicht da, dann sprangen »weissagende« und »visionäre« Glieder ein mit ihren primitiven Sprüchen: »Ja, so spricht der Herr!« – »Ich habe dich erwählet!« – »Eile und errette dich!« Als der Apostel merkte, daß den Zuhörern die »Weissagungen« wichtiger waren als seine Predigt, weil sie in ihnen unmittelbar den Herrn zu hören glaubten, »donnerte er dazwischen und belehrte uns, daß alle Weissagung vorher durchs Apostelamt ginge und die Predigt – Gottes Wort von heute – über der ›Weissagung‹ stehe«. Er stellte dem Glauben an die vom Heiligen Geist eingegebene Weissagung den »unbedingten Glauben an den im Apostel fleischgewordenen Jesus« entgegen und forderte, daß die Schafe allein der Stimme des Apostels zu folgen haben[83].

Hier zeichnete sich bereits die Lösung ab, die dann die innere Gestalt der neuapostolischen Gemeinschaft bestimmte: Das Prophetentum war degeneriert und wurde unter Zensur gestellt; später wurde es aufgehoben und seine Funktion vom Apostel übernommen. Er repräsentierte nun in Personalunion die apostolische Amtsvollmacht und das prophetische Charisma. Das bedeutete für ihn einen mächtigen Zuwachs an Autorität. Man darf diese *Einverleibung des Prophetischen in das Apostelamt* nicht von vornherein als gezielte Aktion herrschsüchtiger Apostel verdächtigen. Sie war notwendig um der Ordnung willen[84] und entsprach einer inneren Konsequenz der apostolischen Bewegung, die von Anfang an den Apostel zu einer zentralen Figur erhoben hatte. Sie verlockte freilich dazu, dem Apostel eine geistliche Monopolstellung zu verschaffen, die den neutestamentlichen

[83] Luise Kraft, Unter Aposteln und Propheten, 1913

[84] Wer einen gründlichen Einblick in die Welt der Weissager und Winkelpropheten gewonnen hat, der weiß, wie üppig sich hier ein undisziplinierter Wildwuchs entwickeln kann. Da treten heilige Phantasten, monomane Eigenbrötler, sendungsbesessene Fanatiker, wirre Psychopathen, geld- und geltungssüchtige Hochstapler auf und verkündigen, daß sie himmlische Offenbarungen empfangen oder auserwählte Werkzeuge seien oder gar Inkarnationen eines Erzengels oder einer der biblischen Endzeitgestalten oder Christi selbst darstellen. Sie beanspruchen höchste Autorität für ihre Visionen, abstrusen Schriftdeutungen, Heilslehren und apokalyptischen Botschaften und können, wenn sie einigermaßen beeindruckend auftreten, viel Verwirrung stiften. Im Alten und Neuen Testament wird denn auch immer wieder vor »falschen Propheten« und lügnerischen Weissagern gewarnt; in der Offb. (16, 13; 19, 20) ist der »falsche Prophet« der große Verführer im Gefolge des Antichrists. Schon die frühe Christenheit mußte sich solcher gefährlichen Elemente erwehren, und jede Kirche war genötigt, Schutzdämme gegen sie zu errichten. Das bleibt auch keiner neugegründeten außerkirchlichen Glaubensgemeinschaft erspart, will sie nicht in Schwarmgeisterei versinken oder sich in Zwistigkeiten zerreiben.

Aussagen über die Ämter (Röm. 12, 4–8; 1. Kor. 12) fremd war. So gebar sie neue Probleme und Gefährdungen, die der neuapostolischen Gemeinschaft fortan zu schaffen machten.
Durchgeführt und zugleich übersteigert wurde diese Monopolisierung durch den Apostel Fritz Krebs (1832–1905, von Beruf Bahnmeister, 1865 von Preuß in Schladen versiegelt). Schon als er 1880 durch zwei Weissagungen des Propheten Hugo und des Apostels Hohl zum Nachfolger des verstorbenen Apostels Preuß gerufen wurde, ignorierte Menkhoff diese Berufung und übertrug ihm nur das Bischofsamt; erst ein Jahr später ordinierte er ihn zum Apostel für »Ephraim« mit Sitz in Wolfenbüttel. Damit war bekundet worden, daß für die Einsetzung eines Apostels nicht der Prophet, sondern allein ein Apostel zuständig ist. Krebs führte diese Linie fort. Zusammen mit Menkhoff und ohne Beteiligung eines Propheten setzte er 1886 den Evangelisten H. F. Niemeyer ins Apostelamt für Australien ein. Zugleich betrieb er eine engere Verbindung der deutschen Apostel untereinander, wobei ihm mit der Federführung auch eine Leitungsposition zukam. Er nahm eine Gesamtverantwortung für das neuapostolische Werk wahr und schickte z. B. 1885 den aus Mähren stammenden Amtsträger Josef Hallawitsch nach Wien, um dort Anhänger zu werben. Als Menkhoff altershalber Entlastung brauchte, übernahm Krebs auch die Leitung des Hamburger Bezirks. Mit größter Tatkraft betrieb er den Ausbau des Werks; es konnte in den neunziger Jahren ein beträchtliches Wachstum verzeichnen.
Hand in Hand mit dieser Festigung des Apostelamts sorgte Krebs auch für eine Steigerung der inneren Vollmachten der Apostel. Im Bund mit dem Kleinlandwirt Hermann Niehaus (1848–1932) aus Steinhagen bei Bielefeld, den Schwarz 1869 zum Diakon eingesetzt hatte, entwickelte er die Lehre, daß die Worte der lebenden Apostel einen ebenso hohen Wert hätten wie die Worte der biblischen Apostel. Damit wurde ein Grundsatz ins Spiel gebracht, in dessen Konsequenz die Apostel der Neuapostolischen Kirche eine höhere Autorität als die der Bibel beanspruchten. Des weiteren setzte Krebs dem von Schwarz vertretenen katholisch-apostolischen Standpunkt von der Kollegialität aller Apostel seine Konzeption der *»Aposteleinheit«* entgegen. Die Gleichberechtigung sei etwas »Republikanisches«, sagte er, und »wo dies Republikanische ist unter den Aposteln und sie in der Zahl der Zwölfe selbständig regieren, da kann von einer Einheitsregierung Christi nicht die Rede sein. Wo kein Gehorsam untereinander gefunden wird unter Christum, dem Haupt seiner Gemeinde, wie werden dann Gemeinden und Glieder eins sein?«[85] Als Gemeindeglieder und Propheten, die ausschließlich an der Schrift und am prophetischen Wort festhalten wollten, sich seinen Bestrebungen widersetzten, nannte sie Krebs hochmütig. Er warf ihnen vor, daß sie sich über die Apostel erheben wollten. Ohne die Hintergründe zu nennen, beschwerte er sich mit der Bitte um Rat bei Schwarz, der ihm im Mai 1895 mit einem »Konzept« antwortete. Darin grenzte er die Befugnisse der Apostel und Propheten nach dem katholisch-apostolischen Muster (vgl. S. 27f.) ab und trat den Herrschaftsgelüsten von Krebs entgegen: »Des Herrn Wort: Wer der Erste sein will

[85] Wächter Zions, März 1899, S. 36

unter euch, sei euer Knecht! gilt uns Aposteln.« Es kam zu einer Briefdiskussion, die nach einigen Monaten durch den Tod von Schwarz abgebrochen wurde. Schwarz hatte auch in den deutschen Gemeinden hohes Ansehen genossen. Nach seinem Tod konnten Krebs und seine Anhänger die zuvor nur verhüllt vorgetragenen Lehren von der geistlichen Machtfülle des Apostelamtes und von der »Aposteleinheit« offen entfalten. Damit und mit den daraus gezogenen Konsequenzen wurde der Bruch mit der katholisch-apostolischen Vergangenheit vollendet. Die neuapostolische Gemeinschaft wurde geboren. Den *Aposteln* wurde nun, unter Ausschluß aller anderen Ämter, die *exklusive Vollmacht der Heilsvermittlung* zugeschrieben: »Die lebenden Apostel sind die Tore zum Reiche Gottes.« »Die lebenden Apostel als Träger des Versöhnungsamtes können mich allein mit Gott versöhnen, weil ihnen allein das Vermögen Jesu, welches durch seinen Opfertod erworben ist, als Bezahlung für unsere Schulden, durch den Herrn Jesus übergeben ist.« »Eine andere Versöhnung mit Gott gibt es nicht, als allein durch das Gnaden- und Apostelamt.«[86] Im damaligen neuapostolischen Gesangbuch wurde den Aposteln sogar ein Amt des stellvertretenden Sühneleidens zugeschrieben: »Wer Jesum in seinen Aposteln erblickt, wird heil zu derselbigen Stund! Drum blick nur auf sie, die der Vater geschickt. Sie werden für dich noch verwundt« (Lied 176, 1).
Aber die Entwicklung ging noch weiter. War nicht Petrus besonders hervorgehoben unter den Zwölfen? Also mußte auch unter den neuen Aposteln einer der höchste sein. Krebs lehrte, daß er der Sender aller Priester, auch der Apostel, sei. Schon im Jahr 1896 nahm er die Amtsbezeichnung *»Stammapostel«* an. Diesen Begriff hatte es auch in der katholisch-apostolischen Gemeinschaft gegeben: Jeder Apostel hatte einen »Stamm«, war also »Stammapostel« (vgl. S. 25), und alle waren einander gleichgeordnet. Nun schaffte Krebs die zwölf »Stämme« ab, veränderte den Begriff »Stamm« – aus dem Volks-Stamm in den Baum-Stamm, der die Äste trägt und die Zweige nährt – und reservierte ihn als Ausdruck seiner höchsten Würde für sich allein. 1905 schaffte er auch das *Prophetenamt* ab. Das geistliche Monopol des Apostelamts wurde dadurch vollendet und in der Folgezeit auch lehrmäßig zementiert. Während das »Lehrbuch« von 1933 noch ausdrücklich die »bezeugenden Gaben« (Weissagung, Zungenrede, Gesichte, Träume) neben den »Amtsgaben« erwähnt und den anderen Glaubensgemeinschaften vorgeworfen hatte, daß diese Bezeugungsgaben bei ihnen fehlen oder verachtet werden, schob sie das »Lehrbuch« von 1952 an den Rand. Sie werden hier zwar noch genannt, aber es wird betont: »Die wichtigsten und vornehmsten Gaben sind die Amtsgaben.«[87]
Krebs verstand es, dem Stammapostelamt einen herrscherlichen Charakter zu geben. Die Mitapostel, in deren Reihen er zunächst nur primus inter pares gewesen war, machte er zu seinen Untergebenen: Wer nicht in Verbindung mit ihm als dem »Einheitsvater« stehe, habe sich vom Weinstock getrennt. Sie beugten sich und begnügten sich mit der Briefträgerrolle, »den Willen des Vaters Krebs als

86 Apostolisches Sonntagsblatt 1. 9. 1907
87 Lehrbuch 1971, Art. 248

Brot darzureichen«. Der Berliner Apostel Hallmann äußerte: »Des Vaters Seele muß in uns, und unsere Seele in ihm leben. Den eigenen Willen der Gemeinde zur Speise geben ist Saufleisch.«[88] Bei der Einsetzung von Amtsträgern rief Krebs einmal aus: »Ihr habt gesungen: ›An dir allein hab' ich gesündigt‹, und so rufe ich die drei Ältesten und den Bischof vor. Lernt daran, daß, wenn ich die Hand zurückzöge, wäre es euer Tod auf der Stelle.«[89] Sein Nachfolger Niehaus schrieb: »Es ist nicht so leicht, in die Nähe des von Gott gesandten Apostels zu kommen; denn er ist nicht mein Kollege, auch nicht mein Gespiele, auch nicht mein Bruder – sondern mein Herr und Meister! Ich schämte mich immer, wenn ich in seinen Briefen an mich lese, wo er sich ›mein Bruder‹ nennt und sich zu mir elendem Menschen erniedrigt.«[90] Bei seinen Anhängern genoß Krebs eine abgöttische Verehrung, und in dem soeben zitierten Nachruf wurde er in den Rang eines Erlösers erhoben. Sein Sterben wurde als Sühnopfer gedeutet: »Weinend und flehend stand Vater Krebs vor seinem Gott für uns Menschen, und ein heißer Blutstrom Christi quoll aus seinem Munde.« »Das letzte Abendmahl wurde von Vater Krebs bereitet, wie er noch sagte: Ehe ich hingehe und leide.« In jenem letzten Gottesdienst stand »der liebe Vater wie verklärt im Geisteswirken voll der Fülle, der Gottheit und des Lichtes vor uns ... Das war kein Mensch mehr, der da sprach, das konnte nur Christus sein, wie Vater Krebs das auch beim Abendmahl vorbrachte: Das ist mein Fleisch, obwohl ich noch lebe.« Krebs »hat sein Leben zum Schuldopfer gegeben und ist aus der Angst und dem Gericht genommen, da er um die Missetat der Menschen geplagt war«[91].

Bereits sieben Jahre vor Krebs' Tod war Hermann Niehaus zum Nachfolger des Stammapostels bestimmt worden. Auch er wußte, was er diesem Amt schuldig war. Er handelte stets nach dem an Krebs' Sarg gesprochenen Wort, »daß an seiner Dickhaut und eisernen Stirne alles zerschellen und kein Stein auf dem anderen bleiben solle«[92]. Bereits in »Sein letztes Wort« wurde der Übergang vollzogen: Niehaus stand, so wird hier erzählt, acht Tage nach dem letzten von Krebs gehaltenen Gottesdienst an derselben Stelle; sein Auge blitzte feldherrngleich, und dem Betrachter kam die Erkenntnis: Dem Fleisch nach ist er Niehaus, aber der Geist ist der des Vaters Krebs. »Eine heilige Freude schoß in meine Herzenswunde: der Geist des Vaters Krebs liegt auf dem lieben Vater und Apostel Niehaus! Nun zittert, ihr Höllenmächte!« Und Niehaus bestätigte dies: »Ich vermag alles durch den, der mich mächtig gemacht hat durch den Entschlafenen. Tod, ich will dir ein Gift sein, Hölle, ich will dir eine Pestilenz sein, deine Sklaven sollen zittern und beben, und es soll kein Stein auf dem andern bleiben.« Auch das Gesangbuch von 1912 spiegelte einen nahtlosen Übergang. Rückblickend hieß es in Lied 509: »Ja nirgends auf dem Erdenrund fühlt' ich mich frei so von Beschwerde, als an der Brust von Vater Krebs, das war mein Himmel auf der Erde«, um dann in V. 3 dem neuen Stammapostel zu huldigen: »Verloren gehet von uns keiner, so wir

[88] Bericht für die »Ämter« vom 9. 11. 1904, S. 13 und 9
[89] a. a. O. vom 15. 4. 1904, S. 43
[90] Sein letztes Wort (Nachruf auf den Tod des Stammapostels Krebs), 1905
[91] a. a. O. S. 10 und 15
[92] a. a. O. S. 15

uns klammern an die Hand in seinem Sohne Niehaus heute. An dieser Brust wird weiter blühn für uns der Himmel auf der Erde.« Die beiden Strophen wurden später durch andere ersetzt, in denen die Personennamen fehlten. Während Niehaus' Amtszeit stieg die Zahl der Gemeinden von 488 auf etwa 1600 in Europa und 200 in Übersee.

Sein Nachfolger, Johann Gottfried Bischoff (1871–1960), Sohn einer katholischen Handwerkerfamilie in Unter-Mossau (Odenwald), hatte ursprünglich die Schuhmacherei erlernt, wurde später Sergeant in Mainz und 1898 ein kleiner Zigarrenhändler. Um so größer war seine Karriere in der neuapostolischen Gemeinschaft, der er 1897 beigetreten war. Schon 1906 wurde er Apostel und 1924 zum Nachfolger von Niehaus bestimmt. Als er 1930 das Stammapostelamt übernahm, wurde das Zentrum der Neuapostolischen Kirche nach Frankfurt/M. verlegt. Hierher kamen auch Verlag und Druckerei. In der Führung der Gemeinschaft bewies Bischoff die gleiche selbstbewußte Robustheit wie seine beiden Vorgänger. Widerspruch duldete er nicht. Er schlug jede Opposition nieder, ohne lange ihr inneres Anliegen zu prüfen. Er erwies sich in schwierigen Lagen nicht als Hirte und Seelsorger, sondern als bloßer Taktiker, der im Bedarfsfall auch Skrupellosigkeit – von der Beugung der Wahrheit bis zur Intrige und Cliquenbildung – nicht verschmähte. Der Apostel Max Ecke bezeugte ihm: »Die großen Erfolge in der Glieder- und Ämterzahl, der materielle Reichtum und Wohlstand und nicht zuletzt die tausendfältige Lobhudelei und Vergötterung haben den Mann nicht dankbar, klein und demütig vor dem heiligen und gnädigen Gott gestaltet, sondern haben ihn *persönlich* groß gemacht.«[93] So sammelte sich allerlei Zündstoff gegen ihn an. Daß sich über der Neuapostolischen Kirche in den Jahren nach dem Zweiten Weltkrieg schwere Verhängnisse zusammenballten, ist wesentlich seine Schuld. Während seiner Amtszeit ereigneten sich mehr Abspaltungen als bei seinen beiden Vorgängern zusammen.

Als 1933 Hitler an die Macht kam, sorgte Bischoff dafür, daß seine Kirche sich reibungslos in die neue Lage einfügte. Der 10. Artikel des Glaubensbekenntnisses vom Gehorsam gegen die Obrigkeit, der in der Ausgabe des Lehrbuchs von 1924, also in der Weimarer Demokratie, fallen gelassen worden war, wurde 1933 wieder hereingenommen. In einem Rundschreiben an die Amtsträger vom 25. April 1933 empfahl Bischoff, bei Eintrittsgesuchen von Mitgliedern aufgelöster staatsfeindlicher und freidenkerischer Organisationen in Zweifelsfällen »die Personalien solcher Personen der zuständigen Ortsgruppe der NSDAP zur Nachprüfung vorzulegen« und ihre Aufnahme erst nach dem Vorliegen einer Unbedenklichkeitserklärung der NSDAP zu vollziehen. Die »Wächterstimme aus Zion« »arisierte« er Anfang 1934 durch Streichung des »aus Zion«. Im »Lehrbuch«, Ausgabe 1938, wurde zu der Frage 172 festgestellt, daß »dem Aufnahmegesuch nicht entsprochen werden kann, wenn der Aufzunehmende sich im Widerspruch zur Staatsführung befindet, die der Neuapostolischen Kirche die Ausführung ihrer seelsorgerischen Tätigkeit gestattet« (1952 wurde dieser Passus wieder getilgt). So kamen die Neuapostolischen ohne Konflikte durch die Zeit der braunen Dik-

[93] Herold Nr. 19, 1955

tatur. Auch in der DDR blieben sie unbehelligt[94] und bewiesen ihre Ergebenheit gegenüber dem neuen Regime. Für ihre loyale Arbeit ernteten sie Lob politischer Stellen.
Nach Bischoffs Tod 1960 wurde Walter Schmidt (geb. 1891 in Neuemühle, Westfalen, von Beruf Kaufmann) zum Stammapostel gewählt. Ihm gelang es, die von seinem Vorgänger hinterlassene Krisensituation (siehe S. 507ff.) allmählich zu beruhigen und die Gemeinschaft in eine Zeit stetiger Entwicklung zu führen. Als er 1974 während eines Gottesdienstes in Ludwigsburg zusammenbrach, erklärte er seinen Rücktritt und bestimmte den schweizerischen Bezirksapostel Ernst Streckeisen (geb. 1905 in St. Gallen) zu seinem Nachfolger. Mehr noch als Walter Schmidt besuchte dieser die Gemeinden im Ausland und machte weite Reisen, die ihn in alle Kontinente führten. Als erster Stammapostel konnte er 1976 auch die Gemeinden in der DDR besuchen. Aber schon nach kurzer Amtszeit starb er unerwartet am 8. November 1978 in Kapstadt bei einem Besuch der südafrikanischen Gemeinden. Am 18. November, einen Tag nach seiner Beisetzung in Zürich, wählte hier eine außerordentliche Apostelversammlung den schweizerischen Bezirksapostel Hans Urwyler (geb. 1925) zum neuen Stammapostel.

Das Glaubensbekenntnis

Das neuapostolische Glaubensbekenntnis enthält in seinen drei ersten Artikeln das Apostolicum, hat aber an dessen Text einige charakteristische Änderungen vorgenommen. Hier wie auch in den anderen sieben Artikeln ist der Wortlaut im Lauf der Zeit immer wieder verändert worden. Auch hinter scheinbar wenig bedeutungsvollen Umformulierungen oder Streichungen verbargen sich oft beträchtliche Verschiebungen im Lehrgefüge. Der folgende Text stellt den gegenwärtig gültigen Wortlaut dar, wie er im Lehrbuch »Fragen und Antworten über den Neuapostolischen Glauben« (1971) steht:
»Der 1. Glaubensartikel: Ich glaube an Gott den Vater, den allmächtigen Schöpfer Himmels und der Erden.
Der 2. Glaubensartikel: Ich glaube an Jesum Christum, Gottes eingeborenen Sohn, unsern Herrn, der empfangen ist von dem Heiligen Geist, geboren von der Jungfrau Maria, gelitten unter Pontius Pilatus, gekreuzigt, gestorben, begraben, eingegangen in das Reich der Entschlafenen, auferstanden von den Toten, aufgefahren gen Himmel, sitzend zur rechten Hand Gottes, des allmächtigen Vaters, von dannen er wiederkommen wird.

[94] Nach der »Volkswahl« vom 17. 10. 1954 sandte die Neuapostolische Kirche in Berlin und Land Brandenburg dem Magistrat von Ostberlin »aufrichtige Glückwünsche« und eine Spende von 1000 DM Ost zum weiteren Aufbau der Hauptstadt Deutschlands anläßlich des überwältigenden Bekenntnisses der Berliner Bevölkerung zu den Kandidaten der Nationalen Front. »Wir geben der Hoffnung Ausdruck, daß auch in Zukunft die Zusammenarbeit zwischen dem Magistrat von Groß-Berlin und unserer Kirche, so wie bisher, eine für beide Teile recht segensreiche bleiben möge.« (Oldenburger Sonntagsblatt, 21. 11. 1954)

Der 3. Glaubensartikel: Ich glaube an den Heiligen Geist, eine heilige Apostolische Kirche, die Gemeinde der Heiligen, Vergebung der Sünden, Auferstehung der Toten und ein ewiges Leben.
Der 4. Glaubensartikel: Ich glaube, daß der Herr Jesus seine Kirche durch lebende Apostel regiert bis zu seinem Wiederkommen, daß er seine Apostel gesandt hat und noch sendet mit dem Auftrag, zu lehren, in seinem Namen Sünden zu vergeben und mit Wasser und dem Heiligen Geist zu taufen.
Der 5. Glaubensartikel: Ich glaube, daß sämtliche Ämter in der Kirche Christi nur von Aposteln erwählt und in ihr Amt eingesetzt werden, und daß aus dem Apostelamt Christi sämtliche Gaben und Kräfte hervorgehen müssen, auf daß, mit ihnen ausgerüstet, die Gemeinde ein lesbarer Brief Christi werde.
Der 6. Glaubensartikel: Ich glaube, daß die Heilige Taufe mit Wasser ein Bestandteil der Wiedergeburt ist und der Täufling dadurch die Anwartschaft zur Empfangnahme des Heiligen Geistes erlangt. Sie ist ferner der Bund eines guten Gewissens mit Gott.
Der 7. Glaubensartikel: Ich glaube, daß das heilige Abendmahl zum Gedächtnis an das einmal gebrachte, vollgültige Opfer des bitteren Leidens und Sterbens Christi, vom Herrn selbst eingesetzt ist. Der würdige Genuß des Heiligen Abendmahls verbürgt uns die Lebensgemeinschaft mit Christo Jesu, unserem Herrn. Es wird mit ungesäuertem Brot und Wein gefeiert; beides muß von einem priesterlichen Amt der Kirche gesegnet und gespendet werden.
Der 8. Glaubensartikel: Ich glaube, daß die mit Wasser Getauften durch einen Apostel zur Erlangung der Erstlingschaft den Heiligen Geist empfangen müssen, wodurch sie als Glieder dem Leibe Christi eingefügt werden.
Der 9. Glaubensartikel: Ich glaube, daß der Herr Jesus so gewiß wiederkommen wird, wie er gen Himmel gefahren ist, und die Erstlinge aus den Toten und Lebenden, die auf sein Kommen hofften und zubereitet wurden, verwandelt und zu sich nimmt, daß er nach der Hochzeit im Himmel mit diesen seinen Erstlingen auf die Erde zurückkommt, sein Friedensreich aufrichtet und daß sie mit ihm als Könige und Priester regieren. Am Abschluß des Friedensreiches wird er das Endgericht halten, wo alle noch Lebenden samt den Toten ihr Urteil empfangen, wie sie gehandelt haben bei Leibesleben, es sei gut oder böse.
Der 10. Glaubensartikel: Ich glaube, daß die Obrigkeit Gottes Dienerin ist uns zugute, und wer der Obrigkeit widerstrebt, der widerstrebt Gottes Ordnung, weil sie von Gott verordnet ist.«

Das »Erlösungswerk Gottes« und der Stammapostel

»Die Neuapostolische Kirche ist die Kirche Jesu Christi. Sie ist sein ewiges Gnaden- und Erlösungswerk auf der Erde«, von ihm selbst gegründet und von seinem Heiligen Geist regiert. Sie ist »als das wiederaufgerichtete Erlösungswerk unseres Gottes im geistigen Sinn die direkte und unmittelbare Fortsetzung der ersten apostolischen Kirche, mit der sie die alleinige Kirche Christi bildet und Gottes Volk ist«. So beschreibt das Lehrbuch von 1971 (Frage 216) ihr Selbstverständnis. Sie meldet damit einen exklusiven Anspruch an: Sie ist nicht *eine,* sondern *die* Kirche Jesu Christi! Außer ihr ist kein Heil. Daraus ergibt sich: Alle *anderen Kirchen* stehen abseits des erlösenden Wirkens Gottes. Die neuapostolischen Christen sollten mit ihnen keine Verbindung haben. Die kirchliche Trauung eines gemischten Paares ist nicht erwünscht; die neuapostolische Trauung eines gemischten Paares darf nur außerhalb des Gottesdienstes vorgenommen werden; bei der Versiegelung eines Kindes aus gemischter Ehe ist der andersgläubige Elternteil auf die Zuschauerrolle beschränkt.

Aus dem Selbstverständnis als »Erlösungswerk Gottes« wurden alle Konsequenzen gezogen. Die Neuapostolische Kirche sieht sich nicht nur als ein Werkzeug Gottes, sondern als den Raum, in dem Menschen, die Träger des *Apostelamts,* die Erlösung sichtbar vollziehen. Die Apostel verwalten die Heilsgnade Gottes in eigener Regie und können sie austeilen. Sie sind die vollgültigen Nachfolger der Urapostel, ihnen ebenbürtig an geistlicher Kraft und Vollmacht. Sie sind wie jene von Christus selbst erwählt. Die Worte, die Jesus einst an seine Jünger richtete, gelten auch den neuen Aposteln: »Wer euch aufnimmt, der nimmt mich auf« (Matth. 10, 40); »Wer euch hört, der hört mich; und wer euch verachtet, der verachtet mich« (Luk. 10, 16); »Was ihr auf Erden binden werdet, soll auch im Himmel gebunden sein, und was ihr auf Erden lösen werdet, soll auch im Himmel los sein« (Matth. 18, 18); »Welchen ihr die Sünden erlasset, denen sind sie erlassen; und welchen ihr sie behaltet, denen sind sie behalten« (Joh. 20, 23). Sie sind kraft ihres Amtes Träger des Heiligen Geistes. Darum sind sie auch »befähigt, die Absichten Gottes zu verstehen«[95]. Das will heißen, daß die Apostel imstande sind, den Willen Gottes für das heutige Geschlecht, das »zeitgemäße Wort Gottes«, zu verkündigen. Dieses »zeitgemäße Wort« steht gleichrangig neben dem biblischen Wort. Die Lehre von den Erlösungsvollmachten der Apostel weist eindeutig eine Tendenz der Steigerung auf.

Die Apostel haben also eine gewaltige geistliche Macht. Mit ihnen »hat der Herr den Menschen Männer gegeben, die über Tod und Leben verfügen. Wer Gnade sucht, empfängt sie aus ihrer Hand; wer sich weigert, durch sie die Gnade des Herrn zu ergreifen, muß in seinen Sünden sterben.«[96] Aber die Apostel werden noch um ein Vielfaches überragt vom *Stammapostel.* Daß dessen Amt so hoch über die Apostel hinaus entwickelt worden ist, darf nicht lediglich aus einer Machtsucht der bisherigen Stammapostel erklärt werden. Die eigentlichen Gründe liegen in dem Bedürfnis der Gläubigen nach immer mächtigeren Garantien durch eine immer höhere Amtsautorität. Dieses Bedürfnis hat die Vollmachten des Stammapostels unentwegt gesteigert, jede geistliche Selbsterhöhung der Stammapostel freudig bejaht und sie bis in die Nähe des Thrones Gottes erhoben. Je mächtiger dieses Amt ist, desto ruhiger kann man sich in seinem Schutz bergen. Dieser Trend zieht sich wie ein roter Faden durch die ganze Geschichte der neuapostolischen Gemeinschaft und des Stammapostelamts.

Was ist der Stammapostel? Er ist »der Repräsentant des Herrn auf der Erde«[97] und als solcher das Haupt des Erlösungswerks Gottes auf Erden. Er kann durch keine

[95] Lehrbuch 1971, Art. 9
[96] Wächterstimme 1. 11. 1959
[97] Lehrbuch 1971, Art. 226

Instanz abgesetzt werden. Die neuapostolische Kirche hat eine autoritäre Ordnung, die ganz auf den Stammapostel zugeschnitten ist. Eine synodale Vertretung hat die Gemeinschaft nie gekannt. Die Gemeinden haben auch keinerlei Eigentumsrecht; über die von ihnen erbauten Kirchen usw. hat die Leitung der Neuapostolischen Kirche, d.h. praktisch der Stammapostel, das alleinige Verfügungsrecht. Diese Bestimmung hat sich bei den zahlreichen Spaltungen sehr schmerzhaft für die abgetrennten Gemeinden ausgewirkt: sie verloren jedesmal auch ihre Gemeindeeinrichtungen, die sie einst mit ihren Opfern beschafft hatten.

Aber gewichtiger als die rechtlich-verfassungsmäßige Position des Stammapostels ist seine *geistliche Machtfülle.* Auf ihn konzentriert sich die ganze Heilserwartung der Gläubigen. Und diese Frage und Sehnsucht nach dem Heil findet bei ihm eine überreiche, mächtige, befreiende Antwort. Das Stammapostelamt hat einen schlechthin numinosen Charakter. Es ist der »Stuhl Gottes« auf Erden und der Quellort des Heiligen Geistes; darum verfügt es über alle Vollmachten des Heiligen Geistes. Das bedeutet im einzelnen folgendes:

1. Der Stammapostel ist der *unmittelbare Empfänger der Offenbarungen Gottes.* Er ist der »redende Mund« Gottes, »der in alle Wahrheit führt, den der Vater als Tröster zu den Seinen sandte«[98]. Darum gebührt ihm eine absolute Glaubensautorität. J. G. Bischoff sagte von sich: »Wer sich an mein Wort hält, den bringe ich hindurch.«[99] Wer aber dieses Wort kritisiert, bezweifelt oder gar mißachtet, der begeht einen Frevel gegen den Heiligen Geist und erleidet das Schicksal der Rotte Korah, die von der Erde verschlungen wurde.

2. Der Stammapostel ist der *Inhaber der Schlüsselgewalt.* Christus hat das Heil bereitgestellt, aber die Vermittlung an die Menschen geschieht allein durch den Stammapostel. Er ist der Vollstrecker des göttlichen Heilswillens in der Menschenwelt. Er ist der Hohepriester, der die gesamte Gemeinschaft vor Gott vertritt und den Versöhnungsdienst vornimmt. So geschah es erstmals in einem Gottesdienst in Frankfurt a.M. am 31. Dezember 1951, daß er »durch den Heiligen Geist getrieben wurde, für das ganze Volk Gottes auf Erden die große Versöhnung vorzunehmen« und mit der durch ihn ausgesprochenen »Königsgnade« die Neuapostolischen auf der ganzen Erde zu Empfängern der »Generalversöhnung« zu machen[100]. Keine Macht kann ihn in seinem Heilsvollzug hindern. »Was ich heute aufschließe, kann Satan nicht mehr zuschließen, das ist vorbei.«[101] Jedem wird das vom Stammapostel ausgehende Heil zuteil, der mit ihm im Gehorsam verbunden ist. Dieser Gehorsam nimmt in der neuapostolischen Lehre genau die Stelle ein, die in der reformatorischen Verkündigung das sola fide hat. J. G. Bischoff erklärte: »Wer Gemeinschaft mit mir und den treuen Aposteln hat, hat damit auch Gemeinschaft mit Jesus, dem Sohne Gottes, und dem himmlischen Vater.«[102] »Sollte die Erlösung einer Menschenseele scheitern, so liegt der Mißer-

[98] Apostel Rockenfelder in: Unsere Familie 5. 2. 1952
[99] Wächterstimme 1. 2. 1951
[100] a.a.O. 15. 4. 1952
[101] a.a.O. 1. 11. 1953
[102] Unsere Familie 5. 2. 1958

folg nicht an der Größe der Schuld, sondern an der Herzensstellung des Menschen gegenüber dem Träger der Erlösung.«[103]

3. Der Stammapostel ist *die Vergegenwärtigung Gottes auf Erden*. Gott ist fern, und Christus weilt nicht mehr im Fleisch unter den Menschen. Aber in der Gestalt des Stammapostels hat sich die Trinität sichtbar und greifbar im Diesseits niedergelassen. Darum ist er der Fels der Gemeinde und bietet Geborgenheit und sicheren Schutz vor allen Anschlägen des Teufels. Darum ist er auch das Vorbild, in dessen Züge sich das Ewige eingezeichnet hat. Wer Gott ähnlich werden will, muß dem Stammapostel nacheifern. Wenn die Gläubigen aufgerufen werden, ihm »nachzufolgen«, dann ist damit ausgesprochen, daß der Stammapostel zu einer Wechselgestalt für Christus geworden ist: »Kannst du glauben, wie ich glaube? Kannst du lieben, wie ich liebe? Kannst du leben, wie ich lebe? Wenn du das kannst, dann wirst du auch das Ziel erreichen, dann wirst du unter denen sein, die der Herr ruft.«[104]

4. Der Stammapostel ist *der Herr über die Apostel*. Im Lehrbuch von 1938 hieß es in Artikel 4 des Glaubensbekenntnisses noch, daß Christus seine Apostel sende, »gleichwie er vom Vater gesandt ist«. Dieser Passus wurde in dem von Fritz Bischoff bearbeiteten Lehrbuch 1952 gestrichen. Damit wurde die »Reichsunmittelbarkeit« der Apostel beseitigt. Nun sind sie Geschöpfe des Stammapostels. »Wir Apostel der Gegenwart sind uns bewußt, daß wir nicht als Apostel aus den Wolken gefallen sind, auch war der Herr Jesus nicht selbst gekommen und hat uns zu Aposteln gemacht, sondern der Stammapostel hat uns erwählt, mit der nötigen Amtsmacht ausgerüstet und gesandt.«[105] Können sie das »zeitgemäße Wort Gottes« verkündigen? Können sie versöhnen an Christi Statt? Ja, aber nur, wenn sie in der Einheit mit dem Stammapostel stehen, wenn sie also seine Lehren nachsprechen und seinen Weisungen gehorchen. Sie sind nicht Apostel Christi, sondern Apostel des Stammapostels, denen es »ein Bedürfnis ist, so zu denken, so zu reden, so in der Seelenpflege offenbar zu werden, wie sie das vom Stammapostel hören und sehen«[106]. Das gipfelt darin, daß der Stammapostel das Wort Jesu: »Ich bin der Weinstock, ihr seid die Reben«, für sich und seine Stellung zu den Aposteln in Anspruch nimmt: »In dem Stammapostel steht der Geist des Herrn, die Amtsmacht, und aus diesem Weinstock werden die Apostel als Reben herausgeboren.«[107] Jede Trennung vom Weinstock bedeutet den ewigen Tod. Jede Rebe, die sich selbständig macht, muß verdorren. Der Stammapostel ist die Quelle des Lebens. Darum gilt auch von ihm das Wort Jesu: »Ohne mich könnt ihr nichts tun.«

5. Der Stammapostel hat damit die Verheißung Jesu: »Wo zwei oder drei versammelt sind in meinem Namen, da bin ich mitten unter ihnen« (Matth. 18, 20) einer schwerwiegenden Korrektur unterzogen. Er hat die *Wirklichkeit und Wirksamkeit Christi überlagert*. Es ist nicht von ungefähr, daß Worte, in denen Christus

[103] Wächterstimme 15. 4. 1952
[104] a.a.O. 1. 8. 1952
[105] a.a.O. 15. 12. 1951
[106] a.a.O. 15. 10. 1957
[107] a.a.O. 15. 8. 1950

Aussagen über sich selbst gemacht hat, nun wörtlich oder mit unwesentlichen Änderungen auf den Stammapostel bezogen werden. Er ist »das Licht der Welt«; sein Wort ist das »Brot des Lebens«. »Wenn wir an seiner Hand bleiben, dann werden wir den Tod nicht sehen ewiglich.«[108] Der Stammapostel »fordert uns auf: Kommet her zu mir, die ihr mühselig und beladen seid, ihr sollt erquickt werden, und eure Sünden sollen vertilgt werden.«[109] Oder es wird ihm in Anlehnung an Joh. 6, 69 gehuldigt: »Wir haben geglaubt und haben's auch erfahren, wir haben erkannt, daß du der Mann Gottes bist, den uns Gott geschenkt hat zur Vollendung seines Werks.«[110]

6. Noch eine letzte Steigerung der geistlichen Macht des Stammapostels ist 1951 eingetreten. Damals verkündigte J. G. Bischoff, daß Christus zu seinen Lebzeiten wiederkommen werde (vgl. S. 507ff.). Ihm als einzigem unter 600 Millionen Christen und 2,5 Milliarden Menschen sei diese Offenbarung zuteil geworden. Nun sei er berufen, die Brautgemeinde für die Entrückung zuzubereiten: Die Neuapostolische Kirche ist die Schlußkirche, und der Stammapostel ist *der Vollender des Erlösungswerks Gottes*. Sofern er die Heilsgeschichte abschließt, ist er das Gegenstück zu Abraham und das »Tor gen Mitternacht«. Sofern er die Brautgemeinde schmückt und als der Brautwerber vor Christus tritt, ist er der »Elieser unserer Zeit«. Sofern er die Brautgemeinde durch die Wirrnis der Zeit bis an die Grenze des gelobten Landes Kanaan geleitet, wo Christus sie in Empfang nimmt, ist er der Moses der Endzeit und der diesseitige Partner des aus der Welt Gottes wiederkommenden Messias. Er ist der Geleitmann und Schirmherr, der dafür sorgt, daß jeder, der sich ihm anvertraut, sicher das Ziel erreicht. Er ist auch der Wächter an der Pforte: Ohne ihn »gibt es keine Erste Auferstehung, keinen Eingang in den Hochzeitssaal und kein Wohnen im Reich der Herrlichkeit!«[111]

Der sakramentale Heilsstrom

Die vom Stammapostel ausgehende Heilsmacht besteht aus zwei Strömen, die über die Apostel und die ganze abgestufte Ämterhierarchie in jede Gemeinde, in jedes Herz fließen. Der eine Strom ist *seelsorgerlicher* Art. Er wirkt dahin, daß die ganze Gemeinschaft und jedes einzelne Glied lebensmäßig mit dem Stammapostel in inniger Weise verbunden bleibt. Die Priester usw. sorgen mit ihren gottesdienstlichen Ansprachen und ihren Hausbesuchen dafür, daß die Gläubigen nach dem Wort und Vorbild des Stammapostels wandeln. Sie widmen sich dieser »Seelenpflege« mit großer Treue, und es ist üblich, daß die Gemeindeglieder sich auch in rein weltlichen Fragen bei ihnen Rat holen. Jede neuapostolische Familie soll nach Möglichkeit alle vier bis sechs Wochen besucht werden. Die Priester sind gehalten, dem Vorsteher zu berichten, was sie bei ihren Besuchen bewirkt und gefunden haben[112].

[108] a.a.O. 15. 3. 1954
[109] a.a.O. 1. 4. 1953
[110] a.a.O. 1. 10. 1952
[111] a.a.O. 1. 1. 1956
[112] Richtlinien über Amtshandlungen, S. 43

Der andere Strom ist *sakramentaler* Art. »In der engen Verbindung zu den Amtsträgern und der gläubigen Hinnahme der Sakramente ist einem jeden Gnadensuchenden die Erreichung des von Jesu verheißenen Zieles verbürgt.«[113] Es gibt drei Sakramente:

1. Die *Taufe* ist ein »Bestandteil der Wiedergeburt«, der Bund eines guten Gewissens mit Gott und die notwendige Voraussetzung für die Versiegelung[114]. Sie leitet den Prozeß der Erlösung ein und kann von jedem Priester vorgenommen werden. Das Taufgelöbnis umfaßt das Bekenntnis zum Bundesschluß Gottes und das Gelöbnis eines gottgefälligen Wandels und des Gehorsams gegenüber den Aposteln. Die Kindertaufe wird bejaht und die Konfirmation als der Tag bezeichnet, an dem das Kind selbst die Pflichten übernimmt, die sich aus dem Taufgelöbnis ergeben. Die Taufformel ist trinitarisch. Bei Lebensgefahr kann jeder versiegelte Neuapostolische die Nottaufe vornehmen. Aber da sich Gott bei seinem Bundesschluß mit dem Täufling der neuapostolischen Amtsträger bedient, muß die Nottaufe durch die »vom Herrn gesetzten Ämter« bestätigt werden, um Gültigkeit zu erlangen. Dasselbe gilt von der kirchlichen Taufe. Da ohne die Mitwirkung eines neuapostolischen Priesters »der rechtsgültige Abschluß des Taufbundes unmöglich« ist[115], ist es bei einer kirchlichen Taufhandlung »zu einer Bundesschließung mit Gott nicht gekommen«; darum hat sie »keinen größeren Wert als eine Nottaufe vor ihrer Bestätigung«. Sie muß vor der Aufnahme in die neuapostolische Gemeinde vom Bezirksvorsteher bestätigt werden, um ihren vollen Wert zu erhalten[116].

2. Sinngemäß muß als nächstes Sakrament nach der Taufe die *Versiegelung* genannt werden, denn sie bildet den Höhe- und Schlußpunkt der mit der Taufe eingeleiteten Entwicklung. Sie hat eine konstituierende Bedeutung für die Aneignung des Heils. Sie ist »die Spendung des Heiligen Geistes und damit der wesentliche Teil der Wiedergeburt (Apg. 8, 14–17; Eph. 1, 13 f.; 4, 30). Sie ist die Zeugung aus dem Geiste Christi und damit die Grundlage einer völligen Erneuerung der Gesinnung des Menschen (Röm. 8, 9; 2. Kor. 5, 17; Offb. 21, 5; vgl. 1. Kor. 4, 15; Philemon 10; 1. Petr. 23; Jak. 1, 18).«[117]

Die Versiegelten werden zu Kindern Gottes und haben dadurch Anspruch auf das Erbe Christi. Wenn sie ihr Leben im Gehorsam gegen die Apostel führen, reifen sie zu Ebenbildern Christi heran und werden zu Überwindern und Erstlingen, die an der Ersten Auferstehung teilhaben und im Tausendjährigen Reich mit Christus als Könige und Priester regieren werden. Auch Jesus empfing die Versiegelung, und zwar bei der Taufe im Jordan. Der Apostel Versiegelung geschah an Pfingsten. Wer die Versiegelung empfangen will, muß zum Glauben an die Lehre der neuen Apostel gelangt sein und »das Bekenntnis ablegen, daß er entschlossen ist, sein Leben nach der Apostel Lehre zu führen«[118]. Auch Kinder können versiegelt werden.

[113] Lehrbuch 1971, Art. 221
[114] a. a. O. Art. 254
[115] a. a. O. Art. 266
[116] a. a. O. Art. 267 f.
[117] a. a. O. Art. 281
[118] a. a. O. Art. 290

3. Dem *Abendmahl* geht die »Freisprache« voraus. Sie bewirkt den Seelenzustand, in dem das Abendmahl würdig genommen werden kann[119]. Zur Durchführung der Abendmahlsfeier sind die priesterlichen Ämter berechtigt. Während die Freisprache Vergebung der Sünden mit sich bringt, verbürgt das Abendmahl die »Lebensgemeinschaft« mit Christus. Die Sünden, deren der Versiegelte sich weiterhin schuldig macht, werden durch die Freisprache mit Abendmahl laufend getilgt. Das setzt freilich voraus, daß dieses letztgenannte Sakrament möglichst jeden Sonntag gefeiert wird; es ist denn auch mit jedem Sonntagsgottesdienst verbunden. So ist dem Gläubigen die Möglichkeit gegeben, jeweils für die Sünden der zurückliegenden Woche Vergebung zu empfangen und unbelastet in die neue Woche einzutreten[120].

Die *Gottesdienste* werden nach einer schlichten Liturgie gehalten. Nach gemeinsamem Gesang spricht der Leiter des Gottesdienstes ein Gebet. Dann folgen Verlesung des Bibeltextes, Chorgesang und Predigt. An sie schließt sich das gemeinsame Vaterunser an, auf das »Freisprache« und Abendmahl folgen. Regelmäßiger Gottesdienstbesuch gilt als selbstverständliche Pflicht. Wer länger fernbleibt, kann ausgeschlossen werden. Da die Amtsträger, die in den Gottesdiensten sprechen, »unstudierte« Leute sind, erhalten sie von der Leitung der Gemeinschaft regelmäßige Anleitungen für ihre Ansprachen. Der Gottesdienstbesuch ist überaus rege, zumal mit dem sakramentalen Teil des Gottesdienstes eine erlösende Wirkung verbunden ist. Einziges Thema der Ansprachen ist das Heil der Seele. Sie rühmen die Heilsgaben, die vom Gnadenstuhl des Stammapostels ausgehen, warnen vor Verführung durch die »fremden Geister« der Welt, malen die Herrlichkeit, deren Gläubige nach der baldigen Wiederkunft Christi teilhaftig werden, und mahnen, sich ganz dem Wort und Vorbild des Stammapostels anzuvertrauen, damit die Mitgliedschaft in der Brautgemeinde nicht durch Lauwerden und mangelnde Wachsamkeit verscherzt wird. Ausgeklammert aus der neuapostolischen Verkündigung sind alle Fragen, die mit der Weltverantwortung des Christen und der Kirche zu tun haben, also politische, soziale, kulturelle Probleme. Aber auch Glaubensfragen, die durch eine säkularistische Umwelt aufgeworfen werden, und Lebensprobleme, die im Gefolge der Technisierung und Industrialisierung entstehen, werden nicht aufgegriffen. Ebenso wenig findet eine Auseinandersetzung mit anderen Glaubensrichtungen oder Kirchen statt.

Die Versiegelung ist den Aposteln vorbehalten. Damit wird von neuem ausgesprochen, daß das Heil des Gläubigen untrennbar mit den Aposteln verknüpft ist. Ja, die Vollmacht der Apostel reicht auch in die *Welt der Toten hinein,* von denen behauptet wird, »sie können ohne uns nicht vollendet werden«[121]. Darum müs-

[119] a. a. O. Art. 275

[120] In einem Gottesdienst in Frankfurt am 5. Februar 1950 verwies der Stammapostel Bischoff auf den Wert des neuapostolischen Gottesdienstes: »Wenn wir nach einer durchlebten Woche belastet vor den Herrn treten und sind durch die Bedienung aus seinem Geiste abgewaschen, geheiligt und gerecht gemacht, und es würde dann das eine oder das andere Gemeindeglied plötzlich aus dem Diesseits abgerufen, dann geht eine solche Seele in diesem erlösten Zustand in die Ewigkeit. Wie anders wäre es, wenn der Tod vor einem Gottesdienst, wenn die Belastungen einer ganzen Woche auf einer Seele liegen, eintreten würde. Es ist unmöglich, den Wert eines Gottesdienstes in Worten ausdrücken zu können.«

[121] Niehaus, Lichtblicke ins Totenreich, S. 7

sen die Lebenden für sie eintreten. Jesus ging ins Totenreich, um dort das Evangelium zu verkündigen. »Aus dem Beispiel Jesu schließen wir, daß seine Apostel und Knechte nach ihrem Hingang in die Ewigkeit die von ihm begonnene Arbeit fortzusetzen haben.«[122] Unter Berufung auf 2. Makk. 12, 39–46, Luk. 14, 12–14 und Offb. 6, 9–11 wird gesagt, daß die Gläubigen in Gebet und Fürbitte für die Toten vor Gott treten können, damit auch sie der Erlösung teilhaftig werden. Nach Joh. 5, 25 werde Gott die Verstorbenen weiterführen und ihnen auch die Sakramente zugänglich machen, die »stellvertretend für die Entschlafenen von den Lebenden hingenommen werden (1. Kor. 15, 29)«[123]. Die Herzuführung der für Taufe, Abendmahl und Versiegelung reif gewordenen Seelen ist den Engeln übertragen. Die Vermittlung der durch den diesseitigen »Gnadenstuhl« gewirkten Heilsgaben an die Jenseitigen geschieht durch die abberufenen Apostel, die drüben ihre Erlösungsarbeit fortsetzen[124]. Der Totendienst findet wegen des »großen Andrangs« der Entschlafenen vierteljährlich statt.

Garantierte Heilssicherheit

Die innere Entwicklung der neuapostolischen Gemeinschaft, ihrer Ämter und Sakramente war, wie schon erwähnt, durch die Sehnsucht der Gläubigen bestimmt, eine unbedingte und garantierte Sicherheit ihres Heils zu gewinnen und der Zone des Zweifels und der Angst zu entrinnen. Auch das Neue Testament kennt eine Antwort auf diese Sehnsucht. Sie liegt in der Botschaft von der Liebe Gottes, die sich in Christus geoffenbart hat und die so grenzenlos ist, daß sie den Sohn am Kreuz sterben ließ – »wie sollte er uns mit ihm nicht alles schenken?« Aber freilich, die vergebende und heilende Gnade Gottes bleibt immer *Gottes* Gnade. Er verfügt über sie. Er schenkt sie, und er kann sie auch wieder zurückziehen. Er bleibt der souveräne Gott auch in seinem Erbarmen. Das bedeutet, daß der Mensch sich in seiner Sehnsucht nach dem Heil immer auf ihn geworfen sieht. Er ist radikal von ihm abhängig. Aus dieser Abhängigkeit will die neuapostolische Lehre herausführen. Sie will den Gläubigen eine Sicherheit schaffen. Das Stammapostelamt soll der Garant dieser Sicherheit sein. Damit wurde ein Weg beschritten, der unerbittliche Konsequenzen in sich schließt. Sie liegen auf vier Gebieten:
1. Will man *das Amt zum Bürgen des Heils* machen, dann muß man ihm Vollmachten geben, die den Amtsträger weit über die menschliche Ebene hinausheben und ihn in die Lage versetzen, im Namen Gottes Heilsentscheidungen zu verkündigen und zu vollziehen. Das Endergebnis ist die Vergöttlichung seines Amts.

[122] Lehrbuch 1971, Art. 145
[123] a. a. O. Art. 253
[124] Am 28. Juli 1916, also in einer Zeit des großen Sterbens mitten im Ersten Weltkrieg, wurden in Bielefeld »Ämter für das Jenseits« eingesetzt, die von abgeschiedenen Aposteln, Bischöfen, Ältesten usw. eingenommen werden, um unter den Entschlafenen das Heilswerk fortzusetzen. »Vor einem Entschlafenengottesdienst entsteht im Jenseits eine besonders große Bewegung unter den Seelen. Die heimgegangenen Erlösten sind dort mit Hilfe unserer Gebete um die Unerlösten bemüht, sie an den Gnadenaltar auf Erden zu führen, sofern sie sich helfen lassen wollen.« (Unsere Familie 20. 6. 1977)

2. Die Heilsgaben müssen aus der Sphäre der Unanschaulichkeit in die der Anschaulichkeit und Massivität gerückt werden. Denn nur so sind sie zu ergreifen und können in einer kontrollierbaren Weise angeeignet werden. Tatsächlich nähert sich die neuapostolische Lehre vom *Heiligen Geist* der Vorstellung, als wäre dieser *eine »Ware«, über die das Amt verfügen kann.* Der Stammapostel kann sie verteilen, und zwar in sichtbaren Formen und Akten. Der Versiegelte hat die Gewißheit, den Heiligen Geist zu »besitzen«.
Um das Gewicht der Versiegelung als Spendung des Heiligen Geistes und des Apostelamts als Quelle und Vermittlung des Heiligen Geistes noch zu verstärken, wird in der neuapostolischen Lehre die Bedeutung der dritten Person innerhalb der Trinität besonders akzentuiert. Christus erscheint nur noch als ein Werkzeug des Heiligen Geistes, nicht mehr als eigenständige Person neben diesem: »Durch die Wirkung des Geistes Gottes war er als Mensch ins Fleisch gekommen; durch die Wirkung desselben Geistes wurde er auch für sein öffentliches Auftreten ausgerüstet; der Heilige Geist führte ihn zum Sieg über die Versuchungen Satans und gab ihm Macht, die finsteren und zur Sünde versuchenden Gewalten auszutreiben. Aus dem Geiste Gottes schöpfte er seine vollkommene Erkenntnis und redete und handelte nach dem Willen Gottes; aus Antrieb des Heiligen Geistes hat er sich zuletzt Gott und der Menschheit geopfert und ist durch die Macht desselben aus dem Tode zum Leben hindurchgedrungen und verklärt worden.«[125] Dieser Heilige Geist, der souverän auch Christus lenkte und bevollmächtigte, war zunächst, zu Jesu Lebzeiten, noch in diesen eingeschlossen. Daß Jesus ihn entband und ihn nach seiner Erhöhung an die Jünger austeilte, war sein eigentliches Heilswerk, neben dem Passion und Auferstehung verblassen. An Pfingsten ergoß sich der Heilige Geist auf die Jünger. Und er gibt sich heute in die Hand der neuen Apostel. Sie verfügen damit über die höchste Gottesmacht. Jeder Gläubige kann sie vom Apostel empfangen. Was kann er mehr verlangen?
3. Der Gläubige wird der *unmittelbaren Konfrontierung mit Gott enthoben.* Zwischen ihn und Gott hat sich der Stammapostel eingeschoben. Auch das trägt entscheidend zur Erhöhung der Sicherheit bei. Denn Gott ist die heilige Majestät. Es bleibt in dem Menschen, der mit ihm zu tun hat, immer ein Rest von Unruhe. Er kann ja Gott nicht in seine Hand bekommen, keinen Einblick in seine Pläne gewinnen, ihm nicht mit Rechten und Ansprüchen gegenübertreten. Aber nun wird seine Abhängigkeit von Gott durch die Abhängigkeit vom Stammapostel ersetzt. Mit ihm kann man sprechen, kann sich von ihm führen lassen und unter seinen Schutz flüchten. Unter Glaubensgehorsam wird verstanden »das Unterordnen des menschlichen Willens unter den göttlichen Willen, der sich für den neuapostolischen Christen in der Apostel Wort und Lehre offenbart«[126].
4. Als Offenbarungsquelle des göttlichen Willens gilt *»der Apostel Wort und Lehre«, nicht die Schrift.* Die neuapostolische Gemeinschaft hat sich in deutlicher und erklärter Form von ihr abgesetzt. Als Motiv wird immer wieder genannt: Die Schrift ist toter Buchstabe; durch die Kenntnis des Buchstabens wird man nicht selig, wohl aber durch den Zuspruch des lebendigen, gegenwärtigen Gottesworts

[125] Die Ämter und Sakramente der Neuapostolischen Kirche, S. 11
[126] Lehrbuch 1971, Art. 303

im Apostel. Oder: Die Schrift ist alt und an Adressaten anderer Zeitverhältnisse gerichtet; wir aber brauchen das »zeitgemäße« Gotteswort, das direkt an uns ergeht und auf unsere Fragen Bezug nimmt. Die Abwertung der Schrift bedeutet nicht, daß man völlig auf sie verzichtet. Man macht gern Gebrauch von ihr, soweit sie Beweismaterial für eigene Lehren liefert. Man pflegt auch die gottesdienstlichen Ansprachen mit einem Schrifttext zu verbinden. Aber mehr als solche Zubringerdienste kann die Schrift nicht leisten. Zum Seelenheil kann sie nichts beitragen. »Der Glaube an jene Gottesoffenbarungen tilgt unsere Schuld nicht, vergibt keine Sünde und spendet keinen Heiligen Geist. Wir haben Vergebung der Sünde und empfingen den Heiligen Geist durch unsern Glauben an die, die Jesus gesandt hat« (die neuen Apostel)[127].

Von hier aus ist der Schritt nicht mehr weit zu despektierlichen Äußerungen über die Schrift, die nicht selten sind: sie verhalte sich zum »zeitgemäßen« Gotteswort der Apostel wie Konserven zu frischen Lebensmitteln, wie Zisternenwasser zu Quellwasser. Oder: »Kein Patient kann durch einen verstorbenen Arzt operiert werden. Der Krankheitsherd wird auch nicht durch das Lesen eines Doktorbuches beseitigt noch durch den festen Glauben an einen Chirurgen, der längst nicht mehr ist. Kein Schüler kann durch eine verstorbene Lehrkraft unterwiesen werden, und noch nie ist ein Lehrling durch einen in die Ewigkeit gegangenen Lehrmeister ausgebildet worden... So kann uns auch die Heilige Schrift, und wenn wir noch so viel in ihr lesen, nicht das ewige Leben geben.«[128] »Der Glaube an das Wort des Stammapostels ist für uns in unserer Zeit die Kraft, der Sieg, der die Welt überwindet.«[129]

An der Bibel geprüft

Die Neuapostolische Kirche stellt sich ihren Gläubigen als eine feste Burg dar, in der sie Zuflucht und sicheren Schutz gegen jede Anfechtung finden. Aber diese Heilsgeborgenheit ist mit schweren Widersprüchen gegen die biblischen Zeugnisse erkauft. Es handelt sich dabei vor allem um das Apostelamt und um die Versiegelung als das »wichtigste Sakrament«.

1. *Was bedeutet der Begriff »Apostel« im Neuen Testament?* Er ist die Übersetzung des aramäischen »schaliach«, und dieses Wort drückt im Spätjudentum ein fest umgrenztes Rechtsverhältnis aus: es bezeichnet den Boten, der einen Auftrag seines Herrn auszurichten hat. Für die Dauer dieses Auftrags vertritt er seinen Herrn vollgültig, so daß im Spätjudentum der Satz anerkannt wurde: »Der Gesandte eines Menschen gilt so viel wie dieser selbst.« Auch die beauftragten Gesandten einer Gemeinde wurden »Apostel« genannt (vgl. 2. Kor. 8, 23; Phil. 2, 25). Der Vorbeter im Synagogengottesdienst wurde als »Apostel« bezeichnet, weil er als Bevollmächtigter der ganzen Gemeinde sprach. Besonders häufig begegnet der Ausdruck »Apostel« als Bezeichnung der Boten, die das jüdische Synedrium an

[127] J. G. Bischoff in Stuttgart am 24. 3. 1957
[128] Apostel Ernst Streckeisen in: Wächterstimme 15. 12. 1957
[129] Fritz Bischoff in: Wächterstimme 1. 10. 1956

einzelne Gemeinden schickte. Sie waren »Apostel«, solange ihr Auftrag währte. Es handelte sich also nicht um ein festes, bleibendes Amt auf Lebensdauer, sondern nur um eine zeitweilige Funktion. Sie erlosch, wenn der Auftrag erfüllt war. Es war selbstverständlich, daß ein Apostel seinen Auftrag und damit auch seine Würde niemals an einen Dritten übertragen, sondern nur in die Hände seines Auftraggebers zurücklegen konnte. Seine Stellung läßt sich am besten mit der Position eines diplomatischen Vertreters vergleichen. Dieser empfängt Auftrag und Vollmacht von der Regierung. Er kann seinen Auftrag als Botschafter wieder an die Regierung zurückgeben oder von dieser abberufen werden; aber er kann niemals von sich aus einen anderen zum Botschafter ernennen.
Auch Jesus hat Apostel berufen. Er bevollmächtigte sie zur Predigt der frohen Botschaft und zur Heilung von Krankheiten (Mk. 3, 14f.; Matth. 10, 1. 8; Luk. 9, 2). Es ist wichtig, daß die Jünger bei Matthäus und Markus nur im Zusammenhang mit ihrer zeitweiligen Aussendung die Bezeichnung »Apostel« erhielten (Matth. 10, 2. 5; Mk. 6, 30); ihr Auftrag als entsandte Boten war zu Ende, nachdem sie zurückgekehrt waren und Jesus Bericht erstattet hatten (Mk. 6, 30; Luk. 9, 10). Aus dem zeitweiligen Auftrag, den die Jünger von Jesus erhielten, wurde erst ein Dauerauftrag, als der erhöhte Herr sie zu seinen Aposteln, d.h. zu bevollmächtigten Gesandten machte (Apg. 1, 6–8; Matth. 28, 18–20). Sie hatten im Namen und Auftrag Christi Gemeinden zu gründen. Dies geschah durch die Verkündung des Evangeliums von Tod und Auferstehung des Herrn und durch die Vornahme der Taufe.

2. Das Neue Testament kennt nebeneinander *einen engeren und einen weiteren Begriff des Apostels.* Im weiteren Sinn werden als »Apostel« die Missionare bezeichnet, die als Verkündiger des Evangeliums von Ort zu Ort ziehen, z.B. Junias und Andronikus (Röm. 16, 7) und Barnabas (Apg. 14, 4. 14). »Apostel« im engeren Sinn, genauer »Apostel Jesu Christi« sind solche, die mit Christus zusammen gelebt haben und des Auferstandenen Augenzeugen gewesen sind (Apg. 1, 21f.; 10, 41f.). Dies trifft auf die Jünger, aber auch auf Jakobus, den Bruder Jesu (Gal. 1, 19), und die 1. Kor. 15, 7 genannten »alle Apostel« (einen von den Zwölfen verschiedenen und über sie hinausreichenden Kreis, vgl. 1. Kor. 15, 5) zu. Unzweifelhaft ist danach auch Paulus, dem der Herr vor Damaskus erschienen ist und einen Auftrag gegeben hat, ein Apostel. Dieser engere Kreis war also zunächst zahlenmäßig größer als die Zwölf. Aber offenkundig bildeten die Zwölf den eigentlichen Kern als die »zwölf Apostel des Lamms« (Offb. 21, 14). Die Zwölfzahl hat ja im biblischen Gebrauch eine symbolhafte Bedeutung; den zwölf Stämmen des Volkes Israel entsprechen die zwölf Apostel (Offb. 21, 12). Deshalb heißt es Mk. 3, 13f.: »Er rief die zu sich, die er selbst wünschte; und sie traten zu ihm heran. Und er setzte zwölf ein, daß sie beständig mit ihm wären und daß er sie aussende zu predigen, und mit der Vollmacht, die Dämonen auszutreiben.«

3. Aber ob es sich um die Zwölf oder um den sonstigen Kreis der »Apostel Jesu Christi«, d.h. der beauftragten Augenzeugen des Herrn, handelt: *sie konnten ihr Apostelamt nicht an andere übertragen.* Kein Gesandter kann einen anderen zum Gesandten ernennen; dafür ist nur der Sender zuständig. Darum dachte auch keiner von ihnen daran, Nachfolger zu ernennen.

Die Neuapostolischen mögen einwenden: Die Bibel enthält nur einen Teilbericht; nicht alles, was Jesus gesagt und angeordnet hat, ist in ihr aufgezeichnet. Gut, nehmen wir an, Jesus habe tatsächlich so etwas wie eine »neuapostolische« Gemeinde im Auge gehabt und den Aposteln entsprechende Anweisungen gegeben: dann haben diese sich einer schrecklichen Verletzung ihrer Pflicht schuldig gemacht; denn sie haben weder für Apostelnachfolger Sorge getragen noch den Gemeinden eingeschärft, daß das Apostelamt das unabdingbare Fundament der Kirche und die Quelle des Heils sei.
Wenn die neuapostolische Behauptung zutrifft, daß das Apostelamt notwendig für die Erlösung der Seelen sei, dann betrieben Petrus, Johannes, Paulus und die anderen geradezu Seelenmord, weil sie keine neuen Apostel aussonderten. Sie hätten also erst unter tausend Mühen, Entbehrungen und Todesgefahren die frohe Botschaft verkündigt und Gemeinden gegründet, weil sie ihnen das Heil bringen wollten; dann aber hätten sie diese Gemeinden in Leichtsinn vom Heil abgeschnürt, weil sie ihnen keine bevollmächtigten apostolischen Nachfolger bestellten! Das ist ein ungeheuerlicher Gedanke, der sich selbst widerlegt.
Die Neuapostolischen sind denn auch in diesem Punkt in einer offensichtlichen Verlegenheit. Sie zeigt sich daran, daß die verschiedensten Antworten probiert und wieder fallen gelassen werden. Einmal rechnen sie es der Kirche als Schuld an, daß sie das Apostelamt eingehen ließ. Warum aber hat dann der Herr der Kirche 1700 Jahre verstreichen lassen, bis er dieses Amt wieder erweckte, das doch heilsnotwendig war? Wie vereint sich das mit der Botschaft von der Liebe Gottes in Christus und mit der Verheißung Jesu in Matth. 28, 20?
Mit dieser Antwort ist es also nichts. So versuchte man eine andere Erklärung. Da wird nicht von einer Schuld der ersten Christengenerationen gesprochen, sondern von einer »Ausrottung des Apostelamts im ersten Christentum« durch die Verfolgung. Aber diese Antwort stellt vor die gleiche Schwierigkeit. Denn einmal hörte die Verfolgung ja auf, und dann hätte das so heilsnotwendige Apostelamt wieder eingerichtet werden können. Warum erst 1832 und nicht schon 1700 Jahre früher? Das Lehrbuch von 1933 (Art. 472) antwortet auf die Frage, ob die Apostel für Nachfolger Sorge getragen haben: »Das scheint von ihnen nicht als besonders nötig erkannt worden zu sein.« Diese Antwort rührte allzu nahe an den wahren Sachverhalt und tastete die neuapostolische Lehre von der Heilsnotwendigkeit des Apostelamts an. Deshalb wurde sie später gestrichen. Das Lehrbuch von 1938 hüllt sich in Schweigen, indem es die Frage überhaupt nicht stellt.
Erst das Lehrbuch von 1952/1971 bemühte sich wieder um eine Antwort. Es griff wieder auf die alte Lesart zurück (Art. 187): Eigentlich sollte bei der wachsenden Zahl der Gläubigen auch die Zahl der Apostel vermehrt werden; »die schweren Verfolgungen aber, denen die Gemeinde Jesu ausgesetzt war und die sich naturgemäß in erster Linie gegen ihre Führer richteten, verhinderten eine planmäßige Amtsnachfolge«[130].

[130] Dem widerspricht aber wiederum die vom Apostelkollegium herausgegebene Schrift »Die Ämter und Sakramente der Neuapostolischen Kirche«, wenn es dort heißt: »Es ist aus den neutestamentlichen Apokryphen, z. B. dem Hirten des Hermas, der Didache (Lehre der zwölf Apostel) u. a. mit aller Bestimmtheit zu entnehmen, daß eine Anzahl von Aposteln noch zur Zeit der Abfassung dieser Schriften tätig war, also um etwa 120 n. Chr. Geburt. So spricht Hermas von 40 Aposteln und Leh-

4. Um das Apostelamt als eine von Jesus gewollte Dauereinrichtung der Kirche zu retten, zitieren die Neuapostolischen allerlei Bibelstellen. Da heißt es z.B. 1. Kor. 12, 28: »Gott hat gesetzt in der Gemeinde aufs erste die Apostel, aufs andere die Propheten, aufs dritte die Lehrer, danach die Wundertäter« usw. Damit sei doch schwarz auf weiß bewiesen, daß das Apostelamt *eine von Gott »gesetzte« und also gewollte Dauereinrichtung* ist! Wirklich? Kann es des Paulus Meinung gewesen sein, daß jede Gemeinde ihren eigenen Apostel haben müsse und daß es sich hier um ein Daueramt für alle Zeiten handle? Hätte er dies gemeint, dann hätte er für die von ihm gegründete Gemeinde in Korinth bei seinem Weggang einen Apostel berufen müssen. Er hat es nicht getan. Er hat auch für die Gemeinde in Ephesus keinen Apostel bestellt. Als er sie später wieder besuchte, versammelte er die »Ältesten der Gemeinde« (Apg. 20, 17) und mahnte sie, auf die Gemeinde achtzuhaben, »unter welche euch der heilige Geist gesetzt hat zu Bischöfen« (Apg. 20, 28). Er hat den Titus über die Gemeinden in Kreta gesetzt und ihn bevollmächtigt, Älteste einzusetzen, aber zum Apostel hat er ihn nicht ernannt (Tit. 1, 5). Nirgendwo ist von Aposteln als Nachfolgern der Apostel Christi die Rede, und wenn Paulus sie in Eph. 4, 11–13, einer Lieblingsstelle der Neuapostolischen, erwähnte, dann meinte er da nicht irgendwelche neu berufenen Apostel, die es gar nicht gab, sondern die Urapostel, die als Augenzeugen Christi für die jungen, vielfach ungefestigten Gemeinden eine Lebensnotwendigkeit waren (vgl. Eph. 2, 20) und deren Kreis er mit seiner eigenen Berufung als abgeschlossen betrachtete (1. Kor. 15, 5–9).

5. Aber selbst wenn sich aus den biblischen Texten das Apostelamt als Dauereinrichtung nachweisen ließe, bestünde eine *tiefe Kluft zwischen den neuapostolischen und den neutestamentlichen Aposteln.* Um bei Äußerlichkeiten zu beginnen: Nach dem 5. Glaubensartikel steht allein den Aposteln das Recht zu, Amtsträger zu ernennen und einzusetzen. Die Urgemeinde kannte dies nicht als Regel; da kam es vor, daß die Gemeinde ihre Amtsträger selbst wählte (Apg. 6, 5). Nach neuapostolischer Anschauung entsprach in der Apostelschar Christi die Stellung des Petrus der des heutigen Stammapostels[131]. Das Neue Testament kennt keine solche Rangstufe[132]. Es ist uns auch nirgends ein Wort etwa von Paulus oder Johannes überliefert, daß sie ohne den Stammapostel Petrus nichts tun könnten.

rern (sim. IX. 15, 4), von deren Namen die wenigsten bekannt sind« (S. 52). Demnach wäre eine reichliche Amtsnachfolge der Urapostel entgegen den Behauptungen des Lehrbuchs 1952 allen Verfolgungen zum Trotz möglich gewesen. Wenn aber zahlreiche Apostelnachfolger bestimmt worden sind, muß gefragt werden: Warum verlor sich dieses Amt so rasch? Darauf haben die Neuapostolischen aus gutem Grund keine Antwort gegeben.

131 Lehrbuch 1971, Art. 180

132 Auf der Suche nach einem biblischen Beweis, daß Jesus ein übergeordnetes Stammapostelamt gewollt habe, gerieten die Neuapostolischen an Matth. 23, 8 und 11. Sie bemerkten dazu: »Als bei einer Gelegenheit die Jünger die Frage aufwarfen, wer der Größte unter ihnen sei, sagte Jesus: ›Der Größte unter euch soll euer Diener sein. – Einer ist euer Meister; ihr aber seid alle Brüder.‹ Diese Worte Jesu besagen also, daß unter den Aposteln ein ›Größter‹ vorhanden ist« (Wächterstimme 1. 7. 1950). Nun heißt es in der Lutherübersetzung: »Einer ist euer Meister, *Christus*«. Dieser Zusatz »Christus« fehlt zwar in einer Reihe von Handschriften; aber es ist klar, daß in Matth. 23, 8 Christus gemeint ist, und in 23, 10 ist er in einer parallel lautenden Stelle in allen Handschriften ausdrücklich genannt. Matth. 23, 8 widerspricht also gerade der neuapostolischen Stufung in Apostel und Stammapostel.

Eigentlich müßten die Neuapostolischen heute noch den Paulus feierlich und nachträglich aus dem Kreis der Urapostel ausstoßen. Denn er benahm sich ganz ungehörig gegen seinen »Stammapostel« Petrus. Er suchte nämlich durchaus nicht nach dem Vorbild der heutigen Apostel eine möglichst enge persönliche Verbindung mit Petrus. Im Gegenteil, nach dem Damaskuserlebnis zog er nach Arabien, statt stracks »gen Jerusalem zu denen, die vor mir Apostel waren«, zu reisen (Gal. 1, 17). Erst nach drei langen Jahren suchte er Petrus in Jerusalem auf und blieb 15 Tage bei ihm. Dann ging er auf seine Missionsreisen. Zwischen der ersten und der zweiten Missionsreise traf er ein einziges Mal mit der »Aposteleinheit« in Jerusalem zusammen (Apg. 15). Am Ende der zweiten Missionsreise aber leistete er sich gar eine Rebellion gegen Petrus, die jeden Neuapostolischen hell empören müßte: In Antiochien kam es zu einer scharfen öffentlichen Auseinandersetzung; Paulus widersprach dem Petrus und bezeichnete sein schwankendes, schwächliches Verhalten gegenüber den Heidenchristen als Heuchelei (Gal. 2, 11 ff.). Wie, hatte er nicht begriffen, daß er seinem Stammapostel strikten Gehorsam schuldig ist, weil das Stammapostelamt doch eine »von Gott gegebene Ordnung« ist?

Wenden wir uns mehr den inneren Gebieten zu, auf denen sich die Gegensätze zwischen den Aposteln Christi und den neuen Aposteln zeigen: Den alten Aposteln gab Jesus Anweisung und Vollmacht, Kranke und Aussätzige zu heilen, Teufel auszutreiben und Tote aufzuerwecken (Matth. 10, 8). Von den neuen Aposteln hat noch keiner, auch kein Stammapostel, bewiesen, daß er diese Vollmacht hat. Die neuen Apostel und sonderlich der Stammapostel beanspruchen, dank ihrem Erfülltsein mit dem Heiligen Geist, das »zeitgemäße Wort Gottes« zu verkündigen, und lehnen die alleinige Bindung an die Heilige Schrift ab. Paulus dachte sehr viel anders über die Schrift: »... weil du von Kind auf die Heilige Schrift weißt, die dich unterweisen kann zur Seligkeit durch den Glauben an Christus Jesus« (2. Tim. 3, 15). Bei den Neuapostolischen gilt es als heilswichtige Pflicht, dem Stammapostel »nachzufolgen«. Das Neue Testament verwendet den Begriff der »Nachfolge« durchweg nur für das Verhältnis zwischen den Jüngern und Christus[133]. Und während die neuapostolischen Gläubigen angewiesen werden, zu glauben, zu lieben, zu beten und zu hoffen wie der Stammapostel, schreibt Paulus der Gemeinde in Philippi: »Ein jeglicher sei gesinnt, wie Jesus Christus auch war« (Phil. 2, 5).

6. Von einem *Sakrament der Versiegelung* weiß die Bibel nichts. Es ist weder von Jesus gestiftet noch von seinen Aposteln praktiziert worden. Jesus hat den Aposteln nur die Taufe (Matth. 28, 19) und das Abendmahl (1. Kor. 11, 23 ff.) befohlen. Selbst das neuapostolische Lehrbuch schweigt sich darüber aus, auf welcher biblischen Stiftung dieses dritte Sakrament beruhe; es findet eine Begründung lediglich darin, daß dem dreieinigen Gott auch eine Dreizahl von Sakramenten entsprechen müsse[134].

Nach einer neuapostolischen Lehre besteht die Versiegelung darin, daß der Apostel dem Gläubigen die Hand auflegt und ihm damit den Heiligen Geist übermit-

[133] In der Lutherübersetzung ist »Nachfolge« nur vereinzelt auf das Verhältnis zwischen der Gemeinde und Paulus bezogen (2. Thess. 3, 7 u.a.). Aber die griechische Vokabel, die hier gebraucht wird (»mimeisthai«), bedeutet etwas anderes als das für »Nachfolge« in bezug auf Christus verwendete »akolouthein«, nämlich »nachahmen« oder »zum Vorbild nehmen«.

[134] Lehrbuch 1971, Art. 252

telt. Nun findet sich in der Bibel des öfteren der Begriff *»versiegeln«*. Er wird in doppeltem Sinn gebraucht: einmal in seiner ursprünglichen Bedeutung als Versiegeln von Briefen, Schriften, Kaufverträgen u. a., sodann in einer übertragenen Bedeutung als Bestätigung einer Verheißung, einer Vollmacht oder eines Heilsstandes. Im ersten Fall ist durchweg der Mensch, im zweiten Fall aber Gott oder Christus der Versiegelnde (Joh. 6, 27; 1. Kor. 9, 2; 2. Kor. 1, 22; Eph. 1, 13; 4, 30; Offb. 7, 3). Die Neuapostolischen aber gebrauchen das Wort in einer dritten Bedeutung, die es in der Bibel überhaupt nicht gibt: sie machen aus der Bestätigung eines verheißenen Heilsstandes eine Übertragung von Heilskräften.
Die neuen Apostel vollziehen die Versiegelung durch den Akt der *Handauflegung*. Es gibt keine einzige Schriftstelle, welche auch nur andeutend oder indirekt sagte, daß die Handauflegung durch einen Apostel für den Gläubigen notwendig sei, damit er das Heil empfange. Wohl wird an einigen Stellen von einer »Handauflegung« gesprochen, und die Neuapostolischen berufen sich auf sie. Aber sie dürfen z. B. 1. Tim. 5, 22 nicht als Beweis anführen. Denn nach ihrer Lehre kann nur ein Apostel die Versiegelung vornehmen; Timotheus aber war kein Apostel. Die Handauflegung, von der hier die Rede ist, hat denn auch mit einem Sakrament der Versiegelung nichts zu tun; sie war die Einsegnung eines Amtsträgers (ebenso 1. Tim. 4, 14 und 2. Tim. 1, 6). Die urchristliche Ordination erfolgte nach dem Vorbild der Ordination des Josua durch Mose (4. Mose 27, 18–23; 5. Mose 34, 9) in der Form der Handauflegung (Apg. 6, 6; 13, 3). Die Handauflegung Hebr. 6, 2 und Apg. 19, 5 f. war die mit der Taufe verbundene Segensgebärde, also nicht ein selbständiger sakramentaler Akt. Bleibt noch die Stelle Apg. 8, 14–17. Hier heißt es in der Tat: »Da legten sie die Hände auf sie, und sie empfingen den heiligen Geist.« Also eine biblische Begründung des Sakraments der Versiegelung? Doch kann man aus der Begebenheit in Samarien keine Regel machen: Beim Geistesempfang der Jünger Apg. 2, 1 ff. gab es keine Handauflegung. Nach Apg. 2, 37 f.; 10, 44; 15, 7–9; Gal. 3, 2 kommt der Heilige Geist durch die Predigt des Wortes in die Herzen. Nach Luk. 11, 13 kommt es auf das gläubige Bitten um den Heiligen Geist an. Woher hatte Paulus den Heiligen Geist? Ananias, der ihm die Hände auflegte (Apg. 9, 17), war kein Apostel. Woher hatten die Christen in Rom ihre Geistesgaben (Röm. 12, 6–8)? Es war, als Paulus seinen Brief an sie schrieb, noch kein Apostel bei ihnen gewesen.
Die Urgemeinde kannte eine Handauflegung als Segenshandlung. Aber sie war nicht den Aposteln allein vorbehalten. Gelegentlich war mit ihr ein Geistesempfang verbunden, der sich in Zungenreden und Weissagung äußerte (Apg. 19, 6); einen Geistesempfang dieser Art kann man bei den neuapostolischen Versiegelten nicht bemerken. Das alles läßt sich eben nicht imitieren.

7. Für ihren *stellvertretenden Totendienst* berufen sich die Neuapostolischen auf 1. Kor. 15, 29. Diese Stelle ist deshalb schwer verständlich, weil wir keinerlei sonstige Nachricht haben, die genau sagt, um was für einen Brauch es sich bei dieser stellvertretenden Taufe für die Toten handelt. Mag sein, daß es ihr Sinn war, auch solche Verstorbenen, die ungetauft geblieben waren, noch der Gnadenwirkung des Sakraments teilhaftig werden zu lassen. Diese »Vikariatstaufe« gab es in allerlei Sekten der altchristlichen Zeit; sie hatte ihre Entsprechungen in heidnischen

Kulten[135]. Aber Paulus hat diesen Brauch weder bestätigt noch bestritten. Er benützte ihn lediglich als ein Beweismittel in seiner Auseinandersetzung mit denen, die eine Totenauferstehung leugneten (1. Kor. 15, 12): Wenn sie recht hätten, dann hätte ja die von manchen geübte Taufe für einen Verstorbenen gar keinen Sinn, denn diese Taufe setzt das Fortleben der Toten voraus! Paulus wollte also nicht jenen Brauch rechtfertigen, sondern die Auferstehung der Toten begründen. Es geht nicht an, daraus, daß er ganz nebenbei die stellvertretende Taufe als Anschauungsmaterial für seine Beweisführung verwendete, ein Ja des Apostels zur Vikariatstaufe herauszulesen.

Ausbreitung und Gliederung der Neuapostolischen Kirche

Aus kleinen Anfängen hat sich die Neuapostolische Kirche in verhältnismäßig kurzer Zeit über alle Kontinente verbreitet. Und das geschah, ohne daß sie eigens eine Missionsgesellschaft zur Ausbildung und Aussendung von Missionaren gegründet hätte. In diesem Punkt unterscheidet sie sich von allen anderen Kirchen. Wachstum und Ausbreitung erfolgten bei ihr weithin planlos und spontan. Wie läßt sich das erklären? Für den neuapostolischen Gläubigen ist die stete Verbindung mit den Priestern und besonders dem Apostel lebensnotwendig; denn nur durch sie kann er Vergebung, Führung und die Sakramente empfangen. Kommt er nun in ein Land, in dem seine Kirche nicht vertreten ist, dann gerät er in eine bedrohliche Lage: er ist mit seiner Familie von der Heilsquelle abgeschnitten. Diesen Notstand muß er mit allen Mitteln zu beheben versuchen, und das beste Mittel ist, in seiner Umgebung Umschau nach Glaubensgenossen zu halten und die Verbindung mit seinem Heimatapostel zu pflegen. Gewinnt er dann auch noch Andersgläubige in seiner Nachbarschaft für seinen Glauben, dann entsteht allmählich eine kleine Gemeinde, die bei einer Besuchsreise des Apostels die Sakramente empfängt und einen Priester erhält. So wird ein Gläubiger von selbst zu einem Missionar im fremden Land, und jede kleine Zelle, die er bei seinem Suchen und Werben zusammenbringt, wächst zu einer engen, familienähnlichen Gemeinschaft zusammen. Der Schwerpunkt der Neuapostolischen Kirche liegt eindeutig im *deutschen Sprachgebiet*. Hier zählte man 1979/80 etwa 470000 Glieder; davon 335000 in der Bundesrepublik, 85000 in der DDR, 45000 in der Schweiz und 5000 in Österreich. Die nach verschiedenen Abspaltungen in den *Niederlanden* verbliebenen neuapostolischen Gemeinden bilden heute die »Niew-Apostolische Kerk in Nederland« mit rund 12000 Seelen und einem Apostel. Die 10000 Gläubigen in *Frankreich* haben seit 1981 zwei Apostel. In allen anderen Ländern Europas sind die neuapostolischen Gemeinden noch sehr jung. In *Belgien* entstanden kleine Gemeinden durch neuapostolische Kriegsgefangene, die nach ihrer Entlassung im Land geblieben waren, und durch belgische Besatzungsmitglieder, die in Deutschland apostolische Mädchen geheiratet haben. Auch in *England* legten zwei neuapostolische Kriegsgefangene den ersten Keim. 1977 wurden in England und Irland 35 Gemeinden mit 1493 Seelen gezählt. In den letzten Jahren konnte die

[135] Die dionysischen Mysterien kannten eine stellvertretenden Weihe für ungeweiht Verstorbene.

Neuapostolische Kirche zunehmend in *Italien* und *Spanien* Fuß fassen und wurde inzwischen auch in *Griechenland* offiziell zugelassen. In *Finnland* war 1975 die Arbeit aufgenommen worden. 1977 gab es zwei kleine Gemeinden in Helsinki und Turku. Auch in *Polen* bestehen kleine Gemeinden und Kreise mit unbekannter Mitgliederzahl, die überwiegend in den ehemals deutschen Gebieten, die nach dem Zweiten Weltkrieg zu Polen kamen, zu finden sind. In den europäischen Staaten des Ostblocks leben verstreut Mitglieder der Kirche, die teilweise auch zu Gemeinden zusammengefaßt sind.
Es ist erstaunlich, daß die ältesten ausländischen Gemeinden gerade in den fernsten Weltgegenden ins Leben gerufen wurden: Bereits seit 1879 war der Holländer F. L. Anthing als Apostel in Indonesien – damals Kolonie der Niederlande – tätig. 1883 begann er mit der Arbeit auf *Java*. Er gründete einige Gemeinden. Sein Nachfolger Lim-Tjoekhim gewann u. a. den kirchlichen Diakon Hanibals, Erzieher am fürstlichen Hof. Dieser wirkte von 1895 bis etwa 1911 als Apostel und konnte Tausende zu seinem Glauben führen. 1974 wurden in Indonesien 7000 Neuapostolische mit zwei Aposteln gezählt. 1883 hatte die damalige »Allgemeine christliche Apostolische Mission« den Evangelisten H. F. Niemeyer aus Wolfenbüttel nach *Australien* entsandt. Er hatte nach drei Jahren bereits 100 Anhänger gewonnen, die nun auf ihre Versiegelung durch einen Apostel warteten. Statt einen solchen nach Australien zu schicken, wurde er selbst als Apostel eingesetzt. 1974 zählten die neuapostolischen Gemeinden 2000 Seelen mit zwei Aposteln. Niemeyer setzte 1893 seinen Freund Klibbe zum Apostel ein und beauftragte ihn mit dem Aufbau von Gemeinden in *Südafrika*. Als er 1913 abtrünnig wurde, übernahm der spätere Apostel G. H. W. Schlaphoff und sein Sohn Franz, der später Stammapostelhelfer war, das Werk. Es blühte erneut auf und umfaßte 1977 etwa 110000 Gläubige mit sieben Aposteln allein in der Republik Südafrika (davon im Großraum Kapstadt in 180 Gemeinden mit 101 Kirchengebäuden etwa 65000 Gläubige). Von Südafrika aus fand der neuapostolische Glaube auch Eingang in benachbarte Länder: 1974 zählten *Rhodesien* 6000, *Sambia und Malawi* 70000 Gläubige mit vier Aposteln.
Früh faßte der neuapostolische Glaube auch in Südamerika Fuß. In *Argentinien* gründeten deutsche Auswanderer 1903 die ersten Gemeinden, und der bereits 1900 für Argentinien vorgesehene Apostel wanderte 1907 aus Holland ein. Bis 1930 wurden nur deutschsprachige Gottesdienste gehalten. Dann nötigte die zunehmende Zahl einheimischer Mitglieder auch zur Einführung von Gottesdiensten in der Landessprache. Von nun an entstanden kleine Gemeinden auch in Uruguay, Paraguay, Chile, Brasilien und Venezuela. 1974 wurde die Gesamtzahl der Gläubigen in Südamerika mit 66000 beziffert, davon 50000 in Argentinien. 1965 lernte der kanadische Apostel Michael Kraus den Gottesdienstbesucher Rutty kennen, der von *Jamaika* stammte. Er schickte ihn mit einem missionarischen Auftrag in seine Heimat zurück und reiste einige Monate später selbst dorthin. Nach zehn Jahren zählten die Gemeinden in Jamaika 900 Mitglieder mit vier Evangelisten, 14 Priestern und 25 Diakonen und Unterdiakonen. Von Jamaika aus wurde der neuapostolische Glaube auch auf andere karibische Inseln gebracht. Sie gehören zum Apostelbezirk *Kanada*, der auch die 21000 Glieder in den USA umfaßt.

Besonders stark war die Ausstrahlung neuapostolischer Gemeinden in England: Von einer Besuchsreise 1969 berichtete Apostel Startz, daß in einem Gottesdienst in London zwei Ceylonesen, in Birmingham ein Biafraner versiegelt wurde, die in England studierten und nach ihrer Heimkehr für den Glauben warben. Der Bischof für Großbritannien und Irland, Erry, zog mit seiner Familie nach *Indien* und hier fielen ihm Gläubige in Scharen zu. Bis 1975 war ihre Zahl bereits auf 90 000 in 1100 Gemeinden gestiegen und der Stammapostel Streckeisen setzte in einem Gottesdienst in London am 20. Juli 1975 erstmals sechs Apostel für Indien ein. Insgesamt zählte die *Neuapostolische Kirche* 1978 über 1 Million Mitglieder. Entsprechend mußte auch die Zahl der Apostel vermehrt werden, denn sie haben meist riesige Bezirke zu leiten und als Vermittler der Heilsgnade müssen sie für jeden Gläubigen erreichbar sein[136]. 1981 amtierten fast 90 Apostel. Das Heer der sonstigen Amtsträger vom Unterdiakon aufwärts wuchs von 12 676 im Jahr 1949 (bei einer damaligen Gesamtmitgliederzahl von 352 000 Gläubigen) auf über 45 000 im Jahr 1979, davon sind 17 000 im priesterlichen Dienst. Die in den Gemeinden anfallenden Aufgaben werden nebenberuflich und ohne Entlohnung ausgeübt. Dank ihrer großen Zahl sind die Amtsträger in der Lage, mit den ihnen anvertrauten Gläubigen enge Verbindung zu halten und eine intensive »Seelenpflege« zu üben. Das alles fördert den Zusammenhalt der Gemeinden und die Volksnähe der kirchlichen Organisation.
Um die Verbundenheit der Apostel untereinander zu pflegen, werden von Zeit zu Zeit internationale Treffen durchgeführt. So versammelten sich 1977 in Rexdale (Kanada) 467 Amtsträger aus England, Rumänien, Indien, Malaysia, Korea, Japan, Philippinen, Hawai und vier lateinamerikanischen Ländern. Im Mai 1980 fand eine Apostelversammlung in Zürich statt, bei der 70 Apostel zugegen waren. Immer wieder werden auch mit Hilfe moderner Kommunikationsmittel die Gemeinden weiter Gebiete an Gottesdienste des Stammapostels angeschlossen. So wurde der Neujahrsgottesdienst 1977 in Hamburg über Postkabel in die Versammlungsräume von 724 Gemeinden übertragen, der erste Gottesdienst des neuen Stammapostels Urwyler am 19. November 1978 in 769 Gemeinden.
Die Neuapostolische Kirche ist in Bezirke gegliedert. An der Spitze jedes Bezirks steht der Bezirksapostel. Die Apostelbezirke sind weiterhin untergliedert in Bischofs- und Ältestenbezirke. Der Ältestenbezirk besteht aus einer Anzahl Gemeinden und kann in Unterbezirke eingeteilt werden. Die Gemeinde untersteht einem Gemeindeältesten, der das Amt eines Hirten, Gemeinde-Evangelisten oder Priesters haben kann und dem eine Anzahl Hilfsämter zur Seite stehen. Schon aus dieser vielstufigen Organisation ergibt sich eine reich gegliederte Hierarchie der kirchlichen Ämter. Das neuapostolische »Lehrbuch« kennt eine dreizehnsprossige Stufenleiter, die dem strebsamen Mitglied offensteht.

136 So gehören zum kanadischen Apostelbezirk: Bangladesch, Birma, Bolivien, Ghana, Großbritannien, Hongkong, Indien, Jamaika, Japan, Kenia, Kolumbien, Korea, Liberia, Malaysia, Mexiko, Nigeria, Pakistan, Papua-Neu-Guinea, Peru, Philippinen, Sri Lanka, Taiwan, Venezuela, Zaire. Vom Apostelbezirk Wiesbaden aus werden fast alle Staaten des Vorderen Orients, Nord- und Westafrikas betreut. In einigen Ländern leben zwar verstreut nur einzelne Angehörige der Neuapostolischen Kirche, mit ihnen werden aber dennoch regelmäßige Verbindungen aufrechterhalten, und sie selbst wissen auch, an welchen Apostel sie sich wenden können, wenn sie seiner bedürfen.

H. Niehaus gründete 1922 den Verein »*Apostelkollegium der Neuapostolischen Gemeinden Deutschlands*«, der die Bezirks- und Hilfsapostel zusammenschloß und inzwischen wohl in abgeänderter Form auch auf die außerdeutschen Apostelbezirke ausgedehnt wurde. Zu seinen Aufgaben gehören u. a.: Herausgabe von Schrifttum in einem gemeinschaftlichen Verlag, Überwachung der Verwaltungsordnung, priesterliche Pflege der Gemeinden und Abwehr auflösender Bestrebungen, Ausübung der geistlichen Leitung über sämtliche Gemeinden, Finanzaufsicht und Handhabung der Kirchendisziplin. In diesem Kollegium hat der Stammapostel die absolute Vormacht: nach § 3 ernennt er die Mitglieder »auf Widerruf«, wobei das Apostelkollegium nur eine beratende Funktion hat, und nach § 4 kann er sie auch »nach pflichtmäßigem Ermessen« wieder abberufen, ohne dabei von einem Votum oder Veto des Kollegiums abhängig zu sein. Nach § 6 hat er das Recht, »während seiner Amtsdauer unter Zustimmung der Mitglieder des Apostelkollegiums einen Nachfolger oder Vertreter aus der Mitte der Apostel vorzuschlagen und auszusondern«. Hat er keinen Nachfolger ernannt, dann hat das Kollegium unverzüglich einen Stammapostel zu wählen. Aus einer von den Monatsbeiträgen der Bezirke gespeisten »Vereinskasse« werden nach § 8 die Aufwendungen für den Stammapostel, für in Not geratene Bezirke, für Pensionen von Aposteln, für die Unterstützung von Apostelwitwen und -waisen und für Missions- und Wohltätigkeitszwecke geleistet. Von den Gemeindegliedern wird praktisch ein Beitrag in Höhe des Zehnten erwartet. Eine öffentliche Rechenschaft über Verwaltung und Verwendung der Gelder wird nicht gegeben.

Die Neuapostolische Kirche hat sowohl nach Umfang wie Inhalt nur eine bescheidene *Literatur* hervorgebracht. Die wichtigste Schrift ist das Lehrbuch »Fragen und Antworten über den Neuapostolischen Glauben«, erstmals 1916 erschienen und von Niehaus verfaßt. Kennzeichnend ist, daß keinerlei Schrifttum für Werbezwecke produziert wurde. Der Schwerpunkt liegt völlig auf der Werbung von Mensch zu Mensch durch Hausbesuche oder im Verwandten- und Bekanntenkreis. Auf diesem Gebiet sind sie außerordentlich rege. Der enge Zusammenhalt der neuapostolischen Gemeindeglieder, die einander im beruflichen und privaten Leben helfen, bildet einen wichtigen Anziehungspunkt. Da gibt es keine anonyme Mitgliedschaft und keiner wird allein gelassen, sondern jeder wird beraten und geleitet. Für Menschen, die einer Obhut und steten Führung bedürfen, ist diese »Seelenpflege« hoch willkommen, während sie für selbständige Naturen lästig oder widerwärtig sein mag.

Streitigkeiten und Spaltungen

Die Neuapostolische Kirche wurde im Verlauf ihrer Geschichte von vielen Spaltungen heimgesucht. Die verschiedensten Ursachen waren daran beteiligt: persönliche Differenzen unter den führenden Amtsträgern; die Rebellion charismatisch-prophetischer Elemente gegen die Beschlagnahme des Heiligen Geistes durch das Apostelamt; der Aufruhr von Aposteln gegen die erdrückende Übermacht des Stammapostels; die Verdrängung von Gestalt und Werk Christi durch die Person und das Amt des Stammapostels.

1. Als der holländische Apostel Schwarz am 6. Dezember 1895 starb, hinterließ er in seinem Testament die vorsorgliche Bestimmung, daß die Berufung des Nachfolgers schon nach zwölf Trauerwochen stattfinden sollte. Aber Krebs ergriff die Gelegenheit, während der apostellosen Zeit auch diese bisher unabhängige *Hersteld Apostolische Zendingkerk* in seinen Griff zu bekommen, gleich beim Schopf. Er reiste nach Amsterdam, berief eine allgemeine Priesterversammlung ein, verlängerte die Trauerzeit – angeblich aus Ehrfurcht vor dem Toten – bis Januar 1987 und bestellte unbefugterweise einen Anhänger, den Evangelisten Kofman, in Enkhuizen, zum Aufseher. Dann bereiste er zusammen mit Niehaus die Gemeinden, forschte unter den Amtsträgern nach Helfershelfern und warb durch Lobpreisung von Schwarz um das Vertrauen der Gläubigen. Zugleich verkündigte er die neue Lehre von der veralteten Bibel und dem frischen Gotteswort der Gegenwart durch Apostelmund. Einige Priester nahmen diese Lehre an und warben, geführt von Kofman, eifrig für Krebs und übersetzten die Krebs-Blätter »Herold« und »Wächterstimme aus Ephraim« ins Holländische.
Nun kam der Berufungsgottesdienst am 17. Januar 1897, Krebs und Niehaus nahmen daran teil. Der Amsterdamer Diakon MARTINUS VAN BEMMEL, der ein Gegner von Krebs war, wurde durch den Mund des Propheten Vleck aus Amsterdam als Apostel für »Juda« bezeichnet. Er nahm seine Berufung an, und Krebs mußte ihn wohl oder übel feierlich vor den versammelten Gemeinden anerkennen. Weil van Bemmel sich ihm nicht gefügig zeigte, entbrannte alsbald eine hitzige Auseinandersetzung. Einen einflußreichen Parteigänger von Krebs, den Evangelisten de Vries in Amsterdam, suspendierte van Bemmel, und Krebs konterte, indem er unter Überschreitung seiner Befugnisse van Bemmel brieflich am 28. Februar 1897 abzusetzen versuchte. Ein größerer Teil der Gemeinden von Amsterdam, Haarlem und Enkhuizen hielt sich zu van Bemmel. Die Anhänger von Krebs wurden in der *»Hersteld Apostolische Zendingsgemeente in de Eenheid der Apostolen in Nederland en Kolonien«* gesammelt. Krebs setzte ihnen Kofman zum Apostel. Diese Spaltungsgemeinschaft blieb fortan der Neuapostolischen Kirche eingegliedert und dem Stammapostel untertan. Der Hirte von Haarlem, Verkruisen, richtete 1899 gegen Krebs eine Kampfschrift von schneidender Schärfe: »Die wahre Ursache der Spaltung«. Sie sparte nicht mit kompromittierenden Enthüllungen. Die Krebsanhänger antworteten mit der Gegenschrift »Keine Spaltung, sondern Abfall«. Die Propheten der Hersteld Apostolische Zendingkerk verkündigten, daß der Satan in »Ephraim« gefahren und der Heilige Geist von Krebs genommen worden sei. Für sie galt fortan die Neuapostolische Kirche als »antichristliche Sekte«, in der sich die Weissagung von 2. Petr. 2, 1–3 erfüllt hat.

2. Der Binnenschiffer JULIUS FISCHER in Zehdenik an der Havel schloß sich 1896 der neuapostolischen Gemeinschaft an und wurde von Krebs versiegelt. Rasch stieg er zum Priester und zum Bezirksältesten auf; um sich den damit verbundenen Aufgaben besser widmen zu können, verkaufte er seinen Lastkahn und erwarb ein Lebensmittelgeschäft in Zehdenik, später eine Ziegelei in Gransee. Aber schon 1901 kam es zu Unstimmigkeiten zwischen ihm und führenden neuapostolischen Amtsträgern, weil er die Hoffnung auf die Wiederkunft Christi verwarf – denn »Gott hat mit seinem Wirken nie die Erde verlassen«. Im Frühjahr 1902 wurde er

von Krebs aus der Gemeinschaft ausgeschlossen. Er setzte der Parusieerwartung seine »grundlegende Wahrheit« entgegen: »Gott ist das Wort, wird Fleisch und lebt unter uns Menschen, kommt mit seinem lebendigen Willen über den Lippen seiner gesandten Boten zu uns, kläret auf im geistigen Wort und naturgetreuen Stil.«[137] Unter Hinweis auf die Juda, dem Sohn Jakobs, und seinem Haus gegebene Verheißung (1. Mose 49, 8–10; 5. Mose 33, 7) glaubte Fischer den verheißenen, zur Herrschaft berufenen »Herrn« in sich verkörpert. »1902, da fiel ein wunderbares Licht in die dunkle Geistesnacht: Jesus Christus in seiner Wiederkunft laut seiner Verheißung selber unter dem Namen Juda!«[138] Fischer setzte »unter Einbeziehung der zwölf Söhne Jakobs« 24 Apostel ein und schuf das *»Apostelamt Juda«* mit einer ausgebauten Ämterhierarchie (Apostel, Bischof, Ältester, Priester, Diakon und Unterdiakon sowie die weiblichen Hilfsämter der Diakonisse, Evangelistin und Prophetin) und einem Stammapostel an der Spitze. Vor seinem Tod am 2. März 1923 benannte er seine Gefolgschaft um in »Gemeinschaft des göttlichen Sozialismus, Apostelamt Juda«. Zu seinem Nachfolger bestimmte er Adolf Tschach (geb. 1891, von Beruf Schiffer), der dann das Werk besonders in Schlesien ausdehnte.

Charakteristisch ist für Fischer und seine Nachfolger zunächst die Gottesauffassung. Die Gemeinschaft erblickt in Gott das »Leben« und unterscheidet darin den »Gott der Erde« und den »Gott des Himmels«. Der Gott der Erde ist in allem kreatürlichen Leben wirksam, und der Mensch erfährt ihn in sich als ewige Gerechtigkeit. »Gott ist weder gut noch böse, sondern Er wird erst gut oder böse durch den Menschen.« Anders ausgedrückt: Es steht in des Menschen Hand, wie sich diese ewige Gerechtigkeit auswirkt. Wo er nichts tut, da tut Gott auch nichts. Wo er böse handelt, da wendet sich die Gerechtigkeit Gottes für ihn zum Bösen, und sie zeigt Güte, wo er gut handelt. Der »Gott des Himmels« ist dem natürlichen Menschen unbekannt. Um sich zu offenbaren, muß er durch Menschen »Wort« werden. Deshalb ließ er durch die Zeugenschaft des Engels Gabriel bei der Jungfrau Maria seinen eingeborenen Sohn Fleisch und Blut werden. Aber weil Christus gen Himmel fuhr, »mußte er sein göttlich verewigtes Leben oder den geistigen Jesus Christus ... in seinen siebenfachen Gaben als Vollkraft durch Sendungswerk in Fleisch und Blut wieder erstehen lassen«[139].

Damit ist Würde und Amt des »Apostels Juda« beschrieben. Durch ihn und seinen Nachfolger, den Apostel in Juda, will Christus »die Herrschaft über die menschlichen Seelen mit Licht, Trost und Heilung ausführen«[140]. Der Apostel in Juda und seine Apostel samt den weiteren Ämtern bilden den »wahren göttlichen Himmel«, der inmitten der Menschenwelt wirkt. Die Gläubigen empfangen durch das Apostelamt den Heiligen Geist und geloben, sich »der Hirtenschaft der Amtsträ-

[137] Julius Fischer, Wahrheitskunde, S. 266f.

[138] Nach dem Bericht von Alfred Völkel kam bei einem Gottesdienst am 2. Mai 1902, als Fischer an dem Wort war: »Und du bist der junge Löwe aus Juda, der die sieben Siegel brechen wird«, durch den Propheten Schröder eine Weissagung, und mehrere Teilnehmer »sahen« eine Lichtgestalt, die Fischers Haupt segnete.

[139] Konfirmandenunterricht der Gemeinschaft des göttlichen Sozialismus, S. 7

[140] Glaubensbekenntnis des Apostelamts Juda, 2. Art.

ger zu ergeben von ganzem Herzen und Gemüt«[141]. Die Ämter ihrerseits haben die Gemeinden mit Liebe und Geduld zu belehren und über die sittliche Zucht zu wachen. Die Gottesdienste finden an den Sonn- und Feiertagen statt; höchster Festtag ist der 2. Mai als Gründungstag. Die Gemeinden pflegen eine enge Gemeinschaft und versammeln sich zu regelmäßigen »Geschwisterabenden«. Heute wird die Zahl der Mitglieder in der DDR auf 3000 geschätzt. Es bestehen auch kleine Gemeinden in der Bundesrepublik, Westberlin und in den USA.
Nach dem Tode J. Fischers entstand unter der Leitung des Apostels Hermann Krüger (gest. 1933) noch eine weitere Gruppe, die dann ein wesentlich stärkeres Wachstum aufwies. Sie nannte sich zunächst »Apostelamt Simeon in Juda«, dann »Apostelamt Simeon in Jakobs Geschlecht« und schließlich unter dem Nachfolger Krügers, Stammapostel Albert Trubach, 1947 aufgrund von Offenbarungen *»Apostelamt Jesu Christi«*. Dem Stammapostel unterstehen die Bezirksapostel, die vorwiegend mit Verwaltungsaufgaben betrauten Bischöfe und Ältesten; innerhalb der Gemeinden gibt es Priester, Diakone, Unterdiakone und Diakonissen. Den Aposteln sind die »Charakterämter« beigegeben, bestehend aus je einem Propheten, Evangelisten und Hirten. Grundlegend ist auch hier die Lehre, daß der auferstandene Christus immer gegenwärtig ist, nicht unsichtbar, sondern »im Fleisch«. »Der wahre ›lebendige Glaube‹ ist der ›Glaube an Gott im Fleisch‹«[142]: Christus wirkt durch die Träger des Apostelamts, insbesondere den Stammapostel. Durch dieses Amt sind auch alle Geistesgaben lebendig.
Die Gottesdienste, meist in Gaststätten gehalten, bestehen aus Chor- und Gemeindegesang, freiem Gebet, Weissagung – wobei Gott in der ersten Person spricht, etwa: »Du (d.h. der Prediger) bist berufen, der Gemeinde mit meinem Wort zu dienen.« – Textverlesung und Predigt, Weissagung – »Ich habe dir gegeben, meiner Gemeinde recht zu dienen.« – Segnungen, Gebet, Segen und Gesang. Die »Segnungen« bestehen darin, daß solche, die einen besonderen Segen begehren, wie z.B. zu Geburtstagen, bei besonderen Gedenktagen einzelner Familien, in Krankheits- und Prüfungszeiten, dem Leiter des Gottesdienstes ihr Anliegen leise sagen und nach einem freien Gebet die Hände aufgelegt bekommen. Als kirchliche Handlungen werden durchgeführt: Abendmahl, Wassertaufe, Versiegelung, Einsegnung, Trauung, Bestattung. Die Versiegelung durch Handauflegung eines Apostels ist die Taufe mit dem Heiligen Geist als Vollendung der Wassertaufe und kann nach dem 12. Lebensjahr vorgenommen werden. Die Gottesdienste sind nicht allgemein zugänglich; zugelassen wird nur, wer ein Empfehlungsschreiben der Zentrale besitzt oder durch Mitglieder nach vorausgegangener Vorbereitung eingeführt wird. Auch sonst schließt sich die Gemeinschaft nach außen stark ab. Der 20. Februar als Gründungstag des Apostelamts Simeon ist das einzige Kirchenfest. Die Gemeinschaft umfaßt heute etwa 173 Gemeinden mit über 1000 Amtsträgern und etwa 20000 Mitgliedern. Ihr Hauptverbreitungsgebiet ist Ostberlin und die Mark Brandenburg. Aber sie ist mit insgesamt 58 Gemeinden auch in Westberlin und der Bundesrepublik vertreten.

[141] Konfirmandenunterricht, S. 12
[142] Was glauben die andern? (26 Selbstdarstellungen), Berlin 1954, S. 119

3. Auch die neuapostolischen Gemeinden in *Australien und Südafrika* wurden früh durch Spaltungen heimgesucht. 1906 wurde der australische Apostel H. F. NIEMEYER (siehe S. 495) von der Neuapostolischen Kirche mit der unglaubwürdigen Begründung ausgeschlossen, daß er »im Dienste der englischen Regierung für jeden deutschen Einwanderer, den er nach Australien lockte, 20 Mark Belohnung erhalten habe und so ein millionenschwerer Mann wurde«[143]. Aber Niemeyer hielt an seinem Amt fest. Als er wenige Jahre später im Sterben lag, setzte er seinen Sohn als Apostel und seine Frau als Bischof ein. Auch der Sohn starb vier Jahre darauf. Sein Nachfolger, A. E. ZIELKE, suchte den Kontakt zu den deutschen apostolischen Gemeinden in Südafrika. Die *»Apostolic Church of Queensland«*, wie die offizielle Bezeichnung lautet, hat heute etwa 10000 Mitglieder.
In Südafrika wurde 1910/11 der Apostel KLIBBE abgesetzt, den 1892 Niemeyer nach Südafrika geschickt hatte und der dort mit größtem Erfolg missionierte. Doch Klibbe machte, ebenso wie Niemeyer, selbständig weiter und gründete die *»Apostolic Church of South Africa«*. 1925 berief er seinen Schwiegersohn H. Velde zum Apostel. Mit der australischen Gemeinschaft Zielkes hielt dieser bis zu seinem Tod 1956 engen Kontakt.

4. In *Deutschland* lehnte sich 1918 eine reformfreudige Gruppe unter Führung verschiedener Amtsträger (Georg Paulus, Otto Müller, Heinrich Kaatz und K. W. Mütschele) gegen Niehaus auf. Sie fanden zahlreiche Anhänger und verbreiteten im Jahr 1919 »Aufklärungsschriften über die reformatorische Bewegung in den neuapostolischen Gemeinden«. Unter Rückbesinnung auf den Inhalt des biblischen Apostelamtes sahen sie die Aufgabe der neuen Apostel darin, das Evangelium von Christus lauter und rein zu verkündigen und in der Gegenwart die endzeitliche Gemeinde der Christusgläubigen in allen Kirchen zu sammeln. Den neuen Aposteln aber warfen sie vor, beide Aufgaben zu versäumen. Statt Christus stellten sie »sich selbst als Apostel in den Mittelpunkt der gegenwärtigen Heilslehre«. Unter ihrem Wirken seien Unduldsamkeit, überhöhte Sakramentsbewertung, Amtsglauben, geistliche Überheblichkeit entstanden. Alle anderen Christusbekenner seien grundsätzlich in eine niedrigere Hoffnungsstufe eingereiht worden.

In einem Brief des Redakteurs der »Neuapostolischen Rundschau«, Mütschele, an den Apostel Brückner wurde auf diese Dinge hingewiesen: »Bei jedem anderen Bekenntnis christlichen Glaubens wird keine so absolute Sprache und Bekenntnisbehauptung geführt als bei uns, die katholische Kirche vielleicht ausgenommen.« »Kein Kirchenregimentskollegium hat seine Prediger so in der Hand als wie die Apostel ihre Diener«; und es »findet nirgends so rücksichtslos ein Hinaustun statt von solchen, die nicht absolut durch dick und dünn der Lehre gehen«. »Was die Apostel lehren, wird im allgemeinen blind geglaubt.« Sie und ihre Anhänger machen sich schuldig einer »gedankenarmen, ja oft gedankenlosen, ja manchmal bodenlos leichtsinnigen, oberflächlichen und falschen, agitatorisch verdrehten Art der Bibelzeugnisverwertung und Bibelzeugnisverwendung«. Der Anfangspunkt der ganzen Verwirrung lag in der »Annahme, daß die ›Apostel‹ genannten Männer der letzten Zeit unter allen Umständen die Autorität sind und souverän über der Bibel und ihren Lehren ste-

[143] Circular 1912, Nr. 10

hen. Also die päpstliche Irrlehre: Was die Apostel lehren, ist unfehlbar. Prüfungsrecht gibt's nicht – nur Anerkennungs- und Glaubenspflicht. Als wie selbstverständlich nehmen die heutigen Apostel der neuapostolischen Gemeinde alle Vollmachten Jesu, seinen Aposteln gegeben, für sich in Anspruch, halten sich ohne weiteres für die alleinige Verteilungsstelle der himmlischen Güter, ohne die Christus der Auferstandene einfach nichts machen kann.« »Die exklusive, extreme Lehre: Wir sind allein die Erstlinge, wir sind die Braut Christi, ist in diesem Sinne, wie sie von den Aposteln vertreten wird, eine Verirrung und das Haupthindernis, daß keine seelische Annäherung und allianzmäßige Freundschaft mit den christusgläubigen Christen sich anbahnen kann.«

Der nachmalige Stammapostel J. G. Bischoff vertrat damals ähnliche Auffassungen wie jene Opposition[144]. Aber er wandte sich bald wieder dem stammapostolischen System zu. Niehaus unterdrückte die Opposition, und bald sorgte Bischoff dafür, daß diese Männer exkommuniziert und ausgestoßen wurden[145]. Mütschele ging mit einem beträchtlichen Teil der Opposition zur Pfingstbewegung über, andere kehrten zu den Neuapostolischen zurück.

5. Im Jahre 1921 erfolgte eine Abspaltung unter der Führung des Apostels Carl August Brückner aus Dresden (1872–1949). Dieser, ein sehr gewissenhafter, aber auch kritischer Mann, war der langjährige Vertrauensapostel und ständige Reisebegleiter von Niehaus gewesen. In der Gemeinschaft hatten sich allerlei Mißstände breitgemacht, die nach M. Ecke vor allem von den durch das Kriegsende 1918 widerlegten »vielen Träumen, Gesichten und Weissagungen über den Krieg und seinen siegreichen Ausgang« herrührten. Brückner trug die ihm vorgebrachte Kritik freimütig dem Stammapostel Niehaus vor und zog sich dadurch dessen Unmut zu. Im April 1921 wurde er exkommuniziert, bald darauf auch der Görlitzer Apostel Max Ecke (1887–1965), dazu viele Amtsträger und gegen 8000 Gemeindeglieder.
Sie gründeten am 5. Mai 1921 in Dresden die *»Reformiert-Apostolische Gemeinde«*. Die Spaltung war von aufwühlenden Streitigkeiten begleitet. Den abgetrennten Gemeinden wurden wie üblich ihre Kapellen, Betsäle, Kircheneinrichtungen,

[144] Am 26. September 1918 schrieb er an seinen »herzlich geliebten Freund und Apostel C. A. Brückner« in Dresden einen Brief, in dem es heißt: »Es ist ein Wahn, zu glauben, Jesus wohnt nur im Fleisch des Apostels. Muß sich da nicht ein aufgewecktes Glied sagen, daß vieles nicht stimmt und wir (die Apostel) weit abgeirrt sind vom Wahrheitsweg? Die Amtsbrüder haben das Recht, von ihrem Apostel zu verlangen, daß er ihnen als Erstling vorangeht. Wo das nicht ist, verlieren sie den Glauben. Wie hart war man gegenüber Andersgläubigen! Wie hat man die oft verdammt?! Aber – man hat nicht bedacht, daß in des Vaters Hause viele Wohnungen sind und daß der liebe Gott viele Lehrkörper auf Erden hat. Er schickt die Erdenbewohner nicht alle zum apostolischen Lehrkörper, sondern es sind auch solche, die zu anderen Lehrkörpern gehen, um da, je nach ihren Fähigkeiten, zubereitet zu werden. Ich fürchte, daß einst viele Apostolische werden hinter solche zurück müssen, weil eben zu leichtfertig gehandelt wurde!« Weiter vertrat Bischoff als »Apostel« folgende Meinung, die er dann als »Stammapostel« verketzerte: »Wie viele Seelen sind noch heute in dem Wahn, daß Jesus nur in den Aposteln wohnt. Ja, es kommt leider nur zu oft vor, daß dem Gesandten mehr Ehre gezollt wird als dem Sender, und dahin müssen wir kommen, daß der Herr als Grund und Eckstein an den richtigen Platz kommt in seinem Werk.« »Wir sehen nach Offb. 7 außer den Versiegelten noch eine große Schar, die auch ihre Kleider rein gewaschen in Lammesblut, und wie hart war man gegenüber Andersgläubigen!«

[145] Reformiert-apostolische Rundschau 1. 5. 1931

Opfergelder weggenommen[146]. Brückner wurde Apostel-Ältester der neuen Gemeinschaft. Sie blieb klein, erwies sich aber als lebenskräftig. Heute zählt der *»Reformiert-Apostolische Gemeindebund«* in etwa 50 Gemeinden rund 3000 Mitglieder.

Er wird von je drei Aposteln und Bischöfen geleitet, die im hauptamtlichen Dienst stehen und im »Bundeskonzil« als dem gemeinsamen Leitungsorgan zusammengeschlossen sind. Zahlreiche Amtsträger dienen der Gemeinde: Der Türhüter empfängt die Besucher der Versammlungen; der Unterdiakon besucht Gemeindeglieder und Gäste; der Diakon besucht Kranke, kann aber auch als Predigtdiakon Evangelisationsdienste tun; das priesterliche Amt gliedert sich in Evangelisten, Hirten, Älteste und Bischöfe und dient der Verkündigung und der Verwaltung der zwei Sakramente Taufe und Abendmahl; das Sakrament der Versiegelung ist allein den Aposteln vorbehalten. Die Gemeinden fühlen sich als die legitimen Träger des apostolischen Werks, während die Neuapostolische Kirche der »Menschenvergötzung« verfallen und von Christus verworfen worden sei; denn sie habe ihn als den alleinigen Erlöser durch den Stammapostel verdrängt, so daß »an Stelle einer Kirche Christi, worin Er alles in allem und in allen sein will, nach und nach eine Kirche des Stammapostels geworden« sei[147].

Das 1957 neu formulierte Glaubensbekenntnis enthält neun Artikel (früher nur vier), von denen die drei ersten die Trinität behandeln. Art. 4 besagt, »daß der Herr Jesus seine Gemeinde durch Apostel regiert und daß er seine Apostel gesandt hat und noch sendet, gleichwie er vom Vater in die Welt gesandt ist«. Durch diese werden sämtliche Gemeindeämter »berufen und ausgesondert« (Art. 5). Die Taufe ist »der Bund eines guten Gewissens mit Gott« und bildet, da sie »die Anwartschaft zur Empfangnahme des Heiligen Geistes« gewährt (Art. 6), die Vorstufe der Versiegelung. Durch diese empfängt der Gläubige den Heiligen Geist zur Erlangung der Erstlingsschaft, wodurch er Glied des Leibes Christi wird, und das Abendmahl verbürgt die »Lebensgemeinschaft mit Christus«; Brot und Wein müssen »von einem priesterlichen Amt konsekriert« werden (Art. 7).

Der Ausschließlichkeitsanspruch, wie ihn die Neuapostolischen gegenüber allen anderen christlichen Gemeinschaften erheben, wird von den reformiert-apostolischen Christen abgelehnt. Vereinzelt in der Zerstreuung Lebende nehmen am Abendmahl der Landeskirche oder anderer Kirchengemeinschaften teil. Ihr aus 704 Liedern bestehendes Gesangbuch enthält viele Lieder aus dem Kirchengesangbuch, dem Reichsliederbuch und verwandten Liederbüchern, aber keine

[146] Ein Beispiel zur Kennzeichnung der dabei verwendeten Methoden: Satzungsgemäß standen die Betsäle, Barmittel usw. im Besitz der Gemeinden; um hier eine stammapostolische Mehrheit zu gewinnen, wurden alle Anhänger Brückners kurzerhand ausgeschlossen, so daß der verbleibende Rest mit Erfolg in Gerichtsprozessen sein Eigentumsrecht gegen die Hinausgetriebenen durchsetzen konnte. In einem Rückblick der Reformiert-Apostolischen nach zehn Jahren heißt es über diese Auseinandersetzung: »Haarsträubende Dinge können erzählt und berichtet werden. Der Geist Gottes war gewichen, der Versöhnungsgeist nicht vorhanden, nur der Egoismus, die Selbstsucht übte ihre brutale Macht und gönnte ihren verstoßenen Brüdern noch nicht mal einen Nagel an der Wand. Dazu ein Hohnlachen, eine Schadenfreude, ein Haß, der die Tiefen der Seelen offenbarte und nichts übrig ließ von dem heiligen Wirken Gottes. Der Name apostolisch wurde geschändet, und das alles unter Führung und Billigung der neuapostolischen Apostel« (Der abgefallene Ast, S. 27).

[147] Der abgefallene Ast, S. 11

Apostellieder nach neuapostolischem Muster. Ein Stammapostelamt kennen sie nicht: die Schrift bietet »in keiner Weise Anhaltspunkte für das berechtigte Bestehen eines Stammapostelamts«[148]. Sie beharren aber darauf, daß Apostelamt und Versiegelung biblisch begründet sind und daß einmal aus der Vielheit der christlichen Bekenntnisse eine Einheit entstehen wird, »wenn alle Gläubigen zurückkehren zur ›ersten Liebe und zum einfachen apostolischen Christentum‹, wie es am Anfang war«[149].

6. Durch eine ganze Serie von Krisen und Spaltungen wurde die Neuapostolische Kirche nach dem Zweiten Weltkrieg heimgesucht. Es wirkten dabei verschiedene Motive zusammen. Da war der alte und immer wieder neu aufbrechende Widerspruch gegen die religiöse Übersteigerung und das selbstherrliche Regiment des Stammapostels. Dieser Protest wurde von solchen Aposteln erhoben, die entweder noch eine stärkere Bindung an das Schriftzeugnis von Christus als dem alleinigen Heilsmittler hatten oder die etwas von der Eigenständigkeit ihres Amtes hielten und die es ärgerte, daß sie von der Gestalt des Stammapostels beiseite gedrängt und zu bloßen Befehlsempfängern und Funktionären degradiert wurden.
Ein weiteres Motiv war der Groll über die liebedienerische Haltung, welche die Leitung gegenüber dem nationalsozialistischen Regime eingenommen hatte. Dieser Groll häufte vor allem in den Kreisen der ausländischen Apostel und Gemeinden einen Zündstoff an, der sich dann nach 1945 in heftigen Explosionen entlud. Diese Auslandsbezirke waren außerdem durch die langjährige Abtrennung von der Frankfurter Zentrale zu einer selbständigen Existenz gezwungen und auch in ihrer Haltung selbstbewußter geworden. Von hier aus ist es zu erklären, daß der Aufruhr gegen die stammapostolische Autokratie zuerst in den Auslandsbezirken um sich griff. In einer späteren Phase dieser Empörungswelle wurde endlich als drittes Motiv der Widerspruch gegen die Botschaft J. G. Bischoffs, Christus werde noch zu seinen Lebzeiten wiederkommen.

a) Der Spaltungsprozeß begann in der niederländischen »Hersteld Apostolische Zendingsgemeente« (siehe S. 498). Während des Zweiten Weltkriegs sagte sich Kofmans Nachfolger im Apostelamt, J. H. van Oosbree (seit 1910), von dem Stammapostel Bischoff los, weil er mit der neuapostolischen Abendmahlspraxis (Hostien mit drei aufgetupften Weintropfen statt Brot und Kelch) nicht einverstanden war. Als im Gefolge des Krieges die Verbindung mit Frankfurt getrennt und der Schweizer Apostel Ernst Güttinger mit der Leitung der holländischen Gemeinden beauftragt wurde, fand er einen großen Wirrwarr vor: er traf auf acht verschiedene Richtungen. »Wir bemühten uns, diese in eine einheitliche Gesinnung zu führen. Jeder war bereit unter der Bedingung, daß wir jedem recht geben, jedem seine Ämter, Lehren usw. annehmen. Es war eine furchtbare, mühevolle und fruchtlose Arbeit.«[150] Der Gärkessel war zur Explosion reif.

148 H. J. Smit, Eine Frage und Antwort hinsichtlich des Stammapostelamts der Neuapostolischen Gemeinde, S. 9

149 Unser Glaubensbekenntnis, Beitrag zum Verständnis des reformiert-apostolischen Glaubenslebens, S. 24f.

150 Aus einem Brief von E. Güttinger vom 10. August 1954 an den ehemaligen neuapostolischen Priester Wilhelm Parzich

Als Oosbree 1946 starb, schloß sich die Mehrzahl der Gemeinden dem von ihm als Nachfolger bezeichneten Apostel LAMBERTUS SLOK an und gründete die *»Apostolisch Genootschap«*. Sie zählt über 25 000 Mitglieder, während der stammapostolische Anhang auf 6000 Mitglieder zusammenschrumpfte. Aber diese Restgruppe erhielt alle Grundstücke, Lokale und sonstiges Vermögen im Wert von ungefähr 20 Millionen Gulden. Die Lokale wurden teilweise an die separierte Gemeinschaft, teilweise auch an andere Glaubensgemeinschaften vermietet[151]. Slok wetteiferte in seinen Autoritätsansprüchen mit dem neuapostolischen Stammapostel[152]. Von seinen Gegnern wird Slok vorgeworfen, daß er das Erlösungswerk Christi verleugne und einen pantheistischen Gottesbegriff, theosophische Grundgedanken und humanistische Auffassungen lehre. Über den heutigen Zustand der »Apostolisch Genootschap« ist Sicheres nicht bekannt.

b) Im Jahre 1949 erfolgte eine Spaltung in Südhessen und Nordbaden unter der Führung des Bezirksältesten JAKOB BITSCH in Gronau bei Bensheim. Etwa 21 Gemeinden mit etwa 1000 Seelen schlossen sich unter dem Namen *»Christen unserer Zeit«* zusammen. Bitsch betonte statt der amtlichen mehr die charismatische Linie: entscheidend sei, daß man ein Geistesträger ist; dann könne man den Heiligen Geist auch im Gottesdienst, im seelsorgerlichen Gespräch u. ä. an andere übermitteln. Die Gemeinschaft zählte 1965 nur noch einige hundert Mitglieder. Inzwischen dürfte sie eingegangen sein.

c) Im *Saarland* waren die neuapostolischen Gemeinden nach dem Ersten Weltkrieg bis zur Rückgliederung 1935 dem schweizerischen Bezirksapostel unterstellt. Als nach 1945 die französische Verwaltung den Frankfurter Aposteln wegen ihrer nationalsozialistischen Vergangenheit die Einreise verbot und auf der Gründung eines selbständigen Vereins »Neuapostolische Gemeinden des Saarlands« bestand, reichte der Bezirksevangelist HERBERT SCHMIDT aus Völklingen eine Satzung ein, ohne sie zuvor dem Apostelkollegium vorgelegt zu haben. Deshalb wurde er mit einigen seiner Freunde abgesetzt. Aber da die Frankfurter Leitung keinen Zutritt zum Saargebiet hatte, mußte sie notgedrungen den schweizerischen Bezirksapostel Ernst Güttinger mit der Betreuung der Saargemeinden beauftragen. Dieser, innerlich schon von Frankfurt getrennt, machte die Amtsenthebungen rückgängig.

Es entbrannte ein Machtkampf zwischen der Gruppe um Güttinger-Schmidt und den Stammapostelanhängern. Aber die Eingliederung in die Bundesrepublik ermöglichte es dem Stammapostel, wieder seinen Einfluß geltend zu machen. Er verbot Güttinger, im Saarland Versiegelungen vorzunehmen und Ämter zu besetzen. Im April 1951 wurde dieser durch den Apostel Fritz Dauber aus Metz,

[151] Rundschreiben an alle Brüder und Geschwister der neuapostolischen Gemeinden des Saarlandes, Nr. 9, März 1953

[152] In der Zeitschrift der Gemeinschaft »Ons Weekblad« wird vom Apostel als »Christus-Gott von heute« und »Christus und Gott selbst« gesprochen. Etwa: »Dann knien wir voll Anbetung nieder vor der Majestät Gottes als Apostel.« Oder: Die Lösung der Lebensrätsel liegt allein in der anbetenden Übergabe »an den Christus-Gott von heute«. Entsprechend fürstlich ist auch der Wohnsitz Sloks in Bussum eingerichtet.

einen entschiedenen Anhänger Bischoffs, ersetzt, und im Juli 1951 wurde Herbert Schmidt endgültig seines Amts enthoben. Die Oppositionellen wurden serienweise ausgeschlossen. Ihr Wortführer Wilhelm Parzich richtete in Rundschreiben der »verstoßenen Schwestern und Brüder der neuapostolischen Gemeinden im Saarland« schwere Angriffe gegen den Stammapostel. Der Großteil der Opposition, etwa 1000, sammelte sich in eigenen Gemeinden unter H. Schmidt als Bischof. Das neuapostolische Werk im Saarland verlor durch die Spaltung etwa die Hälfte seines Bestandes. In Orten wie Völklingen und Riegelsberg, wo die neuapostolischen Gemeinden geschlossen der Opposition angehörten, wurden die von ihnen erworbenen Versammlungshäuser von der Frankfurter Leitung an Geschäftsleute verkauft. Heute bestehen nur mehr bedeutungslose Reste der abgespaltenen Gruppen.

d) Im Jahr 1951 wurde der *Schweizer Bezirksapostel* Ernst Güttinger gegen seinen Willen in den Ruhestand versetzt. Er hatte die autoritäre Stellung des Stammapostels angetastet, als er 1948 vorschlug, daß der Sitz des Apostelkollegiums in ein neutrales Land verlegt werde, weil Deutschland in großen Mißkredit gekommen sei; außerdem solle der Stammapostel nicht mehr für Lebenszeit, sondern jeweils nur für einige Jahre gewählt werden, wie etwa der Präsident eines demokratischen Staates. Das wurde ihm nun mit der Zwangspensionierung heimgezahlt.
Gegen seinen präsumptiven Nachfolger Otto Güttinger förderte der Stammapostel eine Meuterei und stellte 1953 dessen Gegner Ernst Streckeisen als Bezirksapostel an die Spitze der Schweizer Gemeinden. Als O. Güttinger 1954 einen freiwilligen Verzicht auf sein Apostelamt ablehnte, wurde er abgesetzt und ausgeschlossen. In einem »Manifest über die Zustände und Tendenzen in der Neuapostolischen Gemeinde« unterzog er die Fankfurter Leitung einer scharfen Kritik wegen ihrer nationalsozialistischen Vergangenheit und der Emporsteigerung des Stammapostels zu einer »Super-Führer-Figur« und vertrat die Eigenständigkeit der Apostel, die nicht bloß »Gehilfen des Stammapostels«, sondern durch Christus selbst bevollmächtigt seien. Zusammen mit seinem ebenfalls ausgeschlossenen Vater gründete er die *»Vereinigung apostolischer Christen«*, die etwa 1000 Mitglieder zählt und nach seinem Tod (1960) mit Erwin Kindler einen neuen Apostel bekam.

e) In *Südafrika* leiteten die drei Apostel H. F. Schlaphoff, D. C. S. Malan und J. Philipp Erasmus einen blühenden Bezirk mit rund 60000 Seelen. Schlaphoff, seit 1933 zugleich Stammapostelhelfer für die ganze südliche Halbkugel, war dem Stammapostel zu selbständig geworden. Deshalb fand der Redakteur des Blatts »Our Family«, Arie Boer, der nach persönlichen Differenzen mit Schlaphoff seit 1949 gegen ihn intrigierte und 1953 heimlich einen Briefwechsel mit Bischoff begann, bei diesem ein offenes Ohr.
Boer besorgte belastendes Material gegen die drei Apostel. Im Juni 1954 wurden sie suspendiert, da »schwere Anklagen« gegen sie vorlägen. Bischoff teilte das ganze Gebiet in drei Bezirke; unter den sieben neuen Aposteln, die er berief, war auch Boer. Aber der Großteil der Gemeinden wurde am Glauben irre oder schloß

sich den abgesetzten Aposteln an. Diese bildeten 1957 die *»Apostolic Church – Apostle Unity«*.

f) In den späteren Auseinandersetzungen spielte die *Wiederkunftsbotschaft* des Stammapostels J. G. Bischoff eine beherrschende Rolle. Schon am 18. Juni 1950 hatte er bei einer Apostelzusammenkunft in Eindhofen den Aposteln Ernst und Otto Güttinger und R. Schneider erklärt, der Herr habe ihm eine Offenbarung gegeben, daß er nicht mehr sterben werde. In der »Wächterstimme« (15. 10. 1950) stand in einem Rückblick auf das 20jährige Amtsjubiläum des Stammapostels zu lesen: »Wenn wir ihn heute in jugendlicher Kraft wirken und dem Volke Gottes dienen sehen, so kommt bei den Getreuen, wie einst unter den Brüdern, die Rede auf: Dieser Jünger stirbt nicht!« Der im November 1950 herausgebrachte Kalender für 1951 enthielt einen Artikel über Bischoff als »Vollender«, in dem es hieß: »Er ist der festen Überzeugung, daß der Herr die Seinen noch zu seinen Lebzeiten heimholen wird ins Vaterhaus, zumal ihm der Herr – nach seinen eigenen Worten – noch keinen gezeigt hat, der das Gotteswerk auf Erden nach ihm weiterführen müsse.« Davon mußte sich der Düsseldorfer Apostel Peter Kuhlen besonders betroffen fühlen; denn eine Apostelversammlung, die der 77jährige Stammapostel zum 21. Mai 1948 einberufen hatte, damit sie angesichts seines hohen Alters einen Nachfolger benenne, hatte sich einstimmig für Kuhlen entschieden. Er war dann am 1. August 1948 von Bischoff zum Stammapostelamt ausgesondert worden mit der Maßgabe, daß er bis zum Zeitpunkt seines Todes oder seiner Dienstunfähigkeit als Stammapostelhelfer arbeiten soll. Als er vernahm, daß der Stammapostel bis zur Wiederkunft Christi leben und darum keinen Nachfolger mehr brauchen werde, reichte er am 25. November 1950 seinen Rücktritt als Stammapostelhelfer ein.
Der Stammapostel mochte sich aber offenbar nicht durch offizielle Bekanntgabe der Wiederkunft Christi zu seiner Lebzeit festlegen. Als der Priester Wilhelm Parzich aus Homburg (Saar) ihn um Antwort darüber bat, wie sich seine Kunde mit Mk. 13, 32 vereinbaren lasse, daß »von dem Tag und der Stunde niemand weiß, auch der Sohn nicht«, wich er in seinem Antwortbrief vom 19. Februar 1951 aus: Weil niemand um die Zeit der Wiederkunft wisse, dürfe er doch den Herrn täglich erwarten! Und »wenn ich den Herrn täglich erwarte, so geht doch daraus hervor, daß ich ihn zu meiner Lebzeit erwarte. Ich habe aber noch nie gesagt, daß der Herr zu meiner Lebzeit kommt oder kommen muß. Lassen Sie sich bitte auf Redereien anderer nicht ein!«
Zehn Monate später verlieh Bischoff diesen »Redereien« die Würde einer himmlischen Offenbarung: An Weihnachten 1951 gab er in einem Gottesdienst in Gießen als »Wort aus dem Geist des Herrn« bekannt: *»Ich bin der Letzte, nach mir kommt keiner mehr.* So steht es im Ratschluß unseres Gottes, so ist es festgelegt und so wird es der Herr bestätigen. Und zum Zeichen sollt ihr das haben, daß der Herr in meiner Zeit kommt, um die Seinen zu sich zu nehmen.« Später erklärte er, daß er diese »Botschaft« von Jesus persönlich empfangen habe. Man wollte wissen, daß er dem Sohn Gottes gegenübergestanden und nicht nur seine Stimme gehört, sondern auch seine Gestalt gesehen habe. Fortan wurde die »Botschaft« zum verbindlichen Dogma erhoben. Der dreieinige Gott wurde für sie in Anspruch ge-

nommen: Christus als ihr Autor, Gott als ihr Garant, der Heilige Geist als ihr Kronzeuge. Die unfehlbare Autorität des Stammapostels wurde beschworen[153]. Träume und Visionen mußten die »Botschaft« bestätigen. Stimmen der Abgeschiedenen mußten sie bezeugen. Weissagungen mußten sie stützen. Die Botschaft, so wurde erklärt, sei auch in der jenseitigen Welt bekannt geworden, und die Stellung zu ihr sei entscheidend für das Heil der dortigen Seelen. Das galt natürlich auch für die lebenden Gläubigen. Die Amtsträger und schließlich auch die zu Versiegelnden wurden auf die »Botschaft« verpflichtet.

In jedem Gottesdienst mußte über sie gepredigt werden. In Wort und Schrift wurden die kommenden Begebenheiten der Wiederkunft, der Entrückung der »Brautgemeinde« unter Führung J. G. Bischoffs, des »entsetzlichen Erwachens« der Christenheit, der himmlischen Hochzeit, der Errichtung des Tausendjährigen Reichs pausenlos wiederholt, ausgemalt und den Gemeinden eingehämmert. Dadurch aufgeputscht und teilweise in einen apokalyptischen Rausch versetzt, erwarteten sie von Monat zu Monat das große Ereignis. Es gab Leute, die ihre Lebensversicherung aufgaben oder keine Kohlen mehr für den nächsten Winter einkellerten oder sich überlegten, ob sie das geplante Haus bauen sollten. Manchen sagte der Stammapostel auf den Kopf zu, daß sie nicht mehr sterben würden; wenn sie dann doch starben, erregte das peinliches Aufsehen. So felsenfest war der Glaube an die »Botschaft«, daß manche erklärten, wenn diese sich nicht erfülle, dann habe »der Herr Jesus gelogen«. Schwankende wurden mit »Beweisen« überschüttet, Zweifelnde mit dem Schicksal der »törichten Jungfrauen« bedroht, Ermüdende vor den Folgen eines Erlahmens in der letzten Stunde gewarnt. Gegnern wurde zugerufen: »Die kommende Zeit wird zeigen und schlagend beweisen, daß er (Bischoff) sich nicht geirrt hat und daß Gott seinen treuen Knecht und die Seinen nicht täuscht.«[154]

Warum wurde die »Botschaft« so hochgespielt? Zweifellos war Bischoff von ihrer Wahrheit überzeugt. Wenn er sie seinen Gläubigen als eine »Offenbarung« verkündigte, dann machte er damit lediglich Gebrauch von seiner vermeintlichen Vollmacht, als Inhaber des Stammapostelamts der »redende Mund Gottes« zu sein. Außerdem war die »Botschaft« die großartigste Bestätigung des Auserwählungsbewußtseins der neuapostolischen Gemeinschaft. Sie allein war der »Botschaft« gewürdigt worden[155], alle andern bleiben in der Finsternis. Sie allein wird an dem Tag X als die geschmückte Braut dem Herrn entgegengehen, alle anderen bleiben zurück und müssen Drangsal und Gericht erleiden.

Die »Botschaft« gab dem Sicherheitsbedürfnis über Apostelamt und Versiegelung hinaus ein zusätzliches Fundament. Nun erschien die Zukunft nur noch als eine kleine Wegstrecke, an deren Ende ein herrlicher Preis winkte, und es galt, in dieser Zeit treu an der Hand des Stammapostels zu bleiben, der seine Brautgemeinde ohne Fährlichkeiten zum himmlischen Bräutigam geleiten werde. Eine

[153] »Wir wissen jedenfalls, daß uns der Geist des Herrn einen genauen Einblick in das Vorhaben unseres Gottes gewährt hat« (Wächterstimme 15. 6. 1959).

[154] Wächterstimme 5. 5. 1955

[155] »Der Stammapostel hat allein unter Milliarden von Menschen die persönliche Offenbarung des Herrn, das Volk des Höchsten in das von Jesus verheißene Reich zu führen« (Wächterstimme 15. 6. 1954).

»Botschaft«, die ein solches Maß von Glorie und lockenden Perspektiven ausstrahlte, war ein wirkungsvolles Werbemittel.
Aber es gab Zweifler. Sie fragten sich, ob der Stammapostel sich mit seiner apodiktischen Prophezeiung nicht übernommen habe. Sie zweifelten, ob Bischoff selbst die »Botschaft« ernst nehme: wie hätte er sonst seinem Sohn Fritz Bischoff die Druck- und Verlagsrechte an dem gemeindeeigenen Verlag bis zum Jahr 1975 sichern können? Es erfüllte sie mit schwerer Angst, daß der Stammapostel mit der Dogmatisierung der »Botschaft« alles auf eine Karte setzte und ein gefährliches Vabanquespiel trieb: mußte nicht, wenn er nun doch sterben sollte, die ganze Autorität des Stammapostelamts dahinfallen, das Werk zerbrechen und die Verzweiflung unzählige Herzen in den Abgrund treiben? Aber diese Sorgen mußten wiederum in den Augen des Stammapostels als ein unverzeihlicher Frevel erscheinen. Denn wer solche Zweifel äußerte, bekundete damit, daß er dem Stammapostel einen Irrtum zutraute und damit das Fundament des Stammapostelamts antastete. Bischoff ging denn auch mit aller Härte gegen die Zweifler vor, und es gab deren eine ganze Menge. So wurde die »Botschaft« zu einem Zankapfel. In dem Streit ging es hart auf hart. Fanatismus, wilde gegenseitige Beschimpfungen, Verleumdungen, Verdammungsurteile, auch Schlägereien und Gerichtsprozesse begleiteten den Kampf.
Im *Apostelbezirk Düsseldorf,* einem der stärksten mit 57000 Mitgliedern, kam der Konflikt zum offenen Ausbruch. Der dortige Bezirksapostel Peter Kuhlen widersprach 1954 bei der Apostelversammlung dem Plan des Stammapostels, die Vornahme der Versiegelung von der Anerkennung der »Botschaft« abhängig zu machen. In seinem Bezirk überließ er es dem einzelnen Prediger, ob er sie verkündigen wolle oder nicht. Das rief die Anhänger der »Botschaft« auf den Plan. Sie beschwerten sich beim Stammapostel. Er schürte den Widerstand gegen Kuhlen und seine Mitapostel Siegfried Dehmel und Ernst Dunkmann. Es kam zu Störungen von Gottesdiensten und Beschimpfungen der Apostel. Diese richteten am 6. Januar 1955 an Bischoff einen Brief und gaben ihn auch den Gemeinden bekannt. »Es ist überaus schwerwiegend, daß die von Ihnen verkündete Botschaft mehr und mehr dazu herhalten muß, brave, fromme, gottesfürchtige und treue Amtsbrüder heftig zu kritisieren, und daß viele Zuhörer in den Gottesdiensten sich zum Richter aufwerfen über die Brüder, welche nach ihrem Dafürhalten die Botschaft nicht oder nicht genügend nachdrücklich predigen.«[156]
Bischoff setzte die drei Apostel sowie zwölf Bischöfe und Bezirksälteste am 23. Januar 1955 ab und übertrug den Bezirk kommissarisch dem Apostel Walter Schmidt, einen ihm völlig ergebenen Verehrer[157]. Die Ausgeschlossenen gründe-

[156] Herold Nr. 11, 1. 2. 1955
[157] In der ersten nach dem Krieg erschienenen Nummer der Wächterstimme vom 1. Oktober 1945 (Herausgeber: Friedrich Bischoff, Sohn des Stammapostels) wurde die himmlische Vollmacht des Stammapostels vollmundig gerühmt: Er allein besitzt den Schlüssel des Himmelreichs. Ihm hat »der Sohn Gottes die Macht des Aufschließens, die Gabe der rechten Erkenntnis und die Fähigkeit, die Zeit an der göttlichen Uhr richtig zu erkennen, bleibend geschenkt«. Nur unter seiner Bestätigung wird die Arbeit der Apostel die Anerkennung Gottes finden. Auch die guten und neuen Gedanken, die in Gottesdiensten der Apostel geboren werden, »haben im Geiste des Stammapostels ihren Ursprung«. Darum muß er »die ausschließliche Autorität nach göttlichem Willen sein und bleiben«. Summa:

ten am 24. Januar 1955 in Düsseldorf die *»Apostolische Gemeinschaft«*. Das gesamte Kirchenvermögen wurde vom Stammapostel einbehalten; die Bitte der Ausgeschiedenen, ihnen wenigstens einen prozentualen Anteil zu überlassen, wurde abgelehnt.

g) Die kleine Restgemeinschaft der »Hersteld Apostolische Zendingsgemeente« in Holland stand seit 1948 unter der Leitung des Apostels Gerrit Kamphuis. Aber auch sie war tief zerklüftet und fiel praktisch in zwei Gemeinschaften auseinander, die zwar beide den Stammapostel anerkannten, aber getrennte Gottesdienste abhielten. Kamphuis wurde 1954 abgesetzt. Bischoff ging 1955 unnachsichtig gegen alle Amtsträger vor, die sich weigerten, die Botschaft zu predigen. Die Gemaßregelten und viele Gemeindeglieder traten aus und schlossen sich unter Apostel Kamphuis zusammen. Auch in den weit verstreuten Gemeinden Nord- und Südamerikas kam es zu vereinzelten Trennungen.
Die Ausgeschlossenen aller Länder nahmen Verbindung untereinander auf, ebenso mit solchen, die sich in früheren Jahrzehnten abgespalten hatten. Eine Konferenz von acht Aposteln beschloß im Januar 1956 gemeinsam mit dem Leiter des Reformiert-Apostolischen Gemeindebundes ein engeres Zusammengehen, und es wurden Satzungen für die »Vereinigung der Apostel der Apostolischen Gemeinden« festgelegt, 1958 auch ein gemeinsames »Lehrbuch für Apostolische Christen« herausgegeben. Die *»Vereinigung Apostolischer Gemeinden«*, die etwa 40000 Mitglieder zählt, umfaßt den »Reformiert-Apostolischen Gemeindebund« in der DDR, die »Apostolische Gemeinschaft« in der Bundesrepublik und in Holland, die schweizerische »Vereinigung Apostolischer Christen«, die australische »Apostolic Church« und die südafrikanische »Apostolic Church – Apostle Unity«. Von den 12 Aposteln der Vereinigung entfallen drei auf die Bundesrepublik (Düsseldorf, Duisburg und Stuttgart), drei auf die DDR (Görlitz, Netschkau und Dresden), einer auf die Schweiz, Österreich und Frankreich (Zürich), einer auf die Niederlande und je zwei auf Australien und Südafrika.
Wichtige Bestandteile der neuapostolischen Lehre und Ordnung hat die Vereinigung Apostolischer Christen gestrichen: Das Stammapostelamt wird abgelehnt. Davon, daß die Apostel bevollmächtigt sind, ein der Bibel gleichrangiges »zeitgemäßes Wort Gottes« zu verkündigen, ist nicht mehr die Rede. Dagegen wird die Bibel voll bejaht als »ein klares Zeugnis von Gottes und Jesu Worten und Taten; sie enthält den Heils- und Erlösungsplan Gottes«[158]. Die Apostel gelten als »Stellvertreter Jesu Christi in seiner Gemeinde«[159] und haben die Aufgabe, »das Evangelium und die Lehre Jesu Christi zu verkündigen und verkündigen zu lassen; die Gläubigen zu taufen oder taufen zu lassen; die Sünden in Gottes und Jesu

»Ihm nicht restlos zu vertrauen und seinem Worte nur in Gedanken widerstehen zu wollen heißt, sich wider den Sohn Gottes zu versündigen.« Diesen Lobeshymnus eines unbekannten Verfassers beantwortete dann W. Schmidt in Nr. 3 vom 1. 11. 1949 mit einem Brief an den Stammapostel: »Wenn ich die Entwicklung des Werkes verfolge, ist es einzig und allein Ihrer Führung zu verdanken, daß der Geist der Wahrheit in seiner Reinheit – durch keinen fremden Geist getrübt – den Kindern Gottes verkündigt worden ist«.

158 Lehrbuch für Apostolische Christen, Frage 261

159 a.a.O. Frage 122

Namen den Gnadensuchenden zu vergeben und das heilige Abendmahl zu reichen oder reichen zu lassen, um dadurch mit Gott zu versöhnen; den Heiligen Geist zu spenden in der heiligen Versiegelungshandlung; die zur Pflege der Gemeinden notwendigen Amtsträger zu berufen und auszusondern; die Gemeinde Jesu Christi auf Erden zu sammeln, zu ordnen, zu leiten und auf die Zukunft Jesu Christi und auf die Ewigkeit vor- und zuzubereiten.«[160] Der Glaubensgehorsam wird nicht mehr, wie bei den Neuapostolischen, an die Apostel, sondern allein an Christus gebunden. Entsprechend wurden auch Art. 4 und 5 des neuapostolischen Glaubensbekenntnisses gekürzt; Art. 10 wurde ganz gestrichen. Alles in allem ist bei den Apostolischen Gemeinden eine stärkere biblische Orientierung unverkennbar.

In einem seiner letzten Aufsätze schrieb der Stammapostel: »Schlimm ist es, wenn sich jemand für etwas hält, was er in Wirklichkeit nicht ist. Denn eines Tages kommt die Ernüchterung.«[161] Diese Ernüchterung kam in einer unerwarteten Form: Sechs Tage nach der Veröffentlichung dieses Artikels, *am 6. Juli 1960, starb J. G. Bischoff.* Das Drama der »Botschaft« mußte nun zur Tragödie werden. Die Gläubigen ergriff ein Schock. Die Zweifler triumphierten, nachdem sich Bischoff gewünscht hatte, sie möchten »so lange leben, bis der Tag des Herrn kommt; dann werden sie sehen, welche Ernte ihnen der Zweifel eingebracht hat«[162]. Aber es kam anders. Das Apostelkollegium wählte sofort einen neuen Stammapostel, Walter Schmidt (geb. 21. Dez. 1891 in Neuemühle, Kr. Altena, Westf.; von Beruf Kaufmann; gest. 28. 2. 1981), setzte den toten Stammapostel in aller Heimlichkeit bei und gab den Gemeinden kund, daß Gott aus unerforschlichen Gründen »seinen Willen geändert« habe[163]; der Stammapostel selbst »kann sich nicht geirrt haben, weil er immer das Wort des Herrn zur Richtschnur seines Handelns gemacht hat«[164].

Der neue Stammapostel ergriff die Führung mit fester Hand. An dem Heilsmittler- und Führungsanspruch des Stammapostelamts ließ er nicht rütteln. Eine Versöhnung, ja, jedes Gespräch mit der ausgeschlossenen Opposition lehnte er ab. Die Botschaftsgläubigen beschwichtigte er mit dem Hinweis, daß Gott auch Mose entgegen der ihm gewordenen Verheißung vor dem Betreten des Landes Kanaan habe sterben lassen und daß er die Gläubigen mit dem Tod Bischoffs »heilsam aufschrecken« und ihnen noch eine »Gnadenfrist« für ihre Vorbereitung

160 a. a. O. Frage 137

161 Wächterstimme 1. 7. 1960

162 Wächterstimme 1. 5. 1954

163 Daß Gott seinen Willen ändern könne, hatte J. G. Bischoff einst kategorisch bestritten: »Sollte der Herr in der allerwichtigsten aller Angelegenheiten, die je im Ratschluß Gottes vorhanden waren, versagen? Das ist ja ausgeschlossen« (Wächterstimme 1. 5. 1954). »Der Sohn hat es mich wissen lassen, daß er zu meiner Lebzeit kommt. Das ist eine Verheißung für unsere Zeit, an der niemand etwas ändern kann« (Wächterstimme 1. 5. 1954). »Wir dürfen doch nicht glauben, daß der liebe Gott einen solchen Fehler machen würde und würde seinem Volk eine Zusage geben, die sich nie erfüllen wird« (Gottesdienst am 10. Oktober 1954 in Reutlingen). Bei einem menschlichen Versprechen »können Verhältnisse eintreten, durch die wir verhindert sind, unser Versprechen zu lösen. Aber das ist doch beim Herrn ausgeschlossen, das kommt doch bei ihm nicht in Frage« (Ämtergottesdienst am 5. September 1954 in Düsseldorf).

164 Wächterstimme 1. 8. 1960

auf die Wiederkunft Christi gewähren wollte. An der Erwartung, daß diese Wiederkunft nahe bevorsteht, hielt er fest. Die »Botschaft« seines Vorgängers ersetzte er durch die Parole: »Schlag an mit deiner Sichel und ernte; denn die Zeit zu ernten ist gekommen« (Offb. 14, 15). Den Gemeinden wurde verkündigt, er sei nun der neue »Josua«, dem es bestimmt sei, nach dem Tod des »Mose« das Volk Gottes vollends in das verheißene Land zu führen; die kommende Wegstrecke wurde als eine »letzte Prüfung« bezeichnet. Seinen Gläubigen empfahl der Stammapostel, sich auf keine Diskussionen über die »Botschaft« mit den »Spöttern und Verächtern« einzulassen, denn aus ihnen spreche der Teufel: »Wir schweigen und gehen unsern Weg.«[165] Daß das Gros der Gemeinden in der Gefolgschaft der Apostel blieb, feierte Schmidt als einen Triumph über die »Mächte der Finsternis«, als einen Beweis, daß die Gläubigen die ihnen auferlegte Prüfung glänzend bestanden haben, und als ein Wunder, mit dem Gott sich vor aller Welt zur Neuapostolischen Kirche bekannte. Freilich konnte man nicht verschweigen, daß viele unsicher, andere irre wurden und sich von den Gottesdiensten zurückzogen oder aus ihrer Kirche austraten. Aber die meisten blieben und ließen die »Botschaft« wie einen dummen Ausrutscher ungeklärt in die Vergangenheit absinken – die Hauptsache war, daß wieder ein Stammapostel auf dem »Gnadenstuhl Gottes« saß und die Heilsquelle weiterfloß. Und in der Tat, die Neuapostolische Kirche erwies sich in den zwei Jahrzehnten, die seit 1960 vergangen sind, als eine stabile und höchst traditionelle Gemeinschaft. Zu nennenswerten Abspaltungen kam es nicht mehr, aber auch zu keinerlei auffallenden Neuentwicklungen.

[165] Der wesentlichste Einwand, den kein Apostel oder Stammapostel beantworten konnte, war folgender: Wenn Gott einen so hochfeierlich verkündigten Ratschluß wie die »Botschaft« ohne sichtbaren Anlaß geändert hat, dann müssen alle seine Verheißungen, die er in Christus gegeben hat, fragwürdig werden. »Das ganze Neue Testament fundiert auf dem Begriff der Treue Christi zu seinem Wort und der Treue der Braut des Herrn zum Seelenbräutigam. Wenn uns Christi Wort und Verheißung nicht mehr als unumstößlich gewiß gilt, wo sollen wir dann noch Halt finden?« (Apostel Kuhlen in: Herold 1. 12. 1960)

Fünfter Teil
Fleischgewordene Gottheiten

Indien kennt die Lehre von den avataras, den »Herabsteigungen«: Immer, wenn die Ordnungen der Welt in eine Krise geraten, steigt die Gottheit herab, hüllt sich in einen Menschenleib und sorgt für die Wiederherstellung der Wahrheit und des menschlichen Zusammenlebens. Man kennt viele Gestalten – Heilige, Propheten, Religionsstifter –, die solche avataras sind. Auch anderen Religionen ist der Gedanke nicht fremd, daß die Gottheit in einer menschlichen Gestalt auf Erden erscheint. Eine gewaltige Vollmacht strahlt von einer solchen Inkarnation Gottes aus. Überwältigende Wahrheiten werden von ihr verkündigt. Zeichen und Wunder begleiten ihr Leben von der Geburt bis zum Ende. Inmitten dieser Vorstellungen lebt der christliche Glaube von der Gewißheit, daß in Christus das Wort Fleisch wurde, daß er der »Sohn« ist. Der gläubige Christ ist dessen gewiß, nicht weil es so in der Bibel steht, sondern weil die Erscheinung Jesu selbst es dem bezeugt, der sie auf sich wirken läßt (Joh. 7, 17).

Der Mensch ist rasch bereit, an eine göttliche Inkarnation zu glauben, wenn ihm an einem Menschen etwas Außerordentliches begegnet. Als Paulus auf Malta von einer giftigen Otter gebissen wurde und nicht tot umfiel, sagten die »Leute«, er sei ein Gott (Apg. 28, 6). Die Kirchengeschichte weiß wie die Geschichte der außerchristlichen Religionen von zahlreichen fleischgewordenen »Göttern« oder »Gottessöhnen« zu berichten. Mit Vorliebe traten sie in Zeiten schwerer äußerer und innerer Katastrophen auf und wurden von ihren Anhängern als Retter jubelnd begrüßt. So ist es kein Wunder, wenn auch heute an fleischgewordene Götter und Gottessöhne geglaubt wird – Inkarnationen des Vaters oder Christi oder des Heiligen Geistes oder himmlischer Gestalten (Erzengel, Maria, Petrus und andere). Einige von ihnen werden in anderem Zusammenhang behandelt (z. B. Lawrie und der Lichtkreis Christi). In diesem Abschnitt wird von weiteren berichtet. Im einzelnen sind sie in ihrem Auftreten und ihren Botschaften von sehr verschiedener Art. Für die Anhängerkreise, die sich um sie bildeten, haben sie höchste Autorität.

Hier werden die Gemeinschaften, die das absolute Amt zu ihrem Glaubensfundament gemacht haben, noch überboten. Denn das Amt, mag es mit noch so hohen Vollmachten ausgestattet sein – Mormonen wie die apostolischen Gemeinden waren darin wahrlich nicht sparsam! –, ist immer noch im menschlichen Grenzgebiet angesiedelt. Es wird von Menschen verwaltet, und diese sind nur Organe oder Beauftragte Gottes. Hier aber ist ein Angehöriger der höchsten himmlischen Hierarchie selbst in die Menschenwelt hereingekommen. Man kann sich in seine Gemeinde einreihen, seine Botschaft für die Menschen des 20. Jahrhunderts vernehmen, ihn vielleicht sogar sehen, hören, fragen. Man steht also unmittelbar an der Quelle. Es ist begreiflich, daß solche Inkarnationen, sobald sie sich in den Augen der Mitmenschen glaubwürdig legitimiert haben, einen beträchtlichen Zulauf bekommen.

Der Träger der neuen Inkarnation versteht sich nicht als Konkurrenz Christi, sondern als sein Fortsetzer: er führt das Werk Christi weiter und vollendet es. Das bedeutet, das Werk Christi ist entweder ergänzungsbedürftig, um den Erfordernissen der Christen des 20. Jahrhunderts zu genügen, oder es ist einst in wesentlichen Teilen gescheitert, infolge der Kreuzigung Jesu ein Bruchstück geblieben und muß nun zum Ende gebracht werden.
So oder so, die Kirchen aller Konfessionen lehnen dies ab. Sie halten keine Ausschau nach neuen Fleischwerdungen. Denn in Christus ist das volle Heil erschienen (Apg. 4, 12). Er ist der »Sohn« (Matth. 3, 17; 17, 5), und außer, nach oder neben ihm ist keiner und wird keiner sein, der ihn ersetzen, ergänzen oder überbieten könnte. Nach ihm kommt nur noch er selbst – in seiner Parusie am Ende der Tage. Und zwischen seinem ersten und seinem zweiten Kommen ist keine leere Pause: Christus sprach vom »Tröster«, den er seiner Gemeinde senden werde. Er selbst verhieß, daß er in ihrer Mitte sein werde »bis an der Welt Ende« – im Wort und Sakrament. Eine andere Geborgenheit gibt es nicht.

Die Johannische Kirche

Der Gebieter der Geister

Am 24. August 1855 wurde Joseph Weissenberg auf einem Gutshof in Fehebeutel (Schlesien) als Sohn eines katholischen Tagelöhners geboren und nach dem Tod seines Vaters 1866 einem Schäfer zur Erziehung übergeben. Er wuchs in einfachen Verhältnissen auf und besuchte die »Pantinenschule«. Schon als vierjähriger Knabe soll er einen todkranken Mann geheilt, als Elfjähriger seine prophetische Gabe geoffenbart und an seinen Kameraden durch Handauflegung das Pfingstwunder wieder und wieder nachvollzogen haben. Später erlernte er das Maurerhandwerk und siedelte nach seiner Hochzeit nach Seegefeld bei Spandau über, wo er seinen Unterhalt als Droschkenkutscher, Straßenhändler und Gastwirt verdiente. Da erschien ihm, wie er später vor Gericht erzählte, im Jahr 1903 eines Nachts Christus persönlich und schrie ihn mit Donnerstimme an: »Mein Sohn Joseph, es ist genug. Lege dein Irdisches nieder und komme rüber ins Geistige!« Nun begann seine große Zeit. Er ließ sich in Berlin als »Heilmagnetiseur« nieder. Er fühlte sich nicht nur mit besonderen Kräften ausgerüstet, sondern mit einer himmlischen Macht begabt: »Bei mir wird alles an Leib und Seele gesund. Mir gab der Himmel die Macht, und seine Heerscharen gaben mir die Gewalt, und Gottes Sohn gab mir die Kraft, auf daß ich aufstände und allen mit Posaunenstößen ins Ohr schmetterte: Arm wie eine Kirchenmaus, pack ich meine Weisheit aus.«
Seine ursprüngliche Absicht bestand darin, die Angehörigen aller Bekenntnisse wieder zum Glauben zu erwecken und sie zu lehren, was Christus auch gelehrt

hat. Der theologische Liberalismus seiner Zeit war ihm ein Greuel, und er wetterte lautstark gegen ihn. In einem Brief an Kaiser Wilhelm II. schrieb er 1903, als der oberste Bischof der Landeskirche sei er »der größte von allen Baalspfaffen wie Harnack, Häckel, Drews, Jatho, Traub, die da sagen, die Bibel ist ein Märchenbuch, Christus sei ein Mensch wie wir, der Mensch stamme vom Affen ab und alles sei Natur. Gott verloren, ist eben alles verloren! Majestät sollten solche Leute von der Kanzel entfernen. Majestät führt das deutsche Volk in den Abgrund.« In einem weiteren Brief im Jahr 1909 wiederholte er, Wilhelms II. Toleranz »gegen eine total ungläubige, völlig gottwidrige liberale Geistlichkeit« könne »nur Früchte des Verderbens« hervorbringen.

Sein Kampf galt auch den *spiritistischen Zirkeln*, die damals in Blüte standen. Er wandte sich nicht gegen die spiritistische Grundauffassung von der realen Existenz jenseitiger Geister, sondern gegen die spiritistische Praxis, weil die »Sitzungen« Tummelplätze dunkler Geister seien. Er wollte diese mit Hilfe lichter Geister vertreiben und dadurch die geistige Umwelt der Menschen entdämonisieren. So soll er 40 spiritistische Zirkel dadurch aufgelöst haben, daß er die dunklen Geister daran hinderte, durch die Medien zu sprechen. 1904 gründete er in Berlin die *»Vereinigung Ernster Forscher von Diesseits nach Jenseits, wahrer Anhänger der christlichen Kirchen«*. In seinen Versammlungen ergriffen alle möglichen großen Geister der Geschichte das Wort. Dies geschah so, daß Weißenberg aus einer Schar auserwählter Mädchen eines hervorholte, in Trance versetzte und dann die Geister rief. Deren Botschaften bestanden durchweg aus Huldigungen vor Weißenberg. Selbst Luzifer trat auf; daneben äußerten sich Gestalten wie Nebukadnezar, Pilatus, Nero, Luther, Friedrich der Große, Bismarck, Clemenceau. Auch seine politischen Anschauungen, die sich mit den Stichworten »konservativ, preußisch, deutschnational« umschreiben lassen, wurden von den Geistern bestätigt, zu denen er später noch A. L. Schlageter und Horst Wessel hinzugesellte. Außer den Geisterreden fanden auch Heilungen und Teufelsaustreibungen statt. Kein Wunder, wenn die Versammlungen sich eines riesigen Zulaufs erfreuten und reich an dramatischen, auch tumultuarischen Szenen waren[1].

Auch wegen der ihm nachgesagten *Heilkraft* wurde er viel aufgesucht. Die Methoden, mit denen er die Patienten kurierte, waren sehr einfach: er verordnete Blutreinigungstee, Wassersuppe gegen »stockendes Geblüt« und Weißkäse gegen »Geschwüre«. Daß er zahlreiche Erfolge erzielte, kann nicht bezweifelt werden. Um den großen Andrang bewältigen zu können, stellte er eine Anzahl Helfer an und rüstete sie mit der Kraft der Heilung aus. Sein Nimbus wuchs. Man rühmte von ihm, daß er alle die Zeichen und Wunder verrichte, die Christus und seine Jünger getan haben. Er könne jeden Menschen durchschauen, wisse seine Zu-

[1] Nach Augenzeugenberichten waren die Säle von Massen gefüllt, die auf Zeichen und Wunder warteten, sich stöhnend im Gebet auf dem Boden wälzten und Schreie ausstießen. Gelegentlich ertönte aus den Reihen dumpfes Brüllen – ein Zeichen von Geistern, die miteinander kämpften. Es kam vor, daß 40 bis 50 Besessene zur gleichen Zeit rasten. Sie schäumten, rollten die Augen, ballten die Fäuste und schrien mit verzerrten Gesichtern: »Hinaus! Der Teufel! Der Teufel will herein!« Dann eilte Weißenberg zu der Kampfstätte, um die Geister auszuschalten.

kunft voraus und könne auf ihn einwirken[2]. Ja, in elf »jederzeit nachweisbaren« Fällen habe er Tote auferweckt. Seine Anhänger hielten ihn für den verheißenen »Tröster« und nannten ihn den »göttlichen Meister« und »Ew. Majestät«. Er selbst behauptete von sich, er sei in früheren Existenzen Michael, Mose, Elia und Johannes der Täufer gewesen. Er richtete Schreiben an Kaiser und Könige, auch an den Papst, in denen er ihnen seine Sendung kundgab. In seinen »Hauptandachten« kam es zu den »gewaltigsten Einschaltungen und Offenbarungen unerlöster finsterer Geister«. Weißenberg zeigte ihnen die Reiche der Ewigkeit und »offenbarte sich ihnen als Herr über die Sphären. Er erlöste sie, wenn sie, von seiner Kraftfülle überzeugt, das Glaubensbekenntnis nachsprachen, oder verdammte sie, wenn sie sich weiter boshaft abwandten«. Die Gläubigen aber erkannten, daß er wie Christus »Herr über die Geister war« und Macht hatte, sie zu richten und zu erlösen und damit auch erlösend auf die Menschheit zu wirken[3].

Schon 1908 hatte sich Weißenberg von seiner Frau scheiden lassen. Er lebte dann mit seinem Medium Grete Müller zusammen (geboren am 5. April 1882 als Tochter eines Berliner Buchhändlers und Verlegers), das durch ihn von einem Magen- und Leberleiden befreit worden war. Er erhob dieses Mädchen zur »Jungfrau Maria«, und die ihrem Verhältnis entstammenden Töchter Frieda (geboren am 7. Februar 1911) und Elisabeth (geboren am 14. Februar 1912) nannte er »Ölzweige« (nach Ps. 128, 3) oder »Ölbäume« (nach Sach. 4, 3. 11–14; Off. 11, 4). Mit der evangelischen Kirche, zu der er 1904 übergetreten war, kam es 1925/26 zu harten Auseinandersetzungen, als seine Anhänger eigene Kandidaten für die Kirchen-Gemeinderats-Wahlen aufstellten und eine Anzahl von ihnen durchbrachten. Der Konflikt endete damit, daß Weißenberg 1926 aus der Kirche austrat – in einem einzigen Monat folgten ihm etwa 5000 Anhänger – und eine eigene Gemeinschaft gründete: die *»Evangelisch-Johannische Kirche nach der Offenbarung St. Johannis«*, die sich seit 1975 *»Johannische Kirche«* nennt. Bis 1934 entstanden etwa 400 Gemeinden, und die Mitgliederzahl stieg auf rund 100000. An der Spitze stand unter dem »Meister« ein »Oberkirchenrat« und ein »Konsistorium« mit

[2] Bei seinen politischen Prophezeiungen gab es allerdings neben Treffern auch Nieten. Zu ersteren gehörte die Mahnung, die er 1903 an Wilhelm II. richtete, er möge sein Leben wandeln und für die Rückkehr der Kirche zum wahren Glauben sorgen, andernfalls werde er selbst nach 15 Jahren vom Thron gejagt und ins Ausland vertrieben werden. Aber unerfüllt blieb seine Weissagung, daß 1925 eine Hungersnot kommen und das Jahr 1929 den Untergang Englands, ein Strafgericht über Italien wegen seines Bündnisbruchs im Ersten Weltkrieg und für Deutschland den Befreiungskrieg und einen großen Aufstieg bringen werde. Da solche falschen Voraussagen schlecht zu der ihm zugeschriebenen prophetischen Begabung paßten, wurde später erklärt, er habe sie lediglich zugelassen, »um die geistige Festigkeit seiner Mitglieder auf die Probe zu stellen« (F. Rohr in: Weg und Ziel 9. 2. 1961). Auf den Einwand, daß es keine ärztlichen oder standesamtlichen Dokumente gibt, welche die Totenerweckungen Weißenbergs bestätigen, wurde geantwortet: »Was wir erlebt haben, ist weder durch ein Urteil noch durch eine amtliche Bestätigung zu bekräftigen notwendig.« (Weg und Ziel 14. 12. 1961)

[3] Weg und Ziel 12. 9. 1973 – In seiner Zeitschrift »Der Weiße Berg« wurde ihm gehuldigt: »Joseph Weißenberg, du bist unser Heiland, der da wiedergekommen ist zum Gericht. Du bist unser Gott, der wie vor 2000 Jahren noch einmal Fleisch und Blut annahm. Dein Wunsch sei uns Befehl, dein Wille geschehe im Himmel also auch auf Erden. Dir allein geben wir die Ehre und bitten dich, bleib bei uns alle Tage bis an der Welt Ende.«

zahlreichen »Obergeist- und Geistpredigern«. Es wurde eine Reihe von Vereinigungen gebildet: Frauenhilfe, Kirchenchöre, Jungmänner- und Jungmädchenbund, der Kriegerverein »Ewiges Leben«. Bei Trebbin in der Mark Brandenburg wurde seit 1920 auf einer Fläche von über 1 200 Morgen an einer »Stadt des Friedens« mit der Bauernsiedlung »Lindenhof«, einer Industriesiedlung und der »Urkirche Christi Waldfrieden« gebaut, alles aus Opfergaben und sehr modern: mit Altersheim, Wasserwerk, Waschanstalt, großer Gottesdiensthalle mit 2 000 Sitzplätzen, Museum, Schule im Hochhausstil und vielen Wohnstätten. Sie war auf 15 000 Bewohner angelegt. Weißenberg siedelte 1931 selbst von Berlin in die »Friedensstadt« über.

Nach einem Flugblatt des »Konsistoriums« sollte die Evangelisch-Johannische Kirche alle zersplitterten Glaubensgemeinschaften zu der Urkirche Jesu Christi zurückführen. Das Wort Gottes werde in ihr rein und lauter von Geistfreunden des Lichts über neue Zungen gepredigt. Weißenberg als Oberhaupt der Kirche erneuere das Glaubenswerk Christi und tue mit großer Kraft Zeichen und Wunder. Er teile die geistlichen Gaben und Kräfte auch an andere aus, so daß viele Menschen in seinem Namen Kranke heilen und Wunder vollbringen. Die Weißenberg-Bewegung werde über den ganzen Erdkreis gehen und könne von keinem Menschen unterdrückt werden.

Das Wirken Weißenbergs als Heiler, Geister- und Teufelsbeschwörer beschäftigte die Öffentlichkeit und auch die Gerichte stark. Es kam zu Anklagen, weil Kranke, die zu ihm und nicht zu einem Arzt gingen, Dauerschäden erlitten hätten oder gestorben seien; oder weil Familien durch Geistesverwirrung zerrüttet und Anhänger durch religiösen Wahnsinn in den Selbstmord getrieben worden seien. Keine von den zahlreichen Gerichtsverhandlungen gegen Weißenberg endete mit einer rechtskräftigen Verurteilung.

Der nationalsozialistische Staat schritt dann mit Gewalt gegen ihn ein, obwohl Weißenberg schon vor 1933 für Hitler gestimmt hatte und nach der braunen Revolution »Geistfreunde« wie Bismarck oder Freiherr v. Richthofen für die neue Regierung Propaganda machen ließ. In der »Friedensstadt« entstand eine nationalsozialistische Ortsgruppe, und der »Kriegerverein« schwenkte »in die Kampfscharen des Dritten Reiches ein«[4]. Am 17. Januar 1935 wurde die Evangelisch-Johannische Kirche *verboten und aufgelöst,* weil sie unter dem Deckmantel religiöser Betätigung spiritistische Sitzungen abhalte, in denen die Geister großer Männer und Nationalhelden zitiert werden, um für Weißenberg Propaganda zu machen; einzelne Fälle von religiösem Wahnsinn hätten die Gemeingefährlichkeit dieser

[4] Der Weiße Berg 47, 19. 11. 1933. Dort wird auch mitgeteilt, daß die Weißenberg-Bewegung »bei der Machtergreifung durch (unsern großen, von Gott gegebenen Führer) Adolf Hitler sofort sich hinter ihn stellte«. Bei einer Reformationsfeier am 5. November 1933 gab Weißenberg der Erwartung Ausdruck, daß seine sämtlichen Anhänger bei der bevorstehenden Reichstagswahl »im Sinne Adolf Hitlers mit ›Ja‹ stimmen«, und Frithjof Rohr jubelte: »Gottes Gnade schenkte uns einen Führer Adolf Hitler, der uns eingliederte in das neue deutsche Leben. Die Heilbehandlung unseres Meisters und Sein herrliches Siedlungswerk sind von den Reichsbehörden anerkannt. Die heilenden Werkzeuge des Meisters sind in die erste Linie der deutschen Arbeitsfront eingegliedert«, und das johannische Denken ist nichts anderes als »eine Parallele zum nationalsozialistischen Denken« und »wahrhaft arisch-christliches Leben«.

Sekte erwiesen, und außerdem habe sie durch die Benützung des nationalsozialistischen Gedankenguts dieses »schamlos herabgewürdigt«. Am gleichen Tag wurde Weißenberg verhaftet und im Herbst 1935 unter dem Vorwand von »Sittlichkeitsverbrechen« und »staatfeindlicher und illegaler Betätigung« zu zweieinhalb Jahren Zuchthaus und fünf Jahren Ehrverlust verurteilt. Er schrieb an Hitler: »Die Schande, als Greis von 80 Jahren unschuldig verurteilt zu sein, ertrage ich nicht. Wenn Sie diese Schmach nicht von mir nehmen, komme Blut und Schande über die Verleumder meines ehrlichen Namens Joseph Weißenberg.« Aber dieser Notschrei eines zertretenen Herzens konnte den Diktator nicht rühren. Auch zahlreiche andere führende Persönlichkeiten der Gemeinschaft wurden in die Gefängnisse oder Konzentrationslager geworfen. Nach seiner Haftentlassung wurde der über 80jährige Greis von der Gestapo nach Bad Obernigk in Schlesien verbannt; dort starb er am 6. März 1941.
Die »Friedensstadt« wurde 1940 zu einem Truppenübungsplatz umgebaut und nach dem Zweiten Weltkrieg von der Roten Armee besetzt und benützt. Die Bemühungen um Rückgabe der beschlagnahmten »Friedensstadt« scheiterten trotz unzähliger Verhandlungen und klarer Rechtsansprüche an der Haltung der zuständigen DDR-Behörden. Nur die »Waldfrieden-Gruppe« wurde zurückerstattet. Dagegen wurden die landwirtschaftlichen Flächen als Staatseigentum in den Bodenfonds einbezogen, die bebauten der Verwaltung der Brandenburgischen Regierung unterstellt.

Die Kirche des »Meisters«

Im Februar 1946 konnte der erste Gottesdienst nach der Aufhebung des Verbots gefeiert werden. Die Gemeinschaft vermochte aber nur einen Bruchteil der einstigen Anhängerschaft wieder zu sammeln. Sie umfaßte 1981 rund 7000 Mitglieder in 61 Gemeinden: 45 in der DDR mit rund 3500 Gliedern, 6 in Westberlin und 10 in der Bundesrepublik (ebenfalls 3500 Mitglieder). Das »Oberhaupt« der Kirche ist Frieda Müller, die schon am 28. April 1932 von Weißenberg als Nachfolgerin eingesetzt worden war. Ihre Schwester Elisabeth Moehring geb. Müller, von Beruf Ärztin, wurde stellvertretendes Oberhaupt. Beide bildeten zusammen mit ihrer Mutter Grete Müller die »Drei Säulen« der Kirche. Aber diese Leitung war weniger verfassungsrechtlicher als pneumatischer Art, und ihre Autorität wurzelte in der Verwandtschaft mit dem »Meister«, aus der eine Sukzession der geistlichen Vollmachten hergeleitet wurde. Grete Müller galt als Inkarnation eines Geistes, der »aus einer hohen, lichten Sphäre der Ewigkeit gekommen« ist. Elisabeth Moehring galt mit ihrer besonderen Gabe der Heilung als »ein Helfer in der Kraft Gottes«. Beide Frauen traten später in den Hintergrund.
Im »Oberhaupt« Frieda Müller ist »ein Engel aus höchsten Lichtsphären« verkörpert. Unterstützt von »Geistfreunden des Lichts«, führt sie Tag und Nacht den Abwehrkampf gegen die finsteren Mächte, und durch ihre Siege finden auch viele Geister in der jenseitigen Welt zum Kreuz Christi zurück[5]. Dank ihrer Herkunft

[5] Weg und Ziel 1. 2. 1962

und Sendung besitzt sie eine absolute Autorität: »Jede Weisung und jeder Auftrag unseres Oberhauptes muß uns völlig erfassen und ergreifen, auch wenn es der Mensch zuerst vielleicht noch nicht ganz begreifen kann; es bekundet sich darin der Wille Gottes.«[6] Auch ihre Tochter Josephine, am 15. Juli 1949 unehelich geboren, ist die Trägerin eines »Führergeistes«, d. h. eines Geistes, der sich freiwillig inkarnierte, um einen Führungsauftrag in der Menschenwelt zu übernehmen, und nicht wie bei gewöhnlichen Inkarnationen, um eine Schuld aus der früheren Existenz abzutragen. Noch nicht drei Jahre alt, wurde sie berufen, das Sakrament der geistigen Heilung zu spenden. Als Sechsjährige übernahm sie die Leitung des Kindergottesdienstes der Evangelisch-Johannischen Kirche und wurde die »Schutzherrin der Kinderschar« mit der Aufgabe, diese »durch das ganze irdische Leben bis in jenes lichte Reich zu führen«[7]. Am 24. August 1961 wurde sie von ihrer Mutter als Nachfolgerin eingesetzt. In den folgenden Jahren gewannen die biographischen Daten des Meisters – 24. August Geburtstag, 13. August Tag der Verurteilung, 6. März Todestag – ein besonderes Gewicht. Die beiden Gedenktage im August führten dazu, daß »der gesamte Monat August für uns als Johannes-Christen eine etwa ähnliche Bedeutung hat wie die Adventszeit«. Aber die alten christlichen Festtage sollten dadurch nicht entwertet werden: das Weihnachtsfest und der Karfreitag blieben »besondere Tage der Besinnung«[8].

Die Johannische Kirche gliedert sich in Bezirke und Gemeinden, die von Bezirks- bzw. Gemeindeleitern betreut werden. Ein »Konsistorium« ist für die Lehre zuständig. In den *Gottesdiensten* der Johannischen Kirche sprechen Laienprediger, die vom Oberhaupt in ihr Amt berufen werden. Sie erfüllen diese Aufgabe teils haupt-, teils ehrenamtlich; sie sind einzelnen Gemeinden nicht ständig zugeteilt, sondern besuchen sie abwechselnd. Sie haben die gleiche Amtstracht wie die evangelischen Pfarrer, doch tragen sie auf dem Talar eine große metallene Taube. »Die Prediger sprechen in den Gottesdiensten nicht nach vorbereitetem Manuskript oder vorgeschriebenem Text, sondern frei, durch Engel (Geistfreunde des Lichts) inspiriert. Dadurch gewinnt jeder Gottesdienst ein eigenes Maß an Spontaneität und Enthusiasmus, obwohl er äußerlich in festgelegter Form abläuft. Er beginnt mit der Begrüßung der Anwesenden, dem gemeinsamen Vaterunser, einem Lied des Gemeindechores und dem Gesang der Gemeinde. Es folgt die Predigt, der sich Chorlied, Gemeindegesang, Dankgebet und Segenserteilung anschließen. Amtshandlungen, zum Beispiel Taufen oder Trauungen, finden im Rahmen des Gottesdienstes im Anschluß an die Predigt statt.«[9]

[6] a. a. O. 2. 2. 1961
[7] a. a. O. 27. 7. 1961
[8] a. a. O. 22. 11. 1976
[9] Nach einer Selbstdarstellung der Johannischen Kirche. – Aus früherer Zeit stammen Schilderungen, die den Prediger mehr als Medium der »Geistfreunde« schildern: Sie stehen am Altar und schließen die Augen, ein leichtes Beben geht durch den Körper und zeigt der Versammlung an, daß sie sich im Trancezustand befinden. Dann reden sie in »Zungen«, d. h. das »Pfingstwunder« wiederholt sich: Geistfreunde steigen aus heiligen Höhen und benützen die Menschenzungen, um zum Volk zu sprechen. Die Medien selbst wissen nicht, was ihr Mund redet. »So hören wir nicht Wahrheiten dieser Erde, sondern Wahrheiten des geistigen Reichs, göttliche Wahrheiten, gegen welche keine irdische Wahrheit aufkommen kann.« (Sonderausgabe von Weg und Ziel, S. 1)

Eine 1958 angenommene Kirchenordnung bestimmt, daß nur Mitglied sein kann, »wer keiner anderen Konfession angehört und sich verpflichtet, sich in die *Johannische Lebensgemeinschaft* einzuordnen«. Diese Lebensgemeinschaft soll ganz im Zeichen einer freiwilligen und aktiven Dienstbereitschaft stehen. »Die johannischen Christen bemühen sich, Schwestern und Brüder im biblischen Sinne zu werden, die einander dienen, so daß niemand der Vorgesetzte des andern sein kann.«

Die Johannische Kirche und ihre Gemeinden haben *vielerlei Aktivitäten* entwickelt, die sie nicht nur gesellschaftlich und kulturell autark machen, sondern die in vielen Teilen auch der Öffentlichkeit zur Verfügung stehen. Schon 1950 wurde die »Evangelisch-Johannische Schule für geistige Wissenschaften« eröffnet. In den Gemeinden gibt es Johannische Männer- und Frauengruppen, die Johannische Jugend, Gruppen für Basteln, Laienspiel, Gesellschaftstanz, Literatur, Handarbeit und Gymnastik. Die Gemeindeglieder sind familiär beisammen, veranstalten Ausflüge, bunte Abende und Kinderfeste. Besonderer Pflege erfreut sich die Musik. Schon 1928 entstand der Johannische Bläserchor. Viele Gemeinden haben eigene Chöre. Der 1949 gegründete *Johannische Chor* in Berlin wurde durch seine bedeutenden Leistungen weit bekannt und unternimmt zahlreiche Konzertreisen ins Ausland. Seit 1952 wird alljährlich an Karfreitag und Ostern die Johannische Passion aufgeführt, die von Mitgliedern der Kirche geschrieben und komponiert wurde.

Nach ihrem Leitwort »1 000 Worte ergeben noch nicht eine einzige Tat« legte Frieda Müller großes Gewicht auf die Entwicklung karitativer und sozialer Dienste. So entstand binnen weniger Jahrzehnte ein großes, vielgliedriges Werk, das von einer verhältnismäßig kleinen Glaubensgemeinschaft getragen wird. Träger dieser sozialen Tätigkeit ist das 1954 gegründete *»Johannische Aufbauwerk«*. Es erwarb 1957 um 3 325 000 DM das halb zerstörte »Palais Mendelssohn« am Herthasee in Berlin-Grunewald und baute es mit einem Aufwand von 5 Millionen DM zum Zentrum der kirchlichen Aktivitäten aus. Dieses *St. Michaelsheim* enthält Räume für den Gottesdienst, die kirchliche Verwaltung, Verlag, für internationale und interkonfessionelle Begegnungen, Tagungen weltlicher Vereine, Gaststätte, ein Architekturbüro der Kirche, Wäscherei, Schlosserei und Gärtnerei. Es beherbergt ein Jugendgästehaus mit 200 Betten, eine Kindertagesstätte mit 140 Plätzen, ein »Kleinstheim« für 24 bedrängte, alleingelassene oder vernachlässigte Kinder, das »Johannische Kinderwerk« und ein Jugendwohnheim. Es versorgt Alte und Behinderte in Wilmersdorf mit einem »Fahrbaren Mittagstisch« und Wäschedienst und gibt Beratungen und Lebenshilfen in besonderen Fällen. Der 1975 entstandene »Förderkreis Johannischer Sozialarbeit« will die aus den verschiedenen Arbeitskreisen – z. B. Arbeitskreis der Erzieher, Musikerkreis, für Berufsförderung, Elternschule, Studentenförderung, Seniorenkreis – hervorgegangenen Initiativen weiter verfolgen.

Ein neues Arbeitsfeld entstand in der Fränkischen Schweiz. Hier wurde 1972 das Gästehaus Stempferhof in Gößweinstein und 1976 das *Gut Schönhof,* 8 km von Gößweinstein entfernt, gekauft. Das Gästehaus wurde als Altenheim eingerichtet. Der 70 ha große Hof wurde baulich verbessert; er wird nach biologischen Grundsätzen bewirtschaftet und soll vor allem der Erforschung und Erprobung

»neuer Erkenntnisse und Methoden zur Förderung einer natürlichen Heil- und Lebensweise« zur Verfügung stehen. Die dieser Aufgabe dienende »Johannische Arbeits- und Forschungsgemeinschaft Gut Schönhof e. V.« hat ein umfangreiches Programm aufgestellt: Entwicklung neuer Techniken zur Energiegewinnung, Wiederherstellung von Landschaften mit bedrohtem biologischem Gleichgewicht, Entwicklung umweltbezogener Siedlungsformen zur Erprobung neuer Formen des Zusammenlebens usw., um »Impulse für eine erstrebenswerte, neue Lebensqualität« zu geben[10]. Die Johannische Kirche reiht sich damit in den Kreis derer ein, die auf den mannigfachsten Wegen durch Entwicklung und Verwirklichung alternativer Lebensweisen die schwere Krise der westlichen Welt überwinden wollen. Sie widmet sich dieser Aufgabe mit viel Liebe und großen Opfern; gleich im ersten Arbeitsjahr brachten die Mitglieder der Kirche dafür 300000 DM auf. Das Oberhaupt Frieda Müller erhielt in Würdigung der sozialen Arbeit, die unter ihrer Leitung aufgebaut wurde, im August 1976 das Bundesverdienstkreuz I. Klasse.

Gegenüber den *anderen Religionsgemeinschaften* betont man die Toleranz und vermeidet eine aggressive Polemik. Man lehrt nicht, daß es nur in der Johannischen Kirche das Heil gebe und die Mitgliedschaft in ihr die Voraussetzung für die Seligkeit bilde. Man erkennt vielmehr auch den anderen Kirchen eine Daseinsberechtigung zu, da sie in ihrer Weise für die Seelen einen Weg zum Ziel wissen. 1905 hatte Weißenberg in einem Brief geschrieben: »Wie zu einer Stadt aus ihrer Umgebung verschiedene Wege führen, so hat auch Gott verschiedene Mittel und Wege zur Führung des Menschengeschlechts«; darum »Johannische Christenheit, erkenne dein Ziel in der Überbrückung der Konfessionen durch die Liebe«[11]. Andererseits wird klar betont, daß die Johannische Kirche höher steht als alle anderen. Sie ist die Frucht der Endreformation. In ihr sind alle Geistesgaben gesammelt, die in anderen Kirchen nur verstreut vorhanden sind. Ihre Gottesdienste dienen nicht nur einer Auslegung des Schriftworts, sondern hier »schenken Geistfreunde des Lichts über Menschenmund die großen Gedanken der Predigt. Darum ist jedes Wort der Predigt mit Kraft aus der Höhe angefüllt.«[12] Die anderen Kirchen sind nur Vorstufen und Wege, die zu Weißenberg hinführen.

Das »Dritte Testament«

1. Nach dem Zweiten Weltkrieg verfaßte das Konsistorium einen Kleinen Katechismus mit sieben Hauptstücken. In ihm wurde Weißenberg selbst zum Glaubensobjekt erhoben. Den Worten Jesu, mit denen die einzelnen Hauptstücke erklärt werden, sind Worte Weißenbergs, den Zehn Geboten der Bibel zehn Gebote des »Meisters« zur Seite gestellt. Schon damit wird dokumentiert, daß er den gleichen Rang hat wie Christus. Das kommt noch stärker zum Ausdruck im »Dritten

[10] Weg und Ziel 10. 5. 1978
[11] zit. a. a. O. 19. 1. 1977
[12] a. a. O. 23. 6. 1957

Testament«; dieses besteht aus Kundgaben jenseitiger »Geistfreunde«, die sich mit Weißenbergs Werk im Diesseits und Jenseits befassen und seine Lehren noch weiter entfalten.

Weißenberg selbst hatte sich noch nicht ausdrücklich als eine göttliche Inkarnation bezeichnet. Die Dogmatisierung dieser Würde geschah erst durch seine Gläubigen. Warum taten sie es? Sie antworten: Wir haben ihn »erlebt« und dabei erkannt, daß er mehr und etwas anderes ist als wir Menschen. Offenbar war in Weißenberg etwas, wodurch sie so ergriffen wurden, daß sie ihn *mit Christus gleichsetzten:* »Wer seine Hände berührte und wer den Klang seiner Worte hörte und ihre Bedeutung vernehmen konnte und wer in die Sonnenaugen sah, der trug ein sieghaftes Wissen und ein gewaltiges Ahnen seiner Gottheit mit sich hinaus in sein Leben und konnte jauchzen: Ich habe den König gesehen mit meinen Augen!«[13] Sie rühmen seine Einfachheit, Furchtlosigkeit, Reinheit. Er sprach mit dem einzelnen und erwies sich als Helfer aller Hilfsbedürftigen. Er brachte neue Wahrheit und, vor allem, er gebot den dunklen Geistern und verrichtete Wunder und Zeichen[14]. Vor ihm beugten sich zu seinen Lebzeiten die Geister berühmter Männer. Ein »Luther« bekannte in seinen »Geistfreundreden«, daß er manchen Irrtum begangen habe und erst durch Weißenberg auf den rechten Weg gebracht worden sei. Und »Otto von Bismarck« huldigte ihm gar in seiner Pfingstrede 1929: »Wir können nicht anders, als uns vor deiner Majestät beugen, du großer König, der du bescheiden wie ein David von den Lämmern geholt wurdest.« »Nero« berichtete, er sei durch die Liebe Weißenbergs in die lichtesten Höhen hinaufgebracht worden, und »Karl Marx« grüßte mit dem 118. Psalm und verkündigte die »Internationale des Glaubens«[15]. Selbst »unser lieber Freund Luzifer«, der bei seinem Sturz in die Finsternis verbannt wurde, ist erlöst worden, denn er jubelte, »daß er jetzt in diesen Erdentagen durch den Hirten aller Hirten wieder zurückgebracht ist, wieder Licht und Gnade gefunden hat«[16].

Auf Schritt und Tritt entdeckte man Parallelen zwischen Christus und Weißen-

[13] a.a.O. 20. 10. 1957

[14] Unter den Gläubigen sind viele Geschichten solcher Art im Umlauf. Einige Proben: Ein Berliner lag mit Lungenentzündung und Blutsturz darnieder und wurde vom Arzt aufgegeben. Aber er schickte seinen Bruder zu Weißenberg mit der Bitte um Hilfe. Der wußte bereits Bescheid und sagte: »In drei Tagen ist die Krankheit gekommen, in drei Tagen ist sie wieder weg. Den hat ein Mädchen in den Bann getan. Ich breche diesen Bann.« In derselben Stunde besserte sich sein Zustand. – Oder: Ein Spandauer Pfarrer, der ihn scharf bekämpft hatte, starb, und drüben »fand er den Weg zum Meister«. Schon zehn Tage nach seinem Tod klagte er durch ein »Werkzeug« in einem johannischen Gottesdienst: »Wie schwer ist es vor dem Geist Gottes zu stehen, wenn man ihn geschmäht hat.« Er konnte diesen Glanz nicht ertragen und floh vor ihm. »Ich ging in die Kirche, wo ich gestanden als Mensch. Es war alles leer. Kein Trost konnte mir werden.« Er flehte Weißenberg um Vergebung an, wurde erhört und versuchte seine Amtsbrüder von ihrem Irrtum zu erretten, aber vergeblich. – Oder: Ein am rechten Fuß Erkrankter konnte nicht mehr laufen, wandte sich an Weißenberg und bekam für jeden Abend zwei Vaterunser und den ersten Psalm verordnet. Nach zwei Wochen kam er zurück und klagte, daß es nicht besser geworden sei. »Doch, es wird, ich sehe Licht.« Weißenberg strich ihm über den Rükken, und von diesem Augenblick an konnte er gehen. »Der Grund meiner Krankheit war schwarze Magie, die von meiner Hauswirtin getrieben wurde, mit der ich in Mietstreitigkeiten gekommen war. Wie ich später erfuhr, hatte sie gesagt, wenn ich nicht verrecken würde, so sollte ich doch an Krücken gehen.«

[15] Der Allgemeine Kirchentag 1926, S. 62

[16] a.a.O. S. 79

berg. War jener ein Zimmermann, so dieser ein Maurer. Auch er entkleidete sich aller Größe, nahm Knechtsgestalt an und stand unter den Menschen, an Gebärden als ein Mensch erfunden. Wie Christus lebte er ein göttliches Leben im Fleischeskleid und gab damit ein Vorbild. Er rief und erleuchtete die Menschen. Er neigte sich zu ihnen in der Demut des göttlichen Herzens. Er ging ihnen voran als der Held im Streit. Er tat Wunder wie Christus und gebot über Wetter und Grundwasser. Und er übertraf ihn noch insofern, als er nicht nur Kranke heilte, sondern auch die Ursachen der Krankheit erklärte und damit den Grund für das Sakrament der geistigen Heilung legte. Er kannte nichts anderes, als »sich in Liebe zu verzehren für alle Menschheit und für alle Seelen des Jenseits und des Diesseits«, und er scheute sich nicht, »für sie hinter Kerkermauern zu gehen«. Wie Christus, so wanderte auch er »die Marterstraße von Golgatha«. Seine Gegner haben ihn auf die Stufe der Übeltäter gestellt, ein Bild des Abscheus von ihm geschaffen, ihm das gleiche getan, was Christus widerfuhr. Und wie dieser hatte er nicht nur mit Fleisch und Blut zu kämpfen, sondern mit den Fürsten und Gewaltigen, mit den bösen Geistern unter dem Himmel. Er trug in beiden Händen das Zeichen des Kreuzes (etwa 4 cm lang) und eine »Prophetenlinie« und an der Seite die Speerstichnarbe Christi. »Das Zeichen des Kreuzes ist noch einmal erhöht worden durch den, der ein letztes Mal für uns gelitten hat.«[17] Ja, viele Johannes-Christen wollen ihn nicht nur in seiner menschlichen Verhüllung gesehen haben, sondern hatten die Gnade, »auch mit irdischen Augen die göttliche Gestalt Christi in unserem Meister zu erkennen, wenn Er Sich für einen Augenblick aus Gnaden den Menschen in Seiner himmlischen Gestalt gezeigt hat«[18]. Wer ist also Weißenberg? Kein anderer als der wiedergekommene Christus! »Wir sahen Seine Herrlichkeit, wir sahen die Größe seines Geistes!«[19] Es war folgerichtig, daß der Oberprediger Carl Hück, von Weißenberg 1929 mit der Schaffung einer Agende beauftragt, den Schluß des zweiten Artikels des Apostolischen Glaubensbekenntnisses mit Weißenbergs Zustimmung änderte: ... von dannen Er *gekommen ist,* zu richten die Lebendigen und die Toten«.

Aber Weißenberg galt nicht nur als der wiedergekommene Christus, sondern auch als die *Inkarnation des Heiligen Geistes,* der von Christus verheißene »Tröster«. Dieser Punkt fand zunächst noch keinen Niederschlag im *Glaubensbekenntnis,* da Weißenberg erklärte: »Solange Ich im Fleische bin, darf Mein Name im Glaubensbekenntnis nicht genannt werden.« Aber nach seinem Tod wurde der dritte Artikel mit Zustimmung des Oberhauptes geändert: »Ich glaube an den Heiligen Geist, *an Seine Offenbarung durch Joseph Weißenberg,* an eine heilige, allgemeine christliche Kirche, die Gemeinschaft der Heiligen, Vergebung der Sünden, Auferstehung des Fleisches *Jesu Christi* und ein ewiges Leben.« Später wurde das Glaubensbekenntnis zusammengefaßt: »Ich glaube an Gott den Vater. Ich glaube an Gott den Sohn. Ich glaube an Gott den Heiligen Geist und an Gottes Offenbarungen durch Mose, Jesus Christus und Joseph Weißenberg.« Aus der Art des Umgangs mit den drei verschiedenen Gottesnamen muß gefolgert werden, daß der johannische Gläubige dahinter drei Wesenheiten sieht, die leicht gegen-

[17] Weg und Ziel 18. 8. 1957
[18] Sonderausgabe von Weg und Ziel, S. 4
[19] Weg und Ziel 13. 1. 1957

einander ausgewechselt werden können. So kann er z. B. auch sagen, daß »Jesus Christus wiedergekommen ist im Heiligen Geist, in unserem Meister Joseph Weißenberg«, oder daß die Wunder des Meisters auch »früher geschehen sind, als er noch als der Sohn Gottes auf Erden war«[20]. Wie Christus, so hält auch Weißenberg »alle Welt in seinen Kreuzeshänden«, und Gebetsworte, mit denen sich der Christ zu Jesus wendet, kann der johannische Gläubige unverändert auch an Weißenberg richten: »Lieber Meister! Wir wollen Dir nachfolgen und Dir aufrichtig dienen in Liebe und Einigkeit. Wir wollen für Deinen Namen eintreten und Deinem Namen Ehre machen mit Worten und Werken!«[21]

2. Mit der Sendung Weißenbergs sind – das beweisen schon die ihm zugesprochenen Würdenamen – *endzeitliche Hoffnungen* verbunden. Die Hintergrundkulisse dieser eschatologischen Erwartung sieht so aus: Im Anfang schuf Gott Millionen Geister, in Erzengel und Engel geordnet. Aber der höchste Erzengel, Luzifer, verfiel in Hochmut und ging seinen eigenen Weg. Er verlor das göttliche Fluid, stürzte und zog die ihm zugeteilten Engelheere mit sich in den Sturz. Er fiel auf einen finsteren Stern.
Da begann Gott sein Erlösungswerk. Er schuf die Erde und setzte die gefallenen Geister in sie. Er gab ihnen das Fleisch als Isolierschicht, die sie von Luzifer trennte, so daß sie nun einen freien Willen besaßen. Nach 14 Generationen wurde Adam geboren. Er war nicht ein mit Luzifer gefallener Geist, sondern wollte inkarniert werden, um den Menschenkindern die Erlösung zu bringen. Auch Eva stammte aus dem lichten Strom. Damit begann der »Weiße Strom« auf Erden. Aber Luzifer nahte sich den beiden als Schlange und verführte sie, vom Baum der Erkenntnis zu essen. Damit berührte sich zum erstenmal der schwarze mit dem weißen Strom. Die Menschen wurden für den Spiritismus anfällig.
Da nun Adam und Eva versagten, unternahm Gott selbst das Erlösungswerk. Er schloß drei Bündnisse: das erste mit Israel durch Mose auf der Grundlage der Zehn Gebote und mit irdischen Verheißungen; das zweite mit der ganzen Menschheit durch Christus auf der Grundlage des Liebesgebots und mit der geistigen Verheißung des ewigen Lebens. Wie der zweite den ersten Bund verklärt und vertieft hat, so wurde der zweite durch den dritten Bund überhöht. Dieser wurde durch Weißenberg geschlossen; das Gesetz der Liebe wurde durch das Gesetz des Geistes vertieft, und die Verheißung des dritten Bundes gilt der völligen Umgestaltung der Erde und anderer Sterne zu Trägern des Geistes Gottes. So bildet Weißenberg als Bringer des »Dritten Testaments« den Gipfel und Abschluß der Heilsgeschichte. Durch Christus kam das Erlösungswerk, durch Weißenberg das Vollendungswerk.

3. Ein wichtiges Element der Weißenbergschen Lehre bilden die *Geistervorstellungen.* Die diesseitige und jenseitige Welt ist von Geistern bevölkert, und zwischen beiden Welten besteht eine enge Wechselwirkung. Hinter allem Erdenge-

[20] a. a. O. 24. 7. 1974
[21] a. a. O. 13. 3. 1974

schehen wirkt als Ursache eine Kraftentfaltung in der geistigen Welt. Die Geisterheere teilen sich in Sphären des Lichts und der Finsternis. Beide, die lichten und die dunklen Geister, umdrängen den Menschen und suchen einen Zugang zu seiner Seele – die einen, um ihm zu helfen, die anderen, um ihn als Organ zur Befriedigung ihrer Wünsche zu mißbrauchen. Es ist für das Schicksal des Menschen entscheidend, welcher Art von Geistern er sich erschließt. Es war das große Erlösungswerk des »Meisters«, daß er, der Macht über die Geister hatte[22], den Menschen die Wege freigekämpft und das Mittel gegeben hat, sich der dunklen Geister zu erwehren und sich den lichten Kräften anzuschließen.
Das *Gebet* ist der wichtigste Selbstschutz; es hält die bösen Geister ab. »Gedanken sind Gewalten, sind Gestalten.« Insonderheit dem Vaterunser und dem ersten Psalm wohnt eine große Kraft inne. Darum schließt Weißenberg seine »Zehn Gebote« mit der Weisung: »Betet jeden Abend zwei Vaterunser: eins für euch selbst, das zweite für alle Verwandten, Bekannten und Verstorbenen, und den ersten Psalm.«[23] Ein Vaterunser für einen Sterbenden erleichtert seinen Todeskampf, weil es die Geister der Tiefe verjagt, die ihn in ihr Reich hineinreißen wollen. Der erste Psalm ist »das Gebet des Gerichts«; in ihm erhält der Betende ein Bild vom Unterschied zwischen dem Frommen und dem Gottlosen. »Wenn der Mensch das betet, so schauen die bösen Gedanken diese Bilder und fliehen davon; denn sie fürchten die Wahrheit. Sie lassen von ihren Versuchen ab, uns einzuschläfern, und wir werden frei von ihrem Einfluß.«

4. Die Wirkung des »Meisters« auf die Geisterwelt hat mit seinem Tod nicht aufgehört. Er gießt seine Kraft auf die *Johannische Kirche* und ist selbst in ihr am Werk, um »heiligend und heilend, kraftspendend in allen Dingen und erkenntnisgebend uns zu gestalten«[24]. Er hat in dem von ihm eingesetzten »Oberhaupt« ein »Pfand seiner Liebe« hinterlassen und das Wort wahr gemacht: »Ich bin bei euch alle Tage.« Schon vor der Geburt Friedas sprach er von ihren Aufgaben, und als er starb, trat sie »auch im religiösen Erlebnis« an seine Stelle. Er erfüllte sie mit Kraft und in allem, was von ihr ausgeht, tut sich des »Meisters« Wort und Wille kund. Ja, nach seinem Tod wirke er zehnmal stärker als in seinem Fleisch, wird behauptet. Davon läßt sich allerdings im derzeitigen Leben der Johannischen Kirche nichts bemerken. Die Wogen der Jahre vor 1935 haben sich längst gelegt. Auch die »Geistfreunde«, die zu Weißenbergs Zeiten sich noch derb und angriffslustig benahmen und mächtig schimpfen konnten[25], sind in ihren Reden nun zahm und blaß geworden.

[22] Weißenberg will die Geister, die im Menschen wohnen, hellseherisch erkannt haben. So wird erzählt, daß er bei einem jungen Mann, der Kopfschmerzen hatte, das Gesicht einer alten Frau aus dem Kopf herauslugen sah und durch eine bloße Handbewegung dieses Gesicht davontrieb. Als dem jungen Mann das Gesicht der Frau beschrieben wurde, erkannte er in ihr seine verstorbene Zimmerwirtin.

[23] Kleiner Katechismus, S. 8

[24] Weg und Ziel 10. 3. 1957

[25] So rief Weißenberg am Reformationsfest 1933 den »Geistfreund« Luther mit den Worten: »Tritt fest auf, Mund auf, hör bald auf.« Dieser polterte dann in einer umfänglichen Rede gegen Rom los: »Meinet ihr denn, Rom habe sich gebessert? Meinet ihr, Rom würde sich jemals ändern? Rom bleibt das verlogene Rom, das es immer gewesen ist. Und das Papsttum wird solange der Hort aller Lügen sein und Heuchelei, solange es eine Papstkrone gibt, meine Lieben, und einen Papstthron. Herunter mit

Neben den Gottesdiensten bilden vor allem die *vier Sakramente* die Kanäle für die lichten Kraftströme. Die *Taufe* soll möglichst bald nach der Geburt vorgenommen werden. Die Tauffformel lautet: »Ich taufe dich auf den Namen Gottes des Vaters, Gottes des Sohnes und Gottes des Heiligen Geistes« (d.h. Weißenbergs). Die Taufe anderer Glaubensgemeinschaften wird anerkannt. Während die johannische Taufe ursprünglich mit Wasser vorgenommen wurde – im Gotteshaus der Urgemeinde »Friedensstadt« gab es noch ein Taufbecken –, hat man sich später auf die bloße Handauflegung beschränkt. »Johannes hat damals gesagt, daß er mit Wasser taufe, daß aber der Herr, der nach ihm käme, mit dem Heiligen Geist taufen werde (Luk. 3, 16). Im Andenken daran und weil wir ja auch die Handauflegung kennen und das Wirken der göttlichen Kräfte durch die Handauflegung spüren, werden die Täuflinge bei uns durch Handauflegen getauft. Es ist derselbe Kraftstrom, der da durch ein menschliches Werkzeug, welches dafür eingesetzt ist, in Gottes Namen dem Täufling gespendet wird.«[26] Der Täufling wird durch die Handauflegung an den »lichten Strom« des Heiligen Geistes angeschlossen und mit Gott verbunden. Darum geschieht es oft, daß er, mag er auch noch ein Säugling sein, »in dem Augenblick des Handauflegens, wie von einer wunderbaren geistigen Kraft erfüllt, freudig aufjauchzt oder uns strahlend anlacht«[27].
Das *Abendmahl* wird einmal im Jahr gefeiert und als Gedächtnismahl ohne Beichte und Absolution begangen. Die Erinnerung an den Liebestod Christi soll dabei so stark werden, daß der Sinn für das Böse abstirbt. Die Liebe soll im Denken und Handeln sichtbar werden. Darum besteht das wahre Abendmahl im Helfen und Verzeihen. »Verbrüderung heißt Abendmahl« (Weißenberg). Aber neben dieser moralisierenden Tendenz steht die geistermetaphysische: »Alle, die den Leib Christi genießen und Sein Blut trinken, werden sich verbinden mit ungeahnten Kräften der Ewigkeit.«[28] Die Kirchenordnung spricht von einem »geistigen Strom«, der durch die Teilnehmer hindurchfließt, und bestimmt, daß die jeweils vor den Altar tretende Gruppe immer gleich groß sein muß – »bis zu zwölf, aber niemals neun Abendmahlsgäste zusammen«. Der übriggebliebene Abendmahlswein, möglichst Weißwein, soll nachher »von dem Prediger und den Vorstandsmitgliedern zusammen ausgetrunken« werden; der Vorstand erhält dadurch »eine besondere Kraft für die Durchführung seiner Aufgaben«. Das Abendmahlsgerät ist »sehr vorsichtig zu behandeln«; es muß mit kochend heißem Wasser ausgebrüht, mit besonderen Silberputzmitteln gereinigt, dann wieder heiß gewaschen und schließlich mit einem weichen Tuch trocken poliert werden.

dir, alter Heuchler! Herunter und knie dich nieder zu den Füßen Jesu.« »Und dann noch die große Lüge, der heillose Diebstahl am Altarsakrament. Da hört ja alles auf... Das Papsttum streckt die Verbrecherhand aus nach dem heiligen Kelch und nimmt ihn der ganzen Menschheit hinweg.« Am 5. Juni 1933 zog der gleiche »Geistfreund« gegen die evangelischen Pfarrer vom Leder: »Diese elenden Jammerlappen von Predigern der Evangelischen Kirche heutiger Tage, die sich verkriechen mit dem Bekenntnis an die Gottheit Jesu. Sie schämen sich alle. Sie haben's wohl nie geglaubt, diese elenden, fluchwürdigen Heuchler. Die gehören mit Peitschen hinausgepeitscht, nicht hinausgeführt, hinausgepeitscht, diese Elenden... Diese Lumpen, dieses Gesindel wagt es, ein Priestergewand zu tragen. Reißt's ihnen ab! Sie sind wahre Volksverführer.« (Der Weiße Berg 1933 Nr. 47 und 24)

[26] Einführung in den Kleinen Katechismus, S. 35f.

[27] Sonderausgabe von Weg und Ziel, S. 2

[28] Kleiner Katechismus, S. 12

Besonders stark leuchtet die Geisterlehre in dem *»Sakrament der geistigen Heilung«* durch. Was ist Krankheit? Weißenberg antwortet: »Krankheit ist Geist.« Bei seinem Sprachgebrauch ist unter »Geist« immer das persönliche Geistwesen (Mehrzahl: die Geister) zu verstehen. Böse Geister dringen durch die Nerven über das Blut in den Körper ein und treiben ihren Unfug. Die Folge ist, daß der Körper in Unordnung kommt. Will der Kranke gesund werden, müssen diese Geister ausgetrieben werden. So hat auch Jesus schon gehandelt. Weißenberg aber hat die Heilung durch den Geist wiedergebracht. Er hat »urchristliches Heilwirken, das durch Jahrhunderte hindurch verloren war, wieder errichtet und als Sakrament unserer Kirche verkündet«[29]. Frieda Müller und nach ihr das jeweilige Oberhaupt der Johannischen Kirche hat Auftrag und Macht, die Heilbeauftragten zu berufen, die das Sakrament der geistigen Heilung spenden. Sie sind durch das Oberhaupt mit einem »Heilgeist« begabt, der beim Empfang des Sakraments wirkt; außerdem wird dabei ein »göttlicher Heilmagnetismus« wirksam. Jedes Glied der Kirche soll das Sakrament möglichst einmal monatlich empfangen, weil es dann einen geistigen Schutz für Seele und Leib darstellt. In Krankheitszeiten wird es so oft gespendet, wie der Heilbeauftragte es verordnet. Daneben müssen aber auch die Anordnungen des Arztes befolgt werden, und bei ernsten Erkrankungen ist der Arzt unter allen Umständen zu holen. Die Heilbeauftragten dürfen weder eine Diagnose stellen noch Medikamente verordnen. Sie dürfen auch keine Honorare fordern, haben aber einen Anspruch auf Spenden, weil sie von diesen leben müssen. Wer keine Spenden geben kann, erhält das Sakrament kostenlos.

Worin besteht dieses Sakrament? Zunächst in der Handauflegung. Aber dazu kommen noch bestimmte Verordnungen, etwa das Gebet von zwei Vaterunsern und Psalm 1, sowie äußere Mittel wie Wassersuppe und Tee. Diese sind nicht als »Medizin« zu verstehen, sondern als »Glaubenswecker und Kraftvermittler«, sofern der Kranke im Augenblick, da er diese Mittel genießt, an das empfangene Sakrament erinnert und sein Glaube an dessen Wirkung erweckt wird. Das Ganze ist aber nicht nur ein seelischer, sondern im Grunde ein magischer Vorgang. Es handelt sich ja um die Austreibung der bösen Geister. Diese können die von den Heilbeauftragten verordneten Mittel deshalb nicht vertragen, weil sie im Zusammenhang mit dem Sakrament der geistigen Heilung genossen werden. Darum machen sie sich aus dem Staub, und der Kranke wird gesund[30].

Ein entscheidender Augenblick ist die Sterbestunde; denn da kommt es darauf an,

[29] Heilung durch den Geist, S. 4

[30] Wie handfest in diesen Dingen gedacht wird, zeigen folgende Erläuterungen: »Wenn uns also die geistige Verordnung gegeben wird, daß wir uns morgens, wenn wir schwach auf den Füßen sind, einen Teelöffel Arnika in jeden Schuh gießen sollen, und wir diese befolgen, dann weichen die belastenden Geister aus den Füßen, und wir können frei gehen. – Die Geister werden auch nur dann gehorsam sein, wenn der Befehl genauestens ausgeführt wird. Der Umschlag von heißen Pellkartoffeln wird also nur dann wirksam sein, wenn, wie es verordnet ist, genau sieben Kartoffeln gegeben werden und nicht sechs oder fünf oder irgendeine andere Anzahl; es müssen eben sieben Kartoffeln sein, und außerdem müssen diese Kartoffeln nachher im hellen Feuer verbrannt werden oder, wenn dies nicht möglich ist, so tief vergraben werden, daß kein Tier sie ausscharren kann. Genauso muß der weiße Käse, wenn er als Umschlag benutzt worden ist, verbrannt werden; die benutzten Tücher können in jedem Falle ausgewaschen werden. Die zu Hand- oder Fußbädern benutzte Buttermilch muß weggegossen werden, und zwar so, daß kein Tier daran kann.« (Heilung durch den Geist, S. 12 f.)

daß gute Geister da sind, um die Seele beim Verlassen des Leibes abzuholen. Sie muß deshalb mit den »Geistfreunden« verbunden werden. Dann wird ihr der Tod zu einer Freude und zum Freund. So hat Weißenberg ein *»Sakrament des Sterbens«* eingesetzt. Es besteht zunächst in einer Belehrung des Sterbenden: »Hier halte dich fest, zwinge dich hinüber, schaue nicht mehr zurück! Wir wissen, daß wir ein Weiterleben der Seele nach dem Tode haben. Darum können wir uns freuen, wenn einer stirbt, und sind traurig, wenn einer geboren wird. Der Todestag ist für uns der Jüngste Tag. Das lebendige Grab – der Leib – öffnet sich, Seele und Geist treten heraus und eilen dorthin, wo der Herr ihnen die Stätte bereitet hat. Denn Er sagt: In Meines Vaters Hause sind viele Wohnungen.« Auf diese Gewißheit wird das Abendmahl genommen, und dann verabschiedet man sich von dem Sterbenden »mit einem herzlichen ›Gott zum Gruß, auf Wiedersehen in Himmelshöhen!‹«[31] Das Begräbnis soll deshalb auch keine Trauerfeier sein. Nach einer Anordnung von 1962 soll das Werfen von Erde in das offene Grab ebenso unterbleiben wie das Kondolieren. Dagegen ist das Gebet wichtig, da es »dem Verstorbenen eine Hilfe auf seinem weiteren Weg gibt«. Die Teilnehmer sollen die Grabstätte verlassen, wenn der Prediger sie verläßt, und sollen nicht länger als nötig daselbst verweilen, »denn was bindet uns dort an diese Stätte?«[32]

5. Das Glaubensleben der Johannischen Kirche ist durch eine starke *Nähe zum Jenseits* mit seiner Geisterwelt gekennzeichnet: Man weiß sich rings von Geistern umgeben; bei den Gottesdiensten sind nicht nur Menschen, sondern auch Geistfreunde anwesend; an Festtagen wie Pfingsten und Totensonntag ist die Verbindung mit dem Jenseits besonders stark; wenn man das Sakrament der geistigen Heilung nimmt, hilft man auch den Geistern zur Erlösung. Mit jedem Gebet wird man an eine lichte Welt angeschlossen; wirkende Kräfte fluten herüber und hinüber. Jeder Mensch hat seinen Schutzgeist, der ihn vor Gefahren des Leibes und der Seele behütet. Ein weiterer Geist, der Kontrollgeist, erstattet dem Schöpfer Bericht über jede Handlungsweise, und dieser Bericht wird auf die Lebenstafel des Menschen im Jenseits geschrieben.
Diese Verklammerung der beiden Welten wird durch die Lehre von der *Wiederverkörperung* noch verstärkt. Durch die Art seiner Lebensführung bestimmt der Mensch sein jenseitiges Schicksal. Wenn seine Seele nicht für die lichte Welt reif geworden ist, muß sie entweder drüben durch schwere und vielleicht lange Qualen zu einer Besserung kommen oder sich wiederverkörpern und von vorne anfangen. Ihr Reife- oder Unreifestand ist maßgebend für die Art der Wiederverkörperung. Stirbt zum Beispiel ein geiziger Reicher und läßt sich drüben in der tiefsten Finsternis nicht belehren, sondern hält an seinem höchsten Wunsch fest, als ganz Reicher wieder auf die Erde zu kommen, so wird es ihm gewährt; aber er wird dann so geführt, daß er durch Schicksalsschläge die Vergänglichkeit alles Irdischen genügend kennenlernt. Zornige Seelen fühlen nach dem Tod eine schreckliche Hitze, lieblose eine schreckliche Kälte; Hochmütige sehen riesige Berge vor sich, Schlechte und Sinnliche geraten in tiefen Schmutz und Morast;

[31] Kleiner Katechismus, S. 16
[32] Weg und Ziel 2. 8. 1962

Träge und Denkfaule fühlen eine lähmende Müdigkeit, Mörder und Selbstmörder sehen sich als Totengerippe oder in Tiergestalt. Aber dieser Zustand dauert nur so lange, bis sie ihre Taten bereuen und sich bessern. »80- bis 90mal sind wir auf die Erde gesandt worden, um uns zu bessern. Wären wir gut geworden, hätten wir nicht wieder zurück gebraucht. Hätten wir alles abtragen können und den Willen Gottes erfüllt, brauchten wir nicht die Sünden der Väter, die wir ja schließlich selbst waren, zu fühlen.«[33]
Die Seelen, die sich beim Tod nach drei bis fünf, mitunter nach zehn Tagen von der Erde trennen, kommen zunächst ins »Sommerland«. Von dort werden sie je nach ihrer Qualität in eine der sieben Sphären der Finsternis mit ihren Höhlen und Gräßlichkeiten oder der sieben Sphären des Lichts mit ihren prächtigen Städten, Tempeln und blumigen Matten eingewiesen. Dies besorgt Weißenberg jeden Mittwoch an den Verstorbenen der letzten Woche. Hat der Geist allmählich – sei es durch Fortschritte im Jenseits oder durch Wiederverkörperung im Diesseits – die vierte Sphäre des Lichts erreicht, dann muß er eine Prüfung ablegen, ob er die letzten Bindungen an die Erde gelöst hat und fähig ist, in die höheren Sphären aufzusteigen. Deshalb kommt der »Meister« alle Halbjahre in den Tempel der vierten Sphäre. »Mit allen gemeinsam beugt Er dann die Knie vor Gott, dem Allmächtigen, und bittet und fleht um Gnade zu Gott und fleht um Kraft, daß Er die Bannungen lösen kann.«[34] Er führt die Seelen, die sich gedemütigt haben, zum Altar, nimmt ihnen das Glaubensbekenntnis ab, segnet sie, reicht ihnen das »Abendmahl des Geistes« und befreit sie von ihren Bannungen. Er nimmt also im Jenseits das Amt eines Erlösers wahr, denn die Befreiung von den Erdenbindungen gelingt nur, wenn die Seele sich vor dem Meister beugt und seine Kraft empfängt. Hat die Seele die siebente Sphäre des Lichts erreicht, dann ist sie in einen Engel verwandelt mit zarten Gliedern, goldenen Locken und Diadem oder Krone auf dem Haupt. Rundum steht die »Stadt Gottes«, reich an herrlichen Kapellen und Tempeln, und dahinter dehnt sich das Neue Jerusalem.

6. Die Jenseitsvorstellungen werden durch eine *Zukunftserwartung* ergänzt, die aufs engste mit der Gestalt Weißenbergs verknüpft ist. Mit seinem Erscheinen als der »wiedergekommene Christus« ist die Endzeit bereits angebrochen. In ihm ist die Weissagung Mal. 3, 23 f. erfüllt. Durch ihn ist das neue Jerusalem auf die Erde gekommen, denn er hat Kräfte des Lichts auf sie herabgesenkt, die ihr einen neuen Wandel schenken. Die »Friedensstadt« bei Trebbin ist das irdische Abbild des himmlischen Jerusalem. Von ihr wird die große Umwälzung ausgehen. Die Kraft der »johannischen Lehre« wird alle Menschenwahrheit verdrängen. Die aber den »Meister« gelästert und seine heilige Stadt unterdrückt haben, werden anbetend niederfallen. Überall in der Menschheit wird die Sehnsucht erwachen, nach den gleichen religiösen Gesetzen des Geistes leben zu können wie die »Friedensstadt«. Dann werden der neue Himmel und die neue Erde Wirklichkeit werden. Weißenberg hat mit seinem Kommen die große Scheidung, das Gericht, eingeleitet. Diese Scheidung vollzieht sich auch in der Geisterwelt. Himmel und Hölle tren-

[33] Einführung in den Kleinen Katechismus, S. 23
[34] Das Fortleben nach dem Tode, S. 75

nen sich unter seinem vollmächtigen Wirken. Die hartnäckig ihren bösen Willen gegen Gottes Liebe stellen, werden unter das Gericht fallen. Wer aber den Unglauben in sich überwunden hat, wird heimkehren, wie einst der verlorene Sohn zum Vater heimgekehrt ist.

Der »Meister« und das Erste Gebot

Die Johannische Kirche will »auf dem Boden der Heiligen Schrift vom ersten bis zum letzten Wort« stehen[35] und hält am alten Text der Lutherbibel von 1912 mit größerer Zähigkeit fest als die Kirche der Reformation. Andererseits besitzt sie ein »Drittes Testament«, das über das Alte und Neue Testament hinausführt. Sie stellt die Harmonie zwischen der Bibel und dem »Dritten Testament« dadurch her, daß sie die Geisterlehre in die Bibel hineindeutet. Jesu hervorragendste Werke waren die Geisteraustreibungen, die er an Besessenen vornahm. Die Austreibung der Teufel aus zwei Besessenen in eine Schweineherde (Matth. 8, 28 ff.) wird als eine klassische Krafttat Jesu gepriesen. Seine wichtigste Verkündigung war, daß es ein Fortleben nach dem Tod und ein lichtes Geisterreich über uns und ein Reich der unseligen Geister in der Tiefe gibt. Seine bedeutendste Hinterlassenschaft waren die Sakramente, die mit dem Reich der lichten Geister und mit dem Kraftstrom Gottes verbinden sollten. Die Vollmachten, die er seinen Jüngern gab, bestanden in der Herrschaft über die Geister. Pfingsten war eine erste Großkundgebung der lichten Geister, und das Zungenreden war eine Äußerung dieser Geister durch die in Trance versunkenen Apostel-Medien.
Weißenberg setzte dieses Werk geradlinig fort. Seine geistige Landschaft ist dicht mit Geistern bevölkert. Er ist der große Geisterbanner, der die lichten Geister ruft und die dunklen verjagt. Seine Kirche hat von ihm die Kräfte und Mittel empfangen, um dieses Werk fortzuführen und dadurch den Menschen zur Erlösung zu verhelfen. Sie verwahrt sich mit Entschiedenheit dagegen, daß dies etwas mit Spiritismus zu tun habe: bei ihr handle es sich um *weiße Magie*. Das soll nicht bestritten werden.
Diese Magie beherrscht die ganze johannische Glaubenslehre und -praxis – die Gottesdienste mit ihren Geistfreundreden, die Gebetsauffassungen und -anweisungen Weißenbergs, die Sinngebung der vier Sakramente. Nur dürfte man die weiße Magie nicht mit dem Heiligen Geist vermengen. Aber das geschieht. Man weiht Banner und ist überzeugt, daß damit »Geistfreunde des Lichtes« in ein solches Fahnentuch treten. Man vollzieht das Sakrament der geistigen Heilung und lehrt, daß dahinter ein »Heilgeist« stehe. Zugleich identifiziert man die Wirkungen dieser »Geistfreunde« und »Heilgeister« mit »Strömen des Heiligen Geistes« und verkündigt, daß auch von dem Leichnam Weißenbergs »göttliche Kräfte« ausgehen und daß er zu einer Feste geworden sei, »an die sich die Geister heute noch klammern und zur Erkenntnis kommen können«[36].
Hier überall sind dem Heiligen Geist magische Vorstellungen übergestülpt wor-

[35] Frithjof Rohr, Der Wahrheit die Ehre!, S. 5
[36] Weg und Ziel 21. 9. 1961

den. Das mag dem »Dritten Testament« entsprechen, darf aber nicht in die Bibel eingeblendet werden. Denn der dort verkündigte Heilige Geist hat nichts mit Magie zu tun und bindet sich an keinen Stoff und keine Weiheakte. Die Lehre, daß sich in Weißenberg der »Tröster« inkarniert habe, bedeutet keinen Einklang, sondern einen Bruch mit dem Neuen Testament.

Überhaupt sind die Aussagen über Weißenberg unausgeglichen. Den johannischen »Theologen« ist es bis heute nicht gelungen, die göttliche Würde des »Meisters« klar zu formulieren. Sie häufen hohe Vollmachten und Würdetitel auf ihn mit dem Ergebnis, daß keine Abgrenzung Weißenbergs von Christus und Gott mehr möglich ist. Einerseits wird zwischen diesen drei Personen und ihren Funktionen unterschieden, andererseits werden sie zusammengenommen, indem man sagt, daß »Gott-Vater, Gott-Sohn und Gott-Heiliger Geist nicht drei Personen der Gottheit sind, sondern drei Offenbarungsformen des einen, ewigen, unsichtbaren, allgegenwärtigen und allmächtigen Gottes«[37]. Dem widerspricht wiederum, wenn man Weißenberg als einen Erlöser im Jenseits tätig sein läßt, der die Seelen zum Altar führt, »um mit ihnen und für sie die Knie zu beugen vor dem Lamm Gottes«[38].

Aber wie immer man seine göttliche Position definieren mag, im Grund bleibt er ein großer göttlicher Magier. Jesus verkündigte die gute Botschaft von Gottes suchender, nachgehender Liebe. Weißenberg »wirkte ein« auf die Geister, die um den Menschen fluten und sich in seiner Seele einnisten. Jesus erlöste den Sünder, indem er ihm vollmächtig das Wort der Buße und Vergebung zusprach. Weißenbergs Erlösung bestand darin, daß er den Menschen von der Macht finsterer Geister befreite und den Geistern »die Sphären des Lichts öffnete«.

In der biblischen Welt gibt es allein die beiden Pole Gott und Mensch. Wo der Mensch glaubt, glaubt er an Gott. Wo er sündigt, vergeht er sich an Gottes Herrschaftsanspruch. Wo er sein Heil erwartet, richtet er sein Auge auf Gott. Überall steht er im Feld des ersten Gebotes. Bei Weißenberg aber sind die Geister eingeschaltet. Und weil er die Geister als wirkungsmächtige Faktoren in seine Glaubenswelt hereinnahm, mußte Gott in den Hintergrund treten. Das »Dritte Testament« hat damit das erste Gebot nicht nur beeinträchtigt, sondern magisch umgedeutet.

Die Internationale Gralsbewegung

Am 18. April 1875 wurde Oskar Ernst Bernhardt in Bischofswerda (Sachsen) als Sohn eines Gerberei- und Gasthausbesitzers geboren. Nach einer kaufmännischen Ausbildung machte er sich in Dresden als Kaufmann selbständig und heiratete dort 1897. 1924 wurde seine Ehe geschieden. Seine zweite Frau, die sächsische Pfarrerstochter Maria Kauffer, brachte aus ihrer ersten Ehe drei Kinder mit.

[37] a.a.O. 15. 2. 1962
[38] Das Fortleben nach dem Tode, S. 73

Bernhardts Neigungen gehörten der Schriftstellerei. So unternahm er im Jahr 1900 eine erste Reise in den Orient; in den nächsten 14 Jahren folgten weitere große Reisen. Während des Ersten Weltkriegs wurde er in England interniert. In den Jahren auf der Isle of Man wandte er sich philosophischen und religiösen Fragen zu. Als er 1919 entlassen wurde, verfaßte er nicht mehr wie bisher Reisebeschreibungen, Romane und Bühnenwerke, sondern religiöse Abhandlungen. Er ließ sich in Tutzing am Starnberger See nieder und gab die Zeitschrift »*Gralsblätter*« heraus, mit der er Anhänger für seine Ideen warb. 1926 erschien in dem Münchener Verlag »Der Ruf« ein umfangreiches Werk: »*Im Lichte der Wahrheit – Gralsbotschaft von Abd-ru-shin*«. Später kamen noch »*Nachklänge zur Gralsbotschaft*« hinzu, 1929 »*Die zehn Gebote Gottes und das Vaterunser*«. Inzwischen hatte Bernhardt 1928 auf dem Vomperberg bei Schwaz in Tirol ein ehemaliges Jagdhaus erworben und war dorthin übergesiedelt. Eine Anzahl Anhänger zog ihm nach.
Um die Gralsbewegung zu verstehen, müssen wir uns zunächst dem Inhalt der Gralsbotschaft zuwenden, die mythische Vorstellungsformen aufgenommen hat. Sie will ein umfassendes und lückenloses Bild darbieten sowohl vom Weltall, seiner Entstehung und seinen Gesetzen, wie auch vom Menschen, seinem Standort im Universum, seiner Lebensaufgabe, seinem Woher und Wohin; und sie will ihm den Weg zur Heimkehr ins Paradies weisen.

Das All und die Gralsburg

Wie ist die Welt entstanden? Im Anfang war *Gott*. Gott ist das Licht und das Wesenlose, d.h. Unabhängige. Seinen Thron bewachen vier geflügelte, wissende Tiere: ein Adler, ein Löwe, ein Stier und ein Widder. Der Widder ist besonders beachtlich, denn er hat ein Menschenangesicht und trägt das »Menschengeistige« in sich. Die vier Tiere sind das Quadrat des späteren Schöpfungskreises; sie bergen alle Strahlungen in sich, welche die Schöpfungen für ihr Werden benötigen.
Gott aber ist die Urquelle der *Strahlungen*. Die Helligkeit dieser Strahlen ist gleißend, ihr Prall unwiderstehlich. So konnte sich in der ersten Zone der Ausstrahlung Gottes keine Möglichkeit der Eigenbewegung bilden. Sie steht ganz im Bann des Urlichts. Es ist der Bereich des Göttlich-Wesenhaften. Hier ist der Sitz der Erzengel und der jungfräulichen Urkönigin Elisabeth, der »Urgestaltung der Ausstrahlung der Gottesliebe«. Auch Luzifer ist hier beheimatet.
Die Strahlen, die in unvorstellbare Weiten schießen, verlieren mit der wachsenden Entfernung an Druckkraft. Es kommt der Punkt, an dem sich die gerade Linie der Strahlen zu krümmen beginnt. Hier befindet sich, noch im Kreis des Göttlichen, die *Gralsburg*. Sie birgt den Heiligen Gral »als Unterpfand der ewigen Güte Gottvaters und als Symbol seiner reinsten göttlichen Liebe, sowie als Ausgangspunkt seiner göttlichen Kraft«[39]. Es ist eine Schale, in der es ununterbrochen wallt und wogt wie rotes Blut, ohne je überzufließen. Von Zeit zu Zeit, alljährlich einmal, erscheint am »Tag der Heiligen Taube« die Taube über der Schale, und im gleichen Augenblick ergießt sich die Liebe des Schöpfers strahlend zu neuem Schaf-

[39] Im Lichte der Wahrheit, S. 391

fensdrang, der sich pulsschlagartig abwärts durch das ganze Weltall verteilt. Es ist der Augenblick der Lebenszufuhr für die ganze Schöpfung.
Diese Schöpfung beginnt jenseits der Grenze des Göttlich-Wesenhaften. Die Gralsburg spielte dabei die Rolle eines Transformators. Sie war ursprünglich der sorgsam gehütete Endpol der unmittelbaren Ausstrahlung Gottes. Und Gott sprach: »Es werde Licht!« Darauf wurde ein Teil von *Imanuel* aus dem göttlichen Bereich hinausgeboren, damit er außerhalb der unmittelbaren Gottesstrahlung selbsttätig leuchte und das bisher Unerleuchtete durchstrahle. Imanuel wurde damit zum »ausgeborenen Sohne Gottes, in dessen Ausstrahlung die urgeistige Welt zum Sichbewußtwerden erstehen konnte«[40]. Daher rührt auch sein Beiname »Der Menschensohn«. Er selbst blieb im göttlichen Bezirk der Gralsburg. Aber jenseits dieses Bezirks, also schon im Bereich der Schöpfung, schufen die obersten Urgeschaffenen einen Anbau. Hier ließ sich der Teil von Imanuel nieder, der über die Grenze des göttlichen Bezirks ging. Dieses abgezweigte Stück von Imanuel aber ist *Parzival*. Er ist wallendes Licht; über seinem Haupt breiten sich schützend die Flügel der Taube. Er ist »Das Reine Tor«[41]. Imanuel und Parzival sind zwei Personen und doch im Wirken eins, untrennbar miteinander verbunden. Parzival ist durch Strahlungsbänder mit Imanuel und Elisabeth verbunden und bildet so die dauernde Verankerung des göttlichen Lichts jenseits der göttlichen Sphäre. Damit war die vorgeschobene Außenstation geschaffen, von der aus das eigentliche Schöpfungswerk unternommen werden konnte. Die Gralsburg ist die Schleuse zwischen Schöpfer und Schöpfung. Durch sie müssen alle für die Schöpfung notwendigen Strahlungen fließen. Außerdem erfolgt in der Gralsburg eine Trennung des positiven und des negativen Elements der Strahlungen. Es entsteht eine elliptische Kreisbewegung. Zugleich kühlen sich die Strahlen infolge der gewaltigen Entfernung vom Urlicht ab. Die Abkühlung führt, analog den Vorgängen in der Atmosphäre, zu Niederschlägen. Diese sinken, dem Gesetz der Schwere folgend, abwärts. Es bildet sich ein Stockwerk tiefer als Kondensation eine neue kreisende Ebene. Auch hier wiederholt sich dann der Prozeß der Abkühlung und der Entstehung einer neuen Welt. So entstehen in zunehmender Verdichtung die verschiedenen Ebenen der Schöpfung:
Da ist als erster Niederschlag die Region des Urgeistigen, welcher die »Urgeschaffenen« entstammen. Dann folgt das Geistig-Wesenhafte, zu dem das Paradies als höchster, schönster Punkt für Menschengeister gehört. Das Geistig-Wesenhafte teilt sich wiederum in die Ebenen des Bewußt- und des Unbewußt-Geistig-Wesenhaften. Wiederum als Niederschläge der nächsten Ebenen entstehen die Sphären des Bewußt-Wesenhaften und des Unbewußt-Wesenhaften, des Feinstofflichen und des Grobstofflichen. Das Grobstoffliche ist alles sinnlich Wahrnehmbare; das Feinstoffliche ist unsichtbar, hat aber auch mit »Geist« nichts zu tun, sondern ist eng mit der grobstofflichen Welt verbunden und wie sie der Zersetzung ausgeliefert.

[40] a. a. O. S. 904

[41] Also nicht »*der* reine Tor«, zu dem ihn die Sage gemacht hat! Sie ist überhaupt laut Gralsbotschaft nur eine brockenhafte und entseelte Erinnerung an die wirkliche Parzivalgestalt; die von König Amfortas bewohnte Gralsburg der Sage stand auf einer unteren Schöpfungsebene, wo die Stofflichkeit beginnt.

Auf höchster Höhe jeder einzelnen Schöpfungsebene befindet sich eine Gralsburg als Abbild der obersten Gralsburg, um deren Funktion als Übergangs- und Kraftübertragungsstation für die ihr zugeordnete Ebene zu übernehmen. Die genannten Schöpfungsebenen sind nur die Grundarten, zu denen noch sehr viele Zwischenstufen hinzukommen. Im Grund ist das Weltall ein Ergebnis von Strahlungen, die ihren Lauf änderten, sich verdichteten und differenzierten. Die ganze Schöpfung lebt in einem ewigen Kreislauf. Ein Teil von ihr, die dem Werden und Verfallen unterworfene »Nachschöpfung«, entsteht aus einem unaufhörlichen Strom von Ursamen, der ebenfalls kreist und immer neuer Bindung und Entwicklung zustrebt. Zu seiner Erneuerung wird er wie von einem Riesentrichter auf der einen Seite aufgesogen, und auf der anderen Seite quillt der erneuerte Ursamen wieder heraus.

Das alles geschieht nach unabänderlichen Gesetzen, die mit dem Willen Gottes identisch sind. Es handelt sich um *drei Grundgesetze:* das Gesetz der Schwere, das nicht nur im Stofflichen, sondern auch im Werdegang des Menschengeistes und überhaupt in der ganzen Schöpfung vom Paradies abwärts gilt; das Gesetz der Gleichart, wonach Art immer nur gleiche Art erkennt und anzieht; das Gesetz der Wechselwirkung, das bewirkt, daß der Mensch ernten muß, was er gesät hat – man könnte es auch das Gesetz der gerechten Vergeltung in Strafe und Lohn nennen.

Des Menschen Herkunft und Bestimmung

Damit haben wir den Bereich des Menschen betreten und stehen vor der Frage nach seiner Herkunft und seinem Standort im Schöpfungsganzen. In seinem innersten und eigentlichen Kern ist er Geist, der von vielen Hüllen umgeben ist. Die Heimat dieses Menschengeistes ist die Ebene des Geistig-Wesenhaften. Hier leben Geistkeime, unbewußt, aber sich nach Bewußtsein sehnend. Um Bewußtsein zu erhalten, müssen sie den Weg nach unten, in die Stofflichkeit, nehmen. Sie müssen also das Geistig-Wesenhafte verlassen. »Das ist die natürliche, für nach Bewußtwerden drängende Geistkeime notwendige Ausstoßung aus dem Paradies.« Die Geistkeime werden ausgesät, gehen über die Grenze des Geistig-Wesenhaften und versenken sich in den feinstofflichsten Teil der Schöpfung. Dann sinken sie, von weiblichen und männlichen Wesenheiten betreut und mit immer mehr sich verdichtenden Umhüllungen versehen, von Ebene zu Ebene, bis sie zum Bewußtsein erwachen. Wenn der ursprünglich geschlechtslose Geistkeim während seiner Bewußtwerdung die in ihm liegenden Fähigkeiten vorwiegend in aktiver Art entwickelt, wird er männlich; entscheidet er sich für die passiv-bewahrende Art, wird er weiblich. Nach seiner Bewußtwerdung muß er noch in die grobstoffliche Welt eintreten. Er hat zu diesem Zweck eine Hülle anzulegen, die aus der mittleren Grobstofflichkeit stammt: den Astralleib. Also ausgerüstet ist er reif für die Inkarnation. Sie erfolgt etwa in der Mitte der Schwangerschaft und kündigt sich damit an, daß der Embryo sich erstmals bewegt.

Wozu wird der Geistkeim eigentlich als Mensch geboren? Die Frage ist schon beantwortet: damit der Menschengeist zum »Sich-Selbst-Bewußtsein« komme, in der Schöpfung gemäß ihren Gesetzen wirke, dabei lerne und reife und wieder Stufe um Stufe emporsteige bis dorthin, von wo er einst ausgegangen war – nun aber nicht mehr als unbewußter Geistkeim, sondern voll der gewonnenen Erkenntnisse und sieghaften Überwindungen, die er von seinem Lebensweg mitgenommen hat. Dann wird er im Paradies ein Leben freudigen Tätigseins führen. Aber sein Auftrag ist noch umfassender. Er gilt nicht nur der eigenen Vollendung. Der Mensch nimmt nämlich eine *Schlüsselposition in der Schöpfung* ein. Durch ihn flutet schöpferische Gotteskraft; er gleicht einer Linse, die diese Kraft sammelt und weiterleitet. Er ist die Brücke zwischen den lichten Höhen und dem grobstofflichen Irdischen; durch ihn soll das reine Leben vom Lichtquell herab ins Grobstoffliche und von hier wieder hinauf in harmonischer Wechselwirkung pulsieren. Es gibt noch andere Welten von leichterer Stofflichkeit, und auch sie sind von Menschengeistern bewohnt. Aber die Erde ist am weitesten vom Licht entfernt; hier ist deshalb der Menschengeist unter dem Druck der schwersten Hülle gezwungen, sein eigenes Wollen in größter Stärke zu entfalten. Darum bildet der Erdenaufenthalt den entscheidenden Wendepunkt für den Menschengeist auf seiner weiteren Wanderung.

Luzifer sorgte dafür, daß dieser normale Weg des Aufstieges gestört wurde. Dem Göttlich-Wesenhaften entstammend, wurde er von Gott ausgesandt, um der Schöpfung beizustehen. Aber er nützte die große Entfernung, die zwischen ihm und Gott entstand, um seinem Eigenwillen nachzugeben. Er mißbrauchte die ihm gegebene Kraft und führte u. a. anstelle des Prinzips schützender Hilfe das Prinzip der Versuchung ein. Es gelang ihm, die Menschen straucheln und stürzen zu lassen. Er wurde der Urheber des *Sündenfalls.* Worin besteht dieser Sündenfall? Luzifer verführte die Geistkeime nach ihrer Bewußtwerdung dazu, daß sie *den Verstand über den Geist stellten.* Das Weib war sein erstes Angriffsobjekt und erlag ihm sofort: Eva reichte Adam den Apfel, das heißt das Weib wurde sich dem Mann gegenüber seiner weiblichen Reize bewußt und benützte dieselben. Adam aß den Apfel, das bedeutet, der Mann ging auf diese berechnende Lockung ein und suchte seinerseits sich durch Ansammeln von Schätzen dem Weib begehrenswert zu machen. »Damit begann das Großziehen des Verstandes mit seinen Nebenerscheinungen der Gewinnsucht, Lüge, Unterdrückung.«[42] »Das Essen von dem Baum der Erkenntnis war nichts weiter als das Großziehen des Verstandes.«[43]

Hier ist eine Erläuterung nötig, um diese Deutung des Sündenfalls zu verstehen. Nach der Gralsbotschaft ist zwischen *Geist und Verstand* scharf zu trennen. Während der Geist der eigentliche Kern des Menschen, sein Lebensfunke ist, ist der Verstand der für den Erdenaufenthalt notwendige Intellekt. Der Geist hat mit seiner Empfindungskraft über das Hinterhirn Verbindung zum Erdenkörper, der Verstand dagegen hat seinen Sitz im Vorderhirn. Die schöpfungsmäßige Aufgabe des Verstandes sollte es sein, dem Geist als dienstbares Werkzeug zur Verfügung zu stehen. Dieser braucht ein solches Organ, denn er ist raum- und zeitlos. Der Verstand aber ist der Erde verhaftet und an Raum und Zeit gebunden. Er konnte deshalb dem Geist als Steuer durch das Erdenleben dienen. Aber nur als Steuer,

[42] Im Lichte der Wahrheit, S. 230
[43] a. a. O. S. 233

nicht als Führer! Die Führung mußte beim Geist bleiben. Er sollte vom Hinterhirn aus die Bilder des Empfindungswollens an das Vorderhirn weiterleiten, damit sie dort umgearbeitet, verdichtet und in Wort und Tat umgesetzt werden. Und nun wurde durch den Sündenfall das Verhältnis zwischen beiden verkehrt. Der großgezogene Verstand übernahm Führung und Herrschaft. Fortan ließ sich der Mensch von erdgebundenen, materialistischen Gedanken und Zielen leiten. Der Geist wurde in den Winkel gedrängt und verkümmerte. Er »liegt in dem Erdenkörper wie in einem Sack, der oben zugebunden ist durch den Verstand«[44]. Abgeschnürt von den höheren Lichtregionen, konnte er nichts mehr sehen, hören und empfangen. Die Folge war, daß der Mensch sich verschloß und von der Verbindung mit der »Gralsburg« abgeschnitten wurde. Er verlor die Fähigkeit, etwas zu erfassen und zu erleben, was über Zeit und Raum erhaben ist.
»Das Mitbringen dieses freiwillig großgezüchteten Vorderhirns, in dem die Gefahr der reinen *Verstandesherrschaft* liegt, mit den dann unvermeidlichen üblen Nebenerscheinungen, ist die Erbsünde!«[45] Alle negativen Erscheinungen unseres Lebens haben hier ihren Ursprung. Die Gralsbotschaft schildert mit zornigen Worten das Schuldkonto der Verstandesherrschaft. Da sind Wissenschaftler, die an der Wahrheit vorbeileben, alles Einfache kompliziert machen, leeres Stroh dreschen, mit unverständlichen Begriffen um sich werfen und dabei noch maßlos eingebildet sind. Da sind Theologen, die mit ihrer Wissenschaft Mauern um das Jenseits errichten und auf Hochschulen über den Gottesbegriff dozieren. Da ist die ganze Geistesträgheit, die unter der Herrschaft des Verstandes wuchs, ist die Entfernung des Menschen von der Kindlichkeit, seine Entfremdung gegenüber der Schöpfung. Er wurde aufgeblasen, selbstsüchtig und arrogant vor Gott; faul und anmaßend erwarte er, daß Gott ihm zu Willen sei. Gottgesandte versteht er nicht, sondern verlacht und bekämpft sie. Der Geschlechtstrieb ist krankhaft, bis auf das Zehnfache gesteigert. Das Weib ist mit seiner Modenarrheit und schamlosen Kleidung, durch Frauensport, Rauchsitte, Gefallsucht, Wahl männlicher Berufe entartet, eine »Giftpflanze, welche schimmernde Farben trägt und mit lokkendem Dufte alles nach der Stelle zieht, auf welcher sie gedeiht, dem Sumpf, in dessen schwüle Weichheit die also Herangezogenen versinken«[46].
Kurz, der Verstandesmensch ist kein normales Wesen mehr; seit Jahrtausenden beherrschen Gehirnkrüppel die Erde. Sie versündigen sich an der Schöpfung. Statt die Strahlung von oben an diese weiterzuleiten, wirken sie als Fluch in der Erdenwelt. Bei jedem Nennen des Menschennamens zieht »ein Unwille und Unbehagen durch die ganze Schöpfung«[47]. Ja, die Erde selbst wurde durch den nur abwärts auf die Grobstofflichkeit gerichteten Verstand mehr und mehr der Schwere des Dunkels preisgegeben und muß jetzt in viel größerer Entfernung vom Urlicht ihre Kreise ziehen als einst. Das alles ist das Werk des Verstandes. Er ist der eigentliche Antichrist, seine Herrschaft die offene Kampferklärung gegen Gott.

[44] a.a.O. S. 940
[45] a.a.O. S. 236
[46] a.a.O. S. 290
[47] a.a.O. S. 967

Das Überwuchern des Verstandes wurde für den Menschen zum schweren Verhängnis. Es hemmt, ja verhindert seinen Aufstieg zum Paradies und bedroht ihn mit qualvoller Vernichtung. Damit dies verständlich werde, muß ein Blick in das Schaffen und Weben der *Schöpfung* geworfen werden. Sie ist, wie schon ausgeführt wurde, ein Werk von Strahlungen. Diese sind eine Art psycho-physischer Substanz, die sich in den verschiedensten Variationen der Feinheit oder Dichte abstuft. Daraus ergibt sich, daß alles, was in der Schöpfung ist, seine eigene Ausstrahlung hat, auch jeder Stein, jede Pflanze, jedes Tier, jeder Stern[48]. Ihre Farbe ist verschieden je nach der Art des Körpers. Jeder Teil der Schöpfung gibt die von der Urkraft ausgegossene Strahlung verändert weiter, so daß die ganze Schöpfung ein buntes Bild herrlichster Farbenstrahlungen darstellt. Die Farben wiederum sind von den verschiedenen Tönen begleitet, die zusammenklingend wie ein rauschender Akkord erschallen.
Auch vom Menschen gehen Strahlungen aus; zugleich steht er selbst unter der Einwirkung der Strahlen seiner Umwelt. Er ist also Sender und Antenne in einem. Seine Gedanken, Wünsche und Worte sind wirkende Gebilde, denn sie stellen Strahlen dar, die er hinaussendet. Sie lassen sich mit Fäden vergleichen; das eine Ende dieser Fäden bleibt am Erzeuger haften, während das andere draußen im Raum fliegt. Dieser Raum ist also von Fäden verschiedenster Art erfüllt. Nun suchen nach dem Gesetz der Gleichart die verwandten Fäden zueinander, verbinden sich, gewinnen dadurch an Kraft und wirken verstärkt weiter[49].
Es gehen vom Menschen drei Fadenarten aus, die verschiedene Farben haben: Die Fäden des Empfindens reichen als die zartesten und leichtesten in das Feinstoffliche und Geistige hinein und werden hier verankert; die Fäden des Denkens bleiben in der feinen Grobstofflichkeit; die Fäden des Wollens und Handelns sind schwerer und werden in der Nähe des Erdenseins verankert.
Kleine »Wesenheiten« leiten die guten Willensfäden durch die verschiedenen Ebenen bis zum Geistigen hinauf und verankern sie auf jeder dieser Ebenen. Die bösen Fäden werden in der gleichen Weise abwärts geleitet und verankert. Auf allen einzelnen Ebenen gehen sie auf wie eine Saat und bringen Frucht. In den tiefen Ankerplätzen der bösen Fäden entstand durch die Summierung ihrer Früchte die *Hölle;* hier herrschen Wollust, Mordlust, Streit und alle Auswüchse menschlicher Leidenschaften.
Aus den Früchten der Fäden sammelt sich im Lauf des Lebens das *Karma* an. Böses wirkt wie eine schwere Last, die den Menschen niederzieht; Gutes hebt ihn. Wie kann das böse Karma beseitigt werden? Nicht durch Vergebung Dritter, sei es Gottes oder eines unbeteiligten Menschen. Es muß abgelöst werden. »Ein unabänderlicher Sühnezwang lastet durch ewiges Gesetz auf Euch, den Ihr niemals auf

[48] Von hier aus gewinnt die Gralsbotschaft einen Zugang zur »wahren, königlichen Kunst der Astrologie«, zur Kräuterheilkunde und zum Heilmagnetismus. Die Astrologie wird aber noch nicht ausgeübt, weil sie noch niemand ausreichend beherrscht.

[49] Wer z. B. im Familienbad unreine Gedanken über eine Person des anderen Geschlechts hegt, der sendet damit einen Faden nach ihr aus, der ihr u. U. anhaften kann und sie beschmutzt. Dieser Faden mag ähnliche umherirrende Gedankenfäden anziehen, so daß das unreine Fadennetz jene Person immer dichter umschließt. Zugleich zieht aber auch der Sender des unreinen Gedankenfadens andere gleichartige Fäden an, die ihn in ihrer Konzentration schließlich so fesseln, daß er ihnen erliegt.

andere abwälzen könnt. Was Ihr Euch aufbürdet durch Eure Gedanken, Worte oder Werke, vermag niemand zu lösen als Ihr selbst. Bedenkt, sonst würde göttliche Gerechtigkeit nur leerer Schall sein, mit ihr auch alles andere in Trümmer stürzen.«[50] Hat sich ein Mensch wesentlich zum Guten gewandelt, bevor entsprechend dem Gesetz der Wechselwirkung eine Karmaauslösung erfolgte, kann noch vorhandenes schlechtes Karma u. U. »symbolisch« abgelöst werden. Eine Ablösung ist in jedem Fall notwendig. Jede Schuld muß rekapituliert und wiedergutgemacht werden. Das kann der Mensch häufig in seinem jetzigen Erdenleben nicht bewältigen. Er nimmt diese Aufgabe mit ins Jenseits hinüber. Der Verfasser von irreführenden Büchern ist zum Beispiel so lange im Jenseits am Aufstieg gehindert, als seine Bücher auf Erden weiterwirken; erst wenn der letzte Mensch, den er irregeführt hatte, ins Jenseits gekommen und hier von ihm wieder auf den rechten Weg gebracht worden ist, kann er weiter aufsteigen. Dasselbe gilt für Eltern oder Lehrer, die sich an Kindern durch einseitige Verstandesschulung schuldig gemacht haben.

Die Gralsbotschaft weiß vieles zu sagen vom *Leben nach dem Tod*. Beim Sterben legt der Mensch seinen grobstofflichen Leib ab. Mit dem feinstofflichen Körper betritt er die feinstoffliche Welt und trägt zugleich alle Tendenzen und Prägungen mit sich, die sich während des Erdenlebens gebildet haben. Danach bestimmt sich auch die Schwere des feinstofflichen Körpers. Im Jenseits wird er genau auf der Ebene festgehalten, welche die gleiche Schwere aufweist wie er. Hier findet er auch alle Gleichartigen wieder.

Der Abgeschiedene wird zu der Stelle hingezogen, wo die während seines Erdendaseins erzeugten Fäden verankert sind und Früchte getragen haben, die er nun genießen muß. Da ist einer, der nicht an ein Fortleben geglaubt hat; in der feinstofflichen Welt ist er infolgedessen blind, taub und stumm. Er hockt trübselig mit Gleichartigen zusammen oder strauchelt und stößt schmerzhaft an, wenn er im Dunkel einhertappt. Erst mit der wachsenden Sehnsucht nach Licht wird es allmählich heller. Eine Mutter, die mit ihrem zweijährigen Kind Selbstmord begangen hat, findet sich drüben in einem schlammigen Gewässer als Versinkende und muß diesen Zustand vielleicht jahrzehntelang auskosten; das Kind aber hängt als Phantom an ihrem Hals. Die erwachende Sorge um das Kind bildet die erste Rettungsstufe für sie.

Von Trieben und Lastern wird die Seele durch den Eintritt in die feinstoffliche Welt nicht frei; im Gegenteil, sie kommt unter deren gesteigerten Einfluß, bis sie Ekel vor ihnen empfindet. Die Gralsbotschaft erzählt aber auch von anderen Schicksalen. Ein Verstorbener, der Gewohnheitsraucher war, muß die Nähe irdischer Raucher suchen, um sich als unsichtbarer Gast am Duft ihrer Zigarren zu laben. Trinker und Esser stöbern in Küchen und Kellern herum. Wer durch den sexuellen Trieb belastet ist, sucht sich eine entsprechende Umgebung aus, um ihm weiter frönen zu können. Diese Bindung an die Erde wird von den Betreffenden nicht als Strafe empfunden, aber sie hindert sie am Höherkommen.

Es kann aber auch geschehen, daß die Seele sich *wieder in einem Erdenkörper inkar-*

[50] a. a. O. S. 48

niert. Das ist ein großer Vorzug. Denn ein neues Erdenleben ermöglicht schnelleren Fortschritt und Ablösung der Schuld. Dabei ist die Elternwahl nicht dem Zufall überlassen. Die selbstgewebten Fäden führen die Seele vielmehr zielsicher zu jenen Eltern, die sie für ihre Reife braucht, und in die Verhältnisse, die ihr Gelegenheit bieten, die Frucht ihrer Fäden zu genießen und Übles dabei zu beseitigen. Alles, bis hin zu dem Namen, den der Mensch nach der Geburt erhält, ist durch das Fadengewebe bestimmt; und die Schicksale, die er erleidet, sind Auslösungen alter Schuld. Die jetzige Erdbevölkerung besteht nur noch aus Reinkarnierten; Neuinkarnierungen von Geistkeimen finden in unserem Weltenteil nicht mehr statt. Unter den Wiederinkarnierten stammt ein beträchtlicher Teil aus der Tiefe; er konnte sich durch das falsche Verhalten der auf Erden Lebenden hereindrängen und ist mit ein Grund dafür, daß die Verdorbenheit der Menschenwelt in der Gegenwart einen so großen Umfang angenommen hat.
Es gibt in der jenseitigen Welt nicht nur ein schmerzensreiches Ablösen der Fäden mit allmählichem Aufstieg, sondern auch ein Tiefersinken. Das hängt immer vom Wollen des Menschen ab. Dabei hat er es drüben viel schwerer, sich für den Weg nach oben zu entscheiden, weil er unter Gleichartigen lebt, von denen keine aufwärts führenden Antriebe ausgehen, während auf Erden die Umwelt gemischt ist und neben Bösem auch Lichtgedanken auf ihn einwirken. Wer sich nach oben entwickelt, durchschreitet zunächst die verschiedenen Stufen der feinstofflichen Welt. Dann legt er den feinstofflichen Körper ab und tritt in das Reich des Geistes ein, wo er unverhüllt er selbst ist. Damit befindet er sich in dem unvergänglichen Paradies, trifft hier gleichartig Vollendete und findet in einer Welt des Lichts ein Glück ohne Ende. Dies ist kein tatenloses Schlaraffenleben, sondern ein stetiges Erfüllen von Aufgaben.

Christus, der Gottessohn

Kehren wir nach diesem Exkurs ins Jenseits wieder zu dem Punkt zurück, an dem vom Verhängnis der Verstandesherrschaft die Rede war. Ihr ist die Welt seit dem Sündenfall in wachsendem Umfang ausgeliefert. Statt Fortschritte zu machen, verdarb sie. Aber es gab auch eine Gegenentwicklung. Da war das *Volk der Juden.* Unter der Not der ägyptischen Herrschaft gereift, formten sie sich ein richtiges Bild von Gott und erhielten durch Mose einen klaren Gotteswillen in Gesetzesform. Dank ihrer Reife wurden sie auch das Volk, in dem sich der »Wahrheitsbringer aus dem Lichte«, *Jesus Christus,* inkarnierte. Diese Fleischwerdung erfolgte zu einem Zeitpunkt höchster Dunkelheit. Deshalb tat schnelles Einschreiten des Schöpfers not. Er sandte ein Stück der Göttlichkeit zur Erde, um den Verirrten Licht zu bringen. Die Geburt des Gottessohnes war ein göttlicher Liebesakt. Zweck seiner Inkarnation war, den Menschen den rechten Weg zu zeigen, den sie im Einklang mit den Schöpfungsgesetzen zu gehen hatten. Der Kernsatz seiner Wahrheit war das Wort: »Liebe deinen Nächsten wie dich selbst.«
Jesus kam nicht bittend zu den Menschen, sondern warnend und fordernd. Er lief ihnen auch nicht nach. Er bot ihnen den Schlüssel zur Freiheit und zum Aufstieg an und rüttelte durch seine Wunder die Menschen aus ihrem Dämmerzustand auf,

damit sie auf sein Wort horchten. In der Belehrung lag ein Teil seiner Mission. Aber nun geriet er in Konflikt mit den damaligen Religionsführern, denen seine Wahrheit unbequem war, weil sie ihren Einfluß erschütterte. Er war für diese Auseinandersetzung nicht genügend gewappnet. Denn auf dem Weg vom Göttlich-Wesenlosen in die grobstoffliche Erde hatte er die dazwischenliegenden Welten allzuschnell durcheilt, so daß sein göttlich-wesenloser Kern keine genügend starken Schutzhüllen aus diesen Zwischenebenen mitnehmen konnte. Das brachte zwar den Vorteil, daß nach seiner Inkarnierung das Göttliche stärker durchstrahlte, aber dafür mußte er auch in den lichtfeindlichen Niederungen fremd bleiben; er fiel auf und konnte darum um so schneller bekämpft werden. Verhängnisvoll wirkte sich auch eine schwere Pflichtvergessenheit der drei Könige aus dem Morgenland aus. Sie brachten dem Kind Geschenke, ließen es aber schutzlos zurück, entgegen ihrem Auftrag, daß sie ihm »den Weg auf Erden ebnen sollten mit ihren Schätzen, ihrer Macht, daß ihm kein Leid geschehe in Erfüllung seiner Aufgabe«[51].

Die *Passion* stand also nicht im Programm seiner Sendung. Aber wie die Priester immer die Propheten Gottes verfolgten, so mordeten sie auch ihn. Sie waren Verstandesmenschen und handelten als Werkzeuge des Dunkels. So starb er, von Verbrechern umgebracht, durch die Sünden der Menschheit. Dieser Kreuzestod hat nichts mit einem stellvertretenden Leiden zu tun. Das wurde erst später durch die Kirche hinzugedichtet. Ein Leiden, stellvertretend für die Schuld anderer, widerspräche dem Schöpfungsgesetz; denn Gott ist gerecht, und die Gerechtigkeit fordert, daß jeder seine Schuld selbst sühnt[52].

Überhaupt ist *Jesu Bild weithin verfälscht* worden. Das beginnt mit der unbefleckten Empfängnis im Sinn einer jungfräulichen Geburt ohne Zeugungsakt. Tatsächlich waren Joseph und Maria seine leiblichen Eltern. Aber in der Mitte der Schwangerschaft erfolgte die Inkarnation durch einen »Strahlungsvorgang aus Gott«. Jesus war auch nicht arm und verwarf den Reichtum nicht. Er wurde in gut bürgerlichen Verhältnissen geboren, kannte niemals Nahrungssorgen und besuchte oft freundschaftlich reiche Häuser. Das Abendmahl war lediglich ein Abschiedsmahl, und die Einsetzungsworte »zur Vergebung für viele« deuten nicht auf ein Sühnopfer am Kreuz, sondern besagen: »Sein durch den Kreuzestod zerstörter Leib und sein vergossenes Blut sollen dazu beitragen, die Notwendigkeit und den Ernst der durch ihn gebrachten Aufklärung zu erkennen. Diese Dringlichkeit soll durch die Wiederholung des Abendmahles und in dem Abendmahle lediglich unterstrichen werden.«[53] Auch eine leibliche Auferstehung und Himmelfahrt ist nie geschehen, denn das Fleisch der Grobstofflichkeit kann nicht in das Reich Gottvaters hinaufsteigen. Der Gottessohn ging nach dem Tod in die feine Stofflichkeit und 40 Tage später ins Göttlich-Wesenlose zurück. Damit ist

[51] a.a.O. S. 88

[52] Jesu Bitte am Kreuz: »Vater, vergib ihnen, denn sie wissen nicht, was sie tun«, hat denn auch in den Augen der Gralsanhänger einen ganz anderen Sinn. Sie galt nicht seinen Henkern, sondern war die Bitte um eine Gnadenfrist für diese Menschheit, bis ein anderer käme, um die Lichtverbindung wieder auf dieser Erde zu verankern, die durch die Menschenschuld abzureißen drohte.« (Gralswelt, März 1951)

[53] Im Lichte der Wahrheit, S. 457

ausgesprochen, daß er nun von der Erde durch viele Zwischenwelten geschieden ist.

Die Frage legt sich nahe: *War Christus gescheitert?* Die biblischen Zeugnisse berichten einmütig nicht nur von seiner Passion, sondern auch von seiner Auferstehung und Himmelfahrt. Und schon kurz danach bekannten sich Tausende durch die Taufe zu ihm und schlossen sich der ersten Gemeinde der Christen an. Von Anfang an gehörten Kreuz und Auferstehung untrennbar zusammen als die Grundpfeiler der neutestamentlichen Siegesbotschaft (Röm. 8, 31–34). Bernhardt hat daran einschneidende Streichungen bzw. Veränderungen vorgenommen. Geblieben ist eine Würdigung des Kreuzestodes und seiner Wirkung: »Jesus scheute den irdischen Tod nicht, sondern ging für die von ihm gebrachte Wahrheit ruhig in den irdischen Tod. Mit seinem Blute am Kreuz drückte er das Siegel auf alles das, was er gesagt und gelebt hatte. Durch diese Tat überwand er das Dunkel völlig, das den letzten Trumpf damit ausgespielt hatte. Jesus siegte über das Dunkel aus Liebe zur Menschheit, der dadurch der Weg zur Freiheit in das Licht blieb, weil sie durch dessen Tod an der Wahrheit seiner Worte bestärkt wurde.«[54] Allerdings verfielen seine Worte der Mißdeutung. Dazu kommt, daß er damals wegen der geistigen Unreife der Menschen auch gar nicht alles sagen konnte, was er hatte sagen wollen, etwa von irdischen Wiederinkarnierungen. »Traurig sprach er selbst zu seinen Jüngern: ›Vieles hätte ich Euch noch zu sagen, doch Ihr würdet es nicht verstehen.‹«[55] Er wußte, daß seine Wahrheit auf dem verdorrten Boden der Menschenwelt kaum Früchte tragen werde. Er wußte aber auch, daß schon vor der Zeit seiner Menschwerdung für den Bedarfsfall eine nochmalige Wahrheitsverkündigung von Gott vorbereitet wurde, und zwar durch einen Gottgesandten, »der der Menschheit in deren innerstem Wesen näher stehen konnte als der Gottessohn, um ihr nochmals in der letzten Stunde als Warner und Führer zu dienen«[56]. So begann Jesus von dem *»Menschensohn«* zu reden, der nach ihm kommen werde.

Abd-ru-shin, der Menschensohn

Die Gralsbotschaft spricht viel vom Menschensohn, viel mehr als von Christus. Er hat die gleiche Stellung vor Gott wie Christus. Während dieser die Gottliebe ist, ist der Menschensohn oder *Imanuel* der Gottwille. Durch ihn ist die Schöpfung erstanden. Er ist das lebendige Gesetz, der Mittler zwischen Gott und der Welt, ja, er trägt das Weltall. Er steht unmittelbar über den Menschengeistern, denn erst durch ihn konnten sie sich zum Bewußtsein entwickeln. Als die Menschheit dem Fluch der Erbsünde verfiel, wurde ihm die Aufgabe zuteil, Luzifer entgegenzutreten und ihn zu überwältigen. Eine erste Aktion erfolgte durch Parzival. Dieser schickte sein lebendiges Wollen zur Wanderung durch alle Weltenteile, damit er Erfahrungen sammle und alle Schwächen der Menschengeister erkenne. Im Er-

54 a. a. O. S. 253
55 a. a. O. S. 600
56 a. a. O. S. 415

leiden des Dunkels, das in der fein- und grobstofflichen Welt herrschte, wurde er wissend und erstarkte.
Nach dem Mord an Christus wurde ein letzter Stoß gegen Luzifers Macht nötig. Imanuel wurde für dieses Werk sorgfältig vorbereitet. Seine Ausbildung dauerte Jahrtausende. Zugleich wurden die Berufenen gebildet und gerüstet, die einmal gleichzeitig mit ihm inkarniert werden sollten, um sich dem Gottgesandten zur Verfügung zu halten. Dann wurde das urgeistige Gefäß in Gestalt der auserwählten urgeistigen *Frau Therese,* des Gegenstücks der Maria, in die Erdenwelt hinabgetragen und mit dem Geist von Imanuels Erdenmutter zur Zeit der Inkarnierung verbunden.
So wurde Imanuel als Mensch geboren. Freudige Bewegung in den Elementen kündete die Geburt an. Engel geleiteten ihn auf die Erde, und Urgeschaffene bildeten einen Wall um seine Kindheit. Ein Komet, der dem Stern zu Bethlehem entsprach und gleich ihm geradewegs vom ewigen Reich des Urgeistigen kam, stand als Gruß Gottes am Abendhimmel des Knaben. Er wußte noch nicht um seine Würde und Sendung; nur eine hohe Sehnsucht füllte seine Seele, und durch nichts ließ sich sein nervöses Suchen stillen.
Aber schon in dieser Zeit erhob sich das Erdendunkel wider ihn, und seine Erdenlernzeit wurde zu einem Weg des Leidens. Ganz gesetzmäßig fühlten sich Menschen zu ihm hingezogen. Aber sie trugen teilweise irdische Wünsche an ihn heran, die er nicht beachten konnte, und so fühlten sie sich enttäuscht, ja betrogen. Ihre Zuneigung schlug in Haß um. Sie suchten ihn durch moralische Steinwürfe und Beschmutzung zu erledigen. Aber sein göttlich-wesenloser Kern war im Unterschied zu Christus gegen menschliche Angriffe stärker geschützt. So wurde er durch die Anfeindungen nur gehärtet. Die Seelenwunden, die er erlitt, schufen eine Kluft zwischen ihm und der Menschheit. Noch vor dem Ende der Lernzeit fand er die ihm bestimmte Gefährtin, die ebenfalls ein Fremdling auf der Erde war. Dann kam er zur festgesetzten Stunde mit den Berufenen in Berührung, die seine Jünger sein sollten. Aber auch an ihnen erlebte er bittere Enttäuschungen. Sie hatten sich während ihres bisherigen Erdenlebens vom Dunkel umstricken lassen. Einige zeigten nur einen schwachen Willen zum Dienst, andere suchten vor allem irdischen Vorteil. Nur wenige wuchsen in ihre Aufgabe hinein. »Erschüttert sah er plötzlich vor sich die Menschheit in ihrer unsagbaren Minderwertigkeit, Verworfenheit. Sie wurde ihm zum Ekel.«[57] Gott aber gebot ihm, daß er seine Botschaft verkündige. Er tat es. Das Dunkel kam in unruhige Bewegung, ballte sich gegen ihn zusammen, zog die abtrünnigen Berufenen an sich. Der Leidensweg des Lichtgesandten wurde zum Golgatha. Aber er wird nicht unterliegen. Denn wenn die Abgefallenen in ihrem blinden Haß sich dicht vor dem Sieg wähnen, dann wird Gott seinen Willen offenbaren, und zwar diesmal mit Allmacht. Dann werden auch die Spötter erzitternd auf die Knie sinken, aber . . . es wird für sie zu spät sein.
Der Menschensohn ist also auf die Erde gekommen, in der Gestalt eines Menschen. Wer ist er? Welchen Namen trägt er? *Es ist Oskar Ernst Bernhardt selbst!* »Nicht ohne Sinn fällt die Geburt des Menschensohnes auf der Erde gesetzmäßig

[57] a.a.O. S. 203

in das Zeichen Widder.«[58] Bernhardt wurde am 18. April, also im Tierkreiszeichen Widder, geboren. Die obige Geschichte vom Ergehen des Menschensohnes ist seiner Autobiographie entnommen. Bernhardt zeichnete als Verfasser der Gralsbotschaft nicht mit seinem bürgerlichen Namen, sondern mit *»Abd-ru-shin«*[59]. Die Diktion dieser Botschaft ist so, daß ein Erhabener, Wissender, Göttlicher zu den unwissenden Menschen spricht, die durch eine weite Distanz von ihm getrennt sind. Seine Botschaft beantwortet alle Fragen. Sie bietet ewige Werte für die Menschheit, stellt falsche Wegweiser richtig, zeigt den Weg zum Aufstieg. Sie besteht aus Edelsteinen. Jeder Satz ist bedeutungsvoll; aus jedem einzelnen Vortrag könnten ein oder mehrere Bücher geschrieben werden. Die Hörer empfangen die Botschaft »als Gnade aus dem Licht«. Die Botschaft ist unveränderlich, unausschöpflich, ist für alle Weltenteile bestimmt und enthält »das Wort des Lebens«. An ihm müssen sich die Menschen scheiden.
Hinter Abd-ru-shin »steht wie einst bei Christus, den reinen Hellsehenden sichtbar, strahlend das große Erlöserkreuz«, das aber nichts mit Leiden und Märtyrertum zu tun hat, sondern die Echtheit seiner Sendung ausweist. Er ist der von Christus verheißene »Tröster«, und seine Botschaft ist genau die gleiche wie das Evangelium. Aber »diesmal ist es Gottes Wille, daß verloren gehe, was sich nochmals gegen ihn aufzulehnen wagt!«[60]

Der *erste Auftrag des Menschensohns* besteht in der Verkündigung der Gralsbotschaft. Sie mündet in den unermüdlich wiederholten Appell: »Erwachet, ihr Menschen!« Das Heil kann nur durch eigene Anstrengung gewonnen werden. Das bettelnde Ausschauen nach einer göttlichen Gnade ist verhängnisvoll, weil es den Menschen vom eigenen Bemühen abhält und faul macht. Auch der Menschensohn kann nur das Wissen geben; den damit vorgezeichneten Weg muß jeder selbst gehen.
Worin besteht dieser Weg? Der Mensch muß in den Schöpfungsgesetzen »schwingen«. Er muß die Verstandestyrannei brechen, die Hülle um den Geist sprengen und ihn zur Führung bringen. Er äußert sich im Gemüt, in den Empfindungen, nicht im Verstand oder Gefühl. Die Empfindung aber trägt schöpferische und belebende Kraft in sich. Sie ist raum- und zeitlos, die »reine, innere Stimme«, das Gespür für das Licht von oben. Wer sich ihr hingibt, der wird von der Sehnsucht nach den höheren Welten getrieben, und das selbstsüchtige, materialistische Trachten fällt von ihm ab. Dann bilden sich keine hemmenden Karmafäden mehr, und der Mensch kann froh genießend in der Schöpfung leben. Daher das Gebot: »Haltet den Herd Eurer Gedanken rein, Ihr stiftet damit Frieden und seid glücklich!«[61] Gebt dem Drang zum Guten, Edlen in euch Raum, dann wird euer Denken vom Geist und nicht mehr vom Verstand gelenkt, und ihr könnt »dann gar nicht anders, als der Höhe zuzuwandeln«!
Der Mensch wird dann frei werden. Er wird irdische Güter nicht verachten und

[58] a. a. O. S. 1054
[59] Der Name »Abd-ru-shin« ist eine künstliche Bildung aus arabischen und eventuell persischen Elementen. Er soll »Sohn des Lichts« bedeuten.
[60] Im Lichte der Wahrheit, S. 24
[61] a. a. O. S. 35

kein widernatürliches Asketentum pflegen; aber er wird es auch sorgsam vermeiden, irgendeinen Hang in sich auszubilden, der ihn dem Besitz, dem Gaumen, dem Sexualtrieb usw. hörig macht. Er wird den Mitmenschen kein Leid zufügen, um irgendein Begehren zu befriedigen. Er wird die ihm anvertrauten Güter, darunter auch seinen Körper, recht pflegen. Dazu gehört z. B. der Verzicht auf das Rauchen sowie naturgemäße Ernährung mit Kräutern und Früchten, die in der heimatlichen Erde wachsen, übergangsweise Beschränkung auf weißes Fleisch wie Geflügel, Kalbfleisch und Lamm.

Von entscheidender Bedeutung für die Entwicklung des Menschen ist die *Pubertätszeit*. Da kommt es darauf an, daß die erwachende Sexualität, die feinste und edelste Blüte aller Grobstofflichkeit, vom schmutzigen Denken und Begehren ferngehalten und mit der Geisteskraft vermählt wird. Sie wird dann zu einer Zaubermacht, die sich in der reinen Liebe darstellt und dem Drang nach oben einen mächtigen Aufschwung gibt. Sie durchglüht zugleich das ganze geistige Empfinden irdisch und hilft dem Geistigen, daß es die Verbindung mit der Stofflichkeit findet und in ihr sich zu voller Wirksamkeit entfaltet.

Eine wichtige Aufgabe kommt auch der Frau zu. Als der passive Teil des Geistkeims steht sie eine halbe Stufe höher als der Mann; denn sie ist in ihrer Empfindsamkeit aufnahmefähiger und kann sicherer in der Kraft des Gotteswillens stehen und handeln. Sie muß sich diese Gabe wahren; Vermännlichung und Verstandesdenken sind Gift für die Frau. Sie muß Brücke bleiben und die höheren Strahlungen aufnehmen. Sie soll die Sehnsucht nach dem Licht wachhalten. Während der Mann mit der Front nach außen steht und kämpft, soll ihn die Frau in dem Licht verankern und ihm dessen Kraft zuführen.

Schließlich darf auch das *Gebet* nicht vergessen werden. Es ist ein Aussenden von Empfindungen. Diese vermögen zwar nur in sehr seltenen Ausnahmefällen bis zu den Stufen des Thrones Gottes emporzudringen. Aber nach dem Gesetz der Gleichart werden sie von »Kraftzentralen« derjenigen Art angezogen, von der der Hauptinhalt des Gebets durchdrungen ist, und wirken nach dem Gesetz der Wechselwirkung wieder zurück auf den Betenden und seine feinstoffliche Sphäre. Je reiner die Empfindungskraft, desto größer ist die lichte Leichtigkeit des Gebets, desto höher vermag es zu steigen.

Wer durch einen starken Entschluß sein Leben solchermaßen mit den Schöpfungsgesetzen in Einklang bringt, der wird auch leicht mit dem belastenden *Karma* fertig, das ihm noch anhängt. Die Fäden empfangen infolge der Willensänderung keine Nahrung mehr und sterben ab. Das dauernde gute Wollen wird nach dem Gesetz der Gleichart verstärkt, so daß das Gute fester wird, aus dem Menschen heraustritt und seine feinstoffliche Umgebung danach formt, die ihn nun wie eine Schutzhülle umgibt. An dieser Hülle gleiten auch die Rückwirkungen vergangener Schuld ab, die zur Auslösung auf den Menschen zukommen. Dringen sie trotzdem in ihn ein, dann werden sie sofort zersetzt oder wenigstens bedeutend abgeschwächt, so daß für die Auslösung ein symbolischer Akt genügt. Ein herrschsüchtiger, harter Mensch hat etwa durch Bedrückung seiner Mitmenschen schweres Karma auf sich geladen; infolgedessen wird er später selbst das leidende Objekt einer noch viel stärkeren Herrschsucht. Kommt er darüber zu besserer Erkenntnis und befolgt die Schöpfungsgesetze, dann genügt eine kleine Geste der Dienstbereitschaft, um das Karma zu beseitigen: wenn z. B. eine Dame ihrem Dienstmädchen die Bürste aus der Hand nimmt und ihm freundlich zeigt, wie ein Fußboden gescheuert wird.

Der *zweite Auftrag des Menschensohnes* ist endzeitlicher Art: Er hat das Gericht zu verkündigen und die Wende in der Menschengeschichte herbeizuführen, die zum Tausendjährigen Reich überleitet. Die umstürzenden Ereignisse stehen dicht bevor, können jeden Augenblick losbrechen. Es geht dem *»Jüngsten Gericht«* zu. Die Menschenwelt ist reif dafür. Die Schuld, die sie durch die Verstandesherrschaft auf sich geladen hat, kommt nun in der Rückwirkung über sie.

Die Gegenwart trägt apokalyptische Merkmale. Naturereignisse weisen auf die herannahende Auflösung hin. Alle üblen Eigenschaften treiben die stärksten Blüten und bringen ihre widerlichsten Früchte. Und »alle sind heute zur Abrechnung wieder auf dieser Erde inkarniert, welche zu Christus Zeiten einst das Wort verwarfen«[62].

Noch eine Spanne Zeit muß die Erde der Herrschaft des Dunklen überlassen bleiben; aber in der höchsten Not bricht die Morgenröte an. Schon sind die Schläge des Jüngsten Gerichts unterwegs. Die Erde wird vom Licht umklammert, damit das Dunkel nicht entweichen kann. Und dann stoßen Lichtspeere in das zusammengeballte Dunkel hinein. Lichtschwerter werden Luzifers Trabanten vernichten. Die Furien werden freigelassen, um die große Reinigung zu fördern. Im Endgericht fährt göttliche Lichtkraft in die Fäden. Diejenigen, die dem Licht gleichartig sind, werden gestärkt und reißen die mit ihnen verknüpften Menschenseelen aus dem bedrohenden Dunkel empor. Die anderen Fäden aber, die nur schwach im Geistigen verankert sind, werden zerrissen, und die Menschen sinken in die Tiefe. Unter dem Ansturm der Lichtgewalt erfüllen sich die Schicksale schnell. Das Gewürm der Neidischen wird zertreten; die Träger vermessenen Verstandesdünkels werden zerschellen; die vom schwülen Taumel umklammert sind, werden in den Pfuhl gestoßen; die Gewohnheitschristen werden wie ein Hauch im Wind vergehen; die sich im Besitz des allein wahren Glaubens wähnen und ihre Gottesgläubigkeit »mit schleimig-widerlichen Worten« versichern, werden erkennen, daß sie verworfen sind. Die Forscher, die sich in nichtssagenden Spielereien verlieren, die große Masse der Menschen, die für Arbeit, Ruhe und Zerstreuung, nicht aber für Außerirdisches und Geistiges Zeit haben – sie alle werden keinen Eintritt ins Gottesreich erhalten.

Der Sturm des Lichts aber, der die Gerichtskatastrophe bringt, wird *durch den Menschensohn* vermittelt. Wie werden dann die Verängsteten im Staub knien! Und wenn er unter sie tritt, »da werden sich wohl alle Hände nach ihm strecken, wimmernd, flehend, doch wiederum nur in der Hoffnung, daß er ihnen hilft nach ihren Wünschen, also ihre Qual beendet, sie zu neuem Leben führt! Er aber wird diese Verlangenden zum größten Teile von sich stoßen wie giftiges Gewürm« und nur die annehmen, die ihn um Kraft zu dauernder Besserung bitten und seine Botschaft als Erlösung grüßen[63]. Das ist denn auch jetzt das letzte Rettungsmittel: die

[62] a. a. O. S. 115
[63] a. a. O. S. 190

Botschaft anzunehmen, nach ihr zu leben und dadurch sich von den Bindungen zu lösen. Es ist Eile geboten. Wer sich nicht aus der umschlingenden Stofflichkeit befreit, wird mit ihr der Zersetzung entgegentreiben. Da verliert er unter schweren Qualen seine Eigenpersönlichkeit, sein Ich-Bewußtsein, und wird in geistigen Ursamen zerstäubt. Das ist der geistige Tod, das Gelöschtwerden aus dem Buch des Lebens.

Dem Jüngsten Gericht aber folgt das *Tausendjährige Reich*. In ihm wird Gott allein herrschen. Unter der Hand des Menschensohns wird ein Abglanz des oberen Paradieses auf die Erde kommen und ein irdisches Abbild der Gralsburg erstehen. Der Menschheit wird ihre bisherige Führerstellung in der Schöpfung vorübergehend entzogen, damit endlich Friede werden kann. Alles Störende wird gewaltsam weggenommen und ferngehalten; »der Friede wird erzwungen, nicht geschenkt, und Friedenhalten dann gefordert, hart und unerbittlich!«[64] Für die Menschen aber, die bisherigen Störenfriede, werden die tausend Jahre eine Schule sein, in der sie zu lernen haben, wie sie künftig ihre Aufgabe richtig erfüllen können. »Kommt dann aber noch einmal ein Versagen wie bisher, so muß die Menschheit mit der völligen Vernichtung rechnen.«[65] Das entwickelte Menschen-Geistige wird wieder bis zu jener Grenze zurückgezogen, wo es sich nicht mehr zum Selbstbewußtsein entfalten kann.

Die Gralssiedlung auf dem Vomperberg

Bernhardt ließ sich also im Jahre 1928 auf dem Vomperberg in Tirol nieder. Es ist begreiflich, daß seine Anhänger, die von seiner Botschaft, Würde und Macht überzeugt waren, sich in seine Nähe drängten. So entstand auf einem 32 ha großen Gelände eine Siedlung mit Reihenhäusern und Gemeinschaftseinrichtungen: Andachtshalle, Gästehaus, Schule, Feuerwehr, Landwirtschaft, Schreinerei, Gärtnerei u. a. Später kamen noch weitere Gästehäuser und eine Reitschule hinzu. Unter den Anhängern war eine beträchtliche Reihe begüterter Persönlichkeiten aus den Kreisen der Wirtschaft, sowie Akademiker und Künstler. Aber auch einfache Leute steuerten nach Kräften bei.

Der Vomperberg wurde zur vielbesuchten Stätte der Jahresfeiern für die Gläubigen, die sich in verschiedenen Ländern zu eigenen Vereinigungen zusammenschlossen. Bernhardt wurde »Der Herr« genannt. Er selbst unterschrieb seine Briefe erst mit »Abd-ru-shin«, später mit »Imanuel«. Fotos zeigten ihn in einer weißen Soutane mit dem Gralskreuz auf der Brust und einem violetten, mit Lilien bestickten Umlegemantel. Für die äußeren und inneren Dienste in der Gralsbewegung setzte er Jünger, Apostel, Ritter mit verschiedenen Farben ein. Über dem Ganzen stand das »göttliche Trigon«, gebildet von Abd-ru-shin, seiner Frau Maria als der »fleischgewordenen Liebe Gottes« und ihrer Tochter Irmingard, die an ihrem Geburtstag, am 7. September 1930, als »Reine Lilie« eingesetzt wurde.

64 a. a. O. S. 642
65 a. a. O. S. 186

Ein »irdisches Trigon« als Gegenstück bestand aus den zwei andern Kindern Alexander und Elisabeth und einer weiteren Dame.
Höhepunkte im Leben der Gralsbewegung sind die *drei Jahresfeste* auf dem Vomperberg: das Fest der Heiligen Taube am 30. Mai, dem Tag der Krafterneuerung für die Schöpfung, an dem der Gral überfließt; das Fest der Reinen Lilie am 7. September als Mahnung an die Menschen, der in der Lilie symbolisierten Reinheit nachzustreben; das Fest des Strahlenden Sterns am 29. Dezember als Gedächtnis des wiederkehrenden Sterns von Bethlehem, der das Kommen des Menschensohns bezeichnet. Außerdem wurden Versiegelungen, Kindersegnungen, Berufungen und eine Art Abendmahl veranstaltet. Wer versiegelt wurde, kniete vor Abd-ru-shin nieder; dieser zeichnete ihm mit Wasser ein Kreuz auf die Stirn und sprach dazu eine Formel, beginnend mit dem Satz: »Mit der Reinheit dieses Wassers gebe ich Euch das Zeichen Gottes, meines Vaters.«

Mit dem »Anschluß« Österreichs an das Deutsche Reich im Frühjahr 1938 fand das Werk ein jähes Ende. Am 12. März wurde Bernhardt verhaftet[66]. Nach sechsmonatiger Haft in Innsbruck wurde er mit seiner Familie nach Kipsdorf (Erzgebirge) verbannt. Dort starb er am 6. Dezember 1941 an den Folgen der erlittenen körperlichen und seelischen Schäden. In seiner Geburtsstadt Bischofswerda wurde er von einem evangelischen Pfarrer zur letzten Ruhe bestattet. Die Bewohner der Gralssiedlung aber wurden ausgewiesen, die Siedlung beschlagnahmt und in eine »Gauschulungsburg« verwandelt. Die Gralskreise wurden verboten.
Diese Schläge führten nicht zum Untergang des Werks. 1946 wurde die Gralssiedlung zurückgegeben, und die Kultfeiern konnten wieder aufgenommen werden. Im Spätsommer 1949 wurden die sterblichen Überreste Bernhardts in einer Pyramide auf dem Vomperberg beigesetzt. 1951 baute man eine neue, größere Andachtshalle mit Raum für 1 500 Teilnehmer. Es ist alles schlichter geworden als vor 1938. Nun gab es keine Ritter mehr, und die Gewänder mit ihren verschiedenen Farben fielen weg. Aber die Besucherzahlen wuchsen.
Maria Bernhardt erbte einen Großteil der Liegenschaften auf dem Vomperberg. Sie verwaltete auch das geistige Erbe ihres Mannes bis zu ihrem Tod am 19. Dezember 1957. Auch die anderen Familienangehörigen nahmen führende Stellen ein. Irmingard Bernhardt leitet die Internationale Gralsbewegung und die Grals-Verwaltung Vomperberg. Sie nimmt Versiegelungen, aber keine Trauungen vor. Diese vollzieht Herbert Vollmann, der einzige amtierende Apostel, der auch die Andachten und die drei Jahresfeste leitet. Seine Frau, Elisabeth Vollmann geb. Bernhardt, nimmt die Kindersegnungen vor. In Stuttgart besteht die *Stiftung Gralsbotschaft* mit einem eigenen Verlag. Dieser hat den Auftrag, in Verbindung mit dem auf dem Vomperberg bestehenden *»Verlag Alexander Bernhardt die Gralsbotschaft«* das Gralsschrifttum herauszugeben und zu verbreiten. Weitere Stiftungen bzw. Verlage entstanden in England, Frankreich, Holland, in der Schweiz, in

[66] Gegen Abd-ru-shin waren auch, besonders von Abgefallenen, schwere persönliche Angriffe gerichtet worden. Sie führten teilweise zu Gerichtsprozessen. In früheren Auflagen war darüber berichtet worden. Darauf kann jetzt verzichtet werden, denn die Vorwürfe wurden widerlegt, und die Polemik hörte auf.

den USA und in Nigeria. Die »Gralsbotschaft« ist in sieben Sprachen erschienen; weitere Übersetzungen sind in Vorbereitung.
Die *»Grals-Verwaltung für Deutschland«,* gemeinnütziger e. V., fördert zusammen mit dem für Deutschland bestellten Landesleiter R. G. SCHULZE in Brannenburg/Inn die Verbindung mit suchenden Lesern der Gralsbotschaft in Deutschland. Die Zweimonatsschrift *»Gralswelt«* hat ein beachtliches Niveau und befaßt sich in ihren Beiträgen vorwiegend mit allgemein menschlichen, ethischen und religiösen Fragen und den Zeitentwicklungen, ohne daß die Gralsbotschaft stark hervorgehoben wird; darum vermag sie auch Fernstehende anzusprechen.

Die Gralsbewegung strebt *keine feste Organisation* an. Sie verlangt von denen, die sich zu ihr halten, keinen Kirchenaustritt. Sie kennt zwar Andachten und Feierstunden, hat aber kein dogmatisch festgelegtes Glaubensbekenntnis. Darum sind die Gralskreise auch keine rechtlichen Institutionen, sondern lose Zusammenschlüsse ohne Satzungen. Sie umfassen lediglich solche Bekenner, die sich mit vollzogener Versiegelung aktiv für das Gedankengut der Gralsbotschaft einsetzen. Ihre Zahl beträgt etwa 5000, davon 1500 in der Bundesrepublik und Westberlin. (In der DDR ist die Gralsbewegung verboten.) Die Anhängerschaft als solche wird aber organisatorisch nicht erfaßt. Sie wird auf Hunderttausende geschätzt. Neben Industriellen und Inhabern führender Handelsgeschäfte gehören auch Ärzte, Juristen, Ingenieure, Architekten, Erzieher und namhafte Künstler der Bewegung an.
Die »Andachtsstätten« (in Deutschland etwa 40) sind der Ort, an dem sich der jeweilige Gralskreis zu sonntäglichen Andachten und monatlichen Treffen und Aussprachen versammelt. Bei den Andachten ist ein Altartisch aufgestellt. Über ihm ist ein gleichschenkliges »Kreuz der Wahrheit« auf weißem Grund angebracht – das Zeichen Gottes und seiner beiden Sohnesteile Christus und Imanuel –, am Altar selbst dasselbe Kreuz, aber von einem Ring umschlossen, der den »Schöpfungs-Ring« symbolisiert. Mit Golgatha haben die Kreuze nichts zu tun. In den von feierlicher Musik umrahmten *Andachten* werden lediglich Vorträge aus der Gralsbotschaft vorgelesen und danach ein Gebet Abd-ru-shins gesprochen. Ansprachen und gemeinsame Gesänge gibt es nicht.
Gralshandlungen werden von dazu Beauftragten in feierlichen Gewändern vorgenommen. Die *Beisetzungsfeier* (Amtierender in grünem Talar) ist nicht auf das zurückliegende Erdenleben ausgerichtet, sondern nach aufwärts, um dem Toten fürbittend helfende Gedanken mitzugeben. *Versiegelungen* werden bei den Jahresfesten auf dem Vomperberg durchgeführt. Dafür kommen nur Erwachsene in Betracht, die auf Grund der Gralsbotschaft entschlossen sind, den »Neuen Bund« mit Imanuel zu erbitten. Diese Bitte wird mit der Versiegelung erfüllt. Dabei wird ihnen das heilige Zeichen des Kreuzes auf die Stirn gegeben und das silberne Gralskreuz verliehen. Sie sind dann »Kreuzträger«. Der Versiegelte empfängt einen helfenden Kraftstrom aus dem Licht, der den Aufstieg zum Paradies fördert. Eine Anzahl der Versiegelten sind *»Berufene«,* d.h. solche, die für besondere Aufgaben »berufen« werden. Sie tragen ein goldenes Kreuz. Zu den Berufenen gehören auch die *»Jünger«* und *»Apostel«*. Letztere werden heute jedoch nicht mehr, Jünger ganz selten berufen. Einige der Jünger sind als »Taufjünger« zur Vor-

nahme der Versiegelung bei solchen bevollmächtigt, die wegen der weiten Entfernung nur selten auf den Vomperberg kommen können.
Neben den drei Jahresfesten gelten der Karfreitag, Abd-ru-shins Geburtstag und sein und Maria Bernhardts Todestag als besondere Gedenktage. Mit den Jahresfesten ist regelmäßig eine *Mahlfeier* verbunden. Bei diesem Mahl werden zwar auch Brot und Wein im Rahmen eines feierlichen Ritus verwendet, aber es hat mit dem Abendmahl nichts gemein. Wie dieses mit Jesus verknüpft ist, so jenes mit Abd-ru-shin. Es ist von ihm eingesetzt worden als das Mahl, in dem der neue Bund Gottes mit dem Menschen geschlossen wird. Der alte Bund ist zerstört worden, als die Menschen Christus kreuzigten, und das Zerreißen des Vorhangs vor dem Allerheiligsten machte diese Zerstörung sinnbildlich sichtbar. Der neue Bund unterscheidet sich vom alten dadurch, daß nun vom Menschen eine bewußte Hinwendung zu Gott und eine erweiterte Gotterkenntnis gefordert wird. Eine Taufe oder Konfirmation gibt es nicht. An ihre Stelle treten der *Baby-* und der *Kindersegen,* der aber nicht gleichzeitig eine Aufnahme in die Gralsbewegung bedeutet, sondern nur solange gilt, bis das Kind erwachsen ist und selbst entscheiden kann, welchen Weg es gehen will. Beide Handlungen werden auf dem Vomperberg vorgenommen. Die Unterweisung der Kinder erfolgt in den Kreisen als Gruppenunterricht im Anschluß an die Sonntagsandacht.

Weitere Inkarnationen

1. *Peace Mission.* Über Geburtsort und -zeit ihres Gründers, des *»Father Divine«,* kann nichts Genaues berichtet werden. Vermutlich wurde er unter dem Namen George Baker als Kind einer armen Negerfamilie zwischen 1877 und 1880 in Hutchinson Island, einer Insel im Savannah-River, in Süd-Georgia geboren. Es ist möglich, daß George Baker selbst seine Geburtszeit nicht genau kannte. Wer hat schon kurz nach dem Bürgerkrieg (1861–1865), in dessen Gefolge die Negersklaverei in den elf Südstaaten, darunter Georgia, nur widerwillig aufgehoben wurde, von der Geburt eines armen Negerkindes Notiz genommen? Er gehörte einer Neger-Baptistengemeinde an.
In Baltimore, wo er sich mit Rasenmähen und Dockarbeit sein Brot verdiente und in einer baptistischen Sonntagsschule mithalf, lernte er den farbigen Prediger Samuel Morris kennen, der sich seit 1907 als *»Vater Jehova«* bezeichnete und synkretistische Lehren vertrat. Baker wurde sein »Botschafter«, und Morris erhob ihn dann zum »Gott in der Sohnschaftsstufe«. Aber die Anhängerschaft blieb klein, und 1912 verließ Baker die Stadt. Er betätigte sich als Reiseprediger im Süden. Als er 1914 in dem Städtchen Valdosta wegen Landstreicherei aufgegriffen wurde, nannte er sich »Mr. XY, alias Gott«. Er kam dann nach Harlem, siedelte 1915 mit zwölf Jüngern nach Brooklyn über und eröffnete ein Versammlungshaus. Um 1919 verlegte er seine Gemeinschaft nach Sayville, Long Island. Nun wuchs die Bewegung.

Schon damals wurde er als Father Divine verehrt. Er selbst hatte dieser Verehrung dadurch Vorschub geleistet, daß er seinen in Brooklyn angenommenen Namen Morgan J. Devine in »Divine« umwandelte. 1931 wurde er vom Gericht zu einem Jahr Gefängnis verurteilt unter der Beschuldigung, daß er einen unmoralischen Lebenswandel führe und seine Jünger verleite, ihm ihr Eigentum zu übertragen. Der Richter starb drei Tage danach an einem Herzschlag, und Father Divine soll in seiner Gefängniszelle dazu bemerkt haben: »Ich tat es ungern!« Von nun an waren seine Anhänger felsenfest von seiner Göttlichkeit überzeugt. Zahlreiche Krankenheilungen festigten diese Überzeugung. Bald nach 1940 verlegte er seinen Sitz nach Philadelphia.

Gott ist, so lehrte Father Divine, ein Prinzip. Seine erste Fleischwerdung erfolgte auf der Sohnesstufe in Christus. Die zweite geschah auf der Vaterstufe in Father Divine mit dem Ziel, die Gottesherrschaft auf Erden zu errichten. Ihr Keim ist die *Peace Mission.* Von den Mitgliedern wird Buße und Wiedergeburt gefordert; sie dürfen auch nicht trinken, rauchen, spielen, stehlen und müssen das Gebot der Keuschheit befolgen. Die Mitglieder des engeren Kreises dürfen nicht heiraten oder müssen, wenn sie verheiratet sind, getrennt leben als Brüder und Schwestern: es sind die »Rosebuds« (Rosenknospen), die »Lilybuds« (Lilienknospen) und die »Crusaders« (Kreuzfahrer). Die »Rosebuds« sind junge, unberührte Mädchen; sie tragen bei den Gottesdiensten rot-blaue Uniformen. Die »Lilybuds« sind Frauen und tragen eine grüne Uniform; die »Crusaders« sind Männer jeder Altersstufe in weißen Uniformen. Father Divine schloß 1946 eine zweite Ehe mit der weißen Kanadierin Edna Rose Ritchings, die nun als »Mother Divine« verehrt wurde; er betonte allerdings, daß es eine »geistliche Ehe« sei.

Ein wichtiger Bestandteil der Peace Mission sind zahlreiche und verschiedenartige Betriebe (Farmen, Kaufgeschäfte, Handwerksbetriebe, Restaurants u. a.), die von Mitgliedern geführt und in den Dienst der Gemeinschaft gestellt werden. Sie ermöglichen außerordentlich billige Unterkunft und Verpflegung. Auch sonst bietet die Peace Mission allerlei soziale Leistungen. Dies und die Gottesdienste, die das Geistliche – Botschaften des Father Divine, Chöre und Loblieder der Gemeinde – mit opulenten Banketten verbinden und auf den Ton jubelnder Freude gestimmt sind, sollen etwas von der Herrlichkeit des Königreichs Gottes sichtbar machen. Die Hotels von Peace Mission tragen denn auch die Bezeichnung »Kingdoms« oder »Heavens«.

So ist es kein Wunder, daß von diesem Werk eine starke Anziehungskraft ausging. Es erfaßte vor allem die farbige Bevölkerung der USA und weit darüber hinaus, aber auch nicht wenige Weiße. Auf ihrem Höhepunkt unterhielt die Peace Mission 156 Missionshäuser in den USA. Sie griff auch nach England, 1935 in die Schweiz und nach 1945 nach Deutschland herüber. Der Anhang blieb hier aber immer bescheiden. 1977 bestanden nur noch in einer schweizerischen und in vier deutschen Städten Versammlungen.

Father Divine wandte sich in Botschaften an führende Staatsmänner, um ihnen in politischen Konflikten Weisungen zu geben, und stellte 1936 das *»International Righteous Government«* auf, eine Verfassung des Königreichs Gottes als eines Reichs der Freiheit, Gerechtigkeit und des Friedens. Es enthält u. a.: völlige

Gleichberechtigung aller Menschen ohne Rücksicht auf Rasse, Glaubensbekenntnis und Hautfarbe; Abrüstung und Verzicht auf den Krieg; Abschaffung aller Zwangsversicherungen (weil sie Zeichen mangelnden Vertrauens auf Gottes Fürsorge sind), der Todesstrafe, der zwangsweisen Impfungen, Operationen und ärztlichen Behandlungen; Rückgabe alles gestohlenen Guts durch Einzelpersonen und Nationen, einschließlich eroberten Landes. Weiter wird gefordert: Begrenzung des Profits; staatliche Einrichtungen, um Arbeitslose zu beschäftigen; staatliches Vorgehen gegen alle unnützen und unerwünschten Wirtschaftsunternehmungen; Schaffung einer Weltsprache (des Englischen); Abschluß eines »gerechten und dauernden Friedens« und Bildung einer Weltregierung. An dem politischen Kampf der Farbigen um die Gleichberechtigung beteiligte sich die Peace Mission nicht: es gebe nur eine Menschenrasse, eine Familie; in ihr zwischen Weißen und Schwarzen zu unterscheiden, wäre eine Sünde; die Gleichberechtigung sei in der Peace Mission verwirklicht, und je mehr diese wachse, desto mehr werde sich auch die Gleichberechtigung durchsetzen – ohne Kampf und politische Organisationen. Für eine jenseitige Seligkeit und überhaupt für die mit dem Tod zusammenhängenden Fragen hatte Father Divine kein Verständnis. Das Heil, das er verkündigte, war betont diesseitig. »Diejenigen, die von einem Himmel über den Wolken reden, lehren etwas, was nur in ihrer Vorstellung und Einbildung, aber nicht in der Wirklichkeit existiert. Wie kann das Königreich kommen, wenn der eingebildete Himmel im Weg steht? Räumt ihn weg, und der neue Himmel und die neue Erde können einziehen!«

Seine Anhänger waren überzeugt, daß er nicht sterben werde. Aber am 10. September 1965, als gerade in Woodmont (Pennsylvanien) – einem Schloß mit 32 Zimmern, das ihm ein weißer Industrieller geschenkt hatte – ein großes Fest begann, griff der Tod nach ihm, genauer: »warf Father Divine seinen heiligen Körper fort. Er brachte das Opfer seines Körpers dar, damit Er alle unsere Sünden und Schwachheiten trage und wir, das Volk, das ewige Leben haben möchten.« Die Peace Mission umfaßte bei seinem Tod noch 75 Besitzungen und eine Mitgliedschaft von vielen Zehntausenden. Mother Divine führt sie weiter, »denn es hat sich nicht im geringsten etwas geändert! Father Divine bleibt der Bischof, Gründer und Pastor seiner Kirche, und meine Stellung ist unverändert. Ich bin immer noch an seiner Seite.«[67] Aber das war keine Dauerlösung. Es kam zu Diadochenkämpfen um die Nachfolge des Toten. Sie endeten damit, daß ein »Daddy Grace« als neuer »schwarzer Gott« ausgerufen wurde. Auch er brachte eine Mother Divine mit. Als er beim Angeln in Kalifornien einem Herzinfarkt erlag, gab die Zentrale in New York-Harlem alsbald den Namen seines Nachfolgers bekannt. Wie die Peace Mission diesen Inkarnationswechsel überstanden hat, ist nicht bekannt; ihre internationale Ausstrahlung jedenfalls ist erloschen.

2. *Église Chrétienne Universelle.* Der Südfranzose Georges Roux, geboren am 25. Juni 1903 in Cavaillon, seit 1939 Postbeamter in Avignon, wirkte nebenher, seiner eigentlichen Berufung folgend, als Heilpraktiker und wurde einer der gesuchtesten Wunderheiler in Frankreich. An Weihnachten 1947 eröffnete er seiner

[67] Der Neue Tag 1. 11. 1965

Familie: »Ich bin der *wiedergekommene Christus«*, wobei er sich auf seine Heilungen berief. Bis 1951 schrieb er drei Bücher, die ihm »geoffenbart« wurden. Er blieb bis 1953 im Postdienst. Seit Februar 1954 gab er auch öffentliche Kunde von seiner Sendung. Er ließ sich dann in Montfavet bei Avignon nieder. Die beiden Bücher »Tagebuch eines Heilers« und »Worte des Heilers« enthalten viel Autobiographisches über seinen äußeren und inneren Werdegang, während das Buch »Göttliche Sendung« seine eigentliche Lehre darbietet: Jesus war der »Zeuge« Moses; beide endeten im Mißerfolg. Roux ist der »Zeuge« Jesu. Dieser war nur sein Vorläufer, wie Mose der Vorläufer Jesu gewesen war. »Jesu Aufgabe war schon groß, die meinige ist noch viel gewaltiger.« Wie Jesus kann auch Roux heilen und Sünden vergeben; aber darüber hinaus kann er die Menschen in Kontakt mit Gott bringen und zu Heilern machen. Die körperliche Heilung ist aber nur die Vorstufe für die Heilung der Seele. Dazu bedarf es der Annahme der Gesetze Gottes: der allgemeinen Liebe, des Guten und der Freiheit. Die Bibel ist überholt. »Von nun an findest du die Grundlagen deines Lebens nur noch in meiner Lehre und sonst nirgends«, schrieb Roux in »Göttliche Sendung«. Auch das Vaterunser ersetzte Roux durch einen neuen Text, der für seine Lehre kennzeichnend ist: »Unser Vater, der du allenthalben bist, verehrt sei deine Gegenwart, dein Licht fülle uns, unser guter Wille geschehe auf Erden wie der deinige im All. Unser tägliches Brot schaffen wir heute. Wir vermeiden jede Schuld, und vor dir wirken wir; geleitet von deiner Liebe, segnend deine Gesetze, streben wir zum Guten, auf daß vertrieben sei alles Übel auf Erden.«

Die Anhänger wurden in der *»Église Chrétienne Universelle«* oder »Témoins du Christ Revenu« zusammengeschlossen. Als ihre Aufgaben wurden in ihrem amtlichen Eintrag vom Dezember 1952 genannt: Gottesdienste zu halten und die Lehren von Georges de Montfavet zu verkündigen, um damit der Entfaltung der Seelen und der Erfüllung des Lebens zu dienen und alles Gute, Wahre und Schöne zu fördern. – Der *Gottesdienst* hat schlichte Formen, ist aber reich an spiritistischen und visionären Elementen. Marien-Erscheinungen legen Zeugnis für den »Christ de Montfavet« ab. Mit dessen Erscheinen ist das Ende nahe herbeigekommen; schon für den Herbst 1954 war die große Katastrophe angekündigt worden, falls die Menschen sich nicht ändern. Bis 1980 wird sich die Église Chrétienne Universelle über die ganze Erde ausbreiten, und diese wird nur noch von Kindern Gottes bevölkert, alles Unkraut vertilgt sein. Es werden vier *Sakramente* gefeiert: Taufe, Konfirmation, Ehe und Kommunion (ohne Wein). Ernährungsvorschriften verbieten Alkohol, Tabak, Tee, Gebratenes und Konserven. Auch Kartoffeln, Salz, Zucker sind nicht erlaubt; Fleisch darf nur im Winter gegessen werden, und zwar roh.

Als Beweise der Gottessohnschaft von Roux galten seine *Heilungen* und seine Macht, andere Menschen zu Heilern zu machen. Die Beanspruchung ärztlicher Hilfe war den Anhängern streng verboten. In zahlreichen Orten entstanden »Centres de Guérison«, Heilungszentren, die auch für Versammlungen und Gottesdienste verwendet wurden. Rund 200 Jünger, die als Heiler und Prediger wirkten, und 4000 Mitglieder hatten sich 1954 um Roux geschart. Über das Elsaß fand die Bewegung in Südbaden Eingang. Nach einigen Jahren des Lärms – durch Exzesse, Schlägereien, behördliche Eingriffe – wurde es wieder still um die Bewegung, besonders als tödlich verlaufene Heilungsversuche zu einer gerichtlichen Verurteilung von Roux geführt hatten.

3. *Lou-Gruppe*. Der holländische Heringsfischer LOUWRENS VOORTHUIZEN, geboren 1898, okkult begabt und Glied einer Pfingstgemeinde, hatte in einer Nacht 1927 an der Zuidersee sein Berufungserlebnis: er sah einen Stern, vernahm eine Stimme, geriet außer sich und konnte in diesem Zustand über ein Schlammfeld wandern, ohne zu versinken. In den folgenden Tagen wurde er inne, daß sein Ich mit dem Satan identisch sei. Er erlitt in einer 40tägigen Krise die Höllenqualen des »Trennungsprozesses«, an dessen Ende dieses Ich-Subjekt = Satan zerschmettert war und Gott den leer gewordenen Raum ausfüllte. Erst 1950, als er nach einer schweren Krankheit seine »Auferstehung« erlebt hatte, trat er mit seiner Sendung öffentlich hervor und verkündigte: »Ich bin die Auferstehung« – »Ich bin der Erfüller von Christus«.
Über die durch ihn gebrachte »Erfüllung« erklärte Lou: Einst war das Neue Testament die Erfüllung des Alten. Das Alte Testament verhieß den Heiligen Geist, und im Neuen Testament wurde er empfangen. Christus war ohne Sünden, »Gott aus dem Himmel«. Er überwand den *Satan*. Aber weil er »von oben« kam und ohne Sünde war, konnte er den Satan nur in einem Teilbezirk seiner Herrschaft besiegen, nämlich außerhalb des Stoffs: Der Satan verlor durch Christus seine Macht im Himmel und wurde herausgetrieben. Nun hat er seine Zuflucht im Menschen gesucht, ist »Mensch geworden und kann nicht anders zunichte gemacht werden als im Menschen«.
Das aber ist jetzt das Werk von Lou. Dieser ist einerseits der wiedergekommene Christus, andererseits führt er über den Christus des Neuen Testaments hinaus, da durch ihn jetzt der Satan auch im *Stoff* besiegt wurde. Unter »Stoff« ist nicht nur der dem Tod verfallene Leib mit seinen Trieben zu verstehen, sondern auch das Wissen und Denken, ja, das ganze Ich des Menschen. An sich ist dieser Stoff von Gott, aber er kann erst über ihn herrschen, wenn die Macht des Satans im Stoff zerbrochen ist. Das ist durch Lou geschehen. Er war einst auch in der Sünde und hatte den Geist der Lüge und Verführung. Aber durch Gott hat er die Macht des Bösen in seinem Stoff besiegt und den Satan kraftlos gemacht.
Lou ist der Verlorene Sohn und der Zweite Adam und als solcher Repräsentant der gefallenen Menschheit. Er ist stellvertretend für sie zur Auferstehung gekommen. Gott ist in ihm Mensch geworden. Nun kann er von sich sagen: »Mein Ich ist Gott. Ich kann nicht sündigen, ich kann nicht krank werden, und ich kann auch nicht sterben, weil das Ich Gott ist – und unsterblich in dem Stoff.«
Er hat allen verlorenen Söhnen, die ihm glauben, den Weg zurück zur Vatertür geöffnet; sie können »Gottesmenschen« werden. Die Gabe des Neuen Testaments war, »Jesus der Herr zu sein durch den Heiligen Geist«. Die Gabe Lous aber ist, »Jesus Christus körperlich zu sein«. Jeder wird in dieser Welt Gott sein, wie Christus es war. Er erlebt die »Auferstehung des Fleisches«. Damit ist nicht eine Wiedererweckung des Leibes nach dem Tod gemeint, sondern die Verwandlung des Stoffs durch die Kraft der Liebe Gottes. Denn durch den in Lou geschehenen Sieg über den Satan hat Gott die Herrschaft über den Stoff errungen, »und wenn Gott die Herrschaft über den Stoff hat, dann bricht das neue Bewußtsein durch«. Die-

ses neue Bewußtsein ist mit Gott verbunden; der Lou-Mensch ist an die Allwissenheit angeschlossen und spricht aus dem Licht und dem unmittelbaren Wissen. Er ist ein »Kind der Auferstehung«, der Macht des Sterbens entnommen. Durch Lou wird die völlige Erlösung gebracht: »das ewige Leben auf einem ewigen Planeten«.

Aber noch steht eine Zeit der Bedrückung bevor, denn Satan wehrt sich gegen seine Vernichtung. Sein Untergang ist jedoch nicht aufzuhalten, und dann wird Gott ein Königreich errichten, das ewig besteht. Mit Lou ist die Endzeit angebrochen. Nach seiner Verheißung – »Ich bin selbst die Genesung, und wer mich annimmt, wird ebenso gesund« – empfangen seine Gläubigen Heilung durch ihn. Sie werden auch die endzeitliche Drangsal überstehen und Priester und Könige im Tausendjährigen Reich sein, dessen Beginn im Jahr 1972 erwartet wurde. Lou erlebte die Erfüllung seiner Botschaft nicht; er starb am 25. März 1968.

Die Lou-Gruppe, die sich mit Sitz in Amsterdam bildete, nahm auch in *Deutschland* die Werbung für ihre Lehren auf und betrieb sie mit großem Eifer. Aber der Erfolg war vermutlich nur gering, und seit einigen Jahren haben sich die Spuren der Werbetätigkeit gänzlich verloren.

4. Das Grundthema der Lou-Gruppe, die Verwandlung des Stoffs, kehrt bei Carl Welkisch wieder. Dieser, als Sohn eines Lehrers am 14. Dezember 1888 in Gloden Kr. Bomst (Prov. Posen) geboren, vernahm schon in seiner Kindheit Stimmen, die seine künftige Sendung andeuteten. Als Siebenjähriger hatte er ein »Gotterleben« von großer Klarheit und Eindringlichkeit: Ihm wurde verheißen, daß er »Gottes Kraft und Liebe in die Erdenwelt bringen solle«[68]. Zunächst mußte er freilich auf elterlichen Wunsch eine kaufmännische Lehre durchmachen. Aber nach dem Tod seines Vaters 1907 gab er diesen ihm wesensfremden Berufsweg auf. Er folgte dem Rat eines Heilmagnetopathen und wandte sich der *Heilertätigkeit* zu. 1910 gründete er eine Praxis in Bromberg. 1912 verlegte er sie nach einer zusätzlichen Ausbildung im Hellfühlen bei Carl Huter nach Breslau.

Während des Ersten Weltkriegs wurde er durch das Eingreifen der geistigen Welt »vor dem Militärdienst bewahrt, welcher meine Aufnahmefähigkeit für das Erleben Christi unweigerlich zerstört hätte«. Durch mehrere große »Christus-Erlebnisse« trat seine Aufgabe immer deutlicher hervor: »Ich sollte auch meinen irdischen Leib von Gottes Kraft durchdringen und vergeistigen lassen.«[69] Er vertiefte sich in die Schriften anderer Mystiker und wurde sich bei allen Gemeinsamkeiten auch seiner Besonderheit bewußt. 1927 zog er mit seiner Mutter nach Berlin. Ende 1934 wurde er ohne Nennung von Gründen verhaftet und nach einer »furchtbaren Leidenszeit« im Oktober 1935 wieder entlassen, ohne daß eine Anklage gegen ihn erhoben worden war. Ein Freund nahm ihn mit seiner Mutter auf seinem Gut in Schwusen (Schlesien) auf. Nach harten Zeiten unter der russischen, dann polnischen Verwaltung konnte er 1947 Schlesien verlassen und in die Bundesrepublik übersiedeln, wo er sich 1949 endgültig in Überlingen (Bodensee) niederließ. Nachdem er schon 1927 eine kleinere Schrift *»Vergeistigung – Erlebnisse*

[68] Carl Welkisch, Der Mensch zwischen Geist und Welt, S. 7
[69] a. a. O. S. 8

und Erkenntnisse eines Sehers und Heilers« veröffentlicht hatte, erschien 1957 sein Hauptwerk *»Im Geistfeuer Gottes«*[70].

Welkisch bezeichnet sich als Mystiker. Als Geistesverwandte nennt er Jakob Böhme, Emanuel Swedenborg, Jakob Lorber und Carl Huter, aber zugleich spricht er von einem »gewaltigen Unterschied« zwischen ihm und ihnen. Schon früh empfand er übernatürliche Kräfte und Fähigkeiten in sich: die Gaben des Hellsehens und Hellgefühls, der Heilung durch den Geist und der Fernwirkung durch »geistige Lebenskraftstrahlung«, eine visionäre Veranlagung, die Fähigkeit, Wunder zu tun, sich mit Abgeschiedenen zu verbinden, auf ganze Menschengruppen einzuwirken.

Er berichtet von unzähligen Begegnungen – mit Paulus und Sadhu Sundar Singh, Salomo, biblischen Propheten und indischen Gurus, Maria und Kant, mit Christus, Gott und dem Satan. Er wurde in den Griechenhimmel und auf die Planeten als die Aufenthaltsorte Abgeschiedener geführt. Er war dreimal auf dem Mond und sprach dort in »einer immer dämmrig-öden Landschaft« mit einem abgeschiedenen Verwandten. Die Ausweitung seiner Erkenntniskräfte ermöglicht ihm die Schau von Geheimnissen, »die kein Mensch fassen und begreifen kann, ohne die gleiche göttliche Erleuchtung zu haben«[71].

Die Ergebnisse dieser Schau sind in der Tat ungeheuerlich. Sie umfassen die Welt Gottes und des Himmels, Schöpfung und Sündenfall, das Reich der Geister und jenseitigen Mächte, die Wege und Schicksale nach dem Tod, Heillosigkeit und Erlösungsziel des Menschen und, in dies alles eingeordnet, das Werk Christi und seine eigene Sendung. In großen Umrissen ergibt sich folgendes Bild[72]:

Gott ist in seinen letzten Tiefen unpersönlich, gestaltloses Sein. Er rief die Schöpfung ins Leben, um an ihr seiner selbst bewußt zu werden. In ihr wurde er Persönlichkeit in Menschengestalt und schuf den Menschen nach seinem Bilde. Zugleich entsagte er auf der menschlichen Ebene seiner Allwirksamkeit, damit der Mensch volle Freiheit habe. Die Schöpfung Gottes war ursprünglich geistiger Natur. Aber infolge des *Sündenfalls* verdichtete sich ein Teil der himmlischen Welten zur *Materie*. Diese ist nicht etwas wesenhaft anderes als der Geist, sondern ist gewissermaßen gefrorener Geist. Die »Materiegeister«, aus denen der Stoff besteht, zeigen eine »geradezu unzugängliche starre Eigenwilligkeit« und sind darum in die äußerste Gottferne und Leblosigkeit geraten.

Der *Mensch* besteht aus Körper, Seele und Geist. Der Körper ist aus unzähligen Zellenseelen zusammengesetzt, die zu einem geordneten Staatswesen, der Körperseele, verbunden sind. Gehört diese der gefallenen Schöpfung an, so ist der Geist ein Teil des Gottesgeistes und als solcher unabhängig von Raum und Zeit,

[70] Zur Vorgeschichte des Buches berichtet Welkisch: An seinem Geburtstag 1950 habe ihm Gottvater die Aufforderung der »Göttlichen Kronratssitzung« mitgeteilt, »jetzt endlich die Niederschrift dieses Buches zur Ausführung zu bringen« (S. 725). Paulus habe seine »lebhafte Anteilnahme« an der Entstehung des Buches bekundet und Gott habe gewünscht, daß das Buch nicht mehr geändert wird, sondern »so bleibt, wie es jetzt ist« (S. 737).

[71] Im Geistfeuer Gottes, S. 445

[72] Hier findet der Leser zahlreiche Motivationen, Gedanken und Vorstellungen, die ihm auch bei Emanuel Swedenborg, Jakob Lorber und anderen Empfängern von Kundgaben unserer Zeit begegnen. Aber sie sind bei Welkisch in einen anderen Kontext eingeordnet oder mit eigenen Erkenntnissen verbunden, so daß sein Gesamtweltbild einen eigenen originalen Charakter hat.

überbewußt und allumfassend. Er ist der Mittler zwischen Gott und der Körper-Seele-Einheit des Menschen. Allerdings, auch die Geister sind mehr oder weniger tief gefallen, indem sie ihrem Eigenwillen Raum gaben. Aber ihre Willensfreiheit blieb erhalten und deshalb haben sie auch die Möglichkeit der Umkehr, der Gleichrichtung ihres Willens mit dem Willen Gottes. Sie inkarnieren sich freiwillig und übernehmen damit die Führung in dem leib-seelischen Menschenwesen. Das Ziel dieser Inkarnierung ist nicht nur die Umkehr des Geistes in die Gotteskindschaft, sondern auch die Erlösung der in Seele und Körper vereinigten Materiegeister aus dem Bann der Gottferne, die *»Vergeistigung des Körpers«*. Stirbt der Mensch, ohne dieses Ziel erreicht zu haben, dann zerfällt der Körper in seine Bestandteile; die Seele macht im Zwischenreich unter mehr oder weniger schweren Qualen einen Prozeß der »Abödung« durch, um dann in den ersten Grad der Seligkeit einzugehen. Gereifte Seelen dagegen erleben alsbald nach dem Tod die *»erste Auferstehung«* aus dem Grab der Leibesmaterie und werden, frei von Erdgebundenheit, mit ihrem Geist eins, um in die erste Stufe des Vergottungsvorgangs emporgehoben zu werden. Am schlimmsten ergeht es denen, bei denen nicht nur die Seele schlecht, sondern auch der Geist durch Hochmut verderbt ist. Sie kommen in eine höllische Umwelt und steigen erst nach schweren Nöten und Mühen wieder auf.

Eine Wiederverkörperung des Menschen gibt es nicht; nur die Substanzen der Pflanzen und Tiere machen den Kreislauf der Wiedergeburten durch, der sie allmählich aufwärts führt, bis sie die Menschenstufe und damit den Anschluß an einen Geist erlangt haben. Das große Heilsziel ist die Körpervergeistigung. »Erst wenn auch der Körper vom Geiste miterfaßt, umgewandelt und durchgottet wird, kann der Mensch vollkommen werden wie der Vater im Himmel.«[73]

Dieses Ziel ist bisher nur einmal erreicht worden: als der göttliche Geist *»Christus«* sich in der Seele und dem Leib von »Jesus« verkörperte und diese in einer 30jährigen, von schweren Kämpfen und Leiden erfüllten Entwicklung vergeistigte. Zuletzt wurde am Kreuz aller natürliche Eigenwille des Leibes vollends so zermürbt, daß Gottes Kräfte ihn umwandeln konnten.

Die Auferstehung war die Überführung des Körpers in den geistigen Daseinszustand. Damit hat Christus den Menschen ein erstes Modell der Körpervergeistigung gegeben. Außerdem belebte er in ihnen den verglimmenden Funken der Gottesliebe neu und verdrängte die Dämonen aus dem seelischen Innenbereich in die körperliche Außenwelt, wo sich ihr Toben in Naturkatastrophen u. ä. bemerkbar macht. Die seelische Innenwelt kann nun von Christus Überwinderkraft empfangen, und der Rückweg zur Gotteskindschaft steht ihr offen. Aber die materielle Außenwelt ist noch nicht vom Erlösungsprozeß erfaßt.

»In unseren Tagen hält nun Gottes Weisheit offenbar die Zeit für gekommen, um zur Befreiung der Menschheit einen weiteren Schritt zu tun und Seine Liebesherrschaft auch auf die materielle Außenwelt auszudehnen.«[74] Er hat einen *zweiten Heiland* gesandt – in Carl Welkisch. Schon 1926 erlebte er eine »geistige Durchstrahltheit«, sah seinen Leib in »geistiges Leben« verwandelt und vernahm eine

[73] a. a. O. S. 295
[74] a. a. O. S. 296

Stimme aus dem innersten Himmel: »Das ist die Auferstehung des Fleisches!« In vielen Visionen und Offenbarungen bezeugte Gott ihm seine Würde – »Du bist das Licht der Welt« – »Du bist mein lieber Sohn, Dich habe ich ausersehen!«[75] Christus spricht ihn als seinen Bruder an.

An Weihnachten 1948 erlebt er in einer zweistündigen »inneren Offenbarung« seine feierliche Bestätigung als Gottes Sohn; er sieht Gottvater leibhaftig vor sich stehen und gewahrt, daß auch aus seiner eigenen Gestalt »in der gleichen Weise die gleichen göttlichen Kräfte und Eigenschaften strahlen und fließen wie aus der Gestalt Gottvaters, und ich fühle es untrüglich: Ich bin Seines Wesens, bin Sein Sohn; Er ist mein Vater und zwischen uns webt inniges Vertrauen.«[76]

Er hat den Auftrag, den Menschen zu verkündigen, daß nun auch der grobstoffliche Leib durch Vergeistigung den Tod überwinden soll, und er hat diese Vergeistigung am eigenen Leib exemplarisch zu vollziehen. Das geschieht in einem langsamen Prozeß: die Materiegeister müssen von der Liebeswärme des Geistes erfaßt, zum Bewußtsein ihrer Gottferne gebracht, dem Geisteinfluß geöffnet und umgeschmolzen werden zu Geist und ewigem Leben. Das ist ein Ringen um jede Körperzelle, das von furchtbaren körperlichen und seelischen Leiden begleitet ist. Die Beschreibung dieser Leiden füllt viele Seiten in Welkisch's Buch. Er setzt sie mit Jesu Kreuzigung gleich.

Da er durch seine Leiden die Vergottung erlangt hat, kann er auch *Erlöserdienste an den Menschen* tun. Wer sich – vor allem unter den Abgeschiedenen, aber auch unter den Lebenden – mit ihm »verbindet«, dem läßt Gott durch ihn seine vergeistigenden Kräfte zufließen. Ja, er vermittelt den »göttlichen Geistesstrom« an ganze Menschengruppen und Länder, löst dadurch innere Kräfte in ihnen aus und wirkt auf den Gang der Geschichte ein[77].

Die Körpervergeistigung, die er an sich selbst vollzieht, hat eine kosmische Wirkung. Denn die Materiegeister seines Leibes sind die Repräsentanten aller Materiegeister der Welt in ihren verschiedenen Feldern und Schichten. Er eint sich liebend mit ihnen und wird zum Erlöser für sie. Die mit seiner Körpervergeistigung verbundenen Qualen sind »stellvertretende Leiden«; er leidet »für die ganze Menschheit« oder je und je auch für besondere Einzelgruppen, etwa für die verfolgten Juden in der Hitlerzeit oder für die Flüchtlinge oder für die von Selbstmordgedanken Gepeinigten. Durch diese Leiden wird das Wirkungsfeld der göttlichen Liebe in der Außenwelt erweitert, und die Materiegeister ganzer Dimensionen erschließen sich dem Einfluß Gottes.

So löst Welkisch die stufenweise Durchgottung des kommenden Zeitalters aus. Mit ihm beginnt eine *Weltwende.* Die Menschheit wird auf eine neue Stufe gehoben. Da wird jeder Mensch die völlige Einung von Geist, Seele und Körper und damit das Gottmenschentum erlangen können, und der Tod wird keine Macht mehr über ihn haben. Darüber hinaus wird in diesem jetzt begonnenen Zeitalter

[75] a. a. O. S. 323 und 344

[76] a. a. O. S. 655

[77] So berichtet Welkisch, daß 1938 die göttliche Liebe durch ihn hindurchflutete und den drohenden Kriegsausbruch verhinderte (S. 343). Dagegen blieben die »inneren Gespräche« vergeblich, die er sieben Jahre lang mit Hitler führte, weil diesem die Demut als Grundvoraussetzung für den Empfang der himmlischen Hilfe fehlte.

die zerstörte Ordnung auf Erden wieder hergestellt; der paradiesische Zustand wird wiederkehren, und der Weg wird offen sein für das göttliche Wirken im All, um die Schöpfung aus ihrem Fall zurückzuführen in ihre geistige Gestalt.
Welkisch hat keine eigene Gemeinschaft ins Leben gerufen. Er tritt auch nicht öffentlich hervor. Er hält keine Vorträge, hat keine Zeitschrift gegründet und nichts unternommen, um seinen Namen bekannt zu machen. Er ist ein ganz nach innen gerichteter Mensch und lebt in stiller Zurückgezogenheit, einem intensiven Wirken hingegeben. Noch als 88jähriger veröffentlichte er ein Buch: *»Der Mensch zwischen Geist und Welt«,* in dem er die Summe seiner Erkenntnisse über des Menschen Herkunft, Wesen, Auftrag, Weg und Ziel in schlichter Sprache zusammenfaßte. Klein ist der Kreis derer, die den bescheidenen Mann kennen. Aber die ihn kennen, halten Großes von ihm[78]. Kranke und Leidende suchen seine Hilfe. Alle, die sich mit ihm »verbinden«, erleben täglich die »Stunde der abendlichen Bestrahlung«. Da schaltet sich bei Welkisch automatisch sein Geist ein, um einen »Liebesdienst« an den Seinen zu tun. Ein Strom geistiger Lebenskraft geht dann von ihm aus und ist imstande, bei den Empfängern »bis in die letzten Tiefen der Körperzellen reinigend und kräftigend einzudringen«, und sie können ihn spüren, etwa in der Form eines »lebhaften Strahlungsgefühls an Stirn und Ohr«[79].

[78] So schreibt Marianne Buck in ihrer Schrift »Der Mystiker« etwa: »Vergiß es nie, er ist ein Fürst, du eine Dienerin.« »Zieh deine Schuhe aus! Der Ort, darauf du stehst, ist heilig!« »Klein und bescheiden habe ich zu sein, des Abstands eingedenk, der eine Dienerin von dem Erwählten Gottes trennt!«
[79] Marianne Buck, a. a. O.

Sechster Teil

Die Geheimnisse hinter dem Vorhang

Schon immer trieb es den Menschen, in die Tiefen der Geheimnisse einzudringen, die sein Leben umhüllen. Dabei bewegte ihn nicht bloß Neugier, sondern etwas sehr Elementares: Er braucht Antworten auf Grundfragen seines Daseins, die ihm helfen, sich in der Welt zu orientieren. Um einige dieser Fragen zu nennen, die das Suchen und Denken des abendländischen Geistes bewegen: Wie und warum und wozu entstand der Kosmos? War alles nur ein Zufall? Oder gibt es einen Sinn und Zweck des Seins? Woher ist das Leben, der Geist, der Drang zum Fragen und Wissenwollen? Woher kommt das Böse? Was ist der Mensch? Welchen Auftrag hat er? Ist sein Dasein mit dem Tod zu Ende? Gibt es eine »jenseitige« Welt? Gibt es auch auf anderen Gestirnen Leben? Wenn ja: sind es gleiche oder höher entwikkelte Lebensformen? Besteht eine geheimnisvolle Macht, die das Leben auf Erden und im Universum schuf, leitet, koordiniert, einem Ziel entgegenführt? Welchem Ziel? Doch damit stehen wir wieder bei der Eingangsfrage.

Welche Instanz kann diese und andere Fragen beantworten? Der Theologe? Einst konnte er es, solange das biblische Weltbild – Himmel, Erde, Hölle – noch volle Gültigkeit hatte. Als es nach und nach zerbrach, wurden auch die alten Antworten hinfällig. Ein Ersatz war nicht vorhanden. Auch die Philosophen mußten kapitulieren; die Metaphysik starb. Sie wurde durch die säkularistische Weltauffassung abgelöst. Der Begriff *»Säkularismus«*, erstmals 1846 von dem Engländer George J. Holyoake gebraucht, wurde in der »Encyclopedia of Social Science« definiert als der »Versuch, eine autonome Dimension der Erkenntnis zu schaffen, völlig gereinigt von übernatürlichen, Glauben einschließenden Voraussetzungen«. Dieser Versuch zeitigte großartige Früchte menschlichen Erkennens und Schaffens. Aber die entscheidenden Grundfragen der menschlichen Existenz blieben offen, und der Hunger nach Antworten blieb ungestillt.

Ist es ein Wunder, daß die Epoche des Säkularismus zugleich Gegenbewegungen gebar und daß parallel mit den Triumphen der naturwissenschaftlichen Forschungen eine Hochblüte von jenseitigen Kundgaben, übersinnlichen Erkenntnissen und himmlischen Neuoffenbarungen einsetzte, die dem Menschen in seiner einsamen Verlorenheit halfen, indem sie ihm die Antworten schenkten, die für ihn lebenswichtig waren? Waren diese Gegenbewegungen nur verkappte Selbsthilfeaktionen von Leuten, die krampfhaft an ihren alten Wunschvorstellungen festhalten wollten? Man mag sie so deuten und diese Kundgaben usw. als pure Phantasieprodukte abtun. Ich kann mich diesem Urteil nicht anschließen, sondern meine, daß sich in ihnen Wahrheiten aus einer Dimension zum Wort meldeten, die von den Säkularisten zu Unrecht verleugnet worden waren.

Was aus diesen Quellen sprudelte, ist gewiß nicht lauter reines, klares Wasser. Es ist mit mehr oder weniger Geröll und Schlamm vermischt: mit Eigenwillig-Menschlichem, Phantastereien, auch Minderwertigem und Giftigem. Auch lassen sich zahlreiche Widersprüche zwischen den mancherlei Botschaften aus der »höheren Welt« feststellen. Deshalb ist Vorsicht geboten. Man verschreibe sich ihnen nicht mit Haut und Haaren, sondern prüfe sie sehr kritisch – auch und vor allem dann, wenn sie auf ihre göttliche Herkunft pochen und höchste Autorität für sich beanspruchen. Als Prüfungsmaßstab mag dienen, ob sie in ihren Aussagen einleuchtend, klar und überzeugend sind; ob sie eine erhellende Orientierung bieten und mit ihren Antworten eine echte Lebenshilfe geben; ob sie kraftvolle Motive zur Förderung des Guten im Menschen und im menschlichen Zusammenleben enthalten; ob sie in ihren Aussagen über den christlichen Glauben das Schriftzeugnis von Christus, dem Gekreuzigten und Auferstandenen, nicht verändern oder verdunkeln, sondern in die Mitte ihrer Urteile und Weltentwürfe stellen.

NEUOFFENBARUNGEN

Emanuel Swedenborg und die Neue Kirche

Ein Forscher wurde zum Seher

Die Familie des am 29. Januar 1688 in Stockholm geborenen EMANUEL SWEDENBORG gehörte der geistigen Elite Schwedens an. Sein Vater Jesper Swedberg war Feldprediger, dann Hofprediger und wurde 1692 Professor in Uppsala, 1702 Bischof von Skara. 1719 wurde er geadelt und erhielt den Namen Swedenborg. Ein zeitgenössischer Schriftsteller rühmte ihn nach seinem Tod 1735 als einen Mann, »dessen Gelehrsamkeit, Fleiß, musterhaftes Leben, gute Absichten und Eifer für Gottes Ehre selbst die Hochachtung eines erleuchteten Jahrhunderts verdienen«[1]. Durch die Heiraten seiner vier Töchter wurden ein späterer Erzbischof von Uppsala, zwei Bischöfe und ein Provinzstatthalter Mitglieder der Familie. Emanuel selbst war hoch begabt und von brennendem Wissensdurst erfüllt. Nach seinem geistes- und naturwissenschaftlichen Studium in Uppsala unternahm er 1710 seine erste Auslandsreise, um seine Kenntnisse zu erweitern. Er weilte in London und in Oxford, wo er mit berühmten Gelehrten wie Newton, Halley und Flamsteed in Berührung kam. Dann reiste er weiter nach Holland, Paris, Greifswald und Rostock und kehrte 1714 wieder heim.

Seine Studien galten damals besonders der Mathematik und Astronomie. Aber zugleich erwarb er allerlei handwerkliche Kenntnisse – »da es immer mein Wunsch war, mich irgend einem praktischen Nutzen zu widmen«, wie er in einem Brief am 13. Juli 1709 schrieb. So erlernte er nebenbei in Brunsbo die Buchbinderei, in London »stahl« er seinen jeweiligen Logisherren, einem Uhrmacher, einem Schreiner, einem Verfertiger mathematischer Instrumente, »ihr Handwerk ab« und machte Fortschritte »in der Kunst des Gravierens«; im holländischen Lei-

[1] Emanuel Swedenborgs Leben und Lehre, 1880 Bd. I, S. 35

den erlernte er das Glasschleifen; wieder daheim, interessierte er sich für »weißen Lehm«, aus dem Tonwaren und Tabakspfeifen hergestellt werden. In Rostock stellte er im Jahr 1714 eine Liste von 14 »mechanischen Erfindungen« zusammen: darunter »ein Schiff, das mit seiner Besatzung unter dem Meeresspiegel gehen kann«; »eine durch Feuer getriebene Maschine, um Wasser auszuwerfen« und damit Schaufelräder anzutreiben; ein »allgemeines Musik-Instrument«, mit dem man alle Arten von Melodien spielen kann; »einen fliegenden Wagen, oder die Möglichkeit, in der Luft sich schwebend zu erhalten und durch dieselbe getragen zu werden«; eine »neue Konstruktion von Luftflinten, mit der Tausende vermittels eines einzigen Hebers in einem Augenblick losgeschossen werden können«; neue Methoden zur Verfertigung von Seilen und Springfedern, Verbesserungen im Bau von Zugbrücken, Schleusen, Pumpen u. a. m.
Kein Wunder, daß er Ansehen gewann und daß ihm der König schon 1716 das Amt eines Assessors beim Bergwerks-Kollegium übertrug. Auch in diesem Arbeitsgebiet gab er wichtige Anregungen: für die Gründung von Salzwerken zum Beispiel, für das Verfahren des Eisenschmelzens; auch Anregungen, metallische Adern zu entdecken u. a. m. Aber sein forschender Geist blieb dabei nicht stehen. Er befaßte sich auch mit der Anatomie des Menschen, mit seinem Gehirn, dem »Mechanismus der Wirksamkeit der Seele und des Körpers«; oder mit der Bewegung der Erde und der Planeten, mit den »ersten Anfängen der natürlichen Dinge«, und er entwarf »eine neue Theorie über das Ende der Erde«. Er schrieb Bücher über das Tierreich und über die Psychologie. Er zeigte sich in alledem als ein schöpferisches Genie, das seiner Zeit in der Spürkraft seiner Phantasie und der Kühnheit seiner Erkenntnisse weit vorauseilte. Er stellte z. B. als erster 1734 die Nebulartheorie auf, als Kant zehn Jahre alt und Laplace überhaupt noch nicht geboren war. Hätte es in seiner Zeit schon den Nobelpreis gegeben, er wäre ihm mehrmals verliehen worden. Die schwedische Akademie der Wissenschaften lud ihn ein, ihr Mitglied zu werden, und die Akademie der Wissenschaften in Petersburg bat ihn am 17. Dezember 1734, ihn unter ihre korrespondierenden Mitglieder rechnen zu dürfen. Er galt als ein König im Reich der Wissenschaften, und Gelehrte aus vielen Ländern legten ihm ihre Probleme vor und erhofften von ihm Klärung.

Aber dann geschah ein Bruch, der in der Geistesgeschichte ohne Beispiel ist. Noch 1744 hatte er wissenschaftliche Schriften verfaßt: »Die Muskeln des Gesichts und des Unterleibs« – »Physikalische und optische Experimente« – »Über das Gehirn« – »Das Tierreich, betrachtet anatomisch, physisch und philosophisch, III. Teil«. Das war das letzte Buch des *Gelehrten* Swedenborg. Im nächsten Jahr veröffentlichte er ein Werk völlig anderer Art: »De Cultu et Amore Dei«, das dem Ursprung der Erde, dem Paradies, der Geburt Adams und dem ehelichen Leben des erstgeborenen Paares galt. Weitere Bücher waren der Auslegung altestamentlicher Schriften gewidmet und fanden ihre erste Krönung in den 1747–1758 entstandenen 16bändigen »Himmlischen Geheimnissen«. *Aus dem Forscher war ein Seher geworden,* und in seinem letzten großen Werk »Die wahre christliche Religion, enthaltend die ganze Theologie der Neuen Kirche« (1769–1771) steht als Verfasser: »ab Emanuele Swedenborg, Domini Jesu Christi servo«.

Durch welches Ereignis wurde sein Lebensgang plötzlich 1744/45 auseinandergespalten? In zwei Briefen an den württembergischen Prälaten Friedrich Christoph Oetinger vom 23. September und 11. November 1776 schrieb Swedenborg: »Ich kann heilig beteuern, daß der Herr selbst mir erschienen ist und daß Er mich gesandt hat, zu tun, was ich tue, und daß Er zu dem Zweck das Innere meines Geistes d.h. meinen Geistmenschen aufgeschlossen hat, damit ich die Dinge, welche in der geistigen Welt sind, sehen und diejenigen, welche sich daselbst befinden, hören möge.« Er sei beauftragt, dafür zu wirken, daß die geoffenbarte Wahrheit »in natürlicher und vernünftiger Weise gelehrt und verstanden würde; denn die geistigen Wahrheiten haben eine Entsprechung mit den natürlichen Wahrheiten, laufen auf diese aus und ruhen auf ihnen«. Um ihn auf diese Aufgaben vorzubereiten, sei er »vom Herrn zuerst in die Naturwissenschaften eingeführt« worden; das sei von 1710 bis 1744 geschehen.

Swedenborg sollte also Glauben und Wissen, Offenbarung und Vernunft miteinander in Einklang bringen. Zwischen beiden bestand im Zeitalter der Aufklärung bereits eine starke Spannung. Auch andere haben diesen Gegensatz zu überwinden versucht. Aber wie immer auch ihre Lösungen aussahen – Deismus, natürliche Religion, Neologie, Rationalismus –, immer triumphierte die Vernunft, von der die biblische Offenbarung einer mehr oder weniger radikalen Sichtung unterzogen wurde, am radikalsten durch Hermann Samuel Reimarus (1694–1768), der im Namen der »natürlichen Religion« alle Offenbarung bestritt und die Entstehung des Christentums auf Betrug zurückführte. Dieser Weg war für Swedenborg ungangbar. In ihm war, wie Ernst Benz ausführte[2], eine Sehnsucht nach der *»adamischen Erkenntnis«* wirksam, der noch der »Blick ins Wesen aller Welten« offenstand. Für den gefallenen Menschen ging sie verloren, und Swedenborg mußte erfahren, daß er mit allen seinen wissenschaftlichen Forschungen diese Erkenntnis nicht erreichen konnte. Sein wissenschaftliches Selbstbewußtsein brach zusammen. Das trieb ihn in die Buße und Demütigung vor Gott.

Schon seit 1736 hatte er *visionäre Erlebnisse,* besonders in Träumen. Nun fühlte er in der Nacht des 6./7. April 1744, daß »etwas Heiliges« über ihn kam. »Ich bemerkte, daß mir folgende Worte in meinen Mund gelegt wurden: ›O Du allmächtiger Jesus Christus, der Du in Deiner großen Barmherzigkeit geruhtest, zu einem solchen Sünder zu kommen, mache mich Deiner Gnade würdig!‹ Ich erhob meine Hände und betete, als eine Hand kam und meine Hände heftig drückte. Ich setzte dann mein Gebet fort und sprach: ›O Du, der Du verheißen hast, in Gnaden alle Sünder anzunehmen, Du kannst nicht anders als Dein Wort halten.‹ Da lag ich an Seiner Brust und schaute Ihn von Angesicht zu Angesicht. Es war ein Gesicht mit einem solchen Ausdruck der Heiligkeit, daß ich es nicht beschreiben kann.«

Ein Jahr später, Mitte April 1745, als Swedenborg in London weilte, folgte dieser Christus-Vision eine weitere Vision. Swedenborg erzählte seinem Freund, dem Bankdirektor Karl Robsahm, folgendes: Während er in seinem Gasthaus zu Mittag speiste, verbreitete sich eine Art von Nebel über seine Augen und wurde immer dichter. Plötzlich verschwand die Finsternis, und er sah in einer Ecke des

[2] Offene Tore 1975, Nr. 6

Zimmers einen Mann sitzen, der sagte: »Iß nicht so viel!« Swedenborg erschrak und eilte nach Hause. Aber in der folgenden Nacht stellte sich ihm derselbe Mann noch einmal vor und sagte, daß Er »Gott, der Herr, der Welt Schöpfer und Erlöser« sei; und »daß Er mich erwählt habe, den Menschen den geistigen Sinn der Heiligen Schrift auszulegen; und daß Er mir selbst diktieren werde, was ich schreiben soll über diesen Gegenstand. In der nämlichen Nacht wurden mir, um mich zu überzeugen, die Geisterwelten, die Hölle und der Himmel geöffnet, wo ich mehrere Personen meiner Bekanntschaft aus allen Ständen fand. Von diesem Tag an entsagte ich aller weltlichen Gelehrsamkeit und arbeitete nur noch in geistigen Dingen gemäß dem, was der Herr mir zu schreiben befahl. Täglich öffnete mir der Herr in der Folge die Augen meines Geistes, *so daß ich imstande war, bei völligem Wachen zu sehen, was in der anderen Welt vorging, und ganz wach mit Engeln und Geistern zu reden.«*

Das also war der Weg Swedenborgs, um die Kluft zwischen Offenbarung und Vernunft zu überwinden und den »Blick ins Wesen aller Welten« zu gewinnen, der hoch über alle Vernunft- und Wissenschaftserkenntnis hinausführt, aber »in natürlicher und vernünftiger Weise« verstanden wird. Er empfing keine »neuen Offenbarungen«, sondern sein Geist wurde von seinen kreatürlich-menschlichen Fesseln befreit, so daß er den »inneren Sinn« der Heiligen Schrift erkennen und die geistige Welt sehen konnte. So mußte er das, was ihm widerfuhr, verstehen.

Fortan führte Swedenborg in seinem Haus bei Stockholm ein zurückgezogenes, nach innen gewandtes Leben, das im Zeichen der Heiligung und des Umgangs mit der jenseitigen Welt stand. Er blieb unverheiratet – nach einer unglücklichen Liebe hatte er beschlossen, »niemals mehr an irgendein Frauenzimmer zu denken«. Eine Aufwärterin verrichtete die nötigsten Hausarbeiten. Das Essen besorgte er sich selbst. 1747 legte er sein Amt als Assessor nieder. Eine Zeitlang nahm er noch an den Sitzungen des Reichstags teil, dem er als Mitglied des Adelshauses angehörte. Dann gab er auch das auf. Aber er war kein versponnener Einsiedler. Er unternahm zahlreiche Reisen ins Ausland, war gesellig, liebenswürdig, mitteilsam und führte eine lebhafte Korrespondenz. Er arbeitete Tag und Nacht, bis er müde wurde.

Mit einer großartigen Entschiedenheit konzentrierte er sich auf die Heilige Schrift – in seinem Arbeitszimmer standen keine Bücher außer der hebräischen und griechischen Bibel. Er forschte nach ihrem »geistigen Sinn«, vielmehr: der Herr gab ihm Aufschluß darüber. Dabei waren Engel und Geister die Vermittlungsorgane. Der Brunnen der überirdischen Mitteilungen floß unerschöpflich. Von dem ersten Werk nach seiner Berufung, einer Auslegung des Schöpfungsberichts, schrieb er, es sei als Ganzes von Gott inspiriert. »Ja, ich habe sogar ganze Seiten geschrieben, und die Geister diktierten dabei nicht etwa nur die Worte, sondern führten selbst vollständig die Hand und schrieben so selber; sie schrieben, wie ich erfahren habe, sogar das, was ich selbst gar nicht dachte, sondern was die Geister in ihrem Sinne für sich noch über das hinaus dachten, was sie diktierten.«

Diese Worte und eine Fülle anderer Zeugnisse machen deutlich, daß Swedenborg das bestimmte Bewußtsein hatte, nicht selbst schöpferisch zu sein, sondern seine Botschaften und Erkenntnisse von einem realen und lebendigen Gegenüber zu

empfangen. Unter den Geistern, mit denen er umging, waren berühmte Männer der Vergangenheit und der zeitgenössischen Geschichte, so Luther, Calvin und Leibniz, aber auch biblische Gestalten von Abraham und Mose bis zu den Aposteln. Daß er eine echte hellseherische Gabe besaß, beweist jenes berühmt gewordene Ereignis vom Jahre 1756: Als Swedenborg damals in Göteborg weilte, beschrieb er ein Feuer, das in dem 400 km entfernten Stockholm wütete. Er erstattete den städtischen Behörden Bericht über den Brand, nannte allerlei Einzelheiten und gab an, wann das Feuer gelöscht wurde. Einige Tage später traf ein königlicher Bote aus Stockholm ein, dessen Meldungen die Genauigkeit der Vision Swedenborgs bestätigten[3].
Während eines Aufenthalts in London erlitt Swedenborg, 84jährig, einen Schlaganfall. Der schwedische Pfarrer Arwed Ferelius fragte den Sterbenden, ob er »sein neues theologisches System« widerrufen wolle. Er antwortete: »So wahr Sie mich hier vor Ihren Augen sehen, so wahr ist auch alles, was ich geschrieben habe, und ich hätte mehr sagen können, wenn es mir erlaubt gewesen wäre. Wenn Sie in die Ewigkeit kommen, werden Sie alles sehen und Sie und ich werden viel miteinander zu reden haben.« Am 29. März 1772 starb er und wurde in der Londoner schwedischen Kirche beigesetzt; 1908 wurden seine Gebeine nach Uppsala überführt. Er hinterließ ein riesiges geistiges Werk. Mit einem Umfang von rund 20000 Seiten übertrafen seine religiösen Schriften die wissenschaftlichen um das Doppelte. Er hatte sie alle in lateinischer Sprache geschrieben und den Druck selbst finanziert.

Gott, Schöpfung, Mensch

In einem Nachruf sagte Samuel Sandel, Mitglied der schwedischen Akademie der Wissenschaften, am 7. Oktober 1772: »Swedenborg wandte alle seine Kraft an, um das Allerinnerste zu ergründen und die Gelenke des Weltalls zu einer ganzen Kette zu verbinden und alles zusammen in einer bestimmten Ordnung von seinem ersten Ursprung abzuleiten.« Und er fügte hinzu: »Doch er ging noch weiter: er wollte dieses System auch mit der Heilslehre vereinigen.« Damit ist der Wesenskern von Swedenborgs Streben getroffen. Seine Erkenntnis der göttlichen und geistigen Welt empfing er aus zwei Quellen: aus der Bibel und aus seinen Gesprächen mit den Engeln und Geistern. Aber deren Mitteilungen erkannte er keinen selbständigen Rang zu. Im Gegensatz zum Spiritismus bestritt er, daß der Mensch »durch Verkehr mit Geistern und Engeln mehr erleuchtet und weiser

[3] Immanuel Kant zeigte sich in einem Brief vom 10. August 1758 an Charlotte von Knobloch sehr beeindruckt von Berichten über Swedenborgs übersinnliche Gaben. So erwähnte er den Fall der Witwe des holländischen Gesandten in Stockholm: Nach seinem Tod habe diese von einem Goldschmied die Mahnung erhalten, ein von dem Verstorbenen bestelltes Silberservice zu bezahlen. Sie glaubte nicht, daß ihr Mann eine unbeglichene Schuld hinterlassen hatte, konnte aber keine Quittung finden und bat Swedenborg, »bei ihrem Mann Erkundigungen einzuziehen«. Drei Tage später sagte er ihr, er habe mit ihrem Mann gesprochen, und die Quittung liege zusammen mit Geheimakten in einer verborgenen Schublade eines Schranks im oberen Zimmer. Sie suchte nach, und es stimmte. Dann schilderte Kant Swedenborgs Vision vom Brand in Göteborg: Diese Begebenheit »scheint mir unter allen die größte Beweiskraft zu haben und benimmt wirklich allem erdenklichen Zweifel die Ausflucht«.

werden« könne. Die Geister, die zum Menschen reden, entsprächen seinem eigenen jeweiligen Niveau und bestätigten lediglich seine Auffassungen, mögen sie wahr oder falsch sein. Die wirkliche Erleuchtung erfolge allein »durch das Wort in dem Maße, wie sein Wille im Guten ist«. Darum sei die mittelbare Offenbarung durch das biblische Wort einer unmittelbaren Offenbarung durch Geister »weit vorzuziehen«. Swedenborg selbst hatte viele Gespräche mit Geistern. Er konnte sogar »mit einigen Gesellschaften« in der geistigen Welt reden. Er wurde im Geist entrückt und konnte Dinge sehen, die in der geistigen Welt existieren – »Dies ist der Zustand, in dem ich nun schon 26 Jahre hindurch war, nur daß ich im Geist und zugleich im Körper und nur einige Male außerhalb des Körpers war.«[4] Aber alles, was er sah und hörte, mußte sich der Kontrolle durch das Wort unterwerfen. Im »Wort« – Swedenborg klammerte die neutestamentlichen Briefe aus, weil sie »bloß Lehrschriften« seien – unterschied er zwischen dem buchstäblichen, dem geistigen und dem himmlischen Sinn der Texte. Diese Unterscheidung ist begründet in seiner *Lehre von den »Entsprechungen«,* die eine große Rolle in seinem Denken spielt. Danach hat sich alles Sein und Leben in drei Stufen von Gott abwärts entfaltet: »Vom Herrn geht das Himmlische, das Geistige und das Natürliche, eines nach dem andern, aus. Himmlisch heißt, was aus Seiner göttlichen Liebe hervorgeht, und dies ist das Göttlich-Gute. Geistig heißt, was aus Seiner göttlichen Weisheit hervorgeht, und dies ist das Göttlich-Wahre. Das Natürliche entspringt aus beiden und ist ihre Zusammenfassung im Letzten.«[5] Das Verhältnis der drei Reiche ist so, daß die Erscheinungen und Bestandteile des unteren Reichs denen der zwei höheren Reiche entsprechen und daß alles Niedere ein Gefäß des Höheren ist. Das gilt nicht nur für die Schöpfungswelt, sondern auch für die *Heilige Schrift.* Sie ist in lauter Entsprechungen geschrieben. Das bedeutet, daß »in seinem Buchstabensinne, welcher der natürliche ist, ein inwendiger Sinn sei, welcher der geistige, und in diesem ein innerster, welcher der himmlische ist«[6]. Der Buchstabensinn darf keinesfalls mißachtet werden, denn er ist das »Behältnis«, die Grundlage und Stütze der beiden inwendigeren Sinne. Im Lauf der Menschheitsgeschichte ging die Wissenschaft der Entsprechungen verloren. Schon die Juden und dann die Christenheit kannten nur den Buchstabensinn. Nun aber ist »die Wissenschaft der Entsprechungen, durch welche der geistige Sinn gegeben wird, in diesen Tagen geoffenbart« worden[7], und Swedenborg war es, dem dies zuteil wurde!

Was er aus dem »geistigen Sinn« des Worts und aus seinen Gesprächen mit den Jenseitigen empfing, wuchs zu einem kolossalen Gemälde von Gott und Welt, Diesseits und Jenseits, Vergangenheit und Zukunft zusammen. Wie sieht dieses Bild in seinen wesentlichen Konturen aus? Beginnen wir mit einem erstaunlichen Satz: »In keinem Himmel stellt man sich *Gott* anders denn als einen Menschen vor.«[8] Das ergibt sich auch daraus, daß er den Menschen nach seinem Bilde schuf

[4] Die wahre christliche Religion, 157
[5] Lehre von der Heiligen Schrift, 6
[6] Die wahre christliche Religion, 212
[7] a.a.O. 207
[8] Göttliche Liebe und Weisheit, 11

und daß er z. B. dem Abraham in Menschengestalt erschien. Und »weil Gott Mensch ist, so hat er einen Leib und alles, was zu einem Leibe gehört«. Aber dieser anthropomorphe Gott ist nicht gleichzusetzen mit Gott in seinem eigentlichen Sein – Swedenborg gebraucht für ihn den Begriff »das Göttliche Selbst«. Dieser Gott ist der Unendliche, weil er in sich existiert und alles im Weltall aus ihm existiert; und weil er war, bevor Räume und Zeiten entstanden sind, ist er nach Erschaffung der Welt »im Raum ohne Raum und in der Zeit ohne Zeit«[9]. Sein Grundwesen ist die Liebe und Weisheit, und das Weltall, das er schuf, ist »die göttliche Liebe und die göttliche Weisheit im Abbilde«[10]. Die *Schöpfung* hat sich in einem gewaltigen Stufenbau von Gott abwärts entfaltet; dem korrespondiert ein nach aufwärts gerichteter Entwicklungsdrang der Schöpfung. Die Mineralien im natürlichen Reich streben danach, in die Vegetabilien überzugehen, von da ins Tierische und dann in die menschliche Stufe. Der Mensch selbst aber ist wiederum nur eine unterste, kleinste Einheit höherer Daseinsstufen. Auch in den oberen Reichen gibt es in Entsprechung zum natürlichen Reich: Landschaften mit Bergen, Tälern, Ebenen, Flüssen, Seen, Paradiesen, Pflanzen und Tieren. So ist also »das Universum der geistigen Welt dem Universum der natürlichen Welt völlig ähnlich«, nur daß dort »alles geistig ist«[11].

Als letzte der Schöpfungen entstand die natürliche Welt; nachdem sie vollendet war, wurde der *Mensch* erschaffen. »In ihm ist alles vereinigt, was zur göttlichen Ordnung gehört.« Anders ausgedrückt: er ist ein Mikrokosmos, welcher den Makrokosmos »vorstellt«. Wie dieser besteht er aus drei Teilen: Seele, Gemüt und Körper. Er vereinigt also in sich die Elemente aller Schöpfungsstufen: den »inneren Menschen« bildet das Himmlische und Geistige, den »mittleren« das Vernünftige, den »äußeren« das Sinnliche. So ist er ein Zentrum der Kräfte und Tendenzen, die in der Schöpfung wirken. Sein Inneres ist die Eingangspforte des Göttlichen; hier kann es Wohnung nehmen, kann sich mit dem Menschen vereinigen. »Durch dieses Innere lebt der Mensch nach dem Tod und in Ewigkeit; und durch dasselbe kann er vom Herrn zum Engel erhoben werden; es ist die eigentliche Urform, kraft deren er zum Menschen wird.«[12] Sein eigentliches Leben ist seine Liebe. »Und wie die Liebe, so ist das Leben, ja der ganze Mensch beschaffen.«[13] Gott hat ihm den freien Willen verliehen, damit er sich als selbständiges Wesen fühle und aus eigener Entscheidung Gott liebe.

Der Mensch steht in der Mitte der Schöpfung. Er ist der Kreuzungspunkt der von oben nach unten und der von unten nach oben gerichteten Bewegungen. Und wie die menschliche Gestalt eine Repräsentation Gottes ist, so bildet sie auch die Urform der Schöpfung. Die Geistwesen gruppieren sich in Gemeinschaften, die Menschengestalt tragen, und diese Gemeinschaften schließen sich wiederum zusammen im »*Großen Menschen*«, dem »homo maximus«, der sich aus den Geistern und Geistergemeinschaften als seinen Zellen und Gliedern zusammensetzt. Er

[9] Wahre christliche Religion, 27
[10] a.a.O. 52
[11] a.a.O. 322
[12] Himmlische Geheimnisse, 1999
[13] Die wahre christliche Religion, 399

macht den gesamten Himmel aus. »Der Himmel in seinem Ganzen und in seinen Teilen ist wie ein Mensch gestaltet.« Der »homo maximus« ist der Leib Gottes, in dem sich die erlösten Geistwesen zusammenfügen; und zugleich ist er das Organ, durch das Gott sein Leben in die unteren Bereiche der Schöpfung ausstrahlt. Der höchste oder himmlische Himmel bildet das Haupt des »homo maximus«, bestehend aus solchen Geistwesen, die aus Liebe zu Gott handeln. Die Brust stellt den zweiten oder geistigen Himmel dar, zusammengesetzt aus solchen, die Einsicht in die Wahrheit mit Nächstenliebe verbinden. Die Knie und Füße sind der unterste oder natürliche Himmel, in dem sich Geister und Geistergesellschaften sammeln, die der Wahrheit gehorchen, ohne tiefer in sie einzudringen.

Aus dem Bisherigen ergibt sich der innere Auftrag und das *Heilsziel,* das dem Menschen gegeben ist. Er soll einen Platz und Dienst im homo maximus, dem Leib Gottes, finden. Er ist Leben aus Gottes Leben. Ursprünglich befand er sich in dieser Verbundenheit. Aber er verlor sie. Der *Sündenfall* war für Swedenborg nicht ein einmaliger Akt des Ungehorsams gegen Gottes Gebot, sondern eine allmählich sich vollziehende Verderbnis. Sie wurde dadurch ausgelöst, daß der Mensch sich von der Schlange verführen ließ und vom Baum der Erkenntnis des Guten und Bösen aß. Das bedeutet, daß er nicht mehr durch das »Innewerden vom Herrn«, sondern aus sich selbst und seinen eigenen Forschungen erkennen wollte, was gut und wahr ist. »Der weltliche und fleischliche Mensch spricht in seinem Herzen: Wofern ich nicht über den Glauben und über das, was Sache des Glaubens ist, belehrt werde durch Sinnliches, daß ich es sehe, oder durch Wissenschaftliches, daß ich es verstehe, so werde ich nicht glauben.«[14] Das ist der Ursprung des Bösen. Er liegt im Menschen selbst, denn Gott hatte ihm die Freiheit des Willens gegeben. Der Mensch aber wandte sich von ihm ab und zu sich selbst hin, als ob er Gott wäre. Je mehr er seiner menschlichen Weisheit folgte, desto verblendeter wurde er, bis er schließlich nicht einmal mehr glaubte, daß es etwas Geistiges und ein ewiges Leben gibt. Er verschloß sich nach oben, indem er »seinen Willen, das Aufnahmeorgan des göttlichen Willens, zum Aufnahmegefäß der Selbstliebe und seinen Verstand aus einem Aufnahmeorgan der göttlichen Weisheit zum Aufnahmegefäß der eigenen Einsicht machte«[15].

Die Zerschneidung des innigen Zusammenhangs mit dem göttlichen Leben hat zur Folge, daß der Mensch das eigene Leben selbstherrlich für sich in Anspruch nimmt und zu stolzer, rebellischer Selbstbehauptung mißbraucht. Die Lehre, daß durch Adams Fall die *Erbsünde* in die Welt gekommen ist und das ganze Menschengeschlecht belastet, lehnte Swedenborg ab. Das »Erbböse« ist vielmehr so entstanden, daß »ein jeder, der eine wirkliche Sünde begeht, sich dadurch eine Natur anbildet und das Böse von daher den Kindern eingepflanzt wird und erblich wird«. Wenn die Kinder, Enkel, Urenkel usw. ebenfalls wirkliche Sünden begehen, so daß sie ihnen durch Gewohnheit gleichsam zur Natur werden, vererben sie diese zusätzlich weiter. So »vervielfältigt« sich das »Erbböse« im Lauf der Generationen (Himmlische Geheimnisse, 313). Daraus erklärt sich, daß die Geschichte der Menschheit im Zeichen eines fortschreitenden Niedergangs steht. Sie müßte im Chaos enden, wenn Gott nicht eingriffe.

[14] Himmlische Geheimnisse, 128
[15] Göttliche Vorsehung, 328

Himmel, Hölle, Sternenwelt

Die Seele ist der eigentliche Mensch, und der Körper ist nur sein Organ, durch das er in der irdischen Welt tätig ist. »Hieraus erhellt, daß der Mensch, wenn er stirbt, nur von einer Welt in die andere übergeht.«[16] Seine Herausführung aus dem irdischen Körper in die geistige Welt ist die »Auferweckung«. Dabei wird das Bewußtsein nicht unterbrochen, so daß er des eingetretenen Todes zunächst gar nicht inne wird. Auch in der geistigen Welt erscheint er »völlig in menschlicher Gestalt«; er kann aber keineswegs mit leiblichen Augen gesehen werden, sondern nur mit den Augen des Geistes. Vor diesen erscheint er wie ein Mensch in der Welt: »hat Sinne, nämlich Gefühl, Geruch, Gehör, Gesicht, und zwar weit feiner als in der Welt; er hat Begierden, Wünsche, Neigungen, Triebe wie in der Welt, aber auf einer weit höheren Stufe; er denkt auch wie in der Welt, aber in vollkommenerer Weise; er redet mit anderen; kurz, er ist dort wie in der Welt.«[17]
Swedenborg bekam über die jenseitigen Welten und Schicksale umfangreiche Aufklärung. So hatte er Gespräche mit Abgeschiedenen, »die vor 2000 Jahren gelebt hatten und deren Leben in den Geschichtswerken beschrieben und aus denselben bekannt ist«[18], aber auch mit solchen, die wenige Tage zuvor erst gestorben waren. Ja, wie der *Wechsel von der natürlichen in die geistige Welt* vor sich geht, wurde ihm »durch lebendige Erfahrung gezeigt«: er wurde in den Zustand des körperlichen Sterbens versetzt, während er im Geiste wach blieb, so daß er wahrnehmen konnte, was mit ihm geschah[19].
Zuerst betritt der Abgeschiedene die *Geisterwelt*. Sie ist »ein Mittelort zwischen Himmel und Hölle und ist auch ein Mittelzustand des Menschen nach dem Tode«[20]. Mit dem Hinübergang ist auch das *»Jüngste Gericht«* verbunden: es ist die Selbstenthüllung des inneren Menschen. Er sieht sich »in den Zustand seines Inwendigen versetzt«. Alle Masken fallen, und er wird nun auch äußerlich zu dem, was er innerlich ist. Jeder Mensch hat ein »inneres Gedächtnis«, ein »Buch des Lebens«, in das sich sein ganzes Leben und Tun einzeichnet. So kommt er als ein geprägter Geist in die andere Welt. Und diese Prägung ist sein Gericht. Aber es ist ein Gericht ohne Richter und ohne Urteil. Es ist vielmehr ein Klärungs- und Feststellungsakt: Der Abgeschiedene erkennt sich in seinem eigentlichen Wollen und Streben und er kann fortan ganz »aus einem Eigenen« handeln, d.h. er folgt seiner herrschenden Liebe und ihren Lustreizen. »Die Neigung der Liebe des Menschen ist sein Leben.« War er von der Liebe zu sich selbst und zur Welt beherrscht, dann kann er ihr auch in der geistigen Welt »nicht widerstreben, denn das hieße seinem eigentlichen Leben widerstreben«[21]. Weil aber die meisten nicht eindeutig nur das Gute oder das Böse liebten, wird bei denen, die überwiegend das Gute liebten, »das Falsche entfernt, und werden ihnen die aus ihrem Guten übereinstimmenden und gleichförmigen Wahrheiten gegeben, und bei den Bösen daselbst werden die

[16] Himmel und Hölle, 445
[17] Himmlische Geheimnisse, 6054
[18] Himmel und Hölle, 480
[19] a.a.O. 445–450
[20] a.a.O. 421
[21] Himmlische Geheimnisse, 7342

Wahrheiten weggeschafft, und es wird ihnen das mit ihrem Bösen übereinstimmende Falsche gegeben«. Denn weder im Himmel noch in der Hölle darf jemand ein »zerteiltes Gemüt« haben[22]. Dieser Prozeß in der Geisterwelt kann einige Tage oder Monate, selten mehr als ein Jahr lang dauern.

Nun ist die Grundrichtung festgelegt. Sie bestimmt den weiteren Weg des Abgeschiedenen. Der Satz »Gleich und gleich gesellt sich gern« gilt auch in der Welt der Geister. Von jedem Geist »fließt eine Sphäre seiner Liebe und daher eine Sphäre seines Wahren oder Falschen aus«. Daran wird er erkannt, wie er auch seinerseits die anderen erkennt, und er sucht die Verbindung mit »Gesellschaften, welche in ähnlicher Liebe und daher in ähnlichem Wahren oder Falschen sind«[23]. Den Bösen zieht es zu den Bösen, und in dieser Gesellschaft werden die Geister einander zu Teufeln, die sich gegenseitig quälen. So machen sie sich selbst das Leben zur *Hölle*. Aber nur der kommt in eine solche Gesellschaft, dessen Geist und Wille völlig und allein vom Bösen erfüllt ist; »solange noch etwas Gutes da ist, wird er aus der Hölle emporgehoben«[24]. Die Höllenqual ist nicht eine von Gott verhängte Strafe, sondern eine Selbstbestrafung des bösen Menschen, der »nach dem Tode nichts sehnlicher wünscht, als dort zu sein, wo sein Böses ist; weshalb denn der Mensch nach dem Tode sich selbst in die Hölle stürzt, und nicht der Herr«[25]. Er wollte der höllischen Gesellschaft angehören und weiterhin Böses tun und muß auch Böses durch seine Umwelt erleiden. »Jegliches Böse führt seine Strafe mit sich.«
Da dem Inneren der Abgeschiedenen auch ihr Äußeres entspricht, haben die Bewohner der Hölle Gestalten des Hasses, der Rachgier, der Verachtung usw., und ihre Gesichter sind grausig und leblos, bei manchen glutrot wie Feuerbälle, bei anderen durch Blattern, Beulen und Geschwüre entstellt; andere haben statt eines Gesichts nur etwas Struppiges oder Knöchernes. Ihre Leiber sind mißgestaltet, ihre Reden bestehen aus Zorn, Haß oder Rachsucht. Unter dem »höllischen Feuer« ist die aus ihrer Selbstsucht entspringende Gier, Böses zu tun, zu verstehen. Jeder sucht dem anderen zu schaden und ihn zu unterjochen und »gegen die, welche sich nicht unterwerfen, wütet er mit Lust«. Sobald aber, was häufig geschieht, die Herrschaftsverhältnisse sich ändern, werden die Peiniger zu Objekten grausamer Rache. Jeder haßt jeden, und das Zusammenleben steht im Zeichen von Verachtung, Verspottung, Verhöhnung, Lästerung, die »in allerhand Zerfleischungen ausbrechen«[26]. Die höchste Lust der Höllenbewohner »besteht darin, daß einer den anderen strafen, martern und quälen kann«. Und Qual haben sie nur »darüber, daß sie nicht noch mehr Böses tun können«[27]. Darum können sie »nicht mehr gebessert werden«. Sie bleiben in der Höllenwelt, weil sie dort sein wollen.
Die *Höllenräume* befinden sich unter der Erdoberfläche. Die Pforten zu ihnen sind bedeckt und öffnen sich nur, »wenn böse Geister aus der Geisterwelt hineinge-

[22] Himmel und Hölle, 425f.
[23] Enthüllte Offenbarung, 889
[24] Himmlische Geheimnisse, 1857
[25] Himmel und Hölle, 547
[26] a.a.O. 570ff.
[27] Himmlische Geheimnisse, 8232

worfen werden«[28]. Es gibt unzählige Höllen. »Es ward mir auch gegeben, in die Höllen hineinzublicken und zu sehen, wie sie inwendig beschaffen sind.« Einige sahen aus wie verbrannte Städte, in deren Trümmern die Geister hausen; andere wie Städte mit elenden Hütten, die Häuser mit endlosen Zänkereien und Schlägereien, die Gassen mit Raub und Plünderungen erfüllt; andere sind lauter garstige Dirnenhäuser voll Schmutz und Auswurf. Die Hölle ist ebenso in Gesellschaften geteilt wie der Himmel, und »wie der ganze Himmel im Gesamtumfang einen Menschen darstellt, so auch die ganze Hölle in ihrem Gesamtumfang einen Teufel«[29].

Wird in der Hölle das Leben von der Selbstliebe beherrscht, so im *Himmel* von der Gottes- und Nächstenliebe. Darum wird hier der Mensch dem Menschen ein Engel. Schon im Geisterreich fühlen die Guten sich bei den »geistigen Engeln« wohl, die den Abgeschiedenen mit Rat und Tat beistehen, während die Bösen von ihnen hinwegstreben. Sie werden dann für ihre Aufnahme in den Himmel vorbereitet. Wenn ihr Gewissen durch Unwissenheit oder Irrlehren entstellt wurde, müssen sie ihre falschen Grundsätze ablegen. Sie werden deshalb länger oder kürzer »auf der unteren Erde gehalten«, und manche erleiden dabei ziemlich Hartes. Danach werden sie unterwiesen und dann mit Engelsgewändern bekleidet und »so auf den Weg gebracht, der aufwärts zum Himmel führt, und dort Hüterengeln übergeben«[30]. Diese geleiten sie weiter in die Himmelswelt. Sie besteht aus drei Stufen oder Himmeln: dem innersten, dem mittleren sowie dem natürlich-geistigen oder himmlischen – der letztere entspricht dem Natürlichen der Welt, hat aber Geistiges und Himmlisches in sich. Jeder dieser drei Himmel ist von Engeln, die der jeweiligen Stufe entsprechen, bewohnt. Alles und jedes im Weltall hat seine Entsprechung in der himmlischen Welt: Die Sonne ist der Herr; der Wärme der Sonne entspricht seine Liebe, dem Licht das Göttlich-Wahre. Den Sternen entsprechen die Gesellschaften des Himmels und ihre Wohnungen. Ebenso haben die Tier- und die Pflanzenwelt ihre Entsprechungen im Himmel. Die Zeiten bezeichnen in der geistigen Welt Zustände, und alle Fortbewegungen geschehen durch Zustandsveränderungen des Inwendigen. – »In dieser Weise bin auch ich vom Herrn in die Himmel und auf die Erdkörper im Weltall geführt worden, und zwar dies dem Geiste nach.«[31]

Die *Engel* sind keine von Anbeginn erschaffenen Wesen, sondern kommen alle aus dem menschlichen Geschlecht und wurden zu Engeln, weil sie »in der Welt in himmlischem Lieben und Glauben gelebt« haben. Seit der ersten Schöpfung ist ihre Zahl ungeheuer gewachsen und nimmt unaufhörlich zu. Aber der Himmel des Herrn ist so groß, »daß er auch in Ewigkeit nicht ausgefüllt werden könnte«. Die Engel sind »in größere und kleinere Gesellschaften geteilt, je nach den Unterschieden des Guten, der Liebe und des Glaubens, in dem sie sind«[32]. Die Kleider

[28] Nach den von Swedenborg empfangenen Mitteilungen befinden sich Höllen »unter jedem Berg, Hügel und Felsen und auch unter jeder Ebene und jedem Tal«; Grotten, Spalten und Ritzen der Felsen sind ihre Zugänge.

[29] Himmel und Hölle, 553

[30] a.a.O. 519

[31] a.a.O. 191

[32] a.a.O. 41

der Engel entsprechen ihren »Einsichten«; die der Einsichtsvollsten schimmern wie Feuerglanz. Die Engel des innersten Himmels aber sind unbekleidet, »weil Nacktheit im geistigen Sinn Unschuld ist und weil Kleider die das Gute einhüllenden Wahrheiten sind«[33]. Die Wohnungen der Engel sind wie die irdischen, nur schöner. Die Häuser haben Vorhöfe und Gärten und bilden zusammen Städte mit Straßen und Marktplätzen. Swedenborg konnte sie durchwandern und er sah »Paläste des Himmels, die so herrlich waren, daß sie nicht beschrieben werden können«[34].

Die Aufgaben und Tätigkeiten der Engelgesellschaften sind sehr verschieden: Pflege der Kinder, Erziehung und Unterrichtung der Heranwachsenden, Belehrung der »einfältig Guten aus der Christenheit« und der Heidenvölker, Schutz der »Geisterneulinge« vor Anfechtungen durch böse Geister. Andere halten die Höllenbewohner im Zaum oder stehen den »Auferweckten« bei. Auch werden Engel zu den Menschen gesandt, um ihnen gute Neigungen einzuflößen und böse Absichten zu entfernen. Jeder Engel teilt seine Freude allen mit, so daß gleichsam jeder der Mittelpunkt aller ist. »Dies ist die himmlische Form, daher je mehr es sind, welche das Reich des Herrn ausmachen, desto größer die Seligkeit.«[35] Und mit ihrem Wachsen in der Liebe und im Glauben schreiten sie fortwährend dem Frühling ihres Lebens entgegen. Angehörige des weiblichen Geschlechts, die alt und abgezehrt starben, gelangen »mehr und mehr in die Blüte des jugendlichen und mannbaren Alters und in eine Schönheit, die jedes Ideal von Schönheit übertrifft, das je das Auge geschaut haben könnte. Die Güte und Liebestätigkeit ist es, welche so gestaltet und ihr Ebenbild ausmacht.«[36] Wie in der Hölle die Lustreize des Bösen sich austoben wollen, so finden im Himmel die Lustreize des Guten und Wahren ihre Erfüllung. Wer im Erdenleben die göttlichen Wahrheiten geliebt hatte, ist drüben im Licht des Himmels. Wer nach den Lehren des Wortes gelebt hatte, ist drüben im innersten Himmel und in der Lust der Weisheit. Wer die Wissenschaft geliebt und zugleich das Göttliche anerkannt hatte, wird die Verwandlung seines vernunftmäßigen Lustreizes in einen Lustreiz der Erkenntnisse des Guten und Wahren erleben. Während die Lustreize der Hölle zur gegenseitigen Peinigung führen, sind die Lustreize des Himmels mit den »Nutzleistungen« der Liebe verbunden. Das ist die Quelle unbeschreiblicher Freuden: »Die Freude der Wollüste des Körpers verhält sich zu diesen Freuden wie ein plumper und unangenehmer Klotz zu dem reinsten und sanftesten Lüftchen.«[37]

Hier muß noch ein Zug erwähnt werden, der für das Leibdenken Swedenborgs kennzeichnend ist: die *Ewigkeit der Ehe*. Der gottebenbildliche Urmensch ist nicht Mann oder Frau, sondern die Einheit von beiden. In der irdischen Erscheinung sind Mann und Frau differenziert; aber erst zusammen bilden sie einen ganzen Menschen. In der wahren Ehe verbinden sich Mann und Frau durch die völlige

[33] Enthüllte Offenbarung, 828
[34] Himmel und Hölle, 183
[35] Himmlische Geheimnisse, 549
[36] Himmel und Hölle, 414
[37] a.a.O. 413

Liebe so eng, daß die Zweiheit zu einem Ineinander und zu einer Ganzheit wird. Was auf Erden nur teilweise verwirklicht wird, das vollendet sich dann im Himmel. Die Geschlechts- und die eheliche Liebe bleiben nach dem Tod, wie sie im irdischen Leben waren. Die Ehegatten erkennen sich wieder und gesellen sich zunächst zueinander. Aber im Verlauf ihrer Selbstenthüllung, wenn sie »in ihr Inneres eingehen«, sehen sie, welche Liebe sie zueinander hatten und ob sie weiter zusammenleben können. Können sie miteinander leben, dann bleiben sie Ehegatten. Im anderen Fall trennen sie sich und erhalten andere Ehegatten, die für sie passen. Wer auf Erden mehrere Gatten oder Geliebte hatte, nimmt in der anderen Welt entweder einen von diesen an oder verläßt alle. Solche Trennungen sind häufig, denn die im irdischen Leben geschlossenen Ehen sind meist äußerlich.

Die Fortführung einer wahren irdischen Ehe oder die Neuvermählung im Himmel ist notwendig, weil der eigentliche, volle Mensch beides, Mann und Frau, zusammenfaßt; in der Gespaltenheit ist er nicht ganz Mensch. Zwei Ehegatten, die innerlich vereinigt sind, werden im Himmel »nicht zwei, sondern ein Engel genannt«. Sie pflegen ähnlichen Umgang miteinander wie auf Erden, nur daß er beglückender ist, weil ihre Liebe reiner und inniger, ihre Empfindungsfähigkeit stärker ist. An die Stelle der Kinderzeugung tritt die geistige Zeugung der Liebe und der Weisheit. Im Spiegel ihrer gegenseitigen Liebe erkennen Mann und Frau das Gottesbild, in dem sie eins sind. In dem Maß, in dem die Liebe sich vertieft, kehren die Gatten in den Stand ihrer jugendlichen Vollkommenheit zurück; so ist das Reich der himmlischen Ehen das Reich der ewigen Jugend. Die Gatten, die in die Hölle kommen, werden dagegen voneinander getrennt; denn sie waren nur durch eine geschlechtliche, nicht aber durch eine eheliche Liebe miteinander verbunden. Was geschieht aber mit solchen Menschen, die auf Erden ehelos waren? Sie können sich im Himmel frei wünschen, ob sie einen Gatten haben wollen oder nicht. Die auch dann ehelos bleiben wollen, werden »zur Seite des Himmels getan«, »weil die Sphäre der beständigen Ehelosigkeit die Sphäre der ehelichen Liebe, welche die eigentliche himmlische Sphäre ist, anfeindet«.

In seinem Werk »Die Erdkörper in unserem Sonnensystem, welche Planeten genannt werden, und einige Erdkörper am Fixsternhimmel, sowie ihre Bewohner, Geister und Engel« (1758) entwarf Swedenborg eine Art *Geographie des Geisterreichs*. Von »Geistern unseres Weltkörpers« wurde ihm gesagt, »daß es viele Erdbälle und auf ihnen Menschen gibt; denn aus Gründen der Vernunft kann man schließen, daß so große Massen wie die Planeten, von denen einige größer als diese Erde sind, nicht leere Klumpen, noch bloß dazu geschaffen sind, sich um die Sonne zu wälzen und zu ergehen und mit ihrem geringen Schimmer einem einzigen Erdkörper zu leuchten, sondern daß ihr Nutzzweck ein höherer als dieser sein muß«[38]. In teilweise wochen- und monatelangen Gesprächen mit Geistern und Engeln, die sich in der Nähe anderer Erdkörper aufhielten, bekam Swedenborg Auskünfte über das Leben ihrer Bewohner und »im Geist« wurde er zu Planeten außerhalb unseres Sonnensystems geführt – die »Entrückung« dorthin dauerte einmal zwei Stunden, ein andermal sogar zwei Tage lang. Er entdeckte, daß alle diese Erdkörper von geistigen Wesen bewohnt sind, die Menschengestalt haben und für die Dauer ihres Lebens in der materiellen Welt mit einem materiellen Kör-

[38] a.a.O. 417

per bekleidet sind. Aber zwischen den einzelnen Planetenmenschheiten bestehen Unterschiede.

So sind z. B. die Merkurbewohner »der Wörtersprache abgeneigt, weil sie materiell ist«; Swedenborg mußte deshalb mit ihnen »durch eine Art tätigen Denkens sprechen« (Die Erdkörper..., 17). Die Marsbewohner verständigen sich nicht mit lauten Worten, sondern durch ihr ungeheuer ausdrucksfähiges Mienenspiel: ihre Gefühle bilden sich in den Gesichtszügen, ihre Gedanken in den Augen ab. So dringen ihre Mitteilungen unmittelbar in die innere Wahrnehmung ein. Ihre Sprache ist darum nicht nur frei von jeder Heuchelei und Lüge, sondern auch »reicher an Denkvorstellungen und somit näher verwandt der Geister- und Engelssprache« (a. a. O. 87).

Die vier bisherigen Kirchen und die Neue Kirche

Kehren wir nun auf unsere Erde zurück. Die Geschichte der Menschheit hat die allmähliche Verwirklichung der vollkommenen menschlichen Gesellschaft zum Ziel; aber beherrscht von den Kräften der Selbstsucht und der Selbstbehauptung, stand sie von Anfang an im Zeichen des Niedergangs. Um ihm zu wehren, hat Gott immer wieder neue Kirchen gegründet. Swedenborg unterscheidet fünf Epochen und damit fünf Kirchen.

1. Die *»Älteste Kirche«* war das Urbild der menschlichen Gemeinschaft in der adamitischen Zeit, als der Himmel noch ganz mit der Erde vereint war und unmittelbar in den inwendigen Menschen einströmte. Die Menschen hatten »eine unmittelbare Offenbarung durch den Umgang mit Geistern und Engeln wie auch durch Gesichte und Träume vom Herrn«[39]. Sie brauchten darum weder Priester noch heilige Schriften. Der Herr hatte das Gute als Grundmotiv in ihren Willen eingepflanzt. Darum war die Liebe die »Hauptsache des Glaubens« und zugleich der Schlüssel zur Erkennung des Wahren. Sie kannten keine Staaten und Regierungen, sondern lebten in Stämmen und Familien, und es gab nur eine einzige Würde, die »Würde der Liebe«, die den Hausvätern wegen ihrer Weisheit eignete. Sie gaben sich mit dem zufrieden, was sie zum Lebensunterhalt brauchten, und strebten nicht nach Reichtümern. Ihre Nahrung bestand aus Getreide und Früchten; erst »im Verlauf der Zeit, als der Mensch anfing, ebenso wild zu sein wie ein wildes Tier, ja noch wilder, da erst begannen sie Tiere zu schlachten und ihr Fleisch zu essen«[40].

2. Die »Älteste Kirche« war in Kanaan und wird in den ersten Kapiteln der Bibel geschildert. Sie war himmlisch. Aber allmählich schwächte sich ihr »Innewerden des Guten und Wahren« ab. Die ihr folgende *»Alte Kirche«* war geistig. Ihre Geschichte verlief in drei Etappen und auf verschiedenen Schauplätzen. Die erste oder noachitische Kirche wurde nach der Sintflut vom Herrn gegründet und war über ein großes Gebiet Asiens und Afrikas verbreitet. Nun waren Wille und Er-

[39] Himmlische Geheimnisse, 597
[40] a.a.O. 1002

kenntnis getrennt. Die göttliche Wahrheit wurde nicht mehr durch Offenbarung, sondern im Glauben erfahren; denn der Himmel war »nirgend mehr offen wie dem Menschen der Ältesten Kirche«[41].

Für diesen war alles und jedes – Berge, Täler, Hügel, Gärten, Flüsse, Bäume, Tiere, kurz, die ganze Natur – ein Mittel gewesen, »über Himmlisches und Geistiges, das im Reich des Herrn ist, zu denken«; in der »Alten Kirche« verstanden sie diese lebendige Predigt der natürlichen Stimme jedoch nicht mehr unmittelbar, sondern nur mit Hilfe der aus der »Ältesten Kirche« überkommenen Tradition. Aber weil sie durch den Glauben in der Liebe waren und sie zum Wesen des Gottesdienstes machten, konnte »das Heilige vom Herrn in ihren Gottesdienst einfließen«[42]. Im Lauf der Zeit verdarb sie dann, weil ihr Gottesdienst zur Verherrlichung von Menschen mißbraucht wurde. Die Sprachenverwirrung von Babel bereitete ihr ein Ende. Sie wurde durch die hebräische Kirche und diese durch die Kirche Jakobs abgelöst. In ihnen setzte sich die Verderbnis fort. Beide waren hauptsächlich auf Kanaan beschränkt. Zwar wußten sie noch, daß die Nächstenliebe das »Inwendige des Gottesdienstes« ist, aber sie führten den Opferdienst ein, der dann überhand nahm. Schon die Patriarchen glaubten, daß Jehova speziell der Gott Israels sei und daß darum andere Völker andere Götter haben. Das Ende waren Abgötterei, Opferkult mit Magie und Zauberei.

3. Mit der Verkündigung der Zehn Gebote begann die *»Israelitische Kirche«*. War die noachitische Kirche noch eine »vorbildliche« Kirche gewesen, so war die israelitische Kirche nur noch ein »Vorbild der Kirche«. In der vorbildlichen Kirche entsprachen die äußeren Dinge den inneren, und im äußeren Gottesdienst war ein innerer. Im Vorbild der Kirche dagegen gab es keine Entsprechung mehr zwischen dem Äußeren und dem Inneren. »Das Äußere war ohne das Innere«: die weltliche und körperliche Liebe war da, aber die himmlische und geistige Liebe fehlte. Darum gab es keine Gemeinschaft mehr mit den Himmeln. So waren die Satzungen, die gottesdienstlichen Gewänder und Handlungen, der Opferdienst, die Stiftshütte, die Bundeslade usw. nur noch Vorbilder, Äußerlichkeiten. Als Träger dieser dritten Kirche wurden die Juden ausgewählt, weil sie besser als andere Völker »das Heilige in der äußeren Form ohne alles innere Heilige vorbilden konnten«[43]. Sie verehrten »beinahe abgöttisch« die Äußerlichkeiten des Gottesdienstes, ließen keinerlei Veränderungen zu und eigneten sich darum besonders dazu, das sichtbare Skelett der Kirche zu konservieren und damit deren Rolle als Hinweis auf das Himmlische zu bewahren[44].

Weil der Mensch sich so weit vom Herrn entfernt hatte, daß dieser nicht mehr zu ihm kommen konnte, wurde die Menschheit von Gott geschieden, »und wenn

[41] a.a.O. 784

[42] a.a.O. 2722

[43] a.a.O. 9457, 4293

[44] Über die Juden urteilte Swedenborg völlig negativ. Er lehnte die Behauptung ab, sie seien vor anderen Völkern auserwählt worden und darum »vortrefflicher als die übrigen gewesen«. Im Gegenteil, sie sind von unsauberen Trieben, Haß und Hochmut beherrscht und »unter allen Völkern die geizigsten«. Die inwendigen Dinge verabscheuen sie und aus Selbstliebe wollen sie »über alle Nationen in der ganzen Welt hervorragen«. (a. a. O. 7051, 8301, 10535)

Trennung, dann folgt Untergang und Ausrottung«. Dieser tödlichen Gefahr zu wehren, kam Gott in die Welt und ward Mensch. Ist *Christus* der »Sohn« und als solcher eine zweite Person neben dem Vater? Nein, das ist ein Irrtum und es ist vernunftwidrig, daß »Gott von Ewigkeit her einen Sohn gezeugt habe, und auch, daß Gott der Vater samt dem Sohn und samt dem Heiligen Geist, von welchen jeder für sich besonders Gott sein soll, Ein Gott sei«[45]. Der Sachverhalt ist vielmehr folgender: Zwischen dem »Göttlichen Selbst« und »Jehova Gott« muß unterschieden werden. Das *Göttliche Selbst* ist »über allen Himmeln und über dem Inwendigsten bei dem Menschen«, und niemand, nicht einmal ein Engel des innersten Himmels, kann eine Vorstellung von ihm haben. Denn eine Gemeinschaft zwischen dem Unendlichen und dem Endlichen ist nicht möglich, und was unmittelbar aus dem göttlichen Selbst hervorgeht, übersteigt alles Begriffsvermögen. So kann sich das göttliche Selbst nur durch das »Göttlich-Menschliche« offenbaren: es floß in die menschliche Form, und darum haben die Engel im Himmel »von Gott die Vorstellung einer menschlichen Gestalt«; ohne diese Vorstellung »könnten sie mit dem Göttlichen weder durch Glauben noch durch Liebe verbunden werden«[46]. *Jehova Gott* ist die Offenbarung des Göttlichen in seinem Menschlichen. Er sprach durch Engel und durch Propheten zu den Menschen und dann wurde er als Mensch geboren durch Maria. Er zog dabei das Menschliche wirklich an. Aber sein Göttliches war die Seele und das Leben Christi. Darum war des Herrn »Innerstes das göttliche Selbst«, und Maria war die Mutter seines Menschlichen[47].

Christus hatte also »zwei Zustände«: den Zustand der Erniedrigung und den Zustand der Verherrlichung. Im Zustand der Erniedrigung betete er zum Vater als zu einem Höheren, wurde versucht, litt am Kreuz und bat den Vater, ihn nicht zu verlassen. Im Zustand der Verherrlichung sagte er, daß der Vater in ihm und er im Vater sei und daß beide eins seien. Er wurde bis zur letzten Stunde seines Erdenlebens versucht und von allen Höllen angegriffen. Aber er siegte und legte nach und nach »das Menschliche aus der Mutter ab und zog das Menschliche aus dem Vater an und daher kommt, daß das Menschliche des Herrn göttlich ist und daß in Ihm Gott Mensch und der Mensch Gott ist«[48].

Daß der *Kreuzestod* ein Sühnopfer gewesen sei, durch das Christus die Vergebung der Sünden erwirkt habe, wird von Swedenborg abgelehnt. Diese Lehre hätte ja auch keinen Platz in seinem Bild von den Jenseitsschicksalen: Jeden Menschen erwarten seine Werke nach seinem Tod, und nach ihnen wird er gerichtet; und weil sie die Ausflüsse seines inneren Wesens und Wollens sind, können sie nicht von ihm getrennt und auf einen anderen übertragen werden, der sie sühnt. Außerdem gibt es keinen »Zorn Gottes«, der einer Versöhnung bedürfte. Sofern dieses Wort in der Bibel gebraucht wird, ist es im uneigentlichen Sinn zu verstehen: »Durch

[47] Swedenborg berichtet von einem Gespräch, das er mit Maria im Himmel führte. Sie sagte, »sie sei die Mutter des Herrn gewesen, weil er von ihr geboren worden; nachdem er aber Gott geworden, habe er alles Menschliche aus ihr abgelegt, und darum bete sie ihn an als ihren Gott und wolle nicht, daß jemand ihn als ihren Sohn betrachte, da in ihm alles göttlich sei.« (Wahre christliche Religion, 102)

[48] ebd.

den Zorn Gottes wird im Worte (Bibel) das Böse bei dem Menschen bezeichnet, welches, weil er wider Gott ist, Zorn Gottes genannt wird – nicht als ob Gott auf den Menschen zürnte, sondern daß der Mensch aus seinem Bösen Gott zürnt. Und weil im Bösen dessen Strafe liegt (wie im Guten die Belohnung), so *scheint* es, wenn das Böse ihn straft, als ob Gott es täte. Es verhält sich damit ebenso, wie wenn ein Übeltäter dem Gesetz zuschreibt, daß er gestraft, oder dem Feuer, daß er gebrannt wird, wenn er die Hand darein hält, oder dem ausgestreckten Degen in der Hand des sich Schützenden, er verletze ihn, wenn er in die Spitze hineinrennt: von dieser Art ist die Gerechtigkeit Gottes.«[49] Der »Zorn Gottes« ist also keine Aussage über eine Eigenschaft oder ein Verhalten Gottes, sondern eine Projektion des unter der Folge seiner Übeltaten leidenden Menschen in das Gottesbild. Gott selbst aber ist »die Barmherzigkeit und Milde selbst«.

Das *Erlösungswerk Christi* will nicht einen »Zorn Gottes« beseitigen, sondern hat eine andere Richtung: es will die Menschen vom übermächtigen Druck der Sünde befreien. In der Zeit des Erdendaseins Christi waren die Höllen emporgewachsen und erfüllten die gesamte Geisterwelt; der ganze Erdkreis war in Götzendienst und Magie verfallen und die israelitische Kirche durch Verfälschung des Worts zerstört. Der Mensch war von der Selbst- und Weltliebe beherrscht und unfähig, das vom Herrn Ausgehende aufzunehmen. Darum hätte niemand selig werden können, wenn nicht der Herr die Höllen unterjocht hätte. Nun aber wurde der Mensch durch Christus zur Liebe befreit und in den Stand gesetzt, Gott und dem Nächsten zu dienen und seine »höllische Liebe« in eine himmlische zu verwandeln.

In diesem zentralen Punkt der Lehre vom Heil besteht also ein tiefer *Gegensatz zwischen Swedenborg und den Kirchen:* Diese »glauben, daß der Herr die Welt, d.h. das menschliche Geschlecht erlöst habe durch Sein Blut, worunter sie das Leiden am Kreuz verstehen«. Die Wahrheit aber ist, »daß niemand durch das Blut des Herrn erlöst wird, sondern durch das Leben nach den Geboten des Glaubens und der Liebe gemäß dem Wort des Herrn«[50]. Damit bestritt Swedenborg die biblische Gnadenbotschaft, wie sie z. B. im Gleichnis vom verlorenen Sohn zum Ausdruck kommt: Dieser war dem Vaterhaus entlaufen und hatte sein Gut verpraßt; als er heimkehrte, brachte er keine Früchte des Glaubens und der Liebe mit, sondern war heruntergekommen und verlumpt und konnte nur noch betteln: »Mache mich zu einem deiner Tagelöhner!« Nach Swedenborgs Auffassung hätte er mindestens eine lange Zeit auf der »unteren Erde« verbringen müssen, ehe sich ihm der Weg zum Himmel öffnete. In Jesu Gleichnis aber jammerte es den Vater, als er ihn von ferne sah, und er »lief und fiel ihm um seinen Hals und küßte ihn« (Luk. 15, 20). Hier wie auch sonst im Neuen Testament hat Gnade wesentlich mit der Vergebung der Sünden aus Gottes Liebe und Barmherzigkeit zu tun, und ohne sie würde kein Mensch gerettet, auch nicht der Frömmste und Edelste.

Zwar sprach auch Swedenborg von der *Gnade,* aber er verstand darunter etwas anderes: Die »vier Prädikate der Gnade« bestehen 1. in der Vermittlung, d.h. der unendliche Gott konnte sich dem endlichen Menschen nicht nahen und nahm des-

[49] Kurze Darstellung der Lehren der Neuen Kirche, 60ff.
[50] Himmlische Geheimnisse, 10152

halb das Göttlich-Menschliche an; 2. in der Vertretung, d.h. der fortwährenden Vermittlung für die, die seine Gebote halten; 3. in der Entsündigung, d.h. in der »Entfernung der Sünden, in die der Mensch sich stürzen würde, wenn er dem bloßen Jehova sich näherte«; 4. in der Versöhnung, d.h. in der himmlischen Obhut, damit »der Mensch nicht durch die Sünden in Verdammnis gerate« und die Heiligkeit nicht entweihe[51].

4. Mit der Beauftragung der Apostel, das Evangelium in aller Welt zu verkündigen, gründete der Herr die *»Christliche Kirche«*. Sie sollte nicht mehr wie die israelitische Kirche »durch Vorbilder zu den inwendigen Dingen hingeleitet werden, sondern sie ohne Vorbilder erkennen«[52]. Der Herr ordnete nur einige »äußerliche« Gebräuche an: die Taufe zum Gedenken an die Wiedergeburt des Gläubigen zu einem Leben in der Wahrheit und der Liebe und das Abendmahl zum Gedenken an den Herrn und seine allumfassende Liebe. Aber die Kirche war nur in der Zeit der Apostel wahre Kirche. Diese predigten die Buße und den Glauben an Christus, und die Gemeinden waren in brüderlicher Liebe verbunden. Mit dem Schwinden der Liebe gewann das Böse an Raum, und mit dem Bösen schlich sich auch das Falsche ein und führte zu Spaltungen.
Eine verhängnisvolle Wirkung ging von *Paulus* aus. Swedenborgs Stellung zu ihm hat sich im Lauf der Zeit gewandelt. Zuerst lehnte er ihn klar ab. So berichtete er 1749 in seinem »Geistigen Tagebuch«, in der anderen Welt sei es eine bekannte Tatsache, daß die Briefe des Paulus nicht den »inneren Sinn« besitzen. Aus seinen Visionserlebnissen ergebe sich, daß die anderen Apostel dem Paulus im Himmel die Gemeinschaft und Anerkennung verweigern. »Daß er Episteln schrieb, bezeugt noch nicht, daß er so war, wie er darin erscheint; denn auch die Gottlosen können gute Predigten halten und gute Briefe schreiben.«
Später hat Swedenborg dieses harte Urteil gemildert. Das erweist sich auch darin, daß er in seinen Schriften Texte aus Paulusbriefen im positiven Sinn verwendete. Aber er lehnte es ab, in Paulus den Lehrer der Glaubensgerechtigkeit zu sehen, wie dies die Reformation tat. In einem Brief an den späteren schwedischen Erzbischof Dr. Menander schrieb er, »daß der Ausspruch des Paulus an die Römer 3, 28, auf welchen die Theologie unserer Tage gegründet ist, falsch verstanden wurde«. Auf jeden Fall haben die Apostelbriefe für Swedenborg nicht die gleiche Verbindlichkeit wie die Evangelien: »In den Evangelien sind die Worte des Herrn selbst gegeben, die alle einen geistigen Sinn enthalten, durch welchen eine unmittelbare Verbindung mit dem Himmel möglich ist. Die Apostolischen Schriften haben diesen geistigen Sinn nicht, sind aber dennoch sehr nützliche Bücher der Kirche.«[53]
Mit der falschen Interpretation des Paulus begann die *Verderbnis der vierten Kirche*. Sie ist durch eine Reihe von Irrlehren gekennzeichnet. Unter diese rechnet Swedenborg neben der Sühnopferlehre vor allem das Trinitätsdogma, das dem Him-

[51] Wahre christliche Religion, 135
[52] Himmlische Geheimnisse, 4904
[53] Erklärte Offenbarung, 815. Auch sonst sichtet Swedenborg die Bibel. In »Himmlische Geheimnisse« (10325) zählt er die Bücher des eigentlichen Wortes Gottes auf; dabei werden 11 Bücher des Alten Testaments und im Neuen Testament alle Schriften außer den 4 Evangelien und der Offb. Joh. ausgelassen.

mel und seinen Bewohnern »ganz und gar zuwider« ist, und die reformatorische Rechtfertigungslehre. Dem Trinitätsdogma, das die Einheit von drei Personen bezeugt, setzte er seine Lehre von der dreifachen Seinsweise Gottes entgegen: »Die Dreieinheit der Person ist diese, daß das Göttliche des Herrn der Vater, das göttlich Menschliche der Sohn und das ausgehende Göttliche der Heilige Geist ist.«[54]

Die *Rechtfertigungslehre* mußte Swedenborg schon deshalb ablehnen, weil sie in ihrem innersten Wesen mit der kirchlichen Kreuzes- und Versöhnungslehre verbunden ist. Besonderen Anstoß aber nahm er daran, daß durch sie der Glaube von der Liebe getrennt werde – ein Vorwurf, den er freilich nicht aus der genuin lutherischen Rechtfertigungslehre, sondern nur aus späteren Entstellungen herleiten konnte; denn Luther hat nie die »Werke« von einem »alleinseligmachenden Glauben« getrennt und bagatellisiert, sondern beide in einem Lebenszusammenhang miteinander verbunden und die Werke als wesensnotwendige Früchte und Äußerungen des lebendigen Glaubens bezeichnet.

Vermutlich hat Swedenborg auch nichts von der pietistischen Bewegung vernommen, die in seiner Zeit eine große Breite gewonnen hatte und sich nicht mit der Annahme orthodoxer Lehrsätze begnügte, sondern unter dem christlichen Glauben eine »Herzensfrömmigkeit« im steten Umgang mit dem Heiland und damit verbunden die »praxis pietatis«, d.h. die Betätigung der Frömmigkeit in den Werken der Liebe, verstand.

Von den Zuständen der christlichen Kirche zeichnete Swedenborg ein düsteres Bild; aber er erinnerte immer daran, daß auch in ihr wahre Christen leben, so pauschal seine Urteile klangen: Die Kirchen sind in falschen Dogmen erstarrt; der Glaube ist zum Buchstabenglauben veräußerlicht; die Liebe ist verschwunden. Die Glieder der Reformationskirchen besuchen die Gottesdienste »mit einiger Andacht«, gehen zum Abendmahl und leben untereinander in »brüderlicher Liebe oder Freundschaft«. Aber das sind nur »äußere Formen«, die sie um ihres Rufs und ihrer weltlichen Vorteile willen wahren, während sie inwendig von Haß, Raubgier und Mordlust beseelt sind. In der katholischen Kirche hat die Hierarchie »die göttliche Macht des Herrn auf sich übertragen« und fordert eine entsprechende Verehrung durch die Gläubigen, die ihrerseits »die Seligkeit nicht in die Besserung des Lebens, sondern in gewisse Wörter setzen, die sie mit andächtigem Hauche aussprechen«[55].

Auf die Verderbnis der christlichen Kirche beziehen sich die endzeitlichen Prophezeiungen des Neuen Testaments. Zwar handelt Matth. 24 nach dem »Buchstabensinn« von der Zerstörung Jerusalems, aber »welche im inneren Sinn sind, sehen klar, daß hier vom Ende der Kirche gehandelt wird«. Unter den Kriegen sind »Kriege im geistigen Sinn« zu verstehen; mit den Hungersnöten, Seuchen und Erdbeben ist der Verlust der Erkenntnisse des Guten und Wahren, mit der Trübsal die Abödung des Wahren gemeint; die Verfinsterung der Sonne und des Mondes bedeutet das Verschwinden der Liebe zum Herrn und zu den Nächsten (Himmlische Geheimnisse, 4060). Zum Anhang des falschen Propheten gehören die »Kirchenvorsteher«, die die Glaubensgerechtigkeit gelehrt haben. Der große rote Drache Offb. 12, 3 bedeutet »diejenigen in der protestantischen Kirche, welche aus Gott drei und

[54] Lehre vom Herrn, 57
[55] Enthüllte Offenbarung, 263

aus dem Herrn zwei machen und die tätige Liebe vom Glauben trennen« (Enthüllte Offenbarung, 538).

Das Ende der christlichen Kirche kam mit dem *Jüngsten Gericht* – es wurde »im Jahr 1757 gehalten«[56]. Mit der *Wiederkunft Christi* begann die 5. Epoche, die *»Neue Kirche«*. Die Wiederkunft geschah nicht auf den Wolken des Himmels, sondern durch die Verkündigung und Ausbreitung des wahren Wortes; denn in seinem Wort ist der Herr. Es ist also eine geistige Wiederkunft. »Als die alte Kirche so tief herabgesunken war, daß alle Fähigkeit, die wahre Lehre des Wortes zu unterscheiden, vorloren gegangen war, konnte die wahre Lehre nur durch eine neue Offenbarung wiederhergestellt werden.« Dazu bedurfte es eines Menschen, der »im geistigen Sinne des Wortes selbst erleuchtet wurde«[57]. Dieser Mensch war Swedenborg. Er wurde vom Herrn berufen, die Lehren der Neuen Kirche zu verkünden und »durch den Druck bekannt zu machen«, und er hat ihn für dieses Amt vorbereitet und ausgerüstet, indem er ihm gestattete, die Himmel und Höllen zu sehen und mit Engeln und Geistern zu reden, und indem er ihm den geistigen Sinn des Wortes enthüllte[58]. »Die Offenbarung des Herrn und die Hineinführung in die geistige Welt übersteigen alle Wunder. Dieses ist noch keinem auf dieselbe Weise verliehen worden wie mir, seit der Schöpfung der Welt.«[59] Hier klingt ein hohes Sendungsbewußtsein an: Swedenborg ist der vom Herrn gesandte Prophet und verkündigt nach Jahrtausenden der Verfinsterung die reine göttliche Wahrheit. Und er ist dazu befugt, denn »die Dinge, die ich gelernt habe

[56] a.a.O. 886

[57] a.a.O. 378

[58] Das war einer der Punkte, an denen Oetinger sich von Swedenborg schied. Er hielt ihn mit seiner seherischen Gabe »für einen Vorboten, daß in dem Königreich Jesu Christi auf Erden (nach Dan. 2, 44; 7, 27) die Gläubigen werden ein Sensorium, ein Fühlungswerkzeug haben, wodurch sie mit den oberen Mitgenossen der Hochzeit des Lammes reden und Gemeinschaft haben«. Aber er nahm ihm nicht unbesehen alles ab, setzte seine Schriften auch nicht der Bibel gleich: Alle neuen Offenbarungen müssen »der Ähnlichkeit aller Wahrheit in der Heiligen Schrift gemäß und unterthan bleiben« und an dem Regelmaß der Schrift geprüft werden. Kein außerordentliches Werkzeug sei ganz ohne falsche Schlüsse; es habe nur in gewissen Dingen die Wahrheit. Swedenborg müsse man nach der »Hauptsache« beurteilen. Als seine wichtigsten Gesichte bezeichnete Oetinger diejenigen, »welche von dem inwendigen Menschen, von der Sprache der Geister, von der unsichtbaren Welt, von dem Zustand nach dem Tod, mit der Heiligen Schrift und mit den Lehren der drei ersten Jahrhunderte übereinkommen. Dazu scheint er von Gott verordnet zu sein, und außer dieser Gabe muß man nichts von ihm zu wissen verlangen« (Karl Chr. Eberh. Ehmann, Fr. Chr. Oetingers Leben und Briefe als urkundlicher Kommentar zu dessen Schriften, 1859, S. 749f.). Oetinger widersprach dem Unternehmen Swedenborgs, die Johannesoffenbarung »bloß geistlich, nicht leiblich und nach der Fährte des Buchstabens zu verstehen«: die Stadt Gottes sei, so entgegnete Oetinger, »aller Sinnlichkeit Inbegriff«, und unter »geistlich« sei nicht das Entsinnlichte zu verstehen, sondern dazu gehöre auch das Leibliche, aber »unbefleckt, unverweslich, unverwelklich«. Starken Anstoß nahm dann Oetinger an dem Satz Swedenborgs, die Wiederkunft Christi geschehe nicht in Person, sondern im Wort und durch einen Menschen, welchen Christus mit seinem Geist erfüllt habe, und dieser Mensch sei er, Swedenborg, selbst. Das zusammen mit der Leugnung des Hohepriestertums Christi veranlaßte Oetinger, sich von Swedenborg abzuwenden, und er ahnte: »Vielleicht werde ich noch sein größter Widersacher, denn er bläst, nur in einem andern Sinn, mit Semler in ein Horn: er schwächt und entkörpert den vollen Sinn der Heiligen Schrift« (Württembergische Väter, Bd. 1, S. 198ff.).

[59] Wahre christliche Religion, 779; Einladung zur Neuen Kirche, 52

in Vorbildungen, in Gesichten und aus Unterredungen mit Geistern und mit Engeln, sind vom Herrn allein«[60].
In der Neuen Kirche erfüllen sich die biblischen Zukunftsverheißungen: Sie ist das vom Himmel herabsteigende neue Jerusalem von Offb. 24. Sie ist die neue Erde (Offb. 21, 17), und vor ihr wurde der neue Himmel gebildet für alle, die »von der ersten Gründung der christlichen Kirche an den Herrn verehrt und nach Seinen Geboten im Worte gelebt hatten«. Auch das Weib, mit der Sonne bekleidet (Offb. 12, 1), bedeutet die Neue Kirche. Sie ist mit der Sonne bekleidet, weil »sie in der Liebe zum Herrn steht«. Ihre Geburtswehen weisen auf ihre entstehenden Lehren und den Widerstand der protestantischen Kirche hin. Ihre Flucht in die Wüste bedeutet, daß die Neue Kirche »zuerst nur unter Wenigen ist«. Aber sie wird wachsen, weil »das Falsche der vorherigen Kirche erst entfernt werden muß«, damit das Wahre angenommen werden kann[61]. Sie ist die »Krone aller Kirchen«, die bisher bestanden hatten. Sie wurde seit der Gründung der Welt vorgesehen und wird »in Ewigkeit andauern«. Ihre wesentlichen Stücke, die »mit dem Glauben an den einen Gott sich verbinden, sind die tätige Liebe, die guten Werke, die Buße, das Leben nach dem göttlichen Gesetz«. Und weil diese Stücke das Wollen und Denken anregen, »verbinden sie den Menschen mit dem Herrn und den Herrn mit dem Menschen«[62].
Einen Versuch, eine Organisation der Neuen Kirche zu gründen, unternahm Swedenborg nicht. Er rechnete damit, daß die Neue Kirche mit dem fortschreitenden Durchbruch des Wortes von selbst entstehen wird.

Vereinigungen der Neuen Kirche

Schon zu Swedenborgs Lebzeiten war es zu *Konflikten mit Vertretern der lutherischen Staatskirche* gekommen. Aber eine offizielle kirchliche Verurteilung gab es nicht. Zwar prüften auf Antrag von Gegnern an das Konsistorium die Bischöfe und Theologieprofessoren Swedenborgs Schriften, aber ihr Gutachten war positiv. So blieb es bei hitzigen Einzelattacken. Einige seiner Gegner heckten sogar 1769 den Plan aus, ihn durch ein Gericht für verrückt erklären und in ein Irrenhaus bringen zu lassen. Aber sie erinnerten sich daran, daß er mit den angesehensten Familien des Adels und der Geistlichkeit verwandt war, und wagten nicht, den Plan auszuführen. Dén Nachfolger seines Vaters, Bischof Hallenius, konnte Swedenborg sogar als einen seiner wärmsten Anhänger gewinnen. Das einzige, was seine Gegner erreichten, war eine königliche Anordnung vom 26. April 1770, die sich gegen die Verbreitung der Schriften Swedenborgs richtete. Aber er war immer am schwedischen Hof willkommen und wurde an den Tisch der königlichen Familie eingeladen. Eigenartig ist, daß von Swedenborg zwar starke Impulse und Wirkungen ausgingen[63], daß aber der Drang zur Bildung einer eigenen Religionsge-

[60] Einladung zur Neuen Kirche, 29
[61] Enthüllte Offenbarung, 876, 533, 547
[62] Kurze Darstellung der Lehre der Neuen Kirche, 96
[63] Ein Beispiel: Anhänger Swedenborgs gründeten in Schweden 1779 die »Gesellschaft zur Schaffung eines neuen Systems für ein neues Gemeinwesen«, 1780 in England die »Sierra-Leone-Kompanie«, in

meinschaft nur gering war. Die Anhänger hofften eben, daß die Kirche sich der Botschaft Swedenborgs dankbar öffnen werde. Schon 1765 veröffentlichte der württembergische Prälat und Theosoph FRIEDRICH CRISTOPH OETINGER (1702–82) ein Buch »Swedenborgs und anderer irdische und himmlische Philosophie«; 1772 begann er Swedenborgs Buch »Himmel und Hölle« zu übersetzen. GUSTAV WERNER (1809–1887) war schon als Tübinger Stiftler durch Immanuel Tafel und den Justizprokurator Ludwig Hofacker mit Swedenborg bekannt gemacht worden und hielt an ihm, wenn auch in kritischer Sichtung, bis an sein Lebensende fest. Er war deshalb schon im Stift zusammen mit seinem Kompromotionalen August Christian Lämmert vom Konsistorium verwarnt worden und mußte beim Eintritt in den Kirchendienst versichern, »daß der Name Swedenborgs nicht auf die Kanzel gebracht werden sollte«. Da er sich aber von wesentlichen Lehrstücken Swedenborgs nicht löste (vor allem Ablehnung der Trinität, der Kreuzeserlösung und der Glaubensgerechtigkeit), kam es 1840–1851 zu öffentlichen Angriffen und schließlich, als er ein erneutes Bekenntnis zur Confessio Augustana ablehnte, zu seiner Entlassung aus dem Kirchendienst. Von Swedenborg empfing Gustav Werner wesentliche Anstöße zur Gründung einer Kinderrettungsanstalt 1838, aus der die *»Gustav-Werner-Stiftung«* in Reutlingen hervorging.
Auch Männer wie Lavater, Schopenhauer, Matthias Claudius, Kant standen unter Swedenborgs Einfluß und wurden von seinen Schriften befruchtet. Bis zum heutigen Tag werden sie viel gelesen. Ihre Verbreitung geht jedenfalls weit über den Kreis der in eigenen Gemeinschaften gesammelten Anhänger hinaus.

Diese organisierten sich erstmals 1782 in London. Auch in den Vereinigten Staaten bildete sich 1792 eine Gemeinde in Baltimore. In den folgenden Jahren entstanden weitere amerikanische Gemeinden; sie schlossen sich 1817 in der *»General Convention of the New Jerusalem«* zusammen. Von ihr spaltete sich 1897 eine strengere Gruppe unter dem Namen *»General Church of the New Jerusalem«* ab. Erstere zählte 1966 rund 3700 Mitglieder in 63 Gemeinden, die zweite knapp 2000 in 35 Gemeinden. Die Convention gehört in den USA seit 1967 dem National Council of Churches of Christ an, unterhält die 1867 gegründete *»Swedenborgian School of Religion«* in Newton bei Boston und gründete auch das College in Urbana. Als Sehenswürdigkeit gilt die gläserne Swedenborg-Gedächtniskapelle (1949) in Palos Verdes (Kalifornien). Seit 1965 ist eine Wiederannäherung der beiden Gemeinschaften im Gang. Die 61 Gemeinden in England zählen 4700 Mitglieder. In Europa bestehen 15 Gemeinden mit 650 Seelen in Frankreich, Österreich, Deutschland, Italien und in der Schweiz; sie schlossen sich 1965 im »Verband neukirchlicher Körperschaften auf dem europäischen Kontinent« zusammen. Klein sind auch die Anhängerkreise in Kanada, Australien, Neuseeland und Asien. Zahlenmäßig am stärksten sind die Swedenborg-Anhänger in Afrika vertreten, dank einer erfolgreichen Missionsarbeit im Westen und Süden des Kontinents.
Die Neue Kirche in Westafrika umfaßt 46 Gemeinden mit 5500 Gliedern; in Südafrika gehören ihr 20000 Menschen an. In Ghana hat die starke Verbreitung von Swedenborg-Schriften in den letzten Jahren zur Gründung zahlreicher Studienzirkel und Gemeinden geführt.

den USA die »Liberia-Gesellschaft«, alle mit dem Ziel, die Negersklaverei zu bekämpfen und für eine friedliche Zusammenarbeit zwischen Weißen und Schwarzen zu wirken. In den USA wurden Negersklaven freigekauft und nach Afrika zurückgebracht, wo ihnen zur Gründung freier Heimstätten geholfen wurde. Swedenborgs Lehren hatten damit einen maßgeblichen Anteil an der Entstehung des Staates Liberia.

Für das *deutsche Sprachgebiet* wurde der schwäbische Pfarrerssohn und Tübinger Professor der Philosophie IMMANUEL TAFEL (1796–1863) bahnbrechend. Er übersetzte Swedenborgs Werk, und es kam zur Bildung mehrerer Vereinigungen, die jedoch zunächst nicht den Charakter eigener Religionsgemeinschaften hatten. Erst 1874 wurde der »Schweizerische Bund der Neuen Kirche« gegründet. 1952 entstand in Zürich eine *»Swedenborg-Gesellschaft«,* die sich das Studium und die Pflege von Swedenborgs Werk durch Vorträge, Veröffentlichungen, Einrichtung einer Bibliothek und eines Archivs zur Aufgabe stellt. Ein zur »Neuen Kirche« wegen ihres »hierarchischen Aufbaus« und »Sektierertums« im Gegensatz stehendes »Swedenborg-Institut« war einige Monate zuvor in Basel gegründet worden. Seit 1922 gibt es eine »Deutsche Neue Kirche«, die heute mit winzigen Gruppen in drei »Bereichen« besteht: »Neue Kirche in Deutschland e. V., Berlin«, Bereich Südwestdeutschland und Bereich Nordrhein-Westfalen.
Die neukirchlichen Gemeinden verstehen sich nicht als die Repräsentanten der von Swedenborg angekündigten »Neuen Kirche«, sondern nur als Werkzeuge des Herrn bei der Errichtung dieser Kirche. Diese bildet sich dadurch, daß vom Himmel eine spirituelle Frömmigkeit in die bestehenden Religionen und Konfessionen »einfließt« und sie verwandelt, bis am Ende das *Neue Jerusalem* auf Erden wie im Himmel verwirklicht ist.

Das *Glaubensbekenntnis der »Neuen Kirche«* lautet: »Ich glaube an den einigen Gott, unseren himmlischen Vater, Jesus Christus, unseren Herrn, Schöpfer Himmels und der Erde, den Geber alles Lebens und Daseins, der zu unserer Erlösung unsere Natur annahm, in welcher Er durch Versuchungen und Kämpfe uns von der Macht der Hölle erlöste und Sein Menschliches verklärte und göttlich machte, aus welchem Er Seinen heiligen Geist mitteilt zur Reinigung und Erlösung Seines Volkes.
Ich glaube an die heiligen Schriften – das Wort Gottes – heilig und göttlich im Buchstaben und im Geiste, die Quelle aller Weisheit für Engel und Menschen. Ich glaube an das Neue Jerusalem, die in der Offenbarung verheißene Neue Kirche; an die Wiedergeburt durch Buße, Glauben an den Herrn und das Halten seiner Gebote; an die Auferstehung des Geistes, das darauf folgende Gericht, an den endlichen Lohn – einen Himmel für die Gerechten, eine Hölle für die Bösen, und an das ewige Leben.«
Wer der Neuen Kirche angehören will, muß nicht aus seiner bisherigen Glaubensgemeinschaft austreten. Die *Taufe* wird trinitarisch vollzogen. Durch sie wird der Täufling in die Kirche und zugleich unter die Christen in der »geistigen Welt« aufgenommen; er begibt sich auf den Weg zur Wiedergeburt in der Nachfolge Christi und empfängt Segenskräfte in Gestalt von Engeln, die ihn gegen unchristliche Geister schützen und für den Glauben an den Herrn empfänglich halten. Üblich ist die Kindertaufe, aber seit 1952 besteht auch die Möglichkeit einer feierlichen »Darbringung«. In diesem Fall wird dann die Taufe in späterem Alter vollzogen. Bei neu eintretenden Mitgliedern wird sie im allgemeinen nicht wiederholt. Die *Konfirmation* hat einen ähnlichen Charakter wie in der evangelischen Kirche.
In der Lehre vom *Abendmahl* ist eine Rückbesinnung auf Swedenborg im Gang.

Bisher hatte man in dem Bestreben, den Unterschied zur kirchlichen Auffassung deutlich herauszustellen, jede Beziehung des Abendmahls zum Kreuzestod Christi geleugnet. Aber die neutestamentlichen Texte, vor allem die Einsetzungsworte Jesu, stellen diese Beziehungen eindeutig fest. Nach Swedenborg sind Brot und Wein als Sinnzeichen für Fleisch und Blut Hinweis auf das Kreuzesleiden, dessen man beim Abendmahl gedenken soll. Aber das ist nur der »natürliche Sinn«. Darüber erhebt sich der »geistige Sinn« des Abendmahls: Christus hat am Kreuz sein Leben für die Menschen hingegeben; dieses Leben aber ist göttliche Liebe und Wahrheit, die in den Elementen Brot und Wein dargestellt sind. Dadurch, daß der Gläubige diese »beiden Leben« in sein Denken und Wollen aufnimmt, wächst er in die innere Verwandtschaft mit Gott hinein. Gegenüber dem kirchlichen Verständnis des Abendmahls liegt also eine gewisse Verschiebung vor. Es steht nicht das Kreuzesopfer des Erlösers im Mittelpunkt, sondern die schenkende Liebe Christi, und man kann fragen, ob dieses Abendmahl ein »Sakrament« ist oder nicht lediglich eine symbolkräftige Feier.

Die Gemeinden der Neuen Kirche haben nie eine größere Ausdehnung erreicht. Ein Grund dafür mag in der besonderen Art des Swedenborgschen Glaubensguts liegen. Es läßt sich nicht so popularisieren, daß es auch dem »einfachen Mann« leicht verständlich wäre. Dazu kommt, daß es bei Swedenborgs Drängen auf Erfassung des »geistigen Sinns« biblischer Tatbestände wenig geeignet ist, sich im Kult adäquat und sinnenfällig darzustellen.

Die Neuoffenbarungen durch Jakob Lorber

Der »Schreibknecht Gottes«

Am 22. Juli 1800 wurde in Kanischa bei Marburg (Steiermark) Jakob Lorber als ältester Sohn eines Weinbauern geboren, der nebenberuflich auch eine Musikgesellschaft leitete. Er besuchte vom 17. Lebensjahr an den Lehramtsunterricht und danach auch das Gymnasium in Marburg. Er konnte aber sein Studium für den Lehrerberuf aus Mangel an Mitteln erst 1829 beenden. Als seine erste Bewerbung um eine Lehrstelle 1830 nicht zum Ziel führte, gab er sein Berufsziel entmutigt auf und wandte sich ganz der Musik zu. Er trat in Graz als Solist in Konzerten auf, schrieb auch Berichte über musikalische Veranstaltungen für Zeitungen und nahm zur Förderung seines Könnens Unterricht bei dem Violinvirtuosen Paganini. Daneben aber beschäftigte er sich mit den Geheimnissen der Schöpfung. Er durchforschte den Sternenhimmel mit dem Fernrohr. Er las Werke von Swedenborg[64], Jung-Stilling, Jakob Böhme und Justinus Kerner, die seinen Hunger nach

[64] Offensichtlich lernte er nur einige ins Deutsche übersetzte Schriften Swedenborgs kennen, zumal er des Lateinischen nicht mächtig war; sein Freund Leopold Cantily berichtete, Lorber habe ihm z. B. Swedenborgs Hauptwerk »Vera Christiana Religio« unaufgeschnitten geschenkt.

Erkenntnis überirdischer und jenseitiger Dinge stillten. In seinem 40. Lebensjahr wurde ihm die zweite Kapellmeisterstelle am Theater in Triest angeboten. Er machte sich zum Umzug bereit. Aber da geschah am 15. März 1840 etwas Merkwürdiges. Morgens um 6 Uhr, als er nach dem Morgengebet eben aufstehen wollte, vernahm er in der Gegend seines Herzens eine Stimme: »Stehe auf, nimm deinen Griffel und schreibe!« Er tat es und stand fortan bis zu seinem Tod im Jahr 1864 im Dienst der inneren Stimme und schrieb ihre Diktate nieder. Dabei befand er sich nicht, wie das bei spiritistischen Schreibmedien der Fall ist, in einem Trancezustand, sondern war ganz wach. Ganz in sich gekehrt an einem Tischchen sitzend, schrieb er gleichmäßig und pausenlos, was ihm von innen heraus in die Feder gegeben wurde.

»Bezüglich des inneren Wortes, wie man dasselbe vernimmt, kann ich von mir selbst nicht viel mehr sagen, als daß ich des Herrn heiligstes Wort stets in der Gegend des Herzens wie einen höchst klaren Gedanken licht und rein, wie ausgesprochene Worte vernehme«, schrieb er 1858 an einen Freund. Einmal wandte sich während des Diktats Christus direkt an ihn: »Nota bene: Du, mein Knecht und Schreiber, meinst nun wohl, als hätte Ich damals dessen kaum erwähnt?! Willst du auch schwach werden im Glauben, wie du in deinem Fleisch noch schwach bist?! Siehe, Ich sage dir, daß Ich dem Cyrenius und dem Kornelius sogar deinen und mehrerer anderer Namen angegeben habe und sie nun auch die erfreulichsten Zeugen dessen sind, was Ich dir nun in die Feder sage.« (Großes Evangelium Johannis IV, Kap. 112, 4ff.)

Sein äußeres Leben stand im Zeichen der Dürftigkeit; seinen Unterhalt fristete er mit Musikunterricht und Klavierstimmen. Im höheren Alter, als er gebrechlich wurde, unterstützten ihn Freunde. Zum Kreis seiner Bekannten zählten u.a. die Ärzte Dr. C. F. Zimpel und Dr. Justinus Kerner in Weinsberg. Zimpel bezeugte ihm, daß er ein eifriger Bekenner Christi sei und deshalb kein falscher Prophet sein könne. »Dieser harmlose, stille, fromme Mann, ohne wissenschaftliche Bildung, hat ein vortreffliches Herz und teilt mit allen, die weniger haben als er selbst, stets seine geringe Habe (die ohnehin nur in Almosen besteht, die er von einigen Freunden empfängt) – bis zu einem Grade, daß ihn der Weltverstand für unbesonnen erklären würde.«[65] Abgesehen von zwei Reisen – 1845/46 nach Oberkärnten und 1857 durch mehrere Länder Österreichs – verbrachte Lorber sein Leben immer in Graz. Im Winter 1863/64 begann er zu kränkeln und am 23. August 1864 starb er.

Das Ergebnis jener Diktate in den 24 Jahren von 1840 bis 1864 waren 25 umfangreiche Bände mit über 10000 Druckseiten. Sie wurden zuerst *»Neusalemsschriften«*, später *»Neuoffenbarungen«* genannt. Die letztere Bezeichnung entspricht auch dem eigenen Selbstverständnis. Die Manuskripte Lorbers konnten im damaligen Österreich nur in Vervielfältigungen verbreitet, nicht gedruckt werden. Zur Veröffentlichung wurden sie deshalb nach Deutschland gebracht. Justinus Kerner ließ erstmals 1851 einige kleine Stücke im Heilbronner Verlag J. Landherr drucken. 1852 folgten dann bei Schweizerbart in Stuttgart zwei größere Werke: *»Die Haushaltung Gottes«* und *»Die Jugend Jesu«*. Das letztere wurde von der behördlichen

[65] Das Wort, März 1958

Zensur konfisziert, und nur ein einziges Exemplar konnte vor der Vernichtung bewahrt werden. 1869 brachte der sächsische Veterinär Karl August Schöbel eine zweite Auflage heraus. Der Dresdener Zeughausverwalter Johannes Busch konnte, unterstützt von seinem Sohn Dr. Moritz Busch, Bismarcks Pressechef, weitere Werke und bis 1877 das *»Große Evangelium«* veröffentlichen. Als er 1879 starb, erwarb Christoph Friedrich Landbeck in Bietigheim den ganzen Bestand und brachte in seinem »Neutheosophischen Verlag« (seit 1907: Neusalems-Verlag, seit 1947 »Lorber-Verlag«) auch noch die letzten unveröffentlichten Lorber-Werke heraus. Er berief 1908 Otto Zluhan als Gehilfen. Dieser übernahm dann 1921 den Verlag. Drei Jahre später wurde die »Neusalems-Gesellschaft« gegründet; 1937 verboten, wurde diese 1949 als *»Lorber-Gesellschaft e. V.«* erneut ins Leben gerufen. Sie widmet sich in erster Linie der Verbreitung der Schriften Jakob Lorbers und ist bis heute eng mit dem *»Lorber-Verlag«* in Bietigheim verbunden. In Warner Springs (Kalifornien) wurde 1964 die »Divine Word Foundation« gegründet mit der Aufgabe, die Lorber-Werke in englischer Sprache herauszubringen. In Rio de Janeiro erscheint eine portugiesische Ausgabe. Insgesamt wurden die Bücher Lorbers bis jetzt in mehr als 1 Million Exemplaren verbreitet.
Die Lorber-Gesellschaft will auch die Lehre Lorbers von der tätigen Gottes- und Nächstenliebe durch die *»Lorber-Tatgemeinschaft«* verwirklichen. Jedoch will sie keine Kirche sein und eine solche auch nicht ersetzen, sondern sie ist überkonfessionell. Sie nimmt keine Taufen vor; nur in seltenen Fällen wird in einigen Kreisen das Abendmahl gefeiert. Durch die seit 1921 erscheinende Zeitschrift *»Das Wort«*, mit gegenwärtig rund 3000 Beziehern, ferner durch Einführungsschriften, Vortragsabende und Rednerschulung soll das Gedankengut der Neuoffenbarung verbreitet werden. Deshalb wird von den Freunden der Werke J. Lorbers auch ein Beitrag von einem Prozent des Einkommens erwartet. Auch betreibt die Lorber-Gesellschaft ein von ihr aufgebautes Heilbad an der Andritz-Quelle bei Graz und widmet sich der Herstellung eines in den Lorberschriften empfohlenen Sonnenheilmittels.
Jakob Lorber hat vor allem durch seine mittels des »inneren Wortes« empfangenen Schriften gewirkt, deren Einfluß weit über den Kreis der Mitglieder der Lorber-Gesellschaft hinausreicht. Man kann ihm bei Kirchenmitgliedern ebenso begegnen wie bei Anhängern der Ufo-Bewegung, bei medialen Offenbarungsträgern, in vegetarisch-lebensreformerischen Kreisen und in gnostisch-esoterischen Zirkeln aller Art. Lorber hat mit seiner Weltschau Anregungen gegeben, deren Reichweite sich nicht abschätzen läßt.

Luzifers Fall und die Entstehung des Universums

Die Welt, wie sie in Lorbers Neuoffenbarungen erscheint, ist von gewaltigen Ausmaßen, sowohl räumlich wie zeitlich. Über und hinter allem steht *Gott.* Er ist unendlicher Geist; sein Mittelpunkt ist die »Liebe«. Nach 1. Mose 1, 27 ist er das Ur- und Vorbild des Menschen und aller Geister und Engel, der vollkommenste geistige »Urmensch«. Zu seiner Vollkommenheit gehört, daß er alles umfaßt und »die ausgebildetsten Gegensätze« in sich trägt, ohne die »Er so gut wie gar kein

Wesen wäre«. In ihm waren die großen Polaritäten »schon von Ewigkeit her in der höchstbesten Ordnung«.

Von diesem »Grundwesen Gottes« strahlen die göttlichen Geistkräfte – der sogenannte Außen-Lebensäther oder Heilige Geist – in den gesamten Schöpfungsraum aus und durchdringen alles. Darauf beruhen Allgegenwart und Allwissenheit Gottes. Der Liebeswille Gottes ist auch das treibende Motiv, das dem Ursprung, der Entwicklung und dem Ziel der gesamten Schöpfung zugrunde liegt. Sie ist aus unendlich kleinen Teilchen zusammengesetzt. Diese *»Urfunken«* sind etwas Geistiges, Gedankenkräfte Gottes. Sie sind lebendige »Ur-Kleingeister«, die im Dienst der Ordnung Gottes ihm in seiner Liebe und Weisheit möglichst ähnlich werden sollen. Aus dem Bedürfnis nach einer liebenden Lebensgesellschaft schuf Gott aus diesen Teilchen eine Anzahl *großer Geistwesen,* die viele Lebensfunken in sich zu einer Gesamtintelligenz vereinigen. Sie sollten in der Erkenntnis, Liebe und Vollkommenheit wachsen und dadurch auch Gott selbst zur Seligkeit dienen. Aber Liebe ist nur echt, wenn sie aus steter freier Entscheidung fließt. Darum wurden die Urgeister von Gott als freie Wesen geschaffen. Auch sie trugen die gleichen »streitenden Gegensätze« in sich und hatten die Aufgabe, »sich selbst zu konsolidieren im Kampfe mit den in ihnen aus Gott niedergelegten Gegensätzen«[66].

Der erste und größte unter den urgeschaffenen Geistern war *Luzifer.* Er war von der Gottheit mit allen in ihr ruhenden Kräften ausgerüstet, um diese Kräfte »beschaulich der Gottheit vorzuführen«. Er trug das Licht der Erkenntnis in sich und konnte »als erstes Geistwesen die Grenzen der innergeistigen Polaritäten recht wohl erkennen«. Er war mit der völligen Macht Gottes begabt und rief nun andere Wesen ins Leben, die ihm ähnlich waren und ebenfalls selbstschöpferisch auftraten[67]. Luzifer wußte, daß er das liebende Gegenüber des Vaters sein sollte. Nun waltete zwar in ihm wie in allen urgeschaffenen Geistern in gleicher Weise das »männlich-positive Wesen« wie das »weiblich-negative Prinzip«, weshalb sie sich »in der männlichen oder in der weiblichen Form zeigen« konnten. Aber in seinem Verhältnis zu Gott war er »von Gott aus so gestellt, wie das Weib gestellt ist gegen den Mann«. In dieser Rolle wurde er *»Satana«* genannt: »Satana bedeutet so viel wie ›Gegenpol der Gottheit‹«, dazu bestimmt, »neben Gott wie ein zweiter Gott zu sein und zu herrschen mit Ihm, aber dennoch Ihn zu lieben über alles und Ihm zu sein (in der tiefst- und reingeistigen Bedeutung), was da ein treues Weib ist dem Manne«[68]. Aber Luzifer gab sich mit dieser Rolle nicht zufrieden: »Gott hat alle Seine Kraft in mich gelegt. Nun bin ich stark und mächtig über alles. Gott hat alles, was Er hatte, hergegeben, und ich habe alles genommen. Da ich nun alles habe, wollen wir jetzt sehen, ob der durch die Übertretungen des gegebenen Gebotes erreichte Vorteil wirklich nur von einer kurzen Dauer sein wird« oder ob wir ihn »auf Ewigkeiten hinaus zu verlängern imstande sein werden«. Er machte sich selbständig in dem Wahn, die in ihn gelegte »Gottheit aufnehmen und gefangen nehmen zu können«, um zusammen mit seiner »ihm unterstellten Sondergei-

[66] Großes Evangelium II, Kap. 229
[67] a.a.O. XI, Kap. 17
[68] a.a.O. II, Kap. 156, 12; Erde und Mond, Kap. 56, 2; Die Haushaltung Gottes III, Kap. 17

sterschar« die mit Wesen aller Art bevölkerten Räume zu beherrschen. Aber dieser Aufruhr Luzifers war zugleich ein Abfall von einem Teil seines eigenen Wesens: er hatte die positiven Teile der in ihn gelegten Polaritäten verstoßen und hatte sich damit der lebendigen Fruchtbarkeit der polaren Spannungen beraubt und sich selbst gefangen genommen »im trägen Widerstreben der göttlichen Ordnung«[69]. Er verlor die von Gott ausstrahlenden Lebensströme und verfiel der Selbstsucht und Selbstherrlichkeit. Erstarrung und Verwesung waren die Folge. So entstand aus Ätherwesen der *»Urnebel der Materie«*. »Die ganze sichtbare Schöpfung samt den Menschen besteht nur aus Partikeln des großen, gefallenen und in die Materie gebannten Geistes Luzifer und seines Anhanges.«[70] Man könnte sagen: Der Urfall Luzifers deckt sich mit dem »Urknall«, der nach Auffassung vieler Astronomen vielleicht vor 20–25 Milliarden Jahren durch eine unbekannte Ursache ausgelöst wurde und die aus äußerst komprimierten Neutronen bestehende Urmaterie auseinandersprengte. Der Urfall Luzifers wäre gewissermaßen die innere Seite dieser Urexplosion, die zur Geburt des Weltalls führte, und er erklärt auch ihre Ursache: Am Anfang des Universums stand die Selbstherrlichkeit eines geschaffenen Wesens und seine Empörung gegen den Schöpfer. Eine schwere Schuld also. Aber Gott antwortete darauf nicht mit Zorn und Vernichtung, sondern mit helfender Liebe. Gelegentlich wird in den Neuoffenbarungen sogar angedeutet, daß er Luzifers Fall gewollt und geplant hatte.[71] Die materielle Welt war ein »Gericht auf die Nichthaltung der gegebenen Gebote«. Aber Gott ordnete sie zugleich zu einer »Erlösungsanstalt« oder »Demütigungsschule«, in der die gefallenen Geister die Möglichkeit haben sollten, aus der Selbstsucht zur Gottesliebe zurückzukehren und damit auch ihre eigene Seligkeit zu gewinnen.

Der *Kosmos* wurde durch die Auseinandersprengung der Urgeisterheere gebildet, die weit voneinander entfernte Standorte im Schöpfungsraum bezogen, weil sie in ihrer Selbstliebe nichts voneinander hören wollten. Durch die zunehmende materielle Verdichtung entstanden die »Hülsengloben«, d.h. riesiege Schöpfungseinheiten, die um eine Urzentralsonne als Mittelpunkt kreisen und aus zahllosen Untergestirnen bestehen. Die Urzentralsonnen sind ursprünglich zusammengeklumpte Urgeistervereine. Vielen Geistern wurde der Druck in diesen Klumpen zu mächtig; sie machten sich im Zorn los, schwärmten eine Zeitlang frei umher und erstarrten dann in der Kälte der Lieblosigkeit und des Hochmuts. Aus ihnen entstanden die All-All-Sonnen, die um die Urzentralsonne kreisten. Diese Abspaltungsvorgänge wiederholten sich auf den weiteren Stufen und führten zur

[69] Großes Evangelium II, Kap. 231, 5f.

[70] Himmelsgaben II, S. 1f.

[71] So sagt der Herr in einem Gespräch mit dem auf seinen trotzigen Willen pochenden Satan in der geistigen Welt: »Weißt du denn, ob es nicht Mein geheimer Wille ist, daß du so sein mußt, wie du bist?! Weißt du es, ob Ich dich nicht schon von Urbeginn zum Fall bestimmt habe?!« Und er gebraucht dann ein Bild: Der Erzgießer benötigt feuerfeste Schmelztiegel, in denen er das harte Erz zerkocht, damit es sich feuerflüssig in vorgeprägte Formen ergießen und hier die gewünschten Gestalten annehmen kann; so ist Luzifer vom »Werkmeister aller Werke« zu seinem Schmelztiegel geschaffen worden, den er für seine Arbeiten braucht und den er, wenn er es wünscht, wieder aus seiner langen Glut zieht. (Bischof Martin 119, 10–13)

Bildung der All-Sonnen, der Gebietssonnen, der Planetarsonnen, der Planeten, Kometen und Monde. Alle *Materie* ist also gefallenes Geistiges, und die Gestirne des Universums sind Urgeistervereinigungen, die der Eigenliebe untertan sind. Der Festigkeit der Materie entspricht die Qualität der in ihr kondensierten Geister: In der groben Materie der Planeten und Monde sind die hochmütigsten und herrschsüchtigsten Geister zusammengeklumpt; auf den höheren Ebenen der Planetarsonnen usw. besteht die Materie aus weniger hochmütigen Geistern.

Die Frage nach der *Größe des Kosmos* beantworten die Neuoffenbarungen mit wahrhaft ungeheuerlichen Dimensionen, die den Sternforschern zur Zeit Lorbers noch völlig unbekannt waren[72]. Danach bilden 1000 × 1000 × 1000 Sonnen samt ihren Planeten, Monden und Kometen ein Sonnengebiet mit einer Zentralsonne dritten Rangs. Ebenso viele Sonnengebiete bilden ein Sonnenweltall mit einer Zentralsonne zweiten Rangs. Ebenso viele Sonnenweltalle ergeben ein Sonnen-Allall, dessen Zentralsonne ersten Rangs sich durch eine entsprechende Größe auszeichnet. Die Sonnen-Allalle sind unzählbar und haben in ihrer Mitte eine »allerungeheuerste große Urzentralsonne«. Sie bilden eine Hülsenglobe. Diese wiederum ist nur eine Zelle, ein Punkt im großen Schöpfungsraum. Es gibt deren zahllos viele, und sie stehen so weit voneinander entfernt, daß man mit dem schärfsten Auge die nächste Hülsenglobe nur als »ein matt schimmerndes, kleinstes Pünktchen entdecken würde«[73].

In ihrer Zusammenordnung ergeben sie die Gestalt eines Menschen: es ist der *»Große Schöpfungsmensch«*. Seine Knie sind etwas vorgebogen, die Hände hängen nachlässig herab, das langhaarige Haupt ist trauernd nach vorne geneigt, die Lenden sind mit einer zerrissenen Schürze bedeckt. Er bewegt sich im Weltenraum so schnell, daß er »in einem Augenblick 1000 Hülsenglobenweiten vorwärts kommt«; es ist ein Kreislauf in einer endlos großen Runde. Dieser »große Schöpfungsmensch« aber ist nichts anderes als der *gefallene Luzifer* mit allen seinen Untergeistern. Die Urzentralsonne unserer Hülsenglobe ist der Regulus im Sternbild des »Löwen«. Er ist so groß, daß »ein Blitz über eine Trillion von Erdenjahren« zu tun hätte, um von seinem Nordpol bis zu seinem Südpol zu gelangen«[74]. Der Planet Saturn ist eine »geistige Seelenschule für die gewalttätigen, zerstörungssüchtigen Urgrundgeister«. Die Kometen sind Anhäufungen von rückfällig gewordenen Geistern, die nach materieller Sättigung gieren und viele Jahrtausende im Ätherraum umherirren. Die ganze Hülsenglobe aber befindet sich als ein »etwas rötlich glitzelnder Punkt« in der linken kleinen Zehe des »Großen Schöpfungsmenschen«. Es ist die Hülsenglobe, in der die Erde ihren Stand hat.

[72] Noch in astronomischen Werken der frühen zwanziger Jahre war nur von unserer Milchstraße die Rede; sie wurde mit dem gesamten Universum gleichgesetzt. 1925 wurden dann weitere Galaxien entdeckt, die mit dem größten damaligen Teleskop als winzige Nebelflecken am nächtlichen Firmament ausgemacht wurden. 50 Jahre später wurde die Zahl der Galaxien auf 100 Milliarden geschätzt. Daran gemessen ist unsere Milchstraße nur ein kleines Teilchen. Dabei hat sie, einer Diskus-Scheibe gleichend, einen Durchmesser von etwa 80000 Lichtjahren und umfaßt 150 Milliarden Sonnenmassen. Unsere Sonne ist etwa 33 000 Lichtjahre vom Zentrum der Milchstraße entfernt, durcheilt mit ihrer Planetenschar den Raum mit 250 km Sekundengeschwindigkeit und braucht für einen einzigen Umlauf 200 Millionen Erdenjahre.

[73] Großes Evangelium VI, Kap. 245, 9–19

[74] a.a.O. IV, Kap. 254, 4

Die Erde, der Schauplatz der Heilsgeschichte

Die alle Vorstellungskraft übersteigende Größe des Universums muß die Erde zu einem nichtigen Stäubchen zerquetschen. Sie entspricht »dem unteren Hautnervenwärzchen der kleinen Zehe am linken Fuße« des »Großen Schöpfungsmenschen«[75]. Ist es also nicht eine maßlose Überheblichkeit, wenn der Mensch, dieser flüchtige Bewohner dieses Stäubchens Erde, sich selbst für wichtig hält? Die Neuoffenbarungen bewahren ihn vor diesen selbstmörderischen Folgerungen und geben der Erde einen Rang, der in seiner Ungeheuerlichkeit den Dimensionen des Weltalls ebenbürtig ist. Ihre Besonderheit zeigt sich bereits darin, daß sie nicht wie die anderen Planeten aus der Sonne entstanden ist, sondern »ihre ursprüngliche Entstehung schon aus der Urzentralsonne« der Hülsenglobe hat[76]. Vor allem aber: Auf ihr befindet sich der *Kerker Luzifers* und zwar tief unter der Oberfläche in ihrem Mittelpunkt, »auf den alles drückt, auf daß der Gefangene sich nicht allzu gewaltig bewege und alles Wesen der Erde zerstöre«. Dorthin hat ihn Gottes Urmacht gebannt, und er wird nur dann wieder freigegeben, wenn er sich demütigt und zu Gott zurückkehrt[77].

Aber weil die Macht der Finsternis auf der Erde ihren Sitz hat, ist auch Gott zu ihr herabgestiegen. So wurde sie das entscheidende Schlachtfeld um die Befreiung der Geister aus ihren Bindungen. Sie wurde zum *Schauplatz der Heilsgeschichte* Gottes, die nicht bloß eine globale Bedeutung hat, sondern sich auf das ganze Universum auswirkt. Zwar gibt es auf allen Gestirnen Lebensschulen für ihre Bewohner. Aber die Erde wurde zu einer *Lebenshochschule* erhoben. Deshalb wird sie auch von den strebsamsten Geistern der Sternenwelt aufgesucht, um hier in der Konfrontierung mit der Blindheit, dem Unglauben, dem Leiden und dem Tod ihre Liebe zu Gott bewähren und die innigste Gottesnähe erlangen zu können. Diese von den anderen Sternen kommenden »Gastschüler« zeichnen sich meist durch besondere geistige Gaben aus, umfassen aber nur ein bis zwei Prozent der Erdenmenschheit.

In einem langen Entwicklungsprozeß baute Gott die Erde zur Lebenshochschule auf, in der die Rückkehr von Luzifer und seinem Anhang in die Ordnung Gottes ermöglicht und vollzogen werden sollte. Da alle Materie vom Stein bis zum Äther gebundene Seelensubstanz ist, mußte die Rückführung ins reingeistige Sein bei den kleinsten Materieteilchen anfangen. Die Aussagen der Neuoffenbarungen über die *Welt der Atome* sind ebenso erstaunlich wie die über die Hülsengloben: Die kleinsten Teilchen sind körperlose »Strahlenatome«; sie sind »ursprünglich nichts anderes als eine Gedankenkraft« aus Gott, ein »geistiges Etwas«. Aus ihnen bauen sich die »atomistischen Tierchen« auf, deren jedes eine »Mignon-Hülsenglobe«, d. h. eine Miniatur-Weltgemeinschaft umfaßt. Diese Atome sind so klein, daß auf einem Punkt, der nur unter einem starken Vergrößerungsglas sichtbar wäre, »schon mehrere Trillionen Platz fänden«[78]. Aus Millionen mikroskopischer Ein-

[75] a.a.O. VIII, Kap. 76, 5
[76] a.a.O. IV, Kap. 107
[77] Erde und Mond 55, 10f.
[78] a.a.O. 27; Himmelsgaben I, S. 82. Aus dieser Sicht ergibt sich ein entschiedener Widerspruch gegen die Atomspaltung und den Bau von Kernkraftwerken. Denn damit greift der Mensch in Gottes Erlö-

heiten dieser Art bestehen die »Kristalle« verschiedenster Art, und sie wiederum bilden, kunstvoll zusammengefügt, ein Sandkörnchen. Ein solches Sandkörnchen ist ein einzigartiges Wunderwerk: eine unermeßlich große Welt voll Licht und Leben. »Große Ströme durchziehen ihre weiten Kristalltäler, auf ihren hohen Bergen brennen tausend Sonnen... O du Körnchen, du allein wärest mir genug für die ganze Ewigkeit.«[79]

In die ganze materielle Welt sind nichtgefallene *»Geistfunken«* oder *»Liebesfunken aus Gott«* eingezeugt, die als sammelnde, aufbauende, leitende Lebenszentren in den mikroskopischen Gebilden wirken. Jeder solche »Liebesfunke« zieht aus seiner materiellen Umwelt alle ihm zusagenden Lebenselemente an sich, um sie zu einer dienenden Gemeinschaft zu erziehen. Sie sind in allen Formen, Stufen und Einzelwesen der Schöpfung tätig, um die in der Selbstsucht versteinerten Elemente zu befreien. Während im Mineralreich, der untersten Entwicklungsstufe, das Geistige noch »gerichtet« d.h. starr ist, geht es in den höheren Stufen der Pflanzen- und der Tierwelt immer mehr in ein selbständiges Leben über. Alle Pflanzen- und Tierarten entstanden nicht aus sich selbst oder durch blinden Zufall, sondern wurden durch die Urengel und ihre Hilfsgeister im Verlauf von fünf riesigen »Erdbildungsabschnitten« aus der jeweils vorangehenden Stufe gebildet.

Diese Erkenntnis, daß die Lebewelt der Erde das Ergebnis einer stetigen Evolution ist, hatte sich unter den Naturforschern des 19. Jahrhunderts durchgesetzt: Jean Lamarck (1744–1829) führte die Entstehung neuer Arten auf die Anpassung der Organismen an veränderte Umweltverhältnisse zurück, Charles Darwin (1809–1882) auf die natürliche Auslese der Lebenstüchtigsten im Kampf ums Dasein. Die Neuoffenbarungen erklären die Evolution als einen von Gottes Weisheit schöpferisch gelenkten natürlichen Prozeß, machen sie zugleich für die »meta-physische« Tiefendimension transparent und fügen sie in einen übergreifenden Zusammenhang ein, in dem der Sinn und das Ziel des ganzen Entwicklungsgeschehens aufleuchtet.

Die Grundlinien sehen so aus: Im Verlauf der fünf *»Erdbildungsabschnitte«* wurden zuerst allerlei Pflanzensamen in den Meeresschlamm der Urzeit gelegt; dann Eier oder Keime für die Entstehung von Würmern oder Insekten. Eine mannigfaltigere Formung der Erdoberfläche ermöglichte die Bildung immer höherer Arten. Im fünften Erdbildungsabschnitt entstanden die höchsten Berge und weitgedehnte Ebenen, die vom Meer überschwemmt und mit fruchtbarem Schlamm bedeckt wurden. Dadurch war die Lebensgrundlage für neue Pflanzen- und Tier-

sungsplan ein. In seiner Schrift »Weltwende – Adam, wohin gehst du?« erklärte der schweizerische Ingenieur Albert Spindler, durch die Spaltung der Atome würden »ungeläuterte Geistwesen« befreit, die von Gott abgefallen sind und »ihre Freiheit erst wieder nach einem unendlich langen Läuterungsweg über Pflanzen und Tiere in und durch Menschen erhalten sollen«. Diese ungeläuterten Geister werden, nachdem sie freigesetzt sind, »das Wetter immer mehr auf den Kopf stellen, Dürren mit Hungersnöten, immer mehr Erdbeben auslösen, immer mehr Menschen depressiv und krebskrank machen und immer mehr Seelen zu einem Dasein als Mißgeburt verurteilen« (S. 32). Mehr noch: Durch die Atomspaltung vergrößern sich die radioaktiven Felder in der Atmosphäre in erschreckendem Maß und werden durch den Van Allen-Strahlengürtel elektrisch geladen, um eines Tages, von der magnetischen Erde angezogen, mit welterschütterndem Krach auf die Erde zu fallen und radioaktiv zu verseuchen und zu verbrennen drohen, was ungeschützt darauf ist« (S. 25). Das ist die in 2. Petr. 3, 10 prophezeite Weltkatastrophe.

[79] Die Haushaltung Gottes II, Kap. 87, 12–16

arten und für den *»voradamitischen Menschen«* geschaffen. Er war sehr groß, stark, behaart, war »den Mohren der Jetztzeit« ähnlich, konnte sich aber noch nicht durch eine Sprache, nur durch »gewisse artikulierte Laute, Zeichen und Gebärden« verständigen, baute auch noch keine Häuser und Hütten, sondern schuf sich Ruhenester auf dicken Baumästen und führte ein »rohes Nomadenleben«[80]. Diese Voradamiten gingen zu Beginn der sechsten Periode in schweren Erdbebenkatastrophen unter, bis auf kleine Reste, die nach und nach verkümmerten.

Adam war kein Abkömmling von ihnen. Er entstand vielmehr dadurch, daß eine »kräftigste Naturseele« berufen wurde, sich aus dem »fettesten Lehmhumus« einen Leib nach der Urform Gottes zu gestalten. Er erhielt den Namen »Adam«, d. h. »Sohn der Erbarmung und der Gnade«[81]. Als er in einen tiefen Schlaf verfiel, wurde eine andere Naturseele in seine Außenlebenssphäre versetzt. Sie bildete aus den »sehr lieblichen Außenlebensteilen Adams«, d. h. aus seinem »Lebensdunst«, einen ihr entsprechenden Leib nach Gottes Willen und Ordnung, und als er erwachte, sah er voll Staunen und Freude sein Ebenbild neben sich und fühlte in der Gegend seines Herzens einen angenehmen Druck. »Das war der Anfang der geschlechtlichen Liebe.«[82] Aber was die weibliche Seele aus Adams Lebensdunst angezogen hatte, waren mehr die selbstgefälligen, sinnlichen und äußerlichen Teile. So wurde durch Gottes Macht und Weisheit der Mann von seinen hartnäkkigeren Seelenelementen zu Lasten der Frau befreit. Aber weil ihr wegen ihrer größeren Hartnäckigkeit auch »ein größeres Leiden auferlegt ist, kann sie ihren Geist ebenso vollenden wie der Mann seinen sanfteren«.

Adam und Eva lebten nicht in einem »Müßiggangs- und Freßparadies«, sondern mußten sich irgendwo in Palästina in einer Grotte vor den Unbilden der Witterung schützen und Früchte von den Bäumen holen. Wenn die Bibel von einem »Paradies« spricht, dann meint sie, daß das erste Menschenpaar sich in der vollen Harmonie mit dem göttlichen Geist befand. Durch den *Sündenfall* ging diese verloren. Über ihn berichten die Neuoffenbarungen in verschiedenen Versionen. Nach der einen Version ist unter dem Genuß der verbotenen Frucht der Sieg der sinnlichen Begierde und der vorzeitige Geschlechtsverkehr zu verstehen: »Adam nahm die Frucht aus dem Schoße der Eva«, wurde seiner Liebe zu Gott untreu und entdeckte in seinem Ungehorsam gegen Gottes Gebot den Luzifer in sich[83]. Nach der anderen Version hatte der Sündenfall nichts mit Geschlechtslust zu tun. Denn Adam hatte »ein Bedürfnis nach einer größeren Gesellschaft«, wurde in einem Traum über den Weg dazu aufgeklärt und von Eva, die ebenfalls im Traum über das Wie belehrt wurde, zum Zeugungsakt veranlaßt. »Alles ging sonach ganz natürlich zu«, und es wurden, unzeitig und ungesegnet, Kain und dann, gesegnet, Abel und Seth geboren. Die Familie machte später weite Reisen durch Asien und Afrika, lernte viel dabei und kehrte dann, »geheim vom Gottesgeiste geleitet«, in ihr erstes Eden zurück[84]. Den Anlaß zum Fall aber gab die Schlange, durch die

[80] Großes Evangelium VIII, Kap. 71–73
[81] a.a.O. II, Kap. 215, 2
[82] a.a.O. IV, Kap. 162, 4ff.
[83] Die Haushaltung Gottes I, 8, 11
[84] Großes Evangelium IV, Kap. 142, 4–13

sich Adam und Eva »von der Armut der materiellen Welt bestechen« ließen, so daß sie die verbotene Frucht aus einer herausfordernden Neugier aßen: »Wir wollen sehen, was daraus wird, so wir einmal dem wohlerkannten Willen Gottes zuwiderhandeln.«[85]

Die Auskünfte der Neuoffenbarungen über die weitere Geschichte nach dem Sündenfall sind ziemlich unergiebig, mehr phantastisch als aussagekräftig[86]. Wichtiger ist, was sie über das *Wesen des Menschen* und seine daraus entspringenden Gefährdungen und Aufgaben zu sagen wissen. Er ist aus drei Teilen zusammengesetzt: Leib, Seele und Geist. Der Leib ist »Materie und besteht aus den gröbsten urseelischen Substanzen«. Er ist mit allen Gliedern und Organen ausgerüstet, die »für ein freies, selbständiges Leben nötig« sind.

Die Seele ist »ein vollständiger Mensch für sich« und enthält auch substantiell die gleichen Bestandteile wie der Leib, nur handelt es sich dabei um eine »rein ätherische Substanz«, die aus hochentwickelten »Lichtatomen« besteht. Auch die Seele hat Menschengestalt mit Händen, Füßen usw., die sich in den entsprechenden Gliedern des Leibes befinden. Sie ist »die höchstpotenzierte Zusammenfügung von Mineral-, Pflanzen- und Tierseelen«[87]. Der Leib ist für sie notwendig als Werkzeug, durch dessen Sinnesorgane sie Kunde von der Außenwelt bekommt und dessen Glieder sie für ihre Handlungen benützt. Der Leib wiederum braucht den Verstand und den Willen der Seele zur Befriedigung seiner Bedürfnisse. Aber er ist für die Seele auch eine Gefahr; denn die »vielen unlauteren Materiegeister«, die sein Wesen ausmachen, suchen sie mit den Reizungen des Fleisches zu betören. Sie muß sich dieser Verführungen erwehren, sonst wird sie vom Fleisch versklavt und versäumt ihre große Aufgabe, nämlich »all ihr Trachten, Tun und Treiben allein nach dem rein Geistigen zu richten«[88].

Dieses *rein Geistige* wohnt als »dritter Mensch« im innersten Zentrum der Seele. Dieser ist »nicht ein Menschengeist, sondern ein Gottesgeist«, also kein Entwicklungsprodukt der Natur, sondern ein Urfunke aus der göttlichen Welt. Er ist ein Gedanke und lebendiges Abbild Gottes und »das Feuer der reinsten Liebe in Gott«, »ein Gott im kleinsten Maße«[89]. Als solcher ist er »der eigentliche wahre, in sich ewige Mensch im Menschen«. Er war es, der die Reifung der Seelenele-

[85] a.a.O. VIII, Kap. 34, 13

[86] So wird z. B. behauptet, daß die heutige Menschheit erst seit »etwas über 4000 Jahre« vor Christus lebt und in zwei Klassen zerfiel: die eine waren die Kinder Gottes, die Gott treu blieben, nur auf Bergen wohnten, vegetarisch lebten und Ackerbau trieben; die andere Klasse waren die Kinder der Welt, die in der Ebene lebten, Städte und Götzentempel bauten und dem Mammon huldigten. Aber die Kinder Gottes ließen sich auch nach und nach bis auf einen kleinen Rest um Noah von dem prächtigen Leben der Weltkinder beeindrucken. Die Sintflut wurde von Gott nicht veranlaßt, aber zugelassen. Ausgelöst wurde sie durch die gottlosen Völkerschaften, die mit der Hauptstadt Hanoch im Gebiet des heutigen Kaspischen Meeres lebten. Zur Gewinnung von Gold und Edelstein und aus Bosheit versahen sie den Fuß der Gebirge, auf denen Noahs Kinder wohnten, mit Sprengkammern und gruben damit die unterirdischen Wasserbecken an. »Viele 1000 Kubikmeilen Wassers« überfluteten Mittelasien bis nach Sibirien, Europa, Indien, Arabien und Nordafrika, vertilgten aber nicht die ganze Menschheit.

[87] Großes Evangelium VIII, Kap. 29, 11

[88] a.a.O. V, Kap. 51, 3

[89] a.a.O. I, Kap. 214, 9f.; VII, 66, 5

mente über die Stufen der Naturreiche von Anfang an leitete, und nun wohnt er in der Menschenseele als die Stimme des Gewissens und der göttlichen Liebe. Warum sind diese Gottesgeister in die Menschenwelt eingetreten? Die Neuoffenbarungen nennen zwei Gründe: Einmal sollten sie, die zuvor als nichtgefallene Urfunken in ihrer Gottesliebe noch unerprobt und darum »an und in den Urgeist Gottes fest gebunden« waren, dadurch zu einer »gottähnlichen Selbständigkeit« gelangen. Zum anderen sollten sie aus den mehr ätherischen Teilen der Materie ihnen ähnliche Wesen schaffen, sie mit einer Seele beleben und diese fortbilden, damit sie durch die Erkenntnis Gottes und die Liebe zu ihm und zum Nächsten so wachse, daß schließlich »eine untrennbare Einigung der Seele mit ihrem urewigen Geiste« geschieht. »Die der Materie entstammende Seele wird dann selbst ganz Geist; der Geist aber wird dann ganz eins mit der Seele und ist dadurch ein ewig freies, selbständiges und gottähnlich selbsttätiges Wesen, begabt mit allen Eigenschaften der urewigen Gottheit.«[90]
Der Geist verrichtet also einen Erziehungs- und Heilungsdienst in der Welt der gefallenen Urlebensfunken. Aber es sind ihm dabei Grenzen gezogen. Denn er wohnt zwar im innersten Zentrum der Seele, aber er kann sie nicht zwingen. Ihre Willensfreiheit darf nicht angetastet werden. So hängt es von ihrer Entscheidung ab, ob und wieviel Einfluß sie dem Geist gewähren will. Sie kann ihn verdrängen; dann bleibt es »finster im Menschen«. Wenn sie sich ihm aber öffnet, so daß er sie ganz durchdringen und mit der Liebe zu Gott erfüllen kann, dann hat sie »ihre früher tote Materie überwunden und ist mit dem Geiste Gottes *ein* Geist, *eine* Kraft, *ein* Licht und *ein* wahres, nimmer verwüstbares Leben geworden«[91].

Jesus Christus – »Vater« im »Menschensohn«

Was hat in diesem ganzen System von Geisterfall und Wiedervergeistigung der Materie *Christus* zu tun? Lorber berichtet: Das Gleichnis vom verlorenen Sohn erzählt, wie der Vater dem Heimkehrenden entgegenging, ihm um den Hals fiel und ihn küßte. Damit ist die Fleischwerdung Christi gemeint: Der verlorene Sohn ist Luzifer. Der bessere Teil der gefallenen Urlebensfunken hatte seinen Irrtum erkannt und war auf dem Rückweg zum Vater. Dieser kam, von Mitleid ergriffen, dem Reuigen entgegen. Ohne Gleichnis gesprochen: Weil der Mensch mit seinen beschränkten Vorstellungskräften den unendlichen Gottgeist nicht begreifen und sich deshalb ihm auch nicht liebend nähern konnte, hüllte Gott in der »Zeit der Zeiten«, als die Schöpfung einen gewissen Reifegrad erreicht hatte, sein Machtzentrum, »Vater« genannt, in das Fleisch eines Menschen, um sich allen Menschen, Engeln und Geistern als in Liebe ergreifbarer Vatergott darzubieten. Der Mensch, in dem der »Vater« Wohnung nahm, war *Jesus*. Nach Geist, Seele und Leib war er ein wahrer Mensch; aber da der »Vater« in ihm wohnte, war er zugleich der alleinige wahre Gott. Vater und Sohn sind also nicht zwei verschiedene Personen. Die beiden sind vielmehr zusammen mit dem Heiligen Geist nur

[90] a.a.O. V, Kap. 184, 3 f.
[91] a.a.O. VII, Kap. 55, 11

drei Wesensseiten des einen Gottes. »So ist also immer und ewig nur *ein Gott* in *einer Person*! Dieser Mein Leib ist die verherrlichte Gestalt des Vaters, der Menschen und Engel wegen ins Dasein gestellt, damit Ich ihnen ein begreiflicher und schaubarer Gott sei und sie Mich schauen, hören und sprechen können.«[92]
Auch in Jesus war nach seiner menschlichen Seite, wie in allen Lebewesen, der Kampf zwischen den zwei Welten. Die Hauptschwächen seiner Seele waren »Stolz, Herrschlust, Sinn fürs Wohlleben, Weiberlust und Zorn«. Aber er bändigte den Stolz durch die Armut, die Herrschlust durch Gehorsam, die Freiheit durch demütigen Dienst, den Hang zum Wohlleben durch Fasten, die Weiberlust durch schwere Arbeit, magere Kost, Gebet und den Umgang mit weisen Männern. Seine zornige Erregbarkeit bekämpfte er dadurch, daß er sein Gemüt durch seine Liebe und Erbarmung mäßigte. »Und so übte Er Sein Leben hindurch schwerste Selbstverleugnung, um dadurch die zerrüttete ewige Ordnung wieder herzustellen.«[93]

Der *Jugend Jesu* ist ein ganzes Buch der Neuoffenbarungen gewidmet. Da wird erzählt, daß schon das zarte Kindlein zu dem römischen Statthalter Cyrenius »überweise« Worte sprach, die in Wahrheit von der in dem Kind wohnenden Gottheit stammten; daß der Zweijährige »durch seine innere göttliche Kraft sorglich alles vermied, was zu irgendeiner Wundertat hätte Anlaß geben können«; und daß Jesus als Kind ein gichtbrüchiges Mädchen in Nazareth heilte. Er war »ein munterer Knabe«, dem Herodes wohlbekannt, da sein Vater, der »Kunstzimmermann Joseph«, diesem fünf Jahre zuvor einen neuen Thron angefertigt hatte. Jesus soll mit einem roten Leibrock und einem blauen Mantel bekleidet gewesen sein, während Maria weiße Wäsche, eine ganz gewöhnliche blaue Schürze und einen viereckigen Sonnenschirmhut trug. Ein Mädchen Jarah schilderte Jesus: »Der Gestalt nach ist Er nicht gerade ein schöner Mann; denn Er ist mehr klein von Statur und Seine Hände sind rauh und arbeitsnarbig, aber Sein Kopf ist würdevoll und Sein Auge das schönste, das mir je zu Gesichte kam. Auch um den Mund hat Er einen überaus freundlichen, wenn auch würdevoll ernsten Zug. Die Stimme aber kann man eine wahrhaft männlich-hinreißende nennen.«[94]
Die Seele Jesu war menschlich. Sie mußte die schwersten Versuchungen bestehen und kämpfte sich frei von allen Bindungen, nahm zu an Gnade und Weisheit in dem Maß, in dem der Gottgeist sich mit ihr »nach und nach einte«. Nun konnte Jesus seine Sendung als Erlöser antreten. Aber auch dann war der Mensch Jesus nicht völlig im »Vater« aufgegangen. Man muß deshalb unterscheiden zwischen den Worten und Taten des in ihm lebenden »Gottgeists« und den Äußerungen des »Menschensohns«. Zu letzteren gehören die alltäglichen, irdisch-menschlichen Reden und Handlungen oder auch Worte wie Luk. 18, 19: »Was heißest du mich gut? Niemand ist gut als Gott allein.« Zu den ersteren zählen die großen Lehrreden und die Hoheitsworte, die Wunder und Zeichen. In die Mitte seiner Verkündigung stellte Jesus das Doppelgebot der *Gottes- und der Nächstenliebe als das ewige Grundgesetz der göttlichen Lebensordnung*. Es gilt für die Erdenmenschen wie für die

[92] a.a.O. VIII, Kap. 27, 2–4
[93] Die Jugend Jesu, Kap. 299, 2–18
[94] Großes Evangelium II, Kap. 240, 12

Geistwesen des ganzen Universums. Seine Befolgung ist der einzige Weg zur vollen Gotteskindschaft, zum Heil. Christus verkündigte dieses Doppelgebot nicht als ein hartes »Mußgesetz«, sondern als eine Einladung und einen Rat; denn »was dem Menschen die höchste Lebensfreiheit verschaffen soll, kann und wird, das muß er auch in seiner vollen Freiheit anerkennen und annehmen«[95]. Er lebte das Gebot der Liebe beispielhaft vor und rief seine Zuhörer auf: »Seid Täter und nicht nur eitel Hörer und Bewunderer Meiner Worte, Lehren und Taten!«
Die dreijährige Wirksamkeit Jesu wird im »Großen Evangelium« breit geschildert. Da wird zum Beispiel mitgeteilt, daß er in den 40 Tagen seines Wüstenaufenthalts Klarheit über den Weg suchte, den er einzuschlagen hatte, um die Menschen und den ganzen Kosmos zu erlösen. Er hatte drei Möglichkeiten, um rasch dieses Ziel zu erreichen. Aber er verwarf sie, weil sie alle einen Eingriff erforderten, der die in der Materie gefangenen Geister ihrer Willensfreiheit beraubt hätte. Er gab im Kreis seiner Jünger umfangreiche Aufklärungen über Gottes Schöpfungsplan und Luzifers Fall und Reich, über das Heilsunternehmen Gottes, über seine Person und seinen Auftrag, über Tod und Jenseits und Erlösung, über die Planeten und Monde und ihre Bewohner usw. Er führte Gespräche mit Weisen und Gelehrten, mit Führern des Essenerordens und mit einfachen Leuten, mit Griechen, Römern und Persern, Ägyptern, Nubiern und Indern. Die ihm begegneten, waren aufs tiefste von ihm beeindruckt. »Wahrlich, du bist ein Gott! Denn wärest du nur ein Mensch, nimmer könntest du so weise reden!« rief der welterfahrene Römer Agricola aus. »Er ist so mächtig, daß im Augenblick alles geschieht, was Er will. Wollte Er, daß diese ganze Erde nicht mehr bestehe, so wäre sie schon nicht mehr da!« erklärte Lazarus einer Gesellschaft vornehmer Römer[96]. Nur die Pharisäer, die »blinden Tempeljuden«, verwarfen ihn, weil er ihren Vorstellungen von einem sieghaften politischen Messias nicht entsprach. Sie trachteten ihm nach dem Leben. Er hätte ihre Anschläge zunichte machen können. Er tat es nicht. Auf dem Ölberg, am Tag vor dem Einzug in Jerusalem, sagte der »Vater« zu Jesus: da er in seinem irdischen Leibe ein Mensch wie jeder andere sei, hänge es von seinem Willen als Mensch ab, ob er das letzte und schwerste Werk übernehmen wolle: »Willst du als Mein Sohn aufgehen in dem Vater, indem du alles, was dieser dir zu tun befiehlt, ausführst? Oder willst du als Sohn des Menschen dieser Menschheit allein angehören und nur von dieser Welt bleiben?« Der Menschensohn Jesus erwiderte: »Vater, Dein Wille ist allezeit der meine, und nur was Du allein willst, geschehe.« Damit entschied er sich für den Weg der Passion. Warum mußte er den *Kreuzestod* erleiden? Antwort: Christus hätte zwar Mittel und Wege genug, die Seinen zu erlösen. Aber die argen Menschen wollen es so. Die Masse im Tempel schreit es ja laut hinaus: Lasset uns ihn ergreifen und töten! Wenn er vom Grab auferstehen wird, dann wollen auch wir an ihn glauben! »Sie wollen also die letzte Probe an Mir machen. Und so sei es denn auch einmal zugelassen. Es werden dadurch viele, die jetzt noch stockblind sind, sehend und an Mich gläubig werden.«[97] Aber nicht nur das, der Kreuzestod sollte zugleich allen

[95] a.a.O. VIII, Kap. 20, 3
[96] a.a.O. VI, Kap. 205, 1 und 183, 10
[97] a.a.O. VIII, Kap. 149, 5–10

Wesen, nicht nur im luziferischen Bereich, das höchste Vorbild der Liebe geben. Er zeigte auch den Engeln und Geistern, was zu tun sei, um Luzifer Teile seines großen Anhangs abzugewinnen. Aber wie war das nun, als Jesus gekreuzigt wurde: war er da allein oder war der »Gottgeist« in ihm und wurde mitgekreuzigt? Eine eindeutige Antwort erhalten wir nicht. Zwar heißt es im »Großen Evangelium« (II, Kap. 13): »Er, der Allmächtige, läßt Sich sogar verfolgen, gefangennehmen und dem Leibe nach töten von seinen nichtigen Geschöpfen!« Aber wie konnte der Allmächtige sterben? Oder hat er sich vor dem Tod von dem Menschensohn getrennt? Das würde durch dessen Schrei bestätigt: »Mein Gott, mein Gott, warum hast du mich verlassen?« Aber wie konnte der Jesus, der so mit dem Gottgeist in ihm eins geworden war und Sein Menschliches überwunden hatte, sich so verlassen fühlen?[98]

Die Neuoffenbarungen kennen auch die Lehre vom Sühnetod am Kreuz (z. B. Röm. 3, 23–25; Eph. 1, 7; Hebr. 9, 27f.) nicht; sie läßt sich nicht in ihre Konzeption einfügen. Folgerichtig gilt das *Abendmahl* nicht als Sakrament, sondern nur als Liebes- und Erinnerungsmahl. Die Worte: »Das ist mein Leib ... Das ist mein Blut, welches vergossen wird für viele zur Vergebung der Sünden« (Matth. 26, 27f.), sind rein sinnbildlich gemeint und so zu verstehen: Jesu Lehre ist »ein wahres Lebensnährbrot aus den Himmeln, und das Tun nach ihr ist ein wahrer Lebenstrank, ein bester und kräftigster Wein«, der den ganzen Menschen belebt und erleuchtet. »Wer dieses Brot ißt und diesen Wein trinkt, der wird keinen Tod mehr sehen, fühlen und schmecken in Ewigkeit.«[99]

Der Mensch in der Lebenshochschule

Der Mensch hat sein Ziel erreicht, wenn er in der irdischen Lebenshochschule lernt, Gott über alles und den Nächsten wie sich selbst zu lieben. Nun ist die Menschenseele aber keine geschlossene Einheit, sondern bildet einen Verband verschiedenartigster Urlebensfunken: unreifer und geläuterter. Durch die ersteren wird sie versuchlich und zum Kampf gezwungen; die letzteren haben die Aufgabe, ihre schwachen Brüder aus dem Einfluß Luzifers zu lösen. Haben sie die Oberhand gewonnen, dann ist die Seele bekehrt; dann ist sie in ihrer Liebe ganz so geartet wie der in sie eingezeugte göttliche »Liebesfunke«. Nun kann sie mit diesem eins werden. Das ist die *»geistige Wiedergeburt«*. Sie ist mit der Zahl 666 ausgedrückt, die nicht nur einen vollendeten Teufel, sondern auch einen vollendeten Menschen bezeichnet: »Teile du deine Liebe gerade in 666 Teile! Davon gib Gott 600, dem Nächsten 60 und dir selbst 6, so bist du ein vollendeter, wiedergeborener Mensch!«[100] Dem geistig Wiedergeborenen wird die »Herrlichkeit« Gottes,

[98] Es wird denn auch versucht, diesem Wort aus Ps. 22, 2 einen anderen Sinn zu geben, der die Abgründe des Todesleidens Jesu verhüllt. So will Franz Deml unter Berufung auf George M. Lamsa den hebräischen Urtext so verändert wissen, daß die deutsche Übersetzung lautet: »Mein Gott, mein Gott, für dieses Schicksal wurde ich auserkoren!« (Das Wort, Nov. 1973, S. 376f.) Dem muß freilich entgegengehalten werden, daß es unter den überlieferten Handschriften keine Lesart gibt, die eine solche Änderung erlaubt.

[99] Großes Evangelium IX, Kap. 72, 9ff.

[100] a.a.O. II, Kap. 77, 1ff.

nämlich die göttliche Kraft, Wirkungs- und Schöpfermacht zugeteilt. Er ist ein »gewordener Engel«, der die ihm gegebene Macht nun auch im Dienst der Liebe verwendet und in der Erweckung und Erlösung aller noch in Luzifer gebundenen Lebewesen mithilft. Das Wirken in diesem Dienst ist seine Seligkeit. Versäumt aber der Mensch die Chance seines Erdendaseins, dann muß er den endlos langen und mühseligen Aufstiegsweg im Jenseits oder durch Inkarnationen auf den Planetar-, Gebiets-, All- und Allallsonnen auf sich nehmen. Eine sofortige Inkarnation auf der Erde ist nur in besonderen Ausnahmefällen möglich; denn die Heere der aus dem Mineral-, Pflanzen- und Tierreich emporsteigenden Naturseelen drängen darauf, endlich als Menschen ins Dasein eintreten zu können, während die Zahl der in dieser einzigen Lebenshochschule des Universums zur Verfügung stehenden Plätze begrenzt ist.

In zahlreichen Ausführungen geben die Neuoffenbarungen Lorbers *Einzelanweisungen für das Verhalten des Menschen.* Nur der mit der Liebe verbundene Glaube hat einen Wert. Die Liebe muß sich auch dem Menschen anderer Rassen und dem Feind zuwenden. Freilich gehört es auch zu ihr, daß verstockte Bösewichter gezüchtigt, notfalls mit dem Schwert behandelt werden. Sehr wichtig ist die Duldsamkeit, die anderen nicht den eigenen Glauben aufzwingt. Zur Nächstenliebe gehört der Dienst aneinander im Alltag, ein freundliches Geben, Ausleihen von Geld an würdige Empfänger usw. Man soll nicht weltflüchtig leben wie ein Asket, aber auch kein Prasser sein, sondern den goldenen Mittelweg gehen, der durch fleißige Arbeit und bescheidene gesunde Kost gekennzeichnet ist. Man soll sich einfach kleiden, Hülsenfrüchte, Brot und Honig vor Fleisch und Leckerbissen bevorzugen, vor allem Milch und Quellwasser trinken, viel in der Natur, besonders auf Bergen, wandern (weil man von den dort weilenden Naturgeistern Lebenskraft empfängt), Leibesübungen in vernünftigen Grenzen treiben.

Das *Ideal der Ehe* ist die »Geistes- oder Herzensehe«, in der nicht die Fleischeslust, sondern der Zeugungswille Beweggrund der ehelichen Gemeinschaft ist. Sexuelle Hemmungslosigkeit führt zur Selbstzerstörung, denn »das häufige Vergießen der edelsten seelenverwandtesten Lebenssäfte« ist eine Vergeudung, fesselt die Seele an das Fleischliche und macht sie unfähig für das Geistige[101]. Die Erziehung der Kinder hat darauf zu achten, daß in ihnen schon frühzeitig »jeder Funke ihres bösen Eigenwillens« gefangen genommen wird. »Ihre Seelenkrankheiten können am besten geheilt werden durch eine gut geordnete Zucht, bei der auch die Rute nicht fehlen soll.« Wenn ein herangewachsenes Kind sich gegen die Eltern auflehnt, soll ihm gedroht werden. »Bekehrt es sich aber nicht, dann soll es aus dem Elternhaus verwiesen werden.«[102]

Die Sünden sind die Ursachen der *Krankheiten.* Das schlimmste Laster ist die Hurerei. Die Unzucht ist »eine Hauptquelle, durch die alle die ärgsten Krankheiten in diese Welt kommen«. Andere Ursachen sind schlechte Speisen und Getränke, rasches Abkühlen des erhitzten Körpers, Besessenheit durch arge Geister. Zu den üblichen Heilmitteln (Arzneien, Homöopathie, Magnetismus) fügen die Neuoffenbarungen noch die *Sonnenkur:* das Sonnenlicht führt »reine Geister« mit sich,

[101] a.a.O. IV, Kap. 230, 2f.
[102] Die Jugend Jesu, Kap. 168, 16

die mit den »substantiellen Teilen« der menschlichen Seele aufs engste verwandt sind. Durch die Einwirkung solcher reinen Geister kann die Seele eine Stärkung empfangen und mit der körperlichen Krankheit fertig werden, »weil die Gesundheit des Leibes gleichfort einzig und allein von einer hinreichend kräftigen Seele abhängt«[103]. Heilkräftige Sonnenlichtstoffe sind enthalten im Wasser aus reinen Quellen, die der Sonne ausgesetzt sind; sie können durch starke Bestrahlung auch in gewisse Nahrungsstoffe eingespeichert werden.

Auch für die Lösung der sozialen Frage, das Wirtschafts- und Berufsleben, das Verhältnis zwischen Bürger und Staat, die Rechtspflege, das Erbrecht, Krieg und Kriegsdienst werden zahlreiche Anweisungen gegeben.

Die Stellung zur Kirche ist einerseits gekennzeichnet durch eine scharfe Kritik an priesterlicher Herrschsucht, äußerlichem Zeremonienwesen, Verhüllung der Liebeslehre Jesu durch vernunftwidrigen Wahnglauben, andererseits aber auch durch eine positive Toleranz und Anerkennung ihrer guten Taten. »Die römische Kirche ist gleich der großen Hure und hernach Büßerin Magdalena, die da Meine Füße salbte. Diese Kirche hat Mir schon sehr viele gute Kinder erzogen und dadurch Meine Füße gesalbt. Daher will Ich ihr helfen und sie ansehen, damit sie Buße tue; denn sie hat viel gesündigt, aber auch viel geliebt.«[104]

Gegenüber der Kirche, von der man als der »Glaubensmutter« die erste geistliche Nahrung und Erziehung empfangen hat, soll man Pietät wahren. »Was aber die Zeremonien betrifft, so ist dem Lebendigen alles lebendig, dem Reinen alles rein, dem Gehorsamen alles recht und dem Demütigen alles heilig. Darum folgt eurer Kirche in ihrem äußeren Begehren und lasset eure Herzen von Mir ziehen, dann werdet ihr bald zum Leben der Gnade gelangen und eure äußere Kirche beleben.«[105]

Entscheidend ist, daß man ein »werktätiger Christ« ist. Die Neuoffenbarungen lehnen Selbstverabsolutierung der Konfessionen ab und bewerten alle Kirchen und Bekenntnisse nach ihrem Gehalt an Demut und Liebe. Da die Menschen und Völker auf den verschiedensten Stufen ihrer geistigen Läuterung stehen, sind auch ihre religiösen Erkenntnisse und Bedürfnisse verschieden. Darum soll in allen Glaubensfragen Friedfertigkeit und gegenseitige Achtung geübt werden. Auf jeden Fall sind die bestehenden Kirchen aber nur Vorläufer, die einmal von der »wahren, reingeistigen Kirche Christi« abgelöst werden.

Die jenseitige Welt

Die Aussagen über das Geisterreich und das Leben nach dem Tod sind bei Lorber sehr reichhaltig. Der *Tod* bedeutet in der Gesamtgeschichte der Seele nur den Übergang von einer Etappe zur anderen. Er tritt dann ein, wenn Gott es will. Es ist ein Zeichen seiner Liebe zu den Menschen, daß er sie »auf dieser ›Jammerwelt‹ nur so lange im Fleisch erhält, als es für sie höchst nötig ist«[106]. Über den Selbst-

[103] Die Heilkraft des Sonnenlichts, S. 1 f.
[104] Himmelsgaben I, S. 98
[105] Der Wert zur Wiedergeburt, S. 1
[106] Großes Evangelium VII, Kap. 217, 2

mord wird ungemein scharf geurteilt: »Die Selbstmörder – wenn sie nicht Irrsinnige sind – werden schwerlich je oder auch nie das Reich des ewigen Lebens besitzen! Denn wer einmal ein solcher Feind seines Lebens ist, in dem ist keine Liebe zum Leben; ein Leben ohne Liebe aber ist kein Leben, sondern der Tod!« Es wird freilich zugestanden, daß es noch »eine Menge Arten des Selbstmordes gibt, die in ihren Folgen nicht so bösartig auf die Seelen wirken«[107].

In der von Gott verfügten *Todesstunde* legt die Seele den Leib ab, nachdem sie ihn nicht mehr braucht. Dieser löst sich auf, und mit seiner Verwesung werden die in ihm vereinigten Materieteilchen wieder frei und setzen ihren Entwicklungsweg nach oben in anderen Verbindungen fort. Myriaden von »Urlebensfunken«, die in der Seele zusammengefaßt sind, sammeln sich nach ihrem Auszug aus dem Leib um den »Liebesfunken«, der sie zu einem ätherisch-geistigen neuen Leben ordnet. Die Seele ist nun der Ätherleib des Geistes; sie hat auch noch die gleichen Gedanken, Empfindungen und Begierden wie in der Erdenzeit.

Eine *Reinkarnation* als entwicklungsgesetzlichen Vorgang und Frucht des Karma kennen die Neuoffenbarungen nicht. Eine »Wiedereinzeugung« findet lediglich in besonderen Fällen statt: wenn eine Seele im Jenseits »wegen zu großer Verstocktheit vom Gegenpol verschlungen« zu werden droht oder wenn sie »mangels höherer Befähigung« im jenseitigen Mittelreich keine Fortschritte mehr machen kann. Außerdem können sich Engelseelen freiwillig inkarnieren, weil sie den dornigen »Fleischesweg durchwandeln« und dabei ihre Gottesliebe bewähren wollen. So war der Erzengel Michael in Sehel, Elia und im Täufer inkarniert, ein Engelsgeist in Mose und Zacharias, andere in Jesaja und in weiteren Propheten. Sie wirkten auf der Erde als Boten Gottes, hatten also eine Aufgabe in seinem Erlösungsplan.

Von *Erscheinungen jenseitiger Geister* im Diesseits wird in den Neuoffenbarungen häufig berichtet. Freilich können nur unverdorbene Menschen, die nicht »in die Materie der Welt« versunken sind, abgeschiedene Seelen von Verwandten oder Freunden sehen oder das »zweite Gesicht« bekommen bzw. Botschaften empfangen. Geisterbeschwörungen werden verworfen. Von Geisterbefragungen mit Hilfe von Medien im Trancezustand, wie sie in spiritistischen Séancen üblich sind, wird in den Neuoffenbarungen nichts erwähnt. Solche Kontakte wären auch sicher nicht in ihrem Sinn, da für sie der Verkehr mit Geistern nicht von medialen Begabungen, sondern von geistig-ethischen Qualitäten abhängt. »Nur wer durch die Fülle seines inneren Lebens außerhalb seines Leibes eine kräftige Lebenssphäre bekommt, der kann die Seelen verstorbener Menschen sehen und sich mit ihnen über die wichtigsten Lebensdinge besprechen.« (Großes Evangelium VI, Kap. 11, 17)

Ein allgemeines Gericht Gottes an einem fernen *»Jüngsten Tag«* gibt es nicht. Der »Jüngste Tag« ist für geläuterte Menschen vielmehr der Tag, an dem sie diesseits oder jenseits zum ewigen Leben erweckt werden. Für ungeläuterte Menschen aber ist es der Tag ihres Übertritts ins Geisterreich, wo sie einer besonderen Prüfung ihres Wesens und Wandels unterworfen werden. Dabei gibt es auch für den großen Sünder keine »ewige Verdammnis«: ewig verdammt ist nur die Sünde; der Sünder dagegen ist nur so lange verdammt, als er unbelehrbar in der Sünde verharrt.

Im *Jenseits* setzt die Seele ihre Entwicklung fort und beginnt damit je nach dem auf Erden erreichten Vollkommenheitsgrad auf einer niederen oder höheren Stufe.

[107] a.a.O. VI, Kap. 163, 2ff.; IV, 152, 1ff.

Zunächst gelangt sie in das »*Mittelreich*«, auch Hades oder Fegfeuer genannt. Hier werden die Ankömmlinge von den himmlischen Geistern empfangen und »in allen ihren Neigungen erforscht und erprobt«. Ähnlich wie ein Patient, der zum ersten Mal einen Arzt aufsucht, muß der Abgeschiedene zuerst »ein Generalbekenntnis von A bis Z seines Lebens ablegen«. Dann erfolgt die »vollkommene Enthüllung« und schließlich »die Abödung oder auch die Abtötung« alles dessen, was die abgeschiedene Seele an irdischen Begierden und Leidenschaften ins Jenseits mitgebracht hat[108].
Dann wird sie von Engeln belehrt und geleitet, damit ihr der Aufstieg zum Endziel gelingt. Sie schafft sich die Umwelt, die ihrem Denken und Wollen entspricht und die so wirklich und zugleich so unwirklich für sie ist wie die Traumwelt für den Träumer. In ihr wohnt sie, und wenn sie unter den Belehrungen der Engel ihre Gedanken und Begierden ändert, dann wird auch ihre Umwelt lichter, reiner und beseligender. Beharrt sie dagegen weiter in ihren Trieben und Leidenschaften, dann kommt sie in die Vorhölle; sie schafft sich eine quälende Umwelt. Hier wird sie durch die Schmerzen, die sie sich selbst bereitet, zur Besinnung und Läuterung geführt, was oft eine undenkbar lange Zeit braucht. Aber auch für die hartnäckigsten Sünder hat der Herr wirksame Erziehungsmittel, die nicht durch äußeren Zwang, sondern von innen her wirken.

In der *Hölle* gibt es drei Grade. Da ist eine kalte Wohnwelt, in der hartherzige Reiche, hochmütige Gelehrte, falsche Priester u. a. ein licht- und freudloses Dasein führen. Die Seelen können alle ihre Bosheiten gegeneinander austoben, so daß es »einen ewigen Hader, Zank, Krieg und gegenseitige Verstümmelungen von der grauenhaftesten Art« gibt. Zugleich wollen sie den ihnen innewohnenden göttlichen Geistfunken ausstoßen und durch den Satansgeist ersetzen. So führen sie auch einen Kampf in sich selbst, und der Widerstand des göttlichen Geistfunkens verursacht »die allerschmerzlichsten Empfindungen«: das ist der »Wurm, der nicht stirbt« (Mark. 9, 44). Aber noch Schlimmeres kann geschehen: Der höhere Teil einer Seele kann sich ungerecht behandelt fühlen, zornig werden und sich in einen Trotz gegen Gott hineinsteigern. Schließlich geht er »in den allerförmlichsten Abscheu vor der Gottheit über, fängt sie allerbitterst an zu verachten und zu hassen, dabei aber sich selbst als ein numen supremum (höchstes Wesen) anzusehen! Tritt dieser Fall ein, dann ist die dritte Hölle auch schon fertig.« (Großes Evangelium VI, Kap. 238, 2ff.; Die geistige Sonne II, Kap. 107f.)

Auch die *obere Welt* besteht aus mehreren Stufen. Da ist der »Vorhimmel« oder das »Paradies« in der obersten Luftregion, der Stratosphäre, die 17000 Meter über der Erde beginnt. Hier ist ununterbrochener Tag, und die Seele sieht sich in wunderbaren Landschaften und in der Gesellschaft höherer Engel, die sie belehren. Sie muß die sieben Grundeigenschaften des göttlichen Wesens in sich ausbilden: Liebe, Weisheit, Willenskraft, Ordnung, Ernst, Geduld und Barmherzigkeit. Dann kommt sie zur Wiedergeburt. Der damit erreichte Zustand ist das »Himmelreich«, bestehend aus dem Weisheitshimmel, dem Liebe-Weisheits-Himmel und allerhöchsten Liebehimmel. In jedem von ihnen ist die Seligkeit gesteigert. Der Weisheitshimmel ist für solche Abgeschiedene bestimmt, die nach den Weisungen ihrer Religion ein gerechtes und gottesfürchtiges Leben geführt

[108] Die geistige Sonne II, Kap. 120, 11ff.

haben, aber nicht zur Bußfertigkeit und Liebe zu Gott gelangt sind. Im Liebe-Weisheits-Himmel weilen solche, in denen Gottesfurcht und Gottesliebe gleich stark sind, wobei sich die Gottesliebe in der Nächstenliebe äußert.
Der Liebehimmel kann nur durch die enge Pforte der völlig selbstlosen Liebe und Demut betreten werden und öffnet sich den Seelen, die in kindlicher Hingabe nur den Vater sehen und in allen seinen Geschöpfen lieben. Der Liebehimmel ist mit dem *»himmlischen Jerusalem«* gleichzusetzen, dessen äußere Sphäre, das himmlische Hügelland, die einfachen Häuschen der Seligen enthält, während »in der Mitte über der Stadt« die Gnadensonne leuchtet.[109] In ihr wohnt das göttliche »Ur-Grundwesen«, der Vater, zu dem die auf ihrer langen Lebensbahn gereiften Gotteskinder zurückkehren.
Das Tätigkeitsfeld der Himmlischen ist der liebende, erlösende Dienst an all den zu Luzifer gehörenden Geistern auf der Erde und zahllosen anderen Gestirnen. Ihre höchste Seligkeit aber ist dann erfüllt, wenn sie, als männliche und weibliche Geister, ihre eheliche Ergänzung finden. In diesen *himmlischen Ehen* kommen die zwei ursprünglichen Hälften eines Urgeistwesens, die sich für die Lebensfahrt getrennt haben, wieder zusammen. Aber auch Gott hat das Ziel seiner Schöpfung erreicht: Das Kind hat seinen Vater erkannt und gibt ihm seine Liebe. Und der Vater »freut sich endlos, daß er nun nicht mehr allein ist, sondern in der liebevollsten Mitte seiner Kinder, die ihn erkennen, über alles lieben und stets von neuem seine Wunderwerke staunend genießen und seine unendliche Liebe, Weisheit und Macht preisen.«[110]

Was wird die Zukunft bringen?

Der Jenseitshoffnung tritt eine reich entwickelte Zukunftshoffnung zur Seite. Sie baut sich auf der *Geschichtsschau der Neuoffenbarungen* auf: Wie sich das gesamte Leben in Stufen entwickelt, so verläuft auch in der Menschenwelt die geistige Entwicklung in verschiedenen Abschnitten. Das gilt für den einzelnen Menschen wie für die Völker und für die ganze Menschheit. Es sind drei Hauptabschnitte zu unterscheiden: Im ersten Abschnitt, der Kindheitszeit, wurden die Völker von inneren Offenbarungen, Träumen und Visionen genährt und waren noch in Unschuld mit Gott verbunden. In der Mittelbildungszeit zog sich Gott scheinbar von dem lebenskräftig gewordenen, nach den Gütern der Erde strebenden Menschen zurück, ließ ihn in Sünde fallen und eine lehrreiche, oft harte Schule durchmachen. Der Mensch mußte erleben, daß die Güter der Welt ihn nicht glücklich machen und daß hemmungslose Eigenliebe zerstörerisch wirkt. Durch bittere Erfahrungen, Not und Ausweglosigkeit belehrt, verlangen schließlich die Völker aus eigenem Antrieb wieder nach Gott. Die Seelen sind zur Aufnahme eines neuen Lichtsamens höherer Ereignisse vorbereitet. Eine Wandlung bahnt sich an.
Die jetzt angebrochene dritte Epoche wird von Katastrophen und Krisen geschüttelt. Hier einige erstaunliche Voraussagen über diese Epoche aus den Jahren

[109] Robert Blum II, S. 284
[110] Großes Evangelium III, Kap. 239, 13

1840–1864: Es wird ein *Maschinenzeitalter* kommen, und die Menschen werden die »Lebenskraft der Dämpfe« in ihren Dienst stellen. Ihre Schiffe werden »schneller denn ein Sturmwind« über die Meere fahren. Sie werden »eherne Wagen und Straßen machen und statt der Zugtiere Feuer vor den Wagen spannen und mit seiner Gewalt schneller als ein abgeschossener Pfeil über die Erde hinfahren«. Sie werden »die Zunge des Blitzes« (d.h. die Elektrizität) »zum schnellen Überbringer ihrer Wünsche und ihres Willens von einem Ende der Erde bis zum anderen machen«. Sie werden Sprengkörper und viele andere Zerstörungswerkzeuge erfinden; aber Gott wird vorsorgen, daß sie »nicht zu tief in die Erde werden dringen können«. Sie werden auch »in der Luft herumfliegen wie die Vögel, weithin über Länder und Meere«. Sie werden »allerlei Maschinen bauen, die alle menschlichen Arbeiten verrichten wie lebende, vernünftige Menschen und Tiere. Dadurch aber werden *viele Menschen arbeitslos* und voll Hungers. Es wird sich dann ihr Elend steigern bis zu einer unglaublichen Höhe.«[111] Aber zugleich werden die industriellen Menschen »nimmer zu sättigende Bedürfnisse« äußern und neben der größten Armut wird sich »die übersteigerte *Genußsucht* der Großen und Mächtigen« breitmachen.
Im Gefolge der wissenschaftlichen Entdeckungen und technischen Erfindungen wird sich der *Geist des Unglaubens* erheben: Die Menschen werden »mit allen in der Natur der Erde jetzt ihnen noch unbekannten Kräften Wunderbares zustande bringen und werden auch sagen: ›Sehet, das ist Gott – sonst gibt es keinen!‹«[112] Aber ihre Errungenschaften werden ihnen nicht zum Segen gereichen, denn sie werden »von ihren vielen Weltkenntnissen und erworbenen Fähigkeiten einen stets böseren Gebrauch machen und werden ganz freiwillig allerlei Gerichte aus den Tiefen der Schöpfung über sich und am Ende über die ganze Erde heraufbeschwören«. Die »lose Industrie« wird Raubbau an der Natur treiben. Das natürliche Gleichgewicht ist bedroht: »Es ist alles so eingerichtet, daß es ewig bestehen kann, wenn nicht die freiwillige Bosheit der Menschen Störungen in Meiner ewigen Ordnung verursacht, die Ich nicht hindern darf.« Vor der Zerstörung der Wälder wird gewarnt: »Wenn aber einmal die gierige Gewinnsucht der Menschen zu sehr sich an den Wäldern der Erde vergreifen wird, dann wird für die Menschen böse zu leben und zu bestehen sein auf dieser Erde.« Klimaänderungen und Stürme werden die Folge sein. So bahnen sich überall Konflikte an. »Die Erde wird unfruchtbarer werden, große Teuerungen, Kriege und Hungersnot werden entstehen, und das Feuer der Liebe wird verglimmen und erkalten.«[113]
Wo aber die Liebe erkaltet, »wird auch das Rechtsgefühl verschwinden und der sogenannte *Kommunismus* wird an die Stelle des Rechtes treten und wird gewaltig zerbrechen alle Schranken zwischen Mein und Dein«[114]. *Diktatoren* werden die Macht ergreifen, »werden sich der Menschen wie der Tiere bedienen und werden sie ganz kaltblütig und gewissenlosest hinschlachten lassen«, wenn sie nicht gefü-

[111] a.a.O. V, Kap. 205, 4; 108, 1
[112] a.a.O. V, Kap. 46, 1; VIII, 76, 6; 185, 7f.; IX, 89, 1ff.
[113] a.a.O. IX, Kap. 40, 10; Die geistige Sonne II, Kap. 125, 5; Großes Evangelium VIII, Kap. 186, 4; Himmelsgaben I, S. 138; Großes Evangelium VI, Kap. 101, 13; IX, 63, 6
[114] Kennzeichen, S. 137 (zit. nach: Das Wort 1967, Nr. 1/2)

gig sind. Sie werden jedem vorschreiben, was er »haben und essen darf, was er wissen, reden und schreiben darf«. Verheerende *Völkerkriege* werden losbrechen; Hunger, Seuchen und Erdbeben werden die Menschen in höchste Not treiben. Diese Not aber ist »das Feuer, wodurch die Menschen vor Meiner abermaligen Ankunft geläutert werden«[115]. »Etliche hundert Jahre« vor dieser Ankunft werden die Menschen durch die Entsendung erleuchteter Seher und Propheten darauf vorbereitet werden, und mit den Neuoffenbarungen hat die Reinigung der Erde begonnen.

Als *Zeitpunkt der Parusie* werden verschiedene Termine genannt. An einer Stelle heißt es, »daß nahezu alle 2000 Jahre auf dieser Erde eine große Veränderung vor sich geht. Und so wird es auch, von nun an gerechnet, geschehen.« An einer anderen Stelle werden 100 Jahre abgezogen: »So man nach dieser Meiner Gegenwart 1000, 800 und nahezu 90 Jahre zählen wird, da wird es beinahe keinen Krieg mehr auf dieser Erde geben, und um diese Zeit wird auch Meine persönliche Ankunft auf dieser Erde stattfinden, und die größte Klärung der Menschen anfangen.«[116] Dann wieder heißt es, daß Christus Jahr, Tag und Stunde seiner Wiederkunft nicht fest bestimmen könne, »weil das alles auf dieser Erde auch von dem vollkommen freien Willen der Menschen abhängt«. Zuerst wird er »unsichtbar kommen«, d.h. er wird sich durch Seher, Weise und Propheten den Menschen nahen; viele werden diesen Botschaften Glauben schenken und sich bessern, aber »die Welt wird sie irrsinnige Schwärmer schelten«. Gelegentlich ist auch von einem sichtbaren Kommen die Rede »mit aller Macht und Kraft, um der Herrschaft der Lüge und des Truges ein Ende zu machen«. Aber Einzelheiten werden nicht genannt. Es wird lediglich gesagt, daß die Wiederkunft nicht im Lande der Juden, sondern in einem anderen Land erfolgen wird. In welchem? Einmal soll es ein Land sein, in dem »noch der lebendigste Glaube und die größte Liebe zu Gott und zum Nächsten« herrschen. Ein andermal wird Christus in den »Landen eines anderen Weltteils, die nun von Heiden bewohnt werden«, ein Reich des Friedens, der Liebe und des Glaubens gründen[117].
Ein *Endkampf* zwischen dem Satan und seinen Heeren und dem Christus fehlt in den Neuoffenbarungen ebenso wie die ganze Szenerie der biblischen Apokalyptik: das Sonnenweib mit dem Kindlein, der Drache, das Tier mit den sieben Häuptern und den zehn Hörnern, der Antichrist, die große Hure u.a.m. Es fehlt die ganze wild bewegte Dramatik, die in der Bibel den Ablauf der Endereignisse cha-

[115] Großes Evangelium I, Kap. 72, 3; Himmelsgaben II, S. 302

[116] Großes Evangelium VI, Kap. 76, 10; VIII, 185, 10. Daß diese Voraussage nicht eingetroffen ist, wird von manchem, der an die buchstäbliche Unfehlbarkeit der Neuoffenbarungen glaubt, als eine »harte Nuß« empfunden. Aber auch mit anderen endgeschichtlichen Daten Lorbers hatte man Probleme. Überhaupt ist es schwierig, die weit verstreuten endzeitlichen Ausführungen der Neuoffenbarungen zu einem einheitlichen Bild zu vereinigen. Ein zusammenhängender Überblick wird niemals gegeben. Darum muß man sich mit einem Mosaik aus vielen einzelnen Textstücken begnügen, die nicht ohne weiteres zusammenpassen, sich sogar teilweise widersprechen. Darum muß jede Darstellung der Endzeitaussagen bei Lorber mit einem Vorbehalt versehen werden. Das gilt auch für den obigen Versuch.

[117] Großes Evangelium IX, Kap. 70, 1ff.; 94, 3; 69, 12f.; 94, 9; VIII, 187, 3f.

rakterisiert. Das hat seinen guten Grund: In den Neuoffenbarungen gibt es keinen Platz für Ereignisse, in deren Verlauf die ganze Menschheitsgeschichte abgelöst wird durch ein Reich Gottes, mit dem nach Offb. 21, 1 ein neuer Himmel und eine neue Erde an die Stelle des alten Himmels und der alten Erde treten. Nach »Robert Blum« (I, Kap. 83, 3 f.) kann und darf diese alte Erde nicht beseitigt werden. Denn sie ist die notwendige Lebenshochschule für die gefallenen Geister und damit »der Kern des Lebens für den ganzen Lebensbaum und eine Hauptwurzel der ganzen Schöpfung. Würden wir an ihr ein Zerstörungswerk ausüben, so würden wir dadurch nicht nur die Erde, sondern die ganze sichtbare Schöpfung der Auflösung preisgeben!« Aber abgesehen davon: das ganze Thema des göttlichen Erlösungsplans ist in den Neuoffenbarungen anders und viel umfangreicher als in der Bibel. Biblischem Denken ist es unbekannt und fremd, daß gefallene Urfunken in die Materie gebannt sind und daß darum jedes Teilchen der Materie der Erlösung bedarf. Nach der Bibel ist das Erlösungswerk vollbracht, wenn die gefallene Menschheit in den Gehorsam zurückgekehrt ist. Nach den Neuoffenbarungen ist es erst dann vollendet, wenn alle Materieteilchen des Universums aus ihrem Gottestrotz in die Gottesliebe zurückgefunden haben.

In diesem Prozeß, der sich über grenzenlose Räume und Zeiten erstreckt, signalisiert die Errichtung des *Tausendjährigen Reichs* auf Erden eine erste Etappe der Wiedervergeistigung des gefallenen »Schöpfungsmenschen«. Sie erfolgt allmählich im Verlauf einer fortschreitenden geistigen Erleuchtung – »nicht irgend äußerlich schaubar, sondern ganz still und prunklos in den Herzen der Menschen, die eines guten Willens sind«[118]. Christus wird Engel »mit großen Ausrufsposaunen unter die arme Menschheit senden«, und sie werden »die im Geist getöteten Menschen der Erde gleichsam aus den Gräbern ihrer Nacht erwecken«. Der »Baum der Erkenntnis« (die Wissenschaften) wird mit einer neuen, geistigen Welterklärung gesegnet, die erkennt, daß im Grund alle Materie geistiger Natur ist, und die dadurch den Materialismus überwindet. Ebenso wird der »Baum des Lebens« gesegnet: Die nun besser belehrte Menschheit wird ihr Leben nach geistigen und ewigen Zielen einrichten, und die Gottes- und Nächstenliebe »erlangt das Übergewicht«. Der Kampf zwischen den »Geweckten« und den »Kindern der Welt« wird zwar weitergehen, »aber am Ende werden doch die Meinen siegen über alle Welt«. »Von da an wird die Erde wieder zum Paradiese werden.« Wenn dann die 1 000 Jahre vorbei sind, wird der Satan noch einmal »um seiner selbst willen« für eine auf sieben Jahre und einige Monate beschränkte Probezeit freigelassen. Eine Grundsippe der allerschlimmsten Höllengeister wird die Weltmenschen aufstacheln, daß sie ein »neues antichristliches Heidentum« einzuführen suchen, aber Christus wird mit dem Feuer seiner Wahrheit über sie herfallen und jede weitere finstere Bestrebung in den »Abgrund der gänzlichen Vernichtung« schlagen[119].

[118] Himmelsgaben II, S. 436

[119] Großes Evangelium VIII, Kap. 48, 1 ff.; I, 72, 3 ff.; VI, 149, 5; 150, 14. 17. Die Ereignisse am Ende der 1 000 Jahre werden a.a.O. VI, 207, 12 f. in eine eigenartige Parallele zur Sintflut (S. 592, Anm. 86) gesetzt: Die Menschen werden keine Berge abgraben, »wie es die Gold und Edelsteine suchenden Hanochiten getan haben«, sondern durch allerlei Maschinen »unglaublich tiefe Schächte« ins Erdinnere treiben, und durch diese werden »die höchst brennbaren Gase in großen Massen auf die

Danach wird das »ewige Friedensreich« auf Erden anheben. Christus selbst wird auf ihr »eine ganz andere Pflanzschule für wahre Menschen errichten können, die bis ans Ende der Zeiten dieser Erde dauern wird«. Zwischen der geläuterten Erdenmenschheit und den Himmeln wird eine »geistige Brücke« erstellt werden, auf der die Menschen leichter als bisher mit der Engelwelt verkehren können. Auf ihr wird auch der Herr die Erde wieder betreten; er wird die Kinder Gottes erziehen, lehren und regieren. Die Menschen werden glücklich und in Fülle leben und ein hohes Alter erreichen. Erleuchtete Staatsmänner werden die Völker nach Gottes Ordnung führen. Alles Eigentum wird nicht dem Eigennutz, sondern der Nächstenliebe dienen. Der Grundbesitz wird so verteilt werden, daß alle haben, was sie zum Leben brauchen. Und weil sie nicht mehr nach irdischen Schätzen gieren, werden »auf der Erde eine Million mal so viele Menschen« wie jetzt wohlversorgt leben können[120]. Die reine Lehre Jesu wird als das »neue Jerusalem« die Religion der Menschheit sein, die so zu ihrem göttlichen Ursprung zurückkehren wird.

Und *Luzifer*? Sein Anhang wird kleiner. Die Erde wird »nach für euch undenklich vielen Jahren alle ihre Gefangenen hergeben«, und die gefallenen Geistwesen werden sich »in die Herrlichkeit Gottes begeben«. Die Erde verwandelt sich in eine »geistige« Erde. Dasselbe wird auch mit allen anderen Gestirnen des Universums geschehen. Ihre Materie wird sich auflösen, und sie werden »vollkommene geistige Weltkörper« werden. Wenn aber das letzte Geistwesen aus seinem Bann gelöst ist, wird für die Erde »der Dienst als Wiege der Gotteskinder für ewig erlöschen«. Nur Luzifer ist noch da. Von allen verlassen, bleibt ihm nur noch sein Ich. Wird er in seiner Abtrünnigkeit verharren oder sich zur Umkehr entschließen? Gott allein weiß es. Wenn er sich demütigt, wird »sein Urleben wieder freigegeben werden«. Wenn er starr bleibt, wird er »einem ewigen Verschmachten preisgegeben«. Die alte Erde, die sein Kerker ist, wird zusammenschrumpfen wie ein faulig gewordener Apfel, und von aller Materie bleibt nur noch »die letzte Schlacke echt satanischer, allerbösester seelischer Intelligenzpartikel, welche der Geist Satans und seiner Spießgesellen nicht verlassen wird«. Das ist der ganze Rest der alten Schöpfung. Sie wird in ihre Ohnmacht zurücksinken und »zu einer Unterlage und zu einem Schemel der neuen werden«[121].

Am Ende des ganzen Läuterungs- und Erlösungswerkes steht die Rückkehr aller gefallenen Urlebensgeister in die Ordnung Gottes. Das Universum hat sich in eine rein geistige Weltenschöpfung verwandelt. In ihr bestehen die Sternenheere in neuer Pracht und Herrlichkeit fort. Sie bilden zusammen wieder eine Menschengestalt. In diesem »lieblichst strahlenden Lichtmenschen« befindet sich die verklärte Erde nicht mehr in der kleinsten Fußzehe, sondern im Zentrum des Herzens als das »ewige Wohnhaus der Kinder Gottes«[122].

Oberfläche der Erde dringen. Hier werden sie sich entzünden und alles zu Asche verbrennen. Nur wenige Menschen werden überleben, aber das werden »Menschen von echtem Schrot und Korn sein. Diese werden dann wahrhaft eine ganz erneute Erde bewohnen.« Und die Boten Christi werden ihre Führer sein.

120 a.a.O. VI, Kap. 150, 17; VIII, 48, 9

121 a.a.O. V, Kap. 111, 4; VI, 174, 13; II, 63, 3f. Erde und Mond, Kap. 55, 2. 4. 7; 54, 9

122 Robert Blum II, Kap. 303, 1–6

Und dann, wenn dies alles erreicht ist? Gottes Schaffen hört nicht auf. Der nunmehr abgeschlossenen Schöpfungsperiode reiht sich eine andere an. Zahllose waren ihr vorausgegangen, die alle einen »Urgroßwelten-Menschen« darstellten. Zahllose werden folgen. Gott hat keinen Anfang und kein Ende. »Der endlose Raum hat Platz genug für alle die ewig endlos vielen Schöpfungen und wird noch Platz haben für äonenmal Äonen viele und so ewig fort für zahllose neue.«[123]

Offenbarungen? Oder was sonst?

1. Im Kreis der zahlreichen Empfänger jenseitiger und himmlischer Kundgaben, die in den letzten 250 Jahren aufgetreten sind, erscheinen Swedenborg und Lorber gewissermaßen als zwei Riesen. Sie sind einander ebenbürtig im geistigen Volumen ihrer Werke. Sie versichern, daß sie diese aus Quellen empfingen, die außerhalb des menschlichen Bereichs liegen; sie haben durch ihren Charakter und ihren Lebensweg bewiesen, daß diese ihre Gewißheit nicht bezweifelt werden darf. Die geistigen und biographischen Voraussetzungen, die sie mitbrachten, als sie zu Werkzeugen himmlischer Botschaften wurden, waren sehr verschieden. Swedenborg war ein umfassend gelehrter Mann, ausgerüstet mit reichem Wissen und hochentwickelter Denkkraft. Lorber war ein bescheidener Musiker mit einfacher Schulbildung. Swedenborg wurde durch ein umstürzendes Bekehrungs- und Berufungserlebnis aus einer großen wissenschaftlichen Laufbahn herausgerissen und stellte nahezu von einem Tag zum anderen sein ganzes Denken, Leben und Streben in den Dienst des Herrn. Bei Lorber gab es keinen dramatischen Bruch; gleichsam wie von selbst geschah es, daß er in sich den Ruf vernahm, zur Feder zu greifen und zu schreiben, was ihm die innere Stimme diktierte.

Beide lebten in verschiedenen Zeiten und Umwelten: Swedenborg als Angehöriger einer geistigen Elite im lutherischen Schweden, Lorber als schlichter Kleinbürger im katholischen Österreich. Zwischen beiden lag ein Jahrhundert bedeutsamer geschichtlicher und geistesgeschichtlicher Entwicklungen: In der Zeit Swedenborgs stand die siegreich vordringende Aufklärung noch im Kampf mit den hergebrachten Mächten in Gesellschaft und Kirche; in der Zeit Lorbers hatte sie sich durchgesetzt und die Epoche der revolutionären Umbrüche und naturwissenschaftlich-technischen Triumphe eingeleitet. Das bestimmte auch ihre Vorstellungswelt. So konzentrierte sich z. B. in der Zeit Swedenborgs das Interesse der Astronomen hauptsächlich auf die Planeten und ihre Bewegungen. Erst nach seinem Tod entwickelte sich die Stellarastronomie, als Friedrich Wilhelm Herschel 1775 begann, mit selbstgebauten Spiegelteleskopen die Sternenwelt systematisch zu durchmustern, um den »Bau des Himmels« zu untersuchen. Während man mit dem bloßen Auge nur etwa 6000 Sterne in beiden Hemisphären wahrnehmen kann, schätzte er aufgrund seiner Beobachtungen die Gesamtzahl der Ge-

[123] Großes Evangelium IV, Kap. 254, 8

stirne schon auf mehr als 20 Millionen. Der Astronom Friedrich Wilhelm Bessel (1784–1846) konnte mit dem Fraunhoferschen Heliometer 1836 erstmals die Parallaxe eines Fixsterns bestimmen und ermöglichte es damit, die nur noch nach Lichtjahren zu bemessenden Entfernungen der Sterne zu errechnen. In der Zeit Lorbers hatte sich also das Bild, das man sich vom Kosmos und seiner Größe machte, tiefgreifend geändert.

2. Alle diese biographischen und zeitgeschichtlichen Verschiedenheiten schlugen sich natürlich auch in den Werken der beiden Offenbarungsempfänger nieder. Vergleicht man sie miteinander, dann entdeckt man wichtige *Gemeinsamkeiten*. Dazu gehören die universale Weite ihrer Schau, ihre Lehre von Gott und seiner liebenden Herablassung und von Christus als der Inkarnation Gottes. Beide verwerfen die Trinität. Beide setzen der kirchlichen Lehre von Kreuz, Buße und Gnade eine andere Auffassung von Christi Erlösungswerk entgegen. Bei beiden ist das sakramentale Element christlichen Glaubens verkümmert. Aber diesen Gemeinsamkeiten stehen auch ebenso große *Gegensätze* gegenüber. Ihr Ursprung liegt in der Lehre von der Schöpfung. Swedenborg richtet sich nach den Aussagen der Bibel: Die Schöpfung ist Gottes Werk. Darum gilt hier: »Und Gott sah, daß es gut war.« Nach Lorber war die Entstehung des Alls eine Folge von Luzifers Fall. Darum trägt hier die materielle Schöpfung ein negatives Vorzeichen – sie ist mit Schuld behaftet.

Die Vorstellung von Luzifers Fall als Ursache des Bösen beschäftigte Visionäre und Grübler immer wieder. So »sah« die Augustinerin ANNA KATHARINA EMMERICK (1774–1824) in einem unbegrenzten Raum eine Lichtkugel gleich einer Sonne; aus ihr entstand eine Lichtwelt aus leuchtenden Kreisen, Ringen, Chören von Geistern, die sich alle »wie in Liebe aus der höheren Sonne« bewegten. Auf einmal standen Teile von ihnen still, versenkt in eigene Schönheit: »Sie empfanden eigene Lust, sahen alle Schönheit in sich.« Im selben Augenblick stürzten sie nieder und verfinsterten sich, und in der Tiefe entsprang ein Schattenring, als sei dies ihr Aufenthalt. »Gleich nach dem Sturze sah ich, daß die Geister der leuchtenden Ringe sich vor dem Gotteskreise demütigten, untertänig wurden und flehten, das Niedergestürzte möge wieder hergestellt werden.« Alsbald war neben dem Schattenring eine dunkle Kugel, sie wuchs und bekam Konturen und wurde licht und füllte sich mit Leben: die Erde, das Paradies, Adam und Eva[124].

Auch JAKOB BÖHME (1575–1624) war der Fall Luzifers vertraut, und er schilderte in ergreifenden Sätzen das Leid, das durch diesen Fall über die Schöpfung kam: »Wenn alle Bäume Schreiber wären und alle Äste Schreibfedern und alle Berge Bücher und alle Wasser Tinten, so könnten sie den Jammer und Elend nicht genugsam beschreiben, den Luzifer mit seinen Engeln in seinen Locum gebracht hat. Denn er hat aus dem Hause des Lichts ein Haus der Finsternis gemacht und aus dem Hause der Freuden ein Trauerhaus.«[125] Durch ihn mag Lorber mit dem kosmischen Verhängnis von Luzifers Fall bekannt geworden sein. Aber seine Neuoffenbarungen gehen noch weit darüber hinaus: War nach Böhme die Schöp-

[124] Emmerick-Visionen, hrsg. von P.C.E. Schmöger, Immaculata-Verlag Reußbühl, Bd. I, S. 130ff.
[125] Jakob Böhme, Morgenröte im Aufgang, S. 26f.

fung ursprünglich gut und erst durch den Fall verdorben worden, so war sie bei Lorber von Anfang an eine Folge des Falls und wurde erst nachher durch Gottes Güte in eine Anstalt zur Besserung und Rückkehr verwandelt.

Swedenborg verwarf den ganzen Mythus von den urgeschaffenen Engeln und vom Engel des Lichts, der wegen seiner Empörung gegen Gott »mit seiner Rotte hinabgestoßen worden sei, und daher stamme die Hölle«; daß dies in der Christenheit geglaubt werde, »darüber wundern sich die Engel gar sehr«, und »sie wollen, daß ich aus ihrem Munde versichere, daß im ganzen Himmel nicht *ein* Engel ist, der von Anbeginn erschaffen und hinabgestoßen worden wäre, sondern daß alle, sowohl im Himmel als in der Hölle, aus dem menschlichen Geschlechte sind«. Folgerichtig kennt Swedenborg auch keinen persönlichen Teufel als Widerpart Gottes. Bei ihm ist er lediglich ein Sammelbegriff: »Teufel« für den hinteren Teil der Hölle, der böse Engel beherbergt, und »Satan« für den vorderen Teil, in dem böse Geister hausen[126].

Der Urfall Luzifers mit seinen Folgen bestimmt als das übergreifende Generalthema das Neuoffenbarungswerk Lorbers von der Kosmogonie bis zur Eschatologie. Bei Swedenborg dagegen sind Schöpfung, Erlösung und Vollendung viel stärker in den biblischen Rahmen eingebunden. Lorber zeichnet einen unvorstellbar langen Weg, den die in die Materie gefesselten Geistfunken zurücklegen müssen, bis sie die Stufe des Menschen erreicht haben. Dieses ganze Kapitel entfällt bei Swedenborg. Und wenn für diesen »der Endzweck der Schöpfung des Weltalls ist, daß ein Engelshimmel existiere«, der sich aus dem menschlichen Geschlecht bildet[127], so ist nach Lorber das Ziel der aus dem Aufruhr Luzifers entstandenen Schöpfung dann erreicht, wenn die gefallenen Urfunken aus ihrer Gottferne zurückgekehrt sind, so daß der ganze Kosmos aus seiner materiellen Erstarrung gelöst und wieder vergeistigt wird.

3. Die Schau der beiden Offenbarer läßt sich nicht harmonisieren. Das ist für die Anhänger ärgerlich, denn jedem der beiden wird höchste Autorität zuerkannt, da ihre Botschaften zugestandenermaßen nicht menschlicher, sondern himmlischer Herkunft sind. Wer zu Swedenborg hält, kann Lorbers Neuoffenbarungen nicht uneingeschränkt als Diktate des Herrn anerkennen, und umgekehrt ist es ähnlich. So verlaufen die (nicht gerade häufigen) Diskussionen zwischen Swedenborgianern und Lorberianern auf einer mittleren Linie: Man sucht nachzuweisen, daß dem Kundgabenwerk der anderen Seite Mängel anhaften, die es zwar nicht disqualifizieren, es aber doch in manchen Punkten korrekturbedürftig machen.

Von *Anhängern Lorbers* wird darauf verwiesen, daß Swedenborg nur mit Engeln und Geistern Verkehr hatte, während Lorbers Schriften von Christus selbst Wort für Wort diktiert wurden, also einen höheren Rang haben. Eine gewisse Abwertung Swedenborgs findet sich schon in Lorbers »Himmelsgaben« (Bd. II, S. 53), wo Jesus die Frage beantwortet, ob man den Büchern Swedenborgs vollen Glauben schenken solle: »Swedenborg ward von Mir erweckt und wurde von Meinen Engeln geführt in alle ihre Weisheit aus Mir, je nach dem Grade ihrer Liebe. Und was er sagt, ist gut und wahr. Solches kannst du glauben. Aber solches glaube

[126] Swedenborg, Himmel und Hölle, 311
[127] Swedenborg, Göttliche Liebe und Weisheit, 329

auch: Die Liebe ist über alles erhaben und heilig! Wer demnach diese hat, der hat alles; denn er hat wahrhaft Mich Selbst, und siehe, das ist mehr denn alle Propheten, alle Apostel samt Petrus, Paulus und Johannes, und so auch mehr denn Swedenborg.«
Deutlicher ist die Distanzierung von FRANZ SCHUMI ausgesprochen (in: »Die Führung Immanuel Swedenborgs im Jenseits, empfangen durch Franz Schumi, 18.–28. Juli 1901«). Da nannte Jesus den Grund, weshalb Swedenborg nach seinem Tod zwar von einer »großen Schar guter Geister«, aber nicht von ihm selbst empfangen worden ist: »Swedenborg war zwar ein hoher Geist, aber trotzdem nicht so hoch, wie die heutigen Medien es sind (d.h. Lorber und andere Empfänger der inneren Stimme); außerdem hatte er seine Schwächen, die er nicht mit Ernst bekämpfte, und so konnte Ich nicht mit ihm direkt verkehren, sondern überließ diese Arbeit Meinen Engeln.« Daß er trotzdem eine innere Erleuchtung empfing, war »eine Ausnahme der Gnade«. Er kam denn auch nach seinem Tod nur in das »Mittelparadies« und mußte noch mancherlei Menschliches ablegen, bevor er in das »oberste Paradies« eingelassen wurde. Auf diesem Weg wurde er sogar einmal in die Hölle versetzt, weil er sich gegen einen Mann, der eine schwere Last trug, lieblos verhalten hatte. In schweren Prüfungen mußte er Demut und selbstlose Liebe lernen und konnte dann aufwärts steigen. Er leistete erfolgreiche Bekehrungsarbeit und durfte schließlich, von »Vater Jesus« zusammen mit Luther mit der »Krone der Märtyrer« ausgezeichnet, unter Hochrufen ins himmlische Jerusalem einziehen, wo er »in die Schar der Großen Fürsten aufgenommen« wurde.
Vertreter der *Neuen Kirche* wiederum verweisen auf die gefährlichen Konsequenzen der für die Neuoffenbarungen Lorbers in Anspruch genommenen Verbalinspiration: Sie müssen bis in alle Einzelheiten stimmen; sollten sich irgendwelche Widersprüche oder sachlich falsche Behauptungen in ihnen finden, dann kann der, der Lorber die Diktate gab, nicht irrtumsfrei gewesen sein.

Tatsächlich lassen sich mancherlei fehlerhafte Äußerungen nachweisen. So wird nach dem »Großen Evangelium« Christus auf der erneuerten Erde eine Pflanzschule für wahre Menschen errichten; in »Bischof Martin« dagegen ist zu lesen, daß nicht die Erde, sondern die Sonne diese Pflanzstätte sein wird. Pfarrer Dr. Friedemann Horn hat in einer verdienstvollen Untersuchung in »Offene Tore« 1975, Nr. 5ff., eine Reihe irriger Aussagen im »Großen Evangelium« genannt. So ruft eine jüdische Frau aus: »O Jehova, wie gut bist du!« und meint damit Jesus. Aber kein Jude hätte gewagt, den Gottesnamen auszusprechen, und nie haben die Jünger den Messias mit Jehova gleichgesetzt. Oder: Das jüdische Osterfest habe »nahezu ein ganzes Vierteljahr später« stattgefunden als das heutige. Tatsächlich fiel es aber in den Frühlingsmonat Nisan, der zwischen Mitte März und Mitte April lag. Oder da soll Jesus gesagt haben: »Ob ihr einer Sau Maiskörner oder die edelsten Perlen vorwerfet, so wird sie den Perlen dennoch gerade das tun, was sie tut den Maiskörnern.« Der Mais war damals in Palästina jedoch völlig unbekannt: Sein Ursprungsgebiet liegt in den Anden; er wurde von den Inkas, Mayas und Azteken angebaut und kam erst Anfang des 16. Jahrhunderts nach Europa, später nach Asien und Australien.

Wird damit nicht die Glaubwürdigkeit der Neuoffenbarungen insgesamt erschüttert? Swedenborg nahm die Mitteilungen der Geister und Engel nicht unkritisch hin. Er betonte, daß der Buchstabe der Schrift ernst genommen werden müsse, denn er diene »zur Wache« darüber, daß der Text richtig verstanden wird. Freilich, in den Buchstabensinn ist der geistige Sinn eingebettet, und der kann nur von einem »erleuchteten« Menschen erfaßt werden. Swedenborg bekam ihn durch den Herrn »enthüllt«. Darum hat das, was er auf diese Weise aus der Schrift entnahm, höchste Autorität: »Die Lehre der Neuen Kirche ist aus dem Himmel, weil sie aus dem geistigen Sinne des Wortes ist; und der geistige Sinn des Wortes ist ein und dasselbe mit der Lehre, die im Himmel ist.«[128] Sie beansprucht also den gleichen Rang, den die Lorberkreise den Neuoffenbarungen zuerkennen.

4. Aber zu der Art, wie Swedenborg aus dem buchstäblichen den geistigen Sinn des Worts erhob, muß einiges *Kritische* bemerkt werden. Ein paar Beispiele: Offb. 12, 1–6 berichtet vom Weib mit der Sonne bekleidet, das schwanger war, und von einem Drachen mit sieben Häuptern und zehn Hörnern und sieben Kronen, der mit seinem Schwanz den dritten Teil der Sterne des Himmels hinwegfegte und auf die Erde warf; er trat vor das Weib, um ihr Kind zu fressen, und sie gebar einen Sohn und floh in die Wüste. Nach dem »geistigen Sinn« bezeichnet der Drache die Protestanten, welche die falsche Christologie und die Trinität vertreten und lehren, daß Glaube und Werke zu trennen sind. Wie der Drache das Kind, so versuchen sie, »die Lehre der Neuen Kirche gleich bei ihrem Entstehen zu vernichten«. Und die Geburt des Knaben bedeutet »die Lehre des Neuen Jerusalems, zu London 1758 herausgegeben«[129]. Frage: Ist diese Verteufelung angeblicher Irrlehren und die Gleichsetzung einer Publikation von 1758 mit der apokalyptischen Geburt des Knaben durch das Sonnenweib wirklich als »geistiger Sinn« vom Herrn eingegeben? Oder entstammt das nicht dem Sendungsbewußtsein und der zeitgeschichtlich gebundenen Perspektive Swedenborgs?
Oder: Er schreibt, daß der geistige Sinn »weniger deutlich« in den historischen als in den prophetischen Teilen der Schrift erscheine. »Das Historische wurde deshalb gegeben, damit die Kinder und Knaben durch dasselbe in das Lesen des Wortes eingeleitet würden, denn es enthält ergötzliche Geschichten, die in ihrer Seele haften.«[130] Frage: Ist eine solche Abwertung des Historischen erlaubt? Die Bibel ist vom ersten bis zum letzten Kapitel »Heils*geschichte*«, und nähme man das Historische weg, dann gliche sie einem menschlichen Körper ohne Skelett.
Oder: Um zu beweisen, daß Christus nicht buchstäblich »in den Wolken des Himmels mit großer Kraft und Herrlichkeit« wiederkommen wird (Matth. 24, 30), gibt Swedenborg zu verstehen, daß die »Wolken« das Wort im buchstäblichen Sinn bedeuten und daß mit der »Herrlichkeit« das Wort im geistigen Sinn, mit der »Kraft« die Macht des Herrn durch das Wort gemeint ist. Zwischen dem buchstäblichen und dem »geistigen« Sinn besteht hier jedoch keinerlei innerer Bezug. Um ihn bei den »Wolken« zu gewinnen, verweist Swedenborg auf 5. Mose 33, 26, Ps. 68, 35 und Jes. 19, 1. Hier wird von irgendeiner Verbindung zwischen Gott und den Wolken geredet, und es gibt noch zahlreiche weitere Bibelstellen ähnlicher Art. Aber daß da mit den Wolken das buchstäbliche Wort ge-

128 Vom Neuen Jerusalem und seiner Himmlischen Kirche, S. 7
129 Enthüllte Offenbarung, 541; 543
130 Himmlische Geheimnisse, 6333

meint sei, läßt sich ihnen nicht entnehmen[131]. Und selbst wenn diese Deutung zuträfe, so wäre es schwer oder unmöglich, sie auf alle die »Wolken« anzuwenden, die in der Bibel vorkommen (z. B. Jes. 44, 22; Hes. 32, 7; Joel 2, 2; Zeph. 11, 15; Hiob 3, 5). Swedenborg unterlegt auch vielen anderen Worten eine je eigene »geistige« Bedeutung, etwa den verschiedenen Frucht- und Nutzholzbäumen, Himmelsrichtungen, Zahlen, Ländernamen, Tempelteilen, Edelsteinen[132]. Auch hier zeigt sich, wieviel Gekünsteltes dies im Gefolge hat.

Und schließlich: Nach Sach. 8, 22 f. wird in der messianischen Zeit viel Volks nach Jerusalem kommen, um den Herrn zu suchen, und zehn heidnische Männer »werden einen jüdischen Mann beim Rockzipfel ergreifen und sagen: Wir wollen mit euch gehen; denn wir hören, daß Gott mit euch ist«. Swedenborg konnte das nicht akzeptieren, da er von den Juden und der »Israelitischen Kirche« eine geringe Meinung hatte. So bedeutete nach seiner Auslegung der geistige Sinn dieses Textes, daß »durch den Juden nicht die Angehörigen jenes Volkes verstanden werden, sondern daß durch Jerusalem verstanden wird eine vom Herrn herzustellende neue Kirche, und durch einen Juden jeder, der im Guten der Liebe zum Herrn ist«[133]. Die Beispiele ließen sich vermehren. Sie bestätigen nicht gerade Swedenborgs Wertung des buchstäblichen Worts als »Unterlage für den Himmel«[134]. Der unvoreingenommene Leser jedenfalls hat den Eindruck, daß Swedenborg bei der Interpretation der Texte sehr stark, wenn auch unbewußt, durch seine Überzeugungen und Wertungen bestimmt war.

Zweifel melden sich, in anderer Form, auch bei Jakob Lorber, wenn man sein *Großes Evangelium mit den biblischen Evangelien vergleicht.* Schon das ganze Bild Jesu ist hier und dort verschieden. In den Evangelien ist es eine verhüllte Hoheit und Würde, und erst spät, als die Zeit der Passion herannahte, ließ Jesus die Jünger wissen, daß er der verheißene Messias ist (Matth. 16, 13 ff.). Im »Großen Evangelium« dagegen sind die Jünger schon am Anfang von seiner göttlichen Würde unterrichtet und im Lauf seines Wirkens überzeugen sich davon auch viele andere, denen er begegnet. Ja, sogar schon in seiner frühen Kindheit soll Jesus gewußt haben, daß Gott sich in ihm inkarniert hat, und er soll auch seine Spielgefährten darin eingeweiht haben. Bei jeder Gelegenheit trägt er seine göttliche Macht zur Schau. In den Evangelien spricht er schlicht, knapp und anschaulich. Im »Großen Evangelium« doziert er breit und wortreich, als säße er auf einem Katheder. Er verwendet naturwissenschaftliche und philosophische Fremdwörter und spricht Sätze wie: »Die Seele als ein Gemengtes und sich ergreifend Zusammengesetztes ist durch und durch ätherisch-substantieller Beschaffenheit.« Die Berichte von seinen Wundertaten zeigen eine ausgesprochene Steigerung ins Mirakelhafte.

[131] Wahre christliche Religion, 776

[132] In seinem Buch »Die Sprache der Gleichnisse, ein Schlüssel zur Bibel« hat William L. Worcester eine umfangreiche Liste solcher Worte zusammengestellt und ihre Auslegung bei Swedenborg erläutert und begründet.

[133] Apokalypsis Explicata, 433

[134] »Der buchstäbliche Sinn des Wortes ist deshalb sehr heilig; ja er ist sogar mächtiger als sein geistiger Sinn, was mir durch viele Erfahrung in der geistigen Welt bekannt geworden ist.« (a. a. O. 816)

So wird etwa im Großen Evangelium erzählt, daß »der nun weltberühmte Heiland Jesus« auf Bitten eines 90jährigen Juden dessen ganze kranke Sippe, insgesamt 17 Personen, durch Fernheilung gesund machte; daß er einen bis auf die stärkeren Knochen gänzlich verwesten Knaben auferweckte; daß er eine ganze Schar von Menschen auf der Wasseroberfläche umhergehen ließ. Des Jairus Töchterlein Sarah erweckte er ein zweites Mal vom Tod, als die Leiche schon sehr stark stank; nach der ersten Auferweckung soll sie wegen übergroßer Liebe zu ihm wieder gestorben sein. Oder es wird erzählt, daß er einen Stein in die freie Luft stellte, ohne daß er zu Boden fiel, und ein morsches Stück Feigenholz belebte, so daß es alsbald Blätter, Blüten und Früchte trug. Grund: »Ich will dir zeigen, wie mir alle Dinge möglich sind durch die Kraft des Vaters in Mir!«

Der Jesus der Evangelien hat solche Schauwunder zur Demonstration seiner Göttlichkeit schroff abgewiesen (Matth. 4, 5–7). Er verhielt sich auch anders zu den Sündern als der Jesus der Neuoffenbarungen. Er suchte sie auf; es jammerte ihn, und er liebte sie und erbarmte sich über Zöllner und Dirnen. Der Jesus der Neuoffenbarungen aber schalt über die »Hurenhelden« aus der Gegend der Gadarener, beschrieb ihre sexuellen Exzesse und kam zu dem Urteil: »Ihr Tun und Lassen stellt sie tief unter die Schweine, und es wird mit ihnen schwer etwas auszurichten sein.«[135]
Schmerzhaft ist der Gegensatz zwischen der Leidensverkündigung Jesu in den Evangelien und seinen Voraussagen über sein Sterben und Auferstehen bei Lorber. Dort knapp andeutende Worte über die bevorstehende Passion und als Antwort die Betroffenheit der Jünger, die sich in Widerspruch und Betrübnis äußert. Hier aber verbindet Jesus die Leidensverkündigung gleich mit der Drohung an seine Gegner: »Aber da wird ihre Rechnung zum Ende gelangen!« Denn »der für sie höchst fatale Umstand wird darin bestehen, daß der Getötete nach kaum drei Tagen als ein mächtigster Überwinder des Todes und aller Seiner Feinde zum ewigen Trost seiner Freunde und Brüder unversehrt, vollkräftig und durch und durch vom Leben durchglüht aus dem Grabe hervorgehen wird!« Kein Wunder, wenn einer der Jünger darauf antwortet: »Wenn also, dann ist es wahrlich nicht zu schwer, sich gewissermaßen pro forma töten zu lassen! Unter solchen Umständen kannst du dann schon nach Jerusalem wandeln, wenn du willst; denn dir kann nichts geschehen!« Nach diesem Gespräch aber mahnt Jesus, daß es Zeit zum Mittagessen sei: »darum wollen wir uns wieder hinab begeben und wollen eine Leibesstärkung zu uns nehmen«[136]. Kann man angesichts solcher Diskrepanzen dem Urteil zustimmen, daß das Große Evangelium »in wunderbarer Weise die kargen Mitteilungen der vier Evangelien der Bibel« ergänzt?[137]
Auch sonst findet sich allerlei Fragwürdiges in den Neuoffenbarungen Lorbers. Dazu gehören z. B. Fabeleien über die *Entstehung des neutestamentlichen Kanons:* Weil die Aufzeichnungen der Apostel ein »guter Handelsartikel« waren, nützten »falsche Evangelisten« die Konjunktur aus und schrieben »Evangelien zu Tausenden«. Um sich der Irrlehre des Arius zu erwehren, prüften die Bischöfe die umlaufenden Schriften, und der Bischof von Rom »ließ daraus eine Vulgata zusam-

[135] Großes Evangelium Bd. II, Kap. 154, 13
[136] a. a. O. Bd. II, Kap. 182
[137] Das Wort 1974, Nr. 3

menschreiben«, welcher der rivalisierende Patriarch von Konstantinopel eine »griechische Bibel« entgegensetzte. Und um die Gegenseite zu verunsichern, ließ der Bischof von Rom seine Vulgata ins Griechische, der Patriarch seine griechische Bibel ins Lateinische übersetzen und im anderen Lager verbreiten. Den wahren Glauben gegen die Irrlehre des Arius zu sichern, kamen die Bischöfe zum Konzil in Nicäa 325 zusammen. Aber das war »eine entsetzliche Kirchenversammlung«. Denn »der Heilige Geist kam nicht, und so stritt die Versammlung statt um die Wahrheit des Evangeliums nur um den bischöflichen Primat (Papstposten), dem zufolge dann auch der Patriarch von Konstantinopel und der Bischof von Rom einander in die Haare gerieten, welche Haarreißerei dann auch das bisher fortdauernde Schisma der Kirchenspaltung zur Folge hatte«[138]. Mit dem geschichtlichen Tatbestand hat das alles freilich nichts zu tun. Rom und Konstantinopel fochten nicht mit eigengefertigten Bibelübersetzungen gegeneinander; denn das Alte Testament gab es schon vor Christus in einer Übersetzung aus dem Hebräischen ins Griechische, nämlich die »Septuaginta«; und das Neue Testament wurde in griechischer Sprache geschrieben. Hieronymus übersetzte dann die beiden Testamente aus dem hebräischen bzw. griechischen Urtext ins Lateinische; diese Version ist unter dem Namen »Vulgata« bekannt; sie war im Jahr 405 fertig, also erst lange Zeit nach Nicäa. Dort gab es auch keinen Streit zwischen Rom und Konstantinopel um den Primat, weil diese Frage damals noch gar nicht zur Verhandlung stand. Welcher Quelle diese Geschichte Lorbers vom Streit um die Bibel entstammt, ist unbekannt; aus dem Himmel jedenfalls wurde sie ihm nicht eingegeben.

Auch die Weltbeschreibungen der Neuoffenbarungen, so erstaunliche Treffer sie enthalten, können keine Unfehlbarkeit beanspruchen. Wieder einige Beispiele: In Lorbers *Kosmologie* spielen die »Zentralsonnen«, um die riesige Sternenheere kreisen, eine große Rolle. Es mag sein, daß er zu dieser Vorstellung durch Friedrich Wilhelm Herschel angeregt wurde: Dieser suchte nach einer Zentralsonne des Milchstraßensystems, die von den Sternen in ähnlicher Weise umkreist wird wie unsere Sonne von den Planeten. Seine Vermutung aber wurde nicht bestätigt. Oft ergehen sich die Neuoffenbarungen in maßlosen Übertreibungen, wenn sie die kosmischen Dimensionen beschreiben. Darauf machte auch Dr. Friedemann Horn aufmerksam. So habe Jesus zu dem griechischen Stoiker Philopold gesagt, daß dieser bis jetzt schon auf 20 Weltkörpern gelebt habe, und sein gesamtes »fleischliches Alter« betrage an Erdenjahren »eine solch große Zahl, die die Zahl des feinsten Sandes in allen Meeren der Erde bei weitem übertrifft«. Horn rechnete: Auf 1 Liter gehen schon mindestens 1 Milliarde Sandkörnchen; ein einziger Kubikmeter würde 1 Trillion Körner umfassen. Aber was ist schon ein Kubikmeter gemessen am Sand »aller Meere der Erde«? Und hätte Philopold auf jedem der 20 Erdkörper tausendmal gelebt und jedes Leben 10000 Jahre lang gedauert, dann entspräche die damit erreichte Gesamtlebenszeit von 200 Millionen Jahren erst dem Inhalt von 0,2 Liter Sand. »Kann man dem Herrn die Neigung zu derartigen Übertreibungen zutrauen? Die Evangelien jedenfalls haben nichts dergleichen

[138] Kundgabe vom 23. März 1843 als Antwort auf die Frage, ob die Vulgata oder die Lutherbibel die richtige sei; zitiert aus: Die geistige Sonne 1977, 20.

überliefert.« Der Jesus des Großen Evangeliums aber wußte vom Alter der Zentralsonnen zu sagen: Wenn man es in Erdenjahren ausdrücken wollte, dann wäre deren Zahl so groß, daß die Erde nicht genug Raum böte, um sie niederzuschreiben; und setzte man 1 Million Erdenjahre einem einzigen Sandkörnchen gleich, so würde der Sand der ganzen Erde nicht ausreichen, um die Lebenszeit der Sonnen zu erschöpfen. Dr. Horn meinte dazu, schon auf einer einzigen Druckseite könnte man eine Eins mit 2182 Nullen bequem unterbringen, und diese Zahl überstiege bereits alles, was in der Natur vorkommt. Darum: Die Behauptung des Lorberschen Herrn »enthält die gigantischste Übertreibung, die je ausgesprochen werden konnte«[139]. Die Leitung der Lorber-Gesellschaft wäre gut beraten, wenn sie solche Übertreibungen mit dem einschränkenden Kommentar versähe: es handle sich dabei nur um symbolische Zahlen.

Ein solcher Hinweis wäre auch deshalb wichtig, weil im Großen Evangelium (II, 231) behauptet wird, daß die Ursonnen »ungefähr das Alter, wie die Periode vom Falle der Urgeister bis auf diese Zeiten herab« haben. So lange also wären schon die gefallenen Geister in der Materie erstarrt und mußten warten, bis sie endlich die menschliche Stufe erreichten! Das ist schwer denkbar. Denn selbst wenn ihr Fall in der Gefolgschaft Luzifers nicht bloß Mitläufertum, sondern schwerster Frevel gewesen wäre, dann stünde die ihnen auferlegte Wartezeit bis zur Möglichkeit der Umkehr in keinem Verhältnis zu ihrer Schuld. Ein Gott aber, der sie Ewigkeiten lang draußen läßt, wäre ein Gott der Härte, nicht der Liebe. Das Schlimmste aber ist, daß den gefallenen Geistern jede Erinnerung an ihren Fall und damit auch jedes Schuldbewußtsein fehlt – nicht einmal auf der Entwicklungsstufe des Menschen ist es vorhanden.

Die Lorbersche Version von Luzifers Fall ist gewiß eine fruchtbare Konzeption zur Deutung der Kosmogonie. Sie versucht, die Fragen nach dem Ursprung des Bösen, nach dem Woher, Warum und Wozu des Universums, der Erde und des Menschen in einer Weise zu beantworten, die der Vernunft einleuchten kann. Aber sie bietet auch Anlaß zu sehr kritischen Einwänden.

5. Was soll man nun von den Werken Swedenborgs und Lorbers halten? Prinzipielle Skeptiker bestreiten natürlich ihre Herkunft aus einer himmlischen Welt und sind überzeugt, daß sie »bloß« aus dem Unbewußten stammen. Den Beweis dafür sind sie bis jetzt schuldig geblieben. Die Theologen wiederum neigen zu einer summarischen Verwerfung der beiden wegen ihrer Gegensätze zu zentralen Punkten der kirchlichen Glaubenslehre. Diese Gegensätze sind offenkundig. Doch sollte man sich um eine differenziertere Beurteilung bemühen. Der folgende Versuch einer solchen Beurteilung gibt die persönliche Auffassung des Verfassers wieder und will den Leser zur eigenen Überlegung anregen.
Zunächst sollte man die beiden Männer in ihren Motiven zu verstehen suchen. Beide hatten ihren *Standort in der Aufklärung*. Diese mächtige Bewegung erfaßte

[139] Offene Tore, Mai 1976. – Nebenbei sei erwähnt, daß die Mondlandung 1969 den Anhängern Swedenborgs und Lorbers gleichermaßen Schwierigkeiten bereitete. Denn die von Swedenborg geschauten Zwerge auf dem Mond wurden nicht gefunden. Und in Lorbers Neuoffenbarungen (»Natürliche Sonne« 9, 9) war kategorisch festgestellt worden: Kein Mensch könne je die Erde verlassen, auch »wenn es euch noch so sehr gelüsten möchte, eine Reise in den Mond zu machen«.

alle Gebiete menschlichen Denkens, Glaubens, Strebens und ersetzte überkommene Werte und Ziele durch neue Ideale, Hoffnungsträume und Maßstäbe, brachte aber auch ganz neue Probleme mit sich. Ein Beispiel: Die Menschen früherer Jahrhunderte hatten sich noch aufgehoben und geborgen gefühlt in einem wohlbekannten, übersehbaren Welthaus: oben der Himmel, in der Mitte die Erde, unten die Hölle. Als die Erkenntnis von NIKOLAUS KOPERNIKUS (1473–1543), daß die Erde nicht der Mittelpunkt der Welt sei, die lange Zeit nur Gesprächsthema im Kreis der Astronomen war, durch die Erfindung des Fernrohrs (1608) allmählich zum Bestandteil des allgemeinen Wissens wurde, sah sich der Mensch »unbehaust« in eine Welt versetzt, die sich in die Unendlichkeit dehnte. Wer diesen Übergang bewußt erlebte, mußte sich als ein Wesen fühlen, das den Boden unter den Füßen und die Heimat für die Seele verloren hatte und sich in einen grenzenlosen Raum hinausgeschleudert sah. Die Erde war ihm nicht mehr der Mittelpunkt der Welt und des göttlichen Waltens, sondern nur noch Teilchen eines großen Sternenheers; den Thronsitz Gottes konnte er nicht mehr droben im Himmel suchen – die Schlünde des Kosmos gähnten ihn an.
Jakob Böhme beschrieb die »harte Melancholei und Traurigkeit« und »der Seele Entsetzen vor dem dunklen Abgrunde«: »Als ich anschaute die große Tiefe dieser Welt, war ich dererwegen ganz melancholisch und hoch betrübet, und konnte mich keine Schrift getrösten, welche mir doch fast wohl bekannt war.« Von dieser Melancholie war auch Friedrich Christoph Oetinger angefochten und er suchte sich ihrer zu erwehren: »Ich erschrecke über meine Kleinheit in der unermeßlichen Natur und gegen die noch unermeßlichere Gottheit. Dieser Sonnenwirbel ist ein Sandkorn, diese Erde ist ein Staub, ein Punkt, und ich auf dieser Erde – was bin ich? Nur das macht mich noch zu etwas, daß ich die Ordnung empfinden und in derselben bis zu dem Anfang aller Ordnungen hinaufsteigen kann. Zu einer solchen Hoheit bin ich bestimmt, und dieser will ich immer näher zu kommen suchen.« Das ist ein mühsamer Trost. Der Vater ist in die Ferne gerückt und zum »Anfang aller Ordnungen« verblaßt. Und bald drohte er der menschlichen Sicht ganz zu entschwinden. In seinem Werk »L'homme machine« (1748) erklärte der französische Philosoph Julien Offray de Lamettrie (1709–1751), daß das mechanistische Prinzip nicht nur für die unbelebte Materie, sondern auch für die Welt des Lebendigen gültig sei. Mit dem Siegeszug dieser Auffassung wurde die Welt in ihrer ganzen Tiefe und Breite in ein Produkt des nüchternen Kausalgesetzes umgewandelt und von einem göttlichen Lenker abgenabelt. Der Thron Gottes schien leer zu sein. Viele jubelten, daß nun der Mensch endlich seine Freiheit gewonnen habe und Herr über sein Leben geworden sei. Andere sahen sich mit dem Verlust Gottes um ihre Heimat gebracht und um ihres Daseins Sinn und Ziel. Denn gemessen an den kosmischen Dimensionen, ist *der Mensch* winziger als ein Atom. Mit keinem Elektronenmikroskop könnte er entdeckt werden. Sein Leben, mag es auch 70 oder 80 Jahre währen, ist kürzer als ein Blitz. Alles, was ihn erfüllt, bewegt, aufwühlt – sein Streben nach Glück, sein Lieben und Hassen, seine Ideale und Verrücktheiten und auch seine Schuld –, das alles ist wesenlos. Und die Menschheitsgeschichte mit ihren politischen und gesellschaftlichen Konflikten, ihren Kämpfen um Land, Wohlstand, Macht und Rohstoffe, ihren Kulturblüten und Massengreueln, Helden, Genies und Märtyrern? Sie umfaßt nur ein

paar Sekunden auf der Weltenuhr und spielt sich auf einer Erde ab, die als ein Sandkorn durch den unendlichen Raum treibt, eines Tages kahl und kalt wird und irgendwann einmal in die Sonne stürzt und verglüht[140]. Und kein Wesen ist da im ganzen Kosmos, das erschrocken sich umdreht und darüber schaudert, daß da einmal eine dichte Ballung von Leben, Geist, Geschichte und himmelstrebender Sehnsucht gewesen war, die plötzlich spurlos verschwand.

Die »Rede des toten Christus vom Weltgebäude herab, daß kein Gott sei« im »Siebenkäs« (1790) von JEAN PAUL (1763–1825) gab der Klage über die tiefe Verlassenheit des Menschen einen ergreifenden Ausdruck: »Ich ging durch die Welten, ich stieg in die Sonnen und flog mit den Milchstraßen durch die Wüsten des Himmels; aber es ist kein Gott. Ich stieg herab, so weit das Sein seine Schatten wirft, und schauete in den Abgrund und rief: ›Vater, wo bist du?‹ aber ich hörte nur den ewigen Sturm, den niemand regiert; und der schimmernde Regenbogen aus Wesen stand ohne eine Sonne, die ihn schuf, über dem Abgrunde und tropfte hinunter. Und als ich aufblickte zur unermeßlichen Welt nach dem göttlichen Auge, starrte sie mich mit einer leeren bodenlosen Augenhöhle an; und die Ewigkeit lag über dem Chaos und zernagte es und wiederkäuete sich.« »Alles wurde leer. Da kamen, schrecklich für das Herz, die gestorbenen Kinder, die im Gottesacker erwacht waren, in den Tempel und warfen sich vor die hohe Gestalt am Altare und sagten: ›Jesus! haben wir keinen Vater?‹ und er antwortete mit strömenden Tränen: ›Wir sind alle Waisen, ich und ihr, wir sind ohne Vater‹.«

Für die *Kirchen* wurde das Thema: Vernunft und Offenbarung, biblischer Glaube und wissenschaftliche Erkenntnis zu einer Quelle schwerer Anfechtungen und Entzweiungen. Die einen gaben bereitwillig Gelände preis, das nach ihrer Auffassung unhaltbar geworden war, und suchten den Verlust durch Anleihen bei wissenschaftlichen Erkenntnissen und säkularistischen Ideologien zu ersetzen; aber was sie dadurch an »Vernunft- und Zeitgemäßheit« gewannen, büßten sie an geistlicher Substanz ein. Andere kämpften verzweifelt um den Freiraum, den der biblische Glaube braucht, um atmen zu können; aber ihre Kämpfe endeten meist in verquälten Kompromissen oder Rückzugsgefechten. Wieder andere igelten sich ein, indem sie der Bibel mit der Lehre von der Verbalinspiration den Charakter einer bis in den Buchstaben unantastbaren göttlichen Wahrheit verliehen und die Erkenntnisse der Vernunft und Forschung als kleine, kurzatmige Menschenweisheiten abtaten; aber sie gaben damit die Chance eines lebendigen Gesprächs mit der Welt auf und verfielen einem rechthaberischen und unfruchtbaren Monolog. Die Theologie hat meistenteils den zweiten Weg eingeschlagen. Sie hat dabei redliche Arbeit geleistet; aber sie hat es nicht vermocht, der kausalmechanistischen Weltauffassung, die naturwissenschaftlich gesichert und philosophisch ausgebaut wurde, eine eigene Weltkonzeption entgegenzustellen, die ebenso ge-

[140] Ein paar schlichte Zahlen mögen die »Größe« des Planeten Erde und seiner Bewohner illustrieren: Die Sonne übertrifft nach ihrem Volumen die Erde um 1 Million, nach ihrer Masse um 330000 mal. Durch die Umwandlung ihrer Wasserstoffkerne in Helium verliert sie in jeder Sekunde eine Masse von 4 Millionen Tonnen, die sich in Energie verwandelt. Diese Energie wird als Licht und Wärme in den Weltraum abgestrahlt. Davon empfängt das winzige Scheibchen Erde ein Milliardstel aus einer Entfernung von 150 Millionen km. Von diesem lächerlich kleinen Bruchteil lebt die ganze Biosphäre der Erde samt dem Menschen. Die Sonne aber hat trotz dieser enormen Verschwendung, die seit Jahrmilliarden anhält, erst etwa ein Tausendstel ihrer Masse verloren.

schlossen und einsichtig gewesen wäre wie diese, ja sie an Tiefe und Weite übertroffen hätte. – Was berechtigt den Menschen, sich selbst ernst zu nehmen? Welchen Ort und Wert hat seine Person und sein Erdenleben im endlosen und riesigen Bewegungsablauf des Kosmos? Welches ist der Zweck der Menschheitsgeschichte? Und wie ist von dieser Sicht her die biblische Zukunftserwartung – das Auftreten des Antichrists, die Wiederkunft Christi, das Tausendjährige Reich, das Endgericht und die Herabkunft des himmlischen Jerusalem – zu verstehen? Diese Fragen pflegen von den Verfassern theologischer Lehrbücher nicht beantwortet, kaum gestellt zu werden. Es scheint, als wäre ihr Horizont immer noch geozentrisch und anthropozentrisch beschränkt und als hätten sie nicht zur Kenntnis genommen, daß die Konfrontierung mit dem Universum eine tödliche Gefahr für den Menschen bedeutet, die seine ganzen geistigen und religiösen Lebensfundamente vernichten kann.

Auf diesem Hintergrund sind die Schriften Swedenborgs und Lorbers zu sehen. Man sollte sie als Aufklärungswerke verstehen. Sie treten damit in unmittelbare Konkurrenz zu den Weltbildern der zeitgenössischen Forscher und Philosophen. Während deren Weltauffassungen aus wissenschaftlichen Erkenntnissen, Schlüssen und Kombinationen entsprungen sind, behaupten sie, daß ihre Erkenntnisse der himmlischen Welt entstammen. Darum können diese *himmlischen Aufklärungswerke* den Blick auch auf Wirklichkeiten eröffnen, die weit jenseits der menschlichen Griffweite liegen. Sie schauen in die fernste Vergangenheit bis zum Ursprung des Seins. Sie bändigen die unermeßliche Weite und Fülle des Kosmos: Wo der Mensch nur die Oberfläche sehen kann, da dringen sie in die Tiefe. Wo der Forscher bei den Gründen stehen bleiben muß, da enthüllen sie die »Hinter-Gründe«. Wo er sich mit den Ursachen begnügen muß, da zeigen sie die großen Zusammenhänge, in die alles eingeordnet ist.
Auch ihnen sind, wie den Astronomen, die kosmischen Dimensionen vertraut. Aber sie versichern und begründen es, daß das Stäubchen »Erde« einen besonderen Rang hat, weil es der zentrale Schauplatz des Handelns Gottes mit dem gefallenen Menschen ist. Und sie machen deutlich, warum der Mensch nicht nur eine Eintagsfliege ist, sondern als Schöpfung Gottes eine Bestimmung hat, die über Raum und Zeit hinausweist. Ihre himmlischen Aufklärungswerke bilden eine wirksame Hilfe für den Christen, der durch die rationalistisch-säkularistische Aufklärung verunsichert ist. Sie bieten ihm eine universale Weltkonzeption, die nicht aus der begrenzten menschlichen Perspektive, sondern »sub specie aeternitatis« entworfen ist. Sie orientieren ihn über sein Woher und Wohin, zeigen ihm seinen Weg und Auftrag hier und jetzt, geben ihm Antwort auf die Frage nach dem Sinn seines Lebens, öffnen ihm die Sicht auf die Erfüllungen und Vollendungen, die Gottes Liebe mit ihm und der ganzen Menschenwelt vorhat, und schenken ihm damit eine Hoffnung, die weit über die Flüchtigkeiten und Dunkelheiten des Erdendaseins hinausträgt. Sie machen einsichtig, daß das irdische Schicksal nicht als Lohn oder Strafe zu verstehen ist, sondern als Frucht des eigenen Strebens. Und sie leiten daraus eindringliche Mahnungen ab, das Erdenleben nicht der Selbstsucht und der Gier nach irdischen Gütern zu widmen, sondern der Gottes- und der Nächstenliebe.

Aber sind die Bücher Swedenborgs und Lorbers wirkliche *himmlische* Aufklärungswerke? Das ist die Gretchenfrage, an der sich ihre Glaubwürdigkeit entscheidet. Wer in ihnen bloße Phantasien spekulationsfreudiger frommer Gemüter sieht, wird dem Charakter der beiden Männer und der Entstehungsweise wie dem Inhalt ihrer Werke nicht gerecht.

Die Christenheit bekennt sich im Apostolicum zum Glauben an den Heiligen Geist, der in der Gemeinde Christi fortwirkt, sie in der Verfolgung stärkt, in der Verirrung zurechtweist, in der Dürre nährt, in der Ratlosigkeit erleuchtet. Er bedient sich dabei menschlicher Werkzeuge, und die Kirchengeschichte kennt zahlreiche Werkzeuge dieser Art: Propheten, Seher, Heilige, Mystiker, aber auch manche begnadete Theologen und Kirchenführer. Auch Swedenborg und Lorber rechne ich dazu. Sie hatten in der mit der Aufklärung beginnenden Epoche den Auftrag, den Christen, die aus ihrem altvertrauten Weltgehäuse herausgerissen und in eine streng naturgesetzlich regierte kalte Welt ohne Geheimnisse, ohne Grenzen und ohne Gott hineinversetzt wurden, eine Schau zu erschließen, die dieses entmythologisierte Weltbild aufnimmt, erweitert, überhöht, aus der Weisheit und Liebe Gottes verstehen lehrt und in das Erlösungswerk Christi einfügt. Freilich, so genau die Weltschau der beiden in ihren zentralen Aussagen übereinstimmt, so verschieden sind ihre Linien, die zu diesen Aussagen hinführen. Darum sollte man sie nicht kanonisieren und gegeneinander ausspielen, sondern beide Weltentwürfe als *Angebote* sehen, dem suchenden Christen Orientierungshilfe zu geben. Sie dürfen nicht als naturwissenschaftliche, astronomische und historische Lehrbücher betrachtet werden, die bis in die Einzelheiten stimmig seien, sondern als *Wegweiser,* die zum Verständnis der sichtbaren und unsichtbaren Gottesschöpfung und der Stellung des Menschen in ihr anleiten wollen.

Eine wichtige Einschränkung muß gemacht werden: Swedenborg und Lorber waren keine mechanischen Lautsprecher himmlischer Kundgaben, sondern drückten sie in den ihnen zur Verfügung stehenden Worten und Vorstellungen aus. Und es lag nahe, daß diese Verdolmetschung auch zu sachlichen Veränderungen führte, ja, daß *eigene Auffassungen und »Vor-Urteile« in ihre Werke einflossen.* Die Elemente und Motivationen der Aufklärung begegnen uns auch in ihren Werken. Hatte die Aufklärung die unbedingte Geltung des vernünftigen Denkens proklamiert, so kehrt dieser Grundsatz auch in den himmlischen Aufklärungswerken wieder: alle Enthüllungen, Beschreibungen, Folgerungen usw. sind hier so dargestellt, daß sie der Vernunft einleuchten[141]. Die kirchliche Trinitätslehre zum Beispiel hatte bei den Rationalisten ebenso wie bei Swedenborg und Lorber Anstoß erregt, weil sie vernunftwidrig sei. Mit der Aufklärung teilten auch sie die Ablehnung der »Erbsünde«, der Verlorenheit des Menschen und der Erlösung »sola gratia«. Darum war ihnen die biblische Botschaft vom Kreuz verschlossen. Zwar suchten sie dem Kreuzestod Christi einen tieferen Sinn zu geben als die rationalistischen Theologen; aber daß er etwas mit der Versöhnung (Kol. 1, 20) und überhaupt mit dem Verhältnis zwischen Gott und Mensch zu tun habe, blieb ih-

[141] Es tritt allerdings ein Unterschied zutage: Während bei den rationalistischen Theologen die Vernunft als Richterin über die Wahrheit des überkommenen Glaubens vielfach destruktiv wirkte, diente sie bei Swedenborg und Lorber als positive Gestaltungskraft bei der Entfaltung ihrer Weltbilder.

nen fremd. Die Ausführungen über das Kreuz gehören denn auch zu den schwächsten Teilen ihrer Kundgaben.

Diese und manch andere Punkte haben dazu geführt, daß sie von den Kirchen abgelehnt wurden. Daß sie dem, was sie aus der himmlischen Welt empfingen, den Rang einer unumstößlichen Wahrheit zuerkannten, die als eine *»neue« Offenbarung* die gleiche Autorität besitzt wie die »alte« Offenbarung der Bibel, verschärfte diese Ablehnung. Nun ist es psychologisch wohl verständlich, daß die Offenbarungsempfänger unter der Wucht ihrer Visionen und inneren Erfahrungen sich als bloße Werkzeuge empfanden und überzeugt waren, daß ihre als Einbrüche aus einer anderen Welt empfundenen Erleuchtungen und Stimmen unmittelbar von göttlicher Herkunft seien. Aber sie der biblischen Offenbarung ebenbürtig zur Seite zu stellen, war ein unmögliches Unterfangen, denn es wurde dabei der grundsätzliche Unterschied zwischen beiden verkannt. Die Werke Swedenborgs und Lorbers sind groß angelegte *Aufklärungswerke,* die biblische Offenbarung dagegen handelt von der *Heilsgeschichte.* Diese Geschichte ist bis zum Rand gefüllt von Gottes Handlungen, Zeichen und Worten. In ihr hat sich Gott selbst vergegenwärtigt, zuletzt und auf ihrem Höhepunkt in der Person Christi. Und Christus hat nicht nur eine Lehre gebracht und menschliche Daseinsfragen beantwortet; er hat Dämonen besiegt, Kranke geheilt, Sünden vergeben. Mehr noch, er ist gekreuzigt worden und auferstanden. Er hat damit ein Faktum: die Feindschaft des Menschen gegen Gott und gegen das Gericht, das er verdient, auf der anderen Seite die Liebe und Gnade Gottes, die ihm angeboten wird, in der Mitte der Geschichte *Ereignis* werden lassen. So will die biblische Offenbarung verstanden werden als Zeugnis von einem Drama Gottes, das einzigartig in der Menschheitsgeschichte ist – nach allen Seiten und in allen Einzelheiten transparent und über die Jahrtausende hinweg gegenwärtig und aktuell. Diese Heilsgeschichte faßt in sich und löst zugleich die ungeheure Problematik der menschlichen Existenz aller Völker, Kulturen und Zeitalter in ihrer Konfrontierung mit dem heiligen Gott. Die Lösung geschieht nicht in Worten und Weisheitslehren, sondern in Taten Gottes. Sie ist also nicht bloß Literatur. Die biblische Offenbarung ist Leben und zeugt Leben.

Es wären viele Mißverständnisse vermieden worden, wenn die Werke Swedenborgs und Lorbers von vorneherein gegen die biblische Offenbarung klar abgegrenzt und ihrem Maßstab unterworfen worden wären. Swedenborg und Lorber haben Antworten zu geben versucht. Ich halte dafür, daß sie, jeder in seiner Weise, vom Heiligen Geist gebraucht wurden zur Bewältigung einer Epoche schwerer innerer Krisen. Gewiß, sie waren irrende Menschen. Sie entrichteten dem Zeitgeist ihren Tribut. Aber sie waren zugleich vom Himmel Erleuchtete und erschlossen befreiende Horizonte. Man sollte mit ihnen nach dem bewährten Rat verfahren: »Prüfet alles, und das Gute behaltet« (1. Thess. 5, 21).

Weitere Empfänger des Inneren Worts

Die Geschichte der christlichen Frömmigkeit weist manche Gestalten auf, die wie Jakob Lorber eine himmlische Stimme vernahmen und das Vernommene in automatischer Schrift niederschrieben.

Die Mystikerin HILDEGARD VON BINGEN (1099–1179) empfing schon als Kind himmlische Stimmen. Und sie bekam den Befehl, sie niederzuschreiben: »Als ich in meinem 42. Lebensjahr mit zitternder Aufmerksamkeit in großer Furcht einer himmlischen Vision hingegeben war, schaute ich einen gewaltigen Lichtglanz, aus dem eine Stimme vom Himmel mir also entgegenscholl: »Du gebrechlicher Mensch, schreibe, was du siehst und hörst, nach dem Willen dessen, der alles weiß, sieht und ordnet.« – »Was ich in meinen Visionen niederschreibe, das sehe und höre ich. Ich schreibe auch keine anderen Worte nieder als die, welche ich höre, und bringe sie in ungefeilten lateinischen Worten vor, wie ich sie eben in der Vision höre.« Sie schrieb und diktierte Jahr um Jahr. Sie hatte auch die Gabe der Wunderheilung und des Hellsehens, und ihr Rat wurde von Kaiser und Papst eingeholt.

Auch MECHTHILD VON MAGDEBURG (1212–1283) hatte schon früh Gesichte und schrieb sie auf innere Weisung nieder. Sie schaute Himmel und Fegfeuer, Leid und Erlösung der Seele, erlebte Gott als einen das ganze Universum erfüllenden feurigen Strom und die ihm zugewandten Seelen als Funken in diesem Strom und bekannte in ihrer Offenbarungsschrift »Das fließende Licht der Gottheit«, sie hätte geschwiegen und nie etwas geschrieben, wenn Gott sie nicht dazu getrieben hätte: »Nicht ich, sondern Gott hat dieses Buch gemacht. Ich schrieb es, hilflos und unmächtig gegenüber dem unfaßbaren Grenzenlosen des Seins ... Ich sehe alles, was ich schreibe, mit den Augen meiner Seele und höre Gottes Stimme mit den Ohren meines Geistes.«

Die französische Mystikerin JEANNE MARIE BOUNIER DE LA MOTTE-GUYON (1648–1717) schrieb, von einer verzehrenden Glut ergriffen, viele Traktate, die 40 Bände füllten. In ihrer Autobiographie berichtete sie: »Ich schreibe nicht aus meinem Geiste, sondern durch den inneren Geist. Griff ich zur Feder, so wußte ich kein Wort von dem, was ich schreiben würde; und auch nachher nicht, was ich geschrieben hatte. Es floß – im Strömen des inneren Lichts – gleichsam aus der Tiefe hervor und nahm nicht den Weg über meinen Kopf. Die Geschwindigkeit, mit der ich schrieb, war so groß, daß mein Arm anschwoll und ganz steif wurde ... Ich schrieb Tag und Nacht ununterbrochen, wobei die Hand kaum Schritt halten konnte mit dem diktierenden Geist. Während dieser Arbeit benutzte ich nie ein Buch. Ein Schreiber konnte in fünf Tagen kaum abschreiben, was ich in einer einzigen Nacht geschrieben hatte.« »Während ich schrieb, sah ich, daß ich über Dinge schrieb, die ich nie gesehen hatte, und daß Schätze an Wissen und Erkenntnis in mir schlummerten, von denen ich nichts ahnte.«

Noch ein Beispiel aus der neueren Zeit: Die schwedische Mystikerin FÜRSTIN MARY KARADJA, Verfasserin von mystisch-esoterischen Werken, berichtete von einem Erlebnis, das sie beim Gebet in der Grabkapelle des Schlosses Bovigny (Belgien) in der Johannisnacht 1899 hatte: »Plötzlich hörte ich eine Stimme leise flüstern: ›Hole Papier und Bleistift!‹ Ich gehorchte. Es schien mir, als ob die Temperatur auf einmal sänke ... Ich fror trotz der drükkenden Sommerhitze. Meine Seele wurde entrückt, und alle meine Sinne verschärften sich zu außerordentlicher Klarheit. Ich vernahm das Flüstern der Geister so deutlich, daß ich Hunderte von Versen schrieb, ohne nach einer Satzstellung suchen zu müssen. Woher kamen alle diese plötzlich auf mich niederströmenden Gedanken? Telepathie ist die einzige mögliche Erklärung eines derartigen Phänomens.«

Solche Erscheinungen häuften sich nun seit Lorbers Tod in einem außerordentlichen Maße bis in die Gegenwart. Eine ganze Reihe von gläubigen Lesern des Neuoffenbarungswerks wurden davon so ergriffen, daß ein innerer Zwang sie nötigte, ebenfalls »Kundgaben aus der himmlischen Welt« niederzuschreiben. Inhaltlich bewegen sie sich im Umkreis der Lorberschriften.
Unter den Autoren, deren Offenbarungsschriften vom Lorber-Verlag übernommen und verbreitet wurden, seien genannt: Johanna Ladner mit zwei Bänden »Vaterbriefe«; Ida Kling: »Vater und Kind«; Max Seltmann, der eine Serie »Köstliche Szenen aus dem Erdenleben Jesu« von 25 Heften schrieb (darunter eine Broschüre »Judas Ischariot«; sie handelt über die jenseitigen Schicksale des Judas bis zu seiner liebenden Hinwendung zum Herrn). – Zwischen dem Ersten und Zweiten Weltkrieg empfing Richard Erler viele Kundgaben. – Seit 1925 erhielt Helene Möller vom Erzengel Raphael die »Große Gottesoffenbarung«, die nach ihrem Tod 1969 in 6 Bänden veröffentlicht wurde: »Erzengelbotschaft zur heutigen Zeit«, »Aufschließung der Apokalypse«, »Offenbarung verborgener Lebensgesetze«, »Märchen zur stillen Betrachtung«, »Engelwort zur Erdennot« und »Erinnerung an Jesus Christus«. Das Kundgabenwerk von Erika Petrick »Es brannte unser Herz« (1976) erzählt von Begegnungen der ersten Christen mit dem Auferstandenen.
Unter denen, die sich zwar zur Gefolgschaft Lorbers zählten, aber vom Lorber-Verlag nicht übernommen wurden, war Franz Schumi in Graz, der 1901/02 seine Kundgaben von »Vater Jesus« empfing[142]. Man erfährt aus ihnen mancherlei Neuigkeiten. So z. B. daß der »Religionsschwärmer und Volksbetrüger« Mohammed viele Jahrhunderte unter den »allerbösesten Teufeln« wohnte, aber sich im Jahr 1653 zu Christus bekehrte und in den »obersten Himmel« versetzt wurde; seither bekehrt er im Jenseits Islamgläubige in Scharen. Oder daß das Matthäusevangelium in Wahrheit ein »Machwerk«, eine Sammlung von Bruchstücken ist, die der Schriftsteller l'Rabbas in Sidon herausgab, während der echte Matthäus nach Indien ging und sein Evangelium mitnahm. (Ähnliches war schon bei Lorber zu lesen.) Luthers Rechtfertigungslehre wurde von Schumi bzw. vom »Vater Jesus« besonders aufs Korn genommen: Mit seinem Tod am Kreuz habe Christus nur die »Befreiung von der Erbsünde und den alttestamentarischen Sünden« erwirkt, deshalb beziehe sich die Rechtfertigung »nicht auf die neutestamentlichen Sünden«. Im »zweiten Bund« müsse der Mensch vielmehr seine Sünden »selbst durch Reue, Buße und Werke der Liebe gutmachen und abtun«[143]. Die Folgen von Luthers Rechtfertigungslehre seien »so greuelvoll, daß er für diese die tiefste Hölle verdient« hätte, wenn er sich nicht auf anderen Gebieten Verdienste erworben hätte. Am 3. Oktober 1902 um 12.30 Uhr meldete sich dann Luther selbst bei seinem »lieben Bruder Schumi« und erzählte ihm, daß er im Jenseits seinen Irrtum erkannt habe, und daß er sehr darunter leide, daß seine Anhänger, auf seine »nichtsnutzige Autorität pochend«, in traurige Seelenzustände geraten und we-

[142] Sie beschreiben u. a. Martin Luthers und Emanuel Swedenborgs »Führung im Jenseits« und wurden vom Verlag »Ich bin« in 7750 Konstanz 12, Postfach 5263, in der Schriftenreihe »Die Geistige Sonne« 1975/76 veröffentlicht.
[143] Die Geistige Sonne Nr. 3, S. 166f.

gen seiner »in die Hölle wandern«. Auch seien ihm von seinem »lieben Bruder Moses« und von Paulus und den übrigen Aposteln gehörig »die Leviten gelesen« worden. Er werde erst dann wahrhaft glücklich sein, wenn seine Anhänger seine »Irrlehren verworfen und nach den Lehren der christlichen Theosophie zu leben angefangen haben«[144]. Jesus behauptete durch Schumi, daß die Bibel »nur ein kleiner Auszug, ein 20. Teil des Originals« sei, und er stellte eine neue Bibel in Aussicht, die »direkt von Mir stammen wird«. Sie ist ausgeblieben, und Schumis Kundgaben zeigen, daß auch die »innere Stimme« Unsinn daherreden kann. Das gilt auch für die um 1975 vom »lieben himmlischen Vater« empfangenen Worte des »Br. Ferdinand«. Er rühmte Amerika als die freie Heimat für die Menschen, die der alte Weltteil Europa–Asien fortgejagt hat. Christus wird vom »geistigen Schwerpunkt Nord- und Südamerika«, nämlich von Oklahoma aus (»Ok-La-Homa« heißt in seiner himmlischen Bedeutung »die Stadt Meiner Wiederkunft«), die Welt verwandeln, alle Weltweisheit an das »Weltkreuz« heften, die Menschen zu liebenden Kindern Gottes machen und die Völker zu einer Herde unter einem Hirten vereinigen. Botschaften dieser Art sind nicht selten. Sie werden gedruckt, verbreitet und sicher von manchem auch ernst genommen. – Die im folgenden genannten Empfänger der inneren Stimme fanden einen größeren und festen Leserkreis, und um einige sammelten sich eigene Gemeinschaften.

Gottfried Mayerhofer

»In der jetzigen Zeit, nachdem der genannte Schreiber (Jakob Lorber) von Mir abberufen ward, habe Ich Mir wieder einen anderen ausgesucht, der die Eigenschaft besitzt, Mir und der Menschheit durch diese Mitteilungen zu nützen.«[145] Dieser andere war Gottfried Mayerhofer, der sechs Jahre nach Lorbers Tod ebenfalls das Innere Wort in sich vernahm. Im November 1807 als Sohn eines bayerischen Offiziers in München geboren, schlug er ebenfalls die Offizierslaufbahn ein. Als der bayerische Prinz Otto 1832 als König von Griechenland eingesetzt wurde, siedelte Major Mayerhofer 1833 nach Athen über, heiratete dort die Tochter eines Großkaufmanns, quittierte aber bereits 1837 seinen Dienst und zog nach Triest, nachdem sein Schwiegervater sein Geschäft dorthin verlegt hatte. Als »Ruheständler« im besten Alter widmete er sich zunächst seinen Lieblingsbeschäftigungen, der Musik und der Malerei. Später traten religiöse Fragen in den Vordergrund, besonders als er die Schriften Lorbers kennenlernte. Er machte sie sich zu eigen und gab auch dem Verleger Johannes Busch eine finanzielle Unterstützung für die Herausgabe des Großen Evangeliums Johannis und anderer Lorberwerke. Ab März 1870 empfing er selbst das Innere Wort. Am Karfreitag 1877 starb er[146].

[144] a. a. O. S. 201 f.

[145] Gottfried Mayerhofer, Schöpfungsgeheimnisse, S. 3

[146] In einem Brief an einen Freund schilderte er die Art des Empfangs: »Ich bin immer ganz passiv bei solchen Mitteilungen, weiß höchst selten, um was es sich handelt. Es erfaßt mich gewöhnlich eine nicht zu erklärende Unruhe, ich muß mich dann zum Schreibtische setzen, und erst wenn ich den Bleistift in die Hand nehme, erfahre ich, was der Herr will, und auch da noch weiß ich weder Anfang

Die Kundgaben bilden nicht in sich geschlossene größere Werke wie bei Lorber, sondern bestehen aus kleinen selbständigen Abhandlungen über Einzelthemen. Größtenteils sind es naturkundliche Belehrungen – über den Kosmos und das Atom, den Magnetismus und die Elektrizität, die Tropfsteine in der Adelsberger Grotte, den Taifun und den Apfel u. a. m. Das alles wird im Sinn der Neuoffenbarungen gedeutet und erbaulich-moralisch verwertet. Es findet sich in diesen Betrachtungen mancherlei Tiefsinniges und Wertvolles. So wenn vom Leiden der Tiere die Rede ist: »Taub für eure Ohren erschallt der Angstschrei eines geplagten Tieres; ihr, nur eure Freß- und Gewinn-Begierde im Auge haltend, vergesset, daß auch das Tier Schmerz empfindet, daß es von Mir geschaffen wurde zu anderem Zwecke als zu dem, zu dem ihr selbst es gebrauchet!«[147] Gelegentlich stößt man auf spekulative Passagen: Die Dreieinigkeit z. B. wird gedeutet als: der Vater = die Liebe, der Sohn = die Weisheit, der Heilige Geist = die Verbindung beider zur Ausführung der Schöpfung. Und es wird gesagt, daß diese göttliche Dreieinigkeit »im Materiellen stets durch ebenfalls drei Dinge sich ausdrückt: als Länge, Breite und Dicke, oder als Form, Gehalt und Dichtigkeit, oder wie beim Menschen als Geist, Seele und Leib, und in jedem geschaffenen Dinge als Äußeres, Inneres und Innerstes. Dieser Dreieinigkeit huldigt Alles.«[148] Ebenso wird die Kreuzesform in der ganzen Schöpfung entdeckt als Längs- und Querachse in einer eiförmigen Ellipse. Alle Welten des Universums sind nach dieser Ovalform geordnet. In der »geistigen Entsprechung« bezeichnet die Längsachse »die geistige Richtung aller in der Materie gebundenen Geister«, während die Querachse die materielle Widerstandstendenz ausdrückt. »So war, ist und wird das Kreuz das Symbol des geistigen und materiellen Lebens bleiben, wo stets das Produkt von zwei sich widerstrebenden, sich kreuzenden Faktoren als Resultat eine höhere Geistesstufe sein soll.«[149]

Eine Besonderheit Mayerhofers ist, daß er vollkommen ausgeführte Predigten diktiert bekam, in denen der Herr Texte aus den Evangelien »geistig« erklärte. Sie sind in dem Band *»Predigten des Herrn«* vereinigt worden und werden als Musterbeispiele vorgestellt, die zeigen, wie die Texte »eigentlich im innersten Sinn verstanden werden sollen, wie sie aber bis jetzt noch von niemand ausgelegt und erklärt wurden« (9). Für jeden Sonn- und Festtag, ausgenommen Karfreitag und Himmelfahrt, wird eine Predigt geboten. Sie verkündigen eine »Religion im geistigen Sinn«, nämlich die Liebe zu Gott und den Nächsten, fordern die Abschaffung der »Zeremonien und Gebräuche« in der Kirche, begrüßen den »Drang nach Freiheit des Denkens«, sehen eine »neue Ära« anbrechen und raten den Gläubigen, bedürfnislos zu leben und nach geistigem Besitz zu streben. Denn dieser hat keine Grenzen und ermöglicht darum ewiges Fortschreiten zu immer größerer Kraft und Fähigkeit. In einem Vorwort rühmt der himmlische Autor selbst sein Werk: »Ihr habt einen Schatz vor euch, den ihr, wenn ihr ihn gleich hochschätzt,

noch Folge noch Ende, ja, nicht ein Wort früher als das andere. ... So entstehen meine Diktate, willenlos, ohne zu wissen, warum und weswegen, eben so und nicht anders.« (Predigten des Herrn, S. 6f.)

147 Lebensgeheimnisse, S. 149

148 Schöpfungsgeheimnisse, S. 4f.

149 a.a.O. S. 142ff.

dennoch nicht ganz fassen könnt.« (334) Das ist freilich arg übertrieben, denn diese Predigten heben sich keineswegs vom Gehalt und Niveau landläufiger Sonntagspredigten ab. Gewiß, sie belehren die Leser über das Gedankengut der Neuoffenbarungen und warnen sie vor den »falschen Propheten und falschen Auslegern Meines Wortes« (209). Aber das geschieht nicht, wie man es bei der göttlichen Herkunft der Predigten erwarten dürfte, mit innerer Vollmacht, sondern in trockenen Belehrungen, die leicht die Grenze der Banalität streifen und durchweg den Geist ihrer Entstehungszeit im 19. Jahrhundert atmen.

Leopold Engel

Sein Vater war ein bekannter Dresdener Musiker, der längere Zeit als Konzertmeister am Kaiserlichen Theater in Petersburg tätig war. Dort wurde Leopold am 19. April 1858 geboren. Schon als Elfjähriger wurde er durch seinen Vater mit den Lorberschriften und ihrem Verleger Johannes Busch bekannt gemacht. Er schlug die Schauspielerlaufbahn ein und hatte Erfolg. Aber auf die Dauer war er davon nicht befriedigt. Nebenher widmete er sich der Schriftstellerei und kehrte 1898 dem Theater endgültig den Rücken. Aber schon lange zuvor fühlte er sich, wie er selbst berichtet[150], von dem Gedanken bedrängt, er »würde imstande sein, den *Schluß des Lorberschen Johanneswerks zu schreiben«*. Er schob diesen Gedanken zurück, »aber die innere Pressung nahm täglich zu«. Als er 1891 bei einem Geistesfreund in Leipzig weilte, erzählte er ihm davon und erhielt den Rat: »Ich würde mich an Ihrer Stelle ruhig hinsetzen und drauflosschreiben. Wenn es Unsinn ist, was da zum Vorscheine kommt, werden wir das schon herausfinden und werfen das Geschriebene in den Papierkorb!« Er setzte sich hin und »es« kam. Täglich um 9 Uhr stellte sich der »Schreibdrang« ein, und eine »fremde Kraft« zwang ihn, zum Schreibtisch zu gehen. Immer wurde »ein bestimmtes, nur kurzes Pensum erledigt, das mir klar und deutlich zufloß und dem ich nicht imstande war, nur ein Wort hinzuzufügen, sobald der letzte Satz niedergeschrieben war.« 1893 war das Werk vollendet. Es berichtet u. a. über zahlreiche Gespräche Jesu, über den Tod und die Auferweckung des Lazarus, die Salbung in Bethanien, die Passionsgeschichte, und es schließt mit der Auferstehung und der Himmelfahrt. In einem Anhang sind Erklärungen von schwierigen Evangelientexten und allerlei Einzelfragen gesammelt. Das Buch wurde als 11. Band zum Großen Evangelium Johannis von Jakob Lorber hinzugefügt. – Engel starb am 8. November 1931 in Berlin-Mahlsdorf.
Engel interessierte sich lebhaft für das *»psychometrische Schauen«* und wollte bei sich selbst diese Fähigkeit entwickeln, aus Gegenständen Geschehnisse abzulesen, mit denen sie irgendwie verbunden gewesen waren. Aber seine Versuche mißlangen. Da fand er in der Tochter eines Freundes ein hervorragendes Medium. Er experimentierte viel mit ihr, und die Ergebnisse wurden immer besser. Eines Tages gab er ihr einen Ring mit einer Gemme aus einem quarzähnlichen Stein unbekannter Herkunft. Sie legte ihn an die Stirn »und es entwickelten sich die frappierendsten Bilder« von einem *Planeten unseres Sonnensystems,* der vor langer Zeit zerstört

[150] Vorwort zum Großen Evangelium Johannis, Bd. XI

worden war. Von einem solchen war schon lange auch unter den Astronomen die Rede. Er müßte nach der von J. D. Titius (1766) und Joh. E. Bode (1772) errechneten mathematischen Gesetzmäßigkeit in einem bestimmten Abstand von der Sonne zwischen Mars und Jupiter seinen Stand haben – aber er fehlt[151].
Bei Lorber finden sich verschiedene Versionen über die Ursache seines Untergangs. Nach der einen Version hatte Luzifer ihn vor seinem Fall zu seinem Wohnsitz gewählt mit dem Versprechen, er wolle sich da demütigen, und »dieser Stern sollte darum dereinst ein Stern alles Heils sein«. Aber er hielt sein Gelübde nicht und wurde deshalb in das »Feuerzentrum dieses Planeten gebannt« und die Erde als Stern des Heils eingerichtet. Gerade als der erste Mensch entstand, brach Luzifer aus seinem Kerker aus und zerriß seinen Planeten und »fiel von da in den Abgrund dieser eurer Erde«[152]. Nach der anderen Version spotteten die Bewohner jenes Planeten in ihrer Klugheit über die Warnungen der Seher und experimentierten mit Sprengkörpern. In Kriegen unterminierten sie das Feindesland und sprengten es in die Luft. Und als ihnen gesagt wurde, daß Gott im Zentrum ihres Planeten wohne, gruben sie »entsetzlich tiefe Löcher«, um ihn dort gefangen zu nehmen. Aber dabei stießen sie auf die »inneren Kammern, die von Natur mit dem Urfeuerstoffe weit und tief nach zahllos vielen Richtungen angefüllt sind«, und der ganze Planet zerplatzte, alles Leben erstarb[153].
Leopold Engel zeichnete nun auf, was das Mädchen aus der Gemme erschaute. Es war erstaunlich reichhaltig und wuchs sich zu einem richtigen Roman aus: »Mallona. Der Untergang des Asteroiden-Planeten«.

Die Geschichte handelt von zwei Königssöhnen: dem edlen Muhareb und dem hinterlistigen jüngeren Areval, von dem skrupellos-verschlagenen Oberpriester Karmuno, dem edlen Freiheitskämpfer Upal, einigen Mädchen und dem General Arvodo. Die Bevölkerung des Planeten ist teils versklavt, teils in Genußgier verkommen. Die Mächtigen rivalisieren um die Herrschaft mit Intrigen, Verschwörungen, Verrat. »Die Völker sind versumpft, ... das Böse triumphiert. Die Pest herrscht über Mallona, Fäulnis und Tod« (168). Eine Umkehr und Heilung ist nicht mehr möglich. Durch Sprengungen, die Areval in den tiefen Höhlen des Wirdu durchführen läßt, um seinen dort vermuteten Bruder Muhareb zu ersäufen, werden die Schleusen geöffnet, und das Chaos bricht los. Giftige Gase, Erdbeben, Fluten, Panik, Massensterben. Dann zerbirst Mallona. – Die Gemme aber wurde an der rechten Hand eines Skeletts gefunden, das vor Jahrtausenden beim Bau eines Tempels in Ägypten ausgegraben wurde, und sie kam nach vielen Wanderungen schließlich in die Hand eines Mannes, der sie wieder als Ring fassen ließ und seiner Familie schenkte.

151 In diesem Raum wurde 1801 ein winziger Planetoid, Ceres, mit 1025 km Durchmesser festgestellt. Weitere Entdeckungen folgten. Schließlich fand man einen ganzen Gürtel von vielleicht 75 000 größeren und unzähligen kleinen Felsbrocken, den sog. Asteroidengürtel. Der größte Teil davon befindet sich im Raum zwischen Mars und Jupiter, in dem von Titius und Bode errechneten Sonnenabstand des fehlenden Planeten. Der kanadische Astronom M. W. Ovenden hatte 1972 errechnet, daß der Planet, der einst in diesem Abstand um die Sonne kreiste, 95 % der Erdmasse umfaßte, und vor etwa 16 Millionen Jahren zersprengt worden sein mußte. Nach den Berechnungen des Amerikaners Dr. Thomas C. van Flandern (1976) war der Planet sehr viel größer: 90 Erdmassen, und die Explosion erfolgte erst vor 6 Millionen Jahren. Zu den Trümmerresten rechnet er nicht nur den Asteroidengürtel, sondern auch die Kometen, deren Umlaufbahnen sich an einem gemeinsamen Ausgangspunkt überschneiden: dem einstigen Standort des Planeten. Die Ursache der Explosion bleibt im dunkel.

152 Bischof Martin, 46, 7–9

153 Großes Evangelium VIII, Kap. 74–76

Wer das Buch liest, kann nur staunen, was ein so winziger Splitter eines untergegangenen Planeten »psychometrisch« alles zu berichten vermag. Aber Leopold Engel wollte es vor allem als Mahnung an die Erdenmenschen verstanden wissen: Auf Mallona sollte ein Menschengeschlecht entstehen, das in freier Selbstbestimmung »gottähnlich« werden sollte. Es mißachtete seinen Auftrag. Nun ist dieser auf die Erde übergegangen: »Ein anderer Planet wird jetzt erwählt, Träger der höchsten Liebe zu werden.« (202)

Der Planet Mallona spielt in der *UFO-Literatur* unserer Tage wieder eine gewisse Rolle. Verschiedene »Kontaktler« (Leute, die in eine direkte Verbindung mit Planetariern kamen) empfingen mancherlei Nachrichten über seinen Untergang. So erzählte der Marsianer Mon-Ka dem amerikanischen Kontaktler Dick Miller, der hochzivilisierte Planet mit zwei herrlichen Städten und 3 Milliarden Bewohnern sei in einem wilden Krieg durch eine Wasserstoffbombe gesprengt worden. (Dick Millers Kontakte mit Sternenmenschen. Wiesbaden 1963, S. 101 ff.) Der Venusier Astrollin erzählte am 31. Dezember 1974, daß die zwei Milliarden Bewohner von Mallona in Technik und Landwirtschaft unterrichtet wurden. Sie machten gute Fortschritte, verfielen aber dem Genießertum und dem niederen Spiritismus und gerieten unter den Einfluß satanischer Mächte. Diese halfen ihnen, Rauschgift zu erzeugen, das sexuelle Lust erregt. Propheten, die sie warnten, wurden erschlagen. Dann entdeckten sie mit Hilfe der finsteren Mächte die Atomkraft; und durch Kernkraftversuche wurde Mallona vor 14 000 Jahren in einer gewaltigen Explosion vernichtet.

Georg Riehle

Am 30. Dezember 1872 wurde Georg Riehle in Dresden-Löbtau als Sohn eines Stellmachermeisters geboren. Er wuchs mit seinen zwei Geschwistern in einem gut lutherischen Elternhaus auf, das von Redlichkeit und Pflichttreue geprägt war. Als Zwölfjähriger fand er im Bücherkasten seiner Großmutter Lorbers »Jugend Jesu« und war von der Lektüre ungeheuer beeindruckt. In einer kurzen Autobiographie[154] schrieb er: »Dieses Buch hat Wunder an mir vollbracht.« Dieses »Wunder« bestand nicht nur in einer Bereicherung seiner Erkenntnis, sondern im Anstoß zu einem neuen Leben: »Wo die Braut sich noch mit einem Brief begnügt, dort ist noch nicht die wahre Liebe, und als ich in den Lorber-Büchern die herrlichen Worte las, begnügte ich mich auch nicht mit dem Lesen, sondern ich wollte meinen geliebten Heiland selbst hören und sprechen können.«[155]
Riehles äußeres Leben verlief in schlichten Bahnen. Nach Volksschule und Konfirmation 1887 erlernte er bei seinem Vater das Stellmacherhandwerk und ging dann auf Wanderschaft, die ihn durch viele Städte in Bayern, Württemberg und der Pfalz führte. Eine schwere Erkrankung zwang ihn, sie abzubrechen und heimzukehren, wo er vier Monate bis zum März 1892 todkrank darniederlag. Er war völlig gelähmt, litt unter unerträglichen Schmerzen und versank zuletzt in Ohnmacht. »Das Auge war schon erloschen, es wurde nicht mehr Tag. In diesem Zustande erlebte ich die Ewigkeit; alle Eindrücke meines seitherigen Lebens standen

[154] Wiedergegeben in: Georg Riehle, Fünfzig Jahre Bahnbrecher der göttlichen Liebe, S. 7 ff.
[155] a. a. O. S. 55

vor mir. Ich ersah, daß ich ein bloßer Alltagschrist gewesen war, und bat meinen Gott innig, mir nur drei Tage lang mein Erdenleben noch einmal zu schenken.« Da geschah es: er erwachte und war gesund. In heiligem Ernst gelobte er, sein Leben ganz Jesus zu weihen.

Ein Vierteljahr später entdeckte er, daß ein junger Lehrling seines Vaters *himmlische Diktate* schrieb: »Ich wollte an meine Schwester einen Brief schreiben, da ging meine Hand allein«, erklärte dieser. Riehle forderte ihn auf, weiter zu schreiben, was der Lehrling tat. Für Riehle war das ein »entscheidendes« Erlebnis, und er betete zu seinem Heiland, ihm dieselbe Gabe zu verleihen. Einige Monate danach lernte er eine Familie kennen, in der die Neuoffenbarungswerke Lorbers mit gläubigem Eifer gelesen wurden. Es kam zu einer engen Verbindung, und weitere Gleichgesinnte gesellten sich hinzu. 1903 bildete sich um Georg ein Freundeskreis, der sich allwöchentlich bei ihm versammelte. Er wuchs, und seine Stube reichte nicht mehr aus. So mußte ein Saal gemietet werden. Nach dem ersten Weltkrieg, in dem Riehle als Krankenpfleger Dienst tat, wuchs die Zahl der Teilnehmer so an, daß der Sitzungssaal des Rathauses gemietet werden mußte und mit seinen 500 Plätzen oft voll besetzt war. Häufig wurde Riehle nach auswärts gerufen: in sächsische Städte, ins Erzgebirge, nach Berlin. Seit 1921 griff die Bewegung auch nach Böhmen über: in Politz bei Tetschen kamen sonntags Hunderte von weither zusammen, darunter Arbeitslose, die barfuß die weiten Wege zurücklegten, um »Bruder Georg« zu hören. »So mögen die Versammlungen der ersten Christen verlaufen sein. Einfach, schmucklos und mit tiefem Glauben an die Worte des Sendboten erfüllt, der in erzählender Form immer das spricht, was ihm das Herz diktiert.«[156]

Schon während des Ersten Weltkriegs hatte Riehle den Lorber-Verlag in Bietigheim besuchen können und 1926 nahm er an einem von diesem veranlaßten Treffen deutscher Lorber-Leser teil. Das Verbot der Neusalems-Gesellschaft 1937 wurde auch auf ihn ausgedehnt. »Ich fühlte mich wie eine von ihren Kindern getrennte Mutter.« Dem Bombenkrieg fielen Anfang 1945 auch sein Haus und die Stellmacherwerkstätte zum Opfer, die 54 Jahre lang sein Arbeitsplatz gewesen und nach seines Vaters Tod von ihm zusammen mit einem Bruder weitergeführt worden war. Er wollte sich nun ganz in sein Innenleben zurückziehen. Aber Freunde suchten ihn auf, wollten mit ihm zusammen sein, ihm zuhören, und so begann sein Wirken in aller Stille von neuem. Das Buch *»Erlebtes Christentum. Bruder Georg im Freundeskreis in Berlin 1954«* legt Zeugnis von dem inneren Reichtum und der Aussagekraft des damals 82jährigen ab. Auch nach Süddeutschland reiste er noch und sprach in Versammlungen. Im September 1962 starb er in Dresden.

Daß durch ihn ohne sein Zutun und völlig spontan und unorganisiert eine Bewegung entstand, war allein der starken geistigen Ausstrahlung seiner Persönlichkeit zuzuschreiben. In diesem schlichten Handwerker verbanden sich die Demut und die Lauterkeit einer reinen Seele mit dem Reichtum geistlicher Erfahrung und einem warmen Herzen. Er war völlig selbstlos in seinem Dienst, begehrte nicht Ruhm, Einfluß oder Besitz, sondern wollte einzig den Menschen helfen, den Weg

[156] Elbe-Zeitung in Aussig vom 8. 6. 1937

zu Gott zu finden. »Ich träume davon, wenn die Stunde einmal für mich kommt, daß ich dann sagen kann: Vater, ich bringe nichts zurück als ein Herz, das sich bewußt ist: Ich bin nichts ohne Dich. Aber ich habe etwas gefunden auf dieser Erde, mein lieber Heiliger Vater. Ich will mit denen kommen, die ich pflegen durfte, und will sie führen an Dein heiliges Vaterherz.«[157] Sein Wesen war geprägt von väterlicher Güte. In seinen Reden findet man kein hartes Wort, keine Anklagen gegen menschliche Bosheit, keine Verurteilungen. So ist es kein Wunder, daß er von allen geliebt wurde, die ihn kannten, und daß ihr Kreis ständig wuchs. Hinzu kam, daß seine Reden *Kundgaben* waren, in denen Christus selbst zu den Versammlungen sprach. Die Verehrung und die geistliche Autorität, die ihm eignete, wurden dadurch noch gesteigert. Es geschah sogar, daß durch ihn ohne sein Wissen auch gelegentlich Kranke geheilt wurden[158]. So ist es begreiflich, daß sein Gedächtnis auch heute noch lebendig ist.

Riehle hat selbst keine Bücher geschrieben. Was von ihm überliefert ist, sind Ansprachen, die von Zuhörern in Kurzschrift festgehalten wurden. Ein Teil seiner Ansprachen bestand aus eigenen freien Reden, der größere Teil aus Kundgaben, in denen Christus sprach; gelegentlich sprach auch ein Engel oder ein Bewohner einer fernen Sonne durch ihn. Seit wann, auf welche Weise, wie oft und bei welchen Anlässen sich die Innere Stimme meldete, läßt sich aus seinen Aufzeichnungen nicht entnehmen. Aber ob eigene Rede oder Kundgabe: in der Sache unterscheidet sie sich nicht voneinander. Sie verkündigten die biblische Botschaft, wie sie sich im Neuoffenbarungswerk Lorbers darstellte: Erster Kernpunkt ist die *grenzenlose Liebe Gottes* zu den Menschen und zur ganzen Schöpfung. Riehles Kundgaben sind Hochgesänge dieser Liebe, die den Zuhörern zu Herzen gingen.

Einige Beispiele: »Ihm gehört alles im Himmel und auf Erden, aber seine höchste Wonne bereitet ihm nur das, was er seinen Kindern dargebracht hat.« (Erlebtes Christentum, S. 28) »Mein Auge wendet sich nicht einmal eine tausendstel Sekunde von euch ab, damit ihr die Kindschaft erreicht. Dies kostet Mein Ich mehr Wachsamkeit, als eine tausendstel Sekunde zu wachen über große Sonnengebiete, um die ganze Schöpfung für alle Ewigkeit zu erhalten.« – »Aus eures Vaters Munde werdet ihr kein Wort über eure Fehler hören, sondern nur das einzig erlösende Wort der Liebe.« – »Myriaden der herrlichsten Himmelsbewohner verlasse Ich, um Mich im Geiste zu verbinden auf der Erde mit den wenigen, die noch einem Verlangen nach Mir Raum geben. Mit den Wenigen! Um ihnen voran zu leuchten und ihnen den Weg zu verkürzen zu jenem heiligen, großen Ziele, unserer Hochzeitsfeier auf dieser Erde!« – »Mitten in der Welt habe Ich dich gesucht. Ich habe den glimmenden Docht bewacht, daß er nicht verlöschen konnte ... Oh wenn du wüßtest, wie lieb Ich dich habe. Ich sehe nicht auf das, was du bist; Ich sehe auf das, was du werden kannst, auf Mein Heiligtum in dir, so wahr Ich bin Jesus Christus, dein Heiland.« (50 Jahre Bahnbrecher der göttlichen Liebe, S. 60f., 91, 132)

[157] Erlebtes Christentum, S. 144

[158] Er erzählte einen solchen typischen Fall: Ein Arbeiter in Röhrsdorf hatte gehört, daß am Sonntag ein Handwerker aus Dresden komme und daß durch ihn Gott spreche. Er kam mit seinem Kind und brachte es nach dem Ende der Versammlung zu ihm: »Würden Sie nicht einmal das Kind auf den Schoß nehmen?« Riehle nahm das Kind, hatte es lieb und gab es dann wieder dem Vater. Als er nach 6 Wochen wieder nach Röhrsdorf kam, ergriff jener Arbeiter in der Versammlung das Wort: Damals habe er seinen taubstummen Sohn mitgenommen, um diesen Mann zu prüfen, ob wirklich Gott durch ihn spricht. Wie er dann das Kind heimbrachte, habe es auf einmal gehört und auch wieder angefangen zu sprechen (Erlebtes Christentum, S. 32).

Zweiter Kernpunkt ist Gottes Bitte, die *Menschen möchten sich dieser Liebe öffnen.* »Meine Kinder, spricht der Vater, Mein Herz blutet vor Sehnsucht. Ich habe alles getan, was zu unserer Verbindung gehört; fragt euer Herz, ob ihr auch das Eurige getan habt, und kommet zu Mir, Ich will euch helfen, daß wir uns noch heute schauen.«[159] Gott braucht die Menschen, damit sein Heilsplan durchgeführt werden kann. Denn sie haben die Möglichkeit, sich das göttliche Leben durch Hingabe und Selbstverleugnung zu eigen zu machen, und damit helfen sie dem großen Gott, »Sein Werk zu vergöttlichen: *Ohne den Menschen vermag Gott Sein Werk der Liebe nicht zu vollenden.*« Der Mensch trägt ein »Fünklein aus den Urtiefen der göttlichen Liebe« in sich und wenn er ihm Raum gewährt, dann geht ein Lebensstrahl von ihm aus, der in die Schöpfungswelt hineinreicht. Je heiliger die Liebe ist, der die Menschen Raum geben, desto herrlicher tritt Gottes Bild für die ganze Schöpfung hervor. Der Mensch als unentbehrlicher Gehilfe Gottes – als Heiland in der Schöpfungswelt – als Quell der Beglückung für Gott: das sind hohe Worte. Doch müssen sie nicht vermessen sein; denn sie setzen voraus, daß der Mensch in seinem Wesen alles Eigensüchtige abgelegt hat und nur noch liebende Antwort auf Gottes Liebe ist. Das ist denn auch der einzige Weg zur Vollendung des menschlichen Seins. Die Liebe hat »dieselbe Kraft wie die aufgehende Sonne. Durch die Liebe wird unser dunkles und unreines Denken ein reines und leuchtendes, und sind die Gedanken rein, so sind auch die Taten rein.«[160] Und rein vor Gott »ist der Mensch, der allen seinen Mitmenschen vergeben hat, der alles entschuldigen kann, der keine Fehler sieht, nur Wunder«. Die Krone der Liebe aber ist die Feindesliebe. »Unzählige Engel verneigen sich dann vor einer solchen Gesinnung.«

Diese Liebe wurde von *Jesus* vorgelebt. Er hat das Gottesleben verkörpert. »Gott hat von Ewigkeit her nie für sich gelebt, sondern nur für Seine Geschöpfe und wird auch Ewigkeiten fort nur für Seine Geschöpfe leben.« Dieses Gottesleben lädt die Menschen nicht zur staunenden Bewunderung ein, sondern zur *Nachfolge.* »Jeder Mensch kann das Leben finden durch das Leben Jesu – aber nur im eigenen Durchleben.« Jesus hat das Erlösungswerk »im Prinzip« vollbracht; aber sein Prinzip »muß aufs neue Fleisch werden auf dieser Erde«. Der Glaube lebt in und von der Nachfolge. Die Nachfolge war für Riehle kein widerwillig getragenes Joch, sondern ein Drang, der seinem innigen Verhältnis zu Jesus entsprang. So findet man denn auch in seinen Reden und Kundgaben keine Worte und Formeln, die zum Vokabular der Gesetzesfrömmigkeit gehören. Die Nachfolge, wie er sie lehrte und lebte, wurde nicht aus der Angst, sondern aus der Liebe geboren; sie empfing ihren Antrieb aus der Verheißung und nicht aus der Drohung, sie war nicht ein Weg harter Zucht und Entsagung, sondern der Freude und Schönheit.

»Wo ein Mensch aufgeht in der Liebe, erlebt er selige Stunden, wo er sich ausweint, erlebt er selige Stunden, wo er nicht klagt, wo er nichts wünscht, wo er sich der Führung seines heiligen und herrlichen Vaters unterstellt.« »Die Jesus-Nachfolge besteht nur darin, daß man sein Leben in Seinen Dienst stellt. Unser Leben ist ohnehin ein Dienen. Aber in Seinem

[159] Fünfzig Jahre Bahnbrecher der göttlichen Liebe, S. 25
[160] a. a. O. S. 54

Dienst haben wir die Kraft, freudig und nicht gezwungen zu dienen. Oh, mit Jesus verliert man nichts, man gewinnt nur. Das sage ich aus eigener Lebenserfahrung.« Erfüllte irdische Wünsche zeugen nur neue Ansprüche. Nie ist der Mensch zufriedenzustellen. »Er wird erst zufrieden, wenn er sich bemüht, in die Fußtapfen Jesu zu treten. Dann hat er Frieden, dann stört ihn die Hölle nicht mehr, dann verhilft ihm die Hölle zur Stufe des göttlichen Lebens.« Darum: ein Mensch, der in seinem Leben nicht Jesu Leben den Vorrang gibt, »ahnt gar nicht, was er versäumt«. Und wie der Mensch ein seliges Leben gewinnt, wenn er Jesus liebt, so wird auch Gott beglückt, wenn sein Werben um der Menschen Liebe Gehör findet: »Meine Macht macht Mich nicht selig. Mein hoher Name noch viel weniger. Aber ein Kind kann Mich selig machen, denn dem Kinde habe Ich einverleibt ein Stück Meines Herzens. Darum kann Ich in allen Himmeln nicht suchen, was Ich bei einem Kinde suchen kann: ein Herz voller Liebe.« (Erlebtes Christentum, S. 129, 110f., 135, 128)

Georg Riehle erzählte, daß er von Haus aus ein befangener Mensch gewesen sei und mit Gaben armselig ausgestattet. Seine Reden waren denn auch keine hohen Geistesflüge, seine Kundgaben keine Enthüllungen tiefer Geheimnisse. Aber er griff den Menschen ans Herz. Denn er predigte nicht nur, sondern war, was er sagte.

Bertha Dudde

Am 1. April 1891 wurde Bertha Dudde als zweitältestes von sieben Kindern eines Kunstmalers in Liegnitz, Schlesien, geboren. Um der in dürftigen Verhältnissen lebenden Familie zu helfen, verdiente sie von früh an als Schneiderin Geld. Der Vater war evangelisch, die Mutter katholisch, und auch Bertha wurde katholisch erzogen. Aber sie konnte sich die Lehren ihrer Kirche nicht völlig zu eigen machen und besuchte die Gottesdienste bald nicht mehr, ohne jedoch einer anderen Glaubensgemeinschaft beizutreten. Sie blieb eine Suchende und erlebte es oft beim Beten, daß ein wunderbarer Friede über sie kam und daß sie dabei »in der Herzgegend« Gedanken empfand, die ihr Trost und Kraft gaben. Ein Traumerlebnis veranlaßte sie, diese Gedanken aufzuschreiben. Am 15. Juni 1937 lauschte sie wieder in ihr Inneres, und »da kam ganz klar und deutlich eine Wortkette, die ich niederschrieb. Es war das erste Kapitel, das mir gegeben wurde und das mit den Worten begann: ›Im Anfang war das Wort! Ein Tedeum dem Schöpfer des Himmels und der Erde!‹«

Es kamen ihr des öfteren Zweifel, ob diese inneren Diktate nicht verkappte Eigenprodukte seien. Aber immer wieder kamen die Worte wie ein Strom, und »Gott selbst nahm mir die Zweifel!« Ihr Glaube wuchs, und sie »empfing und schrieb täglich«. Der Inhalt dieser Niederschriften ging, so beteuerte sie, über ihr Wissen weit hinaus. Es flossen ihr nie gehörte oder gelesene Ausdrücke, fremdsprachliche und wissenschaftliche Bezeichnungen und Hinweise unaufhaltsam zu. Die Übermittlung des »Worts« geschah in folgender Weise: Nach innigem Gebet und kurzer Sammlung horchte sie nach innen. Dort folgten nun die Gedanken klar herausgestellt und einzeln, und deutlich flossen immer drei bis vier Worte hintereinander, ähnlich einer Radiodurchsage zum Mitschreiben. Sie schrieb die Worte wie bei einem Diktat stenographisch nieder, »ohne gedanklich oder konstruktiv daran beteiligt zu sein«, befand sich auch nicht in einem Trancezustand, sondern alles vollzog sich nüchtern und ohne jegliche Erregung oder Beeinflussung des eigenen Willens. Die Diktate dauerten etwa 30 Minuten, sie konnte sie aber auch jederzeit unterbrechen und nach Stunden oder Tagen die mitten im Satz unterbrochene Kundgabe weiterschreiben, wobei ihr ohne Rekapitulation wieder fließend in die Feder diktiert wurde. Eine mächtige Bestätigung bedeutete es für sie, als sie nach Jahren die Schriften von Jakob Lorber kennen lernte. Nun wußte sie, daß auch anderen Menschen das *Innere Wort* gegeben wurde: »Bei Lorber fand ich jetzt wieder, was mir zuvor gegeben war!«[161].

In den folgenden Jahrzehnten – seit ihrer Flucht aus der schlesischen Heimat lebte sie in Leverkusen – empfing sie über 9000 Kundgaben. Am 18. September 1965 entschlief sie[162].

Die von Bertha Dudde empfangenen Botschaften sind wie bei Lorber in einen universalen Horizont gestellt. Im Anfang, so verkündigen sie, war Gott allein. Und er war *Liebe*. Er wollte seine Liebe verschenken. Deshalb schuf er ein Wesen, das ihm aufs engste verbunden, sein Spiegel und Abbild sein sollte. Dieser *Lichtträger-Luzifer* war ein Gefäß, in das Gottes Liebeskraft, Weisheit und Gestaltungswille einströmten. Aus ihm gingen unzählige gleiche Wesen hervor, eine lichtvolle Welt urgeschaffener Geister. Aber Gott wollte, daß Luzifer nicht nur sein Spiegel sein, sondern aus eigenem Entschluß seine Liebe erwidern sollte. Deshalb verlieh er ihm einen freien Willen. Luzifer konnte Gott nicht sehen, weil kein Wesen seinen Anblick ertragen konnte. Dagegen sah er das Heer der urgeschaffenen Geister und er fühlte sich als ihr Erzeuger und nahm das Herrscherrecht über sie in Anspruch, indem er ihnen erklärte, daß es keinen Gott gebe. Diese Lüge führte zu seinem Fall. Ein Teil hielt sich zu ihm und stürzte mit ihm in die Tiefe, wo er als Fürst der Finsternis über seinen Anhang herrscht. Aber auch nach dem Fall blieben sie Gottes »Liebeprodukte«, und es ist Gottes Ziel, daß sie sich ihm aus freiem Willen wieder zuwenden: »Ich sehne mich nach eurer Rückkehr, nach dem Zusammenschluß mit euch.«[163] Das ist das Thema des *Heilsplans Gottes;* sein Leitgedanke lautet: »Meine Ursubstanz ist Liebe, und aus dieser Liebe seid ihr hervorgegangen. Es bleibt aber diese Liebe unwandelbar und sie verlangt ständig nach Gegenliebe. Sie kann sich nicht verändern und auch nicht vergehen und darum wird euch Meine Liebe gelten bis in alle Ewigkeit. Und sie wird euch folgen in die tiefsten Tiefen, um euch auch wieder daraus zu befreien. Niemals aber werde Ich euch in diese Tiefe stürzen, niemals werde Ich ewig verdammen, was aus mir hervorgegangen ist, selbst wenn es sich Mir widersetzt und Meine Liebe zurückweist. Aber Meine Liebe wird alles tun, um euch, Meine Geschöpfe, zu veranlassen, Mir wieder nahe zu sein.«[164]

[161] Wer war Bertha Dudde? S. 10ff.

[162] Die Kundgaben Bertha Duddes wurden bisher nur teilweise veröffentlicht: schon zu ihren Lebzeiten von ihrer Schwester Hanna in der Schriftenreihe »Gott Selbst strahlt die Wahrheit zur Erde«, seit Dezember 1966 von Wolfgang Kühner im pfälzischen Heuchelheim (in drei Heftreihen: 1. Zu allgemeinen Themen über Gott und Mensch; 2. Endzeit-Hefte, 3. »Die kleine Herde« für jene, die tiefer in die Kundgaben Bertha Duddes eindringen wollen).

[163] Der Heilsplan Gottes, S. 17

[164] Gott und die Kirchen Bd. I, S. 54f.

Gott mußte wieder ganz von unten anfangen: Weil die gefallenen Urgeister Gottes Liebekraftausstrahlung zurückwiesen, verhärteten sie sich; deshalb löste Gott sie in »Partikelchen« auf, und daraus entstand die *materielle Schöpfung*. Materie ist geistige Substanz, die sich verdichtet hat und im Anfangsstadium ihrer Wiedervergeistigung steht. Sie ist dem »Mußgesetz« Gottes unterworfen, das ihr die Möglichkeit gibt, sich durch Dienen zu immer höherer Reife zu entwickeln. – Nicht alle Wesen, die an Luzifers Fall beteiligt waren, folgten ihm bis in die tiefsten Tiefen. Unzählige trennten sich wieder von ihm, und für sie schuf Gott *Gestirne,* die eine leichtere und raschere Rückkehr zu ihm ermöglichten. Denn alle Gestirne sind »Schulhäuser«, die Gott selbst errichtet hat, »um einmal wieder allen Geschöpfen die Seligkeit schenken zu können«[165]. Auch die *Erde* ist ein solches Schulhaus. Aber sie unterscheidet sich von den Gestirnen dadurch, daß sie das »armseligste Schöpfungswerk« ist und die härtesten Anforderungen an die Bewohner stellt. Dafür kann auch das Endziel, die Gotteskindschaft, nur auf ihr erlangt werden, weshalb auch Bewohner anderer Sterne in ein Erdendasein einzutreten wünschen.

Der Mensch wurde als »ein verkörperter Urgeist, ein einst gefallenes Wesen«, mit einem freien Willen und Verstand ausgestattet und sollte »zwecks letzter Vollendung« lernen, Gott wieder aus Liebe zu dienen. Aber er trug auch das »gefallene Geistige« in sich, und das ließ ihn ungehorsam werden gegen Gottes Gebot. Der Sündenfall weckte wieder alle bösen Triebe, die sich vererbten, so daß der Wille der Menschen zu schwach wurde, gegen die satanischen Eigenschaften, die sich seiner bemächtigt hatten, anzukämpfen. Diese hoffnungslose Lage machte *Christi Erlösungswerk* nötig. Der Mensch Jesus tat das, was Adam hätte tun sollen: er schloß sich durch ein »Liebeleben« wieder mit Gott zusammen und ging völlig in Gottes Willen ein. Er trug sich ihm an, »aus Liebe zu leiden und zu sterben am Kreuz«[166]. Er war ein »nichtgefallener Urgeist«, und in ihm verkörperte sich die Liebe Gottes, d. h. Christus: »In Ihm war Ich selbst – Er und Ich sind eins.« Durch Christi Menschwerdung machte Gott sich schaubar. Am Kreuz besiegte er Luzifer und sühnte nicht nur für die Schuld der Menschen, sondern auch für die »große Urschuld« des Abfalls der Urgeister: »Ich trug gleichsam die Schuld eures einstigen Abfalls von Mir Selbst ab in dem Menschen Jesus, und Ich bot Meinem Gegner Lösegeld für euch, auf daß er euch freigebe, wenn ihr selbst danach verlangt.«[167] Dieses Verlangen muß der Mensch haben. Die Erlösung ist ein Angebot Gottes; es ist des Menschen eigene Entscheidung, ob er es annehmen oder ausschlagen will. Er besitzt die *Freiheit des Willens,* und sie darf nicht beeinträchtigt werden. »Ich kann sie nur belehren und ihnen ihre Not vorstellen; doch Ich kann sie ihrer Willensfreiheit wegen nicht zwingen, nach Meinem Willen zu wandeln.«[168]

Damit, daß die gefallenen Urgeister die Menschenstufe nach riesigen Zeiträumen erreicht haben, ist ihnen mit ihrem Erdenleben eine Chance ohnegleichen gege-

[165] Kundgabe 8405 vom 7. 2. 1963
[166] Der Heilsplan Gottes, S. 34
[167] a. a. O. S. 38 f. und 41
[168] Wer war Bertha Dudde? S. 20

ben. Wird sie von ihnen gesehen und genützt? Nein. In den Jahrhunderten nach Christus hat nur eine Minderheit den Weg der Gottesliebe eingeschlagen und die vom Satan eingepflanzte egoistische Begierde überwunden. Daß es nur eine Minderheit war, ist wesentlich *Schuld der Kirchen,* vor allem Roms. Durch sie wurde die Botschaft Christi vielfach verfälscht oder falsch ausgelegt. Es wurde ein Lehramt eingerichtet, das absolute Autorität beanspruchte und damit die Gläubigen entmündigte. Statt glauben zu dürfen, was sie als Wahrheit erkannten, mußten sie glauben, was ihnen vorgeschrieben wurde. Zudem standen die Inhaber des Lehramts nicht mit dem Geist Christi in Verbindung und führten zahlreiche Irrlehren ein: Während Christus verkündigte, daß einzig der »Weg der Liebe« zum Himmelreich führt, erlegten sie den Gläubigen allerlei andere Gebote auf: Kasteiungen, Zeremonien, pflichtmäßige Handlungen, Niederknien, weltliches Schaugepränge. Es war nicht der »Liebegeist«, der sie dazu veranlaßte, sondern »Machtvergrößerungssucht und der Wille, die Menschen in ein gewisses Hörigkeitsverhältnis zu bringen«[169].

Die göttliche Dreieinigkeit wurde von der Kirche falsch dargestellt. Vater, Sohn und Heiliger Geist sind nicht drei Personen, sondern drei Manifestationen des einen Gottes: Er stellt sich dar als Vater = Liebe, Sohn = Weisheit und Heiliger Geist = Kraft. Irrig ist auch die Lehre von den Sakramenten, geweihten Orten und Gegenständen; denn Gottes Geist läßt sich in kein irdisches Gefäß und tote Materie einfangen, sondern ist »nur dort, wo ein Herz sich zur Liebe gestaltet hat«[170]. Die Taufe ist als äußere Handlung wertlos; die allein wahre Taufe besteht im Empfangen der Liebe, Weisheit und Kraft, und das kann durch keine Wassertaufe ersetzt werden. Ebenso sind Brot und Wein beim Abendmahl nur Äußerlichkeiten; das Wort Gottes ist die einzige Nahrung, und es zu hören und aufzunehmen, ist das wahre Abendmahl.

Weitere Verirrungen sind die kirchlichen »Heiligsprechungen«, die Heiligenverehrung und besonders der Marienkult. Maria ist ein Geschöpf Gottes und weilt dank ihrer »hohen geistigen Reife« jetzt in seinem Reich, aber nur als ein »Kind Gottes«, nicht mehr. Die Verehrung als »Gottesmutter Maria« verführt dazu, die »uneingeschränkte Liebe«, die sich auf Gott richten soll, abzulenken; und der Satan sucht einen solchen »auf falsche Wege geratenen Glauben« zu untermauern durch angebliche Marienerscheinungen, »deren Urheber er selbst ist«[171].

Die Verfälschung der Lehre Christi erfolgte Schritt um Schritt, als aus den kleinen Gemeinden eine organisierte Kirche wurde, die immer weltlichere Formen annahm und auch irdische Ziele verfolgte. Der Urheber der Irrlehren ist der Satan, und die ganze Kirchenorganisation samt ihren Spaltungen ist sein Werk. Aber trotzdem: Austritt aus der Kirche wäre Torheit; denn wer sich von ihr trennt, wird nicht mehr von den gläubigen Pfarrern erreicht und wird oft völlig glaubenslos. »Darum bleibet eurer Mutterkirche treu und verlasset sie nicht, denn eine jede kann euch noch die Grundlage geben, auf der ihr euch zur Höhe entwickeln könnt.«[172]

[169] Gott und die Kirchen Bd. II, S. 67
[170] a.a.O. Bd. I, S. 71
[171] a.a.O. Bd. II, S. 78
[172] a.a.O. Bd. I, S. 75

Weit verstreut in allen Konfessionen sind die Glieder der *wahren Kirche Christi*. Diese »kleine Herde« bildet keine nach außen erkennbare Organisation. Sie besteht aus »tiefgläubigen Menschen«, die sich zur Nachfolge Christi entschlossen haben und gewillt sind, »nach Seiner Lehre zu leben, also bewußt ein Liebeleben zu führen, wie Er selbst es den Menschen vorgelebt hat«[173]. In ihnen kann Gottes Geist wirken, und er führt sie durch das »Innere Wort« in die volle Wahrheit ein, wie sie die Menschen vor dem Sündenfall besaßen. Aber Voraussetzung dafür ist, daß die Seele durch die Liebe von allen lichtundurchlässigen Hüllen »entschlackt« wird, sich ganz von der Welt löst und in der Stille auf Gottes Stimme lauscht – man kann und muß »sich selbst zu einem Empfangsgerät herrichten«[174].
Die *Wortempfänger* sind durch schlichte, einfache Lebensweise, natürliches Wesen und Demut gekennzeichnet. Ihr Wortempfang ist von keinerlei ungewöhnlichen Begleiterscheinungen, Ekstasen oder Verzückungen begleitet[175]. Vor allem: Gleichzeitig mit der Wahrheit erhalten sie die Urteilsfähigkeit, so daß sie immer irrige Lehren zu erkennen vermögen. Das ist deshalb wichtig, weil auch der Satan in der Endzeit, als Engel des Lichts getarnt, die Menschen mit Botschaften aus der übersinnlichen Welt zu verführen trachtet. Die Wortempfänger müssen sehr selbstkritisch sein, dürfen die Offenbarungen Gottes nicht mit Geistesgut zweifelhaften Ursprungs oder eigenen Gedanken vermengen und sollen sich von denen fernhalten, die medial mit der Geisterwelt verkehren – »denn auch dieser Umgang ist ein Mittel des Gegners in der Endzeit«[176]. Das untrügliche Merkzeichen für die göttliche Herkunft von Kundgaben besteht darin, daß sie »immer die Menschwerdung Gottes in Jesus und das Erlösungswerk zum Inhalt haben« – »denn niemals wird ein Gegengeist bekunden, daß Jesus Christus ist in das Fleisch gekommen«[177]. Den Kirchen wird es übel genommen, daß sie sich auf die Bibel beschränken, weil mit ihr Gottes Offenbarungswerk abgeschlossen sei. Sie befinden sich damit noch »im tiefsten Geistesdunkel« und beweisen, daß sie »nur tote Christen« sind, denen es »an der inneren Lebendigkeit, an der Erweckung des Geistes mangelt«. Aber »wie arm wäret ihr Menschen, wenn ihr euch bescheiden müßtet mit einem Buch, das ihr selbst nicht mehr zu prüfen vermögt auf seinen unveränderten Inhalt . . ., wenn euch nicht immer wieder die reine Wahrheit von oben geboten würde, an der ihr den Maßstab anlegen könnet, ob ihr selbst euch in

[173] Die Kirche Christi, S. 17

[174] Die innere Stimme, S. 35

[175] Nach einer Kundgabe vom 12. 10. 1963 lehnt Jesus das Zungenreden ab: Die Zungenredner wissen nicht, »was unter geistigen Gaben zu verstehen ist« und »übernehmen Bräuche, die sinnlos sind und keinerlei Wert haben für das Ausreifen der Seelen derer, die euch anhören« (Kleine Herde Nr. 35, S. 20).

[176] Die innere Stimme, S. 71. Andere Kundgaben urteilen differenzierter über die spiritistischen Séancen. Es wird zugegeben, daß auch wertvolle Verbindungen mit der Geisterwelt hergestellt werden können. Voraussetzung ist, daß das Medium und der Zuhörerkreis eine hohe geistige Reife aufweisen. »Je klarer der Kreis ist und je mehr Übereinstimmung in ihm herrscht sowie das Verlangen, nur wahrheitsgemäß unterrichtet zu werden, desto glaubwürdiger sind die Ergebnisse.« Wo das aber nicht zutrifft, da gebraucht der Satan die Medien, um durch sie Worte zu reden, »die Weisheit vortäuschen sollen, jedoch barster Unsinn sind« (S. 77).

[177] Kundgabe Nr. 8228 vom 30. 7. 1962

der Wahrheit bewegt«[178]. Wer wollte Gott verwehren, daß er immer wieder zu den Menschen spricht?
Kehren wir zum Heilsplan Gottes zurück. Gott schuf die Erde, damit auf ihr die zur Menschwerdung gereiften Geistwesen ihre Vollendung erreichen können. *Was geschieht mit den Abgeschiedenen?* Der Tod ist kein Ende, sondern nur eine Veränderung des Aufenthaltsortes. Er ist auch kein grausamer Schicksalsschlag, sondern »ein Werk der Barmherzigkeit Gottes«, denn er beendet ein Erdenleben dann, wenn seine Fortsetzung keine höhere Reife mehr verspräche. Die Seele kommt nach Ablegung der Leibeshülle in »Sphären, die sie sich selbst durch das Erdenleben geschaffen hat«[179]. Eine reife Seele wird »blitzschnell« in die Lichtsphären versetzt, wo sie durch »überschöne Wesen« eine überwältigende Liebe erfährt und die wunderbarsten geistigen Schöpfungen sieht. Früh verstorbene Kinder haben die Möglichkeit, sich auf anderen Gestirnen weiter zu entwickeln. Auch die anderen Seelen sollen sich in den jenseitigen Sphären um ihre Aufwärtsentwicklung mühen. Aber auch dort kann ihnen Christus nur helfen, wenn sie diese Hilfe begehren. »Es gibt für alle Seelen die Hoffnung auf Erlösung, doch den Zeitpunkt bestimmt die Seele selbst durch ihren Willen, der unbedingt nach oben gerichtet sein muß.«[180] Hart ist das Los derer, die ohne Gottes Liebe lebten und nur nach irdischen Gütern strebten. Sie verlieren nun alles, woran ihr Herz hing, sind von Finsternis umfangen und irren völlig kraftlos in Qual und Schrecken umher. Sie haben nur zwei Möglichkeiten: entweder sie suchen weiterhin ihre schlechten Triebe zu befriedigen; die Folge ist »ein totales Verfallen den Kräften der Finsternis«[181]. Oder in ihnen erwacht das Verlangen, diesem Zustand zu entrinnen. Dazu bedürfen sie der liebenden *Fürbitte.* »Immer wieder sage ich euch: Ihr könnt wahrlich alle Bewohner der Hölle erlösen kraft eurer Fürbitte.«[182] Den Fürbitten wird in den Kundgaben eine große Bedeutung zuerkannt. Gelegentlich wird sogar angedeutet, daß Christus in seinem jenseitigen Erlösungswerk auf die Fürbitte der Gläubigen angewiesen ist. So heißt es etwa, daß er selbst den Fürbittenden die Seelen zuführe, die nur noch eines Anstoßes bedürfen, um den Weg aus der Finsternis zu finden, die aber ohne liebende Hilfe noch endlose Zeiten in der Hölle schmachten. Wenn Menschen ihnen ihre Liebe zuwenden, ist Christus »stets bereit, sie emporzuziehen aus der Nacht des Todes«, weil er dieser Liebe »nicht widerstehen kann«[183]. Oder er spricht von unzähligen Seelen, denen er sich nicht nahen kann, weil sie nicht an ihn glauben. »Ihr Menschen könnt Mir dabei helfen indem ihr ihnen von Mir Kenntnis gebet, weil sie euch eher anhören.«[184]
Die Seelen müssen sich im Lauf ihrer Aufwärtsentwicklung völlig entschlacken, damit sie lichtdurchlässig werden. Dieser Reinigungsprozeß kann mitunter sehr lange Zeit brauchen. Aber die Wesen aus dem Lichtreich helfen ihnen, und wenn sie einen höheren Reifestand erreicht haben, treibt die Liebe auch sie an, ihnen an-

[178] Kundgabe Nr. 8054 vom 3. 12. 1961
[179] Die Seele im Jenseits, Bd. I, S. 12
[180] a. a. O. Bd. I, S. 58
[181] a. a. O. Bd. III, S. 8
[182] a. a. O. S. 49
[183] a. a. O. S. 56
[184] a. a. O. S. 60

vertraute »Schützlinge« im Jenseits oder auf Erden »gedanklich in die Wahrheit zu leiten«.

Die Lehre von einer allmählichen Aufwärtsentwicklung auf dem Weg einer karmisch bestimmten Reinkarnation wird als »völlig irrig« verworfen, weil sich dahinter die »Liebe zur Welt« versteckt und weil die Aussicht auf Nachholmöglichkeiten in kommenden Erdenleben zum Nachlassen im »Streben nach Vollendung« verführt. Außerdem wird mit dieser Lehre der Erlösungstod Christi geleugnet. Wohl kann sich eine Seele wieder inkarnieren – doch nur wenn sie es aus einem »edlen Motiv« will: etwa um den Mitmenschen zu helfen oder um eine große Schuld abzutragen. Aber solche Inkarnationen sind ein »Ausnahmefall«. Zur Entwicklung der Seelen sind sie nicht nötig. »Wüßtet ihr um die unendlich vielen Ausreifungsmöglichkeiten auf den unendlich vielen Gestirnen im Universum, dann würdet ihr nie und nimmer auf den Gedanken kommen, daß eine Seele wieder zurückversetzt wird auf die Erde.« (Inkarnation – Re-Inkarnation, S. 15)

Die heutige Menschheit befindet sich in einem hoffnungslosen Zustand. Sie ist »entgeistet«, lieblos, gottfern, süchtig nach irdischen Gütern. Die Aufwärtsentwicklung des Geistigen steht still und kehrt sich um in eine Rückentwicklung. Damit ist »gewissermaßen die Erde als Entwicklungsstation des Geistigen hinfällig geworden«[185]. Darum kommt eine Katastrophe, in der die Menschheit vernichtet wird. *Die Endzeit ist da.* »Ein gewaltiger Kampf zwischen dem lichtvollen und dem finsteren Geistigen« um die Seelen ist entbrannt. Er wirkt sich auch auf verschiedene Gestirne aus, deren Laufbahn sich verändern wird[186]. Falsche Propheten reden auf die Menschen ein, daß die Zukunft keinen Weltuntergang, sondern Fortschritt und Wohlleben bringe. Sie tun auch Wunder; aber diese bestehen in Wirklichkeit nur in einer »Anhäufung materieller Güter«, die sie als »von überirdischer Kraft geleistet ausgeben«[187]. Aber Gott sendet seine Seher und Propheten, welche die bevorstehenden Ereignisse ankündigen, um die Gläubigen vorzubereiten und die Menschheit zu warnen[188].
Ein sicheres Anzeichen des nahen Endes wird ein Stern sein, der sich während des dritten Weltkriegs auf einer sonderbaren Bahn erdwärts bewegt und die Menschen mit Angst erfüllt. Ein Aufruhr der Elemente wird zwar nur kurz währen, aber unvorstellbare Verheerungen anrichten. Danach wird der Satan in der Hülle eines »außergewöhnlichen Menschen« auf der Erde erscheinen: der Antichrist. Er wird die Menschheit durch die Schärfe seines Verstandes, sein Wissen und sein verbindliches Wesen blenden, wird sich als Retter in ihrer Notlage aufspielen und Fortschritt und prächtige Zukunft verheißen. Die Massen werden ihm zujubeln, vollends wenn er durch Scheinwunder den Eindruck erweckt, übernatürliche Kräfte zu besitzen. Mit List wird er den Kampf gegen die Gläubigen beginnen, wird ihn mit Demagogie weiterführen und dann zur offenen Verfolgung steigern. Aber sie werden Christi liebende Fürsorge erfahren, und die Drangsal wird ertragbar sein, weil »Ich Selbst Mich zeige, wo die Menschen schwach zu werden

185 Die kleine Herde, S. 14
186 Der Eingriff Gottes, S. 27
187 Falsche Propheten, S. 22
188 Zu ihnen gehört vor allem Bertha Dudde, die ihren Anhängern als »die Prophetin der Endzeit« gilt, weil sie besonders viele Endzeitkundgaben empfangen hat.

drohen«[189]. Wenn dann der Antichrist sie mit den brutalsten Mitteln zum Abschwören ihres Glaubens zwingen will, wird Christus die Tage verkürzen um der Seinen willen und er wird im »Geistleib« erscheinen mit seinem »Gefolge höchster Lichtwesen« und den Seinigen sichtbar sein und sie vor den Augen vieler an einen Ort des Friedens entrücken. Danach aber wird tiefe Finsternis die Erde bedecken, und durch Atomexperimente ausgelöste Eruptionen, Feuer und Erdspaltungen werden alles Leben vernichten.

Das ist das Ende der jetzigen Schöpfung. Die Seelen, die während ihres Erdenlebens die Liebe Gottes abgewiesen hatten, verfallen der *»Neubannung«:* sie werden »erneut aufgelöst und wieder in einzelne Partikelchen in der harten Materie gebannt werden«[190]. Dasselbe widerfährt den Seelen im Jenseits, die der »großen Erlösungsaktion« widerstanden haben und in der Finsternis geblieben sind. Sie müssen nun wieder ganz von vorne anfangen und sie erleiden »entsetzliche Qual«, da das einst in Freiheit erschaffene Geistige nun gefesselt ist und »die toten Partikelchen dennoch empfindsam« sind[191]. Aber diese Qual ist heilsam und notwendig, denn sie weckt den Drang nach Änderung und Befreiung. Doch werden viele Schöpfungsperioden vergehen, bis die Seelen wieder die Menschenstufe erreicht haben und die Erlösungschance erhalten, die sie in ihrem jetzigen »Erdenprobeleben« leichtfertig verspielt haben.

Die Erde wird also für eine *neue Erlösungsperiode* zubereitet, und unzählige Seelen, die sich aus unteren Stufen emporentwickelt haben, warten darauf, sich in Menschenleibern inkarnieren zu können. Die Gläubigen aber, die in den apokalyptischen Stürmen die Glaubensprobe bestanden haben, sind »geeignet dazu, den Stamm des neuen Menschengeschlechts zu bilden«[192] und diesem ihre Erfahrungen zur Warnung mitzuteilen. Gott wird dieses Geschlecht segnen, und es wird mit großer Sehnsucht zu ihm hinstreben und das Erlösungsziel rasch erlangen. So wird diese neue Periode wieder als Paradies beginnen, das im Zeichen der Liebe zu Gott und der Harmonie zwischen Mensch und Umwelt steht. In späteren Generationen wird dann allerdings erneut eine Zeit kommen, »wo die Sünde überhandnehmen und Meiner nicht geachtet wird«[193]. Sollte die Erde erneut unnütz werden als »Ausreifungsstation für das Geistige«, dann wird Gott wieder eingreifen und eine neue Erlösungsperiode eröffnen. Das alles wird sich so oft wiederholen, bis das letzte Stückchen Materie sich vergeistigt hat, und in Liebe zu Gott heimgekehrt ist in sein Reich. Wenn am Ende auch Luzifer diesen Schritt getan hat, dann ist die Schöpfungswelt wieder hergestellt, die vor dem großen Abfall bestand, und sie wird von der überströmenden Liebe zwischen Schöpfer und Geschöpfen erfüllt sein.

[189] Der Antichrist, S. 57

[190] Der Heilsplan Gottes, S. 58. Hier wurde ein Gedanke aufgegriffen, der auch in den Neuoffenbarungen Lorbers kurz erwähnt ist: Wenn ein jenseitiger Geist die Materie, in die er eingezeugt wurde, nicht »erwecken« kann, dann kehrt er »in seinen Urquell zurück, und die für immer belebt werden sollende Materie fällt abermals in ihr altes Gericht und wird im selben lange zu harren haben, bis etwa einmal abermals ein jenseitiger Geist sie erwecken wird zu einer neuen Lebensprobe«. (Großes Evangelium V, S. 292)

[191] Die Neubannung, S. 41

[192] Die Wiederkunft Christi, S. 27

[193] a.a.O. S. 46

Anita Wolf

Hoher Wertschätzung erfreut sich in Lorber-Kreisen das Kundgabenwerk von Anita Wolf. Sie wurde am 8. November 1900 als Tochter eines Getreide-Großkaufmanns in Greiz/Thüringen geboren. Kurz vor dem Ersten Weltkrieg verfiel sie in einen »drei Tage lang währenden Tiefschlaf ohne jede körperliche Funktion«. Was in dieser Zeit seelisch geschah, ist ihr auch später nicht bewußt geworden. 1927/28 empfing sie jedenfalls eine erste größere Kundgabe. Nach dem Zweiten Weltkrieg kam sie drei Jahre in Gefangenschaft und hatte da ein einschneidendes Erlebnis: »Während der Gefangenschaft bei einem schweren Gang, voller Einsamkeit und Windstille, hörte ich um mich ein sanftes Sausen und dann deutlich die Worte: ›Ich bin der ewigheilige UR, ich bin der Ewige und Wahrhaftige; sei getrost!‹« Sie konnte dann nach Westdeutschland fliehen, lebte in Hannover und zog 1965 nach Weiz in der Steiermark, wo sie ihren Lebensabend seit 1975 in einem Altenheim verbringt.

Auf die Frage nach dem Woher und Wie ihrer Kundgaben antwortet sie sehr zurückhaltend: Die Gedanken kommen – nicht von Gott selbst eingegeben, aber von einer höheren Dimension. Beim »Gnadenbuch« hatte sie »das starke Gefühl, daß der Inspirator nur Johannes war«, schon allein deshalb, weil er auf Patmos die Offenbarung schrieb[194]. In ihren Schriften selbst finden sich keine Andeutungen, daß sie unmittelbaren himmlischen Eingebungen entsprungen seien. Mit Jakob Lorber weiß sie sich eng verbunden[195], aber unter den Empfängern des Inneren Worts weist sie die höchste Originalität auf.

Ihr Hauptwerk *»UR-Ewigkeit in Raum und Zeit«,* das sie in den Jahren 1948/49 niederschrieb, ist in einer gehobenen, oft hymnischen Sprache gehalten, die der Erhabenheit des Gegenstands entspricht; doch für den Leser bedarf es großer Mühe, sie zu verstehen. Er begegnet vielen Begriffen, die ihm unbekannt sind und die auch nicht erklärt werden (etwa: Schaffer-UR-Prinzip; Ganzwerk; Doppelsegen; Konzentrizität; Innerwesenheit; Freiherrlichkeit; Hellwerk; Versage-Finsternis; Vorbehaltegut; rückbehaltlich.) Von mancherlei Gnadenarten wird gesprochen: von einer freien und einer gebundenen Gnade, von Bündnis- und Tagesgnade, von befreiender und Vollendungsgnade. Immer wieder stößt man auf Sätze, die jedem Erschließungsversuch trotzen[196], und auf ganze Textstrecken, deren Inhalt mehr oder weniger dunkel bleibt. Verwirrend wirkt auch die ganze Szenerie, in die der Schöpfergott hineingestellt ist: Er tritt prächtig gekleidet auf, trägt einmal einen goldfarbenen Überwurf, ein andermal eine rote Toga, setzt sich bald auf eine Moosbank, bald auf einen heiligen Stuhl oder auf einen Thron in einem Tem-

[194] Aus einem Brief von Anita Wolf vom 11. Mai 1975 an den Verfasser.

[195] In »Karmatha« wird die jenseitige Erziehung geschildert, die Jakob Lorber vor seinem Eintritt ins Erdenleben zuteil wurde, um ihn auf seine kommenden Aufgaben vorzubereiten.

[196] Ein paar Beispiele: Gleich auf der ersten Seite wird der Leser im Zusammenhang mit dem Beginn der Schöpfung vor folgenden Rätselsatz gestellt: »In der Zwei zeigte sich die Vier, die sich der UR-Geist vorbehielt. Sie war Sein Geheimnis und wurde erst *nach* einer Gleichgewichtsherstellung zum Teilgeist offenbar, obwohl die Vier *vor* der folgenden und aus ihr hervorgegangenen Sieben stand« (9). Ein anderer Rätselsatz: »Als Schöpfer bin Ich in *stehender* Machtpolarität die Tatsache, als Priester und

pel mit hoher Kuppel und trägt eine Krone von wechselnder Form. Er wandert mit seinen Engelsfürsten durch die ewige Landschaft, bedarf dann einer Stärkung und fragt Michael: »Mein Engelsfürst, wolltest du uns nicht bewirten?« (50) Es gibt in diesem Schöpfungsraum eine herrliche Stadt mit goldenen Gassen, einen Altar, an dem UR das Hochamt feiert, einen heiligen Herd und Palmen, Ölzweige, Weihekraut und vieles andere mehr. Man fragt sich, ob es sich um Realitäten oder nur um visionäre Bilder handeln soll. Auch die vielfältige Bedeutung und Verwendung von Symbolzahlen oder die sehr eigenwillige Auswertung biblischer Texte erschweren das Verständnis der Kundgaben.

Das große Thema, um das es auch in diesem Werk geht, ist die *Schöpfung, der Fall und die Erlösung;* und UR selbst ist es, der seine Schöpfungspläne und Absichten, die daraus entsprungenen Entwicklungen und Verwicklungen und den Schlußprozeß der großen Heimkehr erklärt. Es ergibt sich in großen Zügen folgendes Bild:

Ohne Anfang und ohne Ende, heilig und unbegreiflich ist der *UR-Geist.* Er ruhte in sich selbst. Und nichts war außer ihm. Aber er brauchte ein Schöpfungskind, das seine Liebe erwidert. In 49 UR-Zyklen erprobte er sein Vorhaben, aber nur als gedankliche Manöver. Und es gelang: »Immer war die Liebe dann die größte Siegerin« (164). Nun schritt er zur Tat. Während in ihm, dem UR-Geist, das schaffende Prinzip und die erhaltende Person vereint sind, traten nun beide auseinander. Diese Zweiteilung führte zu einem Gegenüber, aber zu keiner Trennung. Mit dem Gegenüber wurde – Anita Wolfs Ausführungen darüber sind sehr nebulös – das spätere Gegenüber des Schöpfers und seines Werks vorgezeichnet. Zunächst war alles nur »Spiel für Spiel« in ihm. Daraus erwuchs die Schöpferfreude; sie gebar das *Schöpfungswerk.* Für dieses sah UR einen »viergeteilten« Ablauf – vier »UR-Jahre« – vor: Zuerst sollte es nur eine gedankliche Gestalt haben, dann zu einer »Wort-Form« artikuliert werden, dann als »Tat-Form« Gestalt gewinnen und schließlich als »Folge-Form« den Ertrag seines Ablaufs enthalten. Die Schöpfung sollte liebend zu ihm zurückkehren. Darum unterstellte er sie nacheinander seinen *vier »Herzkammern«:* als »Schöpfer« erhob er sie durch seinen Willen zur »selbstlebenden Gestalt«, ausgerichtet nach seiner Ordnung; als »Priester« führte er sie mit seiner Weisheit; als »Gott« trat er mit Geduld und Liebe auf den Plan, um einen »Abweg« zu überwinden und Erlösung zu wirken; als »Vater« endlich holt er mit Barmherzigkeit das vollendete Schöpfungswerk zu sich heim.

Im ersten UR-Jahr[197], dem *»Gedanke-UR-Jahr«,* wurde »das Unermeßliche meßbar gemacht«; Himmel und Erde entstanden – aber unter dieser »Erde« ist nicht

Gott in *waltender* Machtpolarität die Kraft und Fähigkeit. Alles daraus ›Gewordene‹ erhält im Prinzip des Vaters sein ›Werden‹ und damit jegliche Erfüllung. Und so besitzt auch ihr gemäß eurer gewordenen Form essentielle und kompakte Substanzen« (111). Oder: »UR-Vatertum ist Mein(e) Reservation mentalis, Mein All-Teil von alters her. Erst recht ist sein äußerer Einbehalt im hochgesetzten Tat-UR-Jahr für alle Kinder segensreich: Im Rückbehalt der Schöpfermacht und Priesterherrlichkeit, Gott-Erlösungstat und was Ich daraus – konzentriert im Schöpfungs-Soll – als UR-Vater in die Lade Meines Heiligen Herdes legte, wurzelt jede Möglichkeit, UR-Kinder zu erziehen, woraus ihr erst die volle Seligkeit genießen könnt« (194).

197 Natürlich handelt es sich bei den »Jahren« und dann auch bei deren Aufteilung in Monate, Wochen, Tage und Stunden nicht um irdische Zeitmaße, sondern um unermeßliche Zeiträume.

unser Planet zu verstehen, sondern die zukünftige Lebensgrundlage für die »Teilgeister«, d.h. die Kinder des UR. Diese begannen bereits ihr persönliches Leben, aber sie waren noch im Frühstadium als »ungeborene Gedanken in UR«. Überhaupt waren alle Schöpfungen des ersten UR-Jahres nur »gedanklich« vorhanden, gewissermaßen Vorstellungsbilder, die UR in sich selbst entwarf. Im *»Wort-UR-Jahr«* reiften diese gedanklichen Schöpfungen zur Geburt aus: sie bekamen eine »wortmäßige Gestaltung«. Aber sie waren noch nicht von UR getrennt. Gewaltige »Lichtbäche« strömten aus ihm in den Raum und die Zeit und wurden zu »Lichttriebkräften«.

Im *Tat-UR-Jahr* bekam das, was bisher nur Gedanke und Wort gewesen war, Realität und Eigenleben. Die Schöpfung trat aus UR heraus. Ihre prägenden Kräfte sollten seine Gedankenkräfte – die sieben *»Grundlebensstrahlen«* – sein: Ordnung, Wille, Weisheit, Ernst, Geduld, Liebe und Barmherzigkeit. Bevor UR das »Kindwerk« schuf, brachte er das *»UR-Opfer«:* Er begab sich aus seiner Unendlichkeit heraus und wurde eine Gestalt, um seinen Kindern ein schaubarer Vater zu sein; er verzichtete auf die Ausübung seiner Allmacht, damit sie »aus sich selbst« ihn lieben können in der Freiheit ihres Willens. Auch gelobte er feierlich, im Fall eines Mißbrauchs der Willensfreiheit das Schöpfungswerk nicht aufzulösen, sondern »selbst der oberste und erste Opferträger« zu sein und mit diesem Opfer »die gesamte Schöpfung, ganz besonders auch ein etwa tiefst gefallenes Kind« zu erlösen (101).

Das große Drama des Tat-UR-Jahrs geschah in der *Schöpfungswoche.* Die sieben Schöpfungstage – die mit dem biblischen Schöpfungsbericht 1. Mose 1 nichts gemein haben – bilden denn auch den Hauptinhalt von *»UR-Ewigkeit in Raum und Zeit«.* Am ersten Schöpfungstag entnahm UR seinen »Lichttriebkräften« ein Drittel und formte es zu einem »besonderen Lichtkomplex« zusammen. Es war sein »persönliches Negativ«, urtümlich und unmittelbar mit ihm verbunden: *Sadhana.* Sie war die Verkörperung seines größten und schönsten Gedankens und Widerhall seines Herzens. »In allen Schaffungen warst du Mein erster Gedanke. Also wurdest du Mein Negativ, an dem Ich Meine positive Macht, Kraft, Gewalt und Stärke verherrliche« (21). Sadhana war sein einziges Kind; UR segnete sie und berief sie zur »Mitarbeit an den sieben Tagen« und machte die Erfüllung des Schöpfungsziels von ihr abhängig: »In deiner Hand, an deiner Erkenntnis liegt die Vollendung kommender Geschöpfe« (29). Sie antwortete ihm mit kindlicher Liebe und Demut.

Dann schuf UR als Träger seiner Eigenschaften (der »Grundlebensstrahlen«) die sieben *Engelsfürsten,* jeweils aus einem Paar bestehend, das als Positiv und Negativ, als Cherub und Seraph eine Einheit bildet. Jeder dieser Lichtfürsten sollte mit seinem Grundlebensstrahl einen Schöpfungstag besonders beherrschen. UR unterrichtete sie ausgiebig über seine Pläne und ihre Aufgaben. Zum »Dominant« des ersten Schöpfungstags bestimmte er Uraniel-Uriel als Träger der Ordnung. Für den zweiten Schöpfungstag wurde Michael-Elya als »Fürst des Willens« eingesetzt. Ihm folgten am dritten Tag Zuriel-Helia als Vertreter der Weisheit, am vierten Tag Muriel-Pargoa (Ernst), am fünften Tag Alaniel-Madenia (Geduld) und am sechsten Tag Rafael-Agralea (Liebe). Von seinem Schöpfungswerk übergab UR ein Drittel seinem Kind Sadhana, zwei Drittel den sieben Engelsfürsten.

Jeder durfte eigene Schöpfungen erschaffen. So schuf Zuriel am dritten Tag das himmlische Paradies mit grünen Flächen, Blumen, Hainen, früchteschweren Bäumen, und darin eingebettet »die Stadt der goldenen Gassen«. Am vierten Tag umgab Muriel URs Heiligtum und die Stadt mit sieben Lichterringen und füllte sie mit Sonnen, deren Zahl sich vom innersten zum äußersten Ring ins Unendliche mehrte: Sieben Urzentralsonnen im ersten Ring, 24 Zentralsonnen im zweiten, dann Mittel-, Kreis-, Licht-, Strahl- und Zellsonnen. Im Anblick dieses Werks durchloht UR »ungeheurer Titanenjubel, als sich das Vollmaß Seines Tat-UR-Jahrs in dem Allmachtsglanz der Sonnen spiegelt«. Muriel aber ist von Demut erfüllt: »Aus UR allein wurde dieses Werk« (95).
Am fünften Schöpfungstag werden die *ersten Anzeichen des kommenden Aufruhrs* gegen UR sichtbar: Sadhana fühlt sich zurückgesetzt, weil UR nur die Engelsfürsten und nicht auch sie an den Schöpfungstaten beteiligt hatte. UR beschwichtigt sie: Als sein »geheiligtes Negativ« ist sie doch an der ganzen Schöpfung beteiligt, hat also das Siebenfache dessen erhalten, was ein Engelsfürst empfing. »Willst du jedoch ein Einzelwerk besitzen, so sprich, und es kann geschehen.« Bescheiden erbittet sie nur eine Sonne und darauf ein Haus, in dem UR Einkehr halten kann. Er gibt ihr eine goldene Kugel. Sie ist nur klein, aber in ihr »sind ungeheure Lichtatome auf ein nicht zu bezifferndes Minimum zusammengepreßt« (116ff.). Sadhana schleudert sie in einen leeren Raum der siebenten Lichtersphäre, die an der äußersten Grenze des Sonnenraums liegt und die Sphäre der Barmherzigkeit ist. Aus der kleinen Kugel wird eine Riesensonne, größer als die Urzentralsonnen, und Sadhana nennt sie *»Ataräus«,* d. h. Sonne der Hoffnung. Nun hat sie eine eigene Welt fern von UR. Sie ist ihr »zur persönlichen Bewährung« gegeben.
Der sechste Schöpfungstag steht unter der Führung Rafaels, der Verkörperung der Liebe. Sie wird, so kündigt UR ihm an, wenn es notwendig ist, »den Sohn gebären, der selber Liebe heißt«. Und er zeigt den Engelsfürsten das »Kreuz als Symbol der Güte und der Gnade, als Träger und als Überwinder aller Schuld« (136f.). Sadhana fragt bang: »Ist in mir ein Unbekanntes, was mich von Dir treiben kann?« Sie wehrt sich: »Ich will nicht von Dir gehen, will nie Schuldursache sein!« Sie sinkt vor ihm nieder: »Was mich zutiefst erschüttert, ist: Willst Du, All-Heiliger, Selbst das Zeichen lastend auf Dich nehmen für eine Schuld, die vielleicht entstehen kann?« Er tröstet sie: »Würdest du, wenn nötig, nicht zum Kreuze greifen, um es *als Segen* durch die Opferliebe auszustrahlen?« (140) In langen Gesprächen erläutert er, warum der Fall und das Kreuzesopfer notwendig ist, damit das Schöpfungsziel erreicht werden kann; und Sadhana muß sein Widersacher werden, weil »der Ausgleichskampf zum ersten Einsatz die zwei höchsten Personen fordert« (146). Vorsorglich setzt UR Gabriel-Pura als Träger des Grundlebensstrahls »Barmherzigkeit« zum Fürsten des 7. Schöpfungstages ein.
Indessen geht das Schöpfungswerk weiter. Sadhana und die Engelsfürsten werden von UR mit Kindern beschenkt; die Kinder Sadhanas heißen Orytam und Hagar. Sie alle und ihre Nachkommen werden in die himmlische Hierarchie eingeordnet als Amtsträger im Schöpfungswerk: Wächterengel, Befehlsengel, Sternsonnenwächter, Hügelälteste, Stamm-Älteste, Reichsälteste, Sonnenleiter. – In Sadhana keimt der Gedanke, ihre Sonne Ataräus zu einem eigenen Reich auszubauen. UR warnt sie: »Wo Ich nicht bin, Mein Kind, innerlich wie äußerlich, da

ist Nichts im Nichts!! Das merke dir!« Sie ist bestürzt. Aber der Gedanke bohrt weiter in ihr. Sie schafft sich ein »persönliches Kinderpaar«, das nicht für URs Schöpfungswerk vereinnahmt werden, sondern ihr selbst gehören soll. Weitere Kinder folgen. Sie gibt ihnen Ämter in ihrem Reich. UR mißbilligt ihr Tun, aber er respektiert ihre Entscheidungsfreiheit. Dann wird der Riß deutlicher: Nach einer Versammlung der himmlischen Amtsträger, denen UR »einen tiefen Blick in das Hochziel« gegeben hatte, möchte Sadhana, daß ihre Hügelältesten die Versammlung verlassen und mit ihr zur Ataräus zurückkehren. Sie schwanken, gehen dann aber mit, denn »wir wollen unsere Liebe zu Sadhana beweisen«. Als UR dann die riesige »heilige Stadt« aufbauen läßt – in der Mitte das Heiligtum, darum herum in konzentrischen Kreisen die Häuser für die sieben Engelsfürsten, für die 24 Ältesten und für die 144000 Befehlsengel, und dazwischen vier Mauergürtel mit Türmen und Toren –, beschließt Sadhana, »die Ataräus ähnlich zu gestalten« (182). Sie teilt sie in sieben Reiche, setzt ihre Kinder zu Reichsältesten ein, befiehlt ihnen, viele Kinder und Kindeskinder zu zeugen, belehrt sie und »hält es dabei trotz innerer Warnung für richtig, sich selbst in den Mittelpunkt zu stellen, indem sie ihren Untertanen sagt, alle Lebenskraft sei aus ihr gekommen«. Sie spielt mit dem Gedanken, sich zu erheben, um neben UR zu sein. Dieser spricht sehr ernst zu ihr: sie sei eigenmächtig, lehre ihre Reichsältesten, daß sie die Quelle der Lebenskraft sei, obwohl sie genau wisse, daß »nur aus Mir das Leben fließt«. Sie möge das nie vergessen, »sonst müßte ich für dich zum Opferträger werden! Willst du das?« (188) Nein, das will sie nicht. Sie ist schwer erschüttert und gibt ihren Kindern Auskunft über ihre Herkunft aus UR. Aber die verstehen es nur halb und können den Kontakt mit UR nicht recht herstellen. Und bei Sadhana folgt der Erschütterung rasch die Verhärtung. URs Bild verblaßt. Sie baut ihr eigenes Reich auf, erzeugt 144000 Engel und bevölkert ihre Sonnen mit ihren Geschöpfen. Selbstherrlich schaltet und waltet sie und wird »in ihrem Sonnenring zum führenden Prinzip« (190).

Innerlich hat sich Sadhana von UR gelöst. Sie will nicht mehr sein Negativ sein. Sie fordert ihn heraus und erinnert ihn daran, daß der UR-Geist vor dem ersten Schöpfungstag undifferenziert war und außerhalb von UR und ihr lag und nie wollte, »daß du der Herrschende bist, ich aber der Gehorchende sei« (195). Sie fordert die Engelsfürsten auf, an ihre Seite zu treten. Aber diese lehnen ab und bestehen damit ihre Freiheitsprobe. Einmütig bekennen sie sich zu UR und es gelingt ihnen sogar, Sadhana noch einmal zu ihm zurückzubringen, daß sie ihm huldigt. Aber das ist nur eine kurze Episode. Die siebente Stunde wird zur *»Kampfesstunde«*. UR verhüllt sich. In Sadhana wird der Machttrieb mächtig. Während die Fürsten und ihre Lichtscharen dem unsichtbaren UR treu bleiben, verführt sie ihre Kinder: »Mich könnt ihr sehen; der sich aber Gott nennt, muß sich in eine Wolke hüllen ... Wem wollt ihr gehorchen?« Ein Chor antwortet: »Dir, Sadhana, sei du unser Gott« (196). UR ruft die Seinen in sein Heiligtum: »Das Schöpfungsopfer ist durch Sadhanas Widerwillen nicht mehr aufzuhalten.« Diese rüstet sich und marschiert mit ihren Scharen durch die Sphären zu URs Heiligtum. Aber vor der Mauer der heiligen Stadt stoßen sie auf eine riesige weiße Wolke. Aus ihr zuckt ein Licht, drängt sie weit zurück und verwandelt sich darauf in einen »wundersamen Jüngling«. Dieser war Sadhana schon einmal erschienen, und sie konnte nicht ahnen, daß er die »vorgeschaute Erlösergestalt« war. Nun nennt er sich »Nur-Liebe« und richtet zusammen mit allen Fürsten und Engeln einen letzten Appell an Sadhana. Umsonst. Da verwandelt er sich in einen Riesen und beteuert, daß es UR ernst sei mit seinem Schöpfungsopfer. Aber sie weist ihn »frech« ab, sagt UR den Kampf an und sammelt ein großes Heer, um »den Heiligen Stuhl einzunehmen«. Sie nennt sich fortan Luzifer, »der dunkle Fürst des Schattens«. Seine Anhänger sind zu Dämonen geworden, und über sein Reich breitet sich Finsternis. Das Heer der Dunklen prallt gegen das von Michael geführte Heer der Getreuen. »Der Kampf währt nach einer für Menschen unberechenbaren Zeit«, aber die Lichtmauer vor der heiligen Stadt ist uneinnehmbar. Luzifer tritt mit dem Speer gegen den Schwertträger Michael an. »Der Endkampf ist gewaltig, bis der herrliche Recke den finsteren Fürsten niederstreckt.« Es ist die neunte Stunde des sechsten Schöpfungstages. Ein mächtiges »Es ist vollbracht!« ertönt, und die Dämonen stürzen in wilder Flucht durch das All. Die Ataräus wird vom Brand zerrissen und ihre Reste erstarren: Die *»Materie-Erde«* entsteht. Doch diese ist nicht mit unserer Erde identisch, sondern ist ein riesiges Sternensystem, »eine Art Hülsenglobe, deren Form jener des Gefallenen (d.h. Luzifers) gleicht«. Dort aber, wo in diesem »Raummenschen Materie« das Herz pulsiert, schwebt eine Planetarsonne. Sie gebiert acht Planeten, und in den dritten sind »Luzifers Herzkräfte eingebannt« (222ff.).

Dem Abwehrsieg muß nun das *Erlösungswerk* folgen. »Aus der Luziferschen Unrast ist Sehnsucht, aus Friedelosigkeit Friede, aus Leid die Freude zu erwecken; und aus dem Tod, der die Gefallenen betroffen hat, muß neues Leben zur Geburt gelangen« (210). Und UR entwickelt vor den Engelsfürsten seinen Plan: Die Rückkehr Luzifers und seines Anhangs muß freiwillig erfolgen. Darum genügt das Schöpfungsopfer allein nicht. Vielmehr muß UR das Gefängnis niederbrechen und sein Licht in das Dunkel tragen, damit die in eigener Nacht Gefangenen es erkennen und den Weg zur Freiheit wählen können. In der Sphäre der Ataräus sind vier Sonnenpaare intakt geblieben. Sie werden zur Zentrale des »Zwischenreichs«, d.h. zur Brücke zwischen dem Lichtreich und dem Reich der Finsternis, und bilden zugleich einen Stufenweg von sieben Wissens- und Reifegraden, auf dem die gefallenen Kinder zu UR zurückzugehen haben. Die Engelsfürsten aber sollen Mithelfer im Erlösungswerk werden, indem sie sich nacheinander auf der Erde inkarnieren. Während der Inkarnationsphase wird ihr Bewußtsein ausgeschaltet, und sie verlieren nicht nur ihre Lichterkenntnis, sondern auch ihre bereits erlangte Kindschaft, um sie auf dem »Erlösungsweg« neu zu erringen. Zuerst inkarniert sich Rafael. Er erwacht als Mensch auf Erden. Agralea folgt. Dann inkarnieren sich Zuriel und Helia. Luzifer sucht sie zu verführen, aber Gott ist bei ihnen als »gute Kraft«. Die Welt bevölkert sich. Weitere Engelsfürsten werden Menschen. Jeder regiert 1000 Jahre lang. Luzifers Widerstand verstärkt sich. In der Zeit, in der Gabriel als Mecalames inkarniert ist, kommt es zu einer Krise: Nach fast 7000 Menschenjahren haben sich Weltfreuden eingebürgert und Mecalames, ein Eiferer, verbietet sie. Aber auch die Technik, von Luzifer zur Zerstörung der Erde inspiriert, »greift ins Kosmische und ist Urheber des geistigen Zerfalls«. Gott ruft Luzifer vor sein Angesicht, spricht streng zu ihm, bietet ihm aber noch einmal Versöhnung an. Umsonst. Luzifer zerbricht den ihm als Versöhnungszeichen übergebenen weißen Stab und wirft die Stücke vor die Füße Gottes – »sie fallen aufeinander und bilden ein Kreuz«.

Nun gibt es kein Verhandeln mehr. »Weder Meine Hand noch der weiße Stab werden dir zum zweiten Male angeboten, nur die Opfermahnung fällt auf dich! Unter dieser brichst du zusammen und wirst armselig vor Mir liegen müssen« (232). Luzifer flieht und sein Geschrei erschüttert die Materie. Durch diese Erschütterungen scheinen auch die Sonne und ihre Planeten aufgelöst worden zu sein. Jedenfalls, als Gabriel Gott um Barmherzigkeit für die Menschen bittet, die »nicht aus Bosheit sündigten, sondern weil die Materie den Fluch gebar«, erlaubt er ihm, ein Paradies als Ort der Gnade und Gerechtigkeit zu schaffen. Und dann entsteht ein *»zweites Zentrum der Materie«:* eine Sonne mit sieben Planeten und der *Erde* an dritter Stelle. Sie wird wieder von Menschen bevölkert, darunter vielen, die aus dem Hades kommen. Sie können, so hat Gott bestimmt, auch bei völligem Versagen nicht wieder der Hölle anheimfallen, sondern sollen die Brücke zum Paradies betreten, die immer offen bleibt. Luzifer ist besorgt um seinen Anhang und will die Erde zerstören. Fast alle Kontinente versinken, aber andere Länder steigen auf und werden »Grundstock zur dritten Menschgeschichte, die mit Adam beginnt« und 6000 Jahre währt (234). In *Adam und Eva* sind Sadhanas nicht gefallene Kinder Orytam und Hagar inkarniert. Sie haben keine Rückerinnerung, und Luzifer stürzt sich auf sie, sie zu verführen. Sie werden Gott ungehorsam, aber »trotz des Falles segnet Gott die Eden-Menschen reich«. Luzifer übt seine Macht und Gott hindert ihn nicht, denn das gehört zu seinem »Erfüllungs-Soll«, und Luzifer verausgabt sich dabei.

Im »dunkelsten Bereich« der Menschenwelt bringt Gott sein *Schöpfungsopfer.* Er wird Mensch. Luzifer versucht ihn in der Wüste (Matth. 4). Vergeblich. Die Verklärung (Mark. 9) bestätigt Jesu »UR-Ich«. Luzifer dingt Judas zu tückischer Tat. Er ahnt nicht, daß der Verräter ihm überlassen wurde, damit er ein »göttliches Werk« vollende. In Gethsemane vernimmt er ein »allgewaltiges Opfer-Ja« und mit der Bereitschaft Jesu, den Kelch zu trinken, ist die Entscheidung gefallen, die Erlösung gewonnen. *Golgatha* bringt die Hölle zum Wanken und löst im Lichtreich Ungeahntes aus. Die Engelsfürsten und Befehlsengel sammeln sich vor dem Gerichtsgebäude; Rafael, der Repräsentant der Liebe, will den Kelch trinken, mit der UR-Liebe leiden. Er wird gewahr, wie der Gemarterte in seiner Ohnmacht siegreich die Bedingungen des UR-Opfers erfüllt. Dann hallt durch Raum und Zeit das Erlöserwort: »Es ist vollbracht!« Die Hölle ist in Aufruhr. Luzifer findet keinen Ort, wo er sich verstecken kann. Er flieht und flieht und steht schließlich vor drei Gestalten: Michael mit dem Schwert, Rafael mit dem Kreuz, in ihrer Mitte Christus. Dieser stellt ihn vor die Entscheidung: »Mein Sieg – oder die sofortige Auflösung der Schöpfung!« UR bangt, Luzifer könnte sich für das »Oder« entscheiden. Aber er tut es nicht. Ein langes Gespräch beginnt, ein *Ringen um Luzifers Seele.* Sein innerer Kampf ist entsetzlich. Er wird sich seiner Schuld bewußt. Er wird getröstet: »Keine Sünde ist so groß, als daß sie nicht in Jesu Opfer ihre Tilgung fände!« Luzifer fällt vor UR nieder: »Zertrümmere mich, ich bin nicht wert, im Staub vor dir zu liegen.« Er bittet: »Lege dein Kreuz als Sühne und gerechtes Gericht auf mich, bis ich unter meines fluchwürdigen Daseins ewiger Last vergehe.« Und: »Willst Du mich erlösen, so erlöse mich von mir!« Die Antwort ist gütig: »Mein Kind!« Aber auch: »Vor dir liegt ein bitter schwerer Weg« (251f.). Gott legt ihm Bedingungen auf: damit er von seinem »teuflisch bösen Sein« erlöst wird, muß er weiterhin die Maske des Erzbösewichts tragen; den Geschöpfen, die ihn verfluchen, muß er verschweigen, daß er sich längst dem Kreuz gebeugt hat; in seiner Sonnenwelt muß er sich mit den bösesten Geistern auseinandersetzen, »nicht mehr als ihr Herr, sondern als ein Wesen ohne Machtstellung. Das werden bittere Entscheidungen sein und selten wirst du Sieger.« Und doch wird mit jeder Niederlage seine Lichtkraft wachsen, »bis der ganze Luzifer tot, von sich selbst erlöst, ja gänzlich aufgelöst sein wird«[198]. Luzifer nimmt die Bedingungen an. UR schließt ihn in seine Arme: »Ich habe Mein Kind wieder gefunden!«

Nun überragt das Kreuz alle Sphären und füllt die Schöpfung. Für die gefallenen Kinder, die heimwärts gehen, werden die Pforten ins Lichtreich aufgetan. Ein Hügelältester der einstigen Ataräus bekennt für alle gefallenen Kinder ihre Schuld: es war Kain. Die Erlösten werden mit Jubel empfangen. Alle klammern sich ans Kreuz. Nun neigt sich die 14. Stunde des sechsten Schöpfungstags ihrem Ende zu: es ist *das 20. Jahrhundert.* UR läßt die Engelsfürsten die letzten Tagesstunden in einer inneren Vorschau erleben: Der Hall der Glocken kündet das *Gericht* an. Das ruft unter den Menschen »grauenvolle Veränderungen« hervor, denn sie mißverstehen das Gericht als ewige Verdammnis, während es doch ein »Gericht der Gnade« ist. Schwere Plagen suchen sie heim, und sie schreien, toben und lästern. Die Wiederkunft erfolgt vor allem geistig, durch das offenbarte Wort. In hellen Scharen eilen Bußfertige zum »Erlösungsgericht«. Die Erde wird wieder wüst und leer; sie hat ausgedient, und ihre gebrauchsfähigen Substanzen werden in den UR-Quell zurückkehren. Als Schauplatz für ein ewiges Friedensreich kommt sie nicht in Betracht, »denn die Materie kennt keinen Frieden« (266). Das eigentliche »innere Gericht« für alle, die sich noch zum Licht gewendet haben, findet auf der »Weltensonne« vor URs Richtstuhl statt. Sie werden das Kreuz sehen. Es wird sich für die einen als Halt und Rettung, für die andern als Bürde erweisen. Ihnen wird eine Gnadenfrist gewährt. Wenn dann die siebente Posaune (Offb. 11, 15ff.) ertönt, stürzen sie herbei und schreien wie einst Luzifer: »O Herr Jesu, hilf!« Dann kommen sie wieder auf die Weltensonne und beenden ihr mit viel Bangen verbundenes inneres Gericht. Vom Richtplatz führen zwei Wege weiter: der eine weist ins Licht, der andere nach *Harmagedon.* Dieser ist »der ›weite Weg‹, der durch die sich auflösende Materie läuft«. Die Seelen werden auf dieser Leidensstraße von ihren Sünden gereinigt, und hinter ihnen versinkt die Materie. Sadhana aber »muß an der Gerichtsstätte stehen, bis das letzte Seelenkind ein Urteil angenommen hat. Das wird ihre bitterste Sühnung sein« (268). Sie sieht nochmals zurück auf ihren Fall, kann ihn nicht mehr begreifen und verspürt tiefste Reue. Michael legt einen herrlich weißen Mantel über ihre Schultern und schließt die Pforte, die nach Harmagedon führt. Mit den Engelsfürsten fliegt sie »ewigkeitseilig« dahin zur Stadt »Licht-Heilig«, sieht das Kreuz, sinkt davor nieder, will es ins Heiligtum schleppen und UR bitten, sie anzunageln. Sie wirft sich vor ihm nieder, aber er geleitet sie ins Allerheiligste auf ihren Thron; die Fürsten nehmen ihr

[198] Gethsemane, Golgatha, S. 76

Throngestühl ein; die Mauern dehnen sich und umschließen alle Scharen. UR segnet sie, und »die Kinder sinken in Ihn ein«. Nur Sadhana und die Fürsten sind noch da, und er ruft ihnen zu: »Nun seid ihr Meine Miteigentümer und Ich bin euer ganz eigener Grundeigentümer geworden!« (270)
Über den siebenten Schöpfungstag wird nur kurz berichtet. Er steht im Zeichen der Barmherzigkeit. UR erfüllt den Wunsch der Engelsfürsten, die Ataräus wieder zu erschaffen, und demütig nimmt Sadhana sie entgegen. Sie wird als erste Lichtquelle im Sonnenring der Barmherzigkeit eingesetzt. Die kleine Erde aber »wird ein Mittelpunkt im Licht der Ataräus sein«, weil sie das Kreuz trug. Die sieben Sonnensphären mit dem über ihnen stehenden Heiligtum bilden eine Krone. Im Heiligtum hält UR das Hochamt der Erlösungsfeier. Das Erlösungsziel ist erreicht: Der UR-Vater und die Kinder haben die seit Äonen angestrebte »Einheit ohne Aufgabe des persönlichen Kind-Lebens« verwirklicht (279). UR wird nie wieder einsam sein, und die Kinder können frei aus sich selber schaffen und zugleich ihr ganzes Sein an UR hingeben.

Das »UR-Werk in Raum und Zeit« atmet eine tiefe Ehrfurcht vor der heiligen Majestät Gottes, und Anita Wolf vermag ihr einen ergreifenden Ausdruck zu geben. Der Fall Sadhanas und ihre Wandlung vom strahlenden Kind Gottes zum finsteren Höllenfürsten wird psychologisch erklärt als Folge eines unbezähmbaren Geltungstriebs, der sich zum hybriden Trotz und zum offenen Kampf gegen Gott steigert. Auf die alte theologische Streitfrage, ob der Fall von Gott gewollt oder nur geduldet wurde, wird geantwortet: Gott rechnete schon im Anfang des Schöpfungswerks mit der Möglichkeit des Falls, aber er geschah aus Sadhanas freier Entscheidung. Das alles ist schlüssig. Und daß Gott dem Aufruhr nicht mit seiner Macht entgegentrat, sondern ihn mit seinem Selbstopfer überwand, entspricht der biblischen Kernwahrheit von der Liebe Gottes, die im UR-Werk in eindrucksvoller Weise entfaltet wird. Die Gespräche URs und seiner Engelsfürsten mit dem gescheiterten Luzifer bilden einen Höhepunkt in Anita Wolfs Kundgabenwerk. Denn sie machen deutlich, daß Gott der trotzigen Verstocktheit des Abtrünnigen nicht mit Strenge, Drohungen und Verurteilungen entgegentritt, sondern sie mit Barmherzigkeit und einer grenzenlosen Liebe zum Schmelzen bringt. »Was weißt du, Sadhana, vom Sinne göttlicher Vergeltung? Mir Mein erstes, verlorenes Kind zurückzubringen, dem geschändeten Vaterhause wieder Ehre anzutun, die große Lichtwunde zu heilen, das ist die einzig wahre, weil heilige Vergeltung! ... Was du der Schöpfung an Bösem angetan, in erster Linie Mir, deinem Schöpfer, das will Ich dir mit Meiner herzlichen Barmherzigkeit vergelten!«[199] Daß die Liebe Gottes, die vor keiner Teufelei und keiner Verworfenheit kapituliert, an Luzifer praktiziert wird, ist das Thema des UR-Werks. Daß sie genauso auch um die Erdenmenschen ringt, ist das Thema der Bibel. So mag das UR-Werk bei den Anhängern der Neuoffenbarungen als eine Art Himmelsbibel zur Ergänzung der Erdenbibel gelten. Eine nahtlose Ergänzung ist es freilich nicht.

[199] a. a. O. S. 45

Frieda Maria Lämmle

Während die bisher genannten Empfänger des Inneren Worts sich darauf beschränkten, ihre Kundgaben zu veröffentlichen, ohne die Leserschaft in irgend einer Weise zu sammeln, schuf FRIEDA MARIA LÄMMLE, geb. Syfrig, einen Mittelpunkt für die Anhänger ihrer Kundgaben. Geboren war sie am 20. Dezember 1907 als Tochter eines Bäckermeisters in Ennetbaden, Schweiz. Sie heiratete und wurde Mutter von fünf Kindern. Die Familie lebte in Metzingen/Württ.
Frieda Maria Lämmle war »Gabenträgerin« (wie auch ihr Mann) und sie hatte im Alter von 45 Jahren ein förmliches *Berufungserlebnis:* »Im Jahre 1953 rief mich der Vater in Seinen speziellen Dienst und öffnete mir das innere Ohr«, erzählte sie. Er schenkte die Rückerinnerung an frühere Erdenleben, und dann »durfte ich Ihn schauen«. »Ich wurde von Ihm Selbst geweiht. Im Herzen durfte ich Seine Stimme hören. Sie sprach laut und deutlich, doch für kein anderes Ohr vernehmbar, und ist bis heute geblieben. Nach einer kurzen Versenkung im Gebet liegt es in meinem Herzen, und je nachdem ich gerufen werde zu reden oder zu schreiben, fließen dann die Worte in den Mund oder in die Feder.«[200]
Als am 5. Oktober 1955 ihr Mann starb, bekam sie »den Auftrag, das Wort hinauszugeben«. Die Gewißheit über die himmlische Herkunft des Worts legte ihr »der Herr Selbst in das Herz«. Am 13. Dezember 1955 hatte sie Christus darum gebeten. Morgens um 5 Uhr sagte er ihr: »Heute will Ich dir ein großes Zeichen geben. Du sollst schauen die Scheibe in der Sonne zum Zeichen, daß das Wort, das Ich dir in das Herz lege, Mein Wort ist.« Aber der Himmel war bedeckt. Trotzdem ging sie auf einen Viadukt und betete, und »auf einmal teilten sich die schwarzen Wolken nach oben und unten, und dazwischen war ein glutroter Sonnenball in übernormaler Größe«. Und die Stimme sprach: »Gehe nach Hause und glaube!« Gegen 9 Uhr sah sie die Sonne glutrot und in ihr »eine milchige, weiße Scheibe, welche ganz schnell rotierte«[201]. Sie schloß sich dann mit einigen andern Gabenträgern zur *»Reichs-Israel-Gemeinde«* zusammen, die für die bevorstehende Endzeitkatastrophe unmittelbare Botschaften von Christus bekam – »damit ihr euch vorbereiten könnt, denn Ich will nicht, daß ihr hungert«[202]. Aber das war ein kurzlebiges Gebilde. 1958 lernte F. M. Lämmle die Lorberschriften kennen, und Gott selbst bestätigte ihr die Wahrheit dieser Neuoffenbarungen. Ihrer Rückerinnerung entnahm sie, daß sie in ihrem letzten Erdenleben als *Maria von Bethanien* (Luk. 10, 38 ff.; Joh. 11, 1 ff.) inkarniert war. 1960 verhieß ihr Gott »ein schönes Bethanien, wo alles da ist«[203]. 1962 zog sie nach Bellingen in Baden und nahm Wohnung in der Pension »Haus der guten Quelle«, deren Inhaber »Geistesgeschwister« waren und ihr auch die Möglichkeit gaben, dort Versammlungen zu halten. »Dieses Haus wurde vom Vater als ›Bethanien‹ ausersehen.« Die zahlreichen Kundgaben, die sie empfing, gab sie in einer Zeitschrift bekannt, die sie erst »Heiliges Manna«, dann »Bethanienbote« nannte. Ihre eigene Sendung drückte

[200] Lichtbote, 1968, 11
[201] a. a. O. 1973, 8
[202] Vierteljahresbericht der Reichs-Israel-Gemeinde vom Januar 1956
[203] Lichtbote 1974, 14

sie durch Namensänderungen aus. Aus der »Friedel Lämmle« der Anfangszeit wurde »Frieda Mariya L.«, »Bethanien-Mutter«, »Mutter Marija«, »Marija von Bethanien«. In einer Kundgabe vom 20. Januar 1966 erinnerte sich Christus: »Wie oft saß Ich am trauten Herd Meiner Lieben! Wie oft saß Mariya zu Meinen Füßen! Wie oft diente Mir Martha mit ihrer Liebe! Und wie manches Gespräch hatte ich mit Meinem Bruder Lazarus ... Und nun ist dieses Bethanien wieder erstanden auf dieser Erde!« F. M. Lämmle hielt allmonatlich Versammlungen in Bellingen und besuchte »Geschwisterzusammenkünfte«, die in Esslingen, Stuttgart und Merklingen in Privatwohnungen stattfanden. In den Versammlungen steuerten auch zahlreiche andere Gabenträger ihre Kundgaben bei. Darum fehlte es nicht an Abwechslung.

Hier ein Auszug aus dem Protokoll einer Tagung, die Ende Januar 1967 in Bellingen stattfand: Während einer der fünf ersten Kundgaben begegnet Schw. Käthe einem »himmlischen Führer«, der ihr sagt, sie müsse ihr Kleid wandeln, um in die Tiefen der Gedanken Gottes hineinzudringen. Schw. Kl. »sieht« auf einem weißen Altar das Lamm und auf diesem ein glühendes Herz, von dem der Lebensstrom ausgeht, und ein Versammlungsteilnehmer legt sich mit Leib, Seele und Geist auf das Heilige Lamm, und dann öffnet sich das glühende Herz immer weiter.
Nach drei umfangreichen Kundgaben, Gebeten und Gesang sieht sich Schw. E. »zum Anwalt berufen für aus der Tiefe Kommende« – zumal sie schon wiederholt mit Luzifer verhandeln konnte und »oftmals mit großer Liebe zu ihm erfüllt« war und ihn ganz ans Herz nehmen konnte, so daß er mitunter schon durch Liebe »erlöst, aufgelöst« war.
Ein Bruder B. erzählt, daß er bei der Heilsarmee bekehrt und vom »Rauchteufel« befreit wurde. Aber »ist das alles, was man bei euch haben kann?« Er wollte mehr und erlebte dann die »Feuertaufe« und hatte fortan ein Siegesleben und die Kraft der Krankenheilung.
Danach »beugt« sich die Versammlung wegen ihrer Sünden und betet für einzelne Mitglieder, und Schw. Kl. mahnt den Br. W.: »Du sollst sieben Stufen tiefer gehen, als du vorher warst.« Durch diesen spricht Christus Widersprüchliches über den inneren Stand der Versammlung. Zuerst: »Seht, seit dem gestrigen Tag seid ihr nicht mehr in der Welt, in der ihr sonst waret, sondern ihr seid durch den Jordan hindurchgeschritten.« Später: Ihr seid noch in der allgemeinen Heuchelei; »die Wahrheit ist, daß Ich in euch und an euch noch nicht finde, was Ich suche.«
Es folgen eine lange Kundgabe, eine selbstkritische Ansprache von Br. W., ein Gesicht von Schw. K. und zahlreiche Selbstzeugnisse. Br. M. erzählt, daß er 14 Kreise besuche und jede Woche mindestens dreimal weg sei; in diesen Kreisen gebe es viele »Werkzeuge« und alle Gaben, und jetzt am Ende dieser Versammlung frage er: »Warum kommen wir hier zur Tagung zusammen?« Br. E. legt dann dar, daß es drei innere Vorhöfe in Zion gebe: das Paradies, das Friedensreich und die Milchstraße; und daß der sechste Himmel für die entrückten Frauen bestimmt sei, während die Glieder am Leib Christi männlich seien.
Einige Teilnehmer bekräftigen, daß man seine Krankheit, sei's Asthma oder Lähmung oder Hexenschuß, loswerde, wenn man sie mit Loben und Danken begrüße. Schw. K. hat noch einmal ein Gesicht und Br. W. gibt abschließend Aufschluß über die sieben Erzengel und ihre Aufgabengebiete, daß z. B. Raphael ein großer Schutzgeist ist und über ein Heer von 30 Milliarden Helfern gebietet.

Die Verheißung von 1960 ging bald vollständig in Erfüllung: 1967 verließ F. M. Lämmle das »Haus der guten Quelle« und zog nach Sigriswil über dem Thunersee. Hier hatten ihr vor allem zwei langjährige Geistesfreunde zum Kauf des Chalets »Panorama« verholfen, das als »zentrale Lichtstätte« der Mittelpunkt der

»Christlichen Bruderschaft Bethanien« wurde. Der eine Geistesfreund war Albert Spindler in Kerzers, Ingenieur und Geometer, in der schweizerischen Öffentlichkeit bekannt durch seine politische und publizistische Tätigkeit im Kampf gegen Umweltgefährdung, Verfasser zahlreicher zeitkritischer Schriften und Warner vor einer Weltkatastrophe. Der andere war Paul Häusle in Zürich, Physiopraktiker in seinem »Neubad«, Reformhausgründer, Verfasser naturheilkundlicher Schriften, Zentralsekretär der schweizerischen Vereine für Volksgesundheit, Ehrenmitglied der Deutschen Vegetarier-Union und Leiter der UFO-Vereinigung in Zürich. Das Anwesen wurde ausgebaut und bietet nun Unterkunft für Geistesfreunde, Mitarbeiter, Erholungssuchende, kürzere und längere Tagungen und Schulungskurse. Außerdem werden Jugendliche, die entwurzelt oder drogensüchtig sind, aufgenommen und von der Hausgemeinde umsorgt. Ein Verlag mit Druckerei verbreitet das Schrifttum des »Lichtzentrums« an etwa 2000 Bezieher in der Schweiz, Deutschland und Österreich. Den Bewohnern und Besuchern werden eine »gesunde, reine Ernähungsweise« und Anleitungen für den biologischen Acker- und Gartenbau geboten. Im Spätherbst 1970 schloß F. M. Lämmle eine zweite Ehe mit Gerhard Johannes Lehofer. Ingenieur aus Zürich, jünger als sie und ebenfalls Gabenträger. »Wir wurden von Jesus Christus selbst zusammengeführt und getraut«, schrieb sie, und »wir leben in sehr glücklicher Ehe«.
Sigriswil wurde bald ein *Treffpunkt von Gabenträgern* wie Paul Dressler, Werner Thomas, Centa Lugmaier, Gertrud Hettler, Elfriede Popp. Auch Johannes Widmann weilte wiederholt im Lichtzentrum. Die Mitarbeiter können fast durchweg »die vom Vater verheißene Innere Stimme selber in ihrem Herzen vernehmen«. Das pflegt in den frühen Morgenandachten zu geschehen: Dem einen fließen innige Gebete zu, andere empfangen die schönsten Gedichte, wieder andere das Wort, alle in der Einheit des Geistes, »so daß wir ein richtiges Herzensorchester bilden, in welchem unser lieber Vater es versteht, Seine Musik in die verschiedenen Instrumente hineinzuleiten«[204].

Neben dem Lichtzentrum Bethanien in Sigriswil gibt es draußen im Land zahlreiche *»Bethanienstätten«* oder »Lichtstätten«. Es sind Wohnungen, in denen »ein wahrhaft liebendes, an das Vaterherz angeschlossenes Bethanien-Herz« wohnt, wodurch das Licht Gottes in die Welt hinausfließen kann. Die Lichtstätten sollen als Versammlungsorte für die zerstreuten Gläubigen dienen, wo sie beten, Kundgaben lesen oder eine Kassette mit einer »Bethanien-Stunde« abhören. Sie sind aber auch »bestimmt für die Zeit der Not« und werden von F. M. Lämmle in Christi Auftrag geweiht; so wurden z. B. am 14. Dezember 1975 insgesamt 56 Heime geweiht. Diese Weihe ist ein »heiliger Akt«, dessen Vollzug von F. M. Lämmle schriftlich bestätigt wird. Sie wurde von Gott als »Bethanien-Mutter« eingesetzt, und durch eine Kundgabe vom 2. Juli 1975 wurden die Bethanienstät-

[204] a. a. O. 1975, 5 – Im Rahmen einer Arbeits- und Schulungswoche im April 1968 wurden allein in drei Tagen 35 Offenbarungen empfangen. Die während der Pfingsttagung vom 1. bis 3. Juni 1968 empfangenen 18 Offenbarungen füllten 30 Druckseiten. In der »Urlichtquelle« 1973, Nr. 16, waren fünf Männer und fünf Frauen mit Direktkundgaben des »Vaters in Jesus Christus« vertreten, einige davon in Reimen. (Auch F. M. Lämmle empfängt gelegentlich gereimte Botschaften.) Eine Besucherin aus Zürich hatte das Gefühl, daß »bei allen irgendwie eine Art von Medialität sich entwickelt« (Lichtbote 1975, 19).

ten, die bisher »allein an das Vaterherz Gottes angeschlossen« waren, dem »Haupt-Bethanien«, d.h. an das Herz der »Marija von Bethanien« angeschlossen[205].

Am 3. Oktober 1976 wurde der Bau einer *»Neuen Geistesschule«* in Sigriswil eingeweiht. Hier sollen »die führenden Bethanien-Herzen« eine Schulung erhalten: und zwar zum *»Senden«*. Dieser Begriff und die damit verbundenen Vorstellungen aus dem Funkbereich – Strahlen, Ströme, Lichtkanäle – haben in F. M. Lämmles Kundgaben eine große Bedeutung. Bei diesem Senden wird eine »Lichtes-Kraft« durch die Herzkraft der Gläubigen »hinausgeschleudert«, damit sie im Unsichtbaren Fuß faßt, auf alles Ungute wirkt und es umwandelt. »Und was im Geiste umgewandelt wird, kann sich in der Materie als Ungutes nicht halten.« Aber es muß ein »präzises Senden« sein, und darum bedarf es der Schulung. Allwöchentlich in der Nacht vom Freitag auf Samstag werden von 24 bis 3 Uhr *»Nachtgebetsstunden«* gehalten. Sie gelten der Erlösung der Abgeschiedenen. Da »soll das Senden in der Vollkommenheit geschehen«: Die Beter bilden mit ihren Herzen einen »Lichtblock« und verrichten mit ihren Gebeten einen heiligen Dienst; sie wirken gleich »Flammenwerfern in der Unsichtbarkeit«. »Da wird das ganze Universum aufgerufen, da dröhnt es im ganzen All.«[206] Ein »Sprecher der Jenseitigen bestätigte den Betern, wie wichtig ihr nächtlicher Dienst ist, und bat um Fortsetzung: »Nehmet nun auch unsere Liebe entgegen ...«

Die von F. M. Lämmle empfangenen *Kundgaben* – sie sind bald einfach unterzeichnet »Euer Vater (in) Jesus Christus«, bald auch umfangreich: »Euer Vater, euer Heiland Jesus Christus, euer Gott Jehova, Zebaoth, Immanuel« – äußern sich ganz im Sinn Lorbers über das Woher und Wozu von Kosmos und Menschenwelt: Luzifer hätte bei seinem Absturz in die Tiefe keinen Halt mehr finden können, wenn nicht Gott durch einen »Gnadenakt« die Erde geschaffen hätte. »Alles Gefallene ballte sich zusammen zu einem Klumpen, zu einer Feste, und das war die Materie.« Die Erde wurde zum Kerker Luzifers und seines Anhangs und machte in Milliarden Jahren viele Evolutionen durch, wurde aber nicht erlöst. Deshalb inkarnierte sich Gott auf ihr und erkaufte sie mit seinem Blut zurück, um sie durch die »Vergeistigung der Materie« in eine Neue Erde zu verwandeln. Dabei spielt der Mensch eine Schlüsselrolle. Seine Seele hatte die »Kräfte der Materie« mit ihrem gottfeindlichen »Selbstbewußtsein« ergriffen, und so war die »irdische Persönlichkeit« entstanden. Sie produziert nur Vergängliches, das ohne himmlische Bewachung im Chaos enden müßte[207].

Heute ist die Nacht auf dieser Welt weit vorgeschritten. Die *»Reinigungszeit«* hat begonnen. Sie ist nur kurz, bringt aber schwere Krisen mit sich. Erst wird ein großes Wehe alles hinwegfegen, was im Dunkel verstrickt ist. Dann wird der »gewaltige Licht-Strom« Gottes die Erde und die Menschen treffen und alles durchleuchten, enthüllen und verwandeln. »Es wird für die Menschen ein Gethsemane und Golgatha geben, eine Zeit der tiefen Reue, wo sie ihr verfehltes Leben einsehen werden.«[208] Die Menschheit wird erkennen, daß sie auf ihrem bisheri-

205 Lichtbote 1975, 19
206 a.a.O. 1975, 16
207 a.a.O. 1973, 6
208 a.a.O. 1975, 18

gen Weg nicht mehr weitergehen kann und kapitulieren muß. Und dann wird Christus die Tränen von ihren Augen wischen. Er erbarmt sich aller: »auch die Seelen in der tiefsten Dunkelheit werden zurückgeführt und erlöst«. (Nach einer anderen härteren Version »sind alle der Vernichtung preisgegeben, die nicht hören wollen«[209].)

In der »Reinigungszeit« hat die *Bethanien-Gemeinde* einen hohen Auftrag. Sie ist denn auch die eigentliche Adressatin der Kundgaben. Eindringlich und unermüdlich ruft Christus sie, ihn zu lieben und sich ihm als Werkzeug zur Verfügung zu stellen. Er erwartet von den Bethanien-Herzen eine »hundertprozentige Herzenshingabe«; sie müssen »pures Licht« sein, es darf sich bei ihnen »nichts Negatives einschleichen«[210]. Sie sollen Christus als »Liebes-Transformatoren« dienen: durch ihre Herzen will seine Liebe in der Menschenwelt durchbrechen; und wenn ihm nur fünf Herzen ganz gehören und »als Brandfackeln über die Erde gehen«, kann er »auf dieser Erde arbeiten«[211]. Die Glieder der »Herzgemeinde« sollen sich streng unter Kontrolle halten, und ihr Leben soll durchsichtig sein. Sie sollen alles auf den Opferaltar der Liebe legen, ihr ganzes Sein ausradieren lassen und auf dieser Erde nichts mehr sein wollen, den Armen alles geben, sich vor jedem geistigen Hochmut hüten. »Wie wollt ihr die ganze Welt erlösen durch die Leuchtkraft eurer Herzen, wenn ihr nicht fähig seid, an denen, die euch am nächsten stehen, die Wahrheit zu verwirklichen?«[212]

Es wird also viel von ihnen erwartet, denn sie sind für eine entscheidende Aufgabe in dieser »Zeit der Umwandlung« auserwählt: Sie sind Empfangs- und Wiedergabe-Stationen der Liebe Christi. Sie sind seine Rufer, um die Menschheit zu warnen und den »Gebetswall zu mobilisieren«. Darum hängt an ihnen »die Verantwortung für diese Menschheit«[213]. Sie haben »einen universellen Auftrag«, nämlich »das Licht und die Liebe zu senden über diese ganze Erde«. Sie nehmen die Sündennot der Menschheit auf sich und sind »die Märtyrer für die Neue Zeit«[214]. Sie sind »die Familie Gottes«, und durch sie empfängt die Erde nun ihre Verwandlung. Sie brauchen dabei nicht geschäftig für das Reich Gottes zu werben und zu wirken; sie sollen vielmehr in die Stille gehen mit einem schlackenlosen Herzen und durch diesen Kanal den aus dem »Ur-Zentrum der ewigen Liebe« kommenden Herzensstrahl in die Welt weiterleiten, wo er »umwandelnd auf die Menschheit, bis hinein in das tiefste Innere der Erde« wirkt[215]. So sind sie »Miterlöser« und Gottes »Offiziere im Geiste« und sollen seinen »Arm bewegen, damit alles Geschehen in der allbarmherzigen Liebe seinen Ausgang finde«[216].

Ist Sigriswil das Zentrum der »Lichtstätten« und die Lichtquelle in der »Reinigungszeit«, so bildet *F. M. Lämmle* den Mittelpunkt des Lichtzentrums. Sie steht Christus besonders nahe. Denn sie ist zur höchsten Reife gelangt: sie wurde »in

209 Urlichtquelle 1975, 2 und 10
210 a. a. O. 1975, 17
211 Kundgabe vom 16. 1. 1966
212 Kundgabe vom 22. 12. 1969
213 Kundgabe vom 14. 2. 1962
214 Lichtbote 1975, 20
215 Kundgaben vom 14. 5. 1966, 30. 1. 1966 und 27. 12. 1965
216 Lichtbote 1974, 9

der Universität des göttlichen Lebens erzogen« und sieht nun mit den Augen Christi, spricht die von Ihm empfangenen Worte und strahlt Seine Liebe und Sein Licht hinaus[217]. Christus überschüttet sie mit Liebesworten[218]; er kümmert sich um sie, tröstet sie in schwierigen Lagen und versichert ihr auf jede Weise, wie nahe sie seinem Herzen steht und wie unentbehrlich sie für ihn ist. »Marija, das sei dir ganz besonders gesagt: Lasse strahlen dein Herz auch in den Zeiten der Belastungen, die du ertragen mußt für diese Erde. Je leuchtender du wirst, desto schneller wird es gehen mit der Umwandlung.«[219] Jesus nimmt sie in Schutz gegen Anfeindungen: »Die Liebe, die ich diesem Kind entgegenbringe, kann niemand antasten, denn dieses Herz ist rein.« Was er ihr kundgibt, ist »das reine Wort«, und »die daran rütteln und kritisieren, müssen die Folge selber tragen«. Ihre Kundgaben sind also die höchste Autorität im Lichtzentrum und überragen die Kundgaben aller anderen Wortempfänger. »Du bist Meine Vertreterin, das weißt du.«[220] Folgerichtig bekam auch ihre *Ehe mit G. J. Lehofer eine heilsgeschichtliche Bedeutung:* Christus hat die beiden zusammengeführt, damit sie jetzt am Ende der »Gerichtszeit« nicht eine der üblichen Ehen, sondern eine »himmlische Ehe« schließen und damit den Weg bereiten, auf dem in dem kommenden Friedensreich alle nachfolgen können. Eine solche »geistige Ehe« ist die Wiedervereinigung von zwei Dual-Seelen, d.h. einer männlichen und einer weiblichen Seele, die ursprünglich eine mannweibliche Einheit gebildet hatten und beim Fall getrennt wurden. Sie können aber nur dann vollständig zusammenfinden, wenn sie beide gleichermaßen in Christus ihre »Ergänzung« suchen.

In einer Kundgabe vom 10. November 1970 bekam F. M. Lämmle die Verheißung, daß sie den »Sohn der Morgenröte«, d.h. Luzifer gebären werde, der einst »durch seinen Hochmut als erster fiel« und nun als erster der Verlorenen wieder aufsteigen soll. Diese Kundgabe hatte, wie schon zuvor die Wiederverheiratung, mancherlei Verwirrung unter den Anhängern ausgelöst. Aber spätere Kundgaben stellten klar, daß es sich um eine »geistige Geburt« handeln sollte.

Vom kommenden *Friedensreich* finden sich in den Kundgaben wenig konkrete Be-

[217] a.a.O. 1975, 21

[218] Er gab ihr das »Szepter« seiner Liebe in die Hand, und in diesem »Liebes-Szepter« liegt die Kraft Seiner Liebe verborgen (Lichtbote 1974, 14); er schloß einen »Herzensbund« mit ihr – »Ich habe dich auf den Berg Meiner Liebe gesetzt« – gab ihr als Zeichen seiner Liebe einen goldenen Ring und nennt sich ihr »Seelenbräutigam«. Er »kost« sie und versichert ihr unermüdlich seine Liebe: »Dein Jesus, der dich innig liebt«. Sie antwortet: »Sei gelobt und gepriesen, mein herrlicher Jesus! O du Herrlicher, schenk uns die Gnade der Bereitschaft! Mein Jesus, mein inniggeliebter!« Sein Echo: »Mein Kind, Mein geliebtes Kind, Ich danke dir für deinen Herzenserguß. Oh, daß noch viele Herzen diese Liebe ausstrahlen würden« (Lichtbote 1975, 19).

[219] Lichtbote 1974, 14

[220] Kundgaben vom 14. 10. 1967 und 14. 12. 1969. – Als sie am 20. Dezember 1976 ihren 69. Geburtstag feierte, empfing sie in Kundgaben die Grüße der ganzen Himmelsfamilie. Der Vater: »Freue dich, Mein Kind, o freue dich, denn Meine Liebegnade waltet sehr mächtig über dir.« Der Engelchor: »Jubeln sollst du, Marija, denn die Gnade, die über dir ausgeschüttet ist, ist sehr groß.« Maria, die Mutter Jesu: »Ich darf dir geben den Liebesgruß meiner Liebe und darf dir versichern, daß ich immer bei dir bin.« Nathanael als Sprecher der Urväter und Patriarchen: »Freue dich, du Kind der Ewigen Liebe, die du die Ur-Mutter warst. Freue dich über den Segen, der in dieser Nacht über dich ausgeschüttet wird.« Auch die Erzengel und eine Menge erretteter Seelen, unter ihnen die Mutter und die Schwester von F. M. Lämmle, kamen zu Wort (Lichtbote 1977, 29).

schreibungen. Es wird nur allgemein gesagt, daß alles Ungute und Lasterhafte verschwinden und die Sehnsucht nach dem Neuen Licht groß sein wird. »Dann ist eure Zeit gekommen, und die ist nicht mehr so fern.«[221] Dann wird Christus im Lichtzentrum ein- und ausgehen, seine Kinder werden ihn schauen und mit ihm reden, angezogen von dem Leuchten über dieser Stätte werden die Menschen von weither kommen, und Bethanien wird »zum Paradiesgarten werden auf dieser Erde«[222]. Gelegentlich wird auch von einer »Brautgemeinde« gesprochen: sie wird geleitet von den »Auserwählten« – das sind solche, die den himmlischen Thron verließen und aus Liebe und Mitleid in das »Chaos dieser Erde« gingen – und sie besteht aus den von ihnen Geretteten. Auf der Neuen Erde werden die »Auserwählten« einen Thron nach dem anderen besteigen, um als Mitregenten Christi zu wirken. Die gereinigte Erde aber wird »der leuchtendste Stern werden vom ganzen Universum«[223].
Es steht für F. M. Lämmle unumstößlich fest, daß sie ihre Kundgaben unmittelbar von Christus empfängt. Ihre Anhänger teilen mit ihr diese Gewißheit. Für sie hat deshalb jedes Wort Gewicht. Der Außenstehende liest ihre Schriften freilich mit andern Augen. Ihm fällt zunächst die Häufung von Worten und Bildern auf, die für den neupietistischen Sprachgebrauch typisch sind: »Seelenbräutigam«, »Gnadenheil«, »Blutskraft«, »Liebe« und »Herz« in unzähligen Kombinationen[224]. Das zeigt, daß die Kundgaben im Bereich einer gefühlsbetonten, oft überschwenglichen Frömmigkeit angesiedelt sind. Es muß gefragt werden: Bringt diese Häufung nicht auch eine Entwertung der Worte mit sich, die zu abgegriffenen Münzen werden? Das Kundgabenwerk von F. M. Lämmle hat jetzt bereits einen ungeheuren Umfang erreicht; aber der Menge entspricht nicht auch ein Reichtum des Aussagegehalts. Dazu kommt, daß das Hauptthema der Kundgaben: der Aufruf Christi an seine Kinder, ihn zu lieben, und deren Auftrag angesichts der bevorstehenden Umwandlung der Erde wenig differenziert und konkretisiert wird. Die Kundgaben sind deshalb reichlich monoton und voller Wiederholungen. Auch finden sich in ihnen Vokabeln, die schlechthin unbiblisch sind. So wenn Christus das Wort »Karma« in den Mund gelegt wird, das in der indischen Geisteswelt wurzelt und in seinem Sinngehalt dem biblischen Denken fremd ist. Oder wenn mit Begriffen wie »Strahlen«, »Senden«, »Transformatoren« usw. physikalische Vorstellungen auf das religiöse Gebiet übertragen werden, so als könne der Gläubige Zustände und Vorgänge auf der Erde oder sogar im Universum beeinflussen.

Aber diese kritischen Anmerkungen sollen nicht verdunkeln, daß F. M. Lämmle die Seele des Lichtzentrums ist und daß von ihr ein guter Geist ausgeht. Sie ist schlicht, bescheiden und weichen Gemüts. Den hohen Rang, der ihr von den Himmlischen zuerkannt wird, trägt sie in Demut und sucht, ihm in selbstlosem

221 Lichtbote 1975, 20
222 a. a. O. 1975, 19
223 a. a. O. 1975, 21
224 Eine Auswahl der Wortzusammenstellungen: Liebesglut – Liebesblitz – Liebeskraft – Liebesfeuer – Liebesöl – Liebesenergie – Liebeskreis – Liebegnade – Liebessonne – Liebelicht – Liebesgewalt – Liebesmeer – Liebessehnsucht – Liebeberg – Liebesstrom – Liebesdrang – Liebewort – Liebesfeuerbrand – Liebesplan – Liebeherz – Herzensschrei – Herzensohr – Herzgemeinde – Jubel-Herz – Herzenssonnenstrahl

Dienst gerecht zu werden. Ein Jugendlicher bezeugte stellvertretend für viele, »daß ich hier lernen durfte in dem ersten Jahr, wo ich da war, daß es etwas gibt, was ich vorher nie gekannt habe. Das war neben der Liebe und dem Frieden das, daß man Ihm etwas opfern darf, daß man Ihm einfach eigenes Wollen und eigene Vorstellungen über das Leben und das ganze Verzweifeltsein über die verschiedenen Möglichkeiten des Lebens hinlegen darf, und daß Er einem dann das Herz frisch und jung und fröhlich macht, und daß man Seinen Willen und Seinen Weg erkennt.«[225]

Johannes Widmann

Zu den jüngsten Empfängern des Inneren Worts gehört JOHANNES WIDMANN in Friedberg bei Augsburg. Er wurde dort am 23. Mai 1940 in einer katholischen Familie geboren. Von Natur nach innen gerichtet, schüchtern und sehr sensibel, tat er sich als Kind schwer in dieser Welt. Er hatte Sprachschwierigkeiten, war ein Einzelgänger und hatte bis zu seiner Kommunion fast täglich belastende Träume. Skrupel peinigten ihn; als ihn seine Großmutter zur Kommunion führte, ohne daß er gebeichtet hatte, wurde er zwei Jahre lang von Angst verfolgt, die ihn ins Gebet trieb. Nach der Volksschule trat er in eine Handwerkerlehre ein. In seiner neuen Umwelt fühlte er sich durch äußere Einflüsse noch hilfloser und zweifelte an sich selbst. Er suchte Rat in den Weisheitslehren großer Denker, beschäftigte sich mit Kunst, Psychologie und fernöstlichen Religionen. Er meditierte, machte Yogaübungen, und dabei öffnete sich ihm eine Welt voller Geheimnisse. Als er 19 Jahre alt war, bereitete ihm die herannahende Einberufung zum Militärdienst neue schwere Gewissensnot. Er entschied: Böses kann nur durch Gutes, Haß nur durch Liebe überwunden werden. Er hatte diese Antwort in der Bergpredigt gefunden. So war er zum ersten Mal der Bibel und Jesus begegnet. Und er suchte ihn fortan mit liebendem Herzen.

Nachdem er schon früh *Inspirationen* über religiöse Themen empfangen und aufgeschrieben hatte, bekam er nun die Gewißheit, daß Jesus auch heute noch spricht. Damit begann für ihn ein neuer Lebensabschnitt. Er war 20 Jahre alt. »Wie ein Kind begegnete ich Jesus, wie ein Vater sprach Er zu mir. Alles, was Er in tiefer Versenkung in meinem Herzen sprach, galt meiner *eigenen* Erziehung, meinem Umlernen, meinem neuen Leben in Seinem Geist.« Es war also nicht zur Weitergabe bestimmt. Aber andere, die seine Niederschriften lasen, waren von ihrem Inhalt ergriffen und wollten Abschriften haben. Dieser Kreis wuchs, und Johannes Widman sah sich genötigt, die Kundgaben der Inneren Stimme in Heften und Büchlein herauszugeben. Doch fühlt er sich nicht als Prophet, der für eine öffentliche Tätigkeit bestimmt ist. »Auch ich bin Mensch, schwach und fragend.« Was er durch das Innere Wort empfängt, hält er nur für ein Stückchen aus der endlosen Gotteswelt, und er gibt es »nur auf einen ausdrücklichen Wunsch« an Suchende weiter, damit es ihnen »eine kleine Stütze sein« kann. Während bei anderen Empfängern des Inneren Worts hervorgehoben wird, daß die Neuoffenba-

[225] Lichtbote 1976, 27

rungen hochwichtig sind, weil sie die Menschen über die Absichten Gottes und den Sinn ihres Daseins aufklären und veränderte oder falsch ausgelegte Bibeltexte korrigieren, bezeichnet Johannes Widmann seine Kundgaben – der katholischen Lehre entsprechend – nur als »eine Privatoffenbarung, nur eine individuelle Belehrung; die *Bibel* ist der große Glaubensschatz, der für alle gegeben ist. Sie ist das Buch des Lebens, hier spricht Gott in großer Offenbarung.«[226] Da er berufstätig ist – er lebt unverheiratet bei seiner Mutter und verdient sich seinen Lebensunterhalt als Handwerker – muß er den Empfang der Kundgaben auf das Wochenende beschränken. Er vernimmt sie durch die Innere Stimme, schreibt sie mit oder spricht sie auf Tonband. Bis Ende 1975 zählten die Schriften, die mit Kundgaben gefüllt sind, über 2000 Seiten.

Johannes Widmann kennt Jakob Lorbers Neuoffenbarungswerk und Bertha Duddes Kundgaben; letzteren sagte er weltweite Verbreitung voraus. Seine Kundgaben sprechen, wie die Lorbers, von der »Urzentralsonne«. Der Kosmos ist Gottes »großer Leib«; und die Erde ist »am kleinen Zehen« des Kosmosleibes. Die Schöpfung mit ihren unendlich vielen Reichen ist Gottes »Schöpfungskind« oder seine »Schöpfungsbraut«, mit der er sich vermählen will. Einzelbeschreibungen etwa von der Evolution oder der Entstehung des Menschen, vom Aufbau des Universums, von den jenseitigen Welten und ihren Gesetzen, den apokalyptischen Katastrophen und der Neuen Erde fehlen jedoch. Seine Kundgaben wollen dem Menschen vielmehr von der Liebe Gottes erzählen. Sie sind darum thematisch ärmer als andere Neuoffenbarungen, aber konzentrierter als sie und schlechthin unerschöpflich in ihren Aussagen zum Zentralthema.

Wer ist *Gott?* In den Kundgaben spricht er selbst: »Ich bin der alles Verbindende und Vereinende. Ich bin die Wurzel allen Lebens und auch die Krone allen Seins. In Mir vereinen sich alle Gegensätze: Ich bin die Lösung und Erlösung aller Rätsel. Also ist es einerlei, wer zu Mir kommt: er findet in Mir den Helfer und Freund, den Einen, der ihm alles ist. Es können deshalb alle Wesen zu Mir kommen. Ich werde allen gerecht.«[227] Gott liebt seine Schöpfung. Er gleicht der Sonne, die ihre Liebe verstrahlt; und das Blühen und Gedeihen der Kreatur ist seine Freude. Alle Wesen empfangen seine Liebe – die Steine einen Schimmer, die Pflanzen mehr, die Tiere noch mehr. Und gar die Menschen! »Ich will Mich euch hingeben.«[228] Sie aber haben sich von ihm losgerissen, und nun leidet er und hat Sehnsucht danach, daß sie zu ihm zurückkommen. »Liebt Mich! Da Ich euch liebe, da Ich sehnsüchtig auf euch warte! Liebt Mich, da ihr Mein Herz trösten wollt.«[229]

Gott ringt um die Menschen, aber sie sind in den Banden der Finsternis. *Die Erde ist der große Kampfplatz*. Sie ist ein Konzentrat aus der ganzen Schöpfungswelt. Deshalb können Seelen aus allen Sternenwelten in das Erdenleben eintreten. Zugleich ist sie ein Zwischenreich »genau zwischen dem Himmel und der Finsternis« und darum treten sich auf ihr die »Zentralkräfte des ganzen Schöpfungsraums« gegenüber: die Macht des Lichts und die Macht der Finsternis. In ihr ist das Böse,

[226] Aus einem Brief von Johannes Widmann vom Mai 1975 an den Verfasser
[227] Jesus, Du gibst uns Worte des ewigen Lebens, S. 55
[228] Der Weg zum ewigen Leben, S. 8
[229] Werft all eure Leiden auf Ihn, S. 55

das »Herz Luzifers« eingekapselt. Und auf ihr ist Gott Fleisch geworden, und mit seiner Kreuzigung erlebte sie »das größte ›Schauspiel‹ der Ewigkeit«. Schon sind die Hierarchien der Hölle »im wesentlichen entmachtet«, denn Christus stieg in die Hölle im Erdinneren hinab und nahm Luzifer den Thron. Aber dieser kann mit der Lüge immer noch Seelen betören. So ist den Menschen ebenso das Gottferne wie das Gottinnerste nahe, näher als auf jedem anderen Stern. Darum ist für sie die Erde der Ort »der größten Entscheidung zwischen Licht und Finsternis«. Sie ist die »Schule der Kindschaft Gottes« und der Prüfungsstern; nur auf ihr kann diese Kindschaft erreicht werden[230]. Hier lernen die Seelen die göttliche Liebe am Kreuz kennen. Durch das Kreuz wurde die Erde ein »Stern der Erlösung«, und von ihr aus gab Gott sein Heil »in unendlich viele stoffliche Welten«[231]. Deshalb sind schon höchste Engel und tiefstgefallene Geister über die Erde gegangen, um hier das Heil zu erlangen. »Segnet also diese Erde!« Schmäht sie nicht als eine Vorstufe der Hölle, sondern seht sie als einen Altar im großen Schöpfungsraum, »auf dem Ich selbst alles erhöhe«![232]

Gottes Liebe ist selbstlose, schenkende Liebe. »Ich liebe alle Wesen und Ich fordere nichts von ihnen. Ich *gebe* ihnen.«[233] Und er will, daß auch die Menschen ihn lieben, weil er sie nur dann mit seinen Gnadengaben segnen kann. Wer ihn nicht liebt, verschließt sich gegen diese Gaben. Gottferne ist »der Zustand des Todes, der Zustand schwerster Krankheit«. Leid und Streit, Krankheit und Friedlosigkeit, und alle Nöte und Schmerzen rühren davon her, daß der Mensch sich gegen Gott verstockt hat. Sie sind keine Strafgerichte Gottes, sondern Selbstbestrafungen des Menschen. Gott ist die Sonne des Lebens. Wer sich gegen sie abschirmt, ist in der Finsternis und Gnadenlosigkeit. Wer sich aber öffnet, wird mit seiner Liebe überschüttet. Zwingen kann ihn Gott nicht. »Welten erschaffen ist Mir leicht, aber Herzen zu ändern ist selbst Mir schwer. Denn jedes Herz ist ein freier Geist und mit freiem Willen ausgestattet.«[234] So muß er unermüdlich mit seiner Liebe locken und den Menschen immer neu zeigen, welche Segnungen auf sie warten, wenn sie ihm ihre Herzen öffnen.

Dieses Locken und Werben Gottes um den Menschen bildet das Kernstück der Kundgaben von Johannes Widmann. Besonders die Texte, die in der umfangreichen Serie »*Herr, lehre uns beten*« gesammelt sind, erinnern auf weiten Strecken an die Frömmigkeit der Mystiker. Sie preisen die grenzenlose Liebe Gottes, die darauf wartet, sich dem Menschen schenken zu können. Sie ist »aufdringlich« und läßt sich nicht abschütteln. Gott liebt auch dann, wenn der Mensch ihn nicht liebt; er ist gut, auch dann, wenn er nur Böses ernten muß. Er wird nie ein Wesen hassen. Er kann nicht anders als lieben, und seine höchste Liebe, die »Golgathaliebe«, schlummerte seit Ewigkeiten in seinem Innersten, längst bevor er sich in Jesus »zur Kreatur herabgedemütigt« und das Himmelreich zur Erde gebracht hat. Gott ist voller Freude, wenn der Mensch ihm antwortet und sich von ihm führen und

[230] Der Weg zum ewigen Leben, S. 3 ff.
[231] Golgatha, das Geheimnis unserer Erlösung, S. 10
[232] Jesus, Du gibst uns Worte des ewigen Lebens, S. 29
[233] Tut Buße, denn das Himmelreich ist nahe, S. 11
[234] Golgatha, das Geheimnis unserer Erlösung, S. 10

erfüllen läßt: »Wenn ein Kind Mir auch nur ganz wenig Gutes tut im heiligen Vertrauen auf Meine Hilfe, wenn es Mir gibt seinen schwachen Dienst im bescheidenen Herzen, so sage Ich diesem Kind: Du hast Mir mehr getan, als hättest du Mir eine Sonne erschaffen, als hättest du eine Ewigkeit Mir gedient. Du hast Mir aus schwacher Kraft gedient. In Meiner ewigen Kraft werde Ich dir in der Ewigkeit dienen.«[235]

Gott dienen heißt: ihn überall lieben. Gott ist in allen Wesen. Er ist auch im Feind und will im Feind geliebt sein. Er ist in manchen Wesen eingekerkert, gebunden und gemartert und will Erbarmung und Mitgefühl empfangen. Auch der Böse, Lieblose, Hassende trägt Gott als »keimhaftes Wesen« in sich, nur hat er diesen göttlichen Samen noch nicht zur Entfaltung gebracht. Darum soll auch er nicht gerichtet, sondern geliebt werden, damit sein innerstes Leben in ihm erwache. Gott ist in den Kranken, Armen, Notleidenden. Wer ihn liebt, der neigt sich zu ihnen. »O mein lieber Vater, ich bin für Dein Reich da, für Deine große Kinderschar, daß ich Dir helfe und nicht an mich denke, sondern an die Not Deiner Kinder, die da sind die Blutstropfen Deines Herzens. Wenn ich eines Deiner Kinder umfange mit Liebe, so umfange ich Dich, das göttliche Herz in jeder Menschenbrust, und ich liebe Dich in jedem Kind.«[236] Die Entscheidung über des Menschen Schicksal hängt daran, was er sich wünscht und was er liebt. Wer das Irdische liebt, verstrickt sich darin, wird ein Knecht seiner Selbstsucht, sucht alle anderen Menschen für sich auszunützen, gesellt sich zu bösen Geistern und wird vom Bösen verseucht. Wer aber Gott liebt, der wird von ihm verwandelt. Je inniger er ihn liebt, desto mehr fällt die »Welt« von ihm ab. Er überläßt sich ganz Gottes Führung. Gott wirkt in ihm, bestimmt ihn in allem, ist die Kraft in ihm, die alles schafft. So viel Gott im Menschen wohnen darf, so viel wird der Mensch, was Gott ist. »Die Innewohnung Meiner Gottheit im Menschen ist das größte Mysterium auf Erden und der Menschen größte Macht.« Die Menschen sind dann Teile und Glieder Gottes, und die Engel werden ihnen gehorchen[237].

Und die Bösen? Es ist charakteristisch für die Kundgaben, daß sie sich nicht in harten Anklagen und entrüsteten Schilderungen menschlicher Verworfenheit und nicht in zornigen Drohungen ergehen – die erhobene Faust fehlt. »Ich will der Menschen Besserung, nicht ihre Strafe.«[238] »Ich bin auch für euch da, um euch zu erlösen in eurer tiefsten Schwachheit, Verlassenheit und Verkehrtheit.«[239] Dieser Grundsatz wird auch in der *Endzeit* nicht außer Kraft gesetzt, wenn Luzifer »in den großen Zweikampf gestellt« wird. Die »Reinigungszeit« hat schon begonnen. Aber von einer großen Drangsal ist ebenso wenig die Rede wie bei Lorber. Der Grund: Gott will auch die Finsternis nicht mit Gewalt zwingen oder gar vernichten, sondern »nur durch die Liebe überwinden und durch die Erbarmung erlösen«[240]. Die Gerichte wollen erziehen und nicht vergelten. Sie sind nötig; denn

235 Herr, lehre uns beten, III, S. 169f.
236 a.a.O. V, S. 76f.
237 Jesus gibt uns wahre Heilung für Leib und Seele, S. 61f.
238 Kundgabe vom 16. 9. 1973
239 Herr, lehre uns beten, III, S. 172
240 Tut Buße, denn das Himmelreich ist nahe, S. 39

hätten die Menschen freien Lauf, dann sänken sie weit unter alle Tiere. Die Gerichte bestehen darin, daß Gott den Menschen Schranken setzt, sie ihren Nöten überläßt, ihnen unüberwindbare Grenzen zieht und ihre Hartherzigkeit mit großen Leiden beantwortet – bis sie sich ihm beugen. Haben sie ihr Ziel erreicht, verschwinden diese Leiden sofort. Den Kindern Gottes aber kommt in der Endzeit eine besonders große Aufgabe zu: In ihnen kann Gott den Menschen begegnen, und diese können ihm begegnen. Er braucht viele solche Vermittler. »Stellt euch vor, welch heiliger Auftrag! Ich brauche euch, um den Menschen begegnen zu können!«[241] Mit ihrem Opferwillen kann Gott die Finsternis endgültig besiegen.

Der Teil der Menschenwelt, der der Hölle anhängt, wird also durch das Opfer der Kinder Gottes freigekauft werden. Und die *Hölle* selbst? Sie gleicht einer Grube voller wilder Tiere, die sich gegenseitig auffressen. Das heißt, die Finsternis ist sich selbst der größte Richter; ihre Wesen werden sich zerfleischen, bis sie nichts mehr haben, und dann »werden sie sich Mir gänzlich beugen«[242].

Im übrigen gibt es keinen Teufel im Sinn eines »Widergotts«, sondern nur »eine Idee, die sich stellt wider Meine Liebeordnung«. Der erste Träger dieser »Idee« wird in den Kundgaben bald als »Luzifer«, bald als »*Satana*« (weiblich) bezeichnet. Diese war für sehr lange Zeit unbelehrbar. Aber sie wurde »zwischenzeitlich sehr geschult«, und als Gott in Jesus Christus die Erde betrat, hat er sie »in ihrer Gottverlassenheit und ihrem Elend wieder aufgesucht«, und »da hatte sie eine Schule genossen, die für alle Ewigkeiten entscheidend war«. Sie wurde durch den Anschauungsunterricht, den sie bekam, insoweit bekehrt, daß ein Großteil der alten Hölle frei wurde und zum Licht auffahren konnte (Golgatha, das Geheimnis unserer Erlösung, S. 20f.). Denn die Höllengeister hatten sich an Christus gehängt und gegen ihn gekämpft und ihn gequält und mußten erleben, daß er sie nicht zurückstieß, sondern alle ihre Bosheiten in sich aufnahm, und da wurden sie erstmalig wieder sehend, und der Gewissenswurm erwachte in ihnen. So erschöpfte sich die Hölle im Kampf gegen ihn, und die Höllengeister wurden wirklich ganz arm und leer und viele ergaben sich, nachdem »sie sich müde gerungen hatten an Meiner Liebe, die unbesiegbar ist«. Selbst Satana warf sich vor ihm nieder: »Du bist nicht zu besiegen!« (a. a. O. S. 42ff.) So wird auch sie einmal zu Gott zurückkehren, von seiner Liebe überwunden.

Gott und die Finsternis sind wie Feuer und Eis: Kommt das Feuer über das Eis, dann wird es entweder in freiwilliger Bekehrung schmelzen, oder es »zerbirst und zerfällt in unendlich viele Atome«[243]. Sie fallen für einen Äon in tiefste Gottverlassenheit. Aber dann bekommen sie eine neue Möglichkeit. Denn »alle Gerichte sind zeitlich; Meine Barmherzigkeit aber ist ewig«[244]. Auch die Welt der Tiere und Pflanzen will »erhoben werden, denn das sind eure jüngeren Geschwister«. Bis alles erlöst ist, werden noch »unendlich lange Zeitepochen vergehen«. Die Kinder des neuen Himmels aber werden über die befreiten Sonnengebiete gesetzt werden. Dort werden alle Wesen Gott lieben; sie tragen ihn samt seiner Lichtfülle in ihren Herzen und wohnen in ihm und schmelzen zusammen »zu einem einzigen

241 Golgatha, das Wunder göttlicher Liebe, S. 27
242 Tut Buße, denn das Himmelreich ist nahe, S. 47
243 Jesus, all mein Leben bist Du! S. 39
244 Kundgabe vom 16. 9. 1973

großen Leib«. Er ist ihr Haupt und ihr Blut und das, »was euch allein nur noch ausfüllt, und wir sind eins, eine Gottheit«[245].

Damit haben wir das Hauptstück von Johann Widmanns Kundgaben kennengelernt. Andere Themen, mit denen sie sich befassen, sollen nur noch gestreift werden. Da ist die *Welt der Engel*: An ihrer Spitze stehen die sieben Erzengel. Sie gebieten in Gottes Auftrag über große Engelhierarchien. Die Engel sind Gottes Boten und Handlanger. Sie gestalten und ordnen die Welt der Pflanzen und Tiere, die als »gefallene Schöpfung« in ein höheres Dasein zurückgeführt werden sollen. Sie sind die »Herzensgärtner« der Menschen, begleiten sie und suchen sie für Gottes Liebe zu öffnen. Sie sind Gottes Werkzeuge, und ihm zu dienen ist ihre größte Seligkeit. Durch ihr Dienen werden sie »schneller und höher in die Freiheit der Kindschaft Gottes geführt«. Haben sie diese Vorschule hinter sich gebracht, dann werden sie »geprüft als Mensch« und werden aus Handlangern Gottes zu »Prinzen oder Prinzessinnen«: seine Erben[246].
Ausführliches findet sich in den Kundgaben über die *Natur*: Sie ist durchströmt von Gottes Schöpferkraft. Darum geht auch Heilswirkung von ihr aus. So findet z. B. in jedem Baum »ein Stück Erlösung« statt. Er empfängt in der Krone die Lichtkraft Gottes, und sie holt durch die Wurzeln das in der Erde gebundene Lebenswasser und trägt die Säfte hinauf zu den Blättern und aus ihnen »strahlt nun das freigewordene Geistige, als Sauerstoff, als Od und als Lebenskraft«. »Glaubt Mir, ein Baum erlöst mehr an erdgebundenen Geistern, als ihr heute ahnt.« Oder das Tier: Wenn es Pflanzen frißt und verdaut, wird das Pflanzliche zu Fleisch und wird damit auf die Tierebene erhöht. »So ist das Tier gleich einem Umwandler des Geringeren in Höheres.« Oder der Mensch: Wenn jene, die Gottes Geist in sich tragen, eine Pflanze essen, vergeistigen sie die Pflanzenseele in Menschliches, erheben sie also unendlich; wenn sie tierische Produkte essen, werden sie »die tierischen Produkte alle zu menschlichen erheben«. Wenn aber böse Menschen Tierisches verzehren, erniedrigen sie es »durch ihre Selbstsucht oft in Höllisches«. Darum: »Esset, um zu erlösen! Wenn ihr eßt, erlöst in Meinem Geist!« Wenn die Menschen aber Gottes Geist nicht als ihre »erste Speise« hinzunehmen, dann haben sie nur Pflanzliches und Tierisches im Magen; davon allein aber lebt der Körper nicht, und sie werden »eines traurigen Todes sterben«[247]. Jeder Apfel hat eine Aura; es ist die »Strahlkraft«, die der Baum aus dem Kosmos angezogen hat – er ist ein »Sauger göttlicher Kräfte«. »Wenn ihr eßt, dann eßt die Gnaden, die ein Baum empfangen hat und sie dem Apfel weitergab.«[248] Aber wie im Apfel, so wohnt in

[245] Tut Buße, denn das Himmelreich ist nahe, S. 42

[246] a. a. O. S. 23 ff.

[247] Jesus gibt wahre Heilung für Leib und Seele, S. 14 ff. – Bei Bertha Dudde (Kundgabe vom 13. 10. 1949) wird dies noch durch einen weiteren Gesichtspunkt ergänzt: Jesus verbietet die Tötung eines Tieres aus Mutwillen und mit Grausamkeit, denn »sie bricht ein Entwicklungsstadium vorzeitig ab«. Aber er erlaubt die schmerzlose Schlachtung, die von Gefühlen der Liebe begleitet ist. Das »Geistige« im Schlachttier spürt diese Liebe und ist »bereit, sein Leben zu opfern zum Wohl des Menschen«. Denn es erfüllt mit diesem Dienst am Menschen »seine Erdenaufgabe und gewinnt einen höheren Reifegrad, der ihm die Verkörperung als Mensch sichert oder auch eine höhere Entwicklungsstufe in einem anderen Lebewesen«.

[248] Werft alle eure Leiden auf Ihn, S. 40

allen Speisen ein Stück des Heiligen Geistes; denn Gott ist in allem das förderliche Leben. Wenn ihr ihn bei allem eßt und trinkt, dann »eßt und trinkt ihr euch ›Heil‹ an«, und ihr könnt Gift essen und es wird euch »nichts tun«[249].

Der Menschen Verschlossenheit gegen Gott ist die tiefste Ursache der heutigen *Umweltkrise*. Aber die Disharmonie, die dadurch entstand, wird ihnen selbst zum Gericht werden. Sie haben die Atomkraft mißbraucht und die Luft verseucht und sperren mit den Wolken ihrer bösen Gedanken die Bäume ab von dem Lichtstrom von oben. Auch die Tiere empfinden die Schwingung von Haß und leiden darunter und werden verängstigt. Der Kunstdünger ist »genau das Gegenteil von Meinem Geist«; denn er schafft neue Magnetfelder in den Pflanzen und vergiftet sie, und sie holen abermals Giftiges aus dem Boden. »Würdet ihr Meinen Geist über die Pflanzen geben, so bräuchtet ihr keinen Kunstdünger und könntet überreiche Frucht ernten.«[250] Des Menschen Gottesferne ist auch die Ursache seiner eigenen Krankheiten. Darum wird wahre Heilung nicht durch Medikamente erlangt, sondern dadurch, daß der Mensch Gott in seinem Leib wohnen läßt. »Wenn Ich in ein krankes Glied fließe, dann wird keine Krankheit mehr bleiben.«[251]

Dieser lückenhafte Überblick möge genügen. Es findet sich viel Tiefsinniges in den Kundgaben von Johannes Widmann, gewiß auch Fragwürdiges und manches Absonderliche. Aber in ihrer Hauptsache, der Beschreibung der Liebe Gottes, seiner Sehnsucht nach der Heimkehr der Gefallenen, seiner grenzenlosen Barmherzigkeit und seines innigen Verhältnisses zu seinen Kindern, besitzen die Kundgaben eine einzigartige Strahlkraft voller Zartheit, Feinsinnigkeit und herzbewegender Inbrust. Es ist kein Wunder, daß viele von ihnen ergriffen und getröstet werden.

Der Lichtkreis Christi

Die Anfänge des Lichtkreises Christi und die Lebensdaten seines Gründers Harald Stössel konnten nicht ermittelt werden[252]. Er war eine Weile im Lorber-Verlag in Bietigheim tätig, machte sich dann aber selbständig und hielt Vorträge. Noch 1968 lud er im Namen eines »Freundeskreises der großen Seher Jakob Böhme, Emanuel Swedenborg und Jakob Lorber« zu Vortragsabenden ein; ein Jahr später war dann der *Lichtkreis Christi* da (Sitz zunächst in Alzing, Post Siegsdorf, dann in Übersee am Chiemsee). Zugleich legte Stössel einen *Mythus* vor, der mit dem Urfall Luzifers beginnt, die ganze Menschheitsgeschichte umgreift und in der Gründung des Lichtkreises Christi gipfelt. Hier die Grundzüge:

[249] Jesus, Du gibst uns Worte des ewigen Lebens, S. 7ff.; Jesus gibt wahre Heilung für Leib und Seele, S. 19
[250] Jesus gibt wahre Heilung für Leib und Seele, S. 18
[251] a. a. O. S. 10
[252] Der Lichtkreis Christi wurde für dieses Buch um Auskunft gebeten, wie die anderen hier dargestellten Glaubensgemeinschaften auch. H. Stössel war der einzige, der seine Antwort von einer Vorzensur abhängig machte und sie damit praktisch verweigerte. Auch die Befragung seiner Bekannten bzw. früherer Anhänger war ergebnislos.

Damit nach dem Fall Luzifers die mit ihm gefallenen Geistwesen nicht in unendliche Tiefen stürzen, schuf Gott die Materie. In langen Zeiträumen wurde aus der Sünde der menschliche Leib gebildet: »Von den Haarspitzen bis zu den Zehenspitzen seid ihr gefallener Geist, materialisierte Sünde. Das habt ihr euch selbst eingebrockt.«[253] Gott machte die Erde zum »Erlösungsstern« und damit zum »Zentral-Mittelpunkt« seines Geistes und des Universums. Hier soll der Mensch »durch ein Prüfungsleben in der selbstgewählten Zwangsjacke der vergänglichen Materie erkennen, was er als einstiger Geist im ewigen Leben leichtfertig von sich warf«. Er muß immer neu ins Erdenleben eintreten, bis er Schuld um Schuld abgetragen hat. Die Rückkehr in das Reich Gottes ist ihm möglich, weil er auch nach dem Fall immer noch den »ewigen Funken« in sich trägt, der von göttlicher Art ist. Er schleppt eine doppelte Schuld mit sich: die »Ur-Schuld« des Abfalls und die während seiner Erdenleben angehäufte Schuld. Von der Ur-Schuld wurde er durch Christus erlöst. Aber die angehäufte Schuld führt ihn nach dem Tod in das Reich des »Gegenpols« (Satans), »aus dem euch dann meine Gnade wieder ein neues Prüfungsleben auf dieser Erlösungserde schenken muß«.
Gott ließ sich im Gewand des Menschensohns Jesus Christus ans Kreuz schlagen, um den Menschen zu zeigen, wie man zu lieben und zu vergeben hat. Fast 2000 Jahre wartete er, ob sie seine reine »Jesus-Liebeslehre« befolgen und ein »Paradies des Friedens in der ewigen Liebe« auf Erden errichten. Immer wieder sandte er Propheten zu ihnen. Aber die Kirchen hörten nicht auf sein »heiliges direktes Wort«, sondern verbannten es genauso aus ihren Gotteshäusern, wie es einst aus dem Tempel in Jerusalem verbannt worden war. Darum wird mit den Kirchen jetzt das gleiche geschehen wie einst mit dem Tempel. Das Ergebnis aller Bemühungen Gottes ist gleich Null. Schlimmer noch: »Es gibt keine Skala, auf der der jetzige Tiefstand der Menschheit zu markieren wäre!«[254] Wie einst, mehr als 100 Jahre vor der Sintflut, die damaligen Machthaber durch Noah gewarnt worden waren, »so spreche Ich nun bereits wieder mehr als 100 Jahre warnend, beratend und belehrend durch Meine Boten und Propheten zu dieser noch mehr als damals versumpften Menschheit«. Aber es hat nichts genützt. Sie ist abgeirrt »in die Sümpfe höllischster Unzucht und verrohtester Vernichtungskriege«, und die Erde droht nun im Strudel des Untergangs zu versinken.
In dieser »letzten Sekunde der Welten- und Schicksalsuhr dieser Menschheit« hat Gott eingegriffen. Er hat in seiner »unendlichen Barmliebe« seinen *»heiligen Herzenslichtkreis der ewigen Liebe« als Lichtkreis Christi* auf die Erde herabgesenkt, damit er der Welt den Frieden der Liebe bringe. Und er hat »auf einem bisher verborgenen Wege« zwei ihm besonders nahestehende Kinder seiner Urschöpfung für die größte Erdenmission ausgewählt und zur alleinigen Führung des Lichtkreises Christi berufen[255]. Die beiden sind eine Schwester Ruth, in der sich Christi »Leibesmutter Maria« inkarniert hat, und die seither »Maria-Ruth« genannt wird, und Harald Stössel, in dem Petrus wieder auf die Erde gekommen ist. Beide kommen aus den höchsten Höhen. Beide wurden »einer Glutofen-Schulung und

[253] Protokoll des Lichtkreistreffens vom 5. bis 7. Januar 1975 in Ising am Chiemsee
[254] Gott spricht in Seinem Heiligen Wort, Beilage zu: Neue Weltschau vom 27. 3. 1975
[255] Weihnachtsbotschaft 1970 und Osterbotschaft 1971

Härte-Prüfung unbedingter Gehorsams-Erfüllung« unterzogen, die der Leidensprüfung Christi gleichkam. Beide waren und sind »der Gehorsam alles Gehorsams in allem und die Liebe aller Liebe«, und sie haben den »Gegenpol zu den unwahrscheinlichsten Prüfungen« herausgefordert. Beide sind Spitzenpersönlichkeiten der himmlischen Hierarchie und folgen in der Rangordnung gleich hinter Christus. Maria-Ruth[256] ist Gottes »Herzens-Urgrundpol« und damit das Innerste in seinem »Herzens-Liebeshimmel«. In diesem Pol »brodelt es in der allerreinsten Glutliebe, die für euch unbeschreiblich und daher unfaßbar ist«, und da bewahrheitet sich das abgewandelte Dichterwort, daß »Meine Menschenkinder aus dem ewig Weiblichen aus Mir als dem größten , mächtigsten, aber auch gleichzeitig reinsten und heiligsten Magneten angezogen werden«. Alle Menschen und alle Wesenheiten im Himmel wie im Reich der Finsternis sind ihre Kinder. Und vor allem, in Maria-Ruth ist *Christus* wiedergekommen. Er wohnt in ihr, spricht aus ihr, handelt aus ihr. Darum feiern die Lichtkreis-Mitglieder Ruths Geburtstag Anfang Juni als »den heiligen Wiederkunftstag ihres Gottes und Herrn auf Erden in Seiner Leibesmutter Maria«. In der »Leibesmutter« steht nun also das leibhaftige Heil vor den Menschen, und sie kann von sich sagen: »Wer mich sieht, der sieht den Vater, und keiner kommt zum Vater, denn durch Mich.«[257] Sie wurde sonach mit Würden und Vollmachten ausgestattet, von denen die biblische Maria nie auch nur geträumt hätte.

Ihr Partner, Harald Stössel, ist als der *inkarnierte Petrus* »die sichtbare Personifizierung der Glaubensliebe« zu Christus, und er ist der »Fels«, dem Christus die Schlüssel zu seinem Reich übergeben hat. In ihm hat sich Gottes »Schöpfungskraft« verkörpert. Einige Jahre nach dieser Inkarnation eröffnete Stössel seinen Anhängern, daß der Fels Petrus zugleich identisch sei mit Josef – »was ein Schöpfungsgeheimnis ist«[258]. Durch ihn spricht Christus genau so wie durch Frau Ruth, und als der inkarnierte Josef ist er eigentlich ihr Ehegemahl von einstens und Jesu Ziehvater. Er ist der offizielle Leiter des »Lichtkreises Christi e. V.« und der eigentliche Verkündiger der neuen Offenbarungen, der göttlichen Richtlinien und Anweisungen, die den Weg des Lichtkreises Christi bestimmen.

Stössel veröffentlichte 1970 eine »erste Endzeitausgabe« der unregelmäßig erscheinenden Publikation *»Die Stimme des Herrn«*, in der die Kundgaben Christi bekanntgegeben werden. Darin teilte er mit, der Herr habe *durch Maria-Ruth »den Tag X offenbart,* an dem das Gericht des Herrn seinen Anfang nehmen wird« (169). Bis zu diesem Tag sei noch jedem Willigen die letzte Möglichkeit zur Buße gegeben. In einer Versammlung am 30. Januar 1970 im Deutschen Museum in München wurde dann von Christus »Tag und Stunde des Beginnes der großen Not- und Sturmzeiten auf dieser Erde« bekannt gegeben: »Einige Tage« vor Ostern

256 Ihr bürgerlicher Name wird den Lichtkreismitgliedern nicht genannt. Eine Anhängerin schilderte sie als »eine besonders stattliche Gestalt, groß, dunkel, königlicher Gang, heilige Augen« (Botschaft des Kommenden, hrsg. von Johannes Bolte, Heidelsheim, Nr. 66, September/Oktober 1972). Wer ihr schreiben will, muß zwei Briefumschläge benützen: einen äußeren mit der üblichen Anschrift des Lichtkreises Christi, und einen inneren, der den Brief enthält und an »die Mutter des Herrn im Lichtkreis Christi« zu adressieren ist.

257 Die Stimme des Herrn 1974, S. 76f., 88 und 48f.

258 Protokoll von der Tagung in Ising 1975, S. 9

1970 ist die Gnadenzeit vorüber. Die ganze Finsternis hat Macht über die Erde, und Schreckliches wird geschehen; viele werden den Verstand verlieren. »Eines sage Ich euch in aller Eindringlichkeit: In dieser Nacht der Finsternis gehet nicht an die Fenster, noch an die Tür und seid nicht neugierig, denn das, was sich draußen abspielen wird, könntet ihr nicht ertragen!« (256f.) Den Gläubigen riet Christus durch Ruth, sie sollen, soweit sie Geld haben, Lebensmittel aller Art kaufen. »Und suchet euch Verstecke aus, damit ihr in der Not dahin langen könnet, um euren Hunger zu stillen und auch andere zu sättigen« (259). Christus gab kund, daß er »fürs erste ein Drittel (der Menschheit) hinwegnehmen« werde, und dann sollen Propheten mit großer Kraft sein Werk verkündigen, und alle, die in der Not zu ihm schreien, sollen noch errettet werden. Am Karsamstag 28. März 1970 um 14.30 Uhr hielt der Lichtkreis im Deutschen Museum seine letzte Feierstunde »vor Beginn der großen Not« (190).

Aber die große Not kam nicht. Das Leben ging weiter. Die Prophezeiung war mißraten. Der ersten »Endzeitausgabe« folgte keine zweite. Stössel wartete bis zum Spätherbst 1970, dann brachte er eine *»Weihnachtsbotschaft an die Welt«* heraus, die sich an alle Regierungsoberhäupter und alle Völker der Erde wandte. Sie brandmarkte die trostlose Verkommenheit der Menschen im politischen und moralischen Bereich und richtete »den letzten Warnruf zur Umkehr in Meiner ernsthaftesten Sprache« an sie. Es wurde ihnen eröffnet, daß nun der Lichtkreis Christi auf die Erde herabgesenkt sei, daß er berufen sei, der Welt den Frieden zu bringen, und daß er »die absolute Wahrheit und Reinheit Meiner vollkommenen Lehre für die Menschheit« verkündige. Darum sollen die Regierungsoberhäupter sich von ihm die Ratschläge geben lassen, »die sie benötigen, um zu wenden diese Welt der Widerordnung zur Welt der Einordnung in Meine ewige Liebe«. Diese Weihnachtsbotschaft verhallte, ein paar »behutsam dankende« Empfangsbestätigungen waren das einzige Echo.

Nicht besser erging es der an die gleichen Adressen gerichteten *»Osterbotschaft 1971«*. Hier versicherte Gott der Herr »allen Kaisern, Königen, Präsidenten, Machthabern und deren Führungsschichten«, daß Er noch da ist und »nicht irgendwo als Geistgespenst über den Wolken thront«. Er gedenkt auch nicht tatenlos dem höllischen Leben seiner derzeitigen Erdenkinder zuzusehen, sondern: »Ich Gott der Herr greife ein! Ich werde erhalten Meine Schöpfung und niemand kann Mir widerstehen!« Aber er greift nicht mit Gewalt und Katastrophen ein, sondern »mit der Macht der Liebe«. In alle Menschenherzen, die sich für ihren Empfang reinigen, wird sie einfließen, so daß dann »die Gedanken der Menschenkinder rein und vollkommen emporsprudeln können«. Wer sich aber verschließt, dem werden alle Gnadengaben entzogen – aus Liebe, damit er nicht sich selbst und viele »in den Strudel der Selbstvernichtung stürzt«. Zum Schluß wurde allen Machthabern der Erde bekannt gegeben, daß Schwester Ruth und Harald Stössel von Christus berufen wurden, sein Erlösungswerk von Golgatha fortzusetzen und zu vollenden. »Durch sie gebe ich Meine Stimme und Meinen heiligen Willen auf dieser Erde kund!«

Stössel richtete fortan keine weiteren Manifeste mehr an die Regierungsoberhäupter. Er baute seinen Lichtkreis aus. Er entdeckte unter den Mitgliedern *weitere Inkarnationen biblischer Gestalten* und erhob sie in ihren neuen Rang: Da war

Michael, der etwa 21jährige Sohn der Schwester Ruth; er wurde zum reinkarnierten *Moses* erklärt. Dieser holte gleich seinen reinkarnierten Bruder *Aaron* aus der Versammlung[259]. Dann knieten beide vor der Mutter Maria, und Gott der Herr sprach zu ihnen: »Wie ihr einstens geführt hattet Mein Volk Israel, so werdet ihr es wiederum führen in der heutigen Zeit«, und gab ihnen seinen heiligen Segen, der ihnen die Kraft schenken soll, »alles, aber auch alles an euch zu überwinden, was der Welt der Materie angehört, auch das Allerkleinste, auf daß ihr werdet wahrhafte Fürsten des Himmels«[260].

Weiter inkarnierten sich in Lichtkreis-Mitgliedern: Noah – er soll »eine geistige Arche für so viele auf der nördlichen Halbkugel« bauen; Marias Mutter Anna; Salome, die einst bei Jesu Geburt Hebammendienste geleistet hatte; eine »Engelsseele«, die im Himmel und auf Erden die »erste Dienerin« der Leibesmutter Maria ist; eine Frau die aus Gottes höchsten Liebeshimmeln auf diese Erde kam, um das Amt der Krankenheilung wahrzunehmen; und Nikodemus, der die Protokolle der Lichtkreisversammlungen schreibt. Die Inkarnationen scheinen zu einem Routineereignis im Lichtkreis geworden zu sein. Dabei handelt es sich durchweg um »hohe und höchste Fürsten« des Himmels, die der Herr »zur Rettung dieser zutiefst in alle Sünden gefallenen Menschheit in das Menschenkleid berufen« und im Lichtkreis, seiner »heiligen Zentrale«, zusammengezogen hat[261]. Sie bilden nun als die »himmlische Elite« den inneren Kern des Lichtkreises. Auch durch sie spricht Christus.

Die übrigen Mitglieder sollen das *Volk Gottes in dieser Erdenzeit* werden und sind von Gott ausgewählt für den »Gnadenaufstieg« zu ihm, d.h. sie haben es leicht, »schnell Stufe um Stufe auf der heiligen Aufstiegsleiter zu Meinem Reiche und schließlich direkt bis an Mein Vaterherz zu erklimmen«, spricht Gott in einer Kundgabe[262]. Zugleich sind sie dazu berufen, bei der Neugestaltung der Erde Funktionen zu übernehmen. Die Mitgliedschaft im Lichtkreis Christi bildet also für sie eine einmalige Möglichkeit, das höchste Ziel ihres Daseins zu erreichen. Sie haben die Möglichkeit, Gottes Gnade »sozusagen am Schopfe zu packen«. Aber sie müssen, ehe sie in Gottes Reich eingelassen werden, *»Prüfungen im unbedingten Gehorsam«* bestehen, denn der Herr kann ihnen nicht »blindlings vertrauen«, sondern sie erst in den Himmel aufnehmen, wenn sie bewiesen haben, daß es ihnen mit ihrem Streben nach Vollkommenheit ernst ist. Von diesen Prüfungen ist in der »Stimme des Herrn« vom 6. Januar 1974 ausgiebig die Rede. Es gibt fünf Stufen von Prüfungen durch Christus: die einfache, die schwere, die besonders schwere, die härteste und schließlich die, bei der man alles erträgt, was Christus

[259] In einer Feierstunde an Ruths Geburtstag sprach Christus durch »Petrus«: »Mein geliebter Moses, trete vor, auf daß dein wahres, großes Werk in dieser Zeit beginnen kann; doch hole zuvor den aus der Reihe deiner Lichtkreis-Brüder, der auch damals dein Bruder war, deinen einstigen leiblichen Bruder Aaron, und du weißt, wer dieser ist!« Und es lief nun wie am Schnürchen: »An der Seite seiner Leibesmutter Maria erhob sich der einstige große Prophet Moses im neuen, jungen Menschengewande, schritt durch den Festsaal und holte den Bruder nach vorne, der da sein einstiger Bruder Aaron war, wissend durch den Geist des Herrn in ihm, wer es ist!«

[260] Die Stimme des Herrn 1974, S. 58f.

[261] a.a.O. S. 54 und 61

[262] a.a.O. S. 19

zuläßt, ohne in der Liebe zu ihm zu schwanken. Der Stufe der bestandenen Prüfung entspricht auch die Höhe der Belohnung: die einfache, die besondere und die außergewöhnliche Gnade, die Kindschaft der »Jesus-Maria-Liebe« und die Wiedergeburt im Heiligen Geist. Schon daß Christus jemanden prüft, beweist diesem, daß Er sein heiliges Auge auf ihn gerichtet, ihn aus dem allgemeinen Menschenschwarm herausgehoben und ihm eine besondere Aufgabe in der Schöpfung zugedacht hat. Darum sollten die Lichtkreis-Mitglieder »laut aufjubeln«, daß sie Prüflinge geworden sind.

Wichtiger Bestandteil der Prüfung ist die Beichte. Vor wem? Darüber scheint sich der wiedergekommene »Christus« nicht gleich klar gewesen zu sein. Erst ernannte er beide, die »Leibesmutter« und den »Petrus«, zu den bevollmächtigten Beichtigern und forderte die Gläubigen auf, »zu bekennen eure Schuld und alle eure Vergehen und euch reumütigst zu werfen vor diese beiden Höchsten«[263]. Später verteilte er die Rollen: Stössel führt die Examenskandidaten der Frau Ruth vor und sie prüft[264]. Dabei verordnet der Herr durch die »Leibesmutter« »in genauester Seelen-Sezierung die erforderlichen himmlischen Gnaden-Rezepte mit den Richtlinien«, die zur erfolgreichen Absolvierung der Grundstufe befähigen. Er sagt: »diese wahrhaft heilige Seelenarbeit Meiner Leibesmutter an Meinen Lichtkreis-Kindern ist die allerwichtigste für die neue Zeit auf Erden«, weil sich auf diese Weise der »feste Kern« für die Menschheit der zukünftigen Erde herausbildet[265]. Denn durch sie tut der Herr seinen »allein heiligen und vollkommenen Willen zum Heile der ganzen Menschheit« kund und »offenbart alle Wahrheit, auch die höchsten Wahrheiten«[266]. Wer den Weisungen der Leibesmutter nicht gehorcht, zu dem müßte sie sagen: »Mein Kind, du hast dein Probeleben auf Erden nicht bestanden; zurück mußt du wieder auf die Erde, um wieder von vorn noch einmal neu zu beginnen.« Sie ist also die »Heilige Pforte« zum Himmel; der Weg in ihn führt nur über sie[267].

Wer die Gehorsamsprüfung besteht und die »alte Welt« ablegt, der hat die »wahre

[263] Die Stimme des Herrn, Pfingstausgabe 1972, S. 149

[264] So in: Die Stimme des Herrn 1974, S. 16

[265] a.a.O. S. 30

[266] Osterbotschaft 1973, S. 8

[267] »Die Stimme des Herrn« 1974, S. 66f. – Hier (S. 72f.) findet sich auch das Modell einer Beichte vor Ruth. Sie beginnt mit einem Bußgebet: »O Gott, unser himmlischer Vater Jesus, so knie ich mich in diesem sündigen Leibe nieder vor Dir in Deinem Herzens-Urgrundpol Maria, meiner wahren Mutter, der Mutter aller Mütter, Dich bittend in der tiefsten Demut meines Herzens: Vergib, vergib mir meine große Schuld, der ich nur ein allergrößter Sünder bin vor Deinem heiligen Antlitz, und lösche sie aus in Deiner Gnade und Liebe; denn auf ewig will ich nur noch Dein gehorsames Kind sein und mich immer beugen Deinem allein heiligen Willen, damit ich aufsteigen darf in Deine Himmel! Allertiefste Reue erfüllt mein Herz, daß ich je gesündigt und Dich mit jeder Sünde erneut ans Kreuz Golgatha geschlagen habe in meiner großen Blindheit! Vater in Deiner Leibesmutter, meiner Erlösungsmutter, schenke mir die Kraft und Deinen heiligen Segen, damit ich alles überwinde, was der Welt des Gegenpols angehört und niemals eingehen kann in Deine Himmel!« Dann heißt es weiter: »Diesem heiligen Anrufe Meiner Gnade in Meiner Leibesmutter füget dann eure Nöte hinzu, und so werdet ihr bald feststellen, wie euch Mein heiliges Licht nach und nach durchflutet und zu stärken beginnet; doch unerläßlich ist es, daß ihr zumindest mit der gleichen Selbstverständlichkeit, mit der ihr eure Mahlzeiten einnehmet, auch zu Mir dem Herrn in Meiner Leibesmutter des Morgens und des Abends kommet; doch nicht mit großem Gemurmel, sondern mit einem noch größeren Hunger nach dem heiligen Kraftstrom Meiner Liebe als mit dem Hunger nach leiblicher Speise!«

Hochschule des Herzens« durchlaufen, gehört zur »wahren Herzensgemeinschaft der Liebe« im Lichtkreis. Dieser Lichtkreis ist die neue, »allerlebendigste wahre Kirche«, die an die Stelle des bisherigen morschen Kirchentums tritt und den Namen *»Jesus-Maria-Kirche«* trägt. Sie hat auch eine *neue Bibel*. Die alte Bibel war zwar »die erste und wichtigste Stufe« zum Reich der Vollkommenheit. Aber die göttlichen Offenbarungen gingen weiter, und die von Schwester Ruth und Harald Stössel verkündigte »Stimme des Herrn« ist die »Bibel der neuen Welt«[268]. Sie enthält alles, was die Gläubigen brauchen, um einen »höheren Erkenntnisgrad« zu erreichen und nicht allein wahre Kinder Gottes, sondern seine »Ebenbilder« zu werden. Darum gilt: Wer die Lichtkreisleute »allein an die alte Bibel fesseln will, tut Mir, dem Herrn, wahrlich keinen Gefallen!«[269]
Über die *Endereignisse* spricht Stössel seit der Fehlprophezeiung 1970 nur noch zurückhaltend: Jetzt kommt der Herr noch in seiner Barmherzigkeit und Sanftmut – in seinem Lichtkreis. Aber dieser »Prüfungsabschnitt« nähert sich seinem Ende. Danach erfolgt das »eigentliche Hinaustreten« Christi in die Welt. Der »große Sturm« wird die Menschheit »rütteln und schütteln«, damit sie von ihrer geistigen Blindheit und Trägheit befreit wird und erkennt, daß es einen Gott Himmels und der Erden gibt, vor dem sich alles beugen muß. In diesem Sturm aber ist der Lichtkreis die *Arche*, die von dem wiedergekommenen Christus zusammen mit seinem »Fels« gebaut wurde und alle ihre Insassen wohlbehalten in das Neue Jerusalem hinübersteuern wird. Im Endkampf wird Christus die Finsternis des Gegenpols »mit einer Finsternis aus Meiner Macht und Kraft schlagen«: sie wird die Menschen nicht in den Abgrund und Tod stoßen, sondern »zunächst vor ein absolutes Nichts stellen« und dann die, die das Licht wollen, in das Licht des Herrn führen[270]. Der Schlange aber wird der Kopf zertreten, und der Lichtkreis der ewigen Liebe wird alle zusammenschließen, die dem Herrn gehorsam sein wollen. Damit beginnt »eine gänzlich Neue Erde mit einer Neuen Menschheit«[271].
Der Lichtkreis Christi hat Anhänger in Bayern, Österreich und der Schweiz; aber auch in Berlin und Frankfurt haben sich Gruppen gebildet, die regelmäßige Versammlungen halten. *Gesamtveranstaltungen* sind die Weihnachtsfeiern vom 5. bis 7. Januar, die Ostertreffen und das »Fest der Wiederkunft des Herrn in Seiner Leibesmutter Maria«, das als »Gipfeltreffen der Liebe« in der Zeit von Ruths Geburtstag stattfindet. Die Tagungsorte sind Hotels an ausgewählten Plätzen am Chiemsee, am Königssee, in den Glarner Alpen oder auf dem Bürgenstock am Vierwaldstätter See. Die Ansprachen werden von Christus gehalten. Er spricht durch die Leibesmutter und durch Petrus, »durch Seinen größten Propheten Moses und andere Fürsten und Diener Seiner Himmel«[272].
Der Lichtkreis erhebt keine Beiträge. Aber Christus erwartet von den Mitgliedern *»nicht nur allein den Zehnten«* und erinnert sie daran, daß sie damit ein gutes Geschäft machen: Während sie von der Bank nur Geldzinsen erhalten, empfangen sie

[268] Gott spricht in Seinem heiligen Wort, Juli 1975; Die Stimme des Herrn 1974, S. 42
[269] Gott spricht in Seinem heiligen Wort, Juli 1975
[270] Die Stimme des Herrn 1974, S. 24 und 6ff.
[271] Osterbotschaft 1973, S. 8
[272] Die Stimme des Herrn 1974, S. 95

von der »Himmlischen Bank« etwas, was ihnen kein Geldinstitut geben kann, nämlich »Ewigkeits-Zinsen Meiner Liebe«, die zudem keiner Entwertung unterliegen. »So solltet ihr wissen, was ihr zu tun habt.« Der Ermunterung dient auch, daß jede Spende nicht nur »eingetragen wird in das Buch der ewigen Liebe«, sondern auch vom irdischen Finanzamt als steuerbegünstigt anerkannt wird, weil dem Lichtkreis der Status der Gemeinnützigkeit zuerkannt wurde[273].

Die Umwandlung des ehemaligen »Freundeskreises der großen Seher« in einen geschlossenen elitären und autoritären Inkarniertenkreis ging nicht widerspruchslos vor sich. Manche, so klagte Stössel, wandten sich ab, bewarfen ihn und Schwester Ruth »mit dem übelsten Auswurf der Hölle« oder sie haderten, »wenn Ich plötzlich eine Richtung mit Meiner geistigen Arche einschlage, die sie in ihrer Kurzsichtigkeit nicht fassen konnten«. Aber beide wankten nicht: sie werden die zur alleinigen Führung Berufenen »bleiben und sein bis in alle Ewigkeit, diesseits und jenseits«[274]. Ein hohes Selbstbewußtsein! Daran hat es Stössel nie gefehlt. Es trug auch erheblich dazu bei, daß die *Beziehungen des Lichtkreises zu anderen Neuoffenbarungskreisen* sich lösten. Immer wieder hob Stössel heraus, daß der Lichtkreis hoch über den anderen Kreisen stehe. Schon bei der Endzeitprophezeiung 1970 schrieb er: »So manche Wortträger wundern sich, daß nicht auch sie Tag und Stunde des Beginns der großen Trübsal auf dieser Erde empfangen haben«, aber der Herr habe nur »der Tochter Seiner Himmel, die aus der höchsten und heiligsten Sphäre kommt«, seine Offenbarung gegeben, und daraus erkenne man klar, daß nur im Lichtkreis »die reine Wahrheit aus den Himmeln zu finden ist«[275]. Ein andermal erklärte Gott durch Harald Stössel, die anderen Wortträger seien »keine reinen Werkzeuge, sondern ihr Wort ist vermischt mit dem Geplänkel Meines Gegenpoles«[276].

Die *Lorber-Kreise* tadelte er, weil sie ihre Gesellschaft nach Lorbers »nichtssagendem Namen« und nicht nach dem Namen Christi benannten; und überhaupt seien viele von ihnen »daherstolzierende Gockelhähne aufgeblähter Buchstabenweisheit, denen der Hochmutskamm anschwillt, sobald sie über Jakob Lorber zu reden beginnen«[277]. Mit dem *Lichtzentrum Bethanien* in Sigriswil hatte Stössel 1970 »ein heiliges Band der Liebe« geknüpft, das sich in den kommenden Sturmzeiten bewähren werde. Aber das genügte ihm nicht. Er wollte Bethanien vereinnahmen. In einem Schreiben wünschte er, daß es sich umbenennen soll in »Lichtzentrum Bethanien im Lichtkreis Christi«. Doch F. M. Lämmle lehnte kühl ab: »Wir nennen uns auch weiterhin nach dem Willen unseres Vaters ›Lichtzentrum Bethanien‹. Wir bitten die Geschwister, sich durch solche Mitteilungen nicht irreführen zu lassen.«[278]

Das und vieles andere hat den Anschein eines sehr menschlichen Geltungsbedürfnisses und hat mit dem Geist und Wesen Jesu nichts zu tun. Schon die *äußere Ge-*

[273] a. a. O. 1970, S. 263; 1974, S. 98 f.
[274] a. a. O. 4. 6. 1971
[275] a. a. O. 1971, S. 174
[276] a. a. O. 1974, S. 51
[277] a. a. O. S. 83
[278] Lichtbote, März 1971

stalt der Kundgaben Stössels macht dies klar. Sie bestehen über weite Strecken aus orgelnden Schachtel- und Schlangensätzen, die mit gestelzter Feierlichkeit auf den verschreckten Leser losmarschieren und ihn niederdonnern, oder aus hohlem, in Superlativen schwelgendem Phrasengeschwätz, das von der Schlichtheit der biblischen Worte Jesu weit, weit entfernt ist[279].
Irgendeine sachlich gehaltvolle Kundgabe sucht man vergebens bei Stössel und bei den anderen Inkarnierten des Lichtkreises. Trotzdem ließ er seinen »Christus« diese kümmerlichen Elaborate rühmen: »Wahrlich, den besten Lehrstoff bekommet ihr in Meiner Gnade in dieser Meiner Heiligen Stimme dargereicht, ein Rüstzeug ohnegleichen, wie es euch sonst nirgendwo auf dieser Welt geboten wird!« Und er befahl den Lichtkreisgliedern, seine Offenbarungen nicht nur zwei- und dreimal, sondern »ständig und immer wieder« zu lesen und »bis auf das i-Tüpfelchen« zu erfüllen. Auch ließ er sie in hoher Auflage drucken und »erwartete« von den »Jesus-Maria-Kindern«, daß sie für Absatz sorgen und daß »nicht eine einzige ›Stimme‹ als überzählig in Meiner Lichtkreis-Zentrale liegen bleibt!«[280]
Die einzige Besonderheit an den Lehren Stössels ist die *ungeheuerliche Selbsterhöhung,* die Stössel sich und der Schwester Ruth zuteil werden läßt. Die beiden stehen hoch erhaben über allen Menschen und Geistwesen der Schöpfung. Sie bilden den Gipfel der himmlischen Hierarchie und befinden sich in der Herzmitte Gottes; es ist kein anderer da, der sie überragte. Und ohne Zaudern hat Stössel auch die Konsequenzen gezogen, die sich aus dieser Hoheitsposition ergeben. Sie lauten: Der »Christus« der Kundgaben Stössels spricht nicht nur durch die beiden, sondern er identifiziert sich auch mit ihren Urteilen und Handlungen, verleiht ihnen seine göttliche Vollmacht, erhebt sie damit in den Rang von Heilsmittlern, macht die Gewinnung des Heils abhängig vom unbedingten Gehorsam und erkennt der »Leibesmutter« die Befugnis zu, die Lichtkreismitglieder zu prüfen und die Pforte zum Himmel für sie zu öffnen oder zu schließen. Damit ist das Fundament für eine geistliche Diktatur gelegt: »Das erwarte Ich, der Herr, von wahren Jesus-Maria-Kindern, daß sie sich dazu drängen, Mir ihre Liebe im unbedingten Gehorsam zu beweisen und durch ihren Gehorsamswillen miterlösen, was immer Ich ihnen im gerechten Maße auferlege.«[281]
Stössel wartet gern auch mit ad hoc produzierten Kundgaben »Christi« auf, um

[279] Ein paar Beispiele: »Und Ich verlange von euch nichts Unbilliges, Meine Kinder, weil ich der Herr Selbst der allervollkommenste Gehorsam zu Mir Selbst dadurch bin, daß Ich von Ewigkeit zu Ewigkeit Meine Vollkommenheit, die alles schuf und alles trägt, nie bis in alle Unendlichkeit Meiner Ewigkeit im allergeringsten übertrete, wodurch Ich Gott der ewige Herr bin über Mich und in Mir Selbst und wodurch sich alle Wunder Meiner Schöpfung erklären!« (Die Stimme des Herrn 1974, S. 25) »Und was Mich zusammenhält über alle Enttäuschungen Meiner Kinder seit Ewigkeiten, ist Meine Heilige Dreieinigkeit, die in Mir die Kraft findet, über alle Enttäuschungen hinwegzukommen durch Meinen Innersten-Herzens-Grundpol – und ihr wisset, wer es ist – und durch die Macht und Festigkeit des unzerstörbaren Kraftfeldes aus Mir – das da ist in Petrus dem Fels und alle Schöpfungsräume ausfüllt – und nur durch dieses ewige Dreieinigkeits-Prinzip ist es möglich, Meine Schöpfung im ewigen Wechselspiel aller Kräfte zu erhalten!« (S. 74f) Das soll tief und mächtig dunkel klingen und enthüllt sich als eine maßlose Beweihräucherung der »Leibesmutter« und des »Fels«.

[280] Die Stimme des Herrn 1974, S. 43 und 10f.

[281] a.a.O. S. 33f.

widerborstige Leute seinen Wünschen gefügig zu machen[282]. Wer von der göttlichen Herkunft dieser Kundgaben überzeugt ist, wird ihnen blind folgen. Das kann zu einer gefährlichen Hörigkeit führen. Unter den Worten des biblischen Jesus wird man die Vokabeln »gehorchen« oder gar »unbedingter Gehorsam« vergeblich suchen. Wohl aber das Gegenteil: »Des Menschen Sohn ist nicht gekommen, daß er sich dienen lasse, sondern daß er diene und gebe sein Leben zur Erlösung für viele« (Matth. 20, 28).
Stössel ging einst von Lorbers Neuoffenbarungen aus. Er hat sich davon weit entfernt. Von ihrem Inhalt ist in seinen Kundgaben nur noch ein spärlicher Rest, von ihrem Geist nichts mehr übrig geblieben.

Hermann Lorenz – Träger medialer Offenbarungen

Seit Mitte des vorigen Jahrhunderts ist der Spiritismus für unzählige Menschen zu einer Quelle außerirdischer Kundgebungen geworden, die hier als Äußerungen jenseitiger Geister verstanden werden (s. S. 722ff.). – Von diesem Spiritismus beeinflußt, entstanden auch besondere Kreise und Gemeinschaften, die sich – im Unterschied zu den gewöhnlichen spiritistischen Zirkeln – um *medial veranlagte Persönlichkeiten* gruppierten. Ihnen schrieb man eine überragende Kraft der Vermittlung göttlicher Kundgaben zu und war überzeugt, daß sie eine einzigartige Vollmacht und prophetischen Rang haben.
In der Schweiz bildete sich 1852 die Nazarenergemeinde[283], die sich auf die medial empfangenen Offenbarungen des Basler Seidenwebers Johann Jakob Wirz (1778–1858) gründete. Im Gebiet der heutigen DDR waren verbreitet: der 1918 von Max Däbritz (1874–1947) ins Leben gerufene *Bund der Kämpfer für Glaube und Wahrheit (Horpeniten)* und der *Gottesbund Tanatra* (oder Loge Tanatra), der sich 1922/23 um den Kaufmann Fedor Mühle gebildet hatte.
Die einzige Gruppe, die heute noch eine gewisse Bedeutung hat, ist die *Gemeinschaft in Christo Jesu (Lorenzianer)*. Sie führt ihre Entstehung auf eine Kette von drei medialen Offenbarungsträgern zurück, die unabhängig voneinander auftraten, aber von dem gleichen »Geist des Jüngers Johannes« geführt waren. Alle drei stammten aus dem Erzgebirge:

[282] Eine berufstätige Frau, die er aufgefordert hatte, in ihrer Freizeit Büroarbeiten für den Lichtkreis zu leisten, schrieb ihm, daß sie wegen völliger Überlastung leider absagen müsse, und verband damit einige Kritik an Stössels »geistiger Bevormunderei«, durch die den Anhängern die Wahl- und Willensfreiheit genommen werde. Als Antwort ließ er ihr durch »Christus« erklären, wenn sie nur 10 Briefumschläge für seine »heiligen Botschaften« adressiert hätte, dann hätte sie »die Prüfung bestanden«. Und dann: Gewiß, ihr Wille sei frei. »Doch wissen sollst du, daß nur der in Meine Heiligen Hallen eingehen kann, der in seinem freien Willen nur Meinen Heiligen Willen erfüllt!« Und dieser äußert sich natürlich durch Schwester Ruth und H. Stössel.

[283] Nicht zu verwechseln mit der aus den USA stammenden freikirchlichen »Kirche des Nazareners« oder mit den Nazarener-Gemeinden, die aus der Täuferbewegung kommen (s. S. 265 f.).

Gottlieb Heinrich Reichelt, geb. am 8. August 1832 in Oberseiffenbach, war von Beruf Stellmacher. Er besaß eine mediale Begabung, und eine Schar »Auserwählter« sammelte sich regelmäßig um ihn in seiner Werkstatt. Unter ihnen war auch die Familie Lorenz. Reichelt starb 1878.
Da war weiter Oswald Ferdinand Schneider, geb. am 9. September 1835 in Schlettau. Er empfing Offenbarungen, »um der bedrängten Menschheit noch einmal den wahren Weg zu zeigen, der zur ewigen Glückseligkeit führt«. Da er in seinem Beruf als reisender Handelsmann viel herumkam, war sein Einfluß größer als der von Reichelt. Seinen Anhängern predigte er in einer Art Halbschlaf; durch ihn sprachen dann Christus, Paulus oder eine andere biblische bzw. kirchengeschichtlich bedeutsame Gestalt. Ihm schloß sich nach dem Tod Reichelts dessen Kreis an. Als Schneider 30 Jahre später am 12. Januar 1908 starb, kam es in seinem Anhängerkreis zu Stillstand und Rückgang.
Ausgangspunkt neuer Aktivitäten wurde der Kreis in Dörnthal; hier wirkte, mit »prophetischen Gaben« ausgestattet, Johanne Christiane Lorenz, die Mutter von Hermann Lorenz. Dieser, geb. am 11. Juni 1864 in Deutsch-Neudorf, war von Beruf Drechsler. 1908 gründete er in Marterbüschel, heute ein Ortsteil von Pokkau-Lengefeld, eine kleine Fabrik für Tintenlöscher. Er galt als das von Geburt an auserwählte Werkzeug Gottes, und nachdem 1912 seine Mutter gestorben war, erlebte er 1914 seine entscheidende »Offenbarung«: Schwerkrank darniederliegend richtete er sich plötzlich auf und hielt eine halbstündige Predigt; danach war er völlig genesen. Die Zeugen dieses Vorgangs sahen darin ein Zeichen Gottes und blieben als Gemeinschaft beisammen. Auch viele ehemalige Anhänger Schneiders erkannten in ihm den von Gott gesandten Nachfolger. So entstand mitten im Ersten Weltkrieg eine Gemeinschaft, die 1919 bereits 1800 Mitglieder zählte und sich 1922 den Namen *»Gemeinschaft in Christo Jesu«* gab. 1920 war die von Lorenz genannte »Vollzahl« von 5000 Gliedern erreicht, weshalb man seither keine Werbung mehr betrieb[284]. 1927 wurde die *»Eliasburg«* in Marterbüschel als »Zentralsammelort« mit 1000 Plätzen eingeweiht. Lorenz starb 1929.
Die Gemeinschaft wurde von Lorenz gut durchorganisiert. Sie wird von der aus 50 Mitgliedern bestehenden »Konferenz« geleitet. Die Gottesdienste in den als *»Bethanien«* bezeichneten Versammlungsstätten (Ortsheiligtümern) werden von »Wächtern« gehalten. Die überwiegende Mehrheit der Mitglieder gehört – wie seinerzeit auch Lorenz selbst – gleichzeitig der Evangelisch-Lutherischen Landeskirche Sachsens an, mit der eine Vereinbarung über Doppelmitgliedschaft besteht. Die Taufe und andere kirchliche Amtshandlungen werden in Anspruch genommen; allerdings wurde bei Gründung der »Gemeinschaft in Christo Jesu« die Abendmahlsgemeinschaft innerhalb der Landeskirche zugunsten eigener Abendmahlsfeiern aufgegeben. (Eine Ausnahme bildet das Erstabendmahl im Zusammenhang mit der kirchlichen Konfirmation.)
Aus seiner medialen Begabung und den (im Trancezustand) empfangenen Offen-

[284] Auch heute beträgt die Zahl der Mitglieder, die fast ausschließlich im Raum Karl-Marx-Stadt, Leipzig, Dresden leben, fast 5000. Nach 1945 bildeten sich auch in der Bundesrepublik einige kleine Gemeinden.

barungen, in denen der »liebe gute Heiland«, Petrus, Johannes, Elias, Judas Makkabäus, Luther u. a. zu Wort kamen, leitete Lorenz ein hohes Selbstbewußtsein ab[285]. Er war überzeugt, daß *Gott durch ihn rede*. So wurden die Offenbarungen gesammelt und in den sog. *»Pergamenten«*[286] aufgezeichnet. Diese stellen eine sakrosankte Schrift dar, der Bibel gleichgeachtet, die weder nachgedruckt noch abgeschrieben werden darf. Nur auszugsweise werden die Texte den Mitgliedern in die Hand gegeben, bzw. den Predigten der Wächter zugrunde gelegt (neben biblischen Texten).

Die *Glaubenswelt der Lorenzianer* ist durch einen dualistischen Grundcharakter geprägt: Gott und Satan sind die »Urmächte«, die seit Ewigkeit miteinander kämpfen. Der *Satan* ist also nicht nur ein gefallener Engel, sondern ein selbständiger Gegengott – die »Vielmacht«, die der »Allmacht« entgegensteht. Er ist Urheber einer eigenen Schöpfung mit Tieren, Pflanzen und Menschen. Sie umfaßt ein Drittel der Gesamtschöpfung. Als biblischen Beleg für diese Behauptung versteht man Matth. 15, 13: »Alle Pflanzen, die mein himmlischer Vater nicht pflanzte, die werden ausgerottet.« Der Heilsgeschichte Gottes setzte der Satan seine zerstörende Unheilsgeschichte entgegen. Selbst am Wort der Bibel und an den Pergamenten hat er zu einem Drittel Anteil: »Gott mußte dem Teufel das Recht einräumen, ein Drittel seiner Gedanken einzubringen.« Daraus erklären sich die Widersprüche zwischen Bibel und den Pergamenten.

Das erste Menschenpaar, mit freiem Willen begabt, wurde Kampfobjekt der beiden Urmächte. So kam es zum Sündenfall. Hätte Adam nicht nur vom Baum der Erkenntnis gegessen, sondern auch noch vom Baum des Lebens, dann hätte der Satan sein Ziel erreicht: die Menschen wären im Paradies geblieben und hätten ewig in der Sünde gelebt. Aber Gott machte diesen Plan dadurch zunichte, daß er das erste Menschenpaar aus dem Paradies vertrieb und in das Herrschaftsgebiet des Satans versetzte. Das war ein kluger Gegenzug, denn nun hatte Satan in seinem Reich Menschenwesen, die in der Folge des Sündenfalls zwar dem Leibe nach unedler, aber dem Geiste nach Gott gleich geworden waren, da sie jetzt die Erkenntnis des Guten und Bösen besaßen. Freilich, in der Satanswelt mußten sie die vom Satan geschaffenen Nahrungsmittel zu sich nehmen und gerieten dadurch in wachsende Abhängigkeit von ihm. Infolge dieser Ernährung bildete sich die Galle als »direkter Sitz des Teufels«.

Das *Erlösungswerk* verläuft in drei Stufen. Die erste Stufe war die Inkarnation des Sohnes Gottes. Schon zuvor hatte er den Satan von Himmel zu Himmel gejagt und kam nun zur Erde, der letzten Bastion des Teufels. Durch sein sündloses Leben und seinen Opfertod hob er die Sündenknechtschaft der Menschen auf: Er

[285] Immer wieder wird hervorgehoben, wie schwer Lorenz mit dem Teufel zu kämpfen und was er um seines Prophetenamtes willen zu leiden habe. Diese Leiden wurden in einem öffentlichen Gebet am 20. April 1924 sogar mit der Passion Jesu gleichgesetzt: »... Nicht umsonst hast Du Deine Kinder wissen lassen, daß auch jetzt wieder das Leiden, was einst Dein lieber Sohn hat auf sich nehmen müssen, einer Deiner treuen Diener auf Erden auf sich nehmen muß, nach dem sich die ganze Welt richten muß ... Deine Kinder mögen mitfühlen, was Dein Diener geleistet hat, Übermenschliches hat er schon bisher auf sich nehmen müssen, und wieviel satanische Angriffe sind schon zerschellt worden durch die Treue, durch die Hingabe Deines Dieners auf Erden!« (Zitiert aus dem Manuskript von Pfarrer Ulrich Eichler, Ehrenfriedersdorf, vom 24. Juni 1971.)

[286] Nach 2. Tim, 4, 13

machte das Neue Testament der Vergebung rechtskräftig. Und der durch ihn gebrachte Heilige Geist bewirkt die Wiedergeburt, wenn die Menschen seiner Mahnung folgen, ihren Leib zu heiligen und um das Gute zu kämpfen. Die zweite Stufe der Erlösung wird mit der *Endzeit* eröffnet, die durch den Offb. 6, 4–6 erwähnten Ersten Weltkrieg eingeleitet wurde. Der Eliasgeist, der nach Mal. 3, 23 in den letzten Tagen kommen soll, ist in Lorenz erschienen. Als der wahre Prophet Gottes trat er den Teufelspropheten der Wahrsager und Spiritisten entgegen und kündigte die bevorstehenden Ereignisse an. Schreckliche Blutbäder werden die Menschheit heimsuchen. In einer siebenjährigen Gerichtszeit wird der Teufel mit dem ersten und dem zweiten Tier (Antichrist und Rom) 3 ½ Jahre lang unumschränkt herrschen. Die Auserwählten aber sollen durch ihre Zeugnisse gegen den Satan eine Kette bilden, mit der er gebunden werden kann. Sie sind verpflichtet, einen unerbittlichen Kampf gegen ihn zu führen. »Durch dich muß der Sieg kommen, durch dich muß Satan gebunden werden!« Dazu gehört nicht nur, daß die Gläubigen »sich von der Welt fernhalten«, ihren Verlockungen widerstehen und den Umgang mit Weltmenschen möglichst beschränken. Auch der Besitz und die Benützung von Rundfunk und Fernsehen wurde abgelehnt. Um den Anteil, den Satan an unserem Leibe (durch die Nahrungsmittel) hat, Stück um Stück zurückzudrängen, empfahl Lorenz u. a. Baldrian und Biebernellen, eine aromatische Doldenpflanze, deren Frucht ätherische Öle enthält. Zur Stärkung des Glaubens dient Wasser, das am Karfreitag oder am Osterfest um drei Uhr morgens geweiht wird und dann in kleinen Mengen wie eine Medizin getrunken werden kann; Karfreitagswasser hilft auch gegen innere, Osterwasser gegen äußere Krankheiten. In der »Eliasburg« ist der Einfluß des Teufels nur minimal, weil sie durch geweihte Hände erbaut wurde. Auch in den Ortsheiligtümern ist durch die Weihe der Stätte der teuflische Einfluß erheblich vermindert worden. Schließlich werden zur Bannung teuflischer Mächte auch die Wohnungen geweiht.

Während der »großen Trübsal« werden die 144 000 Auserwählten, darunter die 5000 Lorenzianer, zunächst an den Bergungsort Harmagedon entrückt, zu dem kein Mensch Zutritt hat – man dachte vielfach an den Nordpol. Hier werden sie von Gott mit himmlischer Speise ernährt und erfahren dadurch eine Umwandlung ihres Leibes in Gottes Ebenbild. Zu den zurückgebliebenen Menschen aber sendet Gott die Zwei Zeugen, die ihnen weissagen und sie mit Plagen bestrafen. Weil das zweite Tier trotz seiner Wundermacht diese Plagen nicht abwenden kann, werden die erzürnten Menschen es zugrunde richten. Um den Plagen (Dürre) zu entgehen, ziehen sie ins Heilige Land. Die Zwei Zeugen werden dort getötet, aber nach 3 ½ Tagen wieder auferweckt. Damit beginnt die erste Auferstehung. In den nächsten 3 ½ Jahren kämpfen die Heere Christi und des Tieres gegeneinander. Das Lamm siegt, und der Teufel wird für tausend Jahre gebunden. Im Tausendjährigen Reich werden die paradiesischen Zustände wieder hergestellt. Aber danach muß Gott den Teufel noch einmal loslassen. Er wird samt seinen Hilfsvölkern Gog und Magog vernichtend geschlagen und in den feurigen Pfuhl geworfen. Das gleiche Schicksal finden alle, die nicht im Buch des Lebens stehen. Damit ist die dritte Erlösungsstufe erreicht. Der neue Himmel ist von den Seligen, die neue Erde von den Überwindern bevölkert, und alle zusammen bilden die Familie Gottes.

Neuoffenbarungen im katholischen Raum

1. Während die bisher genannten Neuoffenbarungen einen überkonfessionellen Charakter haben, gibt es andere, die in der katholischen Glaubenswelt beheimatet sind. Ihre Zahl ist groß, und unser Überblick wäre lückenhaft, wenn diese Gruppe ganz übergangen würde. Da gab Christus der »im Ruf der Heiligkeit stehenden Jungfrau« LUISA PICCARRETTA in Corato, Prov. Bari (1865–1947), »Offenbarungen, gewaltig, groß, beglückend, wie noch keine Zeit sie vernommen hat«, für deren Verbreitung die Associazione del Divin Volere in Mailand sorgt. Da füllte die italienische »Begnadete« MARIA VALTORTA (1897–1961) viele Bücher (es waren mehr als 5500 Druckseiten) mit Diktaten des Himmels über das Leben Jesu und Marias und Josephs und über allerlei geistliche Themen; für zehn Bände über das ganze Evangelium wurde auch eine deutsche Übersetzung in Angriff genommen. Da hatte ein bald nach 1945 geborener Deutscher, der seit seiner Kindheit in Frankreich lebt und in Paris berufstätig ist, 1965 *Christusvisionen* und führte von 1967 an ein »intimes und fast unausgesetztes Gespräch mit Gott und dem Himmel«, verbunden mit Marienerscheinungen und Schauungen der Zukunft der Kirche und Frankreichs. Bei ihm zeigten sich alle Erscheinungsmerkmale mystischer Frömmigkeit: am 24. November 1969 Stigmatisierung; seit 1970 alljährlich von Gründonnerstag bis Karsamstag Passionsekstasen; außerdem Levitationen, Bilokationen, Besuche von Heiligen aus dem Himmel, aber auch teuflische Mißhandlungen. Ein Teil seiner Botschaften wurde unter dem Titel »Tagebuch«, Verfasser »Nihil Domini«, d.h. das Nichts des Herrn, veröffentlicht mit Berichten über Jesu Leben und Passion, das Fegefeuer, die Hölle, die Engelwelt und Botschaften von Jesus, Maria und verschiedenen Heiligen. Er sah schwere Nöte über die Menschen kommen, weil sie ungläubig sind und auf der breiten Straße des Verderbens wandern. Für 1972 »sah« er »große Katastrophen und schreckliche Kriege«. In einer Schauung vom 15. August 1970 stellte sich ihm die Erde verwüstet und zerquetscht dar: überall Tote und Ruinen, und viele Städte existierten nicht mehr. Der Vatikan beherrschte einen ausgeglühten Steinhaufen. Aber alle Nationen kamen zum Papst und bekehrten sich, bis hin zur Sowjetunion, China und den arabischen Ländern. Ein Teil seiner Offenbarungen wurde von der traditionalistischen Zeitschrift *»Das Zeichen Mariens«* veröffentlicht, die laufend auch die geistlichen Erfahrungen und Kundgaben anderer »begnadeter Seelen« wiedergibt.

Vielfach erfolgten die Offenbarungen in Verbindung mit *Marienerscheinungen.* Diese nahmen seit 1930 sprunghaft zu. In einem Verzeichnis[287] werden für die 100 Jahre 1830–1930 insgesamt 98, für die 44 Jahre 1931–1974 dagegen 210 Marienerscheinungen aufgezählt; der Jahresdurchschnitt verfünffachte sich also, und die zwei Jahrzehnte des heißen und des kalten Kriegs 1940–1960 hielten mit 68 bzw. 55 Erscheinungen den Rekord. Die meisten erfüllten die Voraussetzungen für eine

[287] Robert Ernst, Kleines Lexikon der Marienerscheinungen seit 1830, Eupen 1975

kirchliche Anerkennung nicht. Aber viele schlichte, fromme Gemüter glaubten den Berichten der oft kindlichen Seher und Seherinnen, liefen zu den Erscheinungsstätten, beteten, steigerten sich in hochgespannte Erwartung, waren gierig offen für Wunderzeichen und – schauten und hörten ebenfalls die Gottesmutter. Der Erscheinungsort wurde zur Wallfahrtsstätte. Kirchliche Verbote nützten wenig, steigerten eher die Neugier und weckten eine Trotzhaltung. Die Maria des Erscheinungsorts, durch das kirchliche Besuchsverbot beleidigt, pflegte diesen Trotz zu schüren. Sie weinte über die Kirche, klagte den Klerus an, richtete Forderungen an die Hierarchie und verknüpfte den Ungehorsam mit düsteren Prophezeiungen apokalyptischer Schrecken. So geschah es z. B. in Tannhausen (Schwaben, 1947), Düren (1949), Fehrbach (1949), Heroldsbach (1949), Rodalben (1952), Eisenberg (Österreich, 1954), Turzovka (Tschechoslowakei, 1958), Garabandal (Spanien, 1961), San Damiano (Italien, 1964), Bayside (Long Island, 1968). Durch die Kirchenkritik der Marienbotschaften sahen sich die *Traditionalisten* bestätigt, die durch Änderungen der Meßliturgie, Einschränkungen des Marienkults, Ökumenismus, Entsakralisierung der modernen Kirchenbauten, provozierende Thesen progressiver Theologen den katholischen Glauben bedroht sahen und sich in ihrem Widerstand vom Großteil des Episkopats verlassen fühlten[288]. So wurden die illegalen Wallfahrtsorte zu Zentren der innerkirchlichen Résistance. Die Gottesmutter selbst trat hier in die Arena gegen die »Amtskirche« und das »kirchenzerstörerische« Treiben der Reformer und Progressisten.

2. In Amsterdam empfing in den Jahren 1945–1959 die »Seherin« IDA PEERDEMAN (geb. 1908) 56 Botschaften, die unter dem Titel *»Die Frau spricht«* veröffentlicht wurden. Im Grund waren es lauter einzelne lebendige Szenen, die ohne Kontinuität rasch wechselten. Die Visionärin »sah« Maria in einer Kirche und sprach mit ihr. Oder sie erwachte in der Nacht und sah das Licht und hörte die Stimme der Frau. Oder sie sah in Bildern zukünftige Zustände und Entwicklungen der Welt, und Maria trat hinzu und erläuterte die Bilder und sprach von kommenden Gefahren durch vielerlei tödliche Bedrohungen und Katastrophen, von den Verfolgungen der Gläubigen und den geistlichen Nöten der Kirche. Sie rief die Kirche zur Erneuerung, wies auf die sieghafte Kraft des Kreuzes im Völkerleben und mahnte die Gläubigen zur Glaubenstreue und Nächstenliebe. Sie warnte: Amerika soll sich vor den heimtückischen Anschlägen Rußlands hüten. Am 7. Oktober 1945:

[288] Die Traditionalisten sind eine philosophisch-theologische Richtung, die sich in der ersten Hälfte des 19. Jahrhunderts im Kampf gegen den Rationalismus formierte, zuerst in Frankreich, dann auch in Belgien, Italien und Deutschland. Das erste Vatikanische Konzil 1869/70 verurteilte den »gröberen« Traditionalismus als Häresie, weil er die Möglichkeit der natürlichen Gotteserkenntnis leugnete und durch den blinden Glauben an die Offenbarung und die kirchliche Tradition ersetzt wissen wollte. Der heutige Traditionalismus richtet sich gegen alle kirchlichen Reformen und Konzessionen an den Zeitgeist. Er wird vor allem von der Una-Voce-Bewegung vertreten, einer internationalen Förderation von 14 nationalen Vereinigungen. Im Zug der Radikalisierung hat sich ein Flügel gebildet, bei dem sich bereits separatistische Ansätze zeigen, z. B. die grundsätzliche Weigerung, Messen zu besuchen, die nach der 1976 offiziell eingeführten neuen Liturgie gefeiert werden. Mittelpunkte dieses Flügels sind im deutschen Sprachraum u. a. die Una-Voce-Gruppe Maria in München und der Immaculata-Verlag in Appenzell mit der Monatsschrift »Das Zeichen Mariens« (seit 1967).

»In China sehe ich eine rote Fahne.« Deutschland und Italien sollen vor dem Kommunismus gerettet werden. Alle Christen sollen sich vor der gemeinsamen Gefahr zusammenschließen. Am 19. Februar 1958 kündigte sie an, daß Pius XII. »Anfang Oktober dieses Jahres bei den Unseren aufgenommen werden « wird – er starb am 9. Oktober.

Solche Treffer – und sie waren nicht die einzigen – verstärkten den Glauben an die Amsterdamer Botschaften. Auch die *Weissagungen für die Zukunft* werden von vielen ernst genommen. Zuerst wird, so kündigten die Botschaften an, eine Welle weitgestreuter Katastrophen verschiedenster Art die Erde überziehen. Die Visionärin »sah« auf dem Erdball überall schwarze Flecken entstehen, und die Frau sagte: »All die schwarzen Flecken, die du jetzt siehst, sind die Katastrophen, die noch kommen werden«: Natur-, Wirtschafts-, Hungerkatastrophen, politisches Chaos, Kriegsgefahr, Zerrüttung der Moral, Zerfall im kulturellen Bereich und ein »großer Abfall«, der auch weite Teile der Kirche und des Klerus erfassen wird. Dieser Welle von gestreuten Einzelkatastrophen werden zwei Großkatastrophen folgen. Die erste wird, durch eine Warnkatastrophe angekündigt, in dem »großen Hagel« (Off. 16, 21) bestehen, d.h. im Herabsturz von Meteoren: »Es ist, als müßte ich es aus der Luft greifen. Es kommt von großer Höhe herunter. Ich höre die Stimme wieder sagen: ›Meteore, achte darauf!‹« Diesem Regen von Meteoren, die möglicherweise aus »Antimaterie« bestehen, wird eine zweite Großkatastrophe, ein »gewaltiges Beben« folgen, das die ganze Erde erfassen wird. »Es ist, als ob die Erde platzen wollte.«

Können diese *Katastrophen noch verhütet* werden? Ja. Maria sagte der Seherin am 20. September 1951, daß sie »die Frau aller Völker« sein will, und kündigte am 10. Mai 1953 an, sie sei vom Schöpfer gesandt, um »die Welt erlösen zu dürfen von einer großen Weltkatastrophe. Du weißt, daß Maria kommen will als die *Frau aller Völker*. Jetzt bittet sie, daß die Menschen diesen Titel von dir, dem Heiligen Vater, hören dürfen.« Um ihr Rettungswerk durchführen zu können, erwarte sie die Mithilfe der Kirche. Diese besteht einmal darin, daß das *»Amsterdamer Gebet«* weit verbreitet wird – es wurde der Seherin von der Frau vorgesprochen und hat folgenden Wortlaut: »Herr Jesus Christus, Sohn des Vaters, sende *jetzt* Deinen Geist über die Erde. Laß den Heiligen Geist wohnen in den Herzen aller Völker, damit sie bewahrt bleiben mögen vor Verfall, Unheil und Krieg. Möge die Frau aller Völker, die einst Maria war, unsere Fürsprecherin sein. Amen.« Des weiteren soll offiziell das *Dogma »Maria, Miterlöserin, Mittlerin, Fürsprecherin«* verkündigt werden. Wenn das Rettungswerk der »Frau aller Völker« wirklich allen Völkern bekannt gemacht und von ihnen unterstützt wird, dann werden sie sich zu einer religiösen und politischen Einheit zusammenfinden und aus ihren Pseudoordnungen in die Ordnung Gottes zurückkehren.

Ein Termin für den *Beginn der angekündigten Katastrophen* wurde von der »Frau aller Völker« nicht genannt. Aus geheimnisvollen Andeutungen, in denen die Zahlen zwischen 50 und 54 eine Rolle spielten, suchte man eine Chronik herauszuknobeln[289]. Der Satz »... und dann sehe ich zwischen der Frau und dem Papst eine ›50‹ stehen«, wurde so ausgelegt: Damit sind 50 Jahre gemeint, und ihr Beginn ist

289 So Hans Baum in Heft 1 seiner Schriftenreihe: Die apokalyptische Frau aller Völker

auf 1917, das Jahr der Marienerscheinungen in Fatima, anzusetzen. 1967 besuchte Papst Paul VI. den Wallfahrtsort und legte damit ein öffentliches Bekenntnis zu Fatima ab. Aber diese Deutung wurde bald widerlegt. Denn die mit den Zahlen 51 bis 54 verbundenen Weissagungen erfüllten sich in den folgenden Jahren 1968 bis 1971 nicht. Vorausgesagt waren angeblich für 1967/68 der Beginn des »Kampfes und des Unheils«, für 1968/69 die Epoche der weit gestreuten Einzelkatastrophen, für 1970 die beiden Großkatastrophen, falls das gewünschte Dogma nicht verkündigt wird, und für 1971 endlich die Verkündigung dieses Dogmas.
Obwohl diese Vorausberechnungen hinfällig wurden, blieb doch eine große Schar frommer Katholiken, denen die Marienverehrung eine Herzenssache ist. Die 1968 gegründete und 1977 von der Deutschen Bischofskonferenz kirchlich anerkannte Deutschsprachige Arbeitsgemeinschaft »Das große Zeichen – Die Frau aller Völker« (die mit den Botschaften von Amsterdam nicht in Verbindung gebracht werden will) zählt 10000 Mitglieder und Mitarbeiter. Sie und ihre gesinnungsverwandten Freunde in anderen Ländern bemühen sich eifrig um die Dogmatisierung der »Miterlöserin, Mittlerin, Fürsprecherin«. Bis jetzt wurde dieses Ziel noch nicht voll erreicht. Das *Vatikanum II* erkannte zwar in der »Dogmatischen Konstitution« über die Kirche den Titel »Helferin, Mittlerin und Fürsprecherin« an, nahm aber die »Miterlöserin« nicht auf, sondern begnügte sich mit einer Umschreibung: als die Mutter des göttlichen Erlösers, seine großmütige Gefährtin und demütige Magd »hat sie am Werk des Erlösers in einzigartiger Weise in Glaube, Gehorsam, Hoffnung und brennender Liebe mitgewirkt«. Die Arbeitsgemeinschaft gibt sich damit nicht zufrieden. Sie wittert Opportunität hinter der Entscheidung des Vatikanischen Konzils, muß sich aber ihrerseits utopisches Denken vorwerfen lassen, wenn sie glaubt, mit der Dogmatisierung der »Frau aller Völker« als »Miterlöserin« könnten »die Völker und die Kirche gemeinsam alle blutigen ideologischen Zwänge und Irrgänge, alle Umstürze und Kriege in der Liebe Gottes zu den Menschen überwinden«[290].

3. Bei dem am 12. August 1812 in Mexiko-City als Kind einfacher Leute geborenen ROQUE ROJAS zeigten sich schon in früher Kindheit Gaben des Hellsehens und der Prophetie. Er ging einem bürgerlichen Beruf nach, heiratete und war Obmann des Standesamts in Ixtapalapa nahe Mexiko. Da erwachte er am 23. Juni 1861 gegen 22 Uhr, erblickte einen Engel und vernahm seine Berufung: »Du bist der Auserwählte und sollst den Weg für das neue Volk Israel verheißen, säubern und ebnen. Du wirst es vereinigen und sammeln.« Der Engel gebot ihm, nach dem 12 km entfernten Ort Calvario zu gehen.
Unterwegs sah er am Himmel ein Dreieck aus mattem Gold, in der Mitte ein Antlitz hell wie die Sonne. Dann gewahrte er auf dem Dreieck eine schneeweiße Taube, aus deren Schnabel kristallene Lichttropfen auf sein Haupt herniederperlten. Von weither erscholl eine Posaune, und eine starke Stimme sprach zu ihm: »Du bist der für diese Zeit verheißene Elias!« Von nun an empfing er Kundgaben durch Stimmen. Er war verwirrt. Er fragte den, von dem die Stimmen ausgingen, wer

[290] Rundbrief vom 25. März 1976

er sei. Antwort: »Gabriel ist es, der zu dir spricht!« In mitternächtlicher Stunde geriet er in Verzückung und vernahm erneut, daß er der verheißene Elia sei. Nun war er seiner Sendung gewiß. Sein »geistiges Vermögen«, d. h. die Fähigkeit, mit dem Geistigen in Verbindung zu treten, entfaltete sich. Neben seinem Beruf widmete er sich seiner himmlischen Aufgabe, besonders dem Auftrag, Kranke zu heilen. Seine Erfolge zogen viel Volk an. Bald gründete er die erste Versammlungsstätte, wo je 12 Männer und Frauen als »Wortträger« geweiht wurden. Vom 1. September 1866 an redete der Herr selbst durch ihn. Die Bewegung *»Obra Espiritualista Trinitaria Mariana«* (Trinitarisches Marianisches Geisteswerk) verbreitete sich über das ganze Land. Aber schon 1869 kam die Krise. Roque Rojas hatte für die Karwoche eine besondere Feier vorbereitet, aber als er unter seinen Anhängern ungenügende Vorbereitung, Ehrfurchtslosigkeit und Unverständnis fand, zerstörte er die Truhe, in der er die göttlichen Kundgaben aufbewahrte, schloß die Stätten und erklärte seine Sendung für beendet. Am 18. Mai 1879 starb er.
Es war seine Sekretärin Damiana Oviedo, die für den Fortgang des Offenbarungswerks sorgte. Sie sammelte die Reste aus der Truhe und als geweihte »Wortträgerin« wurde sie für den Heiligen Geist das Werkzeug, durch das er in den kommenden Jahrzehnten seine »Wortträger« vorbereitete. Er wählte sie »unter den Einfachen, Unwissenden und Ungebildeten« aus, denn sie sollten unbeeinflußt vom Verstand die göttliche Botschaft in möglichster Treue aufnehmen können. »Wenn wir demütig blieben, zeichnete uns der Herr aus in Liebe und Wohlgefallen. Wenn wir uns aber einmal von Eitelkeit oder Egoismus beherrschen ließen, berührte Er uns mit Seiner Gerechtigkeit, indem Er uns für einige Zeit Seine Inspiration entzog.«[291] Die Offenbarungen gingen einher mit prophetischer Schau, Unterscheidung der Geister und Heilungen. Von Mexiko aus sollten Botschafter zu den sieben Nationen gehen, die der Geist erwählt hatte, den Weltfrieden herzustellen: England, Deutschland, Rußland, Italien, Frankreich, USA und Japan. Am 29. November 1942 kam eine erste »Catedra« (Unterweisung) in deutscher Sprache. Weitere folgten. Am 31. Dezember 1950 endete das Offenbarungswerk mit einer zweieinhalbstündigen Abschiedspredigt. Die Gabe der »Wortträger« erlosch. »Wisset, daß Ich dann nicht mehr in menschlichen Worten sprechen werde, sondern durch Inspiration, Ideen und Gedanken.« Die vorhandenen Kundgaben wurden in 12 umfangreichen Bänden *»Libro de la Vida Verdura«* (Das Buch vom wahren Leben) gesammelt. Ein Teil wurde in dem Buch *»Die Dritte Zeit«* veröffentlicht.
Die Kundgaben atmen den Geist katholischer Frömmigkeit. Besonderer Verehrung erfreut sich Maria: Sie ist »wesenhaft göttlich«, ihr Geist ist »eins mit dem Vater und dem Sohn«, und nach Erfüllung ihrer Mission bleibt sie als »geistige Mutter« der Menschheit bemüht, allen ihren Kindern zu helfen. Scharfe Kritik richtet sich dagegen gegen Heiligenbilder, äußerliche Riten und »vermaterialisierten« Kult. Aber der Schwerpunkt der Kundgaben liegt auf einem anderen Gebiet, wie die folgende Aufstellung zeigt: »Ich habe euch durch Meine geistigen Sendboten, die sich euch auf Mein Gebot geoffenbart haben, das Leben des Jenseits, das

[291] Die Dritte Zeit, S. 294 ff.

Wesen eures materiellen Lebens, das Warum eurer Prüfungen, eure Bestimmung, den Geschmack, den der Kelch der Bitternis hinterläßt, das Mysterium der Wiedergutmachung und der Reinkarnation der Geister, das Warum der verschiedenen Leibesleben, die Gerechtigkeit des Vaters in diesem und in jenem Leben, die Natur des Todes, den Zustand eures Seins nach dem Tode, die Zukunft der Welt, die Verbindung von Geist zu Geist – zwischen eurem Geist und dem Geist des Vaters und auch unter euren Brüdern – und vieles andere gelehrt und offenbart, alles große Dinge des geistigen Lebens.«[292]
Die *Zukunftsweissagungen* gründen sich auf die Lehre von den drei Zeitaltern, die Joachim von Fiore verkündigt hatte: Die erste Zeit war die des Vaters, der durch Mose sein Gesetz offenbarte. Ihr folgte die Zeit des Sohnes, der die Botschaft der Liebe brachte. Die dritte Zeit hat 1866 begonnen: der Heilige Geist ist gekommen, »um zu bestätigen, was Jesus uns gelehrt hat, und um viele Geheimnisse zu erklären«. Das Jahr 1866 war zugleich der Beginn der 6. Stufe des durch die sieben Siegel (Offb. 5, 1) dargestellten Entwicklungsgangs des menschlichen Geistes. Die erste Stufe hatte mit Abel begonnen. Ihr folgten die Stufen des Noah und Jakob und der drei Zeiten, und die Stufe des 7. Siegels wird mit der Vollkommenheit enden: »Diese Stufe wird der ganzen Menschheit Gnade und Frieden bringen und Überfluß und Fülle und Verkehr von Geist zu Geist.« Aber noch ist es nicht so weit. Jetzt ist die Entscheidungszeit angebrochen, und der Endkampf mit der »Geisterwelt der Finsternis« hat begonnen, und »für die ganze Menschheit kommt eine sehr große Prüfung, größer als je in allen Jahrhunderten und Zeitaltern«[293].

4. Hatten die bisher genannten katholischen Neuoffenbarungswerke bei aller Kritik im einzelnen die Treue gegen Papst und Kirche nicht angetastet, so begegnen wir jetzt einem Fall, bei dem die himmlischen Kundgaben ihre Gläubigen in eine wilde Feindschaft gegen Rom und die Hierarchie hineintrieben. Der Empfänger dieser Kundgaben war der Franzose Michel Collin. Er wurde am 14. September 1905 in dem lothringischen Dörfchen Béchy als Kind frommer Eltern geboren. Schon in frühester Jugend wollte er Visionen gehabt haben, und am Tag seiner Erstkommunion sei ihm verheißen worden, daß er Priester, Bischof und zuletzt sogar Papst werde. Er trat in die Kongregation der Herz-Jesu-Priester ein und wurde 1933 in Lille zum Priester geweiht. In der folgenden Zeit half er in verschiedenen Bistümern Frankreichs in der Seelsorge aus. Während dieser Wanderjahre rief er zwei Werke ins Leben und warb eifrig für sie: »Das Werk der Apostel von der unendlichen Liebe« und den »Kreuzzug des Rosenkranzes und des Magnifikats«. Vor allem aber: am 28. April 1935 wollte er während einer Messe, die Christus selbst feierte, auf geheimnisvolle Weise zum »Bischof für die Zeit und die Ewigkeit« geweiht worden sein. Und 15 Jahre später, am 7. Oktober 1950, habe ihn Christus während eines Aufenthalts in Sorrento »in einer grandiosen Vision« zum Papst erwählt und gesagt: »Ich will nicht mehr das Theater des Konklaves. Das Geld, das dabei ausgegeben wurde, hätte man für die Armen verwen-

292 a. a. O. S. 37
293 a. a. O. S. 1 f. und 69

den können. Diese Zeit ist jetzt vorbei. Die Kirche wird zur Einfachheit der ersten Zeiten zurückkehren. Die Päpste werden ihre Nachfolger kennen, und der Geist Gottes wird aus ihnen sprechen.«[294] Er wurde angewiesen, zu Lebzeiten Johannes XXIII. noch nicht als Papst aufzutreten. Er habe sich gegen die hohe Würde gesträubt, aber Jesus habe erwidert: »Ich habe dich, Kleiner, erwählt und du sollst Papst sein.«

Am 17. Januar 1951 versetzte die Kongregation des Heiligen Offiziums Collin »wegen seiner zahlreichen Übertretungen der kirchlichen Gesetze« in den Laienstand zurück und hob zugleich die von ihm gegründeten Werke auf, weil er durch sie einen falschen Mystizismus zu verbreiten suchte. Wegen seines beharrlichen Ungehorsams wurde am 14. Februar 1961 das Verbot »ab ingressu ecclesiae«, d.h. des Zutritts zur Kirche, über ihn verhängt, und ein drittes Dekret vom 14. Oktober 1963 verfügte wegen seiner Angriffe gegen den Papst die Exkommunikation. Schon am 25. Dezember 1958 hatte Collin die *»Erneuerte Kirche«* in einem Gottesdienst im Wohnraum einer Familie in Colmar gegründet und am 11. Februar 1959 in Lourdes feierlich geweiht. Er ließ sich zunächst in Hagenau nieder, pachtete ein kleines Lebensmittelgeschäft, von dem er lebte, und konnte mit Spenden von Freunden ein Haus erwerben. Es wurde ein »Christkönigsheim«; den Flur verwandelte er in eine Kapelle, in der er zum ersten Mal seine päpstlichen Gewänder trug. Als im August 1960 die Bischöfe von Straßburg und Nancy das persönliche Interdikt über ihn verhängten, drohte er ihnen das Strafgericht des Himmels an. Aber er verließ das Elsaß und gründete in dem »von Gott aus bestimmten« Dörfchen *Clémery* nahe Nancy den »Petit Vatican« in einem Anwesen, das ihm die Besitzer im November 1960 übergaben. Ein Raum wurde in eine Kapelle umgewandelt, im Hof eine Grotte errichtet. Der Papstname *»Clemens XV.«* wurde ihm am 25. März 1961 im Dom von Aachen von Jesus verliehen: »Du mußt gut sein, du mußt liebenswürdig sein, d.h. clément«; und »XV« bedeute, daß er »die 15 Geheimnisse des Rosenkranzes« verehren soll. Die Papstkrönung fand in Clémery am 9. Juni 1963 sechs Tage nach dem Tod von Johannes XXIII. »in Gegenwart von Auserwählten des Himmels« und von Pilgern aus Kanada, Deutschland, Holland und der Schweiz statt, und Jesus selbst krönte ihn mit der Monstranz[295]. Damit begann das Reich der Heiligsten Dreifaltigkeit, ein Vorgeschmack des Tausendjährigen Reichs. Der »Kleine Vatikan« ist in einigen bäuerlichen Häusern untergebracht, die von einer hohen Mauer umgeben sind. Aus einer Garage entstand eine Kapelle, die bis 1970 zu einer langen Wellblechhalle erweitert wurde – die »Basilika«. Das »Kloster der Apostel von der göttlichen Liebe« besteht aus einer Baracke.

Collin berief den »Kardinal-Erzbischof« Marie-Emanuel zu seinem »universellen Delegaten«. Bis 1968 hatte er 7 Kardinäle und 16 Bischöfe ernannt. Sich selbst bezeichnete Collin als den »mystischen Papst der Endzeit«. Dabei berief er sich auf das *3. Geheimnis von Fatima,* Teil einer Botschaft, die Maria am letzten Erschei-

[294] Les signes des temps, S. 250
[295] Die Wahrheit, Januar 1976

nungstag, dem 13. Oktober 1917, gegeben hatte. Dieser Teil sollte im Jahr 1960 vom Vatikan bekannt gegeben werden. 1963 wurde ein angeblich echter Auszug verbreitet. Er enthält die Voraussage einer »großen Züchtigung« für die ganze Menschheit in der zweiten Jahrhunderthälfte, weil sie Gott gelästert hat. »Selbst an den höchsten Stellen regiert Satan und entscheidet in allen Dingen. Er wird sich selbst in die höchsten Stellen der Kirche einzuführen wissen.« Und er wird die Gelehrten Waffen erfinden lassen, »mit welchen man in wenigen Minuten die Hälfte der Menschheit zerstören kann«, und sie werden diese Waffen in Massen herstellen. Auch über die Kirche werden schwerste Bedrängnisse kommen. »Kardinäle werden gegen Kardinäle, Bischöfe gegen Bischöfe sein. Satan wird sich inmitten ihrer Reihen setzen«. »Der große Krieg wird nach der Mitte des 20. Jahrhunderts kommen. Feuer und Rauch wird vom Himmel fallen, und die Wasser der Ozeane werden sich in Dampf verwandeln und den Schaum zum Himmel speien. Alles, was steht, wird fallen. Millionen und Abermillionen werden von einer Stunde zur anderen ihr Leben lassen müssen, und jene, die in dieser Stunde noch leben, werden die Toten beneiden.« In allen Ländern wird Verzweiflung sein und, »von den verführten Menschen zum Siege gehoben, werden die Diener Satans die einzigen Herrscher auf der Erde sein«. Aber »später« werden die, die alles überleben, wieder Gott anrufen und ihm dienen wie einst, als die Welt noch nicht so verdorben war.

Der Vatikan schwieg zu dieser Veröffentlichung[296]. Kein Wunder, daß Argwohn laut wurde. Michel Collin gab die Aufklärung: Am 25. März 1961 habe ihm *Jesus das Geheimnis von Fatima enthüllt.* In dem unveröffentlichten Teil sei von einem zukünftigen Papst die Rede, der nicht gewählt, sondern von Gott eingesetzt wird und das drohende Unheil verhüten kann. Johannes XXIII. habe die Botschaft gelesen und danach gesagt: »Wenn mein Nachfolger den Namen Clemens XV. annimmt, ohne das Geheimnis (von Fatima) gelesen zu haben, wird er der wahre Papst sein. Wenn aber mein Nachfolger diesen Namen nicht annimmt, wird er auch nicht der rechte Papst sein.« Also war durch Fatima vorausgesagt und bestätigt, daß Collin-Clemens XV. der von Gott gewählte Papst ist! Nach dem Tod von Johannes XXIII. fuhr er »in göttlichem Auftrag« nach Rom, um die Kardinäle zu überzeugen. Ohne Erfolg. »Die Herren möchten ihre Stellen behalten, schließlich ist das auch eine Geldfrage«, resümierte er in einem Interview.

Er organisierte nun seine *Erneuerte Kirche* und hielt mit seinen Anhängern vom 15. bis 17. September 1963 ein *»Konzil« in Lyon* ab. Es erklärte in einer Resolution, die Erneuerte Kirche wolle »weder eine Sekte noch eine neue und schismatische Kirche sein. Durch die persönliche und besondere Intervention des Herrn nimmt sie eine neue Form und neues Leben an, um sie zum apostolischen Glauben der ersten Jahrhunderte und zur tätigen Liebe der ersten Jünger zurückzuführen.« Weiter: »Sie glaubt und bekennt, daß Michel Collin durch ein außerordentliches Wunder der Vorsehung von Christus selbst berufen wurde wie einst Paulus auf dem Wege nach Damaskus.«[297]

[296] Bis heute ist dieses 3. Geheimnis in verschiedenen Varianten, aber natürlich ohne kirchliche Autorisation, publiziert worden.

[297] Zitiert aus der Schweizerischen Kirchenzeitung, 6. 3. 1969.

Collin war ein *Visionär* von hohen Graden. Er hatte unzählige Schauungen und empfing schier am laufenden Band Kundgaben aus der himmlischen Welt. In den Gottesdiensten ergriffen Jesus und Maria und Joseph das Wort, gaben Weisungen und Aufklärungen, und Collin »sah« sie und Anna und Erzengel und Engel. Es wurde von ihm berichtet, daß er ein Stigmatisierter war und während der Messe die Passion erlitt: »Er leidet ganz entsetzlich: Die Schläge auf seinen Rücken sind so stark, daß er husten muß; die ganze Brust wird ihm zusammengeschnürt; läßt ihn der Heiland seine Agonie mitleiden, so erstickt er fast.« An manchen Tagen wiederholte sich die Passion fünf- bis sechsmal. Aber »sobald Jesus ihm als Glorreicher erscheint, verschwinden Schwächung und Müdigkeit von Seele und Leib, und er ist wieder ganz hergestellt«[298]. Regelmäßig wollte er auch Besuche von Planetariern erhalten haben; es wurden sogar Fotos von einer gottesdienstlichen Versammlung im Freien verbreitet, auf dem gestochen scharf ein UFO am Himmel zu sehen ist. Seine Anhänger staunten, glaubten, folgten ihm in grenzenloser Verehrung: Hier war ein Mann, von Jesus als wahrer Papst eingesetzt, mit ihm in mystischer Einheit verbunden, von den Himmlischen gefeiert, von den Planetariern besucht und berufen, der »alten Kirche« die »Kirche der Wahrheit und des Lichts« entgegenzusetzen. Sie ist zur wahren Religion Jesu zurückgekehrt, und Ende 1967 sagte Jesus zu Collin: »Ja, mein Sohn, bis zur Stunde habt ihr am Schluß der Messe gesagt: ›Er kam in Sein Eigentum, doch die Seinigen nahmen ihn nicht auf.‹ Ab heut sollt ihr sagen: ›Er kam in Sein Eigentum, und die Seinigen nahmen ihn auf.‹«[299]

Am 31. Mai 1962 proklamierte Collin gemäß den Amsterdamer Botschaften als neues Dogma *Maria* als »Miterlöserin, Mittlerin, Fürsprecherin und Christusbringerin für die Welt«. An Weihnachten 1967 verkündigt er den Beginn des »Zeitalters des Heiligen Geistes«, in dem Jesus und Maria offiziell ihre irdische Jurisdiktion übernommen haben. Auch Maria mußte »die volle Jurisdiktion erhalten, damit sie die Tür zu Jesus öffnen kann«; deshalb wurde ihr der Titel »Unsere liebe Frau aller Gewalt« verliehen, nachdem sie schon am 11. November 1967 als »Kaiserin des Universums« gekrönt worden war[300]. Weitere Titel folgten, so z.B. »Maria vom Licht« und »Unsere liebe Frau von der Entrückung, die Mutter der Überraschungen«. An der Erhöhung der Jungfrau hatte auch *Joseph* Anteil. Auf Verlangen Jesu verkündigte Collin am 23. Oktober 1967 dessen »ewige Jungfräulichkeit«; denn »das Herz Meines guten Vaters ist so rein, so liebenswürdig, so süß«. Jesus verhieß, das neue Dogma vom »unbefleckten heiligen Joseph« werde für die Gläubigen »die Aufhebung der Erbsünde zur Folge haben«. Die volle Gleichstellung mit Maria erfolgte am 19. März 1968 mit dem Dogma, daß Joseph »mit Leib und Seele in den Himmel aufgenommen wurde, ohne Verwesung, daß er Miterlöser sei, Maria, der Miterlöserin, zur Seite«[301].

Waren schon Maria und seit 7. Oktober 1973 auch Joseph als göttliche Emanationen gefeiert worden, so wurde auch Collin selbst auf diese Rangstufe erhoben.

[298] Die Wahrheit, März 1967
[299] Familienbrief 1968, Nr. 1
[300] Die Wahrheit, Mai 1967 und März 1968
[301] a.a.O. Dezember 1967; Familienbrief 1968, Nr. 6

Damit war er Maria und Joseph gleichgestellt und von der Erbsünde ausgenommen. Seine Vollmachten kannten nun keine Grenzen mehr. Ein Beispiel: In den letzten Monaten seines Lebens, am 21. April 1974, erließ er ein rabiates Dekret gegen Erbsünde und Kommunismus, die offenbar für ihn eng miteinander verbunden waren: »Schluß mit dem Satansreich! Dieser wilde Stier des Kommunismus muß verschwinden! Ende der Erbsünde! Ich setze ein Ende der Erbsünde im Namen der Heiligen Familie. Ihr habt alle Gewalt auf Erden durch euer Gebet! Es ist die größte Waffe auf Erden.« Am Tag darauf wiederholte er das Dekret und bekräftigte es durch das Begräbnis der Erbsünde; die Gottesmutter nahm daran teil – und sie war ganz jung und strahlend schön. Nun wird alles Negative von der Erde verschwinden: »Krankheit, Laster, Schwachheit, Unwissenheit, Elend und Tod sind endgültig entmachtet!«[302]

Das Auftreten von Planetariern veranlaßte Collin, die Glaubenslehre der Erneuerten Kirche auf Weisung Jesu um einen Artikel zu bereichern von der »Existenz anderer Planeten, die bewohnt sind von höheren Wesen als denen der Erde«. Jesus wurde zum »Obersten Pontifex dieser Milliarden himmlischer Geister« erhoben. Damit wurde auch der Kirche eine universale Weite zugesprochen. Am 7. April 1967 gründete Collin die »interplanetarische Kirche« und weihte in einem Ostergottesdienst Millionen »hier gegenwärtiger interplanetarischer Geister« im Namen der Königin Maria zu Priestern. Den Pater Anselm ernannte er zum »interplanetarischen Bischof«, und nach der Messe verteilten sich die neuberufenen interplanetarischen Priester, um der Schöpfung »ihren ersten Segen zu bringen«[303].

Collin dehnte die Kirche der Glorie nicht nur auf die Sternenbewohner aus, sondern auch in die *jenseitige Welt.* Am 10. Oktober 1969 taufte er alle in der Vorhölle gefangenen Seelen, die der Gottesschau beraubt sind, und auf sein Gebet hin führte die Gottesmutter sie in den Schoß der Seligen. Am 15. August 1969 wurden die in die Glorie gelangten Verstorbenen erst selig-, dann heiliggesprochen, zu Priestern, dann zu Bischöfen geweiht und schließlich in die Bürgerschaft von »Clémentville«, dem Himmlischen Jerusalem, aufgenommen.

Die Erneuerte Kirche hatte ihre neuen Lehren und Ordnungen, wie Collin immer wieder betonte, nicht von ihm, sondern vom Himmel. Sie bekam *neue Feste:* Der 7. Mai wurde zum »Fest Maria-Christusbringerin«: »Ihre Verehrung wird ausgedehnt auf das ganze Universum.« Am 9. Juli, dem Jahrestag der Priesterweihe Collins, ist das Fest »Unsere liebe Frau vom Priestertum«. Am 3. August wird die mystische »Taufe der Erde« gefeiert, wobei der Satan exorziert wird. Am 19. November oder dem folgenden Sonntag ist das »Fest der drei unbefleckten Herzen« Jesus, Maria und Joseph. Schließlich wurde am 5. März 1974 durch Dekret »für das ganze Universum bestimmt, daß das Fest der Verkündigung am 25. März, an dem die »feierliche Eröffnung des apokalyptischen Buchs« stattfand, »das größte liturgische Fest der ganzen Schöpfung ist«.

Die sieben Sakramente der katholischen Kirche wurden beibehalten, aber mit einigen Änderungen versehen. So kann die Firmung verschiedene Male empfangen werden – in der frühen Jugend, im heranwachsenden Alter und bei der Ablegung

[302] Mitteilung vom 18. Mai 1974 an die Mitglieder der Abendmahlheime

[303] Die Wahrheit, Juni und Juli 1967

eines Gelübdes. Die Ohrenbeichte wurde durch die Generalabsolution ersetzt, dem ehelosen Priester die »regulär verheiratete Priesterschaft« zur Seite gestellt und ein *»sakramentales Priestertum im Laienstand«* eingeführt. Auch die Frauen haben ein Recht auf die Priesterwürde. Collins Chauffeur empfing samt seiner Gattin die Priesterweihe. Dieses Laienpriestertum ermöglichte die Feier der »Familien-Messe«: es ist die »Kleine Messe bei Tisch«, bei der Vater und Mutter die Hostien konsekrieren und die Gebete in Latein oder in der Muttersprache sprechen. Damit verwandelte sich die Familie zur Gemeinde, das Haus zum »Abendmahlheim«, in dem Jesus immer gegenwärtig ist.

Collin erwartete die *baldige Endkatastrophe.* Am 1. Februar 1968 sagte Jesus zu ihm, daß trotz aller Bemühungen seiner Mutter die Erde sich nicht verändert habe – »So werde Ich sie eben vernichten.« Aber er fügte hinzu: »Doch zuvor werde Ich euch wegholen.« Bevor die Erde von dem »reinigenden Brand« ergriffen wird, sammeln sich die Gläubigen der Erneuerten Kirche am Flughafen, von wo Interplanetarier sie mit Raumschiffen zum Planeten »Maria« bringen werden[304]. Dann werden die Gottlosen auf Erden zermalmt. Nur wer sich bekehrt, wird noch eine Chance haben: »Ihr Demütigungsakt der Bekehrung wird wie ein telefonischer Anruf sein. Dann wird eine Fliegende Untertasse kommen, um sie aufzunehmen für eine andere Welt.«[305] Nach erfolgter Reinigung der Erde wird die »Kirche der Entrückung« wieder zurückkehren. Die himmlische Kirche wird sich mit der irdischen Kirche von Clemens XV. vereinigen, und Maria wird mit Joseph kommen, um aus der Erde »ein Paradies der Heiligsten Dreifaltigkeit zu machen«. Am 2. Juli 1971 prophezeite Collin in einem Radiointerview den dritten Weltkrieg für 1972, wenn die Menschen nicht den von ihm im Namen Gottes und Pius XII. gegebenen Belehrungen folgen: »Die Welt wird zerstört sein von Atombomben und von einem Kometen, der auf die Erde zukommt.« An Silvester 1971 erhielt Collin von Jesus die Kunde, daß das Jahr 1972 »für Seine Kinder« das letzte Jahr vor ihrer Entrückung sein werde.

Die Nachricht von den wunderbaren Begebenheiten und Botschaften lockten Pilger aus Frankreich und dem Ausland nach Clémery. Collin selbst unternahm zahlreiche Fahrten – nach Spanien, Deutschland, Kanada – und erregte Aufsehen, wenn er mit der päpstlichen Tiara von weißgewandeten »Kardinälen« begleitet auftrat.

Über die *Zahl seiner Anhänger* gehen die Schätzungen weit auseinander. Es wurde von mehr als 500 Priestern und 10000 oder gar 25000 Mitgliedern der »Kirche der Glorie« gesprochen. Marie-Emanuel nannte 1974 »Tausende von Gläubigen in den verschiedenen Kontinenten, mehrere tausend Priester, darunter viele Bischöfe und ein Kardinalskollegium«[306]. Aber diese »Priester« waren nicht etwa aus der katholischen Kirche übergetreten, sondern waren von Collin geweihte Lai-

[304] Seit dem 13. Januar 1968 hatte Maria als die »Frau und Herrin des ganzen Universums« Besitz ergriffen von dem Planeten, der als neue »Arche Noah« die zur Entrückung kommenden Gläubigen aufnehmen wird und den Namen »Maria« bekam (Familienbrief 1968, Nr. 2). Der astronomische Name des Planeten wurde ebenso wenig genannt wie der Flughafen, der die Entrückungsbasis sein soll.

[305] Familienbrief 1968, Nr. 5; Die Wahrheit, April 1968

[306] M. Emanuel, Die Wahrheit über die Kirche der Glorie, 1974

en. Das Mutterhaus der »Apostel der unendlichen Liebe«, Saint-Jovite in Kanada, schloß sich mit seinen vier Klöstern und rund 100 Insassen Collin an. Die deutsche Vertretung von Clémery ist die »Mission Magnificat e. V.«, die am 31. August 1971 ins Vereinsregister beim Amtsgericht Trier eingetragen wurde. Der »Gegenpapst Clemens XV.« erzeugte einige Unruhe in der katholischen Kirche, aber eine größere Gefolgschaft gewann er nicht. In der Diözese Bozen-Brixen schlossen sich ihm drei Priester an. Vergeblich war sein Bemühen, die Unterstützung des weltweit als Heiliger verehrten Kapuzinerpaters Pio in San Giovanni Rotondo (Apulien) zu gewinnen. Dieser war Stigmatisierter seit 20. September 1918, und es wurden ihm Wunderheilungen und übernatürliche Fähigkeiten, z. B. Bilokation, nachgesagt; er starb 81jährig am 23. September 1968.
Allerhand Ungemach erstand Collin aus den eigenen Reihen: es gab Spitzel und Querulanten. Und aus dem Kloster Saint-Jovite kam eine Konkurrenz: Der Frankokanadier Jean-Grégoire, Gründer des Ordens der »Apostel der Mutter Gottes« und Superior des Klosters Saint-Jovite, Visionär wie Collin, erhielt 1961 die Weisung von der Jungfrau: »Du mußt nun nach Golgatha gehen. Aber habe keine Angst, ich werde dir immer nahe sein.« Fortan stand er unter Leitung himmlischer Stimmen und empfing den »Krummstab«. Mit Collin war er erst eng verbunden, hatte ihn auch besucht. Aber dann entzweiten sie sich über einem Schreiben Collins vom 9. Mai 1969. Der umstrittene Satz lautete: »Bleiben Sie mit uns in gänzlicher Vereinigung in allem, was die Hl. Kirche betrifft, mystischer universeller Pontifex, um mir zu helfen, zu erfüllen, beizustehen und meinen Platz einzunehmen.«[307] Der Kanadier entnahm daraus, daß Collin ihm seine Papstwürde übertragen habe, und übernahm als »Gregor XVII.« und »Vater der Christenheit« die Leitung der »Kirche Jesu Christi der Apostel der Mutter Gottes«. Collin jedoch hatte dem Satz einen entgegengesetzten Sinn beigelegt. In einer Mitteilung vom 29. Juni 1972 erklärte er: »Da er die ›totale Einheit‹ mit dem ›universellen, mystischen Pontifex‹ nicht gewollt und hergestellt hat, wie sie das Schreiben vom 9. Mai 1969 gefordert hatte, können wir ihn nicht mehr anerkennen.« Auch die in Europa tätigen Vertreter von Jean-Grégoire wurden von Collin »laisiert und exkommuniziert«. Diese wiederum warfen Collin seine Planetarier-Botschaften vor, besonders daß er Maria »zur Göttin gestempelt« und Frauen als Bischöfe eingesetzt habe, »die mit geschminkten Lippen und moderner Kleidung herumlaufen«, und daß er die Erbsünde abgeschafft habe und nicht in der Nachfolge des Gekreuzigten den Leidenskelch trinken wolle, sondern davon träume, »Besitz zu ergreifen vom Stuhl Petri in Rom«[308].
Gegen *Rom und den Episkopat* führte Collin einen vehementen Kampf. Am 9. Oktober 1968 erklärte er in einem Dekret das Papsttum Pauls VI. für nichtig, weil er »häretisch und bewußt-gewollt ungehorsam ist gegenüber Unserer lieben Frau von Fatima«. Desgleichen erklärte er das Priestertum »häretischer Judas-Priester« und die Weihen häretischer Bischöfe für nichtig. Seine Anhänger verteilten Flugblätter, z. B. »Paul 666 und Antichrist«, demonstrierten in Rom, warfen Flugblätter über Mailand aus der Luft und an einem Maisonntag 1971 sogar von einer

[307] Rundschreiben des Paters Raphael Maria vom 13. April 1972
[308] ebd.

Kuppel der Peterskirche auf die zum päpstlichen Mittagssegen versammelte Menge ab.
Wer Collins Zorn erregte, wurde exkommuniziert, so der Richter des Bezirksgerichts Schwyz, der Generalsteuereinnehmer von Nancy und selbst der französische Staatspräsident Valéry Giscard d'Estaing. Seine Sprache gegen den Papst wurde immer ungezügelter. In einem »Öffentlichen Telegramm« an ihn wetterte er: »Häretischer Montini, heuchlerischer Papst, Thronräuber, ungehorsame Synode, Ex-Kardinäle Marty von Paris und Martin von Rouen, die ihr die Schande von über 40 Bischöfen deckt und Freudenhäuser unterstützt: Auf die Galeeren! Wie viele Ordensleute und Frauen habt ihr geschändet! Namen bekannt! Polizei verhafte Sie wegen weltweiter und öffentlicher Skandale!« In einem Offenen Brief an den »Usurpator auf dem Papstthron und Verderber der Seelen« schimpfte er am 10. August 1973: »Du bist einer der Antichristusse vom Ende der Welt, die du verdorben und in den Abgrund geführt hast.« »Auf Erden bist du der größte Verbrecher mit dem größten Schuldkonto!« »Unheil über dich, du Eindringling, Judas, Kain der Endzeit, häretischer Paul VI., du von Gott Ausgespiener!« Schlimmer noch: In seinem Haß machte er sich wahllos und ungeprüft zu eigen, was verdorbene Phantasien an schmutzigem Gossengewäsch zusammengeklaubt oder -gelogen hatten und schleuderte es gegen den Papst los[309].
Daß seine Anhänger nicht wahrnahmen, wie heillos solche Exzesse die Glaubwürdigkeit ihres »mystischen Papstes« diskreditieren mußten, ist unbegreiflich. Ein Gericht in Como verurteilte Collin im Dezember 1973 wegen »Beleidigung Papst Pauls VI.« zu einer Gefängnisstrafe und erkannte ihm »mildernde Umstände« wegen »verminderter Zurechnungsfähigkeit« zu. Das Schwurgericht Venedig erklärte ihn am 25. Februar 1974 kurzerhand für unzurechnungsfähig und ordnete an, ihn im Fall einer Einreise nach Italien in eine Heil- und Pflegeanstalt einzuweisen.
Dann warf ihn ein Kehlkopfkrebs aufs Krankenlager. Da er frei von der Erbsünde war, war er weder dem Leiden noch dem Tod unterworfen. Aber getreu dem Vorbild Jesu »hat er sich, um die Welt zu retten, angeboten, sein ganzes Leben lang zu leiden und ... einen Todeskampf ohne jede Erleichterung zu erleiden«[310]. Seit dem 13. März 1974 konnte er nichts mehr essen. Aber er lebte »auf wunder-

[309] So behauptete er: Der Papst habe einen Sohn von der italienischen Gräfin S. Zu Bischöfen ernenne er mit Vorliebe Mitglieder der jüdischen Freimaurerei, die den »Luzifer-Eid« geleistet und dabei auf ein Kruzifix gespuckt und es mit Füßen getreten haben. Widerspenstige Bischöfe lasse er im Vatikan durch hübsche Betreuerinnen verführen, und eine unsichtbare Kamera filme ihre sexuellen Seitensprünge, und »dann hat Paul VI. sie in seinen Netzen«. Die Herstellung des von dem dänischen Regisseur Jörgen Thorsen geplanten Pornofilms über Christus – gegen den der Vatikan scharf protestiert hatte – finanziere Paul VI. zusammen mit der jüdischen Freimaurerloge Bene B'rith in Frankfurt: Er sei ein geschickter Börsenspekulant, »Hauptteilhaber der Betriebsgesellschaft von Porno-Shops in Kopenhagen« und mit seinen Söhnen maßgeblich an drei Firmen der Schwerindustrie beteiligt, die Waffen für die Entwicklungsländer produziere. Der französische Episkopat bestehe aus »lauter Gescheiterten, Häretikern, Konkubinären, Homosexuellen und Spekulanten« und habe bei einer nordeuropäischen Bank »an die vier Milliarden alte Franken angelegt« zur Bezahlung der Alimente für die Frauen und Kinder des hohen französischen Klerus.

[310] Die Wahrheit, April 1976

bare Weise« weiter, und seine Krankheitsgeschichte verklärte sich zur zweiten Passion. Um auch nach seinem Tod bei seinen Anhängern gegenwärtig zu sein, richtete er ein Sakrament seiner Gegenwart ein: Am 25. Mai 1974 konsekrierte er ein von Pilgern gestiftetes Kreuz, so daß es selbst »eucharistisch« wurde – so wie Jesus durch die Konsekration beim Letzten Mahl Brot und Wein zu Trägern seiner Gegenwart gemacht hatte. *Am 23. Juni 1974 starb er.* Für die Leitung der Erneuerten Kirche hatte er den Pater Bernardin, Generalsuperior des »Ordens der Apostel von der Unendlichen Liebe«, mit einem beratenden Gremium von mehreren »Kardinälen« bestellt. Aber er selbst führt sie vom Himmel her weiter.
Schon wenige Tage nach seinem Tod sprach er durch eine Französin, Schwester Yvette, zu den Seinen. Sie hatte schon zuvor viele himmlische Kundgaben empfangen, die Collins Sendung bestätigten. Er tröstete seine Anhänger, mahnte sie zur Wachsamkeit, bezeugte ihnen seine Liebe, verhieß ihnen ihre baldige Entrükkung und stellte seine Wiederkunft in Aussicht. Dann wird die Kirche der Glorie triumphieren. Und jetzt schon ist *Collin zum Heiland der Endzeit erhoben:* Am 13. September 1975 bezeugte ihm Jesus: »Er hat den Himmel und die Erde endgültig versöhnt. Er hat das große Werk der Erlösung vollendet.« Kurz zuvor war er »offiziell zum Licht der Welt am Ende der Zeiten« ernannt worden. Am 31. März 1976 wurde in Clémery erstmals die hl. Messe zu Ehren der drei göttlichen Emanationen: Maria, Joseph und Clemens XV. gefeiert; dieses Fest »soll jedes Jahr am 31. März mit größter Feierlichkeit begangen werden«[311].
Aber schon ein Jahr nach seinem Tod mußte der Erhöhte *drohender Verwirrung* wehren. Am 27. Mai 1975 sagte er vom Himmel her: »Nach und nach decke ich alle falschen Seher auf.« Am 5. Juni 1975: »Ich will nicht – und dies ist ein ausdrücklicher Befehl von mir –, daß Feinde Gottes, die nur das Böse suchen, sich in Clémery einschleichen und dort empfangen werden.« »Ich sage wie Jesus: ›Hinaus die Scheinheiligen!‹, hinaus alle jene, die Satan an diesen heiligen Ort einführen will.« Am 8. Juni 1975: »Ich konnte meine Erneuerte Kirche nicht ein Jahr lang ohne Stütze und Führung lassen. Jesus und ich waren es, die die Kirche geführt haben, und du, Schwester Yvette, bist es, die dazu erwählt worden ist, unseren Willen zu übermitteln.« Er erließ sogar vom Himmel her ein neues Dekret: Jeder Priester der Erneuerten Kirche, der sich der Führung der Kirche widersetzt, verliert sein Priestertum, und »ich erkläre feierlich: Dieses Dekret untersagt den abgespaltenen Seelen, zum Planeten der Glorie aufzusteigen am Tage, da ich kommen werde.« Den Treuen aber wurden »Preise« in Aussicht gestellt, abgestuft »je nach dem Vertrauen und der Beharrlichkeit des Einzelnen während der Zeit meiner Abwesenheit von Clémery«[312].

5. Collin blieb aber nicht der einzige, der, aus dem katholischen Raum kommend, letztlich das Papstamt für sich beansprucht. Aus Spanien stammt der 1949 geborene Seher Clemente Dominguez Gomez. 1968 hatten in der Nähe des Ortes *El Palmar de Troya* verschiedene Personen Erscheinungen – auch Clemente, der

[311] Marianischer Brief Nr. 21, 24 und 25
[312] Die Wahrheit, August 1975; April/Mai 1975

ein halbes Jahr darum gebetet hatte. Bei diesen Visionen spielt wiederum Maria eine große Rolle. Auch von Stigmatisationen wird berichtet. Zunächst war die Gruppe um den Seher Clemente traditionalistisch orientiert, entwickelte sich aber zusehends zu einer eigenen Organisation. 1975/76 entstand der »Karmelorden vom hl. Antlitz«, der eine extrem traditionalistische Prägung aufweist. Zu dieser Zeit weihte der vorübergehend exkommunizierte vietnamesische Bischof Ngo Dinh Thuc Clemente und einige seiner Anhänger zu Priestern und später zu Bischöfen.
Die entscheidende Wende erfolgte am Todestag Papst Paul VI., am 6. August 1978. An diesem Tag wurde Clemente »auf mystische Weise« zum *Papst* gekrönt und nennt sich seither *Gregor XVII.* Zahlreiche »Dogmatisierungen«, u. a. die Proklamation Mariens als vierte Gottheit, und ein 1980 einberufenes »Konzil« haben bereits zu verschiedenen weiteren Abspaltungen geführt.

ERNEUERTER KULTUS

Die Christengemeinschaft

Rudolf Steiner

1. RUDOLF STEINER wurde am 27. Februar 1861 in Kraljevec an der ungarisch-kroatischen Grenze geboren. Sein Vater war bei der k. u. k. Eisenbahn angestellt. Bei dem hochbegabten Knaben zeigten sich schon früh einige charakteristische Züge, die seine spätere geistige Entwicklung bestimmten. Da war eine hellseherische Gabe, die erstmals in seinem achten Lebensjahr in Erscheinung trat; sie überzeugte ihn von der Wirklichkeit einer übersinnlichen Welt. Ungefähr zur gleichen Zeit entdeckte er bei seinem Lehrer ein Geometriebuch, über das er sich »mit Enthusiasmus« hermachte; die in allen Dreiecken, Rechtecken, Vierecken, Vielekken wiederkehrenden Gesetze empfand er als Hinweise auf eine von der sinnlichen Welt unabhängige geistige Welt. Dazu kam schließlich der tiefe Eindruck, den ihm der Kultus bei seinem Ministranten- und Chordienst in der katholischen Kirche machte; er erlebte ihn als »Vermittlung zwischen der sinnlichen und der übersinnlichen Welt«. Später in der Realschule wurde die Mathematik sein Lieblingsfach. Aber bald beschäftigte er sich auch schon mit der Philosophie und las bereits als 14jähriger die Werke Kants. Nebenher erlernte er im Selbstunterricht Latein und Griechisch und bestand 18jährig das Abitur »mit Auszeichnung«. 1879 begann er das Studium an der Technischen Hochschule in Wien. Er las Fichte, Hegel, Schelling. Im Hintergrund all seines Suchens und Forschens stand die Frage,

wie die »erlebte Geisteswelt« und die materielle Natur zusammenzubringen seien. Dies veranlaßte ihn, nach einer eigenen Erkenntnislehre zu suchen. Durch den Wiener Germanisten Karl Julius Schröer wurde ihm Goethe nahe gebracht. Schröer empfahl auch Joseph Kürschner, dem Herausgeber von Goethes Werken in der »Deutschen Nationalliteratur«, Rudolf Steiner mit dem Kommentar der naturwissenschaftlichen Werke Goethes zu beauftragen; schon 1884 erschien der erste Band. Nebenher schrieb Steiner ein eigenes Buch über *»Grundlinien einer Erkenntnistheorie der Goetheschen Weltanschauung – mit besonderer Rücksicht auf Schiller«*.

Das war 1886. Vier Jahre später wurde er an das Goethe- und Schiller-Archiv in Weimar berufen und mit der Herausgabe der naturwissenschaftlichen Schriften Goethes im Rahmen der großen »Sophien-Ausgabe« beauftragt. In Weimar kam er in Berührung mit Friedrich Nietzsche und Ernst Häckel. Vor allem aber fand sein eigenes Suchen einen ersten Niederschlag in dem 1894 veröffentlichten Werk *»Die Philosophie der Freiheit«*.

Hier entwickelte Steiner in ebenso scharfsinnigen wie schwierigen Überlegungen seine Erkenntnistheorie, welche die von Kant als unübersteigbar bezeichneten Schranken der Erkenntnis sprengen sollte. Ausgangspunkt war der in Goethes »Metamorphose der Pflanze« erwähnte Gedanke einer »Urpflanze«, die das allen Pflanzen Gemeinsame enthält, also eine Art repräsentative Darstellung des Naturwesens »Pflanze« ist. Für Steiner war es wichtig, daß Goethes Naturerklärungen keine abstrakten Gedankengebilde, sondern auf gedankliche Art in der Seele lebende Bilder waren. Und nun ging er einen Schritt weiter: Waren für Goethe diese Bilder nur im Gedanklichen, so sah Steiner in ihnen reale Bestandteile der geistigen Welt. Wie kann man den Zugang zu ihr gewinnen? Schon als Student hatte er den Einstieg geahnt: »Wenn das Ich tätig ist und diese Tätigkeit selbst anschaut, so hat man ein Geistiges in aller Unmittelbarkeit im Bewußtsein, so sagte ich mir.« In »Philosophie der Freiheit« zog er diese Linie weiter: Das übliche Denken richtet sich auf eine Wahrnehmung und verarbeitet sie. Nun gilt es, ein »sinnlichkeitsfreies Denken« zu entwickeln, das nicht an Sinneswahrnehmungen gebunden ist, sondern dieses auf Wahrnehmungen bezogene Denken zum Gegenstand seines Denkens macht. Und in diesem »Denken über das Denken« wird das reale geistige Gegenstück oder die Idee des Wahrnehmungsobjekts erfaßt. Auf diese Weise bekommt der Mensch Anteil am universellen Sein, denn »indem sich das Denken der Idee bemächtigt, verschmilzt es mit dem Urgrunde des Weltdaseins« (Mein Lebensgang, S. 145.) In der Intuition erlebt er die rein geistigen Inhalte des Seins. »Wer nicht die Fähigkeit hat, die den Dingen entsprechenden Intuitionen zu finden, dem bleibt die volle Wirklichkeit verschlossen.« (Philosophie der Freiheit, S. 95)

Die nächste Lebensstation war Berlin, wohin Steiner 1897 übersiedelte. Zusammen mit Otto Erich Hartleben gab er das *»Magazin für Literatur«* heraus. Ihm verdankte er auch wesentlich die Entdeckung der Form der Meditation, welche die höhere Welt erschließt. In seinem Buch *»Wie erlangt man Erkenntnisse der höheren Welten?«* (1909) zeigte er den Weg, der den Suchenden zum Erleben der geistigen Welt bei vollem Bewußtsein führen kann: In strenger Selbstzucht und Konzentration muß er die in seinem Astralleib angelegten Organe, die »Lotusblumen«, ausbilden und kann dann in den drei Erkenntnisstufen der Imagination, der Inspiration und der Intuition Stück um Stück der höheren Welt wahrnehmen, schließlich sogar Einblick in das Weltgedächtnis gewinnen, die sog. *»Akasha-Chronik«*, die die geistigen Abdrücke alles Physischen, aber auch der Gedanken, Gefühle und Willensimpulse des Weltganzen enthält. Steiner hat – bisher als einziger – diesen

Einblick gewonnen. Seine geisteswissenschaftlichen Erkenntnisse bekamen damit einen gewissen autoritativen Rang.
Sehr wichtig wurde für Steiner ein anderes Ereignis: Ungefähr 1897 sah er sich »harten Seelenkämpfen« ausgesetzt, und in deren Verlauf begann der *»wahre Inhalt« des Christentums* zuerst keimhaft, dann um die Jahrhundertwende immer kräftiger sich als »eine Erkenntnis-Erscheinung« vor seiner Seele zu entfalten. »Auf das geistige Gestanden-Haben vor dem Mysterium von Golgatha in innerer ernstester Erkenntnis-Feier kam es bei meiner Seelen-Entwicklung an.«[313] Schon um 1884 war Steiner Anhängern der *Theosophie* in Wien begegnet – die Theosophische Gesellschaft war 1875 von der Russin Helena Petrowna Blavatsky (1831–1891) in New York gegründet, 1882 nach Adyar bei Madras verlegt worden und hatte auch in Deutschland Anhänger gefunden, unter denen der süddeutsche Arzt Dr. Franz Hartmann (1842–1912) führend war. Aber die in seinen Schriften beschriebene Art, sich zur geistigen Welt zu verhalten, empfand Steiner als »meiner Geistesrichtung völlig entgegengesetzt«. In Berlin hatte er dann Kontakt mit dem dortigen Theosophischen Kreis und legte ihm in Vorträgen seine eigenen Erkenntnisse dar. Er lernte hier auch die Leiterin der 1902 gegründeten *»Deutschen Sektion der Theosophischen Gesellschaft«*, Marie von Sivers, kennen. Sie wurde seine zweite Frau – seine erste Frau war 1911 gestorben. Obwohl er seine Zuhörer über die Unterschiede zwischen seinen und den theosophischen Auffassungen nicht im unklaren ließ, wurde er zum Generalsekretär der Deutschen Sektion berufen.
In den folgenden Jahren trat jedoch der *Gegensatz zur Theosophie* immer deutlicher hervor. Unüberbrückbar war er in der Wertung Christi: Während die Theosophen in ihm einen der vielen Weltenführer sahen, die der Menschheit auf ihrem Evolutionsweg helfen, bedeutete er für Steiner den Wendepunkt der Menschheitsgeschichte schlechthin, auf den alle vorhergehenden Religionen nur hingewiesen hatten. Als dann der Hinduknabe Krishnamurti im Jahr 1910 als der reinkarnierte Christus ausgerufen und zur Verbreitung dieser Botschaft die Gesellschaft »Stern des Ostens« gegründet wurde, kam es zum Bruch, denn für Steiner war eine Reinkarnation Christi schlechterdings undenkbar. Annie Besant, Nachfolgerin von H. P. Blavatsky, schloß ihn 1913 aus der Theosophischen Gesellschaft aus. Im gleichen Jahr gründete Steiner die *»Anthroposophische Gesellschaft«*. Die Ergebnisse seiner geisteswissenschaftlichen Forschungen hatte er schon zuvor in der *»Theosophie – Einführung in übersinnliche Welterkenntnis und Menschenbestimmung«* (1904) und *»Geheimwissenschaft im Umriß«* (1910) niedergelegt.
In den folgenden Jahren entfaltete er seine Erkenntnisse und ihre Konsequenzen für alle Lebensbereiche. Er veröffentlichte zahlreiche Schriften, veranstaltete Kurse, unternahm Vortragsreisen durch ganz Europa, rief Arbeitszweige ins Leben, in denen die anthroposophischen Grundsätze praktiziert wurden, schuf in dem 1913–1916 erbauten Goetheanum in Dornach ein anthroposophisches Zentrum und gründete 1923 dort die »Freie Hochschule für Geisteswissenschaft«.
1923 machte sich ein schweres Leiden bemerkbar. Aber noch in den letzten neun Monaten seines Lebens hielt er 338 Vorträge – die Gesamtzahl seiner Vorträge

[313] Mein Lebensgang, S. 366

wird mit 6000 beziffert – und schrieb seine Autobiographie *»Mein Lebensgang«*. Am 31. März 1925 starb er nach einem Leben von einzigartiger geistiger Konzentration und Fruchtbarkeit. Die Gesamtausgabe seiner Werke, Vortragsreihen, Aufsätze und nachgelassenen Schriften umfaßt etwa 300 Bände!

2. Nach der *Weltschau Steiners* stand am Anfang der kosmischen Entwicklung das Rein-Geistige. Es ging zu einem Teil in die Stofflichkeit über, während der andere Teil als zielsetzendes und leitendes Prinzip über dem nun folgenden *Entwicklungsprozeß* schwebt. Dieser verläuft für unseren Planeten in sieben Stufen – die Zahl Sieben hat im anthroposophischen System eine konstituierende Bedeutung –, es sind der Saturn-, Sonnen-, Mond-, Erden-, Jupiter-, Venus- und Vulkanzustand. Die Entwicklung führt in diesen Stufen zuerst zu zunehmender Verdichtung des Geistigen ins Stoffliche und schwingt dann wieder zurück zu einer allmählichen Auflösung der Stofflichkeit ins Rein-Geistige. In den ersten drei Stufen bildeten sich das Mineralreich, das Pflanzenreich und das Tierreich. Jetzt befindet sich die Erde in ihrer vierten Entwicklungsphase, die im Zeichen des Tiefpunkts und des beginnenden Rückschwungs steht.
In diesen großen Evolutionsprozeß ist auch der *Mensch* eingebettet. Als reine »Geistseele« oder »Lebensgeist« hatte er seinen Weg begonnen. Im Saturnzustand entstanden die ersten Anlagen des physischen Körpers, und er hatte ein Trancebewußtsein; während des Sonnenzustands keimte der Ätherleib mit dem Schlafbewußtsein, während des Mondzustands der Astralleib mit dem Bilderbewußtsein. Im Erdenzustand begann sich das Ich zu entwickeln. Es steht in der Mitte zwischen den drei unteren Gliedern des Menschen, die bereits vorhanden sind, und den drei oberen, die in der weiteren Entwicklung hinzukommen sollen: das Geistselbst (höheres Bewußtsein), der Lebensgeist (geistige Lebenskraft) und der Geistesmensch (selbständige geistige Wesenheit). Das Ich als Mittelglied stellt die Verbindung zwischen der unteren und der oberen Gruppe her und hat an beiden Anteil. Darum fällt ihm auch die Hauptrolle in der Evolution zu. Ihm offenbaren sich die Sinneserscheinungen von der einen und der Geist von der anderen Seite. »Leib und Seele geben sich dem ›Ich‹ hin, um ihm zu dienen; das ›Ich‹ aber gibt sich dem Geiste hin, daß er es erfülle ... Und was vom Geiste her im ›Ich‹ ist, das ist ewig.«[314] Das Endziel der Entwicklung ist die *Wandlung* des Astralleibs zum Geistselbst, des Ätherleibs zum Lebensgeist, des physischen Leibes zum Geistesmenschen.
Der jetzige »Erdenzustand« gliedert sich in ebenfalls sieben Zeitalter: Nach dem Polarischen und dem Hyperboräischen Zeitalter brachte das Lemurische einen besonderen Einschnitt in der Evolution des Menschen durch das *Luzifer-Ereignis* (1. Mose 3): »Geistige Mondenwesen« wirkten auf den Astralleib ein und lösten ihn von seiner Verbindung mit dem geistigen Allbewußtsein. Selbständig geworden, wurde er Herr über das noch nicht fertige Ich. Dieses verlor seinen geistigen Ursprung aus dem Auge, verschmähte die Hilfe der hohen Geistwesen und verfiel vorzeitig der Materie. Die Verstrickung in Leidenschaften bewirkte Geschlechtertrennung, Krankheit und Tod und damit die *Reinkarnation*. Aus dem dumpf träumenden Menschenwesen wurde der homo sapiens, ausgestattet mit der Frei-

[314] Theosophie, S. 50

heit des Denkens und Wollens, aber auch belastet durch Leiden und Tod und die Neigung des Ätherleibs zur Lüge und des Astralleibs zur Selbstsucht. Die Gefahr bestand, daß der Mensch seine drei höheren Glieder nicht ausbildete und daß dadurch auch die weitere Evolution der Erde ins Stocken geriet. Erste Hilfe empfing er im Atlantischen Zeitalter durch die *sieben Orakelstätten,* besonders das Sonnenorakel: ihre Eingeweihten hatten sich durch Luzifer nicht verführen lassen. Im Nachatlantischen Zeitalter entwickelten sich Verstandesseele und Ichbewußtsein, und es entstand die menschliche Kultur im heutigen Sinn. Dieses fünfte Zeitalter gliedert sich in sieben Kulturepochen, die je 2160 Jahre umfassen. Auf die 7227 beginnende altindische Kulturepoche folgten die altpersische und die ägyptisch-chaldäisch-babylonische. In der vierten Kulturepoche, der griechisch-lateinischen, die 747 v. Chr. begann, trat das *»erhabene Sonnenwesen« Christus* in die Erdenwelt ein, um die Herrschaft Luzifers zu brechen. Zuvor schon hatte Christus verhüllt durch die vorchristlichen Religionen und Mysterien gewirkt. Nun bereitete er im jüdischen Volk den *Menschen Jesus* zu, dessen Leiblichkeit »den der Erde zustrebenden Heiland in sich aufnehmen« sollte. Durch das »Mysterium von Golgatha« wurde die Gefahr der endgültigen Verstofflichung für Mensch und Welt abgewendet. Passion und Auferstehung hatten also weit über den christlichen und religiösen Bereich hinaus eine menschheitliche, ja kosmische Bedeutung: durch sein Blut verband der Christus sich mit dem Stoff der Erde, und in seiner Auferstehung überwand der Geist den Stoff. So war das Ereignis von Golgatha »die Offenbarung für einen geistigen Vorgang, der im Mittelpunkt alles Erdgeschehens steht«. Vorher lebte in der Erde die Kraft, die von der Sonne auf sie niederstrahlt. Seither lebt in ihr »der Logos selber, der durch Golgatha der Geist der Erde wurde«. Damit wurde die Entwicklung aus der Verstofflichung in die Vergeistigung gesichert.

Hatte diese Kulturepoche die Ausbildung der Verstandesseele und damit das Erwachen des bewußten Ich gebracht, so erfolgt in der *jetzigen fünften Kulturepoche,* die 1413 begann, die Ausbildung der Bewußtseinsseele. Freilich, das übersinnliche Wahrnehmungsvermögen, das in der frühen Christenheit lebendig gewesen war, ging mehr und mehr verloren und erstickte unter der Decke des rationalistisch-materialistischen Denkens. Aber nicht ganz verloren ging das esoterische Wissen um Ursprung, Evolution und Ziel der Menschheit, das von den atlantischen Orakeln an die nachatlantischen Religionen und Mysterienstätten weitergegeben wurde. Die Anthroposophie hat es wieder aufgenommen und für alle Menschen den Zugang zu ihm erschlossen – was übrigens Steiner den Vorwurf des »Mysterienverrats« seitens der indischen Theosophen eintrug. Im Jahr 1879 hat das michaelische Zeitalter begonnen. Da wird der Erzengel Michael der ahrimanisch verseuchten Menschheit helfen, ihre geistige Natur schneller wiederzufinden. Und 1909 verkündigte Steiner die ätherische Wiederkunft Christi: die Menschen werden die »Seelenfähigkeit« gewinnen, »den Christus zu schauen im Ätherischen«. In den letzten zwei »Kulturepochen« wird dieser sich in seinem Astralleib und schließlich als »großes kosmisches Ich« offenbaren. – In den weiteren großen Entwicklungsstufen schließlich – im Jupiter-, Venus- und Vulkanzustand – geht die Erde dann ihrer völligen Vergeistigung entgegen, und im Menschen erfolgt die Ausbildung von Geistselbst und Lebensgeist.

3. Rudolf Steiner rief zahlreiche *Arbeitszweige* ins Leben, in denen die anthroposophischen Grundsätze praktiziert wurden: In den Jahren 1910 bis 1913 wurden in einigen Münchener Theatern vier von ihm verfaßte *Mysterien-Dramen* aufgeführt, die sich mit des Menschen Wesen, Suchen und Schicksal in anthroposophischer Schau beschäftigen. Um für diese Aufführungen eine geeignete Bühne und zugleich einen Mittelpunkt für die Tätigkeit der Anthroposophie zu gewinnen, wurde 1913 bis 1916 das *Goetheanum* in Dornach bei Basel erbaut, das ein Konzentrat anthroposophischer *Architektur, Plastik und Malerei* war – Steiner selbst schuf eine Christusgestalt mitten zwischen Luzifer und Ahriman. Als es in der Silvesternacht 1922 einer Brandstiftung zum Opfer fiel, entwarf er noch selbst das Modell für den Neubau. Auch anthroposophische Kliniken und Schulen wurden von seinen architektonischen Stilelementen geprägt. Eine Art Tanzkunst, in der sich das geistige Wesen des Menschen und seiner Sprache ausdrückt, ist die *»Eurythmie«*. Sie entwickelte sich seit 1912 unter der Obhut von Marie Steiner als Bühnenkunst, Erziehungshilfe und Heileurythmie. Dazu gesellt sich eine Schule für Sprachgestaltung in Dornach.
In der Erkenntnis, daß der Erste Weltkrieg schwere gesellschaftliche Erschütterungen und Umbrüche auslösen wird, entwarf Steiner die Grundsätze für eine neue Ordnung, zu deren Verwirklichung sich 1919 der *»Bund für Dreigliederung des sozialen Organismus«* bildete. Er konnte sich freilich im Gestrüpp der parteipolitischen und sozialen Interessengruppen nicht durchsetzen. Dagegen rief Steiner mit seinen Richtlinien für eine aus dem anthroposophischen Menschenbild erwachsene *Pädagogik* eine Bewegung ins Leben, die internationale Verbreitung fand: 1919 wurde vor allem für die Arbeiterkinder der Waldorf-Astoria-Zigarettenfabrik in Stuttgart die erste *»Waldorf-Schule«* gegründet. Der Lehrplan und die pädagogischen Grundgedanken stammten von Steiner. Mit ihren Grundsätzen (Gesamtschule von 12 Jahren Dauer bis zum Abitur; Erweckung der individuellen Begabungen mit kindesgemäßen Mitteln; kein Drill und keine Zensuren; Epochenunterricht, d. h. täglich zwei Stunden Unterricht über das gleiche Fachgebiet drei bis sechs Wochen lang; Betonung des handwerklichen und künstlerischen Arbeitens usw.) fanden die Waldorf-Schulen als wertvolle Ergänzung und Korrektiv zum allgemeinen Schulwesen weite Anerkennung. Zu den 71 Waldorf-Schulen in der Bundesrepublik kommen 134 weitere in Europa und 53 im übrigen Ausland.
Im Juni 1924 legte Rudolf Steiner in einem Kurs für Heilpädagogen auch den Grund für die *»heilpädagogische Bewegung«*. 1981 bestanden in der Bundesrepublik 80 Einrichtungen für Heilpädagogik (Kinder und Jugendliche) und Sozialtherapie (Erwachsene) mit 4800, im Ausland 170 Einrichtungen mit ca. 5000 Betreuten. Nachdem Steiner schon 1917 in seinem Buch *»Vom Seelenrätseln«* ausgeführt hatte, daß bestimmte körperliche und seelische Funktionssysteme einander zugeordnet sind, gab er in dem gemeinsam mit der Ärztin Dr. ITA WEGMAN verfaßten Werk *»Grundlegendes für eine Erweiterung der Heilkunst nach geisteswissenschaftlichen Erkenntnissen«* (1925) Anleitungen für eine anthroposophische Diagnose und Therapie. Dabei ging es ihm nicht um eine Abkehr von der naturwissenschaftlichen Medizin, sondern um ihre »Erweiterung«. Das von Dr. Ita Wegmann 1921 in Arlesheim (Schweiz) gegründete »Klinisch-Therapeutische Institut« widmet sich

der Entwicklung einer anthroposophischen Medizin; es treibt u. a. Forschungen mit dem von Steiner angegebenen Mistelpräparat »Iscador« zur Behandlung von Krebskranken. In Arlesheim entstand auch die erste anthroposophische Klinik. Weitere Krankenhäuser und Sanatorien folgten, vor allem in Deutschland. Der Herstellung von entsprechenden Heilmitteln dienen die 1924 gegründeten *»Weleda-Werke«* in Arlesheim und Schwäbisch Gmünd. Sie verarbeiten solche Pflanzen, die aufgrund ihrer biologischen Besonderheiten heilende Wirkungen entwickelt haben; diese Wirkungen werden durch die genauen Zeiten ihrer Aussaat, Keimung, Reife und Ernte verstärkt. Außer den Heilmitteln werden auch kosmetische Erzeugnisse hergestellt.
Die Grundsätze, die Steiner für den Anbau von Heilpflanzen entwickelte, empfahl er auch den Bauern für ihre Landwirtschaft in einem Kurs im Juni 1924. Die *»biologisch-dynamische Wirtschaftsweise«* lehnt mineralische Dünger und chemische Stoffe ab, weil durch sie der Erdboden vergiftet werde. Statt dessen sollen Komposte mit Weleda-Präparaten hergestellt werden, um die biologische Aktivität des Bodens zu erhöhen. Nur aus einer gesunden Erde können gesunde Früchte wachsen. Beim Anbau sind die Lebensrhythmen von Boden, Pflanzen und Tieren in ihre wechselseitigen und kosmischen Abhängigkeiten einzufügen; dazu gehört u. a. die Beachtung der Symbiose von Kulturpflanzen und »Unkräutern«. Die mit der dynamisch-biologischen Anbauweise erzeugten *»Demeter-Produkte«* erfreuen sich hohen Ansehens besonders in vegetarisch-lebensreformerischen Kreisen.
Das Thema *»Christentum«* im anthroposophischen Verständnis beschäftigte Steiner besonders stark; viele Veröffentlichungen zeugen davon. Das begann mit dem Buch *»Das Christentum als mystische Tatsache und die Mysterien des Altertums«* 1912, es setzte sich fort in großen Vortragsreihen über die vier Evangelien 1907–1912 und endete mit zwölf Vorträgen über *»Das Sonnenmysterium und das Mysterium von Tod und Auferstehung«* im Jahr 1922. Steiner wollte damit keine neue Glaubenslehre entwerfen oder gar eine neue Glaubensgemeinschaft gründen, sondern beschränkte sich streng auf seine geisteswissenschaftlichen Erkenntnisse. Diese wirkten jedoch auf einen Kreis suchender Christen und führten zur Gründung der Christengemeinschaft.

Anfang und Weg der Christengemeinschaft

Schon 1911 war der damalige Nürnberger Pfarrer Dr. Friedrich Rittelmeyer (geb. am 5. Oktober 1872 in Dillingen a. D.) mit Rudolf Steiner bekannt geworden und suchte dessen Erkenntnisse mit der biblischen Verkündigung zu verbinden in der Überzeugung, daß sich erst dadurch der tiefste Sinn der Heiligen Schrift erschließe. Durch seine Predigten weit bekannt geworden, wurde er 1916 nach Berlin an die »Neue Kirche« am Gendarmenmarkt berufen; auch hier waren seine Gottesdienste überfüllt. Steiners Vorträge 1917 in Berlin, die Rittelmeyer hörte, beeindruckten ihn aufs tiefste: »Nicht ein Pfarrer, auch nicht ein Prophet: der Wissende einer Wirklichkeit stand vor uns«; und: »Eine neue Christusverkündigung stand vor mir. Eine neue Christuszeit zog herauf«, schrieb er in seinem Buch *»Meine Lebensbegegnung mit Rudolf Steiner«.* Er wurde Mitglied der Anthroposophischen Gesellschaft.

1921 bekam Rittelmeyer Kenntnis von einem Kreis von 18 jungen, suchenden Menschen, meist Theologen, die sich mit der Bitte um Rat und Hilfe an Rudolf Steiner gewandt hatten. Die Katastrophe des Ersten Weltkriegs und schwere Enttäuschungen an den großen Konfessionen hatten ihnen deutlich gemacht, daß eine grundlegende Erneuerung des geistigen, besonders des religiösen Lebens gefordert sei. Aus ihrer Verantwortung für die Zukunft des Christentums stellten sie sich selbst in den Dienst dieser Erneuerung. Von der Anthroposophie erwarteten sie eine wirksame Hilfe. Steiner erfüllte ihre Bitte. Er lud sie zu zwei Kursen ein. Schon beim ersten Kurs zu Pfingsten 1921 in Stuttgart gewann »die Idee einer neuen Reformation« Gestalt. Zum zweiten Kurs in Dornach im September 1921 sammelten sich über einhundert Teilnehmer, darunter zahlreiche Nichttheologen. Steiner gab ihnen in 29 Vorträgen eine ausführliche Unterweisung. »Es war kein ›Theologenkurs‹, was Rudolf Steiner uns gab. In unserer Mitte wurde der christliche Kultus und Sakramentalismus geboren in der Gestalt, die unserer Gegenwart als dem Zeitalter der Bewußtseinsseele entspricht. Rudolf Steiner war in stiller Demut und Frömmigkeit und zugleich in höchster Geistesvollmacht in unserer Mitte. Die Zeit war reich, und unsere Herzen waren offen; und so konnte er für uns vom Himmel herunterholen, was die mit Christus verbundenen und Ihm dienenden geistigen Mächte der zukünftigen Menschheit als Gabe des Segens zugedacht hatten. Als Träger eines neuen Priesterauftrags sollten wir in die Welt hinausziehen.«[315]
Zum Abschluß der Vorbereitung sammelten sich die »Festentschlossenen« in Breitbrunn am Ammersee, um die *Christengemeinschaft* zu begründen. Mit der Wahl dieses Namens sollte ausgesprochen werden, »daß für unser Bewußtsein die alten Kirchen nicht mehr wirklich die Gemeinschaft der Christen seien. Über Katholizismus und Protestantismus hinaus wollten wir ›die dritte Kirche‹ bauen, wie wir es damals oft nannten.«[316] Dieser Ausdruck bezeichnet den anfänglichen Enthusiasmus, wird aber nicht in propagandistischer Weise herausgestellt. In Anwesenheit Steiners wurde am 16. September 1922 die erste kultische Handlung durch Friedrich Rittelmeyer vollzogen. Er legte sein Pfarramt in der evangelischen Kirche nieder und wurde fortan als »Erzoberlenker« der geistige Führer der Christengemeinschaft. Nach seinem Tod am 23. März 1938 wurde Lic. Emil Bock (1895–1959) Erzoberlenker. Auch er war evangelischer Theologe, hatte einige Jahre im Kirchendienst gestanden und war ein außerordentlich fruchtbarer Schriftsteller. Der jetzige Erzoberlenker ist Dr. Rudolf Frieling (geb. 1901).
Die Christengemeinschaft will nicht einfach eine Verlängerung der Anthroposophie in den religiösen Bereich hinein, also eine Art »religiöser Flügel« der Anthroposophischen Gesellschaft sein. Steiner zog die Trennungslinie: »Die anthroposophische Bewegung wendet sich an das Erkenntnisbedürfnis und bringt Erkenntnis; die Christengemeinschaft wendet sich an das Auferstehungsbedürfnis und bringt Christus.« Und Rittelmeyer betonte: »Nichts Anthroposophisches ist Dogma der Christengemeinschaft.« Aber von den geisteswissenschaftlichen Erkenntnissen macht sie als Denkhilfen vielfachen Gebrauch, »weil hier ein Weltbild

[315] Emil Bock in: Wir erlebten Rudolf Steiner, hrsg. von M. J. Krück, Stuttgart 1956
[316] J. Sydow in: Christengemeinschaft 1947, Nr. 5

da ist, mit dem das Christentum leben und in die Zukunft gehen kann«[317]. Es ließ sich freilich nicht vermeiden, daß die geisteswissenschaftlichen Erkenntnisse, auch wenn sie nur als »Denkhilfen« dienten, auf die religiöse Welt der Christengemeinschaft einen bedeutenden Einfluß hatten.

Nachdem bereits 1935 die Anthroposophische Gesellschaft in Deutschland verboten worden war, wurde 1941 auch über die Christengemeinschaft ein Verbot verhängt. Ihr erster Kirchenbau, in Dresden, wurde beschlagnahmt, ebenso eine »Arbeiterschule« in Essen und ein größeres »Haus für entlassene Strafgefangene« in Wuppertal, die 1929/31 errichtet worden waren. 1945 nahm die Christengemeinschaft ihre Tätigkeit sofort wieder auf. Die geistige Lage in Deutschland nach dem Zweiten Weltkrieg erwies sich für sie wie für die Anthroposophie als ein fruchtbarer Boden. Auch im Ausland schlug die Christengemeinschaft Wurzeln. Es entstanden Gemeinden in der Schweiz, in England, Frankreich, Holland, Österreich, in der Tschechoslowakei und in den skandinavischen Ländern. Auch in Nord- und Südamerika und Südafrika entstanden Gemeinden. Nachdem in Stuttgart 1933 eine Ausbildungsstätte für Priester im deutschsprachigen Raum geschaffen worden war, wurde in Forest Row (Sussex, England) 1967 das Shalesbrook Center als Priesterseminar für den englischen Sprachraum eröffnet. Für den Priesternachwuchs in der DDR wurde ein Seminar in Leipzig errichtet.

Trotz dieser internationalen Verbreitung ist die Christengemeinschaft zahlenmäßig nicht groß. Aber sie gehört zu den geistig fruchtbarsten Gemeinschaften. Ihr Zentrum ist Stuttgart, wo auch die größte Gemeinde besteht. Hier gibt der *Verlag Urachhaus* neben der Zeitschrift *»Die Christengemeinschaft«* ein umfangreiches und qualifiziertes Schrifttum heraus. In zahlreichen Städten der Bundesrepublik und des Auslands wurden Kirchen gebaut. Dazu kommt eine ganze Reihe von sozialen Einrichtungen. In den meisten Bundesländern wurden der Christengemeinschaft die Körperschaftsrechte verliehen.

Die Christengemeinschaft ist *hierarchisch geordnet.* Die Leitung haben drei »Oberlenker«, von denen einer als »Erzoberlenker« den Vorsitz führt. Ein Kreis von »Lenkern« und die Gesamtsynode der Priesterschaft tagen periodisch. In den einzelnen Gemeinden stehen den Pfarrern – dies ist die Amtsbezeichnung der Priester – Helferkreise zur Seite.

Die Christengemeinschaft hat *keine ausgebildete Lehre.* Sie ist »die erste christliche Gemeinschaft, die konsequent das Prinzip der Lehrfreiheit und Bekenntnisfreiheit durchführt. Niemand, der hier in die priesterliche Wirksamkeit eintritt, muß sich auf ein Bekenntnis verpflichten. Niemand, der Mitglied einer Gemeinde wird, hat sich zu irgendwelchen Glaubenssätzen zu bekennen.«[318] Es ist jedem freigestellt, ob und wieweit er sich anthroposophisches Gedankengut aneignen will. Das gilt auch für die Amtsträger. Es zeigt sich denn auch, daß der anthroposophische Einfluß bei diesen verschieden stark ist. Fest ist allein der Kultus in seinen Abläufen und Texten, die jedoch nicht publiziert werden.

[317] F. Rittelmeyer, Meine Lebensbegegnung mit Rudolf Steiner, S. 137f. und 126
[318] E. Bock, Die neue Reformation, S. 32

Gott, Welt, Mensch

Bei näherer Betrachtung ergeben sich drei wesentliche Kennzeichen der Christengemeinschaft: Die Überwindung des Gegensatzes von Glauben und Wissen durch ein neues, »geisteswissenschaftliches« Erkennen; die Verwendung der Anthroposophie als Hilfe zur Erschließung der übersinnlichen Welt und zum Verständnis der Bibel; die zentrale Stellung von Kult und Sakramenten.
Als Leitlinie für die folgenden Ausführungen über die Glaubensinhalte der Christengemeinschaft[319] mag das *»Credo«* dienen, das den geistigen Raum umreißen will, innerhalb dessen sich das sakramentale Leben der Christengemeinschaft entfaltet. Es wurde von Rudolf Steiner für die Christengemeinschaft formuliert und hat folgenden Wortlaut:
»1. Ein allmächtiges geistig-physisches Gotteswesen ist der Daseinsgrund der Himmel und der Erde, das väterlich seinen Geschöpfen vorangeht.
2. Christus, durch den die Menschen die Wiederbelebung des ersterbenden Erdendaseins erlangen, ist zu diesem Gotteswesen wie der in Ewigkeit geborene Sohn.
3. In Jesus trat der Christus als Mensch in die Erdenwelt.
4. Jesu Geburt auf Erden ist eine Wirkung des heiligen Geistes, der, um die Sündenkrankheit an dem Leiblichen der Menschheit geistig zu heilen, den Sohn der Maria zur Hülle des Christus bereitete.
5. Der Christus Jesus hat unter Pontius Pilatus den Kreuzestod erlitten und ist in das Grab der Erde versenkt worden.
6. Im Tode wurde er der Beistand der verstorbenen Seelen, die ihr göttliches Sein verloren hatten.
7. Dann überwand er den Tod nach dreien Tagen.
8. Er ist seit dieser Zeit der Herr der Himmelskräfte auf Erden und lebt als der Vollführer der väterlichen Taten des Weltengrundes.
9. Er wird einst sich vereinen zum Weltenfortgang mit denen, die Er durch ihr Verhalten dem Tode der Materie entreißen kann.
10. Durch ihn kann der heilende Geist wirken.
11. Gemeinschaften, deren Glieder den Christus in sich fühlen, dürfen sich vereinigt fühlen in einer Kirche, der alle angehören, die die heilbringende Macht des Christus empfinden.
12. Sie dürfen hoffen auf die Überwindung der Sündenkrankheit, auf das Fortbestehen des Menschenwesens und auf ein Erhalten ihres für die Ewigkeit bestimmten Lebens. – Ja, so ist es.«

Es fällt auf, daß hier nicht von »Gott«, sondern neutral von »Gotteswesen«, und nicht von »Erschaffung«, sondern vom »Daseinsgrund« der Welt geredet wird. In

[319] Die Darstellung stützt sich vor allem auf die Schriften von Emil Bock. Er hat die geistige Welt der Christengemeinschaft in ihrer Eigenart als Vermählung anthroposophischer Gedanken mit der biblischen Botschaft am umfassendsten, wohl auch am konsequentesten beschrieben. Aber es muß hinzugefügt werden: Bocks Darstellung ist nicht offizielle Lehre der Christengemeinschaft! Sie ist für niemanden verbindlich. Gewiß empfindet und benützt sie ein beträchtlicher Teil als willkommene Denkhilfe. Aber andere gehen andere Wege.

beiden Fällen werden biblische Begriffe durch solche ersetzt, die auf dem Boden der Anthroposophie gewachsen sind. Man vergegenwärtige sich Steiners Ausführungen über die große kosmische Evolution, die in sieben Phasen vom Rein-Geistigen zur Verstofflichung und dann wieder zurück ins Rein-Geistige führt: Was bedeutet es, wenn auf diesem Hintergrund von einem *»allmächtigen geistig-physischen Gotteswesen«* gesprochen wird? Die Deutung, damit werde Gott neutralisiert, wird von der Christengemeinschaft abgewiesen. Mit dem Begriff »geistig-physisches Gotteswesen« solle vielmehr bekundet werden, »daß göttlicher Geist sowohl in der Geist- als in der Körperwelt waltet. Unrichtig wäre jedoch die Auffassung, daß damit auch die Materie als göttlich angesehen würde; wohlweislich heißt es ›physisch‹, wodurch das Stadium bezeichnet wird, in dem das äußere Sein noch im Schoße des Geistigen ruht. So ist der Kern dieses Artikels die folgenschwere, alles menschliche Denken und Forschen bestimmende Wahrheit, daß göttlicher Geist sich überall offenbart.« Der Artikel will sich also gegen den Kernsatz der materialistischen Weltanschauung wenden[320].

Die in 1. Mose 1 beschriebene *Schöpfung* ist nach Rudolf Steiner eine »Schöpfung im Geist«, und der Mensch, der als Gottes Ebenbild geschaffen wurde, ist noch ein rein geistiges Wesen. Erst in 1. Mose 2 beginnt die Erschaffung im Sinn der sich verhärtenden physischen Welt. Wenn es 1. Mose 1,1 heißt: »Im Anfang schuf Gott Himmel und Erde«, so macht die Christengemeinschaft darauf aufmerksam, daß hier für »Gott« im hebräischen Urtext der Begriff »Elohim« gebraucht ist. Das ist ein Plural: »die Gottheiten«; er will andeuten, daß eine Fülle von göttlichen Wesen im Auftrag des ureinen Gottes die Schöpfung vollzogen hat. Hinter diesen göttlichen Wesen und ihrem Werk steht nach Joh. 1, 1–3 der Logos, der sich dann als Christus in der Erdenwelt verkörpert hat.

Der Satz, daß das allmächtige Gotteswesen »väterlich seinen Geschöpfen vorangeht«, lenkt den Blick auf den *Menschen*. Er befindet sich nach Art. 2 in der Situation eines »ersterbenden Erdendaseins«. Das will sagen: Der in den kosmischen Entwicklungsprozeß eingebettete Mensch hat jenen Vorgang durchlaufen, der in der Bibel durch die *Geschichte vom Sündenfall* beschrieben ist. Die Christengemeinschaft hat sich mit ihr viel beschäftigt. Dabei hält man sich etwa an die Deutung Rudolf Steiners: In allen Mythen von der Schöpfung und vom Abfall der Menschheit erscheint nicht der Mensch allein als der Schuldige. Vielfach wird er überhaupt aus dem ganzen Prozeß ausgeklammert, etwa bei den Ägyptern und bei den Germanen (Götterdämmerung). Auch in der Bibel ist nicht der Mensch allein beteiligt, sondern jene Gestalt, die als die Schlange bezeichnet wird und unter der ein übersinnliches Wesen, nämlich der gefallene Engel Luzifer zu verstehen ist, hat ihn verführt. Es ist also ein kosmischer Einfluß wirksam, der den Menschen zum Sündenfall veranlaßt hat. Aber obwohl objektive Einflüsse von außen die bewirkenden Kräfte waren, so bleibt doch eine schuldhafte Beteiligung des Menschen.

Auch für den gegenwärtigen Menschen ist in jedem Fall die Sünde seine persönliche Schuld. »Sünde« wird mit Vorliebe als »Sonderung« gedeutet: wie ein »Sund« sich zwischen zwei feste Länder schiebt und sie voneinander trennt, so steht die

[320] Adolf Müller, Werdestufen des Glaubensbekenntnisses, S. 118

Sünde trennend zwischen Gott oder göttlicher Welt und Mensch oder Menschenwelt. Die Folge dieser Trennung im »Sündenfall« war die Vertreibung aus dem Paradies, zugleich wurde mit dem Menschen auch die ganze übrige Erdenwelt in den Abgrund gerissen.

Eine andere Seite des Sündenfalls wird von Rudolf Frieling hervorgehoben[321]: Der Mensch ist nicht »fertig« aus der Schöpferhand Gottes hervorgegangen. Er empfing bei seiner Erschaffung einen Funken des göttlichen Urfeuers, aber damit dieser Keim sich zu einer gottebenbildlichen freien Persönlichkeit entwickeln kann, bedarf es eines langen Werdeprozesses. Dieser Prozeß ist auch heute noch im Gang. »Der gottebenbildliche Mensch ist ein Fernziel. Der Weg zu diesem Ziel heißt ›Geschichte‹.« Unter den Faktoren dieser Geschichte befindet sich auch das Widergöttliche, das Böse. Der Mensch empfindet das Böse in sich immer als das »Andere«. Damit wird die biblische Überlieferung bestätigt, daß es nicht von Anfang an dem Menschen innewohnte, sondern »gleichsam durch eine Art seelischer ›Infektion‹« in ihn hineingekommen ist. Dieses Ereignis wird in der Bibel mit dem Bericht vom Sündenfall beschrieben. Die Schlange verführte den Menschen zu einer Fehlentwicklung und damit zu einer Absonderung von Gott. Zunächst hörte er noch die richtende Gottesstimme. Aber er floh vor ihr. Das verstärkte die Trennung von Gott. »Der Mensch muß sich auseinandersetzen mit der fragenden Gottesstimme. Aber statt zur Beichte führt es zur Verdammung.« »Erst jetzt, wo er sein Lichtkleid ablegt und in feste, schwere Leiblichkeit versinkt, wird er immer mehr abgekapselt. Schließlich erscheinen ihm Geburt und Tod als Anfang und Ende seines Daseins. Der Himmel schloß sich. Das Leben der Entweihung begann. Es verdunkelte sich das Weihe-Ereignis der Gottgeborenheit des Menschen. Er wurde in seiner gottlosen Willkür zum Zerrbild Gottes.«

Das Erleben eines finsteren Todes war die Folge der Sünde. Aber andererseits war der Sündenfall entwicklungsgeschichtlich nötig, und deshalb ließ die Gottheit ihn zu: ein unangefochtenes Verbleiben im paradiesischen Zustand hätte eine wirkliche Selbständigkeit des Menschen nicht aufkommen lassen. Er mußte mit der Schuld bekannt werden, um von der Stufe der unbewußt-naturhaften Un-Schuld zur höheren Stufe der Heiligkeit zu gelangen. Zunächst jedoch führte der Sündenfall zu einer »immer fortschreitenden Loslösung des Menschen aus seinen göttlichen Ursprungswelten heraus«. In einer sich verfestigenden und verhärtenden Umwelt wurde er immer selbständiger und selbstbewußter, und auch heute ist die Entfremdung vom göttlichen Ursprung noch steigerungsfähig und greift auf immer weitere Gebiete des Daseins über. Das ist das »ersterbende Erdendasein« des Menschen.

Jesus Christus

Die Gottheit griff nicht ein, um dem Überhandnehmen des Bösen zu wehren; »aber dafür kommt sie dem Menschen auf andere Weise zur Hilfe: indem sie den Christus schickt«[322]. Auf ihn bezieht sich der Hauptteil des »Credo«. Damit ist

321 R. Frieling, Die sieben Sakramente und: Vom Wesen des Christentums
322 R. Frieling, Vom Wesen des Christentums, S. 15

schon äußerlich angedeutet, daß er die beherrschende Mitte in Glauben und Kult der Christengemeinschaft bildet. Sein Wirken wird in einem kosmischen Rahmen gesehen. Es wird damit ernst gemacht, daß Christus nicht nur der Sünderheiland ist, der sich dem Einzelmenschen zuwendet, sondern daß er eine Sendung hat, die der ganzen Menschheit gilt und über sie hinaus das Universum umgreift. Rudolf Steiner spricht von Christus als dem *»hohen Sonnengeist«,* der seit Urzeiten das Menschengeschlecht begleitet und auf immer neue Weise begnadet hat. Unter »Sonne« ist hier nicht nur der physische Riesenstern aus Glut und Gasen zu verstehen, sondern zugleich der kosmische Schauplatz höchsten geistigen Lebens, das in liebender Hingabe sich an die Welt zu verströmen bereit ist. Und wie die physische Sonne von Anfang an Quell des Lebens und Wachstums auf Erden war, so hat der hohe Sonnengeist von Anfang an die Geschichte der Menschheit als der Heilbringer begleitet. Er tat es vor der neutestamentlichen Zeit nicht unter dem Namen »Christus«, sondern unter den verschiedensten Bezeichnungen.
Hier muß von den alten *»Mysterien«* gesprochen werden, die für Steiner und Bock sehr wichtig zur Deutung des Werkes Christi sind. In ihnen wirkte die nach dem Verlust des Paradieses langsam sich verdunkelnde Ur-Offenbarung nach. Sie führten die Mysten zur »Einweihung« und ließen sie »die eingetretene Entfremdung vom Göttlichen in einer gewissen Weise noch einmal überwinden, indem sie, soweit das eben möglich war, den Sündenfall noch einmal ›rückgängig‹ machten«[323].

Schon im »atlantischen Zeitalter« hielten Eingeweihte an besonderen Mysterienstätten Verbindung mit dem hohen Sonnengeist. Nach dem durch menschlichen Frevel verursachten Untergang von Atlantis errichteten die Eingeweihten neue Mysterien- oder Orakelstätten in Innerasien, Indien, Persien (Zarathustra), dann im Nahen Orient und in Ägypten (Hermes) und schließlich im Bereich des griechischen Geistes (orphische und eleusinische Mysterien). Noah oder Manu war einer der Führer der atlantischen Mysterien. Auch das Alte Testament berichtet von Eingeweihten und Orakelstätten. In Melchisedek inkarnierte sich der höchste Sonneneingeweihte Manu wieder. Die Propheten waren Inkarnationen solcher, die in früheren Erdenleben als eingeweihte Führer gewirkt hatten.
An den Mysterienstätten wurde das geheime Wissen von Gott gehütet. Nur wer für reif befunden wurde, empfing die Einweihung. Sie führte in Verbindung mit vorausgegangenen körperlichen und seelischen Übungen zu einer Verwandlung des Mysten, so daß er eine höhere Welt schauen, Gottes inne werden, das Göttliche in sich selbst erfahren und fortan von diesem Urgrund her leben konnte.
In der vorbereitenden Seelentechnik der ägyptischen Osiris-Mysterien waren bereits die Elemente vorgebildet, die in Christi Passion und Auferstehung historische Wirklichkeit wurden: da gab es geheimnisvolle Prozeduren, in denen das Irdische des Initianten »getötet«, sein Höheres erweckt wurde.
Aber diese Mysterienstätten waren nur einem kleinen Kreis Auserwählter zugänglich. Man kann sie als vorchristliche Offenbarungs- und Wirkungsorte des hohen Sonnengeistes bezeichnen. Sie sind Zeugen dafür, daß er in allen Zeitaltern, Religionen und Kulturen sich um die Menschheit kümmerte und sich auf dem Weg befand, der ihn allmählich immer näher zur Erde führte. Die großen vorchristlichen Weisheiten und Religionen waren »eine Folge von Lichtern, die von den Stationen der Sphären-Wanderung des Christus auf die Erde fielen und da von den seherischen Führern der Menschheit aufgefangen wurden«. (Emil Bock, Kindheit und Jugend Jesu, S. 64)

[323] a. a. O. S. 13

Diese Linien aus allen geistigen Räumen und Epochen der Menschheit liefen zusammen und trafen sich, »als die Zeit erfüllt war«, in einem zentralen Ereignis von menschheitsgeschichtlicher, ja kosmischer Bedeutung: Der Logos, der hohe »Geist der Sonne«, inkarnierte sich als »Christus« in dem Menschen Jesus von Nazareth. Das war die Wende schlechthin – für die Menschheit, die Erde, die ganze Welt. Die Inkarnation erfolgte nicht bei der Geburt Jesu in Bethlehem, sondern war ein fortschreitender Prozeß, der mit der Geburtsgeschichte begann und mit der Taufe des 30jährigen Jesus durch Johannes seinen Abschluß fand[324]. Der Tag der Jordantaufe, der 6. Januar, wird daher von der Christengemeinschaft nicht nur als »Erscheinungsfest« oder »Dreikönigstag« gefeiert, sondern als der Tag, der zum »Mittel- und Wendepunkt der ganzen Menschheits- und Erdengeschichte« wurde. Man erinnert daran, daß das Epiphanienfest auch in der frühen Christenheit als Fest der Geburt Christi gefeiert wurde und die Reihe der christlichen Feste eröffnete – eine Änderung erfolgte erst, als um die Mitte des 4. Jahrhunderts das Geburtsfest auf den 25. Dezember gelegt wurde.
In den drei Jahren, die zwischen der Jordantaufe und Golgatha lagen, erfolgte ein immer tieferes Eindringen des »Gottessohns« (Christus) in den »Menschensohn« (Jesus), also eine fortschreitende Menschwerdung Christi. Zugleich brachten diese drei Jahre eine Auseinandersetzung des Christus mit den Realitäten des irdischen Daseins (Versuchungsgeschichte) und dessen heilende Durchdringung. Die Vorgänge, von denen die Evangelien berichten, waren sowohl sinnlicher als übersinnlicher Natur. So erscheinen die Evangelien häufig als »Einweihungsbücher« (Emil Bock) oder »mystische Bilderbücher« (Rudolf Frieling). Das gilt besonders für das 4. Evangelium, das von Rudolf Steiner und in der Christengemeinschaft mit Vorliebe zitiert wird. Man unterscheidet zwischen exoterischen und esoterischen Schriften: »Wir haben die Weisungen Christi im Matthäus- und Lukas-Evangelium und haben seine Winke im Johannes-Evangelium, die ersteren mehr für das Volk, das zweite für den intimen Jüngerkreis.«[325] Jesus Christus war der Initiator, der seine Jünger »einweihte«.

Nach dieser Deutung sind z. B. die Hochzeit zu Kana, die Speisung der Fünftausend und das Abendmahl Transsubstantiationen, die auf die Verwandlung im kosmischen und menschlichen Prozeß der neuen Vergeistigung hindeuten. Das Gleichnis vom bittenden Freund mahnt zur unbeirrbaren Ausdauer im meditativen Streben, das Gleichnis von den zehn Jungfrauen zur Pflege des Seelenlichts, das Gleichnis von den anvertrauten Pfunden zur

[324] Die mit der Inkarnation verbundenen Vorgänge wurden von Rudolf Steiner und im Anschluß an ihn von Emil Bock (»Kindheit und Jugend Jesu«) eingehend beschrieben. Sie sind aber weder im »Credo« noch in den Sakramenten und auch nicht sonst in der Literatur der Christengemeinschaft erwähnt, scheinen also zu dem mehr esoterischen Geistesgut der Priester zu gehören. Aus der Tatsache, daß bei Matthäus und Lukas zwei verschiedene Stammbäume Jesu genannt werden, daß nur Matthäus und Lukas eine Geburtsgeschichte Jesu enthalten und daß die beiden Berichte sich völlig voneinander unterscheiden, zog Steiner den Schluß: Der Jesusknabe, dessen Geburt in Matth. 1 f. erzählt wird, war ein anderer als der Jesus der Lukas-Geschichte (Luk. 2). Beider Eltern hießen Joseph und Maria. Beide waren verschiedener Herkunft, verschiedener Art und hatten verschiedene Kinderschicksale. Als sie 12jährig am Osterfest den Tempel besuchten, verschmolzen sie miteinander und auch von den Elternpaaren starb je ein Teil, während die Überlebenden sich in einer neuen Ehe verbanden.

[325] F. Rittelmeyer, Vaterunser, S. 21

Entwicklung der schauenden Geistorgane. Die Feigenbäume von Bethphage waren keine bloßen Nutzpflanzen, sondern Sinnbilder des übersinnlichen Schauens, das unter ihnen gepflegt wurde; indem Jesus den unfruchtbaren Feigenbaum zum Verdorren verurteilte, erteilte er der ganzen Welt des alten ekstatischen Schauens eine Absage. Die Leidensverkündigungen stellten ein Stück Mysterienlehre heraus: daß der Geistesmensch erst dann im Menschen zur Auferstehung kommt, wenn er zuvor die Stufen des Leidens und Sterbens durchgemacht hat (vgl. die Osiris-Mysterien). Bei den Heilungen sind sowohl Jesus als Christus beteiligt. Von Jesus gingen Heilwirkungen auf die Seelen und von hier aus auch auf die Körper der Kranken aus; Christus aber wirkte mit seinem kosmischen Heilwillen auf das geistige Ich als den innersten Wesenskern. Bei der Verklärung Jesu dämmerte in den Jüngern eine Ahnung von der Reinkarnation und von ihren eigenen Wiedergeburten in Vergangenheit und Zukunft.

An Lazarus wurde mit der Auferweckung »die erste Christuseinweihung der Menschheit« vollzogen. In Jesu Wort »Lazarus, komm heraus!« kann man den Ruf wiedererkennen, mit dem die ägyptischen Priester die Mysterienschüler nach ihrem mystischen Sterben wieder in das Leben des Alltags zurückriefen. Verwandelt kehrte Lazarus aus dem Grab ins Leben zurück, das Ich des zuvor hingerichteten Täufers Johannes verband sich mit ihm, und er wurde zu Johannes, dem Lieblingsjünger des Herrn, Presbyter von Ephesus und Verfasser der johanneischen Schriften[326].
Aber das alles war nicht das Wichtigste am Inhalt der drei Jahre. Das Wichtigste war vielmehr, daß Christus sich überhaupt inkarniert hatte und da war. »Die Aufgabe des Christus besteht nicht darin, etwas Bestimmtes zu tun. Er braucht nur *da zu sein*. Die Tatsache, daß er unter uns und mit den Menschen lebt, ist bereits die Erfüllung seines Auftrags und der Beginn eines neuen, inneren Aufstieges für die ganze Menschheit.«[327] Er hat den menschlichen Erdenleib restlos durchdrungen und damit für die Menschheit die Möglichkeit des Hineinwachsens in eine neue Geistigkeit begründet.
Die große Vollendung dieses Werks geschah mit der Kreuzigung. *Golgatha* war ein Mysterium und trug alle Zeichen eines solchen: Pilatus ließ Jesus nicht öffentlich, sondern »hinter dem Vorhang« geißeln – es war also ein Vorgang von esoterischem Charakter. Die Soldaten, die Jesus mit Purpurmantel und Dornenkrone verspotteten, ahmten damit ein Stück der Einweihungsmysterien nach. Wenn Pilatus dann Jesus mit Purpurmantel und Dornenkrone dem Volk zeigte, dann war dies eine Mysterieneröffnung. Die Szene vor dem Palast des Pilatus war eine Kultushandlung, er selbst übernahm die Funktion des zelebrierenden Priesters. Das ganze Geschehen von Golgatha war ein *Mysteriendrama,* das sich auf der

[326] Den Spuren des zerfallenen Mysterienwesens begegnet man überhaupt auf Schritt und Tritt: Nathanael war, wie durch Jesu Wort (Joh. 1, 47) bewiesen ist, ein galiläischer Eingeweihter der fünften Stufe. Nikodemus war ein judäischer Eingeweihter, der Repräsentant aller Eingeweihten der alten Welt, und seine Begegnung mit Jesus war keine natürliche, sondern eine »Geistbegegnung in der leibbefreiten Seelensphäre«. Viele Worte, die Jesus sprach oder die an ihn gerichtet wurden, stammen aus der Mysteriensprache. Von Joseph von Arimathia, dem der Besitz des Abendmahlkelchs Jesu zugeschrieben wurde, ging – so sagen auch die alten Legenden – die Strömung des Gralschristentums aus, das die Stimmung des Mysteriums und der Einweihung tief in die Zeiten der katholischen Kirche hineintrug.

[327] E. Bock, Die drei Jahre, S. 279

Bühne der Menschheitsgeschichte abspielte. In den Akteuren und in dem, was sie taten und sprachen, wirkten große Menschheitsströmungen. Jeder einzelne Zug, mochte er noch so klein, zufällig oder beiläufig gewesen sein, hatte eine tiefe Bedeutung als »Mysterienveröffentlichung, Offenbarung geistiger Gesetze, die in den Einweihungsstätten der alten Welt bekannt waren und in der Zukunft erst wieder bekannt sein werden, wenn die Menschheit aufs neue ihr Leben mit Mysteriensubstanz erfüllt«[328].

Hier sei noch einmal an die Ausführungen über die ägyptischen Mysterien erinnert, in denen die Initiation zu einem Sterben, Begrabenwerden und Auferstehen des Mysten führte. Waren Karfreitag und Ostern nicht genau das gleiche, nur in gesteigerter Form? Schon Plato hatte gelehrt, daß Gott aus Weltleib und Weltseele die Welt gemacht hat und daß der Weltseele die Kreuzesform auf den Weltleib gespannt ist. Das wurde durch Christus konkretisiert. Er ist der Logos, der im Fleischesdasein den kosmischen Weltprozeß wiederholen muß; er muß ans Kreuz geschlagen werden und auferstehen.

Der Myste erlebt dies bei der Einweihung, Christus vollzog es in einem historischen Vorgang. Dadurch wurde das Christentum nicht nur die Erfüllung der alttestamentlichen Weissagungen, sondern »auch die Erfüllung dessen, was die Mysterien vorgebildet hatten. Das Kreuz auf Golgatha ist der in eine Tatsache zusammengezogene Mysterienkult des Altertums«[329] und damit sein Abschluß.

Noch eine andere Bedeutung hat Golgatha. In Jesus Christus ist der Logos inkarniert. Er ist in die Seele und Leiblichkeit eines Menschen eingegangen, hat sich mit ihr verschmolzen. Nun floß vom Kreuz das *Blut* auf die Erde. Ströme ätherischen Lichtes entbanden sich aus ihm und gingen in die »Aura der Erde« über. Damit vollbrachte Christus das große kosmische Liebesopfer. Es war ein sakramentales Geschehen; *die Erde empfing die Kommunion.* »Damit ist allem Erdendasein ein Ferment einverleibt, die Arznei der Durchgeistigung alles irdisch-materiellen Daseins.«[330] Nun war die Gefahr des Sterbens von ihr abgewandt; der Keim einer neuen, geistdurchleuchteten Materie wurde von ihr aufgenommen. »Seit jener Stunde ist die Erde – wenn auch für den hellseherischen Blick erst in zarten Strahlen aufleuchtend – auf dem Wege, eine neue ›Sonne‹ zu werden.«[331]

Und was geschah an *Ostern?* Die Auferstehung war kein materieller, sondern ein übersinnlicher Vorgang. Die Jünger bzw. Frauen, die das Grab leer antrafen, wurden durch das jähe Erschrecken oder das atemlose Staunen oder die bange Frage oder die überquellende Liebe in den Zustand der Hellsichtigkeit versetzt. In den Tagen danach begegneten sie in übersinnlichen Erlebnissen dem Auferstandenen. Sie erlebten ihn nicht nur als eine astralisch-seelische Wesenheit, sondern in leiblicher Gestalt. Es war freilich nicht der physische Leib, sondern der Ätherleib Christi. Wenn der Mensch stirbt, bleibt ihm noch für drei Tage dieser Leib als Träger der Erinnerungen; dann vereinigt er sich mit dem Weltenäther. Christus aber konnte in seiner göttlichen Vollmacht den Ätherleib dem auflösenden Zu-

328 a. a. O. S. 199
329 R. Steiner, Das Christentum als mystische Tatsache und die Mysterien des Altertums, S. 125
330 E. Bock, Die drei Jahre, S. 318
331 Rudolf Meyer, Wer war Rudolf Steiner?, S. 130

griff des Todes entreißen. Dieser Ätherleib wurde zum Lichtkristall und sog sich zugleich mit der Quintessenz des physischen Leibes voll, so daß er über die Form- und Erdfähigkeit eines physischen Leibes verfügte. Die Gespräche mit dem Auferstandenen waren übersinnlicher Natur. In der erhöhten Erinnerung der 40 Tage zwischen Ostern und Himmelfahrt wurde alles noch einmal real gegenwärtig. In diese Zeit fällt auch die Einsetzung des *Altarsakraments*. Dessen Bezeichnung als »Abendmahl« ist irreführend, denn dieses Sakrament entsprang nicht in erster Linie dem Passahmahl am Gründonnerstag. Auch handelte es sich beim Altarsakrament nicht um eine Neuschöpfung, denn es war, wie auch die Taufe, längst vor dem Christentum da. Wie kam es zu seiner Wiederaufnahme nach Ostern? Die Jünger standen damals immer noch unter dem rätselhaften Bann des Gethsemaneschlafs. Aber wenn sie sich in dem Raum, in dem sie das letzte Passahmahl gefeiert hatten, zu Tisch setzten und das Brot brachen, »dann erfüllte sich in ihrem Kreise das unendliche Lichtwunder und der wesenhafte Zauber der realen Erinnerung: und der Auferstandene war in ihrer Mitte«. Mit seiner Anwesenheit erfüllte sich sein Wort vom Passahmahl: »Dieses tut zu meiner Erinnerung, zur realen Vergegenwärtigung meines Wesens«[332], und die Jünger wußten nun, daß Christus mitten unter ihnen ist, wenn sie in seinem Namen Brot essen und Wein trinken.

So waren die Evangelien und das Altarsakrament die beiden Früchte der 40 Tage. Die *Himmelfahrt* aber war eine neue Stufe der Auferstehung. Während der physische Leib verweste, trat die Christuswesenheit in den Zustand der irdischen Allgegenwärtigkeit ein; sie ergoß sich in die Kräftesphäre der Erde, in welcher sie fortan allen Menschen gleich nahe ist. An *Pfingsten* geschah dann die Einwohnung des Christus-Ich in den Jünger-Ichen. Fortan lebt der Auferstandene als Kern und Keim in den Seelen der Seinen; sie sind die Erstlinge der neuen Schöpfung. Und wenige Jahre danach, in Damaskus, begegnete Saulus dem Christus – nicht mehr nur dem auferstandenen oder dem allgegenwärtigen oder dem einwohnenden, sondern dem wiederkommenden. Die Parusie ist ein Mysterium, das sich als fortschreitende Offenbarungsstufe der Christuswesenheit verwirklicht.

Die Sakramente

Im vorausgegangenen Kapitel wurde eine Christologie dargestellt, die weithin auf Rudolf Steiner und Emil Bock zurückgeht. Aber es ist jedem freigestellt, ob er von ihr Gebrauch machen oder sich einer anderen Deutung zuwenden will. Das »Credo« gewährt einen weiten Raum für Varianten. Die Christengemeinschaft kann Verschiedenheiten in der christologischen Auffassung durchaus ertragen. Denn sie ist in erster Linie eine *Kultusgemeinschaft*, die sich um die Sakramente sammelt. Das wird auch in ihrer Geschichte sichtbar: Am Anfang stand die Begründung des Sakramentalismus, dann folgte die Bildung einer Urgemeinde geweihter Priester, und sie erst begannen mit der Sammlung von Gemeinden.

[332] E. Bock, Die drei Jahre, S. 383

In der Besonderheit ihres Kults will die Christengemeinschaft den *Katholizismus und den Protestantismus zusammenfassen und überstufen.* Zuerst hatte das Christentum nach ihrer Auffassung im Katholizismus einen reichen sakramentalen Kult ausgebildet. Dabei wirkten formal die Erinnerungsbilder aus der vorchristlichen Zeit des Kultus mit, wie er in den antiken Mysterien gepflegt wurde. Im ausgehenden Mittelalter und mit der Reformation erwachte in der europäischen Menschheit das selbstverantwortliche Bewußtsein des Einzelmenschen. Dieser wollte und sollte verstehen, was er vom Christentum aufnahm. Darum trat die Predigt in den Vordergrund und dann auch das Selbststudium des Evangeliums. Die Formen des Kultus aber verfielen. Jetzt aber, an der Schwelle einer neuen Zeit, einer dritten Periode, soll der ichbewußte Mensch wieder unter den Reichtum der göttlichen Gnadenwelt gestellt werden, ohne daß seine Verantwortlichkeit und sein Drängen auf Verständnis darunter leiden. Diese Gnadenwelt wird durch den Kultus reicher und leichter vermittelt als durch das Wort der Predigt.

Die Christengemeinschaft feiert wie die katholische Kirche *sieben Sakramente.* Die Taten Christi auf Erden sind die Samenkörner der Sakramente. Diese Taten begannen nach seiner Taufe im Jordan. Damals öffnete sich der Himmel über ihm, und von da an war Jesus der zweite Adam, der Offenbarungsträger der heiligen Dreieinigkeit. Die Taufe im Jordan bildet also den Anfang des Wirkens Christi, und darum ist sie auch das Urbild des ersten Sakramentes, der *Taufe.* Obgleich die Taufe Jesu und die meisten Taufen im Urchristentum Erwachsenentaufen waren, hat die Kindertaufe nach Meinung der Christengemeinschaft heute ihr gutes Recht. Während die kirchlichen Taufrituale ihre Form von der früheren Erwachsenentaufe herleiten, ist die Form der Taufe in der Christengemeinschaft ganz auf die Kindertaufe eingestellt. Durch sie soll eine Menschenseele, die als Geistwesen schon vor der Geburt im göttlichen Bereich existierte, in das irdische Menschenreich eingeführt und in die »Lebens- und Liebesgemeinschaft mit dem dreieinigen Gott« aufgenommen werden. Indem die präexistente Seele sich mit einem werdenden Menschenleib verbindet, verbindet sie sich auch mit dem Reich der Sünde. Dem wirkt nach Auffassung der Christengemeinschaft die Taufe entgegen: in ihr wird diese Seele gleich in den Gnadenstrom Christi eingetaucht. Dadurch wird der Erdengeburt der Keim für eine Wiedergeburt aus Christus entgegengestellt. Bei der Taufhandlung werden neben Wasser auch Salz und Asche, letztere in Verbindung mit dem Wasser, gebraucht. Nach der Namengebung wird auf die Stirn des Täuflings mit Wasser ein Dreieck gezeichnet – ein Hinweis auf die Dreieinigkeit; mit Salz wird das Kinn in einem Viereck berührt – ein Hinweis auf den Lebensraum des wieder eingekörperten Menschen; mit Asche wird auf die Brust ein Kreuz gezeichnet – ein Hinweis auf den Christus, der die Todeswelt mit Lebenskräften durchdrang. Das Salz repräsentiert die väterliche Weltensubstanz, erinnert aber auch an Matth. 5, 13. Die Asche weist auf die in allem Chaos wirkende Erneuerungskraft der kosmischen Mächte, aber auch auf Christi Wort: »Ich bin gekommen, daß ich ein Feuer anzünde auf Erden« (Luk. 12, 49). Außer diesen Beziehungen werden auch noch zahlreiche andere genannt, die auf heilbringende Kräfte hindeuten. Die kirchliche Taufformel: »Ich taufe dich auf den Namen des Vaters und des Sohnes und des Heiligen Geistes«, wird durch eine andere, tria-

disch aufgebaute Formel ersetzt, die nicht öffentlich bekannt gegeben wird. Dabei wird mit der Anrufung des Vaters auf den hingewiesen, der der Welt zugrunde liegt und ihr die »Substanz« gibt; die Anrufung des Sohnes bezieht sich auf den, durch den das Wort (Joh. 1) wirksam wird, und die Anrufung des Geistes auf die Offenbarung des göttlichen Lichtes. Als drittes Element der Taufe folgt das »Hineinführen der Seele in die Gemeinde des Christus-Jesus«, also nicht in die »Christengemeinschaft« im engeren Sinn, sondern – in einem weiteren Sinn – in die »Christ-Gemeinschaft«.
Was in der Taufe geschah und im Religionsunterricht dem Kind verständlich gemacht wurde, wird im Sakrament der *Konfirmation* zu seinem persönlichen Eigentum gemacht. Es wird auf die Tatsache von Sünde, Schuld, Schicksal und Tod hingewiesen und darauf aufmerksam gemacht, daß es eine Kammer im Herzen besitzt, in die niemand Zutritt hat, der nicht darum gebeten wird; eine heilvolle Seelenentwicklung hängt davon ab, daß der Christus in diese Kammer hineingebeten wird. Der Konfirmand wird dann gesegnet und anschließend zum ersten Male zum Empfang von Leib und Blut Christi in der Menschenweihehandlung geführt. Die Konfirmation wird in der Osterzeit an alle gespendet, die das vierzehnte Lebensjahr erreicht haben. So wird der Mensch aus dem Kinderland, das noch den Abglanz des Paradieses über sich tragen kann, in das Erdenland mit seinem Sündenfall und seinen Versuchungen eingeführt und zugleich durch eine besondere Heilungstat des Christus gefestigt. Von dem Kind wird keinerlei Bekenntnis oder Gelübde verlangt. Es wird gesegnet »in das Leben entlassen«, das es nun selber frei gestalten muß.
Von nun ab kann der junge Mensch seine volle Innerlichkeit entwickeln. Die Selbsterkenntnis wird ihm möglich und damit eine tiefere Form der Wahrhaftigkeit. Diese Vertiefung der Wahrhaftigkeit und der Mut zum inneren Gericht, das ihm angesichts seiner, wenn auch schwachen, Erfahrungen der himmlischen Gesetze Gottes möglich wird, führt zu einer dritten Heilungstat Christi im *Beicht-Sakrament*. Dieses Sakrament ist das innerlichste und bedarf am wenigsten der kultischen Form. Die Christengemeinschaft nötigt niemanden zur Beichte, kennt aber die private Beichte. Die Schweigepflicht der Priester ist absolut. Von jedem Gemeindeglied erwartet man vor Empfang der Kommunion einen Akt der Selbsterkenntnis und Gewissenserforschung. Erst wo der Mangel der eigenen Person zum Bewußtsein kommt und schmerzvoll empfunden wird, wird eine Heilung und Erfüllung durch den Christus möglich. Eine »Absolution« wird nicht erteilt, sondern der Gläubige wird abschließend auf die Hingabe seiner Gedanken an Gott und auf Gottes Gnade gewiesen.
Der regelmäßige Gottesdienst der Christengemeinschaft wird unter dem Namen *Menschenweihehandlung* begangen. Der Aufbau entspricht dem der katholischen Messe. Die Weihehandlung ist noch deutlicher als diese in vier Teile gegliedert: Evangeliums-Verkündigung mit Credo, Opferung, Wandlung und Kommunion.
Im Hören des Evangeliums wird der Mitfeiernde durch den Christus angesprochen; in der Predigt wird ihm das Wort Gottes durch den Priester persönlich bezeugt und nahegebracht, und durch das Credo wird er in den Gesamtrahmen der Heilsgeschichte gestellt.

In der Opferung antwortet die Gemeinde, indem sie sich zuerst ihre menschliche Unvollkommenheit bewußt macht und sie bekennt. Dann erhebt sie mit dem Zeichen des erhobenen Kelches ihr Herz zur Hingabe.
In der Wandlung wird die Gegenwart Christi erbeten. Sie wird nicht als eine materielle Verwandlung von Brot und Wein verstanden, sondern als eine Durchdringung dieser Elemente mit der Kraft Christi.
Die Kommunion erfolgt unter beiderlei Gestalt. Durch sie erfüllt sich des Menschen Herz mit dem Christus. Zugleich schließt der Christus damit seine Gläubigen immer wieder zu einer Gemeinde zusammen.
Die Gläubigen können die Menschenweihehandlung mitfeiern, ohne zu kommunizieren. Sie tun dies je nach dem Stand ihrer Vorbereitung und ihres Miterlebens. Die Gemeinde feiert die Weihehandlung regelmäßig am Sonntag und auch an Werktagen. Für die Priester gilt das Ideal der täglichen Feier. Der Verkündigung des Evangeliums liegt eine Perikopen-Ordnung zugrunde, die der Ordnung in der katholischen und evangelischen Kirche annähernd entspricht. Die *Feste* und Festzeiten des christlichen Jahres werden besonders herausgehoben. Dazu gehören auch das Fest Johannes des Täufers im Hochsommer und das Fest des Erzengels Michael im Herbst. Je nach den Festzeiten wechseln die Eingangsgebete, die Farben der Gewänder und Altartücher. Die Predigt in der Weihehandlung ist kurz. Am späten Nachmittag oder abends werden auch größere Lehrpredigten gehalten.
Die *Trauung* gilt als Sakrament. Neben dem Zusammenschluß aller Gläubigen durch den Christus in der Kommunion steht der besondere Zusammenschluß zweier Menschen, die miteinander eine Ehe führen wollen. Das Ehe-Sakrament wird vor einem Bild Christi vollzogen. Dabei werden Mann und Frau daran erinnert, daß ihr wahres Wesen im Himmel begründet ist und daß dort ihre Ehe geschlossen werden muß. Dann wird die Gegenwart Christi herbeigebeten, weil auch hier zwei in seinem Namen versammelt sind: Seine Gegenwart möge das nun beginnende Zusammenleben dieses Mannes und dieser Frau dauernd heiligen. Als Symbole werden Ringe ausgetauscht.
Die Christengemeinschaft kennt das Priestertum und darum auch eine *Priesterweihe*. Sie gilt als besonderes Sakrament und wird im Rahmen einer Menschenweihehandlung vorgenommen, indem der Kandidat schrittweise zum Vollzug dieser Handlung ermächtigt und darin eingeführt wird. Priesterweihen werden von den Gemeinden als hohe Feste miterlebt. Nur der Gesamtleiter der Christengemeinschaft oder ein von ihm beauftragter älterer Priester darf sie vollziehen. Das Gelübde zum Priesteramt gilt für das Leben. Von nun ab kann der geweihte Priester seine Tätigkeit nicht mehr allein aus seinem individuellen Willen heraus gestalten, sondern muß dies im Zusammenhang mit den Bedürfnissen seiner Gemeinde und dem Gesamtwillen der Christengemeinschaft tun. In ihrer Lehre sind die Priester frei. Auch dürfen sie heiraten. Von Anfang an empfingen in der Christengemeinschaft auch Frauen das Priesteramt.

Das allgemeine Priestertum der Gläubigen gilt auch in der Christengemeinschaft als Ziel. Das Berufs-Priestertum soll nicht von diesem Ziel ablenken, sondern im Gegenteil es der Gemeinde durch Vorbild und zusammengefaßtes Wirken näherbringen. Aber freilich:

»Noch Unendliches ist zu erringen und zu erkämpfen, bis das ›Christus in mir‹ und damit das Priestertum der Gläubigen völlig verwirklicht sein wird.« (Dr. Frieling)

Das Tor des Todes wird durch das *Sterbesakrament* geheiligt. Während der »Letzten Ölung« auf der Stirn eines Schwerkranken oder Sterbenden werden kurze Gebete gesprochen, die seiner Seele Kraft geben, wenn sie sich vom Leibe trennt. Dieses Sakrament schließt den individuellen Tod eines jeden Menschen an den Tod des Christus an, so daß ein »Sterben in Christus« stattfinden kann und der Tod zur Quelle eines höheren Lebens wird. Im weiteren Sinne gehören zu diesem Sakrament auch die Rituale der Aussegnung, der Bestattung und die Totenweihehandlung am Samstagmorgen der Woche, in welcher die Bestattung stattfand. Das Altarsakrament hat auch zu den Seelen der Verstorbenen eine helfende Beziehung. »Wenn wir in der rechten Gesinnung um unsere Altäre versammelt sind, so geschieht auf der Erde etwas, wobei die Toten anwesend sein und mittun können. Und wir dürfen sicher sein, daß das für sie sehr viel bedeutet.«[333]

»So leuchtet das Weihewirken Christi an der Mannigfaltigkeit des Lebens siebenfach auf. Die sieben Sakramente werden in ihrer Tatsächlichkeit erlebt, wenn sich das ›Christus in mir‹ entfaltet durch alle Stationen der irdischen Pilgerfahrt hindurch. Die sieben urbildlichen Christus-Weihetaten in ihrer Gesamtheit schaffen den vollendeten Menschen, der in sich die neu errungene Gnadengabe des Paradieses mit den Früchten der leidvollen Erdenwallfahrt vereint.« (Rudolf Frieling)

Jenseits und Zukunft

Wenn der Mensch stirbt, tritt seine Seele in den Raum tiefsten Schweigens ein. Vor ihr steht dann wie in einem großen Panorama alles, was sie in ihrem Erdendasein erlebt, erlitten und moralisch erstritten hat. Diese Gesamtschau des Lebens löst sich nach drei Tagen auf. Dann gewinnt das, was ein positives moralisches Gewicht besaß, eine besondere Rolle – es bleibt bei dieser Seele als ihr Eigentum. Später treten die Einzelheiten des Lebens und seiner Taten nacheinander rückläufig wieder an sie heran und müssen leidend verarbeitet werden. Damit taucht in der Christengemeinschaft eine ähnliche Vorstellung auf wie die des Purgatoriums in der katholischen Kirche.

Die Anthroposophie hat konkrete Vorstellungen von den weiteren Entwicklungsstufen der Seelen in die göttlichen Sphären hinein und von den Gesetzen, nach denen die Seele nach einer bestimmten Zeit den Weg wieder ins Erdenleben zurückfindet. Diese Lehre von den *wiederholten Erdenleben* des Menschen (Reinkarnation) gehört zwar nicht direkt zur Verkündigung der Christengemeinschaft, wird aber wohl von den meisten ihrer Pfarrer geteilt. Emil Bock wies in seinem Buch *»Wiederholte Erdenleben«* nach, daß viele deutsche Dichter und Denker die Reinkarnationslehre bejahten. Lessing leitete sie in »Die Erziehung des Menschengeschlechtes« aus dem sinnvoll fortschreitenden Gang der Geschichte ab: Wenn Gott in vorchristlicher Zeit die Menschheit auf andere Weise erzog als in der

[333] E. Bock in: Christengemeinschaft 1946, Nr. 6

Zeit nach Christus, dann dürfe jede Menschenseele hoffen, an *allen* Stufen dieser Erziehung teilzuhaben und also in verschiedenen Epochen als wiederverkörperter Mensch ins Erdenleben zurückzukehren.

In seiner klugen Schrift *»Christentum und Wiederverkörperung«* gliederte Rudolf Frieling die Reinkarnationslehre in die biblische Eschatologie ein. Mit Recht wies er darauf hin, daß in der christlichen Zukunftshoffnung bald eine Lücke entstand, weil die Erwartung der dicht bevorstehenden Wiederkunft Christi enttäuscht wurde. Damit erhob sich die Frage nach dem Schicksal der Abgeschiedenen. Die einstweilige Auskunft von einem kurzen »Zwischenzustand« der Seelen zwischen Tod und Wiederkunft (1. Thess. 4, 13–18) genügte nicht mehr, als die Zeit sich dehnte. Im Lauf des zweiten Jahrhunderts wurde deshalb der »Zwischenzustand« zum Endzustand ausgebaut, wo auf die abgeschiedenen Seelen das Gericht und als Lohn oder Strafe Himmel oder Hölle warten. Aber wird durch diese Jenseitslehre nicht die biblische Hoffnung auf die Auferstehung des Leibes am Jüngsten Tag hinfällig? Frieling empfiehlt: »Hier sollte man die Anschauung der Wiederverkörperung allen Ernstes in Betracht ziehen. Sie könnte genau die ›eschatologische Lücke‹ ausfüllen« (66). Er knüpft an den Gedanken Steiners an, daß die Auferstehung kein einmaliger Akt ist, sondern ein Prozeß, der sich stufenweise von Inkarnation zu Inkarnation am Jüngsten Tag vollendet. Nach dem Tod wird das abgelaufene Erdenleben vom Ich vor den Augen höherer Wesen verarbeitet, alles Unwerte unter Schmerzen ausgeschieden und nach weiteren Erfahrungen in der Geistwelt das nächste Leben vorbereitet. Es soll ihm neue Erlebnisse ermöglichen, die es in der Jenseitswelt nicht geben kann. Die Qualität der neuen Einkörperung hängt davon ab, wie das vorhergegangene Erdenleben genutzt wurde. »Letzten Endes wird entscheidend sein, ob der Christus von den Menschen angenommen sein wird oder nicht« (77). Denn ohne das, was durch ihn in die Menschheitsentwicklung eingetreten ist, kann die Aufgabe der Menschwerdung nicht wirklich gelöst werden. Die Johannesoffenbarung beschreibt die »Entwicklung der dem Christus sich öffnenden Menschheit« in einer Folge von ausschnittartigen Momentbildern. In diesen Szenenwechsel ist der einzelne Christ durch seine Wiederverkörperungen einbezogen, und seine Christlichkeit verwirklicht sich immer reicher von Erdenleben zu Erdenleben. So ersetzt die Wiederverkörperungslehre die Erwartung eines »Zwischenzustands«, der keinen rechten Inhalt hat, oder eines Jenseitslebens, das die Zukunftshoffnung verdrängt, durch den Ausblick auf ein »voll erfülltes Werde-Leben, mit der allmählichen Verwandlung in Sein Bild, von einer Klarheit zur andern« (137).

Und die *Wiederkunft Christi?* Die Christengemeinschaft erwartet kein in der Zukunft liegendes leibliches Kommen Christi. Das neutestamentliche Wort »Parusia« bedeute ja nicht nur »Wiederkunft«, sondern auch »Gegenwart«; also bestehe die Parusia des Menschensohnes in einer Vergegenwärtigung Christi in der Menschenseele, so daß sie ihn schauen kann. Die Parusia ist ein durch lange Zeiträume verlaufender Prozeß. Paulus hatte vor Damaskus ihren ersten Anfang erfahren. Heute aber, im michaelischen Zeitalter, stehen wir im Zeichen einer mächtig zunehmenden Parusie. Seit Anfang 1910 wies Steiner darauf hin, daß dies geistig zu schauende Wiederkommen Christi vom ersten Drittel des 20. Jahrhunderts an in ein wichtiges Stadium treten und den künftigen Geschicken der Menschheit eine völlig neue Richtung verleihen werde. Von diesem Wiedererscheinen des »Christus im ätherischen Gewande«, wie es Rudolf Steiner auszudrücken pflegte, wird die höchste Hilfe in den Nöten des Erdendaseins erwartet. Die Christengemeinschaft will auf diese neue Christusnähe vorbereiten und darauf aufmerksam machen, daß die Menschheit heute vor »Damaskus« steht.

Die Christengemeinschaft pflegt eine reich entfaltete Anschauung von den *Engeln*. Diese stehen dem Menschen nicht fern. Jeder Mensch hat seinen Engel als Beschützer und Leiter, und im Gebet ist er mit seinem Engel verbunden. Ebenso wird jedes Volk von einem Engel geleitet. Die sieben Erzengel aber sind die Führer der Zeitalter, die sich in diesem Amt abwechseln und mit ihrer Eigenart den Zeitaltern das Gepräge geben[334]. Es gibt noch höhere Hierarchien. Sie regieren die Reiche alles Lebendigen. Die höchsten Hierarchien aber – Throne, Cherubim und Seraphim – regieren den gesamten göttlich erschaffenen Kosmos. Diese Anschauungen entsprechen der alten christlichen Tradition von den neun Stufen der Engelwelt, wie sie bereits in den Paulusbriefen anklingt und dann in der Hierarchien-Lehre des Dionysius Areopagita wiederkehrt.

Selbstverständnis

Was will die Christengemeinschaft? Darüber hat *Emil Bock* kurz vor seinem Tod zwei Vorträge gehalten, die in besonders prägnanter Weise Ausgangssituation, Ziel und Selbstverständnis der Christengemeinschaft behandeln. Er entwickelte folgende Gedankengänge: Das Christentum ist keine neue Lehre oder Moral, sondern eine neue Kraft, die aus einer höheren Welt in die Erdenwelt hereinströmen möchte, dafür aber offene, fromme Menschenherzen braucht. Solche brennende Frömmigkeit war in früheren Epochen vorhanden. Heute ist sie erkaltet. Darum sieht es die Christengemeinschaft als ihre erste Aufgabe an, zur Neubelebung der Frömmigkeit Pflanzstätten des Stilleseins, der Innerlichkeit, des Gebets zu schaffen. Kultus und Sakramente sind das Herz des in ihr gepflegten religiösen Lebens und machen sie zu einer Schule der Andacht, der Sammlung und Einkehr. Nun ist aber die Welt von heute nicht mehr die Welt von einst. An die Stelle der vorchristlichen Mysterienfrömmigkeit und der mittelalterlichen Gläubigkeit trat eine Verstandeskultur, in der das wissenschaftliche Denken verabsolutiert wurde. Die Forschung beschränkte sich auf die wahrnehmbare Welt und klammerte die Welt des Übersinnlichen aus. Die katholische Kirche bewahrte zwar ihren Kultus unversehrt, konnte aber keine Brücke in die Welt schlagen, wie sie sich in der wis-

[334] Nach Rudolf Steiner fand 1879 ein solcher Zeitalterwechsel statt: Gabriel, der Erzengel des Mondes, übergab nach etwa 400jährigem Regiment dem Erzengel der Sonne, Michael, die Herrschaft. Der Eintritt der Menschheit in ein michaelisches Zeitalter gibt Anlaß zu zuversichtlichen Erwartungen. Denn während Gabriel einst die Menschen aus dem Paradies vertreiben mußte, ist es Michaels Aufgabe, sie wieder ins Paradies zurückzuführen. Die Gabriel-Zeitalter wenden das menschliche Streben auf das Irdische: Die Menschen suchen sich auf Erden ein Paradies zu bauen und vergessen darüber das wahre Paradies, das im Geistigen besteht. Michael führt jetzt den Menschen über die Naturerkenntnis hinaus zur Geisteserkenntnis und sprengt das rationalistische und materialistische Denken.

senschaftlichen Forschung darstellt. Der Protestantismus schüttelte den Kultus ab, begab sich auf das Feld der freien Erkenntnis und gab – in der liberalen Theologie und der Bibelkritik – dem Verstand die Macht auf dem Gebiet des religiösen Lebens. Im einen Fall standen Dogma und Wissenschaft unverbunden nebeneinander, im anderen Fall wurde die Glaubenssubstanz durch die kritische Vernunft ausgezehrt.

Ein Wiederaufstieg der Frömmigkeit ist nur möglich, wenn wieder ein *Einklang zwischen Glauben und Wissen,* Religion und Weltdeutung geschaffen wird. »Das bedeutet aber, daß in der Menschheit der Schritt getan werden muß zu einer neuen spirituellen Weltanschauung, d. h. zu einer solchen Weltanschauung, die nicht nur das Reich der Naturwissenschaften kennt, sondern die auch die übersinnlichen Daseinsbereiche mit umspannt.« Im Licht einer solchen Weltanschauung werden sich auch Rätsel lösen, die von der modernen Naturwissenschaft und Physik nicht gelöst werden können.

Durch *Rudolf Steiner* wurde ein Pionierdienst getan. Er hat eine Bresche in die materialistische Weltauffassung gelegt und den Ausblick auf die übersinnlichen Weltbereiche wieder freigemacht. Seine höhere Erkenntnis war nicht die Frucht eines Visionärs, sondern eines Geistesforschers. Die *anthroposophische »Geisteswissenschaft«* bildet den Schlüssel für die Rätsel der Naturwissenschaft und ist zugleich eine Hilfe für solche Menschen, denen der Zugang zur übersinnlichen Welt und damit zu einem echten religiösen Leben durch die Naturwissenschaft verschüttet wurde. Die Christengemeinschaft macht von den geisteswissenschaftlichen Erkenntnissen Gebrauch, um die übersinnlichen Realitäten und Geschehnisse, von denen in der Bibel berichtet wird, den durch Zweifel belasteten Menschen zu erschließen. Die anthroposophische Erkenntnis ist für sie nur Werkzeug, nicht Fundament. Sie bindet ihre Glieder nicht an sie, aber sie gibt ihnen die Möglichkeit, »ein ganzes Leben lang frisch und froh in der Erkenntnis fortzuschreiten, denn es handelt sich um lauter Geheimnisse, an denen man ein Leben lang weiter erkennen kann, und zum Ende kommt man nie«. Die Erkenntnis führt in die Tiefen der biblischen Schriften. Sie geht nicht bloß kopfmäßig vor sich: an die Stelle eines kalten Intellektualismus tritt ein Denken, das Andacht geworden ist und im Kultischen mündet.

Mit dieser Zielsetzung wirkt die Christengemeinschaft dem »kulturellen Zustand der Sünde« entgegen, der die Menschheit bedroht, nämlich ihrer Selbstabsonderung von der Welt Gottes und der damit verbundenen Gefahr des Seelentods. Der Atheismus kann nicht mit Diskussionen oder politischer Macht bekämpft werden, sondern nur mit religiösen Mitteln. »Die Gegenwart Gottes muß herbeigeführt werden. Das kann man nicht erzwingen. Aber wenn eine Menschengemeinschaft mit frommen aufgeschlossenen Herzen beisammen ist, erfüllt sich die Verheißung: ›Wo zwei oder drei versammelt sind in meinem Namen, da bin ich mitten unter ihnen.‹ Die Gegenwart Gottes herbeizuführen, ist der Sinn des gemeinsamen religiösen Lebens.« Dann wird die Moral nicht mehr nur gepredigt, sondern sie wächst von selbst aus der Religion. Und der moderne Mensch wird das Beten lernen als Lauschen auf ein Wesen, das uns hoch überragt. Es ist die Rettung der Menschheit, wenn eine neue Kultur des sakramentalen Lebens und des Gebets entsteht. So erstrebt die Christengemeinschaft eine Synthese zwischen dem Guten des Katholizismus und des Protestantismus in einer modernen Religiosität, in der das Lehrhaus neben dem Tempel steht und das kultische Leben verbunden ist mit dem »Mut, frei Erkennende zu sein, Fragen zu stellen, die uns zu Antworten, zu dem Erkennen einer höheren Welt führen«.

Christengemeinschaft und Kirche

Doch die traditionellen Kirchen blieben distanziert. Seitens der evangelischen Kirche befaßte sich nach dem Zweiten Weltkrieg eine Kommission der »Studiengemeinschaft Evangelischer Akademien in Deutschland« mit dem Verhältnis von Christengemeinschaft und Kirche. Die Gespräche mit Vertretern der Christengemeinschaft erwiesen sich dabei als außerordentlich schwierig, nicht nur wegen der auf beiden Seiten sehr verschiedenen Denkweise und religiösen Erlebnisform, sondern vor allem weil die Christengemeinschaft aufgrund der von ihr so stark betonten Bekenntnisfreiheit und der Geheimhaltung ihrer zentralen Glaubenstexte nicht in der Lage ist, ihren Glauben in klaren Aussagen zu formulieren. In ihrem Gutachten von 1949 kam die genannte Kommission zu dem Ergebnis, mit der Christengemeinschaft sei infolge der Bildung einer eigenen Leitung, der Schaffung einer eigenen Kultusgemeinschaft, der Ausbildung und Ordination eigener Priester »ein selbständiges kirchenartiges Gebilde entstanden, das neben die vorhandenen evangelischen Landeskirchen tritt«. Die Zugehörigkeit zu zwei deutlich voneinander verschiedenen Kultgemeinschaften erscheine auf die Dauer nicht möglich, und eine rechtliche Doppelmitgliedschaft sei nur als Notlösung und in einer Übergangszeit denkbar. (Von ihren Mitgliedern verlangt die Christengemeinschaft keinen Kirchenaustritt, sondern überläßt die Entscheidung deren eigenem Ermessen.)

Des weiteren ging es bei den Gesprächen von 1949 besonders um die *Taufe,* das christliche Zentralsakrament. Die Kommission war der Überzeugung, daß eine Anerkennung der in der Christengemeinschaft geübten Taufzeremonie »trotz der Verwendung einer trinitarisch aufgebauten Formel nicht möglich ist, da wesentliche Bestandteile einer christlichen Taufliturgie fehlen und da die Intention von der der christlichen Kirchen bewußt abweicht«. Entsprechend beschloß der *Rat der Evangelischen Kirche in Deutschland* am 31. Mai 1949, »die in der Christengemeinschaft vollzogene Taufe nicht als christliche Taufe anzuerkennen und eine Klärung der Abgrenzung der Evangelischen Kirche in Deutschland und ihrer Gliedkirchen von der Christengemeinschaft mit geistlichen und seelsorgerlichen Mitteln herbeizuführen«.

Die Leitung der Christengemeinschaft protestierte gegen die Nichtanerkennung ihrer Taufe, da sie auf Argumenten beruhe, »die den von uns erbetenen und von uns erteilten Auskünften über Form und Intention unserer Taufe nicht nur nicht entsprechen, sondern in direktem Widerspruch dazu stehen«. Die evangelische Kirche wolle der Christengemeinschaft als »einer der fruchtbarsten Regungen christlichen Lebens in Mitteleuropa« einen entscheidenden Schlag versetzen. Darauf wurde vom Rat 1950 in Stuttgart ein neues Gespräch mit ihr über die Tauffrage veranstaltet.

Das Ergebnis konnte den Rat aber nicht zu einer Änderung seines Urteils bewegen, da er die Zweifel nicht zu überwinden vermochte, »ob der von der Christengemeinschaft verkündigte Christus wirklich identisch ist mit dem Jesus Christus der Bibel, wie ihn der gemeinchristliche Konsensus der Kirchen sieht. Wir meinen zu sehen, daß in der Christengemeinschaft neben christlichem Gedankengut entscheidend eine neue Offenbarungsquelle sichtbar wird, die aus der synkretistischen Weltanschauung Rudolf Steiners stammt und auf einem dem Neuen Testament fremden Offenbarungsanspruch beruht.«
Der Rat lehnte auch die Empfehlung ab, der Christengemeinschaft die Zugehörigkeit zur Ökumene nicht zu verweigern. Der Christengemeinschaft könne das subjektiv ernst gemeinte Bemühen, Christus zu verkündigen, nicht abgesprochen werden. Die Entscheidung des Rats sei denn auch nicht einem pharisäischen Urteil entsprungen, sondern der gewissensmäßigen Bindung an Schrift und Bekenntnis. Er bitte die Gliedkirchen, in ihrem Verhältnis zur Christengemeinschaft »einen geordneten modus vivendi zu suchen und dabei nicht in formal-juristischer, sondern in seelsorgerlicher Weise zu verfahren«[335]. Die Leitung der Christengemeinschaft bemerkte zu dieser Stellungnahme, die evangelische Kirche entscheide sich damit gegen ihre eigene Zukunft.
In der Folgezeit ergaben sich aus der Nichtanerkennung der Taufe mancherlei Mißhelligkeiten. Seit 1962 sind deshalb in freier Weise neue Gespräche aufgenommen worden. Auch der Rat der EKD griff 1968 die Frage wieder auf. Im Januar 1969 führte ein Arbeitskreis der Vereinigten Evangelisch-Lutherischen Kirche ein ausgiebiges Gespräch mit zwei Vertretern der Christengemeinschaft. Ergebnis: Die Entscheidung des Rats der EKD 1949 war sachlich richtig, wenn auch unzutreffend in der Begründung: weil die Christengemeinschaft keine verbindliche Lehre hat, kann auch die Nichtanerkennung ihrer Taufe nicht mit einer »zusätzlichen Offenbarungsquelle« begründet werden. Aber die Leitung der Vereinigten Ev.-Luth. Kirche und der Rat der EKD haben sich »nicht in der Lage gesehen, von der Entscheidung ... von 1949 abzugehen, zumal die Wandlungen«, die sich seitdem in der Christengemeinschaft vollzogen haben, »sich nicht auf die Taufpraxis ausgewirkt haben«. Ausdrücklich wird jedoch betont: »Mit dieser Entscheidung sollte die weitere Besinnung über das Verhältnis der evangelischen Kirchen zur Christengemeinschaft nicht abgeschnitten sein.«[336]

Der anthroposophische Hintergrund

Die Christengemeinschaft ist, das zeigen die Ausführungen Emil Bocks, als *Antwort auf eine geistesgeschichtliche Krisensituation* entstanden. Die Krise wurde durch die Säkularisierung des Weltbilds hervorgerufen. Den entscheidenden Anteil daran hatte die naturwissenschaftliche Forschung. Sie hatte im 19. Jahrhundert ihren Siegeszug begonnen und im 20. Jahrhundert mächtig fortgeführt. Sie hat weite Wirklichkeitsfelder erhellt. Sie hat damit das Geheimnis aus ihnen vertrie-

[335] Schreiben von Bischof D. Dibelius vom 6. März 1951 an die Leitung der Christengemeinschaft
[336] Aus einem Schreiben des Lutherischen Kirchenamts (VELKD), Hannover, vom 30. April 1969

ben. Und auch die noch nicht erhellten Räume sind für das wissenschaftliche Denken nicht »geheimnisvoll«, sondern lediglich »noch nicht« erforscht. Denn es ist ein Postulat der naturwissenschaftlichen Forschung, daß die Welt in allen Bereichen und Dimensionen von den gleichen Kräften und Gesetzen bewegt und bestimmt wird. In der Konsequenz dieses täglich durch die Forschungsergebnisse bestätigten Postulats wurde der Himmel zum gottleeren Raum, das Jenseits zu einem Phantasieprodukt, Gott zu einer überflüssigen Idee. Realität behielten nur die sichtbaren, meßbaren oder sonstwie experimentell erfahrbaren Dinge. Und in ihrer Mitte steht der Mensch, der sie erkundet, um sie beherrschbar zu machen und sich als den Herrn der Welt zu inthronisieren.
Unzählige Früchte sind aus diesem säkularistischen Traum und der von ihm inspirierten wissenschaftlichen Forschung gewachsen. Das Leben der Menschheit wäre ohne sie nicht mehr denkbar. Aber die Säkularisierung des Weltbilds hat auch eine Kehrseite. Indem sie Gott in ein Nichts auflöst, beraubt sie den Menschen des Gesprächspartners, der für ihn zugleich absolute Autorität, sinngebende Instanz, Halt und Zuflucht und damit Quelle von Trost und Hoffnung ist. Indem sie Himmel und Jenseits und jegliche sonstige Art von Überwelt als puren Wahn bezeichnet, beraubt sie den Menschen des Ausblicks auf andere, höhere Daseinsmöglichkeiten und sperrt ihn in den engen Käfig des irdischen Hier und Jetzt, der ihm den Atem nimmt und die Ferne verschließt und jeden Höhenflug verhindert. Indem sie den Menschen von Gott trennt und zur selbständigen Größe macht, stößt sie ihn in tiefste Einsamkeit. Zugleich vernichtigt sie ihn; denn nun kann er über seine Existenz nur noch sagen, daß er ein flüchtiges Nichts ist in der Geschichte der Menschheit und etwas lächerlich Belangloses in der Apparatur der menschlichen Gesellschaft; daß er also eine Eintagsfliege unter Milliarden Eintagsfliegen ist und auf einer Erde lebt, die weniger ist als ein Stäubchen im Heer der Galaxien des Universums.
Das sind die düsteren Konsequenzen eines Denkens, das den Menschen in der sterilen Wüstenei einer Welt ohne Geheimnis und Tiefe ansiedelt. Kein Wunder, daß sich gegen diesen säkularistischen Kahlschlag Protestbewegungen erhoben. Sie entwarfen eigene Weltkonzeptionen. Im einzelnen sind diese sehr verschieden, aber gemeinsam ist ihnen das Streben, die außerirdischen oder übersinnlichen Mächte und Wirklichkeiten, deren Existenz vom säkularistischen Denken bestritten wurde, zu rehabilitieren und neu zu begründen. Eine dieser Weltkonzeptionen ist die *Anthroposophie Rudolf Steiners.* Den Vergleich mit anderen antisäkularistischen Konzeptionen braucht sie nicht zu scheuen. Sie ist tiefer als die spiritistischen Entwürfe, reicher als die astrologischen Deutungen, nüchterner und »westlicher« als die Spekulationen der Theosophen, Rosenkreuzer, Kabbalisten u. a. Und sie überragt sie alle durch ihr geistiges Volumen. Es war nicht eine leichtfertige Willkür oder Narrheit, die jene jungen Leute um Rittelmeyer nach dem Ersten Weltkrieg veranlaßte, sich zur Neubegründung ihres christlichen Glaubens hilfesuchend an Rudolf Steiner zu wenden. Sie handelten aus einer Notlage. Es war im Grund die gleiche Not, unter der alle Kirchen litten. Sie standen im Streit mit dem säkularistischen Denken. Die katholische Kirche behalf sich damit, daß sie den Reformkatholizismus verwarf und sich einmauerte: Pius X. verurteilte in der Enzyklika »Pascendi« (1907) den Modernismus, setzte Scholastik gegen For-

schung, tabuisierte die dogmatischen Wahrheiten und verpflichtete alle Priester 1910 zum Antimodernisteneid.
Ein radikaler rechter Flügel des Protestantismus ging einen ähnlichen Weg. Er entwickelte jenen Fundamentalismus, der die Bibel bis zum letzten Buchstaben als Werk göttlicher Offenbarung bezeichnete, damit auch all ihren weltanschaulichen Bestandteilen bis hin zum geozentrischen Weltbild den Rang absoluter göttlicher Wahrheit verlieh und sie der »Menschenweisheit« der Forscher entgegensetzte. Ein anderer, gewichtigerer Teil der protestantischen Theologen stellte sich der wissenschaftlichen Forschung auf freiem Feld, wollte Glauben und Wissen versöhnen und mußte erfahren, daß seine Auseinandersetzungen sich in Rückzugskämpfe verwandelten. Es mußte Gelände preisgegeben und die biblische Botschaft durch Ausklammerungen und Umdeutungen verdünnt werden, damit sie vor den Augen der Wissenschaftsgläubigen bestehen könne.
Das Ringen um die Wahrung des religiösen Lebensraumes geht bis heute fort und ist noch lange nicht abgeschlossen. Jene jungen Leute, die damals auf der Suche waren, empfingen von ihrer Kirche und Theologie keine helfende Antwort. Deshalb öffneten sie sich der Anthroposophie. Von ihr her, dessen waren sie überzeugt, ließ sich auch die biblische Botschaft neu erobern, begreifen und glaubhaft in der modernen Welt verkündigen.
Es waren also sehr ernste Motive, die zur Entstehung der Christengemeinschaft führten. Darum kann sie Respekt beanspruchen, auch wenn sie kritisiert werden muß. Die folgenden Ausführungen wollen fragwürdige Punkte und Gedankenkomplexe herausstellen, damit sie Gegenstand des Gesprächs und vor allem der Selbstbesinnung werden können. Dabei gehen wir von der Frage aus: War es *sachgerecht,* daß die Begründer der Christengemeinschaft sich bei ihrer Suche nach einer tieferen Weltdeutung zur Anthroposophie hinwandten? Es gibt viele Gründe, diese Frage zu bejahen. Die Anthroposophie ignoriert die säkularistische Weltbetrachtung nicht, sondern bezieht sie ein, um sie zu überwinden. Sie klammert die naturwissenschaftlichen Erkenntnisse nicht aus, aber sie gesellt ihnen die geisteswissenschaftlichen Erkenntnisse hinzu, um sie zu überhöhen. Sie bettet Existenz und Geschichte der Erde und der Menschheit in einen riesigen kosmischen Zusammenhang ein und bestimmt von ihm her ihren Ort, ihren Sinn und ihr Ziel. Vor allem: Rudolf Steiner kommt auf seinen Denkwegen zu einer umfassenden Bejahung und Neubegründung biblischer Inhalte. Als Frucht seiner »geisteswissenschaftlichen« Erkenntnisse entwirft er ein Weltbild, in dem Christus einen zentralen Rang einnimmt und biblische Zeugnisse in einer überraschenden Weise bestätigt, vertieft und erhellt werden. Und weil er bei alledem von keinerlei dogmatischen Bindungen bestimmt ist, sondern in völliger Freiheit argumentiert, mußten seine Ergebnisse für die Anhänger eines vorurteilsfreien Denkens um so überzeugender sein.
Es war also verständlich, daß die Begründer der Christengemeinschaft die Hilfe der Anthroposophie in Anspruch nahmen. Sie gab ihnen umfangreiche und einleuchtende Antworten in allen defizitären Bereichen des Glaubens, also da, wo die biblischen Aussagen in der Konfrontierung mit dem säkularistischen Denken unglaubwürdig oder unzulänglich erschienen. Und durch die Einfügung der biblischen Texte in die weiten Horizonte der anthroposophischen Weltschau glaubten

sie ihnen neue, fruchtbare Sinnbezüge abgewinnen und geiteswissenschaftliche Bestätigungen ihrer Inhalte entdecken zu können.
Aber nun müssen wir unsere Frage noch genauer präzisieren: Gibt es eine *Kongruenz* der biblischen Botschaft mit den geisteswissenschaftlichen Erkenntnissen Rudolf Steiners? Sind beide also so aufeinander abgestimmt, daß sie sich ohne Schwierigkeit zusammenfügen lassen und daß die biblische Botschaft durch die Verbindung mit anthroposophischen Elementen nicht verfremdet und entstellt, sondern sachgemäß ergänzt, gefüllt und gedeutet wird? Grundsätzlich muß festgestellt werden, daß die anthroposophische Weltkonzeption eine *andere Struktur* hat als die biblische Botschaft. Ihr Grundthema ist das Verhältnis von Geist und Stoff. Das Grundthema der Bibel ist das Verhältnis von Gott und Welt bzw. Mensch. Dieses Verhältnis steht in beiden Fällen im Zeichen der Spannung, des Konflikts; und der Ablauf dieses Konflikts bildet den Inhalt der Kosmos- bzw. Menschheitsgeschichte. Sie führt in der anthroposophischen Konzeption über die zunehmende Verstofflichung des Geistigen und Verdichtung der Stofflichkeit zur allmählichen Rückkehr in das Rein-Geistige. Sie führt in der Bibel vom Sündenfall über die verschiedenen Stufen des Ringens Gottes um den Menschen zu den eschatologischen Ereignissen, endend mit dem neuen Himmel und der neuen Erde. Es liegen also verschiedene Ausgangspunkte und Ziele vor. Folgerichtig sind auch die Wege vom Ausgangspunkt zum Ziel verschieden. Das schließt nicht aus, daß sie sich vielfältig berühren können. Aber sie dürfen nicht zusammengelegt werden. Geschieht dies, dann müssen Veränderungen der biblischen Botschaft entstehen. Einige Beispiele mögen das illustrieren.
1. Die *Anthroposophie hat ein anderes »Altes Testament«*, eine andere Hinführung auf Christus, als die biblische Heilsgeschichte. Es hat weitere Horizonte als das Alte Testament der Bibel. Es umschließt die gesamte menschliche Geistesgeschichte, deren innerster Kern das Offenbarungsgeschehen in den Mysterienstätten ist. Diese Geistesgeschichte ist voller Hinweise, Motive und symbolträchtiger Geschehnisse, die vom hintergründigen Wirken des Christus in der vorchristlichen Zeit zeugen[337] und seine Inkarnation als Gipfel, Ziel und Vollendung aller Epochen verkündigen. Bei Rudolf Steiner ist das ganze geistige Streben, Sehnen, Suchen, Drängen und Vorwärtsschreiten der Menschheit in der Welt der Religionen, Mythen, Weisheitslehren auf Christus hin orientiert. Damit wird Christus in einem Maß als dem Welterlöser gehuldigt, wie das in der kirchlichen Theologie kaum mehr gewagt wird.
Steiner hat einen Weg beschritten, der über den Relativismus der vergleichenden Religionsgeschichte weit hinausführt und nicht nur die Absolutheit des Christusereignisses, sondern die Christozentrizität der gesamten Welt- und Geistesgeschichte begründen will. Das ist ein großartiges Unternehmen. Wie weit es sich religionswissenschaftlich rechtfertigen läßt, ist eine Sache für sich.
Uns berührt eine andere Frage: Wird von diesem »Alten Testament« der Anthro-

[337] Kennzeichnend ist der Satz Rittelmeyers (Christus, S. 132): »Die Christen werden sich daran gewöhnen müssen, daß – ebenso wie die Taufe – auch das Abendmahl längst da war vor dem Christentum«, wobei er an den phrygischen Attiskult, verschiedene griechische Kulte, germanische Bräuche und Melchizedek 1. Mose 14, 18 erinnert.

posophie her nicht notwendig auch das Neue Testament eine andere Deutung erfahren als vom biblischen Alten Testament her? Das anthroposophische »Alte Testament« hat ja ein anderes Grundthema als das biblische. Es ist die Geschichte von der Verstofflichung des Geistigen, die zugleich eine Verdunkelung des Göttlichen und eine Absonderung des Menschen von ihm ist. Diese Geschichte mündet nun in das Neue Testament ein und sucht hier ihre Verlängerung, und das Neue Testament muß so gelesen werden, daß es als Verlängerung verstanden werden kann.

2. Mit der Verstofflichung hat auch das Böse zu tun. Darum kennt Steiners Geisteswissenschaft ebenfalls ein *Ereignis des Sündenfalls*. Er geschah nach der Akasha-Chronik noch vor der atlantischen Epoche in Lemurien. Luziferische Mächte verführten den unfertigen Menschen. Das hatte eine gute und eine schlimme Folge. Die gute Folge: aus Träumen und naturhafter Unschuld herausgerissen, wurde der Mensch wissend um Gut und Böse, erwachte zum Bewußtsein seiner selbst, sah sich in Entscheidungen gestellt und gewann damit eine neue Stufe seiner geistigen Entwicklung. Die schlimme Folge: Begierde und Selbstsucht wurden mächtig in ihm, verstrickten ihn in die irdische Stofflichkeit, verdunkelten seine Erkenntnisfähigkeit. So löste der Sündenfall eine Entwicklung aus, in deren Verlauf der Mensch mehr und mehr von der Geisteswelt abgeschnürt wurde und der Erdenschwere, der Verhärtung seiner Leibesnatur und dem Tode verfiel.

Diese Betrachtung enthält geistvolle Aspekte. Aber deckt sie sich mit dem biblischen Bericht vom Sündenfall? Dort ist nicht ein Prozeß zwischen Luzifer und dem noch unfertigen Menschenwesen beschrieben, sondern ein dramatischer Vorgang zwischen Gott und dem voll entscheidungsfähigen, also auch verantwortungsfähigen Menschen. Die Sünde ist darum von Anfang an bewußte Übertretung des göttlichen Gebots und Schuld gegen Gott. Gottes Antwort darauf ist das Gericht – dem Ungehorsam folgt die Strafe der Austreibung aus dem Paradies. Während nach Steiner mit dem Sündenfall eine Entwicklung einsetzt, die allmählich immer mehr in das Verhängnis der egoistisch-materialistischen Versklavung führt, ist nach dem biblischen Bericht das Böse sofort in seiner ganzen schrecklichen Macht da: schon in der nächsten Generation passiert ein Brudermord – Kain erschlägt Abel, und Gott verflucht ihn.

Es bestehen also gravierende Unterschiede zwischen dem anthroposophischen und dem biblischen Verständnis des Sündenfalls. Sie schließen auch ein *unterschiedliches Verständnis des Begriffs »Sünde«* ein: hier hat sie viel mit egoistischer Triebhaftigkeit und materieller Gebundenheit zu tun, dort mit Empörung und Ungehorsam gegen Gott. Hier haftet ihr neben der Schuldhaftigkeit auch das Merkmal des Verhängnisses an: sie ist eine Krankheit, die auf die Einwirkung außermenschlicher Mächte zurückgeht. Dort wird der Mensch für seine Sünden voll verantwortlich gemacht; jeder Versuch, sich durch Abwälzung der Schuld auf andere zu entschuldigen (1. Mose 3, 12f.), wird zurückgewiesen, und es wird mit Strenge klargelegt, daß die Sünde Macht über den Menschen hat, sobald er sich der Macht Gottes entzieht (1. Mose 4, 7).

In der Sicht beider, der Bibel und der Anthroposophie, sitzt die Wurzel der Sünde in der Tiefe, ist ihre Frucht die böse Tat und ist die Summierung der Sündenmacht eine tödliche Gefahr für das menschliche Leben und Zusammenleben. Beide verkündigen und verheißen eine Überwindung der Sündhaftigkeit als Ziel der Menschengeschichte. Aber weil das Wesen der Sünde verschieden gesehen wird, müssen auch die Heilmittel verschieden geartet sein.

3. In dem Prozeß der *Erlösung* des Menschen aus seiner Sündhaftigkeit vollbringt auch nach Steiner Christus die entscheidende Tat. Er nannte »das Erscheinen des Christus im Erdendasein und sein Opfer auf Golgatha das Mittelpunktereignis der Erdenentwicklung«[338]. Auch Steiner kann also bezeugen: »Da aber die Zeit erfüllet war, sandte Gott seinen Sohn« (Gal. 4, 4). Aber dieser Kairos hat bei ihm einen anderen Kontext, d. h. einen anderen geschichtlichen Ort und Zusammenhang als in der Bibel: er bezeichnet die Mitte der Erdenentwicklung. Er markiert den Punkt, in dem die Verstofflichung des Geistigen den stärksten Grad erreicht hat und der Umschwung zur Wiedervergeistigung einsetzt. Zugleich ist es der Punkt, in dem die menschliche Persönlichkeit in ihrer durch den Sündenfall eingeleiteten Entwicklung genau die richtige Phase für das heilende Eingreifen des Christus erreicht hat. Wäre der Eingriff zu früh erfolgt, dann hätten die Widersachermächte »dem Menschen noch nicht den erforderlichen Grad von Selbständigkeit eingepflanzt gehabt. Wäre der Eingriff zu spät geschehen, so wäre der Mensch inzwischen in eine allzu starke, nicht wieder gutzumachende Abhängigkeit gegenüber den Widersacher-Mächten geraten.«[339]

Im anthroposophischen Verständnis ist also ein entwicklungsgeschichtlicher Zentralpunkt der Kairos der Inkarnation Christi. In der biblischen Sicht dagegen ist der Kairos ein heilsgeschichtlicher Zentralpunkt: Diese Heilsgeschichte begann mit Adam und Eva, verlief über Sintflut, Turmbau, die Erzväter, Richter und Propheten, konzentrierte sich auf das Volk Israel, an dem modellartig alle Versuche göttlicher Pädagogik vorgenommen werden, um den Menschen in den Gehorsam zurückzurufen. Sie scheitern, und der Kairos ist das Signal, daß nun die alten Wege zu Ende gegangen sind und daß Gott einen völlig neuen Weg beginnt – mit der Sendung des Sohnes.

4. Mit der Sendung des Sohnes und der Hingabe seines Lebens am Kreuz hat nach dem biblischen Zeugnis die werbende, suchende Liebe Gottes ihren Gipfel erreicht, der schlechthin nicht mehr überbietbar ist. *Golgatha* ist die letzte Antwort Gottes auf den Sündenfall. Hier hat sich die Empörung des Menschen gegen Gott ausgerast bis zur letzten, schrecklichen Konsequenz – zur Hinrichtung des Gottessohns. Aber das Echo Gottes ist nicht mehr die Strenge des Gerichts, wie es die Austreibung aus dem Paradies war, sondern die Erduldung des Frevels, ja, die Vergebung, die Liebe. Gott hat den Kriegszustand abgelöst durch die Versöhnung, den Frieden. Das wird in vielerlei Bildern beschrieben: von der Opferung des Sohnes, vom Sühnetod, vom stellvertretenden Leiden und Sterben, vom Kaufpreis des Lebens Jesu, von der erlösenden und reinigenden Kraft seines Blutes. Sie alle bezeugen, daß die Sendung Christi die entscheidende Wende der Heilsgeschichte bedeutet und daß ein neues Fundament für das Verhältnis zwischen Gott und Mensch gelegt worden ist.

[338] R. Meyer, Wer war Rudolf Steiner? S. 100

[339] R. Frieling, Vom Wesen des Christentums, S. 16

Auch für Rudolf Steiner hat das Blut Christi eine entsündigende Wirkung. Er bezeugt von sich selbst, daß »das geistige Gestanden-Haben vor dem Mysterium von Golgatha in innerster ernstester Erkenntnis-Feier« für ihn von entscheidender Bedeutung war. Aber wie die Bibel die Passion in die Mitte der Heilsgeschichte stellt, so stellt Steiner sie in die Mitte der kosmischen Entwicklungsgeschichte. Er gibt ihr damit, so scheint es, einen noch viel weiteren, größeren Horizont. Das Lamm Gottes nimmt die angesammelte Erbschuld des Menschengeschlechts, das Gemeinschaftskarma der Menschheit und der kosmischen Mächte, auf sich und sühnt es mit seinem Opfer. Nun ist der Mensch entlastet, zur Freiheit berufen und hat sich nur noch mit seinen persönlichen Verfehlungen und seinem individuellen Karma auseinanderzusetzen. Und der *»Christusimpuls«* wirkt als verwandelnde, erneuernde Kraft sowohl in die Tiefe der Menschenseele als in die ganze Menschheitsgeschichte und in die Welt der Stofflichkeit hinein.
Steiner spricht mit Vorliebe vom *»Mysterium von Golgatha«*. Er stellt die Passion weniger in die Kontinuität der alttestamentlichen Heilserwartungen und -verheißungen als der antiken Mysterien. Sie bildet deren Vollendung und Abschluß, sofern das, was in den Mysterien geschah, nun als eine historische Tat vollzogen und das, was in den Mysterien nur den Eingeweihten vorbehalten war, nun jedermann zugänglich gemacht wurde. Steiner hat mit dieser Verbindung von Kreuz und Mysterien eine neue, spezifisch anthroposophische Deutung von Golgatha gegeben. Es kann eingeräumt werden, daß er dadurch Zugänge zu untergründigen Wirklichkeiten der Passion erschlossen hat, die auch im Schriftzeugnis anklingen. Aber andererseits waren auch Umdeutungen, Schwerpunktverlagerungen und teilweise Verkümmerungen unausbleiblich.

5. Ist das Kreuz die große Erlösungstat, die dem Gläubigen die Zuversicht der Gnade und des Heils gibt (Röm. 3, 23–26)? Steiner antwortet nur mit einem bedingten Ja: Der Opfertod des Christus, des »Welten-Ichs«, sühnt das Menschheitskarma, nicht aber das *individuelle Karma*. Dieses hat der Mensch nach wie vor zu tragen und abzutragen. *Eine Vergebung seiner Sünden gibt es nicht.* Steiner lehnt sie aus pädagogischen Gründen ab. Er fürchtet, das Vertrauen auf die Vergebung führe zu einer moralischen Erschlaffung. Das beruht freilich auf einem Mißverständnis der Heiligen Schrift, das schon die Lektüre von Röm. 6 hätte korrigieren können.
Mit der Einführung des Karma-Begriffs ist die Lehre von der *Reinkarnation* verbunden. Beide sind der Bibel fremd. Sie hindern Steiner daran, die individuelle Heilsverheißung des Neuen Testaments zu übernehmen, die dem Gläubigen freilich keine sühnende Wiederverkörperung – mit der Möglichkeit immer höheren Aufstiegs – in Aussicht stellt, sondern die Kindschaft und den Frieden und das ewige Leben in Christus (Luk. 15; Joh. 6, 51; 10, 11; Röm. 5, 1; 6, 23; 8, 17; 14, 8 u.a.).

6. Sehr deutlich tritt die Diskrepanz zwischen Anthroposophie und Bibel auf dem Gebiet der *Eschatologie* hervor. Bei Steiner entspricht sie genau seinem Entwurf der kosmischen Entwicklung: Christus hat sich auf dem Tiefpunkt der Verstofflichungskurve inkarniert. Nun erfolgt die Umkehr des Prozesses. Kreuz und Auferstehung sind Siege des Geistes über den Stoff. Der auferstandene Christus entschwebt nicht in die Ferne, sondern bleibt gegenwärtig im Erdenbereich. Seine

»Himmelfahrt« war eine Vereinigung mit den Himmelskräften zugunsten der Erde. Vor Damaskus enthüllte er sich dem geistigen Schauen des Paulus. In unserem Jahrhundert erscheint er wieder in ätherischem Gewand, und es werden neue hellseherische Fähigkeiten durchbrechen, für welche »die hehre Äthergestalt des Christus Jesus wahrnehmbar wird«[340], wie sie einstmals Paulus vor Damaskus sah. Dieses Wiederkommen des Christus bezeichnete Steiner als »das größte Geheimnis unseres Zeitalters«, und er sah im Zusammenhang damit auch die apokalyptische Versuchung durch das Auftreten »falscher Christusse«. Aber mag durch sie auch ein geschichtlicher Wirbel entstehen: *Endereignisse* werden dadurch nicht eingeleitet.

Die Bibel läßt dem Auftreten antichristlicher Mächte die Herabkunft Christi mit seinem Himmelsheer und die Endschlacht und das Tausendjährige Reich und danach die völlige Entmachtung des Teufels und das Endgericht und die Erneuerung von Himmel und Erde folgen. Es handelt sich dabei um einmalige Ereignisse, die zu einem endgültigen Ziel führen. Für Steiner ist die Wiederkunft im 20. Jahrhundert mit ihren apokalyptischen Begleiterscheinungen *nur eine Episode*. Seine Kosmologie rechnet mit so riesigen Entwicklungsstrecken, daß die biblische Eschatologie sie bei weitem nicht ausfüllen kann. Die Erde hat von ihren sieben Entwicklungsstufen erst drei durchlaufen, befindet sich auf der vierten, hat von den sieben Epochen dieser vierten Stufe vier hinter sich, befindet sich in der fünften und wird noch zwei weitere Epochen durchmachen müssen, bis sie die fünfte Entwicklungsstufe erreicht hat. Die Zeiten dehnen sich also ins Unermeßliche. So kann die jetzige Wiederkunft Christi kein Ende bedeuten. Sie wird sich auf der sechsten und siebten Stufe wiederholen, jedesmal in vollkommenerer Form. Aber sie wird auch dann nur einen Episodencharakter haben, nie die Wende und das Ende bringen. Das Ziel der biblischen Eschatologie kann vom Glauben als Hoffnungsgut ergriffen werden; das Ziel der kosmischen Entwicklung bei Steiner aber kann nie Gegenstand der Hoffnung sein, weil es weit jenseits des menschheitlichen Erlebnisraumes liegt.

Wir haben an einer Reihe von Beispielen das Verhältnis von Anthroposophie und Bibel untersucht. Dabei haben wir die Christengemeinschaft ausgeklammert. Das geschah mit Absicht. Und bei der Darstellung der Christengemeinschaft mußten wir stark betonen, daß sie kein Bekenntnis, kein Dogma, keine gemeinsame und verbindliche Weltanschauung hat. Sie läßt sich also auf keine Lehraussage verpflichten, auch nicht auf die anthroposophische, und sie empfindet es als eine Ungerechtigkeit, wenn man aus ihren Schriften anthroposophisches Geistesgut herausholt und zum Gegenstand einer kritischen Betrachtung macht. Und doch kann nicht bestritten werden, daß der Glaube der Christengemeinschaft – wie jeder Glaube – auch in einer Zusammenschau bewußt wird, und das heißt, die Gestalt von Lehre annimmt. In dieser Lehrgestalt, wie immer sie beim einzelnen – im Rahmen des Kultus – auch aussehen mag, *spielt das anthroposophische Element eine wesentliche Rolle.* So kann zum Beispiel Rudolf Frieling sagen: Daß wir als moderne Menschen das Christentum »mit gutem Erkenntnisgewissen neu schauen dürfen als die große, entscheidend wichtige Menschheitsangelegenheit,

[340] R. Meyer, Wer war Rudolf Steiner? S. 132

verdanken wir der Anthroposophie, dem Erkenntniswerk Rudolf Steiners«[341]. Und Rittelmeyer bekennt, daß er in jedem Punkt seiner Christus-Erkenntnis »Entscheidendes« von Rudolf Steiner gelernt habe[342].
Das gilt auch für den *Sakramentalismus* der Christengemeinschaft. Hier sind die anthroposophischen Denkkategorien besonders deutlich sichtbar. Die Sakramente sind Mittel, um dem Menschen auf seinem Lebensweg schützende, vergeistigende Kräfte zuzuführen, ihm verwandelnde Christus-Impulse zu verleihen. Diese Zielbestimmung entstammt dem anthroposophischen Grundthema von Stoff und Geist und der daraus abgeleiteten Anthropologie. Nach kirchlichem Verständnis verlaufen Taufe und Abendmahl in einem streng personalen Rahmen, sie sind göttliche Handlungen am Menschen – als Bundesschluß Gottes mit dem Täufling, als Selbstmitteilung Christi an seine Tischgäste. Es geht bei beiden um die göttliche Zusicherung des Heils, nicht um Übermittlung heilsamer Kräfte und Impulse. Die Sakramente haben also im evangelischen Verständnis eine andere geistige Gestalt und Zielrichtung als bei der Christengemeinschaft.
Aber auch dies muß gesehen werden: Die Freiheit der Mitglieder und Pfarrer der Christengemeinschaft, ob und wieweit sie sich anthroposophisches Gedankengut aneignen wollen, gibt ihnen zugleich die *Möglichkeit einer kritischen Prüfung und Sichtung*. Die hier geäußerten kritischen Feststellungen wollen deshalb auch als Anfragen verstanden sein, die sich an die Mitglieder der Christengemeinschaft richten und sie einladen, darüber nachzudenken, wie sie verfahren können, damit die biblisch fragwürdigen Geisteselemente der Anthroposophie ihnen den Zugang zur unverfremdeten Schriftwahrheit nicht verschließen.

ÜBERWELTKUNDGABEN AUF SÄKULARISTISCHEM BODEN

Der Spiritismus

Das Umfeld

Der Glaube an eine jenseitige Geisterwelt ist uralt und aus allen Epochen und Kulturen der Menschheit bezeugt. Im Mittelalter war er mit der kirchlichen Verkündigung und der Volksfrömmigkeit eine innige Verbindung eingegangen. Im Zeitalter des Rationalismus wurde er in Frage gestellt; okkulte Phänomene wurden mit dem Etikett »Aberglaube« oder »Betrug« versehen. Als sich 1761/62 das *»Kloppedings von Dibbesdorf«* bei Braunschweig ereignete – im Haus des Bauern Kettelhut ertönten monatelang Klopflaute, die auf Aufforderung begannen und Fragen mit Ja oder Nein beantworteten –, schrieb Lessing in der »Hamburgischen Dramaturgie« am 5. Juni 1767: »Wir glauben an keine Gespenster mehr, kann also

[341] R. Frieling, Vom Wesen des Christentums, S. 7
[342] Im Vorwort zu: Christus

nur heißen: in dieser Sache, über die sich fast ebenso viel dafür als dawider sagen läßt, die nicht entschieden ist und nicht entschieden werden kann, hat die gegenwärtige Art zu denken den Gründen dawider das Übergewicht gegeben.«
Immer wieder gab es einzelne Verteidiger des Geisterglaubens. Der presbyterianische Geistliche Richard Baxter schrieb in seinem Buch »The certainty of the world of spirits« (1691) über Spukfälle und Besessenheit. Der französische Benediktinerabt Augustin Calmet (1672–1757) bekräftigte in seinem »Traité sur les apparitions des Esprits et sur le Vampirisme« (1751) die Realität der Geister-Erscheinungen und führte die Magie auf dämonische Einwirkungen zurück. Zu den Verteidigern des Glaubens an Geister gehörten auch Heinrich Jung-Stilling (1740–1817) in seiner »Theorie der Geisterkunde«[343] (1808) und Arthur Schopenhauer (1788–1860), der in seinen »Parerga und Paralipomena« (1851) eigens ein Kapitel »Versuch über Geistersehen« schrieb.
Pfarrer Johann Friedrich Oberlin (1740–1826) hatte viele Jahre lang Begegnungen mit seiner 1783 verstorbenen Gattin: »Gleich in der Nacht nach dem Tode meiner Frau erschien sie mir im Traum, und von da an sah ich sie neun Jahre lang fast alle Tage, teils träumend und wachend, teils hier bei mir, teils drüben in ihrem Aufenthaltsort, wo ich merkwürdige Dinge, auch politische Veränderungen, lange bevor sie vorgingen, von ihr erfuhr.« Nach neun Jahren hörten die Begegnungen auf, weil sie »jetzt in einen höheren Zustand versetzt worden« sei, erzählte er dem Pfarrer Dr. Barth. Eine förmliche Geistertheorie entwickelte Justinus Kerner (1786–1862): Der »Nervengeist« verläßt beim Tod samt der Seele den Leib und bildet dann eine ätherische Hülle um sie. Dadurch können die Geister des Zwischenreichs Töne hervorbringen, die Schwerkraft in den Körpern aufheben, so daß sie sich bewegen oder schweben und sich dem Menschen fühlbar machen. Clemens von Brentano (1778–1842) notierte 1832: »Merkwürdig ist das allgemeine Hervortreten der Geister- und Wunderwelt und besonders der Gewalt des Satans in unserer Zeit ... Die Frommen in der Schweiz und in Württemberg haben schier keine andere Unterhaltung als Geister, Besessene, Doppelgänger usw.«
Der Zeitgeist lief freilich dem Geisterglauben zuwider. Im Gefolge des säkularistischen Denkens und der naturwissenschaftlichen Forschungen entstand ein Weltbild, das keinen Raum für solche Vorstellungen bot. Darüber wurde auch die kirchliche Verkündigung über das Fortleben nach dem Tode verlegen und einsilbig. Im Namen des Fortschrittsglaubens wurde die Jenseitshoffnung diffamiert. In »Das Wesen des Christentums« (1848) schrieb Ludwig Feuerbach: »Wer ein ewiges Leben glaubt, dem verliert dieses Leben seinen Wert. Oder vielmehr, es hat schon seinen Wert verloren: der Glaube an das himmlische Leben ist eben der Glaube an die Nichtigkeit und Wertlosigkeit dieses Lebens.« Ebenfalls 1848 schrieb Karl Marx in seinen »Pages choisies pour une éthique socialiste«: »Die Leugnung des Jenseits bedeutet auch eine Annahme des ›Hienieden‹. Die Leug-

[343] Die »Geisterkunde« stieß auf heftigen Widerspruch der Rationalisten. Der Kleine Rat von Basel verbot sie aufgrund eines theologischen Gutachtens der Baseler Geistlichkeit, weil sie aus Geistererscheinungen Folgerungen auf die Unsterblichkeit und den Zustand nach dem Tod ableite. Auch der König von Württemberg verfügte die Einziehung des Buchs.

nung eines besseren Lebens im Jenseits schließt die Forderung einer Besserung, ja einer völligen Erneuerung des irdischen Lebens mit ein.« Damit war die Unverträglichkeit der politischen Ideologie, die für eine bessere Zukunft kämpft, mit dem Jenseitsglauben jeglicher Art ausgesprochen. Das sollte folgenschwere Auswirkungen haben.

Der Klopfgeist von Hydesville und die Folgen

Wenige Monate nach Veröffentlichung des Kommunistischen Manifests durch Karl Marx vernahmen Ende März 1848 zwei kleine Mädchen, Leah (10) und Kate (12), im Haus ihres Vaters, des Farmers John Fox, in Hydesville bei Rochester (USA) merkwürdige *Klopflaute und andere Geräusche.* Eine Untersuchungskommission aus den »gebildetsten Bewohnern« Rochesters, der auch der »Lederstrumpf«-Verfasser Fenimore Cooper angehörte, konnte die Klopftöne nicht natürlich erklären. Als ein pfiffiger Nachbar, Isaak Port, ein Klopf-ABC erfunden hatte, wurde ein Gespräch mit dem Geist möglich. Er erzählte, er habe als Kaufmann in dem Haus Fox gelebt und sei ermordet und im Keller verscharrt worden. Man grub nach und fand ein Skelett. Um hier etwas vorwegzunehmen: Der englische Physiker und Chemiker William Crookes (1832–1919), der als »der größte und geschickteste experimentelle Physiker der Gegenwart« gepriesen wurde, kam im Lauf seiner außerordentlich gründlichen Untersuchungen okkulter Phänomene zu dem Schluß, daß sie auf eine »psychische Kraft« zurückzuführen seien. Er machte 20 Jahre nach Hydesville auch mit Kate Fox Experimente. Sie hatten ein erstaunliches Ergebnis: »Es genügte, daß sie ihre Hand auf irgend etwas legte, damit gleich laute Schläge ertönten, zuweilen laut genug, daß sie mehrere Zimmer weit zu hören waren.«[344] Kamen also die Klopflaute in dem Farmerhaus auf diese Weise zustande? Und war es ein bloßer Zufall, daß man im Keller ein Skelett fand?

Aber von alledem konnte man 1848 noch nichts wissen. Die Kunde von der Begebenheit im Haus Fox sprach sich rasch herum und löste andere Phänomene aus. Ein Spukfall im Haus des Geistlichen Dr. Phelp in Stratford (Conn.) veranlaßte den medial veranlagten Mesmer-Anhänger Andrew Jackson Davis, der schon 1847 ein aus Jenseitsdiktaten bestehendes Buch »The Principles of Nature, Her divine revelations and a voice to mankind« veröffentlicht hatte, zu Nachforschungen in Stratford. Daraus entstand 1851 sein Werk »The philosophy of spiritual intercourse«. Es enthielt Mitteilungen über das Geisterland und über die Kommunikationstechnik zwischen Jenseitigen und Diesseitigen. Fortan wurde der Verkehr mit den Geistern auf mannigfache Weise praktiziert – durch Tischrücken, die Planchette, das automatische Schreiben und die »direkte Stimme« von Tieftrance-Medien.

Die Anstöße, die von diesen Ereignissen ausgingen, lösten eine Bewegung aus, die sich mit rasender Schnelligkeit verbreitete. Die Zahl der Spiritisten in den USA wurde 1855 bereits auf zwei Millionen geschätzt. Schon 1848 veranlaßte eine

[344] Fanny Moser, Das große Buch des Okkultismus, S. 89

nach Frankreich zurückgekehrte Dame die Gründung eines spiritistischen Zirkels, und 1851 erschien »La table parlante« als erste spiritistische Zeitschrift in Frankreich. In den gleichen Jahren faßte der Spiritismus auch in Deutschland, England und anderen Ländern Fuß. FRANZ ANTON MESMER (1734–1815) hatte mit seiner Lehre vom animalischen Magnetismus den Boden dafür vorbereitet.
Eine *»Epidemie des Tischrückens«* brach aus. Für viele, die ihren Halt in der christlichen Glaubenswelt verloren hatten, wurde das Tischchen zum überweltlichen Auskunfts- und Beratungsinstrument. »Die damalige spiritistische Bewegung kann nur voll verstanden werden, wenn man sie einerseits als Gegenbewegung gegen den Materialismus als Welt- und Lebensanschauung betrachtet, andererseits aber darin auch die Loslösung vom strengen Kirchentum sieht, indem man sich nicht mehr einfach der Autorität der Glaubenssätze kritiklos hingeben wollte und konnte, sondern erfahrungsmäßige Beweise forderte und suchte, die das Fortleben nach dem Tode sicherstellen sollten.«[345]
Diese Motive sind heute so lebendig wie im 19. Jahrhundert. Sie sorgten dafür, daß die Anhängerschaft des Spiritismus unaufhörlich wuchs. Statistiken gibt es nicht, zumal nur ein Bruchteil der Anhänger spiritistischen Vereinigungen beizutreten pflegt. Nach Schätzungen beläuft sich die Gesamtzahl auf mehr als 100 Millionen in allen Erdteilen. Ein loser Zusammenschluß erfolgte in der *»International Spiritualist Federation«*. Der Spiritismus ist zu einer der bedeutendsten Protestbewegungen gegen die rein diesseitig orientierten Zukunftsutopien, Ideologien, Welt- und Lebensdeutungen geworden.
Die Klopflaute von Hydesville waren von unzähligen Menschen, die sich in ihrer Hoffnung auf ein Überleben des Todes verunsichert sahen, wie ein Signal aus dem Jenseits empfunden worden. Nun hoben sich die Schleusen, und ein Strom von Kundgaben ergoß sich in die diesseitige Welt. Das in seiner Existenz bestrittene Jenseits hatte sich selbst zu Wort gemeldet und die diesseitigen Besserwisser widerlegt. Der Spiritismus wurde von seinen Anhängern als eine mächtige und glaubwürdige *Trostbotschaft* empfunden. Glaubwürdig deshalb, weil er sich nicht auf alte Dogmen oder rückständige Finsterlinge berief, sondern nüchterne Fakten vorlegte. Seine führenden Vertreter erhoben von Anfang an den Anspruch, daß es sich um eine empirisch-kritische Wissenschaft handle, die Material sammelt, prüft, sichtet und auswertet. Und sie entwickelten daraus ein Weltbild, das für die Vernunft einsichtig war, alles »natürlich« erklärte, ohne Mythen und Wunder auskam, dem Evolutionsgedanken eine zentrale Rolle zuerkannte und mit alledem Grundelemente säkularistischer Denkstrukturen aufnahm. Sie zogen aus, ihren Bestreitern mit ebenbürtigen Waffen und Argumenten entgegenzutreten, und überboten zugleich ihr auf das Materielle und Vergängliche beschränktes Weltbild durch die Konzeption einer Weltwirklichkeit, deren grenzenlose Dimensionen die Klärung aller Rätsel und Dunkelheiten des Seins verhießen und dem Menschen den Blick über sein kleines, kurzes Erdendasein hinaus in eine Zukunft der steten Fortentwicklung und des Aufstiegs bis zur Vollendung in der göttlichen Sphäre erschlossen.

[345] Rudolf Tischner, Geschichte der Parapsychologie, 1960, S. 135

Vielfach wird zwischen »Spiritismus« und »Spiritualismus« unterschieden, auch wenn die Grenzlinie zwischen beiden nicht ganz klar zu ziehen ist. Der *Spiritismus* sieht seine Hauptaufgabe in dem Nachweis einer realen Geisterexistenz und des Weiterlebens nach dem Tod; er findet ihn in den Phänomenen und gibt diese weiter. Der *Spiritualismus* dagegen widmet sich der Erkundung der jenseitigen Welt und der Beziehungen zwischen ihr und der sichtbaren Welt; die Quelle, aus der er seine Erkenntnisse schöpft, sind die Kundgaben der Geistwesen. Außerdem gibt es einen *Vulgärspiritismus,* dessen Anhänger aus den verschiedensten Motiven an Séancen teilnehmen: um eine gruselige Neugier zu befriedigen; um Verbindung mit abgeschiedenen Verwandten zu bekommen; um sich zu vergewissern, daß »mit dem Tod nicht alles aus ist«; um sich in allen möglichen Lebenslagen beraten zu lassen usw. Da hier alles unkontrolliert abläuft, ist dieser vulgäre Spiritismus ein Tummelplatz von Betrug und Schwindeleien, um gutgläubige Teilnehmer irrezuführen, auszubeuten, hörig zu machen. Vorstellungen des primitiven Aberglaubens werden mobilisiert. Schwere seelische Schäden bis hin zur Besessenheit können entstehen. Die Praktizierung des Geisterglaubens kann zum Einbruchstor für dunkle Mächte werden. Ein auf diesem Gebiet erfahrener Mann, H. Carrington, Mitglied der Society for Psychical Research, erklärte in seinem Buch »The Physical Phenomena of Spiritualism«; »98% beruhen auf Betrug«, und warnte vor der Beteiligung an spiritistischen Experimenten, da es »einen wirklichen Schrecken der Dunkelheit gibt, Herrscher und Mächte, mit denen wir in unserer Unwissenheit spielen, ohne uns der furchtbaren Folgen bewußt zu werden, die diese Einmischung in die unsichtbare Welt mit sich bringt«[346].
Im folgenden beschäftigen wir uns mit dem *seriösen Spiritismus,* der selbstkritisch ist und mit dem vulgären Geistertreiben nichts zu tun haben will. Unter den *Wissenschaftlern* gab es Befürworter und Gegner. Zu den letzteren gehörten der berühmte Zoologe Thomas Huxley (1825–1895) und der Physiker Michael Faraday (1791–1867), der in geschickten Versuchen zeigte, daß beim Tischrücken nicht, wie viele meinten, die Elektrizität erst das Tischchen und dann die Hände in Bewegung setzt, sondern daß die Bewegung von den Händen ausgeht[347]. Andere wie der französische Physiologe und Nobelpreisträger Charles Richet (1850–1935), der Leipziger Astrophysiker Friedrich Zöllner (1834–1882), der Philosoph Gustav Theodor Fechner (1801–1887), der Biologe und Schüler Ernst Häckels, Hans Driesch (1864–1941), der Tübinger Psychologe und Philosoph Traugott Konstantin Oesterreich waren an den Paraphänomenen hoch interessiert. Der italienische Professor Ernesto Bozzano (1863–1943) hinterließ ein riesiges Tatsachenmaterial, das er in fast 50jähriger Arbeit gesammelt hatte. Der Privatgelehrte Carl Freiherr du Prel (1839–1899) und der Arzt Freiherr v. Schrenck-Notzing (1862–1929), beide in München, und besonders der baltische Philosoph und Komponist Emil Mattiesen (1875–1939) setzten sich in Büchern,

[346] Zit. aus G. Raupert, Der Spiritismus im Licht der vollen Wahrheit, 1925, S. 63 f.
[347] Auch Justinus Kerner zweifelte: Das Tischrücken sei nur das Werk des personengebundenen Nervengeistes, also der Teilnehmer, »will man nicht dem amerikanischen Glauben an Klopfgeister in den Tischen huldigen, zu dem ich es, bei allem sonstigen Glauben an Geister, noch nicht gebracht habe« (Die somnambülen Tische, 1853, S. 54).

die heute noch gelesen werden, für die spiritistische Auffassung ein. Die unvoreingenommene gründliche Erforschung der Paraphänomene wurde erstmals durch die 1867 in England gegründete Dialektische Gesellschaft aufgenommen, die sich besonders mit der Telekinese befaßte, aber zu keinem einhelligen Ergebnis kam. Bahnbrechend wurde dann die englische *Society for Psychical Research,* die 1882 entstand und zu deren Gründern berühmte Gelehrte wie der schon erwähnte William Crookes, der Physiker Oliver Lodge und die Psychologen Frederic W. H. Myers und Henry Sidgwick gehörten. Ähnliche Gesellschaften entstanden später auch in vielen anderen Ländern. Es dauerte lang, bis die systematische Erforschung der Paraphänomene an die Universitäten geholt und Gegenstand eines eigenen Wissenschaftszweigs, nämlich der Parapsychologie, wurde.

Die Paraphänomene und die Parapsychologie

Die Auseinandersetzung mit den Animisten, die aufgrund einer weltanschaulichen Vorentscheidung grundsätzlich die Existenz von »spirits« bestreiten und deren angebliche Äußerungen als Sinnestäuschung oder Betrug erklären, und mit der Parapsychologie nötigte die Vertreter des Spiritismus, nach immer neuen und schwierigeren Fällen Ausschau zu halten. So sammelte sich ein umfangreiches Material an, das beweisen soll, daß die Geistseele den Tod überlebt und leibfrei existieren kann. Hier eine kleine Auswahl: Jenseitige verraten in ihren Kundgaben oft intime Kenntnisse von den Familienverhältnissen, Gedanken und Absichten einzelner Séance-Teilnehmer, die kein anderer wissen konnte. Sie geben Zukunftsvoraussagen und -warnungen, die manchmal erstaunlich zutreffend sind. Jenseitige benützen sogar moderne technische Geräte, um zu den Diesseitigen zu sprechen: Der Schwede Friedrich Jürgenson (geb. 1903 in Odessa) konnte seit 1959 zunächst auf Tonband, dann durch den Radioapparat Einsprachen aus dem Jenseits empfangen – Sätze und Satzfetzen in vielen Sprachen und von vielen Leuten, darunter von Bismarck, Nietzsche, Stalin, Hitler, Trotzki, Göring, Rasputin[348]. Andere »Stimmenforscher« wie Dr. Konstantin Raudive (1909–1974) und der Schweizer Pfarrer Leo Schmid experimentierten ebenfalls. Die Technik wurde verbessert und die Tonbänder mit Geisterstimmen häuften sich. Aber was sie sagen, ist meist abgehackt, verworren oder banal[349]. Ihr Beitrag zur Jenseitskunde ist gering. Viel ergiebiger als technische sind menschliche Medien. Manche erreichen Spitzenleistungen. So gab der »Geist« Robert Schumanns der Geigerin Jelly d'Aranyi das verloren gegangene Violinkonzert d-Moll des Komponisten ein. Als die Londoner Hausfrau Rosemary Brown 1964 auf ihrem Klavier klimperte, schlüpfte plötzlich der »Geist« Liszts in ihre Hände; später kamen auch andere Komponisten von Bach und Beethoven bis zu Debussy und Rachmaninoff

[348] Friedrich Jürgenson, Stimmen aus dem All, 1964

[349] Ein Beispiel: Der verstorbene Leibarzt Heinrich Himmlers, Felix Kersten, spricht: »Kersten – Kersten – hier Kersten ... Vorsicht! – Aufpassen!« Eine weibliche Stimme: »Wir kommen später – vermutlich – horch – Herz-quick!« Kersten: »Lieber Friedl – herzliche Hälsingar, hier ist Felix Kersten – Wir kommen Stockholm ... Kontakten – Felix Kersten – es gibt paff.«

und übermittelten ihr jenseitige Tonschöpfungen. Das Schreibmedium Geraldine Dorothy Cummins, Tochter eines irischen Arztes, empfing Schriften über die Kindheit und die Mannheit Jesu, die frühchristliche Geschichte und bot in den »Cleophas Scripts« eine Erweiterung der Apostelgeschichte. Andere Medien zeichneten oder malten in Trance Bilder, so Agathe Wehner-Wojciechowski (geb. 1903, 1923 in die USA ausgewandert), deren »automatische Aquarelle und Zeichnungen« 1963 in einer New Yorker Galerie ausgestellt und teilweise von amerikanischen Museen und Kunstgalerien erworben wurden.

In den Sitzungen mit dem italienischen Medium Eusapia Palladino bewegten sich vor den Augen kritisch-ungläubiger Wissenschaftler schwere Tische und andere Möbel, ohne daß sie berührt wurden. Durch das Medium Carlo Mirabelli (1889–1951), Pfarrerssohn und reicher Kaufmann in Brasilien, materialisierten sich Abgeschiedene, schwebten in der Luft, sprachen, ließen sich fotografieren und entschwanden wieder. Der Tübinger Theologe Karl Heim maß Mirabellis Auftreten eine weltweite Bedeutung zu: »Das Fundament, auf das der dialektische Materialismus aufgebaut ist, hat einen Stoß erlitten, von dessen Erschütterung es sich nicht so leicht wird erholen können.«[350] Levitationen, wie sie in katholischen Heiligenberichten häufig erwähnt werden, gab es auch bei Medien. So berichtete William Crookes von dem »Fensterflug« des schottischen Mediums Daniel Douglas Home, der am 13. Dezember 1868 vor prominenten Zeugen vollständig vom Boden losgelöst in der Luft schwebte. In Apporten, bei denen Gegenstände eine feste Scheidewand, z.B. einen Tisch oder eine Mauer, durchdringen, ohne ein Loch oder sonst eine Spur zu hinterlassen, erzielte der Amerikaner Keith Milton Rhinehart (geb. 1936) wahre Rekorde: Bei einer Sitzung in Seattle 1960 wurden Schmuckstücke, Ringe, eine Orchidee aus Brasilien, ein Skarabäus aus Ägypten u.a.m. apportiert, und 1964 wurden in London viele Apporte sogar aus seinem Mund herausgeschleudert.

Eine Kombination unheimlicher Phänomene tritt bei *Spukfällen* in Erscheinung. Da ertönen schlurfende Schritte, Weinen, Stöhnen, Kratzen; unsichtbare Hände werfen Steine und Geschirr; Türen werden zugeschlagen, Fenster springen auf, gespenstische Wesen, dicht verhüllt, ziehen durch den Raum usw.[351] Der Spuk in der Anwaltskanzlei Adam in Rosenheim 1967/68 wurde von über 40 Personen beobachtet und untersucht: von Polizisten, Technikern, Physikern, Psychologen, Ärzten. Da wurden von einer verborgenen Kraft Neonröhren aus der Halterung gedreht, Lampen kamen in Schwingungen, Glühbirnen platzten, Wandbilder drehten sich und fielen zu Boden, Schreibtische und ein 3 1/2 Zentner schwerer Aktenschrank wurden verrückt, Schubladen fielen heraus, der Telefonapparat klingelte, ohne daß angerufen wurde, und die Telefonrechnungen stiegen, ohne daß Gespräche geführt wurden. Techniker suchten die Fehlerquellen. Sie fanden keine. Waren Geister am Werk?

Und wie verhält es sich mit den sog. *Kreuz-Korrespondenzen,* d.h. automatischen Schriftstücken, die verschiedene, weit voneinander wohnende Medien ungefähr

[350] Karl Heim, Ich gedenk der vorigen Zeiten, S. 228

[351] Fanny Moser hat in ihrem Buch »Spuk – Irrglaube oder Wahrglaube? Eine Frage der Menschheit« (1950) zahlreiche Spukfälle aus Vergangenheit und Gegenwart dargestellt und untersucht.

im gleichen Zeitraum niederschrieben und die für sich genommen keinen Sinn ergeben, aber zusammenpassen wie die wieder zusammengesetzten Teile eines in Fetzen zerrissenen Manuskripts: Muß hier nicht eine außerhalb der Medien befindliche Intelligenz am Werk sein, die einen Text zerlegt und dessen einzelne Teile verschiedenen Medien – das eine etwa in Cambridge, das andere in Kalkutta, das dritte in London – eingegeben hat? Das Erstaunlichste aber ist, daß in der ersten Kreuz-Korrespondenz von dem »Geist« des verstorbenen Psychologen F. W. H. Myers (1843–1901) ausdrücklich auf dieses neue Verfahren zum Beweis der spiritistischen Lehre hingewiesen wurde[352].

Zahlreich sind Berichte von *Astralwanderungen,* auch Bilokationen, Exkursionen oder Exteriorisationen genannt: Die Seele verläßt mit ihrem Astralleib den physischen Körper, schwebt im Raum, dringt durch Türen und Fenster, wandert durch die Straßen, besucht u. U. weit entfernt lebende Menschen und kehrt wieder in ihren Körper zurück. Ja, manchen Astralwanderern gelingt es, die irdische Sphäre zu verlassen und die Geisterwelt zu erreichen.

Eine große Bedeutung haben die *Geistheilungen* gewonnen: »Geistführer«, vor allem Ärzte aus dem Jenseits, bedienen sich eines Mediums als »Heilungskanal«, diagnostizieren den Patienten und lassen durch die Hände des Mediums ihre Heilungskräfte auf die kranken Körperstellen einströmen. Der englische Geistheiler Harry Edwards (geb. am 29. Mai 1893, gest. am 8. Dezember 1976) wurde weltweit bekannt, hatte große Erfolge und übte auch die Fernheilung: Kranke richteten Gesuche mit Beschreibung ihrer Leiden an ihn, und er gab sie an den jenseitigen Geistführer weiter. 1964 erhielt er täglich 2000 Briefe! Die Erfolgsquote schätzte er auf 80%. Er war Mitglied Nummer 1 der »National Federation of Spiritual Healers«, die mit 2500 voll anerkannten Heilungen (1976) der größte Geistheilerverband Englands ist. Riesigen Zulauf hatten auch das brasilianische Medium José Arigo (1918–1971), durch das der deutsche Geisterarzt Dr. Adolf Fritz heilte, und der Philippine Antonio Agpaoa, Gründer und Leiter der »Philippine Spiritual Church of Science and Revelation«, der seit 1965 auch von vielen ausländischen Patienten aufgesucht wird und die schwierigsten Operationen ohne Instrumente vornimmt: Nieren, Prostata, Darm, Lunge, Herz, Stirnhöhle usw. Neben diesen »Großen« sind unzählige andere Geistheiler tätig, die nur in ihrer weiteren Umgebung bekannt sind, aber kaum über Arbeitsmangel zu klagen haben.

Daß die Seele sich schon in früheren Existenzen inkarniert hat, sollen die *Déjà-*

[352] Professor Myers hatte mit anderen Mitgliedern der Society for Psychical Research Überlegungen angestellt, mit welcher Methode am sichersten festgestellt werden kann, daß eine Botschaft nicht den telepathischen Fähigkeiten eines Mediums entstammt, sondern aus dem Jenseits kommt. Nach seinem Tod entdeckte plötzlich 1906 eine Engländerin, daß sie automatisch schreiben konnte; ihre Hand führte wie von selbst den Bleistift. Absender der Kundgabe war Myers. In den folgenden drei Jahrzehnten erhielten außer ihr noch fünf andere Medien, darunter eines in den USA, einige tausend Diktate. Sie stammten nicht nur von Myers, sondern auch von Henry Sidgwick und drei anderen Mitgliedern der Society, die inzwischen verstorben waren. Jede Niederschrift war nur ein Teilstück und ergab erst zusammen mit anderen Niederschriften ein Ganzes. Die Themen setzten Spezialkenntnisse der Verfasser voraus, und Einzelheiten konnten nachweislich nur den Verstorbenen bekannt gewesen sein.

vu-Erlebnisse beweisen. Der bekannteste Fall: SHANTI DEVI, ein indisches Mädchen, geboren am 12. Oktober 1926, erzählte schon als Kind Merkwürdiges von ihrem Leben »früher in Muttra«: wie sie gekleidet war; welcher Kaste sie angehört hatte; daß sie mit ihrem Mann, einem Stoffhändler, in einem gelben Haus gelebt und einen Sohn und eine Tochter gehabt hatte. Sie nannte auch den Namen ihres Mannes: Kedar Nath Choubey. In Muttra wurde nachgefragt, und es stimmte alles. Als ihr einstiger Mann mit seiner zweiten Frau zu ihr kam, erkannte sie ihn sofort und brach in Tränen aus. Beim Besuch in Muttra fand sie zielsicher ihr Haus, zeigte, wo eine – verdeckte – Quelle im Hof war, und erkannte unter 50 Personen ihre alten Eltern und weitere Verwandte.

Vielfach wurde versucht, Menschen durch Hypnose in ihre früheren Existenzen zurückzuführen, so durch den Franzosen Albert de Rochas (1837–1914) und den schwedischen Theologen und Arzt Dr. John Björkhem. Manche medial Veranlagten erinnern sich an weit zurückliegende Inkarnationen: im alten Griechenland, als Yogi in Indien, mit Vorliebe als Prinzessin oder Tempeltänzerin vor 3000 und mehr Jahren in Ägypten[353]. Ein Beispiel: Durch die englische Lehrerin Ivy Beaumont in Blackpool sprach seit 1928 Nona, eine babylonische Prinzessin, die als Nebenfrau des am Hof Amenhoteps III. (1417–1379 v. Chr.) gelebt hatte. Von 1931 an gebrauchte sie neben der englischen auch die altägyptische Sprache. Der Ägyptologe A. Howard Hulme in Brighton (Ancient Egypt Speaks, London 1937) verstand sie, überzeugte sich durch verschiedene Tests von der Echtheit und verfaßte als Ertrag der Gespräche mit ihr ein phonetisches Lexikon der altägyptischen Sprache. Der amerikanische Hellseher Edgar Cayce (1877–1945) konnte nicht nur in seinen »Lebensbotschaften« Aufschlüsse über den Charakter, die Lebensumstände und die früheren Inkarnationen ihm völlig unbekannter Menschen geben, sondern sich auch mit dem nahezu allwissenden kollektiven Unter- und Überbewußtsein der ganzen Menschheit in Verbindung setzen. Er empfing daraus Informationen, die bis in die prähistorischen Perioden zurückreichten, über die untergegangene Welt von Atlantis Auskunft gaben und die zukünftigen Ereignisse bis zur Jahrtausendwende voraussagten[354]. Genug der Beispiele.

Die *Parapsychologie* hat sich mit solchen Phänomenen befaßt. In vielen Fällen konnte sie raffinierte Irreführungen feststellen. Andere Fälle ließen sich als Sinnestäuschungen, Halluzinationen und Persönlichkeitsspaltungen erklären, wieder andere als telepathische Einwirkungen. Emotionen, die ein »affektives Feld« erzeugen, schaffen günstige Voraussetzungen für paranormale Erscheinungen. Besonders häufig stieß man auf das Unterbewußtsein als Quelle scheinbar jenseitiger Kundgaben: Tischrücken, Pendeln, automatisches Schreiben sind »Steigrohre«, durch die unterbewußte Inhalte »angezapft« werden. Man gewann neue Einblicke

[353] Eindeutig überwiegen frühere Inkarnationen auf gehobenem sozialen oder geistigen Niveau in einem kulturell entwickelten Land. Dagegen ist mir in den »Ahnentafeln« nie der Fall begegnet, daß ein heutiger Abendländer in einer früheren Existenz einmal als chinesischer Kuli, südamerikanischer Indio, afrikanische Negerin oder als Angehöriger der australischen Urbevölkerung auf der Erde gelebt haben will.

[354] Darüber berichten Dr. Gina Cerminara, Erregende Zeugnisse für Karma und Wiedergeburt; und Lyttle W. Robinson, Rückschau und Prophezeiungen. Edgar Cayce, der Mann, der das Heute, Gestern und Morgen sah.

in die Verflechtungen und gegenseitigen Abhängigkeiten des Seelischen und Körperlichen. Die Existenz von »Spirits« wurde nicht zwingend bewiesen. Aber es gibt Fälle, die rätselhaft geblieben sind oder zu ihrer Erklärung die Geisterhypothese nahelegen. Freilich, sie sich zu eigen zu machen, fällt den Parapsychologen ebenso schwer wie den Naturwissenschaftlern die Zuhilfenahme eines göttlichen Schöpfers zur Erklärung der Weltwirklichkeit. Als »wissenschaftlich« gelten nur Erklärungs- und Beweismethoden, die sich streng auf natürliche Kräfte und Gesetze beschränken.

Aber trotzdem stieß die wissenschaftliche Parapsychologie auf Tatbestände, die sich nicht in das kausal-mechanistische Weltbild einordnen lassen. Dazu gehören: die *Telepathie,* d.h. die Übertragung seelischer Vorgänge – Empfindungen, Gefühle, Gedanken und Bilder – von einer Psyche auf eine andere ohne Vermittlung der Sinnesorgane, also durch Wort oder Schrift oder Gebärden u.ä.; das *Hellsehen,* d.h. die außersinnliche Wahrnehmung eines objektiven Ereignisses, das sich u.U. in weiter Entfernung abspielt und von dem niemand Kenntnis hat; die *Präkognition,* d.h. das unerklärliche Vorauswissen eines Vorgangs, der erst in der Zukunft liegt; die *Psychokinese,* d.h. die Bewegung von Gegenständen durch eine unbekannte und unsichtbare Kraft. Alle diese Phänomene wurden mit größter wissenschaftlicher Sorgfalt erforscht; teilweise konnte man sie im Labor experimentell prüfen. Sie wurden einwandfrei bestätigt. Sogar die Berichte von *Reinkarnationen* können von den Parapsychologen nicht pauschal in die Welt der Märchen abgeschoben werden. Der Leiter der Neurologischen und Psychiatrischen Abteilung der Universität Virginia, Prof. Ian Stevenson, sammelte über 600 Fälle von angeblichen Reinkarnationen in vielen verschiedenen Ländern. Davon wurden etwa die Hälfte von ihm oder seinen Mitarbeitern untersucht. In seinem Buch »Twenty Cases Suggestive of Reincarnation« (1967; »Reinkarnation. Der Mensch im Wandel von Tod und Wiedergeburt«, 1974) legte er 20 dieser Fälle vor. Er kam zu dem Schluß, daß sie die Reinkarnationshypothese nicht beweisen, aber »nahelegen« und daß inzwischen »das Beweismaterial für die Reinkarnationshypothese zugenommen hat« (S. 386).

Einst hatte der Physiker Michael Faraday erklärt: »Wenn durch die Macht des Willens auch nur ein Strohhalm bewegt werden könnte, müßte die Auffassung des Weltalls geändert werden.« Rund 100 Jahre später bewegte Nina Kalugina in Leningrad vor einem Filmapparat und unter den kritischen Blicken sowjetischer Wissenschaftler Streichhölzer, Zigaretten, Uhren und hielt Metallkugeln schwebend zwischen den Händen, ohne sie zu berühren. Sie »besitzt eine neue und unbekannte Form von Energie«, meinte der Physiker Prof. Y. Terletsky in der »Prawda« (17. 3. 1968). Diese unbekannte Form von Energie, das »Psi«, entzog sich bisher allen Zugriffen der Forscher. Und bei Phänomenen wie Hellsehen und Präkognition scheinen die Grundkategorien des Seins – Raum, Zeit und Kausalität – übersprungen zu werden.

Die Ergebnisse der Parapsychologie nötigen zu der Folgerung, daß das überkommene wissenschaftliche Weltbild zwar nicht außer Kraft gesetzt wird, aber in seiner Gültigkeit begrenzt ist und nicht die ganze Wirklichkeit des Seins erfaßt. Der Freiburger Parapsychologe Hans Bender kam zu dem Schluß, daß sich das Paranormale offensichtlich in einem Rahmen vollzieht, der nicht von den heute bekannten Gesetzen der physischen Welt abgesteckt ist. »Die paranormalen Erscheinungen in ihren verschiedenen Formen sprengen den bisherigen Beziehungsrahmen unserer wissenschaftlichen Weltauslegung. Sie sind der Schlüssel zu einer erweiterten Ordnung der Natur und der Stellung des Menschen darin. Die Ordnung der körperlichen Welt, die wir in den vertrauten Anschauungsformen Raum und Zeit erfahren, spiegelt offenbar nur einen Teilaspekt einer übergreifenden Wirklichkeit. Die Psyche des Menschen scheint die Schaltstelle zwischen diesen beiden Aspekten der Wirklichkeit zu sein.«[355]

Der Weg der Geister durch das Diesseits und Jenseits

Die Kundgaben der Jenseitigen liefern das Material für die spiritistische Weltschau, ergänzt durch die Berichte von Astralwanderern wie Sylvan W. Muldoon (»Die Aussendung des Astralkörpers«), Frederick C. Sculthorp (»Meine Wanderungen in der Geisterwelt«), Shaw Desmond (»Wie du lebst, wenn du gestorben bist«) über ihre Erkenntnisse in der »anderen Welt«. Da man die Erfahrung gemacht hat, daß sich in den Séancen mit Vorliebe tiefstehende Geistwesen oder Lügengeister zu Wort melden, legt man Wert darauf, mit Jenseitigen aus höheren oder höchsten Sphären Kontakt zu bekommen. Deren Auskünfte erstrecken sich über alle Weiten und Tiefen des Universums, enthüllen die inneren Gesetze, die es regieren, beschreiben die einzelnen Sphären, beantworten die Fragen nach Gottes Wesen und dem Grund und Ziel seiner Schöpfertätigkeit und nach des Menschen Herkunft, Lebensauftrag und Zukunft. Je ranghöher der Jenseitige ist, desto größeres Gewicht wird seinen Mitteilungen beigelegt. Darum genießen die sogenannten *»Vatermedien«* besonderes Ansehen – Medien, durch die sich Mitglieder der himmlischen Hierarchie oder Christus oder gar Gott Vater selbst zu Wort melden. Wer aber vermag diese jenseitigen Sprecher zu kontrollieren? Und oft besteht ein arges Mißverhältnis zwischen dem angeblichen Rang und dem Gehalt ihrer Mitteilungen. Darum stehen kritische Spiritisten solchen Kundgaben skeptisch gegenüber.

Eine einheitliche spiritistische Weltschau gibt es nicht, wohl aber einige Grundsätze, die sich mit verschiedenartigen Elementen der jeweiligen Umwelt verbinden. Für die abendländische Welt war ALLAN KARDEC einer der einflußreichsten »Ideologen«. Er wurde unter dem bürgerlichen Namen Léon Hippolyte Dénizard Rivail am 3. Oktober 1804 als Sohn eines Advokaten in Lyon geboren, trieb vielfältige Studien und wurde Mitglied einer Anzahl gelehrter Gesellschaften. Durch einen Freund wurde er mit dem Spiritismus bekannt. Während einer Séance wurde ihm mitgeteilt, daß er als Allan Kardec zur Zeit der Druiden inkarniert gewesen sei. Um 1855 erteilte ihm sein Führergeist den Auftrag, sein Leben dem Spiritismus zu widmen. Er gründete 1858 die erste spiritistische Gesellschaft der Welt, fand Zugang zu Persönlichkeiten von literarischem, künstlerischem und wissenschaftlichem Rang und schrieb Bücher, die in viele Sprachen übersetzt wurden und vor allem in Brasilien in Millionen Exemplaren verbreitet sind. Am

355 Hans Bender, Unser sechster Sinn, Stuttgart 1971, S. 133

31. März 1869 starb er. Charles Richet bezeugte ihm: »Man muß vorbehaltlos die intellektuelle Energie Allan Kardecs anerkennen. Er stützt sich immer auf das Experiment, so daß man sein Werk nicht nur als eine grandiose homogene Theorie, sondern auch als eine eindrucksvolle Zusammenfassung von Tatsachen anerkennen muß.«[356] In der Zeit nach ihm übernahm der abendländische Spiritismus mancherlei moderne Vorstellungselemente, aber die Grundlinien der kardecistischen Weltschau blieben maßgebend.

Nach dieser Weltschau besteht die Gesamtwirklichkeit aus der »grobstofflichen«, d.h. materiellen, und der *»feinstofflichen« Welt.* Diese kann von den körperlichen Sinnesorganen nicht wahrgenommen werden, ist aber so real wie die materielle Welt. Der »Feinstoff« ist eine aus Strahlen bestehende Substanz. Aus ihr ist das ganze Universum aufgebaut und die grobstoffliche Materie ist lediglich verdichtete Strahlung. Sie umfaßt und durchdringt die materielle Welt. Ihre Strahlungen weisen verschiedene Frequenzen auf. Danach bestimmt sich auch die Qualität der feinstofflichen Welt. Je geringer die Strahlenfrequenz einer Seinsebene ist, desto näher kommt sie – nicht räumlich, sondern qualitativ – der grobstofflichen Welt. Mit der Erhöhung der Frequenz steigt auch die Vollkommenheit und Schönheit der feinstofflichen Sphären oder Dimensionen. Über ihre Zahl gibt es verschiedene Auffassungen; meist wird von sieben Stufen gesprochen.

Der *Mensch* besteht aus drei Teilen: dem physischen Körper, dem Astralleib und dem Geist. Der Astralleib, von Kardec »Perisprit« genannt, hat die gleiche Gestalt wie der physische Leib, durchdringt ihn und strahlt als Aura über ihn hinaus. Er ist nicht wie dieser dem Schicksal des Alterns und Sterbens unterworfen und bildet das eigentliche Gehäuse des Geistes. Dieser wurde von Gott erschaffen und ist unzerstörbar. Gott schuf »alle Geister gut und unwissend. Jeder war zur Erkenntnis und Vollendung berufen. In ihrer Aneignung durch Bestehen von Prüfungen ruhen für sie die Glückseligkeiten.«[357] Damit ist die Aufgabe und das Ziel der Geister genannt: durch Lernen und Bewährung sollen sie zu immer höheren und herrlicheren Daseinsstufen aufsteigen.

Das *Erdenleben* ist eine Schule. Von dem geistigen und moralischen Niveau, das der inkarnierte Geist erreicht, hängt es ab, auf welche Ebene in der jenseitigen Welt er gelangt. Das ist im Grund ein ganz automatischer Prozeß: Je mehr ein Mensch sich veredelt hat, desto höher ist seine Schwingungsfrequenz und desto höher liegt die Sphäre, in die er nach dem Tod versetzt wird. Über Gut und Böse »lehren die höheren Geister, daß Egoismus, Stolz und Sinnlichkeit diejenigen Eigenschaften sind, die uns am meisten an die Stofflichkeit binden; daß der Mensch, der schon auf Erden weltliche Nichtigkeiten verachtet und Nächstenliebe übt, sich von der Materie freimacht«[358].

[356] Allan Kardec übermittelte ein Jahrhundert nach seinem Tod, 1967/68, dem italienischen Psychiater Dr. Ripi Kundgaben, die sich mit den Phänomenen wie Telepathie, Psychokinese, medialer Verkehr befaßten. Sie wurden im Otto Reichl Verlag, Remagen 1970, veröffentlicht: Allan Kardec, Du, Ich und die Anderen. 13 Lektionen über Parapsychologie. Von sich selbst berichtete er, er habe nun erhabene Sphären erreicht. »Meine reine Geistigkeit ist nun nahe daran, sich in die unendliche Einheit zu ergießen, in das ewige Licht des Gleichgewichts und der Harmonie« (S. 123).

[357] A. Kardec, Das Buch der Geister, S. 65

[358] a.a.O. S. 24

Der *Tod* ist weder Ende noch Vernichtung, sondern nur ein Szenenwechsel. Die spiritistische Literatur bietet viele »Erlebnisberichte« von Verstorbenen über ihren Tod. Danach ist das Sterben ein Versinken in Bewußtlosigkeit, und beim Erwachen findet sich das Geistwesen in seinem Astralleib, der genau so real ist wie die abgelegte Körperhülle. Damit der Übergang in die jenseitige Welt krisenlos erfolgen kann, ist es hochwichtig, daß der Mensch schon während des Erdendaseins an sein Fortleben glaubt. Wer in dem Wahn stirbt, daß nun alles aus sei, gerät nach seinem physischen Tod in Verwirrung und glaubt gar nicht, daß er gestorben ist. Er sucht seine irdischen Tätigkeiten und Gewohnheiten fortzusetzen, merkt dabei, daß etwas nicht stimmt, und irrt ratlos umher[359].
Wo aber der Übergang ohne solche Komplikationen verläuft, ist er für den Scheidenden mit angenehmen Eindrücken verbunden. Nach einem »Anpassungsschlaf« erwacht er in der Astralwelt, fühlt sich wieder gesund und jung und wird von Angehörigen oder Helfern empfangen, die ihn mit seiner neuen Umgebung vertraut machen.
Die *Astralwelt* hat ihre Landschaften wie die Erde. Da gibt es Berge, Täler, Gewässer, Tiere, Blumen, Städte usw. Der Ankömmling bringt das ganze Erbe seines Erdenlebens mit, also Charakter, Gedächtnis, Meinungen und Urteile, Zuneigungen und Bindungen, aber auch seine Wohltaten und Missetaten, die belohnt bzw. gesühnt werden. Er wird dann »automatisch zu jener Sphäre hingetrieben, die seinen Gedanken und Handlungen entspricht«[360]. Nach anderen Beschreibungen können die Geister »die ätherische Materie nach ihrem Belieben umgestalten«. Wird z. B. eine Dose gebraucht, dann wird sie durch einen Willensakt des Geistes hergestellt und verschwindet wieder, wenn sie nicht mehr gebraucht wird[361]. Mehr noch: Wichtige Autoren wie Arthur Findlay, Carl Wickland, Shaw Desmond empfingen von den Jenseitigen die Mitteilung, daß in der Astralwelt »die kühnsten Träume Wahrheit werden« und die Geister eine Allmacht der Produktion besitzen. Sie schaffen sich ihre Häuser, Gärten, Fahrzeuge, Strände, Berge, also die ganze Umwelt selbst, je nach ihrem Geschmack und Bedarf. Aber da jeder Geist ein individuelles Wesen mit eigenen Wünschen und Bedürfnissen ist, müßten die einzelnen Sphären in unzählige Privatlandschaften zerstückelt sein und eine gemeinsame Welt, in der alle leben und in Gemeinschaftsbauten – Städten, Lehrgebäuden, Konzerthallen, Kathedralen usw. – zusammenkommen, wäre unmöglich; jeder lebte für sich, eingesponnen in seine Traumwelt. Eine Auskunft, wie sich diese fatale Konsequenz lösen läßt, ist im spiritistischen Schrifttum nicht zu finden.
Abgeschiedene, die von Haß und Rachsucht und wüsten Lüsten besessen sind, werden in die unterste Sphäre, die *Hölle,* versetzt. Sie wird sehr verschieden, aber immer als ein qualvoll-schrecklicher Aufenthaltsort beschrieben. So R. J. Lees:

359 Die damit verbundenen Qualen wurden eindringlich von dem amerikanischen Arzt Dr. Carl Wickland in dem Buch »Dreißig Jahre unter den Toten« (1924) geschildert. Er hatte es sich zusammen mit seiner Frau zur Lebensaufgabe gemacht, solche verzweifelte Geister aufzuklären und dadurch von ihren irdischen Fesseln zu befreien.
360 F. C. Sculthorp, Meine Wanderungen in der Geisterwelt, S. 106
361 A. Kardec, Das Buch der Medien, S. 111

»Wir betraten einen unheilschwangeren, dunklen Bereich, in dem die Sünde, unentrinnbar verstrickt in hemmungsloser Selbstentfaltung, ihre grausamsten Ausschweifungen feierte. Jede Szene, die ich sah, siedete vor wilder, teuflischer Leidenschaft. Schäumende Kessel der Verderbtheit, in denen die faulsten Seelen nach oben geworfen zu werden schienen und gierige Vampire mit verzweifelter Kraft darum kämpften, andere in ihren furchtbaren – aber dennoch nicht auslöschenden – Verzweiflungskampf zu ziehen.«[362] Nach F. C. Sculthorp ist die »tiefste Sphäre« mit ärmlichen Häusern besetzt, deren Bewohner lästerlich miteinander zanken[363]. Mit grauen Gesichtern und in eine Art schmutziges Spinngewebe gekleidet, gehen sie mit gebeugten Köpfen daher, laufen ziellos durcheinander und nehmen einander nicht wahr. Ihre Gedanken sind auf die schreckliche Überzeugung abgestimmt: »Wir sind hier für immer, für uns gibt es keine Hoffnung.« Freilich, der Teufel fehlt. Und der Aufenthalt in der Hölle ist zeitlich begrenzt; denn sie ist kein Ort der Verdammnis, sondern ein Purgatorium; es wird versichert, »daß es auf Erden keine Fehltritte gibt, die nicht wiedergutzumachen wären, die nicht gesühnt werden könnten«[364]. Auch halten sich unzählige gute Geister bereit, die Höllenbewohner aufzusuchen, um sie über die helfende Kraft der Reue zu belehren und solche, die bereuen, weiterzugeleiten. Mit dem Erwachen des Gewissens beginnt der Aufstieg.
Auch die Auskünfte der Jenseitigen und der Astralwanderer über die Zustände der *höheren Sphären* weichen stark voneinander ab. Überwiegend werden Bilder von einer idyllisch-lieblichen Welt entworfen, deren Bewohner ihr einstiges Erdenleben auf gehobenem geistigem Niveau und frei von den Beschwernissen, Konflikten und Sorgen des Erdendaseins weiterführen. Entfernungen werden mit Blitzgeschwindigkeit überwunden, Gedanken unmittelbar durch die »Gedankensprache«, also ohne Worte ausgetauscht, Meinungsverschiedenheiten ohne Haß ausgetragen, herrliche Feste in himmlischen Kathedralen gefeiert. Unbegrenzt sind die Möglichkeiten und Einrichtungen für Bildung und Forschung und schöpferische Betätigung. In den »Hallen der Weisheit« kann man die »Astralreproduktion von Geschehnissen« ablaufen lassen wie einen Film und alle Phasen und Ereignisse der Menschheitsgeschichte von der Menschwerdung bis zur Gegenwart sehen. Man kann ins Innere der Erde eindringen, sich auf andere Planeten versetzen, in andere Sonnensysteme vorstoßen. Künstler können ihre genialen Gaben durch Inspirationen befruchten und ihr Schaffen endlos fortsetzen. Um geliebte Menschen wiederzusehen, bedarf es nur eines »Gedankenrufs«. Anhängliche Hunde oder Katzen aus dem Erdenleben stellen sich wieder ein. Familien, die harmonisch zusammenlebten, finden sich wieder zusammen; andere werden durch geistige Verwandtschaft ersetzt. Besteht auch die Geschlechtlichkeit fort? Darüber sind sich die Kundgaben der Geister uneinig. Nach Allan Kardec haben die Jenseitigen »kein Geschlecht«; »denn das Geschlecht hängt von den Organismen (des physischen Leibes) ab«[365]. Nach Arthur Findlay gilt das Gegenteil: »Wir sind dort

[362] Reise in die Unsterblichkeit, Bd. II, S. 56
[363] Meine Wanderungen in der Geisterwelt, S. 39ff.
[364] A. Kardec, Das Buch der Geister, S. 25
[365] a. a. O. S. 86

Männer und Frauen genau so wie hier.«[366]. Andere bieten einen Kompromiß an: Im »Zwischenreich« gibt es noch Sex, in der rein geistigen Ebene nicht mehr. Für Shaw Desmond dagegen ist die Geschlechtlichkeit ein Urprinzip der Schöpfung; sein Buch »Die Liebe nach dem Tode« entwirft ein farbenreiches Bild von intensiver und durchgeistigter Sexualität, hochsensiblen Astralleibern, freien Liebesbeziehungen, »astraler Verlobung«, Probeehe und Hochzeit schwingungsgleicher Paare, Zeugung astraler Kinder von berückender Schönheit und, wenn erwünscht, schmerzloser Ehescheidung.

Folgenreicher ist der Gegensatz in der Frage der *Reinkarnation*. Nach Auffassung der Gegner dieser Lehre ist das Erdenleben ein Frühstadium in der Entwicklungsgeschichte der Geister, und die Erde »ist nur die Kinderstube des menschlichen Geschlechts sein Vorbereitungsort für die wirkliche und dauernde Welt«[367]. Der eigentliche Aufstieg erfolgt in der jenseitigen Welt. Maß und Tempo dieses Aufstiegs von Sphäre zu Sphäre hängen von den Fortschritten ab, welche die Geistwesen in ihrem Mühen um Vervollkommnung erzielen. Die Befürworter der Reinkarnation sind mit ihnen darin einig, daß jeder Geist seinen Weg nach oben selbst bahnen muß. Aber diese Arbeit kann nur im inkarnierten Zustand geleistet werden. Für Allan Kardec ist das stoffliche Leben »eine Art Leidens- und Reinigungsschule«, durch die der Geist gebessert werden soll, und in jeder neuen Inkarnation beginnt er seinen Lauf an dem Punkt, wo er in der letzten aufgehört hat. Erworbene Kenntnisse fördern ihn, begangene Fehler und Bosheiten müssen gesühnt werden. Der Mensch hat es also selbst in der Hand, die Qualität seiner nächsten Inkarnation zu bestimmen. Da diese im Augenblick der Empfängnis erfolgt, gilt Abtreibung, außer bei medizinischer Indikation, als Verbrechen, durch das eine Seele gehindert wird, ihre Aufgabe im nächsten Dasein zu erfüllen. Von Zeit zu Zeit kommt es unter den Spiritisten zu Auseinandersetzungen zwischen Anhängern und Gegnern der Reinkarnation.

Arthur Findlay und R. J. Lees ließen sich durch Jenseitige vergewissern, daß es keine Reinkarnation gebe. Und Helena Petrowna Blavatsky (1831–1891), die zu ihren Lebzeiten diese Lehre mit Eifer verkündigt hatte, meldete sich am 1. November 1922 als »Geist« bei Dr. Carl Wickland und klärte ihre theosophischen Anhänger auf: »Die Wiederverkörperung ist eine Irrlehre!«[368] Dieser Auftritt wird von Anhängern der Reinkarnation mit dem Bescheid entkräftet, daß hier nicht der »Geist« Blavatsky, sondern ein Lügengeist gesprochen habe. Und sie berufen sich ebenfalls auf die Aussagen hoher Geistwesen, daß die Wiederverkörperung die Wahrheit sei. Diese Richtung hat sich mehr und mehr unter den Spiritisten durchgesetzt. Danach gilt der Grundsatz: »Du erntest in diesem Leben, was du in einem früheren gesät hast. Glaube nicht, daß Gott dich in diese Lage gebracht hat. Was der Mensch sät, das erntet er.«

Edgar Cayce wandte diesen Grundsatz auch auf die Kollektivschicksale an: Die Farbigen in den USA und in Südafrika müssen mit ihrer sozialen Deklassierung eine karmische Schuld für eigene Unduldsamkeit oder Versklavung anderer in ei-

[366] Gespräche mit Toten, S. 255
[367] a. a. O. S. 74f.
[368] Carl Wickland, Dreißig Jahre unter den Toten, S. 431ff.

nem weit zurückliegenden Leben zahlen. Und Weiße, die Neger verachten und unterdrücken, waren in einem früheren Leben von Negern schlecht behandelt worden. Juden wiederum, die unter antisemitischen Vorurteilen ihrer Umwelt leiden, sollten das darauf zurückführen, daß sie sich in ihrer langen Geschichte als »auserwähltes Volk« fühlten und sich entsprechend gegen andere Völker verhielten. Freilich sind damit die Judenhasser und die weißen Rassisten nicht gerechtfertigt: »Kluge Menschen widmen sich einem Leben der Nächstenliebe und der Weisheit und lassen das Leben selbst die Übeltäter bestrafen.« Das ist eine verblüffend einfache Erklärung der Katastrophen und Tragödien der Menschheitsgeschichte! Die unzähligen Millionen Opfer der Kriege, Rebellionen, Revolutionen, der Erdbeben, Seuchen und Hungersnöte, die Schuldigen wie die Unschuldigen, die Frauen, Kinder und Säuglinge – sie alle büßen das Karma aus einem früheren Leben ab. Welch eine Regie mag hinter den Kulissen am Werk sein, die dafür sorgt, daß die Schuldigen in einer bestimmten Zeit und in einem bestimmten Land reinkarniert werden, um in eine Katastrophe hineinzugeraten, die für diese Zeit und dieses Land vorgesehen ist! Cayce sagte denn auch ausdrücklich, »daß die Leiden jener Juden, welche die Opfer der sadistischen Naziherrschaft waren, mit Bestimmtheit die karmischen Folgen der Grausamkeit und Roheit seien, die sie sich vor Jahrhunderten als Volk hätten zuschulden kommen lassen«[369]. Mit den Vernichtungslagern von Auschwitz und Treblinka gab also Hitler ihnen die Möglichkeit, ihre karmische Schuld abzutragen! Man sieht hier, daß die Lehre von Karma und Reinkarnation, so sehr sie dem Bedürfnis nach Gerechtigkeit entspricht, selbst bei einem so milden und sensiblen Mann wie Edgar Cayce zu zynischen Schlußfolgerungen führen kann. Und wenn der ihr zugrunde liegende Satz von Schuld und Sühne gilt, dann ist *jedes* Leiden vom Leidenden selbst verschuldet, dann gibt es kein unschuldiges Leiden, kein Märtyrertum, und auch der Kreuzestod Jesu muß die Frucht schwerer eigener Belastungen in einer früheren Existenz gewesen sein!

Die spiritistischen Auffassungen vom Weg und Schicksal der Geistwesen faßte Shaw Desmond als die *»Glaubensgrundsätze unserer jenseitigen Freunde«* in neun Punkten zusammen: 1. Gott ist eine Tatsache. 2. Leben ist unzerstörbar und die Seele unsterblich; ihrer Entfaltung und ihrem Wachstum ist keine Grenze gesetzt. 3. Es gibt keine Hölle außer der des eigenen schlechten Gewissens. 4. Alles, was mit uns geschieht, ist das Resultat unserer eigenen Gedanken und Taten. 5. Nichts dauert ewig; das Gute allein bleibt bestehen. 6. Der Zweck allen Lebens ist die Erlangung höheren Bewußtseins. 7. Ob wir aufsteigen oder momentan irregehen, letztlich führen alle Wege zur Höhe und münden schließlich in Gott, dem Urquell allen Seins; keine einzige je erschaffene Seele ist für ewig verloren. 8. Wir alle besitzen in mehr oder weniger hohem Grad einen freien Willen; nichts ist vorherbestimmt, unsere Zukunft wird von unserem eigenen Handeln geprägt. 9. Auf unser Vorwärtskommen wirken drei Dinge tödlich hemmend: Mangelnde Wahrhaftigkeit, Haß und die Weigerung, sein Antlitz dem göttlichen Licht zuzuwenden[370].

[369] Gina Cerminara, Die Welt der Seele, S. 183 ff.
[370] Shaw Desmond, Wie du lebst, wenn du gestorben bist, S. 311 ff.

Daraus ergibt sich: Gott schuf die Welt und ihre Ordnungen, aber er greift nicht in ihr Geschehen ein; er gab vielmehr den Geistern die Freiheit und hat lediglich einige Gesetze erlassen, welche die Entwicklung der Geistwesen regeln. Die wichtigsten sind das Liebesgebot, die gerechte Vergeltung von guten und bösen Taten, das Karmagesetz und die Reinkarnation. Durch diese Gesetze werden die Geistwesen auf ihrem Evolutionsweg zum Aufstieg gelockt, vor dem Abstieg abgeschreckt, unentwegt gerichtet, belohnt, zur Sühne gezwungen, zur Selbstverbesserung angehalten, bis sie am Ende das Ziel der engelgleichen Vollkommenheit und Glückseligkeit erreicht haben.

Dieser Weltentwurf übt eine starke Anziehungskraft aus. Er bettet die kleine Erdenwelt in ein vielstöckig aufgetürmtes Reich von Überwelten ein. Er weitet damit auch den Lebensraum des Menschen, seine Möglichkeiten und Chancen ins Grenzenlose aus. Er entspricht den Geboten der Vernunft und Gerechtigkeit, bietet den Blick auf ein hohes und erreichbares Ziel, gibt damit dem Leben eine Aufgabe, einen Sinn und eine Hoffnung und hilft, die Dunkelheiten des Schicksals als selbstverschuldete Durchgangsstadien einer nach oben führenden Entwicklung anzunehmen und zu ertragen.

In manchen Ländern haben sich *kirchenähnliche spiritistische Gemeinschaften* gebildet. So bestehen in den *Vereinigten Staaten* vier Vereinigungen dieser Art: die »National Spiritual Alliance«, die »National Spiritualist Association«, die »Progressive Spiritual Church« und die »General Assemblies of Spiritualists«; sie sind in der »Federation of Spiritual Churches and Associations« zusammengeschlossen. In *England* gibt es 900 spiritualistische Gemeinden, davon nahezu 100 allein in London. Durch die junge Journalistin Winifred Moyes wurde 1931 die *»Greater World Christian Spiritualist League«* in London gegründet, in deren Gottesdiensten der »Geistlehrer« Zodiac sprach – er behauptete, er habe zur Zeit Jesu gelebt und sei der Mark. 12, 28–34 erwähnte Schriftgelehrte gewesen, und gab viele Einzelheiten über Jesu Wirken bekannt. 1945 entstand die »Greater World Gebetsgemeinschaft für Fernheilung«, die international verbreitet ist; der deutsche Zweig wird von Wilhelm Frühling in Hermannsburg geleitet. Die englischen Geistheiler sind in der »National Federation of Spiritual Healers« zusammengeschlossen. Stark verbreitet ist der Spiritismus auch in Island. In *Brasilien* haben sich die Anhänger Allan Kardecs in der »Federaçao Espirita Brasileira« organisiert, die 1884 gegründet wurde und über 4000 »Centros espiritas« mit mehreren Millionen Mitgliedern zählt. In ihren Gottesdiensten geben Geistwesen durch Medien Aufklärung über die jenseitige Welt und über die rechte Lebensführung im Diesseits und beantworten die Fragen einzelner Teilnehmer, oder es melden sich auch verstorbene Angehörige zu Wort.

Während die genannten Vereinigungen aus der christlichen Tradition herkommen, haben andere nichtchristliche Quellen. Dazu gehören vor allem der *Macumba-Kult* und der *Umbandismus* in Brasilien, in denen das geistige Erbe Afrikas und der Indios weiterlebt und die zusammen mit dem Kardecismus auf dem Weg sind, Volksreligion Brasiliens zu werden. In Vietnam entstand seit 1925 aus Kundgaben, die beim Tischrücken von dem hohen Geist Cao-Dai direkt aus der himmlischen Sphäre kamen, die *Cao-Dai-Religion*. Sie wuchs rasch, schuf sich

eine Hierarchie mit Priestern, Bischöfen, Kardinälen und einem Papst und zählte nach 40 Jahren schon etwa drei Millionen Gläubige. Nach dem Credo, das Cao-Dai am 13. Januar 1927 kundgab, sollte der Caodaismus die Geisterverehrung, den Konfuzianismus, den Taoismus, das Christentum und den Buddhismus »in einer neuen Synthese aller Kulte« vereinen.
Hier wie auch anderwärts erwies sich der Spiritismus als eine Grundlage, auf der sich religiöse Vorstellungen verschiedenartigster Herkunft zu *synkretistischen Religionen* verschmelzen ließen. Das entspricht auch seinem Selbstverständnis: Die neun »Glaubensgrundsätze« seien, so erklärten die Jenseitigen, »als spirituelles Gerüst hinter jeder wahren Religion und als göttliche Grundgesetze in jeder geistigen Evolution zu finden«. Hier liegt der Grund, weshalb der Spiritismus die hergebrachten Religionen einerseits respektiert, andererseits für gründlich reformbedürftig hält, und weshalb neue Religionen, die auf spiritistischer Basis gebildet wurden, ein *globales Selbst- und Sendungsbewußtsein* besitzen. »Umbanda wird die zukünftige Religion sein, die die Welt beherrschen wird, weil sie göttlichem Willen entsprungen ist.«[371] Cao-Dai: »Für die jetzige Menschheit ist eine neue religiöse Lehre nötig, die sie versteht und die die Liebe zu allen Geschöpfen lehrt ... Habe ich Euch nicht gesagt, daß der Spiritismus die Religion der Zukunft sein wird? Seid einig durch meinen Willen und predigt der Welt den Frieden und die Eintracht.«[372]

Die Geisterkundgaben und der christliche Glaube

In den neun »Glaubensgrundsätzen« ist an keiner Stelle von *Christus* die Rede. Das ist nicht von ungefähr. Denn er wird gar nicht gebraucht. Der Mensch muß und kann sein Heil selbst verwirklichen. Bestenfalls wird Christus als ein hoher Geist gefeiert, der sich inkarnierte, um den Menschen den rechten Weg zur Vollkommenheit zu zeigen, der das Gebot der Liebe predigte und selbst ein Vorbild der Liebe war. Aber die göttlichen Gesetze, die er verkündigte, waren weder neu noch einzigartig. Alle Menschen »lehren sie seit den ältesten Zeiten. Da die göttlichen Gesetze im Buche der Natur geschrieben stehen, konnte sie der Mensch erkennen, sobald er sie suchte.«[373] Christus ist also entbehrlich. Und zentrale Teile seiner Verkündigung werden als ärgerlich empfunden. Dazu gehört die Verheißung der Gnade Gottes, die dem Bußfertigen seine Sünden vergibt (Matth. 18, 24–27; Luk. 15, 11–22): Sie verstößt gegen das Prinzip von Schuld und Sühne und Aufstieg durch Selbstverbesserung. Dazu gehört vor allem die Botschaft vom Kreuz in allen ihren Einzelaussagen: die Selbstentlarvung der Menschen vor Gott; die grenzenlose Liebe Gottes, die auch den eigenen Sohn nicht verschonte (Röm. 8, 32); das stellvertretende Leiden und Sterben (Matth. 26, 26ff.) und die Versöhnung mit Gott (Eph. 2, 16). Das alles wird von den jen-

[371] Aluizio Fontenelle, A Umbanda, S. 76; zit. nach Lindolfo Weingärtner, Umbanda. Synkretistische Kulte in Brasilien – eine Herausforderung für die christliche Kirche. 1969
[372] Die andere Welt, 1960, 12
[373] A. Kardec, Das Buch der Geister, S. 208

seitigen Geistern durchweg verworfen. »Diese Lehre von der stellvertretenden Buße ist allein in den Köpfen der Menschen entstanden, sie hat nichts mit der Lehre Christi zu tun.«[374] Und die Osterbotschaft von der Auferstehung und dem Sieg des Lebens über den Tod ist gegenstandslos, weil ja die Geistseelen sowieso von Natur unsterblich sind.

Es ist denn auch kein Wunder, daß die Geisterkundgaben sich ausnahmslos kritisch über *die Kirchen* und ihre Verkündigung äußern. Unermüdlich nehmen sie »das starre doktrinäre Dogma« aufs Korn und betonen, daß es in der jenseitigen Welt keine verschiedenen Religionen und Konfessionen mehr gebe, und »irgend eine Art von theologischem Unterricht kommt drüben überhaupt nicht in Frage«[375]. Im Gegenteil, die jenseitigen Helfer der Abgeschiedenen haben große Schwierigkeiten, dogmengebundenen Kirchenchristen die »geistigen Augen« zu öffnen: »Sie sind alle so verblendet durch ihre Bekenntnisformeln und Glaubenssätze, und wir müssen alle unsere Kräfte anspannen, ihnen begreiflich zu machen, daß Gott ja gar nicht all diese Glaubenssätze und Bekenntnisse, sondern das All und die Menschheit geschaffen hat«; er allein ist »anzubeten ohne allen Bekenntnis- und Dogmenkram.«[376]

Die Auseinandersetzung der Jenseitigen mit den Kirchenlehren ist voller Vorurteile und wenig sachlich. Die hohen Geistführer, deren Kundgaben von ihren Gläubigen mit so viel Ehrfurcht entgegengenommen werden, verraten eine erstaunliche Unkenntnis über die Schriftzeugnisse und die Inhalte des christlichen Glaubens, und ihre kritischen Einwände haben ein beschämend niedriges Niveau. Ihre geistige Verwandtschaft mit dem, was in rationalistischen Volkstraktaten des 18. und 19. Jahrhunderts zu lesen war, ist unverkennbar. Sie haben noch nicht einmal die eigentlichen Unterschiede zwischen der biblischen Verkündigung und den spiritistischen Lehren entdeckt. Um sie kurz zu skizzieren:

In der biblischen Verkündigung ist der Mensch Gott gegenübergestellt – als Geschöpf und ein zum Gehorsam Gerufener. Von Gottes Ja und Nein, Auftrag und Urteil empfängt er sein Selbstverständnis. Er ist Objekt seiner Mahnungen und Heimsuchungen, seiner Liebe und Verheißungen. In den spiritistischen Kundgaben ist dieses Gegenüber von Gott und Mensch aufgelöst. Hier steht der Mensch den Gesetzen gegenüber, die für seinen Abstieg und Aufstieg im Jenseits oder in neuen Inkarnationen bestimmend sind. Gott selbst ist in den Hintergrund getreten; er hat sein Wollen und Handeln auf die von ihm geschaffenen Gesetze übertragen.

In der biblischen Verkündigung ist der hybride *Aufruhr gegen Gott* – »Ihr werdet

[374] Der hohe Führergeist Rhamya in R. J. Lees, Die Reise in die Unsterblichkeit, Bd. II, S. 191

[375] S. Desmond, Wie du lebst, wenn du gestorben bist, S. 216

[376] C. Wickland, Dreißig Jahre unter den Toten, S. 466 – Als die Schlimmsten erscheinen Wickland die Pfingstgläubigen. Ein Gespräch mit einer gestorbenen Frau mußte von ihm abgebrochen werden, weil sie nur ihre frommen Sprüche monoton wiederholte und auf seine Fragen überhaupt nicht einging. Die Verzückungen und Bekehrungen bei Pfingstevangelisationen waren für Wickland nicht Wirkungen des Heiligen Geistes, sondern Folgen der Besessenheit durch fanatische fromme Jenseitsgeister. »Die Massenpsychosen, die häufig im Gefolge von religiösen Erweckungsbewegungen auftreten, sind Beispiele solcher Besessenheiten, deren äußere Anzeichen als ›Zungenreden‹ und ›Verzückungen‹ bekannt sind.« (S. 338 ff.)

sein wie Gott« – die Ursünde des Menschen. Sie ist die Wurzel des Ungehorsams gegen seine Gebote. »Sünde« ist nicht gleichbedeutend mit dem ethisch Verwerflichen: Auch ein Handeln, das »gut« ist, kann Sünde sein, wenn sein Motiv nicht das »Fürchten und Lieben Gottes«, sondern die Selbstgefälligkeit und Selbstverherrlichung oder irgendeine Eigennützigkeit ist. In den spiritistischen Kundgaben ist die *egoistisch-materialistische Gier* die Quelle alles Bösen, denn sie macht den Menschen blind, lieblos und erdgebunden und versperrt ihm den Weg zu höheren Stufen.

In der biblischen Verkündigung wird über die *Fähigkeit des Menschen,* aus eigener Kraft die Macht der Sünde zu überwinden, sehr pessimistisch geurteilt. Hinter diesem Urteil stehen die Erfahrungen eines tausendjährigen Ringens Gottes um den Gehorsam der Menschen. Die spiritistischen Botschaften sprechen den Geistwesen die Kraft zu, sich unter der Anleitung und Belehrung helfender Geister von ihren Bindungen zu befreien und in steter Bemühung die Vollkommenheit zu erlangen.

Weil nach der biblischen Verkündigung der Mensch nicht aus eigener Kraft vor Gott »gerecht« werden kann, hat Gott seinen *Sohn gesandt,* damit er den Menschen die frohe Botschaft von der Liebe des Vaters bringe, die sich der Verlorenen annimmt, sie sucht, ihnen nachgeht, den Bußfertigen mit Vergebung antwortet, den Trotz und die Angst ihrer Herzen in Vertrauen, Dank und Liebe verwandelt und sie heimführt ins Vaterhaus. Diese ganze Thematik von Schuld und Erlösung – nicht durch eigene »Werke«, sondern durch Gottes Gnade – mit ihrem Herzstück, der Botschaft vom Kreuz (Röm. 3, 21–28), findet keinen Platz in der spiritistischen Lehre.

Die biblische Verkündigung kennt keine *Reinkarnation*[377]. Sie kennt nur den Menschen in seiner einmaligen Existenz und versteht diese als seine Geschichte mit Gott, deren Ausgang er zu verantworten hat. Seine Lebenszeit ist also Entscheidungszeit (Hebr. 9, 27). Dieser bedrängende Ernst der Einmaligkeit verleiht allem menschlichen Tun sein schweres Gewicht (Mark. 9, 43).

In der biblischen Verkündigung ist die *Menschheitsgeschichte* ein gewaltiges Drama zwischen Gott und der Welt und hat über alle chaotischen Verläufe hinweg das Ziel, die gefallene Menschheit in den Gehorsam heimzuführen. In der spiritistischen Sicht liegt der Akzent auf den *einzelnen* Geistwesen, die inkarniert wurden, um sich zu bewähren und voranzukommen. »Geschichte« der Völker ist hier bestenfalls eine Folge karmisch bedingter Verflechtungen und Konflikte, die sich im Konglomerat der inkarnierten Geistwesen ereignen; eine tiefere Bedeutung als Feld göttlichen Handelns mit den Völkern hat sie nicht.

[377] Von spiritistischer Seite wird häufig versucht, durch eine zweckentsprechende Auslegung einzelner Textstellen wie Gal. 6, 7f. Spuren dieser Lehre nachzuweisen. Aber diese Versuche halten einer kritischen Prüfung nicht stand. Die Bibel kennt nur die Entrückung einzelner Großer in den Himmel – so Henoch (1. Mose 5, 24) und Elia (2. Kön. 2, 11) – und die Möglichkeit der Wiederkunft solcher Entrückter – so Elia (Matth. 17, 10–14); aber diese Wiederkunft hat nichts mit einer karmischen Reinkarnation zu tun, sondern ist ein heilsgeschichtliches Ereignis, wie auch die erwartete Wiederkunft Christi. Hätte dieser die Reinkarnationslehre gekannt und anerkannt, dann hätte er sie nicht verschwiegen und, vor allem, er hätte seine Botschaft vom Heil durch Gottes vergebende Liebe von Grund auf geändert.

Geht die geschichtliche Dimension verloren, dann wird auch der *Heilsgeschichte* Gottes der Boden entzogen. Es läßt sich im Rahmen der spiritistischen Konzeption nicht mehr begründen und einsichtig machen, warum Gott mit den Völkern und nicht nur mit den Einzelmenschen handelt, ein Bundesvolk erwählte, Patriarchen und Propheten und schließlich seinen Sohn sandte, um inmitten der Völkerwelt sein Reich zu errichten. Von dieser Heilsgeschichte ist denn auch in den Jenseitskundgaben nicht mehr oder höchstens in Umdeutungen die Rede. An ihre Stelle ist ein *pädagogischer Evolutionismus* getreten, in dessen Verlauf die Geistwesen in einem Prozeß von unübersehbarer Dauer in die Vollendung hineinreifen. Es ist klar, daß in diesem Evolutionismus auch die biblische Enderwartung hinfällig geworden ist.

Das sind die wesentlichen Gegensätze. Um ihre Hintergründe zu beleuchten, seien fünf Punkte genannt, über die sich nach Dr. Rudolf Schwarz die Spiritisten geeinigt haben: »1. Es gibt ein Leben nach dem Tode. 2. Gott ist unser aller Vater. 3. Alle Menschen sind Brüder. 4. Jeder hat seine Gedanken und Taten selbst zu verantworten. 5. Es gibt keine ewige Verdammnis. Jeder Seele steht der Weg der Höherentwicklung zu Gott offen.«[378] Es besteht eine starke Übereinstimmung zwischen diesen fünf Punkten und den oben zitierten neun »Glaubensgrundsätzen« der Jenseitigen. Beide *enthalten die drei Grundbegriffe der Vernunftreligion:* Gott, Tugend, Unsterblichkeit. Mit ihr teilen sie die deistische Gottesauffassung. Mit ihr verstehen sie die Tugend, gepaart mit der Willensfreiheit als den Auftrag des Menschen, sich selbst zu veredeln. Und in der Unsterblichkeit, verbunden mit dem Fortschrittsglauben, sehen sie die Chance eines unendlichen Aufstiegs in immer größere Weiten und Harmonien. Gemeinsam mit der Aufklärung ist dem Spiritismus auch der Erkenntnisdrang, der die Welt in allen ihren Räumen erhellen will – mit dem Unterschied, daß sich sein Augenmerk nicht auf die diesseitige, sondern auf die jenseitige Welt richtet; aber es geht dort nach den Kundgaben der Geister genauso vernünftig, gerecht und geordnet zu, wie es die Aufklärer in der diesseitigen Welt anstrebten. Gemeinsam ist beiden schließlich die Kritik an den Kirchen und ihren rückständigen Glaubenslehren – die Begriffe »Dogma« und »Dogmengläubige« werden durchweg mit einem negativen Vorzeichen versehen und summarisch in Verbindung gebracht mit sturem Starrsinn, Enge, Fanatismus und geistiger Versklavung. Man kann also alles in allem sagen: Es besteht eine enge Geistesverwandtschaft zwischen Spiritismus und Vernunftreligion.

Die Botschaft vom Fortleben nach dem Tod hat dem Spiritismus allen Lehrdifferenzen zum Trotz viele Mitglieder der Kirchen zugeführt, die durch den Zeitgeist in ihrer Ewigkeitshoffnung verunsichert worden waren. In diesem Punkt besteht in der Tat eine *Gemeinsamkeit zwischen Spiritismus und Christentum.* Der Verlust der Ewigkeitshoffnung wäre für den christlichen Glauben unerträglich und für die Kirchen lebensgefährlich. Die Frage nach dem Sinn des Lebens bliebe unbeantwortet, das Theodizeeproblem ungelöst. Freilich ist die *christliche Ewigkeitshoffnung* anders begründet als der spiritistische Jenseitsglaube. Sie beruht darauf, daß

[378] Die andere Welt, 1960, 10

der Mensch ein von Gott Angerufener ist und daß Gott eine »Liebesgeschichte« mit ihm begonnen hat, die sinnlos wäre, wenn sie nach einem kurzen und oft wirren Erdenleben abgebrochen würde. Und sie setzt ihre Zuversicht auf Christus, der die Auferstehung und das Leben ist und dem Tod die Macht genommen hat. Über das *Jenseits* wird in der Bibel wenig gesagt. Es ist vom Himmel und der Hölle die Rede, aber sie werden nicht im einzelnen beschrieben. Jesus verheißt seinen Jüngern, daß in seines Vaters Haus viele Wohnungen sind und daß er hingeht, ihnen eine Stätte zu bereiten; »und ich werde wiederkommen und euch zu mir nehmen, auf daß ihr seid, wo ich bin« (Joh. 14, 2f.). Angesichts dieser kargen Worte ist das Bedürfnis nach konkreteren Beschreibungen begreiflich. Reichere Jenseitsvorstellungen wurden denn auch schon früh entwickelt und bildeten ein wichtiges Element der christlichen Volksfrömmigkeit und ein immer wiederkehrendes Thema der bildenden Kunst und der Dichtung – am bekanntesten die Divina Commedia von Dante Alighieri (1265–1321), eine visionäre Wanderung durch die Hölle über den Läuterungsberg (Purgatorio) zum Himmel und zu Gott. Diese Bilder haben seit dem 18. Jahrhundert allmählich ihre Kraft verloren. So ist es nicht verwunderlich, wenn die christliche Ewigkeitshoffnung sich an die medialen Kundgaben hängte.

Wer sich als Christ die spiritistischen Jenseitslehren zu eigen machen will, dem sei geraten, folgendes zu bedenken: Das »Überleben des Todes« hat nichts gemein mit dem »ewigen Leben«, das Christus verheißt. Das »Überleben« ist nach spiritistischer Lehre eine Selbstverständlichkeit, die in der »Biologie der Geister« begründet ist. Das ewige Leben ist ein Geschenk der Gnade Gottes. Die Seele, die von der grobstofflichen in die feinstoffliche Welt hinüberwechselt, behält ihre Identität und damit ihre Bindungen und Belastungen, ihre Konflikte und ihre Schuld. Sie wird also von den gleichen Mächten – der Gier, der Angst, der Hybris, der Gleichgültigkeit, der Selbstsucht usw. – getrieben, von denen sie schon im Erdenleben beherrscht war. Ihr Jenseitsleben ist nicht automatisch ein »Ruhen im Frieden«, sondern eine Verlängerung des Diesseitslebens. Deshalb ist sie drüben so erlösungsbedürftig wie hüben. Sie ist auch drüben auf Gottes Gnade und Barmherzigkeit geworfen. Und Christus ist auch drüben der Herr, und das Wort vom Kreuz ist auch dort eine Torheit und ein Ärgernis für die einen, eine Gotteskraft für die anderen. Ob der Weg von der Selbstherrlichkeit, Gier und Gottesverachtung zur Demut, Gottes- und Nächstenliebe drüben schwerer oder leichter zurückgelegt werden kann, weiß niemand zu sagen. Nirgendwo im Neuen Testament findet sich jedenfalls ein tröstlicher Vermerk, daß im Jenseits bequemer nachgeholt werden könne, was im Diesseits versäumt wurde. Es wird vielmehr darauf gedrängt, das »Heute« zu nützen (Hebr. 3, 13). Es wird von der »Pein« derer gesprochen, die dieses »Heute« mißbraucht haben (Luk. 16, 19ff.). Und es werden selig gepriesen, die »in dem Herrn sterben« (Offb. 14, 13.).

Christlich-spiritualistische Vereinigungen

Innerhalb der spiritistischen Bewegung bildeten sich Kreise, die sich um eine Verbindung von Spiritismus und christlichem Glauben bemühten. Dazu gehört die schon erwähnte *»Greater World Christian Spiritualist League«* in England. Sie versteht sich als »eine weltweite, freie religiöse Bewegung, deren Ziel es ist, die Tatsachen vom Weiterleben nach dem Tod, von der Möglichkeit der Verbindung mit Geistwesen und vom Heilen durch die Kraft des Heiligen Geistes weitmöglichst zu verbreiten, die Ausübung geistiger Gaben zu entwickeln und die von hochentwickelten Geistwesen empfangenen Lehren weiterzugeben, um so das wahre Christentum zu verwirklichen«. Nicht alle christlichen *Spiritisten* sind auch zugleich christliche *»Spiritualisten«*. Zu den letzteren sind nur solche zu zählen, die nicht nur die spiritistische Grundthese vom Fortleben nach dem Tode, sondern auch die aus den Jenseitskundgaben entsprungene spiritistische Weltschau übernommen haben und sie mit der biblischen Heilslehre zu kombinieren suchen. Für die anderen sind die spiritistischen Phänomene und Erfahrungen lediglich Hilfsmittel, um biblische Berichte über Wunder, Besessenheit u. a. m. glaubwürdig zu machen und die Ewigkeitshoffnung zu stärken. Sie lehnen die spiritistischen Lehren von Karma, Reinkarnation und dem allmählichen Aufstieg der Geister zur Selbstvollendung ab, distanzieren sich von der christlich-spiritualistischen Deutung von Kreuz und Höllenfahrt Christi und bekennen sich uneingeschränkt zur biblischen Heilsbotschaft[379]. Einige kirchlich-theologische Vereinigungen sind offen für die spiritistische Deutung von Paraphänomenen und bemühen sich, sie für den christlichen Glauben und die kirchliche Verkündigung fruchtbar zu machen. Dazu gehört *» The Churches' Fellowship for Psychical and Spiritual Studies«* in London, zu deren Gründung 1954 das Buch »Auf der Suche nach dem Jenseits« von Reginald M. Lester den Anstoß gegeben hatte. Diese Vereinigung befaßt sich mit allen Arten psychischer und parapsychologischer Studien, mit Geistheilung, Meditation und Mystik, behandelt in Vorträgen die Fragen des Weiterlebens nach dem Tod und kümmert sich darum, daß die Gaben der Seher und Medien dem Dienst Gottes und der Menschheit gewidmet werden. Sie ist überkonfessionell und erfreut sich starker Förderung durch die anglikanische Kirche.

Auf katholischer Seite wurde 1959 die *»Internationale Gesellschaft katholischer Parapsychologen«* in München gegründet mit der Zeitschrift *»Verborgene Welt«*, herausgegeben von Prof. Dr. Peter Hohenwarter in Wien. Ihrem Wissenschaftlichen Beirat gehören Theologen, Philosophen, Ärzte, Psychiater, Physiker und Männer des öffentlichen Lebens an. Die wissenschaftlich gesicherten Erkenntnisse der Parapsychologie sind, so heißt es in ihrer Satzung, »für Philosophie, Theologie, Apologetik, Mystik usw. von größter Bedeutung«. Darum sieht die Gesellschaft es als ihre Aufgabe an, sie »in die Glaubens- und Heilslehre der katholischen Kirche« einzuordnen und die »unter Mißbrauch des Wortes ›Aberglauben‹

[379] Literarisch ist dieser Kreis vertreten z. B. durch Pfarrer Wilhelm Horkel: Botschaft von drüben – Geist und Geister; und Ernst Sehringer: Christlicher Glaube und Parapsychologie, 1969.

gegen eine übersinnliche und übernatürliche Welt und ihre wissenschaftliche und religiöse Beweisführung gerichteten Angriffe des Atheismus und Rationalismus« abzuwehren.
Die 1958 von Josef Kral, Professor Dr. Gebhard Frei u. a. ins Leben gerufene »Interessengemeinschaft für Ausbau und Vertiefung des christlichen Welt- und Menschenbildes durch Einbau der Kenntnisse aus dem Bereich der Grenzgebiete der für das Welt- und Menschenbild bedeutsamen Wissenschaften« wurde 1966 unter dem Namen *»Imago Mundi«* zu einer internationalen Interessengemeinschaft für Grenzgebiete der Wissenschaft ausgebaut. Prof. Dr. Dr. Andreas Resch in Innsbruck gibt auch die gleichnamige Schriftenreihe heraus, die mit ihren qualifizierten Beiträgen hohes Ansehen genießt.
Während hier also in Vorträgen, Kongressen, Diskussionen und Publikationen eine sehr rege Tätigkeit entfaltet wird, ist im *deutschen Protestantismus* nichts Ähnliches vorhanden, wie überhaupt die ganze Thematik der Parapsychologie in der evangelischen Theologie mit wenig Ausnahmen – Karl Heim und Adolf Köberle – unbeachtet blieb. Hier liegt ein bedauerliches Manko vor. Ein erster Anfang wurde mit dem 1975 von der Evangelischen Zentralstelle für Weltanschauungsfragen in Stuttgart ins Leben gerufenen Gesprächskreis »Psi und christlicher Glaube« gemacht.
Die wichtigsten christlich-spiritualistischen Vereinigungen sind die Gruppen um Johannes Greber, die Geistige Loge Zürich und die Urchristliche Kirche.

Johannes Greber

Am 1. Mai 1876 in Wenigerath, Kreis Bernkastel, geboren, studierte JOHANNES GREBER katholische Theologie und wirkte seit 1900 als Pfarrer in einer Dorfgemeinde auf dem Hunsrück. Er war als Prediger und Seelsorger sehr beliebt und gewann hohes Ansehen durch seinen nach dem Ersten Weltkrieg gegründeten Hilfsbund, der 14000 hungernde Kinder in Holland unterbrachte. Im Rahmen dieser Hilfsbundtätigkeit kam er 1923 mit dem Spiritismus in Berührung, als er durch einen Mann zu einer Séance eingeladen wurde. Schon beim ersten Mal wurde er durch den Geist belehrt, daß sich bereits in der Frühzeit irrige Lehren in die Kirche eingeschlichen haben und daß der Text des Neuen Testaments vielfach geändert wurde. In der zweiten Sitzung stellte sich ihm der Geist vor: »Ich schwöre es Dir bei Gott, daß ich ein guter Geist Gottes bin, und zwar einer der höchsten. Meinen Namen behalte für Dich!« Greber erfuhr ihn und gab ihn nie preis. In weiteren Sitzungen wurde er durch den »Hochengel« über die spiritistische Lehre und das spiritistische Verständnis der Bibel unterrichtet. Später entdeckte er einen medial begabten Jungen, der ihm weitere Erkenntnisse aus der himmlischen Welt vermittelte.
Die Kunde von dieser Betätigung erreichte auch seine Kirchenoberen. Sein Bischof erinnerte ihn an das 1917 erlassene Verbot Roms, an spiritistischen Versammlungen teilzunehmen. Aber er blieb dabei, und ein Verfahren wurde eingeleitet. Bevor es zum Abschluß kam, schied er am 31. Dezember 1925 im Frieden aus dem Dienst der Kirche. 1929 reiste er in die USA, besuchte und hielt spiritisti-

sche Gottesdienste und gründete in New York eine eigene spiritualistische Gemeinschaft. In diesen Jahren entstanden seine zwei Hauptwerke: »Der Verkehr mit der Geisterwelt, seine Gesetze und sein Zweck – Selbsterlebnisse eines katholischen Geistlichen« und »Das Neue Testament aus dem Griechischen neu übersetzt und erklärt«; davon erschien freilich nur die Übersetzung – sie gilt als von der »Geisterwelt Gottes« eingegeben –, während der zweite Teil, die Erklärung, fehlt.

Am 31. März 1944 starb Greber. Er soll sich nach seinem Tod wiederholt manifestiert haben. Sein geistiges Werk wird von der »Johannes-Greber-Memorial-Foundation in Teaneck« (New Jersey) verwaltet. In ihrem Auftrag arbeitete die 1963 gegründete »Deutsche Greber-Zentrale« in Berlin, die Grebers Bücher verbreitete, das Mitteilungsblatt »Greber-Informationen«, später »Der geistige Weg«, herausgab und »bei der Bildung und Pflege von urchristlichen Gemeinschaften und Gebetskreisen behilflich« war.

Von anderen spiritistischen Richtungen unterschied sich Greber durch sein Bemühen, den Jenseitsbotschaften einen christlichen Charakter zu geben und sie mit den biblischen Aussagen in Einklang zu bringen. Das gelang freilich nur dadurch, daß er die Bibel selbst im spiritistischen Sinn umdeutete: Alle Offenbarungen Gottes an das Volk Israel seien durch Geister erfolgt, und »alle großen Persönlichkeiten des Alten und des Neuen Testaments waren große Medien«[380]. Und *Christus?* Er ist nicht »der« Sohn Gottes, sondern nur »der erste Sohn Gottes«, genauer: er ist »ein heiliger Geist. Er ist der höchste und heiligste der geschaffenen Geister.« Aber auch Michael, Gabriel und Raphael sind »heilige Geister. Alle Heerscharen Gottes sind heilige Geister.«[381] Christus ist also unter den heiligen Geistern nur ein primus inter pares, und alle Schrifttexte, die vom »eingeborenen Sohn Gottes« handeln (z.B. Matth. 16, 18; 26, 63f.; Joh. 1, 1–4. 10–16; Phil. 2, 5–11; Kol. 1, 13–17), sind nachträgliche Fälschungen. Immerhin, Christus hat insofern eine Sonderstellung unter den Geisterheeren, als ihm Gott »die Statthalterschaft über die Schöpfung übertragen und ihn vor allem zu der Aufgabe der Erlösung gesalbt hat«[382]. Seine leibliche Zeugung ging so vor sich: Joseph war ein Medium; als er eines Tages in Tieftrance war, trat Gabriel in ihn ein und sagte der Maria, daß »ein heiliger Geist über sie kommen und die Kraft eines sehr Hohen sie überschatten werde«; das daraus entspringende Kind solle »ein Sohn Gottes« genannt werden. Dann verließ Gabriel das Medium, und bevor Joseph erwachte, zog Christus in seinen Körper ein, Maria wurde durch ihn in dem anschließenden Zeugungsakt Mutter, und kurz vor der Geburt »trat der Geist Christi in den Kindeskörper«[383].

Es versteht sich von selbst, daß Jesus in steter und engster Verbindung mit Gottes Geisterwelt stand und aus dieser Quelle seine Lehren und Kräfte empfing. »Durch einen Geist Gottes« trieb er die bösen Geister aus und heilte die Kranken; durch den Verkehr mit den Boten Gottes hörte er von seinem Vater die Lehren, die er

[380] Der Verkehr mit der Geisterwelt, S. 138
[381] a.a.O. S. 368
[382] a.a.O. S. 329
[383] a.a.O. S. 311f.

dem Volk verkündigen sollte. Beweisstellen: Joh. 1, 51; 8, 26.28. Sein eigentlicher Auftrag war, den Kampf gegen Luzifer zu einem Ende zu führen. Er hatte ihn gleich nach Luzifers Fall mit »der ihm unterstellten guten Geisterwelt« begonnen, und das Alte Testament berichtet davon. Dann inkarnierte er sich und konnte sich, ausgerüstet mit den Gaben des Hellsehens und des Hellhörens, durch die Geisterwelt Gottes über alles unterrichten lassen, was er zur Erfüllung seiner Aufgabe wissen mußte. Sie belehrte ihn etwa, »daß Satan in seinem Kampfe gegen ihn bis zum äußersten gehen und ihn in den Kreuzestod hineintreiben werde«[384]. So starb er. Aber er blieb standhaft. Und nun, frei von seinem Körper, konnte er zum Angriff übergehen. Er stieg in die Hölle hinab, Gott sandte ihm die himmlischen Heerscharen zur Hilfe, und es begann ein gewaltiges Ringen. Schließlich flehte der Satan um Schonung. Christus beschränkte seine Herrschaft auf die Geister, die ihm nach ihrer Gesinnung angehörten; die aber zu Gott zurück wollten, mußte er frei geben. »Damit war das große Rettungswerk der Erlösung zum Abschluß gebracht.«[385] Es geschah nicht durch den Kreuzestod, sondern durch die Höllenfahrt. »Jeder, der von jetzt an aus der Fremdenlegion Satans nach der alten Heimat Gottes zurückkehren wollte, konnte über diese Brücke gehen.«[386] Auch die Auferstehung war nicht heilswichtig: »Der irdische Leib Christi wurde nicht auferweckt«, sondern durch die Geisterwelt dematerialisiert, und die »Auferstehung« war lediglich seine »Rückkehr aus der Hölle, in die er als Geist hinabgestiegen war«[387].

Die *frühchristlichen Gemeinden* hatten einen regen Verkehr mit der Geisterwelt Gottes. In ihren Versammlungen sprachen die »Geister Gottes« zu ihnen, und die »Pneumatiker« waren in Wirklichkeit Medien; ihre Ausbildung erfolgte in den Versammlungen, und der Odstrom, der durch das Händereichen beim Gebet erzeugt wurde, »lieferte der Geisterwelt das Material für die Ausbildung«[388]. Der Kampf zwischen Christentum und Heidentum war ein Kampf zwischen der guten und der bösen Geisterwelt. Auch in der nachapostolischen Zeit war der mediale Verkehr mit den »guten Geistern« üblich, und noch der »Hirte des Hermas« war ein »durch und durch spiritistisches Buch«. Die Geister Gottes sollten auch fernerhin zu den Gemeinden sprechen. Denn Jesus hatte ihnen verheißen, daß diese guten Geister immer bei ihnen sein werden.

Aber nach 150 geschah der *Abfall der Kirche von den Geistern.* »Die Leiter der Kirchen haben den ›heiligen Geist‹ ausgelöscht« und die Medien durch das »geistliche Beamtentum« ersetzt. Warum? Weil sie »die Konkurrenz einer Geisterwelt nicht gebrauchen« konnten. So nahm das Verhängnis seinen Lauf. Nach Vertreibung der Geister des Guten machten sich »die Mächte des Bösen« in den Kirchen breit. Verdunkelung der Wahrheit, Habsucht und Herrschsucht und Spaltungen griffen um sich. Erst mit Beginn der *spiritistischen Bewegung* haben die hohen Geister wieder die Möglichkeit, sich der Welt kundzutun. Diese Bewegung ist eine Art zwei-

[384] a. a. O. S. 321
[385] a. a. O. S. 349
[386] a. a. O. S. 349
[387] a. a. O. S. 384 f.
[388] a. a. O. S. 188

tes Pfingsten und eröffnet ein Neues Zeitalter, in dem das kirchliche Christentum von den eingebrochenen Irrtümern gereinigt und durch die Geister Gottes mit der Nahrung versorgt wird, deren es für die heutige Zeit bedarf. In den Gottesdiensten sprechen wieder die »Geister Gottes« zur Gemeinde, und die Verheißung erfüllt sich: »Ich werde euch die Geisterwelt vom Vater senden. Sie wird euch in alle Wahrheit einführen und für immer bei euch bleiben.«

Freilich, in Joh. 14, 16 ist nicht von der »Geisterwelt« die Rede, sondern vom »Tröster«, wörtlich: Helfer oder Beistand. Aber das ist nur ein Beispiel für viele, die zeigen, wie Greber in seiner *Übersetzung des Neuen Testaments* mit den Texten umging. Wo immer es möglich war, führte er spiritistische Vorstellungselemente ein. Aus Joh. 5, 30: »Wie ich höre, so richte ich«, wurde: »Nach den Weisungen, die mir auf dem Wege des Hellhörens mitgeteilt werden, treffe ich die Entscheidungen.« Aus der »Obrigkeit« (Röm. 13, 1) machte er die »Geistermächte«: »Allen Geistermächten, denen eure Leitung anvertraut ist, erweiset Gehorsam.« 1. Kor. 14 liest sich bei Greber wie die Anweisung für den geordneten Ablauf einer Séance. Aus Zungenreden wurden mediale Kundgaben in fremden Sprachen – Paulus spricht: »Ich bin, Gott sei Dank, ein besseres Sprechmedium für fremde Sprachen als ihr alle« (14, 18). Aber weil fremde Sprachen nicht verstanden werden, mahnt er: »Vor allem strebt danach, Werkzeuge zu werden, durch die Gottes Geister in der Muttersprache zu euch reden.« Statt »Reich Gottes« übersetzte Greber bald »Geisterwelt Gottes« (wie Luk. 17, 20: »Wann kommt denn die Geisterwelt Gottes zu uns?«), bald »Jenseits«: »Die Wahrheit über das Jenseits ist einem Senfkorn gleich« (Matth. 13, 31). Die zweite Vaterunser-Bitte lautet: »Dein Geisterreich komme zu uns.« Da für den Spiritismus das Sterben nur der Übergang in ein anderes Leben ist, darf im Neuen Testament kein »Tod« vorkommen. Greber ersetzte ihn durch »geistigen Tod«, etwa: »Gehe du mit mir und laß die geistig Toten ihre geistig Toten begraben!« (Matth. 8, 22) Das griechische Wort »pneuma« übersetzte er je nach Bedarf mit »ein Geist« oder mit »Geisterwelt«; und Matth. 28, 19 lautet: »... indem ihr sie tauft im Namen des Vaters und des Sohnes, in einem heiligen Geist ...«

Es ist klar, daß solche Veränderungen biblischer Grundbegriffe zu einer tiefgreifenden Umdeutung der Textaussagen führen müssen. Greber fühlte sich dazu ermächtigt und gab dafür folgende Begründung: Der Urtext des Neuen Testaments sei nicht erhalten geblieben, und von den »ungefähr 3000 unvollständigen Abschriften und Teilen von Abschriften« stimmten nicht zwei miteinander überein. Kein Buch der Welt habe »durch die Abschreiber so viele Änderungen und Fälschungen erfahren« wie die Bibel[389]. Eine ungetrübte Wahrheitsquelle sei sie also nicht. Wo ist sie zu finden? Antwort: In der »Geisterwelt Gottes«. Nur mit ihrer Hilfe könne man erkennen, wo die biblischen Texte entstellt oder falsch übersetzt sind. Zu ihr aber habe er, Greber, Zugang gefunden: »Die Verbindung mit dieser Quelle der Wahrheit machte ich mir zunutze, um vor allem auch über den Text der Bibel, wie sie uns heute vorliegt, volle Klarheit zu bekommen.«[390]

Für den, der an den Kontakt Grebers mit der »Geisterwelt Gottes« glaubt, hört

[389] Das Neue Testament aus dem Griechischen neu übersetzt, S. 8f.
[390] a.a.O. S. 17

sich das überzeugend an. Aber der wirkliche Sachverhalt sieht anders aus. Wir besitzen zahlreiche Handschriftenfragmente, die um oder vor 150 n. Chr. entstanden sind. Sie stammen also aus einer Zeit, in welcher der angebliche Abfall der Kirche von den Geistern noch nicht erfolgt war, und sie hätten darum auch noch ungefälschte Texte enthalten müssen. Aber zwischen diesen frühen und den späteren Handschriften bestehen keinerlei Abweichungen der von Greber behaupteten Art: sie allesamt enthalten keine Spur von seiner Geisterlehre. Auch weiß kein zeitgenössischer Geschichtsschreiber etwas davon zu berichten, daß »die Leiter der Kirchen« die Austilgung der Geister aus den Bibeltexten beschlossen hätten. Und was die Veränderungen durch Abschreiber betrifft: Seit Generationen müht sich die wissenschaftliche Textkritik in unendlich sorgfältiger und scharfsinniger Kleinarbeit, aus dem riesigen Material – fast 2800 griechische Handschriften und Bruchstücke, dazu Bibelzitate der Kirchenväter und älteste Übersetzungen – alle Varianten, auch die winzigsten, festzustellen, zu überprüfen und so eine Urfassung herauszuarbeiten, die ein Höchstmaß an Gültigkeit besitzt. Es muß deshalb gefragt werden, ob Greber bzw. sein »Hochengel« die Fälschungs- und Entstellungstheorie nicht als Ausrede gebraucht haben, um eine ihren Vorstellungen entsprechende Veränderung und Deutung der Texte rechtfertigen zu können.

Die Geistige Loge Zürich

Die Geistige Loge Zürich ist die älteste und bedeutendste christlich-spiritualistische Gemeinschaft im deutschen Sprachraum. Sie erwuchs aus einer kleinen Gruppe, die sich um Arthur Brunner nach Veröffentlichung seines Buchs »Die Toten leben« 1944 sammelte. Bei seiner Frau Beatrice zeigte sich an Weihnachten 1945, kurz nach dem Tod ihres jüngsten Kindes, die Gabe des Hellsehens und Hellhörens. Bald entwickelte sie sich zum Tieftrance-Medium. Sie ermöglichte es »dem hohen Geist Joseph, göttlich reine Lehren und Wahrheiten kundzugeben«. Fortan wurde er der (jenseitige) Lehrer und Leiter der kleinen Gemeinschaft. Am 23. Oktober 1948 erfolgte seine »Ansprache« erstmals in einem größeren Kreis; dieser Tag gilt als das Gründungsdatum der Geistigen Loge – diesen Namen hatte ihr der Geistlehrer Joseph gegeben. Jeden Samstagabend »sprach« er in den gottesdienstlichen Versammlungen; seit 1954 werden auch Abendmahlsfeiern gehalten. Seine Kundgaben wurden veröffentlicht. Die Anhängerschaft, ursprünglich 15 Personen, wuchs rasch. 1950 wurde es erforderlich, aus dem bisherigen Versammlungsraum in einer Gaststätte in den großen Saal des Musikkonservatoriums umzuziehen; vier Jahre später wurde ein eigener Saal eingeweiht.
Auch das *innere Leben* entfaltete sich. 1951 entstand der »mediale Heilkreis«, der jeden Donnerstagabend mit dem Medium zusammenkommt. Hier läßt zuerst die »Gottesbotin« Beda durch das Medium jeweils einige Minuten lang einen heilenden Odstrom[391] auf die einzelnen anwesenden Kranken überfließen. Im zweiten

[391] Nach der Auffassung des schwäbischen Chemikers Karl Freiherr von Reichenbach (1788–1869) ist das von ihm entdeckte Od – er bildete das Wort aus einer indischen Wurzel – eine unsichtbare Weltkraft und steht in der Mitte zwischen Magnetismus, Elektrizität und Wärme. Es ist in allen psychi-

Teil des Abends wirkt der Heilkreis fürbittend für angemeldete Kranke, die abwesend sind, aber die Lehre der Geistigen Loge kennen und bejahen und darum »befähigt sind, die ausgesandten Heilkräfte aufzunehmen«. Um den »Heilstrom« zu verstärken, werden die Mitglieder der Geistigen Loge gebeten, sich zur gleichen Zeit daheim »in ein fürbittendes Gebet für unsere Kranken zu versenken ...« »Schon eine Viertelstunde Mitwirkung hilft der Gotteswelt, vermehrt Heilung zu spenden.«[392]

1955 begannen die Meditationsstunden mit Kundgaben der »Engelschwester Lene« und die sonntäglichen Morgenandachten. Im gleichen Jahr wurde die Fürsorgekasse für notleidende Mitglieder gegründet. Seit 1959 werden alljährlich stark besuchte Meditationswochen veranstaltet; hier pflegt »Lene« über ein Gesamtthema Vorträge zu halten, die seit 1961 in Buchform erscheinen. 1964 wurde ein Gebetsheilkreis ins Leben gerufen, dessen Mitglieder sich verpflichten, täglich mindestens zweimal für schwerkranke Mitglieder der Geistigen Loge zu beten. In den Heilgottesdiensten, die ohne Medium jeweils am Montag stattfinden, nehmen gesunde Teilnehmer die Kranken durch Kettebildung in die Mitte, indem sie eine Kette bilden. 1961 wurde vom Geistlehrer Joseph die erste »Taufweihe« vorgenommen; Trauungen folgten. Seit 1963 finden Gedenk- und Fürbittestunden für heimgegangene Mitglieder statt. In Frageabenden an jedem zweiten Mittwoch beantwortet der Geist Joseph die verschiedensten Anfragen der Teilnehmer. 1965 entstand das Hilfswerk »Aktion gegen Hunger und Elend in der Welt«, das beträchtliche Spenden für die gezielte Unterstützung überseeischer Liebeswerke aufbringt (1975 fast 500000 DM). 1971 wurde das bisherige Amt des Präsidenten ersetzt durch den je drei-köpfigen Äußeren und Inneren Rat; der Gesamtvorstand besteht aus 14 Mitgliedern. Die Mitgliederzahl wuchs bis Mitte 1977 auf 2020, 1970 waren es 1005 gewesen. Deutsche haben einen namhaften Anteil, gewiß auch eine Frucht der Vortragsreisen mit dem Medium in deutsche Städte. Der Verlag der Geistigen Loge gibt neben der wöchentlich erscheinenden »Geistigen Welt« auch eine englische Monatsschrift, »The Spiritual World«, heraus (insgesamt 4300 Abonnenten). Manche seiner Publikationen wirken weit über den Kreis der Mitglieder und Interessierten hinaus; so erreichte das Buch »Geborgenheit« des Göttinger Iranisten Prof. Dr. Walther Hinz, Vorstandsmitglied der Geistigen Loge, bis 1977 eine Auflage von 68000 Exemplaren.

Die eigentliche Führung der Geistigen Loge liegt in der Hand des Geistlehrers Joseph: er ist bei den Vorstandssitzungen und Generalversammlungen anwesend, mahnt, lobt, tadelt, gibt Anregungen und Richtlinien und spricht »das letzte Wort in praktisch allen Dingen«. Er habe, so sagte er, in Schottland gelebt, der Kirche angehört und eine Familie gehabt. 1925 sei er gestorben und habe dann in der »Sphäre der Seligkeit« eine sorgfältige Vorbereitung empfangen für seine Aufgabe, »aus Menschen einen Tempel zu bauen«. Er wird bei seiner Tätigkeit in der

schen Vorgängen »drin«, entzieht sich aber dem Zugriff des Physikers und Chemikers. Johannes Greber ging noch weiter: Das Od ist die Urwirklichkeit; die unsichtbare Welt ist aus der unverdichteten Form des Od aufgebaut, während die materielle Welt verdichtetes Od ist. Jeder Menschengeist besitzt einen Odleib (Astralleib) und der physische Körper ist eine Verdichtung des Odleibs.

392 Geistige Welt 21. 12. 1976

Geistigen Loge von vielen Geistwesen unterstützt, und die erhabenen Engel Gottes unterrichten ihn immer wieder im »geistigen Tempel« über den göttlichen Heilsplan, die Schicksale von Menschen und Völkern und die zukünftigen Ereignisse.

Mit dem Gedeihen der Geistigen Loge wuchs auch das Interesse der Engel Gottes an ihr, und »heute ist es so, daß über der Gemeinschaft hohe Geister stehen, die über die Gemeinschaft wachen und walten«[393]. Von den Geistwesen, die zusammen mit Joseph in der Geistigen Loge tätig sind, werden genannt: der »hohe Geist« *Linus,* der alles fördert, was dem geistigen Fortschritt des Menschen dient und der der Schutzgeist der Geistigen Loge ist; sein Dual, die »Engelschwester« *Lene;* der »Geist aus den höchsten Höhen« *Alexandra,* die immer mit ihrem Dual *Alexander* auftritt, Kurierdienste zwischen Erdenwelt und Gott verrichtet und als »Fürbitte-Engel« rasch zur Stelle ist, wenn sie in Notlagen gerufen wird. Alle vier waren als »rein gebliebene Engelwesen« nie inkarniert worden. Der Kontrollgeist *»Felix«* sorgt dafür, daß sich keine tieferstehenden Geister in den Versammlungen betätigen können und daß nur der Geist Joseph »in das Medium eintreten kann«[394]. Sämtliche Veranstaltungen werden mit Musik und Gebet umrahmt. Das Medium Beatrice kommt, still für sich betend, rasch in Tieftrance. Die Kundgaben stammen zum größeren Teil vom Geistlehrer Joseph, gefolgt von Lene und Linus. Daß sie so umfangreich und regelmäßig seit 1948 fließen konnten, ist eine einzigartige Leistung des Mediums, und Prof. Dr. Walther Hinz rühmte im Jahresbericht 1975, »daß sich nirgends etwas mit der Geistigen Loge Zürich Vergleichbares findet. Was die Gotteswelt uns bringt, stellt in Tat und Wahrheit etwas heute auf Erden Einmaliges dar.«[395]

Hinter der Geistigen Loge steht als jenseitige Entsprechung das *»Haus Linus«,* das von Engeln geführt wird und dem große Scharen helfender Geistwesen zugeteilt sind. Dieses Haus Linus ist »ein Zweig der geistigen Kirche Christi und ist Christus unterstellt«. Die Geistige Loge ist überzeugt, daß ihre Entstehung »durch die geistige Welt« vorbereitet wurde, was durch Kundgaben des Mediums Frau Sheridan von der Londoner »Greater World« bei ihren Séancen in Zürich 1947 und 1949 bewiesen worden sei. Sie sieht es als ihr Ziel, »Lehre und Wirken Christi und damit Gottes Heils- und Erlösungsplan den Menschen unserer Zeit nahezubringen«. Sie will also eine betont christliche Gemeinschaft sein.

Zwischen ihrem Kundgabenwerk und den Lehren Johannes Grebers besteht eine nahe Verwandschaft[396]. So weiß Joseph über *Luzifers Fall* zu berichten: Christus war der erste unter den »Söhnen Gottes«; er weilte stets zur Rechten Gottes und führte mit ihm oft Gespräche »unter vier Augen«. Er wurde zum »König der Geisterwelt Gottes gesalbt«, besaß also ein eigenes Reich wie der Vater »mit Gebäuden herrlichen Gärten«. Luzifer wurde eifersüchtig, sammelte viele Wesen

[393] a.a.O. 17. 7. 1974 und 27. 4. 1976

[394] Das Weltbild, S. 266

[395] Geistige Welt 8. 6. 1976

[396] Sie ist so nahe, daß der Geist Joseph gefragt wurde, ob Grebers Hochengel »eine Beziehung zum Hause Linus hatte«. Er bejahte in dem Sinn, daß man sich in der geistigen Welt »untereinander beredet, wenn man dieselben Interessen gehabt hat und im selben Dienste steht.« (Geistige Welt 25. 5. 1976)

um sich, wiegelte sie gegen Christus auf und wurde mit seinem Anhang gestürzt. Gott wollte die Gefallenen auf einfachere Weise heimführen, »ohne den Durchgang durch das menschliche Leben«. Aber das mißlang, weil Adam und Eva die Prüfung nicht bestanden[397]. Nun wurden die gefallenen Geister in die Materie inkarniert. Sie müssen in einer langen Evolution durch die drei Naturreiche hindurch zur Menschenstufe aufsteigen. Die gefallenen Engel aber wurden zusammen mit Luzifer in die Sphäre der Finsternis, die Hölle, gestürzt. Ihre angrenzende Sphäre ist die Erde: hier darf sich der Satan auch aufhalten und die Menschen versuchen, während ihm der Zugang zu allen anderen Sphären verwehrt ist. Nach dem Fall wurden die Sphären des Himmels und der Hölle geschlossen, und es wurden besondere Sphären für die Guten und die Bösen geschaffen, in denen die Seelen der Verstorbenen eine provisorische Aufnahme fanden – bis Christus kam. Auch die Ausführungen über Inkarnation, Kreuzestod und Höllenfahrt Christi decken sich mit Grebers Lehren. »*Christus* ist nicht für die Sünden der Menschheit gestorben, wie viele es glauben«, sondern er hat durch seine Höllenfahrt die dort gefangen gehaltenen Geister befreit und durch die Sprengung der Mauer, die vor dem Hause Gottes war, den »Weg ins Reich des Glückes gebahnt«[398]. Freilich, für die einstigen »Wortführer des Abfalls«, die sich in der Hölle für Christus entschieden haben, wird es ein langer Weg sein. »Die sich schwer verschuldet hatten, sollten in Gesteinen, in den Felsen dieser Erde ihre Wohnstätte finden, auf unbestimmte Zeit an sie gebunden.« Das sei von Christus mit den Worten angedeutet worden: »Wenn diese Steine reden können . . .«[399] Für die leichter Verschuldeten ist der Weg kürzer. Christus hat ihn für sie geöffnet. Aber sie müssen ihn selbst zurücklegen. »In der geistigen Welt kann nichts erkauft werden, ein jeder ist für sich selbst verantwortlich.« Eine Gnade im Sinn von Vergebung aller Schuld aus reiner Liebe und Barmherzigkeit gibt es nicht. »Bis auf den letzten Heller muß alle Schuld abgetragen werden. Alles mußt du zurückerstatten, alles Niedere mußt du ablegen. Dann kannst du so schön werden wie diese Engel hier.«[400] Aber es gibt auch keine ewige Verdammnis. Wer sich weigert, den von Christus gezeigten Weg zu gehen, verzögert damit nur seine Heimkehr; aber einmal schlägt auch für ihn die Stunde, in der er sich zur Umkehr entschließt.

Die *Heimführung der gefallenen Welt* ist die Aufgabe und das Werk der »Geisterwelt Gottes«. Sie handelt im Auftrag Gottes, der die Liebe ist. Joseph hat ihn geschaut und beschreibt ihn als ein »unendliches Licht«, in dessen Mitte eine »Form« ist; seine Fluide sind von höchster Schönheit und Farbigkeit. Aber er ist nicht allgegenwärtig: »Gott in Person ist nicht überall, Gott in Person ist in der höchsten

[397] Geistige Welt 18. 1. 1977 – Hier liegt ein Widerspruch vor: Mit Adam und Eva war ja »der Durchgang durch das menschliche Leben« bereits eröffnet, bevor die Prüfung stattgefunden hatte.

[398] Licht der Welt, S. 100f.; Geistige Welt 11. 5. 1976

[399] Geistige Welt 4. 5. 1976 – Hier hat der Geist Joseph eine Bibelstelle falsch zitiert. In Luk. 19, 40 wies Jesus den Wunsch einiger Pharisäer, er möge den begeisterten Huldigungen der Volksmenge entgegentreten, mit den Worten zurück: »Ich sage euch: Wenn diese schwiegen, würden die Steine schreien!« Das hat nichts mit der Inkarnierung schwerverschuldeter Geister im Gestein zu tun, sondern greift entweder Hab. 2 auf oder besagt: Wenn sie schwiegen, werden die Trümmersteine des zerstörten Jerusalem (V. 41–44) bezeugen, daß die messianische Würde Jesu zu Unrecht verworfen wurde.

[400] Wirken der Engel, S. 40; Geistige Welt 1954, 32

Sphäre.«[401] Aber aus dieser himmlischen Welt, dem »Hause Gottes«, kommt eine Kraft, die überall ist. Durch sie wird die Schöpfungswelt nach den Gesetzen Gottes in Gang und Ordnung gehalten. Und als Christus sein Erlösungswerk begann, rief er die »Geisterwelt Gottes« in seinen Dienst; sie sollte »sich der Menschen auf dieser Erde annehmen, sollte sie durchs Leben begleiten und ihnen Schutzgeist sein«. Jeder Mensch wird individuell begleitet und beraten. Diese persönliche Betreuung setzt sich im Jenseits fort. »Die Gotteswelt gibt sich mit einem jeden ab, der da heimkommt. Vieles wird ihm geboten, das ihn anspornen soll, sich nach dem Willen Gottes auszurichten.«[402]

In der jenseitigen Welt wurden nach der Heimkehr des Gottessohns *»13 Aufstiegs-Sphären«* geschaffen, die ihrerseits wieder aus einer Vielzahl von »Ebenen« bestehen. Jeder Abgeschiedene wird in die ihm entsprechende Sphäre eingewiesen. Schlimmstenfalls kommt er »in dieselbe Ebene, von der aus er Mensch geworden ist«. Denn es gibt höchstens ein Stillstehen, aber kein Zurücksinken auf eine tiefere Stufe. Eine tröstliche Botschaft![403] In den Aufstiegs-Sphären haben die Menschengeister die Möglichkeit weiterer Fortentwicklung. Seit 1958 geben Abgeschiedene Erlebnisberichte über ihre Schicksale und Erfahrungen im Jenseits; eine Auswahl wurde in dem Buch »Was uns erwartet« (1962) veröffentlicht. Die Aufnahme und Behandlung der Seelen durch die Geisterwelt Gottes richtet sich genau nach dem geistig-religiösen Stand, den sie in ihrem Erdenleben erreicht haben. Wer gottesfürchtig lebte, demütig und liebevoll sich für arme, kranke, notleidende Mitmenschen opferte, wird in der »Empfangssphäre« mit Freude und Dank begrüßt. Geister Gottes geleiten ihn zu einem Wohnort in herrlicher Landschaft, vereinigen ihn mit gleichgearteten Seelen zu beglückender Gemeinschaft, geben ihm eine Aufgabe, die ihn erfüllt, und machen ihn mit den höheren geistigen Gesetzen vertraut. Hartherzige, Selbstgerechte, Frömmler, weltsüchtige Materialisten oder gar Leugner und Lästerer Gottes kommen in eine tiefgelegene düstere »Läuterungssphäre«. Hier bleiben sie an einem einsamen, unfreundlichen Ort sich selbst überlassen oder müssen mit Ihresgleichen qualvoll zusammenleben oder werden mit ihren Bosheiten und Untaten peinlich konfrontiert – bis sie anfangen, über sich selbst nachzudenken, ihre Verfehlungen zu erkennen, zu beten und sich nach der Welt Gottes zu sehnen. Dann nehmen Geistwesen sich ihrer an und führen sie auf den langen Weg der Buße und Besserung. So werden alle Abgeschiedenen angeleitet, Versäumtes nachzuholen, Irrtümer abzulegen und begangenes Unrecht wiedergutzumachen.

Sie werden auf diese Weise für ihr nächstes Erdenleben vorbereitet. *Wiederholte Inkarnationen* sind notwendig, weil es während des kurzen Erdendaseins nur selten möglich ist, ein vollkommenes Leben nach den Lehren Christi zu führen. Was der

401 Das Weltbild, S. 240 und 320

402 Geistige Welt 4. 5. 1976 und 8. 6. 1976

403 Walther Hinz, Geborgenheit, S. 140ff. – Ganz unbestritten scheint diese Botschaft freilich nicht zu sein. Denn es fehlt nicht an Hinweisen, daß auch Zwangseinweisungen von Menschengeistern in die Hölle möglich sind. So erklärte der Geist Joseph, daß »in Ausnahmefällen« die gute Geisterwelt ein »schwerstbelastetes Wesen« wieder in die luziferische Sphäre zurückführt (Geistige Welt 20. 7. 1976). Ein andermal heißt es, daß Geistwesen, die Christus verleugnen, nicht in die Sphäre der Läuterung kommen, sondern »dem Fürsten der Finsternis« übergeben werden (Wirken der Engel, S. 139).

Mensch in seiner Lebenszeit an innerer Entwicklung erreicht, wird zu seinem geistigen Besitz, auf dem er im Jenseits weiterbauen kann. Was er aber als »Schuldenlast« mitbringt, begleitet ihn als Karma ins nächste Erdenleben und wirkt sich in der Qualität seiner Inkarnation und in seinen Schicksalen aus. »Das einzige Mittel zur Auflösung unseres Karmas besteht in einem Gott wohlgefälligen Leben.«[404] Der Zeitraum zwischen zwei Inkarnationen beträgt durchschnittlich 300 bis 500 Jahre. Nur wenn ein Mensch »sehr gut gelebt« hat, kann die Reinigung in einer höheren Sphäre viel rascher erfolgen, so daß eine schnellere Wiedergeburt möglich ist. Das Geschlecht bleibt etwa siebenmal nacheinander gleich, kann aber auch – als Karma – wechseln: wenn sich z. B. ein Mann seiner Frau gegenüber bösartig verhielt und kein Verständnis für sie hatte, kann er in seiner nächsten Inkarnation eine Frau werden[405].
Als Beweis dafür, daß Christus die Reinkarnation gelehrt hat, zitiert der Geist Joseph Joh. 3, 3 in folgendem Wortlaut: »Du kannst nicht ins Himmelreich eingehen, wenn du nicht wiedergeboren wirst.« Seine Auslegung: »Du mußt wiedergeboren werden, um ins Himmelreich einzugehen. Mit einem Leben allein kann das geistige Feld nicht so hell und klar gemacht werden.« Es muß in einem weiteren Leben durch die Erfüllung von Aufgaben gereinigt werden.«[406] Je heller und klarer das »geistige Feld« im Verlauf der Reinkarnationen wird, desto höher liegt die Sphäre, in die der Abgeschiedene kommt und desto schöner und wonniger ist das Licht. »Wenn der Geist dann ganz geläutert ist, steht er in seinem vollen Glanze da.« Er hat die Aufstiegs-Sphären hinter sich und muß nun nicht mehr inkarniert werden, es sei denn, daß er aus freiem Willen wieder ins Erdendasein zurückkehrt, um eine Mission zu erfüllen. »Die Menschheit braucht ihre geistigen Führer, die sie zum höheren Denken heranziehen.« Die anderen werden im Jenseits zu geistigen Lehrern ausgebildet, um die abgeschiedenen Seelen zu unterrichten und für eine neue Inkarnation vorzubereiten. Sie sind damit zu Werkzeugen im Heilsplan und in der Schöpfung Gottes geworden. »Die Hohen des Himmels werden sie erkennen und sie auserwählen und zeichnen als wahre Diener Gottes.«[407] Sie wachsen an Liebe, Weisheit und Erkenntnis, bis sie die Vollkommenheit erreicht haben. Dann können sie reine Engel werden. Dann sind sie auch nicht mehr männlich oder weiblich. »Mit der Steigerung der Entwicklung wird der ganze Geist so hell und so leicht, daß er geschlechtslos ist. Dies ist dann der höchste Zustand.«[408]

Die *»große Kirche Gottes«*, die durch Christi Wirken entstand, soll alle Völker umfassen. Das Kennzeichen ihrer Mitglieder ist, daß sie »den wahren Glauben zu

[404] W. Hinz, Geborgenheit, S. 166

[405] Auf die Frage nach ihrer letzten Inkarnation gibt der Geist Joseph den Besuchern der »Frageabende« sehr detaillierte Antworten. Beispiele finden sich in: Das Weltbild, S. 301 ff.; Licht der Welt, S. 292 ff.

[406] Licht der Welt, S. 292 – Daß hier aber nicht von einer Reinkarnation die Rede ist, ergibt sich schon aus dem griechischen Urtext. Wörtlich steht hier: »Wenn jemand nicht *von oben* geboren ist«. Das gleiche griechische Wort für »von oben« findet sich auch in Joh. 3, 31. Daß es sich bei dieser Wiedergeburt von oben nicht um eine karmisch bedingte Reinkarnation handelt, sondern um eine Neugeburt des Gläubigen aus Gottes Geist, ergibt sich aus V. 5–8 mit hinreichender Deutlichkeit.

[407] Geistige Welt 15. 4. 1975

[408] Das Weltbild, S. 298 f.

Gott haben, daß sie alle dieselben guten Werke tun und die gleiche Liebe haben, daß kein Haß in einem Menschenherzen ist«[409]. In dieser großen Kirche Gottes sollen »alle Völker Platz haben«, und weil sie die reine Wahrheit lehrt, ohne Vermischung mit »Widervernünftigem, besitzt sie universale Gültigkeit«. Sie enthält viele Hallen: »Es sind die verschiedenen Gemeinschaften auf dieser Erde«, d.h. die Religionen. Und weil sie alle zu Gott beten, sind sie alle in die Kirche Gottes eingeschlossen. Zwar: »Mitten in dieser Kirche ist Christus.« Aber die Bekenner anderer Religionen sind deshalb nicht von ihr getrennt. Denn »die wahre Kirche Gottes ist eine Kirche ohne Dogma«[410]. Von jeder Halle führt ein Weg in die geistige Welt hinein. Darum hat keine Religionsgemeinschaft das Recht, Gott für sich allein zu beanspruchen. Er ist der Vater aller Menschen, und sie sind alle Brüder und Schwestern. Aber unter diesen Gemeinschaften besitzt eine Gruppe ein Privileg: »Christus geht besonders viel zu jenen Hallen, in denen wie bei den Urchristen Gottesdienst gehalten wird.«[411] Dazu gehört die Geistige Loge. Denn sie läßt in ihren Versammlungen Angehörige der Geisterwelt Gottes zu Wort kommen und wird durch sie mit der Wahrheit über Luzifers Fall und Gottes Heilsplan und Christi Erlösungswerk vertraut gemacht und über die Irrtümer des kirchlichen Christentums aufgeklärt.

Die Jenseitskundgaben machen *den Kirchen vieles zum Vorwurf:* daß vom Engelssturz »kaum mehr etwas verlautet«; daß die biblischen Berichte von der Austreibung böser Geister unbeachtet bleiben; daß von dem Kampf Christi mit dem Widersacher im Reich der Finsternis geschwiegen wird: »Warum verschweigt die Christenheit die Wahrheit, das Höchste, was es in der christlichen Lehre gibt? Warum bekennt sie sich nicht zu dieser Wahrheit?«[412] Und schließlich, daß das Wirken der »heiligen Geister« in den Versammlungen von Anfang an unmöglich gemacht wurde. Wichtige biblische Wahrheiten wurden verfälscht. So hat man das Jüngste Gericht in eine ferne Zukunft verlegt, während es doch jeden einzelnen nach seinem Tod erwartet. Wenn Christus vom kommenden Reich Gottes sprach, meinte er nicht ein Reich auf dieser Erde, sondern »das jenseitige, das geistige Reich«. Man hat aus dem Heiligen Geist eine Kraft gemacht, während es sich doch um »heilige Geister« handelt, die Christus nach seiner Heimkehr zu den Menschen sandte, um sie zu begleiten, zu beschützen und über Christi Lehre zu unterrichten. Und durch das Dogma von der Gottgleichheit Christi wurde »der von Arius rein gehaltene und verteidigte ursprüngliche Christusglaube der Apostelzeit von der später aufkommenden Großkirche vergewaltigt«. In Wirklichkeit ist Christus zwar »der höchste Fürst in der geistigen Welt, aber nicht Gott«.

[409] Das Wirken der Engel, S. 190

[410] a. a. O. S. 40 und 192 – Der Geist Joseph wurde einmal darauf aufmerksam gemacht, daß »es viele Lichtsucher gibt, die da glauben, bei Buddha ebenso Großes zu finden«, wie er es von Christi Erlösungswerk lehrt. Antwort: Ein Mensch, der lieber zehnmal um etwas herumgeht, bevor er den direkten Weg zu Christus einschlägt, steht eben noch auf einer tieferen Entwicklungsstufe. »Er will einfach nicht diesen kürzesten Weg ergreifen, weil seine Entwicklung so ist, daß er diesen Umweg wählt.« (Licht der Welt, S. 231) Ob wohl der Frager von dieser Antwort befriedigt war, die allen Buddhisten eine rückständige Entwicklung bescheinigte?

[411] Wirken der Engel, S. 40

[412] Geistige Welt 20. 7. 1976 und 27. 4. 1976

Darum soll man auch nicht zu ihm beten, sondern allein zu Gott. Zu alledem kommt, daß die biblischen Texte durch Abschreiber und Übersetzer vielfach verändert und durch die kirchlichen Ausleger falsch verstanden wurden. So ist »aus der Kirche das nicht geworden, was Wunsch und Wille Christi war und ist«[413]. Die Folgen sind fatal: Die Abgeschiedenen, die in ihrem Dogmenglauben gefangen sind, bedürfen in der geistigen Welt steter Belehrung. Und solche, die fanatisch die Unfehlbarkeit ihrer kirchlichen Dogmen verfechten, haben nicht nur große Schwierigkeiten beim Aufsteigen im Jenseits, sondern werden auch von den »Mächten der Tiefe« gehindert, die Kundgaben der Geisterwelt Gottes im Diesseits anzunehmen.

Als »christlich-spiritualistische Gemeinschaft« unterscheidet sich die Geistige Loge vom allgemeinen Spiritismus darin, daß sie Christus eine wichtige Rolle im Heilsplan Gottes zuerkennt und neben den Kundgaben auch der Bibel einen beträchtlichen Raum gewährt. Von den Kirchen unterscheidet sie sich darin, daß bei ihr die spiritistischen Grundlehren das Verständnis von Christi Person und Verkündigung in wesentlichen Punkten bestimmen. Was zu diesen Lehren nicht paßt, wird entsprechend umgedeutet oder ausgeschieden. So kennt die Geistige Loge z. B. keine Sakramente. Die *Taufe* ist nicht die Aufnahme in Gottes Gnadenbund und die Einfügung in den Leib Christi, sondern ein Weihefest, um das Kind »dem Segen Gottes zu unterstellen. Doch nur wenn ein Priester ein wirklich inbrünstiges Gebet sendet, kommen auch schöne Engel Gottes, Schutzengel, über dieses Wesen und behüten es.«[414] Beim *Abendmahl* wird zwar von Christi Leib und Blut gesprochen, aber Brot und Wein sind nur »Sinnbilder«, und von den Einsetzungsworten »für euch« und »zur Vergebung der Sünden« ist nicht die Rede. Es ist eher ein »Liebesmahl« zum Gedenken an Christus: »Es verlangt mich nach deiner heiligen Speise, die hier symbolisch dargebracht wird. Und diese heilige Speise soll mich stärken. Ich will dadurch zeigen und beweisen, daß ich zu dir gehöre. Aber ich will dich bitten, daß du mich nicht verlässest mit deiner heiligen Geisterwelt.«[415]

Nicht nur beim Abendmahl, sondern im ganzen Kundgabenwerk der Geistigen Loge ist die Botschaft vom Kreuz ausgeklammert und mit ihr auch die Osterbotschaft um ihren Sinn gebracht. Als Ersatz wird wie bei Greber die Höllenfahrt Christi angeboten (1. Petr. 3, 19f.; 4, 6). An diesem Punkt tritt am deutlichsten der Unterschied hervor, der zwischen dem Schriftzeugnis und den Kundgaben der Geistigen Loge besteht. Es ist diesen Geistwesen offensichtlich trotz aller Mühen nicht gelungen, die neutestamentlichen Zentralwahrheiten voll zu erfassen und ihre Lehren mit ihnen in Einklang zu bringen.

[413] a.a.O. 17. 7. 1974, 1. 6. 1976, 21. 6. 1977; Wirken der Engel, S. 98
[414] Licht der Welt, S. 236
[415] Geistige Welt 21. 4. 1971

Die Urchristliche Kirche

Während die Kundgaben in der Geistigen Loge zwar mit denen des Greberschen Hochengels nahe verwandt sind, aber aus eigenen Quellen fließen, betont der Gründer der Urchristlichen Kirche, FRANZ KRAUS, seine strenge Bindung an Greber allein. Er wurde am 28. März 1914 in Soposchön bei Lemberg als Sohn eines katholischen Wagners geboren; seine Vorfahren waren 1774 aus der Pfalz eingewandert. Er studierte Pädagogik in Lemberg und wurde Lehrer. 1940 kam er nach Deutschland, heiratete und wurde bald zur Wehrmacht eingezogen. Nach dem Krieg setzte er seine Tätigkeit als Lehrer fort, mußte aber wegen eines Augenleidens 1973 aus dem Schuldienst ausscheiden.

Schon in früher Jugend kam er mit der katholischen Kirchenlehre nicht zurecht und begab sich auf die Wahrheitssuche. Er beschäftigte sich jahrelang mit der Bibel, mit Philosophie und den Lehren anderer Kirchen. Das Ergebnis war nicht befriedigend. Hilfe kam ihm von einer ganz anderen Seite: er hatte übersinnliche Erlebnisse: »Ich bin aber kein Medium oder Hellseher, sondern nur ein kleiner Visionär, wie es zum Beispiel Pfarrer Oberlin war.« In der ersten Vision seines Lebens wurde ihm etwa eine Woche vor dem Kriegsausbruch der ganze Verlauf des Zweiten Weltkriegs gezeigt. Am 30. Juni 1961 bekam er von Gott eine »Berufungsvision« über seine »Lebensaufgabe als ein kleiner Wanderprediger«[416].

Im gleichen Jahr lernte er Grebers Buch »Der Verkehr mit der Geisterwelt« kennen und fand hier die Antwort auf alle seine Fragen. Am 12. September 1962 stellte er sich der Witwe Elizabeth Greber in Teaneck (New Jersey) in einem Brief vor und eröffnete ihr seine Absicht, nach seiner Zurruhesetzung »bis zu meinem 100. Lebensjahr – so Gott will – das Erbe Ihres Mannes in Deutschland zu übernehmen und als Wanderprediger von Ort zu Ort zu ziehen und das Evangelium im Sinne des Johannes Greber bis an mein Lebensende zu verbreiten. Es ist mir klar, daß daraus eine neue deutsche Kirche entsteht, die trotz allen Verfolgungen allein durch ihre Wahrheit gegen Tod und Teufel am Ende siegen wird.« Sie freute sich: »Möge unser himmlischer Vater Ihnen die Gnade schenken, daß Sie Ihren Vorsatz ausführen können«, und sie wünschte ihm fortwährende Erleuchtung »durch einen heiligen Geist«. Er entnahm diesen Worten, daß er als »der einzige Mensch im deutschen Sprachraum« von der Sukzessorin der Grebermission die »Missionsgenehmigung« für die Errichtung einer Kirche erhalten hat[417].

Durch Inserate in »Andere Welt« 1966 (heute »Esotera«) suchte er nach »Greber-Christen, die sich zur Heiligung ihres Lebens eine urchristliche Kirche mit eigenen Gottesdiensten, Jahres- und Lebenslauffeiern sowie Greberscher Jenseits-Seelsorge wünschen, zwecks Vorbereitung der geplanten Gründungstagung«. Er betonte: »Fr. Greber-Vollmacht ist vorhanden.« Ende 1966 brachte er die erste Nummer eines Rundbriefs, des »Wulfilasboten« heraus[418]. Am 1. April 1967 erfolgte dann die Gründung der Urchristlichen Kirche.

416 Franz Kraus in einem Brief vom 19. 6. 1976 an den Verfasser

417 Wulfilasbote 1 und 2

418 Der »Wulfilasbote« erschien bis 1971 vierteljährlich, mußte dann wegen Überlastung des Herausgebers eingestellt werden. Die Anhänger erhalten Kopien der fortlaufenden mündlichen Belehrungen durch die Gottesboten in den Andachten zugesandt.

Unter den ersten Mitgliedern dürften außer »Greber-Christen« auch Angehörige der »Sternenkirche« von ADOLF VON KLEMEN gewesen sein. 1896 in Graz geboren, wurde er nach dem ersten Weltkrieg Mormone, ging aber als melchisedekischer Priester verärgert wieder weg und hörte 1959 in seinem Wohnort Hamburg-Iserbrook bei einem Versuch, mit Geistern zu sprechen, erstmals die Stimme Gottes. Sie befahl ihm, die Kirche Gottes »mit neuen fortschrittlichen Lehren« zu gründen. Weitere Offenbarungen empfing er aus dem Weltall. Seine Gründung nannte er die *»Sternenkirche Gottes«,* behielt die mormonischen Grundlehren bei und hielt große Stücke von Arius. »Die Kirche Gottes ist eine arianische Urchristenkirche, die durch Spätoffenbarungen erfahren hat, daß die Sterne bewohnt sind von intelligenten Wesen.« Sich selbst nannte er »Apostel Klementarius« – eine Koppelung von Klemen und Arius – und fühlte sich als »absolutes Oberhaupt«. Die Kirchen verwarf er pauschal: sie sollten »schon lange auf den Misthaufen der Zeit geworfen werden«; er hatte ein Faible für den »Papst Clemens XV.«.
1964 weihte er in Hamburg seinen ersten Bischof und ordinierte, um der Gleichberechtigung willen, auch dessen Frau zur Bischöfin. Beide luden »alle Hamburger« in ihre Wohnung ein: »Geistesfreunde und Mormonen, kommt in Massen. Bischöfin W. wird euch nach der Verabreichung des Heiligen Abendmahls zu einem gemütlichen Plausch einladen.« In seiner hektografierten Zeitschrift »Ad Astra – Mitteilungsblatt für die Sternenlehre, geoffenbart aus dem Weltall, die wiederhergestellte Urchristenlehre« gab von Klemen »das Gerippe der Kirche Gottes« bekannt und veröffentlichte medial empfangene Gedichte, die Jehova oder Elohim persönlich verfaßt hatten. Etwa: »Selten war 'ne Schar so wild wie die Hunnische Völkergild. Sie schlachtete in aller Ruh die Bauern mit der letzten Kuh.« Aber offensichtlich fand er keinen großen Zuspruch. 1966 übergab er Franz Kraus die Mitgliederliste der »Sternenkirche« zwecks Werbung für die »Urchristliche Kirche«, da er altershalber seine Wirksamkeit aufgegeben habe.

Die Urchristliche Kirche zählte 1976 insgesamt 23 Kleinstgemeinden, die später organisatorisch zusammengefaßt wurden zu zwei »Stammgemeinden« in Fischbach bei Kaiserslautern und in Erlangen; die Gründung einer dritten ständigen Gemeinde in Norddeutschland war 1981 in Vorbereitung.
Neben der Bibel haben die Greberschriften maßgebende Bedeutung. »Unser Glaubensgut ist die Bibel. Wir benutzen das NT in der Übersetzung von Pfarrer Johannes Greber. Die Richtschnur für den Ausbau unserer Kirche sind die Belehrungen des Hochengels im Auftrage Gottes im Buche über den Verkehr mit der Geisterwelt Gottes.«[419] Kraus entwarf ein großes Programm: keine besoldeten Pfarrer; freiwillige Gaben statt Kirchensteuer; Gleichberechtigung der Frau auch im Kirchenamt; Zulassung zu einem Kirchenamt nur für Menschen mit festem Beruf; Einführung der urchristlichen Ämter und Erneuerung der Geistesgaben wie Krankenheilung und »jenseitliche Gewissensberatung« in den Gottesdiensten; strenge Sonntagsheiligung; Kampf gegen Schmutz und Schund; für eine natürliche, gesunde Lebensführung (tägliche Arbeits- und Sportstunden) und christliche Gemeinschaftsschule. An jedem ersten Sonntag des Monats wird das »Heilige Brudermahl« gehalten: es ist »eine kraftspendende Gedächtnisfeier«, bei der Christus geistig gegenwärtig ist. Nur die »volljährige Glaubenstaufe« ist gül-

[419] Hoher Schätzung erfreut sich Arius (260–336); er wird gerühmt: »Die Bewegung der Arianer in der Kindheit des Christentums war eine von reinen Geistern hervorgerufene Bewegung, die das Christentum im Geiste Christi ausbauen wollten.« (Buch Emanuel, S. 269)

tig. Getauft wird, da die Trinitätslehre verworfen wird, allein auf den Namen Jesu. Kirchenaustritt wird nicht verlangt, aber es wird erwartet, daß die Mitglieder nach der Lehre der Urchristlichen Kirche leben.
Als irdischen Auftrag der Urchristlichen Kirche nennt Kraus »die Veredelung der Menschen bis zur praktischen Verwirklichung des sittlich höchst erreichbaren Zustandes der Menschheit auf Erden. Unser geistiges Endziel ist: die Hilfe bei der Rückführung der gefallenen Geister zu Gott.« Wer *Mitglied* werden will, verpflichtet sich ehrenwörtlich: »1. An meiner Selbstvervollkommnung zu arbeiten, 2. die Solidarität der Geister durch praktische Bruderhilfe an allen Lebewesen fleißig zu üben und 3. die Belehrung des Greberschen Hochengels meinen minderjährigen Kindern sowie in meinem Bekanntenkreis zu empfehlen.« Zur Selbstvervollkommnung zählte Kraus eine Liste von 31 »biblischen Tugenden« auf. Diese beginnen: »Gott über alles lieben!« Sie enden: »Achte die Gesundheitsregeln!« Sie verbieten Tabak- und Alkoholgenuß: »Ein Anhänger Gottes kann nicht zugleich ein Alkohol- oder Rauschgift- oder Tabaksklave sein.« Sie fordern »absoluten Bruch« mit der Sünde und »völlige Übergabe an Gott«[420]. Zur Selbstvervollkommnung gehört die *»Generalreinigung von allen Sünden des bisherigen Lebens«*. Sie müssen bekannt und wiedergutgemacht werden. Das ist wichtig, denn »Jesus hat uns am Kreuz auf Golgatha nur von der Abfallsünde (Ursünde) befreit; alle anderen Sünden unseres Lebens müssen wir wiedergutmachen, wenn nicht, dann ableiden«. Wer aber die Generalreinigung vornimmt, wird auch körperlich gesünder: »Sündenlast und Krankheit sind laut Joh. 8, 34 aufs engste miteinander verbunden ...« Setze dich also hin, nimm zwei Bogen Papier und schreibe alles auf, »was du von Kindesbeinen an deinen Mitmenschen an Ehre, Gesundheit und Eigentum geschädigt hast ... Hast du dein Sündenregister fertig geschrieben, fange *sofort* mit der Wiedergutmachung an.« Dann versuche man, sich die 31 Tugenden anzugewöhnen. Das lohnt sich: fortschreitend bekommt man höhere Geistesgaben und größere Aufgaben und erhält höhere Engel zur Hilfe. »Unsere biblisch-spiritistische Urchristliche Kirche stellt von allen Kirchen die höchsten Anforderungen an die Eintrittsbewerber, aber dafür gibt nur unsere Kirche das Wertvollste dem Menschen: die Gottesführung durch Engelverkehr und körperliche Gesundheit!«[421]
»Wir haben durch Engel den ständigen Kontakt mit Gott. In allen unseren Andachten sprechen die Gottesboten zu uns.« Die *»Angelophanie«* spielt denn auch eine große Rolle im Leben der Urchristlichen Kirche. Man versteht darunter »den sichtbaren (!) Engelverkehr mit Menschen oder ganz sichtbare (!) Arbeit der Gottesengel, wie z. B. Wunder, Prophetenrede in eigener oder fremder Sprache, von Engeln bewirktes Schreiben an der Wand oder durch die Hand der Gottestreuen, Heilungen, Dämonenaustreibungen usw.«[422] Durch Engel allein ist die Gemeinschaft mit Gott und damit die Theokratie möglich. Sie sprechen oder schreiben in den Andachten. Sie wachen über die »Reinheit der echten Christenlehre« und korrigieren »die gefälschten Bibelstellen«. »Die Bibel wurde und wird seit dem Alter-

[420] Wulfilasbote 1 und 2
[421] Einladung (o.J.), S. 6
[422] Ökumenischer Sammlungsruf, S. 17

tum bis auf den heutigen Tag dem Kirchendogma zuliebe in gröbster Weise gefälscht.«[423] Vor wichtigen Entscheidungen sollte die »Gottbefragung« (Jer. 33, 3) mit dem »Orakelschild« (2. Mose 28, 15) stattfinden, das »als Sinai-Gebot ewige Gültigkeit« hat, das von Christus bestätigt wurde und das bis zu seiner Wiederkunft »zu den gottgewollten schriftlichen Offenbarungsarten des Prophetenamtes« gehört[424].

Die *Andachten* bestehen aus Lobgesang, Belehrung, Offenbarung durch Propheten, manchmal auch Reden in fremder Sprache. Damit der Engel zu den Versammelten sprechen kann, ist die »brüderliche Händekette« zur Od-Erzeugung nötig. Gebetet wird kniend. Die Handhabung des Orakelschilds, die einst in den Prophetenschulen erlernt wurde, wollte auch die Urchristliche Kirche in solchen Schulen lehren, hatte aber offenbar keinen großen Erfolg. 1976 hatten nur noch zwei Mitglieder das »Charisma der Gottbefragung« durch das Orakelschild; und da nun genügend »Schreib- und Sprechpropheten« vorhanden sind, wurde auf das Orakelschild verzichtet. Unter diesen »Schreib- und Sprechpropheten« sind die *Medien* zu verstehen. Sie sind lebenswichtig. Denn nur durch sie können die Engel zu den Gläubigen sprechen. In den Gemeinden bestehen »Medienschulen«. »Tote Kirchen haben ihre theologischen Fakultäten, die lebende Kirche wird stets ihre Medienschulen haben.« Leicht haben es die Schüler freilich nicht. Es kostet »sehr große Anstrengung an der eigenen Selbstvervollkommnung« zu arbeiten, und das braucht Zeit – Christus benötigte drei Jahre »für die Medienausbildung der Apostel«[425]. Die Vorbedingung für die Verbindung mit den Engeln ist die »Generalreinigung«: ohne sie »erlangt keine Gemeinde den Engelverkehr«.

Zu den *Andachten in Fischbach* bringen die »Gottesboten« fast immer auch »leidende Geister, ›Arme Seelen‹« zur Belehrung mit. Der Andachtsleiter macht ihnen in einem »Lehrgespräch« deutlich, daß für jeden »ab jetzt« der Weg zu Gott frei ist und daß sie ihn um Hilfe und Erbarmen anrufen sollen, denn Gott ist der »allergütigste Geist«. Dann werden sie wieder weggeführt. Sie kommen oft scharenweise. »Unsere Rettungsanstalt in Fischbach ist bis jetzt vielleicht die größte Stelle in Deutschland, die mittels der Planchette-Andacht in so weitem Umfang den Rettungsdienst der Armen Seelen im Grebersinne betreibt.«[426]

Das alles haben die *Kirchen* nicht. Weil die Engel gelegentlich die Bischöfe korrigierten, ihre Amtstätigkeit und ihr Privatleben kritisierten, sannen sie darüber nach, »wie sie die lästige Lehrkonkurrenz der Engel loswerden konnten«. Das war leicht: sie schafften einfach die »Händekette« ab, und es gab kein Od mehr, und die Engel wurden mundtot. Fortan bestimmten allein die Bischöfe. Aber die Kirche wurde »geist-los«, und es blieb ihr »nur die Bibel als Sammlung von toten Buchstaben«. Die Kirchen verkündigten Irrlehren, fälschten die Bibel, stritten sich und spalteten sich in »über 600 christliche Konfessionen«; sie gehen »ihrem unaufhaltsamen Untergang« entgegen[427].

[423] a.a.O. S. 20

[424] Für diese »ewige Gültigkeit« und ihre Bestätigung durch Christus beruft sich Kraus auf 2. Mose 28, 43; Matth. 5, 18f.; 1. Petr. 2, 9.

[425] Wulfilasbote 7, März 1968

[426] ebd.

[427] Ökumenischer Sammlungsruf, S. 20

Eine Wiedervereinigung der zerrissenen Christenheit wäre so einfach: Bei Meinungsverschiedenheiten befrage man Gott, und er wird durch Prophetenmund antworten. »Einen anderen Weg zur Ökumene als durch die Gottbefragung kennt die Bibel nicht.«[428] Aber diesen Weg lehnen die Kirchen ab. Weil sie »geist-los« geworden sind, haben sie die Glaubwürdigkeit verloren und sind unfähig, die Menschheit aus ihrem »Sumpfzustand« herauszuführen. Darum wurde die Urchristliche Kirche ins Leben gerufen: Gott will sie »zur Retterin der unzähligen Millionen von Menschen machen«. Ihre Gemeinden sind »urchristliche Elitegruppen, Keimzellen des Reiches Gottes auf Erden, Oasen der hohen Sittlichkeit, charismatische Leuchttürme für die finstere Umwelt«[429].
Das ist eine Schwarzweißmalerei, die eigentlich der Grundhaltung des Spiritismus, auch des christlichen Spiritualismus widerspricht. Wie kam Franz Kraus dazu? Sein Fehler dürfte darin zu suchen sein, daß er sich Greber und seinem Hochengel blind verschrieb und sie zu absoluten Autoritäten erhob, die keinen Zweifel dulden. Das führt leicht zu einer verengenden Hörigkeit, die jedes kritische und selbstkritische Denken ausschaltet, jedes weitere Suchen, Fragen, Ausschauen verhindert und jenseits der eigenen Glaubenswelt nur noch Irrtum, Abfall und Verderbtheit sieht. Kraus hat Grebers Übersetzung des Neuen Testaments kanonisiert, ohne ihre Richtigkeit nachzuprüfen. Darum kann er unbekümmert biblische Texte zurechtschneiden, verfremden und ihnen einen völlig anderen Inhalt unterschieben[430].
Ein weiterer Kritikpunkt: Kraus gibt sich redliche Mühe, aus seinen urchristlichen Gemeinden »Elitegruppen« zu machen. Er hebt hervor, daß er ihnen einen einzigartig strengen Moralkodex verordnet hat. Aber dieser Kodex ist zunächst nicht mehr als ein Stück Papier. Sind die Gemeinden damit wirklich schon zu »Oasen der hohen Sittlichkeit« geworden? Wird dort nun nicht mehr gesündigt? Sind alle Herzen bis in die verstecktesten Winkel rein geworden? In der Bibel wird über die Möglichkeit, den Menschen durch strenge ethische Vorschriften zu einem Heiligen zu machen, sehr viel realistischer gedacht (Röm. 7, 14–25).
Weiter: Kraus rühmt die unmittelbare Gottverbindung durch die Angelophanie. Aber wo sind die Wunder, Prophetenreden, Heilungen, Dämonenaustreibungen? Und wo sind die hohen Weisheiten Gottes, verkündigt durch den Mund der Medien? Aus den höchsten Himmelshöhen kommend, müßten sie eigentlich gedruckt und weit verbreitet werden, um die Menschheit zu erleuchten. Aber sie wurden nicht gedruckt. Offenbar führen sie nicht über das hinaus, was man schon bei Greber lesen kann.

[428] Einladung, S. 4 – Kraus behauptet, diese Anweisung habe Paulus in 1. Kor. 14, 37 und Phil. 3, 15 gegeben. Liest man diese Texte nach, wird man freilich nichts dergleichen dort entdecken. Im übrigen, wer die Vielstimmigkeit der Jenseitskundgaben kennt, der weiß, daß die Meinungsverschiedenheiten unter den Geistern, auch unter den »hohen« aus himmlischen Sphären, nicht geringer sind als unter den Menschen.

[429] a.a. O. S. 4f. und 8; Wulfilasbote 1; Brief vom 19. 6. 1976

[430] So hat Matth. 7, 6 angeblich folgenden Wortlaut: »Gebet eure Kulträume nicht den Ungläubigen preis und werfet eure Perlen (Orakelschild) nicht vor die Schweine« (Einladung, S. 3). Aus Joh. 18, 20 wird das Verbot abgeleitet, einer Geheimorganisation anzugehören. Die Beispiele ließen sich vermehren.

Summa: Es besteht ein erheblicher Unterschied zwischen Anspruch und Wirklichkeit, und der Beweis müßte erst erbracht werden, daß die »Gottbefragungsmagie« und die »Generalreinigung« und die »Angelophanie« das Rezept sind, um Millionen Menschen zu erretten.

Weitere christlich-spiritualistische Vereinigungen

Ein eigenartiges Gebilde ist die *»St. Michaels-Gemeinschaft«:* Sie wurde von einem Reformierten gegründet, und ihre Lehre besteht aus einem Gemisch von Spiritismus und traditionalistischem Katholizismus. Ihr Gründer PAUL KUHN, 1920 in Romanshorn geboren, war Mitglied der Coué-Bewegung[431] und betätigte sich in Auskünften und Kursen als Lebensberater. Seit 1964 bezog er Medien in seine Vortragstätigkeit ein, besonders zwei Frauen: die eine, durch die der Engel »Luminarius« sprach, trennte sich später wieder von ihm; durch das andere Medium, Frau Gallati vom Rorschacherberg, gab sich der Erzengel Michael kund. »Auf göttlichen Befehl« besuchte Kuhn den (kirchlich nicht anerkannten) indischen Wallfahrtsort Garabandal, wo ihm die Gottesmutter Maria mehrmals erschien. Auch zu Heroldsbach nahm er Beziehungen auf. Ende der sechziger Jahre kam er nach Clémery. Dort wurden er und Frau Gallati »gegen ihren Willen« zu Priestern geweiht – Kuhn will ohne kirchliche Vermittlung von Gott selbst die Weihe erhalten haben. Weil »Papst Clemens XV.« die Botschaften von Frau Gallati nicht anerkannte, kam es zur Trennung. Kuhn führte viele Kurse in der Schweiz und in Süddeutschland durch und gewann eine stattliche Anhängerschaft.
1971 wurde in Dozwil ein »Ökumenisches Zentrum« – Baukosten über 1 Million Franken – eingeweiht, mit Platz für fast 1000 Personen und einem Altarraum. Hier hält Kuhn regelmäßig »Meßfeiern« mit vorausgehender »Beichte«, bei der er in lateinischer Sprache die »Absolution« erteilt. Zutritt zu den Gottesdiensten hat nur, wer mindestens zwei Kurse von Kuhn besucht hat. Die Liturgie entnahm er dem alten römischen Missale und dem neuen Messbuch. Die »Kommunion« teilt er zusammen mit Frau Gallati aus. Auch die Lieder entstammen großenteils alten katholischen Kirchengesangsbüchern. Vor dem Schlußsegen gibt Frau Gallati nicht selten in Trance Botschaften des Erzengels Michael kund. Sie sagen gewaltige apokalyptische Ereignisse voraus. Maria nimmt eine besondere Stellung ein: Sie ist ein präexistenter Geist und rein von Erbsünde. Spiritistischer Herkunft ist die Lehre von der Reinkarnation.
Das Bischöfliche Ordinariat der Diözese Basel rief die Gläubigen am 29. Juni 1976 »zur Distanzierung von den Lehren und Praktiken von Paul Kuhn« auf.

Das seit 1976 auftretende *»Heimholungswerk Jesu Christi«* ist durch öffentliche Vortragsabende und durch eine weite Schriftenverbreitung in wenigen Jahren

[431] Der französische Apotheker Emile Coué (1857–1926) entwickelte ein psychotherapeutisches Verfahren, das auf autosuggestiven Wiederholungen beruht. Man rede sich z. B. ein: »Es geht mir täglich besser und besser«, und erfährt dadurch auch tatsächlich eine Besserung. Die »Methode Coué« fand viele Anhänger.

recht bekannt geworden. Durch das Innere Wort einer »Prophetin«, der in Würzburg lebenden Gabriele Wittek, offenbaren sich hier »Jesus Christus und seine Diener«. Sie betont, daß sie sich – im Unterschied zu Trance-Medien – beim Empfang der »Offenbarungen« in vollem Wachbewußtsein befindet. Anhängerkreise treffen sich in einer Reihe von Städten der Bundesrepublik.

Die UFO-Bewegung

Eine Sichtung am Himmel erregte die Welt

Fast 100 Jahre nach dem Auftritt des Klopfgeistes in Hydesville geschah in den Vereinigten Staaten etwas anderes, das den Anstoß zu einer weltweiten Bewegung gab: Am 24. Juni 1947 flog der Kaufmann Kenneth Arnold (geb. 1915) mit seiner einsitzigen Maschine in den nordwestlichen Rocky Mountains, um Kunden für Feuerlöschgeräte zu besuchen. Da gewahrte er neun silberne Objekte ungewöhnlicher Art über dem 4000 m hohen Mount Rainier-Massiv im Staat Washington. Sie kamen in geordneter Formation daher, überfluteten seine Maschine mit scharfem Scheinwerferlicht, waren kurze Zeit deutlich sichtbar und schossen dann steil in die Höhe und verschwanden. Nach seiner Landung in Pendleton (Oregon) meldete er sofort seine Beobachtungen bei der Behörde, fand aber keinen Glauben. Reportern erzählte er: »Sie hatten eine untertassenähnliche Form.« Fortan ging der Ausdruck »Flying Saucers«, d. h. Fliegende Untertassen, ebenso in alle Kultursprachen ein wie die Abkürzung UFO = Unidentified Flying Objects oder auch Interplanetarian Flying Objects (IFO). Arnold hatte später noch weitere vier UFO-Sichtungen und war überzeugt, »daß die unidentifizierten Objekte keine Flugmaschinen, sondern irgend etwas Lebendiges seien, was genug Intelligenz besäße, uns wahrzunehmen«[432].

Die Kunde von den rätselhaften fliegenden Untertassen löste einen Strom von *weiteren UFO-Sichtungen* aus. »Innerhalb weniger Tage nach Erscheinen des Arnoldschen Sensationsberichts auf den Vorderseiten der Zeitungen wurden auf einmal unheimliche Flugobjekte aus allen Teilen des Landes gemeldet. Darunter befanden sich natürlich einige Täuschungen. Andere Meldungen waren die Folge von Hysterie. Aber dazwischen waren doch einige ernst zu nehmende Berichte«[433]. Allein 1952 veröffentlichten die führenden amerikanischen Zeitungen innerhalb von sechs Monaten mehr als 16000 Artikel über UFOs.

Nicht nur in Amerika: in aller Welt wurden UFOs beobachtet – in Lateinamerika und Westeuropa so gut wie in Uganda, Japan, der Sowjetunion und Jugoslawien. Die Zahl der Sichtungen schwoll auf viele Hunderttausende an. Und wie nach den Klopflauten von Hydesville die spiritistischen Phänomene immer spektakulärer

[432] UFO-Nachrichten 118, Juni 1966
[433] Donald E. Keyhoe, Der Weltraum rückt uns näher, S. 48

wurden, so hatten auch die UFO-Erscheinungen einen *Trend zur Steigerung*. Alte erfahrene Flieger meldeten das Auftauchen silberglänzender Scheiben am Himmel. Flugplatzkommandanten hielten ihre Kampfflieger in Alarmzustand.
Am 24. Juli 1948 berichteten zwei Piloten der Eastern Air Lines, daß um 2.45 Uhr ein hellstrahlendes, zigarrenförmiges Flugobjekt in 250 m Entfernung an ihrer Maschine vorbeigejagt sei, einen orangeroten Kondensschweif hinter sich lassend – die Zeitungen sprachen von einem »Weltraumschiff«.
Der Fliegerhauptmann Thomas Mantell wurde während eines Übungsfluges am 7. Januar 1948 durch Funk angewiesen, ein riesiges glühendes Objekt zu erkunden, das erst in Madisonville von mehreren hundert Menschen gesehen worden war und 30 Minuten später über dem Militärflugplatz Godman nicht weit von Fort Knox kreuzte. Er verfolgte es, meldete: »Ich habe das Ding gesehen. Es sieht aus, als ob es aus Metall wäre... Es ist immer noch über mir, hält meine Geschwindigkeit oder fliegt etwas schneller. Ich gehe jetzt auf 6500 hinauf. Wenn ich nicht näher herankomme, gebe ich die Verfolgung auf.« Das war sein letztes Wort. Am gleichen Tag fand man etwa 130 km vom Flugplatz entfernt seine Leiche in der Nähe der abgestürzten Maschine[434].
Ähnlich erging es dem Leutnant Felix Moncla, der im November 1953 mit einer F 89 eine über Süd-Michigan fliegende »Feuerkugel« 90 Minuten lang verfolgte und dabei berichtete, daß der Lichtschein des Objekts in regelmäßigen Zeitabständen von Gelb auf Blau wechselte; plötzlich, so sah man auf dem Radarschirm, wechselte sie ihren Kurs und verschmolz mit der F 89 und danach bewegte sie sich fort; von der F 89 wurde nie wieder etwas gesehen.
1963 traf ein gewaltiger Flammenstoß vier Thunderjets, die in 4500 m Höhe über Georgia in enger Formation flogen. Im Funksprechverkehr wurde der Schrei eines Piloten vernommen: »Wir können ihm nicht entgehen.« Alle vier Piloten kamen ums Leben.

Durch »Feuerkugeln« sollen auch Schiffe versenkt, Häuser verbrannt, Busch- und Waldbrände entzündet worden sein. UFOs wurden auf Radarschirmen bemerkt. Phantastische Geschwindigkeiten wurden gemessen: 13 500, sogar 27 000 Stundenkilometer; und Flughöhen von Bodennähe bis zu 150 km über der Erde. Automotoren standen still, wenn ein UFO in die Nähe kam. Die geheimnisvollen Objekte versetzten Tiere in Panik und verursachten bei Menschen Sonnenbrand, zeitweilige Lähmung, leichten Strahlenkater u. ä. UFOs wurden beobachtet, die plötzlich aus dem Wasser auftauchten – im Atlantik, im Mittelmeer, in der Nordsee – und einige Meter über der Wasseroberfläche stillstanden, um dann sehr schnell über die See hinwegzuschießen.
War die DC 4, die am 23. Juni 1950 in Michigan offenbar unter der Einwirkung einer plötzlich erschienenen Feuerkugel mit 58 Passagieren abstürzte, nicht das Opfer eines Zusammenstoßes mit einem UFO gewesen? Und war der große Stromausfall, der Ende 1965 über New York und Neu-England hereinbrach, Städte verdunkelte und die Industrie lähmte, nicht durch UFOs verursacht worden, deren Treiben von mehreren Personen in der Gegend von Syracuse beobach-

434 a. a. O. S. 49.

tet worden war? Oder da ist das rätselhafte Verschwinden von Schiffen und Flugzeugen im Bermuda-Dreieck: Schon die spanische Silberflotte des Kolumbus verlor in diesem 360000 Quadratmeilen umfassenden Saragossa-Meer zahlreiche Schiffe; seit 1945 verschwanden hier Schiffe und Flugzeuge mit mehr als 1000 Menschen spurlos, als wären sie vom Meer verschluckt worden; allein am 5. März 1945 waren es fünf Marine-Bomber. Und man fand keine Trümmer, Leichen, Schwimmwesten, Ölflecken. Wurden sie von UFOs geholt?[435]

Weltraumkapseln, die um die Erde kreisten oder zum Mond flogen, sollen von UFOs begleitet und inspiziert worden sein. Als am 30. Juni 1973 eine Concorde mit französischen Wissenschaftlern zur Beobachtung einer totalen Sonnenfinsternis in 17000 m Höhe über dem Tschad flog, nahmen die Insassen ein geheimnisvolles Objekt wahr. Es wurde fotografiert. Die Bilder zeigten eine große Scheibe: etwa 200 m Durchmesser, 80 bis 90 m Höhe und zwei Stockwerke. »Es war ein merkwürdiges, verwirrendes Erlebnis«, meinte der Pilot André Turcat.

In vielen Ländern wurden UFO-Landungen beobachtet und auf den Landeplätzen versengte Gräser und Bodeneindrücke festgestellt. Auch UFO-Insassen wurden wahrgenommen: alle hatten Menschengestalt und waren bekleidet wie Menschen; es gab unter ihnen Zwerge mit weniger als 50 cm, aber auch 210 bis 270 cm hohe Riesen. Bei den UFOs konnte man verschiedene Typen unterscheiden: scheiben-, glocken-, zigarrenförmige und kugelartige mit Ring.

Wie soll man sich bei der Begegnung mit einem Sternenwesen verhalten? Darüber zerbrachen sich viele den Kopf. Verhaltensregeln wurden entworfen. Dringendster Rat: Freundlich sein und ja nicht schießen! Am Palm Beach Junior College beteiligten sich etwa 100 Studierende an einem Kurs über »Exosoziologie«, um dem »höchstwahrscheinlichen künftigen Zusammentreffen mit solchen Wesen« gewachsen zu sein, wie der Soziologe Dr. Richard E. Yinger erläuterte[436].

Die französische »Studien- und Informations-Zeitschrift der nationalen Gendarmerie« forderte schon 1971 die Gendarmerie auf, Berichte über UFO-Landungen zu sammeln und die Landeplätze zu untersuchen. Und im Sommer 1976 wurde sogar eigens ein »Hafen für UFOs« mit Windsack und Peilanlage in Ares (Südfrankreich) feierlich in Anwesenheit des Bürgermeisters und eines Luftwaffenvertreters eingeweiht.

[435] Das Buch des amerikanischen Archäologen Charles Berlitz, »Das Bermuda-Dreieck – ein Fenster zum Kosmos?« (1975), das sich mit diesen rätselhaften Erscheinungen beschäftigt, erreichte eine Millionenauflage: Existiert in diesem Gewässer ein »Fenster« in fremde Dimensionen, in Parallelwelten, durch das die Schiffe und Flugzeuge verschwinden? Oder hat John Wallace Spencer (»Limbo of the Lost«) mit seiner Vermutung recht, daß überlegene Sternenbewohner in der Tiefe des Atlantik eine hochentwickelte Zivilisation errichtet haben und bei Raubexpeditionen »menschliche Wesen für Weltraumzoos, für Ausstellungen, die verschiedene Epochen der planetarischen Entwicklung zum Gegenstand haben, und zu Experimentierzwecken« sammeln? – Der Diplombibliothekar Lawrence David Kusche untersuchte in seinem Buch »The Bermuda Triangle Mystery Solved« (1975) etwa 60 Fälle von Schiffs- und Flugzeugkatastrophen, die sich im Gebiet des Bermuda-Dreiecks zugetragen haben sollen. Durch Nachforschungen bei Wetterstationen, Luftfahrtbehörden und Flugplätzen konnte er nachweisen, daß ein großer Teil der sensationellen Unfälle auf natürliche Ursachen zurückzuführen ist (Sturm, Wetter u. ä.) und daß sich die meisten von ihnen in ganz anderen Gegenden ereigneten.

[436] National Enquire 3. 2. 1976

Eine rasch wachsende UFO-Literatur beschrieb und erforschte die Himmelsphänomene. Der bekannteste Autor war DONALD E. KEYHOE. Einst Major des US-Marine-Korps, hatte er Zugang zu dem von der Luftwaffe gesammelten Material, verarbeitete weitere Beobachtungen, prüfte die Möglichkeiten einer »natürlichen« Erklärung und kam zu dem Schluß, daß diese Flugobjekte von anderen Planeten stammten, also nicht »UFOs«, sondern »IFOs« seien: Interplanetarian Flying Objects. Diese Auffassung fand viele Anhänger. Nach einer Gallup-Umfrage von 1973 wollten 11%, also rund 15 Millionen Amerikaner ein UFO gesehen haben; 51% glaubten an die Existenz von UFOs; 26% taten sie als Hirngespinste ab. Die Zahl derer, die UFOs gesichtet haben, hatte sich seit 1966 verdoppelt.
Überall bildeten sich *Klubs und Studiengemeinschaften* – schon 1964 waren es 15000 in der ganzen Welt. Zahlreiche UFO-Zeitschriften wurden gegründet, 1967 gab es in den USA allein 27. Der amerikanische Fundamentalistenführer Charles McIntire, Präsident des 1948 als Konkurrenz zum Weltrat der Kirchen gegründeten »International Council of Christian Churches«, richtete ein »UFO-Büro« ein: die UFOs seien himmlische Zeichen zur Ankündigung der Endzeit. Keyhoe organisierte das *»National Investigations Committee on Airial Phenomena«* (NICAP) in Washington und gewann Hunderte von wissenschaftlichen und technischen Experten als Mitarbeiter. Diese größte UFO-Organisation der Welt will die gemeldeten Tatbestände untersuchen und klären und verzichtet ausdrücklich auf spekulative oder religiöse Deutungen.
In Deutschland rief KARL L. VEIT (geb. 29. Juli 1907) in Wiesbaden-Schierstein die *»Deutsche UFO/IFO-Studiengemeinschaft«* (DUIST) ins Leben. In seinem Ventla-Verlag veröffentlicht er zahlreiche UFO-Literatur und seit 1956 die Monatsschrift *»UFO-Nachrichten«*. Die DUIST verfolgt »freiwissenschaftliche, unpolitische, überkonfessionelle, völkerverbindende und universelle, auf interplanetarische Verbindung und Austausch gerichtete Zielsetzungen« und will auch die »geistig-religiösen Aspekte« erarbeiten, wofür neben den einschlägigen Wissenschaften auch die Erkenntnisbereiche der »Paraphysik der Schwingungsebenen, Metaphysik, der Bibel und Gottes-Offenbarungen« ausgewertet werden. Sie hat sich also ein erheblich umfangreicheres Programm vorgenommen als NICAP. In einer Reihe von Städten bestehen Studiengruppen, und die von ihr veranstalteten Weltkongresse der UFO-Forscher erfreuen sich eines starken Besuchs.
Die Forschungsarbeit der UFO-Vereinigungen wurde zusammengefaßt in dem 1967 von COLMAN VON KEVICZKY gegründeten *»Intercontinental UFO Research and Analytic Network«* (ICUFON) mit Sitz in New York[437]. Dieses »Interkontinentale UFO-Beobachtungs- und Untersuchungsnetz« will alle Nationen, Regierungen, die UNO, die Wissenschaften usw. über die wichtigen und nachgeprüften UFO-Ereignisse unterrichten, für die Sicherheit der Erde und ihrer Bevölkerung gegen unbekannte Gewalten wirken und »Aufklärung über freundschaftlich eingestellte Außerirdische« verbreiten.
Das *»Mutual UFO Network«* (MUFON) in Quincy (Illinois) endlich setzt sich als

[437] Colman von Keviczky war ungarischer Offizier, kam nach 1945 über Deutschland in die USA, war im Fotoarchiv der Pressestelle der UNO angestellt und wurde 1966 entlassen, als er der UNO die Kontrolle der UFO-Tätigkeiten empfahl.

»Internationale private Vereinigung von Wissenschaftlern und Ingenieuren« die Aufgabe, die Sichtungsberichte zu untersuchen, spekulative Elemente auszuscheiden und dadurch der Diskreditierung der UFO-Thematik entgegenzuwirken. Eine deutsche Sektion des MUFON wurde 1974 gegründet. Im Dienst der Organisation *»Contact International«* in London ziehen seit 1974 mindestens 11 000 Himmelsspäher in 34 Ländern auf UFO-Wacht.

Trug oder Wirklichkeit?

Gibt es wirklich UFOs? Oder sind die Sichtungen nur Phantasien, Halluzinationen, moderne Märchenerzählungen? Wie beim Spiritismus der Streit unter den Gelehrten um die Wirklichkeit der Geister entbrannte, so ging es nun auch bei den UFOs.

Männer von Rang und Ruf nahmen sie ernst. So der Astronom J. Allen Hynek: »Ich kann das UFO-Problem nicht einfach mit einem Achselzucken abtun.« Oder der Meteorologe James E. McDonald: »Meine eigenen Studien über das UFO-Problem haben mich davon überzeugt, daß wir diesem außerordentlich verwirrenden Rätsel schnell unsere gesteigerte wissenschaftliche Aufmerksamkeit zuwenden müssen.« Ähnliche Auffassungen vertraten nicht wenige Astronomen, Luftfahrttechniker und Piloten. Der »Vater der Weltraumfahrt«, Hermann Oberth, setzte sich für die UFO-Forschung ein[438].

Der junge Astronom Felix Sigel, Lehrer am Luftfahrt-Institut und am Planetarium in Moskau, schrieb ein Buch *»Der bewohnte Kosmos«* und kam zu dem Schluß: »Das Phänomen, das als UFO bekannt ist, existiert.« Er nehme an, daß die UFOs »Fahrzeuge sind, die zu Forschungszwecken von anderen Planeten kommen«. Im Herbst 1967 legte er 200 Sichtungen vor, und beim kosmonautischen Allunionsrat wurde eine »Sektion zum Studium nichtidentifizierter flie-

[438] Aufschlußreich ist sein Lebensweg: Am 25. Juni 1894 als Arztsohn in Hermannstadt geboren, führte er, angeregt durch Jules Vernes utopischen Roman »Von der Erde zum Mond« (1865), schon als Zwölfjähriger ein astronautisches »Erfindungsbüchlein«. Nach dem Studium wurde er Gymnasiallehrer in Hermannstadt und veröffentlichte 1923 das Buch »Die Rakete zu den Welträumen«. Ein Konzentrat, das er an einer deutschen Universität als Dissertation einreichte, wurde als »unmöglich« zurückgewiesen. Aber er ließ sich nicht entmutigen. Bereits 1930 führte er in Berlin eine Raketenbrennkammer mit flüssigem Sauerstoff vor. Einer seiner damaligen Schüler war Wernher von Braun (1912–1977). 1938 wurde er an die Technische Hochschule in Wien berufen. 1941 wirkte er am Raketenbau in Peenemünde mit. Nach dem Krieg wurde er oft ins Ausland geholt und mit akademischen und anderen Ehrungen überschüttet. Als Student war er Materialist gewesen und wollte ein Buch schreiben, das den »Aberglauben« endgültig widerlegen sollte. Aber die Beschäftigung mit diesem Thema führte ihn gegen seinen Willen zu entgegengesetzten Ergebnissen. Er stand seit vielen Jahren in Verbindung mit Medien. In den Büchern »Stoff und Leben« (1959) und »Katechismus der Uraniden« legte er sein Bekenntnis zu den spiritualistischen Auffassungen von Seele, Jenseits und Reinkarnation nieder: Die Erde ist ein »Besserungs- und Schulungsplanet«, auf dem die Seelen, die sich anderswo nicht bewährt haben, sich »aneinander abschleifen und aus eigenem Erleben darin üben sollen, das Gute zu lieben und das Böse zu hassen« (Katechismus der Uraniden, S. 137). Er erklärte 1963 auf der 12. Deutschen Raketen- und Raumfahrttagung in Hamburg, daß ihm ein anderes Thema wichtiger geworden sei als die Raumfahrt: Die Welt habe die Philosophie nötiger als die Technik. Er wurde Ehrenmitglied der DUIST und trat auf ihren UFO-Kongressen 1960 und 1967 als Redner auf.

gender Objekte« gebildet. Aber im März 1968 bezeichnete die sowjetische Akademie der Wissenschaften die UFOs als »Mythen« und ihr Studium als »antiwissenschaftlich«.
Die UFO-Sichtungen gingen trotzdem weiter. Aus manchem Saulus wurde ein Paulus. So Josef F. Blumrich, geb. 1913 in Steyr, 1959 nach den USA ausgewandert, bis 1974 Leiter der Abteilung Projektkonstruktion in der National Aeronautics and Space Administration (NASA) und am Bau von Apollo- und Saturn-Raketen beteiligt: er wollte die Behauptung des UFO-Schriftstellers Erich von Däniken widerlegen, daß bereits Hesekiel Raumschiffe gekannt habe. Er prüfte den Text Hes. 1 und – entdeckte, daß hier eine korrekte Beschreibung eines Raumschiffs vorlag! Die »Fackeln« (1, 13) waren Zündungen der Steuerraketen, die »Augen« (1, 18) Profile der Gummireifen. Blumrich entwarf ein Raumschiff nach dem Bericht Hesekiels und war verblüfft: Das Raumfahrzeug entsprach etwa dem heutigen Stand der Technik, war ihm vielleicht sogar um 20 bis 30 Jahre voraus, weil es vermutlich mit Atomkraft angetrieben wurde. Er konstruierte nach Hes. 1, 16ff. ein Räderwerk, in dem jedes Rad, ohne zu wenden, in alle vier Richtungen laufen konnte, und erhielt darauf ein amerikanisches Patent. »Kaum jemals war eine absolute Niederlage so reich belohnt, so faszinierend und erfreulich!« erklärte er und schrieb darüber das Buch *»Da tat sich der Himmel auf«* (1973).
Aber das Gros der betroffenen Wissenschaftler verhielt sich ablehnend, reagierte teilweise mit Ironie und Spott. Nobelpreisträger Otto Hahn: »Kein vernünftiger Mensch kann an den Unsinn von den fliegenden Untertassen glauben.« Wie sollten sie auch die *unermeßlichen Räume* überwinden, die sich zwischen den Sternen und den Galaxien dehnen?[439] Ja, wenn eine UFO-Besatzung auf dem Marktplatz einer Großstadt landete oder sich einem Parlament oder der UNO-Vollversammlung vorstellte! Aber nie gab es ein solches Spektakel. Die UFOs gebärden sich scheu, und wenn sie schon landen, dann geschieht das auf abgelegenen Plätzen. Die UFO-Gläubigen beteuern zwar, daß ihre Sichtungen kein Trug waren. Aber diese vermeintlichen Sichtungen können sich auch natürlich erklären lassen: als Sternschnuppen, Meteore, verglühende Satelliten, Kugelblitze, Plasmawolken, Wetterballons, am Himmel umherhuschendes Licht von Suchscheinwerfern, Elmsfeuer u.a.m. Die UFO-Gläubigen zeigen zwar Fotos. Aber mit einigen Tricks kann man die prächtigsten »UFO-Aufnahmen« herstellen.
Recht und gut. Aber es gibt Fälle, die sich nicht auf Tricks, optische Täuschungen oder Halluzinationen zurückführen lassen. Und auch auf den Einwand, daß die

[439] Um auch nur die nächstgelegenen Sonnen bis zu zehn Lichtjahren Entfernung in einem Modell unterbringen zu können, müßte man nach einer Berechnung des Heidelberger Astronomen Hans Kienle (Universitas 1968, 7) unsere Sonne zu einem Stecknadelkopf schrumpfen lassen, und ein gutes Dutzend weiterer Stecknadelköpfe schwebte in einem Kuppelraum von 100 km Radius; jeder dieser Stecknadelköpfe wäre von den anderen durchschnittlich 50 km entfernt. Und wollte man unsere Galaxie in einem übersehbaren Raum unterbringen, müßte man die Sonnen zu Stäubchen von weniger als ein tausendstel mm Durchmesser verkleinern, die im Durchschnitt 50 m voneinander entfernt sind, d.h. ein Stäubchen in einem mittelgroßen Hörsaal. Und die 100 bis 150 Milliarden Sonnenstäubchen unserer Galaxie wären über einem Raum ausgestreut, der 150 km hoch ist und der Grundfläche der Bundesrepublik entspricht. Wie soll man es für denkbar halten, daß Sternenwesen, die wie wir Menschen in die Kategorien von Raum und Zeit hineingebunden sind, solche Entfernungen überwinden?

Überwindung der riesigen Entfernungen durch einen Flugkörper unmöglich sei, haben die »Ufologen« eine Antwort. Prof. Oberth nimmt an, daß die UFOs von hochentwickelten Wesen konstruiert wurden; sie »haben das Geheimnis der Schwerkraft entdeckt und können künstliche Schwerefelder erzeugen, die ihre Raumschiffe ziehen und heben«. Rho Sigma ist überzeugt, daß als Antriebskraft der UFOs die Elektro-Gravitation dient, die schon von dem amerikanischen Wissenschaftler Thomas Townsend Brown (geb. 1905) aufgrund von Anregungen durch den deutschen Physiker Paul Alfred Biefeld seit 1923 experimentell erprobt, aber von den Wissenschaftlern totgeschwiegen worden sei. Noch weiter ging Adolf Schneider: Wenn es gelingt, ein Anti-Gravitationsfeld um ein Raumschiff aufzubauen, so daß sich die positiven und negativen Energieanteile ausgleichen, dann »kann die zu Null gewordene Gesamtmasse beliebig schnell auf Lichtgeschwindigkeit beschleunigt werden«. Und sie kann sogar mit Überlichtgeschwindigkeit fliegen, wenn die »negativ gepolten« Materieteilchen des Systems überwiegen. Das UFO befindet sich dann in einem »Hyperraum«, ist für uns nicht mehr wahrnehmbar und materialisiert sich erst wieder beim »Umpolen« in positive Energie[440].

Ähnlich der Turiner Biologe Giuseppe Bonfante: »Mittels Auswertung von uns unbekannten Energieformen, einschließlich psychischer und parapsychischer, gelang es ihnen, spezielle Kraftfelder zu schaffen, welche die festen Grundlagen der Materie jedweden Gegenstands verändern (d. h. die Konstante der Schwerkraft, Lichtgeschwindigkeit und Quantentätigkeit). Dadurch verschwindet der Gegenstand selbst unversehens aus dem sinnlich wahrnehmbaren Universum, um in eine übergeordnete Dimension einzugehen, in der es weder Raum noch Zeit gibt.« Und vielleicht haben sie auch »das Problem des Alterns« gelöst und die »Unsterblichkeit« erlangt, so daß der Zeitfaktor bei ihrem Umherschweifen im Kosmos keine Rolle spielt! Reine Phantasterei? Aber wie vieles von dem, was uns Heutigen selbstverständlich ist – Autos, Flugzeuge, elektrische Züge, Fernsehen – galt noch vor 200 oder 100 Jahren als Phantasterei! Und die Forschung bleibt nicht stehen. Vielleicht werden die Wissenschaftler des Jahres 3000 sich wundern, wie primitiv und beschränkt die Vorstellungswelt des 20. Jahrhunderts war. Darum »dürfen wir uns nicht schämen oder fürchten, mit kühnen Hypothesen hervorzutreten und dem rationalen Denken ein System des Pioniergedankens entgegenzustellen«[441].

Die amerikanische Luftwaffe mühte sich um eine Klärung des UFO-Phänomens. Der *»Project Grudge«-Bericht* von 1949 war verhältnismäßig positiv: es sei denkbar, daß auf Mars und Venus intelligente Wesen existieren, die den Erdenmenschen um Jahrtausende voraus sind und nun die Fortschritte auf der Erde beobachten möchten. Im Bericht der nächsten Untersuchung, *»Project Bluebook«* (1953), war davon nicht mehr die Rede. Von den 10147 UFO-Meldungen, die bis Ende 1965 geprüft wurden, konnten 9501 natürlich erklärt werden; nur 646 oder 6% blieben ungeklärt. Aber Prof. Allan Hynek, der am »Project Bluebook« mitgear-

[440] Adolf Schneider, Besucher aus dem All. Der Mensch an der Schwelle zu einem neuen technischen Weltbild, S. 234

[441] Die andere Welt 1968, 9

beitet hatte, schränkte ein: »Von den 15 000 Fällen, mit denen ich mich zu befassen hatte, sind mehrere 100 rätselhaft. Und einige von ihnen – vielleicht 4% – schlechterdings verblüffend. Die Berichte über diese Fälle stammen von angesehenen, klugen, großenteils vorgebildeten Menschen – Astronomen, Flugsicherungspersonal, Ärzten, Meteorologen, Piloten, Universitätsprofessoren.« Die UFO-Gläubigen reagierten denn auch mit hitzigen Angriffen: die Luftwaffe verheimliche auf Weisung des Geheimdienstes CIA Tatsachenmaterial, lege ihren Offizieren Schweigepflicht auf, übe Zensur. So ging die Auseinandersetzung weiter. Die Luftwaffe beauftragte eine Kommission angesehener Wissenschaftler unter Leitung von Prof. Edward Condon an der Universität von Colorado, das ganze Gebiet unvoreingenommen und gründlich zu erforschen; die Ergebnisse sollten von der amerikanischen Akademie der Wissenschaften überprüft werden. Sie wurden Anfang 1969 veröffentlicht: Zwar konnten nicht alle Erscheinungen natürlich erklärt werden, aber »die kleine Zahl unerklärlicher Erscheinungen beweist keinesfalls das Vorhandensein außerirdischer Raumschiffe aus Superzivilisationen«. Weitere Untersuchungen seien nicht mehr nötig. Prof. Hynek: »Aufgrund des Condon-Berichts hat die Wissenschaft das UFO feierlich zu Grabe getragen, doch wollte der Patient nicht tot sein.«

Der Streit ging also weiter. Eine Studiengruppe des Instituts für »Aeronautics and Astronautics« untersuchte den Condon-Report kritisch und stellte in einem 1970 veröffentlichten Gutachten fest, daß nicht nur »eine kleine Zahl«, sondern 30% der von Condon untersuchten Fälle »unerklärlich« waren.

Die UFO-Anhänger ihrerseits wandten sich wieder und wieder an führende Persönlichkeiten in aller Welt: an Politiker, Könige, Präsidenten, Parlamente, Kirchenleitungen, Wissenschaftler; sie legten ihnen Beweismaterial vor, warben um ihr Gehör, wollten sie überzeugen. Aber sie konnten das Eis nicht zum Schmelzen bringen. Sie sinnierten über den Grund dieser hartnäckigen Ablehnung: Haben die Regierungen Angst, in der Bevölkerung könne eine Panik ausbrechen, wenn offiziell zugegeben wird, daß Raumschiffe von anderen Sternen um die Erde schwirren? Oder stehen militärische Erwägungen dahinter? Oder Interessen der Rüstungsindustrie, die befürchtet, die Erforschung der UFO-Technik könne zu Entdeckungen führen, die ihre bisherige Produktion veraltet erscheinen lassen? Oder ist es die Sturheit der Schulwissenschaft, die alles blockiert?[442] Oder liegt es daran, daß noch kein wirklich zwingender Beweis geliefert wurde? Der »Enquirer« setzte einen Preis von 100000 Dollar für den aus, der den einwandfrei gesicherten Nachweis erbringt, daß ein UFO von außerirdischer Herkunft und nicht ein natürliches Phänomen ist. Er konnte nicht vergeben werden und wurde 1976 auf 1 Million Dollar erhöht. Der Betrag von alljährlich 5000 Dollar (seit 1976 verdoppelt) für den wissenschaftlich am besten fundierten Fall, dem freilich der erforderliche absolute Beweis fehlte, konnte jedoch verteilt werden. So ist es wohl

[442] Einen Einblick in diese Auseinandersetzungen gibt Rho Sigma: Forschung in Fesseln – das Rätsel der Elektro-Gravitation (1972). Der ungenannte Verfasser arbeitete während des Zweiten Weltkriegs bei der Raketenversuchsanstalt in Peenemünde, wanderte 1952 nach Amerika aus, war erst als Konstrukteur von Flugzeugmotoren usw. tätig und wurde dann Abteilungsleiter einer Gruppe von Projekt-Ingenieuren, die unter NASA-Kontrakt für das Laboratorium für Antriebssysteme und Raumfahrzeuge tätig war.

ratsam, die Frage nach der Realität von UFOs nicht von vornherein zu verneinen, sondern offen zu halten.

Immerhin gab die UFO-Bewegung den Wissenschaftlern einen kräftigen Anstoß, die Frage neu zu überdenken, ob es nicht auch *auf anderen Himmelskörpern Leben* und möglicherweise hochentwickelte Kulturen gibt.

Sie hat auch schon in früheren Jahrhunderten die Gemüter beschäftigt. Der griechische Schriftsteller Lukian von Samosata (um 120–180 n. Chr.) fabulierte in seinen »Wahren Geschichten« über die Mondmenschen. Der Philosoph Plotin (um 205–270) vertrat die Ansicht, daß die Sterne von den Seelen verstorbener Menschen bewohnt seien. Der Philosoph und Theologe Nikolaus von Kues (1401–1464) war überzeugt, daß die Sternenwelten nicht »leer« sind, sondern daß »ein Stamm denkenden Geschlechts auch auf ihnen leben müsse«. Der Arzt und Naturforscher Paracelsus (1493–1541) hielt es für »eine törichte Meinung, daß wir uns selber achten allein für das edelste Geschöpf, derweil mehr Welten seind denn wir allein«. Der französische Philosoph und Naturforscher Pierre Gassendi (1592–1655) warnte: »Laßt uns nicht der gottlosen Vermessenheit schuldig werden, zu glauben, Gott könne nicht auf anderen Welten vernünftige Wesen schaffen, die uns gleichen oder weit überlegen sind.« Immanuel Kant handelte in seiner »Allgemeinen Naturgeschichte und Theorie des Himmels« (1755) auch »von den Bewohnern der Gestirne« und nahm an, daß die Planetenbewohner um so höher entwickelt sind, je größer der Abstand ihrer Planeten von der Sonne ist. Emanuel Swedenborg und Jakob Lorber gaben konkrete Beschreibungen von den Bewohnern anderer Himmelskörper.

Als die Astronomen aufgrund ihrer zunehmenden Kenntnisse die Bewohnbarkeit unseres Planetensystems bestritten, traten *Science-fiction-Autoren* in die Lücke: erstmals der Gothaer Gymnasialprofessor Kurd Laßwitz (1848–1910) mit seinem Roman »Auf zwei Planeten« (1897) und der englische Schriftsteller Herbert George Wells (1866–1946) mit »Krieg der Welten« (1898).

Die genialen Erfinder Nikola Tesla (1856–1943) und Guglielmo Marconi (1874–1937) strahlten 1899 Signale in den Weltraum und hofften auf eine Antwort. Einen ähnlichen Versuch unternahm der amerikanische Astronom David Todd 1924 mit dem Mars. Antworten blieben aus. Einige Jahrzehnte später wurden neue Versuche gemacht. Denn unter den Astronomen hatte sich aufgrund statistischer Überlegungen mehr und mehr die Überzeugung durchgesetzt, daß das Leben nicht auf die Erde allein beschränkt sei.

Man vermutet allein in unserer Galaxie mindestens 30 Milliarden Planeten und rechnete weiter: wenn nur jeder hundertste die erforderlichen Lebensbedingungen aufweist, dann bleiben 300 Millionen Planeten, auf denen Leben möglich ist; und wenn nur jeder 100000. die menschliche Entwicklungsstufe erreicht hat, dann befinden sich auf immerhin 3000 Planeten Funkgeräte als kosmische Kommunikationsmittel. Aber die Entfernungen sind ungeheuer – 100 oder 1000 oder noch viel mehr Lichtjahre. Wie soll dieser Raum überbrückt werden?

Unter dem *Codewort Ceti* d. h. »Communication with extra-terrestrial intelligence« nahmen Wissenschaftler vor allem in den USA und der Sowjetunion die Kontaktsuche auf. Im Rahmen des »Project Ozma« (Name einer Märchenprinzessin, deren Land fern wie die Sterne ist) hoffte der Amerikaner Dr. Frank Drake 1960 mit einer gigantischen Parabolantenne in Green Bank Funksignale von den nächsten Sternen Tau Ceti und Epsilon Eridani empfan-

gen zu können. Aber nach zwei Jahren erkannte er, daß die technischen Mittel unzureichend waren. 1975 wurde in Arecibo auf Puerto Rico ein Radioteleskop mit 300 m Durchmesser in Betrieb genommen, um Radiostrahlungen aus dem All aufzufangen, künstliche Funksignale herauszufiltern und zu nächstgelegenen Sonnen (10 bis 20 Lichtjahre) Lockrufe zu senden. Auf der Wunschliste der Forscher steht ein riesiges Abhör- und Sendesystem »Cyclops« mit 1000 eng zusammengefügten Radioteleskopen von je 100 m Durchmesser: damit könnte man in 50 Jahren 1,7 Millionen Sterne auf künstliche Signale prüfen und Signale mit 1000 Megawatt ausstrahlen.
In der Sowjetunion wird das bislang größte Radioteleskop der Welt »RATAN 600« im nördlichen Kaukasus an der Forschung nach Lebenszeichen im Kosmos beteiligt; es hat einen Spiegeldurchmesser von 600 m.
1978 wurde in den USA das Projekt »SETI« (Suche nach extraterrestrischer Intelligenz) in Angriff genommen, an dem sich die Raumfahrtbehörde NASA, Observatorien, Universitäten u.a. beteiligten.

Die *Biologen* sind allerdings viel skeptischer als die Astronomen. Der englische Zoologe H. Sandon errechnete bei Zugrundelegung aller an der menschlichen Entwicklungsgeschichte beteiligten Faktoren für die Entstehung des homo sapiens als Endprodukt der Evolution eine Wahrscheinlichkeit von einem Quintillionstel: das ist ein Millionstel eines Billionstels von einem Billionstel! Der amerikanische Anthropologe und Paläontologe Loren Eiseley kam zu dem gleichen Ergebnis: »Die statistisch erfaßbare Wahrscheinlichkeit, daß dies Geschöpf in gleicher Gestalt noch einmal auf einem anderen Stern existieren kann, ist so gering, daß man sie außer Acht lassen kann.«[443] Der Harvard-Zoologe George Gaylord Simpson hielt in seinem Buch »Evolution und Hominisation« die Aussicht, daß etwas Menschenähnliches noch irgendwo im Weltall lebt, für genauso klein wie die, daß irgendein anderer Planet genau die gleiche Geschichte gehabt hat wie die Erde und ihre Bewohner – und zwar in jedem wesentlichen Einzelvorgang über 2 Milliarden Jahre hinweg.
Man kann dagegen einwenden, daß sich in anderen Umwelten ganz andere Arten von Leben gebildet haben können: Lebewesen, die auf einer anderen Grundlage und aus anderen Stoffen aufgebaut sind und ein anderes genetisches System aufweisen als die Menschen, aber die gleiche Intelligenz oder eine viel höherstehende entwickelt haben. So erklärte auf der Tagung der Hermann-Oberth-Gesellschaft 1975 der Warschauer Kernphysiker Olgierd Wolczek, daß man sich Leben auf anderen Sternen z.B. auch als Plasmaformen mit Energie- und Denkinhalten vorstellen könne. Das mag sein. Aber weil die Bewohner solcher Sterne Produkte ihrer dortigen Umwelt sind, können sie sich nicht einfach in ein UFO setzen, zur Erde fliegen und hier aussteigen. Sie müßten vielmehr entweder die wichtigsten Bestandteile ihrer Umwelt mühsam mit sich schleppen wie unsere Mondfahrer oder ihren ganzen Organismus so umwandeln, daß sie ohne Schwierigkeiten in Menschengestalt auf der Erde landen und leben können.
Die Sternenleute sprechen sich in der Tat diese Fähigkeit zu! »Wir, eure unsichtbaren Freunde, sind mit Körpern ausgestattet, die von einer Phase der Erscheinungsform in eine andere verwandelt werden können, wie z.B. Wasser in

[443] Loren Eiseley, Die ungeheure Reise, 1957, S. 188f.

Dampf, Schnee oder Eis verwandelt werden kann.«[444] Kein Wunder, daß viele UFO-Gläubige diese Sternenwesen verehren, als wären sie halbe Götter, die alles wissen und alles können und von denen man deshalb auch alles erwarten kann.

Die Außerirdischen in der Menschheitsgeschichte

Schon Donald E. Keyhoe vermutete, daß die UFOs nicht erst 1947 zur Erde gekommen seien. Er entdeckte in der »Times« vom 26. September 1870, daß ein fremdartiges elliptisches Objekt quer über die Mondseite geflogen sei. Die »Daily News« in Denison (Arizona) meldeten am 25. Januar 1878, daß ein Augenzeuge eine untertassenähnliche Himmelserscheinung gesehen habe. Keyhoe folgerte aus solchen Pressemeldungen, »daß die Erde schon lange von bewohnten Planeten systematisch abpatrouilliert wurde, aber bis vor kurzem nicht von großem Interesse für fortgeschrittene Planetenrassen war«[445].

Daß Sternenwesen schon seit Jahrtausenden die Erde besucht und die Menschheitsgeschichte beeinflußt haben, versuchten als erste die beiden Franzosen Louis Pauwels und Jacques Bergier in ihrem phantasie- und ideenreichen Werk »Aufbruch ins dritte Jahrtausend« nachzuweisen, das Ende der fünfziger Jahre unter dem Titel »Le Matin des Magiciens« erschien. Auch in ihren späteren Büchern »Der Planet der unmöglichen Möglichkeiten« und »Die Entdeckung des ewigen Menschen« befaßten sie sich mit diesem Thema. Eine wichtige Beweisquelle bildeten für sie mythische Texte ferner Zeiten und Völker, Legenden, esoterische und magische Schriften. Auch andere Autoren wie Robert Charroux[446] und Karl F. Kohlenberg schöpften aus diesen Quellen.

Während die genannten Bücher nur einen begrenzten Leserkreis fanden, konnte Erich von Däniken mit seinem Buch »Erinnerungen an die Zukunft – Ungelöste Rätsel der Vergangenheit« (1968) den Gedanken eines frühen Besuchs der Erde durch Planetarier in die breiteste Öffentlichkeit tragen. Er griff die von seinen Vorgängern veröffentlichten Stoffe auf und ergänzte sie durch eigenes Material, das er auf Forschungsreisen durch die ganze Welt gesammelt hatte. Am 14. April 1935 als Sohn eines Kleiderfabrikanten in Zofingen geboren, wuchs er in Schaffhausen auf. Während seiner Schulzeit im katholischen Kollegium St. Michael in Freiburg (Schweiz) bekam er eine wichtige Anregung: »Damals begann der Spuk, weil Herr Moses den Fehler beging, immer wieder im Plural zu sprechen« – sollte damit vielleicht ein vorzeitlicher Besuch aus dem Weltall angedeutet sein? Diese Idee begleitete ihn auch in seinem Berufsleben: er war Angestellter eines Patentbüros, Steward auf Luxusdampfern, seit 1965 Pächter des Hotels »Rosenhügel« in Davos. In den folgenden Jahren brachte er weitere Bücher heraus, die ebenfalls zu Bestsellern wurden. Sie sind in viele Sprachen übersetzt, erschienen selbst in China und erreichten bis 1975 eine Weltauflage von insgesamt 32 Millionen.

444 Ashtar, In kommenden Tagen, S. 16
445 Keyhoe, Der Weltraum rückt uns näher, S. 278
446 Verfasser von acht einschlägigen Büchern, darunter: Verratene Geheimnisse; Planetarische Vergangenheit

Durch Filme, Radio- und Fernsehsendungen wurden weitere Millionen Menschen aller Kontinente mit seinem Gedankengut bekannt gemacht. Dieser »atemberaubende Erfolg« gibt uns »ein großartiges Mittel zur Psychoanalyse der unterschwelligen Strömungen eines ganzen Kulturkreises in die Hand«[447]. Von Wissenschaftlern, besonders den Archäologen und Prähistorikern, wurde er heftig angegriffen, sein Beweismaterial zerpflückt, seine Schlußfolgerungen lächerlich gemacht. Aber eine Umfrage von 1970 ergab, daß von den ehemaligen Volksschülern 22%, von den Abiturienten 36% seinen Thesen zustimmten.

Zahlreiche weitere Autoren mühten sich um den Nachweis früherer Erdenbesucher und forschten nach Spuren ihres Wirkens. So entstand durch die Einflechtung der Erdenwelt in das Leben kosmischer Bevölkerungen ein Bild von der Geschichte der Menschheit, ihrer Religionen und Kulturen, das von den Forschungsergebnissen der Biologen und Archäologen stark abweicht. Aus allerlei Indizien wird geschlossen, daß die Erde schon vor der Entstehung des homo sapiens von Sternenwesen besucht worden ist. Da finden sich in dem angeblich uralten *»Buch Dzyan«*[448] legendäre Berichte von Wesen, die in metallenen Fahrzeugen auf die Erde kamen: sie »lebten für sich und wurden von den Menschen, bei denen sie sich angesiedelt hatten, hoch verehrt«[449]. Im Grenzgebiet zwischen China und Tibet sollen 1938 in Felshöhlen 716 *runde Scheiben* gefunden worden sein, die aus härtestem Granitstein herausgesägt waren und in der Mitte ein Loch haben. Von diesem zieht sich eine Doppelrille in Spiralform zum Außenrand. Der Archäologe Tsum-Um-Nui konnte die Schriftrillen entziffern und erklärte in seinem von der Akademie für Vorgeschichte in Peking veröffentlichten Bericht: »Die Rillenschrift kündet von Luftfahrzeugen, die es den Schriftplatten nach vor 12000 Jahren gegeben haben muß.« Auf einer Platte war zu lesen: »Die Dropa kamen mit ihren Luftgleitern aus den Wolken herab«, und die Menschen versteckten sich, bis sie merkten, daß die Dropa »in friedlicher Absicht kamen«[450].

Keilschrifttexte und Täfelchen aus Ur geben Kunde von »Göttern«, die mit Bar-

[447] Gilbert A. Bourquin/Sergius Golowin, Die Däniken-Story, 1971

[448] Die Theosophin H. P. Blavatsky wollte Zugang zu diesem »ältesten Buch der Menschheit« gehabt haben: ihr sei, so schreibt sie in ihrer »Geheimlehre«, im Trancezustand von den Mahatmas eine Manuskriptenkopie gezeigt worden, die auf Palmblättern niedergeschrieben war; ursprünglich sei das Buch Dzyan in Atlantis in der untergegangenen Senzar-Sprache verfaßt worden. Es ist also weder ein ältestes indisches Buch, wie manche UFO-Schriftsteller behaupten, noch überhaupt ein in irgend einem Archiv lagerndes Werk. Sondern? In einer leider unvollendet gebliebenen kritischen Untersuchung wies William Emmette Coleman die Quellen nach, aus denen Frau Blavatsky ihre »Geheimlehre« entnahm – es waren lauter zeitgenössische Werke. Und mindestens einen Teil ihrer Dzyan-Strophen hatte sie »von der Schöpfungshymne der in Sanskrit geschriebenen Rig-Veda abgeschrieben, wie ein Vergleich der beiden Vorlagen ohne weiteres zeigt« (de Camp, Versunkene Kontinente, 1975, S. 67f.). Die Rig-Veda ist eine Sammlung von Opferliedern und Hymnen und gehört zu den ältesten Dokumenten der indischen Religionsgeschichte.

[449] Frank Edwards, Fliegende Untertassen – eine Realität, S. 15f.

[450] UFO-Nachrichten 95, Juli 1964 – Hier wird vorausgesetzt, daß diese Menschen vor 12000 Jahren schon eine Schrift besaßen und sie sogar in Granit eingraben konnten. Sie hätten also vor den bekannten frühen Hochkulturen einen kolossalen Vorsprung gehabt; denn die ägyptische Hieroglyphen-Schrift wurde erst um 3000 v. Chr., die Keilschrift der Sumerer um 2900 v. Chr. entwickelt; die ersten chinesischen Schriftzeichen erscheinen auf den Orakelknochen und Schildkrötenschalen des 14. Jahrhunderts v. Chr., und die Maya-Schrift entstand erst im letzten vorchristlichen Jahrhundert.

ken am Himmel fuhren, von den Sternen kamen und furchtbare Waffen besaßen. In den alten indischen Epen Ramayana und Mahabharata werden *Raumschiffe* beschrieben, die im Anfang der Zeiten am Himmel kreisten: sie ähnelten »azurblauen Wolken in Form von Eiern oder leuchtenden Kugeln« und wurden angetrieben durch »eine ätherische Kraft, die bei der Abfahrt gegen den Erdboden schlägt«, oder durch »eine unsichtbaren Kräften entströmende Schwingung«. Nach dem indischen Samarangana Sutradhara hatten sie »Feuer und Quecksilber am hinteren Ende«, und »wenn das Feuer in den oberen Teil gelangt, wird Kraft entwickelt wie das Brüllen des Löwen«[451].

Aus Verglasungen von Sand und Steinen, wie man sie in der Wüste Gobi und in Death Valley (Nevada) fand, wurde geschlossen, daß dort in jener Zeit Atombomben explodiert seien, und durch diese Katastrophen sei, nach Robert Charroux, die alte Kultur, die vor mehreren 100 000 Jahren entstanden war, vollständig vernichtet worden. Im Vorgebirge der peruanischen Anden entdeckte der amerikanische Kulturhistoriker Paul Kosok 1939 die geheimnisvollen *Bodenzeichnungen von Nazca*. Auf seine Veranlassung begann die Geographin und Mathematikerin Maria Reiche 1946 mit ihrer Erforschung. Sie stellte Drei- und Vierecke inmitten eines Netzes schnurgerader Linien fest. Und in dieses Liniensystem sind riesige Tierfiguren eingestreut: ein Leguan z.B. ist 188 m lang, ein Vogel mit schlangenähnlichem Hals über 200 m, ein anderer 140 m, ein Affe 90 m, ein »kleiner« Fisch 25 m. An Steilhängen sind menschliche Gestalten zu sehen, so ein 30 m hoher Eulenmensch und zahlreiche Figuren mit Uhuköpfen. Diese Bodenzeichnungen waren nach Maria Reiche eine »Riesenarbeit, die sich durch Hunderte von Jahren hindurchgezogen haben muß«. Wozu dienten sie? Es wurden zahlreiche astronomische Bezüge festgestellt. Aber wie konnten die Zeichner die Tierfiguren herstellen, die »Ebenmaß und vollkommene Harmonie in allen ihren Proportionen« zeigen? Sie hätten eigentlich Anweisungen aus der Vogelschau gebraucht. Aber sie konnten ja noch nicht fliegen, und darum ist das Ganze »ein Rätsel, zu dessen Lösung man noch Jahre brauchen wird«[452]. Falsch! Die Zeichnungen vermitteln nach Däniken »eindeutig die Idee eines Flugplatzes« für Außerirdische und wurden von ihnen geschaffen. Anders Michael Debakey: die Mayas hatten bereits den Heißluftballon erfunden und konnten aus der Luft ihre Gebilde »in ganzer Pracht erkennen«. Außerdem sind die Kondor-Zeichnungen auch auf vielen Keramiken der Nazca-Kultur zu finden.

So steht Erklärung gegen Erklärung. Das gilt nicht nur für diese Bodenzeichnungen, sondern auch für die andern Beweisstücke, die von den »Ufologen« als Spuren planetarischer Erdbesucher vorgelegt werden: die uralten *Felsbilder in der Sahara* mit ihren merkwürdigen Rundköpfen, die in Wirklichkeit runde Helme von Raumfahrern sein sollen und deren lange Hörner »an Antennen denken« lassen; die astronomischen Zeichnungen in den Höhlen von Kohistan (Vorderasien), auf denen die Gestirne genau in ihren Positionen vor 13 000 Jahren dargestellt sind; ein

[451] Leslie Adamski, Fliegende Untertassen sind gelandet, S. 108 ff.; Pauwels-Bergier, Aufbruch ins 3. Jahrtausend, S. 225

[452] Maria Reiche, Geheimnis der Wüste, S. 77

Netz von kathedralartigen Höhlen in den Subisbergen (Westborneo) mit Kulturrückständen, die auf eine Entstehungszeit um 30000 v. Chr. hindeuten. Oder da sind die über 600 Statuen auf der *Osterinsel,* bis zu 50 Tonnen schwer; die Tore in der Ruinenstadt *Tiahuanaco* nahe beim Titicaca-See, jedes aus einem einzigen Block gehauen und 60 Tonnen schwer; die 2,6 Millionen Steinblöcke der *Cheopspyramide;* die Felsplatten der *Baalbek-Terrasse* im Libanon, die einem tiefgelegenen Steinbruch entstammen und ein Gewicht von je 1000 Tonnen haben. Mit welcher Kraft und Technik wurden diese Lasten über weite Strecken transportiert, behauen, gehoben und eingebaut? Oder da ist eine Eisensäule in Delhi, 8 m hoch und 12 Tonnen schwer: sie weist trotz hohen Alters keine Spuren von Rost auf. In Peru wurden Ornamente aus Platin gefunden. Wie Metall vor Rost bewahrt wird, ist uns erst seit 200 Jahren bekannt, und Platin kann wegen seiner Härte und seines hohen Schmelzgrades von 1800° nur sehr schwer hergestellt werden.
Die »Ufologen« nennen noch viele andere Merkwürdigkeiten aus grauer Vorzeit, und es steht für sie fest: Hier mußten *außerirdische Besucher am Werk gewesen* sein, die mit ihren Raumfahrzeugen aus hochentwickelten Kulturen kamen. Alte Volkssagen und Mythen zeugen von ihnen: so das Gilgamesch-Epos, das Mahabharata und das Popol Vuh, eine Schöpfungsmythe der den Maya benachbarten Kischés. Aber diese vom Himmel herabgefahrenen Besucher wurden von den Menschen nicht als Sternenbewohner erkannt, sondern als *»Götter«* verehrt. Das ist begreiflich; diese Fremden waren ihnen ja weit überlegen und konnten Taten vollbringen, die ihnen als unfaßliche Wunder erschienen.
Die Göttergestalten der frühen Menschheit waren also keine personifizierten Naturgewalten und Schicksalsmächte, sondern mythisierte Besucher aus dem Weltraum. Die alten Überlieferungen berichten auch, daß sich diese »Götter« mit Menschenfrauen gepaart haben, so das Gilgamesch-Epos oder 1. Mose 6, 1–4. Und erst durch diese Kreuzung kam es zu jenem Intelligenzsprung, der aus den Hominiden den homo sapiens werden ließ. In der Ahnentafel des Menschen tauchten also irgendwann – es soll zwischen 12000–10000 v. Chr. geschehen sein – Sternenbewohner auf, und Darwins Evolutionslehre stimmt in diesem Punkt nicht. Bei ihren »Menschenzuchtversuchen« haben die Sternenwesen vermutlich mit Samenbanken und mit chemischen und radioaktiven Mitteln gearbeitet. Es kam dabei auch zu Fehlentwicklungen wie den »Riesen«, die durch die Sagenwelt geistern. Sie waren »ein nichtsnutzig faules Pack, das alle Kulturen zertrampelte, die kleinen Menschen erschreckte und nichts weiter als Unfug ersann«[453].
Woher kamen die Sternenleute? Darüber kann nur gemutmaßt, genauer: fabuliert werden. Nach Robert Charroux kamen die Menschheitsmutter Orjana und der Kulturbringer Quezalcoatl von der Venus, und vor 10000 Jahren fand eine Massenauswanderung vom Mars auf das Hochplateau von Tibet statt. Auch Erich von Däniken nannte den Mars: Dessen Bevölkerung habe eine hochentwickelte Zivilisation gehabt, so daß sie fähig war, sogar einen künstlichen Satelliten zu bauen – den »Mond« Phobos, der gegen alle Regeln den Mars schneller umkreist, als dieser sich um sich selbst dreht. Aber eine kosmische Katastrophe, vielleicht der Zusammenstoß mit einem Riesenkometen, führte dazu, daß »sich eine

[453] Joachim Pahl, Sternenmenschen sind unter uns, S. 69

Gruppe von Mars-Riesen vielleicht auf die Erde rettete, um mit den damals hier lebenden, halbintelligenten Wesen die neue Kultur des homo sapiens zu gründen«[454].

So entwickelte sich eine Art *»Astro-Archäologie«,* die sich darum bemüht, in der Frühgeschichte der Menschheit Spuren von Eingriffen durch Sternenwesen aufzufinden. Die eigens zu diesem Zweck von dem Rechtsanwalt Gene M. Phillips 1973 gegründete *»Ancient Astronaut Society«* widmet sich dem »Sammeln, Austauschen und Publizieren von Indizien«, die geeignet sind, die Theorie einer prähistorischen Kolonisation der Erde durch Besucher aus dem Weltall zu untermauern. Sie veranstaltet alljährliche Weltkongresse, auf denen neue Indizien vorgelegt werden. Aber bis jetzt war die Ausbeute mager. Und vor allem, ihre Beweiskraft ist fragwürdig oder widerlegt[455].

Warum hinterließen die Außerirdischen keinen »Beweis« ihrer Besuche? Hier setzen wunderliche Vermutungen ein. Etwa: Sie wußten nicht, ob ihre Versuche, den Menschen zu veredeln, erfolgreich sein werden. Darum deponierten sie ihren »Beweis« an einer Stelle, wo der Mensch ihn erst dann finden konnte, »wenn er technologisch und auch ethisch reif dazu war«. Sie plazierten ihn im Gravitationszentrum dreier Sterne, die nur wenige Lichtjahre voneinander entfernt sind, und wählten diesen Ort, weil er sich im Lauf der Jahrtausende nicht oder kaum verändert. Die Menschen aber können diesen Gegenstand erst finden, wenn sie die interstellare Raumfahrt beherrschen und damit ihren »Lehrmeistern« ebenbürtig geworden sind. »Wenn diese These richtig ist, werden wir, so entmutigend das auch klingen mag, unseren Beweis noch lange zu suchen haben.«[456]

Auf unserer Erde haben die Archäologen jedenfalls noch nichts gefunden. Selbst ein so positiv eingestellter Forscher wie Prof. Marcel Fr. Homet[457], der seit 1923 durch die ganze Welt reiste, Mythen und Legenden sammelte und interpretierte, außer den Osterinseln und Baalbek auch die ägyptischen und mexikanischen Pyramiden und riesige Kultstätten im Südpazifik besuchte, hielt außerirdische Einflüsse auf die menschlichen Kulturen zwar für »möglich«, fügte aber hinzu, die Frage der wissenschaftlichen Begründung müsse offen bleiben. Nun, die meisten »Ufologen« sind zuversichtlich.

Einer der kühnsten unter den Astro-Archäologen, *Joachim Pahl,* geht in seinem Buch »Sternenmenschen sind unter uns« (1971) nicht nur davon aus, daß die Erde häufig von den Außerirdischen besucht wurde, sondern behauptet, daß diese »in regelmäßigen Abständen von rund 600 Jahren wiedergekehrt sein müssen und

[454] Erich von Däniken, Erinnerungen an die Zukunft, S. 189

[455] So antwortete die Akademie für Vorgeschichte in Peking auf eine Anfrage des Wiener Journalisten Peter Krassa: »Der Bericht über den Fund der sog. ›Steinteller‹ in China im Jahr 1938 entbehrt jeder Grundlage. Wir wissen auch nichts von einem Professer Tsum Um Nui.« Aber Krassa wurde dann doch noch fündig: Im Wiener Völkerkundemuseum stieß er auf ein 1957 in Peking erschienenes Werk über Ausgrabungen chinesischer Archäologen, und »darin leuchtete es mir förmlich entgegen: ein kleines Schwarz-Weiß-Foto mit einem der 716 Steinteller von Bayan-Kara-Ula« (Esotera 1974, 3). Eine spiralförmige Rillenschrift kann man auf der Scheibe freilich nicht entdecken, es sind lediglich eingravierte Zeichnungen sichtbar.

[456] Esotera 1976, 8

[457] Nabel der Welt – Wiege der Menschheit. Außerirdische Einflüsse im Mosaik irdischer Kulturen? Freiburg 1976

auch wiederkehren werden«, um die Menschheit zu überwachen, Entartungen auszumerzen und neue Entwicklungen einzuleiten (8). Sie bleiben eine Weile, vielleicht 50 Jahre, auf der Erde und starten dann wieder heimwärts. Warum sie sich an einen solchen festen Terminkalender gebunden haben, bleibt ihr Geheimnis. Ihr erstes großes Werk war die Beendigung der Eiszeit. Um den Menschen neue Lebensräume zu verschaffen, haben ihre Techniker durch gelenkte Kernspaltung oder durch Installierung gigantischer Brennspiegel im Orbit die Eismassen zum Schmelzen gebracht und eine weltweite Sintflut herbeigeführt. Dies begann nach dem »frühzeitlichen Kalender« der Maya-Priester am 5. Juni 8498 v. Chr. Vorsorglich hatten sie zuvor die Menschen durch fliegende Boten aufgefordert, höhergelegene Gebiete aufzusuchen oder Schiffe zu bauen. Leider fiel der Überschwemmung auch die »Werkstatt« der Sternenleute auf Atlantis zum Opfer, und sie mußten Ausweichquartiere in den Anden und vermutlich auch im Libanon beziehen. Da die Menschen sich nach der Eiszeit rasch vermehrten, lehrten die Himmelsbesucher sie, Haustiere zu halten und Getreide zu züchten, und beschenkten sie mit Ackergeräten. Damit sie die richtigen Zeiten für Saat und Ernte erwischten, wurden sie in Astronomie unterrichtet. In dieser Weise förderten sie unermüdlich den Aufstieg des homo sapiens. Aber sie griffen auch durch, wenn es zu Fehlentwicklungen kam: sie zündeten »Kernexplosionen zur Vernichtung mißratener Exemplare durch mißglückte Experimente im höheren Dienst der Menschenbildung« (135). Das widerfuhr z.B. Sodom und Gomorrha. Im 14. Jahrhundert v. Chr. klärten sie die Maya, Inder, Tibeter, Ägypter auf, daß die außerirdischen Besucher keine Götter sind und daß es nur einen Gott gibt, der als die höchste Macht zu verehren ist. In Ägypten war es der Pharao Echnaton (1367–1350 v. Chr.), verheiratet mit Nofretete, den die Sternenmenschen über den »innersten Kern aller Religion« belehrten.

Damit sind wir bei der *Bibel*. Moses, vermutlich ein Sohn des Amenophis III. (1405–1367 v. Chr.), war wohl ein Zeuge der Gespräche, die »Echnaton in der Wüste mit den Sternenmenschen geführt haben mag« (183). Er bekam den Auftrag, sein Volk aus Ägypten herauszuführen. Die Sternenleute gaben ihm einen Stab, mit dessen Hilfe er allerlei Wunder vollbrachte: er war nicht nur ein »regelrechtes Funksprechgerät«, mit dem er die Sternenmenschen anrufen konnte, sondern er konnte damit auch »Gedanken und Gedankenströme in gewissen Augenblicken zu sichtbaren Handlungen materialisieren« (192). Die Landung des Raumschiffs im Sinaigebirge wurde ihm per Funkspruch angekündigt, »und ›Gott‹ kam mit einer Saturn Vb-Rakete« (212), beschrieben in 2. Mose 19, 18f. Moses diskutierte dann die bereits von ihm und seinem Schwiegervater Jethro ausgearbeiteten zehn Gebote 40 Tage lang mit den Sternenleuten und erhielt von ihnen die Konstruktionspläne für die Bundeslade und die Stiftshütte sowie einen »Engel« d.h. Techniker für ihre Erstellung. Die Bundeslade findet das besondere Interesse der Astro-Archäologen. Nach Däniken war sie ein elektrisch geladener »Lautsprecher, vielleicht sogar eine Art von Gegensprechanlage zwischen Moses und dem Raumschiff«[458]. Pahl dagegen hält sie für einen »Kernreaktor mit allem Drum und Dran« (197), von den außerirdischen Ingenieuren eingesteuert und

[458] E. v. Däniken, Erinnerungen an die Zukunft, S. 69

wegen der Strahlungsgefahr mit strengen Sicherheitsvorschriften verbunden (2. Mose 28, 39–41; 39, 2f.; 3. Mose 16, 2–4).
Für Eric Norman war der Turm von Babel eine Abschußrampe für Raketen; und die unbefleckte Empfängnis wurde durch einen Energiestoß des Engels des Herrn aus der Strahlenkanone vollzogen. Für Charroux war die Arche Noah ein Forschungsschiff, ausgerüstet mit Radar, Elektronik und Tiefkühlcontainern. Es werden noch weitere wundersame Sachen erzählt: daß Moses ebenso wie Henoch und Elia von den Sternenmenschen heimgeholt wurden; daß Sarah und Rebekka durch »gynäkologische Eingriffe« von Sternenmenschen gebärfähig gemacht wurden (1. Mose 18, 9–16; 25, 21); daß Jonas nicht von einem Walfisch verschlungen, sondern von einem wassernden Raumschiff aufgenommen wurde. Wenn in der Bibel von Engeln die Rede ist, handelt es sich in Wirklichkeit um Außerirdische. Und selbstverständlich wurde auch die Himmelfahrt Christi durch ein Raumschiff bewerkstelligt – falls sie überhaupt stattgefunden hat! Denn nach Pahl konnte er »kein ›Sohn Gottes‹ und auch kein Sternenmensch« gewesen sein, weil die Außerirdischen in jener Zeit ihr Interesse vom Nahen Osten nach Mittel- und Südamerika verlagert hatten; und überhaupt spricht vieles dafür, daß »aus allen möglichen Quellen dieser Wundermann Christus zusammengeschrieben worden« ist (233, 238).

Auch griechische und römische Geschichtsschreiber wissen häufig von Feuerzeichen am Himmel zu berichten. Das Lichtkreuz, das Konstantin 312 sah, gehört ebenso dazu wie blutrote Kreuze, die in den Glaubenskämpfen des 16. Jahrhunderts an verschiedenen Orten gesichtet wurden. Bei der Tungusischen Katastrophe am 30. Juni 1908, die nach landläufiger Auffassung durch einen Meteoriten oder einen 200000 Tonnen schweren Kometenkopf verursacht wurde[459], vermutete der sowjetische Schriftsteller Alexander Kazanzew, daß in rund 5 km Höhe der radioaktive Treibstoff eines unbekannten Planetenschiffs explodiert sei, das die Erde anfliegen wollte und kurz vor der Landung zerstört wurde. Der Wissenschaftler Alexey Solotow war nach der Rückkehr von einer mehrjährigen Expedition in das Katastrophengebiet 1976 aufgrund von Bodenanalysen und Radioaktivitätsmessungen der nach 1908 in den Bäumen gewachsenen Jahresringe ebenfalls überzeugt, daß die Explosion »nuklearen Charakter hatte oder zumindest von nuklearen Reaktionen begleitet war«. Es bestehe also »die Möglichkeit, daß der Tunguska-Himmelskörper künstlichen Ursprungs war«, d.h. von intelligenten Außerirdischen gebaut und zur Zündung gebracht wurde.
Da nach dem von Pahl den Außerirdischen zugeschriebenen 600-Jahres-Rhythmus in der Gegenwart »die Sternenmenschen schon auf dem Wege zu ihrer nächsten Wiederkehr sein dürften, sollten wir uns bereit machen, sie furchtlos zu emp-

[459] Reisende in der Transsibirischen Eisenbahn sahen damals einen Feuerball »wie eine zweite Sonne« über den Himmel fliegen; die Detonation war mehr als 800 km weit zu hören, und die Druckwelle schleuderte noch in 160 km Entfernung Reiter von den Pferden, entwurzelte Bäume flogen bis zu 30 km weit. Rund 2200 km^2 Taiga wurden verwüstet, und die seismischen Erschütterungen erreichten Irkutsk, Taschkent und Tiflis. Die bei der Explosion freigewordene Energie betrug etwa 40 Millionen Tonnen TNT und entsprach damit einer gewaltigen Wasserstoffbombe.

fangen« (254). Das ist denn auch die große Erwartung, die alle UFO-Gläubigen beschwingt: In der schweren Krise, von der die Menschheit heimgesucht wird, werden die Abgesandten der Sternenvölker auf der Erde erscheinen und mit ihren überlegenen Kenntnissen und Mitteln eingreifen, die Katastrophe bannen und der Menschheit den Weg in eine herrliche Zukunft öffnen. Der 4. Internationale UFO-Kongreß in Wiesbaden 1964 war dem Thema gewidmet: »Das Kommen der Planetarier und das beginnende neue Zeitalter«, und man sprach von der »Endzeit dieses Äons«, vom »kosmischen Advent« und vom »Beginn der Neuen Kosmischen Ära«. Das ist der Hauptinhalt der Botschaften, die von den Außerirdischen durch menschliche »Kontaktler« der Welt kundgegeben werden.

Die Kontaktler

In den ersten Jahren der UFO-Bewegung waren lediglich Sichtungen, gelegentlich auch Landungen verzeichnet worden. Aber ein Meinungsaustausch mit den gelandeten Außerirdischen fand nicht statt. Und der war doch so wichtig, um ihre Herkunft und ihre Absichten und noch vieles, vieles mehr zu erfahren! Erst fünf Jahre nach der ersten Sichtung kam es zu leibhaftigen Kontakten mit Sternenwesen. Sie gaben den irdischen *»Kontaktlern«* ergiebige Auskünfte über ihre Heimat und über die großartigen Schönheiten und Errungenschaften daselbst und über die UFO-Techniken. Sie klärten sie über die Motive ihrer Erdenbesuche auf, klagten die Menschheit und ihre Regierungen an und richteten Botschaften an sie. Sie luden die Kontaktler sogar zu kosmischen Gastflügen ein. Die Berichte von diesen Begegnungen wurden vom spekulativen Flügel der UFO-Bewegung mit gieriger Ehrfurcht entgegengenommen, während die kritisch-wissenschaftlichen Gruppen ihnen zurückhaltend oder ablehnend gegenüberstehen. Es empfiehlt sich deshalb, zwischen »Ufologen« und »UFO-Gläubigen« zu unterscheiden. Bei den UFO-Gläubigen spielen die Kontaktler die gleiche Rolle wie bei den Spiritisten die Medien: beide sind Sprachrohre, die einen für die Jenseitigen, die anderen für die Sternenwesen. Aber sie sind bei weitem nicht so zahlreich wie die Medien – nach Karl L. Veit entfallen auf 100000 Sichtungen 1000 Landungen und nur 100 Begegnungen.

Der erste Kontaktler war George Adamski. Er stammte aus Polen (geb. 1891) und wollte schon am 9. Oktober 1946 ein gewaltiges Raumschiff gesehen haben. Seither suchte er mit einem kleinen Fernrohr den Himmel nach UFOs ab. Und dann, am 20. November 1952, machte er »zum ersten Mal die Bekanntschaft eines Mannes aus der anderen Welt«: In der kalifornischen Wüste entstieg einem »wunderschönen kleinen Fahrzeug« ein wunderschöner Mann mit »sehr hoher Stirn« und langem, sandfarbenem Haar. Er trug einen braunen Anzug mit eng anliegendem Stehkragen und sprach fließend Englisch[460]. Er lächelte, reichte Adamski die Hand und sagte ihm, er komme von der Venus, und der Anlaß seiner Reise sei die Atombombe. Er zeigte ihm sein Fahrzeug von außen und flog dann ab. Nachher

[460] Dies sagte Adamski in einem Interview mit dem Spiegel (1959, 24). In Flying Saucers Have Landed dagegen hatte er berichtet, die Verständigung sei durch Gesten und Telepathie erfolgt (S. 254).

machte Adamski Gipsabgüsse von seinen Fußspuren, und einer zeigte ein Hakenkreuz auf dem Absatz. In den folgenden Jahren häuften sich die Kontakte. Adamski durfte ein UFO besteigen. Er wurde gefragt: »Möchten Sie eine kleine Reise machen?« Gern. »Well, wir werden einen Trip rund um den Mond machen.« Sie umkurvten ihn in einem Abstand von 50000 km, und auf der Rückseite entdeckte Adamski Vegetation und Häuser. Er hatte viele Gespräche mit Planetariern, unterwegs und in seiner Wohnung, lernte auch Leute vom Mars und Saturn kennen und durfte auf einem weiteren Trip zwei Wissenschaftler mitnehmen – »Sie waren natürlich von dem, was sie gesehen hatten, baß erstaunt, all die Instrumente ... alles wissenschaftlich«[461]. Die Venusier erzählten ihm von tropischem Klima und schönen Städten und davon, daß die 1,5 Milliarden Bewohner dank der Vollautomatisierung nur zwei Stunden täglich arbeiten und 1000 Venusjahre (zu je 260 Tagen) alt werden.

Er schrieb Bücher über seine Erlebnisse. Sein erstes Buch »Flying Saucers Have Landed« (1953), fand reißenden Absatz und wurde in viele Sprachen übersetzt. Er machte 1959 eine Vortragsreise durch die ganze Welt, erreichte über Rundfunk und Fernsehen 42 Millionen Menschen, wurde von Königin Juliana der Niederlande empfangen und später angeblich auch von Johannes XXIII., dem er eine Botschaft der Sternenbrüder überreicht haben soll. Am 23. April 1963 starb er. Schon zu seinen Lebzeiten hatte sich ein kosmischer Mythus um ihn gerankt: Man glaubte, »daß er aus kosmischen Gründen von einem anderen Planeten her wiedergeboren worden sei, um seine Lehren zu verbreiten«. Er sei ein »Kind der Sonne« gewesen; »sein Nabel ähnelte nämlich einem menschlichen Nabel überhaupt nicht. Er war eine große Sonnenscheibe mit tiefen, etwa 15 cm langen Strahlen, die von allen Seiten von der Taille bis zu den Leisten verliefen.« Auch wurde er »ein dutzendmal auf höhere Ebenen gehoben«. Die Planetarier ernannten ihn zum Mitglied des »Interplanetarischen Rats«, und vor seinem Tod versprach er, er wolle »wiederkommen, um mit uns Kontakt aufzunehmen, wenn es möglich ist«[462].

Freilich meldeten sich auch Kritiker. Donald E. Keyhoe tat den Bericht von Adamskis erster Begegnung mit einem Raummenschen als eine »Schauergeschichte« ab und als »ein Kapitel aus einem Unterhaltungsroman und aus einem schlechten dazu«. Und er bezichtigte ihn der Hochstapelei. Während Adamski behauptete, er habe schon immer den Drang nach einem besseren Verständnis der Gesetze des Universums verspürt, sich 30 Jahre lang mit Philosophie beschäftigt, in der Gruppe »Der königliche Orden von Tibet« als Lehrer für Philosophie gewirkt und sei mit einigen Herren des Hale-Observatoriums auf dem Mt. Palomar befreundet gewesen, stellte Keyhoe fest: »In Wirklichkeit ist Adamski der Inhaber eines Erfrischungsstandes an der Straße nach Palomar, und seine astronomischen Kenntnisse scheinen auf ein kleines Fernrohr zurückzugehen, das er auf dem Dach seiner Verkaufsbude montiert hatte.«[463] 1975 behauptete der Sekretär der britischen UFO-Gesellschaft, Ken Roger, sogar, die UFO-Fotos von Adamski seien

[461] Der Spiegel 1959, 24
[462] Gray Barker, Das Buch über Adamski, S. 13, 16, 18 und 81
[463] Keyhoe, Der Weltraum rückt uns näher, S. 196

Ablichtungen eines veralteten Flaschenkühlgeräts. Andere nannten einen Lampenschirm als Modell. Das sei eine häßliche Lüge, protestierten einstige Nachbarn und Mitarbeiter Adamskis, und ermittelten, daß das UFO das Original und der Tischlampenschirm eine spätere Nachbildung des UFO war.
Adamskis Erfolg machte weitere Kontaktler munter. In ihren Erlebnisberichten pflegten sie gern darauf hinzuweisen, daß sie nicht von ungefähr kosmische Gesprächspartner wurden: wegen ihrer hohen menschlichen Qualitäten wurden sie von den Außerirdischen ihres Vertrauens gewürdigt und zu ihren Sendboten und Mitarbeitern in der Erdenwelt auserwählt. Viele brachten ihnen denn auch schwärmerische Verehrung und vorbehaltlose Glaubensbereitschaft entgegen. Aber bei kritischen Leuten nährte diese Hervorhebung der eigenen Person den Verdacht, daß sie sich aus Geltungsbedürfnis zu »Kontaktlern« ernannt und ihre »Erlebnisberichte« aus der eigenen Phantasie geschöpft haben, um damit zu Ansehen zu kommen. Das trifft sicher bei einem beträchtlichen Teil zu. Bei anderen können ernsthaftere Motive angenommen werden. Hier eine kleine Blütenlese: Howard Menger, geb. 1922 in Brooklyn, hatte schon in jungen Jahren Begegnungen mit schönen, gütigen Männern und Frauen, machte später einen viertägigen Mondausflug – »es war atemberaubend, was wir alles sahen« – und traf dort Hunderte von Russen, Japanern und Deutschen, lauter Fachwissenschaftler. Er erlebte sogar eine interplanetarische Liebesgeschichte: In New York begegnete er Marla, in die er sich in seinem Vorleben auf dem Saturn verliebt hatte und die er nach Scheidung von seiner Frau Rose 1958 heiratete[464].
Der kleine Farmer Buck Nelson, geb. 1895, traf im März 1955 einige UFO-Leute, darunter einen 20jährigen Burschen aus Colorado, »der zwei Jahre zuvor zur Venus geholt wurde«, um den Venusiern Englisch-Unterricht zu erteilen. Auch ein 385 Pfund schwerer Hund von der Venus schritt aus dem UFO. Buck durfte dann eine viertägige Reise machen: »Der Mars ist sehr farbenprächtig« und »die Leute auf dem Mars, dem Mond und der Venus sehen so aus wie wir auf Erden, nur im allgemeinen sehr viel besser«. Der »Weltraum-Wanderer« *Elary Willsie* aus Los Angeles flog nicht nur zum Mars und zur Venus, sondern tauchte auch mit dem Scout-Schiff beim Nordpol durch eine trichterförmige Öffnung ins Erdinnere, sah hier 3 m hohe Menschen, Büffelherden und zottige Elefanten und labte sich an der »malerischen Schönheit der Flüsse, Seen und Wälder der inneren Erde«. Er bestand den Lügendetektor-Test glänzend und gründete die »Universal World Union«[465].
Narciso Genovese fabulierte wild darauf los: Nach 1945 habe er mit 126 Physikern, unterstützt von drei Ex- und zwei aktiven Königen, Industrie- und Ölmagnaten, an einem geheimen Ort in Südamerika Forschungen über die Sonnenenergie betrieben, um sie für den Raumflug zu nutzen. Das gelang, und 1952 fanden Probeflüge statt. 1955 kamen vom Mars fünf UFOs und halfen beim Bau von

[464] In einer notariell beglaubigten Urkunde versicherte Menger, daß er »nicht die Absicht hatte, einen Science-fiction-Roman zu schreiben, sondern ich berichtete, was sich wirklich zugetragen hatte, Ereignisse, die sich wirklich abgespielt haben, von mir selbst erlebt. Das schwöre ich bei Gott.« (Dokumentarbericht vom 7. Internationalen Weltkongreß der UFO-Forscher in Mainz 1967, S. 236)
[465] UFO-Nachrichten 112, Dezember 1965

Raumschiffen, und schon am 21. Oktober 1956 startete eine Flotte von drei irdischen und sechs Marsschiffen Richtung Mars. Dort gab es einen festlichen Empfang der Irdischen mit unüberbietbarer »Entfaltung von Größe, Freizügigkeit und Macht« in Gegenwart von über 1000 Raumschiffen und 100000 Marsianern. Der Planet wurde fünf Tage lang besichtigt. Nach dem Rückflug zur Erde luden die Marsianer noch 25 Zentner reinstes Gold aus – ein Geschenk für die Physiker zur Finanzierung ihrer Arbeit. Genovese stieß unter UFO-Gläubigen auf Zweifel. Fortan schwieg er.

Frank E. Stranges in Palo Alto (Kalifornien) stellte sich als Erweckungsprediger, Präsident der »Gesellschaft für internationale Evangelisationskreuzzüge«, Doctor of Divinity und zugleich Kriminalbeamter vor. Eine eigenartige Mischung. In seiner Schrift »Meine außerirdischen Freunde« berichtete er, daß er 1952 im Pentagon einen Venusier getroffen habe, der als eine Art planetarischer Evangelist mit 77 anderen in die USA »gekommen sei, um der Menschheit zu helfen, zum Herrn zurückzukehren« (S. 23). Aber die Mission sei wenig ergiebig gewesen, weshalb sie wieder zur Venus zurückkehrten.

Dick Miller bastelte nach einer von Marsianern in seinen Briefkasten gesteckten Konstruktionsanweisung einen Apparat zusammen, durch den am 24. Oktober 1954 UFO-Leute Verbindung mit ihm aufnahmen. Dann landeten sie, ließen ihn mehrere tausend Meilen mitfliegen, und der Kommandant Sol-Tec – er ähnelte dem Filmstar Clark Gable – erzählte ihm, daß die Außerirdischen schon vor 14000 Jahren mit den technisch hochentwickelten Völkern von Atlantis und Lemurien Handelsbeziehungen aufnehmen wollten, aber zwischen beiden sei es durch die Arroganz der Atlanter zu einem Atomkrieg gekommen, der zu ihrem Untergang führte. Der weitgereiste Hatonn schwärmte von den märchenhaften Städten, wunderbaren Verkehrsmitteln, unglaublichen Metallen, Kraftwerken, Schlössern usw. auf Sonnen wie dem Prokyon, Sirius, Aldebaran. Dick Millers Buch endete mit einer Frage des Verlags: »Wo könnte er (Dick) sein? Das zu überlegen, überlassen wir unseren Lesern.« Die Klugen unter ihnen haben ihn längst als pseudonymen Science-fiction-Autor erkannt.

Ob auch Robert P. Renaud eine solche Figur ist? Angeblich Elektronen-Techniker, wollte er beim Herumstöbern auf seinem Radio im Juli 1961 plötzlich ein hohes »Piep-Piep-Piep« gehört haben und dann eine warme Frauenstimme: »Bob, nun möchte ich, daß du eine Weile auf dieser Frequenz bleibst.« Er blieb, und die Dame stellte sich ihm als Lin-Erri vor, Psychologin und zur Zeit mit Terratologen, Parapsychophysikern, Anthropodynamikern und anderen Gelehrten in einem Raumschiff hoch über der Erde. Sie stammten vom Planeten Korendor, 400 Lichtjahre entfernt. Die Lin-Erri war »eine atemberaubende, schöne Blondine«, jung, hellhäutig, eine tolle Figur – »Ich bin 1.62 m groß, wiege 55 kg und habe 94–56–91 cm!!!« Die Korendorianer haben im Rahmen eines »Somnivisions-Projekts« zur Beeinflussung der Erdenmenschen ein »Omnifrequenz-Psychen-Beeindruckungsgerät« entwickelt, mit dem »ausgewählten Personen im Schlaf Ideen eingegeben werden«[466]. Sie enthüllten Bob die Geheimnisse der 4. Dimension, die man mit Überlichtgeschwindigkeit betreten kann, ließen dicke Fels-

[466] Dick Miller, Meine Fernseh-, Radio- und Direktkontakte mit Außerirdischen, S. 57

brocken aufwärtsschweben und verdampfen und erzählten von ihrem größten Raumschiff »MA-X«, das 4022 km Durchmesser hat und für Massentransporte, auch Evakuierungen ganzer Welten verwendet wird. Ja, und zur Zeit tage auf dem Planeten »Arkturia« ein »Konklave der Ältesten der Meister«, in dem die »Vereinte Milchstraßen-Allianz« zusammengefaßt sei, und er, Bob, sei zum Vertrauensmann der kosmischen Regierungen für die Erde ernannt worden.
Orfeo Angelucci, Kind einer aus Italien eingewanderten Familie, von schwacher Gesundheit, aber mit großem Wissensdurst ausgerüstet, nahm 1952 Arbeit bei den Lockheed-Flugzeugwerken in Burbank (Kalifornien) an. Nachdem er schon am 4. August 1946 ein UFO gesehen hatte, fuhr er am 23. Mai 1952 in der Nacht, von einem »sonderbaren Prickeln« getrieben, mit seinem Auto weg und gewahrte plötzlich ein »schwach rotglühendes, ovalförmiges Objekt«. Es schoß zwar jäh in den Himmel, hinterließ aber zwei mattgrüne Scheiben, und aus ihnen sprach eine Männerstimme. Weitere Kontakte folgten. Am 23. Juli machte er den ersten UFO-Flug. Unterwegs empfing er durch ein geheimnisvolles Metallstückchen eine Art Stigmatisierung und sah die Herrlichkeit der »himmlischen Wunderwelt« und die »Fegfeuerwelt« der von Selbstsucht und Haß verdunkelten Erde. Er empfing seine Berufung: »Wir lieben die Erdenkinder, und es ist unser Wunsch, ihnen zu helfen; denn die Stunde der Wende ist nahe. Aber nur durch so harmlose Menschen, wie du es bist, können wir wirken.« Er wurde belehrt, daß der in die Vergänglichkeit geworfene Mensch erlöst wird, wenn er sich mit seinem »unsterblichen Bewußtsein« vereinigt. Als die Stimme sprach: »Geliebter Erdenfreund, wir taufen dich mit dem wahren Licht der ewigen Welt«, durchbrach er die Raum-Zeit-Bindung und damit die Schranken der Erdenexistenz[467]. Im Januar 1953 wurde er in eine »seltsame, wunderbare Welt« entrückt und traf dort ein Paar in einem herrlichen Gebäude. Sie erzählten, daß sie auf dem Planeten »Luzifer« (auch »Mallona« genannt) gewohnt haben, an dem Aufruhr aber nicht beteiligt waren und darum nicht auf die Erde hinabgestürzt wurden, sondern auf dem größten Planetoiden wohnen. Die UFOs seien die »Vorboten der baldigen Auferstehung der Menschheit«. Orfeo konnte in die »höheren Oktaven des Lichts« schauen, und am Ende des Buchs wurde ihm verkündigt, daß er kein Gefangener der Erde mehr sei, sondern die Ketten der Materie durchbrochen habe – »Unser verlorener Bruder ist zu uns zurückgekehrt«[468].

Im Unterschied zu allen anderen Kontaktlern hat der Schweizer EDUARD MEIER, genannt Billy, geb. 3. 2. 1937, scharf antireligiöse Botschaften aus der Sternenwelt empfangen, die auch seinen eigenen Intentionen völlig entsprachen. Schon seit dem fünften Lebensjahr will er Kontakte mit Außerirdischen gehabt haben, und sein ganzes Interessenfeld war durch UFOs und damit verbundene Mythen bestimmt[469]. Dann am 21. Januar 1975 wurde er telepathisch auf eine Waldwiese nahe Hinwil (bei Zürich) bestellt, und alsbald landete ein UFO, und eine junge

[467] Orfeo Angelucci, Das Geheimnis der Untertasse, S. 56 und 59
[468] a. a. O. S. 126 und 144f.
[469] Kennzeichnend sind die Namen seiner Kinder: Die Tochter (1967) bekam den Namen »Gilgamesha«, die beiden Knaben »Atlantis« (1970) und »Methusalem« (1973).

Dame entstieg ihm. »Sie hatte lange blonde Haare, sehr feine Züge und einen bläulichen Schimmer auf der Haut. Mir fielen ihre langen Ohrläppchen auf, die bis weit auf die Wangen reichten. Die Frau faßte mich am Arm und sprach in perfektem Deutsch ...« Sie stellte sich ihm vor: Semjase vom Planeten Erra, der zu den Plejaden gehört[470]. Sie sei 300 Jahre alt, aber die durchschnittliche Lebensdauer der Erraner betrage 1000 Jahre. Außerdem seien sie in ihrer Zivilisation den Erdenmenschen um 13 000 Jahre voraus. Es fanden nun allwöchentliche Gesprächstreffen statt. Semjase teilte mit, sie sei mit etlichen anderen Plejade-Leuten – ihrem Vater Ptah[471], Petale, Asket, Sfath u. a. – zur Erde gekommen und habe nach langem Suchen ihn, Billy, entdeckt: »Du bist ein furchtloser und ehrlicher Mensch. Wir haben dich seit Jahren beobachtet. Höre, was ich dir zu sagen habe. Schreibe es auf und übergebe es der Öffentlichkeit.« Er wurde von der Plejaden-Delegation zum Propheten für die Menschheit ernannt, um ihr bei ihrer hochwichtigen Aufgabe zu helfen. Es gelte nämlich, die Erde auszumisten, denn sie sei zu einem Pestherd und damit zu einer öffentlichen Gefahr für das Universum geworden.

Schrecklichstes Übel: die Religionen und besonders die »Christenreligion«. Schon vor 150 Jahren hätten drei Galaxien Expeditionsschiffe zur Erde entsandt. Aber statt die Pest zu bekämpfen, hätten sie sich anstecken lassen und nach ihrer Rückkehr auch ihren Heimatstern verseucht. Binnen elf Jahren seien in der dortigen »friedvollen und bisher nur nach den Schöpfungsgesetzen lebenden Menschheit« Unfrieden, öffentliche Unruhen und schließlich ein weltweiter Krieg ausgebrochen, der auf zwei andere Welten übergriff und eine davon zerstörte. Deshalb wurde die Erde zum Sperrgebiet erklärt, und jedes Raumschiff, das sich zu ihr verirren und nicht mehr wegkommen sollte, muß sich selbst vernichten. Das geschah denn auch bei der Tungusischen Katastrophe im Jahr 1908 (S. 777).

Semjase flirtete fleißig mit Billy und erklärte ihm alle Geheimnisse des Universums und der Technik der Raumschiffe. Es ist vielfach wirres Zeug in klug scheinender Drapierung: Für die superzivilisierten Erraner ist der Weg zur Erde, immerhin 500 Lichtjahre, nur ein Katzensprung. Denn sie können Raum und Zeit so manipulieren, daß daraus eine »Nullzeit« entsteht. Es gibt mehrere Welten und mehrere Dimensionen, und jede dieser Dimensionen hat ihre eigene »Zeitebene«, und man kann durch ein »Dimensionen-Tor« von einer Dimension zur anderen gelangen. Staunend vernimmt man, daß die Erde schon 646 Milliarden Jahre alt sei – nach Berechnungen der Astronomen beträgt das Alter des ganzen Kosmos »nur« 15 bis 20 Milliarden Jahre. Auch die Menschheit und ihre Kultur sei viel, viel älter als die Biologen und Archäologen vermuten. Sie gehöre als Abkömmling einer »äußerst hoch entwickelten Menschenform« des Alls zu den »wohlproportioniertesten und bestaussehendsten menschlichen Lebensformen im Univer-

[470] Dieser Name wurde wohl aus Henoch 6–10 entnommen. Dort wird erzählt, daß 200 »Himmelssöhne« unter Führung ihres »Obersten« Semjasa auf den Berg Hermon herabstiegen und Menschenfrauen schwängerten. Diese gebaren 3000 Ellen lange Riesen, die alle Nahrungsmittelvorräte der Menschen und schließlich diese selbst auffraßen. »Da klagte die Erde über die Ungerechten«, und Gott sandte Michael, daß er die 200 binde »bis zum Tag ihres Gerichts«.

[471] Name eines ägyptischen Gotts

sum«. Mit dem Beginn des Wassermannzeitalters am 3. Februar 1937, 10.20 Uhr, sei endlich die »Antichristzeit« angebrochen, aber es gebe immer noch Störungen, »insbesondere durch irre Religionen, die sich versklavend, demütigend und ausbeuterisch auf die Menschheit auswirken«. »Nirgendwo anders existieren solche Religionen des Wahnsinns, wie sie hier auf Erden grassieren«. Semjase ließ ihren Billy auch Ausflüge in den Kosmos machen, und durch die »Benutzung des Hyperraums« konnte ihr Strahlschiff »unzählige Trilliarden« Lichtjahre zurücklegen. So gelangte Billy vorbei an ganzen Heeren von Galaxien bis zur »Barriere dieses Universums«, hinter der sich andere Universen dehnen. Und er photographierte fleißig, was er sah. Er konnte auch in die ferne Vergangenheit der Erde zurückschweben und knipste Saurier und Landschaften. Natürlich machte er auch gestochen scharfe Aufnahmen von UFOs, drehte sogar einen einstündigen Farbfilm, der z.B. in Nahsicht zeigt, wie ein UFO einen großen Baum umkreist. Die vervielfältigten Gespräche mit Semjase verteilte er unter Geistesverwandten – diesen Vervielfältigungen entstammen auch die bisherigen Zitate – und gründete eine »Freie Interessengemeinschaft für Grenz- und Geisteswissenschaften und Ufologiestudien« mit dem Monatsblatt »Stimme der Wassermannzeit«. Er polemisierte gegen Karl L. Veit und die DUIST wegen ihrer »eigentlichen, jedoch offenbar geheimgehaltenen Zielsetzung, die in einem bereits an Fanatismus und ans Elend grenzenden Christus-Sektierertum ankert«. In allen Kontaktleuten witterte er Lügner, deren Berichte »mit religiösen Hinter- und Vordergründen versehen sind«. Er hat ein ungedrucktes Buch »Ein offenes Wort« mit den Greueltaten der Kirchengeschichte gefüllt. »Wer besitzt genügend Erkenntnis und Courage, dieses Buch zu verlegen?« Mit alledem befindet er sich in voller Übereinstimmung mit Semjase[472].

Neben den unmittelbaren physischen Begegnungen gibt es auch *telepathische Kontakte*. Sie erfolgen medial, per »Psychophon«, über Radio oder Tonband. So empfing die Amerikanerin »E.P.A.« Botschaften von Ashtar, dem »Befehlshaber von 10 Millionen Wesen aus dem Weltraum, die ihre Stützpunkte im Bereich eurer Erdbahn bezogen haben«. Erst durch automatisches Schreiben, dann durch »mentale Telepathie« bekam die Amerikanerin Gloria Lee, Luftstewardeß und verheiratet mit einem Flugzeug-Ingenieur, 1953 Verbindung mit einem Menschen auf dem Jupiter. Er nannte sich »J. W.«, hatte ein »Seelenalter« von 12 Millionen Jahren und war hochentwickelt. Er sagte ihr, sie habe früher auf der Venus gelebt. Sie wurde sein »Werkzeug«, durch das er das Buch »Botschaft eines Jupitermenschen« schrieb. Es ist eine Heilsbotschaft für die Menschheit: »Wir können eurem Planeten ungeheuer mit der Erkenntnis helfen, die in unserem Besitz ist.« Er ist noch nicht »in Harmonie« mit den anderen Planeten; das ist »allein auf das Bewußtsein der Menschen zurückzuführen«. Während die Bewohner der anderen Planeten das »Christus-Bewußtsein« haben, ist das karmische Bild der Erdenmenschheit voller Verneinung. Das soll nun anders werden. Die Jupitermenschen

[472] Stimme des Wassermannzeitalters 3, Oktober 1975 – Auch Semjase war bemerkenswert flink in ihrer Polemik. So übte sie an einem UFO-Anhänger in Oberbayern, der ihr widersprach, einen makabren Rufmord: Sie erklärte, in seiner letzten Inkarnation in einer Stadt des Ruhrgebiets habe er einen Mord begangen und sei hingerichtet worden.

werden landen und ihr zum Christus-Bewußtsein verhelfen und dableiben, bis das Neue Zeitalter hergerichtet ist, und dann wird die Erde als letzter Planet »in das Christus-Bewußtsein eingehen«. Dieser Weg wird durch Krisen führen; denn die Verneinung muß durch einen schmerzhaften Reinigungsprozeß ausgelöscht werden. »Wir müssen dann eure vollständige Mitarbeit haben, um euch und euren Planeten zu retten; fehlt sie, dann droht der Erde die Zerstörung.«[473]

Der 1975 gestorbene Heinrich Fitzthum aus Bebenhausen, der während seines »25jährigen geistigen Studiums« oft nachts von außerirdischen hohen Meistern belehrt wurde, gab zahlreiche »per Psychophon und Radio« empfangene Botschaften bekannt. Unter den planetarischen Sprechern waren auch einige Verfolgte der nationalsozialistischen Diktatur. So lebte Astrollin von der Venus einst als »Franzl« im Bayerischen Wald, kam ins KZ und starb dort als Opfer medizinischer Versuche. Lillie-Bern vom Planeten Korendor konnte unter Lebensgefahr mit einer Freundin aus dem KZ flüchten und wurde von einem UFO aufgenommen und gerettet[474].

Neben der Telepathie benützte Johannes Bolte in Heidelsheim, früher Pfarrer in Hemleben, zur Erkundung der Sternenvölker das Siderische Pendel. Er stellte als Magnetopath und Pendelforscher seine starke mediale Begabung auch in den Dienst der Fernheilung und der Jenseitsforschung. Mit seinen Schriften und Vorträgen sammelte er einen beträchtlichen Kreis von Interessierten. Er formte Pendel aus Stearin und bat Gott dabei, er möge in sie eine Strahlung hineinlegen, die der Strahlung eines bestimmten Sterns entspricht. »Die Erfolge dieser Methode waren geradezu verblüffend. Mit einem solchen Pendel in der Hand übernahm ich Gedankenschwingungen, die es mir ermöglichten, bildhafte Einfälle zu bekommen, Skizzen zu zeichnen, Ja- und Nein-Fragen zu stellen, die offensichtlich von einem höheren Wissen beantwortet wurden.« Er konnte die Geheimnisse des Mars ergründen, einen »seelischen Kontakt« mit dem Merkur herstellen, den »roten Fleck« auf dem Jupiter zeichnen, Einzelheiten von Sonnen unserer und anderer Galaxien »finden« und mit der »Methode des Inspirations-Pendels« geistig weiter vorstoßen, als es den heutigen Teleskopen möglich ist[475].

In Berlin bildete Herbert Victor Speer, der schon seit 1920 auf mediumistischem Gebiet tätig war, nach dem Zweiten Weltkrieg auch seinen Sohn Uwe (geb. 1934) zum Medium aus. Er empfing Stimmen aus der Geistigen Welt, die seit 1952 publiziert wurden. Es bildete sich ein »Familienzirkel«, der sich *»Psychowissenschaftliche Forschungsgemeinschaft Berlin«*, auch *»Medialer Friedenskreis«* nannte. Im Rahmen der Gespräche mit den Außerirdischen meldete sich 1956 erstmals Ashtar Sheran, Oberkommandant der UFO-Flotte und zugleich »ein universeller Weltenlehrer, der die Mission eines Messias zu erfüllen hat«[476]. Weitere Sprecher wa-

[473] Diese Botschaft paßte natürlich der Semjase von den Plejaden nicht ins Konzept. Darum erklärte sie prompt am 14. September 1975, das Werk der Gloria Lee sei »eine Eigeninspiration im Glauben dessen, sie wäre durch ein Jupiterwesen inspiriert worden«. Dieser Selbstbetrug sei deshalb möglich gewesen, weil sie »in einer äußerst mystischen Welt lebte«.

[474] Diese und andere Kundgaben Außerirdischer wurden von Ursula Jahnke in ihren »Kontakt-Berichten« veröffentlicht.

[475] Johannes Bolte, Ich »sah« in ferne Welten, S. 3 ff.

[476] Via Terra, S. 12

ren Elias, Aredos, Argun u. a., lauter Vertreter der Santiner. Deren Heimatstern heißt Metharia, und sie sind eine Art kosmischer Wach- und Schließgesellschaft, da sie vom Geistigen Reich »als Mithelfer in der göttlichen Ordnung ausersehen« sind[477]. Zur Beobachtung und Kontrolle haben sie aus einem glasartigen Baustoff zahlreiche Weltraumstationen errichtet, in denen jeweils »weit mehr als 10000 Menschen mit Höchstkomfort« leben. Sie beherrschen Telepathie und Dematerialisation, überwachen die Erde mit ferngesteuerten Aufklärungs- und Informationsflugschiffen, können mit ihrem »übergroßen Raumschiff Typ AS« die Lichtgeschwindigkeit um 150% übertreffen, und die Besatzung ist autark, da sie aus freien Atomen Nahrung, aus fester Materie Wasser und in Treibhäusern Gemüse herstellen kann. Um die Zukunft der Menschheit machen sie sich schwere Sorgen. Die schlimmsten Übel sind: die materialistische Wissenschaft, der atheistische Kommunismus, die moralische Verderbnis des Westens, die entartete Religion und die atomare Bedrohung. Darum bedarf sie der Warnung und Belehrung. Die Aufklärung, die dem Medialen Friedenskreis zuteil wurde, erstreckte sich über alle Bereiche, umfaßte Krebs und Gammler, Theologie und Kreislaufstörungen, Reinkarnation und Studentenunruhen, das Verhältnis USA-Sowjetunion-China und die Zwölfton-Musik, die Verhältnisse im Geistigen Reich und das Fortleben nach dem Tod. Die Botschaften der Santiner wurden in zahlreichen Schriften[478] und in der Monatsschrift »Mene-Tekel« verbreitet. Am 6. März 1975 starb der Gewerbeoberlehrer Paul Ferdinand Hagemeister, der die Fragen an die Santiner zu formulieren pflegte, und weil offenbar für ihn kein Nachfolger gefunden wurde, stellte der Mediale Friedenskreis seine Tätigkeit ein. Ein Santiner tröstete: »Es gibt noch vieles zu sagen, aber es werden sich neue Zirkel bilden«, denen Kunde gegeben werden kann vom Geistigen Reich, »diesem gewaltigen Reich superlativen Lebens«. Er behauptete, daß die von ihnen durchgeführte Mission »seit Christus' Zeiten die größte war, die es gegeben hat«, und Victor H. Speer bestätigte dies: »Die Kontakte haben über 8000 Seiten DIN A4 ergeben. Eine Leistung, die jedes Maß übertrifft.«[479]

Die Botschaft der Sternenmenschen

Die Planetarier sind von schweren Sorgen um die Erde erfüllt. Schon seit langer Zeit beobachten sie mit wachsender Beunruhigung die Wogen von Feindschaft und Haß und die blutigen Kriege und die technischen Fortschritte in der Entwicklung von Waffen. Und dann explodierten im August 1945 die Atombomben in Japan. Das war das Alarmsignal, das dann seit 1947 das massenhafte Auftreten von UFOs im Erdenraum auslöste. Die Atombombenversuche der Folgezeit ver-

[477] Ewige Wahrheit, S. 76

[478] Einige Titel: Boten der Zukunft – Ein außerirdischer Kontaktbericht – Die große UFO-Botschaft – Veritas vincit – Von Stern zu Stern – Ewige Wahrheit – An alle – Antidiamat, die Widerlegung des dialektischen Materialismus – Via Terra– Aufruf aus dem Kosmos – Gigant im All – Was ist Wahrheit?

[479] Mene-Tekel, 1. Dezember 1975

stärkten die düstere Aussicht auf eine nukleare Selbstzerstörung der Erde. Das mußte unter allen Umständen verhütet werden. Denn es steht nicht nur das Leben der Menschheit auf dem Spiel, sondern auch das »Gravitationsgleichgewicht« des ganzen Sonnensystems, und wegen der Störung der ätherischen Substanz mußten auf den benachbarten Planeten bereits einige Städte geräumt werden.
So erheben denn die Planetarier *leidenschaftliche Anklagen* gegen die Regierungen, die Militärs und die Rüstungsindustrie: Die Regierungen seien korrupt, die Konzerne profitgierig und die Militärs drängten auf immer schrecklichere Vernichtungsmittel. Und die Wissenschaftler, die doch verantwortungsbewußt und weise sein sollten, schämen sich nicht, als »Ingenieure des Todes« solche Vernichtungsmittel zu konstruieren! Sie sind »lauter Narren und gehören in die Irrenanstalt eingesperrt«. Die Anklage weitet sich zu einer Bußpredigt aus: »Die ganze Menschheit auf dem Planeten Erde hat ihren Schöpfer vergessen.« Wenn Kontaktler zum Frieden mahnen, werden sie »ausgelacht und als Lügner und Schwindler verfolgt«. Die Menschen morden Tiere und ernähren sich von diesen Leichen. Darum sind sie auch bereit, Kriege zu führen und ihre eigenen Mitmenschen umzubringen. Sie sind ins Materielle verstrickt und kennen nicht mehr den wahren Sinn ihres Lebens. Sie glauben, gebildet zu sein, »aber der Großteil ist schlechter als die Wilden«. Sie sind nicht nur geistig unterentwickelt, sondern noch »halbe Tiermenschen oder vielmehr Raubtiermenschen«[480].
Nachdem sie in den Besitz der Atombombe gekommen sind, sind sie brandgefährlich geworden. Die Sternenvölker wollen die *drohende Katastrophe verhindern*. Auf welche Weise? Darüber erhielten die Kontaktler verschiedene Auskünfte. Etwa: Planetarier mit Millionen Raumschiffen wurden rund um die Erde stationiert, um im Notfall einzugreifen. Sie dürfen zwar keine Gewalt üben; aber sie können Warnungen an die irdischen Machthaber richten und die Waffen der irdischen Streitkräfte unwirksam machen.
Andere bevorzugen die pädagogische Einwirkung: Sie wollen die Menschheit aus ihrem materialistisch-egoistischen Denken wachrütteln und sie auf höhere Lebensziele hinweisen; die Beeinflussung ihrer Gedankenwelt erfolgt mittels »telepathischer Impulse«. Wieder andere haben sich auf der Erde inkarniert, wie es

[480] Kundgaben des Venusiers Asterin vom 28. September; 31. März; 10. Juli; 13. Mai 1974; 31. Dezember 1973; 14. Dezember 1971 – Von diesen pauschalen Verurteilungen heben sich die Jupiterbotschaften von Gloria Lee wohltuend ab. Danach wollen die Planetarier der Erdenmenschheit helfen, weil sie ihr »eine Schuld zurückzuzahlen« haben: Einst war die Erde durch wunderbare Seelen erleuchtet; deshalb schickten ihr die anderen Planeten ihre »geistigen Nachzügler«, damit sie gebessert würden. Aber das Gegenteil geschah: sie zogen die Erdenmenschheit »in die niedere Schwingung« herab; vormals ätherisch, verdarb sie zu physischen Wesen, blind für die geistige Welt. Die Erde wurde zu einem hoffnungslosen Planeten, und die Außerirdischen beschlossen, ihn zu zerstören. Aber Sanat Kumara, die Große Seele von der Venus, besuchte aus Mitleid die Erde und fand zwei Seelen, in denen noch »ein schwaches geistiges Licht glomm«. Er erbat sich vom Logos, noch einen letzten Rettungsversuch machen zu dürfen. Das war vor 18 Millionen Jahren. Die beiden Seelen wurden in ihren späteren Inkarnationen Buddha und Krishna genannt. Durch sie wurde die Rettung der Erde eingeleitet. Und jetzt werden bald Jupiterbewohner landen und die Menschen auf eine höhere Entwicklungsstufe bringen, damit sie die »neue Schwingung der Liebe aushalten«, wenn sich die Erde jetzt »in ein neues Gebiet der Schwingungstätigkeit hineinbewegt«. (Botschaft eines Jupitermenschen, S. 23 ff.)

einst Christus getan hatte. »Kein Mensch auf Erden kann sie erkennen mit Ausnahme derer, denen sie sich selbst offenbaren.«[481] Sie sind gewissermaßen Heilande, die aus selbstloser Liebe auf die krisengeschüttelte Erde gekommen sind. Aber sie wollen nicht nur mahnen und Wege weisen, sondern sind auch inkognito in Regierungen, Parlamente, Forschungszentren, Rüstungskonzerne, Raketenstützpunkte usw. eingesickert, um sie zu überwachen und zu beeinflussen. Ihre Bundesgenossen sind die Kontaktler und die UFO-Gläubigen; sie müssen die Botschaft der Planetarier verbreiten, Zweifler bekehren, gegen Kernwaffenversuche protestieren, für Abrüstung kämpfen und alles fördern, was der Versöhnung dient.

Zur Botschaft der Planetarier gehört auch der warnende Hinweis auf den Planeten Mallona – andere geben ihm andere Namen –, der durch Atombomben zerrissen wurde. Daß der dritte Weltkrieg bisher verhindert werden konnte, ist ihnen zu verdanken: »Durch unsere häufigen Erscheinungen mit unseren Raumschiffen und Kleinflugzeugen fürchten diese Großmächte unser Eingreifen«, erklärte Meister Kalen-Li vom Planeten Korendor[482].

Was werden die Planetarier tun, wenn es trotzdem zum Schlimmsten kommt? Auch darüber besteht keine Einigkeit. Die einen wollen über die ganze Erde rechtzeitig »ein Strahlennetz schwingen lassen«, das jede Kernexplosion verhindert[483]. Andere rechnen damit, daß das apokalyptische Gewitter losbricht, und werden dann in großer Zahl erscheinen, um die Verängstigten zu trösten und so viele wie möglich zu evakuieren. Die »Auserwählten« aber werden in sicherer Hut auf der Erde bleiben, »denn ihre Kraft wird gebraucht zur Aufrechterhaltung der Schwingung, die nötig ist als Hilfe, um den Planeten durch seine dunkelste Stunde zu tragen«[484]. Die Katastrophe wird also nur ein schreckliches Strafgericht, aber kein Untergang sein. Die Verstockten, die Egoisten, Machtgierigen, Kriegstreiber und Atomwaffenproduzenten werden in die Tiefe der ewigen Nacht geschleudert. Für die Gutgesinnten aber beginnt das Neue Zeitalter[485].

[481] O. Angelucci, Das Geheimnis der Untertassen, S. 159 – Auf dem Weltkongreß der UFO-Forscher 1960 in Wiesbaden waren Teilnehmer überzeugt: »Planetarier sind da, vielleicht unerkannt unter den 1000 Teilnehmern, vielleicht unsichtbar. Sie erfüllten und durchkrafteten deutlich die Atmosphäre im ganzen Saal.« (Dokumentarbericht 1960, S. 195)

[482] Kundgabe vom 25. August 1974, veröffentlicht von Ursula Jahnke

[483] Seta, Todeswolken über uns, S. 23 f.

[484] Dokumentarbericht 1960, S. 66 ff.

[485] Die durch solche Botschaften angeheizte apokalyptische Erwartung wurde von einem Mann in Santiago, der sich *»Michalek«* nannte, ausgenützt. Er bediente sich des Herausgebers der »kosmobiologischen« Zeitschrift »Neues Europa«, Louis Emrich, der visionäre Gaben hatte und sich als Prognostiker einen Namen machte. In einem »Aufruf an die gesamte Weltöffentlichkeit«, am 15. Mai 1958 veröffentlicht, gab Michalek bekannt, daß er der »irdische Vertrauensmann einer außerirdischen Macht« sei und daß planetarische Soldaten in Bälde landen werden. In weiteren Verlautbarungen, die sich durch gewaltige Schlangen- und Schachtelsätze auszeichneten, teilte Michalek mit, daß er der »autorisierte Sprecher« der obersten Führung des Planeten Venus sei und daß die Landung voraussichtlich noch »im Lauf des Jahres 1958« erfolgen werde und zwar auf dem Berliner Flugplatz »Tempelhof«. Widerstand zwecklos, weil unmöglich. Nächste Aktion: Deutschland wird wiedervereinigt, Österreich, Liechtenstein, die deutsche Schweiz und Luxemburg werden eingemeindet und Berlin wird nicht nur die Hauptstadt des Großdeutschen Reichs, sondern auch der »Weltrepublik Erde«, zu deren »designiertem Präsidenten« Michalek ernannt worden sei. Er ließ sich mit »Exzel-

Dieses *Neue Zeitalter* ist das Gegenstück zum biblischen Tausendjährigen Reich. An seinem Beginn steht die Parusie der planetarischen Heerscharen. Sie werden beim Aufbau eines Paradieses helfen: Sie werden alles beseitigen, was die Menschen beunruhigt, ängstigt und unglücklich macht. Sie werden dafür sorgen, daß weise und edle Staatsmänner regieren, die Nationalismen durch Bruderschaft ersetzt und die Menschen zu Demut und Friedlichkeit erzogen werden. Sie werden die verpestete Erdatmosphäre reinigen und die feine ätherische Lebenskraft mit Strömen »kosmischer Energie« durchdringen. Sie werden die Menschen »nur zu gern einweihen in viele Geheimnisse und Freuden, die wir besitzen«. Sie werden den ganzen Erdball geistig erleuchten und in der Menschheit die Sehnsucht nach der Erkenntnis Christi und nach seinem Geist der Wahrheit erwecken. Dann wird Christus die Herrschaft über die Erde übernehmen, die aus einem finsteren Planeten in einen »Himmelskörper von strahlendem Glanz« umgewandelt wurde[486]. Nun können die Menschen teilhaben an den Errungenschaften der weit überlegenen außerirdischen Kulturen. Sie werden lernen, mit den »ätherischen Energien« zu experimentieren, Psi-Kräfte zu entwickeln, unbekannte technische Geräte zu gebrauchen, ein klares Wissen über die Existenz Gottes und seiner Gesetze und über den Kosmos zu erhalten.
Um ihnen zu zeigen, welche Höhe der technischen Perfektion, des Komforts und der inneren Harmonie sie erreichen können, entwerfen die Planetarier Bilder von

lenz« anreden und beförderte Louis Emrich zum »designierten Pressechef«, sein Blatt zum »einzigsten zugelassenen Sprachrohr der Oberhoheitlichen Regierung der Weltrepublik«. Er tadelte Eisenhower und Chruschtschow wegen ihrer Streitigkeiten um Berlin mit unwirschen Drohtelegrammen, hatte Gespräche mit dem Weltraumflottengeneral Ase und verkündigte die Verfassung der Weltrepublik Erde in 102 Artikeln. Das Echo auf diese Neuigkeiten war verschieden. Die einen schimpften, andere witzelten, aber viele glaubten und fieberten. Sie priesen Michalek als neuen Messias und stellten sich ihm zur Verfügung – mehr als 30000, schloß Emrich aus der Nummer seiner Ausweiskarte. Mitglieder der Weltregierung in spe wurden ernannt: Minister, Dolmetscher, Wirtschaftsberater, Sekretärinnen u. a. m., und mit Dienstausweisen versehen. Am 17. Dezember 1958 ließ Michalek den Venuspräsidenten Urun »infolge Altersschwäche« sterben und verschob wegen der Hoftrauer die Landung der Venusier auf den 5. Februar 1959. Aber auch da passierte nichts. Zweifel keimten. Michalek überlärmte sie mit Siegesmeldungen: London, Washington, Moskau haben sich »geistig« hinter ihn gestellt! Sein »Sicherheits-Kommissar« gab »allen Provinzialführungen (Ex-Staatsregierungen) in allen Weltprovinzen (Ex-Staaten)« den »Dienstbefehl«, für die »absolute Unschädlichmachung« aller Massenvernichtungswaffen zu sorgen. Das ließ die Begeisterung aufflammen. Der Glaube wuchs wieder. Michaleks Erfolge nahmen lawinenartig zu: er wurde »von der UN anerkannt«! Auch die katholische Kirche und die »Welt-Großmacht Film« stehen hinter ihm! Die Hochfinanz buhlt um seine Gunst! Aber die Landung mußte immer wieder verschoben werden, und die Ausreden wurden immer fadenscheiniger. Emrichs Glaube wankte. Und dann platzte die Bombe: Am 1. August 1960 gab Emrich bekannt, daß »Michalek« schlicht Franz Weber heiße und sich als illegitimer Sohn Hitlers ausgebe. Er war ein arbeitsscheuer Gauner, der sich in Santiago von Spenden alter Nazis, von Scheck- und Wechselbetrügereien, Fälschungen, Unterschlagungen und seit 1958 von der Venus-Story nährte. Er verkaufte Minister- und Beamtenposten und Grundstücke auf der Venus. Nach Schätzungen der Kriminalpolizei erschwindelte er über 1 Million DM von seinen Gläubigen, und unter diesen waren nicht nur Narren und Einfältige, sondern auch Männer, die »führende Positionen in Wirtschaft, Wissenschaft und Kultur hatten, die gebildet und hochintelligent waren« (Andere Welt 1962, 5). Dem Zugriff der Justiz konnte er sich entziehen; nur sein »Sicherheitskommissar« Karl Mekis wurde gefaßt und in Wiener Neustadt zu fünf Jahren verschärftem Kerker verurteilt.

486 Ashtar, In kommenden Tagen, S. 43f., 24 und 75

ihren Heimatsternen. Nach Howard Menger bewegen sich die *Venusier* auf Wagen ohne Räder; sie haben keine Behörden und kein Geldsystem, sind dank Vollautomatisierung der Handarbeit enthoben, leben in lichtdurchlässigen Häusern, nähren sich vegetarisch, züchten fünfmal größere Kohlköpfe als wir, haben Gütergemeinschaft und keine Zwangsehe, zeugen hochbegabte Kinder und werden durchschnittlich 800 Jahre alt. Nach Dick Miller gibt es auf der Venus »herrliche und riesig große Städte, weite Meere, alles in prächtigen Farben, und wir empfinden Wärme und Frohsinn«. Salvador Villanueva Medina wiederum entdeckte auf der Venus enorme Fabriken in Meerestiefe, unzählige Raumschiffe jeder Größe, zehnstöckige Autobusse, raffinierte Klos, im Hotel Selbstbedienung in automatischer Wäscherei sowie Fuß- und Fingernagelbeschneidung und -polierung, Sessel mit eingebauten Opern und Hörspielen und anstelle von Friedhöfen auf jedem Stockwerk einen »Auflösungsapparat«. Der Venusier Asterin endlich weiß zu berichten, daß die Hälfte des Planeten mit Meer bedeckt ist und daß im ganzen Jahr Frühling oder Sommer herrscht. Es gibt eine reiche Tierwelt, und »die schönsten Vögel, welche Tag und Nacht singen«. Von Gott zugeteilte geistige Führer geleiten die Venusier. Ihre Schulausbildung währt vom 8. bis zum 20. Lebensjahr und erstreckt sich auch auf Inspiration, Telepathie, Materialisation, mediales Schaffen und die Weltraumfahrt. Es wird eine Menschheit ausgebildet, die »ganz der Liebe lebt, um anderen, tiefstehenden Menschen zu helfen«. In der Technik ist sie um das Hundertfache höher entwickelt als die Erdenmenschheit. Jede Familie hat ein Kleinflugzeug; darum bedarf es keiner Schiffe, Eisenbahnen, Straßen und Brükken. In den Bergen gibt es schöne Kristalle, Edelsteine, Gold und Silber. Lasten werden durch Aufhebung der Schwerkraft transportiert. Feindschaft, Lebensüberdruß, Not, Krankheiten, Verbrechen, Kriege kommen nicht vor. Es wird nackt gebadet, und danach »machen wir draußen im Freien unsere Yoga-Übungen und preisen Gott«[487].

Der *Merkur* ist nach Dick Miller unwohnlich und wird von den Planetariern nur als »Beobachtungs- und Versuchsstation« benützt. Nach Johannes Bolte dagegen leben 200 Millionen Menschen auf dem Merkur. »Sie wohnen aber nicht in Städten, sie wohnen unterirdisch. Denn oben ist es zu heiß.« Die Oberfläche ist eine waldlose, trockene Graslandschaft mit kleinen Seen. Das meiste Wasser verläuft unterirdisch. Die Tierwelt besteht aus Zugvögeln, Flug-Echsen und eigenartigen Schuppentieren mit Atmungsorganen am Schwanz. Die Menschen haben keine Raumschiffe, können aber mit ihren »Seelenkörpern« in die Fernen des Weltenraums wandern, sich auch telepathisch mit fremden Menschheiten unterhalten. Am Verstand sind sie den Erdenmenschen weit überlegen, leben vegetarisch und schaffen sich ihre Nahrung durch »Teleportation«, d. h. Dematerialisierung herbei[488].

Auf dem *Mars* sah Dick Miller Wohnstätten und enorme Industrien, größtenteils unterirdisch. Die Hochebenen sind blaurot, die Wüsten dunkelrot, und in einer herrlich grünen Gegend liegt eine »Stadt von funkelnder Pracht«. Den *Saturn* mit seinen Marmorgebäuden, Hallen und Pavillons nannte er den »Gesetzeshüter die-

[487] Kontaktler-Bericht vom 25. Februar 1974
[488] J. Bolte, Ich »sah« in ferne Welten, S. 9ff.

ses Systems«. Hier herrschen Mitleid und Erbarmen. Die Bewohner sind ausgeglichen und harmonisch und erholen sich auf den Monden, die ihn umkreisen. Nach dem Bericht einiger Venusier[489] ist er von über 10 Milliarden Menschen bewohnt; davon sind 3 Milliarden »höchstentwickelt«, die anderen »ziemlich unterentwickelt«. Die ersteren können mit ihren riesigen Raumschiffen bis in das Weltall vorstoßen. Die Männer sind verpflichtet, im Alter von 30 bis 40 Jahren zu heiraten. Im »heiligen Tempel« nimmt der Priester die Trauung vor. Danach enthüllt der »große Geist des Lichtes«, d. h. Gott, sein Gesicht und segnet das Paar. Er hat einen Leib wie jeder Mensch, aber alle unendliche Macht liegt in seinem Willen. Mit der Kraft seiner Weisheit erschafft und leitet er das ganze Universum. Es ist den Saturnmenschen bekannt, daß er auf der Erde Mensch geworden ist, aber sie sind traurig darüber, daß »ihn die Menschen nicht erkannt haben«. Diese sind überhaupt »fast schlechter als die Tiere«, weil sie den »geschlechtlichen Verkehr aus reiner Wollust« betreiben. Auf dem Saturn geht es ganz keusch zu: Ein Paar, das ein Kind wünscht, geht mit dem Priester in den Tempel und betet zu Gott. Dann umarmt der Mann die Frau, küßt sie, legt seine rechte Hand auf ihre nackten Brüste und ihren Leib und fixiert sie mit dem Willen, Gott möge ihm »in ihrem Körper eine lebendige Frucht von seinem Samen zukommen lassen«. Danach knien beide nieder und danken Gott. »Dies ist die ganze Zeugung.«
Ein Planet des *Alpha Centauri* hat schneebedeckte Gebirge und mächtige Städte, die den Geist ewiger Jugend atmen. Die Bewohner strahlen Wärme und Freundlichkeit aus und sind den Menschen in Kultur und Technik 10000 bis 15000 Jahre voraus. Die Bewohner des *Aldebaran* erzeugen in fünf Zentren die Energie für den ganzen Stern, und der Transport und Verkehr erfolgt über Lichtfelder. Der *Sirius* ist dank seiner titanischen Kräfte und gigantischen Bergwerke und technischen Hochleistungen zum industriellen Lieferanten von Nachbarsonnen geworden. Auf dem *Prokyon,* einem Juwel in Smaragdgrün, scheinen die Wohnstätten in der Luft zu schweben, Gebäudekolosse werden von Strahlen unsichtbarer Energie getragen, und die Bewohner bewegen sich mühelos mit Hilfe »eines hauchdünnen Films von Energieströmen«. In einer Kugel wirbelnden Lichts wird Energie erzeugt, die dem Produkt von einer Million Sonnen gleichkommt. Kein Wunder, daß der Prokyon Freude und Wohlbefinden ausstrahlt. Ist er gar der Sitz Gottes? Über einem Juwel von gewaltigem Ausmaß schweben in hauchzarter Schönheit drei Wesenheiten – »und allmählich wächst in uns ein staunendes Begreifen, daß wir, vielleicht, uns in der Gegenwart der Dreieinigkeit befinden«[490].

Wer die Berichte der Außerirdischen über ihre Heimatsterne liest, hat das Gefühl, in einem Märchengarten zu wandeln. Bei allen Verschiedenheiten sind sie sich darin einig, daß die Planetarier menschlich und ethisch weit höher stehen als wir, und ihre *technischen Fertigkeiten sind fabelhaft.* Noch ein Beispiel: Auf einem Planeten im Sternbild des Löwen, doppelt so groß wie die Erde und von drei Milliarden Menschen bewohnt, haben die unersättlichen Techniker Raumschiffe gebaut, die

[489] U. Jahnke, Kontakt-Berichte, 31. Dezember 1973
[490] Dick Millers Kontakte mit den Sternenmenschen, S. 64ff.

mit zehnfacher Lichtgeschwindigkeit fliegen; sie beherrschen die Gravitationskraft; sie können jede Materie dematerialisieren, drahtlos transportieren und wieder zurückverwandeln; sämtliche Lebensmittel werden in den Wohnungen wie durch Wasserhähne empfangen; automatisierte Fabriken verwandeln die Materie in Nahrungsmittel, Baustoffe, Inventar oder Maschinenteile; Maschinen können Gedanken in Kraftströme und technische Impulse umsetzen; darum ist die Handarbeit voll durch Gehirntätigkeit ersetzt, und durch einen Sende- und Materialisationsapparat können die Menschen genau nach ihren Wünschen und Vorstellungen Fabriken bauen und Häuser möblieren, ohne einen Finger zu rühren[491]. Andere Kontaktler wissen von anderen Attraktionen zu erzählen. Bei der Besichtigung des Raumschiffs »SPC – 12« wurde Bob Renaud eine »atomische Kopiermaschine« vorgeführt, die z. B. vom ganzen dreidimensionalen Körper eines Menschen ein haargenaues Duplikat »fotografiert«, so daß er im Fall eines irreparablen Schadens ohne weiteres durch einen neuen Körper ersetzt werden kann. Und er dachte: »Könnte diese Maschine im Endeffekt Unsterblichkeit im Fleische verursachen? Wenn nur die irdische Wissenschaft eine solche Technologie hätte!«[492]

Das ist nun die berauschende *Verheißung der Planetarier:* Sie werden die Erdenmenschheit im Rahmen eines durchgreifenden Erziehungsprogramms in einer umfassenden Entwicklungshilfe mit allen ihren Errungenschaften überschütten. Sie werden die Völker unter einer Weltregierung zusammenschließen und den ewigen Frieden einführen. Sie werden den Menschen zur Gottesgewißheit und Vergeistigung verhelfen und sie vom Materialismus und ihren niederen Trieben befreien. Sie werden ihnen Fortschritte ermöglichen, von denen heute selbst die kühnsten Utopisten nicht zu träumen wagen. Und zugleich werden sie der Erdenmenschheit die Pforte zur kosmischen Gemeinschaft öffnen. Im Universum haben sich schon längst unzählige Galaxien zur »Universalen Konföderation« zusammengeschlossen, um einander zu dienen und gemeinsam den »galaktischen Frieden« zu wahren. In diese »Kosmische Bruderschaft« wird die Menschheit aufgenommen, und »jetzt rückt die Zeit rasch näher, in der wir eine solche Einladung an Euch ergehen lassen können«[493]. Der erdgebundene homo sapiens wird in die Rolle des homo cosmicus hineinwachsen. Er wird von seinen materiellen Bindungen frei werden, auch von Krankheit und Tod. Die Erde wird dem kosmischen Handelsverkehr angeschlossen. Der Horizont wird sich unendlich weiten. Interstellare Reisen werden zur Gewohnheit werden: Wir werden mit den Raumschiffen, »in die wir uns hineinsetzen wie in einen Luxuszug, bloß daß es noch unendlich bequemer und schöner ist, selbst die Wunder unseres Planetensystems und später darüber hinaus die des Weltalls schauen dürfen«[494].

Die Außerirdischen haben auch noch andere hoffnungsfrohe Antworten anzubieten: Der Mensch ist ein »lernender Gott«, und sein Erdenleben ist eine Schulzeit,

[491] J. Bolte, Geistesflug ins All, S. 69ff. – Er vermerkt allerdings mit Recht: »Uns würde vor solch einem Leben grauen. Glücklich werden auch diese Menschen nicht dabei.«
[492] U. Jahnke, Kontaktberichte 7, 28. August 1976
[493] Dick Millers Kontakte mit Sternenmenschen, S. 50
[494] UFO-Nachrichten 92, April 1964

und der Tod ist nur »ein Wechsel von einem Daseinszustand in einen anderen«[495]. Da besucht er dann weitere Schulen. Alle Planeten im Kosmos sind Schulen, »und so wie wir in unserem Schulsystem von einer Klasse in die nächste und von einer Schule in die nächst höhere aufsteigen, so steigen wir auch von Planet zu Planet und von System zu System auf«[496]. Der Mensch wird also immer neu inkarniert. Aber nur der Erdverhaftete muß die Erdenschule erneut besuchen. Wer sich von diesen Fesseln freigemacht hat, wird »möglicherweise auf einem anderen Planeten, z.B. der Venus, wiederum geboren werden, die im Vergleich mit der Erde ein wahrer Himmel ist«[497]. Unzählige Stufen des Aufstiegs warten auf ihn. Sternenwelten stehen ihm offen. Mit jeder höheren Stufe wachsen seine Seligkeiten, Fähigkeiten und Aufgaben. Schließlich erreicht er das »absolute Bewußtsein«: er steht in vollkommener Harmonie mit den Gesetzen des Kosmos, respektiert die Rechte aller Welten und Wesen und handelt in Ehrfurcht vor dem urewigen Gott[498].

Säkularistische Religiosität

Die *Parallelen zu den spiritistischen Lehren* sind unverkennbar: hier wie dort Reinkarnation und Aufwärtsentwicklung von Stufe zu Stufe. Und wie die spiritistischen Jenseitsstufen so unterscheiden sich auch die Gestirne durch ihre verschiedenen Frequenzen. Auf der Venus und dem Saturn ist »die Frequenz viel höher und macht so die körperliche Struktur zarter«, und ein irdischer Besucher könnte wahrscheinlich keine der dortigen Lebensformen wahrnehmen[499]. An die Stelle der jenseitigen Geister und hohen Geistführer treten die Planetarier und die kosmischen Meister. Und Gott ist hier wie dort der Ursprung und das Ziel alles Lebens. Er wird von den Marsianern ebenso verehrt wie von den Venusiern oder Korendorianern – lediglich Semjases Plejadenleute sind störrisch und verehren nach dem freigeistigen Muster des 19. Jahrhunderts nur die »Schöpfung«. Gott hat das Universum nach seinen Gesetzen geordnet, aber den Menschen gewährt er Freiheit zur eigenen Entscheidung. Zürnen und Richten sind ihm fremd – »Gott straft niemanden; alles, was uns passiert, bringen wir selber über uns«[500].

[495] Howard Menger, Aus dem Weltraum zu euch, S. 68 und 254
[496] G. Barker, Das Buch über Adamski, S. 75
[497] H. Menger, Aus dem Weltraum zu euch, S. 173
[498] O. Angelucci, Das Geheimnis der Untertassen, S. 156f.
[499] Damit können die UFO-Gläubigen den Einwand beantworten, daß auf den bisher von Weltraumsonden angesteuerten Planeten kein Leben möglich ist und gefunden wurde: Der Merkur ist kraterübersät, besitzt nach den Befunden von Mariner 10 (März/April 1974) keine Atmosphäre und ist auf der Sonnenseite 188° heiß, auf der Schattenseite 173° kalt. Die Venusoberfläche zeigt nach den Übermittlungen der russischen Venera 9 und 10 (Oktober 1975) Geröll oder rissige Felsen und dazwischen erstarrte Lava; die zu 97% aus Kohlendioxid bestehende Atmosphäre – sie ist sechzigmal dichter als die irdische! – ist 460–465° heiß, so daß Ozeane sofort verdunsten, Blei und Zinn schmelzen würden. Auf dem Mars wiederum herrscht nach Viking 1 und 2 (Herbst 1976) 40–75° Kälte; von Leben, auch in den primitivsten Formen, wurden keine Spuren entdeckt. Der Jupiter ist nach Pionier 10 (Dezember 1973) ein flüssiger Planet und besteht vorwiegend aus Wasserstoff und Helium; die Temperatur beträgt 2000° und mehr.
[500] H. Menger, Aus dem Weltraum zu euch, S. 82

In den Aussagen der *Außerirdischen über Christus* spiegeln sich deutlich die persönlichen Überzeugungen der einzelnen Kontaktler. Für Karl L. Veit ist es der Ewige Logos, auf dessen Weisung die UFOs zur Erde kamen »zur Einleitung der Wiederkunft Christi«[501]. Der Evangelist Frank E. Stranges läßt den Venusier Val Thor Christus als den »Herrscher des Universums« feiern; freilich gebe es im Kosmos »viele Wesen, die noch niemals Gottes vollkommenes Gesetz übertreten haben« und darum auch keinen Erlöser brauchen, aber auch für sie sei Christus einzigartig in seiner Macht und Würde[502]. Gerhard Steinhäuser dagegen hält ihn für einen missionierenden Astronauten, der nach Erfüllung seiner Erdenmission in einem Raumschiff wieder auf seinen fernen Heimatplaneten zurückgekehrt ist. Dieser beherberge als eine Art »Missionsplanet« noch mehr himmlische Missionare wie Jesus, die immer wieder andere Planeten besuchen und ihre Heilsbotschaften verkündigen. Der christliche Glaube aber, so dekretiert Steinhäuser, ist aus plumper Nachahmung und kuriosen Fehlinterpretationen der Astronautentechnik entstanden[503]. Auch für den russischen Professor Wladimir Sajzew war Christus ein Astronaut; er landete in Bethlehem, genoß als Angehöriger einer höheren Zivilisation göttliche Verehrung, wurde aber mit seiner »kosmischen Erziehung« von den Menschen nicht verstanden und scheiterte. Andere gesellen ihn als »Meister« zu anderen, die ebenfalls »durch ihren Dienst an der Menschheit zum Meister wurden«[504]. Die Santiner bedienen sich der spiritistischen Lesart, daß Christus »in einem telepathischen Kontakt mit der Hierarchie Gottes stand, außerdem konnte er auch automatisch schreiben. Seine Medialität war enorm.« Über die Lehre von der »Bluterlösung durch Christus« sind die Santiner »entsetzt«. Die Kreuzigung war ein Verbrechen, »und es ist eine Unverschämtheit der Theologen, es so hinzustellen, als ob Gott dieses Verbrechen geduldet, ja darüber hinaus gewünscht hat. Diese Frechheit ist unverzeihlich«, schimpfte der Santinerchef[505]. Jesu Auferstehung war »eine Halbmaterialisation, zu der die Jünger ihre mediale Kraft spendeten«[506]. Mit den *Kirchen* beschäftigen sich die Planetarier nur wenig und wenn, dann kritisch. Nur die Santiner schenken ihnen mehr Aufmerksamkeit. Aber ihre Kirchenkritik entspricht, wie auch ihre politischen und zeitkritischen Äußerungen, nur dem Horizont und Niveau kleinbürgerlicher Stammtischgespräche.

Ganz allgemein kann man sagen, daß die Sternenmenschen im religiösen Bereich kaum etwas Originales zu bieten haben. Sie verkündigen zwar auch eine Erlösungsbotschaft, die aber nicht primär religiöser Art ist. Sie enthält folgende Punkte:

1. Mit dem Auftreten der UFOs wurde der Himmel rehabilitiert. Einst galt er als Sitz Gottes und der Engelwelt. Dann wurde er von den Astronomen und schließ-

[501] Karl L. Veit, Planetenmenschen besuchen unsere Erde, S. 128
[502] Frank E. Stranges, Mein außerirdischer Freund, S. 25f.
[503] Gerhard Steinhäuser, Jesus Christus – Erbe der Astronauten. Die Religion aus der Retorte.
[504] So der Korendorianer Kalen-Li, Bob Renaud, Meine Fernseh-, Radio- und Direktkontakte mit Außerirdischen, S. 52
[505] Mene-Tekel, November 1968
[506] Mene-Tekel, November 1968; Boten der Zukunft, S. 31; Ewige Wahrheit, S. 19 und 56

lich auch von den Theologen entmythologisiert. Die UFO-Gläubigen haben ihn remythologisiert. Aber im Sinn des säkularistischen Denkens wurde er nicht wieder mit göttlichen Wesen bevölkert, sondern mit hochentwickelten Menschen.

2. Die Sternenmenschen geben der Erdenmenschheit kund, daß sie sich mit ihr in Verbindung setzen wollen. Damit wird die Erdenwelt aus ihrer Einsamkeit herausgeholt, und die Kommunikation mit den Sternenvölkern eröffnet ihr Horizonte und Möglichkeiten, von denen sie bisher kaum zu träumen wagte.

3. Die Kontaktlerberichte hallen wider von Anklagen gegen die moderne Zivilisation, die einer tödlichen Krise entgegengeht. Sie entsprechen damit der Bewußtseinslage weiter Kreise, bei denen der Fortschrittsglaube einer düsteren Zukunftsverzweiflung gewichen ist. Aber die Planetarier verkünden ihnen die frohe Botschaft: Eure Krise wird nicht im Untergang enden, sondern wir werden euch in eurer höchsten Not zur Hilfe eilen!

4. Sie befreien die Erdenmenschheit nicht nur aus einer tödlichen Krise, sondern führen sie in eine Zukunft, die ihr die Erlösung von allen kreatürlichen Fesseln bringen wird: Herrschaft über die Naturkräfte und über Raum und Zeit, grenzenlose Steigerung der Erkenntnisse und Lebensmöglichkeiten, Selbstverwirklichung durch Vergeistigung und unermeßliche Freude durch die Einordnung in die Harmonie der kosmischen Bruderschaft.

In seiner Schrift »Ein moderner Mythus – Von Dingen, die am Himmel gesehen werden« beschäftigte sich *C. G. Jung* mit dem UFO-Glauben. Er bestritt nicht die Möglichkeit, daß die UFOs »Wesenheiten unbekannter Natur sind, die, vermutlich aus dem Weltraum kommend, vielleicht schon seit langen Zeiten den Erdbewohnern sichtbar waren, aber sonst keinen erkennbaren Bezug zur Erde oder deren Bewohnern haben« (S. 108). Dieser Bezug wurde erst von den Menschen unserer Zeit hergestellt. Warum? »In der Bedrohlichkeit der heutigen Weltsituation, wo man einzusehen anfängt, daß es ums Ganze gehen könnte, greift die projektionsschaffende Phantasie über den Bereich irdischer Organisationen und Mächte hinaus in den Himmel, d. h. in den kosmischen Raum der Gestirne, wo einstmals die Schicksalsherrscher, die Götter, ihren Sitz hatten« (S. 17). Von dort wird wieder das Heil erhofft, das die Erde nicht bieten kann.

Der UFO-Glaube verkündigt eine rettende Botschaft. Darum vermag er »vagabundierende Glaubenskräfte« (Alfred Weber) anzuziehen, die in der Verkündigung der Kirchen und in den Angeboten der Weltanschauungen und Ideologien nicht die Antwort finden, die sie ersehnen. Mit dem Spiritismus hat er die Herkunft aus dem Säkularismus gemeinsam. Ja, er ist noch stärker von ihm geprägt, weil er die Verwirklichung der Heilssehnsucht nicht wie der Spiritismus in eine jenseitige Welt, sondern in die prächtige Diesseitswelt der Sterne verlegt. Die Kontaktlerberichte sind darum freilich auch anfälliger für den Verdacht, nur eine Abart der Science-fiction-Literatur zu sein.

Siebenter Teil
Die Baha'i-Religion

Die drei Propheten

Die Baha'i-Religion ist die Frucht einer Wiederkunftserwartung, deren Wurzeln in der islamischen Glaubenswelt liegen. Als Muhammad starb, wurden die *Kalifen* seine Nachfolger in der Verwaltung, Rechtsprechung und Heerführung. Unter dem vierten Kalifen Ali entstand 657 eine Spaltung der jungen islamischen Gemeinde. Es kam zu kriegerischen Auseinandersetzungen, in deren Verlauf Ali 661 ermordet wurde. Nach seinem Tode verweigerten Alis Anhänger den Nachfolgern im Kalifenamt die Gefolgschaft, da dieses nicht mehr mit einem direkten Glied aus der Prophetenfamilie besetzt wurde (Ali war durch seine Heirat mit Muhammads Tochter Fatima dessen Schwiegersohn). Alis Parteigänger, die *Schiiten* (von shi'at Ali = Partei des Ali), stellten den Kalifen, die nicht der Prophetenfamilie entstammten und darum als illegitim galten, als ihre geistigen Führer die *Imame* entgegen. Unter »Imam« verstanden sie den unfehlbaren Vertreter Allahs, dessen Seele vom göttlichen Licht durchflutet und deshalb der Sünde nicht zugänglich ist; im Besitz unmittelbaren und vollkommenen Wissens, galt er als höchste Lehrautorität und einziger legitimer Fortsetzer des Prophetenamtes. Der letzte Imam nach Ali, es war der zwölfte, entschwand 873 den Blicken der Gläubigen und lebt seither in der »Verborgenheit«. Er wird erst in der »Fülle der Zeit« als der *Imam Mahdi,* d.h. der von Gott »recht Geleitete«, wiederkommen, um das Werk des Propheten aufzunehmen, das Unrecht an seiner Familie zu beseitigen und ein neues Gesetz aufzustellen.

1. Eine Sekte der Schiiten waren die *Shaikhi* (Scheichi), die von dem Araber Shaikh Ahmad ibn Zain'ud-Din von al-Ahsa (1743–1826) um 1800 gegründet wurde. Hier wartete man sehnsüchtig auf die Wiederkunft des Imam Mahdi. Sie sei jetzt nahe, verkündigte Shaikh Ahmad. Er bezeichnete sich als die »Tür« *(bab)* zu dem Imam Mahdi. Sein Nachfolger, der Perser Sayyid Kazim-i Rasht (1793–1843), führte als die »zweite Tür« das Werk fort.

Ein Mitglied dieser Sekte war der am 20. Oktober 1819 in Schiraz geborene junge Kaufman Sayyid Ali Muhammad. Am 22. Mai 1844 erklärte er einem Getreuen, daß Allah ihn zum *»Bab«* (d.h. »Tor«) erwählt und beauftragt habe, die Menschen auf das Herannahen der letzten Zeit und das Herabkommen des Geistes Gottes (in dem erwarteten Imam Mahdi) hinzuweisen. Bald fand er eine ergebene Schar von Gläubigen, die er als die »Buchstaben des Lebendigen« zur Missionierung in ganz Persien aussandte. Sayyid Ali Muhammad bezeichnete sich aber nicht nur als »Bab« (»Tür« oder »Pforte« zum verborgenen Imam), sondern gleichzeitig auch als *»Nuqta«* (d.h. Urpunkt, nämlich des Koran) und deutete damit sich selbst als den Imam Mahdi. Er stellte der *shari'a,* dem Religionsgesetz des Islam, ein eigenes, den *Bayan* (d.h. »Erklärung«), entgegen, in dem der Kultus samt dem geistlichen Stand aufgehoben und zahlreiche Bestimmungen des Koran durch fortschrittliche Ordnungen auf den Gebieten des sozialen Lebens, des Ehe- und Familienrechts, des Schulwesens u. a. ersetzt wurden. Er vergeistigte die Jenseits- und Zukunftshoffnungen des Islam: »Paradies« ist die geistliche Vollendung des Menschen, »Hölle« das Fernsein von der Erkenntnis Gottes, »Totenauferstehung« das geistliche Erwachen der Seelen aus den Gräbern der Unwissenheit; der Mensch besitzt ein – nicht materielles – Leben nach dem Tod, in dem er die Möglichkeit eines Fortschritts zur Vollkommenheit hat. Judentum und Christentum sind gleich dem Islam frühere Offenbarungsstufen, die nun in einer neuen Offenbarung zusammengefaßt und überboten werden. Der Bab forderte und lebte unbedingte Toleranz gegenüber anderen Glaubensbekenntnissen[1] und verbot den Religionskrieg.

Die Verkündigung des Bab fand viel Glauben, erregte aber auch den *Widerstand der schiitischen Theologen und der Staatsgewalt.* Das ist begreiflich, denn die von ihm entwickelten Grundsätze waren revolutionär, und er zögerte nicht, von den Mächtigen der Welt kategorisch die Befolgung seiner Lehren zu fordern. Er rief die Könige und Fürsten der Erde auf, seine Botschaft in alle Länder zu tragen. Der ganzen islamischen Welt drohte er das »größte Feuer« an, falls sie sich von der neuen Wahrheit abwenden sollte; Minister tadelte er und Würdenträgern befahl er den Rücktritt. Die Verteidiger der bisherigen religiösen, sozialen und staatlichen Ordnung wehrten sich. Es kam zu Disputationen, Verfolgungen, Todesdrohungen. Das Leben des Bab wurde zu einer Kette von Verhaftungen und Errettungen. Als die Babi auf der Konferenz von Badasht, einer kleinen Stadt am Kaspischen Meer, 1848 öffentlich ihre völlige *Loslösung vom Islam* ankündigten[2] und den Tod des Schahs am 4. September 1848 dazu benützten, einen eigenen Babistaat in den fünf inneren Provinzen Persiens zu errichten, steigerten sich die Auseinandersetzungen zum offenen Krieg 1849/50. Der Bab selbst distanzierte sich von diesem politisierten Mahdismus. Er hatte bereits 1846 die Mahdiwürde auf Muhammad Ali Barfurushi, genannt *Quddus,* übertragen und sich auf seine bescheidenere Rolle als »Bab« (»Tür« zum Imam Mahdi) beschränkt.

Die Aufstände endeten mit Massakern, Greueln und Niederlagen. Der Bab selbst wurde am 9. Juli 1850 in Täbriz auf Veranlassung der Regierung erschossen. Nach einem Bericht, der auch von neutralen Beobachtern, darunter dem englischen Botschafter in Teheran, Sir Justin Sheil, bestätigt wurde, wurde der Bab zusammen mit einem Jünger an einem Seil aufgehängt, und ein 750 Mann starkes armenisches Regiment schoß in drei Abteilungen auf sie. Aber als der Rauch sich verzogen hatte, stand der Jünger unversehrt an der Kasernenmauer, während der Bab in seinem Gefängnisraum weilte. Beide wurden erneut an ein Seil gehängt, und ein anderes Regiment schoß auf sie. Diesmal wurden ihre Leiber zerfetzt.

[1] Im *Bayan* (Arab. Bayan VII, 16), der wichtigsten Offenbarungsschrift des Bab, finden wir jedoch »die Bestimmung, daß in einem Lande, wo der Babismus Volks- und Staatsreligion geworden ist, den Ungläubigen der königliche Schutz entzogen, sie der Rechtlosigkeit preisgegeben und ihnen eine Kopfsteuer (*jizya*) auferlegt werden soll«. Zit. bei H. Roemer, Die Babi-Beha'i, S. 56

[2] Das geschah gegen den heftigen Widerstand einer konservativen Gruppe. Der Bab selbst konnte an der Konferenz nicht teilnehmen, weil er in Haft war.

Während der Erschießung erhob sich ein großer Sturm, und der Staub verdunkelte das Licht der Sonne. Von dem Hinrichtungsregiment aber fanden im gleichen Jahr 250 Mann bei einem Erdbeben den Tod, und der Rest wurde drei Jahre später nach einer Meuterei erschossen.
Nach der Hinrichtung des Bab und der Niederschlagung der Aufstände sahen radikale Babi nur noch einen einzigen Ausweg: Der junge Schah Nasir'ud-Din (1848–1896) mußte beseitigt werden. Aber der Mordanschlag am 15. August 1852 mißlang. Er löste die bisher schwerste Verfolgung aus. Sie erfaßte das ganze Land, und über 20 000 Menschen wurden unter unbeschreiblichen Grausamkeiten hingemetzelt. Unter den Opfern war auch die weit berühmte Dichterin Qurrat'ul-Ayn: im August 1852 ergriffen sie die Häscher nachts in ihrem Heim, erwürgten sie und versenkten den Leichnam in einen Brunnen.

2. Der Babismus war zu Boden geschlagen und seiner Führer beraubt. Aber er lebte weiter. Die *Hoffnung auf den kommenden Imam Mahdi* war nicht erloschen. Ein anderer kam und erfüllte den Heroldsruf des Bab: »O du, der du wartest, harre nicht länger, denn Er ist gekommen!« Dieser Verheißene war ein Anhänger des Bab, aber er setzte sein Werk nicht fort, sondern schuf ein eigenes Werk. Der am 12. November 1817 in Teheran als Sohn eines Staatsministers geborene Mirza Husain Ali war samt seinem 13 Jahre jüngeren Bruder Mirza Yahya schon früh für die Sache des Bab gewonnen worden. Beide hatten eine führende Rolle gespielt. Mirza Husain Ali, ein zielklarer und tatkräftiger Mann, hatte die Konferenz von Badasht 1848 geleitet und hier mit Qurrat'ul-Ayn die progressive Linie vertreten. Mirza Yahya wiederum war ein stiller, in sich gekehrter Jüngling und neigte zur *Sufi-Mystik*. Er wurde als 19jähriger (die Zahl 19 hat im Babismus esoterische Bedeutung) von dem ihm wesensverwandten Bab zu seinem Nachfolger berufen und erhielt von ihm den Beinamen *Subh-i Azal*, d.h. »Morgen der Ewigkeit«. Der Bab sah ihn als »Aufgang des selbstleuchtenden Lichtes« und erklärte, in ihm sei die kosmische Vernunft als angeborener Besitz in Erscheinung getreten. Nach dessen Tod trat dann auch Subh-i Azal als unbestrittener Führer seine Nachfolge an.
Mirza Husain Ali wurde nach dem Attentat auf den Schah 1852 verhaftet und verbrachte vier qualvolle Monate in einem finsteren, feuchten Kerker in Teheran. Hier erlebte er seine erste, direkt von Gott aufgetragene *Berufung*, die er jedoch zehn Jahre lang für sich bewahrte – wohl, um dem Widerspruch Subh-i Azals und der Gemeinde auszuweichen. Diesen Vorgang der Erleuchtung beschrieb er in verschiedenen Bildern: Er hörte in der Nacht im Traum die Verheißung, daß Gott ihn siegreich machen werde. Er hatte in diesen Tagen das Gefühl, als ströme es wie ein mächtiger Sturzbach von seinem Kopf über die Brust herab, und seine Zunge sprach, »was zu hören niemand ertragen könnte«. Dann wieder sah er vor sich eine Jungfrau schweben, die auf ihn deutete und zu allen im Himmel und auf Erden sprach: »Bei Gott, dies ist der Höchstgeliebte der Welten, und doch versteht ihr es nicht. Dies ist die Schönheit Gottes unter euch und die Kraft seiner Herrschaft in euch, daß ihr dies doch verstündet!« Endlich berichtet er, daß »die Lüfte des Allherrlichen« über ihn hinwehten, ihn die Erkenntnis von allem, was da war, lehrten und ihm den Verkündigungsauftrag gaben.

Nach seiner Haftentlassung, die er einer Intervention des russischen Gesandten in Teheran verdankte, reiste Mirza Husain Ali nach Bagdad. Kurz zuvor war auch Subh-i Azal dort eingetroffen, nachdem er als Derwisch verkleidet den Fahndern entkommen war. In der Gemeinde in Bagdad – fortan Zentrum der Babi-Gemeinschaft – herrschte Verwirrung, weil nach dem Tod des Bab allerlei Leute auftraten und die Mahdi-Würde beanspruchten. Dieser Lage war der jugendliche und introvertierte Subh-i Azal nicht gewachsen und er mußte dankbar sein, daß sein älterer und gestrenger Bruder eingriff und Ordnung schaffte. Die Folge war, daß dessen Ansehen wuchs. Aber als er die Gesetze des Bayan zu lockern suchte, kam es zu Zwistigkeiten, und Vertreter der orthodoxen Richtung widersetzten sich ihm. Verärgert verließ Mirza Husain Ali 1854 die Stadt und zog in die Berge Kurdistans. Doch der Streit in Bagdad ging weiter, so daß ihn Subh-i Azal zur Rückkehr aufforderte. 1856 folgte Mirza Husain Ali dem Ruf und übernahm wieder die Führung in Bagdad, während Subh-i Azal sich aus der Öffentlichkeit zurückzog. Die Gemeinde festigte sich und wuchs. Immer noch nominell ein Babi, begann Mirza Husain Ali schon früh mit der Niederschrift »heilige Verse« *(ayat)*, in denen er latent bereits seine eigene Würde als der vom Bab verheißene endzeitliche Mahdi andeutete. Wieder wollte er die Gesetze des Bayan durch eine »progressive« Ausrichtung eingeschränkt sehen. Er setzte z. B. die Abkehr von jeglicher politischen Betätigung und Geheimbündelei und den strikten Gehorsam gegen die staatliche Autorität durch und schuf einen reichen Kodex des ethischen Verhaltens. Die Offenbarungen, die er in Fülle empfing, nährten unzählige Schriften. Unter ihnen ist besonders das *Kitab al-Iqan* (»Buch der Gewißheit«) zu nennen, in dem die grundlegende Auffassung von der Vielzahl, Zusammengehörigkeit und Relativität der bisherigen Offenbarungen und Religionen und ihrer Erfüllung in der Baha'i-Offenbarung entwickelt wurde.
Das steigende Ansehen Mirza Husain Alis und das Wachstum seiner Anhängerschaft entfachten wieder die *Feindschaft der islamischen Geistlichkeit.* Diese und die Regierung in Teheran erreichten beim türkischen Sultan, daß Mirza Husain Ali, der nicht ablasse, »insgeheim verrückte Menschen und unwissende Schwächlinge zu verderben und irrezuführen«, nach Konstantinopel (Istanbul) verschickt wurde. Am 3. Mai 1863 begann er die Reise. In den Tagen zuvor eröffnete er im Garten Ridvan zu Bagdad seinen Getreuen, daß er der Eine sei, dessen Kommen der Bab angekündigt hatte. Mirza Husain Ali nannte sich nun BAHA'ULLAH, »Glanz Gottes«. Er bezeichnete diesen Tag als das »Fest Gottes«, an dem »alle erschaffenen Dinge in das Meer der Reinigung eingetaucht worden sind«. Diese öffentliche Proklamation seiner Würde bildete den eigentlichen *Anfang seiner Wirksamkeit und der Geschichte der Baha'i-Religion.* Fortan wurde das Ridvan-Fest vom 21. April bis 3. Mai alljährlich als wichtigstes Fest der Baha'i begangen[3].
Am 16. August 1863 kamen Baha'ullah und Subh-i Azal mit stattlichem Gefolge in Istanbul an, wo sie als Gäste der osmanischen Regierung Residenz bezogen.

[3] Die Geschichtlichkeit dieser Ridvan-Proklamation ist umstritten, andernfalls Subh-i Azal davon erfahren hätte und der Bruch zwischen den beiden Brüdern schon zu jener Zeit (1863) unvermeidbar geworden wäre. Zu dieser Entzweiung ist es jedoch erst im September 1867 gekommen (s. unten). Zum Ganzen vgl. F. Ficicchia, Der Baha'ismus – Weltreligion der Zukunft?, S. 123 ff.

Aber Intrigen des persischen Gesandten wie auch das selbstherrliche Auftreten Baha'ullahs, der gegen die Etikette keinerlei Höflichkeitsbesuche machte oder erwiderte und in einem Schreiben an den Sultan dessen Ersten Minister tadelte, änderten die Lage rasch. Im Dezember 1863 wurden die beiden Brüder nach Adrianopel (Edirne) gebracht und fortan als Gefangene gehalten.
Hier kam es zu *schweren Auseinandersetzungen mit Subh-i Azal*. Nach baha'istischen Darstellungen wollte dieser die alleinige Führerschaft an sich reißen, schmuggelte Zusätze in Texte des Bab hinein, in denen er sich als Gottheit und als Erbe des Bab bezeichnete, verbreitete böse Gerüchte über seinen Bruder, unternahm zwei Giftmordanschläge gegen ihn, behauptete, eine Offenbarung empfangen zu haben, nach der sich alle Völker der Erde ihm unterwerfen müßten, und beschuldigte Baha'ullah eines geplanten Mordes am Schah von Persien. Dieser forderte ihn im September 1867 zu einer persönlichen Begegnung in einer Moschee auf. Subh-i Azal lehnte jedoch ab. Damit war der Bruch zwischen den Brüdern vollendet, aber zugleich Baha'ullah vor den Gläubigen gerechtfertigt.
Diese baha'istische Version ist indes sehr fragwürdig[4]. Tatsache ist, daß Baha'ullah in einem Schreiben an seinen Bruder sich offiziell als den vom Bab angekündigten Mahdi vorstellte[5]. Dieser wiederum verwies darauf, daß er der vom Bab eingesetzte Führer der Babi sei. Der Bruch hatte *gehässige Streitigkeiten* zur Folge, die nach Berichten der *Azali,* den Anhängern Subh-i Azals, von der Gegenseite mit Denunziationen bei der osmanischen Regierung, Vergiftungsversuchen und zahlreichen Morden geführt wurde. Was nun von diesen beiderseitigen Greuelberichten Dichtung und Wahrheit ist, läßt sich nicht mehr feststellen[6].
Die Regierung beschloß jedenfalls, sich der feindlichen Brüder zu entledigen: Baha'ullah, den sie als den eigentlichen Unruhestifter betrachtete, wurde in die Strafkolonie Akka (Palästina) gebracht und Subh-i Azal nach Famagusta auf Zypern verschickt. Er kam am 5. September 1868 dort an, genoß eine relativ große Bewegungsfreiheit und starb am 29. April 1912.
Baha'ullah wurde in Akka zwei Jahre lang in strenger Haft gehalten, dann erhielt er mit seiner Familie ein eigenes Haus in der Stadt, sieben Jahre später einen Wohnsitz in Mazra'a, außerhalb Akkas, und schließlich einen Palast. Er war nur noch dem Buchstaben nach ein Gefangener, konnte Besuche empfangen und Ausfahrten unternehmen. Er pflegte einen ausgedehnten Briefverkehr, richtete Botschaften an alle möglichen führenden Personen der Welt und schuf in Akka vor allem das *Kitab al-Aqdas,* das »Heiligste Buch«. Es setzt in liberalerer Ausformung die Linie des Bayan fort, gilt als das geoffenbarte *Gesetzbuch* der Baha'i-Gemeinschaft und enthält die Grundgesetze für die künftige Weltordnung: z. B. Verbot

[4] F. Ficicchia widerlegt in seinem verdienstvollen Werk aufgrund einer sorgfältigen Quellenforschung die von der offiziellen Baha'i-Geschichtsschreibung betriebene Verteufelung Subh-i Azals und zeichnet ein sehr positives Bild von seiner Persönlichkeit.

[5] Damit wird die Geschichtlichkeit einer öffentlichen Proklamation im Garten Ridvan tatsächlich in Frage gestellt (vgl. Anm. 3).

[6] Prof. E. G. Browne, ein hervorragender Forscher des Babismus und frühen Baha'ismus beziffert in »A Traveller's Narrative« (S. 370 f.) die von Baha'ihand nach der Proklamation des Baha'ullah ermordeten Azali auf mindestens sechzehn, während F. Ficicchia a. a. O. S. 111 f., 142 f., 185 f. auf zuvor schon erfolgte und spätere Meuchelmorde seitens der Baha'i gegen Anhänger Subh-i Azals hinweist.

des Spiels, des Wein- und Opiumgenusses, der Sklaverei, der Bettelei, des Klosterwesens, des Predigens von Kanzeln herab; Anordnungen über Eheschluß, Kindererziehung, Bestrafung von Mord, Ehebruch, Ehescheidung und Diebstahl, Berufsausbildung, Gehorsam gegen die Obrigkeit, Pflichtgebete, Fastenzeiten und Festtage u. a. m. Außerdem bekräftigt und vervollständigt das Buch die früher verkündigten Wahrheiten, überträgt dem Nachfolger Baha'ullahs die Aufgabe der Auslegung und gibt Anweisungen für Maßnahmen, die zur Erhaltung der Unversehrtheit und Einheitlichkeit des Glaubens nötig sind. Noch weitere Schriften entstanden, und als Baha'ullah am 29. Mai 1892 starb, waren seine Werke auf über hundert Bände angewachsen.

3. Sein Testament, das »Buch des Bundes« *(Kitab al-ahd),* das neun Tage nach seinem Tod geöffnet wurde, enthielt die Bestimmung, daß sein ältester Sohn Abdul Baha, der »Größte Ast«, der bevollmächtigte Leiter und Ausleger der Lehre werden sollte, während dessen Halbbruder Mirza Muhammad Ali als der »Große Ast« ihm nachgeordnet war.
Abdul Baha, am 23. Mai 1844 geboren, war schon immer der engste Vertraute Baha'ullahs gewesen und hatte ihn in vielen Fällen vertreten. Er war nun der »Mittelpunkt des Bündnisses Gottes« und führte den Titel »Geheimnis Gottes« *(sirr'ullah).* Er galt als Stellvertreter Baha'ullahs auf Erden, Vermittler seines Geistes, Errichter seiner Weltordnung und »Träger eines Amtes, das auf dem gesamten Gebiet der Religionsgeschichte nicht seinesgleichen hat«[7]. Seine Anhänger verehrten ihn als ihren »Meister« *(agha)* und machten ihn zum Objekt eines Personenkultes, den er zwar ablehnte, aber nicht verhindern konnte.
Aber wie einige Jahrzehnte zuvor zwischen Baha'ullah und Subh-i Azal, so brach nun zwischen Abdul Baha und seinem Halbbruder Streit aus. Nach baha'istischer Darstellung soll es auch diesmal wieder wie damals um den Führungsanspruch gegangen sein: Mirza Muhammad Ali begnügte sich nicht mit dem zweiten Rang. Es gelang diesem »größten Aufwiegler, durch unnachgiebige Beharrlichkeit mit Hilfe von Lügen, halben Wahrheiten, Verleumdungen und maßlosen Übertreibungen fast die gesamte Familie von Baha'ullah und eine beträchtliche Anzahl von Gläubigen aus seinem engeren Bekanntenkreis auf seine Seite hinüberzuziehen«[8]. Er gewann die zwei überlebenden Frauen Baha'ullahs, zwei Söhne, zwei Töchter, deren Gatten und den langjährigen Sekretär. Dieser Kreis beschuldigte Abdul Baha, er habe sich aus Ehrgeiz falsche Rechte angemaßt, dem Testament einen anderen Sinn unterschoben, seine Brüder und Schwestern um ihren rechtmäßigen Anteil gebracht und ihr Erbe für seine persönlichen Interessen ausgegeben.
Aber unvoreingenommene Beobachter wie Prof. E. G. Browne (in seinem Buch »A Traveller's Narrative«) vertraten die Ansicht, daß es bei dem Streit nicht um Geltungsbedürfnisse und Machtansprüche, sondern um *theologische Fragen* ging. Abdul Baha erklärte, daß die Offenbarung noch nicht beendet und er hinfort ihr

[7] Shoghi Effendi, Gott geht vorüber, S. 278
[8] a.a.O. S. 280

Kanal sei. Diesem Anspruch widersetzte sich sein Bruder Mirza Muhammad Ali. Durch die Auseinandersetzungen wurden die Gemeinden im Vordern Orient und Amerika tief erschüttert; der Grimm gegen den »Erzbrecher des Bündnisses« Mirza Muhammad Ali zittert noch heute nach[9].
Der Hader veranlaßte die osmanische Regierung, die Bewegungsfreiheit der beiden auf den Raum Akka zu begrenzen und gegen Abdul Baha besondere Untersuchungen führen zu lassen. Erst die jungtürkische Revolution von 1908 brachte mit der allgemeinen Amnestie den beiden wieder die volle Freiheit. Abdul Baha siedelte nun von Akka in das benachbarte Haifa über, setzte 1909 den Leichnam des Bab, der bisher an immer neuen Plätzen verborgen worden war, in einem Mausoleum am Berg Karmel bei und unternahm von 1911 an verschiedene Weltreisen. Seine große Leistung bestand darin, daß er den *Westen dem Baha'i-Glauben erschloß*. Hier bildete sich in den USA rasch ein zweiter Schwerpunkt. Schon seit der Weltausstellung in Chicago und dem damit verbundenen »World Parliament of Religions« (1893) hatte die Baha'i-Lehre erste Wurzeln geschlagen. Abdul Baha erkannte die Bedeutung Amerikas für seine weltweiten Pläne und betrieb die Förderung der dortigen Baha'i-Gemeinschaft mit großer Kraft. Er hielt sich 1912 acht Monate lang in Nordamerika auf und richtete eine große Zahl von Botschaften, Ermunterungen und Anerkennungen an dieses Land. Die Amerikanerin Martha Root wurde eine der eifrigsten und erfolgreichsten Weltmissionarinnen; sie reiste rastlos durch die Kontinente und gewann u. a. 1926 die rumänische Königin Maria und ihre Tochter Ileana für den Baha'i-Glauben. Weitere hervorragende Glieder der amerikanischen Baha'i waren die Milliardärin Edith Rockefeller, Margaret Wilson, Tochter des einstigen Präsidenten, und Leroy Ioas (gest. 1965), der wichtige Führungsämter in der Weltorganisation bekleidete. In den USA wurde auch der zweite Baha'i-Tempel erbaut: der Tempel in Wilmette bei Chicago, der 1931 in Gebrauch genommen wurde[10]. Von Amerika aus kam der Baha'ısmus Anfang des Jahrhunderts auch nach Deutschland (s. S. 818f.).
Außer in den westlichen Ländern wuchs die Anhängerschaft in Ägypten, wo auch Lehrer und Studenten der al-Azhar-Universität gewonnen wurden, in Indien und Burma. Während des Ersten Weltkriegs wurde Abdul Baha noch einmal von der türkischen Regierung in Haifa gefangengehalten und von den Engländern 1918 befreit. Am 28. November 1921 starb er, und an seinem Grab am Karmel trauerten mit seinen Anhängern die Angehörigen der islamischen, christlichen und jüdischen Gemeinschaften.
In seinem *»Willen und Testament«* hatte Abdul Baha seinen ältesten Enkel SHOGHI EFFENDI (1897–1957) als »Hüter der Sache Gottes« *(vali-i amr'ullah)* eingesetzt und die Gläubigen zu unbedingtem Gehorsam verpflichtet: »Wer ihm nicht gehorcht, hat Gott nicht gehorcht; wer sich von ihm abwendet, hat sich von Gott abgewendet; und wer ihn leugnet, hat den einen Wahren verleugnet.« *Die Echtheit dieses*

[9] Zum Ganzen vgl. auch F. Ficicchia a. a. O. S. 193–196

[10] Der Grundstein für den Tempel wurde von Abdul Baha 1912 persönlich gelegt. Der erste Baha'i-Tempel in Ishqabad (Russisch-Turkestan) war schon 1902 eingeweiht worden, wurde 1928 enteignet, 1938 in eine Kunstgalerie verwandelt und 1948 und in den folgenden Jahren durch Erdbeben und Regengüsse so schwer beschädigt, daß er 1963 wegen Baufälligkeit abgerissen werden mußte.

Testaments wurde bestritten, und es kam darüber zu schweren Auseinandersetzungen, die heute noch fortwähren[11].

4. Wir haben bisher nur einiges aus der äußeren Geschichte der Begründer der Baha'i-Religion kennengelernt. Es muß noch etwas zur *Charakterisierung ihrer Persönlichkeiten* hinzugefügt werden. Wenn man sich die Bilder vergegenwärtigt, die in den baha'istischen Darstellungen von ihnen gezeichnet werden, dann hat man den Eindruck einer starken Gleichartigkeit. Ihnen allen wird eine hohe Begabung nachgerühmt, die so wunderbar war, daß sie sich nur noch als Eingebung Gottes erklären läßt. Ohne höhere Schulbildung und ohne Kenntnis des Arabischen konnte sich der Bab mit seinen gelehrten Gegnern über die verwickeltsten wissenschaftlichen Fragen arabisch auseinandersetzen[12]. Baha'ullah, der keine Schule oder Hochschule besucht hatte und nur wenig Hausunterricht erhielt, wurde schon als 14jähriger Knabe wegen seines Wissens bekannt und konnte jede ihm vorgelegte Frage beantworten. Auch Abdul Baha war nie in einer Schule gewesen, sprach aber Persisch, Arabisch und Türkisch und besaß eine umfassende philosophische und theologische Bildung.

Sodann: Ihre äußeren Lebensschicksale waren schwer. Gefängnis und Verbannung waren ihnen zur zweiten Heimat geworden. Aber in allen Verfolgungen und Feindschaften wahrten sie Gelassenheit und würdevolle Haltung. Bedrohungen und Todesgefahren blickten sie ohne Angst entgegen, forderten sie aber auch nicht heraus. In Krisen blieben sie unerschütterlich[13]. Hinsichtlich ihrer eigenen Sendung waren sie frei von jeglicher Anfechtung; es trug sie die Gewißheit, daß sie, wie immer auch ihre Lage war, auf der Seite Gottes standen und daß ihre Feinde als Gottes Widersacher zum Untergang verurteilt werden. Und ob sie in der Freiheit oder Gefangenschaft waren, immer wirkten sie für die Ausbreitung ihrer Wahrheit. Konnten sie nicht zu den Menschen gehen, dann kamen diese zu ihnen; ihre Gefängnisse wurden zu Wallfahrtsorten. Hinter ihrer Missionstätigkeit stand keine Haltung der Abwertung fremden Glaubens, verbunden mit Schmähungen oder Verurteilung anderer Ansichten. Es war vielmehr ein freundliches Einladen, ein Ausbreiten der eigenen Schätze, um damit die Menschen zu beschenken[14].

Schließlich: Alle drei führten ein Leben des Gebets und der gesammelten Innerlichkeit. Ihre Würde und Vollmacht floß aus Demut, dienender Güte und der Milde reifer Weisheit, wie sie nur im steten Umgang mit Gott erwachsen kann. Es ist der Typ des sufischen Heiligen, d.h. des islamischen Mystikers, der hier gezeichnet ist.

[11] Vgl. F. Ficicchia a.a.O. S. 293–302

[12] Nach Aussagen von Graf M. Gobineau, »Les Religions et Philosophies dans l'Asie Centrale«, Paris 1865/66, S. 147 und E. G. Brownes, »Tarikh-i-Jadid«, S. xxvii, standen Babs Schriften an Originalität und Korrektheit jedoch dem Koran nach und wurden »ihres unverständlichen mystischen Inhalts wegen ohnehin kaum gelesen« (F. Ficicchia a.a.O. S. 168).

[13] F. Ficicchia a.a.O. S. 104, 136, 139, 174, 176 zeigt jedoch anhand von Quellentexten, daß vorab Baha'ullah »das ihm zugefügte Unrecht immer wieder beklagte und er alle Welt um seine Befreiung und Hilfeleistung anrief« (S. 104).

[14] Eine zum Teil heftige Polemik gegen die Führer der verschiedenen Religionen konnte dabei jedoch nicht ganz unterbleiben.

Wie weit die historische Wirklichkeit mit diesem Bild übereinstimmt, braucht hier nicht näher untersucht zu werden. Zweifellos hat sich im Lauf der Zeit manches verklärt. Das tatsächliche Gesicht dieser Männer weist auch andere, härtere Züge auf; man denke nur an die zahlreichen persönlichen Machtansprüche, ätzenden Intrigen, Gewalttaten und internen Querelen, die die frühe Geschichte der Baha'i kennzeichnen. Aber dennoch gehören diese Gestalten zu den edelsten religiösen Persönlichkeiten im 19. Jahrhundert und sie machten auf alle, die ihnen begegneten, einen tiefen Eindruck.
Wozu wußten sie sich gesandt? Nach der rückschauenden Lehre der Baha'i gilt der Bab als der *Herold,* der den Imam Mahdi ankündigte. Baha'ullah war dann der *Offenbarer des Wortes,* die »urewige Herrlichkeit in einer neuen Manifestation«. Abdul Baha endlich hatte die Aufgabe, als *Ausleger der Offenbarung* deren Grundsätze und Gesetze in der engen, vielfältigen Berührung mit der Welt und ihren Fragen lebendig werden zu lassen. Tatsächlich war der Bab mehr als nur ein Herold; er war der Begründer einer eigenen, unabhängigen Religion – des Babismus, und Baha'ullah übernahm dann die wesentlichen Aussagen dieser Religion und gab ihnen eine neue Orientierung, indem er allerlei Zeitbedingtes, Buchstaben- und Zahlenkünsteleien beseitigte, das Sittliche, Soziale und Praktische betonte und damit das Allgemeingültige hervorhob.

Erfüllung der Religionen und Geschichtsepochen

Die Baha'i-Religion erhebt *Anspruch auf Weltgeltung.* Sie begründet ihn damit, daß sich in ihr alle vorausgegangenen Religionen und geschichtlichen Entwicklungen erfüllt haben. Das zugrunde liegende Geschichtsbild hat folgende Züge:

1. Das Leben der Welt verläuft in *Zyklen* (abgeschlossenen Zeiträumen) von riesigen Ausmaßen. Wenn ein Zyklus beendet ist, beginnt ein neuer, und der alte ist vergessen. Innerhalb eines solchen Zyklus spricht und offenbart sich Gott in verschiedenen *Manifestationen* (= Propheten). Jede Manifestation hat einen ihr zugeordneten Zeitraum innerhalb dessen ihre Gesetze und Gebote gelten. Diese »Offenbarungszyklen« lösen sich ab, bis eine *universale Manifestation* erfolgt, in der dann die vorausgegangenen Offenbarungen zusammengefaßt und vollendet werden und die Welt zu ihrer Reife gelangt. »Wir leben in dem Zyklus, der mit Adam beginnt, und seine universale Manifestation ist Baha'ullah.« Er ist die Spitze, auf die alle bisherigen religiösen Offenbarungen, Entwicklungen, Weisheiten und Heilslehren zulaufen: Mose und Jesus, Zoroaster, Muhammad und Buddha. Sie alle waren Offenbarungsträger des einen Gottes und haben ewige Wahrheiten verkündigt. Jede Offenbarung besteht aus einem wesentlichen und einem zeitbedingten Teil. Der erste ist unveränderlich und bildet den Kern aller Religionen. Der zweite verändert sich mit der Entwicklung der Menschen und den Erfordernissen der Zeitalter.
Baha'ullah hat die von den vorausgegangenen Propheten und Religionsstiftern verkündigten Lehren nicht außer Kraft gesetzt, sondern sie von den ihnen anhaftenden Zeitbedingtheiten und von den durch Priester und Schriftgelehrte vorge-

nommenen Verengungen und Entstellungen befreit. So ist die Baha'i-Religion die endgültige und gereinigte Gottesoffenbarung, die *Summe der Religionen.* »Sie schließt alles in sich: In ihr ist das Wesentliche der Lehren aller Religionen zu finden. Christen, Juden, Buddhisten, Mohammedaner, Zoroastrier, Theosophen, Freimaurer, Spiritualisten usw. finden ihre höchsten Ziele in dieser Lehre verwirklicht. Auch die Sozialisten und Philosophen sehen ihre Ideen in ihr voll entwickelt. Die Baha'i-Botschaft ist ein Ruf zur Religionsvereinigung, keine Aufforderung zu einer weiteren Religion« (Abdul Baha).
Baha'ullah bezeichnete sich als den, in dem Gott erschienen ist, den Sinaibaum, das Urbuch. In ihm haben sich alle Verheißungen der Religionen erfüllt. Sie alle sprachen von einem zukünftigen »letzten Tag«, an dem die Gläubigen ihre »endliche Erlösung« erwarten dürfen. Sie verhießen alle das Herannahen des großen »Tags der Auferstehung« und das Auftreten des höchsten Herrn. Baha'ullah ist die Erfüllung dessen, was sie verkündigten. Er ist der Imam Mahdi der Muslime, der Jehova des Alten Testaments, der wiedergekommene Christus und der im Zend-Avesta verheißene Herr, der in Persien erscheinen werde.
Viele Prophezeiungen des Alten Testaments, die sich mit dem Kommen Christi nicht erfüllt haben (z. B. über die Zerschlagung und spätere Wiederherstellung Israels), werden in dem durch Baha'ullah eröffneten Zeitabschnitt verwirklicht werden. Das, was durch seine Offenbarung kundgegeben wurde, hat, wie er erklärte, nicht »seinesgleichen in den Annalen der Vergangenheit, noch werden zukünftige Zeiten dergleichen schauen«. Er schrieb von sich selbst: »Alle früheren und späteren Bücher Gottes sind mit Seiner (Baha'ullahs) Erwähnung geschmückt und sprechen Sein Lob aus. Durch Ihn wurde die Fahne der Erkenntnis in der Welt aufgepflanzt und das Banner der Einigkeit unter den Nationen gehißt. Die Begegnung mit Gott kann nur durch die Begegnung mit Ihm erlangt werden. Durch Ihn kam alles zum Vorschein, was von aller Ewigkeit her verborgen und unsichtbar war.«[15]

2. Der Inhalt der Baha'i-Religion besteht also aus dem durch Filterung gewonnenen und gleichsam veredelten Konzentrat aller in den bisherigen Offenbarungen und Religionen zutage getretenen Wahrheiten. Das mag der Grund dafür sein, daß ihre Lehraussagen merkwürdig blaß und unprofiliert sind.
Gott ist, so offenbarte Baha'ullah, Licht und Liebe. Er selbst ist der Welt unerreichbar. Aber von ihm strahlt der Urwille aus, und die Welt ist wiederum eine Ausstrahlung des göttlichen Urwillens. Dieser ist in allen Bereichen der Welt wirksam, stufenweise aufsteigend von der Mineral- über die Pflanzen-, Tier- und Menschenwelt bis zu den Propheten. Der Mensch steht auf der Grenze zwischen Welt und Gott, da er einerseits an die Welt gebunden, andererseits Träger des göttlichen Urwillens ist; er hat die Aufgabe und Möglichkeit, seine Erlösung zu gewinnen, indem er den göttlichen Geist in sich aus der Leibesbindung befreit. Gott schuf den Menschen, daß dieser ihn erkennen und lieben soll.
Die Liebe zu Gott muß sein ganzes Herz ausfüllen. Darum muß er die Selbstliebe und die Weltliebe in sich verdrängen. Die Liebe zu Gott fordert den Gehorsam ge-

[15] Baha'ullah, Lawh-i Tajalliyat

gen seine Gebote. Der Baha'i-Glaube ist eine *Gesetzesreligion*. Die Gesetze Gottes sind nicht eine Last, sondern ein Geschenk seiner Liebe: sie sind das »höchste Mittel für die Aufrechterhaltung der Ordnung in der Welt und für die Sicherheit der Völker«[16]. Sie dienen der Erziehung des Menschen, und wer »die Gesetze Gottes befolgt, wird ewige Glückseligkeit erlangen«[17]. Aber sie wird nur dem zuteil, der den Gesetzen nicht mechanisch oder widerwillig, sondern aus Liebe zu Gott gehorcht; denn nur dann kann sich bei ihm der Zweck der Gesetze, die Heilung des Menschen, verwirklichen. Und auch wenn sein liebender Gehorsam unvollkommen ist, so erwartet ihn nicht Gottes Gericht, sondern seine Barmherzigkeit. »Würdest du deine Diener nach ihren Verdiensten an deinem Tage richten wollen, sie würden sicher nichts als deine Strafe und Pein verdienen. Dennoch bist du der Großmutvollste, dessen Gnade nicht zu ermessen ist.«[18]

Der *Gehorsam* ist Gottesdienst. Dieser Dienst geschieht im Werktag und Beruf. »Gott dienen heißt: der Menschheit dienen und den Nöten der Nebenmenschen abzuhelfen« (Abdul Baha). Die Liebe Gottes zu den Menschen zeigt sich schon darin, daß er sie mit herrlichen Gaben ausgestattet hat. Sie zeigt sich in der hohen Bestimmung, der er die Welt entgegenführen will: ein Reich des Friedens und des Glücks zu werden. Sie zeigt sich in den persönlichen Führungen und Schicksalen; Leiden und Krankheiten sind nicht Wirkungen göttlichen Zorns, sondern Folgen des Ungehorsams, hinter denen Gottes erzieherische Mahnung steht und seine heimführende Barmherzigkeit am Werk ist. Da alle Menschen von Gott sind, soll der Mensch alle lieben und keine Grenzen der Nation und Konfession, Klasse und Rasse kennen. Es ist ein Gott und eine Menschenfamilie; und diese Familie ist zu einem Leben der Harmonie und des Glücks bestimmt. Auf der Verwirklichung dieses Ziels liegt der eigentliche Schwerpunkt der Baha'i-Religion. Sie will unter Zurückstellung von Spekulationen und dogmatischen Lehren die sittlichen und praktischen Wege zeigen, die in eine goldene Zukunft führen. Grundlegend dafür ist der Einheitsgedanke. Im *Kitab al-Aqdas* heißt es: »Die herrlichste der Früchte am Baume der Weisheit ist jenes erhabene Wort: Ihr seid alle Früchte eines Baumes und Blätter eines Zweiges. Es rühme sich nicht der, der sein Vaterland liebt, sondern der, der die ganze Welt liebt.«

Auch die Religionen haben, wie erwähnt, eine gemeinsame Grundlage; in ihren wesentlichen Aussagen stimmen sie überein, und nur das menschliche Beiwerk ist die Ursache von religiösen Streitigkeiten. Darum soll auf den Kern der Religionen geachtet werden, wie er von Baha'ullah verkündigt wurde. Dann werden die Bekenner aller Religionen miteinander übereinstimmen und jede Zwietracht und Spaltung überwinden. Die Religion muß mit Vernunft und Wissenschaft übereinstimmen, denn Gott selbst ist höchste Vernunft. »Was immer der Verstand des Menschen nicht begreifen kann, das sollte auch die Religion nicht gelten lassen. Religion und Wissenschaft wandeln Hand in Hand, und eine mit der Wissenschaft in Widerspruch stehende Religion ist nicht die Wahrheit« (Abdul Baha).

Eine Fülle von *Geboten* dient der Ordnung und Gesundheit des persönlichen Le-

[16] Baha'ullah, Ährenlese, CLV

[17] a. a. O. CXXXIII

[18] Baha'ullah, Gebete und Meditationen, S. 105

bens. Um einiges aufzuzählen: Der Baha'i-Gläubige soll ein reines und keusches Leben führen, bescheiden, anständig und mäßig in Kleidung und Vergnügen sein. Er soll fleischlichen Wünschen und verderbten Neigungen keinen Raum gewähren. Kompromißlos widerstehe er den Lehren, Maßstäben, Gewohnheiten und Übertreibungen eines verfallenden Zeitalters. Er soll nicht auf die Fehler der anderen, sondern auf ihr Gutes blicken, für sie beten, ihnen behilflich sein und freundlich über sie reden. Er soll höflich sein und jeden Menschen so behandeln, wie der Gärtner eine seltene und schöne Pflanze behandelt. Er soll seine Feinde als seine Freunde ansehen. Er soll in der Erkenntnis seiner eigenen Fehler demütig sein; aber er soll seine Sünden nicht vor den Menschen bekennen, weil das zu einer Erniedrigung führt, die Gott nicht will; er soll vielmehr allein Gott um Vergebung bitten. Er soll wahrhaftig sein, damit er unter den Menschen vertrauenswürdig werde. Das *Gebet* als Zwiesprache mit Gott ist eine unerläßliche Pflicht; es bringt dem Herzen Licht und belebt die Seele.

3. Aber damit ist erst ein Teil – und vielleicht nicht einmal der wichtigste – der Baha'i-Lehre beschrieben. Diese Religion sieht ihren Auftrag nicht in erster Linie darin, das Verhältnis des Menschen zu Gott zu ordnen und ihm den Weg zum Heil zu weisen. Ihr eigentliches Ziel liegt in der *Neuordnung der Welt*. Nicht als ob sie revolutionäre Ziele verfolgte und mit revolutionären Mitteln arbeitete! Das braucht sie gar nicht zu tun, denn die Welt ordnet sich von selbst neu. Und der Baha'i-Glaube hat lediglich den Auftrag, Herold, Deuter und klärender Richtungsweiser dieses gärenden Prozesses zu sein, die in ihm wirkenden Kräfte aufzurufen und sie ihres wahren Ziels bewußt zu machen.
So wie die Baha'i-Religion der Schlußstein und die Summe aller bisherigen Offenbarungen ist, so faßt sie auch den Ertrag der ganzen bisherigen Weltgeschichte in sich zusammen und verkündigt die Umrisse und den Inhalt der zukünftigen Weltordnung, auf welche die Geschichtsentwicklung hindrängt. Das Interesse der Baha'i-Religion ist also sehr stark *nach außen gerichtet:* auf die politischen, sozialen, kulturellen Verhältnisse. Es ist nicht von ungefähr, daß alle drei Propheten ihre Aufmerksamkeit sehr intensiv auf Könige und Politiker und sonstige Führerpersönlichkeiten der Welt gewandt und sie zeitweise mit ihren Botschaften geradezu überschüttet haben. Schon der Bab richtete Sendschreiben an den türkischen Sultan und den Schah von Persien. Baha'ullah bezog so ziemlich alle führenden Persönlichkeiten der damaligen Welt in den Kreis seiner Adressaten ein: Napoleon III., Wilhelm I., den Präsidenten der USA, die Kaiser von Rußland und Österreich, Königin Victoria von England, die Weisen, Dichter, Schriftsteller, Mystiker und Kaufleute der Welt, das britische Parlament. Er wandte sich an die gesamte Körperschaft der muslimischen Geistlichen, an das jüdische Volk, an den »Hohenpriester« des zoroastrischen Glaubens. Pius IX. forderte er auf, die Völker der Erde zu Baha'ullahs Glauben zu rufen. »Verkaufe all den gleißenden Zierat, den du besitzest, und gib ihn dahin auf dem Pfade Gottes!« Die Gesamtheit der christlichen Priester rief er auf, »die Glocken zu verlassen«, aus ihren Kirchen herauszukommen und »den Großen Namen (= Baha'ullah) laut unter den Völkern zu verkündigen«[19].

[19] S. Effendi, Gott geht vorüber, S. 238f.

Die Grundgesetze und Verordnungen, auf denen das Gefüge der künftigen Weltordnung beruhen muß, sind im *Kitab al-Aqdas* enthalten, das um 1875 fertiggestellt wurde[20]. In dieser »*Urkunde für die künftige Weltzivilisation*« tritt Baha'ullah als Richter, Gesetzgeber, Einiger und Erlöser der Menschheit auf, bezeichnet die Könige der Erde als seine Vasallen und nennt sich selbst den »König der Könige«. Er versichert, daß dieses Buch die »untrügliche Waage« für die Menschen sei. Die Weltideale der Baha'i-Religion sind in den »*Zwölf Grundsätzen der Baha'i-Weltreligion*« zusammengefaßt: »1. Die gesamte Menschheit muß als Einheit betrachtet werden. 2. Alle Menschen sollen die Wahrheit selbständig erforschen. 3. Alle Religionen haben eine gemeinsame Grundlage. 4. Die Religion muß die Ursache der Einigkeit und Eintracht unter den Menschen sein. 5. Die Religion muß mit Wissenschaft und Vernunft übereinstimmen. 6. Mann und Frau haben gleiche Rechte. 7. Vorurteile jeglicher Art müssen abgelegt werden. 8. Der Weltfrieden muß verwirklicht werden. 9. Beide Geschlechter sollen die beste geistige und sittliche Bildung und Erziehung erfahren. 10. Die sozialen Fragen müssen gelöst werden. 11. Es muß eine Einheitssprache und eine Einheitsschrift eingeführt werden. 12. Es muß ein Weltschiedsgerichtshof eingesetzt werden.«

Dieses große *Weltprogramm* entspricht der inneren Logik der geschichtlichen Entwicklung. Die Baha'i-Religion aber präsentiert die Richtung und das Gesetz dieser Entwicklung. Sie ist unaufhaltsam. Wer ihr widersteht, wird zermalmt. Hier wurzelt das triumphierende Selbstgefühl, von dem die Botschaften der Baha'i-Propheten erfüllt sind. Sie raten und befehlen den Mächtigen; aber sie drohen auch und kündigen ihnen den Untergang an, wenn sie nicht gehorchen. Baha'ullah forderte von Napoleon III., daß er in seinem Lande die Baha'i-Religion einführen, die Kirchen und Klöster schließen und Klerus und Mönchtum aufheben solle, und drohte ihm den Verlust seiner Kaiserkrone an, weil er das französische Protektorat im Orient nur im eigenen Interesse ausübe, nach Krieg dürste und ein ihm übersandtes Sendschreiben weggeworfen habe. Kaiser Wilhelm I. mahnte er, ihn als »den Urquell der göttlichen Offenbarung« zu erkennen, hielt ihm Napoleon III. Schicksal als warnendes Beispiel vor und prophezeite, daß »die Schwerter der Vergeltung« gegen die »Ufer des Rheins« gezückt werden und daß sich »in Berlin großes Wehklagen« erheben werde. Ebenso verfuhr er mit anderen gekrönten Häuptern. Und die Baha'i-Geschichtsschreibung

[20] Freilich wird dieses »Heiligste Buch« im vollständigen Wortlaut den Gläubigen bis zum heutigen Tag vorenthalten. Das Weltzentrum in Haifa veröffentlichte 1973 nur Auszüge: »Synopsis and Codification of the Laws and Ordinances of the Kitab-i-Aqdas«. Eine Gesamtübersetzung aus dem arabischen Urtext wurde von den englischen Orientalisten Earl E. Elder und William McE. Miller 1961 veröffentlicht: »Al-Kitab al-Aqdas or the Most Holy Book by Mirza Husayn Ali Baha'u'llah«, herausgegeben von der Royal Asiatic Society (Oriental Translation Fund, New Series, vol. XXXVIII) in London. Von der Baha'i-Organisation wird diese Ausgabe als »christliches Machwerk« abgelehnt und die Veröffentlichung des Gesamttexts generell umgangen, »da die Menschen noch nicht reif genug sind, den ganzen Wortlaut des Buches zu verstehen«. Es enthält in der Tat Verordnungen, die nach dem Urteil Hermann Roemers »absonderlich« und »obskur« sind. Sie würden mindestens beim westlichen Leser auf Unverständnis stoßen und passen nicht zum Modernitätsanspruch der Baha'i-Religion; so z. B. manche Ehevorschriften oder Strafrechtsbestimmungen, die vorschreiben, daß der Mann das Recht auf Bigamie und das alleinige Scheidungsrecht hat, dem rückfälligen Dieb ein Brandmal auf die Stirn zu drücken ist und daß Brandstifter ebenfalls dem Feuer zu übergeben sind.

registriert fleißig alle Fälle, in denen Gegner der Propheten vom Gericht Gottes ereilt wurden und zugrunde gingen.
Die Baha'i-Religion ist zwar klein, gemessen an der Gesamtmenschheit. Aber sie fühlt sich als *Trägerin der Wahrheit Gottes,* die zugleich die *Innerste Kraft der Geschichte* ist. Darum kann keine Macht ihren Weg hindern. An ihr ist die persische Dynastie der Kadscharen, das osmanische Sultanat und Kalifat, das französische und deutsche Kaisertum zerbrochen »als direkte Folge ihres aktiven Widerstandes gegenüber der Lehre Baha'ullahs oder ihres kläglichen Versagens gegenüber seinem Ruf, in seine Botschaft einzudringen«[21].
Mit dem Offenbarungswerk Baha'ullahs ist die *Weltwende* gekommen. Noch streitet das Alte, Überholte mit dem Zukünftigen. Die Gegenwart ist eine Zeit des Zwielichts. Die Welt ist trächtig und befindet sich im Zustand der Gärung. Sie stürzt immer mehr in eine selbstzerstörerische Unordnung, durch welche veraltete Einrichtungen und fortschrittsfeindliche Kräfte vernichtet werden. So ist der Islam durch Verweltlichung und infolge seiner Feindschaft gegen den Baha'i-Glauben »zu einer Tiefe der Erniedrigung hinabgesunken, die er selten in seiner Geschichte erreicht hat«. Aus ähnlichen Gründen ist das Christentum in einer Schwächung begriffen, die durch innere Spaltung und den Angriff der Mächte des Unglaubens noch gefördert wird. Der Niedergang der Religion ist von einem sittlichen Zerfall begleitet, der sich in allen Bereichen des öffentlichen Lebens auswirkt. Damit verbunden ist der politische und wirtschaftliche Niedergang. Die ganze Welt bietet das Schauspiel eines ungeheuren Organismus, der entkräftet ist und im Sterben liegt.
Aber inmitten des anhebenden Chaos hält ein wachsender Kreis von Menschen aller Nationen Ausschau nach rettenden Wegen. Dabei werden sie von selbst in die Richtung gelenkt, die Baha'ullah seherisch vorgezeichnet hat. Durch seine Botschaft werden alle Fortschrittskräfte, die in den gegenwärtigen Geschichtsprozeß eingebettet sind, in geheimnisvoller Weise aufgerufen und aktiviert. So wird die Abstinenzbewegung des 19. Jahrhunderts mit seinem Alkoholverbot, der Zusammenbruch autokratischer Militärherrschaften im Ersten Weltkrieg mit seiner Anordnung demokratischer Verfassungen, das Anwachsen der Arbeiterbewegung mit seinen sozialen Grundsätzen, die Schaffung des Esperanto mit seiner Forderung einer Welteinheitssprache, die Errichtung des Völkerbundes mit seiner Proklamierung des Welteinheitsgedanken, der von vielen Staaten eingeführte Schulzwang mit seiner Forderung einer universalen Erziehung in Verbindung gebracht. Schon zeichnen sich erste Umrisse der zukünftigen Weltordnung ab, z. B. in der Organisation der Vereinten Nationen. Aber »viele Leiden werden erforderlich sein, bis die streitenden Nationen, Glaubensbekenntnisse, Klassen und Rassen in dem Schmelztigel allumfassender Trübsal geschmolzen und durch das Feuer eines heftigen Gottesurteils in ein organisches Gemeinwesen, in ein großes, geeintes und harmonisch wirkendes System zusammengeschmiedet sind«[22].

[21] S. Effendi a. a. O. S. 263
[22] S. Effendi, in: Der 19-Tage-Brief vom 23. 11. 1957

»Verwaltungsordnung« und Weltregierung

Mit Abdul Bahas Tod endete das »heroische Zeitalter«, und es begann das »gestaltende Zeitalter«. An ihm liegt es, die Botschaft der »heroischen« Epoche zu verwirklichen. Diese Verwirklichung geschieht in zwei Stufen: in der Konstituierung und Verbreitung der Baha'i-Religion über die ganze Welt hin und, an der Schwelle zum Goldenen Zeitalter, in der Neuordnung der Welt nach den Baha'i-Grundsätzen. Die Magna Charta des gestaltenden Zeitalters ist die *»Verwaltungsordnung«* des Glaubens, die außer im *Kitab al-Aqdas* besonders in Abdul Bahas *»Willen und Testament«* niedergelegt ist.

1. Die *Baha'i-Organisation* ist nach der Ordnungsziffer »9« aufgebaut. Jeder »Rat«, d.h. leitende Körperschaft, hat 9 Mitglieder. Deshalb muß jede Gemeinde mindestens 9 Mitglieder haben, um einen örtlichen »Geistigen Rat« bilden zu können. Sind weniger als 9 Mitglieder vorhanden, dann bilden sie eine »Gruppe«; um sie auf den Gemeindestatus zu bringen, werden die Angehörigen von Gemeinden mit mehr als 9 Mitgliedern zur Umsiedlung aufgefordert. Wo in einem Land mindestens 9 Gemeinden bestehen, wird ein »Nationaler Geistiger Rat« gebildet. Später sollen einmal die »Geistigen Räte« in »Häuser der Gerechtigkeit« umbenannt werden, an deren Spitze das »Universale Haus der Gerechtigkeit« steht. Seit 1927 wurde, von den amerikanischen Baha'i ausgehend, eine Satzung für die Räte aller Länder eingeführt, die für eine einheitliche Verfassung und Ordnung der Weltgemeinschaft bürgt. 1972 gab sich auch das Universale Haus der Gerechtigkeit eine eigene Verfassung.

Die Baha'i-Religion hat ihren eigenen *Kalender,* den sie – mit geringfügigen Änderungen – vom Babismus übernommen hat. Er teilt das Jahr in 19 Monate zu je 19 Tagen und zählt 9 mit Arbeitsruhe verbundene Festtage, die mit wichtigen Lebensdaten des Bab und Baha'ullahs zusammenfallen[23]. Jeder der 19 Monate trägt einen eigenen Namen, etwa: Ruhm, Schönheit, Licht, Vollkommenheit, Macht, Ehre. Die $19 \times 19 = 361$ Tage lassen noch vier Tage des Sonnenjahres frei, die auf den 26. Februar bis 1. März gelegt sind. Das Neujahrsfest findet am 21. März statt; es entspricht dem altpersischen Neujahrstag *nauruz*. Die Versammlungen am »19-Tage-Fest« zu Beginn eines neuen Monats bringen die drei Seiten des Gemeindelebens zur besonderen Geltung: Andacht, Verwaltung und Geselligkeit.

Großes Gewicht wird auf die *Jugendarbeit* gelegt. Die Kinder der Mitglieder werden schon früh in die Lehre eingeführt. Dazu kommen Jugendtreffen und andere Veranstaltungen. Eine bedeutende Rolle für die innere Festigung der Gemeinschaft spielen die Sommerschulen. Sie sollen den Geist der Zusammengehörigkeit

[23] Wie in anderen Sprachen, so hat auch im Arabischen jeder Buchstabe einen Zahlenwert. Die Zahl 9 ist die Quersumme der Zahlenwerte von »Baha«. »Bab« ergibt die Zahl 5. Als Baha'ullah sich öffentlich erklärte, war er 5×9 Jahre = 45 Jahre alt. Zählt man die Zahlen von 1 bis 5 zusammen, ergibt sich 15; die Summe der Zahlen von 1 bis 9 ist 45. Aber auch die Buchstabenwerte von »Adam« ergeben 45, die von »Eva« 15. Bab und Baha'ullah sind die »Eltern« der neuen Menschheit, mit denen der adamische Zyklus sein Ende gefunden hat. Die Namen »Baha'ullah« und »Abdul Baha« haben je 9 Buchstaben. Die Buchstabenwerte von «Baha'i« ergeben 19; $19 \times 19 = 361$ heißt auf arabisch »alle Dinge«.

pflegen, der Schulung von Baha'i-Lehrern dienen und überhaupt mit der Geschichte und Lehre der Baha'i-Religion vertraut machen.
Seit 1951 wird auf Anregung eines amerikanischen Baha'i alljährlich am dritten Sonntag im Januar, also in zeitlicher Nachbarschaft zur Weltgebetswoche der Kirchen, in vielen Ländern der *»Weltreligionstag«* veranstaltet. Die Versammlungen dieses Tages sollten ursprünglich der religiösen Verständigung dienen. Deshalb wurden und werden auch Vertreter der verschiedenen Religionen und Konfessionen als Redner eingeladen. Aber schon bald zeigte sich, daß das eigentliche Ziel des Weltreligionstags die Werbung für den Baha'i-Glauben war. Er sollte »die Menschen darauf hinweisen, daß die Baha'i-Religion eine Weltreligion ist, so umfassend, daß alle anderen Religionen und Lehren in ihr Raum haben«[24]. Später wurde klargestellt, daß der Baha'i-Glaube nicht nur »eine« Weltreligion, sondern *»die«* Weltreligion sei.
Gleichzeitig wurden die christlichen Kirchen die Zielscheibe einer teilweise heftigen Polemik. Damit hatte schon Baha'ullah begonnen. Enttäuscht über die ablehnende Haltung christlicher Theologen warf er ihnen vor, daß sie ihre Gelehrsamkeit »nach ihren eigenen Wahngebilden und Wünschen ausgedacht haben«; daß sie »in den dichtesten Schleiern der Gelehrsamkeit verstrickt sind und, von ihren Finsternissen umnebelt, sich in der Wildnis ihres Irrtums verloren haben«. Mehr noch: »Die Führer der Religionen haben zu allen Zeiten ihre Anhänger daran gehindert, die Küsten des Meeres ewigen Heils zu erreichen; denn sie halten die Zügel der Gewalt über die Menschen in ihrem mächtigen Griff.«[25]
Baha'ullah scheute auch vor kollektiven Beschimpfungen nicht zurück: »Nicht zwei von ihnen sind bereit, ein und dasselbe Gesetz anzunehmen, denn sie suchen keinen Gott außer ihrem eigenen Begehren und wandeln auf keinem anderen Pfad als dem des Irrtums. Führer zu sein, das ist das letzte Ziel ihres Strebens, und in Stolz und Dünkel sehen sie die höchste Erfüllung ihres Herzenswunsches.« Er sprach von ihren »schmutzigen Ränken«, ihren »selbstsüchtigen Berechnungen« und »kleinlichen Schlichen« und erklärte, »daß ein Rudel gefräßiger Bestien sich zusammengeschart hat, um am Aas der Menschenseelen zu nagen«[26].
Hushmand Sabet, Mitglied des deutschen Nationalen Geistigen Rates, übte in seinem Buch »Der gespaltene Himmel«[27] eine scharfe *Kritik an der Geschichte und Gegenwart des Christentums.* Auch sonst wird auf Trennung gedrängt. Von den Mitgliedern wird *Kirchenaustritt* verlangt[28]. Die Feiertage des christlichen Kalen-

[24] Baha'i-Briefe, April 1961
[25] Kitab-i-Iqan, S. 131, 130, 19
[26] a. a. O. S. 28
[27] Es erschien 1967 in dem ad hoc gegründeten Verbum-Verlag (später umbenannt in Verum-Verlag) in Stuttgart und sollte mit viel Reklame an den Mann gebracht werden. Es wurde an die Kirchenleitungen zur Stellungnahme geschickt. Inserate in Tageszeitungen und sogar in kirchlichen Blättern warben dafür und Pfarrer wurden mit Prospekten bedacht, in denen ein Brief von Prof. Dr. Rudolf Bultmann in grober Weise verfälscht wurde.
[28] S. Effendi erklärte in seinen »Principles of Baha'i Administration« (S. 14), kein überzeugter Baha'i könne Mitglied einer kirchlichen Organisation sein, »ist es doch nur zu klar, daß die Sache Baha'ullahs in ihren Hauptgrundlagen von den veralteten Glaubensbekenntnissen, Kulthandlungen und Einrichtungen abweicht«.

ders, auch Neujahr, sollen nicht begangen werden. Wenn ein Baha'i einen Andersgläubigen heiratet, so muß eine Baha'i-Trauung vorgenommen werden; wünscht der Andersgläubige auch eine Trauung nach dem Ritus seiner Glaubensgemeinschaft, so kann diese am gleichen Tag vorgenommen werden, aber nur unter der Voraussetzung, daß die Zeremonie den Baha'i nicht zu irgendeinem von seiner Religion abweichenden Glaubensbekenntnis veranlaßt.

Das Amt des »Hüters der Sache Gottes«, das der 25jährige Shoghi Effendi nach Abdul Bahas Tod (1921) antrat, sollte nach dem »Willen und Testament« erblich sein, und der Hüter sollte, um die üblich gewordenen Nachfolgestreitigkeiten zu vermeiden, rechtzeitig seinen Nachfolger ernennen. Als »Erklärer des Worts« sollte er das alleinige Recht haben, die heiligen Schriften auszulegen. Dies und die im Testament ausgesprochene Verpflichtung der Gläubigen, ihm unbedingten Gehorsam zu leisten (s. S. 802f.), verschafften ihm eine *schrankenlose Autorität*. Er bestellte ein aus 27 »Händen der Sache Gottes« (ayadi-i amr'ullah) bestehendes Exekutivorgan mit der Aufgabe, »die göttlichen Düfte zu verbreiten, die menschlichen Seelen zu erbauen, Gelehrsamkeit zu fördern, den Charakter aller Menschen zu bessern und zu allen Zeiten und unter allen Umständen geheiligt und von irdischen Dingen losgelöst zu sein«. Aber zugleich hatten sie Vollmacht und Befehl, über die Einheit der Gemeinschaft zu wachen und jeden auszuschließen, der dagegen verstößt. Außerdem setzte der »Hüter« 1951 den aus 9 Mitgliedern bestehenden *Internationalen Baha'i-Rat* ein, der ihn in der Verwaltung und in Verhandlungen mit den Behörden des Staates Israel entlasten sollte.

Als Shoghi Effendi am 4. November 1957 in London starb, wo er auch beigesetzt wurde, hatte er keinen Erben hinterlassen. Er konnte auch sonst niemanden zu seinem Nachfolger ernennen, denn alle im »Willen und Testament« Abdul Bahas erwähnten »Äste«, d.h. Blutsverwandten, »waren entweder gestorben oder hatten wegen ihrer Untreue gegenüber dem Willen und Testament des Meisters und ihrer Feindseligkeit gegenüber dem, den diese heilige Urkunde namentlich als ersten Hüter nennt, zu *Bündnisbrechern* erklärt werden müssen«[29].

Aber noch im Oktober 1957 hatte Shoghi Effendi der »erhabenen Institution der Hände der Sache Gottes« den Charakter als »Obersten Sachwalter der keimenden Weltgemeinschaft Baha'ullahs« verliehen. Sie übernahmen nun die einstweilige Leitung. Aber ganz krisenlos erfolgte dieser Führungswechsel nicht. Der Präsident des Internationalen Baha'i-Rates, Charles Mason Remey, beanspruchte in einer Proklamation im Frühjahr 1960 das Amt des »Hüters« für sich, da Shoghi Effendi ihn zum Präsidenten des Internationalen Baha'i-Rates ernannt und diesen Rat als Vorläufer des Universalen Hauses der Gerechtigkeit bezeichnet habe[30]. Die »Hände« schlossen ihn und acht seiner Anhänger wegen dieser »schmachvollen Anmaßung« als »Bündnisbrecher« aus und befahlen, »Remey zu meiden sowie jedermann, der mit ihm verbunden ist oder seinen Anspruch tätig unterstützt«[31].

[29] Erklärung der »Hände der Sache Gottes« vom 25. November 1957

[30] Remey und seine Anhänger versuchten, den Tempel in Wilmette (Ill.) und anderes Baha'i-Eigentum in den USA in ihren Besitz zu bekommen, wurden aber nach einem mehrjährigen Rechtsstreit abgewiesen.

Zum Abschluß des »Weltkreuzzugs« versammelten sich vom 19. bis 23. April 1963 die 504 Mitglieder der damals 56 Nationalen Geistigen Räte in Haifa und wählten das *Universale Haus der Gerechtigkeit,* dessen 9 Mitglieder sich aus 5 Amerikanern, 3 Asiaten und 1 Europäer zusammensetzten. Diese Wahl wurde 1973 insgesamt bestätigt. Damit hatte die Baha'i-Gemeinschaft eine kollektive Führungsspitze erhalten.
Das Universale Haus der Gerechtigkeit ist mit *absoluter und unfehlbarer Autorität* ausgestattet. Es wird zwar von den Nationalen Geistigen Räten gewählt, ist ihnen aber keine Rechenschaft schuldig. Als die »Quelle alles Guten und von jeglichem Irrtum frei«, hat es die Befugnis, für Angelegenheiten, die im *Kitab al-Aqdas* nicht ausdrücklich geoffenbart sind, Gesetze zu erlassen. Zu dem »geoffenbarten Wort« Baha'ullahs und den »göttlich geführten Auslegungen« von Abdul Baha und Shoghi Effendi treten nun die Entscheidungen des Universalen Hauses mit gleicher Autorität hinzu; denn, so verkündigte das Universale Haus in einer Botschaft vom Oktober 1963, durch diese Institution, der Baha'ullah »höchste Autorität und unfehlbare Führung« verlieh, bleibt der »Kanal göttlicher Führung« offen.
Das Universale Haus der Gerechtigkeit beauftragte die »Hände der Sache Gottes« mit dem *Schutz* und der *Verbreitung des Glaubens.* In dieser Funktion haben sie »Bündnisbrecher« auszustoßen und die Nationalen Geistigen Räte in ihrer Arbeit anzuspornen und zu beraten. 1968 wurden ihnen 11 »Kontinentale Beraterämter für den Schutz und die Verbreitung des Glaubens« zugeordnet – je drei für Afrika, Amerika und Asien und je eins für Europa und Australien – und diesen auf nationaler Ebene »Hilfsämter für den Schutz und die Verbreitung des Glaubens« unterstellt. Die Mitglieder der Kontinentalen Beraterämter werden nicht gewählt, sondern vom Universalen Haus ernannt; sie wiederum ernennen die Mitglieder der Hilfsämter. Beide sind also verlängerte Arme der obersten Zentrale in Haifa. Einige Jahre später wurde das Internationale Lehrzentrum errichtet, um die Arbeit der Beraterämter in der ganzen Welt zu überwachen und damit »für die Zukunft die Fortführung der besonderen Aufgaben des Schutzes und der Verkündigung sicherzustellen, die den Händen der Sache im Heiligen Text auferlegt sind«[32]. Die Mitglieder der Kontinentalen Beraterämter sollen die Gemeinden ihrer Gebiete möglichst oft besuchen, engen Kontakt mit ihnen pflegen, sie ermutigen, das Verständnis der Lehre fördern, über jedes Anzeichen für einen Mangel an Festigkeit wachen und regelmäßig von ihrer Arbeit und den Ereignissen und Entwicklungen in ihrem Gebiet nach oben berichten. Wenn die Hilfsamtsmitglieder »einen Bündnisbruch vermuten, übergeben sie den Fall nach Untersuchung irgend einer verfügbaren Hand«.

[31] Botschaft der »Hände« vom 27. Juli 1960. Als Remey 1974 starb, richtete das Universale Haus der Gerechtigkeit folgendes Telegramm an die Baha'i-Institutionen in aller Welt: »Charles Mason Remey, dessen vermessener Versuch, (die) Hüterschaft nach (dem) Hinscheiden Shoghi Effendis an sich zu reißen, zu seinem Ausschluß (aus den) Reihen (der) Gläubigen führte, ist in Florenz, Italien, (im) 100. Jahr seines Lebens gestorben (und wurde) ohne religiöse Riten, im Stich gelassen von (seinen) früheren Anhängern begraben. (Die) Geschichte dieses erbärmlichen Treuebruchs durch einen, der große Ehrungen sowohl vom Meister als auch vom Hüter empfangen hatte, bildet ein weiteres Beispiel (der) Zwecklosigkeit aller Versuche (das) unerschütterliche Bündnis (der) Sache Baha'ullahs zu untergraben.« (Zit. in: Schweizer Baha'i-Nachrichten, Mai 1974)

[32] Rundschreiben des Universalen Hauses der Gerechtigkeit aus dem Jahr 1974

Der Tatbestand des *»Bündnisbruchs«* ergibt sich nicht aus der Nichtbefolgung religiöser Vorschriften, sondern ausschließlich aus der Ablehnung der *absoluten und unfehlbaren Machtfülle* der Träger der Verwaltungsordnung. Im Testament Abdul Bahas werden die Bündnisbrecher mit besonderer Härte behandelt und moralisch schwer disqualifiziert. Sie werden als »abscheuliche, verruchte und widerwärtige Verleumder, wilde Löwen, reißende Wölfe, blutdürstige Tiere« beschimpft, die »das Bündnis brechen, Zwietracht wecken, Arglist zeigen, die Gemeinschaft der Liebenden verwirren und vergiften«. Sie sind »degenerierte Leute«, ansteckende Träger von »tödlichen geistigen Krankheiten«, »tote Körper, die vom Ozean des Bündnisses ans Ufer gespült werden«, »Seelen, die des Geistes Gottes beraubt und in Leidenschaft und Selbstsucht verloren sind«. Darum wird geboten, »die Übertreter des Bündnisses gänzlich zu meiden und ihnen aus dem Wege zu gehen, denn sie wollen die Sache Gottes gänzlich zerstören«[33]. Udo Schaefer, Mitglied des deutschen Nationalen Geistigen Rates, nennt die Bündnisbrecher »subversive Elemente«, »verbrecherische Schädlinge« und vom »Aussatz« Befallene[34].

2. Die *Verwaltungsordnung* dient nicht nur dem Leben und Aufbau der Baha'i-Religion. Sie ist zugleich dazu bestimmt, in einer noch nicht absehbaren, aber mit Sicherheit herannahenden Zukunft das Gerippe des *Baha'i-Weltstaats* zu werden. Denn sie ist allen gesellschaftspolitischen Ordnungen überlegen, die je bestanden haben: Die Geistigen Räte können unabhängig von Wählern und Interessengruppen ihre Entscheidungen treffen; die Baha'i-Wahlen finden ohne Demagogie statt; es kann sich keine Kluft zwischen Führern und Geführten und kein Establishment bilden[35]; weltweite Organisation und Koordination ist möglich und frei von wirtschaftlichen, politischen und ideologischen Beeinflussungen. So steht das künftige Baha'i-Gemeinwesen »nicht nur einzig in der gesamten Geschichte der politischen Einrichtungen, sondern auch ohne Gegenstück in den Annalen aller anerkannten Religionssysteme der Welt da«[36]. Und wenn einmal die großen Baha'i-Ideale zum Allgemeingut der Menschheit geworden sind, dann wird das Universale Haus der Gerechtigkeit die *oberste Legislativgewalt der Welt* ausüben; es »erläßt die Gesetze und die Regierungen führen sie durch«[37]. Diese gehen aus Baha'i-Wahlen hervor. Die örtlichen und Nationalen Geistigen Räte werden die bisherigen Gemeindeverwaltungen und Parlamente ersetzen, während das Universale Haus der Gerechtigkeit die Funktion des Weltschiedsgerichtshofs übernehmen wird. Kurz, »die Verwaltungsordnung des Glaubens von Baha'ullah ist

[33] Wille und Testament, S. 20 – »Mit dem Bündnisbruch enden auch alle Banden der Familienzugehörigkeit. Selbst den engsten Angehörigen ist es strengstens untersagt, weiter mit dem Ausgestoßenen zu verkehren!« (F. Ficicchia a. a. O. S. 336). Diese Disqualifizierung mit ihren Konsequenzen läßt sich mit der Art messen, in der die Zeugen Jehovas den Gemeinschaftsentzug praktizieren. Für die kritischen Baha'i-Gläubigen gelten diese Beschimpfungen als ein Beweis dafür, daß »Wille und Testament« nicht von Abdul Baha stammen kann.

[34] Grundlagen der Verwaltungsordnung der Baha'i, S. 33, 35, 133

[35] Für U. Schaefer (Grundlagen der Verwaltungsordnung der Baha'i, S. 122) verkörpern jedoch die »Hände der Sache Gottes« das »aristokratische Prinzip« der Verwaltungsordnung; sie sind die »geistige Auslese« der Gemeinschaft.

[36] Baha'i-Briefe, Januar 1970

[37] Abdul Baha, Wille und Testament, S. 28

dazu bestimmt, sich zu einem Weltgemeinwesen zu entwickeln« (Shoghi Effendi), das die kommende *Weltregierung* nach den Grundsätzen der Baha'i-Religion führen soll.
Diese Zukunftsperspektive bestimmt auch das politische Verhalten der Baha'i in der Gegenwart. Es ist nicht ihre Aufgabe, die jetzige Weltordnung zu stützen; denn sie widerspricht den Idealen der Baha'i und sie stirbt dahin. Sie sind vielmehr gerufen, dem »Größten Frieden« den Weg zu bereiten, indem sie nach einem Rundschreiben des Universalen Hauses der Gerechtigkeit von 1968 »voll bewußt, mit genauen Weisungen und unter fortgesetzter göttlicher Führung sich mühen, die Strukturen des Reiches Gottes auf Erden zu errichten, ihre Mitmenschen dazu aufzurufen, und ihnen auf diese Weise ewiges Leben zu verleihen«. Das Rundschreiben zitiert Shoghi Effendi: Weil die bestehende Gesellschaft sich rasch zersetzt, müssen sich die Baha'i von ihren Streitfragen distanzieren und »ihre ganze Kraft in die Kanäle des Aufbaus der Baha'i-Gemeinschaft und ihrer Verwaltungsordnung lenken«. Nur so können sie der Welt helfen; denn »wenn sie das Baha'i-Modell aufbauen, können sie es als ein Heilmittel darreichen, wenn alles andere versagt haben wird«. Das bekräftigte das Universale Haus in einem Rundschreiben von 1974: Die alte Ordnung weicht jetzt der neuen und die damit verbundenen Änderungen übersteigen die Einbildungskraft. »Dies ist die Gelegenheit für die Heerscharen des Herrn. Nicht bestürzt und nicht abgeschreckt durch die Trümmer ›lang gehegter Ideale und ehrwürdig gewordener Institutionen‹, die nun weggefegt und in den Krater der absterbenden und in Vergessenheit geratenden Doktrinen verbannt werden, muß die Weltgemeinde der Baha'i eifrig und mit ständig wachsender Energie voranstürmen, um jene neuen gottgegebenen Institutionen aufzubauen, von denen das Licht der heiligen Grundsätze und Lehren ausstrahlen wird, die von Gott für die Rettung der ganzen Menschheit an diesem Tage herabgesandt wurden.«
Dementsprechend wird der Verbreitung der Lehre und der Gründung örtlicher und Nationaler Geistiger Räte als *Kader einer künftigen Weltregierung* aller Vorrang zuerkannt. In einigen orientalischen Ländern erreichten die Baha'i, daß für sie die Fragen der Ehe, der Scheidung, der Bestattung und der Erbschaft nach den Gesetzen des *Kitab al-Aqdas* (soweit diese nicht der generellen Geheimhaltung unterworfen sind) behandelt werden. Ein weiteres Ziel ist die Errichtung von Baha'i-Gerichten, die das gesetzliche Recht haben, die im *Kitab al-Aqdas* niedergelegten Gebote ihrer Rechtsprechung zugrunde zu legen. In Samoa i Sisifo (Westsamoa) konnte als erstes amtierendes Staatsoberhaupt König Malieota Tanumafili II. für den Baha'i-Glauben gewonnen werden; ob er die Verwaltungsordnung in seinem Staat einführen wird, ist nicht bekannt.
Aber das alles sind nur Vorläufigkeiten. *Die große Weltkatastrophe nähert sich rasch.* In einer Botschaft an die sechs Interkontinentalen Konferenzen der Baha'i im Oktober 1967 erklärte das Universale Haus der Gerechtigkeit, die Ruhepause von hundert Jahren seit der Proklamation Baha'ullahs sei zu Ende und der Kampf zwischen den Kräften der Dunkelheit und der aufgehenden Sonne der göttlichen Lehren werde von Tag zu Tag erbitterter. Die Menschheit trete jetzt »in den dunkelsten Schatten dieser Zeit des Übergangs ein«. Ein Auszug der Proklamation wurde 140 Staatsführern überreicht, damit sie noch eine letzte Chance haben, und

die Baha'i wurden aufgefordert, alle Kraft auf die Lehrarbeit zu legen. In einem Schreiben an die deutschen Gläubigen stellte das Universale Haus 1969 fest, die Baha'i sähen »für die heutige Gesellschaft, ihre Politiker und ihre alten religiösen Institutionen überhaupt keine Chance«, ohne die Lehren Baha'ullahs die tödliche Krise zu überwinden. In einer Erklärung vom 16. November 1969 wurde zur Verstärkung der Lehrtätigkeit aufgerufen, denn die gegenwärtigen Zustände seien trotz ihrer Schrecklichkeit dazu nützlich, »die Unentbehrlichkeit der Lehren Baha'ullahs für die Nöte des jetzigen Zeitalters in den Brennpunkt zu rücken, und werden viele Gelegenheiten bieten, zahllose wartende Seelen zu erreichen, die nach göttlicher Führung hungern und dürsten«.
Unter den schweren geschichtlichen Krisen und durch Baha'ullahs Botschaft werden die Menschen gereift, und es kommt die Stunde, in der »das Mündigwerden des ganzen Menschengeschlechts von allen Völkern und Nationen der Erde verkündet und gefeiert wird. Dann wird das Banner des Größten Friedens gehißt werden. Dann wird die weltweite Oberherrschaft Baha'ullahs – des Begründers des Reiches vom Vater, wie vom Sohne geweissagt und von den Propheten Gottes vor Ihm und nach Ihm vorausgeschaut – anerkannt, mit Beifall begrüßt und fest aufgerichtet werden.«[38]
Das ist der Anbruch des *Tausendjährigen Reichs*. Alle Menschen werden gläubig werden. Alle Rassen und Nationen werden zusammenarbeiten. Die Gegensätze zwischen reich und arm werden versöhnt sein. Liebe und Gerechtigkeit werden die Menschheit regieren. Die Welt wird erfüllt sein mit Wissen und mit der Erkenntnis Gottes. Im Zusammenwirken von materiellen und geistigen Kräften werden durch die Macht Gottes alle Sorgen in Freude und alle Krankheiten in Gesundheit verwandelt werden.
Abdul Baha prophezeite, daß Akka und Haifa mit dem Karmel, der heiligen Stätte der Baha'i, zum religiösen Weltzentrum werde mit herrlichen Bauten und Pilgerströmen aus allen Teilen der Erde und blühenden Industrien und Wohlfahrtseinrichtungen. »Die Blumen der Zivilisation und die Kultur von allen Nationen werden hierher gebracht werden, um ihre Wohlgerüche miteinander zu vermischen und den Weg der Bruderschaft der Menschen zu bezeichnen.«

3. Die Baha'i-Weltgemeinschaft lebt von freiwilligen Spenden ihrer Anhänger. Deren Zahl wird auf zwei bis zweieinhalb Millionen geschätzt, davon weniger als eine Million im Iran. In den islamischen Ländern haben sie einen schweren Stand, nachdem der Baha'i-Glaube am 10. Mai 1925 durch das Urteil des Appellationsgerichtshofs in Beda (Ägypten) zu einer neuen, nicht dem Islam zugehörigen Religion erklärt worden war. Als nichtislamische religiöse Minderheit wurde sie in Ägypten, Irak und Syrien verboten. Später wurde ein Verbot auch in anderen Ländern ausgesprochen.
Im Jahr 1954 wurde ein *»Weltkreuzzug«* mit einem Zehnjahresplan begonnen, dessen Ende mit der 100jährigen Wiederkehr der Selbstoffenbarung Baha'ullahs (April/Mai 1863) zusammenfiel. In diesem Zeitraum wurden auch zwei *Tempel* in Kampala (Uganda) und Sydney (Australien) 1961 eingeweiht, während der erste

[38] S. Effendi, in: Sonne der Wahrheit, März 1953

europäische Tempel in *Langenhain* bei Frankfurt a. M. erst am 4. Juli 1964 eröffnet werden konnte. Im Jahr 1972 wurde in Panama der erste Tempel Lateinamerikas errichtet. Zur Zeit bestehen – zusammen mit dem schon 1912 erbauten Tempel in Wilmette bei Chicago – weltweit erst fünf Gebetshäuser. Weitere Bauvorhaben bestehen für Delhi (Indien), Apia (Westsamoa) und Haifa (Israel).
Alle Tempel haben neun Eingänge, die für die Anhänger der neun Weltreligionen bestimmt sind. Aber dabei ist nicht an die Vertreter von »starren Glaubenssätzen« gedacht, sondern an solche, »die für immer die Hüllen einer ausgeklügelten und tendenziösen Zeremonie aufgegeben haben und willige Anbeter des Einen wahren Gottes sind, der sich in diesem Zeitalter durch Baha'ullah geoffenbart hat«[39]. Im Innern findet sich kein sakraler Schmuck, auch keine Kanzel und kein Altar. Die Feierstunden bestehen aus Chor- und Sologesängen und Lesungen aus den Heiligen Schriften der neun Weltreligionen, die so ausgewählt sind, daß sie die gemeinsame Wahrheitssubstanz aller Religionen darstellen und deren Vollendung und Erfüllung durch Baha'ullah verdeutlichen.
Die *missionarischen Bemühungen* im Rahmen des Weltkreuzzugs waren in allen Kontinenten gleich stark. Aber die Ergebnisse waren verschieden. In der Dritten Welt hatte die Werbung große Erfolge zu verzeichnen, so in Indien, Zentral- und Ostafrika und Lateinamerika. Dagegen erfüllten die nordamerikanischen Baha'i, denen ein besonderer Auftrag im Rahmen des Weltkreuzzugs zugedacht war, die Erwartungen nicht, und der Boden Europas blieb äußerst steril. Die »Hände der Sache Gottes« mußten in einem Schreiben an die damals 15 Nationalen Geistigen Räte Europas feststellen, daß dieser Kontinent am weitesten zurückliege und daß die schwachen Gemeinden dringend der Stärkung bedürfen.
In Fortsetzung des Weltkreuzzugs wurde 1964 ein *Neunjahresplan* in Kraft gesetzt. Die darin genannten Ziele wurden übertroffen[40]. Aber der Trend änderte sich nicht: starke Zunahme in Indien, Südvietnam (*Verbot* 1975), Philippinen, Uganda (*Verbot* 1977), Nigeria, Brasilien, Ecuador und Zentralamerika; aber in den USA blieb die Zahl der Baha'i auf 40000, in Europa auf 4000 beschränkt – in der Schweiz, Italien, Frankreich, England waren es je 500 bis 700, in der Bundesrepublik Deutschland 1200. Weltweit dürfte die Zahl der Anhänger drei Millionen nicht übersteigen. Die genaue Zahl der Gläubigen ist nicht bekannt, da nicht die Einzelmitglieder, sondern nur die »Geistigen Räte«, »Gruppen« und »Zentren« statistisch erfaßt werden. Insgesamt verzeichnete 1973 die Statistik 113 Nationale und 16445 örtliche Geistige Räte und 68 507 Zentren[41]. Baha'i-Schriften wurden in 571 Sprachen und Dialekten veröffentlicht, und in 64 Ländern wurden die Baha'i-Feiertage anerkannt. 1974 begann ein neuer *Fünfjahresplan* zur Verbreitung des Glaubens, dessen Endphase indes durch die gegenwärtige Revolution im Iran überschattet wurde (s. S. 828).
Die *deutschen Baha'i* sollen nach einer Prophezeiung Abdul Bahas eine besondere

[39] Aus Mitteilungen für die Presse anläßlich der Tempeleinweihung in Langenhain (Taunus)
[40] Dieser Plan legte genau fest, wo und wie viele Geistige Räte errichtet werden müssen. »Ein äußerst merkwürdiges Unterfangen: als ließe sich eine Religion auf neun Jahre hinaus *vorausplanen!*« (F. Ficicchia a. a. O. S. 384)
[41] Ein »Zentrum« besteht bereits, wenn in einem Ort nur ein Baha'i wohnt.

Rolle beim geistigen Erwachen und der schließlichen Hinwendung der europäischen Völker zum Baha'i-Glauben spielen. Aber ob sie diese Aufgabe erfüllen können, erscheint sehr fraglich, wenn man ihre Mitgliederentwicklung betrachtet: 1958 zählten sie 749 Anhänger. Bis 1973 konnten sie nur 850 neue Mitglieder gewinnen – trotz eines großen Aufwands an Mühe und Mitteln. So wurde zur Internationalen Konferenz im Oktober 1967 in Frankfurt die Festausgabe der »Baha'i-Briefe« an 43 401 deutsche Schulen aller Art versandt. Das Buch »Der gespaltene Himmel« (1967) wurde in 12 000 Exemplaren hergestellt, die Schrift »Baha'i – Religion nach Maß? Urteile evangelischer Theologen – Entgegnungen«[42] in 21 000 Exemplaren, wovon 19 000 an Theologen geschickt wurden. Eifrig wurden *Kontakte mit Politikern und Redaktionen* gesucht, auf die Auslage von Baha'i-Schriften in öffentlichen Bibliotheken gedrängt, Lehrprogramme und Jugendaktionen intensiviert, Vorträge, Wanderausstellungen und die Darbietungen der »Dawnbreakers«, einer baha'istischen Showgruppe, veranstaltet.
Wegen ihrer *Stagnation* sind die deutschen Baha'i ein Gegenstand der Sorge für das Universale Haus der Gerechtigkeit. Am 11. Januar 1971 klagte es über den »langsamen Fortschritt des Glaubens in Deutschland« und machte Vorschläge für eine wirksamere Werbung, vor allem durch die Baha'i-Jugend. Am 18. Oktober 1972 kabelte es an den Nationalen Geistigen Rat: »Die deutsche Baha'i-Gemeinde sieht sich vor einer geistigen Krise, welche die zukünftige Entwicklung des Glaubens in Ihrem Lande beeinflußt«, und flehte inbrünstig, die »herzlich geliebten deutschen Gläubigen« möchten sich zwecks Erfüllung des Neunjahresplanes »erheben und unverzüglich auf die Zielstädte und neue Orte verteilen«. Sie verteilten sich, und die Planziffern wurden erreicht, aber die Stagnation blieb. Das gilt auch für die anderen Länder in Europa.
Der Hauptgrund für das *geringe Echo der Baha'i-Botschaft in der abendländischen Welt* ist darin zu suchen, daß sie in ihrer religiösen Substanz weit hinter der des christlichen Glaubens zurückbleibt und mit ihren in den »Zwölf Grundsätzen« niedergelegten programmatischen Forderungen dem westlichen Abendland nichts Neues zu sagen hat. Mit ihrem Anspruch, Wegbereiterin des großen Fortschritts und der Freiheit und Gleichheit zu sein, kann sie in den Demokratien der europäischen Industriegesellschaften keine Anziehungskraft ausüben, wohl aber in der sogenannten »Dritten Welt«. Hier liegt auch die entscheidende Ursache, weshalb sie dort wächst, hier stagniert.
Die Entwicklung der Baha'i-Religion in Deutschland war so verlaufen: Bereits 1907 wurde hier eine Baha'i-Vereinigung gegründet, nachdem ein Dentist die neue Lehre aus Amerika mitgebracht hatte. 1908 entstand durch WILHELM HERRIGEL (1866–1932) ein Baha'i-Kreis in Stuttgart, den Abdul Baha 1913, von England und Paris her kommend, besuchte. 1922 erschien die Zeitschrift »Die Sonne der Wahrheit« als Organ der Baha'i in Deutschland und Österreich. Im gleichen Jahr wurde ein Nationaler Geistiger Rat für Deutschland und Österreich mit Sitz in Stuttgart gebildet. Bei Esslingen entstand eine Sommerschule. Am 9. Juni 1937 wurde die deutsche Baha'i-Vereinigung durch die nationalsozialistische Regie-

[42] Ihren Hauptteil bildet die Auseinandersetzung von Dr. Udo Schaefer mit einer Rezension des Buchs Der gespaltene Himmel von mir.

rung verboten, ihr Schrifttum wegen ihrer internationalen und pazifistischen Tendenzen beschlagnahmt und vernichtet. 1945 wurde die Arbeit wieder aufgenommen. Aber sie kam nicht recht vorwärts, und die Zeitschrift »Sonne der Wahrheit« mußte 1953 wegen des allzu kleinen Bezieherkreises eingestellt werden. Dasselbe Schicksal erfuhren 1971 die »Baha'i-Briefe«, die 1967 nur 438 Abonnenten gehabt hatten. Auch die »19-Tage-Briefe« erscheinen nicht mehr. 1970 verlegte der Nationale Geistige Rat (seit Jahren nur noch für Deutschland zuständig) seinen Sitz von Frankfurt nach Langenhain (Taunus) in die Nähe des 1964 errichteten Tempels.

Schon früh kam es auf deutschem Boden zu einer *Spaltung der Gemeinde*. 1927 trennte sich Wilhelm Herrigel von der Organisation, der er Machtstreben und Verfälschung der ursprünglichen Botschaft vorwarf. Er gründete 1930 in Stuttgart die liberale »Weltunion Baha'i«, die mit dem frühen Tod ihres Begründers und dem Verbot im Jahr 1937 jedoch zerfiel. In den sechziger Jahren knüpfte Hermann Zimmer (geb. 1904) an die Ziele der »Weltunion Baha'i« an. Er schuf die »Weltunion für Universale Religion und Universalen Frieden« mit Sitz in Waiblingen bei Stuttgart. Ihre Anhängerschaft ist jedoch sehr gering, doch Zimmers *Protest gegen die Organisation* fand Einzug in die Literatur und könnte – sollte er sich wissenschaftlich erhärten – für die Organisation in Haifa in naher oder ferner Zukunft zu einem echten Problem werden.

Die Erfüllung aller bisherigen Offenbarungen?

1. Die Selbstaussagen Baha'ullahs machen deutlich, daß er zwar die früheren Religionsstifter anerkennt, daß aber mit dieser Bestätigung zugleich auch eine Außerkraftsetzung verbunden ist: Was ewig gültiger Wahrheitskern an ihren Lehren ist, das ist von ihm aufgenommen und in vollendeter Klarheit ausgesprochen worden; das andere besteht aus zeitbedingten Elementen und hat seine Gültigkeit verloren. So positiv die Baha'i-Lehre ist, so verbindet sie doch mit ihrem umfassenden Ja zu den anderen Religionen einen hohen Anspruch und damit auch ein Nein gegenüber diesen.

Der Versuch, alle bisherigen Religionen als eine Einheit zu verstehen, in der sich Gott fortschreitend offenbarte, um schließlich sein Offenbarungswerk in der Baha'i-Botschaft zu vollenden, geht schon auf den Bab zurück und wurde von Baha'ullah weiter entwickelt. Das dahinter stehende Motiv ist offenkundig: Auf diese Weise soll die Absolutheit der Baha'i-Religion begründet und zugleich deutlich gemacht werden, daß für Andersgläubige der Übertritt zu ihr keine Verleugnung, sondern eine Bereicherung ihres bisherigen Glaubens bedeutet. Das hört sich gut an und ist gewiß auch ehrlich gemeint. Aber es ist ein höchst fragwürdiges Unternehmen, Religionen miteinander zu vergleichen, Wahrheitskerne aus ihnen herauszudestillieren oder gar in der Religionsgeschichte eine zusammenhängende innere Linie festzustellen, die auf die Baha'i-Religion zulaufe.

Religionen lassen sich nicht über einen Leisten schlagen. In verschiedenen Epochen, Räumen und Kulturen entstanden, sind sie jeweils verschiedene geistige Welten mit jeweils eigenen Motivgruppen, Fragestellungen und Antworten,

Strukturen, Wertetafeln, Entfaltungsgesetzen, Wirkensweisen, Grenzen, Schwächen und Anfälligkeiten. Sie haben wohl vielfach gemeinsame Themen; aber jede behandelt sie auf ihre Art. Sie sind für gegenseitige Einflüsse offen; aber was ihrem eigenen Wesen fremd ist, stoßen sie ab. Es gibt gewiß Verwandtschaften und Familien unter ihnen. So bilden Judentum, Christentum und Islam eine Familie; Hinduismus, Jainismus und Buddhismus eine andere Familie. Aber jedes Mitglied einer solchen Familie stellt eine voll entwickelte eigene Individualität dar. Und die meisten dieser Religionen haben sich im Lauf ihrer Geschichte vielfältig differenziert. Was im Anfang ein kleines Pflänzchen gewesen war, ist zu mächtigen Bäumen und Zweigen herangewachsen. So das Christentum mit seinen Konfessionen, Kirchen, Gemeinschaften und Richtungen. So der Buddhismus mit seiner Gliederung in den Hinayana- und Mahayana-Buddhismus, seinen verschiedenartigen Ausprägungen und Gemeinschaftsbildungen in Sri Lanka, Tibet, Japan. So der Islam und der Hinduismus, der eine unübersehbare Fülle religiöser Lehren, Weisheiten und Kulte umschließt.

Die Baha'i-Lehre soll nun alle gültigen Wahrheitskerne der bisherigen Religionen in sich vereinigen? Hier muß gefragt werden: Wer entscheidet darüber, was in den einzelnen Religionen als gültiger Wahrheitskern anzusehen ist? Dürfen ihre Vertreter es aufgrund ihres Selbstverständnisses feststellen? Oder nimmt sich der Baha'i-Gläubige das Recht, aufgrund der Lehren Baha'ullahs den Maßstab zu bestimmen? Im ersten Fall kämen Antworten, die nicht in die Baha'i-Konzeption passen. Im zweiten Fall könnte sich der Baha'i-Gläubige nicht dem Verdacht entziehen, sachfremd und willkürlich geurteilt zu haben.

Ein Beispiel: Fragt man den Anhänger Buddhas nach dem Kern seiner Lehre, dann wird er die »Vier Edlen Wahrheiten« vom Leiden, seiner Entstehung, seiner Aufhebung und dem Weg zu seiner Aufhebung nennen und den »Achtfachen Pfad«, der zur Ruhe, zur Erleuchtung und zum Nirvana führt. Der Baha'i-Gläubige dagegen wird das nie als den göttlichen Offenbarungskern der Buddhalehre anerkennen können, weil es völlig aus der Thematik seiner Religion herausfällt.

2. Am ehesten lassen sich *Gemeinsamkeiten mit dem Islam* feststellen, weil die Baha'i-Religion ihm entstammt und diese Herkunft nicht verleugnen kann. Und wie steht es mit dem *Christentum?* Baha'ullah verkündigte, daß er der wiedergekommene Christus sei, und forderte die Erzbischöfe und Priester auf, die Baha'i-Lehre als Erfüllung und Überbietung des Neuen Testaments anzunehmen. Ein etwas jüngerer Zeitgenosse von ihm, der Gründer der *Ahmadiya*-Bewegung, Mirza Ghulam Ahmad, wollte ebenfalls der wiedergekommene Christus sein. Keiner konnte diesen Anspruch beglaubigen, weder von seiner Lehre, noch von seinem Werk her.

In der Verkündigung Baha'ullahs findet sich gewiß manches, was dem christlichen Glauben verwandt ist: die Lehre von der Liebe Gottes zu den Menschen, vom Gehorsam gegen seine Gebote als dem wahren Gottesdienst sowie zahlreiche ethische Forderungen. Aber das alles ist hier und dort in einen verschiedenen Kontext eingebettet und erhält von daher auch einen verschiedenen Gehalt und Stellenwert.

In den Grundlehren besteht zwischen Bibel und der Lehre der Baha'i ein tiefer Ge-

gensatz. In der Baha'i-Religion kommt nichts vor, was dem biblischen Bericht vom Sündenfall und seinen Folgen entspräche. Für sie stellt sich deshalb auch die Frage nach der Erlösung und nach dem Weg zum Heil sehr viel einfacher. Für die Botschaft vom Kreuz hat sie keinen Raum und auch für die Gestalt Jesu Christi selbst besteht kein Bedarf. Die Gültigkeit seiner Lehre, so wird gesagt, war zeitlich begrenzt. Sie wurde durch Baha'ullah aufgenommen und abgelöst.
Diese Gedankengänge zeigen, daß die Baha'i den Kern der christlichen Botschaft entweder gestrichen oder noch nicht entdeckt haben. Sie beachten nicht, daß für den Christen – gleich welcher Konfession – in der Mitte des Glaubens nicht nur eine Lehre steht, sondern eine einzigartige Geschichte: die Geschichte des Handelns Gottes mit den Menschen durch seinen Sohn, in dem das Wort Fleisch wurde und der als der Gekreuzigte und Auferstandene das Erlösungswerk vollbrachte. Er ist gegenwärtig in seinem Wort (Matth. 19, 5). Durch die Taufe wird der Gläubige in seinen Leib eingefügt (Röm. 6, 3; 1. Kor. 12, 13). Im Abendmahl empfängt er ihn selbst (Matth. 26, 26ff.; Joh. 6, 51–58; 1. Kor. 11, 23ff.). Er ist der Weg und die Wahrheit und das Leben, und es »ist in keinem anderen Heil« (Apg. 4, 12).
Das ist der Kern des christlichen Glaubens. Mit der Baha'i-Lehre läßt er sich nicht vereinbaren. Sie kann ihn auch niemals assimilieren. Um sich seiner zu entledigen, zitieren die Baha'i-Autoren gern Äußerungen von Freigeistern oder radikal kritischen Theologen, aus denen hervorgehe, daß die überkommene Christologie zum längst überholten Dogmengerümpel gehört und durch die »ursprüngliche« Gestalt Jesu ersetzt werden müsse: »Jesus war hier nicht der vom Himmel herabgestiegene, eingeborene, gekreuzigte und auferstandene Gottessohn der Kirche, sondern der unsoteriologische Gottesbote (d.h. kein Erlöser), von dem der Koran zeugt und den Baha'ullah verherrlicht.«[43] Dafür, daß der Glaube des Menschen Jesus in den Glauben an den Gottessohn Christus umgefälscht wurde, wird Paulus verantwortlich gemacht. Man braucht also nur von ihm zu Jesus zurückkehren, dann ist alles gut.
Aber so einfach ist das nicht. Man müßte ja nicht nur Paulus aus dem Neuen Testament streichen, sondern auch die johanneischen Schriften und alle Texte der Synoptiker, die direkt oder indirekt die messianische Würde und Sendung Jesu bezeugen. Was bliebe noch übrig? Der christliche Glaube wäre bis auf ein paar kümmerliche Reste demontiert, die nicht einmal spezifisch christlich sind, sondern ebenso gut in den Islam und in die Baha'i-Botschaft passen. Was die Baha'i von den Christen verlangen, ist also nicht mehr und nicht weniger als die Preisgabe des Christusglaubens, wie er im Neuen Testament bezeugt, im Konzil von Nicäa im Jahr 325 als gesamtchristliches Bekenntnis festgesetzt und bis zum heutigen Tag über alle Trennungen und Spaltungen hinweg von allen christlichen Kirchen festgehalten wurde.

[43] U. Schaefer, Baha'i – Religion nach Maß? S. 70

Protest der Freien Baha'i

Nach Abdul Bahas Tod (1921) wurde damit gerechnet, daß die Leitung der Gemeinschaft nunmehr an kollektive Körperschaften, d. h. die Häuser der Gerechtigkeit übergehe, wie dies Baha'ullah im *Kitab al-Aqdas* bestimmt hatte. Doch die im Testament Abdul Bahas ergangene Ernennung Shoghi Effendis (1897–1957) zum *»Hüter der Sache Gottes«* machte diese Erwartung zunichte[44].
Die Amerikanerin Ruth White bezeichnete 1928 in einem Brief an den englischen Hochkommissar von Palästina das Testament Abdul Bahas als eine *Fälschung* und richtete 1929 in ihrem Buch »The Baha'i Religion and its Enemy – the Baha'i Organization« *schwere Angriffe gegen das Testament und den Hüter.* Sie verlangte von ihm eine Untersuchung des Testaments durch einen Handschriftenexperten. Er antwortete nicht. Darauf legte sie dem englischen Experten Dr. Ainsworth Mitchell Proben von Abdul Bahas Handschriften und eine Fotokopie des Testaments vor. Nach seinem Gutachten vom 3. Juni 1930 wurde das Testament nicht überall von der gleichen Hand geschrieben, und kein Teil weist die charakteristischen Schriftzüge Abdul Bahas auf. Shoghi Effendi nannte Ruth White eine »verrückte Frau« und ignorierte das Gutachten.
Ruhi Afnan, ein Vetter des Hüters und von 1922–1936 dessen Sekretär, warf mit seinem Anhang der Baha'i-Organisation vor, daß sie unter die Herrschaft der Shoghi Effendi getreuen amerikanischen Mitglieder und ihres Geldes geraten sei. Durch sie seien die persischen Baha'i in Akka und Haifa völlig ausgeschaltet worden.
Shoghi Effendi schlug mit Härte zurück. Ende 1941 stieß er, wie Ahmad Sohrab (von 1912–1917 Abdul Bahas Sekretär in Haifa und später dessen Sachverwalter in Nordamerika) in einem Brief vom 13. August 1954 berichtete, »seinen eigenen Bruder, seine Schwester, seine Tanten, Cousins und praktisch die ganze Familie Baha'ullahs und des Meisters (d. i. Abdul Baha) aus«[45]. Es wurde angeordnet, daß Bücher, die »Offenbarungsgut« enthalten, nur in Baha'i-Verlagen erscheinen dürfen. Bücher von Baha'i-Autoren über ihre Religion sowie Einführungen, Kurzdarstellungen und andere Kleinschriften sollen ebenfalls nach Möglichkeit durch Baha'i-Verlage herausgegeben werden. Ein *Baha'i-Index* wurde aufgestellt, die Lektüre kritischer Schriften verboten.
Um sich gegen die Bündnisbrecher abzuschirmen, wurde den Mitgliedern der Verkehr mit ihnen verboten – er wäre eine »Verletzung des Bündnisses« (s. S. 814); für die Teilnahme an internen Veranstaltungen wurde die Ausweispflicht eingeführt. Durch Gerichtsprozesse, die bis zum Israelischen Obersten Gerichts-

[44] In der englischen Übersetzung des *Kitab al-Aqdas* (hrsg. von Elder und McE. Miller, London 1961) ist mit keinem Wort von einem »Hüter der Sache Gottes« die Rede. In der lückenhaften Baha'i-Ausgabe des Jahres 1973 (»Synopsis and Codification«) dagegen ist zu lesen, daß das Hüteramt von Baha'ullah selbst vorgesehen worden sei. In Baha'ullahs Schrift »Sieben Täler – Vier Täler« wurden die Worte »... mit Hilfe der Manifestation«, die noch in der französischen Übersetzung von 1923 standen, in der amerikanischen Übertragung von 1936 ersetzt durch »... wenn der Hüter ihm beisteht«.

[45] Eine Tochter Baha'ullahs wurde Jahre nach ihrem Tode noch exkommuniziert und aus ihrem Grab am Berg Karmel entfernt (vgl. F. Ficicchia a. a. O. S. 297).

hof liefen, wurde erreicht, daß die Bündnisbrecher aus allen Gebieten um den »Heiligsten Schrein«, d.h. das Grab Baha'ullahs, ausgewiesen wurden[46].
Der 1964 als Bündnisbrecher exkommunizierte Hermann Zimmer aus Waiblingen bei Stuttgart versuchte in einer gründlichen Nachforschung den Hergang der Fälschung zu klären. In seinem Buch »Eine Testamentsfälschung wertet die Baha'i-Religion ab in den politischen Shoghismus« (1971), veröffentlichte er seine Ergebnisse, die freilich teilweise auf Vermutungen und Kombinationen beruhen: Als Abdul Baha am 28. November 1921 starb, studierte sein Enkel Shoghi in Oxford. Erst im Januar 1922 kehrte er nach Haifa zurück. In der Zwischenzeit habe er, so nimmt Zimmer an, einen *verfälschten Text des Testaments* ausgearbeitet. Dieser erste Entwurf wurde Mitte Februar 1922 in englischer Übersetzung in New York verlesen. Danach widmete er sich der Verbesserung dieses Entwurfs. Der endgültige Text wurde erst 1925 »alten und anerkannten Gläubigen« in Amerika mitgeteilt. Daß er von Shoghi Effendi und nicht von Abdul Baha stamme, schließt Zimmer u.a. aus dem Vokabular und dem Geist des Testaments. So komme der Begriff »Zorn Gottes« sowohl in des Hüters Hauptwerk »Gott geht vorüber« als auch im Testament wiederholt vor, während er »in Abdul Bahas Sprachschatz überhaupt nicht existiert«. Die schweren Beschimpfungen der Bündnisbrecher seien dem Wesen Abdul Bahas fremd. Während er lehrte, daß man einem um Vergebung bittenden Menschen unter allen Umständen vergeben muß, forderte das Testament die gnadenlose Ausstoßung des Hüter-Gegners. Mit Hilfe des Testaments habe sich der Hüter eine papstgleiche Autorität verschafft und in der von ihm errichteten »Verwaltungsordnung« das politische Ziel einer Weltregierung mit Weltlegislative und -exekutive und ihm selbst an der Spitze verfolgt. Durch den »politischen Shoghismus« wurde er zum »Judas Ischarioth der Baha'i-Religion, der die Religion Baha'ullahs für Macht und Mammon verraten hat« (S. 36).
Eine Antwort wurde Hermann Zimmer nicht zuteil, sein Buch wurde verschwiegen. Aber es wirkte untergründig weiter und nährte Unruhen, so 1974 in der Schweiz. Eine 1973 erschienene englische Übersetzung (»A Fraudulent Testament Devalues the Bahai Religion into Political Shoghism«) sorgte auch in den USA für Unruhe.

Die Frage der Testamentsfälschung hat auch Francesco Ficicchia in seinem Werk »Der Baha'ismus – Weltreligion der Zukunft?« (1981) aufgegriffen. Er hebt u.a. hervor, daß die letztwillige Verfügung Abdul Bahas von Shoghi Effendi – dem eigentlichen Erben – ohne Beizug einer Drittperson *alleine* übersetzt wurde. Dann verweist er darauf, daß der Text in der Übersetzung der 4. Auflage von 1964 mit dem der 2. und 3. überarbeiteten Ausgabe von 1946 und 1957 (aufgrund der amerikanischen Ausgaben von 1925ff.) nicht übereinstimmt. In der 4. Auflage von 1964 (I. Teil) steht auf S. 29 zudem eine bemerkenswerte Anmerkung, die in den älteren Ausgaben ebenfalls nicht zu finden ist. Der Vermerk lautet: »Dieses Schriftstück wurde lange Zeit unter der Erde aufbewahrt und durch Feuchtigkeit angegriffen. Als man es wieder ans Tageslicht brachte, stellte man fest, daß einzelne Teile durch

[46] Als 1967 die sterblichen Überreste von Ziya'ullah, einem Bruder von Mirza Muhammad Ali (s. S. 802), aus dem Vorhof entfernt wurden, wurde dies als die Beseitigung der letzten »Befleckung« begrüßt.

Feuchtigkeit beschädigt waren; aber da sich das Heilige Land in großem Aufruhr befand, wurde es in diesem Zustand belassen.«
Ficicchia schreibt hierzu (S. 310f. Anm. 77): »Ob die ›beschädigten‹ Teile überhaupt noch irgendwie lesbar waren und somit in den Übersetzungen enthalten bzw. ergänzt worden sind, wird nicht erwähnt. Überhaupt ist der Grund, weshalb Abdul Baha den ersten Teil seiner letztwilligen Verfügung unter der Erde verscharrt haben soll, unklar. Abdul Baha gelangte schon 1908 in den Genuß der vollen Freiheit, und seit der Einnahme Palästinas durch die Briten (1918) bestand für die Baha'i keine Gefahr mehr. Dazu kommt, daß für die sichere Aufbewahrung unter der Erde zweifelsohne ein geeigneter, vor Feuchtigkeit schützender Behälter verwendet worden wäre (Ruhi Afnan berichtet, daß das Testament in einem kleinen Safe aufbewahrt wurde [vgl. H. Zimmer, Testamentsfälschung, S. 141 f]). Die offizielle Verlautbarung über dieses ›beschädigte‹ Schriftstück (I. Teil) erscheint somit wenig glaubhaft und weit mehr dazu angetan, gewisse Partien, wie die Ernennung Shoghi Effendis zum ›Hüter‹ ... dem authentischen Nachweis zu entziehen ... Endlich bleibt noch die Frage, wieso Abdul Baha die ›beschädigten‹ Passagen in diesem Zustande beließ, ohne sie auszubessern. Es sei hierbei erwähnt, daß das Testament vor seiner Öffnung nicht mehr unter der Erde vergraben war, sondern sich im Besitze Abdul Bahas befand. Abdul Baha hätte also durchaus die Zeit und die Möglichkeit gehabt, die defekten Textstellen noch rechtzeitig zu restaurieren, zumal sein Tod nicht urplötzlich eintraf und er schon einige Zeit zuvor kränklich war.«
Die *Streitfrage der Echtheit des Testaments* konnte bis heute nicht aus der Welt geschafft werden. Eine Klärung wird bis auf den heutigen Tag von der Baha'i-Führung schroff abgelehnt mit der Begründung, daß »dies für die Baha'i absolut unnötig ist und zudem ein schwerer Affront gegen die Heiligkeit des Letzten Willens selbst darstellt«. (Aus einem Brief des Universalen Hauses der Gerechtigkeit vom 23. März 1975)

Der *Opposition* ging es jedoch nie nur um die Echtheit des Testaments, sondern um den Kurs, den der Hüter eingeschlagen hatte. Sie klagt, daß seither die »Bewegung« durch den »Apparat«, der Geist durch die Administration verdrängt, der ursprünglich gegen Andersgläubige tolerante Baha'ismus in eine *intolerante* und *dogmatische* Gemeinschaft verwandelt worden sei. Der Hüter war offenbar nicht wie sein Großvater eine charismatische Persönlichkeit. Ihm ging es mehr um den Aufbau einer *straffen Organisation,* die er fest im Griff halten konnte, als um Befruchtung des religiösen Lebens. Ruth White schrieb 1929, die Baha'i-Religion sei binnen weniger Jahre »von ihrem ursprünglichen Plan mehr abgelenkt und durch Organisation gefesselt worden als das Christentum in den ersten 300 Jahren seines Bestehens. In der Tat, die Politik der Baha'i-Organisation ist die Verdrehung der Baha'i-Religion.«[47]
Des weiteren richtet sich der Protest der Opponenten gegen die Institution der »Hände der Sache Gottes«, die entsprechend den Anweisungen des Testaments Abdul Bahas nichts anderes sei als eine interne Polizei, da sie »immer wachsam sein müssen, und sobald sie jemanden herausfinden, der gegen den Hüter der Sache Gottes arbeitet oder gegen ihn protestiert, müssen sie diesen aus der Gemeinschaft des Volkes Baha ausstoßen und dürfen keinesfalls eine Entschuldigung von ihm annehmen«. Das Universale Haus der Gerechtigkeit hat dieses Überwachungssystem mit der Errichtung von Kontinentalen Beraterämtern, Hilfsämtern und des Internationalen Lehrzentrums zu einem dichten Netz ausgebaut. Schon

[47] R. White, The Baha'i Religion and its Enemy – the Baha'i Organization, Rutland (Vt.) 1929

1938 wurde klargestellt: »Die Jahre seit dem 28. November 1921 sind weitgehend der Ausmerzung von irgendwelchen Nicht-Baha'i-Ansichten gewidmet worden, die existieren mochten, und unserer Umschulung in Baha'i-Administration durch den Hüter.«[48] Die Opposition betrachtet dies als Abfall vom Geist und den Grundsätzen Abdul Bahas. Da die Baha'i-Leitung sich in keine Diskussion mit den Bündnisbrechern einläßt, ist auch nicht bekannt, was sie auf deren Kritik zu antworten hat.

Die *Freien Baha'i* wollen den ursprünglichen Charakter der einst formfreien »Bewegung« wahren. Maßgebend sind für sie allein die Lehren Baha'ullahs und Abdul Bahas. Die Gesetzesbestimmungen des *Kitab al-Aqdas* lehnen sie hingegen ab, da sie nicht in ihr Konzept einer »liberalen Bewegung« passen. Sie huldigen ohnehin mehr der Person und dem Werk Abdul Bahas, der im Interesse der Glaubensverbreitung im Westen sich auf die Propagierung der sozial-ethischen Grundsätze der neuen Religion beschränkte und auf die Bekanntmachung und Durchsetzung des im Buche *Aqdas* enthaltenen Normenkatalogs weitgehend verzichtete.
Die Freien Baha'i halten sich an die Worte Abdul Bahas: »Niemand kann den Baha'i-Geist auf Flaschen züchten. Der Baha'i-Geist ist der flüchtigste Äther, er ist hier, er ist dort, er ist überall. Er ist Ursprung und Wesen aller höchsten Ideale dieses Zeitalters und der zukünftigen Zeitalter. Der Baha'i-Geist ist undogmatisch und steht über allen Gesellschaftsklassen, Parteien und Rassen.« Und: »Heute wirkt Gott in allen Kirchen und erweckt in vielen Seelen himmlische Bruderschaft. Diese sind durch geistige Bande einander verwandt, und der Heilige Geist bringt sie zur Reife.«
In den zwanziger Jahren sammelte Wilhelm Herrigel in Stuttgart die Freien Baha'i in der »Weltunion Baha'i«, die 1937 verboten wurde. Nach dem Zweiten Weltkrieg fanden sie sich zwanglos in der »Weltunion für Universale Religion und Universalen Frieden« zusammen. Aber sie gedieh nicht recht, weil die Freien Baha'i jeglicher Organisation abhold sind.
Die Freien Baha'i betätigen sich auch in *»The Caravan of East and West«*, einer 1929 gegründeten Gemeinschaft von »liberalen Baha'i«, deren Direktor Mirza Ahmad Sohrab bis zu seinem Tod 1957 war und deren Hauptgeschäftsstelle sich in New York befindet. Die geistigen Hintergründe der »Karawane« sind mit den Prinzipien der Baha'i-Botschaft identisch; aber sie ist keine ausgesprochene Baha'i-Gemeinschaft. Niemand von ihren Mitgliedern wird in seinen religiösen Überzeugungen beeinflußt.
Viele dürften um den Baha'i-Hintergrund der »Karawane« gar nicht wissen, zumal sie keine unmittelbare religiöse Zielsetzung hat. Sie will die Weltfreundschaft fördern, indem sie einen Briefverkehr unter der Jugend aller Länder anbahnt. So bildet sie einen weltweiten Korrespondenzklub, der Tausende von Gruppen in 80 Ländern mit 250000 Mitgliedern umfaßt. Die Mitglieder des Klubs schließen sich örtlich zu Gruppen, diese regional zu Unionen zusammen. Der erste Grundsatz der »Karawane« ist: »Die ganze Menschheit ist als eine Einheit zu betrachten.« Rassische, nationale und religiöse Besonderheiten sind nicht unter die Wesens-

[48] US-Baha'i News 1/1930

merkmale, sondern nur unter die Zufälligkeiten der menschlichen Existenz zu rechnen. Etwa: »Ich wählte nicht meine eigene Religion. Ich wurde in eine christliche oder, mag sein, buddhistische Familie geboren. Ich weiß, daß die anderen großen Religionen ebenso gut sind. Zudem lehrt die Goldene Regel: Tue anderen, was du willst, daß sie dir tun sollen. Dies ist ein vollkommenes Gebot. Wenn ich es befolge, bin ich bei Gott und Menschen angenehm.« Das Gelübde der »Karawane« lautet: »Die Erde ist Eine Heimat; deshalb verpflichte ich mich, den Knaben und Mädchen eines jeden Landes zu helfen.«

In einem »persischen Rosenkranz« aus 19 Perlen hat Mirza Ahmad Sohrab die Gedanken der allseitigen Verständigung, Toleranz und Güte in vielen Einzelanweisungen entfaltet. In ihrer Anwendung auf den religiösen Bereich fordern sie: Absage an jeden Fanatismus, keinen Streit über religiöse Anschauungen, keinen Zwang in Dingen des Glaubens. »Religion ist Liebe und Brüderschaft und nicht religiöse Dogmen und Glaubensbekenntnisse. Wenn du Liebe und Sympathie für deine Mitmenschen im Herzen trägst, hast du die höchste Stufe der Religion erreicht, wie du dich auch nennen magst. Nachdenken macht klar, daß Erlösung in der Welt durch den namenlosen Gott der Liebe und in der namenlosen Religion der Liebe geschieht.«
Gottes Liebe ist in allen Menschen. Sie fordert vom einzelnen wiederum Liebe zu allen Menschen und die Gemeinschaft mit ihnen. Hoch über der Welt des Glaubens und des Unglaubens, der Religion und des Atheismus, der Orthodoxie und des Liberalismus, der Engel und Teufel, der Wahrheit und des Irrtums lebe man »dem Gott der absoluten Güte, dem Gott der absoluten Gunst, dem Gott der absoluten Vollkommenheit«.
Der Mensch ist göttlichen Ursprungs, ein Sonnenstrahl der ewigen Seligkeit. Er erfasse seinen göttlichen Ursprung. »Du und der Vater sind eins. Das unsterbliche, strahlende Selbst ist in dir. Achte deinen himmlischen Stand. Nichts wird dir jemals geschehen. Du bist Gottes völliges Ebenbild und dauernd in der Festung seines Schutzes.«

Die »Karawane«, die auch in Deutschland zahlreiche Gruppen zählt, hat einen aus 21 Punkten bestehenden »Plan für die Republik der Menschheit« entworfen. Er sieht u.a. vor: Weltregierung; Weltpolizei anstelle der nationalen Armeen; unantastbare Freiheit für alle Völker; Weltfahne, Welthymne und Weltsprache neben den nationalen Fahnen, Hymnen und Sprachen; Weltwirtschaftsamt für die gerechte Verteilung der Güter; Weltkontrollamt für Arbeit, Wohnung, Ernährung und ärztliche Fürsorge der Menschheit; Weltgesetzbuch; Abschaffung der Todesstrafe; Tierschutz; Freihandel und Freizügigkeit; Weltbank; Weltkalender und Weltsystem für Gewichte, Maße, Währungen und Briefmarken; Welterziehungsamt für einheitliche Bildung und zur Herausgabe von Weltlehrbüchern; Weltuniversität zur Ausbildung von Weltstaatsmännern; Weltamt der schönen Künste. Und schließlich: »Eine Welt-Religion, worin die Menschen Gott verehren und der Menschheit dienen sollen, gemäß der Lehre ihres jeweiligen Glaubens, in Anerkennung und Würdigung des Glaubens anderer. Eine Weltbibel, ausgewählt von den heiligen Schriften der Hauptreligionen der Menschheit.«

Zur neueren Entwicklung des Baha'ismus[49]

In jüngster Zeit haben die *Verfolgungen der Baha'i im Iran* allgemeine Aufmerksamkeit erregt. Dabei liegt der Konflikt zwischen staatlicher Ordnung und Baha'ismus im Wesen dieser Religion begründet. Die ablehnende Haltung gegenüber der bestehenden Gesellschaftsordnung brachte schon den frühen Babismus – aus dem der Baha'ismus hervorgegangen ist – in Konflikt mit der Staatsgewalt im Iran (s. S. 797). Nach der Zerschlagung des Babismus hat sich Baha'ullah dann mit der Regierung in Teheran zu arrangieren versucht, in der Hoffnung, den Schah auf friedlichem Wege zur Annahme seiner neuen Religion, des Baha'ismus, bewegen zu können. Zwar ließ sich der Schah nicht bekehren, doch er bediente sich der Baha'i nur allzu gerne als willkommenen Bundesgenossen in seinem ständigen Kampf gegen den Einfluß der schiitischen Geistlichen. Als sich letztere gemeinsam mit den Nationalisten und progressiven Konstitutionalisten während der *Revolution von 1905–1909* gegen den autokratischen Hof und die Feudalherrschaft im Iran erhoben, bewiesen die Baha'i ihre Treue zum Pfauenthron. Sie haben sich damit in den breiten Schichten der Bevölkerung schwer disqualifiziert, zumal die erkämpften Ziele der Revolution (Verfassung, Volksvertretung, Befreiung von kolonialer Abhängigkeit) von den späteren Machthabern allewerraten und mißachtet wurden.
Zwar erhielten die Baha'i infolge konsequenter Opposition der schiitischen Geistlichen offiziell nie die Religionsfreiheit zugestanden, doch sie konnten sich mehr oder weniger frei entfalten und betätigen. Zudem erhielten sie als treue Stützen des Hofes zahlreiche Schlüsselpositionen in Verwaltung und Militär zugesprochen. Unter der nationalistischen Politik des populären Schahgegners Muhammad Musaddiq (Mossadegh) wurden die Baha'i aber allesamt aus ihren öffentlichen Ämtern verdrängt. Nach dem Sturz Musaddiqs (1953), an dem die Baha'i maßgeblich beteiligt waren, vermochten sie ihre früheren Positionen wieder erneut zu behaupten. Von 1965–1977 stellten sie in der Person Amir Abbas Hoveidas sogar den Ministerpräsidenten des Landes.
Eine dramatische Wende brachte die wiederum von den schiitischen Geistlichen angeführte antimonarchistische Volkserhebung, die Anfang 1979 zur Flucht des letzten Schahs führte. Hoveida mußte schon Mitte 1977 als Regierungschef entlassen werden. Bis November 1978 war er Hofminister des Schah, wurde dann unter Anklage korrupter Machenschaften und der Mißwirtschaft verhaftet[50] und im März 1979 von einem »islamischen Revolutionsgericht« zum Tode verurteilt und hingerichtet.
Seither haben die Verfolgungen der Baha'i in Iran an Heftigkeit zugenommen. Die Baha'i werden aus dem öffentlichen Dienst und dem Privatsektor der Wirtschaft entlassen. Seit 1979 wurden zahlreiche ihrer Versammlungsorte beschlagnahmt oder zerstört. Ende August 1980 wurden die neun Mitglieder des »Nationalen Geistigen Rates«, der obersten Führungsspitze der Baha'i im Iran, verhaftet

[49] Francesco Ficicchia, Verfasser des grundlegenden Werkes »Der Baha'ismus – Weltreligion der Zukunft?« (Stuttgart 1981), und vorzüglicher Kenner des Baha'ismus, hat zu diesem Kapitel einen Nachtrag geliefert, in dem er auf die neuesten Entwicklungen im Baha'ismus eingeht.

[50] Vgl. Neue Zürcher Zeitung vom 10. November 1978

und verschleppt, später aber wieder freigelassen. Zuvor riefen die schiitischen Geistlichen zur Vernichtung der Baha'i auf. Mitte Dezember 1981 wurden acht der neun Ratsmitglieder während einer Sitzung erneut festgenommen, vor ein Revolutionsgericht gestellt und am 27. Dezember 1981 hingerichtet[51]. Die Zahl der von islamischen Revolutionsgerichten zum Tode verurteilten Baha'i wird gegenwärtig (Ende 1981) mit etwa hundert angegeben; weitere 200 sitzen in Untersuchungshaft, und etwa 10000 Familien sind aus dem Land geflohen[52].

Im Iran ist der Baha'ismus die einzige verbotene nicht-islamische Minderheit, obwohl er mit gegen 500000 Mitgliedern die größte Gruppe der religiösen Minderheiten darstellt (die Sunniten nicht mitgezählt). In Art. 14 der neuen iranischen Verfassung wird nur den Zoroastriern, Juden und Christen das ausschließliche Recht auf freie Religionsausübung zuerkannt. Verboten ist das Baha'itum aber auch in anderen islamischen Staaten, in den Ländern des Ostblocks und in einigen weiteren Staaten.

Der Baha'ismus sieht sich gegenwärtig einmal mehr in einer kritischen Phase seiner Entwicklung. Zwar leben im Iran auf ein Land bezogen die meisten Baha'i, aber der Hauptsitz hat sich seit je im Ausland (Haifa, Israel) befunden[53]. Dennoch gehen viele Impulse von den iranischen Gläubigen aus, die für die Missionsarbeit von großer Bedeutung sind. Die Flucht vieler iranischer Baha'i ins Ausland dürfte deshalb Auswirkungen auf die Mission im Westen haben.

[51] Vgl. Neue Zürcher Zeitung vom 30. Dezember 1981

[52] Schweizer Baha'i-Nachrichten vom Dezember 1981

[53] Die islamischen Fundamentalisten im Iran werfen deshalb den Baha'i vor, »Agenten des Zionismus« zu sein.

Literaturverzeichnis

Die im folgenden aufgeführten Schriften und Periodika stellen nur eine Auswahl der wichtigeren bzw. charakteristischen Titel dar. Die Übersicht folgt der Anordnung der Gruppierungen in diesem Buch, innerhalb einer jeden dann nach zeitlichen Gesichtspunkten. Die thematischen Passagen wurden bibliographisch nicht berücksichtigt. Sektenkundliche Gesamtwerke sind vorangestellt. Am Schluß der Bibliographie zu jeder Gruppe wird auf die entsprechenden Abschnitte in diesen Werken verwiesen. Jeweils in Klammern sind die Erscheinungsdaten der Erstausgaben und -auflagen, soweit bekannt, angegeben.

Sektenkundliche Werke

Kalb, Ernst: Sekten der Gegenwart. Stuttgart (1904) 2. Aufl. 1907 (im folgenden: »Kalb«)

Kattenbusch, Ferdinand: Kirchen und Sekten des Christentums in der Gegenwart. Tübingen 1909

Scheurlen, Paul: Die Sekten der Gegenwart und neuere Weltanschauungsgebilde. Stuttgart (1912) 1930 (im folgenden: »Scheurlen«)

Riemer, Martin: Die neuzeitlichen Sekten und Häresien in ihrem Verhältnis zur evangelischen Kirche in Deutschland. 1926

Hutten, Kurt: Seher, Grübler, Enthusiasten. Stuttgart 1. Aufl. 1950 – 11. Aufl. 1968 (die einzelnen Ausgaben enthalten z.T. unterschiedliche Gruppen, diese auch in unterschiedlicher Bearbeitung)

Eggenberger, Oswald: Die Kirchen, Sondergruppen und religiösen Vereinigungen. Ein Handbuch. Zürich 1969/78

Heyer, Friedrich: Konfessionskunde. Berlin 1977 (im folgenden: »Heyer«)

Reller, Horst (Hg. für die VELKD): Handbuch Religiöse Gemeinschaften. Gütersloh (1978) 2. Aufl. 1979 (im folgenden: »Handbuch«)

Reimer, Hans-Diether: Stichwort »Sekten«. Glaubensgemeinschaften außerhalb der Kirchen. Stuttgart (1977) 3. Aufl. 1979

–/ Eggenberger, Oswald: ... neben den Kirchen. Gemeinschaften, die ihren Glauben auf besondere Weise leben wollen. Konstanz 1979/80 (im folgenden: »Neben den Kirchen«)

Obst, Helmut: Apostel und Propheten der Neuzeit. Gründer christlicher Religionsgemeinschaften des 19./20. Jahrhunderts. Berlin (1980) 2. erw. Aufl. 1981 (im folgenden: »Obst«)

Evangelische Zentralstelle für Weltanschauungsfragen (Hg.): Materialdienst aus der EZW (monatlich). Stuttgart (im folgenden: »Materialdienst«)

Selbstdarstellungen

Eberhardt, Kurt (Hg.): Was glauben die andern? 27 Selbstdarstellungen. (Berlin 1954) 2. völlig neu bearb. Aufl. Gütersloh 1977

Für die Vereinigten Staaten

Melton, J. Gordon: The Encyclopedia of American Religions, 2 Bde. Wilmington, N.C. 1978

Die katholisch-apostolischen Gemeinden

Quellen

Apostelkollegium: Das Zeugnis der Apostel an die geistlichen und weltlichen Häupter der Christenheit. (Das »Testimonium«) 1836/37, deutsch: Basel 1871

Die Liturgie sowie die anderen Gottesdienste der Kirche. Mit Katechismus. Berlin (1850) 1899

Carlyle, Thomas: Die Kirche in unserer Zeit. Ein Wort an Geistliche und Laien. Düsselthal 1843

–: Das apostolische Amt. Seine ursprüngliche Gestalt, sein Verfall und seine Wiederherstellung. Berlin 1850

–: Über die rechte Weise des Gottesdienstes in der christlichen Kirche. Berlin 1850

–: Die Geschichte des apostolischen Werkes in kurzer Übersicht. Berlin 1851

Cardale, John Bate: Vorlesungen über die Liturgie und die anderen Gottesdienste der Kirche. Deutsche Ausgabe: Augsburg ab 1862

Woodhouse, Francis Valentine: Erzählungen von Begebenheiten, welche die gegenwärtige Lage der ... Kirche Christi betreffen. (1885/1901) Siegen 1978

–: Belehrung über die Frage nach der Möglichkeit einer Berufung neuer Apostel. Berlin 1863

Albrecht, Ludwig: Abhandlungen über die Kirche. (1896/98) Siegen 1967

–: Das Apostolische Werk des Endes. Zwei Vorträge. (1924) Siegen 1979

Lutz, Johann E.G.: Nothwehr wider ungleiche Waffen. Eine Verteidigungsschrift gegen ein Generale des bischöflichen Ordinariats Augsburg über Gottes Werk in unserer Zeit. Ulm 1858

Thiersch, Heinrich W. J.: Über die Gefahren und die Hoffnungen der christlichen Kirche. Basel 1877

–: Aufgaben des geistlichen Amtes im Lichte der apostolischen Lehre. Basel 1880

–: Inbegriff der Christlichen Lehre. Basel 1886

Wigand, Paul: Heinrich W. J. Thierschs Leben (z.T. von ihm selbst erzählt). Basel 1888

Roßteuscher, Ernst Adolf: Der Aufbau der Kirche Christi auf den ursprünglichen Grundlagen. (Basel 1871) Siegen 1969

Böhm, Charles J. T.: Was sind die sogen. Irvingianer für Leute? Berlin 1851

o. Vf.: Das dritte Stadium im Werke des Herrn. Siebenunddreißig Predigten. Von einem Priester (Dr. W. M. Davson). Siegen 1970

Born, Karl: Das Werk des Herrn unter Aposteln. Bremen 1974

Weber, Albrecht: Die katholisch-apostolischen Gemeinden. Ein Beitrag zur Erforschung ihrer charismatischen Erfahrung und Theologie. Diss. Marburg 1977

Zeitschrift:

Smyrna-Stimmen. Verlag Hermann Meier Nachf., Siegen/Westf. (unregelmäßig)

Literatur

Edel, Reiner Friedemann: Heinrich Thiersch als ökumenische Gestalt. Marburg 1962 – 2. Aufl.: Auf dem Weg zur Vollendung der Kirche Jesu Christi. Die ökumenische Sendung der kath.-apostolischen Gemeinden an die Gesamtkirche Jesu Christi, dargestellt in Leben und Wirken des Prof. Dr. Heinrich W. J. Thiersch. Marburg 1971

Kalb S. 439–455; Scheurlen S. 111–121; Handbuch S. 159–169; Heyer S. 742ff.; Obst S. 20–50; Materialdienst 1974, S. 306–313; 1980, S. 324–331

Gemeinschaft der Siebenten-Tags-Adventisten

Quellen

Miller, William: Beweise aus der Schrift und der Geschichte für die Wiederkunft Christi im Jahre 1843... Traktat 1833

–: Beweise der Schrift und Geschichte für das zweite Kommen Christi im Jahre 1843, dargelegt auf einer Vortragsreise. 1836

Bliss, Sylvester: Memoirs of William Miller. Boston 1853

Müller, Konrad F.: Die Frühgeschichte der Siebenten-Tags-Adventisten. Marburg 1969

White, Ellen G.: Testimonies of the Church. 9 Bde. (1909) Mountain View 1948

–: Der große Kampf zwischen Licht und Finsternis. (1888) 1973

–: Patriarchen und Propheten. 1973

–: Propheten und Könige. 1975

–: Das Leben Jesu. (1898) 1974

–: Das Wirken der Apostel. 1976

–: Zeugnisse für die Gemeinde. 2 Bde. 1913

–: Erfahrungen und Gesichte sowie Geistesgaben. (1851/58) 1919

–: Aus der Schatzkammer der Zeugnisse. 3 Bde. 1956/57

Loughborough, John Norton: Entstehung und Fortschritt der Siebenten-Tags-Adventisten. (1892) 1897

Conradi, Ludwig Richard: Daniel und die Offenbarung. 1898/1906

–: Das Geheimnis enthüllt oder die sieben Siegel gebrochen. 1911

–: Geschichte des Sabbats. 1912

–: Der Dienst der guten Engel und die Nachstellungen der gefallenen (Engel). 1915

–: Prophetischer Ausblick auf Zeit und Ewigkeit. 1922

–: Das goldene Zeitalter. 1923

–: Weissagung und Weltgeschichte oder Staatsmann und Prophet. 1924 (Alle im Advent-Verlag Hamburg erschienen)

Froom, LeRoy Edwin: Prophetic Faith of our Fathers. 4 Bde. Washington 1946/54

–: Movement of Destiny (Die innere Entwicklung der Gemeinde der STA). Washington 1971

Daniells, Arthur G.: Christus unsere Gerechtigkeit. Hamburg 1962

Nichol, Francis D.: Answers to Objections. (1932) Washington 1952

–: Ellen G. White and her Critics. Washington 1941

Eberhardt, Walter: Des Christen Lehre und Leben. Berlin 1960

Mueller, Wilhelm: Lehre und Werk. Eine Selbstdarstellung der Gem. der STA. Hamburg 1969

Gmeling, Otto: Christus der Herr im Glauben und Leben der Siebenten-Tags-Adventisten. Hamburg 1965

Rempel, Gerhard: Ende und Vollendung der Welt. Hamburg 1977

Padderatz, Gerhard: Conradi und Hamburg. Die Anfänge der deutschen Adventgemeinde. Hamburg 1978

Gemeinschaft der STA: Seventh-day Adventist Bible Commentary. 10 Bde. Rev. ed. Washington 1976 (Bd. X ist eine »Encyclopedia« über die Gemeinschaft der STA)

–: Schlüsselbegriffe adventistischer Glaubenslehre (nach Bd. X, der genannten »Encyclopedia«, gearbeitet). Hamburg 1974. DDR-Ausgabe: Leben und Lehre der STA. Grundbegriffe von A-Z
–: Gemeindehandbuch. Hamburg 1973

Zeitschriften:

Review and Herald. Washington 1850 ff.
Adventecho (früher: Zionswächter, Adventbote). Hamburg 1895 ff. (halbmonatlich)
Stimme der Hoffnung. ca. 1972 ff. (monatlich)

Literatur

Simon, Irmgard: Die Gemeinschaft der STA in volkskundlicher Sicht. Münster/W. 1965
Schmidt, Christian D.: Zeit des Gerichts oder Gericht der Zeit? Frankfurt/M. 1972
Hauth, Rüdiger: Adventisten. München 1978
Kalb S. 432–439; Scheurlen S. 38–68; Obst S. 205–252; Handbuch S. 231–249; Heyer S. 765–774; Theologische Realenzyklopädie Bd. I S. 454–462; Neben den Kirchen S. 179–217; Materialdienst 1973, S. 218 ff.; 1977, S. 236 ff.; 1981, S. 253 ff., 266 ff.

Zum Themenkreis Sabbat – Sonntag

Tobler, Gustav: Unser Ruhetag. Zürich 1970 (STA)
Schmitz, Helmut H.: Kennt die Heilige Schrift die Sonntagfeier? Hamburg 1964 (STA)
Rordorf, Willy: Sabbat und Sonntag in der alten Kirche. Zürich 1972 (kritisch)

Siebenten-Tags-Adventisten: Reformationsbewegung und Laubhüttenbewegung

Reformationsbewegung

Kersting, Gertrud: Zeugnisse für Adventisten vom 7. Tage. Lippstadt 1916
–: Der laute Ruf! Die letzte Warnung: Zeugnisse für Adventisten vom 7. Tage. Lippstadt 1917
o. Vf.: Die Glaubensgrundsätze der Gemeinschaft der STA »Reformationsbewegung« und ihre Gemeindeordnung. Gotha 1925
Nicolici, D.: Denkschrift. Ein Rückblick auf die Fundamentalen Grundsätze. Sacramento 1954
–: Nach 70 Jahren: 1888–1958. Sacramento 1958

Zeitschrift:

Sabbatwächter und Herold der Reformation. 55. Jg. 1982 (zweimonatlich)

Laubhüttenbewegung

Alle folgenden Hefte sind von der Missionsvereinigung der STA-Laubhüttenbewegung, Lüdenscheid:

–: Das Geheimnis der Erlösung, geweissagt in Wort und Bild. (Bibellektionen) (1928) 1949
–: Unterschiedliche Pflichten im theokratischen und neutestamentlichen Israel – Ein Beitrag zur Frage, ob der Christ am Krieg teilnehmen darf. (1929) 4. Aufl. 1960
–: Christ und Waffendienst. (1950) 1960
–: Die Gabe der Weissagung. (1932) 1957
–: Betrachtungen über das Schlußwerk des dritten Engels: Offb. 18, 1–4. (1952) 1959

–: »Bereitet dem Herrn den Weg«. Die Entstehung der Adventbewegung. 1961
–: »Darum seid auch ihr bereit!« Das Bekenntnis der Laubhüttenbewegung. 1965

Die »Brinsmead-Bewegung«

Quellen

Brinsmead, Robert D.: The Vision by Hiddekel. 1957
–: God's Eternal Purpose. 1959
–: Doctrinal Analysis. 1961
–: Wie verhält es sich mit der »Erwekkungsbotschaft«? Zsgst. u. hg. v. D. J. Zantinge. Buinerveen/Holland 1970
–: Eine Revision der Erweckungsbotschaft. 1972
1844 Re-Examined. Fallbrook/Calif. 1979
Judged by the Gospel. A Review of Adventism. Fallbrook/Calif. 1980

Zeitschriften:

Present Truth. Fallbrook/Calif. 1972ff. (seit 1978: Verdict)
Wahrheit für Heute. (Mit Artikeln aus Present Truth). Freiburg 1973ff. (vierteljährlich)

Literatur

Materialdienst 1975, S. 56ff.; 1982, S. 126ff.

Jehovas Zeugen

Quellen

Russell, Charles Taze: The Object and Manner of Our Lord's Return. 1874
–: Die Stiftshütte – ein Schatten der wahren, »besseren« Opfer. 1881/99
–: Schriftstudien. Bd. I: Der göttliche Plan der Zeitalter. 1886 – Bd. II: Die Zeit ist herbeigekommen. 1889 – Bd. III: Dein Königreich komme. 1891 – Bd. IV: Der Krieg von Harmagedon. 1889 – Bd. V: Die Versöhnung des Menschen mit Gott. 1889 – Bd. VI: Die Neue Schöpfung. 1904 – Bd. VII: Als »Hinterlassenes Werk von Pastor Russell« bearb. v. J. Woodworth u. G. H. Fisher: Das vollendete Geheimnis – Die Kelter des Zorns Gottes und der Fall Babylons. 1917
– /Barbour, N. H.: Three Worlds or Plan of Redemption. 1887

Rutherford, Josef Franklin: Die Harfe Gottes. Überzeugender Beweis, daß Millionen jetzt Lebender niemals sterben werden. 1921/22
–: Offene Anklage gegen die Geistlichkeit. 1924
–: Weitere Schriften: Befreiung. 1926; Freiheit für die Völker. 1927; Wo sind die Toten? 1927; Schöpfung. 1928; Regierung. 1928; Versöhnung. 1928; Rechtfertigung. (3 Bde) 1931/32; Jenseits. 1933; Warnung. 1938; Faschismus oder Freiheit. 1939; Religion. 1940; Verschwörung gegen die Demokratie. 1940
Knorr, Nathan, Homer: Freiheit in der neuen Welt. 1946

Publikationen der Wachtturm-Gesellschaft, o. Vf.:
–: Die Wahrheit wird euch frei machen. 1943
–: Gott bleibt wahrhaftig. (in zwei Fassungen) 1946/52
–: Was hat die Religion der Menschheit gebracht? 1951
–: Neue Himmel und eine neue Erde. 1953
–: Zum Predigtdienst befähigt. 1955

–: Vom verlorenen Paradies zum wiedererlangten Paradies. 1958
–: Blut, Medizin und das Gesetz Gottes. 1961
–: Babylon die Große ist gefallen. 1963
–: Dinge, in denen es unmöglich ist, daß Gott lügt. 1965
–: Ewiges Leben – in der Freiheit der Söhne Gottes. 1966
–: Hat sich der Mensch entwickelt oder ist er erschaffen worden? 1967
–: Die Wahrheit, die zu ewigem Leben führt. 1968
–: Dann ist das Geheimnis Gottes vollendet. 1969
–: Wenn alle Nationen frontal mit Gott zusammenstoßen. 1971
–: »Die Nationen sollen erkennen, daß ich Jehova bin« – Wie? 1972
–: Organisation zum Predigen des Königreichs und zum Jüngermachen. 1972
–: Das Paradies für die Menschheit durch die Theokratie wiederhergestellt. 1972
–: Wahrer Friede und Sicherheit – woher zu erwarten? 1973
–: Gottes tausendjähriges Königreich hat sich genaht. 1973
–: Jehovas Zeugen und die Blutfrage. 1977
–: Jehovas Zeugen in Gottes Vorhaben (Eine Geschichte der Zeugen Jehovas). 1959
–: Vergewissert euch aller Dinge; haltet an dem fest, was vortrefflich ist (Thematische Zusammenstellung von Bibeltexten). 1965
–: Die Neue-Welt-Übersetzung der Heiligen Schrift. 1971
–: »Die ganze Heilige Schrift ist von Gott inspiriert und nützlich« (Eine Bibelkunde). 1967
–: Aid to Bible Understanding (Ein Bibellexikon). 1969, deutsch: Hilfe zum Verständnis der Bibel. 1980ff.
–: Die Jahrbücher der Zeugen Jehovas mit Arbeitsberichten und Statistiken. Seit 1927

Zeitschriften:

Der Wachtturm verkündigt Jehovas Königreich. Deutsch 1897ff. (halbmonatlich)
Erwachet! 1946ff. (halbmonatlich) (früher: Das Goldene Zeitalter. 1919ff.)
Königreichsdienst. 1956ff. (monatlich) (für ZJ-Verkündiger; früher: Bulletin. 1927ff.; dann: Informator. 1936ff.)

Literatur

Loofs, Friedrich: Die »Internationale Vereinigung Ernster Bibelforscher«. Leipzig (1918) 2. erw. Aufl. 1921
Freyenwald, Hans J. von: Die Zeugen Jehovas. 1936
Algermissen, Konrad: Die Zeugen Jehovas. Celle 1949
Renker, Z. (Pseudonym): Die Zeugen Jehovas. Limburg 1963
Siedenschnur, Günther: Wer sind die Zeugen Jehovas? 3. Aufl. 1966
Bautz, F. W.: Die Zeugen Jehovas. Gladbeck 3. Aufl. 1968
Gebhardt, Manfred: Die Zeugen Jehovas. Eine Dokumentation über die WTG. Leipzig/Jena/Berlin 1970
Pape, Günther: Die Wahrheit über Jehovas Zeugen. Rottweil 1970
Rogerson, Alan: Viele von uns werden niemals sterben. Geschichte und Geheimnis der Zeugen Jehovas. (Millions now living will never die. London 1969) Hamburg 1971
Hellmund, Dietrich: Geschichte der Zeugen Jehovas (in der Zeit von 1870 bis 1920). Mit einem Anhang: Geschichte der Zeugen Jehovas in

Deutschland (bis 1970). Diss. Hamburg 1972
Haack, F. W.: Jehovas Zeugen. München (1973) 10. neu bearb. Aufl. 1979

Biographische Darstellungen

Schnell, William J.: Falsche Zeugen stehen wider mich. (Grand Rapids 1956) Konstanz 1959
Doyon, Josy: Hirten ohne Erbarmen. Zürich 1966; andere Ausgabe: Ich war eine Zeugin Jehovas. Bericht über einen Irrweg. Hamburg 1971
Twisselmann, Hans-Jürgen: Vom »Zeugen Jehovas« zum Zeugen Jesu Christi. Gießen (1961) neu bearb. Aufl. 1980
Pape, Günther: Ich war Zeuge Jehovas. Augsburg 1961
Scheurlen S. 69–107; Handbuch S. 441–453; Heyer S. 474–484; Neben den Kirchen S. 218–252; Obst S. 237–278; Materialdienst 1972, S. 82ff. und 210ff.; 1976, S. 290ff.; 1979, S. 284ff.; 1981, S. 15ff.; EZW-Orientierung Nr. 2 (Erfahrungsberichte) und Nr. 8 (Bluttransfusion)

Tagesanbruch Bibelstudien-Vereinigung

Quellen

Russell, Charles Taze: Schriftstudien und Die Stiftshütte (siehe die bibl. Angabe oben bei »Jehovas Zeugen«)

Broschüren: Gottes Plan; Die Gnade Jehovas; Gott und Vernunft; Das auserwählte Volk; Die Zukunft Israels und der Welt; Jesus der Retter der Welt; Leben nach dem Tode; Als Pastor Russell starb

Zeitschriften:

The Dawn. 1933ff. (monatlich) Deutsche Ausgabe: Der Tagesanbruch. Ein Verkünder der Gegenwart Christi. 1950ff. (monatlich)

Literatur

Handbuch S. 454–462

Freie Bibelgemeinde Kirchlengern

Quellen

Sadlack, Ernst u. Otto: Die Verwüstungen des Heiligtums. Ein Warnruf an alle Ernsten Bibelforscher. 1927/28
Sadlack, Otto: Was wollen und was glauben wir? Kirchlengern 1958
–: Das Wunder der Verwandlung. Kirchlengern 1958
–: Weltende – Weltwende. Ernste Betrachtungen an der Schwelle eines neuen Zeitalters. Kirchlengern 1960

Zeitschrift:

Christliche Warte. Monatsschrift für biblische Erkenntnis und Heiligungsleben. 1949ff.

Literatur

Handbuch S. 463–469

Menschenfreundliches Werk und Les Amis de l'Homme – Kirche des Reiches Gottes

Quellen

Freytag, F. L. Alexandre: Botschaft an Laodizea. 1920
–: Die göttliche Offenbarung. Die sieben Geister Gottes. Genf 1920

–: Die Botschaft an die Menschheit. Die neue Erde. Cartigny 1922
–: Das ewige Leben. Die Hütte Gottes unter den Menschen. Cartigny 1933
Rufener, Edouard: Das Licht in der Finsternis (Geschichtliche Darstellung). 1947

Broschüren:

Die Göttliche Liebe; Das Wohlbefinden auf Erden; Die Bestimmung des Menschen; Der Sieg des Guten über das Böse; Das zweite Kommen des Herrn

Zeitschriften:

Zeitung für Alle. 1918ff. (wöchentlich)
Der Anzeiger des Reiches der Gerechtigkeit. Menschenfreundliche Zeitung für Jedermann. 1938ff. (halbmonatlich)
Das Reich der Gerechtigkeit und Wahrheit (Amis de l'Homme). 1950ff. (halbmonatlich)
Die Freundschaft (Amitié). 1963–66 (monatlich)

Literatur

Handbuch S. 373–380; Neben den Kirchen S. 253–257; Materialdienst 1972, S. 106ff. (Amis de l'Homme)

Weltweite Kirche Gottes

Quellen

Armstrong, Herbert W.: Was ist Glaube? 1952/71
–: Alles über die Taufe. 1961/72
–: Was ist das »Reich Gottes«? 1966
–: Das Ende aller finanziellen Schwierigkeiten! 1961
–: Die sieben Gesetze zum Erfolg. 1964
–: Welcher Tag ist der christliche Ruhetag? 1972
–: Die Kreuzigung war nicht an einem Freitag. 1974
–: Die Auferstehung war nicht an einem Sonntag! 1973
–: Die Wahrheit über Weihnachten. 1973
–: Heidnische Feiertage oder Gottes Festtage? 1979
–: Das Buch der Offenbarung jetzt klar verständlich! 1973
–: Die USA und Großbritannien in der Prophezeiung. 1967/80
–: Die Autobiographie von Herbert W. Armstrong
– /Armstrong, Garner Ted: Die wunderbare Welt von morgen. 1966/72
Meredith, Roderick C.: Die zehn Gebote. 1960/72
Höh, Hermann L.: Die 2000jährige Geschichte der Kirche Gottes
Knowles, Brian: Wo ist die wahre Kirche heute? 1974
Kroll, Paul W.: Persönliche Finanzplanung. Tips zum Erfolg. 1972
Theologische Fakultät des Ambassador College (Hg.): Die fehlende Dimension im Sexualwissen. 1964/72
o. Vf.: Was ist Ambassador College? 1972
o. Vf.: Was ist die Weltweite Kirche Gottes? 1973
(Alle Schriften hg. vom Ambassador College, Pasadena/Calif.)

Zeitschriften:

The Plain Truth. 1934ff.; deutsch: Die Reine Wahrheit. 1961–1971; dann: Klar und Wahr. 1972ff. (monatlich)
Die Gute Nachricht über die Welt von Morgen. Seit 1982 (früher: GN – Die Gute Nachricht. 1975–1982)

Literatur

Handbuch S. 470–488; Materialdienst 1972, S. 239ff.; 1973, S. 251ff.; 1974, S. 234ff.; 1979, S. 124ff.

Die Branham-Bewegung

Quellen

Predigten von William M. Branham
Stadsklev, Julius (Hg.): Jesus Christus – heute noch derselbe. 1961/62
Frank, Ewald (Hg.): Darlegung der sieben Gemeinde-Zeitalter. Krefeld 1968
–: Das gesprochene Wort durch William Branham. (Schriftenreihe). Krefeld 1968 ff.
–: Das Konzil Gottes (Biblische Lehre). Marburg 1964
–: Radio-Predigten (Schriftenreihe). 1969–1978

Literatur

Plett, C. J.: Der Spätregen hat begonnen. Philadelphia Verlag Leonberg 1949
Lindsay, Gordon: William Branham. Ein Mann von Gott gesandt. Hamburg-Neugraben 1955
Witt, Otto: William Branham – Prophet oder Wahrsager? Marburg 1957
Seiss, Chr.: Die Versuchung der Gemeinde. Stellungnahme zu Themen Branhams. 1968
Materialdienst 1966, S. 272 ff.; 1967, S. 81 ff., 105 ff.; 1968, S. 105 ff., 117 ff.

Keller-Gemeinschaft

Keller, Johannes E.: Abraham, der Vater der Gläubigen, im Offenbarungslichte der heiligen Stadt. Berlin-Lichtenberg o. J.
–: Das Reich Gottes (Neubearbeitung der zwei Schriften »Das Zwölf-Stämme-Volk Israel« und »Die vier Weltreiche und das Reich des Allerhöchsten«). Berlin-Lichtenberg o. J.
–: Die ganze Erlösung. Gottes Werk in Christo Jesu. Berlin-Lichtenberg ca. 1948
–: Das Hohelied im Lichte der Vollendung des Ratschlusses Gottes in seiner Gemeinde. Stuttgart-Luginsland o. J.
–: Wann kommt der Herr? o. J.

Die Judenchristliche Gemeinde

Quellen

Poljak, Abram: Judenchristen im Heiligen Lande. 1936
–: Das Kreuz im Davidstern. 1937
–: Gottes Zeiten. 1942
–: Die jüdische Kirche. 1945
–: Frühregen und Spätregen. 1948
–: Die Botschaft vom Reich. o. J.

Zeitschrift:

Judenchristliche Gemeinde. Möttlingen/Calw 1951 ff. (monatlich) (engl. Vorläufer 1938 ff.)

Philadelphia-Bewegung

Quellen

Röckle, Christian: Die Vollendung der Philadelphia-Gemeinde der Endzeit und ihre Entrückung. (1943/44) Leonberg 7. erw. Aufl. 1950
–: Die Geistestaufe in Lehre und Leben. 2 Teile. Leonberg 1947/48
–: Die Zukunft von Philadelphia und Laodizea. 1948
–: Der neue Tempel der Gemeinde. Leonberg 1948
–: Die Einheit der Gemeinde, ihre Notwendigkeit und ihre Hindernisse. Leonberg 1949

–: Die Dreiteilung der Gemeinde. 3 Teile. Leonberg o. J.
–: Die Fußspuren Gottes in meinem Leben. Leonberg 1962
Du hast eine kleine Kraft. Gedächtnisschrift zum Heimgang von Christian Röckle. 1968
Röckle, Chr. / Nagel, A. / Nüchter, F.: Pfingstbewegung – Philadelphiabewegung? Offene Briefe an Otto Kaiser. Leonberg ca. 1948
Gerok, Otto: Geist und Schrift in der Philadelphia-Gemeinde. Leonberg 1949
Westphal, Paul: Die letzten Tage der Weltgeschichte enthüllt. Leonberg 1949
Heer, J. de: Endkrisis der Völker in Harmagedon. Leonberg 7. Aufl. 1950

Zeitschrift:

Philadelphia-Briefe. Leonberg 1948 ff.

Literatur

Handbuch S. 183–191

Urchristen-(Christadelphian-) Gemeinde

Quellen

Norris, A. D.: Wofür wir einstehen. Der Glaube der Christadelphians. 1974
Bogner, Gustav: Die Sprache der Propheten Israels. Fibel der biblischen Prophetie. 1975
Watkins, Peter: Was wird aus unserer Welt noch werden? 1979
Sieber, Gerold: Das ewige Leben im Reich Gottes. Der Weg in eine herrliche Zukunft... 1980
Hink, Walter: Gott ist Einer. Eine Widerlegung des Dreieinigkeitsdogmas. 1980
o. Vf.: Der große Widersacher und seine Überwindung. Die biblische Definition des Teufels. o. J.
o. Vf.: Über die Herkunft des Sohnes Gottes – Jesus. 1976
(Alle Hefte aus dem Verlag der Urchristengemeinde, Esslingen)

Zeitschrift:

Prüfet Alles. Zweimonatsschrift zum Studium des ursprünglichen Evangeliums. Esslingen

Literatur

Materialdienst 1981, S. 358 ff.

Die Tempelgesellschaft

Quellen

Hoffmann, Christoph: Stimmen der Weissagung über Babel und das Volk Gottes. 1849
–: Geschichte des Volkes Israel als Antwort auf die soziale Frage. 1855
–: Fortschritt und Rückschritt oder Geschichte des Abfalls vom Christentum. 1863–68
–: Occident und Orient. Eine kulturgeschichtliche Betrachtung. 1875
–: Sendschreiben über den Tempel und über die Sakramente, das Dogma von der Dreieinigkeit. Stuttgart 1878
–: Mein Weg nach Jerusalem. 2 Bde. 1881/84
–: Bibelforschungen. 2 Bde. 1882/84
Lange, Friedrich: Die Geschichte des Tempels. 1884/99
Rohrer, Chr.: Die Tempelgesellschaft oder ein neuzeitlicher Versuch zur

Verwirklichung der Verkündigung Jesu von Nazareth. 1920

Festschrift:
100 Jahre Tempelgesellschaft. 1961

Zeitschrift:
Die Warte des Tempels. Monatsschrift für Freie Christen. (als »Süddeutsche Warte« 1845 gegr.)

Literatur

Rabenau, E. F. von: Die Tempelgesellschaft. Diss. 1923
Meinhold, Peter: Ökumenische Kirchenkunde. Stuttgart 1962, S. 599–604
Carmel, Alex: Die Siedlungen der württembergischen Templer in Palästina 1868–1918. Aus dem Hebräischen übersetzt von Perez Leshem Stuttgart 1973
Kalb S. 258–275; Scheurlen S. 392–403; Handbuch S. 206–215; Materialdienst 1973, S. 41 ff.

Evangelischer Brüderverein

Quellen

Berger, Fritz: Von der überschwenglichen Gnade Gottes in meinem Leben. 1940/58
Berger, L.: Brocken aus Gottes Wort – Vom Heil Christus
Evangelischer Brüderverein (Hg.): 1916–1966: 50 Jahre Verkündigung des Heils in der Versammlung Zürich des Evangelischen Brüdervereins. Zürich 1966

Zeitschrift:
Friedensbotschaft für Kinder Gottes und solche, die es werden wollen. 1919 ff. (monatlich)

Literatur
Güdel, Alfred: Fritz Berger und der Evangelische Brüderverein. Bern/Frankfurt 1980
Neben den Kirchen S. 63–66

Gemeinschaft Evangelisch Taufgesinnter

Quellen

Fröhlich, Samuel Heinrich: Ein Wort über das Verhältnis der bekehrten Gläubigen zur Staatskirche und der Staatsreligion zum Evangelium Jesu Christi. 1834
–: Das Geheimnis der Gottseligkeit und das Geheimnis der Gottlosigkeit. 1838
–: Die Errettung des Menschen durch das Bad der Wiedergeburt und die Erneuerung des Hl. Geistes. 1847

Jahrbuch:
Freuet Euch!

Literatur

Geiser, S.: Die Taufgesinnten-Gemeinden. 1931, S. 467 f.
Rüegger, H.: Die Gemeinschaft Evangelisch-Taufgesinnter. 1948
Eggenberger, Oswald: Die Freikirchen in Deutschland und in der Schweiz. Zürich 1964, S. 59–62

Die Smithianer

Quellen

Aslaksen, Elias (folgende Hefte, in deutscher Übersetzung): Christus geoffenbart im Fleisch. Der Segen, der uns im Evangelium verheißen ist. Die Entwicklung eines Gläubigen. Die Liebe, ihr inneres Wesen und ihre Auswirkungen. Die Lüge und ihr Wesen. Die Ruhe in Gott. Hochmut und seine Auswirkungen. Halte unerschütterlich fest! Ich bin mit Christus gekreuzigt. Jesu Christi Braut. Jesus kommt! Mache dich bereit. Richtiges Verhalten in den Schwierigkeiten meines Lebens. Satan zertreten unter deinen Füßen. Verleumdung. Verlobung, Ehe, Scheidung

Bratlie, Sigurd: Der neue Bund und das Geheimnis der Gesetzlosigkeit

–: Die Braut, die Hure und die letzten Zeiten

–: Ich bin mit Christus gekreuzigt

–: Was heißt Christ sein?

Schmidt, Gustav: Ihr müßt gehaßt, geschmäht und verfolgt werden

Schwaiger, Rudolf: Über das Gewissen

Zeitschrift:

Das Leben. 1961 ff. (monatlich)

Literatur

Materialdienst 1981, S. 205 f.

Christliche Gemeinschaft »Hirt und Herde«

Quellen

Satzungen und allgemeine Bestimmungen der Christlichen Gemeinschaft Hirt und Herde. o. J.

Literatur

Jentzsch, Joachim: Die Christliche Gemeinschaft »Hirt und Herde«. Diss. Leipzig 1956

Handbuch S. 345–351; Obst S. 301–325; Materialdienst 1977, S. 193 ff.

Gemeinde Gottes (Anderson)

Quellen

Berry, R. L.: Die wichtigsten Lehren der Bibel. o. J.

Riggle: Die neutestamentliche Gemeinde

Kersten: ... lehret sie halten alles

Heffren: Die heilsame Lehre

Klabunde, Gerhard: 50 Jahre Gemeinde Gottes 1907–1957

Krenz, Willi: Gemeinde Gottes in Europa 1972/73. Zürich 1972

o. Vf.: 25 Jahre Bibelschule Fritzlar 1948–1973

Yearbooks of the Church of God (Anderson)

Zeitschriften:

The Gospel Trumpet. 1881 ff.

Evangeliums-Posaune. 1895 ff. (monatlich)

Literatur

Neben den Kirchen S. 55–59; Materialdienst 1978, S. 12 ff.

Die Gemeinden Christi

Quellen

Grimm, Hans Godwin: Die Gemeinden Christi und ihr Weg durch neun Jahrhunderte. Mannheim 1958

Goebbels, Klaus: Christliche Einheit aus der Sicht des Neuen Testaments. Ein Beitrag zum ökumenischen Gespräch. Augsburg 1964

Reichel, Gottfried: Gemeinden Christi – eine Sekte? München 1965

Alten, Dieter: Mündige Gemeinde heute. Zeitgemäßes Gemeindeleben nach dem Neuen Testament. Berlin/Augsburg 1969

Zeitschriften:
Der Christ im 20. Jahrhundert. Hamburg 1955 ff. (vierteljährlich)
Das feste Fundament. Wien 1966 ff. (monatlich)
Christsein heute. Braunschweig 1977 ff.

Literatur

Beazley, George G. d. J.: Die Kirche der Jünger Christi (Disciples of Christ). Kirchen der Welt Bd. XVI. Stuttgart 1977

Handbuch S. 148–155;
Materialdienst 1973, S. 268 ff., 286

Die Ravenschen Brüder

Quellen

Darby, John Nelson: Collected Writings. 14 Bde. Kingston-on-Thames 2. Aufl. 1961–67
o. Vf.: Versammlungen der »Brüder«. Bibelverständnis und Lehre. Mit einer Dokumentation der Geschichte von 1937–50. Dillenburg 1977
Karrenberg, Kurt: »Der Freie Brüderkreis«. in: Kunz, Ulrich (Hg.): Viele Glieder – Ein Leib. Das Buch der Freikirchen. Stuttgart 1961, S. 266–282
Raven, F. E.: Notes of Readings
–: The Person of the Christ
Brockhaus, R.: Die Ravenfrage

Literatur

Ironside, H. A.: A Historical Sketch of the Brethren Movement. 1942
Geldbach, Erich: Christliche Versammlung und Heilsgeschichte bei John Nelson Darby. Wuppertal (1971) 3. Aufl. 1975
Jordy, Gerhard: Die Brüderbewegung in Deutschland. Bd. I. Wuppertal 1979
Handbuch S. 84–94; Neben den Kirchen S. 42–48; Artikel »Darby/Darbysten«, Theologische Realenzyklopädie Bd. VIII (1981), S. 357 f.; Kalb S. 455–469; Scheurlen S. 158–176

Die Pfingstbewegung

Quellen (deutschsprachig)

Paul, Jonathan: Die geistlichen Gaben in biblischer Beleuchtung. Mülheim/Ruhr 1913 (?)
–: Die Taufe in ihrem Vollsinn. Mülheim/Ruhr 1930
–: Ihr werdet die Kraft des Heiligen Geistes empfangen. Ein Zeugnis von der Taufe mit dem Hl. Geist und Feuer. 3. Aufl. Altdorf 1956
–: Zur Dämonenfrage. Ein Wort zur Verständigung. 1912
Edel, Eugen: Die Pfingstbewegung im Lichte der Kirchengeschichte. 1910
–: Der Kampf um die »Pfingstbewegung«. Mülheim/Ruhr 1949
Barratt, Thomas: Die Wahrheit über die Pfingstbewegung. Mülheim/Ruhr 1909
Hauptbrüdertag der deutschen Pfingstbewegung (Hg.): Unsere Ziele und Richtlinien für die Erbauung und Vollendung des Leibes Christi. Mülheim/Ruhr 1917
Bartleman, Frank: Wie Pfingsten nach Los Angeles kam. (1925) Leonberg o. J.
Dittert, Hermann: Wege und Wunder Gottes in der Entstehungsgeschichte der Zeltmission Berlin-Lichterfelde und deren angeschlossenen Gemeinden. Berlin 1936

Kaiser, Otto: Erlebnisse und Erfahrungen mit der Pfingstbewegung. Gießen 1948
Gee, Donald: Über die geistlichen Gaben. o.J.
–: Gottes große Gabe. 1948
–: Gottes Gnade und Kraft für heute. 1948
–: Pfingsten. (1948) Schorndorf 1964
Skibstedt, Werner: Die Geistestaufe im Lichte der Bibel. Aus dem Norwegischen übersetzt von Otto Witt. 1946
Steiner, Leonhard: Mit folgenden Zeichen. Eine Darstellung der Pfingstbewegung. Basel 1954
Krust, Christian H.: Ihr werdet die Kraft des Heiligen Geistes empfangen. Ein Zeugnis von der Taufe mit dem Hl. Geist und Feuer. Altdorf b. Nürnberg 3. Aufl. 1956
–: 50 Jahre Deutsche Pfingstbewegung – Mülheimer Richtung. Altdorf b. Nürnberg 1958
–: Was wir glauben, lehren und bekennen. (Mülh. Verb.) Altdorf b. Nürnberg 1963
Giese, Ernst: Pastor Jonathan Paul, Leben und Werk. Altdorf 1964
–: Und flicken die Netze. Dokumente zur Erweckungsgeschichte des 20. Jahrhunderts. (Im Selbstverlag) Marburg 1976 (Lit.)
Eisenlöffel, Ludwig: Ein Feuer auf Erden. Einführung in Lehre und Leben der Pfingstbewegung. Erzhausen 1963
–: ... bis alle eins werden. Siebzig Jahre Berliner Erklärung und ihre Folgen. Erzhausen 1979
Sherill, John L.: Sie sprechen mit anderen Zungen. (1964) Schorndorf 1967
Wilkerson, David: Das Kreuz und die Messerhelden. (1963) Erzhausen 1966
Zopfi, Jakob: Schwarmgeist? Baden/Schweiz 1976
Slosser, Bob: Man nennt ihn »Mr. Pentecost«. Die Geschichte von David du Plessis. (1977) Kreuzlingen ca. 1980
Kuhlman, Kathryn: Ich glaube an Wunder. Schorndorf 1971
–: Bei Gott ist nichts unmöglich. Schorndorf 1974
Buckingham, Janie: Kathryn Kuhlman. Ihr Leben und Wirken. (1976) Schorndorf 1979
Linford, Aaron: Gottes Gaben sind für heute. Schorndorf 1981

Zeitschriften:
Pfingstgrüße. Hg.: Paul, J. 1908–19 (monatlich)
Grüße aus dem Heiligtum. 1919–22
Pfingstbotschaft. 1922–29
Heilszeugnisse (Mülheimer Vb.). Altdorf b. Nürnberg seit 1930
Der Leuchter. (ACD). Erzhausen 1950–71
Wort + Geist. (Organ von sechs Pfingstgemeinschaften). Erzhausen seit 1972
Volksmissionar. (Volksmission entschiedener Christen). Stuttgart/Schorndorf 1974 ff.
Die Stimme der Wahrheit. (Gemeinde Gottes). Urbach 1947 ff.
Der Weg zur Freude (früher: Letzte Posaune. 1950–64). Hg.: Müller, Erwin. Karlsruhe 1965 ff.
Sieg des Kreuzes. Hg.: Lardon, O. Hamburg 1949 ff.
Pentecost. 1947 ff. (ab 1971: World Pentecost)
Mitternachtsruf – überkonfessionell. (Homeward Mission). 1948 ff.
Mehr Licht. Hamburg 1927–64. Fortsetzung: Göttliches Licht und Erweckung. Hg.: Hoffmann, Lothar. Berlin
The Voice of Healing. Dallas/Texas 1948 ff. (Alle monatlich)

Neupfingstlerisch:

Stimme. (amerik.: Voice). Geschäftsleute des vollen Evangeliums. Brüssel 1975 ff. (zweimonatlich)

Charisma. (Jesus-Haus Düsseldorf). 1974 ff. (vierteljährlich)

CZB Impuls. (Spitzer, Volkhard). Berlin 1980 ff. (zweimonatlich)

Literatur

Zur Geschichte

Fleisch, Paul: Die innere Entwicklung der deutschen Gemeinschaftsbewegung in den Jahren 1906 und 1907. Leipzig 1908

–: Die moderne Gemeinschaftsbewegung in Deutschland. Bd. I: Geschichte der deutschen Gemeinschaftsbewegung bis zum Auftreten des Zungenredens 1875–1907. 3. Aufl. Leipzig 1912; Bd. II (1. Teil): Die Zungenbewegung in Deutschland. Leipzig 1914

–: Die Pfingstbewegung in Deutschland. Ihr Wesen und ihre Geschichte in 50 Jahren. Hannover 1957

Eicken, Erich von: Heiliger Geist, Menschengeist, Schwarmgeist. Ein Beitrag zur Pfingstbewegung in Deutschland. Wuppertal 1964

Lange, Dieter: Eine Bewegung bricht sich Bahn. Die deutschen Gemeinschaften im ausgehenden 19. und beginnenden 20. Jh. Gießen/Dillenburg 1979, S. 162–226

Hollenweger, Walter J.: Handbuch der Pfingstbewegung. 10 Bde. (Vervielf.) Diss. Zürich/Genf 1965–67

–: Enthusiastisches Christentum. Die Pfingstbewegung in Geschichte und Gegenwart. Wuppertal/Zürich 1969

– (Hg.): Die Pfingstkirchen. Selbstdarstellungen, Dokumente, Kommentare. Stuttgart 1971

Bittlinger, Arnold: Papst und Pfingstler. Der römisch katholisch-pfingstliche Dialog und seine ökumenische Relevanz. Studien zur interkulturellen Geschichte des Christentums Bd. XVI. Frankfurt/M 1978

Darstellende und kritische Literatur

Maurer, W./Wendland, H.-D./Schumann, F. K.: Drei Aufsätze über Schwärmer, Schwärmertum und Schwärmerei. Schriften des Theolog. Konvents Augsburgischen Bekenntnisses, Heft 6. Berlin 1952

Metzger, Wolfgang: Die Pfingstbewegung als Frage an die Kirche zur Lehre vom Heiligen Geist. Fuldaer Hefte Nr. 15. Berlin/Hamburg 1964

Eggenberger, Oswald: Evangelischer Glaube und Pfingstbewegung. Zollikon 1956

Scheurlen S. 177–184; Materialdienst 1975, S. 130 ff., 146 ff.; 1977, S. 185 ff.; 1979, S. 196 ff.; 1980, S. 36 ff., 60 ff.; 1981, S. 223 ff.

Gegenschriften

Dallmeyer, Heinrich: Satan unter den Heiligen. Die Kasseler Bewegung im Lichte der Erfahrung. Neumünster 1907

–: Gottes Geist oder ein Dämon? Neumünster 1907

–: Erfahrungen in der Pfingstbewegung. Neumünster 1910

–: Die Zungenbewegung. Ein Beitrag zu ihrer Geschichte und eine Kennzeichnung ihres Geistes. Lindhorst 1924

– (Hg.): Die sogenannte Pfingstbewegung im Lichte der Heiligen Schrift. Gotha 1922

Francke, R.: Die Versammlungen im Kasseler Blaukreuzhause in nüchterner Beleuchtung. Kassel 1907
Schrenk, Elias: Was lehrt uns die Casseler Bewegung? Kassel 1907
–: Die Pfingstbewegung. Stuttgart 1910
Seitz, Johannes: Ein klärendes Wort gegen Pastor Pauls Schrift »Zur Dämonenfrage«. 2. Aufl. Berlin 1962
Haarbeck, Theodor: Die Pfingstbewegung in geschichtlicher, biblischer und psychologischer Beleuchtung. Barmen 1910
Fischer, Max: Der Kampf um die Geistestaufe. Bahnauer Hefte Nr. 3. Stuttgart 1950
Geppert, W.: Die Pfingstbewegung – weder..., noch..., nur menschlich-allzumenschlich. Schriftenreihe: Irrläufer frommer Sehnsüchte, Heft 3. Neuffen ca. 1950
Eckardt, W.: Klare Fronten, klare Begriffe. 1951
Gnadauer Verband (Hg.): Flugfeuer fremden Geistes. Offenbach/M 1957
Lechler, Alfred: Die Prüfung der Geister. Witten 1959
Deitenbeck, Paul: Heiliger Geist oder falscher Geist? Gladbeck 1960
Haarbeck, Hermann: Laß dir an meiner Gnade genügen. Stellungnahme des Gnadauer Verbandes zur Pfingstbewegung. Denkendorf 1965
Krust, Christian H.: Antwort an Dir. P. H. Haarbeck. In: Heilszeugnisse 1966/68
Ising, Richard: Kräftige Irrtümer. Berlin 1965
–: Klare Fronten. Berlin 1967
Lubahn, Erich: Fromme Verführungen. Information und Wegweisung. Stuttgart 1969
–: Schwarmgeist. Wuppertal 1976
Hubmer, Fritz: Zungenreden, Weissagung – umkämpfte Geistesgaben. Denkendorf 1972
Broadbent, W. G./Hubmer, Fritz: Heute noch in Zungen reden? Bad Liebenzell 1975
Heimbucher, Kurt u.a. (Hg.): Eine Gnade – viele Gaben. Beiträge zum biblischen Zeugnis von den Gnadengaben. Dillenburg 1980

Zum Thema »Zungenreden«

Kelsey, Morton K.: Zungenreden. (1964) Konstanz 1970
Lapsley, James N./Simpson, John H.: Speaking in Tongues. The Princeton Seminary Bulletin LVIII, Februar 1965
Hinson, E. Glenn u.a.: 2000 Jahre Zungenreden. Glossolalie in biblischer, historischer und psychologischer Sicht. Kassel 1968
Bittlinger, Arnold: Glossolalia. Wert und Problematik des Sprachenredens. Schloß Craheim b. Schweinfurt 1969
Eetveldt, L. M. Vivier van: Zungenreden und Zungenredner, in: Die Pfingstkirchen. Hg.: Hollenweger, W. J. 1971, S. 183–205

Die charismatische Bewegung

Quellen

Christenson, Larry: Die Gabe des Zungenredens in der Lutherischen Kirche. Marburg 1963
–: Die Gnadengabe der Sprachen und ihre Bedeutung für die Kirche. (1963) 3. Aufl. Marburg 1976
Bittlinger, Arnold: Die Bedeutung der Gnadengaben für die Gemeinde Jesu Christi. Marburg 1964
–: Der frühchristliche Gottesdienst und seine Wiederbelebung innerhalb der

reformatorischen Kirchen der Gegenwart. Marburg 1964
–: Im Kraftfeld des Heiligen Geistes. Gnadengaben und Dienstordnungen im Neuen Testament. (1966) 5. Aufl. Marburg 1976
–: Gemeinde ist anders. Calwer Hefte, Nr. 79. Stuttgart 1966
–: ... und sie beten in anderen Sprachen. Charismatische Bewegung und Glossolalie. Charismatische Kirche, Heft 2. Wetzhausen 1972
–: Charismatische Bewegung in Deutschland. Wetzhausen 1973
–: Charismatische Erneuerung – eine Chance für die Gemeinde? Charisma und Kirche, Heft 6. 1979
Edel, R. F. (Hg.): Kirche und Charisma. Die Gaben des Heiligen Geistes im NT, in der Kirchengeschichte und in der Gegenwart. (Tagungsbeiträge). Marburg 1966
Bennett, Dennis J.: In der dritten Stunde. Erzhausen 1972
Bennett, Georg: Jesus befreit und heilt. Metzingen/Aschaffenburg 1976
Sanford, Agnes: Heilendes Licht. Marburg
Kopfermann, Wolfram: Charismatische Gemeindeerneuerung. Eine Zwischenbilanz. Charisma und Kirche, Heft 7/8. 1981

Die charismatische Bewegung in der Katholischen Kirche

McDonnell, Kilian/Mederlet, Eugen: Charismatische Erneuerung der katholischen Kirche. Charismatische Kirche, Heft 1. (1972) 2. Aufl. Wetzhausen 1974
Großmann, Siegfried (Hg.): Der Aufbruch. Charismatische Erneuerung in der katholischen Kirche. Kassel 1973
Suenens, Léon-Joseph Kardinal: Hoffen im Geist. Ein neues Pfingsten der Kirche. Salzburg 1974
–: Gemeinschaft im Geist. Salzburg 1979
Mühlen, Heribert: Die Erneuerung des christlichen Glaubens. Charisma – Geist – Befreiung. München 1974/76
– unter Mitarbeit evang. Theologen: Einübung in die christliche Grunderfahrung. 2 Bde. Mainz 1976/78
– (Hg.): Die charismatische Bewegung in den Kirchen. Regensburg 1977
– (Hg.): Erfahrungen mit dem Heiligen Geist. Zeugnisse und Berichte. Mainz 2. Aufl. 1980
Heitmann, Klaus/Mühlen, Heribert (Hg.): Erfahrung und Theologie des Heiligen Geistes. Hamburg/München 1974
Knoch, Otto: Der Geist Gottes und der neue Mensch. Stuttgart 1975
O'Connor, Edward D.: Spontaner Glaube. Ereignis und Erfahrung der charismatischen Erneuerung. Freiburg 1974
Smet, Walter: Ich mache alles neu. Kirchliche Erneuerung im Heiligen Geist. Regensburg 1975
McNutt, Francis: Die Kraft zu heilen. Graz 1976

Zeitschriften:

Erneuerung in Kirche und Gesellschaft. Paderborn 1977 ff. (etwa halbjährlich)
Rundbrief der katholisch charismatischen Erneuerung. Passau 1976 ff. (vierteljährlich)

Literatur

Meyer, Harding u. a.: Wiederentdekkung des Heiligen Geistes. Ökumenische Perspektiven 6, 1974
Dilschneider, Otto A.: Ich glaube an den Heiligen Geist. Wuppertal 1969

–: Geist als Vollender des Glaubens. Gütersloh 1978
– (Hg.): Theologie des Geistes. Gütersloh 1980
Kuen, Alfred: Die charismatische Bewegung. Versuch einer Beurteilung. Wuppertal 1976
Großmann, Siegfried: Haushalter der Gnade Gottes. Wuppertal/Kassel 1977
Evang. Zentralstelle für Weltanschauungsfragen: Die charismatische Erneuerung und das evangelikale Anliegen. Orientierung Nr. 9/1980
–: Die charismatische Bewegung in der DDR. Orientierung Nr. 10/1980
Materialdienst 1974, S. 2ff.; 1980, S. 60ff.; 1982, S. 220ff.

Spätregenmission

Quellen

Fraser, Mara M.: The Deplorable State of Pentecostal Movements in South Africa. 1957
–: Persönliche Erfahrungen über das Glaubensleben und die verschiedenen Wirkungen des Heiligen Geistes. o.J.
–: Weitere geistige Erfahrungen und Lektionen. Beilstein 1961
Krige, A. V.: Einige Grundwahrheiten im völligen Erlösungsplan. Benoni S. A. ca. 1952
Jager, P. C. de: Die Zeichen vor der Wiederkunft Jesu. Beilstein 1956
–: Christus und antichristus. Fingerzeige aus Geschichte und Gegenwart auf bevorstehende Ereignisse. Beilstein ca. 1964
Deutsche Spätregenmission (Hg.): Jubiläum. Erinnerung und Bericht 1977. Beilstein 1978

Literatur

Born, Karl: Die Wahrheit über die südafrikanischen Spätregen-Gemeinden. Beilstein 1960
Eisenlöffel, Ludwig: Die Spätregenbewegung »Benoni« aus Südafrika und die Bibel. 1960

Gemeinde der Christen »Ecclesia«

Quellen

Zaiss, Hermann: Wie werde ich ein Kind Gottes? o.J.
–: Die Endzeit. Marburg 1955
–: Gottes Imperativ: Sei gesund! 1957
–: Der Tempel Gottes. Marburg 1959
Zaiss, Clara: »... daß ihr viel Frucht bringet«. Entstehung der Gemeinde der Christen »Ecclesia«. 1958

Zeitschrift:

Fröhliche Nachrichten. Solingen-Ohligs 1953ff. (monatlich)

Literatur

Voigt, Paul Gerhardt: Gesundheit und Heil. Eine Auseinandersetzung mit Hermann Zaiss und seiner Bewegung. Hannover 1959
Thomas, K.: Erweckungsbewegung im Rheinland? Für und wider den Wunderheiler Zaiss. In: Der Weg zur Seele. Juli 1950

Die Christliche Wissenschaft (Christian Science)

Quellen

Eddy, Mary Baker: Wissenschaft und Gesundheit mit Schlüssel zur Heiligen Schrift. 1875/1910, deutsch 1912ff.

–: Christliches Heilen, 1886, deutsch 1963
–: Anfangsgründe der Göttlichen Wissenschaft. 1891, deutsch 1928
–: Nein und Ja. 1891, deutsch 1928
–: Die Einheit des Guten. 1891, deutsch 1963
–: Rückblick und Einblick (Autobiographische Skizzen). 1892, deutsch 1931
–: Vermischte Schriften 1883–1896. 1897, deutsch 1957
–: Handbuch der Mutterkirche. Maßgebliche Aufl. 1908, deutsch 1928
–: Die Erste Kirche Christi, Wissenschafter, und Verschiedenes. (Aus dem Nachlaß). 1913, deutsch 1974
Wilbur, Sibyl: Das Leben der Mary Baker Eddy. 1926
Powell, Lyman P.: Mary Baker Eddy. A life size portrait. (1935) 1950
Smith, Clifford P.: Historical Sketches. From the life of Mary Baker Eddy and the history of Christian Science. (1934) 1941
Tomlinson, Irving C.: Zwölf Jahre mit Mary Baker Eddy. Erinnerungen und Erfahrungen. (1945) 1972
Christian Science Publishing Society (Hg.): Ein Jahrhundert christlich-wissenschaftlichen Heilens. (Dokumentation). (1966) 1972
DeWitt, John: Die Lebenseinstellung des Christlichen Wissenschafters. 1974 (Alle in Boston erschienen)
Leishman, Thomas L.: Warum ich ein Christlicher Wissenschafter bin. Rheinfelden 1958/69
Peel, Robert: Mary Baker Eddy. 3 Bde. New York 1966–77

Zeitschriften:

The Christian Science Journal. Seit 1883 (monatlich)
Christian Science Sentinel. Seit 1898 (wöchentlich)
Der Herold der Christlichen Wissenschaft. Seit 1903 (monatlich)
The Christian Science Monitor. Seit 1908 (Tageszeitung) (Erscheinungsort für alle: Boston)

Literatur

Zur Entstehungsgeschichte

Dresser, Horatio W.: Health and the Inner Life. New York 1906
– (Hg.): The Quimby Manuscripts. New York 1921
Holl, Karl: Gesammelte Aufsätze zur Kirchengeschichte. Bd. III. Tübingen 1928, S. 460ff.
Weiss, Viktor: Die Heilslehre der Christian Science. Darstellung und Kritik. Diss. Zürich 1926. Gotha 1927
Nitzschke, Kurt: Christliches Heilen? Die »Christliche Wissenschaft« im Lichte des Evangeliums. Berlin 1951
Graf, Werner: Christliche Wissenschaft oder evangelischer Glaube. St. Gallen 1949

Reimer, Hans-Diether: Die Quellen der Christian Science. Eine Untersuchung der Frage: Ist Christian Science christlich? Diss. Erlangen 1959 – Teildruck: Die Christologie.
–: Metaphysisches Heilen. Stuttgart 1966
–: Art. Christian Science. Theologische Realenzyklopädie Bd. VIII (1979) S. 62–64
– (Hg.): Literatur über die Christliche Wissenschaft. Sammlung an der Universitätsbibliothek Erlangen-Nürnberg. Erlangen 1975 (vervielf.)

Kalb S. 550–558; Scheurlen S. 362–391; Handbuch S. 301–315; Neben den Kirchen S. 311–334; Materialdienst 1975, S. 354ff.

Unabhängige christlich-wissenschaftliche Vereinigungen

Der Kreis um John W. Doorly und Dr. Max Kappeler

Quellen

Doorly, John W.: A Statement by John W. Doorly. London 1945 (Priv. publiziert)
–: The Pure Science of Christian Science. 2. Aufl. London 1949
–: Die Wissenschaft der Bibel. Aus dem Englischen. London 1947
–: God and Science. London 1949
–: Vorträge über die Praxis der Christlichen Wissenschaft. 1950, deutsch 1968
Kappeler, Max: Christliche Regierung: Ihre wissenschaftliche Entfaltung. London 1947
–: Leitfäden für das Studium der Christlichen Wissenschaft. 1949
–: Warum muß die Christliche Wissenschaft als eine Wissenschaft studiert werden? Zürich 1956 (Selbstverlag)
–: Die Wissenschaft der Bibel. Vorträge. 6 Bde. Affoltern a. A. 1950–61
–: Die Entwicklung der christlich-wissenschaftlichen Idee und Praxis. 1968
–: Die vier geistigen Bewußtseinsebenen. London 1970
–: Die Struktur des Lehrbuches der Christlichen Wissenschaft. Unser Weg des Lebens. London 1976
–: Einführung in die Wissenschaft der Christlichen Wissenschaft. London 1977
–: Die Wissenschaft der Einheit des Seins im Lehrbuch der Christlichen Wissenschaft. London 1981

Literatur

Materialdienst 1972/I S. 8ff. u. II S. 8ff.

Unity School of Christianity

Quellen

Fillmore, Charles: Christliches Heilen. Die Wissenschaft des Seins. (1909) Kansas City 1948
Fillmore, Myrtle: »Wie läßt du dir von Gott helfen?« Karlsruhe-Durlach 1962
Cady, Hariette Emilie: Wahrheitslehre. Eine Folge von zwölf Abhandlungen über praktisches Christentum. (1894) Kansas City 1953
–: Wahrheits-Aufsätze. Kansas City 1948
Fox, Emmet: Die Bergpredigt. Eine allgemeine Einführung in das wissenschaftliche Christentum. Lee's Summit/Mo 1949
Freeman, James Dillet: Der Haushalt des Glaubens. Die Geschichte von Unity. (1951) Karlsruhe-Durlach 1954
–: Was ist Unity? o.J.

Zeitschriften:

Unity. 1891ff.; deutsch 1954ff.; 1969 in die Monatsschrift »Ja« umgewandelt

New Thought – Neugeist

Quellen

Amerikanische Autoren

Evans, Warren F.: The Mental-Cure, illustrating the influence of the mind on the body, both in health and disease, and the psychological method of treatment. Boston 4. Aufl. 1875
Dresser, Horatio Willis: Methoden und Probleme der geistigen Heilbehandlung. Leipzig 1902

–: Gesundheit und das innere Leben. Eine historische Studie der geistigen Heiltheorien ... Leipzig 1907
–: A History of the New Thought Movement. New York 1919
Trine, Ralph Waldo: In Harmonie mit dem Unendlichen. Stuttgart 1909
–: Was alle Welt sucht. Stuttgart 1920
Marden, Orson Swett: Wille und Erfolg. Stuttgart/Berlin 1913
Mulford, Prentice: Der Unfug des Sterbens. Ausgewählte Essays. München um 1937
Holmes, Ernest: The Science of Mind. (1938) Neue Aufl. New York 1963
Hamblin, Henry Thomas: In dir ist die Kraft. Grundlagen einer neuen Lebenskunst. Pfullingen 1937
Peale, Norman Vincent: Die Kraft positiven Denkens. (1952) Thalwil-Zürich o.J.
Goldsmith, Joel S.: Lebendige Wahrheit. Zürich 1955

Deutsche Autoren

o. Vf.: Grundzüge der Neugeist-Lehre. Einführung in die neugeistige Denk- und Lebens-Weise. Neue Ausg. Pfullingen 1929
o. Vf.: Neugeist als Lebensmacht. Eine Einführung in Wesen und Wollen der Neugeist-Bewegung. 1966
Schmidt, Karl Otto: Die Religion der Bergpredigt als Grundlage rechten Lebens. Worte des Vollendeten. Pfullingen 1930
–: Gedankenmacht und Glaubenskraft. Die Atomenergien der Seele. Ein Führer zur Lebensüberlegenheit durch dynamische Psychologie. Büdingen-Gettenbach 1956
–: Die goldene Regel und das Gesetz der Fülle. Pfullingen um 1950
–: Neue Lebensschule für alle, die vorwärts wollen. Ein Jahresplan der Lebens- und Erfolgsbemeisterung. So macht man sein Glück! Pfullingen 3. Aufl. um 1950
–: Wiederverkörperung und Karma. Das Gesetz der Wiederkehr und die Selbstbestimmung des Schicksals. Pfullingen 3. Aufl. 1962
–: Sei geheilt! Die Heilwunder Jesu – auch heute möglich! Eine frohe Botschaft für alle Leidenden. Pforzheim 1975

Zeitschrift:

Die Weiße Fahne. Wegweiser zu erfolgreicher Lebensführung. Zeitblätter für Verinnerlichung und Vergeistigung. Monatsschrift für Heil- und Lebenserneuerung. Pfullingen 1923–70

Literatur

Braden, Charles S.: Spirits in Rebellion. The rise and development of New Thought. Dallas 1963
Reimer, Hans-Diether: Art. Neugeistbewegung. Die Religion in Geschichte und Gegenwart 3. Aufl. Bd. IV, Sp. 1412f.

Mazdaznan-Bewegung

Quellen

Ha'nish, Otoman Zar-Adusht: Atem- und Gesundheitslehre. (1902), deutsch 1914 und 1930
–: Yehoshua, Leben Jesu (früher: Das Leben Jesu). 1921
–: Imanuel, Mazdaznan-Denk-Lehre. 1923–25
–: Meisterreden. 1924–25
–: Lebenswissenschaft. 1925
–: Bambino Bessari (unter dem »Familiennamen« Sarmatian de Caspianya erschienen). Leipzig 1925

–: Heilung durch Selbstbehandlung. 1927
–: Die Ur-Religion. Leipzig 1933
–: Diagnostik. 1933
–: Mazdaznan-Rassenlehre. Herrliberg 1919
Ammann, David: Ur-Religion. 1917
–: Urchristentum und die Entstehung der christlichen Kirche
Böhme, Othmar: Dem Meister. 1944
Rümelin, Gotthilf: Der Große Morgen. Rio de Janeiro 1952
Wehrli-Frey, Mariell: Jesât Nassar, genannt Jesus Christus. 1965
–: Universal Religion Mazdaznan nach Dr. O.Z.A. Ha'nish. Oberehrendingen 1972

Zeitschriften:
Mazdaznan, Zeitschrift für zarathustrische Philosophie, Körperpflege und Diätetik. Leipzig 1908 ff.
Mazdaznan-Mitteilungen. Freiburg i. Br. 1955 ff.

Die Mormonen (Utah-Kirche)

Quellen

Kirche Jesu Christi der Heiligen der Letzten Tage (Hg.): Das Buch Mormon. Ein Bericht, geschrieben von der Hand Mormons auf Platten. (1830) Hamburg 1852; neue Übersetzung Frankfurt/M 1980
– (Hg.): Lehre und Bündnisse der Kirche Jesu Christi d. H. d. L. T. Offenbarungen, die dem Propheten Joseph Smith gegeben wurden, nebst einigen Zusätzen seiner Nachfolger in der Präsidentschaft der Kirche. (1835) Bern 1876; neue Übersetzung Frankfurt/M 1980
– (Hg.): Die köstliche Perle. Eine Auswahl aus den Offenbarungen, Übersetzungen und Schilderungen Joseph Smiths. (1882) Bern 1882; neue Übersetzung Frankfurt/M 1980

Talmage, James E.: Die Glaubensartikel. Eine Untersuchung und Betrachtung der Hauptlehren. (1919) Frankfurt/M 1977
–: Jesus Christus. Eine Studie über den Messias und seine Mission gemäß alten und neuen Heiligen Schriften. (1915) Frankfurt/M 1977
–: Das Haus des Herrn. Eine Studie über heilige Tempel in alter und neuer Zeit. (1912) Frankfurt/M 1972

Widtsoe, John A.: Eine vernunftsgemäße Theologie. (1926) 5. Aufl. Frankfurt/M 1969

Smith, Joseph Fielding: Evangeliumslehre. Eine Auswahl aus Predigten und Schriften. (1919) deutsch 2. Aufl. 1947
–: Kirchengeschichte und neuzeitliche Offenbarung. Frankfurt/M 1950
–: Lehren des Propheten Joseph Smith. Seinen Predigten und Schriften entnommen. Frankfurt/M 1963

Grant, Carter Eldredge: Das Königreich Gottes wiederhergestellt. Frankfurt/M 1964

Berrett, William E.: Seine Kirche wiederhergestellt. Eine kurze Darstellung des Wachstums und der Lehre der Kirche Jesu Christi d. H. d. L. T. Frankfurt/M 1972

The Deseret Book Company (Hg.): History of the Church of Jesus Christ of Latter-Day Saints. 7 Bde und Index-Bd. Salt Lake City 1978

Zeitschriften:
The Seer. Washington 1853 f. (monatlich)
Der Stern. 1874 ff. (monatlich)

Literatur

Mann, W. J.: Art. Mormonismus. Realencyklopädie für protestantische Theologie und Kirche, 2. Aufl. Bd. X (1882), S. 276–293

Pelt, I. R. van: Art. Mormonismus. Realencyklopädie für protestantische Theologie und Kirche, 3. Aufl., Bd. XIII, S. 465ff.

Meyer, Eduard: Ursprung und Geschichte der Mormonen. Halle 1912

Rößle, Julius: Aus der Welt des Mormonentums. Ein Beitrag zum Verständnis der Kirche Jesu d. H. d. l. T. Neukirchen Krs. Moers 1931

Meinhold, Peter: Die Anfänge des amerikanischen Geschichtsbewußtseins. Sonderdruck aus Saeculum V, 1954, S. 65ff.

–: Ökumenische Kirchenkunde. Stuttgart 1962, S. 570–579

Brütsch, Charles: Was haben wir von den Mormonen zu halten? Zürich 1962

Kallus, Reiner: Die Mormonen – Eine kritische Untersuchung nach der Bibel. Augsburg 1965

Anderson, Einar: Ich war ein Mormone. Konstanz 1967

Mullen, Robert: Die Mormonen. Geschichte einer Glaubensbewegung. (1966) Weilheim/Obb. 1968

Haack, Friedrich Wilhelm: Mormonen. München 1974

Cowdrey, Wayne L./Davis, Howard A./Scales, Donald R.: Who really wrote the Book of Mormon? Santa Ana/Calif. 1977

Kalb S. 564–590; Scheurlen S. 199–228; Handbuch S. 381–392; Heyer S. 753–760; Neben den Kirchen S. 285–310; Obst S. 161–193; Materialdienst 1974, S. 98ff.; 1975, S. 73ff.; 1978, S. 16ff., 220ff.; 1979, S. 10ff.

Reorganisierte Kirche Jesu Christi der Heiligen der Letzten Tage

Quellen

Reorganisierte Kirche (Hg.): Buch der Lehre und Bündnisse. Sorgfältig ausgewählt aus den Offenbarungen Gottes und nach Daten geordnet. Hannover 1975

– (Hg.): Eines Kirchenmitgliedes Handbuch. Rechte und Pflichten der Mitglieder. Independence/Miss. 1954

– (Hg.): Christlicher Glaube aus der Sicht der Wiederherstellungskirche. (Aufsätze). (Independence 1970) Hannover 1976

Edwards, Henry F.: Grundlegende Überzeugungen. o.J.

–: Ein Überblick über die Lehre und Bündnisse. 3 Bde. o.J.

Smith Davis, Inez: The Story of the Church. (1934) 6. Aufl. Independence 1959

Ralston, Russell F.: Fundamental Differences between the Reorganized Church and the Church in Utah. Independence 1960

Koury, Aleah G.: Wahrheit und Beweis. Vergleich zwischen Lehren der Reorganisierten Kirche Jesu Christi d. H. d. L. T. und der (Utah-)Kirche. Independence 1965

Zeitschriften:

Saint's Herald. Seit 1860 (wöchentlich)

Der Deutsche Herald. 1951–1970. Seither: Frohe Botschaft. (zweimonatlich)

Literatur

Dyer, Alvin R.: The Fallacy. 1964

Materialdienst 1972, S. 358ff.; 1979, S. 274ff.

Neuapostolische Kirche

Quellen

Geyer, Heinrich: Vergangenheit und Zukunft der Kirche Christi. Hamburg 1889

Niehaus, Hermann (Hg.): Lehrbuch über Fragen und Antworten zum Gebrauch für den Religionsunterricht für Kinder und Konfirmanden in der Neuapostolischen Gemeinde. Leipzig 1916

– (Hg.): Die neuapostolische Lehre im Lichte der Hl. Schrift und das Apostelamt der Endzeit. Steinhagen 1930

Apostelkollegium (Hg.): Fragen und Antworten über den Neuapostolischen Glauben. Frankfurt/M 1938 (Aufl. v. 1952 u. 1971 hg. v. J. G. Bischoff)

–: Die Ämter und Sakramente der Neuapostolischen Kirche. Frankfurt/M 1935

–: Reichsgottesgeschichte. Bd. I: Kurzgefaßte Geschichte des göttlichen Heils- und Erlösungsplanes mit den Menschen. Bd. II: Religion und Religionen. Frankfurt/M 1970/74

Salus (Pseudonym): Alte und neue Wege – oder Streifzüge durch die geistig kirchlichen Fürstentümer und Gewalten der Vergangenheit und Gegenwart. Leipzig 1912

Bischoff, Johann Gottfried: Geschichte der Neuapostolischen Kirche. Frankfurt/M 1953

Rockenfelder, Gottfried: Geschichte der Neuapostolischen Kirche. Frankfurt/M o.J., Neuaufl. 1958

Verwaltung der Neuapostolischen Kirche in Hamburg (Hg.): 100 Jahre Neuapostolische Kirche, 1863–1963, Apostelbezirk Hamburg. Frankfurt/M 1963

Zeitschriften:

Wächter Zions. Ulm 1899 ff.

Apostolische Rundschau (vormals: Apostolisches Sonntagsblatt). 1909–1920

Unsere Familie. Frankfurt/M 1941 ff.

Literatur

Handtmann, Karl: Die Neu-Irvingianer, oder die »Apostolische Gemeinde«. (1903) Gütersloh 1907

Schmidt, Karl: Jenseits der Kirchenmauern. Berlin 1909

Kraft, Luise: Unter Aposteln und Propheten. 1913

Bautz, Friedrich Wilhelm: Die Neuapostolischen. (1949) Witten 1968

Eggenberger, Oswald: Die Neuapostolische Gemeinde. Ihre Geschichte und Lehre dargestellt und beurteilt. München 1953

–: Neue Apostel? Darstellung und Kritik der neuapostolischen Gemeinschaft. Stuttgart 1964

Haack, F.-W.: Neuapostolische Kirche. 2. Aufl. 1976

Kalb S. 446–455; Scheurlen S. 122–154; Handbuch S. 393–417; Heyer S. 749–753; Neben den Kirchen S. 266–278; Obst S. 48–99; Materialdienst 1972, S. 370–374

Freie apostolische Gemeinschaften

Apostelamt Juda –
Apostelamt Jesu Christi

Quellen

Fischer, Julius: Wahrheitskunde. Berlin 1920

o. Vf.: Konfirmandenunterricht der Gemeinschaft des göttl. Sozialismus (Apostelamt Juda). Berlin 1935

Völkel, Alfred: Apostelamt Juda. 1959

Literatur

Obst, Helmut: Die Kirchen- und Gesellschaftskritik Julius Fischers, des »Apostel Juda«. In: Arbeiten zur Geschichte des Pietismus Bd. 14. Bielefeld 1975, S. 355–367

–: Die »Theologie« Julius Fischers, des »Apostel Juda«. Monatshefte für Evangelische Kirchengeschichte des Rheinlandes 25, 1976, S. 181–196

Handbuch S. 250ff., 263ff.; Obst S. 100–124; Materialdienst 1981, S. 83–87

Reformiert-Apostolischer Gemeindebund

Quellen

Veritas (Pseudonym für Robert Brückner jr.): Der abgefallene Ast. Dresden 1931

Bundeskonzil (Hg.): Die reformiert-apostolische Gemeinde. Kurze Darstellung ihrer Entstehung, geschichtlichen Entwicklung und Geisteshaltung. Dresden 1950

–: Häufige Fragen – hilfreiche Antworten und unser Standpunkt. Dresden 1980

Zeitschrift:

Mitteilung. 1963ff. (zweimonatlich)

Literatur

Handbuch S. 418–427; Obst S. 125–155

Vereinigung Apostolischer Christen

Quellen

Kuhlen, Peter: Ereignisse in der Neuapostolischen Kirche, die zur Gründung der Apostolischen Gemeinde geführt haben. 1956

Vereinigung der Apostel der Apostolischen Gemeinden (Hg.): Lehrbuch für Apostolische Christen. 1958

Zeitschrift:

Der Herold. Monatsschrift zur Pflege apostolischen Glaubens. Hg.: Vereinigung apostolischer Gemeinden. Zürich 1954ff.

Literatur

Materialdienst 1981, S. 261–266

Johannische Kirche

Quellen

Konsistorium der Evang.-Johannischen Kirche, Berlin (Hg.): Die drei Testamente der Heiligen Schrift. 1948

–: Einführung in den Kleinen Katechismus. 1949

–: Heilung durch den Geist. Richtlinien für die Spendung des Sakramentes der geistigen Heilung. 1948

–: Die Wahrheit die Ehre. Wer war Joseph Weißenberg? 1947

–: Joseph Weißenberg und die Evang.-Johannische Kirche. 1959

–: Der Leidensweg – Eine Dokumentation über Joseph Weißenberg. 1966

–: 40 Jahre Kirche. Gedenkschrift zum 40jährigen Bestehen. 1967

–: Der allgemeine Kirchentag 1926

–: Johannisches Gesangbuch mit den Glaubensgrundlagen. 1967

–: Glaubenslehre der Evang.-Johannischen Kirche in Frage und Antwort. 1968

Joseph Weißenberg: Zeugnisse seines Wirkens. Eine Sammlung von Augenzeugenberichten über Krankenheilungen und Totenerweckungen. 2 Bde. Berlin 1969/77

Köhler, Eberhard: Die Urkirche Jesu Christi. Berlin 1964

Zeitschriften:

Der Weiße Berg. Freies Wochenblatt über Joseph Weißenberg und sein religiös-hygienisch-soziales Werk. 1928–35

Weg und Ziel. Wochenzeitschrift der Johannischen Kirche. Berlin. 1947 ff.

Literatur

Scheurlen S. 258–280; Handbuch S. 316–329; Neben den Kirchen S. 363–368; Obst S. 326–350; Materialdienst 1975, S. 54 ff.; 1976, S. 370–374

Die Gralsbewegung

Quellen

Abd-ru-shin (Abdruschin – Oskar Ernst Bernhardt): Im Lichte der Wahrheit. Neue Gralsbotschaft. Tutzing 1926 – neu aufgelegt unter dem Titel: Im Lichte der Wahrheit. Gralsbotschaft. Vomperberg/Tirol 1949/50

–: Nachklänge zur Gralsbotschaft. 1934

–: Die zehn Gebote Gottes und das Vaterunser, den Menschen gedeutet von Abd-ru-shin. (1929) 1955

o. Vf.: »Aus verklungenen Jahrtausenden«. (1 Bd.)

o. Vf.: Die Wegbereiter. (5 Bde.: »Ephesus«, »Zoroaster«, »Lao-Tse«, »Buddha«, »Mohammed«)

o. Vf.: »Verwehte Zeit erwacht«. (3 Bde.). 1956/57

Weitere Schriften:

o. Vf.: Die Gralsbeisetzung. 1965

o. Vf.: Die Gralsbewegung und die deutschen Kreuzträger. Brannenburg b. Rosenheim 1970

o. Vf.: Die Gralshandlungen auf Erden. 1974

o. Vf.: Die Gralsbotschaft und Gralssiedlung. 1952

Zeitschriften:

Gralsblätter. 1925–30

»Gralswelt«. Zeitschrift für wahren Aufbau durch neues Wissen. Stuttgart 1950 ff. (zweimonatlich)

Literatur

Handbuch S. 330–344; Neben den Kirchen S. 368–373; Materialdienst 1977, S. 158–160

Carl Welkisch

Welkisch, Carl: Vergeistigung – Erlebnisse und Erkenntnisse eines Sehers und Heilers. 1927

–: Im Geistfeuer Gottes. 1957

–: Der Mensch zwischen Geist und Welt. 1976 (alle im Reichl Verlag Remagen)

Buck, Marianne: Der Mystiker. (Carl Welkisch). o. J.

Emanuel Swedenborg und die Neue Kirche

Quellen

Deutschsprachige Werke von Swedenborg

–: Kurze Darstellung der Lehre der Neuen Kirche. (1757/58) 1854/1962

–: Himmlische Geheimnisse, welche in der Heiligen Schrift enthalten und nun enthüllt sind. (8 Bde. 1749/56) 16 Bde. 1867–69

–: Vom Jüngsten Gericht und von der Zerstörung Babylons. 1758
–: Von dem Himmel und seinen Wunderdingen und von der Hölle. 1758
–: Die Erdkörper in unserem Sonnensystem, welche Planeten genannt werden, und einige Erdkörper am Fixsternhimmel, sowie ihre Bewohner, Geister und Engel. (1758) 1841/1961
–: Vom Neuen Jerusalem und seiner himmlischen Lehre. (1758) 1830
–: Die Offenbarung, erklärt nach dem geistigen Sinn. (4 Bde.). 1757–59
–: Die vier Hauptlehren der Neuen Kirche. 1761–63
–: Die Wonnen der Weisheit, betreffend die eheliche Liebe. 1768
–: Der Verkehr zwischen Seele und Leib. 1769
–: Die Wahre Christliche Religion, enthaltend die ganze Theologie der Neuen Kirche, wie sie vom Herrn bei Daniel, Kap. VII, 13 und 14 und in der Offenbarung, Kap. XXI, 1, 2, vorausgesagt wurde. Neu übertr. von Friedemann Horn. 4 Bde. (1771) 1873, Zürich 1969/71
–: Apocalypsis explicata secundum sensum spiritualem... 4 Bde. 1785–89
–: Emanuel Swedenborgs Leben und Lehre. Auszüge aus seinen Schriften. 1880

Werke über Swedenborg

Geymüller, Henry de: Swedenborg und die übersinnliche Welt. (1936) 2. Aufl. Zürich 1965
Heinrich, Joh.: Das Christentum Christi nach den Darstellungen E. Swedenborgs. Lorch/Württ. 1937
Goerwitz, Adolf Ludwig: Was lehrt die Neue Kirche? Kurzer Überblick über die Lehren der Neuen Kirche und das Leben Emanuel Swedenborgs. Zürich ca. 1950
–: Emanuel Swedenborg, Wegbereiter der Neuzeit. o.J.
Keller, Helen: Licht in mein Dunkel. Zürich 1955

Zeitschriften:

Die Neue Kirche. 1874–1956
Offene Tore. Beiträge zu einem neuen christlichen Zeitalter. Zürich 1957ff. (vierteljährlich)
Neukirchenblatt. 1957ff

Literatur

Benz, Ernst: Swedenborg in Deutschland. F. C. Oetingers und Immanuel Kants Auseinandersetzung... Frankfurt/M 1947
–: Emanuel Swedenborg, Naturforscher und Seher. München 1948, 2. überarb. Aufl. Zürich 1970
–: Vision und Offenbarung. Gesammelte Swedenborg-Aufsätze. Zürich 1979
Gollwitzer, G.: Art. Swedenborg, Swedenborgianer. Die Religion in Geschichte und Gegenwart 3. Aufl., Bd. VI (1962), Sp. 535f.
Kalb S. 472–485; Handbuch S. 402–417; Materialdienst 1965, S. 126ff.; 1966, S. 153ff.; 1972, S. 140f., 156ff.

Neuoffenbarungen

Quellen

Lorber, Jakob: Die Haushaltung Gottes. 3 Bde. 1840/44
–: Die natürliche Sonne. 1842
–: Die geistige Sonne. Mitteilungen über die geistigen Lebensverhältnisse des Jenseits. 1842/43

–: Die Jugend Jesu. 1843/44

–: Erde und Mond. 4. Aufl. 1953

–: Bischof Martin. Die Entwicklung einer Seele im Jenseits. 1847/48

–: Robert Blum. (1848/51) – Von der Hölle bis zum Himmel. Die jenseitige Führung des Robert Blum. 2 Bde. 1963/65

–: Das große Evangelium Johannis. Ausführlicher Bericht von Jesu Leben und Lehre. 10 Bde. 1851/64

–: Himmelsgaben. Worte aus der Höhe der Höhen. 2 Bde. 1935/36

–: Briefe Jakob Lorbers. Urkunden und Bilder aus seinem Leben. 1931 (alle im Neu-Salems-Verlag bzw. Lorber Verlag Bietigheim)

Leitner, Karl Gottfried Ritter von: Jakob Lorber. Lebensbeschreibung. 1884

Schumi, Franz: Die Führung Immanuel Swedenborgs im Jenseits. Empfangen von F. Schumi 18.–28. Juli 1901. o.J.

Lutz, Walter: Neuoffenbarung am Aufgang des 3. Jahrtausend. Ein Lehr- und Nachschlagewerk gegeben durch Jakob Lorber. 3 Bde. 1969

Eggenstein, Kurt: Der unbekannte Prophet Jakob Lorber – Eine Prophezeiung und Mahnung für die nächste Zukunft. 1973

–: Der Prophet Jakob Lorber verkündet bevorstehende Katastrophen und das wahre Christentum. 1975

Meyerhofer, Gottfried: Predigten des Herrn – Lebensgeheimnisse – Schöpfungsgeheimnisse. o.J.

Engel, Leopold: Das Große Evangelium Johannis. Bd. 11. o.J.

–: Im Jenseits. Führungen einer Seele. o.J.

Riehle, Georg: Sonntagsandachten – Loblieder für die Gotteskinder – Bethanienstunden. Bietigheim 1937

–: Sieben Tage mit Jesus. 1940

–: Jesus mit seinen Freunden auf dem Wege zur Vollendung. 1942

–: Erlebtes Christentum. Bruder Georg im Freundeskreis in Berlin. 1954

–: 50 Jahre Bahnbrecher der göttlichen Liebe. Ansprachen. 1952

Dudde, Bertha: Kundgaben in Einzelheften, u.a.: Gott spricht noch heute. Die innere Stimme. Das Christus-Problem. Der Heilsplan Gottes. Liebe, das höchste Gebot. Die Seele im Jenseits (3 Hefte). Warum muß ich leiden? Der Vorläufer Christi. Der Antichrist. Die Wiederkunft Christi. Gott und die Kirchen (2 Hefte). Die Kirche Christi. Die Entrückung. Die Umwandlung der Erde. Die neue Erde. Für Endzeitjünger. Wie werde ich gesund? Inkarnation und Reinkarnation. Die Wiedergeburt. Unsterblichkeit. Jenseitige Helfer. Zeichen der Endzeit

o. Vf.: Wer war Bertha Dudde? 1975

Wolf, Anita: UR-Ewigkeit in Raum und Zeit. 1949

–: Das Gnadenbuch. 1950

–: Ruf aus dem All. 1970/71 (Hg. teils vom Urgemeinde-Verlag Wiesbaden-Schierstein [Karl Veit], teils vom Verein Treuhandgruppe e.V. Josef Brunnader, Postfach 17, Weiz/Steiermark)

Zeitschrift:

Das Wort. Monatsschrift für ein vertieftes Christentum und Erkenntnisse aus der Parapsychologie. Schriftleitung: Friedrich Zluhan. 1921ff.

Literatur

Rinnerthaler, Reinhard: Zur Kommunikationsstruktur religiöser Sonder-

gemeinschaften am Beispiel der Jakob-Lorber-Bewegung. Maschinenschr. Diss. Salzburg 1982
Scheurlen S. 305–312; Handbuch S. 170–182 Materialdienst 1966, S. 153ff.; 1976, S. 194ff.

Lorenzianer

Quellen

Licht ins Dunkel, hg. im Selbstverlag vom Vorstand der Gemeinschaft in Christo Jesu e.V. Lengefeld 1927
Wegbereiter der Vollendung. Das Botenbuch der Gemeinschaft in Christo Jesu. 1954

Literatur

Kleemann, Samuel: Die Lorenzianer. Dresden 1926
Handbuch S. 216–227; Obst S. 279–300

Die Christengemeinschaft

Quellen

Rittelmeyer, Friedrich: Meine Lebensbegegnung mit Rudolf Steiner. Stuttgart 1928 (dies und alle folgenden im Verlag Urachhaus)
–: Der Ruf der Gegenwart nach Christus. Stuttgart 1928
–: Meditation. 12 Briefe über Selbsterziehung. Stuttgart 1929
–: Theologie und Anthroposophie. Eine Einführung. Stuttgart 1930
–: Das Heilige Jahr. Vom innerern Erleben der Jahreszeiten. (1930) Stuttgart 1959
–: Das Vaterunser als Menschwerdung. Stuttgart 1935
–: Christus. (1937) Stuttgart 1950
–: Briefe über das Johannesevangelium. Mit einer Übersetzung des Johannes-Evangeliums. Stuttgart 1938
–: Aus meinem Leben. Stuttgart 1937
Bock, Emil: Wiederholte Erdenleben. Die Wiederverkörperungssidee in der deutschen Geistesgeschichte. (1932) 5. Aufl. 1967
–: Beiträge zur Geistesgeschichte der Menschheit. 7 Bde.: Urgeschichte. Moses und sein Zeitalter. Könige und Propheten. Cäsaren und Apostel. Kindheit und Jugend Jesu. Die drei Jahre. Paulus. 1935–54
–: Katholizismus, Protestantismus, Christengemeinschaft. 1940
–: Das Evangelium. Betrachtungen und Übersetzungen, 4 Bde. (1927/29 bzw. 1930/33) 1950/58
–: Apokalypse – Betrachtungen über die Offenbarung des Johannes. 1951
–: Die neue Reformation. 4 Vorträge. 1953
–: Was will die Christengemeinschaft? 2 Vorträge. 1961
–: Rudolf Steiner. Studien zu seinem Lebensgang und Lebenswerk. 1961
Kačer-Bock, Gunhild (Hg.): Emil Bock – Briefe. 1968
Frieling, Rudolf: Die sieben Sakramente. (1926) 1950
–: Aus der Welt der Psalmen. 1948
–: Vom Wesen des Christentums. 1948
–: Bibel-Studien. 1963
–: Der Sonntag – eine christliche Tatsache. (1965) Neu hg. zus. mit Hoerner, Wilhelm. 1978
–: Agape. Die göttliche Liebe im Johannes-Evangelium. 3. Aufl. 1967
–: Christentum und Wiederverkörperung. 1974
Meyer, Rudolf: Vom Schicksal der Toten. (1934) 5. Aufl. 1964
–: Der Auferstandene und die Erdenzukunft. 1938
–: Bausteine einer religiösen Erneue-

rung. 6 Bde.: Vom Sinn des Todes. Der Mensch und sein Engel – Vom Sinn des Leidens. Die Würde des Menschen. Rhythmische Geheimnisse. Christliche Gotteserkenntnis. Die christlichen Lebensideale. 1943–60
–: Die Wiedergewinnung des Johannes-Evangeliums. 1962
Schütze, Alfred: Vom Sinn des Schicksals. 1949
–: Kultus und Gegenwartsbewußtsein. 1950
–: Das Rätsel des Bösen. (1951) 1969
–: Dreieinigkeit. (1935) 2. Aufl.: Vom Wesen der Trinität. 1954
–: Zugang zum Christentum. 1964
Wistinghausen, Kurt von: Der neue Gottesdienst. Zur Einführung in die Menschenweihehandlung. 1960
–: Das neue Bekenntnis. Wege zum Credo. 1963
–: Die erneuerte Taufe. 1967
o. Vf.: Vom Kultus-Erleben. 1964
Kurras, Eberhard: Die Erneuerung des Christentums. 1965
Kelber, Wilhelm: Der Menschensohn. 1967
Schühle, Erwin: Entscheidung für das Christentum der Zukunft. Friedrich Rittelmeyer – Leben und Werk. 1969
Die Christengemeinschaft in der DDR (Hg.): Die Christengemeinschaft. Von ihrer Begründung und ihren Aufgaben. Berlin 1971

Zeitschrift:
Die Christengemeinschaft. 1924–41; 1946 ff. (monatlich)

Literatur

Köberle, Adolf: Evangelium und Anthroposophie. Bern 3. Aufl. 1939
Althaus, Paul: Evangelischer Glaube und Anthroposophie. München 1949
Rusche, H./Emmert, E./Frör, K.: Kirche und Anthroposophie. Hilfsbücher für den Kirchlichen Unterricht. München 1949
o. Vf.: Anthroposophie und Christengemeinschaft. Witten/Ruhr 2. Aufl. 1954
Stählin, Wilhelm (Hg.): Evangelium und Christengemeinschaft. Kassel 1953
Stieglitz, Klaus von: Die Christosophie Rudolf Steiners. Voraussetzungen, Inhalt und Grenzen. Witten/Ruhr 1955
–: Rettung des Christentums? Anthroposophie und Christengemeinschaft. Darstellung und Kritik. Stuttgart 1965
Siedenschnur, Günther: Geheimwissenschaft oder Evangelische Wahrheit? Stuttgart 1963
Bautz, Friedrich Wilhelm: Die Christengemeinschaft, einschließlich Anthroposophie. Gladbeck 1968
Scheurlen S. 340–361; Handbuch S. 285–300; Neben den Kirchen S. 335–361; Obst. S. 351–377; Materialdienst 1972, S. 337 ff.; 1974, S. 133 ff.; 1978, S. 161 ff.

Der Spiritismus

Quellen

Davis, Andrew Jackson: The principles of nature, her divine revelations and a voice to mankind. 1847
–: The philosophy of spiritual intercourse. 1851
Kardec, Allan: Das Buch der Geister. Die Grundsätze der spiritistischen Lehre. 1857
–: Das Buch der Medien. 1861
–: Das Evangelium nach dem Spiritismus. 1864

–: Der Himmel und die Hölle, oder die Gerechtigkeit Gottes nach dem Spiritismus. 1865
Olhaver, H.: Die Toten leben. 3 Bde. 1919
o. Vf.: Du, Ich und die Anderen. 13 Lektionen über Parapsychologie. Remagen 1970
Matthiesen, Emil: Das persönliche Überleben des Todes – Eine Darstellung der Erfahrungsweise. 3 Bde. (1936/39) 2. Aufl. Berlin 1962
Passian, Rudolf: Abschied ohne Wiederkehr? Tod und Jenseits in parapsychologischer Sicht. Erlebtes – Erfahrenes – Erforschtes. Pforzheim 1973

Zeitschrift:

esotera. Die Herrschaft des Geistes über die Materie. (Vormals bis 1969: Die andere Welt) . Freiburg 1949ff. (monatlich)

Literatur

Edmonds, J. W.: Der amerikanische Spiritualismus. 1873
Hartmann, Eduard von: Der Spiritismus. 1885
Kiesewetter, C.: Die Entwicklungsgeschichte des Spiritismus von der Urzeit bis in die Gegenwart. 1893
Prel, Carl du: Der Spiritismus. (1893) 1929
Vesme, C. Baudi von: Geschichte des Spiritismus. 3 Bde. Luzern 1895–1900
Bachmann, Ph.: Spiritismus und Okkultismus im Lichte der Bibel. 1922
Wickland, Carl: Dreißig Jahre unter den Toten. (1924) Aus dem Amerikanischen 2. Aufl. 1957
Findlay, Arthur: Gespräche mit Toten. (1931) 1960
Horkel, Wilhelm: Botschaft von drüben. Übersinnliche Erfahrungen und Erkenntnisse aus unserer Zeit. (1949) Hamburg 4. Aufl. 1970
–: Geist und Geister. Zum Problem des Spiritismus. Stuttgart 1963
Tenhaeff, W.H.C.: Kontakt mit dem Jenseits. (1952) Aus dem Niederländischen. 1973
Omez, R.: Kann man mit den Toten in Verbindung treten? 3 Bde. Aus dem Franz. Aschaffenburg 1957–59
Köberle, Adolf: Art. Spiritismus. Die Religion in Geschichte und Gegenwart 3. Aufl., Bd. VI (1962), Sp. 251ff.
Haack, Friedrich Wilhelm: Spiritismus. München 1977
Kalb S. 485–550; Scheurlen S. 229–257; Handbuch S. 574–590; Materialdienst 1965, S. 277ff. fortlaufend bis 1968, S. 49; 1973, S. 258–267; 1976, S. 82–87

Christlich-spiritualistische Vereinigungen

Allgemeine Literatur

Forsboom, Bernhard: Das Buch Emanuel. (1897) 3. Aufl. München o.J.
Horkel, Wilhelm: Botschaft von drüben. Übersinnliche Erfahrungen und Erkenntnisse aus unserer Zeit. (1949) 4. Aufl. Hamburg 1970
Lester, Reginald M.: Auf der Suche nach dem Jenseits. 1954
Sehringer, Ernst: Christlicher Glaube und Parapsychologie. 1969
Greber, Johannes: Der Verkehr mit der Geisterwelt. Selbsterkenntnisse eines katholischen Geistlichen. 1932
–: Das Neue Testament aus dem Griechischen neu übersetzt und erklärt. 1936

Geistige Loge Zürich

Quellen

Brunner, Arthur: Die Toten leben. (1944) 2. Aufl.: Eine Fülle von Unsterblichkeitsbeweisen. 1973
–: Botschaft aus dem Jenseits. 3 Bde. 1949–51
Hinz, Walter: Was uns erwartet. Erfahrungsberichte aus der geistigen Welt. 1962
–: Weitere Kundgaben: Vom Leben nach dem Tode. 1960
–: Geborgenheit. (1971) 4. Aufl. 1975
–: Geleit von oben. 1975

Zeitschrift:
Geistige Welt. Christlich-spiritualistische Wochenschrift der Geistigen Loge Zürich. 1948ff.

Literatur

Materialdienst 1973, S. 316ff.; 1975, S. 312ff.; 1978, S. 60ff.

Die UFO-Bewegung

Quellen

Fry, Daniel W.: Das Erlebnis von White Sands und Allans Botschaft an die Erdenmenschen. 1954
Angelucci, Orfeo M.: Das Geheimnis der Untertassen. (1955) 1959
Leslie, Desmond/Adamski, George: Fliegende Untertassen sind gelandet. 1957
Barker, Gray: Das Buch über Adamski. (1967) 1967
Genovese, Narciso: Ich bin auf dem Mars gewesen. (1958) 1964
Menger, Howard: Aus dem Weltraum zu euch. (1959) 1965
Nelson, Buck: Meine Reise zum Mars, zum Mond und zur Venus. 1964
Berlet, Artur: Im Raumschiff von Planet zu Planet. Bericht einer Weltraumreise. (1967) 1972
Renaud, Robert P. (Bob): Meine Fernseh-, Radio- und Direktkontakte mit Außerirdischen. (1963/64) 1964
Edwards, Frank: Fliegende Untertassen – eine Realität. (1966) 1967
Veit, Karl L.: Planetenmenschen besuchen unsere Erde. Grundsätzliches zum Verständnis weltbewegender Luftphänomene. 1961
–: Erforschung außerirdischer Weltraumschiffe. Ein wissenschaftliches Anliegen des 20. Jh. 1963
Sigma, Rho: Forschung in Fesseln. Das Rätsel der Elektro-Gravitation. 1972
(alle im Ventla-Verlag Wiesbaden-Schierstein)
Keyhoe, Donald E.: Der Weltraum rückt uns näher. Berlin 1954
Däniken, Erich von: Erinnerungen an die Zukunft. Ungelöste Rätsel der Vergangenheit. Düsseldorf 1968
–: Zurück zu den Sternen. Düsseldorf 1969
–: Aussaat und Kosmos. Spuren und Pläne außerirdischer Intelligenzen. Düsseldorf 1972
–: Beweise. Lokaltermin in fünf Kontinenten. Düsseldorf 1977
Bourquin, Gilbert A./Golowin, Sergius: Die Däniken-Story. München 1971
Charroux, Robert: Phantastische Vergangenheit. Die unbekannte Geschichte der Menschen seit hunderttausend Jahren. München 1969
Kohlenberg, Karl F.: Enträtselte Vorzeit. Tatsachen – Utopien – Deutungen. München 1970
Haber, Heinz: Brüder im All. Von der Möglichkeit kosmischen Lebens. Stuttgart 1970
Pahl, Joachim: Sternenmenschen sind unter uns. 1971

Vestenbrugg, Rudolf E. von/Bellamy, H. S.: Eingriffe aus dem Kosmos. Freiburg 1971

Schneider, Adolf: Besucher aus dem All. Das Geheimnis der unbekannten Flugobjekte. Freiburg ca. 1972

Steinhäuser, Gerhard R.: Jesus Christus – Erbe der Astronauten. Wien 1973

Krassa, Peter: Gott kam von den Sternen. Die phantastische Lösung der Biblischen Rätsel. Freiburg 1974

Rehn, Gösta K.: Die fliegenden Untertassen sind hier! Zug/Schweiz 1973

Selhus, Wilhelm: Und sie waren doch da. Wissenschaftliche Beweise für den Besuch aus dem All. Gütersloh 1975

Zeitschrift:

UFO-Nachrichten. Wiesbaden 1956ff.

Literatur

Jung, Carl Gustav: Ein moderner Mythus – Von Dingen, die am Himmel gesehen werden. Zürich 1958

Golowin, Sergius: Moderne Sagenbildung. Von Raumschiffen und Sternenmenschen. 1968

Khuon, Ernst von: Waren die Götter Astronauten? 1970

Homet, Marcel Fr.: Nabel der Welt – Wiege der Menschheit. Außerirdische Einflüsse im Mosaik irdischer Kulturen? Freiburg 1976

Evans, Christopher: Kulte des Irrationalen. Teil II: Die Retter aus dem All. (1973) Hamburg 1976/1979

Materialdienst 1968, S. 49ff. fortlaufend bis 1969. S. 208 ; 1975, S. 155ff., 183–185

Die Baha'i-Religion

Quellen

Baha'ullah: Ährenlese aus den Schriften Baha'ullahs. (1949) Frankfurt/M 1961

–: Das Buch der Gewißheit. (1943) Frankfurt/M 1958

–: Die Verkündigung Baha'ullahs an die Könige und Herrscher der Welt. Frankfurt/M 1967

–: Das Buch des Buches. (1936) 3. Aufl. Frankfurt/M 1964

Abdul Baha: Beantwortete Fragen. (1929) Frankfurt/M 1962

–: Ansprachen von Abdul Baha Abbas, gehalten im Herbst 1911 in Paris. (1912) 5. Aufl. Frankfurt/M 1963

–: Wille und Testament. (1925ff.) Stuttgart 1936, 4. Aufl. Frankfurt/M 1964

Shoghi Effendi: Die Sendung Baha'ullahs. (1934) Oxford 1948

–: Die Weltordnung Baha'ullahs. Hofheim-Langenhain 1975

–: Das Kommen Göttlicher Gerechtigkeit. (1939) Frankfurt/M 1969

–: Der verheißene Tag ist gekommen. (1943) Frankfurt/M 1967

–: Gott geht vorüber. (1944) Hofheim-Langenhain 1974

–: Baha'i-Administration. (1950) 6. Aufl. Wilmette 1953/68

Roemer, Hermann: Die Babi-Beha'i. Eine Studie zur Religionsgeschichte des Islams. Diss. Potsdam 1911

Fazl, Mirza Abul: Geschichte und Wahrheitsbeweise der Baha'i-Religion. Stuttgart 1919

Phelps, Myron H.: Abdul Baha Abbas' Leben und Lehren. Eine Studie über die Baha'i-Religion. Stuttgart 1922

Loppert, T. A.: Die Fortentwicklung der Babi-Beha'i im Westen. Würzburg 1933

Esslemont, J. E.: Baha'ullah und das Neue Zeitalter. (1923) 4. Aufl. Frankfurt/M 1963
–: Was ist ein Baha'i? Die Geschichte der Baha'i-Religion. Frankfurt/M 1947
Jockel, Rudolf: Die Glaubenslehren der Baha'i-Religion. Diss. Darmstadt 1951. Tübingen 1952
Townshed, George: Christus und Baha'ullah. (1957) Frankfurt/M 1958
Ruhiyyih Khanum: Die ersten fünfundzwanzig Jahre des Hütertums (1921–1946). Frankfurt/M 1959
Grossmann, H.: Der Baha'i-Gläubige und die Baha'i-Gemeinschaft. Frankfurt/M 1966
Schaefer, Udo: Die Grundlagen der Verwaltungsordnung der Baha'i. Diss. Heidelberg 1957
–: Die Baha'i-Religion im Spiegel christlicher Betrachtung. Frankfurt/M 1960
–: Die mißverstandene Religion. Frankfurt/M 1968
–: Was es heißt, Baha'i zu sein. Oberkalbach 1972
–: Der Baha'i in der modernen Welt. Strukturen eines neuen Glaubens. (1978) Hofheim-Langenhain 1981
Nationaler Geistiger Rat der Baha'i in Deutschland e.V. (Hg.): Umwelt und Weltordnung. Baha'i-Informationen Nr. 7. Hofheim-Langenhain 1975
–: Geistige Räte – Häuser der Gerechtigkeit. Aus Schriften von Baha'ullah, Abdul Baha und Shoghi Effendi. Zusammengestellt vom Universalen Haus der Gerechtigkeit, Haifa. Hofheim-Langenhain 1975
Vahman, Fereydun: Art. Baha'ismus. Theologische Realenzyklopädie Bd. V (1980), S. 115–132.

Zeitschriften:
Sonne der Wahrheit. Zeitschrift für Weltreligion und Welteinheit. Organ der Baha'i in Deutschland und Österreich. Stuttgart 1921–1953
Baha'i-Briefe. Blätter für Weltreligion und Weltbewußtsein. Hofheim-Langenhain 1960–1971 (vierteljährlich)
Baha'i-Nachrichten. Organ des Nationalen Geistigen Rates der Baha'i in Deutschland e.V. Hofheim-Langenhain

Literatur

Gerlitz, P.: Kommt die Welteinheitsreligion? Gütersloh 1969
Rosenkranz, Gerhard: Die Baha'i. Ein Kapitel neuzeitlicher Religionsgeschichte. Stuttgart 1949
Ficicchia, Francesco: Der Baha'ismus – Weltreligion der Zukunft. Geschichte, Lehre und Organisation in kritischer Anfrage. Stuttgart 1981
Scheurlen S. 408–417; Materialdienst 1975, S. 226ff.; 1978, S. 40ff.

Gesamtregister

Das Register ist speziell ausgerichtet auf die behandelten Gemeinschaften und Organisationen und die für sie charakteristischen Begriffe. Zeitschriften und Buchtitel sind in Anführungszeichen gesetzt.